中华人民共和国地方志丛书

日照市
岚山区志

（上卷）

日照市岚山区地方史志编纂委员会 编

方志出版社
Publishing House of Local Records

图书在版编目(CIP)数据

日照市岚山区志 / 日照市岚山区地方史志编纂委员会编. 一 北京: 方志出版社, 2015.12
ISBN 978-7-5144-1912-2

Ⅰ.①日… Ⅱ.①日… Ⅲ.①区(城市)—地方志—日照市 Ⅳ.①K295.23

中国版本图书馆 CIP 数据核字(2015)第 320855 号

日照市岚山区志

编　　者: 日照市岚山区地方史志编纂委员会
责任编辑: 王笃银
出 版 人: 冀祥德
出 版 者: 方志出版社
地址　北京市朝阳区潘家园东里 9 号(国家方志馆 4 层)
邮编　100021
网址　http://www.fzph.org
发　　行: 方志出版社发行中心
电话(010)67110500
经　　销: 各地新华书店
印　　刷: 日照日报印务中心
开　　本: 889×1194　1/16
印　　张: 89.75
字　　数: 2584 千字
版　　次: 2015 年 12 月第 1 版　2015 年 12 月第 1 次印刷
印　　数: 0001~5000 册
ISBN 978-7-5144-1912-2　定价: 1580.00 元(上下卷)

岚山区地方史志编纂委员会

战祥征　刘绍见　牟善宁　徐学农　田洪忠　郑培晋　李乃合　张宗成
孟凡全　林令香　丁兆江　张　峰　冯玉武　辛　华　陈为全　张守庆
赵　东　宋玉京　郑　丽　牟超善　陈兆斋　梁作涛　王　敏　赵光军
陈常国　纪现伟　刘　伟　姚玉全　卢立亮　费洪常　厉建新　王贵山
梅秀丽　牟　民　李晓斌　庄仕栋　孙先志　李　岩　魏　民　单士庆
孙开金　徐　伟　高述军　冷丙生　费日旭　吕日新　惠　战　李增乐
许崇龙　车玉芝　杨国卿　胡宗欣　杨　健　王佳林　刘全一　周图书
李向涛　徐志华　岳仁顺　费立娥　李小雪　姚常学　丁明松　田文见
赵西法

《日照市岚山区志》审编人员

主　　审 张　锋
副 主 审 庞玉国　王　敏　丁　斌
主　　编 刘绍见
编　　辑 秦洪河　张晓辉　刘加欣　张守来　孙先凯　林芳宇
特邀编辑人员（以姓氏笔画为序） 陈同文　宋成泰　辛崇敢　曹汉华　董家同

序

盛世修志，鉴古知今。《岚山区志》即将付梓，这是全区首部社会主义新方志，她的出版问世是全区经济、政治、文化、社会建设中的一件大事，可喜可贺！

岚山历史悠久、文化灿烂，依山傍海、人杰地灵。历代先民筚路蓝缕，辛勤耕耘，用勤劳和智慧创造了辉煌历史和灿烂文明。岚山是“龙山文化”的主要发祥地之一，五千年前就建有亚洲最大的城邦—尧王城；这里还是春秋时期“神童”圣公项橐的故里，《三字经》中有“昔仲尼，师项橐”的千古传颂；被誉为“中州循良第一”的明朝名臣苏京，被龚自珍诗赞曰“北方学者君第一”的清代著名朴学家、书法家许瀚皆生长于斯。岚山自古为军事重地，明朝洪武年间建成的安东卫为北方沿海“四大名卫”之一，在抵御外侮的斗争中彪炳史册；抗日战争和解放战争时期，岚山是革命根据地和滨海军区军需物资集散地，罗荣桓、肖华、谷牧等老一辈革命家曾在此运筹帷幄、决胜千里。在中国共产党的领导下，岚山人民创造了许多可歌可泣的英雄业绩，谱写了光辉灿烂的历史篇章。

新中国成立后，特别是改革开放以来，岚山经济社会日新月异，人民生活持续改善。随着地级日照市的建立，岚山行政区划数次调整，1993年6月设立工委、办事处，特别是2004年9月设区以来，岚山港路区位优势更加突出，各类生产要素加快聚集，全区人民同心同德，奋发有为，取得了辉煌的发展成就：境内亿吨大港航线四通八达，铁路、公路、管道纵横交错，临港产业、特色农业、现代服务业发展体系不断完善，城乡建设、科技教育、文化体育、医疗卫生、商业贸易迅猛发展，开创了率先创新优质发展的新局面，先后被评为全国科技进步先进区、全国民生改善优秀示范城市、中国最具经济活力城市、山东省最佳投资城市、省级文明区、山东省民营经济先进区、服务业发展先进区，跻身全国市辖区综合实力百强，一个产业发达、生态宜居、文明和谐的现代化海滨港城正崛起在海州湾畔！

修志之意，旨在存史、资政、育人。《岚山区志》积极顺应历史和现实需要，以科学发展为主题，以经济社会发展为主线，运用辩证唯物主义与历史唯物主义观点分析事物规律，把握发展脉络，全面真实记述了岚山各行各业发生的巨大变化、取得的丰硕成果，既有宏观鸟瞰，一区概况，尽收眼底；又有微观透视，沧桑变化，了然志中，是一部“熔百科为一炉，集万卷为一册”的“百科全书”，对当代及后人认识岚山、热爱岚山、建设岚山将发挥重要作用。

编纂区志是一项巨大的文化综合工程。《岚山区志》几经寒暑，数易其稿。在编纂过程中，各级史志部门悉心指导，老干部、老同志亲切关怀，国家、省、市驻岚单位大力支持，全区各级各部门共同努力，编纂人员艰苦辛劳，终致成书。在此，谨向所有参与、关心、支持《岚山区志》编辑出版工作的单位和同志表示衷心的感谢！

当前，区委、区政府正团结带领全区人民，积极适应新常态，主动抢抓新机遇，加快建设生态经济强区、打造文明宜居新区，努力实现“一个率先、六个岚山”的奋斗目标。衷心希望全区人民以史为鉴，发扬传统，开拓进取，为岚山发展尽心尽力，献计献策，共创岚山更加繁荣、更加美好的明天！

中共日照市岚山区委书记、区人大常委会主任 姜卫星

中共日照市岚山区委副书记、区长 张桂伟

凡 例

一、本志以马列主义、毛泽东思想、邓小平理论、“三个代表”重要思想和科学发展观为指导，深入贯彻落实习近平总书记系列重要讲话精神，坚持辩证唯物主义和历史唯物主义观点，全面客观地记述岚山区自然、政治、经济、文化和社会的历史与现状，力求思想性、科学性与资料性的统一。

二、本志上限上溯事物发端，下限至2012年。按照详今略古的原则，简记岚山办事处设立前域内的一般史实，重点记述岚山办事处设立后，特别是岚山设区后各项事业的发展状况。大事记、彩页图片下延至2015年6月。

三、本志体裁以志为主，辅以述、记、传、图、表、录。首置概述、大事记统领全志，中设专志35编，人物、附录、后记殿后，图、表随文插排。

四、各专志按照“类为一志，横排纵写”的原则，依据专业和地方特色定编，编前设无题概述以撮其要，编下设章、节，节下根据内容设目、子目。

五、本志概述采用有叙有议、叙议结合文体；大事记以编年体为主，纪事本末体为辅；其余均采用记述文体。

六、本志清代及清代以前使用历史纪年，括注公元纪年，从民国开始使用公元纪年。

七、人物传略按照“生不立传”的修志惯例编写。入传者以本籍人物为主，兼收在本地较有影响的客籍人物，排列顺序基本按照去世时间。人物简介以出生先后排序，同年出生，具体月份不详者按姓氏笔画排序。名录中人物不计先后。

八、历代政权、官职名称，沿用历史通称。各个时期的政权机构、机关团体、会议等称谓用全称或规范简称。历史地名沿用原名，夹注现名。中华人民共和国成立前（后），简称新中国成立前（后）。

九、本志资料主要来源于历史档案、地方文献、图书报刊、口述及社会调查，一般不注出处。“（　）”表示行文间的注释，“□”表示缺字或难以辨认的字及方言中的代音字。表格中无此数据或数据缺失者以空格表示。

十、统计数字以政府统计部门公布的资料为准，兼用各专业部门及专题调查数据；新中国成立前数字取自历史档案。计量单位及数字表述均以《中华人民共和国计量单位名称与符号方案》和2011年发布的中华人民共和国国家标准《出版物上数字用法》为准。

岚山人民广场及区级机关综合办公大楼

2004年12月27日，庆祝日照市岚山区成立大会隆重举行

岚山主城区

30 万吨级原油码头

魅力港湾

现代化液体化工码头

港口罐区一角

岚山港

直缝焊管生产

薄规格板材生产

H 型钢生产

冷轧卷板生产

日照钢铁控股集团有限公司

粮油加工

生物医药

木材加工

精细化工

化学工业区一角

茶叶加工车间

有机绿茶生产基地

岚山渔港

特色海产品

岚山区实验中学

岚山区第一中学

岚山区人民医院

乡镇敬老院

农村社区便民服务中心

岚山非物质文化遗产——岚山号子演出现场

高兴线狮在 2010 年中国首届非物质文化遗产博览会上表演

岚山非物质文化遗产——黄墩皮影戏

农民画——晒粮

壶

杯

罍

鼎

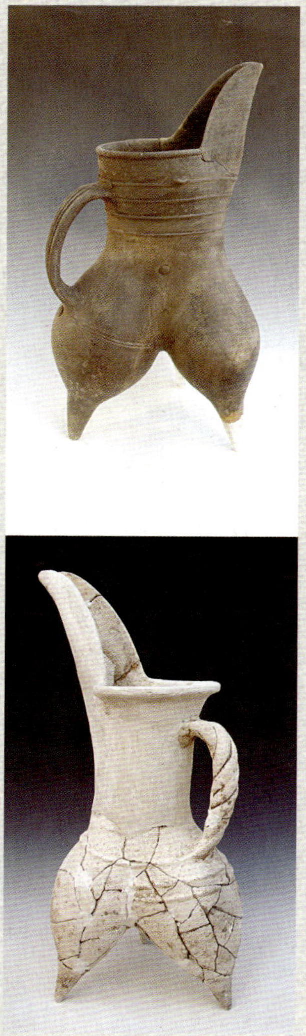
陶鬶

尧王城遗址出土文物

徐家村遗址采集文物
（大汶口文化时期陶纺轮）

马髻山新石器时代岩画

徐家村遗址采集文物（春秋时期青铜剑）

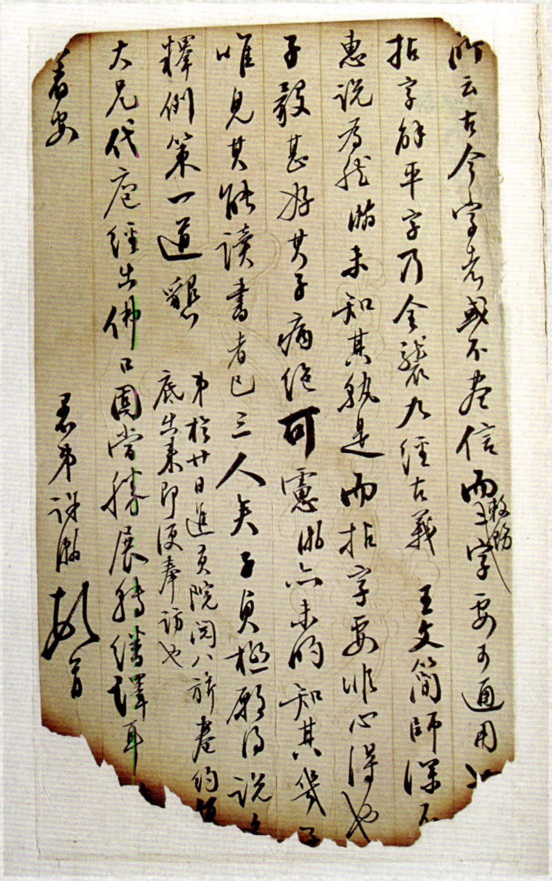

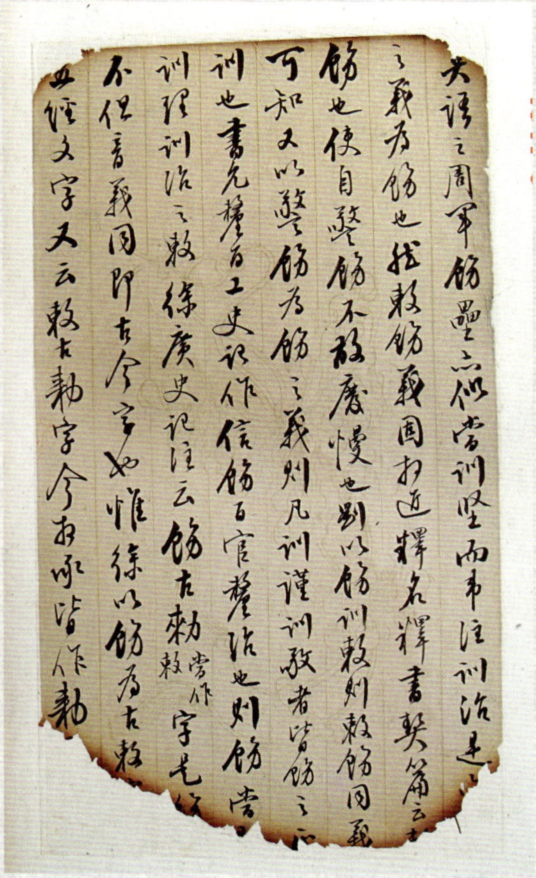

许瀚信札

戴渔村书画

张竹泉书画

海上碑

多岛海风景区

前三岛（其一）

阿掖山风景区

马鬐山风景区

圣公山圣公庙

甲子山

磴山风景区

前排左起：丁海燕 吕福堂 张　锋 李世恩 李　刚 翟世林 侯佃华 申淑清 赵建华 王笃银 郭能勇 韩纪亮

中排左起：尹红华 魏振华 宋玉军 李鸿战 桑光军 李西胜 史宗义 钊守亮 张同旭 林　森 范芳丽 张守来

后排左起：刘绍见 陈相宁 李祥琨 陈同文 秦泗平 秦洪河 董家同 宋成泰 辛崇敢 王振峰 刘加欣 徐学鸿

前排左起：朱洪祥 段祥泰 王笃银 赵建华 李天程 张桂伟 翟世林 李　刚 李世恩 李　江 王文恒 张　锋 李德辉

后排左起：刘绍见 邢茂环 范凤学 辛崇法 刘加欣 陈淑清 林凡泉 李振庆 范芳丽 林芳宇 张守来

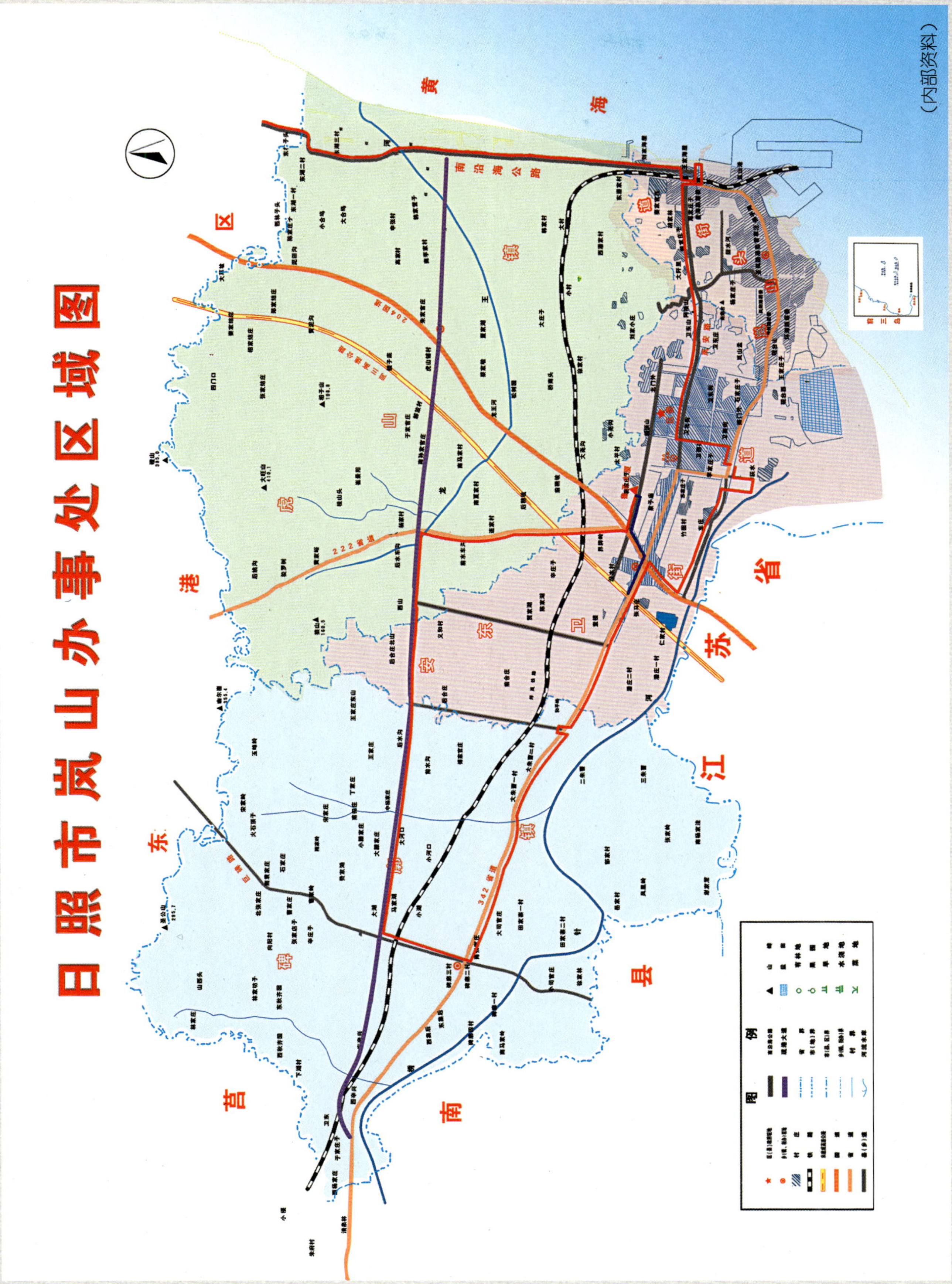
日照市岚山办事处区域图
（内部资料）
黄
海
东
港
区
江
苏
省
莒
南
县
南沿海公路
204国道
222省道
342省道
图例

岚山区行政区域图（2012年7月前）

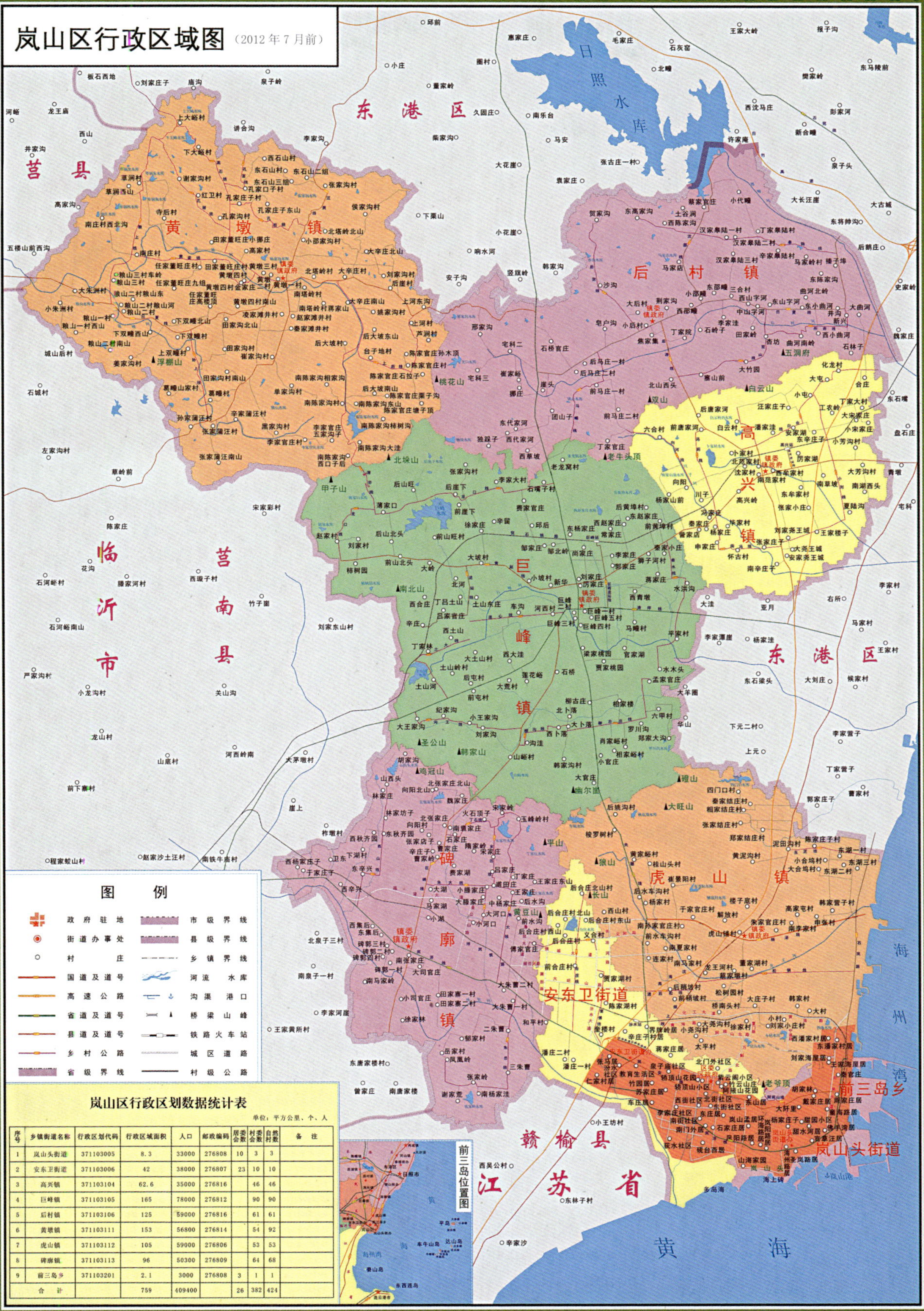

岚山区行政区划数据统计表

单位：平方公里、个、人

序号	乡镇街道名称	行政区划代码	行政区域面积	人口	邮政编码	居委会数	村委会数	自然村数	备注
1	岚山头街道	371103005	8.3	33000	276808	10	3	3	
2	安东卫街道	371103006	42	38000	276807	23	10	10	
3	高兴镇	371103104	62.6	35000	276816		46	46	
4	巨峰镇	371103105	165	78000	276812		90	90	
5	后村镇	371103106	125	59000	276816		61	61	
6	黄墩镇	371103111	153	56800	276814		54	92	
7	虎山镇	371103112	105	59000	276806		53	53	
8	碑廓镇	371103113	96	50300	276809		64	68	
9	前三岛乡	371103201	2.1	3000	276808	3	1	1	
合计			759	409400		26	382	424	

（内部资料）

目 录

上 卷

第四编　人　口

第五编　城乡建设

第十编 工 业

第十一编 农 业

第十四编　水　利

第十五编　海洋与水产业

第十六编　商业　服务业

第十七编　对外开放

第十八编　财　政

第十九编　税　务

第二十编　金融

第二十一编 经济管理

下 卷

第二十二编 中共岚山地方组织

第二十三编 地方权力机关

第二十四编 地方行政机关

第二十五编　地方政协机关

第二十六编　民主党派 群众团体

第二十七编　综合政务

第二十八编 法 治

第二十九编 武 装

第三十编　教　育

第三十一编　科学技术

第三十二编　文化　体育　旅游

第三十三编　医药卫生

第三十四编　居民生活

第三十五编　方　言

人　物

附　录

Contents

Volume I

Part 4 Population

Part 5 Urban and Rural Construction

Part 6 Transportation

Part 7 Harbor

Part 8 Postal Service and Communication

Part 9 Environmental Protection

Part 10 Industry

Part 11 Agriculture

Part 12 Forest, Fruit and Silkworm Industry

Part 13 Tea Industry

Part 14 Water Conservancy

Part 15 Ocean and Aquaculture

Part 16 Commercial Trade and Service Industry

Part 17 Opening up

Part 18 Finance

Part 19 Taxation

Part 20 Banking

Part 21 Economy Management

Volume Ⅱ

Part 22 Local Organization of CPC in Lanshan

Part 23 Local Authority

Part 24 Local Government

Part 25 Local CPPCC Office

Part 26 Democratic Party and Mass Group

Part 27 Comprehensive Government Affairs

Part 28 Rule by law

Part 29 Armed Forces

Part 30 Education

Part 31 Science and Technology

Part 32 Culture, Sports and Tourism

Part 33 Medicine and Health

Part 34 Lives of Residents

Part 35 Dialect

Figures

Appendix

概　述

一

岚山区位于山东省东南部、日照市南端,东临黄海,与日本、韩国隔海相望,南邻江苏省赣榆县,西接临沂市临港经济开发区,北靠莒县与东港区,总面积 778.65 平方公里(其中平岛、达山岛、车牛山岛面积 0.3378 平方公里)。海岸线长 25.5 公里(含前三岛岛岸线)。

岚山夏为九夷,商称人方;西周属莒,部分区域属纪鄣;春秋时先后属齐、越、楚;秦、汉直至唐朝归琅琊郡莒州;宋时界牌岭以南归淮南东路海州,以北属莒州;金置日照县,界牌岭以北属之;明初,建安东卫;清乾隆七年(1742 年)撤安东卫并入日照县。1992 年 6 月,日照市人民政府设岚山开发区,1993 年 7 月,设中共日照市岚山工作委员会、日照市人民政府岚山办事处,辖岚山头街道、汾水镇、碑廓镇、虎山乡、前三岛乡 5 个乡镇街道,共 166 个行政村,人口 17.96 万人。2004 年 9 月,经国务院批准设立日照市岚山区,辖岚山头街道、安东卫街道、虎山镇、碑廓镇、黄墩镇、后村镇、高兴镇、巨峰镇、前三岛乡 9 个乡镇街道,共 417 个村(居),人口 41.43 万人。2012 年 7 月,后村镇划入东港区,中楼镇划入岚山区,全区共 423 个村(居、社区),人口 42.3 万人。

岚山区位优势明显,水陆交通便利,拥有岚山港、岚山渔港两个一类开放口岸,G204 国道、沈海(原同三)高速公路、沿海快速通道和 S341、S342、S222 省道纵横境内,坪岚铁路汇入日照—西安线,可直达荷兰鹿特丹港;是日照市南部的城市副中心,临海工业产业带的枢纽,新亚欧大陆桥东方桥头堡的重要组成部分。区人民政府驻地安东卫距首都北京 850 公里,距省会济南 425 公里,北至日照市区 42 公里,西至莒南县城 49 公里,南至江苏省赣榆县城 42 公里。水路距日照港 22 海里,连云港 24 海里,青岛港 81 海里,烟台港 209 海里。

岚山属暖温带湿润季风区大陆性气候,年平均气温12.8℃,年平均相对湿度73%,平均年降水量897.8毫米,冬无严寒,夏无酷暑。境内海水、大气、沙滩质量均为国家一级。

岚山属低山丘陵区,地形总体西北高,东南低,有山岭、平原、海洋、岛礁、滩涂等多种地貌。青山绿水,碧海蓝天,风景优美,物产丰富。域内最高点中楼镇马髻山海拔 662.2 米,最低处安东卫街道荻水村海拔不足 1.5 米。自北而南有马髻山、老营顶山、韩家山、浮棚山、甲子山、北垛山、白云山、大旺山、磴山、阿掖山等山峰。临海最高峰阿掖山海拔 314.8 米。矿产资源有铁、铜、金、盐、石棉、滑石、石英、海砂、河砂、黏土、金红石、蛇纹岩、石榴石等。蛇纹石储量约为 1.52 亿吨,占全省探明储量的 75%。石棉已探明储量 15.28 万吨,为华东主要石棉产区。自南向北有绣针河、龙王河、巨峰河、川子河、傅疃河、浔河(黄墩河)6 条主干河流,滋润着万顷良田。1966 年山东省南茶北引首先在安东卫北山试种成功,后在日照境内大面积推广,各乡镇街道均有分布,巨峰、高兴、后村等镇是绿茶主要产区。岚山绿茶叶片肥嫩,冲泡后汤色绿亮、滋味醇和、清香持久,令人回味无穷,在中国北方负有盛名。海上前三岛扼海州湾出口,为"小洋入大洋之咽喉"。周边海域拥有丰富的水产资源。海州湾渔场盛产对虾、带鱼、鲅鱼、梭子蟹等 150 多种海产品及海参、鲍鱼等海珍品,岚山虾皮、金钩虾米(扁米)、墨鱼干、西施舌等多种海产品享誉全国。岚山的海洋捕捞、滩涂养殖居山东省前列。山区果盛林旺,平原菜茂粮丰,桑茶齐发展,渔农双丰收。

二

优越的位置,灵秀的山川,赋予岚山良好的自然条件,孕育了灿烂的文明。境内已知有旧石器时代文化,新石器时代大汶口文化、龙山文化、岳石文化遗址,周秦以至明清遗迹数百处。其中岚山头街道胡家林村的旧石器文化遗址是"目前鲁东南沿海地带首次发现旧石器时代早期的石器地点"(《人类学报》1985 年第三卷第三期),证明数万年前先人已在这里生息繁衍。尧王城遗址属龙山文化遗存,兼有大汶口、岳石、商、周、汉代文化层,2006年被确定为全国重点文物保护单位。出土的新石器时代的网坠说明，在4000年前，岚山人就已使用渔网捕鱼。大量的历代墓葬说明，自商周以来，岚山就是人烟密集，经济发达的地区。明初建安东卫后，岚山海上贸易日趋活跃。明代安东卫设三、八大集，至清康熙年间，碑廓、秦家庄、巨峰、大坡、皋陆、黄墩、两山口、高兴等村镇设立市集，岚山一带成为鲁东南沿海重要的农贸市场。清康熙二十二年(1683年)清兵攻占台湾后，开放海禁，渔业复兴，海运畅通，商贾云集。古渡岚山头口、荻水口一度是鲁南土特产贸易的主要海上通道。民国初年，安东卫有商号72家，岚山头有商行10余家，岚山商埠已颇具规模。抗日战争和解放战争时期，新四军后勤部、山东军区、鲁中南军区后勤部、滨海军区等军事机关先后在安东卫、岚山头设商行17处，是新四军、八路军和解放军军需物资的集散地。

岚山文化底蕴深厚，英杰辈出，人文遗产丰富，《三字经》中"昔仲尼，师项橐"的故事就发生在碑廓镇。据不完全统计，明、清两朝日照共有进士、举人329人，其中岚山域内就有125名。明代苏京、胡承烈、赵应元等人的文章诗词，名重一时；清代朴学家、书法家许瀚的文字训诂研究，成就突出；近代作家王安友的文学创作更是产生了重大影响。岚山号子、黄墩皮影戏、高兴线狮等被定为山东省首批非物质文化遗产。

岚山地处鲁、苏两省交界，南控淮海，北接青齐，西依沂蒙，历来为军事要冲、兵家必争之地。岚山人民耿直、纯朴、豪爽、豁达，嫉恶如仇、深明大义，有着反抗封建统治、抵御外侮的优良传统。《左传》记载，远在春秋时期，就有丈夫遭暴君杀害的老妇人不畏强暴，帮助齐军攻破防守严密的纪鄣城。五代时期，荻水镇(现安东卫街道荻水村)即是南唐的军事重镇。金代，李全、杨安儿、杨妙真等率红袄军据马髻山抗击金军，坚持数年。明初信国公汤和建安东卫，屯兵抗倭，"城本安东筑向西，地分南北不相迷；门严锁钥连淮海，铁作藩篱障鲁齐。"安东卫下设左、右、中、前、后5个千户所，沿海一带设28座烽火台，在诸城、日照两县有17处屯地。岚山随之成为北方沿海军事重镇，在保国安民抗击倭寇侵略中发挥了重要作用，安东卫被誉为"京师之外屏，一方之保障。东海汛地设卫最多，而安东方者，莫逾于此"(清康熙十二年版《安东卫志·里至》)。明崇祯十六年(1643年)，清兵攻打安东卫，安东卫爱国志士与卫营明军奋勇抵抗，终因寡不敌众，兵败城陷，清兵入城，人民惨遭屠戮。清末到民初，由于封建统治者的残酷压榨，反动军阀的凶狠搜刮，土匪海盗的蛮横抢夺，日本强盗的疯狂烧杀，岚山人民历尽劫掠之难、饱尝战乱之苦。

岚山人民有着光荣的革命历史传统，勇于舍生取义，敢与虎狼抗争。在民主主义革命史上，发生过无数动人心魄、可歌可泣的重大历史事件，留下了无数革命者的光辉足迹。辛亥革命后，袁世凯窃取胜利果实，薄子明在北方率先高举义旗，讨袁护国，兵锋所向，鬼蜮丧胆。王冠三发动群众痛歼第八军，惩处首恶，威震日照。郑培明南北奔波反帝反封建，慷慨殉难，名动燕山。土地革命时期，共产党人高举民主自由旗帜，为民前驱，陷阵冲锋。日照暴动英勇悲壮，播下火种，迎来曙光。八年抗日，滨海根据地砥柱中流，罗荣桓、谷牧、肖华、朱瑞等领导人带领广大军民，在这片沃土上进行过艰苦卓绝的反侵略斗争，在碑廓召开的山东军区军事会议，对山东时局的发展起到了重要的指导作用。英勇的八路军和地方武装与日伪军作战数百次，取得辉煌胜利。罗荣桓挥师甲子山，收复要地；八路军血战安东卫，痛歼日本侵略军。解放战争时期，岚山翻身人民反奸反霸，深入土改，巩固后方，支援前线，有粮出粮，有人出人，组织民工团、子弟兵团，投入拥军支前的革命洪流，小车推到长江岸，帆船远赴舟山岛，有力地支援了鲁南战役、济南战役、淮海战役、渡江战役和淞沪杭战役等。大批岚山干部随军南下，为开辟新区增添了力量。丰功伟业，感天动地，英雄事迹，可歌可泣。自辛亥革命到抗美援朝，有名可考的就有一千多名岚山优秀儿女为了中华民族的解放与和平事业抛头颅、洒热血，前仆后继，为国捐躯。革命烈士名载青史、永垂不朽！

三

几千年的封建社会中，岚山沿海居民多赖渔

盐微利资生，内地农家只靠耕桑薄收度日。由于生产力低下、统治者盘剥，广大劳动人民长期在饥寒交迫中熬煎，遇大灾之年，往往饿殍遍地、饥人相食。历史上各朝虽曾采取过一些济民措施，但不能从根本上救民于水火。即使被称为盛世的清康熙年间，岚山仍是"民多半菽不饱，士多短褐不完"（《安东卫志·赵双璧序》），百姓"流离他乡，亦几殆尽"（《安东卫志·山川》）。1840年鸦片战争爆发，中国沦为半殖民地半封建社会，至新中国成立前的一个多世纪里，岚山人民备受帝国主义、封建主义、官僚资本主义三座大山的压迫，战乱灾荒不断，挣扎在水深火热之中。特别是日本侵略军发动的侵华战争给岚山人民带来了巨大灾难，社会生产力遭受毁灭性打击。日军所到之处，杀人放火、奸淫抢劫，生灵涂炭，血流成河，无数生灵倒在屠刀之下，无数财富被洗劫一空，对岚山社会发展与进步造成了无可挽回的巨大损失。日军的暴行，罄竹难书，人神共愤，岚山人民永远不会忘记日本帝国主义犯下的战争罪恶与反人道暴行。

1947年，土地改革后，岚山渔民有了船网，农民分得土地，始得温饱，但由于长期的战争创伤，经济发展迟缓。新中国成立后，1950～1957年，基本完成合作化和对资本主义工商业的社会主义改造，岚山的农、工、商得到初步发展。人民安居乐业，市场初见繁荣。

1958～1977年的20年，生产力逐步发展，生产关系不断变革，经济有所发展。但由于"左"的错误影响和连续几年自然灾害，岚山经济发展经受了数次挫折，几度徘徊。"大跃进"、人民公社时期，急功冒进，浮夸风盛行。"文化大革命"时期，生产中过分强调"以粮为纲"，割"资本主义尾巴"，打击"投机倒把"，限制集体、个人从事副业和手工业，致使农村经济单一；分配上推行"平均主义"，挫伤了人民群众的生产积极性。至1978年，半数以上的村庄仍处于贫困之中，各行业停滞不前，城乡建设进展缓慢。1978年中共十一届三中全会后，全党工作重点转向社会主义经济建设，从实行农村联产承包责任制开始，逐步进行了工业、商业、交通、建筑各个领域的经济体制改革，岚山经济开始走上全面发展的轨道。

1993年7月，日照市人民政府岚山办事处成立。这是岚山改革征途上的一个新里程碑，岚山的历史从此开辟了一个新纪元。岚山人民在工委、办事处的领导下，不断解放思想、深化改革、抢抓机遇、开拓创新、自我加压、艰苦奋斗。在改革开放的大潮中，岚山民营企业迅猛崛起。三木、昌华、鲁圣等公司和雪青茶场成为全国同行业中颇有影响的企业。充分发挥岚山港和坪岚铁路的带动作用，大力发展临港工业，日照钢铁、源丰沥青、日照焦化等临港大项目落户岚山，形成了冶金、液化和粮油、木材、海产品加工等五大临港产业。经十一年奋力拼搏，岚山国民经济腾飞，城乡面貌发生巨大变化。

2004年9月岚山区正式设立，全区干部群众凝心聚力，加大招商引资力度，加快经济发展方式转变，不断提高城市规划建管水平，扎实推进生态文明乡村建设，完善社会保障体系，坚持新型工业化、新型城镇化、农业现代化"三化"同步推进，大力实施港口立区、产业强区、生态建区"三大战略"，努力做好现代海洋产业、现代特色农业、现代服务业"三篇文章"，全力打造蓝色经济先行区、临港产业核心区、海滨宜居城市新兴区、生态文明乡村建设示范区，努力争当半岛蓝色经济区发展排头兵，社会经济事业获得飞速发展，成为产业特色鲜明、充满经济活力的半岛蓝色经济区鲁南临港产业集聚区的核心区域。

加强港区园区建设，综合经济实力不断增强。到2012年，已建成5000吨级以上泊位23个，其中30万吨级泊位1个、10万～20万吨级泊位5个，2012年港口货物吞吐量达到9441万吨。开工建设了日照—仪征、日照—东明、瀚坤能源等8条石油管道，岚山境内铺设管道60余公里，岚桥港30万吨级（兼顾40万吨）矿石码头等重点泊位建设加快推进。以打造国家级经济开发区为目标，规划了百平方公里临港工业基地，建设了钢铁配套、油气储运加工、木材贸易加工、海洋食品药品、现代临港物流5个特色产业园区，完成基础设施建设投入15.6亿元，"七通一平"（通给水、通排水、通电、通讯、通路、通燃气、通热力以及场地平整）面积50平方公里。其中，钢铁配套产业园区规划面积 4.5 平方公里，完成三横一纵路网建设和水、电、管网等配套设施建设。全区投资过 5000 万元的钢铁配套项目达 25 家，其中过亿元的 14 家，初步形成以日照钢铁公司为龙头，钢管、焊管、PC 钢棒等高科技新兴产业聚集的钢铁产业集群，全区钢铁产能及配套加工能力达到 1200 万吨，发展成为山东省重要的钢铁生产基地。化工产业园规划面积 39.5 平方公里，累计投入资金约 10 亿元，完善了路、水、电、管廊等基础配套，建设了消防特勤站、工业污水处理厂、港区至园区西区的地下管道，制定了园区内部公共化工管廊规划设计方案，山东石大科技石化有限公司、山东金石沥青股份有限公司、日照岚桥港口石化有限公司、日照广信化工科技有限公司、日照岚星化工工业有限公司、瀚坤能源发展有限公司等加工储运项目建成投产，石化产业年精炼加工能力达到 1000 万吨、罐储周转能力 3000 万立方米，已发展成为江北最大的液化品储运基地、新兴的石化产业基地。木材产业园区规划面积 15 平方公里，设立了国家级木材贸易加工示范区和国家级进口木材检验检疫除害处理区，建成日照中兴森工实业有限公司、日照德霖木业有限公司、日照海澜木业有限公司、日照昊禾木业有限公司、华大木材国际商贸城等木材加工、贸易企业 286 家、木材货场 12 家、木材电子交易市场 1 家。2012 年，岚山港区进口木材 390 万立方米、加工 420 万立方米，进口量、加工量位列全国沿海港口“双第一”，成为全国沿海最大的进口木材接卸地和全国最大的木龙骨、方子木加工、中转、配送基地，被木材业界誉为“中国新兴木业之都”。海洋食品药品产业成就突出，拥有各类渔船 1626 艘，其中大功率（44.835 千瓦以上）渔船 730 艘，年捕捞量 22 万吨，捕捞能力居山东省第二位。发展贻贝养殖面积 1.53 万公顷，是全国最大的贻贝生产基地。前三岛海洋牧场建设项目实施方案已获山东省海洋与渔业厅批复。拥有山东昌华食品集团有限公司、山东阿掖山集团有限公司、日照永兴食品有限公司、山东丰华食品有限公司等水产品加工企业 121 家，年加工能力 52.5 万吨，水产业总产值达到 102.7 亿元，建设了安东卫海货城、安东卫国际水产城和岚山鲜活水产城，是山东省重要的海洋捕捞冷藏基地、干鲜货集散地、亚洲最大的海洋仿生食品加工基地。拥有日照岚山生化制品有限公司、山东众山生物科技有限公司 2 家生物制药企业，年产值 4.5 亿元。粮油加工产业龙头企业中粮黄海粮油工业（山东）有限公司是中粮集团五大粮油加工企业之一，年加工大豆 152.8 万吨，“福临门”大豆油畅销全国。

2012 年，全区规模以上企业发展到 92 家，实现产值 926.04 亿元，利润、利税分别实现 40.64 亿元、93.21 亿元。全区个体工商户发展到 14275 户，高新技术企业达到 9 家。拥有中国驰名商标 1 枚（“雪青”牌绿茶）、山东著名商标 13 枚（阿掖山食品、永兴龙食品、御青绿茶、百满绿茶等）、中国名牌产品 2 个（昌华牌鱼糜制品、福临门牌大豆油）、山东名牌产品 13 个（碧波绿茶、圣谷山牌绿茶等）。外向型经济发达，荷兰孚宝、法国液化空气、德国德固赛等多家世界 500 强企业在岚山投资、合资，外资企业达到 55 家，2012 年实现进出口总值 71.81 亿美元，实际利用外资 1.05 亿美元。

改善农业生产条件，农业发展水平不断提高。全区拥有茶园 5267 公顷，省级茶叶农业龙头企业 2 家，市级茶叶农业龙头企业 14 家，获得 QS 认证茶叶企业 49 家，茶叶农民专业合作社达到了 132 家，茶叶协会达到 8 家，茶叶研究所 5 家，企业加工能力达到 1.2 万吨，年总产值达到 10.36 亿元，已成为北方最大的绿茶生产基地和国家级无公害茶叶标准化示范区，被评为“全国重点产茶县”。“岚山区十万亩茶叶优质安全标准化生产基地建设”项目被山东省科技厅推荐为“2012 年科技富民强县专项行动计划”国家级项目。桑园面积达到 656.7 公顷、蚕茧年总产量 67.4 万公斤，桑园面积、蚕茧产量居山东省第五位。日本栗面积发展到 2333 公顷、年产量 2100 吨，为全省最大的日本栗产地。蔬菜面积发展到 2633 公顷。成功争创了省级出口农产品质量安全示范区、特色农业发展先进区、国家级出口食品农产品质量安全示范区。

完善城乡基础配套，人居环境明显改善。至

2012年，累计实施城建重点工程140余项，开展了产城关系国际咨询、岚山区产业发展及核心项目规划论证及城市总体规划、专项规划修编，实施了城市供水、供热工程，建成启用生活污水处理厂、无害化垃圾填埋场，建成万吨水厂3座。实施了南部滨海岸线环境改造，建设了南部8平方公里滨海新区，开工建设了凤凰山、金牛岭、官山等5个新型万人大社区，城市建成区面积达到20平方公里，城市人口发展到10万人，公共绿地面积达到400万平方米，城市绿化覆盖率40.4%，成功争创省级文明区，被评为2011年中国城市化新兴滨海城市典范案例、中国宜居宜业典范城市。

切实保障改善民生，群众满意度全面提升。启动了全省教育示范区创建工作，在全市率先完成中小学布局调整、实现了农村中小学校舍楼房化。岚山实验中学建成启用，区直实验小学、实验幼儿园、安东卫实验学校、巨峰“三校合一”等建设加快推进。率先实现镇村卫生一体化管理、完成了全部乡镇卫生院改扩建，区人民医院成功加盟青岛大学医疗集团，成功争创二级甲等医院。连年提高城乡最低生活保障、五保供养、优抚优待、新型农村合作医疗补助标准，率先推行了城镇居民基本医疗保险、新型农村养老保险试点，基本实现城乡居民医疗保险、养老保险全覆盖，新型农村合作医疗水平在省、市保持领先。全面加强社会养老服务体系建设，完善了高龄老人津贴补贴制度，全部乡镇敬老院均达到省一级标准，被表彰为山东省敬老院建设先进区。计划生育工作连年受到市委、市政府表彰，被评为全国计划生育优质服务先进区。在日照市率先实现了村村通自来水、通硬化公路、通有线电视，被评为山东省村村通自来水工作先进区。制定了《关于深化全区各级领导公开接待群众来访的实施办法》，创新建立综治维稳网格化管理体系，实施了“三会两公一评”村级民主工作法、平安企地共建、重大项目社会稳定风险评估制度等办法措施，社会大局保持和谐稳定，群众对社会治安满意率达98%以上，先后被评为全国法治县创建活动先进单位、安全生产基层基础工作先进区、山东省信访工作先进单位、山东省食品药品安全示范县、山东省平安建设先进区。

2012年，全区实现地区生产总值455.9亿元，是2004年的8.38倍，年均增长30.4%；工业总产值944.94亿元，是2004年的8.75倍，年均增长31.1%；地方财政收入17.84亿元，是2004年的23倍，年均增长47.98%；规模以上固定资产投资332.87亿元，是2004年的9.5倍，年均增长32.5%;农民人均纯收入11182元，是2004年的2.8倍，年均增长13.8%。被评为2011中国最具经济活力城市、最具竞争力十强县市区和山东省最佳投资城市，先后获全国科技进步先进区、全省服务业发展先进区等称号。

随着改革的不断深入，发展中存在的一些问题也逐渐显露。综观岚山区情，尽管临港产业快速发展，综合实力大幅提升，城市框架基本拉起，社会事业全面进步，但全区经济总量还比较小，产业结构不够合理，服务业发展滞后；资源综合利用水平低，环境保护、节能减排、土地集约利用压力较大，转方式、调结构任务繁重；城市和园区承载能力不足，城乡一体化发展任重道远；财政收支矛盾突出，社会保障体系不够完善。推进跨越发展，率先发展，扩大对外开放，增强综合实力，全面提高全区人民物质文化生活水平，是岚山发展中不可回避的历史性选择。昨天铸就辉煌，今天跨越赶超，明天更加美好。瞻望未来，全区人民在区委、区政府的坚强领导下，高举中国特色社会主义伟大旗帜，以邓小平理论和“三个代表”重要思想、科学发展观为指导，深入贯彻习近平总书记系列重要讲话精神，围绕建设生态经济强区、文明宜居新区、率先全面建成小康社会目标，全力打造半岛蓝色经济先行区、临港产业核心区、海滨宜居城市新兴区、生态文明乡村建设示范区，努力争当半岛蓝色经济区发展排头兵，未来的岚山，必将是一个经济更加发达、实力更加强大的新岚山，必将是一个形象更加靓丽、生态更加宜居的新岚山，必将是一个社会更加和谐、人民更加幸福的新岚山。

岚山，共和国年轻的区县，正以崭新的面貌、昂扬的姿态，走向世界，走向美好的明天。

大事记

鲁昭公十九年(公元前523年)

《左传·昭公十九年》载:秋,齐高发帅师伐莒。莒子奔纪鄣。使孙书伐之。初,莒有妇人,莒子杀其夫,已为嫠妇。及老,托于纪鄣,纺焉以度而去之。及师至,则投诸外。或献诸子占,子占使师夜缒而登。登者六十人。缒绝。师鼓噪,城上之人亦噪。莒共公惧,启西门而出。七月丙子,齐师入纪。

五代后汉乾祐二年(949年)

密州刺史王万敢袭击荻水镇(今安东卫街道荻水村),大掠而去。

金贞祐三年(1215年)

农民起义军杨安儿攻莒、密二州。金遣完颜霆、黄帼率兵3000人镇压。杨安儿兵败于岚山头、荻水口,从岚山乘船去即墨。途中,船工将其杀害,把人头献于官府。

明洪武十七年(1384年)

信国公汤和奉旨在沿海筑城防倭寇(日本海盗)。设安东卫,筑城屯兵,下设左、右、中、前、后5个千户所。后所名石臼所(今石臼港)。沿海一带设28墩,在诸城、日照两县有17处屯地。

景泰四年(1453年)

十二月,大雪,发生罕见海冻。

天顺年间(1457~1464年)

中所调防天津卫,右所调防徐州卫。

成化年间(1465~1487年)

设卫学,规模同县学,后改为文庙。

正德六年(1511年)

四月,霸州(河北省霸县)刘六、刘七、戚晏明等率农民起义军攻破日照城。八月,刘六等再攻日照城,安东卫指挥童鼎战败。十月,刘六等又攻安东卫城。卫指挥童鼎、杨振东据城抵抗,卫千户支福中箭身亡,起义军连攻7日不克,炮击南门而退。

嘉靖年间(1522~1566年)

安东卫西大街设三、八大集,北大街设一、六大集。

嘉靖十三年(1534年)

青州兵备道康天爵筑巨峰寨,由青州卫官军及日照、莒州地方派兵守卫,防止走私贩运食盐。

嘉靖十八年(1539年)

八月,大风大雨,海水溢岸5里,沿海农作物被淹。

嘉靖二十年(1541年)

安东卫南大街设三、八大集。

嘉靖三十一年(1552年)

安东卫官兵击退侵犯日照沿海的一股倭寇。

嘉靖三十四年(1555年)

倭寇60余人乘船在夹仓登岸,持刀抢劫。安东卫官兵和民众与其战于转头山(在虎山镇境内),倭寇败退南逃,在江苏赣榆海头镇被全歼。

嘉靖三十六年(1557年)

倭寇侵扰安东卫、岚山头。安东卫指挥王道、青州千户徐光华率兵奋力抵御,数日后,倭寇退走。

万历四十三年(1615年)

大旱又遇蝗灾,赤地千里,人相食,卖子鬻女,死者枕藉于路。

崇祯七年(1634年)

水灾,庄稼被淹,冲塌农舍。

崇祯十三年(1640年)

旱灾、蝗灾,盗贼蜂起。

崇祯十六年(1643年)

一月,清兵攻陷安东卫城,大肆杀掠后北去。

清顺治三年(1646年)

耕牛得瘟疫几乎死尽,并传染于人,病重者不治而死。

顺治七年(1650年)

一月,榆园人杜冲率反清义军攻日照县城不克。二月,攻安东卫城,城破。

顺治八年(1651年)

六月二十日,大雨如注,雷电迅急,至次日清晨雨才停止。安东卫城内水深没过灶台,房屋倒塌不计其数。

顺治十六年(1659年)

阴雨连续60日,且大水。

顺治十八年(1661年)

设安东营,隶属于青州营。

康熙元年(1662年)

安东卫营改属沂州营。

康熙二年(1663年)

清政府实行海禁,沿海乡民不得海运、捕鱼,贫困异常,被迫流离他乡。

康熙三年(1664年)

冰雹,大者一尺有余,庄稼被砸入泥中,野鸟被击毙无数。

康熙四年(1665年)

大旱,发生蝗灾。官府免去百姓全部粮税,并发放库银赈灾。

康熙五年(1666年)

又发生蝗灾,耕牛得瘟疫。安东卫奉旨裁除千总一员、百总一员。

康熙七年(1668年)

六月十七日夜,大地震,震声如雷,自西北而来。始震一上一下如浮风舟,接着轻如欹、重如覆,人皆颠,山崩地裂,平地涌沙,泉水喷出地面一尺余。安东卫城墙倒塌,房屋震毁,压死十余人,伤者众多。余震断续4年才逐渐平息。

康熙九年(1670年)

秋旱。安东卫守备赵双璧率众步行至碑廓圣公庙求雨。冬,大雪3日,平地3尺,严寒异常,不少百姓冻死。

康熙十一年(1672年)

日照、赣榆蝗虫成灾。安东卫守备赵双璧率众捕捉,蝗虫在安东卫一带未能成灾。

康熙十二年(1673年)

康熙十一年,诏令天下各州县编修地方志。次年,安东卫守备景陵赵双璧、安东卫经历司经历清苑王麟胤、安东卫儒学教授举人日照李篁组织安东卫庠廪赵自修、庠生胡植纲、庠廪杨大任、增生苏敬生等重修《安东卫志》,刊刻成书,共六卷。

康熙十八年(1679年)

二月十六日,海禁稍开,允许渔船入海作业。

康熙二十二年(1683年)

清兵攻占台湾,安东营改属登州府。海禁大开,岚山渔业生产恢复,海运畅通,商贾渐集。

乾隆七年(1742年)

安东卫并入日照县,设安东卫巡检司。卫学并入县学。

乾隆四十九年(1784年)

六月,大海啸。

乾隆五十一年(1786年)

春,大饥荒,人吃人。夏,瘟疫流行。

嘉庆八年(1803年)

六月,大雨,河水泛滥,房屋倒塌,压死多人。

道光八年(1828年)

春,大饥荒。秋,大雨,平地水深数尺。

道光九年(1829年)

十一月,地震。

道光十三年(1833年)

春,大饥荒。夏,瘟疫流行。百姓流离失所。

道光二十七年(1847年)

七月,大雨、狂风,将树木拔出。

道光二十八年(1848年)

七月,沭阳农民军首领陈玉标率90余人,在安东卫、碑廓一带抗拒官府,清廷令各地文武官员,不分地域,合力兜拿。

道光二十九年(1849年)

西南农民军攻占碑廓,安东营出兵镇压,并遵山东巡抚令,将被俘农民军就地杀害。

咸丰元年(1851年)

九月四日,清政府豁免道光二十九年前民欠钱粮。

咸丰二年(1852年)

春,大旱,蝗虫成灾。夏粮不收,大饥荒。

咸丰四年(1854年)

陈玉标率千余人进攻碑廓,日照知县张德霖率兵在碑廓堵截,陈部南退。

咸丰七年(1857年)

大饥荒,人吃人。

咸丰十年(1860年)

十一月,捻军将领赖文光、任化邦(任柱)率部攻取赣榆县青口后,日照知县张书升、安东营千总郝元杰在虎山堡、界牌岭布阵设防,阻止其北上。

安东卫、碑廓办民团筑圩寨防捻军。

咸丰十一年(1861年)

八月,捻军李成部由皖入鲁。六日由莒州进入日照县境。七日兵临涛雒,因海潮涨满圩壕,未能逾越。八日攻打夹仓,遇武装抵抗,未克,兵分3路北去,5天后离开日照县境。

十月八日,李成部重返日照,经安东卫离境。

十月十二日,峄县滕化光率幅军(反清农民武装)数千人由黄墩突入,攻高子山未果,后连克邵疃、山字河、傅疃数村。十七日拂晓,滕部向夹仓圩发起攻击,杀死团练长以下370多人,攻下夹仓。后率众南下,进入岚山头,杀死数百人。

同治元年(1862年)

瘟疫流行。秋,大水。

同治二年(1863年)

三月,幅军宋三冈进攻安东卫、碑廓一带,清军参将张祖云及富和、德楞额等率军围剿。

同治四年(1865年)

二月八日,大雪,伴有雷电、冰雹。六月十六日,大风拔木。

同治六年(1867年)

七月,朴学家、校勘学家、金石学家、书法家许瀚(虎山大合坞人)逝世,终年70岁。

八月至十二月,任柱、赖文光率部与清军在日照、江苏赣榆之间激战,任柱被杀,捻军受损颇重,退去。

光绪元年(1875年)

七月,大风雨,平地水深数尺。

九月,大风,农作物减产。

是年秋,岚山头二村林相华在林家园栽培空心芹菜成功,后被誉为"岚芹"。

冬,牛疫流行严重。

光绪二年(1876年)

是年,大饥荒,谷价暴涨。安东营都司李云庆下令由海上运粮概不加税。运粮商人日增,粮价得以稳定。

光绪四年(1878年)

夏,蝗灾严重。

光绪五年(1879年)

是年,天主教德国主教安治泰、神父薛田资

在巨峰丁吕土山等地建教堂,设传教区,并首次带来西药石碳酸、来苏水、黄碘等。

光绪二十五年(1899 年)

一月二十三日,德使照会清廷,要求镇压日照、莒州等地大刀会民众,保护德人,“若再有闹德之事,必须重罚”。

三月下旬,德国海军陆战队 40 人在安东卫登陆(省志记载:是年 3 月 29 日德军 120 人占领日照,另 40 人在安东卫登陆)。其中 3 人去沂州府,途经王家疃村时被百多乡民围住。德兵开枪打死打伤乡民多人后,由地方官府护送返舰。

八月,义和团数百人被清兵自临沂追杀至巨峰一带,遂投奔丁鸿吉。后与厉应九部汇合。因八国联军攻陷京城,清兵离县北去。

光绪二十六年(1900 年)

六月,蝗灾。蝗虫自南向北,遮天蔽日。

是年,沂州府设沂防营,管带于连三率一个营驻防日照,安东卫、岚山头驻扎一个连。1903 年,沂防营改为巡防营;1911 年,巡防营复改为沂防营;1915 年,沂防营撤离。沂防营驻扎安东卫期间,骚扰祸害百姓,乡民鸡犬不宁,百姓对他们深恶痛绝。

宣统元年(1909 年)

春,大旱,农作物基本绝产。百姓以树皮、草根果腹,饿殍遍地。

宣统二年(1910 年)

二月,夏陆沟村马官和与栈子村叶友彭合伙购置锅驼机与织布机,开办织布工厂,主要生产柳条布和白粗布,有工人 20 多名。后受洋货冲击而停办。

是年,岚山及日照县内其他地方共 7 处口岸通航,有木帆船 200 只,北通旅大,南达广州等地。

宣统三年(1911 年)

一月二十七至二十八日,连降大雪。除夕子夜,电闪雷鸣,遍降暴雨,平地水深尺余,至翌日晨方止。

1912 年

1 月 1 日,中华民国成立。日照县知事公署更新,安东营撤离。

是年,日照县划为 15 个区,区设议事会。境内有安东卫区、碑廓区、黄墩区、巨峰区、皋陆区,另有部分村落属涛雒区。

1913 年

春,日照县巡警分局改称警察事务所(后称警察所),安东卫设分所。

1914 年

春,日照县大力植树。仅西北山区及傅疃河岸即植树 668160 余株。

6 月 15 日至 7 月 15 日,在山东省第一次物品展览会上,李春溥篆刻的图章获优等褒奖金牌,竹园大提篮获优等褒奖银牌,茧、鱼鳔获铜牌。

是年,袁世凯取消国会解散议会后,丁惟汾回家避居,暗中支持外甥薄子明(革命党人,巨峰镇薄家口村人)的倒袁活动。

是年,黑热病流行。

1916 年

5 月,薄子明为筹集二次革命经费,率部将栈子富商叶友彭绑架至五莲山区处决,遂去周村参加护国倒袁。不久,吴大洲在周村成立临时军政府,薄子明出任山东省护国军总司令。

是年,赣榆潮河海匪由荻水登陆,洗劫安东

卫71家商号。

是年，烟台人吕廷芳在岚山头开设西药房。

1918年

是年，两名日本人携带地图、测量仪器到日照，秘密收集地质、地形等情报。

1919年

1月8日，日照7处通商口岸商民团体致电省府誓言抵制日货。

夏，受“五四运动”影响，日照县教育界成立救亡团，下设分团，组织抗日示威游行，并收缴、查封商人贩卖的日货，当众焚毁。此活动坚持数月。

是年，岚山头二村林家父子同刘文远将“岚芹”种植面积由6分扩大到3亩。

是年，伤寒病流行。

1920年

8月，夏陆沟村马官和为开采博山八陡附近煤矿，集资40万元兴建博山至八陡轻便铁路。该路于1923年建成，是山东第一条由私人兴建的铁路。

1922年

5月，有“胡匪”约200人在岚山头登岸骚扰。

是年，设朱曹公立高等小学和安东卫两等(初等、高等)小学。

1923年

春，丁惟汾、王乐平、于恩波介绍在青岛求学的日照学生王冠三、王景贤等人加入国民党。

1924年

春，岚山头一带发生霍乱病，迅速蔓延，几天间死亡300余人。

1925年

8月，安哲、郑天九、牟春霆(陈雷)、李平章等10余名日照籍青少年在济南成立“少年日照学会”。

秋，虎山韩家营子一带发生蝗灾，庄稼严重歉收，200余户人家逃荒外地。

1926年

春，安哲、郑天九由丁君羊介绍在济南加入中国共产党。

10月，安哲、郑天九、李平章、牟春霆等人受中国共产党组织派遣，赴武汉参加北伐。

1927年

年初，张宗昌的直鲁联军第八军毕庶澄部仲延魁营，在安东卫一带招兵120人，并勾结土匪，骚扰地方，勒索民财，引起民愤。3月30日，王冠三等率领大刀会300余人攻打安东卫。31日，附近各村大刀会民众千余人赶来支援，杀死仲延魁等50余人，生擒100余人。

4月，郑培明(后村镇李家洼村人)在北京被奉系军阀张作霖逮捕，28日与李大钊等人一起遭绞杀。1929年郑培明灵柩运回家乡安葬，日照县各界群众召开追悼大会。

6月，孙传芳部被国民革命军在长江以北击溃，残部乘民船50余只从连云港经海上溃逃至岚山头，溃军所到之处，无恶不作。

9月，大革命失败后，遵照中共党组织指示，牟春霆、郑天九回到日照开展农民运动。

是年，岚山头商业协会成立。

1928年

春，中共山东省委派安哲回日照县建立中共日照县委，安哲任书记，郑天九负责宣传工作，牟春霆负责组织工作。

3月、10月，土匪刘桂堂（刘黑七）率匪兵两次骚扰安东卫、碑廓。

5月，济南“五三”惨案发生后，日照县各界人士成立了“抗日外交后援会”，发动日照县中学进步师生组成宣传队，在城乡集镇游行示威，张贴标语，召开演讲会，宣传抗日。同时，还以查抄日货和禁止国货外运等办法，反对帝国主义暴行。

9月，郑天九在山字河村吸收汉成运入党，并建立党支部。同时，还在三官庙办起“平民夜校”。

11月，杨虎城部国民革命军第十军所属党怀英团某营驻安东卫，1929年撤离。是年，耶稣教会在日照县城开设“中和大药房”。皋陆汉永清亦在本村开设西药批发点“清华大药房”。

是年，夏陆沟村马祝明等首次放映无声电影《哪吒闹海》，持续两年。后因片源不足停映。

1930年

9月，巨匪史义成在大坡、巨峰一带烧杀抢掠，无恶不作。11月，八十一师奉韩复榘令将其逐出日照。

1931年

春，共产党员、莫斯科东方大学学生李平章回乡省亲，被国民党日照县党部逮捕押往济南。8月19日遭杀害。

春，中共日照县委发动邵疃一带农民及各阶层人士开展反对地头蛇郑萼廷（邵疃小学名誉校长）的斗争，揭露他强占农民2000余亩荒山等罪行，迫使国民党山东省政府将其关押。随后，公推进步青年知识分子郑平为校长，邵疃小学改称为“曙光小学”。

10月，史义成、郑全钦匪部40余人窜至日照，占据大坡一带50余村。

是年，日照县将15个区并为7个区，安东卫与碑廓属第四区，巨峰、黄墩为第六区，其余村落属第二区（夹仓、涛雒）。

1932年

2月，中共山东省委决定将日照县委改为中心县委，辖日照、莒县、诸城、沂水等4县党组织。安哲任书记，牟春霆任组织部长，郑天九任宣传部长。日照县涛雒、夹仓、巨峰、邵疃、河山、两城6个区委也先后建立。

8月，日照中心县委在驻跸岭召开第一次党代会。安哲传达省委指示，决定秋后举行暴动。

9月，中心县委为准备暴动，在曙光小学和山字河郑李氏炮楼召开第二次党代会。

10月1日，韩复榘之康占魁、陈延年两团和日照县警备队以及朱信斋部，合剿史义成部于大坡，史被击毙。

10月4日，中心县委在驻跸岭召开第三次党代会，议定了有关日照暴动的具体事宜。

10月13日，日照暴动按中心县委统一部署，分南北两路同时发起，先后攻占了王家滩、两城、平家村、苗家村、宅科等大村镇50余座。

10月17日，国民党山东省政府主席韩复榘急令展书堂师之运其昌旅昼夜兼程赶来镇压，并纠集日照、莒县、诸城等县地主武装协同“进剿”，致使北路暴动队伍被层层包围，南北会师的计划未能实现。

10月20日，中共河北省委发出《拥护山东日照的新苏区与红军》的声明，声援日照暴动。

10月22日，安哲等率领北路队伍抢先占领五莲山区，控制制高点。25日，击退敌人多次进攻，后转移到寨山后涧。南路暴动队伍在郑天九、牟春霆率领下，与敌交火数次，最后转移到望海寺、白云寺、朝阳观山区。

10月26日，由于敌我力量悬殊，北路暴动队伍在寨山后涧疏散转移，进行隐蔽斗争。南路也决定化整为零转入地下。至此，暴动失败。

10月，中共山东省委军委负责人祝刚到日照了解暴动情况，与在县中任教的中共党员李云鹤取得联系，成立中共日照县临时特别支部。11月下旬，祝刚回济南向省委汇报。12月1日，省委向中央写了《关于日照暴动情况的报告》。

12月上旬，安哲从大连派安茂祥、厉老四等人回日照恢复党组织。北平十七中学中共党员郑培宣也受党的委派，来日照恢复党的组织。

12月20日，祝刚与李云鹤、郑培宣晤商，成立中共日照县工作整理委员会，祝刚任书记，李云鹤任宣传委员。不久，成立中共日照县委(后改为日照中心县委)，祝刚、李云鹤先后任书记。

是年，范景蘧与王润阶等人在安东卫小学建立中共党小组。

1933年

2月19日，叛徒郑世果趁郑培宣外出之机，在芳沟西岭将其杀害。24日，李云鹤被捕，中心县委遭破坏。此后，日照县绝大部分党员与上级党组织失掉联系。

1936年

4月，安东卫设立乡农学校。

秋，南京国民政府财政部税警二团进驻安东卫，下辖4个营，每营3个步兵连，1个机枪连，共2700余人。团部驻安东卫，各营分驻岚山头、虎山堡、高旺庄、涛雒。该团曾修筑环海公路及沿海防御工事。1937年，上海"八一三"事变后，该团南下参加"淞沪抗战"。

1938年

2月20日，日伪军张宗援部及刘桂堂部联合自北入日照境，先后占领两城、日照城、傅疃、涛雒等地，制造了血洗涛雒簸箕掌、高兴申家庄等一系列惨案。

3月，国民党五十七军一一二师对盘踞在碑廓一带的伪军刘桂堂进行围剿，师部驻碑廓，六六七团万毅部驻费家湖。

是月，碑廓大湖村魏春如在碑廓组织队伍，号称"军事委员会别动总队第十游击纵队"。不久被国民党山东省政府改编为第三专署保安第八旅十五团。

5月12日，日军飞机轰炸巨峰等村镇。

6月，一一二师中共地下工委派党员赵志刚、李欣、王国栋等人以"国民党五十七军日照县抗日宣传队"名义，到下元村一带开展抗日宣传，并成立中共下元特别支部，赵志刚任书记，李欣、王国栋任委员。不久，下元特支又成立日照县抗日民众自卫联合会(简称区联会)，下设涛雒、碑廓、高兴、巨峰等7个分会。

8月中旬，中共鲁东南特委在大店成立。特委应朱信斋的要求，派牛瑞甫等人到黄墩，将朱部改编为八路军山东抗日游击第二支队四大队(后改为独立营)。朱任大队长，杨昆兼政委。

12月中旬，中共日照县委在小曲河重建。范景蘧任书记，郑子久任组织部长，杨心培任宣传部长，刘鸿若任统战部长。县委属鲁东南特委领导。赵明德等十余人入党。

12月下旬，日军在岚山头登陆，焚烧渔船100余条。

1939年

1月，中国共产党安东卫支部成立，张静寰任书记。

3月，中共日照县委组织工作团在黄墩、三庄、街头等地宣传组织群众，普遍建立抗日自卫团、农救会、青救会、妇救会等群众组织。

5月，郑子久任中共日照县委书记。其时，日照全县有党员500余人，各区委相继建立。

5月，日军军舰1艘、汽艇4只入侵岚山头口，50余人在岚山头登陆，烧毁渔船136只。

6月，日军两万余人首次对鲁中地区进行"大扫荡"。

7月，在反"扫荡"中，中共日照县委正式组建抗日武装。初30余人，到年底发展到300余人，在高兴镇白云寺正式整编为日照县大队，下设3个中队。

11月，在抗日根据地黄墩陈家沟建立起滨海区第一家供销合作社。

1940 年

3 月，日照县抗日民主政府成立。县政府实业科在岚山头设税卡征收盐税。

6 月 14 日，两艘日舰骚扰岚山，烧毁渔船 80 只，毁掉渔网 300 余条，劫走 200 余条。

7 月，日伪军在碑廓设一据点，驻日军一小队，伪军 70 余人。9 月 16 日，八路军九支队独立团长途奔袭，伪军 70 余人投降，日军逃窜。此后，碑廓区一直是抗日根据地。

是年，日照县抗日民主政府将安东卫划为第四区，巨峰划为第六区，碑廓划为第八区，黄墩划为第九区。

1941 年

年初，山东纵队二旅六团进驻碑廓圣公山，5 月上旬，山东纵队二旅五团团部驻碑廓，担负保卫抗日根据地任务。

春，为开展抗日斗争，滨海专署扩大日照县抗日民主政府控制的抗日根据地辖区，将莒南县团林等几十个村组建团林区，划归日照县，1942 年 9 月划回。

3 月 2 日，时任八路军独立营营长朱信斋公开叛变(即浮棚山事件)，逮捕共产党员、抗日军政干部、战士和工作人员，并先后杀害独立营政委董振彩、连长山世传、指导员董宪法、七区区长范干民、区中队长胡云廷、爱国人士陈怀志等上百人，抗日根据地内 2 个区 9 个乡的政权和区中队遭到严重破坏。

3 月，中共日照县委为开辟泰石公路以北地区，成立中共日北工作委员会。郑子久兼书记，李玉山(李桂五)任副书记。

4 月 25 日，国民党五十七军一一一师孙焕彩部勾结顽保安十六团袭击驻沟洼村休整的中共日照县委、县政府及县大队四中队。此后，八路军控制区只剩下西起碑廓东至汾岚 15 余公里、南北 5 公里多的一片地区。

4 月下旬，国民党五十七军一一一师一个团攻击圣公山，3 次进攻，均被山东纵队二旅六团击溃。敌扔下 30 多具尸体和重伤员逃窜。三营追击敌人 5 公里多，副教导员贾玉民牺牲。

夏，日照县抗日民主政府在碑廓区王家庄开办抗日烈士子弟小学，招收烈士子女及在外地工作的抗日干部子女 20 多人。

12 月，八路军海赣独立团一部攻打栈子据点，将 100 余名劳工悉数救出，并打退涛雒日伪军增援。次日，该团一个连被日伪军包围于郑家结庄西南大山沟，经激战，大部壮烈殉国。烈士遗体被安葬于虎山解放村烈士陵园。

1942 年

2 月，山东战时邮政总局成立。4 月 20 日，日照战时邮局成立，局址在碑廓丁家庄、王家庄一带。

2 月，日军乘军舰 1 艘，汽艇 4 只在岚山头、潘家村一带登陆，烧杀抢掠后离去。

3 月 24 日，日军两架飞机扫射、轰炸碑廓大集，40 余人被炸死炸伤。

5 月，赣榆县的汾阳区(柘汪以北)划归日照县。

是月，根据山东分局《关于减租减息改善雇工待遇开展群众运动的决定》，日照县委开始部署减租减息工作，在碑廓二朱曹村开展“双减”试点。

8 月 3 日，国民党五十七军一一一师师长常恩多在郭维城的协助下，率部摆脱国民党顽固派的控制，进入抗日根据地，时称“八三义举”。起义部队仍沿用一一一师番号，称新一一一师。1944 年 10 月改编为八路军山东军区滨海支队。

8 月 14 ～ 19 日，滨海部队发起第一次甲子山反顽战役。10 月 11 ～ 18 日进行第二次甲子山战役。12 月，罗荣桓率八路军一一五师进驻碑廓，12 月 17 日在罗荣桓指挥下发动了第三次甲子山战役。三次战役共毙伤敌顽军 2600 多人，收复甲子山区，从根本上扭转了滨海区抗日斗争的困难局面。

8 月，滨海军分区独立团负责保卫抗日根据地及岚山头海口。

10月20日，八路军山东纵队二旅五团和四团一部，长途奔袭伪“和平军”，一举攻克安东卫、岚山头、潘家村等伪军据点。

12月，汾岚区区长张静寰带区中队14人，在当地民兵配合下，在潘家村西岭将伪“和平军”20余人击溃。

是年，日照县抗日民主政府变更区划，先后建立碑廓、汾岚、虎山、高兴、大坡等区。

是年，抗日根据地碑廓区建立儿童团。其后，各区儿童团相继建立。

1943年

1月，日照县抗日民主政府动员青年参军，碑廓、安岚等区有数百名青年光荣入伍，补入八路军教导五旅十三团。县长刘鸿若亲自抬轿送新兵入伍。

2月，日照县警备团、县大队、中共日照县委、县政府机关干部和战士300余人，在安东卫南滩头开辟盐田10公顷(后为安东卫盐场)。

春，汾阳区与安岚区合并为汾岚区。

春，日照县抗日民主政府在碑廓创办全省第一处公营性质的合作社，称“日丰”合作社。

4月，滨海军分区独立团与日照县大队在前合庄整编组建为滨海军区警备团。

5月，北海银行在碑廓设“日照办事处”，牟逵任主任。

6月，日照县文化界抗敌协会在碑廓区成立，秦寄萍任会长。

7月，日照县委在碑廓、大坡、巨峰、汾岚、薛庆等区及边沿地区的高兴、涛雒、太平等区的一些村庄，组织群众开展减租减息和增资斗争。

8月，日照县各界抗日救国联合会在碑廓区成立。

9月，滨海工商局日照支局在巨峰李家土山成立。

是月，伪军百余人围攻虎山桥南头村，该村民兵在八路军滨海军区警备团六连支援下打退敌人，击毙汉奸队长张家斗。1944年滨海军区授予该村“抗日模范村”光荣称号。

是年，碑廓剧团成立，方平(山东省歌舞团团长)为艺术指导，负责人王长康、牟少海、叶玉珍。

是年，抗日根据地碑廓区、汾岚区及部分村庄建立青年救国联合会。

1944年

1月21～24日，滨海军区六团在日照、莒中两县地方武装配合下，发动石沟崖战役，生俘汉奸、伪日照县保安大队副大队长朱信斋及其以下408人，毙、伤120余人(包括日军2人)。此次战役扫除了滨海区中部与北部的联系障碍。29日，朱信斋被公审处决。

春，山东省军区罗荣桓、肖华等领导人驻碑廓二村。

春，滨海军区从滨海警备团抽调两个连，从安东卫民兵联防队和岚山头码头工会抽调民兵、工会会员百余人，组成滨海军区海防大队。冯召金任大队长，下辖3个中队。1945年秋，海防大队与日照县海防中队合并，编为日照县独立营。

4月15日，碑廓区建立聚丰纺织合作社，组织纺车千余架，织布机百余台，土纺土织，供军需民用。

4月，山东军区政治工作会议在碑廓召开，肖华作了《关于对敌斗争问题》的报告。

是月，成立岚山头渔业合作社。

5月5日拂晓，日伪军400余人突袭滨海警备团团部和该团一、二连驻地六甲庄子。在该团四连和涛雒、巨峰两个区中队的支援下，团部顺利突围。本次战斗，击毙日军指挥官1名，毙伤日伪军百余人。

7月23日，山东军区在碑廓召开军事工作会议，会议由罗荣桓(下图前排右一)主持。渤海军区直属团团长郑大林，鲁中沂蒙军分区司令员吴瑞林，鲁南军区第三团团长王吉文、政委刘春，胶东军区第十三团团长聂凤智在会上介绍了武装斗争经验。罗荣桓对部队整训、连队建设、地方武装建设、司令部工作、后方勤务工作、学校工作及干部工作等问题，作了系统报告，统一了作战指导思想，对以后的军事建设和作战指导，对争取抗战反攻的胜利，都起到了重大作用。

12月24日凌晨，日伪军600余人，突然袭击滨海警备团驻地黄埠子村。副团长贾正远等几十人在突围时壮烈牺牲。

冬，开展冬学运动。根据地开办民校160所，学员3804人；妇女识字班183个，学员5423人。

1945年

1月11～28日，滨海区劳模大会在莒中县寨里河召开，虎山桥南头村杨玉熙获“劳动模范”光荣称号。

1月，芦山县建立。汾岚、碑廓两区划归芦山县。10月，芦山县撤销，汾岚、碑廓两区复归日照县。

是月，日伪军千余人“扫荡”滨海抗日根据地碑廓一带，碑廓区中队与民兵联合抗击，日伪军退去。

5月1日，日伪军万余人大举“扫荡”滨海区。2日，日伪军700余人侵占安东卫。6～8日，滨海军区二十三团向侵犯之敌进行围攻，收复安东卫。该团一营二连在城西李家庄子村头阵地上英勇阻击敌人，伤亡殆尽。7月7日，滨海军区命名该连为“安东卫连”，并追认指导员钟家全为战斗英雄。该连所在部队后编入38军。

6月，中共日照县委在大坡区大岭村召开战斗英雄劳动模范会议。

7月18日，滨海第三军分区在坊前村召开群英大会。日照代表牟敦荣（虎山桥南头村人）、魏振东、孟凡珍、郑全成、徐河军等出席大会。桥南头、荆家沟被授予“民兵模范战斗队”锦旗各一面。

10月，人民群众开始进行反奸诉苦运动。

11月，滨海军区发起泊里战役，对伪滨海警备军李贤斋部发起进攻。日照县出动大批民兵配合作战。12月30日，泊里解放。

1946年

2月，山东省工商管理总局第二分局日照支局在安东卫设海口事务所，1947年6月改称安东卫海关。1951年撤销。

7月，日照县委召开土改动员大会。

9月，土改运动全面开展，农民有了自己的土地。

10月16日，滨海区在安东卫建立渔业指导所。

12月22日，日照县委召开劳模评选大会，共选出王安友等16位县劳模和127名区劳模。

12月，汾岚、碑廓、虎山、巨峰、大坡、高兴、黄墩区组织支前民工支援鲁南战役。

1947年

2月5日，民工团到临沭前线转运军用物资，历时3个月。

6月，日照县划为8个区1个镇72个乡，岚山境内村庄分别属涛雒、圣岚、巨峰、望海、芦山区。

7月23日，日照县委在邵疃召开全县农代大会，贯彻华东局《关于山东土改复查的新指示》（即七七指示），进一步布置土改复查工作。会议要求彻底摧毁封建势力，从政治上、经济上消灭地主阶级。在这一思想指导下，出现对地主富农及富裕中农乱打、乱杀、乱扫地出门的现象。至8

月中旬，华东局郭子化、谷牧到日照及时纠正了土改复查中“左”的错误。

8月20日，国民党军队侵犯安东卫、岚山头、碑廓、虎山，日照县委发出《紧急战备指示》，县委副书记赵明德（安东卫南街人）率一支武装在磴山坚持斗争。

11月，赵明德任日照县委书记。

是年，发生严重水灾、雹灾和虫灾。

1948年

1月，日照县委集中县区干部在巨峰邱后村开展“三查三整”（查阶级、查思想、查作风，整顿组织、整顿思想、整顿作风）运动，并对整编作了动员和部署。

2月，精减机构后，日照部分干部由邱大江带队于月初到地委集中学习，分别派往大别山等地区工作。

4月，日照县区划调整为12个区1个镇，岚山境内村庄分属涛雒、安岚、碑廓、巨峰、芦山区。

8月，根据党中央《一九四八年的土地改革工作和整党工作》的指示，日照县委自2月份开始整顿农村党支部。在上年7月公开党组织的基础上，党支部、党员至此全部公开。

9月，圣岚区民工千余人，用小车数百辆、运粮8万余公斤，至新泰前线支援济南战役。

11月，安岚、碑廓、巨峰、芦山区组成民工队全力以赴支援淮海战役。

1949年

2月，鲁中南军区第六军分区海防一团二营驻岚山头，后编入北海舰队。

是月，安岚、碑廓、巨峰、芦山区抽调民工编入华东子弟兵团十六团二营，并组织民兵、水手，带帆船支援解放军渡江南下。

4月，安岚、碑廓、巨峰、芦山区组织民工参加导沭（河）工程。

7月26日，风灾，大海潮。

8月，大雨，洪涝成灾。

10月1日，中华人民共和国成立，驻岚山党、政、军机关及各界群众举行隆重庆祝大会。

11月24～26日，日照县第一届各界人民代表大会召开，到会代表247人，安岚、碑廓、巨峰、芦山区代表数十人参加，重点讨论生产救灾事宜。

12月22日，为解放定海，日照县选调大帆船24只，水手240名，在岚山头出海，日照县政府在岚山头举行数千人欢送大会。

1950年

3月8～13日，日照县第一次党员代表会议召开。

5月，日照县划归沂水专署，全县划分为16个区、1个镇。岚山域内有第八区（安岚）、第九区（碑廓）、第十区（巨峰）、第十一区（高兴）、第十二区（山河）、第十六区（黄墩）；部分村庄属于第七区（涛雒）。

4月14～16日，连日大雨。大量房屋倒塌，土地被淹。

4月，日照县土改委员会成立，贯彻《中华人民共和国土地改革法》。

1951年

1月，日照县岚山头港（现岚山港老港区）开工建设。

春，巨峰亨利榨油厂买进3台磨粉机和1台11千瓦柴油机并开张营业，为日照县机械加工面粉之始。

4月，对国民党党、政、军、团、特骨干人员进行登记。

5月1日，各区开展镇压反革命运动，召开镇压反革命大会，处决反革命分子。

8月20～21日，大海啸，安东卫南部一带盐田、农田被淹。

12月，土地改革运动结束。

是年，各区举行抗美援朝和反对美国武装日本大会。开展建立爱国公约、为抗美援朝捐款、实行拥军优属3项爱国运动。

1952 年

1 月 20 ～ 29 日，山东省劳动模范代表大会召开，碑廓西辛兴村李汉莫出席了会议。

1 月，日照县委召开干部大会，动员开展“三反”（反贪污、反浪费、反官僚主义）和“五反”（反行贿、反偷税漏税、反盗骗国家资财、反偷工减料、反盗窃国家情报）运动，6 月份结束。

3 月 21 日凌晨，1 架美国飞机侵入岚山境内，撒下大量带菌蚊、蝇。

春，特大旱灾。

7 月，日照县试办碑廓西辛兴“前进”、杨家庄子“胜利”、小疃“先进”等初级农业合作社。

秋，本地开始进行农村整党。

10 月，推行祁建华速成识字法，岚山掀起速成识字高潮。

12 月，日照县区划调整为 16 个区 4 个镇，新调整出第五区（大坡）、第七区（磴山），原第八区（安岚）划出岚山镇。

1953 年

1 月，赣榆县划归江苏省。10 月，将原汾阳区所辖的 14 个村庄中除汾水、小张家庄外，绣针河以南的 12 个村庄划归赣榆县。

8 月，安岚、碑廓等区成立工商业联合分会。

11 月，实行粮食统购统销，取缔粮商粮贩，稳定了粮食市场。

是月，对农村干部开展党在过渡时期总路线总任务的宣传教育活动。

是年，始办农业合作社。

1954 年

9 月 6 日，岚山头镇工商联合会成立。

1955 年

3 月，动员移民开荒，去黑龙江落户，岚山移民主要安置在嫩江、讷河、依安、克山等县。

7 月 1 日晚，突降大雨，七区（磴山）、八区（安岚）、九区（碑廓）在 7 小时内降雨量 216 毫米，绣针河决口。

10 月，各区贯彻毛泽东主席《关于农业合作化问题》的讲话，巩固农业生产合作社及粮食“三定”（定产、定购、定销）到户工作。

1956 年

6 月，机关、学校、企事业单位内部开展肃清暗藏的反革命分子运动。

8 月，党政机关、企事业单位进行工资改革，在工人中实行八级工资制，干部实行职务等级工资制。

9 月，初级农业生产合作社开始升为高级农业生产合作社。

12 月，岚（山头）兖（州）公路动工兴建，由山东省交通厅工程大队施工，1957 年建成通车。

是年，日照县第一艘 66.2 千瓦机动船在岚山镇海洋渔业生产合作社建造成功。

1957 年

3 月，碑廓区大朱曹二村窦福林、黄墩区葛疃山云条出席山东省第二次社会主义建设积极分子代表大会。

7 月上旬，流行性脑炎蔓延。

7 月，大风，暴雨，大量土地被水淹没。

秋，大旱。自 9 月 1 日起历时 84 天仅降雨 10.1 毫米，比常年同期少 84%。地瓜、玉米、花生严重减产。

11 月，整风反右运动开始，岚山许多干部、教师被错划为“右派分子”。

1958 年

1 月，日照县委召开四级干部大会，通过大鸣、大放、大辩论，进行整编下放，撤区并乡。岚山境内有虎山、安东卫、朱曹、碑廓、巨峰、大坡、高兴、马庄、黄墩9个乡和岚山镇。

4月,各乡掀起"大跃进"高潮。

6月,各乡学习贯彻"鼓足干劲,力争上游,多快好省地建设社会主义"总路线,号召人民向技术革命和文化革命进军。

夏,日照县第四中学在安东卫建立。

8月下旬,大批青壮年被抽调到高旺庄,土法上马"大炼钢铁"。高旺一带土高炉林立,浪费大量人力、物力和资源。安东卫东庄一带有高炉十几座,青壮年炼钢铁,妇女上山砍伐树木做燃料,整个阿掖山树木被砍伐一空。

8月,撤销乡镇成立人民公社,实行"政社合一",村庄改称大队。英雄(碑廓)、卫星(巨峰)、红旗(高兴)人民公社率先成立。9月上旬,庆丰(虎山)、海洋(安岚)、前进(朱曹)、磴山(下元)、甲子山(黄墩)、跃进(马庄)等人民公社相继成立。

9月,各公社农村开始大办公共食堂,实行所谓"吃饭不要钱"。到年底,各大队(村)生产队全部办起公共食堂,社员家里的铁锅、大木门被送到高炉去炼钢铁。至1959年12月,公共食堂逐步停办。

10月,各大队(村)选派精壮劳力去建设日照水库。库区部分移民移居马庄等区。

1959年

2月,整社工作开始,公社下设管理区。

秋,安岚、虎山一带蝗虫成灾,公社发动各处中小学生进行拉网式扑打蝗虫。

10月1日,海洋(安岚)人民公社英雄船船长柴立清参加国庆大典,并向毛主席等敬献岚山的海珍品"西施舌"和乌鱼蛋。

1960年

2月,岚山小学校长刘嘉喜赴京参加全国文教系统群英会。

10月,因生活困难,小学四年级以下14岁以上超龄生全部下放辍学。对社员、国家干部、职工所用粮、油、棉开始定量供应,农民"日供应口粮五两,年发布票三尺三寸",多数村公共食堂断炊。

是年,由于自然灾害及"大炼钢铁"运动、浮夸风而造成农业严重减产,饥饿成为严重威胁。

1961年

春,各公社社员因饥饿普遍发生水肿病、干瘦病。是年,响应中央领导提出的"瓜菜代""忙时吃干、闲时吃稀,杂以番薯、野菜等"号召。

4月,沿海遭大风袭击,渔业生产工具受损严重。

9月,疟疾大流行。

是年秋至1963年,精简职工,下放干部,缩减城镇居民,支援农业第一线。

1962年

3月,各公社落实中共中央《关于改变农村人民公社基本核算单位的指示》,实行公社、大队、生产队三级所有、队为基础的体制。

7月13日,特大暴雨,2小时降雨量120毫米。

11月,安东卫合作盐场成立。

1963年

3月,各公社开展向雷锋同志学习的群众运动。

7月,连降7次暴雨,雨量达471.1毫米。

8月23日,日照县社会主义教育运动(即清工分、清账目、清财物、清仓库的"四清")开始试点。12月中旬结束。

冬,后合庄水库开工建设,历经3年建成。

12月20日至1964年1月10日,公社、大队全体干部参加全县四级干部大会,学习贯彻中共中央《关于目前农村工作中若干问题的决定(修正草案)》和《关于农村社会主义教育中一些具体政策的规定(草案)》。

1964 年

1 月 14 日，日照县委派遣“社教”工作队到各公社、大队进行社会主义教育，到 3 月底基本结束。

3 月，日照县委在黄墩区召开农田水利建设现场会议，学习葛疃经验。各公社掀起大规模治山治水高潮。

8 月 12 日，各公社召开支持越南人民共和国、反对美国帝国主义武装侵略大会。

冬，各公社、大队开始搞阶级教育，开展“忆苦思甜”活动。

1965 年

3 月下旬，各公社贯彻中共中央《农村社会主义教育运动中目前提出的一些问题》(简称《二十三条》)的文件精神，继续开展社会主义教育运动。

5 月，各公社抽调民工支援云南省国防公路建设。

秋，岚山开始放养海带。

10 月，山东省“四清”(清政治、清组织、清经济、清思想)工作团进驻日照。6 日，“四清”工作队分赴各公社、大队。次年 7 月 14 日撤点。

1966 年

2 月中旬，各公社掀起学习人民的好干部兰考县委书记焦裕禄热潮。

3 月 4 ~ 7 日，连续 4 天 8 级大风，为有气象纪录以来最长大风日。5 ~ 6 日，出现特大冰凌(雨淞)、大风，电话中断。

春，南茶北引开始。安岚区安东卫北山大队成为日照县两个试点村之一。

5 月下旬，开始批判“三家村”(邓拓、吴晗、廖沫沙)。

7 月，各机关、学校、公社、大队掀起大破“四旧”(旧思想、旧文化、旧风俗、旧习惯)和横扫“一切牛鬼蛇神”浪潮，很多干部、群众被“红卫兵”抄家，大量书籍、文物被作为“黑货”销毁，许多干部和群众被揪斗游街。

8 月 13 日，各公社干部、职工、贫下中农收听中共中央《关于无产阶级文化大革命的决定》(即“十六条”)，从此各学校先后成立红卫兵组织，停课闹“革命”。

9 月 10 日，中共日照县委追认为抢救落水儿童牺牲的岚山民办教师徐子芳(女)为中共正式党员。13 日，各单位掀起向徐子芳学习的高潮。

1967 年

1 月下旬，日照县“无产阶级革命派大联合筹备委员会”成立。不久，各区先后被夺权，各级党政机关陷入瘫痪。

2 月，各区成立生产指挥部。中国人民解放军驻岚部队奉命进驻各公社、单位、农村执行“三支”(支工、支农、支左)、“两军”(军管、军训)任务。1973 年 9 月，部队全部撤回。

3 月，各区革命委员会成立。

7 ~ 9 月，“造反派”“七大组织”联合指挥部成立，与“大联筹”展开了派性斗争，武斗频频发生。

9 月 4 日，所谓“反逆流”胜利，“大联筹”瓦解，“七大组织”联合指挥部召开“平反”大会，并将一些干部、群众打成“走资派”“保皇派”和“坏头头”，揪斗干群之风盛行。

是年，安东卫街道二中(原安东卫农中)在石臼黄海试验所帮助下，在荻水口实施人工大面积养殖对虾，获得成功。

1968 年

4 月，开始“清理阶级队伍”。

6 月，所谓“三忠于”(忠于毛主席、忠于毛泽东思想、忠于毛主席的无产阶级革命路线)活动开始。“早请示”“晚汇报”“饭前三件事”、跳“忠字舞”、唱“忠字歌”风行。

11 月，公办小学全部下放到大队办，公办教师改为民办教师。

1970年

2月15日，开展"一打三反"（打击现行反革命破坏活动，反贪污盗窃、反投机倒把、反铺张浪费）运动。

7月，"钩端螺旋体"病在部分村流行。

9月3日上午，突降暴雨，雨量108毫米。

1971年

3月，日照县撤区，改建成21处人民公社，岚山境内有虎山、安岚、碑廓、巨峰、大坡、高兴、马庄、黄墩8处人民公社。原来的人民公社改称管理区，直属改建后的人民公社管辖。

春，采取推荐与选拔相结合的方法选送第一批工农兵大学生入学。

10月中旬，日照县委传达林彪反党叛国事件，开展批林整风运动。

1972年

3月，组织民工参加沂河水东调工程建设。

1973年

春，国务院副总理谷牧到岚山视察工作。

2月上旬，各公社掀起农业学大寨高潮。

4月20日，《人民日报》发表《山区普及小学教育的好形式》，介绍黄墩公社大办山头班的事迹。中央人民广播电台进行了广播，《大众日报》全文转载。

8月下旬，日照县委召开17级以上的党员干部会议，部署开展批林整风运动，清查林彪反革命集团的罪行。

1974年

7月8日至8月15日，连续阴雨37天。

8月11～13日，降暴雨3次，降雨量452毫米。

1975年

8月14日，普降暴雨250毫米，暴雨中心在日照水库。14日8时至15日8时，降暴雨376毫米。日照全县冲塌房屋9278间，淹死21人，伤34人，农田受灾12266.7公顷，其中6266.7公顷绝产，损失粮食185万公斤。巨峰公社的邱后村、邹家庄村、梁家桃园村、水木头村、马疃村受灾严重，日照县革命委员会决定将上述5个村从原址低洼地带整体迁至高岭处。

1976年

9月18日，各公社、大队设灵堂，干部守灵，设会场收听有线广播，举行追悼大会，沉痛悼念毛泽东主席逝世。

12月3日，开始揭批"江青反革命集团"的罪行。

1977年

春，大旱。自上年10月至本年3月底，连旱6个月，降雨仅40毫米。许多村庄人畜缺水。

4月，岚山港建港委员会成立，11月动工修码头。至1978年9月，建成500吨级、1000吨级泊位各1个。

1978年

3月，岚（山头）兖（州）公路开始铺沥青路面。

春，特大干旱。3～5月，降雨量30.6毫米，比常年同期少76%。人畜饮水困难。

1979年

1月28～29日，特大冰凌加大风，历时7小时，平均风力8级以上，岚山的渔业、通讯、交通遭受重大损失。

2 月，碑廓四村妇代会被全国妇联表彰为“三八红旗集体”。

5 月 13 日，仁家村扬水站建成。

7 月 10 日，日照县与江苏赣榆县就绣针河下游边界水利问题达成协议，互谅互让，团结治水。

1980 年

1 月，中共中央《关于进一步加强和完善农村生产责任制的几个问题的通知》下达，各公社清除“右(左)”的影响，调整农村经济结构，开始推行农业生产责任制。

1981 年

9 月，安岚人民公社划分为岚山头和汾水两处人民公社。

1982 年

年初，岚山辖区第一座变电站——碑廓 35 千伏变电站投入运行。

7 月 5 日，暴雨，高兴公社 2 小时降雨 200 毫米以上，虎山公社遭遇龙卷风。

10 月下旬，连续阴雨 6 天，大量瓜干霉烂，占总收入量的 36%。

是年，岚山花生地膜覆盖栽培试验获得成功。

1983 年

6 月，铁道部副部长、山东省地方铁路建设领导小组组长吴冶山视察兖石铁路和岚山港，指示尽快做好坪岚铁路筹建工作。

9 月，岚山头、安东卫、虎山、碑廓全部通过日照县教育局的普教验收。

11 月 12 日，岚山港第二期工程 2 万吨泊位建成。

是年，农民画家傅成玉的作品《丰收场上》在北京参加全国农民画展，获二等奖。

1984 年

4 月，岚山头公社改为岚山头镇。

5 月 28 日晚 6 点始，境内大部分地区先后 2 次遭受雹灾。冰雹最大直径 10 厘米，平均积深 10 厘米以上，20 多小时后才全部融化。

6 月，撤销人民公社，设岚山头区、汾水区、碑廓区、虎山区、巨峰区、大坡区、高兴区、黄墩区。

8 月 14 日，岚山港务管理局成立。

10 月 26 日，中共中央总书记胡耀邦(下图中间)到岚山港视察。

12 月，岚山头区一、二、三、四村和官草汪、佛手湾、甜水河 7 个村 6526 户、24735 人户口农转非。

1985 年

3 月，撤日照县设县级日照市，汾水、岚山头、碑廓、巨峰、黄墩 5 区改称镇，马庄、虎山、大坡、高兴称乡。

8 月，受 9 号台风袭击，岚山头口 16 只渔船被打碎，去营口捕海蜇的 11 只渔船沉没，137 人落水，80 多人受伤，4 人死亡；200 亩扇贝被巨浪冲走，150 亩虾池绝产，经济损失 156 万元。

9 月 10 日，各乡镇庆祝第一个教师节。

1986 年

3 月，临沂地区文管会徐树彬、杨深富，日照县图书馆胡膺等在阿掖山以东、胡家林村西和虎山北岭首次发现鲁东南沿海地带“旧石器时代”早期遗址。

4月20日，国务委员、国家计委主任宋平(下图前右一)到岚山视察工作。

6月12日，海上大风，46只渔船被击碎，经济损失26万元。

7月27日，碑廓、汾水、虎山、岚山头、黄墩遭龙卷风和大雨袭击。

8月，坪岚铁路管理处成立。

10月11日，坪岚铁路开工建设。

12月，日照市市长办公会确定开发安东卫以南沿海滩涂，扩建盐田。

1988年

4月，撤销岚山头镇，设立岚山头街道。

5月，岚山港液体石油化工品码头一期工程——罐区储运工程开工建设。

1989年

1月27日，日本3.8万吨级的油轮抵靠岚山港，采用输油管道直接对接油轮装卸，将石油输入油库。

4月，中华人民共和国岚山边防检查站成立。检查站隶属于武警山东省边防总队，下辖一个中队。

5月，中华人民共和国岚山动植物检疫所成立。

6月12日，县级日照市升格为地级市，各街道、乡、镇直属日照市。

7月1日，岚山港务监督对外办公。

7月，日照市自来水公司岚山水厂成立。

8月25日，岚山港通过国家验收。

9月3日，岚山港正式对外实行一类口岸开放。

11月5日，地级日照市正式对外办公。

是年，虎山镇前水车沟初级中学少先队在辅导老师苏同远指导下，开展“家乡环保日”系列活动，受到卫生部、城乡建设环境保护部和司法部表扬，被评为全国红领巾小建设100个最佳活动之一。

是年，岚山开始黄淮海农业综合开发项目工程建设，先后在碑廓镇、虎山乡、汾水镇进行中低产田改造配套建设。至2003年，共开发了5期，总面积4200公顷。

是年，日照市达到卫生部规定的基本消灭疟疾的标准。

是年，岚山城市规划建设管理站成立，隶属于日照市建设委员会。

1990年

4月1日，坪岚铁路建成通车。

5月20日，岚山液体化工专用码头和储运站举行开工典礼，副省长马世忠参加了剪彩仪式。

5月26日，岚山头1000门HJ-921纵横制自动电话割接，岚山通信大楼正式启用。

8月3日，碑廓镇遭受暴雨袭击，平均降雨量155.5毫米，部分村庄超过230毫米，全镇4300多亩农田被洪水淹没，1400亩农作物绝产。部分山村、塘坝、桥梁受到损坏，35户农民的61间房屋倒塌。直接经济损失76万元。

8月20～22日，受热带风暴影响，岚山沿海连续出现大海潮，王家海屋、刘家海屋、周家庄子几个村居房屋被冲塌79间，海州湾挡浪墙倒塌110米，共损失125万元。

8月29日，全国政协副主席谷牧在山东省政协主席陆懋曾陪同下到岚山视察，并为岚山港题词（见下图）。

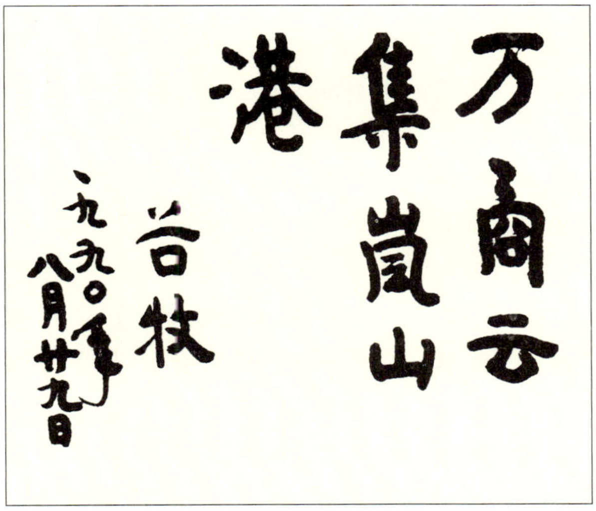

9月17日，“亚运圣火燃遍日照大地传递点燃仪式”在市体育场举行，市委副书记于学田致辞，市长王家政点燃火炬，传递到石臼港和22个乡镇、街道。

11月4日，中日煤焦油补偿贸易出口剪彩仪式在岚山港举行。

12月3日，市政府在汾水镇召开整顿农村经济秩序，建立农村合作基金会现场会议，副市长肖开富到会并讲话。

1991年

4月5日，黄墩镇被省政府授予“百乡百镇双文明竞赛明星乡镇”称号。

4月，虎山林业站站长宋全文被全国绿化委员会、共青团中央、林业部授予“全国青年绿化祖国突击手”称号；黄墩镇粮山三村团支部被授予“全国青年绿化祖国突击队”称号。

5月14日，晚7～8时，巨峰、大坡等乡镇遭受大面积暴风雨和冰雹袭击，造成严重经济损失。

6月28日，黄墩等乡镇遭受暴雨、飓风和冰雹袭击，造成严重经济损失。

8月，整月几乎无降雨，加上持续高温，大面积农田受旱严重，各级党政部门把抗旱保秋收作为当时农村压倒一切的任务。

10月30日，国务院总理李鹏、国务委员陈俊生等国家领导人，在山东省委副书记、省长赵志浩和副书记马仲才陪同下，到日照视察石臼港和钢铁厂厂址。

11月，岚山公安消防支队成立。

12月5日，日照市第一个乡镇级村镇建设委员会+——巨峰镇村镇建设委员会成立，标志着村镇建设纳入正规化管理轨道。

是月，岚山头街道电视差转台开播。

1992年

1月上旬，岚山头街道实现村村通电话。

4月27日，岚山疏港路一期工程开工，该工程投资70余万元，路长2556米，宽30米，主车道宽20米。

5月，国家海洋局第一海洋研究所到岚山港海域开展海流观测工作。

6月9日，岚山开发区成立。设开发区筹备委员会，王均生任主任。

6月26日，岚山港务局完成全年吞吐量70万吨的任务。

4～7月，岚山发生60年一遇的特大旱灾，人畜饮水困难，农业损失严重，日照市委、市政府组织市直部门、企业用车辆往岚山送水，抗旱救灾。

7月10日，岚山边防检查站、动植物检疫局、商检局、卫生检疫局及石臼海关驻岚山办事处在岚山举行挂牌仪式。至此，岚山口岸的查验工作全部转入常规运行。

8月31日，受16号风暴潮袭击，农业渔业受损严重。

8月，中粮黄海粮油工业（山东）有限公司成立。

是月，日照市石棉矿与香港亿利置业有限公司签订合同，合资兴建“大洋金属制品有限公司”，该项目总投资330万美元，年产600吨精密铸造件，产品全部外销，并保证企业拥有最低不少于15%的利润。这是日照市首家保利的合资企业。

10月1日，汾水九州商场建成并投入使用。

10月20日，中国科学院考古研究所教授韩榕、沈强华等6人到日照，对尧王城遗址进行考古挖掘。经过40天挖掘，共出土可修复的龙山文化器物150余件。

11月6日，岚山港集资筹建的万吨级、五千吨级两个煤炭专用泊位动工兴建。这是全省第一家自筹资金兴建的码头。

12月26日，日照海关驻岚山港办事处正式对外办公。

12月，日照市前三岛海洋自然保护区建立。

是月，王维胜在安东卫南村创办的日照市茶厂注册了“雪青”商标。

是月，日照电业局实施村村通电工程，岚山境内所有村居全部通电。

1993年

5月15日，省政府、省军区作出决定，授予为抢救3名落水儿童而牺牲的小后村乡马家店村刘加锋“雷锋式的好民兵”荣誉称号。

5月29日，经省委、省政府批准，设中共日照市岚山工作委员会、日照市人民政府岚山办事处，张玉佩任工委书记、办事处主任。

5月31日，中共日照市委、日照市人民政府撤销岚山开发区筹备委员会，成立岚山开发区管理委员会，张玉佩任主任。

5月，岚山港务管理局和交通部第一航务工程勘察设计院联合编制了《岚山港总体布局规划》。

7月1日，中共日照市岚山工委、日照市人民政府岚山办事处、岚山开发区工委、岚山开发区管委会正式挂牌对外办公。市领导及各单位、各部门负责人共300多人参加挂牌仪式。

8月30日，虎山乡程控电话割接开通。工程初装机容量为384门，总投资167.8万元，其中邮电部门投资107.8万元，乡筹集用户改制费用60万元。

8月，设立岚山办事处人民武装部。1996年4月收归现役，改称中国人民解放军山东省日照市岚山人民武装部。

是月，开展大规模捐助活动，为遭受特大洪涝灾害的济宁、临沂、菏泽、枣庄等市地捐款18万元，捐衣物2543件。

是年秋，岚山海运公司“日照”号货轮在执行第五、六次航运任务时，连续遭到16、18号台风的猛烈袭击。为保住国家财产，全体船员与台风进行了顽强搏斗，成功返航。工委、办事处下发了《关于对岚山海运公司“日照”号货轮英勇抗击台风的船员进行表彰奖励的决定》。

10月30日，省政府公布表彰全省1992年度经济百强乡镇，岚山头街道榜上有名，再度跨入百强行列。

10月，安东卫5个村拆迁590余户。至1996年，打通观海路和安东二路，建沿街商居楼358幢。

是月，汾水医院与原日照市高旺医院合并，组建日照市第二人民医院，院址定于汾水镇政府驻地东部。

11月6～10日，连降暴雨，最大降雨量为244毫米，农田被淹，有房屋倒塌，经济损失严重。

是年，岚山头街道水产工作站完成浅海栉孔扇贝人工养殖高产高效技术规程试验，获日照市科学技术进步二等奖。

是年，岚山头街道童家庄子、圣岚路、官草汪3个村本年总收入分别突破亿元大关。

1994年

1月1日，改革财政包干体制，日照市政府对岚山办事处实行分税制财政管理体制。

1月27日，岚山办事处汾水镇奖励三木集团公司领导班子48万元，其中总经理18.8万元。

1月，工委、办事处春节慰问团前往平山岛、达山岛、车牛山岛慰问驻岛部队。

是月，日照市岚山加德士沥青有限公司成立。

是月，岚山办事处批准《安东卫海货城总体规划》，安东卫海货城奠基。

是月，岚山个体私营经济工作会议召开，下发了《关于鼓励和加快个体私营经济发展的若干规定》。

是月，虎山东潘家村渔港北侧岚山海水浴场建成使用。

2 月 11 日，暴风雪袭击岚山，损坏各类渔船 150 艘、渔码头 7 座、浅海养殖区 180 公顷、沿海防护堤 4220 米，直接经济损失 2051 万元。

4 月 7 日，岚山 2000 门程控电话开通。市领导和岚山工委、办事处负责人参加割接仪式。该项目总投资 1117 万元。

4 月 23 日，岚山海运公司在日照港举行新购货轮"日耀"号接船仪式，"日耀"轮是该公司投资 100 万美元自香港购进，载重量 7614 吨。

5 月 16 日，日照军分区举行"刘加锋民兵连"授旗仪式。同时给刘进前、王启东、王开广记二等功，通报表扬开展"学雷锋、学刘加锋、学徐洪刚"活动中涌现出来的 11 个先进单位、25 名先进个人。市委副书记熊可山、军分区政委韩朴明分别在会上讲话。

7 月 6 日，岚山林海度假村海水浴场竣工营业。度假村拥有 3 公里松林带和 10 公里金沙滩，是旅游、度假、避暑、疗养胜地。

7 月 12 日，岚山港拖轮战胜第 6 号、第 7 号台风，救起遇险的两条渔船和一艘停泊在岚山港的洪都拉斯籍海龙 3 号货轮。同时被救的还有岚山渔民 4 人、边防检查战士 2 人、外籍船员 2 人。

7 月，岚山办事处第一家律师事务所——岚山律师事务所成立。

是月，岚山科教委与临沂师专联合开办岚山大专班，招收学生 162 人，1996 年毕业后全部安置到岚山域内中小学工作。

8 月 15 日，岚山港口被确认为国家一类开放口岸 5 整年。5 年里，该港建成全国最大的液体化工码头，新增万吨、两万吨级泊位各 1 个，5 万吨级泊位 1 个，门机 7 台。

10 月 31 日，岚山甜水河 110 千伏输变电工程竣工，开始正式送电。该工程总投资 1600 多万元，主变容量 3.15 万千伏安，输电线路 10 公里。市领导王家政、焉荣竹、赵全忠出席剪彩仪式。

10 月，岚山办事处初级卫生保健协调委员会成立。

11 月 1 日，岚山工委、办事处办公大楼建设奠基仪式在安东卫北门外村前举行。该大楼投资 8000 万元，高 8 层，建筑面积 1.1 万平方米。

12 月 26 日，岚山港渔业专用码头举行投运剪彩仪式，实行对外一类开放。

是日，日照市第二人民医院建成使用。

12 月，经山东省人民政府批准，设立岚山外向型工业园。

是月，经市级医院分级管理委员会评审确定，碑廓医院、岚山医院为一级甲等医院。

是月，岚山动植物检疫局正式开展动植物检疫业务。

是年，各乡镇街道成立幼教中心，相继建立中心幼儿园。

是年，岚山中心法庭设立，辖岚山、汾水、碑廓、虎山 4 处人民法庭。

是年，岚山办事处在碑廓镇开展了以"优生、优育、优教"为主要内容的"三优工程"。

是年，国务院发展研究中心、《管理世界》杂志、中国企业评价中心和国家统计局共同举行 1994 年度 500 强最大工业企业及行业 50 家企业评价，三木公司位居中国家具制造业最大企业第 24 位，中国家具制造业最佳经济效益企业第 10 位。

1995 年

1 月 1 日，岚山疏港路（现岚山路）、港北路（现童海路）举行通车典礼。

是日，017 省道（现 342 省道）汾岚段硬化工程开工，总投资 3305 万元。

2 月 4 日，高品质沥青储运加工项目在岚山港投产。

2 月，岚山电视台成立。

3 月 8 日，经山东省政府批准，撤销小后村乡、高兴乡，设立后村镇、高兴镇，政府驻地不变。

4 月 19 ～ 20 日，省委副书记、省长李春亭带领省直有关部门负责人到岚山考察。

4 月，岚山自来水公司成立，归属岚山建环委管理。

5月23日，日照岚山加德士沥青有限公司开业。国务院特区办主任胡平参加典礼并讲话，省航运局局长王兆福到会祝贺。该项目总投资500万美元，岚山港在投资中占12%。

5月，岚山办事处划定岚山外向型工业园，控制面积10平方公里，规划面积3平方公里，起步区面积1平方公里。

6月25日，日照市启用新的长途区号“0633”，电话号码升为7位，岚山在原号码前加“8”。

6月27日，成立岚山办事处医疗机构评审委员会。

7月1日，岚山工委办事处成立两周年。两年投资1.6亿元进行路、电、水、通讯、市场等设施建设，构成了城市的基础框架。

是日，岚山人民广场土建整修启动，由4个乡镇街道组织民工会战。

7月18～20日，岚山开展雨季造林，补植沿海防护林断带8公顷，山地造林40公顷，共植树15.8万株。

7月27日，岚山拥军慰问团走访慰问驻前三岛的解放军官兵。

8月8日，石（臼所）岚（山）沿海公路建成并在夹仓口大桥举行通车仪式，市领导尹忠显、王家政等剪彩，副市长肖开富发表讲话。该路面宽10米，修建大中小桥涵122座，路面硬化34万平方米。

是日，S048省道（现S222省道）拓宽改造工程竣工通车。该路北起东港区西湖乡的圈村，南到汾水镇界牌岭，全长40.88公里，路面宽10米。

8月，岚山办事处被市委、市政府、日照军分区授予“拥军优属模范单位”。

9月20日，岚山港2万吨级液体石油化工品专用码头正式动工。

10月23～30日，省政府“两基”验收团对五莲县、东港区和岚山办事处实施“两基”情况进行评估验收。岚山办事处各项指标均达到国家和省规定标准，实现了“基本普及九年义务教育、基本扫除青壮年文盲”目标。

11月1日，岚山工委召开首次党员代表会议，工委书记张玉佩作工作报告。

11月7日，岚山遭受强风暴雨袭击，10人死亡，6人失踪，经济损失168万元。10日，省政府给市政府发了慰问电。11日，省政府慰问组一行3人在副市长孙运河陪同下专程到岚山办事处检查了解灾情，看望遇难家庭，转达省委、省政府对受灾群众的关怀。

11月11日，三木集团有限公司跻身全国同行业前十强，利税居全国家具制造业第5位，1995年可实现利税2000万元。

11月18日，美国林诺斯公司总裁在副市长肖开富、刘丕祥等陪同下，到岚山港考察电解铝项目。

11月27日，岚山港创下小袋水泥单船日进仓7000吨的历史最高纪录。

11月，岚山办事处童家庄子村委会主任张金华被评为“全国优秀村民委员会主任”。

12月1日，市政府确定童家庄子等102个村为全市经济强村，岚山头街道等4处乡镇街道为全市小康乡（镇）。

12月29日，岚山办事处辖区内017省道汾岚段及疏港路、童海路正式开通。

12月，交通部、中华见义勇为基金会授予岚山港务局民警队员张祖军“见义勇为先进个人”荣誉称号。

是年，岚山办事处渔业技术推广站进行海带、裙带菜立体养殖模式试验取得成功。

是年，山东省开展模范村（居）委会评比表彰活动，汾水镇被评为“齐鲁乡镇之星”。

1996年

2月，党英明任岚山工委书记。

是月，安东卫海货城被国务院发展研究中心认定为“全国最大的海产品交易市场”，列入“中华之最”。

3月24日，岚山头街道3000门程控电话割接开通。

5月，中国人寿保险股份有限公司岚山营业部成立。

6月28日，岚山遭受长达10小时的特大暴风雨袭击，经济损失494.5万元。

9月3日，017省道汾水至碑廓段拓宽改建工程竣工通车。该道全长15.6公里，路基展宽至30米，路面硬化宽度17米，桥涵同期施工，总投资2688.8万元。

9月15日，岚山遭风暴袭击，阵风8级以上，降雹持续5分钟，直接经济损失120万元。

9月，日照市人民检察院岚山检察室成立。

10月17～19日，全国政协原副主席谷牧(下图中间)到岚山视察，对岚山港的发展给予充分肯定。

10月30～31日，岚山头街道、虎山乡沿海遭受特大风暴袭击，海上风力7～8级，阵风10级以上。岚山头街道损坏渔船、养殖船187条(其中报废65条)，冲走、冲毁网具400余条，130多户渔民丧失或基本丧失了生产生活条件。圣岚路居委倒塌渔码头230米。

10月，碑廓镇袁家庄进行加温式塑料大棚茶树栽培试验，元旦前产茶。

是月，岚山办事处对村居卫生室实行乡村卫生合作医疗一体化管理。

12月16日，全市农村卫生工作现场会在岚山召开，与会人员实地参观了处乡村卫生一体化管理、联合诊所、卫生文明村庄建设现场，副市长祝利民到会并讲话。

12月18日，汾水镇的舞蹈《蚌舞》代表日照市参加山东省首届农民艺术节汇演，获银奖。

12月26日，中共日照市岚山工委党校在岚山技工学校挂牌成立。

12月，岚山办事处在岚山头街道召开推行乡村卫生合作医疗一体化管理现场会议。

是月，投资89万元建起了轿顶山电视转播台。发射塔海拔182米，发射功率300瓦，覆盖半径40公里。

是年，岚山林业局主持的《几种松树系列容器苗培育技术研究与推广》获山东省科技进步三等奖。

是年，岚山投资3500万元，在安东卫建设全天候海产品批发市场，共拆迁66户、建设单体营业楼94幢、营业大棚6个、标准摊位2000个。

是年，岚山港5000吨级、10000吨级煤炭泊位建成投产。

1997年

1月3日，工委、办事处提出大力实施“资源转换、工业带动、城市推动、港口带动、外向带动、科教兴岚”六大战略。

1月26日，处级机关综合办公大楼建成启用。

2月1日，岚山办事处广播电视局、岚山电视台成立，二者合署办公。

4月26日，日照市前三岛海域水产养殖区遭江苏省连云港市公安边防、渔政人员及渔民的破坏，共毁坏213公顷养殖区的设备，造成直接经济损失3200万元，间接经济损失7000余万元。

4月，岚山卫生局与科教委联合对全处中小学生开展健康查体。

是月，岚山鲜活水产城一期工程开工建设，投资220万元，占地0.8公顷，建水产品交易大棚2200平方米。

5月1日，乡镇街道婚姻登记职能撤销，婚姻登记统一到岚山办事处婚姻登记管理处办理。

5～7月，域内持续干旱，山坡小树干死，部分岭坡地玉米、花生苗枯死，手搓成粉。

6 月 26 日，岚山工商业联合会第一次代表大会召开，会议选举产生了岚山工商联第一届执行委员会。

是日，日照港口岸查验单位和岚山港海陆联运“一站式”联合办公挂牌运作。

6 月，山东省委、省政府、省军区授予岚山办事处“拥军优属模范单位”称号。

7 月 1 日，开设“岚山电视台”独立频道。

7 月，中国移动通信公司岚山分公司成立。

是月，岚山人民广场一期工程开工建设(见下图)。

8 月 17 日，全国人大常委会副委员长、全国妇联主席陈慕华到岚山考察。

8 月 19 日，第 11 号台风登陆岚山，海上风力 8 级以上，阵风 11 级以上，域内平均降雨量 150.2 毫米，直接经济损失 2.75 亿元。

8 月，汾水镇被山东省体育委员会评为“山东省体育先进乡镇”。

9 月 26 日，省人大常委会主任赵志浩到岚山检查指导工作。

9 月 30 日，岚山液体化工码头建设举行协议签字仪式。该项目为合资兴办，总投资 1539 万美元，其中新加坡出资 670.4 万美元，占注册资金的 42%，合同期 50 年。

10 月 20 日，经日照市人大常委会主任会议批准，设立日照市人大常委会岚山工作委员会，梅志强任主任。

10 月，岚山林业局在虎山乡黄泥沟村进行双膜覆盖塑料大棚茶树栽培示范，12 月上旬产茶。

11 月 21 日，设立政协日照市岚山工作委员会，万同任主任。

12 月，岚山在全省率先实现县乡村有线电视光缆联网，山东省广电厅发函致贺。

是年，岚山办事处首次对生活饮用水供水单位实行“卫生许可证”制度。

1998 年

2 月 2 日，百船出海捕捞首航仪式在童海渔港举行。

5 月 9 日，工委书记党英明主持召开工委、办事处联席会议，传达学习焉荣竹在市直部门负责人会议上的讲话精神，就轿顶山生活小区、阿掖山海滨旅游度假区建设和安东卫海货城管理等问题进行了研究。

5 月 28 日，岚山头街道办事处举行敬老院及社会福利院启用仪式。

6 月 18 日，岚山办事处住房公积金管理中心由岚山城建环保委员会移交岚山财政分局管理。

6 月，前三岛乡挂牌办公。

7 月 1 日，市委决定，孙雨任中共日照市岚山工委书记，孙承金任中共日照市岚山工委副书记、日照市人民政府岚山办事处主任、岚山开发区管委会主任、政协岚山工委主任。

7 月 12 日，碑廓一中参加中考学生在汾水供销社饭店集体就餐，35 人食物中毒，经抢救全部康复。

7 月 19 日，中楼镇遭受龙卷风、暴雨和冰雹袭击，最大风力 10 级以上，冰雹大的直径 2 厘米以上，降雨 77 毫米(降雨时间不足 1 小时)，65 个村不同程度受灾，经济损失约 159 万元。

7 月 24 日，以副市长杨文延为团长，办事处主任孙承金为副团长的前三岛拥军慰问团一行 39 人赴前三岛慰问驻军。

7月28日，省委原书记梁步庭，省人大常委会原主任李振，省人大常委会原副主任马仲才等省委老干部一行28人在市政协主席王家政的陪同下到岚山考察工作。

8月18日，工委、办事处召开联席会议，就绣针河供水工程启用问题进行专题研究。

8月25日，工委、办事处召开联席会议，就实行工委、办事处领导成员分线工作问题进行研究部署。会议决定在岚山划分四条工作线，相应成立社会稳定工作、农业开发工作、基础设施和城市建设工作、工业生产和市场贸易工作4个领导小组，加强对中心工作的领导，将精力进一步向中心工作"聚焦"。

8月27日，山东、江苏两省勘界工作会议在日照市召开。

9月12日，申领"山东省行政执法证"公共法律知识考试举行，各乡镇街道、处直有关部门和国家、省、市属驻岚山单位共491名行政执法人员参加，设考场17个。

9月20日，召开岚山办事处主任办公会，听取关于争取项目资金、三秋蔬菜生产、水产以及财税工作的汇报，对轿顶山生活小区配套资金贷款、沿海防潮堤建设资金安排等问题进行了研究。

9月28日，山东童海港业股份有限公司发起人协议书签字仪式举行。

9月22～29日，工委副书记孙欣亮、办事处副主任王广举率队到安徽、浙江等地对茶产业发展进行考察学习。

9月，岚山办事处第一垃圾填埋场建成，地址在汾水镇辛庄子村北，占地面积8000平方米。

10月5日，电视剧《人民代表》在莒县中楼镇幸福村拍摄，市领导熊可山、李连成、何克睦、于焕伦、袁文清、单联云、杨作田、杨文延等看望剧组工作人员。

10月7日，意大利雷焦·艾米利亚市副市长鲁茨诺·高毕率友好合作代表团一行5人到岚山考察访问。

10月15日，岚山办事处农田水利基本建设暨茶园开发动员大会召开，就深入开展岚山农田水利基本建设、加快以茶叶为重点的高效农业开发工程进行部署，安排茶园开发万人会战工程3处。

10月19日，中共中央政治局委员、山东省委书记吴官正在市委书记焉荣竹，副书记、代市长杨庆文的陪同下到岚山考察日照市茶厂、日照三木集团公司、安东卫海货城、山东昌华食品集团有限公司。

10月26日，汾水镇在全市率先建成后合庄北山3.33公顷茶园微喷灌溉试验园。

11月8日，岚山头街道环海路居818型大功率渔船首航仪式在岚山头街道举行，这对船总投资320万元，单船动力331千瓦，是当时日照市船型最新、动力最大、设备最先进的大功率渔船。副市长孙运河、市海洋水产局局长卢绪敏在岚山办事处副主任王广举陪同下出席仪式并随船观看捕捞生产。

11月10日，团中央、人民银行总行授予建行岚山办事处国家级"青年文明号"，授牌仪式在建设银行岚山办事处举行，团省委副书记王晓出席仪式。

11月21日，荷兰果树专家范·维利特教授到碑廓镇和虎山乡讲授苹果和草莓生产技术。

11月，岚山头街道被评为"齐鲁街道之星"。

12月1日，山东省委副书记吴爱英到岚山考察。

12月16日，岚山开发区企业及部门实体改制工作会议召开。

12月，各乡镇街道分别成立商会，率先在全市乡镇街道中完成工商联基层组织建设。

是年秋，长江、松花江流域发生特大洪涝灾害，岚山广大干部职工共为灾区捐献衣被13773件，捐款19.9万元。

1999年

1月13日，淮海经济区县级电视台联合会工作会议在岚山召开，鲁苏豫皖4省12市地21个成员台参加了会议。

1月15日，岚山供销联社商业大厦开业。

1月，碑廓镇被省肉牛良种产业化项目办公

室确定为全省10处肉牛改良示范乡镇之一。

2月12日(农历腊月27日)上午11点半,中楼集贸市场两拖拉机鞭炮发生爆炸,死8人,重伤15人,轻伤百余人。

3月3日,岚山办事处“海上岚山”建设工作会议召开。

4月30日,山东陆军预备役高炮师第四团岚山预编会议召开。

6月29日,岚山蔬菜协会成立大会召开。

7月4日,副省长陈延明到岚山检查绣针河水源地供水工程和沿海防潮堤建设情况。

7月9日,岚山茶叶协会成立大会暨首届理事会会议召开。

7月23日,全国人大常委会副委员长许嘉璐到岚山考察。

8月3日,山东省地质地貌景观保护工作经验交流会在岚山召开,国土资源部、省地矿厅领导,全省17地市地矿局局长、地环科科长,28个区县地矿局局长,8个国家、省、市新闻单位的记者,共200余人参加会议,并参观了岚山沿海地质地貌景观保护现场。

8月24日,全处农村合作基金会清理整顿工作会议召开。

9月7日,全处松干蚧虫害防治紧急会议召开。

9月22日,市委代表中央文明委对被授予“全国创建文明村镇工作先进单位”称号的童海路居委举行颁证和揭牌仪式。

10月,日照市公安局岚山边防大队成立,下辖岚山、王家海屋、韩家营子3个边防工作站。

11月25日,中华人民共和国岚山出入境检验检疫局正式对外挂牌办公。

12月12日,山东农业大学岚山教学科研基地挂牌仪式在碑廓镇举行。

12月,岚山港5万吨级化工码头竣工。

是年,投资5000余万元,拆迁130余户,建成占地面积2.7万余平方米的安东卫海货批发市场及占地面积2万余平方米的安东卫综合农贸市场。

是年,岚山水利局主持的《鲁东南沿海缺水城市供水资源开发研究》获山东省科技进步三等奖。

2000年

1月5日,驻日照市的全国、省人大代表一行20余人到岚山考察鲜活水产城。

2月13日,岚山办事处召开岚山中路拓宽工程专题会议,就道路的规划、设计及相关问题进行研究,并对2000年的重点工程建设作出安排。岚山中路拓宽改造工程西起玉泉二路,东至万斛路,全长1900米,是岚山城市中心区内的主干道,工程概算总投资926万元。

3月7日,召开实施2000年度工业流通重点项目责任制会议,包项目领导分别与包项目单位签订了重点项目责任书。

4月12～14日,由交通部、山东省交通厅和省计委组成的联合调查组,对童海集团建设商业码头问题进行调研。

5月12日,岚山“122”指挥中心建设工程奠基。

6月,中国联通日照岚山分公司成立。

7月3日,岚山一中与日照一中联合办学,更名为日照一中岚山分校,举行揭牌仪式。

7月9日,岚山第二届名优茶评比暨“炒茶技术能手”大比武活动举行。

7月15日,省委副书记、省长李春亭到岚山检查指导工作。

7月,岚山私营企业联合会成立。

是月,岚山港5万吨级9号泊位开工建设。

8月7日,人民日报海外版中国上市公司研究中心技术总监黄德霖到岚山考察,针对岚山企业实际就股市宏观政策动态、企业上市操作等提出了指导性意见。

8月16日,全处“电话区”建设三级干部动员大会召开,“电话区”建设开工。年底建成日照市首个“电话区(县)”,电话用户达36500户,并投资3000万元在域内新建7处接入网机房。

8月,山东岚山开发区招商联络处在韩国釜山禧昌物产株式会社总部挂牌成立。

9月19日，开通3路环城公交车和学生专线公交车。

10月17～26日，举办科级干部培训班。全处180名科级干部分两期参加培训。

10月，岚山工委机关报《岚山通讯》创刊。

12月15日，召开工委扩大会议，传达学习全省农村“三个代表”重要思想学习教育工作会议精神，并就农村社教、农村“会计职业化”管理工作进行了部署。

12月29日，召开工委扩大会议，就“十五”计划、2001年重点工程项目、2001年招商引资实施方案及2001年三级干部会议筹备事宜进行了研究。

2001年

1月，王斌任岚山工委书记。

16日，根据省政府鲁政函民字（2000）87号批复，撤销汾水镇，设安东卫街道。安东卫北村等9个村改为居。

2月2日，岚山办事处被省委、省政府表彰为“山东省社会治安综合治理模范单位”。

3月1～3日，工委副书记、办事处主任孙承金带领招商引资工作考察团一行38人，赴胶南市、青岛市城阳区、广饶县、日照市东港区考察招商引资工作。

3月6日，岚山第一个妇女儿童维权机构——虎山乡妇女儿童维权中心成立。

3月24日，岚山办事处招商引资工作动员大会召开，印发《关于大力开展招商引资工作的决定》《招商引资优惠政策（试行）》和《招商引资奖惩办法（试行）》。

3月，日照市第二人民医院病房楼破土动工，建筑面积8000平方米，投资869万元。

4月12日，汾水十字路口拆迁拓宽改造工程启动，至8月全面完成，共安置89户，定向爆破拆除沿街楼5幢，11个单位进行了改建。整个工程未用处级财政资金，山东沿海南大门形象得到较大改观。

5月25日，省农业综合开发验收组对碑廓镇农业综合开发项目进行验收。

5月，汾水十字路口安装了岚山第一个红绿灯信号控制系统。

6月26日，岚山办事处纪念建党八十周年大会在工委礼堂召开，会议作出《关于在全处开展向莫宗宝同志学习活动的决定》。

7月23日，虎山乡撤销，设立虎山镇。

8月6日，市人大常委会主任熊克山，市委副书记王伟，市委常委、副市长莫西云及济南军区、南京军区领导到岚山观看海训部队演练。

8月16～20日，日本茶叶专家清水康夫到岚山传授茶叶生产加工技术。

8月17日，工委、办事处召开“学党章、守纪律、正党风”教育活动动员大会。

8月，工委、办事处在碑廓试点，推行农村计划生育工作人员“年轻化、知识化、女性化”，随后在各乡镇街道全面推开。年底，日照市全文转发推广岚山经验，市委、市政府颁给岚山“计划生育工作创新奖”。

9月11日，德国舍讷贝克市市长汉斯·约根·哈泽一行5人考察岚星化工工业有限公司和三木集团公司。

9月，碑廓镇一中、二中合并为碑廓镇初级中学，校址在原碑廓镇二中。

12月22日，沈海（同三）高速公路岚山段建设动员会议召开。

2002年

1月26～27日，山东省民营经济工作会议在济南召开，岚山被评为全省发展民营经济先进区县。

2月21～24日，岚山22名市政协委员组团参加日照市政协第六届五次会议。

2月22～25日，岚山27名市人大代表组团参加日照市十四届人大五次会议。

3月7日，全处三级干部会议召开，确定了招商引资、民营经济发展、城市建管、农业产业化、软环境建设5个工作重点。

4月24日，岚山办事处农村税费改革会议召开。

4月，磴山综合开发项目开工建设。

5月4～10日，工委书记王斌，工委委员、办事处副主任庄会海等一行6人赴香港参加山东省经贸洽谈会暨重点项目推介会。

5月9日，岚山开始第一轮行政审批制度改革；2003年6月26日，开展第二轮行政审批与收费项目压减工作。

5月18日，岚山办事处首次以拍卖方式出让绣针河河砂采矿权1宗。

5月22日，岚山办事处召开行政审批制度改革与收费项目清理工作动员会议。

5月，中国电信南北分拆，北方十省成立中国网络集团公司，原岚山电信分局更名为山东省通信公司日照市分公司岚山分局。

是月，岚山头街道私营企业联合会、安东卫街道私营企业联合会、虎山镇私营企业联合会、岚山建筑行业联合会成立，下属共75个私营企业工会。

6月26日，岚山第一家民营企业党委——三木集团党委正式挂牌成立。

7月6日，岚山办事处成功拍卖经营性房地产用地2宗，共6.6公顷，拍卖价款1918万元，敲响了岚山国有土地使用权拍卖第一槌。

7月14日，南京军区某部到岚山海训。

7月21日，举办"魅力林海·2002岚山之夏"旅游活动。

8月2日，经山东省省长第九十一次办公会议研究，同意设立日照市岚山区，并报请国务院审批。

8月8日，国内知名旅游专家、曲阜师范大学教授王衍用就旅游产业发展问题到岚山进行专题调研指导。

8月17日，日照市委、市政府成立岚山设区工作领导小组。

8月19～20日，岚山办事处邀请清华大学、中科院9位专家教授和博士生导师到岚山推介科研成果和项目，为企业新上项目作技术指导。

8月20日，山东省委副书记、省政协主席吴爱英到岚山考察黄海粮油公司、岚阳紫菜厂、三木集团公司、鲁圣集团公司。

8月23日，山东省委书记吴官正，省委常委、秘书长杨传升视察鲁圣集团公司、三木集团公司、昌华集团公司、岚星化工公司。

8月27日，副市长张超超召开岚山设区工作领导小组成员会议，设立办公室。市政府副秘书长赵久成担任办公室主任。

8月29日，岚山办事处邀请上海外贸学院副院长、WTO博士刘光溪教授作"入世后新环境、新形势、新任务"报告。

8月，岚山小灵通基站安装开通，小灵通正式对外放号。

9月5日，《维权在虎山》专题片在中央电视台《半边天》栏目播出，虎山妇女维权工作得到了全国人大肯定。

9月23日，鲁圣电力器材有限公司董事长郑淑胜被评为"山东省下岗再就业劳动模范"。

10月8日，日照宝鑫矿业资源有限公司成立揭牌仪式在日照碧波大酒店举行。

10月17日，青岛科技大学岚星新材料研究中心揭牌暨岚星北京科信维生物制品项目开业剪彩仪式在岚星化工公司举行，阿根廷驻华大使胡安·卡洛斯·莫雷利，科技部国际合作处处长孙建新，北京科信维技术发展有限公司总经理李毅，青岛科技大学副院长周传光等参加。

10月18日，岚山头街道童海集团鲁日渔1007号、1008号船组救出14名遇险外省船员。工委、办事处授予两船组"见义勇为先进集体"荣誉称号；授予船长、共产党员张彦书"精神文明标兵"荣誉称号；授予张宗国等13人"精神文明先进个人"荣誉称号；给予鲁日渔1007号、1008号船组2万元现金奖励。

10月，碑廓镇生产的"绣针河"牌蔬菜通过山东省绿色无公害蔬菜认证。

12月14日，香港现代华人国际集团有限公司董事长张淑忠一行到岚山考察，并于12月15日举行现代华人岚山家具工业园项目签字仪式。

12月21日，首届"中国·安东卫海货节"在安东卫海货城开幕，来自美国、新加坡等7个国家和地区及国内近30个省、市、自治区的1.2万名客商与岚山当地群众参加开幕式。

12 月，孙承金任岚山工委书记，孙欣亮任工委副书记、办事处主任，梅志强任人大工委主任，王广举任政协工委主任。

是年，投资 2000 余万元，拆迁建设安东卫海货城南门外干杂品海货市场；投资 500 余万元，建设单体营业楼 31 幢；开工建设观海路十字路口等沿街商业楼 35 户。

2003 年

1 月 18 日，岚山港 5 万吨级通用泊位开工建设。

1 月 21 日，岚山办事处聘请高振刚为办事处高级经济顾问，聘期 5 年。

2 月 15 日元宵节，岚山举办首届灯展。

3 月 6 日，中共日照市岚山工委第二次代表大会召开。

3 月 28 日，岚山党校、职业中专、劳动技校“三校合一”成立大会召开。

3 月 31 日，日照钢铁有限责任公司举行开工奠基仪式，9 月 28 日一号高炉投产。

3 月，办事处设立防治“非典”办公室。

4 月 3 日，国家海洋局第二海洋研究所主任工程师应元康、王小波到岚山进行海域勘界工作调研。

5 月 18 日，岚山港与日照港联合组建日照港(集团)有限公司。

6 月 3 日，济南职工科技大学岚山预科学校成立。

6 月 25 日，岚山政务网正式开通。

6 月 27 日，岚山办事处史志工作会议召开，《岚山志》编纂工作正式启动。2004 年 9 月编纂完成。

7 月 2 日，工委、办事处办公室通过 ISO 9001 : 2000 质量体系认证颁证仪式举行。

7 月 28 日，参加高校党委书记、校长暑假研讨班的山东省各高校党委书记、校长 100 多人到岚山参观考察。

7 月，岚山头派出所被公安部授予一级派出所称号。

8 月 3 日，同三高速公路岚山连接线暨轿顶山路竣工通车。

8 月 5 日，工委理论学习中心组读书会举行，邀请温州经济研究所所长李丁富、省委组织部组织处处长潘昆峰等知名专家学者作了关于发展民营经济工作和如何做好新形势下党建工作等专题辅导报告。

8 月 22 日，岚山城市总体规划调整汇报会议召开，上海同济大学王俊博士介绍了《岚山城市总体规划》调整情况。

8 月 26 日，韩国国际茶叶协会会长释云龙带领韩国茶艺表演团到岚山参观考察。

8 月 28 日，韩国庆尚北道尚州市议会议员韩普锡带领该市农业经贸考察团到岚山考察。

8 月 29 日，岚山热电厂主厂房封顶仪式举行。

9 月 26 日，日照市广播电视局岚山分局、日照广播电视台岚山电视站成立并举行揭牌仪式。

9 月，岚山义务教育阶段学制由小学五年、初中四年改为小学六年、初中三年。

10 月 12 日，日照港岚山港区油品码头建设举行开工仪式。

11 月 19 日，第二届中国·安东卫海货节暨岚山渔业博览会开幕。

11 月 21 日，岚山港北港区规划论证会召开。

12 月 19 日，岚山自来水公司净水厂启用。

12 月 24 日，岚山东路拓宽工程竣工通车。

12 月 28 日，安东卫街道在全市率先实现农村公路“村村通”。

2004 年

1 月 7 日，巨碑路碑廓段硬化工程竣工通车。

3 月 22 日，全省民营经济工作会议召开。日照三木集团被山东省人民政府表彰为山东省优秀民营企业；山东岚桥集团董事长叶成、日照岚星化工有限公司董事长林相英被山东省人民政府表彰为山东省优秀民营企业家；日照钢铁控股集团有限公司董事长杜双华被山东省人民政府表彰为投资山东优秀民营企业家。

3月26日，岚山疏港大道一期工程开工建设。该工程东起虎山渔港，西至S222省道，全长8.76公里，总投资6200万元，2004年12月13日竣工通车。

4月5日，阿掖山开发论证会议召开。

4月10日，民政部副部长罗平飞，省民政厅厅长杨金镜、副厅长石贤芹一行到岚山调研。

4月15日，韩国中华总商会会长袁国栋、中国侨民协会首席副会长王秀德到岚山参观考察。

5月24日，岚山头街道中心幼儿园正式启用。

5月27日，日照一中岚山分校举行庆祝通过省级规范化学校验收暨科教楼落成典礼。

6月10日，岚山困难职工帮扶中心成立。

6月28日，日照兴业集团投资建设的虎山兴业希望小学奠基。

8月9日，省委副书记高新亭带领山东省委、省政府、济南军区拥军慰问团到岚山慰问南京军区海训部队。

9月9日，国务院以国函〔2004〕71号文件下发《国务院关于同意山东省设立日照市岚山区的批复》。日照市岚山区正式成立。

9月16日，市委副书记、市长于建成到岚山考察超超临界电厂、青钢选址及日钢规划情况。

9月24日，山东省人民政府以鲁政字〔2004〕459号文件下发《山东省人民政府关于设立日照市岚山区的通知》。

9月25日，日照市人民政府以日政字〔2004〕62号文件下发《日照市人民政府关于组建日照市岚山区及有关交接问题的通知》。

是日，S222省道岚山至东港段竣工通车剪彩仪式举行。

9月26日，召开工委(扩大)会议、全处领导骨干会议，传达贯彻中央、省、市有关设立岚山区的文件精神，安排部署岚山区组建工作。

是日，工委、办事处与东港区委、区政府举行黄墩镇、后村镇、高兴镇、巨峰镇交接仪式。

9月29日，设区挂牌筹建指挥部成立。指挥部下设经济财经工作组、庆典筹备工作组、环境整治工作组、宣传报道工作组、社会稳定工作组、组织人事及乡镇交接工作组、综合协调工作组共7个工作组。

9月30日，岚山区与东港区区划人员调整交接仪式在市委组织部会议室举行。东港区、岚山区及市直有关部门负责人参加了交接仪式。

11月19日，中石化集团副总经理、中石化股份公司副董事长、总裁王基铭到岚山港北港区油码头考察。中石化集团决定在岚山北港区与日照港务有限公司合资建设30万吨级原油码头。

11月21日，中国当代书画家李桂泱作品展在岚山开展。

11月24日，岚山港务有限公司和山东鲁圣电力器材有限公司获国家级“守合同重信用企业”荣誉称号。

12月5日，岚山城区新大道拆迁安置工程——“山海家园”生活小区竣工。山海家园小区占地7.67万平方米，建筑面积5.4万平方米，投资4500万元，可安置拆迁户650户，工程于2004年5月17日开工建设。

是日，岚山区与东港区就新划入岚山区的黄墩、后村等4镇的公路管理业务进行交接。交接后，东港区巨峰公路站整建制移交岚山区管理；省道S222线19.6公里，省道S341线13.77公里移交岚山区管理。

12月6日，岚山港2004年完成吞吐量突破1000万吨，达1015.8万吨，与2003年同期相比增长48%。

12月7日，日照商业银行岚山支行暨岚山人事劳动和社会保障综合服务大楼开工奠基。该楼共9层，投资800多万元，建筑面积8220平方米。

12月15日，岚山区司法局与江苏省赣榆县司法局共同签定协议，建立边界地区社会矛盾纠纷联防联调机制，共同维护边界地区社会稳定。

12月20～21日，区政协七届一次全委会议召开。选举王广举为区政协主席，张厚峰、梁均培、韩建设为副主席。

12月20～22日，区十五届人大一次会议召开。选举孙承金为区人大常委会主任，梅志强、秦洪珍、胡善军、杨宝友、张道利为副主任；孙欣亮为区人民政府区长，庄会海、徐中伟、王立莹（女）、卢祥松、马运德、王纪军为副区长；李志毅为区人民法院院长；杜军为区人民检察院检察长。

12月24日，岚山工商综合服务楼正式启用。该楼建筑面积4900平方米，主体5层。

12月27日，庆祝日照市岚山区成立大会在区人民广场举行。大会由岚山区委副书记、区长孙欣亮主持。市委副书记徐学武代读了市委书记、市人大常委会主任李兆前的讲话，岚山区委书记、区人大常委会主任孙承金讲话。省民政厅巡视员李吉忠和市委副书记、市长于建成为岚山区揭牌。庆祝大会结束后，举办了"激情新岚山"文艺演出活动，中央电视台《激情广场》栏目主持人刘璐主持文艺演出，著名歌唱家马玉涛、蒋大为、江涛、张也等登台献艺。该演出先后在中央电视台3频道播放4次。

12月，岚山区被省政府授予"全省民营经济先进区县"称号，三木集团公司被表彰为全省100家优秀民营企业之一。

是月，在山东省"三十强市场"评选活动中，安东卫海货城以14亿元的年成交额入选，排在10处农副产品市场的第6位。

2005年

1月9日，市政府第十九次市长办公会在日照钢铁公司召开，会议主题是研究如何加快日照钢铁公司发展，膨胀骨干企业规模，推动全市经济及各项社会事业跨越发展。

1月11日，全省对外开放工作会议召开，区委副书记、区长孙欣亮参加会议，岚山区被授予"全省外经贸工作先进单位"荣誉称号。

1月12日，碑廓镇举行公路"村村通"暨绣针河碑廓大桥竣工通车仪式，市老干部牟步善、葛彦京等出席仪式。

1月16日，中国·巨峰第四届冬茶节举行。原副省长、省茶文化协会主席王裕晏亲笔书写"南茶北引第一镇"，并委托省茶文化协会秘书长到会致贺词；北京老舍茶馆总经理尹智君、山东农业大学副校长姚来昌、山东农业大学园艺学院院长王秀峰、博士生导师张丽霞等知名专家学者出席。

1月21日，南沿海公路岚山段改建工程开工建设，区内段路基放线宽度100米，龙王河上建设岚山第一座立交桥。

是日，岚山首家股份合作制医院岚山区第二人民医院挂牌成立。

1月27日，意大利STF公司董事长弗兰克先生和丹麦BWE公司董事长卡罗先生到岚山考察超超临界电厂项目。

1月31日，海洋国际控股有限公司股票发行上市新闻发布会举行。市委副书记、市长于建成，副市长毛继春，区领导孙承金、孙欣亮、庄会海、秦玉贺、卢祥松出席仪式。

2月4日，区委、区政府召开日照钢铁公司工作座谈会，通报日照钢铁公司一年的发展情况和2005年工作目标，分析日照钢铁公司在发展过程中还需要解决的一些问题。

2月5日，区级领导班子成员和党员领导干部举行保持共产党员先进性教育活动集体学习，区委书记、区人大常委会主任孙承金讲话。

是日，区委书记、区人大常委会主任孙承金，区委副书记、区长孙欣亮带领包线包点区级领导、有关乡镇街道和部门负责人，对"五线一点"（岚山中路、岚山东路、岚山西路、童海路、疏港大道5条道路和沈海高速公路出入口1处绿地）绿化改造工程现场进行调度检查。

2月19日，全省安全生产工作会议召开。岚山区安全生产监督管理局被省安全生产委员会授予"全省安全生产工作先进单位"荣誉称号。

2月25日，全省基层劳动保障工作平台建设现场观摩交流会召开，碑廓镇劳动保障事务所被表彰为"基层劳动保障工作机构省级示范单位"。

2月25～27日，区政协七届二次全委会议召开。

2月26～28日，区十五届人大二次会议召开。

2月26日，中国冶金规划设计研究院李新创院长到岚山就临港工作区规划工作进行座谈。

3月11日，省政协副主席林书香在市委书

记、市人大常委会主任李兆前，市政协主席邵长福陪同下到岚山调研。

3月14日，市委书记、市人大常委会主任李兆前在市委常委、秘书长党英明，副市长侯成君陪同下到岚山检查指导工作。

4月2日，液化空气（日照）有限公司挂牌仪式举行。

4月15日，全省跨区域灭火抢险救援演习在岚山举行。

4月21日，全区新型农村合作医疗暨镇村卫生一体化管理调度会议召开。

4月26日至5月1日，岚山区党政考察团赴上海、江苏、浙江等地考察城市建设、园区发展等工作，区领导孙承金、徐中伟参加考察。

5月9日，岚山区人民武装部成立大会举行，省军分区副政委幸胜标，市五大班子领导李兆前、邵长福、徐学武、李敏、孙运河、孙雨，日照军分区司令员沙路、政委张建国、政治部主任宋忠厚，区领导孙承金、孙欣亮、梅志强、王广举、赵树村、秦玉贺、王立莹（女）出席成立大会。

5月13日，区科学技术局、科学技术协会、地震局挂牌仪式举行。

5月16日，全省跨区域危险化学品灭火救援实战演习在岚山举行。日照、临沂、青岛、潍坊、日照港、青岛港消防支队参加演习，500余名群众参加疏散演习，180余名公安干警参加警戒、保卫任务。省委副书记高新亭，副省长谢玉堂，省长助理、省公安厅厅长曲植凡，公安部消防局调研员隋建立，市领导李兆前、李守民、党英明、黄金华、孙雨，区领导孙承金、赵树村、王立莹（女）、卢祥松、马运德观摩演习。

5月21日，江苏省委书记李源潮率领江苏省及连云港市党政考察团到日照焦化公司、日照钢铁有限公司、北港区考察。

5月23日，山东副省长王仁元到岚山检查指导工作，先后考察了北港区和日照钢铁有限公司。

6月2日，日照市委保密局、市教育局领导到岚山检查验收高考考点。这是岚山区首次承办高考招生考试。

6月14日，岚山区部分乡镇遭遇强冰雹袭击，碑廓镇、黄墩镇受灾严重，各类农作物37011亩、蔬菜大棚2941个、房屋98间受灾，直接经济损失2335万元。

6月16日，高兴镇陈金荣侨心小学举行开工奠基仪式。

6月19日，山东抗日战争纪念地寻访团到碑廓镇抗日战争山东军事工作会议旧址进行采访。

是日，省编办正式批准设立“日照市质量技术监督局岚山分局”。

6月22日，岚山区党政考察团到青岛市李沧区参观考察，区五大班子领导成员、区委各部委、各人民团体、区政府各部门、各乡镇街道党委主要负责人参加考察。下午，在日照太公宾馆召开接轨青岛、学习李沧、服务龙头、发展岚山座谈会议。

6月24日，日照市岚山区茶叶协会成立大会在巨峰镇召开，共69个理事单位参加会议。

6月30日，山东农业大学凯越茶场开业典礼暨山东农业大学园艺学院教学实践基地挂牌仪式在巨峰镇举行。

7月7日，全国政协常委、山东省人大常委会原主任韩喜凯到岚山参观考察。

7月9日，青岛市李沧区党政考察团一行80余人到岚山参观考察。

7月22日，省委理论学习中心组读书会到岚山，先后视察了北港区、日照钢铁公司。

7月23日，省政协理论学习中心组读书会到岚山，实地考察了出口加工区、北港区、日照钢铁公司。

7月30日，韩国现代汽车集团副会长、现代汽车（中国）投资有限公司董事长薛荣兴一行到岚山考察。

8月4日，省高级人民法院院长尹忠显到岚山检查工作。

8月10日，岚山城区新大道竣工通车，城区新大道包括金牛岭南路、砚台山二路、万斛路南段、观海路南段、海安路、海州路西段共6条路，全长6416米，总投资8000万元。

8月12日，省长助理臧海强陪同交通部副部长徐祖远到岚山考察工作。

8月13日，岚山区举行纪念山东军区军事工作会议在碑廓召开61周年座谈会。

8月14日，副省长赵克志带领参加全省沿海港口工作会议的领导到岚山考察。

8月16日，岚山区举行人民监督员颁证仪式，标志着岚山区人民检察院监督员制度正式启动。

8月19日，岚山渔港转让协议签字仪式在市海洋与渔业局举行，岚山渔港正式划归岚山区管理。

8月30日，区委举行薄自双先进事迹报告会，区级领导班子全体成员出席报告会。

9月10日，经山东省宗教办、山东省佛教协会同意恢复的阿掖山卧佛寺举行奠基开光仪式。

是日，首届中国济南·日照绿茶节在济南召开，副省长王仁元、省政协副主席林书香出席活动。

9月15日，巴西CVRD公司技术组、宝钢集团资产经营部副部长黄孔威到岚山就投资建设球团项目进行选址考察。

9月22日，区工会第一次代表大会召开。

10月4日，省委副书记、省长韩寓群到岚山视察港口建设和临港大工业发展。

10月9～15日，区委书记、区人大常委会主任孙承金带领岚山党政考察团赴韩国首尔进行专题招商。在韩国首尔COEX会展中心成功举办2005年山东岚山(首尔)投资说明恳谈会，并举行招商项目签约仪式。

10月20日，岚山区书画艺术联谊会由区政协组织成立。

10月24日，韩国现代铸铁株式会社社长许秉旭一行到岚山考察，许秉旭被岚山区人民政府聘为经济顾问。

10月26日，岚山渔港扩建工程设计方案论证会召开。

10月28日，日照市食品药品监督管理局岚山办事处挂牌成立。

11月1日，区委党校老干部党校、区老干部大学成立。

11月11日，台湾东吴大学教授丁原基(女)到岚山对许瀚古迹进行考察研究。

11月16日，岚山蔚蓝海岸生态旅游区概念性总体规划及海上碑公园景观设计规划方案论证会召开。

11月19日，日照岚星化工工业公司与德固赛(中国)投资有限公司共同出资成立的德固赛岚星(日照)化学工业有限公司举行签字仪式。

12月9日，韩国大成集团董事局主席Chairman Kim到岚山考察岚山港液化码头，并达成投资意向。

12月25日，截至8时，岚山港2005年完成货物吞吐量2007万吨，首次突破2000万吨，同比增长91%。

2006年

1月6日，中国国际工程咨询公司专家委员会主任石启荣到岚山评估日照钢铁公司200万吨热轧钢板项目规划工作，市委书记李兆前陪同活动。

1月7日，全市危险化学品安全事故应急救援演练在岚山港举行。

1月10日，中国·日照第五届冬茶节在巨峰镇举行，原省领导郭长才、王裕晏、李殿魁、宇培杲、孙光远出席活动。

2月13日，岚山港务有限公司开通岚山至青岛海运业务，改变了岚山口岸没有国际集装箱干线的状况。

2月14～16日，区政协七届三次全委会议召开。

2月15～17日，区十五届人大三次会议召开，选举郭洪林为岚山区第十五届人民代表大会常务委员会副主任，张锋(女)为岚山区政府副区长。

3月1日，疏港大道西段建设工程开工。是年12月19日竣工通车。

3月8日，市委副书记、代市长杨军到岚山调研。

3月18日，中国海洋大学生命学部教学研发基地在阿掖山食品有限公司成立，市委书记李兆前出席揭牌仪式。

3月29日，省委常委、常务副省长林廷生到岚山视察工作。

4月10～13日，省委巡视组到岚山巡视。

4月14日，全区有线电视“村村通”工作会议召开。

4月16日，全国木材行业考察团到岚山考察木材集散地选址和新中兴公司木材加工厂厂址。

是日，省人大常委会副主任陈延明到岚山视察工作。

4月26日，王安友小说《李二嫂改嫁》原创作地纪念活动在岚山举办。山东省作协副主席王兆山、苗长水、赵德发参加活动，山东省吕剧院专程到王安友家乡高兴镇向阳村举行演出活动。

4月29日，全区“文明健康新家园”农民趣味运动会举行。

5月14日，江苏省政协副主席、江苏省工商联会长李仁到岚山考察港口建设和民营经济发展工作。

5月19日，国务院石油储备中心筹备领导小组办公室主任白迎春和中国石油汇丰集团总裁杜浩到岚山考察原油储备库建设选址工作，市委书记李兆前陪同考察。

是日，全市“科普进农家、欢乐新农村”三下乡活动在岚山举行。

5月24日，全区新农村建设试点示范工作会议召开。

5月29日，三木集团公司与济南钢铁集团总公司战略合作伙伴签约仪式在济南举行。

6月5日，中国石油和化学工业规划院院长顾宗勤到岚山调研临港石化园区规划工作。

6月7日，全省县域经济现场会召开，会上岚山区作书面发言。省委书记、省人大常委会主任张高丽对岚山发展临港产业的经验做法和取得的成效给予充分肯定。

6月17日，日照市环保局岚山分局成立揭牌仪式举行。

6月23日，日照市爱国主义教育基地、党史教育基地——后村镇曙光小学党史教育陈列馆开馆。

6月26日，市委副书记、市长杨军到巨峰镇调研新农村建设。

7月12日，副省长贾万志带领省政府有关部门负责人到岚山检查防汛、村村通自来水和农村沼气池建设等工作。

7月18日，青赵线、日夏线改造工程开工。是年10月19日竣工通车。

8月12日，副省长才利民在市领导杨军、李守民、张喜忱陪同下到岚山调研城乡环境综合整治工作。

9月13日，全市基层信访工作“三位一体”现场观摩经验交流会议在岚山召开，实地观摩了后村镇经济管理大厅、信访大院和巨峰镇为民服务中心。

9月21日，区人武部综合大楼奠基。

是日，市侨联、市教育局在岚山举办第七届“世界华人小学生作文大赛颁奖暨扶贫助学捐赠仪式”，省侨联副主席于湖出席仪式。

10月27日，区委书记、区人大常委会主任孙承金会见韩国ESB株式会社社长梁天术和韩国新的早晨株式会社社长金光哲一行。

11月2日，农业部副部长牛盾在市委书记李兆前陪同下到岚山考察农业工作。

12月6～10日，全区公开考选6名乡镇副科级领导干部，其中女干部4名。

12月24日，省政协主席王修智到岚山视察工作。

12月28日，山东省渔业互保协会日照市岚山区办事处揭牌。

12月31日，220千伏安东变电站开工奠基仪式举行，市领导李兆前、毛继春出席活动。该变电站2007年7月18日竣工剪彩。

2007年

1月7日，全区领导干部会议召开，市委常委、组织部部长周惠平到会宣布了省委、市委关于对岚山区主要领导调整的决定，高杰任岚山区委书记。

1月25～28日，中共日照市岚山区第十二次代表大会召开，选举产生十二届区委委员、候补委员、区纪委委员和出席市第十一次党代会的代表，通过了大会关于区委工作报告的决议和大会关于区纪委工作报告的决议。

1月28日，中共岚山区委第十二届一次全委会议召开，选举产生区委常委、书记、副书记，高杰当选区委书记。

2月4～6日，区政协七届四次全委会议召开，补选赵树村为区政协主席，张文宣、张永祥为区政协副主席。

2月4～7日，区十五届人大四次会议召开，补选王广举为区十五届人大常委会主任、张守合为副主任，徐淑利为岚山区人民政府区长。

3月13日，全区项目建设推进年活动动员大会召开，动员全区各级各部门齐心协力掀起项目建设的新高潮，以项目建设促进岚山跨越发展，顺利实现跻身全省三十强、冲刺全国百强的目标。

3月26日，2007年中国水上运动会火炬传递暨岚山区全民健身活动启动仪式在区人民广场举行。

3月30日，同济大学规划院《岚山分区规划》汇报会举行。

4月6日，副省长贾万志到岚山调研一季度经济社会发展情况。

4月18日，区人民检察院获全省先进基层检察院表彰大会暨业务技术楼启用仪式在区委礼堂举行，省、市检察院领导董以志、陈旭、杨洪旭、巩盛昌、张永明，市领导黄金华、党英明、孙承金出席会议。

4月20日，区政府召开第一次区长办公会议，研究《关于加快服务业发展的若干意见》《关于加快发展现代物流业的意见》《城区垃圾统管统运办法》《关于加快推进城市社区建设的意见》，成立汾水村等6个社区和其他11个村改居、一中分校移交工作、日照钢铁公司项目建设用地等议题。

5月16日，岚山区妇女第一次代表大会在区委礼堂召开。

5月30日，区国税局举行“全国巾帼文明岗”揭牌暨“全国巾帼文明健身队”授旗仪式，省妇联副主席宋立华，市委常委、市委宣传部部长钱焕涛出席仪式。

5月31日，岚山区科学技术协会第一次代表大会在区委礼堂召开。

7月8日，副省长才利民到岚山检查指导工作。

7月10日，枣矿集团日照中兴木业有限公司举行开工奠基仪式。

7月22日，市委书记李兆前，市委副书记、市长杨军带领市委理论学习中心组读书会与会人员到岚山就推动科学发展工作进行视察，先后视察了岚山港区化工储罐项目、三木冶金矿业有限公司、海然食品公司、安东卫商贸城、阿掖山海洋仿生食品有限公司、中兴木业有限公司、铸福实业有限公司、岚山五金商贸城等项目建设现场。

8月6日，山东华海船业有限公司举行开工揭牌仪式。

8月31日，德固赛岚星化工有限公司硅烷生产线举行开业庆典。

9月1日，省委书记李建国到钢铁精品基地、岚山港区、日照三木集团有限公司就加快鲁南经济带发展进行实地调研。

9月12日，日照钢铁基地专用码头举行开工仪式。

9月14日，副省长贾万志带领全省供销社改革发展工作会议与会人员到岚山参观考察，实地参观了虎山镇东湖凌云超市和碑廓镇田家寨社区服务中心。

9月15日，中共中央委员、中华全国供销合作总社常务副主任周声涛，省委副书记、代省长姜大明一行到岚山调研，先后参观了碑廓镇田家寨社区服务中心和岚山港务公司。

9月19～20日，第13号超强台风“韦帕”影响岚山，全区平均降雨180毫米，最大降雨量243.5毫米（虎山镇），最小134毫米（巨峰镇），最大风力8～9级，共有4.6万人受灾，倒塌房屋39间，11008间房屋进水，总计直接经济损失3969.72万元。

9月21日，山东万方路桥工程有限公司举行“全国青年文明号”揭牌仪式。

9月28日，圣岚路路面维修工程开工仪式举行。

9月30日，日照市食品药品监督管理局岚山分局揭牌。

10月27日，日照三中举行50周年校庆。

是日，区委、区政府邀请国家发改委政策司司长、博士生导师、研究员费洪平，就当前国际国内发展形势和鲁南经济带区域发展作专场报告。

10月31日，岚山城区供水竣工通水仪式举行。

11月2日，全国政协委员、省政协副主席、党组副书记王久祜率驻鲁全国政协委员一行26人，到岚山考察社会主义新农村建设。

是日，北港区建设拆迁工作启动。

11月28日，砚台山一路、安东卫二路举行竣工通车仪式。

是日，阿根廷圣地亚哥德埃斯特罗省拉邦达市经贸代表团到三木集团公司参观。

12月9～12日，区政协八届一次全委会议召开。

12月10～13日，区十六届人大一次会议召开。

2008年

1月3日，日照市商业银行滨海支行在岚山举行开业庆典仪式。

1月10日，岚山南部滨海新区概念设计第2次汇报会在建设局五楼会议室召开，深圳雅克兰德设计有限公司吴文媛作规划报告。

1月17日，全省小型水库除险加固现场观摩会在岚山召开。

3月9日，省委常委、副省长王军民到岚山调研。

3月13日，平安岚山建设大会在区委礼堂召开。

4月9日，岚山区控制性详细规划汇报会召开。

4月14日，岚山区湿地公园、西南沮及护城河治理规划方案汇报会召开。

4月22日，海上碑地块建筑及景观概念设计汇报会召开。

4月24日，全省乡镇交管所“四位一体”站所建设管理工作会议在岚山召开，省交通厅副厅长高洪涛出席会议。

4月29日，市委书记杨军到岚山调研钢铁精品基地规划建设。

5月6日，省委常委、常务副省长王仁元到岚山调研钢铁精品基地规划建设。

5月15日，中共中央委员、全国供销总社党组书记、理事会主任李成玉到岚山考察供销工作。

5月27日，北京八路军山东抗日根据地研究会一行14人在全国政协委员、二炮原副政委、研究会会长罗东进中将带领下到岚山参观考察。

5月30日，岚山污水处理厂及管网配套工程举行竣工仪式。

6月7日，岚山环境检测服务楼启用仪式举行。

6月11日，国家质检总局领导、专家一行4人到岚山考察认证进境木材检疫除害处理区。

6月21日，经济学家艾丰教授应邀到岚山作“解放思想、科学发展”专题报告。

6月26日，省人大常委会副主任崔曰臣一行13人，到岚山就《山东省消费者权益保护条例(草案修改稿)》进行立法调研。

6月29日，省委书记姜异康到岚山调研。

7月1～3日，国家林业局木材行业管理办公室主任孙健到岚山考察认证国家级木材贸易加工示范区。

7月5日，全市科学发展现场观摩会与会人员90余人到岚山观摩。

8月14日，省政协副主席齐乃贵到岚山调研。

8月19日，国务院发展研究中心对外经济研究部副部长、研究员隆国强到岚山作经济形势报告。

8月20日，以色列BCCL集团考察组到岚山就海水淡化项目进行考察访问。

8月25日，山东黄海岛屿生物资源保护与利用研究所揭牌仪式在岚山黄海养殖公司举行。

8月28日,“在中国韩国人会”会长金熙喆到岚山考察洽谈汽油添加剂项目。

9月5日,岚山新华书店举行开业庆典。

9月9日,全国政协副主席郑万通到日照钢铁公司考察,省政协副主席王新陆陪同。

9月11日,省旅游局验收组到岚山对磴山景区进行A级验收。

10月11～14日,区委工作会议暨理论学习中心组读书会开展第二阶段活动,组织党政考察团赴威海工业新区、荣城市、文登市、乳山市、海阳市、青岛经济技术开发区(黄岛区)等胶东五市进行考察学习。

10月17日,全国渔业安全生产工作现场会议在岚山召开,农业部副部长牛盾,省海洋与渔业厅厅长侯英民出席会议。

是日,多岛海环境改造、海上碑公园商业广场、青鸾湖、荻水湿地公园开工仪式举行。

10月20日,山东省人大常委会副主任崔曰臣到日照钢铁公司考察节能减排工作。

10月24日,国家级无公害绿茶标准化示范区验收组到岚山考核验收国家级无公害绿茶标准化示范区。

11月20日,瑞士前总统(联邦主席)费拉维奥·科蒂,瑞士IBSA公司总裁奥特罗·李森亚提一行11人到山东众山生物科技有限公司考察。

12月8日,市委副书记、市长赵效为到日照钢铁公司调研2150生产线项目。

12月18日,岚山区产业园区及产城关系结构规划国际咨询评审会在鲁圣大厦召开。

2009年

1月6日,市委书记、市人大常委会主任杨军到岚山调研港口建设和临港工业发展。

1月6～8日,区政协八届二次全委会议召开。

1月7～9日,区十六届人大二次会议召开。

2月1日,全区“创五型机关、促跨越发展”活动动员会议召开,全面启动“创五型机关、促跨越发展”活动。

2月11日,中国石油大学校办产业发展研讨会与会人员到岚山参观考察岚桥港区、岚北港区、岚山港务公司,并就日照石大科技项目推进问题进行商洽。

2月26日,区委十二届五次全委(扩大)会议召开,按照“两公开四推荐四差额”方式,选任日照市国家级木材贸易示范区管委会常务副主任1名,乡镇长(办事处主任)2名。

3月6日,全区第一批深入学习实践科学发展观活动动员大会召开。

3月24日,安东卫北街片区城市设计汇报会召开。

3月25日,全区“大爱岚山”感恩社会暨“文明单位文明行”活动启动仪式举行。

4月3日,市委副书记、市长赵效为到岚山作深入学习实践科学发展观活动辅导报告,并到日照焦电有限公司、钢铁配套园区调研。

4月18日,人民网总编李放到岚山就深入贯彻落实科学发展观,加快建设山海宜居现代港口经济强区、打造生态环保国际一流新兴钢城进行采访。

4月25日,省科技厅副厅长、省海工院院长李乃胜,中科院海洋研究所研究员杨洪生到前三岛调研“岛屿海域刺参增养殖关键技术研究与应用”项目。

5月8日,首届中国·日照绿茶节开幕式在安东卫国际商贸城举行。

是日,岚山组织孙培杰先进事迹报告团赴省委组织部机关作先进事迹报告会,省委常委、组织部部长李玉妹,省委组织部领导班子成员、机关干部共160余人参加报告会。

5月8～9日,中华全国供销合作社监事会主任刘环祥到岚山出席首届中国·日照绿茶节,并到巨峰镇黄埠茶叶基地、高兴镇向阳养牛专业合作社、碑廓镇王家庄社区服务中心等地对供销社农村新型经营服务体系建设进行调研。

5月10日,省委副书记、省长姜大明到岚山港务公司调研。

7月8日,副省长贾万志到前三岛视察。

8月10～17日,“大爱岚山”广场文化周活动举行。

8月16～18日,全区临港产业暨化工产业推进会召开。

8月21日,区人防办举行成立揭牌仪式。

9月4日,国务院海域勘界办公室主任高振生一行5人到海上碑、多岛海、绣针河口调研鲁苏海域勘界工作。

9月17日,岚山临港商务大厦、安东卫海产品电子交易中心大楼、华东木材电子交易中心大楼项目集中签约仪式举行。

9月28日,岚山区诗词学会成立。

9月30日,日百新玛特购物中心开业,商务部商务服务司副司长王晓川出席庆典。

10月22日,区委书记、区人大常委会主任高杰主持召开十二届区委第79次常委会议,研究《关于发挥港口优势服务精钢基地聚力打造半岛蓝色经济区先行示范区的意见》和《关于开展"科学规范和有效监督区委书记用人行为"试点工作实施方案》。

是日,省人大常委会副主任温孚江一行16人到童海小区、山海家园小区视察农村住房建设与危房改造工作。

10月30日,全区应急救援大队成立仪式举行。

11月9日,高兴镇兴业文化广场暨城镇集中居住工程开工奠基仪式举行。

11月10日,永铸小额贷款有限公司暨日照汇诚担保有限公司开业庆典仪式举行。

11月18日,日照华浙钢棒有限公司开业庆典仪式举行。

11月19日,岚山区举行设区五周年庆典活动,活动分"同心相约·畅想岚山"主题跑步活动和"新的起点"大型图片展两个阶段。

11月20日,省委常委、常务副省长王仁元到岚山调研日照钢铁精品基地区域规划、用海规划事宜。

12月24日,岚山区有线电视数字化整体转换启动仪式举行。

2010年

1月5日,市委书记、市人大常委会主任杨军到30万吨聚丙烯树脂项目、100万吨沥青生产项目、60万吨钢材加工项目、45万吨焊接钢管生产项目、新天地项目调研贯彻落实中央、省、市经济工作会议精神,全力做好2010年经济工作,扎实推进大项目建设情况。

1月19～21日,区政协八届三次全委会议召开。

1月19～22日,区十六届人大三次会议召开。

2月10日,市委副书记、市长赵效为到30万吨聚丙烯树脂项目、100万吨沥青生产项目、60万吨钢材加工项目、45万吨焊接钢管生产项目、获水湿地公园、青鸾湖公园、新天地项目、黄墩镇后大坡村蔬菜大棚、任家董旺庄社区服务中心、山东特力绳线织造有限公司、后村镇双山茶园开发片、日照微尔木业公司调研,并召开座谈会听取岚山工作汇报。

2月20日,全区"听讲座、读好书、强素质""名家讲座"集中周活动动员会议召开,安排部署"听讲座、读好书、强素质"活动。

3月11日,全区生态岚山建设动员会议召开。

4月28日,2010日照市岚山区临港产业合作推介会在广东顺德举行。

5月11日,全市有线广播"村村响"竣工暨有线电视"户户通"工作经验交流现场会在岚山召开。

6月5日,日照日报岚山记者站揭牌仪式举行。

6月23日,省政协副主席、党组副书记乔延春带领省政协提案组一行16人到巨峰镇后崖下百满茶叶专业合作社调研农民专业合作社发展工作。

是日,新华社山东分社常务副主编陈国军、副主编王汝堂到岚山就转方式调结构的先进经验与做法对区委书记、区人大常委会主任高杰进行采访。

7月9日，由区委宣传部和区文化体育局联合主办、岚山区农村信用合作联社承办的“信合杯”“放歌多岛海，唱响新岚山”红歌大合唱在多岛海广场举行。

7月28日，市委常委扩大会议与会领导到岚山现场观摩广信聚丙烯项目、金石改性沥青项目、京华管业项目等8个工程项目，市委书记杨军和市委副书记、市长赵效为分别作了点评。

8月12日，2010年中国水上运动会火炬传递岚山站启动仪式举行，区委书记、区人大常委会主任高杰点燃第一棒火炬，并宣布2010年中国水上运动会日照市岚山区火炬传递开始。

8月26日，刚果共和国石油天然气部长安德烈·拉斐尔·洛恩巴一行到日照考察，并与岚桥集团洽谈工作。

是日，省委常委、组织部部长高晓兵到岚山实地调研。

8月27日，岚山疏港公路改造工程开工仪式举行。

9月2日，中国工程院副院长、中国工程院院士干勇率中国工程院院士专家考察组一行21人，到钢铁精品基地、日照钢铁有限公司考察山东钢铁产业结构调整暨创新能力建设工作。

10月11日，岚山区社区矫正管理教育培训中心暨山东司法警官职业学院实习实训基地揭牌仪式在安东卫街道泉子庙社区举行。

是日，省委副书记、省政协主席刘伟带领全省“转方式调结构”现场观摩会与会人员到多岛海环境改造工程现场、岚山港区、化工园区进行现场观摩。

10月28日，岚山区人民政府与信儒集团35万吨化工项目签约仪式举行。

11月2日，岚山区创建省级出口农产品质量安全示范区动员大会召开，下发了《岚山区推进出口农产品质量安全示范区建设实施方案》。

11月10日，S342省道汾水至莒南界段改建工程举行竣工通车仪式，省交通运输厅厅长贾学英出席。

11月12日，中粮黄海粮油工业(山东)有限公司120万吨粮油加工项目举行竣工庆典仪式，副省长才利民、中粮集团董事长宁高宁出席。

11月22日，岚山城区供热、供水、垃圾处理场工程举行竣工启用仪式。

11月23日，省委常委、副省长王军民到岚山港区1号、2号液化码头考察港口发展，省长助理周齐陪同考察。

11月27～28日，由市委宣传部、大众报业集团大众网联合主办，中共日照市岚山区委、日照市岚山区人民政府承办的“第二届互联网时代危机管理论坛”在岚山召开，省委宣传部副部长刘保聚出席论坛。

12月16日，日照市岚山斋心慈善协会揭牌暨捐赠仪式举行。

是日，全省人口基础信息共享平台建设工作会议在岚山召开。

是日，全区新型农村社会养老保险试点工作会议召开。

12月27日，区委、区政府与山东玉皇化工有限公司就玉皇化工年产30万吨丁烯生产加工项目(山东金旭化工项目)落户岚山事宜达成初步合作意向。

12月31日，共青团岚山区第三次代表大会召开。

2011年

1月6日，全区“三力”建设年活动动员会议召开，力促各级领导班子和领导干部执行力、创新力、公信力大幅提升。

1月16日，岚山区在外名家书画联展开展。

1月16～18日，区政协八届四次全委会议召开。

1月16～19日，区十六届人大四次会议召开。

1月18日，省政协副主席齐乃贵带领省政协经济委员会部分委员一行11人到岚山考察鲁南临港产业区发展情况，实地考察了日照钢铁公司和岚山港务公司。

是日，环保部副部长张力军带领国家核查组

一行10人，到日照钢铁公司现场核查“十一五”主要污染物总量减排工作，省环保厅厅长张波陪同。

1月23日，市委书记、市人大常委会主任杨军到巨峰镇碧波绿茶精品园基地、茂园无性系茶苗繁育基地、科力达化工有限公司、后黄埠村前麦田管理现场视察，并走访慰问老党员和困难群众。

1月29日，岚山区农村饮水安全工程暨黄墩镇陈家沟水厂竣工通水仪式举行。

2月23～25日，刚果共和国石油天然气部长安德烈·拉斐尔·洛恩巴一行13人到岚桥集团考察洽谈项目。

3月5日，全市百名贫困母亲、百名春蕾女童救助暨留守儿童活动站成立仪式在高兴镇中心小学举行。

4月8日，日照银座商城岚山店开业庆典仪式举行。

4月13日，“创建文明城市·践行岚山大爱——‘蓝丝带’行动”启动仪式举行。

4月14日，市委副书记、代市长李同道到日照钢铁精品基地规划现场、拟建日照飞机场预选场址实地调研大项目建设。

5月14日，内蒙古庆华集团董事长霍庆华一行12人到庆华项目选址区、职工生活区选址区、多岛海、岚山港老码头城市规划展厅、岚山港务公司、岚山海水浴场考察。

5月31日，日照钢铁公司支持官山社区公益设施建设暨助学捐赠仪式举行。

6月17日，省创建文明城市测评组到岚山检查测评，实地察看了友谊商店岚山分店、多岛海、汾水十字路口、海上碑景观工程。

6月22日，岚山区庆祝建党90周年“颂歌献给党·唱响新岚山”合唱艺术节举行。

7月7日，全市科学发展现场观摩会与会人员90余人到岚山，先后观摩了山东石大科技石化有限公司100万吨重质油和180万吨焦化项目、官山社区建设工程、山东万方板业有限公司150万吨精品钢薄板项目、山东四化环保设备有限公司环保处理设备制造项目、山东圣安泰装备制造有限公司3000台套设备制造项目、瀚坤能源发展有限公司800万方石油仓储项目、日照德霖木业有限公司木材加工项目、岚山区实验中学及凤凰山社区建设工程、南部滨海岸线改造工程、文化中心广场建设工程、千亩生态湿地建设工程。

7月14日，全市危险化学品生产安全事故应急救援演练在山东石大科技石化有限公司举行。

7月20日，全省工商行政管理工作现场观摩会在岚山召开，先后观摩了岚山港、岚山工商分局、巨峰工商所、后崖下茶业专业合作社。

8月1日，“舞动岚山——海上明月城”美国加州芭蕾舞团到岚山演出。

8月4日，省委常委、副省长孙伟到岚山考察千亩生态湿地公园、岚山港液化码头、岚山国际大厦、区人民医院门诊病房综合楼。

8月7日，副省长郭兆信一行7人到安东卫街道凤凰山社区检查指导保障性安居工程建设工作。

8月10日，最高人民检察院副检察长姜建初到区人民检察院考察指导工作。

8月12日，日照海关岚山办事处举行“全国青年文明号”揭牌仪式。

11月2日，全市首批“企业家爱心书屋”揭牌仪式在巨峰镇车沟社区举行。

11月10日，省级出口农产品质量安全示范区验收组到区农业化学投入品配送中心、区渔业贻贝养殖基地、区农产品监管办公室考核验收省级出口农产品质量安全示范区创建工作。

11月15日，省政协副主席齐乃贵带领驻济省政协委员视察团一行24人到钢铁精品基地视察。

11月，盖卫星任岚山区委书记。

12月9日，日照九银村镇银行举行开业庆典仪式，山东省银监局局长廖平之出席。

12月27日，岚山区智能交通指挥控制中心启用仪式新闻发布会召开。

2012年

1月9日，中国共产党日照市岚山区第十三次代表大会召开，区委书记盖卫星代表中共日照市岚山区委员会作工作报告，区委常委、区人大常委会副主任、区政府副区长、区政协主席、副主席、岚山经济开发区副主任、区第十三次党代会代表出席会议。

1月11日，中国共产党日照市岚山区第十三届委员会第一次全体会议召开。选举产生33名区委委员、7名区委候补委员组成中共日照市岚山区第十三届委员会，选举产生25名委员组成中共日照市岚山区第十三届纪律检查委员会，选举产生50名出席市第十二次党代会代表。选举盖卫星、张桂伟、刘国田、马运德、申淑清(女)、成磊、王聪儒、柴世民、秦玉新、张玉新为区委常委，盖卫星当选为书记，张桂伟、刘国田当选为副书记。

1月17日，市委副书记、市长李同道到港信物流公司、日照中兴森工实业有限公司、日照昌华海产食品有限公司、山东众山生物科技有限公司、山东金石沥青股份有限公司调研工业经济、重点项目建设。

1月30日，全区经济工作会议暨解放思想、优化环境、推进落实活动动员大会召开。

2月1日，市委书记、市人大常委会主任杨军到巨峰镇后黄埠村、丰华工具项目、淞晨生态茶园和双石岭流域三千亩茶园片区调研。

2月2日，岚山区召开“共商良策、共谋发展”企业家恳谈会。

2月8～11日，区政协九届一次全委会议召开，区委书记盖卫星到会祝贺，牟善海作常务委员会工作报告，焦志昌作提案工作报告。

2月9～12日，区十七届人大一次会议召开，区委书记盖卫星致开幕词，区委副书记、代区长张桂伟代表区政府向大会作《政府工作报告》。

2月24日，G204国道改造工程开工仪式举行。

3月29日，2012年全区重点项目集中开工暨日照中瑞伟盛金属循环再利用项目奠基仪式举行。

4月18日，山东浦盛石油化工项目签约仪式举行。

5月4日，全区庆祝建团90周年暨“五四”表彰大会召开，对第七届“岚山十大杰出青年”“岚山十大优秀青年”“五四红旗团委”“五四红旗团支部”、岚山区优秀团干部和岚山区优秀青年标兵、2011年度“岚山区农村好青年”和实施“希望工程”先进集体、先进个人进行表彰。

5月7日，区级重点工程项目现场调度会召开，现场调度、重点督查岚桥集团30万吨码头泊位工程建设等17个重点工程项目。

5月16日，副省长张建国到岚桥港口石化有限公司、岚山港务有限公司调研企业安全生产，省政府副秘书长司安民，省安监局局长袁策陪同调研。

5月24日，岚山通关服务中心奠基暨日照海关驻岚山办事处成立20周年庆典仪式举行。

6月7日，区文化中心片区规划设计方案专题汇报会召开，听取清华大学建筑设计研究院专家所作的文化中心规划设计方案汇报。

6月30日，省委副书记、省长姜大明到钢铁精品基地用地拆迁现场、拆迁村居安置区现场调研。

7月1日，全区庆祝建党91周年“喜迎十八大，永远跟党走”合唱艺术节在区人民广场举行。

7月6日，日照银行碑廓支行开业暨银企大厦奠基仪式举行。

7月7日，全市科学发展现场观摩会与会领导到岚山观摩，先后观摩了山东联储物流有限公司物流园、山东石大科技石化有限公司三期180万吨焦化加制氢装置及配套项目、岚桥集团30万吨级矿石泊位工程项目、山东金石沥青股份有限公司200万吨沥青及重质油综合开发利用项目、山东嘉银钢贸城项目、日照岚星化工工业有限公司硅烷偶联剂系列产品生产项目、昌华集团80万吨粮食保税库项目、安东卫街道北门外社区、区实验中学建设项目。

7月21～22日，全区科学发展现场观摩会召开，与会人员先后到岚山头街道浩宇澜天下项目、环翠小区配套建设项目、童海港业建设项目，虎山镇徐家村拆迁现场、G204国道拓宽改造拆迁现场(虎山铺)、日照岚星化工工业有限公司硅烷偶联剂系列产品生产项目，碑廓镇大朱曹一村农民创业园项目、大台岭万亩现代循环农业示范区、生态文明乡村建设线(辛兴社区),安东卫街道昌华集团80万吨粮食保税库项目、日照钢铁精品基地拆迁安置区、明珠时代广场建设项目、振兴路建设工程,高兴镇高兴农村综合信息网、佳源中央空调二期项目、生态文明乡村建设线(汪家庄子村),巨峰镇生态文明乡村建设线(后黄埠村)、中心镇(瑞仕花园)建设项目、双石岭流域千亩茶园综合开发片,黄墩镇南塔岭村生态文明乡村建设、小邵家沟村城乡建设用地增减挂钩项目、桃花山流域千亩黄烟示范片现场观摩。

7月,中楼镇划归岚山区,后村镇划归东港区。

8月2日,省委第五巡视组到阿掖山集团公司、岚山港务有限公司、老码头广场、海州湾广场、荻水湿地公园、区实验中学、凤凰山社区、北门外社区、日照钢铁精品基地项目拆迁安置区、山东众山生物科技有限公司、日照中兴森工实业有限公司、昌华集团公司80万吨粮食保税库项目、山东圣安泰装备制造有限公司3000台套智能网柜制造项目、官山路社区、山东金石沥青股份有限公司200万吨沥青及劣质重质油综合开发利用项目、山东石大科技石化有限公司三期工程、日照钢铁集团有限公司、岚桥集团30万吨级矿石泊位工程项目、岚桥港口石化有限公司项目调研城市建设与港口发展、临港产业发展。

8月2～3日,第10号强热带风暴"达维"登陆岚山,全区累计受灾人口24.5万人,造成直接经济损失14.16亿元。

8月10日,岚山举办2012银企合作洽谈会,9家金融机构分别与全区27家企业签订了《银企合作协议书》,协议信贷总额91.943亿元。

8月10～12日,日照市岚山区产业发展及核心项目规划国家部委课题调研组到岚山调研。

8月23日,中国国民党革命委员会日照市岚山区支部委员会成立大会召开。

8月24日,岚山区创业促进会暨岚山创业工作站成立大会召开。

8月27日,中国国际工程咨询公司工会主席王忠诚带队到山钢集团日照钢铁精品基地项目厂址对日照钢铁精品基地项目进行评估。

9月8日,日照钢铁精品基地安置区——锦绣花园奠基暨开工仪式举行。该安置区规划用地61.43万平方米,总建筑面积114.3万平方米,以17层楼房为主,可容纳8000余户、2万余人居住。

9月11日,省质监局调研员毕耜隆率领省优质产品生产基地及龙头骨干企业现场考核组到丰华食品、阿掖山集团、永兴食品、永鑫嘉岛考核验收山东省优质鱼糜制品生产基地和龙头骨干企业创建工作。

9月26日,17点45分左右,日照市岚山港区防波堤施工爆破作业过程中发生事故,造成5人死亡,3人失踪,一艘作业船舶沉没。

10月13日,省人大常委会副主任、党组副书记国家森到安东卫街道明珠路小学、区第一中学、区实验中学、岚山头街道中心幼儿园视察政府教育投入工作。

10月22日,山东玉皇化工集团副总经理姜勇、山东金旭化工项目负责人李向阳到岚山洽谈推进金旭化工项目。

10月29日,《岚山区主城区控制性详细规划》《岚山区老码头东侧片区城市概念设计》规划汇报会召开。

10月29～30日,山东佳宝集团董事长李瑜到山东联美食品有限公司选址地、安东卫国际水产城、日照东方红食品公司洽谈推进山东联美食品项目。

11月6～7日,环保部环境工程评估中心高级工程师李友琥带领工程评估中心专家组到日照钢铁公司、日照钢铁精品基地项目厂区选址处、原料码头选址处、成品码头选址处实地考察。

11月13日,日照市暨岚山区重大动物疫情应急演练在虎山镇举行。

11月30日,岚山区生态文明乡村建设环卫设备发放暨镇级环卫机构揭牌仪式在区委广场举行。

12月11日,全国人大财经委副主任委员尹中卿在省人大常委会副主任尹慧敏陪同下到岚桥港口石化有限公司、山东金石沥青股份有限公司调研。

12月18日，中国石油大学产学研基地山东石大科技石化有限公司装置开工投产仪式在山东石大科技石化有限公司举行，市委副书记、市长李同道，副市长刘兆亮，山东石油大学（华东）党委书记刘珂、校长山红红出席活动。

12月28日，岚山区人民政府与中国移动山东公司日照分公司共同举行建设“智慧岚山”战略合作签约仪式。

2013年

1月12日，全区科学发展现场观摩会议召开，与会领导先后到虎山镇官山社区、日照钢铁精品基地拆迁现场、新源热力项目，岚山头街道秦官庄旧村改造项目、老沿海路改造和岚山港皮带机走廊拆迁项目、金牛岭社区建设项目，安东卫街道凤凰山社区、文化中心拆迁现场、圣达尔保税物流园区建设现场，碑廓镇金星农业科技项目、冠通木业指接板项目、镇中心小学、中心幼儿园建设项目，巨峰镇薄家口茶叶交易市场项目、东润有机硅项目、镇中心幼儿园、派出所建设现场，高兴镇山西中南部铁路高兴段清表拆迁现场、中小企业园二期建设项目、全国高效节水灌溉试点县高兴项目区，黄墩镇桃花山流域冬春农田水利建设现场、中心小学项目、任家董旺庄桑菜基地，中楼镇黑涧社区、万顺禽业项目、中心小学现场观摩。

1月21日，岚山区人民医院加盟青岛大学医疗集团暨门诊病房综合楼、后勤保障楼启用仪式在区人民医院举行。

1月25日，岚山个体私营企业协会党委成立大会在鲁圣大厦召开。

3月1日，岚山区陡山水库调水工程可行性研究报告汇报会召开，听取山东省工程咨询院和济南市市政工程设计院专题汇报。

是日，岚山区党员志愿服务队成立仪式举行，服务队下设11个分队。

3月7日，区委、区政府召开会议听取北京石油和化学工业规划院所作的《岚山化学工业区总体发展规划》规划草案汇报。

3月20日，美国麦卡龙公司副总裁韦恩·伍顿、山东豪迈科技集团副总经理魏效辉到山东华海船业有限公司北侧龙王河口处就豪迈制造海工生产项目选址问题进行考察。

4月24日，岚山区青年联合会暨青年企业家协会成立大会在区委礼堂召开。

5月7日，山东省副省长张超超带领省直部门负责人到日照钢铁精品基地现场、厦门路施工现场、日照钢铁精品基地安置区调研日照钢铁精品基地建设工作。

5月12日，全国政协副主席、全国工商联主席王钦敏到日照钢铁公司考察。

5月16～17日，区委书记、区人大常委会主任、岚山经济开发区工委书记盖卫星带队到山西太原洽谈推进煤炭物流项目。

5月22日，山西能源交通投资有限公司董事长武强一行14人到高兴镇煤炭洗配中心项目选址区、国家级木材贸易加工示范区、多岛海、岚山港区、山东金石沥青股份有限公司考察洽谈高兴煤炭洗配中心项目。

5月23～25日，省海河流域管理局局长唐传义带领省小型农田水利重点县考评验收组到岚山对2012年度小型农田水利重点县项目进行考评验收。

5月26～31日，区委书记、区人大常委会主任、岚山经济开发区工委书记盖卫星赴香港参加“香港山东周”经贸活动。

5月31日，副省长邓向阳到岚山港务公司、岚桥港口石化有限公司检查安全生产工作，省政府办公厅副巡视员周鲁霞、省安监局局长李世瑛陪同检查。

6月6日，南京大学政府管理学院教授肖唐镖带领民政部专家评估组到碑廓镇辛兴社区进行全国社区管理和服务创新实验区中期评估。

6月28日，山东省钢铁产业结构调整重点项目——日照钢铁精品基地开工仪式举行，副省长张超超出席仪式。

7月4日，市委书记、市人大常委会主任杨军，市委副书记、市长李同道带领全市科学发展现场观摩推进会与会领导到岚山观摩，现场观摩了岚桥港口石化有限公司二期项目、中博化工有限公司24万吨/年聚苯乙烯项目、化工园区东区及污水处理厂建设项目、山东万方板业有限公司150万吨精品钢薄板二期项目、金星农业科技发展有限公司项目、联美食品有限公司低值鱼类高值化深加工项目、圣达尔多功能保税仓库项目、山东钢铁精品基地安置区及安东卫实验学校建设项目、岚山文化中心建设项目。

7月29日，省委常委、统战部部长颜世元到岚桥港务有限公司30万吨级矿石码头、岚桥港口石化有限公司调研党外代表人士队伍建设、非公有制经济人士理想信念教育实践活动开展情况。

8月5日，岚山区军民联欢晚会在区人民广场举行，南京军区第12集团军副军长兰政，后勤部装甲装备部副部长钱普洲，岚山区委书记、区人大常委会主任、岚山经济开发区工委书记盖卫星出席活动。

8月5～7日，第六届中国油品峰会暨(日照·岚山)石化投资战略研讨会在岚山召开。

8月21日，省委常委、省纪委书记李法泉到岚山调研阳光村务、三资管理工作，并到岚山头街道、岚山港务有限公司现场考察，到区纪委看望机关干部。

9月10日，岚山区争创全省教育工作示范区暨庆祝第29个教师节大会在区实验中学召开，与会人员参观了岚山办学成果展、教师书画展。

9月24日，全省茶叶机械化采摘加工观摩会在巨峰镇御园春茶厂举行。

9月26日，副省长夏耕到日照港集团岚山港区石化码头、岚桥港石化码头调研，省政府副秘书长孙传尚，省商务厅厅长王华，省口岸办主任周生银陪同调研。

10月24日，省人大常委会副主任贾万志到岚山调研经济运行情况，实地察看了山东金石沥青股份有限公司、岚山港务有限公司、星河湾广场、多岛海。

10月26日，台湾国光石化科技股份有限公司董事长朱少华、台湾中油股份有限公司董事赖调灿到岚山化工园区西区考察石油炼化项目选址事宜。

11月27日，日照银行岚山支行升格中心支行暨特色信贷产品发布会在日照银行岚山中心支行举行。

12月3日，齐鲁股权交易中心托管企业集中信息发布仪式(岚山专场)在区级机关综合办公楼礼堂举行，日照市东山云青茶业股份有限公司、山东薄家口茶业股份有限公司、日照华美食品有限公司、日照冠清茶业科技有限公司、日照市岚山区盛华茶业机械有限公司、日照东润有机硅材料有限公司等6家企业实现了股权托管。

12月11日，农工党日照市委岚山支部成立大会举行。

2014年

1月2日，市委书记、市人大常委会主任杨军到日照港集团岚山油品公司调研港口安全生产工作。

1月3日，全区科学发展现场观摩会议召开。

1月11～13日，区政协九届三次全委会议召开。

1月12～14日，区十七届人大三次会议召开。

1月13日，澳大利亚力拓集团铝业公司总经理李福才、索通发展股份有限公司董事长郎光辉到岚山考察30万吨/年绿色可循环煅烧石油焦项目。

2月7日，全区2014年工作动员大会在区级机关综合办公楼礼堂召开，动员全区干部群众解放思想、凝心聚力，坚持抓改革、促转型、强落实、惠民生，争当全市改革发展排头兵。

2月19～20日，澳大利亚西澳洲罗伯恩郡首席执行官克里斯·亚当斯到岚山考察洽谈友好区郡事宜，先后参观了日照钢铁控股集团有限公司、山东岚桥工贸集团有限公司、岚山港务有限公司、山东万方板业有限公司、山东港信物流有限公司。

3月4日，全区党的群众路线教育实践活动动员会议在区级机关综合办公楼礼堂召开，动员全区党员干部统一思想、提高认识，明确要求、严格标准，加强领导、落实责任，全面落实各项任务，确保教育实践活动取得实效。

3 月 10 日，省委常委、宣传部部长孙守刚到岚山调研督导党的群众路线教育实践活动。

4 月 1 日，市委副书记、市长李同道到岚临高速公路与沈海高速公路交汇点、厦门路建设现场、日照新三明化工有限公司、岚山化工园区消防站、山东石大科技石化有限公司调研重点道路建设和危化品消防安全工作。

4 月 9 日，区委书记、区人大常委会主任、岚山经济开发区工委书记盖卫星到碑廓镇中小木材企业集聚园区项目选址处、爱多利木楼梯制造项目选址处、山东资润化工项目选址处、山东华信工贸项目选址处、云河仓储物流项目选址处、振业仓储物流项目选址处调研项目选址情况，并现场研究鲁圣万方片区及三木片区城市开发建设事宜。

4 月 29 日，山东临沂华苑集团董事长周宝柱到岚山洽谈冷链物流园区规划建设事宜，并举行签约仪式。

5 月 4 日，山东资润化工有限公司董事长解会品到岚山洽谈 60 万吨/年甲醇制烯烃项目。

6 月 18 日，副省长夏耕到日照钢铁控股集团有限公司调研开放型经济、民营经济发展情况。

6 月 30 日，日照市危险化学品道路运输车辆交通事故应急救援演练在碑廓镇莆田路举行。

7 月 11 日，副省长张超超到日照钢铁精品基地地基 3 号实验区、日照实华原油码头有限公司调研项目建设、运行情况。

是日，第十三届区委第 62 次常委扩大会议召开，研究《日照市岚山区实施〈党政机关厉行节约反对浪费〉办法》《日照市岚山区党政机关国内公务接待管理办法》《日照市岚山区区直机关会议费管理办法》《日照市岚山区区直机关差旅费管理办法》《日照市岚山区区直机关培训费管理办法》。

8 月 5 日，全市科学发展现场观摩推进会议与会领导到岚山现场观摩，先后观摩了日照钢铁精品基地项目拆迁现场、日照钢铁控股集团有限公司管状矿石皮带机工程、厦门路及日照钢铁控股集团有限公司环保建设工程、日照新三明化工有限公司精细化工项目、日照宝华新材料有限公司项目、山东鲁圣电力器材有限公司高新技术产业园项目、日照赛立德新型建材有限公司项目、日照坤时农业开发有限公司项目及碑廓镇生态文明乡村建设、瀚坤能源发展有限公司石油仓储及化工园区西区基础设施配套项目、碑廓镇“三个中心”（镇中心幼儿园、中心小学和中心初中）学校项目。

8 月 26 日，澳大利亚西澳洲卡拉萨市市长彼得·龙到岚山考察，先后考察了日照钢铁控股集团有限公司、日照岚桥港务有限公司、岚山港务有限公司、区实验中学、区文化综合服务中心、日照中兴森工有限公司、巨峰镇后黄埠绿茶采摘园、淞晨茶文化园。

9 月 15 日，日照钢铁精品基地东湖三村和东湖一、二村老沿海路以东区域搬迁工作启动，至 9 月 28 日，该区域 431 户全部完成搬迁。

9 月 26 ～ 27 日，日照市政府与中国华信能源有限公司战略合作框架协议签约仪式在上海市举行。

9 月 29 日，日照岚山农村商业银行股份有限公司成立。

9 月 30 日，岚山烈士纪念日公祭烈士活动在岚山烈士陵园广场举行。

10 月 9 日，全区创建文明城市工作动员会议召开。

11 月 3 日，全区科学发展现场观摩会议召开，与会人员先后到岚山头街道、安东卫街道、碑廓镇、虎山镇、巨峰镇、高兴镇、黄墩镇、中楼镇现场观摩。

12 月 10 日，市委书记、市人大常委会主任杨军到山东岚桥工贸集团有限公司、日照钢铁控股集团有限公司调研民营经济发展情况。

12 月 26 日，中共日照市岚山区委十三届六次全体会议在区级机关综合办公楼礼堂召开。

2015 年

1 月 8 日，全市基层综合性文化服务中心建设现场会在碑廓镇召开，与会人员现场观摩了碑廓镇王家庄社区、莆田社区、大河口村、大湖社区。

1月15日，副省长夏耕到岚山调研安全生产工作，先后考察了日照钢铁控股集团有限公司、山东岚桥工贸集团有限公司、日照实华原油码头有限公司。

1月16日，全区基层党建工作现场观摩会议召开。

1月18～20日，区政协九届四次全委会议召开。

1月18～20日，区十七届人大四次会议召开。

1月26日，区委书记、区人大常委会主任、岚山经济开发区工委书记盖卫星到银座商城（岚山店）、山东阿掖山集团有限公司、岚山汽车站、日照一达燃气有限公司、日照广信化工科技有限公司、童海渔港、船舶安全保障集中监控管理平台检查安全生产工作。

2月5日，全区2015年工作动员大会召开，动员全区上下主动适应新常态，积极抢抓新机遇，进一步明确任务、提高认识、统一思想、提振信心，增强紧迫感、责任感，高质高效完成全年工作任务。

2月7日，区十七届人大常委会第21次会议召开，补选刘星泰为日照市第十七届人大代表。

3月4日，市委副书记、市长刘星泰到岚山调研经济社会发展情况，先后实地考察了日照钢铁精品基地项目区、日照钢铁控股集团有限公司、山东岚桥工贸集团有限公司、岚山港务有限公司、日照钢铁精品基地安置区、S222省道改建工程施工现场、岚山冷链物流基地。

3月5日，全区生态文明乡村建设工作会议召开。

3月12～13日，华信战略决策委员会重大项目管理中心总经理汪新到岚山召开华信日照石油储备项目可行性研究报告启动会议。

3月31日，副省长于晓明到日照新绿洲液化仓储管理服务有限公司、日照实华原油码头有限公司、岚山港矿石皮带机输送工程现场调研安全生产、环境保护工作。

4月8日，国家质检总局动植司副处长骆军带领专家评审组到岚山港、岚桥港对进境木材无害化处理区进行现场考核和立项评审。

4月11日，“中大体育产业杯”日照市第五届运动会青少年组排球比赛暨“中国体育彩票杯”2015年全市中小学生排球联赛开赛仪式在区实验中学举行。

4月16日，香港华鲁集团有限公司董事长倪守民、山东琦泉集团有限公司董事长董静波到岚山考察2×30MW生物质热电联产项目。

5月4日，市委书记、市人大常委会主任杨军到日照钢铁精品基地项目区、阳光海洋牧场、日照钢铁控股集团有限公司大H型钢ESP项目区、岚山冷链物流基地、岚山港务有限公司调研“稳增长转调创”工作。

5月12日，《岚山区志》专家评审会议召开。

5月13日，国务院安委会办公室副主任、国家安全监管总局副局长李兆前，在省安监局局长李世瑛陪同下，到岚山调研安全生产工作。

5月20日，区委书记、区人大常委会主任、岚山经济开发区工委书记盖卫星为全区领导干部讲“三严三实”专题党课，并召开全区“三严三实”专题教育工作会议。

6月14日，副省长夏耕到山东金石沥青股份有限公司、日照钢铁控股集团有限公司调研。

第一编　建置　区划

岚山地处鲁东南、苏鲁交界，处于环渤海经济圈和长三角经济圈的交汇地带，是新兴的港口旅游城市——日照市的南部城市副中心、港口物流中心和临港大工业基地。海陆交通发达，区位优势突出，拥有岚山港、岚山渔港2个一类开放口岸，G204国道和S341、S342、S222省道、沈海高速公路、南沿海公路纵横境内，坪岚铁路汇入日照—西安线，可直达荷兰鹿特丹港，与青岛、连云港、临沂3个航空港相距百公里左右，是新亚大陆桥东方桥头堡的重要组成部分和鲁南经济带最经济、最便捷的出海口和对外开放窗口。

第一章 地理位置与沿革

第一节 地理位置

岚山位于山东省东南部，日照市南端，东濒黄海，西邻临沂市临港经济开发区，西北接莒县，北与东港区相连，南与江苏省赣榆县接壤，地跨北纬35°03′51″～35°28′56″，东经118°51′25″～119°24′17″，东西长约53公里，南北宽约50公里，陆域面积778.31平方公里，岛屿面积0.3378平方公里，海岸线长25.5公里(含前三岛岛岸线)。

岚山区政府驻地安东卫距首都北京850公里，距省会济南425公里，北至日照市区42公里，西至莒南县城49公里，西北至莒县120公里，南至江苏省赣榆县城42公里，至连云港市130公里。

第二节 隶属演变

岚山历史悠久，远古时期就有人类在此繁衍生息，创造了灿烂的文化。境内已发现多处旧石器遗址和大量新石器遗址，重要的有胡家林、虎山北岭旧石器遗址，尧王城、郑家结庄大汶口—龙山文化遗址，徐家村大汶口—龙山—周、汉文化遗址，六甲庄岳石文化遗址等，其他汉代至明清遗迹在全区也有大量分布。

夏商时，岚山属东夷，亦称人方。西周至战国前期属莒国。周景王二十二年(鲁昭公十九年，公元前523年)，被齐国占领。鲁哀公二十二年(公元前473年)，越王勾践灭吴，然后继续北上，徙都琅琊(在今胶南市)，岚山归越。楚简王元年(公元前431年)，楚北侵取莒，岚山属楚，后属齐。

秦始皇二十六年(公元前221年)，秦统一中国，岚山属琅琊郡莒县。西汉时，岚山属徐州琅琊郡海曲县。东汉属西海县。三国魏时属青州城阳郡，西晋时并入徐州东莞郡，南北朝前期归北魏青州东莞郡。东魏武定七年(549年)，岚山属南青州义塘郡归义县。

隋代属琅琊郡莒县，唐代随莒县属河南道密州(高密郡)，五代沿袭之。北宋时属京东东路密州莒县。金大定二十四年(1184年)置日照县，岚山属山东东路莒州日照县(中楼镇属莒县)。元代属中书省山东益都路莒州日照县(中楼镇属莒县)。明初属山东布政使司青州府莒州。

明洪武十七年(1384年)，信国公汤和奉命于沿海筑城防倭寇，设立安东卫，军事上隶属山东都指挥使司并青州海防道(军事建制)，直接辖域北起梅园(现泉子庙东北一带)、南至王坊(现属江苏省赣榆县)、西至汾河(绣针河)、东至海，地属江苏淮安府。下辖左、右、中、前、后5所，附设28墩(烽火台)、18店、17铺，在日照县、诸城县有屯地17处，其城池、民社、学校、钱粮与州县同。清乾隆七年(1742年)，安东卫并入日照县，岚山属沂州府日照县(中楼镇属莒县)。

1913年2月，岚山属胶东道日照县(中楼镇属岱南道莒县)。1936年2月，岚山属山东省第三行政督察专员公署。

1940年3月16日，中共日照县抗日民主政府成立。1941年1月，岚山属莒、日(照)、临(沂)、赣(榆)四县联合办事处(后改为滨海各县行政联合办事处)。1941年8月,属滨海专员公署。1942年5月,江苏省赣榆县的汾阳区(柘汪以北)划归日照县。1943年春,汾阳区与安岚区合并为汾岚区。1944年6月,属滨海区滨中行署(三行署)。1945年1月,芦山县建立,岚山境内的汾岚区、碑廓区归辖于芦山县。同年10月,芦山县撤销。1945年4月,属滨海行政公署第三行政专员公署(三专署)。1946年7月,属滨海行政专员公署。1948年8月,属鲁中南第六专署,次年7月改称滨海专署。

1950年5月,属沂水行政专员公署。1953年10月,汾岚区所辖的绣针河以南的村庄划归江苏省赣榆县。1956年5月,岚山改属临沂行政专员公署。1985年3月,岚山属县级日照市(中楼镇属莒县)。1989年6月,属地级日照市(中楼镇属莒县)。1992年12月,地级日照市设区带县,岚山属日照市东港区(中楼镇属莒县)。1993年5月29日,经省委、省政府批准,设立岚山办事处(处级),隶属于地级日照市。2004年9月,设立岚山区,属日照市。

第二章 行政区划

第一节 岚山办事处设立前区划

金、元以前,岚山境内具体行政区划无史料可考。

明洪武十七年(1384年),为防倭寇,设安东卫,直属山东都指挥使司并青州海防道,为独立军事单位,不受地方政府管辖。安东卫辖左、右、中、前、后5个千户所,后所称石臼寨(现石臼所)。在日照沿海设28墩,自南向北依次是:

皮狐墩、石门墩、黑漆墩、泊峰墩、昧蹄墩、涨洛墩、涛雒墩、小皂墩、温桑墩、南石臼墩、北石臼墩、万疋墩、董家墩、南青泥墩、北青泥墩、钓鱼墩、湘子泊墩、金线墩、石河墩、湖水墩(以上为军墩)。

杨家墩、孙家墩、相家墩、夹仓墩、蔡家墩、焦家墩、新添墩、牛蹄墩(以上为民墩)。

各墩分别有4名军(民)墩卒防守。后部分墩演化为村庄,墩卒后代成为当地居民。

安东卫除周围北门外、南门外、西门外和岚山头诸村庄外,在诸城还有12屯:大埠屯、张家屯、孟家屯、鉴家屯、毛庄屯、稍坡屯、福盛屯、曹化屯、梁山屯、吴家屯、蔡家屯、于家屯。

坐落在日照县内有5屯:斗沟屯、白石屯、赵家屯、朱槽(曹)屯、竖旗屯。

明代各县实行乡、隅、里(社)、甲制,现岚山域内村庄在明及清初属日照县和莒县,界牌岭以南属江南(现江苏省)。据清康熙十一年(1672年)版《日照县志》和1936年版《重修莒志》记载:

属日照县的有:

进贤乡

竭忠一隅　魏家庄里、纪家庄里、高兴里、水车沟里、赵家庄里、岚山后里、潘家庄里、马家疃里、来宾里。

惇信一隅　巨峰里、司官庄里、辛兴里、柳家庄里、丘子峪里、袁家庄里、土山里、从善里、吕家疃里、丘后里、效忠里、辛留里。

观兰乡

崇礼一隅　黄墩里、蒲汪里、曲河里。

尚义一隅　马家庄里、邵疃里、辛庄里、陡沟里、大化里、大顺里。

属莒县的有:

沭阴乡

中娄社、东娄社、西娄社、孙游社、河峪社、马鬐窑社、竹园社。

乾隆七年(1742年),安东卫并入日照县。

清乾隆年间实行乡、社制,为方便钱粮征收,乡下分牌,每牌辖4～6个社。清代,现岚山域内村庄属日照南乡(原进贤乡)南上一牌的有3个社34个村:纪家庄社17个村,赵家庄社9个村,南山后社8个村;属日照南乡(原进贤乡)南上二牌的有4个社51个村:高兴社24个村,水车沟社 8 个村，潘庄社 6 个村，安东卫社 13 个村；属日照南乡（原进贤乡）南下一牌的有 5 个社 55 个村：柳家庄社 7 个村，辛兴社 16 个村，巨峰社 9 个村，邱后社 10 个村，吕家疃社 13 个村；属日照南乡（原进贤乡）南下二牌的有 5 个社 42 个村：碑廓社 10 个村，司官庄社 9 个村，和庄社 7 个村，袁家庄社 8 个村，土山社 8 个村。

属日照西乡（原观兰乡）西上一牌的有：邵疃社 15 个村，皋陆社 11 个村；属日照西乡（原观兰乡）西上二牌的有：马庄社 7 个村，辛庄社 18 个村；属日照西乡（原观兰乡）西下二牌的有：黄墩社 4 个村，蒲汪社 18 个村。

属莒县柳沟牌的有：中娄社 6 个村、东娄社 6 个村、孙由社 6 个村、河峪社 8 个村、马鬐窑社 4 个村；属莒县相娄牌的有：库山子社 5 个村，竹园社 5 个村。

1912 年，日照县划分为 15 个区，每区设议事会。现属岚山境内有安东卫区、碑廓区、黄墩区、巨峰区、皋陆区，部分村落属涛雒区。中楼镇属岱南道莒县二区。

1931 年，日照县将 15 个区并为 7 个区，安东卫与碑廓属第四区，巨峰、黄墩为第六区，其余村落属第二区（夹仓、涛雒）、莒县二区、莒县九区。

1940 年 3 月，日照县抗日民主政府以原区划为基础，建立 7 个区。同年，在旧区划的基础上，把碑廓划为第八区，安东卫为第四区，黄墩为第九区，巨峰为第六区。中楼镇当时称莒中县中楼区。

1942 年初，日照抗日民主政府变更区划，先后新建立了虎山、高兴、大坡等区。

1944 年初，日照县划为 12 个区，岚山境内有碑廓、汾岚（原安东卫区）、虎山、高兴、巨峰、大坡、黄墩七个区。

1945 年 1 月，为加强控制以柘汪（现江苏省赣榆县柘汪镇）为中心的沿海地区，中共滨海区党委、滨海专署决定在莒南、日照、江苏省赣榆县三县交界处设芦山县，将汾岚、碑廓两区划入芦山县。

1945 年 10 月，滨海区党委撤销芦山县，汾岚、碑廓两区复归日照县。1945 年 7 月，莒中县中楼区称莒县中楼区。1946 年日照县又划为 14 个区，碑廓区、虎山区、汾岚区、高兴区、巨峰区、大坡区、黄墩区仍沿用原名。

1947 年 6 月，日照县又并为 8 个区 1 个镇 72 个乡，岚山境内村庄分别属涛雒、圣岚、巨峰、望海、芦山区。莒县中楼区仍沿用原名。

1948 年 4 月，日照县又划为 12 个区 1 个镇，岚山境内村庄分属涛雒、安岚、碑廓、巨峰、望海、芦山区。莒县中楼区仍沿用原名。

1950 年 5 月，日照县划为 16 个区 1 个镇，岚山域内村庄分别属于第七区（涛雒）、第八区（安岚）、第九区（碑廓）、第十区（巨峰）、第十一区（高兴）、第十二区（山河）、第十六区（黄墩）。1951 年 1 月，莒县中楼区改称莒县第六区。

1952 年 12 月，日照县区划调整为 16 个区 4 个镇，新调整出第五区（大坡）、第七区（磴山）、第八区（安东卫），由原第八区（安岚）划出岚山镇。莒县第六区（中楼）仍沿用原名。1955 年 10 月，莒县第六区改称莒县中楼区。

1956 年，个别区镇合并，岚山境内有 92 个乡：

涛雒区辖 1 个乡：东湖。

磴山区辖 10 个乡：磴山、泥田、朱家、虎山、水车、崔景阳、罗黄、桥南、水木、水沟。

安岚区辖 8 个乡：大村、安东卫、潘海、砚台、童海、甜水、岚山、韩营。

碑廓区辖 14 个乡：潘仁、山西、碑廓、甫田、辛兴、朱曹、石元、郁峰、丁王、大湖、田林、义合、四合、汾水。

巨峰区辖 22 个乡：青墩、七合、小坡、马疃、巨峰、土山、辛庄、山口、花峪、王家、朱庄、赵刘、辛留、邱后、山旺、大坡、马庄、草坡、邢宅、崖头、秦庄、黄埠。

望海区辖 15 个乡：牟村、尧王、高兴、大屯、小屯、向阳、炕头、官庄、皋陆、曲河、山河、邵疃、马岭、后村、焦山。

黄墩区辖 13 个乡：田仁、浮棚、高疃、黄墩、辛庄、粮山、辛蒲、孔河、滩井、草涧、栗山、卢涧、陈坡。

中楼区辖 9 个乡：西楼、峪子、中楼、马鬐、孙由、姚埠、牛店、五楼、河峪。

1958年春，撤区建乡、镇，岚山境内有虎山、安东卫、朱曹、碑廓、巨峰、大坡、高兴、马庄、黄墩、粮山、中楼、孙由12个乡和岚山镇。

1958年秋，乡镇成立人民公社，实行“政社合一”。岚山境内村庄改称大队，分属磴山（下元）、庆丰（虎山）、海洋（安岚）、前进（碑廓朱曹）、英雄（碑廓）、卫星（巨峰）、红旗（高兴）、甲子山（黄墩）、跃进（马庄）、胜利（中楼）等人民公社。

1959年春，岚山境内人民公社改为下元、虎山、安岚、碑廓、巨峰、高兴、马庄、黄墩、中楼9个人民公社，公社下设管理区。

1963年，人民公社改为区，原管理区改称人民公社，岚山域内有48个人民公社，其中东湖人民公社、结庄人民公社属涛雒区。

安岚区辖8个公社：虎山、梭罗树、稍坡、桥南、汾水、安东卫、童家庄子、岚山。

碑廓区辖6个公社：辛兴、碑廓、大湖、甫田、潘庄、朱曹。

巨峰区辖7个公社：巨峰、青墩、大坡、土山、山旺、山口、卜落。

马庄区辖7个公社：马庄、崖头、焦家集子、皋陆、山字河、邵疃、陈家沟。

高兴区辖4个公社：尧王、向阳、范家村、大屯。

黄墩区辖6个公社：粮山、黄墩、辛庄、葛疃、草涧、张家沟。

中楼区辖8个公社：中楼、牛店、西楼、五楼、河峪、峪子、孙由、马髻。

1971年，撤区改建成人民公社，岚山境内有虎山、安岚、碑廓、巨峰、大坡、高兴、马庄、黄墩、中楼9个人民公社。原来的人民公社改称管理区，直属改建后的人民公社管辖。

1981年春，安岚人民公社划分为岚山头人民公社和汾水人民公社。

1984年4月，岚山头公社改为岚山头镇；1984年5月，中楼公社改为中楼乡和孙由乡；1984年6月，汾水、碑廓、虎山、巨峰、大坡、高兴、马庄、黄墩改称区。

1985年3月，撤日照县设县级日照市，汾水、岚山头、碑廓、巨峰、黄墩5区改称镇，小后村、虎山、大坡、高兴称乡。

1988年4月，撤岚山头镇，设立岚山头街道。

1989年6月12日，县级日照市升格为地级市，今岚山域内有岚山头街道、汾水镇、碑廓镇、巨峰镇、黄墩镇、虎山乡、大坡乡、高兴乡、小后村乡。

1992年12月，地级日照市设区带县，今岚山域内的岚山头街道、汾水镇、碑廓镇、虎山乡、巨峰镇、黄墩镇、大坡乡、小后村乡、高兴乡属日照市东港区。1993年4月，中楼乡与孙由乡合并为莒县中楼镇。

第二节　岚山办事处设立后区划

1992年6月，经山东省人民政府同意，日照市人民政府设岚山开发区（日发〔1992〕7号文件）。

1993年5月29日，经山东省人民政府批准，设日照市人民政府岚山办事处（日发〔1993〕12号文件），辖岚山头街道、汾水镇、碑廓镇、虎山乡、前三岛乡5个乡镇街道。

2001年1月撤汾水镇，设安东卫街道，安东卫有9个村改为居。

2001年7月23日，撤虎山乡，设虎山镇，原辖区不变。

至2004年9月设区前，岚山辖区有岚山头街道、安东卫街道、碑廓镇、虎山镇、前三岛乡5个乡镇街道。

2004年9月，经国务院批准设立日照市岚山区，原属东港区管辖的黄墩镇、后村镇、高兴镇、巨峰镇4镇划归岚山区。其时，岚山区共辖岚山头街道、安东卫街道、虎山镇、碑廓镇、黄墩镇、后村镇、高兴镇、巨峰镇、前三岛乡9个乡镇（街道）共417个村（居），人口42.36万人。

2012年7月，经市政府批准，岚山区后村镇划入东港区，莒县中楼镇划入岚山区。

至2012年年底，岚山区共辖9个乡镇街道，386个行政村，25个居，12个城市社区。

岚山头街道　辖9个居，3个行政村，2个城市社区：

圣岚路居(原岚山头一村)、海州路居(原岚山头二村)、岚阳路居(原岚山头三村)、环海路居(原岚山头四村)、凤阳路社区(原王家庄子)、官草汪居、佛手湾居(曾用名佛手庵、海防大队)、甜水河居(包括赵家岭)、童海路居(原名童家庄子,包括唐庄)、戴家庄子居、杨家庄子村、胡家林村、大阡里村(包括苏家台子)、甜园社区。

安东卫街道 辖13个居、10个行政村,10个社区:

安东卫东街社区、安东卫北街社区、安东卫北门外社区(包括安东卫北山、吕家沟)、安东卫东庄居(曾用名卫东村、东小庄、东门外)、岚山孟村(曾用名兰家瓮)、东山居、轿顶山社区、安东卫南街社区、安东卫西街社区、安东卫南门外居、李家庄社区(原名李庄子)、荻水社区、砚台西居、石家庄居(石家庄子)、汾水社区、仁家村居、张马居(曾用名张家庄子、张马庄)、潘庄一村、潘庄二村、奎楼村、泉子庙社区、界牌岭居、蒋家庄居(原名蒋家庄子)、苏家庄居、竹园居、车庄居、辛庄子村、前合庄村、陈家湖村、贾家湖村、后合庄村(包括东山、小刘庄)、义合村(曾用名聚合村)、后合庄北山村。

虎山镇 辖53个行政村:

虎山铺、四门口、秦家结庄、相家结庄(包括西山)、后姚沟、梭罗树(包括崔家庄子、黄家峪北沟、土珠子、申家林)、张家结庄(包括李家台子、南大荒)、黄泥沟(包括后黄泥沟)、郑家结庄(曾用名东南村)、泥田沟、陈家庄子(曾用名陈家庄)、黄家峪(曾用名土洼,包括郑家庄子、赵家庄子、韦家庄子、车子门口)、后水车沟、杨家村(曾用名杨家庄子)、桂山头(曾用名龟山头,包括团顶)、崔景阳(包括东台子、东南山)、小合坞(曾用名小河坞)、大合坞(曾用名大河坞)、东湖一村、东湖二村、东湖三村(曾用名小东湖、大沙岭)、西山村(曾用名西山,包括陈家顶子)、前水车沟、于家官庄、南孙家官庄(曾用名孙家官庄)、南夏家村(曾用名夏家村)、楼子底(曾用名南楼子、仓平村)、解放村、高家屯(曾用名高家村)、南李家村(曾用名李家村)、朱家官庄、申张村、韩家营子、连家村、后稍坡、前稍坡、南马家村(曾用名窦家村、马家村)、龙王河、蔡家墩、董家湖、松树园、大尧沟、小尧沟、太平村(曾用名龟盖石,包括岭口)、桥南头、大庄子(曾用名苏家大庄子)、徐家村(曾用名官山村)、小村、韩家村、大村(曾用名李家大村,包括左家岭)、西潘家村、东潘家村、刘家小庄。

碑廓镇 辖64个行政村:

南张家庄(曾用名张家庄)、碑廓(分一、二、三、四村)、南马家岭(曾用名马家岭)、大司官庄、小司官庄、田家寨(分一、二2个行政村)、大朱曹(分一、二2个行政村,包括石湾沟)、二朱曹、三朱曹(曾用名小朱曹)、徐家林、郁家村、和平村(曾用名朱曹岭)、岳家村、凤凰岭(曾用名凤凰庄)、张家岭、南杨家洼(曾用名杨家洼)、谢家荒、山西头(包括胡家沟、小挪庄)、林家庄、宋家岭(曾用名宋北山)、下湖、西秋齐园、东秋齐园、林家坊子、向阳(曾用名西北路)、张家店子、辛庄子、曹家岭、曹家庄、北张家庄(曾用名张家庄,包括张北山)、南袁家庄(曾用名袁家庄,包括魏家庄)、石家庄、火石顶子、隋家岭、玉峰岭(曾用名郁峰岭)、西杨家庄(曾用名杨家庄)、于家庄子(曾用名于家庄)、卫东(曾用名鸭子河)、东辛兴、西辛兴、大湖、马家湖、费家湖、小滕家庄、大滕家庄、宋家庄、甫田庄(包括吕家庄)、中杨家庄(曾用名杨家庄)、丁家庄(包括丁北山)、王家庄(包括口子里)、王家庄东山、西集后、东集后、小湖、大河口、小河口、后水沟、前水沟、傅家官庄。

黄墩镇 辖54个行政村:

黄墩(分4个行政村,包括杨家沟、黄墩北山、黄墩四村南山)、上大峪(包括西河)、草涧(曾用名草涧子,包括西山)、谢家沟、下大峪、西石山、东石山(包括南后崖)、寺后、红卫村(曾用名斜屋)、孔家沟、孔家口子、孔家庄子、张家沟、侯家沟(包括北山)、南庄(包括西北沟)、任家董旺庄(曾用名任家董旺,包括尖子山前)、田家董旺庄(曾用名田家董旺,包括张家董旺庄)、高家、小邵家沟(曾用名邵家沟)、北塔岭、大辛庄、刘家沟(曾用名小刘家沟)、大洙洲、小洙洲、粮山一村、粮山二村、粮山三村(包括西山、车岭)、凌家滩井、赵家滩井、秦家滩井、南塔岭(包括蒋家山)、姚家沟、后崖、上河、姜家沟(曾用名粮山四村)、下双疃、上双疃、田家沟(包括扁墩、鹰山前)、崔家沟、后大坡(曾用名大坡)、台子地(包括大坡沟)、陈家官庄(包括唐子顶)、芦涧、葛疃(包括山家村)、辛家蒲汪、单家沟(包括庙前沟)、南陈家沟(陈家沟,包括相家沟、陈家沟东山、柿树沟、西口子后、大洼)、孙家蒲汪、张家蒲汪(包括南山)、黑家沟、李家官庄(包括五家子沟)。

后村镇 辖 61 个行政村:

小后村、小代疃(包括别家沟、小陈沟、河东崖)、贺家沟(包括西南沟)、东高家沟(曾用名高家沟,包括南山、芦家)、陈家沟、土谷涧、蔡家官庄、丁家皋陆(包括牛家庄、河南崖)、沙沟(包括西北山、西南沟、燕子沟)、马家店(曾用名麻获店,包括西岭)、汉家皋陆(分 3 个行政村)、辛家皋陆(包括东南岭)、马家岭(包括马家庙)、东陈家沟、榛子埠、皂户沟(包括黄汪崖)、大后村(包括蟹子沟、放牛场、孙家沟、大沟)、荆家沟、西邵疃(曾用名大邵疃)、东邵疃(曾用名大邵疃,包括崔家)、小邵疃、李家洼、三合村、西山字河(包括南岭)、田家岭、中山字河、东山字河(包括北岭)、东小曲河(曾用名小曲河、东曲河)、曲河北岭、井沟、新兴、大曲河、后马庄一村(包括草垛沟、东岭)、后马庄二村(包括南花沟)、焦家集(包括卫星营)、丁家院(包括土山子前)、寨山前(曾用名大山前、韩家寨山前,包括山西头)、石岭子、大竹园(曾用名竹园)、杏坊、曲河南岭、西小曲河(曾用名小曲河、西曲河)、石林子(曾用名石林村、石岭子)、前马庄一村(包括东山)、前马庄二村(包括青蛙沟、沙岭子、双山西头、狼窝沟)、北山西头(曾用名山西头,包括焦户山东沟、东岭、赶牛路)、丁家官庄(曾用名皮笊篱,包括郑家岭)、邢家沟(包括转山前、豪沟、北山、西北山、青棒沟、东北沟)、宅科二村、宅科三村(包括王仙涧、火石盖子)、石桥官庄(曾用名皮狐窝,包括爬垛前)、崔家峪(包括狼窝沟)、挪庄(包括西山)、崖头(包括小独垛子、老南场、大沟、北山、庙子岭)、团山(曾用名团山子,包括马庄沟、高家)、独垛子(包括塘子沟)、西代家河(包括西北沟)、东代家河、西草坡(曾用名草坡)。

高兴镇 辖 46 个行政村:

北范家村、大屯(包括北山)、化龙村(曾用名蛇沟)、后唐家河、白云村(曾用名许家大村、炕头)、汪家庄子、小屯(包括北山)、工农岭(曾用名阎家林)、合庄、大宋家庄、小宋家庄、丁家大村、六合村(北家沟、河北崖、北台子、榛子崖、王家岭、棘子园)、杨家山前(曾用名向阳北岭,包括大川)、前唐家河、卜家村、沈家村、南范家村、潘家洼、安家湖、厉家湖、东辛庄子、小芳沟、大芳沟、向阳、川子、冯家庄、高兴岭(曾用名赵家阜、高兴庙、田家村)、西牟家村(曾用名小牟家村)、东牟家村(曾用名老牟家村)、南草坡(曾用名草坡)、张家小庄、夏陆沟、南湖西头(曾用名湖西头)、訾家店、秦家庄(曾用名秦家店)、杨家庄、毕家村、申家庄、怀古村、张家庄子、南辛庄子、刘家尧王城、大尧王城、安家尧王城、王家楼子。

巨峰镇 辖 90 个行政村:

巨峰(分 5 个行政村)、后黄埠、西赵家庄(曾用名赵家庄子)、东赵家庄(曾用名赵家庄子)、前黄埠、东杨家庄(曾用名杨家庄)、尚家庄、常家庄、李家庄(曾用名李家庄子)、郭家庄子、秦家小庄(曾用名朝阳)、狮子河、刘家庄、厉家庄、西青墩(青墩)、蒋家庄、水洪沟、梁家桃园(曾用名梁桃园)、贾家桃园(曾用名贾桃园、小桃园)、官家湖、马疃、平家村、水木头、孟家官庄、柳古庄、相家楼、六甲庄子、大卜落村、西卜落村、北卜落(曾用名河北)、小官庄、相家峪(曾用名相家楼南山)、肖家峪、罗川沟、郑家大沟、韩家沟(曾用名石门)、大官庄(包括米白山)、邹北岭、邹家庄、新华(曾用名院村)、巨峰河西(曾用名庄家村)、大洼(曾用名长青岭,包括小王家庄)、后屯、前屯、大荒、莲花峪、石桥、大王家沟、纪家沟、小王家沟、刘家沟(包括郑家峪)、沟洼(包括平山子、南山)、山峪(曾用名山口,包括大沟崖、马家山子、东南山)、大坡(包括北岭)、薄家口(包括邵家府、口子沟)、后山旺(曾用名山旺)、后崖下(曾用名竹叶河,包括山里、西高墩)、前崖下(包括南岭)、李家大村(曾用名辛留北岭)、辛留、费家官庄、石嘴子(包括南岭)、赵家、刘家、后山北头、前山北头、前山旺(曾用名山旺,包括新村、岭前)、大岭、徐家庄、邱后、柿树园、西合庄(曾用名合庄)、吕家官庄(曾用名小官庄)、北河(曾用名土山北河)、丁吕土山(曾用名丁家土山、吕家土山)、土山东庄、车沟、小坡、辛庄(曾用名新庄)、丁家林(曾用名红卫村)、西土山(曾用名小南庄子)、大土山(曾用名李家土山,包括东南沟)、土山岭、土山河、张家沟、老龙窝(曾用名老牛窝)。

中楼镇 辖65个行政村:

中楼村、大陈家军子、卢家军子、韩家军子、小陈家军子、埠后、孟家屋子、朱家官庄、卢家官庄、对子沟(曾用名对石沟)、富食岭、孟家西楼、卢家西楼、马家西楼、赵家西楼(包括崔家岭)、库山子、房家岭(包括库山子南头)、亓河(包括大瓮、亓河东南山)、房家官庄(包括东南庄、西南庄)、幸福村、辛家庄、前姚家埠(包括姚埠南岭)、后姚家埠、上涧、黑涧(包括火沟、黑涧东岭、黑涧南场)、李家楼、陈家西楼、陈家南楼、马亓河东(包括响薄沟、任家沟、卖饭沟、庙顶子、龙尾巴前怀、庙子岭、龙腰、张家场)、马亓河西(包括河西西南庄)、鸡山沟、马亓河(包括南岭新村)、小邱家庄、葡萄山、葡萄山前(曾用名朱家庄)、山口、崔家峪(包括崔家窑里、北口子)、马家峪、蒋家峪、彭家峪(包括北兴)、两山口、王家峪、刘家峪(包括石屋子后)、孙由(包括长岭北头、劈子山前)、集后(包括河西、北岭)、刘家沟、葛子沟、上曹、下曹、娄家湖、白公山后、河峪(包括河东)、板楼、井家沟、月庄(包括龙王庙)、白公山前、于家沟、小孙家沟(曾用名孙家沟)、龙泉官庄(曾用名于家岭)、板石西地、五楼山前(包括山前西沟、山前北山)、五楼官庄(包括小梁、官庄东山)、山庄(曾用名五楼山前上庄)、柳黄沟、商家沟(包括南山、山西、老牛沟)。

前三岛乡 辖3个居,1个行政村:

秦官庄村(曾用名秦家官庄)、王家海屋居、刘家海屋居、周家庄子居。该乡村居由岚山头街道代管。

第二编　自然环境

岚山地质构造位于鲁东断块东南部，沂沭断裂带东侧，为低山丘陵地形区，总体西北高，东南低，有山岭、平原、海洋、岛礁、滩涂等多种地貌。最高点在中楼镇马髻山，海拔662.2米，最低点为沿海滩涂。主要山脉有阿掖山、磴山、圣公山、白云山、甲子山、马髻山等。主干河流自南向北为绣针河、龙王河、巨峰河、川子河、傅疃河、黄墩河等。

岚山属暖温带湿润季风区大陆性气候，年平均气温12.6℃，年平均降水量868毫米，冬无严寒，夏无酷暑，气候宜人；全区森林覆盖率33%。

岚山东临黄海，海岸线全长25.5公里，海水洁净无污染，海水、大气、沙滩等质量均为国家一级。区内港湾位于海州湾北端，水深流稳，适宜建造大、中型港口。沿海有12个岛屿，总面积0.3378平米公里，海洋资源丰富。

第一章　地质　地貌

第一节　地　层

岚山地层属华北地层区，鲁东地层分区，胶南--东海地层小区，主要地层为新生界第四系。

第四系（Q）在海滨地带及绣针河、巨峰河、傅疃河、黄墩河（浔河）等水系发育区内。按其成因类型，主要为沿河流分布的冲积、洪积物，沿海岸分布的海积物，河流入海口分布的河海交互冲积物，分布于山裙及丘陵顶部的坡积、残坡积堆积物。按岩石地层单位分别归属于大埠组、黑土湖组、临沂组、山前组、潍北组、旭口组和沂河组。

大埠组（QDB）　主要分布于碑廓镇的甫田、林家庄等地的黑土湖组之下，仅在冲沟中出露，厚几十厘米，地表无直接露头。沉积物为沙质砾石层和粉沙质中粗沙，含有铁锰结核。

黑土湖组（QH）　辖区内分布较广，碑廓镇、安东卫街道等地的第四系分布区都有出露。岩性为暗灰色粉质黏土、深黑色粉沙质黏土，局部含有1～3毫米粒径的铁锰结核，为一套湖积、湖沼积堆积物。

临沂组（QL）　在绣针河水系发育较好，在河流两侧构成冲积平原的表层，多开辟为农田。岩性为浅黄色或土褐色黏土质粉沙、含砾中细沙和沙质亚黏土，厚约1～2米，是现代河流一级阶地上的一套河流相碎屑沉积。

山前组（QS）　广泛出露于丘陵山裙地带，残丘顶部，岩性为土褐色或棕褐色含砾沙质黏土、黏土质沙、含砾沙土层等，厚约0.5～2米，多与临沂组呈交错混积过渡接触或被沂河组、临沂组所覆盖。

潍北组（QW）　在安东卫有出露，岩性为灰黑色或暗灰色粉沙质黏土、黏土质粉沙、灰黄色含砾混粒沙、灰黄色粉沙质黏土，是一套现代河流入海口地带三角洲平原海陆交互相沉积物，厚约1～2米。

旭口组（QXK）　分布于东部海岸地段，是现代海岸沙坝、沙嘴、沙丘和海积一级阶地的主要岩性，为中粗粒沙、含砾混粒沙和含黏土中细粒沙，厚度一至数米不等，是现代海积、海冲积、海风积成因。

沂河组（QY）　发育在绣针河等现代河床及河漫滩内的冲积、堆积物，主要岩性为含砾混粒沙、沙质砾石、不等粒沙等，厚约0.2米，常与临沂组呈渐变接触或冲刷接触，在河流入海口地带与潍北组、旭口组呈过渡接触。

第二节　岩石　地貌

岚山位于沂沭断裂带东侧，胶南隆起区南部，北靠胶莱盆地南缘，属华北地台—鲁东地盾的次级构造单元—胶南隆起带，构造十分复杂。前寒武纪结晶基底以不同方向、不同规模、不同层次的韧性剪切构造为基本构造格架，有多期次的褶皱叠加。中生代受郯庐断裂带左行平移活动的影响，脆性断裂十分发育，形成了规模巨大的多方向断裂构造和十分复杂、多期次的构造格局。

岚山位于中国东部环太平洋火山活动带内，域内岩浆活动强烈，侵入岩十分发育。形成时代从早元古代到中生代，以晚元古代晋宁期最为发育，它们呈岩株状、岩脉状、半环状产出，岩石类型有超基性岩—基性岩—中性岩—酸性岩，以酸性岩为主。

岚山在大地构造上位于鲁东断块东南部，断块的边缘地带分布有活动强烈的地震活动带，主要受来自黄海、苏北及郯庐强震带的影响。港区断裂构造仅为小型断裂，既无发现与邻近大断裂有任何关系，亦无近期活动现象，地震烈度为7度。

岚山地处鲁东南低山丘陵区，有山岭、平地、谷地、海洋、河流、沙滩、沙坝、沙丘、礁石、滩涂、岛屿，地貌类型繁多，地势北高南低、西高东低，由西北向东南倾斜。最高点在中楼镇马鬐山，海拔662.2米，最低处沿海滩涂海拔0米。境内山地、丘陵、平原、洼地相间分布，山地集中分布在中楼、黄墩、后村、巨峰等地，虎山、碑廓也有分布，一般海拔150米以上。

第三节　山　脉

自北而南有马鬐山、老营顶山、韩家山、浮棚山、桃花山、双山、甲子山、北垛山、南北山、老牛顶山、白云山、大旺山、磴山、幽尔崮、圣公山、平山、黄豆山、阿掖山、车牛山等山脉，除了磴山、南北山南北走向外，大多山脉呈东西走向。

岚山区主要山峰一览表

表2-1

所在乡镇街道	山峰名称	位　置	海拔（米）
安东卫街道	老爷顶	安东卫街道东北	314.8
	寨山	安东卫街道西北	180
虎山镇	大旺山	虎山镇北部	410
	磴山	巨峰镇与虎山镇交界处	358
	长山	安东卫街道与虎山镇交界处	169
碑廓镇	黄豆山	安东卫街道与碑廓镇交界处	142
	平山	碑廓镇东北	282
	鸡冠山	碑廓镇北部	269.9
	圣公山	碑廓镇与巨峰镇交界处	295.7
	韩家山	巨峰镇碑廓镇交界处	308.1
黄墩镇	北垛山	黄墩镇与巨峰镇交界处	515.5
	甲子山	黄墩镇与巨峰镇交界处	480
	浮棚山	黄墩镇西南部	381.2
	韩家山	黄墩镇北部	243
后村镇	五洞府	后村镇东南部	117
	双山	后村镇南部	176
	老牛头顶	后村镇与巨峰镇交界处	379.6
	桃花山	后村镇西部	315
高兴镇	白云山	后村镇与高兴镇交界处	235
巨峰镇	南北山	巨峰镇西部	387.8
	幽尔崮	虎山镇、碑廓镇、巨峰镇交界处	395.4

续表 2-1

所在乡镇街道	山峰名称	位　置	海拔（米）
中楼镇	马髻山	中楼镇西南	662.2
	老营顶	中楼镇西南	531.1
	先行垛	中楼镇西南	517
	玉皇顶	中楼镇西南	506.7
	九泉山	中楼镇正南	412
	五楼山	中楼镇东北	346.09
	白公山	中楼镇东北	338.7
	锯齿山	中楼镇西南	405
	葡萄山	中楼镇西南	321
	狼窝山	中楼镇西南	307.1
前三岛乡	车牛山	岚山港东南偏东 22.7 千米处	66.2

第二章　海　域

第一节　海　岸

岚山海岸北起东港区涛雒镇南端与虎山镇东湖一村交接处，南到绣针河口，全长 25.5 公里（含前三岛岛岸线），属于比较平直的基岩沙砾质海岸。岸线总方向呈东北—西南向，至岚山港再折向西。

按海岸地貌特征，自北向南可划分为沙坝（包括风成沙丘）—泻湖海岸和基岩岬角海蚀海岸 2 种海岸类型。

沙坝（包括风成沙丘）—泻湖海岸　北起东港区涛雒镇南端与虎山镇东湖一村交接处，南到刘家海屋，海岸近南北走向，呈平直延伸。韩家营子段为复式沙坝泻湖海岸。该段在巨峰河三角洲地区，因涛雒湾域广阔，海洋横向作用强烈，没有形成河口突滩，只在河口南侧形成较宽大的离岸带状沙坝。本区岸带滩涂物质仍属角闪石矿区，并富含磁铁矿。韩家营子至刘家海屋段为风成沙丘的沙坝泻湖海岸，沙丘弧端指向东北，沙坝沙丘带宽达 600 米以上，是黄沙资源地之一。本段岸滩潮间浅滩向南缩窄，韩家营子外浅滩宽 500 米，至大村外 200 米，向南至刘家海屋外不足 50 米。本段岸滩处于普遍冲蚀后退阶段，在高角闪石成分的背景上，岸滩物质特征矿物中海蚀物质——绿帘石、屑石矿物成分显著增加。

基岩岬角海蚀海岸　北起刘家海屋，南至岚山头。北端近南北走向，向南逐渐西折，呈西南向拐入海州湾。海湾沙坝沙丘在刘家海屋消失，渐变为低平的海滩，其下为泥沙填充程度不同的岩滩。佛手湾人工突堤建成后，突堤以北局部海岸岸滩形成北来泥沙的凹角填充，岸滩转蚀为淤；突堤以南冲蚀加大，新露出大片礁石，岩滩扩大，佛手湾—岚山头的海蚀崖普遍裸露，官草汪海滩冲蚀后退，绣针河口东侧西延的沙咀遭冲蚀破坏转为蚀退海岸。岸滩物质特征矿物属绿帘石矿物区。

第二节　河　口

绣针河口　古称荻水口，是山东、江苏两省的边界河口，位于岚山港西 4 公里处。河口朝向东南偏东，原宽 1100 米，现已缩到 600 米。由于近海海流主向为东北—西南流，促使河口滩涂外突,不断发育成外突淤泥质沙滩。

龙王河口 位于虎山镇韩家营子村东1公里处,河口宽100～200米,入口处落潮时为一片沙滩,高潮时可进入一般小渔船。

第三节 岛 屿

域内共有12个岛礁,总面积为0.3378平方公里。多数距大陆较远,达山岛最远,平山岛最大,车牛山岛最高。海岛均为基岩岛,牛犊岛无土壤、无植被,基岩裸露,其余海岛植被覆盖率较高。岛周水域开阔、水深流急、水质清洁,水文状况良好,刺参资源丰富,海区盛产真鲷、鲈鱼、黑头鱼等名贵鱼种。

平岛 又名平山岛,隶属于前三岛乡,古称曲福岛,清乾隆元年(1736年)编修的《山东通志》卷二十海疆志岛屿部分所列84个岛屿,第一个即是曲福岛。位于北纬35°08′24″,东经119°54′30″,面积0.148平方公里,岸线总长6.34公里。距日照港22.7海里,距岚山港26.8海里,呈东西走向,长2.7公里,宽0.15公里,海拔47.3米,岛的四周多断裂形成陡壁,岛顶较平缓。东西两端有双尖礁、大参礁、小参礁等5处岩礁分布。岛四面多小湾,均可避风,其中主要有太平湾、西湾等,可停靠50马力以下船只。岛上无常住居民,无淡水。该岛及其海域历来是岚山渔民捕鱼歇息和避风的良好锚地和航行标志,也是过海捕鱼的驿站。

图2-1 平岛

达山岛 又名达念山岛,隶属于前三岛乡,在平山岛南15.2公里、车牛山岛东北6.8公里处,北纬35°00′30″,东经119°53′25″,面积0.115平方公里,海拔50米,岸线长1.92公里,距日照港28.3海里,距岚山港26.4海里,无居民。

图2-2 达山岛

车牛山岛 位于达山岛西南6.8公里,隶属于前三岛乡,康熙十二年(1673年)编修《安东卫志·山川》记载:"车牛山前小后大,远望如牛引车状,故名。"位于北纬34°59′42″,东经119°49′18″,面积0.058平方公里,海拔66.2米,距日照港27.5海里,距岚山港22.7海里。为西北—东南走向,长0.45公里,宽0.13公里,岸线长1.05公里。鸟类众多,主要有海鸥、海燕、白鹭、白鹳、海鸭、潜鸟等。无居民。其附属的主要岛礁有牛背岛、牛尾岛、牛角岛、牛犊岛。

图2-3 车牛山岛

牛背岛 又称车牛山1号岛,隶属于前三岛乡,距车牛山岛约1.2公里,位于北纬34°59′12″,东经119°48′48″,面积0.012平方公里,海拔29.7米,东南—西北走向,略呈弓形,岛长0.35公里,宽0.04公里,岸线长0.74公里,距岚山港23.02海里。岛陆北缓南陡,岛上植被覆盖率在40%左右,有稀疏的松林、刺槐、木参、艾蒿、野菊花、马齿苋、山茅草等。动物主要有海鸭、海燕、大雁、白鹳、天鹅、潜鸟等。周围水深在20米左右，多岩礁砾石，水清无污染。藻类丰富，适宜于刺参及扇贝生长，在附近产卵索饵的经济鱼类有30余种。该岛无淡水，无居民，海底有电缆与车牛山岛相通，并有一简易水泥码头，可停靠小型船只。

牛尾岛　又称车牛山2号岛，隶属于前三岛乡，距车牛山岛约0.4公里。位于北纬34°59′25″，东经119°49′11″，长0.08公里，宽0.02公里，岸线长0.19公里，面积为0.0016平方公里，海拔23.6米，距岚山港23.16海里。岛周陡峭，土壤较少，植被覆盖率约30%，岛上岩性为混合岩，动植物生态系统基本与车牛山岛相同。岛上鸟类很多，尤以海鸥最多，每年5～6月间，在岛壁岩缝间筑巢产卵，渔民登岛捡海鸟蛋多则近百斤，少则数十个。周围水域与车牛山岛连成一片，刺参资源丰富，养殖开发潜力大。无居民。

牛角岛　隶属于前三岛乡，又称车牛山3号岛，距车牛山岛约1.3公里。位于北纬34°59′10″，东经119°48′21″，面积0.0014平方公里，长0.06公里，宽0.03公里，海拔13.8米，岸线长0.16公里，北面坡缓，南面较陡，距岚山港22.54海里。由于面积较小，且岩石大部分裸露，只有几条大的风化裂隙中有山菊花、蒿草等植物生长，植被覆盖面积约10%。岛上鸟类较多。周围水域多岩礁砾石，藻类生长较好，宜于刺参、扇贝生长，附近有20余种经济鱼类产卵和索饵洄游，水产资源丰富。无居民。

牛犊岛　隶属于前三岛乡，位于北纬34°59′05″，东经119°48′50″。岛陆面积为0.0018平方公里，海拔12米，岸线长度为0.18公里，距岚山港23.12海里。该岛与牛背岛之间低潮时有长约80米，宽约25米，自西北向东南方向倾斜的岩礁相连，高潮时岩礁被海水淹没。岛上地层为太一元古界胶南群变质岩系，基岩裸露，无植被，鸟类众多。岛周水清、无污染、藻类多，适宜刺参及贝类生长，并有多种经济鱼类在附近海域产卵和索饵。无居民。

第四节　港湾与岬角

港湾　岚山区内的港湾位于海州湾北端，不淤不冻，潮汐为正规半日潮，百年内地震烈度为7级，后方腹地开阔，自然水深－7～－16米，宜建造大、中型港口。

地基土　根据《岚山港总体布局规划地质勘察及中地层探验岩土工程勘察报告》，岚山港湾地基土自上而下分为6层。

第一层　淤泥

灰黑色，流塑，含少量沙粒及贝壳碎片，具腥味，为海相沉积形成，局部底部为淤泥质粉土，层位不稳定，层顶标高－2.8～－11.4米，揭露厚度0.8～3.4米。

第二层　粉质黏土

兰灰—黄灰色，可塑—硬塑，含姜石和铁锰质条纹，稍有光泽，中等干强度，中等韧性，为海相沉积形成，层顶标高－6.9～－13.2米，揭露厚度0.6～2.4米。

第三层　细砂

黄褐色，饱和，中密—密实，以石英、长石为主，海相沉积形成，层位不稳定，揭露厚度0.6～7.9米。

第四层　砂质黏性土

黄褐色，可塑—硬塑，局部夹有灰白色团块，含沙粒15%～20%，局部为砾质黏性土，稍有光泽，中等干强度，中等韧性。该层局部分布，揭露厚度0.7～5.5米。

第五层　全风化片麻岩

黄褐色，长石全部高龄土化，具塑性，局部含大量云母，为片麻岩风化形成，风化不均匀。该层层位不稳定，层顶标高－24.2～－5.3米，层顶埋深2.5～12.8米，揭露厚度0.6～1.8米。

第六层　强风化片麻岩

黄褐色，斑粒变晶结构，片麻状构造，长石风化强烈，岩芯扰动后成砂土状，为较软岩，易破碎，质量基本等级Ⅴ级。该层场区普遍分布，层顶标高－25.3～－6.2米，层顶埋深3.4～13.9米，最大揭露厚度1.3米。

泥沙　岚山港湾泥沙来源以附近的河流夹沙和海岸侵蚀为主，另有自生沉积。泥沙运动的主要海洋动力是风海流和潮流。泥沙运动的总趋势是自北向南，绕过岚山头岬角向西拐入海州湾。

岚山港湾泥沙来源较少，岸质相对稳定，泥沙运动强度较弱，建设港口可以保持良好的水深条件。沿岸河流以绣针河年径流量最大，其入海泥沙主要向西南运移，堆积到海州湾顶部，对港区影响不大。北部几条河流，年径流量小，主要堆积于刘家海屋以北沿岸。海岸侵蚀沙源更少，在 -15 米等深线内沉积率每年只有 0.5 毫米。

海流　岚山港湾潮流以往复流为主，大部分亦稍作逆时针旋转，涨潮潮流为西南向，落潮潮流为东北向。涨潮流流向集中在 SSE — WSW（S 代表南，E 代表东，W 代表西，下同），以 SW 向最多，SSE — WSW 出现频率之和为 28% ~ 53%。各潮期的平均流速在 20 ~ 65 厘米/秒之间，最大落潮流速在 29 ~ 86 厘米/秒之间，最大涨潮流速在 39 ~ 162 厘米/秒之间，大潮期的流速明显大于小潮期。余流值在 0.1 ~ 16 厘米/秒之间。

冰凌　岚山港湾终年不冻，无冰凌影响。

岬角　岚山区内的岬角海蚀海岸，北起刘家海屋，南至岚山头，西折至王家庄子村前，临海基岩裸露，深入海中形成了佛手湾突嘴和岚山头岬角。岚山港即位于海州湾北侧基岩岬角突出的海岸线上。1977 年，在岚山老港区东侧 2.5 公里处新辟口岸，有可供开发岸线 5 公里，距岸 850 ~ 1000 米处，水深 -2.5 米~ -7 米，基岩埋深 -15 米~ -20 米。岬角外 1 公里处自然水深 -13 米~ -18 米，基岩埋深 -18 米~ -25 米。

第五节　潮汐与海浪

2003 年 7 月 1 日，国家海洋局北海预报中心日照海洋环境监测站在岚山港区建立自动观测站，开始正式观测，观测要素为潮汐、海浪、风。观测站位于岚山港区原 8 号化工码头消防楼顶层，地理坐标北纬 35°05′22.1″，东经 119°22′28.5″。测波仪水深 10.5 米。

潮汐

基准面　岚山港区理论最低潮面在水尺零点下 1.7 厘米，在 1985 黄海平均海平面下 2.969 米。

潮型　主要受海州湾外南黄海半日无潮系统（无潮点位于北纬 34°35′，东经 121°12′）的控制，属正规半日潮类型，其潮汐形态系数 F=0.32。半日潮波绕无潮点作逆时针方向旋转运动，在鲁南沿岸，海州湾沿岸波峰线由北向南传播，发生高潮时间北早南迟。

潮位　累年平均潮位为 261 厘米，累年最高潮位为 564 厘米（出现于 1997 年 8 月），累年最低潮位为 -59 厘米（出现于 1980 年 10 月）。

累年平均潮差为 303 厘米，平均潮差的年变幅为 13 厘米，累年最大潮差 523 厘米。

由岚山港区 2004 年 1 ~ 12 月逐时验潮资料统计计算，得到该海域的潮汐主要特征值，见表 2-2。

2004 年岚山区潮汐主要特征值统计表

表 2-2

项　目	当地理论最低潮面算起	1985 黄海基面算起
平均潮位（厘米）	300.7	4
最高潮位（厘米）	587.7	291
平均高潮位（厘米）	478.7	182
最低潮位（厘米）	-9.3	-306
平均低潮位（厘米）	134.7	-162
平均潮差（厘米）	344	
最大潮差（厘米）	597	
涨潮历时（小时）	5:54	
落潮历时（小时）	6:45	

岚山区海域涨潮落潮时刻一览表

表 2-3

农历	满潮	低潮	满潮	低潮
初一、十六	06:00	12:12	18:24	00:36
初二、十七	06:48	13:00	19:12	01:24
初三、十八	07:36	13:48	20:00	02:12
初四、十九	08:24	14:36	20:48	03:00
初五、二十	09:12	15:24	21:36	03:48
初六、廿一	10:00	16:12	22:24	04:36
初七、廿二	10:48	17:00	23:12	05:24
初八、廿三	11:36	17:48	00:00	06:12
初九、廿四	12:24	18:36	00:48	07:00
初十、廿五	13:12	19:24	01:36	07:48
十一、廿六	14:00	20:12	02:24	08:36
十二、廿七	14:48	21:00	03:12	09:24
十三、廿八	15:36	21:48	04:00	10:12
十四、廿九	16:24	22:36	04:48	11:00
十五、三十	17:12	23:24	05:36	11:48

海浪　岚山海区的波浪以涌浪为主、风浪为辅，混和浪和纯风浪为主要波形。

风浪　累年风浪发生频率为 97%，历年风浪频率最大变幅为 3%，各月风浪频率为 96% ~ 99%。全年风浪以 N — NE（N 代表北，下同）和 SE — SSE 向较多，其中 NNE 向最为突出，频率为 9%；NW — NNW 各方向频率均不超过 1%。各向风浪频率的季节变化比较明显，四季中，夏季最大，冬季最小，春、秋季比较接近。

岚山海区全年季节各向风浪频率统计表

表 2-4　单位：%

风向 时间	N	NNE	NE	ENE	E	ESE	SE	SSE	S	SSW	SW	WSW	W	WNW	NW	NNW
春季	2	7	8	1	2	3	5	5	3	3	7	3	4	2	2	1
夏季	2	4	10	4	8	6	4	3	4	1	2	1	1	0		
秋季	9	10	2	3	3	3	4	4	2	2	1	2	3	2	1	0
冬季	10	13	1	1	1	1	1	2	1	2	2	4	5	2	0	0
全年	6	9	5	2	4	3	4	4	3	2	3	3	3	2	1	0

涌浪　累年发生涌浪频率为 63%，各月涌浪频率为 49% ~ 80%，以 7 月最大，12 月最小。全年涌浪主要集中在 ENE — ESE 向，其频率之和为 53%，其中以 E 向最为突出，频率为 26%。

岚山海区全年季节各向涌浪频率统计表

表 2-5　单位：%

风向 时间	NE	ENE	E	ESE	SE	SSE	S	SSW
春季	6	12	18	13	12	1	2	1

续表 2-5

风向 时间	NE	ENE	E	ESE	SE	SSE	S	SSW
夏季	2	14	36	18	9	1		
秋季	16	15	23	14	7	1	1	
冬季	13	19	28	5	8	1	1	0
全年	9	15	26	12	9	1	1	0

波高 累年平均波高为 0.6 米，一年中夏季平均波高较大，为 0.7 米，最大可达 3 米以上；冬春季较小，最大波高一般在 2.4 米以下，最小只有 0.5 米。

周期 年平均周期为 3.8 秒。季平均周期以夏季最大，秋季次之，冬季最小，平均周期年变幅为 0.6 秒。各月最大周期以 8 月最大，2 月次之，5 月、10 月最小，历年最大周期为 6.3 ～ 10.3 秒。

第六节　海水表层温度　盐度

海水表层温度 岚山近海表层水温累年平均值为 14.3℃。一年中 8 月份水温最高，2 月份最低，平均年变幅为 24℃。通常 3 ～ 8 月份为升温期，以 4 ～ 7 月份升温最快，平均速率为 4.8℃/月；9 ～ 12 月份为降温期，以 10 ～ 12 月份降温最快，平均速率为 5.9℃/月。极端最高水温为 31.8℃，出现于 1962 年 7 月；极端最低水温为 -1.6℃，出现于 1969 年 1 月和 1977 年 1 月。

盐度 岚山近海累年平均海水盐度 30.36 ‰，历年变化范围为 28.49 ‰～ 31.16 ‰。一年中 2 ～ 6 月为高盐期，尤以 4 月份最高，为 30.63 ‰；8 ～ 10 月为低盐期，最低为 10 月份，为 29.29 ‰。历年极端最高盐度值 31.89 ‰，出现于 1969 年和 1979 年；历年极端最低盐度值为 20.93 ‰，出现于 1963 年。

第三章　气　候

岚山属暖温带湿润季风区大陆性气候（干燥度 0.93、大陆度 58.3%），四季分明，雨热同季，受海洋调节，夏无酷暑，冬无严寒。春季多风少雨，回暖迟，冬季雨雪稀少，干燥无严寒，构成秋、冬、春三季多旱，夏季多涝，旱涝不均的气候特点。

第一节　气候特征

春季（3 ～ 5 月） 岚山处在渐趋衰退的西伯利亚蒙古冷高压与北上渐强的西太平洋副热带的转换期间和过渡高压带，冷暖气流交替频繁，天气多变，风大、雨少、雾多，空气干燥、蒸发量大，常发生春旱。盛行东北风，晚春降雨渐多，季平均降雨量 128.1 毫米，占全年的 14.2%；季平均气温 11.4℃。4 月份升温较快，少数年份，因寒潮侵袭，易出现春寒、倒春寒和晚霜等灾害天气。

夏季（6 ～ 8 月） 受太平洋副热带海洋气团影响，岚山处在暖湿东南季风控制之下，盛行南风和东南风，常与北方南下的冷空气相遇产生降水。季平均降水量 537.2 毫米，占全年的 59.6%，季平均气温 24.5℃，8 月份最热，月平均气温 25.8℃。7、8 月份多大雨、暴雨。当处在太平洋副热带高气压带长时间控制时，往往发生伏旱，一般 3 ～ 4 年一遇。高温、高湿、降雨量集中且分配不均是本季气候特点。台风、暴雨、洪涝是本季的主要灾害，对农、渔业生产影响较大。

秋季（9 ～ 11 月） 初秋气温较高，台风暴雨时有发生。9 月份平均气温 21.5℃，降水量 112.7 毫米左右。10 月份气温下降，雨量骤减，云淡天高，凉爽宜人。季平均降水量 194.2 毫米，占全年的 21.6%，降雨量相对变率大，为 75%，秋旱和连阴雨时有发生。季平均气温 15.8℃，平均日温差 5.8℃，属全年气温变化幅度最大的季节。个别年份，10 月中旬可能出现霜冻，危害农作物。

冬季（12 月～翌年 2 月） 受蒙古冷高压控制，冬季季风多来自西北内陆，气温降低，雨雪稀少。季平均降雨量 41.8 毫米，占全年的 4.6%。季

岚山气候四季分配表

表 2-6

季　节	开始日期	终止日期	间隔日期	相当节气和月日
春季≥ 10℃～< 22℃	4 月 14 日	6 月 27 日	75	谷雨至夏至（4 月 20 日至 6 月 22 日）
夏季≥ 22℃	6 月 28 日	9 月 10 日	75	夏至至白露（6 月 22 日至 9 月 8 日）
秋季< 22℃～≥ 10℃	9 月 11 日	11 月 7 日	58	白露至立冬（9 月 8 日至 11 月 8 日）
冬季< 10℃	11 月 8 日	4 月 13 日	157	立冬至谷雨（11 月 8 日至 4 月 20 日）

平均气温 1.1℃。1 月份最冷，平均气温 -1℃。日平均气温≤ 0℃ 的日数平均 86 天，日最低气温≤ -10℃ 的严寒日数平均 3 天，最多年（1976 年）为 12 天，有 81% 的年份未出现严寒。12 月上旬开始降雪，时有寒潮侵袭。

第二节　气　温

岚山年平均气温 12.8℃，年际变动一般在 12.7℃～13.8℃，最高年份（1961 年和 1978 年）13.8℃，最低年份（1969 年）11.5℃。极端最高气温 38.3℃；极端最低气温 -14.5℃。平均气温差 26.7℃。

日平均气温≥ 0℃ 的农耕期年平均 299.9 天，积温为 4671.5℃；≥ 5℃ 的生长季年平均 244.3 天，积温为 4462.4℃；≥ 10℃ 的喜温作物生长季年平均 207.5 天，积温为 4143.6℃；≥ 15℃ 的旺盛生长期年平均 157.9 天，积温为 3484.6℃。

第三节　日　照

岚山年平均日照总时数 2520.2 小时，日照率为 57%。以 10 月最高，为 64%；7 月份最低，为 45%。1978 年日照总时数最多，为 2747.7 小时；1975 年最少，为 2293.6 小时，日照率分别为 62% 和 52%。

第四节　降　水

岚山境内年平均降水量为 897.8 毫米。年际变化显著，时空分布不均。据 1955～2004 年气象资料，最多年为 1426.2 毫米（1964 年），最少年为 504.1 毫米（1955 年）。降水量的季节分配，春季占 14.2%，夏季占 59.7%，秋季占 21.5%，冬季占 4.6%。每年 6～9 月汛期平均降水量为 664 毫米，占全年降水量的 74%。年平均降水日数（≥ 0.1 毫米降水日数）90.8 天，日降水大于等于 10 毫米平均每年出现 27.5 天，日降水大于等于 25 毫米平均每年出现 12.6 天。一日最大降水量 376.9 毫米（1975 年 8 月 14 日 8 时至 15 日 8 时），一次最大暴雨降水量 110.1 毫米（1975 年 8 月 23 日 23 时至 24 日零时）。

第五节　气压与风

气压　岚山年平均气压 1015.5 百帕。冬季气压高，平均 1025 百帕；夏季气压低，平均 1004.1 百帕；秋季平均 1018.3 百帕；春季平均 1014.6 百帕。气压变化规律是：从 1 月开始逐渐下降，至 7 月最低；8 月开始逐渐上升，至翌年 1 月达到最高。

风　全年以 N — NE 风为主，三向风频率之和为 38%，静风最少，为 1%，NW、WNW、SSW 次之，为 3%。

冬季（12～2 月）N 和 NNE 风占主导地位，静风最少，ENE — ESE 各向风也很少出现；1 月份以 N 和 NNE 风出现频率最高，分别为 20%、22%，其次是 W — WNW，出现频率分别为 11%、10%，静风最少，频率接近零，ESE — SSE 各向风也很少，频率均为 2%。

春季（3～5 月）为冬季向夏季过度季节。与冬季相比，春季的风向比较分散，且偏北风明显减少，偏南风明显增多。4 月份以 NE 和 NNE 风出现频率最高，分别为16%、15%，其次是偏W风，出现频率为9%，静风最少，频率接近零，NW—NNW各向风也很少，频率均为2%。

夏季（6～8月）各月与冬季相反，风向多集中在SSE—NNE各向。W—NNW各向风很少出现，7月份以NE和ESE—SE风出现频率最高，分别为13%、12%、11%，静风最少，频率接近零，NW—NNW各向风也很少，频率均为1%。

秋季（9～11月）和夏季相比，偏北风和偏西风明显增多，E—SE向风明显减少，9、10月份风向相对分散，11月份已接近冬季风特征。10月份以N风出现频率最高，为19%，静风最少，频率接近零，NE—ENE各向风也很少，频率为2%。

岚山年平均风速3.4米/秒。各月平均风速以4月最大，1月最小。4月风速偏大，主要是受气旋影响缘故。全年以ESE—SSE风速较大，平均为5.2米/秒；NW向风速最小，平均为2.9米/秒。

海陆风明显，尤以春秋两季最为突出。一日之内，日出时风向由偏西北风逆时针渐转为东南风，风力由小增大，日落后风向由东南风顺时针渐转为偏西北风，风力由大减小，从而形成地方性环流。

第六节　湿度和蒸发

岚山年平均水气压13.1百帕。7月最大，平均达28.8百帕；1月最小，平均为3.5百帕。最大水气压为40.4百帕（1967年8月6日），最小水气压仅0.1百帕（1962年3月26日、1977年2月5日）。年平均相对湿度73%。夏季最大，平均85%；冬季最小，平均60%。全年相对湿度小于20%的日数为21天，大于80%的日数为96天。冬春两季多风，秋季气温较高，蒸发作用强烈，此三季易出现旱灾。

第七节　云　雾　霜

云　云量以7月最多，7.4成；12月最少，3.7成。全年晴天日数（以月平均总云量小于2成统计）88天，阴天日数（以月平均总云量大于8成统计）102天。

雾　年平均雾日33.6天，2004年最多，达72天，1975年最少，仅15天。能见度小于1000米的大雾年平均出现26.5天。多雾季节为春季和初夏（3～6月），平均有18天雾日，占全年雾日的67%；盛夏（7～8月）最少，平均有5天，占全年的19%；秋季的9、10月基本无雾；秋末至冬季，平均有雾3天，占11%。

霜　年平均无霜期215天，初霜在11月15日左右，终霜在4月5日前后。无霜期最短194天（1962年度），最长232天（1965年度），80%保证率为203天。

第八节　地温与冻土

地温　地面温度、地中温度的年月变化趋势与气温的变化基本同步。5厘米深地温年平均15.2℃，以9月最高，平均29.2℃。回暖最快为5月，升温变幅6.4℃；降温最快为11月，降温变幅8.2℃。

冻土　一般出现在12月份“大雪”之后，冻深10厘米左右。5厘米深平均地温，直接影响着春、秋播种。历年春季4月第一候可回升到11.3℃，第二候12.1℃，春暖年份4月上旬即可播种玉米、高粱、谷子。5月第一候17.5℃，第二候18.7℃，春暖年份5月初即可播种花生。秋季10月第一候5厘米深地温20.6℃，10月6～15日平均为18.9℃，10月初为播种小麦适宜期。

第九节　物　候

境内的气候制约着当地动植物的生长发育和活动规律，以及非生物变化现象的周期变化，出现相应的物候。

小麦物候期

表 2-7

播种～出苗	出苗～分蘖	分蘖～越冬	越冬～返青	返青～拔节	拔节～抽穗	抽穗～开花	开花～成熟	全生育期
10月1至7日	10月8至20日	10月21日至12月8日	12月9日至2月28日	3月1日至4月3日	4月4至27日	4月28日至5月5日	5月6日至6月10日	10月1日至6月10日

夏玉米（套种）物候期

表 2-8

播种～出苗	出苗～拔节	拔节～抽雄	抽雄～吐丝（开花）	开花～成熟	全生育期
6月1至6日	6月7至30日	7月1至25日	7月26至31日	8月1日至9月15日	6月1日至9月15日

水稻（麦茬）物候期

表 2-9

移栽～返青	返青～分蘖	分蘖～拔节	拔节～抽穗	抽穗～灌浆	灌浆～成熟	全生育期
6月21至30日	7月1至10日	7月11至31日	8月1至31日	9月1至10日	9月11至30日	6月21日至9月30日

花生（春播）物候期

表 2-10

播种～出苗	出苗～始花	始花～结荚	结荚～荚果膨大	全生育期
5月6至15日	5月16日至6月10日	6月11日至8月10日	8月11日至9月20日	5月6日至9月20日

几种木本植物的物候期

表 2-11

名称	芽开放期	展叶期		开花期			果实或种子成熟期	秋叶变化		落叶期	
		始	盛	始	盛	末		始	全	始	末
毛白杨	3月20日	4月17日	4月20日	3月27日	4月5日	4月5日	4月5日	9月24日	10月5日	10月8日	10月28日
旱柳	3月25日	4月1日	4月5日	4月10日	4月13日	4月18日	5月10日	10月5日	11月10日	10月9日	12月13日
桑树	4月5日	4月20日	4月24日	4月26日	4月29日	5月6日	5月16日	10月1日	10月26日	10月10日	11月30日
刺槐	4月15日	4月19日	4月24日	5月8日	5月11日	5月17日	8月10日	9月20日	10月24日	10月5日	11月25日
泡桐	4月30日	5月9日	5月13日	5月30日	6月3日	6月15日	9月20日	9月20日	10月17日	10月27日	11月1日

几种候鸟的物候期

表 2-12

候鸟名称	始见日期	绝见日期
燕子	4月上、中旬	10月上、中旬
布谷鸟	5月中旬	
黄鹂	5月中旬	
黑卷尾	5月中旬	
大苇莺	5月上、中旬	

气候现象的物候期

表 2-13

霜		雪		土壤表面	
初霜	终霜	初雪	终雪	开始冻结	春季解冻
11 月 5 日	4 月 5 日	12 月 6 日	3 月 22 日	12 月 15 日	2 月 27 日

第四章　水　文

第一节　地表水与地下水

大气降水是境内地表水的主要来源。岚山多年平均降雨量 897.8 毫米，以境内总面积计算，多年平均降水总量为 6.81 亿立方米/年。多年平均径流深 296.83 毫米，平均年径流量 2.22 亿立方米。

山区、丘陵区地下水主要是裂隙潜水，分布在碑廓、虎山、巨峰、黄墩等山区；平原区主要是孔隙潜水，分布在沿海及绣针河、龙王河两岸地带；地下水主要贮存于各类沙层的空隙中，主要靠大气降水补给。岚山多年平均地下水总储量为 0.59 亿立方米，地下水可开采量 0.36 亿立方米。

岚山区地表水与地下水资源总量为 2.51 亿立方米（含重复计算量 0.3 亿立方米）。

第二节　河　流

境内沟河均属山溪河流，降水后水位暴涨暴落，洪水夹带泥沙较多，河床多为沙质。域内有 6 条主干河流，自南向北为绣针河、龙王河、巨峰河、川子河、傅疃河、黄墩河。

绣针河（旧称石河、大河）　发源于莒南县大山水库上游甲子山南麓的三皇山，源头海拔 385.2 米，干流长 46 公里，在岚山境内河段长 23.5 公里。支流有鸭子河、弯沟河、长冶河等，下游有 8 公里与江苏省共有，在安东卫街道获水村西南入海。总流域面积 412 平方公里，境内流域面积 133.3 平方公里。

龙王河　发源于境内幽尔崮山，源头海拔 355.4 米，下游称韩家营子河，独流入海。干流长 17 公里，流域面积 93.3 平方公里。原河道经桥南头村北，受新构造运动影响，逐渐向北切割至蔡家墩，在韩家营子村南入海。该河中下游比降很小，泄洪迟缓，历史上时有泛滥。

巨峰河　发源于境内甲子山，源头海拔 480 米。干流长 38 公里，岚山境内长 22 公里，主要支流有土山河、六甲庄子河、青墩河、邱后河，流域面积为 262.69 平方公里。下游经东港区涛雒镇分两支入海，南支称竹子河，在东港区涛雒镇栈子村入海，北支在东港区涛雒镇南店入海。1960 年，在主流上游修建了巨峰水库。

川子河　发源于后村镇牛头山，经高兴镇、涛雒镇入海。高兴境内长 6.34 公里，流域面积 30 余平方公里，流经六合村、向阳、杨家山前、川子、冯家庄、毕家村、怀古、南辛庄子、张家庄子、安家尧王等 10 余个村。1999 ～ 2000 年，该河道高兴段上游衬砌 3000 米，截潜流 35 道。有大芳沟河、夏陆沟河等支流。

黄墩河（浔河）　发源于甲子山东麓，西流经黄墩镇、中楼镇、莒南县入沭河，全长 60 公里，总流域面积 535.26 平方公里，在流域划分上属淮河水系。其中黄墩段习惯称黄墩河，中楼段习惯称浔河。干流在岚山区境内长 31 公里，流域面积 275 平方公里，岩石河床，河道蜿蜒曲折，比降大，河岸深而陡。境内支流有葛疃河、行河等。

傅疃河　发源于五莲县韩家窝洛西北约 2 公里大马鞍山麓。中游经过后村镇，日照水库大坝位于该段。是境内第一大河，干流长 51.5 公里，其中岚山境内10.5公里，向东南流经东港区，于东港区夹仓村东南入海，集水面积共1060.14平方公里。境内支流主要有大曲河。

其他独流入海的小河：安东卫护城河2条，均发源于阿掖山西麓（由北绕城西入海的旧名来苏河，由东绕城南入海的旧名萧家河）；甜水河发源于阿掖山南侧，东流入海。

第五章　土壤　植被

第一节　土　壤

岚山区土壤分类主要以《全国第二次土壤普查暂行方案》和有关补充规定为依据，参考日照县土壤普查办公室编制的《日照土壤》（1984年出版），按土壤发生学原则，以基层分类为重点，采用土类、亚类、土属、土种四级分类制。全区土壤共分5个土类，8个亚类，10个土属，32个土种。

棕壤土类　面积最大，共计64200.8公顷，占总面积的83.52%，其中有效面积61301.6公顷，占有效总面积的83.39%，农田面积30540.4公顷，占农田总面积的78.66%。为发育于暖温带山丘地的地带性土壤，俗称“黄黏土”“黄泥头”，主要分布在低山丘陵、剥蚀丘陵和山前岭间的倾斜平地上。成土母质主要是花岗岩和花岗片麻岩等酸性岩类风化的残积物、坡积物、洪积物和部分冲积物。土壤剖面红棕色，发育一般完整，有明显的淋溶和淀积作用，pH值6.5左右。

按其所处地貌、成土母质、成土条件、发育程度、剖面形态、水文条件和生产性能等因素，又划分为棕壤性土、棕壤、潮棕壤、白浆化棕壤4个亚类；酸性岩类棕壤性土、坡积洪积物棕壤、洪积冲积物潮棕壤、坡积洪积物白浆化棕壤4个土属；16个土种。

棕壤性土亚类（代号Aa）　俗称“石碴土”“马饼沙”“岭沙土”等。面积24136.8公顷，占总面积的31.4%，其中有效面积23517.1公顷，占有效总面积的31.99%，农田面积7275.9公顷，占农田总面积的17.74%。多在坡度较大的低山丘陵中上部和顶部、剥蚀丘陵的中上部，全区8个镇（街道）均有分布。土层较浅，土壤质地粗糙，砾石多，剖面发育不明显，无黏化淀积层，养分贫乏，水源奇缺，水土流失严重，生产性能差，宜植树种草，农田适种地瓜、花生、谷子等抗旱耐瘠作物。按其母岩类型分，岚山区只有1个酸性岩类棕壤性土土属。

棕壤亚类（代号Ac）　俗称“黄黏土”“黄泥头”“黄土”等。面积18732.9公顷，占总面积的24.37%，其中有效面积18019.3公顷，占有效总面积的24.51%，农田面积1051公顷，占农田总面积的27.08%。主要分布在低山丘陵中下部的坡积物、洪积物上，地形较平缓，土层较厚，成土母质为花岗岩或片麻岩风化物的坡积洪积物，土壤颜色以棕色为主。土层厚度60～100厘米，表土质地多为砾质沙壤到中壤，剖面发育完全，土体淋溶淀积作用强。心土层有明显黏化淀积层，土体有大量的铁子和铁锰胶膜，pH值5.5～6.5，质地较黏重，持水力强，肥力较棕壤性土高。多辟为梯田，适宜种植粮、油料、烟、林、果、茶、桑等。除安东卫街道外，其他镇（街道）均有分布。

岚山区只有1个土属，即坡积洪积物棕壤。坡积洪积物棕壤（代号Acl）具有棕壤亚类的典型特征，发育在低山丘陵中下部的坡积洪积裙或洪积扇上，成土母质为酸性岩类的坡积洪积物。根据表土质地、障碍层次出现部位及生产性能等因素不同，共划分为夹砂黄泥头（Acl3/3）、黄泥头（Acl4/3）、黄砂土（Acl3/5）、深黄土（Acl4/5）4个土种。

潮棕壤亚类（代号Ae）　俗称“老黄土”“黑黄土”“蒙金土”等。面积9047.5公顷，占总面积的11.77%，其中有效面积8440.8公顷，占有效总面积的11.48%，农田面积4810.6公顷，占农田总面积的12.39%。主要分布在山前、岭间、沟谷等冲积扇的下部低平地上，表土质地轻壤到中壤。由于发育在洪积冲积或冲积扇的下部平地，土体发育完全，土层深厚，地面较平，潜水埋深2～5米之间，剖面下部有铁锰斑纹。此亚类土壤养分含量高，土体结构良好，耕层较厚，质地适中，便于耕作，保肥保水性能好，是棕壤土类中生产性能最好的土壤，适宜种植多种作物，是岚山一年二作制粮食高产区。全区除岚山头街道外，其他镇（街道）均有分布。

根据成土母质不同，划分为2个土属，即洪积冲积物潮棕壤、冲积物潮棕壤。

白浆化棕壤亚类（代号Af） 俗称“白淌土”“炉碴土”等。面积为12283.6公顷，占总面积的15.98%，其中有效面积754.97公顷，占有效总面积的15.5%，农田面积529.33公顷，占农田总面积的20.45%。主要分布在高兴镇、虎山镇、碑廓镇、安东卫街道的剥蚀残丘及丘陵缓坡地带，是表层以下具有“白浆层”的棕壤，地面坡度在1～3度之间，成土母质是酸性岩类的坡积洪积物，白浆层及其上面的土层质地较松，多为砂壤至轻壤土，而紧接其下的土层质地较黏，多为中壤至重壤。这种土体构型易于滞水，特别是在上层有机质含量低和结构不良的情况下，更易滞水，使作物受涝。养分含量较低，是有机质和氮、磷、钾养分均缺的土壤。

本亚类土壤只有坡积洪积物白浆化棕壤1个土属。根据表土质地及白浆层以下的土体不同，划分为酥石底白淌土、黏土底白淌土、白淌土3个土种。

潮土类 成土母质为河流冲积物、海（河）沉积物和海积物，经过耕种熟化而成，俗称“河淤土”“河沙土”“夜潮土”等。面积7540.8公顷，占总面积的9.81%，其中有效面积7269.9公顷，占有效总面积的9.89%，农田面积5583.1公顷，占农田总面积的14.38%。主要分布在河流两岸、近海平地和山丘区的沟谷平地，以及岭间、背河交接洼地。一般无黏化发育层次，沉积层理明显，质地较黏，无石灰反应，水源丰富，灌排良好，作物产量比较稳定，是小麦、玉米、水稻重要产区。

按其成土母质、潜水埋深、矿化度、盐斑情况、土体构型等特点，又分为潮土（Cb）、湿潮土（Ce）2个亚类，3个土属、12个土种。

潮土亚类（Cb） 俗称“河淤土”“两合土”“涝洼土”等。面积7279.5公顷，占总面积的9.47%，其中有效面积7054.2公顷，占有效总面积的9.6%，农田面积5458.9公顷，占农田总面积的14.06%。主要分布在河流两岸和河流入海口处，由河、海沉积物经脱盐形成，潜水埋深1～3米，水源丰富，属淡水到弱矿化水范围，一般无盐渍化。全区8个镇（街道）均有分布，适宜种植粮、油料、果、桑、葡萄、竹和速生丰产林、用材林、防护林。

根据成土母质的性质、形成过程和特性的差异，分为河潮土（Cb4）、滨海潮土（Cb3）2个土属。

湿潮土亚类（Ce） 俗称“黑湖土”。面积17.42公顷，占总面积的0.34%，其中有效面积14.38公顷，占有效总面积的0.29%，农田面积8.28公顷，占农田总面积的0.32%。主要分布在安东卫街道的滨海洼地上，潜水埋深1～2米，有季节性涝灾。土体深厚，质地黏重，耕作困难，易起坷垃或大块状结构，通透性差。适宜种植小麦、水稻、大豆等。

由于此种土壤面积小，只分为黑老土（Ce8 5/14）和黑黏土（Ce86/19）2个土种。

水稻土类 岚山区自1958年后开始种植水稻，历史较短，水稻土发育特征不太明显，加上水旱轮作的影响，属地表型水稻土，只在种稻期间土壤表层呈还原状态，下部土壤的特征与原来的母质土壤类似。全区水稻土面积4427.6公顷，占总面积的5.76%，其中有效面积4245.9公顷，占有效总面积的5.78%，农田面积2702.3公顷，占农田总面积的6.96%。主要分布在后村镇、高兴镇、巨峰镇、虎山镇和碑廓镇。

水稻田在长期耕作、施肥和灌溉的条件下，由于还原淋溶和氧化淀积等作用，形成了水稻土特有的剖面结构，即耕作层（A）、犁底层（P）、淀积层（B）、还原淀积层（BG）和潜育层（G）。岚山区水稻土属于幼年水稻土亚类（Fb），根据成土母质和表土质地、障碍层次出现的部位及厚度不同，划为1个土属（Fb1），分为壤质水稻土（Fb14/

19)、澥涝水稻土(Fb14/14)、冷水水稻土(Fb15/14)、蒙金水稻土(Fb14/16)4个土种。

盐土类　主要分布在安东卫街道、虎山镇沿海海拔3米以下的海滩地,面积353.6公顷,占总面积的0.46%。可辟为盐田和鱼虾池,农田无法利用。

岚山沿海平地处于区域的缓慢上升阶段,海相沉积物或河流入海口的淤积物在地壳缓慢上升过程中,由于海水后退,海岸线向海移动,残留了大量海滩淤泥,在"沧海桑田"的地质变化过程中,过去的浅海成了现在的海滩。滨海近地的地下水埋深一般在1～2米,浅者在0.5米以上。由于受海水影响,地下水矿化度很大,约在10～30克/升,离海愈近矿化度愈高,已开垦地片的地下水矿化度也在3～10克/升之间,地下水盐分组成以氯化钠为主,土壤地下水的pH值在7～7.2之间。

岚山区只有滨海潮盐土1个亚类(Db),根据盐土所处的环境条件、地理位置,本亚类分为滨海潮盐土(Db3)、滨海滩地盐土(Db4)2个土属、2个土种。

风沙土类　是由于海潮水的涨落而沉积的砂岗,经常受到海水侵蚀,土壤自上而下均为砂质。全区面积345.91公顷,占总面积的0.45%。主要分布在虎山镇沿海高潮线以上,多为砂岗,部分已栽植树木。此土类暂未划分亚类、土属、土种。

第二节　植　被

境内植被区域属暖温带落叶阔叶林区,早年山区丘岭植被为阔叶、针叶混交林,平原植被为草甸。长期以来,由于人为破坏与垦植,原始植被已很少,目前植被多系人工栽培。岚山林业资源丰富,林地总面积26477公顷,其中生态林13214公顷,占49.9%,经济林9230公顷,占34.9%。全区森林覆盖率37.92%。

沿海植被品种比较多,主要林木有赤松、刺槐、杨树、柳、枰柳、梧桐等,亚热带种属有水杉、毛竹、淡竹、茶等。

农业植被中,主要有小麦、地瓜、花生、玉米、水稻、瓜菜、大豆、高粱、谷子等。

低山丘陵野生灌木有柞岚、酸枣、荆条等;常见的草本植物有红草、白草、马绊草、茅草等;栽培树种有刺槐、黑松、椿树、榆树等用材林木和苹果、杏、柿、樱桃、桃、板栗、山楂、茶等经济林木。

平原地区自然生长的植物主要有茅草、刺刺菜、看麦娘、辣蓼、蒲草等;盐碱地有盐蓬、柽柳等;栽培的有椿、榆、刺槐、柳、杨、桑、泡桐、腊条等;还有成片栽植的淡竹、桃、梨、杏、苹果、葡萄等。

第六章　自然资源

第一节　土地资源

依据2012年调查结果,岚山区土地资源总面积77831.11公顷(不包括前三岛面积33.78公顷)。各乡镇土地资源面积及土地利用结构类型情况见表2-14。

2012年岚山区各乡镇街道土地利用结构类型一览表

表2-14　　　　单位:公顷

行政区域	行政区域总面积	耕地	园地	林地	草地	城镇村及工矿用地	交通运输用地	水域及水利设施用地	其他土地
岚山区	77831.11	33028.04	5159.81	11609.01	1376.51	11146.13	3316.09	5058.43	7137.09
岚山头街道办事处	1987.54	53.68	10.48	171.96	36.69	1064.53	247.34	336.53	66.33

续表 2-14

行政区域	行政区域总面积	耕地	园地	林地	草地	城镇村及工矿用地	交通运输用地	水域及水利设施用地	其他土地
安东卫街道办事处	5071.37	872.13	240.98	545.71	41.13	2164.64	240.84	616.45	349.49
碑廓镇	9265.85	4986.36	567.36	991.49	137.79	1271.14	385.66	507.70	418.35
虎山镇	10520.01	2498.07	518.59	2249.53	274.44	2371.43	616.84	1020.50	970.61
巨峰镇	16093.35	7064.91	1653.78	3082.70	222.73	1426.81	671.91	815.80	1154.71
高兴镇	6438.13	3338.72	571.15	498.33	81.69	707.97	326.68	490.86	422.73
黄墩镇	15325.30	7923.18	1350.66	2031.94	126.95	1031.77	522.63	511.96	1826.21
中楼镇	13129.56	6290.99	246.81	2037.35	455.09	1107.84	304.19	758.63	1928.66

第二节　矿产资源

岚山区矿产资源较匮乏，以非金属矿产为主。已发现的矿产资源有：金、银、铜、铁、钛、磁铁、蛇纹石、石棉、橄榄石、榴辉石、金红石、钾长石、七彩石、石墨、花岗岩、河沙、海沙、砖瓦用黏土等十几种；已探明储量的有：蛇纹石 1.52 亿吨、橄榄石 150 万吨、石棉 15.28 万吨、榴辉岩 3629.6 万吨；除榴辉岩、花岗岩、蛇纹岩、海沙较丰富外，其余多以小型矿点分布。已开发利用的主要有蛇纹岩、橄榄岩、石棉、钾长石、花岗岩、七彩石、河沙、海沙(已禁采)、砖瓦用黏土等。

第三节　生物资源

岚山植物资源丰富，林木树种繁多，共有 67 科、385 种(品种)，分布较广的树木主要有杨、柳、槐及松类、泡桐等，还有许多零星分布的珍奇树种，如银杏、水杉等。药类植物丰富，共有 122 科 400 余种，普遍应用的有 40 科 90 种，如苍耳、野菊花、旱莲草、丹参等。浅海计有浮游植物 32 属 50 余种，主要以硅藻为主；藻类有海带、石花菜等。1966 年“南茶北引”首先在安东卫北山试种成功，后在日照境内大面积推广，岚山绿茶叶片肥嫩，品质优良，冲泡后香气浓郁，令人回味无穷，是茶中名品。

境内野生动物有 19 目 51 科 109 属 260 种。其中鸟类有留鸟 33 种，候鸟 69 种，旅鸟 91 种。

岚山近海水质肥沃，饵料生物丰富，浮游动物有桡足类 8 属 10 种，其他动物 7 种，是各种经济水生生物洄游和繁衍生息的优良水域。近海常见鱼类有 3 纲 43 科 86 种，主要有鲅鱼、带鱼、鲈鱼、星鳗、真鲷、河豚、牙鲆、黄花鱼等；头足类有长蛸、短蛸、金乌贼、曼氏无针乌贼等；甲壳类有对虾、梭子蟹、青蟹、鹰爪虾等。潮间带常见经济价值较高的有扇贝、魁蚶、文蛤、西施舌、竹蛏、海参等。淡水水域有鲤鱼、鲢鱼、草鱼、鲶鱼、青虾、河蟹、鳖等水生动物 50 余种。

第七章　自然灾害

境内自然灾害有旱灾、风灾、洪涝、冰雪低温、雹灾、地震、蝗灾、疫病等，受灾面积大，涉及面广，群众的生命财产往往遭受较大损失。旧时代自然灾害往往造成严重后果，出现“人相食”现象。新中国成立后党和政府重视防灾抗灾工作，疫病和植物病虫害逐步得到控制，其他自然灾害的危害程度不断降低。

第一节　气象灾害

旱灾　是本区常见自然灾害，一般发生在春秋两季，夏季偶有发生，对农业生产影响极大。历史上重大旱灾后往往发生蝗灾，导致大饥荒。

金大安二年（1210年）春大旱，当年饥荒，斗米千余钱。明万历四十三年（1615年）大旱，赤地千里，人相食。清康熙四年（1665年）大旱，发生蝗灾。康熙九年（1670年）秋旱。咸丰二年（1852年）春大旱，蝗虫成灾，夏粮不收，大饥荒。

境内解放后多次发生旱灾，如1957年秋大旱，自9月1日起历时84天仅降雨10.1毫米，比常年同期少84%，农作物严重减产；1976年10月至1977年3月底，连旱6个月，降雨仅40毫米，许多村庄人畜缺水；1978年春特大干旱，3～5月降雨量30.6毫米，比常年同期少76%，人畜饮水困难；1991年8月整月几乎无降雨，加上持续高温，大面积农田受旱严重；1992年4～7月，旱情严重；1994年5月旱情严重；1995～1998年，连续四年均有旱灾发生；2009～2011年连续3年有旱灾发生，其中2009年长期无雨，共造成3.2万人受灾，农作物受灾面积4000公顷，直接经济损失1100万元。

风灾　是岚山区最主要的自然灾害，以夏秋两季最多，往往伴有暴雨、冰雹，沿海出现风暴潮，成灾严重；冬季及早春大风往往伴有暴雨暴雪和低温。

明嘉靖十八年（1539年）七月，大风雨，海水溢岸5里。清道光二十七年（1847年）七月，狂风将树木拔出。清同治四年（1865年）六月十六日，大风拔木。清光绪元年（1875年）七月，大风雨，平地水深数尺；是年九月，大风。1928年1月22日（农历除夕）夜半，狂风挟雷暴雨突降，时间达3小时。1949年7月26日，风灾，大海潮。

1956年7月大风，暴雨，大量土地被水淹没。1960年4月，沿海遭大风袭击，渔业生产工具受损。1966年3月4～7日，连续4天8级大风，为有气象记录以来最长大风日。1979年1月28～29日，特大冰凌加大风，历时7小时，平均风力8级以上，渔业、通讯、交通遭受重大损失。1985年8月，受9号台风袭击，岚山头口16只渔船被打碎，去营口捕海蜇的11只渔船沉没，137人落水，80多人受伤，4人死亡，200亩扇贝被巨浪冲走，150亩虾池绝产，经济损失156万元。1986年6月12日，海上大风，46只渔船被击碎，经济损失26万元；是年7月27日，碑廓、汾水、虎山、岚山头、黄墩遭龙卷风和大雨袭击。1990年8月20～22日，热带风暴影响岚山，连续出现大海潮，王家海屋、刘家海屋、周家庄子几个村居房屋被冲塌79间，海州湾挡浪墙倒塌110米，共损失125万元。1991年5月14日晚，巨峰、大坡等乡镇遭受暴风雨和冰雹袭击。是年6月28日，黄墩镇等乡镇遭受暴雨、飓风和冰雹袭击，造成严重经济损失。1992年8月31日，遭16号风暴潮袭击，农业、渔业受损严重。1994年2月11日，暴风雪、狂浪损坏各类渔船150艘、渔码头7座、浅海养殖180公顷、沿海防护堤4220米，直接经济损失2051万元。1995年11月7日，岚山遭受强风暴雨袭击，10人死亡，6人失踪，经济损失168万元。1996年6月28日，岚山遭受长达10小时的特大暴风雨袭击，经济损失494.5万元。是年9月15日，岚山遭风暴袭击，阵风8级以上，降雹持续5分钟，直接经济损失120万元。是年10月30～31日，岚山头街道、虎山乡沿海遭受特大风暴袭击，海上风力7～8级，阵风10级以上，岚山头街道损坏渔船、养殖船187条（其中报废65条），冲走、冲毁网具400余条，130多户渔民丧失生产生活条件，圣岚路居委倒塌渔码头230米。1997年8月19日，第11号台风登陆岚山，海上风力8级以上，阵风11级以上，域内平均降雨量150.2毫米，直接经济损失2.75亿元。1998年7月19日，中楼镇遭受龙卷风袭击，最大风力10级以上。

2005年，台风“麦莎”影响岚山，直接经济损失2843.5万元；9月12日，台风“卡努”造成直接经济损失2550万元。2006年，冰雹与风灾导致农作物与经济作物受损。2007年9月19日，台风“韦帕”影响岚山，直接经济损失3969.72万元。2008年7月23日，暴风雨灾害，主要损失经济作物，直接经济损失772.9万元；7月30日，台风“凤凰”影响岚山，直接经济损失6947万元；8月17日，高兴镇发生龙卷风灾害。2011年台风“梅花”成灾。2012年8月2～3日，10号台风“达维”影响岚山，历史罕见，破坏力极大，海上渔船、港口设施、陆上设施和农林作物受损严重，全区累计受灾人口24.5万人，总计直接经济损失达14.16亿元，所幸无人员伤亡。

洪涝灾害 一般发生在夏秋季节，暴雨往往导致河流决口，冲毁房屋田园，连阴雨则会造成涝害导致庄稼减产或绝收，收获季节易造成庄稼霉烂。新中国成立前的重大洪涝灾害有：晋泰始四年（公元268年）九月，大水。金大安二年（1210年）夏霪雨，饥荒。明崇祯七年（1634年）水灾，庄稼被淹，冲塌农舍。清顺治八年（1651年）六月二十日，大雨如注，至次日清晨雨才停止。安东卫城内水深没过灶台，房屋倒塌不计其数。顺治十六年（1659年）夏阴雨连续60日，发大水。清康熙十七年（1678年）七月十三日，暴雨竟日，造成洪水。清嘉庆八年（1803年）六月，大雨，河水泛滥，房屋倒塌，压死多人。清道光八年（1828年）秋，大雨，平地水深数尺。清道光二十七年（1847年）七月，大雨。清同治元年（1862年）秋大水。清光绪元年（1875年）七月，大风雨，平地水深数尺。宣统三年（1911年）除夕子夜，电闪雷鸣，遍降暴雨，平地水深尺余，至翌日晨方止。1947年发生严重水灾。1949年8月，大雨，洪涝成灾。

1950年4月14～16日，连日大雨，大量房屋倒塌，土地被淹。1955年7月1日晚突降大雨，岚山区南部在7小时内降雨量216毫米，绣针河决口。1956年7月，大风，暴雨，大量土地被淹。1962年7月13日特大暴雨，2小时降雨量120毫米。1963年7月，连降7次暴雨，雨量达471.1毫米。1970年9月3日上午暴雨，雨量108毫米。1974年7月8日至8月15日，连续阴雨37天，其中8月11～13日，降暴雨3次，降雨量452毫米。1975年8月14日暴雨，雨量250毫米。1982年7月5日暴雨，高兴公社2小时降雨200毫米以上；是年10月下旬，连阴雨6天，大量瓜干霉烂，占总收入量的36%。1993年11月，连降暴雨，最大降雨量为244毫米，农田被淹，有房屋倒塌，经济损失严重。1995年11月7日，岚山遭受强风暴雨袭击，10人死亡，6人失踪，经济损失168万元。1996年6月28日，岚山遭受长达10小时的特大暴风雨袭击，经济损失494.5万元。1998年7月24日11～14点，中楼镇4小时降雨217毫米，1700间房屋倒塌，死亡6人，经济损失2000余万元。2007年，暴风雨灾害直接经济损失4162万元。2008年7月23日，暴风雨灾害，直接经济损失772.9万元。

冰雪、低温 明景泰四年（1453年）十二月，大雪，发生罕见海冻。清康熙九年（1670年）冬，大雪三日，平地三尺，严寒异常，不少百姓冻死。清同治四年（1865年）二月八日，大雪，伴有雷电、冰雹。清宣统三年（1911年）一月二十七至二十八日，连降大雪。1966年3月5～6日，出现特大冰凌（雨凇），大风，电话中断。1979年1月28～29日，特大冰凌加大风，渔业、通讯、交通遭受重大损失。1994年2月11日，暴风雪袭岚山办事处，损坏各类渔船150艘、渔码头7座、浅海养殖2700亩、沿海防护堤4220米，直接经济损失2051万元。2010年春发生海冰灾害。

雹灾 清康熙三年（1664年），冰雹，大者直径一尺有余，庄稼被砸入泥中，野鸟被击毙无数。清同治四年（1865年）二月八日，有雷电、冰雹。1947年发生严重雹灾。1984年5月28日晚6点始，境内部分地区先后2次遭受雹灾，冰雹最大者直径10厘米。1991年5月14日晚7～8时，巨峰、大坡等乡镇遭受大面积暴风雨和冰雹袭击，造成严重经济损失。6月28日，黄墩镇等乡镇遭受暴雨、飓风和冰雹袭击，造成严重经济损失。1996年9月15日降雹持续5分钟。1998年7月19日，中楼镇遭受暴雨和冰雹袭击，冰雹大的直径2厘米以上。2005年，冰雹与风灾造成直接经济损失2335万元。

第二节 地质灾害

境内地质灾害主要为地震。历史上发生在岚山或影响到岚山的地震，根据《日照县志》《日照市志》《安东卫志》及周边地区志书记载，主要有：

汉文帝上元年(公元前179年)夏四月，地震。(见《增修胶志》)

汉宣帝本始四年(公元前70年)夏四月，地震，城郭毁坏。(见《胶南县志·大事记》《增修胶志》《诸城县志》)

汉元帝建昭二年(公元前37年)十一月，齐、楚所属皆地震，大雨雪，树折屋坏。(见《赣榆县志·大事记》)

金大安三年(1211年)六月，地震累月。(见《增修胶志》)

元大德九年(1305年)四月，地震。(见《赣榆县志·大事记》)

元至正元年(1341年)，地震。(见《莒县志》)

元至正四年(1344年)八月，地震(注：震中蒙阴)。(见《莒县志》)

元惠宗至正六年(1346年)农历正月，地震，持续7天。翌年正月又震。(见《潍坊市志·大事记》)

元至正二十六年(1366年)三月，地震。(见《赣榆县志·大事记》)

明成化十九年(1483年)四月十九日，地震。(见《赣榆县志·大事记》)

明成化二十三年(1487年)正月癸亥，地震。(见《赣榆县志·大事记》)

明弘治七年(1494年)七月，地震。九月丁酉、十月辛未、十一月癸巳又震。(见《赣榆县志·大事记》)

明弘治八年(1495年)十月壬戌，地震，有声，至十五日震9次。(见《赣榆县志·大事记》)

明弘治十六年(1503年)四月乙丑，地震。(见《莒县志》)

明正德四年(1509年)三月甲寅，地震。(见《赣榆县志·大事记》)

明正德一年(1515年)十一月，地震。(见《赣榆县志·大事记》)

明正德十年(1515年)十月乙亥，地震。(见《莒县志》)

明正德十四年(1519年)七月癸卯，地震，有声。(见《赣榆县志·大事记》)

明嘉靖二年(1523年)正月，地震。(见《莒县志》)

明嘉靖三年(1524年)正月初一，两畿、山东等地同时地震，昏雾四塞，其气如药。(见《赣榆县志·大事记》)

明嘉靖二十二年(1543年)春三月，地震，有声如雷，移时乃止。(见康熙《日照县志·考鉴志》)

明嘉靖二十五年(1546年)八月二十六日，地震。(见《赣榆县志·大事记》)

明隆庆六年(1572年)三月，地震。(见《赣榆县志·大事记》)

明神宗万历十二年(1584年)二月，昌邑、潍县大地震。(见《潍坊市志·大事记》)

明万历二十年(1592年)，地震。(见《赣榆县志·大事记》)

明万历二十五年(1597年)八月二十六日辰时，地震。(见《赣榆县志·大事记》)

明万历三十五年(1607年)十一月，地震。(见《赣榆县志·大事记》)

明万历三十六年(1608年)十月，地震。(见《赣榆县志·大事记》)

明万历三十八年(1610年)四月十七日，地震。(见《莒县志》)

明崇祯三年(1630年)四月，地震，声如雷。(见《赣榆县志·大事记》)

明崇祯十六年(1643年)十二月初三，地震。(见《赣榆县志·大事记》)

清顺治五年(1648年)十一月，地震2日。(见《赣榆县志·大事记》)

清顺治六年(1649年)八月，地震3日。(见《赣榆县志·大事记》)

清顺治十三年(1656年)六月壬辰，地震。(见《赣榆县志·大事记》)

清康熙七年(1668年)六月十七日夜，大地震，震声如雷，自西北而来。始震一上一下如浮风舟，接着轻如敧重如覆，人皆颠，山崩地裂，平地涌沙，泉水喷出地面一尺余。安东卫城墙倒塌，房屋震毁，压死十余人，伤者众多。余震断续四年才逐渐平息。(见《安东卫志》)

清康熙十年(1671年)八月上旬，地震。(见

《莒县志》)

清康熙十一年(1672年),大地震,后四年,地犹屡动不止。(见《莒县志》)

清嘉庆元年(1796年)农历二月,地震,声如迅雷,震塌房屋无数。(见《诸城县续志》)

清嘉庆三年(1798年)秋八月,地震。(见《诸城县续志》)

清嘉庆七年(1802年)十一月,地震。(见《诸城县续志》)

清道光七年(1827年)三月,地震。(见《诸城县续志》)

清道光九年(1829年)十一月,地震。(见《日照市志·大事记》)

清咸丰二年(1852年)三月初七夜,地震。(见《赣榆县志·大事记》)

清光绪十四年(1888年)夏五月初四日未时,地震,又山裂(注:该震为渤海湾地震,有感范围为山东、河北和辽宁)。(见《莒县志》)

清光绪三十二年(1906年)冬,地震。(见《增修胶志》)

清宣统元年(1909年)十一月初十日,地震。二十七日,又震。(见《莒县志》)

清宣统三年(1911年)七月二十日夜,大吴山崩裂,宽深皆两丈。(见《赣榆县志·大事记》)

第三节　生物灾害

蝗灾　唐开元四年(716年)夏,蝗虫成灾,食稼声如风雷。唐贞元元年(785年)夏,蝗虫群飞蔽天,10日不息,其所至之处,庄稼草木无存。明万历四十三年(1615年)大旱后发生蝗灾,赤地千里,人相食。明崇祯十三年(1640年)蝗灾,盗贼蜂起。清康熙四年(1665年)大旱后发生蝗灾。康熙五年(1666年)又发生蝗灾。康熙十一年(1672年)蝗虫成灾。清咸丰二年(1852年)春,蝗虫成灾,大饥荒。清光绪四年(1878年)夏,蝗灾严重。光绪二十六年(1900年)六月,蝗灾,蝗虫自南向北,遮天蔽日。1925年秋,虎山韩家营子一带发生大蝗灾,庄稼严重歉收,200余户人家逃荒外地。解放后蝗灾得到控制,蝗虫基本不形成危害。

疫病　清顺治三年(1646年),耕牛得瘟疫几乎死尽,并传染给人,病重者不治而死。清康熙五年(1666年)耕牛瘟疫严重。乾隆五十一年(1786年)夏,瘟疫流行。清道光十三年(1833年)夏,瘟疫流行。清同治元年(1862年)瘟疫流行。1914年黑热病流行。1924年春,岚山头一带发生霍乱病,迅速蔓延,几天间死亡300余人。1993年,巨峰街196人患霍乱病,死178人。

境内解放后,政府加强疾病防控,发生疫病后迅速组织力量予以扑灭,防止了人口大量死亡。1956年7月上旬流行性脑炎蔓延,1961年9月疟疾流行,1970年7月“钩端螺旋体”病流行,都迅速得到遏制,此后未发生大规模疫病。

第三编

乡镇　街道　村居　社区

远在1万年前的旧石器时代，岚山头街道胡家林、虎山镇虎山北岭等地就有人类生活。5000年前，高兴尧王城、安东卫街道安东卫东村、虎山镇郑家结庄等地已形成大规模的聚落。从遍布岚山全境的历代遗址可知，岚山域内自古以来一直是适合人类生存发展之地。元末，由于战乱，人口减损严重，现有村居主要为明清两代移民所建，其中安东卫及周边村居多为明初驻守安东卫的军官、士兵、墩卒后裔，出现一些以“官庄”“铺”“屯”“墩”命名的村庄。清代，岚山境内村居分属日照南乡、日照西乡和莒县，共有30社，下辖295个村，其中以岚山头、安东卫、碑廓、巨峰、高兴、黄墩等村规模较大.新中国成立后，人口增长较快，村居规模不断扩大，为方便生产生活，许多位置偏僻、人口较少的自然村合并到较大村庄。2008年3月，岚山开始加快推进城市社区建设，条件成熟的村居改为城市社区。至2012年，全区共有9个乡镇街道，下辖386个村、25个居、12个城市社区。

第一章 乡镇街道

第一节 岚山头街道

政区概况 岚山头街道位于岚山区东南端，北依阿掖山，东临黄海，南隔海州湾与江苏省连云港市相望，距区政府驻地3.5公里。辖区北高南低，东海中有平岛、达山岛、车牛山岛，称前三岛，有海上公园美誉；岸边有以“万里海疆第一碑”著称的“海上碑”。辖区总面积10.4平方公里，海岸线长5.5公里。辖9个居、3个行政村、2个城市社区，代管前三岛乡4个村居，居住人口5.1万。2012年人均收入16547元。

境内有国家、省、市、区驻岚企事业单位63家，拥有岚山港、岚山渔港两个国家一类开放口岸，是全国重要的液体化工品集散地，有液化储运企业16家，建成储罐总容量600余万立方米。

建置沿革 岚山头是明代安东卫分汛要地，清初为安东营分防四大海口之一。乾隆七年（1742年）随安东卫并入日照县，属日照县南乡（原进贤乡）南上二牌安东卫社。民国元年（1912年）属日照县安东卫区，1944年属日照县汾岚区。1945年1月属芦山县汾岚区，同年10月复归日照县汾岚区。1947年6月属圣岚区。1948年4月属安岚区。1950年5月属日照县第八区。1952年12月始设日照县岚山镇。1956年1月属安岚区岚山乡。1958年1月复称日照县岚山镇，同年8月属日照县海洋（安岚）人民公社。1959年2月分属安岚人民公社岚山管理区、童海管理区。1963年1月分属安岚区岚山人民公社和童家庄子人民公社。1971年3月分属安岚人民公社岚山管理区、童海管理区。1981年9月改称日照县岚山头人民公社，1984年6月称岚山头区。1985年3月改称岚山头镇。1988年4月改称岚山头街道。1989年属东港区，1993年划归岚山办事处管辖，2004年后属岚山区。1992年12月析出秦官庄、王家海屋、刘家海屋、周家庄子4个村，组建前三岛乡，4个村仍由岚山头街道代管。

自然资源

矿产资源 已探明的有榴辉岩、花岗岩、河沙、海沙、黏土等。已开发利用的主要有花岗岩、河沙、海沙（现已禁采）、黏土等。

生物资源 岚山头街道濒临中国四大渔场之一的海州湾渔场，是多种经济鱼类的繁殖、索饵场所，海产品资源丰富。海域内海水鱼类有40余种、蟹虾20余种、贝类30余种、海藻类及其他海产品数十种；可利用浅海养殖水面30万亩、沿海滩涂6万亩。

林业资源 境内共有山场6000亩，其中国家公益林4200亩，市级公益林1800亩，森林覆盖率29.8%。

经济概况 渔业是支柱产业，共有大小功率渔船1100条（艘），其中大功率钢壳外海捕捞船

160 艘，为省内主要外海捕捞船队之一；海水养殖面积 11.6 万亩；有水产品冷藏加工企业 41 家，一次性加工能力 2 万吨，是全国重要的渔货集散地之一。

经贸工业 位于海州路的岚山兴海鲜活水产城，始建于 1997 年，投资 3000 万元，占地 250 亩，建成 1.2 万平方米商业大棚。分水产品鲜活区、批发区、零售区、停车区、饮食服务区、渔需物质供应区 6 大部分。有交易房 110 间，固定摊位 200 多个，流动摊位 1500 个，日人流量 2 万人次，日均交易鲜活水产品 150 吨，年交易额达 26 亿元。鱼货销往辽宁、天津、河北、江苏、上海等 24 个省、自治区、直辖市。1999 年 10 月，被农业部列为“全国菜篮子工程”定点市场，被省工商局授予“规范化文明市场”。是中国农产品市场协会理事单位、山东省十大专业市场之一。

2012 年，全街道有企业 731 家，从业人员 16857 人，工业总产值 175 亿元，利税 3.9 亿元。年产值 2000 万元以上的企业 10 家，职工 1146 人；销售收入达到亿元以上的企业 3 家，50 亿元以上的 1 家。规模以上企业总资产 129 亿元，2012 年总产值 62.5 亿元。

城市建设

拆迁安置 2006 年 4 月，平岛路及周边区域拆迁，共拆迁住宅 234 户，房屋面积 2.5 万平方米；岚北港区拆迁，规划秦海小区用地 10.53 万平方米，总投资 1 亿元，拆除建筑面积 10 万平方米，腾空土地 33.33 万平方米，建设住宅楼 24 幢 852 户，建筑面积 9.7 万平方米；2007 年 11 月，王家海屋居、刘家海屋居整体及秦官庄居部分居民共计 832 户及 20 余家企业迁入秦海小区。同年年底，规划建设金牛岭社区一期安置小区，占地 33 亩，建设安置住宅楼 6 幢，建筑面积 2.89 万平方米，2009 年入住 228 户。

2007 年，海上碑北侧区域改造，投资 8000 万元，拆除房屋 5 万平方米，规划山海家园安置小区，占地面积 115 亩，建设安置住宅楼 18 幢 612 户，建筑面积 6.1 万平方米，2009 年 12 月底竣工验收。2010 年年底，圣岚路、海州路、岚阳路、环海路 4 个村居 444 户迁入新居。在金牛岭社区规划用地 7.07 万平方米，总投资 9000 万元，一期建设住宅楼 18 幢 494 户，二期建设住宅楼 7 幢 240 户，建筑总面积 9 万平方米。2010 年 6 月，佛手湾居 630 户整体迁住。

2008 年 3 月，多岛海生态环境改造，拆除王家庄居养殖区 74 户、46.67 万平方米养殖池；拆迁 192 处房屋、3 处冷藏厂、1 处船厂、7 处其他经营单位，其中 1 处鱼粉厂迁至碑廓镇鱼粉加工小区。

2010 年，海安路以北老城区和环海路居搬迁改造，规划建设环翠社区，占地面积 6.51 公顷，总投资 6000 万元。一期建设住宅楼 13 幢 352 户，建筑面积 4 万平方米；二期续建住宅楼 3 幢 84 户，建筑面积 1 万平方米。2011 年 6 月，环海路居居民 407 户迁入环翠社区。

道路和社区建设 从 2004 年开始，先后建成、改造童海路、城区新大道、岚山东路、金牛岭路、阿掖山南路、岚阳路等城市道路，形成了“三纵三横”的城市循环道路网。初步建成秦海新区、山海家园、甜园生活区、童海生活区、佛手湾生活区、环翠小区、凤阳路生活区等居民小区，形成城市社区化新格局。

社会事业

教育 2012 年底，街道共有幼儿园 8 所，在园幼儿 2200 人，专任教师 275 人。其中街道中心幼儿园有大、中、小、托班共 16 个教学班，在园幼儿 556 人，教职工 66 人。有小学 6 所，在校生 2850 人，专任教师 110 人。

1975 年岚山头设二年制初中班，称“岚山联中”，1982 年分设为岚山头街道一中和岚山头街道二中。2012 年岚山头第一初中撤并到岚山区实验中学。保留岚山头街道第二初中，有在校生 780 人，专任教师 140 人。

医疗卫生 清道光三十年（1850 年），张氏在岚山头创办永安堂药铺，陈氏在甜水河村创立利民诊所。之后，永仁堂药铺、永康诊所相继开办，均以中西医诊疗疾病。1984 年 10 月，组建岚山头医院，院址在环海路居；1985 年 4 月，迁至海州路，设 15 个科室，有医护人员 18 人；2000 年 9 月，投资 200 万元建 2400 平方米门诊楼；2012 年

6 月，投资 55C 万元建成 2756 平方米的综合服务楼，全院有开放床位 30 张，在职职工 62 人。1996 年 7 月，整顿原有 34 个村集体或个体诊所，根据人口密度和辐射范围，按每所服务半径 1 公里左右设立 8 个卫生所。经过考试，从原 64 名乡村医生中择优录取 35 名医生，实行聘任制，统一调配到各卫生所使用。

文化体育　20 世纪 80 年代后，组建起街道演出队，坚持春节拜年演出 30 年。舞蹈“渔家儿女”获日照市金秋艺术节创作、表演金奖，参加山东省首届农民艺术节和 1997 年日照市春节晚会；威风锣鼓队获日照市 2004 年度元宵节广场文化展演“最具特色节目奖”；《岚山渔民号子》列入山东省首批非物质文化遗产项目名录，先后获市级以上艺术大赛金奖 18 个、银奖 9 个、铜奖 5 个。街道有门球队、篮球队、台球队、乒乓球队等 8 支球队；成立了象棋协会、乒乓球协会、老年体育协会、岚山京剧票友联谊会、岚阳巾帼文明队等。截至 2012 年，街道投资 300 万元建成文化中心 1 处，有藏书 1 万余册；13 个村（居）建有文化大院；有 12 处文体活动广场。1996 年获日照市社会文化先进乡镇，1997 年获山东省体育先进乡镇。

社会保障　1988 年投资 150 万元兴建敬老院 1 所，占地面积 1 万平方米，有建筑面积 1300 平方米的三层宿舍楼 1 幢。2007 年投资 180 万元，新建 1 座建筑面积 1600 平方米的公寓楼，可供养 172 人。改建室内外无障碍通道，配备健身器材，建有卡拉 OK 室、台球室、象棋室、麻将室、图书阅览室、乒乓球室、健身房以及医疗室、洗浴间等；投资 5.6 万元，为院民安装 20 台空调。截至 2012 年年底，敬老院共入住 42 人，每人年供养标准 2800 元以上，有专职服务人员 5 人。街道为散居在各村居的五保老人每人年补贴 300 ～ 800 元。

2010 年 10 月至 2012 年年底，共发放最低生活保障金 510 余万元，发放城镇居民社会养老保险金 2500 余万元，发放失地农民社会保障补贴 200 余万元。

1939 ～ 2012 年岚山头街道历任领导更迭一览表

表 3-1

书记			镇长（区长、主任、乡长）		
姓　名	性别	任职时间	姓　名	性别	任职时间
赵明德（苏贻群）	男	1939 年春至 1940 年春	丁天民	男	1940 年 3 月至 1940 年 12 月
贾　倜	男	1940 年春至 1940 年 5 月	丁凤南	男	1940 年 12 月至 1941 年 3 月
孙树礼	男	1940 年 5 至 1941 年春	牟益民	男	1941 年 3 月至 1942 年 12 月
王　森	男	1941 年春至 1942 年 1 月	张静寰	男	1942 年秋至 1943 年 6 月
肖富平	男	1942 年 1 月至 1942 年 5 月	胡润五	男	1943 年 6 月至 1945 年 3 月
李子修（潘淑玉）	男	1942 年 5 月至 1943 年春	王昭进	男	1945 年 3 月至 1947 年 7 月
肖建华（许溪南）	男	1943 年 5 月至 1943 年 12 月	苏育义	男	1947 年 7 月至 1948 年 5 月
吴　燮	男	1943 年 12 月至 1945 年 8 月	路为金	男	1948 年 5 月至 1949 年 1 月
丁士普	男	1945 年 8 月至 1947 年 12 月	赵明宽	男	1949 年 2 月任职
郭健培	男	1947 年 12 月至 1948 年 5 月	王树珂	男	1950 年 2 月至 1951 年 5 月
苏学文	男	1948 年 5 月至 1949 年 8 月	宋世仪（兼）	男	1951 年至 1952 年 12 月
陈同义（代理）	男	1949 年 8 月至 1951 年 4 月	张纪顺	男	1953 年 11 月任职
陈同义	男	1951 年 4 月至 1951 年 11 月	邵安思	男	1956 年 2 月至 1960 年 7 月
宋世仪	男	1953 年 3 月至 1953 年 6 月	傅田余	男	1960 年 7 月至 1962 年 12 月
刘克珍	男	1953 年 6 月至 1954 年 6 月	杨开贵	男	1962 年 12 月至 1966 年 5 月

续表 3-1

书记			镇长（区长、主任、乡长）		
姓　名	性别	任职时间	姓　名	性别	任职时间
申仕宏	男	1956 年 2 月至 1962 年 5 月	相开贵	男	1966 年 5 月至 1968 年 3 月
王世林	男	1961 年秋任职	李相瑾（群）	男	1968 年 3 月至 1970 年 1 月
杨克好	男	1962 年 12 月至 1965 年 10 月	肖增珩	男	1970 年 1 月至 1971 年 3 月
马成春	男	1965 年 10 月至 1970 年 1 月	范宝域	男	1976 年 10 月至 1977 年 12 月
郇秀敬（军）	男	1970 年 1 月至 1971 年 1 月	魏延琛	男	1977 年 12 月至 1981 年 9 月
李丰德（军）	男	1971 年 1 月至 1971 年 3 月	于治会	男	1982 年 3 月至 1984 年 5 月
范宝域	男	1971 年 3 月至 1977 年 12 月	张传文	男	1984 年 5 月至 1984 年 11 月
魏延琛	男	1977 年 12 月至 1981 年 9 月	李其和	男	1984 年 11 月至 1987 年 2 月
相玉平	男	1981 年 9 月至 1983 年 1 月	丁立瑞	男	1987 年 2 月至 1989 年 5 月
周绪贵	男	1983 年 1 月至 1989 年 5 月	于治会	男	1989 年 5 月至 1993 年 5 月
丁立瑞	男	1989 年 5 月至 1990 年 2 月	秦玉贺	男	1993 年 6 月至 1997 年 1 月
梅志强	男	1990 年 2 月至 1993 年 6 月	马运德	男	1997 年 1 月至 2002 年 2 月
庄会海	男	1993 年 6 月至 1995 年 4 月	张玉新	男	2002 年 2 月至 2005 年 4 月
祝鹏高	男	1995 年 4 月至 2001 年 1 月	王　哲	男	2005 年 4 月至 2008 年 8 月
马运德	男	2001 年 1 月至 2003 年 2 月	路俊宜	男	2008 年 8 月至 2011 年 12 月
张文宣	男	2003 年 2 月至 2005 年 4 月	李向涛	男	2011 年 12 月任职
秦玉新	男	2005 年 4 月至 2006 年 12 月			
王圣波	男	2006 年 12 月至 2010 年 9 月			
张守健	男	2010 年 9 月至 2011 年 12 月			
王炳坤	男	2011 年 12 月任职			

第二节　安东卫街道

政区概况　安东卫街道位于日照市最南端的黄海之滨，地跨北纬 35°07′56″～35°12′10″，东经 119°14′18″～119°20′56″，东与岚山头街道相邻，东南濒临黄海，南连江苏省赣榆县柘汪镇，西与碑廓镇接壤，北与虎山镇毗邻。街道办事处驻地位于岚山西路 217 号汾水社区，东距岚山区政府驻地 3 公里。辖区总面积 42 平方公里，海岸线 6 公里，下辖 10 个城市社区、13 个居、10 个行政村；下设 76 个居民小组、41 个村民小组。2012 年底全街道总人口 42068 人，其中城镇常住人口 3 万人，城镇化率 71.3%，流动人口 1.8 万人。总人口中，汉族 41888 人，占 99.95%，少数民族有回族、蒙古族、满族、朝鲜族等，共 21 人。2012 年人口出生率 10‰、死亡率 4.5‰、自然增长率 5.5‰。2012 年全街道财政总收入 1.2899 亿元，其中地方财政收入 0.3 亿元。

建置沿革　明洪武十七年（1384 年），信国公汤和在此筑城设卫防御倭寇（日本海盗），为沿海军事重地，取安定东方沿海之意，称安东卫。清乾隆七年（1742年），撤卫并入日照县，置安东卫巡检司，属青州营。1855年属日照县南乡南上二牌，东部称安东卫社，西部称合庄社。1912年设安东卫区。1940年日照县抗日民主政府将全县划分为7个区，安东卫街道属安岚区。1943年春属汾岚区。1945年春划归莒山县，1945年10月又划归日照县。1947年7月属圣岚区（辖今岚山头街道、安东卫街道、碑廓镇和绣针河南、柘汪以北的12个村，1948年5月又分为安岚、碑廓2个区）。1950年5月属第八区，区机关驻安东卫西街。1958年1月设安东卫乡。1958年8月属海洋人民公社，1959年2月属安岚人民公社。1981年9月安岚人民公社拆分为汾水人民公社和岚山头人民公社，汾水人民公社驻地由安东卫西街迁入汾水村。1984年6月设立汾水区，下辖安东卫镇和汾水乡。1985年3月，改称为汾水镇。2001年1月撤汾水镇改称安东卫街道。

自然资源　安东卫街道地处鲁东南丘岭地带，地势北高南低，地形分为平原、丘岭、低山。主要山脉有阿掖山、关山、寨山等，最高峰阿掖山主峰老爷顶海拔314.8米；主要河流为绣针河，流域面积40平方公里，支流有长冶河、安东卫护城河。境内已探明地下矿藏有钾长石、花岗岩、黄沙、黏土等。域内可利用水产养殖海域面积39.3平方公里，滩涂面积1.67平方公里。

经济建设

农业　2012年耕地面积1.12万亩，人均0.266亩，农业总产值4亿元。粮食作物以小麦、玉米为主，经济作物主要有茶叶、花生、桑蚕、蔬菜等。2012年，粮食产量8400吨；茶叶种植面积0.28万亩，年炒制干茶5万公斤；桑园面积0.066万亩；花生面积0.32万亩；蔬菜面积0.046万亩，其中大棚蔬菜0.036万亩。畜牧业以生猪、蛋鸡养殖为主，2012年生猪饲养量5.3万头，羊0.23万只，牛0.03万头，家禽18.67万只，水貂9.18万只，狐狸0.22万只，畜牧业总产值1亿元。活立木蓄积量10.5万立方米，林木覆盖率30.2%。渔业以浅海养殖为主，人工海水养殖贝类3833公顷，年产量11130吨；拥有各类捕捞渔船43艘，年捕捞水产850吨。农民人均纯收入14050元。

工业　日照市强丰机械贸易有限公司位于汾水镇驻地，原名日照市汾水机械厂，1970年成立，后更名为日照市汾水农机服务公司。1997年10月改制为民营企业，用现名。主要销售农业机械、渔业机械、工程机械及配件，润滑油、钢材、五金、电器等系列商品。

安东卫北街塑料网绳加工源于20世纪80年代，初为家庭小作坊，后规模不断扩大。1999年规划第一批网绳加工区，有10余户参与生产经营。2001年，街道协调泉子庙、东街、西街、李家庄子、北街等村，对泉子庙社区东侧土地进行调整，统一规划，建成总面积6.67万平方米的塑料网绳加工区，主要生产各种规格的聚丙烯、聚乙烯网绳，产品主要用于海产品养殖、海洋捕捞、农业生产，销往全国各地。

2001年建成安东卫北街绳网市场，面向全国购销塑料网绳，有经销户近200户，吸收外来务工人员2000余人。2012年经销额3亿元，经营收入2000余万元，带动了周边餐饮、住宿、运输等行业快速发展。

1988年日照市茶厂成立，后更名为山东雪青茶场有限公司。1989年申请注册了“雪青”商标。雪青茶具有“豌豆鲜、板栗香、汤色嫩绿、耐冲泡”等独特品质，被农业部评定为“绿色食品”，多次荣获国家级、部级产品质量金奖、银奖。

2004年后，相继建成钢铁精深加工、钢材物流、木材储运加工、煤炭精深加工、海洋仿生食品加工、生物制药等产业园区，逐步形成以钢铁精深加工、焦化煤生产、生物制药、海洋仿生食品加工、木材深加工为主的工业体系，为鲁东南沿海重要工业基地。

2012年年底，全街道共有民营企业384家，个体工商户2271户，其中规模以上企业48家。主要民营企业有三木集团公司、昌华集团公司、鲁圣集团公司、阿掖山集团公司、永兴食品有限公司、丰华食品有限公司、日照岚星化工工业有限公司、日照生化制品有限公司、雪青茶场等。2012年有职工0.58万人。

商业　安东卫古镇有着悠久的经商传统，明代中期形成商埠，荻水口一度是鲁南土特产贸易的主要海上出口。民国初期，有商铺72家。抗日战争和解放战争时期，新四军后勤部、山东军区、鲁中南军区后勤部、滨海军区等军事机关先后在此设立商行，成为军需物资集散地。20世纪80年代中期，安东卫在农历“三、八”传统大集的基础上，又专门设立农历“二、七”海货大集。1993年7月开始建设安东卫海货城，1997年8月启动二期工程建设，两期工程共投入资金4亿多元，建成大型市场4处，商业街6条，总建筑面积20万平方米。海货城有沿街经营大户250余户，旺季时摊点6000多个，上市交易30多个大类300多个品种，平均日交易额450万元。1996年2月被国务院发展研究中心认定为全国最大的海产品交易市场。2001年、2003年成功举办了两次海货节。2012年安东卫街道又启动了安东卫海货城升级改造工程。

九州商贸城,原名汾水综合批发市场,始建于1992年,位于苏鲁两省交界地带,位于G204国道和S342省道交汇处。有蔬菜批发市场、木材批发市场、果品批发市场等市场群体,依托国道、省道大力发展路域经济,为日照市南部最大农副产品集散地和小商品集散中心。

城镇建设 境内有坪岚铁路、沈海高速公路、G204国道、S222省道、岚山路等交通干道。2005年后,相继建成万斛路、绣针一路、明珠路、平安山三路、园区一路、园区二路、疏港大道、圣岚路、砚台山一路、安东三路、振兴路、中央路、丰华路、海州路连接线、玉泉一路、玉泉二路、玉泉四路等各类城市道路28公里,沿路雨水、污水、自来水、燃气、弱电等地下管网配套齐全。

至2012年,全街道共建成村居居民安置楼67幢2100余户,建筑面积26.6万平方米;旧村改造过程中建设二层小康居民楼350幢。2003年后,相继开工建设岚山湾生活区、北街新天地生活区、汾水建材市场、山海湾生活区、鲁南大厦、水利经管综合楼、尚景名庭生活区、明珠广场、青鸾湖商业楼等房地产开发项目,建筑面积达90余万平方米。

社会事业

文化艺术 2012年年末,全街道共有东街、西街、汾水、竹园、锦绣5个文化艺术团体,创作完成文化艺术作品30余个;民办影院1家,坐落在安东卫北街社区。汾水社区公共图书室建筑面积200平方米,藏书2万册。汾水、辛庄子、竹园、青鸾湖公园等地共有公共健身娱乐设施100余件。

辖区建有文化广场15处,33个村居有文化大院,有线电视通村率100%,入户率95%。街道每年举办春节联欢会、团拜会等活动,共组织各类广场演出200余场次,演出地方小戏300余场次。其中,"女子荷花龙"等节目4次在市区获得民间文艺表演一等奖,列入全市首批"非物质文化遗产"。2010年3月5日,"寻找安东卫"在CCTV-4走遍中国栏目中播出。

教育 据《安东卫志》记载,明朝成化四年(1468年)六月创办安东卫卫学。1930年,国民政府在安东卫设立洋学堂。1995年9月,将合庄初中撤并至汾水初中;2005年9月将汾水镇第五小学撤并至汾水中心小学,全镇保留汾水初级中学、安东卫初级中学2所初中,中心小学、二小、三小、四小、六小5所小学;2006年9月将四小撤并至三小,学校更名为明珠路小学,同期,二小更名为仁家村小学、六小更名为合庄小学;2011年9月街道二中撤并至岚山区实验中学。至2012年年底,全街道有幼儿园(所)21所,在园幼儿2000人,专任教师262人;小学4所,在校生3848人,专任教师158人;初中1所,在校生1092人,专任教师114人;成教中心1所。

医疗卫生 2012年,境内有岚山区疾病控制中心、岚山区妇幼保健站、岚山区人民医院、安东卫街道社区卫生服务中心等4家医疗卫生机构,专业卫生人员367人。2009年9月成立安东卫街道社区卫生服务中心,位于安东卫西街社区,办公面积1005.6平方米,设有门诊、中医、药房、护理及公共卫生等科室,固定资产及人员归岚山区人民医院管理。

社会保障 街道建有老年生活补助、新型农村合作医疗、弱势群体救助、贫困学生帮扶、党内服务关怀5项社会保障制度。2012年城镇最低生活保障户数749户,人数1043人,支出最低生活保障金100.6万元;各村居、社区发放老年生活补助金260余万元,4700余名老年人领取了老年生活补助金,人均565元。2006年2月建成安东卫敬老院,总投资300万元,占地面积1万平方米,总建筑面积2660平方米。2012年,全街道有五保老人79人,其中集中供养60人,分散供养19人,年支出供养费23.04万元。

计划生育 1997年,投资80余万元建成计划生育服务大楼,2005年、2012年又投资70余万元对计划生育服务大楼进行升级改造。2005年,安东卫街道计划生育服务站被市妇联授予"市级巾帼文明岗"荣誉称号,2007年被市委、市政府表彰为"市级先进服务站"。

1939 ～ 2012 年安东卫街道历任领导更迭一览表

表 3-2

书记			镇长（区长、主任、乡长）		
姓　名	性别	任职时间	姓　名	性别	任职时间
赵明德(苏贻骍)	男	1939 年至 1940 年春	丁天民	男	1940 年 3 月至 1940 年 12 月
贾　倜	男	1940 年春至 1940 年 5 月	丁凤南	男	1940 年 12 月至 1941 年 3 月
孙树礼	男	1940 年 5 月至 1941 年春	牟益民	男	1941 年 3 月至 1942 年 12 月
王　森	男	1941 年春至 1942 年 1 月	张静寰	男	1942 年秋至 1943 年 6 月
肖富平	男	1942 年 1 月至 1942 年 5 月	胡润五	男	1943 年 6 月至 1945 年 3 月
李子修(潘淑玉)	男	1942 年 5 月至 1943 年春	王昭进	男	1945 年 3 月至 1947 年 7 月
肖建华(许溪南)	男	1943 年 5 月至 1943 年 12 月	苏育义	男	1947 年 7 月至 1948 年 5 月
吴　燮	男	1943 年 12 月至 1945 年 8 月	路为金	男	1948 年 5 月至 1949 年 1 月
丁士普	男	1945 年 8 月至 1947 年 12 月	赵明宽	男	1949 年 2 月任职
郭健培	男	1947 年 12 月至 1948 年 5 月	王树珂	男	1950 年 2 月至 1951 年 5 月
苏学文	男	1948 年 5 月至 1949 年 8 月	宋世仪(兼)	男	1951 年 4 月至 1952 年 12 月
陈同义(代理)	男	1949 年 8 月至 1951 年 4 月	张纪顺	男	1953 年 11 月任职
陈同义	男	1951 年 4 月至 1951 年 11 月	邵安思	男	1956 年 2 月至 1960 年 7 月
宋世仪	男	1953 年 3 月至 1953 年 6 月	傅田余	男	1960 年 7 月至 1962 年 12 月
刘克珍	男	1953 年 6 月至 1954 年 6 月	杨开贵	男	1962 年 12 月至 1966 年 5 月
申仕宏	男	1956 年 2 月至 1962 年 5 月	相开贵	男	1966 年 5 月至 1968 年 3 月
王世林	男	1961 年秋任职	李相瑾(群)	男	1968 年 3 月至 1970 年 1 月
杨克好	男	1962 年 12 月至 1965 年 10 月	肖增珩	男	1970 年 1 月至 1971 年 3 月
马成春	男	1965 年 10 月至 1970 年 1 月	范宝域	男	1976 年 10 月至 1977 年 12 月
郇秀敬（军）	男	1970 年 1 月至 1971 年 1 月	魏延琛	男	1977 年 12 月至 1981 年 9 月
李丰德（军）	男	1971 年 1 月至 1971 年 3 月	王仕芝	男	1981 年 9 月至 1984 年 6 月
范宝域	男	1971 年 3 月至 1977 年 12 月	张念信	男	1984 年 6 月至 1985 年 5 月
魏延琛	男	1977 年 12 月至 1981 年 9 月	惠培林	男	1985 年 5 月至 1988 年 4 月
于家增	男	1981 年 9 月至 1989 年 5 月	李章培	男	1988 年 4 月至 1990 年 11 月
辛公会	男	1989 年 5 月至 1993 年 4 月	孙开河	男	1990 年 12 月至 1993 年 4 月
秦洪珍	男	1993 年 6 月至 1997 年 1 月	秦洪珍	男	1993 年 4 月至 1993 年 8 月
秦玉贺	男	1997 年 1 月至 2000 年 4 月	刘永芹	男	1993 年 8 月至 1997 年 1 月
王洪彩	女	2000 年 4 月至 2003 年 2 月	尹世光	男	1997 年 1 月至 1998 年 6 月
刘兆新	男	2003 年 2 月至 2004 年 8 月	王洪彩	女	1998 年 6 月至 2000 年 4 月
张家增	男	2004 年 8 月至 2007 年 11 月	刘兆新	男	2000 年 4 月至 2003 年 2 月
乔永前	男	2007 年 11 月至 2011 年 12 月	孙树诺	男	2003 年 2 月至 2006 年 6 月
牟敦谊	男	2011 年 12 月任职	卢振赛	男	2006 年 6 月至 2007 年 11 月
			王宗志	男	2007 年 11 月至 2011 年 6 月
			郑　强	男	2011 年 6 月至 2011 年 12 月
			徐志华	男	2011 年 12 月任职

第三节 虎山镇

政区概况 虎山镇位于岚山区北部，地跨北纬35°2′13″～35°2′11″，东经119°19′39″～119°19′56″，东靠黄海，南与岚山头街道毗邻，西南与安东卫街道相邻，西与碑廓镇相连，西北与巨峰镇为邻，北部与涛雒镇接壤。辖区东西最大距离12.6公里，南北最大距离11.9公里，总面积106.3平方公里。地势西高东低，镇政府驻虎山铺村，距岚山区政府驻地5公里。境内主要山脉有大旺山、阿掖山、幽尔崮山。有龙王河、虎山河、水车河、东湖河、凤凰河5条河流，其中龙王河流域面积77.8平方公里，长16.7公里；虎山河流域面积11平方公里，长6.5公里；凤凰河流域面积4.4平方公里，长5.5公里。2012年辖虎山、韩营、大村、桥南、水车、罗黄、结庄、东湖8个工作片，53个行政村，下设260个村民小组，辖区总人口5.97万人，全镇财政总收入2.45亿元，农民人均纯收入12544元。

建置沿革 境内村庄明、清时期分属日照县进贤乡（南乡）纪家庄里（社）、南山后里（社）、水车沟里（社）、魏家庄里（社）。1943年始设区，1946年6月并入圣岚区。1948年4月属安岚区。1950年5月属日照县第八区（安岚区）。1952年12月，分属第七区（磴山区）和第八区（安东卫区）。1956年1月分属磴山区和安岚区。1958年1月设虎山乡。1958年8月属磴山（下元）和庆丰（虎山）人民公社。1963年1月析分虎山、梭罗树、稍坡、桥南4个人民公社属安岚区，东湖、结庄2个人民公社属涛雒区。1971年3月设虎山公社。1984年6月改称虎山区。1985年3月称虎山乡。1999年隶属于东港区管辖，1993年7月归岚山办事处管辖。2001年7月撤乡设虎山镇。

农业 全镇耕地面积3.259万亩，人均0.5457亩。粮食作物以小麦、玉米为主，经济作物有花生、茶叶、蔬菜等。2012年粮食总产14459.9吨，人均239.1公斤，其中小麦7683.48吨。花生种植面积1.373万亩；蔬菜种植面积3850亩。

畜牧业以生猪、羊、牛、鸡为主，2012年生猪饲养9.39万头，羊1.3万只，牛856头，家禽66.13万羽，上市家禽40.51万羽，实现畜牧业总产值1.37亿元。

渔业以海洋捕捞、海水养殖为主，可用于水产养殖的海域面积170平方公里、滩涂2平方公里、淡水面积4.5平方公里。2012年人工海水养殖贝类600公顷，产量7000吨；鱼塘养殖面积150公顷，产量1100吨；拥有各类捕捞渔船740艘，其中从事远海远洋作业船舶435艘，捕捞水产4万吨。全年渔业总产值7.8亿元。

林业 2012年有林地5.22万亩，林木覆盖率37.15%。

工业 20世纪70年代，镇内有东湖盐场、徐家村建材厂、梭罗树石棉矿、虎山仪表厂等乡镇企业，后整合成立奥达集团。1996年日照第一钢铁厂在原虎山机械厂厂址建成投产，年底关闭。2003年，日照钢铁公司落户万亩湖，当年3月31日开工建设，9月28日出铁出钢，历时181天，被誉为“日钢速度”。至2012年，虎山已成为日照市临港工业重镇，建成钢铁、化工两大工业园区，形成以日照钢铁公司为主的钢铁及深加工产业、以山东石大科技石化有限公司、岚桥港口石化有限公司、山东金石沥青股份有限公司、广信化工科技有限公司为主的石油化工产业两大工业体系。全镇有规模以上工业企业21家，职工1.406万人。

教育卫生 2012年年末，有幼儿园29所，在园幼儿1115人，教师106人；小学10所，在校生3349人，教师190人；初中1所，在校生2335人，教师199人。

有卫生院1所，病床55张，专业卫生人员47人。

社会事业 2012年有农村最低生活保障户数1654户、2178人，农村五保集中供养63人，分散供养20人，国家抚恤、补助各类优抚对象163人。

有6360人参加城镇基本养老保险，34964名农民工参加基本养老保险。

有线电视用户达1.5万户，入户率99%，电视综合覆盖率97%。

1943～2012年虎山镇历任领导更迭一览表

表3-3

书记			镇长（区长、主任、乡长）		
姓　名	性别	任职时间	姓　名	性别	任职时间
王　森	男	1943年6月至1946年4月	孙春圃	男	1943年6月离职
刘升杰	男	1956年1月至1960年5月	郑作春	男	1943年6月至1946年4月
范伟春	男	1960年5月至1961年5月	吕建清	男	1956年1月至1960年2月
王元勤	男	1961年8月任职	杨开贵	男	1960年3月任职
周祥忠	男	1971年3月至1978年5月	肖增珩	男	1975年3月至1978年5月
丛发生	男	1980年5月任职	相统峰	男	1982年1月至1982年7月
田增喜	男	1984年6月至1987年11月	李金三	男	1984年6月至1990年2月
丁昶元	男	1987年11月至1993年4月	杨培广	男	1990年2月至1990年8月
丁惟生	男	1993年4月至1995年4月	丁惟生	男	1990年8月至1993年4月
张道利	男	1995年4月至1999年2月	张道利	男	1993年4月至1995年4月
滕丰学	男	1999年2月至2005年4月	卢祥松	男	1995年4月至1999年2月
乔永前	男	2005年4月至2007年10月	刘兆新	男	1999年2月至2000年4月
张玉新	男	2007年10月至2011年6月	张永祥	男	2000年4月至2003年2月
杨　宁	男	2011年6月任职	乔永前	男	2003年2月至2005年4月
			范彩英	女	2005年4月至2006年12月
			马德峰	男	2006年12月至2007年10月
			杨　宁	男	2007年10月至2011年6月
			岳仁顺	男	2011年6月任职

第四节　碑廓镇

政区概况　碑廓镇位于岚山区西部，距区政府驻地13.6公里。地处北纬35°03′51″～35°14′13″，东经119°07′56″～119°14′18″，面积96平方公里，东与安东卫街道相接，南连江苏省赣榆县石桥子镇，西邻莒南县坪上、团林、朱芦镇，北与巨峰镇毗邻。镇政府驻南张家庄村。南部多平原，北部为丘陵，主要山体有圣公山、韩家山、幽尔崮、垛子山等；最大河流为绣针河，境域内长度15公里，河床平均宽度300米。2012年，全镇有17995户，50569口人，其中非农业人口2625人，地方财政收入2846万元，人均收入12088元。

建置沿革　碑廓之名始于汉代，金元以前，建置沿革无考。至清朝初期，为日照县进贤乡惇信一隅，包括袁家庄里、司官庄里、辛兴里。清朝末年，属日照县南乡南下二牌，有碑廓社10个村、司庄社9个村、袁家庄社8个村、和庄社7个村、土山社8个村。1912年始设碑廓区，原有乡、社仍然保存。1931年，与安东卫合并为日照县第四区。1940年9月，日照县抗日民主政府设为八区。1942年9月设碑廓区。1945年1月划归芦山县，同年10月划归日照县。1947年7月与安东卫合并称圣岚区，1948年2月析出安岚区。1950年5月为日照县第九区。1956年5月为碑廓区，辖潘仁、山西、碑廓、甫田、辛兴、朱曹、石袁、郁峰、丁王、大湖、田林、义和、四合、汾水14个乡。1958年1月撤区并乡，域内有碑廓、朱曹二乡。1958年8月为前进（朱曹）、英雄（碑廓）两个人民公社。1959年2月合并为碑廓人民公社。1963年

1月复设区,下辖辛兴、碑廓、大湖、甫田、潘庄、朱曹6处公社。1971年3月改为碑廓人民公社。1984年又设碑廓区,1985年3月改为碑廓镇。1993年7月,隶属于岚山办事处。2012年春划分5个管理区和2个社区,其中碑廓管理区辖7个行政村,司田管理区辖7个行政村,大湖管理区辖12个行政村(含魏家庄、北张家庄北山2个自然村),甫田管理区辖9个行政村(含吕家庄1个自然村),朱曹管理区辖12个行政村,辛兴社区辖11个行政村(含胡家沟1个自然村),王家庄社区辖6个行政村。

自然资源 境内土壤有轻壤土、潮土、水稻土、风沙土等4个土类,含8个亚类,10个土属30多个土种;矿藏有花岗岩、铁矿石、磷矿石、云母、石英、石棉、河沙等20余种。

农业 碑廓镇是日照市粮食主产区,有耕地6.9万亩,农民人均耕地1.44亩,盛产小麦、玉米、花生、红薯、蔬菜、茶叶等,素有"日照粮仓""绿茶基地""蔬菜之乡"之誉。2012年,粮食作物总播种面积10.03万亩,蔬菜7515亩,茶园8020亩,林果2900余亩,桑园1600亩。

2012年年底,全镇有10家农机服务专业合作社和多家农机大户。有大、中型运输拖拉机120台,大、中型田间耕作拖拉机41台,小麦联合收割机26台,小麦玉米免耕播种机36台(套),玉米联合收获机4台(套),秸秆还田机6台(套),深耕犁10台(套),旋耕机及深松机43台(套),花生收获机1台(套),小型手扶拖拉机6500台及配套机具15036台(套),其他农业机械3000台(套)。农机总动力达到69172千瓦。小麦播、收全部实现机械化;花生、玉米机播、机收达到30%。

林业 2012年年底,全镇林地面积5万余亩,森林覆盖率39%。

水利 全镇有6座水库,总库容505.1万立方米,管道输水灌溉1689亩,喷灌面积3916亩。全镇累计投资1600万元完成98处农田水利和人畜饮水工程建设,自来水普及率达到100%,

畜牧业 以养猪、养鸡、养牛为主,有规模化养殖场8家、环保养猪场10多家,其中9家养猪场被列入生猪标准化改(扩)建项目。玉隆养猪合作社养猪场、唐林田养猪场、佳益养鸡场、善利养鸡场等4家养殖场获得2010年农业部认证的"无公害农产品"和山东省畜牧兽医局颁发的"无公害农产品产地认定证书"。镇畜牧良种场开展猪人工受精和黄牛品种改良;小湖村种鸡孵化场孵化推广2886蛋鸡等高产品种。2012年全镇肉类总产量5549吨,蛋3787吨,奶1736吨。

工商业 碑廓的工业及手工业起源较早,清代中期就有秀文斋印社。20世纪20年代,有碑廓和宋家庄2家石印局,印制小票和广告。民国初年,有河北省交河县铁工在碑廓创办"万铸源"铁炉,生产犁、铧、铁锅、鏊子等,后迁至日照城。新中国成立初期,镇内有铁匠铺、粉坊、油坊、竹编、苇编等作坊上百家。1953年后,兴办了机械厂、砖瓦厂、水泥厂、石灰窑等。1958年开始在甫田庄开采铁矿,2012年甫田庄铁矿仍有开采。

2007年,日照铸福实业有限公司迁至碑廓,占地70.27万平方米,主要有球墨铸铁、铸造生铁以及球墨铸铁管、铸铁管件等产品,用于给水、排水、输气、输油等工程,并销往美国、韩国、伊拉克、澳大利亚、阿联酋、日本等国家和中国台湾地区。

2008年10月,深岚矿业发展有限公司投资2000多万元,在山西头村东开采、加工花岗岩板材,远销日本、韩国等国家。位于西辛村的新兴石材厂,以石材雕刻及石材装饰品加工为主;另有2家石料加工厂生产建筑用石子,年开采量2万立方米,从业人员120余人。

2005年设立碑廓木材加工园区,2008年被国家林业总局和国家质检总局批准为"国家级木材贸易加工示范区""国家级木材检验检疫除害处理区"。至2012年,有10家投资过亿元的木材企业落户园区。园区内木材物流、板材加工、家具制造、木材工艺品加工等产业链初具规模。2012年,全镇有规模以上木材企业22家、中小木材加工企业126家,年进口木材350万立方米,加工木材400万立方米,产品销往省内、河北、河南、山西、四川、新疆等地,年实现产值43.4亿元,吸纳附近20多个村居、5500余名劳动力就业。

1993年,有碑廓、甫田庄、二朱曹3处集贸市场,个体工商户323户;各类企业30家,其中镇办10家,村办10家,联办3家,个体办7家,从业人员 950 人。2012 年，有集贸市场 6 处，蔬菜批发市场 4 处，个体工商户 1210 户，商业网点 2603 个，从业人员 5217 人。

2010 年后，相继成立圣公、国顺、港信等 18 家大型物流企业。2011 年，招引瀚坤能源石油储备项目，注册资本 2 亿元。2012 年，设立石化产业园区，浦盛石油化工项目入住园区。

科教文卫

教育　碑廓早在晚清时期就有香塔书院。民国时期设公立朱曹两等学校，部分村由乡绅出资兴办初级小学。1924 年，士绅王冠三在王家庄创办"冠三小学"，抗日战争时期改为抗日模范子弟小学。1993 年，有镇中心初中和联中 5 所，小学 37 所，教职工 411 人，中小学在校生 6400 人。1994 年 9 月，辛庄子联中合并到镇中心初中，全镇 37 所小学合并为 8 所完全小学、5 处教学点。1995 年 9 月，中心初中更名为碑廓镇第一初级中学；大朱曹、二朱曹、甫田、辛兴 4 所联中合并为碑廓镇第二初级中学。2001 年秋，碑廓一中、二中合并为碑廓镇初级中学。2005 年，初中、中心小学、成教中心、中心幼儿园 5 所学校，集中于镇驻地文化路，形成教育文化一条街。1999 年后，总投资 2747 万元，分别建成中学电教楼、中学餐厅、中学公寓楼、中心幼儿园保教楼、中心小学餐厅和中心小学教学楼。2012 年，全镇共有中学 1 所，小学 7 所，成教中心 1 处，中心幼儿园 1 所，教职工 333 人，中小学在校生 4811 人。

文化广播　有综合文化站 1 处，文化活动室 60 处，电子阅览室 2 处，文化资源共享工程示范点 5 处，农家书屋 21 处，老年门球队 3 支（王家庄老年门球队 2003 年参加全省比赛，获二等奖），庄户剧团 6 支（2006 年，碑廓二村老年剧团参加全市戏曲广场演出，获得一等奖）。2010 年被评为国家级体育工作先进乡镇。

1996 年年底，镇广播电视站建网，2002 年 1 月，全镇实现有线电视"村村通"。2006 年实现 20 户以上的自然村通有线电视，有线用户达 5680 户。2009 ～ 2010 年，完成有线电视"户户通"及有线广播"村村响"，新发展有线电视用户 3500 户，实现有线广播全覆盖。

卫生　1944 年 12 月，日照县抗日民主政府在碑廓牟家祠堂召开全县医药界代表会议，成立"日照县医药界抗日救国联合会"，其后又成立"碑廓区医药界抗日救国会"，田家寨"全生堂""同生堂"和东辛兴"利济堂"等药铺率先合并，建立"碑廓区卫生合作社"，为日照县第一个医药合作社。1947 年合作社并入碑廓供销合作社医药股；1951 年合作社医药股与潘庄卫生所合并成立碑廓卫生院。1969 年年初更名为日照县人民医院碑廓分院，地址在碑廓街里，拥有房屋 30 间，医务人员 10 人，病床 10 张。1972 年迁至碑廓三村。1998 年经山东省卫生厅验收批准为碑廓中心卫生院。2012 年，有门诊楼、病房楼和康复保健中心楼，有床位 35 张，设临床科室 5 个，有职工 39 人，下设 28 个村级卫生室，其中张家岭、大湖为省级标准化卫生室，有在职乡医 87 人。

计划生育　1992 年建成计划生育服务楼，2003 年 3 月取得"计划生育服务机构执业许可证"。2002 年 1 月 1 日，对已婚育龄妇女实行"四术"（放环、取环、结扎、流产）免费。2012 年年末，全镇领取独生子女证 3652 人，人口自然增长率为负 0.5%。

镇村建设　2005 年后，进行文化路、工业园路、S342 省道镇驻地路段绿化、美化。2011 年建成茗仕花园社区一期工程，建成 2 幢 1.5 万平方米沿街商贸楼和 4 幢居住楼。2009 ～ 2012 年，完成农村危房改造 430 户，其中后水沟村整体搬迁 210 户。二朱曹、碑廓三村、碑廓四村、王家庄、郁家村、王家庄东山村、小司官庄等进行旧村改造，集中居住区，建成二层居住楼 138 幢，腾空土地 500 亩。2012 年，全镇建有社区服务中心 2 处（其中王家庄社区为市级社区示范点）。2009 ～ 2012 年，投资 686 万元用于镇驻地和 64 个村村内环境卫生治理，设置 260 多个固定垃圾箱，购置 130 个移动垃圾箱，成立 65 支卫生保洁队，全镇垃圾全部运到岚山区垃圾处理中心集中处理。

交通旅游　1993 年，境内道路总里程 92.1 公里，其中省道 12.3 公里，县道 9.8 公里、乡村道 70 公里为沙土路面。2003 年启动村村通工程，至 2012 年，全镇村村通硬化公路 176 公里。

碑廓历史悠久，文化底蕴深厚。境内有西辛兴村龙山文化遗址和田家寨、和平岭、北张家庄、集后村等汉墓遗址；有香塔寺、圣公庙等名胜古迹。早在2500年前，孔子东游到此，拜7岁小儿项橐为师，留下了一个不耻下问、崇尚学识的历史故事。旧时启蒙读本《三字经》上曾有“昔仲尼，师项橐”的记述。抗日战争时期，镇内是滨海根据地核心区，镇驻地曾是八路军一一五师师部，日照县委、县政府机关驻地，罗荣桓、肖华、谷牧等首长曾在这里工作战斗过。山东军区军事工作会议旧址、罗荣桓旧居等革命遗址仍保存完好，已成为青少年红色教育基地。

自2006年起，每年农历3月3日举办一次圣公山会，为期3天，山会人数达数万人。绣针河绿色长廊及农业科技示范园、万亩茶园等特色高效农业吸引了众多游客前来观光。

社会事业 2012年年末，全镇优抚对象中有军人遗属3人，烈属4人，在乡老复员军人41人，带病回乡人员19人，参加战争的5人，参加核试验的5人，伤残军人33人，子弟兵团12人，义务兵75人，60周岁以上退役士兵325人，年度发放各类优抚对象补助资金共272万元。

全镇有最低生活保障人员2015人，残疾人1506人，孤儿7人，90岁以上老年人152人，2012年发放各类补助资金286万元。

2008年，投资200万元建敬老院1所，占地32.6亩，有房屋114间。2012年年末，敬老院有院民86人，年供养经费20万元。从2009年开始，先后投资70万元改善敬老院基础设施，配有空调、电视、老年门球场、健身室等。

1939～2012年碑廓镇历任领导更迭一览表

表3-4

书记			镇长（区长、主任、乡长）		
姓名	性别	任职时间	姓名	性别	任职时间
王刚（王泽勋）	男	1939年12月至1940年11月	丁凤南	男	1940年12月至1941年3月
刘希涛	男	1940年12月至1941年3月	牟益民（申日新）	男	1941年3月至1942年12月
范玲	男	1941年10月至1943年11月	庞焕	男	1942年12月至1944年12月
唐军	男	1943年12月至1945年2月	苏育义	男	1944年12月至1947年7月
胡为臣	男	1945年2月至1947年7月	王彦积	男	1948年5月至1949年2月
郭健培	男	1948年5月至1949年2月	刘克珍	男	1949年2月至1950年10月
王常贵	男	1949年2月至1952年11月	张玉恩	男	1950年10月至1952年11月
杨克好	男	1952年12月至1953年7月	孙树铭	男	1952年11月任职
李其存	男	1953年7月至1956年春	陈元善	男	1956年5月任职
田智义	男	1956年9月离任	孙方吉	男	—
李其存	男	1957年1月离任	司胜吉	男	1963年1月至1965年9月
王元勤	男	1961年7月任职	尹恒璞	男	1965年9月至1968年11月
武纪三	男	1961年7月至1962年秋	牟家贵（群）	男	1968年12月至1969年11月
李其存	男	1963年1月至1965年8月	周祥忠	男	1969年11月任职
周祥忠	男	1965年8月至1968年11月	丁银昌	男	1975年3月至1978年3月
丁银昌	男	1978年3月离任	庄资诚	男	1978年3月至1982年1月
王厚勤	男	1982年1月任职	王厚勤	男	1982年1月任职

续表 3-4

书记			镇长（区长、主任、乡长）		
姓　名	性别	任职时间	姓　名	性别	任职时间
庄资诚	男	1978年3月至1982年1月	徐茂远	男	—
葛允洪	男	1986年7月离任	王平贵	男	1986年12月离任
王平贵	男	1986年7月至1990年2月	苏德书	男	1986年12月至1987年2月
宋宝堂	男	1990年2月至1993年4月	刘世德	男	1987年3月至1990年2月
祝鹏高	男	1993年4月至1995年4月	刘保贞	男	1990年2月至1993年4月
郭洪林	男	1995年4月至1999年2月	郭洪林	男	1993年4月至1995年4月
卢祥松	男	1999年2月至2003年2月	滕聿学	男	1995年4月至1999年2月
秦玉新	男	2003年2月至2005年4月	刘维华	男	1999年2月至2002年2月
庄光勤	男	2005年4月至2009年3月	张明奎	男	2002年2月至2003年2月
王　哲	男	2009年3月至2013年6月	王圣波	男	2003年2月至2006年12月
郑　伟	男	2013年8月任职	毛怀伟	男	2006年12月至2009年3月
			费秀梅	女	2009年3月至2011年12月
			郑　伟	男	2011年12月至2013年8月
			李小雪	女	2013年8月任职

第五节　黄墩镇

政区概况　黄墩镇地处岚山区西北部，位于北纬 35°24′00″～35°24′00″，东经 119°07′25″～119°07′25″，距区政府驻地 45 公里。北与东港区三庄镇接壤，西部与中楼镇相连，南邻莒南县文疃镇，东靠东港区西湖镇、后村镇。地势东高西低，地形主要为丘陵。辖区东西最大距离 15.9 公里，南北最大距离 15.3 公里，总面积 153 平方公里。境内最高峰北垛山，海拔 515 米；镇内大河旧称浔河，今称黄墩河，总长 25 公里，为全区唯一西流入沭水之河。全镇辖 54 个行政村、75 个自然村、274 个村民小组，总人口 5.6 万人，其中城镇常住人口 5660 人，人口密度为每平方公里 345 人，城镇化率 10.2%。2012 年人均纯收入 9669 元。

建置沿革　明、清时属日照县观兰乡、西乡，有黄墩社、蒲汪社、辛庄社；民国初年始设黄墩区；1931 年与巨峰同属日照县第六区。1940 年 3 月，日照县抗日民主政府成立，为第九区；1945 年 9 月为第十六区；1947 年 6 月，与三庄同属芦山区。新中国成立初期称十六区、黄墩区、黄墩乡；1958 年建立甲子山人民公社；1963 年后，先后改称黄墩区、黄墩公社，辖黄墩、辛庄、葛疃、粮山、草涧、张家沟等 6 个小公社，54 个生产大队。1984 年 6 月设黄墩区，辖黄墩、大辛庄、葛疃、粮山口、孔家沟等 5 个乡。1985 年设立黄墩镇。2004 年 9 月从东港区划归岚山区。

经济概况

农业　2012 年全镇有耕地 7.1 万亩，农民人均 1.4 亩，农业总产值 6.6 亿元。有板栗、有机蔬菜等名优地方农产品。

粮食作物以小麦、玉米、地瓜为主，主要经济作物有花生、黄烟等，蔬菜主要品种有白菜、萝卜、马铃薯、生姜等。2012 年，粮食总产 36761 吨，其中小麦 16103 吨；桑园面积 0.3 万亩；油料作物种植面积 3 万亩；蔬菜种植面积 0.7 万亩，其中马铃薯产出 4640 吨，生姜产出 7200 吨。

畜牧业以生猪、牛、羊、鸡为主，2012 年饲养生猪12.9万头、羊12万只、牛0.3万头、家禽164万羽，上市家禽103万羽。全年生产各种肉类8539吨，畜牧业总产值3.9亿元。

2012 年年底，有林地 7.57 万亩，林木覆盖率 45%。林果种植面积 700 亩，主要品种有苹果、梨、桃，产量 2100 吨，其中苹果产出 1680 吨，梨产出 210 吨。

工业 2012年，有规模以上工业企业1家，工业总产值1.8亿元。

社会事业

文化体育 有皮影戏、农民画等富有地方特色的民间艺术。黄墩皮影戏2007年被公布为第一批省级非物质文化遗产。2012年有文化站1个；聘请10名社会体育指导员；12个村安装有健身器材。

教育 2012年有幼儿园10所，在园幼儿638人，教师63人；小学5所，在校生1543人，教师163人；初中1所，在校生1720人，教师144人。全镇拥有各类科技人才2100人。

医疗卫生 全镇有1所卫生院、32个卫生室，病床25张，固定资产133.87万元；有专业卫生人员45人。

社会保障 全镇农村最低生活保障共1972户、2071人，社区服务中心8个，有董旺庄慈善超市1个。

基础设施

交通运输 镇内有县级公路2条，总长31.4公里，镇级公路64条，总长141.24公里；黄墩客运站直属日照运输总公司。

邮政电信 有邮政网点1个，投递线路283公里，投递点430个，征订报纸4200份、杂志720册；电信企业服务网点46个；电话交换机总容量1.3万门，固定电话用户3000户，移动电话用户2.062万户，互联网端口总数4000个，宽带接入用户1000户。

供电 全镇拥有35千伏变电站1座，主变压器1台，总容量6300兆伏安；高压10千伏配电线路（输电线路）4条，总长度109.11公里，用电负荷9560千瓦。

园林绿化 镇驻地有公园1个，公园面积0.15公顷。园林绿地面积14公顷，其中公共绿地4公顷，绿化覆盖率20%。

1939～2012年黄墩镇历任领导更迭一览表

表3-5

书记			镇长（区长、主任、乡长）		
姓名	性别	任职时间	姓名	性别	任职时间
辛崇燮	男	1939年至1940年8月	徐德三	男	1940年9月至1942年12月
李克锐	男	1940年9月至1940年12月	陈际可	男	1943年4月至1945年2月
刘希涛	男	1942年12月至1943年4月	王以文	男	1945年2月至1945年7月
李建修	男	1943年4月至1943年7月	胡润志	男	1945年7月至1946年7月
范伟君	男	1943年7月至1945年1月	孙鲁民	男	1946年7月至1947年7月
孙正华	男	1945年1月至1946年4月	梁立逊	男	1952年7月至1953年7月
薄廷林	男	1946年4月至1947年7月	刘世东	男	1953年7月至1956年9月
王延朋	男	1950年5月至1954年7月	李仲义	男	1956年9月至1958年1月
夏良柏	男	1954年10月至1977年6月	刘世东	男	1958年1月至1965年8月
孔凡栋	男	1977年12月至1982年7月	陈常培	男	1965年8月至1970年1月
范崇善	男	1982年7月至1987年7月	韩玉庆	男	1970年1月至1971年1月
辛公会	男	1987年7月至1989年5月	夏良柏	男	1971年1月至1977年6月
王运玺	男	1989年5月至1993年4月	孔凡栋	男	1977年12月至1982年2月
张永泰	男	1993年4月至1996年3月	范崇善	男	1982年3月至1984年6月
牟善海	男	1996年3月至2001年4月	王万林	男	1984年6月至1986年7月
庄光勤	男	2001年4月至2005年4月	王运玺	男	1986年7月至1989年5月
张玉新	男	2005年4月至2006年12月	祝鹏高	男	1989年5月至1993年4月

续表 3-5

书记			镇长(区长、主任、乡长)		
姓　名	性别	任职时间	姓　名	性别	任职时间
慕德东	男	2006年12月至2011年6月	牟善海	男	1993年4月至1996年3月
王宗志	男	2011年6月任职	王文军	男	1996年4月至1999年9月
			李家代	男	1999年9月至2002年1月
			迟玉国	男	2002年1月至2005年4月
			战军仁	男	2005年4月至2009年3月
			郑　强	男	2009年3月至2011年6月
			谷翔鹏	男	2011年6月至2011年12月
			王东亮	男	2011年12月任职

第六节　后村镇

政区概况　后村镇位于岚山区北部，距区政府驻地36公里，距日照市区16公里，地跨北纬35°04′～35°23′，东经119°07′～119°23′。北与西湖镇、南湖镇接壤，东连奎山街道办事处，南与巨峰镇、高兴镇相连，西与黄墩镇毗邻，辖区面积126平方公里，镇政府驻小后村。境内地势西高东低、北高南低，西部为山地，中部为丘陵，东部为平原。主要山体有独垛子山、大垛山、双山、焦户山、高记山、白云山、五洞府等。主要河流有后村河、皋陆河、傅疃河、陈家沟河等，其中后村河贯穿境内16公里，注入傅疃河。矿产主要有河沙和花岗岩，其中花岗岩储量约为5000万立方米。

建置沿革　因驻地小后村，以地取名。1932年曾设中共邵疃区委。新中国成立前分属大坡、山河两区，1952年设马庄乡，驻地在后马庄，1958年成立马庄人民公社，后为马庄区，1959年移驻小后村，1981年改称焦山公社，1984年改为小后村乡，1995年4月撤乡建镇，改称后村镇。2012年末，全镇辖61个行政村、115个自然村，设269个村民小组，总人口59890人，其中城镇常住人口1万人，城镇化率26%。

农业　全镇共有耕地5.8万亩，人均1.05亩。粮食作物以小麦、玉米、水稻为主；主要经济作物有花生、大豆等；蔬菜品种有白菜、萝卜等。2012年，粮食产量31410吨，其中水稻2703吨，小麦13977吨；油料作物种植面积2.2万亩；蔬菜种植面积0.7万亩；桑园面积0.13万亩。农业总产值8.26亿元。2012年，有林地面积5.6万亩，林果茶面积3.2万亩，主要品种有苹果、梨、桃、板栗等，另有竹林200亩。森林覆盖率32%。畜牧业以生猪、蛋鸡、羊、牛为主，兼养肉鸡、肉鸭、兔、狐、鸽子、鹌鹑等。2006年成立五洞府乳业公司，奶牛存栏600余头。2012年，建设5家省级标准化生猪养殖场，2家省级标准化蛋鸡养殖场，实现畜牧业总产值4.12亿元。

工业　后村镇工业属城郊型加工制造业。至2012年，初步形成绿茶、服装、食品、机械制造等加工型产业集群，全镇工业总产值达20亿元，有新兴和镇驻地2个工业园区，各类企业主要集中在新兴工业园。2012年有各类经营主体712户，其中企业86家，个体工商户582户，有茶叶、畜牧养殖专业合作社47户，集贸市场6处。注册有维罗娜、春茗、共青绿、彤丰、云翠、日照太极、福园、圣园春等13个商标，其中食用菌1个，茶叶9个、服装加工1个，家具制作1个，面条加工1个。

教育　明清时就较发达。创办于清宣统元年(1909年)的邵疃两等小学堂，在土地革命战争时期，一度是革命活动中心。1928年春，中共日照县委建立后，在邵疃、山字河一带开展党的创建工作，学校更名为曙光小学。该校师生有300多人投身革命，涌现出一批优秀共产党员和革命先驱。2012年，全镇有幼儿园14所，在园幼儿858人，教师51人；小学7所，在校生2430人，教师236人；初中1所，在校生2331人，教师190人。

1932～2012年后村镇历任领导更迭一览表

表3-6

书记			镇长（区长、主任、乡长）		
姓　名	性别	任职时间	姓　名	性别	任职时间
郑世果	男	1932年2月至1932年10月	范干民	男	1940年3月至1941年3月
牟志真	男	1939年5月至1939年7月	许济民	男	1942年8月任职
范伟晋	男	1939年8月至1940年7月	王智民	男	1945年7月至1947年7月
申求典	男	1940年8月至1941年春	薄怀玉	男	1947年9月离职
吴　夔	男	1942年秋至1943年秋	王智民	男	1947年9月至1948年11月
张学义	男	1944年5月至1945年7月	郑全保	男	1948年11月至1949年2月
刘浩臣(孙志瑗)	男	1945年7月至1948年11月	薛连玉	男	1949年2月任职
李其佩	男	1948年11月至1949年5月	徐宣广	男	1952年春离职
刘光荫(兼)	男	1945年5月任职	郑全连	男	—
董玉凯	男	1953年4月离职	赵从聚	男	1962年6月离职
杨克好	男	1953年7月任职	张纪顺	男	1962年6月任职
刘克银	男	1956年2月至1958年1月	张玉恩(兼)	男	—
马承范	男	1958年8月至1961年1月	苗玉彦		1969年11月离任
郑培诚	男	1961年1月至1961年7月	马承范	男	1969年11月任职
马承范	男	1961年7月至1966年5月	杨作田	男	—
杨作田	男	1971年3月至1977年11月	许传贵	男	1977年12月至1982年1月
许传贵	男	1977年12月至1982年1月	惠沛林	男	1982年3月任职
李茂须	男	1982年1月任职	王均平	男	1989年5月离任
安丰彩	男	1986年1月离职	王茂平	男	1989年5月至1990年11月
王丰宽	男	1986年1月至1989年5月	梁作美	男	1990年11月至1993年4月
王均平	男	1989年5月任职	周加胜	男	1993年4月至1994年4月
王茂平	男	1993年3月离职	夏兆明	男	1994年4月至1997年2月
刘加臣	男	1993年3月至1996年3月	李仲玉	男	1997年2月至1999年9月
赵存兴	男	1996年3月至2003年3月	王一冰	女	1999年9月至2001年12月
惠希胜	男	2003年3月至2006年12月	惠希胜	男	2001年12月至2003年3月
王进远	男	2006年12月至2007年11月	王立苍	男	2003年3月至2005年5月
张守健	男	2007年11月至2010年9月	卢振赛	男	2005年5月至2006年6月
王　霞	女	2010年11月任职	刘兴武	男	2006年6月至2006年12月
			王兆状	男	2006年12月至2008年2月
			田海文	男	2008年8月至2011年6月
			柴岚民	男	2011年6月任职

文艺体育　从1995年起，各村在文化大院建活动室、图书室等文化场所，2012年建成镇教育文化中心综合楼1幢，集学术报告、多媒体教学、图书阅览、办公实验、文化活动等于一体，占地面积11573平方米，建筑面积5476平方米。至2012年末，全镇图书室存书量1万余册；有老年人活动室2处，书店3处，文体活动场地43处；有皋陆和山河2个庄户剧团，演职人员48人；社会体育指导员6人。每年定期举办春季运动会、秋季运动会；部分村安装了健身器材，供居民健身锻炼。

社会保障　全镇建有社区服务中心5个。有敬老院1所，2012年收养农村五保老人108人，年供养费28.5万元，分散供养农村五保老人43人，年供养费6.9万元。有17户纳入城镇最低生活保障，1864户、2016人列入农村最低生活保障。

医疗卫生　后村医院前身为1958年设立的马庄公社卫生院。1972年改为日照县医院后村分院，1983年更名为小后村卫生院，1993年5月迁现址，更名为后村医院。先后投资306.25万元，建成1200平方米门诊楼1幢，1544平方米的病房楼1幢；2010年2月，改扩建病房楼1400平方米。至2012年，医院占地7000平方米，建筑面积5500平方米，有专业卫生人员57人。

镇村建设　2006年后，镇驻地利源街、曙光路两侧旧房改造，建成凌云超市、日百超市、贵公超市、移动公司等沿街商业建筑，总建筑面积5万多平方米，重建镇驻地人行道、绿化带铺设彩色人行道板；新建曙光路、向阳路两侧绿化带；硬化改造向阳路、振兴路、曙光路，维修改造排水管道1000多米；新建派出所办公楼、地税纳税服务楼、邮政局办公楼；2012年底，占地面积2.22万平方米的宏伟社区一期住宅楼建成；投资600万元建设中心幼儿园教学楼；开发建设七大流域万亩茶园，建成幸福岭流域茶叶鲜叶交易市场和茶文化长廊。

2012年5月，购买400个垃圾筒配备到示范村，各村配保洁员负责定点收集，使农村垃圾得到有效处理。是年6月，投资480余万元，硬化村内街道1.8万平方米，铺设道板6000平方米，绿化各村村内道路和公共场所，安装路灯203盏，栽植苗木29万棵，新建广场4处，建成街头小游园3处。

2005年被省政府评选为“山东省小城镇建设示范镇”，2006年被命名为省级“环境优美乡镇”。

交通　1995年镇内有S222省道5.5公里，县道日夏线20.1公里，后涛线3.1公里。2003年起，硬化乡道27.18公里、村道103.06公里。2008年实现村村通硬化路。

曙光小学党史教育陈列馆　位于后村镇小邵疃村。1932年9月，中共日照县委在曙光小学和西山子河郑李氏炮楼召开第二次党员代表大会，各地党代表汇报了党组织的发展和农运情况，讨论日照武装暴动、成立工农红军、建立苏维埃红色政权、创建革命根据地等活动的行动纲领和计划。1932年10月13日，爆发了震惊全国的日照暴动。16日晚，南路暴动队五六百人在曙光小学宿营，并进行整编，誓师再战，25日暴动失败。

1979年日照县公布曙光小学为首批革命纪念地。2006年，市委党史研究室在此建立“曙光小学党史教育陈列馆”，占地面积690平方米，其中建筑面积120多平方米，总投资18万元。中共中央文献研究室原主任逄先知为该馆题写馆名，中共中央组织部原副部长王照华、航天工业部原副部长王振乾、北京军区纪委原书记叶金刚等10位曾在日照工作战斗过的老领导、老同志应邀为该馆题词。馆外立郑天九塑像、纪念碑各1座，馆内展出图片和实物100余件，从不同方面反映了曙光小学的革命发展历程。

第七节　高兴镇

政区概况　高兴镇位于岚山区东北部，东与日照开发区毗邻、南与日照国际海洋城临界，西与巨峰镇相连，北与后村镇接壤。距岚山区政府驻地40公里，总面积64.4平方公里。地势北高南低，北部为山区，东北、西北属丘陵地带，其余为平原。境内有白云山、杨家山、六合北山，其中白云山海拔235米，为境内最高山。主要河流有川子河、夏陆沟河，均属季节性间歇河，其中川子河最长，境内全长7公里，向东南经东港区涛雒镇入海。青(墩)赵(家)公路、涛(雒)马(庄)公路自镇驻地纵横经过，兖石铁路横贯东西，沈(阳)海(口)(原同三)高速公路纵穿南北。2012年，全镇共有46个行政村，1.1万户，3.5万人。农民人均纯收入9396元。

建置沿革 明朝万历年间为日照县进贤乡高兴里；清乾隆年间为南乡高兴社。1931～1940年名高兴乡；1941年5月为高兴区；1947年6月为望海区。1950年6月为高兴乡；1958年8月至1984年3月为高兴公社；1984年4月为高兴区；1985年3月为日照市高兴乡；1992年为东港区高兴乡；1995年3月撤乡设镇。2001年9月，原棘子园村、王家岭村、北家沟村、榛子崖村、北台子、河北崖村等6个村合并为六合村。2004年9月，高兴镇划归岚山区。

自然资源 全镇耕地面积4.69万亩，以酸性棕壤土为主，厚度25～30厘米。基岩为岩浆岩和片麻岩。

农业 境内主要粮油作物有小麦、水稻、玉米、花生、大豆等；主要经济作物有茶、桑、苹果、桃、杏、樱桃等。

2012年，全镇有林地面积5.25万亩，其中茶园1万亩，桑园5000亩，年产干茶60万公斤、鲜茧50万公斤，果园5000亩，花木苗圃2000亩，形成“北茶南桑周边果”格局。全镇林木覆盖率56%。

全镇有小(一)型水库1座，小(二)型水库7座，塘坝52座，总库容204.2万立方米；扬水站25座，大口井50眼，机电井24眼，电灌站1座，联片供水工程2处。

工业 1958年，从大芳沟村、王家楼子、炕头等村抽调部分铁匠、木匠为技术骨干，在北范家村成立铁木业社，以修理、改造农具为主，县里配给涡砣机一台。当时曾对独轮木车进行改进，由木耳、木轴改为钢制轴承，时称“木车割头”，使独轮车推起来更省力。铁木业社还开设造纸、酿酒、淀粉加工等工副业。1961年，扩建成立高兴机械厂，占地2万余平方米，有发电机、空气锤、钻床、车床、旋床、电焊机等设备。1973年改称为日照齿轮厂，以造8.83千瓦拖拉机变速箱齿轮为主，兼造小麦三行播种机。1991年，改制后称日照福民收割机有限公司，独立生产的小麦联合收割机、水稻联合收割机、花生收获机系列产品，销售全国十几个省市。2004年9月，研制的带分体式清选装置的小型联合收割机、带割抬升降结构的小型联合收割机被国家知识产权局授予实用新型专利；2010年，生产的带分体式行走装置的农用多用收获机、可调节犁式农用多用收获装置，被国家知识产权局授予实用新型专利权。

1958年，成立高兴窑业社，地址在大尧王城村，以烧砖瓦为主，1975年改为橡胶厂，1986年迁日照城，改称为尼龙线制品厂。1958年，成立高兴运输队，以马车、驴车、人拉车、推车为运输工具，为“大炼钢铁”运送木炭和为县联社运送日用杂货。1978年，以此为基础成立拖拉机站。

2012年，全镇有五金加工企业30余家(其中规模以上工业企业8家)及30多个个体加工点，为日照市最大的五金加工基地。投资1亿元的森博农用工业园、生物有机肥、生物重油等3个项目正在兴建中。

全镇有从事煤炭流通业户近百家，从业人员1500余人，是日照市最大的民用煤炭集散地，市场覆盖日照、青岛、连云港等地。

科教文卫

教育 1912年，南范家村乡绅丁立殿在丁氏祠堂创办高兴乡高等小学，县署将高兴庙、白云寺、望海寺及菩萨庙的庙产作为公益办学资金，学生8岁入学，分甲乙丙三级考试。1937年“七七事变”发生后，学校组织发传单、贴标语、街头集市游行演说，宣传抗日，1938年停办。1937年，毕家村办抗日联合小学。

1957年夏成立红专学校，后改为农业中学。1958年春，日照第八中学成立后，农业中学停办。日照第八中学校址在南范家村，即今高兴镇政府所在地，占地4万余平方米。1958年8月招收初中2个班108名学生。1968年10月增招1个高中班，学制2年。1980年停办，恢复初级中学。1986年，学校迁至西牟家村，与范家村联中合并为高兴中学。1994年，全镇设置初级中学2所，中心小学1所，完全小学6所，简易小学4所，中心幼儿园1所，成教中心1处，共有教职工328人，在校学生4690人。2006年8月，镇一中、二中合并为高兴镇初级中学。2007～2008年，投资1100万元，在高兴中学分别建设了3342平方米和3100平方米2幢教学楼。2008年、2009年先后撤销厉家湖小学和大芳沟小学，并入中心小学。2010年，毕家村、向阳小学合并为高兴镇兴业小学，新建教学楼1座。2011年11月，镇政府投资600万元，建设了4800平方米的高兴中学实验楼。至2012年年底，全镇共有中学1所，中心小学1处，完全小学3所，中心幼儿园1年，成教中心1所，在编教职工258人，在校中小学生2860人，在园幼儿640人。

文化　镇域内文化底蕴丰厚，历史悠久，民间风俗、民间传统技艺渊源流长，镇驻地南3公里处有国家级重点文物保护单位尧王城文化遗址。1972年设文化站。1982年建镇影剧院（2000年废弃）。2009年，在原成教中心位置建综合文化站，建筑面积480平方米，有电子阅览室、台球室、乒乓球室、健身房、管理室及多功能活动厅等；室外文化广场1万平方米，设有露天舞台、LED电子屏、乒乓球场，每年夏季，在文化广场举办歌手大奖赛、舞台才艺赛及庄户剧团汇演等文艺演出。

2012年，全镇有文化大院46个，农家书屋19个，藏书2万余册。组建庄户剧团5支，每年演出300余场。镇音乐协会有会员66人。招聘文化义工32人。镇非物质文化遗产项目《飞狮夺球》于2007年获首届山东省农村文化艺术节铜奖，2010年、2012年先后代表日照市参加中国首届及第二届非物质文化遗产博览会。

卫生　清光绪二十六年（1900年），南范家村陈茂喜成立济生堂药铺，主要进行药品批发、零售和中医诊疗，后规模扩大，建有药房、诊室，能自制药品。1944年秋，日本侵略军火烧药铺，为避难，药铺分迁至马庄和訾家店。1958年，归供销合作社药部，后与訾家店联合诊所组建高兴卫生院，设在南范家村街里5间草房，有职工12人。1976年卫生院迁现址。至2012年年底，有门诊楼面积1090平方米，病房楼面积1280平方米，开放床位30张，医师12人，护士10人，下设20个村卫生室、7个村级大药房，有乡村医生72人。

2011年，全镇人口自然增长率为－0.39‰，首次出现人口负增长。2012年，人口自然增长率为0.48‰。

社会保障　新中国成立初期，对鳏寡孤独、缺乏劳动力、生活没有依靠的家庭，在生产、生活上给以适当安排、照顾，使他们能够参加力所能及的劳动，做到保吃、保穿、保烧（燃料）、保教（少年儿童）、保葬，称为“五保”，只管定吃、定穿、定烧的困难成员叫“三定”。1992年12月，在北范家村建镇级敬老院1所，2007年7月迁至潘家洼村西，有房屋87间，占地面积8471平方米。2008年年底，该院被评为山东省一级敬老院。2012年，供养五保老人65人，全镇五保集中供养率75%，有1300多人享受农村最低生活保障。

村镇建设　2000年，镇政府会同东港区规划设计院完成镇驻地建设总体规划，2003年编制村庄规划。至2012年年底，建成沿街商住楼221幢，建成金海花园社区16幢居民楼，新建兴业文化广场1万平方米、标准化幼儿园1600平方米、办公服务楼660平方米。驻地新增路灯200盏，新建35千伏变电站1处。

自2006年起，全面启动村村通硬化路工程，至2012年年底，全镇46个行政村共投资3200万元，硬化道路102.2公里；投资10万元，安装路灯1442盏；投资20万元，栽植道路绿化树31212株。投资50万元在各村安装治安监控设备，设立村居警务室7所。投资87万元建立村文化大院，配备露天健身设备。46个行政村全部实行集中供水，有线电视及宽带网实现全覆盖。

交通邮电　1967年，横穿镇内的青（墩）赵（家）公路通车，1968年，纵贯镇域的涛（雒）马（庄）路建成，均为沙土路面。1998年青赵公路铺设沥青路面。2006年涛马路硬化水泥路面，2011年改为沥青路面。

2012年，全镇有固定电话5260部，宽带用户1032户，移动电话1.2万余部。

1942～2012年高兴镇历任领导更迭一览表

表3-7

书　记			镇长（区长、主任、乡长）		
姓　名	性别	任职时间	姓　名	性别	任职时间
丁　波	男	1942年8月至1943年3月	牟益民	男	1942年12月至1943年
李冬岩（代）	男	1943年6月至1944年5月	范丰吉	男	1943年3月任职
丁　波	男	—	范立光	男	1946年3月离任
王安友（代）	男	1946年10月至1947年7月	崔怀玉	男	1946年8月至1947年7月
孙志瑗	男	1948年11月离任	徐宣广	男	—
李其佩	男	1948年11月至1949年5月	马承范	男	1950年6月至1951年9月
刘光荫（兼）	男	1949年5月任职	徐宣广	男	1952年11月至1953年3月
郑培诚	男	1950年5月至1951年9月	郑全连	男	—
徐学志	男	1951年9月至1952年11月	马英德	男	—
徐学志（兼）	男	1953年7月至1953年10月	范西敬	男	1960年12月离任
田智义	男	1953年10月至1955年7月	郑全连	男	1960年12月任职
刘克银	男	1956年至1959年	马英德	男	1965年6月离任
袁肇仲	男	1959年至1965年8月	李志一	男	1965年8月任职
邢立庚	男	1965年8月至1971年	吕守梓	男	1968年12月离任
吕守梓	男	1971年至1975年6月	吕守梓	男	1969年10月至1975年6月
庄资诚	男	1975年6月至1978年3月	庄资诚	男	1975年6月至1978年3月
丁银昌	男	1978年3月至1982年6月	丁银昌	男	1978年3月至1981年12月
相玉卿	男	1982年6月至1984年6月	戴召云	男	1982年3月至1984年4月
任广东	男	1984年6月至1990年2月	王均平	男	1984年6月至1985年6月
辛崇利	男	1990年2月至1993年1月	尹玉世	男	1985年6月至1989年5月
李建忠	男	1993年4月至1994年12月	李建忠	男	1989年5月至1993年4月
丁立宁	男	1995年4月至1998年12月	丁立宁	男	1993年5月至1995年4月
李同春	男	1998年12月至2003年3月	孔繁明	男	1995年5月至1997年2月
范文青	男	2003年3月至2006年12月	安玉学	男	1997年2月至1999年9月
范彩英	女	2006年12月至2008年8月	白宗春	男	1999年9月至2003年3月
王　哲	男	2008年8月至2009年3月	安　平	男	2003年3月至2004年7月
毛怀伟	男	2009年3月至2011年2月	张守健	男	2005年5月至2007年10月
郑　强	男	2011年12月任职	贺照录	男	2007年10月至2010年10月
			丁明松	男	2010年10月任职

第八节 巨峰镇

政区概况 巨峰镇位于岚山区中心位置，东与涛雒镇、高兴镇相连，北与后村镇相连，西与临沂市临港经济开发区朱芦镇搭界，南与虎山镇、碑廓镇相邻。地势西高东低，平原占30%，南北两翼为山区丘陵。境内主要山脉有圣公山、韩家山、幽尔崮、磴山、南北山，其中南北山呈南北走向，海拔387.8米。主要河流有巨峰河，纵贯南北，境内流程12.5公里。全镇总面积165平方公里，耕地面积10.6万亩，共有90个行政村，25670户，总人口7.8万人，2012年农民人均纯收入11474元。

建置沿革 巨峰为隋代殷姓族人建村，取名殷家村，明洪武四年(1371年)，以其三面环山、群峰壁立，改名为巨峰。嘉靖十三年(1534年)，青州兵备道康天爵为杜绝盐商贩私，在此设立营寨，置兵镇守，名“巨峰寨”。清末改称巨峰社。民国元年(1912年)改称巨峰区，1958年改称巨峰公社，1985年3月改称巨峰镇。2000年12月，大坡乡合并到巨峰镇。2004年9月，由东港区划归岚山区。

自然资源 境内土层多黏土和亚黏土，属黄棕壤土，含有丰富的有机质和微量元素，适合种植绿茶。矿产资源有大量的流纹花岗石及细晶花岗石，主要分布在磴山、幽尔崮等山地。甲子山东侧为饰面花岗岩。

农业 主要粮食作物有小麦、水稻、玉米、地瓜、花生、大豆等。2012年，全镇粮食播种面积11.23万亩，总产54704余吨；蔬菜播种面积9299亩，总产40615吨；花生播种面积2.76万亩，总产10109吨。

境内有中型水库1座，小(一)型水库1座，小(二)型水库9座，总库容1970万立方米，有效灌溉面积4.59万亩；有联片供水工程2处，覆盖50多个村及企事业单位。2011年新建土山河水厂1座，日供水能力2400立方米，供水村庄27个，管网延伸村庄17个。2012年完成巨峰河河道治理项目。

畜牧业以猪、麻鸡、蛋鸡、牛、羊为主。2012年全镇生猪存栏8.59万头、鸡存栏169.2万只、肉牛存栏815头、羊存栏2.623万只，新建华兴肉牛养殖场1处、费家官庄标准化肉鸡场1处、绿色环保养猪场9处、标准化养猪小区4处，畜牧业收入1.89亿元，畜牧业总产值占农业总产值的27%。

2012年，全镇有林地10.28万亩，其中果园2320亩，以苹果、梨为主，总产9052吨；板栗1000亩。林木覆盖率39%。

2008年起，连续4年平均每年新增茶园5000亩，至2012年，全镇茶园达到6.2万亩，年总产4350吨，茶叶收入2.7亿元，有“江北绿茶第一镇”之称。2012年，有桑园1450亩，蚕农总收入600万元。

工业 镇南部制陶业和镇北部柳编业历史悠久，俗称“南制陶、北柳条”。卜落一带制陶业(旧称“烧窑货”)始于18世纪初，有300多年历史，制品有缸、盆、罐、砖瓦等，畅销当地及周边省、县，其中创制的“盒罐”(带盖)，刻有花鸟图案，用来盛米、面等，防潮湿、防虫害、防老鼠。20世纪80年代后，制陶业逐渐消失。尚家庄一带条编业始于18世纪末，采用荆条、果树条，编制粮篓、粪篓、粪筐、果筐、提篮等，畅销当地及周边地区。20世纪60年代后，当地苹果产销量迅速增大，条编业者每年为县果品公司、乡镇收购站提供果品包装篓，尚家庄村一度有98%的农户从事此业，男女老幼均擅长条编手艺，条编劳力月收入七八十元。后由于塑料制品替代，条编业淡出市场。

1970年2月，西赵家庄村创办“九一六”半机械制茶厂；1988年，在镇驻地建立日照市橡胶厂。

1980年，以贾家桃园传统制革技术为基础，创办皮革厂，后迁日照城，改为日照县皮革厂。1985年，建立巨峰工具厂(由1953年创办的铁木业社扩建而成)，1990年改制为日照丰华工具有限公司，生产的“管子钳”“脚手架”，出口10多个国家和地区。

2012年，全镇有企业276家，从业人员7899人，企业总资产11.3357亿元，产值47.979亿元，利税2.2099亿元。其中年产值2000万元以上规模企业18家。工业门类主要有机械制造、橡胶制品、茶叶加工、工艺品加工、机电产品、化工产品制造、建材生产、仓储物流、餐饮商贸服务。

2001年，全镇有个体工商户132户，2005年有769户，2012年有2363户。

科教文卫 1994年，有初级中学3所，中心小学1所，完全小学7所，公办幼儿园2所，校办幼儿园3所，村办幼儿园23所；中小学在校生6241人，其中初中3029人，小学3212人；公办幼儿园在园幼儿704人；中、小学教职工522人。2001年，大坡乡合并至巨峰镇，全镇有初级中学5所，中心小学1所，完全小学15所，简易小学3所，在校学生9624人；有中心幼儿园1所，校办幼儿园3所，村办幼儿园50所，在园幼儿1500人；有公办教师663人。

2006年，全镇5所初中合并为3所，原巨峰镇中心初中合并至巨峰二中、巨峰三中，大坡一中、大坡二中合并为大坡初级中学。2007年，投资1000多万元在原巨峰中心初中校址，建设新的巨峰镇中心小学。2008年，撤销尚家庄小学、西赵庄小学、青墩小学，将3所完全小学合并至巨峰中心小学。2008～2012年，对部分村办、个体办幼儿园合班并园整合，相继合并撤销15所幼儿园。

镇计划生育服务站始建于1984年。2003年，投资130万元，新建一座1130平方米综合服务楼，配备B超、血液分析仪、尿液分析仪、电子显微镜、离心机、电热恒温水浴箱等医疗器械，为全镇1.5万名已婚育龄妇女免费进行健康查体、生殖保健知识健康咨询、药具发放、计划生育手术等服务。1986年获“全国计划生育先进集体”荣誉称号；同年，被国家计生委授予“全国人口与计划生育科技工作先进集体”荣誉称号。2012年，全镇共出生662人，人口出生率为8.6‰，自然增长率为1.55‰。

巨峰中心卫生院始建于20世纪50年代，前身为巨峰供销社药股，1958年成立巨峰卫生院。1970年，医院一分为二，于巨峰卫生院以西6.5公里建立大坡乡卫生院。80年代初期，巨峰卫生院更名为日照县巨峰分院，之后又更名为巨峰中心卫生院。2003年11月，巨峰中心卫生院与大坡卫生院合并，成立东港区第二人民医院。2004年9月更名为岚山区巨峰中心卫生院。2012年，医院占地面积2万平方米，建筑面积4700平方米，固定资产1090万元，有开放床位60张，医护人员91人。下设村卫生室46个，乡医136人。

2004年，全镇有敬老院2所，集中供养64人。2005年2所敬老院合并，2006年8月迁新址。2012年，敬老院集中供养159人，五保老人集中供养率超过70%。全镇共办理农村最低生活保障对象2800多人。

镇村建设 2005年，镇政府委托山东省建设规划设计院编制巨峰镇总体规划，规划区控制面积38平方公里，2005年12月25日通过省专家委员会评审，2006年1月25日报区政府批准实施。2010年进行驻地沿街商居楼开发，在沿青赵路厉家庄段、S222省道刘家庄段开发建设，累计建设面积1万余平方米；投资2000余万元，启动镇中心小区社区建设项目，由驻地5个村和新世界房产公司共建，社区规划总用地面积19555平方米，总建筑面积22081.25平方米，一期工程占地面积13081.7平方米，建筑面积16745平方米，建设沿街商住楼12套，住宅楼8幢180套。同年，投资120万元，硬化金栈路路面1.2万余平方米，安装路灯100盏，栽植绿化苗木2000余棵。巨峰镇先后被授予省级“文明镇”、省级“村镇建设新型乡镇”“国家级生态乡镇”和国家级“农业旅游示范镇”等称号。

2012年，投资40万元，委托日照港工程设计咨询有限公司编制镇驻地控制性详细规划，规划期限2012～2020年，规划面积1286.68公顷。

交通旅游邮电 巨峰镇地处岚山区域中心，古代有两条盐商大道穿越境内，交通条件便利。东距沈海高速公路入口5公里、北距日东高速公路入口10公里。兖石铁路、山西中南部铁路横穿境内，S222省道、S341省道和青赵线、巨碑线在此交汇。

2003～2008年，完成8条乡道的水泥路面硬化，总长36.948公里，宽3.5～4米。2003～2012年，完成村村通道路水泥路面硬化221.152公里，宽3.5～4米。2012年，全镇有各类营运车辆1320台，开通了巨峰至岚山、日照、赵家、相家峪等13条客运线路，日发班次132个，发送客运量800余人。

2012年，有邮政网点1个，投递线路189公里，投递点730个，年投递国内函件19万件；有电信企业1家，服务网点140个，电话交换机总容量1.6万门，固定电话用户8000户，移动电话用户2.1万户，光缆线路总长150公里，主干电缆200对公里，互联网端口总数4000个。

1972年5月，开通巨峰广播站，有广播喇叭3600余只，全部进村入户。1991年5月，开通巨峰有线广播站。2006年，实施有线电视村村通，有线电视用户1.3万余户。2010年，开通调频台，转播日照广播电台综合频道节目，广播综合覆盖率98%以上。

1932～2012年巨峰镇历任领导更迭一览表

表3-8

书记			镇长（区长、主任、乡长）		
姓　名	性别	任职时间	姓　名	性别	任职时间
李沛卿	男	1932年任职(后叛变)	陈竹如	男	1940年5月至1940年10月
胡润洲	男	1939年5月至1940年5月	古方廷	男	1940年11月至1943年12月
陈竹如	男	1940年5月至1940年7月	丁凤南	男	1944年3月至1945年1月
梁立骧	男	1940年7月至1940年12月	郑世昌	男	1945年1月至1946年4月
李冠一	男	1941年春至1942年10月	袁肇扬	男	1946年4月至1948年10月
叶金刚	男	1943年4月至1943年8月	胡彦臻	男	1949年1月至1949年11月
陈胜(代)	男	1943年8月至1944年7月	任发泉	男	1950年2月至1952年12月
陈　胜	男	1944年7月至1945年春	尹相森	男	1953年1月任职
梁立锡	男	1945年春任职	薛彦芹	男	1955年5月至1956年5月
张传迎	男	1946年4月离任	尹相森	男	1958年7月离任
孙　和	男	1946年4月至1948年3月	杨伦田	男	1958年7月任职
薄自禄	男	1948年3月任职	秦玉明(兼)	男	1960年8月离任
袁肇仲	男	1950年1月至1953年春	牟墩合	男	1960年8月任职
魏绪香	男	1956年2月任职	马立仁(兼)	男	1963年2月至1965年10月
刘棠贤	男	—	安玉巽	男	1965年8月任职
王世林	男	1976年1月离任	刘棠贤	男	1968年3月离任
魏茂贵	男	1976年1月至1977年9月	魏绪香	男	1968年3月任职
杨科田	男	1978年5月至1983年1月	王世林	男	1976年1月离任
单联云	男	1983年2月任职	魏茂贵	男	1976年1月至1977年9月
安茂贵	男	1984年至1986年7月	杨科田	男	1977年10月至1982年3月
梅志强	男	1986年7月至1990年2月	藩怀根	男	1982年3月任职
王仕芝	男	1990年2月至1993年4月	刘世德	男	1987年2月离任
周绪成	男	1993年4月至1996年3月	王仕芝	男	1987年3月至1990年2月
路树贵	男	1996年3月至1999年9月	周绪成	男	1990年2月至1993年4月
王文军	男	1999年9月至2002年6月	王廷俭	男	1993年4月至1994年4月
田文钊	男	2002年6月至2003年3月	路树贵	男	1994年4月至1996年3月
费立志	男	2003年3月至2006年11月	李树会	男	1996年3月至1999年1月
张玉新	男	2006年11月至2007年10月	赵　华	男	1999年1月至1999年9月
刘维华	男	2007年10月至2011年12月	孙　栋	男	1999年9月至2001年3月
田海文	男	2011年12月任职	田文钊	男	2001年3月至2002年6月
			罗振华	男	2002年6月至2006年11月
			王　霞	女	2006年11月至2007年10月
			贺照录	男	2007年10月至2011年12月
			谷翔鹏	男	2011年12月任职

1942～2000年大坡乡历任领导更迭一览表

表 3-9

书记			镇长（区长、主任、乡长）		
姓　名	性别	任职时间	姓　名	性别	任职时间
李尼山（兼）	男	1942年9月至1943年2月	孙春圃	男	1942年8月至1943年3月
孙正华	男	1943年3月至1944年年底	张静寰	男	1944年1月至1945年4月
尹新坡	男	1945年2月至1945年10月	郑世胜	男	1953年1月至1955年秋
孙　和	男	1945年10月任职	薛彦芹	男	—
秦振玉	男	1952年11月至1953年5月	王启佩	男	1978年8月离任
马承范	男	1953年5月任职	周祥山	男	1978年8月至1982年2月
马承范	男	1958年1月至1958年8月	赵祥亮	男	1982年2月任职
王启佩	男	1978年8月离任	周绪义	男	1987年3月离任
周祥山	男	1978年8月至1982年2月	苏德书	男	1987年3月至1990年2月
周庆忠	男	1982年2月至1983年4月	荆建迎	男	1990年2月至1991年3月
张纪乐	男	1984年任职	窦更臣	男	1991年3月至1993年4月
韩敬足	男	1987年3月离任	安茂忠	男	1993年4月至1994年3月
周绪义	男	1987年3月至1990年2月	焦光顺	男	1994年3月至1995年3月
韩玉臣	男	1990年2月至1993年4月	宋来平	男	1995年3月至1999年9月
窦更臣	男	1993年4月至1994年7月	田文钊	男	1999年9月任职
焦光顺	男	1994年12月至1998年12月			
厉保安	男	1998年12月任职			

第九节　中楼镇

政区概况　中楼镇位于岚山区西北65公里处，北纬35°19′47″～35°28′56″、东经118°51′25″～119°03′59″之间，东邻黄墩镇、东港区三庄镇，西与莒县小店镇、寨里河镇接壤，南与莒南县文疃镇、涝坡镇、大店镇搭界，北与莒县龙山镇毗连。全镇共有65个行政村，102个自然村，22698户，60081口人，对空面积135平方公里，其中耕地53733亩。2012年人均纯收入9473元。

建置沿革　远古时为莒部落。商代属古姑幕国。周代属青州莒国。战国时期先后属莒、楚、齐国。自秦代始至晋末属莒县。十六国时属东莞县。南北朝时属东莞郡莒县。北齐至元末，仍属莒县。明代属莒州沭阴乡境。明末至清代属莒州柳沟牌。民国时期属莒县二区。1940年3月31日属莒县抗日民主政府二区。1941年1月1日属莒中县，1945年10月属莒县。新中国成立后，属滨海行政专员公署莒县。1950年5月属沂水专署莒县。1953年8月属临沂专署莒县。1993年1月17日属日照市莒县。1993年4月，孙由乡与中楼乡合并为中楼镇。2012年7月划归岚山区。

自然环境　中楼镇属鲁东南丘陵地貌，境内马鬐山海拔662.2米，为岚山区第一高峰。域内地层以胶东群火成岩为主，地势东北高西南低，北西南三面环山，东面是丘陵，中间是槽形地带。年降水量800～850毫米，沭河第一大支流浔河纵贯全境，加上叶脉状的支流，构成了丰富的水系，有小(一)型、小(二)型水库14座，塘坝、谷坊、汪塘811座。另有大口井、小口井、山泉638眼，截潜流8处，地上径流水1000多万立方米。总蓄水量1亿立方米。

农业　全镇土地总面积19.72万亩，其中可利用面积14.83万亩，占总面积的75.2%。新中国成立前，主要以农业种植为主，品种多为秃头小麦、高粱、谷子、地瓜、䅟子和小杂粮等，产量低而不稳。新中国成立后，全镇垒地堰10多万米，深翻整平土地5万亩，封山造林7.1万亩，对浔河及其支流进行了不间断治理。2012年，全镇有农业机械近万部，农村有95%以上家庭拥有农机具，耕种、运输、排灌、收打基本实现机械化。畜牧业主要以肉牛、生猪、肉鸡、蛋鸡、羊养殖为主，养殖方式由传统家庭零星养殖，转向规模化、工厂化养殖。经济作物主要有花生、黄烟、桑茧、果品、瓜菜、药材等。2012年种植小麦34427亩、玉米32923亩、地瓜2796亩、黄烟1450亩、桑园1300亩、果园4236亩、瓜菜2237亩；全镇肉牛出栏2600头、生猪出栏75799头、羊16375只、肉食鸡出棚570万只、蛋鸡育成鸡450万只；拥有国家级淡水养殖水面700亩，省级淡水养殖水面1500亩。

工业　20世纪70年代后期，境内橡胶塑料产品生产、加工业开始起步。2004年5月，莒县橡胶工业园建于镇西南马鬐山下，占地600亩。经30多年发展，全镇已形成马亓河东、马亓河西、上涧、鸡山沟、马亓河、邱家庄、山口、葡萄山、葡萄山前等9个橡塑生产加工专业村，并辐射周边32个村，年产值过亿元的村4个、5000万元以上的村5个。2012年全镇有私营企业138家，其中当年新增企业13家，自主出口企业2家，橡塑加工业户发展到2045户，从业人员达2万人。相关配套企业及服务业户1907家，产品销往全国20多个省、市、自治区，部分产品出口美国、东南亚、中东、西欧等数十个国家和地区。实现产值13.6亿元，销售收入13.1亿元，利税1.3亿元，其中太阳能橡塑配件份额占全国的60%以上。

1990年后，建材业成为镇内又一主导产业。2004年春，依托境内峪子一带蕴藏丰富的花岗岩石，建成莒县石材加工工业园，至2012年年底已有数十厂家入园，年产值4亿元。崔家峪村与蒙阴新华石材厂联合开发的沂蒙红大理石板，出口新加坡、沙特、澳大利亚等十多个国家。香港经贸大厦、北京恒基中心等都选用中楼产出的石板材。

科教文卫

教育　新中国成立前，镇内仅有少数富裕人家办私塾供子女读书，农家子弟无缘教育，直至1943年，才有西楼抗日小学。新中国成立初期，政府采取大办夜校和青年“识字班”的形式，大力扫除文盲，先后建立了中楼、西楼等8所小学。1958年8月建成中楼初中，1984年建成孙由初中。此后，对全镇校舍进行“三改造”，彻底告别了黑屋子、土台子、危房子和无院墙的路街房。1993年后，全镇共投资近千万元，建起了拥有3幢教学楼、1幢实验办公楼的中心初中和第二中学。

2012年，全镇有幼儿园45个班，入园983人，小学在校生4220人，中学在校生1505人。

文化　各村建立了文化大院，设立各项文化设施，村村建有图书室。2011年投资200多万元，兴建镇文体中心和“马亓春秋”文化展览馆。2012年2月22日，日照市文化下乡一行80多人首选中楼镇，在文化广场举行了有3000多人参加的大型文艺演出，并赠送20万元的文化体育活动用品。

卫生　新中国成立前，中楼人有病请不起郎中，只能上山采集中药，用土方土法治疗。1952年，莒县县政府拨款200万元（旧币）成立公办卫生所。1970年，县卫生局投资5万元在中楼村西征地3533平方米，建门诊房一排17间，建病房及手术室一排13间，伙房5间，办公室5间，职工宿舍10间，设病床25张，新增部分医疗器械。1972年，改称莒县人民医院中楼分院。2007年，投资120万元建门诊楼一座，添置了医疗设备。2012年，镇内农民全部实行新型合作医疗。

城镇建设　20世纪80年代初，对镇驻地中楼村进行最初规划，搬迁63户，拆除旧房315间，开通东西大街900多米，宽38米。1984年，镇驻地进行了路面沥青硬化，街两边先后建起农村信用社、食品站2座办公大楼。次年，供销社在街中心北侧建1座三层百货大楼。1995年春，规划、建设了镇驻地十里商业长街，从孟家屋子村东至大陈家军子村拓宽至38米，两边全部规划商品房。1997年，聘请山东省乡镇规划建设设计院，对镇驻地重新规划南北大街11条，东西大街11条；镇东是商业贸易区，镇西日东公路北是文化区，路南是新的工业区；建成了融商、住于一体的楼群，主要街道全部绿化美化，环境卫生由临街业户分段负责，4名养护清洁工专业管理。2000年，在镇西建成文化体育活动中心及文化广场和街头公园，内竖一巨型凤凰雕塑。

1985年，在镇西征地6亩，新建敬老院1所。1994年迁至原孙由乡党政机关办公处。

交通邮政

交通 中楼镇有古道6条，其中东西线3条：莒县至岚山头线中楼段、大店至东海线（通石臼、涛雒、岚山）中楼段、莒县兰官庄至日照中楼段；南北线3条：莒南至五莲线中楼段、莒南至莒州线中楼段、古进贡路中楼段。新中国成立后至2012年，境内共建有县道3条：日（照）东（莞）公路中楼段、中（楼）双（莒南县双山）公路中楼段、夏（庄）大（石头）公路中楼段。自2003年起，中楼镇全面实施村村通硬化公路工程。全镇65个行政村全部通硬化路，硬化总里程达230多公里。

邮电 1911年设立莒县邮政局，县内每四五个乡设一“中心邮局”，中楼属石井中心邮局。1920年秋，设乡村环行班，由石井中心邮政所每隔5日派邮差来中楼投递，徒步在各村环绕一周。1942年8月，莒中县设战时邮局，邮件靠人工背负辗转送达。1952年莒县六区（中楼）邮件、信函、报纸由石井邮政营业所邮递员投递，邮递员天黑时行至哪个村，就在该村住下。1956年8月，设立中楼邮政代办所，租民房3间，设营业室、话务室。后称邮电所，1958年称邮政局。境内设东北、西北、西南、正南4条乡村邮路，共计158公里。1959年改称胜利人民公社邮电局，11月，中楼局邮件改由临沂直转，从莒南直接经中楼去日照，增加零售报纸、杂志业务；是年年底，邮电局迁中楼公社大院，有房5间，职工6人，为二等邮政所。1971年，莒县邮电局开通以两轮摩托车为主的邮路。1973年复称邮电支局。1978年开办邮寄台湾信件业务。1998年9月7日，邮政电信分家，各自挂牌营业。1999年后，邮政支局开展生产、生活资料配送业务，下设代办点106处，为农民配送农药、化肥、饲料、种子、牛奶、专用酒等。

1938～2013年中楼镇历任领导更迭一览表

表3-10

书记			镇长（区长、主任、乡长）		
姓　名	性别	任职时间	姓　名	性别	任职时间
蔡惠民	男	1938年9月至1940年2月	柳贯一	男	1940年4月至1940年12月
李陆逵	男	1940年2月至1940年7月牺牲	王保贵	男	1941年1月至1941年4月
刘瑞甫（王济才）	男	1940年9月至1940年12月	李耀庭	男	1941年4月至1941年9月
严维敖	男	1941年1月至1941年3月	盛福凯	男	1941年9月至1942年4月
石以德	男	1941年4月至1941年9月	张富志	男	1942年4月至1942年8月
翟佃满	男	1941年10月至1942年10月（副书记主持工作）	来启东	男	1942年8月至1944年4月
于福孝	男	1942年10月至1943年11月	马玉亭	男	1944年5月至1945年10月（副区长主持工作）
何乐三	男	1943年11月至1944年8月（代理） 1944年8月至1945年1月 1945年8月至1945年9月	王辑五	男	1945年10月至1948年3月
			鲁从乾	男	1948年3月至1948年9月
王景峰	男	1945年1月至1945年8月（代理）	李中秀	男	1949年1月至1950年5月
何乐三	男	1945年10月至1947年6月	尹世平	男	1951年10月至1952年10月
卢　堂	男	1947年6月至1949年3月	周笃贞	男	1952年10月至1955年1月
林　足	男	1949年3月至1949年8月（副书记主持工作）	马玉亭	男	1957年3月至1962年12月

续表 3-10

书　记			镇长（区长、主任、乡长）		
姓　名	性别	任职时间	姓　名	性别	任职时间
唐明献	男	1949 年 8 月至 1950 年 5 月（副书记主持工作）	王启高	男	1963 年 1 月至 1964 年 9 月
李中秀	男	1950 年 5 月至 1952 年 10 月	朱文斗	男	1964 年 9 月至 1964 年 12 月
尹世平	男	1952 年 10 月至 1953 年 7 月（副书记主持工作）	严圣君	男	1965 年 7 月至 1966 年 8 月
尹世平		1953 年 7 月至 1964 年 2 月	孙家典	男	1966 年 8 月至 1968 年 4 月
张锡禄	男	1964 年 2 月至 1970 年 2 月	孙家楷	男	1968 年 4 月至 1969 年 12 月
李良元	男	1970 年 2 月至 1971 年 5 月	李良元	男	1969 年 12 月至 1971 年 5 月
孙家典	男	1971年5月至1973年4月（副书记主持工作）	孙家典	男	1971 年 5 月至 1979 年 4 月
		1973 年 4 月至 1979 年 4 月	朱凤利	男	1979 年 4 月至 1981 年 1 月
朱凤利	男	1979 年 4 月至 1984 年 6 月	李成安	男	1981 年 1 月至 1982 年 3 月
马庆良	男	1984 年 6 月至 1987 年 8 月	唐士冕	男	1984 年 6 月至 1986 年 3 月
滕曰彬	男	1987 年 8 月至 1989 年 4 月	滕曰彬	男	1986 年 3 月至 1987 年 8 月
王义田	男	1989 年 4 月至 1992 年 4 月	王义田	男	1988 年 4 月至 1989 年 3 月
赵理民	男	1992 年 4 月至 1993 年 4 月	赵宏图	男	1989 年 10 月至 1992 年 4 月
尉新华	男	1993 年 4 月至 1996 年 2 月	尉新华	男	1992 年 4 月至 1993 年 4 月
董世文	男	1996 年 2 月至 2001 年 2 月	董世文	男	1993 年 4 月至 1996 年 3 月
史安祥	男	2001 年 2 月至 2003 年 8 月	徐宝军	男	1996 年 3 月至 1998 年 12 月
王兴展	男	2003 年 8 月至 2007 年 12 月	史安祥	男	1998 年 12 月至 2001 年 2 月
杨世顺	男	2008 年 1 月至 2013 年 8 月	纪炳金	男	2001 年 2 月至 2003 年 8 月
丰　源	男	2013 年 8 月任职	杨世顺	男	2003 年 8 月至 2008 年 1 月
			丰　源	男	2008 年 1 月至 2013 年 8 月
			赵西法	男	2013 年 8 月任职

1984～1993 年孙由乡历任领导更迭一览表

表 3-11

书　记			乡　长		
姓　名	性别	任职时间	姓　名	性别	任职时间
徐玉村	男	1984 年 6 月至 1986 年 5 月	李传富	男	1984 年 6 月至 1991 年 3 月
商玉密	男	1987 年至 1990 年 5 月	李洪义	男	1991 年 3 月至 1993 年 3 月
李传富	男	1990 年 5 月至 1993 年 4 月			

第十节　前三岛乡

地理概貌　位于岚山区东部，辖王家海屋居、周家庄居、刘家海屋居、秦官庄村和前三岛。总面积 2.064 平方公里，其中三岛面积 0.321 平方公里。驻地在王家海屋居，距区政府驻地 6 公里。2012 年，有 1222 户、4145 口人，主要姓氏有王、刘、周、秦等。经济收入以渔业为主，有 1156 人从事渔业生产，有渔船 237 艘，其中钢质渔轮 110 艘。

前三岛分布在海州湾内，包括平岛、达山岛、车牛山岛及其附属岛礁，因位于日照南部海中而得名。据康熙十二年(1673年)编修的《安东卫志》记载："车牛山前小后大，远望如牛引车状故名。"清乾隆元年(1736年)编修的《山东通志》卷二十海疆志岛屿部分所列84个岛屿，第一个即是曲福岛(平岛古称曲福岛)。1985年4月27日中国地名委员会《对山东省日照县岛、礁地名的批复》中明确："同意对达山岛和车牛山岛的命名，平山岛改定为平岛。"

平岛距岚山港 26.8 海里，达山岛距岚山港 26.4 海里，车牛山岛距岚山港 22.7 海里。三岛中，平岛最大，面积 0.148 平方公里；车牛山岛最高，海拔 66.2 米。海岛均为基岩岛，牛犊岛无土壤、无植被，基岩裸露，其余海岛植被覆盖率较高。岛周水域开阔、水深流急、水质清洁，水文状况良好，刺参资源丰富，海区盛产真鲷、鲈鱼、黑头鱼等名贵鱼种。

建置沿革　据传，明万历二十四年(1596年)，日照县石臼所渔民刘存仁曾在平岛修建关帝庙(1960年济南军区驻岛部队因国防施工拆除)；清光绪年间，日照县涛雒栈子村渔民叶汝朋在平岛建房 16 间作为船屋居住，成为过往商船、捕捞渔船的避风基地；1923 年，岚山黄姓渔民因渔船沉没，在平岛上生活 10 多天，获救后在岛上建土地庙，年年来此祭奠。

1992 年 12 月 19 日，为加强对前三岛周围海洋和岛礁的管理与开发，根据《山东省人民政府关于同意设立日照市前三岛乡的批复》，日照市人民政府从岚山头街道析出刘家海屋、王家海屋、周家庄子、秦官庄 4 个行政村和前三岛，设立前三岛乡，隶属于东港区。1993 年划归岚山办事处管辖。2004 年后隶属于岚山区。

1998 年 6 月组建前三岛乡党委、人民政府，与岚山头街道党委、办事处合署办公。

渔业生产与开发　新中国成立之初，日照县沿海渔村每年有上百只渔船、数百名渔民在前三岛周围海域捕鱼，在岛上设立渔船避风锚地，并在岛上建水泉，种植蔬菜、庄稼等。

1979 年后，为使前三岛开发和保护工作纳入科学管理的轨道，日照县多次组织人员登岛进行潮间带生物、周围海域底质和生物资源调查，制订开发利用规划并组织实施。1979 年秋，在前三岛周围海域投放了大规格海参苗 2 万余头，1983 年秋增殖日本真牡蛎苗种 6500 公斤，1984 年春又放流海参 1 万余头。

1986 年，前三岛被列入山东省计委编制的《山东海岛开发总体规划》。1986 年 8 月至 1987 年 8 月，山东省科委、计委、财政厅和日照市共同投资 25 万元，聘请国家海洋局第一海洋研究所对前三岛进行了为期 1 年的水文、气象、地质、地貌、化学、生物等 6 个专业的综合调查，形成了 13 份专业报告和前三岛开发可行性研究报告。

1987 年临沂地区行署在日照市召开海岛开发建设现场办公会议，1988 年成立"日照市前三岛开发公司"，专司前三岛开发。1997 年，日照市计委根据前三岛开发的新形势和新需要，重新编制了《日照市前三岛综合开发规划》。1988 年，日照市前三岛开发公司投资 400 多万元，购置 2 艘 183.87 千瓦渔轮作为开发前三岛的运输船；在平岛附近海域放养扇贝、贻贝 18 亩，并投放大型人工鱼礁。1991 年 8 月，又在平岛附近海域底播大连湾牡蛎苗种 6509 公斤，栉孔扇贝苗 465 万粒；同年 9 月，又增殖放流真鲷鱼苗 1 万尾。

1991 年，经国家科委批准，前三岛被列入海岛综合开发计划。1995 年，岚山渔民在此开发浅海扇贝、牡蛎、裙带菜等养殖项目 300 余亩，底播增殖鲍鱼 5 万头。1997 年，发展筏式养殖 3300 亩。至 2000 年，岚山在前三岛及其周围海域累计完成投资5200万元，发展浅海养殖1万亩，底播增殖海参100万头。

自2000年始，日照黄海养殖公司（后更名为岚山区前三岛水产开发有限公司）在前三岛海域利用报废渔船，建造人工鱼礁60余处；2005年又承担了日照市前三岛人工鱼礁建设项目，投放大型钢质内河拖驳船13艘，报废渔船16艘，钢筋混凝土构件12.9万立方米，大块石9万立方米，同时在建成的人工鱼礁区内移植各种藻类、放流增殖皱纹盘鲍苗、海参苗等。2009年，岚山区前三岛水产开发有限公司申请山东省"前三岛海洋牧场建设项目"，获得省海洋渔业厅批准。2012年，日照市岚山阳光海水鱼类研究所申请山东省"岚山区海洋牧场建设项目"，获得省海洋渔业厅批准。

第二章　村居　社区

第一节　岚山头街道村居社区

岚山头街道有9个居，3个行政村，2个城市社区。另，前三岛乡4个村居由岚山头街道代管。

圣岚路居　位于街道办事处驻地，原为岚山头一村。建于明洪武年间，称岚山头庄，因位于岚山前得名，20世纪40年代中期析分为四个村，1985年由村改居。总面积900亩。有居民1201户，3258口人，主要姓氏有张、黄、徐、王等。经济收入以海洋捕捞、近海养殖、鱼货加工经营、渔需服务为主。2012年人均收入18900元。

海州路居　位于街道办事处驻地西0.5公里，原为岚山头二村，1985年由村改居。总面积1500亩。有居民1440户，4010口人，主要姓氏有王、徐、刘、张等。经济收入以岚山鲜活水产城、城市服务、海洋捕捞、海水养殖、水产品加工流通等产业为主。2012年人均收入19500元。

岚阳路居　位于街道办事处驻地西1公里，原为岚山头三村，1985年由村改居。总面积795亩。有居民720户，1925口人，主要姓氏有徐、王、张、杨等。经济收入以城市商贸服务业为主。2012年人均收入17890元。

环海路居　位于街道办事处驻地西1.5公里，原为岚山头四村，1985年由村改居。总面积1247亩。有居民1303户，3221口人，主要姓氏有徐、王、苏、李等。经济收入以城市商贸服务业、渔业、养殖业、水产冷藏、加工业、餐饮服务等产业为主。2012年人均收入18700元。

凤阳路社区　位于街道办事处驻地西2公里，原名王家庄子村。明永乐年间，有王姓兄弟二人从河北省迁此建村，故名王家庄子，2002年由村改居，2008年由居改社区。总面积900亩。有居民1857户，5446口人，主要姓氏有王、卢等。经济收入以渔业、养殖业、水产冷藏、加工业、餐饮服务等产业为主。2012年人均收入18500元。

官草汪居　位于街道办事处驻地东1.5公里。明万历年间，有官姓人家在此居住。因村内有盛长杂草的涝水汪，故称"官家草汪"，后演化为"官草汪"，1985年由村改居。总面积1200亩。有居民1069户，3221口人，主要姓氏有宋、张、王等。经济收入以渔业、养殖业、水产冷藏、加工业、餐饮服务等产业为主。2012年人均收入17100元。

佛手湾居　位于街道办事处驻地东北2公里。清康熙年间，甜水河陈姓在此建村，因村北有庙宇，叫佛手庵，故为村名。光绪年间更名佛手湾，1967年更名为海防大队，1979年复名佛手湾，1985年由村改居。总面积300亩。有居民905户，2182口人，主要姓氏有陈、于、王、仲、田等。经济收入以房屋租赁、养殖、渔业捕捞、餐饮服务等产业为主。2012年人均收入18600元。2010年6月，因岚山港建设，全居搬迁至金牛岭社区。

甜水河居　位于街道办事处驻地东北2.5公里。明万历十一年，王姓在此建村，因村中有河味甜，故名甜水河，1985年由村改居。总面积1600亩。有居民1857户，5187口人，主要姓氏有王、刘、陈等。经济收入以房屋租赁、养殖、渔业捕捞、餐饮服务等产业为主。2012年人均收入7900元。

杨家庄子村 位于街道办事处驻地北2.5公里。清康熙年间,杨姓迁居建村,取名杨家庄子。总面积1200亩。有居民548户,1670口人,主要姓氏有杨、苏、秦等。经济收入以房屋租赁、养殖、渔业捕捞、餐饮服务等产业为主。2012年人均收入16600元。

童海路居 位于街道办事处驻地东北3公里。明崇祯年间,童姓迁此建村,故名童家庄子,亦称童家口,1996年由村改居。总面积800亩。有居民1326户,3760口人,主要姓氏有张、王、李等。经济收入以港口、海洋捕捞、海水养殖、水产品加工、商贸流通、房屋场地租赁等产业为主。2012年人均收入19980元。

胡家林村 位于街道办事处驻地东北3公里。明崇祯年间,胡姓迁居此地,因地处山麓,树木茂密,故名胡家林,总面积1038亩。有居民338户,1052口人,主要姓氏有胡、戴、苏、董等。经济收入以港口服务、海洋捕捞、海水养殖、水产品加工、商贸流通、房屋场地租赁等产业为主。2012年人均收入18600元。村西有旧石器时代遗址。

戴家庄子居 位于街道办事处驻地东北2.5公里。清雍正年间,戴姓迁此居住,取名戴家庄子,2002年由村改居。总面积345亩。有居民339户,892口人,姓氏以戴姓为主。经济收入以港口服务、海洋捕捞、海水养殖、水产品加工、商贸流通、房屋租赁等产业为主。2012年人均收入18090元。

大阡里村 位于街道办事处驻地东北2公里。清康熙年间,胡姓迁居看管山林,因村外筑一石墙护林,俗称大阡,故名大阡里,原属胡家林村,1956年分村自治。总面积800亩。有居民381户,1104口人,主要姓氏有胡、张、苏等。经济收入以港口服务、房屋租赁、家庭养殖、鱼货加工、水产捕捞、手工业等产业为主。2012年人均收入17870元。

第二节 安东卫街道村居社区

安东卫街道有10个城市社区,13个居,10个行政村。

安东卫东街社区 明洪武十七年(1384年)为防倭寇设立安东卫,沿为地名,1940年,以古城中心十字大街,析分为东、西、南、北4个村,2001年由村改居,称东街居,2007年由居改社区。总面积800亩。有居民560户,1748口人,主要姓氏有石、李、王、张、苏、徐等。经济收入以海货经营、百货销售、绳网加工等产业为主。2012年人均收入13460元。

安东卫北街社区 位于区政府驻地南侧。1940年从安东卫析出建村,2001年由村改居,称北街居,2007年由居改社区。总面积450亩,其中耕地38亩。有居民839户,2452口人,主要姓氏有王、刘、张、李、杜、周、邵、牟、苏、柴、陈、何等。经济收入以塑料网绳加工购销、商贸流通等产业为主。2012年人均收入17810元。

安东卫北门外社区 位于区政府驻地北侧。因村内旧有苏家祠堂称祠堂村,后因地处安东卫古城北门外得现名,2007年6月由居改社区。总面积1800余亩,其中耕地80亩。有居民810户,2566口人,主要姓氏有王、周、刘、吕、苏、胡、陈、张、徐、杜、车、孙、李、崔、赵、雷、何、魏、邹、吴、卢、石、童等。经济收入以茶叶种植加工、塑料加工、海货加工、机械工程、木材加工等产业为主。2012年人均收入13980元。

安东卫东庄居 位于街道办事处驻地东5公里,万斛路中段东侧。原称东门外,因位于安东卫古城东门外而得名,原有东小庄、东山、岚山孟3个自然村,1961年东山、岚山孟2个自然村析出建村,东小庄单独建村,1982年改称东庄村,2007年6月由村改居。总面积165亩,其中耕地120亩。有居民196户,506口人,主要姓氏有陈、王、常、尹、郑等。经济收入以经商、海产品加工和旅馆餐饮业为主,依托安东卫海货城从事务工为辅。2012年人均收入16000元。

岚山孟居 位于街道办事处驻地东南5.5公里,砚台山一路中段东侧,1962年从安东卫东山村析出建村,2007年由村改居。总面积579亩。有居民117户,286口人,主要姓氏有苏、张、谷、赵、卢、周、马等。主要从事采石爆破、加工养殖。2012年人均收入13000元。

安东卫东山居 位于区政府东侧2公里。原属安东卫东门外村(东小庄、东山、岚山孟为一个行政村),1961年东门外村分为二个行政村,分别是东小庄和东山村(东山与岚山孟合称东山村),1962年析出岚山孟村,2007年由村改居。面积2000亩,其中耕地120亩。有居民378户,930口人,主要姓氏有于、胡、龚、刘、王、徐、车、秦、侯、赵、李、张、杨、冯等。经济收入以采石爆破、务工等行业为主。2012年人均收入12500元。

轿顶山社区　2009年7月2日设立,是岚山区最早的城市化社区。东至阿掖山,西至玉泉一路,南至岚山中路,北至轿顶山路。自西向东包括轿顶山花园一期、轿顶山花园二(三)期、轿顶山小区、紫云阁、竹云山庄、阿掖山花园等6个生活小区以及驻岚山的54个国家省、市、区级行政机关单位。总面积1800亩。共有130幢住宅楼,入住居民2740户,约9500口人。

安东卫南街社区　位于安东二路南侧。1940年设村,2001年12月由村改居,2007年由居改社区。总面积840亩,其中耕地680亩。有居民586户,1898口人,主要姓氏有苏、张、王、李、杨等。域内明朝中期即有海货交易,20世纪90年代建成安东卫海货城,成为江北最大的水产品批发市场。2012年人均收入15800元。

安东卫西街社区　位于观海路以西、安东二路两侧。1940年设村,2001年由村改居,2007年由居改社区。总面积610亩。有居民510户,1516口人,主要姓氏有王、法、胡、苏、庞等。经济收入以商贸流通、水产品加工等产业为主。2012年人均收入14600元。

安东卫南门外居　位于安东卫古城南首。清乾隆年间建村,2001年由村改居。总面积400亩。有居民289户,900余口人,主要姓氏有苏、王、李、张、高、杨、徐等。经济收入以海货贩运、水产品加工等为主。2012年人均收入14739元。

李家庄社区　位于安东卫古城西。清朝乾隆年间李姓迁此居住,故名李家庄子,2001年由村改居,2009年由居改社区。总面积800余亩,其中耕地400亩。有居民528户,1627口人,主要姓氏有李、胡、魏、杨、车等。经济收入以种植、养殖、餐饮服务、商贸流通、建筑等行业为主。2012年人均收入13552元。

荻水社区　位于绣针河入海口处。明洪武年间建村,因村周围水塘多荻草,故名荻水,与江苏省赣榆县隔河相望,2001年由村改居,2009年由居改社区。总面积666亩,其中耕地60亩。有居民520户,1690口人,主要姓氏有王、胡、阎、陈、陆等。经济收入以海水养殖和渔业捕捞为主。2012年人均收入14000元。

砚台西居　位于圣岚路中段南侧,万斛路南端。明永乐年间建村,因东边有山形似砚台,故名砚台西,2007年由村改居。总面积517亩。有居民300户,900口人,主要姓氏有张、王、卢、苏、陈、赵、杨等。经济收入以渔业、经商为主。2012年人均收入15700元。

石家庄居　位于圣岚路中段北侧,万斛路南段以东。始建于明洪武年间,有石姓始居建村,称石家庄,2001年由村改居。总面积320亩,其中耕地90亩。有居民290户,826口人,主要姓氏有石、张、左、何、王等。经济收入以海货加工、商贸流通为主。2012年人均收入14700元。

汾水社区　位于街道办事处驻地。始建于隋朝末年,因村庄在分水岭前,故名分水,后演写为汾水,G204国道、S342省道、S222省道在社区内交汇,2007年由村改社区。总面积1500亩,其中耕地120亩。2012年常住人口1万余人,其中户籍人口2760人。主要姓氏有王、张、杨、林、法、苏等。经济收入以建材、农产品、家具、服装等方面的商业贸易为主。2012年人均收入14800元。

仁家村居　位于G204国道西、绣针河北,沈海高速公路从村西、S342省道从村北经过。明洪武年间任姓迁此居住,称任家村,后演化为仁家村,2007年由村改居。总面积2200亩,其中耕地418亩。有居民388户,1268口人,主要姓氏有苏、李、王、康、董、黄、林、秦、潘、徐、童、邴、高、马、胡、万、杨、刘、魏等。经济收入多靠外出务工。2012年人均收入9800元。

张马庄居　位于沈海高速公路以东。清乾隆年间张姓迁此建村,取名张家庄子,1981年11月,以张、马两姓居多更名为张马庄,2007年由村改居。总面积317亩,其中耕地60亩。有居民160

户，470口人，主要姓氏有张、马、苏、黄、王、李、曹、杨、胡等。经济收入以务工、经商、运输等为主。2012年人均收入15000元。

潘庄一村 位于街道办事处驻地西南。明洪武年间潘姓迁此建村，故名潘庄，1947年析分为两个村，东为潘庄一村。总面积1600亩，其中耕地446亩。有居民420户，1460口人，主要姓氏有孙、董、刘、王、滕、窦、张、周、方、林、陈、韩等。经济收入以农业、养殖业为主。2012年人均收入14600元。

潘庄二村 1947年从潘庄析出，西为潘庄二村。总面积1200亩，其中耕地400亩。有居民480户，1380口人，主要姓氏有刘、周、陈、王、孟、张等。经济收入以农业种植、养殖、木材加工为主。2012年人均收入11982元。

奎楼村 位于街道办事处驻地西1公里。清光绪年间丁姓迁此建村，为纪念故居奎楼阁，取名奎楼。总面积389亩，其中耕地240亩。有居民65户，190口人，主要姓氏有丁、徐、孙、尹等。经济收入以种植业、养殖业、务工为主。2012年人均收入10400元。

泉子庙社区 位于区政府驻地西1公里。元朝末年建村，明朝在此村西建庙，庙前有一灵泉，故称泉子庙村，1964年改为红卫村，1981年夏称泉子庙村，2007年由村改社区。总面积860亩，其中耕地120亩，菜园50亩，社区企业用地400亩。有居民420户，1360口人，主要姓氏有王、于、胡、徐、蔡、卢、张等。经济收入以建筑、运输、餐饮服务等产业为主。2012年人均收入16500元。

界牌岭居 位于街道办事处驻地北1公里。南宋时建村，村东有古代驿站，俗称“茶棚”，明清时村前立有山东、江南两省界牌，故名界牌岭。2007年由村改居，总面积360亩，其中耕地180亩。有居民340户，960口人，主要姓氏有邵、叶、刘、胡、王等。经济收入以养殖、蔬菜种植、务工为主。2012年人均收入12000元。

蒋家庄居 位于区政府驻地西1公里。明洪武年间蒋姓迁此建村，故名蒋家庄子，1964年改名为红星村，1978年后复称蒋家庄子村，2005年由村改居。总面积300亩。有居民126户，429口人，主要姓氏有苏、蔡、张、韩、胡、王、石、丁等。经济收入以种植、养殖和外出务工为主。2012年人均收入17000元。

苏家庄居 位于岚山西路南侧，玉泉二路西侧。清康熙年间苏姓迁此建村，取名苏家庄子，1958年与竹园村合并称竹苏大队，1960年分村自治，仍称苏家庄子，2007年由村改居。总面积280亩，其中耕地60亩。有居民120户，440口人，主要姓氏有苏、徐、尹、王等。经济收入以工业、商业为主。2012年人均收入13500元。

竹园居 位于街道办事处驻地东。明洪武年间建村，因村旁有成片竹林，故名竹园，2007年由村改居。总面积410亩，其中耕地55亩。有居民336户，1246口人，主要姓氏有周、王、李、张、魏、刘、陈、胡等。经济收入以水产品加工、养殖、蔬菜加工为主。2012年人均收入16800元。村西50米处有龙山文化时期、汉代和宋金时期遗存。

车庄居 位于街道办事处驻地东南。明洪武年间车姓迁此居住，称车庄，2007年由村改居。总面积840亩，其中耕地30亩。有居民271户，919口人，主要姓氏有马、孙、陈、李、王、胡等。经济收入以海货加工、绳网加工等行业为主。2012年人均收入15000元。

辛庄子村 位于街道办事处驻地西侧。清顺治年间建村，以立新村之意取名新庄子，后演化为辛庄子。沈海高速公路、坪岚铁路经过村中。总面积1000亩，其中耕地500亩。有居民280户，850口人，主要姓氏有侯、邵、李等。经济收入以务农、务工为主。现全村分为生活区、休闲区、养殖区、经济园区4个区域，经济园区有塑料加工、木材加工、芦柴加工、养殖等产业。2012年人均收入1.5万元。2006～2007年整村搬迁于村前，另立新村。村西北有汉墓遗址。

前合庄村 位于街道办事处驻地西北。明洪武年间，邱、邢、崔三姓迁居分别立村，后合为一村，取名合庄，明崇祯年间又析分为前、后合庄。前合庄总面积3000余亩，其中耕地2500亩。有居民560户，1806口人，主要姓氏有滕、邢、崔、潘、王、傅、张、吴、李、唐等。经济收入以茶叶种植、大棚蔬菜、桑蚕和养殖业为主。2012年人均收入

1.2 万元。

后合庄村　位于街道办事处驻地西北 5 公里。明崇祯年间，邢姓由合庄迁出建村，取名后合庄，原有东山、小刘庄、马家沟、合庄北山、后合庄 5 个自然村，1957 年析出后合庄北山村。后合庄总面积 3000 余亩，其中耕地 1100 亩。有居民 380 户，1210 口人，主要姓氏有邢、赵、刘、于、王、苏等。经济收入以茶叶、桑蚕及养殖业为主。2012 年人均收入 12000 元。

陈家湖村　位于街道办事处驻地西北。清顺治年间，陈姓迁此建村，因处湖洼地带，故名陈家湖。总面积 1300 亩，其中耕地 200 亩。有居民 220 户，820 口人，主要姓氏有陈、王、苏、李、徐、庄、丁等。经济收入以养殖、林果、建筑、交通运输等行业为主。2012 年人均收入 10006 元。

贾家湖村　位于街道办事处驻地西北 2 公里。清顺治年间，贾姓人家迁此建村，因处湖洼地带，故称贾家湖。总面积 1200 亩，其中耕地 800 亩。有居民 260 户，740 口人，主要姓氏有李、丁、吉、贾、苏、庞、张、傅、陈等。经济收入以农业、养殖业和务工为主。2012 年人均收入 12078 元。

义和村　位于街道办事处驻地西北。明崇祯年间，有居民散居于此，1934 年迁居一处，取名聚合村，后改称义和村。总面积 920 亩，其中耕地 620 亩。有居民 212 户，639 口人，主要姓氏有于、陈、臧、张、王等，经济收入以种植、养殖和茶叶栽培为主。2012 年人均收入 9987 元。

后合庄北山村　位于街道办事处驻地西北山区。清咸丰年间有居民聚居，属后合庄村，1957 年分村自治，称后合庄北山。总面积 1060 亩，其中耕地 378 亩。有居民 100 户，378 口人，主要姓氏有曹、滕、杜、徐、刘、张、邢、王、闫等。经济收入以农业、茶叶、养殖业为主。2012 年人均收入 10900 元。

第三节　虎山镇村居

虎山镇共有 53 个行政村。

虎山铺村　位于镇政府驻地。明洪武年间康姓居此建村，取名康家庄，后因傍虎山，村以山名，明朝时设铺于此，称虎山铺。总面积 1594.8 亩，其中耕地 731.7 亩。有居民 306 户，1016 口人，主要姓氏有高、吴、赵、李等。经济收入以农业、务工为主。2012 年人均收入 13770 元。

董家湖村　位于镇政府驻地东南 1 公里。明洪武年间董姓迁此建村，因村周多湖地，故名董家湖。总面积 1523.9 亩，其中耕地 646.9 亩。有居民 250 户，760 口人，主要姓氏有董、丁、李、张、赵等。经济收入以农业、务工为主。2012 年人均收入 1.3 万元。

蔡家墩村　位于镇政府驻地南 1 公里。明洪武年间蔡姓墩卒在此守卫烽火墩，故名蔡家墩。总面积 1983.6 亩，其中耕地 704.4 亩。有居民 286 户，960 口人，主要姓氏有丁、陈、汪、刘等。经济收入以农业、务工为主。2012 年人均收入 1.3 万元。

龙王河村　位于镇政府驻地南 2.5 公里。明正德年间建村，因地处龙王河畔，故名龙王河。总面积 1513 亩，其中耕地 618.4 亩。有居民 210 户，627 口人，主要姓氏有赵、李、张等。经济收入以农业、务工为主。2012 年人均收入 1.3 万元。

解放村　位于镇政府驻地西 1 公里。清嘉庆年间部分住户居此，称虎山铺西山，属虎山铺村，1945 年 8 月析出建村，以纪念抗日战争胜利而得名。总面积 2279 亩，其中耕地 544.3 亩。有居民 170 户，450 口人，主要姓氏有吴、张、马、时、王等。经济收入以农业、务工为主。2012 年人均收入 13600 元。

楼子底村　位于镇政府驻地北 1 公里。明弘治年间，王姓自高兴王家楼子迁此半山腰处建村，按方位取名南王家楼子，简称南楼子。后移居山下，沿称楼子底村。1945 年，为纪念抗日烈士王仓平，改名仓平村。1970 年因建立合作医疗，又改称红医村，1981 年定名为楼子底村。总面积 2495.3 亩，其中耕地 809.2 亩。有居民 229 户，712 口人，主要姓氏有夏、王、庞、郭、申、张等。经济收入以农业、务工为主。2012 年人均收入 10800 元。

朱家官庄村　位于镇政府驻地东 1 公里。明洪武年间朱姓迁此建村，因处官地，故名朱家官庄。总面积3794亩，其中耕地2134.2亩。有居民769户，2125口人，主要姓氏有韩、朱、陈、赵、李苏、肖、丁、傅等。经济收入以农业、务工为主。2012年人均收入13306元。

韩家营子村 位于镇政府驻地东4公里。明洪武年间韩姓迁此建村，因村旁旧有兵营，故名韩家营子。总面积6941.1亩，其中耕地2549亩。有居民1003户，4002口人，主要姓氏有韩、姚、刘、胡、梁、李等。经济收入以渔业捕捞为主，境内有日照钢铁公司、山东华海船业有限公司、华泰商砼有限公司等企业。2012年人均收入13800元。

申张村 位于镇政府驻地东3.5公里。明洪武年间，申、张二姓先后迁居此地，分别建立申家村、张家村，1956年合为一村，取名申张村。总面积1446.1亩，其中耕地605.6亩。有居民586户，1504口人，主要姓氏有申、张、秦、王、陈等。经济收入以渔业、农业、务工为主，境内有兴业货场、虎山水厂等企业。2012年人均收入13665元。

高家屯村 位于镇政府驻地东2.5公里。明洪武年间高姓迁此建村，故名高家村。为区别重名村，1981年11月改名为高家屯。总面积2052.7亩，其中耕地954.4亩。有居民350户，976口人，主要姓氏有申、胡、张等。经济收入以农业种植、经商和务工为主，境内有岚山港务公司货场、中伊物产等企业。2012年人均收入14234元。

南李家村 位于镇政府驻地东2.5公里。明洪武年间李姓迁此建村，因村旁有墩，曾用名李家墩，后移居现址，改名李家村。为区别重名村，1981年11月改称南李家村。总面积999.3亩，其中耕地541.3亩。有居民245户，730口人，主要姓氏有常、王、申、李等。经济收入以种植、经商为主，境内有维恩物流公司等企业。2012年人均收入13501元。

东湖一村 位于镇政府驻地东北6公里。明洪武年间建村，因处大旺山东边近海湖洼地带，故名东湖，1961年从东湖析出东湖一村。总面积2205.1亩，其中耕地1255.3亩。有居民550户，2066口人，主要姓氏有费、刘、丁等。经济收入以渔业捕捞和种植业为主，境内有冷库、船坞、网场等企业。2012年人均收入2.6万元。编有《东湖村志》。

东湖二村 位于镇政府驻地东北6公里。1961年从东湖析出建村。总面积1211.6亩，其中耕地857.7亩。有居民503户，1630口人，姓氏以刘姓为主。经济收入以渔业捕捞和种植业为主。2012年人均收入2.6万元。

东湖三村 位于镇政府驻地东北7公里。因居东湖海边沙岭，原叫东湖沙岭、小东湖，1961年从东湖析出建村。总面积776.7亩，其中耕地337.1亩。218户，759口人，主要姓氏有刘、张等。经济收入以渔业捕捞为主，村有冷库、海水育苗场等企业。2012年人均收入2.2万元。

大合坞村 位于镇政府驻地东北4.5公里。明初期建村。因村前临海、村东河漕弯曲得名河湾，后改称河坞，为区别重名村，称大河坞，演写成大合坞。总面积1285.4亩，其中耕地676.1亩。有居民308户，926口人，主要姓氏有李、费、刘、许等。经济收入以渔业捕捞和种植业为主。2012年人均收入12206元。清代著名学者许瀚生卒于此村。

小合坞村 位于镇政府驻地东北4公里。明洪武年间建村。因村前临海、村东河漕弯曲得名河湾。后改称河坞，为区别重名村，称小河坞，演写成小合坞。总面积1407.7亩，其中耕地940.3亩。有居民316户，1028口人，主要姓氏有李、张等。经济收入以渔业捕捞和种植业为主。2012年人均收入12296元。

陈家庄子村 位于镇政府驻地东北5公里。明洪武年间陈姓迁此建村，故名陈庄子村。总面积647亩，其中耕地506.5亩。有居民171户，476口人，主要姓氏有陈、张等。经济收入以种植业为主。2012年人均收入1.2万元。村北、西、西南有岳石文化和宋、辽、金代遗址。

四门口村 位于镇政府驻地西北7公里。清嘉庆年间，有逃荒人家和看山人家在此聚居建村，因四面环山，曾用名山里。先属涛雒上元村，后属秦家结庄。1958年分村自治，因村旁山上旧有乡民为避乱而筑的环山圩寨，建有四个寨门，以此得名四门口。总面积5024.9亩，其中耕地1125.6亩。有居民255户，900口人，主要姓氏有刘、李、徐、陈、秦、王、孙、邹、相、傅、邵、赵、丁、郭等。经济收入以种植、养殖业为主。2012 年人均收入 9600 元。村前旧有清代著名学者许瀚墓地，20 世纪 70 年代迁村东山坡处。

秦家结庄村　位于镇政府驻地西北 6.5 公里。清道光年间，陈、秦等姓迁此居住，以陈姓居先，寓意团结，取名陈家结庄。后秦姓居多，改称秦家结庄。总面积 1754.9 亩，其中耕地 465.6 亩。有居民 171 户，480 口人，主要姓氏有秦、徐、王、孟、于等。经济收入以种植、养殖业为主。2012 年人均收入 9938 元。村西、北有龙山文化遗址。

相家结庄村　位于镇政府驻地西北 6.5 公里。明洪武年间始，有相、刘、孙、陈等姓相继迁此居住，以相姓居先，取名相家结庄。总面积 5741.8 亩，其中耕地 1425 亩。有居民 397 户，1296 口人，主要姓氏有陈、孙、王、秦、马、徐、吴等。经济收入以农业、养殖业为主，村内有顺源建筑公司。2012 年人均收入 11600 元。

张家结庄村　位于镇政府驻地西北 6 公里。明洪武年间，有张、刘、宋等姓相继迁此居住，以张姓居先，取名张家结庄。总面积 5591.8 亩，其中耕地 1533.3 亩。有居民 460 户，1460 口人，主要姓氏有张、徐、郑、陈、刘、吴等。经济收入以种植、养殖业为主，村内有天泽气体有限公司。2012 年人均收入 10500 元。村西南 150 米处有大汶口文化、龙山文化遗址。

郑家结庄村　位于镇政府驻地西北 5 公里。明洪武年间始，有郑、宋、胡、秦、李、于、朱、刘等姓相继迁此居住，以郑姓居先，取名郑家结庄。总面积 2070.9 亩，其中耕地 781.9 亩。有居民 253 户，652 口人。经济收入以种植、养殖业为主。2012 年人均收入 9838 元。村东南 50 米有大汶口文化遗址。

泥田沟村　位于镇政府驻地北 4 公里。明洪武年间，村西建有味蹄沟铺，后以当地方言演绎成“泥田沟”。总面积 2925.9 亩，其中耕地 1253.3 亩。有居民 340 户，1212 口人，主要姓氏有张、宋、陈、谢、侯等。经济收入以种植、务工为主。2012 年人均收入 10350 元。村西有大汶口文化、汉代遗址。

黄泥沟村　位于镇政府驻地西北 5 公里。明洪武年间即有人家居此，以所处地势和方位，曾用名大山东，属郑家结庄。1958 年分村自治，因村前沟土雨天泥泞呈黄色，故名黄泥沟。总面积 3577.9 亩，其中耕地 772.6 亩。有居民 263 户，884 口人，主要姓氏有陈、李、胡、王、解、丁等。经济收入以种植业、养殖业、茶叶生产、桑蚕生产为主。2012 年人均收入 10800 元。

后姚沟村　位于镇政府驻地西北 8 公里。明洪武年间，姚姓迁此建村，因处环山沟畔，故名姚沟，后按方位称后姚沟。总面积 2053.1 亩，其中耕地 788.9 亩。有居民 147 户，510 口人，主要姓氏有姚、崔等。经济收入以农业为主。2012 年人均收入 11596 元。

梭罗树村　位于镇政府驻地西北 7.5 公里。明洪武年间建村。因村内有两棵厚壳树，俗称桫椤树，村以树名，后演写为梭罗树。总面积 10016.2 亩，其中耕地 2585 亩。有居民 780 户，2340 口人，主要姓氏有崔、相、张、马、姚、窦等。经济收入以农业、务工为主，村西有石棉矿开采，村东有花岗岩开采。2012 年人均收入 10700 元。

黄家峪村　位于镇政府驻地西北 5 公里。明万历年间，黄姓迁此建村，因三面环山，北依土岭，村在凹处，取名土洼。1942 年改称黄家峪。总面积 7788 亩，其中耕地 2384.6 亩。有居民 546 户，1650 口人，主要姓氏有黄、崔、李、韦、赵等。经济收入以农业、务工为主，村内有活塞厂、石料厂。2012 年人均收入 9400 元。

桂山头村　位于镇政府驻地西北 5 公里。清嘉庆年间建村，因处龟山西头，取名龟山头，属黄家峪。1942 年分出自治，改称桂山头。总面积 1484 亩，其中耕地 582.2 亩。有居民 119 户，345 口人，姓氏以崔姓为主。经济收入以农业为主，村内有石料厂。2012 年人均收入 11596 元。

崔景阳村　位于镇政府驻地西北 4 公里。元朝末年，崔姓迁居建村。因崔景阳首迁定居，故以人名取为村名。总面积 4700.5 亩，其中耕地 943.3 亩。有居民 251 户，863 口人，主要姓氏有窦、孙等。经济收入以种植业、茶叶为主，村内有建材、搅拌站、茶场等企业。2012 年人均收入 1.1 万元。

杨家村 位于镇政府驻地西 4 公里。明万历年间，杨姓迁此建村，取名杨家庄子。为区别重名村，1981 年 11 月改称杨家村。总面积 1424.6 亩，其中耕地 775.5 亩。有居民 183 户，687 口人，主要姓氏有杨、李等。经济收入以农业、务工为主。2012 年人均收入 9085 元。

前水车沟村 位于镇政府驻地西南 4 公里，明天启年间建村，因北临水车沟，故名前水车沟村。总面积 943.3 亩，其中耕地 627.4 亩。有居民 462 户，1468 口人，主要姓氏有赵、张、李等。经济收入以种植业为主，域内有山东圣安泰装备制造有限公司、山东华钢工业有限公司、日照天健钢铁工贸有限公司、山东四化环保设备有限公司等企业。2012 年人均收入 1.3 万元。

后水车沟村 位于镇政府驻地西北 4 公里。明洪武年间建村。总面积 2431.9 亩，其中耕地 1406.2 亩。有居民 248 户，847 口人，主要姓氏有赵、张、徐等。经济收入以农业、务工为主，域内有日照岚星化工工业有限公司。2012 年人均收入 11442 元。

西山村 位于镇政府驻地西 6 公里。清嘉庆年间，陈、赵、徐等姓迁此居住，称后水车沟西山，属后水车沟，1955 年分村自治，改称西山。总面积 2786 亩，其中耕地 999.9 亩。有居民 173 户，538 口人，主要姓氏有陈、申等。经济收入以农业为主。2012 年人均收入 9800 元。

前稍坡村 位于镇政府驻地南 3 公里。清康熙年间建村。总面积 1875.3 亩，其中耕地 1077.3 亩。有居民 340 户，1030 口人，主要姓氏有赵、苏等。经济收入以种植业、养殖业为主，域内有华泰氧气有限公司。2012 年人均收入 1.5 万元。

后稍坡村 位于镇政府驻地西南 3.5 公里。明洪武年间建村，因清康熙年间建有前稍坡村，故称后稍坡。总面积 2115.6 亩，其中耕地 1274.4 亩。有居民 400 户，1300 口人，主要姓氏有张、苗、陈、王等。经济收入以养殖、务工为主，日照焦电有限公司坐落村西。2012 年人均收入 1.2 万元。村后有坊口古迹，为安东卫城初建遗址。

连家村 位于镇政府驻地西南 4 公里。明崇祯年间，有多姓散居，各成聚落，后连成一村，故名连家村。总面积 3472.9 亩，其中耕地 2441.7 亩。有居民 123 户，392 口人，主要姓氏有侯、苏、崔、黄、赵等。经济收入以养殖、种植业为主。2012 年人均收入 1.2 万元。

南夏家村 位于镇政府驻地正西偏南 4 公里。明洪武年间苏姓迁此建村，曾以所处地势取名苏家洼，明朝中期改为夏家村。为区别重名村，1981 年 11 月改称南夏家村。总面积 1699.1 亩，其中耕地 1123.5 亩。有居民 232 户，776 口人，主要姓氏有牟、杨、苏、夏等。经济收入以种植、养殖业为主。2012 年人均收入 1.3 万元。

南马家村 位于镇政府驻地西南 3 公里。明洪武年间窦姓迁此居住，初名窦家村，后马姓迁居村北，称马家村。1955 年合并称马家村。为区别重名村，1981 年 11 月改称南马家村。总面积 1623.8 亩，其中耕地 895.4 亩。有居民 240 户，786 口人，主要姓氏有马、梁、窦等。经济收入以种植、养殖业为主。2012 年人均收入 1.2 万元。

南孙家官庄村 位于镇政府驻地西 2.5 公里。明万历年间，孙姓迁此建村，因处官地，故名孙家官庄，为区别重名村，1981 年 11 月改称南孙家官庄。总面积 1651.4 亩，其中耕地 804.7 亩。有居民 130 户，450 口人，主要姓氏有孙、侯、王等。经济收入以种植油桃、草莓和务工为主。2012 年人均收入 14560 元。

于家官庄村 位于镇政府驻地西 2.5 公里。明崇祯年间，于姓迁此建村，因处官地，故名于家官庄。总面积 1994.8 亩，其中耕地 733.4 亩。有居民 118 户，428 口人，主要姓氏有于、丁、马等。经济收入以种植业和务工为主，域内有山东万方板业有限公司、日照华浙钢棒有限公司。2012 年人均收入 14300 元。

徐家村 位于镇政府驻地南 3.5 公里。明洪武年间，徐、林、王等姓相继迁此建村，以徐姓先居，故名徐家村。1981 年 11 月，以南临官山改名官山村。1994 年 12 月恢复原名徐家村。总面积 2858.7 亩，其中耕地 1088 亩。有居民 302 户，958 口人，主要姓氏有高、林、徐、王、路等。经济收入以农业和务工为主。2012 年人均收入 11339 元。

2012年10月，全村整体搬迁至官山社区。

大庄子村　位于镇政府驻地东南3公里。明洪武年间建村。总面积2884.7亩，其中耕地984.2亩。有居民350户，1237口人，主要姓氏有苏、韩、毛、丁等。经济收入以农业和务工为主。2012年人均收入1.2万元。

桥南头村　位于镇政府驻地南3.5公里。明洪武年间建村，因村北有古桥，故名桥南头。总面积3607.7亩，其中耕地1209亩。有居民468户，1530口人，主要姓氏有张、丁、杨、王、李、牟、周、雷、韩、刘、曹等。经济收入以农业和务工为主。2012年人均收入1.1万元。2007年整体搬迁至原村西南0.5公里处，为二层楼居住区，称桥南头新村。

松树园村　位于镇政府驻地南2.5公里。清顺治年间建村，因村周围多植有松树，故名松树园。总面积1392.6亩，其中耕地388.9亩。有居民203户，726口人，主要姓氏有苏、张、韩、胡等。经济收入以农业和务工为主。2012年人均收入11200元。

大尧沟村　位于镇政府驻地南5公里。明洪武年间建村，因村旁沟畔旧时有窑，故名窑沟。为区别重名村，改称大窑沟，后演写为大尧沟。总面积2266.1亩，其中耕地1293.7亩。有居民360户，1100口人，主要姓氏有陈、董、张、徐、雷等。经济收入以农业和务工为主。2012年人均收入11600元。

小尧沟村　位于镇政府驻地南5公里。明洪武年间建村，因村旁沟畔旧时有窑，故名窑沟。为区别重名村，改称小窑沟，后演写为小尧沟。总面积1132.6亩，其中耕地596.1亩。有居民134户，486口人，主要姓氏有王、周、童、宁等。经济收入以农业和务工为主。2012年人均收入10040元。

太平村　位于镇政府驻地南5公里。明洪武年间建村。因村旁有石如龟，俗称龟盖石，村随此名，后改称太平村。总面积915.7亩，其中耕地502.1亩。有居民138户，490口人，主要姓氏有童、刘、王等。经济收入以农业和务工为主。2012年人均收入1.1万元。

东潘家村　位于镇政府驻地东南6公里。明洪武年间，潘姓迁居分别建村，居东称东潘家村。总面积2534.4亩，其中耕地443.2亩。有居民580户，2320口人，主要姓氏有杨、王、陈、张、李等。经济收入以渔业及相关服务业为主，村东建有渔港、海货市场。2012年人均收入1.2万元。

西潘家村　位于镇政府驻地东南6公里。明洪武年间潘姓迁居分别建村，居西称西潘家村。总面积3732.6亩，其中耕地1388.7亩。有居民798户，2630口人，主要姓氏有杨、李、胡、潘等。经济收入以渔业捕捞为主，域内海边有渔港。2012年人均收入1.3万元。

刘家小庄村　位于镇政府驻地东南4公里。原属大庄子自然村，1939年分村自治，因刘姓居多，故名刘家小庄。总面积1535.8亩，其中耕地506亩。有居民106户，360口人，主要姓氏有刘、窦、胡等。经济收入以农业和务工为主。2012年人均收入10200元。

小村　位于镇政府驻地东南4公里。明洪武年间建村，因东邻大村，取名小村。总面积3912.4亩，其中耕地1141.4亩。有居民580户，1696口人，主要姓氏有李、张、陈等。经济收入以农业和务工为主。2012年人均收入9157元。

韩家村　位于镇政府驻地东南4公里。原属大村的自然村，清光绪年间分村自治，因韩姓居多，取名韩家村。总面积1538.6亩，其中耕地294.4亩。有居民520户，1900口人，主要姓氏有韩、左、张、祝等。经济收入以围绕日照钢铁公司经商和务工为主。2012年人均收入9150元。

大村　位于镇政府驻地东南4公里。明洪武年间，李姓迁此建村，取名李家大村，后为区别重名村，改称大村。总面积3859.8亩，其中耕地1383.3亩。有居民712户，2480口人，主要姓氏有李、胡、苏、左等。经济收入以渔业捕捞和务工为主。2012年人均收入10800元。

第四节　碑廓镇村居

碑廓镇共有64个行政村。

碑廓一村　位于镇政府驻地西南1公里。东汉时建村。1948年分为一、二、三、四村。碑廓一村总面积2498亩，其中耕地1249亩。有居民340户，1150口人，主要姓氏有牟、郭、董、王等。经济收入以种植业、养殖业为主。2012年人均收入10400元。

碑廓二村 位于镇政府驻地西南0.5公里。总面积2136亩，其中耕地1068亩。有居民360户，1220口人，主要姓氏有牟、李、相、胡等。经济收入以种植、养殖和交通运输、服务等行业为主。2012年人均收入10360元。村内有罗荣桓故居和山东军区军事工作会议旧址。

碑廓三村 位于镇政府驻地西南1公里。总面积2922亩，其中耕地1461亩。有居民436户，1369口人，主要姓氏有牟、王、郭、丁等。经济收入以种植业、养殖业为主。2012年人均收入10161元。

碑廓四村 位于镇政府驻地西南1公里。总面积2100亩，其中耕地1050亩。有居民290户，890口人，主要姓氏有牟、郭、马等。经济收入以种植业、养殖业为主。2012年人均收入11200元。

田家寨一村 位于镇政府驻地东南2.5公里。西汉时建村，原名田家庄，后改称田家寨。1948年，以村内东西主街为界划分为两个村，北为一村。总面积4238亩，其中耕地2100亩。有居民470户，1410口人，主要姓氏有魏、张、苏等。经济收入以种植业为主。2012年人均收入10300元。

田家寨二村 位于镇政府驻地东南3.5公里。总面积4300亩，其中耕地2150亩。有居民499户，1520口人，主要姓氏有牟、魏、徐、张、王等。经济收入以粮食种植、蔬菜种植和苹果栽培为主。2012年人均收入10160元。香塔寺遗址坐落在村西与绣针河之间。

东集后村 位于镇政府驻地西1.5公里。原名东坦园村，后因处碑廓大集后东边，更今名。总面积1700亩，其中耕地(含养殖区)850亩。有居民190户，580口人，主要姓氏有董、王、冷等。经济收入以种植业、养殖业为主。2012年人均收入10750元。

西集后村 位于镇政府驻地西2公里。明洪武年间，董氏由海州迁此建村，因坐落于绣针河畔两个沙滩上，俗称东、西滩崖，按方位取谐音得名西坦园，后因位于碑廓大集后西边，改称西集后。总面积2316亩，其中耕地1158亩。有居民310户，1010口人，主要姓氏有董、孙、胡等。经济收入以农业种植、大棚蔬菜为主。2012年人均收入10500元。

徐家林村 位于镇政府驻地南3公里。清道光年间，田家寨徐氏两兄弟迁此看守本族茔林而定居，称为徐家林。总面积610亩，其中耕地305亩。有居民78户，232口人，姓氏以徐姓为主。经济收入以粮食种植和大棚蔬菜为主。2012年人均收入8900元。

南张家庄村 位于镇政府驻地。明洪武年间，张氏由江苏省东海县迁此定居，故名张家庄。为区别重名村，1981年更名为南张家庄。总面积966亩，其中耕地483亩。有居民216户，590口人，主要姓氏有张、牟等。经济收入以种植业、商业为主。2012年人均收入9859元。

南马家岭村 位于镇政府驻地西南2.5公里。明崇祯年间，有马姓二人迁此守护碑廓街马氏茔林，取名马家林，后称马家岭。1981年更今名。总面积2100亩，其中耕地1050亩。有居民185户，585口人，主要姓氏有马、贾、徐等。经济收入以种植业为主。2012年人均收入9636元。

小湖村 位于镇政府驻地东北1公里。明末建村，原名白家楼。清咸丰年间，秦氏迁此定居，随大湖取名小湖。总面积3484亩，其中耕地1742亩。有居民340户，1210口人，主要姓氏有牟、徐、秦、王等。经济收入以种植业、养殖业为主。2012年人均收入10500元。

大司官庄村 位于镇政府驻地东1公里。元朝时建村，初名申家庄，有申、司、郜、史、雷、欧六大家族。元朝后期申氏迁出，更今名。总面积5562亩，其中耕地2731亩。有居民638户，1966口人，主要姓氏有牟、司、王、李等。经济收入以农业、大棚蔬菜、商业为主。2012年人均收入10549元。

小司官庄村 位于镇政府驻地东南2公里。明洪武年间东海司氏迁此定居，随大司官庄定今名。总面积2260亩，其中耕地(含养殖区)1130亩。有居民255户，845口人，主要姓氏有司、郜等。经济收入以种植业、养殖业为主。2012 年人均收入 9600 元。

东辛兴村 位于镇政府驻地西北 3 公里。明洪武年始，有王、乔、李姓从江苏东海县相继迁此定居，取名“新兴”，因避重名村，改称东新兴，后演写成东辛兴。总面积 4800 亩，其中耕地 2400 亩。有居民 420 户，1156 口人，主要姓氏有王、乔、李等。经济收入以种植业为主。2012 年人均收入 10381 元。

西辛兴村 位于镇政府驻地西 3.5 公里。东汉时建村，取名新兴庄，后改叫西新兴，演绎写成西辛兴。总面积 2682 亩，其中耕地 1341 亩。有居民 359 户，1089 口人，主要姓氏有魏、姜、董、王等。经济收入以种植、养殖、加工业为主。2012 年人均收入 11237 元。

东秋齐园村 位于镇政府驻地西北 10 公里。明洪武年间，王姓由江苏东海县迁此定居，因当地秋茅丛生，故名秋茅园，后演写成秋齐园。1959 年以村中小河为界析分为东、西秋茅园。东秋齐园总面积 1126 亩，其中耕地 563 亩。有居民 88 户，289 口人，主要姓氏有李、刘、张等。经济收入以种植业为主。2012 年人均收入 11100 元。

西秋齐园村 位于镇政府驻地西北 5 公里。1959 年建村。总面积 1096 亩，其中耕地 548 亩。有居民 82 户，245 口人，主要姓氏有李、刘、张等。经济收入以种植业为主。2012 年人均收入 10616 元。

西杨家庄村 位于镇政府驻地西 6.5 公里。元元统初年建村，因村旁有雹齐庙，故名雹齐村。清嘉庆年间改称杨家庄子，后为区别重名村，更今名。总面积 1664 亩，其中耕地(含养殖区)832 亩。有居民 210 户，565 口人，主要姓氏有杨、李、孙、王等。经济收入以种植业、养殖业为主。2012 年人均收入 10274 元。

下湖村 位于镇政府驻地西北 3.5 公里。明洪武年间，胡氏由江苏东海县迁此建村，按地形取名下湖村。总面积 2156 亩，其中耕地 1078 亩，养殖小区 30 亩。有居民 168 户，562 口人，主要姓氏有于、李、胡等。经济收入以种植业和大棚蔬菜为主。2012 年人均收入 10439 元。

于家庄子村 位于镇政府驻地西 6 公里。绣针河流经村前。建村时间无考，初名蔡家庄，后相继改称田家庄、田家楼。清嘉庆年间，于姓从莒南县迁此更今名。总面积 1000 亩，其中耕地 500 亩。有居民 110 户，284 口人，主要姓氏有于、陈、王等。经济收入以种植业、养殖业为主。2012 年人均收入 10268 元。

山西头村 位于镇政府驻地西北 7.5 公里。明洪武年间，胡氏从江苏东海县迁此立村，因处鸡冠山西头得名。由胡家沟、小挪庄 2 个自然村组成。总面积 4248 亩，其中耕地 2024 亩。有居民 426 户，1480 口人，主要姓氏有胡、朱、张等。经济收入以种植业和石材加工业为主。2012 年人均收入 9916 元。

林家庄村 位于镇政府驻地西北 7.5 公里。汉代建村。明洪武十五年(1382 年)林氏迁此定居，故名林家庄。总面积 850 亩，其中耕地 400 亩。有居民 80 户，249 口人，主要姓氏有林、于、李等。经济收入以种植业和茶叶生产为主。2012 年人均收入 9760 元。

林家坊子村 位于镇政府驻地西北 7 公里。东汉建武年间，林氏在岚山通往沂水大道旁开店，称“坊子”，故名林家坊子。总面积 1078 亩，其中耕地 526 亩。有居民 83 户，300 口人，主要姓氏有林、董、张等。经济收入以种植业为主。2012 年人均收入 9937 元。

卫东村 位于镇政府驻地西北 5 公里。清朝初年建村，因村东河内多野鸭，取名鸭子河，又叫扁嘴河，1966 年更名卫东村。总面积 1428 亩，其中耕地 714 亩。有居民 138 户，438 口人，主要姓氏有徐、李等。经济收入以种植业为主。2012 年人均收入 9973 元。

大湖村 位于镇政府驻地北 2.5 公里。元朝末年建村，原名来康店。明洪武年间，有江苏东海人氏迁此定居，因地处平川湖地得村名。总面积 3626 亩，其中耕地 1763 亩。有居民 360 户，1126 口人，主要姓氏有魏、于、马、厉等。经济收入以种植业为主。瀚坤能源发展有限公司位于村西。2012 年人均收入 11360 元。

辛庄子村 位于镇政府驻地北 4 公里。清乾隆年间，境内袁家庄魏氏迁此定居，立村称新庄子，后演写成辛庄子。总面积1900亩，其中耕地850亩。有居民158户，430口人，姓氏以魏姓为主。经济收入以种植业为主。2012年人均收入10126元。

向阳村 位于镇政府驻地北4.5公里。岚山通往沂水古道在此呈西北方向，故名西北路。1967年更今名。总面积1808亩，其中耕地800亩。有居民147户，480口人，主要姓氏有张、王、宋、陈等。经济收入以农业为主。2012年人均收入10450元。

张家店子村 位于镇政府驻地北4公里。宋朝时建村，后有张氏在岚山通往沂水的古道旁开店，称“张家店”，故名张家店子。总面积1852亩，其中耕地876亩，养殖区35亩。有居民152户，526口人，主要姓氏有张、赵、王、丁等。经济收入以种植、养殖业为主。2012年人均收入10690元。

马家湖村 位于镇政府驻地东北2.5公里。清康熙年间，马家岭马氏迁此烧窑定居，因前靠小湖、后靠大湖，又处湖地，故名马家湖。总面积880亩，其中耕地440亩。有居民102户，316口人，主要姓氏有马、郭、赵等。经济收入以种植业为主。2012年人均收入10320元。

费家湖村 位于镇政府驻地东北3公里。清康熙年间，费氏由日照城东丝山费家河迁此定居，称费家湖。总面积2850亩，其中耕地（含养殖区）1400亩。有居民280户，922口人，主要姓氏有刘、丁、费、许等。经济收入以种植业为主。2012年人均收入11216元。

曹家庄村 位于镇政府驻地北4公里。清乾隆年间，曹氏由日照城迁此定居，故名曹家庄。总面积1172亩，其中耕地486亩。有居民91户，294口人，主要姓氏有曹、魏、陈等。经济收入以种植业为主。2012年人均收入9456元。

曹家岭村 位于镇政府驻地北3.5公里。清乾隆年间，曹氏由日照城迁此定居，因处岭上，故名曹家岭。总面积1234亩，其中耕地500亩，养殖区25亩。有居民80户，218口人，主要姓氏有曹、相、吴等。经济收入以种植业为主。2012年人均收入10010元。

石家庄村 位于镇政府驻地东北5公里。明崇祯年间，石姓由日照城迁此定居，故名石家庄。总面积1400亩，其中耕地700亩。有居民165户，443口人，主要姓氏有石、殷、唐、张等。经济收入以种植、养殖业为主。2012年人均收入9524元。

南袁家庄村 位于镇政府驻地东北5公里。据传，春秋战国时期袁氏建村，取名袁家庄，1981年更今名。辖魏家庄自然村。总面积2250亩，其中耕地860亩。有居民160户，496口人，主要姓氏有魏、石、袁等。经济收入以种植业为主。2012年人均收入10625元。

北张家庄村 位于镇政府驻地北5.5公里。明万历年间，张家店子张氏迁此建村，取名张家庄，因避重名村，故名北张家庄，由2个自然村组成。总面积2830亩，其中耕地（含养殖区）1400亩。有居民233户，780口人，主要姓氏有张、沙、卢、相等。经济收入以种植业为主。2012年人均收入9600元。圣公庙建于村北圣公山下。

火石顶子村 位于镇政府驻地东北6公里。清光绪年间，李姓、魏姓先后迁此建村。因出石英石可用来取火，俗称“火石”而得名。总面积1520亩，其中耕地660亩。有居民78户，259口人，主要姓氏有魏、李、潘等。经济收入以种植业为主。2012年人均收入9826元。

王家庄村 位于镇政府驻地东北6公里。明洪武初年，王氏由江苏省东海县当路村迁此定居，故名王家庄。总面积4102亩，其中耕地1600亩。有居民336户，1088口人，主要姓氏有王、相等。经济收入以种植、养殖业为主，有茶园、桑园。2012年人均收入10963元。

丁家庄村 位于镇政府驻地东北7公里。明初徐氏由江苏东海县迁此定居，故名徐家庄，清顺治年间，丁氏由丁家楼迁居幽尔崮山前建村，称丁家庄。1942年两村合并称今名。总面积4660亩，其中耕地1780亩。有居民376户，1238口人，主要姓氏有丁、徐、胡、李等。经济收入以种植、养殖业为主。2012年人均收入10098元。

前水沟村 位于镇政府驻地东北6公里。西汉时，此处柿树林中有水沟，取名柿沟。水沟南面村称前柿沟，后因山洪冲毁柿树林，柿沟改称水沟，得今名。总面积1620亩，其中耕地808亩。有居民180户，466口人，主要姓氏有王、秦、马等。经济收入以种植业为主。2012年人均收入10345元。

后水沟村　位于镇政府驻地东北7公里。明洪武年间，陶、魏两家逃荒至此，在柿沟北面定居，随柿沟取名后柿沟，后演变成后水沟。总面积2120亩，其中耕地960亩。有居民273户，819口人，主要姓氏有陈、张、王、谷等。经济收入以种植业为主。2012年人均收入10416元。

王家庄东山村　位于镇政府驻地东北7.5公里。明朝末年，王家庄王氏迁居此处看山，原属王家庄自然村，1955年分村自治，因地处王家庄村东边山上，故而得名。总面积940亩，其中耕地405亩，茶园196亩。有居民127户，388口人，主要姓氏有王、丁、孙、庄等。经济收入以种植业为主，有两个茶叶专业合作社。2012年人均收入10451元。

中杨家庄村　位于镇政府驻地东北5公里。明洪武年间，杨姓由日照城南刘家寨逃荒至此定居，取名杨家庄，因东、西各有杨家庄，后更名为中杨家庄。总面积610亩，其中耕地（含养殖区）305亩。有居民72户，202口人，主要姓氏有杨、马等。经济收入以种植、养殖业为主。2012年人均收入10120元。

甫田庄村　位于镇政府驻地东北5公里。明洪武年间，甫氏、田氏迁此定居，故名甫田庄。辖吕家庄自然村。总面积1300亩，其中耕地（含养殖区）650亩。有居民179户，476口人，主要姓氏有陈、郑、吕等。经济收入以种植、养殖业和木材加工业为主。2012年人均收入10487元。

小滕家庄村　位于镇政府驻地东北4公里。明崇祯年间滕姓迁此定居，取名滕家庄。1952年析分为两个村，后面叫小滕家庄村。总面积1180亩，其中耕地590亩。有居民86户，228口人，主要姓氏有滕、熊、陈、李等。经济收入以种植业为主。2012年人均收入9280元。

大滕家庄村　位于镇政府驻地东北3.5公里。1952年从滕家庄析出定今名。总面积1560亩，其中耕地550亩。有居民146户，492口人，主要姓氏有滕、刘、王、赵等。经济收入以种植业为主。2012年人均收入10300元。

大河口村　位于镇政府驻地东北4.5公里。元朝时，有高姓在河西建高家崖头村。明洪武年间，江苏东海县张氏迁居河东立村，取名张家斗沟。明崇祯年间，因居河口更今名。总面积1360亩，其中耕地680亩。有居民192户，590口人，主要姓氏有张、曹、陈、唐等。经济收入以种植业和大棚蔬菜、桑蚕生产为主。2012年人均收入11036元。

小河口村　位于镇政府驻地东北4公里。明崇祯年间，董氏由东集后迁居于此，因居住河口，取名为小河口。总面积1730亩，其中耕地865亩。有居民116户，350口人，主要姓氏有董、丁、陈等。经济收入以种植业和苹果栽培为主。2012年人均收入9966元。

宋家庄村　位于镇政府驻地东北6.5公里。清光绪年间，宋氏从涛雒迁此定居，故名宋家庄。1944年春析出玉峰岭村，1953年春析出宋家岭村。总面积1769亩，其中耕地668亩。有居民137户，390口人，主要姓氏有宋、张、靳、魏等。经济收入以农业、林业、养殖业和茶叶生产为主。2012年人均收入10230元。

宋家岭村　位于镇政府驻地东北6.5公里。原属宋家庄自然村，初名乱沟，又叫塔山。1953年从宋家庄析出，取名宋家岭。总面积1580亩，其中耕地540亩。有居民112户，385口人，主要姓氏有宋、吕、张、马等。经济收入以种植业、苗圃和茶叶生产为主。2012年人均收入9000元。

隋家岭村　位于镇政府驻地东北4.5公里。明洪武年间，隋氏从江苏东海县迁此定居，因其北有卢家夼子，东有吴家夼子，取名隋家夼子，后更今名。总面积1276亩，其中耕地638亩。有居民134户，440口人，主要姓氏有隋、张等。经济收入以种植业为主。2012年人均收入10682元。

玉峰岭村　位于镇政府驻地东北8公里。原名牟家林，属宋家庄自然村，因座落于山岭沟旁，称山峪。1944年与宋家庄分村时，以秦洪郁、孟伯峰、相同岭3人各取姓名末字定村名“郁峰岭”，后演写成玉峰岭。总面积1560亩,其中耕地(含养殖区)600亩。有居民120户,332口人,主要姓氏有张、孙、相、王等。经济收入以种植业和茶叶生产为主。2012年人均收入9196元。

大朱曹一村 位于镇政府驻地东4公里。明洪武年间为安东卫屯地,有朱、曹两姓在此定居,取名朱曹屯,为避免与绣针河南的朱曹村重名,更名为大朱曹村,1948年分为大朱曹一村和大朱曹二村。大朱曹一村总面积4489亩,其中耕地2100亩。有居民456户,1532口人,主要姓氏有苏、牟、赵、崔、梁等。经济收入以种植业、大棚蔬菜和木材加工业为主。2012年人均收入10850元。

大朱曹二村 位于碑廓镇东4公里。1948年由大朱曹村析出。总面积3668亩,其中耕地1771亩。有居民456户,1560口人,主要姓氏有窦、丰、杨、王等。经济收入以种植业和大棚蔬菜为主。2012年人均收入10353元。

二朱曹村 位于镇政府驻地东南5.5公里。元朝时建村,左姓、于姓先后于明洪武年间迁此定居,取名左家宅子,后随绣针河北朱曹村定今名。总面积8214亩,其中耕地4000亩。有居民830户,2422口人,主要姓氏有秦、孙、崔、王、于、马、张等。经济收入以种植业和大棚蔬菜为主。2012年人均收入10953元。

三朱曹村 位于镇政府驻地东南6.5公里。明洪武年间建村,原名李家潭崖。明嘉靖年间,秦氏从朱曹迁至村东建村,1948年定名三朱曹。总面积2800亩,其中耕地1400亩。有居民272户,815口人,主要姓氏有秦、王、马、谭等。经济收入以种植业为主。2012年人均收入10370元。

和平村 位于镇政府驻地东7公里。清光绪年间建村,原名朱曹东岭。新中国成立后改现名。总面积900亩,其中耕地450亩。有居民130户,426口人,主要姓氏有张、秦、孙、石等。经济收入以种植业、木材加工业为主,村北有日照中兴实业有限公司。2012年人均收入10300元。

傅家官庄村 位于镇政府驻地东北5公里。明洪武年间,傅氏从江苏东海县迁此定居,因地处官地,故名傅家官庄。总面积2298亩,其中耕地1149亩。有居民245户,651口人,主要姓氏有王、付、胡、贾等。经济收入以种植业为主。2012年人均收入10502元。

岳家村 位于镇政府驻地东南6公里。清康熙年间,岳氏由莒南岳家庄迁此定居,故名岳家村。总面积1540亩,其中耕地(含养殖区)770亩。有居民135户,430口人,主要姓氏有岳、王、张、卢等。经济收入以种植业、手工业为主,村民有传统苇编手艺。2012年人均收入10797元。

郁家村 位于镇政府驻地东南4公里。明洪武年间,江苏省东海县郁氏迁此定居而得名。总面积3376亩,其中耕地1602亩。有居民368户,1129口人,主要姓氏有魏、郁、宋、张等。经济收入以种植业、大棚蔬菜和手工业为主。2012年人均收入10152元。

张家岭村 位于镇政府驻地东南10公里。明嘉靖年间,张姓、于姓先后从日照城和二朱曹村迁此分别建村,称于家庄岭、张家岭,1940年并村称今名。总面积2600亩,其中耕地1300亩。有居民180户,495口人,主要姓氏有张、丁、孙、于等。经济收入以种植业和茶叶生产为主。2012年人均收入10800元。

南杨家洼村 距镇政府驻地11.5公里。明崇祯年间,此处有杨氏养马场,因三面环岭、地势低洼,故名杨家洼,为区别重名村,1981年11月按方位更名为南杨家洼。总面积1792亩,其中耕地896亩。有居民140户,435口人,姓氏以杨姓为主。经济收入以种植业为主。2012年人均收入9662元。

谢家荒村 位于镇政府驻地东南11公里。明末清初为安东卫牧马场,有谢氏带兵丁在此牧马定居,故而得名。总面积1300亩,其中耕地650亩。有居民78户,185口人,主要姓氏有孙、魏、牟、宋等。经济收入以种植业为主。2012年人均收入10300元。

凤凰庄村 位于镇政府驻地东南6公里。清康熙年间,岳家村岳姓在此看林,称岳家村西南岭,因传说此地曾经落过凤凰,又叫凤凰岭,1981年更今名。总面积1592亩,其中耕地796亩。有居民120户,360口人,主要姓氏有岳、张、魏、徐等。经济收入以种植业为主。2012年人均收入

12360元。

第五节　黄墩镇村居

黄墩镇共有54个行政村。

黄墩一村　位于镇政府驻地东侧。明洪武年间建村，因村北方有古狼烟墩，土呈黄色，惯称黄墩，村以墩名。1946年分为3个村，以方位东为黄墩一村。总面积1496亩，其中耕地840亩。有居民275户，795口人，主要姓氏有辛、贺、张、单、李、赵、陈、刘、高、孙、王、凌、胡、蒋等。经济收入以种植业、林果业和商业为主。2012年人均收入9309元。

黄墩二村　位于镇政府驻地西侧。总面积600亩，其中耕地424亩。有居民289户，589口人，主要姓氏有辛、闫、任、王、李、庄、张、韩、丁、秦、庞、历、朱等。经济收入以种植业、养殖业、林果业、黄烟生产和商业为主。2012年人均收入9319元。

黄墩三村　位于镇政府驻地西侧。总面积579亩，其中耕地306亩。有居民320户，827口人，主要姓氏有任、刘、辛、秦、王、卢、宋、袁、闫、孔、焦、王、丁、李等。经济收入以种植业、养殖业、林果业、黄烟生产和商业为主。2012年人均收入9160元。

黄墩四村　位于镇政府驻地西0.5公里。明弘历年间，金姓迁此居住，取名金家庄，1958年更名为黄墩四村，辖西山、东山、南山3个自然村。总面积4038亩，其中耕地712亩。有居民234户，878口人，主要姓氏有辛、闫、王、孔、宋、孙、张、黄等。经济收入以种植业、养殖业、林果业、桑蚕生产和商业为主。2012年人均收入9298元。

高家村　位于镇政府驻地西北2公里。清康熙年间建村，为避与邻村重名，称高家。总面积2223亩，其中耕地666亩。有居民210户，590口人，主要姓氏有高、李、张、孔、夏、辛、田、孙等。经济收入以种植业和板栗、桑蚕生产为主。2012年人均收入9963元。

小邵家沟村　位于镇政府驻地北1.5公里。明朝末年，邵姓迁此居住建村，因地处山沟，故名邵家沟。为避重名村，1981年11月21日改称小邵家沟。总面积2683亩，其中耕地640亩。有居民206户，539口人，主要姓氏有辛、申、庄、韩、李、张、宋、庞、尹、崔、凌、黄等。经济收入以种植业、养殖业和桑蚕、苗木生产为主。2012年人均收入9700元。

南塔岭村　位于镇政府驻地东南1公里。明嘉靖年间建村，因村前岭上有塔形建筑物，故名塔岭，因村北有北塔岭村，改称南塔岭村。辖蒋家山自然村。总面积1317亩，其中耕地343亩。有居民180户，550口人，主要姓氏有辛、蒋、刘、胡、宋、齐等。经济收入以种植业、养殖业为主。2012年人均收入9840元。

凌家滩井村　位于镇政府驻地南1公里。明洪武年间，凌姓迁此居住建村，因村东临河滩，滩上有水井，故取名凌家滩井。总面积2205亩，其中耕地603亩。有居民230户，540口人，主要姓氏有凌、朱等。经济收入以种植业、养殖业和大棚油桃、板栗生产为主。2012年人均收入9610元。

赵家滩井村　位于镇政府驻地南1公里。明洪武年间，赵姓迁此居住建村，因村东临河滩，滩上有水井，故取名赵家滩井。总面积2105亩，其中耕地497亩。有居民179户，525口人，主要姓氏有赵、凌、宋、孔、秦等。经济收入以种植业、养殖业和板栗、桑蚕、黄烟生产为主。2012年人均收入9500元。

秦家滩井村　位于镇政府驻地东南1.7公里。明代秦姓迁此居住建村，因村临河滩，滩上有水井，故名秦家滩井。总面积5522亩，其中耕地1823亩。有居民565户，1750口人，主要姓氏有秦、朱等。经济收入以种植业、养殖业和桑蚕、板栗生产为主。2012年人均收入9963元。

崔家沟村　位于镇政府驻地南3公里。明朝初期，崔姓迁此建村，因处沟畔，故名崔家沟。总面积3986亩，其中耕地1284亩。有居民385户，1020口人，主要姓氏有卢、崔、丰等。经济收入以种植业、养殖业、板栗生产和外出务工为主。2012年人均收入9350元。

单家沟村　位于镇政府驻地东南4公里。明洪武年间，单姓迁此建村，以村临沟畔，故名单家沟。总面积4223亩，其中耕地543亩。有居民215户，609口人，主要姓氏有单、王、郑、张、崔、刘等。经济收入以种植业、养殖业和外出务工为主。2012年人均收入9220元。

张家沟村 位于镇政府驻地北5公里。清康熙年间，张姓迁此建村，因村临沟畔，故名张家沟。总面积7493亩，其中耕地1125亩。有居民320户，916口人，主要姓氏有张、杨、李等。经济收入以种植业、养殖业和桑蚕、黄烟生产为主。2012年人均收入9318元。

大辛庄村 位于镇政府驻地东2.5公里。明嘉靖年间，辛姓迁此建村，取名辛庄。辖北山、房沟2个自然村。总面积8179亩，其中耕地2366亩。有居民736户，2087口人，主要姓氏有辛、许、古、赵、张、宋、凌、薄、秦、崔等。经济收入以种植业和板栗生产为主。2012年人均收入9806元。

后崖村 位于镇政府驻地东5公里。清雍正年间建村，因坐落在山后崖坡得名。总面积4978亩，其中耕地1323亩。有居民460户，1260口人，主要姓氏有张、宋、李、孙、袁、顾等。经济收入以种植业和黄烟、茶叶生产为主。2012年人均收入9860元。

北塔岭村 位于镇政府驻地东1.5公里。明天启年间建村，因附近有塔形建筑物，故名塔岭。后因避重名村，更名为北塔岭。总面积2750亩，其中耕地970亩。有居民305户，867口人，主要姓氏有范、韩、秦、王、田、山、高等。经济收入以种植、养殖业为主。2012年人均收入9700元。

刘家沟村 位于镇政府驻地东4.5公里。明成化年间，刘姓迁此建村，因处沟畔，故名刘家沟。总面积1302亩，其中耕地466亩。有居民153户，452口人，主要姓氏有刘、迟、宋等。经济收入以种植业、养殖业和板栗生产为主。2012年人均收入9300元。

姚家沟村 位于镇政府驻地东南4公里。清康熙年间，姚姓迁此建村。因村处水沟，故名姚家沟。总面积1174亩，其中耕地446亩。有居民146户，389口人，主要姓氏有姚、宋、高、辛、张、朱等。经济收入以种植业和大棚蔬菜、黄烟生产为主。2012年人均收入9149元。

陈家官庄村 位于镇政府驻地东南8公里。明正统年间，陈姓由南陈家沟迁此建村，因处官地，故名陈家官庄。辖唐子顶、栗子沟、石拉子、孙木顶4个自然村，总面积5584亩，其中耕地1120亩。有居民301户，846口人，主要姓氏有陈、焦、刘、庄、孙、宋、李、尹等。经济收入以种植业、养殖业和板栗、茶叶、桑蚕、黄烟生产为主。2012年人均收入9606元。

台子地村 位于镇政府驻地东南6公里。清乾隆年间建村，因村处岭坡台状地形，故名台子地。总面积3248亩，其中耕地1022亩。有居民275户，760口人，主要姓氏有尹、张、李、陈、宋等。经济收入以种植业和板栗、林果生产为主。2012年人均收入9683元。

上河村 位于镇政府驻地东南6.5公里。清雍正年间，宋姓自后崖村迁此建村，因村处小河上游，故名上河。辖东山、南山2个自然村。总面积2028亩，其中耕地574亩。有居民140户，410口人，主要姓氏有宋、郑、卞等。经济收入以种植业、养殖业和茶叶生产为主。2012年人均收入9300元。

芦涧村 位于镇政府驻地东南6公里。清康熙年间建村，因村处山间芦苇丛中，故名芦涧。总面积2632亩，其中耕地712亩。有居民196户，564口人，主要姓氏有辛、焦、孔、郑、李、顾、孙、宋、贺等。经济收入以种植业、养殖业和板栗、茶叶生产为主。2012年人均收入9601元。

后大坡村 位于镇政府驻地东南4公里。清康熙年间建村，因村处岭坡，故名大坡。为区别重名村，1981年按方位更名为后大坡。总面积7213亩，其中耕地1800亩。有居民506户，1410口人，主要姓氏有宋、凌、高、秦、陈、董、刘、蒋、张、薄、李等。经济收入以种植业、养殖业和大棚蔬菜、桑蚕、黄烟、板栗、茶叶生产为主。2012年人均收入9430元。

南陈家沟村 位于镇政府驻地东南6公里。明洪武年间，陈姓自西湖镇陈家庄迁至甲子山下居住，故称陈家沟，为区别重名村，1981年11月按方位更名为南陈家沟。辖十二队、十九队、二十队、相家沟、柿树沟5个自然村。总面积15653

亩，其中耕地2900亩。有居民846户，2332口人，主要姓氏有陈、朱、相、李、辛、张、郭、滕、凌、焦、宋、代等。经济收入以种植业和板栗、茶叶、生姜生产为主。2012年人均收入9677元。

侯家沟村　位于镇政府驻地东北6公里。清康熙年间建村，因地处山谷，习称后沟，后演化为侯家沟。总面积6960亩，其中耕地1714亩。有居民380户，910口人，姓氏以宋姓为主。经济收入以种植业和板栗、茶叶生产为主。2012年人均收入9300元。

粮山一村　位于镇政府驻地西8公里。明洪武年间建村，因处东南两座山口下，取名两山口，后改称粮山口。1958年析分为一、二、三村。粮山一村总面积3282亩，其中耕地893亩。有居民305户，902人，主要姓氏有朱、卢、张等。经济收入以种植业、养殖业为主。2012年人均收入9296元。

粮山二村　位于镇政府驻地西7.5公里。1958年从粮山口村析出。总面积6641亩，其中耕地1507亩。有居民470户，1350口人，主要姓氏有朱、刘、历、田、杜、卢等。经济收入以种植业、养殖业和苹果、黄烟生产为主。2012年人均收入9630元。

粮山三村　位于镇政府驻地西8公里。1958年从粮山口村析出。总面积4064亩，其中耕地914亩。有居民338户，1006口人，主要姓氏有朱、刘、孙、邱等。经济收入以种植业、养殖业和板栗、黄烟生产为主。2012年人均收入9360元。

姜家沟村　位于镇政府驻地西南6.5公里。清乾隆年间，姜姓迁此建村，因处山沟，故名姜家沟。总面积2831亩，其中耕地747亩。有居民213户，647口人，主要姓氏有朱、闫、刘、张等。经济收入以种植业、养殖业和黄烟、板栗生产为主。2012年人均收入9303元。

大洙洲村　位于镇政府驻地西9.5公里。明洪武年间建村。因三面环水故名为渚洲，后演称洙洲。1947年析分为大、小两个洙洲村。大洙洲总面积6327亩，其中耕地2580亩。有居民700户，2100口人，主要姓氏有刘、许、阚、成、李、张、韩等。经济收入以种植业和黄烟、板栗生产为主。2012年人均收入9295元。

小洙洲村　位于镇政府驻地西10公里。1947年从大洙洲村析出。总面积3290亩，其中耕地1190亩。有居民345户，1020口人，主要姓氏有张、刘、李、黄、王、接、朱、秦、卢等。经济收入以种植业、养殖业和板栗、黄烟生产为主。2012年人均收入9260元。

南庄村　位于镇政府驻地西5公里。明万历年间，王氏从涛雒小海迁至寺前建村，取名南庄。总面积8899亩，其中耕地2891亩，养殖区100亩。有居民720户，1985口人，主要姓氏有王、张、李、陈、卢、朱、范等。经济收入以种植业、养殖业为主。2012年人均收入9370元。

葛疃村　位于镇政府驻地西南6.5公里。明成化年间，有葛姓在此居住，称葛疃。总面积4695亩，其中耕地1300亩。有居民381户，1051口人，主要姓氏有山、秦、王、陈、夏、刘等。经济收入以种植业和茶叶、苹果、板栗生产为主。2012年人均收入9200元。

田家沟村　位于镇政府驻地西南4公里。清康熙年间，田姓迁此建村，因坐落山下沟畔，故名田家沟。总面积6705亩，其中耕地2531亩。有居民471户，1347口人，主要姓氏有田、辛、姜、张、历等。经济收入以种植业、养殖业和黄烟、板栗、茶叶生产为主。2012年人均收入9370元。

上双疃村　位于镇政府驻地西南4公里。明洪武年间，庄姓由涛雒迁此建村，因村前有河，初名庄家河，后改为双疃，再后又以河为界分为上、下双疃。上双疃总面积4457亩，其中耕地1088亩。有居民364户，1008口人，主要姓氏有庄、陈、张、辛等。经济收入以种植业、养殖业和板栗、黄烟生产为主。2012年人均收入9300元。

下双疃村　位于镇政府驻地西3公里。明洪武年间，庄姓由涛雒迁此立村。总面积4510亩，其中耕地1050亩。有居民376户，1036口人，主要姓氏有庄、孙、陈、刘等。经济收入以种植业、养殖业和桑蚕、茶叶生产为主。2012年人均收入9379元。

孙家蒲汪村　位于镇政府驻地西南6.5公里。明嘉靖年间，孙姓居此建村，因村前有蒲草汪塘，故名孙家蒲汪。总面积1987亩，其中耕地1080亩。有居民350户，950口人，主要姓氏有孙、张、秦、辛、王等，经济收入以种植业和板栗、茶叶生产为主。2012年人均收入9300元。

张家蒲汪村 位于镇政府驻地西南6.5公里。清康熙年间，张姓迁此建村，因西临孙家蒲汪村，遂名张家蒲汪。辖蒲汪南山、山南头2个自然村。总面积6007亩，其中耕地951亩。有居民269户，805口人，主要姓氏有张、王、庄、徐、任等。经济收入以种植业、养殖业和桑蚕、黄烟生产为主。2012年人均收入9096元。

辛家蒲汪村 位于镇政府驻地南6.5公里。清康熙年间，辛姓迁此建村，因紧临孙蒲汪遂名辛家蒲汪。总面积4402亩，其中耕地1041亩。有居民327户，956口人，主要姓氏有辛、宋等。经济收入以种植业和黄烟、板栗生产为主。2012年人均收入9071元。

黑家沟村 位于镇政府驻地南7公里。明万历年间，黑姓迁此建村，因处山涧，故名黑涧沟，后演变为黑家沟。总面积4904亩，其中耕地776亩。有居民238户，694口人，主要姓氏有夏、张、马、王、李等。经济收入以种植业和板栗、茶叶生产为主。2012年人均收入9298元。

李家官庄村 位于镇政府驻地南7.5公里。明崇祯年间，李姓迁此建村，因村处官地，故名李家官庄。总面积5136亩，其中耕地1005亩。有居民248户，697口人，姓氏以李姓为主。经济收入以种植业和黄烟、茶叶生产为主。2012年人均收入9100元。

草涧村 位于镇政府驻地西北8公里。明成化年间，刘姓自江苏东海当路村迁居此地，曾名“喜鹊窝”，后移居三面环山、水草相间地带，取名草涧。总面积8807亩，其中耕地2430亩。有居民626户，1800口人，主要姓氏有刘、张、吴、卢等。经济收入以种植业、养殖业和林果业为主。2012年人均收入9099元。该村是清代著名宰相刘统勋、刘墉祖居地，庄前北崖曾建有刘姓家庙，乾隆皇帝赐有旗牌三扇，宫灯一对，龙头拐杖一根。

田家董旺庄村 位于镇政府驻地西2公里。明正德年间，在原董家庄遗址上建村，取兴旺寓意定名董旺庄。后田姓迁居，改称田家董旺庄。总面积4305亩，其中耕地1200亩。有居民345户，1002口人，主要姓氏有田、辛、张、惠等。经济收入以种植业、养殖业和黄烟生产为主。2012年人均收入9301元。

任家董旺庄村 位于镇政府驻地西3公里。明崇祯年间，任姓迁居董旺庄旁，以姓取名任家董旺庄。总面积6740亩，其中耕地1336亩。有居民525户，1505口人，主要姓氏有任、辛、王、宋等。经济收入以种植业、养殖业和黄烟、茶叶生产为主。2012年人均收入9302元。

寺后村 位于镇政府驻地西北5公里。明崇祯年间建村，因此处南边有座建于北魏时期的大圣寺，故名寺后。总面积2808亩，其中耕地750亩。有居民250户，690口人，主要姓氏有卢、刘、李等。经济收入以种植业和板栗、黄烟生产为主。2012年人均收入9500元。

红卫村 位于镇政府驻地西北4公里。明万历年间建村，因临东山，故名刘家东山，1951年改称斜屋，1966年改为红卫村。总面积2805亩，其中耕地835亩。有居民212人，514口人，主要姓氏有刘、于等。经济收入以种植业、养殖业和板栗生产为主。2012年人均收入9320元。

孔家沟村 位于镇政府驻地西3公里。明景泰年间，孔氏迁此建村。总面积3283亩，其中耕地880亩。有居民245户，801口人，主要姓氏有孔、山、单等。经济收入以种植业和板栗生产为主。2012年人均收入9271元。

孔家庄子村 位于镇政府驻地西北3.5公里。明代以前有郎姓居住，称郎家庄子，后迁他处。明景泰年间孔姓移居于此，故名孔家庄子。总面积2531亩，其中耕地1018亩。有居民252户，742口人，主要姓氏有孔、张、刘、田、辛、宋等。经济收入以种植业和板栗生产为主。2012年人均收入9300元。

谢家沟村 位于镇政府驻地西北5公里。明洪武年间，谢氏迁居此地，因地势低洼多水，称“谢家涝洼子”，后因洪水在村旁冲成南北大沟，得名谢家沟。总面积3693亩，其中耕地1050亩。有居民270户，775口人，主要姓氏有谢、李、辛、田等。经济收入以种植业、养殖业为主。2012 年人均收入 9299 元。

上大峪村　位于镇政府驻地西北 7.5 公里。清朝雍正年间建村，因村处山谷，取名山峪，后称大峪。清乾隆十三年（1748 年），因村前下坡处建有下大峪村，随其改称上大峪。总面积 3775 亩，其中耕地 1080 亩。有居民 286 户，803 口人，主要姓氏有任、刘、朱、宋、陈、辛、崔、商等。经济收入以种植业和黄烟、板栗、药材生产为主。2012 年人均收入 9300 元。

下大峪村　位于镇政府驻地西北 6.5 公里。清乾隆十三年（1748 年）辛姓迁此建村，因山坡上边有上大峪村，故名下大峪。总面积 2629 亩，其中耕地 656 亩。有居民 210 户，580 口人，主要姓氏有辛、刘、王、张、惠等。经济收入以种植业、养殖业和茶叶生产为主。2012 年人均收入 9100 元。

东石山村　位于镇政府驻地北 4 公里。清同治二年（1863 年），凌姓由凌家滩井村迁来看山，遂成村落，因住在石人山前而得名。总面积 772 亩，其中耕地 370 亩。有居民 130 户，330 口人，主要姓氏有凌、辛、宋、张等。经济收入以种植业和板栗生产为主。2012 年人均收入 9300 元。

西石山村　位于镇政府驻地西北 6 公里。明崇祯十二年（1639 年），张姓迁此建村，因东临石山子，取名石山。为避重名村，1956 年按方位更名为西石山。总面积 1564 亩，其中耕地 231 亩。有居民 82 户，240 口人，主要姓氏有张、铁、辛等。经济收入以种植业、养殖业为主。2012 年人均收入 9300 元。

孔家口子村　位于镇政府驻地西北 5 公里。明成化年间，孔姓迁此建村，因村三面环岭，西有沟口，故名孔家口子。总面积 3895 亩，其中耕地 765 亩。有居民 290 户，746 口人，主要姓氏有孔、许、李、张、凌等。经济收入以种植业、养殖业和黄烟、板栗生产为主。2012 年人均收入 9300 元。

第六节　后村镇村居

后村镇共有 61 个行政村。

小后村　位于镇政府驻地西 0.5 公里。明崇祯年间建村，因村内有古槐，取名槐树底，后尚姓迁此居住，改名尚厚村，演化为小后村。面积 711.1 亩，其中耕地 419 亩，山场 49 亩，经济园林 97.4 亩。有居民 198 户，588 口人，主要姓氏有孙、李等。经济收入以种植业为主。2012 年人均收入 11441 元。

大后村　位于镇政府驻地西 0.5 公里。明嘉靖年间建村，因地处焦家集村后，取名后村，后因临近小后村，改称大后村，辖 5 个自然村。总面积 6503.8 亩，其中耕地 3764.5 亩。有居民 780 户，2142 口人，主要姓氏有宋、孙、郑、王、相等。经济收入以种植业、商业为主。2012 年人均收入 11202 元。

荆家沟村　位于镇政府驻地东北 1 公里。明弘治年间荆姓迁此居住建村，因居沟里，取名荆家沟。总面积 1073.5 亩，其中耕地 624.1 亩。502 口人，主要姓氏有郑、王、李、徐等。经济收入以种植业为主。2012 年人均收入 10912 元。

北山西头村　位于镇政府驻地南 3 公里。北朝末年，徐姓迁此建村，曾用名徐家村，又因地处韩家寨山西，称为山西头，为区别重名村，1981 年 11 月按方位更名为北山西头村，辖山西头、焦户山东沟、赶牛路、东岭 4 个自然村。总面积 4596.2 亩，其中耕地 2768.8 亩。有居民 480 户，1389 口人，主要姓氏有徐、高、李、刘、杜、马、宋等。经济收入以种植业、养殖业为主。2012 年人均收入 11492 元。

焦家集村　位于镇政府驻地南侧。明永乐年间，焦姓迁此建村，因居河沟岸，俗称焦家河沟，清嘉庆年间设集市，改称焦家集，辖 1 个自然村。总面积 3679.5 亩，其中耕地 2069.5 亩。有居民 440 户，1296 口人，主要姓氏有郑、焦、许、王等。经济收入以种植业和茶叶、大棚蔬菜生产为主。2012 年人均收入 10890 元。

东小曲河村　位于镇政府驻地东 6.5 公里。清乾隆年间，山字河郑姓迁此建村，因靠大曲河村，故名小曲河。1946 年以村中小河为界，分为东、西两个村。东小曲河总面积 1353.6 亩，其中耕地 841.3 亩。有居民 176 户，506 口人，主要姓氏有郑、贺、蔡、许、林、吴等。经济收入以种植业为主。2012 年人均收入 10605 元。

东山字河村 位于镇政府驻地东5公里。元朝初年建村，因流经村内三条南北向小河，形似“山”字，故名山字河村。1942年析分为东、中、西3个村。东山字河总面积4766.2亩，其中耕地2541.2余亩。有居民380户，1080口人，主要姓氏有郑、李、马、杨、田等。经济收入以种植业为主。2012年人均收入11301元。村内有著名革命烈士郑天九故居。

西山字河村 位于镇政府驻地东4.5公里。先有张姓居住建村，称张家村，因村北有三条南下小河，分别从村中贯穿注入村前成山字形，故名山字河，1942年析出建村。总面积2494.2亩，其中耕地1244亩。有居民306户，866口人，主要姓氏有张、李、郑等。经济收入以种植业和果园、茶叶生产为主。2012年人均收入11060元。

中山字河村 位于镇政府驻地东5公里。1942年从山字河析出建村。总面积2120.9亩，其中耕地1088.2亩。有居民294户，928口人，主要姓氏有郑、王、高、苏、田等。经济收入以种植业、养殖业、大棚蔬菜和外出务工为主。2012年人均收入11088元。

李家洼村 位于镇政府驻地东2.5公里。清乾隆年间李姓住过此地，后郑氏迁居此地，隶属大邵疃自然村。因处河南崖洼地，曾名东南洼、南洼。1937年分村称李家洼。总面积1909.3亩，其中耕地838.7亩，山场177亩，桑园100亩，茶园140亩。有居民206户，人口746人，姓氏以郑姓为主。经济收入以种植业和桑蚕、茶叶生产为主。2012年人均收入11250元。

石桥官庄村 位于镇政府驻地西北4.5公里。清康熙年间李姓迁此建村。因村东小河有段裸露的天然石板如桥，取名石桥官庄。辖石桥管庄、爬垛前2个自然村。总面积6131.4亩，其中耕地3616.7亩。有居民700户，2050口人，主要姓氏有李、史、葛等。经济收入以种植业和茶叶生产为主。2012年人均收入12029元。

后马庄一村 位于镇政府驻地西3公里。曾有白姓居住，称白家夼子。明洪武年间李姓迁此居住，称马庄。明景泰年间村前新建一村，亦称马庄。后按方位改称后马庄。1952年析分为2个村。后马庄一村辖后草垛沟、东岭2个自然村，总面积2441.1亩，其中耕地1047.2亩。有居民335户，903口人，主要姓氏有李、陈、王、周等。经济收入以种植业和茶叶生产为主。2012年人均收入11950元。

后马庄二村 位于镇政府驻地西3公里。明洪武年间建村。1952年从后马庄析出建村。总面积2348.9亩，其中耕地1152.9亩。有居民297户，909口人，主要姓氏有李、孙、周等。经济收入以种植业和茶叶生产为主。2012年人均收入11574元。

团山村 位于镇政府驻地西南5公里。明万历年间，陈、冷、高三姓迁此建村，因西北有团山子，村以山名。辖团山子、马庄沟、高家3个自然村，总面积3606.4亩，其中耕地1669亩。有居民350户，1100口人，主要姓氏有陈、冷、高等。经济收入以种植业和苹果生产为主。2012年人均收入10847元。

皂户沟村 位于镇政府驻地西1.5公里。清康熙年间建村。因处小后村西岭沟畔，曾名小后村西岭。后本村有人在衙门当“皂隶”（差役），故称皂户沟。总面积1678.2亩，其中耕地787.1亩。有居民256户，726口人，主要姓氏有李、许等。经济收入以种植业为主。2012年人均收入12176元。

丁家官庄村 位于镇政府驻地西南5公里。清康熙年间，丁姓迁此建村，因村前山呈平台，常有云雾笼罩，曾名云台官庄。抗日战争时期改名为丁家官庄。辖丁家管庄、郑家岭2个自然村。总面积2371.1亩，其中耕地1023.2亩。有居民160户，418口人，主要姓氏有丁、郑、崔等。经济收入以种植业和茶叶生产为主。2012年人均收入11100元。

前马庄一村 位于镇政府驻地西南3.5公里。明景泰年间，李姓自南湖迁此建村。因村后紧临马庄，称前马庄。1950年析分为2个村。前马庄一村辖前东山1个自然村，总面积3664.9亩，其中耕地2212.5亩。有居民490户，1493口人，主要姓氏有李、苗、张、尹等。经济收入以种植业和茶叶生产为主。2012年人均收入11637元。

前马庄二村　位于镇政府驻地西南3.5公里。1950年从前马庄析出建村，辖青蛙沟、沙岭子、双山西头、狼窝沟4个自然村。总面积3932.6亩，其中耕地1851.6亩。有居民261户，760口人，主要姓氏有李、苗、刘等。经济收入以种植业和茶叶生产为主。2012年人均收入11242元。

崖头村　位于镇政府驻地西5公里。元朝建村。因处岭崖前，故名崖头，辖小独垛子、大沟、北山、庙子岭4个自然村。总面积6604.9亩，其中耕地3331.7亩，河川山场1900亩，经济园林（茶、果、桑）约900亩。有居民760户，2295口人，主要姓氏有周、韩、孙、李等。经济收入以种植业和茶叶生产为主。2012年人均收入11057元。

马家店村　位于镇政府驻地东北2.5公里。明万历年间，冷姓自日照城迁此建村，因处荒坡高地，名上荒。村东沟盛长野麻、荻草，俗称麻荻涧。清光绪年间，因名称不雅，谐其音作马家店。总面积3777.5亩，其中耕地2178.7亩。有居民413户，1580口人，主要姓氏有冷、郑、乔、李、王等。经济收入以种植业和茶叶生产为主。2012年人均收入10790元。

贺家沟村　位于镇政府驻地西北4公里。明嘉靖年间，贺姓由石臼所迁此建村，因处山麓沟谷，故名贺家沟。总面积5284.4亩，其中耕地2885亩。有居民420户，1240口人，主要姓氏有贺、吴、曲等。经济收入以种植业和茶叶生产为主。2012年人均收入11133元。

土谷涧村　位于镇政府驻地西北。清嘉庆年间，李、丁、蔡三姓相继迁此定居，取名三合疃，后因村旁有尼姑庙，故名土姑涧，抗日战争期间，演化为土谷涧。总面积648.3亩，其中耕地292.7亩。有居民75户，183口人，主要姓氏有丁、蔡、朱、李、郭等。经济收入以种植业和茶叶生产为主。2012年人均收入10832元。

沙沟村　位于镇政府驻地西北2公里。明洪武年间，沙姓迁此建村，因地处沟崖，故名沙沟。总面积5234.8亩，其中耕地2941.2亩。有居民560户，1760口人，主要姓氏有苗、王、郑、尹等。经济收入以种植业为主。2012年人均收入10950元。

东高家沟村　位于镇政府驻地西北。明洪武年间，高姓迁此临沟建村，故名高家沟。为区别重名村，1981年11月按方位更名为东高家沟。总面积4399.7亩，其中耕地2403亩。有居民362户，1024口人，主要姓氏有高、贺、卢、刘、王等。经济收入以种植业和茶叶生产为主。2012年人均收入10911元。

小邵疃村　位于镇政府驻地东北2公里。先为邵姓居住，称邵家场。明万历年间邵姓迁走，郑姓迁此居住，改称为邵疃。清康熙年间，在邵疃后另立一村，取名小邵疃，原村叫大邵疃。小邵疃总面积2730.9亩，其中耕地1760.6亩。有居民264户，860口人，主要姓氏有赵、郑、成等。经济收入以种植业为主。2012年人均收入10884元。

陈家沟村　位于镇政府驻地东北4公里。明正统年间，滕、陈二姓相继迁此临沟建村，以陈姓居多，故名陈家沟。总面积4439亩，其中耕地2439亩。有居民430户，1430口人，主要姓氏有赵、杨、李、陈等。经济收入以种植业和茶叶生产为主。2012年人均收入11116元。

蔡家官庄村　位于镇政府驻地北5公里。明崇祯年间，蔡姓自汾水北岭迁居官地建村，故名蔡家官庄。总面积2250.8亩，其中耕地1318.8亩。有居民246户，702口人，主要姓氏有蔡、李、王、张、孙等。经济收入以种植业为主。2012年人均收入10591元。

石岭子村　位于镇政府驻地东南3公里。明朝时属西邵疃南岭，1958年从西邵疃南岭分出后改称石岭子。总面积2451.2亩，其中耕地801.7亩。有居民130户，407口人，主要姓氏有郑、牟、尹等。经济收入以种植业和桑蚕生产为主。2012年人均收入10667元。

西邵疃村　位于镇政府驻地东1公里。明万历年间，邵姓迁走郑姓迁入，取名大邵疃。1948年与东邵疃分村称西邵疃。总面积1445.6亩，其中耕地878.7亩。有居民270户，740口人，主要姓氏有郑姓。经济收入以种植业和茶叶生产为主。2012年人均收入10811元。

丁家院村　位于镇政府驻地东南1.5公里。清乾隆年间，丁姓迁此建村，因邻寺院故名丁家院，辖土山西头、蔡家竹园前2个自然村。总面积

2349.5 亩，其中耕地 1207.1 亩。有居民 240 户，650 口人，主要姓氏有丁、蔡、李、袁、张等。经济收入以种植业为主。2012 年人均收入 10965 元。

田家岭村 位于镇政府驻地东南 5 公里。清朝中期田姓迁此建村，因村西有自然裸露大石板，惯称薄板台，始属山字河村，1961 年分村自治，因村处岭上，改称田家岭。总面积 518.9 亩，其中耕地 286.4 亩。有居民 70 户，190 口人。经济收入以种植业、养殖业为主。2012 年人均收入 11360 元。

曲河北岭村 位于镇政府驻地东 6.5 公里。明朝时建村，因郑姓先居岭上，叫郑家岭，后曾与东小曲河、曲河南岭组成团结大队，1960 年分村自治，改名为曲河北岭。总面积 959 亩，其中耕地 494.8 亩，山场 40 亩。有居民 102 户，302 口人，主要姓氏有曹、吴、李、郑、贺等。经济收入以种植业和林果生产为主。2012 年人均收入 10311 元。

石林子村 位于镇政府驻地东南 8.5 公里。清光绪年间建村，因村前后有裸露岩石板，故名石岭子，后为区别重名村，改称石林子。总面积 575.5 亩，其中耕地 250.2 亩。有居民 81 户，241 口人，主要姓氏有牟、袁、张、李、朱等。经济收入以种植业和林果生产为主。2012 年人均收入 11100 元。

新兴村 位于镇政府驻地东 8 公里。明成化年间建村，因租种辛留地主土地故名辛兴村，后改为新兴，寓新建兴旺之意。总面积 1280.1 亩，其中耕地 475.4 亩。有居民 198 户，640 口人，主要姓氏有吴、唐、王等。经济收入以种植业、养殖业和林果生产为主。2012 年人均收入 11200 元。

井沟村 位于镇政府驻地东 7.5 公里。明朝初年，魏姓迁居此地，后崔姓迁入，渐成村落，因岭坡河沟有水井，故名井沟。总面积 2935.2 亩，其中耕地 1642 亩，经济园林 200 亩。有居民 420 户，1228 口人，主要姓氏有李、张、崔、刘等。经济收入以种植业、养殖业和桑蚕生产为主。2012 年人均收入 10864 元。

榛子埠村 位于镇政府驻地东北 9 公里。清康熙年间，张姓迁此建村，因村西北有两棵古老榛子树，又东临傅疃河小码头而得名。总面积 3338.9 亩，其中耕地 1231 亩。有居民 148 户，1241 口人，主要姓氏有张、贺、李、陈等。经济收入以种植业、养殖业为主，部分村民种植蘑菇和外出务工。2012 年人均收入 11180 元。

东陈家沟村 位于镇政府驻地东北。明洪武年间，江苏东海县陈姓先迁日照城西陈疃，随后又迁此处，取名陈家沟。后为区别重名村，更今名。总面积 753.7 亩，其中耕地 389.6 亩。有居民 106 户，305 口人，主要姓氏有陈姓。经济收入以农业和外出务工为主。2012 年人均收入 10640 元。

曲河南岭村 位于镇政府驻地东 5 公里。清光绪年间，张姓自山字河迁此建村，因处小曲河村南岭而得名。总面积 1735 亩，其中耕地 765.3 亩，果园 400 余亩。有居民 176 户，536 口人，主要姓氏有张、贺、冷、郑等。经济收入以种植业和林果生产为主。2012 年人均收入 11732 元。

西小曲河村 位于镇政府驻地东南 6.5 公里。清乾隆年间，郑姓迁此建村，因临大曲河村，故名小曲河。总面积 1171.4 亩，其中耕地 871 亩。有居民 80 户，896 口人，主要姓氏有郑、任等。经济收入以种植业和林果生产为主。2012 年人均收入 1.1 万元。

大曲河村 位于镇政府驻地东北 9 公里。明万历年间，韩姓迁此建村，因东临弯曲大河，惯称曲河，村以河名。为避重名村，清乾隆年间改称大曲河。总面积 3057.4 亩，其中耕地 924.8 亩。有居民 316 户，1045 口人，主要姓氏有牟、田、张、韩等。经济收入以种植业和林果生产为主。2012 年人均收入 11257 元。

宅科二村 位于镇政府驻地西 8 公里。明万历年间建村，取名宅科。1952 年析分为一、二、三村，后一、二村合并，统称宅科二村。总面积 6197.4 亩，其中耕地 3788.9 亩。有居民 750 户，2140 口人，主要姓氏有孙、袁、崔等。经济收入以种植业、养殖业和茶叶生产为主。2012 年人均收入 11200 元。

宅科三村 位于镇政府驻地西 9 公里。1952 年从宅科村析出建村，辖王仙涧、火石盖子 2 个自然村。面积 4378 亩，其中耕地 1551.5 亩。有居民 189 户，528 口人，主要姓氏有袁、崔、韩、张、王、郑、胡等。经济收入以种植业和茶叶生产为主。2012年人均收入10479元。

西代家河村 位于镇政府驻地西7.5公里。初有戴姓居住,后郭、孙、王、彭姓于清康熙年间相继迁入定居,以先居戴姓定村名,演化为今名。清道光年间析分为东、西两个村,辖西北沟自然村。总面积1922.7亩,其中耕地779.4亩,山场513.5亩,茶园、果园等经济园林370亩。有居民183户,582口人,主要姓氏有彭、孙、王、张、李、郑等。经济收入以种植业和茶叶生产为主。2012年人均收入11400元。

邢家沟村 位于镇政府驻地西北8公里。明洪武年间,邢姓迁此建村,故名邢家沟。总面积7308.9亩,其中耕地3685.9亩,山场1025.9亩,经济园林1000亩。有居民730户,2200口人,主要姓氏有邢、袁、陈、李、胡等。经济收入以种植业和茶叶、板栗生产为主。2012年人均收入10700元。

挪庄村 位于镇政府驻地西6公里。隋朝末年,原在大庙旁的村庄遭遇洪水被毁,部分村民迁住河东建崖头村,另有村民迁到河西,称挪庄。总面积2529.8亩,其中耕地1054.4亩,山场428亩,经济园林680亩。有居民242户,678口人,主要姓氏有周、梁等。经济收入以种植业和茶叶生产为主。2012年人均收入11700元。

崔家峪村 位于镇政府驻地西6公里。清乾隆年间,崔姓迁此建村,因处山谷,取名崔家峪。总面积793.2亩,其中耕地416.8亩。有居民175户,502口人,主要姓氏有周、崔等。经济收入以种植业和茶叶、桃园生产为主。2012年人均收入11900元。

独垛子村 位于镇政府驻地西7.5公里。明景泰年间,陈、杨二姓迁此建村,因处大小独垛山之间,故名独垛子,辖独垛子、塘子沟2个自然村。总面积5384.3亩,其中耕地1525.6亩。有居民340户,1040口人,主要姓氏有杨、陈、李、宋等。经济收入以种植业和茶叶、板栗生产为主。2012年人均收入11700元。

东代家河村 位于镇政府驻地西南7.5公里。清道光年间,从戴家河村析出。总面积1717.9亩,其中耕地869.9亩。有居民176户,509口人,主要姓氏有郭、王、李、周、张等。经济收入以种植业为主。2012年人均收入10993元。

西草坡村 位于镇政府驻地西7公里。清康熙年间,王姓建村设集市,称王家集,因处山坡上,后以地貌取名为草坡,为区别重名村,1981年11月改称西草坡。总面积2340.2亩,其中耕地1131.3亩。有居民285户,846口人,主要姓氏有马、韩、周等。经济收入以种植业和茶叶生产为主。2012年人均收入10845元。

寨山前村 位于镇政府驻地东南3公里。清乾隆年间建村,曾称大山前、韩家寨,因属山字河村,又称山字河南山前。为区别重名村,1987年改称寨山前。总面积1681.5亩,其中耕地676.6亩。有居民126户,360口人,主要姓氏有郑、贺等。经济收入以种植业为主。2012年人均收入10458元。

大竹园村 位于镇政府驻地东南5公里。清康熙年间,山字河郑姓迁此建村,因在山间深处,曾名南山里。1944年,以村前有竹园取名竹园。为区别重名村,1981年11月更名大竹园。总面积4447.9亩,其中耕地1297.2亩。有居民220户,660口人,主要姓氏有郑、李等。经济收入以种植业和茶叶生产为主。2012年人均收入10950元。

丁家皋陆村 位于镇政府驻地东北6公里。明朝中期,初有陈姓迁此建村,后丁姓迁入,随汉家皋陆称丁家皋陆,辖牛家庄、河南崖2个自然村。总面积4138.7亩,其中耕地1968.8亩,蘑菇基地170亩。有居民680户,1780口人,主要姓氏有牛、张、路、陆、乜、卜等。经济收入以种植业、养殖业为主。2012年人均收入11477元。

东邵疃村 位于镇政府驻地东2.5公里。明万历年间,邵姓居住建村,称邵家场,后邵姓他迁,郑姓迁入居住,更名为邵疃,为区别重名村,又称大邵疃。1949年析分为东、西两个村。东邵疃总面积2003.3亩,其中耕地1163.7亩。有居民275户,755口人。主要姓氏有郑姓。经济收入以种植业、大棚蔬菜和外出务工为主。2012年人均收入10215元。

汉家皋陆一村 位于镇政府驻地东北5公

里。明洪武年间，汉姓居高子山东，后迁两河中间高地建村，故名皋陆。明朝中期，为区别重名村，更名为汉家皋陆。1950年析分为三个村。1975年遇洪水，汉家皋陆一村房屋大部分倒塌，自原址北移一华里至此地。总面积1797.7亩，其中耕地1061.6亩。有居民280户，756口人，主要姓氏有汉、厉、丁、曹等。经济收入以种植业、养殖业为主。村内有刺绣厂多家。2012年人均收入11140元。村西南有古墩，村域有汉高山庄旅游区。

汉家皋陆二村 位于镇政府驻地东北6公里。1950年从汉家皋陆析出。总面积2078.3亩，其中耕地1231.5亩，经济园林100亩。有居民246户，740口人，主要姓氏有汉、王、曹、钊、张等。经济收入以种植业、养殖业为主。2012年人均收入11076元。

汉家皋陆三村 位于镇政府驻地东北6公里。1950年从汉家皋陆析出。总面积2249.9亩，其中耕地1253.6亩，经济园林70亩。有居民268户，830口人，主要姓氏有汉、辛、崔、张、王等。经济收入以种植、养殖业为主。2012年人均收入11314元。

马家岭村 位于镇政府驻地东8公里。明洪武年间，马姓迁此建村，辖马家庙自然村。总面积3013.3亩，其中耕地1368.2亩。有居民286户，936口人，主要姓氏有马、王、李等。经济收入以种植业为主。2012年人均收入11534元。

三合村 位于镇政府驻地东2.6公里，清乾隆年间，郑姓迁此居住，因村北、东、南三面山、河环绕，故名大圈。后其他姓氏相继迁入大圈北岭、皋陆南岭，1962年合并称三合村。总面积834.3亩，其中耕地561.3亩。有居民104户，296口人，主要姓氏有郑、王、潘、曲等。经济收入以种植业和桑蚕、茶叶生产为主。2012年人均收入10356元。

小代疃村 位于镇政府驻地东北7.5公里。明洪武年间，戴姓兄弟自江苏迁来分别定居，小弟居此名小戴疃，后谐音小代疃。辖别家沟、小陈家沟、河东塘3个自然村。总面积8198.4亩，其中耕地3226亩。有居民936户，2596口人，主要姓氏有陈、李、秦、别、毛、张、郑、牟等。经济收入以种植业和外出务工为主。2012年人均收入11318元。

辛家皋陆村 位于镇政府驻地东北8公里。清乾隆年间，辛姓迁此建村。因临近皋陆，取名辛家皋陆，1964年从旧村南迁现址。总面积2408.7亩，其中耕地1362.7亩。有居民250户，756口人，主要姓氏有辛、张、邢等。经济收入以种植、养殖业为主。2012年人均收入11271元。

杏坊村 位于镇政府驻地东3.5公里。清乾隆年间，杏坊籍按察史郑天刑为本村取名为刑罚村，后演化为杏坊村。总面积2398.2亩，其中耕地867.5亩。有居民234户，660口人。经济收入以种植业和外出务工为主。2012年人均收入11723元。

第七节 高兴镇村居

高兴镇共有46个行政村。

南范家村 位于镇政府驻地西南。据高兴庙碑记载，该村宋代已建，金人入侵时范姓迁走，他姓入住，因方位称南范家村。总面积700亩，其中耕地500亩。有居民206户，587口人，主要姓氏有陈、杨、王、丁、高、刘、宋、秦等。经济收入以商业、服务业和务工为主。2012年人均收入9440元。

南草坡村 位于镇政府驻地东1公里。明洪武年间建村，因村东岭杂草丛生，故名草坡。为区别重名村，1981年11月更名为南草坡。总面积1470亩，其中耕地1100亩（含经济园林300亩）。有居民270户，930口人，主要姓氏有王、于、张、葛、盛等。经济收入以农业、养殖业和务工为主。2012年人均收入9728元。

东牟家村 位于镇政府驻地东2公里。明弘治年间，牟姓迁此建村，故名牟家村。为区别重名村，又称老牟家村。清乾隆年间，按方位改称东牟家村。总面积1525亩，其中耕地1100亩（含经济园林500亩）。有居民276户，954口人，主要姓氏有牟、黄、刘、安、胡、徐等。2012年人均收入8049元。

西牟家村 位于镇政府驻地东。明崇祯年间，牟姓迁此建村，取名小牟家村。清乾隆年间，按方位改称西牟家村。总面积1550亩，其中耕地

1346亩。有居民365户，1186口人，主要姓氏有李、王、丁、付等。经济收入以农业、养殖业、桑蚕生产和外出务工为主。2012年人均收入9115元。

厉家湖村　位于镇政府驻地东1公里。明洪武年间，厉姓迁此建村，因地势低洼，故称厉家湖。总面积1400亩，其中耕地968亩（含经济园林400亩）。有居民240户，820口人，主要姓氏有丁、王、李、韩、张、冯、巩等。经济收入以农业和务工为主，有工业、建筑企业10余家。2012年人均收入9827元。

高兴岭村　位于镇政府驻地西1公里。唐朝时在高岭地段建雹泉龙神庙，金朝时建高兴庙，故取名高兴庙村，1964年更名为高兴岭。总面积470亩，其中耕地420亩。有居民106户，280口人，主要姓氏有赵、李等。经济收入以农业、养殖业、茶叶生产、桑蚕生产和外出务工为主。2012年人均收入9415元。

北范家村　位于镇政府驻地西北。元朝末年范姓迁此建村。按方位称北范家村。总面积700亩，其中耕地480亩。有居民216户，676口人，主要姓氏有秦、滕、赵、李、陈、杨等。经济收入以农业、养殖业、商业和务工为主。2012年人均收入9721元。

沈家村　位于镇政府驻地西南1公里。元朝末年沈姓迁此建村，取名沈家村。总面积1080亩，其中耕地886亩。有居民327户，933口人，主要姓氏有丁、武、徐、张等。经济收入以农业、养殖业和务工为主。2012年人均收入9398元。

卜家村　位于镇政府驻地西北1.5公里。清康熙年间，卜姓迁此建村，故名卜家村。总面积2000亩，其中耕地950亩。有居民210户，630口人，主要姓氏有卜、刘、张、董等。经济收入以农业和桑蚕、茶叶生产为主。2012年人均收入8462元。

白云村　位于镇政府驻地北2公里。明崇祯年间，许姓迁此建村，取名许家大村，后改名许家扛头，演化为炕头，1987年4月，以村处白云山下，更名为白云村。总面积2700亩，其中耕地1500亩。有居民335户，1050口人，主要姓氏有徐、魏、陈、许、冯等。经济收入以农业、养殖业和茶叶生产为主。2012年人均收入9390元。

潘家洼村　位于镇政府驻地北2公里。元朝时潘姓迁此定居，因村处洼地取名潘家洼。总面积2250亩，其中耕地1398亩。有居民400户，1216口人，主要姓氏有张、侯、万、郑、朱、李、姚、马、宋等。经济收入以农业、养殖业、茶叶生产和外出务工为主。2012年人均收入9576元。

夏陆沟村　位于镇政府驻地东南3公里。明洪武年间夏姓迁此建村，取名夏陆沟。总面积2060亩，其中耕地1884亩。有居民460户，1326口人，主要姓氏有李、杨、马、滕等。经济收入以农业、养殖业、桑蚕生产和外出务工为主。2012年人均收入9393元。

王家楼子村　位于镇政府驻地南4公里。明洪武年间，江苏省东海县牛山镇王家庄王氏逃荒至此建村，取名王家楼子。总面积2840亩，其中耕地1786亩。有居民511户，1424口人，主要姓氏有王、滕、郑、申、黄、陈等。经济收入以农业、桑蚕生产和外出务工为主。2012年人均收入9373元。

安家尧王城村　位于镇政府驻地南3公里。清乾隆年间安姓迁此建村，取名小尧王城，1945年更名为安家尧王城。总面积842亩，其中耕地635亩。有居民126户，434口人，姓氏以安姓为主。经济收入以农业、茶叶生产、蔬菜种植和务工为主。2012年人均收入9428元。村西有尧王城遗址。

大尧王城村　位于镇政府驻地南3公里。明洪武年间建村，因邻尧王城旧址，故名。清乾隆年间，“前庄”（现安家尧王城）、“北地”（现刘家尧王城）两个自然村析出建村。总面积1300亩，其中耕地927亩。有居民182户，615口人，姓氏以安姓为主。经济收入以农业、养殖业、塑料加工、废品回收等产业为主。2012年人均收入9376元。

刘家尧王城村　位于镇政府驻地南2公里。清道光年间，刘姓迁至大尧王城村北居住，清光绪年间改称刘家尧王城。总面积733亩，其中耕地375亩。有居民98户，327口人，主要姓氏有刘、丁、陈等。经济收入以农业、养殖业、桑蚕生产、林果生产和外出务工为主。2012年人均收入

9451元。

南辛庄子村 位于镇政府驻地南3公里，坐落在尧王城遗址之上。清乾隆年间建村，取名辛壮子，后演化为辛庄子，为区别重名村，按方位称南辛庄子。总面积2600亩，其中耕地1900余亩。有居民380户，1300口人，主要姓氏有张、韩、曹、刘等。经济收入以农业、养殖业、蔬菜生产和外出务工为主。2012年人均收入9432元。

张家庄子村 位于镇政府驻地南3公里。明嘉靖年间，张姓迁此建村，故名张家庄子。总面积1417亩，其中耕地980亩。有居民248户，785口人，主要姓氏有张、王、邱、郑、杨等。经济收入以农业、养殖业和外出务工为主。2012年人均收入9549元。村东有尧王城遗址。

张家小庄村 位于镇政府驻地东南2.5公里。元朝至正年间，张姓迁此建村，取名张家小庄。总面积420亩，其中耕地350亩。有居民90户，270口人，主要姓氏有张、郑、王、韩等。经济收入以农业、桑蚕生产和外出务工为主。2012年人均收入9446元。

川子村 位于镇政府驻地西3公里。明洪武年间，杨姓从上杨（现向阳村）迁此居住，取名中杨，后厉姓迁入，因村处河边，改称川子。总面积1200亩，其中耕地738亩。有居民160户，568口人，主要姓氏有李、厉、徐等。经济收入以农业、养殖业、林果生产、茶叶生产和外出务工为主。2012年人均收入9240元。

向阳村 位于镇政府驻地西北3公里。南宋末年，杨姓迁此建村，取名上杨，后宋、费等姓前来居住，杨姓迁出，改称向阳。总面积2357亩，其中耕地1273亩。有居民363户，1018口人，主要姓氏有宋、费、张、李、王等。经济收入以农业、养殖业、桑蚕生产、茶叶生产和外出务工为主。2012年人均收入9000元。

杨家山前村 位于镇政府驻地西北3公里。清朝末年建村，原称向阳北岭，因村坐落于杨家山之前，1947年更名为杨家山前。总面积1650亩，其中耕地740亩。有居民202户，580口人，主要姓氏有李、张、宋、乔、费等，经济收入以农业、养殖业、茶叶生产和外出务工为主。2012年人均收入9136元。

六合村 位于镇政府驻地西北5公里。清乾隆年间，此处相继建棘子园、王家岭、北家沟、榛子崖、北台子、河北崖等村，称沟子里，2001年，6个行政村合并，取名六合村。总面积2200亩，其中耕地1504亩。有居民475户，1270口人，主要姓氏有王、李、丁、节等。经济收入以农业、养殖业、桑蚕生产、茶叶生产和外出务工为主。2012年人均收入9778元。

前唐家河村 位于镇政府驻地西北2公里。明天启年间，唐姓迁此建村，因村处河边，故名唐家河，为区别重名村，改称今名。总面积900亩，其中耕地531亩。有居民138户，462口人，主要姓氏有郑、杨、陈等。经济收入以农业、养殖业和茶叶生产为主。2012年人均收入9135元。

后唐家河村 位于镇政府驻地西北2.5公里。元末明初，有唐姓居住于河北岸，称唐家河。后有郑姓迁居河南岸，按方位称后唐家河。总面积1800亩，其中耕地1250亩。有居民356户，998口人，主要姓氏有甄、梁、丁、郭等。经济收入以农业、养殖业、茶叶生产和外出务工为主。2012年人均收入9012元。

东辛庄子村 位于镇政府驻地东2公里。明洪武年间建村，原名官庄，明朝末年由此地东南1500米处迁至现址，改称新庄子，后演化为辛庄子，为区别重名村，按方位更名为东辛庄子村。总面积1700亩，其中耕地1466亩。有居民270户，859口人。主要姓氏有王、张、田、孙等。经济收入以农业、养殖业和大棚蔬菜、桑蚕生产、茶叶生产为主。2012年人均收入9722元。

大芳沟村 位于镇政府驻地东4公里。紧临青赵公路。明洪武年间，有芳姓迁此建村，因村临河沟取名芳沟，为区别重名村，后更名为大芳沟。总面积1763亩，其中耕地1600亩。有居民376户，1078口人，主要姓氏有金、李、陈、张、孙、王、汪、成、费、牟等。经济收入以农业、养殖业、桑蚕生产、茶叶生产和煤炭贩运为主。2012年人均收入9254元。

小芳沟村 位于镇政府驻地东3公里。明朝有芳姓迁此建村，因村临河沟，故名芳沟，为区别重名村，后更名为小芳沟。总面积1047亩，其中耕地947亩(含茶园256亩,桃园46亩,桑园58亩),养殖区50亩。有居民232户,732口人,主要姓氏有韩、王、李等。经济收入以农业、养殖业、桑蚕生产、茶叶生产和煤炭贩运为主。2012年人均收入9395元。

南湖西头村　位于镇政府驻地东南5公里。清乾隆年间建村,因村临大片湖地,故名湖西头,为区别重名村,1981年11月按方位更名为南湖西头。总面积730亩,其中耕地670亩。有居民149户,435口人,主要姓氏有成、焦、尹、贺等。经济收入以农业、养殖业和桑蚕生产为主。2012年人均收入9673元。

大宋家庄村　位于镇政府驻地东北4公里。元朝时,宋姓迁此建村,故名宋家庄,为避重名村,后改称大宋家庄。总面积660亩,其中耕地633亩。有居民121户,384口人,主要姓氏有陈、成、李、司、刘等。经济收入以农业、养殖业、桑蚕生产和外出务工为主。2012年人均收入9944元。

小宋家庄村　位于镇政府驻地东北5公里。元朝末年,宋姓迁此建村,因临宋家庄,故名小宋家庄。总面积360亩,其中耕地320亩。有居民58户,180口人,主要姓氏有丁、韩、路、尹等。经济收入以农业、养殖业、桑蚕生产和外出务工为主。2012年人均收入9315元。

怀古村　位于镇政府驻地西南4公里。元朝末年,高姓迁此建村,取名高家村,明朝初期丁氏迁来村东居住,后两村合并,取名怀古村。总面积2300亩,其中耕地1680亩。有居民346户,1121口人,主要姓氏有丁、葛、陈、李、邱等。经济收入以农业、养殖业和铁门制作、钻井和外出务工为主。2012年人均收入9653元。村西1公里有尧王城遗址。

毕家村　位于镇政府驻地西1.5公里处。元朝时李姓迁此建村,取名李家村,后毕氏家族迁居该村,更名为毕家村。总面积2170亩,其中耕地1850余亩,多为岭地。有居民380户,1170口人,主要姓氏有毕、陈等。经济收入以农业、养殖业、桑蚕生产、茶叶生产和外出务工为主。2012年人均收入8737元。

冯家庄村　位于镇政府驻地西3公里。明洪武年间,冯姓迁此建村,故名冯家庄。总面积1320亩,其中耕地990亩(含果园320亩,茶园97亩)。有居民228户,736口人,主要姓氏有杨、陈、姜、周等。经济收入以农业、养殖业、茶叶生产、林果生产和外出务工为主。2007年建集办公、超市、卫生所、幼儿园、健身、娱乐等于一体的社区综合广场1处。2012年人均收入9649元。

秦家庄村　位于镇政府驻地西3公里。明洪武年间建村。总面积1150亩,其中耕地700亩。有居民145户,448口人,主要姓氏有秦、毕、李、邓等。经济收入以农业、林果生产和外出务工为主。2012年人均收入9507元。

杨家庄村　位于镇政府驻地西3公里。明永乐年间,杨姓迁此建村,取名杨家庄。总面积480亩,其中耕地236亩。有居民103户,275口人,姓氏以杨姓为主。经济收入以农业、林果生产和外出务工为主。2012年人均收入8524元。

申家庄村　位于镇政府驻地西南3公里。明朝末年,申姓迁此建村,取名申家庄。总面积1998亩,其中耕地1797亩。有居民274户,832口人,主要姓氏有申、宋、李、刘等。经济收入以农业、养殖业、林果生产和外出务工为主。2012年人均收入8549元。

訾家店村　位于镇政府驻地西4公里。明洪武年间,有訾姓迁此开店,故名訾家店。总面积812亩,其中耕地786亩。有居民156户,478口人,主要姓氏有訾、李、徐、周等。经济收入以农业、养殖业和桑蚕生产为主。2012年人均收入8726元。

工农岭村　位于镇政府驻地东北5公里,村东北临沈海高速公路服务区。清乾隆年间,郑、高两姓迁此居住,因奎山夹仓村闫姓在此有林地,故名闫家林,属大屯村自然村,1963年析出称闫家林,1973年更名为工农岭。总面积410亩,其中耕地360亩。有居民55户,160口人,主要姓氏有郑、高等。经济收入以农业、养殖业和外出务工为主。2012年人均收入9818元。

大屯村　位于镇政府驻地东北5公里。明洪武年间建村,因地处深沟陡崖,曾名陡沟屯,为明代安东卫屯地之一,后改称大屯。总面积1500亩,其中耕地1000亩。有居民360户,1160口人,主要姓氏有陈、高、郑、李、杨、路、刘等。经济收入以农业、养殖业、桑蚕生产和外出务工为主。2012年人均收入9463元。

小屯村 位于镇政府驻地东北。明洪武年间建村,因毗邻大屯,故名小屯。总面积1290亩,其中耕地849亩。有居民253户,740口人,主要姓氏有左、王、毛、徐等。经济收入以农业、养殖业、桑蚕生产、茶叶生产和外出务工为主。2012年人均收入9547元。

安家湖村 位于镇政府驻地东北3公里。明万历年间,安姓迁此建村,因村处湖地,故名安家湖。总面积509亩,其中耕地410亩(含茶园60亩、桑园70亩、桃园26亩)。有居民112户,324口人,主要姓氏有郑、丁、陈等。经济收入以农业、养殖业和茶叶、林果、桑蚕生产为主。2012年人均收入8632元。

汪家庄子村 位于镇政府驻地东北3公里。明万历年间,汪姓迁此建村,取名汪家庄子。总面积942亩,其中耕地585亩。有居民210户,610口人,主要姓氏有宋、郑、董、毛等。经济收入以农业、养殖业和林果、茶叶生产为主。2012年人均收入9339元。

丁家大村 位于镇政府驻地东北4公里。明天启年间丁姓迁此建村,因先建有一排房子,曾名一根屋,清同治年间,改称丁家大村。总面积450亩,其中耕地380亩。有居民104户,261口人,主要姓氏有丁、司、汉、王等。经济收入以农业、养殖业和桑蚕、大棚蔬菜生产为主。2012年人均收入9934元。

化龙村 位于镇政府驻地东北5公里。明崇祯年间建村,因此处多蛇,得名蛇沟。清朝末年,取嘉言更名为化龙村。总面积790亩,其中耕地170亩。有居民183户,525口人,主要姓氏有丁、路、王、牟等。经济收入以农业、养殖业和苹果、梨生产为主。2012年人均收入9577元。

合庄村 位于镇政府驻地东北5公里。明宣德年间建村。先有崔、王、李姓居此,取名永固庄,后丁姓迁入,取各家族和睦相处之意,改名和庄,后更名合庄。总面积1100亩,其中耕地1048亩(含桃园352亩,苹果园154亩)。有居民236户,758口人,主要姓氏有丁、王、李等。经济收入以农业、养殖业和苹果、桃生产为主。2012年人均收入9778元。

第八节 巨峰镇村居

巨峰镇共有90个行政村。

巨峰一村 镇政府驻地村。隋朝末年,殷姓居住建村,取名殷家村。明洪武年间,以其三面环山,群峰壁立,改名为巨峰。明嘉靖年间设立营寨,置兵镇守,名“巨峰寨”。清康熙十一年(1672年),改称巨峰。新中国成立后析分为5个村。巨峰一村总面积877亩,其中耕地500亩。有居民202户,640口人,主要姓氏有梁、李、陈、王等。经济收入以农业和商业为主。2012年人均收入11670元。

巨峰二村 位于镇政府驻地西北片区。总面积426亩,其中耕地396亩。有居民210户,750口人,主要姓氏有梁、李、韩等。经济收入以农业和商业为主。2012年人均收入1.2万元。

巨峰三村 位于镇政府驻地西南片区。总面积1459亩,其中耕地675亩。有居民250户,800口人,主要姓氏有梁、张、王、韩等。经济收入以农业和商业为主。2012年人均收入11236元。

巨峰四村 位于镇政府驻地南区。总面积1890亩,其中耕地952亩。有居民270户,856口人,主要姓氏有梁、张等。经济收入以农业和商业为主。2012年人均收入11652元。

巨峰五村 位于镇政府驻地东南区域。总面积897亩,其中耕地504亩。有居民202户,640口人,主要姓氏有梁、李、陈、王等。经济收入以农业和商业为主。2012年人均收入11165元。

梁家桃园村 位于镇政府驻地南1公里。清乾隆年间,梁姓迁居建村。因村处桃园泉山(今白虎山)下,故名梁家桃园。总面积2035亩,其中耕地926亩。有居民224户,780口人,主要姓氏有梁、王、李、葛等。经济收入以农业和茶叶生产为主。2012年人均收入1.1万元。

贾家桃园村 位于镇政府驻地南2公里。原址在巨峰河东,名贾家宅子,后称贾家桃园,有2

个自然村，1975 年因水灾合并迁现址。总面积 2785 亩，其中耕地 1926 亩。有居民 448 户，1080 口人，主要姓氏有贾、厉、丁、王等。经济收入以农业和制革产业为主。2012 年人均收入 12010 元。

官家湖村　位于镇政府驻地东南 2 公里，巨峰河南岸。明洪武年间建村，因村处官地，故名官家湖。总面积 1851 亩，其中耕地 1023 亩。有居民 260 户，850 口人，主要姓氏有王、李、林、孙等。经济收入以农业、养殖业为主。2012 年人均收入 11036 元。

巨峰河西村　位于镇政府驻地西 1 公里。明崇祯年间，庄姓迁此建村，取名庄家林，又因东与巨峰隔河相望，改称河西。总面积 2302 亩，其中耕地 1290 亩。有居民 290 户，906 口人，主要姓氏有王、凌、秦、梁等。经济收入以农业为主。2012 年人均收入 10467 元。

新华村　位于镇政府驻地西北 2 公里。唐朝末年建村，因村内有寺院，故名院村，1966 年改称新华。总面积 1484 亩，其中耕地 851 亩。有居民 210 户，706 口人，主要姓氏有李、王、孙、刘、厉、张等。经济收入以农业和茶叶生产为主。2012 年人均收入 10138 元。

厉家庄村　位于镇政府驻地北 0.5 公里。明洪武年间，厉姓迁居建村。总面积 704 亩，其中耕地 400 亩。有居民 180 户，505 口人，主要姓氏有厉、古、解等。经济收入以农业和商业为主。2012 年人均收入 11636 元。

刘家庄村　位于镇政府驻地北 1.5 公里。明洪武年间，刘姓迁居建村。因村内设有粮庄，曾名小集，后改称刘家庄。总面积 1273 亩，其中耕地 606 亩。有居民有 198 户，680 口人，主要姓氏有刘、金、邹、魏等。经济收入以农业、养殖业为主。2012 年人均收入 11454 元。

尚家庄村　位于镇政府驻地北 2.5 公里。明洪武年间，尚姓迁此建村，取名尚家庄。总面积 1778 亩，其中耕地 370 亩。有居民 242 户，778 口人，主要姓氏有尚、梁、常等。经济收入以农业和茶叶生产为主。2012 年人均收入 10315 元。

东杨家庄村　位于镇政府驻地北 2.5 公里。明洪武年间，杨姓迁此建村，取名杨家庄，后为区别重名村，改称东杨家庄。总面积 2900 亩，其中耕地 973 亩。有居民 246 户，827 口人，主要姓氏有杨、郭、翟等。经济收入以农业和茶叶、林果生产为主。2012 年人均收入 10185 元。

邹家庄村　位于镇政府驻地西北 3.5 公里。明洪武年间，邹姓迁此建村，取名邹家庄，1975 年因水患北迁现址，与邹北岭东接。总面积 1180 亩，其中耕地 600 亩。有居民 147 户，470 口人，主要姓氏有邹、丁等。经济收入以农业和茶叶生产为主。2012 年人均收入 11537 元。

邹北岭村　位于镇政府驻地西北 3 公里。明洪武年间，邹姓迁居建村。因村处邹家庄北，故称邹家庄北岭，简称邹北岭。总面积 1480 亩，其中耕地 690 亩。有居民 165 户，530 口人，主要姓氏有邹、张、王、辛、李、刘、丁等。经济收入以农业和茶叶生产为主。2012 年人均收入 10584 元。

郭家庄子村　位于镇政府驻地北偏东约 2 公里。明洪武年间，郭姓迁此建村，取名郭家庄子。总面积 1683 亩，其中耕地 985 亩。有居民 220 户，676 口人，主要姓氏有王、安、丁、李等。经济收入以种植业、养殖业为主。2012 年人均收入 11126 元。

李家庄村　位于镇政府驻地北 2.5 公里。明洪武年间，李姓迁此建村。总面积 1704 亩，其中耕地 715 亩。有居民 151 户，487 口人，主要姓氏有韩、梁、郭、谭等。经济收入以种植业和茶叶生产为主。2012 年人均收入 11104 元。

常家庄村　位于镇政府驻地北 3 公里。明崇祯年间，常姓迁此建村，取名常家庄。总面积 989 亩，其中耕地 500 亩。有居民 141 户，420 口人，主要姓氏有常、李、宋、崔、周等。经济收入以茶叶生产为主。2012 年人均收入 11292 元。

西赵家庄村　位于镇政府驻地东北 3.5 公里。明洪武年间，赵姓迁此建村，取名赵家庄子，1947 年分为东、西两个村。西赵家庄总面积 6042 亩，其中耕地 1769 亩。有居民 234 户，778 口人，主要姓氏有黄、金、刘、赵等。经济收入以种植业和茶叶生产为主。2012 年人均收入 11150 元。

东赵家庄村　位于镇政府驻地东北 3.5 公里。明洪武年间，赵姓迁此建村，取名赵家庄子，

1947年分为东、西两个村。东赵家庄总面积2497亩,其中耕地779亩。有居民143户,505口人,主要姓氏有赵、牟、刘、王等。经济收入以茶叶生产为主。2012年人均收入11290元。

后黄埠村 位于镇政府驻地东北4.23公里。明永乐年间,刘姓从江苏东海县迁此定居,因庄前有大土堆,故取名后黄埠。总面积6215亩,其中耕地2334亩。有居民501户,1432口人,主要姓氏有刘、秦、万、王等。经济收入以茶叶生产为主。2012年人均收入11312元。村西山下有朝元观遗址。

前黄埠村 位于镇政府驻地东北4公里。明永乐年间,孟姓迁此建村,因在一大土堆前,故取名前黄埠村。总面积1138亩,其中耕地569亩。有居民131户,433口人,主要姓氏有张、刘等。经济收入以农业和茶叶生产为主。2012年人均收入9273元。

秦家小庄村 位于镇政府驻地东4公里。明崇祯年间建村,原名朝阳村,后秦姓人家迁入,改为秦家小庄,1966年又称朝阳村,为区别重名村,1981年11月复称秦家小庄。总面积1746亩,其中耕地1015亩。有居民208户,575口人,主要姓氏有秦、张、庄、刘等。经济收入以茶叶生产、林果生产为主。2012年人均收入11250元。

蒋家庄村 位于镇政府驻地东3公里。明洪武年间,蒋姓迁此建村,取名蒋家庄。总面积763亩,其中耕地497亩。有居民107户,345口人,主要姓氏有秦、赵、韩等。经济收入以农业和茶叶生产为主。2012年人均收入11363元。

狮子河村 位于镇政府驻地东2.5公里。明洪武年间,迟姓迁此建村,取名迟家屋子,后因临近狮子河,改称狮子河。总面积1343亩,其中耕地832亩。有居民214户,670口人,主要姓氏有迟、刘、安、魏等。经济收入以农业为主。2012年人均收入11230元。

西青墩村 位于镇政府驻地东2.5公里。明洪武年间建村,因村西北有土墩,俗称青墩,村以墩名,为区别重名村,1981年11月按方位改称西青墩。总面积2458亩,其中耕地1423亩。有居民289户,857口人,主要姓氏有秦、李、梁、尚、周等。经济收入以农业为主。2012年人均收入10976元。

水洪沟村 位于镇政府驻地东5公里。明洪武年间建村,因村西水沟内遍生水荭草,取名水荭沟,后改称水洪沟。总面积2020亩,其中耕地1348亩。有居民248户,698口人,主要姓氏有韩、郑、卜等。经济收入以种植业、养殖业为主。2012年人均收入11200元。

马疃村 位于镇政府驻地东2公里。元末明初马姓迁此建村,取名马疃。总面积3830亩,其中耕地2125亩。有居民498户,1496口人,主要姓氏有丁、刘、张、邓等。经济收入以农业、养殖业为主。2012年人均收入11007元。

平家村 位于镇政府驻地东4公里。明洪武年间,平姓迁此建村,取名平家村。总面积4910亩,其中耕地3294亩。有居民579户,2168口人,主要姓氏有丁、赵、王、高、平等。经济收入以种植业和茶叶生产为主。2012年人均收入10550元。

水木头村 位于镇政府驻地东南5.5公里。明洪武年间建村,取名水磨头,后因村名不雅改称水木头,原村址在河东,1975年因水灾整村搬迁至现址。总面积1765亩,其中耕地403亩。有居民258户,810口人,主要姓氏有丁、宋、刘、苗、费、庄、谭等。经济收入以农业为主。2012年人均收入10147元。

六甲庄子村 位于镇政府驻地东南6公里,南临磴山。唐代时西南岭有牛家宅子村落,因盐商在此聚众抗官,遭朝廷大军屠村,村人西逃入莒。明洪武年间路姓迁居岭下,因地处岭沟,故名路家沟,后改称陆家庄子。清道光年间,该村有6人考取功名,改名为六甲庄子。总面积5297亩,其中耕地1784亩。有居民401户,1325口人,主要姓氏有杨、顾、王、丁等。经济收入以农业为主。2012年人均收入10664元。

郑家大沟村 位于镇政府驻地东南7公里,磴山脚下。清乾隆年间郑姓迁居建村,因地处山下沟边,取名郑家大沟。总面积1401亩,其中耕地555亩。有居民146户,463口人,主要姓氏有郑、宋等。经济收入以农业为主。2012年人均收入10278元。

罗川沟村 位于镇政府驻地东南5.5公里。明洪武年间王姓迁居建村,因地处山下沟边如

"罗川",得名罗川沟。总面积3331亩,其中耕597地亩。有居民243户,780口人,主要姓氏有王、庄、祝、孙等。经济收入以农业为主。2012年人均收入10368元。

相家峪村　位于镇政府驻地南7.5公里。清顺治年间,相姓迁此建村,取名相家楼南山,1938年因村处山谷,改名相家峪。原属相家楼自然村,1942年分村自治。总面积1719亩,其中耕地360亩。有居民90户,313口人,姓氏以相姓为主。经济收入以农业为主。2012年人均收入10701元。

肖家峪村　位于镇政府驻地南6公里。清康熙年间,肖姓迁此建村,原属相家楼自然村,1942年分村自治。总面积862亩,其中耕地278亩。有居民86户,312口人,主要姓氏有肖、张、万、相等。经济收入以农业为主。2012年人均收入1万元。

相家楼村　位于镇政府驻地南4公里。南宋时相姓迁此建村,因地处磴山下,取名相家山,金泰和年间,相姓建9座岗楼,故名相家楼。总面积3115亩,其中耕地1719亩。有居民365户,1182口人,主要姓氏有相、李、陈、胡、金、杨、曹、马、庄、万、王等。经济收入以农业为主。2012年人均收入10051元。村南有相林墓,俗称相家大林,有石人、石狮、石犬等石刻残存。

孟家官庄村　位于镇政府驻地东南5公里。明洪武年间,孟姓迁此建村,因地处官地,取名孟家官庄。总面积633亩,其中耕地400亩。有居民81户,246口人,主要姓氏有秦、高、丁、庄、裘、孙、马等。经济收入以农业为主。2012年人均收入10202元。

小官庄村　位于镇政府驻地南6公里。明洪武年间建村,因处皇家寺庙官地,取名小官庄。总面积1568亩,其中耕地625亩。有居民175户,598口人,主要姓氏有张、丁、王等。经济收入以农业为主。2012年人均收入10326元。

大官庄村　位于镇政府驻地南7公里。明洪武年间建村,因地处皇家寺庙官地,取名大官庄。总面积4385亩,其中耕地1282亩。有居民386户,1386口人,主要姓氏有韩、张、邹、李、曹、王、许等。经济收入以养殖业和茶叶生产为主。2012年人均收入8900元。

韩家沟村　位于镇政府驻地南6.5公里。元朝初年,韩姓迁此建村,因地处岭下沟处,故名韩家沟。总面积1245亩,其中耕地395亩。有居民133户,377口人,主要姓氏有韩、张、刘、李等。经济收入以农业为主。2012年人均收入11254元。

大卜落村　位于镇政府驻地东南5公里。元朝初年建村,相传曾有凤凰在村北盘旋不落,故名凤凰不落庄,后演化为不落庄、卜落,1931年析分为3个村。大卜落总面积3541亩,其中耕地1090亩。有居民336户,1096口人,主要姓氏有韩、刘、王、孙等。经济收入以种植业为主。2012年人均收入11092元。

西卜落村　位于镇政府驻地西南5.5公里。1931年从卜落村析出建村,按方位称西卜落。总面积1898亩,其中耕地800亩。有居民184户,585口人,主要姓氏有韩、金等。经济收入以种植业、养殖业为主。2012年人均收入10803元。

北卜落村　位于镇政府驻地西南4.5公里。1931年从卜落村析出建村,按方位称北卜落。总面积1325亩,其中耕地520亩。有居民146户,470口人,主要姓氏有张、韩、梁、范等。经济收入以种植业、养殖业为主。2012年人均收入10267元。

石桥村　位于镇政府驻地西南2.5公里。明洪武年间建村,因村北古有石桥,故而得名。总面积608亩,其中耕地480亩。有居民127户,419口人,主要姓氏有梁、庄、孙、付等。经济收入以种植业、养殖业为主。2012年人均收入10320元。

莲花峪村　位于镇政府驻地西南3公里。明洪武年间建村,因村邻莲花寺、莲花洼,取名莲花峪。总面积3354亩,其中耕地1821亩。有居民350户,1065口人,主要姓氏有王、韩、马等。经济收入以农业为主。2012年人均收入10339元。

沟洼村　位于镇政府驻地西南6公里。明洪武年间建村,因地处沟壑纵横洼地,故名沟洼。总面积5268亩,其中耕地1665亩。有居民429户,1223口人,主要姓氏有郑、高、杨、赵、刘等。经济收入以种植业和茶叶生产为主。2012年人均收入10344元。

柳古庄村　位于镇政府驻地南3公里。宋朝时，柳姓迁此建村，取名柳家庄，后演化为柳古庄。总面积5414亩，其中耕地1974亩。有居民430户，1378口人，主要姓氏有王、胡、孟、贾等。经济收入以农业、养殖业为主。2012年人均收入10766元。

山峪村 位于镇政府驻地西南7公里。明洪武年间建村，因村处幽尔崮、圣公山两山之出口，故名山口，后为区别重名村，改称山峪。总面积6882亩，其中耕地2054亩。有居民465户，人口1348人，主要姓氏有马、庄、闻、丁、陈等。经济收入以农业和茶叶生产为主。2012年人均收入10527元。

刘家沟村 位于镇政府驻地西南6公里，圣公山北坡脚下。明洪武年间刘姓迁此建村，取名刘家沟。总面积3846亩，其中耕地1611亩。有居民530户，1400口人，主要姓氏有马、申、惠、郑等。经济收入以农业和茶叶生产为主。2012年人均收入9947元。

小王家沟村 位于镇政府驻地西南7公里，圣公山北坡山脚下。明洪武年间，江苏省东海县王姓迁此建村，取名王家沟，后因区别重名村，称小王家沟。总面积2235亩，其中耕地747亩。有居民247户，746口人，主要姓氏有王、李、申、朱等。经济收入以农业为主。2012年人均收入10297元。

纪家沟村 位于镇政府驻地西南7.5公里。明洪武年间，纪姓迁居建村，因地处沟畔，故名纪家沟。总面积4098亩，其中耕地1562亩。有居民390户，1188口人，主要姓氏有马、丁、纪、魏等。经济收入以农业为主。2012年人均收入10800元。

大王家沟村 位于镇政府驻地西9公里。明洪武年间，王姓居住建村，因丘陵纵横，沟壑甚多，故取名王家沟，后为区别重名村，改称大王家沟。总面积4391亩，其中耕地1733亩。有居民571户，1403口人，主要姓氏有王、高、马、许等。经济收入以种植业为主。2012年人均收入8600元。

前屯村 位于镇政府驻地西6公里。清顺治年间，张姓迁此建村，取名张家屯，后为区别重名村，按方位改称前屯。总面积1055亩，其中耕地450亩。有居民130户，430口人，主要姓氏有李、王、阚等。经济收入以农业为主。2012年人均收入6200元。

后屯村 位于镇政府驻地西6公里。清顺治年间，张姓迁居建村，因紧靠前屯，故名后屯。总面积1362亩，其中耕地750亩。有居民130户，357口人，主要姓氏有张、陈、尚、朱等。经济收入以农业为主。2012年人均收入6300元。

大洼村 位于镇政府驻地西南4公里。明洪武年间，刘姓迁居建村，因地处山岭洼地，取名大洼。总面积1912亩，其中耕地850亩。有居民184户，546口人，主要姓氏有刘、王、陈、沈、李、姚等。经济收入以农业和茶叶生产为主。2012年人均收入10509元。

大荒村 位于镇政府驻地西4公里。明洪武年间建村，因村处岭前大片荒地，故名大荒。总面积1783亩，其中耕地840亩。有居民171户，517口人，主要姓氏有王、牟、林、汉等。经济收入以农业为主。2012年人均收入10540元。

车沟村 位于镇政府驻地西2公里。明洪武年间，张、杨两姓迁居建村，因地处岭下沟畔古道，过往车辆较多，故名车沟。总面积4341亩，其中耕地2624亩。有居民546户，1558口人，主要姓氏有张、杨、李、韩、丁、南、相、梁等。经济收入以苗木繁殖、养殖业为主。2012年人均收入10600元。

老龙窝村 位于镇政府驻地东北8公里。明洪武年间建村，因村中有河，东西各有土梁子，俗称土龙、石龙，故称老龙湾，后演化为老龙窝。总面积3820亩，其中耕地1260亩。有居民339户，1015口人，主要姓氏有尚、李、丁、崔等。经济收入以种植业和茶叶生产为主。2012年人均收入9890元。

石嘴子村 位于镇政府驻地北6公里。明洪武年间建村，因村东北岭有石状如嘴，故名石嘴子。总面积2786亩，其中耕地950亩。有居民206户，620口人，主要姓氏有尚、庄、郭、李等。经济收入以种植业和茶叶生产为主。2012年人均收入10825元。

费家官庄村 位于镇政府驻地西北4.5公里。明弘治年间，费姓迁居建村，因处官地，故名费家官庄。总面积2407亩，其中耕地840亩。有居民206户，639口人，主要姓氏有费、李、卢、郭等。经济收入以农业和茶叶生产为主。2012年人均收入10160元。

辛留村　位于镇政府驻地西北5公里。明洪武年间建村，取名辛留。总面积3377亩，其中耕地1529亩。有居民390户，1248口人，主要姓氏有赵、李、于、周、王等。经济收入以农业、养殖业为主。2012年人均收入10238元。

邱后村　位于镇政府驻地西北4公里。明洪武年间建村，因村处丘陵后，故名邱后。总面积3712亩，其中耕地2560亩。有居民389户，1169口人，主要姓氏有王、陈、崔等。经济收入以农业和茶叶生产为主。2012年人均收入10600元。

李家大村　位于镇政府驻地西北6公里。明天启年间，李姓迁此建村，因村处辛留北，原名辛留北岭，后改为李家大村。总面积3451亩，其中耕地1280亩。有居民300户，870口人，主要姓氏有李、邹、乔、杨等。经济收入以种植业和茶叶生产为主。2012年人均收入10084元。

后崖下村　位于镇政府驻地西北8公里。明洪武年间建村，因处山前崖下，故名崖下，后为区别重名村，按方位称后崖下。总面积6891亩，其中耕地1600亩。有居民490户，1427口人，主要姓氏有韩、宋、庄、王、李等。经济收入以种植业和茶叶生产为主。2012年人均收入9852元。

前崖下村　位于镇政府驻地西北7公里。明朝时，江苏东海人氏迁居建村，因地处山前崖下，故名崖下，后为区别重名村，按方位称前崖下。总面积2003亩，其中耕地880亩。有居民265户，865口人，主要姓氏有辛、刘、厉、李等。经济收入以种植业和茶叶生产为主。2012年人均收入10194元。

张家沟村　位于镇政府驻地西北9公里。明朝时张姓迁此建村，因处在甲子山南坡山沟，故名张家沟。总面积1553亩，其中耕地400亩。有居民106户，276口人，主要姓氏有刘、宋、祁、韩等。经济收入以种植业和茶叶生产为主。2012年人均收入9203元。

薄家口村　位于镇政府驻地西北10公里。明洪武年间建村，因三面环山，地处甲子山前山坳，形如簸箕，故名簸箕口，后薄姓迁入，取名薄家口。2004年邵家府行政村并入。总面积10240亩，其中耕地2091亩。有居民660户，1700口人，主要姓氏有薄、袁、纪、宋等。经济收入以茶叶生产和种植业为主，是江北有机绿茶生产基地之一。2012年人均收入11669元。

徐家庄村　位于镇政府驻地西北7公里，南临兖石铁路。明洪武年间徐姓迁此建村，因三面环山，故名徐家窝头，后因村名不雅，改称徐家庄。总面积1298亩，其中耕地489亩。有居民178户，493口人，主要姓氏有徐、纪、张、辛、韩等。经济收入以茶叶生产和种植业为主。2012年人均收入10670元。

赵家村　位于镇政府驻地西偏北13.5公里，甲子山前。明洪武年间赵姓迁此建村，取名赵家。总面积5113亩，其中耕地1465亩。有居民460户，1350口人。姓氏以赵姓为主。经济收入以种植业和茶叶生产为主。2012年人均收入7500元。

前山旺村　位于镇政府驻地西北7.5公里。明洪武年间建村，因村处山下，以嘉言取名为山旺，后按方位称前山旺。2004年岭前行政村并入。总面积2213亩，其中耕地620亩。有居民219户，729口人，主要姓氏有王、张等。经济收入以茶叶生产为主。2012年人均收入10314元。

后山旺村　位于镇政府驻地西北12公里。明天启年间建村，南邻前山旺村，故按方位称后山旺。总面积1953亩，其中耕地630亩。有居民150户，486口人，主要姓氏有王、张等。经济收入以茶叶生产为主。2012年人均收入10881元。

刘家村　位于镇政府驻地西13公里。明永乐年间，日照东关刘姓迁此建村，取名刘家。总面积1701亩，其中耕地577亩。有居民150户，436口人，主要姓氏有刘、张、赵、吴等。经济收入以种植业、养殖业为主。2012年人均收入10978元。

柿树园村　位于镇政府驻地西13.5公里。明万历年间，刘姓迁此建村，取名士子院，后演化为柿树园。总面积4116亩，其中耕地1365亩。有居民420户，1202口人，主要姓氏有刘、王等。经济收入以种植业和茶叶生产为主。2012年人均收入10900元。

前山北头村 位于镇政府驻地西8公里。明洪武年间建村，因村处德靖山北头，故取名山北头，为区别重名村，按方位称前山北头。总面积3146亩，其中耕地1114亩。有居民306户，958口人，主要姓氏有张、刘、陈、姚、范等。经济收入以种植业为主。2012年人均收入10950元。

后山北头村 位于镇政府驻地西8.5公里。明洪武年间建村，因村处德靖山北头，取名山北头，按方位称后山北头。总面积1763亩，其中耕地698亩。有居民270户，790口人，主要姓氏有范、祁、纪、卞等。经济收入以农业为主。2012年人均收入10100元。

大岭村 位于镇政府驻地西北7公里。清康熙年间建村，因处山岭东坡，取名大岭。总面积1946亩，其中耕地973亩。有居民230户，675口人，主要姓氏有孙、韩、袁、吕等。经济收入以种植业、养殖业为主。2012年人均收入11350元。

大土山村 位于镇政府驻地西4.5公里。元朝时，金姓迁此建村，取名金家庄，后改称土山，清乾隆年间李姓迁入，称李家大土山，1943年改称大土山。总面积6135亩，其中耕地2953亩。有居民568户，1800口人，主要姓氏有李、孙、丁、郭等。经济收入以茶叶生产和种植业为主。2012年人均收入10653元。

丁家林村 位于镇政府驻地西7公里。明天启年间，徐姓、闫姓等给涛雒丁家看守茔林，取名丁家林。总面积2102亩，其中耕地855亩。有居民230户，698口人，主要姓氏有徐、梁、刘、闫、周等。经济收入以种植业和茶叶生产为主。2012年人均收入1万元。

丁吕土山村 位于镇政府驻地西5.5公里。明嘉靖年间，吕姓迁居建村，因村处土山岭，故名吕家土山。后有丁姓迁居建村，称丁家土山。1942年合并为一个村，称丁吕土山。总面积1743亩，其中耕地988亩。有居民201户，589口人，主要姓氏有丁、吕等。经济收入以种植业、养殖业为主。2012年人均收入10800元。

土山岭村 位于镇政府驻地西6公里。清乾隆年间，张姓为大土山李姓看林迁居于此，取名张家沟，1947年改名土山岭。总面积1481亩，其中耕地560亩。有居民145户，442口人，主要姓氏有张、李、徐、刘等。经济收入以种植业和茶叶、桑蚕生产为主。2012年人均收入10400元。

吕家官庄村 位于镇政府驻地西6公里。明洪武年间，吕姓迁居建村，因吕姓居多，取名吕家官庄。总面积1476亩，其中耕地786亩。有居民167户，433口人，主要姓氏有吕、赵、郭、李等。经济收入以农业为主。2012年人均收入10100元。

辛庄村 位于镇政府驻地西7.5公里。1932年建村，取名新庄，后演化为辛庄。总面积1729亩，其中耕地527亩。有居民153户，441口人，主要姓氏有李、吕等。经济收入以农业和茶叶生产为主。2012年人均收入9000元。

西合庄村 位于镇政府驻地西8公里。明洪武年间，原居住于土岭三道山梁子上的散户，迁至山下平坦处居住，合为一村，称为合庄，为区别重名村，后改称西合庄。总面积2259亩，其中耕地721亩。有居民252户，718口人，主要姓氏有郑、吕、李、张等。经济收入以农业和茶叶生产为主。2012年人均收入9460元。

北河村 位于镇政府驻地西5公里。明天启年间，吕姓迁此建村，因村前临河，故名北河村。总面积1209亩，其中耕地600亩。有居民180户，584口人，主要姓氏有吕、张、孙、李等。经济收入以种植业、养殖业为主。2012年人均收入11631元。

土山东庄村 位于镇政府驻地西4公里。明洪武年间，吕姓迁居建村，1942年由三个散居点合为一个行政村，因西临丁吕土山，故名土山东庄。总面积1679亩，其中耕地946亩。有居民176户，553口人，主要姓氏有吕、梁、张、王、韩等。经济收入以农业为主。2012年人均收入1万元。

西土山村 位于镇政府驻地西6公里。明弘治年间建村，因处土山东庄西南方，称小南庄子，又因东临大土山，1943年改称西土山。总面积1473亩，其中耕地660亩。有居民128户，378口人，主要姓氏有吕、刘、解等。经济收入以农业和茶叶生产为主。2012年人均收入10500元。

土山河村 位于镇政府驻地西南6.5公里。明万历年间建村，因处大土山河上游，故名土山河，1964年因修建土山河水库迁至现址。总面积1834亩，其中耕地565亩。有居民165户，465口人，主要姓氏有丁、李、王、郭、沈、刘、董等。经济收入以农业为主。2012年人均收入9900元。村西北有土山河水库，是巨峰镇驻地及周围村庄饮用水水源。

小坡村　位于镇政府驻地西北3公里。明洪武年间，韩姓迁此建村，因处丘陵坡下，取名小坡。总面积2147亩，其中耕地1169亩。有居民309户，936口人，主要姓氏有韩、梁、王等。经济收入以种植业和茶叶生产为主。2012年人均收入10567元。

大坡村　位于镇政府驻地西北5公里。明洪武年间建村，因西部为高坡，东临平地，故名大坡。1942年8月，日照县抗日民主政府在此设立大坡区，1946年4月撤销并入巨峰区；1971年3月又从巨峰公社划出，成立大坡人民公社，1985年5月改称乡，2001年1月撤乡并镇，大坡乡重新划归巨峰镇管辖。总面积4765亩，其中耕地2670亩。有居民750户，2015口人，主要姓氏有韩、邱、梁、厉、丁等。经济收入以种植业、养殖业为主。2012年人均收入11200元。

第九节　中楼镇村居

中楼镇共有65个行政村。

中楼村　位于镇政府驻地。明洪武初年，江苏东海县朱、董二姓迁此立村，因村前兴国寺内建有钟楼，故名为钟楼，后庙毁钟失遂演变成今名。总面积4572亩，其中耕地1253亩。有居民900户，2363口人，姓氏有陈、王、张、傅、黄、朱、苗、董、徐、吴、李、赵、郑、杨、南、刘、管、田、姜、邹、孟、孙、卢、曲、曹、宋等。2012年人均收入9776元。

大陈家军子村　位于镇政府驻地东3公里。明洪熙年间，看马庄村（现属莒南县）陈姓迁居立村，原址为宋代红袄军军营，故名陈家军营，1941年更名为大陈家军子。总面积5088亩，其中耕地1617亩。有居民768户，2019口人，姓氏有陈、朱、韩等。2012年人均收入5765元。村东及东南大小高山子储有铁矿石，现仍在开采。村南黄金沟储有金矿，多有水采，1955年关停。

卢家军子村　位于镇政府驻地东1公里。明天启年间，涝坡村（现属莒南县）卢氏迁此建村，因红袄军在此设营，故名卢家军营，1941年改称卢家军子。总面积2708亩，其中耕地1350亩。有居民480户，1302口人，姓氏有卢、宋、王、何、徐等。2012年人均收入9209元。

韩家军子村　位于镇政府驻地东1公里。明成化三年（1467年），韩姓从莒县城南韩家菜园迁此立村，取名韩家军营，1941年改称韩家军子。总面积943亩，其中耕地411亩。有居民160户，443口人，姓氏有韩、张、卢、王、陈、孙等。2012年人均收入9063元。

小陈家军子村　位于镇政府驻地东1公里。清初陈氏从莒城小堂前迁此立村，随陈家军营取名小陈家军营，1941年改称小陈家军子村。总面积203亩，其中耕地140亩。有居民71户，206口人，姓氏全为陈姓。2012年人均收入8987元。

埠后村　位于镇政府驻地北1公里。明万历年间，张姓迁此建村，因村前有高埠，遂名埠后。总面积2810亩，其中耕地1035亩。有居民335户，899口人，姓氏有张、周、王、马、何、匡等。2012年人均收入9057元。

孟家屋子村　位于镇政府驻地西北2.5公里。清道光年间，孟家西楼村孟姓迁居此地看林（坟地），以姓冠名孟家屋子。总面积1785亩，其中耕地621亩。有居民225户，598口人，姓氏有孟、牛、王、赵、李、邹、史、于等。2012年人均收入8906元。

朱家官庄村　位于镇政府驻地西北3公里。清康熙初年，中楼朱氏迁此立村，以开垦官山为业，取名朱家官庄。总面积1983亩，其中耕地425亩。有居民131户，335口人，姓氏有朱、赵、刘等。2012年人均收入7845元。

卢家官庄村　位于镇政府驻地西北2公里。清道光年间，卢姓迁此立村，以姓冠名卢家官庄，1997年从原址南迁1公里建现址新村。总面积647亩，其中耕地194亩。有居民65户，166口人，姓氏全为卢姓。2012年人均收入8657元。

对子沟村　位于镇政府驻地西北2公里。清嘉庆二年(1797年),卢家军营村卢氏迁居立村,因村北沟底有两块对石,故称“对石沟”。清咸丰十年(1860年),卢氏立碑时,碑文误写成“对子沟”,沿袭至今。总面积1699亩,其中耕地609亩。有居民257户,710口人,姓氏有卢、李、王、崔、翟、孟、陈、韩、赵等。2012年人均收入8880元。

富食岭村 位于镇政府驻地西北2.5公里。1960年从库区刘家峪移民建村,以嘉言取名富食岭。总面积112亩,其中耕地40亩。有居民11户,31口人,姓氏全为王姓。2012年人均收入9213元。

孟家西楼村 位于镇政府驻地西南1公里。清乾隆初年,邹县山头村孟氏迁居立庄,随邻村西楼取名孟家西楼。总面积2609亩,其中耕地800亩。有居民346户,927口人,姓氏有孟、张、段、刘、纪等。2012年人均收入9273元。

卢家西楼村 位于镇政府驻地西南2公里。明弘治十八年(1505年),涝坡村(现属莒南县)卢姓迁居建村,随邻村以姓冠名卢家西楼,1960年8月北迁500米建现址。总面积2470亩,其中耕地890亩。有居民492户,1396口人,姓氏有卢、冯、刘、夏、张、王、赵、解、米、马、何、陈、于等。2012年人均收入9206元。

马家西楼村 位于镇政府驻地西南3公里。明崇祯年间,唐氏迁此建村,随邻村以姓冠名唐家西楼,1945年改名马家西楼。总面积430亩,其中耕地316亩。有居民125户,350口人,姓氏有唐、马、王、刘、李、翟等。2012年人均收入8854元。

赵家西楼村 位于镇政府驻地西南3.5公里。明初,东埠村(现属莒南县)赵氏迁此建村,随邻村以姓冠名赵家西楼。辖崔家岭自然村。总面积2471亩,其中耕地661亩。有居民322户,896口人,姓氏有赵、谷、何、卢、胡、崔、韦、孟、刘、王等。2012年人均收入6220元。

库山子村 位于镇政府驻地西4公里。明洪武二年(1369年),日照县田家沟村田氏迁居浔河边建村,取名田家西楼,明洪武二十七年(1394年),浔河暴发山洪淹没房屋,又自浔河边迁居小库山后,故名库山子。总面积4340亩,其中耕地1152亩。有居民389户,1093口人,姓氏有田、纪、刘、胡、崔、张等。2012年人均收入8923元。

房家岭村 位于镇政府驻地西4公里。清光绪三十一年(1905年),埠后村张姓迁居此地垦荒,因地处小库山南,取名库山子南头。清宣统年间,房氏从房家官庄迁居岭上定居,取名房家岭。原属卢家西楼2个自然村,1955年10月,又从卢家西楼村析出2个自然村,合并建村,仍称房家岭。总面积1005亩,其中耕地220亩。有居民102户,278口人,姓氏有张、房、刘、崔、卢等。2012年人均收入9036元。

亓河村 位于镇政府驻地西南5公里。明崇祯十六年(1643年),涝坡村(现属莒南县)卢氏迁居建村,称小庄子,1959年因陡山水库建成蓄水,从原址北迁200米至现址。1981年更名为楼西大队,1984年6月改称亓河村。辖大瓮、亓河东南山2个自然村。总面积4676亩,其中耕地804亩。有居民485户,1340口人,姓氏有卢、王、山、徐、朱、刘、马、陈、何、田等。2012年人均收入7300元。

房家官庄村 位于镇政府驻地西南6公里。清雍正八年(1780年),莒州东小河村房氏在浔河南涯垦种官山,取名房家官庄。1959年因陡山水库建成蓄水,迁现址。辖东南庄、西南庄2个自然村。总面积5314亩,其中耕地671亩。有居民496户,1347口人,姓氏有房、周、崔等。2012年人均收入8689元。

幸福 位于镇政府驻地西南8公里。明洪武年间,江苏东海王姓迁居浔河岸边建村,称柳子峪,后更名为刘家峪。1959年陡山水库蓄水,原村居民分迁5处立村,王姓63户、296口人迁居翟姑山下,以吉祥意称幸福大队,1984年6月改为幸福村。总面积3202亩,其中耕地366亩。有居民216户,620口人,姓氏以王姓为主。经济收入以库区养殖为主,有养鱼网箱800箱。2012年人均收入7751元。

辛家庄村 位于镇政府驻地西南10公里。清同治三年(1864年),辛氏由后姚家埠村迁此开荒,取名辛庄子,1940年4月改为辛家庄。总面积1014亩,其中耕地126亩。有居民92户,242口人,姓氏有辛、王、徐、刘等。2012年人均收入8988元。2007年4月起,晨曦集团投资亿元在此进行旅游开发。

前姚家埠村 位于镇政府驻地南1公里。明正统年间，姚氏兄弟二人自江苏东海县迁居立村，取名姚家埠，弟居前，称前姚家埠。辖南岭自然村。总面积2734亩，其中耕地914亩。有居民389户，1055口人，姓氏有李、郑、高、陈、刘、赵、左、朱、周、臧、徐等。2012年人均收入9783元。

后姚家埠村 位于镇政府驻地南300米。明朝正统年间，姚氏兄弟二人自江苏东海县迁此立村，取名姚家埠，兄居后，称后姚家埠。总面积2590亩，其中耕地1021亩。有居民465户，1398人，姓氏有姚、辛、鞠、王、张、董等。2012年人均收入9537元。

黑涧村 位于镇政府驻地南3公里。明弘治元年(1488年)，日照城西关太平桥张氏迁此立村，因处山涧，故名黑涧村。辖火沟、东岭、南场3个自然村。总面积6797亩，其中耕地2116亩。有居民780户，1826口人，姓氏有张、李、庄、韩、兰、左、王、卢、刘等。2012年人均收入9881元。

上涧村 位于镇政府驻地南3公里。明弘治十八年(1505年)，江苏省东海县陇西堂李氏与日照城西关太平桥张氏共迁此处建村，因居九里河龙潭涧上，故名龙潭涧，又因李氏迁居前先居黑涧村上游，演称上涧村。总面积4855亩，其中耕地1034亩。有居民495户，1428口人，姓氏有李、张、杜、于、郑、刘、何等。属橡塑产品生产专业村，家禽养殖业发达。2012年人均收入10434元。

李家楼村 位于镇政府驻地东南1公里。明朝中期，李姓迁居立村，取名李家村。明万历年间建有高楼，更名李家楼。清顺治年间，中楼村李氏迁残楼侧居住，仍沿用原村名。总面积634亩，其中耕地400亩。有居民1156户，429口人，姓氏有李、唐、林、张、刘、陈、郑、王等。2012年人均收入9002元。

陈家西楼村 位于镇政府驻地西南3公里。清乾隆年间，陈家沟(现属莒南县)陈姓迁浔河北岸建村，随邻村以姓冠名陈家西楼。1960年，陡山水库建成蓄水，全村迁居此地。总面积2760亩，其中耕地762亩。有居民275户，906口人，姓氏有陈、卢、厉等。2012年人均收入9075元。

陈家南楼村 位于镇政府驻地西南3公里。清乾隆年间，陈姓从陈家沟(现属莒南县)迁居浔河岸边，因处中楼西取名陈家西楼。1928年7月25日，浔河暴发山洪，原村被洪水淹没，陈、卢两姓21户迁居浔河南，初称小挪庄，1941年1月更名陈家南楼村。总面积1354亩，其中耕地323亩。有居民134户，350口人，姓氏有陈、卢、罗、李等。2012年人均收入8977元。

马亓河东村 位于镇政府驻地西南6公里。南宋绍兴四年(1134年)，蒋、韩二姓居马鬐山下烧窑，称马鬐窑。1950年以马亓河为界分为东、西两村，居东称马亓河东村，辖响薄沟、龙尾巴前怀、任家沟、卖饭沟、庙顶子、庙子岭、龙腰、张家场8个自然村。总面积6956亩，其中耕地1448亩。有居民1006户，3008口人，姓氏有蒋、韩、王、徐、左、罗、任、崔、魏、陈、李、叶、邵、张、孟、刘、南、柳、高等。属橡塑产品生产专业村。2012年人均收入11192元。

马亓河西村 位于镇政府驻地西南6公里。南宋绍兴四年(1134年)，蒋、韩二姓居马亓山下烧窑，称马鬐窑。1950年以马亓河为界划分为东、西两村，西岸为马亓河西村。总面积5430.3亩，其中耕地659亩。有居民480户，1360口人，姓氏有蒋、韩、左、王、刘、盛、何、张、薛、吴、徐等。属橡塑产品生产专业村。2012年人均收入11179元。

鸡山沟村 位于镇政府驻地西南8公里。清嘉庆年间，盛氏自马鬐窑迁此建村，因临鸡山西沟，故名鸡山沟。总面积3262亩，其中耕地765亩。有居民416户，1080口人，姓氏有盛、刘、史、王等。属橡塑产品生产专业村。2012年人均收入10785元。

马亓河村 位于镇政府驻地西南9公里。清乾隆八年(1743年)，葛家集(现属莒南县)马氏迁居立村，以姓冠名马家庄，因与他村重名，1981年更现名。总面积3233亩，其中耕地715亩。有居民310户，915口人，姓氏有马、卢、吴等。属橡胶塑料产品生产专业村。2012年人均收入10714元。

小邱家庄村 位于镇政府驻地西南8公里。清乾隆九年(1744年)，邱家庄(现属莒南县)邱氏迁此建村，取名邱家庄，因避重名村，1981年改称小邱家庄。2003年下迁500米居现址。总面积915亩，其中耕地110亩。有居民66户，186口人，姓氏有邱、王、庞、吴、庄等。经济收入以橡胶塑料产品加工为主。2012年人均收入9756元。

葡萄山前村 位于镇政府驻地西南5.5公里。清乾隆年间，黄墩镇粮山口村朱氏迁此垦荒定居，初名幞头山前，1958年9月改为朱家官庄，为避重名村，1981年改称葡萄山前村。总面积1478亩，其中耕地480亩。有居民240户，640口人，姓氏有朱、魏等。经济收入以橡胶塑料产品加工为主。2012年人均收入9651元。

山口村 位于镇政府驻地南5公里。明弘治十年（1497年），江苏省东海县王氏、张氏迁此建村，因居回龙山与鸡山山口，故名山口村。总面积776亩，其中耕地209亩。有居民100户，254口人，姓氏有王、张、姜、李、盛等。属橡胶塑料产品生产专业村。2012年人均收入9812元。

葡萄山村 位于镇政府驻地南6公里。1959年，陡山水库蓄水，有房、蒋、周、王、严等5姓24户、120口人从房家官庄村迁此建村，因傍葡萄山而得名。总面积838亩，其中耕地185亩。有居民114户，310口人，姓氏有房、蒋、周、王、严等。经济收入以橡胶塑料产品加工和养殖业为主。2012年人均收入9986元。属库区移民村。

崔家峪村 位于镇政府驻地西南12公里。明洪武二年（1369年），崔姓由江苏省东海当路十八村迁此建村，因居山峪故名崔家峪，辖窑里、北口子2个自然村。总面积8543亩，其中耕地1301亩。有居民640户，1750口人，姓氏有崔、林、刘、蒋等。经济收入以石材加工和种植、养殖业为主。2012年人均收入8985元。

马家峪子村 位于镇政府驻地西南11公里。清顺治年间，马姓迁居立村，因居山峪，故名马家峪子。总面积4282亩，其中耕地669亩。有居民460户，1200口人，姓氏有马、崔两姓。主要经济收入靠石材加工和种植、养殖业。2012年人均收入8527元。

王家峪村 位于镇政府驻地西南13.5公里。1959年秋，陡山水库建成蓄水，刘家峪村居民自浔河北岸迁居立村，因居山峪，以王氏居多称王家峪大队，1984年6月改称王家峪村。总面积2136亩，其中耕地489亩。有居民220户，601口人，姓氏有于、贾、王、曹、徐、鲁、魏等。2012年人均收入7530元。属库区移民村。

刘家峪村 位于镇政府驻地西南11公里。明洪武年间，江苏东海王氏迁居浔河岸边柳子峪，后演称刘家峪。1959年陡山水库蓄水，刘家峪全村分迁至5处另立新村，迁居浔河北岸居民仍称刘家峪，辖石屋子后自然村。总面积6095亩，其中耕地530亩。有居民265户，723口人，姓氏有王、于、贾、徐、鲁、曹等。经济收入以种植业和水库网箱养鱼为主。2012年人均收入7097元。

蒋家峪子村 位于镇政府驻地西南6.5公里。南宋嘉定年间，红袄军大将蒋氏在此地造纸定居，地处浔河畔，取名蒋家峪子。清雍正八年（1730年），洪水冲毁原村，迁居浔河上游。1959年陡山水库蓄水，迁现址，仍称蒋家峪子。总面积939亩，其中耕地53亩。有居民58户，156口人，姓氏有蒋、马两姓。2012年人均收入7045元。

彭家峪村 位于镇政府驻地西南13公里。明朝初年，仕沟（现属莒南县）彭姓迁此建村，因处山峪，取名彭家峪，辖北兴自然村。总面积6043亩，其中耕地1351亩。有居民610户，1756口人，姓氏有张、林、周、刘等。2012年人均收入8527元。

两山口村 位于镇政府驻地西南11.5公里。明朝末年，朱、杨、滕、殷等姓迁此建村，因临牛头山、芦山，故名两山口。总面积3515亩，其中耕地721亩。有居民326户，930口人，姓氏有何、蒋、张、崔等。2012年人均收入7971元。

孙由村 位于镇政府驻地东北4公里。明洪武年间，孙、牛二姓迁此定居，以姓氏定名为孙牛村，后演成现名（又说因战国时期孙膑曾到此游历而得名）。1984年6月至1993年4月曾为孙由乡驻地。辖长岭北头（20户，70口人，耕地90亩）、劈子山前（31户，102口人，耕地90亩）2个自然村。总面积3758亩，其中耕地1627亩。有居民468户，1350口人，姓氏有邱、张、李、王、陈、刘、朱、庄、于、宋、魏、高、翟等。2012年人均收入8949元。

刘家沟村 位于镇政府驻地东北5公里。明洪武年间，日照县刘姓迁居沟畔建村，以姓冠名刘家沟。总面积 2576 亩，其中耕地 733 亩。有居民 220 户，564 口人，姓氏有刘、赵、王、邹、张、杜等。2012 年人均收入 8978 元。

集后村　位于镇政府驻地东北 6 公里。明洪武年间，江苏省东海县杜姓迁此建村，原村名无考。明嘉靖年间，涝坡村（现属莒南县）卢氏迁入定居，因居孙由集后而得名。1982 年旧村改造，多数居民迁往行河北岸。辖河西、北岭 2 个自然村。总面积 2576 亩，其中耕地 1817 亩。有居民 535 户，1420 口人，姓氏有杜、卢、刘、杨、唐、厉等。2012 年人均收入 9253 元。

白公山前村　位于镇政府驻地北 6 公里。清宣统年间，黄墩粮山口朱姓迁此建村，后邱、张、刘、卢、杨姓 5 户相继迁入，与朱家 3 户共 8 户，称八大家，因临白公山，1955 年改称白公山前村。总面积 1687 亩，其中耕地 562 亩。有居民 130 户，398 口人，姓氏有朱、邱、张、刘、卢、杨等。2012 年人均收入 8964 元。

上曹村　位于镇政府驻地北 5 公里。明景泰年间，江苏省东海十八村曹氏兄弟迁此建村，兄居坡上称上曹。总面积 3225 亩，其中耕地 1324 亩。有居民 278 户，798 口人，姓氏有曹、于、李、王、刘、张、杨等。属养鸡、养猪专业村。2012 年人均收入 8946 元。

下曹村　位于镇政府驻地北 4 公里。明景泰年间，江苏省东海十八村曹氏兄弟迁此建村，弟居坡下称下曹。总面积 1475 亩，其中耕地 733 亩。有居民 232 户，587 口人。姓氏有曹、卢、张、陈、徐、王、赵、郝等。2012 年人均收入 8779 元。

娄家湖村　位于镇政府驻地北 2.5 公里。明永乐二年（1404 年），江苏东海唐、赵、娄三姓来此居住，娄姓居东湖洼地，称娄半湖，唐姓居西岭，称唐半岭，赵氏居中间，后三氏议定，以娄氏居先取名娄家湖。总面积 4390 亩，其中耕地 1413 亩。有居民 498 户，1320 口人，姓氏有娄、赵、马、曹、唐、郑、孙、侯、朱、陈、张、李等。2012 年人均收入 8892 元。

葛子沟村　位于镇政府驻地北 4 公里。明朝末年，李家扁山（现属莒南县）李姓迁居沟边，因沟内葛藤蔓生，取名葛子沟。总面积 1286 亩，其中耕地 406 亩。有居民 120 户，328 口人，姓氏以李姓为主。2012 年人均收入 8356 元。

河峪村　位于镇政府驻地东北 7 公里。明永乐年间，柳黄沟柳氏迁此建村，因居河崖川，故名河峪。清代部分户迁居河东形成河峪河东自然村。总面积 5494 亩，其中耕地 1741 亩。有居民 587 户，1538 口人，姓氏有柳、王、陈、邹、康、张、阚、卢、于等。2012 年人均收入 9174 元。

井家沟村　位于镇政府驻地东北 6 公里。清康熙二十四年（1685 年），莒县龙山黄坡村井姓迁此建村，因居沟畔，以姓冠名井家沟。总面积 4150 亩，其中耕地 1154 亩。有居民 384 户，940 口人，姓氏有井、张、卢等。2012 年人均收入 8953 元。

月庄村　位于镇政府驻地东北 9 公里。元朝至正年间，日照县孙氏迁来建村。因地形像线籰子，称籰庄，后省笔写为月庄，辖龙王庙自然村。总面积 4845 亩，其中耕地 1835 亩。有居民 476 户，1386 口人，姓氏有孙、李、孔、邹、荣、陈、孟、卢、田等。2012 年人均收入 9108 元。

板楼村　位于镇政府驻地东北 6.5 公里。明朝初年，于家庄于姓迁此建村，因此处古有八角楼，遂称八楼，后演称为板楼。总面积 1140 亩，其中耕地 728 亩。有居民 238 户，682 口人，姓氏有于、孙、阚、金、李、柳、解等。2012 年人均收入 9155 元。

龙泉官庄村　位于镇政府驻地东北 6 公里。明崇祯年间，于家沟于姓迁居建村，因地处岭坡，取名于家岭，又因村前有泉称龙泉，1981 年改称现名。总面积 628 亩，其中耕地 260 亩。有居民 70 户，209 口人，姓氏以于姓为主。2012 年人均收入 9032 元。

于家沟村　位于镇政府驻地东北 6.5 公里。明正统年间，板楼村于氏迁居于此，因地处沟畔，以姓冠名于家沟。总面积 4092 亩，其中耕地 1184 亩。有居民 360 户，1148 口人，姓氏有于、范、李、王、左、柳、曲等。2012 年人均收入 8671 元。

小孙家沟村　位于镇政府驻地北 8.5 公里。明弘治年间，日照县孙家疃孙氏迁此建村，以姓冠名孙家沟，原在白公山下，为避重名村，1981 年更名为小孙家沟，1989 年迁现址。总面积 593 亩，其中耕地 146 亩。有居民 37 户，105 口人，姓氏有孙、田、杨等。2012年人均收入8639元。

白公山后村 位于镇政府驻地北8.5公里。清光绪四年(1878年),莒县周王村陈、厉二姓迁此建村,因居白公山后而得名。总面积1919亩,其中耕地449亩。有居民116户,327口人,姓氏有于、陈、厉等。2012年人均收入8320元。

板石西地村 位于镇政府驻地东北10公里。元至正年间,江苏东海马氏兄弟迁此建村,因村中有大石板,取名板石。1945年7月,该村大部分划入日照县三庄区,原村西部9户,37口人留居,称板石西地,俗称西地村。总面积110亩,其中耕地100亩。有居民19户,49口人,姓氏有马、宋、荣、孙、李等。2012年人均收入8503元。

五楼山前村 位于镇政府驻地东北3.5公里。明洪武二年(1369年),江苏东海县小河涯韦姓迁此建村,因居五楼山前而得名。总面积5856亩,其中耕地2068亩。有居民778户,2025口人,姓氏有韦、张、邹、井、韩、卢、潘、辛、宋、娄、刘、付、任、王、陈、杜等。2012年人均收入9136元。

五楼官庄村 位于镇政府驻地东北5公里。清雍正十三年(1735年),黄墩草涧张姓迁此垦种官田,因靠五楼山取名五楼官庄,辖小梁、东山2个自然村。总面积4096亩,其中耕地1323亩。有居民490户,1388口人,姓氏有张、刘、陈、孙、高、韦等。2012年人均收入9140元。

柳黄沟村 位于镇政府驻地东北7.5公里。明朝初年,柳姓居沟畔建村,取名柳红沟,清初卢氏迁此定居,改称柳黄沟。总面积3156亩,其中耕地960亩。有居民302户,796口人,姓氏以卢姓为主。2012年人均收入9142元。

山庄村 位于镇政府驻地东4公里。明洪武十三年(1380年),江苏东海县张氏迁此建村,因地势较高,随五楼山前村取名五楼山前上庄,1941年1月改称山庄。总面积2753亩,其中耕地932亩。有居民350户,870口人,姓氏有张、王、庄、邹、任、商、孙等。2012年人均收入9141元。

商家沟村 位于镇政府驻地东北12.5公里。明洪武二十三年(1390年),商姓自江苏省海州十八村迁此定居。因居沟畔,故以姓冠名商家沟。辖南山、山西、老牛沟3个自然村。总面积7956亩,其中耕地2284亩。有居民566户,1530口人,姓氏有商、邱、张、傅等。2012年人均收入9143元。

第十节 前三岛乡村居

前三岛乡有3个居,1个行政村。

王家海屋居 位于岚山头街道办事处驻地东北5公里。清康熙年间,王姓迁居搭草屋临海而居,以捕鱼为生,后成村庄,故名王家海屋,2002年由村改居。总面积392亩。有居民481户,1328口人,主要姓氏有王、刘、胡等。经济收入以港口服务、海洋捕捞、海水养殖、水产品加工、商贸流通、房屋场地租赁等产业为主。2012年人均收入15660元。2007年11月实施旧村改造,由老沿海路以东整体搬迁至秦海小区。

刘家海屋居 位于岚山头街道办事处驻地东北4公里。明万历年间,刘姓迁居搭建草屋临海定居,以捕鱼为生,后成村庄,故名刘家海屋,2002年由村改居。总面积186亩。有居民304户,847口人,姓氏以刘姓为主。经济收入以港口服务、海洋捕捞、海水养殖、水产品加工、商贸流通、房屋场地租赁等产业为主。2012年人均收入17100元。

周家庄子居 位于岚山头街道办事处驻地东北3公里。明景泰年间,周姓迁居建村,故名周家庄子,2002年由村改居。总面积120亩。有居民401户,805口人,主要姓氏有王、马、周等。经济收入以港口服务、海洋捕捞、海水养殖、水产品加工、商贸流通、房屋场地租赁等产业为主。2012年人均收入17460元。

秦官庄村 位于岚山头街道办事处驻地东北4公里。明嘉靖年间建村,因村西山崖形似羊头,故名羊头官庄,1945年改称秦家官庄,为区别重名村,1981年11月更名秦官庄村。总面积1000亩。有居民492户,1569口人,主要姓氏有秦、张、李等。经济收入以港口服务、海洋捕捞、海水养殖、水产品加工、商贸流通、房屋租赁等产业为主。2012年人均收入17800元。

第四编　人　口

岚山区早在旧石器时代就有人类生存，境内胡家林村的旧石器文化遗址反映了旧石器时代早期的人类活动。清代以前，人口增长缓慢。新中国成立后，随着人民生活水平提高和卫生条件改善，人口增长较快。20 世纪 70 年代末实行计划生育后，人口出生率、自然增长率逐渐下降，人口增长趋向稳定。岚山办事处设立后，随着工业经济发展和城市建设加快，人口逐渐向城区和各镇驻地集中，外来务工人口和流动人口逐年增多。西部农村人口大多到东部城区、沿海务工，早出晚归，也有部分人员在城区买房定居。

岚山从 20 世纪 60 年代开始开展计划生育工作。1979 年开始推进“一胎化”。1993 年 7 月，成立岚山计生卫生局。自 1995 年起，连续 17 年获全市人口目标责任制考核一等奖。2007 年 1 月，岚山区被山东省委、省政府命名为“全省计划生育优质服务先进区”。同年，区人口计生局被国家人口计生委授予“全国人口和计划生育系统先进集体”。2010 年 12 月，岚山区被国家人口计生委表彰为“全国计划生育优质服务先进区”。

2001 ～ 2010 年，全区共出生人口 42712 万人，其中合法生育 41617 人，违法生育 1095 人，合法生育率为 97.53%，高于全日照市的 93.83%。出生人口性别比为 110.65，低于全日照市的 111.48。2012 年，全区人口出生率 9.14 ‰，自然增长率 2.34 ‰，综合避孕节育率 90.62%，长效节育措施落实率 95.28%，流动人口综合管理服务率达到 98% 以上。

第一章　人口规模

第一节　人口数量

明代以前，岚山人口数量无史料记载，清代只统计当差充饷人丁。据清康熙十一年（1672 年）《日照县志》和《沂州府志》记载，安东卫明末共 820 丁①（《安东卫志》载：“原额 820 丁，实则 710 丁”）。据清光绪十二年（1886 年）《日照县志》记载，康熙五十一年（1712 年）为 724 丁，康熙五十二年至乾隆二十一年（1713 ～ 1756 年）只增 9 丁，光绪十一年（1885 年）安东卫有 11876 丁。

1982 年第三次全国人口普查，岚山境内总人口为 375767 人，1990 年第四次全国人口普查，岚山境内总人口为 404604 人，比 1982 年增长 7.67%。其中岚山头、汾水、虎山等东部沿海乡镇街道增长较快，西部内陆乡镇增长较慢。

1993 年岚山办事处设立后，岚山人口稳定增长。2003 年全处总人口 190182 人，比 1993 年增长 5.89%。2011 年全区总人口 423567 人，比 2004 年设区时增长 2.24%。2012 年区划调整后，全区总人口 423073 人。

注：①丁，指十八岁以上成年人。

1982 年和 1990 年全国人口普查岚山各乡镇街道人口情况统计表

表 4-1

乡镇街道	1982 年总人口（人）	1990 年总人口（人）	增长（%）	乡镇街道	1982 年总人口（人）	1990 年总人口（人）	增长（%）
岚山头	32255	37024	14.79	小后村	57263	60108	4.97
汾　水	27107	30852	13.82	高　兴	34177	35931	5.13
碑　廓	47563	50270	5.69	巨　峰	45078	48820	8.30
虎　山	49898	54874	9.97	大　坡	29703	31195	5.02
黄　墩	52723	55530	5.32	合　计	375767	404604	7.67

1993～2003年岚山办事处人口情况统计表

表 4-2

年 份	总户数（户）	总人口（人）			其中非农业人口（人）
		合 计	男 性	女 性	
1993	51258	179598	90726	88872	27528
1994	52563	180973	91619	89354	36408
1995	55303	183378	92779	90599	38814
1996	56197	184245	93293	90952	40391
1997	56646	185437	93902	91535	41247
1998	58563	186582	94407	92175	42271
1999	59025	187341	94740	92601	49717
2000	58590	188774	95265	93509	49600
2001	58860	189758	95642	94116	49747
2002	59221	189193	95401	93792	49923
2003	59656	190182	95958	94224	49986

2004～2012年岚山区人口情况统计表

表 4-3

年 份	总户数（户）	总人口（人）			其中非农业人口（人）
		合 计	男 性	女 性	
2004	131556	414299	209159	205140	59104
2005	132630	415734	209858	205876	104666
2006	132786	416914	210372	206542	111312
2007	138795	417651	210676	206975	107039
2008	140037	418992	211080	207912	109725
2009	142365	420834	212020	208814	104149
2010	144236	421825	212625	209200	104849
2011	146512	423567	213575	209992	105583
2012	145929	423073	213811	209262	106150

第二节 分布与密度

元末明初，由于历经战乱，岚山地区人烟稀少。明朝建立后，大量人口从苏北、山西、胶东、莒县等地迁入，域内人口有所增加，但密度仍然较低。清代，人口密度逐渐提高。

新中国成立后，域内人口增长较快，密度相应提高。1982年人口普查每平方公里为495人，1990年每平方公里为533人。2000年后流动人口增加，常住人口有所减少，2010年人口普查每平方公里为527人。

岚山人口分布不均，各乡镇街道人口密度差异较大，东部沿海乡镇密度较大，西部内陆乡镇密度较小。岚山头街道人口密度最大，2012年为每平方公里2336人；黄墩镇人口密度最小，2012年为每平方公里337人。

2004 年和 2012 年岚山区人口分布和密度状况统计表

表 4-4

乡镇街道	2004 年统计总人口（人）	2012 年统计总人口（人）	人口密度（人 / 平方公里）	
			2004 年	2012 年
总计	414299	423073	546	552
岚山头	46144	46417	2322	2336
安东卫	38909	41894	926	997
虎山	49277	62459	513	588
碑廓	56484	50352	538	525
黄墩	54005	51495	353	337
后村	58462		468	
高兴	34625	34788	553	540
巨峰	76393	75587	463	458
中楼		60081		445

第二章　人口变动

第一节　自然变动

清代以前，由于自然灾害、瘟疫和兵燹连年不断，人口增长缓慢，流动也很大。清初，社会逐步安定，“逮康、乾之世，国富民殷，凡滋生人丁，永不加赋”，人口增长较快。民国年间，人口增长相对稳定。

新中国成立前，总的特点是高出生率，高死亡率，低自然增长率。新中国成立后，随着人民生活水平提高和卫生条件逐步改善，人口增长较快。1949 ～ 2012 年，人口自然变动可分为四个阶段：1949 ～ 1958 年为高出生、低死亡、高增长阶段，自然增长率为 20.35 ‰；1959 ～ 1962 年为低出生、高死亡、低增长阶段，由于“大跃进”和自然灾害影响，人民生活水平和健康水平明显下降，1961 年，人口出生率为 24.86 ‰，死亡率为 18.22 ‰，自然增长率为 6.64 ‰；1963 ～ 1972 年为高出生、低死亡、高增长阶段，由于贯彻“调整、巩固、充实、提高”八字方针，国民经济好转，人民生活得到改善，人口出生率大幅回升，1963 年人口出生达到最高峰，自然增长率达 30.40 ‰；1973 ～ 2012 年为低出生、低死亡、低增长阶段，改革开放后，经济高速发展，人民收入普遍增加，医疗卫生条件大为改善，死亡率明显下降，同时由于实行计划生育，出生率、自然增长率也开始下降，2012 年全区人口出生率为 9.58 ‰，死亡率为 6.52 ‰，自然增长率为 3.06 ‰。

1993 ～ 2012 年岚山人口自然变动统计表

表 4-5

年　份	出　生		死　亡		自然增长	
	人　数（人）	出生率（‰）	人　数（人）	死亡率（‰）	人　数（人）	增长率（‰）
1993	2249	12.52	1015	5.65	1234	6.87
1994	1396	7.71	1035	5.72	361	1.99

续表 4-5

年 份	出 生		死 亡		自然增长	
	人 数（人）	出生率（‰）	人 数（人）	死亡率（‰）	人 数（人）	增长率（‰）
1995	2839	15.48	1071	5.84	1768	9.64
1996	1761	9.56	1114	6.01	647	3.51
1997	2417	13.03	1033	5.57	1384	7.47
1998	2586	13.86	1213	6.5	1373	7.36
1999	2337	12.47	1081	5.77	1256	6.71
2000	2919	15.46	1410	7.47	1509	7.99
2001	1965	10.35	1113	5.87	852	4.49
2002	1888	9.93	1157	6.09	731	3.85
2003	2064	10.93	1205	6.38	859	4.55
2004	4379	10.6	2699	6.53	1680	4.07
2005	4284	10.33	2966	7.15	1318	3.18
2006	3862	9.27	2774	6.66	1088	2.61
2007	4054	9.65	2707	6.44	1347	3.21
2008	3963	9.32	2955	6.95	1008	2.37
2009	3783	8.91	2888	6.8	895	2.11
2010	3734	8.78	2905	6.83	829	1.95
2011	3469	8.13	2922	6.85	547	1.28
2012	3980	9.58	3137	6.52	843	3.06

第二节 机械变动

迁入 据史料记载，殷姓隋代迁居巨峰一带，郑姓元代迁居后村一带，梁姓元代从苏州东门外杆石桥来巨峰大土山一带定居。明代，迁入人口增多，辛姓、牟姓从栖霞迁入，刘姓从东海迁入。明初设安东卫，一批为明成祖（永乐皇帝）立过战功的簪缨世胄受封于安东卫，营中一些军官、士兵、墩卒也在安东卫定居，岚山境内出现一些以“官庄”“铺”“屯”“墩”命名的村庄。明清两代，许多江、浙、川、陕一带流民也在岚山定居。

新中国成立后，除婚迁和外地干部职工、复退军人调入外，1968 ～ 1978 年城市知识青年“上山下乡”，先后有济南、青岛、大连等地知识青年到岚山落户。到 1983 年，大部分返回原籍，余者皆妥善安置。20 世纪 80 年代后，随着岚山港的兴建，外地到岚山工作的人数增多，同时以前外流东北的人员也大量返回。

迁出 清朝末年，苛捐杂税繁多，加上战乱和自然灾害，当地人口大量外逃。自清道光年间开放满州准许汉人购买土地后，迁往东北的人口逐年增多，到民国年间，大量人口流向东北三省，俗称“闯关东”。1927 ～ 1928 年发生大灾荒，岚山居民纷纷外逃。据资料记载，“难民为求生存，纷纷背井离乡，扶老携幼，奔往关外求生，故近日来青（岛）北渡者，每日络绎不绝”[①]。“其赴关外谋生者，因数太众，得一事亦极不易，惟难民明知如此，然与其饿以待毙，毋宁冒险求生”[②]。

民国年间，岚山不少贫苦百姓到青岛做苦力，到淄博市博山挖煤。青岛市的四川路、小港、邱县路、金乡路等区域岚山人最为集中，以拉黄包车、开茶炉、扛大包、捡破烂等维持生计，也有部分人到青岛经商居住。

1948～1949年，岚山有854人随国民政府迁往台湾。

1955 ～ 1960 年，国家有计划地组织岚山部分村庄分 4 批向东北移民开荒，主要安排在黑龙江省讷河、依安、富锦、克山、嫩江等县落户。此外，岚山大部分村庄每年有一些农民自流东北，尤其20世纪70年代以前，每年的数量都很大，东北三省很多地区都有来自岚山的居民。

1980年后，人口迁出主要是婚迁和工作调动。

岚山办事处设立后，随着工业经济发展和城市建设加快，人口逐渐向城区和各镇驻地集中，外来务工人口和流动人口逐年增多。

1996年，日照市政府下发《关于大力实施陆桥区域共同发展战略的若干暂行规定》，对符合一定条件的内联外引企业的职工及其直系亲属，准予在日照市办理常住户口，当年岚山办理户口迁入、迁出人员大幅增加。1997年，日照市委、市政府下发《关于加快个体私营经济发展的实施意见》，进一步放宽了个体、私营从业人员在城镇落户的条件。1998年5月，山东省公安厅按照山东省委、省政府的要求，制定下发《关于严格控制人口机械增长的通知》，提出为确保到2000年全省总人口不突破9000万，公安机关要从严控制审批省外农村人口(含农转非)和城镇无正式工作人口的迁入。除“三投靠”(子女投靠父母、父母投靠子女、夫妻相互投靠)人员外，其他由公安机关直接负责审批的省外人员原则上不予落户。该文件系改革开放后山东省出台的控制人口迁移的最严格的政策性规定，贯彻实施后，对岚山人口迁移产生了长远的影响，特别是造成返籍人员回乡落户难。2004年5月，日照市人民政府下发《关于进一步改革我市户籍管理制度的意见》，明确提出实施积极的人口迁移政策，在降低市区户口迁移条件的同时，全面放开县域内户口迁移政策，实现县域内人口迁移自由。2005年12月，日照市公安局下发《日照市常住户口网上迁移暂行规定》，决定自2006年1月1日起，本市范围内的户口实行网上迁移，由迁入地派出所“一站式”办结，结束了日照市市内户口迁移签发纸质准迁证、迁移证的时代，极大地方便了群众，严格了户口迁移程序。2008年5月，山东省公安厅与山东省教育厅、山东省劳动和社会保障厅联合下发《关于认真做好我省大中专院校(技工院校)录取本省新生暂住户口登记等有关问题的通知》，决定自2008年起山东省普通大中专院校录取本省新生不再办理户口迁移手续，这是山东省大中专学生户口迁移工作的重大改革。2012年11月，日照市人民政府下发《关于积极稳妥推进户籍管理制度改革加快新型城镇化进程的实施意见》，要求在统一城乡户口登记制度的基础上，按照统筹兼顾、依次放开、逐步推进的原则，实施更加积极灵活的户口迁移登记政策。该文件在很大程度上降低了户口迁移落户城镇的门槛，“租房落户”也成为本次户籍制度改革的一大亮点。

注：①②据1994年11月第1版《日照市志》(第110页)载。

1993～2012年岚山人口机械变动统计表

表4-6　　单位：人

年份	迁入	迁出	年份	迁入	迁出
1993	1263	822	2003	609	1022
1994	1667	800	2004	1324	1827
1995	1705	1727	2005	1909	2110
1996	2330	2120	2006	1579	3346
1997	1573	1821	2007	2120	1630
1998	1473	1701	2008	2215	1064
1999	545	1320	2009	2235	1046
2000	539	965	2010	2292	1102
2001	550	816	2011	1916	950
2002	511	957	2012	1715	1089

第三章　人口构成

第一节　民族构成

岚山人口多为汉族。清代迁入一部分满族居民。新中国成立后，因婚迁、干部调动、大中专毕业生分配等，有少数民族居民迁入。从20世纪90年代起，外来务工的少数民族开始增多。

2010年第六次全国人口普查，岚山区常住人口中有29个少数民族，共计420人，多为外来人口。其中，蒙古族59人，回族42人，藏族16人，维吾尔族4人，苗族13人，彝族19人，壮族14人，布依族3人，朝鲜族19人，满族114人，侗族1人，白族2人，土家族27人，哈尼族4人，傣族1人，黎族4人，傈僳族52人，佤族2人，拉祜族1人，水族5人，土族4人，达斡尔族3人，撒拉族1人，仡佬族1人，锡伯族5人，怒族1人，鄂温克族1人，京族1人，鄂伦春族1人。

2011年，据公安户籍人口统计，全区有12个少数民族，共计98人。其中，傈僳族5人，苗族14人，蒙古族16人，朝鲜族11人，壮族15人，满族9人，土家族8人，彝族11人，黎族1人，白族1人，回族2人，锡伯族5人。性别构成：男性12人，女性86人。主要分布：岚山头街道9人，安东卫街道2人，虎山镇27人，碑廓镇17人，黄墩镇9人，巨峰镇18人，后村镇6人，高兴镇8人，区直2人。学历构成：大学学历2人，高中2人，初中33人，小学61人。年龄构成：10岁以内18人，10岁至20岁4人，20岁至30岁21人，30岁至40岁32人，40岁至50岁20人，50岁至60岁1人，60岁至70岁1人，80岁以上1人。

2012年7月，中楼镇划归岚山区，该镇有15个少数民族，共计68人。其中傈僳族5人，苗族14人，蒙古族10人，壮族1人，藏族1人，满族6人，土家族1人，彝族6人，白族1人，回族2人，维吾尔族2人，布依族2人，侗族2人，瑶族2人，哈尼族13人。

第二节　性别构成

据统计，日照县1919年男女性别比为99.9，1925年男女性别比为123，1934年男女性别比为120，1949年男女性别比为93.17，1982年男女性别比为103.18，1989年男女性别比为104.47。

据2000年第五次全国人口普查，岚山办事处人口男女性别比为101.88。2010年第六次全国人口普查，岚山区人口男女性别比为105.28，其中城市人口男女性别比为106.33，镇驻地人口男女性别比为111.2，乡村人口男女性别比为101.14。

受重男轻女传统思想影响，新出生婴儿男女性别比，特别是二胎男女性别比较高。2004～2011年，全区新出生婴儿男女性别比为105.71，其中二胎性别比高达116.82。

1993～2012年岚山户籍人口性别比例统计表

表4-7

年　份	男(人)	女(人)	性别比(女=100)	年　份	男(人)	女(人)	性别比(女=100)
1993	90726	88872	102.09	1998	94407	92175	102.42
1994	91619	89354	102.53	1999	94740	92601	102.31
1995	92779	90599	102.41	2000	95265	93509	101.88
1996	93293	90952	102.57	2001	95642	94116	101.62
1997	93902	91535	102.59	2002	95401	93792	101.72

续表 4-7

年　份	男(人)	女(人)	性别比(女=100)	年　份	男(人)	女(人)	性别比(女=100)
2003	95958	94224	101.84	2008	211080	207912	101.52
2004	209868	204431	102.66	2009	212020	208814	101.54
2005	209858	205876	101.93	2010	212625	209200	101.64
2006	210372	206542	101.85	2011	213575	209992	101.71
2007	210676	206975	101.79	2012	213811	209262	101.17

第三节　年龄构成

20 世纪 70 年代前，由于经过 50 年代、60 年代两次人口出生高峰，青少年比例较高。70 年代后，由于全面实行计划生育，岚山人口年龄结构总的变化趋势是：少年儿童人口比例下降，劳动年龄人口比例提高，老年人口比例呈上升趋势。2010 年全国人口普查，岚山 0 ～ 14 岁人口占总人口的比重为 15.14%，比 1964 年的 43.73% 下降 28.59 个百分点，比 1982 年的 31.72% 下降 16.58 个百分点，比 2000 年的 21.47% 下降 6.33 个百分点；15 ～ 59 岁人口占总人口的比重为 67.98%，比 1964 年的 49.99% 上升 17.99 个百分点，比 1982 年的 59.98% 上升 8 个百分点，比 2000 年的 66.61% 上升 1.37 个百分点；60 岁及以上人口占总人口的比重为 16.88%，比 1964 年的 6.28% 上升 10.6 个百分点，比 1982 年的 8.3% 上升 8.58 个百分点，比 2000 年的 11.93% 上升 4.95 个百分点。

2000 年全国人口普查岚山办事处人口年龄构成统计表

表 4-8

年　龄	人口数(人)			占人口总数百分比（%）		
	合　计	男	女	合　计	男	女
0 ～ 4	10061	5366	4695	5.41	2.88	2.53
5 ～ 9	11450	6015	5435	6.15	3.23	2.92
10 ～ 14	18437	9582	8855	9.91	5.15	4.76
15 ～ 19	13530	6980	6550	7.27	3.75	3.52
20 ～ 24	12970	6629	6341	6.97	3.56	3.41
25 ～ 29	16841	8562	8279	9.05	4.6	4.45
30 ～ 34	18311	8983	9328	9.84	4.83	5.01
35 ～ 39	15731	7637	8094	8.45	4.1	4.35
40 ～ 44	14589	7153	7436	7.84	3.84	4
45 ～ 49	15220	7431	7789	8.18	3.99	4.19
50 ～ 54	10031	5141	4890	5.39	2.76	2.63
55 ～ 59	6733	3606	3127	3.62	1.94	1.68
60 ～ 64	5881	3065	2816	3.16	1.65	1.51
65 ～ 69	5983	2946	3037	3.21	1.58	1.63
70 ～ 74	4747	2221	2526	2.55	1.19	1.36
75 ～ 79	2998	1370	1628	1.61	0.74	0.87

续表 4-8

年龄	人口数(人)			占人口总数百分比（%）		
	合计	男	女	合计	男	女
80～84	1682	725	957	0.9	0.39	0.51
85～89	626	208	418	0.34	0.11	0.23
90～94	229	63	166	0.12	0.03	0.09
95～99	45	5	40	0.02		0.02
100岁及以上	5		5			

2010年全国人口普查岚山区人口年龄构成统计表

表 4-9

年龄	人口数(人)			占人口总数百分比（%）		
	合计	男	女	合计	男	女
0～4	18778	10145	8633	4.69	2.54	2.16
5～9	21078	11057	10021	5.27	2.76	2.5
10～14	20698	10646	10052	5.17	2.66	2.51
15～19	21462	11165	10297	5.36	2.79	2.57
20～24	32208	17999	14209	8.05	4.5	3.55
25～29	25425	13771	11654	6.36	3.44	2.91
30～34	24839	13254	11585	6.21	3.31	2.9
35～39	31963	16742	15221	7.99	4.18	3.8
40～44	38131	18851	19280	9.53	4.71	4.82
45～49	34478	16721	17757	8.62	4.18	4.44
50～54	32029	15882	16147	8.01	3.97	4.04
55～59	31439	15576	15863	7.86	3.89	3.97
60～64	22016	11259	10757	5.5	2.81	2.69
65～69	13995	7379	6616	3.5	1.84	1.65
70～74	11322	5814	5508	2.83	1.45	1.38
75～79	9987	4674	5313	2.5	1.17	1.33
80～84	6529	2872	3657	1.63	0.72	0.91
85～89	2702	1040	1662	0.68	0.26	0.42
90～94	831	285	546	0.21	0.07	0.14
95～99	146	42	104	0.04	0.01	0.03
100岁及以上	11	3	8			

新中国成立前，岚山域内人口平均寿命只有35岁左右；2000年人口普查，人口平均期望寿命为70.2岁；2010年人口普查，人口平均期望寿命为76.36岁。由于人口平均寿命提高和老年人口比例上升，人口平均年龄不断增加，2010年为38.47岁，比2000年的33.6岁增加4.87岁，比1982年的27.37岁增加11.1岁，比1964年的23.68岁增加14.79岁。

第四节　文化构成

新中国成立前及成立之初，域内有文化的人极少。1964年第二次全国人口普查结果显示，岚山小学、初中、高中、大专、大专以上文化程度人数分别占总人口数的18.61%、1.37%、0.27%和0.03%。小学以上文化程度的人口占总人口数的20.28%。

1982年第三次全国人口普查结果显示，岚山小学、初中、高中、大专及大专以上文化程度人数分别占总人口数的31.62%、16%、9.6%、5.37%、0.05%。小学以上文化程度的人口占总人口数的62.64%。

1990年第四次全国人口普查结果显示，岚山小学、初中、高中、大专、大专以上文化程度人数分别是63359人、41021人、7806人、280人，分别占总人口数的36.62%、23.71%、4.51%、0.16%，小学以上文化程度人口占总人口数的65%。

2000年第五次全国人口普查结果显示，岚山小学以上文化程度的有156824人，占总人口数的83.07%，比1990年提高17.46个百分点。其中，具有大专及大专以上文化程度的3370人，具有高中文化程度的19607人，具有初中文化程度的68160人，具有小学文化程度的65687人(上述统计，包括同期各类学校的毕业生、肄业生和在校生)。与1990年相比，每千人拥有率：大专及大专以上文化程度人数由1.62人上升到18.11人；具有高中文化程度的由45.11人上升到105.36人；具有初中文化程度的，由23.82人上升到366.25人；具有小学文化程度的，由366.19人下降为352.97人。每千人拥有率除大专及大专以上文化程度低于全省平均水平外，其他各种文化程度均超过全省平均水平。

2010年第六次全国人口普查结果显示，岚山区小学以上文化程度的有343553人，占总人口数的85.87%，比2000年提高了2.8个百分点。其中，具有大专及大专以上文化程度的16294人，具有高中文化程度的43135人，具有初中文化程度的164553人，具有小学文化程度的119571人(上述统计，包括同期各类学校的毕业生、肄业生和在校生)。与2000年相比，每千人拥有率：大专及大专以上文化程度人数由18.11人上升到40.73人；具有高中文化程度的，由105.36人上升到107.82人；具有初中文化程度的，由366.25人上升到411.31人；具有小学文化程度的，由352.97人下降为298.88人。

2000年第五次全国人口普查，岚山办事处15周岁以上文盲和半文盲共2.06万人，占总人口数的11.07%。2010年第六次全国人口普查，岚山区15周岁以上文盲和半文盲共2.99万人，占总人口数的7.48%，比2000年的11.07%下降3.59个百分点，比1990年第四次全国人口普查时的21.14%下降13.66个百分点。

第五节　职业构成

改革开放前，岚山沿海居民以从事渔、盐业为主，内陆居民以农业为主，少数人从事商贸业和手工制造业。改革开放后，随着经济发展，从业结构急剧变化，从事工业、商贸服务业、建筑业、交通运输业人口逐年增多。

1982年，域内从业人员占总人口的48.27%。农林牧渔业、工业和交通运输业、商贸服务业从业人员，分别占从业人员的81.6%、10.35%、2.34%。

2000年，据第五次全国人口普查，岚山办事处从业人口为102360人，占总人口的55.0%，占劳动年龄人口的72.2%。其中农林牧渔及水利业在业人口为66790人，占在业人口的65.2%；生产运输设备操作及有关人员16450人，占在业人口的16.1%;建筑业就业人员2680人,占在业人口的2.6%;商业服务人员10030人,占在业人口的9.8%;文教卫生人员2720人,占在业人口的2.6%;金融保险人员340人,占在业人口的0.33%;党政机关及其他专业人员3350人,占在业人口的3.27%。

2010年,据第六次全国人口普查,岚山区从业人口为251132人,占总人口的62.8%,占劳动年龄人口的75.1%。其中农林牧渔及水利业在业人口为156774人,占在业人口的62.4%;生产运输设备操作及相关人员51007人,占在业人口的20.3%;商业服务人员28229人,占在业人口的11.2%;党政机关及其他专业人员15122人,占在业人口的6.1%。

第六节　城乡构成

改革开放前,岚山城镇化水平较低,城镇人口较少。改革开放后,随着工商业发展,城镇人口开始增加。1990年第四次全国人口普查时,岚山办事处总人口为173020人,其中城镇人口45587人,占总人口的26.4%,乡村人口127433人,占总人口的73.6%。岚山办事处设立后,城镇人口迅速增加,到2003年,全处总人口190182人,其中城镇人口89500人,占总人口的47.1%,比1990年提高20.7个百分点;乡村人口100682人,占总人口的52.9%。2010年第六次全国人口普查时,岚山区总人口为400067人,其中城镇人口208706人,占总人口的52.17%;乡村人口191361人,占总人口的47.83%。2012年,全区总人口423073人,其中城镇人口232563人,占总人口的54.97%。

1990～2012年岚山部分年份城乡人口分布情况统计表

表4-10

年　份	城镇人口（人）			乡村人口（人）	占总人口百分比（%）	
	合　计	市人口	镇人口		城镇人口	乡村人口
1990	45587	37024	8563	127433	26.4	73.6
2002	89100	80040	9060	100093	47.1	52.9
2003	89500	80280	9120	100682	47.1	52.9
2010	208706	83669	125037	191361	52.17	47.83
2012	232563			190510	54.97	45.03

第七节　姓氏构成

据不完全统计,岚山域内共有姓氏300余个,其中王、张、李、刘、陈、苏、徐、胡、赵、魏、牟、杨、韩、孙、崔、丁、梁、辛、郑、秦等姓氏人口较多。

岚山居民姓氏一览表

表4-11

二画	卜、丁、刁、乜
三画	门、习、山、万、马、于
四画	云、尹、邓、开、孔、中、车、公、井、介、卞、方、文、亓、户、化、尤、仇、历、牛、支、丰、毛、韦、王、斗

续表 4-11

五画	皮、甘、仪、丙、汉、古、业、白、兰、台、他、龙、石、厉、史、冯、宁、付、叶、田、左、申、代、司、卢、节、平
六画	向、巩、华、朴、汲、纪、衣、邬、祁、刑、邢、任、仲、成、阳、池、米、关、齐、竹、曲、吉、师、安、江、红、汤、吕、毕、乔、许、朱、庄、伍、闫、仲、牟、乔、刘、孙、伊、匡
七画	男、邴、杜、劭、何、形、狄、陆、佟、岑、芬、闵、沈、纽、杏、杨、辛、谷、郤、沙、芦、汪、邱、冷、严、邵、豆、时、迟、肖、邹、吴、佐、张、李、陈、苏、宋、佘、来、别、钊
八画	武、采、房、依、苑、国、季、苟、范、沼、郁、尚、单、卓、法、罗、岳、金、孟、宗、庞、泮、苗、郑、林、周、绍、明
九画	南、洪、柳、闻、律、郝、贺、钟、修、钮、段、钱、荣、施、贵、宫、战、将、祝、姜、相、侯、胡、赵、姚、费、咸、娄、昝、勇
十画	诸、奚、栾、桂、席、陶、聂、殷、顾、凌、耿、倪、党、袁、浩、晏、涂、贾、唐、夏、高、郭、徐、荻、秦、柴、铁、泰
十一画	梅、续、鹿、龚、商、盛、康、隋、寇、常、曹、梁、崔、黄、萧、阎、接、密
十二画	葛、惠、嵇、戢、程、傅、彭、鲁、曾、焦、销、温、蒋、童、韩、董、谢、随
十三画	慈、鲍、裔、靳、甄、訾、路、褚、解、雷、窦、蓝、裘
十四画	阚、谭、熊、臧、翟、蔡、管
十五画	樊、潭、潘、滕、颜
十六画	穆、薄、霍、薛、懈、燕
十七画	縻、鞠、魏、戴、藏
十七画以上	瞿、藤、藩、诸葛

王姓　主要分布在岚山头街道的圣岚路、海州路、岚阳路、环海路、凤阳路、官草汪、佛手湾、甜水河、童海路、周家庄子、王家海屋、刘家海屋、胡家林；安东卫街道的荻水、泉子庙、安东卫东街、安东卫北门外、汾水、竹园、砚台西、潘庄一村、安东卫南街、石家庄子、安东卫北街、安东卫西街、南门外、王家庄、东山、李庄子、东庄；碑廓镇的王家庄、王家庄东山、前水沟、后水沟；虎山镇的东潘家村、西潘家村、大村、小村、韩家村、南孙家官庄、后稍坡、前稍坡、四门口、秦家结庄、相家结庄、泥田沟、东湖一村、东湖二村、东湖三村、黄泥沟、梭罗树、杨家村、大尧沟、小尧沟、徐家村、桥南头、太平村、高家屯、虎山铺、楼子底；巨峰镇的官家湖、巨峰河西村、郭家庄子、平家村、罗川沟、莲花峪、柳古庄、大王家沟、邱后、前山旺、柿树园；黄墩镇的南庄、张家蒲汪、任家董旺庄；高兴镇的南草坡、西牟家村、厉家湖、王家楼子、六合村、东辛庄子、合庄；中楼镇的马亓河东、刘家峪、亓河村、幸福村、中楼、富食岭、山庄、马亓河西；后村镇的大后村、李家洼、沙沟、中山字河、汉家皋陆二村、马家岭。

张姓　主要分布在岚山头街道的圣岚路、海州路、岚阳路、环海路、凤阳路、官草汪、童海路、秦官庄、大阡里、杨家庄子；安东卫街道的汾水社区、张马庄、安东卫北门外、安东卫东街、砚台西、安东卫南街、安东卫北街、安东卫南门外、石家庄、泉子庙；碑廓镇的南张家庄、北张家庄、大河口、田家寨一村、田家寨二村；虎山镇的后稍坡、小村、东潘家村、西潘家村、张家结庄、泥田沟、东湖三村、梭罗树、大尧沟、松树园、桥南头、高家屯、申张村；巨峰镇的巨峰三村、巨峰四村、前黄埠、小官庄、大官庄、北卜落、后屯、车沟、前山北头、土山岭；黄墩镇的黄墩一村、张家沟、后崖、台子地、粮山一村、小洙洲、南庄、田家沟、上双疃、孙家蒲汪、张家蒲汪、草涧；高兴镇的南草坡、潘家洼、南辛庄子、张家庄子、张家小庄、向阳、杨家山前、东辛庄子；中楼镇的五楼官庄、埠后、黑涧、上涧、山庄、彭家峪、孙由、中楼；后村镇的前马庄一村、西山字河、井沟、榛子埠、曲河南岭、大曲河、丁家皋陆、辛家皋陆。

李姓 主要分布在岚山头街道的圣岚路、海州路、岚阳路、环海路、凤阳路、官草汪、童海路、秦官庄、王家海屋；安东卫街道的李家庄、贾家湖、安东卫北街、东山、安东卫东街、车庄；碑廓镇的东辛兴；虎山镇的东潘家村、小村、大村、西潘家村、韩家村、郑家结庄、黄泥沟、小合坞、大合坞、杨家村、黄家峪、韩家营子、虎山铺；巨峰镇的巨峰一村、巨峰二村、巨峰五村、官家湖、新华、常家庄、西青墩、相家楼、小王家沟、前屯、车沟、老龙窝、辛留、李家大村、大土山、土山岭、辛庄、土山河；黄墩镇的高家村、张家沟、台子地、小洙洲、南庄、李家官庄、寺后、谢家沟、孔家口子；高兴镇的西牟家村、厉家湖、高兴岭、夏陆沟、川子、杨家山前、六合村、大芳沟、訾家店、合庄；中楼镇的黑涧、上涧、葛子沟、月庄、中楼、对子沟、前姚家埠；后村镇的小后村、北山西头、东山字河、李家洼、后马庄二村、皂户沟、前马庄一村、前马庄二村、崖头、陈家沟、蔡家官庄、西山字河、井沟、独垛子、大竹园、小代疃。

刘姓 主要分布在岚山头街道的圣岚路、海州路、环海路、甜水河、童海路、刘家海屋、王家海屋；安东卫街道的北门外、界牌岭、潘庄一村、潘庄二村、后合庄、安东卫北街；碑廓镇多数村都有刘姓，但数量较少；虎山镇的刘家小庄、西潘家村、四门口、张家结庄、东湖一村、东湖二村、大合坞、桥南头、太平村、蔡家墩、韩家营子、朱家官庄；巨峰镇的新华村、刘家庄、东赵家庄、后黄埠、前黄埠、狮子河、马疃、水木头、韩家沟、大卜落、沟洼、大洼、前崖下、张家沟、刘家、柿树园、前山北头、丁家林、土山岭、西土山；黄墩镇的黄墩一村、黄墩三村、南塔岭、刘家沟、陈家官庄、后大坡、粮山二村、粮山三村、姜家沟、大洙洲、小洙洲、下双疃、草涧、寺后、红卫村、孔家庄子、上大峪、下大峪；高兴镇的南范家村、东牟家村、刘家尧王城、南辛庄子、大宋家庄、申家庄、大屯；中楼镇的刘家沟、卢家西楼、库山子、前姚家埠；后村镇的北山西头、前马庄二村、东高家沟、井沟。

陈姓 主要分布在岚山头街道的凤阳路、佛手湾、甜水河、杨家庄子、童海路；安东卫街道的车庄、东庄；虎山镇的东潘家村、小村、刘家小庄、后稍坡、相家结庄、黄泥沟、陈家庄子、西山村、大尧沟、蔡家墩、朱家官庄、虎山铺、四门口；巨峰镇的刘家庄、东赵家庄、后黄埠、前黄埠、狮子河、马疃、大卜落、大洼、前崖下、张家沟、刘家、柿树园、前山北头、丁家林、西土山；黄墩镇的黄墩三村、南塔岭、刘家沟、陈家官庄、粮山二村、粮山三村、大洙洲、小洙洲、草涧、寺后、红卫村、孔家庄子、上大峪、下大峪；高兴镇的南范家村、毕家村、怀古村；中楼镇的大陈家军子、小陈家军子、陈家南楼、陈家西楼、中楼；后村镇的北山西头、前马庄二村、东高家沟、井沟。

徐姓 主要分布在岚山头街道的圣岚路、海州路、岚阳路、环海路、凤阳路；安东卫街道的安东卫东街、东山、泉子庙；碑廓镇的徐家林；虎山镇的大村、四门口、秦家结庄、张家结庄、小合坞、西山村、后水车沟、徐家村、朱家官庄；巨峰镇的徐家庄、丁家林、土山岭；黄墩镇的张家蒲汪；高兴镇的沈家村、卜家村、川子、訾家店、小屯；中楼镇的中楼村、卢家军子、亓河、辛家庄、马亓河东村、王家峪、刘家峪、下曹；后村镇的荆家沟、北山西头。

苏姓 主要分布在岚山头街道的圣岚路、岚阳路、环海路、杨家庄子、童海路、胡家林、大阡里；安东卫街道的北门外、汾水、仁家村、蒋家庄、苏家庄、砚台西、安东卫南街、岚山盂、安东卫北街、安东卫南门外；碑廓镇的大朱曹一村；虎山镇的东潘家村、西潘家村、大村、南夏家村、前稍坡、连家村；后村镇的中山字河。

胡姓 主要分布在岚山头街道的圣岚路、海州路、凤阳路、童海路、大阡里、王家海屋、胡家林；安东卫街道的汾水、竹园、车庄、界牌岭、荻水、安东卫北街、安东卫西街、东山、李家庄、泉子庙；碑廓镇的山西头、下湖；虎山镇的大村、西潘家村、松树园、大庄子、高家屯、韩家营子；巨峰镇的相家楼、柳古庄；黄墩镇的黄墩一村、南塔岭；高兴镇的东牟家村；中楼镇的赵家西楼、库山子；后村镇的宅科三村、邢家沟。

赵姓 主要分布在岚山头街道的海州路、环海路、官草汪、甜水河、杨家庄子；安东卫街道的后合庄、辛庄子、泉子庙；虎山镇的东潘家村、前稍坡、前水车沟、连家村、梭罗树、后水车沟、黄家峪、龙王河、朱家官庄、虎山铺；巨峰镇的东赵家庄、蒋家庄、平家村、沟洼、辛留、赵家村、刘家、吕家官庄；黄墩镇的黄墩一村、赵家滩井、大辛庄；高兴镇的高兴岭、北范家村；中楼镇的赵家西楼、娄家湖、孟家屋子、卢家西楼、中楼；后村镇的小邵疃、陈家沟。

牟姓　主要分布在岚山头街道的凤阳路；安东卫街道的陈家湖、安东卫北街；碑廓镇的碑廓一村、碑廓二村、碑廓三村、碑廓四村、田家寨一村、田家寨二村、大司官庄、小湖；虎山镇的南夏家村、桥南头；巨峰镇的东赵家庄、大荒；高兴镇的东牟家村、西牟家村、大芳沟、化龙村；后村镇的石岭子、石林子、大曲河、小代疃。

杨姓　主要分布在岚山头街道的圣岚路、海州路、岚阳路、杨家庄子、童海路、秦官庄；安东卫街道的汾水、砚台西、安东卫南街、安东卫西街、安东卫南门外、东山、李家庄；碑廓镇的西杨家庄、中杨家庄；虎山镇的东潘家村、西潘家村、南夏家村、杨家村、桥南头；巨峰镇的东杨家庄、六甲庄子、相家楼、沟洼、车沟、李家大村；黄墩镇的张家沟；高兴镇的南范家村、北范家村、夏陆沟、张家庄子、前唐家河、冯家庄、杨家庄、大屯；中楼镇的中楼村、集后、白公山前、上曹、小孙家沟；后村镇的东山字河、陈家沟、独垛子。

魏姓　主要分布在安东卫街道的北门外、李家庄、竹园；碑廓镇的田家寨一村、田家寨二村、西辛兴、大湖、辛庄子、曹家庄、南袁家庄、火石顶子、宋家庄、郁家村、谢家荒、凤凰岭；巨峰镇的刘家庄、狮子河、纪家沟；高兴镇的卜家村；中楼镇的马亓河东村、葡萄山前、王家峪、孙由。

韩姓　主要分布在安东卫街道的潘庄一村、蒋家庄；虎山镇的朱家官庄、韩家营子、大庄子、桥南头、松树园、韩家村；巨峰镇的巨峰二村、巨峰三村、李家庄、蒋家庄、水洪沟、大官庄、韩家沟、大卜落、西卜落、北卜落、莲花峪、车沟、后崖下、徐家庄、大岭、小坡、大坡；黄墩镇的黄墩二村、小邵家沟、北塔岭、大洙洲；高兴镇的厉家湖、南辛庄子、张家小庄、小芳沟、小宋家庄；中楼镇的韩家军子、对子沟、黑涧、马亓河东村、马亓河西村、五楼山前、大陈家军子；后村镇的崖头、大曲河、宅科三村、西草坡。

孙姓　主要分布在安东卫街道的北门外、潘庄一村、奎楼、车庄；虎山镇的四门口、相家结庄、崔景阳、南孙家官庄、徐家村；碑廓镇的西集后、西杨家庄、王家庄东山、玉峰岭、张家岭、谢家荒；巨峰镇的官家湖、新华村、罗川沟、孟家官庄、大卜落、石桥、大岭、大土山、北河；黄墩镇的黄墩四村、高家、后崖、陈家官庄、芦涧、粮山三村、下双疃、孙家蒲汪；高兴镇的东辛庄子、大芳沟；中楼镇的中楼村、韩家军子、娄家湖、月庄、板楼、小孙家沟、五楼官庄、山庄；后村镇的小后村、大后村、后马庄二村、崖头、蔡家官庄、宅科二村、西代家河。

丁姓　主要分布在安东卫街道的奎楼、蒋家庄、陈家湖、贾家湖；虎山镇的董家湖、蔡家墩、东湖一村、于家官庄、大庄子、桥南头；碑廓镇的碑廓三村、张家店子、费家湖、丁家庄、王家庄东山、小河口、张家岭；巨峰镇的贾家桃园、邹家庄、郭家庄子、马疃、平家村、水木头、六甲庄子、孟家官庄、小官庄、山峪、纪家沟、车沟、老龙窝、大土山、丁家林、丁吕土山、土山河、大坡；黄墩镇的黄墩二村、黄墩三村；高兴镇的南范家村、西牟家村、厉家湖、刘家尧王城、六合村、后唐家河、小宋家庄、怀古村、安家湖、丁家大村、化龙村、合庄；后村镇的丁家官庄、土谷涧、丁家院、汉家皋陆一村。

梁姓　主要分布在巨峰镇的巨峰一村、巨峰二村、巨峰三村、巨峰四村、巨峰五村、梁家桃园、巨峰河西村、尚家庄、李家庄、北卜落、西青墩、石桥、丁家林、土山东庄、小坡、大坡；高兴镇的后唐家河；后村镇的挪庄；虎山镇的韩家营子、南马家村；碑廓镇的大朱曹一村。

辛姓　主要分布在黄墩镇的黄墩一村、黄墩二村、黄墩三村、黄墩四村、高家、小邵家沟、南塔岭、大辛庄、姚家沟、芦涧、南陈家沟、田家沟、上双疃、孙家蒲汪、辛家蒲汪、田家董旺庄、任家董旺庄、孔家庄子、下大峪、东石山、西石山；巨峰镇的前崖下、邹北岭、徐家庄；中楼镇的辛家庄、后姚家埠、五楼山前；后村镇的汉家皋陆三村、辛家皋陆。

郑姓 主要分布在虎山镇的张家结庄；碑廓镇的甫田庄；后村镇的荆家沟、大后村、焦家集、东小曲河、东山字河、丁家官庄、马家店、沙沟、小邵疃、石岭子、西邵疃、西山字河、曲河北岭、曲河南岭、西小曲河、寨山前、西代家河、中山字河、大竹园、东邵疃、三合村、小代疃；高兴镇的潘家洼、王家楼子、张家庄子、张家小庄、前唐家河、工农岭、大屯、安家湖、汪家庄子；巨峰镇的水洪沟、郑家大沟、山峪、沟洼、西合庄；黄墩镇的上河、单家沟、芦涧；中楼镇的前姚家埠、上涧、李家楼、娄家湖。

崔姓 主要分布在安东卫街道的北门外、前合庄；虎山镇的后姚沟、黄家峪、桂山头；碑廓镇的大朱曹一村；黄墩镇的小邵家沟、崔家沟、单家沟、大辛庄、上大峪；巨峰镇的常家庄、老龙窝、邱后；后村镇的丁家官庄、井沟、宅科二村、宅科三村、崔家峪、汉家皋陆三村；中楼镇的崔家峪、两山口、赵家西楼、库山子、房家岭。

秦姓 主要分布在岚山头街道的秦官庄；虎山镇的申张村、四门口、秦家结庄、郑家结庄；碑廓镇的小湖、前水沟、三朱曹；巨峰镇的巨峰河西村、后黄埠、秦家小庄、蒋家庄、西青墩、孟家官庄；黄墩镇的黄墩三村、秦家滩井、北塔岭、后大坡、葛疃、孙家蒲汪；高兴镇的北范家村、秦家庄；后村镇的小代疃。

第四章 家庭与婚姻

第一节 家庭结构

新中国成立前，岚山人遵循“三纲五常”封建礼教，普遍具有“多子多福”观念，以“三世同堂”“四世同堂”为荣，家庭户人口多在5人以上，更多者达十几人，家庭规模较大。1950年后，人们的伦理、家庭观念逐渐转变，家庭规模及家庭结构发生变化。1970年后，全面实行计划生育，家庭规模不断缩小。1990年人口普查，岚山办事处辖区内共有46416个家庭户，户均3.7人；2000年人口普查，岚山办事处辖区内共有58590个家庭户，户均3.22人，3人户与4人户占总户数的62.68%。

2010年人口普查，岚山区共有137485个家庭户，户均2.8人。按家庭规模分，有1人户17227户，占总户数的12.53%；2人户40268户，占总户数的29.29%；3人户44706户，占总户数的32.52%；4人户24721户，占总户数的17.98%；5人户8044户，占总户数的5.85%；6人户2095户，占总户数的1.52%；7人户300户，占总户数的0.22%；8人户80户，占总户数的0.06%；9人户30户，占总户数的0.02%；10人及以上户14户，占总户数的0.02%。按家庭类别分，有一代户53313户，占总户数的38.78%；二代户70263户，占总户数的51.11%；三代户13568户，占总户数的9.87%；四代户341户，占总户数的0.25%。

2012年，根据公安户籍人口统计，岚山区共有145929户，423073人，户均2.9人。

第二节 婚姻结构

初婚年龄 1949年以前，初婚年龄无规定，多数在18岁左右，有十三四岁的少夫小妻，也有年龄悬殊的少夫老妻或老夫少妻，还有童养媳、娃娃亲和指腹为婚的，当时流行一句民谣“十五不成婚，二十无人跟”。

1950年，《中华人民共和国婚姻法》颁布，贯彻落实一夫一妻制，实行婚姻自主，并规定初婚年龄为男20周岁、女18周岁。1980年修订后的《中华人民共和国婚姻法》颁布，规定初婚年龄为男22周岁、女20周岁，并明确规定“直系血亲和三代以内的旁系血亲以及麻风病未经治愈的患者或患有其他在医学上认为不宜结婚疾病的人，禁止结婚”。

20世纪70年代末，政府提倡晚婚晚育，晚婚年龄为男25周岁、女23周岁。岚山女性初婚晚婚晚育率达98%,平均初婚年龄为男26岁、女24岁。1997年5月1日起,岚山对域内新婚夫妇实行婚前体检。2003年新婚姻法颁布实施后,政府对晚婚晚育要求有所放宽,男满22周岁、女满20周岁即可登记结婚,岚山晚婚晚育率逐渐降低,平均初婚年龄为男23周岁、女21周岁。

婚姻状况　1949年以前,婚姻遵父母之命,媒妁之言,讲究门当户对。新中国成立后,提倡婚姻自由,但多数还是经中间人介绍,自由恋爱的较少。改革开放后,婚姻恋爱方式逐渐由介绍型向自由恋爱型转变,从人品型择偶意识向人才型择偶意识转化,从务虚型向务实型转化。在农村,男性找对象比女性困难。另外,离婚率也呈逐年增高趋势,离婚后普遍再婚。2010年人口普查时,抽样调查15岁以上人口33448人,其中未婚者占16.59%,有配偶者占76.02%,离婚者占0.6%,丧偶者占6.79%。未婚人口中,男性3421人,女性2128人,男性远高于女性。

2003年后,随着经济快速发展和人们思想观念变化,协议离婚率呈翻倍增长。2003年全区协议离婚40对,2012年达到333对。

丧偶率随着年龄的增大而提高。在各个丧偶年龄组中,45岁以下的丧偶人口较少;60～79岁丧偶人口占丧偶总人口的比重较大,为59.7%,丧偶率40.3%;80岁以上的丧偶率为82%,女性丧偶人数高于男性。

第五章　计划生育

第一节　管理机构

1962年,日照县避孕领导小组成立。1963年改称节制生育委员会。1964年改为计划生育委员会,下设计划生育办公室。1970年,成立日照县革命委员会计划生育领导小组。以后多次调整充实。1981年8月,改为计划生育局。1984年5月,复改为计划生育委员会。1993年7月1日,成立岚山办事处计生卫生局,为正科级单位。同年8月,成立岚山办事处计划生育工作领导小组。

1995年12月,计生、卫生分别独立对外办公,成立岚山办事处计划生育委员会(简称岚山计生委),为正科级单位,设办公室、计划管理科、宣传教育科3个科室和计划生育技术服务中心、计划生育协会办公室、处直计划生育办公室、流动人口计划生育管理办公室4个事业单位。

2005年4月,成立岚山区人口和计划生育局(简称区人口计生局),为正科级单位,下设办公室、计划统计科、法规宣传科3个职能科室和计划生育协会办公室、流动人口管理办公室、城市计划生育管理办公室、计划生育信息中心、计划生育药具管理站和计划生育技术服务中心6个事业单位。

2011年机构改革,岚山区人口和计划生育局下设办公室、发展规划科、法规宣传科3个职能科室和计划生育协会、流动人口管理办公室、城市计划生育管理办公室、计划生育信息中心、计划生育药具管理站和计划生育技术服务中心6个事业单位。2012年,全局有行政编制人员7人,行政工勤编制人员3人,事业编制人员33人。

第二节　基层队伍

20世纪70年代末80年代初,各公社、大队成立计划生育工作组织。从1976年开始,建立公社计划生育办公室,配备专职干部。1982年,每个管理区配备1名计划生育网长,生产大队配备计划生育大队长,设立村级计划生育办公室,根据育龄妇女居住区域建立查访组,配备查访员。1984年,巨峰镇建立了全省第一个计划生育服务站,招聘计划生育宣传员、技术服务员,具体负责计划生育宣传、发放避孕药具和放环、取环、小月份流产等节育手术;同时,在村级设立计划生育服务室。

2000年,在碑廓镇试点考聘村计生主任;人口多的村,按照120名已婚育龄妇女配备1名查访员的标准,考聘计划生育查访员。计生主任和查访员对全村育龄妇女每月登门访视一次,负责宣传教育、避孕节育方法指导、避孕药具发放、优生优育、生殖保健咨询、组织定期健康查体、督促落实避孕节育措施等工作。在全市率先建立了村计划生育人员镇聘、村用、处备案的职业化管理体制,该做法2001年在全市推广,同年被日照市委、市政府授予全市第一个"人口与计划生育工作创新奖"。

2008年,区政府办公室出台文件,规定村计生主任基础工资每人每月300元由区级财政承担,工资总额不低于村支部书记工资的80%,绩效工资由各乡镇街道根据考核情况制定标准发放,落实村级计生人员工资待遇。

2009年,按照区政府办公室文件,以劳务派遣方式,为乡镇街道计生服务站考聘技术服务人员24名,解决镇级技术人员老化、技术力量不足的问题。2011年,结合村级"两委"换届工作,推进村级计生主任进"两委"。换届结束后,全区共有387名村级计生主任进入村"两委",占全部村居的92.8%,为全市最高。

2012年,全区共有镇、村计生专职人员937人,其中镇级149人,村级738人(计生主任424人,查访员314人)。

第三节　宣传教育

根据1956年《全国农业发展纲要》精神,日照县妇联和妇幼卫生保健部门于1957年开始计划生育宣传工作。工作首先在机关、厂矿、学校开展,并在农村进行了试点。20世纪60年代,计划生育工作在县城和大部分农村展开,日照县开始选聘、培训计划生育宣传员、技术员和计划生育积极分子。"文化大革命"初期,计划生育宣传教育工作一度停顿。70年代初期,整顿充实宣传队伍,积极宣传计划生育、晚婚晚育的方针政策,大力推广计划生育的典型经验和好人好事。80年代,突出宣传计划生育是一项基本国策、中共中央《关于控制我国人口增长问题致全体共产党员、共青团员的公开信》和《山东省计划生育条例》;大力宣传提倡一对夫妇只生一个孩子,宣传节育、优生、优育等科普知识。

20世纪90年代以后,主要宣传《中共中央、国务院加强人口与计划生育工作稳定低生育水平的决定》"鼓励公民晚婚晚育,提倡一对夫妻生育一个子女"的现行生育政策等。1993年后,开展"宣传教育进村、婚育新风进家"活动;岚山电视台设立"人口与计划生育"栏目,定期播放;在农村建立图文并茂的计划生育宣传一条街;在处乡两级党校开设了人口理论课,对中小学开设的青春期卫生知识课程进行辅导。

2000年后,计划生育工作纳入各级"文明单位""小康村""文明家庭""评先树优"等精神文明创建活动中。做好育龄群众的普及教育工作,统一制定人口学校教材,将育龄妇女分类编班,进行循环集中授课。制作并发放法规政策、优生优育、生殖保健等音像、挂图宣传品,每村5种,每户3种以上。至2003年年底,岚山各乡镇街道、村(居)均建成计划生育服务站(室)和人口学校,购置电教设备,其中有85个村(居)的人口学校达到优秀人口学校标准。2001年,以碑廓镇大朱曹一村为试点,建设图文并茂的村级"计划生育宣传一条街",并在全处推广;同年,碑廓镇被中央宣传部、国家人口计生委等部门授予"婚育新风进万家"活动先进单位。2003年,岚山办事处被中央宣传部、国家人口计生委等部门表彰为"全国婚育新风进万家先进单位"。

2004年,以深入开展"婚育新风进万家"活动和"关爱女孩行动"为契机,加强计划生育文化阵地建设。各村建立户外"铝合金公开栏、瓷砖计生宣传墙",加强婚育文化一条街和人口文化大院、文化广场建设,在车站、集市等人流量较大的公共场所设立大型公益宣传画、标语牌,营造舆论环境。通过多种方式让群众获得知识、受到教育,引导广大群众树立科学、文明、进步的新型生育观念。

2011年,结合"7·11世界人口日"活动,在汾水社区组织婚育新风进万家活动大型广场文艺演出;利用"70亿人口日"开展广场服务咨询活动;开展移风易俗更新群众婚育观念活动;全市“深化计划生育宣传教育,开展移风易俗活动,树婚育新风”工作现场会在岚山召开。2012年,在全区部分乡镇举办了大型吕剧《女儿也是传后人》巡回演出。

第四节　管理措施

岚山计划生育管理始于20世纪60年代,主要在育龄人群中推行使用避孕药和避孕套。从1963年开始,各区成立计划生育领导小组,说服动员4个孩子以上的育龄夫妇实施绝育,要求3个孩子以下的育龄妇女“稀生”,为其放置宫内节育环,培训接生员、保健员,各地增加避孕药具销售点,县、区医院成立技术指导门诊,男女结扎概不收费。1971年,根据国务院51号文件精神,提倡二胎,限制多胎。日照县响应“一个不少,两个正好,三个多了”的口号,已有1个孩子的要间隔四五年后方可生育第二胎,已有两个孩子的不准再生,3个孩子以上的要做绝育手术。1974年,提出“一对夫妇两个孩,两胎间隔四五年”,倡导“晚生、稀生、少生”。从1975年开始,对育龄妇女半年或一年普查一遍。普查时,由大队妇女主任和党支部干部带队,到各公社卫生院透视节育环。有时,日照县统一组织普查。

1979年后,提倡一对夫妇只生育一个孩子,各地普遍推行“一胎化”。日照县委号召“为革命只生一个孩子”,报名只生一个孩子的育龄夫妇成为宣传典型。1980年4月,日照县委、县革命委员会正式规定:国家干部、职工、城镇居民除特殊情况经批准外,一对夫妇只准生育一个孩子;对农民确有实际困难的,可经批准生二胎,但任何情况不准生第三胎。从1985年开始,为照顾农村独女户在生产生活上的实际困难,允许只有一个女孩的农民夫妇间隔5～8年后,经过批准再生一个孩子,称为“间隔式生育”。

政策法规　根据国家有关计划生育政策法规,1996年岚山办事处制定《关于加强计划生育工作的决定》《关于推行计划生育“三结合”工作的决定》《流动人口计划生育管理实施办法》。1997年制定《处直部门计划生育工作职责分工及考评办法》。1998年制定《关于城市计划生育工作实行属地管理的实施意见》。2000年,岚山工委、办事处制定《关于贯彻落实中共中央国务院〈关于加强人口与计划生育工作稳定低生育水平的决定〉的实施意见》。2005年,区政府制定《岚山区社会抚养费征收管理办法》。

2007年,区委、区政府制定《关于全面加强人口和计划生育工作统筹解决人口问题的实施意见》。2008年,区政府办公室先后印发《关于转发关于综合治理出生人口性别比偏高问题的实施意见的通知》《关于加强乡镇(街道)计划生育技术队伍建设的意见》《关于对全区村级计生主任工资实行统筹发放的意见》。2009年,区委、区政府印发《关于进一步加强人口和计划生育工作的意见》,区政府印发《关于加强计划生育利益导向机制建设的意见》。2010年,区政府办公室制定《关于建立人口信息资源共享平台的实施意见》。2011年,区政府制定《关于进一步加强企业人口和计划生育工作的意见》。2012年,区政府办公室下发《关于印发〈全区免费孕前优生健康检查项目试点工作实施方案〉的通知》。2012年7月1日,区人口计生局会同区法院联合制定《关于规范计划生育行政征收案件非诉执行工作的暂行办法》,规范执法程序。

人口计划编制　岚山从1981年开始把人口计划纳入国民经济和社会发展计划。随后试行人口计划包干。人口计划由县根据国家生育政策和上级下达的人口计划进行编制,并报同级计委下达,逐级层层落实到人。地级日照市成立初,由市直接将人口计划指标下达到乡镇。

岚山办事处设立后,采取生育概率法的编制方法,进行年度人口计划编制。具体分五步进行:

第一步,摸清5个底子:(1)当年已经出生和有《生育证》已孕,年内能够生育的人数;(2)有《生育证》但未孕的对象;(3)要求生育一孩的对象;(4)要求生育二孩的对象;(5)当年4月1日至下年度4月1日前准备结婚的对象。以此作为编制下年度人口计划的基础数据。

第二步,张榜公示申请生育者名单。每年5

月中旬生育者本人写出书面申请，由村委会核实，登记造册，张榜公示，接受群众监督。

第三步，呈批生育指标。每年5月下旬，乡镇对照所属各村的生育指标申请报告、花名册、户籍簿、身份证核对无误后，汇总填写呈批报告和花名册，一式三份于每年5月下旬上报区人口计生局。

第四步，区编制下达人口计划。区人口计生局根据乡镇的生育指标呈批报告、花名册及市下达的人口生育计划，结合本区的人口预测和人口规划情况，编制出下年度人口生育计划草案，交乡镇讨论征求意见后，报区政府审定，下达到各乡镇执行。

第五步，落实生育指标。乡镇按照区下达的人口生育计划指标，依据申请生育者的底数，确定各村下年度计划出生人数，将批准的生育者名单下达到村。

年度人口计划落实 一孩《计划生育服务手册》的发放依据《山东省〈计划生育服务手册〉发放办法》执行。

2007年，岚山区制定《关于加强二孩生育计划审批管理工作的通知》，将二孩生育指标落实到人，主要分5步进行：

1. 申请生育第二个子女的夫妻，应当在女方户籍所在地村居（单位）提出申请，户籍所在地村居（单位）必须认真组织群众进行评议，并将评议结果进行公示。2. 经村居（单位）审查后，对符合二孩生育政策的将其申报材料上报乡镇街道计生办。3. 乡镇街道计生办要对村居（单位）上报的材料进行初审，同时组织统计员、计生网长等人员共同进行调查，并形成书面调查材料，对经审核符合生育第二个子女政策的人员进行公示。4. 对经公示无异议的，由乡镇人民政府（街道办事处）分管领导、计生办主任、统计员签字盖章并签署乡镇人民政府（街道办事处）意见，并于本级受理后20日内将申请生育夫妻双方生育第二个子女的书面申请、有关证件和相关证明、书面调查材料及乡镇街道的审核意见书面上报区人口计生局。5. 区人口计生局对于符合二孩生育政策的，于本级受理后10日内发放生育证；同时，区、镇（街道）、村（居）三级要再次对申报二孩生育对象进行张榜公示；对于公示有异议的，区人口计生局将组织人员进行调查，有不符合生育二孩政策者，即收回生育证，取消生育计划，并以书面形式告知其不予批准理由。

计划生育责任制与目标管理 20世纪60年代末和70年代，农村计划生育管理适应“三级所有，队为基础”和政社合一的管理体制。1979年后，各基层单位产生了多种形式的计划生育责任制，并逐步发展到人口目标管理，印发《关于实行计划生育责任制的试行规定》，实行计划生育奖惩措施与承包生产任务挂钩。1987年以后，地、县、乡、村各级政府领导、村长层层签订《人口目标责任书》，强化指标管理，开展达标活动。同时，还将人口、计划生育工作作为衡量各级领导干部政绩和单位领导干部实绩的重要依据。地级日照市成立初，市、乡直接签订《人口目标责任书》。岚山办事处设立后，由市、县、乡、村四级签订，并实行“计划生育一票否决制”。对计划生育后进单位实行重点管理，严格落实奖惩政策。1991年6月建立各级主要领导和分管领导离职审计、追踪奖惩制度，提拔、晋升干部均考察其在职期间的计划生育工作成绩。

从1995年开始，工委、办事处在考核指标设置上，实行优质服务考核。在考核方法上，采取平日随时抽查与半年、年终集中检查相结合的办法进行。在责任力度上，增加了“一票否决”的规定，即：对达不到《人口与计划生育目标管理责任书》规定要求的乡镇街道及其党政主要领导，取消其当年度综合性先进的评选资格。对处（区）直部门（单位）的计划生育目标管理，由工委、办事处（区委、区政府）与其签订《人口与计划生育目标管理责任书》。2008年，全区推行以村民自治制度化、优质服务系列化、阵地建设标准化、宣传教育温馨化、政策推动多元化、档案管理规范化、队伍建设职业化、综合治理职责化的村级“八化”工作机制，理顺管理体系。2010年11月1日开展第六次全国人口普查后，出台鼓励群众自报违法生育人口的优惠政策，当年社会抚养费征收创历年之最。

2012年，岚山开展以“三公四评五监督”为主要内容的"阳光计生行动"。即以计划生育政务、党务、村务"三个公开"促进阳光管理；以农民兄弟姐妹评计生、流动人口评计生、计生系统"下评上"、政风行风评议"四项评议"推动阳光服务；以"12356"阳光计生热线、聘请政风行风监督员、有奖举报、舆论监督、定期督查考核5项措施保障阳光维权，保障人民群众对人口计生政策和工作的知情权、参与权、表达权、监督权，被国家人口计生委授予"全国阳光计生行动示范单位"。

全区实行计划生育信访案件有奖举报制度和计划生育信访查处结果公示制度，1993～2012年累计查处各类计划生育信访案件544起，结案率98%以上。

城市和流动人口计划生育管理　20世纪70年代以前，城镇计划生育工作主要由卫生医疗部门和妇幼保健机构负责，对所辖区域的育龄人群进行服务与管理。70年代后，城镇计划生育工作主要由计划生育专职部门负责，主要进行城镇常住人口的计划生育管理和流动人口的婚育管理。自90年代开始，逐步完善由"政府牵头、部门配合、城乡联动、综合治理"的计划生育管理体制，逐渐加强城市下岗职工、无业人员、口袋户、空挂户、流动人口等特殊人群的管理。

2004年至2009年10月1日前，凡岚山区与东港区、日照经济开发区之间的流动人员，一律按流动人口管理口径办理《婚育证明》。2009年5月11日，国务院《流动人口计划生育工作条例》公布，根据条例规定，自2009年10月1日起施行，凡岚山区与东港区、日照经济开发区之间的流动人员，一律不再按流动人口管理口径办理《婚育证明》。

自2007年1月1日起，岚山区正式启用山东省流动人口信息管理平台。2007年4月，区人口和计划生育领导小组办公室制定《岚山区流动人口计划生育管理服务部门联席会议制度暂行规定》《岚山区流动人口日常业务考核细则》，启用全国流动人口计划生育信息交换平台。

2009年6月12日，国家人口计生委印发《全国流动人口计划生育服务管理工作规范》，岚山区开始全员流动人口信息采集、录入数据工作，并建立省级全员流动人口信息库。

2010年开始开展计划生育进社区试点工作。积极探索城市和流动人口管理服务的新路子，开创了分区、分类、分级、分责的"四分法"管理模式，做法2011年在全市推广。2012年7月1日，启用新版流动人口信息管理平台，全区流动人口发证率、建档率、证明审验率、信息联系率均达95%以上。

奖励机制　1999年，岚山办事处在全市率先对农村独生子女父母奖励费实行乡镇统筹，做法全市推广。2002年，独生子女父母奖励费纳入办事处财政预算，由乡镇统一组织发放。

2003年，设立计划生育公益基金，救助计划生育特困家庭，对独生子女伤亡的父母(终生)和父母双亡的独生子女(截止16周岁)每人每月发放100元救助金。岚山设区后，制定人口和计划生育公益金管理使用办法(试行)，对独生子女伤亡的父母和父母双亡的未满18周岁的独生子女家庭，再每人每月扶助100元。2012年对独生子女伤亡的父母和父母双亡的未满18周岁的独生子女家庭，每人每月扶助标准调整为135元，全年共发放计划生育特困家庭救助金23.3万元，对144人实施了救助。

2005年，开展农村部分计划生育家庭奖励扶助制度试点。2006年全面实施农村部分计划生育家庭奖励扶助制度。按照省、市统一要求，将奖励扶助标准提高到每人每月50元。2009年奖励扶助标准提高至每人每月60元。2011年全区共有3298人取得资格确认，发放奖励扶助金237万元。同时，对一方为农村居民，另一方为城镇居民的家庭开始实行奖励政策，全区共104人取得资格确认，发放奖励扶助金7.4万元。2009年奖励扶助标准提高至每人每月80元。

2009年，制定《日照市岚山区人民政府加强计划生育利益导向建设的意见》。针对独生子女家庭医保、入学、贷款等多方面问题，制定奖励、保障、优先优惠、扶持、救助、免费等措施。对自愿放弃二胎指标的独生子女家庭给予3000元奖励，晚婚晚育的给予100元现金奖励；同时，对独生子女在入托、入学、就医及在宅基地划分、承包土地等方面给予优先优惠。

2011年年底，在市、区检察院的支持帮助下，协调市、区人寿保险公司成功兑付了全区总额570万元的独生子女双全保险金。

第五节 技术服务

服务阵地 1984年3月，巨峰镇建成全省第一个基层计划生育服务站，全面开展计划生育技术服务工作。至20世纪80年代末，域内各乡镇计生服务站全部建成使用，各服务站均“有固定工作场所、有专业技术人员，并能开展计划生育技术服务”。2006～2009年，共投入550万元新建1处镇级服务站，改(扩)建6处镇级服务站，新建、改(扩)建209个村级服务室；投入120万元购置服务车，添置仪器、设备。2010～2012年，投资约100万元对区服务站进行改(扩)建，添置仪器设备。至2012年，全区所有乡镇服务站均达到市级“优秀服务站”标准，其中，区计划生育技术服务中心2006年创建为“全省人口和计划生育技术服务先进单位”，巨峰镇服务站2006年创建为“全国人口和计划生育技术服务先进单位”，高兴镇服务站2010年创建为“全国计划生育优质服务示范站”，形成了以“区站为龙头、镇站为主体、村服务室为基础、流动服务车为纽带”的服务体系。

图4-1 岚山区计划生育技术服务中心服务楼 （摄于2011年）

避孕节育 20世纪60年代人口高速增长，国家开始落实避孕节育措施，推广使用避孕套、避孕隔膜、节育环和男女结扎术等避孕节育方法，至70年代末日照县全面落实避孕节育措施，对40岁以下、2个孩子以上的全部落实男女结扎术。岚山办事处自1993年开始，对生育1个孩子的节育措施主要是女方放置宫内节育器；对生育2个孩子和2个以上、年龄在40岁以下的，只要一方身体条件合适，普遍要结扎。至2002年，全处共放置宫内节育器12万余例，结扎4489例。其他节育措施主要有避孕药、皮下埋植、避孕针剂等。2002年后，推行避孕方法知情选择，同时农村育龄群众实行计划生育手术免费，资金由国家财政负担。

设区之后，全区各级计划生育技术服务机构实行疑难病例会诊、转诊制度；所有技术服务人员持证上岗；落实术前知情同意制度，坚持术后随访，随访率100%，减少和杜绝计划生育手术并发症和后遗症。全区建站以来无计划生育技术服务事故发生，手术并发症控制在0.03%以内。

优生优育 1993年成立岚山办事处病残儿医学鉴定小组。1994年以碑廓镇为试点开展优生、优育、优教“三优”服务工程。1995年以后，计划生育服务机构围绕避孕节育、优生优育、不孕不育等开展全方位服务，促进计划生育工作向高层次发展。20世纪90年代末至21世纪初，陆续启动了避孕节育优质服务、出生缺陷干预工程、生殖道感染干预工程。2000年，在碑廓镇实施优生示范工程试点，岚山计生委组织计生、卫生技术力量对全镇0～7岁儿童免费进行了先天性遗传性疾病筛查，摸清了影响全区出生人口素质的主要原因和出生缺陷发生的种类、顺序及分布，随后制定并落实出生缺陷干预措施，在各乡镇街道推广。全区病残儿再生育家庭建档率、监护率、常见遗传病家庭接受优生指导率均达到100%，不孕不育症指导治疗比例达98%，出生缺陷率控制在3‰以内。

生殖保健　1994年，岚山计生服务站围绕生育、节育、不育，积极开展生殖保健服务，开设女性健康门诊、男性健康门诊。至2000年陆续开设青春期保健门诊、更年期保健门诊，开展男性科、妇科疾病诊治，青春期、更年期疾病预防保健及咨询指导。处、镇计生服务站均设立“男性门诊”，男性占接受服务人群的30%以上。21世纪初，全面开展生殖道感染普查防治，建立已婚育龄妇女生殖档案。在村级由定点坐班查访改为上门服务，计划生育技术服务工作由管理型向服务型转变，由单纯查环查孕变为查环查孕与健康查体相结合，对查出的疾病患者予以建档治疗。对育龄妇女每年进行两次免费健康查体和妇女病普查普治，对男、女生殖方面的疾病给予及时诊治。至2012年年底，育龄群众接受规范的生殖健康服务率达95%以上。

第六节　计划生育协会

岚山办事处计生卫生局成立初，即成立了计划生育协会。2005年，设立岚山区计划生育协会办公室，编制5人，为正科级事业单位，隶属于区人口计生局。各乡镇街道计划生育协会均聘请党委书记为名誉会长，会长由镇长或街道办事处主任兼任，秘书长为正股级干部；村级计生协会会长由“两委主要成员”或“五老”（老干部、老战士、老专家、老教师、老模范）担任。至2012年，全区有计生协会组织443个，发展会员4.75万人，其中企业和流动人口协会17个，协会会员507人。有2个乡镇街道、3个村居被中国计生协会表彰为“全国计生协会工作先进单位”。

1995年，区计划生育协会开始推进独生子女“双全”（98年后改称“两全”，是指被保险人在保险合同约定的保险期间内死亡，或在保险期间届满仍生存时，保险人按照保险合同约定均应承担给付保险金责任的人寿保险）保险工作。

1997年，深入开展“三结合”（计划生育工作与发展农村经济相结合，与帮助群众勤劳致富奔小康相结合，与建设文明幸福家庭相结合），大力实施“幸福工程”和“少生快富”工程，对计划生育家庭进行项目优先、政策优惠、科技扶持。

2000年，在碑廓镇大司官庄试点推行计划生育村民自治。

2007年，区计划生育协会联合区委宣传部、文明办、区总工会、团区委、区妇联、区人口计生局、区教育局、区卫生局、区红十字会等部门制定《关于积极动员社会各方面力量广泛开展“生育关怀行动”的实施意见》，成立生育关怀行动领导小组，在全区开展“生育关怀”工作。

2009年，组织开展“人口关爱”基金募捐活动，共募集资金8.6万元，全市“人口关爱”基金募捐工作现场会在岚山召开。

2010年，协调区人口计生局、民政局、司法局制定《关于在全区开展修订完善计划生育村规民约内容活动的实施方案》，在全区开展修订完善计划生育村规民约内容活动，计划生育村民自治工作进一步规范、完善。

2012年，岚山区作为全省唯一的样本点，迎接了国家人口发展中心关于计划生育特殊家庭养老扶助问题调研。

第五编　城乡建设

新中国成立前，岚山居民大多沿窄街陋巷建造低矮的草房，城乡建设没有具体规划。直到1974年，部分乡村才开始自搞规划。1987年8月，日照市人民政府聘请山东省城乡规划设计研究院会同日照市政局规划室，编制岚山城市建设规划方案。

1993年，岚山办事处聘请山东省城乡规划设计研究院，正式编制《岚山城市总体规划》，1994年6月完成。2003年6月，办事处又聘请上海同济大学城市规划设计研究院对《岚山城市总体规划》修编。2004年岚山设区后，随着大工业项目陆续进驻，市政府确定岚山为日照市工业基地，在原港北工业区基础上新规划100平方公里临港工业基地，岚山城市总体规划纳入日照市总体规划，重新由中国城市规划院进行编制，并于2006年3月通过专家评审。

2008年，按照省、市蓝色经济发展规划，在开展产业园区及产城关系结构规划国际战略咨询的基础上，确定岚山城市空间发展布局，以阿掖山为中心成扇形分布，东部港区、南部城区、北及西北部临港产业聚集带。其中，南部城区以阿掖山为中心，形成"山在城中，城围山转"的城市结构，总规划面积35平方公里，城市人口规模到2020年规划为30万人。主要分为安东卫中心区、南部滨海新城区、东部童海片区、西部汾水片区4部分。

岚山设区后，按照市委、政府"城市建设突破岚山"的发展战略，高起点规划、高标准建设、高效能管理。先是岚山头街道进行大规模旧城改造和道路建设，随后安东卫街道、虎山镇以及其他乡镇陆续实施旧城改造、村庄搬迁、大规模建设安置楼房，房地产开发商入驻岚山开发商品房，城市居住条件迅速改善。2008年后，启动多岛海环境改造、星河湾公园、老码头广场、荻水千亩生态湿地公园等开发建设。

至2012年，岚山城市规划区面积达到85平方公里，规划控制区总面积160平方公里，城市建成区面积达到20平方公里。建成城区主次干道40余条、160余公里，安装路灯9000余基；建成水厂3处、加压站4座，供水管网160公里，日供水能力达6万立方米；建成天然气换气站1座，城区燃气主管网100余公里；建成供暖主管网14公里，覆盖规划供热面积约150万平方米；建成日处理能力2万吨的污水处理厂1座，污水管网总计80余公里，污水集中处理率达78%；建成日处理能力200吨的垃圾无害化处理场1座，城区垃圾实行统管统运，垃圾集中处理率达95%；建成公园、街头绿地12处，城区绿地面积总计约400万平方米，城市绿化覆盖率达40.4%。

第一章　规　划

第一节　城区规划

1987年前，岚山城市没有统一规划。1987年8月，日照市人民政府聘请山东省城乡规划设计研究院会同日照市政局规划室，编制岚山城市建设规划方案。岚山办事处设立后，先后开展3次城市总体规划。

总体规划

1994年版总体规划　1993年6月岚山办事处聘请山东省城乡规划设计研究院进行编制，1994年经日照市人民政府批复实施。规划总面积85.3平方公里，北至龙王河、西至G204国道西1.5公里，东南到大海，形成"一环六区"架构。"一环"即城市围绕阿掖山建设；"六区"分别是以岚山头街道为主的旧城区、以安东卫为中心的经济政治文化中心区、以汾水为依托的综合西区、以海水浴场为依托的旅游度假区、阿掖山以北工业区、岚山港港区。（见图5-1）

2003年版总体规划　2003年聘请上海同济大学城市规划设计研究院编制。在1994年版基础上，从城乡一体化角度进行新的城市规划布局，对工业基地和日照南部城市副中心性质进行定位，规划范围扩大至碑廓镇及虎山镇，总规划面积约160平方公里，强调岚山主城区为行政、商业、居住中心，将原来港北工业区西扩。后续规划控制管理基本依此进行。（见图5-2）

2006版总体规划　2004年，岚山城市总体规划纳入日照市城市总体规划之中，重新由中国城市规划院进行编制，并于2006年3月通过专家评审。新版总体规划确定日照市城市性质是“亚欧大陆桥的东方桥头堡，临港工业和海滨旅游业发达的阳光城市”。岚山区是日照市“一市双区”带形城市空间模式中的“一区”，是日照市南部副中心、日照临海工业产业带上的枢纽和服务基地。

发展战略：岚山城区以港口运输、临港工业、商业、居住等职能为主，主要依托岚山港发展，在空间架构和发展时序上以岚山港为龙头，依托疏港大道和东侧海岸线分别向西和向北发展。概括为“一山四区、两翼拓展”：一山为位于城区中心的阿掖山；四区为主城区、港区、工业区、物流区；两翼为以阿掖山为基点，沿疏港大道和东侧海岸线分别向西和向北发展。在发展思路上概括为“南优北展，东控西延”，南部为经济、政治、文化和居住中心，东部岸线使用适当控制，工业向北向西拓展。

城市规模：近期规划到2010年为20万人，远期规划至2020年为30万人。

2010年，因实施半岛蓝色经济区及鲁南经济带规划，日照市城市总体规划又重新开始修编。

控制性详细规划

旧城区控制性详细规划　1997年岚山办事处委托日照市城市规划设计研究院编制《岚山旧城区控制性详细规划》，并经岚政字〔1997〕19号文件批复。该规划东、南到海，北到童海路，西到砚台西，规划面积约7平方公里。规划严格按照控制性详细规划编制办法进行编制，对老城区城市路网进行科学规划，对老城区每个地段的性质、环境容量等各种控制性指标做了详细说明。1997～2012年一直按照该规划对老城区控制管理。

国际海滨城控制性详细规划　1997年旧城区控制性详细规划只做到阿掖山南路，1998年由岚山建环委规划科及岚山规划建筑设计院联合编制完成了童海片区控制性详细规划。2002年日照海纳集团要对阿掖山以东地区进行综合开发，由于童海片区控制性详细规划没有全部覆盖该地段，2003～2004年又委托香港ALAN规划设计公司和日照市规划设计研究院共同编制完成了国际海滨城控制性详细规划，规划总面积6平方公里。

主城区控制性详细规划　2007年5月，区政府委托深圳市城市规划设计研究院和日照规划院编制《岚山主城区控制性详细规划》。规划编制范围为坪岚铁路以南、沈海高速公路以东、东南至黄海，研究范围85平方公里，控规图则范围25平方公里。

因山东半岛蓝色经济区和鲁南临港产业区规划编制以及2010年日照市总体规划重新修编，2012年4月，区政府又委托深圳蕾奥规划设计院重新编制岚山主城区控制性详细规划。（见图5-3）

第二节　园区规划

临港工业区总体规划　按照日照市战略规划部署及城市总体规划（2006～2020）要求，2005年区政府委托中国冶金规划研究院编制了《日照市临港工业区总体规划》。规划范围东起岚山港、南靠阿掖山，西至碑廓镇，东西沿疏港大道和坪岚铁路展开，东西长20公里，总规划面积120平方公里。临港工业区主要发展钢铁、石化、电力、港口物流等10多个工业门类，重点发展冶金、液体化工、粮油加工、木制品加工、物流等五大临港产业。

鲁南临海产业区概念规划　2007年日照市规划建设委员会委托北京大学和山东省城乡规划设计研究院进行鲁南临海产业区概念规划。规划岚山职能定位：日照城区的副中心之一，鲁南城市带的重要出海口，鲁南临海产业区的核心功能区，以临港产业为依托的深水港城。岚山产业区重点布置钢铁、化工等临港重化工业，发展木材加工、粮油加工、水产品精深加工、能源等产业。区域内包括精品钢铁基地、石化基地（包括石化产业园和精细化工产业园）、木材加工产业园、食品加工园、港口专业物流园、港口综合物流园、综合加工产业园。（见图5-4）

岚山临港产业区分区规划　2012年年初，区政府委托山东省城乡规划设计院进行临港产业园区分区规划。规划范围东至厦门路、坪岚铁路、沈海高速公路连线，南到绣针河，西到莒南界，北至巨峰镇界，涉及碑廓镇、虎山镇和安东卫街道部分区域，规划总面积160.3平方公里。截至2012年年底，该规划正在编制虎山镇和碑廓镇图则部分。（见图5-5）

化学工业区规划　2011年，区政府委托石油和化学工业规划院进行化学工业区规划。规划总面积91.59平方公里，其中化工区39.5平方公里，港区52.09平方公里。（见图5-6）

第三节　基础设施规划

交通体系规划　2012年2月，区政府委托深圳市城市交通规划研究中心进行岚山区交通体系规划。规划范围为岚山城区，包括岚山头街道、安东卫街道、虎山镇、碑廓镇所辖范围，总面积约253平方公里。规划年限近期为2020年，远期为2030年，与日照市总规划保持一致。

规划内容包括：交通发展态势、交通发展战略、综合交通体系组织、对外交通系统、城市道路系统、公共交通系统、客运枢纽、城市停车系统、步行与自行车系统、货运系统、交通管理及交通信息化等。（见图5-7）

管线综合规划　2011年8月，区政府委托日照市规划院对城区管线进行综合规划。包括管线种类为给水管、雨水管、污水管、中水管、电力线路、电信线路、热力管、燃气管、工业管等9种管线，同时考虑远期综合管沟规划。设计范围：西部北至疏港大道、东部北至阿掖山，西到长治河，东、南均到黄海，总规划面积约42平方公里。（见图5-8）

城市消防规划　2012年区政府委托山东城乡规划院进行城市消防规划设计。包括制定消防安全规划目标分类、分期子目标及其指标、划定消防安全保护区、编制城市消防安全布局，确定消防给水、消防队（站）与消防装备、消防通信、消防车通道、城市消防重点防护等内容。设计范围包括岚山区城市建成区范围。

城市照明规划　2012年4月区政府委托山东清华康利城市照明研究设计院有限公司进行岚山主城区照明规划，根据岚山主城景观特征，建立高效节能与景观艺术并重的夜景体系。2012年10月召开照明规划专家评审会，根据专家修改意见完成最终方案。

第四节　镇村规划

20世纪60年代前，岚山农村建设没有规划，60年代后开始在农村推行规划建设，后因“文化大革命”干扰，进度迟缓。改革开放后，各乡镇和村居开始村庄规划，农村建设按照规划图实施，一般按长宽14米或17米规划院落，村镇道路、排水等也有简单规划，每个乡镇村居具体情况各不相同。

2002年，后村镇政府委托山东省城镇规划建筑设计院编制城镇总体规划；2003年，黄墩镇、后村镇、高兴镇、巨峰镇对251个村庄进行规划设计；2004年巨峰镇委托山东省建设规划设计院编制城镇总体规划；2005年中楼镇委托莒县建筑规划设计院编制中楼镇总体规划；2006年黄墩镇和高兴镇委托日照市规划设计研究院编制城镇总体规划；2007年，日照市建筑设计院和岚山区规划建设设计院共同编制黄墩镇、后村镇、高兴镇、巨峰镇、碑廓镇34个中心村及6个鲁苏边界村规划；2009年，区政府委托日照市规划设计研究院编制全区村镇体系、村居布点及农村住房建设与危房改造规划；2009年，中楼镇委托日照碧海建筑规划设计有限公司编制中楼镇驻地控制性详细规划；2012年，黄墩镇、后村镇、高兴镇、巨峰镇分别委托日照市建筑设计院、日照市规划设计研究院、日照市港务局设计院对城镇总体规划调整修编，在此基础上又编制各镇驻地控制性详细规划，并根据全区生态文明乡村建设实施方案要求，对55个示范村及38个中心村规划修编。（见图5-9、5-10、5-11、5-12）

附：规划图

图 5-1 岚山城市总体规划图（1993～2001）

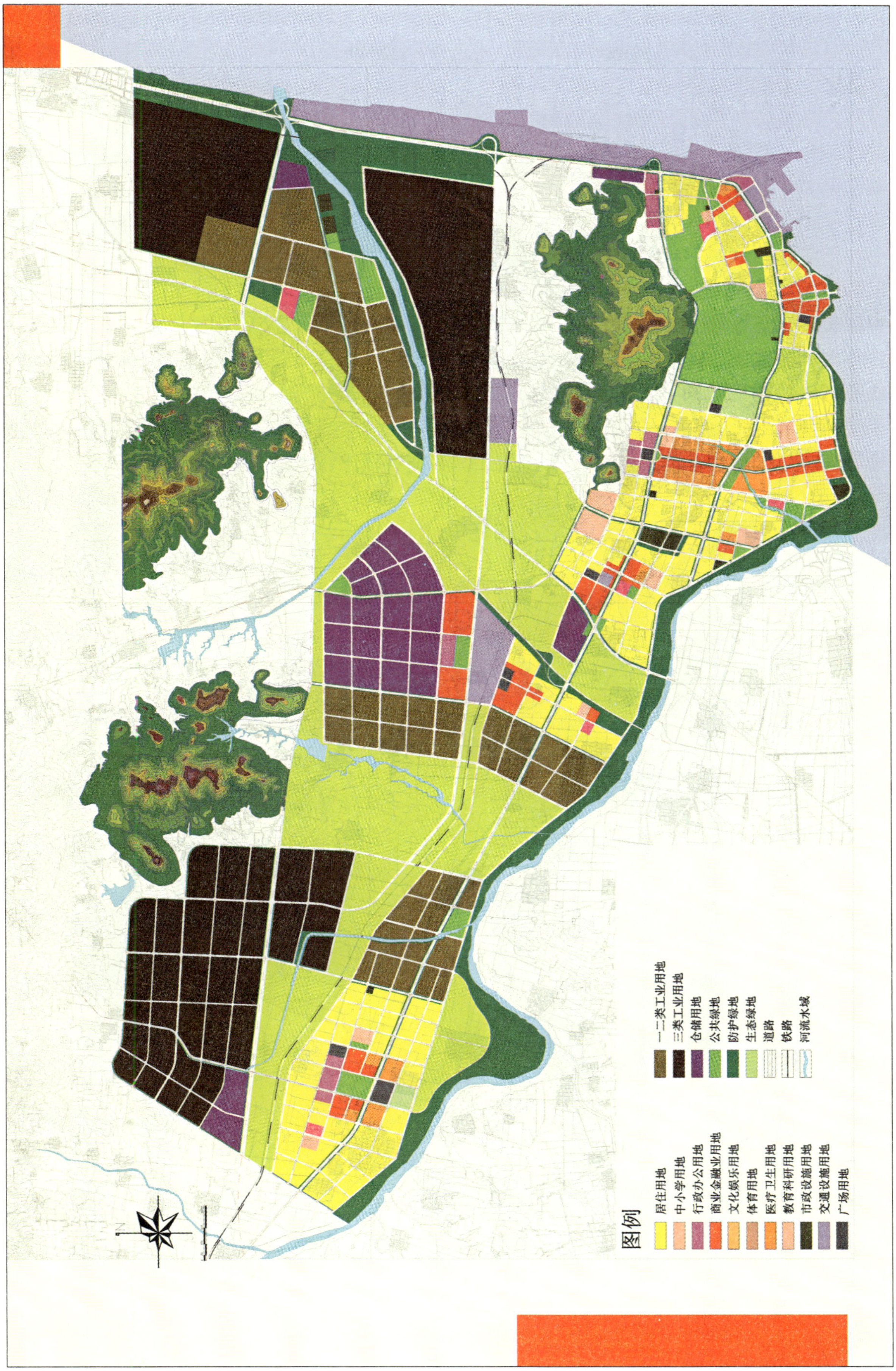

图 5-2　岚山区总体规划图（2003～2020）

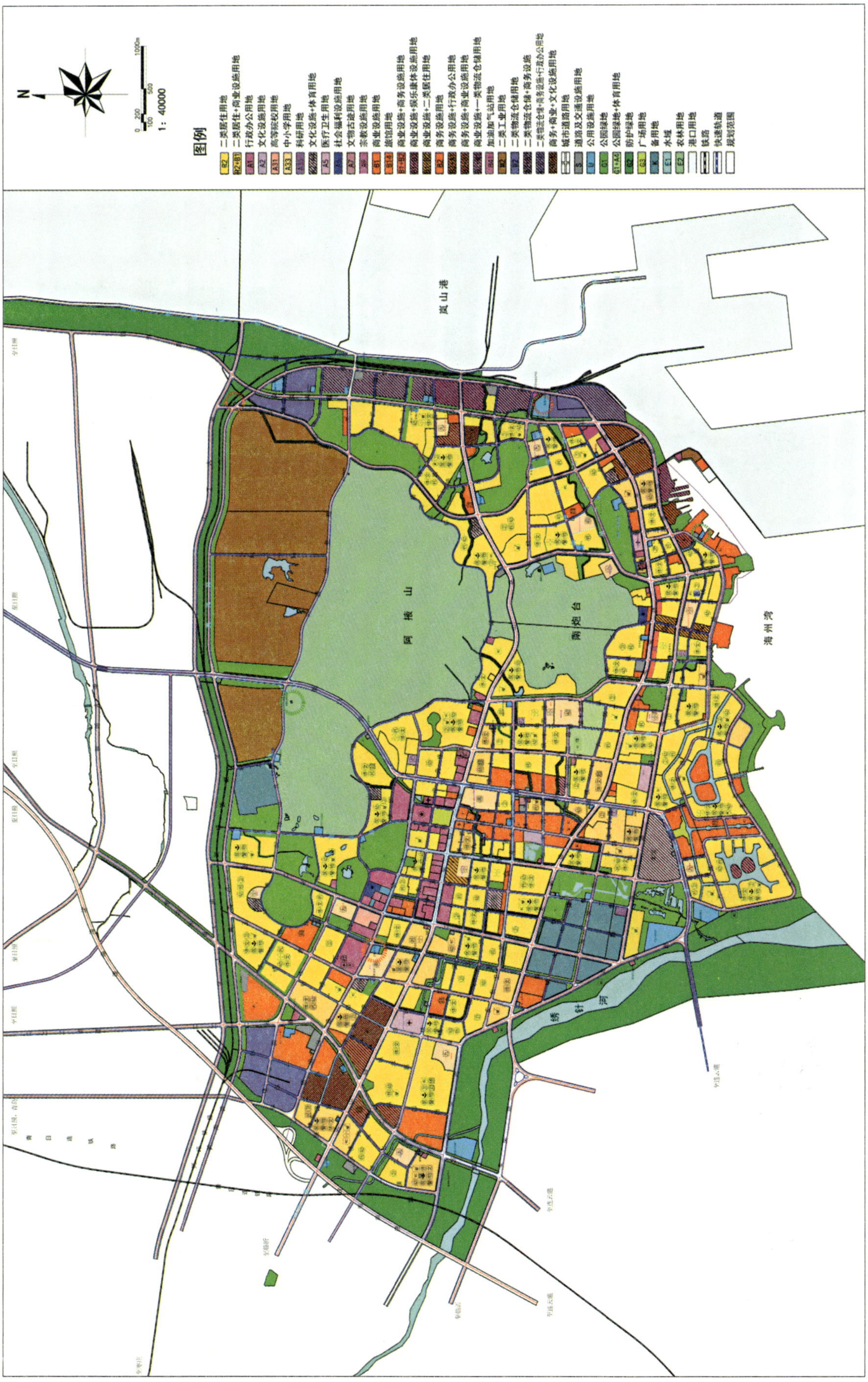

图5-3 岚山主城区控制性详细规划图

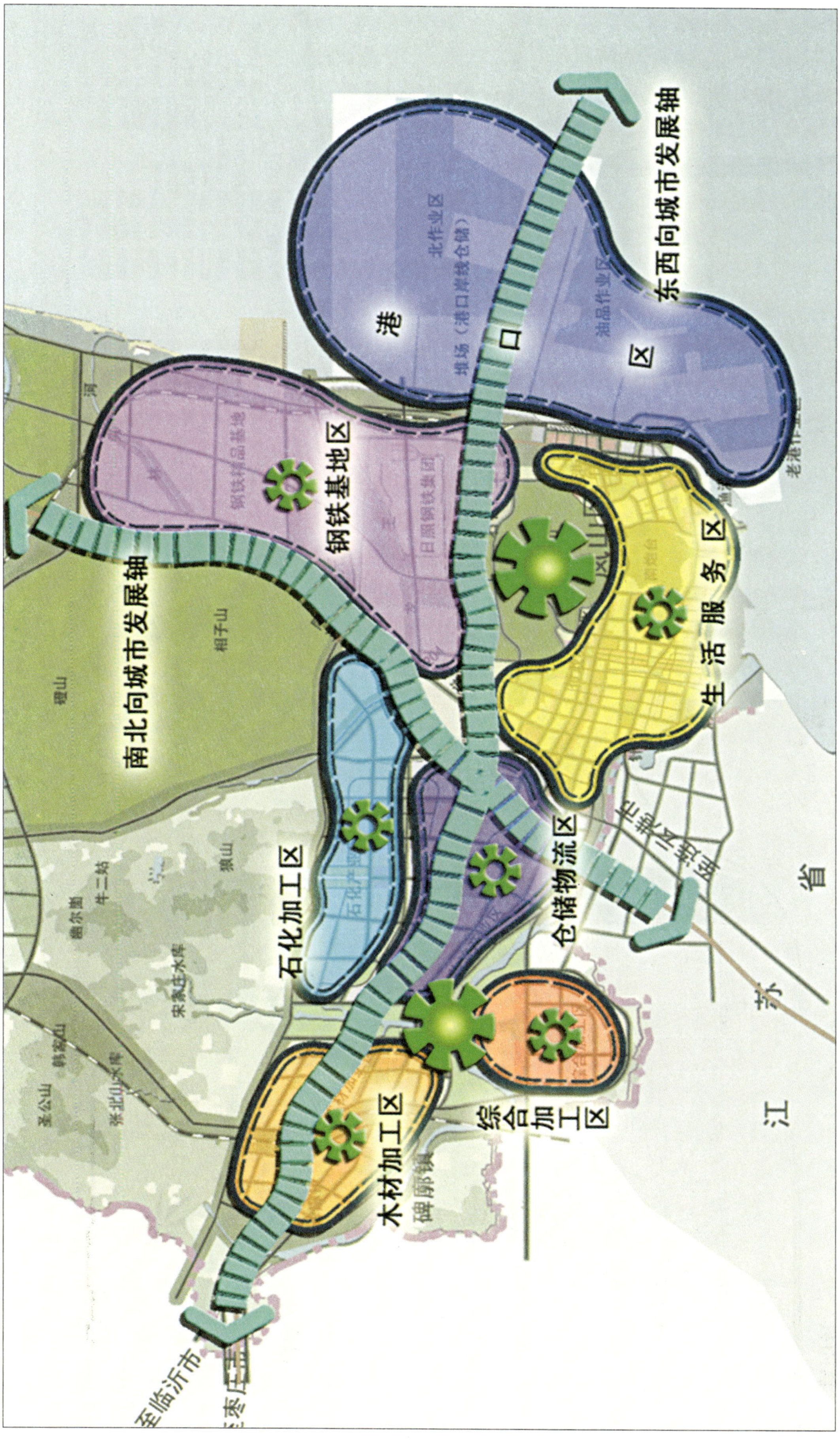

图 5-4　鲁南临海产业区概念规划图

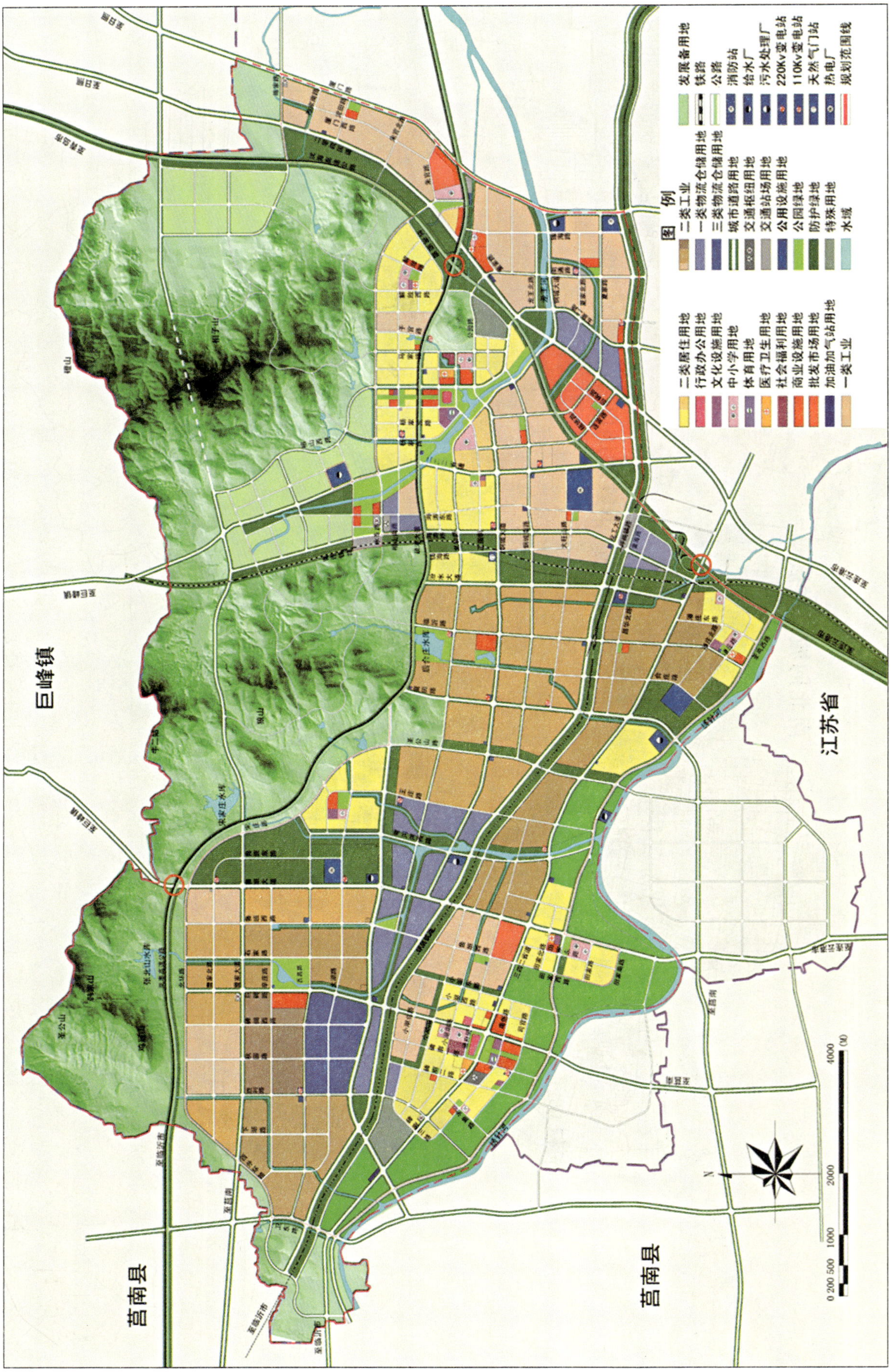

图 5-5 岚山临港产业区分区规划图

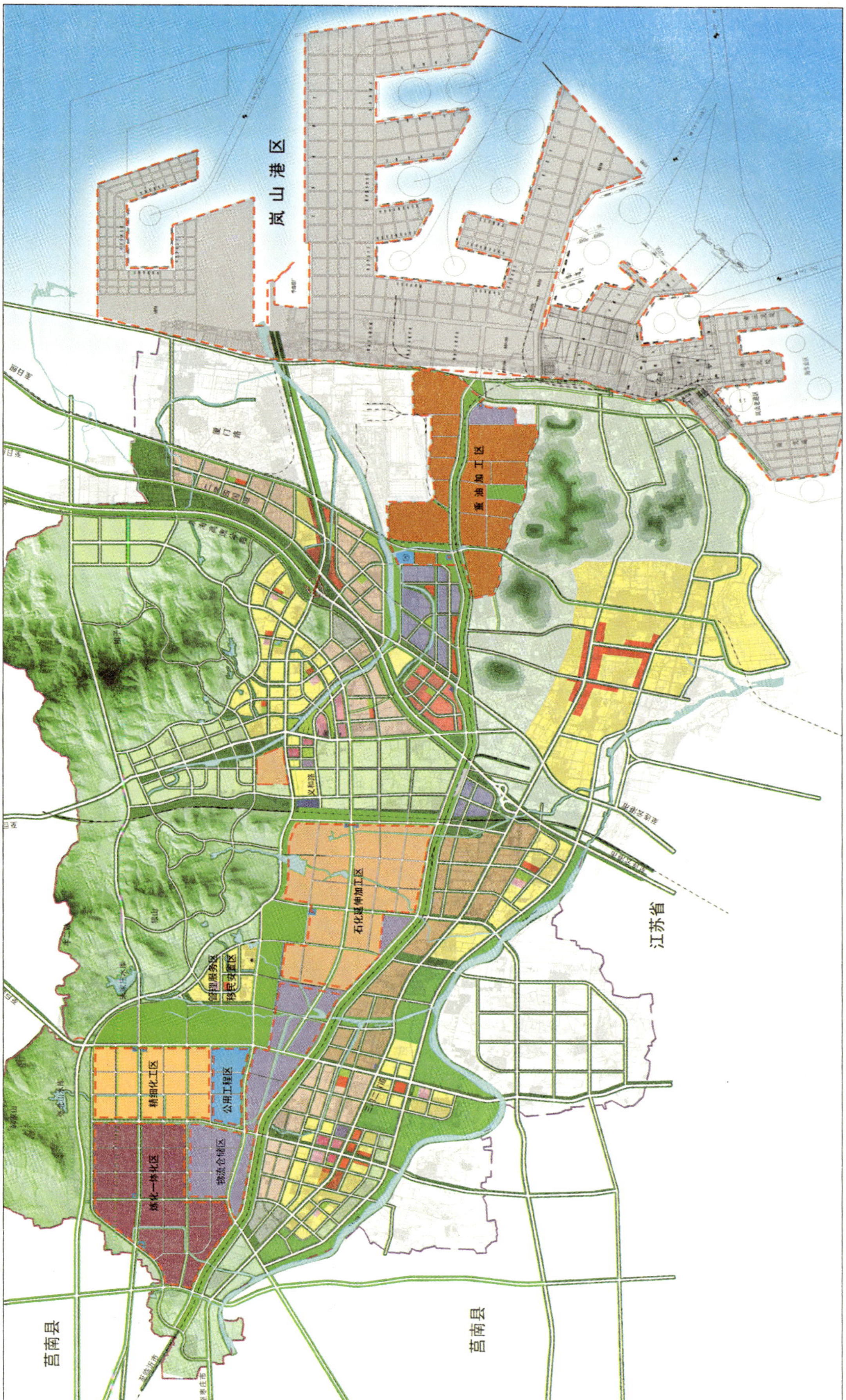

图 5-6　岚山化学工业区总体规划图（2011～2020）

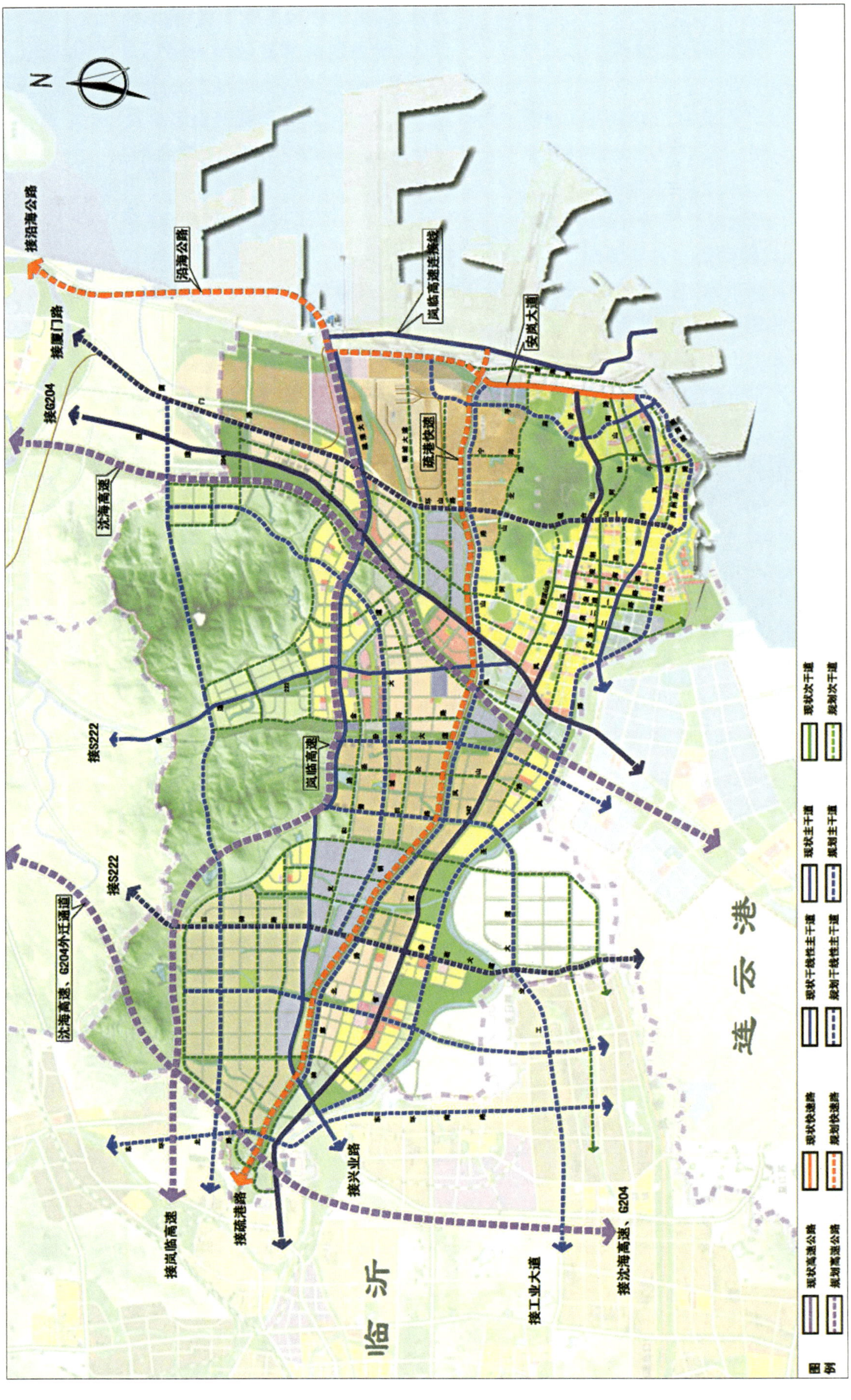

图 5-7 岚山区交通体系规划路网图

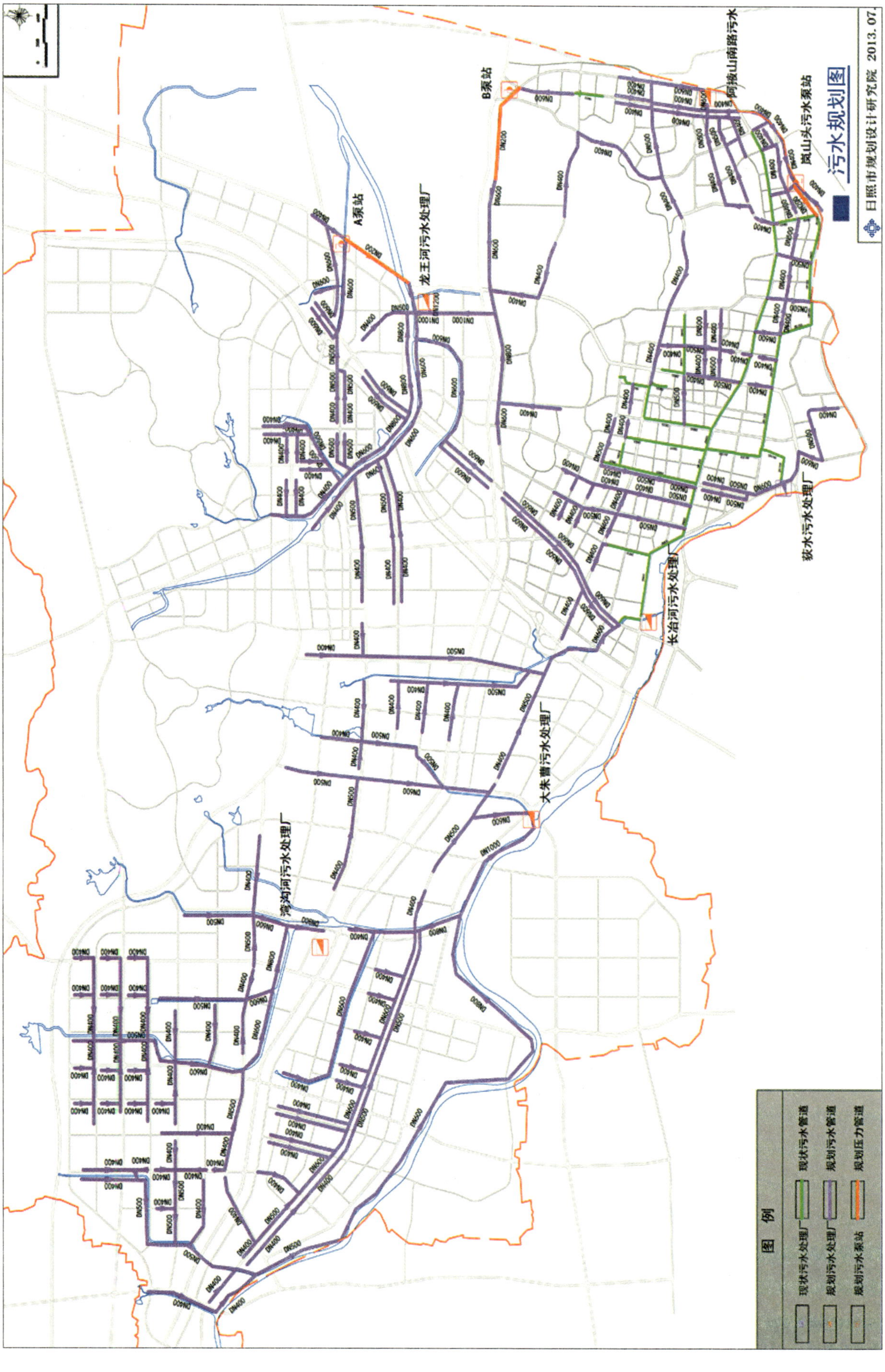

图 5-8　岚山区城市污水管网规划图

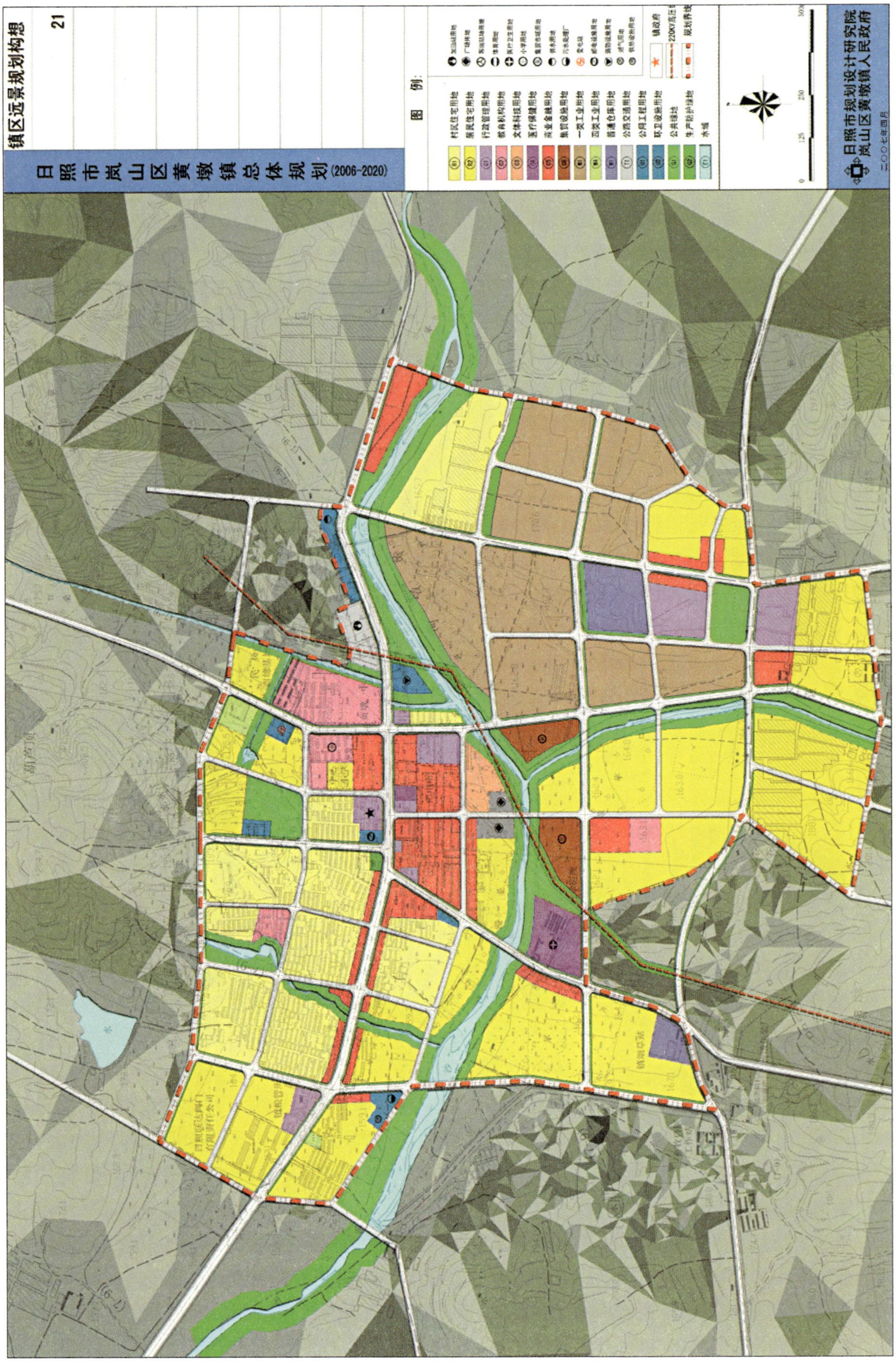

图 5-9 黄墩镇总体规划图

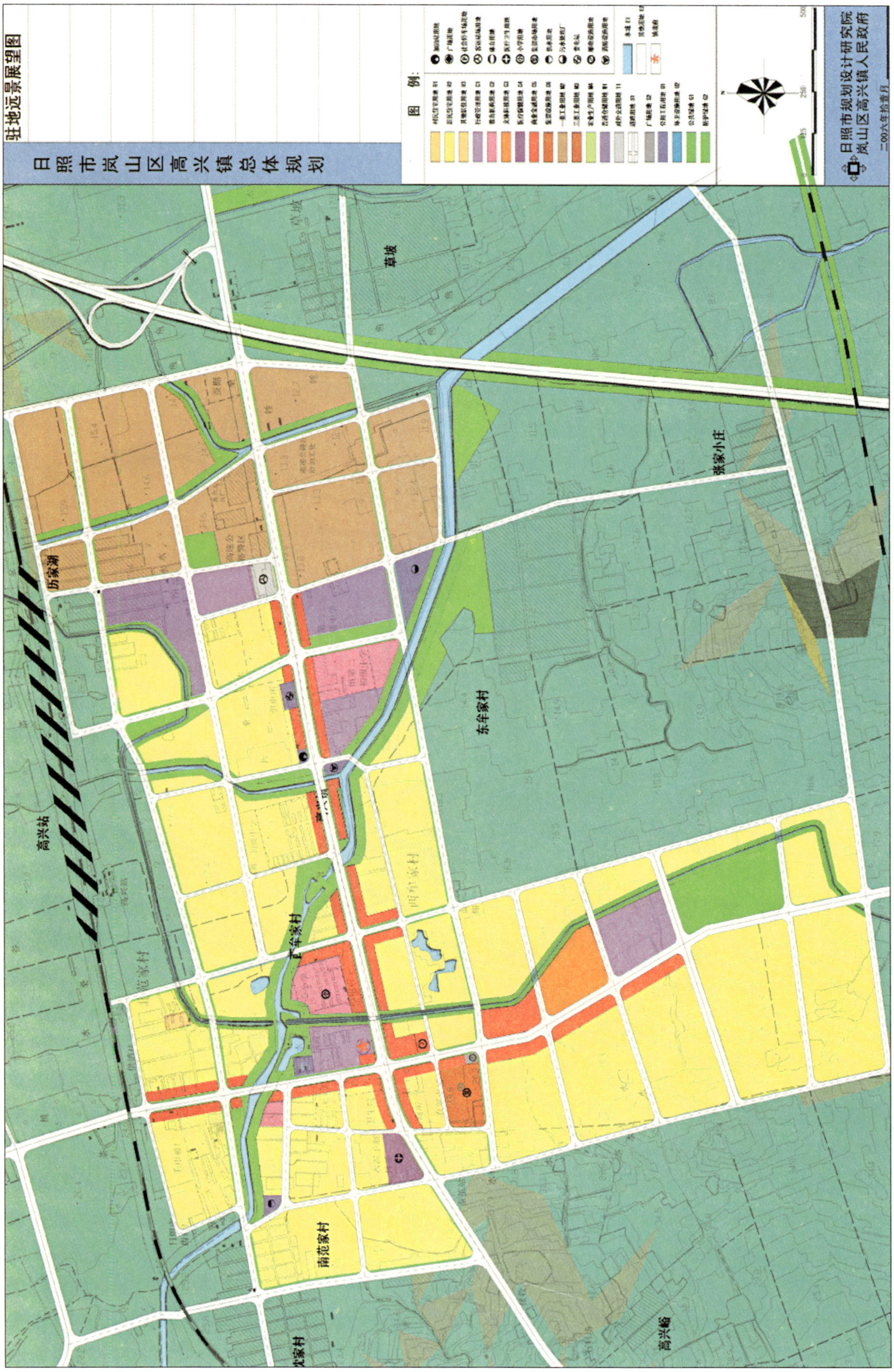

图 5-10　高兴镇总体规划图

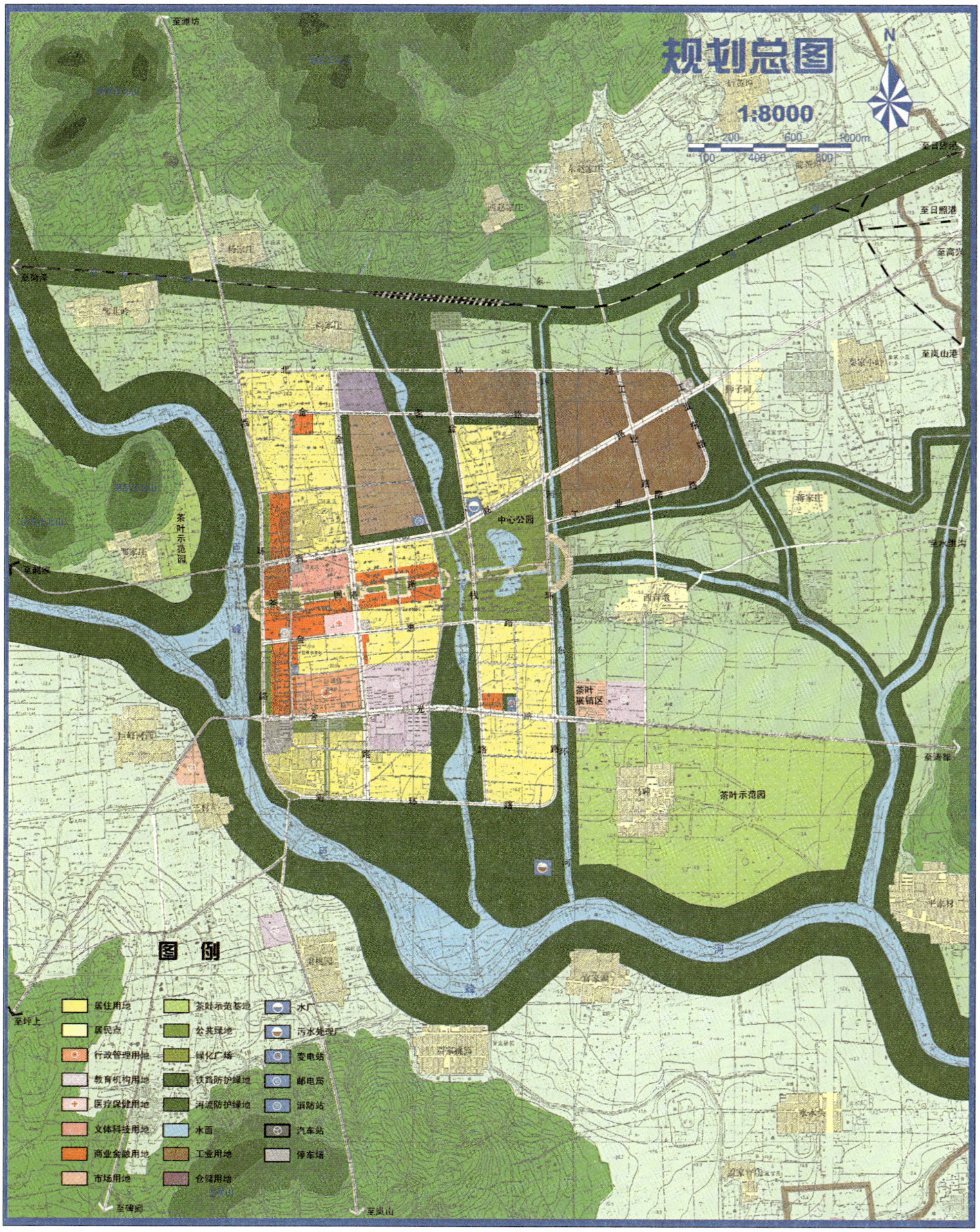

图 5-11 巨峰镇总体规划图（2005～2020）

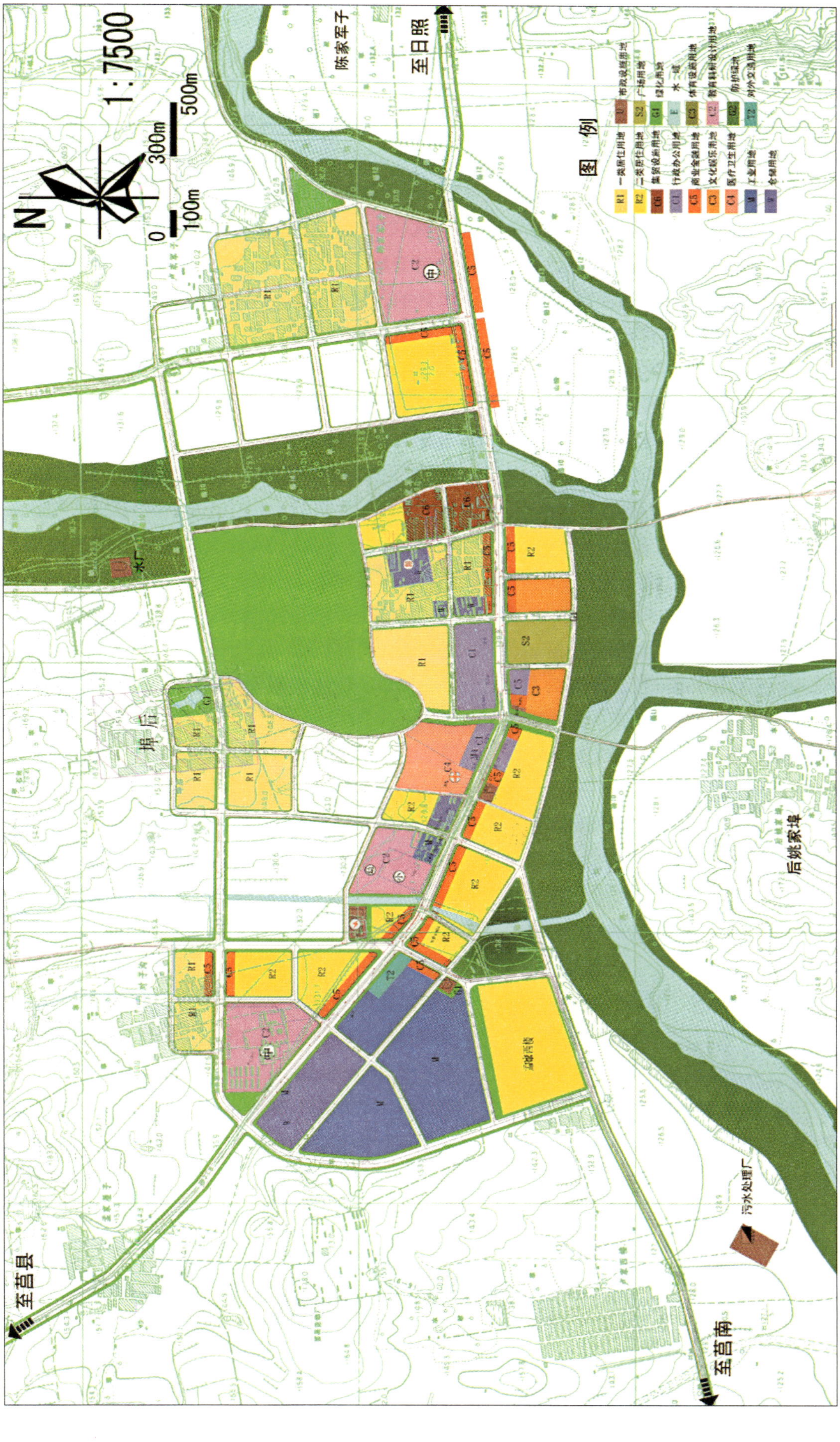

图 5-12　中楼镇总体规划图（2005～2020）

第二章　城区建设

第一节　道路　桥梁

道路　清末至新中国成立初期，岚山道路多为自然形成，仅有几条土路与外地相连。

1993年，岚山开始以道路为重点的城市建设。1994年，在先后组织4次万人会战筑土路基的基础上，疏港路（现岚山路）、港北路（现童海路）相继开工建设，总投资2500万元。1995年1月1日，汾岚路（现圣岚路）开工建设，该路是岚山办事处成立后第一项重点工程，总投资3305万元，长10公里，水泥混凝土路面，硬化总面积28万平方米，历经1年零3个月。

1998年，投资150万元修建中央东路，长1.11公里，宽24米；2002年投资1200万元修建万斛路，长2.77公里，宽48米；2003年投资1.2亿元修建岚山路，长11.5公里，宽42米。2004年，开展大规模城区道路修建，投资4400万元修建海州路、砚台山二路、海安路、金牛岭路、官山路等道路8.72公里；投资1.3亿元，修建疏港大道8.45公里，城区交通状况大为改善。2006年修建南沿海路3.29公里，2009年修建安岚大道5公里，成为连通岚山城区到日照市区的主干道。2007年投资1.3亿元对圣岚路拓宽改造，水泥混凝土路面改沥青路面，硬化宽度24米。2004～2012年，共计新修建城区道路66.21公里，修建硬化路面182.94万平方米。

图5-13 1994年汾岚路施工现场

2012年岚山区城市主要道路一览表

表5-1

建设年代	道路名称	长度（米）	宽度（米）	硬化面积（万平方米）	投资金额（亿元）
1995	观海路	2274	30	6.82	0.08
1998	中央东路	1110	24	2.66	0.015
2002	万斛路	2767	48	13.28	0.12
2003	岚山路	11500	42	48.3	1.2
2003	轿顶山路	4673	15	7.01	0.1
2004	海州路	1389	30	4.17	0.08
2004	疏港大道	8453	30	25.36	1.3
2004	砚台山二路	1028	30	3.08	0.07
2004	海安路	1827	42	7.67	0.2

续表 5-1

建设年代	道路名称	长度（米）	宽度（米）	硬化面积（万平方米）	投资金额（亿元）
2004	金牛岭路	2724	25	6.81	0.05
2004	官山路	1748	8	1.39	0.4
2005	绣针一路	875	15	1.31	0.08
2005	明珠路	2377	48	11.41	0.1
2006	沿海路	3285	20	6.57	
2007	圣岚路	10199	30	30.6	1.3
2007	广场西路	505	25	1.26	0.04
2007	广场东路	524	25	1.31	0.04
2007	二〇四国道城区段	7774	20	15.55	
2007	阿掖山南路	2115	25	5.29	0.15
2007	砚台山一路	1673	30	5.02	0.17
2007	岚阳路	563	20	1.13	0.03
2007	安东卫二路	2019	25	5.05	0.06
2009	安岚大道	5000	30	15	1.5
2010	玉泉一路	528	20	1.06	0.016
2010	万斛路北路	2000	15	3	0.15
2010	环山路	1500	8	1.2	0.05
2011	玉泉二路北段	1800	25	4.5	0.12
2012	玉泉二路南段	3500	40	14	0.6
2012	凤凰山路	2800	40	11.2	0.4

桥梁　清末民初，境内桥梁多为石板桥和石拱桥。新中国成立后至20世纪90年代，岚山土公路多设漫水桥。1993年后，桥涵建设随着道路修建不断增多，不再建石桥，均为钢筋混凝土桥梁，具有较强承载能力，并根据道路修建需要出现大型高架桥。2006年修建的安岚大桥为400米和900米两段高架桥梁组成，是城区跨度最大桥梁。2004～2012年，城区共计修建大小桥梁37座，总长2476米。

图 5-14　安岚大桥　（摄于2009年）

2012年岚山区城市主要道路桥梁一览表

表 5-2

<table>
<tr><th>序　号</th><th>桥梁名称</th><th>长度（米）</th><th>序　号</th><th>桥梁名称</th><th>长度（米）</th></tr>
<tr><td>1</td><td>区人民医院东桥</td><td>10</td><td>20</td><td rowspan="8">阿掖山路桥</td><td>95</td></tr>
<tr><td>2</td><td>高速路口西342省道桥</td><td>40</td><td>21</td><td>80</td></tr>
<tr><td>3</td><td>汾水西桥</td><td>40</td><td>22</td><td>10</td></tr>
<tr><td>4</td><td>圣岚路汾水西桥</td><td>57</td><td>23</td><td>48</td></tr>
<tr><td>5</td><td>圣岚路明珠路东桥</td><td>10</td><td>24</td><td>80</td></tr>
<tr><td>6</td><td>阿掖山路南桥</td><td>40</td><td>25</td><td>40</td></tr>
<tr><td>7</td><td>明珠路南桥</td><td>44</td><td>26</td><td>40</td></tr>
<tr><td>8</td><td>海州路西桥</td><td>40</td><td>27</td><td>45</td></tr>
<tr><td>9</td><td>海州路中桥</td><td>8</td><td>28</td><td rowspan="7">黄海西路桥</td><td>25</td></tr>
<tr><td>10</td><td>海州路东桥</td><td>6</td><td>29</td><td>25</td></tr>
<tr><td>11</td><td>砚台山一路中桥</td><td>9</td><td>30</td><td>20</td></tr>
<tr><td>12</td><td>砚台山一路桥</td><td>9</td><td>31</td><td>30</td></tr>
<tr><td>13</td><td>安东卫东街桥</td><td>16</td><td>32</td><td>30</td></tr>
<tr><td>14</td><td>安东卫东街桥</td><td>16</td><td>33</td><td>30</td></tr>
<tr><td>15</td><td>中央路桥</td><td>8</td><td>34</td><td>30</td></tr>
<tr><td>16</td><td>鲁圣桥</td><td>40</td><td>35</td><td>安岚大道桥</td><td>48</td></tr>
<tr><td>17</td><td>戴家庄子桥</td><td>17</td><td>36</td><td>多岛海桥</td><td>40</td></tr>
<tr><td>18</td><td>安岚大桥</td><td>900</td><td>37</td><td>玉泉二路桥</td><td>50</td></tr>
<tr><td>19</td><td>安岚大桥</td><td>400</td><td colspan="2">合　计</td><td>2476</td></tr>
</table>

第二节　旧城改造

设区之前，岚山旧城以小范围零星改造为主。2004年，为修建城区道路，岚山头街道实施大规模旧城拆迁改造，拆迁612户6万平方米，在山海家园小区建设安置楼18幢612户、凤阳路居建设安置楼10幢366户、环海路居建设安置楼13幢352户。之后，岚山头街道、安东卫街道根据建设需要不断进行旧城改造，环海路居、佛手湾居、安东卫北街、南街、西街、北门外等村居都进行了较大规模旧城拆迁改造。自2006年开始，佛手湾居和大阡里村在金牛岭建设安置区39幢楼1234户。2007年，为港口建设需要，岚山头街道王家海屋、刘家海屋、秦官

图 5-15 20世纪90年代岚山城区一角，近景为岚山工委、办事处办公楼

庄进行整体搬迁改造,共搬迁832户,拆迁房屋9.98万平方米,在秦海小区建设安置楼房24幢852户。2008年,区政府印发《日照市岚山区人民政府关于城中村改造的意见》,鼓励城中村改造。旧城改造主要以各村居为主体,乡镇街道指导操作,具体拆迁由村居与被拆迁户实行协议拆迁。2012年,区政府印发《日照市岚山区人民政府关于城中村改造的意见》,计划2012～2016年,将沈海高速公路以东、坪岚铁路以南区域村居基本改造完成。2004～2012年,涉及规模较大较集中的拆迁有9520户,拆除房屋164.1万平方米,建设安置房项目33个,面积191.29万平方米,总投资22.14亿元。

截至2012年年底,全区共规划建设大型社区5个。

金牛岭社区 位于阿掖山南路以北、岚山东路以南、平岛路以西、金牛岭路以东,从佛手湾安置区、大阡里安置区向北、向西扩展。规划用地面积39.2公顷,建成安置楼26幢794户,建筑面积约9万平方米。

海州湾社区 位于海滨路以北、圣岚路以南、岚阳路以西、砚台山二路以东,从山海家园、凤阳路安置区向北、向东扩展(包括环翠小区)。规划用地面积93.5公顷,建安置楼55幢1732户,建筑面积19.2万平方米。

凤凰山社区 位于砚台一路以西、安东卫二路以南、安东卫三路以北、万斛路以东、振兴路两侧,总占地面积32.05公顷,开工建设楼房60幢1411户,建筑面积20万平方米。

图5-16 凤凰山社区 (摄于2012年)

阿掖山社区 位于岚山东路以北、阿掖山北路以南、安岚大道以西、平岛路以东,以秦海小区、秦官庄村安置区、湖源新区、童海路居安置区为基础向南、向西扩展。规划用地面积83.4公顷,建成住宅楼40幢1286户,建筑面积约15万平方米。

官山社区 位于G204国道以东、玉泉二路以西、坪岚铁路以南、鲁圣大厦以北。规划住宅面积37.26公顷,已建住宅楼48幢1430户,占地11.6公顷,建筑面积17.2万平方米。

图5-17 官山社区 (摄于2012年)

2004年前,岚山区房屋拆迁补偿执行《日照市城市房屋拆迁补偿标准》,2004年房屋单价每平方米上调60元。2005年11月岚山区城乡建设局和岚山区物价局联合制定《日照市岚山区城市房屋拆迁补偿标准》;2010年5月,区政府制定《岚山区城市房屋拆迁补偿标准》,房屋拆迁按新规定执行。

2006年12月,山东省物价局和山东省财政厅、山东省国土资源厅下发《关于日照等八地征地地面附着物和青苗补偿标准的批复》(鲁价费发〔2006〕269号文件),岚山区拆迁区域院墙之外其他地面附着物和青苗补偿执行此文件规定;2012年1月区政府制定《日照市岚山区征地地面附着物和青苗补偿标准》(岚政发〔2012〕4号文件)后,停止执行鲁价费发〔2006〕269号文件,拆迁区域院墙之外的其他地面附着物和青苗补偿开始执行岚政发〔2012〕4号文件。

2004～2012 年岚山区城区房屋拆迁统计表

表 5-3

年　份	房屋拆迁数（户）	房屋拆迁面积(万平方米)	年　份	房屋拆迁数（户）	房屋拆迁面积(万平方米)
2004	612	6.12	2009	536	10.48
2005	208	3.49	2010	1276	23.92
2006	799	9.54	2011	1594	31.95
2007	1716	20.55	2012	1270	22.86
2008	1509	35.19			

第三节　新区开发

2008 年，区政府委托深圳雅克兰德设计公司编制岚山滨海新城区概念设计，决定实施多岛海开发建设项目。项目位于海上碑西侧，绣针河口以东，海州路以南，总规划面积 374 公顷，设计突出现代商业、生活宜居和休闲旅游三大功能，打造现代化生态宜居滨海新城。城市设计中引入运河系统，利用大海潮汐规律引海水入河道，通过地形塑造和水系开挖，形成东、西两个大岛，延伸了亲水岸线，将原来 2.8 公里泥潭岸线延伸为 29.5 公里。

2008 年 10 月，多岛海环境改造工程开工，由山东省水利工程局施工总承包，建设内容包括防

图 5-18 2008 年 10 月 17 日，多岛海环境改造工程举行开工仪式

图 5-19　多岛海规划图

潮堤改造、水系整理及地形塑造、道路桥梁、景观绿化等，委托山东诚基工程有限公司、威海水利勘测设计院规划设计，计划总投资5.7亿元。至2012年年底，多岛海环境改造工程累计投入10.52亿元，其中土地回收投资2.07亿元，虾池、房屋拆迁补偿2.85亿元，工程建设投资5.6亿元。整个多岛海区域地形塑造、水系整理、景观建设基本完成，建成景观防潮堤6.5公里，修建景观河道5.9公里，海水浴场3万平方米，景观铺装10万平方米，修筑道路10.6公里，绿化面积33万平方米，形成滨海休闲旅游岸线，为岚山滨海城市形象标志性景观。

至2012年年底，有3家房地产企业入驻开发建设。日照泉祥房地产开发有限公司开发海景丽都项目，开发建设楼房1.3万平方米；山东桂华锦鸿置业有限公司开发浩宇澜天下项目，开发建设楼房6.5万平方米；日照金辉置业有限公司开发海上巴黎项目，开发建设楼房42万平方米。

第三章　镇村建设

第一节　镇驻地建设

新中国成立前，安东卫、碑廓、巨峰、黄墩等乡镇驻地交通方便，商业繁荣，商店门面多系砖墙瓦房；贫穷居民则房简屋陋，土墙草顶。20世纪50年代，各乡镇驻地建起了中学、卫生院、银行、邮电所和社办工厂。70年代开始，对主要街道截弯取直，逐渐拓宽，达到乡乡通客车，村村通机动车。80年代开始简单规划，本着“有利生产，方便居民，改善环境，发展乡镇公共事业”的原则，整修乡道，拓宽街道，兴建学校和医院。70年代末，岚山头人民公社检疫站建3层办公楼1幢，建筑面积1500平方米，为岚山各乡镇驻地最早的现代楼房，后为岚山头医院使用。1983年，岚山头公社建政府办公楼。之后，沿街楼房逐步增多，开始以银行、机关办公楼为主，90年代后以沿街商业楼为主。1989年，汾水人民公社在汾水十字路口西南角建九州商场，为6层楼房。1993年，巨峰商业街开工建设，以建2层沿街楼为主。1993～1994年，安东卫十字街进行大规模拆迁改造，拆除沿街平房，建3层以上楼房。1994年，汾水镇建政府办公楼，巨峰镇建政府办公楼。

至2012年年底，虎山、碑廓、黄墩、高兴、巨峰、中楼6个镇驻地建成区总面积1421万平方米，镇驻地总人口6.1万人。建成办公、商场、教育、医疗、卫生等公共建筑面积85.2万平方米；畜禽饲养场、粮食与饲料加工站等生产性建筑139.2万平方米；住宅建筑128.77万平方米；建设商贸楼46座、教学楼19幢；建设绿地广场1个，绿化覆盖面积253.6万平方米；安装路灯1320基；硬化道路157.5公里；铺设排水管道、挖排水沟92公里。总投资114亿元。

第二节　村庄建设

新中国成立前，富裕人家住房多为砖石结构，地基用石头，墙体为黑色方砖砌筑，房顶起

图5-20　20世纪70年代前建设的村庄面貌　（摄于20世纪90年代）

图 5-21 2000 年后建设的新村庄面貌 （摄于 2012 年）

脊，用曲面小青瓦覆盖。贫困人家住房多为又窄又矮简易小屋，以土坯乱石筑墙，屋顶以木架支撑秸秆笆，笆上覆盖茅草。新中国成立到 70 年代末，经济状况较好的家庭住房多为石砖砌筑，白灰抹墙，但房屋结构简单。贫困居民仍住草屋。改革开放后，随着居民生活水平提高，住房条件逐步改善，新建房屋高大宽敞，一般高 3.3 米以上，宽 6 ～ 7 米，砖、水泥构筑，带遮阳。一些富裕起来的居民开始注重住房质量，住房设计多样，平房增多。20 世纪 90 代后，有条件的居民开始建设二层小康楼，部分村居还出现了小康楼区。2009 年后，岚山区加快改善群众居住条件，进行农村住房建设与危房改造。2009 ～ 2012 年，完成农村住房建设 18261 户，完成危房改造 5104 户，投资 15.66 亿元。

至 2012 年年底，虎山、碑廓、黄墩、高兴、巨峰、中楼 6 个镇，372 个行政村，总户数 106703 户，村庄住宅建筑总面积 987.39 万平方米，办公、商场、酒店、教育、医疗、卫生等公共建筑 73.08 万平方米，种子库、畜禽饲养场、粮食与饲料加工站等生产性建筑 128.65 万平方米，道路硬化面积 172.3 万平方米，安装路灯 3490 盏，自来水供水普及率 93%。

第四章　城镇建设管理

第一节　管理机构

1989 年前，岚山城镇建设归日照县（市）建设委员会管理。1989 年日照市建设委员会在岚山设立岚山规划建设管理站，1991 年改称岚山城市规划建设管理所。1992 年，成立岚山开发区规划建设局。

1993 年 7 月，成立岚山办事处城乡建设环保委员会（简称岚山建环委），负责城乡规划建设管理及环境保护工作，下设办公室、财务科、规划科、环保科，辖路灯管理所、工程质量监督站、城市建设监察大队、园林环卫处、市政公司、岚山房地产开发公司。1995 年增设施工科、房管所、测绘处；园林环卫处分设园林处和环卫处；原日照市自来水公司岚山水厂归属岚山建环委，改称岚山自来水公司。1996 年，原属岚山开发区管理委员会的岚山建筑安装总公司归属岚山建环委。1998 年增设人事科、城乡建设科、工程造价咨询管理所、中信监理公司。1999 年又成立热力公司和煤气公司。至 2003 年，岚山建环委共有 23 个科室（单位）。各乡镇街道设有建设土地环保委员会、乡村建设服务站，由建环委负责业务指导。2005 年，岚山城市建设环保委员会改称岚山区城乡规划建设局（简称区建设局）。2005 年 4 月，岚山区行政执法分局设立，城市建设监察大队从区建设局脱离；2006 年 5 月，岚山环保分局设立，环保科从区建设局脱离。

2011 年 7 月，岚山区城乡规划建设局改称岚山区住房和城乡规划建设局（简称区住建局），下设办公室、人事科、计划财务科、城建科、工程管理科 5 个职能科室，规划管理办公室 1 个正科级单位，规划处、设计院、档案馆、定额站、施工图审查中心、市政处、园林处、环卫处、质监站、房管所、测绘院、劳保站、自来水公司、市政公司、热力公司、房产公司等 16 个事业单位，建安公司、监理公司、造价所 3 个企业单位。

第二节　规划管理

1989年成立岚山规划站，1991年成立岚山城市规划建设管理所，为日照市建设委员会派出机构，在圣岚路北侧、金牛岭路西侧办公，主要管理岚山头街道所辖区域建设项目选址、定点、放验线及民房建设。1992年成立岚山开发区规划建设局。1993年7月岚山建环委设立规划科及城市管理监察中队，受日照市建设委员会委托，行使规划管理权。2011年设规划管理办公室。

规划审批　1993～2011年，建设工程规划审批程序执行建设局规划初审会、建设局局长办公会、区政府城建专题会三级审批制度，重点地段、重点项目由区政府城建专题会议决定。2012年后实行城建专题会审批制度，所有项目由区政府城建专题会研究批准，先后制定了《岚山城建专题会议制度》《关于推行"阳光规划"的实施方案》《建设项目批后管理规定》等文件，规范规划管理。

批后管理　2008年年底，成立规划批后管理办公室，负责城市规划区内建设工程项目规划批准后实施全过程的监督检查管理工作。通过建设工程开工放(验)线、建设工程规划公示牌、建设工程基础施工正负零复验、主体工程施工监督、竣工规划验收、综合规划验收等环节进行批后管理。

第三节　城区建设管理

岚山城区建设项目需经过立项、环评、规划审批、勘察设计、测绘、审图、招投标、施工、监理、质监、验收等程序，建设单位需接受区发改局、规划办、设计院、测绘院、审图中心、招标办、建管站、劳保站、质监站等多个部门管理。2002年后，建设管理审批事项在岚山区行政审批中心实施，主要审批建设用地规划许可、建设工程规划许可、施工许可、入岚施工企业备案，城市建筑垃圾处置、准运核准，建设工程质量注册登记、监理备案、施工合同审查，城市燃气经营建设许可，城市排水许可等事项。建设项目统一受理告知，统一出件，并在网站公示。

建筑工程图纸审查　岚山区建筑工程图纸审查中心成立于2002年，是区住建局直属事业单位，具有独立法人资格，取得了山东省住建厅颁发的建筑工程二类施工图设计文件审查资质。主要职责是代表政府对建设工程进行政策审查，对施工图进行技术性审查。

至2012年，中心拥有勘察设计审查人员15人(其中建筑专业4人，结构专业3人，勘察专业2人，给排水专业2人，暖通空调专业2人，电气、智能化专业2人)。2002～2012年共审查建筑工程施工图1378项，提出审查意见1.1万条。

建筑行业劳保管理　区住建局于2006年11月正式成立劳保站。主要职能：负责全区建筑企业养老保障金的收缴、拨付、日常管理工作。

2007～2012年，共收缴建筑企业劳保金5300万元，拨付给建筑企业2000万元，上缴全省统筹2100万元。2007～2008年度获"省级建筑企业劳动保障金管理工作先进单位"，2010年度获"市级建筑业管理先进集体"称号。

第四节　城镇建设档案管理

1994年3月，岚山办事处制定《岚山城市建设档案管理暂行规定》，要求各建设单位按照日建发〔1991〕4号文件规定，交付竣工档案保证金。2000年8月，制定《岚山建设工程竣工档案管理暂行规定》，要求凡是城市规划区新建、扩建、改建工程，建设单位在办理"建设工程规划许可证"前，必须到城建档案室签订《建设工程竣工档案报送合同书》，工程验收后向岚山建环委报送竣工档案。

至2012年年底，城建档案室共存放档案：居民住宅楼图纸资料2200本，电气施工图纸41本，建设许可资料50本，规划图纸120本，教学楼图纸资料550本，施工图纸120本，建筑市场施工许可证48本，污水处理招标材料68本。

第五节　城区环境卫生管理

岚山环卫处成立于1996年年初，由20名环卫工人负责圣岚路18.9万平方米的清扫保洁任务。后随着保洁路面增加,队伍不断扩大,到2012年年底,有职工481人,工具车2辆,垃圾清运车30辆。

道路保洁 1996年,开始圣岚路清扫保洁。2001年,接管6条道路,分别是汾水十字路口西、北、南3条路,圣岚东路,童海路,岚山西路,共计2.89万平方米,城区保洁面积60.4万平方米。2002年有保洁员108人,其中正式工40人,临时工68人,年内新增保洁面积24.7万平方米。2004年,接管岚山疏港大道、轿顶山路、万斛路、岚山中路、岚山东路,保洁员109人,其中正式工39人,临时工70人,城区19条道路保洁面积88万平方米,道路保洁率100%。2006年,新增海州路、砚台山二路、海安路、金牛岭南路、童海北路、金牛岭路6条线路,新增保洁面积22万平方米。2009年,接管11条道路,城区道路达到32条,其中市场化运作(对外承包)路线4条。至2010年年底,环卫处共承担城区39条道路和1个广场共计210余万平方米保洁任务,共有道路保洁员319人。2010年10月,从园林处接管城区道路两侧绿化带保洁权。2011年保洁路段43条,保洁面积382万平方米,城区道路保洁率100%。2011年,添置2辆洒水车和1辆扫路车。至2012年年底,城区保洁路段达45条,保洁面积393万平方米。

道路保洁管理实行定人员、定面积、定标准、定奖罚、保质量"四定一保"。严格按照国家二级和三级保洁标准,实施"一日两普扫,巡回保洁"工作机制,按照六净:路面净、人行道净、路沿石根部净、垃圾容器周围净、树坑净、下水道口净;六无:无砖瓦石块沙土、无淤泥积水积雪、无泼洒呕吐物、无果皮纸屑塑料袋烟蒂、无人畜粪便、无垃圾堆积物标准,道路保洁完好率98%以上。

垃圾清运 环卫处成立初期,垃圾收集设施主要为分布在圣岚路上的20个铁皮垃圾箱。1996年初有1台叉车、1台解放牌翻斗式敞口垃圾清运车,年清运垃圾240吨。2003年有垃圾运输车5台,城区投放铁皮垃圾箱150个,塑料垃圾桶400个。2011年区政府采购环卫专用垃圾清运车13台,铁皮垃圾箱120个,地埋式垃圾箱51个,垃圾桶600个。清运队采取垃圾清运派车单制度和定人员车辆、定清运量、定清运标准、定油料消耗、定安全保障"五定"措施,实行"车走地净、车动覆盖、垃圾容器内外净、不超载、不撒漏"工作标准。2011年每天清运生活垃圾100余吨,年清运处理垃圾3.7万余吨,生活垃圾日产日清,清运率100%。2012年清运处理垃圾4.138万吨。

垃圾处理场 1998年在安东卫街道辛庄子建简易填埋场,占地0.8公顷,设计日处理规模5吨,库容1.6万立方米,使用期8年。2006年8月,扩建辛庄子垃圾填埋场,占地面积3.33公顷,设计容量10万立方米,使用期3～5年,日处理垃圾50余吨。2008年区政府投资4000万元在安东卫街道潘庄二村西建岚山区无害化垃圾处理场,占地10公顷,处理垃圾总库容95万立方米,日处理垃圾200吨,使用期12年,采用卫生填埋工艺处理。

第五章　城市管理行政执法

第一节　机构设置

1992年,岚山开发区成立规划建设局,下设城市建设监察大队。1993年7月,成立岚山建环委,下设城市建设监察大队。

2005年12月,在岚山城市建设监察大队的基础上,成立岚山区城市管理行政综合执法大队,加挂日照市城市管理行政执法局岚山分局(简称岚山执法分局)牌子,行政级别为正科级,内设办公室、执法科、投诉督察科3个职能科室,下设3个中队,编制人员55人,配备执法车辆5台。

2008年5月,执法大队增设法规科、市容市貌中队。2011年7月，区政府机构改革，大队改设8个职能科室，人员编制总额不变，执法车辆增至7台。

第二节　综合执法

岚山区城市管理行政综合执法大队按照《日照市城市管理相对集中行政处罚权规定》（2003年12月14日，日照市人民政府第18号令）及相关法律法规，统一行使市容环卫、规划、绿化、市政、环保、工商、公安交通等7个方面的全部或部分行政处罚权，共64项116个条目。成立之初管理区域东至黄海，南到绣针河，西至G204国道西1.5公里处，北至虎山镇龙王河。2011年9月，管理区域扩大至虎山和碑廓全部镇域。2011年7月，增加“对各乡镇街道城市管理行政执法工作进行业务指导、培训、考核和监督检查；统一调度、组织全区性城市管理专项和重大执法活动”职责。

执法宣传　2007年，在学校、社区开设城市管理法规讲座，深入群众中搞宣传。2008年，设置便民宣传栏10处，设城市管理知识版面和市民信息张贴版面。2006～2012年，在电视、报纸各类媒体发表城市管理稿件930余篇，每年开展城市管理宣传月活动，年发放宣传单5000份、出动宣传车30台次。城市管理宣传，换来群众对城市管理工作的理解与支持，违反城市管理的行为由2006年的836起减少到2012年的263起。

规划执法　查处管理区域内未经规划许可擅自建设或未按规划许可内容建设的违法行为，维护规划管理秩序。2006～2012年，共查处违法建设3733起，处置率100%。

2006～2012年岚山区违法建设查处数量统计表

表5-4

年　份	2006	2007	2008	2009	2010	2011	2012
查处起数	426	483	489	664	612	473	586
处置率	100%	100%	100%	100%	100%	100%	100%

市容监管　2009年，与工商部门联合，对汾水、童家庄子、官草汪3个占道集贸市场实施整治，通过规划场地、规范工商业户入场经营等措施，保证城区道路正常交通秩序，解决了逢大集路必堵的问题。

查处乱贴乱挂、乱停乱放、随意倾倒垃圾等影响市容环境的行为。对企事业单位、工商业户实行包门前卫生管理、包容貌整洁、包停放秩序的“门前三包”制度，与企事业单位、工商业户签订“门前三包责任书”。对乱贴乱画、小广告等张贴物做到随见随清，2006～2012年，共清理10406处。

环境整治　自2008年开始，对车辆道路遗撒、烧烤污染、夜间施工噪音等影响环境质量的问题实施严格管理，加强教育，规范秩序，跟踪监督。至2012年底，共处罚运输货物不作密封、包扎、覆盖，造成泄漏、遗撒现象的道路货运车辆业主29人次；对露天夜市小吃、烧烤摊点进行集中规范，共查处污染路面行为21起，规范烧烤摊点76处，查处夜间施工噪音污染51起。

第六章　建筑业

1968年前，岚山仅有一些分散的木、瓦、石、塑等工匠，以务农为主，有工程则聚，完工则散，有时独自营作，有时临时组合从事较大规模建筑工程。这些人有能工巧匠，对建筑艺术继承与传授起着重要作用。

1968年后，各公社（乡镇）相继成立建筑队，到1974年年底，域内有4个乡镇建筑队，即安岚建筑队、虎山建筑队、碑廓建筑队、巨峰建筑队，主要承接城区和乡镇房屋修理、建造业务。1976年中楼成立建筑队。1985年安岚建筑队析分为岚山头建筑公司和汾水建筑公司，虎山、碑廓、巨峰建筑队均改为建筑公司。是年孙由建筑公司成立。1986年中楼建筑队改为建筑公司。域内建筑公司全部为四级施工资质。

第一节　勘察测绘

1993年以前，岚山没有专职勘察测绘队伍。1993年成立岚山开发区城乡规划建筑设计院，为副科级单位，加挂岚山开发区勘察测绘管理处牌子，与岚山建环委规划科合署办公。1995年成立岚山开发区勘察测绘管理处，2004年改为岚山区勘察测绘管理处，2006年改为岚山区城乡建设勘察测绘院，为区建设局下属二级单位，丙级测绘资质，承担岚山区内地形图测绘、工程放验线、竣工工程验收、沉降及变形观测以及其他工程测量。仪器设备主要有单基站CORS 1套、高精度GPS（RTKGPS）4台、静态GPS 1台、全站仪3台、0.4毫米电子水准仪1台、手持激光测距仪2台。2003年与冶金部山东地勘局第四工程队合作完成了岚山城市规划区80平方公里1∶2000地形图测绘，2012年与山东正元地理信息有限公司合作完成了沈海高速公路以西，岚山城市控制区范围内130平方公里的航空摄影1∶1000地形图测绘。

1993～2012年共完成300平方公里（含1∶500、1∶1000、1∶2000）地形图测绘，完成建设工程放、验线1000余次，竣工工程验收20万平方米，完成岚山区城区道路市政工程建设20余条的测绘任务，对10余幢楼进行沉降及变形观测。

完成的主要测绘项目有：岚山城市规划区80平方公里1∶2000地形图修测；日照钢铁厂10平方公里1∶1000地形图测绘；山东海化集团焦化厂2平方公里1∶500地形图测绘；山东岚桥集团石化项目管线30公里1∶500带状地形图测绘；岚桥港30平方公里1∶500地形图测绘；轿顶山生活区2平方公里地形图测绘；圣岚路16公里带状图测绘；342省道25公里带状图测绘；凤凰山社区6平方公里地形图测绘；官山社区4平方公里1∶500地形图测绘；钢铁配套园区及化工园区20平方公里1∶500地形图测绘；多岛海环境改造工程10平方公里地形图测绘。

第二节　建筑设计

1993年以前，岚山没有专业设计机构，小型工程均由施工单位设计，重大工程则求外地支援。1993年7月，成立岚山办事处规划建筑设计院，山东省建委颁发规划、建筑设计丁级资质等级证书。2005年改为岚山区规划建筑设计院，规划、建筑设计资质均为丙级。1993～1998年，一直采用手工制图，1998年后，设计人员借助计算机辅助设计(CAD)，出图数量和质量均有极大提高。

2009～2012年岚山区规划建筑设计院重点设计项目一览表

表5-5

年　份	设计项目	建筑面积（平方米）
2009	岚大食品有限公司办公楼	1079.00
2010	安东卫北街安置小区服务中心	5331.36
2010	望海·怡景苑（岚山湾）3号住宅楼	4339.38
2011	黄墩镇中心小学教学综合楼	4988.00
2012	黄墩镇中心卫生院综合楼	4183.20
2012	岚山头街道医院综合楼	2765.00
2012	岚山区综合检查站综合楼	2953.88

第三节　建筑技术

机械化施工　20世纪五六十年代，木工用工具是锛、凿、斧、锯、刨，瓦工用工具是泥板、刨锛，壮工用扁担、锨、镐，垂直、水平运输肩挑人抬。后随着建筑规模扩大，建筑队伍开始装备施工机械。20世纪七八十年代，吊装垂直运输开始使用抱杆、钢井架、井架式塔式起重机、汽车吊等。1993年后机械化、半机械化和改良手工工具相结合，水平运输采用各种推车和杠杆车。1999年起，强制淘汰井架式塔式起重机，使用标准节塔式回转起重机、附着式塔式起重机、液压自升式塔式起重机，机械化程度逐步提高。

现浇混凝土施工　20世纪60年代前，混凝土搅拌靠人工在铺设铁板或用砖铺的平面上用铁锨拌合，浇灌和捣固全部手工操作，效率低、劳动强度大。70年代开始，使用滚筒式混凝土搅拌机，90年代开始使用强制式混凝土搅拌机。2002年使用混凝土搅拌站，从上料、电子计量、搅拌、出料、运输全部实现机械化作业。

地基基础工程施工　20世纪60～70年代，岚山平房居多，采用素土夯实或以外露天然岩石作为地基。80年代起，采用水泥砂浆或混合砂浆砌筑条形石基础，后来采用毛石混凝土或钢筋混凝土杯型基础。90年代起，采用钢筋混凝土基础类型，有钢筋混凝土杯型基础、钢筋混凝土预制桩基础、钢筋混凝土灌注桩基础、钢筋混凝土沉井基础等。

楼顶施工技术　20世纪80年代起，楼盖开始大量采用预制钢筋混凝土空心板、现浇钢筋混凝土楼板。80年代末至90年代初，开始使用钢网架结构，楼顶防水也从早期青瓦面防水排水，到后来三油二毡（热作法），再发展成SBS高聚物（苯乙烯—丁二烯—苯乙烯嵌段共聚物）改性乳化沥青防水涂料，21世纪后是屋面防水涂料直接涂在找平层上防水，不铺油毡（冷作法）。

建筑节能应用　2006年起，开始重视建筑节能应用，要求施工企业在墙体施工和外墙保温、屋面保温施工、门窗安装前都要先到建设主管部门办理节能备案，否则不予验收。所有工程凡违反建筑节能和“禁实”（禁止使用实心黏土砖）规定，在建设领域各项评比活动中和示范项目中实行一票否决。2009年4月1日起，岚山新建居住建筑全面推行太阳能热水系统与建筑一体化设计和施工，太阳能热水系统必须与建筑同步设计、统一安装、同步进行竣工验收，居住建筑太阳能应用率达到98%以上。

第四节　建筑队伍

1993年域内共有建筑企业22家，其中三级企业5家，四级企业12家，非等级企业7家；国有企业3家，乡镇集体企业18家，校办企业1家。岚山开发区建筑安装总公司为岚山最大的外出施工企业，曾参与国家重点工程京沪（北京—上海）、烟黄（烟台—黄山馆）等高速公路的道路和桥梁建设。

2001年，新的建筑业企业资质管理规定颁布实施，对建筑企业进行改制、合并，优化组合。2002年，岚山共有建筑企业12家，其中房屋建筑总承包企业9家，为三级施工资质；专业装修装饰承包企业2家，为三级施工资质；劳务承包企业1家。

至2012年，全区共有建筑企业18家，其中房屋总承包企业15家（二级资质3家，三级资质12家），专业装修装饰承包企业1家（三级资质），钢结构专业承包企业1家（二级资质），劳务承包企业1家。日照正同茂建筑公司注册地在巨峰镇，其余注册地在岚山头街道和安东卫街道。2012年新批建筑企业资质2家，其中总承包企业为日照万斛建筑工程有限公司，专业装修装饰承包企业为日照金鹏装饰工程有限公司。日照正同茂建筑工程有限公司于2012年年底归属日照市直企业。

表 5-6

2012 年岚山区房屋建筑总承包、钢结构专业承包、装饰装修企业一览表

序号	企业名称	资质		经济性质	资质证书编号	地址	成立时间	注册资本金（万元）	净资产（万元）	注册建造师人数			工程技术人员人数			2011 年度工程结算收入（万元）
		主项资质	增项资质							一级	二级	三级	总数	高级	中级	
1	日照市岚山区建筑安装工程总公司	房屋建筑工程施工总承包三级	市政公用工程总承包三级	国有	A3011037110201-1/1	万斛路	1992 年	660	1391	0	15	0	49	0	14	3068
2	日照市岚山泉子庙建筑工程有限公司	房屋建筑工程施工总承包三级	装修装饰专业承包三级、混凝土预制专业承包三级	有限责任	A3014037110224	安东卫街道泉子庙社区	1995 年	660	1772	0	12	0	51	0	10	2478
3	日照市安东建筑工程有限公司	房屋建筑工程施工总承包三级	钢结构专业承包三级	有限责任	A3014037110113-1/1	安东卫	2001 年	700	2589	0	10	0	59	0	18	2500
4	日照港盛建设工程有限公司	房屋建筑工程施工总承包三级	港口与海岸工程专业承包三级	有限责任	A3014037110301-1/1	岚山头街道佛手湾居	2002 年	600	720	0	16	0	44	0	21	2510
5	日照市圣岚建筑工程有限公司	房屋建筑工程施工总承包三级	无	有限责任	A3014037110311-1/1	岚山头街道圣岚路居	2004 年	606	1433	0	10	0	52	0	11	630
6	日照市港西建筑工程有限公司	房屋建筑工程施工总承包二级	无	有限责任	A2014037110303-2/1	岚山头街道凤阳路社区	1997 年	2000	2358	0	13	0	154	2	21	5628
7	日照中浩建筑工程有限公司	房屋建筑工程施工总承包二级	无	有限责任	A2014037110302-2/2	安东卫西街	2004 年	2000	3593	0	16	0	167	3	29	7987
8	日照市岚山童海建筑工程有限公司	房屋建筑工程施工总承包三级	无	有限责任	A3014037110215-1/1	岚山头街道童海路居	2002 年	720	2318	0	11	0	53	0	10	1300

续表 5-6

序号	企业名称	资质		经济性质	资质证书编号	地址	成立时间	注册资本金（万元）	净资产（万元）	注册建造师人数			工程技术人员人数			2011年度工程结算收入（万元）
		主项资质	增项资质							一级	二级	三级	总数	高级	中级	
9	日照宏昌建筑工程有限公司	房屋建筑工程施工总承包三级	无	有限责任	A3014037110214-1/1	玉泉二路	1985年	620	797	0	11	0	50	0	10	2606
10	日照市鲁圣建筑工程有限公司	房屋建筑工程施工总承包三级	预拌商品砼专业承包三级、金属门窗专业承包三级、公路路面专业承包三级	有限责任	A3014037110217	204国道西侧	2001年	600	742	0	13	0	52	0	26	1680
11	日照市岚华建筑有限责任公司	房屋建筑工程施工总承包二级	无	有限责任	A2014037110301-2/1	岚山头街道环海路居	1997年	2000	6847	0	21	0	137	3	30	8535
12	日照市岚山寰宇建筑工程有限公司	房屋建筑工程施工总承包三级	无	有限责任	A3014037110216	岚山头街道环海路居	1997年	706	1056	0	11	0	38	0	11	305
13	日照圣安建筑工程有限公司	房屋建筑工程施工总承包三级	无	有限责任	A3014037110303-1/1	玉泉二路	2011年	680	2183	0	10	0	54	0	10	1017
14	山东日盛达建设工程有限公司	房屋建筑工程施工总承包三级	无	有限责任	A3014037110302-1/1	岚山西路	2010年	700	820	2	8	0	47	0	14	1200
15	山东鲁圣钢构有限公司	钢结构工程专业承包二级	建筑装饰装修专业承包二级	有限责任	B2084037110201	岚山西路	2002年	5000	5705	0	2	5	22	1	6	3252
16	日照正同茂建筑工程有限公司	房屋建筑工程施工总承包三级	无	有限责任	A301303703711016	巨峰镇东杨家村	2011年	600	820	0	7	0	49	2	8	0
17	日照市岚山铝合金门窗厂	建筑装修装饰工程专业承包三级	金属门窗三级	独立	B3033037110201	岚山头街道杨庄子村	2002年	110	147	0	2	0	13	0	2	206

第五节　施工管理

1992年以前，岚山建筑施工管理主要由日照市质量监督部门兼管。1995年，岚山建环委增设施工管理科，推行招标投标制和严格合同管理制。1998年，《中华人民共和国建筑法》颁布实施，实行施工许可证制度，废止开工报告制度，由建设单位填写申请书。1999年，实行建设工程安全报监和工程建设监理，招标投标工作全面铺开。2000年实行建筑市场巡查制度，强化动态管理，培训管理人员和技术人员，提高建筑企业职工队伍素质。2002年，岚山办事处制定《岚山办事处建筑市场管理暂行规定》，规范建筑施工管理。

2004年设区后，建设局建筑工程管理科负责全区建筑工程管理，负责施工许可证颁发、企业资质初审、外埠入境企业备案、墙改节能备案验收、培训施工企业管理人员及专业技术人员和特殊工种人员等。2006～2012年，共颁发施工许可证310个，施工建筑总面积273.38万平方米，施工合同签约率100%。

第六节　工程造价

1989～1993年，岚山建筑工程造价由日照市建委负责监管，1993年后由岚山建环委负责，1997年成立岚山建设工程标准定额管理站（以下简称定额站），负责建筑工程造价管理，岚山设区后改称岚山区建设工程标准定额管理站（以下亦简称定额站）。

至2012年年底，共为11个工程项目造价咨询合同备案，为13个工程项目办理招标控制价备查，为91个工程项目竣工结算备案，结算总额56309万元。2007～2012年，有164个工程项目预存安全防护、文明施工措施费，预存总额3274万元，至2012年年底，拨付总额2025万元，80个工程项目结付完成。

日照市岚建工程造价咨询事务所（原日照市岚山工程造价咨询事务所）是岚山区唯一一家工程造价咨询企业，成立于1997年，为乙级资质工程招标代理机构和乙级资质工程造价咨询机构，注册资金100万元，注册造价师6人，高级经济师1人，高级工程师3人。主要承担各类建设工程招标代理，各类建筑工程造价监理，各类建设项目可行性研究、投资估算编制，各类建设工程概算、预算、结算、标底文件编制与审核。

第七节　安全生产

1984年以前，岚山建设工程安全管理处于无序状态，建筑工人安全得不到保障。1984年后，岚山建筑施工安全管理主要由质量监督部门监管。1995年，岚山建环委设立施工科，监管建筑施工安全管理。2000年，岚山建环委设立建筑施工安全监督站，管理域内建筑施工安全。2004年，实行建筑施工企业安全生产许可制度。2006年，实行企业安全措施资料备案、塔吊备案，组织相关安全人员培训。2006～2012年，累计检查施工单位300多家，建筑施工现场1000多个，累计建筑面积200多万平方米，检查燃气经营企业8家，共下发隐患整改通知书74份，排查隐患426处，提出整改措施426条，杜绝了重大伤亡事故的发生。

第八节　质量监督

1988年，日照市建设工程质量监督站在岚山设立质量监督分站。1993年9月，成立岚山办事处建设工程质量监督站（简称质监站），为股级全民事业单位，编制6名，经费自收自支。1996年4月，成立岚山建设工程质量检测站，隶属于质监站，检测报告在岚山为最终裁定，在市内具有代表县级建设工程质量检测资格法定效力。2012年质监站有在编工作人员21人。

2000年以前，质监站主要负责工程质量监督、检测，实行核验制。2000年后实行工程备案制，由工程相关方责任主体对工程质量评价，质监站监督验收程序是否合法并对工程实体实行抽检。2010年后，监督方式主要以抽查巡查为主，不再参加基础、主体工程验收，只监督竣工验收组织形式和程序是否合法，要求竣工后在建筑现场明显位置设置永久性标牌。2004 ～ 2012 年，共对全区 706 个工程项目进行了质量监督，工程面积 320.1 万平方米，其中优良工程 80 个，工程总优良率 11.33%。

2004 ～ 2012 年岚山区质监站监督工程一览表

表 5-7

年 份	工程个数	工程面积（万平方米）	优良工程（个）	工程优良率（%）
2004	60	26.5	5	8.3
2005	111	56.0	13	12
2006	79	29.6	8	10
2007	59	20.3	6	10
2008	40	19.1	7	17.5
2009	95	33.6	8	8.4
2010	123	73.9	18	14.6
2011	109	44.2	12	11
2012	30	16.79	3	10

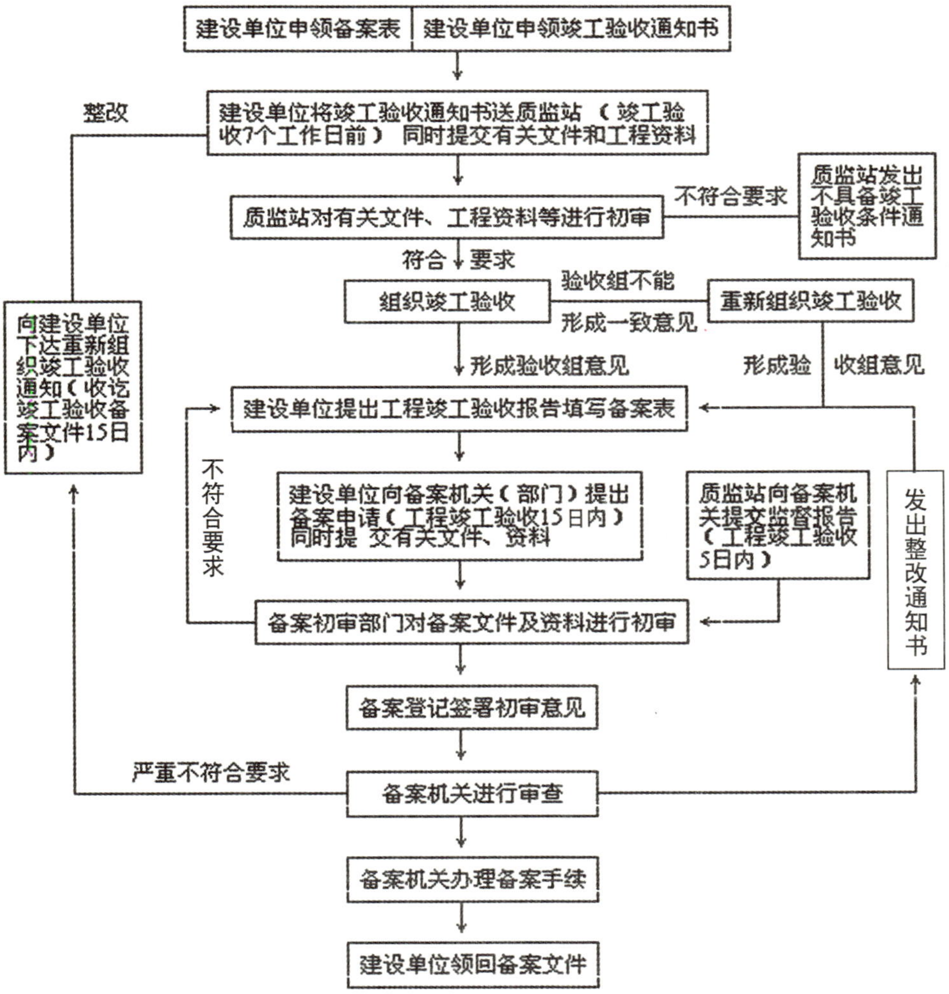

图 5-22 工程竣工验收备案流程图

第九节　建筑工程招标投标

1996年，岚山办事处建设工程招标投标领导小组办公室（以下简称招标办）成立，开始对招投标进行管理。1998年年底，在招标办管理下成立岚山建设工程招投标管理中心和岚山建设工程交易市场，随后成立岚建造价咨询事务所（招标代理机构）。1999年，招标办创立“标底二次加权平均法”评标办法，获山东省政府二等功表彰。2005年9月9日开通了岚山区建设工程招投标信息网。

招标投标管理　岚山招标投标管理分为三个阶段。第一阶段（1996～2003年），要求造价超过30万元，面积大于500平方米的建设工程，必须进岚山建设工程交易市场招投标，年交易量造价在4000～8000万元；第二阶段（2004～2009年），造价在50万元以上，建筑面积1000平方米（当时工程造价500元/平方米左右）以上建设工程必须进岚山建设工程交易市场招投标，年交易量造价3亿元，建筑面积40万平方米；第三阶段（2010年后），造价200万元以上，建筑面积2000平方米以上建设工程必须进岚山建设工程交易市场招投标，年交易量造价9.2亿元，建筑面积85万平方米。

建设工程评标专家库　岚山区建设工程评标专家库（区县子库）成立于1997年，有建设工程评标专家11人，由建设方抽取评委。2005年发展到28人，与全省建设工程评标专家库联网，全省随机抽取。2010年新进11人。

第七章　房地产

第一节　产权产籍管理

1990年以前，岚山无房屋产权产籍管理，1990～1995年，日照市房地产管理处负责岚山产权产籍管理。1995年岚山办事处房地产管理所成立后，开始对岚山办事处范围内房屋产权产籍管理。2005年，原属东港区房地产管理处管辖的巨峰镇、后村镇、黄墩镇和高兴镇11447份房屋登记档案移交给岚山区房地产管理所管理。2006年，岚山区房地产管理所交易中心成立，集中办理房地产业务，岚山区房屋产权产籍管理步入正轨。

2011年9月，岚山区房地产管理所委托北京华鼎博视数据信息技术有限公司对全区房产档案实施整理装订、录入扫描，2012年5月31日正式完成，共完成档案数字化扫描426823页，档案整理装订38001卷，数据录入41068卷。2012年6月，岚山区启用日照市房产数字化管理系统，实现房屋登记数据省市区三级联网。

第二节　房屋登记

1990年，日照市房产确权发证工作领导小组办公室派专人对岚山头街道各村居民房确权发证。1995年7月，岚山办事处房地产管理所成立，负责岚山办事处房屋登记。1998年和2002年，岚山城市规划区内进行了两次房地产权属登记，登记房屋面积60万平方米，发证2000份。到2004年8月，共登记房屋建筑面积61万平方米，办理产权证书4010份。

1995年，岚山办事处房地产管理所下设交易科，开始办理房屋转移登记业务。1999年成立岚山房地产交易市场，规范房屋转移登记程序，房产交易开始活跃。1995～2004年，共办理房屋转移登记1072起，建筑面积18.5万平方米，办理房地产他项权登记1178起，建筑面积65.77万平方米。2006年启用房屋登记业务数字化程序，各项登记业务在同一业务平台办理；2007年建成交易中心服务大厅，实现房屋登记业务一站式办理；2008年建设部《房屋登记办法》颁布后，房屋登记以申请、受理、审核、登记程序进行，房屋登记逐步规范，登记数量逐渐增多。2006 ～ 2012 年，岚山区共完成各类登记 11379 起，登记面积 628.15 万平方米。

2006 ～ 2012 年岚山区房屋登记统计表

表 5-8

年　份	登记类型	登记数量(套数)	登记面积(万平方米)	年　份	登记类型	登记数量(套数)	登记面积(万平方米)
2006	初始	85	20.49	2009	存量房转移	467	7.7
	商品房转移	56	0.61		他项权	824	44.91
	存量房转移	56	2.19	2010	初始	43	17.5
	他项权	117	19.16		商品房转移	852	8.91
2007	初始	85	16.13		存量房转移	389	6.37
	商品房转移	497	6.32		他项权	795	39.93
	存量房转移	155	5.12	2011	初始	46	13.43
	他项权	457	24.42		商品房转移	734	8.01
2008	初始	57	13.73		存量房转移	358	4.4
	商品房转移	657	8.27		他项权	934	38.23
	存量房转移	343	7.16	2012	初始	46	23.98
	他项权	555	46.33		商品房转移	509	5.49
2009	初始	60	136.96		存量房转移	405	5.87
	商品房转移	1032	12.12		他项权	765	84.41

第三节　房地产测绘

2003 年 5 月 1 日岚山房地产测绘队成立，业务范围为房产面积测绘、房产要素调查与测量、房产变更与测量、房产图测绘。至 2012 年，有测绘人员 6 人，资质为丁级。

2006 ～ 2012 年岚山区房产测绘面积统计表

表 5-9　　单位：万平方米

年　份	初始登记	转移登记	变更登记	他项权登记	测绘面积合计
2006	14.8	3.18	3.29	19.17	40.44
2007	19.09	11.68	5.72	24.45	60.94
2008	13.73	15.62	4.82	46.38	112.21
2009	136.96	19.48	3.33	44.92	238.57
2010	17.5	15.33	1.8	39.94	106.69
2011	13.43	14.01	3.79	38.28	101.8
2012	20.22	5.75	7.5	84.41	117.88

第四节　住房制度改革

岚山住房制度改革从1993年开始，1993～1999年共进行4次。第一个房改方案按日政发〔1992〕136号文件制定，执行时间为1993年7月至1994年6月30日，主要政策：分步骤提高房屋租金；出售公有住房，标准价230元/平方米，职工产权比例为45%；推行住房公积金制度。第二个房改方案执行日政发〔1994〕44号文件，执行时间为1994年7月至1997年6月30日，主要政策：出售公有住房，售房标准价433元/平方米，职工产权比例为65%；提高公有住房租金；推行住房公积金制度。第三个房改方案参照日政发〔1997〕153号文件，执行时间为1997年9月5日至1998年9月底，主要政策：全面推行住房公积金制度；推进租金改革，实现租金市场化；稳步出售公有住房，售房成本价660元/平方米，职工拥有全部产权。第四个房改方案自1999年1月1日起执行，主要政策：停止住房实物分配；发放住房补贴；计算一次性住房资金补偿；继续推行住房公积金制度；提高公有住房出售标准；采取鼓励政策，促进住房消费；提高公有住房租金。

1998年，汾水镇(现安东卫街道)集资建设汾水教育小区，共建设7幢楼，160户，供本镇脱产干部和教师居住。1999年，岚山办事处为解决干部职工住房问题，开发建设了轿顶山生活小区，建设楼房26幢，494户。岚山很多单位也根据国家房改政策建设了职工住宅楼。

房改完成后，房改房5年以后可以上市流通，通过补交出让金方式将划拨土地性质变为出让，性质和商品房完全一致。设区以后，区政府在大力发展商品住宅的前提下，建立起保障性住房制度。一方面逐渐完善城中村改造相关政策措施，加大旧城改造力度，建设安置楼房，改善居民居住条件，2004～2012年累计建设安置小区项目33个，191.29万平方米，总投资22.14亿元；另一方面对中低收入家庭实施廉租住房补贴发放和实物配租，2008～2012年共发放廉租住房补贴78.62万元；再一方面建设廉租住房和经济适用住房、公租房。2009年建设廉租住房60套，建筑面积3000平方米，总投资额372万元；2010年建设经济适用住房364户，2.82万平方米，总投资额3300万元。2012年区政府投资建设经济适用住房100套，山东石大科技石化有限公司和岚山港务有限公司投资建设公租房350套。

第五节　房地产开发

1992年，岚山开发区房地产公司成立，开发建设砚台山生活小区，建楼房12幢296套。住房制度改革以后，岚山商品房开发成为房屋建设主力。2003年，岚港房产公司开发的甜园小区、日照荣安房产公司开发的竹云山庄小区相继开工。至2012年，全区共建设商品房项目39个，开发面积162.36万平方米，总投资26.97亿元。

房地产开发公司

日照市岚山泉祥房地产开发有限公司　成立于2003年，注册资金5000万元，法人代表宋有元，位于圣岚中路金海岸小区北侧。公司投资开发项目有富源商贸城、现代翰林苑、万和家园、海上碑商业广场、怡海华庭、蔚蓝海岸、锦绣花园等。

日照阿掖山房地产开发公司　成立于2001年10月，隶属于山东阿掖山集团，注册资本8100万元，法人代表苏鑫珣，位于观海路与圣岚中路交汇处。公司投资开发项目有海德花园、岚海商务楼、新天地、明珠时代广场等。

日照岚山焦化房地产有限公司　成立于2005年5月30日，注册资本3000万元，法人代表蒋英杰，位于明珠路6号，受山东富来沃房地产开发集团有限公司控股。2005年6月至2012年7月开发轿顶山花园项目。

山东青云置业有限公司　成立于2002年，注册资本2000万元，法人代表秦玉亮，位于中央东路紫云阁小区售楼处。2002～2006年投资开发紫云阁小区。

日照天泓房地产开发有限公司　成立于2006年9月21日，注册资金3800万元，法人代表孙开钧，位于圣岚路中段阳光海岸小区商业广场。2006年起投资开发阳光海岸小区项目。

日照市安世达房地产开发有限公司　成立于2004年，位于凤阳路南首，注册资本3000万元，法人代表孙开钧。投资开发山海家园项目和风情海州湾项目。

日照岚山海纳建设发展有限公司　成立于2006年5月11日，注册资本5000万元，法人代表郭苏泉，位于岚山东路99号，是山东海纳房地产股份有限公司子公司。开发项目龙苑华庭小区。

山东环海置业有限公司　成立于2009年，注册资本5008万元，法人代表王岳元，位于环海路。投资开发海上明月城项目。

山东鸿发房地产开发有限公司　成立于2004年11月，注册资本3000万元，法人代表周洪箔，位于岚山西路。投资开发鸿发购物中心商住楼001号楼002号楼项目。

日照众泰置业有限公司　成立于2011年4月，注册资本3000万元，法人代表徐传杰，位于安东卫街道轿顶山花园12号楼122铺，2011年12月起投资开发东方森海湾小区项目。

房地产开发小区

甜园小区　由日照岚港房地产开发有限公司开发，位于岚山头街道甜水河居，是岚山区首家采用管道燃气小区。2001～2012年，共建住宅楼31幢、锅炉房1幢、物业服务楼1幢，总建筑面积11.12万平方米，其中住宅1500户，建筑面积10.82万平方米。

竹云山庄　由山东荣安房地产开发有限公司开发，位于万斛路以东，轿顶山路以北，始建于2003年，2009年竣工，总投资4000万元，共建楼房34幢，住宅793户，总建筑面积10.71万平方米。

紫云阁　由山东青云置业有限公司开发，位于万斛路与中央东路交汇处，2002年开工建设，2006年建成，占地面积43.93万平方米，总投资1400万元，建设14幢楼，住宅619户，总建筑面积7.87万平方米。

阿掖山花园　由日照安泰房地产开发有限公司开发，位于万斛路以东，轿顶山路以南，始建于2003年，竣工于2009年，共建28幢楼，住宅881户，建筑面积11.51万平方米。

轿顶山花园　由日照岚山焦化房地产开发有限公司开发，位于轿顶山路和明珠路交汇处，2005年6月开工，2012年7月建成，分四期开发建设，总投资3亿元，共建住宅1178户，总建筑面积17万平方米。

富源商贸城　由日照市岚山泉祥房地产开发有限公司开发，位于观海路和圣岚路交汇处，2002年开工建设，商业房上面附建住宅36户，总建筑面积7000平方米，竣工交付后由日照百货大楼有限公司租用开设万德福岚山店。

现代翰林苑　由日照市岚山泉祥房地产开发有限公司开发，位于岚山西路南侧，2004年开发建设，总投资880万元，共建6幢楼，住宅120户，总建筑面积1.72万平方米。

怡海华庭　由日照市岚山泉祥房地产开发有限公司开发，位于圣岚东路，2009年开工建设，共5幢楼246户，总建筑面积2.92万平方米。

蔚蓝海岸　由日照市岚山泉祥房地产开发有限公司开发，位于万斛路与圣岚路交汇处，2010年开工建设，共建设7幢楼，建筑面积3.24万平方米。

海德花园　由日照阿掖山房地产开发公司开发，位于圣岚路以南、观海路以东，日百岚山万德福超市对面，占地1.78万平方米。2006年开工，2008年竣工，投资7517万元，可入住447户，总建筑面积4.26万平方米。

新天地　由日照阿掖山房地产开发公司开发，位于岚山中路以南，观海路以东。2009年开始建设，2012年竣工，投资1.24亿元，共建设4幢楼，住宅288户，总建筑面积4.12万平方米。

明珠时代广场　由日照阿掖山房地产开发公司开发，位于明珠路以东，岚山中路以南。2011年开始建设，2014年竣工交付，总投资1.6亿元，一期4幢高层，354户，总建筑面积4.47万平方米。

阳光海岸　由日照天泓房地产开发有限公司开发，位于圣岚路中段，2007年开工，2012年建成。总投资3.2亿元，建设7幢16层高层、20幢多层、3幢小高层。共建设住宅1150套，建筑面积 10.46 万平方米;商业门面 49 户,建筑面积 1.71 万平方米;地下建筑面积 2252 平方米,公建配套建筑面积 899.74 平方米。

风情海州湾 由日照安世达房地产开发公司开发,位于凤阳路与海安路交汇处,占地面积 19.9 万平方米,总规划建筑面积 51 万平方米,分五期开发。一期建设 4 幢高层,住宅 520 户和商铺 20 套。2012 年年底该项目正在建设中。

龙苑华庭 由日照岚山海纳建设发展有限公司开发,位于岚山东路南侧,2010 年 6 月开工建设,2013 年 12 月建设完成,总投资 1.2 亿元,总户数 610 户,建筑面积 8.8 万平米。

海上明月城 由山东环海置业有限公司开发,位于星河湾公园北侧,2009 年开工建设,共建设楼房 16 幢,住宅 769 户,总建筑面积 6.51 万平方米,2012 年底该项目正在建设中。

金海花园 由日照兴业房地产开发公司开发,位于高兴镇,2010 年 1 月开始建设,2011 年 8 月竣工交付,总投资 8500 万元,其中住宅 480 户,商铺 24 户,总建筑面积 6.03 万平方米。

海景假日 由日照宏德房地产开发有限公司开发,位于圣岚路以北,2006 年竣工交付使用,占地面积 9 万平方米,总投资 2 亿元,建住宅 1100 户。

山海湾 由日照宏德房地产开发有限公司开发,位于安东卫北门外,2009 年开始建设,2012 年竣工,占地面积 2.1 万平方米,总投资 6000 万元,建住宅 190 户。

浩宇澜天下 由山东桂华锦鸿置业有限公司开发建设,位于海州路以南、砚台山二路以西。2011 年 10 月开工建设 12 号、13 号、25 号、26 号、27 号楼主体及会所、地下车库,建筑面积 6.5 万平方米,住宅 684 户,2012 年年底该项目正在施工中。

汾水金街 由日照万德房地产开发有限公司开发,位于汾水十字路口南、G204 国道东,始建于 2009 年,竣工于 2010 年,总投资 1250 万元,建住宅 60 户,商铺 20 套,总建筑面积 8224 平方米。

金域蓝湾小区 由日照天诚房地产开发公司开发,位于圣岚东路官草汪附近,占地面积 10023 平方米,建住宅 122 户,建筑面积 17540 平方米,2007 年竣工使用。

新世界巨峰中心生活区 由日照新世界房地产公司建设,位于巨峰镇驻地东、S341 省道北侧,总投资 2993.3 万元,建住宅 186 户,沿街商铺 12 户,总建筑面积 18447 平方米。2011 年 10 月开工建设,2012 年 10 月交付使用。

岚山湾 由日照望海房地产开发有限公司开发,位于轿顶山路与玉泉二路交汇处,2009 年开工建设,2012 年竣工,总投资 1.2 亿元,建住宅楼 14 幢,住宅 551 户,总建筑面积 5 万平方米。

隆兴佳苑 由日照隆兴房地产开发公司开发,位于后村镇驻地,2008 年开工。总投资 1960 万元,建 1 幢商住楼和 9 幢住宅楼,其中 30 套商住,81 户住宅,建筑面积 1.19 万平方米。

龙山明珠广场 由日照龙山置业有限公司开发,位于岚山明珠路与圣岚路交汇处,2006 年开工建设,总投资 1500 万元,建筑面积 3.2 万平方米。

鸿发购物中心商住楼 由日照鸿发房地产开发公司开发,位于 G204 国道东、岚山西路北侧,2007 年开工建设,总投资 3000 余万元,1 号商住楼建筑面积 1.3 万平方米,2 号商住楼建筑面积 5187.86 平方米。

尚景名庭 由日照金杉置业有限公司开发,位于岚山西路以南,2008 年开始建设,总投资 2650 万元,共建 3 幢楼,住宅 164 户,建筑面积 1.77 万平方米。

御园小区 由日照城建集团有限公司开发,位于岚山头街道岚阳路,2006 年开工建设,2009 年竣工,总投资 1500 万元,建住宅 84 户,建筑面积 1.1 万平方米。

其他还有万和家园、金海岸小区、海上碑商业广场、岚海商务楼、伴山伴岛、海上巴黎、瑞士花园、青鸾湖、海景山韵、龙山御园等小区,分布在岚山区各个区域。

第六节 房地产交易与物业管理

房地产评估 2000 年 2 月,岚山办事处房地产管理所设立房地产评估事务所，负责对房屋抵押和房屋买卖评估。2003年9月，房地产评估事务所改制，从岚山办事处房地产管理所分离，改称岚山信达房地产评估有限公司，后更名为日照方瑞房地产评估有限责任公司，是唯一一家注册地在岚山的房地产评估机构。

日照方瑞房地产评估有限责任公司是经山东省建设厅批准具备房地产估价机构资质的独立法人公司，2011年5月晋升为二级房地产估价机构资质，是日照市唯一一家具有二级房地产估价机构资质的法人公司。公司注册地址在岚山区万斛路29号，注册资本100万元，2012年有专职注册房地产估价师8人，估价员1人，是日照市中级人民法院司法鉴定评估机构。

二手房中介 2000年，岚山开始出现个体工商户开办房产中介业务，此后相继出现房屋中介公司，日照市区以及外地中介连锁机构也陆续进驻岚山，主要从事二手房中介、房屋登记及抵押贷款代理、商品房销售代理等业务。至2012年，岚山本地二手房中介机构主要有：日照万和房地产营销策划有限公司、岚山区春天房产经纪有限公司、岚山区馨乐房产经纪有限公司、岚山区岚居房产经纪有限公司、岚山区鸿鸣二手房服务中心、岚山区雅鑫房屋置换中心、岚山区裕禾二手房服务中心等。另外有日照日房置换、凯歌房产中介等连锁加盟店在岚山开展二手房中介业务。

物业管理公司 住房制度改革以前，物业由公房所有单位进行卫生、维修、保卫等简单管理。住房制度改革后，物业管理逐渐走向市场，由管理向服务转变，开始提供24小时安保、小区及楼道保洁、小区公共部位管理维护、代收各种费用、会所服务等。至2012年，岚山区主要物业管理公司有：日照泉祥物业管理有限公司、日照阿掖山物业管理有限公司、日照富来沃物业管理有限公司、日照望海物业管理有限公司、日照鲁东物业服务有限公司、日照新世界物业管理有限公司、日照焦电物业管理有限公司、日照金帝物业管理有限公司、日照茂龙物业管理有限公司、日照鸿发物业管理有限公司、汾水社区物业管理有限公司等。

维修资金管理 根据建设部、财政部《住宅专项维修资金管理办法》规定，住宅专项维修资金由业主缴纳，属于业主所有，实行统一监管，用于住宅共用部位、共用设施设备保修期满后维修和更新、改造。2010年前，岚山区住宅专项维修资金缴纳与管理未进行统一管理，部分开发公司在岚山房管所缴纳，部分开发公司将资金缴存到日照市建委，有些开发公司将资金放于自己账户。2010年后，岚山区房地产管理所与银行合作，建立住宅专项维修资金缴纳系统，逐渐理顺维修资金缴纳。至2012年，岚山区共有14个小区、2059户缴纳住宅专项维修资金，共收缴专项维修资金1144.33万元。

第八章 公用事业

新中国成立前，岚山城区沿海岸居民集中，房多无院墙，有的户门前即可泊舟。街道弯曲狭窄，高低不平。新中国成立后，随着渔业生产的发展，以及岚兖公路的通车、岚山港的兴建，公共建筑和生产建筑不断增多。1982～1986年，在岚山头新辟东西主街1条，宽12米，长3500米；拓修岚山头市场街，宽8米，长1000米。1989年6月建成自来水厂和6000米自来水管道，城区开始通水。但岚山办事处设立前，城区公用事业和生活服务设施较差，群众戏称“路不平，灯不明”，只在岚山头街道驻地和港区有部分路灯，自来水时断时续。岚山办事处设立后，不断加大基础设施建设投入，通水、通电、通路、通气，逐步实现了城区的绿化、美化、亮化。

第一节 城区公共交通

1999年10月，日照运总交通集团公司在岚山成立环城车队，主要开通童家庄子至汾水公交线路，岚山设区后，又开通童家庄子至碑廓公交线路。至2005年5月，车队有环城车16辆，主要运行1路、2路、3路3条公交班线。

随着钢铁、化工、木材园区规划建设，一批大项目、大企业陆续进驻，原有公交线路、城乡客运线路难以满足居民出行所需。2006年，由区交通运输局牵头，协调日照运总交通集团公司，成立日照运总岚山公共汽车有限公司，投资2800万元，在轿顶山路与玉泉二路交汇处建成占地2.56万平方米的岚山公交公司办公楼。2011年，又投资680万元，购置环保型公交车20辆，调整开通1路、2路、3路、6路、8路5条公交线路。2012年，投资180万元，购置公交车12部，并对公交线路进行调整，开通童家庄子至碑廓、城区至巨峰镇2条线路。至2012年年底，岚山公交公司共有公交车40部，运行1路、2路、3路、6路、8路、9路5条公交线路和1条城区至巨峰城乡公交型客运线路，年运行班次153300班，年运输乘客44万人次，年旅客周转量965万人公里。

从2011年起，区委、区政府给予岚山公交公司每台车每年3万元补贴，用于降低票价，城区公交票价保持1元/1人次，65周岁以上老人免费，学生半价。

1路公交车 岚山汽车站—潘家村，全程16公里，每9分钟1班。

运行途经站点：岚山汽车站—林业局—医药公司—汾水—烟草专卖局—人民医院—泉子庙居委—泉子庙—玉泉二路—交通局—交警大队车管所—公路局—日百新玛特—财政局—区政府—银座商城—安东卫北街居委—移动公司—安东卫南街居委—日百万德福—海德花园—邮政局—裕隆大酒店—阳光海岸小区—砚台山二路—砚台山一路—凤阳路居委—岚山交运有限公司—环海路居委—岚阳路居委—岚山边防派出所—海州路居委—岚山头街道办事处—圣岚路居委—自来水公司—官草汪居委—岚山港务公司—甜水河小学—甜水河居委—岚山第二中学—童海路—童海路居委—童海小区—秦官庄—秦海小区—潘家村小区—潘家村。

2路公交车 汾水—多岛海，全程20公里，每30分钟1班。

运行途经站点：安东卫国际水产城—仁家村—汾水商贸城—汾水—烟草专卖局—人民医院—泉子庙居委—泉子庙—玉泉二路—交通局—交警大队车管所—公路局—日百新玛特—财政局—区政府—银座商城—安东卫北街居委—移动公司—安东卫南街居委—日百万德福—海德花园—邮政局—裕隆大酒店—阳光海岸小区—砚台山二路—砚台山一路—凤阳路居委—岚山交运有限公司—环海路居委—岚阳路居委—岚山边防派出所—海州路商业街—海州路—海上明月城—海上碑公园—环海路商业街—多岛海星河湾广场—山海家园小区—岚阳食品厂—砚台西居委—砚台西小区—阿掖山集团—安东卫派出所—明珠路—雪青茶场—岚星化工—创胜建材家居广场—车庄村—车庄居委—安东卫国际水产城。

3路公交车 汾水—童海路居委，全程26公里，每35分钟1班。

运行途经站点：汾水—烟草专卖局—人民医院—泉子庙居委—泉子庙—玉泉二路—交通局—交警大队车管所—公路局—日百新玛特—财政局—区政府—银座商城—安东卫北街居委—移动公司—安东卫南街居委—日百万德福—海德花园—邮政局—裕隆大酒店—阳光海岸小区—砚台山二路—砚台山一路—凤阳路居委—岚山交运有限公司—环海路居委—岚阳路居委—岚山边防派出所—金牛岭广场—岚山第一中学—杨家庄子—佛手湾居委—甜园小区—甜水河居委—岚山第二中学—童海路—童海路居委—渔业局—胡家林—海纳·伴山伴岛南区—大阡里村委—海纳·伴山伴岛北区—东山居委—信合大厦—检察院—阿掖山花园—竹云山庄小区—北门外居委—区政府—地税局—财政局—日百新玛特—公路局—轿顶山花园—交警大队—党校—蒋家庄子—鲁圣大厦—汾水派出所—岚山汽车站—林业局—医药公司—汾水。

6路公交车 岚山—虎山，全程26公里，每30分钟1班。

运行途经站点:汾水—烟草专卖局—人民医院—泉子庙居委—泉子庙—玉泉二路—交通局—交警大队车管所—公路局—日百新玛特—财政局—区政府—银座商城—安东卫北街居委—移动公司—安东卫南街居委—日百万德福—海德花园—邮政局—裕隆大酒店—阳光海岸小区—砚台山二路—砚台山一路—凤阳路居委—岚山交运有限公司—环海路居委—岚阳路居委—岚山边防派出所—海州路居委—岚山头街道办事处—圣岚路居委—自来水公司—官草汪居委—岚山港务公司—甜水河小学—甜水河居委—岚山第二中学—童海路—童海路居委—童海小区—秦官庄—秦海小区—潘家村小区—潘家村—石大科技有限公司—日钢南门—日钢中门—日钢北门—韩家营子—申张村—高家村—李家村—朱家官庄村—虎山中学—虎山商贸市场—虎山镇政府。

8路公交车　岚山—巨峰,全程28公里,每20分钟1班。

运行途经站点:岚山汽车东站—凤阳路居委—砚台山一路—砚台山二路—阳光海岸小区—裕隆大酒店—邮政局—海德花园—日百万德福—安东卫南街居委—移动公司—安东卫北街居委—银座商城—区政府—财政局—日百新玛特—公路局—交警大队车管所—交通局—玉泉二路—泉子庙—泉子庙居委—人民医院—汾水—医药公司—林业局—岚山汽车站—界牌岭村—日照焦电有限公司—连家村—前水车沟村—杨家庄子村—后水车沟村—黄家峪村—梭罗树村—后姚沟村—大官庄村—小官庄村—大卜落村—柳古庄村—贾家桃园村—梁家桃园村—巨峰四村—巨峰。

9路公交车　岚山—碑廓,全程20公里,每30分钟1班。

运行途经站点:岚山汽车东站—凤阳路居委—砚台山一路—砚台山二路—阳光海岸小区—裕隆大酒店—邮政局—海德花园—日百万德福—安东卫南街居委—移动公司—安东卫北街居委—银座商城—区政府—财政局—日百新玛特—公路局—交警大队车管所—交通局—玉泉二路—泉子庙—泉子庙居委—人民医院—汾水—医药公司—林业局—岚山汽车站—林业局—医药公司—汾水商贸城—安东卫街道办事处—张马庄居—信达铁艺有限公司—昌华集团—潘庄村—和平岭村—中兴森工有限公司—岚山港货场—德森木业有限公司—大朱曹一村—大朱曹二村—日照铸福实业有限公司—田家寨一村—大司官庄村—碑廓镇政府—碑廓。

第二节　城区绿化和园林建设

岚山城区绿化建设始于1996年3月的汾岚路绿化,绿化全长10公里,投资130万元,绿化面积4万多平方米,栽植大叶女贞、樱花、紫叶花桃、木槿、丁香、黄杨等观赏花木。

1997年6月和1998年4月,先后实施了岚山人民广场一期、二期绿化工程,种植草坪3.8万多平方米,投资110万元,栽植红花继木、石岩杜鹃等花卉灌木4万余株,建成岚山第一个园林广场。1999年,投资190万元建成铁路公园、绣针河公园、官山水景园,结束了岚山没有公园的历史。

2000～2001年,岚山实施拆墙透绿和庭院绿化工程,推进城市绿化向生态化、景观化发展,按照"全民绿化上规模,专业绿化上水平,绿化建设出精品"的思路,突出"大绿量、花园式、开放型、生态化"城市特色。

2005年实施"五线一点"绿化工程,投资6000多万元,绿化美化岚山中路、岚山东路、岚山西路、童海路、疏港大道等5条道路和沈海高速公路出入口1处绿地,绿化建设实现跨越发展,岚山绿化面积由90万平方米增加到200万平方米,绿化设计及施工首次引入招投标机制。

2006年区政府投资300多万元,对金牛岭路、海安路、轿顶山路进行道路绿化,新增绿地面积11万平方米。

2008～2009年,以打造"山海宜居钢城"为目标,先后投资8000余万元,绿化南沿海路、砚台山一路、海州路、圣岚路(改造后)等道路,建设青鸾湖公园、星河湾公园、荻水湿地公园,绿化、美化多岛海片区,城区绿化面积增加110多万平方米。

图 5-23　荻水湿地公园　(摄于 2010 年)

2010 年,实施万斛北路道路绿化和安岚大道绿化补植工程。

2011 年,改造岚山中路绿化带,建设黄海一路、东营路、玉泉二路北段、安岚大道立交桥等道路绿地。

图 5-24　岚山路绿化　(摄于 2010 年)

至 2012 年年底,岚山城区绿化总面积达到 640 公顷,其中公共绿地面积为 400 公顷。城区绿地率达到 37.6%,绿化覆盖率达到 40.4%。

第三节　城区供暖

1999 年以前,岚山居民以煤炉取暖为主。1999 年,政府投资建设轿顶山生活小区供热站,由三木集团公司锅炉提供热源。自 2003 年起,改由三木热电厂提供热源,向轿顶山生活小区 400 户居民供热,供热面积 4 万平方米。城区内其他居民单体楼多自行安装暖气设备。

自 2010 年起,改造城区供热管网,停用三木热电厂热源,城区供热改用山东日照焦电有限公司炼焦余热热源,由焦电公司投资建设主换热站一座,采用低温循环水 24 小时不间断向城区集中供热。供热范围为轿顶山小区、轿顶山花园、紫云阁、竹云山庄、阿掖山花园、北街社区、南街社区、龙山明珠广场、海德花园以及附近办公楼,供热面积 30 万平方米。供热收费:城区居民供热价格每平方米 24 元,非居民供热价格每平方米 33 元,在民政部门登记低保家庭每平方米 16 元。高层供暖计费面积按建筑面积 85% 计算,其他住宅按建筑面积 90% 计算。对已安装热计量表的用户执行两部制热价政策收费(一半按照供热面积、一半按照供热流量)。

第四节　城区供水

改革开放前,岚山城镇居民多自掘水井取水,改革开放后,部分村庄自建水塔供自来水。1989 年 7 月,成立日照市自来水公司岚山水厂,投资 720 万元在绣针河汾水镇车庄村段建水源地 1 处,当年供水,平均日供水 200 立方米。1995 年 4 月,成立岚山自来水公司,划归岚山建环委管理。1997 年 6 月,投资 885.5 万元,建设新的城区供水工程,在碑廓镇大朱曹二村建设绣针河拦河闸,为岚山城区供水,日供水 8000 立方米。

2001 年,区水利局在虎山镇韩家营子村建设水厂 1 座,日供水 800 立方米,解决虎山沿海 6 个村居民用水问题。2003 年 7 月,岚山水利局成立日照市岚山供水管理处。2003 年,在虎山镇大尧沟村建设大尧沟水厂,引东港区涛雒镇竹子河水,为山东日照焦电有限公司、源丰沥青有限公司等单位供水;2004 年,在虎山镇申张村村南建设虎山水厂,为日照钢铁公司等单位供水。2007 年,虎山水厂通过岚山自来水公司为岚山城区供水,岚山城区居民生活用水水源地改为日照水库,后碑廓水厂逐渐停止为城区供水,改为为工业园区供水。为保证城区居民生活用水安全,2010 年虎山水厂扩建 1 万立方米/日集成化水厂 1 座。

至 2012 年,岚山区 3 处水厂日供水能力 6 万立方米,实际日供水量 2.45 万立方米,其中城区日供水量1.2万立方米，工业园区日供水量0.8万立方米，虎山水厂周边村日供水量0.2万立方米，日照钢铁公司及周边企业日供水量0.25万立方米，基本实现城区供水全覆盖。3处水厂水质均符合《生活饮用水水源水质标准》要求，出厂水和管网水经卫生防疫部门检测化验，符合国家饮用水卫生标准。

水费征收　1989年底开始征收水费，1989～1995年水价为：生活用水0.6元/立方米，办公用水0.7元/立方米，工业用水0.8元/立方米，建筑用水1元/立方米，码头用水1.5元/立方米，外轮用水2元/立方米。1996～2000年水价为：生活用水0.8元/立方米，办公用水0.9元/立方米，工业用水1元/立方米，商业用水1.6元/立方米，建筑用水1.5元/立方米，船舶用水2.5元/立方米。2001～2004年水价为：生活用水1.2元/立方米，办公用水1.5元/立方米，工业用水1.3元/立方米，饮食服务业建筑用水1.9元/立方米，船舶用水3.9元/立方米。2004年后水价根据日价格〔2004〕17号文件规定标准执行，水价为：生活用水1.65元/立方米，工业用水1.9元/立方米，行政事业单位用水1.65元/立方米，经营服务业用水2.5元/立方米，船舶用水4.5元/立方米，特种用水4.5元/立方米。2008年起，根据日价格发〔2008〕42号文件批复，由供水单位代收岚山区污水处理费，征收标准为：居民生活用水每立方米0.7元，非居民生活用水每立方米1元。

水源地及水厂建设

车庄水源地　位于安东卫城区西南，绣针河下游，车庄村南侧，建于1989年。有泵房1处，直径10米、深20米的蓄水井1眼，渗水廊道100米，设计日出水量5000立方米，2000年秋因海水侵袭污染而停止使用。

碑廓水源地及水厂　位于绣针河下游碑廓镇大朱曹村南侧，1997年开工建设，采用河内建闸、地下截潜流、渗渠和群井方式供水，日出水能力1万立方米，枯水季节（每年30天左右），由绣针河上游莒南县大山水库放水补充。1998年建成河底渗渠式水厂并投入使用，后随着河床存沙量不断减少，河底渗渠到2003年已基本不能使用。岚山自来水公司于2004年在该水厂原有基础上建设1.5万立方米常规地表水厂，年底投入使用。2007年，区政府实施“北水南调”工程，城区生活用水以日照水库为水源，碑廓水厂被作为工业用水及城市备用水源，供木材园区、钢铁配套园区部分企业及补充化工园区用水。该水厂主输水管网为直径600毫米球墨铸铁管，沿S342省道敷设至岚山加压站，在和平岭分支直径500毫米管道至木材园区、钢铁配套园区。

大尧沟（竹子河）水厂　2000年作为应急供水工程，由区水利局牵头建设并于次年建成使用。位于虎山镇大尧沟村，水源地坐落于东港区涛雒镇竹子河畔，水源取自竹子河水。东港区于2011年禁止自竹子河取水，水源改为日照水库。该水厂设计供水能力1万立方米/日，经加压后供化工园区及钢铁配套园区部分企业。

虎山水厂　2004年由区水利局建成投入使用，由日照市三联调水公司调取日照水库的水，作为水源，日供水能力1.5万立方米，2010年扩建1万立方米/日集成化水厂1座，日供水能力达到2.5万立方米。由于受三联调水公司水源限制，2012年日供水量仅为2万立方米左右，主要供岚山城区及水厂周边企业、村居用水。虎山水厂经沿海路连接至岚山城区戴家庄子加压站及潘家村无负压站，经两加压站加压后供城区居民及区内企事业单位用水，并与化工园区管网相互连接。虎山水厂至城区管网全长12公里，主干管为直径630毫米的聚乙烯管及直径500毫米的球墨铸铁管。

城市调水工程　岚山城区水源不足，主要依靠客水供应，水源地为日照水库、马陵水库、户部岭水库。2003年，日照市三联调水有限公司在岚山成立供水站，投资5486万元建成日照水库向岚山区调水一期工程，设计日供水能力5万立方米，主材为直径1000毫米钢筒混凝土管35.33公里；同年10月为避让山东钢铁建厂，投资1475.7万元建成一期改线工程，主材是直径1000毫米钢筒混凝土管6.01公里，原相应供水一期4.03公里钢筒混凝土管作为备用管线运行；2007年投资1.01亿元建成日照水库向岚山区调水二期工程，设计日供水能力为10万立方米，主材为直径 1400 毫米的钢筒混凝土管管道 37.67 公里。一、二期管线上游均起于日照水库，靠重力输水至日照钢铁公司接管点和岚山区供水管理处接管点，双管并行，同时供水。日照钢铁公司工业用水和岚山区供水管理处用水通过此一、二期供水工程从日照水库取水。管线在岚山区域内北起泥田沟村东，沿 G204 国道向南，经朱家官庄和高家屯村到申张村南日照市三联调水有限公司岚山供水站，在岚山区境内单线长度约 7.3 公里。

日照市三联调水有限公司岚山供水站承担岚山区从日照水库引水供水计量，及岚山区内供水线路巡查、供水管线附属工程建设等任务，下设值班室和巡查科。

第五节　城市排水

清末至新中国成立初期，岚山的雨水、污水多由地面水沟流进河道排入大海。20 世纪 80 年代，部分村镇采用地下水沟排水。

1993 年岚山办事处编制《岚山办事处城市排水规划》，城区采用地下管道排水，雨、污水分离排放。后逐年开展雨水、污水管网建设，每年汛期前对境内河道沟渠清淤清障，对桥涵维修加固。

2007 年 12 月，开工建设城区污水处理厂，2008 年 12 月投入运营，共建有脱水机房、鼓风机房、办公楼等附属设施和厌氧池、爆气池等 4 个水池，日处理能力 2 万吨。处理工艺采用 AAC 氧化沟法，处理后的水质达到国家《城镇污水处理厂污染物排放标准》（GB18918-2002）中的 I 级 B 排放标准，可进一步用于农田灌溉、园林养护、货场喷淋及环卫保洁等。

设区后，城区雨、污水管网建设与城区道路的拓宽和新建同步进行。2008 ～ 2009 年，实施大规模污水管网建设工程，建成长冶河提升泵站 1 座，护城河橡胶坝 1 座，铺设完成海安路、海州路等 10 余条道路污水管网 27 公里。2010 年实施企业排污口整治，将城区 40 家海产品加工储藏企业污水全部引入污水管网。到 2012 年年底，岚山城区共建成污水主管网 75 公里，覆盖区域东至金牛岭路，西至 G204 国道，北至轿顶山路，南至多岛海区域，主管道管径为 1200 毫米、1000 毫米、800 毫米不等；共建成城区雨水管网 153 公里，主管道覆盖区域东至岚山港，西至 S342 省道，南至多岛海，北至园区一路和二路，主管道管径 300 毫米、600 毫米、1000 毫米。

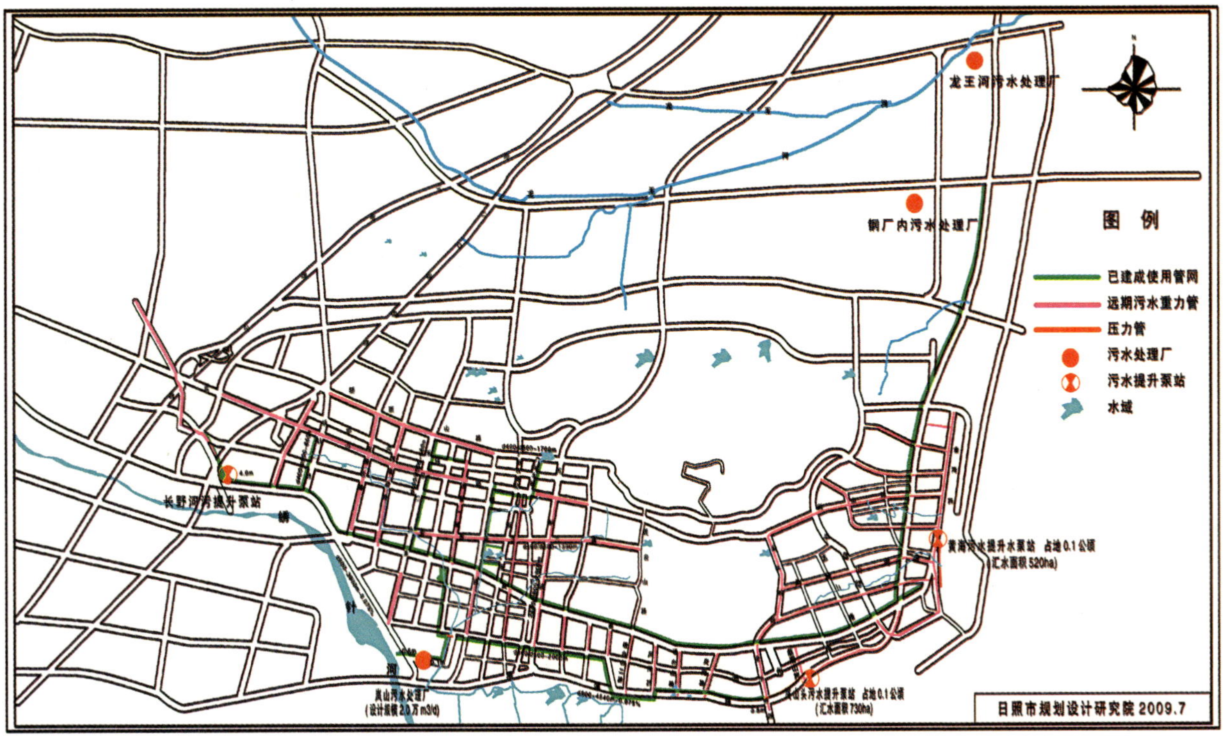

图 5-25　岚山城区污水管网现状及远期规划图

2012年岚山城区排水设施统计表

表 5-10

路　段	雨水井盖（个）	检查井盖（个）	管道长度（千米）	路　段	雨水井盖（个）	检查井盖（个）	管道长度（千米）
岚山中路至高速路口	459	63	8.4	万斛路北路	74	11	0.6
玉泉二路北	85	97	0.6	玉泉一路	26	28	0.5
S342省道	115	115	2.6	中央西路	38	18	0.8
轿顶山路	34		3.6	中央东路	56	3	0.9
广场东路	26	3	0.6	万斛中路	81	44	1.6
广场西路	22	15	0.5	安岚大道	177	93	4.9
明珠路	173	59	3.3	爱民街	9	0	1.7
圣岚路	516	518	10.4	多岛海	74	196	1.6
凤阳路	33	36	0.8	明珠路至万斛路南	40	39	1
岚阳路	38	9	0.6	绣针一路	47	46	0.8
金牛岭路	27	37	3	阿掖山北路	75	34	5.5
海滨路	78	78	1.9	黄海东路	209	209	4.1
砚台山二路	36	26	1	黄海西路	185	185	3.1
砚台山一路	33	37	1.7	东营路	46	46	0.6
安东卫街	43	40		观海路	36	19	0.7
海州路	92	30	2.2	合计	3027	2134	71.9
万斛路南路	44	0	2.3				

第六节　城市照明

1992年，日照市建委路灯管理处在岚山设路灯管理所。1993年8月成立岚山办事处路灯管理所，负责岚山城区照明设施维护管理。2005年设立岚山市政管理处，为正股级事业单位，编制10人，隶属于区建设局，负责全区道路市政设施养护及路灯维修等管理工作。

1993年以前，岚山各乡镇街道共有路灯97盏，全部为白炽灯，平时一般不亮，只在节假日开灯。1995年，在岚山主干道汾岚路安装路灯286基。2001年12月，在岚山中路主干道安装玉兰灯90基，在人行道安装行道灯90基，在人民广场安装各式花灯10余基，安装草坪灯60基，总投资160余万元。至2004年8月，城区主干道均安装高压钠灯。2007年，实施岚山中路及广场中央路路灯改造，岚山中路改造路灯83基，广场中央路安装8米华灯46基，在中央路及轿顶山小区安装4米庭院灯194基；在万斛路中段及北段安装路灯100基；安装阿掖山南路路灯44基；安装轿顶山路路灯26基，全年共安装各类照明设施近500基，总投资400余万元。2008年，投资650万元对圣岚路全线照明设施安装改造，安装风帆灯429基；投资120余万元在南沿海路安装太阳能路灯110基。2009～2011年，相继实施砚台山一路、安岚大道、海州路及多岛海区域路灯安装。至2012年年底，岚山城区共有路灯9000盏。

2012年岚山城区路灯数量统计表

表 5-11

路段	道路长度（米）	灯型	路灯基数（基）	路灯盏数（盏）	主灯（瓦）	副灯（瓦）	箱式变压器（台）	路灯控制箱（台）
岚山中路	10007	海螺双臂钠灯	83	166	400	250	6	8
		七彩行道灯	78	156	110	40		
岚山东路		海螺双臂钠灯	216	432	400	250		
岚山西路		海螺双臂钠灯	75	150	400	250		
人民广场		多火景观灯	10	10				
广场中央路	1100	七彩行道灯	122	172	110	40		
广场东路	550	景观照明灯	24	48	150	1000		3
广场西路	550	景观照明灯	24	48	150	1000		
轿顶山路	4673	海螺双臂钠灯	119	238	250		2	2
万斛路北段	2206	双臂钠灯	108	216	400	250	1	4
观海路南段	792	双臂钠灯	40	80	400	250	1	1
万斛路南路	561	双臂钠灯	26	52	400	250		
海州路	1387	双臂钠灯	97	132	400	250	1	
砚台山二路	1014	双臂钠灯	46	92	400	250	1	1
金牛岭路	2724	双臂钠灯	84	168	400	250	1	1
海安路	1852	双臂钠灯	92	184			2	2
岚阳路	850	七彩行道灯	17	34	110	40		1
		双臂钠灯	17	34	400	250		
轿顶山小区	1435	七彩行道灯	41	82	110	40		1
阿掖山南路	2300	单臂双钠灯	46	92	250		1	1
明珠中路	1100	双臂灯	50	100	400			
绣针河南路	1000	双臂灯	40	80	400	250		
疏港大道	4500	双臂灯	211	422	400	250		
明珠北路	300	双臂灯	22	44	400	250		
明珠南路	1000	双臂灯	44	88	400	250		
南沿海路	4900	双臂灯	230	460				
砚台山一路	1800	三火灯	74	222	250	250		
圣岚路	10000	3+1	456	1824	250	250		
安岚大道		双臂灯	223	446	400	250		
玉泉一路		景观灯 5 米	30	30				
玉泉二路		12 米双臂灯	14	28	400	250		
万斛北路		9 米单臂灯	43	43	400			
万斛南路		10 米双臂灯	43	86	400	250		
多岛海一路		单臂灯	52	52	400			
多岛海 0 型路		庭院灯	50	50				

续表 5-11

路　段	道路长度（米）	灯　型	路灯基数（基）	路灯盏数（盏）	主灯（瓦）	副灯（瓦）	箱式变压器（台）	路灯控制箱（台）
多岛海中杆		中杆灯	2	2				
多岛海公园	2300		208	208				
S342 省道		单臂路灯	91	91	400			
2012 年路灯			984	2138				
合　计	63606		4232	9000			16	30

第七节　燃　气

液化气　20 世纪 80 年代，岚山头街道周家庄子建成华信液化气站，为岚山第一个液化气站，岚山居民开始使用罐装液化气。1995 年，岚山水产液化气站建成运营。1997 年，巨峰国军液化气站、中楼液化气站建成运营。1999 年，虎山永安液化气站建成运营。2000 年，岚山恒炎液化气站建成运营。2002 年，碑廓增友液化气站建成运营。2003 年，黄墩永强液化气站建成运营。2008 年，高兴兴峰液化气站建成运营。2011 年，大坡盛田液化气站建成运营。至 2012 年，全区共有液化气站 10 家，每个乡镇都有液化气供应站，用气户数约 10 万户，年液化气供气量约 3500 吨。

天然气　2005 年区政府与中油一达燃气公司签订投资协议，由中油一达燃气公司建设岚山城区燃气管道，并负责经营城区燃气业务。2007 年 7 月试运营供气，气源为压缩天然气。至 2012 年，岚山城区累计铺设供气管网 100 余公里，城区主要道路基本敷设到达，形成网状结构。累计实现居民配套 1.5 万余户。年供气量 300 余万立方米，其中居民用气约占 35%，工业用气约占 65%。天然气价格民用为 3.5 元/立方米，工业用 3.7 元/立方米。2010 年中油一达燃气公司在虎山镇前稍坡村前建成 CNG（压缩天然气）汽车加气站 1 座，主要承担岚山公交车和出租车加气任务，价格 4.2 元/立方米。

第六编　交　通

岚山地处鲁东南，是山东省重要的沿海开放口岸和日照市南大门，自古渔商往来，交通频繁。明清时期，境内有南北古道2条、东西古道2条。20世纪20年代，东部南北官道改建为简易公路。1956年，南部东西古商道改建为石子路面公路。1986年坪岚铁路兴建。

1993年岚山办事处设立后，为改变“路不平道不通”的状况，修建了汾岚路。之后，G204国道、S342省道、S222省道相继完成拓宽改建，童海路、岚山路、沿海路、圣岚西路、阿掖山路、杨港路相继建成。2001年同三高速公路（现沈海高速公路）岚山段开工建设。2003年日照钢铁公司等大项目落户岚山，促进了交通事业发展，当年完成村村通硬化路82.4公里和巨碑线改建硬化任务。

2004年设区后，区委、区政府抢抓机遇，累计投入资金12亿元进行道路新建、改建。先后建成贯穿岚山东西的疏港大道；改造县道公路14条、186公里；建设乡道44条、251.18公里；硬化村村通公路578条、917.18公里；新建大、中型桥梁124座；规划建设钢铁、化工、木材园区路网17条、43.85公里，全区417个行政村全部通上了硬化路。2008年率先在省、市实现村村通公路、村村通客车两个100%，基本形成了以区委、区政府驻地为中心，以G204国道、S222省道、S342省道、S341省道、沈海高速公路为主框架，以县（乡）公路为依托的“六纵六横”干支相连、四通八达的交通路网体系。同时，按照建管并重的原则，狠抓农村公路管理与养护，辖区内路况质量明显改善，通行能力显著提高。2006年，岚山区被山东省人事厅、交通厅联合表彰为山东省农村交通建设先进单位；2008年被山东省人民政府表彰为山东省农村公路建设养护示范县（市、区）、山东省农村公路养护管理示范区；2010年8月，被省总工会命名为山东省首届群众满意的“双通县”。

第一章 道 路

第一节 古 道

岚山古为海防重地，交通相对发达。古道主要有南北向道路2条、东西向道路2条。

南北道 东路北起日照城，经虎山、汾水南入江苏赣榆县，为现G204国道雏形，时称“通往南北二京之大路”，古代该路线在岚山域内有昧蹄铺（在现虎山镇泥田沟村西）、虎山铺（在现虎山镇）、关湖铺（在现虎山镇稍坡村东）等官设驿站。西路北起日照至莒县大道，经巨峰往南在今汾水与东路汇合，南入江苏赣榆县。

东西道 南路东起岚山海口，经安东卫、碑廓境内，西去莒南县坪上通往内地，为342省道前身，旧时岚山口、荻水口为重要通商口岸，沿海鱼、盐、进口洋货、内陆土特产多经此路流通。此古道入碑廓境内又分出一条西北向古道，经傅家官庄、张家店子、西北路（现向阳村）、林家坊子、山西头，过文疃（在现莒南县）、中楼去莒州（县）、沂水、青州。北路东起涛雒盐场，经下元（现属涛雒镇）沿磴山后西行，在巨峰分为三路，一路向西南经碑廓去沂州、滕州；一路向西经朱芦（在现莒南县）、沂水，去济南；一路向西北经黄墩、中楼境，过莒州（县）、临朐，去青州。

第二节 国 道

烟上线（烟台—上海，G204国道） 北起东港区涛雒镇大草坡村进入岚山，南至鲁苏交界绣针河大桥，途经泥田沟、虎山铺、龙王河、汾水，岚山辖区内起始桩号375K+120，终止桩号388K+725，全长13.605公里，为一级公路，设计时速80公里，路基宽24米，路面宽23米，双向4车道。有大桥1座125.8米，中桥2座92.5米，小桥6座108.6米，涵洞12道498.82米。

该路清末为胶州至岚山头的南北驿道，20世纪20年代修为简易公路。20世纪30年代初，日照城至安东卫段称日安路，后改名为环海公路

（南京国民政府称北起烟台南至海州段为环海公路），抗日战争爆发后，改名为海青（海州—青岛）公路。1949 年,改名为胶汾（胶州—汾水）公路，后改称胶新（胶州—新浦）公路。

1954 ~ 1955 年,修复涛雒至汾水段，为沙石路面。1978 年，由临沂地区公路段投资，日照县公路站组织实施，进行全线改造，加宽路基路面，截弯取直，增设桥涵。1979 年，临沂地区公路段投资 31 万元，铺筑沥青路面，改造日照至汾水段。1987 年定名为烟上线，列为国道 G204，为沥青路面，宽 8 米，沿路绿化。1992 ~ 1994 年，山东省交通厅与日照市委、市政府联合投资，进行全线路面拓宽改造，路基宽 18 米，路面宽 15 米。2000 年进行大修。2002 年，投资 135 万元，建成国家级文明样板路；投资 800 万元，对汾水十字路口至鲁苏交界段 2.796 公里进行拓宽改造，建成双向 4 车道，路基宽 30 米，路面宽 24 米。2012 年再次进行拓宽改造，按一级公路标准设计，其中虎山镇驻地至鲁苏交界段按照城区主干道标准设计，两侧配套建设雨水、污水、自来水、燃气、强电、弱电等地下管网，两侧各建 6 米绿化带；虎山镇驻地至 S222 省道交叉路口段路面宽 26 米，S222 省道交叉路口至鲁苏交界段路面宽 30 米。

沈海高速公路（沈阳—海口，原称同三高速公路） 穿越安东卫街道、虎山镇和高兴镇，境内总长 25 公里，路基宽 28 米，路面宽 23.5 米，设计时速 120 公里/小时。

2001 年 4 月 13 日，国家正式立项批复建设。境内为第五、第六合同段，分别由山东省交通工程公司、威海公路工程公司承建，德州公路工程监理公司负责监理，岚山公路局负责协调服务工作。2001 年 12 月 28 日开工。2003 年 4 月 20 日岚山连接线竣工通车，岚山收费站开始收费。

第三节 省 道

岚山区由山东省交通厅划定编号的省道有 S342、S341、S222 三条道路，全长 71.648 公里，是岚山深入内地的主要通道。

岚济线（岚山头—济宁，S342 省道） 起于岚山头，经安东卫、汾水、大朱曹、碑廓、杨家庄子，西入莒南县，辖区内起始桩号 0K+0，终止桩号 28K+050，全长 28.05 公里。东段（又叫圣岚路）11.145 公里路基宽 42 米，路面宽 24 米；汾水十字路口至高速公路出入口段 1.4 公里路基宽 36 米，路面宽 30 米；西段路基宽 26 米，路面宽 23 米。建有中桥 5 座 297.11 米，小桥 10 座 219.38 米，涵洞 22 道 852.9 米，农用“倒虹吸（过水涵洞）”10 处 160 米。

该线原为岚山海口至内地经商古道，1956 年由山东省交通厅工程大队兴建，是日照市第一条石子路面公路。1978 年全线改建，铺筑沥青路面。1983 年，岚山港至王家庄子（现凤阳路居）段铺筑沥青路面。1987 年，列为省道 S017。1995 ~ 1996 年，日照市公路局投资 1500 万元，历时 10 个月，完成路面拓宽改建，其中岚山港至王庄子段，由佛手湾、官草汪、岚山头老街里北移。2000 年列为省道 S342。2007 年，投资 1.3 亿元对圣岚路段进行拓宽改造，水泥混凝土路面改沥青路面，硬化宽度 24 米。2009 ~ 2010 年，投资 1.4 亿元对沈海高速公路至莒南界段进行拓宽改造，其中园区二路以东按照城区主干道标准设计，两侧配套建设雨水、污水、自来水、燃气、弱电、路灯等地下管线，园区二路以西按照一级公路标准设计，设计时速为 80 公里/小时。

图 6-1 沈海高速公路岚山出入口 （摄于 2004 年）

涛坪线（涛雒—坪上，S341 省道） 东起东港区涛雒镇，西至莒南县坪上镇，途经巨峰镇，岚山境内起始桩号 9k+512，终止桩号 23k+372，全长 13.86 公里，为沥青混凝土路面，二级公路，路基宽 10 米，路面宽 9 米，其中大桥 1 座 153.5 米，中桥 1 座 65 米，小桥 6 座 128.155 米，涵洞 48 处 729.7 米。

该线原系日照城至临沂经商大道，1952 年全线修复，1978 年全线进行拓宽改建，1987 年列为省道 S083。1998 年进行路基整修，1999 年实施路面硬化工程。2000 年，列为省道 S341。2006 年 9 月进行中修罩面。2011 年 4 月至 12 月大修。

央赣线（央子—赣榆，S222 省道）　原圈汾线（圈村—汾水），北从东港区交界进入后村镇，南至汾水村，与 G204 国道交接，境内途经崖头、巨峰、梭罗树、杨家庄子、水车沟、界牌岭、汾水，起始桩号 220k+894，终止桩号 250k+632，全长 29.738 公里。为二级公路，设计时速 70 公里/小时。路基宽 12 米，路面宽 10 米。其中，大桥 1 座 260.4 米，中桥 3 座 194.9 米，小桥 6 座 118.7 米，涵洞 62 处 1161.71 米。2012 年 8 月，后村段共 6.056 公里划归东港区管理，岚山境内全长 23.682 公里，大桥 1 座 260.4 米，中桥 2 座 142.4 米，小桥 5 座 90.6 米，涵洞 54 处 993.28 米。

该线修于 1958 年，汾水至梭罗树段原为梭罗树石棉矿而修。1970 年修筑梭罗树以北路段，1972 年全线通车。初为砂石路面，宽 7 米，沿路绿化。1987 年列为省道 S048。1995 年日照市公路局投资 1800 万元，完成路面拓宽改造，路面改为沥青混凝土结构。2000 年列为省道 S222。2004 年投资 5000 万元进行路面改建。

第四节　县乡公路

岚安线　又名岚山路，东起岚山头街道周家庄子，途经戴家庄子、大阡里、东山居、安东卫北街、泉子庙，西止于安东卫街道办事处驻地，与 G204 国道平交，路线长 8.8 公里，为二级公路，由区住建局管理养护。

该路 G204 国道至三木集团西北交叉口段原为 S342 省道一部分，1995 年修建，路面宽 18 米，为水泥混凝土路面，2008 年年底因 S342 省道干线路网部分调整，将该路段调为县道接岚安线。三木集团西北交叉口以东路段原名疏港路，1993 ～ 1994 年，由岚山工委、办事处投资建设，路面宽 14 米。2000 年，办事处对三木集团西北交叉路口至岚山一中东北交叉路口段 1.7 公里进行拓宽改造，路面增至 33.6 米，为沥青混凝土路面；2003 年，对岚山一中东北交叉路口至周家庄段进行拓宽改造，为水泥混凝土路面。2010 年，区政府组织对全线撒铺沥青，全线改为沥青路面。

疏港大道　初为虎山境内杨家村至虎山渔港的杨港线，后西起于 S342 省道碑廓镇西辛兴村，途经大湖村、马家湖村、大滕家庄村、大河口村、中杨家庄村、后水沟村、西山村、杨家村、南孙家官庄村、于家官庄村、解放村、虎山铺、朱家官庄村、南李家村、高家村、申张村、韩家营子村，东止于沿海路。全长 21.2 公里，路面宽 22.5 ～ 30.5 米，沥青混凝土路面。222 省道以东 8.7 公里路段由区住建局管理养护，以西 12.5 公里路段由区交通运输局管理养护。

该路 G204 国道至韩家营子段，1996 年由虎山乡完成路基填筑和桥涵建设，1998 年 3 ～ 10 月由日照市交通委完成路基整修和沥青混凝土路面铺筑；虎山镇驻地至杨家村段，1998 年 12 月至 1999 年 3 月，由虎山乡组织完成路基填筑建设，1999 年 4 ～ 8 月，由岚山交通局组织完成沿线桥涵施工，2000 年 3 ～ 12 月，由日照市交通局完成路基整修和沥青混凝土路面铺筑，12 月份全线通车。2004 年，岚山区自筹资金对 S222 省道以东路段 8.7 公里拓宽改造，由济南市建设监理总公司监理，山东沂蒙交通工程有限公司施工，3 月 26 日开工，同年年底竣工通车。2006 年，岚山区自筹资金修建 S222 省道以西至 S342 省道段 12.5 公里，由山东东泰交通建设监理咨询有限公司监理，山东沂蒙交通工程有限公司和科达集团股份有限公司施工，3 月 11 日开工建设，年底通车。

青赵线　原名青（墩）横（沟）线。岚山境内起于高兴镇大芳沟村与东港界，经小芳沟村、南草坡村、厉家湖村、西牟家村、南范家村、高兴岭村、毕家村、冯家庄村、杨家庄村、秦家庄村、訾家店村、秦家小庄村、狮子河村、郭家庄村、刘家庄村、厉家庄村、新华村、小坡村、大坡村、北河村、大岭村、前山北头村、柿树园村,西止于巨峰镇赵家村通往莒南,长23.325公里,为二级公路。

该路原砂土路的修建分为三段:青墩至高兴(南范家村)段6.5公里,1959年由日照县自筹资金、涛雒公社组织民工建勤修建(新中国成立后,县乡公路建设贯彻"民工建勤"和"民办公助"的方针),路面宽度4.5～7.5米不等;高兴(南范家村)至巨峰9公里,1969年由日照县交通局测量设计,高兴和巨峰两公社组织劳力修建,路面平均宽度6米;巨峰经大坡至莒南横沟段,1970年由巨峰公社修建,路面平均宽度5.3米。

1996年,日照市交通局对该路进行硬化,高兴镇驻地段路面宽14米,其余路段路面宽8米,1997年竣工通车。2006～2007年,通过"岚山区委、区政府财政投入一部分,省市支持一部分"筹资方式,由区交通局组织分东西两段进行大修改造。东段2006年7月18日开工、12月10日完工通车;西段2007年6月13日开工、8月1日完工、11月19日竣工通车。2010年日照市交通局投资220万元对厉家庄子至青墩段13.6公里进行挖补养护。

日夏线 起于日照烟墩岭,止于莒县夏庄。岚山境内起于将帅沟桥,经榛子埠村、井沟村、小曲河村、中山字河村、西山字河村、三合村、东邵疃村、小邵疃村、西邵疃村、荆家沟村、焦家集村、小后村、皂户沟村、后马庄一村、后马庄二村、崖头村、邢家沟村、上河村、后崖村、辛庄村、北塔岭村、南塔岭村、黄墩一村、下双疃村、粮山二村、粮山三村、大洙洲村、中楼镇驻地、孟家西楼村、卢家西楼村、赵家西楼村、亓河村、房家官庄村、蒋家峪村、马家峪子村、两山口村,止于中楼镇与小店镇界通往莒县,长57.596公里,其中崖头至竖旗岭段重合S222省道2.275公里。

该路是在原有大车道基础上修建而成。将帅沟至黄墩一村段原名日十路,平均路面宽6.4米,由日照县交通局设计和施工,其中将帅沟至崖头段15.9公里于1964年由马庄乡组织劳力修建,崖头至黄墩一村段由马庄乡、西湖乡、黄墩乡1965～1967年组织劳力修建;黄墩一村至大洙洲段原名沂水道,平均路面宽6.1米,由日照县交通局测量设计并组织黄墩民工施工,1965年建成。1990年,日照市交通委组织拓宽硬化将帅沟至崖头段,1993年竣工通车,为二级公路,沥青路面,平均路面宽9米;1998年日照市交通局组织拓宽硬化黄墩至崖头段,同年竣工通车,为二级公路,沥青路面,沿路绿化,平均路面宽8米。

2006～2007年,通过"岚山区委、区政府财政投入一部分,省市支持一部分"筹资方式,由区交通局组织,分东西两段大修改造。东段2006年7月18日开工、12月10日完工通车;西段2007年6月13日开工、10月20日完工通车。

中楼段由莒县交通局于2003年和2005年分两次改造。

石岚线 又名南沿海公路,起于石臼街道,止于岚山头街道。岚山境内起于虎山镇东湖村,经韩家营子村、东潘家村、西潘家村、胡家林村、甜水河居,止于佛手湾居入岚山港,长11.327公里,路面宽24.5米,沥青混凝土路面。2009年移交区城建局管理养护。

1936年,中华民国财政部税警二分团驻岚山期间,在沿海修筑的环海公路,为老石岚路(石臼至王家海屋段)雏形。1993年11月至1994年3月,由沿线乡镇负责完成路基填筑工程。1994年4月至1995年9月,由日照市交通委组织完成全线桥涵建设及路面硬化。1995年10月1日全线竣工通车。岚山段南到王家海屋铁路道口,长11.1公里,硬化宽度14米。2005年,岚山区自筹资金对东湖村至潘家村段进行路基、桥梁拓宽建设。2006年,日照市交通局组织实施路面拓宽改造,路面宽24.5米,沥青混凝土路面。2009年,岚山区自筹资金修建安岚大道,北起东潘家村北与沿海路平交,南到岚山港,路面宽24.5米,沥青混凝土路面。鉴于道路使用情况,2009年年底对石岚路线向调整,东潘家村至王家海屋铁路道口处变为村道,新建安岚大道路段调整为县道,作为石岚路的调整线路。

巨碑线 北起巨峰镇河西村南341省道,经石桥村、莲花峪村、沟洼村、山峪村、北张家庄村、南袁家庄村、石家庄村、曹家庄村、曹家岭村、辛庄子村、大湖村、马家湖村、小湖村、南张家庄村、小司官庄村，南止于碑廓镇徐家林村通莒南埃沟，全长 17.822 公里，为二级公路。北段 S341 省道至山峪段 8.051 公里路面宽 8 米，水泥混凝土路面；南段山峪至徐家林段 9.771 公里路面宽 9 米（碑廓镇驻地段路面宽 15 米），沥青混凝土路面。

原砂土路于 1977 年由临沂地区交通局投资，日照县交通局承担勘测设计，并按"民工建勤"和"民办公助"方式，由沿线乡镇干部群众施工建设，1978 年通车。北段 S341 省道至山峪段 2005 年年初由岚山区交通局组织硬化建设，同年年底竣工通车；南段山峪至徐家林段于 2001 ～ 2002 年由碑廓镇政府完成路基、桥涵拓宽建设，2003 年 8 月至 12 月由日照市公路局完成基层施工，日照市交通局完成沥青面层施工，同年年底建成通车。2010 年，日照市交通局组织对巨峰段挖补、碑廓段大修改造，投资 860 万元。

后涛线　原名焦涛线，北起于后村镇驻地小后村村东，南止于涛雒镇亚月村。岚山境内起于后村镇驻地日夏线，经焦家集村、山西头村、后唐家河村、前唐家河村、卜家村、北范家村、南范家村、刘家尧王城村、大尧王城村、安家尧王城村，南止于南辛庄子村，长 12.422 公里，为三级公路，后村、高兴镇驻地段路面宽 10 米，其余路段路面宽 7 米。2005 年，日照市交通局组织进行硬化建设，高兴镇驻地段为沥青路面，其余路段为水泥路面。2011 年，日照市交通局组织对后村镇驻地至高兴镇后唐家河路段 8.45 公里进行大修改造，路面宽 7 米，沥青混凝土路面，6 月 25 日开工，8 月 20 日完工，投资 808.8 万元。

汪黄线　又名三黄线，起于五莲县汪湖镇，止于岚山区黄墩镇。岚山境内北起黄墩镇张家沟村（与东港区三庄镇交界处），经小邵家沟村、凌家滩井村、赵家滩井村、秦家滩井村、崔家沟村、辛蒲汪村、张蒲汪村，南止于黄墩镇孙蒲汪村，长 13.42 公里，为三级公路，黄墩镇驻地段路面宽 14 米，其余路段宽 7 米。北段张家沟至黄墩镇驻地为沥青混凝土路面，2010 年由日照市交通局大修改造，投资 220 万元；南段黄墩镇驻地至孙蒲汪村为水泥混凝土路面，2004 ～ 2005 年由日照市交通局硬化建设。

沈邵线　北起日照水库南小代疃村西，经蔡家官庄村、马家店村，南止于小邵疃村与日夏线平交，长 4.88 公里，为四级公路。原为日照水库防汛而修，1982 年修建，为砂土路，路面宽 6 米。2005 年全线硬化，为水泥混凝土路面，路面宽 4 米。

孟双线　起于诸城市孟疃镇，止于莒南县涝坡镇双山村。岚山境内起于陡崖村南岭头，经孟家屋子村、中楼镇驻地、孟家西楼村、卢家西楼村、赵家西楼村、亓河村、马亓河西村、马亓河东村、鸡山沟村，止于马亓河村，长 12.785 公里。陡崖村南岭头至亓河村段为沥青混凝土路面，三级公路，路面宽 6 ～ 8 米；亓河村至马亓河村段为水泥混凝土路面，四级公路，路面宽 5 ～ 8 米。原路 1997 年建设，2005 年由莒县交通局改造。

大坡进站线　起于巨峰镇北河村青赵线，经丁吕土山村、土山东庄村、吕家官庄村，止于大坡火车站，长 3.602 公里，系四级公路。原路为 1984 年修建通往大坡火车站的砂土路，路面宽 7 米。2005 年对青赵线至丁吕土山村南段 1.893 公里硬化，为水泥混凝土路面，路面宽 4.5 米。

巨峰进站线　为 1984 年修建通往巨峰火车站的砂土路，起于巨峰郭家庄村西青赵线，经李家庄村，止于巨峰火车站，长 1.551 公里。2005 年，对青赵线至巨峰火车站南 1.264 公里实施硬化，路面宽 10 米，为二级公路，水泥混凝土路面；其余路段为砂土路，路面宽 8 米，四级公路。

高兴进站线　1985 年修建通往高兴火车站的道路，起于高兴镇东牟家村北青赵线，止于高兴火车站，长 0.79 公里，为砂土路，路面宽 6 米，四级公路。

第五节　镇村公路

孔官路　起于黄墩镇孔家庄子，止于东港区三庄镇官庄村。位于黄墩镇北部，南北走向。岚山境内起于黄墩镇孔家庄子村西孔后线，经孔家口子村西，止于东港界三庄镇讲合沟村南，长 1.87 公里，为四级公路。该路原由黄墩镇政府于 1980 年组织沿线民工修建，为砂土路面，路面宽 8 米，同年竣工通车。2005年、2010年，分段对全线硬化改造，为水泥混凝土路面，硬化宽度4米。

黄墩—粮山 简称黄粮线，位于黄墩镇中部，大致东西走向。起于黄墩一村日夏线，经黄墩二村、三村、四村、田家董旺庄村、任家董旺庄村，止于南庄村平交粮上线，长6.476公里，四级公路。原为黄墩镇西部村间自然大道，1987年由黄墩镇组织修建，为砂土路面，路基宽9米，路面宽8米。2007年，对日夏线至黄墩三村段0.903公里拓宽改造，为沥青混凝土路面，路面宽12米。2005年、2008年，分段对黄墩三村至南庄段5.573公里硬化，为水泥混凝土路面，硬化宽度4米。

粮山—上大峪 简称粮上线，位于黄墩镇西部，南北走向。起于粮山三村日夏线，经南庄村、草涧村，止于上大峪村与高石路平交，长8.487公里，四级公路。原为乡间小道，1999年黄墩镇为开发万亩板栗园，组织民工改建为山区特色农业经济开发路，为砂土路面，路面宽8米。2004年、2005年，分段对粮山至谢家沟北山段7.533公里硬化，为水泥混凝土路面，硬化宽度4米。

高石线 位于黄墩镇中西北部。起于高家村东黄梁线，经高家村、孔家沟村东、下大峪村，止于上大峪村西通往石沟崖，长8.738公里，四级公路。原由沿线村民于1976年前修建，砂土路面，路面宽5米。2004～2005年，分段对全线硬化，为水泥混凝土路面，硬化宽度4～7米。

孔家沟—谢家沟 简称孔谢线，位于黄墩镇中西北部。起于孔家沟村，经红卫村，止于谢家沟村后，长4.361公里，四级公路。原由沿线村民于1976年前修建，为砂土路面，路面宽5米。2005年，对全线硬化改造，水泥混凝土路面，硬化宽度4米。

井沟—杏坊 简称井杏线，位于后村镇中东部。起于井沟村东日夏线，经新兴村、西曲河村、曲河南岭村，止于杏坊村与双山线平交，长4.329公里，四级公路。原为乡间小道，1985年后村镇政府组织民工改造，为砂土路，路面宽4米。2004年、2005年，对穿村路段硬化，为水泥混凝土路面，硬化宽度4～5米。

东山字河—山西头 简称双山线，位于后村镇中南部。起于东山字河西日夏线，经杏坊村、竹园村、寨山前村，止于山西头村与后涛线平交，长5.462公里，为四级公路，水泥混凝土路面，分别于2005年、2007年硬化，硬化宽度3.5～8米。

前马庄—团山 简称马团线，位于后村镇西部。起于后马庄一村东日夏线，经前马庄一村，止于团山村前，长4.32公里，四级公路。原为乡间小道，1991年后村镇组织民工改建，砂土路，路面宽7米，沿路绿化。2004年、2011年，由后村镇政府对日夏线至团山村东2.5公里实施硬化，为水泥混凝土路面，硬化宽度4米。

日夏线—高家沟 简称皋陆路，位于后村镇北部，东西走向。起于马家岭村东日夏线，经马家岭村、辛家皋陆村、丁家皋陆村、汉家皋陆二村、汉家皋陆一村、西陈家沟村，止于高家沟村北，长8.385公里，四级公路。原由沿线村民于1976年以前修建，砂土路，路面宽5米。2003～2004年，对全线硬化改造，为水泥混凝土路面，硬化宽度3.5～6米。

后村—贺家沟 简称后贺线，位于后村镇西北部。起于后村镇驻地西日夏线，经大后村、沙沟村，止于贺家沟村，长5.042公里，四级公路。原由沿线村民于1976年以前修建，砂土路，路面宽5米。2005年对全线硬化，为水泥混凝土路面，硬化宽度3.5～5米。

秦小庄—水木头 简称秦水线，位于巨峰镇东部。起于秦家小庄北青赵线，经水洪沟村、平家村，止于水木头村，长6.107公里，四级公路。原由沿线村民于1976年以前修建，砂土路，路面宽7米。2005～2008年，对穿村路段4.9公里硬化改造，为水泥混凝土路面，硬化宽度3.5～5米。

柳古庄—孟家官庄 简称柳古庄线，位于巨峰镇东南部，起于柳古庄村南S222省道，经罗川沟、六甲村，止于孟家官庄村，长4.009公里，四级公路。原为乡间小道，1988年由巨峰镇政府组织沿线民工修建，砂土路，路面宽7米。2003年、2008年，分段对全线硬化，为水泥混凝土路面，硬化宽度4米。

222省道—青赵线 简称龙口线，位于巨峰镇西北部。起于石嘴子村东S222省道，经李家大村村南、前崖下村北、后山旺村南、薄家口村，止于赵家村与青赵线平交，长11.247公里，四级公路。原为大坡乡政府为发展山区特色农业而修建的大沙沟经济开发路，1999年年底，由东港区交通局设计，大坡乡政府组织民工修建，为砂土路面，路基宽10米，路面宽8米，投资约100万元，2000年年初竣工。2002年由日照市公路局对赵家村至青赵线段1.086公里硬化，为沥青混凝土路面，路面宽7米。2004～2005年，巨峰镇政府和沿线村自筹资金，对S222省道至邵家府段8.958公里硬化，为水泥混凝土路面，路面宽4～5米；2011年，对邵家府至赵家村段1.203公里硬化，为水泥混凝土路面，硬化宽度3.5～4米。

薄家口子—辛庄　简称薄辛线，位于巨峰镇西北部、黄墩镇中东南部。起于巨峰镇薄家口村西龙口路，过甲子山，经南陈家沟村、后大坡村，止于黄墩镇辛庄村西与日夏线平交，长11.365公里，四级公路。原为乡间小道，从1954年起曾几次修建未成。1972年，黄墩、巨峰两乡镇组织劳力改造，但由于地势险峻、施工难度大而放弃。1999年，由东港区交通局设计，黄墩镇与原大坡乡组织再次修建，为砂土路面，路面宽5～8米，2000年5月竣工通车，沿路绿化。2005年，对全线硬化，为水泥混凝土路面，硬化宽度4米。

柳古庄—沟洼　简称柳沟线，位于巨峰镇南部。起于柳古庄村南S222省道，经大卜落村，止于沟洼村与巨碑线平交，长3.696公里，四级公路。原由沿线民工于1976年前修建，砂土路面，路面宽6米。2004年对S222省道至大卜落段1.4公里硬化改造，为水泥混凝土路面，路面宽4～4.5米。2008年，对大卜落至沟洼段1.9公里硬化，为水泥混凝土路面，硬化宽度4米。

沟洼—大王家沟　简称沟王线，位于巨峰镇西南部。起于沟洼村北巨碑线，经刘家沟村、小王家沟村、纪家沟村，止于大王家沟村北与S341省道平交，长4.678公里，四级公路。原由沿线民工于1976年以前修建，为砂土路，路面宽7米。2005～2007年分段对全线硬化改造，为水泥混凝土路面，硬化宽度3.5～7米。

S341省道—大土山　简称连心路，位于巨峰镇中部。起于河西村东S341省道，经车沟村，止于大土山村北，长3.776公里，四级公路。原由巨峰镇政府于1999年组织民工修建，为砂土路，路面宽7米，沿路绿化。2003年、2008年，分段对全线硬化，为水泥混凝土路面，硬化宽度4.5～5米。

土山河—大土山　简称土大线，位于巨峰镇西南部。起于土山河村南S222省道，经丁家林、土山河村，止于大土山村北，长4.428公里，四级公路。原由巨峰镇政府于1999年组织修建，为砂土路，路面宽7米。2005年，对穿村路段3.5公里硬化，为水泥混凝土路面，硬化宽度3.5～4.5米。

合庄—白云　简称合白线，位于高兴镇北部。起于合庄村北，经化龙村、大屯村、小屯村、汪家庄子村、安家湖村、潘家洼村，止于白云村北，长8.076公里，四级通路。原为特色农业经济开发路，1999年由高兴镇政府组织民工修建，路面宽8米，砂土路面。2004～2007年，分段对穿村路段7.772公里进行硬化，水泥混凝土路面，硬化宽度4米。

小屯—刘家尧王　简称小刘线，位于高兴镇中东南部。起于小屯村合白线，经南草坡村东、夏陆沟村、王家楼子村，止于刘家尧王城村与后涛线平交，长7.746公里，四级公路。原为乡间小道，1999年由高兴镇政府组织民工改建，为砂土路，路面宽8米，沿路绿化。2003～2007年，分段对青赵线至刘家尧王段5.075公里硬化，为水泥混凝土路面，硬化宽度4米。

南辛庄子—冯家庄　简称南冯线，位于高兴镇西南部。起于南辛庄子村北后涛线，经张家庄子村、怀古村、申家庄村、杨家庄村，止于冯家庄村东青赵线，长3.898公里，四级公路。原由沿线民工于1976年以前修建，为砂土路，路面平均宽度5米。2005～2007年，分段对全线硬化，水泥混凝土路面，硬化宽度4米。

冯家庄—前唐家河　简称冯前线，位于高兴镇西北部。起于冯家庄村东青赵线，经川子村东奶牛场，止于前唐家河村南后涛线，长3.805公里，四级公路。由沿线民工于1976年以前修建，为砂土路，路面平均宽度8米。2005年、2007年、2010年，分段对全线硬化，为水泥混凝土路面，硬化宽度3.5～4米。

上河—后大坡 简称上后线，位于黄墩镇东部。起于上河村东日夏线，经陈家官庄村、台子地村，止于后大坡村薄辛路，长5.175公里，为四级公路。1976年以前原由沿线民工修建，砂土路，路面宽6米。2005年，对全线硬化，水泥混凝土路面，硬化宽度4～6米。

孙家蒲汪—上双疃 简称孙上线。位于黄墩镇南部，起于孙蒲汪村北汪黄线，经葛疃村，止于上双疃村北日夏线，长3.775公里，四级公路。1976年以前由沿线民工修建，砂土路，路面平均宽度6米。2005年，对全线硬化，水泥混凝土路面，硬化宽度4米。

孔家庄子—后崖 简称孔后路，位于黄墩镇北部。起于孔家庄子村西高石路，经小邵家沟村北、小刘家沟村北，止于后崖村与日夏线平交，长10.644公里，四级公路。原为乡间小道，1999年黄墩镇为发展山区经济，组织民工修建特色农业开发路，为砂土路，路面宽8米。2005年、2006年，分段对全线硬化，水泥混凝土路面，硬化宽度4～5米。

向阳—河北崖 位于高兴镇西北部，起于向阳村东，经六合村，止于河北崖与后村镇交界处，长3.78公里，四级公路。2008年，全线硬化，硬化宽度4米，水泥混凝土路面。

松钢线 位于虎山镇南部，起于后稍坡村东204国道，经董家湖村南，止于日照钢铁公司东门口与石岚路平交，长6.331公里，二级公路。原系简易村道，1985年虎山乡组织沿途村民完成路基拓宽、桥涵建设；2000年8月投资15万元，选用风化土料进行了路面改造，9月竣工通车。2004年，日照钢铁公司投资重建，为水泥混凝土路面，硬化宽度6～10米。

东湖二村—泥田沟 简称东泥线，位于虎山镇东北部。东起于东湖二村与原石岚线相接，经东湖一村、陈家庄子村，西至泥田沟村与G204国道相接，长2.803公里，四级公路。原系简易村道，1986年虎山乡组织进行全线改造，加宽路基、截弯取直、增设桥涵；2000年8月投资8万元，选用风化土料进行了路面改造，9月竣工通车。2005年，对全线硬化，为水泥混凝土路面，硬化宽度5米。

后稍坡—松树园 位于虎山镇南部，起于后稍坡村西S222省道，经虎山镇后梢坡村，止于G204国道，长1.846公里，四级公路。该线原系简易村道，1985年虎山乡组织沿途村民完成路基拓宽、桥涵配套工程。2000年8～9月，投资5万元选用风化土料进行路面改造。2004年硬化，为水泥混凝土路面，硬化宽度6米。

圣岚东路—驻军营房 简称阿掖山线，位于岚山头街道中部，大致南北走向。起于岚山头街道驻地西圣岚路，经杨家庄子村，至阿掖山雷达站营房，长4.07公里。该线南北两段分期施工，北段2.197公里始建于1958年，原为军用公路，2000年3月，为开发阿掖山旅游资源，岚山办事处筹资110万元，对该线进行全面改造，拓宽路基、增设桥涵、铺筑水泥混凝土路面，路面宽6米，三级公路，同年年底竣工通车。南段1.873公里原为等外公路，2001年由岚山头街道组织全面改造，拓宽路基，增设桥涵，铺筑水泥混凝土路面，路面宽14米，二级公路，同年7月1日竣工通车。

合庄北山村—S342省道交叉口 简称合庄线，位于安东卫街道西北部，南北走向。北起于后合庄北山村，经后合庄村、前合庄村，南止于潘庄二村北S342省道，长5.481公里，四级公路。原为简易村道，1981年汾水镇（现安东卫街道）组织沿线村民进行全线改造，加宽路基、增设桥涵。2003年硬化改造，为水泥混凝土路面，硬化宽度3.5～8米。

大湖村—大朱曹村 简称朱大线，位于碑廓镇中部。西起大湖村北巨碑线，途经小滕家庄村北、甫田庄村、王家庄村、后水沟村西，止于大朱曹二村西S342省道，长7.154公里，四级公路。原为简易村道，1986～1987年，碑廓镇组织沿线村民进行全线改造，加宽路基、截弯取直、增设部分小桥涵，路面宽6米。2003年，对S342省道至小滕家庄段4.805公里硬化改造，为水泥混凝土路面，硬化宽度5～8米。

大朱曹—岳家庄 简称朱岳线，位于碑廓镇东南部。起于大朱曹一村北S342省道，经二朱曹村、三朱曹村、张家岭村，止于岳家村与省际通道平交，长7.552公里，四级公路。该线原为简易村道，1987年全线改造，加宽路基、增设桥涵。2003

年、2004年,分段对全线硬化改造,为水泥混凝土路面,硬化宽度4～10米。

宋家岭—田家寨　简称宋田线,位于碑廓镇中部。起于宋家岭,经宋家庄村、小滕家庄村、大滕家庄村、大河口村、小河口村,止于田家寨一村北与S342省道平交,长7.138公里(不包括与朱大线重复路段0.148公里),四级公路。原为简易村道,1986～1987年进行全线改造,加宽路基、截弯取直、增设部分小桥涵。2003年、2004年分段硬化,为水泥混凝土路面,硬化宽度3.5～5米。

西集后—山西头　简称西山线,位于碑廓镇西部。起于西集后村西S342省道,经东辛兴村、东秋齐园村、林家坊子村,止于山西头村,长5.675公里,四级公路。原为简易村道,1986～1987年进行全线改造,加宽路基、截弯取直、增设部分小桥涵。2003年硬化改造,为水泥混凝土路面,路面宽4～6米。

丁家庄—石家庄　简称丁石线,位于碑廓镇东北部。起于丁家庄村南朱大线,经玉峰岭村、宋家岭村、火石顶子村,止于石家庄村西与巨碑线平交,长6.149公里(不包括与宋田线重复路段0.774公里),四级公路。2003年、2004年,分段对全线贯通硬化,为水泥混凝土路面,硬化宽度3.5～5米。

S342省道—傅家官庄　简称奎傅线,位于安东卫街道中西部、碑廓镇东部。起于奎楼村南342省道,经陈家湖村、贾家湖村、后合庄村,止于傅家官庄村西与朱大线平交,长8.382公里。2003年,硬化安东卫街道奎楼至傅家官庄段6.6公里,路面宽6米,三级公路,水泥混凝土路面。2008年,对贾家湖段南北向751米路拓宽改造,路面宽增至30米,为二级公路,沥青混凝土路面。2004年,硬化碑廓镇傅家官庄至朱大线路段1.79公里,硬化宽度4～5米,为四级公路,水泥混凝土路面。

S342省道—江苏界　又名省际通道,位于碑廓镇中南部。起于田家寨一村北S342省道,经田家寨一村东、田家寨二村东、岳家村、凤凰庄,止于谢家荒村南通往江苏,长5.728公里,为二级公路,路基宽12米,路面宽10米。K0+000～K0+125处为水泥混凝土路面,其余路段为沥青混凝土路面。该工程为日照市列入山东省交通厅2008～2009年度省际通道改造工程唯一项目,由日照市交通局和岚山区政府共同筹资,日照市交通局组织道路和桥梁建设,于2008年7月开工,2009年7月完工通车,累计投资1405万元。其中,投资567万元修建岳家村大桥1座,长225米,桥面宽12米,桥下净空4.5米,跨径组合为11孔×20米,预应力钢筋混凝土空心板梁,柱式墩。

中马线　起于中楼镇驻地,经后姚家埠村、前姚家埠村、黑涧村、上涧村、葡萄山前村,止于马亓河东村,长8.25公里,四级公路。原由沿线民工于1983年修建,砂土路面。2004年改造,为水泥混凝土路面,硬化宽度4～8米。

葛子沟—中楼　起于葛子沟村,经下曹村、娄家湖村,止于中楼镇驻地,长4.89公里,四级公路。葛子沟村至娄家湖村段为砂石路面,1980年建设,路面宽4米;娄家湖至中楼段为水泥混凝土路面,2005年建设,路面宽4米。

房家官庄—刘家峪　起于房家官庄,经幸福村,止于刘家峪村,长4.57公里,四级公路。2005年建设,为水泥混凝土路面,硬化宽度3.5米。

龙中线　莒县龙山镇到岚山区中楼镇,境内起于中楼村,经河峪村、板楼村、集后村、孙由村、卢家军子村,止于韩家军子村,长9.07公里,四级公路。原由沿线居民于1985年修建,砂土路面。2004年改造,为水泥混凝土路面,硬化宽度5米。

第六节　村村通公路

2002年年底,境内共有村道75条,计138公里,均为土路。自2003年起,根据中央和省委两个1号文件精神,开始实施农村公路改造工程。农村公路改造原则上以四级路为标准,重要线路按三级路标准建设,并做好路基防护、路面排水设计,设置必要的交通安全标志。县、乡、村道分别按不低于6米、4.5米、3.5米的路面宽度硬化,水泥面层厚度不低于18厘米,沥青面层厚度不低于5厘米。计划项目类型主要分四种:一是省补项目,省补助每公里4万元;二是国债项目,中央补助每公里10万元;三是交通部项目,交通部补助每公里8万元;四是千亿元项目,中央车购税资金补助每公里10万元。除国家和省补助资金外，日照市按每公里2万元的标准进行补助，岚山区按照日政发〔2003〕25号文件关于“区、县农村公路每公里的补助资金原则上不低于2万元”要求，执行2万元/公里的标准，其余配套资金由乡镇、村负责解决。截至2011年，全区共新修、改建农村公路1168.3公里(不包括县道改造里程156公里)，实现投资约8.9亿元。同时，新修、改建大中桥梁110座，实现投资1.5亿多元(桥梁项目省补助每平方米800元，最大补助宽度为县乡道12米，村道7米)。实施改造中，乡镇街道、村配套资金由各乡镇街道财政所统管，单独建账，专款专用，国债资金的争取、拨付由日照市计委(发改局)负责，交通部、省和市补助资金由交通部门拨付，区补助资金由区财政拨付。

图6-2 村村通公路 (摄于2009年)

第七节 园区道路

2006年，为配合百平方公里的临港产业带规划建设，区政府投资5000余万元，在沈海高速公路以西，修建2条连接S342省道与疏港大道的园区道路，时称园区一路和园区二路，当年竣工通车。自2009年1月起，又规划建设化工、钢铁、木材3个园区内配套道路及连接贯通钢铁与木材园区道路，共15条35.25公里，2011年7月全部竣工通车，总投资2.1亿元。

汾水大道(原称园区一路) 南起S342省道昌华食品集团有限公司以东，北至疏港大道义和村东北，全长4.6公里，沥青混凝土路面，硬化宽度30米。始建于2006年，当年竣工通车，区城建局承建，岚山区市政工程公司施工，总投资约3000万元。

莆田路(原称园区二路) 南起S342省道和平岭村西北，北至疏港大道，全长4公里，沥青混凝土路面，硬化宽度30米。始建于2006年，当年竣工通车，区城建局承建，岚山区建筑安装工程总公司施工，总投资约2500万元。

化工园区道路

规划建设二横三纵5条道路计12.4公里(包括万斛北路)，实现工程投资5960万元。另外，房屋拆迁及树木、庄稼等地面附着物、青苗补偿(包括万斛北路)共计2317.05万元。

万斛北路 长1.93公里，由山东省路桥集团工程设计咨询有限公司按三级公路标准设计，南段路面宽15米，中、北段路面宽8米，沥青混凝土路面。由日照市政工程有限公司承建，青岛高园建设咨询管理有限公司监理。2009年12月1日开工建设，2010年6月底完工通车，工程投资约1000万元。

阿掖山北路 长5.37公里，由山东省路桥集团工程设计咨询有限公司按二级公路标准设计，路面宽度8米，沥青混凝土路面。由日照运总公路工程有限公司承建，山东东泰工程咨询有限公司监理。2009年6月开工建设，2010年8月完工通车，实现工程投资约3000万元。

东营路 长1.1公里，由山东省路桥集团工程设计咨询有限公司按二级公路标准设计，路面宽15米，沥青混凝土路面。由日照新港市政工程有限公司承建，山东省建设监理咨询有限公司监理。2010年4月10日开工建设，8月完工通车，实现工程投资约610万元。

黄岛路 长0.97公里，由山东省路桥集团工程设计咨询有限公司按二级公路标准设计，路面宽10米，沥青混凝土路面。由日照新港市政工程有限公司承建，山东省建设监理咨询有限公司监理。2010年4月10日开工建设，8月完工通车，实现工程投资约250万元。

黄海路　西段长 3.03 公里，东段长 4 公里，由山东省路桥集团工程设计咨询有限公司按二级公路标准设计，路面宽 15 米，沥青混凝土路面。西段由日照市政工程有限公司承建，山东东泰工程咨询有限公司监理，2010 年 4 月 22 日开工建设，10 月完工通车。东段由日照市政工程有限公司承建，山东省建设监理咨询有限公司监理，2011 年 7 月通车。

钢铁配套园区道路

规划建设三横一纵 4 条道路计 10.96 公里，实现工程投资 4686 万元。另外，房屋拆迁及树木、庄稼等地面附着物、青苗补偿计 335.2 万元。

钢城大道东段　长 4.54 公里，由山东省路桥集团工程设计咨询有限公司按二级公路标准设计，路面宽度 15 米，沥青混凝土路面。由日照新港市政工程有限公司承建，山东东泰工程咨询有限公司监理，2009 年 6 月开工建设，10 月完工通车，实现工程投资 1997 万元。

菏泽路东段　长 2.07 公里，由山东省路桥集团工程设计咨询有限公司按二级公路标准设计，路面宽度 10 米，沥青混凝土路面。由日照新港市政工程有限公司承建，山东东泰工程咨询有限公司监理，2009 年 4 月开工建设，9 月底完工通车，实现工程投资 705 万元。

枣庄路　长 2.47 公里，由山东省路桥集团工程设计咨询有限公司按二级公路标准设计，路面宽度 10 米，沥青混凝土路面。由日照新港市政工程有限公司承建，山东东泰工程咨询有限公司监理。路基工程 2009 年 4 月开工，2009 年年底完成，路面工程 2010 年 6 月底开工，7 月 13 日完工通车，实现工程投资 1189 万元。

义和路　长 1.88 公里，由山东省路桥集团工程设计咨询有限公司按二级公路标准设计，路面宽 10 米，沥青混凝土路面。由日照新港市政工程有限公司承建，山东东泰工程咨询有限公司监理。路基工程 2009 年 4 月开工建设，2009 年年底完成，路面工程 2010 年 6 月底开工，7 月 13 日完工通车，实现工程投资 795 万元。

木材园区道路

规划建设二纵二横 4 条道路共计 7.89 公里，实现工程投资 2248 万元。另外，房屋拆迁及树木、庄稼等地面附着物、青苗补偿共计 170.2 万元。

钢城大道西段　长 0.86 公里，由山东省路桥集团工程设计咨询有限公司按二级公路标准设计，路面宽 15 米，沥青混凝土路面。由科达集团股份有限公司承建，青岛高园建设咨询管理有限公司监理，2010 年 3 月 26 日开工建设，8 月完工通车，实现工程投资约 440 万元。

曲阜路　长 0.95 公里，由山东省路桥集团工程设计咨询有限公司按二级公路标准设计，路面宽 10 米，沥青混凝土路面。由科达集团股份有限公司承建，青岛高园建设咨询管理有限公司监理。2010 年 3 月 26 日开工建设，8 月完工通车，实现工程投资 251 万元。

福建路　长 3.41 公里，由山东省路桥集团工程设计咨询有限公司按二级公路标准设计，路面宽 10 米，沥青混凝土路面。由科达集团股份有限公司承建，青岛高园建设咨询管理有限公司监理。2010 年 3 月 26 日开工建设，8 月完工通车，实现工程投资 807 万元。

江苏路　长 2.67 公里，由山东省路桥集团工程设计咨询有限公司按二级公路标准设计，路面宽 10 米，沥青混凝土路面。由科达集团股份有限公司承建，青岛高园建设咨询管理有限公司监理。2010 年 7 月开工建设，10 月底完工通车，实现工程投资 750 万元。

连接贯通钢铁、木材园区道路

共 2 条计 4 公里，实现工程投资 1608 万元。另外房屋拆迁及树木、庄稼等地面附着物、青苗补偿费计 178.9 万元。

钢城大道中段　长 2 公里，由山东省路桥集团工程设计咨询有限公司按二级公路标准设计，路面宽 15 米，沥青混凝土路面。由日照新港市政工程有限公司承建，烟台新世纪工程项目管理咨询有限公司监理。2010 年 7 月开工建设，12 月完工通车，实现工程投资 1188 万元。

菏泽路西段　长 2 公里，由山东省路桥集团工程设计咨询有限公司按二级公路标准设计，路面宽 10 米，沥青混凝土路面。由日照新港市政工程有限公司承建，烟台新世纪工程项目管理咨询有限

公司监理。2010年8月开工建设，10月完工通车，实现工程投资420万元。

第八节 铁 路

坪岚铁路 东起岚山港码头，西至临沂市临港区坪上镇，途经碑廓镇、安东卫街道、虎山镇、岚山头街道4个乡镇街道，与菏泽—兖州—日照铁路的铁牛庙站接轨，正线全长35公里，岚山境内27.5公里。设计线路等级为Ⅰ级地方铁路，正线为单线。设交接站一个（铁牛庙站），终点站一个（岚山站），中间站2个（汾水镇站、碑廓站预留），其中岚山、汾水镇两站办理货运业务，直通全国铁路运营网点。沿线有岚山港务有限公司、日照钢铁公司、日照油品码头有限公司、孚宝仓储有限公司、日照滨海石油化工有限公司、山东童海港业股份有限公司、中粮黄海粮油工业（山东）有限公司、三木集团公司、瑞源物流公司9条铁路专用线，除日照钢铁公司、三木集团公司、瑞源物流公司3条企业铁路专用线在汾水镇站接轨外，其余均在岚山港湾线接轨，直达港口、厂区和物流基地。

坪岚铁路是经山东省人大六届四次会议通过，列入1986年省基建计划的工程项目，是"七五"期间山东省重点建设项目。1986年10月11日开工建设，1989年12月全线铺通，1990年7月30日临管运营。共建有正线33.820公里，站线15.186公里；建大中桥10座、小桥12座，计1108.81延长米；涵洞123座，计1558.13延长米；征用土地1613亩，其中岚山区境内1292.22亩。

坪岚铁路运营初期，由于无固定货源、基础设施不配套，货源组织基本上是"找米下锅"，运输生产效益徘徊不前。1990年运量1.33万吨，2002年以后运量开始大幅增长，当年运量300.21万吨，至2012年总运量完成10287.79万吨。

图6-3 1990年坪岚铁路建成通车

1990～2012年坪岚铁路货运量统计表

表6-1 单位：万吨

年份	运量	货物主要品类	年份	运量	货物主要品类
1990	1.33	煤炭、矿产品、植物油	2002	300.21	煤炭、化工品、矿粉等
1991	12.56	煤炭、矿产品、植物油	2003	341.42	煤炭、化工品、矿粉等
1992	14.1	煤炭、矿产品、化工品	2004	365.7	矿粉、煤炭、化工品、大豆等
1993	13.85	煤炭、矿产品、化工品	2005	670.2	矿粉、煤炭、化工品、大豆等
1994	30.28	煤炭、矿产品、化工品	2006	817.2	矿粉、煤炭、焦炭、化工品等
1995	16.56	煤炭、生铁、沥青、植物油	2007	941.4	矿粉、焦炭、煤炭、化工品、钢材等
1996	20.01	煤炭、化工品、生铁、植物油	2008	1089	矿粉、焦炭、煤炭、成品油、钢材等
1997	45.96	煤炭、化工品、矿砂、生铁	2009	1187.8	矿粉、焦炭、煤炭、成品油、钢材等
1998	70.33	煤炭、化工品、矿粉等	2010	1262.7	矿粉、焦炭、煤炭、成品油、钢材等
1999	100.65	煤炭、化工品、矿粉等	2011	1286.2	矿粉、焦炭、煤炭、成品油、钢材等
2000	112.88	煤炭、化工品、矿粉等	2012	1395.9	矿粉、焦炭、煤炭、成品油、钢材等
2001	191.55	煤炭、化工品、矿粉等			

兖石铁路　始建于 1982 年 3 月，1986 年 10 月 1 日通车。岚山境内西起巨峰镇丁家林，横贯巨峰、高兴镇，东至日照经济开发区奎山街道办事处界，全长 23.7 公里，沿线经过 16 个村庄。

兖石铁路是国家重点工程，是为配合石臼港口运输，解决兖州、山西煤炭对外出口，供应华东地区工业和生活用煤等国内外需要而修建。岚山境内由西向东设有南北山、巨峰、高兴 3 个车站。

兖石铁路为一级铁路，建成时为单线，限制坡度为 4%。牵引种类，近期为蒸气，远期为电化。机车种类为前进型，牵引定数为 3500 吨。最大行车速度为 120 公里/小时，通过能力为 26 对/天，年运输能力为 1167 万吨。复线工程于 1999 年开工建设，2001 年建成并投入运营。

山西中南部铁路通道　是国家、省、市重点工程，项目计划总投资 998 亿元，设计年货运能力 2 亿吨，客车 15 对/日。起于山西省吕梁市兴县瓦塘镇，终点为日照港，途经山西、河南、山东 3 省 12 市，正线全长 1260 公里，山东省境内 426 公里。日照境内全长 73 公里。岚山段全长 27.489 公里，涉及中楼、巨峰、高兴 3 镇 37 个村庄，2010 年开工建设，计划 2014 年具备试车条件。

第九节　桥　涵

古桥　清末民初，古桥尚存，因年久失修，多有塌毁。1931 年前后始修公路，桥涵相继出现，除原始便桥外，还有大型木桥、石板桥、漫水桥、砖拱涵等。古桥因路建发展，渐被废弃更新，存者甚少，境内安东卫现仅存 1 座，为 1936 年税警团所修。该桥在安东卫东门外约 1 公里处埡口山西坡山涧上，为石板桥，桥上原字大部已无，只剩“桥”字。桥有 3 孔，跨径约 2 米，下部乱石铺砌为底，块石砌筑 2 台 2 墩，墩上铺石板厚 0.28 米，板上垫土高 0.8 米，桥长约 8 米，宽 3 米，高 2.5 米。新中国成立后加宽约 4 米，两边翼墙呈八字形，两岸有护墙，以防洪水冲刷。山涧平时无水，山洪暴发时水急，河床多为乱石，下游有小水库 1 座；桥南、北两山峰，当地人称“南北炮台”，据说早年山上有围墙和炮台。此两山夹一桥，形势险要，景致绝妙。

另有 1 座南山后桥，又名十三孔桥，在境内韩家营子村西南，该桥于明洪武年间建卫时所修，为十三孔石板大桥。下部乱石铺底，桥墩直径约 0.6 米，高约 1 米。每墩 6 个石柱成双行排列，上放石板为梁，顺路再放石板为桥面，每孔 3 页。石板长 1.5 米、宽 0.5 米、厚 0.3 米。1953 ～ 1954 年，日照县水利局拆掉此桥，于桥东侧修防潮灌溉工程；后又拆除另修混凝土板桥于稍西，并有水槽与桥并行其上。古桥板被人搬走，桥墩石尚存于新桥东侧河内。

国省道公路桥梁　岚山境内 4 条国省道公路共有大中桥梁 16 座。

2012 年岚山区国省道公路大、中桥梁一览表

表 6-2

路线	桥名	中心桩号（公里+米）	桥型结构	孔数	桥长（米）	面宽（米）	跨径（米）	载重（吨）	修建改造历史
烟台—上海	龙王河大桥	382+701	常规桥、板拱	6	124	32.5	20	汽 20 挂 100	1955 年临沂公路段投资并施工；1978 年临沂公路段投资，日照县公路站施工拓宽改建；1993 年日照市公路局投资改建加宽；2012 年由日照市公路局再次改建加宽。
	泥田沟中桥	376+136	常规桥、板拱	3	30	24.5	13	汽 20 挂 100	
	汾水中桥	387+805	常规桥、板拱	4	54.5	31.8	13	汽 20 挂 100	

续表 6-2

路线	桥名	中心桩号（公里+米）	桥型结构	孔数	桥长（米）	面宽（米）	跨径（米）	载重（吨）	修建改造历史
岚山头—济宁	汾水东桥	10+930	常规桥、板拱	3	66.63	42.5	13	汽20挂100	1956年兴建，1978年改建，由临沂公路段投资施工；1995年日照市公路管理局改建加宽；2009年由日照市公路局再次改建加宽。
	汾水西桥	13+910	常规桥、板拱	3	49	26	13	汽20挂100	
	大朱曹桥	17+023	常规桥、板拱	3	49	26	13	汽20挂100	
	大朱曹西桥	19+157	常规桥、板拱	4	62	26	13	汽20挂100	
	西辛兴桥	25+764	常规桥、板拱	5	80.2	26	13	汽20挂100	
	西辛兴西桥	26+621	常规桥、板拱	3	49	26	13	汽20挂100	
央子—赣榆	老龙窝桥	231+948	常规桥、板拱	2	34.2	9	6	汽20挂100	1958年临沂公路段投资兴建；1995年日照市公路管理局投资拓宽改建。
	巨峰大桥	233+761	常规桥、板拱	20	260.4	14	13	汽20挂100	
	柳古庄桥	237+381	常规桥、板拱	6	78.4	9	13	汽20挂100	
	杨家庄子桥	245+526	常规桥、板拱	5	64	10	10	汽20挂100	
涛雒—坪上	平家村桥	10+587	常规桥、板拱	6	65	9	8	汽20挂100	1952年修建，1978年拓宽改建，1998年重修。
	青墩桥	12+720	常规桥、板拱	4	36.7	9	6	汽20挂100	
	巨峰大桥	14+675	常规桥、板拱	14	153.5	11	10	汽20挂100	

高速公路桥梁

岚山境内只有沈海高速公路 1 条高速公路，有大桥 6 座，中桥 10 座。

沈海高速公路岚山段大、中桥梁一览表

表 6-3

桥梁名称	桥梁桩号（公里+米）	跨越类别	桥类	桥梁总长（米）	桥跨总长（米）
虎山铺桥	751+031	沟壑	大桥	154.92	140
龙王河桥	753+120	河流（湖）	大桥	159.11	140

续表 6-3

桥梁名称	桥梁桩号（公里+米）	跨越类别	桥类	桥梁总长（米）	桥跨总长（米）
分离立交 4	756+217	道路	大桥	152.40	140
汾水互通立交Ⅰ号桥	756+637	道路	大桥	263.46	240
汾水互通立交Ⅱ号桥	757+315	道路	大桥	70.00	56
汾水互通立交Ⅲ号桥	757+755	道路	大桥	101.13	82.5
黄泥沟桥	747+059	沟壑	中桥	69.44	64
泥田沟桥	747+731	河流（湖）	中桥	57.44	52
虎山铺桥	750+212	河流（湖）	中桥	97.92	80
分离立交 5	752+458	道路	中桥	80.18	64
虎山铺桥	754+019	河流（湖）	中桥	53.44	48
虎山铺桥	754+183	河流（湖）	中桥	62.4	48
虎山铺桥	755+186	河流（湖）	中桥	33.52	20
分离立交 6	755+349	道路	中桥	82.43	60
虎山铺桥	758+055	河流（湖）	中桥	76.46	60
虎山铺桥	758+305	河流（湖）	中桥	44.44	39

农村公路桥梁　2012 年，全区共有农村公路桥梁 389 座，其中大桥 14 座、中桥 128 座、小桥 247 座（桥长 100 米以上为大桥，桥单跨 20 米、多跨 30 米以上为中桥，桥长 5 米至 30 米为小桥）。

表 6-4

2012 年岚山区农村公路大桥一览表

路线名称	桥名	中心桩号（公里＋米）	桥型结构	桥长（米）	面宽（米）	桥跨组合（孔*米）	设计荷载	投资（万元）	建设单位	设计单位	施工单位	监理单位	修建竣工年月
日夏线	将帅沟桥	3+248	预应力钢筋混凝土空心板梁	306.04	12	15*20	公路－II 级	480	日照市交通局	山东鲁桥工程设计咨询有限公司	日照市市政公司	日照市交通局公路处	2006 年 8 月
日夏线	粮山口大桥	40+682	钢筋混凝土板桥	122.8	9	11*10	汽车－15	15.68	日照市交通局	日照市交通局	日照市交通局	日照市交通局	1983 年 11 月
日夏线	大洙洲大桥	43+298	钢筋混凝土空心板梁	178.08	12	13*13	公路－II 级	209	岚山区交通局	山东鲁桥工程设计咨询有限公司	日照市水利建筑工程公司	山东东泰工程咨询有限公司	2008 年 10 月
石岚线	龙王河桥	22+508	预应力钢筋混凝土空心板梁	128	28.5	6*20	公路－I 级	460	日照市交通局	烟台公路勘察设计院	青岛第一市政公司	山东东泰交通建设监理咨询有限公	2006 年 9 月
石岚线	东潘家村大桥	27+107	预应力钢筋混凝土箱形梁	736	30.5	18*20+1*35+1*45+1*30+13*20	公路－I 级	4900	岚山区交通局	山东省交通规划设计院	山东沂蒙交通工程有限公司	山东东泰工程咨询有限公司	2008 年 12 月
石岚线	西潘家村大桥	27+905	预应力钢筋混凝土箱形梁	116	30.5	1*35+1*40+1*35	公路－I 级	406	岚山区交通局	山东省交通规划设计院	山东沂蒙交通工程有限公司	山东东泰工程咨询有限公司	2008 年 12 月
疏港大道	韩家营子大桥	20+624	钢筋混凝土空心板桥	149.1	32.5	11*13	公路－I 级	767	岚山交通局	山东鲁桥工程设计咨询有限公司	山东沂蒙交通工程有限公司	济南市建设监理总公司	2004 年 11 月
疏港大道	后合庄水库大桥	9+475	预应力钢筋混凝土空心板梁	201.2	24.5	9*20	公路－I 级	656	岚山区交通局	山东鲁桥工程设计咨询有限公司	山东沂蒙交通工程有限公司	山东东泰交通监理咨询有限公司	2006 年 12 月

续表 6-4

路线名称	桥名	中心桩号（公里＋米）	桥型结构	桥长（米）	面宽（米）	桥跨组合（孔*米）	设计荷载	投资（万元）	建设单位	设计单位	施工单位	监理单位	修建竣工年月
后涛线	焦家集子大桥	1+166	石拱桥	173.64	9	8*16.0	汽车－13		日照市交通局	日照市交通局	日照市交通局	日照市交通局	1979 年
朱岳线	朱曹桥	0+806	钢筋混凝土板桥	316	8.5	15*20	公路－II 级	429	碑廓镇人民政府	山东鲁桥工程设计咨询有限公司	中国建筑第八工程局	东泰交通监理咨询有限公司	2005 年 12 月
省际通道	岳家村大桥	2+690	预应力钢筋混凝土空心板梁	225	12	11*20	公路－I 级	567	日照市交通局	山东鲁桥工程设计咨询有限公司	日照日泰路桥工程有限公司	日照市交通局公路处	2008 年 12 月
碑廓三村北—南马家岭	绣针河大桥	2+028	钢筋混凝土空心板梁	178	7.5	13*13	公路－II 级	166	碑廓镇人民政府	山东鲁桥工程设计咨询有限公司	中国建筑第八工程局	济南市建设监理总公司	2005 年 2 月
老沿海路	韩家营子大桥	3+314	钢筋混凝土箱型桥	154	16	14*10	公路－II 级	122.71	岚山办事处	日照市交通委公路处	虎山乡建筑公司	日照市交通委公路处	1994 年 12 月
丁家皋陆—许家庵	小代疃西桥	2+495	钢筋混凝土空心板梁	251	7	19*13	公路－II 级	240	后村镇人民政府	山东省公路设计咨询有限公司	日照日泰路桥工程有限公司	山东众成建设项目管理有限公司	2009 年 10 月
中马线	后姚埠大桥	0+354	钢筋混凝土空心桥梁	314	9	23*13	公路 II 级		中楼镇人民政府	临沂市公路勘察设计院	潍坊市经纬公路开发有限公司	莒县交通局工程科	2008 年
孟双线	亓河大桥	87+481	石重力式桥梁	180	8	9*15	汽车－超 20 级		中楼镇人民政府	中楼镇水利站	中楼镇水利站	中楼镇水利站	1986 年
房家官庄—刘家峪	房官庄桥	0+283	石重力式桥梁	128	6	12*10	公路 II 级		中楼镇人民政府	中楼镇水利站	中楼镇水利站	中楼镇水利站	1983 年
房家官庄—刘家峪	幸福桥	3+277	钢筋混凝土重力式桥梁	228	5	13*16	公路 II 级		中楼镇人民政府	中楼镇水利站	中楼镇水利站	中楼镇水利站	1987 年

坪岚铁路桥梁 坪岚铁路岚山境内共有中桥10座,小桥5座。

坪岚铁路岚山境内主要桥梁一览表

表6-5

桥梁名称	桥梁桩号(公里+米)	桥长(米)	孔跨式样(米)	等级	桥型结构	建成时间(年)
西杨家庄子桥	5+665.9	25.92	116	小桥	梁式	1988
鸭子河桥	6+509.4	35.43	116	中桥	梁式	1988
辛兴1号桥	7+284.4	80.11	416	中桥	梁式	1988
辛兴2号桥	7+946.9	45.97	216	中桥	梁式	1988
朱曹河桥	13+492	69.2	320	中桥	梁式	1988
龙须沟桥	16+339	24.98	116	小桥	梁式	1988
长野1号桥	18+246	44	216	中桥	梁式	1988
长野2号桥	18+567	47.58	216	中桥	梁式	1988
界牌岭桥	20+733	23.92	112	小桥	梁式	1989
G204国道立交桥	21+586	42.11	214	中桥	框架	1988
大尧沟桥	23+054	30.43	116	小桥	梁式	1989
甜水河桥	32+162	33.03	212	中桥	梁式	1988
黄海路桥	28+620	20	210	小桥	框架	2011
疏港路桥	29+115	42	主孔213、附孔28	中桥	框架	2010
岚山站天桥	30+465	57.6		中桥	钢桁梁	2009

第二章　交通设施

第一节　汽车站

汾水汽车站 1956年,沂水地区运输公司在汾水岭成立三级客运汽车站,建站房6间,红砖红瓦,当地称“红房子”。设站长1人,售票员1人。20世纪60年代,建候车室5间,有职工5人。70年代建食宿站40间,为旅客及客货车司机提供食宿服务。1989年,由临沂地区运输公司划归日照汽车运输总公司管理,设办公室、财务室,全站职工12人。2001年1月,日照汽车运输总公司改制为日照运总交通集团有限公司。2002年9月,按照市政府统一规划,站房拆除,在原址设售票点,职工9人。2011年,日过路客运班车60余次,年客运量7万人次。2012年新站(岚山汽车站)启用后,汾水汽车站过路站停止使用。

图 6-4　岚山汽车站　（摄于 2012 年）

岚山汽车站　2011 年，日照运总交通集团有限公司投资 1390 万元，在 G204 国道汾水段建设岚山汽车新站，2012 年 5 月 9 日建成启用，站房面积 3997 平方米，停车场面积 5000 平方米，有职工 54 人。

岚山汽车东站　1956年，沂水地区运输公司在岚山头一村设三级汽车客运站，建站房 6 间，设站长 1 人、售票员 1 人。20 世纪 60 年代至 70 年代建站房 20 余间，为旅客及客货车司机提供食宿服务，全站职工 5 人。1989 年，由临沂地区运输公司划归日照汽车运输总公司管理。1999 年 10 月 26 日，在岚山头王家庄子建新站房 225 平方米，占地面积 450 平方米，设办公室、财务室、调度室，全站共 15 人。2008 年建成封闭式发车场；同年 4 月，对岚山至石臼、岚山至日照客运班线实行“四统一”管理（统一标志、统一运行时间、统一管理、统一结算）。

图 6-5　岚山汽车东站　（摄于 2012 年）

第二节　国、省道公路站

泉子庙公路站　位于安东卫街道泉子庙村。1956 年，岚临路泉子庙工班成立，下设岚山、砚台西、泉子庙、仁家村、潘庄 5 个小组，负责 S017 省道的养护。1985 年，泉子庙工班改名泉子庙分站，隶属于日照县公路站，设养护大队。1988 年，成立泉子庙公路站，隶属日照市公路管理局（县级局），1995 年撤销。

杨庄子公路站　成立于 1993 年，位于虎山镇杨家庄子村，负责 S222 省道养护工作，有职工 2 人。后因 S222 省道改建，公路站拆除，租赁民房办公。1998 年撤销。

龙王河公路站　1988 年设立，位于虎山镇龙王河村，负责 G204 国道虎山段养护任务。1993 年因 G204 国道改建迁至前稍坡村。1999 年 4 月撤销。

碑廓公路站　成立于 1988 年，位于碑廓镇田家寨村，占地面积 4000 平方米，负责 S342 省道养护任务。1996 年 1 月，因 S342 省道改建，大部分被拆除，后在碑廓镇驻地东侧征地 1080 平方米，新建碑廓公路站。1997 年撤销。

汾水公路站　在 G204 国道东侧 384K+650m 处，1998 年征地 4524 平方米，当年 9 月动工，1999 年 5 月竣工，总投资 35.2 万元。2000 年 3 月至 5 月，对公路站绿化、硬化。建有办公楼 1 座，建筑面积 480 平方米，伙房 4 间，车库 1 间；有正式职工 4 人，群众养路员 25 人；配备养护车辆 1 部，拖拉机 1 台。主要负责境内 G204 国道、S342 及 S222 省道部分路段的建设、管养和交通量调查工作，养护总里程为 50.6 公里，其中国道 13.6 公里，省道37公里。

巨峰公路站 位于S341省道13K+450m处，始建于2000年，占地面积2297平方米，有办公楼1座，平房4间。原属东港区公路管理局，2005年1月1日划归岚山区公路管理局。有正式职工4人，养路工19人，担负S341和S222省道共计33.3公里干线公路养护管理任务。

图6-6 汾水火车站 （摄于2009年）

第三节 铁路站场

坪岚铁路全线共设车站4个（其中碑廓站预留），车站间距一般在10公里以上。

铁牛庙站 国地铁交接站。1990年4月设立，位于莒南县坪上镇（现属临沂市临港产业区），内设检车、站务、调车组，主要办理与国铁的车辆交接、甩挂等业务。建站初期有正线1股，到发线3股，牵出线1股，站内设机务折返段1处，并配有水塔1座、机车上煤台等配套设施。2000年该站信号设备改造为6502大站电气集中设备。2004年进行站场改造，线路坡度降为1.5‰，到发线有效长度延长至1050米，增建预留的2股线路。2010年，全站实施电气化改造，站场技术标准与国铁实现了匹配对接。

汾水镇站 中间站。1998年7月简易组站，1999年正式开站运营，内设运转室、货运组、车号组、调车组，日照钢铁公司、三木集团公司铁路专用线在站东咽喉区接轨，办理直通全国铁路各站的整车货物发送、到达及代理业务，承担企业铁路专用线的取送车作业。初建时，有正线1条，到发线1条，40吨汽车衡1台。1999年增建400米卸车线1股、到发线1股、6600平方米硬化货场1处。2000年将卸车线延伸至850米，与正线贯通，同时进行车站信号改造，安装8505型色灯电锁器。2006年修建货物线1股，货场面积增建至1万平方米。2007年实施站场技术升级改造，增设到发线1股，将线路有效长延伸至1050米，信号设备改造为6502大站电气集中设备。2008年，货场面积增建至2万平方米，设置100吨双台面动态电子轨道衡1台。2012年，车站年装卸运输能力达1000万吨以上。

岚山站 终点站。1990年4月建成，内设运转室、货运组、车号组、调车组，主要办理整车货物发送、到达及代理业务，承担列车到发、编解、机车换挂以及港湾线企业铁路专用线的取送车作业。建站时，设有使用面积300平方米仓库1座，50吨汽车衡1台。至1994年，车站有正线1股、到发线3股、货物线1股。1995年修建预留到发线1股，并在该线设置100吨双面动态电子轨道衡1台，解决固液态货物计量问题；在车站南侧建成占地5800平方米仓储大库1座。1999年

图6-7 岚山火车站 （摄于2009年）

采取联合方式，硬化修建2400平方米货场。2003年，在车站南北两端增建2.48万平方米的硬化面货场。2003年全站实现电气集中，闭塞区间为64D型半自动闭塞，信号采用8505型色灯电锁器设备，道岔操纵由人工方式改为人工与电气控制相结合方式。2007年，完成站1股北侧1.1万平方米货场改扩建工程。2009年，实施岚山站技术升级改造，增设到发线1股，将线路有效长延长至1050米，信号设备采用微机联锁。2012年，实施岚山站货场改扩建工程，硬化货场5000平方米，使车站具备整列装卸车条件，年装卸运输能力达1500万吨以上。

第三章 运 输

第一节 运输工具

清末至新中国成立初，境内主要运输工具有轿、毛驴、马、骡、骆驼、木轮车等。20世纪60年代后，骆驼不多见，也不再用轿。

毛驴 用以出门代步或驮运货物。改革开放后使用逐渐减少，进入21世纪后已很少使用。

手推车 木轮手推车用于长、短途运输或在田间使用。至新中国成立初，农村接闺女、送媳妇，中老年妇女赶庙会、走亲戚，大都用此车。新中国成立前富有之家，还备有“二把子”木轮车，一车能乘2人，皆用人一推一拉。1940年岚山开始有胶轮手推车，因承载量大，推起来较木轮车省力，1960年后逐渐取代木轮车。

马车 分单套、双套、三套，早期有木轮、胶轮之分。20世纪50年代中后期开始大量使用马车。改革开放后，随着汽车增多，马车逐渐淘汰，只有少数马车从事短途运输。

地排车 有人力拉和驴拉两种。20世纪50年代开始使用，60年代后逐渐普及，到90年代已很少使用。

自行车 1970年后，自行车发展迅速，成为主要的短途交通运输工具，且以大轮为多，主要有“金鹿”“千里马”“海燕”“金象”“永久”“凤凰”“鹿牌”“飞鸽”等品牌。20世纪80年代前，自行车实行计划供应。1989～1992年小轮自行车比重上升。1992年始，山地变速自行车上市。2000年后，自行车多为小型轻便车，用自行车运货已不多见。到2010年前后，电动自行车迅速增加，出门代步多用此车。

机动三轮车 1971年，岚山头搬运社自行革新拼装出第一辆载重2吨的汽油机三轮车。至2003年，岚山办事处范围内有三轮车3万余辆，其中货运三轮车448辆，客运三轮车333辆。2011年，全区登记在册的三轮车有4916辆，其中客运180辆，货运356辆，农用4380辆。

拖拉机 20世纪70年代，各村镇开始增添拖拉机为农业生产服务。改革开放后，国家允许农民自己经营农机，农用拖拉机迅速发展。20世纪80年代后期，随着工业经济、商品经济发展，购买天津60、东方红100等大型拖拉机搞长途运输者逐渐增多，90年代后期达到顶峰。2012年，全区共有拖拉机29940台，其中大型拖拉机453台，中型拖拉机1461台，小型拖拉机28026台。

汽车 20世纪90年代，岚山汽车发展迅速，以货运、客运汽车为主，逐步成为客货运输的主要方式。进入21世纪，家庭轿车迅速发展。2012年，全区拥有汽车73506辆，其中个人汽车65003辆。

第二节 客 运

客车 岚山旅客运输起步晚，发展迅速。1988年以前，群众出行依赖汾水G204国道过路车。1988年，日照市汽车三队购置4辆临沂产“飞燕”牌客车，其中1辆运营岚山头至临沂线路，其余运营岚山头至日照线路。1994年8月，日照运输总公司岚山分公司从总公司调9

辆客车，成立客车队，有岚山至黄岛、临沂及市内线路。2005年7月开通岚山至衡水班线。至2012年，岚山共运营至河北衡水、济南、青岛、烟台、潍坊、淄博、莱芜、东营仙河、临沂、沂南、肥城、莒南、莒县、五莲、三庄以及日照、石臼等17条客运班线，日发客运班次256次，年发客运班次95624次，年运输客运量244万人次，年客运周转量1.26亿人公里。其中，至日照客运班车60台，日始发150班次，平均6分钟1趟；至石臼28台，日始发70班次，平均10分钟一趟。

出租车　2003年岚山有出租车45辆，其中轿车24辆。2005年，推行公司化管理，新发展出租车100辆，车体颜色统一为"上天蓝下银白"，实行"四统一"（统一标志、计价器、顶灯和防护网），车身喷制举报电话，并标明运价。2010年，全部更新为捷达牌轿车。

附：客运公司

日照运输总公司岚山分公司　位于岚山区圣岚东路53号，占地面积13496平方米，为股份制企业，日照运总集团控股60%，职工持股会持股40%。主要业务范围：承担岚山区县内、县际、市际、省际班车客运，县内、县际、市际、省际包车客运以及出租客运业务。2012年拥有客车26部。

日照市岚山信成运输有限公司　位于岚山头街道金牛岭路，占地面积7000平方米，2002年12月成立，注册资金60万元，为股份制企业。公司经营范围：班车客运、出租车客运及其他运输业务。2006年，采取挂靠方式吸引社会车辆6台，经营岚山至碑廓客运班线。2010年，碑廓镇列入城市规划区，碑廓至岚山客运班线改为城市公交线路，公司仅从事出租车管理业务。

第三节　货　运

人力、畜力车运输　清末民初，货物运输业由民间自发产生，所运货物多为海产品、土特产品和生活日用品。抗日战争后，为发展生产、军需供给，抗日民主政府在岚山沿海一带建立了社会运输组织。

1945年，岚山头、安东卫"车工会"成立，主要运输滨海地区从岚山口岸输入的军需物资。车工会制定了严密的货物抢运措施，冒着被敌人掠夺袭击的危险，运输军需物资。秘密联络是红、绿两色旗子，需运物资时，便到岚山头北山顶同安东卫联系，用绿色小旗转一圈，表示要10辆车，转两圈表示要20辆。重要军需物资多在夜间运抵碑廓、莒南一带根据地。回程捎运农副产品，装船外运。新中国成立后，人力、畜力运输仍是主要货运力量。1954年，日照县搬运公司成立，在岚山头设立搬运站，兼营民间运输。1962年，岚山头搬运社成立，有地排车、手推车90余辆，工人110余名。从20世纪70年代始，随着现代运输工具的发展，人力、畜力运输逐渐被现代化运输工具替代。

机动车货运　1949年，山东省在潍坊建立省级联运公司，在日照建立岚山头联运组，这是日照首次出现的由政府建立的专业运输组织，与各种形式的民间运输力量联办水陆运输业务。1971年岚山头搬运社自行革新拼装出第一辆载重2吨的汽油机三轮车，后来又连续拼装5辆机动车，并添置了嘎斯、依法、泰山等汽车。随着改革开放和经济发展，从事交通运输的机动车辆日益增多。至2002年，岚山机动车运载吨位达5482吨，年公路货运量191万吨，完成货运周转量11825万吨公里。2004年设区后，公路货运量翻倍增长。至2012年，全区共有道路运输企业167家、拥有各类汽车1950余台，年货运周转量18.6亿吨公里，其中危险品货运企业2家、普通货运企业38家、货运代理及站（场）服务企业127家。

运输企业选介

日照市岚山弘辉运输有限公司　属危险品货运企业，成立于2007年12月，注册资金1000万元，为集体所有制企业，有员工18人，货车14辆，总吨位250吨。

童海港务有限公司运输车队　成立于2008年2月，为股份制企业，有员工36人，危险品货运车辆15台，总吨位443.5吨。

日照交运有限公司　成立于2006年，为股份制企业，有员工 48 人，货运车辆 29 台，总吨位 1420 吨。

日照信成运输有限公司　成立于 2002 年，为股份制企业，有员工 52 人，货运车辆 28 辆，总吨位 540 吨。

日照腾飞运输有限公司　成立于 2002 年，为私营企业，有员工 38 人，货运车辆 22 台，总吨位 880 吨。

日照维思物流有限公司　成立于 2005 年，前身为岚山港务公司车队，为国有股份制企业，有员工 82 人，运输车辆 60 台，总吨位 2100 吨。

日照万泰有限公司　成立于 2010 年，为股份制企业，有员工 65 人，运输车辆 55 台，总吨位 1600 吨。

日照金海岸装卸有限公司　成立于 2007 年，为股份制企业，有职工 55 人，运输车 40 辆，总吨位 1330 吨。

岚山国顺运输公司　成立于 2007 年，为私营企业，有运输车辆 82 台，总吨位 3200 吨。

岚山方通公司　成立于 2005 年，前身为日照钢铁公司车队，2011 年注册为岚山方通公司，有车辆 201 台，总吨位 9800 吨。

岚山永顺有限公司　成立于 2004 年，为私营企业，有运输车辆 29 台，总吨位 1450 吨。

第四节　管道运输

随着江北最大的液化品集散地的形成，2010 年，岚山区启动了石化大通道工程建设，规划建设岚山港区至内地和本地企业地下输油管道 8 条，港口接卸的石油通过管道送往内地或本地企业。

中石化日照—仪征原油管道 1 条，起点为日照港油品码头，终点为江苏省仪征市，管径 914 毫米，年设计输油量 3000 万吨。

中石油日照—东明原油管道 1 条，起点为日照港油品码头，终点为山东省东明县，管径 711 毫米，年设计输油量 2000 万吨。

图 6-8　施工中的原油管道　（摄于 2011 年）

日照港油品码头—瀚坤能源发展有限公司厂区输油管道 1 条，管径 813 毫米，年设计输油量 324 万吨。

日照港油品码头—山东金石沥青股份有限公司厂区输油管道 3 条，其中 1 条为进油管道，管径 640 毫米，年设计输油量 200 万吨；2 条为出油管道，管径分别为 540 毫米、325 毫米，年设计输油量 100 万吨。

岚桥港—日照岚桥港口石化有限公司厂区输油管道 2 条，管径分别为 800 毫米，年设计输油量 2621 万吨。

以上 5 家 8 条管道统一路径，起点为日照港油品码头，沿南沿海公路东侧向北至东潘家村北，再向西穿越南沿海公路、安岚大道、坪岚铁路，沿坪岚铁路南侧向西至沈海高速公路，在沈海高速公路以西分向南和向西两条通道。岚山区内管道合计总长 90 多公里，总投资约 11.26 亿元。

中石化日照—仪征原油管道于 2010 年 6 月开工建设，2011 年 10 月竣工；中石油日照—东明原油管道于 2010 年 10 月开工建设，2011 年 12 月竣工；其他瀚坤能源发展有限公司、山东金石沥青股份有限公司、日照岚桥港口石化有限公司 3 家企业 6 条管道与中石油日照—东明原油管道同步开工，2012 年春相继完工。

第四章　交通管理

第一节　管理机构

1954年，日照县人民政府交通科在岚山设交通管理站，1963年设安岚交通管理站；1972年设汾水交通管理站，同年设立黄墩交通管理所、巨峰交通管理所和后村交通管理所；1984年设岚山交通管理站，1987年5月改设汾水、岚山交通管理所；黄墩交通管理所、巨峰交通管理所和后村交通管理所依然保留。

交通运输局　1993年，岚山办事处成立交通管理办公室。1995年1月，成立岚山办事处交通局（简称岚山交通局），负责岚山办事处县道养护管理建设、运输行业管理、交通规费征稽、交通生产安全管理等工作，内设办公室、计财科、综合科、运管所、公路所，原隶属于日照市交通委员会的岚山头交通管理所、汾水交通管理所、交通稽查站划归岚山交通局管理。

1995年3月，成立虎山交通管理所；同年8月设立驻岚山港管理办公室。1996年3月成立碑廓交通管理所。1997年4月成立征收科，2003年12月改称规费征收所。2003年12月成立路政养护所。

2004年，成立岚山区交通局（简称区交通局），原属东港区交通局管理的巨峰、黄墩、后村3个交通管理所划归岚山区交通局管理。2005年1月，成立高兴镇交通管理所。2006年，公路工程管理处升格为副科级单位。2011年4月，区政府机构改革，撤销岚山区交通局，成立岚山区交通运输局（简称区交通运输局），内设办公室（加挂人事处牌子）、财务科（加挂审批科牌子）、法规科、口岸管理科、运输安全管理科（加挂战备办公室牌子）5个行政科室，辖交通运输监察站、公路工程管理处2个副科级单位，以及路政养护所、车辆维修管理所、客运管理所、直属交通管理所（加挂城市公共交通管理所牌子）、安东卫交通管理所、碑廓交通管理所、虎山交通管理所、巨峰交通管理所、高兴交通管理所、后村交通管理所、黄墩交通管理所等11个股级单位。2012年7月区划调整后，中楼镇交通管理所划归岚山区交通运输局管理，后村镇交通管理所划归东港区交通运输局管理。

公路局　1994年12月，成立岚山办事处公路管理局（简称岚山公路局），负责G204国道、S342省道和S222省道岚山办事处段共计48.4公里干线公路的建设、养护、管理和辖区内汽车养路费征收。此后泉子庙、碑廓、杨家庄子、龙王河4处公路站相继撤销。1998年又增设汾水公路站。2004年设区后，成立岚山区公路管理局（简称区公路局），负责G204国道、S342省道、S341省道和S222省道岚山区段85.253公里干线公路的建设、养护、管理，原属东港区公路局管辖的巨峰公路站（2000年设立）划归岚山区公路局管辖。

截至2012年，岚山区公路局有职工60人，下设办公室、政工科、路政科、养护科、财务科、机料科、安全科、保卫科、工程科、工会等11个科室，汾水、巨峰2处公路站。2002年被评为山东省党员教育工作先进单位；2004年被山东省交通厅评为治理公路“三乱”工作先进单位，同年5月被授予“省级文明单位”；2007年被山东省交通厅公路局评为“文明公路站”；2012年5月被山东省纪委、监察厅命名为“山东省廉政文化示范点”。

山东省地方铁路局岚山管理处　1983年6月，临沂地区行署成立坪岚铁路筹建办公室。1985年8月，临沂地区行署以临地办字〔1985〕112号文件公布成立坪岚铁路建设指挥部。同时，根据铁路沿线情况和施工任务分工，先后成立铁道部第十一工程局坪岚铁路工程指挥部、日照市坪岚铁路工程指挥部、莒南县铁路建设办公室、坪上镇铁路建设办公室、汾水镇铁路建设办公室、虎山乡铁路建设办公室和岚山头镇铁路建设办公室。1986年8月，由临沂地区编委批准成立临沂地区坪岚铁路管理处，隶属于临沂地区交通局，经营和管理坪岚铁路。

1989年山东省地方铁路局以鲁地铁办〔1989〕第18号文件公布《关于坪岚铁路隶属山东省地方铁路局的通知》，自1989年1月1日起坪岚铁路隶属于山东省地方铁路局管理。1989年11月，山东省地方铁路局以鲁地铁委字〔1989〕115号文件公布，成立山东省地方铁路局岚山临时运营管理处（简称岚山临管处），1997年1月更名为山东省地方铁路局岚山运营管理处（简称岚山管理处）。2008年4月，山东省地方铁路局重组加入山东高速集团有限公司，改制为山东高速轨道交通集团有限公司，同时保留山东省地方铁路局名称。2011年8月18日，岚山管理处更名为山东高速轨道交通集团有限公司岚山管理处，同时保留山东省地方铁路局岚山管理处名称。2012年，岚山管理处设办公室、运输部、安监室、设备部、企业管理部、人力资源部、财务部、政工部、工会工作部；基层设岚山站、汾水镇站、铁牛庙站、机务段、工务段、电务段。

1993年岚山临管处设公安段，2001年1月公安段升级为山东省公安局坪岚分局，行使县级公安机关职权，隶属山东省地方铁路公安局和岚山管理处双重领导。

第二节　国、省道养护管理

岚山区国、省道养护管理工作由汾水公路站和巨峰公路站具体承担，实行“工群共养”办法，专业养路工人和群众养路员按照线路分段包干护养。主要任务包括路面清扫、路面维修、设施维护、水毁抢修、道路绿化等，日常工作以维修路面、清理水沟确保排水为主。2012年，有专业养护人员6名，群众养路人员33人。

公路养护　“水毁”是公路常见灾害。1995年，岚山公路局设立“三防”（防台风、防汛、防洪）指挥部，在各公路站设巡查员。以后每年预留专项基金，用于整治路基、维修桥涵、疏通排水沟、整治路面及其他附属设施等水毁预防及抢修项目；储备水泥、钢材等水毁抢险材料，在容易受风雨袭击、可能会发生重大险情的路段附近储备沙、石、水泥、木材、麻袋、草袋等应急材料；在水害季节，统一组织水毁抢修突击队伍。

1996年7月降雨多，S048省道（现S222省道）228K+100m、230K+240m、231K+500m三处水蚀严重，边坡坍塌460平方米，路缘石沉陷120米。岚山公路局迅速组织人员抢修，保证了行车安全，后又修建防护墙1730米。2000年5月对S048省道、S017省道（现S342省道）进行抢修；同年7月，对S048省道补泄水槽。2000年5月对泥田沟中桥铺底；2004年6月对S222省道杨庄子大桥铺底。2006年7月对S222省道柳古庄中桥修筑截水坝、铺底、加固桥桩。2007年5月在S222省道巨峰大桥下游修筑拦河大坝，砌筑砂浆片石1400余立方米，提高大桥抗洪及抗冲刷能力。2008年7月修复水毁桥梁1座，完成S342省道西辛兴桥铺底及挡水墙片石500立方米。

2010年，加大干线公路夏季水毁工程抢修力度，保证水毁桥梁及时发现，及时修复，不留隐患，当年修复率达100%。

2011年，完成G204国道、S222省道、S341省道路面灌缝10万余米，挖补坑槽2500余平方米。2012年完成路面灌缝17.7万米，刮油2400余平方米，挖补坑槽1.2万平方米。

2012年8月，强热带台风“达维”登陆后，岚山公路局启动应急预案，出动机械24个台班、抢险队员200多人，6小时内恢复了国、省道通车。

公路绿化　1995年，岚山公路局对岚山办事处辖区内道路进行栽补植，种植树种主要有灌木、火炬松等，共栽植行道树4740棵，灌木3100棵，火炬松1210棵。此后每年对国、省道两侧树木进行栽补植，冬季整修。至2012年底，G204国道、S222省道、S341省道、S342省道共栽植草皮6.8万平方米，种植苗木102.5万余棵。

第三节　农村公路养护管理

农村公路养护　新中国成立前，无专人养护。新中国成立后，平均每公里配备1名养路员，从沿途村庄雇用，实行分段包干。1993年养护县道1条（巨碑线），养护里程6.6公里，有民工建勤(指公路周边受益群众参加公路建设的义务劳动)固定养路员7人;1994年养护县道2条(巨碑线、疏港路),养护里程13.4公里,有民工建勤固定养路员14人;1996年养护县道3条(巨碑线、疏港路、石岚线),养护里程24公里,有民工建勤固定养路员24人。

2004年设区后,黄墩、后村、高兴、巨峰4镇划入,划入县道4条、86.2公里,有民工建勤养路员59人。其中青赵线23.3公里,民工建勤养路员16人;日夏线38.5公里,民工建勤养路员26人;后涛线12.7公里,民工建勤养路员9人;汪黄线11.7公里,民工建勤养路员8人。

乡道、村道的养护由各镇、村居负责。2004年,黄墩镇组建32人养路员队伍,由镇交通管理所代管,负责镇域107公里的砂土路日常养护任务。安东卫、虎山、碑廓、后村、高兴、巨峰7个乡镇街道采取村集体养护模式,进行日常养护管理。

2006年,区政府制定《岚山区农村公路养护管理办法》,首次明确农村公路养护管理的职责、办法及标准。2007年以后,初步建立"公司化、专业化、代管代养"三种日常养护机制。南沿海公路、疏港大道、鲁班大道等12条、40公里农村公路,通过公开招投标形式,确定了山东正欣市政公用公司、日照泉祥物业公司、日照金土地绿化公司、山东铭瑞公司等4家养护公司,由公司按照合同进行养护管理,交通主管部门日常监管;日夏线、青赵线、后涛线等12条、156公里县道,通过竞聘组建专业养路队,采取责任到人、包段到人,签订承揽协议方式,组织日常养护;全区224公里乡道、822.5公里村道由各镇(街道)组建养路队,委托交管所考评管理、代管代养。

2006~2012年,日照市交通运输局对农村公路建设管理进行年度考核,岚山区有6年名列第一,连续7年被表彰为农村公路养护管理先进单位;2008年被山东省人民政府命名为全省农村公路建设养护示范县(区),被日照市人民政府表彰为全市农村公路建设管理先进单位。

农村公路管理 1989~1995年,岚山境内的县、乡公路养护由日照市交通局负责,日照市交通局设公路股专管公路养护业务。1995年岚山交通局设立后,内设县乡公路管理所和路政养护所,配备公路管理员、路政管理员、工程质量监督员等,主管辖区内县道公路养护技术管理、路政管理、交通战备及工程建设等任务,下设岚山、汾水、虎山、碑廓4个交通管理所,配置公路管理员,负责辖区线路的小修保养、路政巡查、公路防汛、内业管理等工作。

2004年岚山设区后,成立岚山区交通局,内设公路工程管理处和路政养护管理所,下设岚山头、汾水、碑廓、虎山、巨峰、黄墩、后村、高兴8个交通管理所。

第四节 运政管理

新中国成立初期,村民自带工具,自己安排货物运输;商业物资部门招揽运力,调运购销货物。1954年,政府把民间运输纳入计划管理,并规定由搬运公司组织民间运输力量参加运输。20世纪60年代,交通管理站统一组织货源,统一安排运输,统一结算运费。80年代中期,运输管理规定有所变化,社会民间运输者除交纳所得税和管理费外,收入全部归运输者所得。

岚山交通局设立后,下设道路运输管理所、车辆维修管理所、客运管理所以及岚山头、安东卫、碑廓、虎山4个乡镇街道交通运输管理所,负责全处道路运输管理工作。道路运输管理所负责道路运输从业人员的教育培训和管理,营运资格的行政审批,对道路运输行业标准、运输质量、经营行为、价格执行情况进行日常监督检查,调解日常运输纠纷、道路运输安全管理和安全生产等工作。车辆维修管理所负责对机动车维修业户进行管理,包括开业、歇业、资格审查、经营行为监督检查等;负责运输车辆技术管理和强制维护;负责车辆维修行业的安全管理和安全生产。客运管理所负责客运班线的规划、审批及客运班线班次安排,并负责客运行业安全管理和安全生产。各乡镇街道交通管理所主要负责辖区内运输市场管理,维护运输市场秩序,纠正违章行为,具体组织指令性、指导性、计划性运输和综合运输,保障重点物资运输。

2004年岚山区交通局设立后，客运管理所加挂出租车管理所牌子，增加出租车管理职能；新增直属交通管理所，负责协调区直公路运输业务。2011年机构改革，直属交通管理所加挂城市公共交通管理所牌子，新增城市公共交通管理职能，主要是城市公共交通的规划，经营企业资质审核，营运车辆审批、监督检查、安全生产等。

图6-9　碑廓交通管理所　（摄于2008年）

第五节　规费征稽

交通规费包括养路费、道路运输管理费、货运基金、客运基金等。岚山养路费征收从1995年开始迅速增加。2009年1月1日零时起，根据《国务院关于实施成品油价格和税费改革的通知》(国发〔2008〕37号)，取消上述规费。

养路费　1987年7月起，客车、货车的养路费由公路部门征收，其他营运性拖拉机、三轮车、二轮摩托车由交通部门征收。

1995～2008年岚山养路费征收情况统计表

表6-6　单位：万元

年　份	岚山公路局征收数额	岚山交通局征收数额	年　份	岚山公路局征收数额	岚山交通局征收数额
1995	357	187.07	2002	691.4	134.21
1996	455.3	187.48	2003	730.2	160.94
1997	488	217.81	2004	895.87	388.67
1998	458.1	163.57	2005	1104.2	412.11
1999	445.8	143.12	2006	1449.4	479.29
2000	522.7	129.59	2007	1918.3	513.54
2001	515.8	129.30	2008	2549.2	182.40

道路运输管理费　凡从事营业性公路客货运输、搬运装卸、运输服务的单位和个人以及部队车辆，参加地方营业性运输，均需缴纳公路运输管理费。

管理费按经营者营业收入计征，最高不超过1%。征收办法为：客货运输由车籍所在地的交管部门按应征运费计征；搬运装卸、运输服务由生产作业地运营部门按营业收入计征，营业额难以计算的，可核定年度营业收入，按日定额征收。

1976～2008 年岚山道路运输管理费征收情况统计表

表 6-7

年　份	金额（元）	年　份	金额（元）	年　份	金额（元）	年　份	金额（元）
1976	2426.47	1985	15462.69	1994	10731.14	2003	430125
1977	1633.64	1986	20335.50	1995	400153.25	2004	386700
1978	2307.61	1987	35891.27	1996	467490.90	2005	721100
1979	4141.71	1988	51444.36	1997	516147.57	2006	792900
1980	3639.73	1989	59299.43	1998	436912.19	2007	1135400
1981	3166.90	1990	45260.30	1999	415312.66	2008	824000
1982	9384.54	1991	46348.47	2000	367887.51		
1983	13820.07	1992	48864.50	2001	381710.15		
1984	17463.51	1993	90768.55	2002	466445.07		

第六节　交通监察

岚山交通运输监察站位于 204 国道西侧，坪岚铁路以北。1995 年经省政府批准成立（鲁政发〔1995〕106 号文件），原名为日照市汾水交通检查站。1996 年改称日照市岚山办事处交通局交通稽查站，序号 74 号（后改为 23 号），配备人员 6 名。1997 年由股级单位升格为副科级单位，设置交通稽查大队，与稽查站合署办公，编制增至 13 人。2008 年经山东省人民政府批准，投资 900 多万元，建设岚山Ⅱ类超限超载检测站，与交通稽查站合署办公。2010 年，更名为岚山区交通运输监察站，主要履行交通运输监察大队、治超检测站职能，负责辖区内运政管理、路政管理，治理车辆超限超载，治理公路“三乱”（乱设卡、乱罚款、乱收费）。2012 年，监察站有干部职工 32 人，辖 4 个交通监察中队。1997 年，交通稽查站被山东省交通厅授予“甲级资质”证书，获全省交通检查先进集体荣誉称号。2003 年获日照市“五一劳动奖状”。2011 年被表彰为市级文明单位、全市交通运输系统交通稽查工作先进单位、全市规范化执法红旗单位，被确定为日照市廉政文化建设示范点。2012 年被表彰为日照市模范职工小家，被授予省级青年文明号。

第七编　海　港

岚山海运，历史悠久。自夏商时期，东夷部族就在此从事渔猎活动，形成自然渔村。明代中期由军防要地变为商埠。清康熙年间，岚山头、荻水为日照县7处自然海口中的2处，“海运渐开，商贾骈至”。清末民初，岚山头口海运已具一定规模，有大风帆船80余条，荻水口有大风帆船20余条，载重多在1000鉼至2000鉼之间（每鉼约合33.5公斤）。1916年，江苏潮河一带贼寇焚沉荻水口海运船队及设施，洗劫安东卫，后岚山头口取代荻水口，成为周围地区土特产集散地和较为繁荣的商港。1937年，岚山头口建起码头1座，靠涉水进行装卸，后建起靠航架和木质趸船停泊舢板。

1939年后，侵华日军多次封锁岚山头口，并于1939年5月上旬纵火烧船百余条，岚山海运遭受严重破坏。抗日战争胜利后，人民政府重整岚山头口海运业，时有“万顺”“正大”两商船远航上海，每天进出口岸船舶达50余条，年吞吐量1万吨左右，成为滨海解放区重要贸易口岸。

1951年1月，日照县岚山头港（现岚山港老港区）动工建设。1952年，制作20米木质趸船1只，用作简易码头靠泊装卸。1955年由山东省交通厅设计，投资10万元，于1957年建成半斜坡重力式码头，无风浪时可供5只小驳船停靠作业。1959年，将半斜坡式码头改建成直立式岸壁码头，长38.1米，宽25.5米，引堤长40米，可供1200吨左右的轮船停靠作业。港内有木质库房1座，面积1392平方米，储存能力3000吨；货场4600平方米，堆存能力1.5万吨。岚山头港建成投产后，年最高吞吐量16.8万吨，新港区建设期间，老港区基本处于闲置状态。

1977年，新港区（现岚山港）开始兴建，2004年岚桥港开工建设，2005年日照港10万吨级、30万吨级原油码头开工建设，2006年童海港扩建工程开工。至2012年，岚山港区从南到北由岚山港务有限公司、山东童海港业股份有限公司、日照实华原油码头有限公司、日照港油品码头有限公司、日照岚桥港务有限公司5家港口公司，共建成万吨级以上泊位21个，开发利用岸线8公里。

2009年，日照市委、市政府委托中交水运规划设计院编制的《日照港总体规划》通过国家交通运输部和山东省政府的联合审查，岚山港区规划港口岸线长15公里，规划建设泊位202个，码头岸线长59.3公里，陆域总面积约5203.8万平方米。规划分南、中、北三个区。南作业区位于岚山渔港以东、圣岚路以南，规划依托岚山港务公司既有泊位继续发展煤炭、木材、粮食等散杂货运输；中作业区位于岚山港区中部、南作业区以北至刘家海屋之间，将整合日照全港的液体化工品及成品油运输，集中发展原油、成品油及液体化工品运输；北作业区位于中作业区北侧、刘家海屋至龙王河口及龙王河口北1.5～3.7公里岸段，主要承担铁矿石、焦炭等大宗散货和钢铁、木材等杂货运输，为岚山港区后方工业园区和腹地经济发展提供原料和产成品运输服务，并预留集装箱运输功能。

2012年，岚山港区共完成货物吞吐量9441万吨，已发展成为全国最大的镍矿集散中心、全国沿海港口最大的原木进口和加工物流基地、长江以北重要的液化品集散地、区域性重要的钢铁原材料和产成品进出口通道。

第一章　港口建设

第一节　码头建设

岚山港务有限公司码头建设　岚山港务有限公司地处黄海海州湾北角（北纬35°05′35″，东经119°22′17″），自然水深-7～-16米，不冻不淤，是中国南北海运主通道中间带上的一座天然良港。

勘查论证　1971年2月，青岛海运局对岚山头港建设进行了工程可行性研究和初步规划设计，确定新港区选址在距老港区2.5公里东侧的佛手湾村。按《青岛海运局革命委员会岚山头港新建码头工程扩大初步设计》,新建码头为混凝土方块重力式,长度150米,码头区150×80米,引堤520×10米,货场180×70米(兼引堤),共填筑陆域25000平方米,其中货场12000平方米,其余作道路及建筑生产用房。

1971年7月,青岛海运局筑港工程队进驻岚山头港开工建设。后受"文化大革命"干扰,新港区建设进展缓慢,几度搁置中断,至1976年年底,仅建成引堤500米,预制直立岸壁125米。1977年,山东省革命委员会决定在日照县岚山头沿海一带建设中型港口,完成国家"五五"计划期间未完工的岚山头港新港区工程。山东省建委组织北海舰队、青岛海洋学院、青岛海洋研究所和省水文、地质勘探等有关部门对原选港址的潮汐、波浪、海底和港区地质构造,以及气象、气温、地震等进行了全面的勘察测量。勘察结果表明岚山头镇佛手湾一带(原所选新港区址)不淤不冻,后方腹地开阔,自然水深-7~-16米,工程开挖量小,适宜建造中型港口,再次确定了国家"五五"计划期间原岚山头港新港区初选方案。设计泊位为500吨级、1000吨级小轮泊位各1个,5000吨中级泊位1个,2万吨级深水泊位1个,由青岛海洋学院和青岛海洋研究所设计,青岛海运局筑港工程队四队施工。

通用泊位建设　从1977年开始,岚山港务公司相继建成12个通用泊位。

500吨级泊位,长55米,前沿设计水深-4米,1978年9月建成,后填海废止。1000吨级泊位,长75米,前沿设计水深-5米,1978年9月建成,后填海废止。岚南5号泊位(原称3号泊位),5000吨级,长180米,前沿设计水深-7.5米,年设计通过能力35万吨,1981年4月投产。岚南7号泊位(原称4号泊位),2万吨级,长219米,前沿设计水深-10.2米,年设计通过能力65万吨,1983年12月投产。岚南3号泊位(原称5号泊位),5000吨级,长130米,前沿设计水深-7.5米,年设计通过能力35万吨,1994年8月投产。岚南1号泊位(原称6号泊位),1万吨级,长180米,前沿设计水深-8.5米,年设计通过能力65万吨,1996年6月投产。其中岚南3号、1号泊位是作为日照港大型煤炭泊位的补充,定位于国内中小型煤炭船舶而建设的煤炭专用码头,后随着港口的发展,转用作通用泊位。

岚南9号泊位(原称9号泊位)。该工程将岚山港2万吨级散杂泊位前端改造后(改造长度为16.94米),自北向南接建,接长240米,前沿水深-14米,南端为直立式岸壁,前沿水深为-9.5米(建成后作为港口作业船停靠场地)。码头设计形式为重力式方块结构,泊位设计靠泊能力为3.5万吨级(兼顾5万吨级),新增陆域面积2.5万平方米,年设计通过能力为45万吨。1999年12月开工建设,2001年5月完工。

岚南2号泊位(原称10号泊位)。位于岚南1号泊位西侧,沿1号泊位前沿线自东向西顺岸接建,码头长315.85米,顶高程为+7米,前沿水深-13.6米(其中过渡段长15.85米,前沿水深-8.5米),码头结构形式采用重力式沉箱结构,靠泊能力为5万吨级。码头主体工程于2003年1月开工建设,2004年1月完成;直立岸壁工程于2004年8月21日完工;相关配套设施于2004年10月全部完成。

岚南6号泊位(原称11号泊位)。是在岚山港通用泊位直立岸壁的基础上技术改造而成,即将岚山港通用泊位西南侧长度260米的直立岸壁改为码头岸线,同时增加码头附属设施,对港池进行疏浚。2005年3月开工建设。改造后年新增通过能力70万吨。

岚南11号泊位。由原8号泊位改建而成。根据日照港总体规划,将岚山港务公司南作业区8号、12号液化品泊位的功能置换到中作业区,功能置换后的8号、12号泊位改建成一个10万吨级通用泊位,后方回填形成陆域。工程于2009年7月10日开工,2010年7月28日完工,建设内容为:沿原9号泊位前沿线向南顺延400米,将原8号液化品泊位改造成一个10万吨级通用泊位;同时将原12号液化品泊位填埋,回填、吹填成44万平方米的货场,设计年吞吐能力230万吨。码头为重力式结构,顶高程7米,总长396.15米,其中码头过渡段长21.55米,前沿设计底高程为-14米,其余段前沿设计底高程为-20米。

岚南8号、10号泊位(原15号、16号泊位)。位于岚山港区南作业区南一突堤,自岚南6号泊位西南端起,沿南一突堤东岸线向南顺岸布置7万吨级(岚南8号)和10万吨级(岚南10号)泊位各1个,泊位长611米,前沿设计底高程－15.1米,顶高程7米,设计年吞吐能力450万吨。工程于2010年10月29日开工,2012年6月29日完工,9月投入试运行。

液化专用码头建设　1987年8月,中国化工进出口公司山东分公司提出与岚山港务管理局、香港华鲁有限公司三方合资兴建液体化工品集散基地。1987年10月,山东省经贸委批复同意立项。1988年4月19日山东省对外贸易局关于《岚山港液体石油化工品出口码头工程可行性研究报告》和1988年6月山东省对外经济贸易委员会、山东省计划委员会《关于中外合作经营建设岚山港液体石油化工品码头工程可行性研究报告》中确定,“在岚山港现有码头的基础上向外延伸,新建一座长850米,宽10米的引堤和2万吨级墩式泊位一个(留有扩建5万吨级泊位的余地)。码头建设由现突堤东南角向南抛筑引堤600米,再向西直拐40度建空堤250米(即化工码头泊位)”。1989年9月25日,山东省交通厅批准工程初步设计,并指出,其总平面布置由现散杂货码头防波堤岸轴线向南延伸,新建引堤长度满足预留1个万吨级散杂码头及防火隔离要求。液化码头泊位按2万吨级建设,泊位水深同意加深到－12.5米,为浚深后照顾5万吨级油轮停靠。散杂泊位预留长度不足,应增加10米,液化码头北端桩号改为0+500米,泊位长度拟为210米。

根据山东省交通厅对“初步设计”的批复,山东省航运工程设计院进行了施工图设计,山东省筑港总公司组织施工队伍进驻岚山港。但由于中国化工进出口公司山东分公司的1000万美元贷款只能满足储运工程建设需要,岚山港务管理局决定先进行一期工程——罐区储运工程建设。

一期工程——罐区储运工程。罐区储运工程初定名为“岚山液体石油化工品储运站”,于1988年5月开始罐区吹填围坝工程建设。罐区设计总容量17.8万立方米,设计年周转能力229万吨。1991年10月,储运站一期工程完工,投资8600万元,建成总容量为8.6万立方米罐群。10月20日实现简易投产,第一船化工品由“所岗”轮从日本装载的辛醇顺利接卸。

国家“八五”计划期间,岚山港先后与日本三菱株式会社、河南省石油总公司、山东省石油集团总公司、香港加德士公司、青岛凯源公司分别合资兴建了总容量为14.4万立方米的煤焦油、柴油汽油、润滑油、高品质沥青储罐及其配套设施,综合引进外部资金2.7亿元。液体化工专用码头一期工程基本完成。

二期工程——码头工程(原称8号泊位)。在罐区储运工程建设期间,山东省交通厅委托山东省航运工程设计院重新编制化工码头可行性研究报告。1991年,《岚山港液体化工专用码头工程可行性研究报告》编制完成并报经山东省计委批准。

化工码头工程委托海军北海工程设计院进行初步设计,于1994年9月编制完成,11月在济南通过专家评审。按初步设计,化工码头主体和防波堤工程采用大直径薄壁圆筒结构,具有投资省、施工速度快、外海施工损失小等优点。1995年2月,海军北海工程设计院编制完成了施工图设计。1995年3月28日至31日,山东省航运管理局主持化工码头施工招标工作,招标范围为防波堤和码头主体工程,山东省筑港总公司中标。其余工程由岚山港务局自行组织施工。工程于1995年7月开工建设,1999年12月水工主体工程完工,2000年9月25日试投产,12月26日通过山东省交通厅组织的竣工验收。

液化码头扩建工程(原称12号泊位)。为解决到港液化船舶船型偏小,5万吨级液化泊位压船,不能充分发挥深水泊位功能的问题,岚山港决定建设5000吨级、1万吨级泊位2个。2003年11月6日开工建设1万吨级泊位,2004年10月12日建成简易投产。

1号、2号液化码头工程。根据2009年《日照港总体规划》,岚山港区中作业区为化工品作业区,集中发展原油、成品油及化工品装卸运输。南作业区功能调整为散杂货作业区,原8号、12号液体化工品泊位填埋改造为10万吨级通用泊位，液化品装卸作业全部转移到中作业区。

1号、2号液体化工品码头位于中作业区南港池，建设规模为1万吨级、5万吨级泊位各1个，回填陆域49.8万平方米，设计通过能力195万吨，概算总投资4.45亿元。码头岸线总长489.7米，泊位水深－13.4米，兼顾大中小船舶靠泊和多种船型组合。2007年4月21日开工建设，2009年2月12日竣工，2009年7月开始试运行。

7号化工码头施工码头工程。是为岚山港液体化工品码头建设需要而建设的大型临时设施。位于续建65米煤码头西端垂直北拐，全长130米，设计底标高－7米，顶标高+7米。码头采用重力式空心方块结构，后方进行回填，作为化工码头圆筒预制场地。工程与65米煤码头接长工程同期施工，65米煤码头接长完成后垂直北拐进行施工码头施工。1995年7月开始施工，1996年2月完工。

日照港油品码头有限公司码头建设　位于岚山港区中区，地理坐标北纬35°07′8.57″，东经119°22′17.53″。建有10万吨级原油码头1座。2005年开工建设，2009年4月建成启用，设计年通过能力800万吨。建设引堤长794.4米，泊位长359米，设计底高程－15.1米，与岚山港区主航道相连，航道设计底高程－12.7米，设计宽度210米。

2012年正在建设10万吨级码头内侧5000吨、2万吨级液化码头各1座，年设计通过能力分别为55万吨、100万吨，主要从事成品油、乙烯、丙烯等液体散货装卸。

日照实华原油码头有限公司码头建设　位于日照港岚山港区中区，建有30万吨级原油码头1座，是中石化日照—仪征原油管道工程的配套工程，也是日照市第一个30万吨级原油码头，于2005年8月开工建设，2010年6月底正式建成。2012年2月8日，码头通过交通运输部竣工验收。

码头可靠泊30万吨级原油船舶，兼顾8万吨级船型，年接卸能力为2000万吨。通过引桥和引堤与后方陆域相连，引桥长791.4米，引堤长184.4米；码头长度486米，码头前沿水深－24米，港池水深－23.3米。码头前沿设有直径400毫米输油臂4台，每台输油臂卸船能力为3500立方米/小时。输油臂与2条直径为900毫米，长度为3100米的输油管线相连，接入中石化日照罐区。码头前沿配有8台塔架式消防炮，其中120升/秒的消防水炮4台，100升/秒的泡沫炮4台。

接卸油品有两个流向：一是通过管道卸入中石化日照罐区，该罐区设计容量为320万立方米，是日照—仪征原油管道及配套工程的一部分，原油经罐区通过390公里的日照—仪征原油管道，为沿长江炼油企业提供原油；二是通过管道卸入日照港油品码头有限公司罐区。

日照岚桥港务有限公司码头建设　位于岚山港区中区，北纬35°05′35″，东经119°22′17″，是由山东岚桥集团投资兴建的大型综合性民营港口。

港区规划为三个作业区，分别为液体化工作业区、油品作业区、深水泊位作业区。规划泊位19个，其中液体化工及油品作业区建设5000吨至15万吨级泊位(兼顾25万吨级)14个；深水泊位作业区建设7万～30万吨级(兼顾40万吨级)大宗散货泊位5个。海域回填可形成陆域面积266.7万平方米，具备建设600万立方米以上储运能力的液体化工储运罐区和矿石堆场。

码头于2004年3月开工建设，2009年6月正式对外运营。截至2012年年底，共建成液化品泊位2个，通用散货泊位3个，另有8个泊位正在建设。建成堆场总面积60万平方米，液化品储罐45万立方米。

2011年8月10日，经山东省人民政府鲁政字〔2011〕200号《关于同意岚山港口岸新建液化和油品码头泊位对外启用的批复》文件批准，1号、2号泊位正式对外启用。

山东童海港业股份有限公司码头建设　位于规划中的岚山港区中作业区(即液体散货作业区)南港池的西北角，与日照港10万吨级原油码头和岚山港务有限公司液体石油化工品码头同在一个港池内。

1999年建成5000吨级以下泊位3个，年接卸货物能力80万吨。

2006年，码头开始扩建，在原有泊位后方填海造地，建设万吨级泊位4个。工程分两期实施，一期建设1万～3万吨级（设计结构2～5万吨）液体散货泊位2个；二期建设1万吨级（设计结构2万吨）液体化工品泊位2个。码头总计靠泊能力为11万吨，设计通货能力为680万吨。2012年主体工程建成，累计实现总投资4.6亿元。

码头扩建工程共建设码头（含直立岸壁）810米，北护岸327米，西护岸483米，东护岸293米，填海形成陆域21万平方米。

图7-1 岚山港区 （摄于2009年）

第二节 港口设施

岚山港务有限公司设施

仓储　岚山港务有限公司共有堆场总面积247万平方米，其中港区堆场202万平方米，港外堆场（位于碑廓镇、虎山镇）45万平方米。仓库面积13900平方米。钢质筒仓8个，容量12.8万立方米。油库容量4000立方米（2007年拆除）。

装卸机械　岚山港务有限公司共有主要生产设备175台（套），其中起重类设备95台，装卸搬运类设备32台，拖轮9艘，散粮储运系统1套。

港作船舶　1985年，由龙口港调拨882.6千瓦的拖轮1艘（拖1轮），估价25万元，现已报废。1992年，从上海港复兴船务公司购买旧1912.3千瓦拖轮（拖3轮，原产日本石川岛厂），购买价222万元，现已报废。1998年，投资1200万元，购买拖5轮，功率为2500.7千瓦。2002年，投资1600万元从威海船厂购买拖6轮，功率为2794.9千瓦。2004年，投资1126万元从日本购买拖8轮，功率为2500.7千瓦。2005年，投资2600万元，从威海港（蓬莱船厂造）购“岚港拖9”轮，功率3383.3千瓦。2008年，投资3000万元，在镇江船厂建造“岚港拖10”轮，功率为3677.5千瓦。2010年，投资4637万元，在镇江船厂建造

“岚港拖11”轮，功率为3677.5千瓦。2012年，投资3100万元，在镇江船厂建造“岚港拖12”轮，功率为2942千瓦；投资5000万元，在港达船厂建造“岚港拖15”轮（兼溢油回收功能），功率为4413千瓦；投资4200万元，在镇江船厂建造“岚港拖16”轮，功率为5001.4千瓦。

锚地 岚山港务有限公司有1号、2号两个锚地。

1号锚地中心位置为北纬35°02′24″，东经111°22′18″。原以1海里为半径划圆，总面积3.14平方海里，可同时锚泊万吨货轮15艘。1988年10月5日，为适应岚山港对外一类开放的需要，将岚山港锚地由圆形改为边长为2.5海里的正方形，总面积6.25平方海里，水深－12.5～－14.6米，可同时锚泊万吨货轮30艘，1988年11月18日发布航行通告。

1号锚地四角点：

1号 北纬35°02′12″，东经119°23′45″

2号 北纬35°03′52″，东经119°26′00″

3号 北纬35°02′01″，东经119°28′00″

4号 北纬35°00′20″，东经119°25′45″

1977年9月29日开辟2号锚地。锚地水域面积31.14平方海里，水深－17～－21米，可同时停靠万吨级以上船舶近百艘。

2号锚地四角点：

1号 北纬35°03′00″，东经119°32′21″

2号 北纬35°03′00″，东经119°36′00″

3号 北纬35°00′00″，东经119°32′21″

4号 北纬35°00′00″，东经119°36′00″

航道及助航标志

内航道及其助航标志。岚山港务有限公司原有内航道宽800米，航道内靠近东北侧边线50米处有200米宽深槽，自然水深－11.8米，走向314°～134°，可满足5万吨级船舶乘潮进出港要求。1984年10月，为适应船舶进出港口需要，经日照县日政发〔1984〕57号文件批准，在岚山港设置临时浮标9只，其中航道标6只、锚地标3只，1985年9月18日撤除。

临时航道标、锚地标设置如下：

1号 北纬35°04′34″，东经119°25′02″（左侧，航道标）

2号 北纬35°05′09″，东经119°22′30″（右侧，航道标）

3号 北纬35°04′40″，东经119°22′30″（左侧，航道标）

4号 北纬35°05′08″，东经119°22′00″（右侧，航道标）

5号 北纬35°05′23″，东经119°22′00″（左侧，航道标）

6号 北纬35°05′07″，东经119°22′48″（右侧，航道标）

7号 北纬35°03′35″，东经119°25′02″（锚地标）

8号 北纬35°03′41″，东经119°22′31″（锚地标）

9号 北纬35°05′00″，东经119°21′41″（锚地标）

1985年6月26日，岚山港务管理局与岚山镇人民政府就岚山港航道、锚地等问题进行重新规划并达成协议。规划航道长3.5海里，宽650米，航向135°～315°。1986年11月由上海航道局进行扫测，平均水深－12米，可通行2万吨级大型船舶，同时设航道标9只，1985年9月30日发布航行通告。

航道标设置如下：

1号 北纬35°02′50″，东经119°24′52″（左侧）

2号 北纬35°02′57″，东经119°25′07″（右侧）

3号 北纬35°03′36″，东经119°23′55″（左侧）

4号 北纬35°03′37″，东经119°24′

24″(右侧)

5号　北纬35°04′20″,东经119°23′02″(左侧)

6号　北纬35°04′22″,东经119°23′35″(右侧)

7号　北纬35°04′41″,东经119°22′30″(左侧)

8号　北纬35°05′06″,东经119°22′48″(右侧)

9号　北纬35°05′24″,东经119°22′01″(左侧)

外航道及其助航标志。岚山海上渔业生产发展迅速,自岚山港向外13海里定置网密布,进出岚山港船舶安全受到影响。1991年6月,经日照市人民政府办公会研究决定,规划岚山港锚地外航道,1991年6月7日发布航行通告。

主航道由以下四点连线并向东延伸:

1号　北纬35°01′25″,东经119°27′20″

2号　北纬35°02′15″,东经119°27′20″

3号　北纬35°00′45″,东经119°34′00″

4号　北纬35°01′37″,东经119°34′10″

东北分航道由以下四点连线并向东北方向延伸:

1号　北纬35°01′40″,东经119°33′15″

2号　北纬35°01′30″,东经119°34′20″

3号　北纬35°08′20″,东经119°38′15″

4号　北纬35°07′55″,东经119°39′20″

东南分航道由以下四点连线并向东南方向延伸:

1号　北纬35°00′50″,东经119°32′50″

2号　北纬35°00′35″,东经119°35′00″

3号　北纬35°56′15″,东经119°40′45″

4号　北纬35°57′00″,东经119°41′20″

南作业区主航道。2009年,为适应进出港口船舶大型化的需要根据《日照港总体规划》确定,建设南作业区主航道工程,建设10万吨级单向航道11.2公里,设计底高程-16.3米,航道有效宽度270米。

主航道以防波堤(口门)为界,分为内、外航道。2010年5月开工,2012年1月建成使用。

灯桩　1992年8月,为满足船舶夜间进出港需要,在岚山港码头外端建设钢架结构简易灯桩1座,高14米,射程5海里,灯质绿色双闪6秒,1994年4月10日改为单闪6秒,坐标北纬35°05′39″,东经119°22′20″。

1999年12月,在岚山港码头原8号泊位南端建设钢筋混凝土结构灯塔1个。2005年在原11号泊位西端建设钢架结构简易灯桩1座,高11米。2007年在化工罐区东北角建设钢架结构简易灯桩1座,高11米。2009年6月在1号、2号码头东端设置聚脲弹性体灯桩1座,灯高12.5米。2010年7月,对原8号泊位液化码头堤头灯桩改建,改建灯桩位于新建10万吨级码头南端,距离原灯桩150米,采用聚脲弹性体灯桩,灯桩高11米。

日照港油品码头有限公司设施

装卸设施　10万吨级原油码头建有输油臂3台,与输油管道相连,管道直径为800毫米,可进行原油、燃料油、稀释沥青的装卸作业,码头卸船能力3600吨/小时、装船能力1500立方米/小时。

仓储　建有罐区2个,总库容量75.5万立方米。2个罐区分别与港区内山东中石油储运有限公司20万立方米罐区联网,并与日照—仪征原油管道首站中石化日照商储库联网,与日照—东明原油管道中石油首站联网。

油库一期:库容33万立方米,包括3个5万立方米的原油罐、3个5万立方米的燃料油罐、3个1万立方米的燃料油罐。

油库二期：库容42.5万立方米，包括6个5.5万立方米油罐、2个3万立方米油罐、3个1万立方米油罐、1个5000立方米油罐及必要的配套辅助设施。二期罐区与瀚坤能源发展有限公司、山东金石沥青股份有限公司、山东石大科技石化有限公司3家企业管线相连，是3家企业管线的首站。

公用配套设施 岚山港区中区建有水、电、暖、污水处理、铁路等配套设施。建有火车、汽车发油装置，可进行火车、汽车疏港作业，其中火车装车线2条，每线设62个鹤位，装车能力平均每150分钟装1列车（60节）；汽车发油台有16个鹤管，装车能力2.8万吨/24小时。

消防设施 建消防站1座，承担岚山港区中区消防火灾出警扑救任务，配备自动化智能消防车、干粉消防车、登高平台消防车、大型水罐消防车、重型泡沫消防车等7台。

公司消防泵房配备柴油机消防泵机组4台，柴油泡沫泵机组2台，泡沫比例混合装置1套，稳压泵1套，发电机组1套，容量6000立方米消防水池1座，为公司及相关单位提供消防水、泡沫等消防保障服务。

日照实华原油码头有限公司设施

锚地 二号锚地。以坐标北纬35°09′11.9″，东经119°49′08.7″；北纬35°07′34.6″，东经119°49′08.9″；北纬35°07′34.8″，东经119°51′07.4″；北纬35°09′12.1″，东经119°51′07.3″为界，尺度3千米×3千米，设4个锚位。

应急锚地。以坐标北纬35°09′08.7″，东经119°38′01.6″；北纬35°08′36.4″，东经119°38′01.7″；北纬35°08′36.5″，东经119°38′41.2″；北纬35°09′08.8″，东经119°38′41.1″为界，尺度1千米×1千米，设1个锚位。

防台避风临时锚地。以坐标北纬35°04′17″，东经120°01′54″；北纬35°03′41″，东经120°02′33″；北纬35°04′45″，东经120°04′02″；北纬35°05′21″，东经120°03′23″为界，尺度3千米×1.5千米，设2个锚位。

航道 日照实华原油码头有限公司航道宽度320米，按30万吨级原油船舶单向通航设计，设计底标高为－19.7米，竣工长度为17.668千米。航道取乘潮历时2个小时，乘潮水位3.9米。2013年实施航道拓宽工程，拓宽后航道宽度达到390米。

山东童海港业股份有限公司设施

仓储 1999年，与原码头同步建成18万立方米成品油油库1座。2012年，建成散杂货场10万平方米。

港作船舶 拥有139.65千瓦消、拖两用船1艘，主要负责海上消防、监护。

装卸设备 码头配备10-25M门座式起重机1台，16吨轮胎吊1台，3吨叉车1台，50型装载机2台，皮带输送机1台。

第二章 港口经营

第一节 货物运输

岚山港区地处中国南北海岸线黄金腰带部，位于长三角经济圈和黄（渤）海经济圈结合部，中国重点开发的沿海主轴线与新亚欧大陆桥经济带的交汇点，是新亚欧大陆桥东方桥头堡之一、中西部沿桥地区的主要出海口，在国家生产力布局和大宗散货运输格局中具有重要的战略地位。

直接经济腹地主要有：岚济公路与新石铁路（山东界内段）沿线区域的鲁南5地市（日照、临沂、枣庄、济宁、菏泽）、鲁中2地市（莱芜、泰安）；岚济公路、G204国道与江苏省公路网重合区域的苏北4县（赣榆、东海、邳州、新沂）；新石铁路（山东省外段）沿线区域的豫北5市（新乡、焦作、鹤壁、安阳、濮阳）、晋南4地市（长治、晋城、临汾、运城）以及陕西关中2地市，凡22个市（县）。间接经济腹地为：新石线与京沪线接轨后南北纵深沿线区域的北京、河北、江苏、安徽、河南等省（直辖市）；岚山港—坪上—兖州—新乡铁路向西延伸，可经焦作、侯马直抵西安，与陇海线并轨，腹地范围可辐射到沿新亚欧大陆桥区域（中国境内），如甘肃、宁夏、青海和新疆等省（自治区）。腹地物产丰富，经济基础雄厚，工业发展潜力巨大，已形成煤炭、钢铁、电力、建材、机械、化工等重工业产业群，是全国重要的能源、原材料基地。

随着港口规模的不断扩大和腹地经济的快速发展，港口货物吞吐量快速攀升，2004 年首次突破 1000 万吨，2005 年实现翻番，突破 2000 万吨。2012 年，岚山港区共完成货物吞吐量 9441 万吨，其中岚山港务有限公司完成 6718 万吨，日照实华原油码头有限公司完成 1575 万吨，日照港油品码头有限公司完成 695 万吨，日照岚桥港务有限公司完成 296 万吨，山东童海港业股份有限公司完成 157 万吨。岚山区已发展成为全国最大的镍矿集散中心、全国沿海港口最大的原木进口和加工物流基地、长江以北重要的液化品集散地、区域性重要的钢铁原材料和产成品进出口通道。

岚山港务有限公司　1971 年开始接卸货物，至 2012 年共完成货物吞吐量 3.9 亿吨。

1971 ～ 2012 年岚山港务有限公司货物吞吐量统计表

表 7-1　　单位：万吨

年　份	1971	1972	1973	1974	1975	1976	1977	1978	1979	1980	1981	1982
吞吐量	16.9	16.6	14.7	14.4	16.8	13.4	14.3	14.4	13.6	10.2	14.1	20.1
年　份	1983	1984	1985	1986	1987	1988	1989	1990	1991	1992	1993	1994
吞吐量	26.5	18.6	12.8	41.4	44.2	54.4	35.7	36.1	81.1	128.2	104.8	202.9
年　份	1995	1996	1997	1998	1999	2000	2001	2002	2003	2004	2005	2006
吞吐量	160.5	163.0	193.7	152.3	212.2	446.7	572.9	668.9	823.0	1070.1	2038.4	2660.9
年　份	2007	2008	2009	2010	2011	2012						
吞吐量	3260	3750	4355.2	5186.1	5602.2	6718						

1971 ～ 2012 年岚山港务有限公司内、外贸货物吞吐量统计表

表 7-2　　单位：万吨

年　份	1971	1972	1973	1974	1975	1976	1977	1978	1979	1980	1981	1982
外贸吞吐量												
内贸吞吐量	16.9	16.6	14.7	14.4	16.8	13.4	14.3	14.4	13.6	10.2	14.1	20.1
年　份	1983	1984	1985	1986	1987	1988	1989	1990	1991	1992	1993	1994
外贸吞吐量				4.0	1.9	3.7	7.2	7.2	70.5	96.3	37.9	51.5
内贸吞吐量	26.5	18.6	12.8	37.4	42.3	50.7	28.5	28.9	10.6	31.9	66.9	109.0
年　份	1995	1996	1997	1998	1999	2000	2001	2002	2003	2004	2005	2006
外贸吞吐量	109	125	110	69.4	108.3	79.8	120.4	103.3	196.7	819.2	1637.2	2188.6
内贸吞吐量	51.5	37.7	83.8	82.9	103.9	366.9	452.5	565.6	626.3	250.8	401.2	472.3
年　份	2007	2008	2009	2010	2011	2012						
外贸吞吐量	2744.6	2738.1	2893.1	3639.1	4096.6	5197.4						
内贸吞吐量	516.0	1011.9	1462.1	1547.0	1505.6	1520.9						

1971 ～ 2012 年岚山港务有限公司进出口货物吞吐量统计表

表 7-3　　单位：万吨

年　份	1971	1972	1973	1974	1975	1976	1977	1978	1979	1980	1981	1982
进口吞吐量	3.5	3.8	2.9	1.9	1.8	2.0	2.0	2.0	2.4	3.7	4.9	4.3
出口吞吐量	13.4	12.8	11.8	12.5	15.0	11.4	12.3	12.4	11.2	6.5	9.1	15.7
年　份	1983	1984	1985	1986	1987	1988	1989	1990	1991	1992	1993	1994
进口吞吐量	4.4	5.2	4.7	4.2	6.7	5.8	9.3	8.8	7.0	10.0	7.5	14.0
出口吞吐量	22.1	13.4	8.1	37.3	37.5	48.6	26.4	27.3	74.1	118.2	97.3	188.9
年　份	1995	1996	1997	1998	1999	2000	2001	2002	2003	2004	2005	2006
进口吞吐量	25.8	22.0	79.5	85.7	109.1	204.3	308.3	327.4	521.5	721.1	1580.3	2117.4
出口吞吐量	134.5	141.0	114.2	66.5	103.0	242.4	264.5	341.5	301.5	349	458.1	543.5
年　份	2007	2008	2009	2010	2011	2012						
进口吞吐量	2635.3	2903.1	3223.7	4119.7	4548.0	5787.9						
出口吞吐量	625.3	846.9	1131.4	1066.4	1054.2	930.4						

1971 ～ 2012 年岚山港务有限公司主要货类完成情况统计表

表 7-4　　单位：万吨

年　份	1971	1972	1973	1974	1975	1976	1977	1978	1979	1980	1981	1982
煤　炭	1.8	1.5	1.3	0.4	0.8	0.9	0.9	0.9	0.9	1.1	1.3	7.6
液　化	0.6	0.5	0.4	0.1	0.1	0.1				0.1	0.1	
木　材												
水　泥												
矿　建	9.5	8.5	8.5	10.6	13.4	10.3		11.0	8.0	11.7	3.0	2.4
粮　食	1.3	1.8	2.0	0.8	0.9	0.6		0.4	1.7	1.9	3.4	
非金属矿石	0.7	1.3	0.3	0.1						0.6	1.5	
金属矿石										0.8	0.1	
年　份	1983	1984	1985	1986	1987	1988	1989	1990	1991	1992	1993	1994
煤　炭	17.9	9.2	1.9	2.0	1.8	1.8	3.9	1.2	7.7	10.2	9.0	22.5
液　化	0.1	0.1						7.2	13.0	16.4	17.8	22.5
木　材	0.7	0.1	0.5								0.1	0.1
矿　建		1.9	3.8	24.6	31.5	24.8	19.5	15.0	0.3	0.2	1.9	7.2
水　泥	0.7		0.5	0.9		0.1		16.5	52.7	88.9	65.2	140.7
粮　食	2.2	2.0	2.9	5.5	2.6	1.1	0.3	5.4	6.7	9.3	6.9	7.2
非金属矿石	1.9	2.0	0.4	1.0	1.5	0.6	0.1	4.1	0.1	0.6	3.2	1.8
金属矿石			0.1									
年　份	1995	1996	1997	1998	1999	2000	2001	2002	2003	2004	2005	2006
煤　炭	8.6	10.0	20.2	31.1	46.6	61.6	72.3	119.5	119.3	143.4	85.1	81.6
液　化	28.5	25.5	71.0	73.4	93.2	183.4	136.9	96.5	107.1	139.7	182.0	192.1
木　材			1.4	0.7	16.9	24.0	26.8	13.5	20.9	44.8	41.3	29.5
水　泥	7.2	102.6	71.2	10.0	7.9	0.8	7.0	2.6	17.3	8.5	0.2	60.1

续表 7-4

矿 建	112.2	20.0	4.2	2.8	0.2	1.6		1.9	0.8	4.7	42.5	30.8
粮 食	0.3	0.3	0.9	0.8	1.9	2.9	70.2	35.5	122.7	177.5	221.4	236.2
非金属矿石	2.9	4.3	11.5	20.4	28.8	113.4	211.2	209.7	148.9	38.4	79.8	194.5
金属矿石			6.6	7.1			44.6	187.4	259.8	313.3	1049.1	1463.4
年 份	2007	2008	2009	2010	2011	2012						
煤 炭	54.2	61.1	384.9	240.6	228.0	445.2						
液 化	228.6	203.0	211.2	155.0	191.2	162.4						
木 材	32.0	50.6	128.9	252.4	473.3	495.1						
水 泥	108.0	45.1	17.4	13.9	11.2	14.8						
矿 建	75.8	328.2	488.9	555.7	632.2	735.6						
粮 食	293.1	243.3	222.1	350.1	365.4	331.1						
非金属矿石	276.8	296.5	403.5	361.7	342.2	185.2						
金属矿石	1912.0	2064.4	1870.8	2659.4	2902.0	3854.3						

1971～2012年岚山港务有限公司各运输方式完成情况统计表

表 7-5 单位：万吨

年 份	1971	1972	1973	1974	1975	1976	1977	1978	1979	1980	1981	1982
水 运	16.9	16.6	14.7	14.4	16.8	13.4	14.3	14.4	13.6	10.2	14.1	20.1
铁 运												
公 路												
管 道												
年 份	1983	1984	1985	1986	1987	1988	1989	1990	1991	1992	1993	1994
水 运	26.5	18.6	12.8	41.4	44.2	54.4	35.7	36.1	81.1	128.2	104.8	202.9
铁 运							2.5	6.1	9.1	6.2	6	2.3
公 路				37.5	38.8	41.5	30.8	28.6	72	122	98.8	179.6
管 道									3.7	11.2	11.7	14.6
年 份	1995	1996	1997	1998	1999	2000	2001	2002	2003	2004	2005	2006
水 运	162	163	193.7	152	212	448.9	572.9	668.9	823	1070.1	2038.4	2660.9
铁 运	7.8	29.6	101.3	108	156.9	82.7	41.8	133.7	233	256	447.2	112.3
公 路	127.4	145.6	95.7	36.7	57.5	299.5	387.6	449	435	709	1371.5	2016.7
管 道	25.7					72.4	137.5	129	107	109	156.3	184.3
年 份	2007	2008	2009	2010	2011	2012						
水 运	3260.6	3750	4355.1	5186.1	5602.2	6718.3						
铁 运	444.4	515.6	632.7	560.1	490.8	547.3						
公 路	2217	3129.5	3768	4384.3	4546	5387.2						
管 道	227.9	202.9	212.9	155	191.2	284.5						

日照港油品码头有限公司 围绕日照港原油运输"零突破、奠基础、上规模、大发展"的战略部署，2009年实现油品运输零突破；2010年实现盈利；2011年完成油品吞吐量512万吨，实现营业收入1.1亿元；2012年完成油品吞吐量695万吨，实现收入1.9亿元。

日照实华原油码头有限公司 2010年12月27日，接卸首条30万吨级油轮"阿特米斯"号，标志着重载试车成功。2011年9月27日，正式接卸中石化调配油轮，开始为日照—仪征原油管道日照罐区输送原油。2011年完成油轮作业21艘次，接卸油品271万吨；2012年接卸油品1575万吨。

山东童海港业股份有限公司 2011年码头扩建完成前，货物运输量较小。2011年码头扩建基本完成后，货物运输量迅速增加。

2011年、2012年童海港业股份有限公司货物吞吐量统计表

表7-6 单位：吨

货类	2011年			2012年		
	合计	出口	进口	合计	出口	进口
汽油	491958.896	424505.052	67453.844	745325.205	586902.262	158422.943
石脑油	51776.446	49780.747	1995.699	51755.821	39071.772	12684.049
煤油				2968.523		2968.523
柴油	3117.594		3117.594	13081.296		13081.296
燃料油	3881.729		3881.729	5141.152	711.42	4429.732
散杂货	762783.06		762783.06	750579.57		750579.57
合计	1313517.725	474285.799	839231.926	1568851.567	626685.454	942166.113

第二节 港口装卸

装卸单位 1981年1月20日，经山东省交通厅海运局批准，岚山港设立装卸一、二队。1989年9月20日合并装卸队、机械队，成立装卸公司。1995年3月，装卸公司液化品装卸队成立。

1999年进行生产机构改革，原装卸公司改为第一装卸公司，液化品装卸队为第二装卸公司。2001年，为适应腹地内粮食市场发展，投资5000万元建设散粮储运系统，2002年年初投产，同时成立岚山港粮食储运部，具体负责散粮货物的装卸储运等。2002年，将原第一装卸公司装卸队划出与社会合资成立日照兴隆劳务服务有限公司，在编职工40余人，社会用工2100余人，专职从事港口货物的装卸、搬运、仓储等工作。

2003年12月，在原第一装卸公司和日照兴隆劳务服务有限公司的基础上，改制成立民营性质的日照市金海岸装卸有限公司，与岚山港务有限公司签订港口装卸生产业务承包合同，承担港口件散货的装卸、转运和仓储业务。2004年，成立民营的日照市万泰装卸有限公司，主要从事矿砂等大宗散货的装卸、转运和仓储业务。2006年，成立民营的日照维恩仓储物流有限公司，主要从事港北货场和碑廓货场的经营运作；设立日照临港国际物流有限公司，主要从事物流、仓储、货物装卸、港内搬运业务。

2007年，为进一步提升危险液化品作业的专业化和一体化程度，确保液化品作业安全，岚山港务有限公司联合罐区单位成立日照新绿洲液化仓储管理服务有限公司，专门从事液化品装卸业务。成立了机械公司，专门负责门机以及沃尔沃铲车等大型设备管理。2008年成立仓储公司，主要承担内贸船舶理货、集疏港货物衡重、火车装卸管理、港区大门内库场货物仓储管理等业务。2011年，成立民营的日照市正合装卸有限公司，主要从事转运和场内作业。

装卸作业

大宗散货装卸 岚山港大宗散货装卸以矿砂、铝矾土、水泥熟料、粮食、化肥、硫磺、煤炭等货物为主。

装船。装船分为两个步骤:一是卸堆,通过汽运、铁运集港后,用挖掘机、装载机或人工卸车等方式把货物卸至港口专用堆场。二是装船,装船采用装载机把货物装至自卸车,通过自卸车把货物运至码头前沿,然后用门机抓斗把货物抓进船舱。

卸船。先由门机抓斗进舱抓货,抓放到各专用货种漏斗或码头前沿堆场,进行灌包作业(50公斤/袋或1000公斤/袋),通过皮带传送机传至拖拉机上运至货场入库或落垛;对于矿砂等不要求灌包的大宗散货,采取门机抓斗进舱抓货放至码头前沿堆场,然后通过装载机和自卸车协同作业运至货场或大库。粮食货种较特别,港口有专用散粮装卸储运系统,通过门机抓货直接放入散粮转运塔,通过传送带直接传送至筒仓或直接传送到中粮黄海粮油工业(山东)有限公司等客户厂房。

件杂货物装卸 主要采用门机与特种装卸工具结合作业,完成货物的进出船舱,然后通过拖盘车(拖拉机或半挂汽车)或自卸车运至堆场。主要货种有钢材、木材、石膏石、水泥等。

装卸作业方式主要有三种:

全部的车船直取作业方式:货物在工厂、产地或货方仓库(堆场)装车,运往码头船边,装船时利用岸边起重机和船机,将货物直接吊入船舱,卸船则反之,并同时办理港货方的货物交接。

非车船直取作业方式:装船,是在船舶到港前提前一定时间,将货主火车车皮或公路车辆运抵的货物堆存港口库场(包括一号、二号大库及前方货场、中货场、后方货场)并办理货物交接手续,待船舶抵靠码头后,再利用港口流动机械搬运到船边,用岸边起重机或船机装船。卸船则反之。

混合作业方式:即前两种作业方式的结合。两种方式交叉作业,互相补充,以满足快速装船的需要。装卸船时,一部分货物在船边直接交付,一部分货物存入港口库场后再行交付。

液体货物装卸 岚山港经营的液体化工品主要有苯类、醇类、卤代烷类、酸类、成品油、燃料油等50余个品种。装卸工艺主要是通过管线与船方和罐区相连,通过码头前沿泵房或罐区泵房打压输送。特殊货物如沥青等,则通过泵房加热后用管道输入保温罐,陆上远距离转运则通过火车槽车实现,同时,做好岸上或海上消防监护,确保高危货物安全装卸。

集装箱装卸 1992年6月,岚山港与山东外运合作,开通了到韩国釜山港的集装箱国际运输航线运输业务。集装箱装卸没有专用码头,主要在2万吨级杂货泊位进行,利用40吨多用途门机装卸,堆场用50吨汽车吊作业。2006年,岚山港务有限公司集装箱业务划归日照港集团公司,岚山港务有限公司不再操作集装箱业务。

第三节 港口费收与利税

港口收费 港口费是指内外贸船舶和货物进出港口和在港内停留,因通过港口水域和航道,使用港口泊位、机械、仓库、堆场和其他设施,委托港口或其他业务机构进行装卸、理货、堆存、保管以及其他各种服务,要向港口单位、管理机构和其他业务服务机构支付的费用。

岚山港务有限公司的港口收费,主要执行交通部颁布的《港口收费规则》以及其他有关港口收费规定。自2011年10月1日起执行财政部、交通运输部联合颁布的《港口建设费征收使用管理办法》,港口建设费征收主体由岚山港务有限公司变更为海事部门,岚山港务有限公司成为港口建设费代征收单位。

岚山港务有限公司的港口费征收主要包括:规费,如停泊费、货物港务费、港口建设费、港口设施保安费;劳务费,如拖轮费、装卸费、港口作业包干费、货物堆存费等。

港口利税 岚山港务有限公司从建港到2012年,利税持续增长。1984年上缴税金只有1万余元,到1993年实现105.2万元,首次突破100万元,2005年突破1000万元,到2012年达到7689.16万元。

1984～2012年岚山港务有限公司利税完成情况统计表

表7-7 单位：万元

年份	利润总额	税金	合计	年份	利润总额	税金	合计
1984	－5.8	1.64	－4.16	1999	29.8	236.1	265.9
1985	－22.24	1.53	－20.71	2000	85.8	353.1	438.9
1986	25.8	5.9	31.7	2001	600	427.2	1027.2
1987	6.2	5.8	12	2002	－994	550.6	－443.4
1988	28.9	8.4	37.3	2003	2420.19	740.36	3160.55
1989	35.2	12.4	47.6	2004	2394.55	953.87	3348.42
1990	104.7	19.8	124.5	2005	7776.36	1230.18	9006.54
1991	428.8	39.8	468.6	2006	10820.63	1815.37	12636
1992	802.6	65.9	868.5	2007	9590.16	3230.35	12820.51
1993	418.5	105.2	523.7	2008	14951.24	4083.60	19034.84
1994	204.4	164.3	368.7	2009	20909.96	4452.32	25362.28
1995	109	161	270	2010	24817.28	7686.47	32503.75
1996	80	132	212	2011	34032.53	7836.56	41869.09
1997	－28.3	145	116.7	2012	52534.70	7689.16	60223.86
1998	28.9	151.3	180.2				

第三章　港务管理

第一节　管理机构

岚山港务有限公司　1951年1月，日照县岚山头港（岚山港老港区）动工建设。1954年，山东省交通厅航运管理局青岛分局岚山头航运站成立。1958年9月23日，山东省交通厅将岚山头港交由临沂交通局管理。1959年，临沂地区交通局将岚山头港移交日照县交通局管理。1960年12月，重新收归山东省交通厅管理，称“山东省交通厅海运局岚山头港”。1971年2月起，在岚山头港东侧2.5公里处开辟了新港区，1978年新老港区并称“岚山港”。1984年8月14日，山东省人民政府批准成立山东省岚山港务管理局，隶属于山东省交通厅航运管理局。1985年11月6日，岚山港务管理局升格为处级单位。1998年5月18日，山东省交通厅成立山东航运集团，岚山港务管理局归山东航运集团管理。2003年5月18日，岚山港务管理局与日照港务管理局进行联合重组，组建日照港集团有限公司。岚山港务管理局整体变更为岚山港务有限公司，成为日照港集团有限公司的全资子公司，独立经营，独立承担民事责任，对投资方负法人资产保值增值责任。

1955年，山东省交通厅航运管理局岚山头港装卸队成立。1962年10月，山东省交通厅海运局岚山头装卸队移交日照县交通局管理，由全民所有制改为集体所有制，成立日照县岚山头港装卸合作社，1968年改称日照县岚山头港装卸队。1979年1月，该队又移交省交通厅海运局岚山港。

2012年年底，岚山港务公司共下设办公室、财务预算处、人力资源处、企业发展处、安全生产处、业务处、设备技术处、工程建设处、物资处、保卫处等行政处室10个，党群工作处、离退办等党群部门2个，机械一公司、机械二公司、仓储公司、散粮储运公司、临港物流公司、新绿洲公司、拖轮公司、物业公司、招待所、房地产开发公司等10个基层单位，1个临时项目办公室。

1985年至1988年1月，岚山港务管理局实行党委领导下的分工负责制。1988 年 2 月至 2003 年 5 月，正式实施局长负责制，确立了局长在行政决策中的中心地位。2003 年 5 月成立港务有限公司后，实施总经理负责制。

日照港油品码头有限公司　2004 年 4 月成立日照海明油品储运有限公司，2010 年 9 月因股权变更，更名为日照港油品码头有限公司，为日照港集团有限公司的全资子公司，注册资金 7.1 亿元。主要从事岚山中港区原油码头的投资、经营及相应配套设施管理，原油、燃料油、稀释沥青及其他液体化工品的码头装卸、中转和仓储服务等业务。

日照港油品码头有限公司下设综合部、财务部、业务部、调度部、安保部、技术部 6 个部室，码头装卸队、仓储一分公司(负责公司 33 万立方米罐区管理)、仓储二分公司(负责公司 42.5 万立方米罐区管理)、装车队、计量化验站、消防站、服务中心 7 个基层单位。2012 年有员工 486 人。

日照实华原油码头有限公司　2010 年 6 月注册成立，是中国石油化工股份有限公司和日照港集团有限公司共同组建的合资公司，注册资金 8 亿元，股东双方各占 50% 股份。

2010 年 12 月 10 日，日照市港航管理局以日港航发〔2010〕149 号文件批复，同意日照实华原油码头有限公司从事原油、燃料油的接卸业务。

日照岚桥港务有限公司　为山东岚桥集团的子公司，成立于 2005 年 4 月，注册资金 5.36 亿元，注册经营范围包括码头和其他港口设施经营及在港区内从事货物装卸、仓储经营等。

图 7-2　日照岚桥港务有限公司　(摄于 2012 年)

山东童海港业股份有限公司　由中国石油化工股份有限公司、山东童海集团公司等 5 家企业共同发起，经山东省人民政府以鲁政股字〔1999〕11 号文件批准成立的股份制企业，注册资金 10600 万元。公司股本结构为：总股本 10600 万股，其中中国石油化工股份有限公司 5250 万股，山东童海集团公司 2400 万股，日照滨海石油化工有限公司 200 万股，山东日照市环海冷藏厂 50 万股，山东童海集团职工内部持股 2700 万股，分别占总股本的 49.53%、22.64%、1.89%、0.47% 和 25.4%。公司主要从事码头管理，货物储存、装卸、运输，进出口业务，汽油、煤油、柴油等成品油批发经营及中转业务。

图 7-3　1998 年 9 月 28 日，童海港业发起人协议书签字仪式举行

第二节　企业综合管理

安全管理　1988 年 4 月，岚山港务管理局安全生产委员会成立，负责处理局内安全事项。1988 年 6 月，成立"夏季四防"领导小组，落实防台风、防汛工作的值班制度，确保台风季节和汛期来港船只、货物和码头设备的安全。1994 年 3 月 21 日，成立安全质量监督处，实行安全目标管理，推行安全系统工程全员安全管理办法。1999～2002 年，安全管理职能归安技处

(1999年由安质处与技术处合并成立),2002~2005年归安全保卫处,2005年后归安全生产处。

2000年,因液化品泊位建成投产,岚山港被确定为省级消防安全重点单位。从1991年10月储运站一期接卸第一船化工品至2012年,连续20多年无任何等级安全事故。

质量管理 岚山港从1989年开始试点推行全面质量管理,提出以TQC(即全面质量管理,一种综合的、全面的经营管理方式和理念)为龙头带动企业管理各项工作全面提高的方针。从1989年到1995年,共成立质量(QC)小组126个,获山东省交通厅质量(QC)成果发布一等奖9个、二等奖6个、三等奖2个。

1997年,开始引入质量管理体系,推行ISO9002认证工作,2000年8月通过了ISO9002质量体系认证。2003年10月,2000版质量管理体系正式运行,2004年7月通过中国船级社认证审核,取得2000版质量管理体系认证证书。2011年12月通过了"质量、环境、职业健康与安全"三体系认证,将质量管理、安全管理、环保管理等多个专项工作有机地融为一体,基础管理平台得到进一步拓展,管理能力大幅提升,公司运作更加规范高效。2011年年底开始推行卓越绩效管理模式,获"山东省质量奖"。

人力资源管理 岚山港务有限公司用工制度,随着港口生产的发展不断变革。建局伊始,人员由原青岛海运公司岚山港办事处人员和原日照县岚山搬运队人员组成,原青岛海运公司岚山港务办事处人员的身份为全民固定工,原日照县岚山搬运队人员身份为集体合同制。1987年2月起,企业内部废止"子女顶替"制度,同年招收了第一批农民合同制。1988年,港务管理局报经日照市劳动局批准,招收一期技校生,学制一年。1990年,港口装卸工基本实现由正式职工向农民轮换工的转变。1993年12月31日,开始实行全员劳动合同制,打破干部与工人、固定工与合同制的界限,建立起"就业靠竞争、报酬凭贡献"的新型用工制度。

技术工艺管理 2002年,岚山港成立技术工艺处,负责技术工艺创新工作,先后提出并实施了"火车煤装卸专业线""货场设计规划和分区管理方案",提高港口的装卸效率和货场利用率。2001年10月,岚山港务管理局被山东省劳动竞赛委员会授予"全省经济技术创新先进单位",共有6项创新成果受山东省交通厅表彰,3人被评为山东省交通系统经济技术创新先进个人。2007年,成立设备技术处,负责技术工艺创新工作,加大工艺改进力度,首创了木材挖掘机专用夹钳掏取工艺,在作业安全性、效率、便捷性等方面均有显著改善,作业效率超过1万立方米/天,为全国第一;研制新型镍矿刮板防粘抓斗,镍矿卸船效率创造了2074吨/小时的全国纪录,成为业内学习标杆;将龙门吊吊具改造为电磁吊具,提高了作业安全性和货场利用率,作业效率居沿海港口领先水平。2007年,"可旋转式木材抓斗"和"散货料斗"两项技术获国家专利;2011年,物流系统获"中国交通企业管理协会管理创新二等奖""中国港口协会三等奖";2012年,"运输车大箱自动苫盖装置"技术获国家专利。

港口服务 1997年3月,岚山港务局设立万顺船货代理公司,主要为来港内贸船舶提供燃物料供应、代办船舶签证、代交船舶港口使费、缮制运单等船舶代理服务;为货主提供代办货物集疏港手续、代签作业合同、代付货物港口费等货运代理服务。2003年4月,在原万顺船货代理公司的基础上,组建日照万顺物流有限公司,主要开展木材仓储物流、木薯干发货、普通货物运输、内贸船舶代理及货运代理等服务业务。2006年7月,岚山港务有限公司与山东国际信托有限公司共同出资成立日照临港国际物流有限公司,主要从事货运代理、仓储服务、货物装卸、港内搬运、普通货物进出口等服务业务。2009年7月,岚山港务有限公司将万顺物流有限公司的原有业务以及碑廓木材货场整体划归日照临港国际物流有限公司,整合物流资源,集贸易、仓储、货场货物分销、船舶代理、货物代理、报关报检、陆上配载运输、海上租船运输、货物质押融资监管、信息服务等功能于一体,为客户提供完善的"门到门"一站式服务。2009年11月,日照临港国际物流有限公司成功开展外贸船舶代理业务。2010年8月,正式取得外贸报关、报检业务资质。2011年11月,注册了国际贸易资质。2012年3月,公司完成了银行授信业务,着手筹备开展国际贸易代理开证业务。

第八编　邮政　通信

明清时期，日照境内有南北驿道经虎山、汾水接江苏省赣榆县，以传递朝廷、官府文牒。沿海设28墩通报紧急军情。清末，安东卫始有邮寄代办所。20世纪30年代，开始设有电话。抗日战争时期至新中国成立前，日照战时邮局在安东卫、碑廓、巨峰、汉家皋陆一带设邮务所。

新中国成立后，岚山邮政通信事业得到发展，设备设施逐步现代化，20世纪80年代末达到国内先进水平。长途电话实现了由人工挂发到载波通信直至自动接挂的转变，电报拍发由支局人工报码实现传真发报并转入全国自动转报网。1991年移动电话开始进入岚山，1992年8月开通数字数据网，1995年2月开通分组交换数据网，2000年与中国公用计算机互联网并网，实现电话上网。2000年岚山办事处电话入户率达60.4%，建成全市第一个“电话区”。

至2012年，全区有移动电话用户318724户，固定电话用户59250户，互联网用户43807户，电话普及率89.3部/百人。

第一章　邮　政

第一节　机构沿革

明初，日照设邮驿通信机构，称内陆总铺，其中南驿道经昧蹄铺（在今虎山镇泥田沟村西北）、虎山铺、关湖铺达江苏赣榆县。每铺设有马4匹，马夫3名，白夫6名。明嘉靖二十年（1546年）裁马1匹、马夫1名。清光绪十六年（1890年）前，设走马4匹、马夫3名、白夫6名。清光绪十六年后，设走马3匹、白夫2名、驴1头、马夫5名。1912年邮驿结束。明清两代在安东卫沿海设28墩，每墩设墩卒4人，配置旗帜、锣鼓、烟筒等通讯工具，遇军情，白天举狼烟，黑夜燃信火。

清朝末年，始办邮电。清光绪二十七年（1901年）设日照大清邮政局，有一条干线邮路自胶州至安东卫。清光绪三十一年（1905年）设安东卫邮寄代办所。1912年1月，日照县大清邮局改称日照县中华邮政局。1916年，日照邮局增设邮路一条，由县城经石臼、金家沟、涛雒、安东卫、碑廓去沂州（今临沂），均由2名邮差肩挑邮件对走，日行50公里。1920年2月，日照邮政局设碑廓、安东卫、巨峰邮寄代办所。1941年7月，中共日照秘密交通站（五支站）建立，驻碑廓大朱曹村，主要任务是传递《大众日报》、三角信及中共党内文件。1942年2月，山东战时邮政总局成立；4月，日照战时邮局成立，局址在碑廓丁家庄、王家庄一带，后与交通站合并，开通4条邮路。1943年春，战时邮局迁巨峰区吕家土山村。1944年秋，日照县战时邮局设立潘庄、山西头、葛疃等邮务所；10月，接管碑廓、安东卫两个邮寄代办所和巨峰、岚山头两个信箱。1945年5月，侵华日军对日照沿海根据地实行重点“扫荡”，为反“扫荡”，滨海区战时邮局设立芦山县战时邮局，地址在安东卫北村，日照县汾岚区、碑廓区内邮务所划归芦山县战时邮局管理，辖安岚、碑廓、潘庄3处邮务所；9月，撤销芦山县战时邮局，汾岚区、碑廓区内邮务所归日照县战时邮局管理；9月底，日照县战时邮局对下设机构调整，在岚山境内设碑廓、安东卫、山西头、巨峰、黄墩5个邮务所。1948年，日照县战时邮局改称邮政局，3月移驻巨峰区邹北岭村。10月底，岚山境内只设安东卫、巨峰2个邮务所和碑廓信箱。

1950年1月，日照县电信局成立。1953年10月设立安东卫营业处。1954年3月增设巨峰营业处。1956年5月设立碑廓、岚山头邮电支局。1958年2月设立黄墩邮电所。1959年3月设立范家村（现属高兴镇）、马庄（现属后村镇）邮电支局，10月设立虎山铺邮电支局。1963年设立安岚邮电支局，下设岚山邮电所。1964年5月虎山邮电支局撤销，改为代办点。1965年10月，巨峰、范家村、小后村、黄墩、碑廓5处邮电支局改为邮电所。1972年增设大坡邮电支局。1985年2月，安东卫邮电支局改称汾水邮电支局，局址由安东卫迁至汾水。1992年7月岚山邮电支局改称岚山邮电分局，1993年9月碑廓、虎山、汾水3处邮电支局划归岚山邮电分局管理。1998年5月设立佛手湾邮电支局。1998年10月8日，岚山邮电分局撤销，分别成立岚山邮政分局和岚山电信分局。

岚山邮政分局成立后，下设汾水、碑廓、岚山、虎山、佛手湾5处邮政支局。2001年5月，岚山邮政分局由岚山头汽车站东圣岚路北旧址迁至万斛路与圣岚路交界处新址。2004年岚山区成立，原属东港区邮政局管辖的黄墩、后村、高兴、巨峰、大坡5处邮政支局划归岚山邮政分局。至2012年年底，岚山邮政分局共辖11处邮政支局(每镇1处，另安东卫街道、圣岚路、佛手湾、大坡、日照钢铁公司各1处)，有员工99人。

第二节　邮政业务

清光绪三十一年(1905年)，日照大清邮局安东卫邮寄代办所主要办理少量商务邮件，农村邮件放在所内，逢集日由收件人自取或托人代取，无专人负责投递。民国初年，乡村邮件由村差代转。抗日战争时期，日照县战时邮局(驻碑廓)主要业务仅限于党、政、军邮件。1948年开始，农村投递路线逐步开通，投递员分驻各区，将邮件、报刊送往各村。新中国成立初期，运送邮件多为步行；1955年农村投递员开始使用自行车；1960年开通岚山至日照汽车邮路；至2012年，区内各乡镇街道共有投递员26名，全部为摩托车投递。

新中国成立后，农村邮电支局主要邮政业务有邮寄信函、包裹、印刷品，发行报刊和汇兑。信函有挂号信、平信两种。包裹有普通包裹和保价包裹两类。信函、包裹、印刷品均按重量计费，普通信件不超重只须贴价值8分的邮票。挂号信及保价包裹邮资较高，印刷品邮资较信函便宜。

20世纪80年代后，邮政业务范围扩大，设施设备逐步趋向现代化。

岚山邮政经办业务分为邮政基础业务、邮政增值业务、邮政储蓄业务和邮政附属业务4大类。

邮政基础业务　邮政企业开办的各类寄递业务，以及邮资凭证的销售、发行。主要有：国内、国际函件；邮送广告；企业明信片；国内、国际汇兑；国内报刊发行；国内、国际特快专递；机要；各类邮资凭证销售、发行等。

邮政增值业务　对邮政基础业务进行改造，增加业务(服务)功能，形成新的邮政业务。主要有：混合邮件；电子邮政；电子商务；信息服务；邮政礼仪；集邮品开发和销售业务等。

邮政附属业务　邮政企业利用现有网络资源，经国家通信主管部门批准开办的其他业务。主要有：代办电信；代收、代发(公共事业费、工资、养老金等)；代销、代理(保险等)；邮购代理；邮政出租代维等业务。

邮政储蓄业务　邮政企业为方便群众参加储蓄，经中国人民银行批准而依法经办的一项金融业务。1999年8月，实现储蓄业务全省联网；2001年1月，实现储蓄业务全国联网，开办全国储蓄通存通兑业务。2003年8月所有支局均开通电子汇兑业务。2008年10月，邮政部门分别成立邮政储蓄银行和邮政集团公司。邮储银行实行独立经营、邮政控股的方式运营，业务发展迅速。

1999～2012年岚山邮政业务总量统计表

表8-1　　单位：万元

年　份	1999	2000	2001	2002	2003	2004	2005
业务总量	111.65	126.84	221.6	276.85	300	320	783
年　份	2006	2007	2008	2009	2010	2011	2012
业务总量	868	926	938	748	985	1352.5	1616.57

第二章　通　信

第一节　机构沿革

清光绪三十三年(1907年),设日照电报局,归胶州电报局管理。1931年,始设日照县电话事务所,由县政府直接管理。翌年,设长途电话分局,属山东省建设厅管理。

1950年1月,日照县电信局成立。1951年4月,电信局与邮政局合并,成立日照县邮电局。1969年12月,邮电体制改革,邮、电分设。1973年10月,邮政、电信合并。

1998年10月,实行邮政、电信分营,成立岚山电信分局。2000年6月,中国联通日照岚山分公司成立,隶属中国联通日照分公司。2002年5月16日原中国电信南北分拆,岚山电信分局更名为山东省通信公司日照市分公司岚山分局,同年10月挂牌,设有环海路、安东卫、佛手湾、汾水、虎山、碑廓6个营业部;2003年7月,增设日照钢铁公司营业部。2004年11月,企业改制,通信改为网通,更名为中国网通(集团)有限公司日照市分公司岚山分公司(简称岚山网通公司)。岚山设区后,2005年1月原东港区的巨峰、高兴、后村、大坡、黄墩5个营业部划归岚山网通公司。2008年12月,原中国网通与原中国联通的全球移动通讯系统(Global System of Mobile communication,简称GSM)融合重组,成立新的中国联合网络通信有限公司,中国网通岚山分公司同时更名为中国联合网络通信有限公司日照市岚山区分公司(简称岚山联通公司)。

1999年7月,中国移动通信集团山东有限公司岚山分公司(简称岚山移动公司)成立,隶属于中国移动通信集团山东有限公司日照分公司。2003年12月,中国电信集团北方电信有限公司岚山分公司(简称岚山电信公司)成立,隶属于日照电信公司。2008年5月23日,岚山铁通公司并入岚山移动公司。2008年,中国电信集团北方电信有限公司岚山分公司更名为中国电信股份有限公司岚山分公司(亦简称岚山电信公司)。

第二节　固定电话

1933年1月,日照长途电话事务所成立。同年底,安东卫成为日照县7处电话通话点之一。

1950年7月,沂水军分区在日照城、涛雒和岚山头分别设立电话情报站,在安东卫设10门总机一台。1952年10月,安东卫等地的电话情报站移交日照县邮电局管理。1954年8月,架设安东卫至岚山头中继线路一条(单线)。1955年架设南范家村至巨峰单线、下元至岚山头单线电话线路,架设涛雒至安东卫中继线路一对,至此日照至安东卫、岚山头电话线架通。1955年安东卫开办电话业务,1957年碑廓开办电话业务,安东卫同时开办了长途电话业务。1963年进行线路更新,电话线路由单线改为双线。

1976年5月,岚山、汾水、虎山、碑廓安装使用载波电话,与日照开通了直达电路,各设30门磁石总机1台,后相继换成100门磁石总机。1987年8月,实现半自动拨号。1990年5月26日,岚山1000门HJ-921纵横制自动电话割接开通。1992年1月上旬,岚山头街道实现了村村通电话。1993年8月30日,虎山乡程控电话割接开通,初装机容量为384门,总投资167.8万元,其中邮电部门投资107.8万元,乡筹集用户改制费60万元。同年10月,日照至岚山头光缆工程全线开通,实现了日照、石臼所、岚山间中继传输光缆化。1994年4月,岚山头街道2000门市内程控电话开通,后汾水、碑廓相继开通程控电话。同年9月,127自动寻呼系统投入使用,1998年6月无线寻呼剥离。1995年6月,日照市启用新的长途区号“0633”,电话号码升为7位,岚山在原号码前加“8”。1996年3月24日,岚山头街道新增3000门程控电话割接开通。到1999年年底,岚山办事处电话用户达到17348户。2000年开展"电话区"建设，通信部门投资3000万元，新建接入网7处。同年底，交换机总容量达到51200门，实占容量36500门，电话入户率达到60.4%，岚山办事处建成了全市第一个"电话区"。

2005年全区交换机总容量达到11.78万门，固话用户达到93724户。之后，随着移动电话业务的普及，固定电话用户呈减少趋势，2012年区划调整后，全区固定电话用户59250户。

1994～2012年岚山固定电话用户统计表

表8-2 单位：户

年 份	1994	1995	1996	1997	1998	1999	2000
固定电话	1835	3208	6790	9331	13345	17348	32448
年 份	2001	2002	2003	2004	2005	2006	2007
固定电话	36258	36362	34543	75726	93724	80304	77894
年 份	2008	2009	2010	2011	2012		
固定电话	78072	90249	66100	51607	59250		

长途电话 1993年之前，岚山长途电话实行人工挂发。1993年4月，建成佛手湾微波塔、岚山微波塔，岚山头街道至日照实现微波传输，开通直拨电路60条，其中去话30条，来话30条。1994年北沿海长途传输光缆建成，同时敷设了日照至岚山长途光缆传输电路一条，实现传输数字化，开通长途电路150条。

人工挂发长途电话时期，业务种类分为：代号、特种、紧急调度、政务、普通、公务业务电话6类。通话人先在邮电机构挂号等待，电话接续顺序按照"先重点、后一般；先中央、后地方；先加急、后平常"的原则。资费执行邮电部制定的《长话分类价目表》，以空间距离为标准，将全国分为37个收费级别，3分钟为1次，通话时间不足3分钟按3分钟计算。

1990年，长途人工和半自动电话通话费的基本收费时间为3分钟，通话不满3分钟，按3分钟计算。通话超过3分钟按实际通话分钟数计算，尾数不满1分钟的，按1分钟计算。长途自动电话开通后，通话基本收费时间为1分钟，通话不满1分钟的按1分钟计算，通话超过1分钟的，按实际通话分钟数计算，尾数不满1分钟的，按1分钟计算。

2001年5月21日，执行新的计费标准和资费，长途电话按6秒钟为一计费单位。

长途电话资费一览表

（自2001年5月起执行）

表8-3

项 目	标准（元/6秒钟）	优惠标准
国内长途	0.07	国内长途优惠时段为每天0:00～7:00（不分工作日和节假日），六折优惠，即0.04元/6秒。
港澳台地区长途	0.20	无
国际长途	0.80	国际长途优惠时段为每天0:00～7:00（不分工作日和节假日），优惠国家为：英国、法国、意大利、新加坡、韩国、日本、澳大利亚、新西兰、马来西亚、印度尼西亚、菲律宾、泰国、美国、加拿大、德国，六折优惠，即0.48元/6秒。
注：	取消国内长途人工加急电话、紧急调度电话的收费标准及国内长途半自动电话的收费标准。	

IP 电话　又名宽带电话或网络电话，利用国际互联网 Internet 为语音传输媒介，将普通电话的模拟信号进行压缩打包处理，到达对方后再进行解压，还原成模拟信号，对方用普通电话机等设备接听。中国联通的 IP 电话接入号码为 17911，中国移动的 IP 电话接入号码为 17951。

IP 电话标准资费一览表

表 8-4

项　目	目的地	费率（元/分钟）
国内长途	国内	0.30
港澳台地区长途	香港、澳门、台湾	1.50
国际长途	美国、加拿大(含阿拉斯加、夏威夷，不含其他代码为“1”的国家和地区)	2.40
	英国、法国、意大利、新加坡、韩国、日本、澳大利亚、新西兰、马来西亚、印度尼西亚、菲律宾、泰国	3.60
	其他国家	4.60

市话与农话　1990 年，岚山头街道一、二、三、四村设为市话基本营业区域。1995 年，市话初装费执行标准是：党政军机关、学校、托幼园所、财政全额拨款的事业单位、社会福利单位的办公电话和社会各类住宅电话，安装 1 部程控电话不超过 3000 元；其他单位(含住宅兼作经营场所私人住宅电话)，安装 1 部程控电话不超过 6000 元。同年，市话其他收费项目也作相应调整，基本营业区内的住宅电话月租费为 16.90 元，市内通话费每次 0.25 元；党政机关、学校、财政全额拨款的事业单位办公电话月租费为 24.10 元，市内通话费每次 0.35 元。市内通话费每 3 分钟为 1 次，不足 3 分钟按 3 分钟计算。

1996 年，取消界区，岚山头街道调整为一个市话营业区。同年 12 月 1 日，根据邮电部统一规定，对电信资费进行调整：电话基本月租费不变；市内电话每次(3 分钟为一次，不足 3 分钟按 3 分钟计算)0.15 元，附加费 0.10 元；营业区间电话每分钟 0.50 元，附加费 0.15 元。

1997 年，安东卫 13 个村并入岚山市话营业区。1998 年，佛手湾建机房，开通 4000 门华为 C&C08 型交换机(简称 C08 交换机)，局号为“843”。1999 年 9 月，安东卫建支局，开通 2000 门 C08 交换机，局号为“841”。

2000 年 4 月，原“848”局号改为“288”，其余原“84”局号改为“26”局号。

2001年5月21日，全岚山办事处划为一个大市话区域，通话执行市话标准收费。基本月租费：住宅电话，办事处驻地18元/月，办事处驻地以外15元/月；办公电话，办事处驻地35元/月，农村30元/月。

2012年12月1日，取消固定电话本地网营业区间通话费收费项目，营业区间通话费按照现行固定电话本地网营业区内通话费标准执行。

本地通话费标准一览表

（自 2001 年 5 月起执行）

表 8-5

项　目	计费单位	资费标准（元/次）
营业区内通话费	首次 3 分钟（不足 3 分钟按 3 分钟计）	0.22
	以后每分钟计费一次（不足 1 分钟按 1 分钟计）	0.11
营业区间通话费	每分钟计费一次（不足 1 分钟按 1 分钟计）	0.50

第三节 电 报

1929年1月，上海电报管理处驻海州（在今连云港市）第一工务处架设日照、涛雒、茶棚（今安东卫街道界牌岭村）、海州有线电报线路，1935年开通。涛雒、茶棚段杆路25.4公里，线条52.4公里，电杆209棵，为双实线电路。

1957年1月，安东卫、碑廓开办电报业务。当时电报种类有防空、事故、天气、报讯、公益、军事、企业、新闻、汇兑、公务、普通、书信12类。1958年各支局全部开办电报业务。1984年，电报种类调整为天气、水情、公益、政务、新闻、普通、汇款、公电8类。私人打电报需到邮电支局自己填写电报稿，由邮局话务员译成密码，然后向县（市）邮电局话传密码，由县（市）局拍发。1990年，改用传真机发报，结束了农村支局话传电报的历史。1993年5月，开办公众用户传真业务。同年，增加用户电报机设备1套，为外运、外轮代理公司开办用户电传业务。

2001年7月，调整电报业务服务内容，除公益性及特殊业务种类外，其他电报业务基本停办。

第四节 数字数据网

1992年8月，投资40万元，安装SYTEX节点设备1套，容量64路。1996年5月，公用数字数据网（Digital Data Network，简称DDN）建成投产。

DDN是采用数字信道（如光缆、数字微波和卫星信道）来传输信号的数据传输网，为用户提供全数字、全透明、高质量的网络连接，传递各种数据业务，可用于金融业、证券业、外资机构等各种固定用户的联网通信，并为多种电信增值业务（各种专用网、无线寻呼系统、可视图文系统等）及局域网间提供中继或用户数据通道，特别适用于业务量大、实时性强的数据通信用户使用。

进入21世纪，随着互联网通信技术的发展，DDN使用越来越少。至2012年，除在金融保险行业内做备份电路外，基本停止使用。

第五节 互联网业务

1997年5月17日，中国公用计算机互联网（CHINANET）节点机开通运行。同年，日照建成163、169网络平台，实现电话拨号上网。

2001年12月，岚山开通中兴ADSL节点，容量为48线。2003年5月，虎山镇完成美国阿尔卡特ADSL节点的安装并运行。至2003年10月，岚山办事处容量达到936线，共有ADSL用户400余户，光纤宽带用户20余户，成为日照市首个实现宽带网络覆盖全部乡镇街道的区（县）。2012年，全区共有ADSL用户2.5万余户，光纤宽带用户600余户。

2002年5月，岚山通信分局投资60万元，完成工委综合办公大楼光纤+五类线方式综合布线。2003年7月，“岚山政务网”开通运行，实现了岚山工委与各个政府部门、政府与社会各界之间的资讯互通、资源共享和政府内部办公自动化。

2003年岚山电信公司成立，开始在岚山经营互联网业务，推广应用FTTH（光网络单元安装在住家用户或企业用户处）互联网新技术，拓展ITV（宽带互联网视听）业务。

2009年，岚山移动公司无线局域网络（Wireless Local Area Networks）开通。截至2012年年底，全区覆盖点达232处，满足了城区大部分地区无线上网的需求。

2012年区划调整后，全区共有互联网用户43807户。

1999～2012年岚山互联网用户统计表

表8-6　　单位：户

年 份	1999	2000	2001	2002	2003	2004	2005
用户数	85	198	267	275	482	1130	1693
年 份	2006	2007	2008	2009	2010	2011	2012
用户数	4300	5805	17130	31100	33565	50063	43807

第六节 小灵通业务

"小灵通"英文全称为 Personal Access System，简称 PAS，是便携式个人无线接入电话系统，是数字技术高层次发展的产物，采用微蜂窝技术，以无线的方式接入固定电话网，使用固定电话的交换设备和号码资源，使系统的固定电话可以在网络覆盖区域内携带使用，用户可以随时拨打本地网电话和国际国内长途电话，是市话的有效延伸和补充。

2002 年 5 月建设，共投资 500 万元，安装基站 167 处，于 8 月份正式放号。

小灵通月租费 18 元/部，通话费标准与固定电话资费标准相同，能够享受固定电话在节假日和其他时段的资费优惠政策，并可实现 IP 通话。

设区后，因信号等原因，小灵通用户逐渐减少，现已很少使用。

第七节 移动通信

1991 年，岚山开通第一部模拟移动电话。至 2012 年，全区移动电话用户达到 318724 户，移动电话通信网络覆盖全区。移动电话通信业务除提供基本的通话业务外，还提供号簿管家、话费管家、手机阅读、手机视频（移动网络方式）、手机电视、移动 MM（手机综合商场）、彩铃、短信回执、手机闹钟、手机报、12580 综合信息、手机钱包、手机支付、移动乐付、"手机冲浪"、无线音乐俱乐部、飞信、手机游戏、手机地图、手机导航、属地显示、话费闹钟、"车主服务"便民短信、中国移动无线宽带（Wlan）、手机商界、歌曲下载、手机医疗、手机动漫、财信通、天气预报、移动生活圈、移动全时通、"条码识别"、移动搜索、语音短信、语音杂志、农信通、短信呼转、彩信、三方通话、手机上网、手机查询缴电费、移动微博、集团虚拟网（VPMN）、集团彩铃、专线服务、多媒体固话、物联网、移动 OA（移动办公）、139 邮箱、企业信息机（MAS）、位置通、校讯通、企信通、集团总机、企业邮箱、手机一卡通、企业建站、商户管家等业务。

1995～2012 年岚山移动电话统计表

表 8-7　　单位：部

年 份	1995	1996	1997	1998	1999	2000
移动电话部数	174	290	926	2465		
年 份	2001	2002	2003	2004	2005	2006
移动电话部数				44000	65100	100610
年 份	2007	2008	2009	2010	2011	2012
移动电话部数	121720	155000	234100	239461	343396	318724

GSM（全球移动通信系统） 岚山移动公司经营 134、135、136、137、138、139、147、150、151、152、157、158、159、182、183、187 号段，2012 年底有用户 27 万户。岚山联通公司经营 130、131、132、155、156、185、186 号段，2012 年底有用户 7.5 万户。

CDMA（码分多址） 2002 年原中国联通岚山公司建立。2008 年 8 月，根据国务院、国资委对运营商重组的要求，CDMA 网络由中国电信收购，其设备产权及相关配套设施由中国电信经营，岚山区域的所有 CDMA 业务随之由中国电信岚山分公司经营，开放 133、153、189、180、181 专属号段。

WCDMA（Wideband Code Division Multiple Access—宽带码分多址） 2009 年 5 月 17 日，国务院为 3 家通信业务运营商颁发第三代移动通

信牌照(简称3G),中国联通获得WCDMA通信标准运营许可,号码段为186。该标准在世界244个国家和地区应用,其下行带宽(即下载速率)高达14.4Mbit/秒(每秒数据下载量),上行带宽达到5.76Mbit/秒(每秒数据上传量),能够处理提供图像、声音、视频传输等多种信息服务。2009年10月,在岚山区域内投入运营。截至2012年,岚山全区建设WCDMA基站86个,用户数达到1.2万户。

2012年岚山联通公司3G资费标准

表8-8

月租		50元/月
语音	基本通话费	拨打0.36元/分钟，接听免费
	国内漫游费	拨打0.6元/分钟，接听0.4元/分钟
	国内长途费	0.07元/6秒
短信		0.1元/条
手机上网流量费		0.01元/KB
彩信		0.9元/条
多媒体使用费		1元/M （M为多媒体使用单位）
文本使用单费		0.2元/T （T为文本使用单位）
可视电话	基本通话费	拨打0.9元/分钟，接听免费
	国内漫游费	拨打1.2元/分钟，接听0.9元/分钟
	国内长途费	1.2元/分钟

说明：3G用户语音国内长途通话、可视电话国内长途通话不另加收基本通话费

2012年岚山联通公司3G无线上网卡资费标准

表8-9

套餐月费	包含国内流量	超出后资费
150元/月	3GB	0.1元/MB
200元/月	5GB	
300元/月	10GB	

移动公司3G数字移动通信网 2009年11月在岚山区域内投入运营,专属号段147、157、188,业务包括3G网卡、3G固话、3G移动电话,具有可视电话、手机上网、电子化办公等功能。至2012年年底,基本实现全区全覆盖。

第八节 企业选介

岚山联通公司 成立于1998年10月,时称岚山电信分局,2008年更名为中国联合网络通信有限公司日照市岚山区分公司。公司综合通信网络建设通达全区各乡镇街道。建成乡镇模块局11处、村级接入网节点机192处,拥有GSM基站150个,拥有固定电话6.7万户,宽带1.4万户,G网用户达1.7万户。共有营业厅12处,合作营业厅19处,乡村便利店174个(处),服务网点遍布城乡,并实现了网上业务咨询受理(即网上营业厅)功能和电话业务咨询受理系统(即电话营业厅)。2012年拥有员工142人。公司先后获“市级文明单位”“日照市劳动关系AAA级和谐企业”荣誉称号。郑森、秦玉亮、韩春光、李乃华、李先业、张可军、宋贺、厉勇、李岩先后任岚山邮电

分局(岚山电信分局、岚山通信公司、岚山网通公司、岚山联通公司)局长(经理)。

岚山移动公司　成立于1999年7月,全称为中国移动通信集团山东有限公司岚山分公司,隶属于中国移动通信集团山东有限公司日照分公司。主要负责区域内134、135、136、137、138、139、150、151、152、158、159、182、187号段以及第三代移动通信技术(3G)专属号段147、157、188等数字移动通信网的规划、建设和运营,除提供基本话音业务以外,还提供传真、数据IP电话、宽带、无线固话、互联网宽带、手机视频等多种增值业务和3G业务。成立之初,有员工3人,移动用户3000户。至2012年年底,有在职员工106人,移动用户27.7万余户,下设观海路、环海路、汾水、碑廓、虎山、巨峰、黄墩、高兴、中楼、日照钢铁公司10处营业厅。

岚山移动公司自成立之日起,不断加大资金投入,进行网络建设。2008年5月23日,中国铁通并入中国移动,增加了固话、有线宽带业务;2009年开通无线局域网络(Wireless Local Area Networks);2009年12月1日,移动3G网络试运营,此后各种业务专线(互联网、传输专线、语音专线)迅猛发展。截至2012年底,共建成移动通信基站200余个,发展各种业务专线340余条,有移动代理点800余家,带动从业人员1500余人。

岚山移动公司2002年被评为全国用户满意企业;2007年获山东省“青年文明号”;2011年获山东省效益十强县公司第一名;2012年被评为日照市文明城市创建先进单位。是山东省第四、六、九届消费者满意单位,日照市第六、七、八、九届消费者满意单位。王庆田、高全安、韩伟、王均涛、袁兆宪、王明銮、丁明秀(女)、单士庆先后任岚山移动公司经理。

岚山电信公司　成立于2003年12月,全称为中国电信股份有限公司岚山分公司,是日照电信公司下辖直属子公司,主要经营国内、国际各类电信网络与设施(含本地无线环路)以及基于电信网络的语音、数据、图像、互联网等电信基础业务及增值业务。2008年9月,岚山电信公司承接了原由中国联通岚山区分公司经营的CDMA业务及网络,自此经营宽带、固话等业务和个人移动通讯业务。成立之初,公司有员工5人;至2012年,有员工55人,实现全业务收入1100万元。刘峰、李春波、周庆运、许清华、魏民先后任岚山电信公司经理。

第九编　环境保护

20世纪70年代后,随着社会经济发展,环境污染问题日渐突出,主要表现为工厂企业、交通运输、居民生活和餐饮等带来的废水、废气、废渣以及粉尘、噪声等,城市污染重于农村。农村实行家庭联产承包责任制后,化肥、农药、地膜等农用物资的使用在给农业带来经济效益的同时,其残留物也同样带来污染。70年代后期,环境保护开始引起社会重视。1979年9月《中华人民共和国环境保护法(试行)》颁布实施,环境保护工作开始走上法制化轨道,环境保护机构、环境污染治理和对新污染源监督管理都逐步得到加强。

1993年岚山办事处设立后,办事处与各乡镇街道、处直有关部门分年度签订《环境目标责任书》,实施环境目标责任管理。1996年开始,连续多年加大对水产品加工、塑料加工、鱼粉加工、电镀、砖瓦制造等行业的排污治理力度,岚山生态环境有了较大改善。2000年5月1日,岚山办事处完成了国家、省、市规定的"一控双达标"环保任务。

2004年岚山区设立后,按照"建设港口经济强区、生态环保钢城"的定位,大力实施"生态建区"战略,开展"植树造林、城乡环境整治、交通运输秩序整治、空气质量整治"4项集中活动,打造产业发达、生态和谐、宜居宜业的现代化海滨新港城。坚持经济发展与环境保护同步推进,编制完成《岚山生态区建设规划》,全区工业固体废物综合利用率达100%。实施"数字环保工程",建成空气自动监测站和26套环境自动监控系统,对重点污染企业全部实行在线监控。加大环境基础设施建设和污染治理,区域生态环境质量不断改善,大气、水环境质量始终保持优良,饮用水源地水质达标率100%,近岸海域水质优于国家规定标准。2011年,化学需氧量、氨氮、二氧化硫、氮氧化物排放量分别比2010年削减5.47%、3.98%、6.73%、4.84%,达到日照市下达的目标要求。2010年、2011年、2012年空气环境质量优良率分别为80%、84.9%、89%。

第一章　环境管理

第一节　环保机构

1993年7月,岚山办事处城乡建设环保委员会成立,负责城乡规划建设管理及环境保护工作,下设环保科。各乡镇街道设建设土地环保委员会,受办事处城乡建设环保委员会业务指导。2005年,岚山办事处城乡建设环保委员会改称岚山区城乡规划建设局,原环保科保持不变。

2006年5月,岚山区城乡规划建设局环保科撤销,成立日照市环境保护局岚山分局(简称岚山环保分局),为日照市环保局派出机构,正科级事业单位,主要职责是依法对岚山区内的环境保护工作实施统一监督管理。至2012年,岚山环保分局设办公室、总量办、管理科、污控科、审批科、监察大队、监测站7个科室,编制23人。

2012年,岚山区编委下发《关于在乡镇经济发展服务中心加挂环境综合整治办公室牌子的通知》,在各乡镇街道设立环保工作机构,由岚山环保分局赋予工作职责,进行业务指导。

第二节　环境保护目标责任制

自1989年开始,全省各地全面推行市长、县(区)长环境保护目标责任制。1993年11月,岚山办事处与市政府签订1993～1997年度环境保护目标责任书,办事处主任与各乡镇街道、处直有关部门等15个单位主要负责人签订了目标责任书,岚山首轮环境保护目标责任制开始实施。之后,岚山办事处主任(岚山区区长)与日照市市长依次签订了1998～2000年度、2001～2002年度、2003～2005年度、2006～2010年度主任(区长)环境保护目标责任书。目标责任书签订后,处(区)里将任务目标进一步分解细化,主任(区长)再与各镇、街道办事处及处(区)直有关部门签订环境保护目标责任书。

环境保护目标责任书的指标体系由环境质量、环境建设和环境管理指标组成。环境质量指标包括水、大气及噪声等7项环境指标和6项污染物总量控制指标，重点包括小流域污染综合治理、生活垃圾无害化处理、饮用水源地保护、生态示范区建设、面源污染控制、环境保护执法规范建设等。环境管理指标包括环境保护投资指数、污染事故控制及违法行为查处、开展循环经济试点、建设生态工业园等。

岚山办事处设立以来，城市饮用水源水质达标率为100%。城市地表水、近岸海域水质(化学需氧量、总氮年均值)按环境功能区达标，水质逐年改善；城市环境空气质量(PM10、二氧化硫、二氧化氮年均值)按环境功能区达标，城市环境噪声按环境功能区达标；主要污染物(化学需氧量、氨氮、二氧化硫、烟尘、工业粉尘)等排放量都控制在总量控制指标之内。

第三节　建设项目管理

岚山办事处设立至2012年，岚山环保部门对辖区内建设项目进行了18次年度执法专项检查，对发现的问题按环保法律、法规和有关产业政策分类进行处理。共补办环保手续200多个，责令整改30家，关闭50家小淀粉加工作坊等污染严重的小企业。通过全面清理检查，准确掌握了全区污染源分布状况及污染种类、污染数量、污染方式和污染程度等第一手资料，建立了企业管理档案。

根据环境保护法律、法规的要求，所有新建、改建、扩建项目必须通过环境影响评价才能建设；所有新建、改建、扩建项目必须做到“三同时”(污染防治设施与主体工程同时设计、同时施工、同时投产)。从1996年起，岚山开始实行“环保第一审批权”制度，未经环保行政主管部门批准的建设项目，发改、经贸、建设、土地、工商管理等部门不予办理有关手续。2002年，区政府推行行政审批改革，成立岚山区行政审批服务中心，建设项目环境管理被列为第一序列行政审批窗口。岚山环保分局设立至2012年，岚山大中型建设项目“环评率”始终保持100%。

第二章　环境污染与防治

第一节　水环境污染与防治

岚山水污染主要来自工业废水、城区生活废水和农村生产生活废水，废水中含大量有机物、氨氮等。岚山区政府每年与有关部门和重点企业签订年度《岚山区环境保护目标责任书》，2006年签订了《“十一五”主要污染物总量削减目标责任书》，全面强化水污染防治措施，确保水环境质量。加强对3家国控、1家省控、6家市控重点企业和1个市控河流断面的监管，完善企业档案管理，严防偷排偷放和超标排放。

1998年，对全区11家鱼粉加工企业进行整治，要求限期治理，根治城区河流黑臭问题。2006年，强制关停对绣针河造成严重污染的碑廓镇淀粉加工小区46户小企业，削减化学需氧量2345吨；停产治理企业2家并安装在线监控设备。2007年，责令限期治理企业5家，实施再提高工程7家，落实化学需氧量减排247吨，全区化学需氧量和二氧化硫排放量实现“双下降”。

2008年12月，日处理能力2万吨的岚山污水处理厂建成使用，处理主城区生活污水及部分工业废水。截至2012年，岚山共建成城区污水主管网4.5万米，建成城市生活污水处理厂(2万吨/天)1座和企业污水治理设施13座【分别位于山东昌华食品集团有限公司、山东丰华食品有限公司、日照天然食品有限公司、日照阿掖山食品有限公司、日照益荣远水产食品有限公司、日照永兴食品有限公司、日照永鑫嘉岛淀粉有限公司、山东众山生物科技有限公司、岚山港务有限公司、中粮黄海粮油工业(山东)有限公司、孚宝仓储有限公司、山东石大科技石化有限公司、岚桥港口石化有限公司】,全区工业生活污水处理能力达到6万吨/天;建成投运生活垃圾无害化处理场。

通过多年排污治理,全区水环境质量不断优化,城市地表水、饮用水源水质、近岸海域水质均达到或优于环境质量标准,主要河流断面水质逐步改善,"十一五"污染减排两大约束性指标化学需氧量和二氧化硫排放量首次实现"双下降",人民群众关心的环境热点、难点问题得到有效解决。

岚山区共有绣针河、龙王河、巨峰河3条主要河流,岚山环保分局环境监测站定期对3条河流重点断面进行监测,地表水水质达到《地表水环境质量标准》Ⅲ类以上标准,总体水质为良。城区2个主要地表水饮用水源地:碑廓绣针河水源地和水利局供水管理处水源地日照水库,水质均符合《地表水质量标准》Ⅲ类标准,自来水水质合格率达99%。

第二节　大气环境污染与防治

岚山区地处黄海海滨,自然环境优美,气候宜人,较为适合人类居住。根据岚山区主要大气污染物分类统计分析,其污染物主要来源可概括为燃料燃烧、工业生产排放、交通运输三大方面,其中钢铁、焦化、石油化工、鱼粉加工、热电、木材加工等行业废气排放量较大。

2010年3月23日,岚山区组织召开全区空气环境质量改善工作会议,制定《关于落实〈岚山区2010年空气环境质量改善工作方案〉的实施意见》。区委、区政府成立空气环境质量改善工作指挥部,设立工业污染控制、扬尘污染防治、机动车尾气排放污染防治、秸秆禁烧污染防治4个工作组,以粉尘污染治理为重点,开展大气污染防治工作,全面促进全区空气环境质量逐年改善。空气环境质量整治范围为城市建成区和各工业园区,重点整治工业废气排放,道路交通,矿砂、煤炭等物料堆场、货场,物料及渣土运输,建筑工地,拆迁及市政工程工地,裸露地面,汽车尾气等。

2011年5月,制定下发《岚山区城市空气环境综合整治行动工作方案》,开展以防治工业扬尘(粉尘)污染为重点的空气环境质量改善专项行动,对35家企业的38个货堆(场)督促落实"苫、淋、挡、封、洗、绿"等环保措施。

2011年9月,区政府投资600余万元,建成日照万科汽车检测服务有限公司机动车尾气检测机构,建有机动车排放污染物环保检测线3条,对检测合格机动车辆贴上"黄绿标"环保标志。

2012年,岚山区制定《2012年岚山区扬尘污染治理工作重点》,以岚山空气自动监测子站周边区域为核心控制区,确定城市重要主次干道,市政施工、建筑施工、城中村拆迁改造工地,重点废气排放企业,露天散货堆场,有异味排放的有关企业等为重点整治区域,对露天仓库、码头、堆场进行全方位检查,对未按规定采取防尘措施的单位和个人进行限期整改和立案查处。对鱼粉加工业进行整合治理,在碑廓镇划定鱼粉加工园区,将13家鱼粉厂关停搬迁。通过治理,岚山空气质量优良率始终保持良好以上。

第三节　声环境污染与防治

岚山区噪声污染以建筑施工噪声、工业噪声、交通和部分社会生活噪声为主。随着社会发展和人们环保意识的增强,噪声污染投诉数量呈现不断增加的趋势,特别是建筑工地夜间施工所产生的噪声,严重干扰周围居民休息,危害人体健康,成为群众环境投诉的热点。

2006年,岚山环保分局按照《山东省环境噪声污染防治条例》(自2004年1月1日起施行),定期不定期的加大噪声监测频次,对排放超标准噪声的工业企业及建筑施工工地责令采取隔音降噪、限定作业时间等措施,每年的噪声值均达到环境功能区划要求。2009年,开通环保"12369"噪声污染投诉举报电话,将排放超标并严重扰民的噪声污染问题纳入挂牌督办范围("挂牌督办"指上级政府和行政主管部门通过社会公示等办法,督促限期完成对重点案件的查处和整改任务)。

2011年，岚山区编制完成了辖区噪声功能区划。按功能划分为Ⅰ、Ⅱ、Ⅲ共计3类区域，以区政府方圆一公里为Ⅰ类区；其他城区为Ⅱ类区；岚山经济开发区为Ⅲ类区。监测数据表明，2012年各类功能区噪声值均低于标准限值。

第四节　环境卫生治理

2012年，岚山区围绕生态文明乡村建设，开展城乡环境卫生一体化管理，城乡生活垃圾全部统一收集处理。

图9-1　城乡垃圾统管统运　(摄于2012年)

环卫设备　各村居设移动式垃圾运输箱，每250人设置1个。每5个村居配备一辆三轮垃圾清运车。每个乡镇街道建垃圾中转站1处，岚山头街道建2处。2012年，全区共购置移动式垃圾箱1607个、地埋式垃圾箱5个、240升塑料垃圾桶831个、车厢可卸式三轮垃圾车89辆、车厢可卸式垃圾运输车4辆、压缩式垃圾运输车1辆，建垃圾中转站9处，总投资2030.944万元，实现了城乡环卫一体化全覆盖。

环卫队伍　各乡镇街道成立环境卫生管理机构。各村居按每500人(少于500人的村居，按500人计)配备1名保洁员的标准配备保洁人员，负责本村居垃圾的收集清运。

管理体制　区政府成立城乡环卫一体化管理工作领导小组，负责全区城乡环卫保洁工作的管理指导。各乡镇街道成立环境治理办公室，配备不少于2人的工作人员，对辖区内保洁队伍进行监督检查和考核。

全区城乡环卫一体化建设分两个层面进行。岚山头街道、安东卫街道、虎山镇、碑廓镇实施“村收、镇运、区环卫处清运、区固废中心处理”的垃圾处理管理机制，各村居将垃圾收集到垃圾箱，镇环卫管理机构将箱内垃圾运送到中转站，中转站压缩处理后由区环卫处清运到区垃圾填埋场；黄墩镇、高兴镇、巨峰镇、中楼镇实施“村收、镇运、镇处理”的垃圾处理管理机制，各村将垃圾收集到垃圾箱，镇环卫管理机构将箱内垃圾运送到中转站，压缩处理后再清运到本镇垃圾填埋场。

经费保障　环卫设备购置费由区财政承担。垃圾日常清运及管理费，由各村居按照“谁受益、谁付费”的原则，开展“筹资酬劳”，2012年，全区共计筹集资金713.4万元。

第五节　重点减排工程

化学需氧量重点减排工程

岚山污水处理厂　位于安东卫街道获水社区南，绣针河入海口处。2007年12月开工建设，2008年5月建成，投资4790.95万元，设计处理规模2万吨/天，采用厌氧—缺氧—好氧活性污泥法(简称A/A/O)处理工艺，2008年12月通过山东省环保厅验收，污水收集范围内服务人口约9万人。2009年完善污水收集管网，新建污水管道30公里，2010年4月通

图9-2　岚山污水处理厂全景图　(摄于2011年)

过山东省环保厅验收，新增污水收集范围服务人口约4.5万人。2012年全年平均日处理水量为1.91万吨，其中90%以上为生活废水。根据监督性监测报告统计，进口水质平均化学需氧量浓度为354毫克/升，出口平均浓度为28.5毫克/升。

山东昌华食品集团有限公司污水深度处理回用项目　投资200万元，采用物化—生化法污水处理工艺，利用活性污泥分解、吸附化学需氧量，设计处理规模1000吨/天，2006年12月通过调试进入试运行。2007年10月安装在线监控系统。进口水质平均化学需氧量浓度为600毫克/升，处理后外排废水浓度32.96毫克/升。

山东丰华食品有限公司污水深度处理回用项目　投资110万元，采用物化—生化法污水处理工艺，利用活性污泥分解、吸附化学需氧量，设计处理规模500吨/天，2006年12月通过调试进入试运行。2007年10月安装在线监控系统。进口水质平均化学需氧量浓度为580毫克/升，处理后外排废水浓度44.9毫克/升。

日照阿掖山食品有限公司污水深度处理回用项目　投资180万元，采用活性污泥法相结合的生化处理工艺，设计处理规模500吨/天，2007年4月通过调试进入试运行。2007年12月安装在线监控系统。进口水质平均化学需氧量浓度为560毫克/升，处理后外排废水浓度30.44毫克/升。

日照天然食品有限公司污水深度处理回用项目　投资140万元，由日照海瑞特公司设计建设，采用序列间歇式活性污泥法（简称SBR）处理工艺。2007年3月开工建设，2007年12月通过调试进入试运行。处理前水质平均化学需氧量浓度145毫克/升，处理后浓度42毫克/升。

日照永兴食品有限公司污水深度处理回用项目　投资160万元，由江苏宜兴市巨昌净化设备有限公司设计建设，采用活性污泥法相结合的生化处理工艺，2007年4月开工建设，2007年12月通过调试进入试运行。处理前水质平均化学需氧量浓度137毫克/升，处理后浓度38毫克/升。

日照益荣远水产食品有限公司污水深度处理项目　投资70万元，采用序列间歇式活性污泥法（简称SBR）处理工艺，采用序批式进水、排水，能够有效去除化学需氧量和氨氮。设计处理规模500吨/天。2008年3月开工建设，2008年12月通过调试进入试运行。处理前水质平均化学需氧量浓度119毫克/升，处理后浓度42毫克/升。

二氧化硫重点减排工程

日照三木集团有限公司热电厂烟气脱硫工程　2008年1月开工建设，投资148万元，采用炉内脱硫工艺，利用石灰石屑和200目的石灰粉作为主要脱硫剂，设计综合脱硫效率85%，实际运行的脱硫效率最高为92%。经过脱硫设施处理后的二氧化硫浓度可控制在100～400毫克/立方米，低于排放标准（400毫克/立方米）。设备于2008年5月安装完毕，同年7月底调试并通过了168小时试运行。按照国家环保总局下发的《主要污染物总量减排核算细则》要求计算，正常运行后，年削减二氧化硫653吨。

日照钢铁有限公司烧结烟气脱硫工程　日照钢铁有限公司180平方米及以上烧结机全部配套烧结烟气脱硫工艺。其中，10号、11号烧结机采用氨—硫铵法，6号、7号、8号、9号、12号、13号烧结机均采用石灰—石膏法。10号、11号烧结机烟气脱硫工程2009年11月建成投产，12号、13号烧结机烟气脱硫工程2010年9月建成投产，6号、7号烧结机烟气脱硫工程2011年6月建成投产，8号、9号烧结机烟气脱硫工程2012年6月建成投产。

第三章　环境监察与监测

第一节　环境监察与排污收费

1993 年，岚山城乡建设环保委员会设环保科，负责环境保护的监督监察，收取企业排污费。2006 年，岚山环保分局环境监察大队成立，主要职责：贯彻落实国家、省、市环境保护法律法规、地方政策规定，监督企事业单位、个人(法人)、社会组织等执行落实环境保护法律法规、地方政策规定，严厉查处环境违法行为，督促落实环境污染治理任务，依法征收企事业单位排污费，查处办理环境信访(投诉)案件。

2004 年起，依据 1979 年颁布的《中华人民共和国环境保护法(试行)》、1982 年国务院发布的《征收排污费暂行办法》、1982 年 5 月省政府发布的《山东省征收排污费实施办法》，以及 2003 年 1 月国务院发布的《排污费征收使用管理条例》等法律法规，对向环境排放污染物的责任者，征收一定数额的环境补偿费用。主要开征项目：废水、烟尘、废渣、建筑施工噪声等。

2004 ～ 2012 年岚山区排污费征收情况统计表

表 9-1　　单位：个、元

年　份	征收单位数	征收总额	年　份	征收单位数	征收总额
2004	67	618138.34	2009	118	1504849
2005	74	1027831.34	2010	127	2187281
2006	81	1096643	2011	94	2986115
2007	96	1537306	2012	96	3896689
2008	102	1449688			

第二节　环境监测

水环境监测　岚山区共有国家级污染源重点控制(国控)排污企业 3 家，省级污染源重点控制(省控)排污企业 1 家，市级污染源重点控制(市控)排污企业 6 家。岚山环保分局环境监测站每月定期对包括国控、省控、市控污染源在内的 10 家重点排污企业进行重点监管，定期抽样化验监测，将监测数据及时上报市政府和环境监察部门，对超标情况进行通报并限期整改。截至 2012 年年底，全区共安装污染源自动监控设备 26 台(套)，全部实现省、市、区三级联网，具备在线监测企业废水、废气中常规污染因子的能力。

大气环境监测　按照山东省环保厅关于加快推进“三级五大自动监测系统”建设的要求，日照市环境监测站于 2008 年 3 月在岚山环保分局建立环境空气质量自动监测站，并与省、市联网，对空气中污染物情况实时监控，具备监测环境空气中二氧化硫、二氧化氮、一氧化氮、一氧化碳、总悬浮颗粒、可吸入颗粒物等环境因子的能力。2012 年，引进原子吸收、原子荧光等大型仪器，设立分析化验室、监督监测室、大气在线监控室，具备了水和废水、环境空气和环境废气、噪声等的监测能力。岚山环保分局根据自动监测数据，每月编制环境空气质量月报。该空气质量自动监测站建成后，为全区城区环境空气质量提供了准确可靠的技术数据。

噪声环境监测　根据噪声功能区划，岚山区共设置区域和道路交通噪声测点 39 个，其中区域噪声测点 27 个，功能区噪声测点 3 个，道路交通噪声测点 9 个。岚山环境监测站采取定期和不定期的方法对39个区域及道路交通噪声测点进行监测，同时对各建筑施工单位及其他可能产生噪声的污染场所不定期检查，发现有超标的环境噪声问题，及时严肃查处并限期整改。

第四章　环保规划与建设

第一节　环保规划

“九五”环保规划　岚山环保规划从国家第九个五年计划开始制定。“九五”期间，制定并实施了《岚山办事处“九五”期间主要污染物排放总量控制实施方案》，工业污染源全部实现达标排放，主要污染物排放总量全部控制在日照市政府规定的指标之内，空气和地表水环境质量全部达到功能区划要求。取缔辖区内的小淀粉加工作坊，完成“一控双达标”（“一控”指的是污染物总量控制，要求到2000年年底，各省、自治区、直辖市要使本辖区主要污染物的排放量控制在国家规定的排放总量指标内。直辖市、省会城市、经济特区城市、沿海开放城市和重点旅游城市的环境空气、地面水环境质量，按功能分区分别达到国家规定的有关标准）任务。

“十五”环保规划　2001年，岚山办事处制定了《岚山办事处“十五”期间主要污染物排放总量控制实施方案》，整个“十五”期间，主要污染物排放总量全部控制在日照市政府规定的指标之内，空气和地表水环境质量全部达到功能区划要求。2004年，全区化学需氧量排放量2000吨，比“九五”期末下降20%；二氧化硫排放量3000吨，烟尘排放量1100吨，工业粉尘排放量100吨，工业固体废物全部综合利用和处置。围绕改善城市环境质量，加强城市污水集中处理、集中供热、垃圾处理、园林绿化等环境基础设施建设，城市环境保护整体水平明显提高，全区城市饮用水源水质达标率100%，医疗废物集中处理率达90%以上。坚持生态建设与保护并举的方针，大力加强植树造林、水土流失治理，强化生态示范区创建，全区共建成环境优美乡镇街道国家级1个、省级4个，国家级生态村1个、省级3个、市级65个，市级“环境教育基地”1个。加强环境执法力度，开展环保行政执法年等活动，对设备落后、资源浪费大、效益低、污染重、布局不合理的企业实行关、停、并、转、迁，依法关停了耗水量大、污染严重的淀粉加工户50余家，取缔“十五土小”（指15种重污染小企业）企业2家。对所有建设项目实行环保第一审批和环保一票否决制度，大中型项目“三同时”合格执行率达到100%，做到了增产不增污或增产减污。严肃查处治污设施不运转、不完善和偷排偷放等违法行为，治污设施运行率达99%以上。

“十五”期间全区环境保护资金投入占同期国内生产总值的1.6%，高于“九五”期间的水平。

“十一五”环保规划　国家“十一五”计划期间，岚山化学需氧量、二氧化硫排放量分别削减7.5%、12%，圆满完成了日照市下达的削减任务。实施“生态建区”发展战略，编制《岚山生态区建设规划》《日照市临港工业园区规划环评》。对8家企业实施强制性清洁生产（是指将综合预防的环境保护策略持续应用于生产过程和产品中）。开展植树造林、城乡环境综合整治、交通运输秩序整治、空气质量整治4大活动，建设获水湿地公园、青鸾湖、多岛海等重点生态工程，全区受保护地区总面积达到国土总面积的26.9%。

推行环保属地化管理，制定《镇办环境保护考核办法》，强化地方政府的环保责任。组织开展涉及剧毒物质企业及电镀企业专项检查、打击环境污染犯罪等专项执法行动，排查环境安全隐患，加强对重点企业、行业风险源监管。“十一五”期间，全区累计出动执法人员3000余人次，查处各类违法企业173家，处结环境信访案件159起，满意率达100%。

加大环境基础设施建设投入。建成污水处理厂10座，配套完善城市污水管网50公里，工业和生活污水处理能力达到6万吨/天；建成城区集中供暖工程和生活垃圾无害化处理场；建成机动车尾气检测企业1家，城市环境保护整体功能不断完善。

建成覆盖全区的环境监控系统，安装水、气在线自动监控系统26套，实现省、市、区三级联网，对重点排污企业和污水处理厂、重点河流断面、城市空气环境质量及饮用水源地进行实时监控，初步实现环境监管的数字化、经常化、规范化，环境应急监测与处置能力得到长足发展，环保基础能力进一步增强。在全国第一次污染源普查工作中，《岚山区污染源普查技术报告》被山东省环保厅评为"县级三等奖"。

"十二五"环保规划

总体目标 到2015年，环境质量进一步改善，环境安全得到有效保障；基础、人才、保障三大工程建设取得明显进展；环保工作服务科学发展的水平显著提高，社会各界广泛参与的环保工作大格局更加巩固；配合国家环保模范城市复核，争取建成省级生态区。化学需氧量、氨氮、二氧化硫和氮氧化物排放量比2010年分别削减10.89%、11%、24.6%和20.1%。全区水和空气环境质量进一步改善。

重点工程项目 "十二五"期间，全区计划设置8大类工程，共计46个，总投资19.946亿元。

总量减排项目。主要包括结构减排、工程减排及管理减排项目，共计19个，投资12.723亿元。

流域综合治理项目。主要包括工业污水治理和循环利用及人工湿地水质净化工程项目，共计9个，投资1.13亿元。

大气污染防治项目。主要包括扬尘污染控制及机动车尾气污染控制项目，共计5个，投资8320万元。

生态建设和农村环境保护项目。主要包括农村环境基础设施建设项目，共计2个，投资1430万元。

固体废物污染防治项目。主要包括固体废物综合利用项目，共计1个，投资3000万元。

环境安全防控体系建设项目。主要包括环境安全防护和事故预警能力建设，共计5个，投资6900万元。

能力和队伍建设项目。主要包括环境监测预警体系、环境执法监督体系建设项目，共计4个，投资1040万元。

环境科技与产业项目。主要包括环境瓶颈问题解析与突破项目，共计1个，投资4.024亿元。

第二节 生态区建设规划

2008年，岚山区委托中国科学院生态环境研究中心编制完成《岚山生态区建设规划》，提出了生态建区原则和指导思想，明确生态区建设规划框架体系、功能分区和生态空间格局规划，并对岚山区生态产业、循环经济、环境改善、污染控制等事项进行详细论述与规划。该《规划》的实施，使岚山区受损的生态系统功能得到有效改善，为构建岚山区安全的生态格局，实现"建设山海宜居现代港口经济强区，打造生态环保国际一流新兴钢城"的目标奠定了良好基础。

规划分功能框架、空间框架、时间框架3部分。

功能框架

安全的景观格局 以良好的景观资源、适宜的环境容量为依托，从城市空间、景观轴线、城市轮廓线、景观节点等要素入手，构建蓝绿结构合理、绿韵红脉优化的生态功能网络，突出岚山特有的"山、水、田、城、海"特色景观，打造宜居现代港口城市。建设天蓝地绿、海碧山青、水欢林茂、鸟语花馨的人居生态环境。

高效循环的经济体系 以临港大工业基地建设为重点，配套生态物流、生态旅游及阳光产业，构建一类融自生、共生和竞争经济为一体、具有高效的资源代谢过程、完整的系统耦合结构及整体、协同、循环、自生功能的网络型、进化型复合生态经济体系。实现物质的循环利用和再生、能源的清洁利用和永续更新、信息的灵敏反馈和知识创新，促进产业布局的空间整合与区域的协调发展。

和谐文明的人居体系 以传承和弘扬齐鲁文化及建设现代生态文化为核心，持续提升城市文化内涵,增强人的素质、强化能力建设。通过普及生态科学知识、倡导生态文明行为、健全生态文明体制,建设体制合理、政通人勤、信息灵敏、决策透明、民风淳朴、世事公平、文脉悠久、社会安定的现代文明城市。

空间框架　以岚山港为龙头,依托疏港大道和东侧海岸线分别向西和向北发展,形成"一山四区、两翼拓展"的城市模式。在空间发展格局上,遵循"南优北展,东控西延"的原则。

"一山"为城区中心的阿掖山;"四区"为主城区、港区、工业区、物流区;"两翼"为以阿掖山为基点,沿疏港大道和东侧海岸线分别向西和向北发展。

时间框架

启动和推进阶段(2008～2010年)　以基础设施建设为核心,加快城市环境污染治理、水土流失整治、破坏山体恢复、绿地系统建设及海岸湿地生态系统建设,初步构建"山、水、田、城、海"的生态景观格局。以钢铁配套产业园建设为重点,加快临港产业集群建设,加快农业有机品生产基地建设。改善环境质量,人居环境初步达到优美舒适的要求。生态型社区和生态型村镇建设标志明显,生态文化建设成效明显,社会生态文化意识进一步增强。

发展和提高阶段(2010～2020年)　全面实施生态建设规划,形成生态岚山的雏形。建成区域景观生态安全格局。全区经济结构优化、布局合理,生态型产业在国民经济中占主导地位,基本实现农业生产生态化、工业生产清洁化、第三产业优质化,成为临港产业隆起带。生态环境质量进入全市先进行列,污染治理和生态建设达到先进水平。基本建成优美舒适的人居环境,建成一批生态型社区及生态型村镇。

全面发展阶段(2020～2050年)　全面实现生态市建设目标,可持续发展能力明显增强,生态环境进入良性循环,实现社会经济与人口、资源环境相协调的发展格局。将岚山区建设成为景观优美、经济繁荣、社会文明的特色港口工业城市及现代化滨海宜居城市。

第五章　环保宣传教育

第一节　环保宣传

岚山区设立以来,以纪念"六五"世界环境日、开展"港城环保世纪行"为载体,每年开展集中宣传教育活动,提高全社会对环保工作的认识,加强环保法律知识宣传,增强广大人民群众的环境意识,树立经济建设必须与环境保护协调发展的理念。

2007年6月4日,为纪念第36个"六五"世界环境日,组织开展了送环保知识下乡集中宣传活动,到碑廓大集发放淀粉加工污染、环保法律法规、环保小常识等宣传材料。

2008年6月4日,在市级"绿色学校"碑廓中心小学举办全区"我为减排做贡献"环保绘画比赛,在市级"绿色学校"安东卫街道二中开展全区"节能环保"演讲比赛,营造"促节能减排、迎绿色奥运"环保宣传舆论氛围。

2011年6月3日,组织青年志愿者到岚山头集贸市场进行环保知识集中宣传,发放宣传材料,现场受理环境污染举报2起,并提供环保知识咨询服务。

2012年6月4日,在汾水社区大集设置以"绿色消费,你行动了吗?"为主题的环保宣传咨询服务站,从污染防治、节能减排、生态环境保护等方面开展宣传,发放宣传材料、讲解有关环保知识、受理群众咨询和举报,受理群众咨询40余起。

第二节　环保教育

中小学环保教育　1988年,虎山镇前水车沟初级中学少先队开展的“家乡环保日”系列活动受到卫生部、城乡建设环境保护部、司法部表扬。时任卫生部部长的陈敏章亲笔签名授予学校“环境小卫士”锦旗。

2001年，根据日照市环保局、日照市教育局关于创建“绿色学校”有关文件精神，开始在中小学开展环保教育和“绿色学校”创建工作。2003年，后村镇第二初级中学获得省级“绿色学校”称号。至2012年，全区共有安东卫街道第二初级中学、岚山头街道第二初级中学、岚山区第一高级中学、安东卫街道中心小学、安东卫街道明珠路小学、碑廓镇中心小学、碑廓镇初级中学、虎山镇中心小学、巨峰镇第一初级中学、巨峰镇第二初级中学、高兴镇毕家村小学、高兴镇工农小学、后村镇中心小学、黄墩镇第一初级中学、黄墩镇中心小学等15所学校被评为市级“绿色学校”。

“小青蛙”环保社团 成立于2006年，隶属于后村镇初级中学团总支，有社员420人，全部为共青团员。社团从改善校园环境做起，以环保宣传、环保志愿服务、环保实践活动为重点，每学期确立阶段目标，开展活动，在广大农村宣传低碳、生态等生活方式，推动环保理念的普及。

社团先后获得各级环保主题大赛奖项200余个，其中国家级和省级奖项近30个。2010年，《金点子》获得山东省中小学电脑制作活动二等奖；《石臼》《滤镜》《涸》等获环境小记者项目新闻作品大赛（中国）二等奖1项、三等奖2项；《小点子，大环保——后村中学系列环保宣传实践活动》获第二十四届山东省青少年科技创新大赛优秀实践活动环保类一等奖。2010年8月，团中央农村青年工作部、全国保护母亲河行动领导小组办公室在北京召开“保护母亲河青少年生态环保社团（美涂士）资助项目”评审会，“小青蛙”环保社团的“环保家园行”项目获得3000元资助。

图9-3 “小青蛙”社团开展环保宣传活动 （摄于2008年）

社区绿色环保教育 为提高全民环境意识和参与保护环境的自觉性，倡导绿色文明，促进良好社会风尚的形成，自2002年起，日照市环保局、文明委联合组织开展“绿色社区”创建活动。至2012年，岚山区有轿顶山小区、竹云山庄、海德花园、凤阳路社区、泉子庙社区、汾水社区6家社区被评为市级“绿色社区”。

第十编　工　业

岚山工业起源于民间手工业。清代，土纺土织是最普遍的手工业，一般人家都有纺车、织布机，主要由妇女操作，以家庭为单位生产，产品除自用外，也作为商品用于贸易。1944年4月，碑廓成立聚丰纺织合作社，纺线织布，供军需民用。新中国成立后，随着社会经济结构的改变和纺织工业的发展，土纺土织逐渐消亡。1981年岚山织布厂（社办）建成。20世纪80年代后期，岚山出现社办刺绣厂，产品全部外销；汾水镇建成地毯厂，碑廓镇建成绒布厂。家庭个体刺绣、针织分布于各村，随市场需求生产，规模较小。

铁工业是专业性较强的手工行业，主要从事各种工具的打造、修理。至20世纪70年代，人工打制铁器逐渐被机械制造取代，从业人员渐少。至2003年，部分农村集市上偶有铁匠活动，主要从事农具修理。岚山首家钢铁加工企业是1924年在碑廓成立的立泰铁工厂，使用简单机器。

新中国成立前，除纺织、铁工外，还有其他与民生日用关系密切的手工行业，如条编、竹编、木匠、染坊、卷烟、印刷、石匠等。其中卷烟、印刷于抗日战争时期相继破产或转行，染坊于1966年前绝迹，其他行业广泛存在于农村之中。新中国成立后，地方工业大多数仍是以家庭为单位的个体手工业。1953年，开始进行手工业合作化运动。1956年，域内基本实现手工业合作化，岚山头、安东卫、汾水、碑廓、巨峰、高兴等区（乡）驻地均组织“铁木业生产合作社”等。农村组织了“木工组”“瓦工组”。1958年，开始“大炼钢铁”，同时大办厂矿。1961年，根据“调整、巩固、充实、提高”的方针，对“大跃进”中新建的厂矿企业采取关停并转和精简职工等措施，分别进行整顿。乡镇逐渐建立机械厂、造船厂、被服厂等社办企业。“文化大革命”期间，企业生产受到严重影响，普遍处于亏损状态。改革开放后，逐渐实行承包经营责任制和计件工资制，但部分企业（如机械厂、被服厂等）仍不能扭亏为盈，逐渐关闭，而村办、个体办工业企业则大量涌现，成为岚山工业的主体。

1993年岚山办事处设立后，大力扶持个体私营经济，岚山工业企业进入持续、快速、健康发展的新阶段。1994年工委、办事处制定《关于鼓励和加快个体私营经济发展的若干规定》，1995年提出“三不限、三放宽”（不限制发展比例、不限制发展规模、不限制发展速度，放宽经营范围、经营主体、经营方式）政策，特别是1998年后，每年筛选一批骨干民营企业，列为全处的重点项目，给予优惠政策重点扶持，岚山工业经济快速发展。至2003年，岚山办事处规模以上工业企业达到26家，资产总额485.1681亿元，年工业总产值31.7656亿元，实现利税2.2833亿元。规模以下工业企业2204家，从业人员11720人，年工业总产值36.1979亿元。

2003年2月，日照市有史以来投资最大的工业项目——日照钢铁控股集团有限公司（简称日照钢铁公司）落户岚山，岚山掀开了跨越发展的新篇章。区委、区政府抓住市委、市政府作出的“将日照工业园放在岚山”和在岚山建设亿吨强港的重大历史机遇，提出了“港口带动、工业强区、开放兴岚、民营富区”四大战略，积极发展培育“钢铁、液体化工、粮油加工、木材加工、海产品加工”五大临港产业。至2006年，全区实现工业总产值257亿元，增加值44.48亿元，利润23.91亿元，分别是2003年的5.2倍、3.3倍和9.6倍。规模以上企业达到62家，比2003年增加37家，实现增加值38.98亿元，产品销售收入177.68亿元，利税28.7亿元，利润22.43亿元，分别是2003年的4.2倍、5倍、12.6倍和13倍。主要工业门类有冶金工业、液体化工工业、粮油加工工业、木制品加工工业、水产品加工工业、农产品加工工业。

2006年，区委、区政府开展120平方公里的临港产业聚集带规划编制工作。2008年，成功设立了国家级木材贸易加工示范区。2009年，钢铁配套产业园区、化学工业区、食品药品工业园规划建设，一批大项目相继建成投产和开工建设。至2012年，全区规模以上工业企业达到92家，实现工业增加值233.95亿元，完成产值926.04亿元，实现主营业务收入930.25亿元，实现利润40.64亿元、利税93.21亿元，主营业务收入过亿元的企业达到39家。岚山逐步形成了以冶金、化工、食品药品、木材为主导的四大临港工业产业，

2012 年，规模以上四大临港工业企业产值占全区规模以上工业企业产值的比重达到 85.2%，临港工业集聚化程度不断提高。

1993 ～ 2003 年部分年份岚山办事处工业产值结构统计表

表 10-1

年　份	全部工业总产值（万元）	占全部工业总产值的比重（%）		
		全　民	集　体	其他经济类型
1993	88823	27.7	37.7	34.6
1995	162538	0.9	87.5	11.6
1997	392718	1.63	75.8	22.57
1999	190544	0.3	61.8	37.9
2001	236811	0.12	25.9	73.98
2002	276576	0.7	26.1	73.2
2003	498976	2.5	28.5	69

2004 ～ 2012 年部分年份岚山区工业产值结构统计表

表 10-2

年　份	规模以上工业总产值（万元）	占全部工业总产值的比重（%）		
		国有企业	集体企业	其他经济类型企业
2004	810575	0.94	1.97	97.09
2005	1414684	0.83	2.21	96.96
2006	1771290	0.15	1.58	98.27
2007	2815888	0.03	1.03	98.94
2009	6457189	0.02	0.21	99.77
2010	8445816	0.03	0.19	99.78
2011	8532500	0.02	0.07	99.91
2012	9260400	0.02	0	99.98

第一章　工业经济类型

改革开放前，岚山以农业、渔业为主。改革开放后，个体私营经济发展较快，逐步成为岚山工业企业的主体。岚山港成为国家一类开放口岸后，港澳台及外商投资企业发展迅速。

2012 年，全区有规模以上工业企业 92 家，其中内资私营企业 30 家，港澳台投资企业 3 家，外商投资企业 18 家。

第一节　内资企业

新中国成立前，岚山内资企业主要是以家庭为单位的个体手工业。1958 年后，各公社开始大办厂矿，有机械制造、炼铁、木器加工、采矿、粮油加工、养殖等，后因经营不善多处于停产或半停产状态。

改革开放后，岚山凭借港口、交通等区位优势，投资兴业，开拓市场，内资工业企业呈现多种类、高层次、大规模发展趋势，主要门类有机械制造、纺织、食品加工、建材、服装、家具制造、船舶修造等。

1993年，岚山办事处有工业企业2725家，职工14360人，年工业总产值88823万元。其中，国有企业7家、集体企业369家，中外合资经营企业2家，个体私营企业2347家，涉及行业主要有水产品冷藏加工、海洋仿生食品加工、粮油加工、家具制造、金属铸造、渔具制造、棉织、抽纱刺绣、电力器材制造、建材加工、汽车船舶修理、铁矿开采、农具制造、纸制品制造等。2003年，岚山办事处有规模以上工业内资企业14家，总资产6.8204亿元，职工2816人，当年完成工业总产值6.0595亿元，实现工业利税5813万元。其中，国有工业企业2家，即岚山自来水公司和岚山食品公司，总资产为1924万元，职工185人，当年完成工业总产值581万元，食品公司亏损33万元，自来水公司亏损86万元；集体工业企业1家，即山东童海集团公司，总资产1.8314亿元，职工515人，当年完成工业总产值1.3924亿元，实现利税2603万元；私营工业企业11家，即山东鲁圣电力器材有限公司、日照玉石洁具有限公司、日照铸福实业有限公司、日照岚星化工工业有限公司、日照阿掖山食品有限公司、日照市信达电力金具厂、山东丰华食品有限公司、山东雪青茶场有限公司、日照永鑫塑料包装有限公司、日照金玫花生制品有限公司、日照天然食品有限公司，总资产4.7966亿元，职工2116人，当年完成工业总产值4.609亿元，实现利税3292万元。

2005年，岚山区规模以上工业内资企业40家，总资产85.07亿元，完成工业总产值101.17亿元，工业销售产值99.39亿元，出口交货值6.95亿元，实现主营业务收入99.74亿元，利润6.04亿元，利税8.61亿元。其中，国有企业2家，即岚山区自来水公司、岚山食品公司，固定资产834万元，实现主营业务收入1176万元；集体企业4家，固定资产1.778亿元，实现主营业务收入3.3598亿元。

至2012年，岚山区规模以上工业内资企业71家，总资产899.12亿元，完成工业总产值675.6亿元，工业销售产值642.91亿元，出口交货值63.52亿元，实现主营业务收入673.22亿元，利润82.84亿元，利税109.93亿元。其中，国有企业1家，即岚山区自来水公司，实现主营业务收入2006万元；有限责任公司30家，固定资产172.43亿元，完成工业总产值557.15亿元，实现主营业务收入553.19亿元，利税92.03亿元；股份有限公司2家，固定资产4.33亿元，完成工业总产值15.92亿元，实现主营业务收入8.4亿元，利税0.32亿元；私营企业30家，固定资产10.59亿元，完成工业总产值74.93亿元，实现主营业务收入84.66亿元，利税15.01亿元；其他企业8家，固定资产4.31亿元，完成工业总产值27.4亿元，实现主营业务收入26.77亿元，利税2.55亿元。

岚山区自来水公司成立于1995年4月，归属岚山区住建局管理，负责岚山城区和工业园区的供水管理工作，包括管网建设与维护、水厂建设与管理、水费征收等。2012年有职工114人，下设办公室、财务科、营业室、生产设备科、供水站、管道安装维修队、机修车间，实现主营业务收入2006万元。

第二节　港、澳、台商投资企业

1988年，岚山港务管理局与山东省化工进出口公司、香港华鲁有限公司合作成立岚山液体石油化工品储运有限公司。1991年，日照市第三木器厂与香港集益有限公司合资成立日照日益木制品有限公司，生产木制家具出口美国。1992年8月，中国粮油食品进出口(集团)有限公司、美国ADM公司、新加坡WILMAR公司和香港嘉银控股有限公司共同出资成立中粮黄海粮油工业(山东)有限公司。1994年2月，岚山港与香港加德士公司合资成立岚山加德士沥青有限公司。至2003年年底，岚山办事处共有5家港、澳、台商投资企业，其中中粮黄海粮油工业(山东)有限公司、岚山加德士沥青有限公司、山东欧华蛋业有限公司、山东岚山中联制桶有限公司等是与香港客商合资企业，日照广聚农产品有限公司是台湾客商独资企业。

2005年，岚山区有港、澳、台商投资企业4家，即中粮黄海粮油工业(山东)有限公司、日照星光沥青有限公司、日照东方红食品有限公司、日照广聚农产品有限公司，总资产8582万元，当年完成工业总产值1.02亿元，工业销售产值1.02亿元，出口交货值8600万元，主营业务收入1.02亿元，利润146万元，利税209万元。

2012年，岚山区有港、澳、台商投资规模以上工业企业3家，即日照星光沥青有限公司、日照东方红食品有限公司、日照广聚农产品有限公司，总资产1.16亿元，完成工业总产值1.47亿元，工业销售产值1.47亿元，主营业务收入1.42亿元，利润-100万元，利税100万元。

第三节 外商投资企业

1994年，韩国禧昌物产株式会社在虎山镇东湖二村投资建设日照禧昌食品有限公司，生产韩国风味酱菜、虾酱。至2003年，岚山办事处有外商投资工业企业6家，即日照三木木业股份有限公司、山东昌华食品集团有限公司、日照永兴食品有限公司、日照环海食品有限公司、山东华海船业有限公司、日照禧昌食品有限公司，总资产6.905亿元，职工3952人。当年完成工业总产值6.5704亿元，实现利税1.2436亿元。

2005年，岚山区有外商投资工业企业12家，总资产21.65亿元，完成工业总产值39.26亿元，工业销售产值37.99亿元，出口交货值8.5亿元，实现主营业务收入36.21亿元，利润1.11亿元，利税1.6亿元。

2012年，岚山区有外商投资企业55家，其中合资企业39家、独资企业16家，涉及粮油加工、水产品加工、冶金、石油化工等行业。外商投资企业中，有规模以上企业18家。其中，中外合资经营企业9家，即日照华洋农副水产品有限公司、日照永兴食品有限公司、日照益荣远水产食品有限公司、日照玉鲸水产有限公司、日照环海水产食品有限公司、日照天然食品有限公司、山东鲁圣电气设备有限公司、赢创岚星(日照)化学工业有限公司、日照盈德气体有限公司；中外合作经营企业1家，即山东华海船业有限公司；外资企业8家，即中粮黄海粮油工业(山东)有限公司、日照昌华海产食品有限公司、山东丰华食品有限公司、日照岚山京一木业有限公司、日照市岚山生化制品有限公司、日照中意华坤金属制造有限公司、液化空气(日照)有限公司、高丽亚(日照)肥业有限公司。总资产108.09亿元，完成工业总产值248.96亿元，工业销售产值265.48亿元，出口交货值6.75亿元，实现主营业务收入255.61亿元，利润45.38亿元，利税46.63亿元。

第二章 机械工业

第一节 农用机械

岚山很早就有制造和使用耕、耙、耢、运、脱等农机具的历史，古老而简单的生产工具如镢、锨、锄、镰等均能打制。清代，从事铁业生产的作坊比较普遍，以生产小农具为主。民国时期，岚山境内各乡镇均有打铁业，碑廓较为集中。每逢集日，安东卫南街、碑廓、巨峰等就有5～10座铁匠炉打铁，主要打制各种小农具。1924年，河北省交河县人在碑廓建立立泰铁工厂(当地称“万铸源”，1953年迁至日照，为水泵厂前身)，主要铸造锅、炉、犁等产品。1948年碑廓铁工厂引进1台旧车床、1台旧钻床。1955年各乡镇铁木业社相继发展起来，主要生产小农具。1961年，高兴铁木业社扩建成立高兴机械厂，1973年改为日照齿轮厂，以生产8.826千瓦拖拉机变速箱齿轮为主，兼造小麦三行播种机。20世纪70年代，机械化程度提高，各乡镇铁木业社陆续更名为机械厂、农机修造厂，主要制造手柄式花生脱壳机、地瓜切片机、动力脱谷机、机动轻便步犁、拖拉机车斗和各种配件等。80年代中后期，各乡镇机械厂效益普遍下滑，企业经改制后相继转产。

1991年，碑廓镇甫田庄伟民农用机械厂开始研制生产6BH-650、6TH-720等型号的“伟民”牌花生脱壳机。2000年，6TH-720型“伟民”牌花生脱壳机通过山东省农业机械管理办公室鉴定，获农机产品推广许可证，产品供不应求，除销往周边县市外还远销辽宁省。2003年，产值40万元。2009年后，脱壳机市场逐渐饱和，该企业开始转产，主要生产茶园管理机、电动修剪机、茶叶提香机等农用机械，年产值在100万元左右。

至2012年，岚山区农用机械生产企业主要有日照福民收割机械有限公司和日照春茗茶叶机械制造有限公司、日照盛华茶叶机械有限公司、日照市岚山区伟民农用机械厂3家茶叶机械生产公司，生产稻麦联合收割机、花生收获机、各种炒茶机械等产品。

日照福民收割机制造有限公司于2008年成立，位于高兴镇驻地，占地面积2万平方米，主要生产稻麦联合收割机、花生收获机等产品，销往山西、陕西、河南、海南等省市，少量出口东南亚。该公司生产的“带分体式行走装置的农用多用收获机”“可调节犁式农用多用收获装置”“链传动式农用多用收获装置”“马铃薯收获机链条筛网”先后被国家知识产权局授予实用新型专利权。2012年，有职工40人，固定资产700万元，年产值5500万元。

日照市春茗茶叶机械制造有限公司于2010年成立，位于后村镇驻地，占地面积1万平方米，拥有生产车间2500平米，以生产炒茶机械为主。2012年有职工19人，固定资产480万元，年产值2600万元。

第二节　船舶修造

岚山海洋捕捞业历史悠久。据考证，早在4000年前，沿海居民就已从事海洋渔业捕捞，明清时期已有相当规模。新中国成立前，渔、商所用船只靠购进或自造，较大型的（三桅以上）从外地购买，小型木船是船户自家筹备木料、铁器、油漆等物料，请木匠建造。1956年，岚山海洋渔业生产合作社制造出日照市第一艘机动船。20世纪60年代，开始改装制造机动船，一般7.355～14.71千瓦。1976年成立岚山造船厂，后与岚山农机厂合并，有职工90人，能建造73.55千瓦的木质机轮。1984年8月成立岚山拆船厂，员工190人。因设备差、拆解能力低，于1987年停产。3年时间拆解铁壳货船2只，共4.5万吨。1989年开始，木船制造业规模扩大，所造船只最大达257.4千瓦。岚山造船厂有坞道6条，设计能力可接纳船只50条同时上坞。

2003年，岚山境内有造船厂13家，从业人员500余人，年造船200余条，承修钢、木质渔船500余条。产品除本地用外，还销往苏北等地。2004年后，随着远洋捕捞业的发展，木质船逐渐减少，岚山境内建造木质船的船厂逐步被淘汰，大多转向船舶承修。至2011年，岚山从事船舶承修及制造的船厂仅有6家。2010年，岚山顺昌船厂取得钢质船生产资格，为岚山首家取得该资格的船厂。到2012年，境内有岚山顺昌船厂和日照市岚山渔轮汽修厂2家钢质渔船生产厂

图10-1　船舶承修　（摄于2012年）

家，主要生产397千瓦以下的钢质渔船，同时兼营渔船承修。

2007年以前，岚山没有生产大型货轮的厂家。2007年8月，山东华海船业有限公司入驻岚山，开始生产7万吨以下的货船。

第三节 金属制品

新中国成立前，岚山的金属制品业比较落后，没有金属加工机械，只能使用红炉煅烧，靠人工打造，主要生产石工锤、斧头、耙头钉、两尖钉、巴锔、菜刀等铁器制品。新中国成立后，金属加工逐步发展，1956年前后，各乡镇均组建铁业生产合作社，除生产传统的铁制器具外还生产半机械化生产工具。20世纪80年代初，铝制门窗、防盗门窗、白铁加工、铝制品加工等个体加工户迅速发展，主要集中在各乡镇驻地。

1966年中楼公社建立农修厂，后更名为莒县金属铸造厂，设有锻压、焊接、齿轮加工、特种钢材4个车间，1988年加入山东轻骑集团，为沂南内燃机厂生产R175汽油机等12种配套产品，1997年改制为民营企业。1985年，巨峰镇在原铁木业社的基础上建立工具厂，1990年改制为日照丰华工具有限公司，生产的管子钳、脚手架出口10多个国家和地区。1990年汾水、虎山机械厂生产扁铲、锄头等园艺工具，销往西欧、新加坡，1991年因销路不畅而停产。2004年后，日照华源模锻有限公司、日照市伟业工具有限公司、日照中意华坤金属制品有限公司等五金加工企业相继落户高兴工业园，带动高兴镇五金加工业迅速发展。至2012年，全区共有工具五金加工企业20多家，主要分布在安东卫、高兴、巨峰、后村等乡镇街道。其中，规模以上企业6家，分别是日照丰华工具有限公司、日照华源模锻有限公司、日照市伟业工具有限公司、日照中意华坤金属制品有限公司、日照市方进金属制品有限公司、日照市广丰工具有限公司。2012年，工具五金制品业完成产值30.455亿元，实现主营业务收入27.7796亿元，利税3.2965亿元。

日照丰华工具有限公司位于巨峰镇政府驻地，是建筑脚手架系列产品的专业生产厂家，集锻压、铸造、冲压、焊接、冷成型加工及热镀锌、电镀锌、静电喷涂等表面处理为一体的外向型企业。公司占地面积10万平方米，其中厂房面积4万多平方米，有职工680人，固定资产8000万元。主要生产各种系统脚手架、扣件、门架、模板及各种脚手架配件、管子钳、扳手等系列工具。产品全部按照BS1139和EN74B标准生产并全部出口，主要市场为欧洲、美洲、澳洲及东南亚等国家和地区。2012年完成产值2.73亿元。

日照市伟业工具有限公司位于高兴镇工业园内，成立于2005年，占地面积7.2万平方米，有职工300人，固定资产3500多万元。主要生产建筑脚手架、建筑扣件20多个系列60多个品种，产品全部销往欧美、东南亚等国家和地区。2012年完成产值1.5亿元。

图10-2 五金加工 （摄于2007年）

日照中意华坤金属制造有限公司位于高兴镇工业园内，成立于2004年，2006年变更为意大利外商独资企业。占地面积2万平方米，建筑面积8000平方米，有职工60人，固定资产1000万元。主要生产金属栏杆、栅栏等铁艺产品，以定单加工为主，主要销往美国、加拿大、意大利等国家和地区。2012年完成产值5800万元。

日照市方进金属制品有限公司

位于高兴镇工业园内，成立于2005年2月，占地面积1.33万平方米，建筑面积5000平方米，有职工80人，固定资产1000万元。主要生产建筑扣件、建筑脚手架，产品以定单加工为主，主要销往欧美等国家和地区，2012年产值2600万元。

日照华源模锻有限公司位于高兴工业园内，成立于2004年，占地面积1.47万平方米，建筑面积8000平方米，有职工100人，固定资产1000万元。主要生产索具、五金工具等产品，在国内销售或销往欧美等国家和地区，2012年产值8000万元。

第三章　轻工业

第一节　印刷与纸制品

印刷　清代，印刷作坊多为木版印刷，以后逐步为石印、铅印所代替。20世纪20年代初，日照县只有岚山域内的碑廓和宋家庄2家印刷局，初时主要印制小票和广告之类的简单物品，后随印刷技术提高，开始承印商号及社会团体的文书、账簿、商标、广告等。日军侵占日照后，印刷厂倒闭。民间传统工艺雕版印刷也曾在岚山流行，用于春节印制套色年画，一般为黑色勾线、三彩填色的四版四色木版印刷。安东卫南街苏贻宏1975年曾创作板画销往莒南、莒县、日照一带。

1959年，安东卫东村成立印刷厂，开始运用铅字排版技术进行半自动印刷，至1978年定名为日照县第二印刷厂，至2002年已初具规模，对一般印刷业务均能承接。1985年，日照四中（现岚山区第一中学）成立校办印刷厂，承揽社会及学校印刷业务，从表册、账页、单据到学习用品，均能印制。1987年，汾水供销社开办印刷厂，厂址设在汾水旅社院内，有排字、制版、印刷、装订4个车间。

20世纪六七十年代，地方印刷厂因印刷技术落后、价格偏高，小范围传播的印刷品多用蜡纸刻版，用油印机自行印刷，厂矿、机关、学校均用此法。90年代后逐渐被电脑打印、复印所取代。

2012年岚山区印刷企业一览表

表10-3

单位名称	经营地址	法　人	经营范围	成立时间
岚山大众印刷厂	岚山头街道圣岚路	王成明	印刷品印刷	2001年7月
岚山华顺印务有限公司	安东卫东街	李悦芝	印刷品印刷	2008年2月29日
汾水宏盛印刷厂	安东卫街道潘庄二村	周路红	印刷品印刷	1996年6月12日
永盛电脑服务部	岚山头街道佛手湾	董庆玲	印刷品印刷	2008年6月24日
永鑫塑料包装有限公司	岚山出口加工区	张　伟	塑料袋印刷	1996年8月1日
大坡印刷厂	巨峰镇大坡村	吕为祥	印刷品印刷	2001年1月12日
明珠彩印有限公司	安东卫南街	张宗文	包装装潢印刷品	2002年4月5日
林鑫工贸有限公司	碑廓镇驻地	张春华	包装装潢印刷品	2006年7月20日
宏瑞包装有限公司	安东卫街道万斛路	王　强	包装装潢印刷品	2006年7月20日

纸制品　1992年以前，岚山域内没有纸制品厂家，各类产品的包装均从外地购进。1992年，安东卫纸箱厂开业，填补了岚山域内纸箱生产的空白。此后，随着纸箱需求量增加，域内相继开办起多家纸箱厂，主要服务于三木集团公司和各大冷藏厂及食品生产企业。2012年，岚山区有永鑫塑

料包装有限公司、凯博包装有限公司、鹏程包装厂、岚山方正包装厂、岚山万斛包装制品有限公司、岚山大伟包装有限公司等规模较大的纸制品包装生产厂家，年产值在3000万元左右。

第二节 塑料制品

塑料制品始用于20世纪60年代末，多见于农用的塑料薄膜、生活用品及化纤合成网具等，产品均从外地购进。至80年代中期，岚山域内开始引进外地的机器和技术生产塑料制品。

1987年，汾水镇（现安东卫街道）将原汾水窑厂改建为塑料拔丝厂，有固定资产300万元，从业人员240人，主要生产单丝、网绳、微地膜、大棚膜、降解膜等产品，年产值190万元，1994年企业改制后破产。

1995年后，随着经济发展，塑料制品企业不断增多，规模不断扩大，塑料制品种类也逐渐繁多，除生产生活日用品外，还生产一部分建筑管材。

1998年，日照华龙管材有限公司成立，位于万斛路南端，以生产建筑用抗压耐腐蚀铝塑管为主，2002年增加了无规共聚聚丙烯（简称PPR）管材生产，2003年又发展了交联聚乙烯（简称PEX）管材生产，主要原材料依靠从韩国进口。至2012年，公司发展成为一家集研制、开发、设计、制造、销售、服务于一体的企业，固定资产6000多万元，占地面积6.7万余平方米，员工160余名，年生产能力3600万米，年销售收入1.1亿元。产品畅销山东省内各地和北京、天津、哈尔滨等城市，是皇明、亿家能、力诺瑞特、桑乐等著名品牌太阳能专用管材的配套企业。

1998年3月，原岚山铝合金门窗厂增设塑钢生产车间，1999年取得省建筑产品准用证书，后规模逐步扩大，2001年取得三级施工资质证书，其产品主要服务于岚山域内的建筑业。

2009年，日照市岚山区宏创塑胶有限公司成立，位于高兴镇安家尧王城村，占地面积1.1万平方米，建筑面积4000平方米，有职工45人，固定资产1100万元，主要生产PVC（聚氯乙烯）扣板等产品，以国内市场为主，2012年产值5000万元。

第三节 网绳加工

明清时期安东卫北村便有纺绳织网的传统工艺，纺绳业以邹姓、何姓为主。产品北销至威海，南销至连云港一带。新中国成立前主要生产大麻缆。20世纪60年代初，生产队组成专业队，并有少数家庭作坊制作棕绳，主要用于当地的渔、农业生产。70年代开始生产稻草绳，用于海带养殖。

塑料网绳加工业起源于20世纪80年代，初为利用回收的废塑料制造塑料颗粒，然后抽丝合成网绳。1984年，引进浙江及江苏泰州的塑料制丝技术，在安东卫西村建立1处拔丝厂，后逐步扩大至其他村居。最初经营模式为家庭小作坊，1999年后规模开始扩大，生产品种增多，发展成为远近闻名的网绳市场，产品多销往河北、江苏及本省各地。1986年，在汾水村西成立镇办塑料拔丝厂。1999年，安东卫北街建成网绳市场1处，面积2.1万平方米，安东卫北街成为生产网绳的专业村。2001年，安东卫街道根据各加工业户的要求，在泉子庙村东建成占地6.7万余平方米的网绳加工区，带动周边村居民，纷纷加入生产行列。其中安东卫北街进入网绳加工区的生产经营

图10-3 网绳加工车间 （摄于2012年）

户达62户。主要原材料有聚丙烯、丙纶、维纶、聚乙烯等，主要生产各种规格的绳，也生产渔网，产品销往全国各地。有部分经营户将废旧网绳进行再加工，生产塑料颗粒。2012年，安东卫街道有较大规模的网绳加工企业80多家，其他从事塑料回收、颗粒加工产业的达400余户，吸收外来务工人员3000余人，年产值3亿元，利税760万元，年经济效益3000余万元。岚山头街道和虎山镇也零星分布有少量网绳加工业户。

岚山域内织网业历史悠久，多为家庭手工作坊。1974年岚山头一村成立山东沿海第一家网厂，有员工175人，以手工结织及补修网具为主。1986年改制一分为二（岚山网厂、实业公司网具二厂），转为个体经营，主要是分散网线到各家各户织成网片后回收合成。1990年后，岚山头、安东卫、虎山沿海先后开办多家网厂，添制部分机械设备，改手工结织为机械织网。2003年，域内有网厂20余家，以富海网厂规模最大，机械设备从日本等国家购进，生产大眼网、底网、淡水网等20多个品种，年生产能力1万余张，产值2000多万元，产品销往省内及辽宁、浙江、江苏等地。

2012年，岚山区规模较大的织网加工企业主要有岚山福盛网具厂、山东童海集团公司网具加工厂、岚山海滨网具厂、虎山镇东湖一村网具加工厂、日照民源绳网有限责任公司、日照水产网具厂等。

岚山福盛网具厂位于岚山头街道圣岚路居，建于1993年，原为村办企业，后改为个人承包，早期主要供本村渔业用网，后市场不断扩大，产品除供本地渔业用，还销往青岛、江苏、福建等地。2012年，该厂集拔丝、合线、合绳、织网于一条龙作业，同时向一些规模较小的企业销售网片，有职工80人，年产值600万元。

第四章　纺　织

第一节　土纺土织

封建社会中，纺织业是关系民生的重要行业之一。岚山地区关于纺织业的最早记载，见于《左传·昭公十九年》："秋，齐高发帅师伐莒，莒子奔纪鄣。使孙书伐之。初，莒有妇人，莒子杀其夫，已为嫠妇，及老，托于纪鄣，纺焉。……及（齐）师至，则投诸外……。七月丙子，齐师入纪鄣。"可知自周末，在岚山（古纪鄣）已有纺织业。以后历朝史无明文。至清代，农村多自纺自织，一般农户家有1架以上纺车，不少人家有织布机，较大村庄有织布作坊。纺织是旧时农村妇女的主要工作。纺车结构简单，轻便小巧，便于操作，可将梳理后的原棉纺成粗细不同的棉线。织布机为木制，结构较复杂，可根据不同的经纬设置和不同的织造工艺，织出各种纹样的织品，一般以织造粗白布（土布）为主。另外，民间妇女还用手工编织头巾、裹腿和窄幅白布，因所用棉线较粗，故织物比较厚实。纺织产品以自用为主，有时也作为商品进行买卖。清末，由于"洋布"（进口白布）进入国内市场，土布逐渐减少。

1944年3月，中楼区为支援八路军布匹，在中楼村成立纺织合作社。之后有马亓窑、孙由、卢家西楼、大陈家军子、刘家沟、马家庄（现马亓河村）、黑涧、陈家西楼、后姚家埠等35个村相继成立合作社。到1945年年底改进工艺，有卢家西楼等9个纺织合作社聘请诸城技师指导织洋布。

1944年4月，日照县抗日民主政府在碑廓建立"聚丰纺织合作社"，纺线织布，供军需民用，对发展根据地物资生产，打破敌伪顽封锁，支援抗日斗争，起了重要作用。当时，该社组织纺车千余架，织布机百余台，从业人员1000多人。

新中国成立后，纺织工业迅速发展，新的纺织产品不断出现，土纺土织逐渐绝迹。

第二节 现代纺织工业

清宣统年间，马官和在高兴乡夏陆沟开办织布厂，在日照县内首次使用锅驼机带动新式铁机织布。1981年，岚山织布厂建成，属社办企业，生产棉混交织布、纯化纤布等产品，1986年停产。1986年中楼镇板楼针织厂建成投产，自购织布机生产白布，有职工40多人，20世纪90年代由于机器老化、生产成本高而停产。1989年，碑廓建立绒布厂，投资200万元，有织布机100台，浆纱机1台，其他配套机组齐全，生产白布及各种绒布，1993年织布机达到240台，1999年因经营不善负债过多而停产。

2003年后，黄墩、后村、高兴、巨峰等镇利用其人工、土地成本较低的有利条件，相继建立多家织布厂。2003年成立岚山区华晨织布厂，位于高兴镇白云村，占地面积1.33万平方米，建筑面积7000平方米，固定资产600万元，主要生产纺织坯布等产品，销往欧、美、韩、日等国家和地区，2012年有职工45人，年产值700万元。2007年7月成立日照市盛美织布厂，位于岚山区黄墩镇驻地，占地面积6700平方米，建筑面积1050平方米，注册资金30万元，有织布设备40台，员工80余人，年产值700万元。2004年成立岚山区华鑫织布厂，位于高兴镇白云村，占地面积6700平方米，建筑面积3000平方米，职工40余人，固定资产400万元，主要生产坯布等产品，2012年产值500万元。

至2012年，岚山区较大规模的纺织企业有日照市盛美织布厂、日照瑞通纺织有限公司、日照鼎新纺织有限公司、岚山区华鑫织布厂、岚山区华晨织布厂等，生产布匹、无纺布等产品，吸纳就业人员1200多人，完成年产值8000万元。主要生产设备是织布机，从潍坊等地购进棉纱、棉线，生产坯布、工艺布，主要销往日本、韩国，主要采取订单加工方式生产。日照鼎新纺织有限公司2011年4月投产，是生产无纺布的企业，设备从扬州购进，从广信化工科技有限公司等化工企业购进聚丙烯，通过加热、融化、挤压等工序生产无纺布，年生产2000吨左右，主要销往加工医用防护服的国内企业。

第三节 服装、刺绣、地毯

1980年1月，中楼地毯厂投产，拥有固定资产23万元，职工197人，年产值近百万元，主要为莒县丝毯厂加工毛毯，20世纪90年代末因市场行情下滑而停业。

20世纪80年代初，岚山头、汾水相继建立绣花厂，招聘女工从事抽纱、刺绣，所产绣品以销往外地为主，部分出口国外。汾水建起地毯厂，生产地毯、工艺壁毯等，后因经营、市场等原因于1995年破产。

1986年后村镇建立羽绒服厂，为镇办企业，1997年更名为日照市维罗娜容大服饰有限公司，以加工生产各类服装为主，属出口加工型企业。2012年公司占地面积1.33万平方米，有生产车间6000平米，职工480人，固定资产800万元，年产值4000万元。

2003年5月，日照市土山绣品有限公司成立，位于巨峰镇大土山村，占地面积3766平方米，注册资金100万元，固定资产1000万元，主要生产机绣台布及装饰用品，产品出口美国、德国、土耳其、印度尼西亚、加拿大等十几个国家和地区。2012年有职工152人，专业技术人员16人，产值5120万元。

2007年10月日照市博美服装有限公司成立，位于黄墩镇辛庄村，占地面积1万平方米，建筑面积2500平方米，注册资金50万元，从业人员210人，以出口加工为主，年加工服装100余万件，年产值2000万元。

第五章　采矿　建材

第一节　沙石开采

新中国成立前后，岚山只有零星石料开采，主要用于山区居民建房。1958后，石料开采逐步增多，开采工艺由直接破碎山麓滚石发展到运用钢钎、炸药、风钻开采原生岩体，一般为生产队组织劳力在大队（村）的山岭建场开采。所采石料用于农村房屋建筑和农田水利设施、筑桥等，部分采石场（石塘）也将剩余石料卖给其他村（队）或个人。1977年后，随着经济发展，公路、港口、企业建设对石料需求增加，石料开采规模扩大，产量不断提高，多开采乱石用于地基回填。20世纪90年代，较大的采石场有甜水河南山、鳌头山、虎山等处。2004年岚山设区后，实行统一规划、集中开采的管理模式，设立了虎山镇解放村—于家官庄建筑用花岗岩规划开采区、虎山镇黄泥沟—张家结庄建筑用花岗岩规划开采区、后村镇寨山前—大竹园建筑用花岗岩规划开采区、虎山镇梭罗树—后水车沟蛇纹岩规划开采区。至2012年，岚山区重点采矿企业有：日照宝鑫矿业资源有限公司（开采蛇纹岩）、日照磊鑫矿业资源有限公司（开采橄榄岩）、日照市岚山安胜工程机械有限公司石料加工厂、山东万方路桥工程有限公司石料厂、山东日照深岚矿业发展有限公司石材厂、日照宽成石业有限公司石材厂等。

河沙主要存于绣针河、巨峰河，龙王河也有存储。岚山沿海更有大量海沙资源。1965～1980年，江苏省有大量运沙船来岚山沿海采购海沙，沿海村（队）组织人员负责采挖装船。1985～1992年，随着岚山港路建设规模扩大和混凝土结构在民居中的广泛应用，开始大量开采河沙。2002年，办事处对河沙采矿权进行市场化配置改革，采矿权由无偿授予转为有偿使用。首先对绣针河碑廓镇西杨家庄子—于家庄子河段河沙采矿权以拍卖方式进行出让，储量13.3万立方米，开采期限1年，岚山万方工程有限公司以320万元的竞买价中标。2004年、2006年，又先后对绣针河碑廓镇西集后河段，碑廓三村、四村河段，田家寨河段及安东卫街道潘庄二村河段的河沙采矿权以拍卖方式进行出让。

境内山区有石英石出露地表，特点是矿体小，不连续分布，纯度高。1972～1978年曾大规模采集，外运作玻璃原料。至2002年资源枯竭，仅有碑廓西集后村1家个体石英厂从境内北部山区收集石英，加工成石英粉销往胜利油田，年产量300吨左右。2003年后因无石英石可收而停产。

第二节　石材加工

岚山境内采石场多为沉积、变质岩，岩性复杂，多纹理，易碎裂，难以制成大型石材，故石料开采主要生产“乱石”，供民居、水利设施、桥梁、道路、港口建设使用。新中国成立前后，居民所用石磨、石碾（花岗岩）、石板（页岩，一般用作土炕面料）、碑碣（大理岩或花岗岩等）均需由外地购入。20世纪80年代后，建筑用花岗岩条石料一般由莒南县或石臼所一带购入。建筑贴面用磨光板材，主要来自五莲县。岚山石材加工主要有以下两种类型：一是将当地乱石打制为较规整的“块石”，供建筑住宅或作为水利工程、桥梁、码头的表层砌材。此外有少量精细加工，如制作“门转石”，供安装住宅板门用，均为手工操作，随着建筑材料和工艺的进步，此种加工逐渐消失；二是将岩石打碎制成不同规格的“石子”，供制作混凝土使用，一般为人工锤砸，部分采石场使用破碎机。初始，采石、搬运、装卸全靠人工，20世纪90年代中期，部分采石场已使用铲车和挖掘机械。产量不固定，随市场需求而增减。2000年后，随着城镇化进程和建筑业的发展，石材也实现规模化生产，岚山成立多家石材加工企业，主要分布在巨峰、虎山、碑廓、黄墩等镇。2012年，岚山区境内有规模以上石材加工企业3家：日照宽成石业有限公司、山东省深岚矿业发展有限公司、日照新兴石材厂。另外还有日照市开源石材有限公司、中楼昊磊石材有限公司、德泰矿石加工厂、日照尧王矿业有限公司、日照景皓矿业有限公司等厂家。2012年，岚山石材加工产业完成产值9.9亿元，实现主营业务收入10.3亿元，利税1.4亿元。

日照宽成石业有限公司位于巨峰镇驻地，2008年成立，集开采加工于一体，主要经营太阳灰麻石板材，在巨峰镇薄家口开采，产品用于外墙干挂，80%的产品出口韩国。2012年产量15万平方米，产值7030万元。

山东省深岚矿业发展有限公司位于碑廓镇山西头村，2008年10月成立，主要从事建筑用花岗岩开采、加工、销售，年开采石料6.5万立方米，并进行板材加工。2010年被评选为日照市十大明星矿山企业。

日照新兴石材厂位于碑廓镇，2006年成立，主要生产石雕、石刻工艺品，有庭院用的灯笼、喷泉、洗手设备、石桌、石椅，有栩栩如生的各种动物、人物，各种形状的墓碑，有建筑装饰用的高、中、低档板材等。

第三节 砖 瓦

岚山砖瓦生产起源较早。20世纪六七十年代，在"学大寨"改山治水修大寨田运动中，境内发现多处古代烧窑遗址。早在南宋时期就有马亓窑，蒋、韩二家利用当地优质黏土立窑，烧制壶、罐、盆、缸等各种器具。明初，设立安东卫，大部分城砖在岚山域内烧制。明、清至新中国成立初，尧王城一带烧制的砖瓦，中楼板楼村烧制的砖及盆、罐、泥壶等质优价廉，远近闻名。

20世纪50年代中后期，部分村（大队）及公社（区、乡）建立窑业社，烧制砖瓦，如高兴窑业社、巨峰卜落子窑业社等。当时，砖瓦生产全部为手工操作，季节性生产，土法烧制，工艺陈旧，产量较低。60年代，生产工艺有所改进，产量有所增加。60～80年代，境内较大的砖瓦场有巨峰卜落窑场、碑廓窑场、虎山徐家村窑场、虎山小村窑场、安东卫北山窑场、高兴大尧王城窑场等，主要供本地居民建房用。其中，巨峰卜落窑场烧制的砖瓦质量最好，远近闻名。20世纪90年代，部分居民开始使用釉面瓦（瓷瓦）贴墙壁，由淄博、临沂等地购入。

传统工艺烧制砖瓦，对土地资源破坏严重。"九五"期间，根据国家政策，关闭大部分以土地为原料的生产企业，砖的生产改为以炉渣、粉煤灰等再生资源为原料烧制、压制。同时，水泥空心砖开始兴起，广泛用于建筑行业。瓦多采购于外地，莒县较多。

第四节 水 泥

1977年，莒县第五水泥厂在中楼公社孟家屋子村北建成投产，由中楼公社磷肥厂改建而成，占地2.3万平方米，固定资产70万元，有职工290人，其产品"普通硅酸盐325号"水泥达国家标准。1991年因经营不善停产。

1985年，碑廓镇政府在原镇石灰厂的基础上，投资建设碑廓水泥厂，生产"普通硅酸盐325号"水泥，年产量约4万～5万吨。20世纪80年代末之后，因经营不善而处于停产状态。1995年转为个人承包经营，1996年停产。

2006年12月，新加坡CARA SHIPPING PTE.LIMITED（卡拉船舶私营有限公司）在日照钢铁公司西北侧投资建设日照京华新型建材有限公司，利用日照钢铁公司炼钢副产品水渣等生产矿渣微粉、钢渣粉、矿渣水泥、普通硅酸盐水泥等新型建材产品。公司占地61.77万平方米，注册资本1.36亿元，属钢铁行业资源综合利用企业。2012年总资产80亿元，生产矿渣微粉402万吨、钢渣粉39万吨、双掺粉109万吨、水泥170万吨，实现销售收入17亿元，利润2.3亿元，实缴税金1.9亿元。

2006年，山东聚源混凝土有限公司（位于虎山镇大村）、日照华泰砼供应有限公司（位于虎山镇韩家营子村）先后建成投产，2010年日照百纳新型建材有限公司（位于虎山镇楼子底村）

建成投产，3公司都是商品混凝土生产企业，2012年从业人员80余人，年产商品混凝土20余万立方米。

第五节　铁　矿

1957年，山东地质一队在中楼乡大陈家军子村东探得铁矿，1976年冬中楼乡党委、政府决定建矿开采，投资20万元，其中山东省冶金公司投资14万元，配有75千瓦卷扬机1台、75千瓦空压机1台、160千瓦柴油发电机组一套，矿车20多辆，拥有职工200多人。由于属“鸡窝矿”，品位较低，加之地下矿区紧靠浔河，排水困难，1979年底停产。

1958年“大炼钢铁”时，在磴山下、碑廓甫田庄一带有露天铁矿开采，规模较小。后，磴山山下露天矿关闭，甫田庄露天矿断断续续地由乡镇、村（队）组织开采，半机械化生产，年产量在500吨左右。2000年后，只有少量开采。2008年后，铁矿石基本开采完毕，只留有部分矿坑。

第六节　石　棉

1957年，虎山梭罗树村一带发现裸露石棉矿脉。是年7月，日照县供销社与工业局在磴山、巨峰、碑廓3个区统一组织石棉采选，生产方式是手工锤选、石磨推、簸箕簸，产量很低。

1958年5月，日照县投资3万元在虎山梭罗树村建立“日照县五一石棉矿”，招工350人。秋，又增招1079人。至1961年，建设部、山东建设厅先后投资108万元，有40千瓦、50千瓦、180千瓦发电机组各1组，压风机1台，鼓风机2台，锷式破碎机5台，对滚机2台，修建了矿区至汾水的运输公路。1959年生产工业标准石棉（1～4级）2785.7吨，实现工业总产值246.2万元，利税142.7万元。国民经济三年困难时期，石棉产品滞销。1962年7月石棉矿停产。1964年年初，浙江绍兴、瑞安、永嘉等地化工企业大量需要蛇纹石，石棉生产转为开采蛇纹石。1965年4月，更名为“日照蛇纹石矿”，年产矿石6.1万吨，后销路渐衰。1966年，又转为生产石棉。1972年，由露天转向地下开采。至1984年，国家为新矿区建设投资852.9万元，年生产能力8万吨，是华东地区唯一的石棉生产企业。

20世纪80年代初，受国际市场影响，石棉滞销，石棉矿开始进行深加工增值生产。1985年引进泡沫石棉生产技术，当年建成3000立方米生产线1条，年工业总产值90万元。1986年，自筹资金60万元在日照城建设一条岩棉生产线，又与汾水镇合资建设综合修配厂1处。又创办磷肥厂，从连云港锦屏磷矿购回矿石，生产钙镁磷肥、过磷酸钙。同年，石棉矿实行矿长负责制，对生产经营实行合同制、责任制管理，经济效益显著提高。

1987～2002年，石棉生产的重点放在技术改造、产品深加工上，解决了泡沫石棉的弹性和防水问题，同时增加了泡棉板、泡棉管、防水泡棉等多种产品。2001年后，随着市场上替代产品的出现及资源品位降低，石棉生产逐渐停止，原石棉矿开始转产、改制，生产石材，成立了日照宝鑫矿业资源有限公司，主要生产经营蛇纹石粉、蛇纹石板材，加工白云石、石灰石、橄榄岩及其他冶金辅料，产品主要作为钢铁冶炼助溶剂，销往上海宝钢、山东济钢、山东青钢、临沂钢厂及日照钢铁公司，部分产品出口日本及韩国。2002年，日照磊鑫矿业资源有限公司与上海宝钢国际经济贸易有限公司合资组建日照宝鑫矿业资源有限公司，主营蛇纹石、白云石、橄榄岩、石英岩、铁矿石及其他冶金辅料及国际货物运输代理业务。公司拥有华东地区最大的蛇纹石岩体，总储量约1.5亿吨，其氧化镁含量在37%以上且质地优良。是年，在莒县洛河镇投资建设白云石矿，矿石储量约5000万吨。至2012年，公司有员工111人，蛇纹石、白云石、橄榄石、石英岩、铁矿（石）粉共计销售75万余吨，实现销售收入9318万元。

第六章　食品药品

食品加工业是岚山的传统优势产业。设区后，区委、区政府充分发挥区位、海洋资源优势，科学布局海洋食品精深加工企业，引导企业转型升级，大力培育生物医药等战略性新兴产业，编制了全区"十二五"海洋食品及生物医药产业发展规划，按照"一条产业带、两大聚集区、五个产业园"【2009年编制岚山"十二五"规划时编制。一条产业带：虎山、安东卫、碑廓100平方公里产业带；两大聚集区：以钢铁、石化为主导的循环经济型重化工业聚集区，以木材、食品药品为重点的精深加工型轻工业聚集区；五个产业园：日照钢铁精品基地及配套产业园，日照海洋石化产业示范园，岚山（国家级）木材贸易加工示范园，日照海洋生物医药及食品产业示范园，岚山临港物流园区集群】的产业规划格局，建设了食品药品工业园区，全区海洋食品及生物医药产业规模不断扩大，创新能力持续提升，产业整体实力显著增强。2012年，全区海洋食品及生物医药企业达到245家，其中规模以上企业24家，完成生产总值245.8亿元，占规模以上工业总产值的26.6%。

第一节　粮油加工

粮食加工　1960年以前，农村粮食加工全部靠石磨（磨粉、制浆）、石碓（谷物去皮、粉碎）手工加工，很少使用石碾。1951年，日照县第一个国营粮油加工厂在巨峰大坡建成，买进3台磨粉机和1台11千瓦柴油机，日产面粉2.5吨，该面油厂后迁往日照城西，改名日照县曙光油面厂，1993年划归日照县粮食局管理。1961年后，部分大队开始成立粮食加工组，购进小型磨面机和粉碎机，以柴油机为动力，为社员加工面粉、粗粮，亦加工猪饲料（干草、作物秸杆、荚皮），后较大村庄都建起了粮食加工组，石磨、石碓渐被淘汰。1970年，开始推广水稻种植，各水稻种植村（大队）的粮食加工组开始购入碾米机，代群众加工。20世纪80年代初，各乡镇先后办起了粮食加工厂，除为附近群众加工粮食外，还为粮油管理部门加工商品粮，供机关单位和城市居民食用。后，各村粮食加工组由个人承包，逐步转为个体经营。据统计，1986年，仅碑廓镇就有面粉厂6处。80年代中期之后，乡镇粮食加工厂或由个人承包，或处于停产状态。

1993年，后村粮管所筹资7万元，建成日加工5吨的小型面粉厂。至1995年年底，高兴、碑廓、安东卫、大坡、黄墩粮管所先后建成面粉厂。这些面粉厂规模较小，多采取来料加工的方式，为农民代加工面粉。1995年，岚山粮食局在安东卫街道李家庄子村西征地2万平方米，投资2000万元，建设日加工120吨的中型面粉厂。1998年至1999年年初，随着粮食体制改革，各单位小面粉厂多采取承包形式，先后由个人承包经营。岚山粮食局面粉厂于1996年10月投产后，经营良好，成为全处面粉加工业龙头企业，生产的"安东牌"面粉除在当地销售外，还销售到东北三省，1997～1998年共加工小麦2.836万吨，年加工小麦1.4万余吨。2004年1月岚山粮食局面粉厂破产。至2012年，岚山较大的面粉加工企业有日照市福园面粉厂、日照佳裕面粉厂、日照市岚山区百瑞得面粉厂等。

油料加工　岚山民间榨油历史悠久，至清末榨油业已颇兴盛。由于本地盛产花生而大豆种植较少，故以加工花生油为主。自清代至新中国成立初，为家庭作坊式生产，使用"木榨"榨油，产量较少，主要供当地百姓食用，少量外销沿海城乡。抗日战争暴发后到解放战争时期，境内较大规模的榨油作坊所剩无几，1948年只有一处亨利榨油厂，是年被国家收回，由巨峰区社经营。该厂有房屋40间，职工25人，有8.826千瓦柴油机1台，铁榨6部，碾磙机1台，年榨油100吨。1951年榨油厂扩建为粮油加工厂以后，生产规模逐年扩大，1959年有油榨22部，日加工大豆10吨。

1966年粮油加工厂榨油机械设备全部卖给了农村社队，榨油车间停产。

1956年实行合作化至1976年“文化大革命”结束，私人土榨油坊全部移交农业社经营，私人不再从事花生油加工，而由乡镇、村办油坊进行生产。初期仍使用传统的“木榨”，全部人工操作，出油率约35%，后期逐步引进半机械化的螺旋式压榨机，劳动强度降低，出油率提高到41%左右。乡镇、村办油坊除为农户加工花生油、饼粕外，主要为各乡镇粮油管理所加工征购的花生米，制成食用油，由粮油部门供给城市居民及其他单位。多为季节性生产，秋后开榨，次年春末停工。1978年改革开放后，乡镇、村办油坊先后实行承包制，逐渐转为个体经营。1992年国家放开粮油市场，这些油坊只代农加工，技术相对落后的加工机械逐步被操作简便、技术含量高的新型小机械化榨油设备替代。

1993年，岚山粮食局所辖碑廓、安东卫、虎山粮管所，共有小油坊3处，以来料加工为主，规模小，加工量少。1998年粮食企业实行主、附营业务分离后，各粮管所油坊转为由职工个人承包经营。2002年前后压榨机更新换代，主要有气压式、分离式等。至2012年，域内油坊、小型油料加工厂已很少存在，城市居民食用油大多采购于各商场，农村仍存在个别油坊，主要加工农民自种花生。

1992年8月，中国粮油食品进出口(集团)有限公司与美国ADM亚太公司、新加坡WILMAR公司、香港嘉银控股有限公司等共同出资在岚山港北兴建大型粮油企业——中粮黄海粮油工业(山东)有限公司，注册资本8146.21万美元，投资总额9451.21万美元，占地面积近20万平方米。拥有自己的铁路专线、大型储油罐群、地下输油管道，1200吨/小时的散粮气垫输送机直达港口8万吨级泊位。主要从事大豆加工以及油脂深加工，拥有大豆榨油厂、精炼厂、小包装厂、饲料厂和棕榈油分提厂等，生产设备和工艺全部由美国皇冠公司、瑞典ALFA LAVAL等世界知名厂商成套引进，生产过程全部自动化控制，油料压榨、油脂精炼、深加工等流水作业，日处理加工大豆6000吨，油脂精炼1600吨。是“外商投资先进技术企业”和“全国外商投资双优企业”，生产“福临门”“四海”“五湖”“唯好”“喜盈盈”等一系列著名品牌产品。其中“福临门”食用大豆油和菜籽油荣获“中国名牌”称号，“喜盈盈”牌饲料用大豆粕2006年获得“山东名牌”称号。

淀粉加工　岚山境内淀粉加工历史悠久，大多是家庭作坊。1970年以前，无机械加工，均用石磨靠人力或畜力磨浆，人工过大箩分离粉渣。所用原料以地瓜、瓜干为主，产品主要是粉条、粉皮、扁粉等。20世纪60～80年代，部分农业村队组织专业队，利用冬季进行淀粉加工。1980年以后，淀粉加工以个体户为主，改用机械磨浆直接分离，生产成本降低，效益提高，加工量成几十倍增长。境内碑廓镇的费家湖、辛庄子一带村庄，从事该项加工的业户较多，由原来的只生产成品粉条、粉皮、扁粉自销，扩大到淀粉批量外销。产品销往泗水、胶州、费县、龙口、河北等地。2003年，岚山办事处境内有淀粉加工业户300余户，年加工能力7500万公斤，产值5100万元。小型淀粉加工业户没有污水处理能力，污水随意排放，对附近河流及周边环境造成了污染，2006年，环保、工商等部门对无污水处理能力的淀粉加工业户进行了取缔，仅保留有污水处理能力的企业。到2012年，境内较大的淀粉加工企业有日照广聚农产品有限公司、日照永鑫嘉岛淀粉有限公司。

花生加工　1980年以前，花生限于简单加工，农民生产的花生部分由粮食部门收购，剩余部分留作自用。粮食部门收购的花生，主要以榨油为主。1979年后粮食市场逐步放开，花生贸易量逐年增加。进入20世纪90年代，花生出口贸易量逐年加大，花生深加工业务兴起。1994年5月，岚山粮食局在原汾水粮所院东南征地1万平方米，投资300万元建成年产分级花生仁2万吨的筛选加工生产线2条，成为岚山花生仁筛选加工的龙头企业。1995～1998年，共筛选加工分级花生仁4.863万吨，年加工1.2万吨。该厂于1999年停产。1995年后，高兴、后村、黄墩粮管所先后建成小型花生加工厂，由于规模小，加工分级简单，业务量偏小，均于2005年停产。后村花生制品厂被中粮集团山东粮食进出口公司收购，改为日照东盛食品有限公司，主要生产花生制品、燕麦片等，年加工量300吨，产品供应国内外市场。2000年碑廓金玫花生制品有限公司建成投产，主要收购周边地区花生，以及从印度进口部分花生，进行筛选、焙烤，制成半成品，产品销往欧盟、中东、俄罗斯等国家和地区，年出口8000吨。

图10-4 花生加工车间 （摄于2000年）

食品加工 1944年，滨海专署收购中楼孙由村庄氏酒厂，生产粮食酒，新中国成立初期转产白干酒，1961年成为七里门酒厂分厂，1962年合并至莒县酒厂。20世纪60年代中期，中楼供销社办酿造厂，主要产品是腌制的各种小咸菜、豆拌酱、酱油之类，到80年代中期停办。

1985年5月，汾水粮所在安东卫粮站建酿造厂，开始制作酱油和醋，年产量500吨。至1986年，各粮所、站均有食品加工业，基本采用半机械化操作，主要加工各种糕点和大众化食品，如煎饼、馒头等40多个品种。1993年岚山办事处成立后，各粮管所、食品中心纷纷开展食品加工业，1994年全处粮食部门有小食品加工厂6处，食品生产设备8套（台）。1998年年底，粮食企业实行主、附营业务分离后，各单位的食品加工业作为附营业务，多转为个人承包经营。1995～1999年，共加工各种食品5680吨，年加工1100吨。2004年初，粮食企业改革，各单位食品加工业务停产。1986年，日照市粮食局投资20万元在岚山头街道食品中心圣岚粮店建成小型挂面加工厂1处，设计年加工能力1000吨，1993年，岚山粮食局在原挂面加工厂的基础上，投资50万元新上2条挂面生产线，使年生产能力达到3000吨，1995～1999年共加工各种挂面1.4万吨，年均加工2800余吨，2003年关闭。1995年5月，隶属于日照市粮食局的日照市粮油食品厂整体划转岚山粮食局管理，该厂主要生产酱油、醋、面条、豆瓣酱、罐头等，1996～1998年共生产各类产品3.612万吨，年加工1.2万吨，1999年后转为个人承包经营，2004年停产。

第二节 水产品加工

20世纪80年代前，岚山的水产品加工以腌制、熏干、晒干等粗加工为主。随着海洋渔业资源日益枯竭，水产品粗加工企业生产经营日趋困难。1993年年底，岚山规模较大的水产品加工企业有8家，年工业总产值8371万元。1995年，以岚山永泰福利冷藏厂（昌华集团公司前身）为代表的部分水产冷藏厂开始转轨变型，向水产品精深加工方面发展，开发研制模拟蟹肉、鱼糜等海洋仿生食品，规模迅速扩大。2003年，岚山有水产食品企业54家，其中精深加工企业9家、规模以上水产品加工企业7家。产品种类主要有海洋仿生食品、鱼片、冻鱼、紫菜、鱿鱼丝等，60%以上的产品销往国外和香港，出口市场主要分布在比利时、俄罗斯、美国、日本、韩国等13个国家。

2012年，岚山区海产品加工企业243家，其中规模以上企业18家，分别为日照昌华海产食品有限公司、山东阿掖山食品有限公司、日照丰华食品有限公司、日照永兴食品有限公司、日照益荣远食品有限公司、日照环海水产食品有限公司、日照玉鲸水产食品有限公司、日照华洋农副产品有限公司、日照盛隆水产食品有限公司、日照岚永农副水产食品有限公司、日照市志达水产食品有限公司、日照海然食品有限公司、日照市海源水产食品有限公司、日照市佳怡食品有限公司、日照东方红食品有限公司、日照市龙德海产食品有限公司、日照海圣水产食品有限公司、日照天然食品有限公司。在规模以上企业中，海产品精深加工企业10家，年加工能力45万吨，开发出精深加工产品50多个系列、400多个品种。岚山发展成为亚洲最大的鱼糜生产基地、全国最大的海洋仿生食品生产基地。岚山海产品加工产业集群在2011年被列入省级中小企业产业集群。

2012年，全区规模以上水产品加工企业共完成产值182.1亿元，实现主营业务收入189.5亿元、利税总额43.22亿元、利润总额42.23亿元。其中，山东阿掖山集团有限公司、日照昌华海产食品有限公司、山东丰华食品有限公司年主营业务收入过10亿元。

图10-5　海产品加工　　（摄于2010年）

第三节　生物医药

岚山生物医药产业属高新技术产业，有日照岚山生化制品有限公司和山东众山生物科技有限公司2家。日照岚山生化制品有限公司成立于2002年，由瑞士伊伯萨（IBSA）生化公司投资建设，主要生产硫酸软骨素、人绝经期促性腺激素（HMG）、人绒毛膜促性腺激素（HCG）、氨基酸、肝素钠等产品，产品全部出口。山东众山生物科技有限公司成立于2005年。2012年2家企业共完成产值2.9亿元，实现主营业务收入2.86亿元，利税3100万元。

第四节　日照海洋生物医药及食品产业示范园

日照海洋生物医药及食品产业示范园是日照市蓝色经济区办公室确定的全市第一批重点示范园。《日照市岚山区国民经济和社会发展第十二个五年总体规划纲要》将日照海洋生物医药及食品产业示范园列入“一条产业带、两大聚集区、五个产业园”产业格局。

园区位于沈海高速公路以西、木材园区以东、坪岚铁路以南、绣针河以北，规划面积6.67平方公里，主要招引海洋食品、海洋保健食品、海洋生物医药、医疗器械等项目入园建设。截至2012年，先后有山东阿掖山集团公司、日照昌华海产食品有限公司、山东众山生物科技有限公司、山东联美食品有限公司等企业落户。

第五节　企业选介

中粮黄海粮油工业（山东）有限公司　位于岚山港务有限公司北端，是中粮集团旗下企业，由中国粮油食品进出口（集团）有限公司、美国ADM公司、新加坡WILMAR公司、香港嘉银控股有限公司等共同出资，于1992年8月成立的大型合资企业，注册资本8146.21万美元，总投资9451.21万美元，占地面积近20万平方米。主要进行油料压榨、油脂精炼，及其副产品深加工，主要产品有“福临门”“福掌柜”“福之泉”“五湖”“四海”等品牌食用油、“喜盈盈”牌豆粕和饲料等。自2001年起，公司陆续通过了ISO9001、国

图 10-6 中粮黄海粮油工业（山东）有限公司 （摄于 2011 年）

家 AAAA 级标准化良好行为、ISO14001、ISO22000 等质量体系认证和历次换证审核。2000 年下半年，国家质量技术监督局食用油质量全国市场抽检排名第一，是为数不多的各项质量指标全部合格的产品之一。2001 年上半年公司随同中粮总公司在香港上市。2003 年 4 月，新建的 1500 吨/天大豆榨油厂投产。2010 年，投资 3.9 亿元新建的 4000 吨/天大豆榨油厂、800 吨/天精炼厂及相应配套项目建成投产。经过 20 多年的发展，公司建有大豆榨油厂、油脂精炼厂、小包装厂、饲料厂和棕榈油分提厂等，生产设备和工艺全部由美国皇冠公司、瑞典 ALFA LAVAL 等世界知名厂商成套引进，生产过程全部自动化控制，实现了压榨、精炼、灌装一条龙作业。公司年可加工大豆 180 万吨，精炼油脂 56 万吨，生产小包装油 300 万箱、饲料 21 万吨，分级提炼棕榈油 21 万吨，2012 年销售收入 70 亿元。

山东昌华食品集团有限公司 位于安东卫街道汾水社区西，占地 66.7 万平方米。1994 年，成立日照昌华海产食品有限公司。1997 年 11 月，成立山东昌华食品集团有限公司，为民营企业集团，先后在比利时、美国、越南和俄罗斯设立分公司。2005 年 1 月在新加坡交易所主板正式发行上市，成为日照市第一家上市公司。2010 年进行产品结构调整，新上粮油加工和粮食保税仓储项目。2011 年在加拿大注册成立加拿大昌华能源有限公司，从事石油开采业务，同年，公司销售收入突破百亿元。

经过多年发展，至 2012 年年底，山东昌华食品集团有限公司已发展成为一家面向全球的生产及贸易型企业，拥有海内外员工 2800 人，各类管理及专业技术人员 260 人，年销售收入突破 230 亿元。主要业务为海洋健康食品生产，生物科技研发，粮油贸易、加工及仓储，矿业，石油及页岩油气开采。下辖 10 个子公司。以模拟蟹肉等鱼糜制品和鱼片为主导产品，年可生产各类鱼糜制品 8 万吨，进出口大豆 200 万吨、棕榈油 60 万吨、纸浆 10 万吨、废纸 10 万吨，产品畅销俄罗斯、美国、欧盟等 30 多个国家和地区。其中日照昌华海产食品有限公司主要经营仿生食品及肉制品的生产、销售，仿生食品在世界同行业中排名第三位，产品 70% 以上出口至北美、南美、欧洲等国家和地区，在国内主要供应肯德基、海底捞等大型餐饮集团以及各大超市。

公司先后通过了欧盟注册、美国 HACCP 食品安全预防体系认证、ISO 9001 质量体系认证、英国 BRC 认证、ISO 14000 质量体系认证、OHSAS 18000、法国 IFS 认证、HACCP 认证、MSC 认证、HALAL 认证、美国农业部（USDA）认证、美国 FDA 注册、巴西认证等，并荣膺“省级

图 10-7 山东昌华食品集团有限公司 （摄于 2010 年）

重点农业产业化龙头企业”“国家扶贫开发龙头企业”“全国优秀食品龙头企业”“农业银行AAA级信用企业”“全国百佳诚信示范企业”“中国食品博览会金奖”“中国名牌”“山东省著名商标”“海关AA类进出口企业”等荣誉称号，2012年公司名列中国民营企业500强174位，中国对外贸易500强161位。

山东阿掖山集团有限公司　位于岚山观海路西，是集水产品、鱼糜系列产品加工及食品科研、生产、冷冻、冷藏、餐饮、房地产、典当于一体的大型外向型民营企业，法人代表苏同山。前身为安东卫冷库，创建于1987年。2001年，成立山东日照阿掖山食品有限公司，并在广西北海、缅甸成立分公司。2001年10月，成立阿掖山房地产开发有限公司。2001年11月，成立日照阿掖山水产食品有限公司，同时在俄罗斯设立分公司。2003年成立海当家食品有限公司。2005年正式成立企业集团，更名为山东阿掖山集团有限公司。2006年成立日照阿掖山典当有限公司。2010年成立青岛、济南国际贸易公司。至2012年，公司资产总额达6.2亿元，占地面积20余万平方米，员工1600人，管理人员80余人，专业技术人员30余人，年总产值2.4亿元。拥有模拟蟹肉生产线15条，鱼丸生产线8条，鱼糜生产线5条，鱼片生产线5条，无菌加工车间2万余平方米，配套冷库1.5万吨，年生产加工各种水产品能力8万吨，其中模拟蟹肉6万吨，鱼片1.5万吨，鱼丸5000吨。

2008年，公司与中国海洋大学合作，建立了省级工程技术中心“日照市低值海产资源高值化工程技术研究中心”，承担了省科技攻关项目“低值海水鱼鱼糜生产的高值化综合利用”，取得专利35件，被评为日照市专利示范企业。

图10-9　山东丰华食品有限公司　（摄于2004年）

山东丰华食品有限公司　位于安东卫街道砚台西居，成立于1997年，法人代表仲伟华。公司拥有模拟蟹肉、模拟虾、模拟蟹钳、鱼丸、鱼卷等生产线10条，鱼糜生产线2条，鱿鱼丝生产线2条，海苔生产线2条，冷库容量6400吨。产品行销国内30个省、市、区，并出口欧美、日本、韩国等50多个国家和地区。在广西北海和日照设有分公司，主要生产鱼糜原料和聚乙烯薄膜。2012年，有员工1200多人，完成产值2.8亿元。

图10-8　山东阿掖山集团有限公司　（摄于2010年）

日照永兴食品有限公司　位于圣岚东路588号，是一家外向型民营企业，成立于1997年12月，法人代表徐加确。主要从事鱼片、鱼糜制品、鸡蛋制品、紫菜等水产品的精深加工及来料加工业务，产品远销美国、日本、俄罗斯及欧盟等国家和地区。产品先后通过了ISO 9001质量体系认证、HACCP质量安全认证以及欧盟注册、SGS认证等。2012年，公司固定资产6000万元，下设加工厂4处，员工600人，年加工能力1.5万吨，

图 10-10　日照永兴食品有限公司　(摄于 2012 年)

产值 1.5 亿元，利税 1400 万元。

日照岚山生化制品有限公司　位于岚山区出口加工区玉泉二路南段，是由瑞士伊伯萨(IBSA)生化公司投资建立的外商独资企业，2002 年 9 月成立，主要生产硫酸软骨素、人绝经期促性腺激素(HMG)、人绒毛膜促性腺激素(HCG)、氨基酸、肝素钠等产品，产品全部出口。公司 2004 年 9 月被山东省科学技术厅命名为省高新技术企业，2008 年 10 月取得“药品生产许可证”，2012 年 8 月取得药品 GMP(药品生产质量管理规范)证书。2007 年按照欧洲认证要求建成 3000 平方米的硫酸软骨素生产车间，2008 年产品人绝经期促性腺激素(HMG)通过了 MCA(欧洲药检机构)认证，药用级硫酸软骨素通过了欧盟药检机构认证。2012 年，公司有员工 200 多人，年产值 2 亿元，年出口创汇 1000 多万美元，利税 2000 多万元。

图 10-11　日照岚山生化制品有限公司　(摄于 2010 年)

山东众山生物科技有限公司　位于岚山西路 98 号，2005 年 10 月成立，为省级高新技术企业。截至 2012 年，共投产 6 个原料药品种：硫酸软骨素、人绝经期促性腺激素(HMG)、人绒毛膜促性腺激素(HCG)、促卵泡刺激素(FSH)、透明质酸钠、硫糖肽，其中硫酸软骨素获 2008 年国家级新产品，硫糖肽获得 2009 年国家 3 类新药药品生产许可证，并填补了国内空白，部分品种成功占领了接近三分之一的欧洲原料药市场。

图 10-12　山东众山生物科技有限公司　(摄于 2012 年)

日照广聚农产品有限公司　位于碑廓镇辛庄子村，前身是台湾中华淀粉有限公司，成立于 2002 年 9 月，为台商独资经营企业，法人代表黄世照。公司主要生产加工和销售地瓜淀粉、地瓜制品、油炸粉、变性淀粉，产品主要销往东南亚地区，年产量在 6000 吨左右。2012 年，完成产值 3411 万元，实现主营业务收入 3411 万元，利税 620 万元。

日照永鑫嘉岛淀粉有限公司　位于安东卫街道汾水村，成立于 2005 年 4 月，注册资本 1582 万元，主要从事淀粉及淀粉制品加工、销售，兼营包装制品销售及普通商品进出口业务，具备日产 100 吨淀粉的生产能力。

第七章　木　业

第一节　木材产业发展

1999年，临沂江泉集团从国外进口木材途经岚山港装卸，岚山从此出现木材贸易产业。从2004年开始，区政府将木材贸易加工业列为全区临港支柱产业重点培育，面向全球开展原木贸易、木材加工、木制品交易业务，岚山木材贸易加工产业迅速发展。2005年底，日照华大投资发展有限公司落户碑廓镇，首次引进"进口原木一加工木材一销售木制品"产业发展模式。至2008年，全区木材加工企业达到40家，年加工木材60万立方米。2012年，全区木材加工企业达到286家，年加工木材420万立方米，年产值超过115亿元，木材进口量、加工量位列全国沿海港口"双第一"，成为全国沿海最大的木材进口和加工基地。岚山区木材加工主要是将国外进口原木加工成集成材、家具用材、木地板、乐器用材、装饰用材、建筑规格材等，产品销往山东、河北、河南、山西、四川、新疆等地。

图10-13　木材精细加工　（摄于2012年）

图10-14　木材货场　（摄于2008年）

2008～2012年岚山区进口木材贸易加工情况统计表

表10-4

年　份	2008	2009	2010	2011	2012
企业数（家）	40	110	154	217	286
进口量（万立方米）	51	136	260	360	390
加工量（万立方米）	60	160	300	400	420
产　值（亿元）	12.3	36.8	75	100	115

第二节　木材贸易加工示范区

岚山木材贸易加工示范区位于碑廓镇。2007年，山东省林业局批复在岚山区设立省级木材加工贸易示范区，区政府邀请中国林产规划设计院完成了《岚山区（国家级）进口木材贸易加工示范区控制性详细规划》，一期规划面积7.03平方公里。2008年7月，国家林业局批准设立国家级木材贸易加工示范区，国家质检总局批准设立国家级进口木材检疫除害处理区，岚山区国家级木材贸易加工示范区正式揭牌成立。

图 10-15 2008 年 7 月 30 日，岚山区国家级木材贸易加工示范区、国家级进口木材检疫除害处理区举行揭牌仪式

2007 年 10 月，区委、区政府专门成立了日照市岚山区木材加工贸易示范区管委会，为区委、区政府直属管理的全额预算正科级事业单位，代表区政府行使发展规划、招商引资、项目建设、企业管理等职责。2008 年 9 月，更名为日照市岚山区进口木材贸易加工示范区管委会，郑本礼任主任。2011 年 11 月，张守健任主任(副处级)。2008 年，山东木材行业年会在岚山召开。2009 年 12 月，全国木材贸易加工示范区建设工作会议在岚山召开。

示范区原有道路 3 条 6 公里，2009 ~ 2010 年又建成 4 条 8.7 公里。沿路铺设自来水管道 7.75 公里、雨水管道 8.7 公里，架设 10 千伏供电线路 7 公里。2010 年，建成 110 千伏碑廓变电站为示范区供电。

第三节 木器制造

木器家具、农具加工制作历来以个体为主，属家庭作坊式生产。20 世纪 30 年代，境内村庄多有木匠铺，由木匠师傅带领徒弟并雇用长、短工从事木器加工。1958 年，各乡镇相继成立木业社或组。1960 年前后，铁、木两社(组)合并成立铁木业社。1966 年，部分村、队先后成立木工组，至 1978 年先后解散。

1978 年后，随着设备更新，产品也由粗笨的器具发展到做工考究的家具，如大衣柜、书橱、写字台、梳妆台、高低柜、茶几、沙发等。20 世纪 80 年代中期以后，原公社铁木业社相继转产倒闭，该行业人员分散到社会，从事木器加工的个体户(组)逐渐增多。

1993 年，岚山办事处规模较大的家具加工企业有 2 家，即岚山开发区鸿润木制品公司和日照三木集团有限公司，当年 2 家企业完成工业产值 6127 万元，占岚山木制品加工企业工业产值的 75%。1996 年，鸿润木制品公司因经营不善等原因资不抵债，1999 年破产，原有场地被山东丰华食品有限公司收购。日照三木集团有限公司原为汾水镇办企业，自 1991 年合资成立日益木制品有限公司以后，快速发展壮大，成为全国知名的大型家具制造企业。到 2003 年，岚山办事处有大小木器加工企业 30 余家，从业人员近 3000 人，年生产家具 80 万件。

图 10-16 木质家具涂装车间 (摄于 2002 年)

2005 年后，受国际市场影响和国内劳动力成本上升，岚山木器加工业规模开始缩小，效益下降。至 2012 年，岚山区木器制造企业主要有日照三木集团有限公司、日照市建丰木业有限公司、日照市百群木业有限公司、日照市简韵家具有限公司、日照市宏鑫木器厂、中天办公家具厂、日照晓红橡木家具有限公司等。其中规模企

业有日照三木集团有限公司、日照建丰木业有限公司2家。

第四节　企业选介

日照三木集团有限公司　位于安东卫街道李家庄子居，占地面积近110万平方米，拥有员工2500余人，下辖日照三木木业股份有限公司、日照三木冶金矿业有限公司、三木热电厂3个子公司，是集家具生产、热电、矿业为一体的大型企业集团。公司先后被授予“全国最佳经济效益乡镇企业”“全国乡镇企业出口创汇先进企业”“山东省综合经济实力乡镇企业500强”。所属合资企业连续多年被评为“全国外商投资双优企业”，被海关评为“AA”级管理企业。

该企业原为汾水镇镇办企业，始建于1983年，始称汾水镇农工商供销公司，1987年改称日照市第三木器厂。1995年，在原日照市第三木器厂的基础上，成立日照三木集团有限公司。2000年改制成立日照三木木业股份有限公司。

图10-17　日照三木集团有限公司　（摄于2006年）

日照三木木业股份有限公司　占地面积39.96万平方米，建筑面积10万平方米，固定资产4亿多元，员工1500余人，年生产能力100万件（套）木制家具。主导产品分为卧室、餐厅、厨卫等6大系列，2500多个花色品种，适用于各种高级宾馆、酒店、餐厅、会议室、家庭等，产品主要销往美国及欧洲市场。公司先后在美国纽约、洛杉矶和俄罗斯的莫斯科分别设立了公司，负责市场开拓和营销，实现了国内生产，国外销售，境内外一体化经营格局。1993～2003年，出口创汇、利税年平均增长28%和31%。2003年，实现出口创汇3050万美元，利税8200万元。

三木冶金矿业有限公司　成立于2006年，占地26.64万平方米，固定资产5亿多元，员工600余人。年生产能力200万吨铁精粉、80万吨球团、5万吨高碳铬铁，从国外开采进口并销售镍、铬、锰、铁等矿产品。

三木热电厂　占地20.65万平方米，资产2亿多元，员工200余人，建有2台12兆瓦机组和3台75吨/小时锅炉。

日照市建丰木业公司　位于巨峰镇大坡村，成立于2006年3月，注册资金50万元，是专业加工木制品家具的企业，主要生产餐厅家具、卧室家具、儿童椅等系列高档产品，全部销往欧、美、日、韩等国家和地区。2012年，固定资产1300万元，有职工140余人，其中初级以上专业技术人员12名，年可生产高档家具3万余套，年产值1100万元。

日照华大投资发展有限公司　成立于2005年，位于碑廓镇，占地26.7万平方米，注册资金1500万元，是中国木材行业协会副会长单位。主要经营木材和木制品，同时集聚其他木材加工业户加盟，提供加工、销售、配送服务。从2006年起，发展成为临沂木材批发市场木龙骨、建筑方木主要供应商。2009年，成为山东木材流通协会常务副会长单位。

日照中兴森工实业有限责任公司　位于碑廓镇和平岭村，由山东能源枣矿集团于2007年7月投资建设，是集团为在加拿大购买1.6万平方公里原始森林采伐权和原木出口权项目服务的配套项目。占地14.27万平方米，厂房2.1万平方米，设有制材、干燥、刨切、集成材等车间，主要生产原木、湿板、干板、刨光规格材、集成板、地板料等系列产品。2012年，在册员工180人，产值6.5亿元。

日照临港国际物流有限公司 位于岚山头街道佛手湾，成立于2006年，是日照港(集团)岚山港务有限公司的控股子公司，主要从事港口仓储物流业务，在岚山区国家级木材贸易加工示范区内建设了木材专用储运园区。园区规划占地66.7万余平方米，存储量30万立方米。2012年，有理货、机械、劳务人员170余人，装卸转运机械146台。

山东港信物流有限公司 位于园区二路西侧，2009年4月发起成立，注册资金1亿元，一期用地20万平方米，主营保税仓储物流、货物集散配送、物流人才培训、电子商务、物流银行等服务项目。截至2012年年底，山东港信木材电子商务综合信息服务平台项目完成投资1800万元，完成了交易市场综合信息服务大厅建设。

日照德霖木业有限公司 位于碑廓镇大朱曹村北，2008年成立，注册资金2000万元，占地14万平方米。主要以榉木家具、木楼梯的备料生产为主，拥有先进的锯台生产线和备料生产线。公司所有木材都由德国进口，是专业经营进口榉木木材的大型公司。2012年有员工300人，其中技术骨干60余人，年加工能力10万立方米，其中烘干板3万立方米、集成材成品1.2万立方米、规格料1.2万立方米。2012年产值1.3亿元。

日照海澜木业有限公司 位于碑廓镇小湖村，是山东海澜进出口有限公司全资子公司，主要经营木材加工、进出口业务。公司于2003年年底成立，2004年进口马来西亚红柳桉、白柳桉、黄柳桉、漆木等原木杂木6万立方米，产值6000多万元，缴纳进口增值税600多万元。2005年，进口所罗门、巴布亚新几内亚原杂木10万多立方米，产值达1亿元，缴纳进口增值税1000多万元；2006年开始进口俄罗斯松木和新西兰辐射松，2006～2012年，每年进口12万立方米，年产值1.2亿元左右。

日照昊禾木业有限公司 位于碑廓镇傅家官庄村，由临沂市盛融鑫金属制品有限公司投资建设，占地7.47万平方米，注册资金1000万元，主要进行木地板辅料、木板等木材精深加工，产品销往山东、江苏、浙江、上海等人造板、木地板企业以及大型木材批发交易市场，设计年加工转运木材能力20万立方米，年产值3亿元。2009年9月开工建设，2011年12月建成投产。

第八章　冶　金

钢铁及配套产业是岚山区打造特色鲜明、板块清晰的临港产业体系的优势产业之一，是实施“一条产业带、两大聚集区、五个产业园”产业格局规划的重要组成部分。2003年，日照钢铁公司落户岚山后，区委、区政府高度重视钢铁及配套产业发展，大力实施“吞钢咽钢”工程，不断拉长产业链，膨胀产业规模。2012年，全区以日照钢铁公司为代表的钢铁及配套产业规模以上企业达到21家，完成总产值521.2亿元，占全区规模以上工业总产值的56.5%。钢铁及其配套产业已发展成为岚山区四大临港产业之一，岚山区已发展成为国内知名的钢铁生产基地。

第一节　钢　铁

2003年，日照钢铁公司落户岚山，岚山钢铁及配套产业开始发展。日照钢铁公司由河北京华创新集团公司投资兴建，2003年3月31日开工建设，当年9月28日竣工投产。2004年，公司通过了ISO 9001质量管理体系认证。2005年，公司热轧带肋钢筋产品获得了国家质检总局颁发的生产许可证。2006年6月，公司通过了由ISO 9001质量管理体系、ISO 14000环境管理体系、OHSAS 18001职业健康安全体系标准整合而成的卓越绩效管理体系认证，同年12月，公司热轧带肋钢筋产品荣获国家质检总局颁发的国

图 10-18 2003 年 3 月 31 日，日照钢铁有限公司开工奠基

家免检产品称号，热轧 H 型钢产品也获得山东省名牌产品称号。2007 年，公司热轧卷板、热轧 H 型钢产品获得英国劳氏认证有限公司颁发的欧盟 CE 认证证书。2008 年，公司获得中国船级社颁发的 ISO 9001 质量管理体系认证及船用卷板的工厂认证证书。2009 年，公司取得水泥三体系认证及水泥生产许可证。2010 年，公司取得了热轧钢筋换证和 HRB 400E、HRB 500E 抗震钢筋的扩证、韩国 KS 认证、八国船级社认证等 7 项认证。至 2012 年，公司已发展成为一家集烧结、球团、炼铁、炼钢、轧材、制氧、发电于一体并配套齐全的千万吨级钢铁联合企业，形成了板、棒、线、型并举的产品格局。2012 年，铁产量、钢产量、材产量均过 1000 万吨，实现销售收入 435 亿元，完成产值 453 亿元，利税 10.6 亿元，岚山区已成为山东省重要的钢铁生产基地。

第二节　钢铁配套产业

自 2003 年日照钢铁公司落户岚山以后，岚山钢铁配套产业快速发展，产业链条不断延伸。2009 年，区委、区政府规划建设了钢铁配套产业园区，一批新项目相继开工建设。至 2012 年，岚山区已初步形成了以钢铁配套产业园区为载体的钢铁产业集群。全区投资过 5000 万元的钢铁配套项目达 25 家，其中过亿元的有 14 家，分别为日照京华管业有限公司、日照泰东炉料有限公司、日照天健钢铁工贸有限公司、山东华钢工业有限公司、山东四化环保设备有限公司、山东圣安泰装备制造有限公司、山东万方板业有限公司、山东嘉银钢贸城有限公司、山东华海船业有限公司、日照华浙钢棒有限公司、日照焦电有限公司、日照铸福实业有限公司、鑫通源钢管有限公司、日照磊鑫矿业有限公司等，年钢铁深加工能力达到 200 万吨。岚山已初步形成以钢管、焊管、PC 钢棒等钢材深加工，钢材贸易，仓储物流，耐火材料和冶炼辅助材料生产，造船，智能化环网柜生产，脱硫、除尘环保设备制造等高科技新兴产业聚集的现代化临港精品钢铁配套加工基地。

日照铸福实业有限公司　位于岚山头街道杨家庄子村，其前身是 1989 年成立的岚山福利铸造厂，为岚山头街道办企业，占地面积 4.98 万平方米。1999 年，改制为民营企业，法人代表张志禹。2002 年，与航空工业总公司 602 研究所合作，更名为日照铸福实业有限公司。2007 年，在碑廓镇田家寨村、S342 省道以北选址建设新厂区，占地面积 70.7 万平方米，原老厂区停止使用。1996 年，公司被确定为中国金属学会铸铁管委员会和中国铸造协会会员，1999 年，成为上海煤气公司定点生产厂家。公司主要从事球墨铸铁管、球墨铸铁管件及 PE（聚乙烯）管材的研制与生产，产

图 10-19　日照铸福实业有限公司球墨铸铁管　（摄于 2010 年）

品主要销往长三角、珠三角及京津地区，还远销澳大利亚、伊拉克、韩国等国家和中国香港、台湾地区。2012年，公司固定资产达到6.4亿元，拥有员工600人，完成产值8.4亿元、利税0.7亿元。

图10-21　山东华海船业有限公司　（摄于2010年）

山东日照焦电有限公司　位于虎山镇前稍坡村西、坪岚铁路北，成立于2004年，占地面积56.7万余平方米，法人代表田新民。有职工560人，主要生产优质铸造焦、一级冶金焦、二级冶金焦、电和蒸汽等产品，具有60万吨/年的焦炭生产和39兆瓦的发电能力，电全部并入国家电网，焦炭主要供应山东、江苏、福建、广东、浙江等地区。2012年产值6.7亿元。

图10-20　山东日照焦电有限公司　（摄于2007年）

日照盈德气体有限公司　位于虎山镇东潘家村，成立于2006年10月，为中外合资企业，法人代表陈凯。有员工113人，主要从事氧气生产，2012年完成产值6亿元，实现主营业务收入6亿元，利税1.9亿元。

液化空气（日照）有限公司　位于虎山镇韩家营子村，成立于2004年12月，为外资企业。有员工190人，主要从事氧气等制造。2012年完成产值2.1亿元，实现主营业务收入2.8亿元。

山东华海船业有限公司　位于沿海路以东、龙王河口以南，成立于2007年8月，是由天津世纪万宝国际贸易有限公司、山东海岳进出口有限公司、日照东远船业有限公司（原名山东省日照市造船厂）、莱佛士航运私人有限公司（新加坡）4方投资成立的合资公司，注册资本7000万元。主营船舶及海洋工程设备的设计、制造和修理，主要产品有各类型号的油轮、散货船、集装箱船、化学品船、拖船、工程船及海洋工程设备、配套设施等。公司建有7万吨级、3万吨级、1500吨级船台各1座；7万吨级码头1座，可容纳7万吨级以下各种船舶停靠；7万吨级干船坞1座；造船平台8万平方米。年设计造船能力50万吨，拥有建造10万吨级以下的散货船、油轮、拖船、海洋地质勘探船等各类型船的能力。

日照华浙钢棒有限公司　位于虎山镇于家官庄村，2007年年底开工建设，2008年8月正式

图10-22　日照华浙钢棒有限公司预应力混凝土用钢棒生产车间　（摄于2010年）

投产，占地 5.9 万平方米，建筑面积 3 万平方米，注册资金 5000 万元，法人代表虞汉武。是专业生产预应力混凝土用钢棒（简称 PC 钢棒）的厂家，产品广泛用于建筑用管桩及枕轨等领域，主要内销于广东、浙江、上海、江苏、辽宁等地，并销往韩国等国家和中国台湾地区。有员工 110 余人，2012 年产值 6.1 亿元。

山东万方板业有限公司 150 万吨精品钢薄板项目　位于疏港大道以北、虎山镇解放村前，占地 13.8 万平方米，注册资本 3000 万元，主要从事冲压硅钢板卷、冲压不锈钢板卷、高强汽车用铝锌板、彩涂板卷等精品特殊钢薄板卷的生产。2012 年 7 月 2 条冷轧生产线和 1 条酸洗生产线开始试生产，2013 年 7 月全部竣工投产。

图 10-23　山东万方板业有限公司　（摄于 2012 年）

山东嘉银钢材贸易城有限责任公司　位于 204 国道以西、钢城大道以南，占地 27.4 万平方米，注册资本 6080 万元，主要从事钢材、建材的仓储物流。2012 年项目正在建设中。

日照市新宇矿业有限公司　位于安东卫街道荻水村，2005 年 2 月成立，注册资金 1 亿元，法人代表范华，有职工 90 人。主营铁矿石、锰矿石、铜矿石的加工、筛选、销售，氧化铝粉、精硫矿的销售，煤炭批发经营等。主要产品为用国外进口铁矿石原料加工国内钢厂所需要的铁精粉原料，主要销往临沂江鑫钢铁有限公司及江苏镔鑫特钢有限公司等钢铁公司。2009 年销售收入 1.8 亿元，2010 年销售收入 3.8 亿元，2012 年销售收入 4.2 亿元。

第三节　钢铁配套产业园区

园区规划　岚山钢铁配套产业园区于 2009 年 1 月规划建设，位于 222 省道以西、汾水大道以东、疏港大道以南、山东日照焦电有限公司以北区域，总面积约 4.5 平方公里。涉及虎山镇前稍坡村、后稍坡村、连家村、夏家村、马家村、前水车沟村、后水车沟村、梭罗树村、桂山头村、黄家峪村和西山村 11 个村以及安东卫街道贾家湖村、义和村 2 个村。

园区基础设施建设　2009 ～ 2010 年，园区内建成“三横一纵”4 条道路，总长 10.9 公里，沿路配套建设了自来水管道、通讯管道、燃气管道、雨水管道等地下管道，规划预留了污水管道、供热管道，架设了 10 千伏供电线路。共计铺设自来水管道 9 公里、雨水管道 10.8 公里、燃气管道 10 公里，架设 10 千伏供电线路 5.6 公里。园区周边有 110 千伏虎山变电站和 220 千伏日照稍坡变电站为其供电。

园区管理机构　2009 年，成立岚山经济开发区管理委员会钢铁产业办公室，与虎山镇政府合署办公，负责钢铁产业园区项目协调推进建设工作，张守庆任岚山经济开发区管理委员会副主任、钢铁产业办公室主任。2011 年 9 月，成立日照市岚山区钢铁产业办公室，为正科级事业单位，编制 5 人，内设综合科、项目推进科 2 个科室，负责编制产业发展规划、园区总体规划和详细规划，负责园区基础设施建设、公用工程管理及公用事业运行，负责园区对外推介、招商引资及项目协调、推进等工作。

园区企业　自 2009 年起，先后落户钢铁配套园区的企业有 6 家，分别是日照京华管业有限公司、日照泰东炉料有限公司、日照天健钢铁工贸有限公司、山东华钢工业有限公司、山东四化环保设备有限公司、山东圣安泰装备制造有限公司。截至 2012 年年底，有投产企业 3 家，分别是日照京华管业有限公司、日照天健钢铁工贸有限公司和山东圣安泰装备制造有限公司。

日照京华管业有限公司 2010年8月设立，由MIA RESOURCES INVESTMENT PTE.LIMITED（新加坡）投资兴建，占地22.4万平方米，注册资金1000万美元，法人代表赵学梅，主要生产高频直缝焊接管。2012年，实现产量23万吨，销售收入7.8亿元。

图10-24 日照京华管业有限公司直缝焊管生产车间 （摄于2012年）

日照市泰东炉料有限公司 由莱芜市泰东投资有限公司投资兴建，占地13.3万平方米，注册资金2000万元，主要生产耐火材料和冶炼辅料。2012年年底，项目正在建设中，一号4000平方米厂房和办公楼已建设完成。

日照天健钢铁工贸有限公司 由临沂天朗金属材料有限公司投资兴建，占地4万平方米，注册资金3000万元。以卷板开平加工、剪板纵切为主，兼作钢材出口贸易，于2010年8月试生产。2012年，实现钢材贸易5.1万吨，加工剪切卷板3.5万吨，完成产值1.8亿元，实现主营业务收入1.1亿元。

山东华钢工业有限公司 占地17.08万平方米，注册资金1500万美元，主要生产高速铁路客运专线轨道板用光圆预应力钢棒及石油天然气用螺旋焊接钢管及其配套产品。截至2012年年底，已完成1号、2号厂房建设，两个厂房内的18台电动行车安装完毕，150吨的地磅安装完成。

山东四化环保设备有限公司环保处理设备制造项目 由山东四化环保节能工程有限公司投资建设，占地11.6万平方米，注册资金5000万元。属于冶金行业能源再利用项目，主导产品为污水、粉尘等环保处理设备。至2012年底，项目正在建设中。

山东圣安泰装备制造有限公司13000台套设备制造项目 由山东元泰投资有限公司与山东大学共同出资兴建，占地10.9万平方米，注册资金6000万元，主要生产智能化环网柜、配电分支箱，是高新技术产业项目，2012年8月试生产。截至2012年年底，已完成4个6600平米的钢结构厂房建设，生产智能化环网柜及分支箱400台(套)，实现产值1000万元。

第九章 石 化

第一节 石油化工

岚山石化产业依托港口逐渐发展。2000年，岚山港5万吨级液化品专用码头建成投产，岚山成为江北最大的液化品集散地。2001年，源丰沥青有限公司落户岚山，岚山石油化工产业开始发展。2003年后，区委、区政府抢抓建设亿吨强港的机遇，将石化产业作为五大临港产业之一重点培育，不断加大对石化产业的招商力度。2005年，日照岚桥港口石化有限公司成立。至2012年，岚山有石大科技石化有限公司、山东金石沥青股份有限公司、岚桥港口石化有限公司、广信化工科技有限公司、天旭散装化工有限公司等石化企业，从国外或国内市场购进原油、渣油、燃料油、丙烯、苯乙烯等液化品，加工生产汽油、柴油、液化气、沥青、石油焦、聚丙烯等产品，年加工能力达到1000万吨；有中石化日照公司、中石油日照公司、山东童海港业股份有限公司、滨海石油化工有限公司、日照港油品码头有限公司、翰坤能源发展有限公司、山东岚山孚宝仓储有限公司、吉泰液体石油化工储运有限公司、华东蓝海石油化工有限公司、新绿洲液化仓储有限公司、日照星光沥青有限公司等企业在岚山从事成品油、燃料油、液化气、沥青等石化产品大宗贸易，年罐储周转能力3000万立方米。

图 10-26　日照岚桥港口石化有限公司　（摄于2010年）

山东石大科技石化有限公司　成立于2009年12月，是教育部直属重点大学——中国石油大学（华东）全资公司青岛中石大控股有限公司的控股企业，注册资本3.2亿元，占地面积66.7万平方米，主要从事重油综合加工利用及其产品的销售，2012年有员工547人。公司计划总投资30亿元，建设多套石油石化深加工装置，至2012年年底，共完成了一期、二期项目建设。一期项目投资13亿元，建成100万吨/年含硫含酸重质油综合利用装置及其配套工程，采用重油催化工艺路线，生产丙烯、液化石油气、成品汽油、成品柴油及硫磺。二期项目以油品深加工、油品质量升级为核心，建成180万吨/年劣质油综合利用及配套工程。

图 10-25　山东石大科技石化有限公司　（摄于2012年）

日照岚桥港口石化有限公司　成立于2005年，由山东岚桥集团投资建设，注册资金3.85亿元，主要生产工艺是利用重质原料油、180号燃料油进行深加工，生产沥青、成品油、液化气、焦炭等产品，2012年有员工400人。公司计划总投资109亿元，建设年加工原油1000万吨的大型化工企业，分多期建设，一期200万吨/年炼化项目于2011年6月投产运营。全部建成投产后，年可加工原油1000万吨，实现销售收入600亿元以上，利税60亿元。

日照广信化工科技有限公司　成立于2009年12月，由中国广庆集团有限公司投资建设，占地15.8万平方米，注册资金1.288亿元，2012年有员工130人。一期10万吨/年聚丙烯项目于2010年建成投产，主要装置为新型聚合釜、闪蒸釜、丙烯球罐、循环水系统及供风制氮系统，主要产品为高性能多牌号聚丙烯树脂，年产值11亿元。二期计划建设24万吨/年可发性聚苯乙烯项目。一期、二期全部建成达产，年可实现产值135亿元、利税13亿元。

图10-27　日照广信化工科技有限公司　（摄于2012年）

山东金石沥青股份有限公司　是金石财富投资（集团）有限公司联合产业优势资本企业共

同投资的拟上市公司，2009年12月30日注册成立，注册资金4.66亿元，主营高品质沥青的研发、生产、加工、销售，产品七大系列数十个规格。2012年，有员工150人，占地面积60万平方米。一期100万吨/年高品质沥青项目于2012年10月建成投产，主要产品有石脑油、柴油、蜡油、改性沥青、重交沥青等。二期计划建设劣质重油综合开发利用项目。一期、二期全部建成投产，年可实现产值120亿元，利税12亿元。

图10-28 山东金石沥青股份有限公司 （摄于2012年）

日照星光沥青有限公司 位于岚山港务有限公司厂区内，由岚山港务有限公司和星光沥青有限公司（香港）合资成立，其前身是1994年2月注册成立的日照雪佛龙沥青有限公司，2010年6月因股权变更而改名为日照星光沥青有限公司。法人代表华靖。主要从事加德士、双龙等国际品牌沥青的代理、加工、销售业务，年供货能力50万吨以上，是加德士沥青品牌在中国大陆的唯一代理商，也是双龙沥青国内两大代理商之一。建有4个3000立方米的沥青储罐，年设计周转能力20万吨；装有7条桶装沥青生产线，日生产能力800吨。2012年有员工30人。

第二节 石油仓储

1988年5月，岚山港液体石油化工品储运站一期工程开工建设，1991年10月完工，开始接卸液化品。之后，岚山港先后与日本三菱株式会社、河南省石油总公司、山东省石油集团总公司、香港加德士公司、青岛凯源公司等合资建设了总容量14.4万立方米的煤焦油、柴汽油、润滑油、高品质沥青储罐。1993年，山东岚山吉泰液体石油化工储运有限公司（后更名为山东岚山孚宝仓储有限公司）化工罐区建成投产。1999年，童海港业18万立方米成品油库建成投产。2011年，日照实华30万吨级原油码头及中石化日照罐区正式投入使用。至2012年，岚山区液化品储运企业达到30余家，罐体297个，罐容800万立方米。

山东岚山孚宝仓储有限公司 总罐容14.38万立方米，管线直通5万吨级液体化工专用码头，年吞吐能力60万吨。

岚山港务有限公司 拥有1万吨级和5万吨级液体化工泊位各1个，港区有501罐区。

日照岚桥港务有限公司 建成2万吨级和5万吨级液体化工码头各1个，设计年吞吐量500万吨。罐区建有库容为2万立方米、1万立方米、5000立方米的各类储罐30多个，总储存能力30万立方米。

日照港油品码头有限公司 建有10万吨级、2万吨级、5000吨级泊位各1个；储油罐区2个，库容分别为33万立方米和42.5万立方米。

山东童海港业股份有限公司 建有5000吨级和3000吨级泊位各1个，罐容18万立方米，年吞吐能力150万吨。

中石化日照罐区 为中石化日照—仪征原油管道首站，建有10万立方米的原油储罐32座，总罐容320万立方米。

中石油日照罐区 为日照—东明原油管道首站，建有10万立方米的原油储罐4座，总罐容40万立方米。

山东金石沥青股份有限公司罐区 共建有原料罐、沥青罐、成品油罐76个，总罐容110万立方米。

瀚坤能源发展有限公司 位于碑廓镇大湖村村西，疏港路以北，是一家主营石油储运业务的专业投资公司，注册资本1亿元，占地面积65353平方米。公司计划投资24亿元，从2010年11月至2013年12月建设36座10万立方米的原油储罐，库容总量 360 万立方米。截至 2012 年年底，共建成原油储罐 5 个，日照港油品码头至厂区输油管道 24 公里。全部建成后，年中转原油能力可达 324 万吨。

501 罐区　库区位于岚山港，由日照华东石油化工有限公司、滨海石油化工有限公司、禹龙贸易有限公司、圣新源经贸有限公司、青岛天旭散装化工有限公司、日照智博石油化工有限公司、SK 沥青公司 7 家单位罐区及公共配套设施组成，占地 20 余万平方米，主要中转汽油、柴油、燃料油、沥青、煤焦油、水煤浆等石油产品和甲苯、邻二甲苯、苯酚、辛醇、丁醇、乙二醇、苯乙烯、二甲醚等化工产品。总库容约 34.55 万立方米，为一级油库，总投资约 3 亿元。日照华东石油化工有限公司石油化工产品中转库占地 6.7 万平方米，建设规模为 15.4 万立方米，其中：汽油 2.5 万立方米、柴油 4.5 万立方米、燃料油 3 万立方米、沥青 3 万立方米、化工品 2.4 万立方米。日照市禹龙贸易有限公司化工产品罐区占地 2 万平方米，建设规模为 3.8 万立方米，其中：汽油 8000 立方米、柴油 2.85 万立方米、化工品 1.15 万立方米。日照圣新源经贸有限公司油库占地 1.04 万平方米，建设规模为 3.5 万立方米，其中：煤焦油 1.5 万立方米、水煤浆 2 万立方米。日照滨海石油化工有限公司石油化工产品中转库占地 3.33 万平方米，建设规模为 5 万立方米，其中：汽油 2 万立方米、柴油 2 万立方米，沥青 1 万立方米。青岛天旭散装化工有限公司硫酸库区占地 1 万平方米，建设规模为 1.5 万立方米。日照智博石油化工有限公司罐区占地 2 万平方米，建设规模为 3.85 万立方米，其中：沥青 1.15 万立方米，成品油 2.7 万立方米。SK 沥青公司沥青罐区占地 3.33 万平方米，建设规模为 2.1 万立方米。

第三节　化工产业园区

园区规划　岚山化学工业区分东、西 2 个主要区域，规划总面积 39.5 平方公里，其中东区面积 11.86 平方公里，规划范围东至安岚大道，西至官山路，南靠阿掖山，北至日照钢铁公司厂区、龙王河；西区面积 27.64 平方公里，规划范围东至汾水大道，西接临沂临港产业区，北靠碑廓圣公山，南至坪岚铁路。园区以产业项目、公用工程、物流传输、环境保护、园区管理服务“五个一体化”为理念，以创建国家级循环经济示范园区和生态园区为目标，以打造日照市千亿石化产业板块为目的，依托岚山区优越的港口条件和便捷的交通运输网络，近期重点发展以重油制烯烃为主链的乙烯、丙烯下游产业，远期建设以大炼油、大乙烯、甲醇再加工为龙头的大型石化一体化项目，最终形成炼化一体、上下游配套协调发展的大型石化产业基地。

园区于 2009 年 1 月开始规划建设，2010 年委托石油和化学工业规划院进行了总体规划。截至 2012 年，共落户企业 11 家，分别是山东石大科技石化有限公司、日照岚桥港口石化有限公司、日照广信化工科技有限公司、山东金石沥青股份有限公司、瀚坤能源发展有限公司、日照岚星化工工业有限公司、日照中博化工有限公司、日照新三明化工有限公司、山东金旭化工有限公司、山东浦盛石油化工有限公司、日照盈德气体有限公司。

园区基础设施建设　2009 ～ 2012 年，在东区开工建设了阿掖山北路、厦门路、黄岛路、化工大道、黄海路 5 条道路，全长 19 公里；沿路辅设了雨水、污水、自来水、燃气、弱电等地下管线，架设了高压电力线路。2009 年，将岚桥港至岚桥港口石化有限公司的液化品管廊向西延伸至广信化工科技有限公司，作为东区公共管廊；2012 年，设计了港区至碑廓圣公山段工业管廊。2012 年 6 月，开工建设了园区消防特勤站，位于厦门路与黄海路交叉处西北角，占地面积 2 万平方米，主要承担园区内企业的消防监护和保卫任务，同时兼顾园区周边社区及其他公共消防安全任务，2013 年 7 月建成启用。2012 年 10 月，开工建设园区污水处理厂，位于厦门路以东，钢城大道以南，设计日处理能力 2 万立方米。

园区管理机构　2008 年 8 月，成立岚山经济开发区管理委员会化工产业办公室，与虎山镇政府合署办公，负责化学工业区规划设计、项目协调推进管理工作，赵东任岚山经济开发区管理委员会副主任、化工产业办公室主任。2011年9月，成立日照市岚山区化工产业办公室，为正科级事业单位，编制5人，内设综合科、产业项目科2个科室，负责编制产业发展规划、园区总体规划和详细规划，负责园区基础设施建设、公用工程管理及公用事业运行，负责园区对外推介、招商引资及项目协调、推进等工作。

第十章 化学工业

第一节 农用化肥

20世纪五六十年代，域内有公社办氮肥厂、颗粒肥厂，生产土化肥，后因经济效益差而停产。2000年，山东嘉佑化工有限公司落户巨峰镇金港工业园，岚山化肥生产开始发展。至2012年，岚山有山东嘉佑化工有限公司、日照森博农业科技有限公司、高丽亚(日照)肥业公司、山东金键化工有限公司、日照港新嘉吉肥业公司等化肥生产企业，产品主要有有机化肥和复合肥料。2012年产量达到40万吨，完成产值9.2亿元，实现主营业务收入8.7亿元，利税1.3亿元。其中山东嘉佑化工有限公司、日照森博农业科技有限公司、高丽亚(日照)肥业公司为规模以上企业。

山东嘉佑化工有限公司位于巨峰镇驻地，成立于2000年，是一家生产复合肥料、盐酸的厂家。2000年，建成日照市第一条蒸汽造粒化肥生产线。至2012年，公司占地2.2万平方米，固定资产300万元，职工80余人，拥有两条蒸汽造粒生产线、一条化学合成氨化造粒复合肥生产线和一条控释肥生产线，具备年产复合肥5万吨的生产能力，产品远销吉林、黑龙江、辽宁、新疆、河南、江苏等20多个省市。

日照森博农用工业科技开发有限公司位于高兴镇驻地，成立于2008年，占地15.4万平方米，建筑面积2.8万平方米，由日照市轻工公司投资成立，主要是利用亚太森博浆纸工艺流程中的废料生产供农作物、经济园林等使用的生物有机肥料。2012年，有职工50人，固定资产2000万元，年产量3万～4万吨，产值6000多万元。

高丽亚(日照)肥业有限公司位于高兴镇工业园内，成立于2005年，占地面积1.67万平方米，建筑面积8000平方米，2012年有职工65人，固定资产700万元。主要生产复混肥料。

第二节 橡胶加工

岚山的橡胶加工主要集中在中楼镇。中楼镇的橡胶产业起步于20世纪70年代末，到80年代中期得到较快发展。发展初期，加工户所需橡胶原材料全部由外地购进，质量不稳定，生产成本高。80年代，个别加工户从外地购进了炼胶机、密炼机等生产设备，专门从事黑橡胶原材料生产，相继开发出硅橡胶、卫生胶、三元已丙胶等高档原料胶。随着原材料生产质量的不断提高，橡胶产品的种类也日益增多，由单一生产农机配件，扩大到橡胶管、密封件、胶条等1000多个品

图10-29 橡胶加工车间 (摄于2010年)

种，广泛应用于家电、车辆、电子产品、钢铁、轮船、医疗器械等加工制造领域，畅销全国近10个省市，年产值达2亿元，利税1500多万元。

20世纪90年代末期，随着家电和车辆制造业的迅猛发展，橡胶产业发展也步入快车道。到2001年底，中楼镇橡塑加工业户达到600余户，年产值突破5亿元，成为中楼镇的支柱产业。2002年，中楼镇政府成立橡胶工业园区，各加工户纷纷入驻，更新生产设备，改进生产工艺，挂靠大企业、大公司，开发生产配套产品，企业规模短时间内迅速扩大，实现了由"家庭作坊"向规范化、现代化企业的转变。2012年，中楼镇各类橡塑制品加工户发展到2045家，其中，民营企业132家，规模以上企业4家，从业人员1.5万人。2012年，实现产值13.6亿元，增加值3.46亿元，销售收入13.1亿元，利税1.3亿元。

1975年，高兴镇砖瓦厂改为橡胶厂，1986年迁日照市城区改为日照尼龙线制品厂。2012年，除中楼镇外，岚山区规模较大的橡胶企业还有山东巨皓橡胶有限公司、日照市岚山区宏创塑胶有限公司，起步较晚，产品与中楼镇橡胶制品也不相同。

日照正大三元橡胶有限公司位于中楼镇马亓河东村，注册资金60万元，主要从事液压密封气动润滑系统、橡胶制品、塑料制品、机械设备、流体连接件、辊的生产和销售。2012年实现产值2461万元。

日照东鹏橡塑有限公司位于中楼镇孟家屋子村，注册资金11万元，主要从事橡胶、塑料制品、铁件冲压的生产与销售，2012年完成产值2336万元。

日照恒奎汽车零部件有限公司位于中楼镇马亓河东村，注册资金50万元，主要从事汽车零部件、各种汽车电器、冲压件、橡胶、塑料制品的生产和销售。2012年完成产值2457万元。

日照玉明橡胶有限公司位于中楼镇马亓河东村，注册资金506万元，主要从事橡胶、塑料制品、硅胶、模具的加工和销售。2012年完成产值2866万元。

山东巨皓橡胶有限公司位于巨峰镇驻地，成立于1989年。开始仅是利用回收来的废旧轮胎加工自行车内胎。1996年更新生产设备，产品由单一走向多元化，生产5个品种、36个规格的产品。2006年引进摩托车内外胎生产线，2010年新上电动车内外胎生产线。2012年，公司有职工600多人，年产值8000多万元。

日照市岚山区宏创塑胶有限公司位于高兴镇安家尧王村，成立于2009年底，占地面积1.13万平方米，建筑面积4000平方米，主要生产聚氯乙烯(简称PVC)扣板等产品。2012年有职工45人，固定资产1100万元，年产值5500万元。

第三节　精细化工

精细化工在岚山为新兴产业，主要是位于安东卫街道玉泉二路的日照岚星化工工业有限公司。1998年，岚山渔港水产品加工厂与山东大学和武汉大学合作成立了日照岚星化工工业有限公司，研究开发生产硅烷偶联剂系列有机硅产品，主要有γ-氯丙基三氯硅烷、γ-氯丙基三乙氧基硅烷、Si-69、Si-75、甲基Si-75、KH-570、Si-264，广泛运用于橡胶行业中。其中，Si-69、Si-75产品先后通过山东省科技厅鉴定，获日照市科技进步一等奖，山东省科技进步二等奖，2001年被列为国家火炬计划项目。公司于2000年被山东省科技厅审核认定为山东省高新技术企业，2001年被认定为山东省优秀民营科技企业，2006年经

图10-30　日照岚星化工工业有限公司　(摄于2012年)

山东省科技厅批准设立山东省硅烷偶联剂工程技术研究中心。

2000年，公司与青岛科技大学合作，进行科技成果转化、职工培训，并建立了博士后工作站。2005年，与世界500强企业德国赢创化学工业集团有限公司合资成立了赢创岚星化工有限公司，总投资1.1亿元，注册资本449.5万欧元，产品出口东南亚、欧美等国家和地区。

2012年，为延伸有机硅上下游产业链，公司在岚山化学工业区开工建设万吨级硅烷偶联剂项目，计划总投资3.5亿元，投产后预计年产值15亿元。该项目获得“国家战略性新兴产业专项资金”扶持。

第十一章　电力工业

第一节　发　电

1958年，岚山港小码头安装10千瓦柴油发电机发电，供港区办公场所及路灯照明。因费用较大，仅运行7个月便停用。尔后，也曾有部分单位安装发电设备供本单位照明、生产用电。1971年后，日照电网开始给岚山供电，至20世纪90年代基本解决了域内用电问题。

2003年5月，日照三木集团有限公司投资1.3亿元兴建三木热电厂，建有2台12兆瓦机组和3台75吨/小时锅炉。

第二节　供　电

1971年11月，由高旺庄简易变电站架设一条两线一地31公里10千伏线路，供碑廓公社驻地用电。1972年10月，架设高旺至安东卫1.5公里10千伏两线一地线路，供当时的安岚公社驻地用电。

1975年10月，岚山辖区第一座变电站35千伏碑廓简易变电站投入运行，接高(旺)坪(上)35千伏线路，供安岚公社、碑廓公社用电。1979年6月，巨峰35千伏变电站投入运行。

1982年8月，为保证石臼港、兖石铁路建设用电，莒南十字路镇110千伏简易变电站建成投运，经过莒南坪上、碑廓两个35千伏变电站向日照供电，碑廓35千伏变电站成为日照电网并网线路临时枢纽。

1986年10月，为保证岚山港生产和建设用电，建成投运了35千伏岚山简易变电站。1989年12月，建成35千伏黄墩变电站。

1991年1月1日，日照电业局划归为山东省电力工业局直属企业。同年10月，日照第一座110千伏变电站在汾水建成投运，变电容量2万千伏安，日照至汾水110千伏线路全长38.13公里。

1994年10月，110千伏甜河(甜水河)变电站投运，变电容量3.15万千伏安，110千伏汾甜线全长8.16公里。1995年1月，岚山35千伏简易变电站退出运行。2001年6月，35千伏马庄变电站建成投运。

1998～2003年，岚山供电所先后争取农村电网建设改造资金1100万元，新建扩建10千伏配电线路82.6公里，新增配电变压器容量1610千伏安，改造配电变压器1100千伏安，对辖区内5.7万居民户用电线路进行了改造。2003年，全岚山办事处共有110千伏线路46公里，35千伏线路17.1公里，10千伏线路292公里，变电容量10.93万千伏安，配电变压器容量6.3375万千伏安，用电户5.9万户，年用电量12595万千瓦时。

2003年，日照钢铁公司落户岚山后，随着工业经济的发展，岚山用电量迅速增加。2003年建成220千伏岚山变电站；2007年建成220千伏安东变电站；2008年建成220千伏后村变电站、110千伏西潘变电站；2009年建成110千伏碑廓变电站、110千伏虎山变电站，35千伏碑廓变电站退出运行；2010年建成110千伏巨峰牵引站；2011年建成35千伏高兴变电站；2012年建成220千伏稍坡变电站，110千伏荻水变电站开工建设。至2012年年底，全区共有220千伏变电站4座，220千伏线路251.129公里；110千伏变电站6座，110千伏线路211.601公里;35千伏变电站4座,35千伏线路113.864公里;变电容量4.39万千伏安;10千伏线路817.774公里,配电变压器容量12.29万千伏安;用电户16.8万户,年用电量8.17亿千瓦时。

35千伏碑廓变电站 始为简易变电站,1975年10月投运,35千伏主接线为单母线接线方式,10千伏为单母线分段接线方式。装有2台有载调压变压器,35千伏选用六氟化硫气体断路器,为户外设计,10千伏选用户内高压开关柜,为室内设计。后经改造,采用了微机监控系统,对变电站进行全方位控制管理,实现遥控、遥测、遥信、遥调,正式命名为35千伏碑廓变电站。2009年7月,随着110千伏碑廓变电站的投运,35千伏碑廓变电站更名为35千伏田家变电站,同年9月,田家站退出运行。

35千伏岚山简易变电站 为保证岚山港生产和建设用电,1986年10月建成投运了35千伏岚山简易变电站,有主变压器2台,容量分别为1800千伏安、2000千伏安,带岚山港、岚山头街道区域负荷运行,有10千伏出线3条,分别为港一线、童家庄子线、甜河线。1995年1月,变电站退出运行。

35千伏巨峰变电站 位于巨峰镇东侧1000米,涛雒至巨峰公路北侧,1979年6月投运。装有2台有载调压变压器,35千伏选用六氟化硫气体断路器,为户外设计,10千伏选用户内高压开关柜,为室内设计。后经改造,采用微机监控系统,对变电站进行全方位控制管理,实现遥控、遥测、遥信、遥调,采用微机保护,1997年实现无人值班。

35千伏黄墩变电站 位于黄墩镇北三黄路西侧,1989年12月投入运行。装有2台有载调压变压器,35千伏选用六氟化硫气体断路器,为户外设计,10千伏选用户内高压开关柜,为室内设计。后经改造,采用微机监控系统,对变电站进行全方位控制管理,实现遥控、遥测、遥信、遥调;采用微机保护;1997年实现无人值班。2012年有10千伏配出线路4条。

35千伏高兴变电站 位于高兴镇东侧,深圳西路与沈海高速交汇处西侧,占地面积1896平方米,2011年10月投运。建有35千伏主变1台,容量1.25万千伏安,配出10千伏线路4条,承担高兴镇及后村镇部分区域供电任务。

110千伏汾水变电站 位于安东卫街道204国道与222省道交汇处西侧,1991年10月竣工投产,担负安东卫街道、碑廓镇、虎山镇和岚山头街道的供电任务。投运时拥有110千伏主变压器1台,容量2万千伏安;进线1条,为110千伏照汾线;35千伏出线3条,为汾碑线、汾涛线、汾金线,分别带35千伏碑廓变电站、涛雒变电站、高旺金矿变电站运行;10千伏出线4条,分别为虎山线、大村线、安东卫线、汾水线。1994年10月汾甜线竣工投运。

1999年10月二期工程投运,新上2号主变,容量2万千伏安。后相继投运了10千伏出线罗黄线、车庄线、潘庄线,带安东卫街道、虎山镇、日照钢铁厂负荷运行。

110千伏甜河变电站 位于岚山港西北部,1994年10月竣工投产,担负着岚山港区和岚山头街道区域的供电任务。该站选用110千伏有载调压主变和110千伏设备室内布置方式,采用微机保护、监控,是日照电业局设计的首座110千伏无人值班变电站,1996年12月实现无人值班管理。投运初期拥有110千伏主变压器1台,容量3.15万千伏安;进线1条,为110千伏汾甜线;10千伏出线2回,分别为北一线、南一线。2001年12月二期工程投运,新上2号主变压器,容量3.15万千伏安,相继投运10千伏港一线、粮油I线、粮油II线、南二线、渔港线。2009年11月,建成安东变电站至甜河变电站110千伏线路和岚山变电站至甜河变电站110千伏线路,同时停运110千伏汾甜线,供电电源改由安东站、岚山站,停止从汾水站供电。

110千伏碑廓变电站 位于碑廓镇东约4公里处,342省道以北,占地2574平方米,总投资3700万元,2009年7月建成投运。110千伏系统为内桥接线方式,10千伏为单母线分段方式,为全室内无人值班变电站。装有有载调压变压器1台,110千伏选用六氟化硫全封闭组合电器,10千伏采用中置式开关柜,防误装置采用单元电气闭锁回路加微机“五防”(防止误拉合断路器,防止误入带电间隔，防止带负荷拉隔离开关，防止带电挂地线或合接地刀闸，防止带地线（接地刀闸）合隔离开关的方案。变电站采用分层分布式微机监控系统，实现遥控、遥测、遥信、遥调；采用微机型保护，装设工业影像监控和电子围栏系统。

110千伏西潘变电站 位于沿海公路西侧，山东石大科技石化有限公司东南角，为岚山区多家重要企业提供电源，2007年建成投运。110千伏系统为内桥接线方式，10千伏为单母线分段方式，为全户内无人值班变电站。一期工程安装3.15万千伏安双绕组自冷有载调压变压器1台；110千伏采用户内GIS，出线2回，10千伏配电装置采用中置式开关柜，出线8回；采用变电站分层分布式微机监控系统，对变电站进行全方位控制和管理，实现遥控、遥测、遥信、遥调。采用微机型保护，装设工业影像监控系统。2009年12月扩建，安装投运2号主变，容量3.15万千伏安。

110千伏虎山变电站 位于疏港路南，东距204国道3公里。2009年10月投运，110千伏系统采用线变组接线方式，10千伏采用单母线接线方式。采用全室内布置，无人值守站设计。装有2台有载调压变压器，110千伏系统出线2回，10千伏出线11回，采用中置式真空开关柜。全站采用微机保护、监控系统，对变电站进行全方位控制和管理。配出10千伏线路15条，其中公用线路7条。

220千伏岚山变电站 位于虎山镇驻地北义和岭上，占地面积4950平方米。一期工程2003年6月10日开工建设，同年12月30日建成投运，共投资1.2亿元。安装180兆伏安主变压器1台；220千伏出线2回；110千伏出线4回；35千伏出线5回；安装无功补偿电容器20兆乏；架设日照电厂至岚山站同塔双回双分裂输电线路33.246公里，共架设116基铁塔，创造了220千伏输变电工程当年设计、当年建设、当年投运电力建设新记录。

二期扩建工程于2004年8月2日开工建设，同年11月投产送电，总投资3248万元，扩建220千伏主变压器进线间隔1个，110千伏主变压器进线间隔1个，110千伏出线3回，35千伏出线2回，增加无功补偿电容器20兆乏及相应的保护、通信、远动二次设备和电缆工程。

为提高供电可靠性，变电站设备全室内布置，220千伏、110千伏断路器采用全封闭式GIS组合电器，35千伏采用厦门ABB公司中置式真空开关柜，二次部分全部采用微机监控保护装置，通讯部分采用架空OPGW复合光缆。

220千伏安东变电站 位于虎山镇大尧沟村东面、官山路东侧，是日照市2007年重点电力建设项目。2006年12月31日一期工程开工建设，2007年6月30日竣工投运，总投资2.45亿元。按无人值守设计，设备全室内布置，220千伏、110千伏配电装置采用全封闭式六氟化硫组合电器，10千伏配电装置采用真空开关柜，二次部分全部采用微机监控保护装置。规划安装3台180兆伏安主变压器，一期安装180兆伏安变压器2台；220千伏为双母线接线方式，规划出线4回，一期4回；110千伏为双母线接线方式，规划出线12回，一期9回；10千伏为单母线分段接线方式，规划出线30回，一期10回；无功补偿电容器规划安装9×7.5兆乏，一期安装6×7.5兆乏。线路部分架设220千伏安东站至日照站和220千伏安东站至岚山站同塔双回双分裂输电线路72公里，采用2×LGJ-400导线。其中，220千伏安东站至500千伏日照站输电线路全长59.5公里，跨越虎山、巨峰、西湖、后村、三庄、陈疃6个乡镇，共架设铁塔169基；220千伏安东站至岚山站输电线路全长12.5公里，共架设铁塔44基。220千伏安东输变电工程建成投运后，岚山区内的220千伏变电站形成双回路环网供电，同时配出110千伏线路使区域内的110千伏变电站实现双电源供电，日照钢铁公司等大型企业的建设得到可靠电力支撑。

220千伏后村变电站 是日照电网“十一五”期间重点建设项目。一期工程概算总投资2.57亿元，按无人值班设计，于2008年4月26日开工建设，安装180兆伏安变压器1台，220千伏出线8回，110千伏出线4回，35千伏出线6回，无功补偿装置3×10兆乏；220千伏、110千伏配电装置采用GIS设备，35千伏配电装置采用中置式真空开关柜，二次设备采用微机监控保护装置，通讯部分采用架空OPGW复合光缆。架设华能日照电厂至220千伏后村站同塔双回四分裂大截面 JL/LB20A-630/45 型输电线路 32.5 公里；220 千伏照东Ⅰ、Ⅱ线及电九线开断进变电站，架设同塔双回输电线路 6.2 公里。220 千伏 GIS 组合电器 B 段及照村 I 线、东村 II 线线路于 2008 年 11 月 4 日送电投运；220 千伏日照电厂至后村线路于 2008 年 11 月 12 日送电投运；220 千伏 GIS 组合电器 A 段及照村 II 线、东村 I 线、电九线开断线路于 2008 年 11 月 21 日送电投运。

二期扩建工程于 2009 年 9 月开工建设，2010 年 3 月投产送电，总投资 2412.73 万元。扩建 180 兆伏安有载调压变压器 1 台；扩建 110 千伏出线间隔 1 回至巨峰牵引站，主接线型式不变；扩建 35 千伏出线间隔 2 回及分段间隔 1 回，主接线型式不变；电容器 3×10 兆乏；二次部分全部采用微机监控保护装置。

220 千伏稍坡变电站　位于 S222 省道东侧、虎山镇连家村南侧，2011 年 4 月开工建设。是日照电网“十一五”期间重点建设项目，概算总投资 1.42 亿元，变电站按无人值班设计，于 2012 年 3 月竣工投产，安装 240 兆伏安变压器 2 台，是日照市容量最大的 220 千伏变压器，有 220 千伏出线 2 回，110 千伏出线 6 回，35 千伏出线 1 回。220 千伏部分采用室内 GIS 设备，输电线路采用架空进、出线方式；110 千伏配电装置采用 GIS 设备，输电线路采用架空、电缆混合出线方式；35 千伏配电装置采用铠装移开式金属封闭柜，采用单列布置；二次设备采用微机监控保护装置，通讯部分采用架空 OPGW 复合光缆。

该工程主要为日照钢铁公司及虎山、安东卫、碑廓工业园区项目提供电力保障，也为山东钢铁精品基地供电奠定基础，岚山区域 110 千伏电网结构得到优化。

2012 年岚山区输电线路一览表

表 10-5

项目名称	电压等级（千伏）	起止地点	投运年月	线路长度（公里）	导线型号	地线型号	导线排列	线间距离（米）	杆塔基数（基）				
									总数	耐张	直线	铁塔	电杆
电村线	220	日照电厂至后村站	2008 年 11 月	34.687	JL/LB20A-400/50、LGJ-400/50、2×LGJ-400/35	JLB20A-80、GJ-70、GJ-50、GJ-80	水平	6	121	25	6	58	32
村九线	220	后村站至九莲站	2008 年 11 月	19.22	LGJ-400/50，2×LGJ-400/35	GJ-70、GJ-80	水平	6	58	10	4	10	34
电岚Ⅰ线	220	日照电厂至岚山站	2003 年 12 月	32.952	2×LGJ-300/40、2×LHBJ-340	GJ-70、JLA20A-80、OPGW.	垂直	6	114	22	0	92	0
电岚Ⅱ线	220	日照电厂至岚山站	2003 年 12 月	32.952	2×LHBJ-340	JLB20A-95/55、GJ-70、JLA20A-80、OPGW、	垂直	6	114	22	0	92	0
岚东Ⅰ线	220	岚山站至安东站	2007 年 12 月	11.189	2×JNRLH60/LB14-400/35	OPGW-110JLB40-120	垂直	6	42	12	0	30	0
岚东Ⅱ线	220	岚山站至安东站	2007 年 12 月	11.189	2×JNRLH60/LB14-400/35	OPGW-110JLB40-120	垂直	6	42	12	0	30	0
东村Ⅰ线	220	安东站至后村站	2008 年 11 月	34.737	2×JL/LB20A-400/35，2×LGJ-400/35	JLB40-120，OPGW-110	垂直	6	110	22	0	88	0
东村Ⅱ线	220	安东站至后村站	2008 年 11 月	34.737	2×JL/LB20A-400/35，2×LGJ-400/35	JLB40-120，OPGW-110	垂直	6	110	22	0	88	0

续表 10-5

项目名称	电压等级（千伏）	起止地点	投运年月	线路长度（公里）	导线型号	地线型号	导线排列	线间距离（米）	杆塔基数(基)				
									总数	耐张	直线	铁塔	电杆
照村Ⅰ线	220	日照站至后村站	2008 年 11 月	19.733	2×JL/LB20A-400/35，2×LGJ-400/35	JLB40-120，OPGW-110	垂直	6	65	20	0	45	0
照村Ⅱ线	220	日照站至后村站	2008 年 11 月	19.733	2×JL/LB20A-400/35，2×LGJ-400/35	JLB40-120，OPGW-110	垂直	6	65	20	0	45	0
岚奎线	110	岚山站至奎山站	2009 年 1 月	25.324	LGJ-150、LGJ-240/40	GJ-35、GJ-50	水平	4	121	12	9	14	86
岚奎巨牵线	110	岚奎线 77 号-78 号 T 接点至巨峰牵引站	2010 年 6 月	10.1	LGJ-300/40	OPGW24B1/95	水平	4	43	17	0	26	0
兴岚汾线	110	T 接岚奎线	2005 年 10 月	10.842	LGJ-150	GJ-35	水平	4	45	3	6	2	34
汾虎碑线	110	汾水站至虎山站至碑廓站	2004 年 11 月 2009 年 7 月	14.15	LGJ-300/40、LGJ-240/40、LGJ-240/20	GJ-50	水平	4	70	20	0	50	0
岚虎线	110	岚山站至虎山站	2004 年 11 月 2009 年 10 月	4.136	LGJ-240/40	OPGW-24B/60	垂直	3.5	21	7		14	
岚化碑线	110	岚山站至焦化厂至碑廓站	2004 年 11 月 2009 年 7 月	15.576	LGJ-300/40、LGJ-240/40	OPGW-24B/60	垂直	3.5	76	22	0	54	0
安汾线	110	安东站至汾水站	2004 年 11 月	4.004	LGJ-300/40、LGJ-240/40	GJ-50	水平	4	17	7	0	10	0
日钢Ⅰ线	110	日照电厂至日照钢铁公司	2003 年 8 月	3.028	LGJ-300/40×2	GJ-70	垂直	3.5	14	5	0	9	0
日钢Ⅱ线	110	日照电厂至日照钢铁公司	2003 年 8 月	3.028	LGJ-300/40×2	GJ-70	垂直	3.5	14	5	0	9	0
安甜线	110	安东站至甜河站	2009 年 11 月	8.3	LGJ-300/40	OPGW-24B/80	垂直	3.5	37	13	0	24	0
安甜线（电缆）	110	安东站至甜河站	2009 年 11 月	0.5	YJLW03-1×500		水平	1					
岚甜线	110	岚山站至甜河站	2009 年 11 月	11.66	LGJ-300/40	OPGW-24B/80	垂直	3.5	66	22	0	44	0
岚甜线（电缆）	110	岚山站至甜河站	2009 年 11 月	0.573	YJLW03-1×500		水平	1					

续表 10-5

项目名称	电压等级（千伏）	起止地点	投运年月	线路长度（公里）	导线型号	地线型号	导线排列	线间距离（米）	杆塔基数(基)				
									总数	耐张	直线	铁塔	电杆
岚潘线	110	岚山站至西潘站	2007 年 12 月	6.9	LGJ-300/40	GJ-50， OPGW-24B/60	垂直	3.5	42	14	0	28	0
岚潘线（电缆）	110	岚山站至西潘站	2007 年 12 月	0.073	YJLW03-1×500		水平	1					
安潘线	110	安东站至西潘站	2009 年 11 月	9.213	LGJ-300/40	GJ-50， OPGW-24B/60	垂直	3.5	47	20	0	27	0
后巨牵线	110	后村站至巨峰牵引站	2010 年 6 月	12.74	LGJ-300/40	OPGW24B1/95	垂直	3.5	44	17	0	27	0
兴马线	35	兴海站至马庄站	2009 年 4 月	31.257	LGJ-120 、 LGJ-150	GJ-35	上字	2.5	278	12	35	12	219
兴河线	35	兴海站至河山站	1975 年 1 月	12.492	LGJ-150/25 、 LGJ-150	GJ-35	上字	2.5	123	6	11	5	101
三黄线	35	三庄站至黄墩站	2001 年 5 月	13.163	LGJ-150/20 、 LGJ-50	GJ-35	上字	2.5	114	4	16	12	82
后黄线	35	后村站至黄墩站	2008 年 11 月	11.603	LGJ-150/25	GJ-35 、 OPGW16B/24	上字	2.5	76	12	7	5	52
后黄线（电缆）	35	后村站至黄墩站	2008 年 11 月	0.632	YJV33-26/35-1500		水平	0.5					
后马线	35	后村站至马庄站	2008 年 11 月	6.983	LGJ-150/25	GJ-35 、 OPGW16B/24	上字	2.5	58	5	7	1	45
后马线（电缆）	35	后村站至马庄站	2008 年 11 月	0.476	YJV33-26/35-1500		水平	0.5					
岚涛巨旺线	35	岚山站至涛雒站至巨峰站至高旺站	2006 年 6 月	26.105	LGJ-240/40 、 LGJ-185/25×2 、 LGJ-300/40	GJ-50 、 OPGW-16B/60	垂直	2.5	138	31	3	73	31
岚涛巨旺线（电缆）	35	岚山站至涛雒站至巨峰站至高旺站		0.132	YJV33-26/35-1300		水平	0.5					
岚涛巨Ⅱ线	35	岚山站至涛雒站至巨峰站	2006 年 6 月	21.8	LGJ-240/40 、 LGJ-185/25×2 、 LGJ-300/40	GJ-50 、 OPGW-16B/60	垂直	2.5	103	30	0	73	0
岚涛巨Ⅱ线（电缆）	35	岚山站至涛雒站至巨峰站		0.08	YJV33-26/35-1300		水平	0.5					

2012 年岚山区变电站一览表

表 10-6

名称	电压等级（千伏）	主变容量		型号	电压比（千伏/千伏）	主变投运日期	站址
		编号	千伏安				
后村站	220	2	180000	SFCZ10	220/110/35	2010 年 03 月	后村镇
		3	120000	SFPS7	220/110/35	2008 年 11 月	
岚山站	220	2	180000	SFPS10	220/110/35	2003 年 12 月	虎山镇
		3	180000	SFSZ10	220/110/35	2009 年 07 月	
稍坡站	220	1	240000	SFSZ10	220/110/35	2011 年 12 月	虎山镇
		2	240000	SFSZ10	220/110/35	2011 年 12 月	
安东站	220	2	180000	SFSZ10	220/110/10	2007 年 06 月	虎山镇
		3	180000	SFSZ10	220/110/10	2007 年 06 月	
汾水站	110	1	20000	SFSZL7	110/10	1990 年 01 月	安东卫街道
		2	20000	SFSZ9	110/10	1999 年 04 月	
甜河站	110	1	31500	SFZ7	110/10	1994 年 2 月	岚山头街道
		2	31500	SZ9	110/10	2001 年 10 月	
碑廓站	110	1	50000	SZ10	110/10	2008 年 06 月	碑廓镇
		2	50000	SZ11	110/10	2011 年 11 月	
虎山站	110	1	50000	SZ10	110/10	2009 年 10 月	虎山镇
		2	50000	SZ10	110/10	2009 年 10 月	
西潘站	110	1	31500	SZ9	110/10	2009 年 07 月	虎山镇
		2	31500	SZ9	110/10	2009 年 12 月	
巨峰站	35	1	12500	SZ11	35/10	1979 年 06 月	巨峰镇
		2	12500	SZ11	35/10	1979 年 06 月	
马庄站	35	1	6300	SZ9	35/10	2001 年 01 月	后村镇
		2	6300	SZ9	35/10	2002 年 09 月	
高兴站	35	3	12500	SZ10	35/10	2011 年 10 月	高兴镇
黄墩站	35	1	3150	SZ7	35/10	1989 年 12 月	黄墩镇
		2	3150	SZ7	35/10	1989 年 12 月	

第三节 用 电

20 世纪 70 年代，日照电网独立，电源只有 1 座 1 万千瓦的火力发电厂和 4 座 1765 千瓦季节性发电的小水电站，发电能力小，供电负荷紧张，不能满足全县工农业生产需要，岚山电力工业发展也备受制约。

1971 年后，域内各公社相继通电，但范围仅限于公社驻地、供销社、公社企业、学校等用户。1980 年底，安岚公社、虎山公社、碑廓公社、巨峰公社、大坡公社、马庄公社、高兴公社、黄墩公社分别只有 21 个、8 个、16 个、29 个、18 个、15 个、16 个、19 个村和公社驻地部分单位用电。

1980 年后，随着 35 千伏碑廓、巨峰变电站的建成投运，电力用户增长较快。1984 年 6 月，日照电网并入省网。至 1990 年年底，岚山电力用户已达 3873 个，年用电量 3787 万千瓦时。

1992 年 12 月，日照电业局实施村村通电工程，岚山 421 个自然村全部通电。1995 年 6 月，日照电业局实施户户通电工程，岚山居民户全部通电。至 2012 年年底，岚山区用电户达到 16.8 万户；年用电量 8.17 亿千瓦时（不含日照钢铁公司）。

1994～2003年岚山办事处用电量统计表

表10-7　　单位：万千瓦时

年份	乡村居民生活用电	农村用电设备用电				城区居民生活用电	城区用电设备用电		总计
		排灌	副业及生产	乡镇工业	其他		工业	其他	
1994	974	96	441	1699	1102	188	512	114	5126
1995	1096	81	453	1782	1260	204	533	132	5541
1996	1255	130	552	1926	1356	267	660	159	6305
1997	1156	80	560	1865	860	590	1420	180	6711
1998	1250	45	610	1200	450	985	1865	184	6589
1999	1346	30	720	907	256	1633.1	2274.9	216.7	7384.3
2000	1919	20.4	511	1933	304	1533	1845	658	8723.4
2001	2039	0	180	2768	399	785	3325	268	9764
2002	2193	0	73	4019	320	788	4813	389	12595
2003	2310	0	85	6825	330	796	5915	501	16762

2004～2012年岚山区用电量统计表

表10-8　　单位：万千瓦时

年份	乡村居民生活用电	农村用电设备用电				城区居民生活用电	城区用电设备用电		总计
		排灌	副业及生产	乡镇工业	其他		工业	其他	
2004	2658	0	110	8930	360	805	6580	606	20049
2005	2878	0	327	16210	350	836	8050	718	29369
2006	3548	0	299	18624	317	865	9536	726	33915
2007	3965	0	327	22105	333	878	10066	733	38407
2008	4868	0	338	24678	350	906	10370	750	42260
2009	4006	0	679	30330	320	1317	13250	530	50432
2010	7381	0	808	35078	368	1778	14050	650	60113
2011	10439	0	1025	41140	370	2006	16323	727	72030
2012	13088	0	1158	44891	260	1538	19878	858	81671

电费　1971年开始，电费由日照县农电所派出专人在规定范围内月抄月收。1986年3月以后，改由线路管理人员兼抄表工作，各供电站设专人收费。

1991年后，电费回收制度日益完善，建立了电费滞纳金制度、计划结算制度、停电催费制度。

1992年，实现了电费计划管理，建立了电费管理信息系统，实行与工商银行联网划拨结算。

2006年8月升级电力营销业务应用系统，成立了电费核算科、应收科、实收科、账务科，岚山电费核算回收走向正规。2007～2012年连续实现了电费回收当年结零。

2012年7月1日，岚山区开始实行阶梯电价，居民用户每月用电量划分为三档，电价实行分档递增。第一档：电量每户每月210千瓦时及以下，执行现行电价；第二档：电量每户每月210～400千瓦时之间，在现行电价基础上，每千瓦时加价0.05元；第三档：电量每户每月400千瓦时以上，在现行电价基础上，每千瓦时加价0.3元。

2012 年岚山区电价一览表

表 10-9

用电分类	电压等级	电度电价（元/千瓦时）	其中		基本电价	
			目录电度电价（元/千瓦时）	政府性基金及附加(元/千瓦时)	最大需量(元/千瓦·月)	变压器容量(元/千伏安·月)
居民生活用电（不满 1 千伏）	一户一表(年用电量≤ 2520 千瓦时)	0.5469	0.5006	0.0463		
	一户一表(2520 千瓦时＜年用电量≤ 4800 千瓦时)	0.5969	0.5506	0.0463		
	一户一表(年用电量＞ 4800 千瓦时)	0.8469	0.8006	0.0463		
	居民合表用电	0.5469	0.5006	0.0463		
	执行居民电价的非居民用电	0.5550	0.5087	0.0463		
居民生活用电（1 千伏及以上）	居民合表用电	0.4929	0.4466	0.0463		
	执行居民电价的非居民用电	0.5010	0.4547	0.0463		
一般工商业用电	不满 1 千伏	0.8438	0.7697	0.0741		
	1 ～ 10 千伏	0.8288	0.7547	0.0741		
	35 ～ 110 千伏	0.8138	0.7397	0.0741		
大工业用电	1 ～ 10 千伏	0.7096	0.6355	0.0741	38	28
	35 ～ 110 千伏以下	0.6946	0.6205	0.0741	38	28
	110 ～ 220 千伏以下	0.6796	0.6055	0.0741	38	28
	220 千伏及以上	0.6646	0.5905	0.0741	38	28
农业生产用电	不满 1 千伏	0.6184	0.5781	0.0403		
	1 ～ 10 千伏	0.6034	0.5631	0.0403		
	35 ～ 110 千伏	0.5884	0.5481	0.0403		
农业排灌用电	不满 1 千伏	0.5984	0.5781	0.0203		
	1 ～ 10 千伏	0.5834	0.5631	0.0203		
	35 ～ 110 千伏	0.5684	0.5481	0.0203		

农电工管理 农村用电之始，一村配 1 名电工，超过 400 户的村配 2 名电工，行政上由用电村村委会管理并支付工资报酬（生产队时记工分），业务上归乡镇供电所管理。1986 年日照市人民政府下发《关于批转市电业公司〈关于加强农电管理的报告〉的通知》，农村电工管理步入正轨。1999 年底，取消“一村一电工”管理模式，农村电工改由电业部门统一管理和发放工资，并办理人身意外伤害保险和养老保险。岚山办事处 166 个用电村重新招聘 169 人，精简 59 人，按片设立 14 个电工组。2003 年 8 月，精简农电工 19 人，合并电工组 3 个。

2005 年，对农电工实行定员、定薪（工资标准依据服务区域内各乡镇上年度乡镇企业人均收入和社会最低工资定额）。2007 年，为农电工办理基本医疗、工伤、失业和生育保险。2008 年，根据《日照供电公司农电工管理办法》，对辖区内重点岗位的部分农电工，在供电所或供电所与供电部科室之间进行异地工作交流。2009 年，对农电工个人和单位需要缴纳的各项社会保险进行保险基数调整，并给农电工下发保险明细单，依法续签劳动合同。2010 年，对农电工依法办理特殊工种认定，同时对 51 名农电工按政策规定办理了离岗手续。2010 年和 2011 年，连续两次向社会公开招聘 23 名大学生充实到农电工队伍。至 2012 年，全区共有农电工 252 人，配电组 8 个。

2012 年岚山区 10 千伏线路设备情况统计表

表 10-10

变电站	序号	线路名称	线路(公里)				公变		用户变			双电源			开关数量（个）
			裸线架空	绝缘架空	电缆线路	线路全长	台数（台）	容量（千伏安）	户数（户）	台数（台）	容量（千伏安）	户数（户）	台数（台）	容量（千瓦）	
汾水变电站	1	汾水线	6.47	1.57	1.86	9.9	25	6990	40	42	10480	0	0	0	3
	2	汾岚西线	4.17	5.255	0.67	10.095	23	4640	33	33	9245	0	0	0	3
	3	加工区线	0.72	6.11	2.37	9.2	3	680	65	68	22755	0	0	0	4
	4	合庄线	6.91	6.53	0.87	14.31	14	2405	29	30	10555	0	0	0	5
	5	车庄线	3.455	4.39	0.73	8.575	7	1585	34	35	12270	0	0	0	3
	6	安东卫线	4.92	0.2	1.12	6.24	10	3585	23	23	6200	0	0	0	4
	7	罗黄线	0	0	0.4	0.4	0	0	0	0	0	0	0	0	0
安东站	8	安泉线	0.15	2.34	4.02	6.51	6	1330	18	19	10090	1	1	2250	2
	9	安斛线	2.1	3.07	4.535	9.735	8	2090	28	29	8885	0	0	0	1
	10	安海线	0	1.26	0.18	1.44	1	630	0	0	0	0	0	0	1
	11	虎山线	13.8	1.75	2.532	18.082	13	3180	32	33	10295	0	0	0	4
	12	桥南线	7.78	1.23	1.28	10.29	9	1875	8	8	1400	0	0	0	2
	13	安化 I 线	0	6.36	0.18	6.54	0	0	1	1	1600	1	1	1600	3
	14	安化 II 线	0	6.36	0.18	6.54	0	0	0	0	0	0	0	0	3
甜河站	15	金牛北线	1.69	3.31	5.37	10.37	5	845	12	12	2610	0	0	0	1
	16	甜桥线	0	0.25	0	0.25	0	0	0	0	0	0	0	0	2
	17	北一线	6.955	1.55	0.51	9.015	16	3620	43	43	11790	0	0	0	5
	18	东潘线	0	2.7	2.2	4.9	5	1515	1	1	500	0	0	0	3

续表 10-10

变电站	序号	线路名称	线路(公里)				公变		用户变			双电源			开关数量(个)
			裸线架空	绝缘架空	电缆线路	线路全长	台数(台)	容量(千伏安)	户数(户)	台数(台)	容量(千伏安)	户数(户)	台数(台)	容量(千瓦)	
甜河站	19	南二线	3.63	1.58	1.355	6.565	13	2980	28	28	6040	0	0	0	3
	20	渔港线	1.846	4.335	1.12	7.301	11	1575	21	20	5895	0	0	0	4
	21	金牛南线	3.36	6.721	6.2	16.281	21	5220	40	40	11585	0	0	0	9
	22	甜化线	0	1.89	1.24	3.13	0	0	0	0	0	0	0	0	3
西潘站	23	潘疏港线	18.407	6.02	1.845	26.272	20	2840	30	33	12140	0	0	0	10
	24	潘海北线	21.67	4.88	0.935	27.485	19	2300	45	47	4985	0	0	0	6
	25	潘源西线	10.196	0.562	0.4	11.158	3	400	25	25	10740	1	6	6000	3
	26	潘源南线	2.658	0.873	0.4	3.931	2	450	2	2	6250	0	0	0	3
	27	潘海南线	3.39	2.58	1.315	7.285	2	500	21	21	4195	0	0	0	4
	28	潘海化线	0	3.84	1.65	5.49	0	0	1	1	8400	1	6	8400	6
	29	潘港东线	0	1.5	0.78	2.28	0	0	0	0	0	0	0	0	0
	30	潘港南线	0	1.5	0.78	2.28	0	0	0	0	0	0	0	0	0
虎山站	31	虎疏明线	8.31	0.54	0.18	9.03	10	1075	32	34	11310	0	0	0	4
	32	虎疏夏线	6.98	2.23	0.746	9.956	5	770	13	14	7056	0	0	0	8
	33	虎疏钢线	0	2.84	0.18	3.02	0	0	0	0	0	0	0	0	1
	34	虎疏南线	0	0.35	0.18	0.53	0	0	0	0	0	0	0	0	1
	35	虎疏东线	0	0.35	0.18	0.53	0	0	0	0	0	0	0	0	1
	36	虎疏木线	0	2.84	0.18	3.02	0	0	0	1	800	0	0	0	1
黄墩站	37	辛庄线	21.573	0	0	21.573	21	2265	12	12	1560	0	0	0	3
	38	街里线	22.028	0.075	0.21	22.313	23	2715	6	7	1255	0	0	0	3

续表 10-10

变电站	序号	线路名称	线路（公里）				公变		用户变			双电源			开关数量（个）
			裸线架空	绝缘架空	电缆线路	线路全长	台数（台）	容量（千伏安）	户数（户）	台数（台）	容量（千伏安）	户数（户）	台数（台）	容量（千瓦）	
黄墩站	39	双疃线	44.979	0	0	44.979	35	1380	16	17	510	0	0	0	3
	40	张家线	10.498	0	0	10.498	7	600	4	4	100	0	0	0	0
巨峰站	41	马疃线	22.595	0.375	0.84	23.81	24	2690	16	18	2755	0	0	0	4
	42	官庄线	44.71	0.36	0.04	45.11	34	3110	33	33	3595	0	0	0	4
	43	巨峰线	1.668	1.61	0.16	3.438	9	2225	4	4	240	0	0	0	1
	44	造纸厂线	14.401	0	0.02	14.421	18	1620	12	12	1320	0	0	0	2
	45	大坡线	45.185	0.3	0.65	46.135	48	5015	13	20	4945	0	0	0	7
	46	工业线	16.805	0	0.26	17.065	14	1780	25	25	6500	0	0	0	5
碑廓站	47	朱曹线	14.7	3.96	0.16	18.82	13	2335	19	23	4815	0	0	0	4
	48	田家线	27.53	5.09	0.23	32.85	33	4090	42	44	4915	0	0	0	3
	49	大湖线	1.3	10.06	0.16	11.52	4	1040	17	19	4840	0	0	0	5
	50	碑钢线	5.12	0	0.16	5.28	0	0	0	0	0	0	0	0	1
	51	甫田线	38.149	4.71	0.65	43.509	47	7245	23	24	4465	0	0	0	6
马庄站	52	山河线	47.26	1.44	0.62	49.32	40	6035	15	31	4250	0	0	0	2
	53	崖头线	43.04	1.6	0.48	45.12	44	3855	30	32	3590	0	0	0	3
	54	白云线	27.585	0	0.48	28.065	27	1800	16	18	2960	0	0	0	2
高兴站	55	高石线	0	1.616	0.43	2.046	0	0	0	0	0	0	0	0	0
	56	高曲线	0	1.616	0.43	2.046	0	0	0	0	0	0	0	0	0
	57	高宋线	9.61	0	0	9.61	10	850	9	9	1210	0	0	0	2
	58	高街线	24.81	7.5	0.43	24.81	25	3205	29	31	5825	0	0	0	3

第四节　电业管理

岚山早期的电业管理由日照县农电所负责。1971 年 11 月，日照县农电所派出人员负责各公社的电力管理、抄表、收费工作。

1982 年 6 月设碑廓供电站；1985 年 4 月设虎山供电站；1987 年 3 月设汾水供电站，负责汾水、岚山头电业管理。

1995 年 1 月，岚山供电所(科级)设立，隶属于日照电业局，租赁岚山建行办公楼办公，下设生产班、营业班、用电班，辖汾水供电站、虎山供电站、碑廓供电站。生产班负责岚山头街道区域的供用电管理。1999 年 12 月，岚山供电所迁至岚山中路办公楼。2002 年 9 月，国家电力体制改革，撤销日照电业局，成立日照供电公司。同时，撤销岚山供电所，成立岚山供电部，下设生产班、营业班、用电班，辖汾水供电所、虎山供电所、碑廓供电所。

2005 年 1 月，巨峰供电所、后村供电所、高兴供电所和黄墩供电所由东港供电部划归岚山供电部管理，并正式成立岚山头供电所。

2012年，岚山供电部更名为日照供电公司岚山客户服务室，下设用电检查班、计量班、业扩班和营业班，辖 8 个镇(街道)供电所。

2012 年岚山区各基层供电所基本情况一览表

表 10-11

名　称	成立时间	供用电管理区域	辖区内用电配变台数(台)	10 千伏线路名称
岚山头供电所	1995年1月	岚山头街道	66	甜桥线、东潘线、金牛南线、南二线、渔港线、北一线、甜化线
安东卫供电所	1987年3月	安东卫街道	101	安东卫线、汾水线、汾岚西线、加工区线、合庄线、车庄线、安泉线、安斛线、安海线、金牛北线
虎山供电所	1985年4月	虎山镇	125	虎山线、桥南线、安化 I 线、安化 II 线、潘疏港线、潘海北线、潘源西线、潘源南线、潘海南线、潘海化线、潘港东线、潘港南线、虎疏明线、虎疏夏线、虎疏钢线、虎疏南线、虎疏东线、虎疏木线、罗黄线
碑廓供电所	1982年6月	碑廓镇	97	碑钢线、甫田线、朱曹线、大湖线、田家线
黄墩供电所	1984年3月	黄墩镇	88	辛庄线、街里线、双疃线、张家线
后村供电所	1985年4月	后村镇	84	高曲线、山河线、崖头线
高兴供电所	1988年4月	高兴镇	62	高石线、高街线、高宋线、白云线
巨峰供电所	1984年3月	巨峰镇	173	马疃线、官庄线、巨峰线、造纸厂线、大坡线、工业线

第五节　电力器材

1984 年，日照县金属铸造厂成立，为岚山头街道圣岚路村办企业。1999 年改制，成立了山东鲁圣电力器材有限公司。1992 年，安东卫电镀厂成立，1998 年改称日照市信达电力金具厂。到 2012 年，岚山区共有电力器材企业 6 家，分别是山东鲁圣电力器材公司、日照信达电力金具厂、日照春达线路器材有限公司、日照市岚山线路金具铸造厂、日照市岚山区腾达线路器材厂、日照市岚山日盛线路器材有限公司，主要分布在安东卫街道与虎山镇。2012 年，6 家电力器材企业共有员工 1300 人，完成工业产值 11.9396 亿元，实现利税 2.1025 亿元。

鲁圣集团　位于岚山圣岚路西段，其前身是日照县金属铸造厂，创建于1984年，为村办企业，主要生产纺织配件和电业配件，1993年更名为日照市线路器材厂，1999年改制为民营企业，法人代表郑淑胜，2000年更名为山东鲁圣电力器材有限公司，主导产品是“鲁圣”牌系列电力器材。2004年“鲁圣”商标被认定为山东省著名商标，2005年“鲁圣”牌电力器材被评为山东省名牌产品，销往全国20多个省、1000多个县市区，其中在山东省占90%以上的市场份额。2000年公司成为日照银行的大股东。

图10-31　山东鲁圣电力器材有限公司　（摄于2005年）

2001年开始，公司在原有电力金具产品的基础上开发了互感器、避雷器、绝缘子等高科技产品。2003年，开始兴建鲁圣高科技工业园，规划面积千余亩，生产区建设了建筑钢结构、新型节能环保变压器、箱式变电站和高低压隔离开关项目，开发出了非晶合金变压器、干式变压器等新型节能环保产品；办公生活区建成了四星级的鲁圣大厦。2012年，公司开始对电力器材公司厂区进行扩建搬迁和产品技术升级改造，开发高低压等级、节能型、智能化电力器材和电气设备产品，同时规划兴建科技企业孵化器——鲁圣高新技术创业服务中心，集科研、教育培训、孵化、商务配套、信息服务、销售、创业者生活配套于一体。

至2012年年底，鲁圣集团已发展成为涵盖电力器材、电气设备、钢结构、建筑、酒店服务、商贸流通和金融等行业的国家级集团公司，下设16个子公司，分别是山东鲁圣电力器材有限公司、山东鲁圣电气设备有限公司、山东鲁圣钢构有限公司、山东鲁圣建筑工程有限公司、鲁圣大厦、鲁圣废旧物品回收有限公司、日照鲁圣茶叶有限公司、山东正昊房地产开发有限公司、日照市正昊自动化设备有限公司、山东鲁圣投资有限公司、山东鲁圣生物工程有限公司、日照市晟昊贸易有限公司、日照奥青贸易有限公司、日照市岚山区正昊小额贷款有限公司、日照铭港物流有限公司、日照达山岛海洋水产开发有限公司。

2001年11月，公司被农业部授予“全国创名牌重点企业”。2002年9月，被农业部授予“全国诚信守法企业”。2003年4月，被共青团中央、国家工商行政管理总局授予“国家级青年文明号”。2004年3月，被国家工商行政管理总局授予“全国守合同重信用企业”。2007年1月，被中国公益事业联合会、中国爱心工程委员会授予“中国公益事业十大先锋企业”。党和国家领导吴官正、陈慕华、吴爱英等先后到公司视察指导。公司在快速发展的同时不忘回报社会，多年来为助学扶贫、拥军敬老等社会公益事业捐赠达2000万元。2012年，完成产值10亿元，实现主营业务收入7亿元，利税1.9亿元。

日照市信达电力金具厂　位于安东卫街道汾水工业园，1992年创建，原名为安东卫电镀厂，1998年更名为日照市信达电力金具厂，产品由以前的单纯金属镀件扩展到生产输变电力金具、通讯线路器材等80个类型1000多个品种的系列产品，为通信、电力行业建设提供配套铁件，为钢铁企业提供耐火材料服务。厂址位于S342省道以南、沈海高速公路以西，占地面积1.1万平方米，企业法人代表邵波。2011年，资产总额1800万元，职工38人，其中工程技术人员8人，设有锻压、冲压、电缆挂钩、井盖等九个生产车间，拥有主要生产设备250多台（套），有年产2000吨铁件的生产线和年产800万件的电缆挂钩生产线，装备有年加工1500吨耐火材料的浇筑生产设备。2012年销售额1200万元。

第十二章 盐 业

岚山是鲁南主要产盐区之一。可供开发盐池的滩涂面积约500公顷,主要分布在安东卫以南,荻水口至砚台西一带。古时,岚山百姓为获微薄之利以养家糊口,就有取海水制卤、用盐锅煎盐之举。明末清初岚山开始晒盐,直至民国,还有许多百姓在家中建池晒盐。20世纪30年代末,岚山开始转向海滩晒盐。1943年,滨海军分区司令员陈士榘率军民在荻水口以东开辟荒滩建造盐田10公顷,开展盐业大生产,为抗日战争补充军需,也为岚山盐业生产发展奠定了基础。

图10-32 1944年滨海军分区在荻水口晒盐

新中国成立后,岚山盐区对原有盐田进行统一规划,分期分批改造,使分散零乱的小盐田结构逐步合理,并实行扬水、制卤、结晶、归坨四集中,进行盐业技术革新,开发新的盐产品,盐业生产得到发展。2003年,岚山共有盐田166.7公顷,年产原盐8100吨。2008年,因岚山城市开发建设需要,区政府收回安东卫盐场全部土地,至2009年6月原盐生产终止,岚山结束了制盐历史。

第一节 盐 场

日照市安东卫盐场 位于安东卫街道南5公里处,海州湾北部,东起砚台山,西到绣针河,为市属小型集体企业。

该场始建于1943年2月,由日照警备团、县大队、县委机关等单位,调集战士和民工300多人,在安东卫南滩头建成盐田15公顷。1944年2月,山东军区、滨海军分区、八路军六团、十九团、教导团等单位,调集战士和民工3000余人,苦干一冬春,建成盐田9副,计80余公顷,由部队生产经营管理。1948年8月,原由部队经营的盐田编为山东省滨海公营盐场安岚分场。1950年6月,改称国营山东制盐公司青口盐场安岚分场,归山东青口盐场管理处(1954年划归江苏省)管理。1956年,民营盐滩组成金光盐业生产合作社;同年,国营安岚分场由江苏省青口盐场管理处划归日照盐场管理处,转为民营,改称建国盐业生产合作社,有盐工64名,有效生产面积64公顷。1958年,建国、金光两合作社合并,称海洋人民公社盐场。1959年,改称日照县安岚人民公社盐场。1962年,改称日照县安东卫合作盐场。1968年3月,日照县盐场成立,改称日照县盐场安东卫分场。1971年8月转为县属集体企业,定名为日照县安东卫盐场。1985年5月,改称日照市安东卫盐场。

1970～1980年,该场先后完成了西半场老滩技术改造、东水库和南防潮坝等重点工程建设,其中国家投资86万元。1983年,采用新型生产工艺,试制成功滩晒精盐,生产能力达500吨/年。1984年,投资建设养虾池,养殖中国对虾15.13公顷。1985年投资64万元建成100吨冷藏加工厂和对虾配合饵料加工厂各1处。1987年,投资75万元,建成2000立方米水体的对虾育苗厂1处。1994年11月,实行经营体制改革,冷藏加工厂、饵料加工厂、对虾育苗厂和养殖场从安东卫盐场分离,分别成立了日照市盐业冷藏厂和日照市盐业水产养殖场。1995年,安东卫盐场在西水库北部新建虾池4公顷。2001年3月,投资15万元在一、二工区上部新建虾池6.67公顷,增添58.84千瓦柴油纳潮机组1套。

至2006年,该场共有职工110人,盐田总面积173公顷,有效生产面积139.47公顷,原盐年生产能力6000吨,养虾池面积29.8公顷,固定资产原值229.7万元,净值125.4万元。2006年生产原盐5500吨,完成工业总产值2000万元,实现利税-14万元,其中工业利润-29.8万元。

2008年,因岚山城市开发建设需要,区政府收回安东卫盐场的全部土地。2009年6月,安东卫盐场停止原盐生产活动,从此结束了该场65年的原盐生产历史。

虎山乡盐场　位于虎山镇东北7公里处,东湖村东,属乡办企业,其产销计划及场政管理属东湖盐务所。

1978年,经山东省盐务局批准建场,设计规模为年产原盐2400吨,并拨给扶持款11万元,地方财政免税扶持7.5万元。同年1月开工建设,于1979年建成盐田80公顷,定名为虎山人民公社革命委员会盐场,产盐200吨。1981年,原盐产量增加到800吨。以后,职工人数减少,产量下降。1983年,因滩涂使用权归属问题与盐场邻近的东湖等村发生争执,减转盐田45公顷。从1984年起,因经营管理不善,生产经营日趋下降,原盐产量在94～170吨之间,虽利用三分之一的盐田养殖对虾,仍无利可图。1986年原盐停产1年。1988年,有盐田总面积35公顷,其中12公顷用于养殖对虾;全场有大小柴油机7台126.5千瓦,压池机1台,职工20人,全年产盐94吨。

1992年,因海水养殖经济效益好于原盐生产,该场35公顷盐田全部改造成养虾池。

第二节　盐业生产

煎盐　唐代以前,直接取海水以锅煮而成盐,称煮盐。宋、元以后,先制卤再煎盐。煎盐用器汉时谓牢盆,后称盘、敝,也称锅,有铜质、铁质两种,圆形,平底,容量约0.2立方米。民国初期,岚山仍有盐锅煎盐。

土淋晒盐　清康熙年间,灶户(盐民)开始掘滩建池晒盐,而后,岚山盐民也开始采用晒盐的生产工艺。

海滩晒盐　始于20世纪40年代,直接开沟渠引海水生产,过程为纳潮→制卤→结晶→扒盐→归坨。

原盐　历代对盐的质量都有要求,清嘉庆年间《新修山东盐法志》记载,为提高盐的质量,保证盐的色泽,采用砖石铺设池底。新中国成立后,岚山盐区开始推行羊口盐场晒大粒盐的经验,实行旧滩改造,合理调用卤水,改进制卤、结晶两道工序,从1954年到1983年不断进行制盐工艺革新,由传统的平晒结晶盐发展到“新(新卤)、长(长期结晶)”和死碴盐池板结晶工艺,采用管道输洗和在冬季晒、扒盐一次归坨的基础上,实行串联加卤,提高了原盐的产量、质量,减少了调卤损耗及费用。岚山生产的原盐粒大而硬、色白,氯化钠含量高,杂质少。

加工盐

粉盐　岚山粉盐于1988年开始生产,以塑苫结晶经管道输洗的大粒原盐加工而成,生产过程为原盐→输洗→粉碎→烘干→筛选→包装。产品纯度高、杂质少、色泽洁白、粒度均匀,是理想的食用盐。1988年,安东卫盐场生产粉盐2000吨。

滩晒精盐　1983年,安东卫盐场开发的新产品,无异味、纯度高、杂质少,食用方便,广泛用于民食和鱼类加工。生产过程采用原盐结晶工艺,各道工序要求严格,须高度洁净。先于结晶池中铺设塑料薄膜,后灌入新制饱合卤结晶,定时搅动卤水,使其均匀结晶为1毫米以下的盐粒,经控卤后筛选包装。

1983～1995年安东卫盐场部分年份滩晒精盐产量统计表

表10-12　单位:吨

年　份	1983	1984	1985	1986	1987	1995
产　量	317	274	239	352	699	800

加碘盐(碘盐) 为食用盐,可防治地方性甲状腺病。加工方法为在食盐堆筑过程中喷洒碘化钾溶液,然后密封。

盐副产品

钙皮(硫酸钙 $CaSO_4$) 1立方米卤水中,可制取钙皮15.97公斤。钙皮在中、高级制卤区结晶析出,呈土灰色片状,可用于调节水泥的老化速度。池中生成的钙皮须定期取出。

卤膏(氯化镁 $MgCl_2$) 利用晒盐后形成的苦卤,于秋冬季节,加火熬制冷却凝固而成。卤可以使蛋白质凝固,主要用于化学工业、药业和豆腐加工。

芒硝(硫酸钠 Na_2SO_4) 1944年,安东卫盐场开始生产芒硝,在冬季利用晒盐结晶后的混合卤,经兑卤于盐田低温结晶而成,呈片、棒或颗粒状,因混有泥沙故称粗硝,经加水溶解、沉淀、低温结晶即得有水精硝。芒硝主要用于土法制革、医药、畜用等。芒硝产量以销量而定。

1972～1986年安东卫盐场部分年份芒硝产量统计表

表10-13 单位:吨

年 份	1972	1973	1976	1977	1979	1980	1981	1983	1986
产 量	273	160	150	56	340	374	158	374	117

第三节 集坨 装运

集坨 历代原盐集坨制度都很严格。清代规定,凡盐户产盐除食用外,其余全部归坨,以防贩私。在坨上加盖"验"或"卤"字样封印,草苫封盖。新中国成立后,仍实行归坨制度。1950年,开始实行定等、计量、集坨、公收制度,并填写"进盐坨单",以作持运凭证。1951年,集坨制度逐步完善,山东省盐务局印发了"滩盐归坨证""盐民集坨领款折"。1961年,为节省集坨费用,减少工作压力和中间运送环节,原盐集坨和放销同时进行。1970年后,原盐由盐池进入小坨,不再归大坨。

装运 清代,食盐装运制度严格,手续复杂,盐包重量、捆扎方式都有规定,不得随意改变。清雍正八年(1730年),清廷规定,在道路崎岖之处,每包盐可分4小包,每小包重28.125公斤。1913年,民国政府规定,每票盐重200公斤,有车运、商运、人挑、船载4种运输方法,运费每担(50公斤)盐百公里2元左右。

1938～1945年,抗日民主政府在岚山设点收购敌占区盐民运来的原盐,运销内地。1947年,国民党反动军队重点进攻山东,沿海地区原盐运销管理无正规制度。运输方法有马车、畜驮、小车及人挑背负,海运在岚山头到柘汪一带海口,多用小型木帆船。

新中国成立后,原盐装运仍为人力、畜力运输。1981年4月,日照县盐务局制订的《仓坨管理制度(草案)》规定,坨盐50公斤加耗0.5～1.5公斤,滩盐加耗1.5～2.5公斤,以运至目的地不亏损为原则。1977～1988年,原盐运输费变化不大,汽车运费一般道路为吨公里0.18元;装包过磅及装车费,散装每吨0.88元,袋装每吨1.25元。

1989～2000年,汽车运盐运输费吨公里为0.18元。根据山东省盐务局规定加碘盐每小袋重1公斤,每50小袋为1大袋,后改为每1小袋重0.5公斤,每大袋装100小袋。2004年10月,食盐小包装改为纸塑包装袋,每袋0.5公斤,外包装使用纸箱,每箱40袋,净重20公斤。

第四节 盐价盐税

盐价 清代盐价以路途远近、运费多少作为盐斤的定价标准,由户部核准。

民国时期,北洋军阀政府和南京国民政府只管征收盐税,不管盐价高低,官方虽有规定,但受销路畅滞制约,具体价格由商人和盐民商定,盐的行情好时,盐价每担(50公斤)在0.5元(银元)左右,滞销时在0.2～0.3元之间。因而,盐民有

“黑盐卖金子，白盐卖银子”之说。

1938年秋以后，日本侵略军侵占了日照盐区，征收高额盐税，不管盐价高低。敌占区盐价每担0.12元（旧币），仅换地瓜干1～1.25公斤。

抗日战争期间，日照县抗日民主政府在岚山东部边沿区设立盐业交易所、盐店等机构，收购敌伪区原盐，每担0.5～0.8元，可买高粱6公斤，高于敌伪区盐价4倍以上。1945年9月，每担盐由0.8元提到1.2元，可买高粱7.5公斤。1949年，滨海盐务局依照盐的生产成本和销路、粮价标准（50公斤盐换5公斤高粱）、旺产、淡产以及四线（其他场）输出情况和粮价的高低来掌握盐价。有时50公斤盐可换5公斤小麦，有时50公斤盐只能换3～3.5公斤高粱，盐价变动频繁，升降幅度较大。盐价的高低以物价的上涨和销路的畅滞为依据。

1950年4月，日照盐场管理处建立以后，对原盐实行公收统销，盐价的核定逐步合理完善。当时是以小米价格为核价依据，每担原盐收购价等值于5公斤小米。1951年后，山东省盐务局对盐价又作了明确规定，核价依据以一个常年劳力连本身在内能养活3口人为核算标准。1950～1953年，物价波动频繁，盐价平均每年调整5次，最多的1950年和1951年，每年调整7次。1954年以后，由于物价较为稳定，盐价亦相对固定下来。

公收价　日照原盐从1950年开始公收。1950～1953年，公收价格（旧币）共变动20次，最高值出现在1951年1月，安东卫场务所一等盐为12650元/担，二等盐为11650元/担，三等盐为10650元/担。自1951年7月1日开始，日照盐场管理处4个场务所中，安东卫、涛雒、董家滩3个场务所公收价格统一，小场场务所每担仍然较之低1000元。

1951～1953年安东卫场务所原盐公收价格一览表

表10-14　　单位：元（旧人民币）/担（100斤）

日　期	一　等	二　等	三　等	日　期	一　等	二　等	三　等
1951年1月1日	12650	11650	10650	1952年1月1日	10788	9788	6288
1951年1月26日	12650	11650	10650	1952年5月15日	10300	8800	5800
1951年3月1日	12650	11650	10650	1952年7月1日	10300	8800	5800
1951年4月11日	11800	10800	9800	1952年9月6日	8800	7300	5800
1951年7月1日	10788	9788	8788	1953年1月1日	8000	6500	5000
1951年8月11日	10788	9788	5788	1953年6月11日	8000	6500	5000
1951年8月21日	10788	9788	6788				

1957年1月1日，安东卫场务所原盐公收价格（新币）调为一等盐0.9元/担，二等盐0.75元/担，三等盐0.55元/担。

1959年以后，原盐公收价格各盐务所统一，一等盐20.8元/吨，二等盐17.8元/吨，三等盐11.8元/吨。

1979年11月，调整为优等盐28元/吨，一等盐28元/吨，二等盐25元/吨，三等盐21元/吨。

1984年5月15日，优等盐、一等盐价格不动，二、三等盐分别调为28元/吨、25元/吨。

1986年10月1日，原盐公收不分等级，一律按45元/吨公收。

出场价　出场价由公收价加储存费、运输费、管理费、盐工福利费、盐场建设费、平衡差价和其他费用构成的总和。1950～1953年，原盐出场价格变动20次，其变化波动依附于公收价格。1951年1月，出场价格最高，安东卫场务所一等盐旧人民币14350元/担，二等盐13350元/担，三等盐12350元/担。

1951～1953年安东卫场务所原盐出场价格一览表

表 10-15 单位：元（旧人民币）/担

日期	一等	二等	三等	日期	一等	二等	三等
1951年1月1日	14350	13350	12350	1951年10月1日	14001	12949	11689
1951年1月26日	14350	13350	12350	1952年1月1日	12949	11897	10663
1951年3月1日	14350	13350	12350	1952年5月15日	11900	1000	8020
1951年4月11日	13100	12100	11100	1952年7月1日	11900	1000	8020
1951年7月1日	12949	11897	10847	1953年1月1日	11900	1000	8020
1951年8月11日	12949	11897	10847	1953年6月11日	11900	1000	8020
1951年8月21日	12949	11897	11817				

1965年集体盐场原盐出场价成本费用及平衡差价一览表

表 10-16 单位：元/吨

等级	出场价	成本							平衡差价
		收购价	运输费	储存费	行政管理费	盐场建设费	其他费用	合计	
一	34	20.8	1.8	2.5	2	3	0.4	30.5	3.5
二	31	17.8	1.8	2.5	2	3	0.4	27.5	3.5
三	26	11.8	1.8	2.5	2	3	0.4	21.5	4.5

1979年11月，原盐出场价格调整为优、一、二等盐34元/吨，三等盐31元/吨。

1984年5月15日，调整为优、一等盐39元/吨，二等盐36元/吨。

1986年10月1日起，原盐不分等级，出场价格一律按57元/吨执行，至1988年没有变动。

2000年，日照市盐务局日盐字〔2000〕20号文件《关于试销“鲁祥”营养保健盐有关问题的通知》，试销价格如下：天然营养保健盐市场零售价2600元/吨，分局购进价1400元/吨，市场批发价2100元/吨；低钠盐市场零售价4300元/吨，分局购进价2600元/吨，市场批发价3500元/吨。

2002年，山东省盐业总公司19号文件转发山东省物价局关于工业盐价格的批复通知：

（一）两碱工业用盐价格由供需双方根据市场供求情况自主确定。

（二）两碱以外的其他工业盐实行政府指导价：产区400元/吨，非产区500元/吨（含税、含包装）。各盐业公司按此基础上下各10%的幅度内浮动。

盐税 盐税（旧称盐课），是政府对食盐产制运销所征的捐税，是历代政府的主要财政收入之一。

盐锅课 清乾隆初年新置锅十五座，每锅课银一钱。

盐票课 小贩领票卖盐，原额岁销盐票831张，票价银105.4两，复以军兴增票83张，以后增至1500张，课银325.5两。

食盐课 征银69两，半在场征（37两）解县转解盐政道，半在县征（32两），由县径解盐政道。

此外还有灶丁课、灶地课、荡滩地课。

灶丁课 康熙时每丁征银2.95钱（雍正四年（1726年），丁银摊入地银项征收）。

灶地课 每亩征银6厘，后又摊入丁银，计每亩征银8.1厘。

荡滩地课 每亩征银6厘，后又摊入丁银，计每亩征银8.1厘。

1941年山东省战工会制定的《山东省税收暂行条例》规定“食盐每50公斤出场税三元，渔盐酌量减轻，在产盐区内由政府统一办理，由敌区运来者每50公斤征收入境税一元（可根据各地实际情况酌量增减）”。

新中国成立后，根据政务院颁发的《关于全国盐务工作的决定》，在税收方面执行“提高税额”与“税不重征”的方针，从量核定，就场征收。政务院1950年1月20日政财字第2号院令规定，盐税每担征小米（或大米）50公斤。为鼓励生产和出口，工农用盐及出口盐全部免税，渔业用盐按食盐税率30%征收。以后几年屡有变动，但总的是逐步降低。

从1957年1月1日起，山东各地的食盐税每担（50公斤）增加1.6元。1957年以后，各年税率略有调整，但变化不大。盐税征收工作由盐务机关代理，1958年7月1日起，属税务机关管理，仍由盐务机关代征。1973年税制改革，盐税列入工商税。

1978年，财政部批准各产盐区，从盐税中提取1%作为地方留用，用于发展地方盐业生产。1980年10月1日，山东省财政厅批准，原留地方发展再生产的提留额由1%提高到3%。

岚山盐区生产的原盐，被指定为渔业用盐。1950年12月，财政部批准施行《渔盐发售规则》。山东省盐务管理局下发了《渔盐计税方法》。沿海村庄渔业用盐按上级审批计划由渔业合作社统一购销。渔船返港，须经合作社和盐务机关检查，方准卸货，然后购盐。渔汛过后，剩下的渔盐封存备用。腌鱼后的乏盐如需出售，须经盐务机关同意并纳税后方可出售。1957年，国务院批准《渔业用盐发售管理暂行办法》，并规定淡水鱼用盐按渔业用盐减税供应。1984年，山东省渔业用盐每吨按29元征税。1986年，财政部、轻工业部、国家物价局（86）轻盐字第57号通知，明确自1986年12月25日起，渔业用盐与食盐同税，不再给予减税照顾。2000年5月，日照市盐务局规定渔盐由市盐务局统一包装。

1949～1986年盐税税额变动表

表10-17　　单位：元/担

起征时间	食　盐	渔　盐	工业盐	农牧盐	说　明
1949年11月19日	6250				
1949年11月22日	16500	8250			出口盐每担5000元，渔盐按内销食盐减半
1950年1月2日	75000	37500			
1950年1月13日	100000	50000			
1950年1月24日	145000	72500			
1950年2月2日	120000	60000			
1950年2月23日	191000	95500			
1950年3月14日	175000	87500			
1950年3月26日	162000	81000			
1950年4月10日	135000	67500			
1950年6月1日	70000	21000			渔盐按食盐的30%征税
1955年3月1日	7	2.1			发行新人民币1元值旧币10000元
1955年8月	7	2.1	免税		八类工业用盐免税
1956年9月1日	7	2.1	免税	2.8	农牧盐按食盐的40%征税
1957年1月1日	172	42	免税	68.8	
1959年12月15日	159	42	免税	55.8	
1960年9月1日	159	29	免税	55.8	
1979年11月1日	150	29	免税	55.8	
1980年10月1日	138	29	免税	55.8	
1984年5月1日	141	29	见说明	55.8	酸碱制革工业用盐征收食盐税额的10%，肥皂工业用盐减半征收，其他五类工业用盐全额征收，牧业用盐仍按55.8元/吨征税
1986年7月1日	138	29	见说明	55.8	
1986年10月1日	120	29	见说明	55.8	
1986年12月25日	120	120	见说明	120	

第五节 盐政执法

盐务管理 历代对食盐管理都非常重视。煎盐期间，灶丁起煎，首先要向灶长报明时刻，领取盐牌，同时报坨垣和盐署备案，以备核查。清代盐务主要包括官督商办、官运商销、商运商销、商运民销、民运民销、官督民销、官督商销等形式。

新中国成立后，盐业管理除沿用旧时查滩、验封、归坨制度外，还实行查报评产办法。1951 年秋，山东省盐务管理局颁发“制盐许可证”，无证晒盐为非法行为。

1988年起，各级政府及盐业管理部门下发一系列文件，将各盐场、盐务所食盐的分配、调拨、销售，纳入市盐务局统一管理。1994 年后，盐务执法人员每年对岚山用盐大户及各经销点进行一次大的清检活动。

缉私护税 历代法律对缉私护税规定十分严格，并设有专门缉私机构。

清道光十八年(1838 年)，江苏淮北及岚山一带私盐北上涛雒，沂州府、安东营在岚山设卡堵截私盐。1933 年，盐警在安东卫缉获私盐船 1 只。1943 年以后，岚山查缉私盐由抗日民主政府工商事务所、海口事务所负责。新中国成立后，山东省盐务局设工作队负责滨海区缉私护税，1950 年山东省盐警第四大队九中队驻岚山盐区。1952 年 7 月，日照盐警处成立盐警科，安东卫驻 1 个小队。1958 年后，缉私护税、查私盐的案件由当地税务机关管理，贩私盐的行为基本得到制止。1993 年起，原盐供不应求，贩运私盐有暴利可图，走私贩运私盐屡有发生，6 月日照市盐业缉私办公室成立，会同各盐务所负责贩运私盐案件处理。1994 年 3 月，日照市中级人民法院设立盐业巡回法庭。1997 年 5 月，碑廓设盐业缉查站，对贩运私盐的违法行为严肃查处。1998 年，碑廓稽查站移驻汾水镇，改称汾水稽查站。2000 年 2 月，汾水稽查站撤销。2002 年 6 月，市盐务局成立日照市盐政稽查支队，下设直属三大队(岚山盐务所)。

第十三章 企业管理

第一节 管理机构

岚山区经济和信息化局 岚山办事处设立前，岚山的工、农、商企业由日照县(市)归口管理。

1993 年岚山办事处成立后，设立经济贸易委员会，负责管理工业、民营经济及国内贸易等工作。1994 年设立乡镇企业局。1999 年 6 月，乡镇企业局与经济贸易委员会合署办公。2002 年，乡镇企业局更名为民营经济发展局，仍与经济贸易委员会合署办公。

2004 年岚山设区后，设立经济贸易局，负责管理工业、民营经济、内贸等工作，有办公室、综合科、运行科 3 个内设科室，下辖定点办、职工教育办公室 2 个事业单位。

2011 年岚山区进行机构改革，经贸局更名为岚山区经济和信息化局(简称区经信局，区民营经济发展局仍与其合署办公)，原内贸工作职能划归区商务局，区经信局负责工业、信息化、民营经济工作，内设办公室、运行科、企业管理与技术改造科、信息管理科 4 个行政科室，下设岚山区节约能源办公室(加挂岚山区职工教育办公室牌子)1 个事业单位。

岚山区安全生产监督管理局 1993 年，岚山办事处安全生产委员会成立，在岚山人事劳动局设办公室，负责岚山安全生产的综合管理、协调、监察工作。2000 年 11 月，办公室改设在岚山经济贸易委员会。2003 年 3 月，成立岚山办事处安全生产监督管理局(简称岚山安监局)，行使安全生产监督管理职能。2005 年 9 月，改称岚山区安全生产监督管理局(简称区安监局)，各乡镇街道相应设立安全生产监督管理办公室。2011 年，区安监局正式列为政府行政序列，设 4 个职能科室：

办公室(挂政策法规科牌子)、综合协调科(挂行政服务科、培训科牌子)、危险化学品安全监督管理科(挂职业安全健康监督管理科牌子)、工矿商贸安全监督管理科(挂安全生产应急救援指挥中心牌子)。2005年10月,成立岚山区安全生产监察大队,为正股级事业单位,隶属于区安监局管理。2009年12月,区安监局成立岚山区安全生产协会,设办公室,由区安监局负责日常工作。

岚山区招商局　2003年10月,岚山办事处招商局成立。2004年10月更名为岚山区招商局,为正科级全额预算管理事业单位。内设办公室、项目推进科、信息联络科、咨询服务科4个科室。2009年,对外加挂岚山经济开发区招商局牌子。2011年,区招商局设办公室、招商一局、招商二局、招商三局、招商四局5个职能局室。招商一局负责全区化工产业招商;招商二局负责全区钢铁及配套产业招商;招商三局负责全区临港物流产业及食品药品产业招商;招商四局负责全区木材产业及中小产业招商。招商局全额事业编制20名,其中配备局长1名,副局长5名;招商一局、招商二局、招商三局、招商四局局长分别由1名招商局副局长兼任;股级领导职数5名。

日照市质量技术监督局岚山分局　1932年,日照县设度量衡检定所。新中国成立初,标准计量由县、乡各交易所兼管。1963年4月,日照县工业局设专职计量员,由临沂专署计量检定所直接领导;度量衡的检定、修理与制造隶属于日照县手工业联社。1965年5月由日照县科委管理。1978年7月,建立日照县标准计量管理局,标准计量归属日照县标准计量管理局管理。全县的粮食、供销、乡镇企业设有6个计量器具检修组;乡镇企业设有4个木杆秤制造、修理组。1984年4月撤局设所,成立日照县标准计量所。1985年5月改为日照市标准计量局,计量器具检修工作全部由日照市标准计量局管理。1989年11月,日照县标准计量局更名为日照市技术监督局。

1993年5月,岚山办事处设岚山技术监督站,隶属于岚山经贸委,为股级事业单位。1996年8月,岚山技术监督工作收归日照市技术监督局统一管理,岚山技术监督站撤销。1996年7月,原日照市技术监督稽查所改称日照市技术监督稽查一所,在东港区和岚山办事处分别设立日照市技术监督稽查二所、三所,科级建制。2002年5月,设立日照市质量技术监督局岚山办事处,正科级事业单位。

2005年6月,设立日照市质量技术监督局岚山分局(简称岚山质监分局,挂稽查队牌子),为日照市质量技术监督局派出机构,负责岚山辖区内质量技术监督综合管理和行政执法工作。局机关设办公室、特种设备安全监察科、综合业务科(与监督与法制科合署办公)3个科室。

2009年4月,岚山质监分局不再挂稽查队牌子,独立设置稽查机构,称山东省质量技术监督局岚山分局稽查队,为岚山质监分局所属事业单位,副科级建制,具体承担查处产品质量违法行为、打击假冒伪劣违法活动工作,负责"12365质监热线"管理工作。

第二节　体制改革

改革开放前,岚山是农业大区、渔业强区,工业较薄弱,主要是农村手工业和农产品初加工业,随农村合作化萌芽于20世纪50年代,作为副业附属于农业社。到20世纪60年代中期,从农业中分离出来,称为社队企业。1984年,随着农村改革和经济发展需要,改称为乡镇企业,范围也从原来的社、队两级扩大到乡、村、联合和个体四级。

1978年12月召开的中共十一届三中全会,使社队企业开始了历史性转折。国务院颁布的《关于发展社队企业若干问题的规定(试行草案)》,山东省颁布的《贯彻执行国务院发展社队企业(十八条)问题的试行规定》,明确了社队企业的地位、作用、发展方针,社队企业迈入起步阶段。这期间,社队企业主要服务于农业,发展起了适应农村生产力水平的小型工业及小型食品加工、小农机修理、小油坊、小高炉等。

1984年,中共中央、国务院下发4号文件,号召开创乡镇企业新局面,给予乡镇企业政策上扶持,并将社队企业改称乡镇企业,"四个轮子"

(乡办、村办、合作办、个体办企业)、六大产业(农、工、商、建、运、服)同时发展。同年7月,山东省委、省政府颁布《关于大力发展乡镇企业的决定》,取消对乡镇企业原有各种限制,在信贷、税收等方面,采取一系列保护和扶持政策,乡镇企业进入“四轮驱动”的迅速扩张发展时期。

1989～1992年,国家对国民经济进行治理整顿,实行紧缩财政、紧缩信贷的“双紧”方针,因资金紧张、市场疲软,乡镇企业增长速度明显放慢,许多乡镇企业被迫关停并转。日照市进行产权制度改革试点,岚山的乡镇企业通过调整产业、产品结构,强化内部管理,开拓市场,引进外资、技术、设备,整体素质和竞争力得到提高。1993年,岚山办事处有工业企业2725家,其中国有企业7家、集体企业369家、个体私营企业2347家、外商独资企业2家。

1994年,岚山召开个体私营经济工作会议,制定下发《关于鼓励和加快个体私营经济发展的若干规定》。

1995年,岚山就发展民营经济提出“三不限、三放宽”:不限制发展比例、不限制发展速度、不限制发展规模,放宽经营范围、经营主体、经营方式。明确“除了禁止的、全是允许的”,只要不违反国家法律法规,能干什么干什么,能干多快干多快,能干多大干多大。同时,政府在信贷、税收、用地等方面给予扶持。

1997年,岚山成立企业改制工作领导小组,组成9个工作组赴5个系统和各乡镇街道,进行大规模的企业改制,当年有14家企业采用股份合作、整体划转、兼并等形式完成了改制,变成股份制企业或个体私营企业。之后,岚山开发区原有的8家工业企业,通过破产、兼并等方式,先后退出国有企业行列。

1998～2003年,岚山每年筛选一批骨干民营企业,列为全处重点项目,给予优惠政策,重点扶持,引导企业创新经营理念,突破家族式管理、粗放型经营模式,打造诚信品牌。至2003年,先后有12家企业通过ISO 9000质量体系认证、美国HACCP认证、欧盟注册和俄罗斯SGS认证。

2001年,岚山确立“突出抓工业,主体抓民营”的工作思路,建立领导干部和部门单位联系企业制度,处级领导成员和有关部门负责人每人联系1个民营企业。制定《关于进一步加快民营经济发展的意见》《民营经济工作目标责任制考核办法》等政策,鼓励民营经济发展。对乡镇街道发展民营经济实行量化考核,鼓励基层干部争做发展民营经济的带头人。对销售收入过5000万元、利税过500万元、自营出口过500万美元的企业,支持其建立自己的工业园区。对三木、昌华、鲁圣、铸福四个工业园进行了规划论证,引导企业向规模化方向发展。

2002年,日照市人民政府下发文件,将原有的乡镇企业、个体工商户以及通过改制国家不再控股的各类企业划归为民营经济。岚山成立民营经济工作领导小组,制定《关于加快培植骨干企业的实施意见》,建立了处级领导和处直部门联系骨干工业企业责任制。制定《乡镇街道工业经济宏观调控目标责任制考核办法》,对乡镇街道发展民营经济工作实行量化考核。各乡镇街道设立了民营经济发展办公室,乡镇街道班子成员每人联系一个民营企业。当年岚山办事处被表彰为全省民营经济先进县。

2003年,岚山确立了抓好“民营经济、外向型经济、海洋经济”三个重点的发展思路,民营工业企业迅速膨胀规模,向规范化、园区化、基地化、外向型、科技型发展。2003年,全处个体工商户发展到12225户;私营企业发展到355家,注册资金67383万元。其中产值或销售收入过亿元的12家。全处民营经济完成总产值74亿元,增加值14.5亿元,利润3.1亿元,民营经济在工业总产值中的比重达到98%,所创增加值占全处GDP的80%,从业人员占全处就业人员的95%,提供税收占岚山地方财政收入的76%。

2004年设区后,区委、区政府提出“港口带动、工业强区、开放兴岚、民营富区”四大战略,积极发展培育“钢铁、液体化工、粮油加工、木材加工、海产品加工”五大临港产业,在融资、技术、土地等要素上给予民营经济以倾斜。每年组织银企合作洽谈会,着力解决企业融资难问题;筹备成立了日照永铸小额贷款公司、日照正昊小额贷款公司，引进了岚山九江村镇银行，拓宽企业融资渠道；帮助企业争引省、市资金支持，推进企业技术改造升级；设立区级应用技术研究与开发专项资金和科学技术进步奖，对科研项目进行奖励和扶持；组织开展“一企一技术中心”活动，引导企业建立和完善技术研发机构。

2007年，印发《关于加快骨干企业膨胀促进工业发展的意见》，2009年印发《关于进一步优化工业经济运行环境的意见》《关于鼓励和扶持科技创新加快高新技术产业发展的意见》《岚山区减轻企业负担专项治理工作实施方案》，2010年印发《岚山区关于进一步促进中小企业发展的实施意见》，先后开展“项目推进年”“区级领导包联项目”“百家企业大走访”等活动，全力推进项目建设。2011年，重点扶持中小产业集群发展，海产品加工产业集群、木材产业集群先后被山东省中小企业办公室确定为省级中小产业集群。2012年，建立工业经济季度分析会议制度，帮助企业理清发展思路，共商发展对策；同年7月，在岚山行政服务中心窗口成立岚山区中小企业公共服务平台，专门为中小企业提供政策、融资、技术、人才培训、法律咨询等服务。

至2012年年底，岚山民营经济户数发展到16641户，私营企业达到1733家，完成总产值1016亿元，增加值286亿元，完成主营业务收入1056亿元。

第三节　招商引资

岚山招商引资工作始于20世纪80年代末，重点依托岚山港和域内现有企业，招引国有企业或港澳台企业到岚山投资。1988年，岚山港务管理局与山东省化工进出口公司、香港华鲁有限公司合作成立岚山液体石油化工品储运有限公司。1991年，日照市第三木器厂与香港集益有限公司合资成立日照日益木制品有限公司。1992年8月，中国粮油食品进出口（集团）有限公司、美国ADM公司、新加坡WILMAR公司和香港嘉银控股有限公司共同出资成立中粮黄海粮油工业（山东）有限公司。1994年2月，岚山港与香港加德士公司合资成立岚山加德士沥青有限公司。1994年，韩国禧昌物产株式会社在虎山镇东湖二村投资建设日照禧昌食品有限公司。1998年后，工委、办事处每年筛选一批骨干企业列为全处重点项目，给予优惠政策重点扶持。

2001年年初，岚山在借鉴外地经验的基础上，确定实施“大开放、大招商、大发展”的发展战略。3月24日，召开全处招商引资动员大会，把招商引资作为岚山经济工作的重中之重。成立了招商引资委员会，设立招商引资委员会办公室，与出口加工区管理委员会办公室合署办公；成立招商服务中心、招商投诉中心等招商服务机构，各乡镇街道、各部门（单位）也普遍成立招商委员会和招商办等机构。工委、办事处印发《关于大力开展招商引资工作的决定》，实行全员招商，按照“经济部门与非经济部门有所不同、乡镇之间有所不同、职务高低有所不同”的原则，将招商引资任务分解到各级各单位，落实到人，签订责任书。从招商引资项目中筛选投资规模比较大的、有代表性的项目作为全处招商引资重点项目，按照“一个项目、一位领导、一套班子、一抓到底”的推进机制，确定包项目的处级领导、推进部门、配合部门，实行重点推进。对招商引资工作实行月通报、季调度，把招商引资成效作为衡量乡镇街道、部门、单位工作实绩的重要标准。制定《岚山区招商引资优惠政策（试行）》，从收费、用地、落户等方面给予政策扶持和优惠，对新落户企业5年内根据企业所缴税金给予一定比例的资金扶持。制定了《招商引资奖惩办法（试行）》，对牵线搭桥为岚山引进资金、项目、人才的人员，根据所引荐项目投资额、纳税额给予一定比例的物质奖励。

2003年3月，设立岚山办事处招商局，负责岚山招商引资工作形势分析、政策制定、任务部署、协调落实和检查督促，负责专题招商、专业招商及重大招商引资活动的策划、组织、协调和服务，负责招商引资项目的承办、洽谈、推进和跟踪落实。之后，岚山区招商引资优惠政策进行多次修定。2009年制定的《岚山区招商引资优惠政策》规定，对特大型项目或者对区域经济发展、产业培育有显著带动作用，对岚山区经济、社会发展有特殊意义的投资或项目，可根据“一事一议、特事特办、双方协商”的原则，给予更加优惠的政策。

岚山设区后，重点围绕钢铁、石化、木材、现代物流等特色临港产业和配套产业，针对北京、上海、杭州、宁波、西安等重点招商区域，不定期开展“点对点”企业招商、以会招商、驻点招商、以商招商等活动。

2005年8月，第十届中国电影表演艺术学会奖（金凤凰奖）在日照举行，日照市组织举办了外来项目签约活动，岚山区共有21个签约项目，计划总投资31.1亿元。9月，参加了鲁台（潍坊）经贸洽谈会，签约项目5个。同年，还参加了中韩（日照）文化经贸交流项目签约仪式、2005海外华商·博士创业与投资山东行日照对接项目洽谈会，赴连云港参加了第五届江苏城市发展论坛投融资洽谈会。

2008年，举行全区招商引资项目集中签约仪式，共与16个亿元以上的大项目签订了合作协议，项目涉及化工、金属制造、商贸、木材等行业。

2009年，派出招商小分队赴上海、浙江宁波驻点招商，并成立了岚山驻宁波招商办事处。先后组织参加了中国石化产业年度聚会——第三届中国石化产业聚焦2009、香港投资说明会、茶博会北京新闻发布会、上海投融资及资源开发洽谈会。赴韩国、日本和北京、上海、江浙闽粤等地及省内各地进行专题招商推介活动，在广州、厦门、温州、东莞、上海、西安、郑州等地举办投资说明会18次，走访行业协会、商会30余家，考察投资企业近300家。派专人奔赴临沂、枣庄等地开展驻点招商活动。2009年，区政府确定区招商局为专业招商引资单位，8个乡镇街道和木材管委会、化工产业办公室、钢铁产业办公室为招商主体，开展专业招商。

自2010年开始，每年集中一个月，由区领导带领招商队赴珠三角、长三角、黄三角、中原、北部湾、东北等区域进行招商活动。先后参加了世界华人协会郑州联谊会、2010中国宁波化工推介会、第十五届中国东西部合作与投资贸易洽谈会（简称西洽会）、山东省政府在台湾举办的“2011台湾·山东周暨第十七届鲁台经贸洽谈会”、日照市政府在台湾举办的日照—台湾经贸文化交流活动、环渤海区域产学研（日照）合作洽谈会等活动，并与中国石油商会、世界华人协会、河南省山东商会等行业协会进行了接洽；开展集中推介活动18次，走访企业500余家，发放宣传资料近万份，召开推介会、投资说明会及小型客商洽谈会20余次，并赴韩国开展招商活动。在走出去的同时，还积极邀请客商到岚山实地考察，2008～2012年，共接待客商6500余人次。

2012年，赴陕西省西安市参加了第十六届中国东西部合作与投资贸易洽谈会；参加了日照市首届中韩（日照）投资贸易博览会，会上签约项目21个，签约总额3.56亿美元。

2012年，区委、区政府办公室印发《关于建立招商选资工作机制的意见》，建立起一套公开、透明的项目阳光评审运行制度，岚山区实现了由招商引资向招商选资的重大转变。

建立招商项目备案筛选制度。对有投资意向的项目，由区专业招商局进行初步筛选过滤。一方面深入了解项目的工艺流程、环境影响、经济效益以及用地、用水、用电计划等情况，另一方面邀请有关领导和组织有关部门对有投资意向的项目进行回访和项目考察，全面摸清投资方实力，详细了解拟投资项目的实际情况。通过初步过滤筛选，将“三高一低（高投入、高消耗、高污染、低效益）”项目、没有投资实力、不符合岚山区产业发展规划的项目拒之门外，将筛选好的项目纳入区投资项目库，以备进行专家论证和专业评审。

建立实施项目专家咨询论证制度。根据区内石化、钢铁、食品药品、商贸物流、木材加工等产业特点和需要，经过逐层推荐、考察了解，从区内企业的高级工程师和专业人才中，聘请48名人员为区招商选资产业项目咨询论证专家，成立了岚山区招商选资产业项目咨询论证委员会。

对经过专业招商部门初步筛选的项目，召开专家咨询论证会议进行详细论证。会议由项目方、项目方专家和岚山区产业专家团队参加。会议期间，由岚山区产业专家团队对项目有关情况进行质询，项目方专家进行现场答辩，专家团队对拟投资项目从产业链条延伸、经济带动能力、企业发展前景、生产工艺是否科学先进等方面提供权威论证和评估，并提出科学合理的建议，最后由专家团队提出最终评审意见。对于专家认定的污染大、科技含量低、不利于产业链条延伸、财税效益低的项目，一律不准予落户。

建立实施联合专业评审制度。从区发改、财政、住建、交通、水利、安监、国税、地税、工商、国土、环保、供电、消防和各产业办公室等部门单位抽调专业人员成立招商引资项目专业评审工作组，由分管招商引资的副区长任组长，并严格规定工作组成员单位在项目评审环节中所担负的职责。

对产业专家咨询论证通过的项目，由区招商引资委员会办公室牵头召集专业评审工作组成员单位召开项目专业评审会议，重点围绕项目是否符合国家产业政策、环评和安评能否达到相关要求、项目预期财税收益、投资强度等方面进行评审。各有关部门根据各自职责对项目提出评审意见，并对项目各方面存在的不足、项目建设过程中应该注意的事项、手续办理需提供的各项资料等方面提出合理化建议。对在会议上能够当场确定的事项，当场提出评定意见并在项目评审表上签字；不能当场确定的，由职能部门在会议之后5个工作日内做出评定意见，形成书面报告，由区招商引资委员会办公室汇总，作为项目签约依据予以存档。经过以上审核达到要求的项目，由区招商引资委员会办公室报区政府研究。2012年，全区共举行专家论证和专业评审会28次，先后对圣达尔保税仓库、通润油砂、中伊物产等产业项目进行了论证评审，有效提升了项目的招引质量。

通过建立招商选资工作机制，规范工作流程，提升了工作效率，加快了项目推进速度，提高了项目落地成效。岚山区始终坚持对于不符合临港产业发展要求的项目坚决不要，不符合环境保护要求的项目坚决不要，不符合土地集约节约利用的项目坚决不要，从源头上杜绝招商引资中遇到的假项目、圈地、骗政策等不良现象，杜绝层次低、污染高、投资强度低、税收贡献小的项目落地，为岚山区工业经济科学发展奠定坚实基础。

第四节　质量管理

2002年以前，岚山产品质量监督工作由日照市质量技术监督局负责。2002年，日照市质量技术监督局岚山办事处设立后，逐步建立产品质量监督制度，每年“3·15”消费者权益日、质量月、仲秋节、春节等重大节日期间都对企业、商店组织突击检查，查处质量投诉案件，打击假冒伪劣行为。

2005年，区政府提出“质量兴区”战略。2005年、2008年，分别印发《关于推进“质量兴区”工作意见》《关于进一步推进质量兴区工作的意见》，对企业取得品牌、商标等荣誉给予奖励、扶持。2005年，中粮黄海粮油工业（山东）有限公司的福临门牌大豆油获中国名牌产品称号，至2012年，全区共获得中国名牌产品2个（日照昌华海产食品有限公司昌华牌鱼糜制品、中粮黄海粮油工业（山东）有限公司福临门牌大豆油）、山东省名牌产品13个（见表10-18）、山东省服务名牌1个（区行政服务中心）、国家级标准化示范区2个（茶叶、板栗），山东省优质产品生产基地2个（茶叶、鱼糜）、优质产品生产基地龙头骨干企业3家（日照碧波茶业有限公司、山东丰华食品有限公司、山东阿掖山集团有限公司）、AAA级以上标准化良好行为称号5个【中粮黄海粮油工业（山东）有限公司、山东丰华食品有限公司等】，省级服务标准化示范单位1个（岚山烟草公司）。

2012 年岚山区山东名牌产品一览表

表 10-18

序　号	产　品	注册商标	生产企业名称
1	水产配合饲料	喜盈盈牌	中粮黄海粮油工业（山东）有限公司
2	线路金具	鲁圣牌	山东鲁圣电力器材有限公司
3	电力变压器	鲁圣牌	山东鲁圣电力器材有限公司
4	绿茶	牌	山东日照碧波茶业有限公司
5	绿茶	圣谷山牌	日照圣谷山茶场有限公司
6	民用家具	三木牌	日照三木木业股份有限公司
7	碳素结构钢和低合金结构钢热轧宽带钢	H 牌	日照钢铁控股集团有限公司
8	热轧 H 型钢	H 牌	日照钢铁控股集团有限公司
9	优质碳素结构钢	H 牌	日照钢铁控股集团有限公司
10	饲料用大豆粕	喜盈盈牌	中粮黄海粮油工业（山东）有限公司
11	禽饲料	喜盈盈牌	中粮黄海粮油工业（山东）有限公司
12	绿茶	雪青牌	山东雪青茶场有限公司
13	鱼糜制品	昌华牌	日照昌华海产食品有限公司

第五节　特种设备管理

2000年前，岚山特种设备安全监察职能归劳动部门，2000 年后归质量技术监督部门。质量技术监督部门依据中华人民共和国《特种设备安全监察条例》和《山东省特种设备安全监察条例》，按照“安全第一，预防为主，综合管理”的方针，每年对特种设备进行登记、定期检验检测，对不进行登记、检验检测的设备开展安全监察、稽查执法。至 2012 年，岚山特种设备总检验率和设备分类检验率始终保持在 96% 以上；累计检查特种设备使用单位 658 家，检查特种设备 2513 台次，出动特种设备安全监察执法人员 2647 人次，下达特种设备安全监察指令书 469 份，整改安全隐患 463 处。

2012 年，岚山区共有特种设备使用单位 186 家，在用特种设备 2251 台。其中锅炉 91 台，压力容器 1185 台，电梯 118 台，起重机械 794 台，场（厂）内专用机动车辆 63 辆，压力管道 82.943 公里。涉及钢铁、化工、港口、冷藏、液化、食品加工等行业，主要集中在钢铁及配套产业园区、化学工业区和岚山港口罐区。

钢铁及配套产业园区特种设备使用单位主要有日照钢铁有限公司、液化空气（日照）有限公司、日照盈德气体有限公司。日照钢铁有限公司在用特种设备 524 台（电站锅炉 9 台，压力容器 112 台，起重机械 403 台），占全区特种设备总量的 27.85%，其中冶金起重机械 28 台为重点监控特种设备。液化空气（日照）有限公司在用特种设备 102 台（压力容器 96 台，起重机械 6 台），其中 400 立方米氧气球罐 1 台为重点监控特种设备。日照盈德气体有限公司在用特种设备 31 台，全部为压力容器，其中 1000 立方米氧气储罐 3 台为重点监控特种设备。

化学工业区特种设备使用单位主要有山东石大科技石化有限公司、日照广信化工科技有限公司、日照岚桥港口石化有限公司、山东金石沥青股份有限公司。山东石大科技石化有限公司在用特种设备 100 台（起重机械 1 台，锅炉 2 台，压力容器 97 台），另有硫磺回收装置在建，132 台特种设备正在安装。日照广信化工科技有限公司在用特种设备 113 台（压力容器 112 台，锅炉 1 台）。日照岚桥港口石化有限公司在用特种设备 131 台（压力容器 129 台，锅炉 2 台）。

岚山港口罐区特种设备使用单位主要有岚山港务有限公司、日照新绿洲液化仓储管理服务有限公司、山东华海船业有限公司、中粮黄海粮油工业(山东)有限公司。岚山港务有限公司在用特种设备72台(电梯4台,场内机动车辆11台,锅炉2台,起重机械55台),日照新绿洲液化仓储管理服务有限公司在用特种设备20台(压力容器9台,锅炉2台,起重机械9台),山东华海船业有限公司在用特种设备38台(电梯1台,压力容器1台,锅炉1台,起重机械35台),中粮黄海粮油工业(山东)有限公司在用特种设备89台(锅炉4台,压力容器48台,起重机械16台,场内机动车辆21台)。

2012年,岚山区有特种设备生产单位2家,分别是:日照铸福实业有限公司、山东鑫通源钢管有限责任公司,均为压力管道元件制造企业。有气瓶充装单位15家,其中液化石油气充装单位9家,氧气乙炔等工业气体充装单位4家,车用气瓶充装单位2家。

第六节　安全生产监督管理

1993年前,岚山安全生产管理工作先后归日照县、县级日照市、地级日照市东港区管理。1993年岚山办事处成立后,设立安全生产委员会,开始加强安全生产管理工作。2002年6月,《中华人民共和国安全生产管理法》颁布后,岚山按照"安全第一、预防为主、综合治理"的方针,不断加强宣传教育和综合治理,使单位和个人安全意识逐步提高。至2012年底,全区生产安全事故起数、死亡人数呈逐年下降趋势,岚山未发生较大及以上生产安全事故。

宣传教育培训　自2003年起,区政府每年与各乡镇街道和部分部门、单位签订安全生产责任书,建立起全区的安全生产责任体系。每年组织开展"安全生产咨询日""安康杯"等宣传活动。2006～2012年,共发放宣传材料2.1万余份,展出展板160余幅,宣传挂图690幅,在山东省安全生产重点新闻网、日照日报等新闻媒体发表安全生产宣传稿件400余篇。宣传、广电等部门定期通报安全生产形势,传播安全生产信息,播放安全生产事故警示片,开辟安全生产常识宣传专栏,对生产经营单位主要负责人、安全管理人员、特种作业人员加强培训,累计培训1.12万人次。

预案体系建设　制定安全生产应急救援预案,基本形成从政府到部门到企业的完整体系。生产经营单位,特别是协助从事危险物品生产经营单位,都建立专职、兼职应急救援队伍。至2012年,共建立专职队伍6个,队员91人,2007～2011年,共组织8次重特大生产安全事故应急救援、突发事故处置能力和应急队伍抢险救灾实战能力演练。

综合监管　开展非煤矿山和危险化学品、烟花爆竹及工商贸企业的安全生产监督管理,定期开展安全生产大检查和专项督查,为符合安全生产条件者依法办理安全生产许可。至2012年,共为全区23家矿山企业、6家危化品生产企业、15家建筑施工企业依法办理了安全生产许可证,为403家烟花爆竹销售业户办理了销售许可证,辖区内其他企业也都按照规定取得了相关安全生产许可证。

推行"黄红绿"检查法,根据企业安全生产情况对企业采取不同监管方式和频率;在全区非煤矿山企业中推广深孔爆破技术,提高企业的生产安全性。开展安全生产标准化创建工作,至2012年年底,共创建安全生产标准化企业40余家。

专项监察　开展对危险化学品、交通、建筑、非煤矿山、烟花爆竹、消防等重点行业和领域的安全专项治理,在节假日、重大庆典、汛期和高温季节等特殊时段,全面排查隐患,确保重点行业和特殊时段的社会安全稳定。2007～2012年,共开展142次专项执法检查,检查企业9200余家次,发现安全隐患4000余项,下达责令改正指令书1000余份,复查意见书1000余份,处理举报案件35次,并及时反馈举报人。

2012年,先后开展了非煤矿山安全生产集中大检查、冷藏企业安全生产大检查、加油站安全隐患集中整治、重点危化品企业安全生产"大会诊"、春节和国庆期间安全生产督查等7次专项检查活动,排查督促整改了一大批事故隐患。监察大队对全区规模以上企业检查400余家次,下达隐患整改指令100余份,查处并督促整改事故隐患500余条,整改率100%。

烟花爆竹安全百日专项整治行动:每年春节期间组织开展烟花爆竹安全百日专项整治行动,对烟花爆竹经营店进行专项检查,确保春节期间烟花爆竹销售、燃放安全,严厉打击非法烟花爆竹生产经营行为,让广大群众度过一个喜庆、祥和、安全的春节。2012年开展的烟花爆竹百日专项大检查累计出动人员约500人次,车辆2000余车次,查处非法销售劣质鞭炮200余万头。

专家查隐患专项整治活动:聘请专家进企业、进车间,上矿山、查隐患、送知识、保安全,将专家查隐患专项整治活动作为常规工作,每年开展。2012年开展的专家查隐患专项整治活动,共聘请省、市专家14人,检查企业50余家,查改隐患300余条,现场整改20余项。

第七节　规范化建设

标准化建设　2002年,日照市质量技术监督局岚山办事处配合日照市质量技术监督局为6家企业制(修)订企业标准14个,查处违反《中华人民共和国标准化法》案件6起。

设区后,根据国家质检总局《农业标准化示范区管理办法》规定,岚山加强(无公害)农产品标准化生产示范区建设。2007年印发了《关于推进绿茶标准化战略的意见》。2008年10月24日,岚山区国家级无公害绿茶示范区以95.06分的评定分数通过国家验收。2009年,岚山区被确定为山东省优质绿茶生产基地,日照碧波茶业有限公司被确定为培育创建山东省优质绿茶企业龙头企业。2010年8月,岚山国家级绿色食品板栗标准化示范区通过验收,区内新添一处"国字号"农业标准化示范项目。2012年9月,岚山区"创建山东省优质鱼糜产品生产基地"通过验收,成为岚山区第二个、日照市第四个省优质产品生产基地。

法治建设　2010年、2011年连续2年,为实现依法治企,提高企业学法、用法水平,岚山开展了"法治企业"创建工作。多数企业聘请法律顾问,开展员工普法培训。日照焦电有限公司、山东阿掖山集团有限公司等10家企业被评为区"法治企业"称号。

诚信建设　2009年,岚山大力开展企业诚信建设,建立健全企业财务制度。2010年,日照焦电有限公司和金海岸装卸公司等5家企业被评为山东省诚信企业,鲁圣集团、日照三木集团有限公司、山东阿掖山集团有限公司、日照铸福实业有限公司等31家企业被评为市级诚信企业。2009年,在企业中开展"大爱岚山,感恩实践"活动,引导企业投身社会事业。2008年汶川地震后,日照钢铁公司一次性捐赠1亿元。鲁圣集团连续投入社会公益事业的资金达2000万元。

人才建设　从2008开始实行企业家培训制度,由区财政统一承担培训费用,每年组织企业高层管理者赴清华、北大等知名高校深造,至2012年年底先后培训企业高层管理者150人次。通过"走出去、请进来"方式对企业经营管理人员进行培训,每年培训企业人员1000余人次。引导企业进行自主培训,2009年日照铸福实业有限公司设立了人才培训室,对技术人员进行专门培训;2009年,日照岚星化工工业有限公司与青岛科技大学、武汉大学建立人才合作关系,吸引高端人才参与企业产品开发。

第八节　技术创新与技术改造

技术创新　改革开放以前,岚山仅有几家冷藏厂和一些绳网加工户,产业门类较为单一,现代意义上的技术创新还没有开始。20世纪80年代,随着改革开放的深入推进,岚山海产品加工业和绳网业开始兴起,是典型的劳动密集型企业,依靠当地资源、劳动力优势,普遍没有认识到技术创新的重要性,政府和企业没有开展较为突出的技术创新工作,只是一些渐进式的生产方式改进。进入20世纪90年代,随着市场经济的发展,一些冷藏企业,如山东昌华食品集团有限公司、山东阿掖山食品有限公司等开始转型,引进先进设备,开发生产海洋仿生食品,根据市场需要,不断开发生产新产品,如模拟蟹肉、模拟扇贝、烤鱼卷、虾丸等。2000年以后,一些资源型、劳动密集型企业经营发展愈发困难,在市场倒逼之下，企业对技术创新的意愿开始增强，特别是设区以后，随着钢铁、化工、木材、药品等产业的兴起，产业门类增多，大企业数量增加，岚山技术创新工作取得了长足进展。岚山历届区委、区政府把增强企业自主创新能力作为转变经济发展方式的中心环节，以推进技术进步作为提高企业自主创新能力的突破口，大力发展高新技术及其产业，深化产学研联合，加强创新平台和载体建设，提高企业自主创新能力。2010 年，制定《关于鼓励和扶持科技创新加快高新技术产业发展的意见》，在全市各区县中率先建立了科技创新激励机制，通过设立科技发展专项资金、落实税收优惠政策等多项举措，扶持企业的科技创新。

随着各产业的集聚发展，企业的技术创新水平也不断提高。2009 ～ 2012 年，岚山先后建立了日照岚星化工工业有限公司、山东鲁圣电力器材有限公司、山东石大科技石化有限公司 3 家省级企业技术中心，山东阿掖山集团有限公司、日照华浙钢棒有限公司、中粮黄海粮油工业（山东）有限公司、赢创岚星化工有限公司 4 家市级企业技术中心，鲁圣集团公司、昌华食品集团有限公司、合力绳缆有限公司 3 家工程技术研究中心。山东众山生物科技有限公司在 2012 年设立了岚山区首家院士专家工作站，也是日照市第一家国家医药类院士专家工作站。

技术改造　设区前，岚山企业通过实施技术改造，不断扩大生产规模、提升生产水平。设区后，实施技术改造的力度进一步加大，2008 年、2009 年、2010 年、2011 年、2012 年，分别实施技改项目 53 项、101 项、64 项、47 项、33 项，分别完成投资 16.5 亿元、25.3 亿元、31.2 亿元、43.1 亿元、30.62 亿元。2008 年，岚山区有投资 4.3 亿元的日照京华新型建材公司矿渣微粉项目等 13 个新开工项目、投资 20 亿元的岚桥集团沥青加工项目等 5 个续建项目被列入日照市 100 项技改项目。2009 年，有投资 8.1 亿元的山东石大科技石化有限公司 100 万吨/年含硫酸重质油综合利用装置及配套工程等 10 个新开工项目、投资 2000 万元的山东日照焦电有限公司余热利用等 2 个续建项目被列入日照市 100 项技改项目。2010 年，有投资 13 亿元的山东金石沥青股份有限公司重交沥青生产项目等 17 个新开工项目、投资 10 亿元的中粮黄海粮油工业（山东）有限公司大豆及饲料加工项目等 5 个续建项目被列入日照市 100 项技改项目。2011 年，有投资 3 亿元的日照三木集团有限公司球团加工项目等 22 个新开工项目被列入日照市 100 项技改项目。2012 年，有投资 8 亿元的山东万方板业有限公司彩涂板生产线项目等 16 个新开工项目被列入日照市 100 项技改项目。通过技术改造，企业实现了扩能升级，岚山工业经济总体规模不断增加，结构更加合理。

第十一编　农　业

岚山自古是农业主产区，农作物以小麦、玉米、地瓜、花生为主。新中国成立后，通过土地改革和农业社会主义改造，解放了生产力，岚山农业迅速发展，成为全省粮、棉、油、瓜、果、菜及畜禽的重要产区，碑廓镇是全市乃至山东省有名的米粮仓。在“大跃进”、人民公社化和“文化大革命”等时期，因受“左”的影响，农业生产发展极不稳定。

改革开放尤其是岚山办事处设立后，岚山把农业产业化经营作为促进农村经济发展、农业增效、农民增收的主要途径和重要措施，重点培植发展蔬菜、茶叶、桑蚕三大特色产业，农业生产力迅速发展。通过不断完善农业技术推广体系，加强同农业院校和科研机构的联系，加快农业新技术的引进与交流，建立了山东农业大学岚山教学科研基地和农业高新技术示范区，先后聘请大学教授6人到岚山任农业科技乡镇长，成立各级农牧技术推广机构12个，培养农业专业技术干部98人，引进推广41项农作物、畜牧良种和农业先进生产、加工技术。引进的粮油、蔬菜、茶桑、果树、家畜家禽等优良品种，促进了农牧良种选育和品种更新，碑廓镇被山东省肉牛改良产业化项目办公室确定为全省肉牛改良10个示范乡镇之一；引进的设施栽培、新农药、种衣剂、喷滴灌等新技术有力地推动了作物栽培技术的进步。

2004年设区后，区委、区政府始终高度重视农业农村工作，不断加大政策扶持力度，全面落实各项支农惠农政策，大力调整农业产业结构，促进农业、农村经济走产业化、规模化发展之路。2012年，全区实现农林牧渔业总产值50.49亿元，农作物总播种面积59.38万亩，其中粮食作物播种面积42.6万亩，粮食总产18.55万吨，全区有各类农业龙头企业39家，其中省级农业龙头企业7家，市级农业龙头企业32家，建立市级以上农业标准化生产基地11处，农民合作社发展到386家。

第一章　农村经济体制

第一节　土地使用制度

明代境内除安东卫的屯地、漕地(军粮田)、寺院庙地外，土地多为私人所占。至1946年，大部分土地为地主、富农占有，自耕农、半自耕农仅占有少量土地，且多属山岭薄地；贫苦农民则无土地。

1946年5月4日，中共中央发布关于土地问题的指示，没收地主土地归农民所有。日照县于同年7月开始，10月底基本结束，没收地主、富农的土地全部分给贫雇农。1947年7月7日，中共中央华东局发出《关于山东土改复查新指示》。7月23日，日照县委在邵疃村(现属后村镇)召开全县农民代表大会，部署土改复查(群众称大复查)工作，各村成立了贫雇农小组，除没收地主土地外，山林、房屋、牲畜、农具、粮食及浮财一律查封，征收富农多余的土地，由农会直接分给贫雇农。复查中出现了侵犯中农利益，扩大打击面等“左”的倾向，1948年进行了土改复查纠偏工作。1951年，土地改革全部结束。

1952年，巨峰小坡村、碑廓西辛兴村和西杨家庄村在日照县率先建立了3处初级农业生产合作社(简称初级社)，随后初级社在各地普遍建立。初级社的土地归农民个人所有。1956年年底至1957年春，根据中共中央《关于高级农业生产合作社示范章程》的精神，各地初级社合并升级为农业生产合作社(简称高级社)，高级社的土地归农民集体所有。

1978年中共十一届三中全会后，农村经济体制改革在全国展开。1981年，日照县全面推行家庭联产承包责任制，到1982年年底全部分田到户。1992年，中共十四大提出建立社会主义市场经济体制的目标和要求，岚山区农村经济体制改革逐步深化。1999年推行土地二轮延包，2004年实行均田制，农村经济体制改革按照统筹城乡发展的思路全面推进。

家庭联产承包责任制　1978年中共十一届三中全会后，小段包工定额计酬、专业承包联产计酬、联产到劳、包产到户、包干到户等多种形式的生产责任制在全国试行。1981年开始推行联产承包责任制，逐步实行三包一奖惩、联产到劳、包产到户。1982年中央一号文件下达，开始实行“大包干”，即家庭联产承包。生产队将土地按人口、劳力等因素分配到户，分口粮田和责任田，亦工亦农、合同工、民办教师、职工家属及常年享受大队补贴的干部，一般只留口粮田。

大包干后，对原来集体的林、牧、渔等多种经营项目和大队、生产队的工副业项目由村与承包户签订合同，合同期一般3～5年不等。承包者除按合同上交给村集体一定的承包费和社会负担费用外，收入归己，自负盈亏。

1984年冬贯彻中央〔1984〕1号文件精神，本着“大稳定、小调整”和“从简、从速”的原则，稳定和完善土地承包关系，将土地分等级作价，合理搭配，集体统一管理水利设施，统一规划和组织农田基本建设，建立为农业生产服务组织。1985在全区推开，承包期一般为15～20年。稳定和完善土地承包的同时，家庭联产承包责任制也进一步推广到林、牧、副、渔各个领域。

随着农村工商业发展，一部分农户从事经营或开办工副业，但又不放弃土地经营，造成部分土地经营粗放，甚至出现撂荒。针对这种情况，1989年尝试“两田制”，即以村为单位，把全部耕地分为“口粮田”和“责任田”，口粮田按人均分，不承担定购任务和所有社会负担；责任田按劳承包，承担全部税赋和农产品定购等社会任务。实行“两田制”后，人口变动实行“动账不动地”的办法解决。

二轮土地延包　1997年，中共中央办公厅、国务院办公厅发出《关于进一步稳定和完善农村土地承包关系的通知》，提出“第一轮土地承包到期后，土地承包期再延长30年不变，并在明确农户土地承包权的基础上，及时向农户颁发土地承包经营权证书”。岚山办事处制定了二轮土地延包的具体政策，对全处3个乡镇农村土地实行了二轮延包。

均田制　在二轮延包时，普遍存在超比例留取机动地、规划预留地，搞长期高价发包，加重了农民负担，影响了社会稳定。2004年中央开始进行“两田制”清理整顿，变“两田制”为“均田制”，按农村人口数量平均分配土地资源。岚山区制定了《关于农村“两田制”清理整顿工作的实施意见》。“两田制”清理整顿，核心是“均田制”，对“高价地”无论是按劳力承包，还是招标承包的土地，一律按人口平均延包到户，一定30年不变，不再收取土地承包费。对在耕地上发展的经济园林，也和其他耕地一样对待。

2007年，岚山区制定《关于全区农村土地突出问题专项治理工作的实施意见》，认真做好延长土地承包期30年的后续完善工作，解决历史遗留问题。凡是尚未开展延包的，要求严格按规定程序组织好延包；农户土地承包期不到30年的一律延长至30年，承包地块没有落实到户的一律落实到户。使农户的承包地块、承包面积、承包合同、经营权证、基本农田“五到户”。严格执行承包期内“增人不增地、减人不减地”的政策。严格界定发包土地的范围，对适宜家庭承包经营的各类土地，按照“均田制”的原则平均发包到户；机动地不超过5%，不足5%的不再增加；未留机动地的不再留机动地。严格“四荒”地界限，严禁将适宜家庭承包的土地以“四荒”地的形式进行发包，切实维护农民的土地承包权益。

土地流转与规模经营　随着农村土地家庭承包经营制度的完善和农村经济社会的发展，农村土地流转现象越来越普遍，流转形式主要有代耕、换耕、有偿转包、无偿转包、互换、租赁、入股等。为规范和促进农村土地流转工作，岚山区构建了“1+7+400”的土地流转网状服务格局，即区级成立1个土地流转服务中心；7个乡镇街道成立土地流转服务中心，建立土地流转台账、土地流转规章制度；400个村设立流转服务站，实现土地流转服务全覆盖。2012年年底，全区土地流转总面积2.36万亩，占总耕地面积的6.9%，涉及农户11358户。

第二节　农村经济收益分配

1946年前，地主利用霸占的大量土地，对贫苦农民进行地租剥削。租制有3种：定租，农民租种地主的土地，不论丰歉，必须按定额向地主交租，租额一般按收获粮食总数的“四六”“五五”“或“六四”比例确定，以“五五”比例居多；钱租，佃农按定额向地主交纳租金，通常春秋两次交纳；典种地，价格一般为地价的50%～60%，通常典种1～3年，典种期间，土地所有权仍归地主，到期可按原价赎回，地主典地所得多用于经商和放高利贷。

1941年1月，根据山东省参议会颁布的《山东省减租减息暂行条例》(简称“双减”)和1942年4月刘少奇对山东“双减”工作的具体指示，日照县委在碑廓区二朱曹村进行了减租减息试点。1943年夏收前，在根据地的碑廓、大坡、汾岚等区和高兴、太平边沿区的部分村庄开展了“双减”斗争。抗日战争胜利后，“双减”斗争作为中心任务，于1946年1月实行“二五减租”“分半减息”，地租均按原租额减去25%，借贷利息减半。通过减租减息斗争，减轻了广大农民的地租负担。

1946年10月至1947年7月，解放区实行“耕者有其田”的土地改革，到新中国成立后的1956年，农村经济主要是农民个体经济。其后，农村经济收益分配经历了三个时期：

农业合作社时期　初级农业合作社时期，耕畜、农具等主要生产资料折价入社。社员参加集体劳动，按入社生产资料和劳动工分所占比例进行分配。粮食分配：土地四成、工分六成，称为“四六”分成；口粮部分按“人七劳三”分配。现金分配：农业收入总值扣除农业税、生产费用、公积金、公益金后，剩余部分“四六”分成，即土地四成，工分六成。高级农业合作社时期，土地不再参加分红。粮食分配：在完成上交任务、留足种子后，按“人六劳四”分配。现金分配：扣除生产费用、公积金、公益金、农业税后，按劳动工分分配。1957年，境内基本实现一村一社，仅有部分小村由几个村联合为一社。1958年8月，中共中央《关于在农村建立人民公社问题的决议》下达后，高级社合并升级为人民公社。

人民公社化时期　初期时，农业收益实行平均分配。1962年，实行“三级所有，队为基础”的制度，生产资料归人民公社、生产大队、生产队三级所有，以生产队为基本核算单位，明确了各级所有权和自主权。生产队有生产经营自主权，分组作业，责任到人，实行“各尽所能、按劳分配，多劳多得”的分配原则，大部分社队实行“人五劳四肥一”的口粮分配办法，柴草随粮分配。对烈军属、残废军人发优待工，优待工与实干工一起参加粮食、现金分配，优待工值从公益金支付。对“五保户”实行补助工日或直接补现金、发口粮。国家干部、职工家属的口粮标准，相当于一般农户，出工不足部分，投资参加分配。对农村干部采用误工补助的办法。“文化大革命”期间，取消集市贸易和社员自留地，推行“大寨记工法”，改一天一记工为十日一评工，用评“政治分”取代按劳计酬，生产积极性受到严重挫伤。从1966年的人均分配47.8元，到1976年的66元，10年间仅增长了12.2元。

联产承包责任制时期　1981年后，实行家庭联产承包责任制，承包户实行自负盈亏。1983年后，国家征购、派购的粮油及其他农副产品，按土地承包面积分摊，有户交售、队结算和户交售、户结算两种结算方法。1985年，粮油由统购改为合同定购，合同一年一定。2004年，粮食市场放开，取消粮油定购。村干部享受定额补贴，条件好的村，干部实行退休制。民办教师、烈属、“五保户”除享受国家补助优待外，村里还给予适当照顾。

第三节　农村产业结构

改革开放前，岚山农村经济内陆以粮食种植为主，沿海以渔业为主，林业发展缓慢，畜牧业以家庭饲养为主。改革开放后，茶叶、林果、桑蚕等经济园林种植面积增加，渔业发展迅速。1993年岚山办事处设立后，围绕农业增效、农村繁荣和农民增收三大中心任务，大力调整农村产业结构，推进落实各项惠农政策，农业、农村经济得到持续稳定发展。

2003年，岚山办事处农业总产值16.19亿元，比1993年增加10亿元，增长161.7%；农、林、牧业产值分别占农业总产值的13.4%、0.3%和4.8%，比1993年下降0.8、0.6和4.8个百分点；渔业产值占农业总产值81.48%，比1993年增长7.38个百分点。农村一、二产业所占比重由1993年的37.5%、52.2%，分别下降到2003年的25.2%和46.5%；第三产业所占比重由1993年的10.3%上升到2003年的28.3%。

2012年，实现农业总产值50.49亿元，是2004年25.81亿元的1.96倍，年均增长8.8%。其中农业产值20.73亿元，占农林牧渔业总产值的41.1%；林业产值0.26亿元，占农林牧渔业总产值的0.5%；牧业产值10.16亿元，占农林牧渔业总产值的20.1%；渔业产值17.50亿元，占农林牧渔业总产值的34.7%；农林牧渔服务业产值1.84亿元，占农林牧渔业总产值的3.6%。2012年，农民人均纯收入11182元，是2004年的2.81倍。

1993～2012年岚山主要农产品产量统计表

表11-1　　　　单位：吨

年份	粮食总产量	夏粮	烤烟产量	油料产量	花生	肉类产量	水产品总产量	禽蛋总产量	水果总产量
1993	67462	29576		15259	15295	4476	120092	3398	2836
1994	68458	30813		16906	16906	4476	156267	3398	2960
1995	68474	31538		17011	17011	4977	178000	5413	2800
1996	71686	34220		17295	17295	5101	209636	5538	3341
1997	68700	39959		15709	15709	8136	238734	5623	2868
1998	69972	35724		17988	17988	4140	259194	4298	2690
1999	72533	38026		19408	19408	4160	254022	4647	5055
2000	63158	31316		20589	20589	2536	246738	3612	4405
2001	58448	27323		20054	20054	4674	251426	4973	10978
2002	54596	26074		18902	18902	2956	247178	4796	11167
2003	37162	20028		17222	17222	3515	230231	6474	7691
2004	166909	76204	600	50456	50456	18950	243152	23911	26422
2005	170299	77505	273.59	49879	49879	19636	252679	30896	34611
2006	171097	78681	577.92	51906	51906	21371	308481	29424	35460
2007	166086	75135	710.24	50585	50585	22137	332755	33718	33799
2008	168176	79459	618.36	52137	52120	26983	216208	24430	34124
2009	178975	85231	994.15	46373	46233	29942	224108	28858	33340
2010	188869	86780	425.51	46297	46297	32417	224626	29741	41244
2011	182508	81090	372.9	45083	45083	34261	238333	32483	43087
2012	185501	80560	446.23	34938	34938	36031	272425	32443	25291

第四节　农村合作经济

岚山农村合作经济最早出现于1943年的抗日根据地。主要经历了抗日战争至新中国成立初期的互助组、1952～1958年的农业生产合作社、改革开放后的农民专业合作社三个阶段。

互助组　即变工互助组，始于1943年，是根据地农民的自愿合作组织。互助组实行农具、畜力互助。农活按分工合理记账，每季节清工结算，经济收益互相找补。到1946年时，高兴区有8个村组建了207个互助组，汾岚区有28个村组建了84个互助组。1947年5月，高兴区潘家洼村组织了12个大互助组、24个小组，把烈军属、支前家属分别安排到组，帮助他们搞好生产；还制定了记工算账、奖励办法，保证了支前、生产两不误。初级农业生产合作社建立后，互助组消失。

初级农业生产合作社　1952年，在互助组不断发展的基础上，域内建立了3处初级社：巨峰小坡村的先进社、碑廓西辛兴村的前进社和西杨家庄村的胜利社。随后，各地普遍建立了初级社。农民入社自愿，退社自由，土地、耕畜、农具折价按股入社，归合作社统一使用，所有权仍归农民个人所有。入社社员划组作业，劳动评工记分，年终按股份和劳动量实行"五五""四六"或"三七"分配，夏秋两季预分，年终决算。到1957年春，初级社被高级社兼并替代。

农民专业合作社　实行联产承包责任制后，农民在农业生产实践中，以各自拥有的农机具和专业技术，创建了各种专业合作联合体。2004年岚山设区后，先后制定一系列政策措施，扶持农民合作社发展，以助农增产、增收。

2007年12月，登记注册了鑫鑫牛羊养殖专业合作社、御园茶叶技术农民专业合作社和御园春茶叶机械化技术服务专业合作社3家农民合作社，其中御园春茶叶机械化技术服务专业合作社是全省首家茶叶机械化服务农民合作社。2008年4月，成立了茂宽农机服务专业合作社，是日照市首家从事农田机械作业服务的农民合作社。至2012年年底，全区有各类农民合作社386家，其中茶叶132家，畜牧89家，农机38家，林果45家，农资1家，桑蚕2家，花生6家，水产16家，蔬菜等其他类57家。

2008年7月，御园春茶叶机械化技术服务专业合作社成功炒制机制乌龙茶，结束了秦岭—淮河以北仅有绿茶的历史，2010年，机械炒制的乌龙茶、红茶分别通过科技成果鉴定，分获市级科技进步三等奖。

茂宽农机服务合作社流转土地380亩，与7个周边村农户签订了土地托管合同，每年合同种地5000亩以上，被农业部命名为全国农机合作社示范点。

金玫农机服务专业合作社吸纳周边12个村社员310户，以"农田托管"为主要经营模式，开展各类农机服务，先后被农业部评为全国农机合作社示范点，被省农业厅等部门联合表彰为全省首批农民合作社示范社，合作社理事长李光成先后获全国粮食生产大户、全省种粮大户和省级、市级劳动模范等荣誉称号。

后崖下茶业合作社积极发展"订单农业"，发展7个周边村茶农社员678户，合作社先后被授予山东省十佳订单销售型农民专业合作社、2011年度中国茶叶十大专业合作社荣誉称号。

第二章　农村经济管理

第一节　农业管理机构

民国以前，岚山无专门农业管理机构。1923年，归日照县政府实业科管理，1928年改属日照县建设局管理。1940年，日照县抗日民主政府建立后，归设立的实业科管理，新中国成立后改属建设科。1954年3月，日照县设立农业技术指导站，各乡镇（区、公社）设会计辅导员。1983年各乡镇设经管站。

1993年9月成立岚山办事处农业委员会，内设办公室（人秘科）、农牧办公室、林业办公室和水利办公室4个股级单位，下设经管站、汾水畜牧检查站、汾水木材检查站和农机公司4个事业单位。各乡镇街道均设农技站、经管站、畜牧兽医站、农机管理站、林业站、水利站。1995年12月成立岚山农机安全监理站，为股级自收自支事业单位。

1995年12月，岚山办事处撤销农业委员会，成立农业局、林业局和水利局3个正科级单位。农业局下设行政科室，保留汾水畜牧检查站和岚山农机安全监理站2个股级事业单位；成立畜牧兽医中心，与汾水畜牧检查站合署办公；岚山农机安全监理站由自收自支改为差额补助事业单位。

1997年8月，重新设立岚山区农业委员会，与农业局合署办公，一套班子，两块牌子。农业局内设办公室、农业综合科、畜牧综合科和农机综合科4个职能科室。为加强种子经营管理工作，根据岚山编委《关于成立岚山种子经营管理站的通知》，成立岚山种子经营管理站，为股级全民事业单位。2004年设区后，岚山农业局改称岚山区农业林业局(简称区农林局)。

2010年，区农林局加挂日照市岚山区畜牧兽医局牌子，将乡镇畜牧兽医站人、财、物统一归区农林局管理，同时设立岚山区动物疫病预防控制中心、岚山区畜牧站、岚山区动物卫生监督所3个正股级全额事业单位。

第二节　集体资产与财务管理

互助组时期，以个体经营为主，兼以换工办法(以人工换人工，以牛工换人工，用工时找补等)组织劳力生产，财力、物资则由农户自行管理。

初级农业合作社时期，生产劳动和财务由社员民主选举产生的社委会管理。社委会定出各项农活的标准工分，按劳动强弱和社员技术高低派活包工，完成定额记分。账簿设有日记账、总分类账和明细分类账，采用收付记账法。生产工具、粮食、种子、农药等物资，多贮存到户，集中使用。农具，小者自备，大者保管到户，按使用成色定补贴，年终付给报酬。

高级农业合作社时期，劳动组织多为常年作业组，也组织季节性和临时性的作业组。劳动管理以定额承包为主，死分死记为辅，所得工日在组内参加分配。财务管理贯彻"勤俭办社、民主理财"方针，社内设主管会计，开支权限有明确规定，账、钱、物专人管理，账目日清月结。多数社建立了仓库，较大农具折价入社，由集体存放。

人民公社化时期，1958年秋，实行"大兵团"作战，搞人海战术，生产管理混乱。1959年，恢复以生产队为单位的劳动组织。劳动管理实行"三包一奖四固定"，即包工、包产、包成本，大队对生产队固定土地、劳力、牲畜、农具。社员劳动评工记分，农作物管理包工到人到户。1962年，管理体制实行公社、大队、生产队三级所有，队为基础，以生产队为基本核算单位。生产队有了生产经营自主权，实行"四小管理"(小段计划、小组作业、小段评比、小段检查验收)，基本体现了"各尽所能，按劳分配"原则。1964年，进行以"清理财务、清理仓库、清理工分"为内容的社会主义教育运动。1965年，发展为"清政治、清经济、清组织、清思想"为内容的社会主义教育运动。同年春，推行大寨"标兵工分，自报公议"办法(先评出"标兵"工分，再由群众对照"标兵"自报公议)，社员劳动只记出勤天数，每月或数月评议一次工分。这种记工法，群众称做"大概式"，也叫"思想工分"，干多干少、干好干孬一个样，挫伤了社员的生产积极性。

1981年，开始推行联产承包责任制，1982年底，全部分田到户，实行"大包干"，即家庭联产承包，彻底砸烂了农业生产上的"大锅饭"。

1985年，日照市推行土地打价定级承包试点，承包期一般为15～20年。集体统一管理水利设施，统一规划和组织农田基本建设，建立为农业生产服务的组织。

随着大包干生产责任制的普遍推开和村级政权的建立，原生产大队、生产小队两级组织撤销，原生产小队的集体财产全部分到户，原生产大队、生产小队两级组织的账务全部移交给村委会。1983年各乡镇普遍建立了经管站，经营管理由原来只管理农村财务的单一管理拓展到农村集体资产管理、农村各业承包合同管理和农民负担监督管理等"三大管理"。

1988年，各乡镇经管站成立了农村集体经济审计站，配备专职审计人员，普遍开展农村财务审计工作。1990年春，日照市在汾水镇召开现场会，对农村财务实行"双代管"，各村集体资金和财务账目由乡镇经管站统一代管。2000年，各乡镇街道对农村会计进行职业化管理，通过考聘选任，实行异村任职。2005年，落实《村集体经济组织会计制度》,对农村财会人员进行了一次系统培训。

1998年,按照中央、省、市统一部署,对各乡镇街道农村集体经济组织进行清产核资。2004年,安东卫街道加强资金监督管理,从银行基本存款账户入手,在银行为各村(居)开设基本存款账户,对资金实行“双印鉴”管理,账户款项支出必须同时加盖乡镇街道经管站农村财务专用章和村(居)公章。2005年,区政府出台《关于进一步加强农村集体财务管理的暂行规定》,建立健全了民主理财制度、财务公开制度、财务开支审批制度、“一事一议筹资筹劳”制度,各村普遍成立民主理财小组、监事会。2009年,区委办公室、区政府办公室下发了《关于进一步加强和规范农村集体财务管理工作的意见》,区委农村工作领导小组下发了《岚山区关于违反村级财务管理责任追究办法(试行)》,进一步加强和规范农村集体财务管理,提高民主管理和监督水平。为进一步加强农村集体资产、资源、资金的管理,2012年4月,在全区范围内开展了农村集体经济组织清产核资工作。为加大监管力度,投资23.9万元,建立了区、镇、村联网的农经信息系统,引入市场竞争机制,在各乡镇街道建立资产资源交易中心,推行招标投标制度,实现了从“干部定价”到“市场定价”。

第三节 集体经济承包合同管理

20世纪80年代前,农村没有集体经济类的承包合同。实行联产承包责任制后,农村各类承包合同逐渐增多。1984年秋,开始对土地划等定级,发证到户,开展农村第一轮土地承包,实行合同管理(经济园林一般合同承包期为3年、5年、10年,土地承包期一般15年)。1999年2月,开始实施第二轮土地延包,土地承包期延长30年不变。1986年,为解决果园承包中“红眼病”(习语,指心理不平衡)问题,通过协商提高了承包指标,并按照“同等条件下原承包户优先承包”的原则,重新进行发包。针对四荒“红眼病”,吸取果园“红眼病”经验教训,日照市政府于1990年统一制定政策,提高承包指标,完善“四荒”(荒山、荒沟、荒丘、荒滩)承包合同,没有重新发包。1991年以后,各乡镇街道经管站均成立了农村承包合同管理站,村建立了承包合同档案管理室,落实专人负责制,加强对土地承包合同签订、鉴证、纠纷调解的处理,使农村各业承包合同管理工作步入规范化轨道。

2004年,岚山办事处在碑廓镇召开全处稳定和完善农村土地承包经营制度工作现场会,开展了农村土地“两田制”清理整顿工作,发放土地承包合同和土地承包经营权证书。2010年9月,岚山区召开农村土地承包经营权证换发补发暨土地流转动员会议,制定了《岚山区推进农村土地承包经营权流转实施意见》和《岚山区农村土地承包经营权证换发补发工作实施方案》,逐户调查摸底,核定面积,登记造册,张榜公布。在清查核实的基础上,将农户土地承包基本情况信息录入软件,建立健全土地流转市场服务体系,规范土地流转行为。

第四节 农民负担监督管理

人民公社时期,农村基本生产资料归集体所有,收益分配是先扣除集体和国家的,后给社员分配,农民负担尚未显现。

中共十一届三中全会召开后,农村普遍实行了以家庭承包为主的责任制,农民成为相对独立于集体经济组织之外的农业生产经营者,新的分配原则是农民“交够国家的、留足集体的、剩下都是自己的”。但无论是缴给国家的税收,还是留给集体的村提留、乡统筹,都是从农民个人手中支付,这时农民便直接感受到了税费负担。

1983～1985年“社改乡”改革,取消了人民公社及其下属生产队,成立乡镇政府和村民委员会,其行政职能和办公人员等组织体系重新构建。在本级税收不能保证全部开支,而上级财政又没有补足缺口的情况下,为维持庞大的机构运转,基层政府开始借各种名义向农民收取费用。涉及的收费部门和单位很多,如税务、财政、工商、教育、公安、计生、妇联等。征收的依据,有的来自中央和省两级,有的是地方自定;有的按产量,有的按“个”数;有的按收入,有的按劳动力或耕种面积。征收环节，有的在农产品生产环节，有的在农产品收购环节，有的甚至还“预收”下一季农业税。一些乡镇为增加“三提五统”(是指村级三项提留和五项乡统筹。村提留是村级集体经济组织按规定从农民生产收入中提取的用于村一级维持或扩大再生产、兴办公益事业和日常管理开支费用的总称。包括三项，即公积金、公益金和管理费。乡统筹费是指乡镇合作经济组织依法向包括乡镇、村办企业、联户企业等所属单位和农户收取的，用于乡村两级办学，即农村教育事业费附加，计划生育、优抚、民兵训练、修建乡村道路等民办公助事业的款项)的征收数额，过高估算或人为加大农民人均纯收入的数额，农民人均纯收入算得越高，“三提五统”征收基数就越大，征收到的“三提五统”绝对数就越多，农民负担便越重。一些地方极力开拓农业税源，设法从农民那里多征税，农业特产税和屠宰税的“平摊”非常普遍。此外，为弥补财政缺口，一些应在财政范围内开支的项目，不得不借各种名义向农民收取，使得农村乱集资、乱收费、乱摊派膨胀。农村公共财政压力迫使基层政府大规模举债，导致农村债务负担日益沉重。

1994年实行分税制后，税费征收先中央后地方，中央拿大头，地方拿小头，中央将一些优质税源收为直管，省、市依次效仿，因此，中央、省、市财政较为充足，而县、乡财政非常紧张。乡镇财政赤字增加，向农民转嫁负担成了唯一可行的选择，农民负担节节攀升。

对农民的乱集资、乱收费和乱罚款名目繁多。统筹收费有农村办学费、村干部报酬及保险金、国防教育费和优抚对象优抚费、计划生育补贴费及保险金、民兵训练费等；服务费用有猪禽检疫防疫费、水利工程供水费、人身保险费、农房保险费等；管理费用有市场管理费、土地及宅基地管理费、林木砍伐费、中小学生杂费、公路建养费、各种牌证照费等；用工及其他费用有植树、兴修水利、公路建设用工折款等；罚没款有违反土地管理条例罚款、超生罚款、不按规定品种或技术程序种植罚款等；集资有社会福利募捐、集资办电、集资建校、集资建桥、集资建农贸市场等。此外，地方政府对农业生产经营活动干预，如直接下达种植计划、频繁收回土地承包权等，成为农民的另一项负担。

另外，农业生产资料涨价，生产成本“水涨船高”，加重了农民负担。虽然粮油等农产品价格有较大提高，但整个物价水平上扬，工业品价格明显高于农产品价格，“剪刀差”不断拉大。借故增加义务工，强行以资代劳，加重农民负担。发展乡村公路，修建铁路，种植防护林，修建护坡等，让农民出力。农民有的出工，而不出工的则以资代劳。农村劳动力要承受义务工和累积工的劳务负担，一般每年少则十几个，多则二十几个。

通过向孩子伸手，加重家长负担。有的乡村财政拮据，难以支付教育费用和修建校舍，便要求学生每学期多交费用，一些学校经常向学生收取考卷费、补课费、资料费等。此外，农民外出务工还要交纳名目繁多的费用，如计生证明费、未婚证明费、无犯罪记录证明费、务工证费、计生妇女保证金等。农民进了城，城里人还要收费：暂住证费、外来劳动力管理费、计生管理费、流动人员管理费，少数地方还要交治安费。

1996年年底，国务院出台《关于切实减轻农民负担的决定》，农民负担增长势头在1997年得到有效遏制。1998年，中共中央办公厅、国务院办公厅发出《关于切实做好当前减轻农民负担工作的通知》，要求严格控制提留统筹，1998年农民承担的提留统筹费的绝对额，不仅要严格控制在上年农民人均纯收入的5%以内，而且不得超出1997年的预算额；坚决全部停止向农民乱摊派、乱集资、乱罚款和其他各种摊派。

1999年，国务院办公厅转发农业部等部门《关于做好当前减轻农民负担工作意见的通知》，要求严格执行农业税收政策，严格控制提留统筹提取数额，禁止一切乱收费、乱集资、乱罚款和各种摊派，禁止一切要农民出钱、出物、出工的达标升级活动。

2000年、2001年，中央、省、市相继出台《关于进一步做好减轻农民负担工作的通知》《关于清查有关农民负担税费文件项目的通知》《关于切实减轻农民负担工作的通知》，全面加强农民负担管理，严禁面向农村的各种摊派，进一步规范“两工”(义务工、建设工)的使用和农村公益事业建设。根据《国务院办公厅关于进一步加强农村税费改革试点工作的通知》及省有关规定，日照市政府制定了《农业两税附加征收管理办法》《一事一议筹资筹劳管理办法》和《乡村公益事业金征收管理办法》3个规范性文件。

农村税费改革的基本原则是：确保农民负担明显减轻，确保乡村基层组织正常运转，确保农村义务教育经费正常需要，实现农村经济和社会各项事业的可持续发展。农村税费改革的主要内容是"三取消、两调整、一改革"，即：取消乡统筹、农村教育集资等专门面向农民征收的行政事业性收费和政府性基金、集资项目，取消屠宰税，逐步取消统一规定的劳动积累工和义务工；调整农业税政策，调整农业特产税政策；改革村提留征收使用办法。

实行农村税费改革后，农业税按照实际土地面积和国家规定的计税价格及税率征收。农业特产税按照农业特产品的实际收入和规定的税费计算征收。原由农民按人均上缴的村提留，改按新的农业税附加和农业特产税附加的形式收取，农业税附加比例为正税的40%，农业特产税附加为正税的10%至20%。改革后，村内兴办集体生产及公益事业所需资金和劳务，不再向农民固定收取，而实行"一事一议"的办法，由村民会议或村民代表会议讨论决定，乡镇人民政府批准，并报办事处农民负担监督管理部门备案，管理使用情况实行村务公开、村民监督和上级审计。1年内每个村民所负担的"一事一议"资金最高不超过15元。农村"两工"逐年递减，3年内(2005年前)取消。具体是：2002年每个劳动力平均"两工"应控制在15个以内，2003年控制在12个以内，2004年控制在10个以内，2005年全部取消。"两工"取消后，发展集体生产及公益事业等所必需的用工，采取"一事一议"和"一事一批"的办法解决，1年内每个劳动力平均用工最多不超过10个。

岚山农民负担监督管理实行党政"一把手"负责制和部门负责制，办事处(区政府)每年都与各乡镇政府、街道办事处签订《减轻农民负担工作目标管理责任书》，实行"一票否决"和"百分考核制"。各乡镇街道也都成立减轻农民负担工作领导小组，列入乡镇领导班子位次管理和农村"上争创"活动内容。

通过农村税费改革，基本落实了"全面暂停收取乡村公益事业金，暂停向农民收缴农村税费改革前的税费尾欠，取消除烟叶外的农业特产税和降低农业税三个百分点"的政策。各乡镇街道根据实际情况，制定了严格的减免办法。对农村中的烈属、伤残军人、老复员军人及特困户、丧失劳动能力的残疾人减免农业税；对70岁以上的老年人，免征新增农业税及附加；农村"五保户"、70岁以上的老人以及丧失劳动能力的残疾人，免去农村兴办集体公益事业的筹资筹劳任务等。减免金额一律由村集体和乡镇财政负担。加强"一事一议"筹资筹劳项目规范管理，对兴办村级公益事业确需使用"一事一议"筹资筹劳的，按照"量力而行、群众受益"的原则，多数农民同意的事就办，不同意的就不办。加强政务公开和监督检查工作，在全区实行农村财务"双代管"和资金监管；建立民主理财、财务、政务公开制度，在固定地点设立公开栏、农村财务监督箱，每月定期公开财务收支。同时，每年开展不少于两次农民负担监督检查。

2006年1月1日中央全面取消农业税。

岚山从2004年起开始实施系列农业补贴政策。2004年开始对农机购置进行补贴，2004～2012年共补贴11824台机械，补贴资金2234.02万元；2005年开始对小麦种植进行直接补贴，2005年每亩补贴13元，2006年后每亩补贴14元，2005～2012年共补贴资金2362.13万元；2007年开始对小麦、玉米种植保险进行补贴，2007～2012年共投保小麦、玉米137.5万亩，补贴资金347.2万元；2007～2009年实施农村户用沼气建设补贴，每户补贴1000～1400元，3年共补贴资金482.26万元；2008年、2009年实施能繁母猪保险补贴，补贴资金268.8万元；2011年、2012年实施能繁母猪直接补贴，每头补贴100元，2年共补贴能繁母猪107441头，补贴资金1074.41万元；2008年开始实施小麦、玉米、水稻、花生良种补贴，小麦、玉米每亩补贴10元，水稻每亩补贴15元，花生每亩补贴10元，承担花生良种繁育任务的每亩补贴140元，至2012年共补贴资金1814.5万元。

第五节 农村合作基金会

岚山于1990年10月在汾水镇试办农村合作基金会，至1999年6月30日清盘关闭，历时9年，其中全面推广是在1991年春至1994年5月，岚山办事处4个乡镇街道全部建立了农村合作基金会，从业人员有27人。资金来源主要包括四个方面：一是会员股金，二是代管资金，三是自身积累资金，四是有关部门扶持资金。凡是乡村集体经济组织暂时不用的资金，包括集体历年的各项积累资金，村提留、乡镇街道统筹费，回收的欠款及所属事业单位上交款，土地等农村资源征用、占用补偿费，农业发展基金(建农补农资金)等，都可以入股或代管的形式，纳入农村合作基金会。股金和代管资金通过“股金证”“代管资金证”加以确认，坚持资金所有权不变。

农村合作基金会资金投放对象主要是本会会员。投放项目依本地经济发展需要确定。坚持短期、小额和有效的原则；坚持“一事一借，有借有还，到期归还”的原则；坚持借款申请、审批、抵押、担保和“三查”(投放前调查、投放时审查、投放后检查)等制度。按投放项目收取资金占用费，利率和国家金融部门规定的标准相同。投放资金时，一般都要对项目进行可行性论证，对农户的生产经营活动进行指导。截至1999年3月30日，岚山办事处4处农村合作基金会融资总额3297.91万元，其中村民股金1692.05万元；投放资金总额2786.67万元，其中投放到村集体的资金982.33万元，乡镇直单位89.2万元，乡镇企业834.6万元，农户809.8万元，其他70.5万元，有力地支持了全处农村经济发展。

1999年，党中央、国务院决定建立由中国农业发展银行、中国农业银行、农村信用合作社分工合作功能互补的农村金融体系，农村合作基金会不再单设。根据国办发〔1999〕3号和鲁清办发〔1999〕1号文件，岚山办事处于1999年6月17日召开全处清理整顿农村合作基金会工作会议，6月18日向全处股民发布《清理整顿农村合作基金会公告》，对全处4处农村合作基金会进行清理整顿，内容主要包括：“清产核资、分类处置、清收借款、分期还本付息。”

部分农村合作基金会因不能按期回收借款而影响退还会员股金。全处农村合作基金会首期兑付工作除岚山头街道无个人股金无兑付任务外，其他3个乡镇本着先急后缓，先个人后集体，先小额后大额，先群众后党员干部的原则，制定了个人股金首期兑付计划：1000元以下的一次性兑付完毕，1001～5000元的每户兑付1000元，5001元以上的按20%的比例兑付，利息一次性兑付，其他的个人股金分4年按比例还清。全处3个乡镇集中时间和人力开展了兑付工作，首期兑付个人股金428万元，未发生上访、挤兑、闹事等事件。以后每年按比例兑付一次，到2003年，农村合作基金会会员股金基本兑付完毕。

第三章 农业生产条件

第一节 耕 地

据清康熙十二年版《安东卫志》记载，明初驻安东卫屯丁按朝廷规定，“每丁授田二十五亩”，安东卫原额屯地坐落于日照、诸城两县，日照有“成熟一例屯地九十八顷七十九亩二分”，诸城有“成熟中地一百三十八顷一亩七分”，至清康熙十二年(1673年)，安东卫周围原属(江南)赣榆的漕地(军粮田)共七十五顷，划归安东卫管理。

清代，各级地方官员极力“劝告”农民开垦荒地，以获取额外“田亩赋捐”中饱私囊。

抗日战争时期，根据地人民开展大生产运动，碑廓的朱曹、巨峰的大坡、辛留、土山、马疃、山口(山峪)、黄埠子等地成为开荒运动的先进村。新中国成立后，人民政府奖励开荒，规定生荒

5年、熟荒3年免税，境内增加了大量耕地。

1993年岚山办事处成立时，全处实有耕地15.2万亩，农民人均占有1亩。办事处成立后，通过整地改土、开荒等措施，新增耕地6824亩，但由于国家基建、乡村集体基建、水利建设、住宅建设、道路建设用地的增加，耕地面积逐年减少。2004年岚山设区后，全区常用耕地面积36.89万亩。到2012年，全区常用耕地面积37.87万亩，其中水田2.2万亩，占耕地面积的5.8%。

第二节　劳动力

1946年土地改革前，地主不参加农业生产劳动，主要靠雇工耕种收获，富农和富裕中农除自己耕种外，也请雇工干活。雇工主要是失地贫农，分为长工（俗称“觅汉”）、短工、女工、童工、杂工等5种类型。除农业雇工外，还有商号雇工、船主雇工、渔行雇工、从事渔盐运输的“脚力”工和小商小贩等，均处在受剥削和压迫的最底层。土地改革后，农民成为土地的主人，多数人以农业生产为主，剩余劳动力则转移到城镇从事制造和服务业。

人民公社化后，农民只从事单一的农业生产。1982年实行联产计酬责任制后，农村剩余劳动力开始到沿海渔村或城镇务工，主要从事出海捕鱼、建筑等劳动强度大的行业。

1993年，岚山办事处实有乡村劳动力80774人，其中从业劳动力77836人，第一产业54625人，占70.2%；第二产业13618人，占17.5%；第三产业9593人，占12.3%。随着人口增加，农村劳动力也有所增加，行业劳力结构发生了明显变化。2004年，全区实有乡村劳动力208791人，其中从业劳动力195582人，第一产业126276人，第二产业15006人，第三产业54300人。到2012年，全区乡村人口数385158人，实有乡村劳动力223406人，其中从业劳动力208628人，第一产业114960人，第二产业21776人，第三产业71892人。

第三节　农业机械

岚山制造和使用耕、耙、耢、运、脱等农机具的历史悠久，至今镢、锨、锄、镰、镐等生产工具仍普遍使用。随着社会经济发展，半机械化、机械化农机具逐步替代人力、畜力农具。

计划经济年代，各乡镇都成立拖拉机站，装备一些大型农机具，如东方红—75链轨车、大型深耕犁（五铧、七铧）、圆盘耙等，其中碑廓拖拉机站还引进大型“康拜因”联合收割机1台。1978年以后，国家允许农民自己经营农机，以农用拖拉机、运输车和机引田间作业机械为重点的农业机械迅速发展。2004年开始实施农机购置补贴政策，购买小型机械补贴500～5000元，购买中型机械补贴5000～20000元，购买大型机械补贴3万～5万元，全区各类农业机械保有量、农业生产综合机械化水平大幅提高，各种形式的农机大户和新型农机服务合作组织快速发展。2004～2012年，岚山区共补贴11824台机械，补贴资金2234.02万元。

2012年，全区农机总动力达到71.2万千瓦；农用拖拉机2.9万台、6.4万千瓦；农用运输车6195台、8.8万千瓦；配套农机具11.5万台，其中播种机13379台，各类收获机械4810台，场间作业机械1156台，农产品加工机械5019台。全区拥有保护性耕作机具268台套，设施农业设备2628台套，花生生产机械5815台套，茶叶生产机

图11-1　机械收获、机械播种　（摄于2008年）

械6213台套。有农机户3.37万户，农机中介组织30家，农机合作社38家，涵盖了农田作业、植保、农机维修、农机物流配载、经济作物生产机械化等领域。先进适用的农机具已在农业生产的各个环节上得到应用，年完成机耕面积2.67万公顷，机播面积3.21万公顷，机收面积3.18万公顷，饲料、粮油加工、茶叶加工基本实现机械化，农业生产综合机械化程度达到90%以上。

第四节 农业生产资料

新中国成立前，岚山农民种地用自产的人粪尿、厩肥、草木灰、土杂肥（炕土、泼水汪），间或买点豆饼使用；杀虫药主要是买药店出售的信石（砷）。

新中国成立后，主要用少量的硫酸铵化肥和六六六粉农药等。从1961年起，化肥品种增多，有氨水、硝酸铵、氯化铵、尿素等，大部分化肥按上级计划指标调拨分配，少部分用于兑付交售爱国粮及收购重要经济作物的奖售。同期，农药有滴滴涕、二二三乳剂、敌百虫、敌锈钠、敌敌畏、代森铵、乐果等。1970年后，化肥增加了过磷酸钙、钙镁磷肥、碳酸氢铵、硫酸钾、氯化钾等品种，农药增添了1059、1605、退菌特、多菌灵、久效磷、甲胺磷、辛硫磷等。

1980年前，农业生产资料全部由供销社经营。农村实行联产承包责任制后，国家放开化肥、农药的生产和经营，集体、个体业户均能参与购销农业生产资料，与供销合作社形成竞争局面，激活了农业生产资料流通市场，进口复合肥、磷酸二铵、磷酸钙、敌杀死农药及农用塑料薄膜等，在一般农村商店都有销售。

20世纪90年代，每年夏天，岚山工委、办事处都发动群众大沤大造土杂肥，用人粪尿或畜肥、玉米秆、麦糠、杂草加泥土混合翻拌，在街巷或村外空地堆成方形、园形，以泥严封，沤烂发酵。工委、办事处每年组织检查、验收，验收结果列入年度绩效目标责任制考核。

2000年后，国产化肥、农药完全替代了进口，化肥主要有复合肥、各类农作物专用肥、叶面喷施肥等；农药有除虫菊类、杀虫双及有机磷类等。

2012年，全区各类化肥实用量为59833吨，农药使用量为1013吨。

1993～2012年岚山农业主要能源及物资消耗量统计表

表11-2

年份	农村用电量（万千瓦时）	农用塑料薄膜使用量（吨）	农用柴油使用量（吨）	农药使用量（吨）	农用化肥使用量（吨）		农机总动力（千瓦）
					实物量	折纯量	
1993	1671	215	15555	153	20630	5395	87450
1994	1707	226	28678	186	21901	6078	95872
1995	2038	287	28250	243	21509	6209	129762
1996	2523	270	45254	245	22154	6468	150123
1997	2683	317	51053	1135	23402	6726	113808
1998	3140	374	51101	294	24697	7185	125093
1999	3788	466	54167	345	25323	7631	130890
2000	3339	514	41142	337	24438	9522	143921
2001	3431	446	40645	234	25218	7626	152321
2002	6678	423	44318	602	24773	7344	157860
2003	5384	399	51547	284	22883	6724	170500
2004	7942	1581	52811	1079	81003	25571	466700
2005	9643	1523	56100	1020	82141	26592	469000

续表 11-2

年　份	农村用电量（万千瓦时）	农用塑料薄膜使用量（吨）	农用柴油使用量（吨）	农药使用量（吨）	农用化肥使用量（吨）		农机总动力（千瓦）
					实物量	折纯量	
2006	10726	1574	72181	1044	83507	27007	516490
2007	12270	1485	67172	1084	83172	26927	532000
2008	13106	1944	68769	1421	68682	21577	636814
2009	15171	1978	72840	1284	64526	21390	656000
2010	15667	1980	75865	1375	65096	21427	672610
2011	14137	2262	75982	1217	70022	23484	687500
2012	17291	2050	69157	1013	59833	19779	712000

第四章　种植业

第一节　粮食作物

新中国成立前，境内粮食作物主要有大麦、小麦、穇子、谷子、黍子、高粱、旱稻、糯稻、绿豆、豌豆、玉米、荞麦、爬豆、黄豆、黑豆、地瓜等，以大麦、小麦、穇子、谷子、高粱、稻子、黄豆、地瓜种植面积较大。据 1931 年《山东农林报告》，当时主要粮食亩产量，小麦和稻子约 70 公斤，地瓜约 750 公斤，大豆约 90 公斤。

新中国成立后至 20 世纪 60 年代前，粮食作物与新中国成立前基本相同，夏粮中的大麦、豌豆，秋粮中的谷子、高粱、大豆、黍稷、穇子、荞麦、绿豆等仍普遍种植。1949 年和 1957 年，上述作物种植面积分别占粮食总播种面积的 42.2% 和 35.6%，产量分别占粮食总产的 30% 和 33.3%。20 世纪 60 年代后，上述作物种植面积急剧减少，有些作物如黍稷、穇子、绿豆、荞麦等已很少种植，代之以小麦、地瓜、玉米、水稻等。

20 世纪 80 年代初，由于籽实作物产量大幅度增长，被称为主食、占粮食总播种面积 30% 以上的地瓜，种植面积明显下降，小麦种植面积明显增加。

岚山办事处成立后，1993 ～ 2002 年，粮食作物以小麦、玉米、地瓜为主，种植面积分别占粮食作物种植总面积的 51.93%、24.86% 和 14.68%，小麦平均单产由 1993 年的 273 公斤增长到 2003 年的 360 公斤，玉米、地瓜平均单产分别保持在 400 和 500 公斤左右，粮食总产量保持在 6 万吨左右。

2012 年，全区实现小麦单产 397.2 公斤、总产 7.94 万吨，玉米单产 518.2 公斤、总产 8.81 万吨，地瓜单产 694.4 公斤、总产 1.39 万吨，全年实现粮食总产 18.55 万吨。

1993 ～ 2012 年岚山主要农作物种植面积及产量统计表

表 11-3　　单位：亩、吨

年　份	小　麦		稻　谷		玉　米		大　豆		薯　类		花　生	
	面积	总产	面积	总产	面积	总产	面积	总产	面积	总产	面积	总产
1993	108409	29576	3752	1390	28711	12547	8621	1610	43779	22086	56470	15259
1994	105358	30813	3894	1514	29988	12972	9115	1746	41125	21231	54535	16905
1995	100705	31538	3388	1282	29919	12987	9252	1687	39798	20865	55151	17011

续表 11-3

年份	小麦		稻谷		玉米		大豆		薯类		花生	
	面积	总产	面积	总产	面积	总产	面积	总产	面积	总产	面积	总产
1996	97461	34220	3327	1331	32247	14592	8980	1678	36470	19776	54636	17295
1997	95000	39959	2760	924	30372	9197	10879	1777	33749	16789	54952	15709
1998	92549	35724	3473	1750	29646	14449	10563	2051	30941	15901	56271	17988
1999	95571	38026	3105	1564	33319	16324	9878	1980	27809	14600	57926	19408
2000	85399	31316	3037	1542	31640	15541	9664	1982	23664	12727	61617	20589
2001	91101	27323	2565	1294	33764	14994	9624	1904	23132	12899	55749	20054
2002	72528	26074	2280	1108	34740	14747	9533	1813	20487	10854	59987	18902
2003	53714	20028	1268	510	28671	9771	5585	905	12911	5948	64812	17222
2004	207343	76204	15151	7959	98644	47053	14468	3425	53625	32215	147471	50456
2005	212342	77505	15331	8162	110453	52355	14551	3417	48013	28827	148892	49879
2006	220360	78681	14703	7866	115806	55597	13310	3180	42711	25755	153115	51906
2007	201978	75135	15670	8488	112358	54499	11040	2721	41551	25243	150685	50585
2008	202549	79456	16693	9548	119153	58084	11562	2871	28699	18166	155703	52120
2009	211237	85231	19742	11533	132101	65871	11739	2883	21305	13418	140239	46373
2010	43719	17650	17303	10200	148769	76593	11574	2987	19302	12303	137331	46296
2011	215025	81090	17104	10037	161509	84223	9741	2514	19639	12814	132376	45083
2012	211986	80560	12257	7149	172643	82815	8316	1997	20274	12905	123474	34938

第二节 经济作物

境内经济作物主要是花生，其次有烟草、棉花、麻类、芝麻、蓖麻、向日葵和药材等。花生始种于清末，最早种植的是龙生型，棵细、粒小、产量低。清光绪十五年（1889 年）大花生传入，逐渐成为主要油料作物和输出商品。

1949 年，粮食作物播种面积占耕地面积的 89.9%，经济作物仅占 8.2%，二者之比为 11∶1，花生播种面积占经济作物播种面积的 90% 以上。1949 年花生干果单产 75 公斤，1956 年单产 110 公斤，比 1949 年增加 46.67%，为历史上第一个高产年。1968 年，单产比 1949 年增加 124%，以后种植面积逐渐扩大，产量大幅上升。20 世纪 80 年代，花生生产发展迅速，为全市重点花生产区。1993 年，岚山办事处种植 5.65 万亩，单产 270 公斤；2002 年种植 6 万亩，单产 315 公斤。2012 年全区种植 14.5 万亩，单产 370.5 公斤，总产 5.37 万吨。

烟草在 20 世纪 70 年代后发展起来，种植面积较少，主要分布在黄墩、中楼。芝麻多种于梯田地边，或间作套种。蓖麻、向日葵多种于房前屋后，路边地堰。棉花种植面积较少，零星分布，多为自用。

第三节 蔬菜瓜类

据清康熙十二年版《安东卫志》载，岚山域内的蔬菜品种有蔓菁、萝卜、白菜、菠菜、茼蒿、芫荽、莴苣、辣菜、苋菜、韭菜、葱、辣椒、芥、蒜、芹菜、茄、蕨、薇、龙须、凤头、红菜、紫牦菜等；野菜有荠菜、泽蒜、马齿苋、山菜、蓬子菜、石花菜、紫菜、海蒿、海带、灰菜等。新中国成立初期，蔬菜多是当地品种，后随着商品蔬菜的发展，品种越来越多，到 2012 年，全区已形成 10 个大类、150 多个品种。

白菜类：大白菜、小白菜、甘蓝等。

绿叶菜类：菠菜、芹菜、苔菜、莴苣、茼蒿等。

根菜类：萝卜、胡萝卜、山芋等。

茄果类：辣椒、茄子、番茄等。

瓜类：黄瓜、南瓜、冬瓜、西瓜、梢瓜、茭瓜、丝瓜等。

豆类：梅豆、扁豆、豇豆等。

葱蒜类：大葱、洋葱、大蒜、韭菜等。

薯芋类：马铃薯、芋头、生姜等。

多年生菜类：竹笋、黄花菜等。

食用菌类：木耳、松莪、平菇等。

其中，种植面积较大的有大白菜、萝卜、辣椒、茄子、黄瓜、马铃薯、芹菜、大葱、菠菜等。

新中国成立前，岚山居民主要露地种植蔬菜、瓜果，以自产自用为主，遇到荒年，农民靠瓜菜度日，过着半年糠菜半年粮的生活。新中国成立后，蔬菜生产有很大发展。农业合作社化后，划给社员自留地种菜，自留地一般占耕地的5%～7%。1982年落实家庭联产承包责任制后，蔬菜种植面积有较大增加，种植品种增多，产量大幅度提高。1993年，岚山办事处蔬菜种植面积0.9万亩，单产2955公斤，总产2.29万吨。

1993年以后，岚山办事处把发展大棚蔬菜生产作为发展农村经济的重点。1994年，从寿光引进冬暖式大棚（日光温室）蔬菜种植技术，首先在碑廓镇的西辛兴、二朱曹等村试种，后推广到碑廓全镇和安东卫街道、虎山镇的部分村庄，1998年面积达到顶峰。后随着种植技术的不断改进，单位面积上的产量也越来越高，经济效益越来越好，大棚结构也由最初的泥草墙、有立柱的低矮棚发展到中期的加高、加宽的中档棚，再到后来的空心砖墙、无立柱、电动卷帘的高档棚。

2003年，岚山办事处蔬菜种植面积2.6万亩，单产3489公斤，总产9.07万吨，其中以冬暖棚黄瓜为主的保护地蔬菜栽培面积1.6万亩。发展大棚蔬菜专业村36个、专业户6000多户，平均亩收入8000元，最高亩收入1.6万元；建成了碑廓、汾水2处蔬菜专业批发市场，蔬菜业收入占全处种植业收入的35%以上。

2004年岚山设区后，设施蔬菜生产成为活跃城乡经济、丰富"菜篮子"供应、增加农民收入的支柱产业，逐步形成了以碑廓镇朱曹管理区为重点的冬暖式蔬菜大棚区域片、以辛兴管理区为重点的春秋大小拱棚区域片、以后村镇山河管理区为重点的冬暖式蔬菜大棚区域片和以黄墩镇后大坡村为重点的标准化蔬菜大棚示范区，蔬菜产业向规模化、产业化方向发展。菜棚平均亩收入由初期的0.8万元左右、中期的1.5万元左右，上升到2012年的3万元以上，最高亩收入达5万元以上。

2011年，碑廓镇岚绿蔬菜专业合作社首次引进寿光第六代半地下室蔬菜大棚建造技术，大棚种植区低于地面0.7米，后墙及侧墙由推土机堆积土壤压实而成，后墙底部最厚处5～6米，上端1.5～1.8米，侧墙底部厚3米，上部1.5米。新型大棚大幅提高了棚体保温能力，显著提高了大棚经济效益。

2012年，全区有保护地蔬菜栽培面积1.48万亩，年收入超过2.6亿元。其中冬暖式大棚6500亩，春秋大拱棚及露天覆膜栽培面积8300亩。发展设施栽培蔬菜200亩以上的专业村32

图11-2　冬暖大棚　（摄于2007年）

个,年收入2万元以上的蔬菜生产专业户4600余个,普遍推广应用黄瓜嫁接栽培、配方施肥、病虫害综合防治等技术。

第四节　耕作制度

新中国成立前,长期沿用一年一作、二年三作、一年二作和一年多作4种耕作制度,以一年一作制为主,即一年收获一季,秋后土地休闲,第二年春季再播种地瓜、花生、高粱或谷子等。

新中国成立后,随着生产力发展和生产关系变革,耕作制度也相应发生了变化,土地利用率不断提高,粮田复种指数逐年增大。自20世纪70年代起,随着夏播早熟作物品种的推广普及,春播面积逐年减少,在一年一作的基础上,二年三作和一年二作的耕作方式逐步发展。二年三作的耕作方式是:春种玉米、花生、地瓜、谷子、高粱或大豆等,收获后种小麦,次年小麦收获后,种植大豆、玉米、地瓜、高粱或谷子等。一年二作制的耕作方式是:小麦收后,种水稻、玉米、谷子、大豆或高粱等。

20世纪80年代后,夏播作物面积增加,一年二作面积扩大。到1994年,岚山办事处有耕地面积15.2万亩,其中一年一作2.66万亩,仅占17.5%;二年三作5.5万亩,占36.2%;一年二作6.08万亩,占40%。农田复种指数168%,粮田复种指数173%。

2012年,全区常用耕地面积37.88万亩,其中一年两作面积21.5万亩,占56.76%;两年三作面积16.38万亩,占43.24%。农田复种指数为156%。

第五节　农业技术

新中国成立前,域内农业生产以传统粗放型经营为主,无先进技术可言,农作物产量徘徊不前。新中国成立后,农作物栽培技术在合理密植、塑料薄膜保护地栽培、旱地增产栽培技术、增产调节剂使用等方面取得了重大进展,对提高土地利用率和产出率,促进农作物的持续增产,发挥了重要作用。

合理密植技术　新中国成立前,岚山农作物栽培主要采用大垅稀植和大犁点麦的传统方式。20世纪50年代末改为条播,行距33～40厘米,后逐渐缩行,合理密植。

20世纪80年代初期,提出了主要农作物适宜的栽培密度:小麦基本苗8万～15万株/亩;玉米播种量3公斤左右;夏地瓜0.45万～0.5万株/亩;早熟花生0.9万～1.2万墩/亩,中熟花生0.8万～0.9万墩/亩,晚熟花生0.7万～0.8万墩/亩;水稻基本苗10万～15万株/亩;夏大豆1.2万～2万株/亩;夏谷4.5万～5.5万株/亩。20世纪80年代,小麦播种使用三角播种机,每亩基本苗11万～12万株;90年代,广泛推广应用小麦精播半精播技术,每亩基本苗9万～10万株;2000年后,每亩基本苗达10万～15万株。玉米20世纪80年代初期,平均密度每亩2500株左右,随着生产条件改善,化肥投入量增加和紧凑型玉米杂交种逐步推广,种植密度逐步提高,1994年种植密度达到0.35万～0.4万株/亩,比1980年增加1000～1500株/亩。之后,平展型品种0.3万～0.35万株/亩,紧凑型品种0.45万～0.55万株/亩。

农用塑料薄膜保护地栽培技术　新中国成立前,主要推广风障栽培技术。新中国成立后,在风障阳畦、薄膜覆盖、草苫覆盖的基础上相继发展成改良阳畦、日光温室。20世纪70年代中后期,岚山开始应用塑料棚进行蔬菜生产,80年代中期逐步推广,栽培方式有小弓棚、多膜式小弓棚、拱圆式春秋棚、单坡面冬暖棚等,栽培品种有黄瓜、辣椒、西红柿、茄子、西葫芦、土豆、梅豆、西瓜等30多个。2000年,岚山办事处有以冬暖棚、春秋棚为主的保护地栽培面积1.6万亩,年产瓜菜8.6万吨。

1982年,地膜覆盖栽培技术首先在花生种植上试验获得成功,后迅速被推广应用,到1993年,岚山办事处地膜覆盖栽培面积达到5.2万亩,其中花生5万亩,占总播种面积的90%,并逐步扩展到蔬菜、西瓜和果树、林木育苗及幼树栽培上。

旱地农业增产技术　境内西北部多丘陵,降雨偏少,属半干旱区。新中国成立以来,通过兴修水利,扩大水浇地面积,生产条件有了较大改善。

岚山办事处设立后，在总结传统保墒抗旱经验的基础上，开展水土保持、封山育林、小流域治理和以整地改土为重点的农业综合开发，逐步改善生态环境，农业生产力水平有了较大发展。

2010年，通过学习外地旱地综合开发典型经验，探索出了适宜本地旱作农业的配套增产技术。主要有：以肥济水为重点的配方施肥、提高土壤肥力的施肥技术；以经济用水为重点的培育壮苗、高产低耗群体结构的播种技术；以种节水为重点的采用抗旱作物和品种技术；以管保水为重点的镇压划锄、覆盖、深耘的管理技术。这些蓄水、节水、用水、保水的技术措施，具有明显的增产效果。

配方施肥技术　20世纪90年代后，随着农村一家一户养殖模式的退出，农村土杂肥来源明显减少，农业生产主要依赖化学肥料。长期使用化学肥料，容易造成土壤板结、酸化、养分失衡。在此背景下，从2008年起，岚山积极推广实施配方施肥技术。

配方施肥技术，又叫测土施肥、平衡施肥，是施肥技术的一项重大改革。是综合运用现代农业科技成果，根据作物的需肥规律、土壤供肥性能与肥料效应，在以有机肥料为基础的条件下，制定出氮磷钾及中、微量元素的适宜用量和比例，以及相应的施肥技术。该技术的最大优点是可以有效地解决作物施肥与土壤供肥、作物需肥之间的矛盾，有针对性地补充作物所需的短缺营养元素，使各种养分平衡供应，满足农作物的需求，达到提高农产品产量、改善农产品品质、提高农产品市场竞争力、提高化肥利用率和使用效益的目的。

机械化规范播种技术　主要有小麦精播半精播技术、小麦宽幅播种技术、花生单粒点播技术等。

2010年，岚山区开始推广小麦宽幅播种技术。小麦宽幅播种技术具有播种量准确、播种均匀、播深一致、种粒分布合理等优点，能够确保苗匀、苗齐，水肥利用率高，根系相对发达，叶片光合作用均匀，生长过程中通风透光好，秸秆硬，抗病、抗倒伏，因此能有效提高产量。采用宽幅播种技术要充分考虑农业机械的作业规格和下茬作物播种需求，一般行宽26厘米左右，播幅7厘米左右。

2011年，岚山区开始推广花生单粒点播，在播种时，改传统的每墩2粒种子为1粒种子，并配套相应栽培管理措施。传统花生种植方式每穴播种2粒，每亩10万穴左右，用种量（荚果）小花生35公斤左右，大花生45公斤左右，约占花生亩产的8%～10%。以单粒精播代替双粒穴播，不仅可以减少用种量，而且可以缓解花生群体与个体的矛盾，实现花生高产高效。

秸秆还田技术　随着农村生活条件改善，土杂肥来源明显减少，土壤有机质明显不足，实施秸秆还田对于改良土壤、培肥地力、促进农业丰产丰收具有重要意义。据试验，连续进行秸秆还田2～3年的地块，土壤结构明显改善，保水保肥性能明显提高，作物增产潜力明显提升。

岚山区从2006年开始推广秸秆还田技术，主要是将玉米、小麦秸秆还田，用联合收割机将玉米或小麦秸秆打碎，作为肥料布施于地中。实行秸秆还田的地块，需要注意增施速效氮肥，以起到加速秸秆腐解、保证作物苗期旺盛的双重功效。由于秸秆残存病虫害较多，经过秸秆还田的地块有病虫害加重发生的趋势，尤其是蛴螬、蝼蛄等地下害虫较多，所以应加强综合防治。

图11-3　小麦机收秸秆还田　（摄于2012年）

植物生长调节剂使用技术　新中国成立以后，公认的植物生长调节剂有5类：生长素类、赤霉素类、细胞分裂素类、乙酸类和脱落酸类。1980年后，乙烯利、矮壮素等开始广泛用于生产。1983年，在小麦、玉米、花生等主要农作物上开始广泛应用三十烷醇；1985年后，由于增产作用下降和影响作物的产品质量，推广受阻。1990年以后，以赤霉素、乙烯利、细胞分裂素、2.4-D等为代表的各类生长调节剂得到广泛应用，在农作物生长调节、花芽分化、坐果、催熟等方面发挥了重要作用，成为农业生产的一项重要措施。

第六节　作物种子

新中国成立前，域内农作物品种多靠自育自种，品种老化，产量低，抗病能力差。20 世纪 50 年代后，党和政府大力推广优良品种，逐渐淘汰更新低产品种，其中小麦和玉米每 7 ～ 8 年更新一次，至 2012 年年底，共推广、引进优良品种 150 多个，对提高农作物产量起了重要作用。

小麦　新中国成立前，沿袭下来的品种有红秃头、老芒麦、小火麦等，不抗锈病，产量较低。新中国成立后，进行小麦品种更新。第一次 1952 ～ 1957 年，引进推广了徐州 438 和胶东扁穗；第二次 1957 ～ 1960 年，引进推广了碧蚂 1 号、碧蚂 4 号、蚰子麦等；第三次 1960 ～ 1970 年，引进推广了济南 2 号、北京 8 号、济南 8 号、济南 9 号、石家庄 407 号、徐州 14 号等；第四次 1970 ～ 1975 年，引进推广了泰山 1 号、泰山 5 号、莒农 4 号、百泉 72-40、冀麦 7 号、徐州 17 号等，尤以泰山 1 号普及面广；第五次 1975 ～ 1983 年，引进推广了济南 13 号、莱阳 4671、郑州 761、冀麦 20、白高 38、山农辐 63、寨选 1 号、昌乐 5 号等，尤以济南 13 号普及面广。1984 年后，又陆续引进鲁麦 3 号、鲁麦 4 号、鲁麦 5 号、鲁麦 7 号、鲁麦 8 号等新品种，并逐步推广。

岚山办事处成立后，引进推广的小麦优良品种主要有鲁麦 21 号、鲁麦 22 号、鲁麦 23 号、54368、烟辐 188、烟 D27、烟 103、济核 916、92021、924142、84139、白玉 149、山农 65、鲁麦 15 号等普通型和济南 17 号、烟农 15 号、935031 等优质型品种，分别占岚山办事处总播种面积的 76% 和 23% 左右。鲁麦 21 号，原代号烟 886059，系烟台市农科所 1991 年育成，属半冬性多穗型，抗寒性、抗旱力强，抗三锈病、耐白粉病、纹枯病，抗倒伏和干热风，落黄好，产量稳定，适宜在中、高肥水条件下种植，穗粒数 34 粒左右，千粒重 40 克，最高实收单产 693.64 公斤。1997 年后，岚山办事处常年种植面积在 5 万亩以上，占总播种面积的 60%。

2000 年后，引进推广的小麦良种主要有济麦 22、良星 99、山农 15、烟农 2415 等。其中济麦 22，半冬性，中早熟，抗寒性好，抗倒伏，抗干热风，分蘖力强，成穗率高，亩有效穗 40 万～ 45 万穗，穗粒数 36 ～ 38 粒，千粒重 42 ～ 45 克；2004 ～ 2006 年度参加山东省区试，两年均列第一名，平均亩产 536.81 公斤；2006 年 6 月经山东省农业厅和科技厅联合专家组在兖州实打验收，4.56 亩实收亩产 727.43 公斤，创山东省历史最高记录。良星 99，半冬性，中熟，分蘖力强，两极分化快，成穗率高，株高 78 厘米左右，穗纺锤形，长芒，白粒，角质，平均每亩 41.6 万穗，穗粒数 35.7 粒，千粒重 40 克，较抗倒伏，抗寒性好，高抗白粉病，2004 ～ 2005 年度参加黄淮冬麦区北片水地组品种区域试验，平均亩产 509.13 公斤。2012 年，在全区播种小麦中，济麦 22 占 21.3%，良星 99 占 35.6%，山农 15 占 18.2%，其他品种占 24.9%。

玉米　新中国成立前，沿袭下来的品种有小粒红、白马牙等。1952 ～ 1985 年，品种更新 4 次。第一次 1952 ～ 1960 年，主要推广金皇后、坊杂 2 号等；第二次 1962 ～ 1968 年，以推广杂交种子的双交种为主，如双跃 3 号、中熟的双跃 150、早熟的新双 1 号等；第三次 1969 ～ 1978 年，推广以单交种为主、三交种为辅的优良品种，如烟三 6 号、烟三 10 号、丹玉 6 号、鲁单 3 号等；第四次 1980 年后，以推广单交种为主，如中单 2 号、聊玉 5 号、沈单 3 号、鲁原单 4 号、掖单 2 号、丹玉 11 号、丹玉 13 号等，增产效果显著。丹玉 6 号抗逆性强，适应性广，较抗倒伏，抗大小叶斑病，适宜中等以上肥力地块种植，春播、套种皆可，亩产 350 ～ 400 公斤。

2000 年后，引进的玉米品种主要有农大 108、金海 5 号、金海 604、登海 605、天泰 16 号、德瑞 29 号等。其中农大 108 具有株形紧凑、根系发达、叶绿素含量高、吸水吸肥能力强、耐瘠薄、抗旱、抗倒伏、成熟期不早衰且高产、稳产性好等特点，平均亩产 550 ～ 625 公斤。金海 5 号株型紧凑，根系发达，抗旱性极强，生育期 105 天，株高 245 厘米，穗位高 92 厘米，穗行数 14 ～ 16 行，果穗长 20.7 厘米，籽粒马齿型，千粒重 327 克，黄淮海春夏播皆可，密度

3000～3500株/亩，高肥水地可增至4000株/亩。

地瓜　新中国成立前，沿袭下来的品种有老时地瓜、大红袍等，其蔓长，产量低。1953～1970年，推广“胜利百号”品种，种植面积占地瓜总面积的80%以上。1975年后，因黑斑病严重，逐渐被“52-45”“华北117”、烟薯1号、济薯1号、青农2号、济薯5号、徐薯18号等替代。

20世纪90年代以后，推广优良品种近20种。其中烟薯1号适应性强，结薯早而集中，抗旱耐瘠薄，耐贮藏，出干率32%，春薯亩产鲜瓜1800～2400公斤。青农2号，结薯集中，耐涝性好，抗根结线虫病和烂根病，亩产鲜瓜2000～2500公斤。

水稻　沿袭下来的品种为旱稻。经过改良，晚熟高产型品种有黄壳早、桂花黄、桂花球等，早熟低产型品种有水源三百粒、银坊、农垦39、农垦40、中籼399等。自20世纪70年代始，以早熟高产品种为主，有南粳15、京引119、京引153、丰锦、广选3号、东粳1号等，还有籼杂的南优二号、南优六号等。其中“京引153”品种，耐肥，茎杆较硬，抗倒伏，抗白叶枯病，分蘖力强，春播、夏播均可，一般亩产300～400公斤。20世纪90年代以后，引进推广的品种主要有临稻10号、临稻11号、阳光200等。其中临稻10号为晚熟品种，全生育期157天，株高约95厘米，直穗，分蘖力较强，株型紧凑，剑叶宽短，上举，叶色浓绿，有效穗亩均22.8万穗，穗粒数平均107粒，千粒重平均24.8克，稻瘟病轻度或中度发生，纹枯病轻度发生，抗倒性好，1999～2000年参加山东省水稻品种区域试验，两年平均亩产597.9公斤，比对照品种圣稻301增产17.8%。

大豆　沿袭下来的品种有爬蔓青、大粒黄、牛毛黄、气死洼、平顶黄、老鼠皮等。20世纪60年代，引进齐黄1号、莒选23、新发户等。70年代，引进向阳1号、东解1号、兖黄1号、临豆3号、文丰5号、文丰7号等。80年代，引进鲁豆2号、鲁豆4号等。岚山区大豆栽培面积较小，零星分布，以农户自用为主。

高粱　20世纪50年代前，涝洼地种植面积较大，以后面积逐年减少。沿袭下来的品种有麦子皮、猴子眼、黄落伞、打锣锤、长莛子、利母计等。1960年开始推广杂交品种，有遗杂7号、遗杂5号。1970年后品种有原杂10号、原杂14号、晋杂5号、沈杂1号、鲁杂3号等。岚山区高粱栽培面积较小，零星分布，以农户自用为主。

谷子　曾是境内主粮之一，沿袭下来的品种有刀把齐、金钱子、竹杆青、老来松、大毛谷等。新中国成立后，因产量低，种植面积逐年减少。推广的主要品种有昌潍69、柳条青、六十日还仓、平阳谷、秋谷等。20世纪80年代，引进推广铁杆黄、豫谷1号等。岚山区栽培面积较小，零星分布，以农户自用为主。

花生　最早栽培四粒红，属龙生型品种。沿袭下来的品种有传统大花生“铺秧”“半站秧”，亩产百斤左右。新中国成立后，品种逐步更新。20世纪50年代以“伏花生”为主，其次是“大粒半蔓”“半蔓”花生等。20世纪60年代，推广白沙1016、白沙171、花27、杂选4号、大油果等。20世纪70年代，推广徐州68-4、徐系1号、花11、花28、花29、花37等。20世纪80年代，推广“73-43”、花39、海花1号、徐花3号、新城早等。20世纪90年代，推广花育17等。花育17系出口大花生品种，分枝较多，株型整齐，结果范围较大，果柄坚韧，生育期145天，亩产一般为250公斤，高产地块达360公斤，出米率70%左右，含油率54.19%，荚果、籽仁均符合大花生出口标准。海花1号系疏枝大花生，株型紧凑，开花时间集中，生育期145天，每亩8000～9000墩，亩产干果200～250公斤，地膜覆盖亩产可达360～450公斤，出米率70%以上，含油率54%。

2000年以后，推广丰花1号、花育22号、山花9号等良种。其中丰花1号属连续开花型，单株分枝9条，主茎高46厘米，株型直立紧凑，叶片倒卵形，叶形较小，叶色深绿，单株结果数20～36个，百果重240克；种仁椭圆形，种皮粉红色，内种皮橘黄色，种子休眠期长，百仁重102克，出米率72.6%；春播136天左右，夏播地膜覆盖栽培110天。花育22号为早熟普通型大花生，株型直立，结果集中，生育期130天左右，抗病及抗旱耐涝性中等，主茎高35.6厘米，侧枝长40厘米，百果重245.9克，百仁重100.7克，出米率71%，籽仁椭圆型，种皮粉红色，内种皮金黄色，符合出口大花生标准。

第七节 特色农产品

岚芹 岚山头的芹菜简称“岚芹”，已有百余年的栽培历史。1875年，岚山头二村种菜户林相华从日照城引来一种叶小、叶柄呈黄色的芹菜品种，在园内栽培成活。1919年，林家父子同种菜户刘文远对新品种进行提纯复壮，由6分地扩种到3亩。经过长期栽培、选育，加之当地气候、水土等自然条件极为适宜，于是成为一个具有独特风味的土特产品，被外地人称为“岚芹”。以后，种植范围扩大到安东卫一带。岚芹，株高一般70厘米，叶柄直径1.2厘米，单株鲜重150克左右，叶小，叶柄实心，纤维极少，质地良好。无论爆炒还是凉拌，均清脆可口，味爽无渣，为外地芹菜所不可比及。岚芹曾长期远销于省内的临沂、青岛、济南和江苏、上海等地。

绣针黄瓜 绣针河畔土壤肥沃，所产绣针黄瓜外观圆柱形，瓜形直，瓜把短，颜色青绿，腔小肉厚，肉质紧密，清香脆嫩，内含丰富的维生素B2、维生素C、维生素E、胡萝卜素等多种营养成份，具有清热解毒、生津止渴、排毒养颜等功效，生熟食均可。

金星草莓 位于碑廓镇的日照金星农业有限公司所产草莓果形饱满、果色亮丽，果肉细腻、鲜嫩多汁，口感爽甜，富含维生素C、糖类、蛋白质、有机酸、果胶、维生素B1、B2及钙、镁、磷、铁等营养物质，有清暑解热、生津止渴、利尿止泻、利咽止咳等功效。

高兴大米 高兴镇水稻栽培历史久远，以“优质米之乡”而闻名。高兴大米外观为青白色，呈半透明状，具有天然的色泽美，米粒细长，大小均匀，坚实饱满，粒面光滑、完整，具有品质优、味香纯、适口性好等特点，有“清香软玉”之美名。

尧王贡米 中国社科院考古研究所在尧王城遗址堆积物中，发现10余粒炭化水稻颗粒，这是我国迄今为止唯一发现的龙山文化时期人工栽培水稻的实物证据。尧王贡米由种植在独特的温带海洋气候条件下的稻谷加工而成，米粒细长，大小均匀，光滑完整，晶莹透明，气味清香，柔韧可口，是米中上品。

第五章 烟草生产

新中国成立前，本地主要栽培晒烟，俗称土烟、匣子烟、拐子烟，农民多自种自吸，购销范围很小。1976年，日照县开始大面积引种烤烟。1983年，岚山境内开始种植烤烟，当年种植5000亩，主要分布在黄墩、巨峰、碑廓、后村等90个自然村。从1986年开始，主要在黄墩镇集中种植，1986年种植3200亩，1988年发展到8600亩，此后种植面积逐年下降，最低时（1994年）仅种植470亩。

图11-4 黄烟连片种植 （摄于2009年）

2005年后，山东日照烟草有限公司岚山分公司加大对烟区基础设施建设资金补贴，改善烟区生产条件，调动农民种烟积极性。2005～2012年，共投入行业补贴资金2626.1万元，建设烟叶基础设施818个。其中烟草水利设施项目71个，机耕路15条45.33公里，密集型烤房599座，育苗工厂5个，购置各种农业机械128

台(套)。烟区基本实现了“旱能浇、涝能排、路相通、渠相连”。

从2007年开始,实施烟叶生产生态村富民工程,以烟田规划与保护、烟叶生产基础设施建设、科技推广体系建设、生产保障机制建设和社会公益事业帮扶为主要内容,改善烟农生产生活条件,促进烟区农村繁荣。先后投入资金1125.87万元,建设烟叶生产生态村9个,对连续3年种植面积达到500亩以上、具有良好发展潜力的基地单元(植烟大片区域)生态村实施公益性事业帮扶。

2012年,全区种植烤烟4869亩,总产量446.23吨,烟农收入1058.55万元,实现烟叶特产税208.11万元。

岚山部分年份烤烟种植面积与总产量统计表

表11-4 单位:亩、吨

年 份	1983	1986	1988	1994	2004	2005	2006	2007	2008	2009	2010	2011	2012
种植面积	5000	3200	8600	470	4770	2867	3700	4336	6366	7147	3642	5600	4869
总产量						273.59	577.92	710.24	618.36	994.15	425.51	372.9	446.23

第一节 烟草栽培与管理

黄墩镇烤烟种植品种主要为“中烟100”,大雪后播种,盖塑料薄膜防寒,清明后谷雨前人工移栽,密度大多在2000～3000株/亩。从1999年开始,推广大棚托盘育苗。1996年后推广地膜覆盖栽培,至2003年,地膜覆盖栽培占总种植面积的90%以上。2003年开始推广“控氮、增磷、补钾”、推迟中心花开放一次性打顶、宽行窄株等先进生产技术。2004年后,全面推广使用生长抑芽剂。

烟草常见病害有炭疽病、普通花叶病、黑胫病、赤星病等,常见虫害有烟青虫、烟蚜等。病虫害防治采取统防统治,通过完善预测预报机制,把烟草纳入整个农田生态系统,实行延伸控制和田间控制相结合的宏观控制手段。以农业防治为基础,实行统一组织管理、统一进货渠道、统一防治时间、统一防治方法,综合运用化学、物理、生物的各种防治措施和手段,构建烟草有害生物综合治理技术体系,提高烟草病虫害防治效果。

图11-5 普通烤房 (2012年摄)

图11-6 密集烤房 (2012年摄)

第二节 烟叶烘烤

1976～1981年,烤房大多采用多火管大容量烤房,后引进密集型烤房。建造一座多火管大容量烤房需要资金3000元左右,一次可烤5～6亩鲜烟叶;建造一座密集型烤房需要资金1万元～1.2万元,一次可烤25亩鲜烟叶;建造一座组装密集型烤房需要资金4万元左右,一次可烤30亩鲜烟叶。2012年,岚山区有在用烤房478座,全部为密集型烤房。

烟叶成熟后,多在早上采摘,每株每次2～3片,中午绑竿,烟竿一般30厘米为宜,下午装炉点火,达到当日采烟、当日装炉、当日点火、严禁过夜烘烤的要求。

1981年前,烟叶烘烤多用一般烘烤方法,分为三个时期:变黄、定色、干筋。变黄期:当烟叶装入烤房后,通过人为控制温度、湿度、通风等条件,促使烟叶由绿变黄。定色期:烟叶变黄达到一定程度,叶片组织中促进生化变化的酶类活动终止,叶内的生化变化停止或减弱,已获得的化学品质及外观品质被固定下来。干筋期:排出烟叶主脉水分,温度范围为55～69摄氏度。

1981年后,多采用高温顿火烘烤方法。变黄期的温度比一般烘烤法高,烤火达到要求温度后,将火停下,关闭天窗、地洞,封严炉门,关好火闸保湿保温。其特点是节省燃料,缩短时间,烟叶变黄快而匀。

第六章　畜牧业

第一节　畜群结构

据清康熙十二年版《安东卫志》记载,域内养殖有“鸡、鹅、鸭、鸽”家禽和“猪、羊、骡、马、驴、犬、牛”家畜。多为农家私养,夏秋草长,放牧于野;冬春草衰,舍饲,喂以干草、穇秧、豆秸、麸皮等。到新中国成立前,依旧延续着自繁自养当地家畜家禽品种。

新中国成立初期,牛、驴、骡、马等耕畜参加农户间变工劳役。1958年人民公社化后,耕畜所有权归集体;养猪、养羊贯彻“社繁户养”与“私养公助”“公、私养并举”;家禽主要是农户分散私养,仅有少量集体养殖,1959年黄墩公社在浮棚山建起养鸡场。

改革开放后,以生产肉、蛋为主的家畜家禽养殖业迅速发展,畜牧业结构发生了重大变化。1993年,岚山办事处存养大牲畜7502头、猪27718头、羊17838只,分别占畜牧业总饲养量的14.14%、52.24%和33.62%;家禽存养量60.35万只,家禽业年产值2067万元,占畜牧业总产值的48.16%,形成以小家畜、家禽为主的畜牧业结构。

1994年后,岚山有计划地调整畜牧业结构,在稳定发展猪、禽和蛋鸡生产的同时,发展牛、羊、兔等食草动物和以貂、狐为重点的特种动物养殖。2003年,全处存养大牲畜5067头、猪25154头、羊22848只,分别占畜牧业饲养量的9.5%、47.3%和43.1%;家禽81万只,家禽业年产值3471万元,占畜牧业产值的44.9%;兔4万只,特种动物养殖量12.4万只。岚山畜牧业形成了食草家畜与食粮畜禽并举、畜产品多元化的畜牧业结构。

2004年设区后,以农民增收、企业增效、产业增值为目标,加快推进良种化、规模化、标准化、产业化,大力发展高产、优质、高效、生态安全畜牧业。2005年,全区存栏大牲畜1.28万头、猪13.3万头、羊14.8万只、家禽413万只,肉类总产1.96万吨,蛋类总产3.089万吨,实现牧业总产值3.43亿元,牧业增加值1.17亿元。

2012年,全区牛存栏8042头,羊存栏92743只,生猪存栏28.57万头,家禽存栏467.1万只,实现肉蛋奶总产8.68万吨,畜牧业产值10.8亿元。

1993～2012年岚山主要畜牧养殖品种存栏量统计表

表 11-5　　单位：只、头

年　份	猪	牛	羊	鸡	鸭	鹅	驴	马	骡	兔
1993	27718	6882	17838	526662	53384	23429	340	74	206	94093
1994	32738	8369	36368	652000	38800	78200	412	107	294	219400
1995	26823	9769	40609	671400	47600	84300	540	279	250	230900
1996	15691	11857	41939	1169800	35200	36100	399	139	218	231100
1997	24288	11091	42210	1047200			634	196	370	57200
1998	20222	8272	22426	832811	54646		1621	32	17	20534
1999	18616	6462	25368	766257	33924	11707	194	40	134	34128
2000	27282	6550	22617	644528	20501	9926	234	33	21	43624
2001	22355	4945	21230	641996	21281	15619	360	190	169	39685
2002	22311	4425	22644	731623	22570	15025	323	189	205	40395
2003	25154	4339	22848	786745	14608	9585	324	192	212	36875
2004	105066	11293	127668	3168612	128361	59744	411	268	118	300495
2005	133377	12101	148192	3951100	123600	55442	387	259	141	502951
2006	128554	9579	135605	3900007	92589	43634	372	258	138	440980
2007	163518	9919	137864	4259441	92343	43652	275	166	3	375903
2008	220784	9223	119963	3716760	76099	24849	74	16	1	217475
2009	230726	9147	126242	4108303	73449	19964	103	15		226889
2010	270663	9645	130327	4078390	77404	30680	92	6		431711
2011	277455	7557	121573	4301260	57121	24759	43			653810
2012	285721	8042	92743	4533586	128875	8737	40	10		367146

第二节　良种繁育与推广

新中国成立前，多自繁自养当地品种。20世纪50年代后期，政府开始重视畜禽品种改良，多引进外地优良品种进行杂交。80年代初期引进牛冷冻精液人工授精配种改良技术。1993年后，肉牛、奶牛、猪、鸡、羊、兔和特种动物等畜禽良种引进增多，畜牧业生产水平大幅提高。

牛　自1959年始，多次引进鲁西黄牛为父本，与当地黄牛进行杂交。20世纪80年代初，从诸城引进海福特牛（英国）、西门塔尔牛（瑞士）冷冻精液颗粒，对黄牛进行人工授精配种；从徐州引进么拉水牛（印度）冷冻精液颗粒，对水牛进行人工授精配种。1993年后，岚山大力推广牛冷冻精液配种改良技术，奶牛改良主要利用荷斯坦奶牛，黄牛改良主要利用利木赞、西门塔尔、夏洛莱、弗莱维赫，促进从役用为主向肉用方面转化。省、市、区相继出台政策，补助奶牛、肉牛冻精改良。1993～2012年，岚山累计改良黄牛4700余头，成功率98%以上，改良奶牛2021头，改良比重达95%以上，改良覆盖面辐射到江苏、莒南，改良后的奶牛、肉牛形成了规模化饲养。

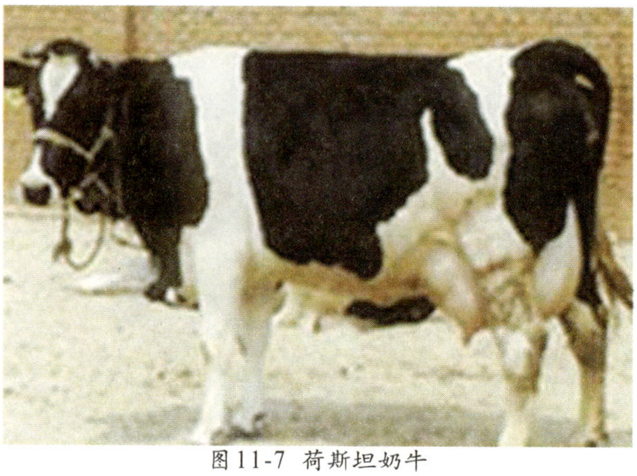

图11-7　荷斯坦奶牛

猪 20世纪80年代前，农家普遍饲养。20世纪60年代前，品种多为历代繁衍的当地土种黑猪，属沂蒙黑猪品系。20世纪60年代初期，引进四川荣昌猪，用当地黑猪为母本，进行杂交改良。80年代后，为发展商品瘦肉型猪，先后引进杜洛克、大约克、汉普夏等长白猪新品种，用当地黑猪为母本进行杂交，提高猪的瘦肉率和商品率。岚山办事处成立后，生猪改良重点推广三元商品猪生产、人工授精和瘦肉型配套生产技术，良种种猪由单一的长白猪发展到长白、大约克、杜洛克、比特、皮特兰5个品种，2012年生猪良种改良率达90%以上。

丹系长白

台系杜洛克

法系大白

英系大白

家禽 传统饲养以“日照麻鸡”为主，为全省优良品种之一，占养鸡群体的75%。1978年后，引进罗斯、海赛克斯、星杂288、星杂579等品种。岚山办事处设立后，重点推广各种蛋鸡、肉鸡良种及配套系等。2012年，全区良种蛋鸡占养鸡总量的90%以上，有家禽良种繁育场3家，家禽存栏453.4万只，其中蛋鸡326.3万只，麻鸡、肉鸡127.1万只，形成了规模化饲养。

日照麻鸡是地方良种，有百余年历史。公鸡身躯较大，鸡冠大、直立，颈、肩、鞍羽呈金黄色，其余为红褐色，素以“火红大公鸡”著称。母鸡体略小，结实紧凑，羽毛为黄褐色，颈羽有浅黄色镶边，主副翼羽、尾羽呈黑色，前胸羽毛颜色浅黄，背羽颜色较深，羽片有褐色斑点，单冠深灰色，少数有胫趾羽，皮肤白色，产蛋多、品质好、蛋壳厚、易运输，遗传性能稳定，抗病力、适应性强，蛋黄胆固醇较普通鸡蛋低60%，肉质鲜美。该鸡开产日龄6～7月龄，一般饲养条件下年产蛋150枚，少数个体达

海兰褐蛋鸡

海兰褐父母代

日照麻鸡

200枚以上，平均蛋重为55.9克，蛋壳颜色为粉红色，蛋形指数为1.33～1.34。2012年，全区存养日照麻鸡共有130余万只，占养鸡总数的27%以上。

羊 有山羊、绵羊、奶羊，品种改良以从外地购进的改良羊为主。1957年，日照县先后3次从新疆、内蒙古购进种公羊82只，开展绵羊生产和品种改良工作。1995年，中国首批从德国引进波尔山羊。之后，岚山通过引进繁育波尔山羊、杜波山羊等山羊良种及冻精配种，改良本地山羊3.26万只，改良肉羊比重达75%以上。

岚山山羊

波尔山羊

小尾寒羊

特种动物 20世纪80年代中期，岚山特种动物养殖开始发展，以貂、狐养殖为主，经济效益不稳定，存养量起伏较大。岚山办事处设立后，重点推广水貂、兰狐、貉等优质良种，存养量逐步扩大，2012年达到44.5万只。

蛋鸽

兰狐

獭兔

第三节 饲草饲料

天然饲料 岚山饲料资源丰富，有大量农作物秸秆、糠麸、饼粕和种类繁多的野生植物、海产品等饲料资源，为畜牧业发展提供了良好条件。2012年，全区有以小麦、玉米、花生、地瓜等主要农作物秸秆为重点的粗饲料36万吨，其中各类农作物秸秆产量31.2万吨，农田隙地杂草0.76万吨，树叶类饲草4.04万吨，分别占饲草总量的86.7%、2.1%和11.2%。其中可利用量31.65万吨，占农作物秸秆总量的87.9%；实际利用20.34万吨，占可利用量的56.5%。

配合饲料 1994年，青岛正大饲料公司等开

始在岚山推广浓缩饲料和全价饲料。至1998年，域内90%以上畜禽饲养户使用浓缩饲料和全价饲料。2000年，具有现代生产工艺的饲料生产企业开始建立。2003年，中粮黄海粮油工业（山东）有限公司饲料部成立，生产猪、鸡、水产养殖使用的预混合饲料、配合饲料、单一饲料（豆粕）。至2012年，全区建有饲料生产企业5家，分别是位于岚山头街道的中粮黄海粮油工业（山东）有限公司、后村镇的山东海能生物工程有限公司和山东邦尼威生物工程有限公司、巨峰镇的日照澳可生生物科技有限公司和日照双福饲料有限公司，年产饲料127万吨，其中配合饲料18万吨、浓缩饲料3000吨、预混合饲料1000吨、单一饲料108.6万吨，产值5.53亿元。

第四节　疫病防治与检疫

新中国成立前，兽医多为民间私人开店行医，用针灸、中草药治疗牲畜一般疾病，对传染病、寄生虫病防治无能为力，往往造成畜禽大量死亡。新中国成立初期，民间兽医陆续组织起来，交流诊疗技术，开展畜禽疾病防治。1952年冬，山东省建设厅在日照举办畜牧兽医技术讲习班，1953年，成立日照县畜牧兽医工作站。1963～1971年，各公社相继办起畜牧兽医工作站，畜牧兽医队伍不断壮大，诊疗技术不断提高，一些严重危害畜牧业生产和人体健康的疫病被消灭或得到有效控制。改革开放后，国家将重大动物疫病纳入依法管理。2004年，岚山区被国家列为无规定动物疫病区缓冲区，投资80万元，建立区中心化验室一处，配备相应的防疫检疫设备。2005年，设立区畜牧兽医工作站。2009年，设立区动物疫病预防控制中心。

畜禽疫病　新中国成立初期，主要畜禽传染病和寄生虫病，大家畜有炭疽、口蹄疫、牛疥癣等，猪有猪瘟、丹毒、囊虫病等，羊有炭疽、疥癣等，鸡有新城疫、禽霍乱等。

随着畜牧业结构改变，由新中国成立初期以大牲畜疫病多发，逐渐转变为猪、鸡病多发。1956年后，岚山耕畜的主要传染病得到有效控制，畜禽防疫工作重点从耕畜疫病转为猪瘟、猪丹毒、鸡新城疫等主要疫病，并对危害严重的人畜共患病如布氏杆菌病、口蹄疫、猪囊虫病、结核病等进行重点防治和检疫。1968～1969年，由于养猪数量增多，猪瘟、猪丹毒、猪口蹄疫、猪传染性水泡病都比较严重。20世纪80年代以后，饲养业快速规模化发展，畜禽传染病发生较多，口蹄疫、布氏杆菌病、狂犬病、牛流行热、猪瘟、鸡新城疫、禽霍乱、兔瘟等疫病都有不同程度发生和流行，给畜牧业生产造成了危害。

牲畜口蹄疫　是由口蹄疫病毒引起的偶蹄动物急性接触性传染病。家畜中牛、羊、猪尤其是牛最易感，人也可患病。本病一年四季均可发生，以春、秋两季易流行，年幼动物发病最严重，死亡率高。易感畜群的口蹄疫有周期性暴发流行趋向。1998～1999年有较大规模流行，造成了较大损失。自2004年开始，每年春秋季节对全区牲畜口蹄疫进行强制免疫，有效控制了该病发生。

高致病性猪蓝耳病　猪繁殖与呼吸综合症俗称猪蓝耳病，是由病毒引起的一种急性高致死性疫病，以繁殖障碍、呼吸困难、耳朵蓝紫、并发其他传染病为主要特征。仔猪发病率可达100%、死亡率可达50%以上，母猪流产率可达30%以上，成年猪也可发病死亡。2006～2007年，该病在全国范围内爆发，给养猪业带来沉重打击。2007年7月后，该病被列入政府强制免疫计划，每年对生猪进行强制免疫。

猪瘟　是由猪瘟病毒引起的烈性传染病，流行面广，死亡率高。1953年秋，开始用猪瘟弱毒疫苗接种预防。1968～1969年，域内有生猪零散发病，经预防接种被控制。1990年后，推广畜禽程序免疫技术，仔猪阉割时实行一次性免疫，种猪实行春、秋两季免疫。2005年列入政府强制免疫计划，全区没有猪瘟病例发生。

猪丹毒　是由猪丹毒杆菌引起的一种急性传染病，特征是高热和皮肤上形成疹块。1953年秋，始用猪丹毒菌苗预防接种。通过采取防疫、检疫、治疗、消毒等综合措施，本病基本得到控制。

猪链球菌病　由多种致病性链球菌感染引起的急性、热性传染病，常见的有猪败血性链球菌病和猪淋巴结脓肿两种类型。猪链球菌还可以感染特定人群，严重的可导致死亡。该病被列为二类动物疫病，既可用疫苗预防，又可用敏感抗生素治疗。2000年后，随着饲养条件改善及检疫、消毒等措施加强，该病未有发生。

狂犬病　俗称“疯狗病”，是家畜被病犬或带病毒犬咬伤后感染引起的传染病。1979年，域内出现流行，政府成立狂犬病领导小组，发动群众突击灭犬90%以上，将病犬、病畜焚烧深埋。1980年又对余犬逐个登记，注射狂犬疫苗。以后只有零星发病。

牛流行热　俗称“三日热”“麻筋癀”，约每十几年发生一次大流行，新中国成立后的1955年、1970年、1983年均有发生。1955年8月流行此病，持续2～3个月，发病率30%～50%；1983年流行此病，持续1个月，发病率60%以上。病牛老弱者易死，其余皆能治愈。1989年，部分乡镇发生此病，但发病率很低。之后，随着饲养条件改善及检疫、消毒等措施加强，该病未有发生。

禽流感　禽流行性感冒的简称，由A型禽流行性感冒病毒引起的一种禽类（家禽和野禽）传染病。根据致病性不同，分为高致病性禽流感、低致病性禽流感和无致病性禽流感。岚山区从2005年开始每年春秋两次对家禽进行高致病性禽流感疫苗强制免疫，免疫率达到100%，此后全区无此病例发生。

鸡新城疫　俗称“鸡瘟”，由鸡新城疫病毒引起的急性、败血性传染病，属一类传染病。春季多见，发病率达90%。1951年开始推广疫苗接种，发病率逐渐下降。20世纪80年代，因种鸡和种蛋的流动面广，发病率回升。20世纪90年代，随着养鸡专业化和集约化发展，开始推广程序免疫技术，专业养鸡防疫密度达100%，社会散养防疫密度达98%以上，发病死亡率极低。至2012年，免疫率达100%，未出现大面积发生。

鸡传染性法氏囊病　由病毒引起的一种幼鸡急性、高度接触性传染病，1989年初传入岚山，传播迅速，发病率为50%，死亡率一般为15%～20%，严重时高达70%。应用高免抗体及药物综合治疗，效果较好，后应用疫苗预防，发病、死亡率逐年下降。20世纪90年代后，由于按照正常程序免疫，该病仅有零星发生。

鸡传染性支气管炎　由病毒引起的一种急性、高度接触传染性呼吸道疾病。20世纪80年代末至90年代初传入岚山，无季节性，不分日龄大小，均可感染，发病率20%～30%，雏鸡死亡率为10%～30%，成年鸡死亡率在0.5%～1%。可用疫苗免疫预防发病，病后采用对症治疗和消毒、检疫等措施，可减轻传播和降低死亡率。20世纪90年代后，仅有零星发生。

鸡传染性喉气管炎　由病毒引起的一种急性呼吸道传染病。20世纪90年代初传入岚山，开始几年发病率高，传播快，发病率在30%～40%之间，死亡率在10%～20%之间。之后，推广疫苗免疫接种，发病死亡率逐年降低，一般为2%～5%。本病常采用免疫、检疫、对症治疗、消毒等综合性措施防治。20世纪90年代后，未出现大面积流行。

小鹅瘟　由小鹅瘟病毒引起的一种急性、败血性传染病。30日龄内雏鹅易发病，日龄越小死亡率越高。预防措施：对孵化用具、设备和种蛋消毒，雏鹅注射小鹅瘟血清。20世纪80年代，该病被控制。

寄生虫病　境内畜禽寄生虫病有31种，其中牛10种、猪8种、羊8种、鸡3种、兔2种。1979年冬，牛寄生虫感染率为56.1%，猪寄生虫感染率为60%，羊寄生虫感染率为76.3%，鸡寄生虫感染率为20%，家兔球虫感染率为40%。后通过综合防治，发病率逐年降低。

兔病毒性败血症　又称“兔瘟”，由病毒引起的一种急性、高度接触性传染病。60日龄以上的兔易感，未断奶的幼兔很少发病死亡。一般呈地方性流行，病死率78%～85%。2002年开始注射疫苗预防，防疫密度98.3%，发病死亡率逐渐下降。

畜禽防疫　1951年，开始鸡新城疫疫苗接种。1956年秋，开始猪瘟、猪丹毒疫苗预防接种。20世纪70年代，推广畜病合作防治措施，对猪、牛包防疫、包治疗、包阉割。1983年1月，开始推行畜牧兽医技术承包责任制。20世纪80年代，随着畜禽养殖业发展，防疫措施得以加强，到1986

年基本控制了一度危害严重的猪瘟、猪丹毒、鸡新城疫、兔瘟、水貂犬瘟热、小鹅瘟等畜禽疾病。1993年以后，上述动物疫病均按防疫程序定期免疫，畜禽疾病得到有效控制。1997年开始推广猪、鸡、牛、羊、兔等程序免疫。

为加强动物防疫管理，1999年岚山办事处成立了防治牲畜口蹄疫指挥部，各乡镇街道成立了防治牲畜口蹄疫领导小组。2004年年初，岚山办事处成立了防治高致病性禽流感指挥部，各乡镇街道成立了相应机构。2004年3月，岚山办事处被农业部确定为无规定动物疫病区缓冲区，重大动物疫病实施强制免疫。2005年11月，随着国务院《重大动物疫情应急条例》实施，岚山区成立了防控重大动物疫病指挥部，各镇、街道也成立相应机构。口蹄疫、高致病性禽流感、猪瘟、高致病性猪蓝耳病、鸡新城疫5种主要动物疫病纳入政府强制免疫计划，实施强制免疫。

2012年，全区免疫高致病性猪蓝耳病、猪瘟、猪口蹄疫75.17万头；免疫牛羊O型-I型口蹄疫12.21万头只；免疫奶牛A型口蹄疫0.34万头，5种主要动物疫病免疫密度全部达100%，畜禽受检率达95%，畜禽产品受检率达97%，猪、禽和大家畜的死亡率分别控制在5%、13%和1%以下。

第五节　规模化生产

20世纪80年代，国家鼓励农户发展家庭饲养业，牲畜由集体饲养为主转变为由农户饲养为主。2004年后，随着养殖效益提高，畜牧业规模化生产水平不断提高。2012年，全区有畜禽规模养殖场903个，其中养猪场295个、蛋鸡场256个、奶牛场16个、肉牛场6个、肉鸡场128个、肉兔场14个、特种动物养殖场167个、肉羊场16个、鸽场2个。畜禽养殖小区81个，其中养猪小区31个、肉牛小区1个、奶牛小区2个、蛋鸡小区17个、肉鸡小区9个、肉兔小区4个、特种动物小区17个。

岚山区鼓励规模化、标准化养殖。2010年，全区开始开展标准化养殖场创建工作，有2个养殖场获得国家级标准化养殖场，3个养殖场通过省级标准化场验收，17个养殖场通过市级标准化场验收。2012年，岚山区政府出台政策开展区级标准化创建工作，每年评选10家区级标准化养殖场，每家奖励现金1万元。

岚山区自2007年起开始推广发酵床养殖新技术，至2012年共发展生态环保养殖场（户）110家，发酵床面积5.5万平方米，年可通过发酵床养殖出栏生猪7万头、肉鸡50万只，有效缓解了养殖业污染。

图11-8　发酵床养鸡　（摄于2010年）

图11-9　发酵床养猪　（摄于2008年）

岚山区通过宣传引导、政策激励、典型引路等措施，规范发展各类畜牧合作社、协会。至2012年，全区畜牧合作经济组织达94个，累计注册资本3762.8万元，会员达到5685人，有4家畜牧养殖专业合作社被评为“市级示范合作社”。推进畜禽产地认定和产品认证，全区通过认证的养殖企业达19家。

第七章　农业产业化与农业综合开发

第一节　农业产业化

农业产业化经营以主导产业、产品为重点，优化组合各种生产要素，实行区域化布局、专业化生产、规模化建设、系列化加工、社会化服务、企业化管理，形成种养加、产供销、贸工农、农工商、农科教一体化经营体系，对传统农业进行技术改造，推动农业科技进步。

自2005年起，岚山区借助上级新型农民创业项目，每年组织部分农民专业合作社法人代表赴青岛农业大学进行1～2周的创业培训，至2012年累计培训260人次；先后5次组织全区重点合作社法人赴寿光、苍山及安徽等地学习全国农民专业合作社示范社的经验。自2008年起，连续6年将农民专业合作社发展列入对各乡镇和有关农口部门的年度考核。2010年，区委、区政府印发《关于进一步加快农民专业合作社发展的意见》，设立50万元的农民专业合作社发展专项扶持资金，每年对10家合作社进行重点规范。2012年，区财政局、农林局等部门联合制定《农业结构调整专项基金奖补及考核办法》，进一步明确对农民专业合作社的奖励政策；举办了“岚山区农民合作社发展论坛”，邀请青岛农业大学合作社学院院长李中华教授进行授课，指导合作社与农户建立紧密型利益联结，实现风险共担、合作共赢、抱团闯市场，让更多农户得实惠；举办了首届山东·岚山“日照绿茶”开园节，组织多家企业、合作社参加“中国山东国际农产品交易会”“山东省畜牧业博览会”“中国国际品牌食品博览会”等产品推介会。

图11-10　金星农业设施蔬菜　（摄于2010年）

至2012年，岚山区共发展市级农业标准化生产示范基地11处，其中：茶叶生产基地10处，分别位于巨峰镇4处、后村镇2处、碑廓镇2处、高兴镇1处、虎山镇1处；香菇生产基地1处，位于后村镇。2012年3月19日，日照浏园生态农业有限公司、山东日照碧波茶业有限公司、日照御青茶业有限公司3家企业的茶叶生产基地被命名为山东省首批省级标准茶园示范基地。全区共发展省级农业产业化重点龙头企业7家，其中水产品加工4家，茶叶生产加工2家，畜产品加工1家；市级农业产业化重点龙头企业32家，其中水产业12家，茶叶生产加工14家，粮油制品加工1家，畜牧养殖业加工4家，有机农业1家。

2012年，日照金星农业有限公司落户于碑廓镇绣针河以南区域，该公司引入生物动力农业概念，致力于打造规范的生物动力农业示范园区和生物动力有机农庄。金星生物动力农业项目共分三大产业板块：生态养殖板块、微生物有机肥料生产板块、以色列有机农业种植板块。有机衔接项目区内生态养殖、微生物有机肥料、有机农业种植三大板块，拒绝使用化学制品，通过充分发挥不同生态物种间的互利作用，进行因地制宜多样化动植物平衡发展，构建一个自我包含、充分循环的农业生态系统，提高农产品质量、改良土壤生产性状、提升群众有机农业生产理念。

第二节　农业综合开发

从1989年开始，岚山借助国家鼓励和支持黄淮海平原农业综合开发的扶持政策，先后进行了五期农业综合开发。

指导思想　统一领导、统一规划、统一政策，从改善生产条件、提高农业综合生产能力、增强农业发展后劲出发，坚持经济效益、社会效益和生态效益相统一，合理开发利用农业资源。

开发原则　坚持“综合开发、突出重点、适当集中、连片治理”原则，对项目区进行统一规划，综合治理，逐步达到田成方、林成网、排灌结合，沟、渠、路、林、桥、涵、闸配套，使农业综合生产能力明显提高。

开发资金安排　财政拨款重点用于社会效益好、自身经济效益差的农田水利基本建设，银行贷款用于以经营为主的项目，自筹资金尽量相对集中使用。

岚山农业综合开发累计安排计划资金3461.7万元，其中中央、省、市安排财政拨款786.7万元(其中无偿资金365.7万元)，岚山办事处拨款116万元，银行贷款1076万元，地方自筹1483万元，分别占总投资的22.73%、3.35%、31.08%和42.84%。

开发建设情况　第一期(1989～1990年)在碑廓镇万亩湖，总规划面积1.3万亩，涉及受益村11个，受益人口1.1万人，分别占该镇总耕地面积和总人口的17.46%和23.11%。第二期(1993年)在虎山镇万亩湖，总规划面积1.8万亩，涉及21个村，2万人口，分别占该镇总耕地面积和总人口的39.62%和39.74%。第三期(1994～1996年)在汾水镇合庄片，总规划面积1.2万亩，涉及受益村7个，受益人口0.66万人，分别占该镇总耕地面积和总人口的21.88%和20.66%。第四期(1997～1999年)开发重点是多种经营龙头企业项目，主要有汾水秸秆生物饲料加工厂续建、岚山利洋脱水保鲜食品加工和童海集团公司冷藏厂扩建、黄海公司前三岛水产开发项目。第五期(2000～2002年)在碑廓镇政府驻地东北侧，S342省道以北，坪岚铁路以南，总规划开发面积2万亩，涉及受益村34个，受益人口2.52万人，分别占该镇总耕地面积和总人口的53%、50%。

岚山五期农业综合开发累计完成投资5521万元，投工179.7万个，其中农田、山、水、林、路等综合开发投资3233万元。累计新修、扩修农田道路73条、161公里，衬砌石渠19条、39公里，开挖疏浚沟渠道23条、285公里，新打大口井43眼，埋设地下管道5.4公里，建电灌站8座、扬水站3座、桥涵闸256座；林网植树22.6万株，建苗圃200亩，经济园林0.5万亩；整地改土2.6万亩；扩建秸秆生物饲料加工厂1处；建作物良种示范区0.5万亩，基本建成了田成方、林成网、旱能灌、涝能排，沟、渠、路、桥、涵、闸配套的高效农业综合开发区。项目区灌溉保证率达到90%，灌溉周期缩短到5天，排涝标准达到10年一遇，林木覆盖率达到42%。2002年，项目区粮食总产8460吨，花生总产3260吨，分别比1993年增加2560吨和870吨，平均亩增粮食128公斤、花生87公斤。项目区内受益村农民人均纯收入3256元，比1993年增加2000多元。农业增加值达到2945万元，利润570万元，经济效益、社会效益和生态效益非常明显。

1989～2002年岚山农业综合开发资金投入一览表

表11-6 单位：万元

期次	年度	项目名称	总投资	资金构成				
				中央、省、市拨款		县级拨款	贷款	地方自筹
				总计	其中无偿			
第一期	1989	碑廓中低产田改造	41	21	10	3	0	17
	1990	碑廓中低产田改造	23	12	6	2	0	9
第二期	1993	虎山中低产田改造	353	118	59	20	76	139
第三期	1994	汾水中低产田改造	100.7	25.7	17.7	8	0	67
	1995	汾水中低产田改造	98	39	18	4	0	55
	1996	汾水中低产田改造	82	33	19	4	0	45
		汾水秸秆生物饲料加工	1234	0	0	0	500	734
第四期	1997	汾水秸秆生物饲料加工	300	0	0	0	300	0
		岚山利洋脱水保鲜食品加工	200	0	0	0	200	0
	1998	童海集团公司冷藏厂扩建	364	161	0	23	0	180
	1999	岚山黄海公司前三岛水产开发	101	53	0	6	0	42
第五期	2000	碑廓中低产田改造	150	98	84	12	0	40
	2001	碑廓中低产田改造	250	130	71	20	0	100
	2002	碑廓优质花生基地建设	165	96	81	14	0	55
合计			3461.7	786.7	365.7	116	1076	1483

第十二编　林果与桑蚕业

岚山百年前丛林密布，后因人为活动及战争影响，森林资源受到极大破坏，林地面积日益缩小。新中国成立后，林业资源逐步恢复。改革开放后，林业经济逐步走上市场化，林业经营形式日趋多样，呈现林茂果香的新景象。

至2012年年底，全区林地面积达到26477公顷，其中有林地面积24678公顷。在有林地中生态防护林面积13214公顷，用材林面积2189公顷，经济林面积9230公顷。农田林网化面积600公顷，“四旁”（村旁、路旁、宅旁、水旁）折实面积4093公顷，林木覆盖率37.92%。全区共有23个村居被山东省绿化委员会、林业局命名为全省“绿化示范村”，2个镇被山东省授予“绿化模范镇”荣誉称号。

第一章　林业资源

第一节　树木种类

百年前，有资料记载的乡土树种共60余种。其中用材类有杨、柳、枰柳、柏、檀、榆、槐、橡、桐、楝、楸、枫、皂角、柘、竹等；果木类有板栗、枣、杏、桃、李、梨、棠棣、葡萄、樱桃、银杏、柿、石榴、黑枣、胡桃、梅、柰、山楂、木瓜、香橼等；灌木花卉类有酸枣、枸橘、葛藤、金银花、枸杞、蔓荆、芫花、蔷薇、木槿、丁香、紫荆、紫薇、栀子、珍珠梅等。还有一些如黄连木、厚壳、小叶朴、卫矛等，栽培历史至少也在百年以上。

新中国成立前，平原、河滩、村庄分布的树种，主要有小叶杨、毛白杨、橡子、柳、枰柳、楸树、椿、国槐、板栗、榆树、桑等；山丘地区分布的树种主要有赤松、麻栎、黄檀、化香、小叶朴、馍头果等；寺庙、坟茔地上的树木主要是侧柏、白果、毛白杨、桧、橡子、厚壳、国槐等；沿海碱滩主要为柽柳等。

20世纪初，开始引种加拿大杨、刺槐、紫穗槐、法桐、冬青等。

新中国成立后，大量栽植苹果。为加快海滩及荒山绿化，相继引种了黑松、刺槐等。1966年开始引进茶树、毛竹。1973年初次引进水杉。20世纪70年代开始大量引进杂交杨，80年代开始引进欧美速生树种。

据2000年森林资源调查，全区树种有67科140属215种，其中栽培约95种，野生约120种。

用材林树种　主要有杨树、刺槐、泡桐等。

杨树　当地乡土树种有毛白杨、小叶杨、青杨。毛白杨，高者达30米，胸径2米，皮青白、光滑，是乡土优良树种之一，多植于山脚、沟底、河滩、路旁。引进品种主要有加拿大杨和欧美杨。加拿大杨于1914年前后引入本地，20世纪70年代后，成为河滩、“四旁”、道路沿线栽植的主要树种。20世纪70年代中期相继引进欧美杨系列，主要品种有I-214杨、I-69杨、I-72杨等，20世纪90年代初又引进了107杨、土耳其杨、中林46杨、L-35杨、中荷1号等优良品种。此后，107杨、中荷1号、I-69杨栽植较多。2001年引进三倍体毛白杨并大面积推广栽植，面积达133公顷约10.7万株，由于受气候、土壤等因素影响，该品种不适宜本地栽植，到2005年年底基本淘汰。2012年年底，全区杨树栽植面积3200公顷约288万株，是河滩营造速生丰产林及道路、“四旁”的绿化主力军。

刺槐　又名洋槐，20世纪初德国强占胶州期间引入中国，不久区内即有推广栽植。该树种适应性强，生长迅速，用途广泛，适与松类相间混交，20世纪为岚山主要造林树种之一。2000年后主要用于荒山营造松槐混交林，面积约331公顷。

泡桐　当地乡土树种，主要有楸叶桐、毛泡桐及兰考桐。楸叶桐在当地适应性强，长势好，寿命较长，宜作桐粮间作，20世纪60～80年代种植较多。90年代后，栽桐逐渐减少，多为农户庭院零星栽植，2012年全区约有2万余株。

防护林树种　主要有松树、柏树、麻栎、枰柳、刺槐、紫穗槐等。

松树　主要有赤松、黑松、火炬松、湿地松、晚松、刚松、斑克松等。赤松为乡土优势树种，栽培历史悠久，20世纪70年代岚山尚能见到百年左右的赤松。因其嫩芽和树皮都是红色而得名，富含松脂，可提取松香，群众自古以来作为薪材或建房用材，喜光耐寒、耐干旱瘠薄土壤，是绿化荒山的先锋树种，对控制山区水土流失具有巨大作用。2012年，栽植面积约4663公顷、1400万棵。黑松于20世纪初引进，原产日本及朝鲜半岛南部海岸，生长快，抗海风、海雾，喜海洋性气候，是海防林、用材林和薪炭林的主要树种，在沿海地区已替代赤松。2012年，面积约1995公顷、500万棵。火炬松原产于美国，1989年虎山林业站从山东省林业厅种苗站购买3斤种子，培育容器袋苗3万株，栽植面积2公顷，由于生长快于黑松，得到迅速发展，仅虎山镇栽植面积就约667公顷，在1994年山东省“八五”绿化达标检查验收中，被验收组认定为“山东省火炬松第一乡”，但因抗寒性较差，易受冻害，后来较少栽植。湿地松、晚松、刚松、斑克松系1990年进行引种对比试验时引进的品种，试验地设在碑廓镇傅家官庄村和虎山镇解放村等地，由于抗寒性较差，没有大面积推广。2012年，栽植面积不足70公顷，约23万棵。

柏树　主要有侧柏，以前广泛栽于墓地和寺庙，寺庙中尚保留有三四百年生，胸径60厘米以上的古柏树。后大量用于荒山造林和茶园防护林网建设，成片林景色优美，散发芳香气味。

栎类　俗称柞树或橡子树，主要有麻栎、槲栎、栓皮栎。麻栎分布最广，面积最大，是山区重要防护林树种，一般和松类或刺槐等树种混交，具有很好的防护、用材和观赏价值。

枰柳　学名枫杨，作为乡土树种，广泛分布于村旁、山沟及河滩，尤其以石砾河滩最多，可天然下种成林，故有“沙里青杨泥里柳，石头碴里长枰柳”谚语。枰柳纹理漂亮，是做家具的上等木材。

刺槐　在山上栽植的一般作为防护林管理。有少量红花刺槐蝶形花冠，粉红或紫红色，在起防护林作用的同时，具有很好的观赏效果。

紫穗槐　又名棉槐，原产北美。20世纪40年代引入，在公路两侧、河边、坝坡、护田地堰以及沟谷、海滩普遍栽植。20世纪六七十年代掀起发展棉槐高潮，主要用于条编及沤制绿肥，成为栽培最多最广的灌木。后因经济作用下降，面积减少，主要利用其抗风沙、抗逆性极强的优点，为沿海岸线防风固沙发挥作用。

园林绿化树种　常见绿化树种主要有以下几大类：

常绿针叶树　乔木类：雪松、赤松、黑松、刚松、晚松、火炬松、白皮松、龙柏、侧柏、圆柏、蜀桧、北京桧等；灌木类：千头柏、洒金柏、五针松等。

落叶针叶树(无灌木)　水杉、池杉等。

常绿阔叶树　乔木类：樟树、女贞、广玉兰等；灌木类：茶树、桂花、石楠、大叶黄杨、瓜子黄杨、小叶女贞等。

落叶阔叶树　乔木类：刺槐、国槐、龙爪槐、合欢、卫矛、乌桕、柳树、麻栎、槲栎、绒毛白蜡、栓皮栎、青杨、毛白杨、小叶杨、欧美杨、旱柳、垂柳、毛柳、黄金柳、杞柳、楸叶桐、毛泡桐、兰考桐、法桐(悬铃木)、青桐、榆树、臭椿、香椿、栾树、银杏、紫叶李、蔷薇、紫薇、杜仲、柿、枫、楸、木瓜、黄栌、苦楝、石榴、板栗、苹果、山楂、梨、桃、杏、红枫、木槿、火炬树、五角枫、马褂木、紫玉兰、榆叶梅、美人梅等；灌木类：玫瑰、月季、杜鹃、连翘、迎春、锦带、红瑞木等。

竹类　有淡竹、毛竹等。

藤本　紫藤、地锦、葡萄、扶芳藤等。

风景树种　主要有雪松、白皮松、桂花、白蜡、栾树、银杏、紫叶李、龙柏、垂柳、黄金柳、柿、枫、楸、木槿、木瓜、女贞、紫薇、广玉兰、黄栌、五角枫、红枫、紫玉兰、美人梅、榆叶梅、罗汉竹、紫荆、丁香、枇杷、流苏等。

竹子也是岚山重要的风景树种。淡竹分布比较广，房前屋后、庭院、河流沿岸都有栽植，2012年面积约146.3公顷；毛竹栽植面积很小，碑廓镇大司官庄河滩1.5公顷毛竹长势良好，20世纪60年代从南方引进，具有较好的观赏价值。

古、珍稀树种　主要有银杏、厚壳、圆柏、侧柏、黄连木、木瓜、国槐、杏、柿树、板栗、枫杨、化香(一小群落)等，现存树龄100年以上的有38

株。其中，树龄300年以上的22株：银杏12株、厚壳3株、侧柏3株、圆柏2株、木瓜1株、国槐1株；树龄多于100年不足300年的16株：银杏6株、国槐2株、柿树1株、圆柏1株、黄连木2株、侧柏2株，杏、板栗各1株。银杏是现存种子植物中最古老的树种之一，有"活化石"之称，以虎山镇下寺遗址植于唐代的银杏最大最古老，树龄有1200年，其中一株约30米高，胸围688厘米，冠幅平均22米，长势较旺。

岚山区古、珍稀树种一览表

表12-1　　2011年9月调查

编号	中文名	别名	拉丁名	树龄（年）	树高（米）	胸径（厘米）	冠幅（米）	具体生长位置	管护单位、人
1	银杏	白果	Ginkgo	1200	30	203	22	虎山镇小村下寺	村委
2	银杏	白果	Ginkgo	1200	25	137	20	虎山镇小村下寺	村委
3	银杏	白果	Ginkgo	300	18	62	11	虎山镇梭罗树村	崔为普
4	厚壳	桫椤树	Ehretia	500	11	61	11.8	虎山镇梭罗树村	个人
5	厚壳	桫椤树	Ehretia	500	9	47	8.3	虎山镇梭罗树村	个人
6	银杏	白果	Ginkgo	110	14	46	12.6	虎山镇梭罗树村	崔为西
7	银杏	白果	Ginkgo	300	12	53.2	6.5	安东卫合庄村	村委
8	侧柏	香柏	Platycladus	400	13.5	52	7.4	碑廓镇圣公庙	寺庙
9	厚壳	桫椤树	Ehretia	400	13	61	13	碑廓镇圣公庙	寺庙
10	银杏	白果	Ginkgo	300	13	83.4	16	后村镇宅科一村	村委
11	银杏	白果	Ginkgo	400	19	159.2	19	后村镇宅科三村	农户
12	银杏	白果	Ginkgo	300	10	54.1	11	后村镇宅科三村	村委
13	银杏	白果	Ginkgo	300	11	68.4	13.4	后村镇宅科三村	村委
14	圆柏	桧柏	Sabina	500	11	70	9.5	巨峰镇赵家	村委
15	黄连木	惜木	Pistacia	100	12	51	9	巨峰镇大岭村	村委
16	黄连木	惜木	Pistacia	100	10	43	9.5	巨峰镇前山旺村	村委
17	银杏	白果	Ginkgo	100	14	54	8.5	巨峰镇辛留村	村委
18	银杏	白果	Ginkgo	110	15	60	9.3	巨峰镇老龙窝村	村委
19	银杏	白果	Ginkgo	500	26	175	17.8	黄墩镇北塔岭村	村委
20	银杏	白果	Ginkgo	500	20	111	23	黄墩镇陈家官庄	村委
21	银杏	白果	Ginkgo	500	25	60	18.5	黄墩镇下双疃村	村委
22	银杏	白果	Ginkgo	200	21.7	60	9.4	黄墩镇下双疃村	村委
23	木瓜		Chaenomeles	500	25	143	18.5	黄墩镇下双疃村	村委
24	圆柏	桧柏	Sabina	230	13.2	36	6.7	高兴镇白云村	村委
25	圆柏	桧柏	Sabina	320	14.8	46	6.4	高兴镇白云村	村委
26	银杏	白果	Ginkgo	260	14.2	36	5.1	高兴镇白云村	村委
27	国槐		Sophora	130	7	43.3	8	中楼镇马亓河东	村委
28	国槐		Sophora	105	8	37.5	6	中楼镇库山子村	村委
29	杏		Prunus	110	8	42.9	6	中楼镇辛家庄	村委
30	银杏	白果	Ginkgo	180	15	65.2	6	中楼镇孙由村	村委

续表 12-1

编号	中文名	别名	拉丁名	树龄（年）	树高（米）	胸径（厘米）	冠幅（米）	具体生长位置	管护单位、人
31	侧柏		Platycladus	400	17	51.2	5	中楼镇娄家湖	村委
32	侧柏		Platycladus	300	8	37.5	5.5	中楼镇井家沟	村委
33	侧柏		Platycladus	130	9	27.3	4.5	中楼镇中楼村	村委
34	侧柏		Platycladus	200	8	63.6	7	中楼镇两山口	村委
35	板栗		Castanea	110	11	64.0	10	中楼镇马亓河东村	村委
36	柿树		Diospyros	150	9	54.7	8	中楼镇马家峪	村委
37	银杏	白果	Ginkgo	470	18	74.8	12.5	中楼镇中楼村	村委
38	国槐		Sophora	300	10	80	9.8	中楼镇埠后村	村委

图 12-1 安东卫街道合庄村 300 年的银杏（7 号）

图 12-2 碑廓镇圣公庙 400 年的侧柏（8 号）

图 12-3 碑廓镇圣公庙 400 年的厚壳（9 号）

图 12-4 高兴镇白云山 230 年、320 年的圆柏(右侧 24 号,左侧 25 号)

图 12-5　后村镇宅科三村望仙洞 400 年的银杏（11 号）

图 12-8　高兴镇白云山 260 年的银杏（26 号）

图 12-6　后村镇宅科一村 300 年的银杏（10 号）

图 12-7　后村镇宅科三村 300 年的银杏（左侧 12 号，右侧 13 号）

图 12-9　虎山镇梭罗树村 110 年的银杏（6 号）

图 12-10 虎山镇小村下寺 1200 年的银杏(右侧 1 号,左侧 2 号)

图 12-13 虎山镇梭罗树村 300 年的银杏（3 号）

图 12-11 虎山镇梭罗树村 500 年的厚壳(左侧 4 号,右侧 5 号)

图 12-12 黄墩镇陈家官庄 500 年的银杏（20 号）

图 12-14 黄墩镇下双疃村 500 年的银杏（21 号）

图 12-15　黄墩镇下双疃村 200 年的银杏（22 号）

图 12-18　黄墩镇下双疃村 500 年的木瓜（23 号）

图 12-16　黄墩镇北塔岭村 500 年的银杏（19 号）

图 12-17　巨峰镇辛留村 100 年的银杏（17 号）

图 12-19　巨峰镇老龙窝村 110 年的银杏（18 号）

图 12-20　巨峰镇大岭村 100 年的黄连木（15 号）

图 12-23　中楼镇中楼村 470 余年的银杏（37 号）

图 12-21　巨峰镇前山旺村 100 年的黄连木（16 号）

图 12-24　中楼镇马家峪村 150 年的柿树（36 号）

图 12-22　巨峰镇赵家 500 年的圆柏（14 号）

图 12-25　中楼镇中楼村130年的侧柏（33号）

图 12-26　中楼镇井家沟村300年的侧柏（32号）

图 12-27　中楼镇两山口村200年的侧柏（34号）

图 12-28　中楼镇马亓河东村110年的板栗（35号）

图 12-29 中楼镇娄家湖村 400 年的侧柏（31 号）

图 12-31 中楼镇孙由村 180 年的银杏（30 号）

图 12-30 中楼镇辛家庄村 110 年的杏树（29 号）

图 12-32 中楼镇库山子村 105 年的国槐（28 号）

图 12-33 中楼镇马亓河东村 130 年的国槐（27 号）

图 12-34 中楼镇埠后村 300 年的国槐（38 号）

引进树种 据 2004 年出版的《日照市林业志》载，20 世纪初开始引种加拿大杨、刺槐、黑松、紫穗槐、法桐、冬青等。1922 年，日照县劝业所苗圃培育出二年生刺槐苗 1.6 万株，分到农村栽植。引种较早的树种还有池杉、白玉兰、耐冬、湖北海棠等，有的保留至今，但数量很少。

新中国成立后，1953 年起大力引进栽植苹果。1966 年引进毛竹。20 世纪 70 年代初，从南方引进水杉、柳杉、池杉等林木良种，后又大量引进杂交杨，有北京杨、大官杨等几十种；引进多种欧美杨，主要有 I-214 杨、健杨、沙兰杨等，以 I-69 杨、I-72 杨生长最好，小叶杨及各种杂交杨，包括加拿大杨被淘汰。90 年代后又引进中林 46 杨、土耳其杨、中荷 1 号、107 杨等优良品种，并广泛栽植。

园林绿化树种，20 世纪六七十年代主要引进的有：雪松、龙柏、蜀桧、池杉、柳杉、乌柏、油桐、杜仲、火炬松、紫叶李、广玉兰；1980 年后引种数量及品种迅猛增加，成功栽植的主要有棕榈、日本女贞、南方桂花、绒毛白蜡、紫玉兰、红瑞木、厚朴、马褂木、红叶石楠、红叶小檗、白玉兰、枇杷、丁香、白皮松、湿地松、美人梅、榆叶梅、紫叶李、紫薇、栾树、青桐、红枫、黄栌等。

附：部分引进树种名录

松科 Pinaceae	杉科 Taxodiaceae
雪松属 Cedrus	柳杉属 Cryptometia
雪松 C.deodara	柳杉 C.fortunei
松属 Pinus	水杉属 Metasequoia
华山松 P.armandii	水杉 M.glyptostroboides
黑松 P.thunbergii	落羽杉属 Taxodium
火炬松 P.taeda	池杉 T.ascendens
湿地松 P.elliottii	桑科 Moraceae
刚松 P.rigda	榕属 Ficus
晚松 P.rigida var.serotina	无花果 Fcarica.
斑克松 P.rigaa×p.taeda	杜仲科 Eucommiaceae
樟科 Lauraceae	杜仲属 Eucommia
樟属 Cinnamomum	杜仲 E.ulmoides
樟 C.camphora	木兰科 Magnoliaceae
绣球科 Hydrangeaceae	木兰属 Magnolia
绣球属 Hydrangea	紫玉兰 M.liliflora
绣球 H.macrophylla	玉兰 Magnolia Grandiflora
蝶形花科 Habaceae	白玉兰 Magnolia denudata
刺槐属 Robinia	鹅掌楸属 Liriodendron
刺槐 R.pseudoacacia	鹅掌楸 L.chinense
毛刺槐 R.hispida	悬铃木科 Platanaceae
紫穗槐属 Amorpha	悬铃木属 Platanus
紫穗槐 A.fruticosa	法桐 P.orientalis
紫藤属 Wisteria	蔷薇科 Rosaceae
多花紫藤 W.floribunda	石楠属 Photinia
大戟科 Euphorbiaceae	光叶石楠 P.glabra
乌桕属 S.apium	红叶石楠 Photinia serrulata
乌桕 S.sebifwrum	枇杷属 Eriobotrya
漆树科 Anacardiaceae	枇杷 E.japonica
盐肤木属 Rhus	绣线菊属 S.spiraea
火炬树 R.typhina	绣线菊 Ssalicifoia
冬青科 Aquifoliaceae	樱桃属 Ceraras
冬青属 Iex	樱花 Prunus serrulata
枸骨 I.cornuta	千屈菜科 Lythraceae
杨柳科 Salicaceae	紫薇属 Lagerstroemia
杨属 Populus	紫薇 L. indica
欧美杨 P.×euramericana	山茶科 Theaceae
美洲黑杨 P.deltoides	山茶属 Camellia
新疆杨 P.alba var.pyramidalis	茶 C.sinensis
意杨 Populus euramevicana	无患子科 Sapindaceae
禾本科 Gramineae	栾属 Koelreuteria
刚竹属 Phyllostachys	栾树 K. paniculata
毛竹 P.pubescens	
紫竹 P.nigra	
罗汉竹 P.aurea	

第二节　林地分布与蓄积量

据文献记载，岚山百年以前“林深不见日、鸟栖兽云集”“翠叠峰峦无数、丛林密布幽幽”。后因人为活动及战争影响，森林资源受到极大破坏，林地面积日益缩小。新中国成立后，党和政府坚持“自采、自育、自栽”方针，使林业生产得到恢复，到20世纪60年代中期，荒山荒滩基本实现绿化。为提高绿化标准，20世纪70年代初期，提出了“山顶松、山腰槐、山下四园(果、茶、桑、竹)巧安排”的林业生产布局；同时，加快河滩速生丰产林和农田林网化建设，积极引进发展欧美杨、水杉、毛竹、淡竹等优良树种，使林木资源不断扩大，林业生产水平明显提高。

2003年年底，岚山办事处5个乡镇街道(包括前三岛乡)林业用地面积为6998公顷，其中有林地面积6806公顷，未成林造林地面积192公顷；农田林网化面积4972公顷，村镇“四旁”植树75万株，林木绿化率为32.09%。

2004年设区后，区委、区政府加快构建“完善的林业生态体系、发达的林业产业体系、繁荣的生态文化体系”，充分挖掘和发挥林业的生态、经济、社会三大效益和功能，实现了林业的跨越式发展。沿海防护林生态体系建设、速生丰产林以及经济林等林业产业体系建设都进入了全国先进行列，村镇绿化也走在了全省前列。

至2012年年底，全区林业用地26477公顷，其中有林地24678公顷，未成林造林地1047公顷，“四旁”树木588.6万株，林木绿化率37.92%。在有林地中，用材林2189公顷，防护林13214公顷，经济林9230公顷。林地主要分布在山丘、河流、路沿、村户四旁，西部山区最多。

2012年，全区活立木总蓄积量41.21万立方米，人均占有0.98立方米。各主要林种立木蓄积量：用材林16.12万立方米，占39.12%；防护林9.04万立方米，占21.92%；其他林4.05万立方米，占9.83%；“四旁”树木12万立方米，占29.12%。有林地主要树种立木蓄积量：松树3.34万立方米，每亩平均0.6立方米；刺槐1.09万立方米，每亩平均2.2立方米；杨树20.64万立方米，每亩平均4.3立方米；其他13.16万立方米。

第二章　造林绿化

第一节　采种育苗

新中国成立前，群众多采集乡土树种进行育苗造林。新中国成立后，广大农村积极响应“植树造林，绿化祖国”伟大号召，大力开展植树造林活动，所育苗木除自用外，还支援外地植树造林。1955年，日照县实业科无偿支持磴山、幽尔崮、圣公山、韩家山等山区橡子、松种2500余公斤，实行种子直播造林。

20世纪五六十年代，随着林业专业队的建立，开展群众性采种育苗活动，重点培育松类、刺槐及果树苗木等。1967年5月，日照县林业局在巨峰镇赵家村开展紫穗槐营养钵育苗试验，发动群众完成70万个营养钵苗，并在全县推广。70年代继续进行林木良种引种驯化和林木选优，重点抓了杂交杨、欧美杨以及水杉、毛白杨等良种苗木繁育，实行集体和个人育苗并举，年平均育苗面积约300公顷，其中杨树苗占80%左右。

1990年，虎山乡林业站由时任站长宋全文主持完成的“火炬松育苗丰产栽培技术”通过山东省科委鉴定，成果获“山东省科技进步三等奖”。

21世纪后，随着城市建设绿化的需要，部分单位和个人纷纷兴办苗圃，至2012年全区共有各类苗圃76个，面积400公顷，年育各类苗木4000万株。大部分苗圃从南方购进花木，进行二级育苗，培育雪松、水杉、樱花、小檗、女贞、蜀桧、玉兰、木槿、法桐、紫叶李、美人梅等。少数苗圃采用种子育苗方法，成功培育出大量樱花、黑松、龙柏、雪松及白皮松等苗木。日照市岚山晓晖花卉苗木专业合作社于2011年10月注册登记，种植苗木12公顷，有高科技智能全光照温室大棚90间3000多平方米，年生产红豆杉、红叶石楠、无刺枸骨等优质脱毒苗木60多万株，获2012年度林业专业合作社省级示范社称号。日照市岚山区联盛园艺有限公司占地13.3公顷，主要经营白腊、樱花、栾树、紫荆、小龙柏、美人梅、香花槐、马褂木等绿化美化树种，年供优质苗木200万株。

图12-35 2011年虎山镇林业站黑松育苗

第二节 植树造林

封山育林 是利用森林的自然更新能力，在自然条件适宜的山区，实行定期封山，禁止垦荒、放牧、砍柴等人为破坏活动，以恢复森林植被的育林方式。分为“全封”（较长时间内禁止一切人为活动）“半封”（季节性的开山）和“轮封”（定期分片轮封轮开），是一种投资少、见效快的育林方式。

新中国成立前，境内由于山多岭多，土质贫瘠，加之滥伐森林，山区水土流失严重。新中国成立后，在“普遍护林、重点造林”的方针指导下，坚持“封、造、管”相结合，广泛开展荒山造林和有计划大面积封山育林。

1950年，日照县政府成立护林委员会，各乡镇、村普遍成立护林组织，制定封山护林公约，严禁扒山皮、刨草、乱放牛羊，提倡“牛坐槽、羊圈养”，凡面积较大的山场都设有护林员，常年看山护林。

岚山设区后，加大封山育林管护力度，对封育区标定范围、埋设界桩、专人看护，严禁人为破坏，尽快恢复植被。2006年，岚山区有9272公顷生态公益林纳入国家、省森林生态效益补偿范围（国家级1918.4公顷、省级7353.6公顷，2009年之前每亩补偿5元，从2010年开始每亩补偿10元），2010年又增加市级生态公益林1333.3公顷，至此全区共有10605.3公顷生态公益林纳入补偿范围，每年投入补偿基金160余万元。

2010年4月，区政府依据《山东省封山育林管理办法》，印发《关于对磴山流域等重点公益林进行封山育林的通告》，对阿掖山流域、磴山一大旺山流域、圣公山一幽尔崮流域3600公顷重点生态公益林进行封育。对区内宜林地、迹地（采伐、火烧）、未成林造林地、疏林地、有林地依法进行保护。

2010年10月，区林业局、区财政局依据《山东省森林生态效益补偿基金管理办法》，联合印发《岚山区生态公益林管护及补偿基金管理办法》。按照30～50公顷/人的看管标准，打破村居界限，全区公开选聘275名护林员，对生态公益林进行看护。

2011年10月，中央和省财政分别安排资金，启动森林抚育补贴试点工作，阿掖山林区被列为抚育补贴试点单位，试点面积200公顷，安排资金30万元，采取以生态疏伐、透光伐为主的抚育措施。2012年3月完成森林抚育试点任务，6月通过了山东省林业局检查验收组验收。

图12-36 2012年森林抚育现场

山滩造林

沿海防护林基干林带建设　岚山区沿海北起虎山镇东湖三村，南至绣针河入海口，全长12.5公里，有近267公顷宜林沙滩。从1955年起，沿海群众开始造林绿化，到1962年，韩家营子一带沿海防护林基干林带基本完成。1972年，日照县组织部门到虎山镇包点排涝，同时开展了韩家营子以南沿海防护基干林带建设，采用客土、修台田等方式造林，主栽树种为黑松，混交刺槐、紫穗槐等。1993年后，岚山多次进行沿海防护林基干林带的扩建和完善。1995年，组织处直部门及驻岚各单位干部职工500余人，到虎山镇大村等沿海地段进行基干林带断带合拢补植造林。1999年，岚山启动沿海防护林加宽扩建工程，将沿海路以东土地退耕还林，栽植火炬松38.9公顷，补植黑松29.4公顷。2002年，岚山启动"绿色通道"建设工程，沿海路以西退耕还林15.2公顷，栽植杨树、银杏、紫叶李、火炬松、绒毛白蜡等，并在沿海路以东建成长7603米、宽20米的新绿化带。沿路两侧新开辟了一些景点及绿地，栽植了各种灌木花卉。

荒山造林　新中国成立前，岚山仅有少量的残次林，荒山荒滩随处可见。新中国成立后，大规模开展荒山造林，主要采用直播橡子种和雨季"一镢松"方法，栽植赤松、黑松。经过数年的封山造林，山上的植被基本得到恢复，80%的山场呈现绿化景象。

1958年，各公社学习河南省济源县治山经验，编印了《山区水土保持基本知识》教材，举办训练班培训村干部和技术员，广泛发动群众开展治山治水，掀起大挖鱼鳞坑、截水沟、拾山腰子、闸山沟的热潮，治山面积约占山场面积的三分之一，并提出"两槐（刺槐、棉槐）上山"口号，大力发展针、阔叶混交林。1963年，日照县委、县人委在黄墩区葛疃村召开现场会，在全县推广治山闸沟造林经验。

1965年春，日照县林业局和共青团日照县委在安岚区举办治山培训班，历时半个月，培训青年约千人，在官山北坡修围山梯田1240米，挖鱼鳞坑3万余个，并栽果植松。

1978年，开始建设山岭用材林基地，虎山梭罗树、黄泥沟等村采取窄幅梯田、水平阶等方式，栽植刺槐166.66公顷。

1979年，黄墩陈家沟村栽植刺槐40余万株，造林70余公顷，起到了很好的示范作用。之后，又提出"山顶松、山腰槐、山下四园（果、茶、桑、竹）巧安排"的林业生产布局，在巨峰赵家村建设了棉槐营养钵绿化梯田地堰的样点，并在日照县大力推广。

1990年春，市长造林工程在虎山大旺山启动，并在黄家峪村山上立了"市长绿化工程点"石碑，推动火炬松造林。随后，广大干部群众积极响应山东省委、省政府《关于学习广东奋战十年绿化山东的决定》，开展山区绿化活动。1994年，顺利通过了省"八五"绿化达标验收，虎山乡被验收组认定为"山东省火炬松第一乡"。

1999年，国际检疫对象日本松干蚧害虫传入阿掖山流域，加上连续干旱，导致松树长势减缓，局部成片枯死。岚山办事处按照日照市委、市政府《关于全民动手植树种草绿化荒山美化城市的决定》，以阿掖山为中心开展山区绿化，两年累计成片补植造林196公顷。

21世纪后，随着沿海防护林工程建设项目的启动，岚山区采取以工程造林为主，专业队造林、社会造林相结合的方式，开展荒山造林，累计投资800余万元，完成成片造林面积3333公顷。

2005年，阿掖山由于火灾、虫害等原因，残次林面积达到333余公顷。4月，区政府成立20人

图12-37　2012年荒山造林一角

的阿掖山管护队，造林、护林与工资效益挂钩，采用大苗壮苗造林，当年完成迹地更新改造任务，苗木成活率、保存率都达到97%，为荒山绿化走出了一条造林模式创新、管护机制创新的好路子，并在日照市推广。

2010年3月11日，为建设“山海宜居现代港口经济强区、生态环保国际一流新兴钢城”，岚山区召开“生态岚山”建设动员会议，从加快造林步伐入手，实施区级领导、区直部门包村居包山头办法，明确提出要“包栽、包活、包管护、包成林，一定三年不变”。包村居的区级领导、区直部门负责苗木、资金筹集，机关部门工作人员、相关村居负责组织施工、管护。同时，在区直机关干部中开展“每人每年栽百棵树”活动，建立植树造林常态化机制，开展“绿色园区”“绿色企业”“绿色单位”“绿色家园”“绿色村镇”创建活动，当年实施造林绿化2000公顷。

图12-38 河滩造林 (摄于2012年)

2010年9月，世界银行“山东生态造林项目”启动，岚山区是全省30个项目区县之一，利用外资100万美元，规划营造生态防护林997.8公顷，建设期6年（2009～2014年），前4年为造林期，后2年为幼林抚育期，2013年年底完成规划造林任务。

河滩造林 主要栽植树种有杨树、柳树、枰柳等。20世纪50年代初到60年代末，群众多采取插条造林方式，主要是燕翅形的插条方法，在河流两侧的沙滩或堤岸，扦插加拿大杨、柳树等。同时采取分墩方法栽植荻子、芦苇、绊马藤等固沙植物，形成林草结合的复层林。林草间作是当时河滩绿化的一个突出特点，粗砂滩栽植的树种主要有青杨、旱柳、枰柳等，油沙地栽植的树种主要有栗子园、桑园、梨园等。源头短、砾石较多的季节性河流，主要保护天然的枰柳苗，成为片林或沿河林带。

1976年，碑廓大司官庄村在绣针河滩上营造水杉丰产林2公顷，15年生平均树高20米，胸径23.9厘米，亩蓄积量达31立方米，成果获市科技进步二等奖。20世纪80年代，碑廓大司官庄、黄墩大洙洲等村建设69杨速生丰产林，90年代在大朱曹二村营造中荷1号杨树速生丰产林，都取得了成功。

农田林网建设 始于1970年，日照县组织部分社、队及林业干部到河南兰考等地学习，然后在碑廓试点，后在其他乡镇有平原的地方逐步推开，主要树种有大官杨、大青杨等。1990年后，主要对农田林网进行补植、完善。

岚山区域内农田林网建设比较好的有虎山镇的万亩湖、安东卫街道的合庄湖、碑廓镇的大部分以及巨峰镇东半部，面积一度达到3700公顷。后由于大工业项目纷纷落地，林网面积锐减。2012年安东卫、虎山、碑廓的农田林网已不存在，其他乡镇面积约600公顷。

村镇绿化 新中国成立前，农民就有在村旁、宅旁、房前、院内植树的习惯。新中国成立初期，村镇绿化较差，沿海及山区村庄的树木也十分稀少，主要为榆树、国槐、臭椿、楸树、梧桐、苦楝、柽柳、枰柳、淡竹等。

在“大跃进”中，村镇树木遭到严重破坏，群众植树积极性受到挫伤。1962年落实林业政策，对村庄四旁树木进行确权发证，强调农民个人种植的零星树木归其本人所有，调动了个人植树积极性，加快了村镇绿化进程，至20世纪70年代初期，大部分村庄基本实现绿化。后随着欧美杨的引进与发展，有些乡土树种逐渐被速生杨取代。

改革开放以后，随着村镇树木的直接效益对农民经济条件影响的减弱和农民改造居住环境的需求变化，村镇树木树种、品种向多元化发展，数量有所降低。20 世纪 80 年代中期，人均村镇树木 8.3 株，至 90 年代初下降到 3.16 株，树种也从以杨树、刺槐等用材、经济树种为主，向观赏美化树种过渡。1994 年岚山办事处 4 个乡镇街道村镇树木为 75 万株，人均 3.9 株;2000 年村镇树株(墩)数 51.4 万株，人均 2.7 株，其中灌木占 30%。2004 年全区村镇树株(墩)数 124 万株，人均 3 株，其中灌木占 15%；2008 年全区村镇树株(墩)数 360 万株，人均 8.6 株，其中灌木占 74%；2011 年全区村镇树株(墩)数 492 万株，人均 11.7 株，其中灌木占 82%。

2006 年起，山东省绿化委员会、林业局在全省范围内开展绿化示范村镇建设活动。到 2009 年，全区共有 23 个村居被山东省绿化委员会、林业局命名为全省“绿化示范村”，巨峰镇、高兴镇分别于 2011 年、2012 年被授予“绿化模范镇”荣誉称号。

第三节　林木采伐更新

残次林更新　20 世纪六七十年代，山上的松林由于被老百姓过度修枝(主要用于烧火做饭)，以及松毛虫危害，林相极差，出现大面积残次林。为提高防护作用和经济效益，60 年代初开始采取补植刺槐、柞树等阔叶树种，对次生林进行改造，推广了巨峰镇薄家口村采取水平阶、窄幅梯田的整地造林方式，营造成片刺槐林，改造赤松次生林，并混交柞树林 20 公顷，使区域内自然生态趋于平衡，病虫害处于可控范围，森林长势良好。为加快次生林改造步伐，1989 年春，在虎山镇黄家峪、后村镇邢家沟、巨峰镇后崖下等村引种火炬松获得成功，其他乡镇村居也相继引种试验，取得初步成效，面积在 6 ～ 15 公顷不等。

迹地更新　主要是虫害迹地、火烧迹地以及偏、远、险，难以造林的荒山，一般在每年雨季集中进行更新造林。采用大规格容器袋黑松苗或者侧柏苗、大鱼鳞坑栽植，黑松亩栽植约 220 株，侧柏亩栽植 330 株，每年更新面积 200 公顷左右。由于土壤墒情好空气湿度大，成活率达到 97% 以上。

用材林采伐更新　主要为杨树，一个轮伐期约 8 ～ 10 年。采伐后来年春天重新栽植，每年更新面积在 470 公顷左右，大多位于河滩、“四旁”、道路两侧以及个人承包地内。

重点生态公益林严禁采伐，因虫害、火灾致死的可以更新采伐，但应到林业主管部门备案。

第三章　林木管理

第一节　管理机构

岚山办事处设立前，域内林业管理工作由东港区林业局负责。1993 年成立岚山农业委员会，负责全处林业业务指导工作。

1995 年 5 月，省政府批准在 G204 国道汾水段设立日照市岚山办事处汾水木材检查站(全省编号 23)。同年 12 月，成立岚山办事处林业局，行政正科级。同时，设立岚山办事处汾水木材检查站，全额副科级事业单位，编制 10 人。

2005 年 10 月，根据岚山区编制委员会《关于区林业局所属事业单位的设置》，设立日照市岚山区木材检查站，为副科级事业单位，经费为自收自支，编制 10 人；设立日照市岚山区林业技术推广站(日照市岚山区绿化委员会办公室与其合署)，为正股级事业单位，全额拨款，编制 3 人；设立日照市岚山区果树站，为正股级事业单位，全额拨款，编制 3 人。

2011 年 7 月 1 日岚政办发〔2011〕88 号文件

规定:岚山区林业局全额事业编制为 8 名,内设办公室、行政服务科(挂林政科牌子)、科技与产业发展科 3 个职能科室。

第二节 林权制度改革

境内自古以来即有"官山"(多系无林荒山、荒滩、庙产、学田等)"公有"(村有、族有或伙有、祖林等)"私有"(户有)三部分。"官山"主要有阿掖山寺和圣公山寺庙产、幽尔崮山和白云山"民有林场",面积约 30 公顷,树种主要有黑松、柞树、刺槐等。

新中国成立前,山场林木大部分为私有。1947 年,土改运动没收地主、富农的山滩林地分给农民,仍属私有。1950 年颁发土地证,农民原有和依法分配的山滩林木也随之发放林权证,或作为附属物记入土地证。

1955 年,随着高级农业合作社成立,林木进行打价入社,至 1958 年全部完成,山林权属集体,统一经营。由于刮"共产风""一平二调""大炼钢铁闷焦",林木乱砍滥伐严重,林业生产遭受严重破坏。1961 年 6 月,中央下发《关于确定林权、保护山林和发展林业的若干政策规定(试行草案)》(简称林业政策 18 条),重申"谁造谁有,谁平调谁兑现",集体林木和个人树木均颁发林权证。"文化大革命"期间,林业生产再遭挫折。1982 年,再次进行林木确权发证,域内 417 个村居共发证 7.9 万张,发证户占 93%。1983 年开始推行林业生产责任制,划分自留山、责任山,采取家庭承包方式,将部分山(滩)林木分户经营,同时,保留一些成片林木归大队集体经营。

2003 年年初,根据《山东省人民政府关于推进林权制度改革的意见》,岚山办事处对"集体所有的森林、林木、林地按现状和县级以上人民政府规划,发放所有权证和使用权证;对承包经营国有和集体林地、林木的,其林地所有权归属国有和集体,只对林地使用者发放林地使用证,对其所有的林木发放林木所有权证"。因资金投入不到位,没有 GPS(全球定位系统)等先进设备支撑,难以准确划定林地边界,本次没有实际发放林权证。

2009 年,山东省委、省政府下发《关于深化集体林权制度改革推进现代林业发展的意见》,山东省正式启动集体林权制度改革试点工作,并于 2010 年在全省范围内展开,两年内全面完成。改革的范围是农村集体经济组织所有的森林、林木和林地。主要内容包括:此前仍由农村集体经济组织经营,尚未确权到户的商品林、宜林荒山(滩),适宜分户经营的按人均分到户经营;不适宜分户经营的,依法经本集体经济组织三分之二以上成员或三分之二以上成员代表同意,可采取按人"分股不分山、分利不分林"的均股均利方式落实产权,并通过拍卖、出租、承包等形式明确经营主体。本集体经济组织成员享有承包优先权。

岚山区是全省集体林权制度改革 28 个试点区县之一,于 2010 年 7 月通过省林权制度改革检查验收组检查验收。共完成林改面积 10466.7 公顷,占应改面积的 100%,发放林权证 538 本、1255 宗。2011 年,区林业局被山东省委、省政府表彰为林改先进集体,有 2 人分别被省、市评为林改工作先进个人,并记二等功。

第三节 森林防火

20 世纪 90 年代以前,由于林内地上可燃物稀少(主要是被附近村民清理用于燃料),基本没有火警、火灾发生。随着经济发展,人民生活富裕,烧火做饭很少再用柴草,造成林内可燃物丰厚,加上冬、春干旱少雨,每年出现多次火警,甚至发生火灾。失火原因大都因烧荒、上坟烧纸等人为活动不慎引起,且多发生在春节、清明节、冬至期间。2002 年春,阿掖山北坡因青年游山玩耍用火,不慎引发森林火灾,经组织干部群众 600 余人奋力扑救,仍过火林地 36 公顷,烧毁树木 6.469 万株,直接经济损失 180 万元。2011 年 4 月 1 日,虎山镇崔景阳村东山山场因东方民爆公司爆破开石引发森林火灾,过火面积 33 公顷,烧死烧伤树木 4.7 万株,直接经济损失 210 万元。2011 年 4 月 4 日,巨峰镇薄家口某村民燃放鞭炮引发森林火灾,过火面积 7 公顷,直接经济损失 50 万元。

设区之后,全区划分为阿掖山、大旺山、甲子山、白云山、圣公山、浮棚山、老牛顶、西石山、高子山、长山等12处森林防火重点火险区。各级政府高度重视护林防火工作，规定每年10月1日至下一年5月31日为森林防火期，3月1日至5月31日为森林高火险期。大力宣传护林防火的重要意义及国家有关法律法规，使森林防火知识进家庭、进学校、进工厂，并在进山各主要路口设置宣传栏、宣传标语。区、镇（街道）两级设立以行政首长为总指挥的森林防火指挥部，规定区、镇、村行政负责人为森林防火第一责任人，层层签订责任状，并建立专业防火队伍。

2010年投资80万元，组建了50人的区级森林消防专业队，配备3辆运兵车及部分灭火器械，适时组织了培训和应急演练。各乡镇街道按照不少于20名专业防火队员的标准，建立了相应的森林消防专业队伍，防火期内集中食宿，重要时段增加巡逻密度，全天值班备勤。

2011年后，在磴山、阿掖山、圣公山3处安装远程林火视频监控系统，市、区联网监控面积3300余公顷。全区建立瞭望台2座、火险因子采集站1处、护林房26座；在林中墓区集中推广建设“烧纸池”330个；配备进口风力灭火机100台、油锯13台、砍刀砍镰150把、2号3号扑火工具590把、防护装备230套。同时，在全区选聘275名专职护林员，并配备GPS定位手机，对护林员队伍实时管理和调度；在林区主要路口设立防火检查站75处、树立森林防火警示牌680块、刷写永久性宣传标语3200幅；对阿掖山流域实施封山护林围栏网建设，建设铁围栏12.5公里、生物隔离带6.5公里。

图12-40　微波监控防火　（摄于2012年）

第四节　病虫害防治

主要病虫害　据1983年林木病虫害普查，境内林木害虫有200余种，隶属6目、26科。按树种分：松类有赤松毛虫、日本松干蚧、松梢螟、吹泡虫、松干枯病等；刺槐有小皱蝽、刺槐夹螟、溃疡病、紫纹羽病等；杨树有光肩星天牛、青杨脊天牛、杨扇舟蛾、透翅蛾、草履蚧、溃疡病、腐烂病等；毛白杨有桑天牛、根癌病、毛白杨锈病、白杨破腹病等；柳树有柳毒蛾、柳瘿蚊、柳小吉丁虫、柳褐斑病等；榆树有榆蓝金花虫、榆毒蛾、榆溃疡病等；泡桐有丛枝病、大袋蛾等；法桐有黄刺蛾、大袋蛾等；栎类有栗山天牛、栎掌舟蛾、刺蛾等；板栗有栗瘿蜂、栗实象甲、赤腰透翅蛾、栗大蚜等；山楂有山楂红蜘蛛、黄刺蛾、白粉病等；国槐有国槐尺蠖、六星吉丁虫、国槐

图12-39　防火围网　（摄于2012年）

枯枝病等；臭椿有臭椿皮蛾、臭椿白粉病等；紫穗槐有大灰象甲、东方金龟子、褐斑病等；苹果有苹果红蜘蛛、苹果瘤蚜、白粉病、褐斑病、轮纹病、腐烂病、炭疽病、锈病等；另外还有茶壁虱、桃粉蚜、桃瘤蚜、梨网蝽等。

果树栽植管理比较精细，病虫害疫情一般能得到很好的控制。

林木虫害以松毛虫危害最重，曾多次爆发。清光绪二十六年（1900年），甲子山北麓发生，后蔓延到山前薄家口一带。1924年，磴山、大旺山、幽尔崮等地相继发生，并逐渐扩散，往往将大片松林吃光。20世纪60年代以后，每年松毛虫都有发生。1977年，域内2000余公顷松树严重受害。1994年，大旺山、幽尔崮、阿掖山以及沿海防护基干林带1000公顷受灾严重。2000年后，在松林中很难找到松毛虫。

其次为日本松干蚧。日本松干蚧是国内、国际森林植物检疫对象之一，松树受害后枝干下弯，针叶枯黄，以致逐渐干枯而大面积死亡。1999年，阿掖山流域发生危害面积430公顷，其中有10公顷约4.5万株松树死亡。

其他林木害虫，由于树种更新、混交栽植、人为综合干预、食物链平衡等影响，基本是有虫不成灾。

2008年9月，在疏港大道和海安路法桐树上首次发现美国白蛾虫害。美国白蛾是国际、国内森林植物检疫对象之一，它食性杂、危害大，寄主植物多达300余种。由于发现及时，防控得力，没有造成大的危害。

人工防治 新中国成立前，群众为松林防虫除害，主要采取剪除松毛虫茧、打蚁枝、捉拿越冬幼虫等方法，20世纪50年代仍以人工防治为主。

在长期的治虫实践中，群众摸索出秋季人工采蚁（初孵幼虫）、冬季绑草把诱杀越冬幼虫等有效方法。1977年2月，虎山公社组织1200余人，采取掀石板、剥树皮等方法，捉拿越冬幼虫1550公斤，其中梭罗树村拿虫616公斤。1986年夏，巨峰、碑廓、高兴3乡镇，共摘除松毛虫茧11.6万公斤，采卵700公斤。1989年春，松毛虫暴发成灾，日照市政府拨专款发动群众防治，岚山区有1.8万人参与，共摘茧2700公斤，采集松毛虫卵块217公斤，折合成老熟幼虫为5400公斤。

美国白蛾人工防治主要方法是在3龄前幼虫网幕期，利用高枝剪剪除网幕，集中销毁；在美国白蛾发生严重的地方，特别是养殖小区，在树干距地面0.8～1.5米处，绑草把诱集老熟幼虫入内化蛹，待化蛹结束后再解除草把集中销毁。

图12-41 2010年绑草把防治美国白蛾

化学防治

地面施药防治 20世纪50年代开始采用药物防治松毛虫。1955年春，林业部门在甲子山前的薄家口村山林施用“六六六”防治松毛虫，杀虫试验效果显著，后被逐步推广。进入60年代，上级林业部门每年扶持一定量的“六六六”农药，春季采取单管喷雾器药杀松毛虫，秋季则用纱布袋撒“六六六”粉灭杀初孵幼虫，效果良好。后又陆续采用敌百虫、滴滴涕、“1605”“1059”等各种剧毒农药。1964年7月，临沂地区防治松毛虫现场

图12-42 2010年车载式高压喷雾防治美国白蛾

会在虎山梭罗树村召开，推广防虫治虫经验。自20世纪80年代起，防治松毛虫逐步推广高效低毒农药，如“敌杀死”“灭幼脲”等。为消灭越冬幼虫，有些乡镇还推广“树干绑毒绳”法，有一定成效。

2010年美国白蛾大发生，疫情遍布岚山区各乡镇街道，区、镇、村三级分别成立防控专业队和虫情监测队，积极开展防控。当年区政府投资320万元，购买车载式高压喷雾器等256台以及药物8吨，道路两侧及低矮树木防控效果较好，但高大树木以及车辆进不去的地方基本没有效果。

飞机喷药防治　在山东省林业厅统一安排下，1973年8月18日至9月29日，对大旺山、圣公山、甲子山、白云山等重点林区进行飞机喷药普防(以下简称飞防)松毛虫，共出动飞机673架次，喷撒223乳剂，防治面积1.13万公顷，杀虫率达94%。1975年8月，进行第2次飞防，防治面积1.3万公顷，范围包括东港区、莒县。1978年5月，全省森林病虫防治经验交流会在日照召开之际，进行了第3次飞防，采用超低量喷雾，重点是低山及沿海一带林区。3次飞防，均收到较好效果，但因飞防易漏片、伤天敌，加之松毛虫繁殖快，两三年后又蔓延成灾。

2011年，岚山区委、区政府根据省、市统一要求，从岚山区疫情实际出发，决定对第一代美国白蛾的幼虫采用飞防。飞防公司由山东省林业局森防站统一招标选派，山东省植保总站中标，选用的飞机是一架“EC120”和一架“EC330”直升机，药剂为5.5%的阿维杀铃脲。6月5日至6月12日历经8天，出动直升飞机263架次(EC120：116架次、EC330：147架次)，投资298.4万元，飞防面积2.5万公顷。对除虎山镇东湖三村及高兴镇夏陆沟等14个养虾、蟹村避让外，全区其他所有阔叶树普飞一遍。通过飞防，基本实现了“重防第一代、一役控全年”的目标，而且没有发生次生灾害。

2012年，又进行飞机喷药防控美国白蛾，飞防公司由日照市林业局统一招标选派，中标公司为山东同航生物工程有限公司。6月9日至6月14日历经6天，出动EC120直升飞机229架次，选用5%的杀铃脲，投资352.66万元，飞防面积3.06万公顷。在高兴镇夏陆沟以及虎山镇东湖三村等养殖虾、蟹的区域还进行了苏云金杆菌悬乳剂防控美国白蛾试验，该药是生物药剂，对虾、蟹没有药害影响，试验面积2400公顷。8月15日，日照市林业局组织专家开展岚山区防控效果调查，分别在5个标准地的村调查存活虫数、统计存虫株率、计算防治效果，其中有虫株数仅1株，有虫株率为0.15%，防控效果达到95%以上。

生物防治　林木害虫的主要天敌昆虫有60余种，隶属5目9科。主要种类有广腹螳螂、大草蛉、瓢虫、寄生蝇、赤眼蜂、蜻蜓、食虫椿象等。20世纪70年代初，林业科技人员开始进行生物防治试验。1973年，山东省分配松毛虫杆菌、杀螟杆菌500公斤，在蔡家滩(属东港)和虎山黄泥沟进行除虫实验，杀虫率90%。1976年，日照县林业局首次繁殖利用赤眼蜂，在大旺山、磴山等林区进行放蜂治虫试验。1977年4月，日照县林业局成立以张天印任技术指导的课题小组，在华山(属东港区)、磴山、梭罗树等村山林设点，进行人工驯养灰喜鹊防治松毛虫试验。试验证明，一只灰喜鹊每年可消灭1.5万余条松毛虫，还能取食大袋蛾、金龟子等30余种害虫，可节约大量农药和资金，有利于保护生态环境。1980年9月9日，《大众日报》以《森林的“天兵”》为题作了报道。1982年8月18日至30日，中央新闻纪录电影制片厂到日照市摄制了《巧调“天兵”》新闻纪录片。1984年，张天印编写的《驯养灰喜鹊防治松毛虫》由中国林业出版社出版。

20世纪90年代，岚山林业局科技人员利用周氏啮小蜂、白僵菌、性诱灯诱成虫等生物和物理措施杀虫，不仅成效好，也减少了药物对生态环境的污染，同时对培养及保护昆虫食物链具有深远意义。

第五节　野生动植物保护

古树名木保护　由于自然、历史等原因，区内现存的古树名木数量和品种不多。区林业局组成专门机构，对全区范围内的古树名木进行了普查登记，并对遭受病害、虫害的古树名木进行定期防治，落实看护责任单位，安排专人管理，取得了明显效果。

动物保护 区内常见的有益动物主要有青蛙、斑蛙、中华蟾蜍、赤练蛇、水蛇、石龙子、黄鼬、獾、野兔等。20世纪五六十年代，供销社每年都收购大量黄鼠狼皮，使黄鼠狼数量锐减。70年代后，由于人为干扰以及生态环境污染，野生动物的生存环境遭到严重破坏，种类和数量锐减，过去见到的猞猁、狐狸、狼等在本地已经绝迹。

1993年岚山办事处设立后，林业执法人员深入到集贸市场、宾馆饭店进行检查，对乱采滥挖、乱捕滥猎、收购贩运青蛙等破坏野生动植物资源的违法行为，进行严肃处理。2004年设区后，开展了保护鸟类的“候鸟二号行动”。

1997年冬，木材检查站在G204国道汾水段查获江苏盐城一个体户非法收购和运输的国家二级保护动物赤练蛇2.4吨，由市林业局进行了处理和放生。

2003年春，收缴捕鸟网具500余米，查获受保护鸟70余只，没收青蛙2万余只，全部放归大自然。

2008年7月，依法查处临沂个人非法贩运青蛙案，没收活蛙56箱，重约560公斤，总计约2.8万只，及时放归大自然。

鸟类保护 历史记载，清代磴山一带曾有“鹳鹤上下”的说法。20世纪60年代初，尚见鹭类等鸟营巢于高大的杨树上。许多悬崖绝壁亦有雕鸮、隼类等猛禽及岩鸽栖息繁殖，活动于田野、林间的喜鹊、灰喜鹊、灰椋鸟、乌鸦、家燕、黄雀、长耳鸮等鸟更为常见。七八十年代，由于在田间撒毒饵灭鼠，给鸟类带来极大灾难，对喜鹊、麻雀、猫头鹰等鸟杀伤力极强。据1985年年初调查，本区陆地上共有鸟类22目、44科、200余种，其中农林益鸟67种。珍稀鸟类有丹顶鹤、大天鹅、大鸨、白鹳、白鹅雁、草鸮、黄嘴白鹭、雕鸮、鸳鸯、灰鹤、三宝鸟、纵纹腹小鸮、山鸡等，沿海一带主要是海鸥。

1982年4月，日照县政府制定并发布《关于鸟类保护管理条例》，利用广播大会、电视讲话、座谈会、表彰会、电影晚会、鸟类图片、标本展览、组织青少年挂鸟箱、巡回放映科教片等多种形式，宣传国家有关保护鸟类的法令及爱鸟护鸟知识，教育广大干部群众人人爱鸟护鸟。将灰喜鹊、喜鹊、杜鹃、大山雀、灰椋鸟、猫头鹰、家燕、啄木鸟、伯劳、黄鹂、夜莺、戴胜、大苇莺等列为重点保护对象，并确定每年4月23～29日为“爱鸟周”。将前三岛、磴山、幽尔崮、甲子山、回龙观等林区划为鸟类保护区，并在重点禁区悬挂一些招引鸟的巢箱。

第六节 林业执法

岚山区林业执法机构有区林业局木材检查站和行政服务科（林政科）。主要通过法律、行政和技术手段，对生产和流通中感染危险性森林病虫害的森林植物及其产品采取禁止和限制措施，对违法行为依法实施行政处罚，严防检疫对象的入侵、外传和扩散蔓延，防止生物灾害发生；履行协调查处破坏森林资源、国家重点保护野生动植物的重大案件；监督林木凭证采伐与运输、办理林地征占用的审核报批等。

森林植物及林产品检疫

产地检疫 在种苗繁育基地对树木种苗进行生长期间检查，确保选留和收购无检疫对象的种子和苗木，检疫合格的签发“产地检疫记录”，换取植物检疫证书进行调运。每年对全区76处苗木繁育基地、110家木材加工企业定期上门服务，方便业户。2005～2011年，全区年均检疫苗木2000万株以上，检疫率保持在95%以上。

调运检疫 主要依托木材检查站，对过往运输森林植物及林产品的车辆进行检查。区木材检查站组建以来，特别是2008年7月4日在岚山设立“日照市国家级木材贸易加工示范区”后，检查和检疫木材车辆数量陡增，2011年共检查检疫木材300多万立方米，签发省内和出省木材运输证、检疫证各4.5万余份，对及时阻止林木病虫害的传播、规范木材及林木产品凭证依法运输起到了重要作用。

1997年，岚山办事处木材检查站被林业部授予全国木材检查站文明示范单位。

林地林木管理 根据《中华人民共和国森林法》有关规定，严格控制林木采伐，加强林木采伐限额管理。“十二五”计划以前，日照市林业局下达给岚山的采伐限额按活立木计算一般维持在1万立方米/年，“十二五”计划期间是2.7万立方米/年。除群众房前屋后、自留地栽植的树木以外，其他林木采伐都要向区林业主管部门申请办理林木采伐许可证。采伐林木的单位和个人，必须按照采伐许可证规定的面积、株数、树种进行采伐，并按规定期限完成更新造林任务，更新的面积和株数不少于采伐的面积和株数。

1993～2012年，共审核上报、审批征占用林地及审批临时占用林地100余项，占用林地面积260余公顷，其中审核上报占用林地150公顷，征收植被恢复费150万元。对辖区内乱垦滥占、乱采滥挖等违法行为均按相关法律法规进行严厉查处，共查处集体或个人毁坏、改变林地用途案件16起，违法毁坏、改变林地面积26公顷。

专项检查　根据上级统一安排，岚山区从2005年起先后开展了旨在打击破坏森林资源的“绿盾二号行动”、滥占林地的“绿剑行动”等重要活动。

2007年，巨峰镇纪家沟山场某承包户未经林业行政主管部门批准，非法占用毁坏防护林地和采伐树木，采伐树木面积3.32公顷，其中毁坏防护林林地0.59公顷，滥伐各种树木2622株，活立木蓄积量85.01立方米，被依法移交司法机关追究刑事责任。

2007年，东港区秦楼街道小孙家村周某，在黄墩镇秦家滩井村东南山前建设房屋、鸡棚等，毁坏林地3078.8平方米，砍伐10～20年生松树1157株，活立木蓄积量5.23立方米，柞树188株（不够检尺），案情特别重大，按照有关规定移交司法机关处理。

第四章　果　业

第一节　树种及品种

据清康熙十一年版《日照县志》记载，清代境内栽植的果树有20余种，以梨、板栗为多，桃、杏、柿次之，山楂、葡萄、银杏、核桃等为零星栽植。

苹果　20世纪20年代引进。新中国成立前，岚山仅巨峰大卜落村、碑廓一村有苹果园。1952～1955年，国家扶持老根据地建设，从大连市调入苹果苗13万株，巨峰镇、黄墩镇分到部分苗木栽植，苹果始有发展。品种主要为小国光、红星、金帅、秋花皮、伏花皮、大国光、祝光等。1956～1958年，在政府倡导下，群众采集野生砧木，用“装根嫁接”等方法，培育苹果苗木。1982～1983年，掀起山区开发高潮，其间从泰安、青岛、烟台大量引进红富士、新红星、乔纳金、北斗等新品种，对老品种小国光、大国光、金帅等进行改良，主要措施有：“大树高接换头、小树进行芽接”，更换为红富士、新红星。20世纪90年代初，苹果发展又出现高峰，栽培品种主要以红富士优系为主，如短枝富士、长枝富士系列等。1997年，岚山办事处有苹果园1200公顷。2000年前后，全国苹果市场供大于求，果品价格大幅下滑，加之20世纪六七十年代栽培的果树树体衰弱、品种落后、产量降低，投入多产出少，果园面积大幅下降。2004年，岚山区苹果园降至660公顷，主要栽培红富士、红将军、新红星、新乔纳金、藤牧一号、新嘎啦等优良新品种。此后，在市场调节下苹果园面积有增有减，2012年全区有苹果园面积432公顷，年产量1.7266万吨。

梨　20年世纪60年代前，境内果品以梨为主，主要栽培当地品种，而后老梨树逐渐被淘汰，引进发展了黄梨、长把梨、子母梨。1975年，又从威海引进日本“三吉梨”接穗。80年代初，三吉梨已遍及全境。90年代引进黄金梨、丰水梨。2001年引进爱宕梨等新品种。2012年，全区梨园总面积83公顷，年产量3280吨，主要集中在巨峰、黄墩、中楼、高兴4镇。

桃　原有品种主要为六月鲜、五月红、蟠桃、秋白、毛桃等。1965 年先后引进上海水蜜、麦香、黄金桃等品种，20 世纪 80 年代开始引进冬桃、美国油桃、礼品桃等，90 年代引进中华寿桃。2004 年前后，以栽植早红珠、丹墨、五月火等早熟油桃品种为主的果树大棚发展较快，一度发展到 200 多个大棚。2012 年，栽培品种主要有仓方早生、优系川中岛、莱山蜜、冬雪蜜以及丽春油桃等，加工品种以锦绣黄桃为主，全区种植面积 287 公顷，年产量 10668 吨。

杏 境内栽培历史悠久，品种有面杏、刺杏、荷包杏、麦黄杏、杏梅等。清明节前后开花，芒种到夏至前后成熟。味道酸甜可口，杏仁可入中药。新中国成立前，除少数大地主有杏园外，普通百姓多在房前屋后栽培。果实除自己食用外，少量到市场出售，不成规模。

山楂 新中国成立前后，山楂栽培甚少，仅有房前屋后栽植。20 世纪 80 年代开始在山区及丘陵地大面积栽培，主栽品种基本上是从泰安、临沂等地引进的大金星等。进入 20 世纪 90 年代，因价格和销路问题，多数被伐转产。2000 年后多为零星栽植。

葡萄 栽培历史悠久，过去多数家庭零星栽培，不成园。20 世纪八九十年代，随着巨峰、泽香、泽玉等优良品种的引进，葡萄园逐渐增加，但不成规模。2012 年，全区有葡萄园面积 40 公顷，年产量 956 吨。

板栗 栽培历史悠久。20 世纪 50 年代末至 60 年代中期有较大发展。1958 年“大炼钢铁”中，炼焦砍伐部分。80 年代中期，又有较大发展，主要品种有石丰、红光、华光、华丰、郯城 3 号、沂蒙短枝等。1996 年，与韩商合资，在黄墩镇陈家沟村进行日本栗引种栽培取得成功，主要优良品种有丹泽、国见、筑波、银寄等 7 个。从 2008 年开始，林业科技人员又发现了“软毛 2 号”“伊吹”等高产优质、抗病性能强、成熟期集中的品种，推广价值较高。2009 年，黄墩镇大面积开展日本栗低劣品种改接换头，当年完成优良品种高接换头 133.3 公顷。同时，大力推广《无公害日本栗生产操作规程》，推进科技创新和新技术应用。2008 年，区林业局果树站站长刘国梁主持完成的《日本栗绿色食品操作规程》，获日照市科学技术进步二等奖。

2012 年，全区栽培面积 2338 公顷，年总产量 2100 吨，岚山区成为山东省最大的日本栗生产基地，是继辽宁省丹东市之后全国第二大日本栗栽培区。

图 12-43 黄墩镇板栗园 (摄于 2009 年)

核桃 少量栽植，历史悠久。推广的早熟品种一般 3 年开始结果，5 ～ 6 年达到盛果期。核桃市场前景比较广阔，2011 年碑廓镇火石顶子村，有一户农民承包 8 公顷土地发展核桃，主要品种为“清香”。

另外，柿、樱桃、蓝莓等果树也有零星栽培，柿、樱桃有成园者。

2012 年，全区有大小果园 1000 多家，规模较大、管理水平相对较高的示范园，总面积达到 300 余公顷。主要有：黄墩镇陈家沟村和孔家沟村日本栗示范园，面积 200 公顷，年产量 1000 余吨、产值 680 余万元；巨峰镇刘家庄黄金梨、丰水梨示范园，面积 15 公顷，年产量 750 吨、产值 150 余万元；后村镇杏坊村优质苹果、梨示范园，面积 20 公顷，年苹果产量 600 吨、梨产量 500 吨，产值 220 万元；高兴镇合庄村仓方早生桃示范园，面积 16 公顷，年产量 1000 吨、年产值 200 万元；虎山镇孙家官庄油桃设施栽培示范园，有大棚 60 余个，年收入 120 多万元；中楼镇朱家官庄“中华寿桃”示范园，面积 8 公顷，年产量 480 吨、产值 100 余万元。

2007～2012年岚山区主要果品产量统计表

表12-2　单位：吨

树种＼产量＼年份	2007	2008	2009	2010	2011	2012
板栗	600	780	2000	2200	2000	2100
苹果	18500	18870	19230	19880	19086	17266
桃	7220	7586	8122	8126	8220	10668
梨	3500	3500	3526	3585	3680	3280
葡萄	1100	1100	1128	1220	1260	956
其他	500	680	786	1088	1240	1380
合计	36420	37446	40095	40845	41860	36560

第二节　栽培管理与加工储藏

土肥水管理　20世纪50年代之前，果树多为小穴栽植，到60年代开始挖1米见方的大穴，先回填熟土后栽植。对小穴栽植的果园进行深翻扩穴、施肥、改良土壤，同时修竹节坑、建塘坝、引水上山。70年代后，对果园深翻扩穴施肥。80年代，新栽果树全部开大沟栽植，山地果园深翻填客土、沙滩地果园抽沙换土，并推广果园覆草、穴贮肥水和地膜覆盖，大树落叶归根，果园"浇封冻水、花前水、花后水"等3次关键水，推广夏秋施基肥。90年代后，开始实行配方施肥，推广施用果树多元素专用复合肥，树上喷速硼钙、锌硼钙等，以提高果品质量，同时推广滴灌技术。

果树修剪管理　新中国成立前，果树基本不修剪，多为自然形。新中国成立后，随着栽培面积扩大，果树整形修剪逐渐被重视。20世纪五六十年代，多为冬季一次修剪，重整形，留三大主枝，轻花果管理，栽植密度低，一般亩栽20～30株，结果晚产量低。到70年代开始推广"轻剪、长放、多留枝、整形结果并举"修剪技术，改一年一次修剪为一年四季修剪，"冬季修剪壮树势，春季修剪调花量，夏季修剪促花芽，秋季修剪见阳光"。采用的修剪技术是疏枝、短截、缓放、回缩、扣芽破顶等，在夏季实行疏花疏果、摘心、扭梢、环剥（割）、拿枝、拉枝等，促使早结果、多结果，增加产量。80年代后全部普及，成为果树修剪的常规技术措施。进入90年代，重点推广花定果、果实套袋（纸袋和微膜袋）、树下铺设反光膜、摘叶转果、增加着色度等技术，以提高果品质量；在花期进行蜜蜂授粉，提高坐果率，以减轻人工授粉费工费时的弊端。

树种、品种不同，整形、修剪方法各异。苹果多采用"主干疏层延迟开心形"，全树配备5～6个主枝，即：基层3大主枝、二层2个主枝，三层1个主枝，其上着生大、中、小型各类结果枝组，并在主枝的层间留有一定的辅养枝，以辅养树体，早结果。80年代后期新栽植的短枝型品种，多为密植矮化，根据栽植密度多采用小冠形（株距4米，行距5米）、纺锤形（株距3米，行距4米）、自由纺锤形（株距2米，行距3米）。梨树的树形多采用"小冠形"和"纺锤形"。桃树采用"开心形"盘状整枝，葡萄采用"篱壁式"和"棚架式"两种。

2012年开始推广苹果矮砧集约化栽培模式。该模式是利用矮化砧、矮生（短枝型）品种和矮化技术使树体矮小紧凑，合理密植，达到早果、丰产、优质、低耗、高效、管理方便的目的。主要技术措施：（一）大苗建园、支架栽培。应用2～3年生以上的矮砧良种优质大苗建园，要求苗木高度1.5米以上，品种嫁接口以上5厘米处直径达到1厘米，芽眼饱满，根系完整，无病虫害及检疫对

图 12-44　高兴镇汪家庄子村苹果矮砧栽培示范园　　（摄于 2012 年）

象。苗木定植后设立支架，顺行向每 10 米左右立一个 3 ～ 3.5 米高的水泥柱，分别在 1 米、2 米和 3 米处各拉一道 12 号钢丝，同时在每株树旁立一根竹竿扶持中干，并将竹竿固定在钢丝上。（二）宽行密株、起垄栽植。根据果园立地条件确定栽植密度，株距 2 米，行距 4 ～ 5 米，亩栽 67 ～ 83 株。以确定好的树行为中心线起垄，垄宽 1.2 ～ 1.5 米，垄高 20 ～ 30 厘米。（三）纺锤形整枝、扶强中干。采取纺锤形整枝。栽植具有较多分枝的苗木，定植时尽可能少修剪，不定干或轻打头，仅去除直径超过主干干径 1/3 的大侧枝。栽植分枝较少或无分枝的苗木，在 1.2 ～ 1.5 米饱满芽处定干，并刻芽促发分枝，萌芽后严格控制侧枝生长势，一般侧枝长度达到 25 ～ 35 厘米时进行拉枝，角度 90 ～ 110 度，生长势旺和中心干上部的侧枝角度大些（110 度），着生在中心干下部或长势偏弱的侧枝角度小些（90 度），确保中心干直立健壮生长。整形完成以后，树高 3 ～ 4 米，干高 0.6 ～ 1 米，中心干上螺旋形着生 15 ～ 18 个侧枝，侧枝基部粗度不超过其着生处中心干粗度的 1/4。（四）果园行间生草、树盘覆盖。在果园的行间进行人工种草，也可自然生草。人工种草可选用三叶草、紫花苜蓿、黑麦草等，草生长到 30 ～ 40 厘米时进行刈割，覆盖树盘。

病虫害防治　新中国成立前只用人工防治，捕捉害虫。新中国成立初期推广应用“六六六”和“滴滴涕”等农药，同时有了简易喷药机械，防治效果大有改善。20 世纪 60 年代后，杀虫剂逐步推广“1605”、氧化乐果、敌敌畏、水胺硫磷等有机磷农药，杀菌剂逐步推广福美砷、退菌特、多菌灵等。80 年代后开始推广菊脂类农药、蚜虱净、螨死净、桃小灵、甲基托布津、代森锰锌等，并提出“以预防为主、综合防治”的方针，结合预测预报，防治效果突出，药械机动喷雾器逐步取代手摇高压喷雾器。90 年代后，推广应用高效低毒农药灭幼脲 3 号、阿维菌素、多抗霉素、农抗 120、猛杀生、杜邦易保、福星等，“六六六”“滴滴涕”“1605”等高毒高残留农药已禁止使用。

果品加工贮藏　域内水果以鲜食为主，多数经过分级、包装等简单处理，通过水果商贩销往省内外市场。群众有挖山洞对板栗等干果进行简易贮藏的，贮藏一段时间后，再进行出售。

20 世纪 90 年代后期，黄墩镇引进 1 家日本栗加工企业，年加工量 2000 吨，产品主要销往日本和韩国，2008 年停产。

第三节　名优果品

巨峰黄金梨　果实近圆形，平均单果重 250 克，大果重 500 克，果皮呈金黄色，果面洁净，果点小而稀。果肉白色，肉质脆嫩，多汁，石细胞少，果心极小，含糖量达 14.7% 度，可食率达 95% 以上，味清甜而俱香气，风味独特，品质极佳。巨峰黄金梨于 9 月中下旬成熟，果实发育期 129 天左右，较耐贮藏，果皮有清心、润肺、降火、生津、滋肾、补阴之功效，果肉有生津、润燥、清热、化痰等功效，因其鲜嫩多汁、酸甜适口，又有“天然矿泉水”之称。

黄墩板栗　果大质优、色泽鲜亮、果肉肥厚、口感香甜、营养丰富。含有大量淀粉、蛋白质、脂肪、B 族维生素等多种营养素，特别是富含维生素 C、维生素 E、铁、钙、磷等成分，有养胃健脾、补肾强筋、活化血管、养颜美容、延年益寿之功效，连年出口日本及东南亚等国家和地区，是黄墩镇的支柱产业。

黄墩国光苹果　黄墩镇气候条件、土壤条件非常适宜国光苹果生长，所产国光苹果果实个头较小，颜色大多青中泛红或通体翠绿，贮存一段时间后变为红色或嫩黄色，色泽鲜亮、口感清脆、品味酸甜、营养丰富。由于国光苹果甜度适宜，口味纯正，多食不腻，深受广大消费者喜爱。

日照秋风蜜桃　是地方优良水蜜桃品种，主要分布在中楼镇一带，因其在立秋前后成熟，群众称之为“秋风蜜”。该品种耐旱、抗寒、丰产，3年生植株亩产量3400余公斤。耐贮运，常温下可存放15～20天。果个大，平均单果重185克，最大550克；果面光洁润泽、黄底红晕，色泽艳丽，果肉黄白色，近核处红色；硬溶质，味甜微香，口感良好，品质极佳。

第五章　蚕　业

岚山20世纪60年代前只有少数农户养蚕，用于抽丝绣花。20世纪60年代中期，政府大力扶持植桑养蚕，岚山桑蚕生产有了较大发展，除发展地堰桑外，还建立一批专用桑园。“文化大革命”期间，地堰桑大部分刨掉。70年代末再次发展。1993年岚山办事处设立时，全处有桑园211亩，年产蚕茧6.2吨。1995年达到1119亩，年产蚕茧40吨。1996年后，由于蚕茧、粮价格比下降，挫伤了蚕农积极性，部分乡镇出现毁桑现象。1998年后蚕茧价格有所回升，各级党委、政府大力调整农业产业结构，发展桑蚕生产，桑蚕规模快速膨胀。2003年全处桑园面积达到7163亩。

图12-45　桑园　（摄于2012年）

2004年，全区桑园总面积21540亩，其中安东卫街道876亩，虎山镇2050亩，碑廓镇4000亩，黄墩镇2929亩，后村镇1840亩，高兴镇3954亩，巨峰镇5891亩。因蚕茧价格回落，出现小面积毁桑现象。后随着工业项目纷纷落地，全区桑园面积逐年减少。2012年，全区实有桑园面积9850.6亩。

1983年，巨峰、高兴、后村蚕茧收烘站建立，1991年3站又相继扩建。1995年黄墩、虎山蚕茧站建立，虎山蚕茧站管理区域包括汾水镇和碑廓镇。1999年黄墩蚕茧站扩建。2000年碑廓蚕茧站建立，2002年又建立了安东卫蚕茧站。

2000年前，岚山辖区内各蚕茧站生产、收烘业务全归东港区丝绸公司管理。2000年，虎山蚕茧站及所辖管区域（包括碑廓镇、汾水镇）业务交由日照市丝绸公司管理。2005年5月，成立民营企业日照岚山圣宇丝绸有限责任公司，负责岚山辖区安东卫、虎山、碑廓、黄墩、后村、高兴、巨峰7个蚕茧站的生产、收烘业务。2006年3月，岚山圣宇丝绸有限责任公司变更为东港海通蚕茧有限责任公司全资子公司，东港海通蚕茧有限责任公司负责岚山区的桑蚕生产技术指导、蚕用物资供应及蚕茧收烘业务。

2006～2012年岚山区桑蚕生产收购统计表

表12-3　　单位：亩、户、张、公斤、元/公斤

年份	项目	高兴	巨峰	后村	黄墩	碑廓	虎山安东卫	合计
2006	桑园面积	3679.7	2786.5	2387.96	3200.7	1565.5	2046.6	15667
	养蚕户数	858	463	464	999	477	583	3844
	公司发种	8033	3109	2664	7336.5	3227	3291	27660.5
	茧站收购量	196832	89624.2	79616.6	257060	96277	104489	823899
	收购均价	27.74	28.46	28.47	29.09	28.38	28.84	28.76
2007	桑园面积	4403	2643	2211	3186	1612	2242	16297
	养蚕户数	979	1001	799	1200	585	700	5264
	公司发种	8643.1	3776.5	3644.5	8624	3271.5	3874.1	31833.7
	茧站收购量	272533	119599	113817	287595	93925.4	111225	998694
	收购均价	19.08	19.35	19.41	19.19	19.24	19.44	19.23
2008	桑园面积	4447.95	2406.9	2151	2886.9	1376.7	2261.9	15531.4
	养蚕户数	979	1001	799	1200	585	700	5264
	公司发种	9177.5	3979.5	3376	7625	3407	3375.2	30940.2
	茧站收购量	349730	140363	116728	251354	125283	114636	1098094
	收购均价	18.06	18.81	18.7	19.09	19.16	19.42	18.62
2009	桑园面积	3524.2	1824.5	1748.7	2139.5	1280	2121	12637.9
	养蚕户数	899	491	374	667	351	393	3175
	公司发种	6930	2931	2244	4824	2628	2448	22005
	茧站收购量	217712	107127	81051.9	181261	82912.9	76437.6	746502.4
	收购均价	23.99	23.69	23.83	23.61	23.83	23.59	23.56
2010	桑园面积	3524.2	1850.5	1748.7	1808.1	1280.4	2261.3	12473.2
	养蚕户数	820	455	366	596	371	384	2992
	公司发种	7024.3	3030	2163	4978	2867	2782.5	22844.8
	茧站收购量	233155	98868.6	74653.1	165351	90035.9	81274.5	743338.1
	收购均价	32.69	32.86	32.85	32.21	33.46	33.5	32.8
2011	桑园面积	3092.8	1840.8	1300.1	1845.1	1291.9	2297.2	11667.9
	养蚕户数	873	423	331	558	368	352	2905
	公司发种	8091	2847.5	2148	4486	3025.9	2546.1	23144.5
	茧站收购量	254035	84052.3	60132.2	113301	99846.8	75570.7	686938
	收购均价	37.27	37.69	37.75	37.66	38.73	39.75	37.91
2012	桑园面积	3028	1478.5	1020.5	1666.5	1291.9	1365.1	9850.6
	养蚕户数	791	365	275	428	364	352	2575
	公司发种	7112.4	2325.5	1911.5	3355	3094	2034	19832.4
	茧站收购量	276919.9	79246.9	67482.9	11368.9	81827.4	54999.4	571845.4
	收购均价	39.78	42.24	39.75	39.66	39.86	40.07	40.08

第一节　蚕　种

1921年以前，域内蚕种为蚕户自制土种，分白、黄两种，多为三眠蚕，也有四眠蚕。蚕户采茧时选其光泽丰润、形体胖大者为种。如自己所养之蚕不佳，则向邻户购买优等茧作种。制种时将茧剥去茧衣，置于筐内，待蛾出混在一处自由交配，后将其择开，放于种纸上产卵，因光线消毒不匀，所生之蚕既不整齐，亦不健全。1922年，日照县劝业所购进新园种、上海白种售给蚕农饲养。1932年3月，日照县许奉先创办县立蚕种制造所，用新法制造蚕种。1932年后，山东省立蚕业试验场开始制新园、诸桂、意新园、中九、中五、一〇一、鲁白一号至三号、鲁黄一号至十九号等普通种。

20世纪50年代初，日照蚕种场开始制杂交种供蚕农饲养，但大多数蚕户用种仍是自繁自育。60年代后，日照蚕种场饲养原种，制一代杂交种供蚕户饲养，有华九×润旱（正反交）、华九×润汶（正反交）、苏17×苏16（正反交）。70年代后期，普通种专由国营蚕场制造，民间不再制种。80年代初开始更换新品种，试养青松×皓月（正反交）、新四元等，但以青松×皓月（正反交）最好，成为当家品种。进入90年代后，品种又不断更新，有鲁玉×曙光（正反交），有高产丝量的鲁七×9202（正反交）、春蕾×镇珠（正反交）等，抗氟化物品种有873×874（正反交）、秋丰×白玉（正反交）等。

普通种多采用框制种，20世纪50年代后期改为平附种，1984年全部改制散卵。蚕种在20世纪50～70年代由山东省农林部门监管，从1981年开始由山东省丝绸公司监管。山东省丝绸公司每年对蚕种场下达制种计划，规定品种、数量，制种质量严格按照蚕种检验标准进行，不合格者不得制种。

第二节　蚕茧生产技术

催青　20世纪50年代前，域内农家养蚕均为个体分散饲养，养蚕户对催青甚少讲究，每到催青时都将蚕种置于厨房、被窝或妇女怀中，以待孵化，温湿度、空气等调节缺乏重视。较先进者则用火烘催，达点青时，用柴草熏迫或用纸棉包裹曝晒，并有清明暖种、谷雨打蚕、小满见茧之说。50年代后开始组建共育室。1982年，日照县丝绸公司成立，蚕种购进、催青业务都由丝绸公司办理。1990年，日照县丝绸公司在办公楼后建专用催青室。每年春季催青大都在4月下旬至5月初进行。催青多用烟囱铁炉燃烟煤加温，补湿则常于炉上坐水盆、室内挂湿布之法。由于温、湿度控制不标准，常造成一日孵化不齐。随着科学技术发展，1993年，催青室添置空调4台，补湿器4台，主要用于夏季催青降温。1999年，随着放种量增加，催青室扩建，又新置空调4台、电脑1台，从此催青室温度、湿度都能由电脑实行自动测控，蚕种发育有了适宜环境，一日孵化率达95%以上，一次育种量达4万张以上。

饲育　20世纪50年代前，蚕具多用苇箔、席类，亦用条筐、竹筛等家具，用木杆作架支撑。蚕室多系住室，切桑则用菜刀。养蚕前蚕室、蚕具从不消毒，仅对蚕具略加洗涤曝晒。收蚁称拂蚕，时间春蚕在谷雨三天，方法大致在蚕孵化后，用白纸一张铺于蚕筐内，用蚕筷将蚁蚕抖落，余者用鸡翎扫下，然后给桑，每日数次。蚕渐大时，给桑次数日渐减少。头眠每日喂七八次，二眠每日喂六七次，三眠五六次，四眠四五次，昼夜皆喂，喂其月余上山作茧。养蚕期间，蚕户对蚕病不知用药物防治，而在门前或窗前挂红布，避凶邪，求吉祥，并忌生人。一旦歉收，推之于命。50年代后，蚕业机构相继成立，组织技术人员下乡指导。到70年代，蚕室多属专用。有些村还备有小蚕专用室，实行共育。养蚕前都先自觉清洗用具，打扫环境，药物消毒后着手养蚕。90年代开始实行大棚养蚕，桑园隔年轮伐，大蚕期基本实现条桑育。为防止中、晚秋蚕套养给养蚕生产造成损失，2003年进行养蚕布局调整，一年只养春、夏、秋三季蚕，更加省力，蚕茧总产、单产、质量都有明显提高。

附：

春蚕饲育技术标准参考表

表 12-4

时间		技术处理要点	张种蚕座面积匾（平方米）	温度（℃）	干温差（℃）	给桑量（公斤）	备注
领种前 7～10 天		蚕室、蚕具的准备及消毒。蚕室配套设施：地火垄、薄膜天棚、水泥地面、前后对流窗。养蚕前蚕室、蚕具消毒：第一步，清扫、洗刷蚕室蚕具，曝晒；第二步，蚕具搬入蚕室，用消特灵药液或 2% 的福尔马林加 1% 石灰浆喷雾消毒；第三步，用 20% 的新鲜石灰浆粉刷墙壁和敌孢霉加 1% 的石灰浆浸渍蚕具；第四步，新烟力宝薰烟消毒，每间普通民房用药 1～2 包。		24	1～1.5		消毒要面面俱到，不留死角，配药准确，用足药量
领种当日		蚕种领回后，及时将卵装在棉纸收蚁袋内，摇匀，置于黑暗环境中保护，春季 48～60 小时，夏秋 36～48 小时，25.5℃温度，干温差 1.5℃。		25.5	1～1.5		黑暗保护防止干燥
1 龄	第 1 天	早 6 点感光，7 点在棉纸收蚁袋内，8～9 点揭纸收蚁，定座后，给桑前用小蚕防病一号进行蚁体消毒，塑料薄膜覆盖育、上盖下垫，收蚁用叶黄中带绿，以黄为主，稍有缩皱的 2～3 位叶为宜。	1(0.7)	28.5	1	0.4	收蚁不饿蚕、不丢蚕、不伤蚕
	第 2 天	给桑前半小时揭开塑料薄膜匀蚕扩座，喂桑后注意匀桑，蚕座扩至龄最大面积，保持蚕室清洁卫生，春防低温，夏秋防闷热。	2(1.4)	28	1	0.7	及时扩座匀座
	第 3 天	给桑前扩座，及时匀蚕给桑，注意清洁卫生，看蚕给桑，注意催眠。	2(1.4)	28	1	0.7	
	第 4 天	眠齐后撒干燥材料，眠中温度在适温内前高后低，湿度在适湿内前低后高，见起蚕后及时补湿，以利蜕皮。	2(1.4)	28	1	0.3	眠中保护期匾内不盖薄膜
2 龄	第 1 天	撒防僵粉，每匾加蚕网，给饷食桑，第二次给桑后，抬蚕分匾除沙，全防干育。	4(2.8)	27.5	1～1.5	1	
	第 2 天	撒防僵粉，注意扩座至该龄最大面积，精选良桑，防止发育不齐，看蚕给桑，注意催眠。	6(4.2)	27	1～1.5	2.8	超前扩座
	第 3 天	眠中将防干纸、地面用消特灵药液消毒，见起蚕后室内补湿遮光。	6(4.2)	26.5	1～1.5	1	饱食就眠
3 龄	第 1 天	见起蚕 95% 以上后，撒防僵粉，加网分匾。给饷食桑，第二次给桑添食克菌灵（克红素、4 号蚕宝素），除沙，塑料薄膜只盖不垫。	10(7)	26	1～1.5	3.5	
	第 2 天	撒防僵粉，扩座至该龄最大面积，严防蚕头过密，给桑要匀，用烟力宝薰烟一次，密闭半小时。	12(8.4)	25.5	1～1.5	8	超前扩座
	第 3 天	扩座匀蚕，给桑要匀，注意清洁卫生，发现僵病时，撒防僵药物每日 2-3 次，看蚕给桑，用网眠除。	12(8.4)	25.5	1～1.5	10	饱食就眠
	第 4 天	将眠蚕达 85%，抬蚕除沙，注意催眠提青，加强眠中保护。	12(8.4)	25	1～1.5	4	加强眠中保护

续表 12-4

时　间		技术处理要点	张种蚕座面积匾（平方米）	温度（℃）	干温差（℃）	给桑量（公斤）	备　注
4 龄	第 1 天	撒防僵粉，地面撒石灰粉，加网分匾，饷食添食克菌灵（或 4 号蚕宝素、克红素）。	24(16.8)	24.5	1.5 ～ 2	15	防 20℃ 以下低温
	第 2 天	撒新鲜石灰粉，坚持室内外清洁卫生，注意匀桑、补桑，蚕座扩至最大面积，可移入塑料大棚并注意标准温度，加强通风、排湿、防蚁害、鼠害。	30(21)	24	1.5 ～ 2	30	防 20℃ 以下低温
	第 3 天	撒防僵粉，加网除沙，注意室（棚）内外清洁卫生，注意匀桑、补桑，加强通风换气。	30(21)	24	1.5 ～ 2	40	防 20℃ 以下低温
	第 4 天	扩座匀蚕、给桑添食“灭蚕蝇”，加网眠除，提青分批。	30(21)	24	1.5 ～ 2.5	20	防 20℃ 以下低温
	第 5 天	眠齐后撒草木灰，见起蚕注意室内补湿，以利蜕皮，大棚养蚕更要注意眠齐后撒干燥材料。	30(21)	24	3 ～ 4	10	饱食就眠
5 龄	第 1 天	撒防僵粉，加网起除，添食克红素（或 4 号蚕宝素），发现僵病撒福尔马林草木灰防僵粉，每 8 小时一次。	40(28)	23.5 ～ 24	3 ～ 4	10	精选良桑，大蚕靠风养
	第 2 天	撒新鲜石灰粉，扩座，匀蚕给桑，添食灭蚕蝇，发现细菌病连续添食克菌灵三次，每 8 小时一次。加强大棚养蚕防病：撒新鲜石灰粉，添食克菌灵（克红素）。	50(35)	23 ～ 24	3 ～ 4	80	防高温，良桑饱食补桑
	第 3 天	撒防僵粉，添食克红素（或克菌灵、4 号蚕宝素），发现空头蚕，可用 1% 的石灰浆洗叶喂蚕，蚕座扩至最大面积，发现病毒病添食脓微灵。	60(42)	23 ～ 24	3 ～ 4	100	防高温，良桑饱食补桑
	第 4 天	撒新鲜石灰粉，扩座匀蚕，注意良桑饱食，通风换气，及时拣出病弱蚕。	78 ～ 85 (55 ～ 60)	23 ～ 24	3 ～ 4	100	给桑要足，注意排湿
	第 5 天	加强通风换气，良桑饱食，添食克菌灵（或克红素、4 号蚕宝素），对蚕室（棚）用新烟力宝薰烟消毒，每立方米 1 克，密闭半小时。	78 ～ 85 (55 ～ 60)	23 ～ 24	3 ～ 4	100	良桑饱食，注意补桑
	第 6 天	撒新鲜石灰粉，注意匀蚕，良桑饱食，通风换气，添食灭蚕蝇，准备簇具及消毒。	78 ～ 85 (55 ～ 60)	23 ～ 24	3 ～ 4	100	良桑饱食，注意补桑
	第 7 天	注意良桑饱食，通风换气，添食克菌灵（或克红素、4 号蚕宝素），用烟力宝薰烟一次，拣早熟蚕上簇。	78 ～ 85 (55 ～ 60)	23 ～ 24	3 ～ 4	100	良桑饱食，注意补桑
	第 8 天	拣熟蚕，适熟上簇，防过老和过嫩，随拾随上，稀簇匀簇，室外上簇室内挂，大棚养蚕可扎制簇架实行自动上簇。	78 ～ 85 (55 ～ 60)	23 ～ 24	3 ～ 4	100	熟蚕不拌石灰粉上簇，灭蚕蝇不喷体只添食
6 龄	第 1 天	簇好迟熟蚕，及时拣出游山蚕，待蚕排完尿开始营茧后，搬入簇室，搁挂均匀，防过密，每张种用 156 个孔的方格簇 200 片，注意通风排湿，大棚上加强通风排湿。		24	3.5 ～ 4		严格簇室温湿度
	第 2 天	巡簇，及时拣游山蚕另上簇，加强通风排湿，晚秋注意加温排湿，保持簇室清洁。		24	3.5 ～ 4		加强簇中管理
	第 3 天	巡簇，防鼠害，通风排湿，晚秋注意加温排湿，挂簇晾茧。		24	3.5 ～ 4		加强簇中管理
采茧适期		蛹体黄褐色为采茧适期，采茧要轻采轻放，预约售茧，防止采茧过早弄伤蛹体，将黄斑茧、双宫、簿皮等茧分类出售，售茧用筐篓，严禁用编织袋，纸箱等不透气类用具装茧。					不采毛脚茧，不售过潮茧

上簇

簇具　1950年以前，山岭地带蚕民多用树枝、黄草（亦称山草），平原区皆用谷草、麦秸，簇型不一，杂乱无章，双宫、柴印茧多见。20世纪五六十年代推行蜈蚣簇、折簇（用稻草或麦秸制作），80年代后，推广使用方格簇，提高了上车率。

上簇（亦称上山）　20世纪60年代前，蚕农习惯生、熟蚕一起上簇，簇中再加喂桑一次。上簇密度、温度、光线等多不加注意，只有少数蚕农得知上高山、上凉山为好。60年代推行普及“捡两头，簇大批”的捡熟蚕上簇法。70年代后则用先熟先上，分批上簇的方法。上簇后则关闭门窗，黄斑茧增多。1983年贯彻实施山东省丝绸公司《桑蚕上簇管理技术规范》后，逐渐开门敞窗，簇中注意通风排湿，保持合适温湿度，室内光线柔和、均匀，茧质见好。后实行室内上簇室外挂方法，茧质有了明显提高。进入21世纪，开始在大棚内实施熟蚕自动上簇法，即先扎制簇架，在蚕熟前平整好蚕座，见5%熟蚕后添食蜕皮激素放下簇架，待熟蚕自动爬满簇架提起挂放即可，然后除去蚕沙，可节约工时60%～80%。

采茧　日期根据化蛹程度来定，大都先上先采，分批采茧，分类出售，混茧出售经济效益欠佳。采茧时蛹体变黄褐色为适宜。一般蚕上簇后，春季要经过7天，夏秋季经过6天，晚秋蚕要经过8～9天方可采茧。

烘茧　目的是保全茧质、利于储藏。要求达到：杀死蚕蛹和寄生蝇蛆，避免鲜茧出蛾出蛆；烘去适当的水分，防止蒸热霉变，利于长期储藏；最大限度保全茧质，并使内外茧层丝胶性状趋于稳定，保持解舒良好，便于煮茧和缫丝。

加工方式在民国前大都采用“日晒法”“盐腌法”“摊晾法”和“笼蒸法”，到20世纪20年代出现“烘茧法”。70年代后陆续出现了双列推进式烘茧灶、车子烘茧灶、循环式烘茧灶、风扇车子烘茧灶等。90年代中后期出现热风灶。2001年高兴茧站引进1台热风烘茧机。

烘茧工艺在20世纪60年代前一直沿用直干法（一次干燥法）。60年代后改用二次干燥法，即在开灶前技术员先进行灶性测定，后按品种、茧质分庄口进烘。头烘六成至六成半干，经还性后再烘至适干，后分类装包交售。

蚕病　20世纪50年代后，域内发生的蚕病主要有中肠型脓病、血液型脓病、僵病、细菌性败血病、卒倒病、蝇蛆病、壁虱病和中毒症等。防治蚕病常用药物有生石灰，漂白粉，福尔马林，敌孢霉，大、小蚕防病一号，克红素，氯霉素（已禁用），灭蚕蝇等。

对中毒蚕的抢救，蚕农多采用清水洗蚕，添食茶叶水、绿豆水缓解，亦有添食阿托品解毒者，均有效果。

图12-46　大棚养蚕　（摄于2011年）

第三节　蚕茧收购管理

收购　新中国成立前属个体分散经营，在市场自由交易。蚕茧重点产区集场多立茧市，凡购茧者皆随行就市，自行议价。

新中国成立后到1980年，桑蚕茧收购皆由供销社基层社采购站（股）按国家统一标准价格收购，并实行奖售政策，发放预购定金。收购后集中交各丝厂。1981年后由丝绸公司基层蚕茧站收购，然后交指定丝厂。

1989年以前，蚕茧收购都是由丝绸公司或茧

图 12-47　蚕茧收购现场　（摄于 2008 年）

站技术人员在称台上，靠眼看手摸确定鲜茧的茧层率、上车率、含水率等各项指标，与蚕农面对面定级喊价，准确性差、随意性大，尤其是难以杜绝“人情茧”。随着蚕茧生产规模不断扩大，养蚕农户增多，鲜茧收购量大增，收购办法也在不断改进、完善。1990 年，全面实行“明码排队、暗码验级、标准公开”的办法，从根本上杜绝了“人情茧”，蚕农比较满意。1991 年，实行预约收购，发放售茧证，仪测评茧，明码标价，密码验级，做到“定点、定时、定质”，坚持“不收毛脚茧、不收过潮茧、不收混茧”。1992 年，山东省丝绸公司制定“预约收购、售前初验、平台抽样、密码验级、仪测定价”五位一体收购办法，沿用至今。

市场管理　岚山区地处苏鲁边界，1987 ～ 2001 年，个体茧贩违背国家政策，在江苏赣榆县与岚山交界处，设点多处抬价抢购，致使日照蚕茧大量外流江苏。从 1987 年 9 月中秋茧收购开始，巨峰镇贾家桃园、青墩、相家楼等村，约有 5000 公斤鲜茧外流，卖入江苏省赣榆县，两地收购价格每公斤相差 0.3 元左右。10 月晚秋茧收购时，日照市政府办公室下发《关于认真做好蚕茧收购工作的紧急通知》。以后每年日照市政府都主持召开大型蚕茧生产会议，出台蚕茧收购市场管理办法，各乡镇也召开收购市场管理会议，组织专人管理市场。

1994 年，江苏省茧贩春茧和秋茧收购价每公斤高出日照市 3 ～ 8 元，达到 18 ～ 23 元；夏茧高出 4 ～ 7 元，达到 17 ～ 20 元。在高额差价诱惑下，蚕农由原来的分散无组织的贩茧，变为有组织的集结起来贩茧。

1997 年，由于经过 1995 ～ 1996 年茧丝绸全行业的低谷运行，原料茧供应吃紧，中、晚秋两季有近半数蚕茧外流到江苏省。1998 ～ 2003 年，每年蚕茧外流量都在 15% ～ 20% 左右。

2004 年后，岚山区专门成立了蚕茧市场联合执法小组，加强执法检查。收购企业在执行国家规定中准价基础上，提高了 15% 的最高上浮价，蚕茧市场秩序逐年好转。

第四节　桑树品种

《齐民要术》记载：“鲁桑百，丰绵帛”。鲁桑为岚山主要地方品种，后经自然和人工选择，分化类型繁多。1923 年后，主要有黄鲁、黑鲁、鸡冠鲁、蒙阴黑鲁等。清末民初，随着桑蚕业的兴盛，开始从浙江杭嘉湖地区购进红皮大种（湖桑）栽植。后每年都有引进，大多植于苗圃和蚕种场。20 世纪 70 年代后，湖桑 32 号、7 号、197 号、199 号，伦教 34 号、40 号，剑持，桐乡青，一之濑，新一之濑，梨叶大，育成 7307，育 2 号，红皮大种，一五一等优良品种，相继从浙江、江苏省大批引入，普遍栽植，以湖桑 32 号为多，是专用桑园的当家品种。湖桑 32 号枝条长而粗、叶大、产量高，秋叶硬化较晚，适于春秋两季养蚕使用。到 90 年代中后期，开始引进农桑系列，有农桑 8 号、12 号、14 号，“农桑系列”桑树是浙江省农业科学院蚕桑研究所用一之濑作母本，伦教 109 作父本杂交，经单株选择、系统选择和区域性鉴定而成的新一代高产优质桑树新品种。树形直立，树冠紧凑，发条数多，枝条粗长而直。叶片大，心脏形，深绿色，叶缘乳头齿，叶型大，叶肉厚，叶面平而光滑，光泽较强。开雌雄花，花椹较少。春季发芽、开叶较早，秋叶封顶迟，硬化迟，桑叶利用率高，采摘容易，桑树长势旺盛。抗桑黄化型萎缩病、桑蓟马、红蜘蛛、桑粉虱能力强，但由于早春发芽较早，桑芽易受霜冻害，需加强肥培管理，增施恢复肥。岚山区2003年以后新建桑园苗木大都从浙江桐乡、海宁市等调拨农桑12号和农桑14号，以高兴、碑廓、后村、虎山等乡镇为多。

第五节 桑树栽培管理

栽植 传统的植桑方法多是移植野生桑，栽于宅旁院内。“五亩之宅，树之一桑，五十者可以衣帛矣”就是传统植桑方法的写照。到民国年间多系村旁农田间作桑。栽植方法先以桑椹直播育成大实生桑苗，移植成幼树后，再以嫁接或哨接（哨指嫁接时的切口跟哨子一样）换成良桑，亩栽十几株，几十株不等。20世纪80年代后，大都从江苏、安徽、浙江等省购进嫁接桑苗栽植，亩栽1300株左右，多南北向，少东西向。养成形式一律是低干拳式（指树干矮）养成，栽植时期是春栽与冬栽。传统用叶采用采叶留柄法。20世纪90年代中后期兴起大棚省力化养蚕，2002年以后为配合大棚养蚕实行条桑育，桑园也随之实行隔年轮伐剪伐技术，使养蚕业向现代化省力化养殖前进了一大步。

桑园隔年轮伐剪伐技术是配合蚕菜塑料大棚养蚕，实现全年3季蚕条桑育的剪伐技术。对长势较弱的桑园能起到恢复、复壮树势的作用，对长势旺的桑园能保持良好的树势，在萎缩病发生区能有效地控制其发生蔓延，采用此法剪伐的桑园，桑叶增产效果明显。

管理 20世纪50年代前，农户零星桑树多不管理，任其生长，只有极少数苗圃、小片桑园进行施肥、锄草、修剪。60年代后，随着桑蚕生产发展，开始注重管理。70年代后专用桑园普遍建立，对其管理主要是施肥、排灌、冬刨、中耕、锄草、疏芽、整枝、剪梢、束桑、解束、复壮。从2004年起，丝绸公司在全区推广使用农用黑色聚乙烯塑料薄膜覆盖桑园，增产效果明显。方法是在桑树春季发芽前或夏伐后，待桑园耕耘、施肥、浇水、除草后，整平地面，用地膜全部覆盖桑树地表，膜四周及鼓起部位用土压实。铺膜时要注意墒情，刚下过雨后及易积水地块不要铺膜。铺膜后能有效提高地温，保持土壤水分，抑制杂草生长，提高肥效，还能特别有效防治桑瘿蚊的发生和蔓延。

病害 域内桑树病害主要有桑疫病、桑萎缩病、桑赤锈病、桑芽枯病，其次桑里白粉病、桑褐斑病、桑根线虫病也少有发生。对桑疫病防治，蚕农多是剪除病枝后先喷500单位的土霉素药液一遍，过7～10天后再喷布一遍300单位的土霉素药液，但防治效果一般。对萎缩病防治主要是搞好苗木检疫，消灭菱纹叶蝉切断传播途径，挖出病株进行销毁。

虫害 区内桑树害虫亦早有发生。清康熙十一年（1672年）《日照县志》载：“蛾食桑者有绪，其一种佛灯火，谓之慕光”，光绪十一年（1885年）版《日照县志》载：“螟蛉，桑上小青虫也”。20世纪80年代，域内桑树虫害常见的有桑尺蠖、桑象虫、桑天牛、桑瘿蚊、桑蓟马、桑螟、金龟子、红蜘蛛、桑毛虫、野蚕、桑叶蝉等。防治方法多是避开养蚕时节，根据药物的残效期进行药物防治。2000年后，在有蔬菜大棚较多的地域出现了白粉虱，寄主范围广，以成虫和若虫吸食植物汁液，还分泌大量蜜露，引起煤污病，可利用其在冬季不能在外越冬的特性进行防治。

2011年美国白蛾传入岚山，给桑蚕生产带来极大危害，政府多次动用飞机进行药物防控，防治效果明显。

第十三编　茶　业

岚山人自古就有饮茶习惯，渔民有“宁可三日无饭，不可一朝无茶”之说，茶叶多从江浙一带购进。本地人多在房前屋后栽植‘饭茶’，也叫‘坐家茶’，采下树叶在锅里炒一炒，颜色和绿茶差不多，味略苦，具清香气，穷苦人家多饮用此茶。1966 年

图 13-1　饭茶

“南茶北引”成功，后经 40 余年发展，岚山逐步建成为北纬 35℃ 以北国内最大的茶叶生产基地，茶业成为岚山主要农业特色产业，面积、产量、产值等各项指标均居山东省首位。2012 年，全区茶园总面积达到 7.876 万亩，其中成龄茶园 6.154 万亩，年干茶产量 5755 吨，总产值 10.36 亿元。全区茶叶产业初步形成了生产、加工、营销一体化的产业化经营模式，产品覆盖山东全省及北方各大中城市，并远销俄罗斯、韩国、日本等国家。岚山茶以“历史久、规模大、内质好、无公害”四大优势，以及“叶片厚、滋味浓、香气高、耐冲泡”等鲜明特点，享誉省内外。

2005 年，岚山区政府被中国茶叶学会授予“中国茶产业发展政府贡献奖”；2008 年岚山区被国家标准化管理委员会授予“无公害茶叶标准化示范区”；2009 年被山东省质量兴省领导小组办公室授予“山东省优质绿茶生产基地”称号；2009 ～ 2012 年被中国茶叶流通协会授予“全国重点产茶县”；2010 年被授予“全国(十大)特色产茶县”，被列为“国家茶叶产业技术体系示范县”，被中国茶叶学会授予第二届“中国名茶之乡”荣誉称号；2012 年被中国茶叶流通协会授予“中国(十大)茶叶产业发展示范县”，岚山区成为享誉全国的“北方绿茶之乡”。

1984 年前，日照县商业系统和林业部门共同负责全县茶叶生产和技术推广。1984 年后改由农业部门负责。岚山办事处成立后，茶叶生产由办事处农业委员会管理，1995 年 12 月后改由办事处林业局管理。2008 年 8 月，岚山区茶业管理办公室成立，为正科级事业单位，编制 6 人。

第一章　茶树种植

第一节　引种推广

岚山境内土壤以棕壤为主，呈微酸性，含有丰富有机质和微量元素，气候类型属暖温带大陆性湿润气候，兼具海洋性气候特点，冬暖夏凉，光照充足，年平均气温 12.8℃、无霜期 215 天、降水量 897.8 毫米，非常适宜大规模植茶。

1965 年秋天，山东省糖业烟酒公司委派吕新、陈德熙二人到日照县进行“南茶北引”试种，经日照县商业局、林业局、气象站联合选址，安东卫北山和丝山双庙大队被定为试种点，试验任务由日照县糖业烟酒公司具体承担，组成 4 人指导小组。

1966 年春，日照县种茶 8.7 亩，因冬季持续干旱和低温，双庙和安东卫北山的茶树仅成活 2.3 亩。1967 年，日照县总结成功经验，把种茶范围扩展到 9 个公社 14 个大队，播种面积 115 亩。1968 年，种茶区域又扩展 8 个公社 23 个大队，茶树成活率达 95% 以上。由县委书记牟步善牵头，

安排干部和技术人员到各个种茶点包点指导，茶叶种植、产销被定为新兴产业加以推广，许多大队陆续开始成片种植。

茶树引种成功，改写了北纬35度以北不产茶的历史，引起各级领导和国家科研部门重视。1970年，中国农业科学院茶叶研究所在日照县实地考察，指导开展以防冻害为课题的科学试验，为加快日照茶业发展提供了技术保障。1973年10月，中国茶叶研究所在日照县召开全国六省（区）“南茶北引、西迁”现场经验交流会，西藏、新疆、陕西、甘肃、河南、河北、山东、浙江8个省（区）代表190余人参加。同年12月，日照引种南茶的做法与经验被山东省农业电影社拍摄成“南茶北引”科教片，在全省推广。1979年，在全国茶叶区划会议上，日照被正式列入江北茶区。

1993年岚山办事处成立时，境内有茶园1187亩（岚山头街道46亩，汾水镇167亩，碑廓镇701亩，虎山乡273亩），其中采摘面积839亩，年产量48.7吨。

1996年10月，办事处在碑廓镇袁家庄进行加温式塑料大棚茶树栽培试验，元旦前产新茶。1997年10月，在虎山乡黄泥沟村进行双膜覆盖塑料大棚茶树栽培示范，12月上旬产茶。1998年2月，岚山办事处在虎山乡后姚沟村东山、汾水镇合庄北山、碑廓镇向阳北山等区域进行茶园开发，从安徽省宣州市调入槠叶群体种，当年新种茶园2182亩，全处茶园面积达到4027亩，其中投产茶园859亩。

1998年9月22～29日，岚山办事处组织到安徽、浙江等地对茶叶生产和加工进行考察学习，形成了《赴杭州等地考察茶叶生产情况的报告》。10月，下发了《关于大力发展茶叶产业化的意见》和《茶园开发整地方法及验收办法》《新茶园种植方法及验收标准》《茶园防护林栽植及验收办法》，汾水镇、虎山乡和碑廓镇制定了茶园开发规划。至2003年年底，全处茶园面积10112亩，其中投产茶园4628亩，年产量419吨，年产值2514万元。

2004年岚山设区，黄墩镇、后村镇、高兴镇、巨峰镇4镇整建制划入岚山区，全区茶园总面积达到58179亩。巨峰、后村、高兴、黄墩4镇自1967年开始试种茶树，1974年巨峰公社后黄埠大队在二亩八分四厘的五龄试验田里，创亩产178公斤记录，是北方种茶历史最高产量。1998年，巨峰、后村、高兴3个乡镇在对土壤状况和立地环境等进行全面堪测分析后，开始了茶叶大规模成片开发，引进黄山群体、福鼎大白毫、龙井43号、迎霜等茶叶品种，建成了后村镇龙口流域，巨峰镇北垛山流域、朝元山流域，高兴镇白云山流域4个万亩茶叶片区，并以此为基础先后于2003年、2010年、2011年、2012年进行大面积茶园综合开发建设。

从2008年开始，岚山区先后引进白毫早、浙农113、浙农117、中茶102、中茶108、龙井43号、安吉白、金萱、碧香早、平阳特早、龙井长叶、玉笋、金观音等10多个无性系品种，建成碧波相家楼、御园春、淞晨、茂源、万平、浏园、景阳青等无性系茶叶良种试验示范基地，无性系茶园面积达2000余亩，并在碧波、浏园建立良种繁育基地，与青岛农业大学、日照市茶叶科学研究所等单位合作，开展茶树适生良种选育和组培试验。2012年，开发的鲁茶1号、2号两个茶树良种，通过山东省林业厅种质资源鉴定。碧波基地被国家茶叶产业技术体系列为“良种示范园”。

2008年，岚山区开始推广无公害、生态化、标准化茶叶基地建设。2011年，后崖下茶叶专业合作社获“全国十大茶叶专业合作社”称号，碧波获中国茶叶学会“科普示范基地”称号。2012年，碧波、浏园被山东省农业厅授予“省级标准茶园示范

图13-2 茶产业政府贡献奖

基地”，被国家标准化管理委员会授予“无公害茶叶标准化示范区”。

至2012年年底，全区实有茶园面积78760亩，种茶村222个，茶农户6万余户，茶叶平均亩鲜叶收入7420元，最高亩收入达3万元，成为全区富民增收的重要特色产业。

图13-3　有机绿茶生产基地　（摄于2012年）

1993～2003年岚山办事处茶叶生产情况统计表

表13-1

年份	年末实有面积（亩）					本年采摘面积（亩）					茶叶产量（吨）				
	合计	岚山头	汾水	碑廓	虎山	合计	岚山头	汾水	碑廓	虎山	合计	岚山头	汾水	碑廓	虎山
1993	1187	46	167	701	273	839	46	127	511	155	48.7	1.2	3.1	24.4	20
1994	4100	42	466	2866	726	899	42	150	491	216	52.9	1.5	4	25.4	22
1995	3613	40	241	2866	466	862	40	87	509	226	70	2	15	28	25
1996	3226	40	322	2500	364	844	40	97	486	221	87	2	32	28	25
1997	2775	40	308	2063	364	943	40	167	503	233	80	2	36	26	16
1998	4027	34	322	3064	607	859	34	142	392	291	92	2	32	29	29
1999	9290	14	766	5010	3500	1416	14	232	930	240	84		40	30	14
2000	12843	14	1597	6022	5210	1551	14	172	1030	335	66	4	5	41	16
2001	13981	14	786	6971	6210	6860	14	196	1440	5210	237	0.6	9	210	17
2002	12810	14	626	5960	6210	7458	14	294	1940	5210	243	1	12	212	18
2003	10112	14	702	5496	3900	4628	14	414	2100	2100	419	1	78	210	130

表 13-2

2004～2012年岚山区茶叶生产情况统计表

年份	年末实有面积（亩）									本年采摘面积（亩）									茶叶产量（吨）								
	合计	岚山头	安东卫	虎山	碑廓	黄墩	后村	高兴	巨峰	合计	岚山头	安东卫	虎山	碑廓	黄墩	后村	高兴	巨峰	合计	岚山头	安东卫	虎山	碑廓	黄墩	后村	高兴	巨峰
2004	58179	14	727	1052	7000	671	13282	4033	31400	24109	14	318	952	2700	300	6958	3899	8968	1997	1	70	97	212	40	417	199	961
2005	54134	14	704	1217	7000	732	13774	4293	26400	43798	14	308	1143	3500	300	8133	4000	26400	3133		69	170	216	26	458	220	1974
2006	78254	14	893	1153	5444	1139	28202	4309	37100	47676	14	590	1093	1382	378	11310	4000	28900	3864		57	359	276	25	586	361	2200
2007	86099	14	1350	1129	6100	495	29702	4309	43000	58743	14	1000	938	2986	495	16310	4000	33000	5066		110	229	297	8	1261	361	2800
2008	84679		1770	1143	4360	395	29702	4309	43000	56957		1268	926	3368	247	12882	4000	34266	4739		196	65	278	8	1021	320	2851
2009	90546		1640	1625	5200	395	29702	4309	47675	60512		1214	1370	3624	395	18976	4000	30933	5743		104	106	289	50	1208	320	3667
2010	99309		2400		6111	1910	29736	7152	52000	69822		2000		5616	1910	19013	5350	35933	6170		150		428	69	1268	465	3790
2011	97256		2400		8020	1910	20366	6560	58000	72323		2100		5900	1910	20366	5060	36987	4880		143		401	105	1160	374	2697
2012	78760		2400	3055	8200		中楼 105	7000	58000	61540		2100	2780	6100			5500	45060	5755		142	308	570		中楼 10	374	4350

第二节 栽培技术

新建茶园一般选择在避风向阳的山坡地或缓坡地，土质酸度以 pH 值 4.5 ~ 6.5 最适宜。陡坡山地开辟窄幅梯田，缓坡地开辟为宽幅梯田。栽培有种子直播和栽种无性苗两种方式，茶籽直播会出现茶苗生长参差不齐现象，但较为适应北方寒冷气候，北方茶区多推广种子直播的方式进行新建茶园；栽植无性系茶苗产量高、茶叶质量好、茶树性状表现一致，但茶树抗冻抗旱性较弱，北方无性系茶园多采取设施栽培的方式。

茶籽播种 以双行条播为例：划线开沟，距地边 120 厘米处沿东西方向划基线，然后每隔 160 厘米划一条茶行轴线，最后一条轴线离边沟应保持 120 厘米。以轴线为中心开宽、深各 60 ~ 70 厘米的种植沟，并施入有机肥。施足底肥，亩施腐熟有机肥 3000 ~ 5000 公斤，腐熟饼肥 150 ~ 200 公斤，磷、钾肥各 30 ~ 50 公斤（其中磷肥应该提前一个月与有机肥混合堆沤），复合肥 50 公斤。将肥拌匀后，施至沟内离地面 20 ~ 30 厘米处作为底肥，再用熟土填平。整理地面，以种植沟轴线为中心，整理成宽 80 厘米，深 10 厘米的种植畦面。沿轴线向两边各 20 厘米，划出小行距为 40 厘米的两条种植行。春季茶籽播种的最佳时间为“春分”至“清明”期间，适宜的播种深度为 3 ~ 4 厘米。采用双行条播的茶园，每穴放置 4 ~ 6 粒茶籽，两行交叉呈三角形种植，每亩用种量约 20 ~ 25 公斤。茶籽播种后，采取相应的措施减少土壤水分散失，一般先在播种行上撒一层薄沙，然后在沙上培 8 ~ 10 厘米的土堆。

茶树修剪

幼龄茶园定型修剪 3 行适密适矮区田茶园，第一次剪留高度 10 厘米左右，第二次定剪再提高 10 厘米左右，随后通过留叶采摘，养成高度为 35 厘米左右的适矮茶蓬；双行适密适矮区田茶园，第一次剪留高度 15 厘米左右，第二次定剪再提高 10 厘米左右，随后实行采养结合。

投产茶园修剪

1. 轻修剪。每年在树冠采摘面上进行一次轻修剪，每次修剪在上次剪口上提高 3 ~ 5 厘米。

2. 深修剪。剪去树冠上部 10 ~ 15 厘米深的一层鸡爪枝，使树势恢复健壮，提高育芽能力。深修剪一般在春茶结束后进行，留养一季夏茶，秋季即可采茶。

衰老茶树重修剪和台刈

1. 重修剪。适用于半衰老和未老先衰的茶树，修剪高度离地 25 厘米左右，剪去树冠的 1/2 至 1/3。

2. 台刈。适用于树势已十分衰老的茶树，台刈高度以离地 5 厘米左右。

茶树病虫害防治 岚山茶树病害，主要有茶云纹叶枯病、茶轮斑病、茶煤病。因岚山茶园较南方空气干燥，病害一般不会大发生，只要做到封园喷一遍 0.5 波镁度的石硫合剂防治，基本就能控制发生，个别茶园一旦发生，多用 75% 百菌清 1000 倍液，50% 多菌灵 1000 倍液，或 50% 苯菌灵、70% 甲基托布津各 1500 倍液，或 10% 多抗霉素 1000 倍液进行喷雾防治。

岚山茶树虫害，按历年发生面积和危害程度，依次为小绿叶蝉、黑刺粉虱、茶橙瘿螨、角蜡蚧、绿盲蝽、茶蚜等，主要是三大虫害：小绿叶蝉、黑刺粉虱、螨类。螨类 6 月上旬喷药防治，多用 24% 虫螨腈 30 毫升兑水 45 公斤配成 1500 倍液、20% 速螨酮 15 ~ 25 克兑水 45 公斤配成 2000 ~ 3000 倍液、5% 唑螨酯 25 ~ 30 毫升兑水 45 公斤配成 1500 ~ 2000 倍液、50% 溴螨酯 15 毫升兑水 45 公斤配成 3000 倍液、20% 复方浏阳霉素 45 毫升兑水 45 公斤配成 1000 倍液；小绿叶蝉一般在每年的 6 月下旬 7 月上旬和 8 月中下旬各防治一次，多用 0.5% 藜芦碱可湿性粉剂 600 ~ 800 倍液、0.5% 苦参碱、除虫菊酯等喷雾防治，也有的用 15% 茚虫威乳油 18 毫升兑水 45 公斤配成 2500 倍液、24% 虫螨腈 30 毫升兑水 45 公斤配成 1500 倍液、22% 噻虫嗪·高效氯氟氰菊酯 10 毫升兑水 45 公斤配成 4500 倍液、10% 氯氰菊酯乳油 25 毫升兑水 45 公斤配成 2000 倍液、10% 联苯菊酯乳油 9 ~ 12 毫升兑水 45 公斤配成 4000 ~ 5000 倍液喷雾防治；黑刺粉虱在各代幼虫孵化末期和成虫盛发期，选用 50%

马拉硫磷或50%辛硫磷乳油1000倍液防治，也有的采用10%联苯菊酯9毫升兑水45公斤配成5000倍液或15%茚虫威乳油18毫升兑水45公斤配成2500倍液喷雾防治。

茶树越冬管理

营造防风林　间隔400～500米建造一条主要林带，乔木型树种2～3行，行距2～3米，株距1～1.5米，前后交错，栽成三角形，两旁栽灌木型树种；风寒冻害严重地带建造紧密结构林带，宽度15～20米。

适时灌足越冬水　灌足越冬水，能抗七分灾。茶园灌足越冬水，是山东茶区防冻的一条重要经验。一般“立冬”前后灌水，要求渗透30厘米以上。

行间覆草（膜）　冬季茶园行间覆草，可提高地温1.4℃，冻土层厚度减少15厘米左右，土壤含水量提高5.7%。覆草时间在“立冬”前后，松土后进行，覆草厚度10～15厘米，也有的覆盖黑色地膜。

蓬面盖草（遮阳网）　茶树蓬面盖草（遮阳网），既可防止霜冻和寒风侵袭，减少水分蒸发，又可缩小蓬间昼夜温差。盖草在“小雪”前后进行，要求盖而不严，使蓬面受直射光照的叶片占30%～40%。物料一般用鲜松枝、稻草等，也有的用透光率40%的黑色遮阳网。

培土越冬　1～2年生的茶园，11月初“小雪”前取土培至苗高的1/2，“小雪”后再将茶苗全部培土，露出1～2片叶子。“春分”前后退土至苗高的1/2，“清明”前将所培土退完。

设施栽培

搭扣小拱棚：1～2龄茶树，茶蓬高度30厘米左右。在封冻前用竹条、棉槐条等做成弓形插入茶行两侧，用细绳固定后覆上薄膜。薄膜离茶蓬距离不少于5厘米。

中拱棚和大拱棚：3～4龄茶园，2～4行茶搭建一个拱棚，高度1.3米左右，人能在棚内弯腰作业。

春暖式大棚：投产茶园，用竹竿、立柱、薄膜等材料，建棚跨度8～10米，长度30米左右，早春可提早采茶。

冬暖式大棚：借鉴大棚蔬菜生产经验，在盛产期茶园上建冬暖式大棚，冬季生产鲜茶。大棚东西走向，长度一般不低于30米，跨度9米左右，东、西、北三面建墙，厚度80厘米以上，墙内填充碎草或炉渣，北墙高1.8～2米，东西墙南低北高，离北墙1.5米左右设立柱，高度2.8米左右，棚内立柱南北4排，柱间距1.5～2米，顶部用竹竿或檩条连成纵横交错的支架，上盖无滴膜，薄膜上再用铁丝或竹竿等物压住，夜晚加盖草苫。个别高档冬暖式大棚采用无立柱合金棚架结构或水泥预制棚架结构，采用人工补光、补施二氧化碳气肥、温湿度调节和自动卷帘等栽培管理技术，提高大棚茶的产量、质量，增加茶叶的经济效益。

第二章　茶叶生产与销售

第一节　加　工

境内茶叶主要为春茶、夏茶、秋茶三个批次，部分地区采用拱圆式大棚生产春棚茶。20世纪90年代前，主要为炒青绿茶、烘青绿茶，多采摘一芽一叶至三叶的原料。根据不同树龄、季节和制茶等级需要，确定鲜叶采摘方式和采摘标准。

适时采摘　幼龄茶园以养为主，采养结合，遵循“采高留低、采大留小、采顶养侧”原则，对3年以上成龄茶园，按照“嫩、匀、净、鲜”的质量要求，实行“按标准、及时、分批、留叶”采摘，即春季有5%左右、夏秋季有10%左右的茶蓬新梢达到采摘标准时，便进行采摘。春季、秋季3～4天采一批，夏季2～3天采一批，全年采摘30批次左右。春季早期留两叶采摘，后期留一叶采摘，夏秋季留一至二叶采摘。冬季大棚茶主要有春节前和春节后两个采摘批次。

采摘标准 随着名优绿茶的质量发展，鲜叶采摘技术也日趋精细化。特级茶叶主要采摘一芽一叶初展或单芽；一级茶叶主要采摘一芽一叶至二叶初展；二级茶叶主要采摘一芽二叶至三叶初展；三级茶叶主要采摘一芽三叶。采摘时不采雨（雾）水叶、不采紫芽叶、不采虫蛀叶和病害叶、不采空心（无芽）叶，只采摘饱满芽叶。冬季大棚茶强调“早采”“精采”和“嫩采”，采摘一芽一叶为主，兼顾一芽二叶。茶叶采摘摒弃“掐采”“捋采”等不当手势，采用拇指与食指配合的“提采”手势，这样效率高，对原料损伤较轻。

鲜叶存放 鲜叶采摘后，多盛放于清洁干燥、通透性好的篮、篓里，并及时送往加工场所，避免日晒、雨淋、挤压和接触异味。鲜叶运至加工场所后，按等级分类摊放，早期多使用篾席摊晾鲜叶，后大部分使用竹筛，采用架式分层摊放。露天茶园鲜叶摊晾 4 ～ 6 小时后再加工，大棚茶鲜叶因水分含量高，摊晾时间要达到 6 小时以上。鲜叶摊晾不宜太厚，一般不超过 5 厘米，摊晾期间每隔 1 ～ 2 个小时翻动一次，使鲜叶均匀失水和促进氨基酸、糖类、芳香类等有益物质转化、分解。

炒茶技术 计划经济时期，茶叶被列为国家二类物资，由国营茶厂集中加工。从 1968 年开始，日照县采取“派出去，请进来”的办法，先后派 5 批 21 人次到安徽、浙江学习绿茶、花茶制作，引进珠兰、茉莉、玉兰，掌握窨制花茶的技术，并在日照茶厂多次举办炒茶技术培训班，请上级和外地技术人员现场示范、讲解，培训制茶技术人员。

1969 年，一些公社、大队茶园进入试产试制阶段，初期以手工制茶为主，产品为炒青绿茶。1970 年，中国农科院茶科所夏春华等 3 人，到日照县帮助建立茶厂，试制炒青绿茶。巨峰公社西赵家庄子大队创办了联营半机械化制茶厂，定名为“九一六制茶厂”。1972 年，安东卫北山茶厂自发研制成功第一台茶叶加工机械。到 1984 年，巨峰公社部分种茶村能生产形美、色正、香气高的雪青、冰绿等具有地方特色的 7 种茶叶。

20 世纪 90 年代前，茶叶加工以家庭作坊生产为主，加工设备主要使用偏锅，制作炒青绿茶和少量卷曲形中高档绿茶；有的使用电炒锅，制作扁形绿茶，原料大多采用自家茶园采摘的鲜叶。1998 年后，茶厂开始增多，茶厂收购茶叶达到茶农产量的 85% 以上。各茶厂主要分级加工炒青绿茶、烘青绿茶，工艺流程为“杀青—揉捻—二青—炒干”和“杀青—揉捻—二青—烘干”。加工过程中，采用“高温快速杀青”“老叶嫩杀”“嫩叶老杀”。按照“前期轻揉、中期重揉、后期再轻揉”的揉捻原则，实行“嫩叶凉揉、老叶热揉、老嫩适中叶温揉”。干燥温度为“前期高、中期低、后期高”。所用设备主要为滚筒、揉捻机和烘干机、烘笼。

岚山绿茶具有外形秀美、色泽绿润、香气高爽持久、汤色黄绿明亮、滋味浓厚、叶底肥嫩、耐冲泡的优良特征，内容物含量丰富，水浸出物、咖啡碱的含量均高于江南茶区，其中儿茶素、氨基酸的含量分别高于南方茶同类产品 13.7%、5.3%。

第二节 销 售

计划经济时期，日照县林业和商业部门建立茶叶科、生产科，负责指导茶叶生产和购销。从 1974 年开始，委托基层供销社采购站收购茶叶，验质技术人员由日照县糖业烟酒公司派出。种茶大队自留总产量的 5% 分配给社员，其余交收购站；当地供销社留收购量的 30% 在本地销售，其余上交日照县糖业烟酒公司。茶叶收购价格按全省统一规定价格执行，一级茶叶收购价每公斤 5.4 元，零售价每公斤 6 元；二级茶叶收购价每公斤 4.6 元，零售价每公斤 5 元；三级茶叶收购价每公斤 3.6 元，零售价每公斤 4 元；秋剪茶收购价每公斤 1.6 元，零售价每公斤 2 元。

实行家庭联产承包责任制后，茶园大都分到农户，茶叶不再实行统一购销，出现了“家家炒茶、户户卖茶”的销售局面。1998 年后，茶叶加工流通企业增多，出售鲜叶的茶农增多，特别是巨峰、后村等镇形成了初具规模的鲜叶市场，日交易额最高达 20 余万元。2003 年，经日照市政府批准，日照茶叶批发市场在新瑞（改制后称东辰）商业广场正式建立。

“日照绿茶”最先在济南打开市场，2004 年经营网点达百余家，此后逐步开发了东营、临沂、青岛、济宁、泰安、潍坊等省内市场。同时，在北方拓展至北京、河北、山西、新疆、内蒙古及东北等地。此后，日照绿茶开始进入国际市场，并在互联网上开店交易。

2008年后，岚山区以茶叶产业化经营为目标，逐步开展茶叶社会资源(茶园、茶厂)整合。基地茶园的整合手段主要有折价入股(合资)、返租倒包、合作生产、定单收购、经营权买断等；货源茶厂的整合措施则包括合资(独资)建厂、租赁加工、定单供货、委托加工、贴牌加工等。

截至2012年，岚山茶叶企业以超市、直销店、代理店、加盟店、网购实体店等多种形式，在山东省及北京、天津、上海、大连、石家庄、哈尔滨、西安、沈阳等大中城市，以北方城市为主，建立了全国性营销网点，并远销日本、韩国、俄罗斯等国外市场。

第三节　品牌开发

1988年日照市茶厂在安东卫成立，1992年12月注册“雪青”商标，为岚山第一个茶叶商标，从此岚山茶叶走向品牌化发展轨道。截至2012年，岚山茶叶品牌生产企业主要有：

省级龙头企业2家：日照碧波茶业有限公司、山东省雪青茶场有限公司。

市级龙头企业14家：日照御青茶业有限公司、日照市北垛春茶厂、日照御园春茶业有限公司、日照浏园生态农业有限公司、日照甲子山茶业有限公司、日照百满茶业有限公司、日照薄家口茶厂、日照贡青茶业有限公司、日照淞晨茶业工贸有限公司、山东盛世共青茶业有限公司、日照圣园春茶业有限公司、日照市景阳青茶园、日照冠清茶业科技有限公司、日照东山云青茶厂。

山东省名牌产品3个：雪青、碧波、圣谷山。

山东十大名茶4个：碧波清锋、百满绿、御园春极品茶、共青绿。

山东十大优质茶3个：景阳青、极北云岫、茗园绿茶。

中国驰名商标1个：雪青。

山东著名商标5个：碧波、御青、圣谷山、景阳青、百满。

全国茶叶百强企业3个：日照碧波茶业有限公司、日照御青茶业有限公司、山东雪青茶场有限公司。

通过有机认证企业16家：日照市景阳青茶园、日照碧波茶业有限公司、日照御园春茶业有限公司、日照浏园生态农业有限公司、日照御青茶业有限公司、日照北垛春茶业有限公司、日照淞晨茶业工贸有限公司、日照圣谷经贸茶业有限公司、日照百满茶业有限公司、日照薄家口茶厂、日照市东山云青茶厂、日照市北垛春茶厂、日照市甲子山茶业有限公司、日照绿汀茶业有限公司、日照市岚山区盛业茶业农民专业合作社、日照冠清茶业科技有限公司。

通过绿色认证企业2家：日照碧波茶业有限公司、日照盛世共青茶业有限公司。

通过无公害认证企业16家：日照百满茶业有限公司、日照圣园春茶业有限公司、日照市岚山区春常青茶业专业合作社、日照盛世共青茶业有限公司、日照淞晨茶业工贸有限公司、日照圣谷经贸茶业有限公司、日照市万平茶厂、日照御园春茶业有限公司、日照贡青茶业有限公司、日照市岚山区后村镇挪庄茶厂、日照市维罗娜茶厂、日照市岚山区裕森茶业专业合作社、日照盛业茶业合作社、日照浏园生态农业有限公司、日照冠清茶业科技有限公司、日照碧波茶业有限公司。

2002年首届“觉农杯”中国名茶评比，岚山区北垛春绿茶获金奖，御园春绿茶获优质奖。

2009年11月14日，在福建省福鼎市召开的2009年中国茶叶学会年会暨第八届“中茶杯”全国名优茶评比颁奖典礼上，岚山区日照碧波牌碧波春茶获特等奖，百满牌百满绿茶、东山云青牌东山云青获一等奖。

2010年11月29日，中国茶叶学会在安徽合肥举办首届“国饮杯”全国茶叶评比颁奖典礼，岚山区东山云青牌东山云青茶获特等奖。

2011年10月5日，日照市召开2011年中国茶叶学会年会暨第九届“中茶杯”全国名优茶评比颁奖典礼，岚山区茶叶样品日照碧波牌碧波银针获特等奖；景阳青牌景阳青茶、冠清牌冠清茶、浏园春牌玉龙展颜茶、浏园春牌润峰茶、浏园红茶、共青绿牌绿茶、东山云青牌东山云青茶、百满牌百满绿茶、百满牌百满春绿茶、碧波牌碧波春茶、碧波红茶、御园春红茶 12 个茶叶样品获一等奖。

2012 年 11 月 8 日，中国茶叶学会在广西梧州举办第二届“国饮杯”全国茶叶评比颁奖仪式，岚山区东山云青牌东山云青茶、碧波牌碧波春茶、岚润牌绿茶、盛业春牌盛业春茶 4 个茶叶样品获一等奖。

第四节　市场开拓

1984 年后茶叶市场放开，岚山各茶厂通过参加各种茶叶博览会、展销会和订货会，并在大城市设立专卖店、办事处、批发零售中心等办法，销售茶叶，积极开拓市场。

省内市场开拓　2005 年 9 月 11 日，岚山区政府组织 39 家茶企，在济南市盖世物流茶叶市场举办首届“济南·日照绿茶节”，设立 16 处茶叶直销店，日照绿茶开始整体组团开拓市场。

2006 年之后，岚山区 50 多家茶企先后在山东省各大、中城市建立茶叶经销点、代理店和直销店 500 余处。

省外市场开拓　2010 年 9 月 3 日，第三届北方茶博览会在“北方第一茶城”河北省正定县开幕，日照市组织 10 家茶企参加，共设 24 个展位，第一次集体出省闯市场。

2012 年 6 月 14 日，日照市 8 家绿茶企业组团到哈尔滨，参加黑龙江第二届国际茶文化暨紫砂工艺博览会。同年，日照御青茶业有限公司建立了全国首家“买卖茶”电子商务平台。

截至 2012 年年底，日照绿茶已畅销全省及北京、东北等全国各大城市、地区，并远销日本、韩国、俄罗斯等国外市场。

茶博会推介　2003 年 8 月 25 ～ 28 日，首届中国·日照茶博会暨茶文化旅游节在日照市新瑞茶叶批发市场召开，布展摊位 231 个，到会人员 8 万多人。活动实现三个历史性突破：日照举办全国性展会的突破、茶叶出口的突破、重大经贸活动市场化运作的突破。

2004 年 6 月 26 ～ 29 日，第二届中国（日照）国际茶博会召开，有来自台湾、贵州、浙江、江苏、福建等茶叶企业和韩国、日本、俄罗斯以及欧洲的客商参加，展销摊位 126 个，茶叶交易金额 1800 万元，协议金额 3600 万元，以招商方式达成合作开发意向 5 项。

2005 年 6 月 28 日至 7 月 2 日，第三届中国（日照）国际茶博会在日照会展中心举办，参展摊位 262 个，茶叶销售金额 3200 余万元，签订购销合同 6000 余万元。

2009 年 5 月 8 日，首届中国·日照绿茶节在岚山区安东卫国际商贸城开幕，展出面积达 1.1 万平方米，190 多家国内外知名茶叶加工、流通企业参会，评选最佳展位奖 6 名，优秀展位奖 30 名，特殊贡献奖 1 名。经中国农科院茶叶研究所、农业部茶叶质量监督检验测试中心、浙江大学、山东农业大学、青岛农业大学的茶叶专家评审，评选出绿茶特等奖 4 个、一等奖 16 个、二等奖 26 个。

2010 年 6 月 30 日，北方茶产业技术创新战略联盟成立，旨在提升北方茶产业技术创新能力，促进科技成果转化，提高茶产业技术水平和综合竞争力。该联盟由山东日照碧波茶业有限公

图 13-4 2009 年 5 月 8 ～ 10 日，首届中国日照绿茶节在岚山举行

司、日照市茶科所、山东农业大学、青岛农业大学、山东省农科院、西北农林科技大学、河南信阳农科所等单位发起组建，山东日照碧波茶业有限公司为联盟理事长单位。

2010年7月15日，山东日照茶产业化发展暨品牌建设研讨会在巨峰镇碧波山庄开幕，全国茶界专家、新闻媒体记者及日照茶界人士150余人参加会议。

2011年6月10日，第二届中国·日照绿茶节举行，参展企业100余家，设标准展位135个，特色展位10个。期间签订合同协议216份，协议额6200万元；现场销售茶叶6000公斤，交易额230万元。

2011年11月5日，中国茶叶学会团体会员会议暨科技创新与茶产业转型升级学术研讨会在日照举行，会上举行了第九届"中茶杯"全国名优茶评比颁奖典礼，日照市选送的15个茶叶样品，1个获特等奖，14个获一等奖，有11家企业和茶叶专业合作社成为中国茶叶学会茶业科技示范基地。

2012年7月19日，第三届日照绿茶节召开，布置国际标准摊位128个，大型企业特装展位11个，有来自北京、上海、江苏、河南、黑龙江、内蒙古及日照本地等100余家茶叶加工、流通、销售企业参展。

2002～2006年，巨峰镇政府与山东日照绿茶协会连续5年举办中国·巨峰冬茶节，依托茶叶优势，举办经贸洽谈、开展名优茶评比、打造巨峰茶叶品牌。其中，在2005年1月16日的第四届冬茶节上，山东省原副省长、省茶文化协会主席王裕晏为巨峰镇题写了"南茶北引第一镇"贺词，山东农业大学决定在巨峰镇设立实践教学基地。

图13-5 2002年，巨峰镇举办首届中国·巨峰冬茶节

第五节 企业选介

日照碧波茶业有限公司 成立于2004年，由日照港（集团）有限公司投资兴建，是集茶叶科研、栽培、加工、销售、茶文化传播、餐饮、宾馆、旅游休闲和园林绿化于一体的综合性国有企业。自建有机茶园1000余亩，被国家标准化管理委员会授予"国家级无公害绿茶标准化示范区"。按照有机茶标准建有生产车间3处，拥有现代化不锈钢电加热制茶设备，年生产能力15万公斤，设有质量检验室，配备国内一流的农残检测仪器，建有茶叶恒温保鲜库2座，保鲜能力达12万公斤。产品先后通过国家无公害认证、绿色食品认证、QS认证、C标志认证，获"山东名牌产品""山东十大名茶""山东十佳品牌"，获第八届"中茶杯"名优茶评比特等奖、第九届国际茶叶研讨会暨崂山第三届茶文化节名茶评比金奖。公司成为"中国茶行业百强企业""中国茶行业信用等级AA级单位""标准化良好行为AA级企业""日照市农业科技示范园""日照市农业产业化重点龙头企业"。

山东省雪青茶场有限公司（山东省日照市茶厂） 1988年建厂，工厂面积6.9万平方米，固定资产5800万元，有职工416人。有茶叶种植试验场380亩，优质茶园基地1.8万亩，国际标准制茶车间8000平方米，先进制茶机械设备96台，成品茶年加工能力300吨。雪青茶被农业部评定为"绿色食品"，获1991年"国家七五星火计划银奖"，1994年"首届中国优质与名牌博览会金奖"，1997年"中国国际茶会金奖"，1999年"中国农业博览会名牌产品"，2001年"日本国际名茶金奖"。"雪青"商标2000年被认定为"山东省著名商标"，被列为全省重点保护商标。2003年，雪青茶被认定为"山东省质量免检

图 13-6 “雪青”商标

产品”。公司于1999年被列入全市十大市长工程、十大农业产业化龙头企业；2001年被国家质量监督检验检疫局批准注册为山东省茶叶进出口合格企业，为山东省首家获得进出口经营权且拥有配额的茶叶生产厂家。2003年被省农业厅评定为“山东省产业化重点龙头企业”。

日照御青茶业有限公司　成立于2002年，资产1100万元，是集茶叶生产、销售、科研、文化、教育、旅游、餐饮、度假于一体的茶业综合性集团，有生产管理人员132人，其中中高级茶叶品评师12人。拥有标准化生产线40余条，形成御青茶5大系列，30多个品种，年产成品茶30多万公斤，产值2000多万元。销售网络遍及省内80家高档商场超市，开设连锁店95家、自营专柜18个，联营网络遍及北京、上海、沈阳、西安、大连、哈尔滨等地。公司2002年被确定为日照市政府重点扶持的农业产业化龙头企业，被农业部、国家工商行政管理总局、国家药品食品监督管理局等6部委评为“2003年度全国食品安全示范单位”，被中国食品检验协会评为“国家质量检测合格产品”，被日照市工商局、质量技术监督局、卫生局联合评为“日照市消费者满意单位”。“御青”牌茶叶2004年12月被评为“中国著名品牌”，被中国消费者基金会评为“中国消费者信誉品牌”；在2005年第三届中国(日照)国际茶博览会名优茶评选中获得金奖。

日照市御园春茶业有限公司　位于巨峰镇薄家口村，创建于2004年，是一家集名优绿茶、红茶、乌龙茶生产、科研、加工、销售、茶业观光旅游于一体的市级农业产业化重点龙头企业。公司先后获得QS生产许可证、ISO 9001：2000质量管理体系认证和无公害农产品认证、有机食品认证，是山东省茶文化协会团体会员单位，日照市茶叶技术协会、日照市茶叶生产机械化技术促进会、日照市民营企业协会理事单位。“江北御园春”牌绿茶2004年在全省名优茶评比中获名茶称号，2004年8月在中韩(烟台)国际食品经贸交流与合作博览会质量评比中获特等奖，2004年11月获第五届全国食品博览会金奖，2006年被山东省农业厅、山东省质量评价协会、山东省茶文化协会评为“山东十大名茶”；2011年，御园春牌红茶在第九届“中茶杯”全国名优茶评比中获一等奖。2007年，“江北御园春”商标获“山东省著名商标”。至2012年，公司拥有无性系良种示范茶园400亩，现代化标准制茶车间1600平方米，各种名茶机械65台，年生产加工能力100吨。2008年5月被山东省茶文化协会评为“山东省茶文化优秀企业”，2008年10月被山东省第七届消费者满意单位评审委员会评为消费者满意单位。

日照市百满茶业有限公司　创建于1996年，是一家集茶叶科研、栽培、加工、销售于一体的茶叶龙头企业。公司占地400亩，有基地茶园2000余亩，年生产能力12万公斤。公司产品2006年被评为山东省十大名茶，首届“觉农杯”茶叶质量评比获得优质茶奖，2009年获第八届“中茶杯”全国名优茶评比一等奖。2008年，公司出资100万元与420户茶农自愿签订协议，成立岚山区后崖下茶叶专业合作社，实行统一技术指导，统一配方施肥，统一病虫防治，统一越冬管理，统一鲜叶采摘，统一收购等“六个统一”管理措施，构建了“企业+合作社+农户”茶叶生产经营模式。

日照浏园生态农业有限公司　位于碑廓镇幽尔崮南麓，2006年开发建设，园区占地面积1080亩，有无公害茶园面积450亩，有机茶园面积180亩，无性系茶园100亩。公司实施山、水、林、茶、路综合治理，以种植、养殖、加工一体化为基础，利用生物、物理防虫技术实施茶园综合防治，建立从种植、加工到销售全过程质量追溯体系，被国家茶产业技术体系列为茶叶综合试验点、国家茶叶生态示范园。在第九届“中茶杯”全国名优茶评比中，选送的两个绿茶茶样、一个红茶茶样均获一等奖。

日照凇晨茶业工贸有限公司　成立于2006年3月，位于巨峰镇，注册资金350万元，总资产2000余万元，年生产加工能力10万余公斤，是集茶叶科研、培育、种植、加工和销售于一体的市级农业龙头企业。公司拥有有机茶生产基地500亩，通过合作形式联合管理无公害茶园3000亩。通过了ISO 9001国际质量管理体系认证、HACCP食品安全管理体系认证、国家级无公害认证和QS食品质量安全认证。茶叶生产基地被评为山东省农业标准化示范基地和日照市政府“121”工程有机茶叶生态建设示范基地。

日照市景阳青茶园 成立于2003年7月，位于虎山镇磴山脚下，是日照市农业产业化重点龙头企业，有无公害绿茶基地600多亩，有机茶园认证基地220亩。有发明专利100余件，“景阳红”红茶通过了省级鉴定。公司为日照市科普惠农先进单位、山东省茶文化优秀企业。产品先后获2004年中国(日照)国际茶博会制茶大奖赛一等奖，2007年第七届全国“中茶杯”名优茶评比一等奖，2011年第九届全国“中茶杯”名优茶一等奖；2006年被山东省农业厅、山东省物价协会、山东省茶文化协会授予“山东十大优质茶”；“景阳青”商标2009年被山东省工商局认定为山东省著名商标。

日照冠清茶业科技有限公司 成立于2010年3月，位于高兴镇白云山风景区内，是集种植、加工、销售、观光旅游、茶叶科技开发于一体的茶业综合企业。公司占地面积8600平方米，有标准化生产厂房1500平方米，茶叶加工设备20余台(套)，年加工能力9万公斤。茶厂自有茶园160亩，联合管理茶园基地3000亩，“冠清”牌系列绿茶产品曾获“中茶杯”一等奖。

日照市东山云青茶厂 2000年3月在碑廓镇注册成立，是一家集茶叶生产、加工、销售于一体的综合性茶叶企业，拥有无公害标准化茶叶生产基地茶园2000亩，厂房仓库1000多平方米，茶叶加工机械32台套，员工38人，年产干茶80吨。东山云青茶2000年获第二届国际名茶评比、第三届国际茶博览会银奖。2001年获日照市首届名优茶评比名优茶奖，获日照市十大名茶称号。2002年获第四届国际名茶评比、第五届国际茶博览会金奖，山东省名优茶评比特优茶奖。2004年获山东省名茶评比山东名茶奖，日照市名优茶评比“日照极品绿茶”奖。2005年被评为省级食品安全诚信单位、山东省茶叶及茶制品行业十佳品牌。2006年获山东省第六届消费者满意单位。

日照圣谷经贸有限公司 2002年8月成立，位于巨峰镇，是一家集茶叶种植、加工、销售于一体的实体单位。公司2006年1月通过ISO 9001：2000国际质量体系认证。“圣谷山”牌绿茶获2004年首届山东名茶评比优质奖、2005年中国第三届济南国际茶博会金奖，2005年底被中国茶叶流通协会评为“放心茶·中茶协推荐品牌”，2007年获得山东省著名商标，2008年4月被确认为中华人民共和国第十一届全国运动会指定用茶。2007年在中国茶叶学会举办的“中茶杯”名优茶评比中，公司选送的茶叶样品“早春芽”和“松针”均获一等奖。

第三章 茶叶科技

第一节 产品研发

1994年，巨峰镇秦家小庄借鉴大棚蔬菜生产经验，在盛产期茶园上建茶叶冬暖式大棚一个，在冬季采鲜茶，开展大棚茶生产试验，大棚覆盖面积0.5亩，生产加工出大棚茶叶18公斤，味道堪比春茶，填补了北方冬季无新茶的市场空白。1996年，巨峰镇薄家口村，后村镇后马庄一村，碑廓镇袁家庄村、王家庄东山村开始采用冬暖式大棚覆膜栽培技术。通过示范带动，大棚茶面积不断扩大，至2004年春，仅巨峰镇薄家口村大棚茶即达300余亩，仅此一项年人均增收1000余元。至2007年，全区有茶叶大棚5320个，面积3200亩，年总产量48万公斤。

从2004年开始，岚山区历经6年时间，成功研制出红茶新品种“日照红茶”。“日照红茶”外形细紧，金毫显露，色泽乌润，香气鲜爽嫩甜，汤色红亮，滋味甜醇浓爽，与同类原料加工的绿茶品质比较，香味品质提高，苦涩味显著降低。

2010 年，岚山区成功研制出北方乌龙茶。该茶充分发挥日照绿茶叶片厚、清香度高、耐冲泡等特点，外形颗粒紧结，色泽砂绿乌润，花香显露，汤色明亮、金黄显绿，滋味清醇回甘，其炒制成功，填补了日照茶产业没有乌龙茶的空白。至此，岚山茶产业生产模式由过去的单一生产加工绿茶改变成为“春绿夏红秋乌龙”的茶叶生产加工格局，大大提高了茶叶生产加工经济效益。

2011 年，岚山区成功研制出日照白茶和日照黑茶。日照白茶选用日照种植的白茶优良品种，利用日光萎凋、低温烘干、不经炒揉的特异方法加工而成，属轻微发酵茶，色泽不如绿茶翠绿，不似红茶乌黑，不像乌龙茶紫褐，外表满披白毫，色白如银。日照黑茶外形色泽褐红，内质汤色红浓明亮，香气独特陈香，滋味醇厚回甘，属于全发酵茶，分生茶和熟茶，生茶是在自然条件下慢慢发酵而成，熟茶是经人工渥堆催熟而成。

随着人民生活水平的提高和健康意识的增强，无公害茶越来越受到广大消费者的欢迎，要求茶叶产品中农药残留少，重金属、有害微生物等有害物质含量低，卫生质量指标达到国家有关标准要求，对人体健康没有危害。岚山区于 2005 年年底承建“无公害绿茶标准化示范区”国家第 5 批增补项目，2007 年 12 月申请了“山东省科技富民强县试点县”项目，之后拉开了“茶叶无公害标准化生产基地建设”的序幕。先后制定实施了《有机茶叶操作规程》《无公害茶叶生产技术规程》《茶叶标准化生产技术操作规程》，建立“村集体+标准+农户”“企业+标准+基地”“企业+标准+基地+农户”等茶叶生产新模式，实行茶叶“四统一”管理，即“统一技术培训、统一制度规范、统一操作规程、统一采摘销售”，引导广大茶农在茶园管理中实行科学配方施肥，不用或少用化肥，多用土杂肥，采取“一基四追多喷”和“前促后控”施肥技术，实行农业防治、物理防治、生物防治，综合防治病虫害，推广应用高效、低毒、低残留药剂，安全间隔期过后采摘。2008 年 10 月，岚山区通过了国家级无公害茶叶标准化示范区验收组的检查验收。至 2012 年，全区共建立国家级无公害绿茶标准化生产基地 3.8 万亩，绿色茶叶基地 1000 亩，有机茶叶基地 3200 亩。

第二节　科研成果

茶树越冬防护及优质高效综合配套技术示范与推广　为解决山东茶叶冬季冻害频繁发生和茶叶品质下降等问题，山东省财政厅 2009 年下达山东省农业技术推广项目——茶树越冬防护及优质高效综合配套技术推广。该项目由山东省果茶技术指导站、青岛农业大学茶叶研究所承担，分别在日照、临沂等地实施。岚山区承担 1.5 万亩的茶树越冬防护及优质高效综合配套技术示范推广工作，并辐射周边茶区面积 4 万亩。具体内容包括：指导发展抗寒品种茶园 0.5 万亩，初步建立防护林网、道路、水利综合配套措施；推广茶树越冬防护技术面积 1 万亩，同时推广优质高效综合配套技术 0.5 万亩。通过项目实施，全区茶树抗逆性普遍增强，茶园综合管理水平和越冬管理水平全面提高。

岚山区生态茶园技术推广　为山东省农业技术推广项目，2009 年岚山区向日照市财政局申请实施。主要内容：通过推广茶树病虫害物理防治、有机肥使用和茶树优质高效管理技术，提高岚山茶叶生产管理水平和质量安全水平；同时，提高鲜叶采摘标准化水平，推广严格的清洁化、机械化茶叶加工工艺，加快名优茶开发进程。项目有效提高了周边和全区 8.6 万亩茶园生产管理水平、质量安全水平和茶叶加工制作水平。

山东省农业有害生物种类与发生危害特点研究项目　根据《山东省农业有害生物种类与发生危害特点研究》项目课题组总体安排，岚山区承担了项目课题《日照市岚山区茶叶有害生物种类与发生危害特点研究》。该项目于 2010 年 5 月开始实施，在全区组织开展茶树有害生物种类的全面调查工作。调查采取系统调查与普查相结合、定点观测与定位调查相结合、一般调查与重点调查相结合的方法，在巨峰、后村等重点产茶乡镇选择了 6 个调查村，18 个样本点。通过调查，岚山区共有茶树病害2类，分别为茶炭疽、茶芽枯病；虫害9类，分别为灰尺蠖、茶丽纹象甲、角蜡蚧、假眼小绿叶蝉、黑刺粉虱、绿盲蝽、茶叶瘿螨、蛴螬、华北蝼蛄。

日照市岚山区标准化茶叶生产示范基地建设项目 为贯彻落实山东省农业厅、财政厅《关于下达2009年农产品质量安全提升工程项目实施意见的通知》，岚山区开展了标准化茶叶示范基地建设项目。该项目通过对岚山区4.5万亩茶园进行标准化生产技术和设施改造，建立从上到下的农产品质量安全监管体系，带动全区及周边区县提高茶叶标准化管理水平。项目实施，研究总结了一套适宜岚山区名优绿茶生产的标准化茶园种植管理技术模式；配备6台(套)农产品农药残留速测设备，支持企业和基地开展质量安全自检；建立了县级茶叶质量安全监管平台，对基地的生产、销售等实时监控，并能进行质量追溯；规范了茶叶标准化生产示范基地建设，参与的4处基地全部达到省级标准化生产基地水平。

第三节 科研机构

日照市岚山区茶业协会 成立于2009年8月，由岚山区茶业管理办公室、茶叶相关企业、社团组织等单位及个人组成，有团体会员54个，个人会员84人。协会职责：调查研究，提供意见和建议；参与制定本行业服务质量标准、生产技术标准和服务规范；开展行业学术交流和技术培训；进行栽培等项目研究与开发；监督维护茶业市场秩序；整理和传递茶叶信息，指导茶叶生产和经营。

日照市岚山区茶叶科学研究所 成立于2010年12月，是由区科技局主管，区茶业管理办公室牵头，茶叶龙头企业及科技人员组成的民办非企业单位。有从业人员20人，科技人员15人。主要从事茶树种质资源研究，茶树新品种选育及推广，茶树栽培与茶叶深加工研究，茶园生态化建设，茶叶质量安全和茶叶标准化生产等；开展行业性学术交流和技术培训活动，普及和推广茶叶科学技术知识，进行茶叶项目的研究、开发与推广等事项。

日照市岚山区景阳青茶文化研究所 始建于2009年10月，是从事茶叶生产技术研究、技术交流、茶文化交流于一体的研究机构，有农艺师5人，评茶员3人，技术人员8人。为中国茶叶学会会员单位、山东省茶文化协会常务理事单位、茶业北方联盟会员单位，拥有7项国家茶叶加工发明专利，2011年发明的“景阳红”功夫红茶被列入省级星火项目。

日照市百满茶叶研究所 成立于2008年9月，是面向全市实施茶叶产、学、研的联盟。主要通过构建研究平台，加强人才培训，打造创新团体；开展茶叶抗冻选种、无性繁殖、无公害栽培管理等研究；促进日照绿茶关键成果产业化。

第十四编　水　利

岚山区水利工作围绕“保障三个安全，促进人水和谐”治水战略目标，以病险水库除险加固、农村饮水安全建设、灌区续建配套与节水改造、水库移民安置和后期扶持等为重点，致力于全区水利事业蓬勃发展。岚山区先后被评为“全省村村通自来水工作先进区县”“全省农田水利基本建设先进区县”“全省病险水库除险加固工作先进单位”“全市村村通自来水工作先进单位”“全市病险水库除险加固工作先进单位”。

2012 年，全区共建有中型水库 1 座，小(一)型水库 10 座，小(二)型水库 71 座，塘坝 800 座，机井和大口井 1230 眼，小型灌排泵站 92 处，小型引水堰(闸)217 座，沿海防潮堤 3.475 公里。累计治理水土流失面积 114.8 平方公里，占总流失面积的 37%。

第一章　水资源与管理

第一节　水资源

天然水资源量

水资源总量　岚山区多年平均水资源总量为 2.51 亿立方米，地表水资源量为 2.22 亿立方米，地下水资源量为 0.59 亿立方米，重复计算量为 0.3 亿立方米。

降雨量　岚山区多年平均降雨量为 897.8 毫米。降水量大小及其时空变化特征，在一定程度上反映地表水和地下水的数量和特征。

地表水资源量　是指河流、湖泊、水库等地表水体的动态水量，用天然河川径流量表示。大气降水是主要补给源，影响河川径流的主要因素是气候和下垫面。岚山区多年平均径流量为 2.22 亿立方米，年均径流深为 296.83 毫米，降水频率 20%、50%、75%、95% 时，年径流量分别为 32879、18994、11175、4516 万立方米。

地下水资源量　主要指与大气降水和地表水有直接补排关系的矿化度小于 2 克/升的浅层淡水资源量。经多年资料分析，岚山区地下水资源量为 0.59 亿立方米。

水资源基本特点

时空分布　水资源时空分布差异大。受大气环流和地形等因素影响，岚山区降水量总的分布趋势是自东南向西北递减。河川径流由降水补给，其时空分布变化规律与降水基本一致。

季节分布　降水季节分配不均匀。年内降水多集中于汛期(6～9 月)，占全年降水总量的 72.7%。

水资源开发利用

供水量　根据 2012 年《岚山区水资源公报》，岚山区 2012 年供水量为 1.167 亿立方米，其中地表水供水量为 1 亿立方米，地下水供水量为 1670 万立方米。

用水量　岚山区用水量包括农田灌溉、林牧渔畜、工业、城镇公共、居民生活和生态用水等 6 个方面。根据《岚山区 2012 年度水资源公报》，岚山区 2012 年用水量为 1.167 亿立方米，农田灌溉用水量 5686 万立方米，林牧渔畜业用水量 529 万立方米，工业用水量 4365 万立方米，城镇公共用水量 152 万立方米，居民生活用水量 907 万立方米，生态环境用水量 35 万立方米，分别占总用量的 48.71%、4.53%、37.39%、1.3%、7.77% 和 0.3%。工业总用水量 4.85 亿立方米，重复利用水量 4.41 亿立方米，工业用水重复利用率为 91%；单位工业增加值用水量为 16.4 立方米/万元。城镇人均生活综合用水量 109.7 升/人·天(含居民生活和城镇公共用水)。农田实灌面积 20.1 万亩，农田灌溉亩均用水量 282.9 立方米，灌溉水有效利用系数为 0.61。

供用水平衡分析　2012 年，岚山区供水量和用水量基本平衡，农业用水所占比重较大，占总用水量的 48.71%，其次是工业用水，占总用水量的 37.39%。根据岚山区水资源可持续利用规划，计划通过水资源开发利用等工程措施，增加地表水拦蓄水量和雨洪水、矿坑水利用水量;扩建污水处理厂,加大污废水处理回用量;优化水资源调配,对工业、农业及城镇生活等各行业采用节水措施,以水资源的可持续利用支持工农业快速发展。

第二节 机构与管理

机构 民国以前,政府无专门水利管理机构。1923年,域内水利事业归日照县政府设立的实业科管理。1940年春,由日照县抗日民主政府实业科管理。1956年3月,日照县成立水利科,当年7月改为水利局。至1993年6月,先后归日照县(市)水利局、日照市(地级)水利办公室、东港区水利局管理。

1975年3月,日照县水利局在各公社设立水利组。1982年9月改为水利站,承担本乡镇农田水利基本建设等业务。1988年10月,水利站划归所在乡镇街道。

1993年7月,岚山办事处农业委员会成立,下设水利办公室。1995年12月,成立岚山办事处水利局,内设办公室、水政水资源科、工程计划科。1998年6月,设立岚山办事处水土保持委员会办公室。2003年7月,设立岚山供水管理处。2005年3月,办事处水利局改称岚山区水利局(简称区水利局),下设防汛抗旱办公室、农水站、水土保持委员会办公室、水政监察大队、巨峰水库管理所、土山河水库管理所6个事业单位。2008年11月,水土保持委员会办公室和防汛抗旱办公室改制为参照公务员管理事业单位。2011年8月,农水站加挂岚山区水资源管理办公室和岚山区农村供水管理办公室牌子。

2012年9月,中楼镇水利站划归岚山区水利局管理。

巨峰水库管理所 1965年成立,受日照县水利局管辖,有职工7人。2005年12月,改为正股级事业单位,更名为岚山区巨峰水库管理所,隶属于区水利局,经费自收自支,编制10人。2008年12月,定为准公益性事业单位,经费性质为财政差额补助。

土山河水库管理所 1975年7月设立,为日照县水利局下属企业。2005年12月,改为正股级事业单位,更名为岚山区土山河水库管理所,经费自收自支,编制3人。2008年12月,定为准公益性事业单位,经费性质为财政差额补助,编制3人。

管理 20世纪60年代初,根据"兴建与管理并重,发展与巩固并重"水利方针,日照县建立健全大中型水利工程管理机构及群众管理队伍,加强对水库塘坝、渠系河道和闸坝等工程的管理。20世纪80年代,农村实行联产承包责任制,各类水利工程根据性质和规模,推行不同形式的管理责任制,实行企业化管理,"以水养水"。

岚山办事处成立后,创建"政府监管、公司(协会)经营管理、用水户民主参与"的农村供水管理模式,先后成立了3个用水户协会和4个灌溉协会。2009年12月,制订《岚山区水利工程管理体制改革实施方案》,巨峰水库管理所和土山河水库管理所被定为准公益性事业单位。

2010年,全面推行小型水库安全管理员制度,聘用水库安全员58人,确保加固后的小型水库防洪安全和运行安全,部分重点小(一)型水库成立了水库管理所,建设管理设施,制定日常巡查、管理维护、水情监测等制度,彻底解决小型水库管理缺位问题。

2011年,在全市率先探索推行农村水管员制度,创新制定了"三定、四统一"经验做法。"三定",即定职责、定报酬、定奖惩,明确水管员的职责是负责小型水利工程的日常管理维护、供水服务、现场报汛、水情观测等;报酬待遇从小型水利工程运行收益中按比例提取,区和乡镇街道财政给予补助,其中乡镇街道财政每名水管员每年补助600～1000元;制定水管员考核内容,将水管员考核结果与年底奖惩挂钩。"四统一",即协会统一聘用、区级统一备案、村级统一管理、镇村统一考核。

2012年8月,为严格落实《中华人民共和国水土保持法》,保护和合理利用水土资源,改善生态环境,经岚山区水利局请示,岚山区政府同意将开发建设项目水土保持方案编制工作纳入行政审批流程,列为建设项目环境影响评价的前置条件。

2012 年岚山区用水合作组织一览表

表 14-1

协会名称	所在乡镇	注册时间	服务村庄（个）	服务人口（人）
碑廓镇节水灌溉协会	碑廓镇	2004 年 5 月	16	8267
巨峰水库灌溉协会	巨峰镇	2008 年 7 月	15	12910
高兴镇农田水利灌溉协会	高兴镇	2009 年 4 月	2	1879
巨峰镇用水户协会	巨峰镇	2009 年 9 月	34	23260
黄墩镇用水户协会	黄墩镇	2010 年 9 月	32	29619
高兴镇用水户协会	高兴镇	2011 年 11 月	20	13279
中楼镇灌溉用水协会	中楼镇	2012 年 2 月	10	11236

2012 年岚山区水管员和水库安全员统计表

表 14-2

乡镇街道	村庄数（个）	水管员人数（人）	水库安全员人数（人）
合　计	404	404	58
安东卫街道	32	32	2
虎山镇	53	53	9
碑廓镇	64	64	8
黄墩镇	54	54	13
高兴镇	46	46	3
巨峰镇	90	90	9
中楼镇	65	65	14

第二章　蓄水工程

第一节　水　井

新中国成立前，境内水井多为土井、砖井、石井，饮水、浇地兼用。也有农民在田间、地头挖浇地小井，旱天时用木制水车、汲水吊杆取水浇地。现存最早的水井，是位于中楼镇大陈家军子村的解家井，开凿于宋代，口径 1 米，深 10 ～ 15 米，石砌，至今泉水旺盛，供村民吃水、浇地。另有建于元末明初的中楼镇黑涧村水井，建于明代的安东卫墨水井、磴山寺阴阳井、安东卫街道界牌岭村水井，建于清代的中楼镇孟家西楼水井、马家庄水井、中楼村前水井等。

新中国成立后，打井抗旱得到党和政府重视。1950 ～ 1953 年，各区、乡成立水利委员会，组织农民在农闲季节打井浇地，由打土石井发展到水车井、浅机井、大口井，并在部分区推行使用铁制水车农灌。1957 年，日照县水利局组织 20 余人的水利队，在高兴乡牟家村搞井下泉试验，共打井 55 眼，改造旧井 601 眼，农井灌溉面积发展到 1788.7 公顷。

20 世纪 70 年代开始逐渐向机井发展。1976 年，日照县水利局引进人力回转钻（大锅锥），在虎山公社大庄子湖打井成功，井深 15 ～ 30 米，井管为砖石管和水泥管，周围填砾石，成井后每小时涌水量70～150立方米，水量足，耐使用，很快在碑廓、虎山万亩湖推广。

1997年6月岚山水利局组建打井队，引进3台测水仪，其中测仪2台，SDJ-4激发极化仪1台，引用济南产150型号钻机打井。井管采用直径250毫米和120毫米塑料管，并以筛网包裹，外填石子过滤。灌溉用井的井深一般在15～20米左右，出水量在20～100立方米/小时。

图14-1 大口井 （摄于2012年）

2001年，在碑廓农业综合开发区打大口井60多眼，采用石砌，深度在8～10米，井径7～8米，每眼井出水量20～30立方米/小时；在虎山万亩灌区打直径5米以上的大口井15眼，每眼井出水量超过100立方米/小时。2011年，岚山区为应对全区旱情，大力建设应急水源工程，新建大口井79处，机井176眼。2012年，岚山区共有机井、大口井1230眼，控制灌溉面积3800公顷。

第二节 塘 坝

总库容小于10万立方米的小水库称为塘坝。

1960年10月，虎山解放村首建总库容9.2万立方米的塘坝，流域面积0.7平方公里，设计防洪标准3年一遇，最大坝高10米，坝长300米，坝宽5米，溢洪道底宽2米，最大水深1.5米，放水洞闸门尺寸0.2×0.2米，洞长70.1米，总工程量4.75万立方米，投资1.2万元。到2012年，岚山区共建有塘坝800座，总库容2542.25万立方米，有效灌溉面积6800公顷。

2012年岚山区塘坝数量和容积一览表

表14-3

乡镇街道	数量（座）	总容积（万立方米）	1万～5万立方米		5万～10万立方米	
			数量（座）	容积（万立方米）	数量（座）	容积（万立方米）
合计	800	2542.25	637	1336.42	163	1159.73
岚山头街道	2	7	1	1	1	6
安东卫街道	10	35.6	7	18.8	3	16.8
虎山镇	54	128.88	49	98.08	5	30.8
碑廓镇	81	195.16	76	162.96	5	32.2
黄墩镇	279	1163.41	188	440.68	91	722.73
巨峰镇	138	391.3	117	264.80	21	126.5
高兴镇	55	192.4	42	110.3	13	82.1
中楼镇	180	309.4	156	427	24	142.6
前三岛乡	1	1.5	1	1.5		

第三节 水 库

岚山区有中型水库1座，小(一)型水库10座，小(二)型水库71座。

中型水库 为巨峰水库(亦称前崖下水库)，位于巨峰镇前崖下村西，巨峰河上游，最大淹没面积1.775平方公里。兴建时称幸福山水库或山旺水库，移民5个村4639人，控制流域面积21平方公里。1959年11月开工建设，1960年4月建成蓄水，集防洪、灌溉、发电和水产养殖综合利用于一体。1985年“三查三定”(山东省水利厅对大中型水库查安全、定标准，查效益、定措施，查综合经营、定发展计划)核定防洪标准为百年一遇洪水设计、千年一遇洪水校核，水库坝高满足最大可能洪水。

巨峰水库总库容1008万立方米，校核洪水位62.57米。兴利库容(正常蓄水位至死水位之间的水库容积)635万立方米，兴利水位60米。死库容(死水位以下的库容，也叫垫底库容)54万立方米，死水位49.77米。水库工程等级为三等，主要建筑物级别为Ⅲ级，坝址区基本地震烈度为Ⅶ度。水库枢纽工程由大坝、放水洞和溢洪道组成。大坝为黏土心墙砂壳坝，全长680米，坝顶高程65.3米，坝顶净宽5米，防浪墙顶高程66.3米，最大坝高22米。迎水坡坡度1∶2.7～1∶3，背水坡坡度1∶2.5。溢洪道位于大坝北端，系人工开凿山坡而成，为开敞式宽顶堰，堰顶高程60米，底高程57米，宽30米。从消力池(促使在泄水建筑物下游产生底流式水跃的消能设施，能使下泄急流迅速变为缓流)至溢流堰，左岸无护砌设施，右岸于1985年护砌，1991年加高，交通桥以下为天然河道。输水洞位于大坝桩号0+200处，为浆砌石拱廊道钢筋混凝土衬管，衬管内径0.6米，外径0.9米，进口底高程48.5米，洞长96.1米，最大输水流量2.13立方米/秒，闸门为圆拉门，启闭机为1台5吨手动卷扬机。

2006年5月，岚山区开展巨峰水库安全鉴定，编制了除险加固工程可行性报告。同年11月，经水利部大坝安全管理中心核查，确定巨峰水库大坝为三类坝。2008年4月，编制完成《山东省日照市岚山区巨峰水库除险加固工程初步设计报告》。11月，水利部淮河水利委员会(简称淮委)复核工程总投资为2713万元。12月，山东省发展和改革委员会对初步设计予以批复。2009年9月15日，巨峰水库除险加固工程开工。工程主要建设内容：大坝工程，上游抛石压重，大坝桩号0+215～0+660段做塑性混凝土防渗墙，大坝右段0+400～0+680段采用帷幕灌浆，大坝坝顶防浪墙及上游护坡拆除重建，新修坝后排水体及排水沟；溢洪道工程，拆除溢洪道进口原溢流堰，新建交通桥、泄槽及挑流鼻坎、消力池，出水渠左岸浆砌石护砌；放水洞工程，拆除原放水洞，在原洞址处新建放水洞及坝后闸阀，更新金属及电气设备，重建启闭机房，新建闸阀室等。工程投资批复2713万元，其中国家资金900万元，省级资金430万元，地方配套1383万元。2010年7月5日，巨峰水库除险加固工程通过投入使用验收，同年12月31日通过竣工验收。

小型水库 20世纪五六十年代，按照“以蓄为主，小型为主，社队自办为主”的水利建设方针，因地制宜兴建了一大批小型水库与塘坝等蓄水工程。70年代，主要抓了小型水库与塘坝的灌溉配套工程。80年代后，重点工作为库塘工程管理。

图14-2 巨峰水库 (摄于2012年)

小(一)型水库 1959年冬，碰山公社的四门口水库、黄墩公社的南陈家沟水库开工兴建。1964年，碑廓公社的张家庄水库开工。1965年，碑廓区的宋家庄、山西头、后合庄，安岚区的车箱，巨峰区的土山河等5处水库同时动工。1970年8月，黄墩公社下大峪水库动工，次年4月竣工。至2012年，岚山区共建有小(一)型水库10座，其中黄墩镇1座，巨峰镇1座，高兴镇1座，虎山镇2座，安东卫街道1座，碑廓镇3座，中楼镇1座。

2012年岚山区小(一)型水库一览表

表14-4

水库名称	水库所在地点	总库容（万立方米）	兴利库容（万立方米）	调洪库容（万立方米）	总投资（万元）	竣工日期	坝型	坝顶高程（米）	最大坝高（米）	坝顶长度（米）
土山河水库	巨峰镇土山河村	295	132	138	413.6	1966年3月1日	黏土心墙坝	60.5	13	700
车箱水库	虎山镇梭罗树村	128	90	28	327.2	1966年5月1日	黏土心墙坝	70	21	150
四门口水库	虎山镇四门口村	116.4	68	48.4	541.3	1960年5月1日	黏土心墙坝	42	17	435
后合庄水库	安东卫街道后合庄	193.6	140.6	53	436.7	1965年4月1日	黏土心墙坝	102.6	17	490
宋家庄水库	碑廓镇宋家庄	160	106	48	417.8	1966年3月1日	黏土心墙坝	63	10.8	700
山西头水库	碑廓镇山西头村	143.5	92.5	37	583	1966年3月1日	黏土心墙坝	82	16.5	515
北张家庄水库	碑廓镇北张家庄村	103	84.16	18.17	430	1965年3月1日	黏土心墙坝	86.33～86.77	16	510
卜家村水库	高兴镇卜家村	102	47.4	40.2	393	1960年5月1日	黏土心墙坝	37.4～38.3	9.3	625
南陈家沟水库	黄墩镇南陈家沟村	444	287	131	488.6	1967年2月1日	黏土心墙坝	29.9	20	285
柳黄沟水库	中楼镇	219	90	114		1977年10月	黏土心墙坝	176.4	18.3	150

小(二)型水库 新中国成立初期开始兴建。1953年3月，第10区(巨峰)山口村在闸山沟的基础上，建起一座蓄水13.8万立方米的五道江小(二)型水库，兴利库容7.4万立方米，设计灌溉面积26.7公顷，自流灌溉6.7公顷。

至2012年，全区共建成小(二)型水库71座，其中安东卫街道1座，虎山镇11座，碑廓镇6座，高兴镇7座，黄墩镇18座，巨峰镇15座，中楼镇13座。

2012年岚山区小(二)型水库一览表

表14-5

所在乡镇	水库名称	坝顶高程(米)	总库容（万立方米）	调洪库容（万立方米）	兴利库容（万立方米）	竣工日期
安东卫街道	前合庄水库	52	22	8.5	10	1962年1月
虎山镇	相家结庄水库	36	20	7.4	12	1988年10月
	解放村水库	46.2	35.4	10.4	22	1965年10月
	张家结庄水库	53.5	23	4	16	1994年10月

续表 14-5

所在乡镇	水库名称	坝顶高程(米)	总库容（万立方米）	调洪库容（万立方米）	兴利库容（万立方米）	竣工日期
虎山镇	黄泥沟水库	37	18	7.8	12	1973年10月
	小村水库	48.5	29.65	7.4	23.4	1966年3月
	西潘水库	50.6	22.95	7.6	14.2	1966年3月
	官山水库	46.5	66.5	17.8	44	1960年6月
	崔景阳水库	90.2	26.1	7.2	18.9	1992年3月
	桂山头水库	68	15	4.5	9	2002年10月
	西山水库	58.5	10.2	3.5	8.5	2011年3月
	桃花垛水库	62	25	6.8	17	1978年2月
碑廓镇	张家岭水库	42.6	57.1	6.5	27.5	1965年3月
	付家官庄水库	54.5	21	8.5	11	1965年5月
	丁家庄水库	81	10	2.6	6.6	1965年11月
	玉峰岭水库	89	22	5.5	13.5	1964年10月
	宋家岭水库	82.7	14	4.6	6.5	1997年10月
	王家庄水库	22	14.1	5.3	7.75	1969年
黄墩镇	下大峪水库	26.4	68	20	48	1972年10月
	粮山水库	45	36	14	16.4	1972年4月
	草涧东水库	29.5	27.2	7.2	20	2006年5月
	草涧北水库	38.6	21.92	4.4	17.52	1979年11月
	草涧西水库	29.5	28	8	20	2006年5月
	草涧南水库	159.6	19.5	4.5	15	2003年12月
	横山水库	42	22.9	6.9	19	1966年3月
	李家官庄水库	48.2	39.8	7.8	32	1972年4月
	南庄水库	36.4	14.52	5.5	9.7	1972年4月
	杨家沟水库	33.3	10.3	3.2	7.1	1969年11月
	上大峪水库	35.4	15.6	8.2	7.4	1972年1月
	张家沟水库	124	23	7.5	14.6	2008年1月
	任家董旺庄水库	179	23	9.3	14	1972年12月
	辛庄水库	182	22	5.6	9	1970年11月
	南塔岭水库	205	15	4	11	1956年12月
	崔家沟水库	194	13	5.3	8	2001年12月
	下双疃水库	175	16	6.5	10	2006年1月
	后大坡水库	210	14	5	9	2002年11月
高兴镇	白云村西水库	57.5	22.8	4.8	16	1961年1月
	北家沟水库	92	26.3	7.3	11	1972年1月
	川子村西水库	36	22	9.8	12	1958年10月
	后唐家河水库	59	22	7.2	13.8	1975年10月

续表 14-5

所在乡镇	水库名称	坝顶高程(米)	总库容（万立方米）	调洪库容（万立方米）	兴利库容（万立方米）	竣工日期
高兴镇	潘家洼石旺水库	44	15	4.5	11	1958年10月
	杨山前水库	31.4	18.8	6.4	9.8	1974年10月
	訾家店水库	27.5	12	4	8	1996年1月
巨峰镇	西合庄水库	35	13.5	3.65	9.8	1961年2月
	西赵水库	102.7	51.25	12.3	39	1965年6月
	梁家桃园水库	25	23	5.2	19.8	1958年3月
	后黄埠水库	53.8	24.1	9.8	14.2	1965年6月
	东赵水库	31	11	1.95	8.32	1967年4月
	罗川沟水库	58.75	12.55	4.8	6.7	1978年12月
	后山旺水库	35	10.5	2.65	8.1	1972年3月
	山峪（山口）水库	48	14	6.4	7.85	1997年12月
	柿树园水库	49	12.65	3.2	9.41	1966年7月
	薄家口水库	31.9	25.9	12.4	13.75	1966年12月
	后崖下水库	31.4	12.87	3	8.04	1975年1月
	大官庄水库	51	22	9.25	10.2	1970年3月
	老龙窝水库	30.1	16.2	5.5	9.76	1966年3月
	刘家沟水库	36	21	8.56	9.9	1990年3月
	赵家水库	28.6	27.2	13	14.5	1966年2月
中楼镇	于家沟水库	17	34.87	8	17.87	1978年12月
	孙由水库	41	25.4	7.3	12.65	1965年7月
	大陈家军子水库	62	12.2	4.29	6.15	1959年10月
	对子沟水库	10	13	1.7	10.2	1963年10月
	库山子水库	9	14	7	4	1958年3月
	房家岭水库	12	14	5.4	8.5	1964年11月
	崔家峪水库	47	16	5.8	9.6	1974年11月
	彭家峪水库	16	11	6.5	4.3	1971年11月
	王家峪水库	85.5	11	2.4	7.85	1964年12月
	前姚埠水库	12	23	3.3	9	1990年3月
	黑涧西山水库	39	16.54	4.4	8.369	1978年11月
	黑涧大沟水库	37.4	47	4	23	1969年10月
	上涧水库	18	72	10	50	1975年8月

小型病险水库除险加固　2007年8月，岚山区水利局编制完成《日照市岚山区小型病险水库保安全加固五年规划》，自2008年开始进行小型水库除险加固工作。至2012年，全区81座小型水库完成加固51座，其中小(一)型水库10座，小(二)型水库41座；恢复和改善灌溉面积9813公顷。

图14-3　小型水库除险加固　(摄于2009年)

第三章　灌溉工程

第一节　机灌站

岚山境内机灌站(又称扬水站)多建于20世纪六七十年代，主体工程大都坐落在河边渠旁，从引河廊道或河边大口井取水，共同点是规模较大、造价较高，配套功率均在73.55千瓦以上。

最早建成的乡镇机灌站是高兴电灌站，位于高兴镇南范家村西南高兴岭东侧。1964年10月动工，1966年6月完成，总扬程23.5米，净扬程19.5米，提取日照水库南干渠水浇地，提水量0.54立方米/秒，年均实灌面积146.7公顷，12个村受益。同年，有水源条件的村纷纷开始兴办小型扬水站，其特点是投资少、受益快、易管理，基本做到了当年投资、当年配套、当年受益。

1974年10月至1975年4月，在虎山镇小合坞村西义和岭建成固定机灌站1处，安装17千瓦柴油机1台，设计灌溉面积23.3公顷，有效灌溉面积13.3公顷，配套干渠1条1000米，其中石砌渠100米，总投资1.2万元，其中国家扶持0.5万元。20世纪70年代末，境内已建有大小扬水站30多处。2012年，全区共有固定机灌站142处，装机3886.5千瓦，控制有效灌溉面积2629.7公顷。

黄墩镇草涧风力提水工程是日照市第一处利用风能资源发展灌溉的试点工程，该工程以村东的一座小(二)型水库和村西水库作为水源进行提水灌溉。一期于2005年8月建设，安装风车6台套，风车直径4.2米，建直径0.8米集水井3眼，建直径10米高3米的半埋式蓄水池1座，铺设直径75毫米输水管道165米、160毫米配水管道1100米。二期工程2007年10月完工，安装风车6台套，风车直径6米，建1000立方米蓄水池1座。两期工程共投资49万元。

第二节　灌区工程

20世纪60年代前，岚山没有系统的农田灌溉工程，自60年代初兴建日照水库灌区开始，到2012年，全区有效灌溉面积达2.18公顷，其中水库灌区4080公顷，塘坝灌溉面积9760公顷，大口井及机电井灌溉面积6393公顷。全区有面积133公顷以上的灌区8处，133公顷以下的灌区79处，纯井灌区619处。其中万亩以上的灌区4处，分别是巨峰水库灌区、土山河水库灌区、黄墩镇陈家沟水库和碑廓镇的万亩灌区。

日照水库灌区工程　1959年6月6日，日照水库主体工程竣工后，同期进行灌区建设，灌区渠系分总干渠、东干渠、南干渠、南分干渠和大洼分干渠等5条干渠，总干渠从水库放水洞到后村辛家皋陆村东分水闸，全长4.7公里。

流入岚山境内的属南干渠。从后村镇辛家皋陆分水闸起，途经高兴、巨峰、涛雒、虎山等乡镇，最后到安东卫街道的荻水居止，全长75公里。挖筑断面和输水能力各段不一，正常输水量从北往南由15.5立方米/秒渐次降为3.5立方米/秒。南干渠分为3期进行。一期自辛家皋陆分水闸起至巨峰六甲庄子段于1960年3月8日首次开闸放水。二期从1961～1965年4月，日照县调集民工对南干渠后村镇榛子埠岭渠段和高兴镇合庄岭、大洼岭、怀古岭、石嘴子岭渠段进行加深拓宽。三期1966年秋至1968年4月，又组织民工将南干渠从六甲庄子开挖到汾水（今安东卫街道）。同期还进行了支斗渠开挖及干支渠建筑物配套工程建设，国家共投资36.2万元。1968年11月至1977年3月，重点对干渠建筑物进行了改建与扩建，总投资87.53万元。1978～1989年，对上游干渠陆续进行了拓宽与衬砌，共衬砌6.37公里，并在干支渠上修建固定量水站22处，完成了南干渠曲河渡槽工程改建。

20世纪90年代中期以后，因日照水库用于工业用水，南干渠虎山至安东卫街道渠段基本断流。

巨峰水库灌区工程 位于巨峰镇的西半部。到1985年，已历经4次开发配套工程建设。从1964年11月至1965年3月30日，为南干渠开发配套阶段。调巨峰、大坡两个公社11个大队的民工施工，修成能通过2.5立方米/秒的南干渠1条，长8.4公里，支渠4条，长8公里，建成干支渠建筑物87座，投资24万元，用工14.36万个，配套面积533.3公顷。1971年11月至1972年4月，为东干渠开发配套阶段。巨峰和大坡公社的21个大队的5500名民工，开挖东干渠1条，长7.8公里；筑支渠2条，长7.8公里；修斗渠21条，长22.2公里；修农渠92条，长30.7公里；共修砌干渠建筑物33座，支渠建筑物35座，其他小建筑物50座，用工10.1万个，投资12.2万元，扩大灌溉面积986.7公顷。1981～1982年，为巨峰镇邱后引河工程改建扩建阶段。在引河干渠上游段，铺设直径600毫米的水泥管1000米。同时，对下游段干渠进行了整修和加固。从1983年冬至1984年春，对南干渠巨峰镇徐家庄段进行改道，并对改道后的干渠进行了块石衬砌，同时维修了干渠主要建筑物，扩大灌溉面积40公顷。

至此，全灌区共有南、东干渠各1条，总长16.2公里，支渠6条，总长16公里，斗渠450条，总长42公里，农渠160条，总长53公里。两条干渠挖筑断面基本一致，其中南干渠设计正常输水流量为1.25立方米/秒，东干渠为1.15立方米/秒。6条支渠允许通过流量在0.1～0.35立方米/秒之间。渠系建筑物493座，其中干支渠建筑物263座，斗渠以下建筑物230座。灌区控制着巨峰镇36个村的1560公顷土地，有效灌溉面积533.3公顷。

1984年以后，该灌区基本未进行维修和建设，致使灌区老化失修严重，渠道淤积，70%的渠系建筑物毁坏，灌溉功能逐渐退化。2012年被列入全国小农水重点县项目，计划于2013年进行维修改造。

土山河水库灌区 位于巨峰镇西部，1967年建成，设计灌溉面积800公顷，实际400公顷。

陈家沟水库灌区 位于黄墩镇东南部，1976年建成，设计灌溉面积666.7公顷，实际灌溉200公顷。

其他小型灌区工程 安东卫街道后合庄水库灌区，虎山镇四门口水库灌区、车箱水库灌区，碑廓镇宋家庄水库灌区、山西头水库灌区、北张家庄水库灌区，高兴镇卜家村水库灌区，中楼镇柳黄沟灌区。

第三节 节水灌溉工程

2004年3月22日，开工建设碑廓镇宋家庄节水灌溉工程，为2003年度国家节水灌溉增效示范项目，2005年5月30日全面竣工。节水灌溉面积366.7公顷，其中粮田管灌349.3公顷，茶桑管灌17.3公顷；农艺节水措施106.7公顷，其中秸秆覆盖66.7公顷，地膜覆盖40公顷。工程利用低压管道，采用虹吸原理，实行自流灌溉，共建泵房3处，架设输电线路1800米，安装电机水泵2台(套),真空泵1台(套)。铺设直径400毫米的主管道120米,直径315毫米的主管道2456米,直径160毫米的支管道7255米,直径140毫米的支管道18335米,直径90毫米的支管道3150米,安装闸阀45个,消防栓出水口354个。工程总投资302.72万元,投工4.1万个,动用土石方4万立方米。

2008年2月29日,开工建设巨峰镇万亩优质绿茶基地高效节水灌溉示范工程,2008年11月30日竣工。工程位于巨峰镇西部南北山,分布前山北头、后山北头等5个行政村,发展节水灌溉面积304.8公顷,其中微喷面积10.7公顷,管灌294.1公顷。以巨峰水库为水源,利用已建提水泵站及蓄水池,新建泵站1处、蓄水池2座、大口井1座,整修原有大口井1座,铺设各类管道27415米。建成后,灌溉水利用系数由0.55提高到0.9,减少渗水损失,扩大灌溉面积,提高茶叶及粮食产量,年灌溉效益150万元。

2012年11月11日,开工建设2012年度小型农田水利重点县高效节水灌溉试点县项目,属国家第四批小农水重点县高效节水灌溉项目,涉及高兴和中楼2个镇,新建泵站21处,安装机电设备40台套。在高兴镇白云茶园区建自动化控制灌溉系统1处,潘家洼村北建风力发电提水工程1处。节水灌溉总面积1820公顷,总投资3757万元,其中中央财政补助资金1500万元,省财政补助资金1000万元,市财政配套资金500万元,区财政配套资金500万元,受益区群众投劳折资257万元。

截至2012年年底,全区建成节水灌溉面积6740公顷,其中喷灌面积573.3公顷,微灌面积1146.7公顷,低压管道灌溉面积2893.3公顷,渠道防渗灌溉面积1300公顷,其他节水灌溉面积826.7公顷。

2012年岚山区节水灌溉工程一览表

表14-6

工程名称	建设年份	工程规模(公顷)					投资(万元)
		地面软管	地埋管道	大田喷灌	微喷灌	合　计	
后村镇节水增效示范项目	1999	133.3		133.3	93.3	360	271.58
岚山区2003年度国家高效节水灌溉项目	2003			366.7		366.7	306.52
巨峰镇茶园高效节水灌溉示范项目	2007			222.4	82.4	304.8	300.96
高兴镇白云高效节水灌溉工程	2007			260	13.3	273.3	145.1
黄墩镇双疃流域节水灌溉项目	2008			104		104	150.96
2012年度小型农田水利重点县高效节水灌溉试点县项目	2012		906.7		915.5	1822.2	3757

第四章　河道治理

岚山境内大部分河流呈树枝状发育，河浅源短，河系上游支流密布，河道窄，比降大，自然岸多；下游主河道单一，地势平坦，比降很小，水流缓慢，大部分为人工岸堤。雨汛季节洪水暴涨，如遇海潮顶托，屡有滞洪现象发生。从 1840 ～ 1950 年的 100 多年内，几乎年年有洪涝灾害，沿河农民饱受水害之苦。

新中国成立后，党和政府对河道治理十分关心，始终当作水利建设的主要项目来抓。1949 ～ 1957 年，以疏河筑堤为主，并对部分河流进行了改道治理。国家投资的有川子河、韩家营子河河流治理工程，民办公助的有绣针河、巨峰河、弯沟河、虎山河等 5 条河流的治理工程，其余由区乡集资。王家楼子河、土山河、范家村河、黄墩河 4 条小型河流，皆由沿河村民集资治理。1958 ～ 1971 年，侧重于挖河筑堤和排洪除涝工程建设，先后对傅疃河、弯沟河、巨峰河、龙王河、夏陆沟河和川子河进行了岁修工程治理。1958 ～ 1961 年，集中力量进行了大中型水库的修建和灌区配套。1976 ～ 1980 年，日照县先后对傅疃河、龙王河、川子河等主要河流彻底截弯取直、挖河筑堤、修桥建闸，河道防洪能力不断提高。

第一节　绣针河治理

绣针河主要支流有鸭子河、弯沟河、长冶河，每逢汛期，洪水经常泛滥。1950 ～ 1979 年，日照县政府组织民工对主要河道及支流先后治理 6 次。1950 年春和 1952 年冬，对主河道及支流弯沟河疏河筑堤 14.7 公里，用工 14 万个，完成土沙 39 万立方米。本次治理因缺乏行洪核算，工程标准较低，汛期仍遭洪水危害。1955 年春，日照县政府调集碑廓、安岚两区 3500 名民工，对绣针河下游（潘庄二村至荻水河口段）进行较彻底的治理，共挖河筑堤 6.45 公里，修堤底宽 17 米，高 2.5 ～ 3 米，修建排水涵洞 5 座，完成土沙 15 万立方米，砌石 567 立方米，用工 5.3 万个，国家投资 10 万元。1957 年春，又进行堤防岁修工程建设，共修筑河堤 6.45 公里，建涵洞 3 座，并在车庄至荻水间的险工要段砌石护岸 350 米，整修支流长冶河下游段 0.93 公里。累计完成土沙 13.8 万立方米，砌石 393 立方米，用工 4.386 万个，投资 3.3 万元。1962 年冬和 1979 年冬，又分别在支流弯沟河中下游挖河道筑堤 6 公里，长冶河中下游挖河道筑堤 3 公里。

自 1997 年至 2003 年，岚山每年对绣针河险工要段进行岁修加固。1997 年 12 月，在车庄至荻水入海口段，维修护滩 600 米、安东卫街道荻水入河口河堤裹头 60 米、护坡 100 米、复堤 234 米，总投资 63.98 万元，其中岁修经费 35 万元。1998 年，荻水段除险加固，修石堤 0.24 公里，投资 39.3 万元，其中防汛应急经费 20 万元。1999 年，绣针河大桥下游段堤防加固 2 公里，投资 83.4 万元，其中水利工程经费 7 万元。2000 年，在绣针河左岸荻水村段，加固河堤砌石护坡，工段总长 814 米，投资 57.8 万元，其中水利工程经费 30 万元。2002 年 4 月 29 日至 6 月 10 日，修建荻水段入河口护滩 591.7 米，采用直立式浆砌石挡土墙结构，基础采用条石柱，上面浇筑混凝土承台，平均高度 2.3 米，共砌石 445.7 立方米，浇筑混凝土 439 立方米，开挖土石方 5560 立方米，完成投资 33.8 万元。治理后，中下游主河道行洪流量由原来的 300 立方米/秒提高到 700 ～ 800 立方米/秒，基本解除了洪水威胁。

2012 年，对西起于家庄（岚山区和莒南县交界处），东至和平岭村的河段进行治理，全长 14.6 公里。工程总投资 7946 万元，其中省级资金 3128 万元，市、区自筹 4818 万元。工程建设内容包括：筑、复堤段长 27.5 公里，其中恢复干流堤防 18.55 公里，加固干流堤防 5.45 公里，恢复支流河口段堤防 3.5 公里；浆砌石河道护岸 2 处，长 8.8 公里；新建穿堤涵洞 69 座；绣针河干流左堤顶修筑防汛道路 14.6 公里；新建上堤坡道 20 处。2012 年 11 月开工至年底，共完成开挖、整修子河 18 公里，筑堤、复堤 20 公里，完成土方填筑 72 万立方米，完成投资 6450 余万元，完成总工程量的 81%。

图 14-4 绣针河治理工程施工现场　（摄于 2012 年）

第二节　龙王河治理

新中国成立前，龙王河下游经常滞洪成灾，农作物连年减产。1946 ～ 1972 年，曾治理过 7 次，挖河筑堤 35.91 公里，修、改建排水涵洞 47 座，改建生产桥 8 座，完成土方 119.2 万立方米，用工 57 万个，国家投资 42 万元。

1946 年春，日照县政府组织当地村民在入海口处修筑 100 米防海潮坝 1 道，建涵洞 6 座 47 孔，因工程质量差，防海潮坝次年即被冲垮。

1950 年春，日照县政府根据群众要求，组织民工拆除了海潮坝及涵洞，用旧石料重新修建涵洞 6 座 40 孔，同时挖河筑堤 1 公里。后经几年洪水冲蚀，涵洞大都被破坏。

1955 年 3 月，日照县政府组织 7 个区 1 个镇的 1.5 万民工，历时 2 个月，从韩家营子村河段以上挖河筑堤 6.7 公里，改河 930 米，建桥 2 座，建排水涵洞 9 座，同时疏通潘家村和大庄子两条支流共 3.7 公里。

1956 年 7 月 10 日至 9 月 10 日，又筑堤 5 公里，修建涵洞 5 座。

1957 年 11 月 18 日至 12 月 25 日，日照县政府调集巨峰、碑廓、安岚、磴山 4 个区 1.3 万民工，历时 37 天，对该河再次进行大规模岁修治理，共挖河筑堤 8.3 公里，建涵洞 4 座，生产桥 1 座，石护岸 230 米。

1967 年 11 月至 1968 年 4 月，对龙王河村以下 7.2 公里河段进行了疏河复堤治理，同时修建涵洞、闸 8 座，交通桥 2 座。

以上 6 次治理，由于不彻底，汛期遇海水顶托，滞洪持续时间较长，仍使近万亩农田遭受洪灾。1972 年 10 月至 1973 年 7 月，日照县革命委员会又调集 1500 名民工，在韩家营子湖开挖排涝河道 1 条，长 4 公里，河宽 25 米，建防海潮闸 1 座 26 孔，公路桥 2 座，排水涵洞 6 座。

1993 年，由日照市水利勘测设计院设计，虎山乡政府组织施工，对下游 8 公里河道进行河床清淤及堤坝加固，1994 年 3 月竣工，投资 120 万元。通过治理，龙王河下游洪涝灾害基本解除。

第三节　傅疃河治理

傅疃河横穿岚山区、东港区、日照开发区境内，河道堤防建于 1952 ～ 1979 年之间，干堤左堤始于东港区南湖镇安家代疃村西，右堤始于日照水库大坝背水坡脚后村镇小代疃村东，干堤堤防为砂土堤，岚山区境内长 10.5 公里。

新中国成立前，傅疃河发生过 3 次持久性变迁，中下游摆荡范围达 30 平方公里。新中国成立后，从 1952 年到 1979 年，主河道及支流工程治理先后达 21 次，累计治河长度 108.37 公里，总投资 176 万元，共修建较大桥涵 25 座，石护堤 3562 米。治理后的傅疃河，完全达到 20 年一遇的防洪能力和 30 年一遇的校核标准。河道行洪由原来的 400 立方米/秒，提高到 2930 立方米/秒，使沿河两岸的洪涝灾害基本解除。

1980～2005年,傅疃河再未进行过治理,部分堤段堤身单薄,堤脚冲刷较重,加之河道内河砂私采乱挖,造成河床部分高洼不平,影响了河势稳定,给河道行洪安全造成严重威胁。

2005年汛期前,岚山区水利局投资50万元,对傅疃河小代疃段渡槽下游段进行了护砌。2007年11月22日至12月20日,又投资32万元,对傅疃河小代疃段修建护岸工程,开挖土方1036立方米,砌石2200立方米。

第四节 巨峰河治理

巨峰河是一条游荡性山洪河道。从1948年开始,为应急防洪,下游河段村民疏河筑堤3公里,因河道断面窄,洪水照常泛滥。1952年春,日照县调集受益区乡的民工,用工日10万个,挖河筑堤15公里,完成土沙25万立方米。1954年春,对上游辛留河段疏河、复堤长2公里。1957年春,对支流青墩河中下游河段挖河筑堤4公里,用工日1.1万个,搬动土沙3.3万立方米。1967年11月,在中游河段截弯取直500米,以石护岸200米。1975年冬,对支流土山河中下游3.2公里的河段,进行截弯取直、挖河筑堤工程,砌石护堤100米,修建桥涵3座。用工日15万个,动用土沙20万立方米,砌石1000立方米。经数次治理,使中游河床宽达120～140米,两岸堤高2米,下游河床宽140～150米,两岸堤高2.5米,中下游河道防洪能力已达20年一遇防洪设计标准。

2009年2月,日照市水利勘测设计院编制了《日照市岚山区巨峰河治理工程规划报告》。2010年8月19日,山东省水利厅《关于日照市岚山区巨峰河治理工程初步设计的批复》文件,对巨峰河治理工程初步设计进行了批复。本次治理本着先急后缓、量力而行的原则,重点治理巨峰镇驻地附近河段,自巨峰镇平家村西至巨峰镇邱后漫水桥段,治理河段长8.5公里。工程总投资2559万元,其中省以上资金1280万元,市以下自筹资金1279万元。主要建设内容包括:堤防工程,干流筑堤11.19公里、复堤5.81公里、疏浚8.5公里,支流土山河筑堤1.3公里、疏浚1.3公里;护险工程,巨峰河干流护岸0.8公里;建筑物,新建穿堤涵洞14座,接长1座,维修加固交通桥3座。工程于2011年10月8日开工,2012年5月30日完工,6月22日通过验收。

图14-5 治理后的巨峰河堤 (摄于2012年)

第五节 浔河治理

浔河在岚山境内长31公里,每遇丰水年,洪水溢出河槽流泄,沿河农田常遭水患,尤其是低洼处一侧房屋、农田冲毁更加严重。20世纪50年代开始的合作化时期,莒县、日照就分别组织沿河村劳动力修筑河堤,在中楼镇山庄村至孟家西楼村筑河堤6公里,高、宽随地势不等,孟家西楼村前坝高3米,底宽8米,顶宽2米。此次治理能够防范一般性洪水泛滥。进入60年代,由于河床增高,1963年、1967年两次发大水,共决堤26处。为防河堤决口,中楼镇组织劳力对河堤加高加宽,疏浚河道,在山庄河段用挖掘机取直河床,在五楼山前杨家河入浔河处筑砌石堰,此次治理提升了防洪能力。

2006年春,莒县水利局与中楼水利站又组织劳力对浔河进行全面清淤,治理后达到50年一遇的防洪标准。2006年后未再进行治理。

第五章　水土保持

第一节　水土流失调查

1998 年，岚山办事处在岚山水利局设立水土保持委员会办公室，负责全处水土保持的监测与治理工作。

境内属低山丘陵区，土壤结构松散，易被侵蚀。据 1984 年水土保持普查统计，仅虎山、汾水、碑廓、巨峰、大坡 5 个乡镇，水土流失面积 2.953 万公顷。

2004 年，山东省遥感水土保持调查，岚山区内水土流失面积 2.72 万公顷，占总面积的 35.88%，年平均侵蚀量 64.51 万吨，侵蚀模数（指单位面积一定时间内被侵蚀作用搬运走的泥沙量）2369 吨/百公顷·年，年平均侵蚀深 2.3 毫米。

水土流失面积中，轻度侵蚀 76.51 平方公里，占流失面积的 10.08%；中度侵蚀 65.42 平方公里，占流失面积的 8.62%；强度侵蚀 52.94 平方公里，占流失面积的 6.97%；极度侵蚀 76.72 平方公里，占流失面积的 10.1%；剧烈侵蚀 0.74 平方公里，占流失面积的 0.1%。

轻度侵蚀区主要分布在东部滨海平原，中强度侵蚀区主要分布在西部低山丘陵。土壤侵蚀以水力侵蚀为主，侵蚀类型为细沟状面蚀和沟蚀。

第二节　水土流失治理

新中国成立后，各乡镇街道大搞水土保持工程建设。1950 ～ 1953 年，坚持“先支沟后干沟，先上游后下游”的治理原则，工程措施与生物措施并举，治山治水以闸山沟、建谷坊为主。1953 ～ 1954 年，日照县对山沟、河沟勘察设计，然后组织劳力施工。1956 年冬，掀起了以建库塘、修“三合一”（深翻整平、修地堰、倒流水）梯田为主的群众性治水高潮。

小后村乡西小曲河村在党支部书记郑世章带领下，从 1963 年起，130 名劳力苦干两个冬春，填大沟拔石寨，深翻整平地面，硬把岭坡地整成 27 块计 4.7 公顷的高标准水平梯田，地堰全部石墙化。期间，水利电力部农田水利局局长黄子健率 15 省 1 市 50 人的参观团考察了该工程，给予了充分肯定。

黄墩区葛疃大队在农业学大寨运动中，党支部书记山云条发动全村劳动力，从 1956 年开始，在山、水、林、田、路治理过程中，创造了翻（深翻地一尺以上）、拔（拔掉界石）、合（小块合大块）、整（将斜坡地整成三合一梯田）、挖（挖排水沟）、建（建小簸箕、接水槽）、包（包修梯田地堰）、改（改垒土堰为垒石墙）的“八字措施”，带动黄墩区掀起治山治水高潮。1964 年，黄墩区治山治水建稳产高产田的经验在日照全县推广。到 20 世纪 70 年代初，全村 66.7 公顷山坡地全部整修完毕，达到预定标准。

从 1957 年开始，中楼镇崔家峪村在党支部的带领下，闸山沟、修地堰、建梯田，全村 266 公顷荒山全部绿化，还修建了 3 座塘坝，使 33 公顷土地改造成旱涝丰产田。

1976 ～ 1977 年，碑廓、安岚、虎山 3 公社组织全体劳力大会战，统一规划区域地片，治理“五岭三湖”，整平深翻土地。1981 ～ 1989 年，随着农村联产承包责任制的实行，按国务院颁布的《水土保持条例》和日照市《水土保持普查区划规划》大纲，各乡镇街道水土保持工作有计划、有步骤地进行。至 2012 年年底，全区累计初步治理水土流失面积 5.75 万公顷，其中基本农田 2.47 万公顷，水保林 1.3305 万公顷，经济林 9891.8 公顷，封山育林 5222 公顷，其他 4318 公顷，建塘坝谷坊等小型水利工程 2191 座，共完成土方 4916.4 万立方米，完成投资 11163.8 万元。

梭罗树小流域治理　位于虎山镇西北部，总面积 33.5 平方公里，其中水土流失面积 25.5 平方公里，有 16 个行政村。自 1985 年开始重点治理。治理前，水土流失微度面积占0.5%，轻度面积占27.6%，中度面积占67.5%，裸岩面积占4.4%。根据“防治并重，治管结合，全面规划，综合治理”的方针，实行工程措施与生物措施相结合的办法，分期治理。封山造林200公顷，山顶戴松帽，山腰植刺槐，山脚建茶、果园，梯田地堰栽紫穗槐。同时整修“三合一”水平梯田9.47公顷，建拦沙蓄水谷坊69座。治理后，森林覆盖率达到75%以上，植被率86.5%，水土流失程度大大减轻，微度面积由1.6公顷增至68.3公顷，占流域面积的27%；轻度面积由69.7公顷增至148.3公顷，占流域面积的59%；中度面积由169.8公顷减少到24.1公顷，占流域面积的9.6%。

1992～2003年，采取工程措施和生物措施相结合的做法，通过集中连续治理，共建塘坝19座，修谷坊729座，筑路12条，整修水平梯田352.7公顷，植用材林197.3公顷、经济林146.9公顷、水保林891.7公顷。完成土方163.4万立方米，浆砌石3106立方米，干砌石8731立方米，投工72万个，总投资107.7万元（其中国家投资3万元，群众自筹104.7万元），治理面积15.89平方公里。治理后，林木覆盖率44.6%，植被率87.8%，土地利用率88.6%，土壤年平均流失量由治理前的9.83万吨，减少到3.92万吨，侵蚀深度由治理前的2.9毫米，减到1毫米。2002年，粮食平均亩产450公斤，比1992年增加150公斤。

弯沟河小流域治理 位于碑廓镇东北部，流域面积31.11平方公里，其中水土流失面积24.5平方公里，地形东、北两面环山，中间丘陵，内有27个行政村。到2003年共治理流失面积9.34平方公里，占流域面积的38%。修筑拦沙谷坊194座，拦水谷坊83座，塘坝56座，拦河坝14座，打大口井11眼，整修水平梯田1020公顷，林木覆盖率42.6%，土地利用率90.7%，年水土流失量比1992年减少4.48万吨。完成土石方58万立方米，工日51万个，总投资48.87万元（其中国家投资6万元，群众自筹42.87万元）。2002年，流域内人均收入2912元，比1996年增加1412元。

阿掖山生态旅游工程 流域面积22.4平方公里，有21个行政村，旅游资源丰富。自1992年开始，为保护自然风景和开发人文景观，对风景区的道路、沟道进行综合治理，修建道路13.6公里，治理河道38公里，建各类蓄水保土工程36项，发展水保风景林440公顷。

圣公山小流域治理 位于碑廓镇东北部圣公山下，流域面积10.08平方公里，其中水土流失面积7.28平方公里，内有9个行政村。治理流失面积3.5平方公里，占流域面积的48%。共修筑谷坊3座，塘坝1座，整修梯田70.3公顷，水保林疏林保密95公顷，新增经济园林57.35公顷，林木覆盖率38%，新建道路3公里。项目于2007年10月开工，2008年10月完工，完成土方9.353万立方米，石方0.211万立方米，工日3.01万个，总投资103.86万元，其中国家投资30万元，地方配套资金30万元，群众自筹43.86万元。项目实施后，年增加净效益60万元。

陈家沟小流域治理 位于黄墩镇东南部甲子山下，流域面积28.3平方公里，其中水土流失面积23平方公里。该流域内有10个行政村。治理流失面积8平方公里，占流域面积的28%，共修筑谷坊10座，塘坝1座，整修梯田424.5公顷，植水保林22.5公顷，新增经济园林119.6公顷，林木覆盖率43.82%，新建道路3.2公里。项目于2007年7月开工，2008年10月完工，共完成土方18.02万立方米，石方0.02万立方米，工日6.35万个，总投资186.6万元，其中国家投资50万元，地方自筹136.6万元。项目实施后，年增加净效益261.2万元。

南北山小流域治理 位于巨峰镇西部山区，流域面积924公顷，其中水土流失面积748公顷，属于鲁东南强度侵蚀重点治理区，内有12个行政村。共治理流失面积232公顷，占流域面积25.1%。新建蓄水谷坊4座，建设基本农田55.6公顷，发展经济园林43.7公顷，疏林补植49.3公顷，封山育林82.9公顷。项目于2008年12月开工，2009年6月完工，完成土方8.64万立方米，石方1200立方米，工日4.14万个，总投资150.23万元，其中国家投资45万元，地方自筹105.23万元。

陈家官庄小流域治理 位于岚山区西北部

低山丘陵区，流域面积6.1平方公里，其中水土流失面积3.83平方公里，内有1个行政村。治理水土流失面积2.87平方公里，占流域面积的47%。共修筑谷坊6座，整修梯田28.2公顷，植水保林31.76公顷，新增经济园林13.07公顷，疏林补植81.94公顷，封山育林132.28公顷，新修和整修生产路6公里，林木覆盖率58.44%。项目于2009年9月开工，2010年10月完工，共完成土方5.93万立方米，石方170立方米，工日2.1万个，总投资151.19万元，其中国家投资50万元，地方自筹101.19万元。

峪子小流域治理　位于中楼镇西南部山区，包括彭家峪、崔家峪、两山口、蒋家峪、马家峪5个村，面积1500公顷。1984年莒县水土保持办公室规划，中楼乡组织治理。到1988年，共修拦沙谷坊806座，拦水谷坊112座，塘坝20座，整平梯田320公顷，植树造林580公顷，治理水土流失面积1230公顷，占流域面积的82%，林草植被率达42.42%，土地利用率达90%，年土壤侵蚀深度由1984年的4毫米，减到2毫米，土壤流失量比1984年减少4万吨。完成土石方24.5万立方米，工日19.6万个，总投资33.7万元，其中国家投资7万元，群众自筹26.7万元。域内1988年粮食平均亩产比1984年增加180公斤。

第六章　农村供水工程

第一节　村村通自来水工程

岚山区山丘面积占62.4%，有些地层，如变质岩、火成岩分布区，风化壳发育不深，裂隙少，赋水性差，地下水位受地形影响，随季节变化而变化，地下水不足；碎屑岩分布区，岩性主要由细砂岩、泥岩、砂页岩等组成，孔隙性差，遇到干旱年份，水源严重不足，人畜饮水困难。

1978年9月，日照县水利局打井队在虎山公社四门口大队用钻井机打井，三移钻点，于1979年打成一口38米深的自来水井，砌建石料水塔，铺设铁制管道，总投资3万余元，1980年年底，该村全部用上了自来水。1984年，中楼孟家西楼村在村东打大口井，村集体投资5万元，每户集资30元，第二年全村吃上了自来水。其后，各乡镇街道驻地村及沿海村相继打井，建砖结构水塔，开通了自来水。

1997年，岚山办事处开始实施村村通自来水工程，至2003年，共兴建农村人畜饮水工程91处，解决了108个行政村10.3万人口的吃水问题，2003年全处自来水普及率达到73.5%。其中韩家营子联合供水工程位于虎山镇东部沿海，是岚山农村第一处联合供水工程。

韩家营子联合供水工程的建设，是由于海水倒灌，水源地水质恶化，造成虎山东部沿海11眼井水变咸，无法饮用。2000年年底，岚山水利局在虎山镇高家村附近找到水源，为水质良好的承压基岩裂隙水，补给区位于高家村北部面积较大的山丘区，并与2公里之外的咸水区有不透水层阻隔。该工程在水源地打机井1眼，井径1米，井深30米，铺设直径110毫米管道7030米，直径75毫米管道7980米，设计日供水800立方米，总投资60.54万元，于2001年5月竣工，解决了高家村、韩家营子村、申张村、东湖一村、东湖二村、东湖三村的吃水问题。

2004年设区后，岚山区委、区政府提出在全市率先实现村村通自来水。2005年，国家实施农村饮水安全工程，岚山区充分利用国家扶持政策，不断增加投入，全区农村饮水安全工程迅速发展。“十一五”期间，共解决12.72万人的饮水安全问题，完成投资4434万元。

2005年，新建巨峰镇驻地集中联片供水工程，设计日供水能力5000立方米，解决了镇驻地企事业单位及10余个村庄的饮水安全问题。

2006年，新建黄墩镇驻地集中供水工程，设计日供水能力2000立方米，解决了2个村1400余人的饮水安全问题。

2007年，共解决了7个乡镇40个村庄2万人的饮水安全问题，其中集中联片供水32个村，城区管网供水8个村。

2008年，实施后村镇驻地集中联片供水工程和岚山区城郊管网延伸工程，解决了2个镇1.59万人的饮水安全问题。

2009年，新建黄墩镇粮山集中联片供水工程，实施岚山城郊管网延伸供水工程，共解决了2个乡镇20个村2.27万人的饮水安全问题。

2010年，新建黄墩镇陈家沟集中联片供水工程和高兴镇尧王集中联片供水工程，解决了35个村1.71万人的饮水安全问题；建设后村镇龙口水库集中联片供水工程管网延伸工程和高兴镇毕家村集中联片供水工程管网延伸工程，解决了9个村8932人的饮水安全问题。

2011年，新建巨峰镇土山河集中联片供水工程和黄墩镇陈家沟水库管网延伸工程、后村镇龙口水库管网延伸工程，解决了47个村3.52万人的饮水安全问题。

2012年，新建高兴镇集中联片供水工程和黄墩镇陈家沟水库集中供水管网延伸工程、巨峰镇土山河集中联片供水管网延伸工程，解决35个村2.87万人的饮水安全问题。

至2012年年底，全区自来水通村率100%，自来水普及率99.5%。2008年5月，岚山区被山东省人民政府授予全省村村通自来水先进区县。

第二节　输水工程

2002年以前，岚山城市供水主要依赖绣针河。1988年，在绣针河下游车庄段建供水设施，设计日供水量1万立方米。该设施由于海水倒灌，水质恶化，1997年报废。

1997年6月至1998年6月，在绣针河车庄水源地上游10公里处碑廓镇大朱曹村段，采用地下截潜、地表拦蓄措施建设供水设施。地下截潜用混凝土连续墙防渗，长450米。地上河槽内建水利自动翻板闸，挡水高度2米，闸室长110米，闸前建有集、引水廊道420米，集水井1眼，集水子井6眼，封闭式机房1座，配水泵机组3台套。在安东卫设加压站，建3000立方米清水池1座，二级加压泵站1座，配水泵机组3台套，采用变频调速技术，直接向城区供水。共铺设直径500毫米钢筋混凝土输水主管道9.8公里，配水管道6.2公里，设计日供水量2万立方米，总投资1080万元，基本解决了城区正常年份用水需求。

2001年发生特大干旱，绣针河断流，4次到上游大山水库协调调水，仍不能满足居民生产生活用水。

2002年11月18日开始建设岚山应急供水工程，2003年3月竣工，设计供水规模0.8～1万立方米/日，保证率95%。工程采用巨峰水库放水补源、河道堤外取水、两级泵站加压方案，一级泵站及水源地位于东港区涛雒镇高旺庄西北2公里处的巨峰河下游南岸，二级泵站及前池位于虎山镇大尧沟村东，坪岚铁路南侧，调蓄池设在小尧沟村南1公里，泵站与泵站、泵站与调蓄池采用管道连接蓄水。打直径8米大口井1眼，建集水廊道150米，建泵站2处，铺设直径400毫米聚氯乙烯输水管道21.9公里，球墨铸铁管道1521米，建泵站前池1座，容量为1000立方米，建调蓄池1座，容量为2000立方米。完成土石方9.09万立方米，砌砖石0.23万立方米，混凝土1132立方米，工日3.16万个，总投资988万元。

2003年，为满足日照工业园用水，实施从日照水库向岚山供水工程，设计日供水量5万立方米，工程铺设直径1000毫米钢筋混凝土管36公里，总投资6000万元。建设虎山2万吨净化水厂1座，设计供水规模2万立方米/日，保证率98%，采用日照水库放水至水厂，经沉淀、过滤、消毒、加压至用户；该水厂建设共浇筑混凝土1566立方米，设4台机组，建2000立方米清水池1座，沉淀池1座，铺设直径200～700毫米管道2.6公里，总投资460万元。

第七章　防汛与抗旱

新中国成立前，岚山春、冬季节旱灾频发；夏、秋季多雨，又常受海上风暴潮侵袭，河道两岸及沿海沼泽洼地洪涝不断。地方政府既没有防汛抗旱机构，更没有措施，遇到洪水与旱情，老百姓只能任由灾情发展，少数大户人家到当地寺庙烧香拜佛，求神灵保佑，也有个别地方官员率乡绅祭神保佑乡民。据《安东卫志》记载，清康熙癸丑年(1673年)夏大旱，时任安东卫守备赵双璧，曾与官员乡绅到小圣公庄祈雨。

新中国成立后，为加强防汛工作统一指挥，日照县每年都成立防汛指挥部，由县委、县政府主要负责同志任正、副指挥，成员由各有关部门的负责人组成。6月初办公，10月初撤销。各乡镇街道、大中型水库设防汛指挥所，各所均调配抢险队和预备队，对水库、塘坝、河流、洼地，逐段进行检查，发现险工要段，当场落实整修任务和防护措施。在各险工要段备置草袋、蒲包、麻袋、木桩、抬筐、土方、料石、木材、炸药等防汛物资，以备抗洪急用。

岚山办事处设立后，每年都成立防汛抗旱指挥部，由主任(区长)、副主任(副区长)任指挥、副指挥，政府有关部门负责人任成员，负责全处(区)防汛抗旱重大问题的研究、决策，命令传达和重要抗洪、抗旱工作的组织实施。

第一节　防　汛

岚山区政府每年汛期来临前都召开防汛工作会议，实行区级领导包防汛重点工程、区直部门领导包乡镇防汛工作责任制，编制全区各类防汛预案，搞好防汛知识培训(主要是降雨预报、水情测报和洪水调度)。主汛期实行12时段报告制，降雨时实行降雨日报制。

1951年，山东省水利厅在安东卫设立雨量站，进行长年雨量测报。1998年，岚山办事处安装ZK-98H卫星云图接收机1台，自动监测预报云图和台风动向，为及时、快捷掌握天气状况和沿海台风走向提供可靠依据。2001年，安东卫街道、虎山镇、碑廓镇设置自动雨量站。2004年设区后，黄墩、高兴、后村、巨峰4处乡镇的自动雨量站划归岚山区。

2011年，岚山区水利局投资500多万元，建设全区山洪灾害防治非工程措施建设项目，包括15套自动雨量站，8套自动雨量、水位一体站，2处六要素气象站，9处多媒体气象接收站，8处乡镇级预警发射主站，60处村级预警接收系统，100处简易雨量站，40处简易水位站，260套简易预警报警设备，建立了覆盖全区的雨情、水情、风情等自动网络信息查阅平台。

2012年区划调整，中楼镇划归岚山区，后村镇划归东港区。中楼镇有1处六要素气象站，3处自动雨量站，1处多媒体气象接收站，1处乡镇级预警发射主站；后村镇的自动雨量站1处及山洪灾害防御设备划归东港区。

第二节　抗　旱

随着自然降雨减少和水资源供需矛盾加大，从1986年到2012年的26年中，岚山区有19年出现较重旱情。各级政府在旱情发生时，及时召开抗旱防汛指挥部成员会议，部署抗旱工作，全党动员，全民上阵，各行各业支援抗旱。电业、石油、农机等部门保证能源和抗旱机具供应，财政、水利部门及时下拨专款，派出工程技术人员深入基层，规划、设计、施工各种类型的抗旱工程。

20世纪80年代后，为搞好抗旱工作，有效利用和节约水资源，大力发展了喷灌、滴灌、微灌、管灌、渠道防渗灌溉等节水灌溉技术，至2012年全区灌溉面积达4920公顷。为扩大水源，在山丘区新建一大批蓄水工程，开展以小流域为单元的水土保持工程，同时大力调整农业种植结构及田间耕作措施，推广旱作农业和新一代旱地龙等抗旱科技成果。

1997年抗旱 1997年，域内发生春、夏、秋相连的严重旱灾，全年累计降雨505.2毫米，比常年同期减少43.4%，降雨少且时空分布不均。8月19日至20日，全处1次降雨138.5毫米，占全年降雨总量的27.4%。受旱时段主要在6月1日至8月18日、9月10日至11月10日两个阶段。在旱情最严重的夏季，全岚山办事处6667公顷农作物和3333公顷经济园林全部受旱，重旱达5000公顷，禾苗干枯1333公顷，3333公顷春花生减产45%以上，120个村、7.9万人饮水困难，许多村要到几里或几十里外运水解决生活用水，城区5.1万人靠买水维持生活，每桶水（5公斤）卖价0.65元。岚山办事处拨款16万元通过绣针河从莒南县大山水库购水100万立方米，但因河道渗漏损失和被沿途抢用，水量所剩很少。

岚山工委、办事处多次召开电视电话会、现场会部署抗旱工作，处直各部门抽调干部组成抗旱工作组，到各乡镇检查指导抗旱，要求工作组旱情不解除人员不撤回。水利部门科学调配现有水源，积极开源节流，推广先进节水灌溉技术，兴建应急水源工程。各级抗旱服务组织按照保本微利、有偿服务原则，服务到村、到户、到田间地头。全处日最高上阵抗旱人数3.2万人，利用机电井1120眼，抽水泵站225处，水库13座、塘坝70座，提水设备1000余台套，运水车辆50部，投入抗旱资金2000万元。累计抗旱浇灌面积1.8万公顷次，浇果树375万株次。

2002年抗旱 2002年，域内平均降雨量509.3毫米，春、夏、秋连旱。尤其是2001年11月至2002年3月，平均降雨量仅64.1毫米。到10月10日，岚山办事处全部小型水库、塘坝蓄水仅88.5万立方米，占兴利库容的8%，有8座小（二）型水库达到死库容，120座塘坝干枯，河流断流，1万公顷农作物、2667公顷经济园林受旱。面对旱情，干部群众同心协力抗旱保收，最高日上阵劳力2.8万人，出动机械860多台套，抗旱保苗8667公顷，造墒播种5467公顷，保经济园林2667公顷。

2010年秋冬到2011年春夏抗旱 2010年9月11日至2011年6月25日，降水持续偏少，几乎没有有效降雨，旱情迅速发展。岚山全区共有在田作物2.216万公顷，其中小麦面积13247公顷，茶园4587公顷，经济园林3447公顷，蔬菜873公顷，越冬前被浇灌19167公顷次，茶园普浇一遍水，但仍有农作物受旱面积5200公顷，其中重旱2133公顷，轻旱3067公顷。虎山镇西山、黄泥沟，后村镇崔家峪，巨峰镇小王家沟、大岭、老龙窝等村部分村民饮水受严重影响，只能限时限量供水。据统计，全区受饮水影响群众有1.5万人，涉及55个村庄。

2012年夏抗旱 2012年1月1日至6月26日，全区平均降雨100.5毫米，比多年同期少143毫米，偏少60.1%，特别是4月26日至6月26日，没有有效降雨，旱情严重。全区作物受旱面积10333公顷，其中重旱3667公顷，无抗旱条件的2667公顷，白地缺墒8647公顷。

岚山区政府于6月20日召开全区抗旱专题会议，24日召开全区抗旱工作调度会议。区防汛抗旱办公室先后两次对全区不同种植作物的土壤类型、地势、地块进行墒情监测。根据旱情发展，各水库及时开闸放水，为抗旱服务，为春播服务，为夏种提供适宜的墒情。全区投入抗旱劳力75.5万人次，抗旱面积3.32万公顷，无因旱灾出现人畜死亡现象。

第三节 防潮堤工程

岚山海岸属风暴潮频发地区，沿海一带经常遭受风暴潮袭击。1940年8月发生大海潮，虎山的东湖、韩家营子一带土地被海水淹没1200公顷；1981年9月1日晨发生特大海潮，水位高达5.4米，沿海损失惨重；1997年8月19日发生特大风暴潮，14万人受灾，农作物受灾面积8800公顷，毁坏大小船只626艘，直接经济损失2.75亿元。

20世纪80年代前，为保护人民生命财产安全和发展生产，沿海部分村居曾在集中居住区或养殖生产区域修建防潮设施，或修建木篱笆挡沙防浪，但无统一规划，工程建设标准低，防风暴潮效果较差，使岚山海岸得不到充分开发利用，渔业生产时遭损失。

1997～1998年，虎山镇东湖一村采用内砌石、外衬混凝土的方法修筑防潮堤300米，堤高4.7米；韩家营子至西潘家村段，修梯形断面浆砌石堤400米，堤高4.5米；刘家海屋段浆砌石堤300米，堤顶宽17米，顶高8.15米；岚山二村至荻水东南断断续续建石堤5000米，顶高4～4.5米；龙王河断面为梯形的土沙复堤18公里，顶宽1～3米。

1999～2004年，由国家投资，岚山沿海先后进行了5期防潮堤工程建设。2008年12月至2009年12月，又分3期建设了海州湾防潮堤工程。2009年3月，开工建设了西潘防潮堤工程。

第一期防潮堤工程 分为岚山头段和虎山段两部分。其中岚山头段位于环海路居与王家庄子之间的潮间带，堤中心线长1.233公里，设计等级为二级，设计标准为50年一遇，采用梯形断面，内外边坡及堤顶三面防护。虎山段自龙王河入海口左岸沿自然沙堤向北至东湖一村坞台，堤中心线长1.439公里，将东湖各村防潮堤连成一体，形成一道防风暴潮屏障，设计等级为三级，设计标准为20年一遇，采用直立式挡土墙防护。工程于1999年7月20日开工，2000年1月完工。共用乱石7.6万立方米，砌石2.1万立方米，混凝土1万立方米。投工45693个，投资906.98万元，其中国债转市地贷款750万元，中央拨付无偿资金150万元。

第二期防潮堤工程 位于岚山头街道王家庄子村南的潮间带，以第一期工程尾端为起点，向西南延伸185米，折向西延伸85米，共计270米，设计等级为二级，防潮标准50年一遇，相应防潮水位3.15米。2000年7月开工，10月竣工，总投资307.36万元。共用土石方3.95万立方米，抛石0.24万立方米，干砌石0.39万立方米，混凝土及钢筋混凝土0.34万立方米，用工15308个。

第三期防潮堤工程 位于岚山头街道环海路居南面的潮间带，长350米，为续建环海路防潮堤。设计等级二级，防潮标准50年一遇。2002年5月开工，10月完工，总投资601.98万元，其中国家预算内专项资金200万元。完成土石方3.036万立方米，抛石3390立方米，浆砌石3196立方米，干砌石5163立方米，混凝土及钢筋混凝土3053立方米，用工3.277万个。

第四期防潮堤工程 续建岚山头街道环海路居防潮堤150米，设计等级为二级，防潮标准50年一遇。2003年3月开工，6月竣工，总投资306.27万元，其中，中央预算内专项资金100万元，地方自筹资金206.27万元。完成土石方1.045万立方米，抛石1617立方米，浆砌石1908立方米，干砌石2382立方米，混凝土及钢筋混凝土1491立方米，用工1.477万个。

第五期防潮堤工程 续建岚山头街道环海路居防潮堤150米，工程等级为二级，设计标准为50年一遇。2004年3月26日动工，6月竣工，总投资300万元，其中水利国债100万元。

海州湾防潮堤工程 自2008年12月起，在岚山头街道王家庄子渔港西侧共建设3期防潮堤工程，总长700米，总投资1440万元。其中，一期工程于2008年12月开工，建成设计标准50年一遇的防潮堤400米，完成土石方6.13万立方米（包括场地平整），预制安装混凝土1363块，浇筑混凝土4226立方米，打碎石桩1.25万米，铺设碎石垫层1200立方米，砌筑块石及细料石1.5万立方米，完成投资840万元；二期工程于2009年6月开工建设，建成50年一遇的防潮堤150米，完成土方6600立方米，砌石5200立方米，安装混凝土块245块，浇筑混凝土675立方米，完成投资300万元；三期工程于2009年12月开工建设，建成设计标准50年一遇的防潮堤150米，完成土方6600立方米，砌石9300立方米，浇筑混凝土块394立方米，完成投资300万元。

西潘防潮堤工程 2009年3月动工，北邻西潘渔港，接凤凰河右岸向南侧延伸410米。设计等级为二等，防潮标准50年一遇。工程总投资540万元，其中中央预算内投资180万元，市县配套资金360万元。共开挖土、回填石方5.57万立方米，浆砌块石1180.8立方米，浆砌料石2300立方米，浇筑混凝土955.3立方米。

截至2010年2月，岚山共建成防潮堤31.76公里，其中沿海防潮堤18.76公里，入海口防潮堤13公里。2010年至2012年，未再进行防潮堤工程建设。

第十五编　海洋与水产业

岚山濒临海州湾渔场，海域环境良好，渔业资源丰富。岚山沿海居民得棹捕之利，世代以渔为业。明朝捕捞业发展较快，至清初因“海禁”森严，渔业一度萧条。清康熙二十二年(1683 年)清兵收复台湾后，禁海令取消，渔业开始复苏。新中国成立后，岚山渔业迅速发展。20 世纪 50 年代，开始发展海、淡水养殖，60 年代大批机动渔船开始取代帆船。

1979 年后，渔业生产进行全面改革，推行各种形式的生产责任制，调整购销政策，大力发展海、淡水养殖，新上保鲜加工等项目，渔业生产发展迅速，水产品产量稳步上升。

1993 年岚山办事处设立后，发展大功率渔轮并革新捕捞工具，改进捕捞方法，增加养殖品种，扩大养殖规模，提高水产品精深加工能力，加快市场建设，岚山渔业生产稳步健康发展。至 2012 年年底，域内渔业人口 5.43 万人，渔业从业人员 3.92 万人，各类渔船 1626 艘，水产加工企业 121 家，冷库 77 座，水产品总产量 27.24 万吨、产值 20.54 亿元，水产业总产值 102.7 亿元。

第一章　渔业资源

第一节　近海资源

鱼类资源　岚山近海鱼类约有 128 种，其中常见的经济鱼类有 43 科 86 种。主要鱼类有鲅鱼、鲈鱼、星鳗、海鳗、鲐鱼、鮸鱼、小黄鱼、黄姑鱼、白姑鱼、黄鲫鱼、鲻鱼、梭鱼、孔鳐、带鱼、真鲷、牙鲆、舌鳎、马面豚、鳀鱼、鮟鱇、鳙鱼、黑鲷、沙丁鱼、高眼鲽、文昌鱼、黑头鱼等，其中带鱼、鲅鱼、黄姑鱼、星鳗、马面豚、鳀鱼、梭鱼、黄鲫鱼等，为本地区捕捞的主要品种。20 世纪 90 年代，鱼类资源逐渐减少，捕捞产品呈现小型化、低龄化、低质化，国家规定伏季休渔养海 2 ～ 3 个月，渔业资源逐渐恢复。

鲅鱼(蓝点马鲛)　鲅科马鲛属，暖温性中上层鱼类。越冬场在东海中北部海域。岚山近海是重要产卵场，产卵期为 4 月中旬至 6 月上旬。从 4 月到 11 月，一直是岚山大功率渔船捕捞的主要品种，也是产量较高的经济鱼类。1995 年产量 4830 吨，1998 年产量 1.8 万吨，2003 年产量 9355 吨，2012 年产量 19729 吨。

带鱼　俗称刀鱼，带鱼科带鱼属，暖水性中下层鱼类。越冬场位于黄海南部海域。日照市沿海海域是带鱼集中索饵、产卵、繁殖的区域，所在海区为黄海南部北纬 34°00′～ 35°30′，东经 121°30′以西，面积约 7900 平方海里。岚山近海是其产卵场之一，产卵期在 5 ～ 6 月。带鱼是岚山产量较高的经济鱼类，是拖网渔船作业的主要品种。1995 年产量 1.02 万吨，1998 年产量 5020 吨，2003 年产量 5800 吨，2012 年产量 6432 吨。

“日照刀鱼”头尖尾细，体型侧扁如带，呈银灰色，无鳞，体表有一层银粉，背鳍及胸鳍浅灰色，带有很细小的斑点，全长 1 米左右。个体较大，肉肥刺少，味道鲜美，营养丰富，每 100 克鱼肉含蛋白质 18.4 克、脂肪 4.6 克，还含有磷、铁、钙、锌、镁以及维生素 A、B1、B2 等多种营养成分。

黄鲫鱼　鳀科黄鲫属，暖水性小型中上层鱼类。越冬场在黄海南部海域，越冬期为 12 月至翌年 3 月，岚山近海是重要产卵场，产卵期为 4 ～ 5 月。20 世纪 90 年代以前，岚山近海产卵群体庞大，渔汛期集中，是春季捕捞的主要品种之一。进入 21 世纪后，由于拖网作业能力加大，过量捕捞越冬群体和索饵群体，春季产卵群体规模减弱，渔汛期已不明显。

马面豚　本地产为绿鳍马面豚，革豚科马面豚属，为暖水性底层鱼类，是拖网渔船的主要作业品种。越冬场在黄海南部和东海北部海域，越冬期从 12 月至翌年 3 月，岚山近海是其主要产卵场之一，产卵期在 5 ～ 6 月。

鲐鱼　鲭科鲐属，暖水性中上层鱼类，是岚山拖网作业的主要品种之一。越冬场有 2 处，一处在东海中南部和钓鱼岛北部海域，一处在黄海南部海域。越冬期从12月至翌年3月。岚山近海是其主要产卵场之一，产卵期在5～7月。

梭鱼　鲻科鲻属，暖水性中下层鱼类。越冬场在外海深水区，越冬期从12月至翌年3月。产卵场在近岸浅水区，产卵期在4～5月。

小黄鱼　石首鱼科黄鱼属，暖温性底层鱼类，越冬场在黄海南部深水区，越冬期从12月至翌年3月，岚山近海是其产卵场的一部分，产卵期为5月上旬。

真鲷（俗名加吉鱼）　鲷科真鲷属，近海暖温性底层鱼类。越冬场位于黄海南部海域，越冬期从12月至翌年3月。岚山近海是其重要的产卵场之一，产卵期在5～6月。真鲷是岚山名贵鱼类，资源量不大。

鲈鱼　鲻科鲈属，近岸浅海鱼类，属当地种类，不作长距离洄游，越冬场在岚山东部海域，越冬期从12月至翌年2月。产卵期在9～11月，产卵场在岚山近海。资源量小、集群性差，在岚山主要用钓钩、流刺网捕捞。

鲳鱼　即银鲳，鲳科鲳属，暖水性中上层集群性鱼类。越冬场位于黄海南部海域，越冬期1～3月。岚山近海是其产卵场的一部分，产卵期在5～6月。20世纪90年代前，捕获鲳鱼主要用流刺网，产量较低；90年代后改为拖网作业，产量有较大提高。

鳀鱼　鳀科鳀属，近海群性小型上层鱼类。越冬场在黄海南部海域，越冬期从12月至翌年2月，岚山近海为其主要产卵场之一，产卵期5～6月。鳀鱼是鲅鱼等经济鱼类的捕食对象，是拖网、定置网具的兼捕品种，主要用作饲料。

文昌鱼　俗称“银鱼子”，头素纲文昌科。生长于温带、亚热带潮汐不大的内海浅湾，6～7月产卵，一年产卵3～4次，幼鱼生活在泥、沙交界的海底，身长3～5厘米，全身粉红色，半透明，可看到一条条平行排列的肌肉纵，无鳞、无偶鳍、无脊椎骨，躯体细长而侧扁，两侧交替长着65个透明的肌节，没有眼睛、耳朵、鼻子等感觉器官，消化器官也没有分化，“心脏”只是一根能跳动的腹心管，除了口和咽喉有区分外，一根直肠通肛门。文昌鱼是世界海洋珍稀动物之一，处于无脊椎动物和脊椎动物之间，是动物进化过程中重要的一环。属于国家二级保护动物，具有极高的研究价值。2009年5月，日照市政府在岚山外海设立文昌鱼保护区，面积（含前三岛海域）约8.2平方公里。

黑头鱼　即黑鮶鱼，又名黑鱼、黑石鲈，石斑类鱼。体长而侧扁，吻较尖，下颌长于上颌，口大牙细，两颌、犁骨及腭骨均具细齿带。全身灰褐色，除两颌、眼前骨和鳃盖无鳞外，均被细圆鳞。分布于北太平洋西部，北方沿海终年可见。“岚山黑头鱼”主要分布在前三岛周围海域，该海域水质优良，浪大流急，饵料生物丰富，有40余种大型藻类，自然条件优越，所产黑头鱼具有得天独厚的优秀品质，成为前三岛最具代表性的渔业资源种类之一。“岚山黑头鱼”个体较大，重1千克以上，肉质鲜嫩洁白，脂肪少，富含蛋白质及其他多种营养成分，具有益气养血、柔筋利骨之功效。

虾、蟹类资源　岚山近海属海州湾渔场，是多种虾、蟹类的产卵和索饵场，已鉴定出的甲壳类有24科48种，常见经济虾蟹类约有35种，其中虾类15种、蟹类20种，主要品种有对虾、毛虾、虾姑、鹰爪糙对虾、鹰爪虾、三疣梭子蟹、日本蟳等。

对虾（中国对虾）　对虾科对虾属，暖水性长距离洄游大型虾类。每年11月中、下旬进入黄海中南部深水区越冬，3月开始游向近海产卵繁殖，岚山近海是其重要产卵场，产卵期为5月上旬。岚山从1962年开始养殖，地点在安东卫、岚山头等地。有虾池1067公顷，年最高产量2000吨。品种已由早期单一的中国对虾发展到十几个品种。

鹰爪虾　对虾科鹰爪虾属，暖水性底层中型虾类。越冬场位于石岛东南部海域，越冬期1～3月。虎山镇东潘家村至东港区栈子海域是产卵场之一，产卵期在6月。

毛虾　樱虾科毛虾属，为广温低盐性中下层小型虾类。游泳能力弱，不进行远距离洄游，但有明显的季节性定向移动，越冬期1～2月，3月向浅水区移动，5月开始产卵，至9月产卵结束。是岚山主要的渔产品之一，加工后称虾皮。以岚山头、虎山沿海为多，用定置网具及手推网等传统小工具捕捞。

梭子蟹　学名三疣梭子蟹，蝤蛑科梭子蟹属，暖温性大型多年生蟹类，寿命2～3龄。梭子蟹春季从外海越冬场向近岸洄游产卵，4月底到达近岸产卵，10月以后随水温下降游向深水区越冬。春季以流刺网、定置网具捕捞产卵群体，秋季以拖网作业为主，因其头胸甲呈织布梭子形，中央有3个疣状突起而得名。岚山沿海均有分布，是主要捕捞品种之一，产量较高。主要捕捞工具有底拖网、流网等，主要以活鲜、单体冻等形式出售。1994年首次进行梭子蟹人工育苗和养殖试验，均获成功。主要养殖方式为池塘养殖、海捕梭子蟹暂养育肥及浅海笼养，产品均以活蟹形式出售。

岚山头虾皮　学名毛虾，日照沿海均有分布，以岚山、虎山为多。因岚山头在明、清时期就是水旱码头和商埠，海鲜多从这里向外转运，故得名。岚山沿海一年有两次虾皮旺发期，第一次在5～6月，虾皮个体在2厘米左右，渔民叫"二称钩"；第二次在9月前后，虾皮个较小，一般体长在1厘米左右，渔民叫"红绒"。捕捞毛虾主要靠手推网，俗称"推虾皮"，技术高的好手，可踏木跷，在深水推网。推虾皮已有数百年历史，以安东卫和潘家村为最早。

贝类资源　岚山近海贝类资源丰富，有贝类78种，其中单壳类39种，双壳类39种，主要经济种类有文蛤、竹蛏、菲律宾蛤、毛蚶、四角蛤、西施舌、红螺、牡蛎、玉螺、香螺等。

文蛤　为蛤中上品，素有"天下第一鲜"的美称，真瓣鳃目帘蛤科，暖水广盐性贝类，多栖息于河口湾附近沙质或沙泥质滩涂及浅海中，是岚山最主要的贝类之一。贝壳背缘呈三角形，腹缘呈圆形，两壳大小相等。贝壳表面膨胀、光滑，有一层黄褐色的光滑似漆的壳皮。小形个体贝壳花纹丰富，变化多端；大个体则较为恒定。肉细味美，蛋白质含量13.19%，除熟食外，还可干制或做罐头，是出口创汇的重要贝类之一。药用价值较高，古代医学认为食用文蛤可治恶疮，现代医学认为文蛤软体、消化育囊的提取物对癌细胞有抑制作用。

西施舌　真瓣鳃目蛤蜊科，为珍贵食用贝类，是岚山特产海品。西施舌主要生活在潮间带下区至稍深的沙质海底，适应性强，对盐度和温度要求不严，以摄取海水中的单细胞藻类和有机物碎屑为主食。壳内软体丰满，肉质脆嫩，味道鲜美，清淡别致，含有多种氨基酸，营养甚为丰富，有润肺、益精补阴之功效，为其他贝类所不及。

大竹蛏　蚌目竹蛏科，穴居于潮间带中下区和浅海泥沙中，是一种食用价值很高的贝类。岚山沿海多有分布，为人工采捕。

杂色蛤　真瓣鳃目帘蛤科，为广温广盐性小型滩涂贝类，栖息于泥沙底质的潮间带及浅海，岚山沿海均有分布，是岚山捕捞产量最高的贝类之一。

毛蚶　列齿目蚶科，栖息于低潮线至水深20米的海域，底质为泥质或泥沙质，岚山海区分布集中，20世纪80年代初出现旺发期。

魁蚶　瓣鳃纲列齿目蚶科蚶属，深水软体动物，是一种经济价值较高的贝类，俗称大毛蛤、血蚶。魁蚶肉中含有大量的蛋白质和维生素B12，肉嫩鲜美，自古以来就被人们当作滋补佳品、佐酒名菜。古书中记载魁蚶有"令人能食、益血色、消血块和化痰积"之功效；贝壳除可烧石灰外，亦可入药，也是陶瓷工业的原料。冷冻魁蚶在国际市场上备受欢迎。从2006年开始，岚山魁蚶人工养殖发展迅猛，2008年开始规模生产，年繁育苗种50亿粒以上，成为出口创汇的优势水产品之一。

红螺　狭舌目骨螺科，为暖温性贝类，成贝分布在潮下带至十几米的细沙或泥质的海底，主要以双壳类贝类为食，为岚山近海常见贝类。20世纪80年代后期到90年代初期，为小型底拖网重要兼捕品种，21世纪以后资源见少。

其他水产资源

海蜇　腔肠动物门根口水母目根口水母科，属暖水性大型食用水母。喜浮游，终生栖息于近岸水深5～10米的水域，渤海是海蜇主要产地，岚山近海较少。岚山捕捞海蜇历史悠久，渔民多在夏季去渤海捕捞。

刺参　棘皮动物门海参纲盾手目刺参科，潮下带冷温性名贵棘皮动物。主要分布于前三岛近岸岩礁底质的海域。

石花菜 藻门石花菜目石花菜科，是地方著名水产品，主要分布在前三岛海域，年采捞量10吨。

金乌贼 又名墨鱼、乌鲗、乌鱼，头足纲乌贼目乌贼科，系广温性洄游种类。平时栖息于外海水域，喜弱光，白天下沉，夜间上浮，主要食物为小型虾类。雌雄异体，产卵期为4～5月，产卵时有喷沙和穴居习性，生殖后亲体相继死亡。岚山近海是其主要产卵场之一。秋季幼体由海岸浅水向深水移动，初冬季陆续返回黄海中南部水深70～90米的水域越冬。11月为盛渔期，常用底拖网、张网类渔具捕捞。乌贼的干制品叫板乌，雄性生殖腺干品叫乌鱼穗，雌性产卵腺干品叫乌鱼蛋，均为海味佳品。肉、墨囊、缠卵腺、乌贼骨(海螵蛸)均可入药。金乌贼是经济鱼类，主要销往日本、意大利等国家和中国香港、澳门地区。

其它头足类还有曼氏无针乌贼、长蛸、短蛸、日本枪乌贼等。

第二节 浅海资源

海州湾是鱼、虾、贝类主要的产卵及索饵场，岚山海岸线长25.5公里(含岛岸线长)，适宜开发利用的浅海水域50万亩。前三岛水域是海参、鲍鱼等海珍品主要护养区，也是经济藻类石花菜、裙带菜的主要分布区，水域内还有国家二级保护动物文昌鱼。

岚山近岸浅海水深8～10米，为沙质或泥沙质海底。海水质量指标较高，水质较好，海洋生物种类繁多。

岚山滩涂总面积2.2万亩。滩涂生物类群丰富，主要品种有长吻沙蚕、围齿沙蚕、绿海葵、东方小藤壶、短滨螺、锈凹螺、杂色蛤、黑荞麦蛤、褶牡蛎和鼠尾藻等。

浮游生物 浮游植物有116种，其中硅藻37属92种，甲藻9属23种，金藻1种，平均生物量61.44万个/立方米；浮游动物有32种，其中枝角类1种，桡足类17种，管水母1种，其他浮游动物13种，平均生物量36毫克/立方米。

底栖生物 有116种，其中多毛类36种，软体动物28种，甲壳类28种，棘皮动物13种，苔藓虫和鱼类各4种，腔肠动物、纽形动物和原索动物各1种，栖息密度为215个/平方米，重量18.6克/平方米。

第二章 渔业生产体制

第一节 生产资料所有制

新中国成立前，境内船、网等渔业生产资料归私人所有，主要掌握在少数富农、地主、渔行手中，贫苦渔民只能被雇用。1936年，境内50余家渔行，通过市场垄断鱼价和渔需物资，对渔民进行剥削。1947年土地改革中，地主的船网工具被分配给了贫苦渔民。

新中国成立后，逐步实现了对渔业的社会主义改造。1949～1957年国家发放渔业贷款，扶持渔民发展生产，并加强渔业生产服务。1953年成立初级社后，渔民的船、网等渔具归集体使用，船主享受股份分红，渔具仍归船主私人所有。

1957年成立高级农业生产合作社，船只网具归高级社集体所有，取消船主的股份分红。1958年成立人民公社后，归生产大队集体所有，1962年改归生产小队所有。

1965年后，大部分渔村船只网具归生产大队所有，少部分仍归生产小队所有。1979年后，县、社成立渔业捕捞队，船、网等生产资料分别归全民和公社集体所有。

20世纪80年代后，实行了各种形式的渔业生产责任制，村集体船只、网具大部分作价卖给渔民私人，生产资料所有制变为全民、集体、个体3种形式。

第二节　生产经营体制

个体渔业　新中国成立前，岚山渔业历来是一家一户的个体生产形式，还有一部分半渔半农或半渔半副业的季节性渔民。他们主要利用人力和风帆船在近海进行捕捞生产。从业人员主要有五类：一是渔业资本家和船网主，他们占有大型渔船、较好的网具和充裕的资本，雇用渔工和贫苦渔民，以剥削为主要收入方式。二是富裕渔民，占有较好的捕捞工具及活动资本，自己参加主要劳动，也雇用一些渔工，独立经营或同其他渔民合伙经营，除自己劳动分益外，还获得工具分红。三是一般渔民，占有一些捕捞工具，以自己的工具同其他渔民合伙经营，其生活来源全部或部分靠自己劳动。四是贫苦渔民，只占有少量的捕捞工具，与别人合伙捕鱼，受别人船租、债利和部分雇用劳动的剥削。五是渔工，主要依靠出卖劳动力为生，俗称“干踏板”。

渔业互助合作　1950 ~ 1952 年，沿海渔村相继建立互助组，规模一般是 2 ~ 3 条船、10 来户渔民为一组。按劳动力与工具一定比例进行分配，劳力分占六七成，船网分占三四成，劳力按技术高低，船网按性能和质量，分别评出参加分配的分数，按“分”分配。

1953 年，岚山镇佛手湾村建立起日照县第一个初级渔业社，陈同孟任社长。1954 年，日照县委要求年内要办好 5 处初级渔业合作社，把 75% 的渔民组织起来，走互助合作的道路。1955 年 1 月，初级渔业合作社发展到 100 处 2569 户，入社渔民达 48%。初级社的经营方式是船网折价入股，统一搭配使用。根据生产管理需要，一般 1 ~ 2 条船划分为一个作业组，其收入扣除生产费用后，按劳力、工具一定比例分配。劳动所得，按照劳力强弱、技术高低评定基分，按分分配；工具所得，按工具折价入股的金额分配。

高级渔业社　1955 年秋至 1956 年春，渔业合作化运动进入高潮。经过升、并，日照县共建立 54 处高级渔业生产合作社，一般是一村一社，少数是多村一社，如安岚区的海洋社和友好社，各由 4 个村组成。个别是一村数社。

图 15-1 2000 年前，岚山海边渔民放置渔具的“海屋子”　（摄于 2008 年）

高级社收入实行按劳分配。船网渔具全部折价归公，统一调配使用。劳动力按照农、渔、副业分成若干生产队，并实行定船网、定劳力、定产值、定费用、定工日的办法。劳动力在未超规定的生产任务时按产值记工，超额完成产值时，超额部分，按比例提奖。分配时，按照出勤天数和复评的基本工分为依据。

渔业生产大队　1958 年 9 月，成立人民公社，渔村渔业合作社改为渔业生产大队。由于“一平二调”和“瞎指挥”的错误，渔民生产积极性受挫，渔业生产遭破坏，产量下降。1961 年，开始纠正“一平二调”的错误，沿海渔村实行以生产大队为基本核算单位。

大包干和船组经营　1980 年冬，安岚公社岚山头二村试行生产队对船组实行“大包干”责任制，在落实全年产量、产值、生产费用和各项提留计划的基础上，把应上交生产队的提留款包到船组，完成包干任务后的剩余部分，全部归船组分配。“大包干”使渔民的生产积极性空前提高。1981 年这一做法在日照县推广，并分别在全省、全国水产工作会议上作了经验介绍。1983 年以后，经过在岚山一、二村等渔村试点，又推行了把船网折价归船组，以船组为核算单位的经营体制。

20世纪90年代后，渔业生产经营体制以个体为主，个体、集体、股份制并存。进入21世纪，大型捕捞公司、养殖公司渐多，公司制成为渔业生产的主要形式。

第三章　海洋捕捞

岚山海洋捕捞历史悠久，据龙山文化遗址出土的陶网坠和大量海生贝壳考证，早在4000年前，沿海居民就已从事渔业生产活动。自宋朝至清光绪年间，岚山的拉笮渔业已相当兴盛，当时的大笮网高11米、长136米，缏绳30盘，每盘102米，需百人才能拉动，网具规模已相当可观。清道光年间，渔民的帆船已远航千里，到吕泗渔场捕捞黄花鱼，渔民称之为“打黄花”。在一年一度的“打黄花”季节，南下船队浩浩荡荡，其场景颇为壮观。

第一节　渔场渔汛

定置网具作业渔场　岚山沿海是多种鱼类产卵、索饵之地，渔民根据其洄游规律，适时张网捕捞。20世纪60年代以前，用帆船捕捞，多在白马河口至秦山岛东，水深8～20米等深线内的近海渔场定置网具。据1927年《中外渔业概况》载，岚山域内主要有岚山头、东湖、童海(童海口)的渔民在各村所属海口外撑网作业。其所属海区及撑网行地，均沿用历史名称和分界。大网作业区，分排成行，排与排之间相衔接，行与行之间相距100度(约为167米)。在渔汛旺季，大网渔船还经常到前三岛周围、江苏连云港的大山后一带，打一些“走马沪”(又叫增产沪)。这一带历来都是岚山的渔场。除本口渔场外，岚山渔民还到外地南、北口渔场作业。南口渔场为吕泗洋海域，盛产黄花鱼。清代道光年间岚山渔民就在此捕鱼。岚山渔民在捕黄花鱼的技术方面，早已掌握了“以竹筒探入海底，闻其声，下网截取”的作业方法。20世纪50年代初，先后又开辟了潮河、庙湾湖等定置网作业渔场。北口渔场为渤海湾海口附近海域。20世纪50年代初，蓬莱县又划定了日照大网长期生产场地，随后延伸到长岛和黄河口附近海域。南北海口大网捕捞量随之提高，20世纪60年代中期占大网捕捞总产量的50%以上。从20世纪80年代开始赴辽东湾捕捞海蜇。

流动渔具作业渔场　流动渔具灵活性强，可根据季节和渔情变化随时移动作业。北起辽东湾，南至大陈岛，都有岚山渔船进行海上作业。海州湾、连青石、大沙、吕泗、长江口、舟山、青海、石岛、烟威、莱州湾、渤海湾、滦河口、辽东湾等渔场是岚山渔船的捕捞区。按生产习惯，岚山渔民每年初春到连青石、大沙、长江口等渔场捕捞越冬鱼虾；4月份到长江口以北海域捕鲳鱼；初夏在海州湾、青海等渔场捕鲅鱼、鲐鱼和其它鱼类，或到石岛渔场捕鲅鱼、梭子蟹及其它鱼类。

渔汛　渔民把鱼虾群体到沿海渔场洄游且适宜捕捞的季节称为渔汛。岚山沿海有春汛和秋汛之分。春汛从惊蛰到夏至。惊蛰到谷雨，渔民称“小海市”，这期间在深海越冬的比目鱼、牙鲆、黄鲫鱼、章鱼、梭子蟹、对虾等游到近岸索饵产卵，形成早春的捕捞渔汛，俗称“清明前后打杂鱼”。谷雨到夏至，称为“大海市”，北来产卵的鲅鱼、鲐鱼、带鱼、鳓鱼、鲳鱼、黄姑鱼、鹰爪虾、乌贼等游至岚山近海产卵，形成上半年的捕捞旺汛。秋汛从立秋到小雪，前期以捕捞小白虾(虾皮)、海蜇、海鳗(钩鱼)、黄鲼、孔鳐(劳板)、鲨鱼为主；白露前后，以捕捞集群洄游的对虾、梭子蟹、鲅鱼、带鱼为主。

20世纪70年代初期，随着机动渔船的发展，逐步开始冬季捕捞。每年小雪至次年惊蛰，都有大功率渔船赴外海捕捞深水越冬鱼虾，改变了以前深冬、初春不出海的习惯。

章鱼惊蛰前来到近海，春分到谷雨是旺汛，立夏前后产卵后游回深海。梭子蟹春分前后来近海，清明至立夏是旺汛，小满以后产卵，产卵后的梭子蟹成为无膏的“骷髅蟹”，夏秋两季在近海洄游索饵，此时肉少体瘦，称为“水蟹子”，霜降后游回深海。黄鲫鱼春分后游到近海，清明至谷雨是旺汛，立夏前后游回深海。鲅鱼(蓝点马鲛)谷雨前后游至近海,立夏至芒种是旺汛,芒种以后产卵逐渐离开近海,7～10月在近海索饵洄游的一般是半公斤左右的小鲅鱼。鲐鱼上半年汛期与鲅鱼基本相同,下半年很少,不成渔汛。带鱼(刀鱼)谷雨前后游至近海,立夏至芒种为旺汛,芒种以后产卵逐渐离开,7～10月也有个体较小的带鱼,但鱼群小而分散,从20世纪60年代起,带鱼资源逐渐衰减,不成渔汛。对虾清明前后来到近海,谷雨至立夏为旺汛,小满以后大部分成年虾产卵死亡,白露前后当年生的幼虾长到15厘米左右,适宜捕捞,霜降前后游向深海越冬。乌贼谷雨前后来到近海,立夏至芒种为旺汛,夏至以后大部分产卵死亡。

沿海网具作业时间　大网,3～6月、9～11月;蛄螺网,3～4月;黄鲫鱼、黄花鱼网(在吕泗渔场),4月初至5月上旬;流网、围网、钓钩,5～6月、7～11月;乌贼笼,5～6月;笮网,5～6月、9～10月;拖网,1～6月、9～12月。

第二节　渔　具

岚山渔业生产工具的使用,经历一个从原始到进步,从初级到现代化的发展过程。新中国成立以后,岚山开展渔用设备的技术革新和改造,海洋捕捞的装备规模、技术素质、整体实力等有了大幅提高。

岚山渔民在长期的生产实践中,创造和引进了众多渔具。大致分为网渔具、钓渔具和杂鱼具3大类。作业方式有打、拦、诱、钓、刺、缠、围、拖等。

网渔具　网渔具是种类最多、结构最复杂、应用最广泛的主要海洋捕捞工具,主要有流刺网、围网、拖网、张网、建网等几大类,网具材料和制作工艺随社会进步,不断发展创新。20世纪60年代前,网衣材料主要用棕、麻和棉等捻线制成,使用前用猪血、桐油等施染、蒸煮。1964年,开始推广使用锦纶、乙纶等化纤材料。80年代中前期,网衣制作工艺全部为手工编织。1986年,日照市渔技站首次推广使用机织网衣(主要用于拖网),并于1987年年底首次使用垫空型处理工艺,使网具性能大大提高。随后,这种工艺在岚山逐步推开。

流刺网　是传统渔具之一,主要有黄鲫鱼流网、鲅鱼流网、对虾流网、鲳鱼流网,其次有鲨鱼流网、远东拟沙丁鱼流网、鳓鱼流网、海蜇流网、梭子蟹流网以及黄花鱼流网、鱿鱼流网等。

黄鲫鱼流网原为定置刺网(俗称小网),新中国成立前在岚山普遍使用,20世纪80年代初迅速发展。20世纪90年代后,由于资源衰退,该网逐步减少。

鲅鱼流网是始于20世纪60年代初的一种上层流刺网,20世纪70年代后,有了较快发展。20世纪90年代后,因资源原因,被逐步淘汰。

对虾流网是在对虾锚网基础上演进而成的一种底层流刺网,始于1978年,是秋汛捕虾的主要渔具之一。20世纪90年代后,因对虾资源衰退,被逐渐淘汰。

鲳鱼流网是20世纪80年代初,借鉴青岛渔民生产经验,在山东省网改资金扶持下,日照县水产局扶持沿海渔民发展的流网。

围网　清末以前主要有圆围网和鲞团网,其中鲞团网颇有名气,专在吕泗渔场捕捞黄花鱼的有囊围网,后因鱼类资源衰减,网具被淘汰。现代围网是20世纪60年代逐步发展起来的一种较圆网、鲞团网更为先进的渔具,20世纪70年代有较快发展,主要捕捞对象为鲐鱼、鲅鱼、青鱼等,后因近海鱼类资源衰退,20世纪90年代后被逐步淘汰。

拖网　是一种过滤性运动渔具,是岚山渔民最主要的捕捞渔具,借助渔船动力或天然风、海流将各种鱼虾驱集入网,使水滤过网目,从而达到渔获目的。始用于20世纪60年代初,发展于80年代中后期,最早出现的是单船帆船拖网及双船帆船拖网。20世纪80年代后期至90年代初,部分渔船开始使用单船底拖网(多为桁拖网)。1993年后,开始大范围推广使用单船底拖网(用分水板)和双船浮拖网。1995年后,底拖网普遍使用加裙结构形式。浮拖网网目尺寸由小到大,最大网目达到10米,网型也逐渐扩大。275～331千瓦渔船所用网具网口周长最大近600米。21世纪后主要是单船机轮拖网和双船机轮拖网,作业水层有底层和变水层两类。

大网（坛子网） 是岚山传统的双桩定置网具，因用陶土坛子作浮子，因而叫坛子网。大网是岚山重要捕捞工具，张大网曾是岚山重要的捕鱼形式，撑网技术为日照一绝，产量曾占到海洋捕捞总产量的一半以上。20 世纪 90 年代中后期，随着资源、环境变化，大网数量逐年减少。

其他网渔具 从古到今曾使用过的网渔具还有：笭网、手推网、旋网、裤裆网、插网、迷魂网、虾板网、锚张网、方网、鳀鱼落网等。裤裆网是帆船使用的网具，随着渔船机械化的普及而失去作用。虾板网、方网专用在苏北的潮河等渔场捕捞毛虾，也因毛虾资源减少而停用。除手推网、挂网、旋网等还有少数使用外，其他均已先后淘汰。

钓渔具 是沿海渔民传统作业渔具之一，主要有带鱼延绳钓、黄姑鱼延绳钓、海鳗延绳钓、鲨鱼延绳钓和鳗鱼延绳钓等，其次还有手钓、安钓、拖钩、滚钩等。至清末，由单钩钓发展为延绳钓。带鱼延绳钓、拖钩、滚钩是 20 世纪 60 年代末以前沿海渔民主要作业方式之一。拖钩、滚钩是捕带鱼和大型底杂鱼的钩具。60 年代末，随着近海带鱼和底杂鱼的减少，钩具也相继被淘汰。鳗鱼延绳钓是 80 年代末随鳗鱼资源开发而逐步发展起来的一种新的作业工具。

杂渔具 主要有乌贼笼和蛄螺网（又称"海螺网"），是定置的诱捕渔具。乌贼笼主要捕捞对象为乌贼。蛄螺网主捕对象为长蛸、短蛸，是岚山独特的传统捕捞渔具，至今沿用。

第三节 渔 船

木筏 是岚山沿海最早使用的出海打鱼工具。史籍无具体记载，但从零星的考古材料中可推知渔船产生之前就有了木筏。木筏的制作简单，成本低，是最初人类较为理想的运载工具，经历了从独木用手划水，到双木用篙撑，再到多木用橹驱动的发展过程。随着人类的进步，木筏制作也逐渐采用楠木（楠木浮力大且耐腐烂），用 6 ～ 8 块 400 厘米×30 厘米×30 厘米方木捆扎，先将红麻绳用猪血浸泡，上锅蒸透、晒干，捆绑时边捆边用木槌敲紧，下水后，木筏十分结实。木筏的后尾处，要安上两根立柱，将橹安在上边摇动作为动力，顺风时，可在中心处竖一杆小桅，挂上小帆，借风力航行。木筏没有舵，只凭两张橹调节方向。伏季不出海时，木筏要拆开将木头（渔民叫筏子木）一块一块搬上岸，扛回家晒干，秋季出海，再捆扎使用。木筏航行速度慢，机动性差，且不抗风浪，只能在近海捕捞，不能出远海。新中国成立初期，沿海渔民仍用木筏来张"方网（捕虾皮用）"、钓钩等。作为渔船的辅助工具，直到 20 世纪 50 年代才被淘汰。

木帆船 为木质结构，岚山区建造的木帆渔船，大船采用"沙船"船型，小船采用"鸟船"船型，按载重量可分为大、中、小型三类。大型渔船的载重量一般为 20 ～ 50 吨、最大的超过 100 吨，中型渔船的载重量一般为 4 ～ 10 吨，小型渔船的载重量一般为 2 ～ 3 吨。大船主要到吕泗渔场捕黄花鱼，20 世纪 60 年代后黄花鱼资源衰退，改为到大洋港、苗湾湖和老黄河口（射阳河口）等渔场；中型船主要从事流网、打圆网、打团网、张大网；小船主要从事张小网、蛄螺网、乌贼笼、裤裆网、钓钩等。

舢板 又称"三板"，是以人力推进的无甲板木质小船。一般以板数区分船的大小，如三板、五板、七板等，统称"三板"。岚山区多采用五板、七板；主要用于定置网、流网、钓钩作业。20 世纪 60 年代后，"三板"主要用做围网渔船的"子船"、养殖船、港内交通船。

小鸟榵（大网船） 有一桅或两桅，载重量为 5000 多公斤。这种船抗风浪性能差，只能从事近海作业。从事大网作业时，船上可配备 4 人。

黄花船 也叫大风船，在木帆船中最具名气，载重量几十吨、近百吨，至今已有 200 余年的历史。一条黄花船有五条桅杆，船体大，抗风浪性强，能从事远海作业。船上配有 12 人（或更多）。"打黄花"是由苏北的响水、射阳一带传过来的捕捞技术，岚山渔民不断丰富与完善，使其成为一套独特的捕捞方式，黄花渔船因而发展很快。清代中后期，在一年一度的"打黄花"季节，南下黄花船队浩浩荡荡。当时出名的船老大有 30 多人，最大的黄花船载重量达到 125 吨。

黄花船船体为木质，多为杉木（当地称楠木）、家槐，船长26米，宽4～5米，航行时撑四号桅，也有的是五号桅，全靠风力行驶。其他有舵、橇（风船航行时受阻力的一面挂上橇，起到副舵的作用，以保证船航行准确）、桅、篷、锚、缆、推关（用来起锚、起网的绞盘，人工推动）、舱。

黄花船的船舱从船头到船尾的排列顺序依次为：上浪头舱和下浪头舱是渔民宿舍；下浪头尾是大船头、二船头（渔民的工作职务）的睡处，一边一铺，这两个人负责昼夜值班，有事及时向老大汇报；水舱，盛淡水；二头舱，盛木柴；大头舱，盛鱼；太平舱，盛沙泥（底载），以达船航行时平稳。二舱，盛鱼；三舱，盛鱼；四舱，盛盐，盐用完后盛鱼；八义舱，老大和企秘（负责渔船靠码头后，上岸报关等一些公关性业务工作的人）宿舍，老大睡左边，企秘睡右边，以便一起研究生产；伙舱，做饭处；后大舱，二老大一个单铺，其他船员大通铺，后面有娘娘龛子，上面有海神娘娘神像、香炉，还有一个箱子盛鞭炮纸课。

机动渔船

机帆船　是备有风帆装置的小型机动船。1956年，岚山海洋渔业生产合作社建造了日照县第一艘机帆船。次年，日照县渔业指导船"日政一号"（主机为44.1千瓦火头机）建成下水，木帆渔船开启了机动化改造历史。至20世纪80年代中期，岚山区基本完成了木帆渔船的改造任务。

木质机动船　1963年，日照县造船厂建造了第一艘功率为14.7千瓦的机动渔船。其后，按照山东省水产局统一确定的图纸建造了一批V812型（44.1千瓦火头机）、HC817型（99.1千瓦）木质机动拖网渔船。20世纪80年代后期和90年代中期，是渔船发展的最高峰。进入21世纪后，大功率拖网渔船发展出现高峰，建造了300余艘（88.1～180千瓦）拖网渔船，投入远海渔业捕捞生产。

水泥船　钢丝网水泥渔船在岚山区整个渔船史中出现短暂。从1975年开始发展，至1984年全部报废淘汰。

钢质渔船　1979年，岚山二村在日照县造船厂建造了一对HC814型（136千瓦）钢质机动拖网渔船，从此日照有了钢质渔业船舶。1981～1986年，渤海对虾资源衰减，大功率渔船停止发展。1987年后，随着外海作业的发展，大功率渔船发展较快，除继续建造HC814型船以外，还建造了一批YDV876型（136千瓦）钢质船，该船采用导管螺旋桨，使拖力增加20%以上。20世纪90年代末及21世纪初，大功率拖网渔船发展出现高潮，建造的渔船船型主要为SDW868、SWD839、SRC891、SRC898型，主机主要选用WD615系列节能环保型柴油机和4190ZL系列柴油机，功率为110～180千瓦。最大的渔船为330千瓦拖网渔船，船型为HC822TCI型，主机型号为6190ZLC1-2。

图15-2　1998年，大功率渔船举行首航仪式

2003年，岚山共有各类渔船1860余艘，其中136千瓦以上渔轮292艘、钢质渔轮232艘。2012年底，岚山区拥有各类渔船1626艘，其中捕捞渔船45～441千瓦730艘、45千瓦以下渔船723艘、养殖渔船143艘。

图15-3　远洋捕捞　（摄于2003年）

第四节 渔 港

新中国成立初期，域内共有11处停船点，分别位于绣针河口、王家庄子居南、圣岚路居前、官草汪居前、甜水河居南、佛手湾居前、童海路居东、王家海屋居东、刘家海屋居东、韩家营子村东、东湖村东，但缺少避风条件好的停船点，每遇暴风或生产淡季，大型渔船到远处港口避风，中小渔船拖到岸上。

图15-4 20世纪80年代前停放渔船的海湾沙滩

从1973年开始，岚山头街道圣岚路居先后集资30万元，建成1座可停泊200多只渔船的避风港。1990年后，岚山加快了渔港建设，先后新建和改建了13处渔港。

东潘家村渔港 建于1977年，位于虎山镇东潘家村东，面积7公顷，为突堤式和内挖港池相结合的简易渔港。突堤及岸壁长1060米，港池水深2米，避风能力6级左右，有淤积现象。配有供水、电、油等设施。

图15-5 东潘家村渔港 （摄于2012年）

岚山渔港 建于1978年，位于岚山头街道官草汪居前，面积30公顷，码头总长1250米。该渔港与8处简易小渔港组成一个渔港群，供水、供油、供冰和修造船、冷藏等设施齐全。

图15-6 岚山渔港 （摄于2009年）

甜水河渔港 建于1980年，位于岚山渔港和岚山港之间，面积2公顷，为突堤式码头。码头总长度150米，避风能力6～8级，配有供水、油及冷藏等设施。

佛手湾渔港 建于1992年，位于岚山头街道佛手湾居前湾内，面积1.5公顷，为顺岸式码头。码头总长366米，避风能力6～8级，配有供水、油、冰及冷藏等设施。

日照市海水养殖公司渔港 建于1992年，位于岚山港西侧，面积1公顷，为顺岸式码头。码头总长92米，水深2米，避风能力6～8级，配有供水、油、冰及冷藏等设施。

圣岚拦潮坝渔港 建于1992年，位于岚山头街道小商港西，面积2公顷，码头总长259米，由挡浪坝和前沿突堤组成，避风能力6～8级。配有供水、油及冷藏等设施。

虎山渔港 建于1993年，位于虎山镇韩家营子村东龙王河口，面积6.8公顷，为河口型顺岸式渔港码头。码头总长789米，为河口港，呈封闭状态，避风能力6～8级，有供水、油、冰及冷库等配套设施。

海盛渔港 建于1997年，位于官草汪居前，面积1.5公顷，码头长153米，港池水深6米，避风能力较差，建有供水、电、油、冰等设施。

圣岚渔港 建于1998年，位于岚山头街道圣岚路居前，面积 1.5 公顷，为突堤式码头，总长 150 米，为简易性渔港。港池水深 2 米，避风能力 6 级左右，建有供油、水及修造船等设施。

岚山福港制冰厂渔港　建于 1999 年，位于岚山头街道圣岚路居前，面积 1 公顷，为突堤式码头。码头总长 54 米，为简易性渔港，避风条件一般。配有供水、油、冰等设施。

环海防潮堤渔港　建于 1999 年，位于岚山头街道环海路居前，面积 11 公顷，码头总长 480 米。码头借用防潮堤工程建成，形成封闭式港湾，港池水深 2 米，避风能力 6～8 级。

王家庄子渔港　建于 1999 年，位于王家庄子居前，东与环海防潮堤渔港构成封闭式人工港湾。面积 3 公顷，码头长 500 米，港池水深 4 米。有供水、电、油等设施。

童海渔港　建于 2000 年，位于童海路居东侧，紧邻童海港业公司码头，为封闭式后潮型码头。面积 5 公顷，码头总长 820 米，水深 7 米（乘潮），避风条件良好。配有供水、电、油等设施。

图 15-7　童海渔港　（摄于 2000 年）

随着岚山港的发展扩建，甜水河渔港、佛手湾渔港和日照市海水养殖公司渔港被岚山港兼并。2010 年岚山渔港扩建，更名为岚山中心渔港。

第五节　天气预报与助渔导航仪器

岚山渔民从事渔业生产历来十分注意气候、气象变化规律，在无先进设备的时代里，主要靠观察判断，总结出经验代代相传，应用于海上生产。

新中国成立后，渔民利用收音机收听天气预报。20 世纪 80 年代初开始使用 4 个频道的调幅对讲机，到 90 年代初改用调频对讲机，由 10 个频道逐渐发展为 20 个、40 个直至 240 个频道。1995 年后，农业部在全国沿海县市设立 121 座近海渔业安全救助通讯岸台，岚山渔业通讯管理站电台为其中之一。1997 年，远洋通讯转接系统开通，渔民在外海可以和家中直接交流信息。1998 年开通了近海通讯转接系统和天气预报自动播报系统。

20 世纪 80 年代初，岚山部分钢质渔轮开始使用导航雷达，后发展使用高亮度新型雷达。20 世纪 80 年代中期，开始使用助渔仪器——黑白渔探仪。90 年代初期，开始配备卫星导航仪（GPS），使用 CRT 显示渔探仪。1995 年之后，大功率渔轮开始使用彩色渔探仪。

第四章　水产养殖

第一节　水产育苗

1980 年，安岚公社在王家海屋大队建立了岚山第一家水产育苗场，后转卖给日照市水产集团公司。至 2012 年年底，全区总育苗水体达 1.5 万立方米，主要育苗品种有中国对虾、日本对虾、梭子蟹、海湾扇贝、南美白对虾、河蟹、海参、牙鲆、大菱鲆等。

贝类育苗　1996 年开始扇贝试育。1997 年育出壳高 300 微米以上的贝苗 1500 万粒，放入浅海和虾池中试养。2003 年开始进行魁蚶育苗，到 2012 年年底，每年苗种 2 亿粒。

鱼类育苗　2002 年，育出牙鲆鱼苗 150 万尾。2003 年，育出体长 3～5 厘米牙鲆鱼苗 100 万尾，体长 3 厘米的大菱鲆苗 3 万尾，到 2011

年，牙鲆苗种年产量达300万尾。2003年开始进行大菱鲆的苗种生产，年产苗种200万尾。2006年日照岚山阳光生态鱼类研究所育出墨斑川鲽苗种20万尾，2011年产量达到70万尾。2008年开始进行半滑舌鳎育苗试验，当年育出体长2厘米的苗种15万尾，2012年育苗产量30万尾。

对虾育苗 20世纪60年代初，中国水产科学研究院青岛黄海水产研究所海水养殖试验场试验对虾人工育苗，在玻璃水箱中育虾苗1700尾。1988年，岚山头街道育苗场利用2000立方米水体育出虾苗1亿尾，1989年育出虾苗4亿多尾。1995年以后，育苗技术在岚山普遍推广。2012年证件齐全规范的育苗场发展到12家，虾苗远销全国沿海各省市。

海参育苗 2002年，日照岚山阳光生态水产育苗基地引进亲参50头，在500立方米水体中育出体长5厘米的稚参60万头。2003年在500立方米水体中育出3厘米的参苗100万头。因城市建设，截至2012年年底，岚山区海参育苗场已全部拆除。

梭子蟹育苗 1994年开始，由3家育苗场育出蟹苗15万只，后由于对虾养殖病害严重，梭子蟹育苗逐渐成为主要品种，年平均育苗100万只，年产值300万元。

第二节 对虾蟹类养殖

1967年，安东卫农中（现安东卫街道二中）承担中科院水产养殖所对虾人工大面积养殖试验项目，取得成功，接着全省沿海部分公社、大队开始放养。1968年岚山沿海各乡镇开始大面积养殖。至1989年，虎山养殖88公顷，汾水养殖57.3公顷，岚山头养殖22.3公顷，亩产一般在100～150公斤，高产池达200～250公斤，效益较高。1991年养殖面积达233.3公顷。1992年面积剧增。1993年遭遇全球流行的对虾病毒性病害，效益下滑，养殖面积减少，原有虾池多转为综合利用，对虾养殖面积保持在266.7公顷左右，平均亩产量只有20～25公斤。此后因沿海港口建设和大企业进驻，大量滩涂被占用。2012年，已很少有对虾养殖。

对虾养殖暴发病毒性病害后，渔民进行了多品种的养殖试验。1994年、1995年进行了日本蟳等品种的秋季暂养，到1998年已积累了较成熟的养殖经验，蟹类成为池养的主要品种，梭子蟹的养殖也逐渐展开。1994年，域内有3家育苗场进行梭子蟹人工育苗，蟹类养殖由暂养转入全人工养殖阶段。

第三节 贝类鱼类养殖

毛蚶 1985年年底，日照市水产局在刘家海屋村东海域王廷福扇贝养殖区繁殖毛蚶15万公斤。

扇贝 1987年岚山头一村、甜水河村从长岛购进海湾扇贝进行浅海筏式笼养。1989年新增养殖品种栉孔扇贝，之后逐年发展，逐步取代海湾扇贝。1993年栉孔扇贝高产养殖方法由岚山头街道水产工作站试验成功，栉孔扇贝养殖规模迅速发展。1997年达到911公顷，其中前三岛养殖区533.3公顷，总产量4815吨。1998年出现夏季死亡现象，后逐年加重，养殖面积逐年减少，虽采取换季节养殖等措施，但终达不到原来效益。至2005年扇贝养殖逐渐退出市场，2012年又出现了回暖迹象。

贻贝 1998年扇贝养殖出现夏季死亡现象后，从1999年开始利用扇贝养殖设施自然繁殖苗种进行贻贝养殖。2000年后采用吊绳养殖，养殖面积逐年扩大。2005年后一直采用浅海筏式养殖，当年岚山区贻贝养殖面积约1333.3公顷，之后逐渐扩大。2010～2012年发展最为迅速，2012年养殖面积扩大到15333公顷。

文蛤 1990年岚山头街道和汾水镇曾进行文蛤养殖，后因死亡严重而停养。

四角蛤 四角蛤在绣针河口滩涂有野生资源。1990年开始投放苗种进行人工养殖，效益比较稳定，养殖面积逐年扩大。

美国红鱼 2000年岚山头街道岚阳路居、环海路居试用海水网箱养鱼，共养25箱4.2万尾。

第四节　藻类养殖

海带　岚山海带养殖始于1958年。1959～1960年养殖面积最大，达1300余公顷(150万苗为1公顷)，岚山头17个村居及沿海诸多村居参与养殖，成品由水产组统一收购。由于产品含碘量较低，出售困难，养殖面积逐年萎缩，至1978年终止。1995年日照市海水养殖公司、圣岚路养殖公司曾进行国外海带新品种养殖试验。办事处渔业技术推广站进行海带、裙带菜立体养殖模式试验成功。

裙带菜　1996年岚山海州路居、圣岚路居进行裙带菜开发养殖，产品质量较好，产量较高。后由于无加工厂房、设备及鲜菜销售市场被迫中止。

条斑紫菜　1979年日照县渔技站在岚山试养0.67公顷，后终止。1993年岚山头街道岚阳路居、环海路居试养6.7公顷，长势良好。1994年岚山头街道水产工作站承担省科技攻关课题“山东南部紫菜养殖试验”获得成功后，条斑紫菜养殖迅猛发展。1996年发展到133.3公顷，其中岚山头街道100公顷，汾水镇33.3公顷。至此，岚山适养紫菜滩涂已被全部开发利用。1997年，岚阳路采取全浮式养殖紫菜66.7公顷，开辟了新的养殖区。2002年，岚山共有紫菜养殖面积99公顷，其中全浮式养殖66.7公顷，半浮式养殖32.3公顷，一次生产加工线5台(套)，年加工菜饼850万张，二次生产加工线1台(套)，年产值300万元。由于养殖海域被征用，养殖面积逐渐减少，2012年，全区有紫菜养殖大户2家，分别为日照金水源食品有限公司和岚山区永兴紫菜养殖场，总养殖面积约66.7公顷，年产量约1000吨。

第五节　其他养殖

海参(刺参)在前三岛有自然分布。1988年在前三岛海域投放了人工鱼礁。1999年10月开始在前三岛进行人工投苗增殖，投放参苗30万头。至2002年年底，共底播海参苗500万头。2003年，岚山头街道王家庄子村、安东卫街道荻水村改造虾池养参4公顷，2004年春投放参苗300万头。2007～2012年，岚山区开始进行浅海综合立体养殖，在浅海筏式养殖的基础上，底播海参、魁蚶等，取得良好效益。

图15-8　前三岛深水抗风浪网箱养殖　(摄于2008年)

第五章　水产品加工与销售

第一节　保　鲜

1958年以前，岚山水产品保鲜采用土冰库，即冬天把清水塘的冰块取来，储存在地窖内，第二年用其保鲜。

1958年，岚山第一座冷库——岚山冷库建成投产。20世纪80年代，沿海乡镇、村开始建设小型冷藏厂。20世纪90年代，开始建设大型冷藏厂。至2002年年底，岚山共有冷藏厂67座，日冷藏能力13930吨。保鲜方法主要有：冰鲜、冷却海水保鲜、微冻保鲜、低温保鲜。冷冻方式有缓慢冻结、快速冻结两种。鱼类采用单冻或盘冻，常用吹风冻结、空气冻结、喷淋冻结等方式。至2012年，岚山区拥有各类水产加工企业121家，其中水产冷库77座，日冷冻能力5786吨，次冷藏能力达

28461 吨，日制冰能力 1300 吨。年冷藏加工水产品 52.5 万吨，水产品加工产值 33.47 亿元。

第二节 加 工

卤晒加工是岚山水产品最为悠久的加工方法，至今仍为重要的加工手段之一。20 世纪 50 年代以前，加工的水产品多为卤、干盐腌制品，主要加工工艺有干腌法、湿腌法、卤鲜等。新中国成立后，水产加工工艺不断改进、完善，加工的品种显著增多，如垛盐刀鱼、甜晒刀鱼、风蛸干、鮟鱇鱼肉干、青鳞鱼干、墨鱼干、墨鱼蛋、金钩海米、海蜇皮、岚山头虾皮等数十种产品，畅销国内外。其中，墨鱼干、墨鱼蛋、金钩海米、海蜇皮、岚山头虾皮，为山东省名优产品。在 1964 年全国农业展览会和 1984 年全国水产品展销会上，日照的墨鱼干、墨鱼蛋、海米和海蜇皮，都被评为国内名优产品。随后干制加工工艺兴起，由风干、晒干发展到真空冻结干燥、喷雾干燥、沸腾干燥。20 世纪 80 年代，熏干、煮干加工工艺在水产品加工中开始应用，主要有冷熏、热熏、液熏、机熏等。

20 世纪 80 年代中后期，岚山水产品加工企业学习日本、美国、韩国加工工艺，生产鲅鱼、鲐鱼、星鳗鱼冷冻鱼片，产品主要出口美国、日本、韩国 3 国。20 世纪 90 年代后，岚山借鉴外地经验，将食盐、酱或酱油、有机酸渗入或注入水产品组织内，脱去部分水分或降低水分活度，造成渗透压较高的环境，有选择地控制微生物繁殖，加工生产出风味独特的鱼片。

1993 年，岚山头街道海州路居采用盐渍法，以鲲鱼等为加工原料，提取油脂。利用脱腥工艺除去鳀鱼等所含有的氧化三甲胺、含氮杂环化合物等成份，其成品为亮金色，气味醇香，油体透亮，富含不饱和双键的长链脂肪酸。

1995 年，山东昌华海产食品有限公司参加比利时布鲁塞尔水产品博览会，了解到模拟海洋仿生食品的市场前景广阔，当年新上海洋仿生食品加工项目，以鱼糜为原料制出成品出口欧洲。之后，山东丰华食品有限公司、日照阿掖山食品有限公司亦从事海洋仿生食品的生产，主要制成品有模拟蟹肉、模拟蟹钳、人造扇贝、人造大虾、竹轮鱼卷等，产品销往欧洲、日本、韩国、美国、俄罗斯等 20 多个国家和地区。

20 世纪 90 年代中后期，岚阳集团从日本引进先进生产设备，对条斑紫菜进行深加工，称岚阳海苔，为新兴绿色食品。

鱼粉加工也是岚山重要的水产品加工业，以加工饲料用鱼粉为主，采用的工艺手段各有不同，以干榨法和湿榨法为主。加工的虾皮、蟹酱是岚山独特的风味食品。岚山的水产品销往全国 30 多个省、直辖市、自治区和香港、台湾地区，出口美国、韩国、俄罗斯、欧盟、日本等国家。

至 2012 年，日照昌华海产食品有限公司、山东阿掖山食品有限公司、山东丰华食品有限公司、日照永兴食品有限公司、日照益荣远水产食品有限公司等水产品加工企业已形成规模，其中 12 家企业通过 ISO 9001 国际质量体系认证、ISO 14000 国际环境质量体系认证、美国 HACCP 注册、欧盟注册、俄罗斯 SGS 认证、ISO 9002 国际质量体系认证等食品质量认证。

1993 ～ 2012 年岚山水产品加工能力及加工产值统计表

表 15-1

年 份	加工能力(吨)	产值(亿元)	年 份	加工能力(吨)	产值(亿元)
1993	117528	4.62	1997	207760	15.51
1994	139957	8.91	1998	229088	17.29
1995	131300	6.60	1999	219470	17.60
1996	167600	7.15	2000	278880	17.45

续表 15-1

年　份	加工能力(吨)	产值(亿元)	年　份	加工能力(吨)	产值(亿元)
2001	268251	13.39	2007	457246	27.06
2002	407172	16.53	2008	556563	29.49
2003	378230	18.93	2009	593063	30.25
2004	392290	20.21	2010	584037	30.35
2005	392390	21.73	2011	563883	32.32
2006	450154	25.14	2012	524999	33.47

1993～2012 年岚山水产品加工出口数量及创汇额统计表

表 15-2

年　份	出口产品数量(吨)	创汇额(万美元)	年　份	出口产品数量(吨)	创汇额(万美元)
1993	70	20	2003	50880	5359
1994	280	68	2004	58381	7860
1995	1905	131.5	2005	61878	8298
1996	989	265	2006	88749	10558
1997	2445	876	2007	99858	11735
1998	2540	1220	2008	119174	16973
1999	6160	1402	2009	103635	15991
2000	18538	3008	2010	104670	16160
2001	22513	3422	2011		21386
2002	22980	3118	2012	117820	23633

第三节　市场流通

新中国成立前，海产品主要在当地鱼市、码头或经鱼贩、代理店销售。岚山沿海专门经营鱼货和渔需物资的商号(渔行)遍布各渔港口岸，当时有春兴合、源太兴、春源、万兴等 40 多家。主要鱼货市场为安东卫、碑廓、岚山头、虎山铺，有的还销往巨峰、中楼，莒南县的坪上、十字路、大店、筵宾等地。新中国成立后，沿海各渔村普遍成立渔业供销合作社，负责水产品收购和渔需物资的供应。1956 年 3 月，日照县渔业社改为水产供销公司，成立岚山头水产供销站等 5 处水产供销站，岚山的水产品收购、加工、销售和渔需物资供应全部纳入国营轨道，水产供销公司采购业务遍及全国，并在上海、青岛、烟台、连云港等城市设有常驻工作组，负责采购、推销和中转。20 世纪 80 年代后，水产品的收购、加工、销售和主要渔需物资的供应仍由日照市水产供销公司负责，同时也涌现出一批个体和联合经营的单位，经营渠道逐步过渡为多渠道流通，渔业生产单位可直接向渔需物资生产单位订货，部分紧缺物资的供应得到缓解，渔业生产成本降低。90 年代后，随着岚山渔需供应市场发展和安东卫海货城、岚山鲜活水产城、安东卫绳网市场相继建成，小规模水产品交易和渔需物资供应广泛分布于各渔港码头、沿海渔业村居，水产品交易和渔需物资经营完全放开。1996 年，安东卫海货城被国务院发展研究中心认定为全国最大的海产品交易市场，上市品种有鱿鱼、虾米、乌鱼、刀鱼、鲅鱼、扇贝、鲜虾、紫菜、杂鱼等 20 多个大类近 200 个品种。2004 年，岚山鲜活水产城被农业部列为“全国菜篮子工程定点市场”。

2012 年，岚山区共有安东卫海货城、岚山鲜活水产城、九州干鲜水产品批发市场和东潘水产城等 4 个大型水产品流通交易市场。

第六章 渔政管理与渔业科技

第一节 机构与管理

行政机构 清末至民国初年，日照县公署工房分管渔业，1920年更名为劝业所，1923年归实业局，1928年为建设局，1933年为第三科。1940年日照县抗日民主政府建设科兼管渔业。1950年日照县政府设水产科，负责全县渔业生产。1956年撤水产科设水产局。1968年改为水产服务站，1969年改为日照县生产指挥部水产组。1971年日照县革命委员会恢复水产局。1993年10月，岚山办事处设立水产局，下设办公室、计财科、生产科、综合科。2005年，岚山办事处水产局更名为岚山区渔业局。

业务机构 岚山办事处水产局共辖5个事业单位和2个企业单位，分别为：岚山渔政监督管理站（1993年成立，副科级）、岚山渔船渔港监督管理站（1993年成立，股级事业单位，1997年升为副科级事业单位）、岚山渔业技术推广站（1993年成立，股级事业单位）、岚山渔业通讯管理站（1993年成立，股级事业单位）、日照市前三岛开发公司（1987年成立，正科级事业单位，1993年由日照市海洋与渔业局划归岚山水产局管理）、岚山第一水产供销公司（1994年成立）、岚山水陆工程中心（1996年成立）。

渔政管理 1993年以前，岚山的渔政管理归日照市水产局。1993年，日照市岚山办事处渔政监督管理站成立，编制8人，行使县级渔政管理职能。1997年购进221.65千瓦渔政船1艘。2004年岚山设区，渔政站更名为日照市岚山区渔政监督管理站。2009年，建造100吨级渔政船1艘，总投资500万元，其中国家投资330万元，地方投资170万元。2010年4月20日，渔政船下水试航投入使用。2012年，渔政站实有干部职工21人。

渔船检验和渔港监督管理 新中国成立初期，渔船登记检验业务由交通部门管理。1957年由日照县水产局接管，1970年由日照县渔业技术推广站管理，1979年由日照县渔业指挥部办公室管理，1981年11月由日照渔船渔港监督管理站管理。1993年，岚山渔船渔港监督管理站成立，编制10人。2003年实有干部职工18人，配备139.7千瓦渔监船1艘，代市渔监处行使部分县级管理职能。2010年淘汰139.7千瓦的渔监船，换为220.65千瓦的新船。2012年有干部职工25人。

渔业安全管理 新中国成立前，渔船出海不带任何安全器材。1952年2月16日，山东省水产局颁布《渔民预防风灾、免除灾害办法》，强调渔民出海必须带葫芦、梧桐木、竹筒等救生物品。1954年部分渔船备有救生衣、收音机。1989年，日照市渔业通讯管理站成立，设立岚山港电台。1993年成立岚山渔业通讯管理站。1996年，建设处、乡、村三级通讯网络；同年8月，农业部渔业局通讯导航处在岚山建设近海渔业安全救助通讯网，与全国联网，并于2008年在阿掖山顶架设了天线。2011年夏，建成了日照市海洋渔业安全统一指挥系统，装有AIS避碰仪、801对讲机以及808单边带的船只，能全天监控；同年年底，在岚山中心渔港及各主要码头安装了射频识别（RFID）系统，能时刻监控渔船进出港情况。自1999年开始到2012年年底，渔政站共组织搜救遇险渔船52艘，救助渔民168人，挽回直接经济损失495万元。

渔业资源保护 1964年，《山东省水产资源繁殖保护试行办法（草案）》对渔具、渔法规定：机轮拖网的囊网网目不得小于6.7厘米，背网、侧网的规定同前；非机动渔船使用的轻拖网网目不得小于3.3厘米，并严禁任何企业、事业单位、机关、团体、学校、公社和个人使用爆炸物、毒物、电力等方法捕鱼。

1979年，国家水产总局和山东省革命委员会对网具作了新的规定：取缔手推网、参耙子，严禁用药物毒鱼、炸鱼以及用电捕鱼;机轮拖网、围网和机帆拖网最小网目,110.3千瓦以上机船网目内径不得小于5.7厘米,110千瓦以下不得小于5厘米,鲅鱼流网网目不得小于9.3厘米,鲐鱼流网网目不得小于8厘米,对虾锚流网网目不得小于6.3厘米;限定不合规定的拖网于1986年底淘汰完,流网可延长使用至1992年年底。1986年8月13日,日照市人民政府规定:严禁在浅海、滩涂、虾池和库塘炸鱼、毒鱼、电鱼。1980年4月7日,山东省水产局下达《关于执行〈渔业许可证〉制度的补充通知》规定,山东省从当年7月1日开始实行"渔业许可证"制度。1983年9月,对1980年取得"渔业许可证"的捕捞渔船换发新的"渔业许可证",对新增的捕捞渔船,根据有关规定处以罚款后,加收资源增殖费,发给"临时渔业许可证",按捕捞许可证填写的捕捞方式和作业项目进行生产。是年还对海水养殖和渔业辅助生产机动船只换发"渔业许可证",有效控制了生产船数,保护了水产资源。

第二节 渔业科技

1993年,岚山头街道水产工作站完成浅海栉孔扇贝人工养殖高产高效技术规程试验,获日照市科学技术进步二等奖。

1994年,岚山头街道水产工作站承担的山东省科委课题"山东南部条斑紫菜半浮养殖试验"获得成功。

1995年,岚山头街道在前三岛海区进行栉孔扇贝深水大流高产试验获得成功,争取到山东省科委扶持资金30万元。

1996年,岚山头街道水产工作站和岚阳路居委共同承担的韩式全浮紫菜养殖试验获得成功。同年,岚山渔业技术推广站进行海带、裙带菜立体养殖试验,通过了日照市科学技术委员会验收鉴定,获日照市科学技术进步三等奖。

1998年,岚山渔业技术推广站在东湖一村进行锯缘青蟹池塘养殖试验获得成功。同年,岚山渔业技术推广站在碑廓进行革胡子鲶人工池塘养殖取得成功。

1999年,岚山办事处水产局、岚山头街道水产工作站和海州路黄海养殖公司在平岛人工底播海参获得成功。

2000年,岚山水产局、岚山头街道水产工作站、岚山头街道岚阳路和环海路共同承担的美国红鱼网箱养殖获得成功。同年,岚山东方养殖公司在海州湾扇贝养殖区进行毛蚶半人工采苗及养殖获得成功。

2009年,岚山区恒泰农业科技有限公司被评为日照市市级增殖放流站,2011年年底被评为山东省省级增殖放流站,承担省、市级的牙鲆、魁蚶、半滑舌鳎等放流任务。

第十六编　商业　服务业

岚山地理位置优越，物产丰富，自古商业发达。明初建安东卫后，岚山的海上贸易活动日趋活跃。明嘉靖年间，安东卫设三、八大集，至清康熙年间设碑廓、巨峰、大坡、皋陆、黄墩、两山口等村镇大集以后，岚山一带便成为鲁东南沿海最大的农贸市场。清康熙二十二年(1683年)，清政府收复台湾后，"海禁大开"，渔业复兴，海运畅通，商贾云集。古渡岚山头口、荻水口一度是鲁南土特产贸易的主要海上通道。

民国初年，安东卫有商号72家，岚山头有商行10余家，岚山商埠已颇具规模。抗日战争和解放战争时期，新四军后勤部，山东军区、鲁中南军区后勤部，滨海军区等军事机关先后在安东卫、岚山头设商行17处，岚山又成为新四军、八路军和解放军军需物资的集散地。抗日战争时期，农民群众在中国共产党的领导下，按照自愿、互利、平等的原则，集资入股，开始创办合作社，从事商业活动。此后供销合作社逐渐成为商业活动主体。新中国成立后，岚山商业得到初步发展，1956年，仅岚山头、安东卫、碑廓、虎山4乡镇私营商业就达736家。1958～1977年，生产力逐步发展，生产关系不断变革，经济有所发展，但由于"左"的错误影响和连续几年自然灾害及"文化大革命"影响，商业受阻碍停滞不前。1978年后逐步实行经济体制改革，岚山商业开始走向全面发展的轨道。

1993年岚山办事处成立后，岚山民营企业迅猛崛起，市场日趋繁荣。2003年，岚山办事处范围内城乡集贸市场达到21处，建成大型专业批发市场5处，其中安东卫海货城被国务院发展研究中心认定为全国最大的海产品交易市场，年交易额14亿元，连续举办了两届"中国·安东卫海货节"。岚山鲜活水产城被农业部列为全国菜篮子工程定点市场。2004年岚山设区后，商业发展迅速，门类齐全，从业人员众多。2012年，全区有城乡集贸市场59处，大型专业批发市场9处，超市3088家，全年实现社会消费品零售总额64.96亿元。

第一章　商业体制

第一节　私营商业

岚山盛产渔盐，海陆交通便捷，自古商业发达，明清时期尤盛。至民国初年，虽多经战乱，安东卫、岚山头、碑廓、虎山、黄墩、高兴、巨峰、中楼等商业集镇店铺商号仍遍布街巷，其他较大村庄也有零星分布。

安东卫商业活动历史悠久，境内荻水口自古就是鲁东南重要口岸兼商埠。据清光绪版《日照县志》记载，五代后汉乾祐二年，"密州刺史王万敢袭击荻水镇，大掠而去"，荻水商业受到重创。明初安东卫设立后，商业活动逐渐繁荣。明嘉靖年间，安东卫分设北街和南街大集，沂蒙山区的山货、江苏北部的特产在此交易，有山西等地商人前来经商。清代，安东卫商铺林立，生意兴隆，主要经营粮油、布匹、土特产和渔副产品等。清康熙版《安东卫志》载，这里"古者日中为市，所以易有无，通商贾，以济民用也。安东虽云地僻，四方之物颇积焉"。

据考，清末民初，安东卫有商号72家，并与上海、大连、青岛、连云港等地通商。较大的商号有：创建于清代中期的"源盛""洪盛"商号，苏姓开办，主要经营绸缎、渔货、洋货、土特产和粮油等；创建于清代末期的"恒昌号""永和复""万顺和""春生和""德和""新成永""同心义""源盛福"商号，分别经营当铺、钱庄、杂货、渔盐、布匹、中药、烟酒、糕点等。"鸿幸福"商号兼营西药与邮政。

民国时期，安东卫商号多次遭到兵匪洗劫。1916年，江苏一带的潮河土匪一次抢劫安东卫70余家店铺，损失惨重，俗称"钱淌出南门去"。1927年春，北洋军阀部队进驻安东卫，对商号大肆抢掠。经此浩劫，商业日趋衰落。到抗日战争初期，安东卫仅有"同心和""新成永""同心永""隆源""新兴""新胜""仁胜""永和"等商号，依靠"水行”(从事海运业)的20余条风船,勉强往来于青岛、连云港、南通、上海等地,惨淡经营。

岚山头为沿海古老渡口,历来商业发达。清光绪十一年(1885年),在安东卫经商的山西商人郭西迁此处经营百货,后发展成为“永成”商号,有4桅风船1条,专向江西发运食盐和自行腌制的萝卜头,运回江西土产、陶瓷器和渔需用品,获利后在安东卫、虎山朱家官庄开设分号。继“永成”商号之后,徐南章开设了“裕泰”商号,有船1条,专跑上海,外运花生米、花生油、披猪、黄梨、大枣等,回运崇明白布、桐油、木材、棉纱、红白糖、竹器、陶瓷、中成药、渔需工具等。

民国年间,岚山头有“永兴”“同和祥”“合盛永”“阜新斋”“阜新成”“德茂永”“蚨源涌”“聚丰和”“万兴隆”“德祥义”“黄同泰”“增兴”等10余家商号,另有资本较小的摊贩近百家。

碑廓自古是陆路物资中转站与集散地,始于岚山头、安东卫的古代盐商大道,经此地去沂州、兖州、青州,镇内店铺、坊子(旅店)众多。至清末民初,有102家商号从事各类商业活动。有制造兼销售犁子、鏊子、铁锅的“万铸源”商号;有出版发售小票、文书、账薄、商标、广告的印刷局;有经营当铺、钱庄、瓷器、茶叶、绸缎、中药、西药、土特产的商号。还开办有早市夜市,有许多特色地方小吃,如韩家的面条,郑家的水饺、馒头,宋家的小锅饼,姜家的羊肉,葛家、郭家的豆腐卷等。

1938年冬,日本侵略军占领日照后,海口被封锁,岚山头、安东卫商号遭受重创,多数商号歇业,碑廓及其他集镇的商业活动也处于停业、半停业状态。

1942年,在驻滨海区八路军和当地抗日民主政府的扶持下,恢复了安东卫“新胜”“福记”“新成永”3家“水行”,成立了“公胜”“公和”“广胜”“新盛”4家合作社,商业活动又渐活跃。许多商号店铺与滨海八路军和抗日民主政府合作,开展与敌占区的商业贸易,保证了抗日根据地军民的物资供应。

新中国成立后,私营商业发展较快,到1952年年底,域内商号、摊贩迅速发展。1956年,开始对私营工商业进行社会主义改造,大部分私营工商业者走上合作经营的道路,有的过渡到供销社成为职工,有的成为公私合营的合作商(饭)店、合作小组,仅有少数继续自营。1961年,根据中央指示,允许个体工商户为国有商业、供销社代销或自己经营,岚山私营商业得到恢复和发展,到1965年底,恢复了一批私营商号。“文化大革命”时期,发展私营工商业被视为走资本主义道路,大批私营工商业户被迫停业。

1979年后,实行国家、集体、个体一齐上的方针,岚山私营工商业得到恢复和发展,各地烟酒百货批发部、餐饮旅店、干鲜水产品贩运经营户大量出现。

1993年岚山办事处设立后,鼓励发展私营工商业,私营企业及个体工商户、自谋职业者日益增多。1994年5月,全处个体私营经济工作会议召开,制定了《关于鼓励和加快个体私营经济发展的若干规定》,出台一系列发展私营经济的优惠政策。1995年实行先发展后规范、先放开后完善、先经营后办证的办法,放手支持私营经济发展。岚山域内“永兴”“万顺和”“同心成”“同心功”“和顺斋”“同源盛”“广丰”“同心义”“永和复”等大批老字号店铺、商号逐渐恢复。至1998年年底,岚山私营企业资产过千万元的有5家,过500万元的有10家,实现总产值14.8亿元。2002年,岚山私营企业投资范围从第三产业逐步向第一、第二产业辐射。至2003年年底,全处共有私营企业158家,从业人员1160人,注册资金13341万元;个体工商户2623户,从业人员4588人,注册资金3723万元。

2004年设区后,餐饮、海水浴场服务、信息传输、计算机服务与软件业以及房地产服务等行业发展迅速。2008年9月1日,国家停止收取个体工商户管理费,个体工商户迅速增多,批发零售、制造业、居民服务业为主要行业。其中,居民服务业中的理发及美容、汽车修理及维护发展较快,当年理发及美容业新发展20户,汽车修理及维护业新发展30户。2009年,婚纱摄影、礼仪庆典、鲜奶吧、书画院等新行业陆续出现,全区新登记婚纱摄影2户、礼仪庆典8户。

至2012年年底,全区有个体工商户14903

户，从业人员 29251 人，注册资金 44972.95 万元；私营企业 1733 户、从业人员 17330 人、注册资金 811640.06 万元。

2004 ～ 2012 年岚山区个体私营工商业基本情况统计表

表 16-1

年份	个体工商户			私营企业		
	登记户数（户）	从业人员（人）	注册资金（万元）	登记家数（家）	从业人员（人）	注册资金（万元）
2004	3903					
2005	4523	8005	7077	375	3619	36134
2006	5379	8864	9335.1			
2007	6413		11828	734		65224
2008	8929	11589	11589	1114		200005.19
2009	10860	16248	26906.23	1325		271520.19
2010	12007	45204	31413.55	1408		41836.86
2011	13482	26337	37852.65	1491		593070.44
2012	14903	29251	44972.95	1733	17330	811640.06

第二节　合作商业

抗日战争初期，根据地农民在中国共产党领导下按自愿、互利、平等原则集资入股，开始创办合作社。1939 年 11 月，中共日照县委在黄墩区陈家沟村建立起革命根据地第一处合作社。在安东卫，由军民组建了运输合作社和晒盐合作社。

1943 年春，日照抗日民主政府在碑廓建立日丰合作社，是日照县第一个以政府资金开办的公营合作社。合作社创办榨油、纺花作坊并深入敌占区采购药品及枪支弹药，支援抗日战争。1942 ～ 1945 年，安东卫丽华纺织社、碑廓聚丰纺织社、黄墩民生医药社相继建立。解放战争时期，合作社有了较大发展，组织各种手工业生产，扩大纺织、运输、渔业、盐业等生产，并试办信用合作社。合作社成立社员代表大会、理事会、监事会，资金构成以自有资金为主，所得盈余除交纳税金外，为集体所有。

1953 年，供销合作社致力于完成国家经济计划指标。资金结构由社员股金和公共积累为主，变为国拨资金、社员股金、企业积累、银行贷款等多层次、多成份共存。是年秋，合作社开始为国家代管粮、油、棉统购统销业务。1954 年，又承担起新式农机具步犁、水车、耘锄等的使用技术培训和推广销售任务。1977 年 12 月，国务院决定，供销合作社体制为社会主义性质的全民所有制。资金结构由社员股金占绝对优势，逐步演变到 1977 年的国家资金占绝对优势，是年社员股金额仅占 3.8%。合作社担负国家的商业职能，人员由国家管理，执行统一的工资制度，享受国家规定待遇。

中共十一届三中全会后，集体、个体商业迅猛发展，供销合作社不断加快自身建设，增强服务功能，保持了商贸流通的主体地位。同时，大力组织生产、生活资料供应和农副产品销售，在农村市场商品流通中继续发挥主渠道作用。

1982 年，供销合作社开始进行体制改革，恢复集体所有制性质。1983 年，供销合作社系统进行全面改革，基层供销合作社相继召开社员代表大会，选举产生理事会和监事会，初步建立民主管理制度，巩固了供销合作社组织的群众性、管理的民主性、经营的灵活性“三性”原则。之后，随着集体、个体商业迅速发展，各乡镇、村商业网点急剧增加，形成多种经济成份共存、互相竞争的局面，供销合作社的农村代购代销点受到冲击。至1984年年底，岚山头、汾水、碑廓、虎山4处供销社有62名代购代销员要求变代销为自营，供销合作社将投入的资金抽回，允许个体经营。

1985年，供销合作社系统继续推行各种形式的经营责任制，经营业务有了较大发展。碑廓供销社在对代购代销店管理中，创立“扩大代销资金，扩大经营品种”的新办法，在全市推广。

1986年9月，开始对代购代销店进行整顿，实行计划管理、定期考核评比的措施，将代购代销店纳入门店管理范围。

1999年后，全部代购代销店都由个人承办，资金由个人筹集，进货渠道全部放开。

2001年，受市场经济冲击，各供销合作社经营严重亏损，资不抵债。是年3月，岚山头供销社依法宣告破产。是年11月，汾水供销社依法宣告破产。2004年8月，虎山供销社依法宣告破产。

2005年，开始推行“万村千乡”市场工程和新型经营服务体系建设，岚山区先后制定了《农村现代流通服务体系建设2005～2007年三年目标规划》和《新型经营服务体系2008～2010年三年发展规划》。至2012年12月，全区供销合作社系统共新建或改建农家店（农资店）343家、农村综合超市42家，基本覆盖城区以外的全部村庄和人口；建成集购物、休闲、娱乐、餐饮服务于一体的村级社区服务中心25处，农资、果品、茶叶、养殖等农村专业合作社及协会11个，农产品标准化生产基地5个。碑廓镇田家寨、王家庄、辛庄子等中心村建设的“社区服务群”，被山东省供销社列为省级服务业发展示范工程。

岚山区供销合作社联合社 1993年8月，岚山工委、办事处设立岚山供销总公司，辖岚山头、汾水、碑廓、虎山4个基层供销社和岚山利达（棉麻）实业总公司、岚山果品公司、岚山农业生产资料公司、岚山工业品批发公司（岚山土产杂品公司）4个直属公司。时有干部职工586人。1996年3月，供销总公司加挂岚山办事处供销合作社联合社牌子，履行供销社系统经营与管理的行政职能。2004年设区后，改称岚山区供销合作社联合社，简称区供销联社。

2004年10月，随区划调整，接管巨峰（包括大坡）、后村、高兴、黄墩4个基层供销社396名职工个人档案，其离退休、军转干部、退职、遗属人员及财物等由所属乡镇接管。2012年7月，中楼供销社划归岚山区管理，后村供销社划归东港区管理。中楼供销社时有干部职工53人。

基层供销合作社 1942年春，安东卫成立日照县最早的运输合作社，称车工会。同年夏，安东卫设立职工消费合作社1个。1944年春，圣岚区委发动群众入股集资，在安东卫创办兴华纺织合作社，组织纺车740辆，布机53架。同年4月，碑廓建立聚丰纺织合作社，组织纺车千辆，布机百余架，进行土纺土织，供应军需民用。1946年4月，日照县政府把安东卫兴华纺织社、碑廓聚丰纺织社及岚山头渔业社作为中心社，指导本区范围内村办合作社经营业务。

图16-1 农村便民超市 （摄于2007年）

1949年6月，成立日照县安岚区供销合作社和碑廓区供销合作社。1952年春，安东卫兴华、碑廓聚丰合作社并入日照县联社，为区联村社，后各乡、村社逐步统一合并，是年年末，实现一区一社。1954年9月，区联村社改称“日照县××区供销合作社”。

1958年7月，各区、镇供销社随日照县供销社与县商业局合并，基层供销社改称为“××商店”。1960年1月，称“××公社商店”。1961年9月，日照县供销社与商业局分离，称“日照县××人民公社供销合作社”。1963年2月，基层供销社以区建社，称“日照县××区供销合作社”。1968年3月，称“日照县××区供销合作社革命委员会”。

1975年7月，基层社改称“日照县××人民公社供销合作社”。1978年5月，又改称“日照县××供销合作社”。1985年5月，改称“日照市××供销合作社”。

2001年3月，经日照市中级人民法院批准，岚山头供销社依法宣告破产，时有职工172人、离退休人员28人、退职人员6人、遗属16人。是年11月，经日照市中级人民法院批准，汾水供销社宣告破产，时有职工173人(含棉麻公司和利达公司职工31人)、离退休人员28人、退职职工2人、遗属12人。2004年8月，经日照市中级人民法院批准，虎山供销社宣告破产，时有职工117人、离退休人员34人、退职职工3人、遗属25人。

农村代购代销店　1954年，在农村社会主义合作化高潮中，私营商贩也开始走合作化道路，在供销合作社的组织指导下，办起了合作商店或合作组，开设门市部营业。因多数的村庄还是商业空白点，为解决广大群众的购、销需求，支持和加强对私营商业的社会主义改造。至1955年10月，选定100户商贩为供销社代购代销，冠名为“××供销合作社××(村)代购代销店”，由供销社拨付资金，并有控制地补给货源，使其成为供销社在农村的商业辅助力量。代购代销员为公社社员，参加生产队的农业劳动和收益分配，同时在供销社管理下，从事商业工作。

1967年以后，代购代销店实行购销结合，既供应生产资料和生活资料，也收购农副产品和废品，所需资金由供销社根据实际需要拨给。

1975年，代购代销店由大队(村)管理，人员从贫下中农中选用。

1983年，集体、个体商业迅速发展，各乡镇、村商业网点急剧增加，形成多种经济成份共存、互相竞争的局面，农村代购代销点受到冲击。1984年，多数代购代销员要求变代销为自营，供销社将投入的资金抽回，允许个体经营。至1989年年底，域内的代购代销店全部撤销。

附：企业选介

日丰合作社　1943年春，日照县抗日民主政府于碑廓抗日根据地建立公营日丰合作社，以公家的资金和财产，组织周边的社员进行生产和经营，供应部队和民用，社长丁凤南。合作社下设业务经理部，派人深入敌占区，购进急需物资供应部队；下设的油坊，榨制花生油供应部队，剩余在当地销售；下设的弹花厂，组织社员弹花、纺纱、织布，经过洗染，供应部队，剩余在当地销售。1944年增设车行1处；碑廓张家岭的私人肥皂厂并入日丰合作社。至1947年12月，日丰合作社人员、财产逐步并入日照县合作联合社。

碑廓聚丰纺织合作社　1944年4月15日成立。1945年5月碑廓卫生合作社并入。1946年碑廓个体企业万铸源铸镵炉自愿并入，铸造各类农具和家用器具。1951年，聚丰纺织社财产全部折价，资金交日照县合作联合社。

安东卫兴华纺织合作社　1944年春成立，在安岚区范围内集股，每股3万元(旧币)。其业务是购回棉花，发放给社员纺线，收回线再织布，然后送抗日军队后勤部门；同时也收购布鞋，支援战争。1941年，安东卫成立了车工会，兼办商行业务，内设零售部，经营烟酒茶，1946年年末与民生行合并。1946年以后，安东卫先后成立了公立消费合作社、民生商行、华丰商行、北村的光胜合作社、南村的公和合作社、西村的公兴合作社，1947年东村成立新华合作社。1948年，公立消费合作社、民生商行、华丰商行并入兴华纺织合作社，称安岚区联社，但仍沿用安岚兴华纺织合作社名称，下设兴华消费社货栈、医药合作社。1952年，区联社(包括消费社和货栈)的财产，除社员股金移交给新成立的安东卫镇合作社外，其余全部交日照县联社，人员除2名调往日照县联社，其余安置到新成立的安东卫镇合作社。1952年5月，成立安岚区联村合作社，全区镇、村合作社全部合并进安岚区联村合作社。

安岚区渔业合作社 成立于1946年，主要为渔民到外地购买棉、麻、猪血、桐油、木材等材料，供渔民造船和制渔具，帮助渔民推销海产品，使渔民免受渔行渔霸的剥削，增加渔民收入，改善渔民生活。1950年后，该社并入日照县渔业合作社。

岚山头合作货栈 前身为山东省日照县供销合作社涛雒合作货栈。1956年迁往日照县安岚区供销合作社的仓库内办公，称日照县供销合作社岚山头合作货栈。1958年7月，随日照县供销合作社与商业局合并。1961年9月，又随县供销合作社与县商业局分开，由临沂地区供销社接管，称临沂地区供销社岚山头转运站。1962年3月划归日照县供销合作社管辖。1966年10月，归临沂地区土产杂品站管辖，11月改称山东省土产杂品公司临沂采购供应站岚山头转运站。1970年6月，移交日照县供销合作社，称日照县供销合作社革命委员会岚山头储运站革命领导小组。1971年7月，随日照县供销合作社革命委员会与商业局革命委员会合并。1975年7月，随日照县供销合作社与商业局分开，12月改称日照县供销合作社岚山头转运站。1977年，划归安岚供销合作社。1983年，安岚供销合作社分设汾水和岚山头2处基层供销合作社，岚山头转运站划归岚山头供销合作社。

岚山工业品批发公司 又名岚山土产杂品公司，1995年3月从汾水供销社分离后成立，职工53人，固定资产35万元，为综合性经营公司。1995年5月投资300余万元兴建岚山供销商厦。1997年11月，由碑廓供销社托管，1999年4月，从碑廓供销社分离，独立经营。该公司由于亏损严重，无力经营，经日照市中级人民法院批准于2003年7月17日宣告破产。同年8月8日，依法对56名职工进行了安置，并解除了劳动合同。

岚山利达实业公司 建于1994年4月，总资产150万元，职工16人，主要从事烟草经营业务。经日照市中级人民法院批准，公司职工于2001年11月1进行了破产安置，并入汾水供销社。

岚山棉麻公司 建于1994年4月，与岚山利达实业公司一套班子、两块牌子。1997年4月与利达公司分离。公司职工于2001年11月并入汾水供销社，进行了破产安置。

岚山农业生产资料公司 1994年3月成立，1997年1月在汾水北建农资大棚1处，职工20名，主要经营农业生产资料。1997年11月并入岚山头供销社。2001年3月随同岚山头供销社一并依法破产。

岚山果品公司 成立于1994年3月，主要经营日用品、针纺织品、五金交电、建材杂品、农业生产资料等。1997年11月并入汾水供销社。2001年11月随同汾水供销社一并依法破产。

第三节 国有商业

岚山办事处物资总公司 1978年秋，安岚物资供应站成立，为综合物资经营单位，隶属日照县革命委员会物资局。1994年年初，岚山办事处成立物资总公司，履行域内物资系统经营与管理的行政职能。下设岚山海州五金厂、岚山燃料公司、岚山化轻公司、岚山木材公司、岚山金属回收公司、岚山金属材料公司、岚山建材公司、岚山机电公司等。其中岚山木材公司、岚山金属回收公司、岚山金属材料公司、岚山建材公司、岚山机电公司等，由于经营不善而停业，存在时间很短。2000年6月岚山物资总公司完成改制，原行政管理职能归经贸委，原企业改名为岚山物资贸易中心，租赁经营原总公司所属燃料公司、化轻公司和金属回收公司，一年后停业。

岚山海州五金厂 1994年10月成立，从五莲引进一套设备，制作手工剪刀供出口，由于产品滞销，国内市场又属淘汰产品，两年后停产。

岚山燃料公司 1999年开始营业，主要经营煤炭，当时借助煤炭市场清理整顿的有利时机，经营处于暂时活跃，年营业额10万多元。2000年因经营不善停业。

岚山化轻公司 1994年开始营业，主要经营化工原料及产品，后因业务萎缩，其所属民爆物品储存仓库存在安全隐患，且没有取得国家有关

部门的经营资格，1997年，公司停止经营活动。

岚山民爆器材专卖处　前身是1997成立的岚山化轻公司民爆器材专卖处。1998年取得由国防科工委颁发的特种经营资格。2000年6月改制，岚山民爆器材专卖处兼并岚山海州五金厂、岚山燃料公司、岚山化轻公司，成立日照市岚山民爆器材专卖处。经营一年后为企业创造净利润8万余元，还清化轻公司所有欠款。2001年6月，改制为股份合作制企业，注册资金4.2万元，其中国有股2万元，职工股2.2万元。改制后，将旧民爆物品仓库仓体进行彻底改建，使仓库达到国家民爆物品仓库标准。同年12月，职工自筹资金，将注册资金增为30万元，增设了民爆服务网点，设立了安东卫民爆物品服务站、虎山民爆物品服务站、石棉矿民爆物品供应仓库。2002年成立爆破作业服务队，对民爆物品实行领取、使用、清退"一条龙"服务，杜绝爆炸物品流失。2004年改组为日照市东方民爆器材有限公司；2005年控股成立日照市东方爆破有限公司，专业负责爆破工程施工。2007年12月，改制为日照永泰民爆器材有限公司岚山分公司，注册资金300万元，国有股退出，改为职工持股。同年7月，在巨峰镇邹北岭村北建民爆物品储存库5座，安东卫民爆物品服务站取消。2010年控股成立安达爆破工程公司，专业开展爆破工程施工。东方、安达两个爆破公司先后为引日照水库至日钢公司供水工程，市内电力、通讯工程，金牛岭整体移山填海工程，岚山港海底爆破工程，岚山化工园区及全区道路管网、居民小区建设、矿山开采实施爆破作业。2012年，有固定员工40多人，临时用工100余人，年爆破量100余万立方米。

岚山办事处商业总公司　1993年12月6日成立，为全民所有制企业，由岚山经济贸易委员会管理，独立核算，自负盈亏。总公司注册资本200万元，履行商业经营管理部门的行政职能。

1994年3月后，商业总公司先后在岚山成立了日照市岚山百货公司、五交化公司、岚山神鹰化工厂、汽车配件中心、岚山百货公司、港城蔬菜公司等6个公司，各公司独立核算，自负盈亏。1994年12月，岚山、汾水、碑廓、虎山4处食品站从东港区划归岚山办事处，成立岚山食品公司，隶属于商业总公司，有职工40人。

1995年4月3日，根据国务院办公厅《关于进一步做好国际航行船舶港口供应工作的补充通知》，成立日照市岚山外轮供应公司，为全民所有制企业，隶属于岚山商业总公司，负责对外轮（包括悬挂方便旗的船舶）和在港口的国际航行轮渡的供应工作，经营外轮所需用品和物资，包括特供商品、免税商品，兼营外轮物资。1995年12月5日，岚山港口石油公司整建制划归商业总公司管理。

至1997年年初，除岚山食品公司外，其他单位相继停产、停业。

2000年10月，商业总公司撤销，原商业总公司人员、商业总公司管辖的岚山食品公司由安东工贸集团托管，后安东工贸集团破产，改由粮食局托管。2007年8月又划归经贸局管理。2011年6月又划归商务局管理。

1998年前，生猪贸易实行市场化，以各乡镇食品站和个体私营屠宰户为主。1998年实行生猪定点屠宰，未取得生猪定点屠宰证照的单位、个人不得从事生猪业务，监管单位对生猪产地、进厂检疫、屠宰加工、质量检验、产品流向等都进行严格管理。岚山办事处取得生猪定点屠宰许可证的单位只有食品公司下辖的岚山头、安东卫、虎山、碑廓4家食品站，实行生猪收购、屠宰、销售一条龙服务，在各村庄、集市、农贸市场、超市等设猪肉销售点。

2004年设区后，黄墩、后村、高兴、巨峰4镇划入，因该4镇食品公司已破产，生猪收购、屠宰、销售仍由原取得生猪定点屠宰许可证的个体业户经营。

2012年，岚山食品公司有职工94人，年屠宰生猪2.8万头，下辖的4处食品站，从生猪的检验、收购、运输、屠宰直至销售，各环节都有专人负责质量监督，严格杜绝注水猪、病死猪。

第二章 粮油购销

新中国成立前，境内粮油产量很低，广大农民始终摆脱不了"年年种粮，年年闹粮荒"的局面，供销社收购农副产品以花生米、花生油、生猪为主。新中国成立后，对粮油实行统购统销，购销业务移交到粮食部门，采取高度的"四统一"政策，即统一收购、统一销售、统一调拨、统一储存。粮油市场平衡，购、销价格稳定。1970年后，供销社主要收购果品、茶叶、水产品、鲜蛋、畜禽、皮毛等。

1979年起，放开粮食集市贸易，恢复国营粮食商业的议价粮油经营。1983年以后，进一步放开、扩大粮食市场，统购以外的余粮实行多渠道经营，议价粮油数量和品种逐年增多。1985年，粮食、油料由统购改为合同定购，1991年将合同定购改为国家定购。1992年10月，除军供粮油外，其他粮油价格全部放开，同时停止使用各种粮油票证。为保护农民种粮积极性，1993年粮食收购实行保护价制度。1994年、1996年先后提高粮食收购价格。1998年，国家先后颁布了《粮食收购条例》《粮食购销行为处罚办法》，将粮食购销行为纳入法制化管理轨道。2004年5月26日，国务院公布《粮食流通管理条例》，对粮食收购企业实行资格认证制度，自2004年夏粮收购起，岚山区放开粮食市场和粮食价格，取消粮食定购任务，粮食购销完全走向市场化。为保护农民种粮积极性，自2006年开始，区内国营粮食企业开始实行托市收购政策。

在深化粮食流通体制改革的同时，粮食企业管理体制和经营体制改革也不断开展。粮食企业在完成国家粮油购销任务的同时，可以开展多种经营，如饲料加工、熟食品加工、油料、面粉加工等。1988年，日照市粮食局在全系统实行经营承包责任制，对超额完成承包利润的企业实行奖励制度。1993年，岚山办事处粮油总公司成立后，对所辖企业实行独立核算，职工工资直接与企业的经营效益挂钩。1998年，建立两条线运行机制，政策性业务与商业性经营分开，单独核算。同时，对设区后划入的5处企业进行清产承包经营，粮食企业逐步壮大。2004年，对粮食附营企业进行破产清算，307人另谋职业。2005年下半年，对粮食收储企业人员进行身份置换，198人与所在企业解除了劳动关系。

随着粮食购销体制改革的不断深入，粮食储备体系不断改进。2006年、2009年分别建成标准化粮库2座，地方储备粮由专库储存，规模达到1万吨。

第一节 管理机构与经营体制

管理机构 据清康熙十二年版《安东卫志》记载，明代岚山就设有粮食管理机构。清乾隆七年(1742年)，安东卫并入日照县，岚山境内的粮油转由日照县管理。

1940年，日照县抗日民主政府设财粮科，岚山境内救国公粮的征收由其负责，在各区设财粮站。1941年5月，分别在安岚、碑廓、巨峰等区设立粮库。至1950年春，有安岚、碑廓、巨峰、望海等13个区粮库。1954年10月，各粮库实行双重领导，即业务上接受粮食局领导，行政上归各区直接领导；次年区粮库改称区粮食管理站。1956年，改称粮食管理所；1958年1月，改称为粮油管理所；1959年1月，粮油管理所下放到人民公社，在公社财贸部设立粮食管理科；1960年年底，恢复粮油管理所名称。1963年，原人民公社改为区，粮食机构随之调整，虎山粮所并于安岚粮所。1971年设虎山、大坡等粮所。1975年，黄墩粮所新建双疃粮站。1981年12月，安岚公社分为岚山公社和汾水公社，原安岚粮所改称岚山粮所，增设汾水粮所。1984年5月，公社粮油管理所改称区粮油管理所。1993年岚山工委办事处成立，虎山、汾水、碑廓、岚山粮所归其管理，设岚山办事处粮油总公司。1994年，办事处粮油总公司保留了碑廓、虎山、汾水粮所，将岚山粮油中心店分解为环海、圣岚、童海粮店，相继成立岚山粮油贸易公司、岚山粮油水产公司、岚山花生筛选厂、养殖厂、保健浴具厂、面粉加工厂。1999年，全区粮食系统实行主附营业务分离和人员分流，成立岚山粮食收储中心和日照安东工贸集团公司。基层粮所在保留粮所建制的基础上，成立3个粮食购销管理站和岚山军粮供应站。2004年10月，巨峰、高兴、大坡、后村、黄墩5处粮所划归岚山区。同年，承担粮食附营业务的日照安东工贸集团公司破产。2005年年底，承担粮食主营业务的岚山粮食收储中心改制，成立岚山粮食储备管理中心，下设朱曹、虎山粮食储备库，巨峰、大坡、高兴、后村、黄墩、汾水、碑廓粮油购销站。2006年下半年，汾水粮所因房产开发整体拆除。2009年，岚山区粮食储备库成立。2011年8月，岚山区粮油配送中心成立，建立了境内放心粮油连锁经营的网络体系。

经营体制　新中国成立以后，粮食购销体制大体经历了自由购销时期、统购统销时期、计划调控和市场调节相结合时期、向购销市场化过渡时期、购销市场化时期。

自由购销时期（1949～1952年）　这一时期，日照县粮食局（或日照县中央公粮分库）下设各粮库负责公粮的征收入库、保管、调度和军粮以及其他财政粮、事业粮的供应管理；1950年3月成立粮食公司和油脂公司，负责城乡粮油自由购销和粮食市场管理，并同不法粮食商贩作斗争。1950～1953年，粮食公司先后从东北和其他地区十几个省调入粮食16345吨原粮，平抑粮价。

统购统销时期（1953～1984年）　1953年11月，实行粮食统购统销，各乡镇粮所的人、财、物统归县粮食局管理。粮食收购、销售、调拨、储存以“统”为主，基层粮所没有动支权。1979年，日照县粮食局基层各单位实行独立核算，自负盈亏。1980年2月，日照县粮油议购议销公司成立，粮食部门在坚持统购统销、保证完成国家征购任务的前提下，加强了粮油议购议销业务管理。

计划调控与市场调节相结合时期（1985～1997年）　1985年，取消粮食统购，实行合同定购，定购以外的粮食允许自由购销。1988年，粮食局对所属企业实行承包责任制。1991年，根据国务院指示，将合同定购改为定购，国家定购任务必须完成。1992年10月，粮油销售价格放开后，粮食企业进一步走向市场化。1993年6月，岚山办事处粮油总公司成立，为全民所有制企业，行使行政管理和企业管理双重职能。1996年，办事处粮油总公司对外使用办事处粮食局称号，对所属企业一律实行独立核算，在经营机制上以承包为主，企业负责人实行年薪制，企业利润基数包干，确保上缴，超收分成，欠收自补，形成了政策性和商业性两线运行的经营体制。

向市场化过渡时期（1998～2003年）　1998年，办事处粮食局根据国家提出的“四分开、一完善”（政企分开、中央与地方分开、储备与经营分开、新老财务挂账分开和完善粮食价格机制）的粮食流通体制改革原则，对基层粮所实行政策性业务与商业性经营分开，单独核算。1999年年底进行机构改革，组建岚山办事处粮食收储管理中心和日照安东工贸集团公司。基层粮所一分为二：设粮食购销站，主要从事政策性粮油的购、销、存业务；另一部分从事粮食系统附营业务，与各粮店、面粉厂、养殖厂、保健浴具厂、粮油水产公司等合并经营。

购销市场化时期（2004年后）　2004年1月，日照安东工贸集团公司破产，下属岚山食品公司划归办事处经贸委管理。同年根据省、市统一部署，放开粮食市场和粮食价格，自夏粮收购起，取消粮食定购业务，粮油购销全面走向市场化。岚山设区后，接管巨峰、大坡、高兴、后村、黄墩5处粮所，由粮食收储管理中心进行清点整合。2005年下半年，根据市、区政府要求，对全区粮食企业人员进行身份置换，全员与所在企业解除了劳动关系，根据岗位需求，确定返聘人数。至12月底，共有193人解除劳动关系。2006年1月，岚山粮食收储管理中心更名为岚山粮食储备管理中心，成立岚山粮食储备库。区粮食局主要担负粮食行政执法、军粮供应、地方储备粮管理、粮食托市收购和企业经营监督。

第二节　粮油征购

粮食征购包括征收、统购、合同定购与零散收购，是国家获得和控制商品粮的重要手段。

田赋与公粮　田赋也称钱粮，是政府向农民征收的岁费，主要有布、帛、粮、银等。岚山自明代初期即按官田、民田、租田、芦地、草场地等征税收粮。清朝初期，多为征银，据清光绪十一年(1885年)《日照县志》载，民田每亩征银0.0207两。自雍正四年(1726年)，奉文执行"地丁合一"制度，将丁银按地银的11%纳入地银，这样每亩征银约0.023两。民国时征用田赋数量沿用清制，北洋政府时期将每两银折为大洋3元2角，1928年国民党南京政府改为4元。1937年7月抗日战争爆发后，国民党政府和日伪政府除大肆向农民派粮派捐外，还仍按地丁粮银折征实物。1942年，国民党统治区农民负担每两银折征秋粮300公斤，但国民党五十七军一一一师部队按每两银折小麦425公斤征收。

公粮是"抗日救国公粮"的简称，1940年春由日照县抗日民主政府开始征收。主要有"公平负担""按产量累进负担""按地亩负担"和"借征负担"4种征收办法。每种负担办法，政府都规定一定的负担减免，减轻农民负担。1940年冬平均每亩征钱2角。1941年每亩征收1元。1942年改征粮食，每亩地征粮约5.68公斤。1944年下半年又改征钱币，每亩5元。1945年9月日照县解放后，田赋征收按照滨海专署或鲁中南第六行政专署指示进行，每亩折征本币60元。1948年10月至1949年7月，按省政府的规定，秋季田赋改征实物，以每实耕亩征收1.5公斤秋粮为标准，与公粮合并征收。1949年7月以后，所征田赋、公粮、柴代粮、乡村经费附加粮等负担皆合并归一，计征"农业税"。新中国成立后，农业税征收逐步纳入"依率计征、依法减免、增产不增税、稳定农民负担"的轨道。

粮食统购　新中国成立初期，粮食供应紧张，市场粮价波动幅度较大。党和政府加强粮食征收管理和粮食机构队伍建设，粮食形势随着国民经济状况的好转而趋于稳定。1953年10月16日中共中央发布《关于实行粮食计划收购和计划供应的决议》，11月23日国务院颁布《关于实行粮食计划收购和计划供应的命令》，岚山开始统购农村余粮。实行粮食统购的头两年，由于对农民手里的余粮数量没有底，在统购任务的分配上有些脱离实际，统购方法上带有一定的强制性，造成了不均衡现象。

1955年8月25日，国务院发布了《农村粮食统购统销暂行办法》，进一步完善粮食统购统销政策。9月，实行粮食"三定"(定产、定购、定销)。1958年，粮食统购开始实行包征包购。1966年，为了稳定农民粮食负担，统购统销实行"一定三年不变"，即对社队的粮食征购任务制定一个"一定三年不变"的任务基数，对超基数的粮食，给予加价奖励和物品奖励。1971年，粮食征购任务在原"一定三年不变"的基础上，改为"一定五年不变"。

油料征购　1953年11月，中共中央作出关于油料实行统购统销的决定，岚山开始对油料实行统购。统购品种主要是花生、芝麻、蓖麻籽等。1955年秋，对油料的统购办法进行改进，贯彻"多产多得，增产多留"的统购原则。对扣除自食油料、种子和征实后的剩余部分，按一定的统购比率确定统购任务。1957年12月以后，粮食部门每年对油料随同粮食一道，统一安排，逐级下达油料统购任务，以社队为单位进行统购。1971年，花生统购开始实行包购基数，对超包购基数统购的油料进行加价奖励和奖售化肥。1984年，花生统购采取计划收购任务以内的油料计价收购，计划任务以外的油料由农民自行处理。

合同定购与国家定购　自1985年4月1日起，国家取消粮油统购，实行粮油合同定购。合同定购粮价格，每50公斤玉米12.3元、大豆34.5元、粳稻14.35元、籼稻12.7元、瓜干10.14元，定购后农民人均留粮312公斤。

1991年，国务院将合同定购改为国家定购。1993年2月15日，国务院下发《关于加快粮食流通体制改革的通知》，提出逐步走粮食商品化、经营市场化和在国家宏观调控下放开价格、放开经营、放开市场的“两化三放开”路子，进一步转换粮油经营机制。是年，岚山执行粮食收购保护价的品种仅限于小麦、玉米和稻谷，当年粮食定购保护价为：小麦 0.65 元/公斤、玉米 0.42 元/公斤、粳稻 0.70 元/公斤。在保护价基础上，将“三挂钩”差价作为价外加价，收购时一并付给农民。付给农民的定购价为小麦 0.74 元/公斤、玉米 0.51 元/公斤、粳稻 0.7728 元/公斤。当市场粮价高于保护价加价时，随行就市收购。1994 年，国家大幅度提高定购粮的收购价格。岚山粮食定购价（不含挂钩物资）小麦由原来的 0.65 元/公斤提高到 1.08 元/公斤，提价幅度为 66%；玉米由原来的 0.42 元/公斤提高到 0.82 元/公斤，提价幅度为 95%；粳稻由原来的 0.70 元/公斤提高到 1.12 元/公斤，提价幅度为 60%。1995 年，粮食定购价维持上年水平，但市场粮价继续上涨，为调动农民种粮积极性，省政府确定对农民交售定购以内的粮食，每 50 公斤供应国产尿素 5 公斤，定购以外的坚持随行就市收购。1996 年，市场粮价仍居高不下，国家再次提高了收购价格，小麦、玉米、粳稻的定购价分别由每公斤 1.08 元、0.84 元和 1.12 元提高到 1.52 元、1.26 元和 1.56 元，提价幅度分别为 40.7%、50% 和 39.3%。1997 年后，粮食连年丰收，市场价格不断下滑，定购价格远高于市场价，粮食流通出现了只购不销或多购少销、库存严重积压的局面。虽然国家出台了粮食供应超储补贴政策，但粮食供应企业仍出现巨额亏损。

1998 年，每 50 公斤小麦由原来的 76 元降到 73 元，玉米由 63 元降到 61 元；保护价：每 50 公斤小麦由 69 元降到 64 元，玉米由 57 元降到 54 元。1999 年，实行定购价与保护价并轨，并进一步降低收购价格，每 50 公斤小麦由上年的 73 元降到 64 元，玉米由 61 元降到 46 元。2000 年，每 50 公斤小麦由 64 元降到 57 元（标准品由混合麦改为白麦），玉米由 46 元提到 49 元。经过 3 年调整，粮食定购价和保护价大幅度下降，基本上恢复到了 1995 年调价前的水平。2002 年，小麦保护价下调为 55 元/50 公斤，秋粮退出保护价范围，但继续实行定购制度，订购价格确定为玉米 45 元/50 公斤。2004 年，粮食市场开放，取消粮食定购。2006 年，为保护农民种粮积极性，国家对市场粮食实行托市收购，小麦中级收购价定位 69 元/50 公斤（花麦）。2002 年后，当市场粮价低于托市收购价时，即启动托市收购，当市场粮价远高于托市收购价时，国营粮食企业没有进行市场收购。

粮油换购　1961 年，为弥补粮油供应的不足，粮食部门开始以工业品换购农村中的余粮（包括单干户）。

换购标准每年不同，1961 年换粮标准为：化肥每公斤兑换粮食 1 公斤（瓜干 1.5 公斤）；煤油每公斤兑换粮食 2 公斤（瓜干 3 公斤）；手推车轮每轮兑换粮食 50 公斤（瓜干 75 公斤）；自行车每辆兑换粮食 75 公斤（瓜干 100 公斤）；手表每只兑换粮食 10 公斤（瓜干 15 公斤）。1969 年，换购标准为 3 尺布票换购花生仁 5 公斤。1970 年换购标准为 3 尺布票换购花生仁 5 公斤或 5 尺布票换购花生油 5 公斤。

粮油奖售　1962 年，粮食部门开始对向国家交售粮油的社队或农民实行物品奖售。

粮食奖售标准　1962 ～ 1970 年，对任务内和超购的粮食奖售标准一年一变，奖售的物品有棉布、胶鞋、针织品、烟、糖、化肥等。1971 年以后，只对超包购基数的粮食进行奖售。奖售标准：1971 ～ 1973 年粮食超购百元奖化肥 40 公斤，1974 ～ 1979 年增为 60 公斤，1980 ～ 1984 年改为 40 公斤。1985 年粮食实行合同定购后，合同定购粮食百元奖化肥 40 公斤，平价柴油 3 公斤。1986 年定购粮食百元奖化肥 30 公斤，平价柴油 4 公斤。1987 ～ 1988 年，每交售 50 公斤定购粮食奖售平价优质化肥 6.5 公斤，平价柴油 1.5 公斤。

油料、油脂奖售标准　1962 ～ 1970 年，对任务内和超购的油脂和油料奖售标准一年一变，奖售的物品有化肥、棉布、针织品、布票、烟、糖、胶鞋等。

1971 ～ 1984 年，只对超购基数的油料或油脂进行奖售。油料奖售标准：1971 ～ 1977 年，超购 50 公斤大花生仁奖化肥 17.5 公斤，超购 50 公斤伏花生仁奖化肥 12.5 公斤，对不返饼的大小花生仁奖化肥 15 公斤。1978 ～ 1984 年，超购 50 公斤出口大花生仁奖化肥 27.5 公斤，小花生仁奖化肥22.5公斤。1986～1988年，对定购内的大小花生仁统算，交售50公斤花生仁奖化肥15公斤。油脂奖售标准：1971～1984年，对超购的花生油按38%出油率折成小花生仁进行奖售。1985年对交售合同定购的花生油按39%出油率折成小花生仁进行奖售。1986～1988年，花生油按39%出油率折成花生仁进行奖售。

粮食加价奖售标准　1960年开始对人均征购粮超过50公斤的部分，按统购价给予10%的加价奖励，1965年提高为20%。1966年开始对超包购基数部分的统购粮按统购价加价奖励，加价幅度为20%。1971～1979年加价幅度为30%，1980～1984年加价幅度为50%。1985年粮食实行合同定购后，取消超购加价奖。自1971年起，对超包购基数的油料实行加价奖励。1971年每超购花生百元，按统购价加价20%，1972～1979年加价幅度增为30%，1980～1982年增为50%。自1983年起，油料收购取消超购加价奖励。

第三节　粮油供应与销售

清代以前，征收的田赋上解上级司署后，剩余部分用于官俸、役食及军粮。清光绪年间，日照县食俸银者6人，包括安东卫巡检1人，年俸31.52两。

抗日战争时期，抗日民主政府实行供给制，对人民军队和地方党政工作人员只供应生活资料。1940年3月至1953年10月，在编党政工作人员都按此制度供应粮油，在财政收入中支给。

抗日战争和解放战争时期，岚山群众筹措粮食，支援甲子山、孟良崮、济南和淮海4个战役。1942年10月，碑廓粮库的工作人员四处筹集大饼、煎饼等食品，供给参加甲子山战役的八路军部队。12月，又将留作年关机关人员供应的15万公斤大米运往甲子山前线。

定量人口供应与销售　1953年10月，国家颁布粮食统购统销的政策后，开始对非农业人口和缺粮农民实行计划供应。1955年10月，执行国务院《市镇粮食定量供应暂行办法》，开始对非农业人口实行以人分等定量供应。

1983年，根据国务院通知精神，压缩不合理的粮食销售，农村基本只购不销，确需销售的，区别不同情况，采取统销、借销和议销3种办法，城镇居民则继续实行定量供应。

1989年，国家供应统销粮油的范围在城镇只保留了居民口粮和行政事业人口粮食供应两项。1991年岚山粮食统销价格分别为：小麦0.42元/公斤，玉米0.30元/公斤。1992年实行购销同价。同年10月开始，放开粮食供应销售价格。

1994年6月10日起，小麦、玉米、稻谷三大粮食品种的销售价格被纳入国家定价。1996年，山东省调整粮食销售价格，供应城镇居民的面粉，产地价格每公斤特一粉2.72元，特二粉2.54元，标准粉2.36元。同时，恢复对城镇居民口粮实行限量、限价、限时供应政策：每人每月10公斤，特一粉2.06～2.12元/公斤，特二粉1.88～1.94元/公斤。

为保护农民种粮积极性，国家和省对企业商品粮库存部分，由财政按每公斤6分钱的标准补贴保管费用，银行贷款利息由财政据实补贴。

驻军粮食供应　新中国成立以前，按照"好粮供应部队"的原则供应。新中国成立后，按照"先部队、后地方"的原则供应，按照济南军区后勤部和山东省粮食厅(局)的要求，使粮色比例和粮食质量达到军供规定标准。1953年12月，对驻军的粮食供应，实行标准米面制度。1955年10月，岚山对驻军供应的食油，凭山东省商业厅印制发行的"军用食油购买票"支取。自1958年4月1日起，取消凭票供应，改由团级以上后勤机关编制用油计划报日照县粮食局审批后按计划供应。

驻军副食豆类供应　1954年11月，按其所供粗粮20%供应。1955年，改按实际购粮5%供应。1957年减为2%。自1958年6月6日起，对驻军供应的豆类不包括在标准定量以内，而按实际购粮量5%额外供应。1981年起，军官及在编职工供应豆类数量为实际购粮量的8.6%，士兵为4.7%。

1994年，供应部队的粮油，由粮油部门筹措议价粮源，凭军用粮票(证)按统销价供应，统销价与市场议销价的差价由国家和省政府给予补贴。从 1994 年 6 月 1 日起，启用新的军用粮票。

工商行业供应　主要包括对食品业（饮食业）、副食业、酿造业和酒精工业的粮油供应，分国营食品业供应和农村食品业供应 2 种。

1953 年 10 月，开始对国营食品业实行粮油计划供应，供应额与上一年本行业平均需用量相同。1955 年 10 月，实行以粮带油供应制度。自 1960 年起改为计划供应。1981 年 1 月，恢复以粮带油供应制度。1984 年 7 月，改为“包干制”。至 1988 年，工商行业粮油供应全部取消。

1958 年 10 月，开始对农村食品业供应粮油，供应标准与国营食品业供应标准相同。自 1966 年起，农村饮食业被禁止经营。1980 年开始对公社、大队和个体办食品业按照国营食品业供应标准供应粮油，至 1981 年实行粮油购销调拨包干办法时止。

对副食业、酿造业及酒精工业的粮油供应，自 1955 年 10 月起一直实行计划供应。1984 年 7 月改为“包干制”。

农村供应　也称农村统销，是主要对沿海盐民、渔民，内地缺粮、缺油农民及库区农民等实行的供应。

1953 年 11 月，岚山粮食部门对沿海渔民实行统销粮供应。1984 年岚山头 7 个行政村 2 万余人转为非农业户口，纳入定量供应。

1953 年 11 月，农村供应多由所在村党支部提名，群众评议，报乡政府批准后凭购粮证或介绍信购买。1955 年 10 月，开始规定缺粮户用粮标准。对不足用粮标准部分，由国家补足到用粮标准。1955 年，用粮标准为（不分沿海内地）每人每年 120 公斤；1957 年调为沿海 180 公斤、内地 170 公斤；1960 年，沿海内地不变，库区为 160 公斤；1962 年，不分区域，沿海、内地、库区统为 160 公斤；1963 年，改按每人每日 5 大两（即 0.25 公斤）供应；1966 年，沿海和库区为 167 公斤，内地为 203 公斤；1971 年，沿海、内地、库区统为 173.5 公斤，1973 年改为 150 公斤；1980 年后，沿海为 200 公斤、内地为 180 公斤，至 1981 年止，库区为 180 公斤，成建制“农转非”村庄居民与沿海盐民、渔民相同，按每人每年 200 公斤原粮供应。

对农村供应的粮食，主要有杂粮、瓜干、小麦 3 种，间或供应部分全麦粉和大豆，供应的粮色比例因当地实际库存情况而定。

粮油票证流通　1941 年 6 月至 1989 年，在岚山域内流通的粮票有支粮票、麦秋粮票、军用粮

境内不同年份粮食定量标准一览表

表 16-2　　单位：公斤/人·月

人员等级 \ 定量标准 \ 调整时间		1955 年 10 月	1959 年 5 月	1961 年 9 月	1971 年 10 月
特重体力	1	30	30	27	28
	2	27	28	25	26
	3	25	25	23	24.5
重体力	1	24.5	24.5	21	23
	2	22	22.5	19	21.5
	3	20	20	17	19.5
轻体力	1	19.5	18.5	15.75	17
	2	17	17.5	14.75	16
	3	14.5	16	13.75	15.5
脑力职工	1	16	15.5	23.5	16.5
	2	15.5	16.5	16.5	15
	3	15	15	15	15
	4	13.5	13.5	13.5	

续表 16-2

人员等级 \ 定量标准 \ 调整时间		1955 年 10 月	1959 年 5 月	1961 年 9 月	1971 年 10 月
大、中学生	1	18	18	15.25	17.25
	2	17	17	14.25	16
	3	16	16	13.25	15
	4	14.5	14.5	14.25	14.5
居　民		12 ~ 14.25	13.5	11.5	13.5
儿童	六至不满十岁	9 ~ 11.5	9 ~ 11.5	8.5 ~ 1.5	10 ~ 13
	三至不满六岁	6 ~ 8.5	6 ~ 8.5	5.5 ~ 7.5	7 ~ 9
	一至不满三岁	3 ~ 5.5	3 ~ 5.5	2.5 ~ 4.5	3.5 ~ 6

票、全国通用粮票、山东省地方粮票、山东省侨汇专用粮票和粮票代用凭证 7 种及滨海专员公署统一印制发行的支粮票。

1946 年 6 月至 1950 年 7 月 14 日，域内流通使用山东省粮食总局印制发行的麦粮票和秋粮票。1950 年 7 月 15 日，岚山开始流通使用华东财政经济委员会印制发行的麦秋粮票，其中秋粮票改为杂粮票，并增设大米票。该票至 1952 年 12 月停止流通。

1955 年 10 月，岚山开始使用全国通用粮票，并实行一次使用后盖章封存的办法。1956 年 8 月 1 日，改为循环使用。

1955 年 10 月 1 日，岚山开始流通使用山东省粮票。当时，实行一次使用后盖章封存办法，1956 年 5 月 1 日改为循环使用并长期有效。

1958 年 11 月 20 日，日照县粮食局开始印制使用“山东省粮票代用凭证”和“日照县县内粮票代用凭证”。1960 年 10 月 1 日，日照粮票代用凭证开始纳入统销计划管理。1962 年 2 月 1 日，代用凭证改用山东省粮食局印制的“山东省粮票代用凭证”，至 1963 年 9 月 14 日停止使用。

1955 年 10 月 1 日，岚山开始使用“山东省商业厅农村食油购买票”。农村缺油户、半缺油户、沿海盐民、渔民皆凭本票购油。1956 年，开始使用临沂专员公署工商科印制发行的农村食油购买票，票额与 1956 年山东省商业厅发行的农村食油票相同。1957 年，开始使用山东省粮食厅印制发行的食油购买票。

1960 年 1 月，岚山定量供应人口、内地缺油农民及沿海盐民、渔民统一使用山东省粮食厅印制发行的“山东省食油票”。1961 年 10 月，停止对内地缺油户、半缺油户的供应，同时油票使用期限由季改为年，但仍只限流通一次。1966 年 7 月 1 日，改为循环使用，并长期有效。

1978 年 8 月 1 日起，岚山开始使用山东省革

图 16-2　流通票证

命委员会粮食局印制的“山东省侨汇专用粮票”，凭该票购粮时不限粮种，使用一次后剪角作废。此后，侨汇粮票改为侨汇物资供应证，并由剪角作废改为盖章封存上解。

1992 年 6 月 1 日开始，启用由商业部统一印制的《市镇居民粮食供应转移证明》，原来的粮食供应转移证明同时废止。2001 年 5 月 1 日起，全国取消《市镇居民粮食供应转移证明》，城镇居民户口迁移时不再办理粮食供应转移手续，同时农业人口转为非农业人口不再办理供粮手续。

食油供应　始于 1955 年 10 月。供应标准：每人每月 0.16 公斤。1959 年 9 月，机关团体、学校教职员工每人每月 0.19 公斤；居民及中学生每人每月 0.09 公斤。1960 年 10 月，机关团体、学校教职员工每人每月 0.11 公斤，居民、中学生、职工家属、儿童为 0.05 公斤，在集体食堂入伙的儿童按职工标准供应。1963 年 3 月，对定量人口全部按每人每月 0.06 公斤供应，并补助 0.03 公斤。1964 年 12 月，对定量人口的食油供应调为每人每月 0.15 公斤，取消补助供应。1973 年 4 月 1 日，改为按每人每月 0.25 公斤供应，并对从事有毒、有害、高温及井下作业人员，以及复员回乡老红军、重残荣誉军人、病员、归国探亲华侨等进行补助供应。自 1972 年起，对国庆节和春节进行节日补助供应，供应标准除 1973 年 4 月至 1978 年 12 月每人节日期间补助供应 0.1 公斤外，其余年份均供应 0.5 公斤。1992 年 10 月，粮油价格放开，取消食油供应。

副食豆类供应　1955 ～ 1958 年，按照实际库存情况，在粗粮比例数内掌握供应。1959 年后，改按定量的 10% ～ 15% 供应。1962 年 7 月，按定量的 10% 供应。1963 年 7 月改为定量外补助供应，每人每月补助 0.5 公斤。1966 年改为定量内供应，供应数量每人每月 0.25 公斤。1972 年 4 月，取消定量内供应。1979 年 1 月恢复，定量供应数量每人每月 0.5 公斤。1985 年 4 月 1 日，再度取消定量内供应，改由各粮所、站自行议购后掌握供应。1988 年 1 月，再度恢复定量内供应，供应数量为每人每月 0.5 公斤。1992 年 10 月，取消定量供应。

议价销售　1962 年 8 月，粮油议价销售开始在供销社系统开展。1963 年 8 月，粮油议价经营归口粮食部门管理。1964 年，实行议价粮降价补助办法，按照低于议销价、高于统销价的价格，对非农业人口每人每月补助议价粮 1 公斤。1983 年后，粮食实行多渠道经营，粮食部门仍发挥主渠道作用。1984 年后，工商行业用粮逐渐由平价供应改为议价供应。1988 年行业用粮油全部退出统销。

自 1994 年 6 月 10 日起，小麦、玉米、稻谷的销售价格由国家定价；1995 年 1 月开始，对城镇居民粮油销售实行限量限价供应。1993 ～ 1999 年，岚山办事处粮食部门原粮销售 3.4658 万吨，油料销售 1.645 万吨，食用油品销售 8370 吨。

顺价销售　1997 年，粮食市场出现牌价、市价倒挂，即市场粮价低于国家定购价格，粮食销售出现困难。1998 年，在按保护价敞开收购农民余粮的同时，为减少国有粮食企业亏损，实行粮食顺价销售，销售价格不能低于库存粮油成本价。2000 ～ 2004 年，岚山办事处粮食收储管理中心共销售粮食 3.356 万吨，销售花生仁 7321 吨。

2004 年，小麦价格由 60 元/50 公斤涨到 70 元/50 公斤，最高值达到 83 元/50 公斤，粮食加工企业刮起抢购风。为稳定粮食市场，岚山收储中心加大销售数量，2004 ～ 2007 年共销售原粮 1.5 万余吨，扭转了粮食收储企业多年库存积压、顺价销售难的局面。2008 ～ 2012 年，岚山区地方储备粮每年轮换 2500 吨，共销售小麦 1.25 万吨。

放心粮油工程　2011 年，区粮食局实施放心粮油工程，在区粮食储备中心成立粮油配送中心，同岚山军粮供应站一同挂牌营业。辖区内设放心粮油连锁店 8 处，投资 30 万元购置配送车辆，统一店面、统一采购、统一配送、统一管理。至 2012 年年底，全区共建设 20 处放心粮油连锁店(柜)。

第四节　粮油调运

粮油调拨　抗日战争时期，域内没有大批量的粮油调拨与运输。解放战争时期，粮油调拨服从于战争，根据战争发展情况下达粮油调拨计划。粮食部门根据下达的粮油调拨计划进行组织。为支援人民解放战争，岚山人民开展了大规模的粮油支前活动。

新中国成立初期，公粮调拨一直由国家统一安排。1953年，为保证粮食统购统销政策的实施，进一步加强了粮食统一调拨制度。地区间粮食的数量、品种余缺平衡，按照分级管理原则，由上而下安排调拨。各粮所对内对外不准自由挂钩，无权安排粮油调运。

1980年2月，议价粮油的调拨，直接由议价公司统一安排，基层粮所也可自行安排，改变了粮油调拨由上而下统一安排的单一调拨形式。

实行合同定购后，定购的粮油仍坚持统一调拨制度。

1984年，根据《国家计划调拨合同试行规定》的要求，依据国家下达的粮食调拨计划，订立国家粮食计划调拨合同。

1992年10月粮油销售价格放开后，取消省间、地区间定购粮调拨制度。1993～1994年市场粮价波动，1995年又恢复定购粮调拨制度。1995～1997年，居民粮油供应偏紧，每年都调拨一定数量的粮油，以确保城镇居民口粮供应。1993～1997年，岚山办事处共调出原粮9500吨，年均净调出1900吨。1998年起，取消定购粮调拨制度，粮油调运由市场调节。

粮油运输 新中国成立前，岚山的粮油运输主要通过海路。20世纪20～30年代，私营粮油贸易较繁荣，粮油出入主要通过岚山头海口进行。

1959年1月，日照县粮食局在岚山头设立粮油转运站，担负日照和临近各县的粮油转运业务。20世纪70～80年代，外调的部分粮油需经江苏的盐坨、海州火车站转运。岚山粮油陆路运输主要靠人力木轮车和畜力车等，海上运输靠木船。1950年日照县粮食局成立马车队，用于粮食系统内部小批量的粮食运输，大批量的粮油短途集运和县内调运还主要靠社会上的人力车和畜力车，长途运输要靠汽车或船。1966年马车队取消，粮油运输全部靠社会运力（汽车、马车、拖拉机、船、人力车等）。自20世纪70年代开始，粮食调运基本采用汽车或拖拉机。

1994年，国家粮食储备局与国家经贸委、铁道部、交通部联合下发了《关于国家调拨粮油运输实行归口管理办法的通知》，国家调拨粮油运输由省级粮食厅提报铁路分局（包括铁路公司）和港航部门安排。除特殊情况外，优先保证粮食运输。20世纪90年代，岚山港粮油专用码头建成，为岚山区粮油进出口提供了便利。

第五节 粮油仓储

粮食保管与库存 粮仓古称仓廒，岚山境内自明代就有安东卫仓廒。安东卫仓廒有广丰仓和安东卫仓2处。广丰仓为贮安东卫官员俸米之仓。安东卫仓在安东卫治所东南。据清康熙十二年版《安东卫志》载："卫自建置以来，即设仓廒以贮莒（莒县）、诸（诸城）、照（日照）三处之谷，并屯本卫之粮"。晚清，仓廒日渐废弃。至民国初期，存者甚少。

国库粮油保藏 抗日战争时期，域内没有正式国库粮仓，抗日民主政府向群众征收的公粮大多存放在群众家里，由存粮户代管。凡存粮的村庄都成立了护粮委员会或护粮小组，依靠群众护粮。当敌人扫荡，情况紧急时，空室清野，分散埋藏。1944年，抗日民主政府在根据地部分村庄采用地窖存粮，在碑廓丁家庄北山前挖了一个可容纳4000多公斤粮食的地窖子，既解决了粮仓不足的困难，又达到安全存粮的目的。

20世纪50年代初期，国家没有正式国库仓房，征收入库的公粮只能靠租借民房和利用庙宇祠堂存粮。自1954年起，仓储条件得到改善，建立了国库仓。各地对粮食油料的保管主要采用常规储藏、低温储藏、缺氧储藏、化学储藏4种保管方法。

1990年，国务院决定建立国家粮食专项储备制度，按照"一符"（账实相符）、"三专"（专仓储存、专人保管、专账记载）、"四落实"（数量、质量、品种、地点落实）的要求，保证了国家储备粮油库存真实、质量良好、储存安全。为强化粮油仓储管理工作，确保露天存粮安全，1998年山东省粮食局下发《山东省露天储粮管理规范（试行）》，推广山东招远储粮经验。

粮仓油库建设　新中国成立初期，岚山没有正式国库粮仓。国家粮食部门所用的仓库，一是国家没收地主的房子，二是庙宇祠堂，三是租借民房，仓房非常分散。1953 年粮食实行统购统销后，粮食入库和库存量都迅猛增长。1954 年，开始建造国家粮仓，类型主要有仿苏式仓、简易仓、土圆仓、地下仓、拱型仓和基建房式仓。

1955 ～ 1962 年，先后在汾水、岚山等粮所和粮油加工厂建造仿苏仓。苏式仓跨度大，墙偏低，占地多，容积小，通风散热差，影响粮食保管。20 世纪 60 年代中期，开始大量建造房式仓。70 年代末至 80 年代，房式仓的容量逐渐增大，仓房结构也得到改善。1984 年，分别在虎山、朱曹、碑廓等粮站建造了具有隔热保温性能的“双笆仓”。1985 年，在岚山粮油转运站建造了 2 座以钢筋混凝土为房架、槽形板为屋面的房式仓，设计容量每座 250 万公斤。

岚山办事处粮油总公司成立后，本地粮仓建设投资减少，各粮所、粮站为搞活经营，部分旧仓房被改造成为加工车间、销售门市，部分仓库因年久失修，不再储粮。购销中心成立后，2002 年新建仓库容量 2000 吨，其中汾水 1000 吨，虎山 1000 吨，弥补了仓房容量不足的状况。2006 ～ 2007 年，碑廓粮所大部分仓房、虎山粮站仓房对外租赁，造成库容严重不足。2007 ～ 2009 年，在朱曹粮站新建、改建仓库 8 座，库容达 1.14 万吨，满足了地方储备粮 1 万吨存放 1 处的要求。

至 2011 年年底，岚山储备管理中心共有仓库 82 座，仓容 3.61 万吨，其中正常使用的 28 座，需大修和待报废的 54 座。

新中国成立前，岚山的油脂储存主要使用铁桶。新中国成立后，随着油脂生产发展和收购量、库存量的增加，开始利用报废铁桶改造小油罐和土油罐储油。正规的钢板油库建设始于 20 世纪 60 年代。1989 年以后，国家在重点油料产区和大城市，以及承担油脂储备和进出口业务的地区，建设了一批钢板油罐(库)，其中在岚山港口建成了油脂散运中转码头。

1993 年，岚山办事处粮油总公司成立后，3 处粮所共有油罐 8 个，其中露天油罐 2 个，容量 720 吨。随着粮油价格的放开，油罐存油量逐渐减少。由于露天油罐存放周期短、利用率很低，2006 年，各粮所油罐先后被拆除。至 2012 年，全区仅剩碑廓粮所油罐 2 个，容量 200 吨。

农户储存与集体储备　粮油的储存除国库储存外还有农户储存与集体储备。农户存储粮食主要沿用传统的存粮方法。存粮器具主要有土囤、条编囤、炕囤、秫秸箔、折子、缸、罐等。

农户储存油料、油品所用器具，主要有蒲包、草包、麻袋、条编囤、缸、坛等。存储方法一直沿用传统的存储办法。

20 世纪 50 年代末期，岚山农村社队开始储备粮油。社队储备粮分为集体自存储备粮和国家粮食部门代队储备粮 2 种形式。

1958 年，粮食获得丰收，大部分社队开始储存储备粮。储备粮一般由储粮社队利用一般民房因陋就简进行储存，或将民房铺沙垫坯后垒成数个池子散放不同品种的粮食，或将民房用麦糠、苫子铺垫仓底储存，或用席折存、囤存、缸存等，20 世纪七八十年代，储备粮的数量逐年增多。

1963 年，粮食部门开始为生产队代存储备粮。代存方式有 2 种：一是存粮按国家统购价以质论价，国家不付现款，提粮也按质论价，生产队也不交现金，如因质量高低发生差价时，以现金找补。二是存粮按国家统购价以质论价，付给现款，提粮也按质论价收回现款。

20 世纪 80 年代，农村实行联产承包责任制后，农民的粮食存储量大增，以存小麦为主，瓜干存量减少。粮食存储在传统方法的基础上，采用了能够防治害虫的化学药剂或物品进行储粮，主要有 4 种方法：一是灭鼠药储粮法。将灭鼠药少许放入塑料袋扎好，放入粮缸底部，系一细绳引出缸外，然后装入所存粮食，用塑料薄膜密封缸口。二是花椒粉存粮法，将花椒粉少许放入纱布袋扎好，放入缸底，系一细绳引出缸外，装粮完毕后，用塑料薄膜密封缸口。三是酒精储粮法，将酒精装入一小瓶中，口用纱布扎之，放入缸底，系一细绳引出缸外，装粮完毕后，用塑料薄膜密封缸口。四是防虫糠储粮法，将对害虫有防治作用的化学药剂(如防虫磷)拌入糠中,制成防虫糠。将防虫糠放入缸底部,用包袱或纱布盖之,装粮完毕后,以塑料薄膜密封缸口。

战备粮油 抗日战争时期,抗日军民筹集的战备粮一般秘密存放在抗日根据地的部分村庄内。新中国成立后,战备粮由粮食部门代存,其储备任务由粮食部、总后勤部联合下达,由省、专署统一布置,品种分别为小麦、谷子、玉米、稻子。安岚区储存食油 50 吨,老爷顶储存战备粮 1000 吨。1966 年 8 月,境内所存的“101”战备粮油和装具全部撤销。

国家、地方储备粮 由各粮所代存,国储与地储分开,专库存放,专人管理,定期轮换,推陈储新。2009 年,朱曹粮站建成标准化粮库 8 座,仓容 1.14 万吨,成立岚山区粮食储备库,地方储备粮小麦 1 万吨专仓储存,做到“四定”(定点存储、定仓存入、定人管理、定期轮换)“四轮”(每年轮换 2500 吨,四年轮换一次)。2010 年,岚山区粮食局储存国家专项油品(食用大豆油)350 吨,由黄海粮油工业(山东)有限公司代存。

图 16-3 岚山区粮食储备库 (摄于 2009 年)

农户科学储粮示范仓 2008 年,国家实施农村粮食产后减损安全保障工程,根据“藏粮于民,建设无形粮库”的指导思想,开展农村科学储粮工作,减少粮食产后损失。2008 ~ 2012 年,共推广农户科学储粮示范仓 24455 个,费用由中央、省、市、区财政和农户按比例共同承担,农户承担费用很少。2012 年每个示范仓制作费用 420 元,农户只承担 50 元。2012 年 11 月 20 日,全市农户科学储粮示范仓发放仪式在岚山区巨峰镇河西村召开。农户使用科学储粮小康仓后将粮食安全储存期限提高到 5 年以上。

图 16-4 农民喜领小康仓 (摄于 2009 年)

市场化粮油仓储 2001 年,岚山港务公司投资近 5000 万元建设散粮储运系统工程,2002 年初投产。二期工程于 2004 年建成投产,为国内最先进的粮食运输自动化系统,装卸设计效率 1200 吨/小时。一期、二期工程共建有 8 座筒仓,每座容量 1.3 万吨,总储量 10 万吨,每仓配有 200 吨/小时的清仓机 1 台,筒仓配有通风、自动取样和温度监测系统,可对粮食温度、湿度、虫害、霉变、结块、结露等进行实时监控,同时预留粮仓烘干、熏蒸系统。此外,还配有自动称量、灌包设备,有汽车装卸线 12 条,汽车散装线、火车装卸线各 2 条,灌包能力 700 吨/小时。

嘉禾利丰公司是一家集中转、储运、贸易、加工为一体的新型企业,拥有一条输油管线连接岚山港 8 号(水深 -13.5 米)、12 号(水深 -7.5 米)2 个液化泊位,可装卸 10 万吨级船舶;配有管道空压吹扫设备,装卸船能力 150 ~ 250 吨/小时;拥有专用火车灌装栈台 180 米及良好的汽运灌装设备,发运装车能力为火车 150 吨/小时,汽车 140 吨/小时。公司拥有仓储油罐 15 个，总体罐容量 4 万吨。

2011 年，山东昌华集团有限公司投资建设日照恒隆保税仓储项目，总投资 5.5 亿元，占地 600 亩，主要经营粮食仓储、进出口业务。工程分二期建设，一期工程总仓容 8.6 万吨的 2 座平仓已建设完成，二期新建 72 座总仓容 72 万吨的立筒仓，2012 年已完成 10 座。主要经营小麦、玉米、大米、绿豆、大豆、食用油等粮油中转、加工业务，辐射带动临沂、济宁等内陆粮油产业发展。全部项目建成后将形成年周转粮食 2000 万吨、仓储量 80 万吨的运营能力，成为全国较大的粮食仓储物流项目。

第六节　粮油贸易

早期粮油贸易　清末，私营粮油贸易开始繁荣，岚山头、安东卫变成了繁华的商业集镇。巨峰、碑廓等许多村庄的地主纷纷开设“花生庄”“米子行”，专门经营花生果、花生米。每遇灾年，私营粮商从东北等地贩运回高粱等杂粮，以高利贷予受灾农民。

抗日战争爆发后，私营粮商多因战乱倒闭，仅有少数势力较大者继续对上海、苏中、青岛、大连等处进行粮油贸易活动。安东卫是抗日民主政府对外贸易的重要口岸，出口粮油等土产，换回各种工业产品。

新中国成立初期，私营粮商有一定发展，粮油经营量占有很大比重。1952 年 10 月，秋粮上市，部分粮商粮贩趁机抢购粮食，囤积居奇，造成粮价暴涨。1953 年 11 月 25 日，政府取缔粮商粮贩，改变了私人粮商操纵粮价的局面。此后，私营粮商只限按照国家计划和国家粮食部门的零售牌价代销粮食，从中获得一定的手续费。1954 年 7 月，各大集镇全部建立了国家市场，私商经营只能在国家的规定原则下进行。1956 年 4 月开始，对国家粮食市场进行整顿，粮商粮贩被取缔。

集市粮油贸易　农民因生产、生活所需，将粮食投入市场销售，逐渐形成极为普遍的农村粮食市场，民国时期，农村集市已有相当发展。一些大的乡镇普遍设立集市，一般 5 天 1 个交易日。新中国成立后，粮油集市贸易得到进一步恢复发展。1953 年 10 月，国家对粮食实行统购统销后，农民缴纳公粮和计划收购粮以外的余粮可以在粮食市场交易。1954 年 7 月，各大集镇全部建立了没有私商参加的粮食交易市场(亦称国家粮食市场)。粮食集市贸易既便利了农民间的粮食调剂，活跃了农村经济，又补充了国家统购统销的不足。但在开始实施过程中，由于政策宣传不透，交易管理过严，价格限制过死，使农民群众产生某些顾虑，有些人不愿或不敢进入市场。1956 年 4 月开始，对国家粮食市场进行整顿，管理尺度适当放宽，农民完成征收、收购任务后的余粮交易，不要任何凭证，不受任何限制；缺粮户到国家粮食市场购粮不抵扣国家供应量；交易价格按季节、分粮色灵活掌握，反对任何形式的强迫命令。从 1957 年 8 月开始，粮食市场先后被关闭。至 1961 年 6 月，集市贸易得以恢复发展。1963 年 6 月，允许完成粮油征购任务的生产队和社员个人上市出售粮油，允许缺粮油的农民和职工、居民上市购买自食粮油，但不允许生产队的“四坊”(油坊、粉坊、磨房、豆腐坊)上市购买，也不允许机关、团体、部队、学校、厂矿等单位上市购买粮油。“文化大革命”期间，粮食集市部分被关闭。

1979 年，粮食集市贸易放开，在完成国家征购任务后，允许社员通过集市进行少量粮食、油料等的买卖。1983 年，打破了国营粮食部门独家经营的局面，在完成国家征购粮食的同时，供销社、农村其他合作商业和农民个人都可以进行收购和运销粮油，农村集市粮油成交量有较大增长。随着粮食流通体制改革不断深入，粮油多渠道经营格局形成，农村集市贸易更加开放，粮油交易品种更加多样化，至 2012 年，各镇、街道办事处驻地都有一定规模的粮油集市贸易，个别大的村庄也设有集市，并有固定的交易日，农村集市充分发挥了调剂余缺，搞活农村经济，丰富农民生活的作用。

粮油个体化经营　1983 年，国家对农产品购销政策作了调整，在完成粮食统派购任务后，允许供销社和农村其他合作组织、农民个人参与购销活动，农村的油坊、粉坊、磨坊、豆腐坊和饮食业，除来料加工外，可以自行采购粮食。此后，农村粮油个体经营兴起，个体经营点多面广，经营灵活，一般采取门市收购、串乡收购或外来贩运。储存时间较短，收购的粮油大多议价卖给国营粮食部门、粮油加工企业或粮油外贸部门。1987～1989年，粮食形势偏紧，为加强粮食管理，国家规定私人不准搞粮食批发，其中1988年粮食部门对大米实行专营，其他单位和个人不得经营。1991年国家允许在完成定购任务的前提下，放开粮食经营，集体、个体都可以经营和批发粮食。1992年，放开粮食销售价格，逐步向粮食商品化、经营市场化迈进，粮油个体经营更加活跃。1998年，国家先后颁布《粮食收购条例》和《粮食购销行为处罚办法》，将粮食购销行为纳入法制化管理轨道，对粮食收购和批发企业或个体工商户实行经营资格申报审批制度。2002年，省粮食局印发《山东省粮食收购资格认定管理暂行办法》，规定各类粮食经营企业和个体工商户，收购小麦、玉米、稻谷等粮食品种，均需经所在地县级以上粮食行政管理部门审查，认定其粮食收购资格，并经所在地县级以上工商部门核准登记，颁发《粮食收购证明》后，方可从事有关粮食品种的收购业务。

国营粮油贸易 岚山办事处成立前，国内粮油贸易主要依靠各粮管所进行，范围小，数量少。岚山办事处成立后，岚山粮食局于1993年年底至1994年年初，分别成立“岚山办事处粮油贸易公司”“岚山办事处饲料公司”“岚山办事处粮油工业公司”“岚山办事处粮油供应公司”“岚山办事处花生筛选厂”“岚山办事处养殖场”“岚山办事处面粉厂”等单位，粮油贸易量连年增加。1995～1998年国内粮油贸易量为5.239万吨，年均经营量1.3万吨。1998年年底，岚山粮食局下属单位日照市安东工贸集团有限公司取得粮油进出口权，依托岚山办事处粮油贸易公司进行粮油进出口业务。1999～2001年，共进口棕榈油2.8万吨，出口花生仁4.6万吨。进口的棕榈油主要销往临沂、枣庄、济宁和江苏新沂等地，出口的花生仁主要销往东南亚、欧美等20多个国家和地区。

市场化粮油贸易 随着经济社会发展，国内对大豆、食用油等粮油的需求越来越大，区内黄海粮油工业（山东）有限公司、山东昌华集团有限公司等企业以及临沂盛泉、三维油脂等粮油加工企业纷纷利用岚山港发展粮油进出口贸易。2002年，岚山港散粮储运系统一期投产，岚山港务公司粮食业务保持了平稳较快增长的良好态势。岚山港先后接卸大豆、稻谷、棕榈油、小麦、花生、玉米、木薯干、豌豆等十多个粮食种类。嘉禾利丰公司年中转食用油4万吨，先后为中央储备粮公司接卸、中转国家储备油20余万吨，代储国家储备油近10万吨，与山东晨曦集团建立长期合作关系，主营产品为毛豆油、棕榈油、蓖麻籽油。2010年，山东昌华集团有限公司进口贸易大豆100多万吨，2012年进口大豆140多万吨，2012年山东昌华海产食品有限公司进口棕榈油74.1万吨，占全国进口总量的11.7%，排名全国第二。

2002～2012年岚山港务有限公司粮食接卸统计表

表16-3 单位：万吨

年份	2002	2003	2004	2005	2006	2007	2008	2009	2010	2011	2012
数量	35.5	122.7	177.5	221.4	236.2	293.1	243.3	222.1	350.1	365.4	331.1
种类	大豆、稻谷、棕榈油、小麦、花生、玉米、木薯干、豌豆等。										

第三章　专营专卖

第一节　烟　草

管理机构　1998年以前，岚山卷烟市场由东港区烟草专卖局（分公司）代管。1998年3月，经日照市烟草专卖局（公司）报山东省烟草专卖局（公司）批准，成立日照市烟草专卖局岚山分局（简称岚山烟草专卖分局）、日照烟草有限公司岚山中心批发部（简称岚山烟草中心批发部），一套机构两块牌子合署办公，副科级单位，管辖岚山办事处区域内的卷烟批发业务，行使烟草专卖、专营管理职权。1999年10月，岚山烟草专卖分局升为正科级单位。2004年10月，经山东省烟草专卖局、中国烟草总公司山东省公司批准，成立岚山区烟草专卖局、山东日照烟草有限公司岚山分公司（简称岚山烟草公司）。2012年，岚山区烟草专卖局（分公司）下设综合办公室、财务科、法制科、卷烟营销科、专卖管理科、烟叶生产管理部等6个部门和1个稽查大队、1个稽查中队、2个专卖管理所、1个烟叶收购工作站，共有从业人员87人，其中聘用员工59人。

专卖体制　1915年5月，北洋政府颁布《全国烟酒公卖暂行简章》，对土产烟叶和烟丝实行“公卖”，其基本内容为“官督商销”。1942年6月，国民政府颁布《战时烟类专卖暂行条例》，在其控制区域实施战时烟类专卖，至1945年1月停止。中国共产党在抗日根据地、边区和后来的解放区也先后颁布有关烟草专卖的法令及措施，在辖区内实施烟草专卖。

中华人民共和国成立后，卷烟流通环节实行统购包销政策，烟草及其制品长期由国营企业经营，实行计划管理。1981年5月，国务院批准对烟草行业实行专营。1983年9月，国务院颁布《烟草专卖条例》，实施专卖。1991年6月，第七届全国人大常务委员会第二十次会议通过《中华人民共和国烟草专卖法》，于1992年1月1日正式实施。从此，中国烟草及其制品的生产经营依法实行专卖行政管理。

证照管理　新中国成立初期，国家规定对专卖品实行专卖许可制度。1983年11月，国家烟草专卖局印发《关于颁发烟草专卖许可证的通知》。1988年，第一次换发专卖许可证，1993年4月、1998年9月、2003年12月，又对烟草许可证进行了三次换发。岚山于2003年开始“烟草专卖许可证”的第四次换发，当年发放29个，累计1368个。2005年，岚山区发放725个（含东港区划转），累计2178个。至2012年底，共计发放2865个。

2001～2012年岚山烟草专卖证照发放情况统计表

表16-4　　单位：个

年　份	零售许可证	
	当年发放	发放合计
2001	114	1203
2002	136	1339
2003	29	1368
2004	85	1453
2005	725（含东港划转）	2178
2006	89	2267
2007	96	2363
2008	63	2426
2009	215	2641
2010	78	2719
2011	38	2757
2012	108	2865

烟叶收购　岚山区烟叶收购工作由黄墩烟叶生产工作站负责。该站始建于1984年，占地6940平方米，有职工11人。从2007年起，分期投入资金300余万元，对烟站进行了改造，配置了密码室、微机室、计算机收购系统，实行密码收购，经由验证、初检、定级、购销确认4个环节，完成烟叶交售。

2003年起，烟叶收购系统使用国家烟草专卖局烟叶信息管理基础软件，实现烟叶收购、数据上传、数据处理的现代化。同年，日照烤烟生产实行户籍化管理，对植烟村、户登记造册，并输入微机。烟草部门根据植烟面积、户数，将植烟村进行划片，约定交售时间，轮流交售，非交售时间不得进行交售。

卷烟生产 1942年，抗日根据地开展大生产运动。1943年，山东战时行政委员会在巨峰镇薄家口村西“旺山沟”设立大鸡烟社，生产“大鸡”牌香烟。1944年夏天，遭到日伪军、顽军3000余人进攻。之后，大鸡烟社迁走。

1942年秋，滨海专署贸易局出资1万元法币与巨峰区历家庄农民历宝志合资经营开办烟厂，赢利平分，亏本公家包着，生产的卷烟起名为“进步”牌，后来商标为“进步”牌商标，烟厂从此定名为“进步烟厂”。到1945年年底，已发展到拥有100多名工人、10间房的规模。进步烟厂是滨海抗日根据地创立最早的工业单位之一，“进步”牌香烟在根据地非常受欢迎，后来的青州卷烟厂就是在此基础上逐步发展起来的。

图16-5 “进步牌”香烟烟标

1944年，受“大鸡”烟厂影响，私人手工制作卷烟逐渐兴盛。1949年，岚山头有香烟生产手工业户4户，工人30余人。1952年，烟草实行专卖制度后，全部取缔了家庭手工卷烟业。

卷烟购销 清末，山西人郭西在安东卫经营土产杂货，开始经营卷烟。当时，安东卫、岚山头等海口与外埠通商，安东卫有72家商号经营包烟（卷烟）、土产、杂货。

“七七”事变前，卷烟由私营商业经营。抗日战争和解放战争时期，中共党政军机关为适应革命战争需要，在根据地建立了一些商业机构，部分商号从事卷烟生产和卷烟经营。1942年秋，八路军到安东卫建立合作社，成立了“公胜”“公和”“广胜”“新胜”4个合作社，同时成立了20余家烟庄（卷烟）。

新中国成立后，国家对卷烟实行统购包销，卷烟厂所在地设有二级批发站，收购当地烟厂的卷烟产品，按计划向本地三级批发站供货和向外地二级批发站调拨。

1998年4月29日，岚山中心批发部正式开业，设有碑廓、岚山2个批发部。2002年10月，岚山中心批发部将仓库从日照储贸公司迁到汾水。

1998～2012年岚山烟草公司卷烟销售情况统计表

表16-5

年份	销售数量（万支）	销售总值（万元）	年份	销售数量（万支）	销售总值（万元）
1998	16825	1276	2006	74500	12618
1999	23200	1814	2007	82317	16163
2000	25460	2101	2008	85860	20641
2001	22926	2034	2009	86490	23770
2002	25018	2502	2010	90085	29529
2003	30748	3508	2011	93615	38024
2004	43929	5667	2012	95636	49081
2005	65232	9151			

2004 年 7 月，全市实行一库式大配送后，各区县（公司）仓库清零，岚山所属送货车每天从市公司仓库装货。

省外卷烟购销　20 世纪 70 年代，省外卷烟主要销售高档卷烟，以上海产卷烟为主，数量极少，由上级业务部门分配，属特供烟。牌号为：中华、红双喜、牡丹、凤凰等。80 年代，安徽、天津、北京、东北等省外中、低档卷烟批量进入岚山市场，有芜湖、昆湖、黑鹰、恒大、金叶、牡丹、石林等 20 多个牌号。1989 年，山东省烟草公司规定 13 种名烟由各地分公司统一组织调入，其他牌号卷烟一律不准调入，境内销售省外卷烟主要有云烟、玉溪、红塔山、茶花、阿诗玛、大重九、恭贺新禧、石林等牌号。

20 世纪 90 年代，省外烟销售以云南名优烟为主。主要牌号：红塔山、石林、云烟、大重九、茶花、红山茶、红梅、画苑、桂花等。特别是 13 种名优烟以外的云南产红梅、画苑、桂花、龙泉、蝴蝶泉、春城等卷烟在全市畅销。1999 年起，云南烟独占销售市场的格局发生变化，增加了上海、宁波、杭州、长沙、南京、福建、武汉、淮阴、徐州等十几家烟厂的卷烟，销售牌号达 100 多个，但主销牌号仍为云南各厂家卷烟。

2000 年，对省外中档卷烟实行定点、定量销售。销售点选择主要是大商场、超市、宾馆、酒店等，重点销售省外 26 个规格牌号的卷烟。是年，鲁产低档卷烟货源不足，日照市烟草公司从安徽、河南分别调入“烟妹”“红茶花”卷烟 150 万支和 305 万支，在黄墩等乡镇市场定量、定向销售。2003 年后，为加强省外卷烟经营管理，省外卷烟通过销售网络按全省统一批发价格入网销售。

卷烟批发网络　日照市烟草公司成立初期到 1993 年，网点布置多在经济较发达的农村乡镇驻地，以租赁的形式设点批发或利用烟叶收购站兼营卷烟批发业务。实行按销售额或销量计提工资。1994 ～ 2003 年，网点建设逐步走向规范，由单纯经营转向服务监督、经营管理。1998 年，岚山烟草公司下设岚山、碑廓 2 个网点，分别配置小解放送货车辆，实行定人、定量、定线、定时送货制度。1999 年年初，在汾水租赁办公地点，碑廓批发部与中心批发部合署。2000 年 6 月，岚山批发部与中心批发部合署。2004 年，推行电话订货。2005 年后，相继推行了智能终端、新商盟网上订货、手机订货等模式。至 2012 年 12 月，岚山烟草公司电子结算入网率达 98%，网上订货户 1599 户，占总户数的 82%。

烟草稽查　1998 年 3 月，日照市烟草专卖局岚山分局成立，下设专卖管理科。2002 年，成立专卖稽查大队，下设岚山、碑廓 2 个稽查中队。2004 年 10 月，岚山区烟草专卖局成立，下辖稽查大队，岚山、碑廓、巨峰、黄墩 4 个稽查中队。

2005 年 4 月，岚山区烟草专卖局在专卖科下设特情大队、特行中队、户管一中队、户管二中队。特情大队重点负责专卖管理、市场检查、情报信息收集及案件处理和大要案件的侦破工作；特行中队重点负责对酒店、宾馆等高档卷烟经营场所的监控管理，并彻底规范其进货渠道；户管中队（户管员的配备与客户经理对应）重点负责掌握和了解辖区内市场及零售户的经济状况、消费水平、经营品牌、销量增减等有关信息和情况。

2006 年，按照县级局建设要求，对原专卖管理机构进行调整，岚山区烟草专卖局下设专卖监督管理科、法制科 2 个部门和 1 个专卖稽查大队、2 个专卖管理所。至 2012 年年末，全区专卖管理机构共有法制科、专卖监督管理科 2 个部门和 1 个稽查大队、1 个稽查中队、2 个专卖管理所，有专卖执法人员 27 人。

2001 ～ 2012 年，岚山区烟草专卖局共查处各类涉烟案件 4221 起，查扣各类违法卷烟 1507.72 万支，罚没款 23.34 万元，共拘留违法犯罪分子 70 人，批捕 19 人。

第二节　食　盐

历代对食盐管理都非常重视。煎盐期间，灶丁起煎，首先要向灶长报明时刻，领取盐牌，同时报坨垣和盐署备案，以备核查。清代盐务主要包括官督商办、官运商销、商运商销、商运民销、民运民销、官督民销、官督商销等形式。

新中国成立后，盐业管理除沿用旧时查滩、验封、归坨制度外，还实行查报评产办法。1951 年秋，山东省盐务管理局颁发“制盐许可证”，无证晒盐为非法行为。

1988年起，各级政府及盐业管理部门下发一系列文件，将各盐场、盐务所食盐的分配、调拨、销售，纳入日照市盐务局统一管理。1994年后，盐务执法人员每年对岚山用盐大户及各经销点进行一次大的清检活动。

管理机构 明朝，安东卫指挥使掌管岚山一带盐务。至清朝，改由安东卫经历司经历负责。民国时，岚山盐务由涛雒盐务稽察支所管理。1940年3月，日照县抗日民主政府实业科在岚山头设税卡征收盐税。1945年，日照工商支局在安东卫东街设盐店，安东卫工商事务所在交通要道口设盐务检查站。1948年10月，鲁中南工商局滨海分局在江苏赣榆县柘汪设盐务局，并成立滨海公营盐场，设安东卫盐务所和安东卫分场。安东卫盐务所下辖涛雒、董家滩、廒头、林子(属江苏省赣榆县)4个盐务分所和巨峰盐务检查分站。1950年4月，安东卫盐务所归青口盐场管理处领导，称盐场盐务所，下辖林子分所和碑廓盐务检查分站。1951年1月，安东卫盐场盐务所划归日照盐场管理处。1958年4月，改称日照县安东卫盐务所。1962年11月，安东卫盐场与安东卫盐务所合并，成立安东卫合作盐场。1964年3月，恢复安东卫盐务所。1968年3月再次与盐场合并，改称日照县盐场革命委员会安东卫分场。1971年9月，又设安东卫盐务所。1985年5月改称日照市安东卫盐务所。1990年8月，安东卫盐务所升格为正科级事业单位。1995年2月，设立岚山盐业批发部，与安东卫盐务所合署办公。安东卫盐务所负责岚山头街道、安东卫街道、虎山镇、碑廓镇辖区食盐专营和盐政执法工作。

1979年7月，虎山公社盐场建成后，成立了日照县东湖盐务所。1985年5月改称日照市东湖盐务所。1993年虎山盐场停办，东湖盐务所撤销。

食盐销售 清代，盐商运盐须先向省盐运使司缴纳银两领票(黑扒盐票)，持票到场运盐，经场署审核填写到场日期，到滩坨交价买盐；先以升斗量算筑包，由场员用官秤验准，再经场署审核，签署日期后放行。票盐运至销地，须经地方州县官稽查票、盐，核实无误后再签署日期方能销售。销售完毕，填写卖完缴票日期，解户部核销。

1914年，废除引票改用部颁运盐执照(简称部照)，放盐分商运、民运两种。

抗日战争时期，在岚山东部一带边沿区设立盐务交易所、盐店，收购从敌占区运来的食盐，再运销内地和输出，换取大批棉、布、杂货及军用物资，支援抗日战争。1945年抗日战争胜利后，盐商凭购运证直接到盐店缴款领票，到指定滩坨由验放员验票后装盐过秤，以放足票额为止，于税票加盖“验讫”印记后出场。然后将放盐票号、滩户姓名及数量记入划码簿，以备查考。

新中国成立后，盐的销售管理办法趋向统一和完善。1950年，开始使用中财部定式华东盐务管理局统一印制的新税票。1953年后，随着银行基层机构的建立健全，销盐由使用现金逐步改为转帐支票和银行托收等结算方法。1958年，税票取消，以后销盐手续逐步简化，放销实行五联“销盐凭单”，盐税、盐价分项目分列在同一联单之上。1960年以后，各盐务所开始对销区内固定经营原盐的单位，实行代办托运及代理一切装运事宜。1988年11月，由于食盐销售紧张，市场供不应求，日照市盐务局决定各盐场、盐务所的食盐供应计划纳入市盐务局统一管理，由市盐务局供销科统一签发“原盐销售分配通知单”，各场所不得随便放销食盐和其他用盐。

缉私护税 历代法律对缉私护税规定十分严格，并设有专门缉私机构。

清道光十八年(1838年)，江苏淮北及岚山一带私盐北上涛雒，沂州府、安东营在岚山设卡堵截私盐。1933年，盐警在安东卫缉获私盐船1只。1943年以后，岚山查缉私盐由抗日民主政府工商事务所、海口事务所负责。新中国成立后，山东省盐务局设工作队负责滨海区缉私护税，1950年山东省盐警第四大队九中队驻岚山盐区。1952年7月，日照盐警处成立盐警科，安东卫驻1个小队。1958年后，缉私护税、查私盐的案件由当地税务机关管理，贩私盐的行为基本得到制止。1993年起，原盐供不应求，贩运私盐有暴利可图，走私贩运私盐屡有发生，同年6月日照市盐业缉私办公室成立，会同各盐务所负责贩运私盐案件处理。1994年3月，日照市中级人民法院设立盐业巡回法庭。1997年5月，碑廓设盐业缉查站，对贩运私盐的违法行为严肃查处。1998年，碑廓稽查站移驻汾水镇，改称汾水稽查站。2000年2月，汾水稽查站撤销。2002年6月，日照市盐务局成立日照市盐政稽查支队，下设直属三大队（岚山盐务所）。

第三节　石　油

岚山加油站点有中石油、中石化和民营3类。中石油、中石化的加油站所售油品均为上级公司配送；民营加油站所售油品大多从中石油、中石化购进，部分通过油罐车从炼油厂购进。

2000年以前，域内有11家加油站，其中中石油3家，民营8家。2000年以后，随着运输车辆和个人家庭用车不断增加，加油站数量猛增，2000年达到20家，2001～2010年增加16家，市场基本饱和。2012年，全区共有加油站36家，其中中石油13家，中石化4家，民营19家，分别分布在国道、省道、城区、县乡公路、乡镇驻地等位置，共有加油机166台，加油枪206个，柴油库容12687.2立方米，汽油库容1352.6立方米，总库容14039.8立方米，2012年经营量6.8万吨。

第四节　医药品

20世纪50年代，域内各卫生院建立后，均设药房。1976年10月，日照县药材公司在汾水十字路口以北、G204国道西侧，建汾水经营组，经营中西药品、医疗器械、兽药，负责岚山头、汾水、碑廓、虎山4个公社166个大队卫生室和4所医院、4个兽医站的药械供应，并负责计划生育药具的免费供应工作。1995年3月，更名为日照市医药总公司岚山分公司。20世纪90年代后期，个体大药房开始出现。至2003年，岚山办事处域内共有医药公司1处，“大药房”有集体性质的12处、个体性质的14处。2007年，岚山区有药品经营企业86家，药品使用单位184家。2012年年底，全区有药品经营企业136家，医疗器械经营企业9家。医药公司及药房均须办理“药品经营许可证”“营业执照”并依法纳税。

1999年前，域内医疗机构、医药公司及“大药房”自行采购药品。2000年开始，一、二级医疗机构由卫生局集体招标采购供应药品。2001年9月起，贯彻山东省卫生厅下发的《关于进一步加强乡村卫生一体化管理的通知》，由乡镇卫生院统一负责本镇药品的采购供应或代购分发，村卫生室不得自行采购药品。自2011年1月1日起，岚山实行基本药物制度，域内各医院、卫生室全部配备和使用国家规定的基本药物，基本药物由山东省人民政府网上集中采购，实行零差价销售。

2012年岚山区药品经营企业一览表

表16-6

企业名称	注册地址	负责人
甜园药店（真诚分店）	岚山头街道童杨路甜园小区	相　足
圣岚西路药店（真诚分店）	岚山头街道圣岚西路	王　纳
圣岚中路药店（真诚分店）	岚山头街道圣岚中路南侧	王　军
圣岚路药店（真诚分店）	岚山头街道圣岚路	张宗山
童海路药店（真诚分店）	岚山头街道童海路	丁兆平
岚山一分店（大勇分店）	凤阳路南首广银百货购物中心	王　丽
岚山总店（大勇分店）	岚山头街道圣岚路	姜　海
泰来大药房	岚山头街道凤阳路	胡　敏
岚圣大药房	岚山头街道圣岚东路	苏日臻
真挚大药房	岚山头街道童海路	李海燕
迎春大药房	岚山头街道海州路商业街	张静波

续表 16-6

企业名称	注册地址	负责人
乾德堂大药房	岚山头街道胡家林村	代玉乾
爱民大药房	岚山头街道甜水河居	陈希敏
东方大药房	岚山头街道慈嵋山1路北首	刘艳艳
德康大药房	岚山头街道凤阳路	杨　磊
颐和堂大药房	岚山头街道甜水河居	王贵凤
济泰大药房	岚山头街道童海路	宋军霞
百惠大药房	岚山头街道官草汪居	王昭君
海琴大药房	岚山头街道海州路居	张志海
一健大药房	岚山头街道一中东侧	申延翠
皓天大药房	岚山头街道盐务局对过	潘月香
鸿润大药房	岚山头街道凤阳路	赵明军
鸿源堂大药房	岚山头街道	苏琳惠
医药集团岚山分公司	安东卫街道汾水社区	苗文瑜
健安药店(真诚分店)	日百万德福岚山店内	丁艳艳
安东卫零售药店(真诚分店)	安东卫西街	刘贤玲
汾水药店(真诚分店)	安东卫街道汾水社区	陈　泉
岚山路药店(真诚分店)	安东卫西街	张惠惠
城建花园店(真诚分店)	岚山银座超市内	王　琦
汾水总店(大勇分店)	圣岚西路	卢振云
安东卫药店(大勇分店)	轿顶山花园西	秦泗明
汇致岚海店	轿顶山小区	王蓓蓓
老百姓岚山店	观海路	马晓娟
海力岚山一分店	凌云超市内	高玲玉
益康大药房	安东卫街道汾水十字路口南	崔为花
利群大药房	安东卫南街	孙永师
泽康大药房	安东卫东街	陈　蕾
利康大药房	万斛路中段十字路口	雷少芬
康源大药房	安东卫街道汾水社区	黄梅英
锦绣大药房	安东卫街道车庄居	孙先秀
润康大药房	安东卫街道汾水十字路口北	赵明军
中兴大药房	安东卫街道汾水十字路口南	林苍烟
俊逸大药房	安东卫街道紫云阁小区	王俊逸
康泉大药房	观海路	崔小青
万福大药房	万斛路	杨　光
平安大药房	区人民医院对过	李业永
天太大药房	安东卫街道潘庄二村	刘保亮
宏安大药房	安东卫街道汾水十字路口东	孙　瑜
阳康大药房	安东卫街道李家庄子	李　洋

续表16-6

企业名称	注册地址	负责人
永成大药房	安东卫街道汾水社区	吕　莹
福泰大药房	安东卫街道汾水社区	崔海滨
云芳大药房	安东卫街道前合庄	郑云芳
普惠大药房	安东卫街道仁家村	秦玲玉
汇致圣岚店	区人民医院对过	王蓓蓓
碑廓药店(真诚分店)	碑廓镇政府驻地	丁　燕
孟华药店(大勇分店)	碑廓镇郁家村	孟　华
碑廓药店(大勇分店)	碑廓镇政府驻地	韩爱萍
吉顺大药房	碑廓镇甫田村	徐纪顺
卫康大药房	碑廓镇商业街	梁　蕾
康平大药房	碑廓镇大朱曹一村	苏循桂
康华大药房	碑廓镇政府驻地	董肖卫
弘康大药房	碑廓镇南张家庄村	张念岭
永朋大药房	碑廓镇张家庄村	张永朋
康康大药房	碑廓三村	杨玉华
万康大药房	碑廓镇郁家村	丁泽明
平平药店(大勇分店)	碑廓镇岳家村	尹祥林
碑廓店(润泽分店)	碑廓二村	史红彩
虎山药店(真诚分店)	虎山镇政府驻地	陈　丽
大村药店(真诚分店)	虎山镇大村	刘克旻
东湖二村药店(真诚分店)	虎山镇东湖二村	邹继红
潘家村药店(真诚分店)	虎山镇西潘家村	韩　丽
虎山总店(大勇分店)	虎山镇政府驻地	丁　勇
汇致日钢店	日照钢铁公司生活区	王蓓蓓
锦凌大药房	虎山镇东潘家村	张锦凌
吉祥大药房	虎山镇大村	李　玲
福生堂大药房	虎山镇韩家营子村	刘振峰
瑞昌大药房	虎山镇韩家村	许丽丽
德园大药房	虎山镇韩家营子村	李丽丽
三和大药房	虎山镇东潘家村	李　玲
德志大药房	虎山镇桥南头村	刘　霞
滕记大药房	虎山镇梭罗树村	滕怀红
康明大药房	虎山镇政府驻地	张念玲
顺心大药房	虎山镇朱家官庄	韩萍萍
百草安大药房	虎山镇朱家官庄	肖光春
鑫康大药房	虎山镇前水车沟村	张永萍
晟盛大药房	虎山镇小村	孙建金
益昌大药房	虎山镇韩家村	孙传印

续表 16-6

企业名称	注册地址	负责人
虎山店(润泽分店)	虎山镇政府驻地	刘珈林
众缘大药房	虎山镇东湖一村	赵红军
普宁大药房	虎山镇相家结庄	娄红梅
大坡药店(真诚分店)	巨峰镇大坡村	赵廷交
巨峰药店(真诚分店)	巨峰镇政府驻地	王茂平
凌康大药房(大勇分店)	巨峰镇大坡村	凌　云
润龙药店(大勇分店)	巨峰镇政府驻地	邢利国
华方医药巨峰店	巨峰镇政府驻地	尹相华
宏民大药房	巨峰镇政府驻地	许延彩
民康药店	巨峰镇大坡村	周家勇
昌乐大药房	巨峰镇小王家沟村	黄昌乐
众康大药房	巨峰镇大坡村	赵贵玲
宇康大药房	巨峰镇政府驻地	王立敏
海波健康大药房	巨峰镇大土山村	李海波
吕品大药房	巨峰镇赵家村	王延峰
全康药店	巨峰镇薄家口村	邵泽辉
先德大药房	巨峰镇政府驻地	张永光
康顺大药房	巨峰镇厉家庄村	历建美
健和大药房	巨峰镇政府驻地	李慎花
巨峰店(润泽)	巨峰镇政府驻地	卢本峰
六甲庄子店(润泽分店)	巨峰镇六甲庄子村	顾仓松
高兴药店(真诚分店)	高兴镇政府驻地	宋百宁
大尧王药店(真诚分店)	高兴镇大尧王村	丁　鹏
西牟家村药店(真诚分店)	高兴镇西牟村家	李　腾
高兴药店(大勇分店)	高兴镇政府驻地	张作芝
希尔康大药房	高兴镇高兴西路	王　月
康盛大药房	高兴镇秦家庄	王远明
孟辰大药房	高兴镇厉家湖村	刘翠丽
合庄药店(大勇分店)	高兴镇合庄村	焦玉军
博健大药房	高兴镇合庄村	郭　磊
高兴店(润泽分店)	高兴镇怀古村	邢治娜
黄墩药店(真诚分店)	黄墩镇政府驻地	张　磊
黄墩药店(大勇分店)	黄墩镇政府驻地	宫池化
民生大药房	黄墩镇政府驻地	孙　雷
睿晓堂大药房	黄墩镇粮山口一村	李晓青
高鑫堂大药房	黄墩二村	辛振华
福润大药房	黄墩镇政府驻地	何　秀
黄墩店(润泽分店)	黄墩镇政府驻地	梁　鹏

续表 16-6

企业名称	注册地址	负责人
中楼药店(真诚分店)	中楼镇政府驻地	王国梁
莒县珍惠药店	中楼镇政府驻地	鞠彦津
莒县广济药店	中楼镇卢家军子村	鞠彦飞
莒县康达药店	中楼镇马亓河东村	王允竹
莒县运康药店	中楼镇赵家西楼村	毛德玲
莒县民诚药店	中楼镇孙由村	崔永学
莒县众福堂药店	中楼镇集后村	翟云霞
莒县修成药店	中楼镇大陈家军子村	陈中朋
莒县林氏药店	中楼镇两山口村	林晓东

2012 年岚山区医疗器械经营企业一览表

表 16-7

企业名称	注册地址	负责人
百亮眼镜店安东卫分店	安东卫北街	毕延升
百亮眼镜店	岚阳路	毕延升
医药公司岚山分公司	安东卫街道驻地	李永强
安东卫大光明眼镜行	安东卫北街	周元峰
汇致大药房岚海药店	轿顶山花园内店铺	王蓓蓓
汇致大药房日钢店	日照钢铁公司生活区	王蓓蓓
汇致大药房圣岚店	友谊商店鸿福超市内	王蓓蓓
汇致大药房巨峰店	巨峰镇凌云超市内	王蓓蓓
康馨医疗器械商行	安东卫北街	李兆滨

第四章　商品市场

第一节　集贸市场

安东卫大集是岚山境内有史记载的最早集市。据清康熙十二年版《安东卫志》记载，明嘉靖年间，安东卫西大街设三、八集，北大街设一、六集。嘉靖二十年(1541 年)，安东卫南大街设三、八集。清康熙十一年版《日照县志》载，安东卫集逢三排八，碑廓逢四、九集，巨峰逢二、七集。巨峰秦家庄逢四、九集。大坡逢四、九集。皋陆逢二、七集。黄墩逢三、八集。两山口逢一、六集。新中国成立后，岚山境内乡、镇先后设立集市。1966 ～ 1975 年，集市被视为“小生产自发势力泛滥的场所”，受到严格管理和限制，集市规模及交易范围越来越小，1970 年日照县统一集日后，集市贸易愈加萧条冷落。1980 年废除统一集日的规定，集市贸易又开始发展。

1993 年，岚山办事处有农村集贸市场 18 处，2003 年城乡集贸市场达到 21 处。2012 年，全区有城乡集贸市场 59 处，全部为零售农副产品的综合市场。

2012年岚山区城乡集贸市场一览表

表16-8

单位：个

所在乡镇街道	市场名称	市场地点	逢集日期（农历）	约经营户及摊位数
岚山头街道	圣岚路集贸市场	圣岚路	四、九	600
	童海路集贸市场	童海路	一、六	600
	海州大集	海州路	二、七	800
	岚阳路大集	岚阳路	五、十	600
安东卫街道	安东卫大集	安东卫	三、八	1000
	安东卫海货集	安东卫	二、七	200
	汾水集	汾水社区	一、六	600
	前合庄大集	前合庄	五、十	400
虎山镇	虎山铺集	虎山铺村	二、七	720
	韩家营子集	韩家营子村	五、十	200
	东潘家村集	东潘家村	四、九	200
	泥田沟集	泥田沟村	四、九	400
	东湖集	东湖村	三、八	200
	梭罗树集	梭罗树村	五、十	600
	前水车沟集	前水车沟村	四、九	240
	前稍坡村集	前稍坡村	五、十	200
	黄家峪村集	黄家峪村	三、八	200
	大村集	大村	四、九	200
	小村集	小村	三、八	200
	张家结庄集	张家结庄	六	150
	相家结庄集	相家结庄	一、六	150
碑廓镇	碑廓大集	镇驻地	四、九	1000
	大朱曹集	大朱曹村	五、十	600
	甫田庄集	甫田庄	二、七	600
	东辛兴集贸市场	东辛兴村	一、六	200
	北张家庄集	北张家庄	二、七	100
	二朱曹集	二朱曹村	三、八	500
黄墩镇	黄墩集	镇驻地	三、八	1000
	粮山口集	粮山口村	一、六	600
	张家蒲旺集	张家蒲旺村	四、九	600
	任家董旺庄集	任家董旺庄	五、十	160
	草涧集	草涧村	五、十	240
	孔家庄子集	孔家庄子村	四、九	120
	田家沟集	田家沟村	二、七	140
	后崖集	后崖村	一、六	120
	后大坡集	后大坡村	一、六	100
	南陈家沟集	南陈家沟村	二、七	120

续表 16-8

所在乡镇街道	市场名称	市场地点	逢集日期（农历）	约经营户及摊位数
高兴镇	范家村集	南范家村	一、六	600
	尧王城集贸市场	大尧王城村	三、八	300
	合庄集	合庄	三、八	180
	秦家庄集	秦家庄	四、九	140
巨峰镇	巨峰集	镇驻地	二、七	1000
	大坡集	大坡村	四、九	700
	六甲庄集	六甲庄	一、六	300
	小王家沟集	小王家沟村	五、十	300
	柳古庄集	柳古庄	一、六	180
	大土山集	大土山村	三、八	160
	狮子河集	狮子河村	五、十	160
	平家村集	平家村	四、九	80
	柿树园集	柿树园村	五、十	200
中楼镇	中楼集	中楼村	二、七	1200
	马亓窑集	马亓河东村	一、六	600
	房家官庄集	房家官庄	五、十	200
	两山口集	两山口村	四、九	300
	孙由集	孙由村	四、九	650
	黑涧集	黑涧村	四、九	260
	河峪集	河峪村	一、六	150
	大陈家军子集	大陈家军子村	五、十	80
	五楼山前集	五楼山前村	三、八	60

第二节　专业批发市场

安东卫海货城　1993 年 7 月，汾水镇投资 1.96 亿元，开始建设安东卫海货城，地点在安东卫南街。1993 年 10 月开始拆迁，12 月 18 日海货城第一幢沿街商业楼奠基开工。1994 年、1995 年被列入日照市“市长工程”。1995 年，投资 8000 万元，开工建设单体楼 66 幢，当年市场成交额 8 亿元，上市海产品有鱿鱼、虾米、乌鱼、刀鱼、鲅鱼、扇贝、鲜虾、紫菜、杂鱼等干、鲜、活 20 多个大类 200 多个品种，高、中、低档皆备，干鲜货批发区日上市人数达 2 万人，上市摊位 1500 余个，日成交额约 160 万元，日成交量 300 吨。1996 年 2 月，安东卫海货城被国务院发展研究中心确定为全国最大的海产品批发市场。

1996 年 10 月，海货城二期工程开始建设，至 2003 年年底，共投入开发资金 4 亿多元，建成大型市场 4 处、商业街 6 条，总建筑面积 20 万平方米。平均日交易额 450 万元，旺季客流量达 4 万人，沿街水产品经营大户 250 多户，旺季摊点 6000 多户，上市交易商品近 30 多个大类 300 多个品种，以海米、鱿鱼、虾皮 3 类海产品交易量最大，产品辐射全国及 10 余个国家和地区。

首届“中国·安东卫海货节”于 2002 年 12 月 21 ～ 22 日在安东卫海货城举办，共展出 20 多个大类 200 多个品种，展销摊位 3290 个，标准展位 89 个，吸引了美国、荷兰、加拿大、日本、韩国等国家和中国台湾、香港地区以及国内 30 余个省（市、自治区）1.2 万余名客商与会。节会期间海产品实际交易额达7300万元，绳网交易额1870万元，签订各类协议、合同246项，协议合同金额40.6亿元。2003年11月19日，第二届中国安东卫海货节暨中国岚山渔业博览会在安东卫海货城举办，共有参展摊位3100个，参展商品除海产品外，还有渔业生产工具、房产、汽车、家具、服装等。

2012年，安东卫街道又启动安东卫海货城升级改造工程，以提升海货城的档次、水平。2012年年底，海货城拥有摊位2000个，经营户2000户，农历一、六逢集。

图16-6 安东卫海货节 (摄于2003年)

岚山兴海鲜活水产城 位于岚山头街道海州路居，始建于1997年，设计占地面积8万平方米，分为鲜活区、批发区、零售区、停车区、生活服务区、渔需供应区6部分。第一期工程于1997年4月开始，投资220万元，建设用地8000平方米，建水产品交易大棚2200平方米。第二期工程于1998年8月开建，投资320万元，建设用地1.33万平方米，建水产品交易大棚4000平方米。第三期工程投资3000余万元，建成商业大棚6孔，水产品交易摊位500个，摊位面积1.2万平方米，硬化地面1.5万平方米。至2012年，水产城占地面积2.67万平方米，拥有1.2万平方米商业大棚、1.5万平方米硬化地面、交易房110间、固定摊位200多个、流动摊位1500个，日人流量2万人次，日均交易150吨鲜活水产品，计年交易额26亿元，实现利税1.2亿元。鱼货销往辽宁、天津、河北、江苏、上海等24个省、自治区、直辖市。1999年10月被农业部列为

图16-7 岚山兴海鲜活水产城 (摄于2004年)

“全国菜篮子工程”定点市场，被山东省工商局授予“规范化文明市场”称号，是中国农产品市场协会的理事单位，是山东省十大专业市场之一。

山东安东卫国际水产城 位于G204国道与圣岚西路交汇处，是集水产品批发、加工、储藏、冷链物流、会展贸易等多元化的大型水产品批发集散地，是2007年全省扶持的三个重点农产品市场之一。占地20万平方米，建筑面积29万平方米，总投资2亿元，2008年9月底建成并投入使用。

内设干鲜海货交易市场、会展中心、精品区、冷库仓储物流中心、餐饮娱乐中心、停车场、生活区等。其中交易市场建有600多间商铺、3000多个交易摊位。建有完善的冷藏加工配送体系，设

图16-8 山东安东卫国际水产城 (摄于2010年)

立冷藏物流基地，形成全国范围内的冷链网络。公司提供无间缝的、现代化冷链物流服务，包括仓储、运输、城市配送、加工、进出口货物代理及报关等。市场推出代收代付服务，可有效保障客商交易安全。场内设中央空调、大型电子信息屏、广播系统、电子信息咨询系统、宽带网络系统，建立网上交易平台，实现远程电子商务。同时通过订货会、博览会、交易会等，实现会展经济，增加贸易渠道，拓展商业空间。

山东创胜建材家居广场　2009年由日照永兴食品有限公司投资1.5亿元兴建，被列为2009

图16-9　创胜建材家居广场　（摄于2010年）

年全区重点项目，2010年10月建设完成并投入运营。市场占地面积10.67万平方米，总建筑面积5.6万平方米，建设五层、建筑面积1.8万平方米的综合楼1处，建筑面积2.3万平方米的二层商铺10幢，建筑面积1.5万平方米的仓储用库房3处。市场分为交易区、展示区、仓储区等。至2012年年底，已招商300多家经营商户到市场内经营。主要经营新型建筑材料、室内外装潢材料、五金交电、化工油漆、水暖器材、卫生陶瓷、保温防水、耐酸防腐材料、消防器材、各种建筑材料等，年实现营业收入11亿元，纳税4000万元。2011年，被区劳动局认定为岚山区创业孵化基地。

汾水九州商贸城（九州商场）　位于安东卫街道汾水村，1990年由日照市九州实业总公司投资兴建，1992年10月1日投入使用。1996年又投资1700万元对商场进行了改扩建。占地3.6万平方米，建筑面积1.8万平方米。市场内有经营户110户，商场逢农历一、四、六、九为农贸大集，平均日上市摊位160个。1997年、1998年被评为省级规范化文明市场。

九州商贸城以九州商场为基础改造建设，2008年年底投入使用，总投资5000万元，主体3层楼房为市场，经营面积2.5万平方米，有商业房200余间。一楼为农贸、日用百货，二楼为服装家电，三楼为木器家具。商贸城配套建有大型停车场、公寓、写字楼等设施，周边有餐饮、宾馆、通讯、银行等相关产业，为市场提供了配套服务。

2012年，商贸城拥有业户500余户，商品销售以岚山城区为中心，辐射赣榆县、莒县、莒南县、临沂市、寿光市等地市，日人流量2万余人次，年交易额逾亿元。开业后，连年被评为“市级规范化文明市场”，2009～2012年被评为“山东省规范化文明市场”“山东省诚信市场”。

日照市汾水商贸城　位于安东卫街道汾水社区。20世纪80年代末由汾水汽车站周围水果摊、蔬菜摊逐步发展而成。90年代初移至G204国道西侧九州商场。1996年，汾水镇政府在汾水村西侧建蔬菜批发市场，主要交易冬暖大棚所产黄瓜。2010年，二者合并，成立汾水商贸城，每日逢集，以早市为主，主要批发、零售蔬菜、水果、肉类、干鲜海货、加工食品等农副产品，岚山头、安东卫、碑廓、虎山、巨峰、涛雒、莒南县、赣榆县所产农副产品均到此交易，拥有摊位500个，经营户500户。

图16-10　汾水商贸城　（摄于2008年）

碑廓蔬菜批发市场　位于碑廓镇大司官庄，1996年为适应冬暖大棚蔬菜生产的发展而建，主要交易冬暖大棚所产黄瓜，每日逢集，后演变成专业批发农副产品的市场，拥有摊位200个，经营户200户。

第三节 超 市

域内超市由新中国建立后的各类批发站和供销门市部演变而来。改革开放前，商品由供销社垄断经营，各公社驻地设供销门市部，村设代购代销点。20世纪80年代后，国家放开个体商业经营，城乡各种商品经营业户增多，各类批发站和供销门市部、代销点多转为个人承包，货源除当地生产的部分糕点、酒类外，多从青岛、临沂和浙江温州、义乌等地批发市场采购。到90年代，随着规模扩大，经营品种增多，一批较大的城乡商品批发部、商品经营户开始转变经营模式，逐步向现代超市转变，在商场内设立敞开式货架，顾客可直接到货架前自选商品。1993年，日照华联商厦在岚山头街道圣岚东路与岚阳路交叉路口设立岚山第一个大型超市，称岚山华联商厦。其后，日照日百商业有限公司、日照凌云工贸有限公司等大型商家先后在安东卫、岚山头、汾水开设超市。2000年后，日照凌云工贸有限公司相继在乡镇驻地及能够辐射周围的中心村开设超市或购物商场。随着商品市场的逐渐繁荣，境内各村均有几家小型超市。

超市分为百货超市、五金超市、家电超市、建材超市、水产超市、粮油超市、手机超市、电脑超市、文体用品超市、金银首饰超市、家具超市等，国内、国际知名品牌商品均有经营。稍大些的百货超市除经营上述商品外，还经营水果、蔬菜、食品、土产。顾客在超市可自由挑选所需商品，放入专用购物筐或购物车，到收银台前验货，由电脑读码器扫描货物代码，刷卡或现金结账。在乡镇街道驻地和部分中心村还有农资超市、种子超市、服装超市、鞋帽超市、儿童用品超市等。农资和种子超市包退、包换，聘有专业技术人员进行现场指导。农村小型超市多不分类，都集中于一店经营。

到2012年年底，岚山区共有超市3088家，其中岚山头街道385家，安东卫街道1050家，虎山镇165家，碑廓镇335家，黄墩镇150家，高兴镇165家，巨峰镇350家，中楼镇162家。

日照市友谊商店有限公司鸿福超市 位于岚山头街道佛手湾村，隶属于日照友谊商店有限公司。2001年年底开业，主要销售食品、服装、首饰、通讯器材、日用百货、文体用品等。

日照日百商业有限公司万德福岚山店 位于观海路南端，隶属于日照日百商业有限公司，2004年12月27日开业，销售出版物、音像制品、食品、服装、首饰、机械家电、通讯设备、日用百货等商品3万余种。营业面积1.2万平方米，是岚山区首家现代化大型综合超市。2006年、2008年、2010年、2012年分别获得山东省消费者满意单位奖牌、证书。

图16-11 日百万德福岚山店 （摄于2004年）

日照银座商城有限公司岚山分公司 位于岚山中路与观海路交汇处，隶属于日照银座商城有限公司，建筑面积2.8万平方米，2011年4月8日开始营业。地下一层，地上四层，广场设有停车位200多个。主要销售出版物、音像制品、食品、服装、首饰、汽车用品、日用百货、文化用品等。

图16-12 银座商城岚山店 （摄于2012年）

日照日百商业有限公司新玛特购物物中心岚山店　位于岚山中路与明珠路交汇处，隶属于日照日百商业有限公司，2009 年 9 月 30 日开业。销售出版物、音像制品、食品、服装、首饰、机械家电、通讯设备、日用百货等商品 3 万余种。是集现代购物、休闲、餐饮、娱乐为一体的“一站式”大型现代化购物中心。地下一层，地上三层，营业面积 3.6 万平方米。

图 16-13　新玛特购物物中心岚山店　(摄于 2010 年)

日照凌云工贸有限公司汾水购物中心　位于汾水十字路口 G204 国道东侧，岚山西路南侧，隶属于日照凌云工贸有限公司。2011 年 8 月 28 日开业，营业面积 1 万平方米，主要销售食品、服装、首饰、汽车、摩托车、电动车、钢材、机械家电、日用百货等。

第五章　服务业

第一节　餐饮、宾馆业

境内自古就有商人在官道、商道上开设的店、坊子(即旅店)，供过往商旅行人吃住、存货、喂牲畜等。明代初期，在东路官商大道(今 G204 国道)上，有官府设立的官湖铺、虎山铺、昧蹄铺，也叫驿站，除有驻铺兵卒为朝廷传递文牒外，还供过往官员兵卒食宿。到新中国成立前，较大的村镇和处于交通线上的村庄都有私营饭店兼旅店，开办在集镇的以安东卫、碑廓、巨峰、中楼居多。集市、庙会上还有临时饭摊，经营包子、水饺、面条、馒头、大饼、油条以及汤菜等。

新中国成立后，基层供销合作社开始在集镇设立饮食网点，逐步取代私营饭店，由于农村消费水平低，一般只经营大众化的饭菜。供销社开设的旅社多为饭店兼营，以大通铺为主，后增设双人间、单间。1981 年后，个体私营饭店开始出现并逐渐增多，随着生活水平的提高，开始承办一些酒席。

1993 年岚山办事处成立后，域内个体餐饮业不断发展，供销社餐饮业逐渐萎缩，出现私营大酒店，兼营餐饮和住宿，如蓝天大酒店、安舒大酒店、曲阜裕隆大酒店、盛隆大酒店、岚山大酒店、一品香酒店等，另有岚山港务局开办的招待所，兼对外营业。岚山设区后，经济跨越式发展，私营饭店、酒店大量涌现，服务档次提高，除分布在城区、乡镇驻地外，在农村旷野、山间还出现大量冠名“××山庄”“××生态园”等名色的大型酒店，以优美风光和绿色食品招徕顾客。按规模和经营特点，可分为四大类：一、特色小店，一般规模不大，突出食材或技艺特色，如羊肉店、牛肉店、狗肉店、海鲜店等，供应酒水。二、中等规模综合店，能容纳数百宾客，可承办婚宴。三、大型酒店，装修豪华，服务全面，价格较高，可同时承办几家婚宴或大型会议，如鲁圣大酒店、盛宾大酒店、碧波山庄、舜海蓝天大酒店等。四、连锁店分店，如山东八大碗大酒店。在景点、广场、街头还有众多烧烤小吃摊点。大型酒店都兼营住宿，多数中等酒店也兼营住宿。

至 2012 年年底，域内注册饭店、酒店、宾馆 1111 家。其中城区(岚山头、安东卫)786 家，乡镇、村 325 家。

第二节　照相、婚庆服务业

1956 年安岚供销社照相馆成立，为域内最早的照相馆，地址在安东卫东街路南，只能冲洗黑白照片。此时的照相业多拍些集体纪念照、结婚照、儿童照和个人纪念照等。个人纪念照以城乡女青年居多。根据顾客要求，可在照片上人工描上彩色。1976年，马庄、大坡供销社设立照相馆。1983年后，照相馆始有彩色照片，并开办普通照（黑白）、艺术照、彩照和婚纱摄影服务。其后，出现了一些个体照相业者，出入乡村街巷，为群众拍全家照、福寿照、游览照和朋友聚会照，多为彩照，到日照城冲洗扩印，由客户上门取或送到客户家。

1992年，安岚照相馆迁至汾水十字路口处，采购了彩扩冲洗设备，周围个体照相业者和摄影爱好者均在此冲洗彩扩照片，1995年转为个人承包，2003年改制为个体经营。

20世纪80年代末，个体照相馆开始出现。90年代，家庭照相机增多，居民多自拍照片到彩扩部冲洗。2004年后，数码相机开始普及，照相业逐渐转向婚庆服务。

岚山专业婚庆服务始于20世纪90年代末。1999年8月，岚山永芳影楼在岚山人民商场开业，专为婚姻庆典提供彩车装饰、婚纱照、化妆、婚礼照相录像及剪辑制作盒带等服务。2000年后，婚庆服务业迅速发展，分类经营，有专营鲜花等婚庆用品的商店、超市，有专营窗帘制作、婚庆化妆、婚纱照相摄影、光盘刻录的影楼，有提供婚庆策划、婚房装饰布置、胸花彩带、红地毯、彩色拱门、车辆、锣鼓鞭炮、婚礼主持等一条龙全程服务的婚庆公司，可以充分满足各个阶层不同经济状况人群需要。有些婚庆公司称庆典礼仪公司，兼营开业庆典、厂庆校庆、开工奠基、竣工封顶、楼市开盘、迁址入住、剪彩开幕、颁奖揭牌、产品促销、照相器材、广告和各类综艺演出等。2012年，全区有注册婚庆及庆典礼仪服务企业53家，主要分布在城区和各乡镇街道驻地。

第三节　中介服务业

中介源于古代牛、马等牲口市上的经纪业务，称牙行。买卖双方不直接面谈价格，由经纪人分别与买方、卖方砍价，砍价不用语言表达，而是把手互相伸到对方的衣袖里，摸手指、手面、手背，这些部位代表着一定的数字，两手相握算成交，俗称“摸肐”，从业人员称牙商，也称“市侩”。清代，境内集镇商业逐步发展，出现民间私牙，政府也办“官牙”。新中国建立初，一度被限制。改革开放后又在各大集市出现。巨峰大集除牛、马、骡、驴牲口经纪人外，还有猪、羊经纪人。

20世纪80年代末，沿海出现了一批鱼货经纪人，主要是联系各地客商，把干鲜水产品推销到省内外市场。90年代后，岚山大棚蔬菜发展迅速，产量剧增，为尽快培育蔬菜市场，政府鼓励发展经纪人，培育了一批走南闯北的蔬菜经纪人。其后，从事粮油、饲料、苗木花卉等中介服务业的经纪人相继出现。

1996年，由工商部门对经纪人进行培训，发放从业许可证。2002年10月，举办了第二期安东卫海货城经纪人培训班，共为35人颁发了经纪人从业许可证。2003年举办第三期经纪人培训班，为46人颁发了经纪人资格证；新登记个体经纪人95户，经纪组织10家。2007年，成立岚山区市场与经纪人协会，吸纳了一大批干鲜水产品、蔬菜、茶叶、板栗等特色经纪人，制定了协会章程、职责、组织机构、会员权利和义务，对经纪人的职业道德、行为规范、诚信服务等作出了明确规定，经纪人经营行为受工商部门和行业协会双重约束。

2010年，实行农村经纪人“零收费”，在法律法规允许的范围内适当放宽农村经纪人登记条件，降低了农村经纪人准入门槛。对季节性、临时性和小规模从事经纪活动的农村经纪人，备案后免于登记。工商部门采取“多予、少取、放活”的激励机制，培育“龙头企业+经纪人+农户”“专业市场+经纪人+农户”“中介组织+农户”等产业发展模式，提供农产品产前、产中和产后服务，引领农民闯市场，为农村经纪人开展营销活动创造条件，使农村经济人逐步成为农副产品市场流通的主体。

自2000年后，中介业务扩展至为企业招工，帮个人介绍工作，婚姻介绍、家政服务、房屋租售等。2003年，出现消费品、生产资料信息咨询中介服务企业，岚山设区后，逐渐出现专业的房地产中介公司。部分中介公司建立网站，进行网上中介服务，服务范围进一步扩大，包括求职、招聘、房屋租售、生活服务、二手市场信息、交友征婚、代办企业、车辆的注册登记、年检等业务。

至2012年年底，全区共有各类经纪人1930人，其中农村经纪人1580人；有注册中介企业16个，其中12个为房屋中介，其他为消费品、工程用车、经济信息等范围的中介。

第四节　洗浴、美容美发

洗浴　新中国成立前，域内无专门洗浴场所。冬天，居民多在家里烧水盛于泥盆擦洗，大户人家使用木盆、木桶洗浴，夏天男人去海边、汪塘洗澡。20世纪70年代左右，乡镇驻地一般都有供销合作社开办的澡堂。之后，梭罗树石棉矿、岚山港等国营企业建有澡堂，主要为职工服务。1993年，有大连商人在岚山头街道童海路开办桑拿洗浴中心，两年后倒闭。此后，各乡镇街道驻地及部分村居个体办澡堂盛行。1995年起，部分豪华酒店内设桑拿洗浴业务，岚山头及沿204国道边亦有个人办洗浴中心，2003年前大都关闭歇业。岚山设区后，由于生活条件改善，一般家庭都有洗浴设备，室内澡堂逐渐减少。但以保健为招牌的“足浴”逐渐兴起。足浴店一般开设在城区和乡镇驻地沿街，服务内容为药液浸泡、足部按摩修整等。域内有海水浴场2处，一处在虎山潘家村东海边，1994年5月开发建设，同年夏天对游客开放，有男女封闭冲洗房多间，救生小艇2艘，为游客提供泳装及各种救生圈；另一处在多岛海景区，2008年规划建设，2012年启用。

美容美发　明清时期域内理发业无考。辛亥革命后，男人剪掉了辫子，理发多由邻人互相剃光头。域内较大村镇有以理发为业的，或开剃头铺，门口挑着红布幌子，幌子上书写“理发”二字；或挑着工具四乡游走，吆喝着招揽生意，俗称“剃头的”，雅称“待诏”。此种情况，在多数乡镇一直延续到2012年，但游走赶集的理发人一般不再挑担步行，而改用自行车等为交通工具。

20世纪70年末，各乡镇街道驻地及部分村居开始有理发店，使用手动推剪，80年代有了电动推剪，女性烫发兴起。90年代，随着社会发展，女性各式时尚美发和男女美容美发逐渐成为主流，出现大量美发美容店，由于受外来影响，许多男青年和女性开始将头发染成各种颜色。染发、女性美发价格约为男性理发的两倍。美容由面部美化向手足美化和全身保健发展，许多美容店实行会员制以招徕顾客。

至2012年年底，全区共有洗浴服务业户63家，理发、美发、染发店350家。

第五节　裁缝、干洗店

裁缝　新中国成立前，安东卫、岚山头、碑廓、巨峰等集镇均有为大户人家做衣裳的裁缝铺，多是自家手工缝制，一般规模较小。新中国成立后，裁缝铺始有缝纫机，居民做新衣服的少，改旧衣服、打补丁的多，裁缝铺发展缓慢。20世纪80年代后，裁缝业发展迅速，多在乡镇街道驻地设店，店主雇用3～5人不等，以来料加工居多，逢集日为客户量体，接收布料，也有送料上门定做的；各村居裁缝则在自家院里设姊妹店、夫妻店，外挂“成衣”招牌，来料加工。2000年后，随着商场、超市西服、时装品类增多，居民多追求时尚品牌，裁缝业逐渐歇业淡出市场。

干洗店　1999年，安东卫南街干洗店营业，为域内首家干洗店，两年后歇业。2003年，汇洁（今称蓝洁）在安东卫北街路东开张，主要干洗高中档服装、裘皮大衣，清洗、保养、翻新皮衣和高档汽车座垫座套，为酒店、宾馆、厂矿、企事业单位提供被褥、服装洗涤服务，承接高档服装品牌售后免费干洗业务。至2012年，全区注册登记的干洗店有6家。

第六节　钟表、家电维修

钟表修理　20世纪30年代初，岚山头徐兆敏在家开办修表店，从青岛、上海等地购得旧表拆卸部分零件，也采用锡焊、锉刀手工打磨零件等手段修理，是域内最早的修表店，主要为岚山头、安东卫各大商号以及水产行、商船修理各式闹钟、座钟、怀表。1956年，徐兆敏的钟表修理店参加公私合营，是域内唯一一家合营钟表修理店。1968年，安东卫苏贻秋在广州学习修表，1979年在安东卫十字路口设棚修理钟表，兼修收音机，至今仍在修理。

1980年后，域内各乡镇街道驻地和集市均有修表店、棚多家，部分村居亦开有此店，钟表修理业达到高峰期。2000年后，修表店、棚逐渐减少，至2012年年底，全区仅有5家。

家电维修 岚山家电维修开始于1979年，主要修理收音机、录音机、电唱机等，有的兼修广播喇叭、电动机、组合音响。1990年后，随着电视机、电脑普及，收音机、录音机淡出市场，主要修理电视、电冰箱、空调、电脑、抽油烟机等家电。2000年后，多为家电生产厂家做售后保修业务，有的兼营家电、修理电机等。至2012年年底，全区有各类家电维修店铺291家。

第七节 车辆维修

自行车、摩托车、电动车维修 新中国成立初期，安东卫、岚山头始有自行车修理业者，20世纪60年代后，以修理农用独轮车、地排车为主。80年代后自行车普及，个体自行车修理铺增多，门前挂一旧车胎或旧车圈招引顾客。2000年后，摩托车、电动车普及，自行车修理铺兼修摩托车、电动车及厂家售后维修。至2012年年底，全区有各类自行车、摩托车、电动车维修店铺共计123家。

汽车维修 1961年，日照县“五一石棉矿”设机修车间，从当地退伍军人中招收2名汽车维修工，使用较为简单的手工工具，维修、保养石棉矿外运矿石的2台嘎斯车。1962年石棉矿停产，机修车间停业。1965年，石棉矿转产蛇纹石，机修车间恢复，开始使用锡焊、气焊等工艺，维修石棉矿的车辆。20世纪六七十年代，境内汽车极少，仅有行驶在胶新公路（胶县至新浦，现G204国道）和岚兖公路（岚山至兖州，现S342省道）上的过路车，修理汽车只能到当地拖拉机站，找拖拉机拖到日照城去修。1978年，石棉矿选派人员到青岛汽车保养厂学习汽车修理、保养技术。1981年，开办机修部，开始承接企事业单位的车辆修理。

1986年，石棉矿与汾水镇合资建设综合修配厂，承揽各企事业单位的车辆修理及维护。修配厂使用喷漆、焊接、内燃机修理、使用仪器仪表查电路等技术，修理汽车、拖拉机。此后，日照市岚山汽车修理厂、汾水镇办汽修厂、碑廓镇办汽修厂、岚山头王家庄子个体办汽修厂、虎山个体办汽拖维修部等一批汽车维修业户相继开办。至1995年，全岚山办事处有二类汽车维修业户6家、三类汽车维修业户10家。至2004年，全岚山办事处有二类汽车维修业户5家、三类汽车维修业户50家。岚山设区后，黄墩、后村、高兴、巨镇4镇划入二类维修业户12家、三类维修业户32家。各汽车维修企业多为股份制或独资经营，多拥有电动升举机、超声波清洗机、高压油泵试验台、智能喷漆房等设备设施，在乡村路边也有个体作坊式经营。技术工人主要是从跟师傅学徒人员、去汽修厂自费学习人员、专业技术院校毕业生、退伍军人等中雇用，或到外地聘请。至2012年，全区汽车维修业户有247家，其中一类维修（危险品货物运输车辆维修）业户1家，二类维修业户8家，三类维修业户238家。

企业选介

日照市金河汽修有限公司 一类维修企业。成立于2005年3月，股份制企业，位于玉泉二路南端出口加工区内，占地面积1.8万平方米，厂房面积3600平方米，办公面积1800平方米，为山东省汽车维修行业诚信企业，2008年被评为山东省二十佳企业。

日照市大型汽车工程机械修理厂 二类维修企业。成立于1993年，注册资金200万元，隶属于山东省日照运总交通集团有限公司，股份制企业。2011年，从日照市黄海二路11号整体搬迁至安东卫街道G204国道西侧、轿顶山路北侧。公司占地1.2万平方米，有职工35人，拥有发动机清洗机、压力机、电动举升机、航吊、连杆检测校正器、机床及各种量具、专用工具计82台套。2002年通过了ISO 9001质量管理体系认证，2003年被山东省交通厅授予“优秀企业”称号。

日照广鑫汽车销售服务有限公司 二类维修企业。成立于2007年，股份制企业，位于虎山镇驻地，注册资本150万元，占地面积1.1万平方米，厂房面积 1200 平方米，主要经营范围为停车场经营及二类机动车维修，有员工 36 人，拥有高清洁度超声波清洗机、制动鼓/蹄片镗销机、高精度镗缸机、二氧化碳保卫焊机、多功能半轴/转向柱空压机、高压油泵试验台、航吊等多种检测和专用设备。

日照运总岚山交运有限公司汽车修理厂　成立于 1993 年 10 月，隶属于山东省日照运总岚山交运有限公司，厂址在岚山交运公司院内，拥有维修车间 16 间，举升机 2 台。

日照市九州汽车修理厂　成立于 1992 年，为集体所有制企业，主要经营二类机动车维修（大中型货车维修）。

岚晟汽车服务有限公司　成立于 2012 年，位于岚山头街道杨家庄子村，配有汽车举升机、空气压缩机、轮胎螺母拆装机、轮胎轮轴拆装机、车轮动平衡机、转向轮定位仪、整形车台、喷漆房等几十种常用及专用设备。

第八节　其他服务业

钉马掌　明朝初期，安东卫军马、铺递驿马及往来商旅骡马增多，域内钉马掌业进入鼎盛期。安东卫有专门的打马（骡、驴）掌的铺子，集镇牲口市上有打马掌的棚子，有专卖掌铁、掌钉、削刀的摊子；铺驿、坊店除钉马（骡、驴）掌外，还为过往猪贩子赶的大猪四蹄上套铁掌；另有流动钉马掌师傅背着工具袋子，走街串巷为马、骡、驴钉掌。清代撤卫所后，钉马掌从业者逐渐减少。至 20 世纪 80 年代，集市、乡村仍有此业。此后，随着机动车辆增多，域内马、骡、驴退出交通运输和农耕作业，钉马掌业基本消失。

眼镜店　新中国成立前，配老花镜、近视镜需请人从青岛、连云港等地捎带。新中国成立后，主要去日照城选配。改革开放后，大集镇有了眼镜摊，出售老花镜、墨镜、平光镜、太阳镜。1993 年秋，江西鹰潭商人在安东卫开设大光明眼镜店，是域内最早的眼镜店，为老人和学生配制老花镜、近视镜等，也出售青年人喜欢的墨镜、彩色时尚太阳镜。其后，各乡镇街道驻地、学校附近均开设眼镜店。2000 年后，安东卫、岚山头、汾水等地有眼镜超市，各大商场、超市有眼镜专柜，集市、车站仍有眼镜摊点。

打字复印　清末民初，油印机仅在域内学校、商号使用，至新中国成立前，机关、学校等部门单位的文件材料，除制版印刷外，多用蜡纸刻字油印。20 世纪 80 年代末，各乡镇街道机关采购打字机，配备一名打字员，仍用油印机。此时，未形成服务行业。

1995 年，工委、办事处开始使用电脑打印蜡纸，手摇油印机印制材料，岚山头、安东卫出现个体打字复印社。1997 年开始使用一体印刷机，其后普遍使用电脑打字复印，油印机淘汰。至 2012 年年底，全区共有打字复印社（店）42 家。

其他服务业还有保洁、快递、配送、洗车、家政、陪护、月嫂、广告、装饰、租赁、茶楼、咖啡厅、修鞋打掌等。至 2012 年年底，全区注册登记的各类服务业户共有 3977 家。

第十七编　对外开放

20世纪90年代初,外资企业开始进入岚山,对外贸易开始发展。自1993年开始,岚山加大招商引资力度,外向型经济得到快速发展,逐步形成了以冶金、木制家具加工、粮油加工、液体化工品储运、海洋仿生食品加工、水产品加工出口为主导的外向型工业体系,三资企业(在中国境内设立的中外合资经营企业、中外合作经营企业、外商独资经营企业三类外商投资企业)成为岚山经济的重要支柱,外向型经济成为岚山经济的特色之一。2004年设区以后,岚山以钢铁、化工、木材加工、食品药品为核心的临港产业蓬勃发展,对外进出口贸易规模稳步扩大,贸易结构持续优化,利用外资水平不断提高,对外投资成效显著,"走出去"步伐逐年加快,形成了全方位、立体化的对外开放新格局。

第一章　对外贸易

第一节　出口贸易

岚山的对外贸易始于20世纪90年代初,主要是"三资"企业的商品出口,以农产品、木制家具、水产品及其加工品、金属制品为主,没有自营进出口外贸企业。1990年,汾水机械厂、虎山机械厂生产的扁铲、锄头等园艺工具,销往西欧、新加坡;日照丰华工具有限公司生产的管子钳、脚手架等金属制品,出口国外。1991年,日照日益木制品有限公司开始生产木制家具出口美国、欧洲。1995年,日照昌华海产食品有限公司等海产品加工企业开始生产模拟蟹肉、鱼糜等海洋仿生食品出口。1997年,安东工贸集团公司经外经贸部批准,获得自营进出口权,成为岚山首家获自营进出口权的生产性企业。2002年9月,日照岚山生化制品有限公司成立,生产硫酸软骨素、人绝经期促性腺激素(HMG)、人绒毛膜促性腺激素(HCG)、氨基酸、肝素钠等产品,全部出口。2004年,日照钢铁公司开始出口钢铁制品。至2004年,岚山区年出口额达到16631万美元,其中农产品出口额占41.6%(包括水产品出口额占14%),钢铁制品出口额占34.5%,家具制品出口额占17%。

设区后,岚山区出口贸易呈现总量攀升、结构改善、市场扩大的态势,出口产品逐渐由以农产品、木制品、水产品及其加工品、五金机电产品为主,转向以有较高附加值的钢铁制品、精细化工产品和生物医药产品为主。2005年,日照岚星化工工业有限公司与世界500强企业德国赢创化学工业集团有限公司合资成立赢创岚星化工有限公司,生产硅烷偶联剂系列产品出口东南亚、欧美等国家和地区。2011年,在全省140个区县中,岚山出口额排名第23位。

至2012年年底,岚山已有日照钢铁公司、日照昌华海产食品有限公司、中粮黄海粮油工业(山东)有限公司等80家生产和贸易企业获得自营进出口权。出口额由2004年的1.66亿美元发展到2012年的12.8亿美元,年均增长29.1%。2012年,岚山有出口实绩的自营出口企业43家,产品销往世界各地,出口到亚洲、欧洲、南美、北美、非洲、大洋洲的出口额分别占总出口额的86.8%、6%、3.7%、2%、1.3%、0.2%。出口商品中,钢铁制品出口额占总出口额的87.8%,农产品出口额占总出口额的6.3%,水产品出口额占总出口额的2.4%,五金制品出口额占总出口额的2.3%,其余为木制品、绳线等。

2012年岚山区出口企业信息统计表

表17-1　　单位：万美元

序号	企业名称	出口产品	出口额
1	日照钢铁轧钢有限公司	钢铁制品	91042
2	日照型钢有限公司	钢铁制品	21589
3	日照岚山生化制品有限公司	有机化学品、药品	2302
4	日照阿掖山水产食品有限公司	鲜鱼、冻鱼、鱼肉、鱼卵制品	1705
5	日照丰华工具有限公司	印刷品、钢铁制脚手架、构件、模版、钉子、铝制门窗	1615
6	山东丰华食品有限公司	鱼、鱼卵制品、调味紫菜	1226
7	日照永兴食品有限公司	鱼类制品、杂项食品	1083
8	日照昌华海产食品有限公司	鱼肉、鱼片、肉、其他无脊椎动物	2058
9	德固赛岚星（岚山）化学工业有限公司	有机硫化合物、橡胶促进剂	853
10	日照华浙钢棒有限公司	钢铁丝制品	756
11	日照岚永农副水产食品有限公司	鱼肉、鱼类制品、纸板制品	502
12	日照环海水产食品有限公司	冻碟鱼、腌鱼、贻贝、章鱼	470
13	山东特力绳线织造有限公司	硬管、棉纱线、塑料制品线、绳、索、缆、网	425
14	日照玉石洁具有限公司	水泥、混凝土、人造石	374
15	日照市双丰工贸有限公司	烘焙花生	371
16	日照宝鑫矿业资源有限公司	石英岩、碎石矿渣、白云石、其他矿产品	322
17	日照玉鲸水产有限公司	冻梭子蟹、章鱼	229
18	日照盛隆水产食品有限公司	冻鱼、腌鱼、盐渍贻贝、章鱼	226
19	山东众山生物科技有限公司	雌激素和孕激素、干燥腺体、塑料制品	212
20	日照中意华坤金属制造有限公司	焊缝管、钢铁构件	190
21	山东一德实业有限公司	前铲装载机、起重机、铲斗	107
22	日照宏业板材有限公司	胶合板	98
23	日照市伟业工具有限公司	脚手架、钢铁构件、模板	97
24	日照益荣远水产食品有限公司	鱼类制品	91
25	日照市建丰木业有限公司	座具、木家具	90
26	日照铸福实业有限公司	铸铁管及附件	82
27	日照润力体育健身器材有限公司	碳酸镁、塑料及其制品、橡胶及其制品、纺织制品、家具、玩具、运动球、器械	64
28	日照市岚海体育用品有限公司	体育用品、户外游戏用品	47
29	日照三木木业股份有限公司	办公及卧室家具、座具	45
30	日照市福敬源贸易有限公司	男女针织服装、浴袍、棉质浴巾	30

续表 17-1

序号	企业名称	出口产品	出口额
31	日照东海食品有限公司	腌渍章鱼	30
32	日照德润包装有限公司	瓦楞纸、纸箱、盒	25
33	日照真诺生物科技有限公司	蘑菇菌丝	19
34	日照顺芳铁艺有限公司	钢铁制品	14
35	日照永鑫嘉岛淀粉工业有限公司	面筋	11
36	日照永鑫鼎荣食品有限公司	糊精及其改良淀粉	10
37	日照岚星化工工业有限公司	有机—无机化合物	8
38	日照广聚农产品有限公司	淀粉	4
39	日照日伟铁艺有限公司	钢铁结构体	4
40	日照市百源绳业有限公司	线绳索缆	4
41	日照铸福贸易有限公司	机动车零件	1
42	日照昌大木业有限公司	甜菜渣、植物原料废料	1
43	日照华博进出口有限公司	离心泵、内燃机	1
合　计			128433

第二节　进口贸易

岚山的进口贸易始于20世纪90年代初，当时只有少量进口商品，主要是中粮黄海粮油工业（山东）有限公司进口的粮油和其他部分“三资”企业进口的设备。1997 年后，日照昌华海产食品有限公司等海产品加工企业开始从国外进口生产模拟蟹肉、鱼糜等海洋仿生食品的原料。2001 年中国加入世界贸易组织后，国家大幅度调低进口关税、取消部分进口配额限制，岚山的企业抓住机遇大力发展港口贸易。2003 年日照钢铁公司建成后，开始进口铁矿石、煤炭，进口量逐年增加。2005 年，日照华大投资发展有限公司成立，开始从南美洲、非洲等地进口木材在国内加工、销售。2006 年，日照三木集团有限公司投资成立三木冶金矿业有限公司，从国外开采进口镍、铬、锰、铁等矿产品。2009 年，山东昌华食品集团有限公司开始从事大豆、油脂等的进口贸易。2010 年，山东阿掖山集团有限公司开始从事大豆、油脂等的进口贸易。

至 2012 年，全区有进口贸易实绩的企业 37 家，其中进口额过亿美元的 4 家，过千万美元的 13 家。2012 年全区进口总额 589667 万美元，总量居全市第一位，在全省 140 个区县中排名第 2 位。岚山进口贸易以资源产品为主，全区铁矿石、大豆、油脂等大宗资源产品的进口额占全区进口总额的 90% 以上。

2012 年岚山区进口企业信息统计表

表 17-2　　单位：万美元

序号	企业名称	进口产品	进口额
1	日照钢铁控股集团公司	铁矿砂及其精矿、无烟煤、烟煤	290769
2	山东昌华实业发展有限公司	冻鱼肉、淀粉、干豌豆、大豆、棕榈油、椰子油、菜籽油、调味品、塑料制品、纸制品	194938

续表 17-2

序号	企业名称	进口产品	进口额
3	中粮黄海粮油工业（山东）有限公司	大豆、豆油、花生油、棕榈油、液油、塑料制品、橡胶制仪器、锅炉	58182
4	日照阿掖山水产食品有限公司	冻鱼肉、棕榈液油、纸制品、铜及其制品	11105
5	日照广信化工科技有限公司	丙烯、聚丙烯	9566
6	山东岚山孚宝仓储有限公司	煤油馏分、有机化学品、塑料及其制品	6590
7	日照保利植物蛋白有限公司	棕榈液油	5033
8	日照岚桥国际贸易有限公司	原木	2367
9	日照皇极矿业进出口贸易有限公司	无烟煤	1830
10	日照岚丰贸易有限公司	无烟煤、炼焦煤	1523
11	日照德霖木业有限公司	辐射松原木	1203
12	日照诺博国际贸易有限公司	蓖麻油、丙烯、聚丙烯	1138
13	日照中兴木业有限责任公司	红松和樟子松原木、白松原木、辐射松原木、未列名针叶木原木	1123
14	日照市莆商投资发展股份有限公司	白松原木、辐射松原木、水曲柳原木等	904
15	日照雪佛龙沥青有限公司	石油沥青	726
16	山东一德实业有限公司	无烟煤	624
17	日照海澜木业有限公司	辐射松原木	414
18	日照天然食品有限公司	冻干腌墨鱼、鱿鱼、鱼制品、机械零件、轴承	294
19	日照福泰煤炭有限公司	无烟煤	275
20	山东丰华食品有限公司	冻鱼肉、淀粉	251
21	日照市佳怡食品有限公司	甲壳软体水生动物	243
22	山东特力绳线织造有限公司	聚乙烯、聚丙烯	158
23	日照市岚山中环木业有限公司	针叶木原木、白松原木、木材	130
24	日照三木冶金矿业有限公司	铬矿砂及其精矿	73
25	日照益荣远水产食品有限公司	冻鱼肉	52
26	日照泰华矿业有限公司	无烟煤	37
27	日照岚永农副水产食品有限公司	冻鱼、腌鱼	26
28	日照玉鲸水产有限公司	冻鱼	17
29	日照盛隆水产食品有限公司	冻鱼	17
30	日照铸福贸易有限公司	乙烯、聚乙烯	14
31	日照华东石油化工有限公司	柴油及燃料油	9
32	日照美联国际贸易有限责任公司	非绝缘的钢铁绞股线、绳、缆	8
33	日照鼎新工贸有限公司	聚丙烯	7

续表 17-2

序号	企业名称	进口产品	进口额
34	山东众山生物科技有限公司	蛋白胨、塑料及其制品	5
35	日照市舒盛园实业有限公司	油籽	5
36	日照市建丰木业有限公司	木材	4
37	日照华洋农副水产品有限公司	鱼制品	1
合　计		589661	

2004～2012 年岚山区外贸进出口统计表

表 17-3　　单位：万美元、%

年　份	进出口额	同比增长	出口额	同比增长	进口额	同比增长
2004	49257	58	16756	116.9	32501	38.6
2005	68839	39.8	24459	46	44380	36.5
2006	127875	85.8	60644	147.9	67231	51.5
2007	221682	73.4	59861	-1.3	161821	140.7
2008	362943	63.7	72304	20.8	290639	79.6
2009	233205	-35.7	20698	-71.4	212507	-26.9
2010	410327	76	29686	43.4	380641	79.1
2011	657821	59.2	105013	253.7	552808	44.2
2012	718100	9.2	128433	22.3	589661	6.7

第三节　管理机构

1993 年以前，岚山的对外贸易工作由日照市(县)外贸局管理，1993 年 7 月以后，由岚山办事处经济贸易委员会管理。1994 年 8 月，岚山办事处对外经济贸易委员会(简称岚山外经贸委)成立，担负着组织、指导、管理岚山外经贸发展的任务。1995 年 3 月正式办公，设办公室、外商投资管理科、综合业务科和岚山办事处外商投资服务中心。2005 年，成立岚山区对外贸易经济合作局(简称区外经贸局)，负责全区的对外贸易工作。2011 年 7 月，岚山区商务局成立，负责拟订全区外贸进出口发展规划、年度目标、促进外贸发展方式转变的政策并组织实施。

第四节　岚山出口加工区

岚山出口加工区 2000 年开始规划建设，规划面积 6 平方公里，位置在圣岚路以南，绣针河以东，砚台山三路以西，南至海州湾。至 2003 年，完成了起步区 0.8 平方公里内的“五通一平”(通水、通电、通路、通讯、排水，平整场地)，共硬化道路 20 万平方米，建设桥梁 4 座，排水、排污管道 4000 米，自来水管道 2000 米。出口加工区集出口加工、港口贸易、高科技开发为一体，重点发展海产品精深加工、电子信息、生物工程及新材料开发。落户园区的大型项目先后有：山东阿掖山集团有限公司、日照永兴食品有限公司、日照天然食品有限公司、东方红食品有限公司、日照岚山生化制品有限公司、赢创岚星化工有限公司、岚山区市政工程公司、日照永鑫塑料包装有限公司、三木冶金矿业有限公司、新宇矿业有限公司等。2004 年设区后，因岚山城市规划调整，出口加工区基本停止建设。

2001 年，岚山办事处设立出口加工区办公室，为办事处直属管理的正科级全民事业单位，王玉祥兼任办公室主任，杜以举兼任办公室副主任。2003 年 2 月，杜以举任办公室主任。2011 年，出口加工区办公室撤销。

第二章　境外投资与境外资金利用

第一节　境外投资

1993 年以后，岚山经济国际化水平有了提高，跨国经营、参与世界范围的竞争，已成为企业的共识。至 2003 年年底，岚山已在海外设立企业 8 家。其中，日照三木木业股份有限公司 1994 年在美国设立的美国宝乐木制家具有限公司是日照市第一家海外企业和首家境外带料加工装配企业。1998 年被山东省外经贸委列为全省海外企业最成功的 4 种经营模式之一，并在全省推广。日照昌华海洋食品有限公司分别在泰国、越南、美国设立了分公司。

至 2012 年年底，岚山共有境外投资企业 12 家。其中，日照昌华海产食品有限公司 5 家：昌华（泰国）海产食品有限公司、昌华越南坚江水产有限公司、昌华食品（越南）有限公司、昌华美国办事处、美国全能邦能源集团有限公司；日照钢铁有限公司 2 家：日照钢铁（香港）贸易公司、日照钢铁控股（香港）贸易公司；三木木业股份有限公司 3 家：美国美家中心有限公司、美国宝乐木制家具有限公司、加多多矿业有限公司；岚桥集团 1 家：岚桥澳大利亚海纳斯参股公司；日照市新宇矿业有限公司 1 家：秘鲁秘鑫国际矿业贸易有限公司。12 家境外投资企业总投资额 18346 万美元，主要集中在水产品加工、大宗贸易、矿产品采购等行业，境外已经成为投资企业重要的原料来源地和对外销售主市场。

第二节　境外资金利用

20 世纪 90 年代初，境外资金开始进入岚山。1991 年，日照市第三木器厂与香港集益有限公司合资成立日照日益木制品有限公司，生产木制家具出口美国。1992 年 8 月，中国粮油食品进出口（集团）有限公司、美国 ADM 公司、新加坡 WILMAR 公司和香港嘉银控股有限公司共同出资成立中粮黄海粮油工业（山东）有限公司。1994 年 2 月，岚山港与香港加德士公司合资成立岚山加德士沥青有限公司。

岚山设区后，坚持招大客商、建大项目，外资招引成效显著，利用境外资金呈现出“大跨步”发展的趋势。2008 年、2009 年、2010 年实际利用境外资金分别突破 3000 万美元、5000 万美元、6000 万美元大关，2010 年实际利用境外资金 6756 万美元，同比增长 34.7%。2010 年岚山区实际利用境外资金项目 8 个，其中注册资本超过 1000 万美元的 4 个项目共计实际到账外资 5462.6 万美元，占当年实际利用境外资金总额的 80.9%。

2012 年，岚山区抓住山东半岛蓝色经济区、鲁南临港产业带和日照钢铁精品基地建设机遇，立足钢铁配套、油气储运加工、木材贸易加工、海洋食品药品特色产业园区开展对外招商选资工作，外商投资结构由传统的水产品、粮油加工行业逐渐扩展到钢铁、化工、木材、生化等临港产业。当年实现利用境外资金 1.05 亿美元，成为日照市首个当年实际利用外资过亿美元的区县。岚山区境外投资主要来源于欧美、日本、新加坡、韩国等国家和中国香港、台湾等地区，其中港台地区投资约占 42.6%，日本、韩国、东南亚地区投资约占 15.6%，欧美地区投资约占 13.6%。

2003～2012年岚山利用境外资金情况统计表

表17-4　单位：万美元

年　份	实际利用境外资金	同比增长（%）	年　份	实际利用境外资金	同比增长（%）
2003	1604	75	2008	3014.5	30.9
2004	925	-42.3	2009	5017	66.4
2005	2148	132	2010	6756	34.7
2006	1925	-10.4	2011	5116	-24.3
2007	3325	19.6	2012	10500	105.2

第三章　口　岸

第一节　口岸管理

岚山港口岸是山东省最南端的港口，海上运输可直达中国沿海各主要港口，与美国、俄罗斯、日本、韩国、加拿大等80多个国家和地区的部分港口通航。

1986年9月以前，岚山港未实行对外开放，港口发展受到制约。1986年9月，山东省政府批准岚山港为二类开放港口，靠泊中国籍船舶。外国籍船舶靠泊港口，需经国家口岸办公室会同海关总署、公安部、卫生部、农业部、交通部办理特批。

1989年9月3日，国务院批准岚山港为一类对外开放港口。1994年12月26日，岚山港渔业专用码头举行投运剪彩仪式，实行对外一类开放。

管理机构

行政管理机构　1992年8月，岚山口岸管理处更名为日照市人民政府口岸管理委员会岚山口岸管理处。1996年10月，改称日照市人民政府口岸办公室岚山口岸管理处，为日照市口岸办公室驻岚山港的派出机构，负责口岸综合管理工作，主要职能为监督、检查、协调、仲裁。

2011年4月，岚山区交通运输局设口岸管理科。

查验机构　1989年，根据国务院《关于同意开放岚山港的批复》（国函〔1989〕5号），在岚山港设置检查检验单位6个，分别是中华人民共和国岚山边防检查站、中华人民共和国日照海关驻岚山港办事处、中华人民共和国岚山进出口商品检验局、中华人民共和国岚山卫生检疫局、中华人民共和国岚山动植物检疫局、中华人民共和国岚山港务监督。

1999年11月，国家口岸查验机关进行机构改革，岚山进出口商品检验局、岚山卫生检疫局、岚山动植物检疫局“三检合一”，成立中华人民共和国岚山出入境检验检疫局。2000年9月，岚山港务监督改称中华人民共和国日照岚山海事处，隶属于中华人民共和国日照海事局。2010年9月，撤销中华人民共和国岚山出入境检验检疫局，设立中华人民共和国山东出入境检验检疫局岚山办事处。至2012年，岚山港的查验机构为日照海关驻岚山港办事处、日照岚山海事处、山东出入境检验检疫局岚山办事处、岚山边防检查站。

综合管理

1989年9月，岚山港经国务院批准为一类开放港口后，开始建设岚山港监、岚山海关、岚山边检、岚山卫检、岚山动植检和岚山商检等6个查验单位的办公设施，建设项目被日照市委、市政府列为1991年十大重点工程之一，工程投资360万元，建筑面积9250平方米。岚山口岸管理处具体组织实施，1992年7月全部交付使用。

岚山港投入使用后，航道、锚地使用问题一直与当地渔业生产存在矛盾。1991 年 5 月 25 日，日照市口岸办公室组织岚山港务管理局、岚山头街道办事处、岚山港务监督、日照市水产局等有关部门进行协调，至 6 月 7 日，岚山港航道锚地内的定置渔具全部拆除，恢复正常通航。山东省有关部门公布了岚山港海图，在岚山港锚地内设置标志，对航路进行全面规划，对渔民的损失给予适当补偿。

1992 年 5 月 18 日，岚山口岸管理处制定了《港区治安管理规定》，实行入港证制度，对进出港的车辆、人员实行统一管理。1992 年 7 月 25 日，公布实施《岚山口岸船舶进出口联检规定》，缩短了船舶在港口的停泊时间，提高了口岸查验机构的工作效率和港口的经济效益。

1994 年年初，国务院下发关于取消联检制度的意见后，岚山口岸管理处自 4 月 5 日起试行新的查验制度，结合实际制定《国际航行船舶进出岚山口岸检查办法》，并于 8 月 30 日公布实施。查验制度改革后，进一步简化查验手续，加速车、船、货的周转，通关速度提高。

1995 年 3 月 21 日，中华人民共和国《国际航行船舶进出中华人民共和国口岸检查办法》（国务院 175 号令）发布实施后，岚山边防检查站自 5 月 26 日起不再上船检查，岚山动检正式参与查验组织。

1996 年 6 月，山东省地方铁路局岚山管理处、岚山港务管理局、济南铁路分局临沂车务段、岚山口岸管理处 4 家单位联合成立岚山路港运输联合办公室，对经坪岚铁路进出岚山港口岸的货物实行"一站式"服务，2000 年与济南铁路局微机联网，实现全线直通运输。

2002 年 7 月起，围绕口岸检查检验、港口装卸和后勤服务三大环节，集中开展口岸大通关活动。2003 年后，岚山口岸在正常情况下，一般货物通关出口时间不超过 24 小时，达到国内外同类口岸先进水平。

2004 年岚山设区后，区委、区政府将港口作为岚山的核心竞争力和最大优势，强化港口立区战略。以打造亿吨强港为目标，加快岚山港、岚北港区、岚桥港等建设步伐，培育矿石、液化品和散货三个进出口基地，打造区域性综合物流中心。优化港口经济发展环境，建立文明、高效、安全、畅通的口岸服务体系，增强港群的对外吸引力和竞争力。岚山口岸建设和发展始终保持高速度、高效率、高收益。

2008 年，国家级木材贸易加工示范区设立，是经国家林业局批准的全国第二家木材贸易加工示范区，具备木材贸易、检验检疫、加工等多种功能，推动了岚山港口岸进口木材快速增长。

2009 年，日照市委、市政府委托中交水运规划设计院编制《日照港总体规划》，岚山港区规划港口岸线长 15 公里，规划建设泊位 202 个，码头岸线长 59.3 公里，陆域总面积约 5203.8 万平方米。

2009 年 4 月，日照港油品码头有限公司 10 万吨级原油码头建设启用。2010 年 2 月，岚桥港靠泊第一艘外轮，试运行生产；2011 年 7 月，1 号、2 号液化码头泊位对外开放。2010 年 12 月 27 日，日照实华原油码头有限公司 30 万吨级原油码头接卸首条 30 万吨级油轮"阿特米斯"号，标志着重载试车成功，2011 年 9 月 27 日正式接卸中石化调配油轮。2012 年 8 月，投资 3.58 亿元的岚山港至日照钢铁公司管状矿石皮带机工程开工建设，设计年输送量 2000 万吨。

至 2012 年，岚山共建成万吨级以上泊位 21 个，开发利用岸线 8 公里。境内有岚山港务有限公司、岚桥港务有限公司、山东童海港业股份有限公司、日照实华原油码头有限公司、日照港油品码头有限公司等港口经营企业，有坪岚铁路管理处等从事港口集疏运业务的铁路运营单位，有日照临港国际物流有限公司等从事物流、仓储、货物代理、船舶代理等服务的口岸经营服务企业。2012 年完成港口货物吞吐量 9441 万吨。

第二节 海 关

管理机构 1946 年 2 月，山东省工商管理总局第二分局日照支局设立安东卫、涛雒海口事务所。1947 年 6 月，安东卫、涛雒海口事务所改建为海关。1948年年初，涛雒海关撤销，合并到安东卫海关，石臼海关事务所归安东卫海关领导。1951年3月，安东卫海关撤销。

日照海关驻岚山港办事处于1989年3月7日经海关总署批准筹建，1992年7月10日举行挂牌仪式，为副处级单位，编制40人，位于圣岚东路959号，是国家设在岚山口岸的进出境监督管理机关，系日照海关的派驻机构，实行垂直管理。2012年设综合业务科、通关科和监管科3个科室，关员11名，监管4个港口、18个泊位，12处监管场所。

海关监管　日照海关驻岚山港办事处建立“运输工具、舱单、监管场所、查验”四位一体物流监控体系，视频巡查、现场巡查、定期巡查、不定期巡查的全方位巡查模式，登轮检查、货场查验、岸边巡查、监装监卸、船供检查、现场取样以及关警联合巡查等机制，突出对油品、矿砂、木材等商品的口岸特色监管，带动口岸货运量快速增长。

至2012年，日照海关驻岚山港办事处累计监管货运量2.44亿吨、货值498亿美元，监管进出境船舶2.68万艘次，人均监管货运量连续多年位列青岛关区第一、全国领先。

关税　日照海关驻岚山港办事处为企业提供“一站式”服务，推行24小时预约通关、担保放行、网上支付等便捷通关措施，推动岚山口岸发展成为全国重要的原材料进口基地、全国油品进口重要基地，其中镍矿、高品质沥青、木材等商品进口量居全国首位，原油成为全国口岸增长最快的商品。至2012年，累计征收税款572亿元，其中2012年征税达到237亿元，人均税收征管量位列青岛关区第一、全国领先。

缉私　日照海关驻岚山港办事处坚持依法打击走私，制止各类走私违法行为，维护口岸进出口秩序。1993年，查发走私进口韩国轿车45辆，案值900万元。1994年，查发走私日本产摩托车350辆，案值200万元。2011年，查获红油走私刑事案件、连续查发7起木材低报价格案等在海关总署、青岛海关有影响的案件。2012年，开展“国门之盾”行动，查发并移交关区国际航行船舶个人走私成品油、走私禁止进口类固体废物、漏报海运费等刑事、行政案件8起。

1993～2012年日照海关驻岚山港办事处主要业务量统计表

表17-5

年　份	进出口货运量（万吨）		进出口货值（亿美元）		税收（亿元）	船舶（艘）
	进口	出口	进口	出口		
1993	10.72	54.4	0.39	0.23	0.24	-
1994	11.42	66.09	0.59	0.59	0.8	357
1995	16.9	84.64	0.71	0.45	0.67	386
1996	16.1	121.56	0.64	0.62	0.75	380
1997	29.18	77.55	0.7	0.59	1.03	444
1998	37.43	27.5	0.88	0.36	1.64	330
1999	81.25	61.75	1.23	0.65	2.15	641
2000	80.59	99.1	1.58	0.47	2.55	668
2001	106	169.68	2.42	0.64	4.01	842
2002	228.84	164.26	3.96	0.67	5.67	996
2003	425.4	159.64	7.18	0.89	9.8	1176
2004	677.09	197.09	11.91	3.68	15.22	1386

续表 17-5

年份	进出口货运量（万吨）		进出口货值（亿美元）		税收（亿元）	船舶（艘）
	进口	出口	进口	出口		
2005	1329	219.72	16.8	4.99	19.55	1830
2006	1736.5	228.63	16.17	5.5	22.05	2124
2007	2378.87	211.76	26.73	3.39	28.53	2292
2008	1621.75	134.09	28.9	1.97	32.27	1918
2009	2150.63	149.17	22.1	1.14	32.11	2420
2010	2453.13	46.88	39.73	1.39	47.22	2610
2011	3346.94	82.94	81.34	5.27	108.62	2882
2012	5444.73	118.29	194.8	6	237.88	3124

第三节　海　事

管理机构　1954年，山东省交通厅航运管理局青岛分局在岚山头港设立航运站。1958年，岚山头港改名为山东省交通厅临沂专署交通局岚山港。1959年，由日照县代管。1960年12月，又归山东省管辖，称山东省交通厅海运局岚山头港。

1980年，山东省青岛港航监督岚山监督站成立，行政归青岛海运局岚山头港管理，业务受青岛港航监督指导，开展航标管理、海上交通事故调查处理业务。1985年5月20日，山东省航运管理局设置岚山港航监督，名称为山东省岚山港航监督。

1985年前，岚山辖区海运船舶的检验发证工作统归青岛船检所管理。1985年7月31日，山东省船舶检验处岚山船舶检验所挂牌成立，与山东省岚山港航监督一个单位两个牌子，行政归岚山港务管理局，业务受山东省港航监督和山东省船舶检验处指导。

1988年6月10日，山东省港航监督下发《关于岚山港航监督独立开展港监、船检业务的通知》，自1988年7月1日起，港监、船检业务工作由岚山港航监督直接负责。7月21日，青岛港航监督、岚山港航监督、石臼所监督站3方在岚山港航监督进行有关港监、船检业务交接，岚山船舶检验所检验范围扩展到日照、临沂和苏浙地区。

1989年4月7日，中华人民共和国港务监督局同意设立中华人民共和国岚山港务监督，隶属山东省交通厅领导。7月1日，岚山港务监督正式对外办公，并相继开展了外轮管理、船员培训发证、防污管理、危险品管理等业务，全面履行交通安全法规赋予港监、船检的各项安全管理职权。

1992年，设立山东省岚山海上安全监督局（正处级）、山东省岚山船舶检验处。1997年8月27日，设立西港监督站，虎山（童海）监督站，人员由局内部调剂。2000年9月，岚山船检处从岚山海上安全监督局独立，成立山东省岚山船舶检验处，隶属青岛船检处管理，组织关系挂靠日照海事局党委，2007年组织关系转青岛船检处。

2000年9月13日，交通部日照海上安全监督局和山东省岚山海上安全监督局合并组建中华人民共和国日照海事局，为山东海事局分支机构，由交通部垂直管理，负责日照海域内海上安全监督和防止船舶污染、水上搜救和行政执法等工作。在岚山口岸设立中华人民共和国日照岚山海事处，具体负责岚山辖区海事管理工作。

2001年8月1日，岚山海事处下设童海办事处。

2005年7月27日，日照海事局撤销日照岚山海事处通航管理科、船舶监督科，设立海事监管科和现场执法大队。撤销童海办事处，其海事执法职能暂由海事监管科和现场执法大队代为履行。

2007年2月，虎山海事处筹备处挂牌成立。

表 17-6

1989～2012 年日照岚山海事处主要业务统计表

年　份	1989	1990	1991	1992	1993	1994	1995	1996	1997	1998	1999	2000	2001	2002	2003	2004	2005	2006	2007	2008	2009	2010	2011	2012
进出港船舶（艘次）	721	660	732	734	560	1146	1016	892	1138	828	1104	1384	1610	1268	2698	3094	4164	3093	5080	6988	8403	8039	8947	9118
吞吐量（万吨）	35.7	36.1	81.1	128.3	104.8	202.9	161	163	194	152	212	447	573	669	823	1070	2038	2800	3100	3826	4484	4867	5873	8433
安全检查（艘次）	41	57	34	26	51	11	13	36	25	30	28	23	43	54	145	135	159	145	155	134	177	272	393	436
危险品船舶（艘次）	13	19	45	41	63	55	59	105	274	276	355	310	327	347	535	452	598	525	339	262	365	2180	3282	4140
危险货物（万吨）	3.1	7	12.2	11	16.5	19	20.4	19.4	70.3	76.2	94.4	73	77	112.7	141	148	226	167	324	286	390	540	1189	2666.5
行政处罚（起）	21	14	20	22	21	24	24	24	13	16	14	4	21	26	41	37	43	36	44	53	36	58	47	46
处罚金额（万元）	0.62	1.12	1.43	2.47	2.66	2.5	2.61	2.74	0.81	1.65	1.1	1.9	11.61	19.99	36.4	32.74	49.26	45.47	25.05	59.15	41.4	24.5	49.7	25.78
规费收入（万元）	2.72	13.5	44.9	42.1	47.7	70.1	84.7	80	100	78	76.3	91.6	136.8	194.3	268.1	319.9	564.9	740.1	879.1	841.3	1097	1163	1445	41164

2010年8月，岚山海事处危险品执法大队成立，系山东海事局唯一的危险品执法大队。

海难救助　2005年12月17日晚9点15分，岚山海事处接到报告，在岚山港锚泊的香港籍“河北美好”轮机舱突然大量进水，船尾迅速下沉，要求紧急救助。接到险情报告后，应急船艇迅速赶赴现场进行救助，经过3个多小时的努力，32名船员安全脱险。

2009年7月25日零时，一名年逾6旬的老人从岚山港10号泊位跳入大海。险情发生后，岚山海事处启动应急救援预案，协调海巡“0725”“岚港拖8”“恩赐5”轮实施救助，跳海人员被成功救起。

2009年12月25日早上6点30分，岚山海事处接到中国香港籍“河北幸福”轮一船员受重伤急需救治的报告，立即开展营救行动，受伤船员被安全转移到岸上，送往医院救治。

2011年5月19日早7点，岚山海事处接到报告，称钢壳渔船“苏赣渔05333”于5月18日晚9点航行至111渔区时与木质拖网船“苏赣渔运599”发生碰撞，“苏赣渔运599”船体右后部位破损漏水下沉，船上有7名人员。接报后海事处立即协调过往商船前往搜救，同时报告上级有关机关，并协调海事巡逻船舶及渔政、公安边防部门出海救助。海事巡逻船“海巡0726”轮立即赶赴事故现场，协调各方组织开展救助。在海事巡逻船的护送下，破损渔船在“鲁岚渔1799”“鲁岚渔1800”帮助下于上午10点半安全到达岚山区东潘渔港，救助成功。

处置重大污染事件　2004年5月，岚山海事处执法人员对印尼籍“森博11”轮进行防污检查，查处该轮在中国管辖水域内违法排放舱底水案，最终该轮被罚款人民币6.2万元，为中国海事系统通过防污检查发现和查处的最大一起违法排污案件，被中国海事局通报国际海事组织进行跟踪管理。

2005年6月22日，韩国籍散装化学品船舶“韩洋优美”轮，因谎报船舶适装运苯乙烯，未持有适装证书和不具备适运条件载运危险货物，被现场执法人员立案调查，并依法对该轮实施行政处罚，共计罚款人民币13.5万元。

2008年7月11日下午6点，靠泊岚山港8号泊位的“七星21”轮在进行货物转驳过程中，由于管路系统阀门关闭不严，致使大约200公斤混合苯通过左舷压载排出阀及右侧副机冷却海水出口和副机离合器冷却海水出口排出舷外，造成8号泊位海域污染。岚山海事处接到报告后，立即开展应急行动，及时向有关部门报告，并指派执法人员赶赴现场。在海事、安监、公安消防、港口、轮船所在公司及专家组等共同努力下，经过5昼夜奋战，“七星21”轮混合苯泄露险情于7月15日被成功排除，避免了重大事故的发生。

第四节　出入境检验检疫

中华人民共和国岚山动植物检疫局　1989年5月，经中华人民共和国动植物检疫总局批准，成立中华人民共和国岚山动植物检疫所（副处级）。1992年4月，岚山动植物检疫所更名为中华人民共和国岚山动植物检疫局。

中华人民共和国岚山卫生检疫局　1989年6月经国家批准成立，正科级，隶属于石臼卫生检疫所。1992年5月，更名为中华人民共和国岚山卫生检疫局，同年9月调整为正处级。1993年2月，成为国家卫生检疫总所的直属局，属青岛片。

中华人民共和国岚山进出口商品检验局　1989年9月，中华人民共和国山东进出口商品检验局批准成立中华人民共和国岚山进出口商品检验局筹备处（副处级）。1992年7月，经山东商检局批准，成立中华人民共和国岚山进出口商品检验局（称岚山商检局），为副处级单位，隶属于日照进出口商品检验局。1993年2月18日，山东商检局调整岚山商检局为正处级单位。

中华人民共和国岚山出入境检验检疫局　1999年11月16日，根据国检人〔1999〕335号文件，山东出入境检验检疫局下发《关于山东出入境检验检疫局下属分支局办事处设置的通知》，中华人民共和国岚山进出口商品检验局、中华人民共和国岚山动植物检疫局和中华人民共和国岚山卫生检疫局合并为中华人民共和国岚山出入境检验检疫局(正处级),为山东出入境检验检疫局的分支机构,实行由山东出入境检验检疫局直接领导的垂直管理体制。

岚山出入境检验检疫局内设办公室、检务与综合业务科、动物检验检疫科、植物检验检疫科、轻纺机电检验科5个行政科室和岚山出入境检验检疫局综合技术服务中心1个事业单位。山东省进出口商品检验公司在岚山设立办事处,同时为岚山出入境检验检疫局批复编制为40名,其中行政人员30名,事业人员10名。

2008年1月14日,岚山检验检疫局由省局直接管理的分支局改为委托日照检验检疫局代管,日照检验检疫局对岚山局业务、人事、财务实行统一领导。改革后,保留岚山检验检疫局编制序列,机构名称和规格不变。

中华人民共和国山东出入境检验检疫局岚山办事处　2010年9月29日根据中编办《关于撤销岚山出入境检验检疫局设立蓬莱出入境检验检疫局的批复》和国家质检总局《关于同意岚山和蓬莱出入境检验检疫机构调整的批复》,设立中华人民共和国山东出入境检验检疫局岚山办事处,正处级单位,撤销中华人民共和国岚山出入境检验检疫局。

2010年11月12日,山东出入境检验检疫局岚山办事处正式揭牌并受理业务,全面负责日照港口检验检疫执法工作,包括日照港区、岚山港区和日照保税物流中心的所有出入境人员、货物及交通工具的检验检疫、鉴定监管和签证放行业务,内设14个科室,即办公室、法制与综合业务科、检务科、动植物检验检疫一科、动植物检验检疫二科、卫生检疫一科、卫生检疫二科、化矿检验一科、化矿检验二科、鉴定业务一科、鉴定业务二科、财务科、政工科、日照保税物流中心办事处。2012年年底,共有在编职工71人,聘用人员83人。

检验检疫工作　1999～2007年,岚山出入境检验检疫局共检验检疫进出口货物30159批次,货值83亿美元,从入境的动植物及其产品中多次截获假高粱、黑高粱、锯齿大戟、刺蒺藜草、三裂叶豚草、车前状臂形草、白背黄花稔、天牛幼虫、四纹豆象、二纹大蕈甲、凹黄大蕈甲、赤拟谷盗、烟草甲、绿豆象、黄胸鼠等有害生物。2008～2010年,共检验检疫出入境货物2743批,货值91亿美元。

2011年,山东出入境检验检疫局岚山办事处共检验检疫出入境货物6826批,货值261.62亿美元。进口铁矿石、大豆、木片居全国第一位,进境原木居全国海港第一位,进口煤炭、木薯干、植物油居全省系统第一位。人均检验检疫货值3.85亿美元,居全省系统第一位。规费收入2.85亿元,居全省系统第二位。

2011年,在进境大豆中首次截获检疫性有害生物菜豆荚斑驳病毒;连续在大豆中检疫截获重大植物检疫性有害生物——大豆疫霉病菌;在进境木薯干中首次截获检疫性有害生物大谷蠹、双棘长蠹(非中国种);在进境原木中首次截获检疫性有害生物南部松齿小蠹。在进口大豆和矿砂外来杂草监测工作中,首次监测到检疫性杂草假高粱、西部苋等外来有害生物。2011年,共检出大豆疫霉病12批次、菜豆荚斑驳病毒48批次、假高粱等检疫性杂草1000种次,疫情检出率位居全省前列,被山东出入境检验检疫局评为疫情截获优秀单位。

2011年,进口铁矿、煤炭等重点商品的不合格检出率均居全省系统第一位。共检出并退运6批不合格矿产品,国家质检总局和山东出入境检验检疫局为此发布全国警示通报7份。2011年7月检出一船印度铁矿石品质严重不合格,成功对外索赔612.5万美元。

2012年,共检验检疫出入境货物7981批,货值367.46亿美元,同比分别增长16.95%和40.49%,实现检验检疫规费收入2.37亿元。进口铁矿、煤炭分居全国、全省第一位,大豆原糖木片木材全国领先,不合格货物检出率、动植物疫病疫情检出率保持全省系统第一,国家质检总局、山东出入境检验检疫局发布警示通报15份。

2012年,山东出入境检验检疫局岚山办事处获山东检验检疫系统唯一的“省直机关五一劳动奖状”,获2012年度山东检验检疫系统先进集体、风险预警工作先进单位和疫病疫情截获先进单位。

第五节　边防检查

机构　1989年4月25日，经国务院批准，中华人民共和国岚山边防检查站正式组建成立，执行中国人民武装警察部队编制，正团职级，隶属于武警山东省边防总队，是公安部边防管理局直接领导和指挥下的一支公安现役部队。

边检工作　中华人民共和国岚山边防检查站代表国家对岚山口岸的出境、入境人员及其行李物品、交通运输工具及其载运的货物实施边防检查；按照国家有关规定对岚山口岸出境、入境的交通运输工具进行监护；对岚山口岸的限定区域进行警戒，维护出境、入境秩序；执行上级机关赋予的和其他法律、行政法规规定的任务。

中华人民共和国岚山边防检查站具有公安性、军事性、涉外性的工作特点，执行“行政管理、情报调研、武装警卫和群众工作相结合”的边防工作方针。至2012年，共检查、监护来自世界各地30多个国家和地区的船舶8502艘次，检查、监护出入境人员115.06万人次，2007年2月被公安部授予“全国执法为民窗口先进单位”称号。

第十八编　财　政

岚山古代的财政税收主要是田赋。清朝末年开征关税、厘金。民国年间，从北洋军阀到南京国民政府，除继续推行田赋制度外，新增加了许多苛捐杂税。

抗日战争和解放战争时期，人民政权实行战时财政体制，公平税赋、合理负担，为抗日战争和解放战争胜利奠定了坚实物质基础。

新中国成立后，人民财政体制逐步确立，由“高度集中，统收统支”到“统一领导、分散管理”，体现了财政“取之于民、用之于民”的原则。

岚山办事处成立后，日照市对岚山实行“定额上交，超收分成”财政体制。1994 年改为分税制财政管理体制。设区后，实行市区税收属地征收管理体制，岚山区地方财政收入范围包括市重点企业地方税收和岚山区本级地方财政收入，市重点企业税收作为地方财政收入纳入岚山区在地统计。岚山办事处设立后，各届政府不断加强税收征管，改革预算体制，财政收入迅速增长，1993 年一般预算地方财政收入仅 1087 万元，2012 年达到 178413 万元，年均增长 30.8%。2012 年，岚山区一般预算地方财政收入加上体制结算财力、上级各类专款及上年结转结余，扣除各类专项上解支出、调出资金，全年一般预算财力 16.0156 亿元，当年一般预算支出 16.0156 亿元，收支平衡。

第一章　财政体制

第一节　体制沿革

清代，财政管理实行中央集权制，所有赋税征收、解缴、留用均由朝廷决定。知县负有征收赋税之责，受命于布政使司。杂支概由国库按定例开支，地方公益事业，官府概不干涉。清光绪、宣统年间，筹议立宪，成立清理财政局，划分国地收支范围。

民国初期，沿用清朝旧制。1919 年，政府颁布《县自治法》，将田赋、契税划分为地方税，归省级财政所有。县政务经费由省下拨，县级地方性开支，则依赖于各种附加税、杂捐、公产等项收入，无预决算制度，未正式形成县一级财政体制。

抗战时期，抗日民主政府建立之初的财政体制是“统一政策，完全分散经营，各有货币，各管收支”。1942 年后，战时财政管理逐步走上正规，由实行地区性“统筹统支”，发展到全国性“统筹统支”。根据“发展经济，保障供给”的战时经济和财政工作总方针，抗日民主政府领导广大民众开展大生产运动，精兵简政，克服困难，保证军需。

解放战争时期，在“一切为了战争，一切为了前线”的号召下，田赋除按地亩平均征收外，还征收部分战争动员费，实行“粮食大调度，财政大集中”。这期间采取如下财政措施：1947 年全面进行土改，平分土地，同时，公粮征收改为平均负担制，并将田赋、公粮合并征收粮食；土改后为了保护农民土地所有权，开办了契税工作；规定战争中一切缴获要归公，采取以战养战政策；加强海口工作，发展对敌占区城市的贸易；在供给制度上，部队放宽，地方紧缩；三整三查，反对铺张浪费，发扬艰苦奋斗精神。

新中国成立初期，国家实行“高度集中，统收统支”的财政管理体制。财政收支逐步由以实物为主，改为以货币为主。1953 年，国家财政从高度集中转入“统一领导、分散管理”，实行“固定比例，收入分成，支出包干”的财政管理体制，即定收、定支、超收上解、结余留用。1955 年，实行“固定收入，固定比例分成、调剂收入”的体制，固定收入包括印花税、利息所得税、屠宰税、畜牧交易税、房地产税、文化娱乐税，全部归地方；固定比例分成：工商营业税按 65%、工商所得税按 60%、农业税按 25% 归地方，公债收入全部上缴。1958 年改为“固定收入，固定分成，调剂收入，以收定支”。固定收入包括原企业收入、地方事业收入、地方税收入、地方工业收入和其他收入。固定比例分成：国营商业利润收入按20%、调剂收入（商品流通税、货物税、工商所得税、工商营业税）

按55%、农业税按60%、公债按80%的比例划给地方。同时,建立公社级财政,下放财政管理权,出现了搞“一平二调”和刮“共产风”等财政管理混乱现象。1959年收回部分财权,实行“收支下放,计划包干,总额分成,一年一定”的财政体制。1968年,为避免混乱,收支未实行分成,支出全部按预算由上级给予补助。1978年改为“定收定支,增收分成,收支挂钩”。1980年又改为“划分收支、分级包干(即分灶吃饭),一定5年不变”,保证了国家收入,调动了地方政府积极性,是财政体制上的重大改革。1988年实行“收入全留、定额上交”的管理体制。1986年建立乡镇财政管理体制,“定收定支,超收分成”。1988年改“超收分成”为“按上年增长分成”。

第二节 市区财政体制

1993年5月29日,日照市制定《关于市、区(办事处)财政收支计划及财政体制等问题的意见》,结合各区具体情况,经研究协商,进行了合理调整。岚山办事处地方财政收入基数为850.7万元,支出基数为811.5万元,体制为:定额上交39.2万元,另加超收部分“四六”分成,即收入超过核定收入基数850.7万元的部分,上交市财政40%,留成60%。

从1994年1月1日起,日照市对岚山办事处实行分税制财政管理体制,确定岚山办事处上交基数为50万元,以后每年递增7.5%上交,超过7.5%部分,市里不参与分成。

2005年,日照市制定《关于实行市区税收属地征收的意见》,对岚山区实行市区税收属地征收管理体制,即按照行政区划,岚山辖区内市、区企业全部实行属地税收管理,收入缴入岚山区国库,其中属市级收益部分按照确定的库款上解比例划入市级国库(12户重点企业全部上解)。市级收益部分包括:12家重点企业(集团)的全部地方税收;12家重点企业(集团)以外下划企业的地方税收基数;按新体制属地税收(不含农业税和农业特产税)年增收分成部分。市下划岚山区的重点企业共有2家,为岚山港务有限公司及下属公司、日照钢铁控股集团有限公司。从2005年起,市区税收分成比例为18:82,年终按分成税收总额和市分享比例确定的数额,通过体制结算上解市财政。

2010年,日照市印发《关于调整市区税收属地征收市级分享办法的通知》,按照“统一政策、财力下移、理顺体制、改善环境”的总体思路,对岚山区实行重点企业地方收益全部归市级所有、取消非重点企业按比例分成,实行基数加增长的市区财政体制,即以岚山区2009年非重点企业税收上解数为基数,以后每年按15%的上解比例递增。市区税收属地征收市级分享办法调整后,市级调整了出口退税市区负担机制,市级不再承担非重点企业出口退税数额,以2009年为基数,超基数部分由岚山区自行负担。

2011年,日照市印发《关于调整市区税收分享体制的通知》,以提高市、区两级培植壮大财源的积极性,实现地方财政收入快速增长。从2012年起,市、区实行收益总额超基数市与区按比例分成的办法,即以岚山区2010年上划市级收益、实际入库税收收入(含教育费附加、地方教育附加)作为收益上划基数、收入分成基数,超收入分成基数部分,市与区按照5:5比例分成,同时调整完善税收征管体制。

第三节 乡镇财政体制

1986年,建立乡镇财政管理体制,“定收定支,超收分成”。1994年,实行分税制方案和“统一领导,分级管理”原则,财政体制的基本模式是:核定收支,收支挂钩,定额上缴或定额补助(上缴额年递增7.5%,补助额年递增5%),一定3年不变。

1999年,岚山对乡镇街道财政管理体制进行调整,基本模式是将农村教育费附加全部纳入乡镇街道财政,按照“核定收支、收支挂钩、多种形式包干”的财政体制,一定3年不变。其中,岚山头街道实行“财政一般预算收入总额分成”的财政体制,上缴办事处55%,岚山头街道留用45%;汾水镇实行“财政一般预算收入全留,办事处每年定额补助50万元”的财政体制；碑廓镇实行“财政一般预算收入全留，办事处每年定额补助110万元”的财政体制；虎山镇实行“财政一般预算收入总额分成”的财政体制，上缴15%，留用85%。

2003年，乡镇中小学教师工资上划办事处统一管理，乡镇街道财政体制进行调整，基本模式是乡镇街道统一实行“核定收支、收支挂钩、定额上交、年递增5%”的财政体制，一定3年不变。

2004年，根据市政府《关于组建日照市岚山区及有关交接问题的通知》，自2004年9月25日起将原东港区管辖的黄墩、后村、巨峰、高兴4个镇财政、财务隶属关系划归岚山区管理，财政收支划转、财政管理体制调整时间从2004年1月1日执行。

2005年，按照“一级政府、一级财政”的原则，对乡镇街道办事处实行“划分收支、核定基数、定额上缴或定额补助、按比例递增或递减”的财政管理体制。按收支基数相抵后的差额，收入大于支出的为乡镇定额上交数，支出大于收入的为区财政定额补助乡镇数。

2008年，为进一步调整完善财政管理体制，理顺区镇两级财政分配关系，调动乡镇街道培植财源、发展经济的积极性，对乡镇街道实行“核定收入基数、保障基本支出、收入奖惩挂钩、超收不进基数、一定3年不变”的财政体制。对岚山头街道、安东卫街道、虎山镇、碑廓镇4个镇(街道)完成收入基数，超10%以内部分按超收额的70%奖励给乡镇街道；超10%～20%部分按超收额的80%奖励给乡镇街道；超20%以上部分全部奖励给乡镇街道。对后村、高兴、巨峰3个乡镇完成收入基数，超10%以内部分按超收额的80%奖励给镇；超10%以上部分全部奖励给镇。对黄墩镇完成收入基数，超基数部分全部奖励给镇。

2012年，对乡镇街道实行“核定收入基数、保障基本支出、收入奖惩挂钩、超收累进基数”的财政体制。下达次年度收入任务时，当年超收收入按50%累进基数。

第二章　财政收支

第一节　财政收入

抗日战争初期，部队开销随驻地自筹自用。1940年，中共山东分局《关于对各种工作的指示》规定：“统一财政制度，实行统筹统支，建立公粮征收、田赋税收制度”。1941年，全省统一征收救国公粮，实行合理负担，征收公粮以不超过生产量的20%为原则。

1942年后，抗日战争处在最艰苦阶段，碑廓到安岚一带根据地财粮收入减少，军需民食遇到极大困难。广大军民根据指示，实行精兵简政，开展大生产运动。滨海军区警备团在安东卫海滩开辟盐田，在碑廓办起日丰合作社，同时在农村开展“二、五减租”和“分半减息”，鼓励农民发展生产，增加地方经济收入，巩固和发展革命根据地。

解放战争时期，为支援前线，人民政府除征收田赋、契税外，还征收战争动员费、复员费，并动员群众捐款支前，有人出人，有钱出钱。

新中国成立后，由战时财政转向建设财政，根据党在各个不同历史时期的路线、方针、政策，财政体制经历了由“统收统支、高度集中”到多种形式的“统一领导、分级管理”发展过程，始终体现人民财政“取之于民、用之于民”的原则。在税收政策上，采取合理负担、稳定负担等有利于鼓励经济发展、不扰民的政策。财政收入主要来源于工商税、农业税、企业税收和地方事业收入。

1994年，中央对地方实行“分税制”财政体制，日照市对岚山办事处实行分税制财政体制，具体内容是实行“定额上交加比例递增”的财政体制。地方财政收入主要包括增值税、营业税、企业所得税、个人所得税、土地增值税、城市维护建设税、车船使用税、房产税、屠宰税、资源税、城镇土地使用税、印花税、固定资产方向调节税、教育费附加、工商税收税款滞纳金、补税罚款收入、农牧业税、农业特产税、耕地占用税、契税、罚没收入、行政事业性收费收入等。2002 年，营业税、企业所得税、个人所得税实行中央、省、地方共享，取消屠宰税。2004 年取消除烟叶以外的农业特产税，2006 年取消农牧业税。

2005 年后，日照市与岚山区实行市区税收属地征收管理体制，岚山区地方财政收入范围包括市重点企业地方税收和岚山区本级地方财政收入，市重点企业税收作为地方财政收入纳入岚山区在地统计，收入项目不变。

1993 ～ 2003 年岚山办事处预算内收入统计表

表 18-1　　　　单位：万元

年份 项目	1993	1994	1995	1996	1997	1998	1999	2000	2001	2002	2003
产品税	164										
增值税	80	124	155	202	226	275	396	578	1021	1265	1234
营业税	426	209	182	226	168	277	356	355	357	506	964
工商统一税	9										
企业所得税	84	16	105	671	569	443	641	677	1878	415	381
外商投资企业和外国企业所得税			151	181	221	290					
个人所得税		7	23	78	165	239	247	418	297	149	140
个人收入调节税	5										
资源税						2	2	5	5	16	49
固定资产投资方向调节税	20	26	49	87	85	73	142	128	13		
城市维护建设税	27	31	49	43	41	53	58	71	99	196	285
房产税		22	25	33	48	47	70	85	73	104	103
印花税	3		1	2	2	6	5	5	13	34	23
城镇土地使用税	4	6	9	14	12	21	49	46	72	147	212
土地增值税											9
车船使用和牌照税		5	11	9	9	15	25	40	43	66	48
屠宰税		1	7	11	11	11	10	9	31	1	
工商税收税款滞纳金、罚款收入	63	124	155	46	18						
其他工商税	23										
农业税	65	95	95	140	119	139	129	110	109	478	526
农业特产税	11	470	489	873	896	1143	1340	1386	1212	1367	1637
耕地占用税	60	21	6	8	5	5				100	50
契税					1	3	33	52	36	121	530
行政性收费收入						114	124	178	197	107	221

续表 18-1

项目 \ 年份	1993	1994	1995	1996	1997	1998	1999	2000	2001	2002	2003
罚没收入	35	70	43	98	280	163	172	222	335	526	425
专项收入	8	9	23	25		44	76	83	82	116	184
其他收入					15			30			10
国有企业上缴利润		44									
合　计	1087	1280	1578	2747	2891	3363	3875	4478	5873	5714	7041

2004～2012 年岚山区一般预算收入统计表

表 18-2　　单位：万元

项目		2004	2005	2006	2007	2008	2009	2010	2011	2012
税收收入	增值税	－83	6434	18061	35193	65769	56990	48238	46864	36171
	营业税	2058	5049	7807	12533	15134	20929	25506	23226	23902
	企业所得税	545	1014	1981	7517	23610	31148	36184	34912	19193
	个人所得税	157	250	444	651	1105	522	874	2500	1474
	资源税	125	404	381	367	184	283	154	157	420
	城市维护建设税	415	779	1631	1946	2471	3673	4260	15683	9966
	房产税	169	515	797	1057	551	739	1972	2516	3301
	印花税	34	423	687	1204	606	928	5495	5172	7683
	城镇土地使用税	253	343	739	2308	6950	7276	9943	9479	14508
	土地增值税	75	126	334	487	227	274	331	707	977
	车船税	93	149	132	52	143	767	1078	1243	881
	耕地占用税	159	1	110			1340	6237	2091	3246
	契税	1172	1832	2624	1461	1380	983	3975	2297	4525
	烟叶税			115	162	173	316	128	144	296
	农业税	1087	323							
	农业特产税	85	51							
非税收入	专项收入	200	394	699	819	1058	1572	1853	6721	5014
	行政事业性收费收入	300	259	300	240	250	0	7819	8939	3392
	罚没收入	894	1040	2521	2145	1831	5257	6086	2484	9598
	国有资本经营收入						0			30000
	国有资源(资产)有偿使用收入				73	78	20	25	205	679
	其他收入	5	13	107			0		3300	3187
	合　计	7743	19399	39470	68215	121520	133017	160158	168640	178413

第二节　财政支出

抗战初期，随着根据地扩大，由自筹自支，改为地区性统筹统支。1945 年后，全省实行统收统支，收入全部上解，每月支出由财政科向上级报领。主要开支是人员供给，以实物供给为主。新中国成立后，财政支出采取“增加生产，厉行节约，量入为出，略有节余”原则。随着经济建设和各项事业发展，财政支出逐年增加。

岚山办事处设立后，岚山财政支出主要项目是科技三项费用、支援农村生产支出、农业综合开发支出、农林水利气象等部门的事业费、文体广播事业费、教育事业费、卫生经费、其他部门的事业费、抚恤金和社会福利救济费、行政事业单位离退休经费、社会保障补助支出、行政管理费、城市维护费、政策性补贴支出、支援不发达地区支出、专项支出、其他支出。

1993 ～ 2003 年，全处财政支出规模逐年增长，1993 年支出超过千万元，到 2003 年支出超过亿元，支出规模增长 7.8 倍，连续 11 年实现财政收支平衡。岚山设区后，财政支出规模膨胀较快，2004 年财政支出 1.8 亿元，到 2012 年财政支出达到 16 亿元，增长 7.9 倍，较好地保障了行政事业单位人员工资发放、机关单位运转和经济及社会各项事业持续快速健康发展。

岚山办事处设立后，行政事业单位经费实行定员定额定项包干使用，2004 年后实行财政综合预算。

1993 ～ 2003 年岚山办事处预算内财政支出统计表

表 18-3　　单位：万元

项目＼年份	1993	1994	1995	1996	1997	1998	1999	2000	2001	2002	2003
挖潜改造	120	60		540	320	340	193	57	335	14	
科技三项费用		2			2	41	45	57	17		28
支援农村生产	87	48	34	31	44	67	87	82	140	152	120
农业综合开发			79	65	27	30	24	139	161	111	112
农林水气象等部门事业费	38	66	81	115	253	304	339	468	467	464	712
文体广播事业费	26	57	103	87	131	95	125	141	187	279	342
教育事业费	369	523	674	891	1037	1212	1292	1546	1772	3022	3589
科学事业费					1						
卫生经费	82	84	106	177	120	137	151	150	251	271	243
其他部门事业费	18	115	120	225	186	263	222	258	775	794	927
抚恤和社会福利救济费	56	92	100	125	124	94	150	181	187	290	329
行政事业单位离退休经费				23				35	32	45	81
社会保障补助支出						20	61	24	59	55	70
行政管理费	252	360	547	875	1097	1177	1437	1540	1694	1881	2378
公检法支出	23	32	54	29							
城市维护费	27	95	140	142	131	145	269	360	665	262	248

续表 18-3

项目＼年份	1993	1994	1995	1996	1997	1998	1999	2000	2001	2002	2003
政策性补贴支出	45	111	54	107	101	35	53	102		155	232
支援不发达地区支出										20	
专项支出	8	9	23	25		44	76	83	119	172	224
其他支出	11	126	18	94	98	151	392	361	418	494	639
合　计	1162	1780	2133	3551	3672	4155	4916	5584	7279	8481	10274

2004～2012 年岚山区一般预算支出统计表

表 18-4 单位：万元

预算科目＼年份	2004	2005	2006	2007	2008	2009	2010	2011	2012
一般公共服务	4706	4827	8123	8265	10268	11726	16508	15766	16256
国　防						118	132	158	137
公共安全	393	543	811	1955	3202	2381	2475	2886	3514
教　育	6107	8659	10908	16026	21470	23210	30916	53460	47997
科学技术	114	126	126	467	489	427	2013	853	932
文化体育与传媒	903	1070	1439	159	249	395	472	737	790
社会保障和就业	1682	2025	2618	3924	3455	4226	14347	16503	15612
医疗卫生	620	670	1318	1481	2934	5016	7300	11889	14622
环境保护					101	2627	6480	2999	2022
城乡社区事务	20	10		633	511	3226	11782	6857	1833
农林水事务	2021	1756	1980	3759	6994	12162	17341	41239	29138
交通运输				490	570	2225	5301	5335	2265
工业商业金融等事务	73	112	705	6419	12002		2983	2913	928
采掘电力信息等事务						358	784	501	11964
粮油物资储备管理等事务						2051	808	871	706
其他支出	1469	1706	2015	2437	4967	2866	1446	317	11440
本年支出合计	18108	21504	30043	46015	67212	73014	121088	163284	160156

第三节　乡镇预算收入

乡镇财政预算收入是乡镇财政按照国家方针政策要求和事先编制的政府预算，运用一定的收入形式集中起来的货币资金，是乡镇政府实现职能的财力保证。

1994 年，国家实行分税制财政体制改革，乡镇财政收入主要包括增值税、营业税、企业所得税、个人所得税、土地增值税、城市维护建设税、车船使用税、房产税、屠宰税、资源税、城镇土地使用税、印花税、固定资产方向调节税、教育费附加、工商税收税款滞纳金、补税罚款收入、农牧业税、农业特产税、耕地占用税、契税、罚没收入、行政事业性收费收入、一般预算调拨收入等。2002 年取消屠宰税、2004 年取消农业特产税、2006 年取消农牧业税后，乡镇地方财政收入不再包括以上 3 个税种。

1993～2003 年岚山办事处乡镇预算内财政收入统计表

表 18-5　　单位：万元

名称＼年份	1993	1994	1995	1996	1997	1998	1999	2000	2001	2002	2003
岚山头街道	400	230	287	482	579	768	1301	1410	1536	1557	1742
安东卫街道	109	132	163	186	255	261	307	373	445	484	729
碑廓镇	140	113	203	175	177	214	228	168	305	551	566
虎山镇	120	181	226	339	374	419	471	546	592	719	971
合　计	769	656	879	1182	1385	1662	2307	2497	2878	3311	4008

2004～2012 年岚山区乡镇预算内财政收入统计表

表 18-6　　单位：万元

乡镇＼年份	2004	2005	2006	2007	2008	2009	2010	2011	2012
岚山头街道	1126	4437	5807	9036	12320	12707	14232	13008	10112
安东卫街道	889	4556	6184	6262	9684	11406	15170	19858	12899
虎山镇	559	1286	4296	6139	9194	17419	27174	25019	7405
碑廓镇	614	427	555	722	870	1511	1798	2607	2847
黄墩镇	391	397	515	337	510	1705	1944	1887	1057
后村镇	239	294	411	252	413	756	1175	1293	986
高兴镇	207	252	328	398	422	490	956	976	1195
巨峰镇	475	492	722	867	1223	2197	2774	2858	1805
合　计	4500	12141	18818	24013	34636	48191	65223	67506	38306

第四节　乡镇预算支出

乡镇财政一般预算支出是乡镇财政支出的主体，是乡镇政府为实现其职能，对乡镇预算资金主要是各项税收收入进行的再分配，用于发展乡镇经济，提高居民的物质、文化生活水平。主要包括支援农村生产支出、农业综合开发支出、农林水利气象等部门的事业费、教育事业费、卫生经费、其他部门的事业费、抚恤和社会福利救济费、行政事业单位离退休经费、行政管理费和其他支出。

1993年以后，为统筹城乡发展，促进公共服务均等化，提高公共财政保障能力，岚山实行财力倾斜乡镇的区镇财政体制。乡镇财政支出实行和处（区）直部门同等标准或高于处（区）直部门标准，乡镇工作人员工资按照处（区）直部门统一标准发放，公用经费按照高于处（区）直部门标准核定，对教育、"三农"、医疗卫生、社会保障等民生支出实行处（区）级财政投入为主的保障体制，并根据上级要求和实际情况，将教育事业费、乡镇卫生院事业费等上划处（区）直部门管理。乡镇可用财力和财政支出规模逐年增长，基层财政惠民生、促发展的保障能力大幅提高。

1993～2003年岚山办事处乡镇预算内财政支出统计表

表18-7　　单位：万元

乡镇街道＼年份	1993	1994	1995	1996	1997	1998	1999	2000	2001	2002	2003
岚山头街道	176	225	285	491	632	716	771	653	724	1000	602
安东卫街道	97	152	149	231	284	285	400	490	554	700	521
碑廓镇	136	190	137	260	267	322	395	456	609	887	524
虎山镇	139	184	243	317	351	435	487	514	616	904	688
合　计	548	751	814	1299	1534	1758	2053	2113	2503	3491	2335

2004～2012年岚山区乡镇预算内财政支出统计表

表18-8　　单位：万元

乡镇街道＼年份	2004	2005	2006	2007	2008	2009	2010	2011	2012
岚山头街道	892	1585	2331	1466	1245	1306	1219	1361	2535
安东卫街道	612	1267	1516	744	621	733	1024	1282	2695
虎山镇	411	1494	1650	633	919	848	1480	3206	13698
碑廓镇	734	1520	1711	659	797	897	1111	1340	1799
黄墩镇	836	1547	1783	872	1008	1048	1605	1852	1843
后村镇	1087	1828	2067	870	1087	1053	1943	2294	1603
高兴镇	685	1150	1321	681	815	844	1370	1564	1450
巨峰镇	1659	2304	2712	1421	1632	1715	2395	2731	2380
合　计	6916	12695	15091	7346	8124	8444	12147	15630	28003

第三章 财政管理

第一节 管理机构

明、清、民国时，岚山财政属日照县管理。1940年3月，日照抗日民主政府成立，1941年移驻碑廓一带，各区设财粮助理；1958年，各公社设财政助理；1986年乡镇街道设财政所。

1992年，岚山开发区筹备委员会设立财政局。1993年7月，成立日照市财政局岚山分局（简称岚山财政分局），1994年4月内设办公室、预算科、行财科、企业财务科、农财农税科、综合计划科，同时设立岚山办事处会计师事务所，经费自收自支。1996年3月增设税政科和基建财务科；成立国有资产管理局（正科级事业单位），在农财农税科加挂农税征收处牌子。1996年7月，成立岚山办事处预算外资金管理局。1998年6月，岚山住房公积金管理中心由岚山建环委移交岚山财政分局管理。1999年10月，岚山税收财务物价大检查办公室更名为岚山财政监督局。2004年6月，成立岚山办事处政府采购中心，会计师事务所改制为社会中介机构。

2005年3月，岚山财政分局改称岚山区财政局（简称区财政局），为正科级行政单位，编制12人，内设办公室、预算科、文教行政科、农业农税科、社会保障科、经济建设科（会计科与其合署）、法规税政科7个职能科室。2005年12月，区财政局设立区国有资产管理局（正科级，编制6人）、区预算外资金管理局（副科级，编制12人）、区财政监督局（副科级，编制6人）、区政府采购中心（正股级，编制6人）4个事业单位，区国有资产管理局内设综合科、资产管理科、投融资科3个股级科室。2006年，区政府采购中心升格为副科级；设立区财政国库集中支付中心（副科级事业单位，编制7人），增设国库科，与预算科合署办公。2008年，区预算外资金管理局更名为区非税收入管理局（升格为正科级），内设综合科、征收管理科、票据管理科3个股级科室。2011年机构改革，区财政局加挂岚山经济开发区财政局牌子，内设办公室、预算科（挂国库科、基层财政管理科牌子）、文教行政科、经济建设科、农业科、社会保障科、法规税政科、会计科（挂企业科牌子）8个职能科室，行政编制9名；区政府采购中心更名为区政府采购管理办公室；区财政国库集中支付中心加挂岚山区财政信息中心牌子，增加事业编制2名。2012年，区国有资产管理局内设综合科、资产管理科、投融资科3个股级科室；非税收入管理局内设综合科、征收管理科、票据管理科3个股级科室。

至2012年年底，区财政局设有办公室、预算科（挂国库科、基层财政管理科牌子）、文教行政科、经济建设科、农业科、社会保障科、法规税政科、会计科（挂企业科牌子）8个职能科室，以及区国有资产管理局（正科级）、区非税收入管理局（正科级）、区财政监督局（副科级）、区政府采购中心（副科级）、区国库集中支付中心（挂区财政信息中心牌子，副科级）5个事业单位，行政编制9名，事业编制45名。

第二节 预算管理

1993年以前，岚山财政预算编制先后由日照县（市）、东港区编列，岚山办事处成立后，岚山财政分局按照国务院规定时间编制预算草案，以“量入为出、收支平衡”为原则，不列赤字，与国民生产总值的增长率相适应。预算支出的编制，贯彻“厉行节约、勤俭建国”方针，统筹兼顾、确保重点，在保证政府公共支出合理需要前提下，妥善安排其他各类预算支出。按照本级政府预算支出额的1%～3%设置预备费，用于当年预算执行中的自然灾害救灾开支及其他难以预见的特殊开支。按照国务院的规定设置预算周转金。上年的结余，可以在下年用于上年结转项目的支出；有余额的，可以补充预算周转金；再有余额的，可以用于下年必要的预算支出。

1993～2003年，实行预算内资金、预算外资金分别编制预算的办法。预算内资金主要用于保障全额人员、退休人员等发放工资、保障政府正常运转和促进全区经济及社会各项事业发展，预算外资金主要用于差额、自收自支单位发放人员工资、单位运转以及城市建设等重点工程和重点项目支出。

2004～2012年，岚山区改革预算编制制度，对所有部门推行以部门预算为基础的财政综合预算。按照“统筹安排，综合管理，收支挂钩，零基预算”的管理办法，对各单位的人员经费、公用经费不分预算内外，均按同一标准安排。在预算执行中，除政策性因素和区委区政府确定的重大事项外，部门预算原则上不再调整，强化预算约束。

第三节　非税收入管理

1996年，岚山办事处制定下发了《日照市人民政府岚山办事处预算外资金管理实施办法（试行）》，界定预算外资金管理的范围，明确其“所有权属于国家，使用权属于地方政府，管理权属于同级财政”。实行“部门和单位收取的预算外资金全额上缴办事处财政专户，支出由岚山财政分局按批准的预算外资金收支计划，从财政专户中拨付”的办法。

1999年，制定下发《岚山办事处预算外资金管理办法》，进一步明确和规范预算外资金征收管理工作及政府统筹办法。

2001年，制定下发《岚山办事处行政事业性收费、政府性基金“票款分离”实施方案》，实行“票款分离”。

2006年，制定《岚山区政府非税收入管理暂行办法》，明确区政府非税收入包括：政府性基金收入、专项收入、彩票公益金收入、行政事业性收费收入、罚没收入、国有资本经营收入、国有资源（资产）有偿使用收入、其他政府非税收入。区政府非税收入实行“项目分类管理、票款收缴分离、收入支出脱钩、综合财政预算、国库集中收付”的管理制度。

2012年，制定下发《岚山区代管资金管理办法》，加强财政代管资金管理，增加代管资金使用透明度。

1994～2003年岚山办事处预算外资金收入统计表

表18-9　　单位：万元

年　份	1994	1995	1996	1997	1998	1999	2000	2001	2002	2003
预算外收入	247	1201	1160	1273	1566	1467	1300	1532	1945	1997
城市公用事业附加	1439	243	374	159	29		66		11	
农村教育附加	1	192	161	224	139	0	0			
合　计	1687	1636	1695	1656	1734	1467	1366	1532	1956	1997

2004～2012年岚山区预算外资金收入统计表

表18-10　　单位：万元

年　份	2004	2005	2006	2007	2008	2009	2010	2011	2012
预算外收入	3018	4355	4272	5280	4282	2760	0	1101	1377
城市公用事业附加				838	958	2560	2000	1000	
合　计	3018	4355	4272	6118	5240	5320	2000	1101	1377

1994～2003年，岚山办事处预算外总支出14098万元。其中，经济建设支出3692万元，占预算外总支出的26%；社会文教事业支出10406万元，占预算外总支出的74%。2004～2012年，岚

山区预算外总支出22363万元。

第四节 国有资产管理

岚山区国有资产管理局主要负责企业国有资产管理,行政事业单位国有资产管理,资产评估、产权交易机构的管理和国有资产流失查处等。根据国务院1991年颁布的《国有资产评估管理办法》,岚山国有资产评估工作程序分申报立项、资产清查、评定估算、核准备案等4个阶段。

1994年,开始对岚山开发区企业进行资产产权登记,按照"统一政策、分级管理"原则对新设、占有、变动、注销等企业活动进行管理。

1995年,按照《行政事业单位国有资产管理办法》,依据"统一政策,分级管理"原则,对岚山办事处所属行政事业单位国有资产实行综合管理。

2002年,对符合条件的19家行政事业单位进行了登记。

2008年,制定《岚山区行政事业单位国有资产处置管理暂行办法》。

2010年,加快资产管理信息化建设,提高资产管理精细化程度和效率,建立岚山区行政事业单位资产管理信息系统,逐步完善全区国有资产信息数据库。

2012年,制定《岚山区行政事业单位国有资产管理办法》,从资产配置、使用、处置、收入、产权登记、资产评估、信息化管理和监督检查等方面全方位规范和加强行政事业单位国有资产管理。自本年10月开始,对全区国有资产情况进行排查摸底。经清查,全区国有资产(不含流动资产)账面价值42.51亿元,其中区直行政事业单位6.09亿元,镇、街道2.42亿元,国有企业34亿元(含政府投资未结转工程21.9亿元)。土地224宗,387.816万平方米;房屋建筑物604571.64平方米;车辆423辆、船舶9艘,价值7053.83万元;办公及专业设备60余万宗,价值27456.81万元。

同年,对全区国有资产管理中存在的问题进行整改。将全区各行政事业单位和国有企业的资产产权证书和出租出借合同纳入区国有资产管理局代管,其中:国有土地使用证87本,面积172.7万平方米;房屋所有权证41本,建筑面积82766.91平方米;车辆登记证331本;资产出租出借合同71本。对全区国有资产盘盈、盘亏、报废(报损)等资产进行核实。核定盘盈资产316.5万元,盘亏资产2680.4万元,报废(报损)资产1465.4万元。相关单位根据区政府批复调整账务,做到账实相符。全区共清查出73处资产有偿出租,合同额1296万元,平均每年可形成租金收入约139.14万元。

第五节 会计管理

1997年,岚山财政分局设会计科,管理岚山办事处的会计工作,主要是组织执行会计准则和会计制度,指导会计人员岗位培训,管理会计证书。

2005年,启用山东省会计从业资格管理系统。

2006年5月1日起,根据日照市财政局《关于换发2005版会计从业资格证书和进行在岗会计人员从业资格注册的通知》,换发2005版会计从业资格证书,并颁发从业资格IC卡。

2008年,根据日照市财政局《关于我市2008年会计从业资格计算机网络考试有关问题的通知》,会计从业资格考试由原来每年考1次改为每年考4次。同年,根据日照市财政局《关于做好2008年度会计人员继续教育有关问题的通知》,岚山区开始开展会计网上继续教育培训工作。

2010年,会计初、中级专业技术资格考试管理工作由区人事劳动部门划归区财政部门管理。2011年,全区会计初、中级专业技术资格考试报名审核通过219人,其中初级146人,中级73人。2012年,报名审核通过279人,其中初级186人,中级93人。

第六节 政府采购管理

2000年以前,岚山政府所需货物与服务、公共工程,由各使用单位、业主单位分散自行采购或招标。2000年,岚山开始推行政府采购改革,逐步推行集中采购方式。2006年9月,成立岚山区政府采购中心。2008年，政府采购实行“管采分离”，即管理职能与执行职能分离，制定了《岚山区货物与服务政府采购管理实施细则》《岚山区公共工程政府采购实施细则》，全面界定货物与服务、公共工程政府采购的范围、标准、方式，岚山区政府采购中心改称岚山区政府采购监督管理办公室，由执行机构转变为监督管理机构。

货物与服务政府采购，分自行采购、协议供货、集中采购3种形式：批量在3万元以下的零星采购，在书面报经区政府采购管理办公室批复后自行采购；批量在3万元以上10万元以下的办公设备、耗材项目等办公用品，在报区政府采购管理办公室批准后，采购人与由日照市政府采购管理办公室确定的协议供货商自行协商采购；单价在3000元以上或者单价虽不足3000元，但批量采购累计价值超过3万元的物资以及酬金超过5万元的公共服务项目，由采购人委托采购代理公司集中采购。区政府采购管理办公室对采购活动全程监督。

财政性资金投资的公共工程，包括建筑工程，环保、绿化工程，市政建设工程，水利、防洪工程，土地治理工程，交通运输工程等，全部纳入政府招标采购。同时，对公共工程的设计、监理、中介等服务项目同样纳入政府招标采购。

政府采购以公开招标、邀请招标、竞争性谈判、单一来源采购、询价等方式进行，公开招标为主要方式。

2007～2012年岚山区政府采购统计表

表18-11

年 份	采购规模（万元）	采购合同额（万元）	节约资金（万元）	节支率（%）
2007	534.48	447.83	86.65	16.21
2008	26989.27	20910.70	6078.57	22.52
2009	28788.48	22609.14	6179.34	21.46
2010	30974.64	24088.36	6886.28	22.23
2011	37401.96	30585.95	6816.01	18.22
2012	45280.00	37895.01	7384.99	16.31

说明：采购规模为采购预算额

第四章　住房公积金管理

岚山住房公积金管理实行住房公积金管理委员会决策、住房公积金管理中心运作、银行专户存储、财政监督的原则。

1998年，成立岚山办事处住房公积金管理中心，为股级全额事业单位，隶属于岚山财政分局，编制3人。

2003年7月25日，设立市住房公积金管理中心，为市政府直属管理的财政拨款副处级事业单位，由市财政局代管，原区县设立的住房公积金管理中心撤销上划，设立岚山管理部，为副科级事业单位，编制3人。

2011年1月，设立市住房公积金管理中心，为市政府直属管理的财政拨款正处级事业单位，不再挂靠市财政局，岚山管理部升格为正科级事业单位，编制3人。

第一节　住房公积金征缴

日照市住房公积金管理中心岚山管理部设立住房公积金专户，建立职工住房公积金明细账，记载职工个人住房公积金的缴存、提取等情况，并发放缴存住房公积金的有效凭证，在受委托的中国建设银行岚山支行、日照银行岚山支行、农业银行岚山支行设立住房公积金专户，进行集中管理。职工个人和单位住房公积金缴存比例相同。1997 年 7 月 1 日至 2000 年 6 月 30 日，职工个人和所在单位分别缴存职工工资的 5%；2000 年 7 月 1 日至 2010 年 6 月 30 日，职工个人和所在单位分别缴存职工工资的 6%；2011 年 7 月 1 日起，职工个人和所在单位分别缴存职工工资的 12%。

1997 ～ 2012 年岚山住房公积金归集情况一览表

表 18-12

年份	归集金额（万元）	缴交单位（个）	缴交人数（人）	年份	归集金额（万元）	缴交单位（个）	缴交人数（人）
1997	76.5	64	5332	2006	2124.2	132	9546
1998	171.3	71	5605	2007	2716.7	132	9664
1999	96.3	83	5690	2008	3647.9	141	9993
2000	451.9	90	5786	2009	4759.2	149	10472
2001	730.9	95	5909	2010	6445	148	10631
2002	587.7	101	5968	2011	8961	158	11214
2003	598.9	104	6883	2012	12291	164	12066
2004	2187.4	120	9006	合计	48240 万元		
2005	2393.9	129	9298				

第二节 住房公积金提取和使用

住房公积金提取 职工申请提取住房公积金需提供的文件证明：（一）购买自住住房，提供购房合同或协议；建造、翻建自住住房，提供规划行政管理部门出具的建设工程规划许可证；大修自住住房，提供房地产行政管理部门有关质量监督机构办理的质量监督手续证明等。（二）职工离休、退休提供离休证、退休证或单位批准其离退休的文件。（三）户口迁出所在市、县或出境定居，提供户籍管理部门出具的户口证明、出境证明等。（四）继承人、受遗赠人提取死亡职工的存储余额，应提供身份关系证明、合法继承或遗嘱证明等。（五）偿还购、建房贷款本息的，提供借款合同、近年还款清单。（六）租赁自住住房，房租超出家庭收入的规定比例的，提供户口簿、房产主管部门或提取人所在单位签订的房屋租赁合同、房租付款票据和家庭收入证明。（七）职工享受最低生活保障的提供民政部门发放的最低生活保障证明。（八）终止劳动关系两年以上未就业的提供失业证明，或与单位解除劳动合同证明。（九）遇到突发事件，造成家庭生活严重困难的，提供县（区）以上人民政府有关部门出具的突发事件证明；职工或家庭成员患重大疾病的，提供医疗诊断书、医疗费用单、单位出具的家庭收入证明或工资单、结婚证或户口簿等证明。（十）除上述证明外，还应提供缴存住房公积金的有效凭证、提取人的身份证等证件。

住房公积金支取的程序：职工个人向单位提出书面申请，单位审核合格后，加盖单位公章，附申请人相关证明报住房公积金管理中心审核，审核合格后，由住房公积金管理人员填写住房公积金支款凭证。当事人可持支款凭证、身份证等有效证件到指定的开户银行支取住房公积金。

1997～2012年岚山住房公积金支取情况一览表

表18-13　单位：万元

年　份	1997	1998	1999	2000	2001	2002	2003	2004
支取额	0	1.3	11.7	101.4	331.7	309	248.3	622
年　份	2005	2006	2007	2008	2009	2010	2011	2012
支取额	872.7	1104.8	1363	1521.7	2590.6	3098	4169	4895

住房公积金贷款　缴存公积金的职工，同时符合以下条件的，可以申请住房公积金贷款：（一）具有完全民事行为能力的自然人；（二）具有本市城镇常住户口或有效居留身份；（三）具有稳定的职业收入、信用良好、有效期偿还贷款本息的能力；（四）申请人及其所在单位已与市住房公积金管理中心建立正常的住房公积金缴存关系，已连续足额缴存住房公积金12个月以上；（五）在本市行政区划内购买、建造、翻建或大修普通住房，其中购买住房的应当已交付不低于国家有关文件规定比例的自筹资金作为购房首期付款；（六）能够提供本市住房公积金管理中心认可的担保方式；（七）良好的个人信用状况；（八）要求的其他条件。

住房公积金贷款自2004年开始，贷款额度最高10万元，期限最长10年；自2008年执行贷款最高额度20万元，期限最长15年；自2012年执行贷款最高额度30万元，期限最长25年。

2004～2012年岚山区住房公积金贷款发放情况一览表

表18-14　单位：万元

年　份	2004	2005	2006	2007	2008
贷款额	371	1164	1507	1529	1106
年　份	2009	2010	2011	2012	
贷款额	2179	2198	2394	4298	

第十九编　税　务

清末以前，岚山税收主要是田赋。清朝末年开征关税、厘金。民国年间，从北洋军阀到南京国民政府，除继续推行田赋制度外，新增加了许多苛捐杂税。张宗昌祸鲁期间横征暴敛，更是“捐税如牛毛，无处不加征”，岚山人民苦不堪言。

1932年，南京国民政府组建财政部税警总团，1936年二分团团部驻安东卫，设4个营，分别征收岚山头、虎山、高旺、涛雒一带的关税和其他税收。

革命战争年代，贫困的岚山人民虽然负担较重，但仍然踊跃缴钱纳粮，为抗日战争和解放战争做出了贡献。

新中国成立后，税收体制几度改革，税收政策逐渐完善，税收充分体现了“取之于民、用之于民”的原则，依法纳税成为岚山人民的自觉行动。

第一章　税制改革

第一节　税制演变

清末以前，岚山税收主要是田赋和盐税。民国前期，军阀混战，每省各自为政，地方税捐名目繁多，其收入甚至超过田赋、营业税、契税3项收入之和。南京国民政府成立后，苛捐杂税有增无减。

1926年试办卷烟统税，后统税和烟酒税合并，改称货物税。1931年裁厘金，改办营业税。1932年，南京国民政府组建财政部税警总团，1936年二分团团部驻安东卫，设4个营分别征收岚山头、虎山、高旺、涛雒一带的关税和其他税。

1936年开征所得税、遗产税，1941年田赋改征实物，至民国末期形成关税、盐税、直接税、货物税、田粮和地方各税等5个税系。

革命战争年代，各根据地税收不统一，由各根据地政府自行规定。1940～1949年，日照县民主政府驻碑廓，税收宗旨是“一切为了战争，一切为了前线”。1940年山东省战工会制定的《山东省税收暂行条例》规定：田赋每标准亩征收约等于麦子一斤半价格，折款征收；盐税每百斤征收出场税3元（由敌占区运来的，百斤征收入境税1元）；矿务税按月向矿主征收10%；田房契约税按价征5%；货物税共列28个品目，税率最低5%，最高100%。

新中国成立后，依据1950年1月政务院颁布的《全国税政实施要则》，除农业税外，日照县统一的税收共12种，即货物税、工商业税、存款利息所得税、印花税、交易税、屠宰税、使用牌照税等。1959年，停征利息所得税。1962年，开征集市交易税。1966年10月，停征文化娱乐税。1982年4月，开征烧油特别税和增值税。1983年4月29日，开征国营企业所得税。9月20日，开征建筑税。1985年又开征集体所得税、国营企业奖金税、集体企业奖金税等税种。1994年，国税、地税分设。

第二节　工商税改革

工商税分为增值税、产品税和营业税3种，是从事工商业经营的单位和个人，就其销售收入和经营业务收入征收的一种流转税。

自1966年4月起，根据“合并税种，简化征收”的方针，对国营企业征税探索简化税制的办法，1973年全面推行。1979年以后，由于实行有计划的商品经济，重视价格、税收、信贷等经济杠杆调节作用，改革工商税税制成为紧迫任务。1980～1981年开展涉外税制改革，1983年试行国营企业“利改税”，将新中国成立后实行了30多年的国营企业向国家上缴利润的制度改为缴纳企业所得税。1984年，工商税制全面改革，划分为增值税、产品税和营业税3种，增加资源税、城市维护建设税、房产税、土地使用税和车船使用税。1994年，为适应建立社会主义市场经济体制的要求，工商税进行全面性、结构性改革，主要内容是全面改革流转税，对内资企业实行统一的企业所得税，统一个人所得税，扩大资源税征收范围，将盐税并入资源税，开征土地增值税，调整城乡维护建设税、土地使用税，取消集市交易税、牲畜交易税、烧油特别税、奖金税和工资调节税，下放屠宰税、筵席税给地方。改革之后，税种设置由原来的37个减少为23个。

2000年起暂停征收固定资产投资方向调节税。2001年1月1日开征车辆购置税，取消车辆购置附加费。2002年6月取消屠宰税。2006年4月28日国务院公布《烟叶税暂行条例》，对烟叶收购实行20%的比例税率。2007年3月16日，第十届全国人大第五次会议审议通过了《中华人民共和国企业所得税法》，内外资企业所得税合并。2007年1月1日起，开征车船税，取代原车船使用牌照税和车船使用税；将外商投资企业和外国企业纳入城镇土地使用税的纳税人范围，并提高税额标准。截至2007年年底，工商税税种设置减少为18个。

第三节 农村税费改革

2001年，国务院决定在山东省试点农村税费改革，2002年3月31日全省召开动员会议，7月12日岚山印发《日照市岚山办事处农村税费改革（试点）实施方案》，同年夏征期正式执行。

改革的主要内容为“三取消、两调整、一改革”。“三取消”就是取消乡统筹费、农村教育集资等专门面向农民征收的行政事业性收费和政府性基金、集资；取消屠宰税；逐步取消劳动积累工和义务工。“两调整”是调整农业税政策，农业税应纳税额，按照农业税计税土地面积、粮食常年产量、标准粮计税价格和规定的税率计算征收；调整农业特产税政策，按照国家和省关于农业税和农业特产税不重复交叉征收以及农业特产税税率略高于农业税税率的要求，合并征税环节，调整征税范围和税率。“一改革”是改革村提留征收使用办法，原由农民按人均上缴的村提留，改按新的农业税附加和农业特产税附加的形式收取。

农村税费改革后，经核实测算，改革前全办事处农民负担总额3425万元，农民人均负担229元，改革后负担总额2736万元，农民人均负担183元，减负总额689万元，人均减负46元，减负率为20.1%。

2006年1月1日起，国务院全面取消农业税，取消除烟叶以外的农业特产税。

第二章 税费征收

第一节 农业税和农业特产税

农业税 史称田赋，即土地税，始于鲁宣公十五年（前594年），“初税亩”是其开始。秦代以后官田称“租”、私田称“税”。汉朝实行“算赋”“户赋”和“徭役”制度，唐朝实行“租、庸、调”制度和“两税法”，宋时均称为赋，始称田赋。明朝实行“一条鞭法”，清朝实行“摊丁入亩”，之后地、丁合一。辛亥革命后，又将漕粮、户课和各种官田租课称田赋。民国年间，田赋征收沿用清朝制度，只是数目有所改变。1941年，山东省战工会颁布《山东省税收暂行条例》规定，田赋正税征收数额暂按清末征收银两数计征，每两银折收4元，附加不得超过正税。土地登记办理完善的县，可按地亩征收，每标准亩征收5角（约等于麦子1.5斤的价格）。新中国成立后，将抗战时期的公粮与田赋合并为农业税。1958年，颁布《中华人民共和国农业税条例》，确定农业税以征收实物为主，各地根据一般生产经营情况评定在正常年景下应收获的产量，确定常产，以常产计征农业税，税率一般为常产的12%～15%左右。1978年，统计税率占实产的4.4%，1984年税率为常产的10.16%。

农业税分夏、秋两季征收，减免在秋季一次办理。灾欠减免坚持“轻灾少减、重灾多减、特重全免”的原则，减产不足三成的不减；减产六成以上的全免，歉收三成以上不足六成的，据情酌减。

1985年以前，山东省原粮定产地区的主粮为小麦、大豆、玉米、高粱、谷子，折谷定产地区则实行折谷定产、折米征收办法，税额一律折合为“标准粮”计算，每斤“标准粮”的价格为0.1元。1961年调整为0.116元；1967年调为0.127元；1979年调为0.15元；1985年调为0.2元。1994～1995年每公斤标准粮单价为1元，1996～2001年每公斤标准粮单价为1.46元，2002年每公斤标准粮单价为1.1元。

2001年，国务院进行农村税费改革试点工作，山东省农业税正税税率比例调为6%，附加税调为正税的40%。岚山办事处2002年农业税正税为477.7万元，附加税为191万元。2003年，农业税正税为526万元，附加税为211万元。

2004年起，对农业税的征收一律按照山东省财政厅、农业厅确定的农业税税率及附加税执行。即农业税税率为3%，农业税附加随正税同步降低，为现行农业税应征税额的40%。国有农场及有农业收入的机关、团体、部队、企业、学校等，在现行税率基础上减半征收，并且不征收农业税附加。2004年夏征按照新的农业税政策执行。农业税其他政策仍按照《山东省农业税征收暂行办法》有关规定执行。

2004年，岚山区农业税正税为1087万元，附加税为435万元。2005年，岚山区农业税正税为323万元，附加税为129万元。2005年12月29日，十届全国人大常委会第十九次会议决定，自2006年1月1日起废止《农业税条例》，取消除烟叶以外的农业特产税、全部免征牧业税。

农业特产税　1958年颁布的《中华人民共和国农业税条例》规定，应征农业税的农业收入包括“园艺作物收入，其他经济作物的收入，经国务院批准征收农业税的其他收入”。这部分收入实际是指农林特产的收入，长期以来一并征收农业税。

1983年11月12日，国务院发布《关于对农林特产收入征收农业税的规定》，决定对农林特产收入单独征收农业税。规定明确了农林特产税征税范围和征收办法，确立了农林特产税的基本原则和税制框架。

20世纪80年代中期，出现农林特产与粮食比较利益高低悬殊、粮食种植面积不稳定状况。1989年3月13日，国务院发布《关于进一步做好农林特产税征收工作的通知》，要求各地全面征收农林特产税，并对征收办法进行改进。除西藏外，各省、自治区、直辖市都按照要求开展农林特产税征收工作。为促进高产优质高效农业全面协调发展，解决农林特产税执行中名义税率高、实际税负低的问题，1993年2月20日国务院发布《关于调整农林特产税税率的通知》，适当降低了农林特产税税率。

1994年1月30日发布的《国务院关于对农业特产收入征收农业税的规定》，将农林特产税与原产品税中的部分应税农产品税目合并，统一征收农业特产税。

根据《中共中央国务院关于促进农民增加收入若干政策的意见》要求，2004年起取消除烟叶外的农业特产税，并于2004年8月17日缴销特产税完税证。农业税计税土地上生产的农业特产品，统一按调整后的农业税税率征收农业税，实施免征农业税试点的地区不再改征农业税；非农业税计税土地上生产的农业特产品，不再征收农业特产税，也不改征农业税。

1994～2006年岚山农业税、农业特产税收入一览表

表19-1　　单位：万元

年　份	1994	1995	1996	1997	1998	1999	2000
农业税	95	95	140	119	139	129	110
农业特产税	477	499	883	926	1183	1390	1386
年　份	2001	2002	2003	2004	2005	2006	
农业税	109	478	526	1087	323	0	
农业特产税	1212	1367	1637	85	51	115	

纳税人的征收税率调整为3%。

第二节 国家税

税种税率 岚山国税部门征收的税种分增值税、消费税、企业所得税和车辆购置税。

增值税 在中华人民共和国境内销售货物或者提供加工、修理修配劳务以及进口货物的单位和个人，为增值税的纳税人。自1994年1月1日起开征。设置两档税率，一档为基本税率17%，一档为低税率13%，还对出口货物施行零税率。

实行低税率的货物是：粮食、食用植物油；自来水、暖气、冷气、热水、煤气、石油液化气、天然气、沼气、居民用煤炭制品；图书、报纸、杂志；饲料、化肥、农药、农机、农膜；国务院规定的其他货物。其他货物以及提供加工、修理修配适用17%的普通税率。

此外，对小规模纳税人销售货物或应税劳务按6%的征收率征收，自1998年7月1日起，商业小规模纳税人征收税率调低为4%，新增值税暂行条例自2009年1月1日起又将全部小规模纳税人的征收税率调整为3%。

消费税 是1994年税制改革中新设置的一个税种，是对中国境内从事生产、委托加工、进口应税消费品的单位和个人，就其销售收入和销售数量征收的一种税。它是在对货物普遍征收增值税的基础上，选择少数消费品再征收一道消费税，目的在于调节产品结构，引导消费方向，保证财政收入。1994年，消费税的征收范围主要选择了11类应税产品，包括：烟、酒、化妆品、护肤护发品、贵重首饰及珠宝玉石、鞭炮焰火、汽油、柴油、汽车轮胎、摩托车、小汽车。

2006年3月21日，财政部、国家税务总局联合下发通知，从2006年4月1日起，对消费税的税目税率及相关政策进行调整，税目由原来的11个调整为14个，新设成品油税目，增加木制一次性筷子、实木地板、高尔夫球及球具、高档手表税目。

消费税实行从价定率、从量定额，或者从价定率和从量定额复合计税（简称复合计税）的办法计算应纳税额。

现行消费税税目税率一览表

(2009年1月1日起实行)

表19-2

税 目	税 率
一、烟	
1.卷烟	
（1）甲类卷烟	45%加0.003元/支
（2）乙类卷烟	30%加0.003元/支
2.雪茄烟	25%
3.烟丝	30%
二、酒及酒精	
1.白酒	20%加0.5元/500克（或者500毫升）
2.黄酒	240元/吨
3.啤酒	
（1）甲类啤酒	250元/吨
（2）乙类啤酒	220元/吨
4.其他酒	10%
5.酒精	5%
三、化妆品	30%
四、贵重首饰及珠宝玉石	
1.金银首饰、铂金首饰和钻石及钻石饰品	5%
2.其他贵重首饰和珠宝玉石	10%

续表 19-2

税　目	税　率
五、鞭炮、焰火	15%
六、成品油 1.汽油 （1）含铅汽油 （2）无铅汽油 2.柴油 3.航空煤油 4.石脑油 5.溶剂油 6.润滑油 7.燃料油	0.28元/升 0.20元/升 0.10元/升 0.10元/升 0.20元/升 0.20元/升 0.20元/升 0.10元/升
七、汽车轮胎	3%
八、摩托车 1.气缸容量（排气量，下同）在250毫升（含250毫升）以下的 2.气缸容量在250毫升以上的	3% 10%
九、小汽车 1.乘用车 （1）气缸容量（排气量，下同）在1.0升（含1.0升）以下的 （2）气缸容量在1.0升以上至1.5升（含1.5升）的 （3）气缸容量在1.5升以上至2.0升（含2.0升）的 （4）气缸容量在2.0升以上至2.5升（含2.5升）的 （5）气缸容量在2.5升以上至3.0升（含3.0升）的 （6）气缸容量在3.0升以上至4.0升（含4.0升）的 （7）气缸容量在4.0升以上的 2.中轻型商用客车	1% 3% 5% 9% 12% 25% 40% 5%
十、高尔夫球及球具	10%
十一、高档手表	20%
十二、游艇	10%
十三、木制一次性筷子	5%
十四、实木地板	5%

企业所得税　是对在中国境内的企业和其他取得收入的组织的生产经营所得和其他所得征收的一种税。自2008年1月1日起，企业所得税的法定税率为25%，符合条件的小型微利企业，减按20%的税率征收企业所得税，国家需要重点扶持的高新技术企业，减按15%的税率征收企业所得税。国税部门负责征收外商投资企业和部分内资企业的所得税。

车辆购置税　自2001年1月1日起，国家将以前由交通部门征收的车辆购置附加费改为车辆购置税，征收范围包括汽车、摩托车、电车、挂车、农用运输车，税率为10%。

税收收入　1994年至2012年岚山国税收入增收明显，19年间全口径收入由717万元增长到116850万元，增加了116133万元，年均增长率为23.33%。其中，2010年出现较大幅度的增长，增幅达到198.43%。区县级收入（含两税返还）稳定增长，19年间增幅波动较小，由153万元增长到32457万元，增加了32304万元，年均增长率为34.67%。

1994～2012年岚山国税收入统计表

表19-3 单位：万元

年份	全口径收入	区县级收入（含两税返还）	区县级收入（不含两税返还）	年份	全口径收入	区县级收入（含两税返还）	区县级收入（不含两税返还）
1994	717	153	153	2004	7123	2731	2080
1995	933	438	365	2005	13365	5235	3500
1996	1317	469	382	2006	21017	7407	5500
1997	1519	563	447	2007	30035	9938	7865
1998	1553	745	565	2008	35768	11435	9346
1999	2230	973	717	2009	44396	14231	12031
2000	3103	1341	958	2010	132492	25378	22778
2001	7985	2389	1626	2011	168355	33800	33441
2002	8422	2365	1547	2012	116850	32457	31260
2003	8426	2379	1567				

第三节 地方税

地方税务部门主要征收营业税、资源税、个人所得税、城镇土地使用税、城市维护建设税、房产税、部分内资企业的企业所得税、固定资产投资方向调节税、筵席税、土地增值税、车船税、印花税、屠宰税、证券交易税、遗产和赠与税等15个税种，其中筵席税、证券交易税、遗产和赠与税暂未开征。2000年起暂停征收固定资产投资方向调节税。2002年6月取消屠宰税。此外，地方税务机关还负责征收教育费附加、地方教育附加、文化事业建设费、发展旅游事业费，代收残疾人就业保障金、地方水利建设基金等工作。

税种税率

营业税　是以在中国境内提供应税劳务、转让无形资产或者销售不动产所取得的营业额为课税对象而征收的一种商品劳务税，自1994年1月1日起施行，具体税目、税率为：

交通运输业：包括陆路运输、水路运输、航空运输、管道运输和装卸、搬运5大类经营业务，税率3%；

建筑业：包括从事建筑、安装、修缮、装饰和其他工程作业的业务，税率3%；

金融保险业：税率为5%；

邮电通信业：包括邮政、电讯，税率3%；

文化体育业：税率3%；

娱乐业：包括经营歌厅、舞厅、卡拉OK舞厅、音乐茶座、台球、高尔夫球、保龄球场、游艺场、网吧等娱乐场所，税率20%；自2011年10月1日起，山东省娱乐业营业税实行两档税率，其中高尔夫球娱乐业税率由20%调整为10%，其他娱乐业项目税率由20%调整为5%；

服务业：包括代理业、旅店业、饮食业、旅游业、仓储业、租赁业、广告业和其他服务业，税率5%；其中对个人按市场价格出租的居民住房，不区分用途，在3%税率的基础上减半征收营业税；

转让无形资产：包括转让土地使用权、转让商标权、转让专利权、转让非专利技术、转让著作权和转让商誉，税率5%。自2012年2月1日起，转让自然资源使用权，按转让无形资产使用权税目征收营业税；

销售不动产：包括销售建筑物或构筑物和销售其他土地附着物，以转让有限产权或永久使用权方式销售建筑物，视同销售建筑物，税率5%。

资源税　是对在中国境内从事应税矿产品

开采和生产盐的单位和个人课征的一种税，自1994年1月1日起施行。

山东省自1999年8月1日起，对天然矿泉水、建筑用砂、其他黏土、其他建筑石料开征资源税，单位税额分别为3元/立方米、1元/立方米、1元/立方米、1元/立方米。

个人所得税　1980年9月10日，《中华人民共和国个人所得税法》开始实施。1999年8月30日，对个人取得的储蓄存款利息所得开征个人所得税，税率为20%。2006年1月1日起将个人工资、薪金所得税免征额由800元/月提升至1600元/月，2008年3月1日起提升至2000元/月。2011年9月1日起提升至3500元/月，个体工商户的生产经营所得、对企事业单位的承包经营、承租经营所得，按年减除必要费用4.2万元。具体税率为：

工资、薪金所得：适用3%～45%的七级超额累进税率。

个体工商户生产经营所得：适用5%～35%的五级超额累进税率。

对企事业单位的承包经营、承租经营所得：适用5%～35%的五级超额累进税率。

劳务报酬所得：按次计算，每次收入不超过4000元的，减除费用800元；4000元以上的，减除20%的费用，其余额为应纳税所得额。适用税率20%，一次收入畸高的，实行加成征收。

稿酬所得：按次征税，每次收入不超过4000元的，减除费用800元；4000元以上的，减除20%的费用，其余额为应纳税所得额。适用税率20%，并按应纳税额减征30%。

特许权使用费所得：适用税率20%。

财产租赁所得：按次征税（以一个月取得的收入为一次），每次收入不超过4000元的，减除费用800元；4000元以上的，减除20%的费用，其余额为应纳税所得额。适用税率：20%。其中对个人出租房屋用于居住取得的所得，暂减按10%征收。

财产转让所得、利息、股息、红利所得、偶然所得：适用税率20%。

企业所得税　自2008年1月1日起施行，企业所得税的法定税率为25%，符合条件的小型微利企业，减按20%的税率征收企业所得税，国家需要重点扶持的高新技术企业，减按15%的税率征收企业所得税。地税部门负责征收部分内资企业的所得税。

城市维护建设税　是对从事工商经营，缴纳增值税、消费税、营业税的单位和个人征收的一种税，计税依据为纳税人实际缴纳的“三税”税额，自1985年起施行。城市维护建设税设置三档地区差别比例税率：7%、5%、1%。按日政发〔1998〕143号文件，岚山区列市区范围，适用税率7%。自2010年12月1日起，外商投资企业、外国企业及外籍个人适用国务院1985年发布的《中华人民共和国城市维护建设税暂行条例》。

房产税　是以房屋为征税对象，按照房产余值或租金收入，向产权所有人征收的一种财产税，自1986年10月1日起施行。房产税的税率为：依照房产余值（山东省规定为房产原值一次减除30%后）计算缴纳的，税率为1.2%；依照房产租金计算缴纳的，税率为12%。其中：对个人按市场价格出租的居民住房，暂减按4%征收。

城镇土地使用税　是指对在城市、县城、建制镇、工矿区范围内，使用土地的单位和个人，按照实际占用的土地面积，按照规定的单位税额征收的一种税，自1988年11月1日起施行。按日政字〔2007〕86号文件，岚山头街道、安东卫街道、虎山镇为市区一等土地，其他镇为市区二等土地。按鲁政字〔2007〕172号文件，自2007年1月1日起，日照市市区一等土地适用税率为8元/平方米/年，市区二等土地适用税率为6.4元/平方米/年。

车船税　1951年开征车船使用牌照税。1986年10月1日起开征车船使用税，对外商投资企业及外籍个人的车船仍征收车船使用牌照税。2006年12月29日，国务院公布《中华人民共和国车船税暂行条例》，自2007年7月1日起开征车船税，取代原车船使用牌照税和车船使用税。2012年1月1日，在中国境内的车辆、船舶的所有人或者管理人按照车船税法缴纳车船税，征收范围为：依法应当在中国车船管理部门登记的车船。

山东省车船税税目税额一览表

(自2012年1月1日起实行)

表19-4

<table>
<tr><th colspan="3">税　目</th><th>计税单位</th><th>年税额（元）</th><th>备　注</th></tr>
<tr><td rowspan="7" colspan="2">乘用车〔按发动机汽缸容量(排气量)分档〕</td><td>1.0升(含)以下的</td><td rowspan="7">每辆</td><td>240</td><td rowspan="7">核定载客人数9人(含)以下</td></tr>
<tr><td>1.0升以上至1.6升(含)的</td><td>360</td></tr>
<tr><td>1.6升以上至2.0升(含)的</td><td>420</td></tr>
<tr><td>2.0升以上至2.5升(含)的</td><td>900</td></tr>
<tr><td>2.5升以上至3.0升(含)的</td><td>1800</td></tr>
<tr><td>3.0升以上至4.0升(含)的</td><td>3000</td></tr>
<tr><td>4.0升以上的</td><td>4500</td></tr>
<tr><td rowspan="3" colspan="2">商用车</td><td rowspan="2">客车(核定载客人数9人以上,包括电车)</td><td rowspan="2">每辆</td><td>720
(大型)</td><td>大型客车
[核定载客人数20人(含)以上,包括电车]</td></tr>
<tr><td>600
(中型)</td><td>中型客车
(核定载客人数9人以上,20人以下,包括电车)</td></tr>
<tr><td>货车</td><td>整备质量每吨</td><td>72</td><td>包括半挂牵引车、三轮汽车和低速载货汽车等</td></tr>
<tr><td colspan="3">挂车</td><td>整备质量每吨</td><td>36</td><td></td></tr>
<tr><td rowspan="2" colspan="2">其他车辆</td><td>专用作业车</td><td rowspan="2">整备质量每吨</td><td>72</td><td rowspan="2">不包括拖拉机</td></tr>
<tr><td>轮式专用机械车</td><td>72</td></tr>
<tr><td colspan="3">摩托车</td><td>每辆</td><td>60</td><td></td></tr>
<tr><td rowspan="9">船舶</td><td rowspan="4">机动船舶</td><td>净吨位小于或等于200吨</td><td>净吨位每吨</td><td>3</td><td rowspan="4">拖船、非机动驳船分别按照机动船舶税额的50%计算</td></tr>
<tr><td>净吨位201吨至2000吨</td><td>净吨位每吨</td><td>4</td></tr>
<tr><td>净吨位2001吨至10000吨</td><td>净吨位每吨</td><td>5</td></tr>
<tr><td>净吨位10001吨及以上</td><td>净吨位每吨</td><td>6</td></tr>
<tr><td rowspan="5">游艇</td><td>艇身长度不超过10米</td><td>艇身长度每米</td><td>600</td><td rowspan="5"></td></tr>
<tr><td>艇身长度超过10米但不超过18米</td><td>艇身长度每米</td><td>900</td></tr>
<tr><td>艇身长度超过18米但不超过30米</td><td>艇身长度每米</td><td>1300</td></tr>
<tr><td>艇身长度超过30米</td><td>艇身长度每米</td><td>2000</td></tr>
<tr><td>辅助动力帆艇</td><td>艇身长度每米</td><td>60</td></tr>
</table>

印花税　是对经济活动和经济交往中书立、领受具有法律效力的凭证的行为所征收的一种税，自1988年10月1日起施行。

印花税税目税率一览表

表19-5

税　目	范　围	税　率	纳税人	说　明
购销合同	包括供应、采购、购销、结合及协作、调剂、补偿、易货等合同	按购销金额万分之三贴花	立合同人	
加工承揽合同	包括加工、定做、修缮、修理、印刷、广告、测绘、测试等合同	按加工或承揽收入万分之五贴花	立合同人	
建设工程勘察设计合同	包括勘察、设计合同	按收取费用万分之五贴花	立合同人	
建筑安装工程承包合同	包括建筑、安装工程承包合同	按承包金额万分之三贴花	立合同人	
财产租赁合同	包括租赁房屋、船舶、飞机、机动车辆、机械、器具、设备等合同	按租赁金额千分之一贴花。税额不足一元的按一元贴花	立合同人	
货物运输合同	包括民用航空、铁路运输、海上运输、内河运输、公路运输和联运合同	按运输费用万分之五贴花	立合同人	单据作为合同使用的，按合同贴花
仓储保管合同	包括仓储、保管合同	按仓储保管费用千分之一贴花	立合同人	仓单或栈单作为合同使用的，按合同贴花
借款合同	银行及其他金融组织和借款人（不包括银行同业拆借）所签定的借款合同	按借款金额万分之零点五贴花	立合同人	单据作为合同使用的，按合同贴花
财产保险合同	包括财产、责任、保证、信用等保险合同	按保险费收入千分之一贴花	立合同人	单据作为合同使用的，按合同贴花
技术合同	包括技术开发、转让、咨询、服务等合同	按所载金额万分之三贴花	立合同人	
产权转移书据	包括财产所有权和版权、商标专用权、专利权、专有技术使用权等转移书据	按所载金额万分之五贴花	立据人	
营业账簿	生产经营用账册	记载资金的账簿，按实收资本和资本公积的合计金额万分之五贴花。其他账簿按件贴花五元	立账簿人	
权利许可证照	包括政府部门发给的房屋产权证、工商营业执照、商标注册证、专利证、土地使用证	按件贴花五元	领受人	

土地增值税 是以纳税人转让国有土地使用权、地上的建筑物及其附着物所取得的增值额为征税对象，依照规定税率征收的一种税。1993年12月13日，国务院发布《中华人民共和国土地增值税暂行条例》，从1994年1月1日起土地增值税在全国开征。1995年1月27日，财政部颁布《中华人民共和国土地增值税暂行条例实施细则》。土地增值税采用四级超率累进税率，最低税率为30%，最高税率为60%。超率累进税率是以征税对象数额的相对率为累进依据，按超累方式计算和确定适用税率。

自2011年5月1日起，按照《日照市地方税务局关于转发〈国家税务总局关于加强土地增值税征管工作的通知〉的通知》，全市范围内除保障性住房外，土地增值税预征率统一调整为2%；保障性住房土地增值税预征率为1.5%。

烟叶税 是指对在中国境内收购烟叶的单位，按照收购烟叶的收购金额和规定的税率计算征收的一种税，自2006年4月28日起施行。烟叶分晾晒烟叶、烤烟叶，烟叶税实行比例税率，税率为20%。应纳税额的计算公式为：烟叶税的应纳税额=烟叶收购金额×税率。

耕地占用税 1987年4月1日，国务院发布《中华人民共和国耕地占用税暂行条例》，决定对占用耕地建房或从事非农业建设的单位和个人开征耕地占用税。耕地占用税实行地区差别定额税率，以县为单位，按人均占有耕地多少和经济发展情况，规定高低不同的税额。建房，包括建设建筑物和构筑物。农田水利占用耕地的，不征收耕地占用税。占用园地建房或者从事非农业建设的，视同占用耕地征收耕地占用税。2002年，岚山办事处执行的耕地占用税税率为每平方米3.8元，由财政部门征收。占用耕地单位必须在土地管理部门批准占用耕地之日起30日内缴纳耕地占用税，逾期加收滞纳金。自2008年1月1日起，耕地占用税税率调整为每平方米30元，占用基本农田的，适用税额为每平方米45元。根据鲁财基〔2010〕9号文件《关于认真做好地方财政耕地占用税和契税征管职能划转工作的通知》，自2011年3月1日起，耕地占用税征收管理职能划转到地税部门。

契税 起源于东晋的“估税”，规定凡买卖田宅、奴婢、牛马立有契据者，每1万钱交易额官府征收400钱，即税率为4%，其中卖方缴纳3%，买方缴纳1%；对交易额小，买卖双方不立契据者，从价百抽四，即“散估”。

北宋开宝二年（969年），开始征收印契钱（性质上是税，只是名称为钱），由买者一方缴纳，缴纳期限为两个月。从此，开始以保障产权为由征收契税，但税率和征收范围不完全相同。清顺治四年（1648年）规定，民间买卖、典押土地和房屋登录于官时，由买主依买卖价格，每一两银纳税三分（即3%）。以后，随着统治机构扩大和费用增加，契税税率逐渐提高，到清朝末期，土地、房屋买卖的契税税率提高到9%，典当契税税率提高到6%。民国后，北洋政府于1914年颁布契税条例，规定税率为买契9%，典契6%，1917年又将税率改为买契6%，典契3%，至此契税税率全国统一。1940年《契税办法四项》修改为《契税暂行条例》，将税率改为买契5%，典契3%。

新中国成立后，1950年政务院颁布《契税暂行条例》。1978年后，国家逐步落实房产政策，城乡房屋买卖活跃。1981年财政部发出《关于改进和加强契税征收管理工作的通知》，1990年财政部发出《关于加强契税工作的通知》。1991年岚山开始依法办理房屋契证，做好契税征收准备工作。1997年，国务院以第224号令发布《中华人民共和国契税暂行条例》后，岚山契税征收工作全面展开。

2005年2月2日，市政府第27号令发布《日照市契税征收管理办法》，规定契税实行市、县（区）分级征收和“先税后证”制度，使用全省统一制发的契税票证，实行微机打印税票。

山东省契税税率为3%，自2010年10月1日起，对个人购买普通住房，且该住房属于家庭（成员范围包括购房人、配偶以及未成年子女，下同）唯一住房的，减半征收契税。对个人购买90平方米及以下普通住房，且该住房属于家庭唯一住房的，减按1%税率征收契税。2011年3月1日前，契税由财政部门征收，此后，根据鲁财基〔2010〕9号文件《关于认真做好地方财政耕地占用税和契税征管职能划转工作的通知》，契税征收管理职能划转地税部门。

教育费附加　以单位和个人实际缴纳的增值税、消费税、营业税税额为计征依据，1986 年 7 月 1 日开征，按实际缴纳“三税”税额的 1% 缴纳。自 2005 年 10 月 1 日起，征收率为 3%。自 2010 年 12 月 1 日起，外商投资企业、外国企业及外籍个人适用国务院 1986 年发布的《征收教育费附加的暂行规定》。

地方教育附加　以单位和个人实际缴纳的增值税、消费税、营业税税额为计征依据，2005 年 1 月 1 日起开征，按实际缴纳“三税”税额的 1% 缴纳。自 2010 年 12 月 1 日起，征收率为 2%。

地方水利建设基金　在全省以单位和个人实际缴纳的增值税、消费税、营业税税额为计征依据，自 2011 年 7 月 1 日起开征，征收率为实际缴纳“三税”税额的 1%。

残疾人社会保障金　自 2004 年 1 月 1 日起，在山东省的机关、团体、企事业单位和其他经济组织，应按照不低于本单位在职职工人数 1.5% 的比例安排残疾人就业，凡安排残疾人就业达不到规定比例的单位，应按照规定缴纳保障金，应纳残疾人保障金计算如下：

应纳保障金=(用人单位上年末实际在职职工人数×应安排比例数—用人单位上年末在职残疾人数)×上年度本地职工年平均工资额。

文化事业建设费　自 1997 年 1 月 1 日起，对经营娱乐业、广告业的纳税人实现的娱乐业、广告业营业税的营业额计算征收的一种专项资金，征收率为 3%。

税费收入　1994 ～ 2002 年，岚山办事处地方税收平稳增长。自 2003 年起，随着日照钢铁公司建成投产，岚山地方税收迅速膨胀。1994 ～ 2002 年岚山办事处地税累计入库各种税收 11875 万元，平均年增幅为 15.9%。2004 ～ 2012 年累计入库各种税收 404487 万元，平均年增幅为 42.4%。

1994 ～ 2002 年岚山办事处地税收入统计表

表 19-6　　单位：万元

年份	营业税	企业所得税	个人所得税	资源税	城建税	固定资产投资方向调节税	房产税	印花税	土地使用税	车船使用税	屠宰税	教育费附加	滞罚收入	合计
1994	197	16	3		26	28	20		6	3		5	134	438
1995	204	105	18		44	51	24	1	10	3	8	4	169	641
1996	232	671	97		44	9	35	2	15	90	11	22	50	1278
1997	173	569	205		43	88	49	2	12	9	12	4	19	1185
1998	282	443	239	2	54	75	49	6	22	16	11	22		1221
1999	363	321	309	2	60	148	73	6	52	26	10	21		1391
2000	355	297	418	5	71	128	85	5	46	40	9	30		1489
2001	363	1273	297		102	14	77	15	76	45	33	36		2331
2002	633	332	298	16	196		104	34	147	66	1	74		1901
合计	2802	4027	1884	25	640	541	516	71	386	298	95	218	372	11875

2004～2012年岚山区地税收入统计表

表19-7 单位：万元

年份	营业税	企业所得税	个人所得税	资源税	城建税	房产税	印花税	土地使用税	车船使用税	土地增值税	烟叶税	耕地占用税	合计
2004	2058	545	157	125	415	169	34	253	93	75		159	4083
2005	5049	1014	250	404	779	515	423	343	149	126		1	9053
2006	7807	1981	444	381	1631	797	687	739	132	334		110	15043
2007	12533	7517	651	367	1946	1057	1204	2308	52	487	162		28284
2008	11827	340	393	184	2045	345	284	4921	221	142	173		20875
2009	20929	31147	522	284	3673	739	928	7276	767	274	316	1340	68195
2010	25506	36184	874	154	4260	1972	5495	9943	1078	331	128	6237	92162
2011	23226	34912	2500	157	15684	2515	5173	9479	1243	706	144	2091	97830
2012	23903	2309	1472	420	9966	3301	7683	14508	881	977	296	3246	68962
合计	132838	115949	7263	2476	40399	11410	21911	49770	4616	3452	1219	13184	404487

1994～2012年岚山地税区县级收入统计表

表19-8 单位：万元

年份	1994	1995	1996	1997	1998	1999	2000	2001	2002	2003
区县级收入	438	641	1278	1185	1221	1391	1489	2335	1426	2011
增长速度（%）		46.35	99.38	-7.28	3.04	13.92	7.05	56.82	-39.93	41.02
年份	2004	2005	2006	2007	2008	2009	2010	2011	2012	
区县级收入	3629	5537	8888.5	15279.5	19429	24343.8	29492.4	39305	77769.5	
增长速度（%）	80.46	52.58	60.53	71.9	27.16	25.3	21.15	33.27	5.7	

说明：2002年开始所得税、营业税实行中央、省、地方分成

2012年岚山区地方税收过百万元企业一览表

表19-9 单位：万元

序号	企业名称	地方税收		
		国税	地税	合计
1	日照钢铁控股集团有限公司	37745	23583	61328
2	岚山港务有限公司	800	6509	7309
3	山东石大科技石化有限公司	2562	1755	4317

续表 19-9

序　号	企业名称	地方税收		
		国　税	地　税	合　计
4	岚山农村信用联社	1702	1104	2806
5	日照市岚山区兴岚建设发展投资公司		2044	2044
6	中粮黄海粮油工业（山东）有限公司	667	1009	1676
7	山东岚桥集团	144	1438	1582
8	山东昌华集团	161	1156	1317
9	日照盈德气体有限公司	945	356	1301
10	山东三木集团	115	1099	1214
11	山东鲁圣集团	161	1001	1162
12	中国工商银行日照市分行岚山支行		1121	1121
13	山东阿掖山集团	303	800	1103
14	山东日照烟草有限公司岚山分公司	638	392	1030
15	液化空气（日照）有限公司	712	214	926
16	日照港油品码头有限公司	206	697	903
17	山东众山生物科技有限公司	596	277	873
18	瀚坤能源发展有限公司		765	765
19	日照焦电有限公司	143	615	758
20	金海岸公司		710	710
21	日照金辉置业有限公司		683	683
22	农业银行岚山支行		623	623
23	孚宝仓储有限公司	127	448	575
24	山东童海港业股份有限公司	2	537	539
25	人保岚山支公司		531	531
26	建设银行岚山支行		516	516
27	山东丰华食品有限公司	431	71	502
28	日照实华原油码头有限公司		490	490
29	坪岚铁路管理处		472	472
30	永兴食品有限公司	190	282	472
31	山东港信物流有限公司		447	447
32	日照泉祥房地产开发有限公司	5	428	433
33	铸福集团	87	313	400
34	日照丰华工具有限公司	313	77	390
35	日照银行岚山支行		384	384
36	万方集团	23	361	384
37	日照市万泰装卸有限公司	17	344	361

续表 19-9

序号	企业名称	地方税收		
		国税	地税	合计
38	中国银行岚山支行		358	358
39	日照市安世达房地产开发有限公司		305	305
40	日照望海房地产开发有限公司		291	291
41	日照市正合装卸有限公司		288	288
42	日照华浙钢棒有限公司	145	126	271
43	日照天泓房地产开发有限公司		270	270
44	鲁班建设集团		264	264
45	山东嘉银钢贸城有限责任公司		258	258
46	中石油储运有限公司		256	256
47	日照御青茶业有限公司	197	53	250
48	岚山海纳建设发展有限公司		248	248
49	日照岚星化工工业有限公司	137	109	246
50	日照兴业房地产开发有限公司		243	243
51	日照市铁城物资有限公司	22	221	243
52	山东金石沥青股份有限公司		242	242
53	磊鑫、宝鑫矿业有限公司	167	74	241
54	日照滨海石油化工有限公司		231	231
55	日照华大投资发展有限公司	11	209	220
56	日照岚山焦化房地产有限公司	6	210	216
57	日照市宏德房地产开发有限公司		208	208
58	浙江华星建业岚山分公司		206	206
59	日百集团	45	152	197
60	山东省鑫通源钢管有限责任公司	8	179	187
61	日照中兴森工实业有限责任公司	43	142	185
62	日照维恩仓储物流有限公司		181	181
63	四通机械有限公司		175	175
64	日照广信化工科技有限公司	65	103	168
65	石化集团上海工程公司		158	158
66	日照德霖木业有限公司	13	142	155
67	歌山建设集团有限公司		150	150
68	日照岚山天铭物流有限公司		142	142
69	山东日照碧海物流有限公司		139	139
70	华盛江泉海运有限公司		131	131
71	山东环海置业有限公司		129	129
72	日照运总岚山交运有限公司		125	125
73	日照安胜建设工程有限公司	34	91	125

续表 19-9

序 号	企业名称	地方税收		
		国 税	地 税	合 计
74	山东日照碧波茶业有限公司	50	74	124
75	中石油第十五加油站	87	35	122
76	山东华海船业有限公司		121	121
77	山东桂华锦鸿置业有限公司		121	121
78	日照岚永农副水产食品有限公司	113		113
79	日照广安物流有限公司		108	108
80	日照中油油品销售有限公司	41	62	103

第三章 税务管理

第一节 管理机构

机构沿革 清代，县衙内设户房，负责钱粮征收和官吏开支。1915 年，日照县公署设财政处，管理财政和税收，1919 年改称财政管理处。1928 年县政府设财政局。1940 年 3 月，日照县抗日民主政府成立。1941年滨海区成立税务总局一分局（日赣分局），在岚山、碑廓设立税卡。1943 年 9 月，建立滨海工商管理局，下设 5 个分局，日照属一分局（日赣分局），以巨峰为中心，下设巨峰、黄墩、卜家村 3 个事务所和 7 个检查站。1944 年，设立马庄、碑廓、巨峰、黄墩税务所。1947 年在安东卫设海关税务所。1948 年 8 月，成立日照县税务局。1949 年 1 月，地方税收移交县财政科，设立巨峰、安岚、碑廓税务所。

1950 年 5 月，工商税收从财政科分离出来，成立日照县税务局，下设税务所。1958 年税务局并入财政局。1962 年财税分设，1968 年 3 月财税合并，1976 年改为财政税务局。1983 年财税分设，税务局主管工商税收、盐税征收和管理。1989 年日照市税务局升为处级单位，各乡镇街道均设税务所，负责税收工作。1991年9月，日照市税务局岚山分局（副科级）成立，负责岚山头、汾水、碑廓和虎山 4 个乡镇街道的税收管理工作，设办公室、征管股、征收股 3 个科室和稽查队，辖岚山、汾水、碑廓、虎山 4 个乡镇税务所。1994 年 8 月，国税、地税机构分设，成立岚山办事处国家税务局和岚山办事处地方税务局。

岚山区国家税务局 1994年8月，岚山办事处国家税务局（简称岚山国税局）成立，辖碑廓、虎山、汾水税务所和直属所、童海税务所，设办公室、流转税科、涉外管理科、稽查队、计会股。1995 年 2 月增设涉外税收管理科。

1996 年 6 月 8 日，国税系统实行垂直管理，基层国税所被撤销，成立岚山直属分局、汾水分局。直属分局负责岚山头街道辖区征收管理工作，汾水分局负责汾水、虎山、碑廓 3 个乡镇的征收管理工作。

2001 年 8 月，岚山国税局设人事教育监察科、综合业务科、税收管理一科，直属单位岚山个体税收管理分局、信息中心。

2002 年，撤销岚山头分局和汾水分局，所辖业务由岚山国税局统一管理。

2005 年 10 月，岚山区国家税务局设办公室、税政管理科、征收管理科、人事教育科（与监察室合署办公)、办税服务厅、税源管理科,下设岚山头税务分局、巨峰税务分局,直属单位稽查局、信息中心。

2010年12月,岚山区国家税务局内设办公室、政策法规科、征收管理科、纳税服务科、收入核算科、人事教育(机关党办)科、监察室、税源管理一科、税源管理二科、税政科,下设岚山头分局、巨峰分局,直属单位稽查局、信息中心,共有人员65人。

岚山区地方税务局 1994年8月,国税、地税机构分设,成立岚山办事处地方税务局(简称岚山地税局),具体负责域内税收征管及税务稽查工作,内设办公室、征管科、税政科、计会科、装备票证科5个科室,下辖稽查队、直属地税所、汾水地税所、碑廓地税所、虎山地税所。1996年5月设岚山头地税所。1996年8月设涉外分局。1997年1月成立前三岛税务所。

1998年10月,地税系统实行省级以下垂直管理,下设稽查分局(副科级)、涉外分局(副科级)、直属地税分局(副科级)、岚山头地税分局(副科级)、汾水地税分局(副科级),汾水地税分局下设汾水地税所、碑廓地税所、虎山地税所。

2002年5月30日,汾水地税分局改称安东卫地税分局。

2002年11月,岚山地税局机构改革,内设办公室、法规征管科、税收管理科、会计统计科、人事政工科、监察室6个科室,下设稽查局、直属征收分局、岚山头地税分局、安东卫地税分局、碑廓地税所、虎山地税所、前三岛地税所。

2004年设区后,原属东港区地税局管辖的巨峰地税分局(管理巨峰镇、高兴镇区域)、黄墩地税分局(管理黄廓镇、后村镇区域)划归岚山区地税局管理。

2011年4月,岚山头、安东卫、巨峰、黄墩4处分局改设为岚山头、安东卫、巨峰、后村4处中心税务所,碑廓税务所、虎山税务所撤并到安东卫中心税务所。

至2012年,岚山区地税局内有办公室、政策法规科、征收管理科、计划财务科、人事政工科、监察室、税源管理科、纳税服务中心8个科(室),下辖直属征收局、稽查局和岚山头中心税务所、安东卫中心税务所、巨峰中心税务所、后村中心税务所6个分局、所(副科级)。有职工76人,其中注册税务师、高级会计师3人,担负着全区1335家企业、2911户固定个体纳税户的税收征管工作。

第二节 税务登记

新中国成立前,由于税种、税率不统一,征收管理混乱,税务登记无从谈起。1951年,日照县组成税源调查委员会,以巨峰为基点作为登记区进行调查摸底,对乡合作社纳税户40处及私商1500余户登记,仅工商税即查出偷漏2万余元,随后组成专门小组,对岚山、巨峰、碑廓等区进行检查。1952年,为加强农村税收管理,各区建立税收管理委员会,每乡设税收员1人,负责登记纳税户,查处偷漏税,追补税款。

1986年,全市更换税务登记证,核实纳税人经营范围,并建立户管档案。

1987年,对所有纳税企业、工商业户补充和完善纳税登记、纳税鉴定、纳税辅导、纳税申报、纳税检查等制度。

1989年,加强以税务登记、纳税申报制度为重点的税收征管基础建设,日照市税务局每季、基层税务所每月与工商部门校对一次业户登记数量,跟踪办证。

1992年年底,所有税务征收单位推行税务登记、纳税鉴定、纳税申报、税款征收、税收资料档案管理5个规程。

1993年1月1日,《中华人民共和国税收征收管理法》实施。同年,日照市摸清税源底数,开展以税务登记、纳税鉴定为重点的税收征管基础建设,进行税务登记换证工作,加强征管资料建设,补充修订纳税鉴定,健全发票管理办法,制定税收征管规程。

1994年7月实行分税制,国税系统按照征管范围,在原基础上实行征管资料规范化管理,至2003年年底,征管资料全部实行档案化管理,2009年10月,办税服务厅统一配备二代身份证识别器,同时启用纳税人身份识别管理系统,开展纳税人身份验证工作。地税系统2004年起实行征管档案 ISO9000 质量认证体系,2006 年实现国、地税联合办证。

2004～2012 年岚山国税纳税户数统计表

表 19-10　单位: 户

年份	征管户数	其　中	
		各类企业	个体户数
2004	1438	178	1260
2005	1585	225	1360
2006	1861	315	1546
2007	2064	392	1672
2008	2035	473	1562
2009	2228	626	1602
2010	2449	746	1703
2011	2729	907	1822
2012	3340	1031	2309

2009～2012 年岚山地税纳税户数统计表

表 19-11　单位: 户

年份	征管户数	其　中	
		各类企业	个体户数
2009	3093	839	2254
2010	3789	1096	2693
2011	4613	1397	3216
2012	5735	1723	4012

第三节　征收管理

纳税申报　新中国成立前,税款征收没有统一法规,多是摊派,有没有纳税行为都要负担,各种税收不需申报;抗日战争期间,日伪顽统治区更是横征暴敛,强派强征,群众不堪负重。

1950 年 1 月,政务院颁布《全国税政实施要则》,全国统一税收。1958 年 9 月,国务院制定《中华人民共和国统一税条例》,简化与合并税种,日照县由 12 个税种减为 9 个,对纳税户多实行账上征收,对个体工商业户则采取自报销售额或利润额,由税务机关按自行申报的资料,核定应纳税额,定期到缴税地点缴税。1962 年,对财务制度比较健全的国营企业、供销合作社、手工业社、交通运输合作社实行自行结算、自行填写缴款书、自行缴库的"三自"纳税方式。

1986 年,国家《税收征收管理暂行条例》颁布。1989 年,山东省颁发《关于加强申报纳税的布告》,完善个体工商业户申报纳税制度,变上门收税为主动上门缴税。1992 年,根据前几年对纳税申报填写不规范、申报手续不全面,税务人员代纳税人填写申报表等问题,重点整顿纳税申报工作程序。1993 年 1 月 1 日《中华人民共和国税收征收管理法》实施,当年重点推行了《纳税申报工作规程》。1997 年,推行代理申报制度,由税务代理机构代办纳税申报,使申报纳税工作逐步走向法制化。1998 年,推行集中申报审核制度,扩大细化申报审核范围,明确审核责任。2000 年,推行纳税申报改革,日照市国税局设立纳税评估局,岚山设置专职或兼职纳税评估人员,主要对申报资料进行分析计算,由单一到税务机关申报纳税改为银行网点申报、网上申报等多元化申报方式。2001 年,重点巩固网络申报前提下的多元化申报方式,推行上门申报、邮寄申报、数字申报及税款预存制度,税款预存主要是指延期申报的纳税义务人及扣交义务人,应当在纳税期内按照上期实际缴纳的税款或者税务机关核定的税额预交税款。2003 年,重点推行申报查询分析,加大对申报的重点税源、增值税一般纳税人和各税种申报销售额的分析,压缩异常申报,增强申报正确性。2008 年,地方税收全部税种实现网上申报。2010 年,增值税、消费税、企业所得税实现网上申报、税款网上划转功能,解决纳税人申报多头走现象。2011 年,建立了短信提醒平台。

国税征收管理　1994 年,国税部门实行税收管理员制度,税收管理员分片上门收税,"属地划片、分户到人、固定管户、各事统管”。1996年，使用山东省国税局开发的大型数据库办理税款征收业务，实现了税收征管信息的电子化。2001年，税收征管信息软件Ctais（中国税收征收管理信息系统）上线运行，实现了税收征管数据全日照市集中。2006年，征管软件Ctais2.0上线，实现了征管数据全山东省集中。2009年，山东省国家税务网上办税平台上线运行，纳税人足不出户即可以办理纳税申报业务。2010年，推行网络开票与认证管理系统。2011年，开始推行税源专业化管理，建立因事设岗、分岗管事、一体协作、纵横联动、权责共担的专业化税源管理模式，有效防范和化解税收管理风险，提高了税源管理的质量和效率。

地税征收管理 1996年4月，根据国家税务总局征管范围划分文件规定，将个体工商户地方税收从国税部门划归地税部门管理，管理方式采取专管员分片、上门征收的管户制度。

1999年，撤销基层税务所，按照经济区域设立直属地税分局、涉外分局和岚山头地税分局、汾水地税分局，同时使用山东省地税局开发的征管软件，将信息化手段应用到税收征管工作。

2001年，对定期定额户实行委托银行代征办法，90%以上个体业户实现了委托银行网点代征方式，减少了纳税申报程序手续，当期税款入库率达95%以上。

2002年5月，在个体业户和账务不健全的企业实行“阳光办税”，即全方位政策法规公告、公开评税、阳光稽查，核心就是对个体业户和账务不健全的企业的税负，通过业户自报、基层初评、评审核定、社会公开、民主听证等程序，让社会各界参与、监督税收执法。该经验做法在全省地税系统推广应用，2002年6月3日《人民日报》对其做了宣传报道。同年，按照全国和全省通知精神，实行所得税中央和地方分享体制，对营业税实行省级和地方级分享制度。2003年推行“一窗式”服务（一个窗口对外，一次性办完纳税手续或完成纳税程序）。

2006年，对辖区内纳税人全面换发税务登记证件，成功上线国地税联合办理税务登记。

2007年按照全国和全省通知要求，成功上线公路内河货运发票税控系统，进一步统一公路内河交通运输业的地方税收征收管理工作。

2008年1月1日，成功上线全省地税系统数据大集中系统，实行省级集中处理模式，功能覆盖地税所有税种、所有税收业务和所有业务环节。

2009年，为挖掘税源，增加税收收入，在全区开展“企业所得税重点税源、税费信息比对、补提类税金、所得税转移管理归属企业、地方税收减免政策执行情况”五清查工作。

2010年3月，按照山东省地税局方案，全面做好耕地占用税、契税两税划转工作，8月推行《建筑业项目税收征收管理暂行办法》，建立“项目登记、信息传递、双向监控、以票控税、网络比对、评估约谈”的管理模式。

2011年，创建以“税收征管、收入质量、税源分类、信息监控、税收执法”为主要内容的标准化管理中心税务所（税务分局），提升征管质量和水平。

第四节　发票与票证管理

新中国成立前，发票（单据）没有统一管理。新中国成立后，货物销售发货票（统一单据）由税务部门管理。由于税种较少，财务和现金管理制度严格，全国没有统一发票管理法规。

1986年8月，财政部根据《中华人民共和国税收管理暂行条例》制定《全国发票管理暂行办法》，同年10月日照县开始套印带有税务部门发票“监制章”的统一发票。

国税发票与票证管理 1994年，国税、地税分设。国税部门的发票管理分为两大类：普通发票和增值税专用发票。普通发票基本联次为存根联、发票联、记账联。增值税专用发票除上述3联外还包括抵扣联，供收执方作为抵扣税款的凭证。

1995年，基层分局对专用发票管理采取“一订、二查、三控”的办法：即分局与征管股、企业签订专用发票协议书；查填开发票是否真实、完整，查接收发票是否真实、清楚、规范；控制用票数量。从当年 11 月 1 日起，发售专用发票必须监督纳税人在发票 1 ～ 4 联盖章，检验无误方可发放。

1996 年 5 月，日照市国税局下发《加强增值税专用发票安全保管工作的通知》。岚山国税局根据要求，在日常管理发票时做到专车运输、专人保管、专库存放，发票库房安装防盗报警器；对使用增值税发票的一般纳税人分期分批培训。同年，启用“专用发票销货单位栏专用戳记”印章，上面刻有销货单位、地址、纳税人登记号、电话号码等，用于专用发票销货单位栏。

1997 年，全国 1994 版专用发票作废，并收缴、封存。自 1998 年 7 月 1 日起，启用新版专用发票，原电脑版专用发票不变。

1999 年 5 月，全省停止发售十万元版专用发票，需开具十万元版专用发票的业户要先安装防伪税控系统。岚山对相关业户进行防伪税控培训，并帮助企业增设防伪税控设备，对手工版十万元专用发票按规定收缴处理。

2000 年全国启用防伪税控专用发票，增加密文区，同年 12 月“金税”工程运行，对专用发票的稽核、协查分别纳入“金税”工程认证、协查子系统，按月采集所有专用发票开具存根联和所有接收专用发票抵扣联（防伪税控系统开具）数据，通过“金税”工程各子系统进行稽核、认证、协查。

2003 年 7 月 1 日起，增值税一般纳税人必须通过防伪税控系统开具专用发票，原手写版专用发票废止。自 2003 年 10 月 1 日起，增值税一般纳税人所用手写版专用发票一律不得作为增值税扣税凭证。

2006 年，国家税务总局将增值税一般纳税人开具的增值税普通发票纳入防伪税控系统管理，统一推行防伪税控一机多票系统，纳税人不需另外购置税控收款机。

2007 年 9 月 1 日起，原省、地市税务机关的增值税一般纳税人专用发票最高开票限额审批权限下放至区县税务机关。2009 年停止收取税务登记工本费。2010 年推行网络发票。2011 年配备自助办税终端 ARM 机，同年推行税源专业化管理。

地税发票与票证管理　1994 年国税地税分设，地税部门的发票为普通发票，分为普通定额发票、分行业发票、门票，普通发票基本联次为存根联、发票联、记账联。

2008 年，根据《国务院关于第四批取消和调整行政审批项目的决定》，普通发票的 5 类行政审批项目予以取消，即取消“发票领购资格审核”“建立收支粘贴簿、进销货登记簿或者使用税控装置审批”“拆本使用发票审批”“使用计算机开具发票审批”和“跨规定的使用区域携带、邮寄、运输空白发票的审批”。

2009 年，根据《全国普通发票简并票种统一式样工作实施方案》，为保证现行税制和特殊行业的管理需要，在原有统一式样的票种中暂时保留 7 种，即发票换票证、机动车销售统一发票、二手车销售统一发票、公路、内河货物运输统一发票（自开、代开）、建筑业统一发票（自开、代开）、销售不动产统一发票（自开、代开）、航空运输电子客票行程单。

2010 年，为进一步加强和规范山东地税系统普通发票管理，降低征纳成本，优化纳税服务，便于发票真伪识别，按照“简并票种、统一式样、建立平台、网络开具”的总体思路，简并统一后的新版普通发票分为通用定额发票、通用机打发票、手开发票 3 大类。除国家税务总局规定保留的“公路内河货物运输业统一发票”外，岚山区原有发票票种中，对上述通用发票无法涵盖的公园旅游景点门票可继续保留，但规格、收费标准、面额需与物价部门批准一致。

2011 年，根据《中华人民共和国发票管理办法》，自 2011 年 2 月 1 日起启用新发票专用章。

第五节　税务稽查

1991 年 9 月，日照市税务局岚山分局成立，下设稽查队。1994 年 8 月，岚山国税局设稽查局，按照“以查促收、以查促管”的工作思路，开展对纳税户的纳税检查工作。2001 年，日照市实行一级稽查，岚山国税稽查局撤销。2006 年 11 月，恢复成立岚山国税稽查分局，稽查工作由任务型向执法型转变。

1994年8月,岚山地税局设立税务稽查队。1998年10月成立稽查分局(副科级),取消稽查收入任务考核,对检查的立案率、处罚率、入库率、结案率等指标进行综合考核,执法过程由任务型稽查向执法型转变。2001年后,推行“阳光稽查”,实行阳光办税、集中稽查、查前告知等,定期召开“阳光稽查”执法监督通报会,并在2011年聘请审理监督员,民主审理,阳光操作,充分尊重监督员的“话语权”,加大政务公开力度,稽查工作由执法型向服务型转变。

2006～2012年岚山国税税收查补情况统计表

表19-12

年份	检查户数（户）		入库数(万元)			
	企业	个体	税款	罚款	滞纳金	合计
2006	18		678.07	219.52	60.67	958.26
2007	16	1	487.64	206.97	67.95	762.56
2008	20	2	386.51	113.77	18.99	519.27
2009	20		432.01	117.92	154	703.93
2010	18		653.77	319.47	206.13	1179.37
2011	18		168.09	191.65	63.64	423.38
2012	7		43.96	24.77	9.72	78.45

1997～2012年岚山地税税收查补情况统计表

表19-13

年份	检查户数（户）		入库数（万元）			
	企业	个体	税款	罚款	滞纳金	合计
1997	27	94	4			4
1998	40	106	92.87		1.6	94.49
1999	26	7	25.13	2.58	0.084	27.79
2000	10	23	171.36	2.7	0.019	174.09
2001	41	30	209.37	14.05	1.29	224.72
2002	38		332.6	13.11	2.56	348.27
2003	31		19.1	11.9	1.5	32.5
2004	8		60	4.9		64.9
2005	20	2	42.5	3.2	1.8	47.5
2006	17	48	118.2	5.6	16	139.8
2007	24	1	84.2	2.5	9.9	96.6

续表 19-13

年　份	检查户数（户）		入库数（万元）			
	企　业	个　体	税　款	罚　款	滞纳金	合　计
2008	31		461.5	2.7	8.1	472.3
2009	29		615.1	23.8	50.4	689.3
2010	41		576.9	29.1	112.7	718.7
2011	32	6	233.5	21.2	28.5	283.2
2012	47	29	209	33.8	33.7	276.5

第六节　税收支持经济发展

岚山税务部门成立后，落实小微企业、高新技术企业、出口企业退税、福利企业退税等各项税收优惠政策，为符合条件的纳税人办理减免税等事宜；围绕服务地方经济发展，主动参与政府的各项重点工作，当好政府的参谋；细化税源分析指标，加大税源分析深度和广度，为政府决策提供依据；利用税务部门熟悉政策的优势，参与企业经营、改革过程。2009 年开展企业二、三产业分离，2010 年开展物流业税收调研，2011 年开展“服务蓝色经济，我们在行动”，2012 年服务区大项目建设，助推经济结构调整和发展方式转变。

2001～2012 年岚山国税税收优惠政策落实情况一览表

表 19-14

年　份	项　目	金额（万元）	年　份	项　目	金额（万元）
2001	福利企业退税	444	2004	福利企业退税	876
	出口退税	2215		出口退税	4194
	征前减免	1743		再投资退税	329
2002	福利企业退税	694		征前减免外企所得税	1433
	出口退税	1762		征前减免增值税	2014
	征前减免	3070		征前减免企业所得税	10
	减免退税	122		抵免企业所得税	27
2003	福利企业退税	935		抵免涉外企业所得税	289
	出口退税	5177	2005	福利企业退税	1179
	征前减免外企所得税	1108		出口退税	4654
	征前减免企业所得税	27		再投资退税	434
	征前减免增值税	1657		资源综合利用退税	108
	抵免涉外企业所得税	251		征前减免增值税	214

续表 19-14

年 份	项 目	金额（万元）
2005	征前减免外企所得税	2040
	征前减免企业所得税	315
	抵免企业所得税	17
	抵免涉外企业所得税	395
2006	福利企业退税	1033
	出口退税	4738
	征前减免（增值税、消费税、所得税）	4489
	再投资退税	288
	汇算清缴退税	69
	其他	489
2007	福利企业退税	325
	出口退税	4875
	征前减免（增值税、消费税、所得税）	5398
	再投资退税	1133
	汇算清缴退税	1163
	其他	142
2008	福利企业退税	502
	出口退税	4414
	汇算清缴退税（汇算结算清缴退税）	554
	征前减免（增值税、消费税、所得税）	8187
	下岗职工再就业优惠	41
	其他	11
2009	福利企业退税	116
	出口退税	4581
	汇算清缴退税（汇算结算清缴退税）	443
	征前减免（增值税、消费税、所得税）	5146
2010	征前减免	7057
	福利企业退税	1046
	出口退税	6962
	企业所得税退税	756
	企业所得税新法实施	13001
	总分支机构政策调整	0
2010	储蓄存款利息所得税免征	190
	增值税转型	11242
	增值税小规模纳税人征收率降低	1085
	矿产品增值税税率提高	2524
	再生资源增值税政策调整	0
	个体工商户增值税起征点提高	0
	成品油消费税政策调整	－732
	车辆购置税政策调整	357
2011	福利退税	664
	出口退税	6665
	企业所得税新法实施	6608
	储蓄存款利息所得税免征	372
	增值税转型	7195
	增值税小规模纳税人征收率降低	792
	矿产品增值税税率提高	3820
	个体工商户增值税起征点提高	31
	征前减免	10280
	其他	3590
2012	福利退税	800
	出口退税	5283
	征前减免	3689
	减免退税	19
	其他退税	2983
	企业所得税新法实施	3269
	总分支机构政策调整	0
	储蓄存款利息所得税免征	447
	增值税转型	3779
	增值税小规模纳税人征收率降低	1314
	矿产品增值税税率提高	3361
	再生资源增值税政策调整	0
	个体工商户增值税起征点提高	262

2000～2012年岚山地税税收优惠政策落实情况一览表

表 19-15

年 份	项 目	户数（户）	金额（万元）
2000	税前弥补亏损	1	198.56
	减免企业所得税	2	239.6
2001	税前弥补亏损	2	135.64
2002	填海整治土地减免土地使用税	1	10年，每年30.94
	减免地方税	1	17.8
	信用社系统冲减计税营业额	1	36.06
2003	减免企业所得税	3	288.17
	税前扣除财产损失	1	1.99
	信用社系统冲减计税营业额	1	35.74
2004	税前弥补亏损	5	872
	下岗再就业税收优惠	15	32
	减免地方税收	6	153
2005	税前弥补亏损	5	781
	下岗再就业税收优惠	18	33
	减免地方税收	8	153
2006	税前弥补亏损	7	572
	下岗再就业税收优惠	28	54
	减免地方税收	8	153
2007	税前弥补亏损	6	893
	下岗再就业税收优惠	32	57
	减免地方税收	8	153
2008	税前弥补亏损	3	296
	下岗再就业税收优惠	27	35
	减免地方税收	8	378
2009	税前弥补亏损	8	1035
	下岗再就业税收优惠	22	33
	减免地方税收	8	635
2010	税前弥补亏损	2	289
	下岗再就业税收优惠	16	37
	减免地方税收	14	876
2011	税前弥补亏损	13	2409
	下岗再就业税收优惠	12	41
	减免地方税收	16	1003
2012	税前弥补亏损	9	1873
	下岗再就业税收优惠	10	43
	减免地方税收	18	1231

第二十编　金　融

岚山域内商贸活动历史久远，明清时期是鲁东南重要商埠。清同治元年至民国23年(1862～1934年)，岚山一带先后有大小当铺18家、钱庄3家。清同治三年至光绪元年(1864～1875年)，有山西人在碑廓开设当铺。清宣统三年(1911年)，碑廓人牟乃灼(牟十二)在碑廓当铺巷子创办“春和公”钱庄。1914年，安东卫人王渭川和王孟培在卫城东门里路北开办“万顺和”钱庄。1918年，碑廓人牟家余在碑廓南北街路西开办“和顺成”钱庄。

1943年5月，日照县第一家银行——北海银行日照办事处成立，随日照县抗日民主政府在碑廓一带活动，发行北海币，发放贷款。1949年11月改称中国人民银行日照县办事处，1950年3月更名为日照县支行，并在安岚区、碑廓区设营业所。1951年10月，日照县支行试办岚山信用社，1954年又在安东卫、碑廓、岚山、磴山供销社设信用部。

1954年后，金融系统多次改革。1978年后，为适应社会主义商品经济发展，金融系统数次调整组合。至2003年，岚山域内已有工商银行、农业银行、中国银行、建设银行、日照商业银行、农村信用社等金融机构。

自1993年起，岚山相继设立财产保险、人寿保险机构，开展保险业务。

至2012年年底，岚山境内共有金融机构8家、小额贷款公司3家、保险机构14家、证券公司营业部1家、上市公司1家、典当行1家，初步形成了以国有银行为主体，地区商业银行和农村信用社为辅翼，村镇银行、小额贷款公司和融资性担保公司、典当行为补充的金融服务体系。全区金融机构存贷款余额共计289.92亿元，存贷比例92.8%。各项存款余额150.35亿元，其中居民储蓄存款余额76.21亿元；各项贷款余额139.56亿元。所发放贷款绝大部分在岚山辖区内，主要侧重工业、商业、“三农”发展、港口建设、制造业、企业技术改造、基本建设等方面。

第一章　货　币

第一节　明清及民国时期货币

金属币

制钱　俗称小钱。明代制钱有一文的“崇祯通宝”“大明通宝”等5种。清代制钱有“咸丰通宝”和铸有从顺治到宣统各年号的“通宝”12种。制钱沿用到民国初期。

铜元　俗称铜板。清光绪二十六年至三十一年(1900～1905年)，广东铸币厂、天津户部造币厂制造“光绪元宝”“大清铜币”。“大清铜币”分4种：大者四钱，当制钱二十文；次者两钱，当制钱十文；又次者一钱，当制钱五文；“孙中山开国纪念币”(民国初期制)，当制钱二十文。还有一些省制半分、一分铜币，五分、十分、二十分3种镍币(1935年制)。铜元使用到1937年，“七七事变”后不再使用。

银两　即称量货币，有元宝(五十两、马蹄形)、中锭(十两左右，秤砣型)，还有碎银(一两以下)，是很小的银子，也称银角。1933年，“废两改元”，银两停止流通，以银元为本位币。

银元　俗称洋钱，有“大清银币”“孙中山开国纪念币”“袁世凯头像币”(袁大头)，还有一些省制银元和英国、西班牙、墨西哥银币流入岚山。银币除元外，还有五角、二角、一角、五分币。

金属币的本位与进位表

表20-1

名　称	别　称	基础单位	货币本位	币制进位
制钱	小钱、铜钱、方孔钱	文(枚)	佰、吊	制钱一百文为“佰”，一千文为“吊”

续表 20-1

名　称	别　称	基础单位	货币本位	币制进位
铜元	铜板、大铜板、小铜板	个(枚)	吊(串、贯)	制钱二十文顶大铜板一枚,大铜板五十枚为一吊,市场习惯二十五枚为一吊
银元	钢洋、大洋、洋钱	个(枚)	元	银元和铜元比价,随市场浮动
银两	银锞子、元宝、银子	两(支)	无	碎银为"两"、元宝为"支",1933 年"废两改元"后,规定银元为本位币
银角	银角子、小银子	分	角	"银角"十分为一角,十角为一元

纸币　民国时期在岚山流通的纸币有国家、地方、军队发行的钞票,主要有法币、北海币、其他解放区货币等。

法币　1935 年,国民党政府实行币制改革,白银国有,以中国银行、中央银行、中国农民银行发行的纸币为法定货币,简称"法币"。百元法币从抗日战争爆发(1937 年)到国民党政权逃离大陆(1949 年)时的贬值幅度有"从两头牛到一个煤球"之说。

北海币　1938 年 4 月,北海银行(中国人民银行前身)在胶东掖县(今莱州市)筹建,是年 8 月发行北海银行币。1940 年 8 月,在鲁中地区的青驼寺(在今沂南县境内)成立北海银行总行,北海币开始在山东抗日根据地流通,成为抗日战争和解放战争时期山东革命根据地的主要货币。面额有一角、五角、一元、五元、十元不等,后又有佰元、仟元,皆为纸币。1941 年 4 月,日照县抗日民主政府移驻碑廓,北海币成为境内主要货币。1943 年 5 月,北海银行在碑廓设立日照办事处,为日照县第一家银行。1949 年 11 月 20 日,北海银行收回北海币,改用中国人民银行发行的人民币。

其他解放区货币　随着解放战争的胜利,各解放区的货币先后流入岚山的有冀南银行币、晋察冀边区银行币、华中银行币、西北农民银行币。为便利市场交易,1948 年北海银行总行决定:"自 10 月 1 日起,冀南币、晋察冀边币与北海币,在华北、山东两地互相流通。"北海币与华中币、冀南币固定比价为一比一,北海币与晋察冀边币比价为一比十。

境内流通的各种纸币,具体情况见表 20-2、20-3、20-4、20-5、20-6。

民国时期境内流通的国家纸币一览表

表 20-2

发行单位	发行时间	券　别	发行单位	发行时间	券　别
交通银行	1912 年	5 元	中国银行	1918 年	5 元
	1913 年	1 元		1936 ~ 1940 年	1 元
	1941 ~ 1942 年	25 元			5 元
		100 元			50 元
中央银行	1936 ~ 1942 年	1 元		1941 年	5 元
		500 元	中国农民银行	1935 年	1 元
	1939 年	1 分			1 角
		5 分		1941 年	500 元
		1 角	中国实业银行	1935 年	1 元
中国银行	1918 年	1 元			

1937～1949年百元法币与实物换算关系表

表 20-3

年　份	可购买物品	年　份	可购买物品
1937	牛两头	1945	鸡蛋两个
1939	猪一头	1946	肥皂六分之一块
1941	面粉一袋	1947	煤球一个
1943	鸡一只	1949	大米零点二粒

民国时期境内流通的地方纸币一览表

表 20-4

发行单位	发行时间	券　别	备　注
山东银行	1918 年	1 元	
山东省银行	1924～1925 年	10 元	
		1 元	
山东省民生银行	1936 年	2 角	
		5 角	
山东金库兑换券	1921 年	5 元	
山东平市管钱局	1936 年	50 枚	铜元券
山东省军用票	1926 年	5 元	张宗昌发行
青岛市农工银行	1916 年	100 枚	
		票券	
徐州平市管钱局	1933 年	1 角	
		5 角	
日照县田赋流通券	1940～1941 年	1 元	日照县长张希周、尹鼎五发行
		5 角	
赣榆县田赋流通券	1937 年	1 元	

民国时期境内流通的军队纸币一览表

表 20-5

名　称	发行时间	券　别	备　注
陆军第一百一十一师粮秣流通券	1940 年	1 元	国民党五十七军驻日照部队发行
陆军保安第二师粮秣流通券	1940 年	1 元	国民党地方部队在五莲县山区发行

1939～1948年境内流通的其他纸币一览表

表 20-6

名　称	流通时间	券　别	备　注
北海银行	1940～1945 年	1 角	
		5 角	
		1 元	
		5 元	
		10 元	

续表 20-6

名 称	流通时间	券 别	备 注
北海银行	1940 ～ 1945 年	200 元	
		500 元	
		1000 元	
		2000 元	
中国联合准备银行	1939 ～ 1945 年	10 元	日伪侵占日照时，在沦陷区流通的纸币，简称伪币
		100 元	
		500 元	
中央银行	1947 年秋至 1948 年春	500 元	国民党军队驻石臼所时流通的票券
		1 万元	
		关金 500 元	

第二节　人民币

1948年，解放战争胜利在望，中央决定发行全国统一的人民币。

1948 年 12 月 1 日，中国人民银行发行第一批面额拾圆、贰拾圆、伍拾圆的人民币，定为华北、华东、西北 3 区的本位货币，统一流通。旧币在未收回前，与新币按固定比值照旧流通，比值是：人民币对冀南币、北海币为一比一百，对晋察冀币为一比一千，对西农币为一比两千。1949 年 2 月，发行的人民币面额有壹圆、伍圆、拾圆、贰拾圆、伍拾圆、壹佰圆、贰佰圆、伍佰圆、壹仟圆、伍仟圆、壹万圆、伍万圆等 12 种。

1955 年 2 月 21 日，国务院命令中国人民银行，自 1955 年 3 月 1 日起发行新版人民币（简称新币），收回原流通人民币（简称旧币）。新币面额：主币分为壹圆、贰圆、叁圆、伍圆、拾圆 5 种，辅币为壹分、贰分、伍分、壹角、贰角、伍角 6 种。新币壹圆等于旧币壹万圆，所有旧币均由中国人民银行按法定比率收回。在兑换期间新旧币同时流通。对壹万元、伍万元 2 种旧币，至 1955 年 4 月 1 日停止流通。1957 ～ 1984 年，通过业务收付方式陆续发行面额拾圆、壹圆、贰角票券，壹分、贰分、伍分硬币。1984 年 10 月 1 日，发行“纪念建国 35 周年”面额壹圆的金属“纪念币”，同时收回红版面额壹圆券。1987 年 4 月中国人民银行发行面额伍拾圆的人民币，1988 年 5 月，又发行面额壹佰圆的人民币。1999 年 10 月 1 日，发行 100 元人民币，后又陆续发行了 50 元、20 元、10 元、5 元纸币和 1 元、5 角、1 角硬币。

第二章　民间金融

第一节　典　当

典当，亦称“当铺”或“押当”，是中国封建社会的一种金融行业，专为私人提供抵押品贷款。最早始于南北朝（479 ～ 502 年）慈善寺院，宋代称“质库”，元代称“解库”，明代称“典当铺”，清代时盛行。中、小当铺向大当铺领用典当款作为资本，押得物品再转押于大当铺，称“代当”或“缀当”。

清同治元年（1862 年），一山西人在碑廓南北街路东开当铺，清光绪元年（1875 年）停业。

清末至民国初年岚山境内当铺一览表

表 20-7

铺主		从业人数	铺 号	原 址	当铺规模	房屋间数	开业时间	停业时间	兼营业务
姓 名	籍 贯								
	山西省	20		碑廓南北街路东	大当铺	50	清同治元年（1862 年）	清光绪元年（1875 年）	
杜老六	安东卫	1		安东卫北街中间	小当铺	3		清宣统三年（1911 年）	卖布
苏育宣	安东卫	2	益盛永	安东卫北街东北角	小当铺	3		清宣统三年（1911 年）	
谢京顺	安东卫	2	新 茂	安东卫街口西北角	小当铺	5		清宣统三年（1911 年）	糕点
徐佃奎	安东卫东街	1		安东卫东街路南糠市巷	小当铺	2	1921 年	1924 年	
韩世先	安东卫东街	1		安东卫东街路北温水巷子	小当铺	3	1920 年	1925 年	
杨汝藻	岚山头	1	德 成	岚山二村刘家场子	小当铺	3	1918 年	1924 年	
徐兆连	岚山头	1		岚山四村大巷子西边	小当铺	2	1920 年	1934 年	
刘 氏	岚山头	1～2		岚山头二村	小当铺			1934 年	
牟嘉林	碑廓街	2	永 光	碑廓二、三村旨门里	小当铺	2	清光绪廿九年（1903 年）	1912 年	
葛成德	碑廓街	1	同顺堂	碑廓二村东门里	小当铺	2	清光绪廿九年（1903 年）	1914 年	
牟乃起	碑廓街	1		碑廓四村旨门根		2	清光绪廿九年（1903 年）	1914 年	
时德吉	黄墩田家沟			黄墩田家沟			（1919 年	1924 年	
崔 荣	竖旗山			黄墩崔家沟			清光绪廿六年（1900 年）	1914 年	
郑淑秀	巨 峰		德 记	黄 墩			清宣统三年（1911 年）	1921 年	
黄永信	巨 峰		洪 升	巨峰东西街南			1914 年	1924 年	
梁希文	巨 峰		裕升堂	巨峰前大街			清宣统二年（1910 年）	1914 年	
梁立维	三庄镇		永德祥	巨峰十字街口			清光绪三十四年（1908 年）	1914 年	

清末到民国时期，境内乡村、集镇开设了不少“辍当”。这些小当铺，多是小业主自立门户在家营业，也赶集出摊收当，或为大当铺代当。多数辍当铺本小利薄，乡里青黄不接时，能解燃眉之急。抗日战争爆发后，境内当铺逐渐减少，1947年后绝迹。

2007年3月，山东阿掖山集团有限公司投资兴办阿掖山典当行，全称为日照阿掖山典当有限公司。经营范围：动产质押典当业务；财产权利质押典当业务；房地产（外省、自治区、直辖市的房地产或者未取得商品房预售许可证的在建工程除外）抵押典当业务；限额内绝当物品的变卖；鉴定评估及咨询服务；商务部依法批准的其他典当业务。借贷方式为抵押和质押。利率按照商务部、公安部2005年第8号令《典当管理办法》执行：动产质押、房地产抵押、财产权利质押典当的月综合费率分别不超过当金的4.2%、2.7%、2.4%。

日照阿掖山典当有限公司2007年实现营业收入6900元。2008年实现营业收入32.77万元。2009年实现营业收入48.56万元。2010年实现营业收入81.49万元。2011年实现营业收入114.5万元。至2012年，典当余额为610万元。

第二节　钱　庄

钱庄，由钱币兑换而产生的行业，始于明代。当时官府大开铸炉，钱币种类较多，商人交易不便，于是钱庄应运而生，多为独资或合资经营。小钱庄，主要从事钱币兑换；大钱庄，除兑换钱币外，还办理存钱、放钱、汇兑和发行庄票；有的钱庄直接发放高利贷，成为高利贷的资本机关。

清宣统三年至民国26年（1911～1937年），岚山有钱庄3家。清宣统三年（1911年），碑廓人牟乃灼（又名牟见廷，外号牟十二），在碑廓当铺巷子独资开办“春和公”钱庄，有资本2000吊、职员9人、营业房屋9间、长工20多人，兼开油坊、土产运庄。1920年在临沂设分庄1处，1921年撤回。1937年钱庄关闭。

1914年，安东卫人王渭川、王孟培在安东卫东门里路北独资开办“万顺和”钱庄，资本5000吊、营业房4间，兼营杂货业务。1937年关闭。

1918年，碑廓人牟加余，在碑廓老南北街路西独资开办“和顺成”钱庄，资本6000吊、职工5人、营业房屋4间。1937年关闭。

钱庄定期存款一般月息1.5～2分，放款2.5～4分。放款一般10个月为一期，贷款需托人介绍，立好文契，注明“到期不还，利上转利、利帐撙（准）折”。1922年，碑廓崔来荣向“春和公”钱庄借钱4年未还，将7间房屋作了抵押，被迫下了关东。牟乃灼在碑廓开“春和公”钱庄20多年后，成了有瓦房百余间、土地1750亩，兼有油坊和土产运庄的大财主。1925年，岚山头张金月修船、结网，向安东卫“万顺和”钱庄贷款100吊，因捕鱼歉收，当年未还，期到5年，本利相加高达750吊，张金月的18亩地被钱庄“撙”去。

1937年“七七事变”后，各钱庄相继关闭。

进入21世纪后，随着社会经济发展，岚山区开始出现主要面向中小企业、三农经济、个体工商、种植养殖、个人经营消费等提供服务的小额贷款公司，按照国家银监会、中国人民银行相关政策规定，经山东省人民政府批准，依法注册登记，专业从事贷款及相关金融业务。

至2012年，岚山区共有小额贷款公司3家，分别是：岚山区永铸小额贷款有限公司，注册资本1亿元，2009年10月正式运营；岚山区正昊小额贷款有限公司，注册资本1亿元，2011年6月成立；岚山区金源小额贷款有限公司，注册资本1.5亿元，2012年6月28日成立。2012年年底，全区3家小额贷款公司累计发放贷款8.1亿元，贷款余额4.7亿元，不良贷款率为0。

第三节　土杂钞

民国初期至“七七事变”前，时局动荡，经济萧条，货币泛滥，市场上除流通国家、地方政府发行的纸币外，还有民间商号自制的土杂钞（简称土钞）。

早期的土钞，一般采用长17厘米、宽7厘米左右的绵纸，一式两联，上联存根、下联票面，中间骑缝编号盖章，用毛笔书写商号名称、出票日期，面额有二佰、四佰、六佰，一吊、二吊、五吊、十吊，通称“佰票”“吊票”。1935 年，“币制改革”后，土钞发展为铅印。有些大商号到青岛铅印，版面比较美观，一般长 12 厘米、宽 6 厘米左右，票面上印商号名称，下印经理图章、编号，中为图案，两端大写金额，边镶花纹。面额有壹角、贰角、壹元、贰元，通称“角票”“元票”。

岚山区内印制土钞最早的是碑廓“春和公”钱庄。1920 年，“春和公”钱庄出庄票一吊、二吊、三吊 3 种面额。

第四节　洋钱市

清末民初，碑廓、安东卫大集曾出现货币市场（通称洋钱市）、货币商人（通称钱贩子）。清宣统二年（1910 年），清政府颁布“大清币制则例”，规定银元为本位币（主币），铜元为辅币，在市场流通。当时铜元与银元没有固定比值，可以随时浮动。初始，铜元两吊六换银元一枚，后铜元逐渐贬值，最高十吊换银元一枚。由于银元币值高，购买低价物品不易拆零，而铜元币值低、量多、携带不便，于是洋钱市应运而生。

到洋钱市换钱的人，一是赶集的商贩，为售货找零，上集时用银元换铜元，散集时为携带方便，再用铜元换银元；再就是进城买东西的群众，为方便亦是如此。洋钱市的比价，按照银元与铜的比值多少，随着找零与聚整，一天之内其价也上下浮动，一般上午银元换铜元的多，铜元比价高，下午银元就升值。1935 年 10 月，国民党政府禁止银元流通，洋钱市随之消失。

第三章　银行　信用社

第一节　中国工商银行日照岚山支行

中国工商银行日照岚山支行（简称工商银行岚山支行），前身为 1958 年成立的中国人民银行日照县支行岚山办事处，地址在岚山头街道官草汪居。1985 年 1 月 1 日改为中国工商银行日照县支行岚山储蓄所，1986 年 1 月改称中国工商银行日照县支行岚山办事处，1989 年改称中国工商银行日照市分行岚山办事处，1993 年实行独立核算，2004 年 5 月 28 日改称中国工商银行日照岚山支行，升格为科级单位，独立对外开展各项业务。2011 年 8 月 21 日迁至岚山中路与观海路交汇处办公。同年年底，在原址设立了中国工商银行股份有限公司日照圣岚路支行。王建生、焦东、翟春海、王君、孙开金先后任工商银行岚山办事处主任或工商银行岚山支行行长。

工商银行岚山支行 1995 年开始发行信用卡，2005 年开始发行芯片信用卡。2000 年开启网上银行服务。2002 年 3 月，根据《中国工商银行授权管理办法》和工商总行《关于 2002 年度法人授权有关事项的通知》，中国工商银行日照市分行授予工商银行岚山办事处及主任相关经营权限，开始开展外汇业务、中间业务，使用现代结算、现代支付系统。2011 年开始推广手机银行服务。

至 2012 年，各项存款余额 164104 万元，各项贷款余额 386668 万元，实现中间业务收入 6000 万元，实现利润 12142 万元，人均创利 357 万元。

1993～2012年工商银行岚山支行各项业务主要指标一览表

表20-8　　单位：万元

年　份	全口径存款	其　中			贷款余额	实现利润
		储蓄存款	企业存款	同业存款		
1993	637	237	397	3	492	-7
1994	1147	356	785	6	861	-2
1995	1563	541	1012	10	1295	1
1996	1981	647	1322	12	2123	4
1997	2594	897	1670	27	3841	23
1998	3321	1120	2143	58	4967	67
1999	4563	1594	2877	92	5712	92
2000	5892	2233	3593	66	12128	124
2001	6689	3014	3578	97	14797	156
2002	8932	3754	5051	127	21200	286
2003	13144	5127	7723	294	22113	365
2004	17683	6021	11566	96	30124	365
2005	19084	6793	12033	258	52395	1108
2006	23283	6883	16075	325	88530	2598
2007	31932	7203	24540	189	116750	3974
2008	52801	11088	37977	3736	125680	5154
2009	70770	13218	52624	4928	211748	7848
2010	89038	14886	69171	4981	207067	8282
2011	111047	21099	82714	7234	286703	12426
2012	164104	28153	115514	20437	386668	12142

第二节　中国农业银行股份有限公司日照岚山支行

中国农业银行股份有限公司日照岚山支行（简称农业银行岚山支行），前身为1958年成立的中国人民银行日照县支行岚山办事处。1980年12月，成立中国农业银行日照县支行岚山办事处，与岚山农村信用社合署办公。1985年改称中国农业银行日照市支行岚山办事处。1990年更名为中国农业银行日照市分行岚山办事处。1994年4月，农业银行、农村信用社分开办公。1994年6月归属东港区管辖，改称中国农业银行东港区支行岚山办事处。1995年1月6日，筹备成立中国农业银行日照岚山支行，升格为支行级办事处。2004年2月，正式成立中国农业银行日照岚山支行。2009年1月，改制为股份有限公司，更名为中国农业银行股份有限公司日照岚山支行。

1995年1月支行级办事处成立时，内设人秘科、财务会计科、计划信贷科、稽核科4个科室，辖4个综合营业机构，18个储蓄所、126个信用代办所（站），有在职正式员工53人。经数次机构改革，至2012年年底，农业银行岚山支行下辖岚山支行营业部、观海路分理处、汾水分理处和碑廓分理处4个营业网点，内设综合管理部和客户部2个机关部室，有在职员工55人。张磊、曹际任、林玉文、葛长安、徐伟先后任农业银行岚山办事处主任或农业银行岚山支行行长。

农业银行岚山支行成立后，大力支持岚山能源、水产加工、粮油加工、先进制造业、化工、贸易等产业发展及港口和城市基础设施建设，通过加大信贷投放，推动地方经济发展。2002年，增加中间业务收入专项统计，当年实现中间业务收入17万元。2004年，开办国际业务。至2012年年底，各项存款余额21.61亿元（其中储蓄存款7.20亿元，企事业存款14.41亿元），各项贷款余额23.2亿元（其中个人贷款1.62亿元，企业贷款21.58亿元）；全年办理国际结算4.67亿美元，办理结售汇1.98亿美元，实现国际业务手续费收入1036万元，实现结售汇收入121万元；全年实现中间业务收入2840万元。贷款主要支持“三农”经济发展和企事业单位资金需求，扶持了一批种植、养殖、水产品捕捞等专业村、专业户，为全区龙头企业、小微企业提供信贷支持。

自2011年开始，与区财政局、区人社局等有关部门签订《新型农村社会养老保险代理合作协议》，全面代理岚山头、安东卫、碑廓3个乡镇街道的新型农村社会养老保险业务。至2012年年底，共为113个村累计发放惠农社保卡2.4万张，发放新型农村养老保险资金3000万元。

1995～2001年农行岚山支行各项业务主要指标一览表

表20-9

单位：万元

年　份	存款余额	贷款余额	实现利润
1995	8905	7775	9
1996	9343	9075	30
1997	14716	11407	47
1998	9346	19389	-95
1999	8490	24050	-241
2000	9881	19675	-173
2001	13350	20207	-49

2002～2012年农行岚山支行各项业务主要指标一览表

表20-10

单位：万元

年　份	存款余额	个人存款	对公存款	同业存款	贷款余额	实现利润	中间业务收入
2002	20220	12302	7918	1409	29135	161	17
2003	25966	16053	12585	1757	38199	1359	23
2004	23122	16173	6949	538	25160	-329	78
2005	30217	20018	10199	2271	21909	182	115
2006	38738	22248	16490	5876	36807	1375	187
2007	46552	26467	20083	5897	31841	2107	280
2008	60810	35136	25675	8149	37625	1951	376
2009	73956	44127	29830	505	51054	2280	600
2010	100538	50273	50612	591	100100	5659	1385
2011	133661	56984	76676	1000	102542	7402	2474
2012	215881	71951	143930	9717	158302	8078	2700

第三节　中国银行股份有限公司日照岚山支行

中国银行股份有限公司日照岚山支行（简称中国银行岚山支行），前身为中国银行石臼分行岚山港办事处，成立于1989年12月。1993年4月，随中国银行石臼分行更名为中国银行日照分行，相应更名为中国银行日照分行岚山办事处。2003年6月升格为中国银行日照岚山支行。2005年中国银行股份制改革后，更名为中国银行股份有限公司日照岚山支行。

1993年年底，中国银行日照分行岚山办事处下设10个储蓄所，遍及岚山头、虎山、汾水等乡镇街道。1996年后，随着金融体制改革，下设网点不断撤并，2005年后仅保留3个机构。至2012年年底，中国银行岚山支行本部下设综合管理部、业务发展部、营业部等3个部门，下辖观海路支行和岚山西路支行2个机构，共有职工61人。

中国银行岚山港办事处成立之初，主要为岚山港建设和岚山当地企事业单位及居民办理存款、贷款、支付结算等服务，并承担各主要进出口企业的国际贸易结算业务。1993年，在当地发行了第一张信用卡——长城信用卡，此后银行卡业务品种及功能逐渐增多。2003年之后，信息技术和各项银行业务实现良好衔接，中国银行岚山支行陆续开办单位和个人的网上银行、电话银行、手机银行等业务品种，可以办理包括查询、汇划、代缴费、电子支付、投资理财、自动扣款、服务提醒等多种银行服务。

2005年股份制改革后，下辖网点全部实现全功能网点转型，开始向企事业单位和居民提供全面的存贷款、境内外汇款、单位代发工资、个人理财、电子银行、银行卡等金融业务。

至2012年，中国银行岚山支行各项存款149406万元，各项贷款112594万元。在岚山区发行信用卡总数3万多张，功能涵盖存取款、转帐、境内外刷卡消费、透支借款、分期还款及贵宾礼遇等服务。全年国际贸易结算量超过8亿美元。

1993～2012年中行岚山支行各项业务主要指标一览表

表20-11

单位：万元

年份	各项存款	其中			贷款余额	实现利润
		储蓄存款	企业存款	同业存款		
1993	4117	1995	2023	99	3105	－11
1994	5651	2278	2981	392	6051	3
1995	9043	2551	5102	1390	8162	－68
1996	11539	8736	2056	747	10435	181
1997	13677	10512	2716	449	12719	279
1998	18367	12799	3054	2514	14360	631
1999	21641	13985	5871	1785	15344	812
2000	22931	15403	6987	541	17861	907
2001	25362	16007	8413	942	19755	904
2002	28030	16535	10812	683	21052	992
2003	31697	17253	13068	1376	20067	1087
2004	34647	18107	15862	678	35381	1206
2005	83884	19207	60743	3934	99353	1755
2006	64668	20930	41212	2526	92080	2108
2007	60619	21166	36528	2825	107500	3815
2008	70192	27076	39845	3271	105844	4032
2009	93880	32598	57114	4168	88699	3901
2010	114640	34858	69671	10111	84758	3608
2011	126864	39921	81644	5299	98106	1198
2012	158429	48490	99990	9949	90186	3917

第四节 中国建设银行股份有限公司日照岚山支行

中国建设银行股份有限公司日照岚山支行(简称建设银行岚山支行)成立于1979年6月,时称中国人民建设银行日照县支行岚山办事处。1985年10月,更名为中国人民建设银行日照市支行岚山办事处,隶属于中国建设银行临沂地区中心支行。1990年3月,更名为中国人民建设银行日照市分行岚山办事处,升格为科级单位。1996年3月,更名为中国建设银行日照市分行岚山办事处。2002年11月,更名为中国建设银行日照岚山支行。2005年10月,更名为中国建设银行股份有限公司日照岚山支行。牟敦岳、徐东高、丁勋昌、杜长俊、杨守坤、林凡东、何文昌、李照祯、费立武、王青(女)、冷丙生先后任建设银行岚山支行行长或建设银行岚山办事处主任。

中国人民建设银行日照县支行岚山办事处成立之初,主要是为岚山港建设服务,代行财政职能,负责基本建设投资管理、财政委托贷款、建筑企业经济管理和基建工程投资造价审查。1988年,开办现金储蓄业务,设立了港北储蓄所、虎山储蓄所等27个储蓄所和6个代办站,共有代办员200余名。1993年,设立房地产信贷部、信用卡业务部、国际业务部等。至2012年年底,建设银行岚山支行下设综合部、客户服务部、营业室、观海路支行,共有干部职工38人。

建设银行岚山支行开办现金储蓄业务之初,品种较少。随着地方经济的发展和信贷经营环境的逐步成熟,信贷模式逐渐由粗放式经营向精细化运作转变,信贷品种也从单一的流资贷款发展到基本建设贷款、技术改造贷款、流资贷款、贸易融资贷款、个人住房贷款、个人助业贷款等不同贷种。至2012年年底,建设银行岚山支行全口径存款余额11亿元,其中个人存款余额3.7亿元,对公存款余额7.7亿元;各项贷款余额14.05亿元,全年累计发放贷款13亿元。开办的外汇业务产品组合有:远期结售汇、远期外汇买卖、结构性远期、汇利盈系列、NDF+远期结售汇组合、NDF+人民币对外币掉期组合、海外代付/外汇贷款+远期售汇、融资类+远期结汇等,2012年实现国际结算量1亿余美元,外汇存款余额1000余万美元。中间业务主要有:国内结算、国际结算、保理、保函、代理业务、托管业务、电子银行、财务顾问等,2012年实现中间业务收入1800余万元。

1994年4月,建设银行岚山支行设立信用卡部,开始发行“准贷记卡”,特点是可透支、无免息还款期、存款计息、取现不收费等。经过不断完善功能,2004年开始发行贷记卡,特点是可透支、有免息还款期(20～50天)、存款不计息、取现要收费。到2012年,发行的贷记卡都以“龙卡”冠名,种类繁多,岚山用户达2万户。

1993～2012年建行岚山支行各项业务主要指标一览表

表20-12

单位:万元

年份	全口径存款	其中			贷款余额	全年累计发放贷款	实现利润
		储蓄存款	企业存款	同业存款			
1993	3244.25	2130.64	1019.40	94.21	3307.12	8793.15	-0.83
1994	5229.8	3336.06	1702.60	191.08	3889.77	10206.50	15.64
1995	8484.65	4536.36	3945.50	2.79	7359.57	6352.88	-30.18
1996	13131.58	7976.39	5126.05	29.14	11267.27	25510.52	331.2
1997	11380.97	8178.17	2948.41	254.39	14380.35	48022.18	196.45
1998	16467.90	8576.59	7202.68	688.63	14785.73	36896.47	514.51
1999	14747.47	8255.71	5798.82	692.94	16314.91	23958.48	205.34
2000	16700.15	8315.46	6474.30	1910.39	15728.03	18164.67	533

续表 20-12

年份	全口径存款	其中			贷款余额	全年累计发放贷款	实现利润
		储蓄存款	企业存款	同业存款			
2001	18192.99	9021.67	8403.32	768.00	15141.97	10214.68	192
2002	20555.75	10051.40	9612.92	891.43	17514.45	12168.47	232
2003	25442	10550	13889	1003	21343	21433	414
2004	31040	11947	18952	141	25118	32516	1152
2005	35449	13100	21698	651	33498	44319	1722
2006	37130.76	14942.64	22188.12	0	49510.58	50677	1393.52
2007	41499.89	17673.87	23163.81	662.21	71813.49	53794	2341.75
2008	63873.27	21849.92	34038.03	7985.32	73563.57	61949	3648.63
2009	87673.32	28257.82	47217.01	12198.49	87358.62	93941	3638.36
2010	102870.95	31183.63	58731.64	12955.68	133474.06	123416	3824.95
2011	109073.43	34474.47	60419.73	14179.22	130384.99	137764	4128.12
2012	114046	37011	77034	0	140489	95591	5014.07

第五节　日照银行岚山支行

1992年10月，石臼城市信用社岚山营业处成立。1993年5月，岚山开发区投资公司成立。1994年9月，日照市城市信用社汾岚服务部成立。1995年1月，石臼城市信用社岚山营业处与岚山开发区投资公司合并，成立日照市城市信用社中心社岚山营业处。1997年，日照市城市信用社中心社岚山营业处更名为日照市城市信用社中心社岚山服务部。1999年9月，日照市城市信用社汾岚服务部并入日照市城市信用社中心社岚山服务部。

2000年12月28日，日照市商业银行成立，2001年5月，日照市城市信用社中心社岚山服务部更名为日照市商业银行岚山支行。2003年1月，设立日照市商业银行安东卫支行。

2005年1月，日照市商业银行岚山支行与日照市商业银行安东卫支行合并管理。2009年3月，日照市商业银行正式更名为日照银行，日照市商业银行岚山支行与日照市商业银行安东卫支行分别更名为日照银行岚山支行、日照银行安东卫支行。2012年2月，日照银行安东卫支行更名为日照银行安岚支行，并迁址于岚山东路与安岚大道交汇处的岚山国际大厦。2012年7月6日，日照银行碑廓支行开业，成为日照银行在岚山区设立的首家乡镇营业网点。2012年9月25日，日照银行滨海支行由日照钢铁公司厂区迁至虎山镇东湖三村。

至2012年年底，日照银行在岚山区共设立日照银行岚山支行、日照银行安岚支行、日照银行碑廓支行、日照银行滨海支行4家分支机构，授权日照银行岚山支行统一管辖。费立旭任日照银行岚山支行行长。

城市信用社时期，业务比较单一，主要为中小企业、居民、个体业主提供存贷款服务。日照市商业银行成立后，把市场定位于“立足地方经济，支持中小企业，服务广大市民”，在原有业务的基础上，陆续开办了票据业务、代理保险业务等中间业务。2005年，成功竞标岚山区财政国库集中支付代理银行资格。

柜面业务　2001年实现通存通兑。2002年发行“黄海卡”。2003年实现办公联网。2004年开通“柜面通”业务。2006年加入现代化支付系统，实现了异地资金汇划实时到账。2008年实现对公业务通存通兑。2009年发行公务卡。2011年新综合业务系统上线。

电子银行业务　2006年开通电话银行，2010

年开通网上银行，2011年开办手机银行、短信通知。截至2012年年底，日照银行在岚山区设立3家自助银行。

授信业务　除传统的流动资金贷款、固定资产贷款、房地产开发贷款、委托贷款、银行承兑汇票等业务品种外，还开办了银团贷款、银团贸易融资、国内保理、国内信用证及其项下的贸易融资、商票保贴、保函等业务。票据业务开办进口信用证、打包贷款、进出口押汇、外汇贷款、代客代付、外币保函、提货担保、出口商业发票贴现、出口信用保险融资等国际贸易融资业务。个人贷款业务特色鲜明，有"阳光贷"个人消费贷款、个人购房贷款，用于支持小微企业发展的个人经营贷款，用于支持个人就业、创业的小额担保贷款等。

外汇业务　2012年7月，正式开办外汇业务，主要包括外汇对公存款、外币储蓄存款、外汇账户、结售汇、国际收支、汇入汇款、汇出汇款、贸易融资等，涉及币种包括美元、欧元、港币、日元、英镑5种。截至2012年年底，累计办理国际结算业务43701万美元，保持了外汇业务零差错。

1992～2012年日照银行岚山支行(含岚山服务部)各项业务主要指标一览表

表20-13　　单位：万元

年　份	存款余额	贷款余额	累计发放贷款	累计收回贷款	收回利息
1992	149	292	417	121	4
1993	805	673	1714	1332	86
1994	2046	1035	2074	1712	107
1995	4496	2590	6675	5120	415
1996	3581	2558	6402	6434	417
1997	5444	3820	14837	13575	372
1998	6764	5044	9161	7937	426
1999	8992	5727	14521	13837	430
2000	10021	8173	13750	11305	417
2001	12652	20118	26195	14250	446
2002	16614	18157	31757	29266	1122
2003	20455	24264	30101	23994	1367
2004	11109	21356	47260	38618	2181
2005	42394	46701	32866	9369	2969
2006	57660	53340	61898	55259	4387
2007	68082	53501	66895	26614	5260
2008	80604	74475	53641	52692	7437
2009	97267	82156	135841	114007	7827
2010	143617	99747	179401	161810	7130
2011	174041	136897	173494	123934	9750
2012	241737	186300	219648	170245	16439

第六节　日照市岚山区农村信用合作联社

机构沿革　1951年10月，日照县人民银行试办岚山信用社，在较大村庄设代办站。1954年1月，日照县人民银行又在基层供销社建立信用部3处，开展存贷款业务。1955年6月，信用部全部转为信用社。1978年，农村信用社与当地农业银行营业所合署办公，维持两种所有制，各自核算盈亏，设两家负责人，挂两块牌子，两枚公章、两本账、一个库。1980年12月，各乡镇农村信用社划归农业银行管理。1994年，农村信用社与农行分开办公，脱离行政隶属关系。同年4月29日，东港区农村信用联社成立，岚山境内的农村信用社归其管理。

1995年1月,山东省岚山农村信用合作社联合社开始筹建。1996年10月，按照国务院《关于农村金融体制改革的决定》，农村信用合作社全部与农业银行脱离行政隶属关系，其行业管理职能由日照市农金体改办负责。1997年3月10日，山东省岚山农村信用合作社联合社正式挂牌成立，内设4个职能科室，辖4个基层信用合作社。1998年,山东省岚山农村信用合作社联合社及各基层信用社进一步深化体制改革,制定《联社章程》和《农村信用合作社章程》,设立社员代表大会、理事会和监事会,按照“自我经营、自我约束、自担风险、自负盈亏”原则进行规范管理和经营。2000年，山东省岚山农村信用合作社联合社更名为日照市岚山农村信用合作社联合社(简称岚山信用联社)。

2002年7月1日，经日照市农金体改办批准，岚山信用联社从汾水信用社划出安东卫分社。2003年1月1日，从岚山信用社划出港北分社,分别实行相对独立核算。2005年1月，岚山信用联社接管原属日照市东港区农村信用合作社联合社的高兴、黄墩、巨峰、大坡、后村5社。

2006年4月,从岚山信用社中划出市场分社、港西分社、街里分社,从虎山信用社中划出东湖分社、东潘分社,分别实行独立核算,联社直属营业网点达到17个。7月24日， 岚山信用联社完成统一法人，日照市岚山区农村信用合作联社(亦简称岚山信用联社)正式挂牌开业，内设8个职能部室，辖联社营业部、岚山头信用社、安东卫信用社、碑廓信用社、虎山信用社、黄墩信用社、后村信用社、高兴信用社、巨峰信用社、大坡分社、观海路分社、童海路分社、圣岚路分社、市场分社、街里分社、东湖分社、东潘分社17处营业网点。12月7日，全区农村信用社5213万元的中国人民银行专项票据资金拨付到位。

2007年4月，万斛路分社挂牌开业。2009年12月，市场分社迁至碑廓镇大朱曹二村，更名为木材加工区分社。2010年4月29日，岚山信用联社办公大楼和联社营业部迁至岚山中路169号信合大厦。2010年8月，疏港路分社挂牌开业。2011年6月29日，岚山头信用社迁至圣岚路中段。2012年2月29日，童海路分社迁至岚山国际大厦；4月22日，圣岚路分社迁至后村镇榛子埠村，更名为新兴工业园分社。

至2012年年底，岚山信用联社辖岚山头信用社、安东卫信用社、碑廓信用社、虎山信用社、黄墩信用社、高兴信用社、巨峰信用社、后村信用社8处信用社，联社营业部1处营业部，大坡分社、观海路分社、童海路分社、木材加工区分社、街里分社、东湖分社、东潘分社、万斛路分社、疏港路分社、新兴工业园分社10处直属分社，内设9个职能部室、2个经营部室、3个职能中心，有干部职工318人。杨代吉、王万金、吕日新先后任岚山信用联社主任或理事长。

存贷款业务 自1993年深化农村金融体制改革后，岚山农村信用社各项存款余额逐年上升。至1996年年末，各项存款余额1.02亿元，其中储蓄存款9619万元，单位存款581万元，农民储蓄占存款总额的绝大部分。至2012年年末，各项存款余额51.38亿元，共有社员1302人，股金23653万股，全年实现各项收入4.01亿元，实现账面利润1.7亿元，累计上缴各类税金6642万元，其中国税5317万元、地税1325万元。在全省农村信用社123家法人机构中，综合实力排名第12位，发展能力排名第38位，监管评级2C级。

岚山信用联社自成立之日起，即面向“三农”、面向社区、面向中小企业、面向县域经济，扎根农村，全力服务“三农”，推出了农户贷款、个体工商户贷款、农户联保贷款、抵押贷款、质押贷款、农户大联保体贷款、农户小额信用贷款、个人住房按揭贷款、青年创业贷款、妇女创业贷款、下岗职工再创业小额担保贷款、助学贷款、个人“一抵通”贷款、“鱼满仓”贷款、“农财通”协议抵押贷款、信用共同体贷款、第三方监管质押贷款、仓单质押贷款、银行承兑汇票、贴现等业务品种。截至

2012年年底，各项贷款余额35.15亿元。

岚山农村信用社于2005年1月2日在全区开展“文明守法信用工程”建设活动，加大对农户贷款的投放力度，解决农民贷款难问题。2007年11月13日，制定《岚山区农村信用合作联社农户个体工商户贷款证管理暂行办法》，按照“一次核定、总额控制、随用随贷、周转使用”的原则，为农户、个体工商户核发贷款证，贷款证是帮助农民致富的“绿色通行证”，农户、个体工商户持贷款证、身份证、存款折直接上柜台办理贷款业务。2012年年底，全区农村信用社涉农贷款余额28.57亿元，小微企业贷款余额13.99亿元。

1995～2012年岚山信用联社存贷款余额统计表

表20-14 单位：万元

年 份	存款余额	贷款余额	年 份	存款余额	贷款余额
1995	9144	10132	2004	40680	38253
1996	10200	10589	2005	110173	92186
1997	12789	10819	2006	140876	113530
1998	13733	10845	2007	174786	149280
1999	15733	11329	2008	217529	177812
2000	17235	11142	2009	259932	214924
2001	20040	15036	2010	323503	256936
2002	23975	20433	2011	412339	306948
2003	30325	29259	2012	513849	351472

中间业务 1996年，开办以结算、代理业务为主体的中间业务。至2012年底，共开办了支付结算（银行汇票、银行承兑汇票、银行本票、支票、委托收款、托收承付、个人存款跨行通存通兑等）、农信银业务、代理新农保业务、代理新农合业务、代理保险、代理国际业务、代理金银业务等中间业务。

2004年后，随着电子网络技术的发展，相继推出个人普通卡、个人记名卡、个人附属卡、单位主卡、单位附属卡等卡业务。2010年，在碑廓镇布设了日照市首台农民金融自助服务终端（农金通）。至2012年年底，全区农金通自助服务网点达到129个，19处营业网点均开通信通卡业务、全省信合网络通存通兑业务、电子银行业务等。

电子银行业务主要种类有网上银行（个人网上银行和企业网上银行）、网上支付（支付宝）、财富在手卡、电话银行、短信通等。截至2012年年底，累计签约个人网银（专业版）6299户，累计签约企业网银488户，签约手机银行（短信版）2961户。

内部管理

信贷管理 自2008年6月起，岚山信用联社成立了小企业贷款服务中心，是日照市农村信用社首家实行公司类贷款集中管理的联社。2011年成立公司部，对公司类贷款集中管理。2012年2月，开始对信贷专管员实行集中化管理，行使贷后检查中心的职能。2012年下半年，对个人贷款集中管理，对7处分社网点个人贷款业务进行整合，逐步形成信贷业务“四个中心”（营销中心、审查审批中心、支付发放中心、贷后管理中心），个贷业务的审查审批、发放支付、贷后检查等环节集中到4处网点办理，为实现流程银行和全员营销打好了基础。

现金管理 1996年3月，岚山信用联社制定了《关于核定库存限额的实施方案》，对各信用社的库存现金按各项存款平均余额核定限额，并实

行按旬均余额考核，超限额按万分之三罚款，按月兑现。2007 年 9 月 16 日，印发《关于核定库存现金限额的通知》，对各信用社的现金库存核定限额并加强管理考核。2008 年 2 月 10 日，印发《关于进一步加强非生息资产管理的通知》，对各信用社的现金库存及其他应付款核定限额并加强管理考核。2005 年 7 月，开始逐步实行中心库管理，对辖域内网点进行集中现金押运。2010 年 4 月，岚山信用联社新办公楼启用，现金库得到完善。

内控管理 岚山信用联社把内控管理放在重要位置。会计辅导工作采用现场辅导和非现场辅导两种辅导模式相结合的方式，突出非现场会计辅导的作用，有效规避了常规检查中存在的盲区。会计主管严格执行坐班制度，营业时间离开营业厅超过 30 分钟需向联社财务会计部请假。同时制定统一格式的会计主管重大事项登记表，用于登记会计主管晨会、每周学习、流水勾对等内容的时间，便于进行监督检查，有效地规范了会计主管的操作行为，提升了内控制度的执行力。

第七节　日照九银村镇银行

日照九银村镇银行是以九江银行为主，与境内非金融机构共同发起，经中国银行业监督委员会批准，在日照设立的股份制金融机构。

岚山区的日照九银村镇银行于 2011 年 12 月 9 日开业，主要为城乡居民、中小企业、农村经济发展提供金融服务，设有综合部、营业部、计划财务部、授信审批部、内控稽查部、市场营销部 6 个部门。主要经营范围：吸收公众存款；发放短期、中期和长期贷款；办理国内结算；办理票据承兑与贴现；从事同业拆借；从事银行卡业务；代理发行、代理兑付、承销政府债券；代理收付款项及代理保险业务；经银行业监督管理机构批准的其他业务。

2012 年年底，日照九银村镇银行存款余额为 41204 万元，贷款余额为 28013 万元，存贷比为 68%。

第四章　保险　证券

第一节　保险机构

1951 年 3 月，境内始有保险业务，由中国人民银行日照支行开办，1959 年停办。1981 年恢复，先后在各乡镇街道设立代办点。1993 年，成立中国人民保险公司岚山支公司，1996 年 5 月析出成立中国人寿保险股份有限公司日照分公司岚山办事处。1998 年 11 月，设立中国太平洋保险股份有限公司日照支公司岚山营业部，2001 年 11 月更名为中国太平洋财产保险股份有限公司日照中心支公司岚山营业部。

1999 年 3 月，中保人寿保险有限公司日照分公司岚山办事处撤销，成立中国人寿保险公司日照分公司营业二部（岚山），2003 年 8 月又更名为中国人寿保险股份有限公司日照分公司营业二部（岚山）。2003 年 7 月，中国人民保险公司岚山支公司更名为中国人民财产保险股份有限公司岚山支公司（简称人保财险岚山支公司）。2006 年 12 月 15 日，撤销中国人寿保险股份有限公司日照分公司营业二部（岚山），成立中国人寿保险股份有限公司日照市岚山区支公司（简称中国人寿保险岚山支公司）。

2004 年设区后，相继有国寿财险、平安财险、大地财险、阳光财险、中华联合、安邦财险、泰康寿险等保险公司在岚山开办了保险业务。

至 2012 年，全区有财产保险公司 8 家，分别是人保财险、太保财险、国寿财险、平安财险、大地财险、阳光财险、中华联合、安邦财险；有寿险保险公司 6 家，分别是中国人寿保险、人保寿险、太保寿险、平安寿险、太平寿险、泰康寿险。人保财险岚山支公司内设直销业务一部、直销业务二部、中介业务部、岚山理赔分部、岚山承保分部、三农保险部、岚山营销一部、岚山营销二部、综合部，下辖中楼营销服务部、巨峰营销服务部、碑廓营销服务部、安东卫营销服务部,有员工40人。中国人寿保险岚山支公司内设办公室、个险销售部、团体销售部、银行保险部、客户服务部,下辖黄墩镇营销服务部、后村镇营销服务部、巨峰镇营销服务部、高兴镇营销服务部、碑廓镇营销服务部、虎山镇营销服务部、安东卫街道营销服务部,有员工及营销业务人员320余人。

第二节　保险业务

1951年3月保险业务开办初期,主要是对国家企业单位的强制保险。1952年3月始办渔船保险,次年10月停办。1956年2月恢复。1958年5月,在今后村镇西草坡村、戴家河村试办"牲畜三保"(平时保防疫、病时保治疗、死亡保赔偿)业务,是年在全日照县推广,1959年停办。1983年开办机动车辆保险业务。1985年2月再次恢复渔船保险,同年3月,在高兴等乡镇试点恢复牲畜保险。

1993年人保财险岚山支公司设立后,陆续开办了经营企业财产保险、机动车辆保险、船舶保险、雇主责任保险、建筑工程保险、货物运输保险、家庭财产保险、意外伤害保险、现金保险等共计32个险种。2000年,开通"95518"全国统一保险服务24小时专线电话。2012年保费收入5352万元。1992～2012年,累计为200亿的经济建设提供了风险保障,共计赔款4129万元。

中国人寿保险岚山支公司自1996年5月成立起,先后开办保障类、分红类、养老类、健康类、少儿类、团体类、短期类、附加类等项保险业务,其中保障类有金彩明天、国寿鸿泰两全保险(分红型)、国寿鸿宇两全保险(分红型)、国寿祥福定期寿险、国寿珍爱一生终身寿险、国寿裕鑫两全保险(分红型)等;分红类(2001年出现的新险种)有美满一生、国寿金鑫两全保险(分红型)、国寿鸿寿年金保险(分红型)、国寿鸿福相伴两全保险(分红型)、国寿千禧理财两全保险(分红型)等;养老类有国寿个人养老年金保险、国寿鸿禧年金保险(分红型)、国寿养老年金保险、国寿金色夕阳养老年金保险(A)、国寿养老金还本保险等;健康类有康宁定期保险、康宁终身保险、国寿康恒重大疾病保险、国寿康裕重大疾病保险等;少儿类有国寿鸿运少儿两全保险(分红型)、国寿英才少儿保险、子女教育保险(A、B)等;团体类有国寿团体重大疾病保险、国寿团体终身寿险、国寿团体定期寿险、团体年金保险等;短期类有人身意外伤害保险、国寿安心意外伤害保险(A型、B型)、国寿团体补充医疗保险(A型、B型)等;附加类有国寿附加意外伤害医疗保险、附加意外伤害保险、附加定期保险(A型、B型)等。公司建立理赔公开社会监督机制,公布了服务承诺,对于索赔材料齐全、手续完整、属于保险责任且不需要调查的案件,在7个工作日内做出理赔决定,对7个工作日内不能确定结果的索赔案件,会将理赔进展情况及时告知客户。对于拒赔案件,公司将向客户出具拒赔通知书并说明原因,让全体客户监督理赔人员的服务态度和服务效率。1999年成立之初,公司保费收入仅300万元,到2012年已经达到6709万元。

2012年,全区保险业开办险种100余个,保费收入18728万元,其中财产险收入9590.5万元,人身险收入9137.5万元。

第三节　证　券

期票　1944年,滨海商店(公营)因北海币紧缺,经抗日民主政府批准发行商业期票。面额有一百元、二百元、五百元3种,流通于碑廓、岚山等抗日根据地。后因驻赣榆日伪军伪造期票,扰乱解放区金融市场,1945年4月宣布收回。

折实公债　1950年1月,中央人民政府发行人民胜利折实公债,年息5厘,5年分期偿还。每年3～9月还本付息。债券单位为"分",按定量大米、面粉、白细布和煤的平均批发价计算。各区、镇成立公债推销委员会,发动群众自报公议。公债由银行代理推销,并定期公布。1951年开始,由中国人民银行日照支行分期还本付息。1955年9月30日兑完。

经济建设公债　1954～1958年,国家连续发行经济建设公债，年息4厘。每年1～11月推销，次年9月兑付。抽签对码，分期偿还。1954年公债，分8年偿还。1955～1958年公债，分10年偿还。1968年全部偿还。

国库券 1981年开始，国家每年发行国库券。单位购买年息4厘，个人购买年息8厘。每年1～6月缴款，7月1日计息，从第6年分期抽签偿还。自1997年，国库券由各银行承包，不再向单位和个人推销。

圣岚路证券营业部 2009年6月8日，齐鲁证券有限公司在圣岚东路26号设立日照圣岚路证券营业部，注册资金500万元，是岚山区内唯一一家证券营业部。营业部以证券经纪业务为主，为客户提供证券代理买卖，代理还本付息、分红派息，证券托管，代理登记开户、代理基金销售等业务，开通了与中国银行、农业银行、工商银行、建设银行、招商银行、兴业银行等3方存管业务，并实现了网上交易、电话委托、自助委托、柜台委托和驻留委托等多种交易方式。至2012年年底，累计开户3252户，实现交易23.18亿元。

第二十一编　经济管理

新中国成立前，岚山以自给自足的自然经济为主。20世纪50年代中期，实行公私合营，后以计划经济为主。70年代，各公社创办机械厂、木器厂。80年代经济体制改革，乡镇办、村办、个体办企业同步发展。

1993年岚山办事处设立后，岚山的经济管理、监督、信息部门逐步设立，形成了条块结合、目标明确、职责分明、精简高效的经济管理机构。各级政府、经济综合部门及行业主管部门发挥自身职能，科学确立经济和社会发展目标与战略，编制切实可行的计划，合理开发利用各种自然资源和经济资源，积极进行结构调整，不断改革完善经济管理体制，综合运用经济管理的各种方法、手段，对经济活动进行有效监督和控制，保证了社会经济活动健康正常运行。

2012年，全区实现地区生产总值455.9亿元。其中，第一产业增加值33.29亿元，第二产业增加值301.31亿元，第三产业增加值121.3亿元。实现规模以上工业总产值923.15亿元，社会消费品零售总额64.96亿元，进出口总值71.81亿元，地方财政一般预算收入17.84亿元。多项主要经济指标进入全省三十强，荣获全国科技进步先进区、中国最具经济活力城市、最具竞争力十强县市区、中国市辖区综合实力百强区等省级以上表彰奖励30余项。

第一章　计划管理

第一节　机构与管理体制

机构　1993年6月，岚山办事处计划统计委员会(简称岚山计统委)成立，负责域内国民经济和社会发展计划的组织实施、统计工作的组织协调。1996年，岚山计统委设立物价所，承担物价宏观调控、收费管理、监督检查、价格服务等职能。1997年机构改革，岚山计统委下设办公室、计划科、统计科、法规科、物价所5个职能科室。2002年，成立岚山办事处价格认证中心，为股级事业单位，具体承担公、检、法等部门委托涉案物品的价值认证工作。

2004年设区后，岚山计统委更名为岚山区发展和改革局(简称区发改局)。2011年机构改革，统计职能从发改局分离，成立岚山区统计局。区发改局挂岚山经济开发区发展和改革局、岚山区物价局牌子，为正科级行政单位，下设办公室、综合规划科、行政服务科、项目管理科4个职能科室和价格监督检查局、价格认证中心(股级)，有干部职工21人。

管理体制　改革开放后，按照"对外开放、对内搞活"，坚持计划经济为主、市场调节为辅的原则，对计划管理体制进行改革，逐步减少管理范围，下放管理权限，缩小指令性计划，扩大指导性计划和市场调节。中共十六大确定了建立社会主义市场经济体制的改革目标，市场在资源配置中的基础性作用明显增强，宏观调控体系框架初步建立。1993年办事处成立后，计划部门适应市场经济要求，加强宏观调控和综合平衡，综合运用各种经济杠杆和行政、法律手段，促进国民经济健康发展。每年年初，对国民经济和社会发展重要指标制定指导性年度计划，并搞好调度、分析，协调财税、金融、经贸等部门，形成宏观调控合力，努力实现年度目标。严格投资管理，严格项目审批，建立项目登记备案和投资许可证制度。从2002年4月起，对不属于国家产业政策限制发展的竞争类项目，由企业自主决策，只进行登记备案，不再审批，对必须由办事处(区政府)审批的项目，只保留可行性研究报告1个审批环节。

第二节　计划编制及实施

计划编制　岚山的计划编制是从"第九个五年计划"开始的。

第九个五年计划(1996～2000年)　计划到

2000年,全处国内生产总值达到30.5亿元,年均增长25%;一、二、三产业增加值分别达到6.1亿元、13.12亿元和11.28亿元,年均分别增长7.75%、32.6%和34.1%;人均国内生产总值达到11960元,比1995年翻一番,年均增长16.6%;财政收入力争超过1亿元,年均增长37.2%;全社会固定资产投资累计40亿元,其中地方全社会固定资产投资30亿元;进出口总额达到1.38亿美元,占国内生产总值的比重达35%左右,其中出口总额达到1亿美元,年均增长58%,实际利用外资累计1.2亿美元。一、二、三产业比例由1995年的42:32:26调整为20:43:37,科技进步对经济增长的贡献率达50%以上。城镇居民人均可支配收入达到9200元,农民人均纯收入达到4900元,社会商品零售物价总指数上涨幅度控制在8%左右。高中阶段教育普及率达到90%以上,中等专业学校在校生达到1000人左右,人口自然增长率控制在6‰以内。农业总产值达到12.6亿元,粮食面积稳定在10万亩,粮食总产量8万吨,花生总产量2万吨,水果总产量8000吨,肉类总产量1万吨,水产品总产量25万吨,商品菜基地2万亩,林木覆盖率达到34%。工业年销售收入40亿元。

第十个五年计划(2001~2005年) 计划到2005年,全处国内生产总值达到40亿元,年均增长15%,人均16000元;一、二、三产业增加值分别达到6亿元、16亿元、18亿元,年均分别增长2%、17%、20%。地方财政收入年均增长15%。一、二、三产业比例调整为15:40:45,高新技术产业增加值的比重占工业增加值的比重达到20%以上。民营经济税收占财政收入的比重达到75%。城市化水平达到60%,城市建成区20平方公里左右,城镇人口达到12万人。进出口总额达到2亿美元,年均增长22%,占国内生产总值(GDP)的比重达到40%;自营出口突破1亿美元,年均增长20%,五年累计实际利用外资3000万美元。全社会固定资产投资累计完成45亿元,年均增长16%,投资率保持在33%左右,物价涨幅控制在5%以内。全社会消费品零售额达到13.4亿元,年均增长17%。城镇居民人均可支配收入10040元,农民人均纯收入4440元,年均增长6%。城镇居民人均居住面积达到20平方米,电话普及率达到80%。科技进步对经济的贡献率达到50%以上,城镇登记失业率控制在3.5%以内,人口自然增长率控制在7‰以内,林木覆盖率达到36%。全处蔬菜面积达到3万亩,茶叶产量1650吨,水产品产量控制在26万吨。年销售收入1000万元以上的私营企业达到30家。

第十一个五年计划(2006~2010年) 计划到2010年,全区国内生产总值达到280亿元,比"十五"末翻两番,年均增长30%以上,人均国内生产总值达到65600元;三次产业比例为5.7:66:28.3;地方财政收入达到8亿元,年均增长30%;全社会固定资产投资五年累计完成800亿元,年均增长38%;进出口总额年均增长20%,实际利用外资年均增长30%,形成与国际经济接轨的开放型经济格局;万元国内生产总值综合能耗比"十五"期末降低15%,工业用水重复利用率达到80%;社会研发投入占国内生产总值比重达到1%。城镇居民人均可支配收入达到2.1万元,农民人均纯收入达到6500元,年均分别增长11%、7.9%。居住、交通、教育、文化、卫生和环境等方面的条件有较大改善,人均受教育年限达到10年以上,每万人拥有医生数和病床数超过30人和25张,人口自然增长率控制在5.8‰以内,人均寿命达到80岁,森林覆盖率达到36%;城市生活垃圾无害化处理率达到95%,生活污水处理率提高到90%,人均公共绿地达到30平方米以上。城市化水平达到45%,城镇登记失业率控制在3.2%以内。

第十二个五年计划(2011~2015年) 计划到2015年,全区地区生产总值力争突破600亿元,年均增长10.5%左右;地方财政收入力争突破23.7亿元,年均增长6%;固定资产投资五年累计完成1500亿元,年均增长20%左右;社会消费品零售总额年均增长18%;进出口总值年均增长10%;实际利用外资年均增长10%,实现经济总量大规模膨胀。三次产业比例调整为4.3:62.4:33.3,第三产业实现较快增长,比重年均提高1个百分点;高新技术产业产值占规模以上工业总产值的比重达到20%,全社会研发投入占生产总值的比重提高到2%，科技对经济发展的作用更加明显；涉海产业占地区生产总值的比重达到95%；财政收入占地区生产总值的比重保持在5%以上，实现高效优质发展。日照钢铁精品基地基本建成，培育壮大钢铁、石化、临港物流、木材加工、食品药品等产业集群，船舶修造、粮油加工等产业不断壮大，建成亿吨强港，成为全国重要的临港产业基地和区域性物流中心。规模以上工业主营业务收入突破2500亿元，年均增长28%，规模以上工业增加值突破300亿元，年均增长11%，加快建设“亿元群体、百亿企业、千亿板块”。城镇化水平提高到61%，年均提高2个百分点。大力推进城乡一体化进程，推进农村社区建设，实现公共服务向农村全面延伸，新农村建设达到全省先进水平。万元地区生产总值能耗和水耗比“十一五”期末明显降低，严格控制和治理二氧化硫、化学需氧量、氨氮、氮氧化物排放量，完成省市下达的节能减排约束性目标。工业固体废物综合利用率提高到80%，城市空气质量优良率达到90%以上，形成比较完善的生态环境体系。民生保障健全，就业充分，建立起完善的社会保障体系、公共安全体系、科教文化体系、卫生医疗体系。社会主义民主法治和精神文明建设全面推进，社会管理机制更加完善，社会更加和谐稳定。城乡居民人均可支配收入和农民人均纯收入年均增长12%以上，农村基本公共服务水平显著提升、生活环境明显改善，城镇登记失业率控制在3%以内，人口自然增长率控制在6‰以内。

计划执行

第九个五年计划（1996～2000年）　2000年，全处实现国内生产总值20亿元，年均增长14.9%；一、二、三产业增加值分别增长5.5%、17.9%和22.6%；人均国内生产总值达到10630元，年均增长14.2%；地方财政收入4478万元，年均增长16.2%。一、二、三产业比例由42:32:26调整为28:36:36，粮经比例调整为4.6:5.4，渔业总收入占大农业总收入的比重达到77%，岚山港吞吐量达到446万吨。5年累计完成固定资产投资25亿元，年均增长16%；岚山港建成5000～50000吨级泊位6个，全国最大的5万吨级液体化工码头建成。新修、拓宽道路135公里，程控电话交换机容量5.2万门，建成万吨水厂及110千伏变电站。城市化水平达到35%，城市建成区面积达到7.8平方公里。“三资”企业发展到37家，海外企业4家，5年累计利用外资4118万美元。2000年进出口总额7446万美元，占GDP的30%；自营出口4092万美元。个体工商户发展到1万户，私营企业240家，产值或销售收入超过500万元的10家，个体私营经济提供税收占全处财政收入的63%。刑事案件发案率连续5年控制在0.018%以内，科技进步对经济增长的贡献率达到47%，人口自然增长率控制在6‰以内。全社会消费品零售总额达到6.1亿元，年均增长20.6%；城镇居民可支配收入达到7500元，年均增长15%；人均居住面积达到18平方米；农民人均纯收入3220元，年均增长11%。农村小康乡镇达到100%。

第十个五年计划（2001～2005年）　2005年，全区生产总值达到70.43亿元，比2000年翻两番，年均增长32%；人均GDP达到20612元，年均增长12.7%；规模以上工业销售收入完成137亿元，是2000年的21.6倍，年均增长84.9%；规模以上工业增加值达到32.6亿元，是2000年的19.8倍，年均增长81.9%；地方财政收入达到1.936亿元，是2000年的4.3倍，年均增长34.2%；工业用电量8.7亿千瓦时，是2000年的21倍，年均增长83.8%；进出口总值达到6.88亿美元，是2000年的9.8倍，年均增长57.9%；全社会固定资产投资5年累计完成120亿元，是“九五”时期的4.88倍，年均增长48%。5年累计实际利用外资8760万美元，是“九五”时期的4倍，年均增长58.5%。三次产业比例由2000年的27:40:33调整到2005年的16.7:57.3:26。“十五”期间，完成城建总投资30余亿元，实施了岚山路、疏港大道、万斛路、城区新大道等一批城市重点道路工程，实施了城市绿化、美化、亮化工程，加大了旧城改造和房地产开发力度。港口建设累计投资达到35亿元，岚山港液化码头、北港区10万吨级油码头、岚桥集团油品码头相继开工建设。港口货物吞吐量突破2000

万吨。全区规模以上工业企业发展到56家，其中销售收入过亿元的9家，过10亿元的2家，过50亿元的1家。冶金、粮油、液化、木制品、水产品加工五大临港产业发展迅速，初步构建起临港大工业基地框架。投资岚山的世界500强企业达到6家，昌华集团在新加坡成功上市，境外直接融资取得突破。成功举办了安东卫海货节和日照冬茶节。改善医疗卫生基础设施，新型农村合作医疗试点全面推行。日照一中岚山分校、碑廓中学通过了省级规范化学校验收。农村公路改造、村村通自来水工程全省领先。2005年全区城镇居民人均可支配收入达到1.2万元，是2000年的1.45倍，年均增长8.1%；农民人均纯收入达到4446元，是2000年的1.33倍，年均增长5.8%。城镇居民人均住房面积和农民人均居住面积分别达到28平方米和35平方米，城市人均公共绿地面积达到22平方米。城市最低生活保障实现了动态管理下的应保尽保，农村特困群众得到了有效救助。城镇登记失业率控制在3.1%以下。人均预期寿命达到75岁。

第十一个五年计划（2006～2010年） 2010年，全区生产总值达到340.96亿元，完成"十一五"规划任务的121.8%，年均增长28.6%；地方财政收入完成16.02亿元，完成"十一五"规划任务的200%，年均增长52.5%；规模以上固定资产投资完成242.95亿元，5年累计完成600亿元，年均增长44.9%；社会消费品零售总额实现50.29亿元，完成"十一五"规划任务的132.2%，年均增长24.8%；港口吞吐量达到5546万吨，年均增长22.2%。多项经济指标连年在省、市保持领先，获"山东省最具竞争力十强县市区"称号。三次产业比例由2005年的16.7∶57.3∶26调整为2010年8.3∶64.8∶26.9。第一产业，培育起茶叶、果品、蔬菜、畜牧、水产等优势产业，农业增加值年均增长6.5%。第二产业，增加值年均增长31.5%，全区规模以上工业企业达到203家，高新技术产业产值占规模以上工业产值的比重提高了4.1个百分点。第三产业，金融保险、房地产、信息服务等成为拉动经济增长和增加就业的重要力量，服务业增加值年均增长30.6%。5年间，累计完成城市基础设施投资72.6亿元，修建城区道路60公里。建成启用星河湾公园、青鸾湖公园、荻水湿地公园和日百新玛特购物广场、明珠路商业街、岚山新天地、北街大厦等商贸设施。建成启用城市生活污水处理厂、城市垃圾固废处理中心和天然气、热力等市政公用设施。累计投资6.5亿元，完善园区基础设施配套。累计完成港口建设投资58亿元，建成启用海明港30万吨级油码头、岚山港10万吨级通用泊位、岚桥港5万吨级油码头，初步形成以岚山港、海明港、岚桥港、童海港为主体的港口集群。全区城镇化水平达到51%，比2005年提高9.8个百分点。城市建成区面积扩展到40平方公里。鲁南临海产业区列为省级综合配套改革试点。实行统一的内外资企业所得税。累计实际利用外资2.01亿美元，是"十五"期间的3.2倍；累计完成进出口135.56亿美元，年均增长42.9%。万元地区生产总值能耗、规模以上工业万元增加值能耗、二氧化硫和化学需氧量排放量全面完成"十一五"规划目标。城市生活污水集中处理率达到88%，城市生活垃圾无害化处理率达到80%，森林覆盖率达到36.9%。累计完成民生事业投入36亿元，五年新增城镇就业再就业5.5万人，城镇登记失业率控制在2.8%以内。农民人均纯收入达到8594元，年均增长14.1%。基本实现村村通公路、通客车、通自来水。城区人均住房面积和农村人均居住面积分别达到22.5平方米和30.1平方米，城区人均公共绿地面积达到20平方米。获得"首批全国法治区创建活动先进单位""全省信访工作先进单位"和"全省平安先进区"荣誉称号。全区研发经费年均增长20.1%，共取得各类科技成果220项。义务教育普及率100%，高中段普及率88.7%，人均受教育年限达到8.3年。人口自然增长率控制在5‰以内。

第三节　地区生产总值及产业结构

20世纪80年代中期以前，岚山经济内地以农业为主，沿海以渔业为主。80年代后期，岚山港实行对外一类开放，加上坪岚铁路通车，临港工业加快发展，但因经济基础薄弱，工农业发展仍然缓慢。1993年岚山办事处设立时，全处地区生产总值仅实现5.82亿元。

1996年后，工委、办事处将工作重点转向个体私营经济。2003年日照钢铁公司落户岚山，之后，岚山临港工业快速发展，经济总量迅速膨胀。

2003年，岚山办事处实现地区生产总值34.11亿元，是1993年的5.9倍，年均增长17.4%。其中第一产业增加值6.16亿元，是1993年的2.02倍，年均增长7.3%；第二产业增加值16.7亿元，是1993年的9.82倍，年均增长25.7%；第三产业增加值11.21亿元，是1993年的10.5倍，年均增长26.5%。2003年人均生产总值17935元，是1993年的5.5倍，年均增长18.5%。

2012年，岚山区实现地区生产总值455.9亿元，是2004年的8.38倍，年均增长30.4%。其中第一产业增加值33.29亿元，是2004年的3.03倍，年均增长14.9%；第二产业增加值301.31亿元，是2004年的10.43倍，年均增长34.1%；第三增加值产业121.3亿元，是2004年的8.33倍，年均增长30.3%。2012年人均生产总值112153元，是2004年的8.53倍，年均增长30.7%。

岚山地区生产总值总的趋势是，第一产业比重连续下降，第二产业比重连续上升。1993年实现地区生产总值5.82亿元，其中第一产业占52.4%，第二产业占29.2%（其中工业占22.7%），第三产业占18.4%。2003年实现地区生产总值34.11亿元，其中第一产业占18%，第二产业占49.1%（其中工业占40%），第三产业占32.9%。2004年实现地区生产总值54.42亿元，其中第一产业占20.2%，第二产业占53.1%（其中工业占46.8%），第三产业占26.7%。2012年实现地区生产总值455.90亿元，其中第一产业占7.3%，第二产业占66.1%（其中工业占61.9%），第三产业占26.6%。

1993～2012年岚山地区生产总值统计表

表21-1　　单位：亿元

年份	总计		第一产业		第二产业		第三产业	
	生产总值	增长(%)	增加值	增长(%)	增加值	增长(%)	增加值	增长(%)
1993	5.82	26.0	3.05	20.1	1.7	35.0	1.07	31.2
1994	8.04	18.0	3.60	9.3	2.68	25.5	1.76	32.8
1995	10.03	24.8	4.22	17.2	3.22	20	2.59	47.1
1996	12.25	22.1	4.62	9.4	4.30	33.5	3.34	29.0
1997	14.03	14.5	4.83	4.5	4.95	15.4	4.25	27.6
1998	16.12	14.9	5.26	8.9	5.80	17.1	5.07	19.3
1999	17.3	7.5	5.37	2.3	6.18	6.5	5.75	13.6
2000	21.36	5.56	14.0	8.73	3.2	16.9	7.07	20.9
2001	24.11	12.5	5.84	4.7	9.72	11.8	8.55	19.7
2002	27.73	15.6	6.1	5.4	11.73	21.6	9.9	15.7
2003	34.11	20.2	6.16	1.0	16.7	36.1	11.21	13.8
2004	54.42	34.3	10.98	0.7	28.88	68.0	14.56	14.4
2005	70.43	32.2	11.76	5.0	40.37	46.7	18.30	24.7
2006	92.72	28.5	16.82	33.9	49.57	21.5	26.33	40.5
2007	138.74	33.0	19.44	3.7	77.81	35.4	41.49	46.4
2008	214.00	36.5	20.19	6.4	133.43	49.4	60.38	26.6
2009	267.21	28.1	22.50	6.0	169.60	35.9	75.11	19.9
2010	340.96	17.8	28.15	5.5	221.00	17.9	91.81	21.5
2011	426.01	16.2	31.40	3.7	282.50	16.9	112.10	18.4
2012	455.90	12.2	33.29	4.6	301.31	14.4	121.30	9.0

说明：总量按现价计算，增幅按不变价计算

第四节 固定资产投资

岚山办事处成立初期，用于基本建设的资金只占财政支出的2%左右。随着经济的发展，固定资产投资规模不断扩大。1993～2003年，累计完成全社会固定资产投资62.9亿元，其中国家与集体投资34.2亿元。工业建设投资累计完成36.65亿元；农、林、水投资累计完成3.15亿元，其中水利投资占75.4%；交通运输、邮电建设投资累计完成15.2亿元；金融、商业、外贸、供销建设投资累计完成5.23亿元，主要用于建设粮食仓储、商品仓库、油库及住房和营业用房等；科教文卫建设投资累计完成2.19亿元；公共设施建设投资累计完成2.6亿元，其中公共设施投资占61.5%，机关办公用房和住宅投资占38.5%。

2004年设区后，区委、区政府提出“港口带动、工业强区、开放兴岚、民营富区”四大战略，加大基础设施建设投入，大力发展钢铁、液体化工、粮油加工、木材加工、海产品加工五大临港产业，岚山固定资产投资规模迅速膨胀。

2006年，全区规模以上固定资产投资完成38.5亿元，24个重点工程、项目累计完成投资29.4亿元。投资2亿元，总长12.5公里的疏港大道西段和园区一路、二路建成通车。港口建设全年完成投资5.6亿元，岚山港通用泊位货场回填300多亩、北港区完成10万吨级码头建设、岚桥专用码头完成3.5万吨级和10万吨级泊位主体建设。投资3050万元，完成S341省道和青赵线、日夏线部分路段改造。投资3400万元，续建农村硬化公路79公里及桥梁42座。投资500多万元，建成5处乡镇客运站。投资1589万元，新增108个村、8.97万人自来水普及工程。投资307万元，完成11座小型病险水库除险加固。投资3647万元，完成各类水利工程367项。投资4407万元实施土地开发整理工程15个。投资1291万元完成岚山渔港扩建工程码头主体建设。全年完成城建投资16.6亿元，新开工建筑面积40万平方米，城市建成区拓展到20平方公里。

2007年，完成全社会固定资产投资61.5亿元，其中规模以上投资58.2亿元。总投资1.5亿元的中兴木材项目竣工投产，总投资2亿元的安东变电站投入运营，总投资2000万元的城区东线供水工程建成启用，总投资1600万元的砚台山一路、安东卫二路竣工通车。

2009年，规模以上固定资产投资完成160.7亿元。建成启用岚北港区10万吨级、岚桥港5万吨级和3.5万吨级码头，完成4个110～220千伏变电站的建设或扩建，安岚大道等15公里道路建成通车，建成启用日百新玛特岚山店，开工建设临港商务大厦、岚山新天地等商业项目。

2010年，集中力量组织实施8大类41项城建重点工程，完成投资15.5亿元。获水湿地、青鸾湖、星河湾等城市公园和广场建成启用。南部新区多岛海工程东岛水系整理、环境塑造基本完成，多岛海城市综合体项目初具规模，亲水岸线由2.8公里拉伸到29.5公里，初步实现了“显山、露水、亲海、增绿”目标。投入1.45亿元修建园区道路13条、28.6公里，同步配套水、通讯等各类管线，完成园区“七通一平”面积25平方公里。城区万斛北路和玉泉一路、二路北段、振兴路、安东三路、环山路建成通车，巨碑线、日夏线、青赵线等公路改造完成。城区星河湾、岚山新天地、阳光海岸、北门外等7个重点片区，开工楼房建筑面积60万平方米，是2009年的2.2倍。投资22.8亿元，建设建筑面积36.7万平方米的临港国际大厦和钢贸、化工、木材、水产等电子交易市场，北街大厦、银座商厦等3处12万平方米商贸物流项目基本建成，创胜家居广场建成启用。

2011年，完成港口建设投资9.6亿元，日照港油品码头有限公司30万吨级油品码头、岚山港务有限公司10万吨级通用泊位建成启用；山西中南部铁路大通道工程、岚山至东明原油管道工程、临沂至日照燃气管道工程等国家、省级重点基础设施项目推进顺利。完成园区基础设施配套投资8.9亿元，“七通一平”面积达50平方公里。组织8大类46项城建重点工程，完成投资23亿元，实施岚山东路升级改造、玉泉二路北延、排水供热管网延伸等基础设施项目。规划建设了凤凰山、官山路等7个新型社区，开工建设楼房169

幢、主体完工 109 幢。

2012 年，完成全社会固定资产投资 356 亿元，增长 26.1%。40 个重点项目累计完成投资 95 亿元。其中，投资 20 亿元的石大科技 180 万吨劣质油综合利用项目、投资 23 亿元的金石沥青 200 万吨高品质沥青项目全面投产，投资 8 亿元的万方精品钢薄板两条生产线投入生产。岚桥码头 2 号、3 号泊位主体基本完成，30 万吨级矿石泊位等其他码头工程快速推进，共完成投资近 20 亿元。瀚坤能源石油仓储项目完成管线铺设和 8 个储罐主体，完成投资 5.1 亿元。区财政配套 1.6 亿元，实施了 G204 国道升级改造工程。投资 8600 万元，高标准实施了玉泉二路、凤凰山路建设工程。开工建设了 110 千伏荻水变电站，完成投资近 5000 万元。投资 4000 万元进行多岛海片区基础建设，投资 7946 万元实施了绣针河综合治理工程。投资 4.5 亿元，新建续建校安工程 13 处、中心幼儿园 6 所，开工面积 22 万平方米。

2004 ～ 2012 年，累计完成全社会固定资产投资 1250.7 亿元，其中规模以上固定资产投资 1207.2 亿元，重点投资项目在工业、城市建设、港口、交通、水利、房地产等领域。2012 年，完成规模以上固定资产投资 332.9 亿元，其中农林牧渔业完成 18.3 亿元，制造业完成 82.8 亿元，建筑业完成 46.2 亿元，批发和零售业完成 9.1 亿元，交通运输、仓储与邮电业完成 63.2 亿元，房地产业完成 34.4 亿元，水利、环境和公共事业完成 16.9 亿元，公共管理、社会保障和社会组织完成 51.6 亿元。

1993 ～ 2012 年岚山全社会固定资产投资统计表

表 21-2　　单位：万元

年份	全社会固定资产投资	其中规模以上固定资产投资	年份	全社会固定资产投资	其中规模以上固定资产投资
1993	19519	18169	2003	181700	167692
1994	32150	19736	2004	370868	348739
1995	42403	20088	2005	400000	380000
1996	46334	21919	2006	410000	385269
1997	42133	16496	2007	615000	582162
1998	49600	14201	2008	1050000	998342
1999	51000	20046	2009	1680000	1606589
2000	57489	21189	2010	2109671	2037414
2001	64100	37233	2011	2475235	2405152
2002	74129	43176	2012	3396023	3328731

第五节　企业上市

2005 年 1 月 28 日，岚山第一家上市公司，也是第一家海外上市公司——海洋国际控股有限公司，股票在新加坡证券交易所主板市场成功发行并上市交易。海洋国际控股有限公司全资控股日照昌华海产食品有限公司、日照晶华海产食品有限公司。昌华集团在新加坡成功上市，标志着岚山企业境外直接融资取得突破。

2009 年，岚山区成立由区长任组长的区企业上市工作领导小组，印发《关于进一步加强财源建设的实施意见》。企业上市除享受市级奖励政策外，区里又安排相应比例的奖励；设立企业上市工作培植经费 20 万元，专项用于业务培训、境内外证券市场考察、专家指导授课等。制定《岚山区人民政府关于进一步加快企业上市工作的意见》，把企业上市与招商引资相结合，纳入绩效考核的范筹。

岚山区为提高政府工作人员和企业管理人员对上市重要意义的认识，先后组织山东阿掖山集团有限公司、鲁圣集团、日照铸福实业有限公司、山东日照焦电有限公司、山东雪青茶场有限公司8次参加省、市发改系统和相关部门组织的企业上市培训班，邀请《证券时报》、中投证券公司、美国沃特财务集团、香港致富资本集团、香港证券交易所北京代表处、新加坡ICH国际资本集团、中国证监会国际合作部高层管理人员到岚山调研指导，积极推介岚山企业，聘请山东省发改委、中国证监会的领导、专家到相关企业辅导，帮助企业谋划上市思路，探索上市途径。

至2012年，岚山具备上市发展潜力的企业包括阿掖山集团、鲁圣集团、日照铸福实业有限公司、山东日照焦电有限公司、山东雪青茶场、山东众山生物科技有限公司等，已纳入全区资本市场后备企业资源库。

第六节　半岛蓝色经济区先行示范区规划

2011年1月4日，国务院批复《山东半岛蓝色经济区发展规划》(简称《规划》)，要求日照市担当山东半岛蓝色经济区鲁南临港产业集聚区增长极，打造区域性物流中心和中国东部沿海地区重要的临港产业基地。

在半岛蓝色经济区发展规划中，岚山是山东半岛蓝色经济区“一核两极三带三组团”中两个增长极之一，是“鲁南临港产业集聚区”的核心区域，是山东省日照钢铁精品基地所在地，也是日照市临港大工业基地。《规划》要求岚山区打造鲁南临港产业集聚区的核心区域，成为区域性钢铁精品基地和中国东部沿海重要的临港产业基地，重点打造钢铁及配套产业、油气储运加工、海洋食品药品、木材加工、物流仓储等产业。“十二五”期间，全市港口发展重心进一步向岚山转移，更多大型基础设施建设项目布局岚山，岚山港口的辐射带动能力大幅增强。

岚山力争打造蓝色经济先行区、临港产业核心区、海滨宜居城市新兴区，经济综合实力力争鲁南第一、全省十强、全国百强，努力争当半岛蓝色经济区发展排头兵。具体目标是：

壮大海洋经济总量。到2015年，地区生产总值力争突破600亿元，年均增长10.5%左右；地方财政收入力争突破23.7亿元，年均增长6%；涉海产业占地区生产总值比重达到95%以上。

优化海洋产业结构。海洋、临港、涉海经济快速发展，现代海洋结构进一步优化，形成钢铁、油气储运加工等运量大、外向型和港口依赖度高的临港产业集群。

提高自主创新能力。高新技术产业产值占规模以上工业总产值的比重达到20%，研发投入占地区生产总值的比重达到2%以上，科技进步对海洋经济贡献率达到60%。

提升对外开放水平。进出口总值年均增长10%，实际利用外资年均增长15%，成为日照市对外经济贸易的重点区域。

有效保护生态环境。严格控制和治理二氧化硫、化学需氧量、氨氮、氮氧化物排放量，完成省、市下达的节能减排约束性目标。生态系统建设和保护得到加强，入海河流断面基本达到功能区要求，入海河口湿地得到基本恢复。

提高海洋公共服务能力。加强海洋预报、防灾减灾、救助打捞、渔业安全通信救助体系和海洋信息服务，建立较为完善的应急应对体系和科技服务体系。

第二章　审计监督

1984年5月，日照县设审计局。1985年日照县委配合整党，针对各种不正之风，开展审计监督。1988年6月，各乡镇街道设农村集体经济审计站，开展农村财务审计。1993年岚山办事处设立后，审计工作逐步走向正规。

第一节　机　构

1993年7月，岚山办事处审计局成立，内设办公室、财务审计股、企业审计股，编制6人。1994年5月，经山东省审计厅批准，成立事业单位岚山审计师事务所，隶属于审计局，编制3人。1999年12月，审计师事务所与审计局分离，不再具有隶属关系。2003年4月，设立岚山办事处领导干部经济责任审计办公室，为股级全民事业单位，编制4人。

2004年11月，岚山办事处审计局更名为岚山区审计局（简称区审计局）。2005年取消企业审计股、财务审计股，增设财政金融企业审计科、行政事业审计科；岚山办事处领导干部经济责任审计办公室更名为岚山区经济责任审计办公室，为全额拨款副科级事业单位，编制增加2人。新设立岚山区固定资产投资审计办公室，为财政全额拨款正股级事业单位，编制4人。2011年机构改革，在办公室加挂法规科牌子。

第二节　财政审计

1997年，首次对本级财政预算执行实施审计，共审计预算组织单位、预算分配单位及一级预算执行单位17个，查出违规金额2556万元。1998年后，每年抽取10～20个部门、国有企业或乡镇街道进行审计，审计上年度本级预算执行和其他财政收支情况。2003年，对岚山办事处2002年度预算执行及其他财政资金进行审计，涉及5个预算部门，经查存在预算收入入库不及时、预算调整较大、暂存款内专项资金拨付不及时、暂付款清理不及时、土地出让金管理不规范、政府采购范围较窄等问题，提出加强预算管理、规范财政财务收支等建议。

2004～2012年，每年对区政府上年度预算执行及其他财政资金进行审计，指出存在问题并提出处理意见；每年对区地税局上年度税收征管和财务收支进行审计，延伸审计部分企业，并将审计结果向区政府、区人大常委会报告。2011年，预算执行审计采取预算执行审计与经济责任审计相结合、审计调查与专项审计相结合的办法。2012年，预算执行审计突出对重点部门、重点资金和重点项目的审计，对参与财政预算分配、管理大量财政资金和下属单位多的部门，实行经常性审计监督。将社保资金、民政优扶资金、新型合作医疗资金等民生项目确定为重点审计内容。2004～2012年，全区共完成专项资金审计项目36个，查出违规资金20822.0823万元，提出审计建议95条。

第三节　行政事业单位财务收支审计

1994年，首次对岚山头街道、汾水镇和碑廓镇进行财务收支审计，查出存在挤占挪用专项资金、向企业乱摊派乱罚款、乱发补贴和奖金、虚列支出、预算外资金未统一代管、会计核算失实等问题。对岚山建环委进行财务收支审计，查出存在违规提高补贴标准、巧立名目发放补贴等问题。

1995年，对岚山民政局、岚山人事劳动局、虎山乡进行财务收支审计，查出存在挪用、挤占民政事业费、超标准收费、多头开户、截留财政收入和随意减免税款等问题。对岚山科教委和开发区管委会综合办公室进行财务收支审计，查出存在向企业乱摊派、无证收费、挤占挪用教育经费等问题。

1996年,对岚山土地矿产管理局、水产局、交通局进行财务收支审计,查出存在财务人员职责不清、债权债务不清、设立账外账、账实不符、罚没收入未及时上缴等问题。对岚山头街道、机关事业保险处、机关招待所进行财务收支审计,查出存在截留税金、违规存款、滥发补贴等问题。对虎山计生委、碑廓计生委、碑廓镇进行财政财务收支审计,查出存在超标准收费、公款送礼、白条顶库、资金未纳入财政管理、截留减免税、隐瞒收入私设小金库、虚列支出套取现金、多套设账乱收费等问题。全年共审计25个单位,查出违纪资金732.8万元,提交审计报告信息16篇。

1997年,对汾水镇政府财务收支进行审计,查出存在公款私存、无证收费、挤占挪用专项资金等问题。

1998年,对碑廓镇和岚山头街道进行财务收支审计,查出存在借预算款项抵税收任务、支出转暂存、截留挪用专项资金、自立项目收费、税收减免政策未落实等问题。

2005年,对区教育局2004年度普教经费收支情况进行审计。2006年,对区总工会2003年至2006年6月财务收支情况进行审计,对区建设局房管所2000年至2006年9月财务收支情况进行审计。2007年,对区教育局2006年至2007年6月普教经费收支情况进行审计,对岚山工商分局2005年至2007年6月财务收支情况进行审计。2010年,对区建设局隶属单位2007年至2010年8月财务收支情况进行审计,提出办理国有资产产权变更等建议。

第四节　企业审计

1993年岚山办事处设立后,广泛开展审计宣传工作,并对当时的40余家股份制企业进行了审计调查。

1994年,对岚山商业总公司、岚山开发区投资公司进行财务收支审计,查出存在财务管理制度不完善、内部控制不健全、现金管理不合规等问题。对日照市联发工贸总公司进行财务收支审计,查出存在账实严重不符、资产严重流失、职工集资、管理混乱等问题。

1995年,开始对国有企业实行审计监督。对日照日益木制品有限公司、日照市线路器材厂、日照市港口石油公司进行资产、负债、损益审计,查出存在设置两套账务、收入直接冲减费用、盈亏核算不实、实收资本不及时不到位、债权债务关系不清、做假账申报减免税及出口退税等问题。对岚山建筑安装工程总公司、日照市利达实业公司、岚山开发区华汇总公司进行财务收支审计,查出存在权责不清、管理混乱、资产不实、潜亏严重等问题。

1996年,开始对集体企业实施审计调查,对10余家乡镇及村级集体企业进行了审计调查,查出漏交税款80余万元。对岚山粮油总公司、岚山食品公司、海洋运输公司、土畜产对外贸易公司进行财务收支审计,查出存在挪用政策性资金、私设小金库、盈亏不实、偷税漏税、白条顶库等问题。对岚山鸿润木制品有限公司、岚山商业总公司进行资产损益审计,查出存在合同协议管理混乱、收支不配比、产品质量不过关、严重滞销及无原始凭证等问题。

1997年,对岚山农村信用社、碑廓农村信用社、岚山海州五金厂财务收支进行审计,查出存在资产负债比例失衡、招待费超标等问题。

1998年,对日照市第二人民医院进行财务收支审计,对中保财险公司、岚山利洋海鲜有限公司进行资产、负债、损益审计,查出存在固定资金未入账、多头开户、高抬药品价格、漏提漏缴税金、内控制度不健全、固定资产闲置和使用效率差等问题。

2000年,对岚山农村信用社、山东雪青茶场有限公司资产、负债、损益情况进行审计,查出存在实收资本不实、欠缴税金、隐瞒利息收入、公款私存、套取存款利息等问题。

2007年,对区建设局市政公司、建安公司2006年财务收支情况进行审计。2008年,对区建设局自来水公司2007年财务收支情况进行审计,查出存在水费欠缴数额大、供水企业周转金不足、拖欠工程款长期未清理等问题。2009年,对区水利局供水管理处2006年至2009年10月财务收支情况进行审计，查出存在会计制度不健全、内部控制制度不完善、收入核算不实、吸收个人集资等问题。

2010年，对区水利局供水管理处、区建设局自来水公司2010年4月以前的财务清理情况进行审计，提出清理个人集资、清理资产亏损等建议。

2012年，对区住建局自来水公司、区水利局供水管理处2009～2011年财务收支情况进行审计，主要检查审计期限内财务收支结余情况、分析企业运营状况。

第五节　经济责任审计

1999年，对岚山交通局、人大办公室、乡镇企业局进行经济责任审计。2000年，对妇幼保健站、妇女联合会、城建环保委员会、汾水镇、日照市第二人民医院、团工委、商业总公司、卫生局、水产局等9家单位的负责人进行了离任审计。

2001年，工委、办事处转发市委、市政府《关于党政领导干部和国有企业领导人员经济责任审计的意见》，成立经济责任审计工作领导小组。对岚山人劳局、计生委、农委、水利局、科教委、广电局等6家单位的负责人进行了离任审计。

2002年，对岚山农业局、岚山头街道、碑廓镇等3家单位负责人进行离任审计。2003年，对岚山财政局、计统委、卫生防疫站、卫生局、供销总社、粮食局、妇幼保健站、安东卫街道、虎山镇、岚山公证处、林业局等11家单位主要负责人进行任期经济责任审计。2005年，对区水利局、妇联、粮食局等18家单位主要负责人进行经济责任审计。2006年，对后村镇、巨峰镇、区民政局等7家单位8名主要负责人进行离任审计。2007年，对区委统战部、区经贸局、区人劳局、后村镇等8家单位9名主要负责人进行离任审计。2008年，对区农业局、安东卫街道、区计生委等25家单位27名主要负责人进行离任审计。

2009年，区委组织部安排离任审计项目5个，审计涉及金额2.5亿，共查处管理不规范金额2370万元，提出合理化建议12条。2010年，对区信访局、区开发办、区安监局等11家单位主要负责人的任期经济责任情况进行审计，涉及金额3.08亿元，查处违规和管理不规范金额1000.35万元，提出审计建议46条，提交审计结果报告11篇。2011年，对全区15名党政事业单位、乡镇街道主要负责人进行审计，审计资金总额230811.72万元，共查出管理不规范金额15415.2万元，提出审计建议63条，出具审计结果报告13份。审计中发现，个别领导干部财经法纪意识淡薄，所在单位内部控制制度不健全，存在占用财政专项资金、虚列支出、违规套取专项资金、代垫企业税金等突出问题。2012年，对全区23名党政事业单位、乡镇街道主要负责人进行审计，提出审计建议83条，出具审计结果报告23份。

第六节　专项资金审计

1994年，对虎山乡黄淮海平原农业综合开发资金使用管理情况进行专项审计。1995年，对全处农业资金的投向、使用、管理情况进行专项审计。1997年，对林业局和农业局1996年的林业资金和农业资金财务收支情况进行审计，提出“进一步加强账务管理，对于未纳入预算的农机监理费纳入财政预算管理”等审计建议。1998年，对农业局及所属岚山头街道兽医站、汾水镇兽医站和虎山乡兽医站1997年度畜牧资金进行审计，对岚山办事处粮食行业1993～1997年亏损情况和1991年前老挂账消化情况进行审计调查。1999年，对岚山民政局1999年1～4月中国福利彩票发行、销售及资金使用情况，岚山办事处1997～1998年度林业专项资金情况进行审计，对岚山办事处所辖4乡镇街道财政、税收完成情况及乡镇企业经营情况进行审计。2000年，对岚山财政分局、水利局、岚山头街道和虎山乡防潮堤资金情况进行审计，对岚山人事劳动和社会保障局企业职工基本养老保险扩大覆盖面和养老保险基金收支预测进行审计调查，对岚山建环委环境保护资金进行审计。2001年，对岚山办事处1999～2000年度救灾资金的管理和使用情况进行审计，对岚山农村信用联社2000年至2001年9月贷款投向和风险状况、碑廓农村信用合作社2000年至2001年9月资产负债损益情况进行审计。2002年，对岚山办事处2001年度企业职工基本养老保险基金进行审计，经查，绝大多数企业未按照《社会保险费征缴暂行条例》的规定自觉申报缴费；对民政局2001年社会福利彩票资金的管理与使用进行审计，相关事项延伸审计了岚山财政分局和振华冷藏厂。

2003年，对岚山办事处防治非典专项资金和社会捐物进行专项审计；对岚山办事处城市教育附加费、中小学危房改造和中小学收费专项资金进行审计；对岚山办事处11家重点企业2002年经营状况进行审计调查；对童海集团公司1992～2002年度的财务状况进行全面审计，对居民信访材料中反映的经济、财务问题进行了重点审计和调查。

2004年，对岚山办事处2003年度社会保障资金进行审计调查，内容包括企业职工基本养老保险、机关事业单位养老保险、农村社会养老保险、城镇失业保险、基本医疗保险、城市低保资金的筹集管理使用情况等。查出存在企业保险参保率较低、缴费金额较少、工伤基金收支倒挂现象严重等问题。

2005年，对巨峰镇万亩优质绿茶生产基地项目建设资金使用情况、日照市第二人民医院2005年度医院收费情况进行审计。2007年，对碑廓一中2007年"实验班"收费情况、普通中学教育收费及资金使用情况进行审计，配合日照市审计局对2007年社会保险基金情况进行了调查。2008年，对岚山区抗震救灾款物情况进行专项审计，包括抗震救灾捐款收缴情况、"特殊党费"收缴情况、抗震救灾物资购置及管理情况、收到个人捐赠物资情况，在第一时间跟踪监督抗震救灾款项的收取、管理及上解，确保专款专用。

2011年，对岚山区普通高中的债务情况、岚山区住宅专项维修资金情况进行审计调查；配合山东省审计厅对岚山区地方政府性债务情况进行审计，提出增强债务防范风险意识、适度控制政府性债务规模、强化监管、完善债务预警和监测制度、加大财政投入力度、解决学校债务风险过高问题等建议。2012年，对2009～2011年度污水处理费征收和使用情况、2005～2011年度社保资金进行审计调查，查出污水处理费征收存在管理力度不够，未能做到应收尽收等问题。

第七节 基本建设审计

1998年，对岚山交通局1996年和1997年度固定资产投资情况、山东岚山外运固定资产投资情况和虎山镇供销社固定资产投资情况进行审计，查出了偷漏税费、超计划、动用专用基金等问题资金68.85万元。

1999年，对岚山头供销社出售供销社大院及新港大院土地转让费资金去向进行审计，理顺了土地转让费去向，明确了支出方向。

2005年6月，区政府制定《岚山区国家建设项目审计监督暂行办法》。同年，对金牛岭南路工程结算情况进行送达审计，对工程量进行逐项计算，对套用的定额进行审核，施工单位报审金额352.86万元，审计认定203.05万元，审减额149.81万元，审减率达43%；对砚台山二路工程结算情况进审计，施工单位报价349.30万元，审计确认233.59万元，审减额115.71万元，审减率达33%。

2006年8～9月，对岚山头街道城区新大道收尾工程结算情况进行送达审计，核实投资计划、资金来源、概算、决算编制及税费缴纳等情况。一标段审减额14.74万元，审减率11%；二标段审减额16.75万元，审减率11%。

2009年，对岚山区人民检察院办公楼及附属工程进行竣工审计，共审计19个单项工程，施工单位报审价1626.7万元，审计认定1254.53万元，审减额384.02万元，审减率达23.6%。

2011年，对2009～2010年城市基础设施建设项目进行竣工决算审计，其中对南沿海路绿化工程及土方工程等36个建设项目进行跟踪审计和竣工审计，审计工程造价5317.19万元，审计认定4314.43万元，审减额1002.77万元，审减率18.86%。审计严格落实"六方会签"制度，主要对隐蔽工程、变更、追加及中标清单外的材料价格进行会签。

2012年，对木材园区道路、钢铁配套园区道路、多岛海绿化及排水管道铺设等52个工程项目进行决算审计，审计金额23115.54万元，经审计认定工程造价为19972.78万元，审计减额为3142.77万元，通过审计，有效节约了财政资金。

第八节　审计调查

土地使用税审计调查　2008年，对2007年至2008年10月期间的土地使用税征管情况进行审计调查，以土地使用面积为主线，抽查了岚山头街道、安东卫街道、虎山镇的土地使用税征收情况。查处税务部门应收未收、企业申报纳税不及时等问题。

省级财政支农专项资金审计和效益审计调查　2008年7月17日至9月28日，对2005年至2008年6月省级财政支农专项资金进行审计和效益审计调查，重点关注省级财政支农专项资金拨付到项目单位的时间、管理级次和项目预算执行情况以及是否落实县级报账制、专账管理制度情况。审计调查了8个镇(街道)和5个涉农部门，提出针对性建议3条。

能繁母猪补贴和能繁母猪保险保费补贴专项审计　2008年7月，对2007年至2008年6月期间的能繁母猪补贴和能繁母猪保险保费补贴资金进行专项审计。审计以专项资金的投入、管理、发放使用为主线，重点对资金的发放情况进行审计，并延伸审计了财政、农业、保险公司等相关单位，抽查了高兴镇、后村镇。查处保费补贴资金拨付不及时、账务处理不规范、滞留补贴资金、违规收取能繁母猪政策性保险工作经费等问题。

大中型水库移民后期扶持资金审计调查　2008年7月，对2006年6月至2008年6月财政安排的扶持资金进行审计调查。主要对扶持资金的拨付、发放、使用情况进行了重点调查，延伸调查了巨峰镇、高兴镇。

就业资金专项审计　2009年，对2006年至2009年上半年就业资金管理使用情况进行专项审计。查处了就业资金闲置，未按规定对就业再就业资金进行专户存储、分账核算，部分就业资金使用不规范等问题。

残疾人就业保障金专项审计　2010年，对2007年至2010年6月底残疾人就业保障金的筹集、管理、使用情况进行专项审计。审计对象：区残疾人联合会、区财政局等负责筹集、管理及使用残疾人就业保障金的部门和单位，延伸调查了碑廓镇、虎山镇、巨峰镇民政办及山东鲁圣电力器材有限公司等部分福利企业。查处了未按规定标准足额征缴保障金，保障金未纳入政府性基金预算管理，挤占、挪用保障金等问题。

中央扩大内需项目专项审计　2009年，对全区1～4批新增中央投资项目建设情况进行专项审计调查。重点对资金的计划安排、分配、拨付、配套以及管理使用情况进行审计调查，并延伸调查了部分项目的实施情况以及取得的效果。截至2009年年底，1～4批新增中央投资共安排岚山25个项目，其中：保障性安居项目1个，民生及基础设施项目16个，医疗卫生、文化教育等社会事业项目7个，生态环保及重点节能工程项目1个。计划投资总额14105.8万元，其中：新增中央投资3760万元，省级配套572万元，区级配套4549.8万元，项目单位自筹3531万元。审计调查中发现个别项目建设程序落实不到位，配套及自筹资金到位率不足，财务核算管理不规范。

2010年，对全区当年新增中央投资项目建设情况进行审计调查。重点围绕民生工程、节能环保和转变经济发展方式、调整经济发展结构展开审计调查，对项目资金的计划安排、分配、拨付、配套以及管理使用情况进行了重点调查。截至2010年9月底，上级共下达岚山区1～5批新增中央投资项目34个，其中保障性安居工程1个，农村民生工程和农村基础设施项目20个，医疗卫生、教育文化等社会事业发展项目9个，自主创新和结构调整项目4个。总投资40129.8万元，其中中央投资8152万元，省级配套842万元，区级配套8879万元，项目单位自筹22256.8万元。

农村住房建设与危房改造情况专项跟踪审计调查　根据《山东省农村住房建设与危房改造专项跟踪审计调查工作方案》通知要求，区审计局组成审计组自2009年至2011年,对全区农村住房建设与危房改造情况进行专项跟踪审计调查。查处了资金拨付不及时、配套资金不到位、建设项目审核手续不完善等问题。

中小学校舍安全工程审计调查 2010年和2011年度,对全区中小学校舍安全工程建设情况进行了审计和审计调查。

2010年9月1日至10月27日,对岚山区中小学校舍安全工程实行就地审计调查,范围和重点:岚山区所有中小学校舍的现状、农村中小学校舍维修改造资金的投入规模和校舍维修改造资金的使用情况、学校整体规划制定情况等。2009年规划改造校舍面积2.95万平方米,其中新建1.31万平方米,加固1.65万平方米。2009年度实际完成投资1078.3万元,其中新建完成投资542万元,加固完成投资1194.6万元。

2009年至2011年9月,共实施校舍安全工程项目186个,规划建设面积15.6万平方米,规划投资1.29亿元。其中,新建项目47个,新建面积11.24万平方米;加固项目139个,加固面积4.36万平方米。2009年至2011年9月,共计投入区以上资金1974万元,其中中央资金384万元,省级资金490万元,市级资金850万元,区级资金250万元。

第三章 统计管理

第一节 工作机构

1953年12月,日照县财经委员会设立统计科,各级各部门、企事业单位相应配备了专职、兼职统计人员,全县建立了由上而下的统计工作系统。1983年年底,日照县成立农村社会经济抽样调查队,之后,各乡镇街道设统计专、兼职人员。

1993年6月,岚山计统委成立,负责全处国民经济和社会发展计划的组织实施,以及统计工作的组织协调。1997年,岚山计统委下设统计科。1998年,各乡镇街道设统计站。2004年设区后,成立区统计局,与区发展和改革局合署办公。2011年7月,区统计局独立办公,内设办公室、综合核算科(挂能源统计科牌子)和统计科3个职能科室,行政编制6人。原区发展和改革局管理的区经济社会综合调查队划归区统计局管理。

岚山统计业务采用条块结合的方法,统计局负责全区统计工作的指导、协调和数据的汇总编制,各业务主管部门负责所属系统的统计业务。

第二节 社会经济统计

农业统计 包括农林牧渔业生产统计、农业产值综合统计、农村住户调查等。主要内容为耕地、人口、劳动力情况,农作物种植面积、产量,农林牧渔业总产值、增加值、农村社会总产值,农民总收入、纯收入,农田水利设施、农业机械、非农业产值等情况。

1991年,岚山推行农村统计"一套表"制度,共56个表种、7630项统计指标,比过去减少13张表、1078个指标,有效克服了"数出多门,一门多数"现象。农产品产量、生产条件、现代化水平及农村自然灾害指标和各类产值及收入分配等价值量指标都通过一套表的形式逐级汇总上报。

1994年,按照省、市确定的指标,对1990～1992年农村奔小康情况进行测算,包括人均国内生产总值、城镇居民人均可支配收入、农村居民家庭人均纯收入、恩格尔系数(食品支出总额占个人消费支出总额的比重)、城镇人均住房建筑面积、城镇化率、居民家庭计算机普及率、大学入学率、每千人医生数、城镇居民最低生活保障率等指标。

2012年,按照国家统计局统一部署,对粮食产量的调查方法进行改革,采用抽样调查的方法,粮食面积采用GPS定位技术实地丈量和入户访问调查,粮食单产实行实割实测与踏田估产的方法调查。岚山抽中样本村21个,实割实测样本村 11 个，涉及 6 个乡镇街道。

工业统计　包括工业产销总值及主要产品产量，财务状况，主要工业产品的销售、库存、订货情况，工业企业高新技术产品概况、生产经营及景气状况调查、成本费用调查等。

1992 年 4 月，建立了工业增加值和工业销售产值月度统计、工业经济效益评价考核体系和主要财务指标统计制度，定期计算和公布工业经济效益综合指数，增加乡镇办独立核算工业企业主要经济指标季报和主要工业产品产量（实物量）库存季报。经济效益指标由原来的季报 15 项改为月报 34 项。对规模以下工业企业（年销售收入 500 万元以下企业）开展抽样调查，并对抽样调查方案进行优化。

1999 年年底，规模以上工业企业经济效益报表实行超级汇总，大型企业实行联网直报制度。2000 年，对规模以上工业企业生产月报实行分行业企业直报、超级汇总，并实施重点工业企业和房地产企业联网直报制度。自 2007 年起，国家统计局建立"工业企业成本费用调查"年报制度，改革工业增加值和工业增加值率的计算方法。从 2011 年定期报表开始，国家统计局提高了规模以上工业的统计起点，由年主营业务收入 500 万元以上提高到 2000 万元以上，岚山区核减 66 家规模以上企业（将 62 家达不到标准的企业、停产倒闭的企业剔除，将 4 家木材企业调入批发零售业），保留规模以上工业企业 88 家。同年起，工业统计报表制度开始执行一套表联网直报。

固定资产投资和建筑业统计　包括固定资产投资额和新增固定资产、建设项目个数、房屋建筑面积及价值、资金来源、建设规模及新增生产能力（或工程效益）、新入库项目申请情况。建筑业调查单位基本情况、从业人员及工资总额、财务状况、生产经营情况、信息化及电子商务情况等。

1996 年，按照山东省统计局部署，开展计划总投资在 50 万元以上在建项目调查。2011 年，根据国家统计局部署，从本年度定期报表开始，提高固定资产投资项目统计起点，由计划总投资 50 万元及以上提高到 500 万元及以上，500 万元以下项目不再纳入固定资产投资统计范围。截至 2012 年年底，岚山区有三级资质以上的建筑业企业 19 家，房地产企业 10 家，完成建筑业总产值 12.62 亿元。

交通运输业统计　2002 年 12 月 4 日，国家统计局开展运输邮电业统计报表制度。主要统计独立核算交通运输企业生产情况和主要财务指标，载客、载货汽车能源消费，水路运输企业能源消费，港口能源消费等。交通运输业统计数据由岚山统计部门直接从岚山交通、经信等部门获取，邮电业统计数据由岚山统计部门从岚山经信、邮政、移动、联通、电信等部门、单位获取。2012 年，全区完成公路货运量 2886 万吨，公路货运周转量 186160 万吨公里，公路客运量 244 万人次，公路客运周转量 12630 万人公里，邮电业务总量 16194 万元。

能源统计　从 1992 年开始，主要包括规模以上工业企业能源购进、消费及库存、水消费，全社会用电量等。

"十一五"期间，能源统计制度不断完善。2006 年，增加主要耗能工业企业单位产品能耗，开始编制 2005 年能源平衡表。2009 年，进行季度能耗核算。"十二五"期间，岚山区在区经信局设立节能办公室，在区统计局设立能源统计科，能源统计工作从单一的能源统计发展到能源、资源、环境和气候"四位一体"统计体系。2011 年，增加非工业重点耗能单位能源消费统计。2012 年，增加环境年报。2012 年，全区规模以上企业综合能源消费 7784360 吨标准煤，取水量 5451.8 万立方米。全年全社会用电量 638598 万千瓦时，完成环境污染治理投资 1.42 亿元，工业二氧化硫排放量 17421 吨，工业废水排放达标率 100%，烟尘排放达标率 98.1%，城镇生活污水处理率 78%。

商贸统计　1989 ~ 2002 年，统计范围包括国合商业部门商品购、销、存总值及主要商品购、销、存数量，社会商品零售额及主要商品零售量，社会农副产品收购额和主要农副产品收购量，社会商品购买力平衡情况，商业、饮食服务业网点数和从业人数，独立核算国合商业经济效益、经营情况等。

2002 年进行统计改革，统计范围包括限额以上批发零售业法人企业、产业活动单位(个体户)的商品购、销、存总值及主要商品购、销、存数量,限额以上住宿餐饮业法人企业、产业活动单位(个体户)的经营情况,限额以上批发零售业、住宿餐饮业法人企业的经济效益,限额以上餐饮业企业能源消费情况,限额以下批发零售业、住宿餐饮业企业及个体户的经营情况抽样调查,社会消费品零售总额,开发园区经济统计,年交易额亿元以上的商品交易市场年成交情况,批发和零售业连锁经营情况及门店配送中心分布情况,非星级旅游住宿设施接待游客情况,第三方电子商务平台交易情况,外资企业联合年报,物流业增加值测算等。截至2012年底,全区限额以上批发零售和住宿餐饮业28家,其中批零业24家,住餐业4家。

社会统计 岚山从1989年开始开展社会统计,包括不同经济类型、20个国民经济行业、不同类别城镇非私营单位及"四上"企业(规模以上工业、限额以上批零住餐业、资质以上建筑业及规模以上服务业)全部职工人数和工资总额及其构成,常住人口及相关数据,妇女儿童两个规划监测、城镇化监测等统计工作。2012年,岚山区年末职工总人数为65413人,全部职工工资总额227698万元,全部职工年平均工资35261元;城镇在岗职工3.14万人,城镇在岗职工工资总额160038万元,城镇在岗职工年平均工资50222元。

文化产业统计 主要针对规模以上工业、限额以上批发零售业以及规模以上服务业中的文化及相关产业法人单位进行全面调查,对规模以下及限额以下法人单位进行抽样调查的方法推算全区文化及相关产业法人单位增加值数据。根据《国家统计局关于印发<文化及相关产业分类>的通知》(国统字〔2004〕24号),自2006年起,岚山区逐步建立起年度文化产业统计制度。2012年,根据省、市统计局统一部署,开始实行具有山东特色的文化及文化创意相关产业统计制度,岚山区初步建立了公共文化服务标准和指标体系、文化产业法人单位名录库,建立了文化产业统计指标体系和统计发布制度。至2012年年底,全区有剧场、影剧院5处,网吧52家,书店、音像店42家,印刷、打字复印社42家,少儿文化艺术团16个,歌舞娱乐场所25家,篮球场218处,田径场22处,年放映电影5004场。

服务业统计 规模以上服务业统计主要包括单位基本情况、财务状况、企业科技项目情况、从业人员及工资总额、信息化及电子商务情况。

2007年始,山东省统计局组织实施服务业重点行业统计调查制度。2009年,按照省委、省政府决策部署,服务业三大载体统计监测制度正式实施。2010年,建立岚山区服务业调查制度,加强对部门统计工作的指导和协调。2012年,国家统计局制定重点服务业企业统计报表制度,并开始试运行,通过"一套表"网上直报平台进行报送,岚山区有17家重点服务业企业每月通过国家统计局"一套表"网上直报平台进行报送。

物价统计 2000年8月,开始编制工业品价格指数、原材料和动力购进价格指数,确定20家企业为调查代表企业。2002年1月,对岚山工业品价格调查企业和调查产品进行了增选,增加调查企业26家。2003年,工业品价格调查实施在地统计。2011年,工业品价格指数更名为工业生产者价格指数。

城乡居民生活统计 岚山自1993年起开展农村居民住户调查,重点调查农户的基本情况,农户的家庭经营生产情况,农户的总收入和纯收入,农户的总支出,现金收支平衡和出售产品、购买商品情况,农户的粮食收支平衡,农户主要实物消费量和贵重耐用物品的拥有量。在各乡镇街道共抽取100户设立农村居民家庭记账户,采取每天记账、每月汇总、每季度核算收支的方式进行调查。

2011年,岚山区开始实施城镇住户调查,主要调查家庭基本情况,如性别、年龄、职业、文化程度、收入等;家庭货币收支和主要商品购买情况,期初、期末手存现金,储蓄、借贷收入和支出;贵重耐用消费品的拥有量及需求;居住条件等,设样本调查户30户。2012年1月,样本调查户扩充到100户。

2012年,国家实行城乡住户调查一体化改革,截至10月,岚山区全面完成国家抽中的3个调查小区的记账户聘任、培训和开户调查工作。

11 月 1 日起 30 个国家样本点开始试记账，12 月 1 日起正式记账。

第三节　统计普查

农业普查　1997 年，开展第一次全国农业普查，以 1996 年 12 月 31 日为普查的标准时间点。岚山普查结果：全处从事生产经营活动的农村住户 4.29 万户，非农村住户类农业生产经营单位 115 个，非农乡镇企业 293 家，农村从业人员 9.88 万人。

2007 年，开展第二次全国农业普查，以 2006 年 12 月 31 日为普查的标准时间点。岚山普查结果：全区从事生产经营活动的农村住户 8.59 万户，非农村住户类农业生产经营单位 198 个，非农乡镇企业 396 家，农村从业人员 17.16 万人。

工业普查　1950 年、1985 年、1995 年开展过 3 次工业普查。1995 年第三次工业普查，标准时间为 1995 年 12 月 31 日，普查对象为全部工业（包括采掘业、制造业、电力、煤气及水的生产和供应业）企业和工业产业活动单位。岚山普查结果：全处有工业企业单位 2041 个，其中，乡及乡以上工业单位 54 个，村及村以下工业单位 1987 个，全部工业总产值 87525 万元。

第三产业普查　1993 年 10 月，首次开展第三产业普查，1994 年 12 月结束。普查范围为岚山办事处辖区内所有从事第三产业的企业、事业、行政单位和社会团体，普查年度为 1991 ～ 1992 年。普查结果：1991 年、1992 年，全处第三产业企业单位分别为 837 个和 963 个，年末从业人员分别为 10886 人和 12723 人；个体户数分别为 7246 户和 8168 户，年末从业人员分别为 10438 人和 11665 人；第三产业增加值分别为 25651 万元和 30059 万元。

基本单位普查　1996 年进行第一次基本单位普查，标准时间为 1996 年 12 月 31 日，调查年度为 1996 年。普查的主要内容为单位的基本信息、主要属性、基本经济活动及其他信息。岚山普查结果：全处共普查基本单位 685 个，其中法人单位 672 个，产业活动单位 13 个。

2001 年进行第二次基本单位普查，标准时间为 2001 年 11 月 1 日，资料调查年度为 2001 年，登记时间为 2001 年 11 月 1 日至 12 月 31 日。岚山普查结果：全处共有法人单位 716 个（其中企业法人 304 个、事业法人 52 个、机关法人 48 个、社团法人 22 个、其他法人 290 个），产业活动单位 1013 个，个体工商户 4713 户。

经济普查　2004 年开展第一次经济普查，标准时间点为 2004 年 12 月 31 日，时期资料为 2004 年度，普查对象是在岚山境内从事第二产业、第三产业的全部法人单位、产业活动单位和个体经营户。普查主要内容为单位基本属性、就业人员、财务状况、生产经营情况、生产能力、原材料和能源消耗、科技活动情况等。普查结果：2004 年年末，全区共有从事第二、三产业的法人、产业活动单位 2030 个（其中第二产业 344 个，第三产业 1686 个），个体经营户 20651 户。

2008 年开展第二次经济普查，标准时点为 2008 年 12 月 31 日，时期资料为 2008 年度。普查对象是岚山区境内从事第二产业和第三产业的全部法人单位、产业活动单位和个体经营户，以及岚山区法人单位在外市开办的二、三产业活动单位。普查结果：2008 年年末，全区共有从事第二、三产业的法人、产业活动单位 2082 个（其中第二产业 392 个，第三产业 1690 个），个体经营户 22439 户，从业人员 66240 人。

人口普查　新中国成立后，先后于 1953 年、1964 年、1982 年、1990 年、2000 年、2010 年开展了 6 次全国人口普查。

2000 年第五次全国人口普查，以 2000 年 11 月 1 日零时为标准时间点。登记工作于 11 月 1 日开始，11 月 10 日完成。本次普查采取长短表结合的方式，10% 的户填报长表，90% 的户填报短表，除设有短表、长表和死亡人口调查表外，还增加了附表《暂住人口调查表》。普查结果：全处总人口 18.61 万人，其中男 93688 人，女 92412 人，总户数 55720 户。

2010 年第六次全国人口普查，以 2010 年 11 月 1 日零时为标准时间点。登记工作于 11 月 1 日开始，11 月 10 日完成。本次普查首次采用电子地图绘制技术，采用光电录入技术。普查结果：全区总人口400067人，其中男205177人，女194890人；总户数140789户，其中家庭户137485户，集体户3304户。

第四章　物价管理

第一节　管理机构

新中国成立前，域内无专门物价管理机构，除少数国家管理的物品实行官价外，其他商品，多由商会磋商价格。新中国建立初期，物价工作由日照县工商科负责。从1958年4月起，先后属日照县计划统计局、日照县物价委员会、日照县计划委员会物价科、日照县物价局、日照县物价管理所、日照市物价局管理。1993年，岚山工商分局设物价所。1996年3月，设立岚山办事处物价管理所，划归岚山办事处计划统计委员会管理，为正股级差额拨款事业单位，编制3人，同年7月挂牌办公。2002年3月，设立岚山办事处价格认证中心，为股级事业单位，编制3人，与物价所合署办公。2005年12月，设立日照市岚山区物价管理所(副科级单位)，为区发展和改革局管理的财政差额补助事业单位，编制10人，刘贤博任所长，管理所主要职责是价格调控、价格管理和收费管理；同时，设立财政全额拨款的正股级事业单位日照市岚山区价格认证中心，编制3人。2011年机构改革，撤销岚山区物价管理所，成立岚山区价格监督检查局，为副科级行政单位，编制5人。

第二节　价格管理

新中国建立后，物价管理按照“统一领导，分级管理”的原则，商品价格划类分级管理，根据商品在国计民生中的重要程度分别由中央、省、市、县分级分类管理。一类商品如粮、棉、油、煤等，由国务院有关部委制定出统一的购销价格标准，各地根据本省情况合理摆平。二类商品猪、羊、禽、蛋等，由国家实行派购派销，执行国家规定的购销价格。三类商品，指一、二类以外的其他商品，一般由地方管理，根据地区差价或季节差价，合理核价自由购销。

在以计划经济为主、市场调节为辅的原则指导下，日照县对价格的计划管理一度占主导地位。1980年后，随着经济体制改革的深入，原有的计划价格不断放开，国家管价范围越来越小，多数商品价格改成市场调节，少数计划商品保留计划价格，同一种商品分计划内、计划外双轨制价格。

1985年4月，粮食由统购改为合同定购。5月，放开生猪购销价，实行指导性的购销价，并对鲜蛋、蔬菜、果品、海水鱼等农副产品价格全部放开，实行市场调节。1986年，对水泥销价及电费、水费、农机作业等收费进行整顿。1987年9月，将过去单一的国家牌价改为国家定价、国家指导价和市场调节价3种价格管理形式。

1996年8月，日照市物价局《关于生猪、猪肉实行差价管理的通知》规定，全市市场猪肉销售价一律以生猪收购价格为基础，城区顺加55%的毛白差率计算白条肉零售价格，乡镇以下顺加50%的毛白差率计算，去骨统货肉每公斤另加1.8元。是年10月30日，日照市物价局下达《关于进一步加强和完善生猪、猪肉价格管理的通知》，生猪收购价格继续执行随行就市，猪肉批发价(含税)以猪肉零售价格倒扣9%作价。

1999年，岚山物价总体水平比上年下降6.8%，农副产品市场价格同比下降9.7%。其中小麦、大米、地瓜干、玉米平均价格下降12.6%；消费品市场价格同比下降8.5%；工业品类市场价格总体基本平稳，但销量相对减少；居民服务价格上升3.5%；农业生产资料价格继续下降。

2000年，岚山市场物价总水平稳中略升，同比上升0.1%。农副产品类市场价格上升0.3%；一般消费品类市场价格总体呈波动态势，同比上涨1.5%;其他消费品类市场价格呈稳中有降态势;服务收费类价格总体仍大幅上升,其中教育、医疗收费改革方案的出台及实施,使服务收费类价格总体出现较大的波动。

2001年,岚山市场价格形势基本走出了通货紧缩的低谷,市场物价总水平稳中趋升,粮食价格上涨0.1%,蔬菜价格涨幅为5.8%,肉禽蛋价格上涨10.5%,农资价格继续萎靡不振,同比下降2.4%。2002年,市场物价总体呈稳中有升态势,同比上涨约4.9个百分点。

2001年岚山供热价格为:居民12元/平方米,办公、商用楼16元/平方米,按建筑面积计算。2006年、2008年先后两次召开了调整供热价格听证会,居民供热价格和非居民供热价格先后调整至每平方米18元、24元和24元、33元。同时规定,房改房按照房改面积计收取暖费,商品房按建筑面积的90%计收,高层及多层带电梯的住宅楼供暖面积按建筑面积的85%计算。2010年冬季供暖期开始,实行基本热价和计量热价相结合的两部制热价,即:居民热费=基本热费+计量热费。以居民住宅按建筑面积每平方米24元为测算依据,基本热费=基本热价(总热价的50%)×用户供热面积=12元/平方米×用户供热面积;计量热费=计量热价×耗热量,居民计量热价=0.12元/千瓦时(33.3元/吉焦)。

2005年7月,日照市物价局批复岚山供水管理处供水价格,居民生活用水每立方米1.65元,工业用水每立方米1.9元,行政事业用水每立方米1.65元,经营服务用水每立方米2.5元,船舶用水每立方米4.5元。

2001年4月,农村电网改造后,岚山农村居民生活到户结交电价统一调整为每千瓦时0.62元。2006年7月,城乡同网同价后,居民生活用电到户电价为每千瓦时0.5469元。

2006年9月,日照市物价局批复岚山公交票价,每人次1.5元。2010年12月1日,岚山公交票价由每人次1.5元降为每人次1元。

2007年9月,制定日照磴山寨旅游景区临时门票价格为每人次40元,停车收费标准为:大车每次20元,中型车每次10元,小、微型车每次5元,两轮机动车、电动自行车每次2元。2008年4月门票价格调整为每人次60元。

2009年4月,制定汉高山庄门票价格为每人次30元。学生、身高1.2～1.4米的儿童门票半价,身高1.2米以下的儿童、70岁以上老年人、现役军人、残疾人士及记者,凭有效证件免收门票。

2011年5月,对出租车运营价格举行听证会,确定岚山区出租车起步价为3公里以内(不含3公里)6元,3公里至7公里(不含7公里)为每公里1.50元,夜间加收20%。

第三节 物价监督

新中国成立初期,实行政府审价制度,凡是国家下达的商品牌价,包括批发和零售,一律实行明码标价。1960～1962年,由于三年经济困难,商品价格呈混乱状态,日照县人民委员会及时开展了审价工作,并针对发现的价格错调、漏调、擅自提级提价等问题,建立了相应的制度,维护了消费者利益。

1979年后,随着议购议销范围的扩大,价格管理权限由高度集中到逐步下放,有的企业自定价、乱定价、扩大差率增加收入等违价现象时有发生。政府每年都进行一次或数次物价大检查。

从1996年起,岚山陆续开展行政事业性收费、经营性收费以及粮食、药品、成品油、自来水、供电等收费的价格专项检查或日常检查,开展市场明码标价行为检查和节日期间市场价格检查。对卫生防疫收费、教育收费、土地收费、劳动部门收费、计生收费、城建收费、工商收费、民政收费、电信资费、餐饮业价格、农村电价、猪肉价格、成品油价格进行一次或多次检查,查出各种名目的乱收费或价格违法所得400余万元,依法进行了严肃处理。

从1997年开始,物价、工商、质量监督等部门每年"3·15"集中开展保护消费者合法权益活动。

1997年起,在工商业单位组织开展争创"物价计量信得过单位"竞赛活动,安舒大酒店、岚山华联商厦、碑廓供销社、虎山供销社获得1997年度日照市“物价计量信得过单位”荣誉称号。2002年，玉石洁具有限公司、日照岚星化工工业有限公司、中石化岚山公司、日凌商厦获得日照市“物价计量信得过单位”荣誉称号。

2001年5月，“12358”价格举报电话开通，至2012年年底，共受理举报案件131件，其中区长公开电话转办54件。

2001年，在日照市第二人民医院推行药品超市标价法，即用打码机把药品价格标在药瓶或药盒上，增加了透明度，保障了患者的知情权。

2006年，开展电力价格、公安收费、检验检疫收费、医疗收费、教育收费等专项检查。在教育收费专项检查中，重点检查了高中收费和义务教育阶段的“一费制”执行情况。

2008年，在机关、企事业单位和乡镇街道便民服务中心引进触摸式电子显示屏，进行价格和收费公示。

第四节　价格认证

1996年开始，岚山办事处物价管理所受理岚山公安分局、检察院、法院以及仲裁机关、行政执法机关的委托，办理刑事、民事案件和经济纠纷案件中涉案物品价格鉴证工作。至2012年12月，共接受委托认定评估1309起，认定总金额3.87亿元。其中，认定刑事案件涉案物品价格鉴证案件988起，鉴证金额1.51亿元；认定民事案件涉案物品价格鉴证案件274起，鉴证金额4408万元。2001年起，岚山道路交通肇事所涉车物损失价值认定全部由物价部门承担，2001～2012年共办理交通事故车物损失估价鉴定9187起，鉴定总金额5909.5万元。岚山区价格认证中心被山东省物价局评为2009～2011年度“省级规范化价格认证机构”。

1999～2004年，先后对岚山鸿润木器厂、岚山吉利来养牛场、凯利制衣公司、隆昌化工、利洋烤鱼公司、岚山填鸭厂、岚山供销社冷藏厂、安东工贸面粉厂以及区粮食局、区供销联社下属破产企业的资产进行了清算。2003年9月，参与了日照铸福集团公司征地地面附着物清点工作。

2006～2007年，先后完成岚桥港口石化有限公司、源丰沥青有限公司等企业的拆迁补偿价格认定工作，对地上建筑物及有关设施的价值进行了认定。配合日照市价格认证中心对岚桥集团码头回填成本进行评估，对山东华海船业有限公司有关资产进行评估，评估金额共计3亿多元。

2008年6月开始，开展国有资产处置及执法部门扣押物品的价格认证。至2012年6月，认定总金额为121万元。

2012年4～5月，对日照钢铁精品基地征地范围内的地面附着物进行清点，涉及6个村居的养殖鱼塘、大棚以及附属设施，评估价值为2.6亿元；6～12月，对晋豫鲁中南铁路项目日照开发区段15个村的地上建筑物等进行评估，评估金额为1.67亿元。

第五节　收费管理

1987年10月，日照市(县级)对全市行政事业性收费进行登记、清理、整顿，到1989年，基本查清了各级行政事业性单位制定的收费项目和自制收费标准，对政策依据不足，既不合法又不合理的收费项目予以取缔；有政策依据、合理合法的收费项目，发给“行政事业性收费许可证”，实行统一票据、凭证收费、标准公开的管理办法，初步建立了以物价部门为主，工商、计量、税务、公安等有关部门及群众参与的价格管理监督体系。

1994年9月，根据日照市物价局、财政局《关于印发〈日照市行政事业性收费实行年审制度的规定〉的通知》，岚山开始进行收费年审工作，到2012年，共年审收费许可证2200余套(个)，审验收费单位收费总额82610万元，发放或换发“收费许可证”950余套。1996年、1999年、2002年、2005年先后4次对全区收费员进行培训，培训936人次。1995年8月调整了中小学收费标准。

1995年岚山中小学收费标准一览表

表21-3　　单位：元/生·学期

收费项目			调整前收费标准	调整后收费标准
高中学费	城市		24	40
	农村		20	30
杂费	小学	城市	12	18
		农村	8	12
	初中	城市	24	36
		农村	16	24
	高中	城市	30	54
		农村	20	36
借读费	小学		40	80
	初中		60	120
	高中		120	240
住宿费	城市		20	40
	农村		12	24

2000年8月14日，日照市调整规范中小学收费标准，小学杂费每生每学期，城市由40元提高到55元，农村由30元提高到40元；初中杂费每生每学期，城市由65元提高到90元，农村由55元提高到70元；借读费每生每学期，小学由180元提高到300元，初中由300元提高到500元；住宿费每生每学期，农村由40元提高到50元，城市由50元提高到70元；高中学杂费由330元提高到500元。同时规定收费标准调整后对经济困难学生的学杂费减免比例，农村一般不少于学生总数的20%，城市不少于学生总数的15%。2007年春季开始，农村义务教育试行一费制收费办法，取消农村中小学学杂费。

2002年，由岚山办事处监察局、纠风办牵头，工委办事处办公室、岚山计统委、财政局、人劳局、经贸局等抽调人员组成工作组，对全处28个部门的收费、罚款、押金和政府基金执收情况进行了第一次全面清理，共清理收费项目276大项，收费标准5625项，取消收费项目、降低收费标准790项(条)，并编制了新的行政事业性收费目录。2008年，配合全区项目建设年活动，对全区收费项目再次进行清理，内容包括收费主体、收费项目、收费标准、收费依据、收费范围等。清理结果通过岚山政务网进行公布，共计保留收费项目143项，其中行政性收费64项、事业性收费58项、政府性基金5项、押金2项、经营性收费14项。

2002年4月，日照市涉农价格收费公示制度在碑廓镇试点成功。全处4个乡镇街道的166个行政村都制作了公示板面。2007年，涉农价格和收费公示工作在全区铺开，各乡镇街道先后成立了价格监督站，制作并免费发放公示栏或公示牌，开展价格服务进社区、进农户、进企业、进学校、进医院、进商场、进景区、进港口等为主要内容的“价格服务进万家”活动。2008年，机关、企事业单位和乡镇街道便民服务中心开始推广使用触摸式电子显示屏。

2003年，召开轿顶山生活区物业管理收费小型听证会，确定物业管理收费标准为按建筑面积每平方米每月0.12元。

2007年3月22日，岚山区调整生活垃圾处理费价格听证会在建设局建设工程交易大厅召开，对全区垃圾处理费调整方案进行公开听证，这是岚山区首次召开环境卫生收费价格听证会。日照市物价局于5月批复收费标准，其中城市居民、国家机关、事业单位、工矿企业按每人每月3

元缴纳。

2007年7月,受日照市物价局委托,区发改局制定了岚山区污水处理费征收标准:居民生活、行政事业用水每立方米0.7元,工业用水每立方米0.8元,经营服务及其他用水每立方米0.9元,自2007年8月1日起执行。2008年11月,日照市物价局对岚山区污水处理费征收标准进行了归并调整,居民生活用水为每立方米0.7元,非居民用水为每立方米1元,自2008年12月起执行。

2010年6月,岚山区城市基础设施配套费标准调整为每平方米186元,征地配套费为每平方米15元。

2011年9月,岚山启动社会救助和保障标准与物价上涨挂钩联动机制,共补贴低保对象、优抚对象、五保人员等18083人,补贴总额97.025万元。

2012年1月,区政府根据有关规定,印发《日照市岚山区征地地面附着物和青苗补偿标准》,确定岚山区拆迁补偿具体标准。

第五章 工商行政管理

第一节 机 构

清代,由商会协助县衙管理商务。民国时期,日照县政府设实业局,管理工商业。1943年9月,日照抗日民主政府在巨峰李家土山组建工商管理局,下设黄墩、马庄、巨峰、碑廓4个工商事务所和7个检查站。局内设干部、稽征、合作、盐务4个股和1个武装缉私队。1946年2月,改称山东省工商总局第二分局日照支局。1947年9月,日照支局与竹庭(赣榆)支局合并,改称竹日工商局。

1950年5月,日照县人民政府设工商科,1956年6月,工商科撤销,工商管理及业务由日照县商业局与日照县供销合作社负责,岚山域内各区供销合作社设工商股。

1957年6月,日照县成立市场管理委员会,并在城关、碑廓、巨峰、沈疃、两城5个区镇建立了市场交易管理所,随后其他各区也都设立了市场交易管理所。1958年大跃进时期,工商业务由供销合作社代管。1972年12月,日照县工商行政管理工作由商业局代管,对外挂工商局的牌子,境内各公社交易所改称工商行政管理所。1978年日照县工商局独立办公。至1993年6月,岚山境内各乡镇街道的工商行政管理所先后隶属于日照县、县级日照市、日照市东港区工商行政管理局。

1993年7月1日,成立日照市工商行政管理局岚山分局(简称岚山工商分局),是日照市工商行政管理局的派出机构,下设办公室、财务科、企业个体科、经检市场科、经济合同监督管理科5个科室和岚山、汾水、碑廓、虎山4个工商行政管理所。1996年7月10日,经日照市工商行政管理局批准,岚山工商分局设立安东卫海货城管理处,负责安东卫海货城的市场监督管理和行政执法工作,2002年8月撤销。1997年8月,设立岚山人民商场工商行政管理所,负责岚山人民商场与岚山鲜活水产城的市场监督管理和行政执法,2000年2月撤销。

2002年8月,岚山工商分局机构改革,下设办公室、财务装备科、企业登记注册科、公平交易科和市场合同管理科,下辖岚山、安东卫、碑廓、虎山、前三岛5个工商行政管理所。前三岛工商行政管理所负责监管前三岛乡辖区和原安东卫海货城管理处的监管区域。

2004年岚山设区后,随区划变动,黄墩镇、后村镇、巨峰镇、高兴镇4个工商所划归岚山工商分局管辖。

2005年3月,岚山工商分局机构改革,下设办公室、人事政工科、财务装备科、法制科、市场合同管理科、商标广告管理科、消费者权益保护科、监察室8个正股级科室和企业注册局、公平交易局2个副科级直属局及个体私营企业协会、消费者协会2个事业单位(社团组织),下设岚山、安东卫、碑廓、巨峰、后村、黄墩6个副科级工商所,虎山、前三岛、高兴3个正股级工商所。2012年11月,因行政区划调整,后村工商所划至东港工商分局,中楼工商所划至岚山工商分局。至此,岚山工商分局共下设岚山、安东卫、碑廓、巨峰、黄墩、中楼6个副科级工商所,虎山、高兴、前三岛3个正股级工商所。

第二节　企业注册登记管理

清末,工商业登记管理与户籍登记、市场管理和赋税征收合为一体进行。民国时期,县政府对各类工商企业的开办实行登记发照,强调营业牌照“应悬于众目易见之处,以便稽征机关随时核查,营业停止时应将证照缴还原处注销”。

1946年4月,山东省政府颁布《山东省办理营业执照暂行章则》,县工商支局照章对所有公营民营商店、摊贩进行登记。1952年,对公营企业、公私合营企业实行全面登记,之后转入经常性管理。1954～1956年,企业登记管理工作由对私营企业的监督管理转向对私营、合营企业的社会主义改造。1962年12月,国务院颁布《工商企业登记管理试行办法》,从1963年3月起,开始全面实行企业登记管理。到1964年12月,工商企业登记发照工作顺利完成。“文化大革命”期间企业登记管理中断。

1979年后,恢复工商企业登记管理工作。1981年,完成对国营商业、饮食服务业、建筑业的登记。1982年,对农村“四坊”、条编、木工、采石场、砖瓦窑等行业不再登记,允许自主经营。农村社队允许开办综合性商业网点,特种行业不再控制发展。

1993年办事处设立后,岚山组织工商等部门对企业进行回访和实地考察,企业回访率为80%,实地考核率达90%,监督检查率达40%。同年,进一步放宽对企业注册资金、经营范围、名称登记的登记界限,支持企业为增强自身活力选择各种组织形式,促进股份制企业、企业集团、外资企业等新的市场主体形式的发展。1994年,以贯彻《中华人民共和国公司法》为中心,完善企业登记管理制度,简化企业登记注册程序,减少专项审批,放开企业的经营范围和经营方式,帮助企业深化产权制度改革和建立现代企业制度。同年,开始统一使用由国家工商行政管理总局指定的公司登记申请、公司变更申请和公司注销申请的表式,受理审查的核准登记。当年共为36家企业增加经营项目120项,协调有关部门为企业解决经营所需资金90万元。重视企业的培育与发展,全年共发展企业73家,其中法人企业28家。1995年,以明晰企业产权关系为核心,改善企业登记管理工作,新发展企业95家。1996年,全面推行对新设立企业的回访检查和法定代表人领照制度,内资企业的年检率达96%,回访检查率100%,全处累计注册企业480家。2000年,按照国务院整顿和规范市场经济秩序的要求,严把市场主体准入关。2001年,开展企业登记“回头看”活动,重点对企业的前置审批条件进行规范。2002年,全省工商系统机构改革后,探索推行“经济户口”管理制度,建立了企业登记卡片、台账及电子户口等形式,对企业的经营行为、竞争行为进行跟踪管理。全年新登记企业55家,至年底,全处企业总数393家。2003年,主动规范服务行为,对每一项服务的内容均标出具体规定,当年新登记企业29家,至年底全处企业总数397家,其中法人企业184家。自2002年9月始,登记注册业务进入岚山行政审批中心办公,至2004年9月,共办理各类审批业务2316件。

2004年,《中华人民共和国行政许可法》实施后,按照责任意识与服务意识并重的原则,严格企业登记程序,把好登记审核关。建立和完善登记岗位责任制,实行“谁首办、谁负责,谁审查、谁负责,谁核准、谁负责。”

2005年8月15日,根据日照市工商局《关于建设企业登记档案扫描生产线和开通企业档案电子查询的通知》,岚山工商分局采购了企业登记档案扫描生产线硬件设备,实现了企业登记档案电子查询。开始严厉打击不参加企业年检、抽逃出资等违法行为,规范市场主体资格和经营行为。同年,岚山工商分局被山东省工商局、省个体私营协会授予"山东省工商行政管理系统服务招商引资工作先进单位"称号。

2006年新《中华人民共和国公司法》颁布后,岚山区私营经济发展迅速,当年新登记私营企业215家,是2005年新登记私营企业的2倍。同年,对公司注册资本进行重点检查,查处公司虚报注册资本和股东虚假出资、股东抽逃出资行为。

2007年7月1日,岚山工商分局在行政审批服务大厅设立农民专业合作社登记绿色通道,开始为农民专业合作社登记。到2008年,全区实有私营企业1114家,投资者2119人,注册资本达20亿元。

2009年,扩大分层分类登记工作,制定《委托工商所办理农民专业合作社注册登记实施办法》,在具备条件的巨峰工商所,开展农民专业合作社委托登记试点。10月,根据全省试点设立登记一批小额货款公司的相关文件,由岚山个体私营企业协会牵头,日照永兴食品有限公司等9家企业联合成立了岚山第一家小额贷款公司——日照市岚山区永铸小额贷款有限公司。

2010年,岚山工商分局制定《关于对重大重点建设项目实行全程服务的意见》,建立重大项目"绿色通道",支持岚山区临港物流、木材加工、石油化工等重点、新兴产业发展。实行参与企业选型决策、提前预约名称、提前预审材料"三提前",重点指导企业办理出资或资产过户、帮助整理相关登记材料、完善公司治理结构等服务。当年新登记企业269家,注册资本84146万元。建筑业、租赁业和商务服务业、房地产业发展迅速。新登记的注册资本1000万元以上的企业就有27家。

2011年,岚山区制定《支持全区蓝色经济发展的意见》,印发《关于充分发挥工商职能优化环境促进经济发展的意见》,放宽企业集团、个体工商户登记条件和注册资本认缴期限,降低不体现行业特点或经营特征的企业名称登记条件,支持海洋、现代物流、高效生态经济等优势产业和新兴产业发展。同时,对存在问题的企业和个体工商户进行规范,吊销违法企业172户。

第三节 个体工商业管理

民国时期,个体工商业由商会管理。1929年,南京国民政府制定《工商同业公会法》,规定"凡在同一区域内经营各种正当之工业或商业者,均得以本法设立同业公会"。

新中国成立后,日照县人民政府对私营工商业实行登记,限制行商、居间商、经纪人、行栈的经营范围和经营方式。1953年,成立日照县工商业联合会,负责对个体工商业的业务指导和管理。1956年,大部分个体工商业者走上合作经营道路。"文化大革命"时期,搞个体工商业被视为走资本主义道路,大批个体工商业户被迫停业。

1979年后,岚山个体工商业有了较快的恢复和发展,管理工作逐步走上正规。

1993年岚山办事处设立后,鼓励发展个体工商业、民营经济及自谋职业,个体工商户、私营企业、自谋职业者日益增多。1994年5月,岚山办事处召开全处个体私营经济工作会议,制定发展个体私营经济的优惠政策,下发《关于鼓励和加快个体私营经济发展的若干规定》,把个体私营经济发展指标分解到各乡镇街道。当年全处新发展个体工商户174户,从业人员438人。1995年,实行了先发展后规范、先放开后完善、先经营后办证的办法,放手支持个体私营经济发展。1998年,岚山办事处成立个体私营经济发展领导小组,建立领导小组成员帮扶重点大户和联系个体私营业户制度,年底,岚山个体私营企业资产过千万元的5家,过500万元的10家,实现总产值14.8亿元,建成经营专业村23个,经济园区7个,科技外向型企业8家。2001年年底,全处个体工商户累计达到1684户,其中私营企业(雇28人以上)55家,从业人员3961人。2002年,岚山个体私营企业投资范围从第三产业逐步向一、二产业辐射,产业结构更趋合理。至2003年年底,全处共有私营企业158家,从业人员1160人,注册资本13341万元;个体工商户2623户,从业人员4588人,注册资金3723万元。

2004年设区后,全区共有个体工商业户

3903 户。2005 年餐饮业、海水浴场服务业等新兴行业迅速发展，带动了地方经济的快速发展。年底，全区个体工商户达 4523 户。至 2006 年年底，全区个体工商户达到 5379 户，从业人员 8864 人，注册资金 9335.1 万元，信息传输、计算机服务和软件业以及房地产业增长幅度较大。

2005 年 3 月，岚山工商分局印发《个体工商户审批登记程序及监督考核办法》和《关于个体商户委托登记管理实施意见》，在各工商所推行个体工商户分层分类登记管理，将个体工商户营业执照登记权限下放到各工商所。至年底，各工商所共发放个体工商户营业执照 622 户。登记权限下放后，全面推行企业和个体工商户信用分类监管和"经济户口"风险度分级管理，建立对市场主体和市场准入商品的长效动态监管机制，提高了监管效能。

2008 年 9 月 1 日起，取消个体工商户管理费收取，刺激了个体工商户的发展。2008 年年底，岚山区实有个体工商户 8929 户，从业人员 11589 人，注册资金 21395.08 万元。批发零售、制造业、居民服务业发展迅速。其中居民服务业中，理发及美容新发展 20 户，汽车修理及维护新发展 30 户。

2009 年，岚山区实有个体工商户 10860 户，从业人员 16248 人，注册资金 26906.23 万元，其中城镇个体工商户 4335 户，从业人员 6288 人，注册资金 12150.97 万元。批发零售、制造业、居民服务业仍然是主要行业。其中居民服务业中，住宿和餐饮业 127 户，娱乐业 15 户，婚纱摄影、礼仪庆典等新行业发展起来，新登记婚纱摄影 2 户，礼仪庆典 8 户。

2010 年，岚山区实有个体工商户 12007 户，从业人员 45204 人，注册资金 31413.55 万元，其中城镇 4914 户，从业人员 8988 人，注册资金 14471.05 万元。2011 年 9 月 30 日国家工商行政管理总局公布《个体工商户登记管理办法》《个体工商户条例》，自 2011 年 11 月 1 日起施行。岚山区换发新式个体工商户营业执照的正本、副本。当年全区个体工商户发展到 13482 户，从业人员 26337 人，注册资金 37852.65 万元。

2012 年，岚山新发展个体工商户 1564 户，出现了鲜奶吧、书画院等新行业。

第四节　经济合同管理

明清以前，商船、商行、商人之间经常订立商品购销契约，有的还加盖官印，若发生纠纷，多请里社乡老说合解决，有的则诉至县衙甚至州府衙门。民国时期，商品购销契约多由商会或同业组织监督执行，如出现违约，则由商会、乡绅或官府出面调解和裁决。

新中国建立后，经济合同管理由日照县计划部门负责。1979 年后，由日照县工商行政管理部门管理。主要有果品购销、水产品购销等合同。1984 年 3 月，日照县工商局成立经济合同仲裁委员会，专司经济合同纠纷案件的处理。1993 年后，域内经济合同由岚山工商分局管理。

合同鉴证管理　1993 年，共鉴证各类经济合同 320 份，金额 3616 万元；检查各类合同 1235 份，金额 7734.2 万元；受理合同纠纷案件 54 起，争议金额 95 万元。1994 年，鉴证经济合同 957 份，金额 6087 万元；检查各类合同 3676 份，金额 1.93 亿元；仲裁经济合同纠纷 11 起，金额 220 万元。是年，举办经济合同培训班 6 期，培训人员 250 人。

1994 年开始，介入建筑工程施工合同管理，补签合同 50 份，金额 3765 万元；补办鉴证手续 126 份，金额 7538 万元。1995 年，鉴证经济合同 1090 份，金额达到 1.7 亿元；依法维护企业的合法权益，全年共检查合同 3956 份，金额达 6.7 亿元；查处利用经济合同进行的违法案件 16 起，协助经济合同当事人避免经济损失 85 万元。

1996 年，贯彻落实《中华人民共和国担保法》，办理合同抵押登记 2 件，金额 255 万元；全年查处各类经济合同违法案件 5 起，金额 260 万元，协助当事人挽回经济损失 8 万元；查处欺诈合同 8 份，金额 28 万元。并查处擅自印制合同文本案件 4 起，金额 230 万元。1999 年，对建筑工程承包、房屋租赁等重要合同的鉴证进行管理，参与建筑工程招投标活动，共鉴证各类合同 993 份，金额 10211 万元；办理抵押登记 13 件，盘活资产额达5353万元。2003年，实施合同解忧工程，帮助中粮黄海粮油工业（山东）有限公司、岚山港务有限公司等企业办理抵押登记13件，登记金额1.6亿元。2004年，办理抵押登记18件，盘活资产1.2亿元。2002年国务院取消了合同鉴证项目，岚山工商分局从2004年4月开始不再从事合同鉴证业务。

2005年，共办理企业动产抵押登记20起，抵押物价值累计近4.2亿元，为企业融资1.33亿元，节约企业财务成本近300万元，在企业和银行之间架起了沟通的桥梁。2005年岚山工商分局荣获全省工商系统服务地方经济发展先进单位。2006年，办理动产抵押登记22起，为企业融资4500万元。2007年，办理动产抵押登记17起，帮助企业融资7450万元。2008年，办理动产抵押登记22起，帮助企业融资7500万元。2009年，办理动产抵押登记21起，帮助企业融资3亿元，有效解决了企业的资金瓶颈问题。2010年，办理动产抵押登记28起，帮助企业融资6.05亿元。2011年，办理动产抵押登记32起，帮助企业融资5.53亿元。2012年，办理动产抵押登记29起，帮助企业融资6.9亿元。

创建守合同重信用企业 1999年，岚山共审查认定市级、处级守合同重信用企业43家。2001年认定省级守合同重信用企业2家，2002年认定省级守合同重信用企业1家，2003年认定省级守合同重信用企业4家，2004年认定国家级守合同重信用企业2家、省级6家、市级17家，2005年认定省级守合同重信用企业3家，2008年认定省级守合同重信用企业1家。每年都对守合同重信用企业进行年审，对不合格的企业及时摘牌，截至2012年年底，全区共有国家级守合同重信用企业2家，省级21家，市级11家。

2007年，岚山工商分局开展守合同重信用个体工商户认定工作，全区共认定守合同重信用个体工商户72户。

第五节 商标广告管理

商标管理 清末民初，个体工商业者多沿用店名、商号作商标名称，以文字商标为主，多在临街门头挑一面红色或其他颜色旗子，上写店名、商号或经营品类，如理发就写一个大字“发”，大字下写“x记”，称“幌子”，有些商标图样与商品包装装潢合为一体。20世纪40年代，抗日根据地“进步”烟厂在岚山生产的“进步”牌香烟商标和“大鸡”烟厂的“大鸡”牌商标，在市场获得很高的声誉。20世纪90年代前，岚山范围内个体私营业者的企业商标意识淡薄，注册商标少，部分未注册商标被他人抢注。至2003年年底，岚山办事处共有注册商标38件。设区后，工业发展加快，注册商标开始迅速增加。至2012年年底，岚山区共有注册商标507件。

“雪青”是日照市茶厂于1992年注册的商标。1998年日照市茶厂改制为山东雪青茶场。2000年“雪青”商标被认定为“山东省著名商标”，列为全省重点保护商标。2003年，鲁圣集团公司、山东丰华食品有限公司、中粮黄海粮油工业（山东）有限公司3家企业参加了山东省优秀商标展示会。2004年，“鲁圣”商标被认定为“山东省著名商标”。2005年，山东阿掖山集团有限公司的“阿掖山”商标被山东省工商局认定为“山东省著名商标”。2005年在中国（日照）第三届国际茶博览会上，50克御青茶被拍出12.9万元的高价，创国际绿茶之最。2005年9月，“雪青”绿茶通过司法认定为驰名商标，是全国茶叶界第一枚驰名商标，也是岚山区第一枚中国驰名商标，专业机构评估其品牌价值为10亿元。2007年8月，山东丰华食品有限公司的“日丰”、日照昌华海产品有限公司的“昌华”、中粮黄海粮油工业（山东）有限公司的“喜盈盈”、日照圣谷经贸有限公司日照圣谷山茶场的“圣谷山”商标被山东省工商局认定为“山东省著名商标”。“圣谷山”绿茶成为山东省著名商标后，又成为第十一届全国运动会指定用茶。2008年8月，日照御青茶业有限公司的“御青”、日照永兴食品有限公司的“永兴龙”被山东省工商局认定为“山东省著名商标”。2009年，日照天然食品有限公司的“日然”、日照市百满茶业有限公司的“百满”、日照圣公淀粉食品厂的“圣公”、日照市景阳春茶园的“景阳春”商标，被山东省工商局认定为“山东省著名商标”。2010年11月，日照铸福实业有限公司的“ZF及图”商标、日照维罗娜时装有限公司的“VERONA”商标，被山东省工商局认定为“山东省著名商标”。中粮黄海粮油工业（山东）有限公司的“喜盈盈”商标成功续展“山东省著名商标”。2011年10月，“鲁圣”“阿掖山”“御青”“永兴龙”成功续展“山东省著名商标”，山东阿掖山集团有限公司的“海当家”商标被认定为山东省著名商标。

2012年7月，日照市百满茶业有限公司的“百满”及图形商标、日照天然食品有限公司的“日然”及图形商标、日照雪青茶场有限公司的“雪青”及拼音商标成功续展“山东省著名商标”；9月，日照钢铁控股集团有限公司的“H”图形商标、日照维罗娜时装有限公司（2012年11月随区划变动划转至东港区）的“维罗娜及图形”商标被山东省工商局认定为“山东省著名商标”。2012年，成功注册了“日照刺参”“日照刀鱼”“日照黑头鱼”3件地理标志证明商标，实现了零的突破。

2001年新的《中华人民共和国商标法》实施后，工商部门严厉打击各种商标违法行为，整顿规范市场经济秩序。2004年，查处商标侵权案件4起，没收“青岛老泉水”啤酒250箱、“伊俐”纯牛奶味饮料143箱，查获侵犯商标专用权的商品价值达4万余元。2005年，重点查办侵犯驰名商标、著名商标、食品商标、药品商标、农产品商标和地理标志的案件，对发生在粮、肉、蔬菜、水果、奶制品、豆制品、水产品、饮料、酒和药品等商品上的商标侵权假冒行为进行严厉打击，查办商标侵权案件17起，查处侵犯“沪光”商标专用权生产乳胶漆案、冒充“家乐”商标案，查扣涉嫌假冒“沱牌”商标的“柁牌酒”40箱，涉嫌仿冒“蒙牛”商标的“蒙丰”纯牛奶50箱，涉嫌仿冒“青岛啤酒”商标的“鑫崂超纯啤酒”60箱，没收假冒商标标识870件，没收、销毁侵犯“孚王”商标润滑油165箱，罚没款共计2.216万元。2010年，开展了打击侵犯知识产权和制售假冒伪劣商品专项行动，以大宗出口商品、汽车配件、手机、药品、种子、服装、箱包、家用电器等为重点查处产品，重点查处侵犯驰名商标、著名商标、地理标志、涉外注册商标专用权的违法行为和“傍名牌”等不正当竞争行为。检查批发零售市场、集贸市场、商场、超市、商店等各类经营主体230户，查处销售不合格产品案件15件，查处“傍名牌”案件3起，侵犯注册商标案件16起，查扣涉嫌侵犯商标专用权“沱牌酒”215箱，“福星酒”40箱，假冒“郎酒”10箱，没收啤酒、手机、服装、洗衣粉、洗发水、香皂等类侵权商品281件，共受理和处理消费者申诉和举报23件，为消费者挽回经济损失16万余元。2011年，查处商标侵权假冒案件31件，罚款9.4万元，没收商标标识、包装物6.309万件，没收酒类255箱，没收洗发水28瓶，香皂110块。2012年，查处商标侵权假冒案件36件，罚没金额14.67万元，没收销毁侵权商品4320件。

广告管理　1993年岚山工商分局成立后，广告管理职能设在企业注册科，2002年工商系统机构改革，设在公平交易科，负责辖区内广告制作、发布的监督管理，主要是对户外广告和印刷品广告进行监督管理。2002年5月，工商、公安、交通、城建、文化等部门对安东卫海货城内，G204国道、S342省道两侧设置的户外广告牌进行集中治理，清查拆除户外违法、违规广告牌500余块。对印刷品广告管理的方式主要是日常监督管理。2000年8月，依法查处利用印刷品发布虚假广告的违法案件3件，收缴广告8000余份。2003年，查处广告违法案件16件，办理户外广告登记12件。组织有关企业参加了山东省第八届广告节。2005年，开展“打虚假、树诚信”虚假违法广告专项治理活动，查处虚假广告案4起，没收非法印制品5600余份。2009年，岚山工商分局与区文明办、执法局等单位联合开展了环境综合治理行动，清理非法户外广告牌83块。2010年，区委、区政府开展了“环境整治月”活动，工商部门牵头，联合执法、公安、城建等部门进行户外广告牌匾专项整治工作。2011年，组织4家企业参加山东省第十三届广告节，查处广告违法案件15起，办理户外广告登记65件。2012年，查处广告违法案件3起，办理户外广告登记44件，组织2家企业参加了山东省第十四届广告节。

第六节　市场管理

集贸市场管理　清末，市场管理由一些封建行帮组织与地方官署、封建地主勾结在一起，独霸市场，设卡征税，鱼肉百姓。民国时期，一些大的商号出票子，五花八门的货币充斥市场，致使物价暴跌暴涨。

抗日战争时期，抗日根据地市场管理以打破敌人的经济封锁、争夺物资、管理货币、稳定物价为主要任务。日照县抗日民主政府对工业、商业、贸易、税收实行统管，建立烟、酒、盐专卖制度，限制法币在根据地流通，打击伪币，建立北海币流通市场，发展与敌占区城市的贸易往来，输入生活必需品供应部队。解放战争时期，以稳定物价、发展进出口贸易(主要是岚山头、安东卫海口进出的物资)、掌握主要物资、保证战争和人民生活需要为重点。

新中国成立后，市场管理的重点是稳定物价，反对投机倒把，采取限制私营工商业发展的政策，巩固国营经济的主导地位。1957年12月，基本完成私营商业改造。1958年，由于受左的“共产”风影响，农村集市贸易一度中断。1961年，根据中央提出的“调整、巩固、充实、提高”的八字方针，允许社员经营自留地和搞家庭副业，允许各业参加市场交易。“文化大革命”期间，日照县对农村集市贸易实行一堵、二截、三卡、四抓，致使上市物资稀少，贸易萧条，尤其1976年统一集市之后，市场更加冷落，直到1979年以后，集市贸易才出现了购销两旺的繁荣景象。

1983年，国务院颁布《城乡集贸市场管理办法》，工商行政管理部门根据政策和法规，坚持“放而有序、活而不乱、管而不死”的原则，先后在集市上实行了“明码标价”和“售货信誉卡”制度，并根据经营者所经营商品的不同特点，实行工作服、帽和防蝇防尘设备的统一化。1994年，在全处集贸市场上设立服务台5处，公平秤30台。1998年，开始淘汰杆秤，全面推行双面度盘秤。1998年前，岚山工商分局还参与办市场工作，1998年，按照省、市工商局关于市场“办管脱钩”的部署，对岚山重点市场进行机构、人员、财务、职责“四分离”，2001年市场办管脱钩工作完成，岚山工商分局只负责市场监督管理和行政执法。

红盾护农执法行动　1999年，全国工商行政管理改革暨工作会议提出“抓好农资市场整治，严厉打击制售假种子、假化肥、假农药等危害农业生产的违法行为”，决定开展有规模、有声势的全国红盾护农执法行动。岚山工商分局每年在春耕、夏播和秋种时节，集中执法力量，统一部署指挥，对全区农资市场进行专项检查。

2005年年初，岚山工商分局以1号文件下发《关于切实加强农资市场监管、深入开展“红盾护农行动”有关问题的意见》，发放农资商品进销货台账1000余本，质量信誉卡1500余本。制定《岚山区农资经营单位信用星级分类管理暂行办法》，根据农资经营户日常的守法经营情况和经营信誉，结合“两账两票、一卡一书”和索证备案的落实情况，将全区农资经营户分为4个信用等级，实行动态分类监管，并根据其守信状况及时升降其信用等级。全区327家农资经营户均通过信用评级，共有4星级经营户33户，3星级65户，2星级130户，1星级99户。全年共抽检农资产品120余批次，检出不合格产品18批次，抽样合格率达85.7%，对所有不合格农资产品都进行了立案查处，累计罚没款5万余元；受理涉农投诉11起，处结率100%，为农民挽回经济损失6万余元。

2006年，拓宽农资产品抽检范围，强化对农药、地膜的抽检。共抽检农资产品95批次，检出不合格产品14批次，抽样合格率85.3%，累计罚没款7万余元；受理涉农投诉7起，处结率100%，为农民挽回经济损失达4万余元。

2007年，抽检农资产品150余批次，查处不合格产品56批次，查办农资案件90余起，罚没款33万余元；受理涉农投诉9起，处结率100%，为农民挽回经济损失达12万余元。2008年，抽检农资216批次，查处不合格农资88批次，罚没款60余万元。2009年，抽检各类农资商品232批次，查处不合格农资106批次，并将相关监测、预警、处罚信息采集录入到“农资、成品油质量监管预警子系统”，统一口径发布消费警示信息，调整经营户信用等级，对违法业户实行重点监管。

2010年，岚山工商分局联合区农业局对全区300余户农资经营者进行了培训，就新制定的《农业生产资料市场监督管理办法》进行讲解，通报当前农资市场存在的问题，对业户守法诚信经营提出了要求。累计抽检各类农资商品195批次，立案查处不合格农资案件59起。

2011年，岚山工商分局制定下发《关于切实做好2011年农资市场监管工作的通知》，对全年“红盾护农”活动的工作目标、工作重点和工作措施作出详细部署。全年累计抽检化肥147个批次，检出不合格肥料57种，全部按属地原则分流到各工商所依法立案进行查处。

2012年，山东省工商局新开发了农资市场监管信息系统，岚山工商分局对系统内的数据进行了更新采集。全年累计抽检各类农资商品148批次，立案查处不合格农资案件58起。

其他市场管理　1998年，按照国务院《粮食收购条例》，对岚山范围内的粮食经营业户进行了全面整顿，推行粮食市场管理“五账一卡”制度。1999年，查处违法经营粮食案件12件，没收非法收购贩运的粮食15吨。2001年，严把粮食、棉花收购主体资格准入关，健全和完善粮食市场管理制度，严厉打击粮食市场违法违章行为。对粮食经营企业要求必须取得粮食部门出具的准许经营证明，工商部门才予以核准其经营范围。2005年，重点加强了对陈化粮监管，严厉打击倒卖陈化粮和改变陈化粮用途等违法行为。

1996年，工商部门规范安东卫海货城经纪人市场，对经纪人进行培训，发放从业许可证。2002年10月，举办第二期安东卫海货城经纪人培训班，共为35人颁发了经纪人从业许可证。2003年，举办第三期经纪人培训班，为46人颁发经纪人资格证。新登记个体经纪人95户，经纪组织10家。2007年，以筹备全市经纪人管理工作现场会为契机，成立岚山区市场与经纪人协会，吸纳大批干鲜水产品、蔬菜、茶叶、板栗等行业的特色经纪人。各协(分)会都制定了协(分)会章程、职责、组织机构、会员权利和义务，对经纪人的职业道德、行为规范、诚信服务等方面作出了明确规定，经纪人的经营行为受到工商部门和行业协会的双重约束。

2010年，开通了登记注册“绿色通道”，实行“零收费”，降低了农村经纪人准入门槛，在法律法规允许的范围内适当降低农村经纪人登记条件，对农民季节性、临时性和小规模从事经纪活动的，备案后免于登记；坚持“多予、少取、放活”的工作方针，积极培育“龙头企业+经纪人+农户”“专业市场+经纪人+农户”“中介组织+农户”等模式，提供农产品产前、产中和产后服务，引领广大农民闯市场，为农村经纪人开展营销活动创造条件，使农村经纪人逐步成为农副产品市场流通的主体。至2012年年底，全区共有各类经纪人1930人，其中农村经纪人1580人。岚山工商分局“深入实施‘经纪活农’战略，助推农村经济发展”的经验做法获得了岚山区2010年度机关工作创新奖。

第七节　公平交易执法

在计划经济时期，工商部门主要任务是打击经济生活中出现的违反统购统销政策和倒卖票证、长途贩运、私自建筑、包工等案件。改革开放以后，公平交易执法的任务是查处假冒伪劣商品、走私贩私活动及其他违反市场管理法律、法规、规章的行为，维护市场经济秩序。

1993年，岚山工商分局成立经检市场科，2002年更名为公平交易科，2005年更名为公平交易局(副科级)，专管公平交易执法。1993年，开展了4次打击走私贩私、制售假冒伪劣商品、合同欺诈和不正当竞争等违法行为的执法行动。

1994年，开展以打击假冒伪劣、投机倒把、走私贩私为主的7次大检查，先后对夏季饮料市场、成品油市场、粮食市场、蚕茧市场、文化市场进行清理整顿，重点打击欺行霸市、无证经营行为，共检查国营、集体单位150个，个体工商户500户，立案39起，罚款9万元，查处假冒伪劣商品价值达7.25万元，主要有劣质化肥51.5吨，农药1.35吨，香烟1152条，饮料640瓶；查处无照经营业户51户。

1995年，进行文化市场以及夏季饮料市场的整顿与管理，共检查国营、集体单位250个，个体工商户600家，查处违法违章案件61起，罚款4万元，查获假冒伪劣商品7大类22个品种，价值5.2万元，清理市霸2名。

1996年，开展"公平交易执法年"活动，贯彻落实《中华人民共和国行政处罚法》，打击假冒伪劣，端掉非法经营窝点，保护名优产品，扫除市场恶霸，对生产资料市场、夏季饮料市场进行8次专项治理活动，查处欺行霸市、强买强卖、行业垄断行为3起，移交司法机关处理2人。

1997年，查处违法违章经营农资单位和个人14户，立案12起，查获各种违法经营化肥13.5吨、农药1.5吨、假劣种子1750公斤。

1999年，围绕"安全健康消费"，强化公平交易执法年活动和市场巡查制度，整治煤炭、蚕茧、石油、生猪等市场。在"3·15"国际消费者权益日散发宣传材料1.5万份，接受消费者咨询1600人次。设立消费者协会分会6个、投诉站6个、指导站50个、联络站5个。

2000年年初，全国开始大规模整顿和规范市场经济秩序，岚山开展节日市场、生产资料市场、粮食市场整治，组织"打假保农业、打假保健康、打假保名优"专项活动，开展文明市场、规范化样板市场和五星级文明户等争创活动。严把登记注册关，清理66家"三无企业"（无资金、无场所、无机构）和部分"五小企业"（小火电、小轧钢、小炼油、小水泥、小造纸）。

2001年，对重点地区、重点行业、重点商品和重点市场进行专项集中整治，共办理经济违法违章案件684件，案值870万元。

2002年，开展集贸市场专项整治活动，对全处28处市场进行全面整顿，开展"打假、除霸、清照、查税"四项活动。查办虚报注册资本案件3件，涉案总额800万元。全年共查处经济违法违章案件802件，案值1300万元。

2003年，开展打击"两虚一逃"专项整治、保险市场专项整治，联合进行了农资市场、成品油市场、节日市场、饮料市场、肉类市场检查和"保名优、反欺诈"专项检查活动。

2004～2006年，加强对流通领域的商品质量监管，先后开展建材市场、面粉、酒水等多项专项检查。

2007～2008年，开展商业贿赂专项治理，重点查办了医疗机构、金融机构等公共服务行业商业贿赂行为以及饭店酒水商业贿赂系列案，查处商业贿赂案件5起。

2009年，开展成品油市场、校园周边环境、打击成品油走私、打击卷烟走私贩私等一系列专项执法活动，开展创建"无传销社区"活动。

2010年，开展打击侵犯知识产权和制售假冒伪劣商品（双打）和"傍名牌"行为，查办各类侵犯知识产权案件23起，查获各类假酒770箱，侵权包装箱、标签6.6万个，假种子100公斤，移送司法机关1人。开展"迎世博、禁传销"活动。

2011～2012年，开展公用企业和大型零售商限制竞争行为专项治理。对电业部门限制竞争行为、3家电信运营商不正当竞争行为、7家银行"转嫁"他项权登记费行为以及3家大型超市不正当竞争行为进行了查处。创建"无传销乡镇街道"，全区乡镇街道全部通过市综治办验收。

第八节　消费者权益保护

1995年3月12日，岚山工商分局成立消费者协会办公室。

1997年，开展"3·15"国际消费者权益日宣传月活动和争创"无假冒商店"活动，受理消费者投诉56起，为消费者挽回经济损失3.8万元。

1998年3月10～20日，开展"3·15"国际消费者权益日宣传咨询服务活动，活动主题是"为了农村消费者"。同年4月30日，岚山办事处保护消费者合法权益网络正式开通运行。同时，岚山工商分局和各基层工商所都设立了"3·15"投诉举报台。投诉举报指挥中心实行开放型"一站式"办公，在各基层工商所设立举报分站，中心和分站投诉举报电话号码尾数一律改为"315"，当消费者合法权益受到侵犯时，即可举报投诉。

1999年，开展"3·15"国际消费者权益日宣传活动，共发放宣传材料5万份，制作宣传板20个，接受消费者咨询1600人次。设立消费者协会分会6个，投诉站6个，指导站50个，联络站5个，发展会员5000人。

2003年，推行先行赔付制度。4月6日，为岚山鸿福超市等首批“先行赔付示范店”进行了授牌。受理消费者投诉56起，挽回经济损失3.5万元。

2003年8月6日，召开日照市岚山办事处消费者协会第二届理事会，选举产生会长1名、副会长18名，秘书长1名，常务理事37名、理事95名，聘请顾问7名、名誉会长6名，通过《岚山办事处消费者协会章程》。同年6月，全处有6家企业被山东省消费者协会授予“山东省食品安全诚信单位”称号。

2004年，开展“消费者满意单位”评选活动，共评选表彰2003～2004年度市级消费者满意单位12家、处级消费者满意单位10家。

2005年9月2日，全市“12315”进农村暨流通领域商品质量监管现场经验交流会在岚山召开，总结推广岚山工商分局“12315”进农村的经验做法，建立“12315”消费者申诉举报联络站。

2006年，开展“消费者满意单位”评选活动，共评选表彰日照市2005～2006年度消费者满意单位26家。

2007年，岚山工商分局先后组织开展“红盾”二号、三号、四号行动，对全区食品、茶叶、水产品、农资、电动车、手机、酒水、饮料等与群众生产、生活密切相关的行业和产品进行专项检查。制定下发《农村食品市场监管“四制”工作规范标准及流程》，统一制作了索票夹、索证夹、台账夹，进货登记台账、销货登记台账、承诺书、食品安全责任书、“12315”友情提示牌。同时，指导食品经营户与供货商签定《供销双方食品安全合同书》，明确供货商与销售商的责任和义务。

2007年，开展“消费者满意单位”评选活动，共评选表彰日照市第七届消费者满意单位30家。

2009年，在安东卫、巨峰镇大集，举办以“消费与发展”为主题的岚山区2009年“3·15”国际消费者权益日宣传咨询服务活动。全年共受理申诉案件20件，受理举报案件34件。

2010年，开展创建食品安全放心乡镇(社区)活动，印发《岚山工商分局创建食品安全放心(社区)乡镇活动实施方案》，在安东卫东街进行试点。

2011年，集中开展清查清缴问题乳粉、打击流通环节非法添加和滥用食品添加剂和“地沟油”专项整治等行动。

2012年，制定《全区流通环节风险监测不合格食品专项整治工作方案》，开展为期2个月的专项整治行动，对与群众生活密切相关的食品抽样检验，抽检各类食品155个批次。加强“12315”行政执法体系“四个平台”建设，全年共受理申诉80件，举报39件，办结率为100%。

第六章　土地及矿产资源管理

第一节　管理机构

1992年6月前，岚山土地矿产资源管理先后隶属日照县、县级日照市及日照市东港区。1992年6月设立岚山开发区土地管理局。1993年7月更名为岚山办事处土地矿产管理局。2002年7月，根据日办发电〔2002〕98号和日政发〔2002〕56号文件精神，日照市国土资源局对岚山办事处国土资源管理机构的人、财、物实行统一管理，设立日照市国土资源局岚山分局(简称岚山国土资源分局)。2012年年底，岚山国土资源分局内设14个科室、事业单位：办公室、政策法规科(加挂人事科、纪检监察室牌子)、财务科、规划科(加挂测绘管理科牌子)、耕保科(加挂民房用地管理站牌子)、地籍管理科、土地储备中心(加挂土地利用科牌子)、矿政科、行政服务科(加挂地价评估所牌子)、国土资源执法监察大队(加挂信访室牌子)、土地开发整理中心(加挂农村建设用地增减挂钩办公室牌子)、地租所、国土资源档案与信息中心、后勤服务中心，7 个国土资源所：岚山安东卫所、虎山所、碑廓所、黄墩所、中楼所、高兴所、巨峰所，有职工 56 人。

第二节　土地使用制度改革

新中国成立前，域内除少量庙产、官山、官地、学田、宗祠林地（俗称公账林，属宗族集体性质）外，大部分土地归官僚、地主、富农所有，农民主要靠租种他们的土地从事种植业。1946～1947 年开始的土地改革，人民政府将官僚、地主、富农的土地及宗祠林地，平均分给广大农民。到 1950 年土地改革结束，域内土地分为国有和农民个人所有两种形式。1957 年农业合作化后，原属农民私有的土地，归农民集体所有。

1958 年 8 月，高级农业生产合作社合并为政社合一的人民公社，农民集体所有的土地等主要生产资料所有权归人民公社。人民公社使用土地，基本采取“一平二调”的方式，无偿拨用。1962 年 9 月，中共中央颁布《农村人民公社工作条例修正草案》，确立了“三级所有（人民公社，生产大队，生产队），队（生产队）为基础”的土地使用制度。

1979 年后，除沿用集体土地转变为划拨用地外，还通过征用集体土地转为国有建设用地。

1982 年，域内农村实行了多种形式的生产责任制，农村集体所有的土地，所有权与使用权发生分离，承包农户只拥有土地使用权，所有权仍归生产大队。同年 12 月 4 日颁布的《中华人民共和国宪法》明确重申：“农村和城市郊区的土地，除有法律规定属于国家所有的以外，皆属集体所有，宅基地和自留地、自留山，也属集体所有。”

1990 年后，土地有偿使用制度建立，建设用地除法律规定可以划拨使用以外，全部通过出让、租赁、作价出资或入股等方式纳入有偿使用。2001 年 4 月 30 日，《国务院关于加强国有土地资产管理的通知》下发后，岚山实行城镇建设用地统一规划、统一征用（收回）、统一储备、统一配置、统一管理制度。

2003 年，岚山征地补偿价格调整为 33 万元/公顷，2007 年调整为 49.5 万元/公顷。2009 年 7 月 1 日开始，根据鲁政办发〔2009〕20 号文件批复，岚山区征地补偿费按照划定的区片综合地价进行补偿，全区共分四个区片：岚山头街道行政辖区，综合地价 73.5 万元/公顷；沈海高速公路以东、坪岚铁路以南虎山镇行政辖区和沈海高速公路以东安东卫街道行政辖区，综合地价 67.5 万元/公顷；碑廓镇、坪岚铁路以北虎山镇行政辖区和沈海高速公路以西安东卫街道行政辖区，综合地价 57 万元/公顷；黄墩镇、后村镇、巨峰镇和高兴镇行政辖区，综合地价 48 万元/公顷。征地综合区片地价随着经济社会的发展定期调整上浮。

第三节　地籍管理

民国时期，土地分为国有、省有、县有和个人所有 4 种所有制。土地的买卖、出租、抵押、典当、赠与、继承等事宜，皆由日照县政府管理。

新中国成立初期，土地实行国有和农民个人所有 2 种所有制形式。日照县政府对农民个人所有的土地及房产颁发了证书。1955 年 12 月 8 日，日照县人民委员会下发《关于农村土地转移及契税工作应注意掌握的几个问题》，对土地产权转移作了许多限制，规定“土地产权转移、变动，均应首先报请乡人民政府审核，转区公所、镇人民政府批准”。

1957 年开始农业合作化后，农民私有的土地改为农民集体所有。同年 10 月 1 日，日照县人民委员会下发文件，停止农村土地产权变动登记。至 20 世纪 60 年代初，对农民集体土地进行调整并予以确定。该期间地籍管理主要以簿册登记为主，对宗地管理一般不以图纸的形式载明界址，主要凭相关权利人的记忆和认可。1982 年以前，土地管理工作主要以审批建设用地为主，以产权管理为中心的地籍管理一度削弱。1987 年《中华人民共和国土地管理法》实施后，相关法律、法规、规章日趋完善，地籍管理纳入法制轨道。

1993 年岚山办事处土地矿产管理局设立后，内设地籍管理科，统一管理城乡地籍和地政工作，组织实施土地资源现状调查、地籍调查、变更土地调查和动态监测；拟定土地确权、登记和权属纠纷调处规则及权属管理的具体工作措施，调处城乡土地权属纠纷；负责土地登记业务的受理、调查、初审，报市局审查登记；负责地籍信息系统的建设工作。

土地资源调查　自1996年始，岚山每年根据国土资源部下发的土地利用现状数据库和遥感影像数据对土地利用现状、土地权属及行政区划变化进行外业实地调查，获取变化地类图斑、土地权属（宗地）、行政区划数据，进而生成增量数据包以及统计报表，实现对土地利用数据库更新和上报，保证岚山区土地利用状况的现实性。

1997～1998年，开展地籍调查，完成6189宗宅基地和800宗单位用地的地籍测绘工作，绘制图件3.6万份，建立起地籍信息系统数据库。

2007～2009年，开展第二次全国土地调查，全面获得覆盖全区的土地利用现状信息，形成一系列不同尺度的土地调查成果，主要包括：查清了土地资源的数量、分布及利用现状，编制了区、镇（街道）、行政村的土地总面积和各类土地面积统计汇总表；编绘了1:5万土地利用现状图、镇（街道）1:1万土地利用现状图和行政村1:1万地籍图；绘制了1:1万分幅土地权属界线图；编绘了区、镇（街道）土地边界接合图表；编写了区土地资源调查报告和镇（街道）土地资源调查说明书；编制了区、镇（街道）耕地坡度分级面积统计表。

土地登记　岚山办事处设立后，以土地登记为核心，全面开展土地初始登记、土地证书年检、土地变更调查、土地统计、土地汇总工作。截至2004年8月，全岚山办事处共调查宗地4万余宗，登记发证4983个，发证率88.3%。

设区后，开展土地所有权登记、土地使用权登记和土地他项权利登记。截至2012年，岚山区共登记集体土地面积71449.1公顷，其中村集体土地70678.59公顷，乡（镇）集体土地770.51公顷；共办理土地使用权登记5849宗，其中国有土地5849宗，集体土地156宗；共发放土地他项权利证明书994个。

第四节　地价管理

1995年12月，岚山办事处土地价格评估所设立，1997年12月取得B级估价资格证书。估价范围：承担辖区内基准地价评估、宗地地价评估及地价咨询业务。1999年，完成对汾水农机服务公司等企业改制用地的评估，参与全国统一开展的中国石油化工集团公司（日照分公司）股份制改造境外上市项目的土地价格评估工作。自2001年始，土地价格评估所职能转变为专职承担政府职能性、公益性、社会服务性的土地评估，主要涉及落实政府职能所需的评估，如基准地价、标定地价、出让底价、划拨权益价、土地使用条件变更差价评估等，不再承担土地评估的中介业务。

基准地价　1997～1999年，对岚山头街道、安东卫街道和碑廓镇进行建制镇基准地价评估，收集、整理、测算600多个土地样点，形成材料23卷，覆盖面积897公顷，岚山基准地价体系初步建立。

1997年岚山办事处基准地价一览表

表21-4　　单位：元/平方米

区域	级别	土地用途及价格		
		商服用地	住宅用地	工业用地
岚山头街道辖区	一级	228	196	143
	二级	195	167	127
	三级	169	148	120
安东卫区域	一级	330.4	248	187.9
	二级	234.8	192.5	136.1
	三级	117.5	133.6	130.9
汾水区域	一级	219	190	154
	二级	185	181	146
	三级	132	130	120
碑廓镇驻地区域	一级	135	112	106
	二级	116	108	102
	三级	103	101	93

2007 年，对北起坪岚铁路、阿掖山，南至黄海、绣针河，西起沈海高速公路，东至黄海 3363 公顷的城区土地进行综合定级和估价，划分为三个级别，并以日照市政府日政办发〔2007〕66 号文件公布实施基准地价。

2007 年岚山区基准地价一览表

表 21-5　　　　单位：元/平方米

级别	土地用途及价格		
	商服用地	住宅用地	工业用地
一级地	684	570	340
二级地	486	420	285
三级地	360	315	227

2010 年，对岚山城区以及巨峰、高兴、后村、黄墩 4 个镇的基准地价进行调整和更新，并经岚山区人民政府岚政发〔2011〕6 号文件公布实施。根据此次调整和更新，岚山城区土地分 3 个级别，各级别土地面积及范围：一级地总面积 4071 公顷，其中港口用地面积 552 公顷，东起黄海，西至沈海高速公路，南起黄海，北至阿掖山南侧、岚坪铁路。二级地总面积 4401 公顷，东起黄海，西至沈海高速公路（坪岚铁路以北）、园区一路（坪岚铁路以南）、园区二路，南起绣针河、阿掖山北侧，北至疏港大道北 500 米。三级地总面积 5571 公顷，东起园区一路（坪岚铁路以南）、园区二路（S342 省道以南）、沈海高速公路（坪岚铁路以北），西至疏港大道与 S342 省道交汇处，南起绣针河，北至疏港大道北 500 米。

2010 年岚山区城区基准地价一览表

表 21-6　　　　单位：元/平方米

土地用途	土地级别及价格		
	一级	二级	三级
商服用地	765	555	420
住宅用地	675	525	375
工业用地	345	292	230
港口用地	450		

2010 年岚山区建制镇基准地价一览表

表 21-7　　　　单位：元/平方米

建制镇名称	级别	土地用途及价格		
		商服用地	住宅用地	工业用地
巨峰镇	一级地	435	390	243
	二级地	410	368	220
高兴镇	一级地	430	388	240
	二级地	405	365	220
后村镇	一级地	428	385	237
	二级地	402	362	218
黄墩镇	一级地	425	380	235
	二级地	400	360	215

工业地价　2007 年，根据国土资源部《关于发布实施〈全国工业用地出让最低价标准〉的通知》土地等别划分，岚山区土地等别为 10 等，工业用地最低限价为 11.2 万元，上缴省新增用地有偿使用费为 28 元/平方米。工业用地出让价格按照基准地价，经评估后确定。岚山区工业用地基准地价共分三级：一级地 345 万元/公顷，二级地 292.5 万元/公顷，三级地 229.5 万元/公顷。

第五节　土地利用与耕地保护

建设用地征收与供应　1993 年 7 月以前，岚山建设用地由日照市土地管理局审批。1993 年 7 月到 1996 年 12 月 31 日，建设用地在市级审批权限范围内的（总面积 2 公顷以下，耕地 0.67 公顷以下），由岚山办事处批准，1997 年 1 月 1 日至 1999 年 1 月 1 日由日照市人民政府审批。1999 年后，凡涉及征用土地、农地转用的，均分批次报省政府批准。2002 年 7 月 1 日开始，国土资源部《招标拍卖挂牌出让国有土地使用权规定》施行，土地用途为商业、旅游、娱乐、金融、服务业、商品房等经营性项目用地，必须采用招标、拍卖、挂牌方式供地。岚山设区后，区政府根据建设用地需求，及时进行土地征收，确保建设用地供应。

1993～2003年岚山办事处建设用地面积统计表

表21-8　　单位：平方米

年　份	1993	1994	1995	1996	1997	1998
面　积	967800	815600	4303800	519533.33	3580200	18759600
其中耕地	648900	695300	1385300	110900	1375500	7143300
年　份	1999	2000	2001	2002	2003	
面　积	5033600	2944333.33	6689933.33	11291000	7293400	
其中耕地	1142300	139200	2079800	7783200	5282400	

2004～2012年岚山区土地征收及供应情况统计表

表21-9　　单位：平方米

年　份	2004	2005	2006	2007	2008	2009	2010	2011	2012
土地征收面积	1856000	1887333.33	2842000	1020000	524666.67	1800666.67	1852666.67	2302666.67	1829333.33
土地供应面积	3352000	1156666.67	4821333.33	230666.67	385333.33	1092000	2160000	1370666.67	1261333.33

2003～2012年岚山经营性用地公开出让统计表

表21-10

年　份	挂牌		拍卖		年度合计	
	面积（平方米）	总价款（万元）	面积（平方米）	总价款（万元）	面积（平方米）	总价款（万元）
2003			138964	6400	138964	6400
2004			76832.4	5600	76832.4	5600
2005			168279.7	9070	168279.7	9070
2006			246151.6	12825.7	246151.6	12825.7
2007	24809	1750	20125	1120	45833.8	2870
2008			146440	15570	146440	15570
2009	114759	9325	99882.28	12340	214641	21665
2010	120346	9190	364675.61	34700	485021.16	45850
2011	66667	6800	457003	78778	523700	85578
2012			592613.27	74382	592613.27	74382

土地储备　2002年6月6日，设立岚山办事处土地储备中心，对岚山城市规划建设区内的闲置、低效利用及新增建设用地，采取依法收回、收购、征用等方式全部纳入政府储备。至2004年8月，共投入750万元储备资金，储备土地10宗，面积11.0218公顷。

从2008年开始，将批次转用、征用后的新增建设用地、存量闲置土地、旧城改造腾出的土地、破产企业用地、机关企事业单位搬迁后腾出的土地和涉案土地资产，统一纳入政府土地储备的范围，2008年储备土地187.88公顷，2009年储备土地28.85公顷，到2012年共储备土地216.73公顷。

土地开发复垦　1990年根据岚山办事处后备资源的分布特点，编制了1990～2000年土地开发整理规划，1997年作了进一步修编。1990～2003年，岚山办事处开发整理复垦土地总面积2764.47公顷，新增耕地482.73公顷。

2004～2012年，岚山区共争取实施3个国家级、4个省级、27个市级、14个区级土地开发整理项目，争取各级扶持资金1.7323亿元，整理土地10118.17公顷，新增耕地1016.16公顷。3个国家级项目分别在黄墩镇、巨峰镇、碑廓镇，共整理土地2158公顷，新增耕地333.7公顷；4个省级土地整理项目共整理土地2412.34公顷，新增耕地160.81公顷；27个市级土地整理项目共整理土地3728.8公顷，新增耕地356.99公顷；14个区级土地整理项目共整理土地1819.03公顷，新增耕地164.66公顷。

土地增减挂钩　是指依据土地利用总体规划，将若干拟整理复垦为耕地的农村建设用地地块（即拆旧地块）和拟用于城镇建设的地块（即建新地块）等面积共同组成建新拆旧项目区，通过建新拆旧和土地整理复垦等措施，在保证项目区内各类土地面积平衡的基础上，最终实现增加耕地有效面积，提高耕地质量，节约集约利用建设用地，城乡用地布局更合理的目标。2009年1月至2012年12月，岚山区共批复立项4个批次14个增减挂钩项目区及2个工矿复垦项目区，共批复拆旧复垦总规模198.74公顷，挂钩周转指标总规模179.18公顷，预计新增耕地155.8公顷。其中巨峰、虎山等6个挂钩项目区已通过山东省国土资源厅验收，共计完成拆旧复垦规模59.91公顷，验收新增耕地50.73公顷。

耕地保护　1992年，岚山办事处开始编制农田保护规划。1996年后，根据国家土地局的统一部署，重新编制《岚山办事处基本农田保护区规划（1996～2010）》，确定岚山办事处基本农田保护区面积10632.8公顷，保护率为88.02%。设区后，岚山区通过土地开发整理、土地增减挂钩、异地代保工作，严守耕地红线，实现耕地占补平衡。

2004～2012年岚山区耕地保护情况统计表

表21-11　　　　单位：平方米

年份	耕地总面积	其中：基本农田	其中：一般农田	基本农田保护率（%）
2004	331666666.67	273400000	58266666.67	82.43
2005	331294666.67	273400000	57894666.67	82.52
2006	329210000	273400000	55810000	83.05
2007	328974000	273400000	55574000	83.11
2008	329276666.67	273400000	55876666.67	83.03
2009	331106666.67	273400000	57706666.67	82.57
2010	330192000	273400000	56792000	82.80
2011	328226000	273400000	54826000	83.30
2012	329272666.67	273400000	55872666.67	83.31

土地执法检查　1993年以前，岚山的土地法制建设工作由日照市土地管理局负责开展。1993年后，土地法制建设由岚山办事处土地矿产管理局负责。2002年7月，由岚山国土资源分局负责。

1994年，开展耕地保护大检查，摸清了岚山办事处耕地的利用状况。

1997年，开展非农业建设用地大清查，对1991年以来岚山办事处各类非农业建设用地进行清查，共涉及7146宗，面积636.56公顷，查出各类非法用地5000余宗。

2003年3～7月，全国规范开展整顿土地市场工作，岚山办事处对近6000宗各类非农业建设用地进行清查摸底。查处各类违法案件240起，面积85.33公顷，制止违法占地建筑苗头32起，挽回经济损失180余万元。

从2007年开始，根据国家、省、市的统一部署，每年利用卫星遥感图片开展土地执法检查。2007～2012年，共查处各类违法案件300多件，涉及土地面积66.67公顷，收缴罚款1000多万元，拆除违法建设3万多平方米。

第六节　矿产资源管理

管理机构　1983年，设立岚山砂石管理站，隶属日照县矿产建材公司，1985年7月改称日照市矿产建材局岚山矿产资源管理所。1990年3月，成立汾水矿产资源管理所。1996年，日照市地质矿产局成立，岚山2处矿产管理所直属市地质矿产局。1998年，日照市地质矿产局与日照市土地管理局合并为日照市国土资源局，岚山2处矿产管理所仍直属日照市国土资源局。2000年5月岚山矿产所与汾水矿产所合并，成立日照市国土资源局岚山矿产资源管理所。2003年7月，岚山办事处土地矿产局由日照市国土资源局垂直管理，日照市国土资源局岚山矿产资源管理所并入岚山国土资源分局，设矿政科，在各乡镇街道设国土资源所，负责矿产资源管理工作。

采矿权出让　自1999年，国家逐步加强对矿产资源所有权管理，采矿权由无偿授予改为有偿使用。2000年，岚山首次对绣针河碑廓段河沙采矿权进行招标，政府获河沙采矿权收益。2001年，对虎山镇张家结庄3处建筑用花岗岩进行了招标，获采矿权收益4.5万元；2002年对绣针河西杨家庄子段河沙采矿权进行拍卖，13.3万立方米河沙拍卖价款320万元。2003年7月，对绣针河碑廓二村段3.95万立方米河沙采矿权进行挂牌出让，出让金180万元。2004年后，岚山区采矿权全部以招标、拍买、挂牌的竞争方式实行有偿出让。

2004～2012年岚山区采矿权出让情况统计表

表21-12

年　份	出让数量（个）	取得价款（万元）	年　份	出让数量（个）	取得价款（万元）
2004	31	640.3	2009	17	279.55
2005	9	600	2010	15	432.58
2006	37	750.65	2011	0	0
2007	24	278.8	2012	6	3376.4
2008	24	1112.91			

矿产资源开发秩序整顿　自1996年开始，岚山先后对拖欠矿产资源补偿费、无证开采、影响地质地貌环境的采矿行为、非法运输矿产品的行为进行治理整顿。对“四区、三道、一线”（城市规划区、地质景观保护区、风景旅游区、地质灾害治理区，国道、省道、铁道，沿海风景线）范围内的采矿活动进行了清理，清理采矿点20余处，沿海海沙全部禁采。2005～2007年，按照国发〔2005〕28号《国务院关于全面整顿和规范矿产资源开发秩序的通知》要求，开展整顿和规范矿产资源开发秩序工作。清理清查无证勘查和开采、乱采滥挖、浪费破坏矿产资源、严重污染环境等违法行为。

2007～2008年，岚山区开展矿产资源整合工作，关闭重要交通沿线可视范围、城区及旅游景观保护区内影响地质地貌环境的、达不到最低开采规模的矿山41处，整合矿山3处，矿山数量由2006年的76处压减到32处，矿山企业“多、小、散”的局面得到明显改变，矿山开发布局趋于合理，矿产资源开发利用水平明显提高。

中华人民共和国地方志丛书

日照市
岚山区志

（下卷）

日照市岚山区地方史志编纂委员会 编

方志出版社
Publishing House of Local Records

图书在版编目（CIP）数据

日照市岚山区志 / 日照市岚山区地方史志编纂委员会编. — 北京：方志出版社，2015.12
ISBN 978-7-5144-1912-2

Ⅰ.①日… Ⅱ.①日… Ⅲ.①区（城市）—地方志—日照市 Ⅳ.①K295.23

中国版本图书馆 CIP 数据核字（2015）第 320855 号

日照市岚山区志

编　　者：日照市岚山区地方史志编纂委员会
责任编辑：王笃银
出 版 人：冀祥德
出 版 者：方志出版社
地址　北京市朝阳区潘家园东里 9 号（国家方志馆 4 层）
邮编　100021
网址　http://www.fzph.org
发　　行：方志出版社发行中心
电话（010）67110500
经　　销：各地新华书店
印　　刷：日照日报印务中心
开　　本：889×1194　　1/16
印　　张：89.75
字　　数：2584 千字
版　　次：2015 年 12 月第 1 版　2015 年 12 月第 1 次印刷
印　　数：0001~5000 册

ISBN 978-7-5144-1912-2　　定价：1580.00 元（上下卷）

目 录

下 卷

第二十二编 中共岚山地方组织

第二十三编 地方权力机关

第二十四编 地方行政机关

第二十五编 地方政协机关

第二十六编 民主党派 群众团体

第二十七编　综合政务

第二十八编　法　治

第二十九编　武　装

第三十编　教　育

第三十一编　科学技术

第三十二编 文化 体育 旅游

第三十三编 医药卫生

第三十四编　居民生活

第三十五编　方　言

人　物

附　录

第二十二编

中共岚山地方组织

岚山区人民有着光荣的革命传统。1928年春，中国共产党日照县委员会建立，分南、北两个区域开展工作，南部区域主要活动范围在岚山区。1939年，中共日照县委组织抗日武装，岚山头、安东卫、碑廓一带成为抗日根据地。1940年3月，日照县抗日民主政府成立，次年4月底移驻碑廓域内。1944年7月23日，山东军区军事工作会议在碑廓召开，由罗荣桓主持。抗日战争中，岚山区民兵配合八路军与敌伪军开展了艰苦卓绝的斗争，进行大小战斗数百起，伤亡1400余人，付出了巨大牺牲。解放战争中，岚山区人民在党的领导下，努力发展生产，积极参军参战，并出动大批民工支援莱芜、孟良崮、济南、淮海等战役，涌现出许多英模人物和先进集体。

新中国成立后，中国共产党充分发挥先锋模范作用，领导岚山人民开展社会主义改造和社会主义建设，取得了巨大成就。改革开放后，特别是工委、办事处设立后，域内各级党组织团结带领岚山人民，始终以经济建设为中心，大力实施港口立区、产业强区、生态建区"三大战略"，努力做好现代海洋产业、现代特色农业、现代服务业"三篇文章"，一届接着一届干，一张蓝图绘到底，将岚山从一个沿海渔村建设成为现代化的滨海港城。

第一章　组织机构

第一节　组织沿革

大革命时期　1925年秋，在济南求学的郑天九（后村镇山字河村人）、李平章（巨峰镇山峪村人）等开始接触马克思列宁主义，参与创立中国共产党的外围组织"少年日照学会"并定期集会，学习进步书刊，研究时事政治，参加党的革命活动。1926年春，由丁君羊（丁基实，东港区涛雒镇西官庄人）介绍，郑天九在济南加入中国共产党。同年秋，国民革命军北伐攻克武昌，在中共山东党团组织的发动下，郑天九、李平章等人赴武汉参加北伐。大革命失败后，根据党组织安排，1927年八九月间，郑天九等人疏散回家乡开展农民运动，李平章被派往苏联莫斯科中山大学学习。

1928年春，根据中共山东省委指示，中共日照县委员会成立，安哲任书记，郑天九负责宣传工作，牟春霆负责组织工作。日照农民运动由此蓬勃发展，"佃户会""觅汉会""车伙子会"等群团组织纷纷建立。

郑天九在山子河（今属后村镇）三官庙创办了"平民夜校"，教育发动贫雇农民。1928年9月，郑天九介绍贫苦青年农民汉成运入党，建立了岚山区第一个党支部山子河党支部，汉成运任支部书记。山子河三官庙"平民夜校"办了3年多，培养出100多名积极分子，有50多人入党。

1932年2月，山东省委决定将日照县委改为日照中心县委，安哲任书记，郑天九任宣传部长，陈雷任组织部长，增补郜梅斋、杨德玉、汉成运为委员。同年春，岚山境内始建巨峰（书记李沛卿，后叛变）、邵疃（书记郑世果，后叛变）2个区委，虎山北部党员属涛雒区委领导。

日照县傅疃村人范景蘧（1891—1944，原名范庆瑗），曾积极参加农民运动、从事革命工作，1931年春入党后，在安东卫一带以教学为掩护，发展党组织。1932年9月，在安东卫小学发展王润阶（1909—1968）入党，同年建立安东卫第一个党小组，培养党员发展对象，开展革命活动。

1932年9月，中共日照中心县委为准备暴动，在邵疃（今属后村镇）曙光小学和该村郑李氏炮楼上，召开全县第二次党员代表会议。同年10月13日，日照县南、北两路暴动同时举行，安东卫党小组也发动群众参加。以邵疃区、巨峰区党团员为骨干的南路暴动队伍，辗转十几个村镇，坚持战斗十几天，暴动失败后党组织被迫分散隐蔽，安东卫党小组仍坚持斗争。1933年2月底，范景蘧在安东卫小学被捕后，安东卫党组织被迫转入隐蔽，大部分党员失去了组织关系。

抗日战争时期 1937年7月下旬，经党组织营救，一批被国民党关押的“政治犯”先后在济南获释。同年10月，范景蘧出狱，辗转回到日照，多数时间在安东卫一带活动，继续宣传抗日、发展党员，并动员青年参加抗战队伍。1938年1月24日，他亲自送安东卫进步青年学生苏受锷、申论典、牟敦义等10人奔赴延安投身革命，但因无组织介绍信中途返回。

1938年2月，国民党东北军五十七军一一二师驻防碑廓，该师地下工委派赵志刚、李旦复、王国栋（后改名鲁平）等人以“五十七军日照县宣传队”名义，在岚山境内开展抗日宣传活动，并在下元（今东港区涛雒镇下元村）成立了中共下元特别支部，赵志刚任书记，李旦复（李欣）、王国栋任委员。不久，又成立了日照县抗日民众自卫联合会，安东卫青年学生赵明德（原名苏贻群）、徐坦（原名徐孟吉）、王烈（原名王为堃）、张静寰（原名张仁成）等人均加入此组织，排演抗日文艺节目，进行抗日宣传。

是年9月，陈振麓（曾任中共青岛市委书记）在巨峰卜落子村养病期间，发展叶强民等人入党，建立了党支部。11月，以下元特支为基础，在涛雒西官庄成立中共日照临时县委，赵志刚任书记，范干民、秦亢青、范希彭分别负责组织、宣传、交通工作。此时国民党一一二师已南下，临时县委受国民党六十九军新六师中共地下工委领导，辖卜落子等党支部。

同年10月，范景蘧以安东卫小学校长身份为掩护，出席了鲁东南特委在莒南大店召开的党的活动分子会议。12月中旬，中共日照县委在小曲河村（在今后村镇）正式成立，范景蘧任书记，负责日照南部党的工作，郑子久、刘鸿若分别担任组织部长、统战部长，杨心培任宣传部长。县委受鲁东南特委领导，对外称八路军驻日照办事处，刘鸿若兼任办事处主任。在此其间，范景蘧利用师生关系介绍赵明德、徐坦、王烈、张静寰等10余人入党，并于1939年1月建立安东卫党支部，张静寰任支部书记，随后又吸收王刚（原名王泽勋）、胡凯（原名胡宪若）、赵明甫（原名苏贻甫）、于式古等10人入党。

1939年3月，国民党山东省政府将日照县立初级中学改为省立中学，在山子河复课。为争取进步青年抗日，中共日照县委派李克锐（又名李衍晋，字益民，高兴镇人）、许家德（又名许克）、潘惟祯、王家礼、阎玉英（女）等10余名党员入校学习，建立县中特支，许家德任特支书记兼三年级党支部书记，潘惟祯任特支组织委员兼二年级党支部书记，王家礼任特支宣传委员，李克锐任特支青年委员兼一年级党支部书记，阎玉英任特支妇女委员。特支在县中培养了一批入党对象。同月，李辑五率刘希涛、丁娥原、丁曾原、丁翠原、孙勇、牟敦燕等，去黄墩一带30多个村庄活动，宣传抗日，发展党员，并在部分村建立了党支部。1938年9月，中共莒县第二区（中楼）分区委建立，书记蔡惠民。

1939年5月，中共日照县委在岚山设有四区（书记赵明德，所属安东卫、甜水河、岚山头等支部）、六区（巨峰，书记胡润洲，所属卜落子、老龙窝、邵疃等支部）。同年12月，从四区分划出八区（碑廓，书记王泽勋）。

1940年3月，日照县委、县政府驻沟洼（在今巨峰镇）。

1941年1月，设立中共莒县中楼分区委，书记严维璈。是年3月2日，已被收编的朱信斋在黄墩公开叛变，大肆捕杀共产党员和抗日干部，上百名党政军干部遭杀害，黄墩、三庄2个区9个乡的抗日政权均被破坏，根据地进一步缩小。4月25日晨，国民党顽固派李衍修部突袭中共日照县委、县政府驻地沟洼村，突围中牺牲6人，干部、战士50余人被俘。抗日根据地大部被敌伪占领，县委、县政府迁移至碑廓，依托碑廓至岚山东西不足20公里、南北只有10余公里的狭小抗日根据地，坚持领导抗日斗争。

1941年8月，日北工委在山子河、邵疃一带设立“〇四〇”区委，书记辛崇燮（原名吴燮）。

1942年8月中旬至年底，八路军连续发起3次甲子山反顽战役，取得重大胜利。除收复甲子山区成为抗日根据地外，原大片顽占区成为解放区或游击区，从根本上扭转了日照县抗日斗争的困难局面。此时，各区范围进行了调整，并以地名称谓，岚山境内设汾岚、碑廓、黄墩、高兴、巨峰、大坡、太平、虎山8个分区委。

1945年6月，中共滨海区党委、滨海专署决定建立芦山县，汾岚、碑廓两个分区委划归芦山县建制，芦山县隶属于滨海三地委领导。1945年8月，芦山县撤销，汾岚、碑廓两区回归日照县委领导。

解放战争时期　岚山域内分区委有：汾岚、碑廓（1947年7月两区合并为圣岚区，1948年5月又划分为安岚区、碑廓区）、虎山（1946年4月撤）、巨峰、太平、高兴（1947年7月，与太平区合并为望海区）、黄墩（1947年与三庄合并为芦山区）、大坡（1946年4月撤）。各区党组织的主要任务是建立健全各村党组织。1946年11月，在虎山区解放村试建新民主主义青年团，然后在区域内推广。1947年7月，日照县开始公开党组织。

1949年，新华社发表《将革命进行到底》的新年献辞，向全国人民发出了进军江南的命令，岚山各区委积极工作，组织人力、物力支援解放军渡江。1949年12月22日，全县调集大帆船24只，水手240人，在岚山头举行数千人的动员大会，欢送支前船工出征。同时，岚山各区委对域内各级党组织进行调整，加强教育管理，纠正无政府思想倾向，增强党性，加强组织建设。

社会主义改造和建设时期　新中国成立初期，域内设安岚、碑廓、巨峰、望海、中楼5个区委。1950年5月区划调整，域内设八区（安岚）、九区（碑廓）、十区（巨峰）、十一区（高兴）、十二区（山河）、十六区（黄墩）和莒县中楼7个分区委。1952年12月增设五区（大坡）、七区（磴山）、八区（安东卫）区委和岚山镇委。1956年1月增设虎山区委。1956年2月部分区划合并，境内设磴山、安岚、碑廓、巨峰、望海、黄墩、中楼6个区委。1958年1月撤区设乡、镇，境内设虎山、安东卫、朱曹、碑廓、巨峰、大坡、高兴、马庄、黄墩、中楼10个乡党委和岚山镇党委。

1958年，实行"政社合一"的人民公社，境内设磴山（下元）、庆丰（虎山）、海洋（安岚）、前进（碑廓朱曹）、英雄（碑廓）、卫星（巨峰）、红旗（高兴）、甲子山（黄墩）、跃进（马庄）、胜利（中楼）10个公社党委。1959年2月以地名改称下元、虎山、安岚、碑廓、巨峰、高兴、马庄、黄墩、中楼9个公社党委，撤销前进（碑廓朱曹）公社党委。1963年区划合并调整，域内设安岚、碑廓、巨峰、马庄、高兴、黄墩、中楼7个区委，下设40个公社（惯称小公社）党总支。1971年撤区改建人民公社，境内设安岚、碑廓、巨峰、高兴、马庄、黄墩、中楼、虎山、大坡9个公社党委，原来的小公社党总支改称管理区党总支。1981年春，安岚公社党委分设为岚山头公社党委和汾水公社党委。

1984年4月，岚山头公社党委改称岚山头镇党委；同年6月，汾水、碑廓、虎山、巨峰、大坡、高兴、马庄、黄墩公社党委改称区委，中楼公社党委分设为中楼乡党委和孙由乡党委。1985年3月，汾水、岚山头、碑廓、巨峰、黄墩5个区党委改称镇党委，小后村、虎山、大坡、高兴4个区党委改称乡党委。1988年4月岚山头镇党委改称岚山头街道党委。1993年4月撤销孙由乡党委。

1958年，日照县五一石棉矿在虎山梭罗树村建立，设立五一石棉矿党委，1962年因石棉矿停产而改设为党支部，1976年3月恢复石棉矿党委，1995年改称日照鲁达矿业集团党委，隶属于中共日照市委领导。1981年1月，岚山港设立党总支，受山东省交通厅海运局党委领导，1985年11月建立岚山港务管理局党委。

第二节　中共日照市岚山工作委员会

1993年5月，经中共山东省委同意，中共日照市委决定设立中国共产党日照市岚山工作委员会（简称岚山工委），作为市委派出机构（正处级）。1993年7月1日，岚山工委正式对外挂牌办公。

岚山工委下设办公室、组织部、宣传统战部、机关党委、政法委（司法局与其合署办公）等工作部门，并按党章规定设置纪律检查委员会（监察局与其合署办公）。1994年1月增设组织员办公室，与组织部合署办公，1997年撤销；1996年增设精神文明委员会办公室，与宣传统战部合署办公；1993年9月增设岚山新闻中心，1997年1月撤销；1996年12月设工委党校；1997年1月在工委、办事处办公室加挂中共日照市岚山工委、日照市人民政府岚山办事处信访局和中共日照市岚山工委政策研究室牌子；2003年3月信访局独立办公，归口工委、办事处办公室管理。

中共日照市岚山工委书记、副书记、委员一览表

表22-1

职　务	姓　名	籍　贯	任　期
书　记	张玉佩	费县	1993年6月至1996年2月
书　记	党英明	临沂	1996年2月至1998年6月
书　记	孙　雨	莒南	1998年6月至2001年1月
书　记	王　斌	寿光	2001年1月至2002年12月
书　记	孙承金	东港	2002年12月至2004年11月
副书记	万　同	岚山	1993年6月至1998年8月
副书记	孙承金	东港	1998年6月至2002年12月
副书记	梅志强	东港	1993年5月至2002年12月
副书记	辛公会	岚山	1995年10月至1995年12月
副书记	刘加顺	东港	1996年2月至1996年11月 1996年11月至2000年4月 常务副书记
副书记	陈　刚	徐州	1997年2月至1997年12月
副书记	孙欣亮	莒县	1997年12月至2004年11月
副书记	徐淑利	莒南	1997年12月至2001年1月
副书记	林凌家	青岛	2000年7月至2002年10月
副书记	王广举	临沂	2001年1月至2002年12月
副书记	赵树村	莒南	2002年7月至2004年11月
副书记	丁惟生	东港	2002年12月至2004年11月
副书记	王泽光	五莲	2002年12月至2004年11月
委　员	辛公会	岚山	1993年5月至1995年10月
委　员	李志明	东港	1993年5月至1996年12月
委　员	王建刚	莒南	1993年8月至1994年9月
委　员	刘加顺	东港	1995年3月至1996年2月(挂职)
委　员	焦安廷	东港	1995年10月至1996年2月
委　员	夏召峰	岚山	1997年2月至2001年1月
委　员	丁惟生	东港	1995年10月至2002年12月
委　员	祝鹏高	岚山	1995年10月至2001年1月
委　员	张乃进	莒县	1997年1月至1999年12月
委　员	王泽光	五莲	1999年2月至2002年12月
委　员	孙运涛	莒南	1999年9月至2002年12月
委　员	宋全贵	东港	2000年2月至2003年1月
委　员	庄会海	莒县	2001年1月至2004年11月
委　员	孙方金	岚山	2001年1月至2004年11月

续表 22-1

职　务	姓　名	籍　贯	任　期
委　员	陈常省	莒南	2001 年 1 月至 2004 年 11 月
委　员	秦玉贺	东港	2002 年 12 月至 2004 年 11 月
委　员	邱玉德	昌邑	2003 年 8 月至 2004 年 5 月
委　员	史文辉	五莲	2004 年 5 月至 2004 年 11 月
委　员	郭洪林	东港	2004 年 5 月至 2004 年 11 月

岚山工委各部委历任主要负责人一览表

表 22-2

单　位	职　务	姓　名	籍　贯	任　期
办公室	主任	朱孔平	莒南	1993 年 6 月至 1999 年 2 月
	主任	陈常省	莒南	1992 年 2 月至 2004 年 11 月
组织部	部长	李志明	东港	1993 年 5 月至 1996 年 12 月
	部长	丁惟生	东港	1996 年 12 月至 1997 年 12 月
	部长	孙欣亮	莒县	1997 年 12 月至 1999 年 2 月
	部长	王泽光	五莲	1999 年 2 月至 2002 年 12 月
	部长	孙方金	岚山	2003 年 1 月至 2004 年 11 月
宣统部	部长	王增平	东港	1993 年 7 月至 1994 年 10 月
	部长	丁惟生	东港	1995 年 4 月至 1996 年 12 月
	部长	秦洪珍	东港	1997 年 1 月至 1999 年 2 月
	部长	孙方金	岚山	1999 年 2 月至 2003 年 1 月
	部长	秦玉贺	东港	2003 年 1 月至 2004 年 11 月
政法委	书记	翟秀钢	费县	1993 年 7 月至 2004 年 11 月
纪工委	书记	梅志强	东港	1993 年 11 月至 1997 年 12 月
	书记	丁惟生	东港	1997 年 12 月至 2002 年 12 月
	书记	赵树村	莒南	2002 年 12 月至 2004 年 11 月
党　校	副校长	法永勤	岚山	1995 年 1 月至 2004 年 11 月
处直机关工委	书记	李志明	东港	1993 年 7 月至 1995 年 12 月
	书记	陈常省	莒南	1995 年 12 月至 1999 年 2 月
	书记	张道利	郯城	1999 年 2 月至 2000 年 4 月
	副书记（主持工作）	王郡宏	莒南	2000 年 4 月至 2004 年 11 月
编　办	主任	李志明	东港	1993 年 7 月至 1996 年 10 月
	主任	孙方金	岚山	1996 年 10 月至 1999 年 2 月
	主任	毛维岗	莒县	1999 年 2 月至 2001 年 6 月
	主任	秦玉新	东港	2001 年 6 月至 2003 年 4 月
	主任	张永祥	岚山	2003 年 4 月至 2004 年 11 月

续表 22-2

单 位	职 务	姓 名	籍 贯	任 期
文明办	主任	李 现	莒南	1993 年 9 月至 1999 年 5 月
	主任	冯玉武	东港	1999 年 6 月至 2004 年 11 月
监察局	局长	牟华明	莒县	1994 年 1 月至 1995 年 4 月
	局长	庄会海	莒县	1995 年 4 月至 1999 年 2 月
	局长	张家增	沂南	1999 年 2 月至 2003 年 2 月
	局长	杨春利	岚山	2003 年 2 月至 2004 年 11 月
信访局	局长（兼）	王纪军	东港	1997 年 1 月至 1999 年 5 月
	局长（兼）	李 现	莒南	1999 年 5 月至 2003 年 2 月
	局长	迟明辉	东港	2003 年 2 月至 2004 年 11 月

基层党组织 1993 年 7 月，岚山工委下设岚山头街道党委、汾水镇党委、碑廓镇党委、虎山乡党委和处直机关党委 5 个党委；共设 23 个党总支，其中机关党总支 3 个、农村党总支 20 个；共设 277 个党支部，其中机关党支部 31 个、农村党支部 239 个、新经济组织党支部 7 个。2000 年 12 月，汾水镇党委改称安东卫街道党委。2001 年 7 月，虎山乡党委改称虎山镇党委。1994 年 7 月增设圣岚路村级党委，1995 年 6 月增设童海路村级党委，1997 年 1 月增设岚山建环委党委，1997 年 7 月增设日照市公安局岚山分局党委，1998 年 7 月增设汾水社区党委，2001 年 7 月增设三木集团有限公司党委。

至 2003 年年底，全处基层党组织共有党委 11 个，其中乡镇街道党委 4 个、处直部门党委 3 个、村级党委 3 个、企业党委 1 个；党总支 26 个，其中处直 15 个、农村 9 个、其他 2 个；党支部 371 个，其中处直 119 个、农村 191 个、其他 61 个。

1993～2003 年中共岚山工委基层党组织统计表

表 22-3 单位：个

年 份	机 关			农 村			其 他			合 计		
	党委	总支	支部	党委	总支	支部	党委	总支	支部	党委	总支	支部
1993	5	3	31		20	239			7	4	23	277
1994	5	4	33	2	21	275			12	6	25	320
1995	5	4	66	2	20	236			19	6	24	321
1996	5	4	88	2	19	193		3	39	7	26	320
1997	6	5	94	3	20	201		5	56	9	30	351
1998	7	11	94	3	15	186		6	74	10	32	354
1999	7	12	101	3	16	192		6	79	10	34	372
2000	7	12	102	3	15	208		5	68	10	32	378
2001	7	13	105	3	9	202	1	3	71	11	25	378
2002	7	14	118	3	9	199	1	2	67	11	25	384
2003	7	15	119	3	9	191	1	1	61	11	25	371

第三节　中共日照市岚山区委员会

2004年9月9日，国务院以国函〔2004〕71号文件下发《国务院关于同意山东省设立日照市岚山区的批复》；9月24日，山东省人民政府以鲁政字〔2004〕459号文件下发《山东省人民政府关于设立日照市岚山区的通知》；9月25日，日照市人民政府以日政字〔2004〕62号文件下发《日照市人民政府关于组建日照市岚山区及有关交接问题的通知》；9月26日，工委召开（扩大）会议、全处领导骨干会议，传达贯彻中央、省、市有关设立岚山区的文件精神，安排部署岚山区组建工作；12月27日，区级机构正式对外挂牌办公。

岚山区委下设办公室、组织部、宣传部、统一战线工作部、政法委员会等工作部门和区委党校，按党章规定设置纪律检查委员会（监察局与其合署）。区委办公室工作包括政策研究、机要、保密等；组织部工作包括老干部工作，区直机关工作委员会与其合署；统一战线工作部包括民族宗教事务工作，台湾工作办公室、工商业联合会机关、归国华侨联合会机关与其合署；社会治安综合治理委员会办公室与政法委员会合署。区信访局由区委办公室、区政府办公室管理，以区委办公室管理为主。2006年9月，区委党校升格为副处级建制。2007年11月，区台湾工作办公室独立办公。2011年，原与区人事劳动和社会保障局合署办公的区机构编制委员会办公室单独设置，纳入区委机构序列。

中共日照市岚山区委书记、副书记、常委一览表

表22-4

职　务	姓　名	籍　贯	任　期
书　记	孙承金	东港	2004年11月至2006年12月
书　记	高　杰	海阳	2006年12月至2011年10月
书　记	盖卫星	沾化	2011年11月任职
副书记	孙欣亮	莒县	2004年11月至2006年12月
副书记	徐淑利	莒南	2006年12月至2011年10月
副书记	张桂伟	沂水	2011年11月任职
副书记	王泽光	五莲	2004年11月至2006年12月
副书记	赵树村	莒南	2004年11月至2007年10月
副书记	吴宁春	南京	2007年5月至2007年10月（挂职）
副书记	徐中伟	苍山	2007年12月至2010年12月
副书记	孟　青	东港	2010年5月至2014年2月
副书记	孟凡香（女）	岚山	2011年6月至2011年11月
副书记	刘国田	莒南	2011年11月任职
常　委	庄会海	莒县	2004年11月至2006年12月
常　委	史文辉	五莲	2004年11月至2005年4月
常　委	郭洪林	东港	2004年11月至2006年1月
常　委	孙方金	岚山	2004年11月至2006年12月
常　委	秦玉贺	东港	2004年11月至2006年12月
常　委	徐中伟	苍山	2004年11月至2007年10月
常　委	孟凡香（女）	岚山	2004年11月至2011年6月

续表 22-4

职　务	姓　名	籍　贯	任　期
常　委	邢砚庄（女）	北京	2004年11月至2005年11月（挂职）
常　委	邱玉德	昌邑	2005 年 8 月至 2008 年 3 月
常　委	王立莹（女）	沂水	2006 年 1 月至 2006 年 12 月
常　委	郭晓民	成武	2006 年 9 月至 2011 年 11 月
常　委	孟　青	东港	2006 年 12 月至 2010 年 5 月
常　委	刘国田	莒南	2007 年 12 月至 2011 年 11 月
常　委	卢祥松	岚山	2007 年 10 月至 2011 年 12 月
常　委	费立志	东港	2007 年 10 月至 2011 年 11 月
常　委	刘祥龙	昌乐	2008 年 8 月至 2011 年 11 月
常　委	孙树平	东港	2008 年 3 月至 2010 年 5 月
常　委	柴世民	固始	2009 年 2 月至 2013 年 3 月
常　委	袁利强	青岛	2010 年 1 月至 2010 年 8 月
常　委	王聪儒	高密	2010 年 6 月任职
常　委	秦玉新	东港	2010 年 12 月任职
常　委	马运德	莒南	2011 年 5 月任职
常　委	申淑清（女）	日照开发区	2011 年 11 月任职
常　委	成　磊	日照开发区	2011 年 11 月任职
常　委	张玉新	兰山	2011 年 12 月任职

岚山区委各部委历任主要负责人一览表

表 22-5

单　位	职　务	姓　名	籍　贯	任　期
办公室	主任	秦玉贺	东港	2004 年 11 月至 2006 年 12 月
	主任	郭晓民	成武	2007 年 1 月至 2010 年 1 月
	主任	袁利强	青岛	2010 年 2 月至 2010 年 8 月
	主任	秦玉新	东港	2010 年 12 月任职
组织部	部长	孙方金	岚山	2004 年 11 月至 2006 年 12 月
	部长	孟　青	东港	2007 年 1 月至 2010 年 7 月
	部长	王聪儒	高密	2010 年 7 月任职
宣传部	部长	孟凡香（女）	岚山	2004 年 12 月至 2011 年 6 月
	部长	马运德	莒南	2011 年 6 月至 2011 年 12 月
	部长	秦玉新	东港	2011 年 12 月任职
统战部	部长	张厚峰	岚山	2004 年 12 月至 2007 年 1 月
	部长	张永祥	岚山	2007 年 1 月任职
政法委	书记	郭洪林	东港	2004 年 11 月至 2005 年 11 月
	书记	王立莹（女）	沂水	2005 年 11 月至 2006 年 11 月
	书记	刘国田	莒南	2006 年 11 月至 2007 年 10 月
	书记	费立志	东港	2007 年 10 月至 2011 年 11 月

续表 22-5

单 位	职 务	姓 名	籍 贯	任 期
政法委	书记	成 磊	日照开发区	2011 年 11 月任职
区纪委	书记	赵树村	莒南	2004 年 11 月至 2006 年 12 月
	书记	王立莹（女）	沂水	2006 年 12 月至 2010 年 1 月
	书记	卢祥松	岚山	2010 年 1 月至 2011 年 11 月
	书记	马运德	莒南	2011 年 11 月任职
党 校	副校长	法永勤	岚山	2004 年 1 月至 2006 年 12 月
	书记	秦玉新	东港	2006 年 12 月至 2010 年 12 月
	书记	万克洲	东港	2010 年 12 月任职
区直机关工委	书记	王郡宏	莒南	2004 年 11 月至 2007 年 10 月
	副书记（主持工作）	郑 伟	岚山	2007 年 10 月至 2011 年 6 月
	书记	郑 伟	岚山	2011 年 6 月至 2011 年 12 月
	副书记（主持工作）	庄会峰	岚山	2011 年 12 月至 2012 年 12 月
	书记	庄会峰	岚山	2012 年 12 月任职
文明办	主任	冯玉武	东港	2004 年 11 月至 2005 年 8 月
	主任	尹德志	莒南	2008 年 8 月至 2011 年 6 月
	主任	郑培晋	东港	2011 年 6 月任职
监察局	局长	杨春利	岚山	2004 年 11 月至 2005 年 4 月
	局长	张守向	岚山	2005 年 4 月至 2007 年 10 月
	局长	马德峰	岚山	2010 年 4 月至 2013 年 8 月
	局长	马 军	岚山	2013 年 8 月任职
编 办	主任	张永祥	岚山	2004 年 11 月至 2007 年 1 月
	主任	范文清	东港	2007 年 1 月至 2007 年 11 月
	主任	迟令堂	东港	2007 年 11 月至 2011 年 6 月
	主任	张红梅（女）	诸城	2011 年 6 月至 2011 年 11 月
	主任	战军仁	东港	2011 年 12 月任职
信访局	局长	迟明辉	东港	2004 年 11 月至 2010 年 4 月
	局长	王炳坤	嫩江	2010 年 4 月至 2011 年 12 月
	局长	尚 伟（女）	岚山	2011 年 12 月任职
台 办	主任	于茂江	岚山	2005 年 4 月至 2011 年 12 月
	主任	陆发本	莒县	2011 年 12 月任职

基层党组织 2004 年设区时，全区共有基层党组织 791 个，其中党委 15 个，党总支 38 个，党支部 738 个。2005 年设立日照焦电有限公司党委，2006 年设立区委党校党委，2007 年设立环海路党委、岚山农村信用合作联社党委、岚山联通公司党委，2008 年设立凤阳路社区党委、岚山烟草专卖局党委，2011 年设立岚山头街道机关党委、安东卫街道机关党委、凤凰山社区党委、虎山镇机关党委、官山社区党委、碑廓镇机关党委、黄墩镇机关党委、高兴镇机关党委、巨峰镇机关党

委、后村镇机关党委、山东岚桥集团公司党委、中粮黄海粮油工业（山东）有限公司党委、山东金石沥青股份有限公司党委。2012 年 7 月区划调整，后村镇党委、后村镇机关党委划归东港区委领导，中楼镇党委划归岚山区委领导。

至 2012 年年底，全区共有基层党组织 1007 个，其中党委 33 个，总支部 60 个，支部 914 个；村居党组织 423 个，机关事业单位党组织 228 个，企业党组织 239 个，新社会组织党组织 12 个，其他党组织 105 个。

2004 ～ 2012 年中共岚山区委基层党组织统计表

表 22-6　　单位：个

年份	机关			农村			其他			合计		
	党委	总支	支部	党委	总支	支部	党委	总支	支部	党委	总支	支部
2004	7	17	136	4	12	232	4	9	370	15	38	738
2005	7	17	136	4	12	232	5	9	372	16	38	740
2006	7	17	138	4	12	232	5	9	372	16	38	742
2007	7	20	139	5	14	233	8	11	374	20	45	746
2008	7	21	149	5	14	243	8	11	393	20	46	785
2009	7	21	154	5	14	248	9	10	393	21	45	795
2010	7	25	157	5	17	251	9	14	394	21	56	802
2011	7	25	167	5	17	261	19	10	407	31	52	835
2012	8	30	190	5	19	271	20	11	453	33	60	914

第二章　党员代表大会

1950 ～ 1955 年，域内党员代表先后参加了日照县委召开的 6 次党员代表会议。代表的产生是由日照县委确定数额和比例，然后由基层党组织指定。党员代表会议主要任务是总结部署党的中心工作，传达上级党委指示。

1956 ～ 1984 年，域内党员代表参加了中共日照县第一次至第六次代表大会和 1987 年 8 月中共日照市（县级）第七次代表大会；1990 年 8 月 22 ～ 24 日，参加了中共日照市第八次（地级）代表大会；1995 ～ 2003 年，参加了中共日照市东港区第九次、第十次、第十一次代表会议。

岚山办事处时期，分别于 1995 年 11 月 1 日和 2003 年 3 月 6 日召开 2 次党员代表会议。

2007 年 1 月 25 ～ 28 日，沿袭日照县、日照市（县级、地级）、东港区党代会届次，中国共产党日照市岚山区第十二次代表会议召开。2012 年 1 月 9 ～ 11 日，中国共产党日照市岚山区第十三次代表会议召开。

第一节　代表选举

岚山区第十二次党代会　2006 年 12 月 11 日，区委常委会作出《关于召开中国共产党日照市岚山区第十二次代表大会的决定》，12 月 13 日，区委组织部下发《关于选举出席区第十二次党代会代表的通知》，到 2007 年 1 月 10 日，全区 13 个选举单位的代表选举工作全部结束。经区委研究确定并经市委同意，出席区第十二次党代会的代表名额为220名，分配到各选举单位的名额共220名，实际选举产生220名。

选出的代表，各方面比例和分布比较合理，具有广泛代表性。代表总数中，各级领导干部131名，占59.5%；各类专业技术人员42名，占19.1%；各条战线先模人物47名，占21.4%；解放军、武警1名，占0.5%。在220名代表中，妇女代表39名，占17.7%；年龄45岁以下的152名，占69.1%。学历情况：大专以上169名，占76.8%；高中（含中专）51名，占23.2%。1966年5月至1976年10月入党的8名，占3.6%；1976年11月以后入党的212名，占96.4%。在基层一线的代表中，既有成就突出、贡献较大的各类专业技术人员，又有各条战线的先进模范。

岚山区第十三次党代会　根据2011年12月5日中共岚山区第十二届委员会第十六次全体会议《关于召开中国共产党日照市岚山区第十三次代表大会的决议》和12月12日中共岚山区委组织部《关于做好区第十三次党代表大会代表选举工作的通知》要求，全区按8个乡镇街道和区直机关工委、区住建局、日照市公安局岚山分局、三木集团、焦电公司划分了13个选举单位，由这些选举单位召开党代表大会、党代表会议或党员大会选举产生出席中国共产党岚山区第十三次代表大会代表。代表选举工作于2011年12月24日前全部完成，区委分配到各选举单位的名额220名，实际选举产生220名。

各选举单位在代表酝酿选举过程中，认真贯彻执行民主集中制原则，充分发扬党内民主，尊重广大党员的民主权利和选举人意志，坚持按党章规定的程序精心部署，认真组织实施。代表候选人都是经过自下而上、自上而下提名推荐，反复酝酿讨论，根据所在单位党组织和多数党员的意见提出来的，并按照多于代表30%的比例提出候选人初步人选名单。全区参与酝酿推荐的党支部和党员分别达到100%和99.6%。代表候选人初步人选名单提出后，各选举单位进行了认真考察。

全区共抽调干部168人，考察谈话对象657人，其中，党员480人，群众177人。同时，专门征求纪检、监察、审计、计生、信访及公、检、法等部门的意见，并对代表候选人初步人选进行公示。经过各选举单位党（工）委会议充分讨论，确定代表候选人预备人选275名，差额比例为25%，报区委审查。代表候选人预备人选名单经区委审查原则同意后，各选举单位分别召开党代表大会、党代表会议或党员大会，按照党章规定的民主程序，在充分酝酿、根据多数选举人意志确定候选人的基础上，以无记名投票方式，差额选举产生出席区第十三次党代会的代表。

此次当选的220名代表具有广泛的代表性和先进性。其中，各级领导干部代表129名，占58.6%；各类专业技术人员代表44名，占20%；各条战线的先进模范人物代表42名，占19.1%；解放军、武警代表5名，占2.3%。代表总数中，妇女代表37名，占16.8%；45岁以下代表124名，占56.4%；大专以上文化程度代表188名，占85.5%。代表中，既有党龄长、阅历深、经验丰富的老同志，又有勇于开拓、充满活力的中青年；既有在长期的生产、建设实践中一贯兢兢业业、埋头苦干的老典型、老先进，又有在改革开放新形势下崭露头角的后起之秀。他们都是各乡镇街道、各部门、各单位能联系群众，有威信、有贡献、有议事能力的优秀党员，是全区各级党组织和广大党员干部群众信赖的队伍。

第二节　历次党代会

中共日照市岚山工委第一次代表会议　1995年11月1日在岚山召开，到会代表63人，选举产生出席日照市第九次党代会的代表21名。选举张玉佩、万同、梅志强、辛公会、李志明、刘加顺、焦安廷、丁惟生、祝鹏高为党工委委员，张玉佩当选为书记，万同、梅志强、辛公会为副书记。

中共日照市岚山工委第二次代表大会　2003年3月6日在岚山召开，到会代表152人，选举产生出席日照市第十次党代会的代表24名。选举孙承金、孙欣亮、赵树村、丁惟生、王泽光、孙运涛、庄会海、孙方金、陈常省、秦玉贺为党工委委员，孙承金当选为书记，孙欣亮、赵树村、丁惟生、王泽光当选为副书记。

中共日照市岚山区第十二次代表大会 2007年1月25～28日在岚山召开，应到代表220名，实到代表217名，出席纪委会议的全体委员及部分党内老同志列席会议。会议选举产生31名区委委员、7名区委候补委员组成中共日照市岚山区第十二届委员会，选举产生25名委员组成中国共产党日照市岚山区纪律检查委员会，选举产生50名出席日照市第十一次党代会代表。选举高杰、徐淑利、王泽光、庄会海、徐中伟、王立莹（女）、孟凡香（女）、刘国田、邱玉德、郭晓民、孟青为区委常委，高杰当选为书记，徐淑利、王泽光当选为副书记。会议听取审议了区委工作报告和区纪委工作报告，通过了《中国共产党日照市岚山区第十二次代表大会关于区委工作报告的决议》和《中国共产党日照市岚山区第十二次代表大会关于中共日照市岚山区纪律检查委员会工作报告的决议》。

中共日照市岚山区第十三次代表大会 2012年1月9～11日在岚山召开，应到代表220名，实到代表217名，出席纪委会议的全体委员及部分党内老同志列席会议。会议选举产生33名区委委员、7名区委候补委员组成中共日照市岚山区第十三届委员会，选举产生25名委员组成中共日照市岚山区第十三届纪律检查委员会，选举产生50名出席市第十二次党代会代表。选举盖卫星、张桂伟、刘国田、马运德、申淑清（女）、成磊、王聪儒、柴世民、秦玉新、张玉新为区委常委，盖卫星当选为书记，张桂伟、刘国田当选为副书记。会议听取审议了区委工作报告和区纪委工作报告，通过了《中国共产党日照市岚山区第十三次代表大会关于区委工作报告的决议》和《中国共产党日照市岚山区第十三次代表大会关于区纪委工作报告的决议》。

第三章 重要决策

区委会议主要由区几大班子书记例会、区委全委会议、区委常委会议、区委常委民主生活会、区委干部人事酝酿会议、区党政联席会议构成。另外全区性综合会议还包括全区经济工作会议、全区领导干部会议。

第一节 党的建设

自1993年起，重点对广大党员干部进行解放思想，发扬艰苦创业、无私奉献精神，扎根岚山、开发建设岚山的教育；开展社会主义市场经济教育活动，先后组织宣讲1017场，受教育干部群众达40万人次，增强广大干部群众的竞争意识和市场经济观念；开展农村党支部“上、争、创”（一类班子创红旗，二类班子争先进，三类班子上台阶）活动，促进基层党组织建设。1994年，加强对农村党组织后进班子转化工作，选拔部分经济强村与西部后进村结成对子，帮助后进村选准经济发展路子，培育经济增长点，培养后备干部；教育广大干部群众破除“左、旧、小”等封闭保守的僵滞观念，树立敢闯、敢冒、敢试的开拓创新精神。1995年，广泛开展“三学”（学习孔繁森、王廷江、韩素云）“两学”（学习建设有中国特色的社会主义理论、学习党章）活动，增强广大党员干部的宗旨观念、服务意识和争创一流工作成绩的思想。

1996年，重点加强思想政治建设，主要是讲学习、讲政治、讲正气；大力弘扬艰苦创业的日照、岚山精神，其中心内容是自我加压、艰苦创业。1998年，工委印发《关于加强一把手队伍建设的意见》、领导干部转变作风《十项规定》和《关于加强区级机关办公大楼内部管理的规定》，在处直部门实行挂牌上岗；8月25日，工委、办事处召开联席会议，决定在岚山划分四条工作线，相应成立社会稳定工作、农业开发工作、基础设施和城市建设工作、工业生产和市场贸易工作4个领导小组，加强对中心工作的领导，使领导精力进一步向中心工作“聚焦”。1999年，进一步加强基层党组织建设，按照“五好”目标和抓两头带中间的工作思路，常抓不懈；继续实行分线作战，建立完善的工作目标管理责任制，把任务落实到人，一条线抓到底。

2000年，深入学习“三个代表”重要思想，开展“三讲”教育回头看；加强基层组织建设，压减村干部和吃补贴人员，全面推行农村会计职业化管理；开展乡镇干部“民情日记”“机关工作规范年”活动，推进中层干部竞争上岗和发展党员公示制。2001年，建立民营企业党建指导员制度，成立了全市第一个民营企业党委——三木集团党委；开展“学党章、守纪律、正党风”活动，出台“五个不准”，实行服务承诺、首问负责制，改进行业作风。2002年，把发展民营经济、增加农民收入作为村级工作的中心任务；强化干部队伍建设，鼓励机关事业单位人员辞职离岗、大胆创业，在民营经济发展中一展才华。2003年，深入学习贯彻中共十六大精神，开展“理想信念、廉政纪律”教育活动；建立全处农村基层组织建设联席会议制度，将农村基层党组织建设列为乡镇街道党委“一把手”工程；加强新型经济组织党建工作，建立了处级领导干部联系企业党建制度，有3家民营企业被确定为市级党建示范点。2004年，深化“三个代表”重要思想学习教育，开展中共十六届三中全会精神和“两个心系”“革除障碍、跨越发展”主题教育活动；开展党员先进性教育，重点加强基层党组织特别是乡镇党委和农村党支部班子建设，真正让广大党员干部做到心系发展、心系百姓；开展“班子建设年”活动，进一步完善干部公开选拔、竞争上岗等选人用人机制。

2005年，开展保持共产党员先进性教育；完成了区级机构设置和领导干部配备；强化宣传思想工作，深化“新岚山、新起点、新跨越”理论创新；开展“城乡文明共建”和农村“文明信用工程”建设，非公有制经济组织精神文明创建工作获全市精神文明建设创新奖。2006年，开展第三批保持共产党员先进性教育活动，围绕建设社会主义新农村这一主题，抓好“村级班子建设、民主管理监督和为群众办实事”3个重点，把保持共产党员先进性教育活动开展成为群众满意工程。2007年，深入开展“三级联创”活动，进一步巩固党员先进性教育成果。

2008年，在全区开展以“推动进位争先、破除思想障碍”为主题的解放思想大讨论活动，真正清除思想观念中阻碍发展的“绊脚石”“拦路虎”。当年，区委、区政府建立“321”村级民主工作模式，即“三会”：在村级重大事项决策过程中，必须召开两委会、党员会、党员和村民代表会议3个会议；“两公”：实行村务大事村民公决、决策事项全面公开；“一评”：对决策实施结果进行评议。

2009年，组织开展深入学习实践科学发展观活动，把学习实践活动与保持经济平稳较快增长相结合；在全区机关开展“创五型机关、促跨越发展”活动，以进一步加强机关建设，提高机关干部服务发展、服务社会、服务人民的意识和能力。2010年，开展“北学黄岛、南比赣榆，攀住曹妃甸、跻身三十强”解放思想大讨论，组织“大爱岚山”感恩实践活动。2011年，以“开放创新、转型升级、跨越发展”为主题，开展“执行力、创新力、公信力”建设年活动，推动新一轮思想解放；开展“倾听群众心声”万人大走访活动，领导干部带头深入基层，听取广大群众对区委、区政府及各级各部门单位的工作评价、建议和意见。

2012年，提出坚持解放思想不动摇，破除一切阻碍跨越发展的落后观念，以思想的大解放推动发展的大跨越；坚持优化环境不放松，转变作风、提升效能，打造风清气正的发展环境；坚持推进落实不懈怠，加强督查考核，以更大的力度推进工作落实。

第二节　经济建设

1993年，工委、办事处提出，1994年在经济建设方面要实现“五个突破”：开发区建设争取有突破性进展；处属工业和乡镇企业发展实现新的突破；第三产业发展实现新的突破；水产业发展实现新的突破；市场农业、创汇农业和城郊型农业、农村经济发展实现新的突破。

1995年，工委、办事处提出，打好两个基础（农业、城市基础设施），实施四项战略（工业带动、外向带动、海上岚山、科教兴岚），以岚山外向型工业园为龙头，以改革为动力，以党的建设和社会主义精神文明建设为保障，强化四大支柱产业(处属工业、乡镇企业、水产业、第三产业),全面振兴岚山经济。当年,对民营经济实行"三不限、三放宽":不限制发展比例、发展速度、发展规模,放宽经营范围、经营主体、经营方式。

1996年,工委、办事处确定,1996年及此后一个时期,岚山经济和社会发展,必须继续弘扬艰苦创业的岚山精神,树立干大事、创大业的思想,进一步强化拼抢意识,以瞄准先进、先赶后超、争创一流、力争3年经济发展跨入全市先进行列为主攻目标,实现国内生产总值、财政收入等主要经济指标5年翻两番,初步建立起面貌全新、功能完善的新兴现代化港城。工作中,着力建设5大基地(粮食高产基地、水产基地、畜牧养殖基地、蔬菜基地、林果基地),实施"三十个"工程(组建10大企业集团、培植10家利税过千万元的企业、创立10大名牌),努力实现经济和社会事业的新突破、大发展。

1997年,工委、办事处提出大力实施"资源转换、工业带动、城市推动、港口带动、外向带动、科技兴岚"6大战略。

1998年8月25日,工委、办事处提出"强渔、兴商、重工、稳农,大力发展岚山特色经济"的思路,确定把水产、大棚蔬菜、茶叶、旅游、市场和民营经济、外向型经济作为岚山的优势和特色,进行重点培育。在城市建设中,确定了"控制外延、提高内涵、高点开发、完善配套"的指导思想和"优化政策、强化管理,启动民力、借助外力,集中开发、重点突破"的工作思路。

1999年,提出重点抓好7项重点工程和16个重点项目建设。7项重点工程是:轿顶山小区续建、城市绿化美化净化、旧城区生活小区建设、海水浴场二期工程、汾水十字路口整治、防潮堤建设和杨港西路建设。16个重点项目分别是:万亩茶园节水灌溉高效开发、万亩海水养殖综合高效开发、万亩蔬菜高效开发、沿海绿色长廊暨茶园防风林网建设等4个农业开发项目,三木集团木材综合利用及扩大生产能力、港口石油公司七星油港及配套、童海渔港配套改造、昌华食品集团公司市场开拓、日照市茶厂茶叶龙头配套建设、线路器材厂扩大生产规模、永兴公司扩上鲐鱼片生产线、渔港冷藏厂开发生产硅烷偶联剂系列产品等8个工业项目,安东卫海货城建设、岚山鲜活水产城二期工程、汾水批发市场三期工程和西关宾馆装修启用等4个第三产业项目。

2001年,工委、办事处提出,年内经济社会发展的任务是,以招商引资为突破口,大力推进改革开放,着力发展城市经济,加快经济结构战略性调整,不断提高城市化水平;继续大力培植优势骨干企业,推动三木集团扩大生产能力、港口石油公司扩大生产规模、黄海粮油公司扩建、福利铸造厂扩大生产能力等重点项目;支持港口、铁路、高速公路建设,完成圣岚西路硬化工程,搞好港口仓储区建设,改善港口集疏条件。3月24日,全处招商引资工作动员大会召开,工委、办事处印发《关于大力开展招商引资工作的决定》《招商引资优惠政策(试行)》《招商引资奖惩办法(试行)》。

2002年,工委、办事处提出,以加快工业化、推进城市化为主题,大力实施工业强区、开放兴岚战略,奋战三五年,初步建成经济繁荣、功能完备、环境优美的新岚山。力争到"十五"末实现"三个突破":一是工业化实现突破,工业总量比"九五"末扩大两倍以上,地方财政收入实现翻番,基本完成由工业化初期向中期的过渡;二是经济国际化实现突破,每年新上投资过千万元的项目10个以上,经济外向度达到40%;三是城市化实现突破,二三产业、城镇人口比重分别达到85%和60%,科教文卫体和环保等设施基本完备,人居环境显著改善。当年制定印发了《关于进一步加快民营经济发展的意见》和《关于加快培植骨干企业的实施意见》,对17个骨干企业实行处级领导和处直部门包扶责任制。

2003年,工委、办事处提出,大力实施港口带动、工业强区、开放兴岚"三大战略",努力做好民营经济、外向型经济、海洋经济"三篇文章",构筑特色更加鲜明的岚山经济板块,促进全区经济和社会事业的持续、快速、健康发展,加快全面建设小康社会步伐。具体工作中突出抓好6项重点工作:一是强化招商引资,增强经济发展动力;二是加快园区经济开发,以新型工业化提升民营经济发展水平；三是加快外向型经济发展，提高经济国际化水平；四是大力发展港口经济，倾力支持H型钢项目建设；五是加快城市建设步伐，打造新区形象；六是加快结构调整步伐，促进高效农业发展。

2004年，工委、办事处提出，继续大力实施三大战略、做好三篇文章，集中全力实施“五四三二一”工程，即培育冶金、液体化工和粮油、木材、海产品加工五大临港产业，抓好大项目配套服务、民营经济、城市建设、招商引资四个重点，强化目标考核、责任督查、机制创新三条措施，加快经济国际化、城乡一体化两个进程，实现跻身全省经济强县这一目标，推动岚山的跨越发展。

2005年，区委、区政府提出，大力实施“一二三四五”的发展目标和工作思路，即紧紧围绕跨越发展这一总目标，加快城市化、工业化“两个进程”，继续实施港口带动、工业强区、开放兴岚“三大战略”，努力做好民营经济、外向型经济、海洋经济、特色农业经济“四篇文章”，突出城市建设、临港工业、镇域经济、基层组织建设、社会稳定“五个重点”，实现全区物质文明、精神文明、政治文明的协调发展。全区经济社会发展的主要预期目标是：力争实现“一个过半、六个翻番、一个过亿”，即力争地区生产总值增长50%以上；规模以上工业总产值、销售收入、工业增加值、利税、固定资产投资、实际利用外资分别实现翻番的增速；地方财政收入过亿元。按照“打造亿元群体、培育十亿板块、建设百亿企业”的目标，聚力临港产业的培育，努力新上一批大项目、培植一批大企业、创出一批好品牌，形成特色鲜明、板块清晰的临港大工业体系。

2006年，区委、区政府决定开展“项目建设年”活动，把项目建设作为招商引资的重中之重，作为推动经济发展的“生命线”。建立“区级领导带头、定期现场调度、定期督查通报”相结合的招商引资推进机制，对区级领导和各乡镇街道、部门招商引资情况和项目建设情况每月进行一次通报，每季度开展一次项目建设现场调度会。实行严格的项目推进“四个一”机制，凡是投资过千万元的项目，必须做到“一个项目、一位区级领导、一套班子、一抓到底”；在规模以上工业企业中实施“五个一”招商机制（提供一条招商线索、联系一家外商、挂靠一家大企业或科研院所、开发一个新产品、上一个新项目）。

2007年，区第十二次党代会提出，今后5年全区工作以跻身全省三十强、冲刺全国百强为总目标，大力实施“港口立区、工业强区、开放兴区、民营富区”四大战略，努力做好“临港工业、海洋产业、现代农业、商贸物流”四篇文章，聚力推进“新型工业化、城市现代化、社会主义新农村、和谐社会”四个建设，全力打造实力、生态、文明、平安、活力的社会主义和谐新岚山。当年，区委、区政府印发《关于膨胀企业规模促进工业发展的意见》，落实按贡献激励发展制度，“谁英雄谁好汉、贡献大小说了算，企业发展好不好、就看纳税多与少”。

2008年，区委、区政府提出，坚持把项目建设作为工作的重中之重，作为经济工作乃至各项工作的总抓手，努力在招商引资、大项目建设上实现新的突破。加快钢铁、石化、木材加工、物流等临港产业园区的规划和基础设施建设，探索建立科学的管理体制和运行机制，发挥产业园区的平台作用和集聚效应，引导各类生产要素加速向园区集中，引导相关产业和上下游关联企业向园区聚集，形成富有特色的经济板块和产业集群。在城市建设方面，抓紧规划建设一批能够切实提升承载功能、提升城市形象的基础设施配套工程，发挥政府主导作用，以政府的先期投入推动城市功能的完善、品位的提升、环境的改善，提升城市开发价值，带动和促进城市经济的发展。围绕提升城市形象，确定实施南部滨海新区开发、西南沮片区改造及护城河清理等重点工程，力争在较短时间内使城市建设从基础设施配套到环境改善上都实现大变化，切实扭转城市建设滞后于经济社会发展的局面。

2009年，区委、区政府提出，按照市委、市政府“抓住新机遇、增创新优势、实现新跨越”的要求，坚持把保持经济平稳较快增长作为首要任务，咬定进位争先目标不动摇，继续大力实施“四大战略”、努力做好“四篇文章”，进一步突出重点、攻克难点、打造亮点，聚力主攻项目建设、突破园区配套、强化港口服务、加快城市发展、做强镇域经济、壮大特色产业、高度关注民生、狠抓平安稳定，切实坚定信心、积极作为、变中求进、抢抓机遇、科学务实、推动发展，加快建设山海宜居现代港口经济强区、打造生态环保国际一流新兴钢城，以优异成绩迎接建国60周年、建市20周年、设区5周年。

2010年，区委、区政府提出加快“五个建设”，实现“五个突破”：一是着力加快临港工业体系建设，聚力突破产业招商、园区招商、企业招商，在推动招商引资上实现新突破；二是着力加快城市建设，完善城市规划、加快推进城建重点工程、搞好城市运营、提升城市功能、推行城市精细化管理，在增强承载服务功能上实现新突破；三是着力加快新农村建设，加快现代农业、镇域工业发展，加快小城镇建设，加大“三农”支持服务力度，在推动镇域经济发展上实现新突破；四是着力加快生态环境建设，坚持源头治理污染、积极推行节能减排、大力开展植树造林，在推进循环经济发展上实现新突破；五是着力加快民生事业建设，切实抓好民生改善、全力维护社会稳定、不断加强精神文明创建，在提升共建共享水平上实现新突破，聚力打造半岛蓝色经济区先行示范区、鲁南临港产业带核心区。当年，区委、区政府确定了“以阿掖山为中心成扇形分布，东部港区、南及西南部城区、北及西北部临港产业聚集带”的城市布局，规划控制面积扩展到160平方公里，控规覆盖率达到90%，进一步拓展了城市规划广度和深度。

2011年，区委、区政府启动《岚山区蓝色经济区总体规划》，修订完善钢铁、化工、木材、食品药品等4大产业园区和专项发展规划，优化临港产业空间布局；制定《岚山区服务支持日照钢铁精品基地建设工作方案》，对钢铁精品基地用地区域规划、区域内村庄搬迁安置、失地农民民生等问题进行初步规划，做好基地选址、建设用地、拆迁安置、港口配套、水电保障等前期准备工作。

2012年，区第十三次党代会提出，今后5年全区工作以改革创新为动力，以项目建设为支撑，以民生幸福为根本，以党的建设为保障，坚持新型工业化、新型城镇化、农业现代化“三化”同步推进，大力实施港口立区、产业强区、生态建区“三大战略”，努力做好现代海洋产业、现代特色农业、现代服务业“三篇文章”，全力打造蓝色经济先行区、临港产业核心区、滨海宜居城市新兴区、生态文明乡村建设示范区，努力争当半岛蓝色经济区发展排头兵。2012年，一是着力推进项目建设、完善园区配套、提升港口功能，努力在蓝色经济发展上实现新突破；二是着力拉伸产业链条、加快三产发展、加大招引培育力度，努力在发展质量效益上实现新突破；三是着力加强科学规划、推进片区开发、强化经营管理，努力在海滨宜居城市建设上实现新突破；四是着力加强资源整合、加大扶持力度、集中有效投入，努力在生态文明乡村建设上实现新突破；五是着力保障改善民生、加强统筹协调、促进和谐稳定，努力在提高共建共享水平上实现新突破。

第三节 社会事业

1994年，提出“科教兴岚”战略，要求将经济发展转到依靠科技进步和提高劳动者素质的轨道上来，加快科学技术推广应用，积极引进高新技术搞好对老企业的嫁接改造；加强基础教育，大力发展职业教育和成人教育，全面提高劳动者的科技文化素质。1996年，提出教育方面要抓好安东卫中学、职业中专、机关幼儿园建设，改善办学条件；卫生方面要搞好日照市第二人民医院新上500MAX光机和离心机工作，提高医疗技术水平；科技方面要围绕肉牛养殖、紫菜养殖、“511”精久农业工程等搞好服务；文化娱乐方面要加快砚台山公园、海水浴场建设；计划生育方面要坚持党政一把手亲自抓、负总责，严格实行一票否决制度，年内确保农村、处直机关、处属企业计划生育落后状况彻底改观。1998年，建成启用岚山一中教学楼，2所学校被评为省级体育传统项目学校；有线广播电视传输网在全市率先实现处乡联网。1999年，提出加快实施科教兴岚战略，继续把教育放在优先发展的战略地位，加大投入，积极推进素质教育，发展职业教育；加快水产、茶叶、蔬菜等科研机构、科技推广网络、科技示范基地和科技人员队伍建设，搞好新技术、新成果引进转化；加强产学研联合，支持骨干企业建立技术开发中心，提高产品开发、技术创新能力；积极培养、引进一批岚山开发建设急需的中、高级管理技术人才，力争科技对经济发展的贡献率达到45%以上。

2000年，提出要深化教育管理体制和办学体制改革，优化学校布局和师资力量配置，提高教育水平，搞好日照一中岚山分校配套建设，加快普及高中阶段教育；深化医疗卫生体制改革，优化资源配置，重点搞好日照市第二人民医院建设，提高医疗服务水平；加强文体基础设施建设，实施有线电视村村通工程，增强岚山文化氛围；加快完善社会保障体系，推进城镇职工医疗保险改革，保障城乡低收入者基本生活，逐步建立起社会保障安全网。2002年，提出落实以县为主的教育管理体制，推进学校布局调整，搞好省级规范化学校创建，搞活职业技术教育，提高办学水平；制定文化体育设施建设规划，纳入城市建设总体布局；搞好医疗卫生设施建设，抓好农村合作医疗和预防保健工作；加快建立“依法管理、村民自治、优质服务、政策推动、综合治理”的计划生育管理体制，稳定低生育水平，提高人口素质。2003年，提出搞好实验学校的筹建，加快日照一中岚山分校综合教学楼建设，实现党校、技校、职业中专联合办学，搞好农村中小学教师工资上划；搞好日照市第二人民医院与先进医院的协作，对处内白内障病人实施“复明工程”；实施有线电视“入户过半”工程；突出“村民自治、优质服务、依法行政”三个重点，稳定低生育水平；完善城乡社会保障体系，关注弱势群体，做好救灾救济工作。

2004年，提出重点实施六项“为民工程”：一是实施农村“三通”工程，即“村村通油路”、通客车、通自来水，解决广大农民群众行路难、乘车难、吃水难问题；二是实施城区“三网”改造建设工程，即城区供水管网改造、电网改造和供热管网规划建设，解决城区供水、供电质量不高和居民取暖、企业用热困难问题；三是实施公共卫生发展工程，继续实施“复明工程”，搞好碑廓镇新型农村合作医疗试点工作，争列全省试点区县；四是实施教育发展工程，重点加快日照一中岚山分校建设，争创省级规范化学校，开工建设岚山春晖学苑，建成岚山头街道中心幼儿园；五是实施文明殡葬工程，规划建设公墓，改革传统殡葬习俗；六是实施全民健身工程，重点加强人民广场和轿顶山生活小区等重点区域健身场所建设。

2005年，提出大力实施十项为民工程，即建立贫困群众救助保障制度，切实保障困难群众的基本生活；建立失地农民和失海渔民补偿保障制度，维护好被征用土地、岸线群众的合法利益；加快实施农村等级公路改造、农村人畜饮水解困等工程，改善农村农民的生产生活条件；加快城区供水、供电、供暖、供燃气等管网改造，提高城区居民的生活水平；搞好农村新型合作医疗，继续实施复明工程，切实提高人们的健康素质。2006年，提出优化整合教育资源，推进“六三”学制改革，基本完成中小学布局调整、合班并校，逐步解决农村教师老龄化问题；继续实施“复明工程”，继续推进新型农村合作医疗，确保参合率达到88%以上；全面完成村村通自来水，解决农村人畜饮水难问题；搞好中小型水库除险加固，争取巨峰水库除险加固工程开工建设；加快县乡道路改造，完善镇村客运交通网络，组建岚山公交公司，搞好汾水汽车站和镇级客运站建设，实现村村通客车；启动乡镇敬老院改扩建工程，搞好孤寡老人、贫困儿童救助，逐步对农村贫困残疾人家庭危房进行改造；高度重视计划生育工作，突出“薄弱村转化、控制非法生育、出生婴儿性别比和晚婚晚育”4个重点，打牢基层基础工作，争创全省计划生育优质服务先进区；抓好基层文化设施建设，争创全省社会文化先进区；开展全民健身活动，提高人民群众健康素质。

2007年，提出强化科技人才队伍和科研机构建设，提高科技普及率和贡献率；深化教育布局调整，完善办学体制，发展职业技术教育，开展农民教育和企业职工培训；加大文体事业投入，建设一批现代化公益文体设施工程，培育发展文化产业、繁荣文化事业；继续加强区级医院和乡镇卫生院建设，深化实施新型农村合作医疗制度，健全社区卫生服务网络，加强食品药品安全监管，提升突发公共卫生应急事件处置能力；坚持富民优先、民生为重，在全区建立和完善养老保险、医疗保险、工伤保险、生育保险、失业保险、失地农民保障、城乡居民最低生活保障、弱势群体救助、农村五保老人供养及慈善捐赠等保障机制，解决好群众的生活、就业、住房、上学、就医等问题，提高城乡社会保障能力和水平，创造幼有所教、壮有所用、老有所养、各尽所能、各得其所、和谐相处的良好社会环境，让人民群众广泛享受到发展带来的美好生活；加强生态建设，开展城乡绿化美化，发展生态农业、生态工业、生态旅游，保持良好的人居环境，努力建设山在城中、城围山转、碧海蓝天、山水相连、人与自然和谐相处的生态新岚山。当年，区委、区政府制定《城市低保对象分类施保工作规定》《岚山区农村居民最低生活保障制度》《岚山区实施村居医疗救助制度的意见》，加大财政补助力度，定期为最低生活保障对象、特困群体发放补助金。

2008年，提出按照“学有所教、劳有所得、病有所医、老有所养、住有所居”的要求，从解决人民群众最关心、最直接、最现实的利益问题入手，落实好各项惠民政策，加快建设惠及全民的公共服务体系。集中财力更多地向困难群众、农村、基层倾斜，向社会事业、公共服务倾斜。继续实施好“为民办实事”重点项目，以更大的力度解决好就业、医疗、住房、教育、社会保障等民生问题。坚持环境优先的原则，加强节能减排和环境保护，加强对重点领域、重点企业的监管和整治，发展循环经济，推进清洁生产；加强城乡环境综合整治，解决重点区域、重点部位脏乱差的问题，推动环境友好型、资源节约型社会建设，筑牢可持续发展的基础。

2010年，提出加大教育投入，解决好农村教师老龄化等问题；抓好公共医疗卫生服务体系建设，加快推进区人民医院综合门诊楼建设，搞好高级卫生人才引进，进一步提高全区医疗服务水平；进一步扩大新型农村养老保险试点面，提高社会保障待遇水平，提高城乡低保标准；做好农村住房建设与危房改造工作，年内完成农房建设4300户，其中危房改造800户。

2011年，提出坚持以民生需求为取向，加快社会事业发展。坚持把更多的财力投向民生事业，优先保障群众最需要解决的大事、难事、急事，年内投资12亿元以上重点搞好区属实验中学、区人民医院综合门诊楼、新型城乡居民基本养老保险、就业培训等事关人民群众切身利益的民生项目建设，加快构建保障力更强、覆盖面更广的民生保障体系，实现“新农保”全覆盖，提高人民群众满意度和幸福指数。深化医药卫生体制改革，巩固扩大国家基本药物实施范围和“新农合”成果；推进区级综合文化中心和“千百重点文化工程”建设，促进文化资源共享，加快建立覆盖城乡的基本公共服务体系和医疗卫生服务体系。开展“大爱岚山”感恩实践系列活动和“全员宣讲、全员实践、全员创新”活动，提升精神文明创建水平。

2012年，提出大力保障和改善民生，扎实办好为民办实事项目，解决好人民群众最关心的实际问题；强化就业服务，抓好就业培训，完善城镇基本养老保险、基本医疗保险、新型农村合作医疗和城乡居民最低生活保障制度，逐步扩大覆盖面，提高统筹层次和保障水平；落实优抚安置政策，加快发展社会福利和慈善事业。大力发展社会事业，把教育摆在优先发展的战略位置上，加大教育投入，加强教师队伍建设，建成启用实验中学，进一步提升办学水平；加快医药卫生体制改革，加强医疗设施投入和医生队伍建设，建成启用区医院综合门诊楼；加大保障性住房建设力度，解决城镇中等偏低收入家庭的住房困难。大力加强生态环保，严格控制“两高一低”项目，落实节能减排目标责任制，开展工业源、农业源、生活源污染治理，抓好植树造林、城乡绿化；加强矿产资源监管，严厉打击破坏矿产资源和滥采乱挖的违法行为。大力加强和创新社会管理，坚持以群众工作统揽信访工作，完善群众诉求表达、矛盾排查调解、社会风险评估等机制，创新综治维稳工作方法，完善社会治安防控体系，严密防范和依法打击各种违法犯罪活动；建立健全突发事件应急机制，坚持不懈地抓好安全生产工作；高度重视食品药品安全工作，确保人民群众安居乐业、社会和谐稳定。加强公共文化设施建设，大力发展文化产业，科学规划设计、扎实推进区级多功能综合文化中心建设，深入实施“千百重点文化工程”，充分挖掘特色文化资源，强化文化市场监管，培育和打造岚山文化名片，提升文化软实力。

2013年，区委、区政府提出加快“六个岚山”建设，即“实力岚山、活力岚山、幸福岚山、平安岚山、生态岚山、文明岚山”。

第四章　组织建设

第一节　党员队伍建设

党员发展　1926年春，郑天九入党。1928年初，日照县委建立后，在贫苦农民和进步学生中发展党员建立党员队伍。1932年10月，郑天九利用“平民夜校”作掩护，在邵疃、山字河一带培养、发展党员。是年，全日照县党员达700余人。后由于日照暴动失败和叛徒出卖，境内党组织受到严重破坏，党员发展处于低潮，直至1937年才开始重新吸收新党员，恢复和建立党组织。

抗日战争爆发后，在党的抗日民族统一战线方针政策指导下，党员数量大幅增加。解放战争时期，党员队伍有较大发展。自1947年7月开始全面实行党支部、党员公开化后，至1949年10月，日照县党员达20846名。

新中国建立后，一大批各行各业先进模范人物，成为党员发展主要对象。1950年5月，贯彻中共中央《关于发展和巩固党的组织的批示》和1951年全国第一次组织工作会议通过的《关于发展新党员的决议》，发展对象主要以农民为主。“文化大革命”中，党员发展取消预备期，发展标准受“左”的思想影响严重。

1979年后，注重发展致富带头人、经济能人入党，并注重在知识分子中发展党员。1993～2003年，岚山办事处共发展党员3000余名。在发展党员工作上，坚持组织员谈话制度，建立入党积极分子培养、发展党员公示和责任追究制度。坚持党员发展“十六字”(坚持标准、保证质量、改善结构、慎重发展)方针，严把入口关，畅通出口关。发展计划指标适当向非公有制经济组织倾斜，1998～2003年，全处在非公有制经济领域发展党员300余名。

2005年，岚山区委制定下发《关于在全区农村建立集中推荐入党积极分子的意见》，要求1000口人以下的村每年一般应推荐3名以上入党积极分子，1000口人以上的村一般应推荐5名以上入党积极分子。

2007年，区委组织部下发《关于聘任兼职组织员的通知》，从区委各部委和各基层党委选聘13名兼职组织员，初步建立一支熟悉党的组织工作业务、具有一定党务工作经验的兼职组织员队伍。2010年，下发《关于实行“一推两选、全程公开”发展党员的实施意见》和《关于在机关企事业单位实行集中公开推荐入党积极分子的实施意见》，对党员发展工作进一步规范、完善。2011年，印发《发展党员工作责任追究制度》，对发展党员工作实行全程责任追究，在一定程度上杜绝了违规发展党员现象。

1993～2003年岚山办事处共产党员基本情况统计表

表22-7　　单位：人

年份	总数				文化程度						行业分布		
	总数	正式	预备	女	大学	中专	高中	初中	小学	文盲	农村	机关	其他
1993	8270	8025	245	864	207	406	763	1639	3249	2006	6072	1076	1122
1994	8516	8226	290	909	264	552	847	2203	2736	1914	6152	1224	1140

续表 22-7

年份	总数				文化程度						行业分布		
	总数	正式	预备	女	大学	中专	高中	初中	小学	文盲	农村	机关	其他
1995	8832	8462	370	1001	380	644	973	2485	2536	1814	6223	1465	1144
1996	9184	8713	471	1092	546	738	1035	2504	2584	1777	6324	1693	1167
1997	9406	90976	330	1091	674	796	1126	2665	2495	1650	6376	1732	1298
1998	9623	9236	387	1173	803	794	1166	2758	2476	1626	6502	1861	1260
1999	9799	9457	342	1215	1013	799	1211	2851	2319	1606	6750	1815	1234
2000	10008	9697	311	1281	1105	849	1288	2885	2293	1588	6742	1997	1269
2001	10188	9891	297	1324	1255	873	1356	2972	2942	790	6771	2045	1372
2002	10058	9773	285	1335	1389	821	1301	2827	2935	785	6728	1981	1349
2003	10224	9934	290	1335	1534	828	1341	2673	2317	1531	8943	888	393

2004～2012年岚山区共产党员基本情况统计表

表 22-8 单位：人

年份	总数				文化程度				行业分布		
	总数	正式	预备	女	大学	中专	高中	初中及以下	农村	机关	其他
2004	22874	22241	633	2986	3124	1316	3547	14887	17851	3437	1586
2005	23450	22822	628	3029	3245	1329	3568	15308	17986	3852	1612
2006	23900	23156	744	3134	3343	1461	3690	15406	18133	4002	1765
2007	24645	23898	747	3364	3669	1315	3797	15864	19054	4082	1509
2008	25632	24736	896	3621	4032	1426	4133	16041	19965	4294	1373
2009	26514	25570	944	3829	4400	1532	4407	16175	20539	4503	1472
2010	27114	26326	788	4042	4768	1595	4638	16113	20863	4556	1695
2011	27745	27096	649	4230	5102	1683	4830	16130	21238	4550	1957
2012	27515	26815	700	4208	5485	1696	4530	15804	21137	4494	1884

党员思想建设 党组织建立初期，党员思想建设活动一般为秘密约谈或临时聚会，内容一般为传达党的指示、阅读进步书刊、学习党的知识等。抗日战争和解放战争中，党员学习教育内容主要为党的统战理论、实行民主、减租减息及土改、复查等有关方针政策等。

新中国成立初期，党组织主要进行清除封建残余思想、巩固社会主义新生政权等方面的政治思想教育。在社会主义革命和建设的各个历史阶段，党员思想教育建设内容各有侧重。"人民公社化"时期，主要开展社会主义、集体主义思想教育；"文化大革命"中主要学习毛泽东著作和"无产阶级专政下继续革命的理论"；中共十一届三中全会后，主要进行邓小平理论、坚持四项基本原则、坚持改革开放等思想教育。

岚山工委设立后，重点对党员进行"三个代表"重要思想、科学发展观、《关于党内政治生活的若干准则》及保持共产党员先进性等思想教育。平时多用"三会一课"（定期召开支部党员大会、支部委员会、党小组会，按时上好党课）及重要纪念活动、重温入党誓词等形式进行党员教育。2003年8月，工委在农村基层党组织和党员干部中开展"两个心系"（心系岚山发展、心系岚山百姓）学习教育活动，进一步增强广大农村党员干部的责任感、紧迫感和压力感。

设区后，重点开展保持共产党员先进性教育

活动、深入学习实践科学发展观活动，开展“破除思想障碍，推动进位争先”解放思想大讨论活动、“大爱岚山”感恩实践活动。2008年，开展学习全省优秀共产党员孙培杰先进事迹活动，在全区广大党员干部中引起强烈反响。2010年，开展“亮身份、践承诺、作表率”活动，全区2.7万多名党员进行公开承诺、践诺、评诺，营造广大党员履职尽责争优秀的浓厚氛围；开办支部书记讲坛，农村党员分片集中上党课，强化对农村党员的日常教育。

党员管理 抗日战争、解放战争时期，党员管理重点是严守党的组织机密，不惜牺牲个人生命完成党交给的战斗任务，严厉惩处背叛党、背叛革命的异己分子，以保证党组织纯洁性。新中国成立初期，党员管理主要任务是巩固政权、维护党的领导核心。社会主义建设时期，对农村党员提出思想觉悟、作风、完成工作任务、做群众榜样、遵纪守法等方面具体要求，要求党员自觉接受群众监督。

中共十一届三中全会后，对党员管理力度不断加大。岚山工委设立后，逐步健全党内“三会一课制度”，开展民主评议党员和妥善处置不合格党员，对农村党员实行年度目标管理。开展“党群手拉手共同致富”活动，1998年，创建科技示范服务基地5个，有62名干部参与基地示范服务；对排查出的9个后进村实行处乡领导蹲点、干部驻村、部门包村、强企联村“四位一体”的办法，在信息、技术、项目、人才等方面提供帮助，当年帮助后进村新上工副业项目15个，公益事业项目6个，协调资金112万元，其中无偿资金21.6万元。1999年，岚山工委制定下发《在全处发展党员实行公示制的意见》，在党政机关、企事业单位、农村大力推行发展党员公示制，对当年新发展的310名党员、入党积极分子和1998年发展的323名党员的转正进行公示，有2名预备党员延长了预备期。

设区后，岚山区委不断创新党员管理机制，2005年制定《关于在农村无职党员中推行“设岗定责”的意见》，按照“按需设岗、因事设岗、以岗定责、责任到人”原则，把党员岗位分为思想政治类、经济发展类、公共事务类和党务村务监督类等，签订上岗责任书，强化日常评比考核，全区2.1万多名无职党员有了自己的岗位。从2009年开始，构建党群“双直通车”机制，通过建立完善党组织与党员、党员与群众的双向直通，逐步形成“党组织—党员—群众”三位一体、互通互联的完整体系，实现群众工作的无缝隙、零距离、全覆盖。2012年，在碑廓镇推行发展党员量化考察、农村党员积分管理等做法，建立严格“入口”、规范管理、畅通“出口”的党员队伍量化管理体系，在保持党员队伍的先进性和纯洁性方面做出积极探索。根据新时期党员队伍的新变化，对流动党员、离退休党员、失业党员等各类党员进行分类管理。

第二节 干部队伍建设

干部选拔任用 不同时期党的政治任务不同，选拔任用干部的标准也不同。革命战争年代，以对敌斗争坚决和英勇善战为标准；社会主义建设时期，以“又红又专”、德才兼备为标准；中共十二大把“四化”（革命化，年轻化，知识化，专业化）方针写入党章，成为党的干部队伍建设基本指导原则；中共十七届四中全会确定了“德才兼备、以德为先”的用人标准，是新时期干部工作的重要指导方针。

干部选拔任用在不同历史时期实行不同的方式，有委任制、选任制、聘用制、考任制等。

1996年，岚山工委、办事处印发《关于进一步深化干部人事制度改革的意见》，规定按照“品德、本领、实绩、公论”标准选拔使用干部，全处各级党政机关、事业单位选配工作人员实行考选制。2002年7月，正式实施中央颁布的《党政领导干部选拔任用工作条例》。2006年1月，正式施行《中华人民共和国公务员法》。

岚山设区后，不断深化干部人事制度改革，坚持德才兼备、以德为先、群众公认、注重实绩，干部选拔任用工作的社会公信度和群众满意度不断提升。2006年，根据乡镇党委换届工作需要，面向全区公开选拔了6名30岁以下的年轻副科级领导干部充实进乡镇党委班子。2009年，组织开展了规范任用提名、差额选任干部改革试点工作，采取“两公开四推荐四差额”【公开空缺职位及职位要求、公开选任方法及选任程序；实行组织推荐、领导干部个人署名推荐、个人自荐、区委全委（扩大）会议集体推荐；实行差额推荐、差额考察、差额酝酿、差额表决】的方式面向全区公开选拔了3名正科级领导干部。同年，从区直部门单位中选派素质较高、作风过硬、有意愿到基层一线锻炼的25名优秀干部到乡镇街道和园区发展一线挂职、兼职，在全区形成了“服务发展上一线、重心下移抓基层”的浓厚氛围。2010年4月，为区纪检监察机关公开选拔4名正科级干部。2010年，根据中央、省、市委选拔培养年轻干部的要求，公开选拔12名年轻副科级干部，经过为期半年的系统培训，全部安排到乡镇街道挂职锻炼。同年，择优遴选团区委书记、副书记各1名；按照日照市委组织部安排部署，有市直机关及区直机关6名干部到村任职。2011年6月，采取“两公开四差额”（公开选任职位及要求，公开选任方法及程序；实行差额推荐、差额考察、差额酝酿、差额票决）方式推荐选拔了区直部门主要负责人3名、乡镇党委书记2名、乡镇长3名。同年8月，采用差额比选方式公开选拔岚山区实验中学校长1名、副校长2名。2011年年底，结合乡镇换届，根据省委、市委有关要求，从乡镇事业编制人员中选拔乡镇领导班子成员8名，圆满完成了区、镇机构改革和乡镇换届的人事安排。

选调生是组织部门有计划地选调品学兼优的本科以上毕业生，到基层工作锻炼，并作为党的领导干部后备人选和县级以上党的机关工作人员的重点培养对象。选调生工作可上溯到20世纪60年代，“文化大革命”时期被迫中断，中共十二大后该项工作又在全国开展。1997～2012年，岚山共接收选调生69人。

干部教育培训　抗日战争时期，党员干部多由上级党校培训。1938年秋郑子久等人入党后，即被派到山东抗日军政干部学校（岸堤干校）学习。区、乡党员干部一般分期分批到县委党校或地委党校培训。解放战争时期，日照县委成立县学，主要任务是培训农村基层干部。1948年秋，日照县委成立党训班，开始对脱产干部和农村支部书记分期分批轮训，时间1个月左右。

1951年，遵照党中央“大胆大量提拔干部”的指示，日照县委选拔了部分不脱产干部，先后在党训班培训，然后转成脱产干部。1985年后，日照县委先后举办乡镇干部岗位职务培训班3期，举办外向型经济培训班2期，此后，乡镇街道干部教育均由日照市委（县级）、日照市委（地级）、东港区委组织培训。

1997年，工委制定《1996年至2000年干部教育培训规划》，组织全处广大干部学习江泽民“七·一”讲话。1999年，在党员干部队伍中开展以“我就是岚山”为主题的系列教育活动，组织182名科级干部学习《邓小平理论学习纲要》等理论书籍，组织开展“三讲”教育活动。

设区后，进一步加强干部教育和培训工作。2006年，邀请山东省委党校教授到岚山作“十一五”规划专题讲座；举办了薄自双先进事迹报告会；举办两期科级干部培训班，培训干部100人。2007年，根据大规模培训干部的要求，完善了353名科级干部的教育培训档案；着眼于解放干部思想，创设了“新岚山新跨越”发展论坛，邀请国内知名专家学者作报告；举办科级干部培训班2期，培训干部129人次。2008年，继续举办“新岚山新跨越”发展论坛，举办解放思想、经济形势、城市建设等专题报告会6场。2009年，举办新任职科级干部培训班一期、培训85人；举办区直部门单位中层干部培训班3批，全区270名中层干部全部轮训一遍。2010年，举办2期乡镇街道中层干部培训班和1期农村党组织书记培训班。2011年，开设党性教育培训班，组织53名新提拔干部到山东任城监狱接受警示教育，到革命老区沂南县、蒙阴县接受革命传统教育；举办全区农村党组织书记培训班，培训农村党组织书记417名，并分社区建设、结构调整、特色农业和特色产业4条线，分别赴蓬莱、诸城、寿光、即墨进行实地考察。2012年，举办“科学发展主题培训行动”科级干部培训班2期，培训科级干部302人次。

2010年始，组织开展“听讲座、读好书、强素质”活动，举办“周末大讲堂”，聘请全国知名专家、教授到岚山授课，至2011年，共举办61期。2012年，举办“科学发展大讲堂”，委托北京大学组织培训，重点围绕解放思想和优化环境、党性修养和群众观念、社会管理和群众工作、港口建设和临港产业、城市建设和文明乡村建设、廉政建设与预防职务犯罪等内容设置培训课题，全年共举办10期。

干部监督管理

干部分级管理　1994年1月，岚山工委制定《关于加强干部管理工作的意见》，对干部管理原则、干部管理范围和权限、干部管理制度作出规定。1997年起，工委对新提拔的科级以上干部(经过法定程序任命的除外)全部实行一年的试用期，防止用人上的不正之风和用人不当。1998年，制定《关于加强"一把手"队伍建设的意见》，对"一把手"的选任、教育培训和监督及"一把手"后备干部队伍建设提出指导性意见。

2001年起，对拟提拔重用人选实行任前公示制度，公示时间为7天。2004年，修订完善《关于干部管理工作的意见》《关于加强编制管理的意见》，对干部管理权限、任免程序、资格审查和领导职数的配备等进行了严格界定，在中层干部的选拔中全面推行竞争上岗。

2010年，开展干部人事档案达标工作，对区委管理干部的档案进行全面审核、整理，达到了国家干部档案目标管理一级单位标准。2012年，区委组织部印发《关于加强股级干部管理工作的意见》，促进全区股级干部管理工作的科学化、制度化、规范化。

干部评议考核　1993年岚山工委设立后，工委定期考察了解干部，结合年终总结形成制度，每年进行一次，主要评议领导班子和科级干部的德、能、勤、绩、廉，重点评议一年的工作。2009年，岚山区委制定《关于对领导班子和领导干部实施动态管理的意见》，区委组织部制定《关于进一步加强和改进领导班子和领导干部经常性考核工作的意见》《岚山区科级干部优秀、称职、基本称职、不称职的评价标准及认定办法》《关于运用经常性考核结果对科级干部进行岗位配置的实施办法》《岚山区科级干部经常性交流实施办法》《关于对新提拔交流科级干部进行满意度测评的意见》《关于增强干部选任工作公开度透明度的意见》等6个配套文件，探索建立干部动态管理体系，为公平公正使用干部提供依据。2010年，区委组织部制定《关于进一步加强领导干部"四德"考察评价工作的实施意见》，把德放在首要位置，从政治品质和道德品行等方面完善干部德的评价标准。

干部监督　1996年，岚山工委、办事处印发《关于进一步深化干部人事制度改革的意见》，规定了部门联系制度、回复函询制度、干部回避制度、离任审计制度、大事报告制度等干部监督制度。2007年，岚山区委组织部印发《岚山区领导干部经济责任审计暂行办法》，规定对区委管理的干部实行离任经济责任审计和任中经济责任审计。2008年，区委组织部制定《岚山区干部诫勉谈话制度》，规定区委组织部根据班子建设和干部考察情况，对政治思想、作风纪律、经济责任审计等方面有问题的班子和德、能、勤、绩、廉等方面有问题的干部提出诫勉意见和建议。同年，和区审计局联合制定《关于利用经济责任审计结果深化干部监督的意见》，规定了审计结果评定报告制度、审计结果反馈谈话制度及审计结果纳入干部管理考核制度，实现组织部门干部监督工作的规范化、制度化、科学化。2009年，开展"科学规范和有效监督区委书记用人行为"试点，制定下发《关于开展"科学规范和有效监督区委书记用人行为"试点工作实施方案》，制定《关于对领导班子和领导干部实施动态管理的意见》《关于规范干部选拔任用初始提名工作的实施意见》等相关配套文件。2010年，区委组织部与区纪委、区人民检察院、岚山公安分局、区审计局及区人口计生局等部门联合下发《关于建立干部监督工作联席会议制度的意见》，规定干部监督联席会议每半年召开一次。2011年结合换届工作，开展严肃换届纪律集中宣传教育活动，宣传中纪委、中组部"5个严禁、17个不准和5个一律"换届纪律要求。2012年，岚山区委组织部下发《关于印发〈岚山区干部监督信息沟通办法(试行)的通知》，明确区委组织部向联席会议成员单位沟通的信息内容、联席会议成员单位向区委组织部沟通的信息内容、联席会议成员单位沟通信息的主要方式，并提出干部监督信息沟通的有关要求。

第三节 人才建设

1998年，岚山办事处命名表彰38名专业技术拔尖人才，制定《处级专业技术人才管理办法》，为碑廓镇、虎山镇续聘科技副职，为汾水镇选聘1名科技副镇长。选派15名农业生产一线青年作为科技后备人才到山东农业大学深造。

1999年，聘请2名教授为岚山办事处和岚山头街道科技顾问，制定《关于对村(居)委科技主任进行换届的意见》，完成村(居)科技主任换届，有164个村配备了村(居)科技主任。

2003年，根据日照市制定的《关于事业单位新进人员实行面向社会公开招考的意见》，借鉴国家公务员“凡进必考”的做法，改革创新选人用人机制，对事业单位新进人员一律面向社会公开招考，择优录用。

2007年，区委组织部制定《岚山区区级领导联系高层次人才暂行办法(试行)》，规定区级领导根据分管工作，联系2～3名高层次人才。

2008年1月，制定《关于实施人才强区战略进一步加强人才工作的意见》，加强对人才工作的战略规划和宏观指导。同年，岚山区开始实施“三百工程”，自2008年开始，连续三年每年引进100名专业技术人员充实到区直和乡镇事业单位。

2008年12月，区政府办公室制定《岚山区首席技师选拔管理办法》，至2012年，共选拔岚山区首席技师26名。

2009年，随着岚山区临港大项目的相继落成，岚桥集团、岚山港务有限公司、日照岚山生化制品有限公司、日照岚星化工工业有限公司、昌华集团等企业大量引进人才，全年党政机关、企事业单位以考录等形式，引进各类专业技术人员、技能人才共计760余人，其中岚桥集团引进235人，中级职称和高级工及以上(技师、高级技师)100余人，岚星化工工业有限公司引进博士及副教授、教授级专家6人。

2010年，岚山区党政机关、企事业单位(含教育、卫生)共招考引进各类人才816人，主要分布在乡镇、农村基层、教育卫生事业和临港产业区。同年12月，御园春茶业有限公司被省人力资源和社会保障厅认定为“山东省引进国外智力示范基地”。

2011年，区委、区政府印发《关于加强人才工作的意见》《日照市岚山区中长期人才发展规划纲要(2010—2020)》《岚山区引进高层次创新创业人才暂行办法》等文件，进一步优化人才引进政策体系，完善人才激励机制。

2012年，区委、区政府印发《关于建立区委、区政府领导联系高层次人才制度的通知》，进一步密切与各类人才的联系，拓宽各类人才建言献策渠道，努力营造“尊重劳动、尊重知识、尊重人才、尊重创造”的良好社会氛围。

第四节 基层组织建设

中共日照县委1928年春成立后，即开始秘密发展党员，利用个别谈话、召开党支部会议等形式，学习马克思、列宁部分书籍片段和党的文件，进行党员教育。

1938～1940年，境内党组织迅速发展。由于斗争环境十分残酷，党组织的活动不得不秘密进行，特别是在敌占区，党员教育一般只有两三个人参加。党课教材是《怎样做一个共产党员》《党员必读》和有关抗战的指示、文件。讲课人不准带稿件，只能凭记忆讲给党员听，然后讨论，提高认识，从而增强党性观念。

1943年夏，中共日照中心县委在农村开展整顿党支部活动，提高党员的思想水平，增强党性，纯洁党组织。1947年7月，中共日照县各级党组织从地下全面转为公开。1948年1月，中共日照县委在土山(在巨峰镇境内)天主教堂召开县、区干部大会，开展“三查”(查阶级、查思想、查作风)、“三整”(整顿组织、整顿思想、整顿作风)整风运动。同年秋，日照县委成立党训班，开始对脱产干部和农村支部书记分期分批进行轮训。

1951年，遵照党中央“大胆大量提拔干部”的指示，日照县委选拔部分不脱产干部，先在党训班培训，然后转成脱产干部。1952年8月至1955年12月，根据中共中央关于开展整党运动的决定,中共日照县委抽调一批骨干党员,组成整党工作队,对区、乡、村进行整党,纯洁党组织。"文化大革命"时期,造反派"踢开党委闹革命",致使基层党组织一度瘫痪。1971年后,党组织逐渐得到恢复,党员教育逐渐步入正常。

1985年6月,中共日照市委根据《中共中央关于整党的决定》和上级党委的部署,分3批进行整党,到1987年1月基本结束。

1993年起,对农村党支部班子实行分类管理,开展"三评一考"(民主评议党员、民主评议干部、民主评议班子、考核验收)和"达标升级""上争创"(一类班子创红旗、二类班子争先进、三类班子上台阶)活动。1998年,制定下发《加强非公有制经济党建工作的意见》,在3个私营企业中试点探索加强党建工作,选出14名后进村干部到个体私营企业挂职。1999年,制定《岚山工委关于加强基层组织基础建设的意见》《岚山工委、办事处村级规范化管理工作实施细则》。编印《农村党员集中教育整顿学习材料》8000册,农村党员人手一册。组织对166名农村党支部书记进行了为期一周的培训。举办岚山首期村(居)委会主任封闭式培训班,进行了"摆正位置,处理好工作关系和创造性开展工作"为主题的培训。与山东农业大学联合举办岚山农村干部专修班,招收学员94人。

2000年,开展"三整顿一规范"(整顿思想、整顿组织、整顿作风、规范村级民主决策程序)活动,压减农村"两委"干部及吃补贴人员1427人,减少工资支出375万元,农民人均减负26元。制定《村级规范化管理工作实施细则》。向个体私营企业党组织派出39名党建指导员。鲁圣集团公司被推荐确认为全市唯一的"省级非公有制企业党建示范点"。2001年,按照"两推一选"(党内推荐支部委员会候选人和党外推荐支部委员会候选人,党组织内全体有选举权的党员无记名投票选举支部委员会人选)办法开展农村村委会、村党支部换届选举,提倡党支部成员依法兼任村委会主任,全处共选举产生村党支部成员533人,村委会成员519人。其中,村"两委"兼职361人,兼职比例69.6%;支部书记兼任村主任107人,兼职比例65.3%。

2003年9月始,开展农村基层组织建设"三级联创"活动(在县、乡镇和村三级党组织中,开展以"五个好"村党组织、乡镇党委和农村基层组织建设先进县为主要内容的创建活动,同时把创建基层满意的县直涉农部门和群众满意的乡镇站所纳入"三级联创"活动中,把县、乡镇、村的联创与县直涉农部门和乡镇站所争创先进结合起来),制定了《关于开展农村基层组织建设"三级联创"活动的实施意见》《岚山"五个好"村居党支部和群众满意的乡镇站所创建标准和考核办法(试行)》等文件。在2004年"三级联创"考核验收中,有20个村居被确认为"全处'五个好'村居党组织",8个乡镇街道站所被确认为"全处群众满意的乡镇街道站所";有2个乡镇街道被日照市委确认为"全市'五个好'乡镇党委",7个涉农部门被日照市委确认为"全市基层满意的区县涉农部门";岚山头街道党委被山东省委表彰为"全省先进基层党组织"。

从2005年1月开始,开展以实践"三个代表"重要思想为主要内容的保持共产党员先进性教育,历时一年半,到2006年6月结束,开展以服务基层、服务群众、促进发展、维护稳定为主要内容的主题实践活动,坚持把解决突出问题与做好经常性工作结合起来,把集中教育与制度建设结合起来,把先进性教育与树机关形象、树组工干部形象结合起来,用先进性教育活动成效促进各方面工作整体上水平。

从2003年开始,岚山工委实施了"以处级领导联系一个后进村居,处直部门、乡镇街道班子成员和骨干企业共同包扶一个后进村居"为主要内容的"一联三包"包联工作,期限两年。从2005年开始,岚山区委实施第二轮"一联三包"工作,28名联村领导和75个区直部门企业共为8个乡镇街道、28个村居无偿扶持资金147.4万元,各种物资折款36万元,参加联户干部132人,联系346户,帮助困难户30户,慰问困难党员167人,救助贫困学生120人,发放慰问金7.4万元,提供技术56项,争取项目32个。2007～2011年,先后实施两轮"双联双包"工作(一名区级领导联系一个经济强村、一个经济薄弱村,部门企业和经济强村共同包扶经济薄弱村),共为包联村无偿捐助资金、提供物资、争引资金总值526.7万元,帮助新上项目89个,帮助困难党员群众和学生共计1217人。

2007年,在全区基层党组织中开展"农村基层组织建设提升年"活动,确立"重点抓乡镇、基础抓村居、关键抓一把手"的工作思路,坚持在抓重点领域、重点部位和关键人、关键环节上下功夫、出实招。重点领域就是提升大项目周边村组织建设水平,重点是乡镇街道党委和农村党组织;关键人是乡镇党委书记和农村党支部书记两个"一把手",关键环节是农村财务管理、民主公开等一些关键性问题。

2008年,建立了以"定干部职数、定补贴标准、定发放方式"为基本内容的村干部补贴"三定"保障机制。至2012年,全区共有421个村、1647名村两委干部享受到由区财政统一发放的干部补贴。2011年年底,全区农村党支部书记年均补贴1.7万余元,其他村干部平均约1.2万余元。

2008年始,在全区推广"三会二公一评"村级民主工作模式,即所有村级大事的实施,必须召开两委会、党员大会、村民大会(或村民代表会、户代表会),实行大事公决和决策事项公开,对决策实施结果进行评议,规定村级有关决策事项的会议必须使用会议两联单,必须由乡镇街道党委派员参加。这一模式的推行,为推动重点工程项目建设、加快新农村建设、促进社会和谐稳定等各方面工作发挥了重要作用。

2009年,针对农村干部退养办法不统一、保障待遇低且退养金难以落实的问题,参照城镇个体工商户和灵活就业人员养老保险的有关规定,推行了村干部养老保险办法。养老保险费由区财政和村干部个人共同承担,其中村党支部书记养老保险费个人承担60%,区财政承担40%。当年区财政为村干部缴纳养老保险费148.7万元,从根本上解决了村党支部书记以及其他村干部的退养后顾之忧。

2009年3月至2012年2月,岚山区分两批次组织开展深入学习实践科学发展观活动,共有861个基层党组织、26514名党员参加。

2010年省委组织部确定了36个基层党建创新"县委书记项目",其中,"探索乡镇党委书记基层党建直接责任人职责有效途径"这一项目由岚山区承担。2010年8月,省委常委、组织部部长高晓兵到岚山调研,对岚山实施"县委书记项目"给予了高度评价。

2011年3月21日至5月8日进行村"两委"换届,共选举产生村"两委"成员1640人,其中党支部成员1210人,村委会成员1234人。山东省委常委、组织部部长高晓兵,日照市委书记杨军分别对岚山村"两委"换届工作报告作出批示并给予高度评价,日照市《村"两委"换届工作简报》3次专版刊发岚山换届的经验做法。

2012年,区委建立后进村"4+1"合力攻坚体系,从市、区和乡镇街道公职人员中选派人员到后进村任"第一书记",组成责任团队,对38个后进村进行整顿转化,市、区、镇三级共选派"第一书记"82名,岚山区选派"第一书记"的做法被山东省委《工作情况交流》刊发。对38个先进村实行"4+1"联动帮促,采取领导牵头、乡镇指导、部门参与、企业支持、村居争创等措施,把先进村居建成硬件完善、软件规范、特色鲜明的高标准党建工作示范点,达到党的建设、科学发展、服务群众"三过硬"。同年7月,岚山《加强"两新"组织党组织书记队伍建设》这一课题,被列为山东省第二批基层党建创新县委书记项目,区委印发《岚山区基层党建"县委书记项目"实施方案》《岚山区"两新"组织党组织书记规范化管理办法(试行)》《中共日照市岚山区委关于加强"两新"组织党建工作的意见》,成立全日照市首个区县个私协党委——日照市岚山区个体私营企业党委,从全区离岗未退休副科级干部中向部分"两新"组织选派15名第一书记,开展"两新"组织党建"三建五送"(建一个活动场所、一个宣传阵地、一套工作制度,送一个党组织印章、一块标牌、一面党旗、一套簿册、一本指导手册)活动。

第五节 机关党的建设

中共日照市岚山工委机关党委成立于1993年7月,与中共日照市岚山工委组织部合署。

2004年9月更名为中共日照市岚山区委区直机关工委(简称区直机关工委),与中共日照市岚山区委组织部(简称区委组织部)合署。区委组织部内设机关党务工作科(与企业党建科合署),具体负责区直机关工委日常工作。至2012年年底,全区有机关党委8个,机关党总支30个,机关支部190个,党员1754人。

2005年,开展了保持共产党员先进性教育活动,狠抓机关党建工作规范,制定实施《机关党的建设工作目标管理考核实施意见》《关于加强机关纪律作风建设的五项规定》等,批复建立了区人民法院、区人民检察院、区信访局、区质监分局党支部。2006年,评选表彰优秀党务工作者13名,优秀共产党员54名。2007年1月,组织召开了区直机关党代表会议,选举出席区第十二次党代会代表69名。

2008年,组织抗震救灾"特殊党费"收缴工作,1200余名党员共计上缴近80万元。开展以"规范日常工作、规范办事行为"为主要内容的"双规范"活动。举办了"信合大厦杯"机关乒乓球比赛。批复成立了区药监分局机关党支部、司法局党总支,评选表彰5个先进基层党组织、20名优秀共产党员和8名优秀党务工作者。

2009年,开展"创五型机关、促跨越发展"活动,即创建"学习型、落实型、创新型、效率型、节约型"机关。开展"一个党员一面旗"主题实践活动,引导机关党员干部立足自身强素质、立足岗位创业绩、立足单位树形象,争创"党员先锋岗",达到"五个好"(思想好、学习好、作风好、业绩好、威信好),对评选出的49个"党员先锋岗"予以表彰。首次开展了全区机关工作创新奖评选,有25项创新成果获区委表彰,推荐的2项创新成果获市委表彰。

2010年,开展"机关建设年"活动,按照"廉洁、勤政、务实、高效"的总要求,抓制度健全与督查,抓岗位责任明确与落实,抓行风政风评议的创新与完善,抓创新创优工作部署与推进,抓干部廉政教育与监督。按照"五规范"标准要求(阵地建设规范、制度建设规范、活动开展规范、工作运行规范、组织设置规范),开展了机关"规范化党支部"创建活动。继续抓好机关工作创新奖评选活动,有25项创新成果获区委表彰,推荐的2项创新成果获日照市委表彰,6项机关建设创新成果获"日照市机关建设创新奖",3个机关品牌被评为"市机关名牌"。

2011年,区直机关分"学习调研、查找问题、整改落实、总结提高"四个阶段,开展"三力"建设年活动。7月召开全区乡镇机关规范化建设暨乡镇机关党委成立现场观摩会,全区8个乡镇街道成立机关党委。命名区信访局党支部等12个机关党组织为2010年度机关"规范化党支部"。12月召开区直机关党代表会议,选举出席区第十三次党代会代表64名。继续开展机关工作创新评选活动,有30项创新成果获区委表彰,有2项创新成果获市委表彰,5项机关党建创新成果被评为"市机关党建工作创新奖",2个机关品牌被评为"市机关名牌"。批复成立区人大机关党总支、区人民检察院党总支、区统计局党支部、区编办党支部、区文化市场综合执法局党支部、区地税局老干党支部、区教育局老干党支部、区钢铁办党支部、区化工办党支部、区一中党总支和山东众山生物科技有限公司党支部。区直机关工委被评为全省首批机关建设工作先进单位。

2012年,开展"机关党建提升年"活动,主要有五项内容:开展"解放思想、优化环境、推进落实"活动;开展"干部下基层、真情献万家"活动;开展机关工作创新奖评选活动;开展"亮身份、比奉献"承诺践诺活动;开展机关"规范化、品牌化、信息化"建设。评选表彰区级机关创新成果34项,1项创新成果获日照市一等奖,2个机关品牌被评为"市机关名牌",1项机关党建调研成果获日照市一等奖、山东省二等奖。成立岚山地税分局机关党委和区农林局、区文体新局、区实验中学、木材管委机关党支部,成立岚山区创城办临时党支部。对区编办党支部等12个机关基层党组织和50名共产党员予以表彰,分别授予"区直机关先锋基层党组织""区直机关先锋共产党员"荣誉称号。区直机关工委被评为全省机关建设先进单位。

第六节 老干部工作

岚山办事处设立后，在区委组织部设老干部办公室。每年组织老干部参观考察；为老干部订阅《老干部之家》《老年教育》等刊物；坚持每年召开一次情况通报会，向老干部通报经济社会、党的建设等工作情况；定期召开座谈会、恳谈会、茶话会等，听取老干部的意见建议，保证老干部知情权、参与权和监督权；每年春节、"九九老人节"期间，区委领导带头走访看望老干部，送去慰问品和慰问金；每年组织老干部进行健康查体，并建立健康档案；发挥离退休干部的思想政治优势和领导工作优势，聘请离退休干部担任政策宣传员、矛盾调解员、工作督导员等，化解矛盾纠纷，处理遗留问题，维护和谐稳定。

从1997年开始，对离休干部的离休费实行社会化统筹发放。1997年、1998年连续举办两届老干部象棋比赛，从2000年开始，每年举办老干部门球联赛。2000年后，选聘老干部担任民主理财小组成员，参与监督村级财务，全区有20余名老干部被乡镇街道聘为民主理财小组成员。2004年，制定《离休干部、二等乙级以上革命伤残军人(特保人员)医疗待遇管理暂行办法》，设立特保人员医疗保障基金账户，纳入社会保障基金财政专户，单独列账管理，专款专用。

岚山设区后，2005年成立区委老干部局，岚山老干部工作进入规范提升阶段。2007～2012年，连续5年提高离休干部基本养老金，从2008年起，将离休干部的护理费由300元提高到600元，2011～2012年，连续2年提高离休干部医药费统筹标准，2008年、2009年、2011年分3次提高离休干部生活补贴标准，从2011年起，全区离休干部每年增发一个月基本离休费。2007年后，全区8个乡镇街道都建立了老干部艺术团，吸引离退休干部、农村党员群众300余人参加器乐演奏、歌剧演唱、舞蹈排练，每年"七一"和"九九"老人节、"十一"等节日期间，组织老干部开展多种文艺活动。2007年、2011年农村"两委"换届选举工作期间，组织部分离退休干部成立换届工作监督小组。2010年，组织部分离退休干部组成6支调解队、参谋团，助推大项目建设；制定了《日照市岚山区离休干部及离休干部遗属特殊困难专项救助办法(试行)》，对特困离休干部及遗属进行专项救助。2011年8月，开展以送革命传统教育、送尊老敬老爱老亲情为主要内容的"双送活动"，选聘老干部担任中小学校"德育辅导员"，全区有20余名离退休干部与中小学校结成了对子，上德育辅导课30余场次，教育学生1500余人次。2011年11月，开展"我为岚山发展献一策"活动，收集老干部意见建议50余条。2012年后，开展老干部志愿服务活动，组建志愿服务队伍，在服务山东钢铁精品基地建设、参与抗台风救灾活动、大社区建设村庄拆迁中发挥了作用。

2007年6月，承办了全市离退休党支部建设现场会。2012年3月，制定了《关于进一步加强离退休干部党支部建设的意见》，规范指导离退休干部党支部建设工作。2012年6月，制定印发《关于进一步规范全区离退休干部党支部党费收缴、使用和管理工作的通知》，规范离退休干部党支部党费使用、管理工作，经验做法获省委老干部局《情况反映》刊发。至2012年年底，全区共有离退休干部党支部15个，其中，乡镇街道离退休干部党支部9个，部门单位离退休干部党支部5个，社区离退休干部党支部1个。各支部坚持按期换届，定期召开支部大会、座谈会，健全完善组织生活、报告工作、联系党员、流动党员管理、党费收缴和管理等制度。开展"五好"支部、"四好"党员创建活动，营造了"老有新提高、老要新作为、老树新形象"的比学赶超氛围，提升了党支部建设的质量水平。中共十七大以后，全区受区委及以上表彰的老干部党员82名、离退休干部党支部29个，其中，中组部表彰的先进个人1名，省级表彰的先进党组织1个、先进个人1名，市级表彰的优秀党支部12个、先进个人25名。

第五章　纪检监察

第一节　机构与队伍建设

纪检监察机构　新中国成立前，域内未设党的纪检监察机构，对党员和党组织的监督监察，多为批评与自我批评、组织谈话和在历次整风运动中进行。1950年12月，中共日照县委成立纪律检查委员会，1956年5月改为监察委员会。“文化大革命”中，监察组织瘫痪。1979年5月，成立日照县委纪律检查委员会。1984年2月，改称为中共日照县纪律检查委员会，各乡镇配备专职或兼职纪律检查干部。1987年7月，各乡镇街道党委成立纪律检查委员会。

1993年6月，中共日照市纪委岚山工作委员会（简称岚山纪工委）、日照市人民政府岚山办事处监察局设立，合署办公。岚山纪工委、监察局内设宣传教育室（与办公室合署）、案件审理室、信访室、纪检监察室4个副科级行政内设机构。

2004年11月，中共日照市岚山区纪律检查委员会（简称区纪委）、日照市岚山区监察局（简称区监察局）成立，区纪委与区监察局合署办公，一套工作机构、两个机关名称，履行党的纪律检查和政府行政监察两种职能。内设办公室、监察综合室、宣教政研室、案件审理室、信访室、纪检监察室、党风廉政建设室7个副科级行政内设机构。

2007年1月28日，中共日照市岚山区第十二次代表会议选举产生区纪委委员25人，区纪委一次全体会议选举区纪委常委7人，王立莹（女）任书记，张守向、孟凡全任副书记，张守生、丁国华、许传明、孙绪刚任常委。2012年1月11日，中共日照市岚山区第十三次代表会议选举区纪委委员25人，中共日照市岚山区纪委十三届一次全体会议[根据《关于规范地方各级纪委全会名称的通知》（中纪办〔2007〕247号）文件规定，区纪委召开的全会应根据区党代会的次数界定同级纪委的届数，2008年以后召开的区纪委全体会议改称为“中国共产党日照市岚山区第X届纪律检查委员会第×次全体会议”，规范简称为“中共日照市岚山区纪委X届X次全体会议”]选举区纪委常委7人，马运德任书记，马德峰、丁国华任副书记，王虎、孙绪刚、高爱华、商玉奎任常委。

纪检监察下属事业单位　2003年1月，岚山办事处行政效能投诉中心、经济发展环境投诉中心设立，两个中心合署办公，为正股级事业单位，隶属于岚山纪工委（处监察局）管理。2005年12月更名为日照市岚山区行政投诉监察中心（加挂日照市岚山区纠正部门和行业不正之风办公室牌子），为副科级事业单位，隶属于区纪委、监察局管理。2010年4月，升格为正科级。

基层纪检监察组织　1993年，岚山工委、办事处下属4个乡镇街道设纪委，其他部门、企事业单位均未设纪检组（纪委）。2004年岚山设区后，纪检组织数量逐渐增多，2008年9月全区纪检组织达49个，其中乡镇街道纪委8个，区直部门纪检组（纪委）36个，国家、省、市驻岚单位纪检组（纪委）5个。

2010年4月，根据中央、省、市纪委关于纪检监察体制机制改革统一部署，岚山区委、区政府制定《关于加强全区纪检监察机关建设的意见》《关于对区纪委、区监察局派驻机构实行统一管理的实施意见》，在全市率先完成纪检监察机关建设和派驻机构改革。核销18个区直部门纪检组长（纪委书记）职数，组建4个正科级行政单位的区直派驻机构，名称为“中共日照市岚山区纪律检查委员派驻区直第×工作委员会、岚山区监察局派驻区直第×监察分局”，负责对区直32个部门单位及所属系统的党风廉政建设和反腐败工作进行监督检查，简称“区直第X纪工委、监察分局”。党群部门和法院、检察院、公安分局等垂直管理部门暂不列入派驻机构管理范围，在业务指导上仍由区纪委、监察局管理。区纪委、监察局机关增设干部室，为副科级行政内设机构；增设2个乡镇街道工作办公室，简称“镇办工作一室”“镇办工作二室”，为区纪委机关正科级行政内设机构，负责监督检查9个乡镇街道的党风廉政建设和反腐败工作。实行区直纪工委、镇办工作室统一管理，集中办公，2012年，将党群部门、国家省市驻岚单位全部纳入派驻机构指导、联系范围，进一步强化了纪检监察监督职能。

纪检监察队伍建设 1993年6月，岚山纪工委、监察局设立之初，编制7人。岚山设区后，区纪委、监察局编制调整至15名。2010年4月，纪检监察体制机制改革后，区纪委、监察局机关人员编制增至26名，行政投诉监察中心人员编制由3名调整至15名，派驻机构人员编制12名。

区纪委、监察局围绕“内强素质、外树形象”目标，每年开展主题教育、调研活动，提高纪检监察干部的综合素质。2007年，制定《区纪委常委行为公约》，纪委常委带头讲政治、讲原则、讲学习、讲效率、讲团结、讲廉政、讲纪律、讲形象。2008年，开展“做为民务实清廉干部、建气正风清和谐机关”“加强党风廉政建设、推动岚山跨越发展”调研论文评比活动，制定了《2008年度各镇办纪委书记、区直各部门单位纪检组长(纪委书记)目标管理考核办法》。2009年后，先后开展“做党的忠诚卫士、当群众的贴心人、争做科学发展排头兵”主题实践活动，开设周三“纪检论坛”、周五“时政讲坛”，提高纪检监察干部的理论水平和业务能力。2010年纪检监察体制机制改革后，针对改革后新成分多的实际，先后开展“两基本、两提高”(即深学基本业务知识、苦练基本业务技能，提高业务素质、提高履职能力)、“强素质、树形象、作表率、促发展”主题教育活动，建立纪检监察机关干部资格准入制度。2012年，区纪委、监察局会同组织、编制、财政等部门印发《关于进一步加强乡镇纪检组织建设的实施意见》，会同组织部门建立乡镇纪检干部资格准入制度。同时，将纪检组织建设向村居延伸，在全区各村居成立村务监督委员会，夯实基层纪检工作基石，为推进农村基层党风廉政建设提供组织保证。

第二节 廉政建设

宣传教育 1995年，开展向孔繁森、王廷江、韩素云学习活动，结合分析陈希同、王宝森、胡建学及王树文等腐败分子的犯罪根源，对日照市“1·26”严重走私案件进行认真总结和深刻反思，给党员干部在思想上、政治上敲响警钟。

1996年，开展“学条规、守纪律、做表率”教育活动，举办2期科级以上领导干部培训班，4期农村党支部书记、村主任培训班，500余人接受了党风党纪教育。

1997～2002年，围绕学习《中华人民共和国行政监察法》《中国共产党纪律处分条例》等法律法规，先后举办3次竞赛、3次考试、2次培训活动，购发各类教材2800余册、录像带18盘，播放电影《生死抉择》3场。

1999年，对处级领导班子和领导干部进行以“讲学习、讲政治、讲正气”为主要内容的党性党风党纪教育。

2003年，开展“艰苦奋斗、廉洁勤政”和“廉政进家庭”等主题教育活动，树立了地税局、泉子庙村党总支书记王松田等9个“勤廉兼优”先进典型。创办了内部刊物《党风廉政建设》双月刊，至2007年共编发24期。

2004年，围绕“为民、务实、清廉”主题，先后开展“廉洁保平安”“党纪法规纪律月”“廉政进家庭、争当廉内助”活动，财政分局姜虹被评为全市十佳廉内助。

2005～2006年，先后开展“廉洁奉公、执政为民”“勤政廉政、科学发展”主题教育活动，组织2000多人次观看《郑培民》等廉政教育影片，总结推广5个廉政勤政典型。

2007年，开展“加强作风建设、促进社会和谐”主题教育。会同组织、宣传、党校、工青妇、教育等14个单位建立反腐倡廉宣传教育工作联席会议制度，每年召开2次联席会议，根据成员单位职能进行任务分工，研究反腐倡廉宣教工作。聘任21名反腐倡廉特邀辅导员，成立了区党风廉政建设宣讲团，至2008年先后为2期新任科级干部培训班、55 个部门、乡镇街道、企业授廉政课，强化党员干部的廉洁从政意识。

2008 年，开展“做勤廉表率、促科学发展”主题教育、“党章集中学习月”等实践活动；组织订阅作风建设、反腐倡廉建设方面的学习资料和电教片 3000 余本（套）；组织 800 余名党员干部进行《惩防体系工作规划》知识测试。在中秋节、春节等重要节日期间，向科级以上领导干部发送廉政短信 8000 余条次。

2009 ～ 2011 年，先后开展“加强党性修养、弘扬优良作风”“学准则、守纪律、做表率、树形象”“以人为本、执政为民”主题教育活动。2010 年，创作《廉政准则》“三字经”，组织 1900 余名党员进行知识测试，80 余名乡镇街道、部门单位主要负责人赴临沂监狱接受警示教育，创建了纪检监察报刊《清风廉韵》，当年编发 8 期 9600 份。

2012 年，开展“恪守从政道德，保持党的纯洁性”主题教育活动；围绕《农村基层党员干部廉洁履职若干规定》的学习宣传，举办农村“廉政课堂”466 次，教育对象 8000 余人；依托庄户剧团在全区各乡镇街道、村居社区开展“喜迎十八大、清风进农家”廉政文艺巡演活动；会同宣传、广电、日照日报社等新闻媒体建立新闻宣传例会制度，在《新岚山》开设“纪检监察在行动”专栏，创办《岚山纪检》简报，加大纪检监察宣传力度。

廉政文化建设　从 2005 起，开展廉政文化“六进”（进机关、进家庭、进学校、进农村、进社区、进企业）活动。2007 年，制定《关于加强廉政文化建设的实施意见》，要求各级各单位加强廉政文化建设，在全区开展廉政文化示范点创建活动，当年确定廉政文化示范单位 24 个。2011 年，创建省级廉政文化示范点 2 处，市级廉政文化示范点 10 处。

党风廉政建设责任制　1999 年，中共中央、国务院《关于实行党风廉政建设责任制的规定》颁布后，岚山开始推行党风廉政建设责任制，对党风廉政建设的责任逐项分解、细化，层层签订责任书，并建立了责任报告、检查考核、责任追究、廉政档案 4 项配套保障制度。此后，每年都召开会议，部署、分解党风廉政建设和反腐败工作任务，组织各级层层签订党风廉政建设责任书。

党内监督　1993 年，制定了《关于党政机关领导干部廉洁自律的若干规定》。1995 年，纪检监察部门会同组织、经贸、开发办、财政、审计、工商、工会等 7 个单位建立国有企业领导干部廉洁自律工作联席会议制度，定期召开联席会议，指导、协调、监督国有企业领导干部廉洁自律工作。聘请特邀党风党纪监督员，加强党风党纪监督，当年全处纪检信访总量同比下降 19%。

1996 年，落实领导干部收入申报、收受礼品登记和企业招待费向职代会报告“三项制度”，全处 33 个科局级单位、11 个国有企业建立并实行了“三项制度”，179 名副科级以上干部对全年的经济收入进行了申报。2004 年，建立科级干部重大事项报告制度，当年 300 多名科级干部报告了个人重大事项。

2000 年，建立岚山纪工委与部门单位“一把手”、新提拔、重用干部廉政谈话制度，向他们提出廉洁从政具体要求；建立了科级干部信访函询制度。当年与 47 名乡镇街道党政“一把手”和处直部门负责人进行了廉政谈话，对 5 名科级干部进行了信访函询。2003 年，与 48 个部门单位 58 名“一把手”进行了廉政谈话。2004 年，分别对新提拔的科级干部和试用期满正科级干部进行集体廉政谈话。2005 年，与各乡镇街道和区直部门的主要负责人进行廉政谈话。2006 年，对 78 名新提拔交流的科级干部进行了任前廉政谈话。2010 年，同 26 个区直部门和乡镇街道的主要负责人进行了廉政谈话。2011 年，与 157 名新提拔、新调整的干部进行任前廉政谈话。

2002 年，制定了处直部门中层以下干部、乡镇街道农村干部廉政行为规范。

2004 年，建立领导干部述职述廉制度，为每名科级干部建立以个人基本情况、奖惩情况和廉洁情况为主要内容的廉政档案。2007 年，将述职述廉制度向农村延伸，在农村干部中开展“勤廉双述”活动。同年，组织开展“领导干部利用职务上的便利谋取不正当利益”自查自纠工作，对 1947 名党员干部自查自纠情况进行备案登记。

2009 年起，实行党政主要负责人每日公务活动网上公告制度，公开接受社会各界监督。2010

年，将领导干部公务活动公告范围扩大到各部门单位领导班子副职，促进权力阳光运行。2011年，全面推行党务公开，全区879个基层党组织全部实行党务公开，14个单位被评为市级党务公开示范点。

2009年，开展农村党风廉政建设“五个好”（党风廉政宣传好、规章制度建设好、权力监督制约好、群众利益维护好、经济社会发展好）示范村创建活动，至2011年，全区共建立“五个好”示范村居（社区）150个。

2012年，组织开展岗位廉政风险防控“七个一”（排查一次廉政风险点，撰写一份廉政承诺书，设计一套情境案例，进行一次情景模拟，组织一次述职述廉，开展一次廉政谈话，建立一份廉政档案）活动，全区共查找廉政风险点4666个，制定防控措施4931项，组织情景模拟618场，撰写廉政承诺1438份，开展廉政谈话557人，建立廉政档案1046份。

廉洁自律专项治理 1994年，清理违规车辆14辆，收缴罚款24万元。1995年，清理超标车辆3辆，全部按规定进行了处理。1996年，严格新车购置标准和审批手续，对公车参与婚嫁行为进行严格监管。1997年，组织2次上路检查，对公车参与婚嫁现象进行曝光。2000年，试行公车改革，在7个尚未配车的部门试行车改，干部职工发放交通补贴。2002年，制定了机关事业单位公务用车定编配备和使用管理规定。2007年，对全区76个单位359辆办公用车进行登记、备案，对未严格按照报批制度进行购车备案的3个单位负责人进行批评教育。2008年，印发《关于严禁用公车接送学生上学的通知》。2011年，登记审核公务用车457辆。

1995年，严肃查处公款吃喝玩乐，在全处推行“禁酒令”，制定公务接待标准，全处招待费支出下降35%以上。1998年，建立处直部门、乡镇街道召开会议报工委、办事处审批制度，处直部门和乡镇街道压缩和减少会议30%左右，年节约会议费20多万元。2000年，取消会议就餐和农村招待费，年节约会议经费100余万元。2001年，在农村推行村级招待费、电话费、租车费“三取消”制度。

1997年，对用公款安装住宅电话、公款购买移动电话等情况进行清理，至1998年，共清理党政机关公款安装住宅电话68部、移动电话41部，清理农村两委干部公款安装住宅电话34部。对领导干部住宅电话及符合规定配置的移动电话实行通话费用“规定限额、超额自负”制度，年节约话费支出60多万元。2000年，严格对农村公款购置电话的管理，实行话费定额补助。

第三节 案件查处

信访举报案件处理 1994年开始，对工商、税务、城建、卫生等19个直接面向群众服务的窗口单位实行重点监控，加强纪检监察信访预测；2002年起，先后实行了信访双向承诺、“绿色邮政”、信访件直查快办、案件分级督办以及信访监督“三三制”（《信访监督告知书》《信访监督质询书》《信访监督整改书》三种文书；提醒谈话、问讯谈话、诫勉谈话三项谈话；集体警示会、专题民主生活会、情况通报会三类会议），在岚山政务网设举报箱，公布举报电话。2008年开通“12388”全国纪检监察机关信访举报电话。2012年，整合公检法等21个执纪执法部门的资源优势，创建了纪检监察信访信息平台，实现信访信息资源共享。截至2012年，共受理信访举报案件1467件次。

违纪违法案件查处 1993年，岚山办事处查处各类案件10起，党内处分10人。1995年，采取专项举报、明察暗访等形式，查处公款吃喝玩乐的单位和个人。1996年，查处党员干部以权谋私、贪污受贿等违纪案件15起，其中大要案1起，挽回直接经济损失5.4万元。1999年，查处各类违纪案件62起，处分党员干部58人，其中开除党籍17人，挽回直接经济损失36.5万元。2002年起，先后建立健全领导包案责任制、办案人员工作责任制、错案追究制、查办案件协调会议制等制度，加强与公检法等执纪执法机关协作配合。2005年起，全面推行乡镇街道所办案件交由区纪检监察机关部门审理（简称乡案县审），注重发挥区纪委委员在案件审理中的组织协调、检查督促、询问和质询三项职能作用。2010年，建立涉嫌犯罪的党员（公务员），在移送司法机关前不宜作出党政纪处理的，给予暂停其党员（公务员）资格的处理机制。2012 年，加强网络舆情信息搜集工作，共搜集案件线索 43 条；建立涉贿人员信息库，制定《关于对违纪案件实行缺位审理的暂行办法》，对违纪党员不配合组织审理、处理的违纪案件，采用公告的形式，实行缺位审理，维护党纪国法的严肃性。

1993～2012 年岚山纪委案件查处及处分人数统计表

表 22-9

年　份	1993	1994	1995	1996	1997	1998	1999	2000	2001	2002
查处违纪违法案件（件）	10	14	5	15	12	17	62	17	21	15
处分党员干部（人）	10	14	5	15	12	17	58	17	21	15
年　份	2003	2004	2005	2006	2007	2008	2009	2010	2011	2012
查处违纪违法案件（件）	15	34	34	35	35	40	37	47	37	37
处分党员干部（人）	15	36	60	42	39	40	37	47	37	45

第四节　纠正行业不正之风

治理教育乱收费　1994年，查处中、小学乱收费项目11项，违纪金额38万元。1995年，建立、推行学生收费卡和收费通知单制度，将由物价等部门核准的收费项目和收费标准填写收费卡，向家长和社会公开。1996年，制定统一的收费标准，查处无证、超标违规收费21.3万元并予以清退。1998年，对中、小学收费工作进行监督检查，在全处建立收费审批和明细卡制度，学校所有收费项目必须上报物价部门批准，按照物价部门核发的《收费许可证》标准执行。

治理公路“三乱”　1996 年，严查上路乱收费问题，基本实现了国道、省道无“三乱”（乱设站卡、乱罚款、乱收费）。1998 年，召开治理公路“三乱”专题会 2 次，对 G204 国道和 S017 省道汾水段实行重点监管，对公路“三乱”问题较多的部门单位实行监控。2000 年，对公路设卡收费情况进行明察暗访，查处 2 起违规上路收费行为。2001 年后，每年都将公路“三乱”列为投诉重点进行查处。

治理企业“三乱”　1993 年，对机关团体无偿占用企业人、财、物等行为进行清理。1996 年，对企业乱收费、乱罚款、乱摊派进行深入治理。1997 年，狠刹以各种名义向企业索要赞助费的歪风，为企业发展创造良好外部环境。1999 年，对收费、罚款项目进行拉网式清理，重新核发“收费许可证”，向企业发放“缴费登记卡”150 份，减轻企业负担。2010 年，建立“企业宁静日”和机关效能建设监测点制度，对涉企行政行为实行备案制度。

第五节　行政监察

涉农监察　1996 年，组织开展减轻农民负担执法监察，对农民负担监督卡、工程预决算、专项审计和提留统筹资金统一管理等制度的执行情况，乡镇街道 1995 年、1996 年的统筹款、教育集资、计划生育收费、道路集资、建校集资及农村养老保险等收费的管理使用情况进行重点检查，共检查资金 3464 万元，查处使用不当资金 76 万元。1997 年，对涉农负担的 97 个收费文件进行审核，审查收费项目 120 项，减轻农民不合理负担 240 多万元；对农村电费电价进行专项检查，检查单位 166 个，电价平均每度下降 0.05 元，减轻农民负担50多万元。1998年，对农民负担进行专项检查，对年初编制的预算方案调整压减，共压减村提留64.61万元、统筹款54.09万元。1999年，压缩农村干部职数，发放农民负担卡，减轻农民负担135.8万元。2000年，压减村“两委”干部和吃补贴人员1427人，年减少村管理费支出375万元，农民年人均减负26元。2001年，严格实行农民负担预算方案审批制度，全年共审批“三提五统”总额1859万元，义务工72万个，劳动积累工144万个。2002年，推行农村税费改革，农民人均减负46元，减负率20.1%。2004～2005年，深化农村税费改革，治理各种涉农乱收费问题，全区两年减轻农民负担4266万元。2004年起，对农村集体所有制土地使用补偿费缴纳情况进行专项检查，纠正土地征用、旧城改造中侵害农民利益问题；开展拖欠工程款和农民工工资专项治理，至2006年，全区共清欠工程款3690.83万元，清欠农民工工资1224万元。2008年为农民工追回拖欠工资5.3万元。2012年，组织对2010年至2012年4月期间燃油补贴、粮食直补等18种补贴进行专项治理，收缴违规套取资金58.39万元。

招投标监察 1996年，对1995年以来的建筑工程竣工项目和1996年在建、新开工的项目（投资50万元以上）进行检查，共检查建筑项目39个，建设资金25194万余元，发现问题10个、案件线索1条，按有关规定移交处理。1998年，对新开工的50万元以上的建筑工程项目中的38项进行招标管理，当年总建筑面积8.67万平方米，总投资5700万元，招标率98%，平均工期比定额工期提前8.2%，造价降低3.2%，合同工程优良率比上年提高80.6%。1999～2001年，共对54项建筑工程实行公开招标，全处应招标工程招标率和应公开招标率均达100%。

2002年，开始实行经营性土地使用权出让招标拍卖、集体资产公开拍卖和竞标租赁制度，大宗物品统一招标采购、车辆定点加油、保险统一办理等制度。2003年，拍卖和挂牌出让国有土地10宗13.7公顷，成交额6210.7万元，实现政府收益5090万元。2004年，拍卖和挂牌出让国有土地11.72公顷，成交额6981万元。2005年后，对所有经营性用地全部实行招标、拍卖和挂牌出让。2007年，实现政府采购763.74万元，节约资金112.13万元，节支率达14.68%。2008～2011年，深化政府采购资金监管，节约资金2.56亿元。

2004年，印发《岚山办事处建设工程施工招标评议办法》，改进招投标评分标准，50万元以上的建筑工程项目全部实行网上公开招标。2007年，制定《关于对招标投标活动实施监督的意见》，对建设工程招投标实施现场监督。2004～2011年，共监督建设工程招投标1011项次。

2012年，组织各乡镇街道建立了农村交易中心，村级5000元以上的小型工程、采购项目、村级集体资源资产交易处置全部入场交易。

财务监察 1995年，对1994～1995年的行政事业性收费及罚款情况进行专项检查，129个单位进行自查，自查金额3226.3万元；抽查单位41个，金额2031.2万元。1997年，组织预算外收支专项清理，查处违纪款300余万元。1998年，对具有执收执罚权的64个单位进行预算外资金专项检查，检查资金3522万元，纳入财政管理资金2000多万元。2000年，对预算外资金实行单位征收、专户储存、集中代管、计划控制；落实罚缴分离制度，在农行成立5处代缴代办点，共管理预算外资金2350万元、罚没款220万元。2000～2011年，先后对社保资金、“非典”专项资金、抗震救灾资金物资、粮食直补、城乡居民最低生活保障、义务教育经费等资金管理使用情况进行了检查，确保按时发放。2003～2011年，先后开展5次行政事业性收费收支情况检查、“小金库”清理清查等活动，及时纠正并督促问题单位限期整改，实行“收支两条线”。

其他监察 2000年，制定《岚山办事处卫生行业药品、卫生器材集中采购管理办法》，成立了岚山医药采购中心，实行药品和卫生器材集中公开统一采购。2001～2002年，对全处医院、农村卫生室、个体诊所、保健药品店及药品营销单位进行了3次集中检查，查处无经营许可证的药品零售店3处和个体无证行医者2处，查处假劣药品价值达5万元。

2003年起，先后开展了公务员招考、事业单位人员招聘、中层干部竞争上岗、副科级干部选拔等人事监督工作，加强对安全生产、环境保护、节能减排、食品安全、旧城改造地面附着物清点、各级扩大内需促进经济增长政策落实情况等工作的监督检查。

2006年，专项治理商业贿赂行为，开设廉政账户，查处案件6起；严格土地管理、整治违法排污企业等专项治理和检查，查处违法用地项目18个、违法排污企业13家。

2012年，开展“驻在月”活动，实行重大项目派驻监察室制度，先后向日照钢铁精品基地、204国道改建等工程项目派驻监察室7个，节约政府资金近千万元。

三务公开　1995年，制定《关于加强党风廉政建设推行政务公开的实施方案》，在乡镇、农村推行政务公开制度，全处建立政务公开栏214块，设立举报箱180个。1998年起，将农村政务公开纳入村级规范化管理。2002年，制定下发《关于进一步加强厂务公开的意见》，推行厂务公开。2004年，以建设“阳光政府”为目标，推进三务公开，全区52个行政事业单位、8个乡镇街道全部推行了政务公开。至2011年，全区共有省级政务公开示范点1个、市级政务公开示范点9个。

2012年，依托岚山纪检监察网站，组织开展“阳光岚山”建设活动，围绕“阳光执政、廉洁惠民”服务目标，在乡镇街道开展以“清三资、晒收支、述勤廉、评绩效”为主要内容的阳光村务工作，全区421个村居共清查资金1.2443亿元、资产11.563亿元、债权4.6194亿元、债务8.4866亿元、资源面积4.7万公顷，收回出纳库存借款965万元，清收各类拖欠款790万元，纠正规范合同560余份，相关情况全部在网络公开。在部门单位推行“阳光政务”，将各单位权力公开目录、三公经费、岗位廉政风险点、中层以上干部廉政档案等全部在网上公开。在此基础上，推行阳光工程、阳光校务、阳光医务活动，让部门单位的权力在网上接受社会监督。

第六节　优化发展环境

政风行风评议　自1995年起，每年组织开展政风行风评议工作，评议范围不断扩大，评议办法不断改进。1995年，从各界选聘60名代表，对处直20个重点纠风部门的行业作风建设情况进行民主评议，整理和归纳意见建议189条，帮助部门制定整改措施104条。1996年，增加处级领导评议方式，岚山处级领导全部参与评议，评议结果纳入部门工作目标考核。1999年，对全处37个部门和窗口单位进行了民主评议，配合省、市纠风办开展了对公安、工商、国税、地税4个系统的评议工作。2000年，开展“万家企业评行风”和“个体私营业户评议政府职能部门”活动，组织社会各界人士对窗口单位进行民主评议。2001年，下发《关于加强部门行业作风建设的意见》，对23个处直部门、单位和14个驻岚单位的行业作风建设情况进行了全面检查，分系统、分行业由评议代表、乡镇街道和服务对象三方评议。2002年，实行定性考核与问卷评议相结合、面上评议与重点评议相结合、半年初评与年终考评相结合的评议办法，对34个部门、单位进行了评议，社会满意率均达90%以上，平均满意率达95.73%。2004～2006年，将影响经济发展的突出问题和群众关心的热点难点问题作为评议的重点内容，政风行风建设得到进一步加强。

2007年，变一年一次评议为一年四次评议，组建了800～1000人的评议代表库，动态选择评议代表参加评议；将行评单位的服务承诺刊登在《新岚山》报上接受社会监督，全年发放评议问卷5000余张，反馈意见建议120余条。2008年，加大“以评促改”力度，在行政服务大厅开展“服务对象评议职能科室”活动，对16个经济管理部门开展“你整改、我评议”活动，对26个单位进行现场评议，现场公布结果，增强被评议部门的责任感、压力感。

2010～2011年，开展“万人评机关”活动，对包括党群等综合部门在内的74个单位103个重要职能科室进行评议，评议结果纳入全区目标管理绩效考核。在评议方式上，综合采取社会满意度随机调查、监测点监督评议、明察暗访监督评议、服务对象评议、区级领导署名评议、乡镇街道人员评议、各界代表评议等7种方式，使评议结果更加客观、公正、科学、合理。

2012年，组织对86个单位进行评议，增加网上评议方式，评议渠道进一步畅通。

制度建设 2001年，制定《招商引资举报投诉问题处理处罚办法》《关于招商引资举报投诉受理工作的规定》。2002年，制定《关于加强经济发展软环境建设的意见》等政策，举办"软环境建设"研讨会，征集论文30余篇；实行领导班子成员每人联系一家民营企业制度，定期到企业调查走访，帮助协调解决问题。2007年，制定《关于优化投资环境的若干规定》。2008年，处级领导分组到108家企业进行走访、座谈，对发现的问题向有关部门发放《限期整改通知单》，并跟踪落实到位。2012年，制定《开展优化环境年活动实施意见》，开展助企(业)发展帮扶、创建"服务品牌"、"面对面"话发展、纠风监察4项活动。

作风建设 2007年，开展"作风建设加强年"活动，组织召开26个座谈会，429人次参加，征求社会各界意见建议1000余条。先后制定《关于在全区开展机关作风集中整顿活动的意见》《关于加强全区领导干部作风建设的实施意见》等10余个文件。先后开展9次干部作风明察暗访，通报批评无故不按时参加会议、未按时完成区委、区政府工作任务的单位18个；对9个问题单位主要负责人进行了提醒谈话；对违反工作纪律的12名工作人员予以处理和处分。同时，严格落实干部住勤和夜间、节假日值班制度，有效遏制了干部"走读"风。

2008年，围绕提高行政效率和服务质量，制定《关于在全区机关推行效能提速"十项制度"的通知》《关于对区直机关中层干部加强监督管理的意见(试行)》。

2009～2010年，实施"三书一卡"(效能监察告知书、效能监察建议书、效能监察决定书以及跟踪监督检查反馈卡)行政效能监督办法，对23个部门下发《调研反馈通知单》和《效能监察告知书》，对反映问题比较集中、比较突出、经查属实的7个部门主要负责人进行提醒谈话。先后组织12次明察暗访活动，对发现的问题，及时向相关单位进行反馈，限期整改。

2010年5月至2011年9月，在全区公职人员中开展午间饮酒报告制度。2011年10月起，在全区党政机关事业单位实行工作日中午禁酒，公职人员、村两委干部工作日中午一律不准饮酒，全部签订禁酒承诺书。

2011年，在全区机关和广大党员干部中开展以提高执行力、创新力、公信力为主题的"三力"建设年活动，促进作风转变，提高行政效能，推动工作落实。组织全区机关干部，围绕"扩大就业、增加群众收入，医疗卫生水平和服务质量，中小学教育状况，环境保护情况，关心帮助困难群众，社会治安状况，干部工作作风，干部思想境界、精神状态，群众文化生活"等9个方面的内容，深入村(居、社区)、企业开展"万人大走访"活动，了解群众对党委、政府工作的满意程度，查找存在的问题，共查摆影响发展软环境的问题8大类25个方面，全部反馈到相关单位，并限期整改。2012年，针对年初全区"干部下基层、真情献万家"活动征求到的意见建议，对未上报落实情况的51家部门单位800余条意见建议整改情况进行了跟踪督查。将明察暗访常态化，检查单位或基层站所210余个(次)，对发现的24个问题进行通报批评、处理。

2001～2012年岚山行政投诉案件查处数量统计表

表22-10

年份	2001	2002	2003	2004	2005	2006	2007	2008	2009	2010	2011	2012	合计
数量(件)	3	25	12	18	17	23	38	35	53	19	19	46	308

第六章　宣传工作

1928年春，中共日照县委设宣传部，郑天九任宣传部部长。1938年春，国民党东北军五十七军一一二师进驻碑廓，该师中共地下工委以五十七军宣传队的名义，成立了“日照县抗日民众联合会”，吸收了大批爱国青年投入抗日宣传活动。同年8月，中共鲁东南特委派人在黄墩一带宣传抗日，发展党组织。自1939年1月起，域内相继建立了区、乡、村地下党组织，均设宣传委员。新中国建立后，各级党组织均设宣传委员。

1993年7月，岚山工委宣传统战部成立，设办公室、宣传理论科、新闻外宣科和综合科4个科室。除承担宣传思想、精神文明建设工作职能外，还承担着统战、对台、工商联、民族宗教等工作职能。2004年12月，成立中共日照市岚山区委宣传部，区精神文明建设委员会办公室与其合署办公，内设办公室、宣传理论科、新闻科、区委对外宣传工作领导小组办公室和区政府新闻办公室（简称外宣办）4个职能科室。2005年12月设立岚山区文学艺术界联合会、岚山区社会科学界联合会2个隶属事业单位。2008年9月，撤销社会科学界联合会，设立岚山区新闻中心，隶属于区委宣传部管理。2011年3月，设立文化产业办公室，并在区新闻中心加挂岚山区网络管理办公室牌子，2012年11月，在区新闻中心内设综合科、舆情管理科2个科室。

第一节　理论宣传教育

岚山办事处设立后，围绕学习贯彻中共十四大至十八大会议精神，以邓小平理论、“三个代表”重要思想、科学发展观武装全党，开展了理论教育、理论研究和理论宣传工作。组织各级党委中心理论学习组、科级以上领导干部和一般党员干部，先后开展了系列学习活动。

1993～2003年，开展《建设有中国特色社会主义理论学习纲要》学习活动、学理论学党章活动、树立新的发展观教育活动、《邓小平经济理论学习纲要》学习活动、“学党章、守纪律、正党风”教育活动、“讲学习、讲政治、讲正气”教育活动、“三讲”教育回头看活动、“三个代表”重要思想学习活动以及落实“两个心系”（心系岚山发展、心系岚山百姓）学习教育活动。利用办班培训和党校轮训等方式，培训科级以上领导干部4000多人次，一般党员干部利用集体学习日、集体辅导和自学等方式，坚持经常性学习。利用《岚山通讯》《新岚山》、岚山电视台等媒体开辟专栏、专题，进行理论宣传。

2004～2012年，理论工作注重党的最新理论成果的普及，增强理论学习宣传的针对性、广泛性、实效性。组织编印《走马周边看发展》等学习资料，开展社会主义新农村建设、“解放思想、推动跨越发展”“落实科学发展观、推动岚山新跨越”等8次理论研讨会，开展“全面落实科学发展观，构建社会主义和谐社会”宣传教育活动。2008年，“解放思想、推动跨越发展”活动荣获全市机关工作创新奖。加强对中共十七大、十八大精神的学习宣传。突出抓好学习型党组织建设。2010年提出建设学习型社会，2011年提出“四分法”理论学习机制，即中心组带学、科级干部领学、镇村干部讲学、广大群众参学，“四分法”理论学习机制成功入选“全国基层党建理论创新与实践案例库”，入选“山东省学习型党组织建设工作100法”，在新华网、中央党校理论网等显要位置刊发，并被评为全市机关工作创新奖。

第二节　社会宣传

中共日照县党组织建立初期，主要在城乡青年知识分子中秘密宣传马克思主义、列宁领导的俄国十月革命和苏联社会主义建设成就。济南“五卅”惨案发生后，中共日照县委发动日照县中学爱国师生组成宣传队，在城乡集镇游行示威，张贴标语，召开演讲会，宣传抗日，高呼反对日本帝国主义屠杀我同胞的口号，查抄、抵制日货。

抗日战争初期，中共日照县委派出工作团分赴各地，通过宣传标语、演出抗日文艺节目等形式，向社会各阶层宣传中华民族存亡危急、《抗日救国十大纲领》、中国共产党的抗日政策、日本侵略军野蛮烧杀抢掠和无数爱国志士奋起抗日的事迹等内容，鼓舞广大人民群众战胜敌人的斗志，扩大八路军的影响。1940年后，利用报纸和举办报告会，揭露国民党顽固派制造摩擦、反共降日的真面目，大张旗鼓地宣传中国军民抗击日本侵略军的战斗、战例，增强根据地和敌占区人民坚持抗日斗争的必胜信念。

解放战争时期，主要宣传土地改革、反击国民党军的大举进攻、出伕支前、打败蒋介石、解放全中国等内容。

新中国建立后，配合党的中心工作，先后进行了抗美援朝，社会主义改造，社会主义路线、方针、政策、法制，社会主义建设成就，社会主义新风尚的宣传，树立起陈同孟、徐子芳、刘加锋等大批先进个人和先进群体。

1993～2003年，连续10年在农村开展集中教育活动，弘扬岚山精神，在机关开展“四破四立”活动、文明礼仪教育活动。加强农村文化大院、农民夜校等文化阵地建设。加强新形势下企业思想政治工作，进行形势任务和“双基”教育。在青少年中开展“五个一百”（读一百本好书、唱一百首好歌、讲一百个好故事、参观一百个先进企业和一百个先进村）教育活动，圣岚路居和岚山港务局被列为全省“百村”“百企业”爱国主义教育基地。开展学习孔繁森、王廷江、韩素云活动，并组织开展“三学”演讲比赛。此外，先后开展纪念抗战胜利50周年，庆祝香港、澳门回归宣传，组织“我就是岚山”教育活动和“革除障碍、跨越发展”主题教育。2004年后，重点宣传党的基本路线、思想政治、英模人物和对外开放。

党的基本路线宣传　2005年，围绕落实科学发展观、保持共产党员先进性教育、接轨青岛等主题，策划和组织了一系列主题宣传活动。2006年，开展构建社会主义和谐社会宣传教育活动。2007年，重点开展中共十七大精神系列学习宣传活动，举办“学习十七大、共建新岚山”知识竞赛。2008年，率先在全市实施并完成有线广播“村村响”工程。2009年，开展建国60周年、岚山设区5周年系列庆祝活动，开展《起跳、跨越——新的起点》大型图片展。2010年，开展学习型党组织建设、蓝色经济、创先争优、大爱岚山、生态岚山等系列主题宣传。2011年，贯彻落实中共十七届六中全会精神，深化文化体制改革，推动文化大发展大繁荣。开展纪念建党90周年、辛亥革命100周年、西藏和平解放60周年系列活动。2012年，开展中共十八大精神系列学习宣传活动。在有线广播村村响的基础上，创新开展农村综合信息网建设，依托有线电视行业内新技术新成果，发挥有线电视网络高覆盖、高带宽优势，做大做强集广播、电视、互联网、治安监控、远程教育、农村文化信息资源共享、数字科普等应用平台为一体的“农村综合信息网”。

思想政治教育宣传　2004年，组织编写了20余万字的执政能力建设典型材料汇编《榜样在前》和歌颂美好岚山的报告文学集《激情岚山》。2006年，深化社会主义荣辱观主题教育活动，开展“知荣辱、讲文明、促进健康成长”主题教育实践活动，大力宣扬社会主义核心价值体系。2007年，探索建立未成年人思想道德建设“五老六小工作法”（老党员、老干部、老教师、老劳模、老支书）和“一员三到户”（建立宣传思想协调员队伍、开展党报党刊入户、有线电视入户、广播喇叭入户）基层思想政治工作新模式。2008年，加强公民道德教育，开展“迎奥运、讲文明、树新风”及“情系灾区”主题宣传活动。2009年，开展“大爱岚山”感恩实践活动，实施“四心”（爱心、诚心、孝心、责任心）教育“五延伸”（机关、社区、学校、农村、窗口）工程，岚山区成为全市唯一获得“山东省未成年人思想道德建设先进集体”称号的区县。2010年，“大爱岚山”品牌建设成为全省“四德工程”建设典型。2011年，开展“创建文明城市、践行岚山大爱”主题宣传活动。2012年，全市社会主义核心价值体系建设“四德”工程工作会议与会人员实地观摩岚山区打造“大爱岚山”品牌、推进“四德”

工程建设的实践成果。

英模人物宣传　2005 年，推选树立优秀农村党支部书记薄自双先进事迹，组建报告团，在广大党员干部中开展向薄自双学习活动。2008 年，推出新时期优秀组工干部典型孙培杰，在全区深入组织宣传学习“培杰精神”。2009 年，优秀村支部书记侯加明获“全省道德模范”称号，被确定为全省第二批学习实践活动重点宣传的典型，在省、市、区级主要媒体进行集中宣传。

深化改革开放宣传　2004 年，开展岚山设区主题宣传活动，承办了设区庆典中央电视台“激情广场”大型文艺演出。2005 年，开通了《岚山精神文明网》，开办内部资料性刊物——《新岚山》。2006 年，举办王安友小说《李二嫂改嫁》原创作地纪念活动。2007 年，开展市区党代会宣传，开展“回顾辉煌成就，展望发展前景”主题宣传教育活动。2008 年，开展纪念改革开放 30 周年系列活动。2009 年，开展庆祝岚山设区 5 周年活动。开展“创五型机关、促跨越发展”主题宣传。2011 年，开展“三个一切”（一切为了群众，一切依靠群众，一切服务群众）群众路线主题教育活动。2012 年，开展市区党代会宣传。创新“五统一”工作模式（统一策划、统一设计、统一制作、统一安装、统一维护），成功举办“和谐岚山·魅力港城”岚山区元宵灯会。

图 22-1 2008 年 11 月 7 日，“爱我岚山”纪念改革开放 30 周年合唱艺术节举行

第三节　新闻宣传

岚山新闻舆论宣传工作始终坚持团结、稳定、鼓劲和正面宣传为主的方针。从 1993 年岚山办事处设立到设区前，重点宣传工委、办事处阶段性的中心工作，经济建设的重大成就，两个文明协调发展的良好局面。至 2003 年，先后接待上级来访记者 3000 余人次，在市级以上新闻单位发稿 2.3 万余篇（条），其中省级以上 5600 余篇（条），先后有 20 余人次获省以上新闻单位表彰。

岚山设区后，重点健全新闻宣传工作制度，2004 年 12 月，制定《岚山区关于加强新闻报道工作的实施意见》，整顿企业宣传秩序，制止有偿新闻和乱拉赞助现象。

2006 年，建立新闻例会制度，坚持每月召开一次新闻例会，定期下发新闻宣传要点，指导监督全区新闻舆论导向。

2007 年，组织“辉煌 2007——我眼中的新岚山”征文比赛和“镜头里的新岚山”摄影活动，结集征文 100 余篇，出版了《辉煌 2007·境头里的新岚山》摄影专集。

2008 年，与《大众日报》建立合作关系，多次邀请省市媒体记者前来采访。举办全区新闻宣传培训班，邀请大众日报社、日照日报社、市委党校等单位的专家对全区 80 余名通讯员进行新闻写作、中共十七大精神等专题培训，提升新闻通讯员队伍整体水平。

2009 年，邀请山东省《走向世界》杂志社进行首次专题航拍，制作外宣画册《日照岚山》。中央电视台《走遍中国》栏目制作了《寻找安东卫》专题。与新华社《半月谈》杂志社合作，出版“辉煌特色县（市）”专辑《崛起中的发展变奏》。在《大众日报》刊发一版头条《日照岚山海阔天高》及《什么是蓝色岚山》等系列报道 6 篇。

2010 年，组织开展蓝色经济、项目建设、和谐社会建设和城市建设“四大宣传战役”，“创先争优”“生态岚山建设”等八大系列主题宣传活动，“走基层、看发展”“探访汶上”等新闻采访活动。以《新岚山》改版为契机，开设了《媒体眼中的岚山》《镇域风采》《岚山文化点击》等8个栏目，扩大了岚山在外知名度。

2011年，在《大众日报》刊发《岚山：倾听的艺术》《好脾气赢来真服气》等头版、头条稿件5篇。开展"双集中"（集中调研、集中采访）活动，全年共组织9次综合性集中调研采访活动，涉及教育、卫生、园区、港口、镇村等。

2012年，开展"走基层，看发展"集中采访活动，重点围绕创建文明城市、生态文明乡村建设、迎接中共十八大召开、文化建设年、防台风"达维"救灾等主题进行宣传。

2006～2012年岚山区委宣传部主要获奖、获批新闻稿件一览表

表22-11

稿　件	时间/媒体	作　者	获奖/获批
《南风阵阵催人急》	2008年/大众日报	郑培晋　滕振华	市委书记杨军批示
《日照岚山海阔天高》	2009年/大众日报	郑培晋　张须宾	市委书记杨军批示
《长于在落潮时受益》	2009年/大众日报	郑培晋	《大众日报》红旗稿件
《岚山18家民企逆势增员》	2009年/大众日报	张须宾　滕振华	中宣部《新闻阅评》专稿
《港口经济乍现一抹春色》	2009年/半月谈	张须宾　滕振华	
《岚山力克低谷"综合症"》	2010年/新华社山东内参	郑培晋　张须宾　滕振华	新华社通稿
《大爱岚山》	2010年/新华社山东内参	郑培晋　张须宾　滕振华	新华社通稿
《经济与生态共赢》	2010年/新华社山东内参	郑培晋　张须宾　滕振华	新华社通稿
《山东岚山：走村入户培养"听话"干部》	2011年/新华网	郑培晋	新华社通稿
《岚山：倾听的艺术》	2011年/大众日报	郑培晋	
《生态报告冲击波》	2012年/大众日报	张须宾　滕振华	市委书记杨军批示
《岚山之"蓝"》	2012年/大众日报	张须宾　滕振华	市委书记杨军批示

第四节　对外宣传

1993～2003年，多次组织参加省、市举办的大型涉外经贸活动宣传。参加鲁台经贸洽谈会、潍坊国际风筝节、青岛小交会、赴韩招商等经贸洽谈和招商引资活动，参与《中国·日照》大型画册的印制，组织部门单位、乡镇街道制作外宣画册、画页、录像片、书刊等十几种近万册。在香港《大公报》、韩国《经济时报》等发表外宣专版、专刊10余个，对外发稿500余篇。

2004年后，重点加强与上级媒体联系，加强外宣平台建设，配合招商引资活动，加强对外宣传和推介工作。在岚山政务网开设"水运会"、鲁南经济带、文明健康新家园等专栏，制作英语版和韩语版"岚山概况"网页。加强对岚山渔民号子的宣传推介力度，2007年8月参加中国水上运动会开幕式大型文艺演出，获得较好评价；2007年11月16日在浙江舟山群岛中国渔歌邀请赛上，《岚山号子》获得"最佳号子王"称号，被列入山东省非物质文化遗产名录。2009年，邀请中央、省、市主流媒体走进岚山，组织"记者眼中的岚山"等采风活动；建设新华网岚山频道，制作充分展示岚山形象的外宣品。2010年，"全省第二届互联网时代危机管理论坛"在岚山举办。2012年，制定《岚山区突发公共事件新闻发布应急预案》《岚山区突发公共事件新闻发布应急预案操作手册》《关于建立党委新闻发言人制度的实施意见》3个规范性文件，建立完善党委新闻发言人制度，规范完善突发公共事件对外新闻发布工作。

第五节　宣传报刊

2000年10月，岚山工委机关创办《岚山通讯》

周刊，2002年发行数量3000份，2003年12月停刊。2004年1月至2004年6月，创刊《岚山工作》，每周1期，4个版面，印发2000份，共刊发27期。

2005年4月，创办岚山区委机关报《新岚山》，每周1期，4个版面，每期印发2000份。2010年，在《新岚山》创刊5周年之际，自4月16日第260期起全新改版，由一周1期改为一周2期，陆续新开设《生态文明之路》《走基层看发展》《镇域风采》《岚山时评》《他山之石》《身边的感动》《岚山文化点击》《好书推荐》《未来天地》《美文共赏》等栏目，对区内最新动态的报道更加及时，新闻更切实，内容更丰富。拓展新闻的广度和深度，将四版辟为文化版，挖掘岚山当地历史人文资源，提高社会参与度，增强报纸可读性。至2012年年底，《新岚山》共刊发527期。

第七章　精神文明建设

1993年岚山办事处设立后，成立岚山办事处精神文明建设委员会，1996年在工委宣传部设精神文明建设办公室。设区后，成立岚山区精神文明建设委员会及办公室（简称区文明委、区文明办），组织精神文明建设规范管理工作。2005年，区文明委主任由区委副书记兼任；2009年，区文明委主任由区委常委、宣传部部长兼任；2012年，参照省、市设置，区文明委主任由区委书记兼任。区文明委召开主任办公会议，制定精神文明建设规划，组织活动、检查考核、总结经验、表彰成果。区文明办具体负责落实各项工作部署。

第一节　思想道德教育

岚山人民自古憎恶习、尚文明，扶危济贫、助人为乐之风源远流长。新中国建立后，各地广泛开展“爱祖国、爱人民、爱科学、爱劳动、爱社会主义”教育运动，制订《爱国公约》，反对美帝国主义侵略朝鲜、轰炸中国边境，宣传、学习志愿军将士同仇敌忾、英勇奋战、保家卫国的英雄事迹；开展老复员军人、老干部、老模范讲当地革命战争史、村史、个人成长史，进行新、旧社会对比，树立只有社会主义才能救中国的理念。20世纪50年代中期后，学习董存瑞“舍身炸碉堡”、黄继光“挺身堵枪眼”等战斗英雄的大无畏牺牲精神；学习向秀丽“奋不顾身，抢救国家财产”的舍身为公事迹。60年代，学习雷锋“爱憎分明的阶级立场，言行一致的革命精神，公而忘私的共产主义风格，奋不顾身的无产阶级斗志”；学习焦裕禄“心里装着干部群众，唯独没有自己”的无私奉献精神；学习大庆王进喜“宁可少活二十年，拼命也要拿下大油田”的铁人精神。80年代，普遍开展“五讲”（讲文明、讲礼貌、讲卫生、讲秩序、讲道德）、“四美”（心灵美、语言美、行为美、环境美）、“三热爱”（热爱祖国、热爱社会主义、热爱中国共产党）活动；在农民中进行“勤劳致富、遵纪守法、爱护资源、热爱科学、移风易俗”教育；在商业服务人员中进行“忠于职守、执行政策、货真价实、诚信无欺、便民利民、优质服务”教育；在个体工商业户中进行“勤劳致富、守法经营、诚信无欺、礼貌待人、依法纳税”教育；在商贸服务业中开展“百城万店无假货”活动。

岚山办事处时期，先后组织开展了农村“新风工程”（家风、村风、民风）、“121”工程（一百本图书、两份报刊、一个书橱）、“六个一”工程（一个文化中心、一条文明路、一个文艺演出队、一个文化大院、一条文明街、一个科技示范队）、“公民道德实践志愿者”活动、“文明在岚山”活动等系列精神文明主题创建活动，先后推出以杨宝友、郑淑胜等为代表的热心公益事业的民营企业家群体，舍己救人的个人典型莫宗保、于延平、于开荣和海上舍己救人的集体典型童海路鲁日渔1007、1008船组。1997年，制定印发了《岚山办事处“九五”期间精神文明建设规划》，编写了《岚山市民文明守则》和《岚山公民行为道德规范》。

2005年后，先后开展了创建“文明健康新家园”“文明绿色家园”工程和“大爱岚山”感恩实践活动。

“文明健康新家园”工程 自2005年开始，开展“文明健康新家园”工程。坚持抓机制、抓载体、抓典型、抓共建、抓宣传“五抓”并举，绿化、美化、亮化、硬化、净化、文化“六化”共建，全区8个乡镇街道全部设立“乡村文明行动”工作站，村村设立“乡村文明行动”指导员。创新建立环境整治联席会议联合督查机制，抽调12个区文明委成员单位负责人成立乡村文明行动联席会议督查队伍，每半个月对全区各乡镇街道开展一次专项督查。组织开展“文明健康新家园十百千”评选活动，每年评选10条文明健康新家园示范线，100个文明健康新家园示范村，1000个文明健康新家园示范户，并大张旗鼓表彰，先后培育出以岚山头街道童海路居、凤阳路社区，安东卫街道辛庄子村为代表的环境整治与旧村改造相结合的“一步到位”示范模式；以安东卫街道汾水社区、高兴镇汪家庄子村为代表的环境整治与产业发展相结合的“两轮驱动”示范模式；以碑廓镇大湖村、西辛兴村为代表的环境整治与文化建设、村风塑造相结合的“三位一体”示范模式。2012年11月30日，岚山区被确定为首批“乡村文明行动”省级示范区，碑廓镇被确定为首批“乡村文明行动”示范乡镇街道。“文明健康新家园”做法获2006年度“日照市机关工作创新奖”，《经济日报》《半月谈》等给予了重点报道。

“文明绿色家园”工程 2009年，按照“风好、路畅、绿浓、境洁、文新、民富”的十二字标准，创新开展了“文明绿色家园”工程，推进全区生态文明村镇建设。巨峰镇获“全国环境优美乡镇”荣誉称号，该镇李家庄村获“国家级生态村”荣誉称号。全区共建成3个省级环境优美乡镇，6个市级生态村，打造市级生态文明村镇建设工作示范镇2个、示范村20个。“文明绿色家园”建设的经验，先后在《中国文明网》《齐鲁文明网》和《精神文明报》等新闻媒体作了详细介绍。

“大爱岚山”感恩实践活动 2009年，创新开展了以“三看三思献五心”为主要内容的“大爱岚山”感恩实践活动。“三看”，是指“看工作生活改善提高、看家乡新区巨大变化、看岚山未来美好前景”；“三思”，即“思源、思今、思进”；“献五心”，指“忠心献给组织、孝心献给父母、爱心献给他人、责任心献给岗位、诚心献给社会”，围绕机关、企业、校园、村居、社区等不同层面，开展“文明单位文明行”“巾帼爱心行”“税宣行”等主题活动，当年11月20日，全市“四心”主题教育暨“大爱岚山”现场会在岚山区成功召开。“大爱岚山”做法获日照市机关工作创新奖。

图22-2 2009年3月25日，大爱岚山感恩社会实践活动，文明单位文明行活动举行启动仪式

2010年，实施“责任担当”落实、“我爱我的家乡”教育、“爱心基地”建设、“爱心助推”成长、“爱心志愿”服务、“行业诚信品牌”打造、“生态和谐家园”创建等7大工程，深化了“大爱岚山”建设。2010年8月26日，复旦大学戴明朝教授到岚山区调研“大爱岚山”建设情况，给予高度评价。同时，创设“岚山宝贝”选拔评选、“少儿艺术大赛”等载体活动，创作并传唱《大爱岚山》《美丽的安东卫》《大爱一家人》等主题歌曲。当年年底，中央文明办在日照市举办的全国道德模范与身边好人现场交流活动中，全省道德模范董加岭的事迹被编唱，全市唯一；全区有15人获得第二届日照市道德模范和提名奖表彰。“大爱岚山”成为全省

"四德工程"建设4个典型之一，2010年7月30日，区委书记高杰代表区委在全省四德建设工作会议上作经验介绍，新华社内参作了重点报道。《创新"大爱岚山"感恩实践，深化"四德"工程建设实效》《五老六小互动机制》入选全省"四德工程"建设案例。"大爱岚山"被日照市委宣传部确定为全市集中宣传的2个重大典型之一。"大爱岚山"活动有关文件、图片等资料参加了当年在济南举办的全国道德建设论坛展览。

2012年，开展"小草滴露""感恩有我""大爱接力"等行动，发挥好人群体的示范引领作用，培植精神文明的宣传员、监督员、信息员群体，带动形成"人人讲大爱、人人知感恩、人人做好人"的社会氛围。表彰"爱心标兵"48名、"爱心机关"20个，汇总好媳妇、好婆婆、道德模范、身边好人等感人事迹，汇编成《大爱如影行》《好媳妇好婆婆事迹汇编》等宣传资料，广泛发放学习；开展微电影拍摄活动，以全国好人赵廷荣事迹为蓝本拍摄《孝》获全省微电影评选优秀奖。6月30日，岚山区在全省社会主义核心价值体系建设会议上做典型发言，成为全省精神文明建设示范品牌，被确定为"全省四德建设先进区"。8月8日，日照市委、市政府专题在岚山区召开全市社会主义核心价值体系建设现场观摩会议。至2012年年底，岚山区有14人入选"中国好人榜"，10人被评为"山东好人"，4人被评为"省级道德模范"，12人被评为"市级道德模范"，11人被评为"日照好人"，1人被评为"日照美好人物"，68人被评为"大爱岚山爱心标兵"，形成了"好人"星群现象。

岚山区被评为中国好人、山东省道德模范、山东好人人员一览表

表22-12

姓名	入选项目	入选时工作单位	入选时间	姓名	入选项目	入选时工作单位	入选时间
侯加明	中国好人	安东卫街道辛庄子村	2009年	孙培杰	中国好人	区委组织部组织科	2009年
	省道德模范		2009年		省道德模范		2009年
王少永	中国好人	中楼镇马亓河东村	2010年	董加岭	中国好人	岚山交警大队巨峰中队	2010年
	省道德模范		2011年		省道德模范		2011年
吴云翠（女）	中国好人	碑廓镇融鑫废旧金属物品回收公司	2010年	郑俊凌	中国好人	后村镇信用社	2010年
苏日军	中国好人	虎山镇大庄子村	2010年	苏日林	中国好人	虎山镇大庄子村	2010年
滕以秀（女）	中国好人	安东卫街道潘庄一村	2010年	刘光平	中国好人	岚山港务公司	2010年
许崇江	中国好人	日照钢铁公司	2010年	洪德利	中国好人	岚山烟草公司	2010年
赵廷荣（女）	中国好人	巨峰镇大坡村	2010年	王世林	中国好人	童海港业	2010年
郑世耀	山东好人	后村镇山子河村	2012年	周　飞	山东好人	后村镇草坡村	2012年
吴德芬（女）	山东好人	安东卫街道潘庄一村	2012年	姜成西	山东好人	碑廓镇西辛兴村	2012年
沈志明	山东好人	岚山邮政公司	2012年	丁明来	山东好人	巨峰镇农技站	2012年
赵明贵	山东好人	区人民医院	2012年	张瑞凤（女）	山东好人	区住建局环卫处	2012年
袁玉彬	山东好人	区公路局巨峰公路站	2012年	张少华	山东好人	巨峰镇前山旺村	2012年

志愿者行动 2011年，成立岚山区志愿者协会，有志愿行动分队21支，志愿者注册会员3600人，先后组织开展扶贫济困、关爱助学、敬老爱老、义务献血、交通引导等服务行动560场次，参与人数达10余万人次，涌现出以“奉献爱心、温暖社会”为己任的“岚山义工”群众性爱心组织，成员发展到2000余人，爱岗敬业、孝老爱亲、见义勇为、助人为乐蔚然成风。志愿服务分队分别是：保护国土资源志愿服务分队、赛会服务分队、应急抢险志愿服务分队、社区公益志愿服务分队、环保护绿志愿服务分队、交通志愿服务分队、科普志愿服务分队、法律宣传志愿服务分队、医疗卫生志愿服务分队、工人志愿者服务分队、岚山区义工爱心联合会、日照义工联合会岚山分会、日照海天公益及8个乡镇街道分队。2013年3月，岚山区党员志愿服务大队成立，组建机关党员志愿服务分队11支，分别是：党员党群志愿服务分队、党员夕阳红志愿服务分队、党员文化志愿服务分队、党员平安志愿服务分队、党员关爱志愿服务分队、党员生态志愿服务分队、党员交通志愿服务分队、党员科普志愿服务分队、党员法律志愿服务分队、党员医疗志愿服务分队、党员“两新”组织志愿服务分队。

英模教育

开展向薄自双学习活动 薄自双（1953.9—2005.3），1969年参加工作，1977年加入中国共产党，先后任薄家口村党支部副书记、乡企办会计、印刷厂厂长、乡企办主任、村党支部书记，是日照市十五届人大代表、人大常委会委员。2004年12月19日在因公出差返回途中遭遇车祸，经医治无效，于2005年3月25日不幸去世。

薄自双去世后，2005年7月18日，岚山区委作出向薄自双同志学习的决定，并追认薄自双为“优秀农村党支部书记”。日照市委、山东省委先后发出了向薄自双学习的号召，分别追授他为“优秀共产党员”。区委组织了薄自双先进事迹报告团，2005年8月30日，薄自双同志先进事迹首场报告会在区委礼堂举行，并在全区开展巡回报告。

开展向孙培杰学习活动 孙培杰（1971—2008年），五莲县叩官镇泥沟头村人，岚山区委组织部组织科原科长。先后在五莲县潮河镇中心小学、碑廓镇党委工作。他对工作高度负责，经常加班加点，出色地完成工作任务。长期的劳累和无规律的生活，让孙培杰的身体状况越来越差，2006年4月，检查患有胃部恶性肿瘤，手术后，他仍带病坚持工作。2008年2月25日，孙培杰永远地离开了他最为挚爱、最难割舍的工作岗位。他用生命诠释了一名共产党员的高尚情操和优秀品质，塑造了一名组工干部可信可靠可亲可敬的良好形象。孙培杰去世后，中共山东省委作出关于追授孙培杰“山东省优秀共产党员”荣誉称号的决定；中共日照市委、岚山区委作出开展向孙培杰学习活动的决定；山东省委组织部要求全省组织系统把向孙培杰学习作为扎实开展“讲党性、重品行、作表率”活动的一项重要措施。岚山区委专门组建孙培杰先进事迹报告团，在全区各乡镇街道、全市各区县巡回报告，并到省委组织部举行专场报告会，省委常委、组织部部长李玉妹接见了报告团成员。

第二节 文明创建活动

文明城市创建 2011年，岚山区启动开展省级文明城市争创活动，组建区创建文明城市办公室，实施各级干部包村居（社区）、包路段、包项目责任制，加大督查督办工作力度，解决了公交、环卫、交通管理等热点难点问题。全区各级创城投入达2000余万元，城市面貌焕然一新，岚山区成功创建“省级文明城市”，并获“全省生态文明建设先进区”“全国宜居宜业典范区”荣誉称号。

2012年，按照日照市创建全国文明城市工作部署，全面启动了城市文明程度指数测评迎查工作，承办了日照市“文明餐桌行动”启动仪式，开展“道德讲堂”建设，建设规范化道德讲堂42个，巩固省级文明城市创建工作成果，解决城市管理的一系列问题，顺利通过山东省文明委组织的初评和中央文明办组织的检查验收。

文明单位创建 岚山办事处设立后，在机关、农村、企业、学校、行业分别开展精神文明创建活动，实行文明单位预备培养、动态管理、百分

图 22-3 2011 年 4 月 13 日，创建文明城市践行岚山大爱“蓝丝带”行动启动仪式在区人民广场举行

考核等制度。1997 年，安东卫街道被授予日照市文明乡镇。1999 年，岚山头街道童海路居被授予全国农村精神文明创建工作先进单位。至 2003 年，岚山办事处共创建国家级、省级文明单位 2 个，省级文明企业 2 个，省级文明机关 1 个，市级文明单位 16 个，处级文明单位 92 个。

岚山设区后，区委每年年底组织开展文明单位检查评选。2011 年，制定下发《岚山区文明单位、文明村镇、文明社区建设管理办法》，创新“五个好”标准(组织领导好、载体建设好、全员参与好、推动工作好、社会认可好)，规定文明单位、文明村、文明社区的荣誉称号只限一个年度，每年评选表彰一次，彻底打破了文明单位创建管理的“终身制”，做法被日照市文明委推广。2011 年年底，对区级文明单位(机关)实行重新申报，按 1∶2 比例验收，确定合格 20 个；对区级文明村居实行重新申报，按 1∶2 比例验收，合格 17 个，当年淘汰省、市级文明单位 84 个。2012 年年底，淘汰省、市级文明单位(村、社区)12 个，确定区级文明单位 59 个，区级文明村居 74 个。

图 22-4 1999 年，童海路国家级文明村揭牌

岚山区各年度省、市级文明单位一览表

表 22-13

年　份	省　级		市　级	
	文明单位(文明机关)	文明村镇村居社区	文明单位	文明村镇村居社区
2004	岚山国税分局，区公路局，区农村信用联社，童海路居委，岚山国土资源分局	岚山头街道童海村，安东卫街道泉子庙村，碑廓镇	鲁圣集团，岚山公安分局，区人口计生局，区财政局，区地税局，岚山供电部，交警岚山大队，岚山工商分局，三木集团有限公司，区交通局，童海港业，区行管局，区经贸局，区卫生局，区人劳局，区审计局，岚山头街道刘家海屋居，碑廓初级中学，岚山头派出所，安东卫地税分局，黄墩镇初级中学，黄墩地税分局，巨峰国税分局，高兴农村信用社	安东卫街道辛庄子，碑廓镇大朱曹一村，巨峰镇常家庄，高兴镇厉家湖村，虎山镇东湖三村，后村镇宅科二村

续表 22-13

年份	省级		市级	
	文明单位（文明机关）	文明村镇村居社区	文明单位	文明村镇村居社区
2005	岚山地税分局，岚山工商分局，区国税局，区公路局，区农村信用联社，岚山头街道童海村，岚山国土资源分局	安东卫街道泉子庙村，巨峰镇常家庄村，碑廓镇	岚山头街道环海路居，日照永兴食品有限公司，日照市第二人民医院，日照三中，区委宣传部，区纪委，区财政局，鲁圣集团，岚山头派出所，安东卫地税分局，碑廓镇初级中学，黄墩镇初级中学，巨峰国税分局，区人口计生局，岚山供电部，交警岚山大队，岚山工商分局，岚山国土资源分局，岚山公安分局，日照三木集团有限公司，黄墩地税分局，后村镇计生委，高兴镇农村信用社，区交通局，山东童海港业股份有限公司，区行管局，区经贸局，区卫生局，区人劳局，区审计局	安东卫街道辛庄子，虎山镇连家村、东湖三村，碑廓镇王家庄，黄墩镇台子地村，后村镇辛家皋陆村、宅科二村，高兴镇厉家湖村，巨峰镇，巨峰镇大土山村
2006	区国税局，区公路局，区农村信用联社，岚山地税分局，岚山港务公司（不计入），岚信公司（不计入），检验检疫局（不计入），山东童海港业股份有限公司，岚山国土资源分局，岚山工商分局，区财政局	岚山头街道童海村，碑廓镇，安东卫街道泉子庙村，巨峰镇常家庄村，虎山镇连家村	山东鲁圣电力器材有限公司，岚山头派出所，安东卫地税分局，碑廓镇初级中学，巨峰国税分局，区人口计生局，区财政局，交警岚山大队，岚山工商分局，岚山国土资源分局，岚山公安分局，日照三木木业股份有限公司，黄墩地税分局，高兴镇农村信用社，区交通局，山东童海港业股份有限公司，日照第三中学，岚山头街道环海路居，日照永兴食品有限公司，日照市第二人民医院，黄墩镇初级中学，区城建局，日照昌华海产食品有限公司，山东阿掖山集团有限公司，碑廓工商所，区经贸局，区人社局，区审计局，区行管局，区委宣传部，区纪委，区委办公室，区人大办公室，区委组织部，区教育局，区行政服务中心	安东卫街道辛庄子村，碑廓镇辛庄子村、王家庄、西辛兴村，虎山镇东湖三村、连家村、后姚沟村，黄墩镇台子地村、任家董旺庄，后村镇，后村镇宅科二村、辛家皋陆村、杏坊村，高兴镇厉家湖村、刘家尧王城村，巨峰镇，巨峰镇大土山村、李家庄
2007	区公路局，岚山地税分局，区农村信用联社，山东童海港业股份有限公司，岚山头街道环海路居，岚山国土资源分局，岚山工商分局，区财政局，区人社局	岚山头街道童海村、甜园社区，安东卫街道辛庄子村、泉子庙社区、汾水社区，虎山镇连家村，碑廓镇，巨峰镇，巨峰镇常家庄村	山东鲁圣电力器材有限公司，岚山头派出所，安东卫地税分局，碑廓镇初级中学，巨峰国税分局，区人口计生局，区财政局，交警岚山大队，岚山工商分局，岚山国土资源分局，岚山公安分局，日照市三木木业股份有限公司，黄墩地税分局，高兴镇农村信用社，日照第三中学，岚山头街道环海路居，日照永兴食品有限公司，日照市第二人民医院，黄墩镇初级中学，区城建局，日照昌华海产食品有限公司，区人社局，山东阿掖山集团有限公司，碑廓工商所，农行岚山支行，山东万方路桥工程有限公司，区人民检察院，区经贸局，区审计局，区行管局，区委宣传部，区纪委，区委办公室，区人大办公室，区委组织部，区教育局，区行政服务中心，区人民法院，区信访局，区卫生局	岚山头街道杨家庄子，安东卫街道辛庄子，虎山镇东湖三村、后姚沟村、后稍坡村，碑廓镇辛庄子、王家庄、西辛兴村、田家寨一村、宋家庄，黄墩镇台子地村、任家董旺庄、后崖村，后村镇杏坊村、辛家皋陆村、李家洼村，高兴镇厉家湖村、刘家尧王城村、冯家庄，巨峰镇大土山村、李家庄、新华村，巨峰镇，后村镇，虎山镇，高兴镇

续表 22-13

年　份	省　级		市　级	
	文明单位（文明机关）	文明村镇村居社区	文明单位	文明村镇村居社区
2008	区国税局，区人大办公室，岚山国土资源分局，岚山工商分局，区财政局，区人社局，区公路局，区农村信用联社，岚山地税分局，山东童海港业股份有限公司，岚山头街道环海路居	岚山头街道凤阳路社区、童海村、甜园社区，安东卫街道北门外社区、汾水社区、泉子庙社区、辛庄子村，虎山镇连家村，巨峰镇常家庄，高兴镇厉家湖村，碑廓镇，巨峰镇	区政协办公室，区招商局，岚山质监分局，区经贸局，区行管局，区审计局，区委宣传部，区纪委，区委办公室，区委组织部，区教育局，区行政服务中心，区人民法院，区信访局，区卫生局，区交通局，岚山烟草专卖局（公司），巨峰地税分局，岚山消防大队，黄墩镇初级中学，区城建局，日照昌华海产食品有限公司，山东阿掖山集团有限公司，碑廓工商所，山东鲁圣电力器材有限公司，岚山头派出所，安东卫地税分局，碑廓镇初级中学，巨峰国税分局，交警岚山大队，岚山公安分局，日照三木木业股份有限公司，黄墩地税分局，高兴信用社，日照第三中学，日照市永兴食品有限公司，日照市第二人民医院，农行岚山支行，山东万方路桥工程有限公司，区人民检察院	岚山头街道甜水河社区、杨家庄子村，安东卫街道西街社区、轿顶山生活区，虎山镇东湖三村、后稍坡村，碑廓镇大朱曹一村、西辛兴村、辛庄子村、王家庄村、宋家庄村，巨峰镇车沟村、李家庄村、大土山村、新华村，黄墩镇草涧村、任家董旺庄村、台子地村，后村镇曲河南岭村、杏坊村、辛家皋陆村、李家洼村，高兴镇东牟家村、刘家尧王城村、冯家庄村，后村镇，高兴镇，虎山镇
2009	区交通局，区人民法院，区公路局，区农村信用联社，岚山地税分局，山东童海港业股份有限公司，岚山头街道环海路居，区国税局，岚山国土资源分局，岚山工商分局，区财政局，区人社局，区人大办公室	岚山头街道杨家庄子社区、甜园社区、童海村、凤阳路社区，安东卫街道西街社区、辛庄子村、泉子庙社区、汾水社区、北门外社区，虎山镇连家村，黄墩镇任家董旺庄，高兴镇厉家湖村，巨峰镇常家庄，高兴镇，碑廓镇，巨峰镇	黄墩镇初级中学，区城建局，山东阿掖山集团有限公司，碑廓工商所，山东鲁圣电力器材有限公司，岚山头派出所，安东卫地税分局，巨峰国税分局，交警岚山大队，岚山公安分局，日照三木木业股份有限公司，黄墩地税分局，高兴信用社，日照第三中学，日照市永兴食品有限公司，日照市第二人民医院，农行岚山支行，山东万方路桥工程有限公司，区人民检察院，区人民法院，区交通局，岚山烟草专卖局（公司），巨峰地税分局，岚山消防大队，岚山药监分局，区政府办公室，区人口计生局，岚山头交通管理所，区经贸局，区行管局，区审计局，区委宣传部，区纪委，区委办公室，区委组织部，区教育局，区行政服务中心，区信访局，区卫生局，区政协办公室，区招商局，岚山质监分局	岚山头街道杨家庄子、甜水河社区、佛手湾居，安东卫街道西街社区、北街社区、轿顶山生活区，虎山镇东湖三村、后稍坡村，碑廓镇西辛兴村、辛庄子村、王家庄村、宋家庄村、大朱曹一村，巨峰镇李家庄、大土山村、新华村、车沟村，高兴镇刘家尧王城村、冯家庄村、东牟家村，黄墩镇任家董旺庄、台子地村、草涧村，后村镇杏坊村、辛家皋陆村、李家洼村、曲河南岭村，后村镇，虎山镇，高兴镇
2010	巨峰国税分局，区公路局，区农村信用联社，岚山地税分局，山东童海港业股份有限公司，岚山头街道环海路居，区国税局，区交通局，区审计局，岚山国土资源分局，岚山工商分局，区财政局，区人社局，区人大办公室，区人民法院	岚山头街道童海村、甜园社区、凤阳路社区、杨家庄子社区，安东卫街道辛庄子村、北街社区、汾水社区、泉子庙社区、北门外社区、西街社区，虎山镇连家村，碑廓镇王家庄，黄墩镇任家董旺庄，高兴镇厉家湖村，碑廓镇，巨峰镇，高兴镇	黄墩镇初级中学，山东阿掖山集团有限公司，碑廓工商所，山东鲁圣电力器材有限公司，岚山头派出所，安东卫地税分局，交警岚山大队，岚山公安分局，日照三木木业股份有限公司，黄墩地税分局，高兴信用社，日照第三中学，日照市永兴食品有限公司，区人民医院，农行岚山支行，山东万方路桥工程有限公司，区人民检察院，岚山烟草专卖局（公司），巨峰地税分局，岚山消防大队，岚山头国税分局，区民政局，山东日照焦电有限公司，岚山网通公司	岚山头街道杨家庄子，虎山镇后稍坡村、东湖三村，四门口村，碑廓镇西辛兴村、大朱曹一村、辛庄子村、田家寨一村，巨峰镇李家庄村、大土山村、新华村、车沟村、柳古庄村、后黄埠村，高兴镇刘家尧王城村、冯家庄村、东牟家村、川子村，后村镇杏坊村、辛家皋陆村、李家洼村、曲河南岭村、北山西头村，黄墩镇台子地村、草涧村、后崖村

续表 22-13

年份	省级		市级	
	文明单位（文明机关）	文明村镇村居社区	文明单位	文明村镇村居社区
2011	区公路局，区农村信用联社，岚山地税分局，山东童海港业股份有限公司，区国税局，区交通运输局，巨峰国税分局，岚山工商分局，区财政局，区人社局，区人大办公室，区人民法院，区审计局，区人民检察院，交警岚山大队	岚山头街道童海村、环海路居，甜园社区、杨家庄子社区，安东卫街道汾水社区、泉子庙社区、北门外社区、西街社区、北街社区、辛庄子村，碑廓镇西辛兴村、王家庄村，高兴镇厉家湖村，黄墩镇任家董旺庄村，碑廓镇，巨峰镇，高兴镇	黄墩镇初级中学，山东阿掖山集团有限公司，碑廓工商所，山东鲁圣电力器材有限公司，岚山头派出所，岚山公安分局，日照三木木业股份有限公司，高兴信用社，日照第三中学，日照市永兴食品有限公司，区人民医院，农行岚山支行，山东万方路桥工程有限公司，岚山烟草专卖局（公司），岚山头国税分局，区民政局，山东日照焦电有限公司，岚山网通公司，岚山环保分局，区交通稽查站，后村信用社，岚山移动公司，区经信局，区行管局，区委宣传部，区纪委，区委办公室，区委组织部，区教育局，区行政服务中心，区信访局，区卫生局，区政协办公室，区招商局，岚山药监分局，区政府办公室，区人口计生局，岚山头交通管理所，区发改局，高兴镇计生委	岚山头街道杨家庄子，虎山镇东湖三村、后稍坡村，四门口村、孙家官庄、东湖二村，碑廓镇辛庄子、大朱曹一村、大河口村、大湖村，黄墩镇草涧村、后崖村，巨峰镇李家庄、新华村、大土山村、车沟村、后黄埠村，高兴镇刘家尧王城村、冯家庄村、东牟家村、秦家庄，后村镇杏坊村、李家洼村、曲河南岭村、北山西头村、皂户沟村
2012	岚山国土资源分局，区政协办公室，区人民检察院，交警岚山大队，区公路局，区农村信用联社，岚山地税分局，山东童海港业股份有限公司，区国税局，区交通运输局，巨峰国税分局，岚山工商分局，区财政局，区人社局，区人大办公室，区人民法院，区审计局	岚山头街道甜园社区，安东卫街道汾水社区、泉子庙社区、北街社区、辛庄子村、竹园居，虎山镇后稍坡村，碑廓镇大湖村、西辛兴村、王家庄村，黄墩镇任家董旺庄村，高兴镇厉家湖村，碑廓镇，巨峰镇，高兴镇	黄墩镇初级中学，山东阿掖山集团有限公司，碑廓工商所，山东鲁圣电力器材有限公司，岚山头派出所，岚山公安分局，日照三木木业股份有限公司，高兴信用社，日照第三中学，日照市永兴食品有限公司，区人民医院，农行岚山支行，岚山烟草专卖局（公司），岚山头国税分局，区民政局，山东日照焦电有限公司，岚山网通公司，岚山环保分局，岚山铁路管理处，区交通稽查站，岚山移动公司，区经信局，区行管局，区委宣传部，区纪委，区委办公室，区委组织部，区教育局，区信访局，区卫生局，区招商局，岚山药监分局，区政府办公室，区人口计生局，岚山头交通管理所，区发改局，高兴镇人口计生服务中心，区委党校，王家海屋边防派出所，明珠路小学，区委政法委，巨峰镇人口计生服务中心，虎山卫生院，地税岚山头中心税务所，中楼镇派出所，岚山头街道环海路居，地税巨峰中心税务所，巨峰交警中队，区国税局稽查局，区商务局，区司法局	岚山头街道杨家庄子村，虎山镇四门口村、孙家官庄，碑廓镇辛庄子、大朱曹一村、于家庄子、大朱曹二村、大河口村，黄墩镇寺后村、草涧村、后崖村，高兴镇刘家尧王城村、冯家庄村、东牟家村，巨峰镇李家庄、新华村、车沟村，虎山镇，黄墩镇

非公有制经济组织文明创建 1998年，岚山在全省率先提出了在非公制经济领域开展文明创建活动。2003年8月，全市非公有制经济组织精神文明创建工作现场会在岚山召开。2006年10月，开展“非公有制经济组织精神文明创建标准化”认证，按照“123456”（坚持“一个原则”：精神文明建设与党建、企业生产经营相结合的原则；解决“两个必须”：精神文明建设必须有专人抓，必须有专项经费；落实“三个硬件”：规范的劳动合同，合理的劳动保障，合法的《员工手册》；建好“四个中心”：文体活动中心，学习培训中心，文化展示中心，生活保障中心；体现“五个特色”：特色企业文化，特色经营理念，特色质量方针，特色品牌追求，特色环境氛围；完善“六个机制”：领导

保障机制，考核激励机制，长效投入机制，教育培训机制，活力创建机制，民主对话机制）的工作标准，对全区20家非公有制企业开展专题认证，全区共认证非公有制经济组织精神文明建设示范企业8家：山东鲁圣电力器材有限公司、山东童海港业股份有限公司、日照三木木业股份有限公司、中粮黄海粮油工业（山东）有限公司、日照焦电有限公司、日照昌华海产食品有限公司、岚山生化制品有限公司、日照市永兴食品有限公司；非公有制经济组织精神文明建设达标企业6家：日照钢铁公司、山东丰华食品有限公司、加德士沥青公司、阿掖山食品集团有限公司、碧波茶业有限公司、玉石洁具有限公司。2006年年底，山东省委党校专程到岚山调研非公有制经济组织文明创建工作。

文明信用工程　2004年，组织实施“文明信用工程”，广泛评选“文明信用村”“文明信用户”，实现“文明信用有价”。2005年4月1日，召开全区农村信用社文明守法信用工程建设会议，文明信用工程在全区全面推开，当年岚山在全省做典型发言。2012年，全区共评选表彰文明信用镇3个，文明信用村76个，文明信用户53541个，文明信用户授权授信额度由2005年的3万元提升到30万元，文明信用镇（村、户）利率分别优惠20%。

第八章　政法委及综治工作

1993年前，域内综治工作由日照县、县级日照市、日照市东港区管理，各乡镇街道和村（居）设综治办。1993年，岚山工委设立政法委员会（简称工委政法委）。1994年，成立岚山办事处社会治安综合治理委员会，并设立办公室，与工委政法委合署办公。2004年设区后，成立岚山区委政法委员会（简称区委政法委），并成立区社会治安综合治理委员会及办公室（简称区综治委、区综治办），与区委政法委合署办公。2012年5月，区社会治安综合治理委员会更名为区社会管理综合治理委员会（亦简称区综治委）。2012年，区委政法委（区综治办）内设办公室、研究室和综合科3个职能科室，有行政编制9人，工勤编制2人。

第一节　社会治安综合治理

根据国家《社会治安综合治理实施办法》，1993年，岚山工委、办事处印发《岚山工委社会治安综合治理五年规划》《岚山办事处关于加强社会治安综合治理工作的暂行规定》，各级均成立社会治安综合治理领导机构和办事机构。1994年始，每年工委、乡镇街道、村（居）层层签订社会治安综合治理目标责任书，实行属地管理、“一把手”负责制，并建立主管和分管综治工作领导综治实绩档案。

2007年开始，全区每年组织企业与地方开展共建活动，密切企地关系，减少不稳定因素的发生。2010年，制定《关于建立平安建设项目建设联动共建机制的意见》，加强平安建设与项目建设共建联动。

2008年，制定了《关于在全区开展工程项目建设社会稳定风险评估的实施意见》，开展重大工程项目社会稳定风险评估。2009年，印发《关于在全区开展重大事项社会稳定风险评估的实施意见》，规定凡涉及国计民生的重大项目和重大决策，必须预先进行社会稳定风险评估，从源头上预防和减少不稳定因素的发生。

2009年，开展“基层基础规范化建设年”活动，推进综治、信访、司法“三个规范化”建设，编写了《综治信访人民调解工作规程》，各乡镇街道综治办、信访办和司法所全部达到规范化建设水平。2010年，开展“规范化建设提升年”活动。

2011年起，开展加强和创新社会管理工作探索，实行社会管理创新项目化，做法在全市推广。2012年5月，开展社会服务管理网格化和信息化体系建设，夯实了社会服务管理基层基础。

开展见义勇为工作。2002年，鲁日渔1007号、1008号船组勇救遇险船只，工委、办事处开展了向鲁日渔1007号、1008号船组学习的活动，并颁发了奖金。2008年，巨峰镇村民张少华勇斗歹徒受伤，被山东省见义勇为基金会评为全省“见义勇为先进个人”。

第二节　一票否决制

1994年，根据中央五部委(局)《关于实行社会治安综合治理领导责任制的若干规定》，岚山工委、办事处制定《五部门联席会议制度》《重大案件防范责任查究暂行规定》《社会治安综合治理一票否决制的办法》，实行社会治安综合治理“一票否决制”。有下列情形之一者，对获取综合性荣誉或奖项的资格予以一票否决：1.因领导不重视、机构不健全，造成本乡镇街道、本单位治安秩序混乱的；2.对不安定因素或内部矛盾不及时化解，处置不力，以致发生集体(5人以上)上访或越级上访、非法游行、聚众闹事、停工、停产、停课等问题，产生不良后果，影响社会稳定的；3.因主管领导、治安责任人工作不负责任，发生重大案件或恶性事故，造成严重损失和恶劣影响的；4.因管理不善、防范措施不落实，发生刑事案件或治安灾害事故，使国家、集体财产遭受损失，又不认真查处、改进工作的；5.存在发生治安问题的重大隐患，经主管部门或社会治安综合治理机构提出警告、司法建议、检察建议、整改建议，限期改进而没有采取有效措施改进工作的；6.因教育管理不力，本单位职工中违法犯罪情况比较突出的；7.发生刑事案件或重大问题有意隐瞒不报或作虚假报告的；8.其他需要予以否决的事项。

2005年，对《重大案件防范责任查究暂行规定》和《社会治安综合治理一票否决制的办法》进行重新修订。

2007～2012年，岚山区共对8个发生严重影响社会稳定问题的单位实行了社会治安综合治理“一票否决”，对13个综治工作措施不到位，群众安全感差的村居、单位实行了“黄牌警告”。

第三节　“平安岚山”建设

自2004年开始，在全区开展以维护社会稳定、构建社会主义和谐社会为总体目标要求的争创省级“平安建设”先进单位活动，制定下发《关于深入推进平安建设的意见》，每年开展“平安区”“平安镇”“平安单位”“平安村居”“平安家庭”创建活动。实行“专群结合、群防群治”，提高防控能力。建立区、镇(街道)、工作片、村(居)4级防控治安防范网络，区级组建60人的治安巡逻队伍，各乡镇街道组建8支共260人的巡逻队，各村全部成立治安巡逻队，采取互助联保、联户联防、义务巡逻等方式，开展治安巡逻。

图22-5　村庄监控系统　(摄于2007年)

2007年起，开展技防监控体系建设，至2012年年底，全区共安装各类监控探头6000余个，其中高清联网探头2200余个，建设视频监控中心11个，可防性案件大幅下降。

建立人民内部矛盾排查调处机制。成立区级人民调解委员会，建立综合调解室、道路交通事故人民调解室、医疗纠纷人民调解室等多个专业性、行业性调解室，各乡镇街道也分别成立人民调解室。坚持矛盾纠纷“日排查、周汇总、月上报”，区每月、镇每半月召开一次矛盾纠纷排查调处协调会议，确保矛盾不激化、小事不出村、大事不出镇，把矛盾解决在基层和萌芽状态。

从2011年起，在全区开展“星级平安单位”创建活动，每年评选表彰“三星级”平安单位，至2012年年底，全区共有17个单位获得了区综治委评选的“三星级平安单位”，11个单位获得了日照市综治委授予的“四星级平安单位”。

教育系统开展“法制校园”“安全校园”“文明校园”三园共建创平安活动，开展社区共建、警校共育活动，建立家庭、学校、社会三位一体的预防青少年违法犯罪工作机制。

2006年和2008年，岚山区先后两次获得山东省委颁发的“平安山东建设先进区”称号。

第九章　统一战线工作

第一节　统一战线组织

1993年前，域内统战工作先后由日照县、县级日照市、日照市东港区管理。在乡镇街道党委设统战委员，村党组织亦设统战委员。1993年7月，成立岚山工委宣传统战部。1997年1月以后，乡镇街道党委不再设专职统战委员，由宣传委员负责统战工作。2004年12月，设立中国共产党日照市岚山区委统一战线工作部（以下简称区委统战部），是区委主管统一战线工作、对台工作、工商联工作、归国华侨工作、民族宗教事务工作的职能部门。区委台湾工作办公室、区工商业联合会机关、区归国华侨联合会机关与其合署办公。2005年12月，区委统战部设立办公室、综合科2个职能科室，行政编制5人，工勤人员编制2人，设部长1人、副部长2人，工商联党组书记1人（正科级），股级领导职数2人。2007年11月，区委台湾工作办公室独立办公。2010年4月，全市统一战线基层基础建设现场会在岚山区召开，岚山区创新建立的乡镇街道统战办公室、民族宗教办公室、侨台联络办公室和商会党总支“三办一会”基层统战四位一体模式在全日照市得到推广，区委书记、区人大常委会主任高杰为区委统战部编写的《基层统一战线工作手册》题词：“学习理论、研究艺术、创新方法、提升水平。”区委统战部撰写的《找准切入点，选好突破口，扎实推进“四位一体”统战基层基础建设》和《拓路子、教法子、给位子，岚山区切实加强党外代表人士队伍建设》在《山东统一战线》刊登，岚山区基层统战工作经验先后在全省统战部长会议和省委统战部县级统战工作联系点会议上作了典型发言，被省委统战部确定为全省县级统战工作联系点。2011年9月，在全区8个乡镇街道设统战干事，区直各部门明确分管统战工作的负责人，建立健全统战工作网络。岚山区委统战部先后获得“全省非公有制经济人士思想政治工作先进单位”“全省基层统战工作基础建设先进单位”“全省统战工作先进集体”等荣誉称号。

第二节　党外知识分子工作

1993～2004年，岚山办事处共推选出党外重点代表人物12人，培养党外后备干部5人，党外副科级以上干部2人，党外代表人士担任省、市、处级工商联领导职务11人。全处党外代表人士中，有日照市政协委员7人，占驻岚山日照市政协委员人数的40%，其中三木集团公司董事长杨宝友当选为第十届全国人大代表、省政协常委、省工商联副会长。至2004年9月，全岚山办事处党外知识分子共1728人，其中中级职称以上的有363人，高级职称35人。各界人士围绕岚山民营经济发展，利用座谈会、人大政协会议、书面建议等形式建言献策，发挥参政议政作用，1993～2004年，共提出建议和意见527条，其中提案、议案148条，为各级党委、政府决策提供依据。

岚山设区后，区委统战部把民营企业新生代中的党外知识分子、中介组织中党外知识分子纳入统战工作对象，连续8次对党外知识分子的基本情况进行全面调研，按照“政治坚定、专业突出、群众认同”的标准，突破区域、部门、行业、所有制界限,将文化程度高、业务上有专长、群众威信高、组织协调能力强的党外知识分子列为党外干部的重点培养对象。2010 年 3 月,建立了无党派人士 120 人、民族宗教界人士 13 人、非公有制经济人士 83 人、港澳台及海外人士 32 人的党外知识分子数据库。2010 年 11 月,成立了区党外知识分子联谊会筹备小组和区直教育、卫生 2 个联谊分会(小组),各乡镇街道成立党外知识分子联谊会。

开展党外代表人士队伍建设,与组织部门共同做好党外人士的培养、考察和选拔工作,举荐德才兼备的党外干部进入各级领导班子,营造与党外人士合作共事的良好氛围。2009 年 3 月,区委统战部、组织部联合印发《关于培养选拔党外干部工作的意见》,建立了党外代表人士"1+4"综合评价机制,每半年对党外人士按照 1 个共性指标(政治素质)和 4 个个性岗位(专职岗位、兼职岗位、组织岗位、公益岗位)进行综合考评。2011 年 7 月,在教育、卫生、财政 3 个部门提拔党外副科级以上干部 3 名,并通过公开考选、民主推荐、择优使用的方式选拔使用党外科级干部 4 人。至 2012 年年底,全区党外副科级以上干部由 2004 年建区时的 3 人发展到 15 人,其中:副处级干部 5 人、正科级干部 1 人、副科级干部 9 人,有党外市人大代表 11 人,党外区人大代表 67 人,党外市政协委员 22 人,党外区政协委员 126 人,党外区政协常委 24 人。

第三节　民族宗教工作

1993 年 6 月,岚山民族宗教工作由工委宣统部负责,2004 年 9 月,民族宗教事务由工委宣统部移交区委统战部。2005 年 12 月,设立区民族宗教事务办公室,为副科级事业单位,编制 3 人,隶属于区委统战部管理。

1993 年办事处成立后,民族宗教工作的重点是宣传党的民族宗教政策,落实有关少数民族政策,加强对信教群众法律法规、科学知识和勤劳致富思想的教育,加强对宗教事务的管理,维护社会稳定。举办了 5 次民族宗教知识培训班,加强对村支部书记、村主任、乡镇街道党委及处直有关部门工作人员的培训。举办了 1 次信教群众代表培训班,对信教群众进行法规政策教育。1996 年,开展"全处依法加强宗教事务管理年"活动,查禁取缔非法聚会点 14 处,依法处理外来非法传教者 2 人。1999 年 4 月,日照市民族宗教工作座谈会在岚山召开,岚山民族宗教管理的经验做法在全市推广。2005 年 3 月,投资 400 余万元建设阿掖山卧佛寺,加强和规范宗教活动场所。2008 年 3 月,建立信息预警机制和应急处理机制,每年会同公安、国安等部门对全区非法聚会点依法进行清理整治,先后取缔非法宗教聚会活动 5 起。2009 年、2010 年、2011 年分别在全区开展了 3 次民族宗教情况调查,基本做到了全区民族宗教情况底子清、情况明。2009 年 3 月,区、乡镇街道、村居分别成立民族宗教工作领导小组,建立起区、镇、村三级民族宗教工作管理网络。2009 年 6 月,针对未成年中小学生涉宗教问题,创新建立了"镇、校、村"民族宗教监管网络,区民族宗教事务办公室、区教育局联合印发了《关于加强中小学生思想道德教育管理工作的通知》,并与各乡镇街道签定《岚山区中小学生思想道德教育监管责任书》。2012 年 4 月,开展"和谐寺观教堂"争创活动,举办了一期信教群众学习《山东省宗教事务条例》法律法规培训班,为基层提供《山东省宗教事务条例》等政策、法规书刊 150 本,组织法律法规考试 1 次,参加考试人员 130 人。

2007 ~ 2012 年,共为参加高考的 5 名少数民族考生审核了民族成份,出具少数民族证明,使他们享受到高考录取成绩降 10 分录取的政策。

第四节　海外统战工作

1993 ~ 2004 年,共有 34 个海外社团到岚山参观、洽谈、联谊,岚山工商界人士参加海外经贸洽谈会、交流会 28 次,结交海外知名人士 217 位,扩大了岚山对外贸易往来。2004 年设区后,设立岚山区归国华侨联合会,与区委统战部合署办公,具体负责海外联谊、海外统战等工作。

至 2012 年年底，岚山区共有归侨侨眷 1019 人，其中归侨 165 人、侨眷 854 人、华人华侨及海外留学生 37 人。统战部每年组织开展海外联谊活动，对政治上有影响、经济上有实力、学术上有造诣的海外“三胞”重点人员纳入会员，实现了以民间组织的形式与海外“三胞”的联系。2007 年以后，重点宣传贯彻党和政府“和平统一、一国两制”的方针政策，组织了学习香港特别行政区基本法、澳门特别行政区基本法、台湾问题知识竞赛、纪念辛亥革命 100 周年书法展等活动。加强与港、澳、台地区各个领域、各种社团、各界人士的交流交往，加强与海外华人、华侨和出国留学人员及其亲属的联系，开展招商引资工作。2008 年 5 月，在省、市侨联和爱国侨胞的关心支持下，各界侨胞捐资 3 万余元在黄墩镇田家沟村建立全省第一家侨字号“农家书屋”；2008 年 6 月，侨胞企业日照森博纸业有限公司为高兴镇工农岭侨心小学捐赠篮球架等价值 3 万余元的体育设施；2009 年 6 月，台湾爱知会捐助 20 万元建立黄墩镇“威刚爱心小学”，赢得了广泛赞誉。2007 ～ 2012 年，组织 3 批非公有制经济代表人士 30 余人次赴港、澳、台地区和国外考察学习企业管理先进经验和招商引资，为宣传岚山、扩大开放、促进交流、推动祖国和平统一作出了积极努力。

第五节　对台工作

管理机构　岚山是山东省东南沿海去台人员较多的地区，1949 年前去台湾人员 854 人。至 2012 年，岚山区共有台属 1407 人。1994 年 4 月，岚山办事处成立台湾同胞接待站，编制 3 名，隶属于工委宣传统战部。2004 年岚山设区后，成立区委台湾工作办公室，与区委统战部合署办公。2007 年 11 月，区委台湾工作办公室独立办公，正科级建制。

对台经贸　2003 年 8 月，岚山办事处聘请台胞胡善堂、台商黄世照为岚山对台招商联络员，利用多种渠道开展对台招商引资。2008 年 12 月，山东省人民政府台湾事务办公室下发《关于同意日照市岚山区设立台湾工业园的批复》，允许在岚山区设立省级台湾工业园。2009 年 6 月，日照市台湾同胞投资企业协会成立，岚山台商黄世照被聘为协会首届副会长。截至 2012 年，岚山区累计批准设立台资企业 8 家，合同利用台资额 3000 万美元。

对台交流交往　1995 年 8 月，岚山办事处下发《关于印发接待台胞试行规程的通知》。1997 年实施“台胞接待工作目标责任制”，工委、办事处与各乡镇街道，乡镇街道与各村居分别签订责任书，形成处、乡、村三级管理服务网络。

1996 年，台胞张传文等联合捐款 11 万元，在碑廓镇北张家庄建设“日蓬小学”。2008 年 12 月，岚山被国家列为首批海峡两岸海运直航港口（港区），实现两岸直接通航。2010 年 7 月，区政府邀请台北市平等小学来岚山进行文化交流，在明珠路小学进行了设区以来首次涉台民间文化交流演出。

2004 ～ 2012 年，岚山区共接待台胞 529 人次、团组 117 个，其中区委、区政府接待重要台胞 163 人次。居民因私赴台 87 人次，因公赴台 17 人次。

对台宣传　通过接待台胞、走访定居台胞和台属、召开台属座谈会等形式，开展面对面宣传教育，宣传对台政策。1993 ～ 2012 年，岚山先后组织 18 次台属座谈会，邀请台属 212 人次参加。1998 年 10 月，岚山工委宣传部下发《关于在全处中小学开展涉台教育的通知》，举办了全处中小学生涉台教育知识演讲比赛和中学生“反台独”签名活动。2008 年 6 月，岚山区委宣传部又下发《关于在全区中小学校开展涉台教育活动的通知》，在中小学中开展涉台教育。至 2012 年，全区中小学共开展各类涉台教育活动 12 次，发放各类宣传材料 3600 余份。

1999 年 4 月，全市涉台教育工作座谈会暨全市涉台教育工作现场会在岚山召开。1998 ～ 2012 年，岚山台办连续被山东省台办评为“全省对台宣传和涉台教育工作先进单位”。

第十章　党校工作

1996年12月26日，中共日照市岚山工委党校在岚山技工学校挂牌成立，由岚山工委组织部代管。2003年3月28日，岚山工委党校、岚山职业中专、岚山技工学校“三校合一”，由党校兼办全处行政职业技术业务教育培训，职业中专业务和劳动技校业务分别由教育、人事劳动部门指导。2004年12月，中共日照市岚山工委党校更名为中共日照市岚山区委党校(简称区委党校)。

2006年9月，学校升格为副处级建制。2012年，学校设有办公室、教务科、总务科、职业培训科、业教办、学管科、招生就业办、社会培训科、团委9个职能科室。2011年，被日照市委、市政府授予“市级文明单位”荣誉称号，2012年被授予“日照市建设学习型党组织工作先进集体”荣誉称号。

第一节　教师队伍

建校初期，党校有教职工3人。2003年“三校合一”后，原职业中专、技工学校教师并入党校，教职工达到27人。1999～2012年，通过事业单位招考、教师招考、人事调动、劳务派遣、临时聘用等途径，充实教职工40人。至2012年，党校共有教职工65人，其中在编教职工51人，本科学历45人，研究生5人；高级讲师7人，讲师16人；“双师型”(既能讲授专业理论课又能指导专业技能训练)教师19人。

党校不断优化教师队伍的年龄结构、学历结构和学员结构，稳定骨干教师队伍，培养拔尖人才，造就了一批整体水平高、专业素质强、富有活力的教师队伍。在教师业务技能方面，通过“引进来”和“走出去”相结合方式，狠抓教师业务学习，先后多次分批派教师参加本地及北京、上海、济南、青岛等外地区的培训班。聘请校外资深专家到党校讲学，多次选派教师到清华大学、北京大学、中国人民大学、省委党校、市委党校等学习进修，促进教师业务技能提升。

第二节　基础设施建设

校舍建设　党校成立之初，与岚山技工学校共用校舍，地点在万斛路与岚山路交叉点东南角，占地2.1万平方米。2003年3月28日岚山职业中专和岚山技工学校正式并入党校后，原技工学校土地设施划归党校所有。2008年5月，区委党校新校区建设启动，地点在轿顶山路与玉泉二路交汇处，2009年9月，由旧址搬迁到新校区。新校区占地4.3万平方米，建筑面积3.1万平方米，主体建筑有教学办公综合楼、学员公寓楼和干部培训楼，内设学员教室、学员餐厅、报告厅、图书阅览室等。其中，学员餐厅可容纳500人同时就餐，报告厅可同时容纳1200人，具备承办大型主体班次培训及会议、展览能力。2012年，学校有固定资产7500万元，年投入办学经费200万元。

图书馆建设　党校筹建初期，成立了图书室，存有书刊1000余册。2009年9月，搬迁至新办公综合大楼，建设规模和存书数量进一步提档升级。2012年，学校投入专项资金购买图书，图书总数达10240册。开设教师阅览室和学生阅览室，阅览室的存书涉及国内各大类期刊170种。2012年，学校教师阅览室开始面向全区党员干部免费开放，年接纳读者约2000人。

第三节　教学与教学改革

建校初期，注重启发式教学的探索与思考，进行情景教学法、实地参观法、讨论法的尝试，并逐渐应用于业余函授教育和主体班次的教学。2008年，随着电子化设备的普及，加强了演示法教学的应用。2009年，开展“定人定专题、全员讲党课”活动，要求每位教师选定一个课题进行主体班次教学，并采用教师互评的方式，加强教师沟通和交流，针对薄弱环节重点攻克，提高授课水平。2010年，实行“一课多讲、择优上岗”机制，教师依据学校制定的授课题目，自选课题进行试讲，学校组织全员对教师试讲进行听评打分，推荐授课优秀教师进行主体班次教学。2012年，提出打造“特色党校、活力党校、开放党校”的办学要求，开办“周末学堂”，利用党校图书室、阅览室、微机室和优秀视频讲课录像，鼓励学员进党校自主读书学习，走开放式教学之路。

第四节　干部培训

1997年开始，党校开设主体班次教学，对全区党员干部进行培训。1997～2003年，举办、参与举办领导骨干读书班、科级干部培训班、新提拔干部培训班、农村党支部书记培训班、村(居)委主任培训班、企业负责人培训班、青年干部培训班、工会干部培训班、妇女干部培训班、基层民兵连长培训班50余期，培训、轮训党员干部4000余人次。2003～2009年，除以上培训班次外，还举办了新招考事业单位人员、区直部门中层干部、入党积极分子等培训班。2010～2011年，同区委组织部联合开展“周末大讲堂”70余次，培训副科级及以上干部2.5万人次。2012年，与区委组织部联合开展“科学发展大讲堂”10余期。2012年，举办了全区到村任职“第一书记”(从区直部门选派一名干部到村挂职支部书记)、全区宣传干部培训班，承办“全市科学发展主题培训行动”“市区人大代表履职培训班”等培训班次。1997～2012年，约培训各级各类干部3.6万人次。

2007～2012年岚山区委党校干部教育主体班次培训情况一览表

表22-14　　单位：人

时　间	班次名称	举办单位	培训人数
2007年4月	科级干部培训班	区委组织部、区委党校	80
2007年6月	大项目周边村党组织培训班	区委组织部、区委党校	50
2008年1月	中共十七大精神培训班	区委组织部、区委党校	300
2008年3月	现代农业发展专题培训	区委组织部、区委党校	84
2008年5月	新招考事业单位人员培训班	区委组织部、区委党校	100
2008年10月	民营经济发展培训班	区委组织部、区委党校	87
2008年11月	岚山区入党积极分子培训	区委组织部、区委党校	40
2008年11月	岚山区民主党派、无党派人士培训班	区委统战部、区委党校	40
2008年11月	围绕钢铁基地大项目建设服务培训班	区委组织部、区委党校	49
2009年4月	新任科级干部培训班	区委组织部、区委党校	85
2009年4月	新招考事业单位人员培训班	区委组织部、区委党校	100
2009年5月	区直部门中层干部培训	区委组织部、区委党校	300
2009年11月	交通稽查干部培训班	交通局、区委党校	98
2010年全年	周末大讲堂	区委组织部、区委党校	16000
2010年1月	新考选科级干部培训班	区委党校	12
2010年8月	经济强村党支部书记嘉兴培训班	区委组织部、区委党校	223
2011年全年	周末大讲堂	区委组织部、区委党校	8500
2011年7月	新任科级干部培训班	区纪委、区委党校	40
2011年7月	农村党支部书记培训班	区委组织部、区委党校	412
2012年全年	科学发展大讲堂	区委组织部、区委党校	3000

续表 22-14

时间	班次名称	举办单位	培训人数
2012 年 3 月	全市科学发展主题培训行动培训班	市委组织部、区委党校	140
2012 年 4 月	全区宣传干部培训班	区委宣传部、区委党校	110
2012 年 5 月	岚山区“科学发展主题培训行动”第一期科级干部培训班	区委组织部、区委党校	311
2012 年 5 月	“周末学堂”微博问政与现代运营培训班	区委党校	210
2012 年 5 月	全区农村“第一书记”培训班	区委组织部、区委党校	38
2012 年 5 月	市区人大代表履职培训班	区人大、区委党校	180
2012 年 6 月	岚山区“科学发展主题培训行动”第二期科级干部培训班	区委组织部、区委党校	161
2012 年 11 月	岚山区农村女性两委成员(妇代会主任)培训班	区委党校、区妇联	410

第五节　学历教育

1994 年，开办党员干部业余函授教育，同年中共日照市委党校在岚山设立教学点，由岚山工委组织部兼办，1997 年开始由党校承办，函授规模逐步扩大，到 2008 年发展到 8 个班次，在校生 280 人。主要举办中央党校、省委党校、市委党校大专班和本科班，本科学制 2 年半，专科学制 3 年，招收对象为机关企事业单位党员干部。其中，1994 年、1996 年举办 2 届面向农村干部的省函授大专班，毕业学员 200 人。1999 年、2000 年举办两届市委党校农村干部大专班，在安东卫街道成人教育中心设立教学点。2008 年，按照中央党校要求，业余函授教育中的专科教育停止招生，2010 年后本科教育停止招生。2012 年，最后一届党校系统业余函

1994 ～ 2010 年岚山区委党校业余函授教育班次情况统计表

表 22-15　　单位：人

年份	中央党校函授大专	省委党校函授本科	省委党校函授专科	市委党校函授专科	其他	合计
1994			112			112
1996		23	131			154
1997		29	58			87
1998	31		49			80
1999		21	49	59		129
2000		23	22	70		115
2001		33	48			81
2002		49	38			87
2003		33	29			62
2004		62	42			104
2005		57	51			108
2006		31	43			74
2007		57	69			126
2008		89	99			188
2010		17			11	28
合计	31	524	840	129	11	1535

授教育学员毕业。1994 ～ 2012 年，共举办 56 个班次，招收学员 1590 人，毕业学员 1535 人。2009 年，开始探索业余函授教育教学新渠道，试行与中国海洋大学、聊城大学联合办学模式。

第六节　社会培训

2005 年，联合区农业局、区安监局，开始进行阳光工程（由政府公共财政支持开展的农村劳动力转移到非农领域就业前的职业技能培训示范项目）、特种作业、安全培训及技能提升培训，具体业务由党校承办。2009 年 9 月，培训科划分为干部培训科和社会培训科，阳光工程、特种作业、技能提升、安全培训由社会培训科具体操作。

随着办学规模日益扩大，党校逐渐加强同企业联合办学的力度。2011 年，投入 75 万元，培训

2005 ～ 2012 年岚山区委党校社会培训班次情况统计表

表 22-16

年　份	班次名称	举办单位	培训种类	培训人数（人）	年度合计（人）
2005	服装制造培训班	区委党校	阳光工程	150	150
2006	特种作业上岗培训	区委党校、日照钢铁公司	特种作业	530	775
	餐饮服务培训	区委党校	阳光工程	245	
2007	电工技能提升培训	区委党校、山东日照焦电有限公司	技能提升	300	300
2008	焊工技能提升	区委党校、日照钢铁公司	技能提升	450	450
2009	特种作业上岗培训	区委党校	特种作业	145	145
2010	特种作业上岗培训	区委党校、日照钢铁公司	特种作业	1988	2629
	危险化学品存储培训	区委党校、区安监局	安全培训	641	
2011	特种作业上岗培训	区委党校、日照钢铁公司、中冶宝钢	特种作业	1741	3592
	危险化学品存储培训	区委党校、日照钢铁公司	安全培训	151	
	渔业船员安全培训	区委党校、区渔业局	阳光工程	600	
	农机培训	区委党校、区农林局	阳光工程	200	
	钳工技能提升培训	区委党校、日照钢铁公司、中冶宝钢	技能提升	300	
	焊接技能提升培训			200	
	电工技能提升培训			200	
	气体净化工培训			200	
2012	企业安全管理人员培训	区委党校、区安监局	安全培训	743	4195
	特种作业人员培训	区委党校、日照钢铁公司	特种作业	1550	
	渔业船员安全培训	区委党校、区渔业局	阳光工程	300	
	果蔬菜农民技能培训	区委党校、区农林局	阳光工程	300	
	农机农资经销培训	区委党校、区农林局	阳光工程	400	
	动物防疫员培训	区委党校、区农林局	阳光工程	100	
	职业技能培训	区委党校、盛宾大酒店	技能提升	55	
	职业技能培训	区委党校、日照钢铁公司	技能提升	308	
	职业技能培训	区委党校、日照铸福实业有限公司	技能提升	439	
总　计					12236

2500余人次。学校被批准为省级特种工培训定点单位、区机关事业单位计算机培训单位、财务人员继续教育培训基地、农村劳动力转移阳光工程培训基地、企业下岗职工再就业培训基地、企业职工技能提升培训基地。

2012年8月，学校进行业务调整，技能提升培训划归业余函授教育办公室具体承办。

第七节　理论科研与调研

2000年4月，党校举办"加快岚山城市化进程理论研讨会"。2002年4月举办"全处软环境建设研讨会"，供工委、办事处决策参考。1997～2007年，累计发表调研报告、各级刊物论文9篇。2008年，协同区委宣传部举办"革除思想障碍、推动进位争先"理论研讨会，有3篇论文获表彰，其中1篇入选《区委宣传部优秀文库汇编》。2011年，党校撰写的《创新"四分法"理论学习机制，提高社会建设水平》一文入选2011年度中共中央党校理论网、新华网全国基层党建理论创新与实践案例库。2008～2012年，在各级各类刊物上发表、参加各级理论研讨会的论文及调研报告50余篇。2012年，党校深入实施"专业、专题、专攻"教师科研水平提升工程，列出党史党建教学专题、社会管理教学专题、领导干部素质能力提升教学专题、经济文化教学专题等共计42个重要科研课题，聚力推进科研水平提高，为区委、区政府重大战略决策提供理论参考。

第十一章　政策研究与考核管理

第一节　政策研究

2005年12月30日设立中共日照市岚山区委政策研究室，为正科级行政单位，隶属于岚山区委办公室管理。主要职责：参与全区重要政策和重大问题的调查研究，提出建议，为区委决策当好参谋，提供服务。

2003年11月13～15日，工委书记孙承金、办事处主任孙欣亮率部分部门负责人和乡镇街道负责人赴聊城市区和临清县、高唐县、茌平县等地进行考察，形成了《关于赴聊城三县市考察学习情况的报告》，对照聊城3县市的发展，岚山区还存在4个方面的问题：思想不够解放、跟不上发展形势，怨天尤人、推诿扯皮，盲目乐观、小成即满，责任心不强、落实不力等。建议岚山要进一步统一思想，坚定加快发展的信心；进一步理清思路，真抓实干促发展；进一步抢抓机遇，形成加快发展的浓厚氛围。

2005年4月26日至5月1日，区委书记孙承金率岚山党政考察团赴上海市宝山区，江苏省张家港市、镇江市、扬州市，浙江省宁波市、杭州市浦江县等地就城市建设、园区发展等情况进行考察学习，形成了《关于赴上海、江苏、浙江等地考察学习情况的报告》，指出越是先进地区，思想越是解放、发展愿望越是强烈，对城市建设的重视程度越高，工业经济特别是园区经济的支撑作用也越明显。建议要进一步解放思想，坚定实现岚山跨越发展的信心不动摇；进一步凝聚力量，坚定加快城市化进程的信心不动摇；进一步突出重点，坚定加快工业化进程的信心不动摇。

2006年4月20～24日，区委书记孙承金、区长孙欣亮参加市委理论中心组读书会到苏南、苏北地区考察学习，指出与所考察的几个地区相比，岚山区无论在总量上，还是在速度上，都有较大差距，因此岚山区要突出发挥港口优势，进一步强化机遇意识、危机意识和创新意识，大力开展"项目建设年"活动，进一步强化招商氛围；突出临港产业培育，进一步明确招商引资主攻方向；不断加强投资环境建设，进一步增强招商引资吸引力，全力加快岚山发展。

2008年2月28～29日，区委书记高杰、区长徐淑利率岚山区党政考察团一行赴河北省曹妃甸工业区和天津滨海新区等地进行考察。重点考察了临港工业规划建设、港口建设及钢铁产业发展情况，形成了《关于赴河北曹妃甸等地考察学习情况的报告》。建议岚山借鉴曹妃甸的经验做法，进一步拓宽视野，自觉抬高发展标杆；加大对上争引力度，赢得上级政策支持；坚持科学发展，走新型工业化道路；加大融资力度，努力壮大产业集群；大力发扬艰苦奋斗的创业精神，推动岚山快速发展。

2008 年 10 月 11 ～ 14 日，区委书记高杰、区长徐淑利率岚山区党政考察团一行，赴威海工业新区、荣成市、文登市，烟台海阳市和青岛市黄岛区等地学习考察。重点围绕产业园区开发及配套建设、临港产业发展、城市建设和项目招引服务进行考察学习，形成了《关于赴胶东五市区考察学习情况的报告》。报告指出，岚山与胶东 5 市区的主要差距在思想境界、运作方式、干劲拼劲、发展环境等 4 个方面，建议继续解放思想，加强园区建设，开展产业招商，加快城市规划建设，优化发展环境。报告在中共日照市委主办的《工作与研究》2008 年第 12 期刊发。

2009 年 2 月，针对岚山区是全市港口和工业大项目的重要集聚区，征地拆迁任务繁重的实际，区委办公室和区委组织部、区委政法委组成联合调研组，对全区创新工作体制机制积极防范和化解各类矛盾纠纷、维护社会和谐稳定进行调研，形成了《关于强化基础、创新机制，确保社会和谐稳定调研报告》。报告对岚山区从基层基础入手，创新工程项目稳定风险评估机制、平安企地共建机制和群体性事件处置机制，通过推进“三会二公一评”“居民协议拆迁”等办法，把“拆迁难题”办成“群众满意工程”等经验做法进行总结。日照市委书记杨军、市长赵效为和市委副书记孙海亭分别作出批示，指出岚山区“三会二公一评”和谐拆迁的做法对日照市推进临港产业大项目建设和改善民生、构建和谐社会有重要的借鉴作用。中共山东省委在《山东通讯》2009 年第 8 期将报告刊发。

2009 年 5 月 21 ～ 24 日，区委书记高杰、区长徐淑利率领岚山区党政考察团一行，赴江苏省连云港市国家级经济技术开发区、连云区，盐城市滨海县，南通市如皋市、海门市，泰州市靖江市等 6 个县市区进行考察学习。重点考察了苏北、苏中地区应对金融危机、加快改革创新、推动科学发展的先进经验，学习 6 县市区在港口建设、园区开发、企业培育、城市建设、招商引资等方面的具体做法，形成了《关于赴江苏省六县市区考察学习情况的报告》，建议进一步加大政策扶持力度，拉动企业投资；进一步强化利益导向作用，激活民间投资；积极运用财政和市场手段，增强政府投资；切实搞好发展规划，提升发展质量；努力完善发展平台，加大园区投资；创新完善工作体制，凝聚发展合力。日照市委书记杨军批示：岚山区赴江苏考察学习收获很大，找到了差距，增强了压力，解放了思想，明确了任务。希望岚山区抢抓机遇，充分发挥鲁南临海产业区起步区的优势，大招商、大投入、大发展，成为鲁苏竞争与合作的桥头堡、排头兵。

2010 年 5 月，岚山就转方式、调结构问题进行专题调研，就全区转方式调结构的基本情况，面临的形势任务、机遇与挑战，加快转方式调结构的任务目标、工作思路和推进措施等进行调研，形成了《扩张总量求转变，膨胀规模促调整》调研报告。中共山东省委政策研究室在《调查与研究》2010 年第 6 期将调研报告刊发。

2010 年 9 月，为抢抓半岛蓝色经济区发展机遇，找准岚山在半岛蓝色经济区发展定位，区委书记高杰深入基层和周边区县调研，形成了《发挥港口优势，建设山东半岛蓝色经济区先行示范区》调研报告。报告指出，岚山要充分发挥港口优势，努力打造区域性国际航运物流中心；大力推进精品钢基地建设，努力打造循环经济型重化工业聚集区；加快推进体制机制创新，努力打造良好发展环境。中共山东省委主办的《山东通讯》在 2009 年第 22 期将调研报告刊发。

2011 年 1 月，区委书记高杰参加全省县（市、区）委书记“转变经济发展方式”的专题培训班后，全区开展了加快经济发展方式转变的大调研活动，形成了《关于岚山加快经济发展方式转变的思考》，认为岚山作为沿海后发地区，在今后产业规划布局、产业培育中，要正确处理好转方式调结构与加快发展、产业发展和生态环境、规模膨胀与提高质量效益、城乡统筹等方面的关系。中共山东省委主办的《山东通讯》在2011年第11期将调研报告刊发。

2011年1月，全区组织开展以“倾听群众心声”为主题的万人大走访活动，领导干部带头进村入户、深入群众和基层一线，摸实情、察民意，面对面答疑释惑，认真查摆存在问题。活动开展期间，全区各级共1969名干部参加，走访群众14971人，发放调查问卷16119张，记民情日记11914篇，征集意见建议2537条。

2012年3月13～15日，区委书记盖卫星、区长张桂伟率领岚山区党政考察团，赴诸城市、潍坊市高新区、滨州市经济技术开发区、博兴县、邹平县、沂水县等6个县市区进行考察学习。重点考察这些地区促进经济发展举措，加快“转调创”的先进经验，学习6县市区在港口建设、园区开发、企业培育、城市建设、招商引资等方面的具体做法。

2012年5月，日照市委书记杨军、岚山区委书记盖卫星和区长张桂伟分别批示，要求岚山密切关注临沂六大千亿级产业集群发展，学习借鉴临沂的做法，进一步研究，加大招引力度，领先一步，实现新的突破。区委办公室和区统计局联合组成调研组，就临沂市加快培育六大千亿主导产业进行调研分析，形成了《关于临沂市加快培育六大千亿主导产业对我区产业发展的启示》调研报告，全面介绍临沂市食品、机械、冶金、化工、木材、医药等六大千亿主导产业及物流业发展的现状与规划，总结临沂产业发展的主要经验做法，分析岚山钢铁、石化、食品、医药、木材等五大产业及物流业发展现状，建议岚山产业发展应扬长避短，在错位与协同中发展；积极做好选商引资，全力加快重点项目推进；推动骨干企业上市，增强产业发展后劲；制定行业规划，引领规范产业发展。

2012年8月，区委办公室和日照海关驻岚山港办事处组成调研组，就2012年上半年岚山区原木进口情况进行调研，形成了《关于2012年上半年我区原木进口情况的调研报告》，总结岚山原木进口的主要特点，全面分析原木进口增长的主要原因，建议开拓新的国外木材市场，开发新的原木进口渠道；加快培育木材产业集聚发展，提升木制产品的科技含量和附加值；支持港口软硬件设施升级，提升港口原木接卸能力；鼓励木材企业走出去到木材出口国投资建厂，建立海外木材加工基地。该调研报告区长张桂伟予以批示。

第二节　考核管理

岚山区从2005年起实行目标管理绩效考核，是年6月，经区委、区政府决定，成立岚山区目标管理绩效考核委员会。7月，制定《关于实行目标管理绩效考核的意见》。11月，经区委常委会研究同意，设立岚山区目标管理绩效考核委员会办公室，为正科级事业单位，编制5人，隶属于区委办公室管理。主要根据各乡镇街道实际、区直部门工作职能，对区委、区政府年度中心工作和主要目标进行分解量化，实行千分制考核，根据年终综合考核成绩，按分值由高到低依此排序，各按三分之一的比例确定优秀、先进、一般等次。

2005年，全区共评选目标管理绩效考核先进乡镇、单位15个，先进个人18名。从2006年开始，区委、区政府每年制定《年度目标管理绩效考核的意见》，印发《年度部门职能工作目标》，组织年终考核。2006年评选目标管理绩效考核先进单位19个。2007年评选目标管理绩效考核优秀单位18个、先进单位21个，表彰目标管理绩效考核优秀个人13名、先进个人21名。从2008年开始设置“突出贡献奖”，表彰奖励在经济建设方面做出突出贡献的单位或个人，是年评选目标管理绩效考核优秀单位19个、特别贡献奖单位2个、先进单位20个，表彰目标管理绩效考核优秀个人31名、先进个人20名。2009年9月，区委、区政府修订完善考核办法，制定《关于全区2009年目标管理绩效考核的补充意见》，将有效工作纳入各级各部门考核，形成抓工作落实的新机制，是年，评选出目标管理绩效考核优秀单位19个、先进单位23个，表彰目标管理绩效考核优秀个人29名、先进个人23名。2010年，评选目标管理绩效考核优秀单位22个、先进单位22个，表彰目标管理绩效考核优秀个人32名、先进个人22名。2011年将国家、省、市驻岚单位全部纳入考核，驻岚单位考核由11个增加到32个，是年评选目标管理绩效考核优秀单位26个、先进单位21个，表彰目标管理绩效考核优秀个人34名、先进个人23名，表彰建设岚山红旗单位11个、先进单位9个。2012年，目标管理绩效考核优秀单位、先进单位分别更名为科学发展综合考核红旗单位、先进单位，是年评选科学发展综合考核红旗单位34个，先进单位26个；表彰目标管理绩效考核优秀个人37人，先进个人19人。

自2006年始，编发《目标管理绩效考核工作简报》，对区委、区政府决策部署、全区重点工程项目、主要经济发展指标进行日常监控、调度督查，是年编发《目标管理绩效考核工作简报》5期。2007年《目标管理绩效考核工作简报》更名为《岚办通报》，至2012年年底，共编发78期。

2010年，创新"有效工作"落实机制，在蓝色经济区域创建先行示范区的经验做法获日照市2009年度机关工作创新奖。

第十二章　党史工作

1982年5月，中共日照县委设立党史资料征集小组办公室，1985年6月改称党史资料征集委员会。岚山办事处设立后，在工委、办事处办公室设党史办公室，正股级事业单位。2005年11月升格为副科级事业单位，编制4人，隶属于岚山区委办公室。

2011年10月，日照市第二届中共党史学会成立，岚山区有9人成为学会会员。2010年获全市革命遗址普查工作先进集体称号，2011年、2012年获全市党史工作先进集体称号。

第一节　党史资料征集

1982年夏天，域内各公社(乡镇)开始全面普查、征集党史资料，搜集整理1924年下半年至1949年9月中共基层党组织建设情况，党领导下的政权、武装、文化、教育、群众团体的建立和发展演变过程，形成完整的资料汇编，报日照县委设立的党史资料征集小组办公室，选编录入《中共日照党史大事记(1924年下半年至1949年9月)》一书。

1987年年初，各乡镇街道配合日照市(县级)党史资料征集委员会，征集中共组织史(1927～1987)资料，函调、走访老干部、知情人，搜集整理中国共产党基层组织在各个历史时期的重大活动、重要决策、组织结构、领导人名录及新中国建立后的政权、军事、政协、群团组织、组织沿革、政权建设与人事调整等史料，入编《中国共产党山东省日照市组织史资料(1927～1987)》一书。

2004年，岚山办事处党史办公室实地调研1944年山东军区机关驻地(在碑廓)旧址，甲子山战役、碑廓战斗、辛兴战斗、曙光小学遗址和碑廓、虎山无名烈士墓地，对活动在岚山的党史人物做了详细调查，对已收集的党史资料分别用书面文字和电子文档保存；初步编制了修复曙光小学、抗日战争初期安东卫党支部诞生地、山东军区机关驻地旧址等爱国主义教育基地规划。

2006年9月，配合日照市委党史研究室开展《时代先锋》《社会主义建设时期党史资料丛书》资料征集工作。

2006年11月，启动岚山区抗战时期人口伤亡和财产损失调查工作，抽调8名人员集中办公，全区有1200余人参与调查，同时邀请熟悉历史的老干部和知情人做调查顾问。先后到日照市档案局、日照市烈士陵园等单位查阅有关岚山的档案83卷，复印资料400余页；查阅了《日照市志》等文献80余种，查出重要线索400余条；共走访70岁以上的老人31379人，征集笔录材料2800份，声像资料2盘，物证2件，组织专家对照档案文献进行了认真考证核对；录制完成10个声像资料，撰写专题报告5个、大事记241条，编制统计表17种，形成档案19卷20余万字。2009年，对岚山区抗战时期直接伤亡人员名录和间接伤亡人员名录进行了补充、核实和校订，对《山东省抗战时期人口伤亡和财产损失大事记》中岚山区相关内容进行补充、核实和校订。2011 年，对《日照市抗战时期人口伤亡和财产损失大事记》中岚山史料进行了补充、订正。

2010 年 9 月 17 日，召开全区革命遗址普查工作动员培训会，从区直部门抽调 5 名人员开展此项工作，全区确定新民主主义革命遗址 53 处。其中，按遗址类别统计分类，有重要党史事件和重要机构旧址 18 处，重要党史事件及人物活动纪念地 17 个，革命领导人旧居 8 处，革命烈士墓 3 处，革命纪念设施(陵园)7 处；按利用级别分类，属市级爱国主义教育基地 2 个，未定级 51 个；按保护级别分类，有未定级的 53 个。

2010 年，开展《南下——建国前后日照干部支援新区建设纪实》岚山籍干部的资料征集工作；开展《日照党史 90 年著名人物传略》岚山籍党史人物传记的编写工作；开展《红色足迹——日照百处革命纪念地导览》中岚山革命遗址、遗迹的编写工作。

2011 年 6 月，开展《红色岚山》一书资料征集和修编工作，收集了岚山近代革命史上重要的党史事件、机构旧址及人物活动纪念地、革命领导人旧居、革命纪念地等内容，采访知情人和事件亲历者 90 余人，拍摄照片近 300 张。全书五易其稿，是年年底出版，共分 5 篇、约 6 万余字，图片 180 余幅。

2012 年 7 月，开展了《中共日照市委执政纪要(2011)》中岚山区委工作综述和“科学发展”栏目典型材料的搜集、整理工作。

第二节　党史宣传教育

2005 年，参加了全市“和谐地税杯”党史党建知识竞赛；开展了纪念抗日战争胜利 60 周年宣传活动。同年 8 月 15 日，召开了纪念山东军区军事工作会议召开 61 周年座谈会，并举行了青少年爱国主义教育基地揭牌仪式。

2006 年，区委党史研究室、碑廓镇党委对山东军区军事工作会议旧址进行了修复，中央军委原副主席迟浩田题写馆名，同时进行资料、图片、实物的征集和布展工作。同年，区委党史研究室、后村镇党委进行了曙光小学党史教育陈列馆建设，6 月 23 日曙光小学党史教育陈列馆举行开馆仪式。

图 22-6 在曙光小学对小学生进行党史教育 (摄于 2006 年)

2008 年，完成 5 处市级革命遗址标志碑设立。同年，有 2 所学校、6 个村建立了党史宣传教育示范点。

2009 年，完成 10 处区县级革命遗址标志碑设立工作。同年，完成省电视台“八路军在山东”摄制组到黄墩镇甲子山战役遗址、碑廓镇山东军区军事工作会议旧址纪念馆、安东卫保卫战遗址外景拍摄和采访活动服务工作。

2010 年 10 月，摄制完成《中共日照县委活动中心——曙光小学》《山东军区军事工作会议旧址》两个革命遗址专题片。

2011 年 5 月，举办“‘地税杯’感党恩、大爱行，三力建设青春建功”主题演讲比赛，组织参加“山东省庆祝中国共产党成立 90 周年党史知识竞赛”活动；7 月 1 日，举办“重温历史、坚定信念、再创辉煌”庆祝建党 90 周年大型党史图片展。

2012 年 3 月 27 日，全市中小学党史教育工作座谈会议在岚山召开，探讨和交流新形势下中小学生党史教育工作，并举行《红色岚山》一书捐赠仪式。6 月，按市统一部署组织开展纪念“日照暴动”80 周年征文活动。7 月 1 日，在全区组织开展“党员干部党史教育日”活动；同月，与日照市广播电视台合作拍摄《南茶北引》专题纪录片。

第二十三编　地方权力机关

抗日战争前，劳动人民没有表达意志的权力和形式。1940年11月，建立了中国共产党领导的日照县参议会。

1949～1954年，根据《中国人民政治协商会议共同纲领》，日照县实行各界人民代表会议制度。1954年，全国人民代表大会第一次会议通过了《中华人民共和国宪法》及《中华人民共和国地方各级人民委员会组织法》，全面建立了人民代表大会制度。"文化大革命"期间由革命委员会代替人民代表大会，"文化大革命"结束后，恢复人民代表大会制度。

1981年12月，日照县第九届人民代表大会第一次会议召开，根据全国人大通过的地方组织法规定，设立县级人民代表大会常务委员会。1981～1992年，日照县(市)人民代表大会及其常务委员会每届任期3年，1993年第八届全国人大一次会议修改宪法，县级人大代表任期由3年改为5年。

2004年岚山区设立后，区人民代表大会及其常委会始终坚持和完善人民代表大会制度，围绕全区工作大局，扎实履行宪法和法律赋予的各项职权，对事关全区改革发展稳定大局和人民群众普遍关注的重大问题，认真组织审议讨论，适时依法作出决议、决定，为推进全区民主法制建设，保障和促进全区经济社会又好又快发展，构建和谐社会，发挥了重要作用。

第一章　区人大常委会

第一节　组成人员

1954年7月至1978年3月，日照县第一至第八届人民代表大会未设立常务委员会，根据1954年宪法规定，建立了"议行合一"的日照县人民委员会。1981年12月召开日照县第九届人民代表大会第一次会议，依据《中华人民共和国地方各级人民代表大会和地方各级人民政府组织法》关于"县级以上的地方各级人民代表大会设立常务委员会"的规定，选举产生日照县第九届人民代表大会常务委员会。1997年10月20日，日照市人大常委会主任会议批准设立日照市人大常委会岚山工作委员会(简称岚山人大工委)，正处级建制。2004年9月9日，国务院作出批复(国函〔2004〕71号)，同意山东省设立日照市岚山区。2004年11月25日，山东省第十届人民代表大会常务委员会第十一次会议通过了《山东省人民代表大会常务委员会关于日照市岚山区人民代表大会有关问题的决定》，决定日照市岚山区人民代表大会代表名额为203名，区人民代表大会常务委员会组成人员名额为23名。

区十五届人大常委会组成人员　2004年12月22日，区第十五届人民代表大会第一次会议，选举孙承金为区人大常委会主任，梅志强、秦洪珍、胡善军、杨宝友、张道利为区人大常委会副主任，王玉东、王郡宏、申作祥、杜作桥、宋全贵、林相英(女)、范彩英(女)、赵加安、戚丽丽(女)、韩见桂(女)、葛彦章为区人大常委会委员，共17名。

2006年1月，梅志强因工作变动辞去副主任职务。2006年6月，杜作桥因病终止委员资格。2007年1月，孙承金辞去主任职务。2007年11月，王郡宏因工作变动辞去委员职务。2007年2月7日，区第十五届人民代表大会第四次会议，补选王广举为区人大常委会主任，张守合为区人大常委会副主任。

区十六届人大常委会组成人员　2007年12月13日，区第十六届人民代表大会第一次会议，选举高杰为区人大常委会主任，郭洪林为区人大常委会第一副主任，杨宝友、张道利、张守合、范彩英(女)为区人大常委会副主任，马德峰、王玉东、王世林、王立苍、王宝龙、朱晓峰、刘克壮、宋全贵、张永平、张红梅(女)、张明义、赵家安、贺培友、戚丽丽(女)、韩见桂(女)、葛彦章、路俊宜(女)为区人大常委会委员，共23名。

2008年9月，戚丽丽(女)、路俊宜(女)因工作变动辞去委员职务。2010年5月，马德峰、宋全贵因工作变动辞去委员职务。2012年1月，张红梅(女)

因工作变动辞去委员职务。2011年1月19日，区第十六届人民代表大会第四次会议补选李小雪(女)、李相芹、潘芳(女)为区人大常委会委员。

区十七届人大常委会组成人员 2012年2月12日，区第十七届人民代表大会第一次会议，选举盖卫星为区人大常委会主任，卢祥松为区人大常委会第一副主任，张道利为区人大常委会党组第一副书记，杨宝友、范彩英(女)、刘维华、迟令堂为区人大常委会副主任，丁国华、王世林、王宝龙、石光华、刘丽(女)、刘克壮、李小雪(女)、李相芹、张峰、张磊、陈常秋、贺培友、韩见桂(女)、韩培国、葛彦章为区人大常委会委员，共22名。

岚山人大工委主任、副主任、助理调研员一览表

表23-1

职　务	姓　名	籍　贯	任　期
主　任	梅志强	东　港	1998年7月至2004年12月
副主任	于治会	岚　山	2001年3月至2003年2月
副主任	秦洪珍	东　港	2003年2月至2004年12月
副主任	胡善军	岚　山	2003年2月至2004年12月
助理调研员	于治会	岚　山	2003年2月至2004年9月

岚山区人大常委会历任领导人一览表

表23-2

届　次	职　务	姓　名	籍　贯	任　期
第十五届 (2004年12月至2007年12月)	主　任	孙承金	东　港	2004年12月至2007年2月
		王广举	临沂河东	2006年12月至2007年2月党组书记 2007年2月至2008年2月党组书记、主任
	副主任	梅志强	东　港	2004年12月至2006年11月
		郭洪林	东　港	2006年1月至2007年12月 党组副书记、第一副主任
		秦洪珍	东　港	2004年12月至2007年12月
		胡善军	岚　山	2004年12月至2007年12月
		杨宝友	岚　山	2004年12月至2007年12月
		张道利	郯　城	2004年12月至2007年12月
		张守合	东　港	2007年1月至2007年12月
	副处级干部	于治会	岚　山	
第十六届 (2007年12月至2012年2月)	主　任	高　杰	海　阳	2007年12月至2012年2月
	第一副主任	郭洪林	东　港	2007年12月至2011年12月 党组副书记、第一副主任 2011年12月至2012年2月 党组书记、第一副主任
	副主任	杨宝友	岚　山	2007年12月至2012年2月
		张道利	郯　城	2007年12月至2012年2月
		张守合	东　港	2007年12月至2012年2月
		范彩英(女)	莒　南	2007年12月至2012年2月

续表23-2

届　次	职　务	姓　名	籍　贯	任　期
第十七届（2012年2月）	主　任	盖卫星	沾　化	2012年2月任职
	第一副主任	卢祥松	岚　山	2011年12月至2012年2月党组书记 2012年2月党组书记、第一副主任
	党组副书记	张道利	郯　城	2012年2月任职
	副主任	杨宝友	岚　山	2012年2月任职
		范彩英（女）	莒　南	2012年2月任职
		刘维华	东　港	2011年12月至2012年2月党组成员 2012年2月党组成员、副主任
		迟令堂	东　港	2011年12月至2012年2月党组成员 2012年2月党组成员、副主任

第二节　常委会机构

1997年，岚山人大工委下设办公室，负责处理日常事务。2004年12月，岚山区人大常委会下设办事机构和工作机构，办事机构为区人大常委会办公室，工作机构为法制工作委员会（简称法工委）、财政经济工作委员会（简称财工委）、教科文卫工作委员会（简称教工委），即“一室三委”。办公室设主任1名，副主任2名，下设秘书科、综合科、信息科、老干科4个正股级行政科室和机关服务中心1个正股级事业单位。法工委设主任1名，财工委设主任1名、副主任1名，教工委设主任1名。

区人大常委会设2个派出机构：岚山头街道人大工作委员会和安东卫街道人大工作委员会。根据区人大常委会授权，派出机构在区人大常委会和街道党委双重领导下依法开展工作。

岚山人大工委办公室主要负责人一览表

表23-3

姓 名	籍 贯	职 务	任 期
徐学农	枣 庄	副主任	1997年11月至1998年6月
徐学农	枣 庄	主 任	1998年6月至1999年5月
赵家安	岚 山	主 任	1999年5月至2004年12月

岚山区人大常委会各委室主要负责人一览表

表23-4

届　次	单　位	职　务	姓　名	籍　贯	任　期
第十五届（2004年12月至2007年12月）	办公室	主　任	赵家安	岚　山	2004年12月至2007年12月
	法工委	主　任	王远成	岚　山	2004年12月至2007年12月
	财工委	主　任	贺培友	东　港	2004年12月至2007年12月
	教工委	主　任	李世柱	岚　山	2004年12月至2007年12月

续表23-4

届次	单位	职务	姓名	籍贯	任期
第十六届（2007年12月至2012年2月）	办公室	主任	赵家安	岚山	2007年12月至2008年8月
			张明义	岚山	2008年8月至2010年12月
			张磊	岚山	2011年6月至2012年2月
	法工委	主任	王立苍	岚山	2007年10月至2010年4月
			李相芹	岚山	2010年12月至2012年2月
	财工委	主任	贺培友	东港	2007年12月至2012年2月
	教工委	主任	张明义	岚山	2007年12月至2008年8月
第十七届（2012年2月）	办公室	主任	张磊	岚山	2012年2月任职
	法工委	主任	李相芹	岚山	2012年2月至2012年12月
			朱运宝	岚山	2012年12月任职
	财工委	主任	贺培友	东港	2012年2月任职
	教工委	主任	宋全贵	东港	2013年8月任职

第三节　常委会会议

区第十五届人大常委会

第一次会议　2005年1月召开，作出了关于召开区十五届人大二次会议的决定，审议通过了区人大常委会议事规则等7项规章制度。

第二次会议　2005年1月召开，听取审议了主任会议关于区十五届人大二次会议筹备工作情况的汇报，审议通过了区人大常委会工作报告稿，审议通过了区十五届人大二次会议主席团和秘书长名单草案、议程草案等有关草案，审议决定了列席区十五届人大二次会议人员范围。

第三次会议　2005年5月召开，审议通过了区人大常委会2005年工作要点，审议表决了人事任免事项。

第四次会议　2005年6月召开，听取审议了区政府关于2004年区级决算的报告，听取审议了区政府关于2004年区级预算执行情况和其他财政收支情况审计工作的报告，审查批准了2004年区级决算。

第五次会议　2005年7月召开，听取审议了区政府关于2005年上半年国民经济和社会发展计划执行情况的汇报，听取审议了区政府关于2005年上半年预算执行情况的汇报。

第六次会议　2005年9月召开，听取审议了区政府关于区十五届人大二次会议代表所提建议、批评和意见办理情况的汇报，听取审议了区人民法院关于组建和工作开展情况的汇报，听取审议了区人民检察院关于组建和工作开展情况的汇报，听取审议了区政府关于岚山城区规划建设进展情况和临港工业发展情况的汇报。

第七次会议　2006年1月召开，审议通过了区人大常委会关于召开区十五届人大三次会议的决定等8项草案，补选了日照市第十五届人民代表大会代表。

第八次会议　2006年3月召开，审议通过了区人大常委会2006年工作要点，听取了区政府人口和计划生育工作情况的汇报，并对人口与计划生育法贯彻实施情况进行执法检查。

第九次会议　2006年5月召开，听取审议了区政府关于2005年区级决算的报告，审查批准了2005年区级决算；听取审议了区政府关于2005年区级预算执行情况和其他财政收支情况审计工作的报告；听取了区政府关于在公民中开展法制宣传教育第五个五年规划的汇报，并作出开展法制宣传教育第五个五年规划的决议。

第十次会议　2006年7月召开，听取审议了区政府关于2006年上半年国民经济和社会发展计划执行情况的汇报，听取审议了区政府关于2006年上半年预算执行情况的汇报，听取审议了“平安岚山”

建设情况的汇报，并作出了相应的决议、决定。

第十一次会议　2006年9月召开，听取审议了区政府关于区十五届人大三次会议代表所提建议、批评和意见办理情况的汇报，听取审议了区人民法院、区人民检察院工作开展情况的汇报。

第十二次会议　2006年11月召开，听取了部分区政府组成人员的述职报告，并作出评议。

第十三次会议　2007年1月召开，补选了市十五届人民代表大会代表，并听取审议了有关报告。

第十四次会议　2007年2月召开，听取审议了关于区十五届人大四次会议筹备工作情况的汇报，听取了代表资格审查委员会关于补选代表的代表资格审查报告，审议通过了区十五届人大四次会议主席团和秘书长名单草案、议程草案等有关草案，审议决定了列席区十五届人大四次会议人员范围，通过了区人大常委会工作报告稿。

第十五次会议　2007年3月召开，通过了区人大常委会2007年工作要点，视察了钢铁大项目建设及产业链推进情况。

第十六次会议　2007年5月召开，听取审议了区政府关于2006年区级决算的报告，审查批准了2006年区级决算；听取审议了区政府关于2006年区级预算执行情况和其他财政收支情况审计工作的报告。

第十七次会议　2007年7月召开，听取审议了区政府关于2007年上半年国民经济和社会发展计划执行情况的汇报，听取审议了区政府关于2007年上半年预算执行情况的汇报。

第十八次会议　2007年9月召开，听取审议了区政府关于区十五届人大四次会议代表所提建议、批评和意见办理情况的汇报，听取审议了区人民法院关于执行工作情况的汇报，听取审议了区人民检察院关于查办职务犯罪情况的汇报。

第十九次会议　2007年11月召开，听取审议了区政府关于新农村建设情况的汇报，听取审议了区政府部分组成部门专项工作汇报。

区第十六届人大常委会

第一次会议　2008年1月召开，通过了区十六届人大常委会代表资格审查委员会组成人员名单，修订通过了区人大常委会有关工作制度，作出了关于加强区人大常委会自身建设的决定，任免了新一届区政府组成人员。

第二次会议　2008年3月召开，通过了区人大常委会2008年工作要点。

第三次会议　2008年5月召开，听取审议了区政府关于全区城市规划建设情况的汇报，听取审议了区政府关于全区城市管理行政执法工作情况的汇报。

第四次会议　2008年7月召开，听取审议了区政府关于2007年区级决算的报告，审查批准了2007年区级决算；听取审议了区政府关于2007年区级预算执行情况和其他财政收支情况审计工作的报告；听取审议了区政府关于“五五”普法情况的汇报，并作出了决议。

第五次会议　2008年9月召开，听取审议了区政府关于国民经济和社会发展“十一五”规划实施及2008年上半年计划执行情况的汇报，听取审议了区政府关于2008年上半年预算执行情况的汇报，听取审议了区政府关于区十六届人大一次会议代表所提建议、批评和意见办理情况的汇报。

第六次会议　2008年11月召开，听取审议了区政府关于全区文化建设情况的汇报，听取审议了区人民法院关于全区法院刑事审判工作情况的汇报，听取审议了区人民检察院关于刑事诉讼法贯彻实施情况的汇报。

第七次会议　2008年12月召开，听取审议了代表资格审查委员会关于补选代表的代表资格审查报告，审议通过了区十六届人大二次会议主席团和秘书长名单草案、议程草案等有关草案，审议决定了列席区十六届人大二次会议人员范围，通过了区人大常委会工作报告稿，审议通过了《区人大常委会关于同意区政府对日照市岚山区道路改造及配套设施建设项目进行财政专项补贴的决定》和《区人大常委会关于同意区政府将日照市岚山区西南沮护城河治理项目资金纳入财政预算的决定》。

第八次会议　2009年2月召开，审议通过了区人大常委会2009年工作要点，审议通过了区人大常委会工作评议暂行办法，审议通过了区人大常委会关于加强和规范区人大代表闭会期间活动的若干意见。

第九次会议　2009年3月召开，听取审议了区政府关于社会保障工作情况的报告，听取审议了区政府关于安全生产工作情况的报告，听取审议了区政府关于山东省旅游条例贯彻实施情况的报告。

第十次会议　2009年5月召开，听取审议了区政府关于项目审批工作情况的报告，听取审议了区政府关于建设工程项目审批工作情况的报告，听取审议了区政府关于人口和计划生育工作情况的报告，对区发展和改革局、区城乡建设局、区人口和计生局进行了工作评议。

第十一次会议　2009年7月召开，听取审议了区政府关于2008年区级决算的报告，审查批准了2008年区级决算；听取审议了区政府关于2008年区级预算执行和其他财政收支情况审计工作的报告；听取审议了区人民法院关于法官法贯彻实施情况的报告；听取审议了区人民检察院关于检察官法贯彻实施情况的报告。

第十二次会议　2009年9月召开，听取审议了区政府关于2009年上半年国民经济和社会发展计划执行情况的报告，听取审议了区政府关于2009年上半年预算执行情况的报告，听取审议了区政府关于区十六届人大二次会议代表建议、批评和意见办理情况的报告，审议了区人大常委会视察组关于全区城市重点工程项目建设情况的视察报告。

第十三次会议　2009年11月召开，听取审议了区政府关于对外经济贸易工作情况的报告，听取审议了区政府关于卫生工作和传染病防治法贯彻实施情况的报告，听取审议了区政府关于土地管理法贯彻实施情况的报告，对区外经贸局、区卫生局、岚山国土资源分局进行了工作评议，审议了区人大常委会执法检查组关于全区贯彻实施税收征管法情况的报告。

第十四次会议　2009年12月召开，听取审议了代表资格审查委员会关于补选代表的代表资格审查报告，审议通过了区十六届人大三次会议主席团和秘书长名单草案、议程草案等有关草案，审议决定了列席区十六届人大三次会议人员范围，通过了区人大常委会工作报告稿，补选了日照市第十六届人民代表大会代表，审议了区人大常委会视察组关于视察全区电网建设和供电优质服务情况的报告。

第十五次会议　2010年3月召开，审议通过了区人大常委会2010年工作要点，表决通过了人事任免事项。

第十六次会议　2010年5月召开，听取审议了区政府关于教育工作情况的报告，听取审议了区政府关于“五五”普法及司法工作情况的报告，听取审议了区政府关于水利工作情况的报告，听取审议了区政府关于农业产业化及特色产业发展情况的报告，对区教育局、区司法局、区水利局进行了工作评议。

第十七次会议　2010年6月召开，听取审议了区人民检察院关于提请许可对涉案区人大代表采取强制措施的报告，审议通过了区人大常委会关于许可对涉案区人大代表采取强制措施的决定草案。

第十八次会议　2010年7月召开，听取审议了区政府关于2010年上半年国民经济和社会发展计划执行情况的报告，听取审议了区政府关于2009年区级决算和2010年上半年预算执行情况的报告，听取审议了区政府关于2009年区级预算执行和其他财政收支情况审计工作的报告，听取审议了区政府关于农村公路养护管理工作情况的报告。

第十九次会议　2010年9月召开，听取审议了区政府关于区十六届人大三次会议代表建议、批评和意见办理情况的报告，听取审议了区政府关于政府投资工程资金监管使用情况的报告，听取审议了区人民法院关于执行工作情况的报告，听取审议了区人民检察院关于办理自侦案件情况的报告。

第二十次会议　2010年11月召开，听取审议了区政府关于“十一五”规划实施情况及“十二五”规划纲要（草案）的报告，审查了“十二五”规划纲要（草案），听取审议了区政府关于经济贸易工作情况的报告，听取审议了区政府关于民政工作情况的报告，听取审议了区政府关于文化体育工作情况的报告，对区经贸局、区民政局、区文体局进行了工作评议，审议了区人大常委会视察组关于全区供水供热工程建设情况的视察报告。

第二十一次会议　2010年12月召开，听取审议了代表资格审查委员会关于补选代表的代表资格审查报告，审议通过了区十六届人大四次会议主席团和秘书长名单草案、议程草案等有关草案，审议决定了列席区十六届人大四次会议人员范围，通过了区人大常委会工作报告稿。

第二十二次会议　2011年3月召开，听取审议了区政府关于生态岚山建设情况的报告，听取审议了区政府关于全区医疗卫生事业改革情况的报告，听取审议了区政府关于全区新型农村养老保险情况的报告，传达学习了十一届全国人大四次会议和省十一届人大四次会议精神。

第二十三次会议　2011年5月召开，听取审议了区政府关于全区人事劳动和社会保障工作及劳动合同法贯彻实施情况的报告，听取审议了区政府关于全区林业工作情况的报告，听取审议了区政府关于全区粮食工作情况的报告，听取审议了区政府关于全区供电工作情况的报告，听取审议了区政府关于全区广播电视工作情况的报告，听取审议了区政府关于全区药监工作情况的报告，听取审议了区政府关于全区“五五”普法、依法治区情况和“六五”普法规划的报告并对“六五”普法作出决议，审议了区政府关于《日照市岚山区2011～2015年依法治区规划(草案)》并作出相应的决议，对区人事劳动和社会保障局、区林业局、区粮食局、岚山供电部、岚山广电分局、岚山药监分局进行了工作评议。

第二十四次会议　2011年7月召开，听取审议了区政府关于2011年上半年国民经济和社会发展计划执行情况的报告，听取审议了区政府关于2010年区级决算和2011年上半年预算执行情况的报告，审查批准了2010年区级决算，听取审议了区政府关于2010年区级预算执行和其他财政收支情况审计工作的报告，听取审议了区政府关于全区文化体育工作情况的报告，听取审议了区政府关于全区环境保护工作情况的报告，听取审议了区人民法院关于商事审判及服务大项目建设情况的报告，听取审议了区人民检察院关于公诉工作情况的报告，审议了区人大常委会执法检查组关于全区贯彻实施道路交通安全法情况的执法检查报告，对区财政局、区文化体育局、区审计局、岚山环保分局进行了工作评议。

第二十五次会议　2011年9月召开，听取审议了区政府关于全区贯彻实施村民委员会组织法情况的报告，听取审议了区政府关于区十六届人大四次会议代表建议、批评和意见办理情况的报告，听取审议了区政府关于全区城市管理和行政执法工作情况的报告，听取审议了区政府关于全区国税工作情况的报告，听取审议了区政府关于全区地税工作情况的报告，听取审议了区政府关于全区质监工作情况的报告，听取审议了全区电信通讯工作情况的报告，听取审议了全区移动通讯工作情况的报告，对区行政执法分局、区国税局、区地税局、岚山质监分局、岚山电信公司、岚山移动公司进行了工作评议。

第二十六次会议　2011年11月召开，听取审议了区人大常委会关于2011年区、乡镇人大换届选举工作安排意见，任命了区选举委员会和各乡镇选举委员会组成人员，确定了新一届乡镇人大代表名额。

第二十七次会议　2011年11月召开，听取审议了区政府关于蓝色经济区规划建设情况的报告并作出相应的决议，听取审议了区政府关于全区安监工作情况的报告，听取审议了区政府关于全区行政服务及审批工作情况的报告，听取审议了区政府关于全区供销工作情况的报告，听取审议了全区联通通讯工作情况的报告，对区安监局、区行政服务中心、区供销联社、岚山联通公司进行了工作评议。

第二十八次会议　2011年12月召开，表决通过了人事任免事项。

第二十九次会议　2012年1月召开，表决通过了区第十七届人民代表大会代表资格的审查报告，讨论审议了区人大常委会工作报告稿，审议决定了召开区十七届人大一次会议的有关事宜，表决通过了人事任免事项。

区第十七届人大常委会

第一次会议　2012年4月召开，通过了区十七届人大常委会代表资格审查委员会组成人员名单，修订通过了区人大常委会有关工作制度，作出了关于加强区人大常委会自身建设的决定，表决通过了人事任免事项。

第二次会议 2012年5月召开，听取审议了区政府关于全区服务业发展情况的报告，听取审议了区政府关于全区“千百重点文化工程”实施情况的报告，审议通过了区人大常委会工作评议暂行办法。

第三次会议 2012年7月召开，听取审议了区政府关于2012年上半年国民经济和社会发展计划执行及下半年工作安排情况的报告，听取审议了区政府关于2011年区级决算和2012年上半年预算执行情况的报告，审查批准了2011年区级决算，听取审议了区政府关于2011年区级预算执行和其他财政收支情况审计工作的报告，听取审议了区人民法院关于发挥司法审判职能、优化经济发展环境工作情况的报告，听取审议了区人民检察院关于开展行政检察监督工作、促进社会管理创新情况的报告，审议了区人大常委会执法检查组关于全区贯彻实施食品安全法情况的执法检查报告。

第四次会议 2012年9月召开，听取审议了区政府关于区十七届人大一次会议代表建议、批评和意见办理情况的报告；听取审议了区政府关于全区交通运输工作情况的报告，听取审议了区政府关于全区水利工作情况的报告，听取审议了区政府关于全区卫生工作情况的报告，听取审议了区政府关于全区公安工作情况的报告，审议了区人大常委会执法检查组关于全区贯彻实施安全生产法情况的执法检查报告，对区交通运输局、区水利局、区卫生局、岚山公安分局进行了工作评议。

第五次会议 2012年11月召开，听取审议了区政府关于全区重点项目、重点工程建设推进情况的报告，听取审议了区政府关于全区教育工作情况的报告，听取审议了区政府关于全区民政工作情况的报告，听取审议了区政府关于全区工商管理工作情况的报告，听取审议了区政府关于全区国土资源工作情况的报告，审议了区人大常委会视察组关于全区重点项目重点工程建设推进情况的视察报告，对区教育局、区民政局、岚山工商分局、岚山国土资源分局进行了工作评议。

第六次会议 2012年12月召开，听取审议了代表资格审查委员会关于补选代表的代表资格审查报告，审议通过了区十七届人大二次会议主席团和秘书长名单草案、议程草案等有关草案，审议决定了列席区十七届人大二次会议人员范围，通过了区人大常委会工作报告稿。

第二章 人民代表会议

第一节 参议会

1940年3月，中国共产党领导下的日照县抗日民主政权成立。遵照上级指示，在各界人士代表会议的基础上，经过充分准备，建立了日照县临时参议会。日照县委书记郑子久被选为临时参议长。1940年秋，高夔宸（东港区秦楼街道高家村人）出席山东省临时参议会成立大会。11月，根据省临时参议会要求，日照县参议会在巨峰区吕家土山村建立，选举高夔宸为参议长。会上邀请各界人士讨论抗日战争的形势，审查政府的施政方针，帮助政府改进工作。

1943年春，日照县参议会进行第二次选举，高夔宸仍任参议长，秦寄萍（东港区涛雒镇上元村人）当选为副参议长，戴仲廉（安东卫人）、郑振东（后村镇小曲河村人）、张希唐、秦六田（碑廓镇二朱曹村人）、秦文若（巨峰镇西青墩村人）等党外进步人士当选为参议员，秦寄萍等人当选为驻会委员。

抗日战争胜利后，日照县参议会积极参与反奸诉苦、土改复查等运动，并主持了日照县抗日烈士纪念塔的筹建工作。后因受“左”的影响，在1947年土改复查斗争中，有的参议员受到了不公正的对待，甚至被错误处理。

第二节 各界人民代表会议

1940～1943年，在朝元观、土山等地，曾召开过日照县各界人士代表会议。因时处战争环境，会议时断时续，民主程序也不完善。

新中国成立后，根据《中国人民政治协商会议共同纲领》和中央人民政府颁布的《县各级人民代表会议组织通则》规定，建立并完善了各界人民代表会议。从1949年11月到1954年7月，岚山各界代表参加了日照县第一至十一届各界人民代表会议。

第一届各界人民代表会议　1949年11月24～26日举行，与会代表247名。会议重点是消除怕“变天”、分到土地心里不踏实等思想顾虑，对部分党员干部在土改复查中存在包办、强迫命令的做法提出了批评。会议收到提案148条。

第二届各界人民代表会议　1950年3月26～28日举行，与会代表417名。会议重点研究恢复生产、开展生产救灾，选举产生了生产救灾和护林两个委员会，号召日照县人民开展互助存贷，节衣缩食，多种旱粮，度过春荒。

第三届各界人民代表会议　1950年7月22～25日举行，出席代表433名。会议听取并审议了《日照县人民政府四个月来的工作报告》，部署了夏季生产任务和部队复员安置的准备工作。

第四届各界人民代表会议　1950年12月15～17日举行，出席代表443名。会议听取并审议了《日照县政府工作报告》，开展抗美援朝、保家卫国教育等事项。

第五届各界人民代表会议　1951年5月31日至6月3日举行，出席代表386名。会议贯彻执行《中华人民共和国惩治反革命条例》，开展镇压反革命运动。

第六届各界人民代表会议　1951年8月13～15日举行，出席代表443名。会议分两段进行，先是召开第五届二次各界人民代表会议，又称日照县抗美援朝各界人民代表会议，动员全县人民订立爱国公约，搞好捐献飞机大炮和优属工作；之后召开了第六届各界人民代表会议，听取并审议了《日照县人民政府工作报告》。

第七届各界人民代表会议　1951年12月9～12日举行，与会代表417名。会议决定开展结束土改、抗美援朝、镇压反革命三大运动，加强政权建设等工作。

第八届各界人民代表会议　1952年6月1～3日举行，出席会议代表373名，列席代表21名。会议听取和批准了《日照县政府春季生产工作报告》，专题报告了“三反”“五反”运动情况。

第九届各界人民代表会议　1952年8月15～17日举行，与会代表387名，列席代表23名。会议听取并审议了《夏季生产工作报告》，通过了秋季生产工作意见，还就镇压反革命、搞好《婚姻法》教育和查处案件等工作情况作了专题报告。会议收到提案136条。

第十届各界人民代表会议　1952年10月24～26日举行，出席会议代表384名，列席代表14名。会议审议了《日照县政府关于秋季生产及各项工作的报告》，作出了《日照县秋冬工作的决议》。会议收到提案275件。

第十一届各界人民代表会议　1952年12月31日至1953年1月4日举行，出席代表569名，邀请代表28名。会议听取并审议了《日照县政府工作报告》《日照县财政预决算报告》，对“三大运动”、农副业生产、爱国增产竞赛运动进行了总结，就贯彻执行《中华人民共和国婚姻法》作出决议，并就今后工作提出了3项任务：继续加强抗美援朝工作；开始执行第一个五年计划，完成和超额完成1953年生产计划；迎接第一次全国人民代表大会的召开。此次会议代行人民代表大会职权。

第三节　区人民代表大会

自1954年7月至1989年3月，岚山域内人大代表参加了日照县(市)第一届至第十二届人民代表大会，其中，1968年3月11日，日照县群众组织联合指挥部在日照人民广场召开大会，宣布成立日照县革命委员会，此次大会列入人民代表大会序列。1990年1月10～14日，岚山人大代表参加了日照市(地级)第十二届人民代表大会。

1993年2月至2002年3月，岚山人大代表分别参加了东港区第十三届和第十四届人民代表大会，并在会上印发各年度《岚山办事处工作报告》。

根据国务院关于设立日照市岚山区的批复，2004年12月，沿袭日照县、日照市(县级、地级)、东港区人民代表大会届次，召开了岚山区第十五届人民代表大会第一次会议。

第十五届人民代表大会 2004年12月，岚山区第十五届人大代表选举工作圆满完成，实际选举产生人大代表198名。其中：男性146名，占73.7%，女性52名，占26.3%；中共党员128名，占64.6%，非党人士70名，占35.4%。

第一次会议 2004年12月20～22日在岚山举行。出席代表198名，特邀代表13名，列席代表12名，区政协七届委员列席会议。会议宣读了国务院、山东省人大、山东省人民政府关于设立岚山区的批复、决定、通知，岚山区人大筹备组作区十五届人大一次会议筹备工作报告，选举孙承金为岚山区人大常委会主任，梅志强、秦洪珍、胡善军、杨宝友、张道利为副主任，人大常委会委员11名；选举孙欣亮为区长，庄会海、徐中伟、王立莹(女)、卢祥松、马运德、王纪军为副区长；选举李志毅为区人民法院院长，杜军为区人民检察院检察长。会议收到建议、批评和意见20件。

图23-1 2004年12月20～22日，日照市岚山区第十五届人代会第一次会议召开

第二次会议 2005年2月25～28日在岚山举行。出席代表197名，特邀代表5名，列席代表26名，区政协七届委员列席会议。会议听取并审议了区人大常委会、区人民政府、区人民法院、区人民检察院的工作报告，审查了《国民经济和社会发展计划报告》《财政预算报告》并作出了相应决议。会议收到建议、批评和意见37件。

第三次会议 2006年2月14～17日在岚山举行。出席代表199名，列席代表31名，区政协七届委员列席会议。会议审议通过了区人大常委会、区人民政府、区人民法院、区人民检察院工作报告，审查了《岚山区"十一五"规划纲要》《国民经济和社会发展计划报告》《财政预算报告》并作出了相应决议。补选郭洪林为区人大常委会副主任，王远成、杨春利、李世柱、贺培友为委员；补选张锋(女)为区人民政府副区长。会议收到建议、批评和意见37件。

第四次会议 2007年2月4～7日在岚山举行。出席代表200名，列席代表39名，区政协七届委员列席会议。会议审议通过了区人大常委会、区人民政府、区人民法院、区人民检察院工作报告，审查了《国民经济和社会发展计划报告》《财政预算报告》并作出了相应决议。补选王广举为区人大常委会主任、张守合为区人大常委会副主任，补选徐淑利为区人民政府区长。会议收到建议、批评和意见51件。

第十六届人民代表大会 2007年11月，岚山区开展第十六届人大代表选举，实际选举产生人大代表198名。其中：男性143名，占72.2%，女性55名，占27.8%；中共党员128名，占64.6%，非党人士70名，占35.4%。

第一次会议 2007年12月10～13日在岚山举行。出席代表197名，列席代表29名，区政协八届委员列席会议。会议审议通过了区人大常委会、区人民政府、区人民法院、区人民检察院工作报告，审查了《国民经济和社会发展计划报告》《财政预算报告》并作出了相应决议。会议选举高杰为区人大常委会主任，郭洪林为区人大常委会第一副主任，杨宝友、张道利、张守合、范彩英(女)为区人大常委会副主任，常委会委员17名；选举徐淑利为区人民政府区长，刘国田、卢祥松、马运德、王纪军、张锋(女)、郑卫东为区人民政府副

图 23-2 2007 年 12 月 10 ～ 13 日，日照市岚山区第十六届人代会第一次会议召开

区长；选举刘红军为区人民法院院长，杜军为区人民检察院检察长；选举出席日照市第十六届人民代表大会代表46名。会议收到建议、批评和意见43件。

第二次会议　2009年1月7～9日在岚山举行。出席代表197名，列席代表61名，区政协八届委员列席会议。会议审议通过了区人大常委会、区人民政府、区人民法院、区人民检察院工作报告，审查了《国民经济和社会发展计划报告》《财政预算报告》并作出了相应决议。会议收到建议、批评和意见47件。

第三次会议　2010年1月19～22日在岚山举行。出席代表200名，列席代表55名，区政协八届委员列席会议。会议审议通过了区人大常委会、区人民政府、区人民法院、区人民检察院工作报告，审查了《国民经济和社会发展计划报告》《财政预算报告》并作出了相应决议。会议依法终止代表资格2名，依据选举法规定补选代表5名。会议收到建议、批评和意见43件。

第四次会议　2011年1月16～19日在岚山举行。出席代表198名，列席代表53名，区政协八届委员列席会议。会议审议通过了区人大常委会、区人民政府、区人民法院、区人民检察院工作报告，审查了《区"十二五"规划纲要》《国民经济和社会发展计划报告》《财政预算报告》并作出了相应决议。会议依法补选李小雪（女）、李相芹、潘芳（女）为区人大常委会委员，选举高月清为区人民检察院检察长。会议收到建议、批评和意见37件。

第十七届人民代表大会　2011年12月，岚山区开展第十七届人大代表选举，实际选举产生人大代表197名。其中：男性150名，占76.1%，女性47名，占23.9%；中共党员131名，占66.5%，非党人士66名，占33.5%。

第一次会议　2012年2月8～12日在岚山举行。出席代表197名，列席代表66名，区政协九届委员列席会议。会议审议通过了区人大常委会、区人民政府、区人民法院、区人民检察院工作报告，审查了《国民经济和社会发展计划报告》《财政预算报告》并作出了相应决议。会议选举盖卫星为区人大常委会主任，卢祥松为区人大常委会第一副主任，杨宝友、范彩英（女）、刘维华、迟令堂为区人大常委会副主任，常委会委员16名；选举张桂伟为区人民政府区长，申淑清（女）、张玉新、张锋（女）、郑卫东、张文宣、韩通为区人民政府副区长；选举刘红军为区人民法院院长，高月清为区人民检察院检察长；选举出席日照市第十七届人民代表大会代表52名。会议收到建议、批评和意见38件。

图 23-3 2012 年 2 月 8 ～ 12 日，日照市岚山区第十七届人代会第一次会议召开

岚山区出席全国和省历届人代会代表名单

表23-5

人代会	届　次	代表姓名	当选时工作单位	当选时职务
全国人民代表大会	第六届（1983年至1988年）	窦福林	碑廓镇大朱曹二村	农民
	第十届（2003年至2008年）	杨宝友	日照三木木业股份有限公司	董事长、总经理
山东省人民代表大会	第八届（1993年至1998年）	张宗团	岚山头街道圣岚路、圣岚渔工贸总公司	党委书记、总经理
	第九届（1998年至2003年）	张宗团	岚山头街道圣岚路、岚山头街道、圣岚渔工贸总公司	党委书记、办事处副主任、总经理
		苏昭思	岚山办事处科教委	教育督导室主任
	第十届（2003年至2008年）	张宗团	岚山头街道党委	副书记
		孙欣亮	日照市人民政府岚山办事处	工委副书记、办事处主任
	第十一届（2008年至2013年）	徐淑利	中共岚山区委、区人民政府	区委副书记、区长
		薛　健	日照钢铁控股集团有限公司	副总经理
	第十二届（2013年至2018年）	张桂伟	中共岚山区委、区人民政府	区委副书记、区长
		叶　成	山东岚桥工贸集团有限公司	董事长、总裁
		丁雪洁（女）	岚山港务有限公司	财务处处长

第四节　乡镇人民代表大会

1954～1987年，各乡镇（社）共召开5届人民代表大会，主要议题是听取和审议乡镇（社）政府工作报告，依法选举正、副乡镇（社）长。人民公社化时期，乡镇代表大会被人民公社社员代表大会取代。1981年为社（镇）人民代表大会。1984年恢复乡镇人民代表大会。

1987年1月，各乡镇建立人大代表联络办公室，1989年1月更名为人大工作办公室。各乡镇人大工作机构按照宪法和法律赋予的权力，组织代表定期开展视察、调查、走访、联系选民等活动，以利于对政府提出建议，解决群众关心的问题，促进基层民主政治建设和法制建设。

2004年岚山设区后，岚山区各乡镇共召开3届人民代表大会。各乡镇人民代表大会为乡镇权力机构，在区人大常委会的指导和乡镇党委的领导下，行使地方国家权力机关的职能，每年召开人民代表大会，听取审议乡镇政府工作报告、预算报告、人大工作报告，并作出决议、决定；选举人大主席、副主席，镇长、副镇长。

第十届乡镇人民代表大会。2004年12月完成镇人大代表选举，经区人大常委会会议确定，报市人大常委会备案，第十届乡镇人民代表大会代表名额为：虎山镇79名，碑廓镇73名，黄墩镇77名，后村镇79名，高兴镇63名，巨峰镇91名。

第十一届乡镇人民代表大会。2007年11月完成换届，经区人大常委会会议确定，报市人大常委会备案，第十一届乡镇人民代表大会代表名额为：虎山镇79名，碑廓镇73名，黄墩镇77名，后村镇79名，高兴镇63名，巨峰镇91名。

第十二届乡镇人民代表大会。2011年12月完成换届，经区人大常委会会议确定，报市人大常委会备案，第十二届乡镇人民代表大会代表名额为：虎山镇79名，碑廓镇73名，黄墩镇77名，后村镇79名，高兴镇63名，巨峰镇91名。中楼镇人民代表大会代表名额为76名。

第三章　人大工作

第一节　决定重大事项

区人大常委会着眼全局性、根本性和长远性的重大问题，依法行使重大事项决定权，每年定期听取审议区政府关于该年度上半年国民经济和社会发展计划执行情况的报告、上半年预算执行情况的报告，听取审议区政府关于上年度区级预算执行和其他财政收支情况的审计工作报告，并分别作出相应决议，在此基础上，对全区国民经济和社会发展重大决策行使重大事项决定权。

经济社会发展　2005年11月，在区人大常委会第6次会议上听取审议了区政府关于区国民经济和社会发展第十一个五年总体规划编制情况的汇报，并在区十五届人大三次会议上审议通过了《日照市岚山区国民经济和社会发展第十一个五年总体规划纲要》。

2007年11月，区人大常委会第12次会议审议通过了区政府关于调整岚山区国民经济和社会发展“十一五”规划及2006年计划指标的报告。

2008年，区人大常委会听取审议了全区“十一五”规划中期实施情况报告，在充分肯定成绩的同时，客观分析指出了经济社会发展中存在的结构性矛盾及突出问题，建议进一步强化措施，把发展经济与改善民生紧密结合起来，保持和巩固“十一五”发展的良好态势。

2008年国际金融危机爆发，区人大常委会围绕区委积极应对国际金融危机的决策部署，听取审议对外经贸工作报告，组织调研组深入全区财经部门、重点企业开展调研，鼓励相关部门企业坚定信心，积极应对；根据全区重点项目建设需要，先后3次作出决议，支持区政府开展项目建设融资，批准将项目建设资金纳入区级预算，保证了重点项目如期顺利建设。

2010年，区人大常委会在深入调研的基础上，全面把握全区经济社会发展的新形势、新任务，认真审议“十一五”规划实施情况及“十二五”规划纲要（草案），并提出相关的建议意见，区十六届人大四次会议依法审查批准了“十二五”规划纲要。

依法治区　2006年，区人大常委会第11次会议，听取审议了区政府关于“四五”普法依法治区情况和“五五”普法规划、依法治区规划的汇报，依法作出了关于《岚山区2006年至2010年依法治区规划》的决议和关于在全区公民中开展第五个“五年法制宣传教育”的决议，为促进“平安岚山”建设打下了良好基础。

2006年后，加强对普法和依法治区工作的监督检查，督促全区各级认真落实“五五”普法、2006～2010年依法治区规划和区人大常委会决议，在全社会营造知法、懂法、守法的浓厚氛围。岚山区被表彰为全国首批法治创建先进单位。2011年，区人大常委会听取审议区政府关于“五五”普法和依法治区情况、“六五”普法规划和2011～2015年依法治区规划报告，并形成了相关决议，为普法和依法治区工作的深入开展奠定了基础。

第二节　监督工作

岚山历届人大及其常委会，根据法律赋予的职权，通过视察、调研、执法检查、工作评议等形式，对“一府两院”实施工作监督和法律监督。2005～2011年，区人大常委会组织代表视察、调研、执法检查、工作评议62次，提出建议、意见265条，将建议、意见书面向“一府两院”及有关部门进行反馈，要求其按照建议、意见的内容认真抓好落实，并将落实结果书面报告常委会。

视察　2005年12月30日，区人大常委会组织驻岚山的市人大代表、区人大常委会委员及部分区人大代表进行会前集中视察，主要围绕城市建设、镇域经济规划、村村通硬化路工程和社会主义新农村建设等方面进行，推动了相关工作的开展。

2006年6月，区人大常委会组织调研组对全区村村通硬化路工作进行为期半个月的集中视察，提出加大投入、加快工作进度，保证质量、建设民心工程等意见建议。

2007年1月19日，区人大常委会组织驻岚山的市人大代表、区人大常委会组成人员及部分区人大代表进行会前集中视察，围绕新农村建设、城市基础设施建设、港口建设、镇域经济、基础教育、合作医疗等方面实地查看了10个园区、工程建设现场。

2008年12月19日，区人大常委会组织驻岚山的市人大代表进行会前集中视察，围绕平安岚山建设、城市基础设施建设、道路交通、新农村建设、园区建设、港口建设、社区建设等方面，先后实地查看了区直及有关乡镇街道的11个单位、企业和工程建设现场，提出4条意见建议。

2009年11月24日，区人大常委会组织视察组，对全区电网建设和供电优质服务工作进行视察，先后到220千伏安东变电站、安岚大道10千伏线路工程等现场进行了实地查看，提出4条意见建议。

2009年12月18日，区人大常委会组织驻岚山的市人大代表进行会前集中视察，围绕工业项目建设、城建重点工程、道路交通、新农村建设、园区建设等方面，先后实地查看了9个现场，提出5条意见建议。

2010年11月10日，区人大常委会组织视察组对全区供水供热工程建设情况进行视察，实地查看了潘家村无负压供水泵站、城郊管网立体化净化水厂、日照焦电公司循环水供暖项目、轿顶山生活小区供热管道改造及分户计量情况，提出5条意见建议，切实保障优质供水、按时供热。

2010年12月8日，区人大常委会组织视察组，对全区交通公路工作情况进行了视察，实地查看了童海路改造工程，化工园区、钢铁园区、木材园区道路建设，提出4条意见建议。

2011年4月28日，区人大常委会组织部分市、区人大代表，对全区创建省级文明城市工作进行了专项视察，先后到岚山汽车站、凤阳路居、安东卫海货城、汾水社区、城市环境和交通运输秩序综合整治等8个创城现场进行了视察，督促有关部门扎实做好创城工作。

2011年6月30日，区人大常委会组织对全区城建重点项目进行视察，实地查看了千亩生态湿地工程、多岛海广场工程、滨海岸线改造工程、多岛海商居开发项目、星河湾五星级酒店项目等现场，提出4条意见建议，努力推进全区城市建设和生态建设。

2012年11月16日，区人大常委会视察组对全区重点项目、重点工程建设推进情况进行视察，实地查看了瀚坤能源发展有限公司、山东金石沥青股份有限公司、凤凰山路建设工程、区实验中学、浩宇澜天下等重点项目、重点工程建设情况。提出强化工程质量监管等意见建议，切实推动全区重点工程项目高标准、高质量建设。

调研 2006年9月13日，区人大常委会组织调研组对全区城市规划建设和环保工作进行专题调研，先后实地查看了轿顶山路绿化工程、城区新大道绿化工程、昌华公司污水处理厂、岚山自来水朱曹水源地等现场，提出4条意见建议。

2006年10月24日，区人大常委会组织部分区人大常委会委员对全区交通事业发展、规划建设情况进行调研，先后实地查看了南沿海公路岚山段、疏港大道、巨峰交管所、村村通公路、日夏线、青赵线、高兴交管所，提出4条意见建议。

2007年8月，区人大常委会组织对全区水利、农业、渔业、林业等涉农部门落实扶农助农政策情况及社会主义新农村建设情况进行了为期一个月的专题调研，提出合理有序开发利用资源、严格落实扶农助农政策等建议。

2008年5月7日，区人大常委会组织部分常委会委员、部分驻岚山的市人大代表和区人大代表组成城建专题调研组，围绕全区城市建设与管理工作，实地调研了泉子庙居旧村改造现场、污水处理厂、圣岚路改造现场、多岛海环境改造工程等一批城市建设重点工程，提出6条意见建议，保障了城建重点工程顺利推进。

2008年8月13日，区人大常委会组织部分市、区人大代表对全区教育、卫生、计划生育等社会事业方面工作进行年中调研，对岚山头街道中心幼儿园、区人民医院、汾水社区计划生育服务室等10个现场进行了实地调研，提出5条意见建议。

2008年9月17～19日，区人大常委会组织驻地省人大代表小组的代表和岚山区选举的市人大代表，围绕增强企业科技自主创新能力开展专题调研。9月17日、18日，区人大办公室派出专门小组深入日照钢铁公司、日照铸福实业有限公司等多家企业先行深入调研，掌握一手资料。9月19日，区人大常委会组织驻地省人大代表小组的代表和岚山区选举的市人大代表开展集中调研活动，36名省、市人大代表参加了调研。调研组一行实地调研岚山生化制品有限公司、岚星化工工业有限公司、日照焦电有限公司、鲁圣集团公司4家企业，提出5条意见建议。

2008年10月24日，区人大常委会组织部分驻岚山的市人大代表、区人大常委会委员和区人大代表对全区文化建设情况进行专题调研，实地调研碑廓镇文化中心、汾水社区、岚山益民电影公司和甜园社区等文化建设现场，提出4条意见建议。

2009年3月19日，区人大常委会组织调研组对区人民医院医疗服务情况进行专题调研，实地查看了区人民医院建设情况、医疗卫生服务开展情况等，形成了专题调研报告，提出4条意见建议。

2009年3月20日，区人大常委会组织部分驻岚山的市人大代表、区人大常委会委员和区人大代表对全区农村合作医疗开展情况进行专题调研，实地调研了区新型农村合作医疗办公室、碑廓镇王家庄卫生室、巨峰镇后黄埠村卫生所等8个新型农村合作医疗点，提出4条意见建议。

2009年6月19日，区人大常委会组织调研组对全区水库除险加固工程建设等情况进行调研，实地查看了安东卫街道后合庄水库、虎山镇四门口水库、高兴镇卜家村水库、后村镇龙口水库、巨峰镇土山河水库及多岛海防潮堤等堤坝拓宽加固和泄洪道建设工程及后村镇驻地集中供水工程、巨峰镇南北山节水灌溉工程，详细了解水库加固过程中的资金调配使用、施工队伍专业资质和水库周边群众农业生产用水等情况。针对工作中存在的困难和问题，提出4条意见建议。

2009年6月30日，区人大常委会对高中阶段教育工作进行调研，调研组到区一中、职业中专、日照三中进行实地调研，听取相关负责人关于高中教育投入、队伍建设、教育管理、教育质量等方面的工作汇报，查看了学校图书馆、实验室等情况，提出4条意见建议。

2009年8月13日，区人大常委会组织驻岚山的省、市人大代表和区人大常委会部分组成人员，围绕全面落实"保增长"各项政策措施、抓好大项目和城建重点工程建设问题进行专题调研，实地调研了南部海岸带、海上碑环境改造工程以及中粮黄海粮油工业（山东）有限公司二期扩建工程、岚山港、安岚大道、岚桥港口石化有限公司、山东石大科技石化有限公司、日照联华钢渣水泥项目建设情况，提出5条意见建议。

2009年11月25日，区人大常委会组织调研组，对弱势群体危房改造情况进行调研，深入到碑廓镇田家寨一村、田家寨二村、碑廓一村分别调研了困难优抚对象、贫困残疾人和困难群众危房改造情况，提出4条意见建议。

2010年6月29日，区人大常委会组织对全区卫生服务体系建设和实施"卫生强基工程"情况进行调研，分别对虎山卫生院"卫生强基工程"实施情况、卫生室建设情况，碑廓中心卫生院病房楼建设、"卫生强基工程"情况，区人民医院病房楼建设情况，安东卫街道西街社区卫生服务站社区卫生服务工作情况进行了调研，提出4条意见建议。

2010年7月29日，区人大常委会组织部分区人大常委会委员，对全区生态建设及环境质量情况进行调研，实地查看了获水湿地公园、多岛海环境改造工程、岚山港务有限公司码头货场、岚山城郊管网立体式净化水厂、岚山固废处理中心，提出4条意见建议。

2010年9月28日，区人大常委会组织部分市、区人大代表对全区职业教育发展情况进行专题调研，实地查看了岚山职业中专校建现场和实训、教学场所，提出6条意见建议。

2011年4月中旬开始，区人大常委会对全区蔬菜产业发展情况开展为期一个半月的深入调研，先后到区农林局、岚山工商分局等8个与蔬菜产业发展有关的部门单位座谈走访，实地调研了碑廓镇、黄墩镇、后村镇蔬菜生产经营情况，考察了莒县、寿光市、陕西杨凌农业高新技术产业示范区的蔬菜产业发展情况，走访了山东农业大学园艺科学方面的专家。形成了高质量的调研报告报区委主要领导参考，提出6条意见建议。

2011年6月10日，区人大常委会组织调研组，对前三岛海上人工牧场进行专题调研，先后到人工鱼礁制作现场——新昇冷藏厂、平岛海上人工牧场进行实地调研，并在平岛对人工牧场集鱼情况进行了试钓，提出5条意见建议。

2011年8月3日，区人大常委会组织对全区河道治理、水库渠道配套及塘坝维护情况进行专题调研，先后到虎山镇西山水库建设工地，巨峰镇柳古庄扬水站工程、北卜落风力提水工程、丁家林石渠衬砌工程、西合庄塘坝工程，薄家口塘坝工程，巨峰水库、巨峰河治理工程进行实地调研，提出4条意见建议。

2011年9月28日，区人大常委会组织部分市、区人大代表对全区教育系统重点项目和教育资源整合情况进行专题调研，先后到岚山头街道二中、区实验中学、明珠路小学、官山社区小学等地进行了实地调研，提出5条意见建议。

2012年5月11日，区人大常委会组织对全区农业产业结构调整情况进行调研，查找关键问题，提出针对意见，帮助区政府及有关部门解难题、想办法，形成高质量调研报告。区委主要领导对报告给予高度评价并专门作出批示。

2012年10月12日，区人大常委会组织对全区生态文明乡村建设情况进行调研，先后实地调研了碑廓镇大湖村、高兴镇丁家大村、黄墩镇寺后村等生态文明乡村建设现场，提出4条意见建议。

法律监督 1997年岚山人大工委设立后，先后对渔业法、农业法、电力法等40多部法律法规实施情况进行检查视察；围绕全处中心工作，对渔业生产、城市规划、茶业生产、旅游业发展、普法等进行检查视察，提出意见建议560多条。

2006年7月，区人大常委会执法检查组对《中华人民共和国食品卫生法》在全区的贯彻实施情况进行检查，实地查看了9家企业，提出严把卫生许可准入关、狠抓食品卫生量化分级管理等意见建议。

2009年9月17日，区人大常委会组织执法检查组对《中华人民共和国税收征收管理法》贯彻实施情况进行执法检查，对区国税局、区地税局贯彻实施《税收征管法》情况，中粮黄海粮油工业（山东）有限公司、童海港业股份有限公司、日照焦电有限公司等规模以上企业依法纳税情况进行了检查，提出4条意见建议。

2011年7月21日，区人大常委会组织对《中华人民共和国道路交通安全法》贯彻实施情况进行执法检查，对交警大队执法办案场所、大货车覆盖改装点、汾水交通安全检查站、交警巨峰中队正规化建设进行检查，提出4条意见建议。

2012年8月15日，区人大常委会执法检查组对全区贯彻实施《中华人民共和国安全生产法》情况进行执法检查，先后实地查看了新绿洲、童海港业、日照钢铁公司、岚桥石化等企业贯彻实施《中华人民共和国安全生产法》的情况。围绕安全生产工作存在的困难和问题，提出针对性的意见建议，有效保证了全区经济健康发展、社会和谐稳定，收到了明显成效。

2012年7月17日，区人大常委会执法检查组对全区贯彻实施《中华人民共和国食品安全法》情况进行执法检查。针对执法检查中发现的问题，制定对策，提出建议，有效保证了全区人民群众的饮食安全。

审议“一府两院”工作报告 区人大常委会每年召开会议审议区政府年度决算报告，审议区级预算执行情况和其他财政收支情况审计工作的报告，听取审议半年国民经济和社会发展计划执行情况汇报、半年预算执行情况汇报，听取审议人大代表所提建议、批评和意见办理情况汇报，以及区政府其他专项工作情况汇报。2006年1月，区十五届人大常委会第7次会议听取审议了区政府关于国民经济和社会发展“十一五”规划编制情况的汇报。2009年3月，区十六届人大常委会第9次会议听取审议了区政府关于山东省旅游条例贯彻实施情况的报告。2010年9月，区十六届人大常委会第19次会议听取审议了区政府关于“十一五”规划实施情况及“十二五”规划纲要（草案）的报告。2011年5月，区十六届人大常委会第23次会议听取审议了区政府关于全区人事劳动和社会保障工作及劳动合同法贯彻实施情况的报告，区政府关于全区“五五”普法、依法治区情况和“六五”普法规划的报告，区政府关于《日照市岚山区2011～2015年依法治区规划（草案）》。2011年9月，区十六届人大常委会第25次会议听取审议了区政府关于全区贯彻实施村民委员会组织法情况的报告。2011年11月，区十六届人大常委会第26次会议听取审议了区政府关于蓝色经济区规划建设情况报告。2012年5月，区十七届人大常委会第2次会议听取审议了区政府关于全区服务业发展情况的报告，听取审议了区政府关于全区“千百重点文化工程”实施情况的报告。

区人大常委会每年召开会议听取审议区人民法院、区人民检察院工作情况汇报，提出意见建议并监督整改落实。2005年9月，区十五届人大常委会第6次会议听取审议了区人民法院关于组建和工作开展情况的汇报，区人民检察院关于组建和工作开展情况的汇报。2007年9月，区十五届人大常委会第18次会议听取审议了区人民法院关于执行工作情况的汇报，区人民检察院关于查办职务犯罪情况的汇报。2008年11月，区十六届人大常委会第6次会议听取审议了区人民法院关于刑事审判工作情况的汇报，区人民检察院关于刑事诉讼法贯彻实施情况的汇报。2009年7月，区十六届人大常委会第11次会议听取审议了区人民法院关于法官法贯彻实施情况的报告，区人民检察院关于检察官法贯彻实施情况的报告。2010年7月，区十六届人大常委会第18次会议听取审议了区人民法院关于执行工作情况的报告，区人民检察院关于办理自侦案件情况的报告。2011年7月，区十六届人大常委会第24次会议听取审议了区人民法院关于商事审判及服务大项目建设情况的报告，区人民检察院关于公诉工作情况的报告。2012年7月，区十七届人大常委会第3次会议听取审议了区人民法院关于发挥司法审判职能、优化经济发展环境工作情况的报告，区人民检察院关于开展行政检察监督工作、促进社会管理创新情况的报告。

工作评议　2009年后，区人大常委会创新开展工作评议，推动“一府两院”及其职能部门“提速增效”，监督实效不断增强。共完成了对区发展和改革局等全区40个职能部门的工作评议，推动140余个问题的整改落实，实现评议形式的多样化、评议过程的程序化、评议纪律的严肃化、评议结果的公正化，得到区委的充分肯定、区政府的高度重视、部门的积极配合、代表的踊跃参与。通过深入基层、深入群众、深入工作一线开展评议，推动被评议部门干部职工服务意识增强、工作作风转变、服务质量提升，促进了被评议部门的执行力、创新力、公信力建设，增强了监督实效，取得了良好的社会效果。

述职评议　2006年1月召开的区十五届人大常委会第7次会议和2006年11月召开的区十五届人大常委会第12次会议，分别听取了区发改局等12个部门的主要负责人的述职报告，常委会组成人员现场对被评议人员进行打分并当场宣布分数。会后，区人大常委会将会议对每位被评议人员的评议意见以书面形式进行汇总反馈，并对其整改落实情况进行跟踪监督。

第三节　人事任免工作

区人大常委会坚持把党的领导与充分发扬民主和严格依法办事有机结合起来，坚持党管干部原则和人大依法任免的有机统一，规范开展人事任免工作。依法选好人、用好人，切实把人民群众信任的优秀人才选拔为部门机关的领导人员，为推进区域经济发展和社会主义和谐社会建设提供了有力的组织保障。

自2004年12月至2012年12月底，区人大常委会共任免政府、法院、检察院和人大机关的干部308名。其中，第十五届人民代表大会期间共任免干部107人。在2005年设区开局之年，任免干部76人，规范了设区后人大机关、政府机关、人民法院、人民检察院的干部配备使用；2006年度任免干部10人；2007年度任免干部21人。第十六届人民代表大会期间共任免干部155人。2008年度任免干部43人；2009年度任免干部32人；2010年度任免干部38人；2011年度任免干部42人。第十七届人民代表大会以来共任免干部46人。任免过程中，与组织部门配合，本着对党、对人民负责的精神，发扬民主，做到任命前知人知情，任命后加强监督，采取汇报、述职等形式，对所任命的干部进行定期和不定期的政绩考察，使之增强法制观念和公仆意识，真正代表人民把国家权力交给可以信赖的公仆手中，保证了地方国家机器的正常运转。

第四节　代表工作

代表培训　区人大常委会每年都组织代表集中学习培训。2008年4月，组织举办了驻岚山的市十六届人大代表和区十六届人大代表培训班。邀请市人大常委会和市人大常委会人代室领导在会上作专题辅导。来自各乡镇街道的133名代表，各乡镇街道人大的专职主席（主任）、人大秘书和区人大机关全体人员参加了培训。会上，市人大常委会领导围绕人民代表大会制度的性质、地位、作用和代表的权利、义务，代表提出议案、批评、建议、意见和代表在会议期间、闭会期间的活动以及代表应把握的有关问题等作了详细阐述。

2012年5月，区人大常委会举办了市、区人大代表履职培训班。岚山区的市、区人大代表，区人大常委会各委室负责人及机关工作人员，各乡镇街道人大负责人及人大秘书共186人参加培训。日照市委党校教务处处长岳庆刚围绕人民代表大会制度、人大代表的权利和义务、人大代表如何履行职责三个方面的内容作了辅导报告，区人大常委会党组书记、第一副主任卢祥松在培训结束时对进一步提高人大代表的履职能力提出了要求。一要提高认识，深刻理解人民代表大会制度的内涵，以高度的使命感和责任感，忠于职责、恪尽职守，通过在会议期间的工作和闭会期间的活动，代表人民的意志和利益行使国家权力。二要加强学习，不断提高代表素质，在代表中深入开展“素质提升年”活动，努力做到学以立德、学以增智、学以立行，切实提高代表的政治素质、法律素质、业务素质。三要牢记使命，进一步增强代表的政治意识、责任意识、群众意识和法治意识。四要明确职责，充分发挥人大代表参与决策和管理的作用、监督促进的作用、模范带头作用和桥梁纽带作用，努力做好代表工作和本职工作，凝聚争当半岛蓝色经济区发展排头兵的合力。

代表小组　区人大常委会按照便于组织和开展活动的原则，合理划分代表小组，民主推选召集人，建立健全代表小组活动制度。2008年11月，区人大常委会在碑廓镇召开了代表小组建设现场会，要求按照“六有标准”（有活动场所、有活动制度、有活动计划、有活动档案、有代表公开电话、有代表征求意见箱），全面加强和规范代表小组建设。同年12月，按照现场会的要求，全区共设立17个区级人大代表小组和42个镇人大代表小组。

代表活动　1997年岚山人大工委设立后，积极发挥人大代表在经济建设中的主力军和桥梁纽带作用，至2003年年底，各级人大代表共引进项目100多个，合同资金4亿多元。2007年12月，区人大常委会机关落实招商引资项目，实现注册资本5000万元，列当年度全区招商引资注册资本额首位。2010年4月，区人大常委会办公室制定了《关于在区人大代表中开展“增强四个意识，做群众表率”活动的实施意见》，并以“联千家、访万民、办实事”为实践载体，推动代表与选民齐心协力谋发展、促和谐、倡文明，切实增强政治意识、大局意识、群众意识和法治意识，发挥人大代表在经济建设中的主力军和桥梁纽带作用。2010～2012年，全区各级人大代表共联系选民1969户，为民办实事763件，帮助群众上致富项目240个，直接帮扶和协调资金480余万元，充分发挥了人大代表在促进经济发展、维护社会稳定中的重要作用。

2012年4月，区人大常委会主任会议研究决定，在区人大代表中深入开展以“带头干事创业，带头维护大局，带头履职尽责，带头关注民生，让人民群众满意”为内容的“四带头一满意”活动。为确保“四带头一满意”活动内容与形式相统一，与代表日常履职、执行职务有机结合，同时便于对代表履职情况进行综合评价，达到人民群众满意的效果。具体活动中，要求全体区人大代表做到“六个一”，即：每季度至少参加小组组织的一次学习、一次视察或调研活动；每年至少提交一份视察或调研报告、在代表大会上提出一件建议、批评和意见；每年至少参与化解一起矛盾纠纷、为基层群众办一件实事。

第五节　代表议案及建议办理

办理代表的议案、建议，是人大及其常委会的一项重要职责。历届历次人代会收到的议案、建议，除会议期间答复办理的外，其余全部在会后转交区政府、区法院、区检察院等有关部门或单位办理。转办后，区人大常委会抓好督促检查：每年听取区政府关于代表建议办理情况的汇报，并对办理的进度、质量和效果进行检查和审议，提出具体要求；区人大常委会办事机构负责联系检查催办；严格要求，注重办理质量，对承办部门或单位办理的代表议案、建议逐件审查，对办理和答复不妥的责成承办部门或单位重新办理；及时回访，对办理完毕的议案、建议，及时征求代表对答复和办理情况的意见，让代表监督执行；议案、建议办理完毕后，按时转告提出议案、建议的代表。从区十五届人大一次会议到区十七届人大一次会议代表所提议案，经议案审查委员会审查，均不属于议案，一并归属到工作建议、批评和意见类办理。对代表在人民代表大会会议期间提出的议案以及建议、批评和意见，受理单位接到后，一般在 3 个月内办理完毕并答复代表，特殊情况征得代表同意可延长至 6 个月。2005 ～ 2012 年，区人大代表在人民代表大会会议期间共提出建议、批评和意见 353 件，全部办理完毕，代表的满意率、基本满意率达 100%。

第六节　人大信访工作

岚山人大机关在法工委专门设立人大信访机构，积极化解各类矛盾。工作中，坚持领导接访和阅批重要信访案件制度，不断加大信访转办、交办和督办力度，督促承办单位严格依法办事，公正司法，维护人民群众的合法权益，以维护社会和谐稳定。

1997 ～ 2003 年，共受理群众来信来访 110 多次，办结率达 90%。2004 ～ 2012 年，共受理群众来信 137 件，接待来访 48 人次，其中第十五届人民代表大会共受理群众来信 76 件，接待来访 27 人次；第十六届人民代表大会共受理群众来信 54 件，接待来访 19 人次；第十七届人民代表大会共受理群众来信 7 件，接待来访 2 人次。重要信访件由区人大常委会主要领导阅批，责成有关部门办理，督促反馈结果，做到事事有交待，件件有结果。信访办结率 100%，群众满意率 100%。

第二十四编　地方行政机关

1993年7月，日照市人民政府岚山办事处成立后，在历届市委、市政府和工委的坚强领导下，在人大、政协和社会各界的监督支持下，紧紧围绕工委的决策部署，充公发挥岚山的港路区位优势，大力扶持民营经济发展，开展农业产业结构调整，着力抓好各项工作的落实。岚山民营企业迅猛崛起，三木、昌华、鲁圣等公司和雪青茶场成为全国同行业中颇有影响的企业。日照钢铁、源丰沥青、日照焦化等临港大项目落户岚山，形成了冶金、液体化工、粮油加工、木材、海产品加工五大临港产业。经十一年奋力拼搏，岚山国民经济腾飞，城乡面貌发生巨大变化。

2004年岚山区设立，区政府以建设“高效、务实、廉洁、为民”政府为目标，大力组织实施区委在各个阶段确立的经济和社会发展战略，不断加大招商引资力度，加快经济发展方式转变，提高城市规划建管水平，扎实推进生态文明乡村建设，完善社会保障体系，全力打造蓝色经济先行区、临港产业核心区、海滨宜居城市新兴区、生态文明乡村建设示范区，努力争当半岛蓝色经济区发展排头兵，社会经济事业获得飞速发展。“三农”工作成效显著，城市建设日新月异，民生保障更加有力，社会事业全面进步，人民生活持续改善，社会大局和谐稳定，历届人民代表大会确定的全区经济和社会事业发展目标及各项工作任务全面完成。岚山发展成为产业特色鲜明、充满经济活力的半岛蓝色经济区鲁南临港产业集聚区的核心区域。

第一章　行政机构

第一节　安东卫

明洪武十七年(1384年)设立安东卫，直接辖区南起荻水，北至梅园，东自岚山海口，西到汾河。防区南起孔望山(现连云港)，北到诸城，西到莒县。辖左、右、中、前、后5个千户所。右所驻涛雒北(现东港区涛雒镇右所村)，后所驻石臼寨(现东港区石臼街道)，前、左、中所驻安东卫。并在南起安东卫，北至龙汪口(在今东港区两城镇)沿海设烟墩28座，每墩有4名墩卒负责瞭望、报警。在日照县、诸城县有17处屯地，其中大埠屯、张家屯、孟家屯、监家屯、毛庄屯、稍坡屯、福盛屯、曹化屯、梁山屯、吴家屯、蔡家屯、于家屯12屯在诸城县，斗沟屯、白石屯、赵家屯、朱曹屯、竖旗屯5屯在日照县。据康熙十二年《安东卫志》记载：“本卫原额屯地共一千六百六十五顷。……漕地：原额地共九十顷二十六亩……”(注：此处顷、亩为旧计量单位，1顷等于100旧亩，1旧亩约等于2.5市亩)。卫、所军丁世居一地并代代相传，户籍属于军籍，称为“卫籍”，和地方上的州县所辖的“县(民)籍”人民不同。安东卫在屯地派驻屯丁屯田，每丁授田25亩。屯丁不足，还招募日照、诸城两县百姓佃种屯地，由安东卫和两县共同管理。这些“屯”和沿海烟墩后来大都发展为村庄。

除军事建制外，明代安东卫设文官管理人民，清初延续明制。卫城内建有儒学以及旗纛庙、城隍庙、真武庙、关王庙、观音院等庙宇。“凡城池、民社、学校、钱粮，均与州、县相同”。等于一级地方政府，行政级别高于日照县。

明代安东卫置通判1人，经历1人，教授1人，训导1人，营守1人。指挥使2人，指挥同知5人，指挥佥事12人，镇抚3人，左所千户9人，百户10人，降义百户2人。前所千户4人，副千户2人，百户10人；后所千户2人，副千户3人，百户9人。清初安东卫置守备1人，经历1人，教授1人，千总1人，百总1人，石臼所千总1人。乾隆七年(1742年)，安东卫并于日照县，卫官裁撤，原属村庄归日照南乡。

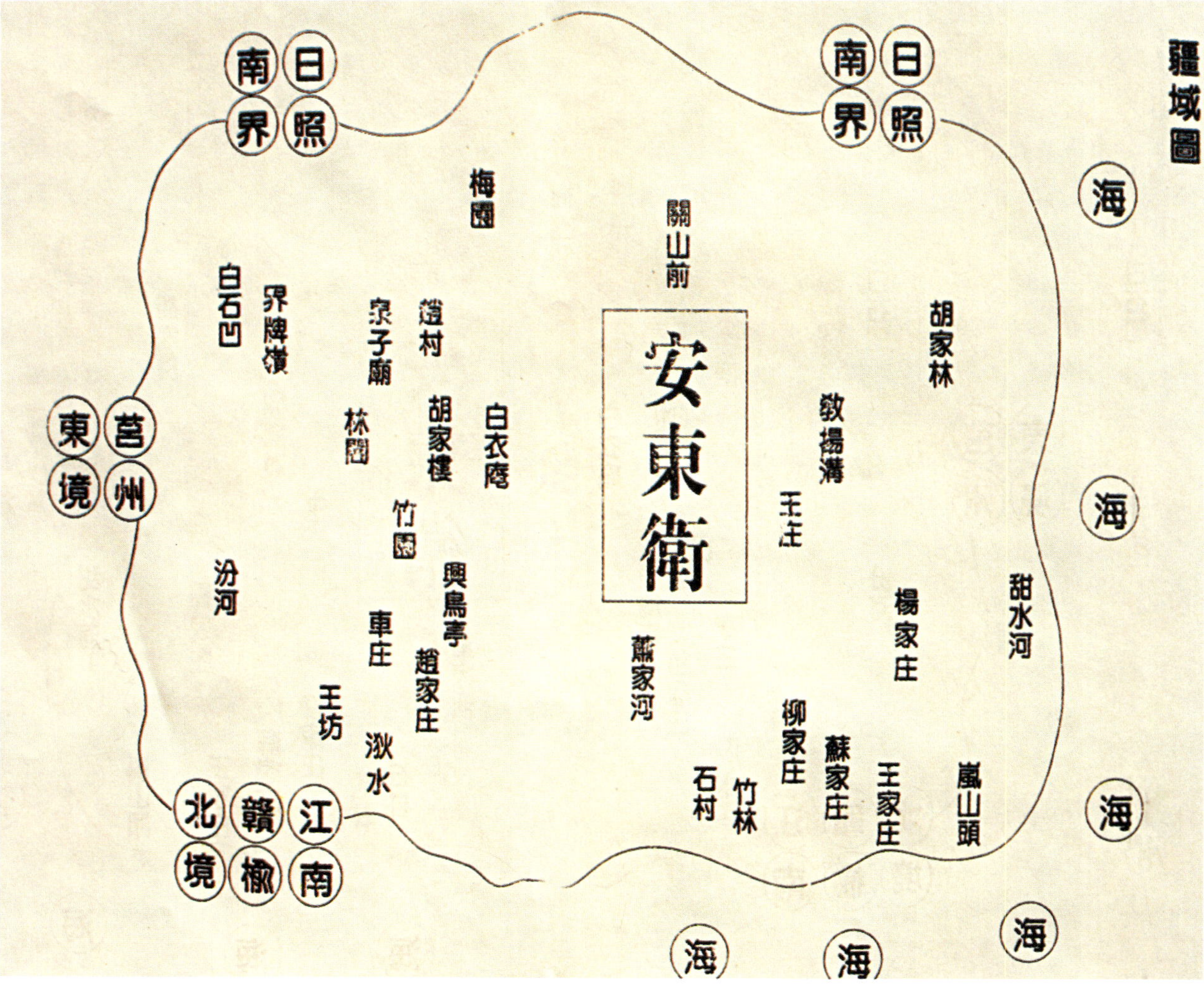

图 24-1 安东卫疆域图，见清康熙十二年版《安东卫志》

第二节 岚山经济开发区

1992年6月，经中共山东省委、山东省人民政府同意，中共日照市委、日照市人民政府成立岚山开发区筹备委员会（日发〔1992〕7号），王均生任筹备委员会主任，李志明、焦自亭、赵明甫、薄怀珂、董淑波、胡善军、张科书参加筹备工作。筹备委员会下设7个小组，即：办公室、政工组、财政组、规划组、经济组、农村组、政策组，焦自亭、薄怀珂任办公室负责人，李志明、赵明甫、董淑波、胡善军、张科书分别任政工组、财政组、规划组、经济组、农村组负责人。

1992年9月，万同任开发区筹备委员会副主任，主持开发区工作。10月，根据日编发〔1992〕40号文件，开发区筹备委员会成立政治工作部（劳动人事局与其合署办公）、办公室（党工委与筹备委员会两办合一，调研室与其合署办公）、经济发展局、规划建设局（土地管理局与其合署办公）、财政局、监察审计局。李志明任政治工作部主任，孙方金任政治工作部副主任；焦自亭任办公室主任；刘斌任经济发展局局长，胡善军任经济发展局副局长；刘辉任规划建设局副局长主持工作，张科书任规划建设局副局长；贺培友任财政局副局长主持工作；薄怀珂任监察审计局局长。1992年12月，孙成仕改任经济发展局局长。

岚山开发区筹备委员会各部门主要负责人一览表

表 24-1

单　位	姓　名	职　务	籍　贯	任　期
政工组、政治工作部（劳动人事局与其合署办公）	李志明	主　任	东　港	1992 年 6 月至 1993 年 6 月
	孙方金	副主任	岚　山	1992 年 6 月至 1993 年 6 月
办公室（调研室与其合署办公）	焦自亭	主　任	东　港	1992 年 6 月至 1993 年 6 月
	薄怀珂	副主任	岚　山	1992 年 6 月至 1993 年 6 月
经济组、经济发展局	刘　斌	局　长	五　莲	1992 年 10 月至 1992 年 12 月
	孙成仕	局　长	莒　南	1992 年 12 月至 1993 年 6 月
	胡善军	负责人、副局长	岚　山	1992 年 6 月至 1993 年 6 月
规划组、规划建设局	董淑波	负责人	江苏赣榆	1992 年 6 月至 1992 年 9 月
	刘　辉	副局长（主持工作）	五　莲	1992 年 10 月至 1993 年 6 月
	张科书	副局长	岚　山	1992 年 6 月至 1993 年 6 月
财政组、财政局	赵明甫	负责人	岚　山	1992 年 6 月至 1992 年 9 月
	贺培友	副局长（主持工作）	东　港	1992 年 10 月至 1993 年 6 月
监察审计局	薄怀珂	局　长	岚　山	1992 年 10 月至 1993 年 6 月

1993年5月29日，中共日照市岚山工作委员会、日照市人民政府岚山办事处设立，与开发区工委、开发区管委合署办公，实行一套班子、两块牌子，岚山开发区筹备委员会相应撤销。1993年5月31日，日照市委、市政府任命岚山工委、办事处、岚山开发区管理委员会领导班子组成人员。

岚山开发区下设综合办公室，张金山任办公室主任，负责管理开发区若干企业。1996年3月28日，岚山开发区综合办公室更名为岚山开发区管委会办公室。2003年后，赵统顺任开发区管委会办公室主任。2011年机构改革，开发区管委会办公室撤销。

1994年12月3日，山东省人民政府同意日照市设立“岚山外向型工业园”，起步面积控制在1平方公里以内。

1995年1月14日，岚山办事处召开专题会议，确定岚山外向型工业园在岚山城市规划区内设定，控制面积为10平方公里，规划面积3平方公里，起步区面积1平方公里。规划区北至疏港路（后更名为岚山路），南至海州湾，东与岚山老城相接，西至 G204 国道。

1997 年 10 月，山东省政府通过检查验收，对岚山开发区管理模式、投资环境和开发建设成就给予了肯定，确定将岚山外向型工业园的起步区由 1 平方公里扩大到 3 平方公里。

2002年2月6日，山东省政府为加强统一规范管理，便于开发区招商引资工作宣传，对全省52家开发区统一更名为经济开发区，岚山外向型工业园更名为山东省岚山经济开发区。

2004年岚山设区后，区委、区政府与岚山经济开发区合署办公。2006年，撤销与岚山区委、区政府合署的岚山经济开发区工委、管委，成立事业性质的岚山经济开发区工委、管委（副处级）。

2010年8月，根据市委、市政府《关于印发〈岚山经济开发区行政管理体制改革和岚山区人民政府机构改革方案〉的通知》，撤销事业性质的岚山经济开发区，成立中共岚山经济开发区工作委员会、岚山经济开发区管理委员会，为市委、市政府派出机构，正处级建制。工委与区委合署办公，一套班子，两块牌子。管委与区政府合署，领导分设。岚山区发改局、经信局、商务局、财政局、住建局、行政服务中心、招商局加挂岚山经济开发区牌子。2011年10月，设立日照钢铁精品基地建设服务中心，为岚山经济开发区管委管理的财政拨款事业单位。

岚山经济开发区历任工委书记、管委主任、副主任一览表

表24-2

职　务	姓　名	籍　贯	任　期
与工委、办事处合署的岚山经济开发区			
管委主任	张玉佩	费　县	1993年5月至1995年10月
管委主任	万　同	岚　山	1995年10月至1998年6月
管委主任	孙承金	东　港	1998年8月至2003年1月
管委副主任	万　同	岚　山	1992年9月至1995年10月
管委副主任	辛公会	岚　山	1993年5月至1995年12月
管委副主任	刘加顺	东　港	1995年3月至2000年4月
管委副主任	秦洪珍	东　港	1999年4月至2003年1月
事业性质的岚山经济开发区(副处级)			
工委书记、管委主任	费立志	东　港	2006年12月至2007年10月
工委书记、管委主任	张玉新	兰　山	2007年10月至2010年12月
与区委、区政府合署的岚山经济开发区			
工委书记、管委主任	高　杰	海　阳	2010年12月至2011年11月
工委书记	盖卫星	沾　化	2012年10月任职
工委副书记、管委副主任	徐淑利	莒　南	2010年12月至2012年3月
管委主任	张桂伟	沂　水	2012年11月任职
管委常务副主任	刘国田	莒　南	2012年11月任职(正处级)
管委副主任	刘国田	莒　南	2010年12月至2012年11月
管委副主任	张玉新	兰　山	2010年12月至2011年12月
管委副主任	刘兆新	兰　山	2010年12月任职
管委副主任	乔永前	莒　南	2011年11月任职

第三节　日照市人民政府岚山办事处

1993年5月，经中共山东省委、山东省人民政府批准，日照市人民政府设立岚山办事处，为日照市政府派出机构(正处级)，1993年7月1日正式挂牌对外办公。

岚山办事处成立之初，下设办公室、计划统计委员会、经济贸易委员会、农业委员会、城乡建设环保委员会、文化体育委员会、科技教育委员会、民政局、人事劳动局(区编制委员会办公室与其合署)、计生卫生局、日照市财政局岚山分局、日照市税务局岚山分局、土地矿产管理局、日照市工商行政管理局岚山分局、审计局、水产局、日照市公安局岚山分局、岚山办事处安全分局，共18个工作部门。

图24-2 1993年7月1日，中共日照市岚山工委、日照市人民政府岚山办事处举行挂牌仪式

1994年，设立乡镇企业局、对外经济贸易委员会、交通局、司法局。1994年8月，因国税、地税分设，撤销日照市税务局岚山分局，成立岚山办事处国家税务局和岚山办事处地方税务局。1995年12月，撤销农业委员会，成立农业局、水利局、林业局；撤销计生卫生局，设立计划生育委员会、卫生局。1996年3月，成立粮油总公司、供销总公司。1997年1月，设立广播电视局、行政事务管理局。1997年，成立商业总公司（2004年11月撤销）、物资总公司。1998年6月恢复农业委员会，与农业局合署办公。1999年6月，乡镇企业局与经济贸易委员会合署办公。1999年8月，撤销人事劳动局，成立人事劳动和社会保障局；撤销粮油总公司，成立粮食局。2001年4月，设立出口加工区办公室。2002年7月，撤销土地矿产管理局，成立日照市国土资源局岚山分局，由日照市国土资源局垂直管理。2003年3月，设立招商局、行政审批中心、安全生产监督管理局。

日照市人民政府岚山办事处主任、副主任、主任助理一览表

表24-3

职　务	姓　名	籍　贯	任　期
主　任	张玉佩	费　县	1993年5月至1995年10月
主　任	万　同	岚　山	1995年10月至1998年6月
主　任	孙承金	东　港	1998年6月至2002年12月
主　任	孙欣亮	莒　县	2003年1月至2004年11月
副主任	万　同	岚　山	1993年5月至1995年10月
副主任	辛公会	岚　山	1993年5月至1995年12月
副主任	王建刚	莒　南	1993年8月至1994年9月
副主任	刘加顺	东　港	1995年3月至1996年2月（挂职）
			1996年2月至1996年11月（任职）
副主任	王广举	临沂河东	1995年10月至2001年1月
副主任	夏召峰	岚　山	1997年2月至2001年1月
副主任	庄会海	莒　县	1999年2月至2004年11月
副主任	郭洪林	东　港	1999年2月至2004年5月
副主任	秦洪珍	东　港	1999年2月至2003年1月
副主任	丁明春	岚　山	2000年4月至2004年11月
副主任	牛明浩		2001年5月至2001年8月（挂职）
副主任	王立莹（女）	沂　水	2003年1月至2004年11月
副主任	卢祥松	岚　山	2003年1月至2004年11月
副主任	马运德	莒　南	2004年5月至2004年11月
副主任	王纪军	东　港	2004年5月至2004年11月
主任助理	于治会	岚　山	1996年4月至2001年2月
主任助理	张金山	沂　南	1996年4月至2003年2月
主任助理	丁海利	东　港	1996年4月至2003年2月
主任助理	杨宝友	岚　山	1996年9月至2004年11月
主任助理	徐　宏	东　港	2000年4月至2001年4月（挂职）

续表24-3

职　务	姓　名	籍　贯	任　期
主任助理	陈　丰	莒　南	2000年4月至2001年4月（挂职）
主任助理	秦玉贺	东　港	2001年5月至2003年1月
主任助理	马运德	莒　南	2003年2月至2004年5月
主任助理	张道利	郯　城	2003年2月至2004年11月
主任助理	王纪军	东　港	2003年2月至2004年5月

岚山办事处处直各部门历任主要负责人一览表

表24-4

单　位	职　务	姓　名	籍　贯	任　期
计划统计委员会	主　任	胡善军	岚　山	1993年7月至2003年2月
	主　任	王培俊	五　莲	2003年2月至2004年9月
经贸委	主　任	孙成仕	莒　南	1993年7月至1997年1月
	主　任	王进远	岚　山	1997年1月至2005年4月
乡镇企业局	局　长	张佃臻	临　沭	1994年1月至1997年1月
	局　长	郑　峰	东　港	1997年1月至1999年5月
	局长（兼）	王进远	岚　山	1999年5月至2002年
对外经济贸易局	局　长	盛　民	莒　南	1995年4月至2008年9月
科教委	主　任	庄会涛	莒　南	1993年7月至2002年2月
	主　任	孙金生	五　莲	2002年2月至2004年10月
民政局	副局长（主持工作）	张科书	岚　山	1993年7月至1994年8月
	局　长	张科书	岚　山	1994年8月至2004年10月
司法局	局　长	翟秀钢	费　县	1993年2月至2000年3月
	局　长	张玉新	兰　山	2000年3月至2003年2月
	局　长	徐学农	枣　庄	2003年2月至2004年10月
财政分局	局　长	丁海利	东　港	1993年9月至2003年2月
	局　长	张守合	东　港	2003年2月至2004年10月
人劳局（编办）	副局长（主持工作）	孙方金	岚　山	1993年6月至1994年8月
	局　长	孙方金	岚　山	1994年8月至1996年10月
	局长（主任）	孙方金	岚　山	1996年11月至1999年2月
	局长（主任）	毛维岗	莒　县	1999年2月至2001年1月
	局长（主任）	秦玉新	东　港	2001年2月至2003年2月
	局长（主任）	张永祥	岚　山	2003年2月至2004年9月
建环委	副主任（主持工作）	刘　辉	五　莲	1993年7月至1993年8月
	副主任（主持工作）	刘学增	费　县	1993年8月至1994年8月
	主　任	刘学增	费　县	1994年8月至1995年9月
	主　任	王玉祥	东　港	1995年12月至1996年9月
	主　任	孙正森	东　港	1996年9月至2000年4月
	主　任	张道利	郯　城	2000年4月至2004年11月

续表24-4

单　位	职　务	姓　名	籍　贯	任　期
交通局	局　长	孙正森	东　港	1994年8月至1996年9月
	局　长	刘永芹	岚　山	1997年4月至1999年2月
	局　长	王纪军	东　港	1999年5月至2003年2月
	局　长	张家增	沂　南	2003年2月至2004年7月
水利局	副局长（主持工作）	申庆福	岚　山	1995年12月至1998年6月
	局　长	申庆福	岚　山	1998年6月至2004年2月
农委、农业局	主　任	王广举	临沂河东	1993年9月至1995年12月
	主任、局长	魏成瑜	岚　山	1995年12月至2002年2月
	主任、局长	刘维华	东　港	2002年2月至2004年9月
林业局	副局长（主持工作）	宋全文	东　港	1995年12月至1997年1月
	局　长	刘世海	东　港	1997年1月至2003年2月
	局　长	尹　志	东　港	2003年2月至2004年10月
文体委、文体局	副主任（主持工作）	汪运传	东　港	1993年7月至1994年8月
	主　任	汪运传	东　港	1994年8月至1995年1月
	副主任（主持工作）	刘克业	岚　山	1995年1月至1997年1月
	主　任	刘克业	岚　山	1997年1月至2003年　2月
	主任、局长	林令香	岚　山	2003年2月至2004年9月
计生卫生局	局　长	徐　明（女）	费　县	1993年7月至1995年12月
卫生局	局　长	徐　明（女）	费　县	1995年12月至1996年8月
	局　长	牟乃聚	岚　山	1997年1月至2000年8月
	局　长	张文宣	岚　山	2000年8月至2003年2月
	局　长	张明奎	东　港	2003年2月至2004年12月
计划生育委员会	主　任	梁均培	岚　山	1995年12月至2005年4月
审计局	局　长	薄怀珂	岚　山	1993年7月至1995年12月
	副局长（主持工作）	张守合	东　港	1996年1月至1998年6月
	局　长	张守合	东　港	1998年6月至2003年2月
	局　长	田洪忠	东　港	2003年2月至2004年10月
水产局	局　长	于治会	岚　山	1993年7月至2000年11月
	局　长	韩培国	岚　山	2000年11月至2004年10月
安监局	局　长	迟令堂	东　港	2003年2月至2004年9月
行政审批服务中心	主　任	王纪军	东　港	2003年2月至2004年11月
岚山粮油总公司、粮食局	副总经理（主持工作）	田洪忠	东　港	1993年7月至1996年9月
	总经理、局长	田洪忠	东　港	1996年9月至1999年5月
	局　长	田洪忠	东　港	1999年5月至2003年2月
	局　长	牟善宁	日照开发区	2003年2月至2004年9月
招商局	局　长	郑本礼	高　密	2003年2月至2004年9月

续表24-4

单　位	职　务	姓　名	籍　贯	任　期
供销总公司、供销联社	副总经理(主持工作)	张永杰	岚　山	1993年9月至1995年5月
	总经理	刘世海	东　港	1995年5月至1996年4月
	主任、总经理	刘世海	东　港	1996年4月至1996年12月
	主任、副总经理(主持工作)	寇祥友	五　莲	1996年11月至1997年1月
	主任、总经理	寇祥友	五　莲	1997年1月至1999年1月
	主任、总经理	焦志昌	东　港	1999年1月至2003年2月
	主任	于茂江	岚　山	2003年2月至2004年9月
岚山广播电视局(岚山电视台)	局长(台长)	毛维岗	莒　县	1997年2月至1999年2月
	局长(台长)	朱孔平	莒　南	1999年2月至2003年8月
行管局	局长	徐学农	枣　庄	1999年5月至2003年2月
	局长	焦志昌	东　港	2003年2月至2004年9月
土地矿产管理局	局长	王玉祥	东　港	1993年7月至1995年12月
	局长	滕家连	岚　山	1995年12月至1996年9月
	局长	王玉祥	东　港	1996年9月至2002年7月

第四节　岚山区人民政府

2004年9月9日，国务院批准设立岚山区，12月27日，区政府正式挂牌办公。岚山区政府设工作部门18个，分别是政府办公室、发展和改革局(统计局与其合署，挂物价局牌子)、经济贸易局(安全生产监督管理局与其合署，挂对外贸易经济合作局、民营经济发展局牌子)、教育局、科学技术局(科学技术协会机关与其合署，挂地震局牌子)、监察局(与纪律检查委员会机关合署，不计入政府部门个数)、民政局(残疾人联合会机关与其合署)，司法局、财政局、人事劳动和社会保障局(机构编制委员会办公室与其合署)、城乡建设局、交通局(挂区政府口岸办公室牌子)、水利局、农业林业局、文化体育局、卫生局、人口与计划生育局、审计局、渔业局。

图24-3 2004年12月27日，山东省民政厅巡视员李志忠和日照市委副书记、市长于建成为岚山区揭牌

2005年12月，设立日照市城市管理行政执法局岚山综合执法大队，加挂日照市城市管理执法局岚山分局牌子。2008年7月，撤销岚山区卫生防疫站，组建岚山区疾病预防控制中心和卫生监督所，隶属于区卫生局；成立区政府应急管理办公室，隶属于区政府办公室；调整区人民防空办公室机构体制，撤销建设局下属事业单位人民防空办公室，成立正科级行政机构人民防空办公室，与区政府办公室合署办公。

2011年政府机构改革，岚山区政

府设置工作部门22个，分别是政府办公室、发展和改革局、经济和信息化局、商务局、教育局、科学技术局、监察局、民政局、司法局、财政局、人力资源和社会保障局、住房和城乡规划建设局、交通运输局、水利局、农业林业局、文化体育新闻出版局、卫生局、人口和计划生育局、审计局、渔业局、统计局、安全生产监督管理局。区监察局与区纪律检查委员会机关合署办公，区司法局与区委政法委员会合署办公，区文化体育新闻出版局与区委宣传部合署办公。区政府办公室加挂区人民防空办公室牌子，区发展和改革局加挂区物价局牌子，区经济和信息化局加挂区民营经济发展局牌子。区科学技术局加挂区地震局牌子，区科学技术协会机关与其合署办公。区残疾人联合会机关与区民政局合署办公。区交通运输局加挂区政府口岸办公室牌子，区农业林业局加挂区畜牧兽医局牌子，区卫生局加挂区食品药品监督管理局牌子。

岚山区人民政府区长、副区长、特邀咨询、区长助理一览表

表24-5

职　务	姓　名	籍　贯	任　期
区　长	孙欣亮	莒　县	2004年12月至2006年12月
区　长	徐淑利	莒　南	2006年12月至2011年10月
区　长	张桂伟	沂　水	2011年11月任职
副区长	庄会海	莒　县	2004年12月至2006年12月
副区长	徐中伟	苍　山	2004年12月至2007年10月
副区长	王立莹(女)	沂　水	2004年12月至2006年1月
副区长	卢祥松	岚　山	2004年12月至2010年1月
副区长	马运德	莒　南	2004年12月至2011年5月
副区长	王纪军	东　港	2004年12月至2012年3月
副区长	张　锋(女)	东　港	2006年2月任职
副区长	刘国田	莒　南	2007年12月至2011年11月
副区长	刘　彬	重　庆	2007年6月至2008年6月(挂职)
副区长	郑卫东	五　莲	2007年11月任职
副区长	刘祥龙	昌　乐	2008年8月至2010年12月(挂职) 2010年12月至2011年11月(任职)
副区长	袁利强	青　岛	2008年9月至2010年1月(挂职)
副区长	郭晓民	成　武	2010年1月至2011年11月
副区长	卓日格(包青春)	农　安	2010年3月至2010年12月(挂职)
副区长	朱　琳(女)	齐齐哈尔	2010年11月至2011年11月(挂职)
副区长	申淑清(女)	日照开发区	2011年12月任职
副区长	张玉新	兰　山	2012年2月任职
特邀咨询	王纪军	东　港	2012年3月任职
副区长	张文宣	岚　山	2011年7月任职
副区长	韩　通	东　港	2011年12月任职
区长助理	张文宣	岚　山	2005年4月至2007年11月
区长助理	滕聿学	东　港	2005年4月至2007年10月
区长助理	王郡宏	莒　南	2007年10月至2010年7月
区长助理	张家增	沂　南	2007年10月至2010年12月

岚山区直各部门历任主要负责人一览表

表 24-6

单　位	职　务	姓　名	籍　贯	任　期
办公室	主　任	焦志昌	东　港	2005年5月至2007年12月
	主　任	王郡宏	莒　南	2007年12月至2010年6月
	主　任	刘兴武	临　朐	2010年7月至2013年8月
	主　任	庞玉国	岚　山	2013年8月任职
发展和改革局	局　长	王培俊	五　莲	2004年9月至2007年11月
	局　长	刘兴武	临　朐	2007年11月至2010年7月
	局　长	张家增	沂　南	2010年7月至2011年12月
	局　长	郑本礼	高　密	2011年12月任职
经贸局、经信局	局　长	王进远	岚　山	2005年4月至2006年12月
	局　长	刘兴武	临　朐	2006年12月至2007年11月
	局　长	郑本礼	高　密	2007年11月至2009年3月
	局　长	战军仁	东　港	2009年3月至2011年12月
	局　长	费立班	东　港	2011年12月任职
对外经济贸易局、商务局	局　长	盛　民	莒　南	2004年9月至2008年9月
	局　长	卢振赛	岚　山	2008年9月任职
教育局	局　长	孙金生	五　莲	2004年10月至2011年5月
	局　长	慕德东	莒　县	2011年5月至2011年12月
	局　长	庞玉国	岚　山	2011年12月至2013年8月
	局　长	杨世顺	莒　县	2013年8月任职
科技局	局　长	王立苍	东　港	2005年4月至2007年10月
	局　长	潘宏伟	东　港	2007年10月任职
民政局	局　长	张科书	岚　山	2004年10月至2006年6月
	局　长	孙树诺	东　港	2006年6月至2010年4月
	局　长	林令香	岚　山	2010年4月至2011年12月
	局　长	路俊宜(女)	东　港	2011年12月至2014年3月
	局　长	张红梅(女)	诸　城	2014年3月任职
司法局	局　长	徐学农	枣　庄	2004年10月至2008年8月
	局　长	盛　民	莒　南	2008年8月至2014年3月
	局　长	迟令红	东　港	2014年3月任职
财政局	局　长	张守合	东　港	2004年10月至2007年8月
	局　长	刘兆新	兰　山	2007年8月至2011年7月
	局　长	王　刚	岚　山	2011年7月任职
人事劳动和社会保障局(编办)、人力资源和社会保障局	局长(主任)	张永祥	岚　山	2004年10月至2006年12月
	局长(主任)	范文青	东　港	2007年1月至2007年10月
	局长(主任)	迟令堂	东　港	2007年11月至2011年5月
	局　长	迟令堂	东　港	2011年6月至2011年11月
	局　长	张红梅(女)	诸　城	2011年12月至2014年3月
	局　长	路俊宜(女)	东　港	2014年3月任职

续表24-6

单 位	职 务	姓 名	籍 贯	任 期
建设局、住建局	局 长	张文宣	岚 山	2005年4月至2007年11月
	局 长	牟进军	岚 山	2007年11月至2010年8月
	局 长	郭晓民	成 武	2010年9月至2011年6月
	局 长	贺照录	岚 山	2011年6月任职
交通局、交通运输局	局 长	刘兆新	兰 山	2004年8月至2007年8月
	局 长	杨春利	岚 山	2007年8月至2010年7月
	局 长	牟敦谊	岚 山	2010年7月至2011年11月
	局 长	张明奎	东 港	2011年11月任职
水利局	局 长	尹 志	东 港	2005年4月至2010年4月
	局 长	焦安堂	东 港	2010年4月任职
农业局、农业林业局	局 长	刘维华	东 港	2004年10月至2007年10月
	局 长	卢振赛	岚 山	2007年10月至2008年8月
	局 长	张明奎	东 港	2008年8月至2011年12月
	局 长	费秀梅(女)	东 港	2011年12月任职
林业局	局 长	尹 志	东 港	2004年10月至2005年4月
	局 长	冯玉武	东 港	2005年4月至2007年11月
	局 长	相恒文	岚 山	2007年11月至2010年4月
	局 长	牟善宁	日照开发区	2010年4月任职
茶业办	主任	陈为全	东 港	2008年8月至2011年11月
	副主任 (主持工作)	战祥征	莒 县	2011年11月至2012年12月
	主 任	战祥征	莒 县	2012年12月任职
文体局、文体新局	局 长	林令香	岚 山	2004年10月至2008年9月
	局 长	戚丽丽(女)	莒 县	2008年9月至2010年8月
	局 长	尹德志	莒 南	2011年6月任职
卫生局	局 长	张明奎	东 港	2004年12月至2005年5月
	局 长	潘宏伟	东 港	2005年5月至2007年10月
	局 长	高占兴	东 港	2007年10月至2009年10月
	副区长 (主持卫生工作)	郑卫东	五 莲	2009年10月至2010年4月
	局 长	孙树诺	东 港	2010年4月至2011年12月
	局 长	林令香	岚 山	2011年12月任职
人口和计划生育局	局 长	张明奎	东 港	2005年4月至2008年8月
	局 长	徐学农	枣 庄	2008年8月任职
审计局	局 长	田洪忠	东 港	2004年10月任职
水产局、渔业局	局 长	韩培国	岚 山	2004年10月至2011年12月
	局 长	相恒文	岚 山	2011年12月任职
统计局	局 长	李乃合	莒 南	2011年7月任职
安监局	局 长	焦安堂	东 港	2007年10月至2010年4月
	局 长	宋全贵	东 港	2010年4月至2011年12月
	局 长	张守向	岚 山	2011年12月任职

续表24-6

单 位	职 务	姓 名	籍 贯	任 期
执法分局	局 长	牟善宁	东 港	2005年6月至2007年8月
	局 长	王安峰	岚 山	2007年8月至2008年9月
	局 长	林令香	岚 山	2008年9月至2010年5月
	局 长	相恒文	岚 山	2010年5月至2011年12月
	局 长	宋全贵	东 港	2011年12月至2013年8月
	局 长	张 峰	岚 山	2013年8月任职
行政服务中心	主 任	滕聿学	东 港	2005年4月至2007年9月
	主 任	庞玉国	岚 山	2007年9月至2011年12月
	主 任	潘 芳(女)	东 港	2011年12月任职
粮食局	局 长	牟善宁	日照开发区	2004年9月至2005年4月
	局 长	牟进军	岚 山	2005年4月至2007年10月
	局 长	冯玉武	东 港	2007年10月任职
招商局	局 长	郑本礼	高 密	2004年9月至2007年10月
	局 长	王东亮	岚 山	2007年10月至2011年12月
	局 长	辛 华	岚 山	2011年12月任职
供销联社	主 任	于茂江	岚 山	2004年9月至2005年4月
	主 任	高占兴	东 港	2005年4月至2007年11月
	主 任	张守向	岚 山	2007年11月至2011年12月
	主 任	苏循海	岚 山	2011年12月任职
文化执法局	局 长	张守生	岚 山	2011年6月至2013年8月
	局 长	马德峰	岚 山	2013年8月任职
行管局	局 长	焦志昌	东 港	2004年9月至2005年4月
	局 长	相恒文	岚 山	2005年4月至2007年10月
	局 长	牟敦谊	岚 山	2007年10月至2010年7月
	局 长	赵西法	莒 县	2011年6月至2013年8月
	局 长	李祥锋	岚 山	2013年8月任职

附：

部分国家、省、市驻岚山单位历任主要负责人一览表

表 24-7

单 位	职 务	姓 名	籍 贯	任 期
国税局	局长	左延亭	东 港	1994年7月至1999年8月
	局长	申 甲	日照开发区	1999年8月至2005年5月
	局长	刘加军	东 港	2005年5月至2007年10月
	局长	申作芳(女)	东 港	2007年10月至2013年3月
	局长	赵光军	岚 山	2013年3月任职
地税局	局长	庄会良	莒 南	1994年6月至2001年6月
	局长	李卫林	五 莲	2001年6月至2006年9月
	局长	费立玉	日照开发区	2006年9月至2012年6月
	局长	陈常国	莒 县	2012年6月任职

续表24-7

单　位	职　务	姓　名	籍　贯	任　期
工商分局	局长	焦自贵	东　港	1993年7月至2002年1月
	局长	丁肇军	东　港	2002年1月至2005年1月
	局长	秦绪方	东　港	2005年1月至2008年8月
	局长	王为民	单　县	2008年8月任职
质监岚山办事处、质监分局	主任	孙开金	东　港	2002年5月至2005年1月
	局长	董世文	莒　县	2005年1月至2010年5月
	局长	丁兆江	岚　山	2010年5月任职
公安分局	局长	郭同华	东　港	1993年7月至1999年9月
	局长	孙运涛	莒　南	1999年9月至2004年11月
	局长	于华杰	海　阳	2004年11月至2011年12月
	局长	王明华	莒　县	2011年12月任职
交警大队	大队长	迟玉波	岚　山	1994年11月至1996年4月
	大队长	韩培秋	岚　山	1996年4月至2000年8月
	大队长	贾秋昌	岚　山	2001年9月至2006年5月
	大队长	刘　斌	岚　山	2006年5月至2010年12月
	大队长	纪现伟	岚　山	2010年12月任职
国土资源分局	局长	王玉祥	东　港	2002年7月至2008年1月
	局长	王佃刚	莒　县	2008年1月至2011年6月
	局长	丁仕亮	东　港	2011年6月任职
公路局	局长	朱秀才	费县	1995年1月至2000年3月
	局长	郑　煜	东港	2000年3月至2006年10月
	局长	刘加森	东港	2006年10月至2009年2月
	局长	张德昌	东港	2009年2月至2013年1月
	局长	卢立亮	岚山	2013年1月任职
环保分局	局长	崔华波	东港	2006年5月至2011年11月
	局长	费洪常	日照开发区	2011年11月任职
广电分局	局长	张东波	岚　山	2003年8月至2012年12月
	局长	王贵山	东　港	2012年12月任职
烟草专卖局	局长	庄光利	东　港	1998年5月至2004年2月
	局长	尹学田	莒　县	2004年2月至2006年11月
	局长	洪德利	兰　山	2006年11月至2009年10月
	局长	张永博	莒　县	2009年10月至2012年3月
	局长	周　永	江苏东海县	2012年3月至2014年5月
	局长	李晓斌	莱　州	2014年5月任职
食品药品监管分局	局长	孟凡全	莒　南	2007年8月任职

第五节 基层行政机构

民国前的基层行政机构 明代，县以下实行乡里制，乡设乡约，里设里正（也称里长），其职责主要是协助官府征收钱粮赋税。清乾隆年间，实行乡、社（镇）、村制。民国初年，日照县下设区，原有乡、社保留，域内有安东卫、碑廓、皋陆、巨峰、黄墩5区及涛雒区部分村庄。民国20年（1931年），安东卫、碑廓两区合为一区，称日照县第四区，巨峰、黄墩两区合为日照县第六区。区设区公所，设区长1人，财粮助理员、文教助理员各1人，区丁数人。区以下设乡镇，建乡镇公所，置乡镇长1人，乡丁数人。村实行邻、闾制，5家为邻，5邻为闾。村设村（庄）长1人。

人民政权基层行政机构 1940年，日照县抗日民主政府下设区，区下设乡。

区公所 为日照县政府的派出机关，置区长1人，下设民政、财粮、公安、文教等助理员及文书若干人。1940年岚山境内有安东卫（四区）、碑廓（八区）、黄墩（九区）3个区和沈疃（七区）及涛雒（二区）的部分村庄，1942年增设虎山、高兴、大坡区。1944年有碑廓、汾岚（原安东卫）、虎山、高兴、巨峰、大坡、黄墩、太平8个区。1958年1月，撤销区建制；1963年1月，恢复区建制；1971年春再次撤销；1984年4月再次恢复；1985年5月又撤销。

乡（镇）人民政府 新中国成立前称乡公所，新中国成立后称乡人民政府，由乡长、文书等组成。1956年春，改为乡人民委员会，由乡长、副乡长和委员若干人组成，乡干部由农村干部充任，属半脱产性质。1958年1月，撤销区建制，岚山境内设虎山、磴山、安东卫、朱曹、碑廓、巨峰、大坡、高兴、马庄、黄墩、粮山11个乡和岚山镇，置乡（镇）长、副乡（镇）长，下设民政、财政、公安、文教等助理员和文书若干人。是年3月，中楼乡成立。

1958年8月，日照县合并乡镇，建立人民公社。岚山境内设磴山、海洋（安岚）、庆丰（虎山）、前进（朱曹）、英雄（碑廓）、卫星（巨峰）、跃进（马庄）、红旗（高兴）、甲子山（黄墩）9个人民公社，体制为“政社合一”，设公社管理委员会，由社长、副社长和助理员等若干人组成。1968年春，各人民公社建立革命委员会，由主任、副主任、委员若干人组成。1971年春，恢复公社党委，公社革委为行政机关。1982年春，公社革委撤销，复称管理委员会。1984年4月，人民公社建制撤销。1985年5月，设岚山头镇、碑廓镇、汾水镇、碑廓镇、巨峰镇、黄墩镇和小后村乡、高兴乡、大坡乡、虎山乡，行政机构为乡（镇）人民政府，由乡（镇）长、副乡（镇）长和助理员若干人组成。

1993年，乡镇街道机构改革，实行党委、政府领导下的委办负责制，党政机关内设党政办公室、农委、经贸委、建设环保土地委、社会事务委、科教文卫委、水产委（内陆乡镇不设）“一办六委”，所有行政管理工作纳入委办管理，撤销原经委、工办、老干办、老龄办、监察办、信访办、计生委、教委、科协9个组织。乡镇街道管理的事业单位统一规范为财政所、计划生育工作办公室、农业技术推广站、林业站、水利站、农业机械管理站、水产工作站、审计经管站、畜牧兽医工作站、文化电视广播站、劳动服务站。撤销原民政、司法、土管、残联等机构。

2002年3月，根据日照市委、市政府《关于岚山工委办事处机关与乡镇党政机构改革和乡镇事业单位机构改革方案的通知》，乡镇党委、政府机构统一设置为党政办公室、经济发展办公室、社会事务办公室（挂计划生育办公室、社会治安综合治理办公室牌子）。乡镇事业单位统一设置为财政所、计划生育服务站、经管站、水利站、农业技术服务站、文化广播站。

2011年3月乡镇街道机构改革，将全区9个乡镇街道划分为三类，其中虎山镇、巨峰镇为一类乡镇，岚山头街道、安东卫街道、碑廓镇、黄墩镇、后村镇、高兴镇为二类乡镇（街道），前三岛乡为三类乡镇。乡镇（街道）党政工作机构和财政拨款事业机构（不含教育、卫生事业机构，下同）均综合设置，实行限额管理。一类乡镇，党政工作机构设置5个，分别是党政办公室、经济发展办公室（挂安全生产监督管理办公室牌子）、社会事务办公室（挂计划生育办公室牌子）、社会稳定办公室（挂社会治安综合治理办公室牌子）和村镇规划建设办公室；事业机构设置6个，分别是财政经管服务中心（挂财政所牌子）、农业综合服务中心、人口和计划生育服务中心、文化综合服务中心、经济发展服务中心、社会事务服务中心。二类乡镇（街道），党政工作机构设置4个，分别是党政办公室、经济发展办公室（挂安全生产监督管理办公室牌子）、社会事务办公室（挂计划生育办公室牌子、村镇规划建设办公室牌子）和社会稳定办公室（挂社会治安综合治理办公室牌子）；事业机构设置5个，分别是财政经管服务中心（挂财政所牌子）、农业综合服务中心、人口和计划生育服务中心、经济发展服务中心、社会事务服务中心（挂文化综合服务中心牌子）。岚山头街道、安东卫街道根据区域特点及经济社会发展状况，分别在上述限额内可调整设置1个行政机构、1～2个事业机构，并报市编办审核备案。

村级管理机构　1940年，在根据地各村庄陆续建立村政权，实行村闾制，设村长（亦称庄长）、账先生等，办公场所为村公所。1954年，根据《中华人民共和国宪法》规定，农村基层政权为乡政权，撤销村长制，村级政权消失。1958年建立人民公社，公社以下设管理区，管理区以下设生产大队和生产队。1968年春，各生产大队建立了实行“一元化”领导的革命委员会，由主任、副主任和委员若干人组成。1982年春，生产大队革命委员会改称管理委员会。1984年，生产大队管理委员会撤销，恢复村建制，设村民委员会，为群众性自治组织，置主任、副主任、委员。

1985年，岚山头镇7个村由村改居。至2007年，全区有34个村由村改居。

2006年12月26日，设立岚山头街道甜园社区。

2007年6月26日，安东卫街道汾水、泉子庙、北门外、东街、西街、南街、北街由居改为社区。

2008年3月27日，区委、区政府制定《关于加快推进城市社区建设的意见》，并成立岚山区社区建设领导小组。同年6月4日，岚山头街道王家庄居由居改为社区。

2009年6月1日，安东卫街道李家庄、荻水由居改为社区。同年6月29日，成立安东卫轿顶山社区。

2010年3月30日，岚山区社区建设工作领导小组制定《岚山区农村社区建设试点方案》。同年4月6日，岚山区农村社区建设工作领导小组成立；5月20日，全区农村社区建设试点工作会议在高兴镇召开。

2011年1月，安东卫街道汾水社区被日照市社区建设领导小组授予五星级社区，岚山头街道凤阳路社区被授予四星级社区，安东卫街道东街社区、西街社区、轿顶山社区、岚山头街道田园社区被授予三星级社区。

同年3月，区政府印发《关于村委会换届选举有关问题的处理意见》《农村社区深化试点方案》，在安东卫街道辛庄子、后合庄，巨峰镇山北头、车沟，后村镇前马庄、陈家沟，碑廓镇绣针河、辛兴，黄墩镇双疃、镇南，高兴镇毕家村、金海，虎山镇泥田、潘家村，共14处农村社区进行深化试点。到5月9日，岚山区第十届村（居）民委员会换届选举工作结束，全区417个村（居）全部换届。

同年8月4日，全市社区建设现场会议在岚山召开，市委副书记孙海亭、副市长孙雨及各区县分管副区、县长，乡镇党委书记参加，区委书记、区人大常委会主任高杰，区委副书记、区长徐淑利陪同观摩。

同年 11 月，进一步调整规划，将全区 64 处农村社区调整为 61 个。安东卫街道合庄，虎山镇东湖、后稍坡、梭罗树、韩家营子，碑廓镇王家庄、圣公、司田，黄墩镇草涧，后村镇崖头，高兴镇毕家村，巨峰镇平家村、黄埠、李家庄、土山等16 个社区，经日照市财政局验收合格，拨付社区运行经费。

2012 年 5 月，岚山区将安东卫街道辛庄子，虎山镇官山，碑廓镇王家庄、辛兴，黄墩镇台子地，后村镇崖头，高兴镇毕家村，巨峰镇黄埠 8 个社区确定为农村社区管理和服务创新试点社区。

第二章　政府日常工作

岚山区政府由区长、副区长、区政府组成部门的局长(主任)组成。2009年前根据工作需要设区长助理若干人,2009年后取消。2012年开始设置区政府特邀咨询。

区政府实行区长负责制,区长领导区政府工作,副区长协助区长工作。常务副区长协助区长主持区政府日常工作,区长外出期间,常务副区长主持区政府全面工作。副区长按照分工负责处理分管工作,区政府特邀咨询、岚山经济开发区管委会副主任参与政府分工。区政府组成部门的局长(主任)负责本部门的工作,受区政府统一领导,在本部门职权范围内行使职责。区政府工作中的重大问题,须经区政府全体会议、区政府常务会议讨论决定。

第一节　会议制度

区政府全体会议　由区长、副区长、区政府特邀咨询、岚山经济开发区管委会副主任、区政府办公室主任和区政府工作部门的主要负责人组成。必要时召开扩大会议,吸收区政府办公室副主任、国家、省、市驻岚各单位的主要负责人参加,视情邀请区委有关部门、区人大和区政协专门委员会以及各民主党派、群众团体的负责人列席。会议议题由区长确定,由区长或区长委托常务副区长召集和主持。区政府全体会议原则上每半年召开一次,必要时由区长决定随时召开。

区政府常务会议　由区长、副区长、区政府特邀咨询、岚山经济开发区管委会副主任、区政府办公室主任组成,区人武部部长、法制办主任、监察局局长、区政府办公室副主任列席,区政府有关工作部门的主要负责人列席相关议题的讨论。根据会议内容,可邀请区人大常委会副主任、区政协副主席及有关专家列席。区政府常务会议由区长决定召开,由区长或区长委托常务副区长召集和主持。区政府常务会议在会议组成人员超过半数时方能召开。

区长办公会议　由区长、副区长、区政府特邀咨询、岚山经济开发区管委会副主任组成,区政府办公室主任、副主任、法制办主任、监察局局长列席,必要时请区政府有关部门主要负责人列席。区长办公会议由区长决定召开,由区长或区长委托常务副区长召集和主持。区长办公会议在会议组成人员超过半数时方能召开。

区长碰头会议　一般每周一上午召开,特殊情况可随时召开。区长碰头会议由区长主持,副区长、区政府特邀咨询、岚山经济开发区管委会副主任参加,区政府办公室主任、副主任列席。区长碰头会议由区长决定召开,由区长或区长委托常务副区长主持召开。

区政府专题会议　由区长或副区长、区政府特邀咨询、岚山经济开发区管委会副主任召集,区政府有关部门负责人参加。涉及两位以上副区长分管工作的,可共同召集会议。专题会议根据需要随时召开。

第二节　公文审批与管理

公文内容　以区政府或区政府办公室名义制发公文,其内容属于关系全区国民经济和社会发展重大改革方案、政策措施、政府规范性文件以及需要全区各级国家行政机关、企事业单位执行和周知的重要事项,主要包括:对上级党委、政府决定、命令、行政法规、重要工作部署和区委、区人大及其常委会决定、决议提出贯彻实施意见;须有区政府向市政府、区委、区人大及其常委会报告、请示的重大问题;发布区政府决定、地方性政策措施和政府规范性文件;安排部署区政府确定的重要工作任务,对区政府部门和各乡镇政府(街道办事处)工作作出指示;答复区政府部门和各乡镇政府(街道办事处)报请区政府决定、解决的重大问题;批转区政府部门的重要工作情况和意见等。

签发制度　凡以区政府或区政府办公室名义制发的公文，均由区政府办公室负责审理和送审、送签。以区政府名义行文的公文文稿，由区政府办公室分管该项工作的副主任和分管文字综合的副主任核稿，区政府办公室主任审核，分管副区长、区政府特邀咨询、岚山经济开发区管委会副主任审签后，报区长签发。以区政府办公室名义行文的公文文稿，由区政府办公室分管该项工作的副主任和分管文字综合的副主任审核，报请分管副区长、区政府特邀咨询、岚山经济开发区管委会副主任和区长审签后，由区政府办公室主任签发。

以区政府名义向市政府的请示、报告，以及涉及重大方针、政策事项，由区长签发；以区政府名义报请区人大常委会审议的议案、区政府发布的政府规范性文件，由区长签发；区政府序列部门、行政事业单位科级干部任免公文，由区长签发；以区政府名义下发的其他公文，根据公文内容，由分管副区长、区政府特邀咨询、岚山经济开发区管委会副主任审签后，由区长签发；内容涉及区政府数名领导分管范围的，需由相关区政府领导联合审签，报区长签发；已经区政府常务会议议定的事项和属于例行批准手续的事项，需以区政府名义行文的，报分管副区长、区政府特邀咨询、岚山经济开发区管委会副主任审签后，由区长签发；以区政府办公室名义制发的公文，报分管副区长、区政府特邀咨询、岚山经济开发区管委会副主任和区长审签后，由区政府办公室主任签发。

各乡镇街道、区政府各部门报区政府审批的公文，由区政府办公室按程序统一受理。需要区政府审批的公文，除区政府领导直接交办事项和直接报送的绝密事项外，不得报送领导个人或多头报送、越级行文。请示类公文要一事一议，报告类公文不得夹带请示事项。各乡镇街道、区政府各部门报送区政府的请示性公文，由主要负责人签发。属于政府部门职权范围内的问题需要发文时，以部门名义行文；涉及几个部门业务范围的问题，有关部门联合行文。

第三节　调查研究

区政府办公室设秘书科，负责以区政府、区政府办公室名义发布的重要文件、电报的起草、送审、送签、制发；负责国民经济运行和社会事业发展情况的调度；围绕政府工作中心和工作重点搞好调查研究；对区政府重要工作部署进行跟踪调研，对全区经济运行情况进行定期分析，为区政府决策提供对策建议；对各项工作中出现的新情况、新问题进行专项调查，提出建议、对策供领导参考；负责编印《岚山政务调研》《决策参考》。

秘书科每年起草领导讲话、工作汇报、区领导署名文章、会议纪要、制电发文等。围绕全区经济社会发展、改善民生和加强政府自身建设等方面进行调研，拟写调研报告、考察报告，提出涉及全区重大问题的建议。

第四节　政务信息

岚山工委办事处设立后，在工委办事处办公室设信息科，每周编发《今日信息》1期。岚山设区后，2005年6月区政府办公室设信息科，主要负责全区经济和社会发展重要信息及国内外重要经济信息的收集、整理、报送工作，为区政府领导提供决策、信息服务；收集岚山经济和社会发展的重要信息上报省、市政府；规划管理全区政府系统信息网络建设、健全信息工作制度，进行有关业务指导和总结推广信息工作经验；负责编印《岚山政务信息》。

2005 年 6 月至 2012 年年底，信息科共编发《岚山政务信息》1465 期，上报国家、省、市各类信息 4076 条，被国家、省、市信息刊物采用编发 476 条。其中，编写的《鲁南苏北毗邻地区建立联防联调机制构建“和谐边界”》《基层反映油贵鱼少黄海海域部分渔船提前“休渔”》《受西南旱情影响日照市部分中药材价格大幅上涨》《日照市生猪价格跌破 6∶1 警戒线养殖场户出现亏损》等十余条信息被国办专报或普刊采用。2012 年，岚山国家级木材加工示范区木材交易市场被确定为国办市场信息直接联系点。

第五节 政务督查

区政府办公室设督查科，主要负责组织区政府常务会议和区长办公会议，负责会议议题的收集整理，承担会议记录工作，负责编发会议纪要，搞好会议贯彻落实情况的督查和反馈；区政府召开的全区性、综合性会议和区政府重要工作部署贯彻情况的督查落实；做好《政府工作报告》确定事项的立项分解、督查落实等工作；做好全区政府系统督查网络建设、工作指导、业务培训、情况交流等工作；做好区政府领导批示件的督查、办理、反馈工作；上级机关或领导交办事项的办理和人民来信的登记、转办、催办、反馈工作；做好人大代表建议和政协委员提案办理工作；每月搞好全区重点工作的跟踪督查、定期通报及其他需要督办的事项。

2005～2012年，督查科共办理人大代表建议340件，办理政协委员提案827件。每年人大代表建议和政协委员提案的答复率都为100%，满意和基本满意率达100%。

第六节 外事侨务

2005年5月，岚山区政府办公室内设外事工作科，2011年更名为外事侨务科。

外事工作 1995年11月18日，美国林诺斯公司总裁在日照市副市长肖开富、刘丕祥陪同下，到岚山港考察电解铝项目。1998年10月7日，意大利雷焦·艾米利亚市副市长鲁茨诺·高毕先生率友好合作代表团一行5人到岚山考察访问。1998年11月21日，荷兰果树专家范·维利特教授到碑廓镇、虎山乡讲授苹果和草莓生产技术。2001年9月11日，德国舍讷贝克市市长汉斯·约根·哈泽一行5人到岚山考察岚星化工工业有限公司和三木集团公司。2002年10月17日，青岛科技大学岚星新材料研究中心揭牌暨岚星北京科信维生物制品项目开业剪彩仪式在岚星化工工业有限公司举行，阿根廷驻华大使胡安·卡洛斯·莫雷利参加。2004年4月15日，韩国中华总商会会长袁国栋、中国侨民协会首席副会长王秀德到岚山参观考察。2005年7月30日，韩国现代汽车集团副会长、现代汽车(中国)投资有限公司董事长薛荣兴一行到岚山考察。

2005年10月9～15日，区委书记、区人大常委会主任孙承金带领区党政考察团赴韩国首尔进行专题招商，在韩国首尔COEX会展中心成功举办2005年山东岚山(首尔)投资说明恳谈会，并举行招商项目签约仪式。2005年10月24日，韩国现代铸铁株式会社社长许秉旭一行到岚山考察，许秉旭被区政府聘为经济顾问。2005年12月9日，韩国大成集团董事局主席Chairman Kim到岚山考察岚山港液化码头，并达成投资意向。2006年3月18日，南非齐鲁山东同乡会会长孙奎府和美国联邦中小企业署国家顾问、美国国家中小企业联合会共同主席王鹏飞博士到岚山考察。2007年11月28日，阿根廷圣地亚哥德埃斯特罗省拉邦达市经贸代表团一行到岚山参观三木集团。2009年6月15日，在日照市参加“2009海内外知名企业家齐鲁行暨日照市建立20周年庆典”活动的韩国唐津郡客人到岚山考察。2010年7月30日，澳大利亚塔斯马尼亚州州长保罗及塔斯马尼亚州林业公司董事长鲍勃一行来岚桥集团联系业务。2010年8月26日，刚果共和国石油天然气部长安德烈·拉斐尔·洛恩巴一行到岚山考察，并与岚桥集团洽谈工作。2011年2月23～25日，刚果共和国石油天然气部长安德烈·拉斐尔·洛恩巴一行13人到岚桥集团考察洽谈项目，实地考察了岚桥港30万吨级矿石码头、岚桥石化项目。2011年8月1日，美国加州芭蕾舞团到岚山，在区人民广场参加了“舞动岚山——海上明月城”演出。

2005年10月，“2005海外华商博士创业与投资山东行”活动在日照举行，岚山组织日照钢铁公司、岚山港务有限公司等9家企业参加洽谈。2009年2月，在俄罗斯境内发生沉船事件，岚山区2名船员遇难。2011年3月，日本发生大地震，岚山区3名在日研修生失踪。2012年11月，岚山区启动外籍人士就医卡制度，建立外籍人士专门诊疗体系和结算方式，确定区人民医院为外籍人士就医定点医院，共为2名外籍人士办理了就医卡。

2005～2012年，外事工作科共为出国考察、探亲等人员办理出国资格审查手续和咨询服务20余批、130人次，其中因公出国团组18批、62人次；接待外宾50余人次；办理企业邀请外国人入境22批次。

侨务工作　2012年，全区共有归侨107户、侨眷3000多人，华侨、外籍华人、港澳同胞近300人，主要分布在美国、日本、加拿大、澳大利亚等国家和地区；有日照三木木业股份有限公司、日照三木冶金矿业有限公司2家侨资企业，合同利用侨资额840万美元。

2005～2012年，全区共开展3次侨情普查，为400多人办理了归侨侨眷身份证，形成了一整套侨务档案；开展了5次归侨侨眷知识分子情况调查。

2005～2012年，区委、区政府每年都对困难归侨侨眷进行走访慰问，共走访慰问500余人次，发放侨务救济款8万余元。

2007年，岚山区境外侨资企业——美国宝乐木制家具有限公司的"三木一宝乐"境内外一体化经营模式被山东省确定为可供借鉴的4种境外企业经营管理模式之一，在全省推广，该公司总经理杨宝莲被推选为山东省侨联侨商会会长。2008年，杨宝莲被评为"山东省杰出侨商"。

自2011年开始，区政府对男满60周岁、女满50周岁，且无退休金收入的归侨发放困难补助，每人每月补助150元。

第七节　法制办工作

2002年11月27日，岚山办事处法制办公室成立，隶属于岚山办事处办公室，为正股级单位，工作人员由办事处办公室人员兼职。2006年升级为副科级单位，并成立区政府行政复议办公室，与法制办公室合署办公。

区政府法制办公室主要负责规范性文件制定、行政执法、法制监督协调、复议应诉、法制宣传教育等工作。

规范性文件审查、清理和备案　2002年，对工委、办事处和工委、办事处办公室2001年年底以前发布的规范性文件进行清理，对内容与法律、法规、规章以及党和国家新的方针政策不适应，或已被工委、办事处新规范性文件所代替，或适用期已过、调整对象已消失、实际已失效的43件规范性文件予以废止。对个别条款或部分内容不符合现行法律、法规、规章规定的8件规范性文件予以修订，并开展规范性文件的备案工作。

2008年6月，对设区以来发布的各类规范性文件进行清理，共审查区政府规范性文件40件，决定继续执行31件，废止9件，备案率、合法率均为100%；审核区政府各部门上报区政府备案的规范性文件62件，决定废止3件，失效5件。

2011年，完成5件规范性文件的审查工作，分别到日照市政府、岚山区人大常委会进行了备案。

行政执法人员及行政执法证件管理　对行政执法人员实行培训持证、以证管人的动态管理。2009年，对全区778名行政执法人员进行了轮训，开展行政执法证换发工作，共换发行政执法证647个，申领行政执法证131个。2009～2011年，3年共培训新领证人员325人，297人通过考试。

行政审批制度改革　2002年5月，岚山开展第一轮行政审批制度改革，共清理行政审批项目740项，保留292项，减少448项，精减率60.5%；清理各类收费项目276大项，收费标准5625项，取消或降低收费标准790项，取消降低率14%。同时开展了收费、罚款项目清理工作。

2003年6月，开展第二轮行政审批制度改革与收费项目压减工作，清理审批项目376项，涉及30个部门单位，保留169项，其中审批事项49项、核准事项58项、审核事项40项、备案事项22项；共精简207项，其中取消130项、合并32项，根据工作需要改变管理方式的45项，精简率55.05%。收费项目清理共涉及31个处直部门和驻岚单位，保留行政性收费66项，事业性收费26项，证照工本费59项（其中含在行政性收费项目中的28项），经营服务性收费27项，取消各类收费76项。

2008年、2009年，开展了两轮行政审批事项和行政事业性收费项目清理压减工作，确定保留行政审批事项149项、行政事业性收费项目108项，压减行政审批事项63项、收费项目81项，分别压减33.7%和49.5%。保留的收费全部按规定下限收取，行政审批事项全部纳入区行政服务中心集中管理，统管率达100%。

依法行政 从2002年开始，每年制定下发年度依法行政工作要点、关于进一步加强政府依法行政工作的意见等文件，建立政府领导集体学法制度，每位领导成员带头学法并建立学法笔记，提高政府领导成员的依法行政意识和水平。

行政复议 2003～2012年，区政府共收到行政复议申请15件，受理12件，其中维持8件，撤销1件，申请人撤回申请3件。从受理标准看，不予受理的申请大部分都超过了2个月的法定期限。

法制宣传 2004～2012年，开展法制宣传活动27次，印发各类宣传材料8万余份；充分利用电视、网络等大众传媒，以及举办有关依法行政方面的报告会、研讨会、座谈会等，做好《行政许可法》《行政处罚法》《行政复议法》等行政基本法的学习宣传工作；组织交通局、司法局、住建局等部门开办法制宣传专栏，开展法律咨询服务活动。

第八节 信息化建设

2004年以前，根据山东省政府办公厅统一部署，岚山曾先后通过网通、广电线路拨号进行计算机联网，传输部分政府公文。2005年，区政府与联通公司签订协议，采用“电信企业运作，政府集中购买服务”的运营模式，建成政务公文传输系统，即岚山电子政务专网（是政府机关的专属网络，与互联网在物理上相隔离，具备链路封闭、数据安全、传输高效等特性，是各级政府在信息化背景下依托网络，拓展办公自动化，提高信息化管理服务的技术手段），7月1日正式启用，区政府在印发纸质文件的同时，通过专网同步传输政府公文。当年9月1日，停止向各乡镇街道、各部门印发纸质文件，正式通过网络传送电子公文，专网系统采用电话线（ADSL一线通）网络传输方式。

2006年6月，岚山区财政局与联通公司签订协议，建设启用了国库统一支付系统（财政专网），同样使用电话线（ADSL一线通）网络传输方式。2007年3月，区信访局按照省、市要求，依托政务专网，建成启用全国信访信息系统（信访专网），实现了信访案件网上接受，办理情况网上直报。2011年10月，区统计局建成启用企业“一套表”数据管理平台和维护基本单位名录库系统（统计内网）。之后，区委组织部建成“组工专网”，区纪委监察局建成“纪检监察专网”，依托政务专网链接国家、省、市部门的专用网络。至2012年，岚山区初步建成了以区政府为中心，上接省市下联乡镇，覆盖区直各部门、部分重点企业的政务专网平台。区委、区政府及各部委办局每年通过电子政务专网传输各类公文约7000件，既节约办公经费，又提高了工作效率，降低了工作的差错率。

2012年12月28日，为解决电话线（ADSL一线通）网络传输方式速度慢、线路老化快、部分单位无法接入等问题，区政府与移动公司签署建设“智慧岚山”战略合作协议。由移动公司出资建设，以政府购买服务的方式运作，预计总投资4.5亿。该项目计划构筑宽带光网和无线宽带两张网络，搭建政务、农村和公共服务三大信息平台，推进政务、商务、民生三大领域智慧应用，发展壮大智慧工业、智慧农业、智慧服务业三大产业。

第九节 行政事务管理

1999年6月，成立岚山办事处行政事务管理局（简称岚山行管局），正科级事业单位，负责处级机关后勤事务管理工作。岚山行管局设正、副局长各1人，工作人员24人，其中在编职工7人，临时合同工17人。2005年12月岚山区设立后，更名为岚山区行政事务管理局（简称区行管局），内设办公室、行政财务科，下设区直机关服务中心、轿顶山生活区管理办公室2个正股级事业单位。2011年7月，增设公共节能科（挂房管基建科牌子）。至2012年，区行管局共有工作人员31人，其中在编职工18人，临时合同工13人。

岚山行管局成立之初，主要负责区级综合办公楼的安全保卫、卫生保洁、水电维修、供冷（暖）、周边环境绿化以及机关食堂管理。2001年8月，轿顶山生活区物业管理由办事处建设环保委员会移交岚山行管局，同年9月，成立岚山区轿顶山生活区管理办公室，负责生活区的物业管理。2002年5月，处直部门、乡镇街道机关购买工作用车由岚山行管局负责审批。2009年5月，区行管局增加会同区政府节能工作部门指导、协调监督全区公共机构节能工作的职责。

区级机关综合办公楼安全保卫　由区级机关综合办公楼保卫科负责。2006年3月以前，保卫科人员为雇用的临时工，最少时4人，多时6人，实行昼夜值班制度。从2006年3月开始，保卫科人员由岚山公安分局派驻，隶属于岚山公安分局管理，区行管局进行业务指导。

区级机关综合办公楼维护管理　区级机关综合办公楼于1994年11月开工建设，1996年11月建设完成，总投资8000万元，建筑面积1.1万平方米，1997年1月投入使用。投入使用之初，有工委办事处办公室等26个办公单位，2004年设区后，有12个单位迁出。2012年有18个单位。

2003年6月，投资70万元对区级机关综合办公楼外墙进行粉刷及防水处理，对地下车库实行封闭管理，对楼前平台前侧和外侧进行装修，贴挂了大理石面。2004年3月，投资73万元对楼后广场进行了绿化。2005年6月，投资80万元，购买制冷机组1台（套）。2008年1月，投资20万元，安装电梯1台。2011年8月，投资23万元，在地下车库、楼后停车场、生活区安装了车辆智能管理系统，实行车辆分区停放。2011年9月，投资80万元，对大楼进行供暖改造，并入全区集中供暖管网。

机关公务用车管理　2011年5月，制定印发《区委办公室、区政府办公室关于进一步加强机关公务用车定编配备和使用管理的规定》，加强机关公务用车管理的规范化、制度化。2011年6月，制定印发《日照市岚山区公务用车专项治理工作实施方案》，开展全区公务用车专项治理工作，对全区59个部门、单位机关公务用车进行摸底、登记。

公共机构节能管理　2011年3月，制定印发《关于报送2011年度公共机构能源统计情况的通知》，转发《关于“山东省公共机构能源资源消耗统计系统”升级调整的紧急通知》，2012年4月，制定印发《关于2012年岚山区公共机构节能宣传周活动安排的通知》，调度、指导全区公共机构做好能源统计和节能宣传工作。

轿顶山生活区管理　轿顶山生活区建成于1999年，是岚山办事处为解决干部职工住房问题，依照国家房改政策而建设的职工住宅小区，共建设楼房26幢，住房494套。轿顶山生活区管理办公室负责管理轿顶山生活小区的社会治安、卫生、美化、绿化、公共用电及宿舍楼的维修服务等。2003年4月，投资30万元建设小区街心公园；同年9月，投资20万元建起通透式铸钢围栏。2006年，投资20万元对小区居民楼前后进行绿化、美化；同年7月，投资30万元，建成小区监控系统。2011年10月，投资35万元，建设小区门卫房并对进出车辆进行管制。

第三章　政府施政辑要

第一节　岚山办事处成立初期

1993～1995年是岚山打基础、起好步、快发展的时期。根据“三年打基础，五年大变样”的战略步骤，狠抓了两个基础（农业、城市基础设施），实施四项战略（工业带动、外向带动、海上岚山、科教兴岚），强化四大支柱产业（处属工业、乡镇企业、水产业、第三产业），岚山呈现出政治安定、社会稳定、改革不断深入、经济持续快速发展的良好局面。1995 年实现国内生产总值 10 亿元，三次产业比例 42 : 32 : 26。工农业总产值达到 27 亿元，是 1993 年的 1.9 倍，其中工业总产值 18 亿元，农业总产值 9 亿元。社会消费品零售总额 2.2 亿元，城乡居民储蓄存款余额 2.46 亿元，金融机构存款余额 3.3 亿元，贷款余额 3.8 亿元。财政收入 2056 万元，比 1993 年翻了一番。农民人均纯收入 1900 元，比 1993 年增长 54.6%。

发展农村经济 狠抓农业内部结构调整，大力发展粮油、蔬菜、茶叶、林果等生产，全处经济园林发展到 3.5 万亩，蔬菜种植发展到 1.5 万亩，花生面积达到 5.65 万亩，粮经比例调整到 5.4 : 4.6。开展争创岚山“农水杯”活动，先后投资 1986 万元，兴建各类水利工程 369 处。实施“海上万亩高产田”工程，新建和更新大、中型渔船 443 艘，其中 136 千瓦以上 74 艘，推进海洋捕捞业向大功率船、外海捕捞转变。搞活水产品加工销售，依托市场、冷库，大力开展深购远销，初步形成了“买全国市场，卖全国市场”大流通格局，年水产品成交额 20 亿元。2005 年，全处水产品总产量 17.8 万吨，水产业总产值 18 亿元，分别比 1993 年增长 48.3%、260%，岚山头街道在全省“八五”期间水产业综合评比中列乡级第一名。

发展工商业 坚持工业兴区思想，开展企业管理效益年活动和乡镇企业年活动。三木集团公司、志信大理石洁具有限公司、吉利来实业公司等一批规模较大企业相继投产，逐步培育起了水产品加工、木器加工等主导产业。引导企业进行技术改造，引进先进生产线 14 条，开发新产品 20 个，促进工业结构优化升级。加快乡镇工业小区建设，全处工业和乡镇企业呈现出速度、效益、后劲同步增长的良好势头。

坚持“大市场、大商贸、大流通”的思路，狠抓商业网点和市场建设，重点抓了安东卫海货城和碑廓、岚山、虎山商业街建设，新开辟了渔港水产品批发市场、海州路商场等集贸市场，年城乡贸易额 2.7 亿元，岚山发展成为长江以北重要的水产品和绳网渔具集散地。

把个体私营经济作为振兴第三产业的突破口，放宽政策，搞活服务，促其第二次创业，逐步由小而散、低而散向规模化、集约化、外向型转变。1995 年，新增个体工商户 1560 户，私营企业 18 家，全年个体私营经济实现产值 6000 万元，营业收入 2.6 亿元。

发展外向型经济 实施“外向带动战略”，把招商引资、兴办“三资”企业作为工作的重点，利用参加青交会、广交会、西安山东商品展销会等机会，广交客户，先后与日本、韩国等国家和中国香港地区 200 余家客商建立了联系。1995 年全处“三资”企业发展到 31 家，实际利用外资 4200 多万美元，年产值 1.9 亿元，实现利税 2000 多万元。扩大出口创汇，在搞好水产品加工和木制品出口的同时，水泥、蔬菜、茶叶等产品也走出国门，形成水产品、木制家具、纺织服装、石刻工艺品、农副产品等 5 大出口创汇系列。首开海上鲜活水产品直销业务，累计完成贸易额 570 万美元。鼓励和引导企业开展跨国经营，日照日益木制品有限公司在美国纽约创办分公司，开创了全市乡镇企业在国外创办企业的先例。开展岚山外向型工业园建设，1 平方公里起步区“四通一平”配套设施建设基本完成，入园项目 10 个。1995 年，全处完成出口创汇总额 1370 万美元，完成工业品出口交货值 1.35 亿元。

推进城市基础设施建设 完成了岚山城市总体规划编制工作。疏港路、沿海公路岚山段、汾岚路、S048 省道（现 S222 省道）岚山段等近 20 条主干道路先后竣工通车，形成了岚山城区道路的基本框架。区址建设基本实现“三通一平”，区级机关办公大楼完成基层建设。安东卫海货城开工单体楼 66 幢。新开辟海水浴场 1 处，在建房地产项目 4 个，总建筑面积 5 万余平方米。岚山甜水河 11 万伏输变电站竣工投运，虎山渔港扩建完成。建成交换程控化、传输数字化的长话、市话、农话合一的本地通信网，实现了大哥大信号在全省的自动漫游和在全国大部分省市的人工漫游。

深入推进改革 探索建立了新的土地流转机制，进一步放活土地使用权，促进土地要素的合理流动和有效开发利用。将股份制引入畜牧业生产、山区开发、水产捕捞，促进了农村产权制度变革。把企业改革作为发展经济的根本措施，从处直部门抽调46名人员组成14个工作组专抓企业改革，共对20家企业进行了股份制改造等多种形式的改革。狠抓了社会保障改革，全处有3500人参加了职工养老、失业保险，1995年共收缴养老金172万元，保费结余210万元；新发展农村养老保险3.1万人，收取投保金82万元。

第二节　“九五”时期

1996～2000年是岚山转型发展、迈向城市化进程的重要时期，也是岚山经济快速发展、人民生活明显改善的重要时期。2000年，实现国内生产总值20亿元，比1995年翻了一番。金融机构存贷款余额达到7.4亿元和8亿元，分别是1995年的2.2倍、2.1倍。实现地方财政收入4478万元，是1995年的2.1倍。农民人均纯收入和城镇居民人均可支配收入分别达到3320元和7500元。

发展民营经济　坚持“启动民力、借助外力”的基本方针，推动企业改制，调整产业结构，民营经济保持了较快增长。三木集团公司、昌华集团公司、永兴食品有限公司、华洋冷藏厂、鲁圣集团公司、禧昌食品公司等骨干企业经济运行质量较高，鲁圣集团公司改制后活力明显增强，童海港业股份有限公司、日照中油油品销售有限公司等企业建成投产。三木集团公司基础值管理法获山东省企业管理现代化创新成果一等奖。日照市钢铁厂（原虎山乡办企业）建成投产，填补了日照市钢铁行业空白。1997年，昌华集团公司生产的模拟蟹肉产销量、出口量均居全国同行业第一，成为日照市最大的民营企业，列山东省民营企业百强第八位。1998年，三木集团公司成为岚山办事处首家销售收入过亿元的企业，实现利税3805万元、利润3251万元。天河牌大理石卫生洁具生产技术在第四届中国专利艺术博览会上被评为金奖。雪青茶、山楂茶在“97中国国家茶技术与文化交流会暨茶业博览会”上分获金奖和银奖。2000年，全处限额以上工业实现利税10425万元，利润6798万元，同比分别增长59.8%和57%。

发展特色高效农业　蔬菜生产向多品种、四季型、外向化发展，蔬菜保护地面积达到1.6万亩，茶园达到2.3万亩，桑园达到5500亩。雪青茶获“99中国国际农业博览会”名牌产品称号。海水养殖面积迅速扩大，扇贝换季养殖、紫菜全浮式养殖迅速发展，海水网箱养殖、吊笼养蟹实验成功。碑廓镇被确定为全省10个肉牛改良示范乡镇之一。

发展外向型经济　大力实施经济国际化战略，外向型经济发展出现良好势头。2000年，完成进出口总额7125万美元，其中自营出口4023万美元，工业外向度达到62.2%。出口企业群体规模扩大，三木集团公司、昌华集团公司、永兴食品有限公司分别出口1705万美元、1213万美元和695万美元，美国、欧盟、俄罗斯、日本市场扩大。境外（岚山办事处外）投资扩大，海外企业发展到5家，在国内建立原料基地6家。制定了招商引资优惠政策及奖励办法，在韩国釜山设立代理招商联络处。加德士沥青公司引进日本日石三菱石油株式会社投资，世界500强企业有4家落户岚山。岚山出入境检验检疫局对外挂牌办公，“三检合一”正式完成。

加快城市基础设施建设　完成了阿掖山南路硬化、岚山中路拓宽、万斛路、平岛路硬化等道路工程，开通了城区公交车。区级机关综合办公大楼建成启用，轿顶山生活区、甜水河小康居民区建设和汾水旧村改造完成，新增童海、玉泉、金牛岭等绿地3万平方米。绣针河城市供水工程截浅和泵站主体完成，城区日供水能力达到1万立方米。经省政府批准，汾水镇改为安东卫街道，城区管理体制进一步完善。安东卫海货城实现年交易额14亿元。岚山鲜活水产城被农业部确认为全国“菜篮子工程”定点市场。海水浴场建成并投入使用。阿掖山森林公园旅游道路硬化完成。

发展社会事业　岚山一中建成投入使用，2所中学晋升为“省级体育传统项目学校”。科技与经济结合进一步密切，与山东农业大学联合举办了全省第一个农村干部专科进修班，在碑廓镇设立了教学科研基地。全处建立科技示范基地4处，转化科技成果13项，科技进步对经济增长的贡献率达到47%。新建病房楼3座，开展了药品集中采购等医药卫生体制改革，农村合作医疗覆盖面和一体化管理水平明显提高。计划生育工作圆满完成市委、市政府下达的人口控制目标，有线广播电视传输网在全市率先实现处乡联网。建立处乡两级主要负责人亲自处理信访案件和信访案件定期通报汇报制度、稳定形势分析例会制度，一批重大案件迅速侦破，岚山被山东省委、省政府表彰为社会治安综合治理模范区。

第三节 “十五”时期

2001 ～ 2005 年是岚山发展历程中极不平凡的 5 年。2003 年 2 月，日照钢铁公司落户岚山，区委、区政府抓住机遇，提出“港口带动、工业强区、开放兴岚”三大战略，岚山进入了跨越发展的新时期。2004 年 9 月 9 日，国务院正式批准设立岚山区，确立了岚山跨越发展的政治基础。“十五”期间，岚山被确立为山东省四大钢铁基地之一、日照市临港大工业基地，纳入日照市“双城一区”的城市总体规划，定位为日照市南部的城市副中心。岚山发展成为全国最大的海洋仿生食品加工出口基地、北方最大的绿茶生产加工基地，获山东省民营经济先进区、山东省外经贸工作先进区、中国茶产业发展政府贡献奖等荣誉。

发展地方经济 2005 年，全区地区生产总值达到 85.5 亿元，比 2000 年翻两番，人均国内生产总值达到 2 万元。规模以上工业总产值达到 141.5 亿元，比 2000 年翻四番(是 2000 年的 17.8 倍)。地方财政收入达到 1.94 亿元，比 2000 年翻两番。进出口总值达到 6.88 亿美元，比 2000 年翻三番(是 2000 年的 9.8 倍)。5 年累计实际利用外资 8760 万美元，比“九五”时期翻两番，美国雪佛龙、美国 ADM、德国德固赛、法国道达尔、法国液化空气、荷兰孚宝、新日本石油等 7 家世界 500 强企业投资岚山。五大临港产业初具规模，日照钢铁公司、日照焦电有限公司、源丰沥青公司等一批大项目相继落户，岚山发展呈现出速度快、后劲足、活力强的良好态势。

强化基础设施建设 “十五”期间，全社会固定资产总投资累计完成 120 亿元，比“九五”时期翻两番，是 1993 年至 2000 年 8 年总和的 3.6 倍。完成城建总投资 30 多亿元，同三高速公路岚山段、岚山路、城区新大道等一批道路工程先后建成，疏港大道、新的沿海公路开工建设，房地产开发从无到有飞速发展。建成 22 万伏岚山变电站、北水南调等工程。港口建设突飞猛进，日照港岚北港区 10 万吨级油品码头、岚桥集团专用码头初具规模。

发展社会事业 “十五”期间，岚山在全市率先建立了“以县为主”的教育管理体制，完成教育总投资 1.76 亿元，岚山一中与日照一中联合办学，办学条件明显改善。完成医疗设施总投资 1 亿元，建成启用日照市第二人民医院病房楼、岚山头医院门诊楼等医疗服务设施。2003 ～ 2005 年，3 年投资 2.1 亿元，新修硬化农村公路近 700 公里，在全市率先实现村村通硬化路。村村通自来水和新型农村合作医疗普及率均接近 90%。实施“复明工程”，3 年投资 170 万元，累计为 884 名白内障患者免费实施手术。2005 年全区城镇居民人均可支配收入达到 1.2 万元，是 2000 年的 1.45 倍；农民人均纯收入达到 4446 元，连续两年实现两位数增长，是 2000 年的 1.33 倍。

第四节 “十一五”时期

2006 ～ 2010 年是岚山经济社会全面进步、进位争先实现重大突破、人民群众得到更多实惠的 5 年。5 年时间，岚山地区生产总值发展到 320 亿元，是“十五”末的 4.5 倍，连续跨越了百亿、二百亿、三百亿 3 个台阶。地方财政收入达到 16 亿元、进出口总值达到 38.5 亿美元，分别是“十五”末的 8.3 倍、5.6 倍。规模以上工业企业由 56 家发展到 203 家，总产值达 821 亿元，是“十五”末的 5.8 倍。5 年累计完成全社会固定资产投资 606 亿元，实际利用外资 1.93 亿美元，分别是“十五”期间的 5.6 倍、3.1 倍。多项经济指标增幅连年在省、市保持领先，多数指标达到全省三十强水平，获全国科技进步先进区、全省民营经济先进区、山东省最佳投资城市、山东省最具竞争力十强县市区等省级以上表彰奖励 30 多项。

发展特色临港产业　争取设立了全国第二个国家级木材贸易加工示范区、第五个进境木材检疫除害处理区，钢铁精品基地列入国家钢铁产业调整振兴规划、石化基地纳入半岛蓝色经济区规划，鲁南临港产业区综合配套改革方案获山东省政府批复，岚山在区域发展中的战略地位得到前所未有的提升。5年累计完成港口建设投资58亿元、是“十五”期间的两倍多，年港口货物吞吐量由2038万吨增至5500万吨。规划建设了100平方公里的临港产业基地，分区布局了钢铁配套、石化、木材加工、海洋食品药品4个特色产业园区，累计投入6.5亿元完善基础设施配套，为产业发展打造了优势平台。日照华浙钢棒有限公司、日照京华新型建材有限公司等钢铁配套项目建成投产，年钢铁生产能力达1000多万吨、精深加工能力110万吨。山东石大科技石化有限公司、岚桥港口石化有限公司等石化项目建成投产，年液化品储运能力达1850万吨、加工能力455万吨。木材贸易加工产业从无到有、蓬勃发展，年木材加工能力达300万立方米，1万多人实现了家门口就业。岚山发展成为山东省重要的钢铁生产基地、新兴的石化产业基地、全国最大的木龙骨生产基地。

加快城市基础设施建设　5年累计完成城建投资72.6亿元，是“十五”期间的2.4倍。完成了圣岚路1994年通车以来的第一次全面大修，建成安岚大道等城区道路60多公里。从2007年起，累计投资3000万元，实施了城区东线供水、北水南调等工程，彻底解决了城区居民的饮水安全问题。实施供暖升级改造及管网延伸工程，有效解决了城区供暖问题。建成启用了岚山污水处理厂及配套管网，有效解决了污水处理问题。累计完成电力设施投资8.4亿元，建成启用了2个220千伏、3个110千伏变电站，供电能力是“十五”末的4.1倍。多岛海区域由一片荒滩、虾池打造成为代表岚山城市形象的滨海新城区。过去脏乱差的海上碑、西南沮区域改造成为美丽整洁的星河湾、青鸾湖公园，彻底改变了岚山“临海不见海、见海不好看”的局面，城市形象显著提升。稳妥推进安东卫北门外、北街等23个城中村改造，7385户居民从平房搬进了新楼房。

发展特色现代农业　5年累计发展各类特色农业8.96万亩、达到30万亩，其中茶叶面积翻了一番、占全市的80%，争创了国家级无公害绿茶示范区、省级优质绿茶生产示范基地，被表彰为全国重点产茶县。投资3570万元，完成了岚山渔港改扩建工程，渔业总产值达92亿元，捕捞能力居全省第二位。投资4.2亿元，硬化改造农村公路768公里、新建桥梁106座，被表彰为全省农村公路建设养护示范区。投资7000万元，为9.1万户农村居民通上了自来水，被表彰为全省村村通自来水工作先进区；投资1.1亿元，完成45座中小型水库除险加固，发展节水灌溉面积5万亩，实现了村村有旱涝保收田、当家水。

发展社会事业　5年累计完成民生事业投资36亿元，发放各类惠农补贴4.1亿元。全面落实农村义务教育“两免一补”政策，完成中小学布局调整，实现了农村中小学校舍楼房化。全面实现镇村卫生一体化管理，完成了全部乡镇卫生院改扩建，新建农村卫生室145个，打造了“一刻钟农村卫生服务圈”。推行城镇居民基本医疗保险，新型农村合作医疗水平在省、市领先，基本实现了城乡居民医疗保险全覆盖。连续9年自主开展了“复明工程”，被表彰为全国白内障无障碍区。加强公共文化体系建设，实施了有线广播“村村响”、有线电视“户户通”。乡镇敬老院全部达到省一级标准，被表彰为全省敬老院建设先进区。建成新型农村社区服务中心27个，11万农民就近享受到购物、医疗、健身等便民服务。

加强政府自身建设　深入实施政府工作提速工程，在全市率先完成行政审批事项、收费项目清理压减，行政审批“两集中、两到位”改革的做法在全市推广。推行“只要你来干、手续我来办”服务新机制，开展“万人评机关”活动，打造“审批最少、收费最低、效率最高、服务最好、环境最优”的软环境品牌。

第五节　“十二五”时期

“十二五”时期，岚山区抢抓半岛蓝色经济区建设和国家钢铁产业结构调整试点两大国家战略机遇，大力实施港口立区、产业强区、生态建区“三大战略”，努力做好现代海洋产业、现代特色农业、现代服务业“三篇文章”，全面加强经济、文化、社会、生态建设，开创了岚山科学发展的新局面。岚山发展成为山东省重要的钢铁生产基地、江北最大的液化品储运基地、全国最大的进口木材加工集散地，被评为中国最具经济活力城市、省级文明区、平安山东建设先进区、全省服务业发展先进区、全省特色农业发展先进区。

强化大项目招引 坚持把项目建设作为经济发展的生命线，摆在关系蓝色经济全局和长远发展的战略位置，按照蓝色、高端、高效、生态的要求，以钢铁、石化、木材等主导产业为重点，以建设国际一流临港重化产业基地为主攻方向，充分发挥港路、区位和园区载体优势，加大项目招引建设力度，加速蓝色产业集聚。建立大项目包保责任制，树立“为大项目服务、靠大项目发展”的理念，集中精力服务推进项目建设。开展专业招商、产业招商、以商招商，引进市场前景好、科技含量高、产业关联度大的优质项目。制定了《关于建立招商选资工作机制的意见》，成立石化、钢铁、商贸物流等专业招商团队，组织参加了河南郑州第五届中国油品峰会、十二届中国金属冶金展等大型招商活动。把港口作为核心战略资源，加快港口建设推进力度，形成了以岚山港、海明港、岚桥港、童海港为主体的港口集群。

加大城市建设力度 立足岚山城市建设基础薄弱的现实，结合产业、城市、港口发展需要，科学统筹产业发展、设施配套和环境建设，加大投入力度，拉开了城建开发建设的新框架，被评为中国城市化新兴滨海城市典范案例。开展了产城关系国际咨询、城市总体规划修编，启动了主城区控规修编、临港产业分区规划。新建改造岚山路、童海路、玉泉二路、凤凰山路等城市道路，建成启用垃圾无害化处理场，建设了凤凰山、金牛岭、阿掖山、官山、海州湾等5个新型大社区，城市建成区扩展到18.2平方公里，城市绿化覆盖率达40.4%。

开展生态文明乡村建设 按照“抓点、促线、带面”的工作思路，以创建示范村、镇为切入点，以农业产业结构调整为主线，以环境综合整治为面，重点围绕主干道两侧的村居、乡镇街道驻地、水源地周边村、旅游景区周边村及中心村，开展了村镇规划修编和100个生态文明示范村居（社区）规划修编，提升小城镇建设水平。全面落实强农惠农政策，鼓励引导发展茶业、渔业等特色优势产业，发展无公害、绿色、有机农产品基地。岚山争创了国家级无公害绿茶示范区、省级优质绿茶生产示范基地，被表彰为中国名茶之乡、国家级绿色食品板栗标准化示范区、全省产油大县、山东省林业产业先进单位、省级出口农产品质量安全示范区。加强农村水电路讯气暖、综合服务中心、村居文化大院、社区文化中心等基础设施建设，建成27个新型农村社区服务中心，构筑了覆盖乡村的教育、医疗、养老、就业、保险、救助等体系，基本实现城乡基本公共服务和基础设施建设一体化、全覆盖。

发展民生事业 围绕群众最急需、最直接、最现实的事情，每年组织实施一批为民办实事项目。坚持以群众工作统揽信访工作，创新社会管理机制，制定了《关于深化全区各级领导公开接待群众来访的实施办法》《关于在全区推进社会管理网格化体系建设的意见》，建立了综治维稳网格化管理体系。深入推进社会管理创新项目化管理，实施了“三会两公一评”村级民主工作法、平安企地共建、重大项目社会稳定风险评估制度等办法措施。坚持不懈地抓好安全生产，高度重视食品药品安全工作，确保了社会大局和谐稳定。岚山先后被评为全国法治县创建活动先进单位、安全生产基层基础工作先进区、全省信访工作先进单位、全省食品药品安全示范县创建单位。以“大爱岚山”感恩实践系列活动为载体，加强环境综合整治，提升文明水平，一步到位成功争创了省级文明区，被表彰为全省未成年人思想道德建设工作先进县（区）。

第二十五编　地方政协机关

1997年政协岚山工委设立后，依照《政协章程》和《日照市政协地区工作委员会试行工作条例》，积极履行政治协商、民主监督、参政议政三大职能，认真贯彻“长期共存、互相监督、肝胆相照、荣辱与共”的方针，努力调动社会各界人士的积极性，为经济社会发展建言献策，贡献力量。设区后，区政协按照“围绕中心、服务大局、履行职能、务求实效”的工作原则，坚持把服务发展、促进发展作为履行职能的着眼点和着力点，创新履行职能的方式、提高履行职能的能力，推动全区经济和社会又好又快发展。

第一章　组织机构

第一节　政协岚山区委员会

1981年12月，中国人民政治协商会议日照县委员会（简称县政协）成立，岚山辖区内各乡镇街道推举产生县政协委员，参加县政协会议、活动。1985年5月，日照县政协改称日照市政协。

1997年11月，政协日照市委员会岚山工作委员会（简称政协岚山工委）设立，为日照市政协驻岚山的派出机构，受日照市政协和岚山工委双重领导。

2004年12月，设立中国人民政治协商会议日照市岚山区委员会（简称区政协）。

2004年12月，政协第七届日照市岚山区委员会第一次会议召开（沿袭日照县、日照市及东港区政协届次，为第七届），选举产生主席、副主席和常务委员共31人组成常委会。2007年2月，因主席、1名副主席工作变动离任，七届四次会议补选主席和副主席各1人，增选副主席1人。2007年12月，政协第八届日照市岚山区委员会第一次会议召开，选举产生主席、副主席、秘书长和常务委员共35人组成常委会。2011年1月主席离任，同年1月八届四次会议补选主席。2012年2月，政协第九届日照市岚山区委员会第一次会议召开，选举产生主席、副主席、秘书长和常务委员共41人组成常委会。

政协岚山工委历任领导人一览表

表25-1

姓　名	籍　贯	职　务	任　期
万　同	岚　山	主　任	1997年11月至1998年7月
孙承金	东　港	主　任	1998年8月至2002年12月
王广举	临沂河东	主　任	2002年12月至2004年12月
王玉祥	东　港	副主任（不驻会）	2002年12月至2004年12月

区政协委员会历任领导人一览表

表25-2

届　次	姓　名	籍　贯	职　务	任　期
第七届	王广举	临沂河东	主　席	2004年12月至2007年2月
	赵树村	莒　南	主　席	2007年2月至2007年12月
	张厚峰	东　港	副主席（不驻会）	2004年12月至2007年2月
	梁均培	岚　山	副主席	2004年12月至2007年12月
	韩建设	陕西安塞	副主席	2004年12月至2007年12月
	张文宣	岚　山	副主席（不驻会）	2007年2月至2007年11月
	张永祥	岚　山	副主席（不驻会）	2007年2月至2007年12月

续表25-2

届次	姓名	籍贯	职务	任期
第八届	赵树村	莒南	主席	2007年12月至2011年1月
	牟善海	岚山	主席	2011年1月至2012年2月
	梁均培	岚山	副主席	2007年12月至2012年2月
	韩建设	陕西安塞	副主席	2007年12月至2012年2月
	张永祥	岚山	副主席(不驻会)	2007年12月至2012年2月
	焦志昌	东港	副主席	2007年12月至2012年2月
	谭　洁(女)	青岛	副主席	2007年12月至2012年2月
第九届	牟善海	岚山	主席	2012年2月任职
	焦志昌	东港	党组副书记	2012年2月任职
	韩建设	陕西安塞	副主席	2012年2月任职
	张永祥	岚山	副主席(不驻会)	2012年2月任职
	谭　洁(女)	青岛	副主席	2012年2月任职
	慕德东	莒县	副主席	2012年2月任职
	孙树诺	东港	副主席	2012年2月任职
	王培玲(女)	东港	副主席(不驻会)	2012年2月任职

第二节　日常工作机构

1990年2月，域内各乡镇街道设政协联络办公室（正科级）。2002年1月，各乡镇街道政协联络办公室撤销。2012年6月在全区9个乡镇街道分别设立政协工作办公室（正科级），负责处理乡镇街道有关政协工作事务。

1997年11月政协岚山工委设立后，内设办公室，为区政协的综合性办事机构。

2004年12月区政协设立后，内设办公室和学习提案经济建设委员会、社会法制科教文史委员会2个专门委员会（均为正科级），办公室下设综合科、信息科、机关服务中心。

政协岚山工委办公室主要负责人一览表

表25-3

姓名	籍贯	职务	任期
潘为良	东港	办公室主任	1997年11月至2004年12月

区政协各办事机构历任主要负责人一览表

表25-4

届次	姓名	籍贯	职务	任期
第七届	焦安堂	东港	政协办公室主任	2005年4月至2007年11月
	张永香(女)	莒南	学习提案经济建设委员会主任	2005年4月至2007年12月
	张晓辉	青岛	社会法制科教文史委员会主任	2005年4月至2007年12月

续表25-4

届　次	姓　名	籍　贯	职　务	任　期
第八届	王培俊	诸　城	政协秘书长	2007年12月至2012年2月
	徐子鹏	岚　山	政协办公室主任	2011年6月至2012年2月
	张永香(女)	莒　南	学习提案经济建设委员会主任	2007年12月至2012年2月
	张晓辉	青　岛	社会法制科教文史委员会主任	2007年12月至2011年6月
	杨维华	岚　山	社会法制科教文史委员会主任	2011年6月至2012年2月
第九届	徐子鹏	岚　山	政协秘书长、办公室主任	2012年2月任职
	张永香(女)	莒　南	学习提案经济建设委员会主任	2012年2月任职
	杨维华	岚　山	社会法制科教文史委员会主任	2012年2月至2013年8月
	张守生	岚　山	社会法制科教文史委员会主任	2013年8月任职

第二章　区政协委员会全体会议

1981年12月30日至1982年1月4日，政协日照县第一届第一次全委会在日照召开，会议主要任务是宣告政协日照县委员会成立。政协委员由中共日照各级党组织与有关方面广泛民主协商后提出人选，或由政协党组提名与有关方面民主协商，再提请政协常务委员会讨论通过。委员分别来自中共、青年、妇女、工会、农民、科技、卫生、教育、文艺、新闻体育、工商、归侨侨眷、民主人士、少数民族等15个界别。其后，域内政协委员先后参加了日照市(县、地级)、东港区第二届至第六届全委会及历次会议。2004年12月，沿袭日照县、日照市及东港区政协届次，政协第七届日照市岚山区委员会第一次会议召开。

第一节　第七届委员会全体会议

区政协七届委员会共有委员161名。其中：中共党员63名，占39.1%；民主党派成员和党外人士98名，占60.9%。妇女委员47名，占29.2%。大专以上文化程度的119人，占73.9%；高中、中专文化程度34人，占21.1%；初中及以下文化程度的8人，占5%。有技术职称的79人，占49.1%。共分14个界别：中共界22名，农业界16名，经济界31名，科技界7名，文体界7名，台胞台属侨属界8名，共青团界5名，工会界5名，妇女

图25-1　2004年12月20日，王广举在区政协七届一次全委会议上作政协工作报告

界5名，工商联界14名，医药卫生界10名，教育界13名，特邀界15名，社会福利与社会保障界3名。

七届一次全委会议 2004年12月20～21日召开，会议宣告政协日照市岚山区委员会正式成立，161名区政协委员出席会议，中共岚山区委书记孙承金出席会议并讲话。会议审议通过了大会决议，与会人员列席了区十五届人大一次会议。会议选举王广举为区政协主席，张厚峰、梁均培、韩建设为副主席，选举27人为常务委员。

七届二次全委会议 2005年2月25～27日召开，161名区政协委员出席会议。会议听取并审议了常务委员会工作报告和提案工作报告；与会人员列席了区第十五届人大二次会议，听取和讨论了《政府工作报告》及其他报告；审议通过了有关决议。

七届三次全委会议 2006年2月14～16日召开，164名区政协委员出席会议，中共岚山区委书记孙承金出席会议并讲话。会议听取并审议了常务委员会工作报告和提案工作报告；与会人员列席了区第十五届人大三次会议，听取和讨论了《政府工作报告》及其他报告；审议通过了有关决议。会议补选5人为常务委员。

七届四次全委会议 2007年2月4～6日召开，180名区政协委员出席会议，中共岚山区委书记高杰出席会议并讲话。会议听取并审议了常务委员会工作报告和提案工作报告；与会人员列席了区第十五届人大四次会议，听取和讨论了《政府工作报告》及其他报告；审议通过了有关决议。会议补选赵树村为区政协主席，张文宣、张永祥为副主席。

第二节 第八届委员会全体会议

区政协八届委员会共有委员201人。其中：中共党员80名，占39.8%；民主党派成员和党外人士121名，占60.2%。妇女委员66名，占32.8%。大专以上文化程度的158人，占78.6%；高中、中专文化程度38人，占18.9%；初中及以下文化程度的5人，占2.5%。有技术职称的121人，占60.2%。共分14个界别：中共界47名，农业界20名，经济界42名，科技界4名，文体界8名，台胞台属侨属民族宗教界5名，共青团界3名，工会界3名，妇女界10名，工商联界17名，医药卫生界9名，教育界18名，特邀界8名，社会福利和社会保障界7名。

八届一次全委会议 2007年12月9～12日召开，201名区政协委员出席会议，中共岚山区委书记高杰出席会议并讲话。会议听取并审议了常务委员会工作报告和提案工作报告；与会人员列席了区十六届人大一次会议，听取和讨论了《政府工作报告》及其他报告；审议通过了大会决议。会议选举赵树村为区政协主席，梁均培、韩建设、张永祥、焦志昌、谭洁（女）为副主席，王培俊为秘书长，选举28人为常务委员。

图25-2 2007年12月9日，赵树村在区政协八届一次全委会议上作政协工作报告

八届二次全委会议 2009年1月6～8日召开，201名区政协委员出席会议，中共岚山区委书记高杰出席会议并讲话。会议听取并审议了常务委员会工作报告和提案工作报告；与会人员列席了区第十六届人大二次会议，听取和讨论了《政府工作报告》及其他报告；审议通过了有关决议。会议补选1人为常务委员。

八届三次全委会议 2010年1月19～21日召开，206名区政协委员出席会议，中共岚山区委书记高杰出席会议并讲话。会议听取并审议了常务委员会工作报告和提案工作报告；与会人员列席了区第十六届人大三次会议，听取和讨论了《政府工作报告》及其他报告；审议通过了有关决议。会议补选3人为常务委员。

八届四次全委会议　2011年1月16～18日召开，205名区政协委员出席会议，中共岚山区委书记高杰出席会议并讲话。会议听取并审议了常务委员会工作报告和提案工作报告；与会人员列席了区第十六届人大四次会议，听取和讨论了《政府工作报告》及其他报告；审议通过了有关决议。会议补选牟善海为区政协主席，补选1人为常务委员。

族宗教界6名，共青团界6名，工会界3名，妇女界11名，工商联界35名，医药卫生界7名，教育界15名，特邀界22名，社会福利和社会保障界5名。

九届一次全委会议　2012年2月8～11日召开，208名区政协委员出席会议，中共岚山区委书记盖卫星出席会议并讲话。会议听取并审议了常务委员会工作报告和提案工作报告；与会人员列席了区十七届人大一次会议，听取和讨论了《政府工作报告》及其他报告；审议通过了大会决议。会议选举牟善海为区政协主席，韩建设、张永祥、谭洁（女）、慕德东、孙树诺、王培玲（女）为副主席，徐子鹏为秘书长，选举33人为常务委员。

第三节　第九届委员会全体会议

区政协九届委员会共有委员208名。其中：中共党员82名，占39.4%；民主党派成员和党外人士126名，占60.6%。妇女委员60名，占28.8%。大专以上文化程度的177人，占85.1%；高中、中专文化程度26人，占12.5%；初中及以下文化程度的5人，占2.4%。共分14个界别：中共界24名，农业界26名，经济界36名，科技界4名，文体界8名，台胞台属侨属民

图25-3　2012年2月8日，牟善海在区政协九届一次全委会议上作政协工作报告

第三章　区政协常务委员会会议

第一节　第七届常务委员会会议

第一次会议　2004年12月21日召开，与会常委31人。会议审议通过了《关于加强政协第七届日照市岚山区委员会常务委员会建设的若干规定》《政协第七届日照市岚山区委员会常务委员会工作规则》《政协第七届日照市岚山区委员会主席会议制度》等文件。

第二次会议　2005年1月27日召开，与会常委29人。会议审议通过了《政协第七届日照市岚山区委员会常务委员会会议组织实施办法》，审议通过了关于召开区政协七届二次全委会议有关事项，审议通过了区政协2004年工作总结和2005年工作安排意见。

第三次会议　2005年2月27日召开，与会常委31人。会议审议通过了区政协七届二次全委会议提案审查情况报告，审议了关于区政协七届二次全委会议提案审查情况报告的决议（草案），审议了关于区政协第七届常务委员会工作报告的

决议(草案),审议了区政协七届二次全委会议政治决议(草案)。

第四次会议 2005年5月30日召开,与会常委28人。会议传达学习了《中共中央关于进一步加强中国共产党领导的多党合作和政治协商制度建设的意见》,通报了《全区茶产业视察情况报告》,审议通过了《岚山区政协委员履行职责情况考评办法》,审议通过了区政协机构设置和有关委员变动人事事项。

第五次会议 2005年8月16日召开,与会常委27人。与会常委视察了城区大道、北港区和"五线一点"建设(岚山中路、岚山东路、岚山西路、童海路、疏港大道及沈海高速出入口处5条路1个点绿化美化工程)情况,听取并讨论了区政府关于全区上半年经济运行情况的通报,听取了区政协赴临沂市兰山区学习考察情况的报告、区政协委员上半年工作交流座谈会情况的报告。

第六次会议 2006年1月7日召开,与会常委29人。会议听取并讨论了区政府《关于岚山区国民经济和社会发展第十一个五年规划纲要的报告(征求意见稿)》、区政府关于区政协七届二次会议提案办理情况的报告,审议通过了关于召开区政协七届三次会议有关事宜。

第七次会议 2006年2月13日召开,与会常委30人。会议审议通过了关于增补七届区政协委员的决定,审议了关于补选七届区政协常务委员候选人名单等有关人事事项,审议通过了区政协七届三次会议日程调整安排意见,审议通过了关于表彰2005年度全区优秀政协委员、全区政协工作先进个人和全区政协提案工作先进个人的决定。

第八次会议 2006年2月16日召开,与会常委31人。会议听取了区委领导关于补选区政协组成人员和区政协常务委员会组成人员候选人协商名单的说明,协商酝酿了候选人建议名单,审议通过了补选政协第七届日照市岚山区委员会常务委员候选人名单,审议了区政协七届三次会议选举办法(草案)、总监票人监票人名单(草案),审议通过了区政协七届三次会议总计票人计票人名单,审议通过了区政协七届三次会议关于提案审查情况的报告(草案),审议了区政协七届三次会议关于提案审查报告的决议(草案)和区政协七届三次会议决议(草案)。

第九次会议 2006年4月6日召开,与会常委32人。与会常委视察了碑廓、巨峰、高兴3个镇工业园,传达了区政协办公室关于认真学习贯彻《中共中央关于加强人民政协工作的意见》的通知、区政协办公室关于深入开展社会主义荣辱观学习实践活动的通知,审议了有关委员人事变动事项,审议通过了政协日照市岚山区委员会委员管理办法(试行)和政协日照市岚山区委员会关于加强与委员联系工作的规定。

第十次会议 2006年7月27日召开,与会常委30人。与会常委视察了全区社会主义新农村建设、民营外向型经济建设情况,传达了全省政协工作会议精神,听取并讨论了区政府关于全区上半年经济运行情况的通报。

第十一次会议 2006年10月27日召开,与会常委29人。与会常委视察了全区公路建设情况,传达了区政协党组关于认真学习贯彻中共十六届六中全会精神的通知,听取并讨论了区政府关于区政协七届三次会议提案办理情况的报告,审议通过了区政协委室副主任人员名单和关于增补政协第七届日照市岚山区委员会委员的决定。

第十二次会议 2007年1月30日召开,与会常委30人。会议审议通过了有关委员人事变动事项,审议通过了关于召开区政协七届四次会议有关事宜。

第十三次会议 2007年2月6日召开,与会常委30人。会议听取了区委领导就有关人事事项情况的说明,协商酝酿了候选人建议名单,审议了区政协七届四次会议选举办法(草案)、总监票人监票人名单(草案),通过了区政协七届四次会议总计票人、计票人名单(草案)。

第十四次会议 2007年2月6日召开,与会常委30人。会议审议通过了区政协七届四次会议关于提案审查情况的报告(草案),审议了区政协七届四次会议关于提案审查情况报告的决议(草案)、区政协七届四次会议决议(草案)。

第十五次会议 2007年6月26日召开,与会常委27人。与会常委视察了全区重点项目建设情况,听取了区政协关于横向联谊活动情况的通报,听取并讨论了区政府关于全区上半年经济运行情况的通报。

第十六次会议　2007年11月14日召开，与会常委29人。与会常委视察了全区财税工作情况，传达学习了中国共产党第十七次全国代表大会精神，审议通过了政协日照市岚山区委员会关于学习贯彻中共十七大精神的决议，听取并讨论了区政府关于区政协七届四次会议提案办理情况的通报，审议通过了有关委室主任人事调整事项。

第十七次会议　2007年12月3日召开，与会常委30人。会议审议通过了八届区政协委员名单，审议通过了关于召开区政协八届一次会议有关事宜。

第二节　第八届常务委员会会议

第一次会议　2008年3月7日召开，与会常委35人。会议传达学习了山东省政协十届一次全委会议、市政协八届一次全委会议精神，审议通过了《政协日照市岚山区委员会二〇〇八年工作安排意见》，审议通过了《政协第八届日照市岚山区委员会常务委员会关于加强自身建设的意见》《政协第八届日照市岚山区委员会常务委员会工作规则》《政协第八届日照市岚山区委员会委员管理办法》《政协第八届日照市岚山区委员会关于加强与委员联系工作的规定》等文件。

第二次会议　2008年7月30日召开，与会常委33人。与会常委视察了全区部分重点项目建设情况，听取并讨论了区政府关于全区上半年经济运行情况的通报。

第三次会议　2008年10月31日召开，与会常委32人。与会常委视察了全区社会主义新农村建设情况，听取并讨论了区政府关于区政协八届一次会议提案办理情况的通报。

第四次会议　2008年12月25日召开，与会常委33人。会议审议通过了有关委员变动人事事项，审议通过了区政协关于表彰2008年度先进个人的决定，审议通过了关于召开区政协八届二次会议有关事宜。

第五次会议　2009年1月6日召开，与会常委32人。会议听取了区委领导就有关人事事项情况的说明，协商酝酿了候选人建议名单，审议了区政协八届二次会议选举办法（草案）、总监票人监票人名单（草案），审议通过了区政协八届二次会议总计票人计票人名单。

第六次会议　2009年1月7日召开，与会常委32人。会议审议通过了区政协八届二次会议关于提案审查情况的报告（草案），审议了区政协八届二次会议决议（草案）。

第七次会议　2009年3月19日召开，与会常委33人。会议传达学习了山东省政协十届二次会议、市政协八届二次会议精神，审议通过了《政协日照市岚山区委员会二〇〇九年工作安排意见》。

第八次会议　2009年6月26日召开，与会常委32人。与会常委视察了全区部分城市建设项目，审议通过了政协第八届日照市岚山区委员会专门委员会组成人员名单，审议了区政协党组贯彻落实科学发展观分析检查报告，听取并讨论了区政府关于全区1～5月份经济运行情况的通报。

第九次会议　2009年10月28日召开，与会常委31人。与会常委视察了全区教育和卫生工作，传达学习了中共十七届四中全会精神、胡锦涛总书记在庆祝人民政协成立60周年大会上的重要讲话和区委十二届九次会议精神，听取并讨论了区政府关于区政协八届二次会议提案办理情况的通报。

第十次会议　2010年1月2日召开，与会常委33人。会议听取并讨论了全区安全生产和城市管理工作的情况汇报，审议通过了有关委员变动人事事项，审议通过了关于召开区政协八届三次会议有关事宜。

第十一次会议　2010年1月19日召开，与会常委35人。会议听取了区委领导有关人事事项情况的说明，协商酝酿了候选人建议名单，审议了区政协八届三次会议选举办法（草案）、总监票人监票人名单（草案），审议通过了区政协八届三次会议总计票人计票人名单。

第十二次会议　2010年1月20日召开，与会常委35人。会议审议通过了区政协八届三次会议关于提案审查情况的报告（草案），审议了区政协八届三次会议决议（草案）。

第十三次会议　2010年3月24日召开，与会常委32人。会议传达学习了全国政协十一届三次会议、山东省政协十届三次会议、日照市政协八届三次会议精神，审议通过了《政协日照市岚山区委员会二〇一〇年工作要点》。

第十四次会议 2010年8月6日召开，与会常委30人。与会常委视察了全区部分重点项目建设情况，听取并讨论了区政府关于全区上半年经济运行情况的通报，审议通过了有关委员人事变动事项。

第十五次会议 2010年11月10日召开，与会常委31人。会议传达学习了中共十七届五中全会公报，听取并讨论了区政府关于区政协八届三次会议提案办理情况的通报，审议通过了《政协日照市岚山区委员会关于岚山区茶叶产业的调研报告》。

第十六次会议 2010年12月29日召开，与会常委35人。会议审议通过了有关委员变动人事事项，审议通过了区政协关于表彰2010年度先进个人的决定，审议通过了关于召开区政协八届四次会议有关事宜。

第十七次会议 2011年1月16日召开，与会常委36人。会议听取了区委领导关于候选人协商名单的说明，协商酝酿了候选人建议名单，审议了八届四次会议选举办法（草案）、总监票人监票人名单（草案），审议通过了区政协八届四次会议总计票人计票人名单。

第十八次会议 2011年1月17日召开，与会常委36人。会议审议通过了区政协八届四次会议关于提案审查情况的报告（草案），审议了区政协八届四次会议决议（草案）。

第十九次会议 2011年3月18日召开，与会常委34人。会议传达学习了全国政协十一届四次会议、山东省政协十届四次会议、日照市政协八届四次会议精神，审议通过了《政协日照市岚山区委员会二〇一一年工作要点》。

第二十次会议 2011年7月29日召开，与会常委36人。与会常委视察了全区部分重点项目建设情况，传达学习了胡锦涛总书记在庆祝建党90周年大会上的重要讲话，听取并讨论了区政府关于全区上半年经济社会发展情况的通报，审议通过了《政协日照市岚山区委员会关于岚山区茶产业的调研报告》，审议通过了有关委室主任调整人事事项。

第二十一次会议 2011年12月9日召开，与会常委34人。会议传达学习了中共十七届六中全会精神和全市政协工作会议精神，听取并讨论了区政府关于区政协八届四次会议提案办理情况的通报，审议通过了《政协日照市岚山区委员会关于全区城市社区建设的调研报告》。

第二十二次会议 2012年1月13日召开，与会常委30人。会议审议通过了九届区政协委员名单，审议通过了关于召开区政协九届一次会议有关事宜。

第三节 第九届常务委员会会议

第一次会议 2012年3月31日召开，与会常委38人。会议传达学习了全国政协十一届五次会议、山东省政协十届五次会议、日照市政协九届一次会议精神，审议通过了《政协日照市岚山区委员会二〇一二年工作要点》，审议通过了《政协第九届日照市岚山区委员会常务委员会关于加强自身建设的意见》《政协第九届日照市岚山区委员会常务委员会工作规则》《政协第九届日照市岚山区委员会专门委员会组织通则》《政协第九届日照市岚山区委员会委员管理办法》《政协第九届日照市岚山区委员会关于加强与委员联系工作的规定》《政协第九届日照市岚山区委员会委员考核办法》《政协第九届日照市岚山区委员会委员履职档案管理办法》等文件，审议通过了九届区政协专门委员会主任、副主任名单，审议通过了有关人事事项。

第二次会议 2012年7月27日召开，与会常委35人。与会常委视察了全区部分重点项目建设情况，听取并讨论了区政府关于全区上半年经济社会发展情况的通报，审议通过了《政协日照市岚山区委员会关于全区新型城市化建设的调研报告》。

第三次会议 2012年10月19日召开，与会常委36人。与会常委视察了全区海滨城市建设情况，听取并讨论了区政府关于区政协九届一次会议提案办理情况的通报。

第四次会议 2012年12月28日召开，与会常委37人。会议传达学习了中共十八大会议精神，审议通过了有关委员变动人事事项，审议通过了关于召开区政协九届二次会议有关事宜。

第四章　主要工作和活动

第一节　履行职能

1997年政协岚山工委设立后，每年组织驻岚山市政协委员参加市政协组织的会议、活动，先后参加了日照市政协六届历次全体会议及七届一、二次全体会议。履行政治协商、民主监督、参政议政职能，组织政协委员围绕农民增收、民营企业发展、城市规划建设、茶业生产、渔业生产、农村劳动力转移等方面进行了视察调研，提出有针对性的意见建议580余条，编发社情民意简报11期；组织驻岚山的省、市政协委员向省政协提交提案8件，向市政协提交提案162件，其中被列为省重点提案1件，被列为市重点提案15件；在市以上广播电视、党报党刊等新闻媒体发稿143篇，编发《岚山政协工作》86期，撰写调研文章27篇。

设区后，区政协按照"围绕中心、服务大局、履行职能、务求实效"的工作原则，坚持把服务发展、促进发展作为履行职能的着眼点和着力点，创新履行职能的方式、提高履行职能的能力，推动全区经济和社会又好又快发展。2006年10月19日，全区政协工作会议召开，学习了《中共中央关于加强人民政协工作的意见》，传达了全省、全市政协工作会议精神，研究部署进一步加强新形势下政协工作的任务和措施，区委书记孙承金，区委副书记、区长孙欣亮，区政协主席王广举出席会议。会上印发了《中共日照市岚山区委关于加强人民政协工作的意见》和《日照市岚山区人民政府关于支持人民政协工作的意见》，为进一步加强新形势下人民政协工作提供了坚实的保障。

政治协商　坚持抓重点、议大事，紧紧围绕全区中心工作和重点工作，充分利用政协例会和专题座谈会等形式，对事关全区改革与发展的重大事务进行多形式、多层次的协商讨论，郑重提出意见和建议。区政协成立至2012年，共举行全委会议9次，常委会议43次，主席会议65次，围绕经济社会发展规划、构建和谐社会、统筹城乡发展、全区重点项目建设、城市建设、未成年人思想道德建设等重要问题进行协商，为促进党政决策的民主化、科学化发挥积极作用。

民主监督　提案方面，实施区级领导阅批提案制度和区政协领导跟踪督办重点提案制度，创新会中办案、现场办案、登门办案、联合办案、跟踪办案、带案视察等多种办案方式。自区政协成立至2012年，共收到委员提案702份，其中关于坪岚铁路复线建设、拓宽修建城区公路、加大绿茶产业扶持力度、改善城区居民供水供热及城区环境改造等提案得到认真组织实施。以《社情民意》简报为平台，共向区委、区政府反映社情民意60余件次，大部分建议得到采纳并落实，一批群众普遍关心的热点、难点问题得到有效解决。评议监督方面，积极探索民主监督的有效形式，完善行风评议监督途径，共组织委员参加区内各项评议活动1200余人次，有100余名委员分别受聘为执法执纪部门监督员、陪审员。

参政议政　把开展专题视察、调研活动作为参政议政的有效形式，坚持"专、精、深"的原则，对全区重点项目建设、社会主义新农村建设、道路交通、教育、财税、港口、水利、质监、供电、国土、公安、金融等工作进行了视察；对全区金融业发展、坪岚铁路建管、港口建设、临港工业发展、软环境建设、中小企业发展、茶叶产业发展和新型城市化建设等课题开展了专题调研，共形成视察、调研报告30余篇，提出的意见和建议得到区委、区政府和有关部门、单位的重视和采纳，为推动全区经济社会科学发展提供了重要决策依据。

第二节　学习宣传

区政协多次举办政协知识讲座，组织全体委员围绕人民政协的光辉历史、性质、地位、作用及人民政协的主要职能等方面进行较为系统的学习。创新学习形式，通过召开专题会、座谈会、外出参观、发放《政协委员手册》及《岚山政协工作》简报等形式，组织委员进行学习。建立会议学习制度，将学习贯穿于会议中，在召开常委会议、主席会议、专委会议时，都组织与会委员、常委结合当前工作进行学习；建立政协机关“周二集中学习”制度，机关全体人员每周二下午开展集中学习，采取邀请专家辅导、机关个人讲评等方式开展学习。围绕宣传政协委员先进事迹和基层政协工作的经验体会，共编写《岚山政协工作》简报182期，在国家、省、市、区报刊发稿700余篇，其中省级以上报刊发稿180余篇。区政协历年被日照市政协授予“全市政协宣传工作先进单位”，其中2008年在全省政协宣传干部培训会议上，区政协作为全省3个区县之一就宣传工作作了经验交流；2008～2011年先后被评为“市级文明机关”“市级文明单位”；2012年，被评为“省级文明单位”；2011年，被《光明日报》《人民政协报》《联合日报》授予“纪念辛亥革命100周年知识竞赛组织奖”；2011年、2012年，被山东省政协表彰为“全省政协宣传工作先进集体”。

第三节　重要活动

交流协作　区政协不断加强与外地政协组织和台胞、外商沟通联系，2005～2012年共接待省内外政协组织和台胞、外商200余次。2007年5月，加入苏鲁结合部县(市、区)政协协作会，参加了政协协作会的历次会议。

苏鲁结合部县(市、区)政协协作会第二十六次会议　2008年5月22～24日，苏鲁结合部县(市、区)政协协作会第二十六次会议在岚山召开。江苏省新沂市政协、邳州市政协、宿迁市宿豫区政协、睢宁县政协、东海县政协、赣榆县政协、涟水县政协、沭阳县政协，山东省郯城县政协、苍山县政协、临沭县政协、莒南县政协、临沂市河东区政协，分别安排主席、秘书长(办公室主任)参加了会议。市政协副主席王和田，区长徐淑利，区政协主席赵树村等领导出席会议并讲话。会议围绕“发挥政协自身优势，推进社会主义和谐社会建设”这一主题，就如何发挥政协职能作用，推进当地经济社会和谐发展的做法和经验进行了交流。2012年8月，区政协作为日照市区县政协代表，参加了全省政协工作经验交流会并作了书面发言。

书画联谊　充分发挥组织优势，积极开展联谊活动，2005年10月，成立岚山区书画艺术联谊会，注册会员80余名。

图25-4 2005年10月20日，岚山书画艺术联谊会成立

纪念红军长征胜利70周年书画笔会　2006年7月26日，区政协、区人武部联合举办了纪念红军长征胜利70周年“地税杯”暨庆祝“八一”建军节书画笔会。江苏省连云港市海州区政协副主席颜景华应邀出席了笔会，区政协主席王广举、区人武部部长李志民、岚山书画艺术联谊会会员及江苏省连云港市海州区书画艺术家等40余人参加了笔会。会上现场创作优秀书画作品80余幅。

庆祝人民政协成立60周年各界人士座谈会和书画笔会　2009年9月16日，区政协组织开展庆祝人民政协成立60周年各界人士座谈会和书画笔会。书画笔会由区政协文史委组织举办，邀请岚山部分书画艺术家现场挥毫泼墨，抒发对祖国灿烂历史文化、大好河山的热爱，宣传人民政协事业和岚山区经济社会建设取得的巨大成就。

纪念建党90周年书画展　2011年6月28日，区政协举办纪念建党90周年书画展，组织岚山在外书画名家及岚山美术工作者、书画爱好者参加，共收到书画作品140余幅，展出126幅，其中省级以上书画家协会会员作品30余幅。

至2012年，区政协共举办各种形式的书画展16次，联合周边区县进行书画交流笔会10余次，举办送“书画下乡”“春联下乡”等文化活动9次。

扶贫济困　切实关注民生，力促社会和谐，组织委员积极参与开展献爱心、“委员联系群众”等活动，为群众办实事、做好事。2008年四川汶川大地震后，区政协组织全体政协委员捐款捐物95万元；2005～2012年，共组织开展科技、文化、卫生“三下乡”活动8批160余人次，组织机关人员、委员参与“慈心一日捐”、走访慰问困难群众等活动捐助款物累计20余万元；为有效扩大社会救助面，2010年区政协组织成立了日照市岚山斋心慈善协会，政协委员踊跃捐赠善款150余万元；2012年区政协开展的委员联系群众实践活动中，全区200余名政协委员结对帮扶困难群众500余人，发放慰问金、物资15万余元。

第四节　文史资料征集研究

史料征集　2004年3月成立日照市岚山历史文化研究会，会员50余人。制订印发了《征集史料纲要》作为岚山史料征集指导性文件，把岚山文史资料分为9类，共计1140条。征集的主要内容：

政治类　岚山有史以来具有重大历史意义的政治事件和主要代表人物的史料，以设区组建、革命史略、抗日战争、解放战争史话、革命家、历史风云人物为主要内容。

军事类　以记述各个时期在岚山范围内各种重大的战役、战事和军事行动，以及有代表性、影响较大的军事人物的史料为主要内容。

革命斗争类　以记述自新民主主义革命开始，岚山人民在中国共产党的领导下进行的武装暴动、抗日战争、解放战争，以及支援革命战争的史料为主要内容。

民族宗教类　以反映介绍民族风俗民情、著名民族人物以及介绍宗教发展状况、名刹、庙宇建设和宗教活动为主要内容的史料。

社会类　以反映民间帮会、社团活动、著名庄园店堂、自然灾害、移民迁徙、婚姻习俗等史料为主要内容。

工商经济类　以反映各类企业兴衰发展、民族工商业发展简况、地方名品特产、工商业知名人士以及钱粮税赋征缴等经济活动为主要内容。

科技教育类　以反映自然科学、工程技术等领域著名科技人物和重大科研成果，以及记述在各个历史时期，倡导科学、开启民智、苦心育人的各类私立、公立学校教育发展演变和著名教育人士的事迹的史料为主要内容。

文化类　以记述文化事业、艺术团体、艺术品种发展演变等反映岚山文化特产和在近现代各历史时期起到积极作用的文化艺术代表人物及其艺术事迹、文物遗址、碑刻艺术、书画名作等文化史料为主要内容。

风物类　以反映山川、河流、泉水、岛屿等自然景观和名人胜迹、古迹遗址、古代墓葬等人文景观的特点、演变及现状，以及反映地方名吃特产、民间传统手工艺的起源、发展等方面的材料为主要内容。

文史研讨　2004年5月至2012年年底，先后组织召开文史座谈会、研讨会、学术报告会10余次。重要的活动有：2005年8月，纪念抗日战争

图25-5 2006年3月31日，圣公文化研讨会召开

图 25-6　2006 年 3 月 31 日,圣公山文化节举办

胜利 60 周年暨山东省军区(碑廓)军事工作会议召开 61 周年座谈会;2006 年 4 月,王安友小说《李二嫂改嫁》发表 56 周年暨原创作地纪念活动;2006 年 12 月,组织联系北京大学张传玺、山东大学杜泽逊、复旦大学柳向春、台湾东吴大学丁原基等海峡两岸知名学者开展了纪念许瀚诞辰 210 周年暨许瀚学术研讨活动;2007 年 8 月,请山东大学历史系教授方辉作了“日照地区古文化”学术报告会。自 2006 年开始,每年的农历 3 月 3 日举办“圣公山文化节”。

王安友小说《李二嫂改嫁》原创作地纪念活动　2006 年 4 月 26 ～ 27 日由区委、区政府、区政协在王安友家乡高兴镇举行,以纪念王安友小说《李二嫂改嫁》发表 56 周年、山东吕剧《李二嫂改嫁》首演 52 周年、王安友逝世 15 周年为主要内容。日照市人大常委会副主任蔡建华,副市长徐清(女),市政协副主席荆建迎,山东省作协副主席、日照市文联主席赵德发,区领导孙承金、孙欣亮、王广举、王泽光、郭洪林、秦玉贺、孟凡香(女)、邱玉德、张锋(女)、梁均培、韩建设出席了纪念大会,山东省作协常务副主席王兆山,省吕剧院院长、省戏曲家协会副主席刘桂成,省作协副主席、济南军区创作室主任苗长水,省吕剧院名誉院长、著名吕剧表演艺术家、国家一级演员郎咸芬(女),王安友夫人宋开文、儿子王鲁海,著名作家王良瑛以及山东省作家协会 26 名作家等嘉宾应邀参加了活动。

文史编辑　2003 ～ 2012 年,先后编印了《在外岚山籍知名人士名录》《八届政协委员名录》,编辑出版了《岚山文史》1 ～ 4 辑、《岚山古今书画·作品集》,共收录文史资料数百万字,其中《岚山文史》第一辑获全省政协优秀文史书刊二等奖、《岚山文史》第三辑获全省政协优秀文史书刊三等奖、《岚山古今书画·作品集》获全省优秀文史书刊优秀奖。指导出版了《岁月岚山》《安东卫史话》《圣公山史话》。配合市政协完成《日照考古名录》《日照进士录》《海外日照人》《日照文化概览》中岚山部分的资料征集、编纂工作。与山东大学历史系、山东省博物馆和图书馆、辽宁省博物馆、台湾东吴大学“中正图书馆”及周边省、市、县文史单位等建立史料交流联系网络,交流文史资料数千份。适时开展岚山文史工作年度表彰活动,2005 年、2006 年两次表彰全区文史工作先进单位 11 个,先进文史工作者 30 余人次。2007 年、2012 年,区政协被山东省政协表彰为“全省政协文史工作优秀集体”。

图 25-7　2006 年 4 月 26 ～ 27 日,王安友小说《李二嫂改嫁》原创作地纪念大会召开

第二十六编　民主党派 群众团体

清光绪三十三年(1907年),日照县成立农会,1916年改称农务会,1928年改称农民协会,协助官府处理日照县的土地、房产、田赋及农事纠纷等,会员大都是日照县内有名的士绅。

1932年,中共日照中心县委在后村山子河一带组建共青团、"觅汉会""车伙子会"等群众团体,成员多参加了之后的日照暴动。

从1940年3月到新中国成立前,域内抗日根据地各区、村先后建立青年救国会(简称青救会)、妇女救国联合会(简称妇救会)、农民救国会(简称农救会)、儿童团等群众团体,岚山头建立码头工会、海员工会,安东卫建立盐民工会,发动、组织岚山人民参加抗日斗争,开展参军、土改、支前等宣传、动员活动。

新中国成立后,在中国共产党领导下,岚山工、农、青、妇等各界群众团体在完成民主革命任务、进行社会主义革命和社会主义建设中,发挥了重要作用。

第一章　民主党派

第一节　组织状况

中国国民党革命委员会　2010年以前,岚山区有中国国民党革命委员会(简称民革)成员1人,2011年新发展党员4人,隶属于民革日照市委员会。2012年8月,民革岚山支部成立,有党员5人。

中国民主同盟　1994年6月开始在岚山发展成员,1995年6月成立民盟岚山小组,有盟员3人。1997年6月,民盟岚山支部成立,有盟员7人。2001年6月民盟岚山支部进行换届,有班子成员3人、盟员7人。2011年12月民盟岚山支部再次换届,有班子成员3人、盟员9人。至2012年,岚山有民盟支部1个,盟员12人,隶属于民盟日照市委员会。

中国民主建国会　2011年3月,在岚山发展会员1人,隶属于中国民主建国会山东省第七小组。

中国民主促进会　1996年前,岚山未建立组织。1996年,从外地调入岚山1名成员,隶属于中国民主促进会日照市支部。

中国农工民主党　2006年5月,在岚山发展党员2人;2008年1月发展党员1人。2011年6月,中国农工民主党日照市委员会岚山小组成立,有党员3人。

九三学社　2011年1月,九三学社日照市委员会岚山直属小组成立,共发展社员3人。

第二节　主要工作

2004年9月,岚山建立党和政府同民主党派、无党派代表人士通报会、协商座谈会和对口联系等制度。2008年5月,区委印发《中共日照市岚山区委关于巩固和壮大新世纪新阶段统一战线的实施意见》,就全区政治经济形势、精神文明建设、反腐倡廉和重大人事安排等问题,及时与各民主党派和无党派代表人士进行通报、协商和座谈,听取意见建议。各级共召开党外代表人士情况通报会18次、迎春茶话会7次,征询各种意见、建议130余条。2012年3月,区委统战部组织民主党派人士开展人才助企、科技助农、爱心助困和树立统战队伍亲民、为民、务实的良好形象的"三助一树"活动,举办惠民健康讲座2期,发放健康材料2000余份。2012年8月,非公有制经济党外代表人士为抗击"达维"台风捐款110余万元。

附:中国国民党在岚山活动

民国初年,王仲裕(巨峰镇柳古庄人)、薄子明(巨峰镇薄家口村人)等人先后加入同盟会,常年活动于外地,从事推翻北洋军阀反动政府的革命活动。

1923年春,岚山在青岛求学的学生王冠三(碑廓镇王家庄人)、王景贤(巨峰镇相家楼村人)、郑培明(后村镇李家洼村人)等相继加入国民党,并先后将贺元(岚山头街道童海路人)、黄凤诏(岚山头街道圣岚路人)、郑培南(后村镇小曲河村人)、王纶甫和王仁甫(巨峰镇柳古庄人)介绍入黄埔军校学习。是年年底,王冠三回乡开展农民运动,砸神龛,捣庙堂,创办新式学校,培植革命骨干。1926年,王景贤在乡下发动农民,建立武装。1927年3月,组织大刀会攻打直鲁联军驻安东卫兵营。是年7月,山东军务督办张宗昌网罗白俄兵围攻岚山大刀会,王建一率众堵截于巨峰镇六甲庄子村东,杀死白俄兵3人,伤其10多人。之后,王冠三率众拘押直鲁联军三十六军军长陈宝初及2名日本顾问(后释放),联络士绅清算北洋军阀政府的日照县长袁耀堂贪污案,并将其游街示众。

1928年,国民党日照县党部筹备委员会成立,1929年3月改称执行委员会。1939年6月,日本侵略军侵占日照城,国民党日照县党部临时解散。1939年冬,又在巨峰镇李家土山村集合,不久移住五莲山区。1941年10月,又活动在巨峰镇大坡、山旺一带,在各区、乡发展三青团组织。1942年秋,随着八路军甲子山反顽战役的胜利,国民党党团组织在岚山的活动迅速瓦解。

第二章 职工团体

第一节 组织沿革

1932年,中共日照中心县委领导成立了“觅汉会”“车伙子会”“盐工会”等组织。1939年6月,中国共产党鲁东南特委领导成立了中国共产党日照县委员会职工部。1940年3月,日照县职工代表大会在红泥崖村(今属五莲县街头镇)召开,成立了日照县职工抗日救国联合会,简称职工会。1949年10月,改称日照县工会工作委员会,1953年下半年改称日照县工会联合会,1958年6月改称日照县工会,1963年5月12日改称日照县总工会,1985年5月改称日照市总工会。

1993年7月,岚山总工会成立。至2003年,岚山总工会有下属基层工会组织161个,会员8621人。2005年12月,经中共岚山区委批准,设立岚山区总工会,内设办公室、综合部2个科室,行政编制5人,工勤编制1人。至2012年7月,岚山区总工会辖8个乡镇街道工会和45个党政机关事业单位工会、526个企事业单位基层工会,有会员56237名。

胡日学、杜作桥、张永平、谭洁(女)、费立班、杨克俭先后担任岚山(岚山区)总工会主席或常务副主席主持工作。

2005年9月21～22日,岚山区工会第一次代表大会召开,109名代表参加会议。大会审议并通过了《围绕发展大局,履行维护职能,团结带领全区职工为建设美丽富强的新岚山而奋斗》的工作报告和《区总工会财务工作报告》,选举岚山区总工会第一届委员会委员21人,杜作桥任工会主席,胡启发、张莉萍(女)任工会副主席,王世竹、王言栋、宋光锋、杜作桥、张莉萍(女)、胡启发、贺迎、韩见桂(女)、葛振祥等9人为第一届委员会常务委员,王世竹、杨克俭、张锋(女)、胡启发、葛振祥等5人为第一届经费审查委员会委员,胡启发任第一届经费审查委员会主任,张锋(女)任副主任。

第二节 工会工作

开展安全生产、劳动竞赛、技术创新和文化体育活动 1995年,岚山总工会为推进企业文化建设,提高员工素质,在企业开展文化知识竞赛活动。1996年,围绕“管理、效益”开展劳动竞赛活动,开展技术比武、技术革新活动,帮助企业做好扭亏增盈工作;举办职工庆“五一”书法、摄影展。1997年3月,开展了职工职业道德知识学习竞赛活动,发放职业道德问卷5000余份。1999年,在职工中开展了“学理论、忆光辉历程，话改革、迎世纪钟声”教育活动。2001年，工会给企业负责人上门送法；开展“职工之家”建设活动，评选出市级模范“职工之家”5个，模范“职工小家”2个；是年4月，举办“‘华洋杯’乒乓球比赛”和“庆五一演讲比赛”。2003年4月，举办了“庆五一‘鲁圣杯’登山比赛”。

2005年，开展安全生产大检查活动3次，提出事故隐患和职业危害整改意见32件，下达整改通知书32份。2006年4月在区第一中学举行庆“五一‘港业杯’体育比赛”。2007年，举行庆“五一”职工文艺演唱会；开展“创建学习型组织、争做知识型职工”和职工职业道德建设活动，全区评选出市级学习型组织2个、学习型个人2人，职工职业道德建设先进单位1个、先进个人1人；为活跃职工的体育活动，组织参加“迎水运、火炬接力”活动；举办了全区职工乒乓球比赛。2011年，以“感恩于心、回报于行”为主题，开展“企业感恩日”活动，通过开展金点子评选、职工感恩演讲比赛、技术比武、感恩故事会等活动，实现企业与职工共同发展。

为职工送温暖　1995～2000年，岚山总工会共计筹集捐款8万元，帮助困难职工3200余人。2001年、2002年，岚山总工会连续2年开展“一日捐”活动，岚山办事处干部职工累计捐款8.3万元，给362名困难职工发放了救助金。2003年4月，给26名困难劳模发放补助金7000元。2004年在基层工会开展“进万家门、知万家情、解万家难、暖万家心”为主要内容的送温暖活动，当年筹集资金2万元，走访慰问困难职工30人次。2005年，开展“不让一个困难职工子女因贫困而辍学”金秋助学活动，全区11名特困大学生受到救助。2006年4月16日，成立“困难职工帮扶中心”，设立“困难救助、信访接待、法律援助”三个窗口。2007年，联合团区委、民政局开展“金秋助学”活动，共救助贫困大学生118人。2008年，与区民政局联合救助困难职工189人。2009年，组织全区困难职工免费进行技能培训，开设电工、焊工、计算机等专业，共有46名困难职工取得初级职业资格证书。2011年8月，“金秋助学”行动帮助25名困难职工学子圆了大学梦。2012年8月，为25名困难职工子女发放助学金5万元。

女职委工作　1995年，岚山总工会开展庆祝“三八”节活动，调动女职工工作积极性。1997年组织女职工80人学习《中华人民共和国劳动法》。1998～2004年，共组织召开女职工座谈会6次、500余人次，学习《中华人民共和国妇女权益保障法》《中华人民共和国劳动法》和国务院《女职工劳动保护规定》。2005年，以经济建设为中心，以建立健全女职工组织网络为纽带，开展女职工“素质提升”“岗位建功”“权益维护”“爱心帮助”活动。2006年9月，联合区妇联组织全区女职工学习《中华人民共和国妇女权益保障法》《中华人民共和国劳动法》和国务院《女职工劳动保护规定》等法律法规。2007年下发《关于“加强女职工组织建设”活动实施意见》，帮助企事业单位建立完善女工会委员会。2011年，联合区妇联、妇幼保健站为全区72个行政、企事业单位1180名女职工进行了妇科查体。

工资集体协商　区总工会贯彻实施《劳动合同法》，广泛开展创建劳动关系和谐企业活动。协助党委、政府解决职工劳动就业、工资收入、社会保障、劳动安全、医疗卫生等方面存在的问题，做好维护困难职工和农民工权益的工作。建立平等协商和集体合同制度，把企业热点、难点问题作为协商谈判、签订协议的重点，确保职工利益得到保障。

1995～2003年，共有120个企事业单位工会同单位签订了集体合同。2004～2010年，新增110家企业签定劳动关系合同。2011年，区总工会、人社局、经信局转发《日照市职工工资集体协商试行办法》，并印发《岚山区工资集体协商参考文本》《岚山区工资集体协商的程序、流程操作详解》等，为协商工作提供政策保障，全区共有258家企业开展了工资集体协商工作并签订工资集体协商协议。

第三章　青少年团体

第一节　组织沿革

1932年春，中共日照县委建立共产主义青年团（简称青年团）组织，日照暴动失败后解散。1939年1月，中共日照县委建立青年部；1940年3月撤销青年部，设立日照青年抗日救国联合会（简称青救会）；至1943年，岚山境内抗日根据地各区及部分村相继建立青救会；1945年12月，青救会改称民主青年联合会。1946年11月5日，党中央提议建立“民主青年团或新民主主义青年团”，是月，虎山分区委在解放村成功创建岚山第一个团支部，受分区委和村党支部双重领导。

1949年元旦，党中央发出《关于建立中国新民主主义青年团的决议》，境内区、村先后设立团委、团支部，团员人数有了较大发展。1957年7月，中国新民主主义青年团第三次全国代表大会决定团的名称为中国共产主义青年团（简称共青团），各级团组织随之改称。“文化大革命”期间，共青团组织停止工作，由红卫兵组织取代。1968年3月，日照县革命委员会建立，设立政治部，下辖群工组。1971年5月，县革委群工组管理青年工作，由政治部副主任兼任组长。1971年秋季以后，安岚、碑廓、虎山、巨峰、黄墩、高兴、马庄等公社团组织得到恢复，公社设团委，企业、村设团总支、团支部，岚山团的组织属共青团日照县委领导。1985年3月，日照撤县设市，岚山共青团组织由共青团日照市委领导。1989年6月，日照市升格为地级市，岚山共青团组织由共青团日照市东港区委领导。

1993年7月，共青团岚山委员会成立，下辖岚山头街道、汾水镇、碑廓镇、虎山乡4个乡镇街道团委。2005年12月，岚山区委批准设立中国共产主义青年团岚山区委（简称岚山团区委），内设办公室、综合部2个职能科室，下辖岚山头、安东卫、虎山、碑廓、黄墩、后村、高兴、巨峰8个乡镇街道团委。2012年区划调整，中楼镇团委划归岚山团区委管辖，后村镇团委划归东港团区委管辖。

冯玉武、张桂伟、戚丽丽（女）、郑笃轩、李小雪（女）、赵琳（女）先后担任岚山团区委书记。

第二节　团员代表大会

1993年7月，岚山办事处第一次团员代表会议召开，共有83名团员代表参加会议。会议审议并通过了《在改革开放和现代化建设的伟大实践中培养四有新人》的工作报告，选举产生了17名出席日照市十四次团代会的正式代表。

2002年3月，岚山办事处第二次团员代表会议召开，共有76名团员代表参加会议。会议审议并通过了《与时俱进，锐意创新，不断开创共青团工作新局面》的工作报告，选举产生了17名出席日照市十五次团代会的正式代表。

2010年12月，岚山区第三次团员代表大会召开，共有116名团员代表参加会议，会议审议并通过了《高举中国特色社会主义伟大旗帜，为建设现代化海滨港城贡献青春力量》的工作报告，选举产生了共青团岚山区第三届委员会委员27名，候补委员9名。

第三节　青年工作

新中国成立前，青救会、新民主主义青年团发动广大青年与敌人开展斗争，并号召动员青年参军、支前。抗美援朝时期，青年团员踊跃开展社会主义劳动竞赛、“捐献飞机、大炮”活动，并积极报名参加中国人民志愿军。合作化时期，团员青年成为农业生产的主力军，并参加公路植树、海滩造林、绿化荒山等活动。20世纪60年代初，共青团日照县委组织开展“四好支部”和“五好青年”活动；1963年开展“向雷锋同志学习”活动。1966年，岚山民办教师徐子芳（女）为抢救落水儿童英勇牺牲，被共青团日照县委追认为“模范共青团员”，被中共日照县委追认为中共正式党员。1979年4月，开展“争当新长征突击手”活动。1982年，开展“责任田里创高产，专业承包多贡献，科学实验当尖兵”活动。1984年开展“青年之家”活动。1986年，开展“争做文明青年，建设文明单位，创造文明生活”活动。1988年，农村团组织开展“五队一校”和“青年之家兴旺杯”活动。

1998年，岚山办事处团委开展“农村青年致富工程”活动，培养“农村星火带头人”（1988年开始，由团中央与科技部联合组织，旨在把农村青年培养成为科技致富带头人和推动农业科技应用的主要力量，成为农业和农村经济建设骨干）2000余人，建立无公害蔬菜、优质绿茶、优质桑蚕、特色种植等各类科技示范基地30余处。1999年，在企业开展青工创新创效活动和青年岗位能手争创活动。2001年7月，开展农村青年致富网建设，为农村团支部书记及科技带头人配备传呼机200余部，制作各类致富信息宣传栏50余个。2000年9月，岚山办事处团委获全国《中华人民共和国大气污染防治法》知识竞赛优秀组织奖，并应邀到人民大会堂参加了颁奖仪式，成为全国3个获此殊荣的单位之一。

青年创业信贷计划　是团山东省委、山东省农村信用合作联社为农村创业青年提供低息贷款的一项活动，2006年开始实施。当年，团区委与岚山区农村信用合作联社联合开展帮助广大有志青年创业致富活动。同年3月，团区委书记戚丽丽（女）参加全省青年创业信贷计划现场会，并作了典型发言。截至2012年，团区委累计向信用社推荐创业青年400余人，有300余人获得优先优惠低息贷款，共计9800余万元。

农村青年技能培训　2008年，团区委与区人社局、农业局、科技局联合印发《关于推进农村青年技能培训的通知》，组织青年参加农业部门、科技部门举办的技能培训班。2008～2012年，全区各级团组织共组织农村青年参加茶叶技术、科学养殖等培训班20余次，参训青年达2500人次。

“村村都有好青年”争创活动　从2011年开始，团区委联合区委组织部、区文明办、区创先争优活动领导小组办公室、区人社局，在全区开展“村村都有好青年”争创活动。2012年“五四”期间，100人被表彰为“岚山区农村好青年”。

安全生产示范岗　自2008年始，团区委、区安监局联合开展“青年安全生产示范岗”创建评选活动。至2012年，全区共评选出“青年安全生产示范岗”20处，推选出省级“青年安全生产示范岗”1处、市级“青年安全生产示范岗”3处。

“岚山十大杰出青年”评选　1994年、2000年、2004年，岚山办事处团委开展了3届“岚山十大杰出青年”评选活动。自2006年起，岚山团区委每2年评选一届“岚山十大杰出青年”。至2012年，岚山共开展了7届“岚山十大杰出青年”评选活动，在各行各业、各条战线树立青年典型70人。

第一届“岚山十大杰出青年”名单

于国亮　碑廓镇中心初中教师
孙正森　岚山开发区房地产公司经理
宋　蕾　虎山乡中心小学教师
李传友　岚山头街道海州路冷藏厂厂长
张宗雨　岚山刺绣厂副厂长
周洪波　岚山开发区联发公司经理
相　斌　岚山公安分局干警
郭洪平　岚山开发区对外贸易总公司经理兼山东岚山海洋运输公司经理
魏本伟　日照日益木制品公司团委书记兼车间主任

第二届“岚山十大杰出青年”名单

马　全　岚山技工学校校长
王东亮　岚山工委宣统部新闻外宣科科长
王　波　日照市科工贸总公司岚山利波冷藏厂厂长
王海涛　碑廓镇王家庄村党支部书记
付作文　岚山头街道教委主任
朱世民　岚山公安分局虎山派出所干警
刘胜霞　岚山办事处科教委财务科科长
张广成　日照市三木集团有限公司合板厂厂长、团委书记
张　涛　岚山头街道圣岚路居团委书记
相　斌　岚山公安分局安东卫派出所所长

第三届“岚山十大杰出青年”名单

路俊宜　岚山计生委副主任
张国锋　岚山法庭副庭长

韩建国　山东鲁圣公司销售部副总经理
郑　聪　碑廓镇地税所所长
刘从刚　虎山镇东湖三村党支部书记、村主任
孙龙福　岚山交通局公路管理科科员
赵加胜　岚山房管所副所长
李宗军　岚山国税局税源管理科科长
孙建国　日照二院急诊科大夫、团支部书记
赵秀一　日照三木有限公司总经理助理

第四届“岚山十大杰出青年”名单

张　涛　岚山供电部副主任
张建平　日照市金海岸装卸有限公司董事长
虢夫来　区检察院侦查监督科科长
丁明来　巨峰镇农技站站长
李业山　区国税局巨峰分局科员
刘祥冰　区农信社观海路社主任
张须宾　区委宣传部新闻理论科科长
张秉硕　岚星化工工业有限公司副总经理
王　桦　区委党校学生管理科副科长
刘树忠　日照彤丰木业有限公司经理

第五届“岚山十大杰出青年”名单

王志远　岚山区人民法院党组成员、副院长
王　娜　日照市第二人民医院内二科兼传染病科护士长
张　伟　日照伟业工具有限公司董事长兼总经理
张德田　日照焦电有限公司副总经理
苏鑫珣　日照阿掖山房地产开发有限公司总经理
杨洪荣　岚山头街道杨家庄子村党支部书记、村委会主任
郑　强　日照东方红食品有限公司总经理
徐从排　日照排山公司总经理、天翔物流有限公司董事长
秦玉兰　后村镇山河小学教师
徐光洪　中粮黄海粮油工业(山东)有限公司总经理

第六届“岚山十大杰出青年”名单

丁　艳　日照日百商业有限公司萬德福岚山店总经理
车树杰　山东日照焦电有限公司副总经理
刘　永　岚山头街道童海路居委会党委副书记
刘相柏　黄墩镇中心小学校长
苏循雷　区委宣传部新闻科科长、区文联综合科科长
张永龙　碑廓镇中心卫生院党支部书记、副院长
张　磊　安东卫街道工商所副所长
张祥青　区建设局园林绿化管理处主任
郑俊凌　后村镇农村信用社主任
栾尚军　日照市公安消防支队第三中队指导员

第七届“岚山十大杰出青年”名单

丁　鹏　虎山派出所所长
杨泽良　区国税局办公室主任
李春刚　高兴镇农村信用社主任
郑　豪　山东鲁圣集团副总经理、鲁圣大厦总经理
赵一民　区人民医院医务科主任、骨外科主任
徐　伟　中粮黄海粮油工业(山东)有限公司信息中心主任
臧彦波　岚山供电部副主任
滕玉田　岚山区第一中学教师
滕怀松　岚山地税分局党组成员、副局长
戴　峰　岚山区市政工程公司经理

“青年文明号”创建　是共青团组织为适应建立社会主义市场经济体制要求、服务全党全国工作大局而实施的跨世纪青年文明工程的一项重要内容，目的在于引导广大职业青年弘扬良好职业道德，创造一流工作业绩，为推动经济与社会协调发展做贡献。

1997年起，岚山启动全国青年文明号创建工作，至2012年，岚山区共创建国家级“青年文明号”3个：岚山区国税局办税服务厅、山东万方路桥工程有限公司、日照海关驻岚山港办事处通关科；省级青年文明号19个：岚山区建设工程质量监督站、岚山区道路运输管理所、岚山广电分局新闻部、岚山出入境检验检疫局办公室、岚山头国税分局、巨峰国税分局、直属地税分局、安东卫

地税分局、岚山工商分局登记注册大厅、前三岛工商所、区社会劳动保险事业处、岚山头派出所、岚山检验检疫局办公室、区农村信用合作联社营业部、日照市第二人民医院普外科、岚山网通公司综合维护室、岚山移动公司观海路营业厅、人保财险岚山办事处、日照市金河汽修有限公司。

“青年志愿者”服务活动　1997年12月，岚山办事处团委开展青年志愿者服务活动，此后每年3月5日及重大节假日，各级团组织都组织团员青年开展法律法规咨询、义务维修、义务诊断、清理卫生等青年志愿者服务活动。2011年3月，岚山区志愿者协会在区民政局注册成立，下设夕阳红、文化、平安、关爱、生态、交通、科普、法律、医疗、乡镇街道等17个志愿服务分队，围绕区中心工作和民生主题，开展环境综合整治、道路交通、法律法规宣传、爱老助残、社区服务等志愿服务活动。

2011年7月，团区委下发《关于建立“小草学堂”暨关爱农民工子女志愿服务站的实施意见》，在巨峰镇后黄埠社区、黄墩镇南塔岭村建立两处“小草学堂”，并积极联系教育、公安、卫生、消防等单位志愿者以及山东科技大学大学生志愿者，利用假期对农村少年儿童进行免费课业辅导，开展丰富多彩的文体活动，使他们拥有一个温馨的家园和良好的学习环境，打造“青春助力、大爱岚山”特色志愿服务品牌。“小草学堂”工作法先后被《中国青年报》《大众日报》《日照日报》《黄海晨刊》等媒体宣传报道，被评为岚山区十大宣传思想创新案例、岚山区机关创新奖、日照市精神文明建设创新案例。

“优秀青少年维权岗”创建活动　是团中央、中央综治委办公室联合最高人民法院等11个部门于1998年在全国范围内共同开展的一项青少年权益保护活动，旨在动员社会各方面力量，共同关注并参与青少年维权工作，营造有利于青少年健康成长的良好社会环境。

1998～2012年，岚山共有13个单位获得“日照市优秀青少年维权岗”荣誉称号，分别是：区人民法院刑事法庭、汾水工商所、碑廓派出所、虎山派出所、岚山广电分局新闻部、岚山劳动监察大队、虎山司法所、碑廓工商所、岚山头边防派出所、区教育局基础教育科、区建设局工会、区人民法院安岚法庭、区人民检察院侦监科。

青年集体婚礼　自2010年起，团区委联合区民政局、区文明办、区计生局、《日照日报》岚山记者站开展青年集体婚礼活动，倡导文明、健康、节约婚庆新风尚。2010年5月4日上午，在区人民广场举行“相约泉祥·文明时尚”岚山区首届青年集体婚礼，共有16对新人参加活动。2011年8月6日，以“情定大爱岚山·共度真爱一生”为主题，在海纳伴山伴岛小区广场举行岚山区第二届青年集体婚礼，共有17对新人参加活动。

第四节　少先队工作

1942年，抗日根据地碑廓区建立了儿童团组织。1943年，汾岚、虎山、巨峰、黄墩、高兴、后村、大坡、中楼等区小学和部分村庄相继建立该组织。1949年10月13日，团中央下发《关于建立中国少年儿童队的决议》，岚山各小学纷纷成立少年儿童队。1953年6月，中国少年儿童队改名为中国少年先锋队，简称少先队。“文化大革命”时期，少先队被“红小兵”取代。1978年11月恢复少先队组织。1989年，辖区内适龄儿童基本入队。

20世纪40年代，儿童团主要任务是在本村青救会领导下站岗、放哨、查路条等，参加抗日斗争。少先队成立后，根据少年儿童特点，组织开展多种形式的活动，陶冶少年儿童情操。50年代初，开展“五爱”（爱祖国、爱人民、爱劳动、爱科学、爱护公共财物）教育；60年代开展向雷锋同志学习活动；80年代连续开展“人人争戴小红花、人人争做小主人”“用辛勤劳动换取食粮”、争创“金星大队”“学雷锋、学赖宁争做金色少年”等活动。1988年，虎山乡前水车沟初级中学少先队开展的“家乡环保日”系列活动受到卫生部、城乡建设环境保护部、司法部表彰，时任卫生部部长陈敏章亲笔签名，授予该校“环境小卫士”锦旗，“家乡环保日”活动被评为全国红领巾小建设一百个最佳活动之一，被全国少工委授予全国红领巾小建设“最佳奖”荣誉。1990年

8月，汾水镇前合庄小学少先大队获全国第四次人口普查知识竞赛集体组前十名，受到国务院人口普查办公室表彰。

1997年8月，虎山中学少先队辅导员苏同远受中国宋庆龄基金会特邀，与全国人大常委会副委员长吴阶平、全国政协副主席钱正英、卫生部部长陈敏章、中国宋庆龄基金会主席黄华、世界卫生组织驻华代表季卿礼博士等共同参加了“全国首届少儿反烟行动研讨会”。会后编辑出版了《为了健康的明天》一书，时任国家副主席荣毅仁为该书题词：“保护环境、保护儿童。”此书作为中国政府学术成果，献给了“第十届世界烟草和健康大会”。

2005年、2007年、2009年、2012年，团区委联合区教育局开展了4届少先队鼓号操大赛，参与少先队员近4000人，培养了少先队员的集体荣誉感和高尚情操。

2009年“六一”儿童节期间，团区委联合区教育局共同开展了“十佳少先队员”“港城小名士”评选表彰活动。到2012年，共开展2届，有68名少先队员获得表彰。

第五节 希望工程

1989年由共青团中央发起，旨在救助贫困地区失学儿童重返校园、促进贫困地区教育事业发展。1990年，共青团日照市委组建日照市青少年发展基金会，1992年对因家庭困难而失学的32名中小学生进行了扶持。1993年起，岚山开始开展“希望工程”，到2012年，共有200余名中小学生得到救助。2006年后，随着国家“两免一补”政策实施，“希望工程”救助对象逐渐转移到家庭困难的高中生、大学生，帮助他们实现大学梦。2006～2012年，共青团岚山区委共向社会募集爱心资金39万元，帮助240名家庭困难大学新生圆了大学梦。2004年岚山设区后，共争引“希望工程”资金115万元，建成希望小学5所，分别为：岚山区兴业希望小学、碑廓镇东升地毯东方时空希望小学、日钢第一希望小学、巨峰镇格力希望小学、岚山区巨峰镇鲁能希望小学。

图26-1 2006年5月30日，东升地毯东方时空希望小学举行揭牌仪式

第四章 妇女团体

第一节 组织沿革

1938年12月，中共日照县委设立妇女部，1940年3月成立日照县妇女救国联合会，简称妇救会。随后，根据地各区、村妇救会组织相继建立。1946年春改称民主妇女联合会；1948年春撤销；1949年10月建立妇女委员会。1950年春，日照县第一届妇女代表大会召开，选举产生了第一届民主妇女委员会，岚山各乡镇、村均建立了基层妇女组织。1957年妇女委员会改称妇女联合会（简称妇联）。“文化大革命”中，县妇联组织停止工作。1971年9月县革命委员会建立后，于12月恢复了日照县妇联。

岚山办事处设立后，成立岚山妇女联合会，设行政编制3人，下设4个乡镇街道妇联，166个村居妇代会，34个处直部门妇委会。2000年，17家个体私营企业建立了妇女组织。2005年，岚山区妇女联合会（简称区妇联）成立，设行政编制4人，工勤编制1人，内设办公室和综合部2个职能科室，下设8个乡镇街道妇联、45个区直单位妇委会、56个"两新"组织（新经济组织和新社会组织）妇委会。2007年5月16日，岚山区妇女第一次代表大会召开，选举产生了第一届执行委员会委员，选举路俊宜为妇联主席，会议号召全区妇女积极行动起来，建功"十一五"，巾帼创新业。

王洪彩、张永香、范彩英、路俊宜、潘芳、刘丽先后担任岚山办事处（岚山区）妇女联合会主席。

第二节　妇女工作

抗日战争时期，妇女部秘密发动群众抗日，动员妇女参加"识字班""妇救会"等群众抗日团体。在大生产运动中，日照县妇救会发动广大妇女纺线织布支援前线。1944年在碑廓创办"纺织指挥所"，共举办3期骨干培训班。碑廓张厚梅（女）5天能纺线2斤，并自买织布机1架，发动本村80多名妇女参加大生产运动，1944年3月8日获日照县妇救会颁发特等奖。

解放战争时期，域内各村妇女组织发动妇女积极动员青年参军、拥军支前、救护伤员。新兵入伍披红挂花，妇女扭着秧歌敲锣打鼓欢送，革命工作开展得轰轰烈烈。1947年，汾岚区妇救会发动妇女2天内完成4万斤煎饼的支前任务，在日照县评功大会上受到嘉奖。高兴区妇救会提出"男人前方把敌杀，妇女后方当好家"的响亮口号，她们参政当家，领导群众反特、土改复查、拥军优属、开展大生产，潘家洼村13名立大功的人中9名是妇女。

社会主义建设时期，广大妇女积极参加社会工作，起到了"半边天"作用，在种植、养殖、加工、服务、商业及传统工艺、庭院经济等行业中大显身手。1979年2月，碑廓四村妇代会被全国妇联表彰为"三八红旗集体"。

建功立业　1993年后，岚山办事处妇联开展"双学双比"（"学文化、学技术、比成绩、比贡献"）竞赛活动，对农村妇女进行文化、科技培训，并开展女技术员"绿色证书"职称评定工作；开展争当"科技女状元""致富女能手"竞赛活动，评出科技女状元100名，"致富女能手"500名；开展"巾帼建功"竞赛活动，主要是岗位练兵、技术比武、知识竞赛等，评选出"岗位标兵"100个，鲁圣公司装配车间被授予省级"巾帼建功"先进集体。1997年8月，全国妇联主席陈慕华到岚山视察，与岚山女个体私营企业主进行了座谈。2001～2003年，深化"巾帼科技致富工程"，有498名妇女获"绿色证书"，发展妇女"示范基地"12处。

从1998年开始，至2004年，岚山办事处共创市级"巾帼文明示范岗"14个，省级"巾帼文明示范岗"1个，国家级"巾帼文明示范岗"1个。岚山设区后，区妇联围绕"创一个岗、带一片人，挂一块牌、树一面旗"的目标，以"岗上创业，岗下奉献"为活动载体，继续深化巾帼文明岗争创活动。2007年，区国税局办税服务厅争创为全国巾帼文明岗；2011年2月，巨峰国税分局办税服务厅争创为全国巾帼文明岗。至2012年，全区共争创省级"巾帼文明岗"5处，市级"巾帼文明岗"36处。

2006年开始开展"巾帼示范村"创建活动，调动广大妇女参与新农村建设。2008年1月，碑廓四村被评为山东省"巾帼示范村"。至2012年，全区共建成市级"巾帼示范村"10个，区级"巾帼示范村"20个。2008年开始实施"巾帼星火创业培训计划""金手指"妇女创业行动，组织农村妇女参加蔬菜种植、畜禽及特种动物养殖、水产品加工等实用技术培训，增强妇女的科技文化素质和致富带动能力，共组织各类培训活动70余期，受益群众1.5万多人。2012年，岚山区妇联联合区人社局、易通培训学校等部门开展"妇女创业培训工程"，当年培训创业妇女（取得创业证的）389人；开展妇女小额担保贷款贴息工作，联合区人社局、区财政局、岚山工商分局等有关部门，建立"妇女创业服务工程"领导机构，有191人享受到小额贷款贴息，贴息金额108万元，有2家企业获得省级贴息贷款巾帼示范项目资金10.4万元。2009年3月，日照岚星化工工业有限公司被评为山东省巾帼创业示范基地；2010年12月，日照浏园生态茶叶基地被评为山东省巾帼科技示范基地，日照盛隆水产食品有限公司被评为省级妇字号龙头企业；2012 年 2 月，日照永兴食品有限公司被评为全国城乡妇女岗位建功先进集体。

文明创建 1995 年开始，开展“美在家庭”及“五好文明家庭”创建活动。“美在家庭”活动在西部农业村具体开展“三化”(绿化、美化、净化)、“四改”(改水、改厕、改灶、改圈)，改变“七个一”(改变一院子鸡鸭、一锅台苍蝇、一绳子四季衣服、一床底鞋袜子、一桌子碗筷、一床乱铺盖、一盆子脏衣服)工程；在沿海村居开展“巾帼文明创建”及“121”工程(一百本书、二份刊物、一份报纸)、建立“三室”(图书室、健身室、微机室)活动。岚山头街道童海路居和虎山镇东湖三村被评为省级“美在家庭”示范村。五好文明家庭创建活动，重点开展“好媳妇”“好婆婆”“好妯娌”及“尊老敬老先进个人”评选活动。

2007 年后，开展“创优美环境、建幸福家园”活动、“做文明女性，创优美环境”活动、“文明绿色家园”创建活动、“环境卫生整治巾帼文明行”活动。2010 年开展“母亲素质提升工程”，提高女性素质、促进家庭和谐、推进社会和谐。岚山头街道圣岚路居张宗翠被推荐为“山东省十大农家好媳妇”候选人，山东省电视台对其先进事迹作了采访展播。2007 年，日照永兴食品有限公司徐加确家庭、2010 年安东卫街道李文三家庭、2012 年鲁圣集团韩见桂家庭分别被评为“山东省五好文明家庭”。2008 年岚山区地税局陈常国家庭被评为全国“平安家庭”示范户。2007 ～ 2012 年，全区共评选表彰区级三八红旗集体 60 个、三八红旗手 122 名、五好文明家庭 591 户。

2000 ～ 2012 年，开展“巾帼文明队”建设(巾帼文明队是以基层妇代会为核心、妇代会成员为骨干、吸收妇女群众中积极分子参加的巾帼志愿者队伍)，以服务妇女、奉献社会、弘扬社会主义文明新风为宗旨，开展文艺宣传、体育健身、卫生保洁、科技推广、扶贫帮困等活动，至 2012 年，全区共组建 220 多支巾帼文明队。2007 年，区国税局巾帼文明队被评为“全国巾帼文明健身队”，岚山头街道岚阳路巾帼文明队被评为“山东省巾帼文明标兵队”，2011 年 5 月安东卫街道竹园居妇女健身站被评为“山东省妇女健身示范站点”。

2012 年，打造“品质女性、幸福生活”机关品牌，开展“美丽在乡村、巾帼在行动”活动。实施村居(家庭)净化、美化工程，实行妇代会委员联户包片制度，建立农村卫生保洁机制。开设“智慧妈妈、快乐成长”家庭教育讲座，当年举办培训班 32 期，有 30 多名志愿者组成家庭教育志愿者队伍。

春蕾计划 1995 年开始实施“春蕾计划”，开展“向女童献爱心”活动。至 2003 年 8 月，全处共捐款 22 万余元，先后捐助 960 名贫困女童。鲁圣集团总经理韩见桂被山东省妇联授予“春蕾计划”先进个人。2000 年 8 月，全国妇联提出“向西部贫困妇女伸出援助之手”号召，鲁圣集团总经理韩见桂、安东卫街道泉子庙建筑公司经理杨令田各捐助 1 万元，2 人同时被全国妇联授予“助西爱心大使”称号。2009 年 5 月 31 日，区妇联举行“大爱岚山·巾帼爱心行”启动仪式，倡议全区各界踊跃捐款，帮助贫困少年儿童，当天共募集捐款 39388 元，有 194 名学生得到资助。2012 年，开展以“争做巾帼英雄，争当慈善明星”为主题的“妇女自助行动”，募集捐款 17 万余元，救助 314 名贫困女童和贫困母亲。1995 ～ 2012 年，“春蕾计划”共筹集捐款 47 万余元，捐助女童 2300 余人。2009 年，在实施“春蕾计划”的基础上，将捐助范围扩大到贫困母亲，至 2012 年，共为贫困母亲捐款 12 万余元，对 150 名贫困母亲进行了捐助。

维护合法权益 2001 年，办事处妇联开展“法律进家”活动，引导妇女学法、用法，提高法律意识。办事处、各乡镇街道建立妇女儿童维权服务中心，为受侵害妇女儿童提供援助。虎山镇妇女儿童维权服务中心受到全国人大及省、市领导表扬，中央电视台进行了专题采访，作为典型在全国推广。2003 年，办事处妇联引资 500 万元，在轿顶山建设占地 5136 平方米的妇女儿童活动中心，2004 年 7 月竣工。2006 年开始编制妇女儿童发展规划，2006 年、2011 年分别由区政府颁布实施《岚山区妇女发展规划 2006 ～ 2010 年》《岚山区儿童发展规划 2006 ～ 2010 年》《岚山区妇女发展“十二五”规划》《岚山区儿童发展“十二五”规划》。2008 年，开展为农村妇女免费普查妇科病，7.4 万名农村妇女得到免费普查。

基层组织建设　2009年秋，进行农村妇代会换届直选试点，9月4～6日在碑廓镇3个试点村召开换届选举大会，岚山区成为山东省首个完成农村妇代会换届直选试点的区县。2011年，全区8个乡镇街道417个村，党支部中有女性的村146个，有女性支部书记7人，女性委员139人，女性进党支部比例达35%；村委会中有女性的村417个，有女性村主任7人，女性委员413人，100%村委会有女性。

从2010年开始，按照"六有"(有机构人员、制度、活动、经费、队伍、阵地)目标，加强妇联基层组织建设，开展"妇女之家"创建活动。"妇女之家"是村居、社区妇联组织凝聚妇女、服务妇女的重要阵地，是妇联组织参与社会管理和公共服务的重要平台。至2012年，全区共建立"妇女之家"438个，有8个村居(社区)被评为全国妇联基层组织建设示范村，有6个村居被评为全省妇联基层组织建设示范村，2010年碑廓镇被评为全国妇联基层组织建设示范乡镇，2012年岚山区获全省妇联基层组织建设示范县(市、区)。2006～2012年，举办7期女干部培训班。2012年11月28日至12月4日，举办了岚山区农村女性两委成员(妇代会主任)培训班，有405名农村女性两委成员(妇代会主任)参加了培训。2012年，区妇联联合区委组织部制定了《关于进一步加强"两新"组织中妇女组织建设工作的实施意见》，召开了公推直选岚山新玛特妇委会暨全区"两新"组织妇建工作动员会。在"两新"组织中创建妇女组织56个，实现了有妇女的地方就有妇女组织和妇女工作。岚山区在"两新"组织中公推直选妇委会的做法，作为典型案例入选《全省妇联基层妇女群众工作案例汇编》，在全省基层妇女群众工作会议上予以推广。2012年，成功争引3个省级妇女儿童家园项目，在安东卫街道汾水社区、碑廓镇王家庄社区、碑廓镇大湖社区、巨峰镇后黄埠社区建立了服务健全、功能多元的妇女儿童家园。

第五章　工商团体

第一节　商务会　商会

清宣统元年(1909年)，日照始设商务会，实行会董制，会董由各大商号派人充任。在商业繁盛的集镇，单独或联合设立分会，并呈请日照县署转呈省署核准备案。

1915年，商务会改称为商会，董事会改为监事会。商会定期召开监事会议，研究决定重大商业事宜，主要是执行政府指令，开展商务活动，诸如加强对商业流通的监督指导，协助政府征收课税，解决商家之间的纠纷，协助政府对企业登记注册，领取营业执照等。

1931年日照商会改组，各区除成立商会以外，还设立杂货公会、客栈公会、搬运公会和轮船公会等，属同业公会。抗日战争时期，各类商会组织基本瘫痪。

2005年10月，岚山区设立中国国际商会岚山商会，主要职责：开展同世界各国、各地区经济贸易界、商协会和其它经贸团以及有关国际组织的联络工作，组织岚山经济贸易、技术代表团、企业家代表团出国访问和考察；负责与外国对口组织在岚山的代表机构以及外国在华的商会进行联络；组织岚山区企业参加国际展览会的活动，参加世界博览会，赴国外主办贸易展览会和参加国际贸易博览会；代理岚山区企业在国外或外国公司和个人在中国的商标注册和专利申请；向区内有关企业和机构提供经济技术合作和贸易方面的信息和咨询服务及区内外公司、企业的资信调查服务。

2011年6月，中国国际商会岚山商会办公室加挂日照市岚山区对外劳务合作服务中心牌子，负责协调指导对外劳务合作，负责全区外派劳务人员的培训和派遣工作，以及外派劳务和境外就业人员的权益保护工作；负责境外就业职业介绍机构监督检查工作。

第二节　工商业联合会

1953年8月成立日照县工商业联合会，由日照工商业各界人民团体组成。1967年1月停止活动，1988年6月恢复工作。1953年8月至1988年6月，日照工商联共召开三届会员代表大会。

1997年4月，岚山工商业联合会（简称岚山工商联）成立，6月26日召开岚山工商联第一届会员代表大会，62名代表参加会议，选举产生了工商联第一届执行委员会，并召开了一届一次执行委员会会议。1998年，岚山办事处各乡镇街道均设立商会，并成立岚山人民广场分会、安东卫街道九州商场分会。2000年1月成立岚山烹饪业同业分会。2002年3月，岚山工商联召开第二届会员代表大会，64名代表参加会议，选举产生新一届工商联领导班子。2007年8月，岚山工商联召开第三届会员代表大会，参会代表166人，选举鲁圣集团董事长郑淑胜为主席，副主席 23 人，秘书长 1 人。2009 年，岚山区 8 个乡镇街道商会完成换届，在全市率先完成基层商会组织建设。2010 年 3 月，汾水社区商会成立。2012 年 1 月，岚山工商联召开第四次会员代表大会，参会代表 231 人，选举主席 1 人（鲁圣集团董事长郑淑胜继续当选），副主席 23 人，秘书长 1 人。

至2012年6月，岚山工商联共发展会员952名，其中个人会员591名，企业会员356名，团体会员5名，即岚山人民商场分会、安东卫街道九州商场分会、安东卫海货城分会、岚山烹饪业同业分会和汾水社区商会。

2005～2010年，连续6年被省工商联授予“山东省县级工商联先进单位”荣誉称号。2006年，参与“民企帮村”，推进社会主义新农村建设，被山东省工商联评为先进单位，其中，1家会员企业被评为“山东省民企帮村十佳示范企业”，2家会员企业被评为“山东省民企帮村优秀企业”。2008年11月，被山东省委统战部和省工商联授予“全省非公有制经济人士思想政治工作先进单位”。

岚山工商联会员积极参与社会主义和谐社会建设，在2008年5月汶川大地震抗震救灾和2012年8月抗击“达维”台风救灾捐助中，分别捐款1.55亿元和282万元。2009年9月，岚山工商联在全市率先建立“非公经济法律服务中心”，创新服务方式，积极为会员服务。

第六章　文学艺术团体

第一节　组织建设

岚山区文学艺术界联合会（简称区文联）和岚山区社会科学界联合会成立于 2005 年 12 月。2008 年 9 月岚山区社会科学界联合会撤销。2009 年，区文联先后注册登记区音乐家协会、区书法家协会、区摄影家协会、区作家协会、区民间文艺家协会、区美术家协会、区诗词学会等 7 个文艺团体，分别召开了诗词学会、音乐家协会、摄影家协会成立大会。2010 年，制定下发《岚山区文联协会指导管理办法》，规范文联各协会工作。2011 年，召开区作家协会成立大会、区音乐家协会常务理事会；在全区开展文艺人才调查摸底工作，对 260 名文化人才进行登记造册，建立起“文化人才信息库”。2012 年，成立岚山区文联党总支，下设岚山区音乐家协会党支部、岚山区诗词学会党支部、岚山区作家协会党支部、岚山区摄影家协会党支部。至 2012 年年底，区文联共发展会员 642 名，建有作家协会创作基地、音乐家协会文化活动中心及星河文化中心等文艺活动阵地 3 处。

2012年，尹玲（女）任区文联主席，卢文斌任岚山区音乐家协会主席（2011年11月前由周平和担任），王广举任岚山区诗词学会会长，张东波任岚山区摄影家协会主席，蓝强任岚山区作家协会主席，全区有山东省摄影家协会会员3人：王广举、张东波、王韩刚；山东省书法家协会会员3人：

徐大平、苏贻正、张念平;山东省美术家协会会员5人:张日友、侯永勤、王宏平、申云正、庞立芬(女);山东省作家协会会员1人:蓝强;山东省音乐家协会会员1人:周平和。

第二节　主要活动

区文联成立后,履行"联络、协调、服务、指导"职能,坚持党的"二为"方向和"双百"方针,团结带领全区文艺工作者勤于创作,多出精品,繁荣文艺创作,培养文艺队伍,发展文艺事业。

2007年,举办了庆十七大"永兴杯"书画展和"喜迎十七大、金秋新岚山""水运日照"新闻摄影展。2008年,举办了纪念改革开放30年暨解放思想活动摄影展。2009年,组织开展了"大爱岚山"首届少儿艺术大赛、日照首届少儿模特大赛岚山区选拔赛、庆祝建国60周年日照建市20周年岚山设区5周年诗歌朗诵会、摄影家协会作品展、全区迎新春书画展、全区首届青年歌手大奖赛等活动,编辑出版第一期诗刊《岚山诗词》。2009～2012年,诗词学会共组织开展到基层采风活动14次,出版《岚山诗讯》16期,刊出诗词700余篇。2010年,举办了第二届少儿艺术大赛,首届"岚山宝贝"选拔赛。2011年,组织开展"大爱岚山"宝贝风采专场演出、第二届"岚山宝贝"选拔评选、"大爱岚山·美在身边"摄影大赛、庆祝建党90周年摄影大赛等大型活动;长篇小说《包村干部》、读书笔记《漫卷西游》出版发行。2012年,举办"新起点,新岚山"迎新春庆元宵楹联征集大赛、第三届少儿艺术大赛、"学雷锋·大爱岚山"颁奖典礼文艺演出、"和谐岚山·魅力港城"岚山区元宵灯会亮灯仪式文艺晚会、"喜迎十八大·感受新变化"摄影展、"观自在"石荣强艺术展、"盛世·和谐"中国名家书画展、2013年新年晚会等大型活动。诗集《岚山诗词》、书画集《岚山古今书画》出版发行。

图26-2　2009年6月24日,"大爱岚山"首届少儿艺术大赛在区人民广场举行

第七章　残疾人团体

第一节　组织机构

1993年7月,设立岚山办事处残疾人联合会,与岚山民政局合署办公。2004年岚山区设立,岚山办事处残疾人联合会更名为岚山区残疾人联合会(简称区残联),与区民政局合署办公,理事长由区民政局局长兼任,配备专职副理事长1名。2009年,全区8个镇(街道)残疾人联合会全部配备残疾人专职干事,417个行政村全部建立残疾人协会(小组)。2008年,召开第一届区残联代表大会,选举产生残联主席团主席、名誉主席、执行理事会理事长、副理事长、理事,主席团主席由分管副区长担任,区委书记、区人大常委会主任等为名誉主席。2009 年,岚山区获全国白内障无障碍区、山东省白内障无障碍区和日照市扶残助残先进集体,2010 年获全省基层残疾人组织建设先进集体。

2012 年,全区共有残疾人 2.3 万人,占总人口的 5.3%。其中,视力残疾 397 人,占残疾人总数的 1.7%；听力残疾 1764 人，占残疾人总数的 7.6%；言语残疾 1917 人，占残疾人总数的 8.3%；肢体残疾 10616 人，占残疾人总数的 46%；智力残疾 916 人，占残疾人总数的 4.4%；精神残疾 3210 人，占残疾人总数的 13.8%；多重残疾 4180 人，占残疾人总数的 18.2%。

第二节　主要工作

康复工作　岚山办事处残疾人联合会成立后，对全处（区）各类残疾人实施各项康复救助措施，开展残疾人康复医疗训练服务。2007 年，在区民政局建立残疾人康复训练指导中心，配备了 15 套康复训练器材，作为社区服务点和全区康复训练示范点。

视力康复　2003 年，确定区人民医院为“白内障复明定点医院”，至 2012 年，共为 2995 名农村贫困白内障患者免费实施复明手术。组织开展“爱眼日”活动，争创白内障无障碍县，做到新生一例、发现一例，发现一例、治疗一例，治疗一例、康复一例。加强低视力康复训练，康复 101 例，开展低视力家长培训 42 人。

听力康复　2004 年设区后，每年 3 月 3 日在全区开展“爱耳日”活动，至 2012 年共为 34 名聋儿配戴助听器，34 名聋儿和 62 名聋儿家长接受了康复知识培训。

脑瘫智障残疾儿童康复　自 2009 年开始，区残联依托日照市中医院、超越培智学校，为全区智残儿童、脑瘫儿童进行免费康复训练，并对其家长进行康复知识培训，至 2012 年共为 40 名智残儿童、24 名脑瘫儿童进行了康复训练。

医疗救助　2009 ～ 2012 年，区残联依托岚山头街道卫生院、虎山镇卫生院建立 2 处“残疾人康复指导站”，在全区建立 21 处“残疾人社区康复站”，对残疾人在医疗、康复费用上实施最大限度的减免照顾，共有 2460 名残疾人得到康复训练和治疗。全区城镇残疾职工全部参加了基本养老、失业、工伤和生育保险；残疾人个体户、个体就业残疾人和其他残疾居民也都参加了基本医疗保险和养老保险。在农村，全区 1211 名贫困低保重度残疾人养老保险金由政府全额补助，标准为每人每年 100 元；全区 2.17 万农村残疾人全部参加新型农村合作医疗。

精神病防治康复　自 2004 年起，每年 10 月 10 日，区残联组织开展“世界精神卫生日”活动，宣传精神病防治知识，为精神病患者送医送药。2008 ～ 2012 年，区残联依托日照市第三人民医院，连续 4 年为全区 110 名贫困精神病患者实施了免费服药救助，并对 50 名特困精神病患者进行免费住院治疗。

辅助器具供应　2004 ～ 2012 年，区残联共为 58 名截肢残疾人装配普及型假肢，为 1430 名残疾人免费发放辅助器具。

就业培训　岚山区 2001 年开始实施按比例安排残疾人就业。根据山东省政府第 115 号省长令，区政府印发《岚山区人民政府办公室关于转发区残联等部门岚山区残疾人就业保障金征收管理实施办法的通知》，规定凡岚山区范围内机关企事业单位及其他经济组织，必须按在职职工总数 1.5% 的比例安排残疾人就业，达不到比例的对其依法征收残疾人就业保障金，由地税代收、财政代扣、残联征收“三马拉一车”的办法征收。至 2012 年共安排 52 名残疾人集中就业。

鼓励和扶持残疾人自谋职业，残联与国税、地税、工商联合行文，对残疾人个体经营者实行减免税费照顾，至 2012 年全区残疾人个体经营者达到 2430 人。自 2009 年起，每年投入 10.5 万元扶持 35 户有就业愿望的残疾人实施残疾人自主创业工程，每户一次性补贴 3000 元。推荐有劳动能力的残疾人到福利企业集中就业，2012 年全区 7 家福利企业共接收 392 名残疾人。分别设立碑廓残疾人蔬菜种植培训基地，黄墩残疾人板栗种植培训基地，高兴、巨峰茶叶种植培训基地，岚山头养殖培训基地；在日照铸福实业有限公司、日照岚星化工工业有限公司、山东鲁圣线路器材厂建立了 3 处残疾人就业示范基地，每年有 800 名残疾人可学到一技之长。组织推荐有一技之长的残疾人参加职业技能比赛，2010 年 5 月，岚山区 9 名残疾人参加了日照市残联举办的残疾人职业技能竞赛，其中李茂盛在理发项目中获得一等奖。

扶贫救助 自2009年起，岚山区残联免费为残疾人办理、发放第二代“中华人民共和国残疾人证”，至2012年年底共发放9300余本；每年为考入普通高校的贫困残疾学生发放助学金，每人2000～4000元不等，至2012年共救助残疾大学生40人；每年实施“爱心助残、温馨安居”救助活动，3年共发放生活用品260件，价值15万余元。2004～2012年，共为困难残疾人免费发放297辆轮椅、75台助听器；投资480.4万元为467户残疾人家庭进行了危房改造。

维权工作 2007年在区司法局设立“残疾人法律援助中心”；在区残联建立“法律援助站”，聘请3名法律援助联络员，为残疾人无偿提供法律援助。至2012年，全区共有34名残疾人接受了法律援助。

宣传文体工作

宣传工作 2004～2012年，岚山区残联在广播电台、电视台播出扶残助残等新闻、专题节目5次，在各类报刊发稿9篇；通过“全国助残日”“爱耳日”等活动，采取定点宣传、悬挂横幅、张贴宣传画、电子屏幕滚动播放宣传标语、文艺汇演等办法，加大对残疾人事业等相关法律法规的宣传力度，营造全社会扶残助残氛围。2004～2012年助残日期间，共悬挂横幅410条，张贴标语960条，发放宣传单1.7万余份。

文体工作 区残联每年组织全区有专长的残疾人参加山东省、日照市残联组织的各项文化活动、残疾人运动会。2010年，岚山区6名残疾人运动员代表日照市参加在淄博市举行的山东省第八届残疾人运动会，获得2金、4银、4铜的好成绩，其中，赵丹获F56级女子铁饼金牌，陈小杰获自行车女子C5级5公里个人赛金牌、女子C5级500米个人计时赛银牌、女子C5级3公里个人追逐赛银牌、女子C5级25公里个人赛银牌，厉永武获自行车项目男子C5级4公里个人赛银牌、男子C5级3公里个人追逐赛铜牌，丁银根获F58级男子铅球铜牌、F58标枪铜牌，张涛获F58级男子铁饼铜牌。

第二十七编　综合政务

2002年5月，设立岚山行政审批服务中心。2009年设立审批服务科，凡进入行政审批服务中心的审批事项，实行“一站式”审批服务。至2012年年底，全区有30个具有审批职能的部门(单位)进驻行政审批服务中心，累计办理各类行政审批服务事项31万余项。

1992年，岚山开发区筹备委员会成立政治工作部，劳动人事局与其合署办公。1993年9月，成立岚山人事劳动局，设立岚山人才交流服务中心。1996年，开展机关工作人员向公务员过渡。同年起，新录用国家公务员及机关工作人员，均实行严格考试。1997年，推行大中专毕业生就业分配制度改革，为返籍大中专毕业生办理接收服务。2008年起实施“三百工程”，连续3年每年引进100名专业技术人员充实到区直和乡镇街道事业单位。至2012年，全区共有机关事业单位工作人员6149人，其中行政人员597人，工勤人员79人，事业人员5473人。

1992年，启动农村社会养老保险。1996年，实行社会统筹与个人账户相结合的办法征缴企业职工养老保险金，并实行离退休职工养老金社会化发放。同年，实行工伤保险、女职工生育保险。2008年，启动被征地农民养老保险。2010年，启动新型农村社会养老保险。2011年，启动城镇居民社会养老保险。至2012年年底，全区城镇基本养老、医疗、失业、工伤和生育保险参保人数分别达到36638人、93526人、10618人、19109人和10054人，社会保险基金总收入39648万元，总支出24790万元。城乡居民社会养老保险参保人数25.73万人。

1993年后，岚山开始兴办敬老院，对“五保”老人集中供养，除集中供养外，还采用集体供给居家分散养老等形式。至2012年，岚山区共有8所镇办敬老院，床位850张。共有“五保”对象915人，其中集中供养687人，实际供养标准每人年均3600元；分散供养228人，供养标准每人年均2000元以上。岚山被表彰为“山东省敬老院建设先进区”。

1993年岚山办事处设立后，岚山救灾、救济工作制度日趋完善，优属、抚恤标准逐年提高。1996年，建立城镇居民最低生活保障制度。1998年，建立农村居民最低生活保障制度。2009年，建立对基本生活出现暂时困难家庭的临时求助制度。2012年，建立90岁以上无固定经济收入的高龄老人生活补贴制度。倡导有条件的村居实施养老生活补助金制度，全区有92个村居10097名老年人定期领到生活补助金。

第一章　行政审批服务

第一节　机构设置

2002年5月，岚山设立行政审批服务中心，2005年6月更名为岚山区行政服务中心，2011年3月加挂岚山经济开发区牌子，全称为岚山区(岚山经济开发区)行政服务中心(简称区行政服务中心)，为区政府派出机构，正科级事业单位，内设办公室、业务督查科、政府网站管理科(挂市区长电话办理科牌子)、项目服务科。2007年3月，迁至岚山中路41号日照银行综合办公大楼办公。

2009年设审批服务科，75名工作人员进驻区行政服务中心和分中心。各审批职能部门与进驻科室签订行政审批授权书，达到100%授权，进驻窗口统一使用“审批专用章”。

至2012年年底，全区有30个具有审批职能的部门(单位)进驻行政服务中心。独立设立服务窗口的部门单位22个，分别是：区人防办、区发改局、区商务局、区科技局、区民政局、区住建局、区交通运输局、区水利局、区农林局、区林业局、区文体新局、区卫生局、区安监局、区国税局、区地税局、岚山工商分局、岚山质监分局、岚山食品药品监督管理局、岚山公安分局、岚山国土分局、岚山环保分局、岚山消防大队；进驻综合服务窗口的部门单位4个，分别是：区教育局、区人口计生局、区粮食局、岚山国安分局；设立4个厅外分中心，分别是：区渔业局、岚山交警大队、区公路局、岚山烟草专卖局分中心；1个部门专业服务大厅：区人社局人力资源服务大厅。进驻5家中介服务机构，分别是：青岛海易建设项目管理咨询有限公司、日照绿之缘环保咨询有限公司、山东绿洲建设项目综合服务有限公司、日照同州测绘有限公司、日照方圆刻字社。设置行政投诉监察中心、带班领导室、业务督查科、项目受理中心等4个监督、协调、管理及项目服务窗口；设置打字复印服务窗口1个。在各乡镇街道设为民服务中心8处、村级为民服务室422处。

第二节 工作职责

区行政服务中心负责行政服务大厅的运行管理与保障，网上审批系统的建设、维护和管理；对驻厅部门窗口、区直部门分中心、部门服务办事窗口、乡镇街道便民服务中心、村便民服务室的工作进行指导、监督和考核。参与对全区行政审批项目的梳理、审核、监督，研究提出入驻大厅部门和事项的意见、建议，经批准后组织实施。协调、监督岚山区、岚山经济开发区重点项目行政审批手续办理。负责部门行政服务科室、窗口行政服务行为的监督管理，优化行政服务窗口设置和办事流程，组织、协调、督促多个部门联合审批的办理。受理并会同监察部门处理行政服务质量、效率等方面的投诉，并提出处理建议。承担岚山政务网站建设。承担市长、区长公开电话及市长信箱反映问题的办理。

第三节 工作制度

“八公开”制度 印制办事明白纸，公开“日常办理事项的名称、咨询监督电话、依据、条件、程序、收费依据及标准、承诺时限、办理结果”等八项内容。

“七制”办理制度 对进入行政服务中心的审批服务事项，按情况分别通过直接办理制、承诺办理制、联合办理制、上报办理制、退办答复制、扎口收费制、联动服务制等“七制”办理。

直接办理制 凡程序简便，可当时或当日审批的项目，即来即办，当日办结。

承诺办理制 对不能当场办理，需要审核、论证、召开听证会、公告或现场勘察的申请项目，由窗口工作人员组织勘察，在承诺日办结。

联合办理制 对两个或两个以上部门联合审批的项目，由主办窗口牵头协调，在规定时间办结。

上报办理制 需上报上级审批的申请事项，由主办部门负责上报，在规定时限内与上级部门联系，帮助办结。

退办答复制 对不符合条件不予批准的项目，受理窗口书面告知申请人不予批准办理的理由，明确给予答复。

扎口收费制 所有进驻中心审批项目的收费，实行一个窗口，统一收费。

联动服务制 区行政服务中心与进驻综合服务窗口的部门单位、厅外分中心、各乡镇街道为民服务中心建立业务联系、沟通、办理机制，实行联动服务。

第四节 运行机制

“一站式”审批服务 即进一家门办成，收规定费办完，按承诺日办结。按照“一门受理、窗口运作、统一收费、承诺办结”的方式运作。

一门受理 凡进入行政服务中心的行政审批事项，各部门单位不再直接受理，统一由设在行政服务中心的窗口受理。

窗口运作 进入行政服务中心的行政审批事项都由窗口操作办理。进入行政服务中心的部门启用行政审批专用章，由窗口使用和管理，不再回原单位盖章。需要部门领导签字才能办理的，部门领导在规定时限内到行政服务中心签字。由行政服务中心综合窗口负责受理的部门和厅外分中心，均服从行政服务中心的调度，并与行政服务中心建立联动服务机制。

统一收费 进入行政服务中心的行政审批事项收费，均按物价部门核定的标准，由窗口统一收取，纳入财政“收支两条线”管理。

承诺办结 进入行政服务中心的行政审批事项，全部确定办结时限，并作出公开承诺。

并联审批　对投资建设项目和个体工商户、企业注册登记等事项实行并联审批。并联审批按照“一门受理、抄告相关、同步审批、限时完成”的工作要求。首接部门负责有关并联审批事项的受理、抄告和咨询工作，联办单位负责所涉及事项的审批、上报和反馈工作。

“绿色通道”办理　对全区重大招商引资项目实行“绿色通道”办理制，从项目立项到竣工验收提供应急服务、预约（延时）服务、延伸服务、上门（现场）服务、全程服务、指派服务等特别服务。

多重监督机制　在行政服务中心办事大厅设立业务督查科，实行定期巡查、回访监督；设立投诉处，接受客户现场监督；设立电子监控设备，实时监督；聘请社会监督员、定期发放社会调查问卷，接受社会监督；窗口所有业务纳入网上受理、网上监督；进入行政服务中心的各部门同时接受区行政效能投诉中心的监督。

第五节　特色服务

亲切服务

推行“上岗八问”　推行上岗前以“今天，您停车到位了吗，锁好了吗？今天，您的服装整洁吗，合规吗？今天，您的胡须头发打理了吗，好看吗？今天，您早上刷牙了吗，没异味吧？今天，您精神状况很好吗，没熬夜吧？今天，您见到大家打招呼了吗，微笑了吗？今天，您手机调好了吗，没噪音吧？今天，您的工作到位了吗，计划好了吧？”为主要内容的“上岗八问”要求，规范全体行政服务工作人员的仪容仪表和上岗前的准备工作。

推行“八先八再”　上岗后推行以“先整洁，再上岗；先微笑，再欢迎；先请坐，再慰问；先告知，再办理；先帮助，再把关；先承诺，再提效；先感谢，再收费；先起立，再欢送”为主要内容的“八先八再”制度，规范全体行政服务人员的言谈举止、待人接物等方面的文明礼仪。

实行一次性告知　工作人员明确告知办事人员“自己身份（编号），群众监督的途径；办理的程序，群众办理的标准；可能的麻烦，或许遇到的风险”等内容。

实行“一准三清”　工作人员做到“一口说准”“登记表格一次给清、咨询事项一次说清、办理程序一次讲清”。

推广“补、换、欠”服务法　允许非必要材料不齐全，由申请人取证时“补”齐材料；允许申报内容或形式有瑕疵，由申请人取证时更“换”不合格的材料；允许申请人办理时“欠”费，待领取证照时再缴齐费用。

实行“六个统一”服务制度　工作人员实行“统一着装、统一配证上岗、统一普通话服务、统一中午不饮酒、统一大厅不抽烟、统一不用窗口电脑玩游戏”的“六个统一”服务制度。

品牌服务　树立“精诚服务”品牌，创新推广“廉洁行政、精诚服务”的廉政文化行政服务理念，要求工作人员牢固树立“立说立行、马上就办”的工作作风，执行“四快五办”工作标准，“四快”即咨询解答快、手续办理快、项目审批快、问题解决快；“五办”即重点项目认真办、分内事情积极办、分外事情帮着办、能办的事情立即办、难办的事情尽量办，做到“四个一样”，即“干部群众一样尊重，生人熟人一样热情，忙时闲时一样耐心，大件、小件一样对待”。

“一本通”服务　将产业项目开工建设涉及到的6个主要部门的10个审批环节、20余项审批项目需提交的材料及要求整合为一张表格，将新投资产业项目开工建设涉及到的11个部门的审批手续办理流程、申报材料及申报样本整合编印了《新投资产业项目建设审批手续办理一本通》，为投资方提供全面的“一次性告知”和“范本式服务”内容。

大项目特色服务

应急服务　需边受理边办理有关审批手续的项目，本着“急事急办、特事特办”原则，根据应急服务要求，为项目提供“补（存在失误的材料进行补正）、换（不完善的材料进行替换）、欠（暂时欠缺的材料进行补齐）”服务。

预约延时服务　项目在申办过程中需要在非工作时间办理的，或者项目急需在特定时间内完成的，有关窗口和工作人员加班加点，提前介入，提供预约延时服务。

延伸服务　对关系项目落地的非职责范围内

事项，有关窗口和工作人员提供延伸服务，主动帮助联系相关单位，协助做好项目落地的其他服务工作。

上门（现场）服务　服务对象因特殊原因无法到大厅窗口办理有关手续的，或项目在申办过程中一些需要现场勘查的环节，有关窗口和工作人员为服务对象提供“全天候”上门（现场）服务。同时，开展“百家企业大走访”活动，到规模以上企业及在谈、待建、在建等大项目企业，提前介入，现场办公。

全程服务　在区行政服务中心统一牵头下，有关服务窗口按流水程序负责本窗口审批服务事项的快速办理。上一窗口完成后，主动帮助联系下一窗口。尤其对需上报国家、省级、市级部门审批、核准或备案的重大项目，相关部门尽快转报上级部门，同时根据需要落实专人全程代办或跟踪服务。

指派服务　对需分中心或乡镇为民服务中心办理的审批服务事项，进行任务指派，由被指派的分中心或乡镇为民服务中心为大项目提供高效优质服务。

2009 ～ 2012 年，服务中心不断深化改革，压缩审批环节，现场办结率达 90% 以上，提前办结率达 80% 以上，承诺件平均办结时限 2.09 个工作日，完善基建项目投资等 6 个并联审批流程，企业设立审批 6 个工作日内完成，基建项目“三证”审批 45 个工作日（含招投标时间）完成，一般工业项目用地审批 90 个工作日（含法定公告时间）完成。

至 2012 年年底，区行政服务中心累计办理各类行政审批服务事项 31 万余项，年平均办件 3 万余项，满意率达 99% 以上。

第二章　人事管理

第一节　机　构

1993年9月，岚山办事处设立人事劳动局（简称岚山人劳局），与办事处编制委员会办公室合署办公，1999年8月更名为人事劳动和社会保障局（简称岚山人社局），下设办公室、调配科、工资福利科、安全生产委员会办公室、劳动仲裁争议处理科、劳动监察科、职称专家科7个行政科室和社会劳动保险事业处（含行政、事业）、劳动就业办公室（加挂劳动服务公司牌子）、人才交流服务中心、事业单位登记管理办公室、农村养老保险事业处、医疗保险事业处、职能技能鉴定所、劳动监察大队、就业训练培训中心9个事业单位。

2011年3月更名为岚山区人力资源和社会保障局（简称区人社局）。内设8个职能科室：办公室、公务员管理科（挂区军官转业安置办公室牌子）、专业技术人员管理科、工资福利科、社会保险科（挂行政服务科、规划财务科牌子）、职业能力建设科（挂就业促进科牌子）、仲裁办公室、劳动监察科；下设9个事业单位，分别为劳动就业办公室、社会养老保险事业处、社会医疗保险事业处、机关事业单位养老保险事业处、农村社会养老保险事业处、人才交流服务中心、劳动监察大队、工人技术考核办公室、职业能力鉴定中心。

第二节　编　制

岚山办事处机构编制　1993年5月，日照市委、市政府《关于设立岚山工委、办事处的决定》，批复岚山设置机构26个，其中工委工作部门5个，办事处工作部门18个，按党章、宪法和有关规定设置机构3个。工委设置：办公室、组织部、宣传统战部、政法委（司法局与其合署）、纪律检查委员会（监察局与其合署）；办事处设置：办公室、计划统计委员会、经济贸易委员会、农业委员会、城乡建设环保委员会、文化体育委员会、科教委员会、民政局、人事劳动局、计生卫生局、财政分局、税务分局、土地矿产管理局、工商分局（含物价工作）、审计局、水产局、公安分局、安全分局。法院、检察院的工作由日照市中级人民法院、日照市人民检察院授权东港区人民法院、东港区人民检察院代管；工会、团委、妇联设一个机构，挂三块牌子；开发区管委会下设综合办公室。

岚山工委、办事处直属机构的人员编制为100名(含岚山开发区40名编制,不含政法人员编制),占用市直行政编制;乡镇街道机构实行“一办五委”制,行政编制为193名,占用东港区乡镇街道行政编制。

1994年4月,工委设置组织员办公室,与组织部合署办公。同年,日照市编委《关于我市公安部门和司法行政系统增加编制的通知》批准,岚山公安分局新增编制8名,司法局新增编制5名;是年8月,日照市编委下发《关于岚山办事处设立机构和增加编制的批复》,批准成立对外经济贸易委员会、交通局、乡镇企业局、司法局,列入办事处工作部门序列,增加行政编制50人。1995年4月,岚山办事处增加公安专项编制20名。1996年3月,工委设立精神文明委员会办公室(与宣统部合署办公),计生卫生局分开为计生委和卫生局。1997年1月,设立党校、行政事务管理局;办事处设立广播电视局。同年设立人大工委、政协工委。1997年6月,日照市编委下发《关于岚山办事处增加编制的批复》,增加乡镇编制10名,全部用于组建前三岛乡党政机关。1999年7月,办事处成立粮食局。

岚山区机构编制　2004年经国务院批准成立岚山区。实行“两区合一”体制,岚山经济开发区工委、管委与岚山区委、区政府合署办公。

全区设置党政机构31个。其中区委工作部门6个,分别是:纪律检查委员会机关(监察局与其合署)、区委办公室、组织部(区直机关工作委员会与其合署)、宣传部、统一战线工作部(台湾工作办公室、工商业联合会机关、归国华侨联合会机关与其合署)、政法委员会(社会治安综合治理委员会办公室与其合署);区政府工作部门18个,分别是:政府办公室、发展和改革局(统计局与其合署,挂物价局牌子)、经济贸易局(安全生产监督管理局与其合署,挂对外贸易经济合作局、民营经济发展局牌子)、教育局、科学技术局(科学技术协会机关与其合署,挂地震局牌子)、监察局(与纪律检查委员会机关合署,不计政府部门个数)、民政局(残疾人联合会机关与其合署)、司法局、财政局、人事劳动和社会保障局(机构编制委员会办公室与其合署)、城乡建设局、交通局(挂区政府口岸办公室牌子)、水利局、农业林业局(对外可使用农业局、林业局名称)、文化体育局(对外可使用文化局、体育局名称)、卫生局、人口与计划生育局、审计局、渔业局;按照宪法及有关规定设置机构4个,分别是:人大常委会办公室、政协办公室、人民法院、人民检察院;群众团体3个,分别是:总工会、共青团岚山区委、妇女联合会。

新设岚山区人员编制从全市范围内调剂,其中市级党政群机关行政编制向岚山区调剂79名,东港区乡镇街道党政群机关行政编制向岚山区调剂103名,从岚山区乡镇街道机关调剂乡镇编制71名。调剂后岚山区区级党政群机关行政编制253名,乡镇街道党政群机关行政编制240名,政法专项编制191名(其中法院45名、检察院35名、司法局23名,公安局88名)。东港区中小学教职工编制向岚山区划转1575名,划转后岚山区中小学教职工编制3186名。

2006年9月,岚山工委党校更名为中共日照市岚山区委党校,为副处级建制;成立岚山区经济开发区管理机构,撤销与岚山区委、区政府合署的岚山经济开发区工委、管委;区人大增设法制工作委员会、财经工作委员会、教育科学委员会3个专门委员会;区政协增设学习提案经济建设委员会、社会法制委员会2个专门委员会;设立市城市管理行政执法局岚山综合执法大队,加挂城市管理执法局岚山分局的牌子;2006年12月,日照市编委《关于为市县两级法院检察院补充政法专项编制的通知》,下达岚山区政法编制10名(其中法院编制7名,检察院3名),下达区级行政编制63名。至此,全区政法专项编制113名,区级行政编制316名。

2008年7月,撤销区卫生防疫站,组建岚山区疾病预防控制中心和卫生监督所,隶属于区卫生局管理;成立区政府应急管理办公室;在岚山区第一中学设置副处级职数;调整区人民防空办公室机构体制,撤销建设局下属事业单位人民防空办公室,加挂民防局牌子,与区政府办公室合署办公。2011年10月,设立日照钢铁精品基地建设服务中心,归岚山经济开发区管委管理。

2011年政府机构改革,将安监局、统计局纳入区政府机构部门序列,原与区人社局合署办公的区机构编制委员会办公室单独设置,纳入区委机构序列。

岚山区机关事业单位人员情况一览表

表 27-1　　统计截止时间：2012 年 12 月 31 日　单位：人

项　目	经费编制	区直部门		乡镇街道		教　育		卫　生		合　计	
		编　制	人　数	编　制	人　数	编　制	人　数	编　制	人　数	编　制	人　数
行　政		474	408	242	189					716	597
工　勤		69	61	26	18					95	79
事　业	参照管理	131	103							131	103
	全额拨款	623	543	324	402	3010	3317			3957	4262
	差额补助	51	42		23			637	581	688	646
	自收自支	322	319		13					322	332
	企业管理	147	130		0					147	130
	小　计	1274	1137	324	438	3010	3317	637	581	5245	5473
合　计		1817	1606	592	645	3010	3317	637	581	6056	6149

岚山区党政群机关行政人员情况一览表

表 27-2　　统计截止时间：2012 年 12 月 31 日　单位：人

单位名称	行政编制	政法编制	其他专项	行政人员	政法人员	其他行政	离岗人员
区委领导	2			3			
纪委	36			35			
区委办公室	15			12			
组织部	14			13			
宣传部	12			6			
统战部	6			3			
台湾事务办公室	2			1			1
政法委	12			11			1
编制委员会办公室	6			3			
信访局	5			6			2
人大主任、副主任	6			5			5
人大财经委员会	2			2			1
人大法制委员会	1			1			3
人大教育委员会	1			1			1
人大办公室	9			4			2
政协主席、副主席	5			5			2
政协社会法制委员会	2			0			2
政协学习提案经济建设委员会	1			1			
政协办公室	6			3			1
区政府领导	8			8			
经济开发区管委领导	2			2			
区政府办公室	16			14			1
发改局	7			8			

续表27-2

单位名称	行政编制	政法编制	其他专项	行政人员	政法人员	其他行政	离岗人员
价格监督检查局			5			0	
经信局	8			10			3
商务局	6			6			
教育局	7			7			1
科技局	5			4			
民政局	7			6			2
财政局	9			8			1
人社局	11			11			1
住建局	10			10			1
交通运输局	7			8			2
水利局	6			8			
农林局	8			7			4
文体新局	6			5			4
卫生局	8			8			1
人口和计划生育局	7			7			1
审计局	7			7			1
渔业局	7			6			3
统计局	6			5			
安监局	7			8			2
蓝色经济办公室	0			0			
工会	5			4			1
团委	4			4			
妇联	4			3			
党政群小计	321	0	5	289	0	0	50
法院（专项）		74			62		
检察院（专项）		45			44		
司法局（专项）		12			10		1
乡镇司法所			17			3	
政法小计	0	131	17	0	116	3	1
区直总计	321	131	22	289	116	3	51
岚山头街道	31			23			3
安东卫街道	30			20			3
虎山镇	33			31			1
碑廓镇	27			27			
黄墩镇	27			18			1
中楼镇	35			22			
高兴镇	26			21			2
巨峰镇	33			27			7
乡镇街道合计	242	0	0	189	0	0	17
全区总计	563	131	22	478	116	3	68

岚山区区直事业单位人员情况一览表

表 27-3　　　　统计截止时间：2012 年 12 月 31 日　单位：人

主管部门	设置情况				领导职数			现有在职人员				离岗人员
	单位名称	经费性质	规格	核定编制	处级	正科	副科	合计	副处	正科	副科	
区委	区委党校	全额拨款	副处	51	1	3	5	52		2	4	1
		参照管理		4				3	1	2		
区政府	行政事务管理局	全额拨款	正科	8		1	2	6		1	2	
	城市管理行政综合执法大队	参照管理	正科	55		1	3	43		1	3	
	粮食局	参照管理	正科	10		1	3	11		1	4	4
	供销联社	参照管理	正科	11		2	3	11		2	3	
	行政服务中心	全额拨款	正科	12		1	2	9		1	2	
	招商局	全额拨款	正科	20		1	5	10		1	4	
	文化市场综合执法局	全额拨款	正科	9		1	2	7		1	2	
	林业局	全额拨款	正科	8		1	2	6		1	2	1
	茶业管理办公室	全额拨款	正科	6		1	2	6		1	1	
	钢铁产业办公室	全额拨款	正科	5		1	2	5		1	1	
	化工产业办公室	全额拨款	正科	5		1	2	5		1	1	
	木材加工贸易区	全额拨款	正科	8		1	3	8	1	1	2	
	日照钢铁基地建设服务中心	全额拨款	副处	8								
	半岛蓝色经济区先行示范区规划建设协调推进办公室	全额拨款		15	1	3		2			1	
	小　计			235	2	19	36	184	2	17	32	6
区委办公室	目标管理绩效考核办公室	全额拨款	正科	9		1	1	6		1	1	
	区委、区政府接待处	全额拨款	正科	4		1	1	3			1	
	党史研究室	参照管理	副科	4			1	1			1	
	档案局（档案馆与其合署）	全额拨款	副科	7			1	4			1	
纪　委	行政投诉监察中心（挂纠正部门和行业不正之风办公室牌子）	全额拨款	正科	15		1	1	6		1	1	
组织部	党员电教中心（加挂农村党员远程教育中心牌子）	参照管理	副科	7			1	4			1	
	老干活动中心（老干服务中心与其合署）	全额拨款	股级	4				3				

续表27-3

主管部门	设置情况				领导职数			现有在职人员				离岗人员
	单位名称	经费性质	规格	核定编制	处级	正科	副科	合计	副处	正科	副科	
宣传部	文学艺术界联合会	参照管理	正科	2		1		1		1		
	新闻中心	全额拨款	正科	7		1	1	5			2	
统战部	民族宗教办公室	全额拨款	副科	3			1	2			1	
编制委员会办公室	事业单位登记管理局	参照管理	副科	4			1	3			1	
人武部	民兵训练基地(民兵武器装备仓库与其合署)	全额拨款	副科	9			1	8			1	
人大办	机关服务中心	全额拨款	股级	4				3				
政协办	机关服务中心	全额拨款	股级	3				3				
政府办公室	史志办公室	全额拨款	副科	5			1	5			1	
	办公自动化技术室	全额拨款	股级	11				9				
	经济研究室	全额拨款	股级	3				3				
发改局	岚山区价格认证中心	全额拨款	股级	3				3				
	原物价所	全额拨款						7				
经信局	节约能源办公室(挂节能监察大队、职工教育办公室牌子)	全额拨款	股级	7				5				1
商务局	商务综合执法大队	全额拨款	股级	8				7				
	外商投资中心	差额补助	股级	2				0				
	中国国际商会岚山商会办公室(挂区对外劳务合作服务中心牌子)	全额拨款	股级	7				5				
教育局	教学研究室	全额拨款	副科	11			1	9				2
	招生办(与高教自考办合署)	全额拨款	副科	4			1	2			1	1
	区政府教育督导室	全额拨款	副科	3			1	3			1	1
	电大工作站	全额拨款	股级	2				2				
	电教站	全额拨款	股级	2				1				
	区勤工俭学办公室(挂图书发行管理办公室牌子)	全额拨款	股级	2				1				
	区托幼办公室	全额拨款	股级	2				3				
	教育财务结算中心(学生资助管理中心与其合署)	全额拨款	股级	6				3				
科技局	科技生产力促进中心	全额拨款	股级	3				6				

续表27-3

主管部门	设置情况				领导职数			现有在职人员				离岗人员
	单位名称	经费性质	规格	核定编制	处级	正科	副科	合计	副处	正科	副科	
民政局	老龄工作委员会办公室	参照管理	正科	3		1		4			1	
	婚姻登记处	全额拨款	股级	8				10				
	区救助管理站(挂区居民家庭经济状况核对中心牌子)	全额拨款	股级	8				4				
司法局	法律援助中心	全额拨款	股级	2				3				
	公证处	差额补助	股级	4				3				
住建局	城市规划管理处	差额补助	副科	10			1	7				
	建筑设计院	企业化管理	副科	15			1	16			1	
	城乡建设档案馆	全额拨款	股级	5				8				
	建筑工程图纸审查中心	全额拨款	股级	5				4				
	市政管理处	差额补助	股级	10				12				
	园林绿化管理处	自收自支	股级	35				37				
	环境卫生管理处	自收自支	股级	35				35				
	建筑工程质量监督站	自收自支	股级	20				22				
	工程建设标准定额管理站	自收自支	股级	6				5				
	房地产管理所	自收自支	股级	15				25				
	城乡建设勘察测绘院	自收自支	股级	10				12				
	建筑行业劳动保险费用管理站	自收自支	股级	3				4				
	自来水公司	企业化管理	股级	80				80				
	市政工程公司	企业化管理	股级	20				26				
	热力公司	企业化管理	股级	12				5				
	房地产公司	企业化管理	股级	20				3				
交通局	交通运输监察站(交通运输监察大队规范性Ⅱ类治理车辆超限超载检测站与其合署)	自收自支	副科	25			1	26			1	
	公路工程管理处	自收自支	副科	10			1	7				
	道路运输管理所	自收自支	股级	8				5				
	路政养护所	自收自支	股级	3				5				
	车辆维修管理所	自收自支	股级	3				3				
	客运管理所(加挂出租车管理所的牌子)	自收自支	股级	4				4				
	岚山头交通管理所(挂驻站管理办公室牌子)	自收自支	股级	6				6				
	安东卫交通管理所	自收自支	股级	6				6				
	碑廓交通管理所	自收自支	股级	6				6				

续表27-3

主管部门	设置情况				领导职数			现有在职人员				离岗人员
	单位名称	经费性质	规格	核定编制	处级	正科	副科	合计	副处	正科	副科	
交通局	虎山交通管理所	自收自支	股级	6				6				
	黄墩交通管理所	自收自支	股级	6				6				
	巨峰交通管理所	自收自支	股级	6				6				
	中楼交通管理所	自收自支	股级	15				9				
	高兴交通管理所	自收自支	股级	6				6				
	直属交通管理所(挂城市公共交通管理所牌子)	自收自支	股级	5				5				
水利局	防汛抗旱办公室	参照管理	股级	4				2				
	农水站(挂区水资源管理办公室、区农村供水管理办公室牌子)	全额拨款	股级	6				5				
	水土保持委员会办公室	参照管理	股级	7				7				
	水政监察大队	自收自支	股级	6				6				
	巨峰水库管理所	差额补助	股级	10				6				
	土山河水库管理所	差额补助	股级	3				4				
农业局	农业技术推广站	全额拨款	股级	4				4				
	农村经营管理站	全额拨款	股级	5				5				
	农业机械安全监理站(农业机械化技术推广站与其合署)	差额补助	股级	7				7				
	动物疫病预防控制中心(加挂区畜牧兽医监测中心牌子)	全额拨款	副科	5			1	5				
	动物卫生监督所(加挂山东省(汾水)动物防疫监督检查站、岚山区兽药饲料监察所、畜牧兽医综合执法大队牌子)	全额拨款	股级	4				4				
	畜牧站	全额拨款	股级	4				3				
	岚山头街道畜牧兽医站(挂畜产品安全监理站牌子)	全额拨款	股级	4				4				
	安东卫街道畜牧兽医站(挂畜产品安全监理站牌子)	全额拨款	股级	4				3				
	虎山镇畜牧兽医站(挂畜产品安全监理站牌子)	全额拨款	股级	4				4				
	碑廓镇畜牧兽医站(挂畜产品安全监理站牌子)	全额拨款	股级	6				6				
	黄墩镇畜牧兽医站(挂畜产品安全监理站牌子)	全额拨款	股级	6				6				
	中楼镇畜牧兽医站(挂畜产品安全监理站牌子)	全额拨款	股级	9				7				
	高兴镇畜牧兽医站(挂畜产品安全监理站牌子)	全额拨款	股级	6				6				
	巨峰镇畜牧兽医站(挂畜产品安全监理站牌子)	全额拨款	股级	10				10				

续表27-3

主管部门	设置情况				领导职数			现有在职人员				离岗人员
	单位名称	经费性质	规格	核定编制	处级	正科	副科	合计	副处	正科	副科	
林业局	林业技术推广站(绿化委员会办公室与其合署)	全额拨款	股级	3				2				
	木材检查站	自收自支	副科	10			1	12			1	
	果树站	全额拨款	股级	3				3				
文体新局	旅游综合开发办公室	全额拨款	股级	2				2				
	群众文化艺术馆(老年体育协会与其合署)	全额拨款	股级	4				4				
卫生局	爱卫会办公室(红十字会办公室与其合署)	参照管理	副科	4			1	3		1	1	
	疾病预防控制中心	全额拨款	副科	15			1	20			1	1
	卫生监督所	全额拨款	副科	10			1	12				
	妇幼保健院	全额拨款	副科	20			1	13			1	
	新型农村合作医疗办公室	全额拨款	股级	6				8				
人口和计划生育局	计划生育技术服务中心	全额拨款	副科	20			1	20			1	1
	流动人口计划生育管理办公室	全额拨款	股级	4				4				
	计划生育协会	全额拨款	正科	5		1	2	7				
	计划生育信息中心	全额拨款	股级	2				2				
	城市计划生育管理办公室	全额拨款	股级	2				2				
	药具管理站	全额拨款	股级	2				2				
审计局	经济责任审计办公室	全额拨款	副科	6			1	3				1
	固定资产投资审计办公室	全额拨款	股级	6				3				
渔业局	渔政监督管理站	自收自支	副科	24			1	24				
	渔船渔港监督管理站	自收自支	副科	26			1	21				
	渔业通讯管理站	自收自支	股级	17				10				
	渔业技术推广站	全额拨款	股级	5				5				
统计局	经济社会综合调查队	全额拨款	副科	12			1	7				
安监局	岚山区安全生产监察大队	参照管理	股级	12				7				
行管局	区直机关服务中心	全额拨款	股级	5				7				
	轿顶山生活小区管理办公室	差额补助	股级	5				3				
	小　计			1039	0	9	41	953	0	5	29	10
	合　计			1274	2	28	77	1137	2	22	61	16

岚山区乡镇街道事业单位人员情况一览表

表 27-4　　统计截止时间：2012 年 12 月 31 日　单位：人

乡　镇	机构名称	编　制	现有人员	乡　镇	机构名称	编　制	现有人员
			合　计				合　计
岚山头街道	财政经管服务中心	7	15	黄墩镇	财政经管服务中心	7	10
	农业综合服务中心	11	22		农业综合服务中心	11	14
	人口和计划生育服务中心	11	15		人口和计划生育服务中心	11	10
	社会事务服务中心	5	4		社会事务服务中心	5	5
	城市管理服务中心	5	3		经济发展服务中心	5	5
	小　计	39	59		小　计	39	44
安东卫街道	财政经管服务中心	7	14	高兴镇	财政经管服务中心	7	15
	农业综合服务中心	11	20		农业综合服务中心	11	21
	人口和计划生育服务中心	11	11		人口和计划生育服务中心	11	9
	社会事务服务中心	5	2		社会事务服务中心	5	1
	城市和经济发展服务中心	5	3		经济发展服务中心	5	3
	小　计	39	50		小　计	39	49
虎山镇	财政经管服务中心	11	8	巨峰镇	财政经管服务中心	11	20
	农业综合服务中心	11	17		农业综合服务中心	11	36
	人口和计划生育服务中心	11	8		人口和计划生育服务中心	11	16
	社会事务服务中心	5	3		社会事务服务中心	5	0
	经济发展服务中心	5	2		经济发展服务中心	5	2
	文化综合服务中心	2	2		文化综合服务中心	2	2
	小　计	45	40		小　计	45	76
碑廓镇	财政经管服务中心	7	6	中楼镇	财政经管服务中心	11	15
	农业综合服务中心	11	12		农业综合服务中心	9	26
	人口和计划生育服务中心	11	6		计划生育服务中心	9	9
	社会事务服务中心	5	3		社会事务服务中心	6	3
	经济发展服务中心	5	0		企业发展服务中心	4	13
	小　计	39	27		小　计	39	66
					总　计	324	438

岚山区中小学教职工人员情况一览表

表 27-5　　统计截止时间：2012 年 12 月 31 日　单位：人

类别	学校	编制	现有人员
高中	小计	404	386
	岚山区第一中学	231	226
	日照三中	173	160
初中	小计	1226	1430
	实验中学	146	156
	岚山头街道初级中学	58	127
	安东卫街道初级中学	85	109
	虎山镇初级中学	183	195
	碑廓镇初级中学	171	152
	黄墩镇初级中学	133	144
	中楼镇初级中学	81	117
	中楼镇第二中学	33	63
	高兴镇初级中学	97	122
	巨峰镇第一中学	83	92
	巨峰镇第二中学	75	80
	巨峰镇大坡初级中学	81	73
小学	小计	1242	1366
	岚山头街道中心小学	39	64
	岚山头街道海州路小学	27	31
	岚山头街道童海路小学	21	32
	岚山头街道甜水河小学	15	19
	岚山头街道五联办小学	10	21
	安东卫街道中心小学	58	45
	安东卫街道明珠路小学	127	91
	安东卫街道仁家村小学	15	14
	安东卫街道合庄小学	13	15
	虎山镇中心小学	42	47
	虎山镇夏家村小学	13	15
	虎山镇前水车沟小学	9	10
	虎山镇梭罗树小学	15	14
	虎山镇泥田沟小学	14	14
	虎山镇东湖小学	20	18
	虎山镇韩家营子小学	20	18
	虎山镇桥南头小学	10	16
	虎山镇日钢希望小学	21	18
	虎山镇潘家村小学	19	19
	碑廓镇中心小学	45	38
	碑廓镇大朱曹小学	13	16
	碑廓镇二朱曹小学	20	20
	碑廓镇司田小学	19	23
	碑廓镇甫田小学	21	23
	碑廓镇辛兴小学	19	21
	碑廓镇大湖小学	16	19
	黄墩镇中心小学	40	44
	黄墩镇辛庄小学	19	39
	黄墩镇孔庄子小学	15	28
	黄墩镇蒲汪小学	9	26
	黄墩镇粮山小学	21	30
	高兴镇中心小学	42	46
	高兴镇工农小学	12	19
	高兴镇尧王小学	14	20
	高兴镇兴业小学	17	31
	中楼中心小学	214	195
	巨峰镇中心小学	71	85
	巨峰镇大坡小学	26	20
	巨峰镇卜落小学	15	22
	巨峰镇刘家沟小学	20	20
	巨峰镇北山头小学	14	21
	巨峰镇后崖下小学	7	0
	巨峰镇大土山小学	12	21
	巨峰镇六甲小学	13	18
	合　计	2872	3182

岚山区成教中心、幼教中心教职工情况一览表

表 27-6　统计截止时间：2012 年 12 月 31 日　单位：人

单　位	教职工总数	单　位	教职工总数
岚山头街道成教中心	17	岚山头街道幼教中心	19
安东卫街道成教中心	6	安东卫街道幼教中心	17
虎山镇成教中心	1	虎山镇幼教中心	8
碑廓镇成教中心	8	黄墩镇幼教中心	18
黄墩镇成教中心	2	碑廓镇幼教中心	13
高兴镇成教中心	1	高兴镇幼教中心	10
巨峰镇成教中心	1	巨峰镇幼教中心	14
成教中心合计	36	幼教中心合计	99

说明：成教中心、幼教中心省、市、区尚未核定编制

岚山区卫生系统人员情况一览表

表 27-7　统计截止时间：2012 年 12 月 31 日　单位：人

单位名称	规格	经费性质	编制及领导职数			现有职工总数		
			编制	领导职数				
				院长	副院长	合计	正科	副科
岚山区人民医院（加挂日照市第二人民医院牌子）	正科	差额补助	180			235	1	4
岚山头医院	正股	差额补助	60	1	2	60		
虎山镇卫生院	正股	差额补助	73	1	3	46		
碑廓镇中心卫生院	正股	差额补助	60	1	2	44		
黄墩镇中心卫生院	正股	差额补助	62	1	3	46		
高兴镇卫生院	正股	差额补助	42	1	2	42		
巨峰镇中心卫生院	正股	差额补助	91	1	3	80		
中楼镇医院	正股	差额补助	69	1	3	28		
合　计			637			581	1	4

第三节　公务员管理

公务员过渡　1996年5月20日，中共山东省委组织部和山东省人事厅联合发布《关于机关现有工作人员向国家公务员和机关工作者过渡考核的实施意见》，岚山根据文件精神对机关符合过渡条件的228名工作人员进行了过渡培训，统一组织了考试。首次及格221人，及格率为96.92%，不及格的7名人员经过补考后也全部通过，考核合格人员根据职位所需，被择优选配到合适职位。

招考公务员和机关工作者　为补充机关工作人员，根据国家公务员有关法规和全市统一部署，岚山面向社会公开招考了部分国家公务员。

1997～2012年岚山招考公务员和机关工作者统计表

表27-8

年份	1997	2003	2004	2005	2006	2007	2008	2009	2010	2011	2012
人数（人）	11	15	15	29	8	12	5	5	18	23	8

公务员登记　2007年年初，根据日发〔2004〕20号和日编发〔2006〕51号文件精神，岚山区公务员登记工作分区委组织部、人事劳动和社会保障局2条渠道进行。区委组织部审核登记人员408人（含经组织批准离岗退养而尚未办理退休手续人员45人）。按职务分类：正处级3人，副处级24人，正科级79人，副科级209人，科员93人；按进入渠道分类：参加过渡279人，考试录用63人，选任或委任55人，政策性安置11人。区人事劳动和社会保障局审核登记的科员86人（含经组织批准离岗退养而尚未办理退休手续人员6人），其中参加过渡40人，考试录用32人，政策性安置14人。2011年，区人社局又审核登记科员20人，其中考试录用15人，政策性安置5人。2012年，区人社局审核登记科员12人，其中考试录用8人，政策性安置4人。

参照公务员管理　2007年12月，岚山区印发《日照市岚山区事业单位参照公务员法管理工作方案》，事业单位参照管理工作全面展开。通过审核，对35个部门79个事业单位的申报材料送日照市人事局审批。

2008年7月16日，日照市人事局印发《关于岚山区区委党史研究室等13个事业单位参照公务员法管理的通知》，参照单位分别为：区委党史研究室、区委党校、区农村党员远程教育中心、区红十字会办公室、区粮食局、区老龄工作委员会办公室、区事业单位登记管理局、区安全生产监察大队、区劳动监察大队、区水土保持委员会办公室、区政府防汛抗旱指挥部办公室、区供销合作社联合社、市城市管理行政执法局岚山综合执法大队，参照人员114人。

干部培训　岚山在实行公务员考录制度的同时，开展公务员培训，先后组织培训17次，累计2800人次，培训内容主要为邓小平理论、“三个代表”重要思想、科学发展观、《中华人民共和国公务员法》和公文写作等。

吸收录用干部　根据日照市《关于事业单位新进人员实行面向社会公开招考的意见》，借鉴国家公务员“凡进必考”的做法，对事业单位新进人员一律面向社会公开招考，择优录用。

2004年，岚山区为区直事业单位招考大学生11人；2005年，为区直事业单位公开招考8人；2007年，为教育系统公开招考骨干教师12人、小学教师42人，为卫生系统公开招考医生26人；2008年，通过考试办法，为高中理顺聘用教师编制111人，为区直事业单位及乡镇公开招考大学生100人，为高中公开招考骨干教师37人，为乡镇公开招考小学教师60人；2009年，为区直事业单位及乡镇公开招考大学生100人，为教育系统公开招考高中教师14人、职业中专教师4人、小学教师90人，为卫生系统公开招考护理人员18人；2010年，为区直事业单位及乡镇公开招考大学生100

人，为教育系统公开招考高中教师 11 人、职业中专教师 6 人、小学教师 60 人、幼儿园教师 8 人；2011 年，为教育系统公开招考高中教师 12 人、职业中专教师 5 人、小学教师 63 人、幼儿园教师 12 人，为卫生系统公开招考医务人员 62 人；2012 年，为教育系统公开招考高中教师 9 人、职业中专教师 6 人、初中教师 11 人、小学教师 47 人、幼儿园教师 12 人，为卫生系统公开招考医务人员 62 人。

干部调配　岚山工委成立后，本着“适才适用，适人适职，人尽其才，事竟其功”的原则，对干部进行调配，根据干部的“德、才”情况和“四化”建设需要，做到“量才用人，人尽其才，才尽其用”。

1993～2012 年岚山干部调配统计表

表 27-9

年　份	竞岗单位（个）	竞岗人数（人）	调　入（人）	调　出（人）	年　份	竞岗单位（个）	竞岗人数（人）	调　入（人）	调　出（人）
1993			75	2	2003	2	3	14	17
1994			61	4	2004	6	39	12	5
1995			76	6	2005	3	16	2	13
1996			81	7	2006	26	207	10	22
1997			71	4	2007	15	153	36	43
1998			39	6	2008	12	66	8	17
1999			7	3	2009	10	80	7	19
2000	4	9	11	2	2010	8	57	6	17
2001	6	23	4	3	2011	4	29	14	27
2002	5	21	5	2	2012	23	183	12	30

干部考核　自 2003 年起，根据年初制定的工作目标任务，全面考核全区机关事业单位工作人员的德、能、勤、绩、廉，重点考核工作实绩。

2003～2012 年岚山机关、事业单位人员年度考核统计表

表 27-10　　单位：人

年份	参加考核人数	优秀	其　中						
			机关人员	优秀	称职	事业人员	优秀	合格	不合格
2003	4920	495	93	8	85	4827	487	4340	
2004	5239	479	214	19	195	5025	460	4564	1
2005	5856	875	288	45	243	5568	830	4737	1
2006	5696	835	257	36	221	5439	799	4640	
2007	5688	841	277	42	235	5411	799	4612	
2008	5603	752	200	37	153	5403	715	4588	
2009	5678	845	209	40	160	5469	805	4514	
2010	6152	893	211	48	141	5941	845	5019	
2011	5810	841	224	35	161	5586	857	4577	
2012	6023	852	230	35	195	5977	870	5107	

第四节 专业技术人员管理

企事业单位专业技术职称评定 1993年9月以前，各项专业技术职务评审皆由日照市统一组织，岚山办事处共评定晋升科技人员职称1647人，其中高级7人、中级114人、助级614人、员级912人。

1993年10月，成立日照市岚山办事处乡镇企业职称改革领导小组，办公室设在岚山办事处经贸委。同年11月，成立卫生系统职称改革领导小组、工程技术职务初级评审委员会。1994年3月，成立乡镇企业经济、统计、工程、工艺美术技术职务初级评审委员会，成立中学教师职务初级评审委员会、小学教师职务初级评审委员会。1995年8月，成立农委专业技术职务评聘工作领导小组。1996年11月，成立计划生育技术职务初级评审委员会。1997年，岚山人劳局设立科技干部科，具体负责相应职务的审查批复和推荐上报工作；同时各系列分别在相应主管部门成立初级评审委员会，具体负责相应系列科技人员任职资格的评审。

1994年，开始对企事业单位专业技术人员进行年度考核和任职期满考核。2000年与机关事业单位工作人员年度考核合并，不再单独进行专业技术人员年度考核，其结果使用事业单位工作人员年度考核结果。

1994年，对经济、统计、会计、审计、计算机等专业不再进行任职资格评审，改为全国统一组织的专业技术资格考试。同年，对晋升和续聘专业技术职务的人员要求出具人事部门颁发的继续教育证书。

1995年，把考核合格作为晋升专业技术职务的必备条件，考核优秀者优先推荐晋升高一级专业技术职务。

至1997年年底，全处事业单位共有高级专业技术职务人员50人，中级专业技术职务人员686人，初级专业技术职务人员1356人。

1999年，开始组织对评审或改系列评审高、中级专业技术职务任职资格的人员进行全国或全省的职称外语等级考试。至1999年年底，全处事业单位共有专业技术人员2313人，其中高级专业技术职务78人，中级818人，初级1273人，其他144人。

自2000年开始，评聘专业技术职务的人员须取得全省或全国计算机等级考试合格证书，对申报中、初级专业技术职务的人员进行以素质测评为主要内容的综合考试，对工程技术职务和中专、中小学教师职务中级任职资格开展社会化评审。调整各系列初级评审委员会成员，行政人员不参与评委会，由岚山办事处科教委、技工学校组织专业技术人员参加计算机培训。2002年，对评聘高、中级专业技术职务任职资格的人员，必须参加全国专业技术人员计算机应用能力考试，并取得相应科目(模块)的合格证书。

2004年6月，全处共有专业技术人员2729人，其中高级285人、中级1093人、初级1265人、未定等次75人、执业资格11人。

2004年9月设区后，黄墩、后村、高兴、巨峰4镇划入，增加专业技术人员2400人，全区专业技术人员达到5100余人。新增专业技术人员主要是教育系统1895人(高级139人，中级903人，初级833人，其他20人)，4镇政府事业单位及交通、水库等285人(高级6人，中级51人，初级228人)，卫生系统220人(高级4人，中级59人，初级154人，其他3人)。

2004年，将民营经济组织专业技术人才的职称纳入经常化评审范围。2006年卫生、计划生育技术人员中、初级任职资格不再进行评审，参加全国统一组织的考试；推荐评审教师专业技术职务任职资格必须符合《中华人民共和国教师法》对学历方面的规定。2007年，“专业证书”不再作为评聘专业技术职务的学历依据，推荐评审教师职务任职资格必须取得相应的教师资格证书，申报副高级、中级任职资格者职称外语考试成绩必须达到山东省确定的当年有效使用标准。

2004～2012年，全区共评审通过初级专业技术职务任职资格845人，推荐晋升中、高级专业技术职务任职资格2433人。

民营经济组织专业技术职称评定 2004年，为民营经济组织中从事专业技术工作的人员，开展工程系列专业技术职称评审。至2007年,共评审民营经济组织工程初级任职资格392人,推荐晋升工程中级职务任职资格130人。此后未组织评审。

专业技术岗位设置　1995年,岚山人劳局下发《关于进一步做好专业技术岗位设置调整核定工作的通知》,自1995年起,所有实行专业技术职务任职聘任制的事业、企业单位设置专业技术岗位,都要使用《事业企业单位专业技术岗位设置管理手册》,以后每年核定一次。

1997年4月,对全处全额、差额事业单位的专业技术岗位进行审核。1999年,改革专业技术岗位审批办法:全额、差额预算管理事业单位需增设岗位,报同级政府人事部门审批;自收自支和企业化管理事业单位,报其主管部门审批;企业参照省规定的设岗意见和结构比例要求,实行自主设岗,到主管部门备案。对实行评聘分开的单位,获得评审专业技术职务任职资格的人数原则上按超出同级设岗数量的10%至15%的比例掌握。

2001年,岚山人社局下发《关于公布2001年度全处事业单位专业技术岗位设置、调整的通知》,对全处136个事业单位专业技术岗位进行设置与调整,各单位制定明确具体的岗位说明书。专业技术人员对照专业岗位说明书的要求,提出应聘申请,参加相应岗位的竞争。自收自支和企业化管理的事业单位,可根据本单位实际情况,适当超岗聘任,但需单位申请,报岚山人社局审核备案。

自2001年起,专业技术岗位设置实行定期审核制度,每2年由岚山人社局核定一次,并报办事处批准。未经核定,不得开展专业技术职务聘任。

2003年,岚山人社局下发《关于公布2003年度全处部分事业单位专业技术岗位设置、调整的通知》,对全处128个事业单位专业技术岗位进行统一核定、调整。

岚山设区后,于2005年7月对全区225个单位的专业技术岗位进行统一核定,共批准设置高级专业技术岗位460人、中级专业技术岗位1843人。2006年,为乡镇街道增设高级岗位19人、中级岗位13人,为区直事业单位增设高级岗位2人、中级岗位16人。

2007年,在事业单位推行岗位设置管理制度,先设岗后聘用,实现由身份管理向岗位管理转变。至2009年7月,全区事业单位岗位设置工作全面完成,实施岗位设置管理事业单位230个,共设置岗位6115个,其中管理岗位795个,专业技术岗位4956个,工勤技能岗位364个,实有人员总数5443人。至2012年上半年,全区事业单位岗位聘用工作全部完成。

专业技术职务竞争聘任　1995年,首次在全处部分企业和自收自支、企业化管理的事业单位实行专业技术职务评聘分开。

1996年11月,转发日照市人事局《关于加强事业单位专业技术职务聘任管理工作有关问题的通知》,规定由单位行政领导按规定程序办理聘任手续。

1997年,首次实行聘任备案制度。

1998年,在全处企事业单位全面推行专业技术人员双向选择竞争聘任。

1999年4月,开展事业单位聘任专业技术职务任职备案登记。同年9月,制定卫生系统专业技术职务竞争聘任实施方案,卫生系统自2001年起实施全员同期聘任,聘期2年。

2001年,岚山办事处印发《关于实行竞争聘任专业技术职务工作的意见》,全面开展全员聘任专业技术职务工作,实行评聘分开,竞争上岗。全处中高级专业技术职务原聘期统一截止到2001年5月,自2001年6月起重新办理聘任手续,执行新的聘期,专业技术职务聘期为2年。至年底,全处事业单位专业技术职务全部实行竞争聘任;2003年进行续聘,共有13名高级、34名中级专业技术人员低聘或落聘。

岚山设区后,区人社局于2005年11月印发《关于全面推行竞争聘任专业技术职务的通知》,对专业技术职务聘任工作实行规范化管理,对岗位空缺的单位,首次实行末位淘汰或采取全员测评票不足三分之二淘汰的办法,共有35名高级、67名中级人员低聘或落聘。2009年9月,为规范全区事业单位岗位设置完成后的专业技术职务聘任工作,转发日照市人社局《关于印发事业单位专业技术岗位竞聘工作暂行办法的通知》,全面开展专业技术职务聘任工作。2012年，实施了区住建局、区茶业管理办公室、区委党校、高兴镇、虎山镇、碑廓镇等6个单位的专业技术职务竞聘工作。

第五节　军转干部管理

1993～2012年，岚山共安置转业军官49人，接收安置转业军官随军家属17人。

自2004年2月起，建立退休转业军官动态管理机制，定期与其沟通，并将退休的企业转业军官全部纳入医疗保险，同时积极开展节日慰问企业转业军官活动，年平均发放慰问金1.2万元。

1993～2012年岚山安置转业军官统计表

表27-11　　单位：人

年　份	接收军官	级　别	安置区直行政单位	区直下属事业单位	乡镇行政职务
1993～1998	4	副营1，正连1，副连2	4		
1999	2	副连	2		
2001	1	副连	1		
2002	2	副团1，副营1	2		
2003	1	副团	1		
2004	7	正营3，副营3，正连1	7		
2005	5	正营2，正连2，副连1	1		4
2006	9	副团1，副营5，正连1，副连1，排职1	5	1	3
2007	6	副团1，副营1，正连2，副连2	2	4	
2008	1	正营1	1		
2009	1	副营1	1		
2010	5	副团2，正营1，副营1，副连1	4	1	
2011	1		1		
2012	4	副团2，副营1，正连1			

第六节　离退休干部管理

离退休人员从1993年10月起按原任职务、工作年限或1985年前标准工资额划杠职务，以同职务在职人员的平均增资额的90%增加退休费（离休按100%）。

1995年10月，增加离退休费，每人每月离休最低25元，退休20元，退职15元。

1997年7月，每人每月增加离退休费20元。10月，调整退离休费标准，离休最低增加25元，退休20元，退职15元。

1999年7月，调整退离休费标准，每人每月处级增加140元、科级110元、其他90元，退职80元。10月，增加退离休费，离休最低增加120元，退休处级25元、其他20元，退职15元。

2001年1月，调整退离休费标准，每人每月离休最低增加100元，退休处级130元、科级100元、其他80元，退职70元；10月，调整退离休费标准，离休最低增加80元，退休处级125元、科级80元、其他55元，退职50元；增加退离休费，退休处级增加25元、其他20元，退职15元。

2003年7月，调整退离休费标准，每人每月离休最低增加50元，退休处级80元、科级50元、其他35元；10月，增加退离休费，退休处级增加25元、其他20元，退职15元。

2005年10月，增加退离休费，每人每月退休处级增加25元、其他20元，退职15元。2006年7月，增加退离休费，每人每月退休处级450元、科级275元、其他180元，退职160元。

根据2006年工资制度改革的相关精神，山东省规定2006年7月1日后退休的人员，按下列办法计发退休费：工作年限满35年的，基本工资部分按退休前基本工资的90%计发；工作年限满30年不满35年的，按85%计发；工作年限满20年不满30年的，按80%计发；工作年限满10年不满20年的，按70%计发。

至2012年年底，全区机关事业单位共有离休人员56人，退休人员1668人。

第七节　事业单位登记管理

2003年，按照《事业单位登记管理暂行条例》（国务院令第252号），岚山办事处对具备法人资格的23个事业单位依法进行法人初始登记。2007年按照国家事业单位登记管理局及省、市、区编办的统一部署，岚山区正式启用全国统一的网上登记办公系统，实现全国数据联网，实施网上办公登记。截至2012年，全区共有事业单位226个，参加事业单位登记的105个，登记率46%。

第八节　大中专毕业生就业

1996年12月24日，山东省政府办公厅通知规定，自1997年起，省人事厅负责研究编制非师范类毕业生的就业分配计划并组织实施。岚山区按照上级政策推进毕业生就业分配制度改革，为返籍大中专毕业生办理接收等服务。

1997～2012年岚山接收、安置大中专毕业生情况统计表

表27-12

年　份	接收大中专毕业生（人）	落实就业单位（个）	就业率（%）	年　份	接收大中专毕业生（人）	落实就业单位（个）	就业率（%）
1997	98	86	87.8	2005	235	173	73.6
1998	148	133	89.9	2006	492	369	75.1
1999	123	96	78	2007	723	514	71.1
2000	122	99	81.1	2008	674	482	72
2001	100	82	82	2009	1359	1199	88.22
2002	138	102	73.9	2010	1628	1416	86.97
2003	142	110	77.5	2011	1666	1493	89.6
2004	144	104	72.2	2012	1059	1013	95.6

第九节　工资福利

工资沿革　新中国成立前，工作人员工资实行供给制（是解放区的分配方法）。1950年2月，政务院发布《全国各级人民政府一九五〇年底暂行供给标准草案》的命令，统一供给制标准，而后又相继实行了工资分制度。1952年3月，政务院颁布《关于全国供给制工作人员统一增加津贴费的通知》，规定自1952年3月起对供给制工作人员实行供给制加津贴的试行办法。此后又颁发了《各级人民政府供给制工作人员津贴标准及工资制工作人员工资标准的通知》，对工作人员的工资待遇标准作了统一。1952年7月，遵照政务院规定，对实行供给制和实行工资制的工作人员，按一至二十九个级评定级别。1954年6月，国务院颁发《国家机关工作人员工资包干费标准及有关事项的规定》，将供给制人员的津贴标准修定为包干费标准，提高工作人员的工资待遇，为供给制完全过渡到工资制打下了基础。

1955年8月31日，国务院公布《关于国家机关工作人员全部实行工资制和改行货币工资制的命令》，将原供给制(包干制)、工资分制一律改为工资制，实行货币工资制。

1959年，本着“一般不动，个别调整，按劳取酬”的原则，对国家机关工作人员工资进行调整。1963年，按照中共中央、国务院批转的《劳动部关于一九六三年工资工作安排意见的报告》和鲁人票秘字〔1963〕第932号通知精神，又进行了工资调整。

1972 年，按照国务院〔1971〕90 号文件精神对部分职工调整工资：1957 年年底以前参加工作的三级工、1960 年年底以前参加工作的二级工、1966 年前参加工作的一级工以及与上述工作年限相同，工作等级相似的工作人员均属调资范围。

1977 年，贯彻国发〔1977〕89 号文件精神，对1971 年年底以前参加工作的职工调整工资。

1978 年，根据《国家劳动总局关于给工作成绩特别突出的职工升级的通知》，给全民所有制单位中工作成绩特别优异，提职后工作表现好而工资低的人员进行一次考核升级，升级人数控制在固定职工总数的 2% 以内。

1980年，按照国发〔1979〕251号文件精神，给部分职工升级，升级面占 1979 年 10 月底职工人数的 40%，升级范围为 1978 年年底以前参加工作的固定职工。

1982 年的工资调整，按照国务院〔1981〕144 号文件精神，只限于教育、卫生、体育系统的职工。1978 年年底以前参加工作的教职工和取得技术职称的卫生技术人员，一般只升一级；对工作成绩显著、贡献大、工龄长、工作表现突出的可以升两级。

1983 年，按照国发〔1982〕140 号文件精神，对国家机关、科学、文教、卫生等部门的工作人员调整工资。生产、科研、教育工作中的中年知识分子可以调两级。

1985年，根据中发〔1985〕9号、鲁发〔1985〕14号文件精神，对国家机关、事业单位的工资制度进行改革，取消工资等级和级别，实行新的统一工资标准。新的工资结构，每个职务序列分为6个档次，工资组成部分分4项：基础工资、职务工资、工龄工资、奖励工资。改革办法：在原工资的基础上，按5类区标准工资额，加副食品调价补贴和年度经费结余奖各5元，就近向上套级，属1982年7月底以前参加工作的，表现较好的，可在就近套级基础上再高套一级；达不到职务最低等级线的，可进入职务最低等级线。工龄津贴每年5角，最多不超过20元。

1993年10月，根据国务院文件通知，机关工作人员(除工勤人员外)实行职级工资制度，按照工资的不同职能，将工资分为职务工资、级别工资、基础工资和工龄工资4个主要部分，事业单位实行不同类型的工资制度，实行岗位工资和津贴制度。

2006 年 7 月，按照《中华人民共和国公务员法》进行公务员工资制度改革，将公务员基本工资结构简化为职务工资、级别工资 2 项构成，将公务员对应的级别数由 15 个增加到 27 个。同时，推进事业单位收入分配制度改革，建立岗位绩效工资制度，对专业技术人员和管理人员设置65 个薪级，对工人设置 40 个薪级。正常晋升工资时间由 10 月 1 日调整为 1 月 1 日。

工资分类与结构　机关事业单位工作人员工资分为公务员工资、事业人员工资2大类。国家公务员工资构成：职务工资+级别工资；事业单位人员工资构成：岗位工资+薪级工资。另外工勤人员，机关为岗位工资+技术等级工资，事业单位为岗位工资+薪级工资。

工资调整与改革　1993年10月1日，对岚山机关事业单位工作人员工资制度进行了改革，为1800人增加了工资。

1995年10月，对岚山机关事业单位连续2年考核称职(合格)人员2600人正常晋升工资档次。

1997年7月，对岚山机关事业单位工作人员

3992 人调整了工资标准。

1999 年 7 月，对岚山机关事业单位工作人员 3370 人调整了工资标准。

2001 年 1 月和 10 月，2 次对岚山机关事业单位工作人员 3598 人调整了工资标准。2001 年 10 月对岚山机关事业单位连续两年考核称职（合格）人员 3111 人正常晋升工资档次。

2002 年，为机关事业单位 2000 年和 2001 年连续 2 年考核称职（合格）以上的人员晋升工资档次，为符合晋级条件的 403 人晋升工资级别。

2003 年，按照山东省调资工作会议的要求，为机关事业单位 4000 多名工作人员和 900 多名离退休人员调整工资和增加离退休费，人均月增资 45 元，从当年 7 月 1 日起执行；为机关事业单位 2001 年和 2002 年连续 2 年考核称职（合格）以上的 1800 多名工作人员晋升工资档次，为符合晋升级别条件的 600 多名工作人员晋升级别工资，为 200 多名职务变动、晋升工人技术等级或聘任专业技术职务的人员晋升工资。

2004 年，为区直机关事业单位 2003 年和 2004 年连续 2 年考核称职（合格）以上的 2200 多名工作人员，从当年 10 月起晋升一个工资档次。

2005 年，为符合晋升级别条件的 500 多名工作人员晋升级别工资，为 300 多名职务变动、晋升工人技术等级或聘任专业技术职务的人员晋升工资。

2006 年 7 月，开展公务员工资制度改革和事业单位分配制度改革，对 6150 名（行政机关 528 人，事业单位 5622 人）机关事业单位工作人员的工资结构进行了改革。

2007 ～ 2012 年，连续为符合晋升级别条件的机关工作人员晋升了级别工资，为职务变动的人员晋升了工资，为 5000 多名事业单位人员晋升了薪级工资。

工资水平　1993 年年平均工资 7800 元，2003 年年平均工资 11160 元。设区后，2008 年公务员年平均工资 36172 元，事业单位工作人员年平均工资 37094 元。2011 年公务员年平均工资 37240 元，事业单位工作人员年平均工资 41621 元。2012 年公务员年平均工资 41689 元，事业单位工作人员年平均工资 42214 元。

第十节　人才交流

1993 年 9 月 27 日，岚山办事处设立人才交流服务中心，为正股级事业单位（对外挂牌，其工作由调配科承担），隶属于岚山人劳局；1997 年中心独立承办单位业务；2003 年 7 月，岚山办事处大中专毕业生管理科大中专毕业生安置就业职能，由岚山人社局调配科移交岚山办事处人才交流服务中心。2004 年 10 月更名为岚山区人才交流服务中心。

1998 年，昌华集团引进本科生 2 人，中级职称 3 人。1999 年，昌华集团引进本科生 1 人，专科生 6 人，中级职称 4 人；鲁圣集团引进专科生 3 人。

2000 ～ 2004 年，日照市第二人民医院引进本科生 6 人，专科生 11 人；昌华集团引进本科生 5 人，专科生 11 人，中级职称以上 6 人；阿掖山食品集团有限公司引进中级职称 3 人；日照岚星化工工业有限公司引进中级职称以上 6 人，本科生 5 人，专科生 6 人；鲁圣集团引进本科生 10 人，专科生 16 人；岚桥集团引进本科生以上学历 10 人，专科生 6 人，享受国务院津贴专家 1 人，副高级以上职称 3 人。

2005 ～ 2007 年，钢铁、石化、港口、焦电、木制品等临海产业项目共引进各类人才 11536 人，其中，研究生 19 人，本科生 3461 人，专科生 4614 人，高级职称人员（含高技工、高级技师、技师等技能人才）730 人，中级职称 3461 人。省级中青年专家 1 人、市级中青年专家 2 人、省级首席技师 1 人。2006 年、2007 年人才智力引进方面的资金项目争引居全省区县之首。

2008 年，岚山区开始实施“三百工程”（自 2008 年开始，连续 3 年每年引进 100 名专业技术人员充实到区直和乡镇事业单位）。本年面临临海产业项目尤其是日照钢铁公司裁员，引进人才较少，共面向全省公开招考引进港口、物流、焦电、生化等产业项目人才 386 人，其中研究生 3 人，本科生 196 人，专科生 85 人，中级职称以上 29 人。

2009 年，岚山区党政机关、企事业单位以考录等形式，引进各类专业技术人员、技能人才760余人，其中岚桥集团引进235人，中级职称和高级工及以上（技师、高级技师）超过100人；岚星化工工业有限公司引进博士及副教授、教授级专家6人。

2010年，岚山区党政机关、企事业单位（含教育、卫生）共招考引进各类人才816人，主要分布在乡镇、农村基层，教育、卫生事业，临港产业区和化工产业区。同年12月，御园春茶业有限公司被省人力资源和社会保障厅命名为“山东省引进国外智力示范基地”。

2011年，受国际环境影响，企业效益下滑，单位用人减少，共计引进各类人才439人，但高层次人才比例提高。引进硕士研究生61人、博士生18人，副教授、教授级专家6人，主要分布在生物制药、茶叶生产技术、有机化学应用、石油化工、矿产提炼与钢铁制造应用等领域。获批的山东半岛蓝色经济区引进急需人才资金支持项目占全市七分之三。

2012年，共引进各类人才1350人，其中硕士研究生71人、博士生18人，副教授、教授级专家16人，金星（日照）农业科技发展有限公司高层次人才创新创业团队1个，享受国务院津贴专家2人，主要分布在现代农业、生物制药、海洋渔业、有机化学应用、石油化工、矿产提炼与钢铁制造应用等领域。

第十一节　聘请国外人才

岚山区人社局下设外国专家及国外智力引进办公室（与人才交流服务中心合署），通过国际交流合作聘请国外人才，学习掌握国外先进管理经验和实用技术。

1997～2008年岚山聘请国外专家情况一览表

表27-13

时　间	专家名称	国籍及专长	指导单位	指导项目
1997年10月	莱特夫妇	英国	各大企业	企业发展
1998年4月	阿图尔·梅尔	德国食品专家	昌华食品公司	食品加工
1998年9月	范·维利特	荷兰果农专家	部分乡镇	果树管理、病害防治
1998年5月	释云龙	韩国茶叶专家	日照雪青茶场	茶叶生产加工
1998年5月	清水康夫	日本茶叶专家	日照雪青茶场	茶叶炒制工艺
1998年8月	John，James，Kober，Frank	美国水产加工专家	日照旭日冷藏场	海产品加工
1999年7月	清水康夫	日本茶叶专家	日照雪青茶场	日本制茶技术与设备应用
1999月9月	沃里斯基·萨沙·尼古拉斯维奇	俄罗斯食品专家	昌华食品公司	加工技术
1999年10月	欧中自斯西奥·斯特拉沃·艾迪·哈斯曼	荷兰农牧专家	旭日养猪场	生猪饲养与良种繁殖
2001年1月	野沟伊之助	日本蔬菜专家	部分乡镇	蔬菜栽培与病害防治
2001年8月	清水康夫	日本茶叶专家	部分乡镇	茶叶栽培
2001年5月	赫伯特·舒尔德斯 茨韦思特·莱希特	德国食品专家；荷兰专家	安东工贸	粮食加工、设备改造
2001年8月	永定康丰	日本海产品养殖专家	岚山头、汾水、虎山	海产品养殖
2007年4月	荒木齐	日本农学博士	黄墩镇	板栗生产
2007年7月	清水康夫	日本茶学专家、食品冷冻专家	相关企业	茶叶生产和水产品速冻
2008年9月	荒木齐	日本农学博士	黄墩镇	板栗生产

第三章　劳动和社会保障

第一节　劳动就业

劳动力安置　新中国成立前，岚山劳动者自找门路，去青岛、东北务工者甚多，皆属雇佣。1993年前，岚山头街道、虎山乡东部沿海村庄以海洋捕捞为主，虎山乡西部及碑廓镇、黄墩镇、高兴镇、巨峰镇、中楼镇以务农为主；安东卫街道各村以网绳编织、经商为主。1993年后，岚山办事处鼓励发展个体工商业、民营经济及自谋职业，个体工商户、私营企业、自谋职业者日益增多，多从事海水养殖、海产品及仿生食品加工、化工、木制品加工等。1996年后，民营企业蓬勃发展，用工人数剧增。2003年，岚山办事处民营企业用工人数达11683人（其中城镇3457人）；城镇个体自谋职业者7505人，城镇劳动力从事渔业生产的有4850人，从事国有经济者1140人。1994～2002年，各类企业共安置义务兵386人。

岚山设区后，岚山区城乡劳动力总量19.79万人，从事一、二、三产业的城乡劳动力总量17.45万人，农村剩余劳动力总量2.34万人。2006年，山东省政府确定岚山区为全省20个统筹城乡就业试点区县之一。

2007～2012年，岚山区新增城镇就业2.9万人，新增农村劳动力转移就业2.2万人，开展各类就业培训1.9万人，城镇登记失业率为1.09%，就业形势基本稳定。

1994～2004年岚山办事处职业介绍情况统计表

表27-14　　单位：人

年份	介绍总数	其中城镇	义务兵安置	备注	年份	介绍总数	其中城镇	义务兵安置	备注
1994	749	250	26		2000	1356	356	54	
1995	746	372	82		2001	1692	440	34	
1996	905	258	45		2002	1838	477		
1997	923	421	45		2003	2510	480	0	
1998	780	203	46		2004	2875	513	0	1～9月份
1999	978	246	54						

2004～2012年岚山区职业介绍情况统计表

表27-15　　单位：人

年份	招聘登记	求职登记	介绍成功人数	备注	年份	招聘登记	求职登记	介绍成功人数	备注
2004	350	320	300	10～12月份	2009	4200	4100	4000	
2005	3500	3300	3200		2010	4300	4200	4100	
2006	3700	3600	3500		2011	4500	4400	4300	
2007	3900	3800	3700		2012	5400	5300	5200	
2008	4100	4000	3900						

职业技能培训与鉴定 1996年3月岚山办事处职业技能鉴定所成立。2008年1月更名为岚山区职业技能鉴定中心，隶属于区人社局。至2012年年底，全区共有7251名职工参加了职业技能培训考核鉴定，7163人获得职业资格证书，其中高级工1892人，技师140人，高级技师24人，主要分布在电工维修、电焊、内燃装卸司机等行业。

第二节 社会保险

企业养老保险 1993年7月始，全民、集体企业统筹基金实行“两金合一”，归市级统筹，统筹项目29项。从1996年1月起，实行“工伤保险”“女职工生育保险”统筹。同年10月，实行社会统筹与个人账户相结合的办法征缴企业职工养老保险金，并实行离退休职工养老金社会化发放。

至2012年年底，岚山参加养老保险企业260家，参保职工25451人；收缴养老金54194万元，支付企业离、退休养老金22525万元；工伤保险基金累计收入2225万元，支付1788万元；女职工生育保险金累计收入789万元，支付672万元。

1994～2003年岚山办事处企业各项保障基金征缴、发放一览表

表27-16 单位：万元

年份	养老金		生育金		工伤金	
	收	支	收	支	收	支
1994	126	163				
1995	189	185				
1996	198	212	3	2	2	0
1997	272	231	5	3	6	0
1998	98	252	2	4	2	5
1999	185	289	12	9	8	8
2000	238	312	18	19	19	25
2001	282	340	21	20	26	30
2002	325	360	28	25	32	35
2003	385	366	11	9	31	45

2004～2012年岚山区企业各项保障基金征缴、发放一览表

表27-17 单位：万元

年份	养老金		生育金		工伤金	
	收	支	收	支	收	支
2004	575	487	7	8	60	52
2005	698	547	9	2	56	39
2006	1241	1194	24	18	68	26
2007	2782	1584	39	8	102	19
2008	4071	1920	47	14	139	25
2009	4881	2239	51	58	152	126
2010	8051	2985	80	41	374	205
2011	13091	3786	159	159	498	498
2012	16506	5073	273	273	650	650

机关事业单位养老保险　岚山办事处机关事业单位社会保险事业处成立于1996年1月，至2012年年底，全区共有8120人参加机关事业单位养老保险，参保率达100%。其中在职职工6320人，月人均缴费基数为3150元，离退休1800人（离休56人，退休1744人），月人均养老金3230元，养老金待遇社会化发放率达100%。

2004～2012年岚山区机关事业单位养老保险金收支一览表

表27-18　　单位：万元

年　份	养老金收入	养老金支出	年　份	养老金收入	养老金支出
2004	910	756	2009	4727	4488
2005	1806	1443	2010	5776	5849
2006	1905	1893	2011	5681	6440
2007	2018	2068	2012	6776	7038
2008	3854	4022			

农村社会养老保险　1993年成立岚山办事处农村社会养老保险事业处，隶属于岚山民政局管理，1999年整体划归岚山人社局。

岚山农村社会养老保险从1992年启动，1999年暂停，共有62958人参保。保险对象为非城镇户口且不由国家供应商品粮的农村人口，参保年龄一般为20至60周岁。养老保险费筹集主要采取国家、集体、个人三结合的方法，坚持以个人交纳为主，集体补助为辅，国家给予政策扶持的原则。投保人一般60岁后开始领取养老金。

2010年启动新型农村社会养老保险，岚山区共有23.9万人参保。具有岚山区户籍，年满16周岁（不含在校学生），未参加城镇职工基本养老保险的农村居民，可以在本村自愿参加新型农村社会养老保险。缴费标准为每人每年100元、200元、300元、400元、500元、600元、800元、1000元、1500元9个档次，参保人自主选择。参保人年满60周岁后，按规定缴费、未享受城镇职工养老保险待遇的，可以按月领取养老金，2011年每月有领取待遇人员6.5万人。

2008年1月启动被征地农民养老保险，涉及全区54个村，与新型农村社会养老保险和城镇居民社会养老保险衔接，2011年有1.2万人按月领取养老金。

城镇居民社会养老保险　2011年7月启动，岚山区共有1.8万人参保。年满16周岁（不含在校学生）、不符合职工基本养老保险参保条件的城镇非从业居民，可以在户籍地自愿参加城镇居民养老保险。缴费标准为每人每年100元、200元、300元、400元、500元、600元、700元、800元、900元、1000元、1200元、1400元、1600元、1800元、2000元、2500元、3000元17个档次，参保人自主选择档次缴费。参保人年满60周岁、按规定缴费、未享受职工基本养老保险待遇以及国家规定的其他养老待遇的，可以按月领取养老金，2011年每月有领取待遇人员0.5万人。

第三节　劳动仲裁与监察

劳动仲裁　1997年5月，岚山办事处设立岚山劳动仲裁委员会，办公室设在岚山人劳局。2012年6月，成立岚山区劳动人事争议仲裁委员会，办公室在区人社局。至2012年年底，共受理劳动争议案件112起，其中裁决处理54起，调解处理51起，撤诉处理7起，时限内案件结案率100%，涉及案件金额420余万元。2012年，岚山区有466家企业与职工签订劳动合同25941份，劳动合同签订率为92%。

劳动监察　岚山办事处成立后，人事劳动部门按照《山东省劳动监察办法》和《山东省劳动和社会保障监察条例》的规定，开展劳动年检、日常巡查和举报检查等工作，并会同公安、工商、财政、工会、妇联、经贸等部门开展各项专项检查活动。

1996～2012年，共受理投诉举报案件388起，涉及职工1375人，为职工挽回经济损失815万元；年检企业370家，督促企业缴纳社会保险费9150万元，补签、续签合同13100份。自2010年开展网格化建设，至2012年年底，全区共建立三级网络8个、四级网络48个，配备劳动保障专、兼职监察员16人、协管员96人。督促乡镇街道按照属地管理的原则采集用工信息，共采集166家，涉及职工13185人。

第四章 民 政

第一节 机构沿革

清代，日照县衙设户房，职掌域内民政事务。民国初年，中央政府设内务部，各省设民政厅，县设民政局。

1913年，日照县公署置一科（民政），掌管民政事务。主要任务是：管理地方行政选举、赈恤、救济、慈善感化、户籍、地政、警察、兵役、著作出版、土木工程、礼俗宗教、社团登记及卫生事务，并监察所辖官署及地方长官。

1928年5月，民国中央政府将内务部改为内政部，主管全国的内务行政，县政府设一科，不久改为民政科。

1940年3月，日照县抗日民主政府设立民政科，各区设民政助理。解放战争时期，县民政科一度改为战勤科，为夺取革命战争的胜利做了大量工作。新中国成立后，仍为民政科。1958年日照县民政科改称民政局。1968年3月日照县革委生产指挥部内务组取代民政局。1971年恢复民政局，各公社设民政助理。1978年后，民政担负着优抚、安置、赈灾救济、农村“五保”供养、扶贫、社会福利生产、有奖募捐、社团登记与管理、地名管理、行政区划、基层政权建设、婚姻登记与管理、丧葬改革、收容遣送和政府交办的其他任务。

1993年，岚山办事处设立民政局，正科级单位，在编行政人员4人。同时设立岚山办事处残疾人联合会，与民政局合署办公。老龄委工作由民政局兼管。设区后，岚山办事处民政局更名为岚山区民政局（简称区民政局），岚山办事处残疾人联合会更名为岚山区残疾人联合会（简称区残联）。

2005年机构改革，区民政局下设办公室、优抚安置科、救灾救济科（社会福利科与其合署）、残疾人工作科、社会事务科，机关行政编制8人，离退休老干部工作人员编制1人，工勤人员编制1人，残联理事长由局长兼任。

2011年机构改革，区民政局下设办公室（挂残疾人工作科牌子）、优抚安置科、救灾救助科（挂社会福利科牌子）、社会事务组织管理科（挂行政服务科、区委社会组织工作委员会办公室牌子）。机关行政编制7人，工勤编制1人。2012年，实际在编人员25人，其中行政编制7人，事业编制18人。

第二节 拥军优抚

拥军支前 抗日战争时期，岚山人民踊跃拥军支前。部队所到之处，群众提前收拾住房，铺好铺草，烧好洗脚水；“妇救会”“识字班”给战士缝洗衣服，帮助做饭；主动捐献食品、衣物慰劳部队。组织抗日剧团到主力部队和野战军医院慰问演出；春节期间给抗日军人家属挂“光荣牌”“光荣灯”。

解放战争时期，岚山域内400多个村庄均成立拥军委员会，订立拥军公约，优待军属和荣誉军人。根据上级号召，各村开展大规模的拥军、参军运动，开展了“三查三整”（查阶级、查思想、查作风，整顿组织、整顿思想、整顿作风）活动，青年积极报名参军，岚山区域内参军351人。开展为部队碾米、磨面、送军鞋等慰问活动。1947～1948年，岚山域内出民工支前6000人次，包括长备民工、短期民工、子弟兵团，先后参加著名的鲁南、莱芜、孟良崮、淮海等战役。

新中国成立后，拥军优属逐步走上制度化。1951年春，为支援抗美援朝，安岚区捐款1.68万元。1986年春节期间，写慰问信3000封，买慰问画1500张，捐花生米160公斤、虾米35公斤，做鞋垫360双，捐款1000元，寄往云南边境保卫战前线，慰问指战员。

1994年春节，岚山工委、办事处春节慰问团前往前三岛慰问驻岛部队；走访乡镇街道优抚对象，看望了岚山头街道圣岚路一等伤残军人徐秀亮。“八一”建军节慰问优抚对象212户，慰问品折款1.4万余元。同年，岚山办事处成立了双拥领导小组，开展争创“双拥模范城”活动。

1995年，岚山办事处建立优扶储金会，帮助优抚对象发展生产，发展会员187人，以借贷形式扶持优抚对象26户。为140名优抚对象查体治病，减免医药费3.56万元。建立拥军优属义务帮工队182个。是年8月，岚山办事处被日照市委、市政府、日照军分区授予“拥军优属模范单位”。

1996年1月25日，岚山办事处组织56人的慰问团去前三岛慰问部队。10月25日，携带8500元的慰问品，随同日照市政府前往诸城市山东头乡井上村慰问演习部队。

1997年7月25日，岚山办事处给前三岛驻军送去印有“同呼吸、共命运、心连心”字样的锦旗，并对日照军分区驻岚山部队和岚山的优抚对象进行慰问。同年，日照市开展为建立日照暴动纪念馆募捐活动，岚山捐款 3.98 万元，其中有 16 人捐款 100 元以上。同年 6 月，山东省委、省政府、省军区授予岚山办事处“拥军优属模范单位”称号。

1998年7月，慰问前三岛部队和岚山驻军。为争创“全国双拥模范城”，岚山投资140余万元，组织1万余名民工为阿掖山的驻军整修了宽7米、长3500米的道路，直通部队营房，并给驻军购置了价值1.2万元的彩电、VCD、组合音响。同年，岚山办事处组织开展“爱心献功臣”活动。

2000年开展优抚工作创“十好”活动，帮助残废军人解决医药费6万余元，帮扶优抚对象100户，扶持资金8万余元。同年，王家海屋边防工作站因道路拓宽拆迁房屋，岚山头街道发动村居、企业筹集资金10万元，帮助建设营房。

2001年，海训部队进驻岚山，岚山办事处成立拥军保障后勤领导小组，组织乡镇街道、处直部门慰问海训部队。30多个部门、单位筹集慰问物品折合现金18.6万元。

2002年，岚山为驻训部队提供民房1500间、学校教室2000余间、铺设通水管道500米、架设线路1万余米、安装电话30部、安装有线电视75台，为部队提供船只停靠泊位3个。2001～2003年，岚山拥军慰问海训部队资金达106万余元。岚山头街道、虎山镇被山东省委、省政府、省军区授予“双拥工作先进单位”荣誉称号。

2005年，岚山区民政局组织科技拥军、企业拥军，岚山头街道群众自行组织到海训部队进行慰问，给他们包水饺，送鞋垫。

2007年，岚山区政府投资6000多万元建设消防大队军营区，为海训部队提供民房3000余间、学校教室2万多平方米，岚山区被山东省委、省政府、省军区评为全省双拥模范区县。

优属　1940年3月，日照县抗日民主政府成立，对革命烈士家属、军人家属、残废军人和复员军人的生活实行优待照顾，组织群众帮助无劳力的烈军属、残废军人和复员军人耕种土地和收割庄稼。对生活特别困难者，政府给予粮草钱款补助。

1950年，对烈、军属实行代耕。代耕有定工代耕和固定代耕2种形式。对缺乏劳动力的，根据其劳力和土地情况实行定工代耕；对完全丧失劳动能力的则实行固定代耕，将优待户的土地根据耕作难易确定用工数，固定到户代为耕种。

农业合作化后，优待方式由代耕改为优待劳动日参加集体分配。1964年，实行以“定工劳动、定工补助”为内容的优待办法。其做法是：生产大队根据优待户的劳动状况，定出应挣的工分，集体则适当安排农活，使其多得工分，参与分配。若不足此数，集体补上不足部分参与分配。若优待户自干工分超过此数，则多劳多得。每年年终分配兑现后，再根据优待户的收入变化情况评定出第二年的优待工日。

农村实行家庭联产承包责任制后，多数村采取粮款定额优待办法。1983 年开始，集体优待改为现金，由公社统一定出各种属别的优待标准，由村集体负担，兑现到户。从 1986 年开始，为解决优待任务负担不均问题，实行以乡镇街道为单位进行统筹，直接兑现到户。

岚山办事处成立后，优待金仍由乡镇街道统筹，划入义务兵家属优待金账户。初期，优待金年标准为：烈属、因公牺牲、病故军人家属每户 300 元，义务兵军人家属每户 450 元，残废军人每户 200 元，复员军人每户 160 元，带病回乡退伍军人每户 140 元。1999 年，岚山办事处被授予日照市“优待金县级统筹先进单位”称号。

2002 年优待标准：烈属每户 500 元，军属每户 1000 元，残废军人每户 400 元，复员军人每户 300 元，带病回乡退伍军人每户 250 元。

义务兵在服役期间被评为“优秀士兵”，凭部队团以上政治机关寄发的喜报增发当年优待金 5%，连续 2 年增发 6%，连续 3 年的增发 8%。义务兵退伍后凭退伍证件和“义务兵家属优待证”到当地民政部门领取。非农业户口的义务兵，由过去的所在机关或企事业单位兑付改为每年 7 月由办事处统一筹集，民政局发放。

2002～2012 年岚山优待金发放情况统计表

表 27-19　　单位：万元

年　份	2002	2003	2004	2005	2006	2007	2008	2009	2010	2011	2012
优待金	73.37	80.85	120.5	365.85	760	797.3	810.78	863	910.12	960	1100

国家抚恤　从 1950 年开始，国家对生活困难的烈军属实行定期定量补助，按月发放实物；对因特殊灾情、疾病，生活特别困难的，给予临时性救济补助；对每户有三四口人和年老病弱的复员军人进行个别照顾。1979 年年底，进行定量补助对象复查，烈属和抗日战争时期入伍的老复员军人全部纳入定量补助；对孤老烈属、烈士遗孤和抗日战争时期入伍、军龄在 5 年以上和排职干部以上的老复员军人和在云南边境保卫战中牺牲的烈士家属，给予最高标准补助。1986 年，在抗日战争、解放战争时期和新中国建立后入伍军龄满 2 年的在乡复员军人，均享受定期补助待遇。

1993 年，岚山办事处定期补助标准：烈士家属居住农村的每人每月补助 50 元，居住小城镇的 60 元，居住大中城市的 65 元；病故军人家属居住农村的每人每月补助 45 元，居住小城镇的 55 元，居住大中城市的 60 元；一等残废军人因战的年抚恤补助标准 1260 元，因公的 1170 元，因病的 1060 元；二等甲级残废军人因战的 920 元，因公的 830 元，因病的 760 元；二等乙级残废军人因战的 656 元，因公的 590 元，因病的 554 元；三等甲级残废军人因战的 416 元，因公的 400 元；三等乙级残废军人因战的 342 元，因公的 342 元；抗日战争时期入伍的复员军人定期补助标准每人每月 35 元；解放战争时期的每人每月 30 元，新中国成立后的每人每月 25 元。

之后，随着社会经济发展，对优抚对象的定期抚恤补助不断提高。至 2003 年，烈属抚恤金标准，居住农村的每人每月补助 205 元，居住城镇的 265 元；因公牺牲军人家属农村的每人每月 200 元，城镇的每人每月 260 元；病故军人家属居住农村的每人每月补助 170 元，居住小城镇的 195 元，居住城镇的 255 元。一等残废军人因战的年抚恤补助标准 7680 元，因公的 7550 元，因病的 7420 元；二等甲级残废军人因战的 3880 元，因公的 3770 元，因病的 3680 元；二等乙级残废军人因战的 2600 元，因公的 2520 元，因病的 2480 元；三等甲级残废军人因战的 1560 元，因公的 1540 元；三等乙级残废军人因战的和因公的都为 1390 元。抗日战争时期入伍的复员军人定期补助标准每人每月 125 元，解放战争时期入伍的每人每月补助 120 元，新中国成立后入伍的复员军人每人每月补助 115 元。

2004 年,全区共有重点优抚对象 1730 人,其中伤残军人 327 人,老复员军人 762 人,“三属”(烈属、因公牺牲军人家属、病故军人家属)147 人,参战、涉核 374 人,赴朝待命、子弟兵团 120 人,年发放定量补助抚恤金 467.0435 万元。

2005 年,全区共有重点优抚对象 1741 人,年发放各类优抚对象定量补助抚恤金 488.274 万元。

2006 年,全区共有伤残军人 338 人,老复员军人 758 人,“三属”141 人,参战、涉核、赴朝待命、子弟兵团 513 人,年发放定量补助抚恤金 523.124 万元。

2007 年,全区共有伤残军人 355 人,老复员军人 748 人,“三属”136 人,参战、涉核、带病回乡、赴朝待命、子弟兵团共 525 人,年发放定量补助抚恤金 590.204 万元。

2008 年,全区共有重点优抚对象 1864 人,区政府出资 30 万元为 50 户优抚对象修建房屋,年发放定量补助抚恤金 6593.0451 万元,为各类优抚对象报销医药费 32 万元。

2009 年,全区共有伤残军人 391 人,老复员军人 741 人,“三属”130 人,参战、涉核、带病回乡、赴朝待命、子弟兵团 604 人,年发放抚恤金 725.648 万元,区政府出资 30 万元为 50 户优抚对象修建房屋,为各类优抚对象报销医药费 36.8 万元。

2010 年,全区共有各类优抚对象 1886 人,区政府出资 30 万元为 50 户优抚对象建设新房,年发放定量补助抚恤金 798.65 万元,为各类优抚对象报销医药费 26.8 万元。

2011 年,全区共有各类重点优抚对象 1996 人,年发放定量补助抚恤金 835.898 万元。在“八一”建军节期间,区政府出资 50 余万元为全区优抚对象送去了凉席、床上用品、高档茶具等。

2012 年,全区共有各类重点优抚对象 2023 人,有 60 周岁以上退役老兵 2676 人,烈士子女 188 人,全年为他们报销医药费 37.8 万元,发放定量补助抚恤金 960.5861 万元。

至 2012 年,岚山区抚恤标准提高至:一至四级伤残军人每年 3.794 万元至 2.048 万元,五至十级每年 1.929 万元至 3610 元,城镇烈属每年 1.06 万元,农村烈属每年 6150 元。

第三节　烈士褒扬

革命战争年代和社会主义建设时期,岚山先后有 1100 名优秀儿女为革命事业牺牲。党和政府在日照修建了烈士陵园和革命烈士纪念馆,编写《革命烈士英名录》《日照英烈》,以褒扬革命烈士、教育人民。

日照革命烈士纪念馆 1980 年 10 月建成,建筑面积 720 平方米,一楼存有大量的历史资料、图表、照片及许多珍贵革命文物,二楼为烈士事迹陈列馆,陈列着郑培明、郑天九等 25 位烈士的事迹,包括岚山头街道舍己救人的女教师徐子芳。

岚山有分散安葬的烈士墓 400 余座,在黄墩、碑廓、虎山、高兴、巨峰、后村有烈士陵园 7 处,集中安葬烈士 313 位。郑培明墓在后村镇李家洼村,徐子芳烈士墓位于阿掖山南麓。每年清明节,地方党委、政府组织社会各界人士、青少年学生祭扫灵墓,向烈士墓增土并献花圈;邀请参加过抗日战争的老战士、残废军人做英勇杀敌、保卫家园的报告,进行革命传统教育和爱国主义教育。

2012 年,岚山区投资 400 余万元,在虎山镇梭罗树村西山建岚山烈士陵园,占地面积 20 亩。纪念设施包括烈士纪念馆、纪念广场、烈士墓墙浮雕、英雄纪念碑、烈士墓区等,共建烈士墓穴 725 座,当年有 300 余位烈士遗骸或遗骨移葬入烈士陵园内。烈士陵园纪念馆占地 2 亩,建筑面积 584 平方米,二层楼设计,分展览厅、陈列室、办公区等。

第四节　退伍军人安置

1940 年 3 月,地方政府开始有计划有组织地对伤、残、病员和复员军人做妥善安置。安置复员军人始于 1950 年,本着“无病从业,有病就医”的原则,对抗日战争和解放战争时期入伍,复员时年龄已大,没有结婚的,民政、妇联等部门为他们牵线搭桥,解决婚姻问题。对无土地房屋的复员军人,分给土地、房屋。对住房有困难的由国家扶持部分资金,村里帮工帮料盖房子。对带病复员的，医疗费全部由政府负担。

1984年后，在部队因公致残被评为二、三等伤残军人和荣立二等功以上或三等战功的农村退伍军人，全部农转非安置就业；城镇退役士兵由省、市、县（区）每年根据接收安置人数制定并下达安置计划。岚山办事处设立后，仍按原规定执行。安置到事业单位的占安置总人数的10%，90%的退役士兵安置到企业。国有企业改制后，退役士兵的安置面扩大到所有类型的企业单位。

1998年，国务院、中央军委提出安置就业和自谋职业相结合的安置工作新思路。日照市自2001年开始鼓励城镇退役士兵自谋职业，对申请自谋职业的退伍复员军人，由原户口所在地县级以上人民政府给予一次性经济补助，并给予政策优惠。城镇退役士兵自谋职业一次性经济补助的标准为：转业士官服役期满10年（含）的为3万元，每超一年增加1000元；城镇退伍义务兵服役期满2年（含）的为1.5万元，每超一年增加1000元。以上经济补助从当地财政拨付的专项经费和安置任务有偿转移资金中解决。

至2012年，岚山区4次调整了自谋职业一次性经济补助标准。2012年2月，区政府办公室下发《关于提高城镇退役士兵、转业士官自谋职业一次性经济补助标准的通知》，自2011年起，符合安置条件的城镇退役士兵、转业士官自谋职业一次性经济补助标准为：义务兵2.5万元，一期士官4万元，二期士官5.5万元，三期士官7.5万元，四期士官9.5万元；对服役期间荣立一等功、二等功、三等功的，分别一次性增发6000元、3000元、1000元，多次立功受奖的，按其中一个最高奖项标准计发。全区城镇退役士兵自谋职业率逐年提高，2011年达到91%。

1993～2012年岚山退伍军人安置情况一览表

表27-20 单位：人

年份	接收人数	安置情况		
	退伍	安置	回农村	自谋职业
1993	132	5	127	
1994	107	28	79	
1995	197	84	113	
1996	160	47	113	
1997	183	47	136	
1998	169	48	121	
1999	177	56	121	
2000	184	32	128	24
2001	144	16	108	20
2002	153	9	118	26
2003	222	25	160	37
2004	235	33	148	54
2005	213	29	131	53
2006	193	18	111	64
2007	247	4	177	66
2008	217	8	139	70
2009	208	7	138	63
2010	204	6	142	56
2011	182	5	146	31
2012	216	5	194	17

第五节　救灾　救助　救济

岚山每年不同程度地发生旱、涝、雹、台风、低温、病虫害等自然灾害，部分农作物、渔业设施、经济园林及群众的生命财产遭受损失，致使部分灾民生活困难，政府每年拨出专款(物)对受灾户、困难户予以救济。

1993～2003年岚山办事处共下拨救灾救济款394.3万元，救济粮食173.5万公斤，化肥160吨，柴油250吨；向灾区群众捐款87.6万元，救济衣被26848万件；受益灾民4.23万户、12.67万人次。

1993年，岚山办事处共发放救灾救济款36万元，救济粮食30万公斤，救济3608户、12680人次。1993年8月，岚山开展了大规模的捐助活动，为遭受特大洪涝灾害的济宁、临沂、菏泽、枣庄等市地捐款18万元，捐衣物2543件。

1994年，岚山办事处共接收上级救灾救济款32万元，救济3608户、12757人次。安排粮食65万公斤。发放扶贫款1.385万元，扶贫56户、218人。为"远南"残疾人运动会献爱心捐款6457元，捐衣物1159件。走访慰问敬老院8所，慰问"五保"老人598人，发放慰问款2.4万元，向186户社会困难户、特困户发放救济款1.5万元。

1995年，岚山办事处缺粮人口9282人，缺粮22.26万公斤，全处安排互借粮8.15万公斤，自筹粮2.3万公斤，上级发放救济粮11.81万公斤，发放救济款24.3万元。其中"11·7"特大风暴上级下拨救济款18.5万元、柴油250吨、化肥120吨；对虎山乡3户海上遇难渔民家属和岚山头街道7名海上遇难渔民家属、6名失踪渔民家属发放救济救灾款18.8万元；其余5.5万元用于解决灾民粮食2.9万元，住房1.24万元，衣被1900元，治病1.17万元，为300户、1000余人解决了当时生活问题，为4户、14人解决了住房，为100人解决了衣被，为120人解决了治病困难。走访慰问烈军属、五保户、社会特困户和残疾人特困家庭373户、1252人，发放面粉2475公斤、副食品350公斤、猪肉1500公斤、衣被127件，发放慰问金3.99万元。有20个村(居)筹资10.5万元，解决了422户、1577人的生活困难问题。同年，贯彻落实"八七"扶贫攻坚计划，发放扶贫贷款3.6万元，回收3.6万元，扶持贫困户48户，脱贫率90%。

1996年，岚山办事处发放救济款52万元，救济粮40万公斤，救灾化肥40吨，救济2800户、8400人次。办事处及时组织救灾，缓解灾情。春节期间，走访乡镇街道敬老院以及五保户、社会特困户、百岁老人和残疾人家庭370户、1200人，发放面粉4500公斤，捐送衣物400余件，发放救济款6800元。12月开始，岚山在全市率先建立城市居民最低生活保障制度，并实行动态管理，为人均月收入不足110元的贫困居民63户、171人，月发放保障金5793元。同年向菏泽地区捐款4万元用于救灾。为解决岚山饮水工程捐款13万元。

1997年，全处下拨救灾款30万元，救济粮2万公斤，发动社会各界捐款20万元，救济2982户、10897人。对全处月均收入低于110元的城市特困企业职工43户、165人，月发放保障金5810元，年发放保障金7万元。

1998年，岚山发生"7·24"特大洪涝灾害，上级拨付各种救灾款36万元，救济3626户、11921人次。长江、松花江流域发生特大灾情，岚山广大干部职工募集衣被13773件，捐款19.9万元。同年，对域内农村175户、412名年人均收入低于580元的贫困居民实施最低生活保障，按照市10%、处20%、乡镇街道20%、村50%的承担比例，年发放保障金8.7万元。对城市月人均收入不足110元的贫困居民43户、165人，年发放保障金6.97万元。

1999年，全处下拨救济款28万元，救灾救济粮2.5万公斤，救济4890户、9570人次。对农村人均年收入低于580元最低生活保障线的贫困居民175户、412人及城镇贫困居民93户、270人，发放最低生活保障金14.53万元。

2000年，全处发放救灾救济款38万元，发放救灾粮4.25万公斤，救济3174户、10456人次。对特困企业职工家庭93户、270人，农村特困家庭175户、412人实行了最低生活保障，全年共发放保障金8.66万元。9月14日，对口援疆捐赠衣被6733件，其中新棉被2200床，现金1325元。

2001年，全处共下拨救灾款38万元，救济3260户、11383人次。保障城市月人均收入不足120元的贫困居民123户、276人和农村年人均收入不足600元的贫困居民255户、667人，共发放最低生活保障金25.36万元。设立扶贫济困捐助接收站，共捐款2.11万元、衣被1886件、羊毛绒布1300米。

2002年，全处共下拨救灾救济款36万元，救济3206户、11247人次。为123户、276人发放城镇最低生活保障金10.5万元，为255户、667人发放农村最低生活保障金9万元，为特困职工12户、41人发放最低生活保障金2.2万元，为企业军转干部家庭16人发放最低保障金和一次性临时救济金1.09万元。

2003年，全处共下拨救灾救济款44万元，救济3255户、12667人次。为123户、276人发放城镇最低生活保障金14万元，为特困职工34户、107人发放最低生活保障金5万元。同年5月抗击“非典”期间，全处56个单位、4650人次捐款270486元。同年10月25日，因荷泽、济宁发生特大洪涝灾害，岚山各界向受灾群众捐款96273元，捐衣被鞋帽754件。

2004年，共下拨救灾救济款53万元，救济3560户、13210人次。为123户、276人发放城镇最低生活保障金16万元，为特困职工40户、110人发放最低生活保障金6万元，为企业军转干部家庭20人发放最低生活保障金和一次性临时救济金1.58万元。

2005年，全区共救济4000户、1.34万人次。为130户、290人发放城镇最低生活保障金46.4万元，为特困职工50户、200人发放最低生活保障金6.8万元，为企业军转干部家庭18人发放最低生活保障金和一次性临时救济金2万元。

2006年，全区共救济4200户、1.53万人次。为130户、290人发放城镇最低生活保障金65.5万元，为特困职工50户、200人发放最低生活保障金7万元，发放农村最低生活保障金111万元。

2007年，全区共救济4000户、1.34万人次。为130户、290人发放城镇最低生活保障金99.3万元，为特困职工50户、200人发放最低生活保障金8.2万元，发放农村最低生活保障金240.5万元，为集中供养“五保”对象686人和分散供养“五保”对象227人发放供养费176.41万元。

2008年，全区共下拨救灾救济款102万元。发放城市最低生活保障金187万元，为7669户、10047人发放农村最低生活保障金558.8万元，为集中供养“五保”对象686人和分散供养“五保”对象227人发放供养费180.69万元。为“汶川大地震”中受灾群众捐款710.8万元，捐赠衣物千余件。开展“慈心一日捐”活动，捐款72.4万元。大病医疗救助108人，发放救助金40万元。

2009年，为1190人发放城镇最低生活保障金222.83万元，为7635人发放农村最低生活保障金763.51万元，全年发放“五保”供养费193万元。救助困难户291人，发放救助金20.38万元。开展“慈善超市”活动，发放救助金3.612万元。开展“朝阳助学”活动，救助大学生13.2万元。大病医疗救助39人，发放救助金6.895万元。

2010年，为1191人发放城镇最低生活保障金247.68万元，为12367人发放农村最低生活保障金1120.88万元，全年发放“五保”供养费206.36万元。救助困难户82人，发放救助金8.421万元。开展“慈善超市”活动，发放救助金6.936万元。开展“朝阳助学”活动，救助大学生8.7万元。为云南抗震、抗旱捐款89.92万元。

2011年，为1191人发放城镇最低生活保障金274.3万元，为14077人发放农村最低生活保障金1481.68万元，全年发放“五保”供养费206.242万元。开展“慈善超市”活动，发放救助金2.265万元。开展“慈心一日捐”活动，捐款23.24万元。为372户困难群众发放大病医疗救助160.44万元，为123人最低生活保障家庭子女实施高考教育救助34.8万元，为2875户灾民发放救灾款165万元。

2012年，为1147人发放城镇最低生活保障金289.04万元，为14077人发放农村最低生活保障金1942.63万元，全年发放“五保”供养费237.68万元。第十号台风“达维”灾害后，中央拨救灾款260万元，省拨救灾款330万元，市拨救灾款360万元，区拨救灾款500万元，全区“抗台风爱心捐款”400万元。开展“朝阳助学”活动，救助大学生101人，发放救助金27万元。

2005 ～ 2012 年岚山城乡最低生活保障、“五保”供养标准一览表

表 27-21

项目 年份	低保标准		五保标准	
	城市（元/月）	农村（元/年）	集中（元/年）	分散（元/年）
2005	156			
2006	175	720		
2007	210	780		
2008	235	1000	2200	1400
2009	276	1200	2300	1500
2010	303	1300	2400	1600
2011	320	1400	2500	1700
2012	350	2000	2800	2000

临时救助　是指对在日常生活中由于各种特殊原因造成基本生活出现暂时困难的家庭，给予非定期、非定量的生活救助；对因临时性、突发性原因造成基本生活出现暂时困难的低收入家庭给予非定期、非定量的生活救助，帮助低收入家庭解决特殊困难。临时救助采取现金救助和实物救助 2 种形式，根据申请户家庭的困难程度和生活需要给予实物和现金救助。实物包括衣被、粮食等生活必须品；现金救助城镇居民每次最高救助 2000 元，农村居民每次最高救助 1000 元，最低救助 500 元。同一救助对象当年救助不超过 2 次。区民政局将救助金拨付到乡镇街道，由乡镇街道民政办具体实施救助。临时救助所需资金，主要从“慈心一日捐”款项中列支。2009 年实施临时救助 291 人次，发放临时救助金 20.38 万元；2010 年实施临时救助 373 人次，发放临时救助资金 21.4 万元；2011 年对 176 户进行临时救助，发放救助款 6.34 万元；2012 年对 176 户进行临时救助，发放救助款 6.34 万元。

第六节　社会福利

儿童福利

社会散居孤儿基本生活费发放　对全区失去父母、查找不到父母，或其父母无抚养能力的 0 ～ 18 周岁的未成年人（包括弃婴、社会散居孤儿、公安打拐解救儿童、找不到家庭的流浪儿童、受艾滋病影响儿童、因父母重度残疾或服刑等原因导致的事实无人抚养儿童），由政府进行救助，从 2010 年 1 月起发放救助金。

2010 年，全区共有 63 名孤儿（包括超过 18 周岁的在校大学生），每月每人 600 元，共发放孤儿基本生活费 45.36 万元，区民政局与孤儿监护人就孤儿生活补助费监护使用事宜签订协议。2011 年、2012 年，每年为全区 59 名孤儿发放基本生活费 42.48 万元。

医疗救助　2009 年、2011 年，岚山区实施山东省城乡最低生活保障家庭先天性心脏病儿童免费手术（资金来源是福利彩票公益金和在本辖区内报销的新型农村合作医疗），为虎山镇陈家庄子和巨峰镇孟家官庄村 2 名患儿免除手术费共 7.5 万元。2011 年，虎山镇龙王河村患儿赵某在济南医学院附属医院“爱心医疗救助工程”中得到救助。

福利企业　新中国成立后，有困难的残疾人除政府每年给予一定救济外，多靠集体给予照顾。20 世纪 80 年代，开始兴办社会福利企业，社会福利企业享受减免税收、技改贷款、物资分配优先等待遇。2004 ～ 2011 年，岚山区每年对福利企业进行年检，每 3 年换证一次。自 2009 年施行新的税费政策后，岚山区有山东鲁圣电力器材有限公司、日照铸福实业有限公司、日照岚星化工工业有限公司、日照维多利保健食品有限公司、日照市岚山中港福利外贸冷藏厂、日照市岚山区社会福利塑料厂、后村镇福利冶炼厂 7 家企业通过福利企业年检，共有职工 921 人，其中管理人员 98 人，生产人员 823 人（其中残疾职工 364 人），残疾职工比例为 39.5%，人均月工资 1570 元左右，各类保险参保率 100%。一般残疾职工从事体力劳动，技术含量较低，少部分从事技术工作。2011 年，岚山区有 6 家企业通过了福利企业

年检，年产值7.28亿元，年销售额7亿元。

2012年6月，后村镇福利冶炼厂划归东港区管辖。至此，岚山区共有4家福利企业符合年检条件，分别是日照铸福实业有限公司、山东鲁圣电力器材有限公司、日照岚星化工有限公司、日照市康政塑料制品有限公司（原日照市东港区社会福利塑料厂）。

福利彩票 20世纪80年代末，域内始有福利彩票发行，各乡镇街道民政部门在主要集市向赶集的群众发售即开型彩票，设有家用小电器、小百货等奖品等次。90年代后，设有电视机、摩托车、电冰箱等奖品。

1993～2000年，即开型福利彩票在岚山办事处发行，设大奖组5次，发行了253万元。2000年5月1日乐透型"齐鲁风采"电脑福利彩票在岚山办事处域内发行，当年销售额50万元。2002年，福利彩票在岚山设投注站10个，销售额200多万元。2000年5月至2003年年底，在岚山办事处共发行乐透型"齐鲁风采"彩票512.3万元。2004年，开始发行日照福利彩票。

岚山设区后，福利彩票在城区、集镇设投注站，在农村部分超市设投注点，各站、点按销量的7%提成。电脑福利彩票有23选5、3D、七乐彩、双色球、群英会玩法和即开型现买现刮的"刮刮乐"彩票。

至2012年年底，全区共设日照福利彩票投注站（点）50个，年销售额1.3亿元。

第七节 婚丧管理

婚姻登记 1950年5月1日，第一部《中华人民共和国婚姻法》颁布施行，开始实行婚姻登记制度。婚姻登记管理由日照县民政科主管，各区公所承办。1980年9月10日，修改后的《中华人民共和国婚姻法》颁布，于1981年1月1日起施行。1986年，婚姻登记由各乡镇街道民政办公室办理。1993年7月设立岚山办事处民政局婚姻登记处，1997年5月1日撤销各乡镇街道婚姻登记职能，由民政局婚姻登记处负责岚山的婚姻登记工作，包括结婚登记、离婚登记、补发婚姻登记证、出具婚姻登记证明。

2012年10月前婚姻登记程序：男女双方自愿结婚的，持本人身份证和户口本，共同到一方所在地婚姻登记机关，提出结婚申请，填写结婚登记申请书；提出离婚的，须持本人身份证、户口本和结婚证及离婚协议书，填写离婚登记申请书。经审查，对符合法定条件的，准予结婚或离婚，并发给结婚证或离婚证；对不符合法定条件的，做好思想工作，不予登记。

2012年10月后婚姻登记程序：婚姻登记的男女双方持所需证件共同到一方常住户口所在地的区、县级民政局婚姻登记机关提出申请，各填写一份《申请结婚（离婚）登记声明书》；在婚姻登记员面前亲自在《申请结婚（离婚）登记声明书》"声明人"一栏签名或按指印；婚姻登记机关对双方提交的证件、声明进行审查，符合婚姻登记条件的，准予登记。

1993～2012年岚山婚姻登记统计表

表27-22

年份	结婚数（对）	离婚数（对）	补发结婚证数（对）	出具婚姻登记证明	年份	结婚数（对）	离婚数（对）	补发结婚证数（对）	出具婚姻登记证明
1993	1192	3			2003	1641	5	5	
1994	1231	8			2004	2186	48	27	267
1995	1823	6			2005	2785	84	69	320
1996	1227	9			2006	2983	147	81	355
1997	1386	7			2007	2816	182	81	450
1998	1469	5			2008	2902	234	125	468
1999	1692	3			2009	2990	257	227	888
2000	1503	5	4		2010	2914	270	238	1065
2001	1612	7	5		2011	3346	282	272	1340
2002	1494	6	3		2012	3356	333	225	1710

殡丧管理　木棺土葬是域内传统殡葬习俗，老人病故后，儿女披麻戴孝守灵，亲戚奔丧，烧纸、磕头，有一套繁琐的殡丧仪式和迷信做法。新中国成立后，党和政府倡导文明、简朴、节约办丧事，反对封建迷信和铺张浪费，提倡以佩黑纱取代披麻戴孝，对重葬厚殓的殡葬习俗进行改革。20世纪60年代，改出殡哭灵为开追悼会，推行以生产大队为单位建设公墓。1976年开始推行火葬，各村设治丧委员会，火化工作分别去日照、坪上火化场办理。20世纪90年代，各乡镇街道民政办公室配1辆箱式专用火化车；2000年后，开始出现专门从事一整套丧葬服务的个体。

2007年8月，岚山区开始建设公益性公墓，地址在虎山镇梭罗树村西山，计划建设面积1000亩，均为荒山，分三期进行。第一期建设面积200亩，城区坟墓搬迁全部搬迁至该公墓区。至2012年年底，共建成墓穴2.4万余座，其中使用墓穴1.6万余座。

1994～2012年岚山死亡人员火化情况统计表

表27-23

年　份	死亡人数(人)	火化人数(人)	火化率(%)	年　份	死亡人数(人)	火化人数(人)	火化率(%)
1994	1040	1020	98	2004	1161	1153	99
1995	1206	1206	100	2005	2521	2513	99
1996	1131	1131	100	2006	2542	2534	99
1997	1097	1097	100	2007	2611	2605	99
1998	1213	1206	99	2008	2621	2621	100
1999	1081	1056	98	2009	2613	2613	100
2000	1410	1382	98	2010	2578	2578	100
2001	1113	1102	99	2011	2587	2587	100
2002	1157	1150	99	2012	2879	2879	100
2003	1210	1202	99				

第八节　区划地名管理

1993年前，域内地名与区划勘界由村居、乡镇街道逐级提报至日照县、日照市民政局区划地名科审查确认。岚山办事处设立后，全处166个行政村居全部设立了村名碑。1996年开展“文明新风一条街”活动，在圣岚路、岚山路、玉泉二路、观海路、官山路、童海路6条道路安装29块路牌标志。1997年，完成碑廓镇与莒南县33公里边界线的勘测。1999年鲁苏线勘界，涉及岚山和江苏赣榆县的4个乡镇24个村，在充分协商的基础上，确定了边界线，并完成图上标绘和签字等工作，埋设5块界桩，于2000年圆满完成勘界工作。同年，完成虎山乡和碑廓镇驻地7条主要街道的命名和路牌制作，共设置路牌24块。

2004年设区后，全区417个行政村居全部设立了村名碑。2012年，对13条城区主道路安装沿街门牌703个，对50条道路安装路牌200余个，对省、市、区29块界桩进行维护，安装界桩宣传碑10块。

第九节　民间组织管理

民间组织也称社会组织，有社会团体、民办非企业单位和基金会3类。

2001年，岚山开始开展社会团体和民办非企业单位的登记、变更、年检、注销等工作。2001年6月，对全处91个卫生机构和55所幼儿园进行了民办非企业单位成立登记。2003年6月，因146家民办非企业单位未接受年检，按照《民办非企业单位登记管理暂行条例》规定给予撤销。

2009年1月，巨峰镇绿茶协会、岚山卫生监督检验协会、岚山区易通培训学校被评为市级先进社会组织。2010年3月，岚山区被评为山东省社会组织深入学习实践科学发展观活动指导工作先进单位，易通职业培训学校被评为省级科学发展观先进社会组织。2012年2月，碑廓镇养殖协会、岚山区国土学会、岚山区茶业协会、岚山区易通职业培训学校被评为市级先进社会组织。

2010年12月1日，岚山区成立中共岚山区社会组织工作委员会（简称区社会组织党工委），在区民政局社会事务科加挂中共岚山区社会组织工作委员会办公室牌子。区社会组织党工委设书记1名、副书记2名，委员分别由区委组织部、区教育局、区科技局、区司法局、区财政局、区人力资源和社会保障局、区城乡建设局、区文体局、区卫生局、区国税局、区地税局等相关负责人兼任。

至2012年年底，全区共有社会组织63个，工作人员278人，党员133人，成立党支部16个，涉及业务主管单位27个。其中，社会团体49个，涉及业务主管单位21个，成立党支部14个；民办非企业单位14个，涉及业务主管单位6个，成立党支部2个。中介组织2个，成立党支部2个。

第五章　老龄工作

第一节　政策措施

岚山区委、区政府始终把做好老龄工作作为构建和谐社会的一项重要内容来抓。2005年，印发《关于切实做好农村家庭赡养协议书签订工作的通知》，2008年印发《关于进一步加强基层老龄工作的意见》《岚山区老龄工作委员会成员单位职责》，2009年印发《日照市岚山区人民政府办公室关于加快发展居家养老服务的意见》，2012年印发《关于进一步加快老龄事业发展的意见》《岚山区90～99岁高龄老年人生活补贴发放管理暂行办法》，为做好老龄工作提供制度保障。2006年，设立老龄工作委员会，在区民政局设立老龄工作办公室，乡镇街道和社区、村居分别健全完善老龄工作机构，制定规章制度，明确工作职责。

老年人福利待遇　健全高龄津贴制度，从2012年6月1日起，为全区符合条件的1155名90～99岁无固定经济收入的老年人发放高龄补贴，市级财政承担每人每月30元，区级财政补助70元。实施养老补助金制度，补助对象为年满60周岁的老人，补助标准由各村居视集体经济状况，由党员会议、群众会议决定。2012年，全区共有92个村居为老年人发放补贴每年总额约380万元。

2005年3月1日起，为60周岁以上老年人换发新版“老年人优待证”，共发放3600个。2007年成立岚山区老年慈善超市，为196个贫困老年人家庭发放二次救助金6万元。每年“九九”老人节、春节期间，区委、区政府都组织区级领导班子成员对百岁老人、困难高龄老人进行走访慰问，并送上慰问品、慰问金。

图27-1　区领导春节期间走访慰问高龄老人　　（摄于2012年）

2004～2012年岚山区
“九·九”老人节走访慰问百岁老人、困难高龄老人情况统计表

表27-24

年　份	走访老人数(人)	每人每年补贴金(元)	共发放长寿补贴金(元)	走访慰问品金额(元)
2004	13	1200	15600	12000
2005	21	1200	25200	12600
2006	25	1200	30000	12600
2007	25	2400	60000	12600
2008	19	2400	44800	12600
2009	21	3600	75600	12600
2010	29	3600	104400	12600
2011	21	3600	75600	12600
2012	30	4800	144000	12600

山东省银龄救助活动　2008年12月，山东省“银龄救助”活动救助安东卫街道东街居1人、潘一村1人，虎山镇朱家官庄村和南马家村各1人，碑廓镇碑廓一村低保户老党员1人、田家寨一村因病返贫1人，各600元；2009年救助虎山镇小村1户病灾家庭1000元；2010年救助巨峰镇前山北头村1名高龄老人800元；2011年救助后村镇石林子村1名高龄老人1000元，巨峰镇车沟村1户病灾家庭1000元。

山东省银屏惠老工程　2008年，第一期山东省“银屏惠老工程”，为岚山头街道周庄子村、甜水河村、杨家庄子村困难群众免费发放彩色电视机各1台。2010年，第二期山东省“银屏惠老工程”，发放彩色电视机8台，每乡镇街道1台。2011年，第三期山东省“银屏惠老工程”，发给安东卫街道轿顶山社区文体中心32寸彩色电视机一台、DVD一台，碑廓镇王家庄村老年活动中心台式电脑一台。

银龄安康工程　2009年开始，根据省、市有关文件精神，对全区60～80周岁的老年人开展“每人每天6分钱，安全保一年”险种投保，每份保费10元，每人最多可投保5份。当年共承保老年人20147人，投保金额20.77万元。至2012年第四年实施“银龄安康工程”险种投保，岚山区共承保老年人达39280人，投保金额75.03万元。

评先树优活动　2004年，区民政部门联合妇联、工会在区委广场举办“敬老爱老助老先进集体、先进个人、敬老好文章、好事迹、小孝星”表彰和老年文艺演出活动。同年11月21日在碑廓镇举办了全镇5000人妇女大会，市委党校教授刘贤国作了题为“新时代、新女性、与伟大祖国一道前进”的专题辅导报告，评选出全镇“十佳好婆婆”“十佳好媳妇”、15名“致富女能手”和“美在家庭

图27-2　虎山镇表彰尊老敬老好儿女　（摄于2007年）

示范户”“优生优教示范户”各14户，并以宣传画的形式向全镇广大妇女发放了公开信。

2006年，安东卫街道泉子庙村被评为“全国敬老模范村居”。

2009年，安东卫街道获水居李文三、巨峰镇敬老院王均东、碑廓镇西辛兴村胡启美被评为“感动日照敬老楷模”；虎山镇韩家营子村苏日娟、碑廓镇山西头村马宗荣、安东卫街道东山居胡玲章被评为首届“日照市十大孝星”；黄墩镇秦家滩井村任百香获“感动日照敬老楷模”提名奖；安东卫街道北门外居崔久花获首届“日照市十大孝星”提名奖。

2009年，岚山头街道老龄办、安东卫街道老龄办被评为市级先进老龄工作委员会；2011年，岚山区民政局、碑廓镇老龄办被评为市级先进老龄工作委员会。

2009～2012年，岚山区先后开展了4届“日照市岚山区敬老楷模”“日照市岚山区十大孝星”“日照市岚山区模范老人”评选活动，每次评选出“日照市岚山区十大孝星”10名、“大爱岚山敬老楷模”10名、“大爱岚山模范老人”10名，事迹在《新岚山》刊登，并在日照电视台播出。

第二节 养 老

镇办敬老院 新中国成立前，日照县抗日民主政府曾发放救济粮款，或动员社会力量开展互助互济，帮助解决鳏寡孤独和丧失劳动能力的人的生活困难。新中国成立后，对孤寡老人和丧失劳动能力的残疾人员进行救济，发放救济款物，保证生活温饱。1956年开始，对缺乏劳动能力或完全丧失劳动能力、生活没有依靠的老弱孤寡残疾的“三无”对象实行保吃、保穿、保住、保医、保葬（简称“五保”），对生活不能自理者，由村居选派近邻村民照顾，定时付酬。岚山办事处设立后，开始兴办敬老院，对“五保”老人集中供养。除集中供养外，还采用集体供给居家分散养老等形式。

2012年，岚山区共有8所镇办敬老院，床位850张。共有“五保”对象915人，其中集中供养687人，集中供养率为75%，实际供养标准每人年均3600元；分散供养228人，供养标准每人年均2000元以上。2007年，岚山区被省政府评为“敬老院建设先进区”；2008年，8所敬老院有7所被评为“省一级敬老院”；2011年，实现“省一级敬老院”全覆盖。

岚山头敬老院 位于岚山头街道凤阳路社区，始建于1998年，2007年进行扩建，两期工程共建3层楼房2幢，总投资400多万元，占地总面积1万平方米，建筑面积2200平方米，拥有房间88间，其中院民宿舍60间，床位120张，可以承接居家养老业务。敬老院有工作人员5人，全街道共有“五保”对象57人，集中供养42人，分散供养15人，集中供养率为75.4%。

安东卫敬老院 位于安东卫街道陈家湖村，建于2006年，主体为3层楼房，总投资210多万元，占地总面积6700平方米，建筑面积2666平方米，有房间68间，其中院民宿舍38间，床位70张，有工作人员6人。全街道共有“五保”对象79人，集中供养60人，分散供养19人，集中供养率为75.9%。

虎山镇敬老院 始建于1987年7月。随着集中供养规模的不断扩大，2007年投资80多万元改造了虎山镇原第四中学，于2009年搬迁到新址。新址占地总面积2万平方米，建筑面积1800平方米，拥有房间96间，其中院民宿舍42间，安放床位70张。2012年，有工作人员9人，全镇共有“五保”对象83人，集中供养62人，分散供养21人，集中供养率为75%。

碑廓镇敬老院 位于碑廓镇政府驻地北1公里处，2007年投资270万元扩建，2008年5月建成使用，占地面积2.2万平方米，建筑面积2100平方米，拥有房间104间，其中院民宿舍70间，安放床位130张。2012年，敬老院有工作人员8人，全镇共有“五保”对象120人，集中供养90人，分散供养30人，集中供养率为75%。

黄墩镇敬老院 位于镇南一公里处的秦家滩井村（原秦家滩井小学），2006年改建，2007年10月正式启用。占地1万平方米，拥有院民宿舍38间，办公、活动场所24间，建筑面积1020平方米，床位90个，是集生活、健身、娱乐于一体的高标准公寓式敬老院。2012年，有工作人员8人，入住院民86人，集中供养率达75%以上。

高兴镇敬老院 位于高兴镇政府驻地北1.5

公里处，始建于1993年，2006年进行改扩建。占地9338平方米，建筑面积3400平方米，有房间80间，其中院民宿舍60间，床位100张。2012年，有工作人员6人，全镇共有“五保”对象85人，其中集中供养64人，分散供养21人，集中供养率为75.3%。

巨峰镇敬老院　始建于1971年。2005年投资40多万元在原大坡乡党委办公大楼的基础上改扩建，2008年又投资30多万元建成300多平方米钢结构餐厅一处。敬老院占地面积1万平方米，建筑面积4000平方米，拥有房间130间，其中院民宿舍90间，床位180张。2012年，有工作人员12人，全镇共有“五保”对象226人，其中集中供养170人，分散供养56人，集中供养率为75.2%。

中楼镇敬老院　始建于1984年，占地7500平方米，建筑面积3500平方米，房屋92间，床位200张，象棋、台球、电视机、VCD、空调、洗衣房等设施齐全。2012年，全镇有“五保”对象178人，集中供养137人，年龄最大的93岁，平均年龄75岁，集中供养率76.9%。

居家养老　岚山区倡导集体经济较富裕的村居兴建老年公寓，区委、区政府将农村老年公寓建设“百村千户”工程纳入各级工作绩效考核。至2012年，全区共建成老年公寓20所，完成投资6600余万元，入住老人3650人。

岚山区于2010年启动新型农村社会养老保险，至2012年，全区共有23.9万人参保，参保人年满60周岁后，按规定缴费、未享受城镇职工养老保险待遇的，可以按月领取养老金。2011年7月启动城镇居民社会养老保险，至2012年年底，共有1.8万人参保，参保人年满60周岁、按规定缴费、未享受职工基本养老保险待遇以及国家规定的其他养老待遇的，可以按月领取养老金。

1996年建立城市居民最低生活保障制度，1998年建立农村居民最低生活保障制度，对月收入低于城乡最低生活保障水平的困难老人全部纳入低保救助范围。2010～2012年，为420户优抚、困难、残疾老人进行危房改造，区政府对每户投资6000～10000元。

第三节　百岁老人

2012年年底，岚山区共有百岁老人30人，均为汉族。

2012年岚山区百岁老人一览表

表27-25

姓　名	性　别	出生年月日	年　龄	家庭住址
苏申氏	女	1910年2月25日	102	安东卫街道安东卫南村
苏丁氏	女	1909年11月29日	103	安东卫街道安东卫南村
韩玉运	男	1908年7月13日	104	虎山镇韩家村
苏迟氏	女	1911年3月10日	101	虎山镇大庄子村
戴　军	女	1911年3月28日	101	虎山镇大庄子村
崔　氏	女	1911年10月19日	101	虎山镇崔景阳村
相同英	女	1911年6月18日	101	虎山镇朱家官庄村
陈刘氏	女	1912年11月22日	100	虎山镇小村
杨学兰	女	1912年3月7日	100	虎山镇朱家官庄村
张传英	女	1912年8月10日	100	虎山镇张家结庄村
宋王氏	女	1910年3月9日	102	碑廓镇宋家岭村
崔司氏	女	1910年10月25日	102	碑廓镇大朱曹一村
魏茂新	男	1912年2月20日	100	碑廓镇田家寨一村

续表27-25

姓　名	性　别	出生年月日	年　龄	家庭住址
韩治荣	女	1912年1月28日	100	碑廓镇玉峰岭村
牟乃明	女	1911年8月4日	100	高兴镇向阳村
辛张氏	女	1911年5月28日	101	黄墩镇辛庄子村
辛公平	女	1912年10月10日	100	黄墩镇黄墩四村
刘陈氏	女	1912年1月10日	100	黄墩镇粮山三村
周延梅	女	1910年3月31日	102	巨峰镇后屯村
邹张氏	女	1905年9月11日	107	巨峰镇邹北岭村
韩李氏	女	1909年4月12日	103	巨峰镇大坡村
梁英培	女	1910年2月6日	102	巨峰镇土山东庄村
刘贤贞	男	1912年12月20日	100	巨峰镇柿树园村
秦玉明	男	1911年7月7日	101	巨峰镇梁家桃园村
曹中美	女	1905年9月24日	107	中楼镇黑涧村
陈德林	女	1911年12月29日	101	中楼镇马家西楼村
王　梅	女	1911年10月21日	101	中楼镇下曹村
牛衍贞	男	1912年12月26日	100	中楼镇孟家屋子村
何　正	男	1912年2月14日	100	中楼镇两山口村
史日英	女	1912年10月10日	100	中楼镇孟家西楼村

第六章　信访工作

第一节　机　构

新中国建立后，信访工作一直由日照县委、县政府办公室秘书人员兼管。“文化大革命”初中断。1971年5月，日照县委办公室设信访组，1981年8月改称县委办公室信访科。1981年1月，日照县生产指挥部办公室设信访科。1985年3月，日照市（县级）委办公室、市政府办公室分别设立信访科，1987年9月，两办公室信访科合并成立市委、市政府信访办公室。

岚山办事处成立初期，信访工作由工委、办事处办公室承担。1997年1月1日，成立岚山工委、办事处信访局，编制1人，由工委、办事处办公室1名副主任兼管信访工作。

1999年6月2日，工委、办事处确定工委、办事处办公室1名副主任主抓信访，并从处直机关和乡镇街道借调2名工作人员具体从事信访工作。

2003年3月18日，信访局独立办公，为正科级事业单位，编制增至5人，设办公室和信访科2个科室，由工委、办事处办公室管理。

2005年12月设立中共岚山区委、岚山区人民政府信访局（简称区信访局），以区委办公室管理为主，是区委、区政府负责信访工作的行政机构，内设办公室、接访科、督查办信科3个职能科室。

第二节　案件处理

1978年前，人民群众来信来访数量较少，一般为反映干部政治立场、经济及作风问题。1979年后，随着经济、政治体制改革步伐加快，特别是农村改革和企业改革不断深入，一些深层次矛盾逐渐显现出来，涉及到人民群众切身利益的现实问题较多，群众上访特别是集体上访量呈上升趋势。岚山办事处设立后，随着党和政府中心工作的转移和形势的变化，群众反映的问题呈现多样化、复杂化特点，因农村干群矛盾、企业改制、土地征用、拆迁安置等原因引起的群众上访特别是集体上访、越级上访有上升趋势。

1993年岚山办事处设立后，贯彻《山东省信访规定》和国务院《信访条例》，按照“属地管理、分级负责”和“谁主管、谁负责”的原则处理信访案件，妥善处理群众反映的问题，化解社会矛盾。通过实施“双向责任协议书”“上访答复意见书”等制度，规范信访者与受理者的信访行为，引导群众依法逐级上访，使信访工作逐步纳入法制化、规范化管理轨道，办案率和结案质量逐步提高。1997～2003年，共受理群众来信来访1231件，办结1125件，办结率91%。

2004年后，执行来信办理“三见面”制度，在处理群众来信时做到：同承办单位领导见面，承办单位领导对每件来信都要做出批示，签署具体意见；同承办人见面，确定承办人责任，掌握案件处理的进展情况；同写信人见面，承办单位要向写信人及时反馈查处等情况。实行“处理群众来信交办单”和“办信‘三见面’会签单”制度。建立了处理信访突出问题及群体性事件联席会议制度，成立土地征用、农村土地政策和财务管理、城镇房屋拆迁、企业改制、涉法涉诉、困难企业军转干部、参加云南边境保卫战退伍人员及部队转业士官7个专项工作小组，对出现的信访突出问题由联席会议办公室统一协调，按照职责分工，由各专项工作小组负责落实。2005年，贯彻国家新的《信访条例》和《山东省处理群众来信工作规程（试行）》《山东省处理群众来访工作规程（试行）》《山东省信访督办工作规程（试行）》，规定信访人对信访事项可以通过写信、电子邮件、电话、走访等多种形式反映，必须遵守“六不准”（不准在国家机关办公场所周围、公共场所非法聚集，围堵、冲击国家机关，拦截公务车辆，或者堵塞、阻断交通；不准携带危险物品、管制器具；不准侮辱、殴打、威胁国家机关工作人员，或者非法限制他人人身自由；不准在信访接待场所滞留、滋事，或者将生活不能自理的人弃留在信访接待场所；不准煽动、串联、胁迫、以财物诱使、幕后操纵他人信访或者以信访为名借机敛财；不准有扰乱公共秩序、妨害国家和公共安全的其他行为），按程序逐级反映问题。建立了信访事项三级终结制度，信访人对有权处理的行政机关作出的信访事项处理意见不服的，可以在规定时间内向其上一级行政机关请求复查、复核，对重大、复杂、疑难的信访事项，可以根据《山东省信访事项听证办法（试行）》举行听证，加强信访人的申诉权利。

建立领导阅信、领导接访、领导包案处理信访问题等制度。1993～2012年，区、乡镇街道党委、政府领导共阅批群众来信1915件、接待群众来访4604起，包案1273件；1998～2006年，区、乡镇街道党委、政府主要领导人每月亲自处理一件群众最关心的信访问题，共处理166件。开通群众来信“绿色邮政”，即群众寄往本市、县、乡三级党委、政府及其有关部门的来信，只要在信封上注明“群众来信”，一律免贴邮票。对信访案件推行“首问责任制”和限时办结制，规范信访案件受理、处理行为。推行“阳光办信”制度，畅通信访渠道，保障来信人的知情权、参与权和监督权。实行重点时期的维稳排查，在重大节日和重要会议期间按照要求进行集中、重点排查并严格信访信息零报告制度，把握好信访苗头，控制好信访动态。

1993～2012年，岚山信访局共受理群众来信来访4507件（起）。立信访案件624件，发出督办单407份，签订双向责任书834份，填写上访答复意见书834份，回访信访户492户，查处非正常上访案件14件，解决信访积案197件。

1993～2012年岚山信访局受理群众来信来访情况统计表

表27-26

年份	来信（件）	来访（次/人）	集访（起/人）	年份	来信（件）	来访（次/人）	集访（起/人）
1993	4	21/43	2/11	2003	63	266/1375	71/1020
1994	7	25/51	3/19	2004	71	245/1163	66/898
1995	6	31/42	2/14	2005	111	232/621	29/250
1996	10	29/36	2/11	2006	101	229/601	31/262
1997	29	32/61	3/17	2007	122	260/1069	43/828
1998	31	34/96	5/30	2008	105	227/1085	42/778
1999	32	41/169	11/69	2009	92	139/596	31/303
2000	56	111/434	17/230	2010	175	178/683	35/451
2001	81	199/1373	55/1034	2011	100	321/1235	47/798
2002	53	203/1328	72/1168	2012	66	414/1619	68/1063

第三节　法规宣传

2005年5月国家新的《信访条例》颁布施行后，岚山区采取明白纸入户、漫画进村、“三字经”上墙、领导电视讲话、录音广播、典型宣传等多种形式进行宣传。投资3万多元印制了7000余份信访知识宣传台历。将《信访条例》的学习列入区委党校教学的重点内容，分别举办乡镇街道和区直部门分管负责人、新提拔科级干部、中层干部等9个不同主体信访培训班，培训1170人次，并组织力量到各乡镇街道对全体脱产干部、村居两委干部进行《信访条例》巡回宣讲。

2006年6月2日，举办全区信访干部《信访条例》实施一周年培训班，重点讲解受理、告知、转送、交办等业务知识。

2010年5月，印发《开展〈信访条例〉实施五周年集中宣传活动实施方案》，在全区掀起开展《信访条例》实施五周年集中宣传活动高潮，达到“双教育双规范”（干部、群众受教育，干部的信访工作行为及群众的信访行为进一步规范）的要求。5月21日，在安东卫集市中心开展了以《信访条例》为主要内容的现场咨询、法规服务、播音讲解、现场接访等形式多样的集中活动。同时调集8辆宣传车，在集市及城区进行集中巡回宣传。在农村，各乡镇街道组装宣传车，在辖区的集市、村居等进行巡回宣传，做到“三到村”：宣传车开到村、明白纸贴到村、标语挂到村。5月19～22日，各乡镇街道利用大集日，在人员密集区域摆放咨询服务台，开展镇、片、村三级干部现场接访、咨询服务和办公活动，共接待咨询者478人次，现场解答信访案件142起，发放《信访条例》明白纸、《信访人须知》及《信访“三字经”》等材料1.3万余份。

第四节　基层信访工作

1986年各乡镇街道配备信访助理员。1988年各村（居）成立信访民调小组，配备1～2名信访民调员。1989年1月，各乡镇街道设立信访办公室，配备副乡级信访办公室主任。1989年5月，日照市下发《日照市乡镇街道办事处信访办公室工作暂行规定》；1990年4月，下发《日照市乡镇街道办事处信访工作目标管理试行办法》。1988年起，在各乡镇街道开展争创“三无乡镇”（无进京去省上访、无越级集体上访、无信访积案）活动。

2006年，岚山区开展“文明接访，群众满意在信访部门”活动。树立“一切为了人民，一切从人民的利益出发”的思想，对待正常上访人员，文明接访，坚持“五个一”，即一个笑容、一句问候、一杯热茶、一把椅子、一个处理建议。信访案件处理过程中坚持“五个一”，即一张告知单、一份承诺协议书、一份《答复意见书》、一次督查、一次回访。在接访过程中，推行热心接谈、耐心听记、细心分析、诚心答复的“四心”工作法，将以人为本的理念融入到具体的接访工作中。9月，岚山区承接全市基层信访工作“三位一体”现场观摩经验交流会议，岚山区实施的“把干部派下去，将基层班子抓上去；把监督跟下去，将村级财务管上去；把案子包下去，将调处质量提上去；把身子铺下去，将便民服务搞上去”“四下四上”全方位工作举措，在全市作了典型介绍。

2007年，乡镇街道信访机构设立信访办公电话，公开接访时间、地点、办结时限，发放便民卡。建立信访排查台账，包括：基本情况、矛盾成因、处理过程、目前状况、下步发展趋势、解决措施、工作要求、责任单位、责任人员等。整合乡镇街道信访资源，建立“为民服务中心”，实行一站式服务，现场解答、现场处结、方便群众、提高效率。

2008年开始，实行领导接访日制度，区、乡级领导定期接访，对外公开接访领导、接访时间、接访地点。

2009年，开展信访工作“规范化建设年”活动，规范接访、受理、承诺、处访、督查督办、信息报告、排查调处等程序，建立标准化的工作规程和制度，编印《信访工作规范手册》。

2010年，区委、区政府被山东省委、省政府表彰为全省信访工作先进单位。

2011年建立“一线”工作机制，推动群众诉求在一线解决，《岚山区建立“一线”工作机制提升信访工作水平》一文被《山东信访》刊发。

2012年，《实行“三个强化”，着力抓好信访工作》一文被《山东信访》刊发。在中共十八大期间，安保维稳工作突出，岚山区被日照市委、市政府表彰为“安保维稳工作先进区县”。

第二十八编　法　治

新中国成立前，人民政权设立公安局和法院，管理域内公安司法事务。1993年前，域内公安司法工作先后由日照县、县级日照市、日照市东港区管理。1993年成立日照市公安局岚山分局，1994年设立岚山中心法庭、岚山司法局，1996年日照市人民检察院设立岚山检察室。2004年岚山设区后，公安司法机构全面完善。

1986年，岚山开始实施第一个五年普法规划。从1994年开始，岚山司法局每年开展法制“宣传月”“宣传周”等活动，宣传全民普法内容；境内各乡镇街道和村居全部建立人民调解委员会，处理社会矛盾纠纷。2010年开展“法治岚山”创建活动，被表彰为“全国法治县(市、区)创建活动先进单位”。2012年，岚山区司法局被中华全国人民调解员协会表彰为“人民调解宣传工作先进单位”。

2000年，岚山公安分局着手开展社区警务的规划和建设。2007年，开展社区和农村警务室规范化建设，在全区设置社区警务室、农村警务室。2010年，实现城区、街道(镇)、村三级公安联网。至2012年，公安司法机关先后组织开展多次严打整治斗争，严厉打击刑事犯罪、经济犯罪，保护人民生命财产安全，维护社会稳定，充分发挥了公安司法部门为经济发展保驾护航的作用。

第一章 公 安

第一节 机构沿革

明洪武十七年(1384年)设安东卫，地方治安由安东卫官员负责，安东卫辖区以外区域属日照县，地方治安由日照县官员负责。

1913年春，日照县巡警分局改称警察事务所，8月改称警察所。1917年，在安东卫设警察分所，主管治安、户籍、拘押及执行查船、捕匪等任务。

1928年，民国政府日照县公安局成立，在安东卫设第三公安分局。1939年10月，日照县日伪警训所成立，安东卫第三公安分局撤销。1939年7月，中共日照县委成立社会部，负责治安工作。1940年11月，社会部撤销，各区设公安特派员。1945年12月，设安东卫公安分局。1947年9月，国民党占据日照县城和石臼所，安东卫公安分局撤销。1948年10月，又恢复安东卫公安分局。

1951年，安东卫公安分局划归山东省公安厅边防保卫局石臼分局。1952年4月，各村成立治保委员会，石臼边防分局撤销，安东卫公安分局划归日照县公安局，后称安岚分局。

1954年6月，安岚分局缩编为安岚派出所。1958年12月，安岚派出所改为安岚武装边防派出所，增设韩家营子武装边防派出所。1966年12月，设安岚、碑廓、巨峰派出所。

1968年3月，公、检、法实行军管，日照县成立公安机关军事管制小组；6月，安岚、韩家营子武装边防派出所撤销。1969年6月，安岚、碑廓、巨峰派出所撤销，各设公安特派员。1971年3月，虎山设立人民公社，亦设公安特派员。后各公社均设立公安特派员。

1971年4月，设立岚山、虎山边防派出所。

1981年1月，山东省公安厅批复设立汾水派出所，后各公社均设派出所。是年7月，安岚人民公社分为岚山头、汾水人民公社，岚山头设公安特派员，后设派出所。1985年5月，日照县公安局改称日照市(县级)公安局。1989年11月，日照县公安局升格为地级日照市公安局，域内派出所归日照市公安局东港分局、后归日照市公安局城郊分局管辖。

1993年7月，成立日照市公安局岚山分局(简称岚山公安分局)，设人秘科、治安科、内保科、消防科、巡警大队，辖岚山头、汾水、虎山、碑廓派出所；协管岚山交警大队、岚山消防大队、岚山边防大队及岚山头、王家海屋、韩家营子边防派出所。

2000年1月，经日照市政府批准，成立安东卫派出所。

2002年10月，公安系统进行机构改革，岚山公安分局设纪委、指挥中心(办公室)、政工科、计财装备科、刑事侦察大队、治安巡逻警察大队、经济犯罪侦查大队、国内安全保卫大队、督察大队、外事科、户政科、法制科等12个科室(队)和岚山头、汾水、安东卫、虎山、碑廓5个派出所,协管岚山交警大队、岚山消防大队、岚山边防大队及岚山头、王家海屋、韩家营子3个公安边防派出所。

2003年,日照钢铁公司落户岚山,经日照市政府批准,2004年2月设立工业区派出所。

2004年9月,巨峰、后村、高兴、黄墩4处派出所随区划调整由东港公安分局划归岚山公安分局管辖。

2010年1月,岚山公安分局进行内部机构设置调整,纪委、计财装备科、政工科、法制科改为纪检督察室、警务保障室、政工室、法制室,撤销督察大队。

2011年3月,岚山公安分局内设纪检督察室、办公室(指挥中心)、政工室、警务保障室、法制室、治安巡逻警察大队(设户政科、出入境管理科、保安公司)、刑事侦察大队、经济犯罪侦查大队、国内安全保卫大队,下设岚山、安东卫、汾水、碑廓、虎山、工业园区、巨峰、高兴、后村、黄墩10个公安派出所,协管岚山交警大队、岚山消防大队、岚山边防大队及岚山头、安东卫、王家海屋、韩家营子4个边防公安派出所。辖区内另有岚坪铁路公安分局和日照港公安局岚山港区分局2个行业公安机构。

2012年9月,中楼派出所划入,后村派出所划归东港区公安分局管辖。

至2012年,岚山公安分局有民警167人,工勤2人,协警55人。

第二节 治安管理

治安行政管理 新中国成立后,公安机关依照政府法令打击流氓、盗匪,取缔烟馆、赌场、妓院,清除旧社会遗毒。1953年后,重点加强治安基础业务和组织建设,建立健全群众性治安保卫组织。1957年10月《中华人民共和国治安管理处罚条例》发布,公安机关依法实施管理,社会治安趋向稳定。1960年前后,国民经济遇到暂时困难,社会治安问题突出,遵照日照县委、县政府关于生产救灾紧急指示精神,公安机关一手抓安置教育,一手抓治安管理,严格区分和正确处理敌我矛盾与人民内部矛盾,维护了社会稳定。"文化大革命"期间,治安管理遭到严重破坏,社会秩序混乱。中共十一届三中全会后,治安管理机构得到恢复,治安管理技术装备得到充实和改善,治安管理工作得到逐步提高和加强,公共秩序逐渐好转。

20世纪80年代,随着改革开放深入,各种文化娱乐场所、设施以及商贸市场等公共场所增加,治安管理任务日益繁重。公安机关贯彻"管理从严"方针,开展不间断治安清查行动。1980年7月,日照县公安局抽调31名民警,分2组到社会治安问题较多的岚山、城关、两城公社,进行公共治安秩序专项整顿。1990年,日照市公安局开展以扫除"六害"(卖淫嫖娼、制作贩卖传播淫秽物品、拐卖妇女儿童、私种吸食贩运毒品、聚众赌博和利用封建迷信骗财害人)为主的公共场所治安整治专项斗争,抓获犯罪嫌疑人176人,治安拘留92人。

1993年7月岚山公安分局成立后,治安管理工作由治安科负责。通过全面清理娱乐场所、查处赌博案件、责令违法场所停业和限期整顿、基本拆除小包厢违规设置等,治安状况明显改观。2002年,建立公共娱乐场所治安管理信息查询系统。2003年,对公共娱乐场所、文化市场拉网式清查,审核发证21家。2004年,开展网吧专项整治,推行上网实名制和"一卡通"。同年成立城区治安巡防队,实现街面网格化布警,城区街面违法犯罪同比下降15.2%。2005~2006年,打造电子监控城,区内党政机关、企事业单位、村居及20余个重点路口、治安卡点安装了监控设施。2007年,全警参与街面治安巡逻,让群众"白天见警察,晚上见警灯,时刻感到警察就在我身边"。

2008年1月成立绣针河检查站,开展查堵工作,当年查处行政违法人员80余人,查破刑事案件2起,带破案件14起。2012年,按照公安机关"八个突破"要求安装视频监控,在全区重点区域、重点路段安装视频监控探头3000余个,视频监控探头全部接入辖区派出所,当年破获刑事、行政案件21起,抓获嫌疑人28人。

禁毒禁烟 鸦片战争后,政府屡颁禁令,不准贩卖和吸食鸦片,但屡禁不绝。

1940年后,抗日民主政府在根据地大力宣传吸食鸦片害处，明令禁绝种植罂粟，对吸毒成瘾者进行登记教育，对违法种植、炮制、贩卖毒品者依法查处。

1943年4月，山东省战时工作推行委员会公布施行《山东省禁烟治罪暂行条例》《山东省禁毒治罪暂行条例》，抗日战争和解放战争时期，公安机关依据这两个“条例”查禁烟毒。

新中国成立后，公安机关对贩运、制造、吸食毒品以及经营烟馆、种植罂粟行为坚决查禁。20世纪80年代初，种毒、吸毒活动重新抬头，遵照国务院《关于重申严禁鸦片烟毒的通知》，公安机关与司法、民政、卫生、教育、宣传等部门结合，对毒品种植、贩卖、吸食等行为进行综合治理。

2006年，开展禁毒人民战争，创建无毒社区，岚山公安分局刑侦大队先后组织2次较大规模的禁毒宣传活动，印发宣传资料3600份，张贴横幅、标语273幅。2007年，加强对易制毒化学品以及麻醉和精神药品的管理，对辖区内经营、运输、使用易制毒化学品以及麻醉和精神药品的12家企业进行登记备案，并实行跟踪管理和服务，先后审核、开具第三类易制毒化学品购买备案证明12份，第三类易制毒化学品运输备案证明1份。2008年，贯彻“四禁”并举、预防为本、严格执法、综合治理的工作方针，严厉打击毒品违法犯罪行为，捣毁一个吸冰毒、K粉团伙，抓获违法犯罪嫌疑人3人，缴获K粉10.5克。

2009年，强化对易涉毒娱乐场所的清查管控力度，加大对高锰酸钾等4种重点化学品的管控力度，破获吸贩毒案件1起，抓获吸贩毒人员3人，缴获冰毒等毒品10克；按照“谁经营，谁负责”的原则，落实歌舞娱乐场所禁毒管理责任制，先后与20余家娱乐场所签定禁毒责任状。

2010年，组织缉毒清查统一行动6次，破获吸贩毒案件2起，抓获吸贩毒人员5人，缴获冰毒等毒品15克；开具易制毒化学品购买备案证明89份，数量为2483吨和4347瓶，开具运输备案证明40份，数量为19万余吨。2011年，组织缉毒清查统一行动3次，抓获贩毒人员2人，缴获冰毒等毒品15克；开具易制毒化学品购买备案证明56份，开具运输备案证明35份；组织开展“6·26”禁毒普法宣传活动，张贴、发放宣传资料800余份。2012年，组织大规模缉毒清查统一行动2次，组织禁毒宣传1次，开展了含麻黄碱类复方制剂百日整治专项行动，抓获贩毒人员3人，缴获冰毒等毒品20克。

禁止赌博　赌博陋习由来已久，主要通过打麻将、推牌九、掷骰子、斗纸牌、押签押宝、套圈、设彩等形式，以钱财作赌注争输赢。新中国成立前，一些旅店、烟馆、贸易商行与军警官吏勾结开设赌场，有些人因赌博倾家荡产，更有甚者相互残杀，沦为盗贼；部分反动官吏嗜赌成癖，攫取暴利，坑害人民。1943年4月，山东省战时工作推行委员会发布训令，规定“为确保我根据地之繁荣与安宁，特经决定对于当场抓获之歹徒，一律处以千元以下罚金，当场赌博器具与在赌台或兑换筹码处之财务，不问属于犯人与否均予没收，其以赌博或设局为常业者，除判处徒刑外，并处以5000元以下罚金，所受徒刑准即易服劳役”。

战争年代，日照县公安机关多次严厉打击聚赌分子。新中国成立后，人民政府明令取缔赌场，禁止套圈、设彩等变相赌博活动，公安机关严厉打击了一批赌头、赌棍和惯赌分子，赌博风基本刹住。20世纪80年代，赌博和变相赌博活动有所抬头。1987年7月13日，日照市(县级)公安局在虎山乡驻地召开群众大会，依法公开处理195名赌博分子。

20世纪90年代后，境内有些地方赌博活动屡禁不止，岚山公安机关根据《山东省禁止赌博办法》，加大宣传教育力度和进行严管严惩，取得明显成效。1993～1994年抓获赌博人员13人。1997年，开展打击“黄赌毒”专项斗争，成立专案组，查处该类案件36起，抓获各类违法分子102名。2001～2003年，查处赌博案件11起，处理涉赌人员6人。2004～2006年，查处赌博案件19起，处理涉赌人员19人。2007年，查处赌博案件9起，处理涉赌人员23人。

2008～2010年，查处赌博案件18起，处理涉赌人员59人，其中行政拘留32人；办理开设赌场案2起，刑事拘留7人，直接取保1人，逮捕3人。2011年，按照“打四黑、除四害”要求，查处1起在茶楼组织的赌博案件，当场查处赌博嫌疑人20人，拘留8人。2012年，查处赌博案件7起，处罚违法嫌疑人38人，行政拘留18人。

取缔娼妓与扫黄打非 新中国成立后，公安机关对明娼暗妓“有计划地限制和逐步取缔”，通过严格管理，暗娼、嫖客近乎绝迹。

20世纪80年代，城区及交通沿线的旅馆、饭店等场所卖淫嫖宿活动有所抬头，公安机关多次开展“扫黄打非”专项行动。

1993～1996年，岚山公安分局收缴淫秽光盘300余盘，抓获嫖娼人员39名。1998年4月11日，山东省公安厅下发《关于进一步深入开展打击卖淫嫖娼活动的通知》，岚山公安分局开展查禁卖淫嫖娼集中统一行动，到2001年，共查处卖淫嫖娼案件81起。

2005～2006年，开展打击“黄、赌、毒”专项斗争，查处案件199起、558人。2007年，查处案件41起，刑事处理36人，行政处理205人(其中涉黄179人、涉赌23人、涉毒3人)。2008年，查处涉黄场所9家，行政拘留31人，刑事处理12人。2009年查处涉黄案件3起，行政处理12人，刑事处理3人。2010年查处涉黄案件12起，行政处理19人，刑事处理6人。2011年，查处涉黄案件3起，行政处理6人，刑事处理2人。2012年，查处涉黄案件3起，处理6人。

特种行业管理 新中国成立前，对旅店业、刻字业、修理业、旧货摊、车行等特种行业管理失控，1950年以后，公安机关才开始对特种行业实行管理。

1951年8月，公安部颁布《城市旅栈业暂行管理办法》《印铸刻字业管理暂行规则》《无线电器材管理暂行办法》和《公共娱乐场所管理暂行规则》，把这些行业作为特种行业实行管理。1954年10月，对印铸刻字业进行登记，规定刻印公章一定要有公安机关证明。1964年11月，公安机关对旅店业、修理业、旧货业和印铸刻字业进行整顿，重新换发营业证。

1995年8月21日，日照市公安局制定《日照市公安局对全市特种行业全面检查整顿实施方案》，下发《关于加强对经营印章、钢印、彩色复印业管理的通知》，岚山公安分局对旧货业和刻字业进行了集中整顿。1996～1997年，对区域内的饭店、旅馆、舞厅发廊、卡拉OK厅、车站及流动人口聚集区等多次进行拉网式清查，非法废旧物资收购点得到整改，利用旅馆业经营“黄、赌”的活动得到遏制。2000～2002年，在全处旅馆业分3批推行住宿登记计算机联网管理，16家旅馆安装了该系统。

2002年，印刷业、废旧物资收购业、旧货业不再纳入特种行业管理。

2003年，清理整顿旅馆，在38家旅馆安装了“微机”或“旅馆通”信息系统。2004年，开展网吧专项整治，推行上网实名制和“一卡通”。2005～2006年，对网吧等特种行业开展经常性清查整治。

2006年，全区有特种行业196家，其中旅馆业193家，刻字业2家，典当业1家。

2007年，办理特种行业许可证8家，全区特种行业增至204家。安装旅馆业联网登记系统6家，整顿开锁业户6家，办理公共场所安全审查合格证32家。从8月开始推行旅馆业信息化管理，安装旅馆业治安管理信息系统157家，25家娱乐场所安装了视频监控，46家网吧通过互联网接入到岚山公安分局，实时监控网吧内的治安情况。

2008年，全区共有旅馆业157家、旧货业72家、刻字业3家、典当业1家、网吧46家、开锁业2家。从5月开始进行行业整治，10家旅馆停业整顿，取缔擅自经营4家。通过网吧管理系统，破获案件5起，治安拘留2人，罚款3人；通过旅馆、网吧信息管理系统抓获逃犯5人。

2009年，对全区的特种行业许可证统一梳理编号，达到公安登记、工商注册和门头名称统一。3月，万斛路15名娱乐场所联合聘用的保安队员正式上岗开展流动治安巡逻。

2010年，全区共有娱乐场所24家(其中KTV歌厅19家，台球厅5家)、开锁业3家、电子游戏场所1家、其他公共复杂场所84家(其中网吧56家、足疗店13家、洗浴中心11家、茶楼4家)。5月31日，建设完成印章业治安管理信息系统，正式启用刻制新式防伪章。

2011年，全区安装使用治安管理信息系统的旅馆有222家，通过该系统抓获外省上网逃犯4人，省内上网逃犯7人。

2012年，全区共有典当业2家、开锁业5家、公章刻制2家、娱乐场所15家、电子游戏场所2家。开展特种行业专项治安整治，停业整顿16家，取缔12家，立赌博案件1起，处理违法犯罪人员23人，收缴赌博游戏机17台。

枪支弹药和危险物品管理 新中国成立前，民用枪支缺乏专管。新中国成立后，根据公安部制定的《枪支管理暂行办法》，公安机关对配置枪支弹药的单位和个人进行不定期检查，在枪支配置、管理、使用等方面也作了规定。

1965年"四清"运动开始后，公安机关对所有枪支弹药进行了收缴。"文化大革命"期间，公安机关受到冲击。1968年11月25日，在日照县"红卫兵"造反指挥部策划下，一群"红卫兵小将"冲进日照县公安局，抢走了全部枪支弹药搞武斗。1969年，中央解决山东问题的"十条"批示下达，公安机关对散存在社会上的枪支弹药予以收缴，后按规定配发。

1981年4月25日，公安部颁发《中华人民共和国枪支管理办法》，对枪支配发范围进行了严格界定，并严格审批管理制度。1983～1986年，公安机关对配备枪支弹药的单位和个人，一律实行等级和检查制度，收缴散存在社会上的枪支弹药，规定凡个人购买猎枪、火药枪、能发射金属弹丸的气枪以及其他具有杀伤力的枪支，购买前必须经公安机关同意，发给购买证，购买后再办理持枪证。1987年，日照市公安局对全市枪支进行彻底整顿，收回不应配置的、应予以报废的、淘汰的枪支，并逐一登记建卡。

20世纪90年代，日照市公安局制定下发《日照市公安局枪支管理规定》，在枪支的保管、使用、检查等环节建立了严格制度，并对非法枪支弹药进行收缴。

2001年，岚山分局在全处组织开展治爆缉枪行动，制定下发了《枪支弹药、爆炸物品、烟花爆竹专项整治工作方案》，加大对"涉枪涉爆"违法犯罪行为的打击力度。

2002～2012年，每年3～11月集中开展治爆缉枪专项行动，以"防爆炸、防枪击、防制贩、防盗抢、防流失"为重点，消除涉枪涉爆安全隐患，收缴流散社会的爆炸物品和枪支弹药，破获涉爆涉枪案件。

易燃易爆物品管理 新中国成立初期，公安机关主要是组织收缴、销毁战争年代遗留在社会上的炮弹、地雷、手榴弹等军用爆炸物品。1957年12月9日，公安部制定了《爆炸物品管理规则》，对炸药的生产、购买、销售、储存、运输等作出了具体要求，规定生产要有许可证，购买要有购买证。"文化大革命"期间，对爆炸物品管理失控。

1982年夏，日照县对爆炸物品进行全面检查。1984年，公安机关将爆炸物品生产、储存、销售、运输、使用等环节全部纳入治安部门管理。1985年6月，日照市公安局重新制定《爆炸物品管理暂行规定》，规定巨峰乡老龙窝炸药库为爆炸物品供应点。

20世纪90年代，日照市公安局加强对爆炸物品使用人员的安全检查和技术培训，对烟花爆竹销售网点进行清理整顿。

2001年，推行爆炸物品管理"一条龙"服务，实行日领日清制度，彻底根除乱买乱卖和私存现象。2002年，对全处35家业户的作业人员进行培训，对186个爆破证进行重新审核、换证。2003年，制定《民用爆破器材、烟花爆竹专项整治实施方案》，对爆破公司、烟花爆竹生产经营业户进行日常管理。2004年，对烟花爆竹制造、运输、销售等实行定点、定位，加大检查力度。2005～2006年，对爆炸、剧毒等危险物品和特种行业加强管理。2007年，开展打击涉爆涉枪违法犯罪活动，先后开展了12次安全隐患大检查，发现安全隐患80余处，提出整改意见50余条。

2008年，开展打击非法生产经营烟花爆竹专项行动，对全区出租房屋、废旧房屋和烟花爆竹经营点进行排查。2009年，岚山公安分局购买2台摩尔探测仪用于检测危爆物品。2010年，推行民爆物品安全管理"一二三四"(建立一项机制：各职能部门联席会议制度；加强两个建设：涉爆企业基础设施建设和涉爆从业人员队伍建设；落实三级责任：派出所专管民警、派出所长、枪爆管理中队长的审查、审核、审批责任；盯紧四个环节：运输、储存、使用、清退环节)管理模式，对民爆物品使用的各个环节实行基础设施封闭式管理，实现了民爆物品监管的动态可控、全程覆盖。2011～2012年，岚山公安分局加大民爆物品审批管理力度，坚决杜绝为不合法、手续不全的使用点审批民爆物品，查处了一批非法采矿案件，收到良好的管理效果。

基层治安保卫 1943～1945年，日照县在各村逐步设立村公安员，中心工作为反奸细斗争。1946 年，由各村农救会牵头，民兵队、妇救会、妇女识字班、儿童团等联合组成保卫组织，保卫解放区。1951 年 9 月，取消村公安员，大部分乡建立治安保卫委员会，部分村建立村治安小组。“文化大革命”初期，基层治安保卫组织基本瘫痪。1973 年，各行政村普遍建立治安保卫组织。1993 年，全处农村推行社会治安综合治理“细胞工程”，治保会划分小组，小组包户，层层签订治安承包责任书。1995 年，各村成立民兵治安巡逻队，加强站岗巡逻。1999 年，在市、处直属单位建立保卫大队和经济民警队。2007 年，建设社区和农村警务室 107 个，警务室民警占派出所警力的 60.2%；加强电子监控系统建设，全区机关事业单位、村居、企业安装摄像监控探头 1200 余只，并与辖区重点部位电视监控系统联网。

2008 年，在全区建立起以岚山公安分局指挥中心为龙头，以派出所和治安巡警、交警、户政、经侦、刑警、消防等警种为骨干，以社区治安巡逻队、保安队伍、治安保卫组织等群防群治力量为基础，以街面防控、社区（村庄）防控、单位防控 3 张网络和市、县、乡 3 道防线为依托，以人防、物防、技防为主要手段，单位村居自治、人民群众参与的具有岚山特色的治安防控大格局。2009 年，开始规范治安保卫组织管理和治安保卫培训，建立“值班巡逻登记簿”“治安监控值班记录簿”“调解纠纷登记簿”等 8 种治安保卫组织基础台账。按照专群结合的要求，督促村居、单位健全治保会、巡逻队等群防群治组织；对经常发案的宾馆、商场和外来人员较多的企业，逐一督促其建立夜巡制度。2009 ～ 2012 年，每年以乡镇街道为单位开展治安保卫组织年度培训会议。

治保联防组织 新中国成立后，日照县成立治安联防队，发动群众参与治安防范，在冬季、春季维护治安。“文化大革命”期间，群众性治安联防组织被冲散。20 世纪 80 年代，乡镇农村重新建立各种形式的治安联防组织，协助公安巡逻执勤，防范、打击现行违法犯罪活动，调解治安纠纷。

20 世纪 90 年代，治安联防组织逐步健全。主要实行 3 种联防形式：一是街道联防，与所在地单位组成街道治安联防委员会，辖区各单位每晚轮流派员 10 人左右，由派出所民警带领，在辖区内巡逻执勤，或者各单位分别派员巡逻，定期轮换。二是商业联防，在商业比较集中、治安复杂的地区，分片划段成立商业治安联防委员会，在管区派出所指导下，各商家派员巡逻。三是厂企（街、村）联防，以厂矿企业事业单位为主，与周围居民区、街道、村居形成治安联防，划定范围巡逻执勤。铁路沿线，也建立路、村联防，保证铁路畅通安全。

2001 年，按照公安部、山东省公安厅关于继续加强群众性治安联防工作的要求，全面整顿治安联防队。

2005 年 2 月 16 日，赣榆县、莒南县、岚山区公安系统第一次“区域治安联防联席会议”在岚山公安分局召开，建立了三县（区）“边界区域互动治安联防制度”。2011 年后，岚山公安分局主动与赣榆县、莒南县公安机关联手，密织打击犯罪网络，挤压犯罪空间，牢筑边界安全防线。

社区警务 2000 年，岚山公安分局着手开展社区警务的规划和实施工作，带领市场业主及小区居民开展群防群治工作。2002 年，日照市公安局、民政局联合下发《关于加强社区警务建设的意见》，对社区警务工作提出明确要求。2003 年，各农村派出所实行民警驻村制，开始逐步建立农村警务室，实现“零距离服务群众、近距离打击犯罪”目标。

2007 年，岚山公安分局组织派出所开展社区和农村警务室规范化建设，规划在全区设置社区警务室 11 个、农村警务室 15 个，当年，安东卫派出所的轿顶山警务室，汾水派出所的潘庄二村警务室，岚山头派出所的第二警务室，韩家营子边防派出所的船厂警务室，碑廓派出所的朱曹警务室、辛兴警务室，虎山派出所的磴山警务室、校园警务室，巨峰派出所的大坡警务室，高兴派出所的厉家湖警务室、川子警务室、尧王警务室，后村派出所的崖头警务室，黄墩派出所的校园警务室等 14 个警务室建成投入使用。2007 年 4 月，下发《日照市公安局岚山分局社区（驻村）民警工作绩效考核暂行办法》《社区和农村警务室“四统一”建设规范》等文件。2008 年 1 月 26 日开展主题为“警民相约警务室”活动周，在辖区繁华路段、社区、集镇设立集中咨询服务台，组织广大民警通过现场办公的形式为群众提供便民利民服务。2010 年，建成社区警务室5个、农村警务室16个。2011年,建成社区警务室5个、农村警务室20个、校园警务室5个,配备驻室民警25人,辅警47人。

保安公司　1989年,日照市正式组建保安服务公司。2012年2月,岚山保安分公司组建。根据上级《关于清理整顿保安服务行业的决定》,由岚山公安分局治安大队牵头,对全区保安组织进行彻底清理整顿,取缔非法保安组织,对保安人员进行专门培训、考核,发放《山东省保安服务从业人员资格证书》。至2012年年底,岚山保安分公司共派驻上岗执勤保安员207人,为全区43家党政企事业单位提供保安服务,并建立一整套规章制度,协助公安机关预防和打击违法犯罪,维护社会稳定。

第三节　刑事侦察

明清时期,域内刑事侦查由安东卫镇抚司、夹仓(在东港区奎山街道境内)巡检司、日照县衙快班负责。1907年后,由日照县巡警具体执行。抗日战争时期,抗日民主政府设社会部武装队,行使锄奸保卫和刑事侦察职责。1942年5月,设立日照县公安局侦察股。新中国成立后,日照县刑事侦查队伍逐渐壮大,侦破手段不断创新,发案即破,刑事案件发案相对较低。"文化大革命"中,"群众专政、群众办案",刑侦工作受到很大破坏,出现了许多冤、假、错案,恶性案件不断发生,虽时有惩处,仍发案频繁。1983年8月,根据中共中央关于严厉打击严重刑事犯罪活动的指示,日照县委成立了打击刑事犯罪联合指挥部,统一指挥、统一行动,从重、从快严厉打击了一批严重刑事犯罪分子,刑事案件迅速降低。

1993年岚山公安分局成立时,人员少、装备差,刑警、户政与治安科合署办公。1997年9月开始,刑警大队独立办公,并进行侦审合一工作改革,撤销预审科,设2个责任区,由刑警中队分片管辖。

2000年6月18日,在汾水镇砚台西村一水坑内发现一女孩尸体,经现场勘查和尸体检验,认定为强奸杀人案,经缜密侦查,将犯罪嫌疑人徐某抓获归案。2000年10月7日,在S342省道碑廓镇西杨庄子村路段,一辆日照发往临沂的"依维柯"客车上发生了日照建市以来的首起持枪抢劫案,5名犯罪嫌疑人持刀持枪在客车上洗劫现金财物,折款约4万元,致3名乘客不同程度受伤,破案民警在北京市石景山区一出租屋内,将该团伙9名犯罪嫌疑人全部抓获归案。2002年11月20日,打掉以陈某为首的11人特大抢劫、抢夺、盗窃犯罪团伙,该团伙自2002年初流窜于日照、临沂、青岛、连云港等地抢劫、抢夺、盗窃作案45起,涉案价值约30万元。2004年4月,破获特大盗窃机动车犯罪团伙1个,查获团伙成员26人,追缴被盗机动车19辆,价值100余万元。

2001年4月至2003年4月,岚山开展严打整治斗争,破获各类刑事案件863起,抓获犯罪嫌疑人562人,打掉犯罪团伙66个、成员285人,其中黑恶势力团伙6个,成员46人,追捕网上逃犯96人,缴获赃款赃物折款463万余元,岚山公安分局被日照市委、市政府授予"严打整治"先进集体称号。2003年3月,山东省公安厅为岚山公安分局记集体二等功。同年7月,岚山头派出所被公安部授予一级派出所荣誉称号,为日照市第一家。

2004年,岚山公安分局刑侦大队先后侦破了中粮黄海粮油工业(山东)有限公司特大团伙职务侵占案、日照钢铁公司系列团伙盗窃案、"1·31"海天娱乐城爆炸案、"11·9"特大入室抢劫强奸案等一批大要案,年内发生的"6·20""7·15""11·13"杀人案件全部告破,实现了公安部提出的命案必破的目标。

2005年,开展打黑除恶专项斗争,创建"无黑恶县市区",打掉8个流氓恶势力犯罪团伙,抓获团伙成员45人,刑事拘留45人,提请批准逮捕28人,破获各类刑事案件83起,缴获汽车1辆,管制刀具、钢管、木棍等器械1宗。

2006年,开展打击盗窃、破坏电力、电信设施犯罪专项斗争,先后打掉2个省、部级督办的特大系列破坏公用电信设施犯罪团伙,破获案件72起,抓获团伙成员11人,缴获赃款赃物及作案用交通工具价值40余万元。本年度刑侦大队一中队达到三级刑警中队标准。

2007年,先后侦破了"12·15"庄某故意杀人案等4起命案。开展打击"两抢一盗"犯罪专项斗争,破获两抢一盗案件534起，抓获犯罪嫌疑人162人，打掉犯罪团伙19个，缴获赃款赃物折款290余万元。

2008年，组建打击“两抢一盗”“巡逻打流”专业队，严厉打击严重影响群众安全感的“两抢一盗”等多发性侵财犯罪，破获省厅督办系列案件2起，涉及个案150余起，涉案总价值260余万元，移送起诉15人。

2010年，先后破获“3·26”张某故意杀人案、“6·28”杨某故意杀人案、“10·24”朱某故意杀人案，命案现案破案率达到100%。成功破获黑龙江省双鸭山市“2009·4·27”强奸杀人案、日照市岚山区“2006·7·26”入室抢劫杀人案。

2011年，岚山公安分局刑侦大队突出打好“合成战、科技战、信息战、证据战”，3月21日，获“全市打黑除恶工作先进单位”荣誉称号，刑侦大队一中队、二中队分别获得“全市‘打黑恶、反盗抢’安民行动先进单位”。

2012年，开展“打黑恶、反盗抢”安民行动，先后打掉恶势力犯罪团伙2个，抓获团伙成员9人，破获故意伤害、寻衅滋事、敲诈勒索犯罪案件10余起；打掉重大抢劫、盗窃犯罪团伙5个，抓获团伙成员40余人，破获抢劫、盗窃案件200余起，追回被盗抢车辆40余辆，价值20余万元；开展缉枪治爆专项行动，先后侦破涉枪案件2起，收缴猎枪3支。

第四节　经济犯罪侦查

1993年以前，打击经济犯罪由刑警负责。1993年后，为服务经济建设，岚山公安分局成立保卫科，1997年更名为经济文化保卫科，1999年开始受理经济犯罪案件。2002年更名为日照市公安局岚山分局经济犯罪侦查大队，下设经济犯罪侦查中队和经济文化保卫中队，主要负责经济犯罪案件侦查和内部重要单位的安全保卫工作。自2010年始，岚山公安分局经济犯罪侦查大队中的经济保卫工作转由治安大队负责、文化保卫工作转由国保大队负责。此后，经济犯罪侦查大队全面负责经济犯罪案件侦查工作。

1999～2012年，岚山公安分局经侦大队共立案257起，破案256起，抓获犯罪嫌疑人413人，挽回经济损失11510万元。

1999～2012年岚山公安分局查办经济犯罪案件统计表

表28-1

年　份	立案情况（起）	破案情况（起）	抓获犯罪嫌疑人（人）	挽回经济损失（万元）
1999	11	10	15	150
2000	15	15	23	230
2001	8	8	16	300
2002	14	14	25	190
2003	20	21（破积案1起）	25	500
2004	17	17	23	620
2005	20	20	32	800
2006	19	19	40	1200
2007	22	22	35	600
2008	19	18	32	1400
2009	20	19	23	680
2010	19	20（破积案1起）	35	1300
2011	23	23	40	1540
2012	30	30（破积案2起）	49	2000
合　计	257	256	413	11510

第五节　110报警服务

1996年12月，按照省、市《关于进一步加强公安机关指挥中心建设的意见》，岚山公安分局设110指挥调度科。

1997年1月，110报警服务台正式启用，安装1部对外接警电话，1部内部电话，配备6名民警，1辆接处警警车，民警配戴110接警服务袖章，昼夜轮流值班，随时接处报警工作。

1997年4月，与金融系统实现二级接警、三方通话、自动报警。安装配备110报警信号台，外接直拨电话、传真电话。实现公安专网电话联通。各科、室、队、派出所和交警、边防、消防等实现内部电话联网，达到及时、方便、畅通。刑警、治安及各派出所安装内部电话和外线电话各1部，随时接受110指挥中心指令，达到农村接处警15分钟、城区5分钟以内到达现场处置的要求。

1997年3月15日，岚山发生特大杀人案，110接警服务台接到报警，将案情第一时间报告有关部门，并根据受害人的微弱电话信息锁定犯罪嫌疑人，为及时破案发挥了重要作用。当年，110报警服务台共接警1130起，有效报警983次，抓获犯罪嫌疑人174人，救助群众71人。同年10月，岚山开通无线对讲机通话。

1998年，共接处警1320起，抓获犯罪嫌疑人40人，破获刑事案件13起，治安案件19起，救助群众127人。

1999年，共接处警3457起，有效报警2333起，救助群众376起，协助破获刑事案件7起，治安案件41起，法律咨询71件。

2000年，共接处警2487起，有效接警1149起，破获刑事案件21起，治安案件48起，抓获犯罪嫌疑人6人，救助群众14人次，调解各类纠纷4起。

2001年，共接处警2451起，有效报警2046起，抓获犯罪嫌疑人7人。

2002年，共接处警1193起，从中破获各类刑事案件14起，查处治安案件69起，调解各类纠纷27起，救助危难群众36次。

2003年，共接处警1493起，从中破获各类刑事案件14起，查处治安案件74起，调解各类纠纷21起，救助危难群众13次，被日照市公安局通报表彰1次。

2004年，共接处警2193起，破获各类刑事案件19起，查处治安案件89起，调解各类纠纷47起，救助危难群众16次。

2005年5月20日，岚山公安分局“三台合一”指挥调度系统割接成功，由110报警服务台集中受理110、119、122的报警，体现一职多能。全年共接处警3443起，有效报警2942起，从中破获各类刑事案件24起，查处治安案件114起，调解各类纠纷21起，救助危难群众73次，处理事故44起，收到感谢信76封，被日照市公安局通报表彰4次。

2006年，共接处警3193起，从中破获各类刑事案件33起，查处治安案件119起，调解各类纠纷57起，救助危难群众15次，收到感谢信18封。

2007年，岚山公安分局按照“快速联动、一呼百应”要求，完善指挥调度系统，实现一级接警、扁平化指挥、二级受理；建成了网上查询比对系统、350兆无线群呼系统，成为岚山维护社会安全稳定的品牌。当年，110报警系统共接处警3747起，有效报警3312起，从中破获各类刑事案件31起，查处治安案件223起，调解各类纠纷32起，救助危难群众53人次。

2008年1月，公安系统机构改革，110接处警民警全部充实到基层单位，警力下沉、防线前移、屯警街面，随时接听110指挥中心指令，提高处警速度，实行有警处置，无警巡逻。组建女子接警班，配备1名科长，6名接警员。是年，共接警1764起，发布指令2227条，直接抓获犯罪嫌疑人17人，网上逃犯2人，破获刑事、治安案件79起，救助群众17人。

2010年，全区实现城区、街道（镇）、村三级公安联网；城区派出所以及有条件的街道（镇）派出所安装监控平台和报警系统，政府机关部门、重点单位、社区、商业街、金融网点、企业等安装监控探头460多个，监控报警器29台，实现重点单位技防覆盖率90%以上。年内，110报警服务台共接警4110起，有效报警3937起，利用监控探头、录像、电视破获各类案件176起，当场抓获犯罪嫌疑人21人，处罚164人，提供破案线索和证据271条。

2011年，共接处警4620起，有效报警3349起，利用监控探头、录像、电视破获各类案件176起，当场抓获犯罪嫌疑人21人，处罚164人，提供破案线索和证据271条，破获各类案件341起。

2012年，岚山公安分局投资80万元，对现有“三台合一”报警服务系统、350兆无线群呼系统和全球定位系统（GPS）进行升级，实现了“接受报警求助、无线集群寻呼、巡逻车定位”三位一体110警务服务格局，提高110警务工作效能。

第六节　户籍管理

1949年春，公安机关正式实行户口管理。1953年7月，经过全国第一次人口普查，公安机关开始着手户口变动登记工作，逐步建立迁入、迁出、出生、死亡4项人口变动登记制度。1956年8月，日照县公安局设立户籍股，加强农村户口管理工作，建立了年报制度。1958年，《中华人民共和国户口登记条例》颁布后，对全县的户口进行了全面登记和核对，逐步建立了户口卡档案。1982年，第三次全国人口普查后，户口管理工作改卡片管理为簿册管理，由公社管理改为派出所管理。1984年，岚山头街道一村、二村、三村、四村、佛手湾、官草汪、甜水河等7个村，共6526户24735人，由农业户口转为非农业户口。1988年8月，按照《中华人民共和国居民身份证条例》，对16周岁以上公民颁发居民身份证。

1993年岚山公安分局成立，全面负责岚山的户口管理。1993年2月，集中开展常住人口数据录入工作，到1993年5月底全部完成。1994年，建成常住人口信息管理系统，户口信息全部纳入微机管理，实现了管理手段的重大突破，大大提高了管理、查询、服务、统计的效率。

1996年8月，根据山东省公安厅《关于启用和换发居民户口簿、常住人口登记表的通知》，制定下发了《关于启用和换发新式居民户口簿和常住人口登记表的实施方案》，在先行试点、总结经验的基础上，全面展开“双换”工作。截至1998年12月底，岚山办事处“双换”工作全面完成，共换发居民户口簿5万册，启用新式常住人口登记表17万张。

1999年11月，公安部、山东省公安厅分别下发《关于认真做好公民身份号码编制工作的通知》，公民身份号码由15位升至18位，岚山办事处共编制新公民身份号码18万余个，清理错号110余个。2000年，为配合全国第五次人口普查，进行了户口整改入户调查和门牌清理整顿工作。

2002年10月15日，日照市公安局下发《关于印发日照市边防派出所户籍管理移交工作方案的通知》，决定从2002年10月15日起，将边防派出所管理辖区的常住人口逐步由公安派出所移交边防派出所管理，从此岚山、王家海屋、韩家营子3个边防派出所开始履行户口管理职能。

2003年8月，公安部出台7项户籍管理措施，加强对暂住人口、重点人口、租赁房屋人口的管理。

2004年8月，山东省人民政府办公厅转发山东省公安厅《关于进一步深化户籍管理制度改革的意见》，决定从2004年10月1日起，凡常住户口所在地在山东省行政区域内的居民，取消其农业户口、非农业户口性质划分，统一登记为“居民户口”，各类涉及户口性质变更的户口审批一律停止。

2005年开始，换发第二代居民身份证（简称二代证）。二代证是非接触式IC卡证件，具备视读和机读两种功能，有较强的防伪性能。同年，对全区的门、楼牌进行统一绘图和编制，为二代证换发打基础。2006年，开始集中换发二代证。2007年，岚山区集中开展流动暂住人口和出租房屋人口整治活动，对流动暂住人口、出租房屋人口进行全面清理整治，流动人口登记率达95%以上。2012年，岚山全面完成二代证换发工作。

2012年5月11日，山东省政府第124次常务会议通过了《山东省流动人口服务管理办法》，自2012年10月1日起施行，确立了“党委领导、政府负责、社会协同、公众参与”的流动人口服务管理体制，决定实施流动人口居住登记和居住证制度。岚山区当年登记流动人口3302人，签发流动人口居住证1248件。

第七节　出入境管理

2012年以前，岚山居民出入境手续均在日照市公安局办理。随着经济社会快速发展，辖区居民以及境外人员进出国(境)人数逐年大幅增长。2011年、2012年，每年有近5000人有出国(境)需求，占当年日照市出国(境)总人数的1/5左右。

为方便群众办理出国(境)证件，同时减轻日照市公安局出入境接待业务量，2012年年初，岚山公安分局筹资80余万元，建成高标准的公安出入境管理接待服务大厅，配备计算机、指纹采集仪、复印机、高速扫描仪等办公设备。

岚山公安分局出入境部门主要业务有：受理普通护照、内地居民往来港澳通行证、大陆居民往来台湾通行证等业务，加强特殊身份人员报备工作和法定不批准出境人员报备工作，出具外国人签证延期手续，管理外国人临时住宿登记，推进外管进社区工作等。

第八节　边防管理

1945年12月，日照县公安局设安东卫公安分局，主要管理进出口船只，打击海匪和特务的破坏活动，保卫海上和口岸安全。1947年夏，两股海匪袭扰荻水口和东湖海口，安东卫公安分局公安武装与当地民兵一起投入战斗，击毙海匪7人。1947年秋，滨海地委将安东卫公安分局划归海上公安局领导。1958年，安岚派出所改称安岚武装边防派出所，增设韩家营子、王家海屋边防派出所。1961年设岚山、虎山边防派出所。后经几次撤销与恢复，至1983年，域内有岚山、韩家营子、王家海屋3处边防派出所。1996年边防派出所升格为正营级，改称边防工作站。

1999年10月，中国人民武装警察部队日照市岚山边防大队(副团级)成立，下辖岚山、韩家营子、王家海屋3个边防工作站，主要负责检查、登记渔船进出港，办理船民证、出海船舶户口簿，维护海上、港口和辖区村居的治安及辖区居民的户籍管理，同时还负责反偷渡、打击海上走私等违法犯罪活动。2002年，边防工作站又改称边防派出所。2012年，增设安东卫边防派出所。

1996年5月，王家海屋边防派出所掌握一偷渡团伙犯罪信息，16日在111海区一举抓获该偷渡团伙56人，其中蛇头2人，偷渡客54人，缴获偷渡船1艘。2011年6月，王家海屋边防派出所在岚山区近海成功抓获盗采海砂船只3艘，违法嫌疑人33人，查扣海沙近5000吨。同年6月，韩家营子边防派出所代表日照市公安局参加了山东省公安厅执法规范化建设工作现场观摩点评会。

第九节　交通管理

交警组织　民国期间，日照县交通管理工作由建设科负责。新中国成立后，交通管理先后由公路站、交通局负责，主要负责城区交通管理。1979年，成立日照县交通监理站，隶属交通部门，主要负责交通安全宣传教育、“五小”车辆及驾驶员管理、道路检查、事故处理等。1987年6月，日照县公安局成立交通警察大队，在汾水设立交通检查站。1994年11月，成立日照市公安局交通警察支队岚山大队(简称交警岚山大队)，为副科级单位，有正式民警5人，协勤10人，下设办公室、交通秩序管理股、交通事故处理股、牌证科共4个科室，担负岚山头、汾水、虎山、碑廓4乡镇街道的道路交通安全管理工作。2004年9月，后村、黄墩、高兴、巨峰4个乡镇交通安全工作划归交警岚山大队管理，2006年4月，成立交警巨峰中队。2012年9月，中楼镇交通安全工作划归交警岚山大队管理，后村镇交通安全工作划归东港区管理。2012年12月，成立黄墩执勤服务站。

至2012年，交警大队有正式民警39人，下设办公室、装备财务科、宣传教育科、交通管理科、车管分所、事故处理科、城区一中队、城区二中队、汾水中队、巨峰中队、黄墩执勤服务站等12个科所队室，担负辖区G204国道、S342省道、S341省道、S222省道以及县乡道共1300余公里的道路交通安全管理，以及全区7.35万辆机动车和6.5万驾驶人安全管理任务。

交通管理设施　岚山设区之前，辖区道路交通基础薄弱，管理设施较少。2000年，汾水十字路口设立第一处红绿灯，2007年岚山中路与明珠路路口、岚山东路与童海路路口安装了红绿灯，并在岚山路安装了爆闪信号灯和各类标志牌。2010年，投资200余万元，在城区重点路口增设红绿灯8处，2011年增设红绿灯38处。后经逐步设置，至2012年年底，岚山城区主要路口和国、省道重点路口均设置安装了红绿灯，共63处。

2008年开始，加快城区双向六车道和国、省道中央物理隔离设施建设，先后在万斛路、圣岚路、G204国道、S342省道设置了总长36.5公里的中间隔离设施。2007年，日照市交警支队在汾水十字路口等3处路口设置电视监控系统。2011年，建成集高清电子警察、电子卡口、视频监控、3G无线传输和指挥调度5大功能于一体的岚山区道路交通指挥控制中心，2012年年底二期工程完成。至2012年年底，全区共有19处电子警察、8处电子卡口、19处视频监控，基本实现对城区主要路口和国、省道及边界处的无缝隙、全覆盖监控；共有交通标志牌586个、交通标线59832米、车位3520个，其中小车车位2820个，大车车位350个。

执勤管理 1954年，日照县政府设立交通科，在岚山头设立交通管理站，从事道路交通管理工作。1979年改称交通监理站，隶属于日照县交通局，继续履行维护道路交通秩序职能。2000年后，岚山交警按照“定点查纠，巡逻配合”的执勤方式维护辖区交通秩序，开展无牌无证机动车、超载、驾乘摩托车不戴安全头盔、酒后驾驶等重点交通违法行为查处活动，2000～2012年，共查处酒后驾驶1359起，无证驾驶3327起，超载34493起，涉牌涉证1949起，不戴头盔8346起。

2005年后，对客车、校车、危化品运输车辆和驾驶人实行户籍化动态管理，2011年全区共有客运车辆18台、校车63台、危化品运输车辆24台，实行户籍化动态管理。2007年以后，加强对大货车闯禁区、严重超载、酒后驾驶、违反交通信号等违法行为的治理，组织开展“三超一疲劳”“七治”、城区交通秩序集中整治等专项行动，2007～2012年，共查处超速60398起，疲劳驾驶512起，客车超员293起。

为解决货物遗漏飘散问题，交警岚山大队联合相关部门对货运机动车实行覆盖改装，至2011年年底，共监督改装383台车辆，占应改装数的80%以上。联合岚山港务有限公司等单位，开展货车绕城疏导工作，采用城外开票方式组织货运车辆绕行疏港大道等城外道路，并实行货车城区货运联系卡制度，分时限、路段允许部分货车城区通行。在安岚大道南端、金牛岭路爱民街南侧、轿顶山路中段设置3处限高架。

加强交通科技化建设和科技强警工作，投资90余万元，为一线民警配备单兵执法装备40套，在处警车辆安装车载取证系统20套，可实时记录一线执勤执法情况，并可同步将现场影像资料传输到指挥中心。2012年10月，交警岚山大队被公安部表彰为“全国基层执法所队执法示范单位”。

2012年，岚山交警查处各类交通违法行为6万余起，其中酒后驾驶349起、超速驾驶27916起、货车超载7072起、无证驾驶717起，年平均巡逻里程达20万公里。

交通安全管理 新中国成立初期，对机动车没有实行统一管理。1950年9月，交通部颁布《汽车管理暂行办法实施细则》，开始换发各类机动车牌照和行车执照。

1975年以前，日照县驾驶员多从外地学习驾驶技术，日照县机动车牌证核发、驾驶考核和执照核发由临沂地区行署交通监理所承办。1975年后，小型拖拉机驾驶员由日照县农机部门培训，日照县交通监理站考核发证，并对小拖拉机进行登记入户和年检。1977年，大型拖拉机登记、年检由临沂地区行署交通监理所办理，驾驶员考核发证由日照县交通管理站负责。1977年后，除汽车和农用四轮运输车外，其他车辆事宜均由日照县交通监理站办理。1987年，交通监理站由交通部门划归公安系统，机动车牌证核发工作由公安车辆管理部门负责。汽车驾驶员由交警机动车驾驶员培训学校培训，拖拉机驾驶员由农机部门农业机械化学校培训。1989年，按照公安部和农业部联合文件要求，拖拉机委托农机部门管理。同年，车辆号牌开始由铁质普通牌改为铝质反光牌。

2004年,《中华人民共和国道路交通安全法》颁布实施后,机动车驾驶员培训由社会所办机动车驾驶员培训学校负责。

2001年,车辆和驾驶人管理由日照市公安局牌证科划归日照市公安局车辆管理所岚山分所管理。2006年,业务范围增加大、中型货车车辆的注册登记业务,2007年增加小型汽车注册登记业务。2007年后,推行"九二"式小型汽车号牌自主选号业务。2008年,日照市公安局车辆管理所岚山分所改称日照市公安局交通警察支队岚山大队车辆管理所(简称岚山车管所)。2009年,日照市公安局车辆管理所将除大、中型客车、危险品运输车、校车、进出口车辆注册登记业务以外的所有机动车业务下放到岚山车管所;驾驶人管理业务除汽车考试管理外,将其他业务也下放到岚山车管所。2012年12月,岚山车管所迁至虎山镇驻地G204国道十字路口北200米处,同时日照市公安局车辆管理所把小型汽车驾驶人科目一及科目三考试下放到岚山车管所。

交通事故处理　新中国成立初期,日照县城几乎没有机动车辆,基本无交通事故,交通事故处理由公路站负责。1976年,日照县交通局设立交通安全办公室,负责县内交通事故处理工作。1986年,交通监理从交通局划归公安局。1990年6月,日照市公安局交警支队设立肇事处理科。

1994年,交警岚山大队设立交通事故处理股,2002年设立肇事处理科。2010年后,投资100余万元,改造升级执法办案中心,为一线民警配备单兵执法装备,处警车辆安装车载取证系统,依托3G无线传输系统,对民警的执勤执法行为全程监控和同步摄录。2007年开始,由岚山区法院在交警大队设立集立案、保全、调解、审判、执行于一体的道路交通事故法庭,创造了道路交通事故处理"岚山模式",同年5月,山东省交警总队、省高级人民法院联合在岚山召开现场会,将做法在全省推广。2011年,成立由司法、交警、法院等牵头的岚山区道路交通事故纠纷人民调解委员会,形成道路交通事故行政调解、司法调解、人民调解的大调解新局面。2012年,交警岚山大队事故处理科被表彰为"全省县级以上一等处理岗位"。

2005～2012年岚山区道路交通事故统计表

表28-2

年　份	重大以上事故(起)	一般事故(起)	死亡人数(人)	受伤人数(人)	经济损失(元)
2005	1	17	1	17	30500
2006	30	108	32	108	1106800
2007	28	92	28	110	731950
2008	24	65	28	103	422160
2009	25	88	26	109	264198
2010	24	75	24	77	152605
2011	20	70	21	78	228517
2012	20	66	20	66	286301

附:重大交通事故

1.2005年11月11日,在342省道14km+400m处,一辆碑廓镇中杨家庄村的鲁LBQ692号牌二轮摩托车,与前方顺向靠边停车的临沂市莒南县十字路镇东兰墩村鲁LA5622/B727号牌重型半挂货车相撞,致2人死亡,车辆部分损坏。

2.2009年8月15日,在疏港大道碑廓镇王家庄东山路段处,一辆山东省汶上县建设路36号鲁H25115/HJ982挂号牌重型半挂车,与对行的临沂市苍山县兰陵镇柳树王村237号鲁Q49416/QH780号牌重型半挂车相撞,致4人死亡,2车损坏。

3.2009年8月23日,在沿海公路日照钢铁公司东大门路口段,一辆岚山头官草汪居的鲁LB0539号牌重型自卸货车,与对向行驶的云南省耿马傣族佤族自治县贺派乡水平村民委员会农科组的鲁LPL936号牌二轮摩托车相撞，致2人死亡，1人受伤，车辆部分损坏。

4.2009年12月8日，在疏港大道碑廓镇王家庄路段处，1辆河北省邯郸县河沙镇南榆林村冀DB4285/DGP97挂号牌重型半挂牵引车，与对行的蒙阴县桃曲镇的鲁QZ2780/9Z31挂号牌重型仓栅式半挂车相撞，后又与夏津县夏津镇鲁N52326/HE58挂号牌重型半挂车相撞，致2人死亡，3车车辆损坏。

5.2010年5月26日，在204国道382km+600m处，江苏响水县响水镇东园中路13号苏JB1968号牌中型普通货车，与前方顺行的东港区三庄镇北陈家沟村鲁LB2107号牌重型自卸货车相撞，致2人死亡，1人受伤，车辆部分损坏。

6.2010年12月16日，在济宁路与园区一路交叉路口处，虎山镇梭罗树村的无号牌三轮摩托车，与虎山镇后水车沟村的无号牌二轮摩托车相撞，致2人死亡，1人受伤，车辆部分损坏。

7.2011年4月6日，在341省道12km+500m处，莒南县洙边镇东书院村的鲁QMD228号牌小型普通客车，与对向行驶的临沂市临沭县大兴镇涝枝街村的鲁LX2281号牌三轮汽车相撞，后又与山东省成武县九女集镇李楼行政村吴庄村的鲁RD7755/RU239号牌重型半挂货车相撞，致2人死亡，5人受伤，3车车辆受损。

8.2011年12月14日，在黄墩镇任家董旺庄路段处，黄墩镇任家董旺庄的鲁LC8873号牌小型轿车，与由东向西黄墩镇草涧村的鲁LJD887号牌二轮摩托车相撞，致2人死亡，车辆部分损坏。

9.2012年1月22日，东港区涛雒镇庄家坨村的鲁L/53256号牌自卸货车从沿海公路由南向北行驶，至事故地点右转弯时，与东港区涛雒镇小刘庄村鲁L/SP519号牌二轮摩托车相撞，致2人死亡，车辆部分损坏。

10.2012年7月15日，李某驾驶鲁Q1V318重型半挂牵引车沿341省道行驶至巨峰镇纪家沟村路段处，与相某驾驶的自行车相撞，致相某死亡，2车损坏。

第十节 消 防

消防组织 1955年，日照县开始在部分单位建立义务消防组织。1956年，普遍建立起季节性或常年性义务消防队伍。1979年3月，日照县公安局设消防股，是年12月，成立日照消防中队。1991年，成立日照市岚山头公安消防中队（亦称日照市公安消防支队第三中队）。1993年岚山办事处成立后，改称日照市公安局岚山分局消防科。1996年经山东省公安厅批准，成立日照市岚山公安消防大队，下辖日照市公安消防支队第三中队，正营级建制，2002年有官兵20人，其中干部6人，战士14人，消防车4辆。2008年8月，在沿海路日照钢铁公司路段东侧，新增日照市公安消防支队第七中队。

2009年10月30日，岚山区应急救援大队成立，并依托各职能部门成立应急救援、防汛抢险、城市防汛抢险、森林扑火、卫生医疗、安全生产和特种设备、公路抢险、港口危化品、电网应急9支应急救援队伍。

图28-1 2009年10月30日，日照市岚山区应急救援大队成立

2010年5月，岚山区公安消防大队及日照市公安消防支队第三中队搬迁至轿顶山路新址。2011年8月，日照市岚山区公安消防大队更名为

日照市公安消防支队岚山区大队(简称岚山消防大队),副团级建制,日照市公安消防支队第三中队更名为日照市公安消防支队轿顶山路中队,日照市公安消防支队第七中队更名为日照市公安消防支队沿海路中队。

消防设备　1990年,岚山建成第一座消防站,为三级消防站,位于岚山路与安岚大道交汇处。2007年,投资1660万元建成岚山特勤消防站(即沿海路消防站),2008年8月投入执勤。2008年拆除1990年建成的原三级消防站,在轿顶山路北侧开工建设消防训练中心,占地20亩,建筑面积3400平方米,2010年5月投入执勤。

2010年,全区6个农业乡镇配备6台农用消防车,达到"一镇一队一车"标准。

2012年5月30日,开工建设岚山化工园区消防特勤站,同年8月25日,举行主体楼竣工仪式。该消防站覆盖半径1.5公里,占地面积30.5亩,建筑面积5000平方米,配备3辆消防车、30名消防队员,总投资1800万元。

至2012年,岚山消防大队共有消防车14台,其中水罐消防车3台、泡沫消防车6台、高喷消防车1台、登高曲臂消防车1台、抢险救援消防车2台、消防宣传车1台。全区共有9支企业专职消防队,分别是孚宝、滨海、童海、新绿洲、岚山港、石大科技、金石沥青、日照钢铁、三木木业,配备水罐消防车3台、泡沫消防车12台、干粉消防车3台、高喷消防车4台,抢险救援车2台,有专职消防员157人。

防火　岚山消防大队担负着消防安全监督管理、建筑工程消防监督、消防产品质量监督、火灾事故调查、灭火抢险救援和消防知识宣传教育培训、消防执法等工作任务,始终贯彻"预防为主、防消结合"的方针,自成立至2003年,先后参加灭火救援878次,救助被困遇险群众600人,保护财产总价值630万元。

2005年,山东省消防总队在岚山组织了全省第一次危险化学品灭火抢险救援跨区域联合作战演练,全省4地市、40台消防车、450余名消防官兵参加了演习,山东省委副书记高新亭、副省长谢玉堂专程观摩。

2006年,召开全区消防工作会议,检查社会单位610个,查改各类火灾隐患720处,下发《责令停止违法行为通知书》14份、《责令限期改正通知书》40份。

2007年,检查单位380个,督促整改各类火灾隐患260处,查处重大火灾隐患6个,下发《重大火灾隐患整改限期整改通知书》9份、《责令停止违法行为通知书》7份、《责令限期改正通知书》59份。

2008年,检查单位301个,督促整改各类火灾隐患160余处,查处重大火灾隐患11个,下发《重大火灾隐患整改限期整改通知书》11份、《责令停止违法行为通知书》4份、《责令限期改正通知书》89份。

2009年,岚山消防大队围绕全国运动会和新中国成立60周年保卫工作开展火灾隐患排查整治活动,检查单位360个,督促整改各类火灾隐患190处,查处重大火灾隐患单位10个,下发《责令停止违法行为通知书》3份、《责令限期改正通知书》33份。成立岚山区消防志愿者服务大队,建成岚山区危险化学品消防安全联防机制。在岚山区行政审批中心开设窗口,集中办理消防行政审批业务。

2010年,岚山消防大队围绕世博会、水运会和亚运会保卫工作开展"除隐患、保安全"火灾隐患排查整治活动,检查单位314个,督促整改各类火灾隐患190处,下发《责令改正通知书》97份,责令停产停业2处,临时查封单位火灾隐患10处。

2011年,加大对商场、超市、宾馆、饭店、歌舞厅、网吧等人员密集场所、劳动密集型企业、易燃易爆单位和危险化学品单位的消防违法行为查处力度。"清剿火患"期间,共检查单位2980个,发现火灾隐患或违法行为2079处,督促整改火灾隐患或违法行为1586处,下发《责令改正通知书》1414份、《行政处罚决定书》41份,下发临时查封决定书35份,责令"三停"单位32家。

2012年,对人员密集场所、易燃易爆单位、高层地下建筑、施工工地、火灾高危单位等进行全面检查,对3000余名群众开展了消防培训;提出"消防安全星级评定管理"办法,为10个消防安全重点单位进行了挂牌。是年8月,邀请公安部专家组对全区易燃易爆危险品区域消防安全进行了专项评估。

重大火灾事故

“4·18”童海路汽油罐槽车火灾　2005年4月18日凌晨2时18分，在岚山路与童海路丁字路口处，因交通事故引发一满载50吨汽油的油罐车爆炸起火并引燃附近建筑物。日照市消防支队指挥中心先后调派岚山消防大队、岚山港专职消防队、滨海石化专职消防队、童海港业专职消防队、日照市区一中队、特勤中队、日照港公安消防支队、森博浆纸专职消防队共18台消防车、107名消防官兵赶赴现场进行灭火救援。经过3个多小时将大火扑灭，疏散3座沿街楼56名遇险人员，无一伤亡。

“5·2”巨峰镇轻油油罐槽车交通事故火灾　2011年5月2日凌晨3时15分，两辆各装载28吨轻油的油罐槽车在S222省道巨峰镇十字路口处因追尾造成交通事故火灾。日照市消防支队指挥中心接警后，迅速指令岚山区消防大队、滨海石化专职消防队、童海港业专职消防队、岚山港专职消防队、日照市区消防一中队、二中队、特勤中队16辆消防车、102名消防官兵进行灭火救援，经过1个多小时扑救，于4时50分将大火扑灭。

“7·22”岚桥港口石化有限公司污油罐火灾　2011年7月22日17时52分，日照岚桥港口石化有限公司硫磺回收装置区1000立方米污油罐（内有污油60余立方米）发生爆炸引发火灾，拱形罐盖被炸飞至西南方40米处，罐顶火焰浓烟高达40余米，直接威胁脱硫装置、相邻油罐、南部化工原料罐和东部焦化装置，恶性爆炸和巨大损失随时可能发生。接警后，岚山消防大队指挥所辖的三中队、七中队8台消防车迅速赶赴现场，同时向日照市消防支队汇报。日照市支队指挥中心调集日照市区一中队、二中队、特勤中队、山海天路中队23台消防车、170名官兵和日照港务局、岚山港务公司、滨海石化、童海港业、海明公司、孚宝仓储等专职消防队11台消防车50名专职队员增援，经过1个多小时扑救，大火于19时30分被扑灭。

“4·7”巨峰镇混芳烃90号汽油泄漏事故　2012年4月7日6时28分，222省道巨峰镇十字路口北1800米处，两辆载有30吨90号汽油的油罐槽车发生追尾，其中一辆发生大量泄漏。接警后岚山消防大队迅速出动5台消防车、33名官兵赶往现场。经过6个多小时救援，成功处置了泄漏事故。

“5·9”安东卫燃气管道泄漏事故　2012年5月9日20时05分，圣岚路与观海路交汇处日百万德福岚山店南侧燃气管道发生泄漏。接警后，岚山消防大队迅速出动6台消防车、36名官兵赶往现场。经过2个多小时紧急救援，成功处置了泄漏事故。

“8·2”抗击10号台风“达维”抢险救援事故　2012年8月2日，台风“达维”登陆岚山，岚山消防大队启动自然灾害应急救援预案，自8月2日晚至3日10时，全体官兵彻夜奋战，共接警12起，出动车辆15台次、官兵101人次，从各类灾害现场解救被困群众23人，疏散群众300余人，完成了抢险救援任务。岚山区委书记盖卫星专门批示予以表扬，山东省公安厅予以记集体三等功。

第二章　检　察

第一节　机构沿革

1950年8月，日照县成立检察署，1954年9月改称日照县检察院。“文化大革命”中，检察院工作瘫痪，1978年5月恢复工作，1985年改称日照市（县级）人民检察院，1990年更名为日照市城郊人民检察院，1993年5月改称东港区人民检察院。1996年9月，日照市人民检察院设立岚山检察室，负责岚山办事处辖区内公民举报、控告和申诉，接受违法犯罪分子自首及经济刑事案件依法初查和立案侦查等工作，侦查监督、审查起诉等工作仍由东港区人民检察院负责。

2004年11月16日，最高人民检察院批准设立日照市岚山区人民检察院(简称岚山区检察院),内设办公室、政工科、侦查监督科、公诉科、反贪污贿赂局、反渎职侵权局、民事行政检察科、控告申诉检察科(与举报中心、刑事赔偿工作办公室1个机构3块牌子)、检察技术科、法警大队、行政装备科11个职能部门,另设纪检组、监察室,全院设政法专项编制35人,老干部服务编制1人,工勤编制4人。

2006年12月29日,增加政法专项编制3名。2009年8月14日,增设检察委员会专职委员职数2名,在反贪局内设侦查一科、侦查二科和综合科(预防科与其合署)3个科室。2010年4月2日,增加政法专项编制7名。

2012年11月,增加政法专项编制2名;设立案件管理办公室,将预防科单独设置,并更名为职务犯罪预防局。

岚山区检察院成立之初,全院共有干部15人,至2012年年底,全院共有干部44人,工勤4人。

杜军(任期2005年1月至2010年7月)、高月清(2010年7月至2011年3月代理,2011年3月正式任职)先后任岚山区检察院检察长。

第二节　刑事检察

1982年,日照县人民检察院设立刑事检察一科、刑事检察二科,到1996年前,岚山无刑事检察机构,域内刑事案件侦查监督工作先后由日照县检察院、日照市城郊检察院、东港区检察院负责。1987年检察机关在岚山查出偷漏税案件57起。1996年9月,岚山检察室成立,1996～2003年共依法批准逮捕犯罪嫌疑人514人。

审查批捕　岚山区检察院成立后,在审查批捕阶段慎用逮捕强制措施,充分尊重和保障人权,最大限度地化解矛盾、维护稳定。具体工作通过“四个机制”保障审查逮捕案件质量,即:逮捕必要性和社会危险性证明机制、审查逮捕中听取律师意见机制、排除非法证据机制、捕后羁押继续审查机制。

2005～2012年岚山区人民检察院审查批捕情况统计表

表28-3

年　份	受理审查批捕(件/人)	批准和决定逮捕(人)	不批准和决定不捕(人)	年　份	受理审查批捕(件/人)	批准和决定逮捕(人)	不批准和决定不捕(人)
2005	141/244	221	23	2009	174/224	158	66
2006	191/299	227	72	2010	152/204	139	65
2007	161/283	242	41	2011	167/219	169	50
2008	201/278	239	39	2012	154/203	159	44

侦查监督　2005年,对侦查机关有案不立、有罪不究现象重点立案监督,共受理立案监督案件4件4人,要求公安机关说明不立案理由4件4人,公安机关直接立案4件4人。

2006年,重点为立案监督和侦查活动监督,共办理刑事立案监督案件3件3人,要求公安机关说明不立案理由3件3人,公安机关直接立案3件3人,纠正漏捕16人。

2007年,共办理立案监督案件2件2人,要求公安机关说明不立案理由2件2人,公安机关直接立案2件2人。向公安机关口头提出规范化建议或纠正违法意见、建议9次,向发案单位发出《检察建议书》2份,共追捕漏犯9人。

2008～2009年,共追捕犯罪嫌疑人5人。

2010年,共办理立案监督案件7件7人,其中要求公安机关说明不立案理由6件6人,通知公安机关立案6件6人;监督公安机关不应当立案而立案1件1人,后撤案。起诉5件、判决5件,起诉率、准确率均达80%以上。侦查活动监督中追捕漏犯8人,3人作出有罪判决。

2011年，共办理立案监督案件12件12人，其中要求公安机关说明不立案理由7件7人，通知公安机关立案7件7人；监督公安机关不应当立案而立案5件5人，后撤案。侦查活动监督中，追捕漏犯7人；办案中向有关单位提出检察建议2件。

2012年，共办理立案监督案件19件19人，其中要求公安机关说明不立案理由14件14人，公安机关均立案侦查；监督公安机关不应当立案而立案5件5人，后撤案。侦查活动监督中，追捕漏犯13人，向侦查机关发出纠正违法文件3份。

公诉 2005年，共受理移送审查起诉案件189件333人，审查起诉案件147件245人。

2006年，共受理移送审查起诉案件191件341人。其中，公安机关移送178件326人，岚山区检察院自侦部门移送7件7人，东港区检察院移送3件4人，开发区检察院移送1件2人，日照市检察院交办2件2人。共审结177件291人，追诉漏犯11人，法院判决122件202人，均为有罪判决。

2007年，共受理移送审查起诉案件203件405人。其中，公安机关移送197件399人，岚山区检察院自侦部门移送6件6人，日照市检察院交办案件1件1人，日照开发区检察院移送1件1人。提起公诉172件343人，法院判决155件260人。建议公安机关撤销案件9件10人、撤回案件2件2人，报送日照市检察院1件1人，移送其他区县检察院7件11人。改变公安机关定性5件15人。发现对犯罪嫌疑人强制措施不当，移交岚山区检察院侦查监督部门批准逮捕1件1人。

2008年，共受理移送审查起诉案件258件494人。其中，公安机关移送248件483人，岚山区检察院自侦部门移送7件7人，日照市检察院交办1件1人，东港区检察院移送1件1人，开发区检察院移送1件2人。提起公诉222件440人，决定不起诉4件4人，法院判决222件262人。建议公安机关撤销案件5件6人，报送日照市检察院5件22人，移送其他区县检察院5件14人，追诉2人，改变公安机关定性7件11人。发现对犯罪嫌疑人强制措施不当，移交岚山区检察院侦查监督部门批准逮捕7件10人，决定逮捕7件8人。

2009年，共受理移送审查起诉案件191件331人。其中，公安机关移送182件322人，岚山区检察院自侦部门移送5件5人，日照市检察院交办1件1人，东港区检察院移送3件3人。提起公诉176件311人，决定不起诉30人，法院判决101件174人。建议公安机关撤销案件9件12人，建议公安机关撤回案件3件5人，报送日照市检察院2件5人，移送其他区县检察院6件8人，追诉16人，改变公安机关定性8件16人。发现犯罪嫌疑人强制措施不当，移交岚山区检察院侦查监督部门批准逮捕，后岚山区检察院决定逮捕案件3件3人。公安机关移送案件时犯罪嫌疑人被逮捕，经审查无须羁押，可以适用取保候审的6件6人。

2010年，共受理移送审查起诉案件225件330人。其中，公安机关移送107件164人，岚山区检察院自侦部门移送15件17人，日照市检察院交办7件7人，东港区检察院移送1件3人。提起公诉150件109人，决定不起诉19件22人，法院判决101件144人。建议公安机关撤销案件1件8人、撤回案件1件2人，报送日照市检察院1件1人，移送其他检察院3件5人，追诉18人，改变公安机关定性15件19人。公安机关移送案件时犯罪嫌疑人被逮捕，经审查无须羁押可以适用取保候审的3件3人。提起抗诉案件1件1人。

2011年，共受理移送审查起诉案件239件417人。其中，公安机关移送220件398人，岚山区检察院自侦部门移送14件14人，日照市检察院交办5件5人。提起公诉220件347人，决定不起诉23人，法院判决132件177人。建议公安机关撤销案件11件27人、撤回案件12件12人，报送日照市检察院5件25人，移送其他检察院6件10人，追诉51人，改变公安机关定性6件6人。公安机关移送案件时犯罪嫌疑人被逮捕，经审查无须羁押可以适用取保候审的8件8人。提起抗诉案件1件1人，法院改判1件1人。

2012年，共受理移送审查起诉案件292件511人。其中，公安机关移送280件496人，岚山区检察院自侦部门移送12件15人，日照市检察院交办17件52人。提起公诉183件312人，决定不起诉 38 人，法院判决 200 件 384 人。建议公安机关撤回案件 6 件 16 人，报送日照市检察院 7 件 11 人，移送其他检察院 3 件 5 人，追诉 30 人，改变公安机关定性 9 件。发现犯罪嫌疑人强制措施不当，移交岚山区检察院侦查监督部门批准逮捕案件 7 件 10 人。公安机关移送案件时犯罪嫌疑人被逮捕，经审查无须羁押可以适用取保候审的 4 件 4 人。提起抗诉案件 2 件。

第三节　反贪污贿赂

岚山检察室成立之前，域内贪污、贿赂等职务犯罪，分别由日照县检察院、日照市城郊检察院和东港区检察院受理。从 1996 年成立岚山检察室至 2003 年，日照市检察院和岚山检察室在岚山办事处域内共查处职务犯罪案件 18 件 18 人。

2005 年 1 月，岚山区检察院反贪局正式挂牌成立。

2005 ～ 2007 年，岚山区检察院共立案查处贪污案 8 件 8 人 贿赂案 3 件 3 人，挪用公款案 4 件 5 人，全部按时侦查终结并移送审查起诉。共协助侦查案件 17 件 18 人，其中 2005 年协助吉林省白山市八道江区检察院将网上在逃 8 年的犯罪嫌疑人李某抓捕归案，2006 年协助日照市检察院抓捕山东省高级人民检察院通缉的在逃犯罪嫌疑人 1 人。

2008 年，共立案查处贪污、贿赂犯罪案件 6 件 6 人，其中副科级干部 3 件 3 人。另外，协查省内市外案件线索 1 件 1 人，市内 3 件 3 人。2008 年 9 月 16 日，检察长杜军、副检察长刘贤洪带队参加山东省人民检察院交办日照市检察院的东营市原副市长陈兴銮案件的查办工作。

2009 年，共受理初查案件 11 件，立案查处贪污、贿赂犯罪案件 6 件 6 人，均为大案，其中副科级干部 3 件 3 人。判决此前所立案件 6 件 6 人，均为有罪判决。与岚山公安分局合作，查办了日照钢铁有限公司淡某、林某 2 起涉嫌非国家工作人员特大受贿案件，追缴受贿款 200 余万元，挽回经济损失 245 万元。

2010 年，共立案查处贪污贿赂职务犯罪案件 10 件 12 人，案件涉及科级干部 2 件 2 人。截至 2010 年 11 月 4 日，共向法院提起公诉 10 件 11 人（含 2009 年部分案件），有罪判决 11 件 12 人（含 2009 年部分案件），挽回经济损失近 600 万元。

2011 年，共立案查处贪污贿赂案件 16 件 16 人，其中 4 件 4 人移送公安机关，其余 12 件 12 人侦查终结并移送审查起诉。其中，副处级干部 1 人，科级干部 5 人；逮捕 9 人；其中 6 件 6 人被判处 10 年以上有期徒刑。主办渎职侵权案件 3 件 3 人，其中 2 件 2 人被判处 10 年以上有期徒刑。全年为国家挽回直接经济损失 368.23 万元，挽回间接损失 1500 余万元。

2012 年，共立案查处贪污贿赂犯罪案件 10 件 10 人，其中移送公安机关 2 件 2 人，其余 8 件 8 人均为大案。其中，正科级干部 2 人，全部侦查终结并移送起诉。所立案件均由法院作出判决，实刑判决 6 件 6 人，实刑判决率 75%，其中 4 件 4 人被判处 10 年以上有期徒刑。2012 年判决生效案件全部未提起上诉。同时协助反渎部门办理反渎职侵权案件 4 件 4 人。通过查办贪污贿赂犯罪案件，共为国家挽回直接经济损失近 1000 万元。

第四节　渎职侵权检察

1950 年，日照县人民检察署成立后，即开始办理违法乱纪案件。1956 年成立监督组，对国家机关工作人员实行法律监督，并与纪检部门互相配合，专门查处国家机关工作人员和公民刑讯逼供、诬告陷害、非法管制、搜查、重婚等违法乱纪的案件。构成犯罪的，由检察院立案侦查，依法办理；属于一般违法乱纪的，由纪检和政府有关部门处理。到设区前，域内渎职侵权监察工作分别由日照县检察院、日照市城郊检察院和东港区检察院负责。

2005 年，岚山区检察院初查各类案件线索 7 件 8 人，查办渎职案件 1 件 1 人，贪污贿赂案件 1 件 2 人，为国家挽回直接经济损失 100 余万元。会同 14 个行政执法部门建立刑事司法与行政执法相衔接工作机制，会同 6 个金融部门建立预防职务犯罪、共建精神文明机制。

2006 年，立案查处区林业局行政执法人员涉嫌滥用职权犯罪案 1 件 1 人。

2007年，初查各类案件线索6件6人，查办渎职案件2件2人。为区交通局、安东卫街道、工商银行等6家单位举办法制讲座。

2008年，初查各类案件线索7件7人，查办渎职案件1件1人，为国家挽回直接经济损失73万元。参与监督南沿海路绿化工程招投标、岚山区污水管网工程招投标、轿顶山小区绿化工程招投标、岚山区水库除险加固工程招投标等活动28次，总标的额2.4亿元，合同金额1.86亿元，为政府节约资金5467.76万元。

2009年，对2001～2008年的9个国家和省级土地整理项目惠农资金使用情况进行调查，涉及金额约5900万元。调查发现，项目建设中存在地方配套资金普遍不到位、个别工程工期过长、工程后期管护不到位造成设施有毁损现象、资金管理支付不规范等问题。针对存在问题，提出加大资金投入和整合力度、提高工程设计质量、规范项目管理制度、高度重视建后管护、加强对惠农资金使用的监督等意见建议。

2010年，立案查处渎职案件3件3人，其中岚山区法院工作人员渎职案2件2人，系建院以来首次立案查处司法机关工作人员渎职案。立案查处日照市城市管理行政执法局岚山分局执法人员滥用职权案1件1人。

2011年，立案查处日照市海洋渔业局工作人员渎职案件4件4人，其中3件3人被判处10年以上有期徒刑，涉及科级干部3人，为国家挽回直接经济损失100余万元。向区政府及相关部门发出“加强食品安全监管”的检察建议，牵头成立岚山区食品安全监管暨预防职务犯罪工作协调小组，查办食品安全监督管理领域中的贪污贿赂、失职渎职犯罪。服务村居“两委”换届选举工作，为乡镇干部和村干部及村居党员干部上法制课，受教育者1600余人次。

2012年，立案查处区渔业局工作人员渎职案件2件4人。其中查办危害民生民利渎职犯罪案件1件2人；查办新型徇私舞弊类犯罪案件1件2人；共立案查处科级干部2人；为国家挽回直接经济损失400余万元。

2005～2012年，岚山区检察院共办理渎职侵权案件14件16人。

第五节　控告申诉检察

1950年8月日照县检察署成立后，即开始接待人民来访，处理人民来信，受理控告申诉案件。1998年实行检察长接访日制度，2003年推行“首办责任制”和“来访人选择接访人”办法，实行节假日接访和法律服务、告诉求助制度。

2005年，岚山区检察院共受理群众来信来访29件。其中举报类信访20件，控告申诉类信访9件；来信25件，来访4件，重复信访1件；受理贪污贿赂案件线索17件，渎职案件线索3件，刑事案件线索7件，申诉案件线索2件。

2006年，共受理群众来信来访29件。其中来信11件，来访18件；检察长接访18件；控告类案件10件，申诉类7件，举报12件，重复举报1件。办理上级检察院转办案件6件。办理上级检察院交办案件1件。移送刑检部门13件，侦监部门立案监督2件。

2007年，共受理来信来访37件。其中来信13件163人，来访24件66人（其中集体访3件32人）；举报类案件20件，控申类案件17件。办理上级交办案件1件，初查举报案件线索1件。9月20日，控告申诉科获全市检察机关文明接待室称号。

2008年，共受理群众来信来访46件。其中举报21件，控告申诉类25件；来信25件，来访21件。移送反贪部门7件，移送反渎部门3件，移送侦监部门9件，移送民事行政部门9件，转其他机关11件，直接答复7件。

2009年，共受理群众来信13件，来访12件。其中举报类6件，控告申诉类19件；移送反贪部门5件，移送公诉部门4件，移送侦监部门3件。

2010年，共受理群众来信7件，来访25件。其中举报类17件，控告申诉类15件。举报中心初核举报案件13件，办理刑事申诉类案件4件；办理热线举报受理案件4件；对52件可能引发信访的不起诉、不批捕等案件进行了风险预警。

2011年，共受理群众来信17件，来访21件。其中举报类14件，控告申诉类24件；举报中心初核案件26件。建立12309、96699电话昼夜接访，共受理电话举报7件。

2012年，共受理群众来信来访48件(次)。其中举报类14件，控告申诉类17件，其他诉求类17件。初核举报案件8件，移送岚山区检察院自侦部门立案5件；办结不服法院生效判决的刑事申诉案件2件，救助刑事被害人20人，救助金额7.6万元；奖励举报人6人。

第六节　民事行政检察

1991年9月，日照市检察院开始民事行政检察工作。2005年，岚山区检察院设立民事行政检察科。

2006年，岚山区检察院共受理民事行政案件线索3件，其中1件向日照市检察院提请抗诉，其余2件作不立案处理，并做好了服判息诉工作。

2007年，共受理民事案件线索6件，其中5件作不立案处理，并做好了服判息诉工作。2006年提起抗诉的一起案件在2007年再审并调解结案。向法院调阅卷宗6次。审查法院发送的裁判文书7次225份。

2008年，共受理民事案件线索13件，其中向日照市检察院提请抗诉3件，有1件经日照市检察院再审获改判。对日照市检察院不抗诉和岚山区检察院不立案的10件案件均做好服判息诉工作。

2009年，共受理民事案件线索16件，其中向日照市检察院提请抗诉1件(日照市检察院未采纳)，其他15件作不立案处理。对受理的16件案件均做好服判息诉工作。

2010年，共受理民事行政案件线索67件，其中办理再审检察建议案件4件，息诉14件，督促起诉4件，纠正诉讼违法45件。与区人民法院会签《关于民事行政案件执行工作监督与配合的实施意见》。

2010年，确立民事行政监督与服务民生并行新理念，创新服务民生工作机制。

2011年，共受理民事行政案件线索32件，其中办理再审案件4件，立案监督案件1件，公益诉讼案件3件，督促起诉案件2件，行政执法监督案件3件，息诉19件。移送职务犯罪线索1件，发现并移送其它犯罪线索8件。共为当事人挽回经济损失2745万元，其中办理督促起诉案件2件，督促追回国有土地出让金2660万元。

2011年，成功办理巨峰镇因非法采矿致使1000余亩遭受破坏的耕地得以复耕案件和绣针河水源地保护万余人饮水安全案等案件，获最高人民检察院检察长曹建明、山东省高级人民检察院检察长国家森、日照市委书记杨军分别批示肯定。

2012年，共受理民事行政案件线索58件。其中办理再审检察建议案件3件，提请抗诉案件1件，执行监督案件1件，支持起诉案件37件，诉讼违法监督案件2件，行政执法监督案件2件，息诉12件。有3起案例入选全省民事行政检察创新“十佳”案件或优秀案件，1起案例入选全国首届民事行政检察优秀案件。

2012年，成功办理10225户独生子女“两全”保险费退付案，获得山东省高级人民检察院检察长吴鹏飞、日照市委书记杨军、日照市检察院检察长巩盛昌、岚山区委书记盖卫星等领导分别批示肯定。

第七节　检察技术

1984年3月，日照县检察院设立检察技术科，逐步把痕迹、法医、文件检验、视频试听等科学技术引入案件检察实践。

2006年，岚山区检察院设立技术科。截至2012年，共参与自侦办案录音录像239次，现场勘验21次，拍摄物证照片79次1000余幅。

2007年，全面实现网上办公，非涉密公文通过网上起草、流转、传阅、上下级检察院之间传输。

2008年，完成电视电话会议室二级网建设工程，10月顺利调试。

2009年，完成办案服务器、防火墙、日照市检察院入侵检测系统安装及日照市检察机关网络调整，11月12日完成调试工作，按照山东省高级人民检察院要求开通了检察宣传、网上举报、职务犯罪预防3个栏目。

2011年，增强对自侦部门的办案协助力度，对在办案过程中的搜查、取证、审讯过程均采取同步录音录像措施。调试涉案款物监管系统，并正式投入运行。

2012 年，调试开通派驻虎山检察室的四级检务网及互联网线路，对岚山区检察院老旧网络设备进行升级更换。

第八节 预防职务犯罪

2009 年 3 月，岚山区检察院成立职务犯罪预防科。全年共参与监督政府采购招投标活动 114 次，涉及总标的额 2.68 亿元，提出废标等检察建议 13 次。派员参与岚山港务有限公司大型招投标活动 16 次，为企业节约资金 11541.75 万元。

2010 年，开展“行贿犯罪档案查询”工作，与区财政局政府采购中心等部门达成协议，把行贿犯罪档案查询纳入政府采购和工程建设招投标管理程序。全年受理行贿犯罪档案记录查询 362 次，监督政府采购招投标活动 76 次，提出口头废标建议 7 次，为政府节约资金 2965 万元。参与监督岚山港物资采购、工程、设备等项目招投标 14 次，累计为企业节约资金 1042 万元。开展警示教育 21 次，受教育人数达 3500 多人次。

2011 年，参与监督政府采购招投标并提供预防咨询 179 次，提出口头废标建议 3 次，防止政府经济损失 5605.67 万元。参与监督岚山港务有限公司大型招投标 30 次，为企业节省投资 1399 万元。开展警示宣传教育 20 次，受教育人数 3200 人;受理行贿犯罪档案查询 1219 次，撰写职务犯罪典型案例分析 15 篇，提出检察建议 2 次，开展预防调查 6 次。

2012 年，预防科单独设置，更名为职务犯罪预防局。全年参与监督重点基础工程、民生工程并开展同步预防咨询 113 次，防止经济损失 5742.68 万元。参与监督岚山港物资采购、工程、设备等项目招投标 24 次，累计为企业节约资金 3377 万元。受理行贿犯罪档案查询 1309 次。

第三章 法 院

第一节 机构沿革

明代安东卫设镇抚司、提刑按察司，负责军事、民事纠纷及诉讼。清代裁卫后，审判职责归日照县衙。

清朝末年，日照县内司法事务由知县主管，政警与司法合一，县官升堂问案，典史专司狱事，协助县官负责缉拿、囚禁、刑监等司法事务。下设监狱，置管狱员和男女禁卒若干人。

清光绪三十三年(1907年)，日照县始设巡警局，知县兼任警务长，下设巡官、警察等20余人。警察统一着青色服装，配备旧式土枪10余支。

民国初年司法事务仍由县知事兼理。1924年，日照县设承审处，由承审员具体受理司法案件，并定期送县署核鉴。1928年，日照县初级法院成立，1933年撤销，改设地方法庭，置承审员、检查官等3人。抗日战争初期，民国县政府设司法处，置审判官和书记若干人。

1943年，日照县抗日民主政府建立司法科，具体负责审判工作。1945年，司法科与民政科合并为县政府第一科，下设民政股和司法股。是年11月，司法股改为司法科。1946年，司法科设立教育所和看守班。1948年司法科撤销。1949年4月，日照县人民政府恢复司法科。

1950年1月成立日照县人民法庭，由裁判委员会负责研究处理案件。是年4月，司法科撤销，成立日照县人民法院。1953年，原属司法科的教育所移交公安局管理。

1954年，日照县人民法院组建第一人民巡回法庭，1955年改为安东卫人民巡回法庭。“文化大革命”开始后，公检法受到冲击，于1968年实行军管，成立日照县公安机关军事管理小组，安东卫人民法庭被撤销。1979年，安东卫人民法庭恢复，后于1988年撤销，并在境内各乡镇街道设立人民法庭。1994年设立岚山中心法庭，辖岚山、汾水、碑廓、虎山4处人民法庭。1998年3月，以上4处法庭合并为日照市东港区人民法院岚山人民法庭。

2004年11月18日，最高人民法院批准设立日照市岚山区人民法院（简称岚山区法院），2005年1月21日挂牌成立，内设办公室、政工科、立案庭、刑事审判庭、民事第一审判庭、民事第二审判庭、行政审判庭（赔偿委员会办公室与其合署）、审判监督庭、执行局、法警大队、研究室（审判委员会办公室与其合署）11个职能部门，另设纪检组、监察室，岚山人民法庭、后村人民法庭划归岚山区法院管理。全院共有政法专项编制45人，老干部服务编制1人，工勤编制5人。2005年5月，岚山人民法庭更名为安岚人民法庭。2005年7月，成立巨峰人民法庭。2006年8月，3处人民法庭被山东省高级人民法院授予设置规模化、建设标准化、审判规范化、管理制度化、装备现代化"五化法庭"。

2007年11月22日，取消岚山区法院退休老干部服务编制1人，增加岚山区法院政法专项编制7人。2009年8月14日，增设法院审判委员会专职委员职数2人，设立道路交通事故法庭，在执行局内设执行一庭、执行二庭和执行三庭3个科室。2010年4月2日，增加政法专项编制22人。

2012年9月，因行政区划调整，后村人民法庭划归东港区法院代管，中楼镇人民法庭划归岚山区法院代管。同年11月15日，设立黄墩人民法庭、审判质量管理办公室和信息中心3个法院内设机构。

岚山区法院成立之初，共有干部30人；至2012年年底，全院共有干部57人，工勤5人。

李志毅（任期2005年4月至2007年11月）、刘红军（2007年11月任职）先后担任岚山区法院院长。

安岚人民法庭　始建于1998年，原名岚山人民法庭，2005年5月更名为安岚人民法庭。审理岚山头、安东卫、虎山、碑廓4镇（街道）民事案件，辖区面积253.7平方公里，人口21万人。法庭占地6667平方米，建筑面积2360平方米，设有大中小审判庭和办公室、值班室、资料室、活动室等，设施配套齐全。至2011年年底，有工作人员11人，均为本科以上学历；共审结各类民事纠纷2344件；先后获市级"五化法庭"建设先进集体、优秀人民法庭；被山东省人民法院记集体二等功。

巨峰人民法庭　2005年7月成立，2006年1月迁入新建办公楼，占地5亩，建筑面积1200平方米，设有审判庭、调解室、办公室、会议室、接待室、活动中心等，设施配套齐全。审理巨峰、高兴2镇民事案件，辖区面积227.6平方公里，人口11.4万人。至2011年年底，有工作人员6人，均为本科以上学历；共审结各类民事案件826件；先后获区级优秀妇女维权岗、平安岚山建设先进基层单位、人民满意基层政法单位等荣誉称号；2009年创设人民调解委员会驻庭调解室，做法在全区推广。

中楼人民法庭　1987年7月设立，1998年迁至龙山镇，归龙山法庭，2000年8月重设中楼法庭。2001年4月办公楼竣工，建筑面积730平方米，设有大小审判庭各1个，另设调解室、办公室、值班室、资料室、活动室等。审理中楼镇64个行政村的民事案件，辖区人口6.3万人。2012年9月划归岚山区法院代管，有工作人员5人。

第二节　立案工作

清代，政、警与司法合一，将实行法和程序法混杂一起，平民告状，先花钱请讼师代书（由知县批准的讼师）缮写诉状，送到县衙，只要县官受理，即为告准，之后就可升堂问案。这种"立、审合一"的审判制度一直延续至抗日战争前的国民党政府。从1940年抗日民主政府建立到新中国成立，案件立、审仍由地方政府承办。

新中国人民法院制度建立后，立案工作转由法院受理。1954年，日照县法院组建第一人民巡回法庭，次年改称安东卫人民巡回法庭，立案处理民间纠纷案件，刑事案件由检察院起诉立案。1988年后，各乡镇街道法庭立案处理民事案件。

2005年岚山区法院成立，当年共受理转办各类案件1740件，其中刑事案件123件，民事案件590件，商事案件653件，行政案件98件（含非诉执行案件38件），执行案件190件（含委托执行案件19件），支付令28件，公示催告3件，诉前保全55件，共预收诉讼费、保全费165.31万元。实施司法救助，办理减缓免诉讼费案件 38 件，缓收诉讼费 38.96 万元。对 80 余件临近审限案件及时进行了催办。全年共送达各类法律文书 600 余件；赴外省市送达保全 6 次，行程近 5000 公里。全院上诉案件共 38 件，其中刑事上诉 3 件，民事上诉 25 件（含管辖权异议 12 件），商事上诉 10 件（含管辖权异议 3 件）；二审维持 7 件（含管辖权异议 3 件），部分改判 1 件，发回重审 1 件。处理涉诉人民来信 3 封，参加岚山区政法委组织的信访宣传和联合接访活动 3 次，实现全年涉诉信访案件“零信访”目标。

2006 年，受理各类案件 2054 件，其中刑事案件 236 件，民事案件 808 件，商事案件 324 件，行政案件 146 件（含行政执行案件 56 件），民事执行案件 384 件，支付令 52 件，公示催告 4 件，诉前保全 92 件，破产 2 件，重审 2 件，复查 4 件，共预收诉讼费、保全费 258.67 万元。实施司法救助，办理减缓免诉讼费案件 84 件 124 人，缓收诉讼费 56.5 万元。答复群众咨询 300 多人次。全年无越级涉诉上访事件发生。

2007 年，共审查受理、登记转办各类案件 2584 件，其中刑事案件 201 件，民事案件 959 件，商事案件 652 件，行政案件 154 件（含非诉执行案件 49 件），执行案件 404 件（含委托执行案件 43 件），支付令 51 件，公示催告 2 件，诉前保全 158 件，申诉复查 3 件。实施司法救助，办理减缓免诉讼费案件 94 件 100 余人，缓收诉讼费 43.16 万元。送达各类法律文书 1700 余件，接待群众咨询 200 多人次，登记当事人催办案件 11 件次，发出案件催办单 3 次。上呈上诉案件 120 件（含管辖权异议 15 件），接转二审退回案件 70 件（含管辖权异议 15 件）。建立了“领导值班、即时接访”“一案一卡、案后回访”“关口前移、带案下访”“源头管控、合力治访”四位一体预防和治理涉诉信访机制，全年无越级涉诉上访事件发生。

2008 年，共审查受理、登记转办各类案件 3524 件，其中刑事案件 202 件，民事案件 1318 件，商事案件 1148 件，行政案件 207 件（含非诉执行案件 55 件），执行案件 633 件（含委托执行案件 56 件），破产案件 4 件，督促程序案件 12 件。办理公示催告案件 9 件，诉前财产保全案件 235 件，复查案件 2 件，审查当事人提出的管辖权异议案件 41 件，采取先予执行措施案件 14 件。实施司法救助，办理缓减免诉讼费 89 案 100 余人，缓收诉讼费 41 万元。向 3600 余名当事人送达了有关法律文书，收取申请费、送达费等 40.08 万元。

2009 年，受理转办各类诉讼和执行案件 4053 件（不包含立案一庭办理的保全、公示催告案件），其中刑庭 202 件，民一庭 319 件，民二庭 676 件，行政庭 177 件，审监庭 7 件，交通事故法庭 291 件，立案二庭 4 件，执行局 919 件，安岚法庭 819 件，后村法庭 242 件，巨峰法庭 397 件。全年上诉案件 177 件，接转二审退回卷宗 132 件，其中二审维持案件 115 件，部分改判 10 件，全部改判 1 件，发回重审 3 件，部分变更 3 件。成立岚山区法院集中处理涉诉信访问题工作领导小组，全年 4 起信访交办案件均确定了包案领导和责任人具体处理。

2010 年，共受理转办各类诉讼和执行案件 3795 件。办理涉诉信访案件 31 件，涉及信访当事人 33 人，无越级信访或上访事件发生。

2011 年，共受理转办各类诉讼和执行案件 3920 件，其中刑事案件 202 件，民事案件 1515 件，商事案件 643 件，行政案件 137 件；行政庭 188 件，交通事故法庭 400 件，执行局 574 件，安岚法庭 826 件，巨峰法庭 286 件，后村法庭 199 件，审监庭 6 件；全年共办理诉前财产保全案件 234 件，保全标的额达 9600 余万元。采取查封、扣押、冻结措施 700 余次，收取保全申请费 20.78 万元。全年共办理涉诉信访案件 62 件，涉及信访当事人 78 人，被山东省高级人民法院授予“全省法院立案信访工作先进单位”。

2012 年，共受理转办各类诉讼和执行案件 3727 件，其中刑事 216 件，民事 1288 件，商事 892 件，执行 861 件，诉前保全 353 件，公示催告 1 件，行政诉讼 74 件，行政非诉执行 37 件，再审 5 件。共办理缓减免诉讼费案件 41 件，缓减免诉讼费 12.25 万元。诉前调解 11 件，委托人民调解组织调解案件 23 件，管辖异议案件 15 件。办理上诉案件 135 件，办理上诉回转案件 201 件。全年办理诉前财产保全案件353件，保全标的额8363余万元，采取查封、扣押、冻结措施1000余次，收取保全费38.27万元。探索建立“三控并举”化解涉诉信访问题工作新体系，做法在全省政法系统推广，岚山区法院被日照市政法委评为“全市涉法涉诉信访工作先进集体”。

第三节　刑事审判

历史概况　清末，沿袭司法、行政合一制，刑事审判由县知事办理，不设专门机构。民国初年改为司法承审制。

刑事审判工作始于1943年，由日照县政府司法科负责，根据山东省滨海专署行政公署训令和山东省政府《惩治战犯及汉奸暂行条例》，对反革命分子、国民党特务、土匪、反动地主等实行专政，以保证土地改革和支援前线顺利进行。审判实行两审制，规定了上诉期，重刑犯要报滨海专署司法处审批。

1946年，山东省出台规定，确定司法部门为审判机关，公安局为检察机关，民事、刑事诉讼案件由司法部门裁判，刑事犯押在司法科监狱，政治犯押在公安局监狱。1947年下半年，国民党进攻山东解放区，司法科人员大部分支前，基本没有受理案件。1948年，日照县司法科被撤销，人员集中到渤海专署学习。1949年4月，恢复司法科，纠正了乱打、乱押、乱捕、乱抓、乱罚现象。

1950年5月1日，在开展镇压反革命运动游行中，日照县在碑廓设点召开公判大会，判处了部分死刑罪犯。1950年《中华人民共和国婚姻法》实施，法院对强迫干涉妇女婚姻自主的犯罪分子进行严厉打击。1953～1956年，在农业合作化、统购统销和“三反”“五反”运动中，日照县法院依法惩处了一批破坏国民经济建设的犯罪分子。1958年，“大跃进”、人民公社化运动和“反右倾”斗争陆续开始，受“左”的思想影响，法院正常的审判制度和程序被打乱。1959年，贯彻全国政法会议“对敌斗争由紧到松”的精神，快、稳、准地打击各类犯罪分子，办案质量明显提高。1961年，在安东卫集市召开大型宣判会，宣判地主富农现行破坏案件、偷盗案件和破坏市场管理投机倒把案件。1962年，蒋介石叫嚣反攻大陆，法院重点打击现行反革命活动。1966年“文化大革命”开始，法院工作受到冲击。1967年下半年，日照县实行军事管制，公、检、法合署办公，审判业务由“军管会”审判组负责，一些群众被错误地定为反革命。1976年10月以后，人民法院审判工作逐步走上“以事实为根据，以法律为准绳”的轨道。

1980年1月1日，《中华人民共和国刑法》《中华人民共和国刑事诉讼法》颁布实施，全国社会主义法制建设进入一个新阶段。1983年，日照县委成立打击刑事犯罪联合指挥部，公、检、法联合办公，严惩“七类犯罪分子”（一是流氓团伙分子；二是流窜作案分子；三是杀人犯、放火犯、爆炸犯、投毒犯、贩毒犯、强奸犯、抢劫犯和重大盗窃犯；四是拐卖妇女、儿童的人贩子，强迫、引诱、容留妇女卖淫的犯罪分子和制造、复制、贩卖内容反动、淫秽的图书、图片、录音带、录像带的犯罪分子；五是有现行破坏活动的反动会道门分子；六是劳改逃跑犯，重新犯罪的劳改释放分子和解除劳教人员以及其他通缉在案的罪犯；七是书写反革命标语、传单、挂钩信、匿名信的现行反革命分子，以及有现行破坏活动的林彪、江青反革命集团残余分子），开展了大规模“严打”活动，严打斗争从1983年8月10日开始至1987年1月31日结束，全日照县共抓获违法犯罪分子762人，摧毁犯罪团伙39个，破获案件3097起，社会治安状况明显好转。1997年1月1日，新修订的《中华人民共和国刑事诉讼法》实施，同年10月1日，新修订的《中华人民共和国刑法》实施，法院继续贯彻“治乱用重典”的方针，深入开展“严打”斗争。

纠正冤假错案　1952年，华东军政委员会发出“关于彻底改造和整顿人民法院”的指示，要求法院对审判中出现的错捕、错判、错押案件进行复核和甄别。1955年，中央关于“有反必肃，有错必纠”的指示，要求法院通过复查，纠正一批冤假错案。1959年，日照县法院组织案件复查，对1958年所办案件中部分冤假错案作出改判或妥善处理。1979年，日照县法院对1966年至1978年判处的各类刑事案件和文化大革命前的59起案件进行复查，并对按“公安六条”标准处理的82件“恶攻”案件进行复核，全部作了改判。

开展专项整治　1982年，国务院下达《关于打击经济领域中严重犯罪活动的决定》紧急通知，各级法院开始严厉打击经济领域的犯罪活动。1990～1999年，严肃惩处破坏社会经济秩序和贪污、受贿犯罪分子。1989年，刑事犯罪特别是暴力性犯罪比较突出，法院开展了“打击流窜犯罪，深挖犯罪团伙”专项斗争。1991年，法院配合有关部门开展“打拐”“打流”和“反盗窃”专项斗争。1992年，法院参与社会治安综合治理工作，选择典型案件，深入发案地进行公开审理，召开宣判大会。

青少年罪犯帮教工作　1991年，日照市法院成立少年刑事合议庭，从工会、团委、妇联、教育等部门聘请6名特邀陪审员，把感化挽救工作贯穿于审判全过程。1992年，按照对青少年犯罪“教育、感化、挽救”的方针，加强对青少年犯的回访、考察、帮教工作。2004年，对未成年人犯罪实行圆桌审判，扩大非监禁刑适用，试行社区矫正、签发“监管令”“法官寄语”等审判和矫正措施。岚山区法院成立后，设立少年合议庭，专门安排1名女法官、1名女陪审员，审理未成年人犯罪案件。2007年10月，东港区法院成立少年审判庭，对东港、岚山、开发区的未成年人犯罪案件集中管辖。

岚山区法院刑事审判　2005年，岚山区法院设刑事审判庭，配庭长、副庭长、书记员共3人，后增加1名书记员。是年3月开始受理刑事案件，当年受理公诉案件123件，涉案被告213人，审结114件，判处176人。有3起上诉案件，无改判或发回重审，无抗诉案件。6月22日，配合日照市法院在岚山一中召开公判大会，宣判8案10名罪犯，刑期分别从8个月到11年不等，旁听群众4000余人。12月15～16日，全市法院刑事审判工作会议在岚山召开。

2006年，受理公诉案件188件，涉案被告313人；审结190件，判处338人。8月4日，配合日照市法院在虎山镇驻地召开公判大会，宣判10案10犯，刑期从2年到11年不等。8月20日，岚山区法院刑事法庭庭长为虎山中学全体学生讲授刑法和未成年人犯罪预防知识。12月，岚山区法院少年法庭被共青团日照市委授予“优秀青少年维权岗”。

2007年，新受理公诉案件201件，涉案被告人327人；审结201件，判处311人。5月24日，邀请区工会、团委、妇联及学校和被告人所在村干部，组织了一次缓刑适用听证会。9月28日，联合岚山公安分局在岚山头街道召开公判大会，宣判6案10犯。

2008年，新受理公诉案件202件，涉案被告451人；审结202件，判处被告439人。当年上诉案件17件，二审无改判。12月12日，在虎山镇召开公判大会，对6案10名罪犯进行公开宣判。

2009年，新受理刑事案件202件，其中公诉案件201件、自诉案件1件，涉案被告371人；审结202件，判处被告367人。4月21日，岚山区法院被日照市法院表彰为“刑事审判先进集体”。

2010年，新受理公诉案件180件，涉案被告265人；审结180件，判处被告255人。与岚山区检察院共同制定《量刑程序指导意见》，率先将法庭审理分为定罪事实调查、量刑事实调查、定罪辩论和量刑辩论。5月19日，日照市政法委在岚山社区矫正中心召开现场会，将该经验在全市推广。11月19日，日照市量刑规范化改革工作会议在岚山召开。

2011年，新受理公诉案件202件，涉案被告291人；审结202件，判处被告298人。审理非国家工作人员受贿案11件11人，审理贪污、受贿、挪用公款、滥用职权等职务犯罪案件19件19人，大部分为日照市和岚山区有重大影响的案件。

2012年，新受理公诉案件215件，涉案被告437人；审结207件，判处417人，结案率为93.2%。判处10年以上有期徒刑11人，判处3至10年有期徒刑77人。审结诈骗、合同诈骗、信用卡诈骗案共11件22人，审结非法经营案2件7人。审结贪污贿赂、挪用公款、玩忽职守、滥用职权案15件15人，其中判处4年以上有期徒刑5人。受理3起盗采海砂案件，对3案6名被告人以非法采矿罪定罪判刑，没收3艘采砂船和2台挖掘机等作案工具。

2005～2012年岚山区法院刑事审判收结案情况统计表

表28-4

年　份	新收案数（件）	被告人数（人）	审结数（件）	判处人数（人）	未结案数（件）	年　份	新收案数（件）	被告人数（人）	审结数（件）	判处人数（人）	未结案数（件）
2005	123	213	114	176	9	2009	202	371	202	367	7
2006	188	313	190	338	7	2010	180	265	180	255	7
2007	201	327	201	311	7	2011	202	291	202	298	7
2008	202	451	202	439	7	2012	215	427	207	417	15

2005～2012年岚山区法院判处被告人刑罚情况统计表

（含免刑、移送、中止案件）

表28-5　单位：人

刑数 / 年份	管制、拘役、单处罚金等	3年以下的（包括缓刑）	3至5年的（包括3年）	5至10年的（包括5年）	10年以上的（包括10年）	合　计
2005	71	90	5	4	6	176
2006	92	210	21	11	4	338
2007	36	223	29	16	7	311
2008	86	260	34	42	17	439
2009	55	240	33	29	10	367
2010	50	147	24	24	10	255
2011	43	211	14	17	13	298
2012	103	226	51	26	11	417
合计	536	1607	211	169	78	2601

第四节　民事审判

清末，所有案件均由县知事审理，民事、刑事不分，民事案件亦用刑罚，一般民事纠纷案件，由亲朋邻居、族长或公正人士调解。有关农事、商业纠纷，多由农商等民众组织出面调解。民国时期基本沿袭清代做法。

1943年，日照县抗日民主政府设司法科，负责民事审判和民事调解。1948年日照县司法科撤销，群众纠纷由基层区政府处理解决。新中国成立后，民事案件主要是债务、土地、地界、边界、水道、婚姻等纠纷，法官采取“坐堂问案”的办法，把双方当事人传讯到庭，当庭进行调解或判决处理。1952年春，办案人员采取“到站收案”与“巡回就审”的办法，携卷下乡办案。

1955年，安东卫人民巡回法庭在域内巡回审理民事纠纷案件。1988年，在各乡镇街道设立人民法庭，主要审理民事案件。

2007年1月，岚山区法院在全省率先设立交通事故法庭，制定《交通事故损害赔偿纠纷案件处理工作规范》；同年4月，山东省高级人民法院和山东省交警总队联合在岚山区法院召开现场会，将该做法和经验称为“岚山模式”在全省推广。2008年5月，岚山区法院综合办公楼启用，民事审判工作硬件建设基本完成。

2009年9月，在巨峰人民法庭设立人民调解委员会驻庭调解室，探索诉调对接制度。2011年5月，制定《建立执行救助金的暂行规定》，对不能通过执行案件获得救济的困难当事人适当发放执行救助金。2011年8月，推进大调解格局建设，与公检司、党委政府、行政执法机关、人民调解组织等建立调解联动机制，并在乡镇村企设立法官工作室，定期开展司法便民和能动司法活动。

2005～2012年，岚山区法院共审结各类民事纠纷案件8335件，先后获省级荣誉5项、市级荣誉6项，民事审判法官范学青先后荣获"全国办案标兵""全国政法系统优秀党员干警"和"全国优秀法官"荣誉称号。

2005～2012年岚山区法院民事审判收结案情况统计表

表28-6 单位：件

年份	收案（含旧存）	结案	未结	年份	收案（含旧存）	结案	未结
2005	619	566	53	2009	1297	1207	90
2006	743	620	123	2010	1479	1382	97
2007	1014	937	77	2011	1239	1156	83
2008	1298	1197	101	2012	1288	1270	18

第五节　商事审判

1982年7月，日照县法院设立经济审判庭，域内经济案件先后由日照县、日照市（县级）、日照市城郊、东港区法院承办。2005年1月，岚山区法院设立商事审判民事审判第二庭，当年受理并审结各类商事案件188件。2006年，全市法院商事案件调解经验交流会在岚山召开。2007年，共审理涉及辖区重点企业案件40余件。2008年，审结商事案件1161件，其中涉及金融企业借款合同纠纷案件416件，直接收回逾期贷款316万元。

2009年，受经济危机影响，商事案件数量增多，共审结1362件，主要涉及外贸型企业。辖区重点企业日照钢铁公司、三木集团有限公司、丰华食品有限公司、昌华食品集团有限公司、日照铸福实业有限公司、中粮黄海粮油工业（山东）有限公司等均因合同纠纷涉诉，且以被起诉为主。法庭一方面对要求采取诉讼保全措施的原告做工作，使其主动放弃申请财产保全，另一方面及时与被诉企业联系，要求其主动与原告沟通，由法庭主持达成和解协议，使企业避免冻结账户而产生经营障碍和不良社会影响。

2011年，商事案件总量下降，共审结628件。岚山区法院树立和坚持能动司法服务理念，制定《关于为蓝色经济区先行示范区建设提供司法保障和法律服务的意见》，提出了商事审判服务大局的具体措施。

2012年，设立服务精品钢基地法官服务室和岚山港法官工作室，专门负责涉基地、涉港司法服务工作。延伸商事审判服务，是年5月28日，向岚山区农村信用联社提出"存在六方面问题及六项改进措施建议"，促其制订整改方案和目标；2012年下半年，该社涉诉借款合同纠纷案件比上年同期减少32件，下降了33%，有效避免了国有金融资产损失。

2005～2012年岚山区法院商事审判收结案情况统计表

表28-7

年份	收案（件）	结案（件）	调撤率（%）	服判率（%）	年份	收案（件）	结案（件）	调撤率（%）	服判率（%）
2005	691	691	71.3	97.6	2009	1352	1352	66.5	95.1
2006	798	798	72.6	97.3	2010	638	638	64.6	97.2
2007	709	709	72.8	95.8	2011	628	628	63.2	97.5
2008	1161	1161	68.7	97.7	2012	658	658	62.8	97.3

第六节　行政审判

1990年10月1日,《中华人民共和国行政诉讼法》施行后,域内行政审判先后由日照市城郊、东港区法院负责。

2005年1月,岚山区法院设立行政审判庭(赔偿委员会办公室),当年受理行政诉讼案件60件,涉及治安行政处罚、工伤行政确认、经贸行政处罚、水利行政处罚、行政强制执行等,类型复杂多样。

2006年,探索行政争议多元化解决机制,87%的案件通过协调方式审结。被日照市中级人民法院评为精品案件1件,评为二等奖判决书1件。全年实现无上访、无缠诉、无矛盾激化。

2007年,全年受理案件105件。定期到繁华地段及农村集市进行宣传和提供法律咨询,使群众积极行使诉权。将行政诉讼状况纳入政府年度综合绩效考核,落实行政机关负责人出庭应诉制度。

2008年,提出"创建良性互动机制,实现政府、法院、行政相对人三赢"经验材料,在全市法院行政审判工作座谈会上进行了交流。

2009~2010年,完善和落实联席会议制度,参加会议的行政机关30多个。2010年,受理3起工伤行政确认案件,均以和解撤诉。

2011~2012年,探索建立行政争议预防和化解机制,并为行政相对人拓宽救济途径。

2005～2012年岚山区法院行政审判收结案情况统计表

表28-8　　单位:件

年份	类别	收案(含旧存)	结案	未结	年份	类别	收案(含旧存)	结案	未结
2005	诉讼	60	58	2	2009	诉讼	112	110	2
	非诉	38	38	0		非诉	69	69	0
2006	诉讼	102	100	2	2010	诉讼	112	110	2
	非诉	53	51	2		非诉	146	146	0
2007	诉讼	107	105	2	2011	诉讼	112	112	0
	非诉	51	49	2		非诉	77	75	2
2008	诉讼	154	151	3	2012	诉讼	74	72	2
	非诉	57	56	1		非诉	37	37	0

第七节　审判监督

审判监督制度始于1951年,法律化的、规范化的审判监督制度在1954年正式确立。2005年岚山区法院设立审判监督庭,配备工作人员2名,审理再审案件和监督案件质量。2006年12月,设立审判管理办公室,与审判监督庭合署办公,承担审判执行工作监督管理职责,主任由审判监督庭庭长兼任,配备2名工作人员,实行"一体管理、全程监控、科学考评"三位一体新型审判管理机制。

2009年9月,岚山区法院制定《规章制度汇编》,审判管理编占主要内容。审判管理办公室配备正式干警3名。

2010年8月,审判管理规定,每一起案件在宣告判决时,如果当事人一方或双方提出解答疑惑要求,承办案件法官必须提供答疑并记录在案。该规定作为一项制度,落实在案件的具体质量标准中。

2011年,清理长期未结诉讼案件,排查出18个月以上未结诉讼案件8件,未有3年以上未结诉讼案件，案件上诉率、发改率、信访率连续7年在全市基层法院最低，未出现错案、上访和投诉案件。

至2012年，岚山区法院累计收案25773件，结案25622件，结案率99.4%，调撤率56.4%，其中案件上诉率5.4%，案件改判发回重审率0.55%，服判息诉率94.6%，执行结案率99.8%，执行结案标的到位率61.8%。审判监督案件质量评查共24635件，召开审判委员会会议70次，编发《审判管理工作通报》175期。

2005～2012年岚山区法院执行案件收结案情况统计表

表28-9

年份	收案(件)	结案(件)	结案率(%)	年份	收案(件)	结案(件)	结案率(%)
2005	191	173	90.5	2009	919	919	95.1
2006	321	322	93.1	2010	938	938	98.2
2007	404	389	92.8	2011	672	672	94.0
2008	633	618	94.8	2012	851	832	97.8

第八节　执行工作

1983年，日照县法院设执行庭。2005年1月，岚山区法院设执行局，为正科级，配备干警2人；2009年8月，在执行局内设执行一庭、执行二庭和执行三庭，依法追查涉嫌拒不执行判决、裁定有罪的被执行人的财产。

2006年，实行解决执行难一盘棋管理，与区财政局、民政局、信访局联合下发《关于建立执行救助金的暂行规定》，共同建立救助金，避免申请执行人得不到基本经济赔偿而上访、缠诉。集中开展执行弱势群体案件活动，共执行拖欠农民工工资、劳务费案件以及追索赡养费、抚养费案件和道路交通事故人身损害赔偿案件等36件，追回拖欠工资款等28.6万元。

2007年，规范执行中止和终结程序，快速执结了江苏省滨海县56名农民工讨薪案。

2008年，及时为汶川灾区开辟民工维权“绿色通道”，快速执结一起涉灾地区7名民工讨薪案件，3次远赴河北省查找被执行人下落，50余万元执行款被及时过付给灾区民工。

2009年，开展集中清理执行积案活动，执行到位率92.1%，执结案件以自动履行或和解方式结案的达72.8%。

2010年，建立清理执行积案台账，实行“定承办人员、定督办领导、定执行措施、定清理期限、定目标责任、重点案件领导包案”“五定一包”工作责任制，将任务分配到个人，列入目标考核。年底执行结案率为98%，被评为全国无执行积案先进法院。

2011年，与岚山公安分局联合建立反规避执行联动机制，将涉嫌拒不执行判决、裁定有罪的被执行人及时移送公安机关立案侦查，依法追查被执行人财产。共采取拘传、拘留措施35人次，罚款14人次，限制出境3人次，集中曝光被执行人信息5人次，依法追究刑事责任3人。与岚山区信用联社联合，集中执行不良贷款诉讼案件，专项立案147起，追回不良贷款320余万元。

2012年，制定《分段集约执行流程管理细则》，变一人包办到底为分段集约执行，提高执行效率，上半年结案率64%。下半年专项执行涉民生案件，集中清理追索赡养抚养费案件7起，追索劳动报酬案件16件，追索人身损害赔偿案件10件。

2005～2012年岚山区法院审判执行情况统计表

表28-10

年　份	收案件数	结案件数	调撤件数	审执标的额（万元）
2005	1733	1595	880	4206.4175
2006	2177	2182	1161	7093.9545
2007	2496	2496	961	9698.2644
2008	3700	3700	1278	29443.3946
2009	4256	4261	1467	36017.7309
2010	3773	3773	1149	28249.9858
2011	3471	3471	1073	37128.5917
2012	4167	4144	1334	26555.7175
合　计	25773	25622	9303	178394.0569

2005～2012年岚山区法院再审收结案数量统计表

表28-11

年　份	收案件数	结案件数	年　份	收案件数	结案件数
2005	0	0	2009	3	3
2006	2	2	2010	13	13
2007	0	0	2011	4	4
2008	1	1	2012	5	5

第四章　司法行政

第一节　机　构

1943年，日照县抗日民主政府设置司法科，负责全县司法行政工作。新中国成立后，日照县法院代行司法行政职能。1980年10月，日照县成立司法局。

岚山区司法局　1994年2月，岚山办事处司法局（简称岚山司法局）成立，与工委政法委合署办公，下设办公室、业务科、公证处，编制5人。

2004年3月，岚山司法局由合署办公改为独立办公，下设办公室、公证律师管理科、基层工作科，编制6人。

2005年3月，岚山区司法局（简称区司法局）成立，下设办公室、法制宣传教育科、公证律师管理科、基层工作科，编制14人。2005年12月，司法局增设岚山区法律援助中心（正股级）和岚山公证处（正股级）2个下属单位，其中法律援助中心全额事业编制2人，公证处差额事业编制3人。

2011年7月机构改革，区司法局下设办公室、法制宣传教育科、律师公证管理科、基层工作科、社区矫正工作科，政法专项编制12人，工勤编制1人。设立岚山头（包括前三岛）、安东卫、虎山、碑廓、黄墩、后村、高兴、巨峰8个司法所，共有专项编制17人。同年，岚山区司法局被司法部表彰为“全国司法所建设先进单位”。

2012年7月，后村司法所划归东港区司法局，中楼司法所划归岚山区司法局。

基层司法所 1993年7月，岚山头、汾水、碑廓、虎山4个乡镇街道设立司法所，编制分别为2人，业务受岚山司法局指导，主要开展普法宣传、人民调解、法律服务、安置帮教、协办公证、参与社会治安综合治理等工作。

2011年7月，各基层司法所划归岚山区司法局垂直管理，实行以区司法局管理为主，乡镇街道党委、政府管理为辅的体制。共使用司法专项编制17名，其中安东卫司法所专项编制3名，其他司法所专项编制各2名。

人民调解委员会 域内人民调解工作始于1945年，初设调解助理员。1950年，各区的调解助理员多由公安员、民政助理或文书担任。1951年，日照县基层乡政府普遍建立了人民调解委员会。“文化大革命”期间，调解组织瘫痪，1973年恢复。1978年，各公社设专职司法助理员，1980年，日照县司法局设置基层人民调解管理科。1983年，大坡(今属巨峰镇)公社“定人员、定任务、定制度、定报酬”的“四定”奖惩责任制，在日照全县推广。1993年后，境内各乡镇街道和村居全部建立人民调解委员会，开展矛盾纠纷排查调处，处理了大量社会矛盾纠纷，充分发挥了“第一道防线”作用。

2011年1月《中华人民共和国人民调解法》实行后，全区各人民调解委员会按照新法要求作了规范调整。同年6月，岚山区成立以“新港之家”为品牌的岚山区人民调解委员会，聘请专职人民调解员2名，在区县层面开辟了新的定纷止争、化解社会矛盾渠道。

基层法律服务所 1993年7月，岚山头街道、汾水镇、碑廓镇、虎山乡分别设立了基层法律服务所，与司法所合署办公，共有基层法律服务人员12人，具体承担法律咨询、诉讼代理、非诉讼代理、参与调解、法律顾问等业务。2001年7月，各基层法律服务所与司法所脱钩，成为自收自支的社会中介组织，并分别更名为岚山头法律服务所、安东卫法律服务所、新苑法律服务所(在碑廓镇)和虎山法律服务所。

2004年9月，高兴镇和巨峰镇法律服务所划归岚山区管理，共有基层法律服务人员6人。2009年，后村镇设立岚山通达法律服务所，有基层法律服务人员4人。2010年，黄墩镇设立黄墩法律服务所，有基层法律服务人员3人。至2012年，岚山区共有基层法律服务所8家，从业人员29人。

2012年，岚山区司法局被中华全国人民调解员协会表彰为“人民调解宣传工作先进单位”。

第二节 普法宣传教育

1980年日照县司法局成立后，在全县开展法制宣传和法律人才培训工作。1984年，成立日照县普法办公室。从1986年开始，每5年开展一轮集中普法和法律常识宣传教育活动。

从1994年开始，岚山司法局每年开展法制“宣传月”“宣传周”“宣传日”等活动，宣传全民普法内容，共印发宣传材料3万余份，出动宣传车100余台次，上法制课120场次，立体化普法宣传覆盖面达90%。开展“法制进校园”活动，加强青少年法制教育，为学校培训法制辅导员80人，上法制课300余场。

“一五”普法(1986～1990年) 普法对象主要是工人、农(渔)民、知识分子、干部、学生、军人，以及其他劳动者和城镇居民中一切有接受教育能力的公民。学习的基本内容是《中华人民共和国宪法》《中华人民共和国刑法》《中华人民共和国刑事诉讼法》《中华人民共和国民事诉讼法(试行)》《中华人民共和国婚姻法》《中华人民共和国继承法》《中华人民共和国经济合同法》《中华人民共和国兵役法》《中华人民共和国民法通则》《中华人民共和国治安管理处罚条例》，称“九法一条例”。1990年，学习《中华人民共和国集会游行示威法》和《中华人民共和国行政诉讼法》。

“二五”普法(1991～1995年) 普法对象是县处级以上领导干部、司法人员和行政执法人员、青少年，特别是大、中专学校在校学生。教育内容以《中华人民共和国宪法》为核心，以《中华人民共和国行政诉讼法》《中华人民共和国义务教育法》《中华人民共和国集会游行示威法》《中华人民共和国国旗法》《中华人民共和国婚姻法》

等专业法律为重点，推广“依法建制、以制治村、民主管理”和社会治安综合治理“细胞工程”等经验。

“三五”普法（1996～2000年） 重点对象是领导干部、司法人员、行政执法人员、企业经营管理人员、青少年。主要教育内容是学习宣传《中华人民共和国宪法》《中华人民共和国国家赔偿法》《中华人民共和国行政处罚法》《中华人民共和国行政诉讼法》《国家公务员暂行条例》《中华人民共和国公司法》《中华人民共和国劳动法》等与公民工作生活密切相关的基本法律和社会主义市场经济法律知识。岚山办事处对85%以上的乡镇、村、企业开展了依法治理工作。

“四五”普法（2001～2005年） 重点对象是一切有接受教育能力的公民，其中各级领导干部、公务员、青少年学生和企业生产经营管理人员是重点教育对象。重点内容是宪法和国家基本法律，与社会主义市场经济和公民工作、生产、生活密切相关的法律法规。组织法律知识竞赛20次，开展送法下乡18次，举办大型法制宣传活动10余次。安装宣传版牌100余个，喷刷版面300余块，85%的村（居）建立了普法一条街，95%的企业、学校建立了普法一面墙。组建法制宣讲团，集中宣讲30余次。对区人大常委会提请任命的干部进行了任前法律考试。

“五五”普法（2006～2010年） 教育对象是全区一切有接受教育能力的公民，重点对象是各级领导干部、公务员、青少年、企业经营管理人员和进城务工人员、农民特别是农村“两委”干部和农村党员。重点内容是社会主义法治理念教育、宪法和国家基本法律法规、与经济社会发展相关的法律法规、与群众生产生活密切相关的法律法规及与维护社会和谐稳定、促进社会公平正义相关的法律法规。岚山区普法办公室编写了普法辅导教材《法律知识问答》《普法100例》。深化开展“法律进机关、进乡村、进社区、进学校、进企业”主题活动。2010年，开展“法治岚山”创建活动，共评选出92个先进集体，被表彰为“全国法治县（市、区）创建活动先进单位”。

“六五”普法（2011～2015年） 教育对象是一切有接受教育能力的公民，以领导干部和青少年为重点。重点内容是社会主义法治理念教育、宪法和国家基本法律法规、“深化‘法律六进’，服务科学发展”法制宣传教育主题活动。2011～2012年，开展深化“法律进机关、进乡村、进社区、进学校、进企业”“法治岚山”宣传月暨“送法下乡”“12·4”全国法制宣传日宣传等活动。召开“法治机关”“法治村”“法治企业”座谈会，总结推广经验，健全完善制度，提高创建水平。

创新普法宣传教育工作，在岚山区司法行政法律服务中心开办“周三法律夜市”，安排律师和法律工作者值班，及时化解矛盾纠纷；在虎山镇设立“新港之家”律师工作室，为拆迁安置等法律问题向群众提供免费法律咨询；打造岚山官方微博团队，形成岚山司法、岚山警方、岚山青年、岚山地税、岚山环保等30余个官方微博，并与江苏省赣榆县联合开展微博普法，建立鲁苏和谐边界微博普法联盟。

第三节　公　证

1980年10月，日照县司法局公证处成立，至1993年，域内公证业务先后归属日照县、日照市（县级、地级）、东港区司法局管理。1994年3月，岚山办事处公证处成立，编制2人，属司法行政编制，其中公证员1人，助理公证员1人。2003年，面向社会公开招聘有公证员资格或律师资格的工作人员3人。2005年12月，岚山区公证处成立，为差额事业单位，编制3人。

1994～2002年，共办理公证业务851件，其中民间公证168件，经济合同公证683件，范围涉及宅基地公证、赡养协议公证、婚姻状况公证、劳动合同公证及农业承包、河沙拍卖、抵押贷款、银行留置送达等事项。

设区后，公证法律服务延伸到全区经济、社会生活各个领域，为自然人办理了大量财产继承、委托、赠与、析产、声明等公证，办证业务量呈递增趋势。2003～2012年，共办理各类公证业务4354件，其中民事公证2675件，经济合同公证1679件。

第四节　律师与法律援助

律师　1956年10月，日照县法律顾问处成立，1959年撤销，1980年重建。自1980年起，法律顾问处依照法律规定逐步开展了刑事辩护、民事代理、非诉讼代理、常年法律顾问、代书和提供法律咨询等项业务。

1994年7月，岚山办事处成立第一家律师事务所岚山律师事务所(自收自支事业单位)，编制2人，后经批准扩编为5人，其中律师4人，内勤1人。2000年，日照岚山律师事务所由事业编制改为合伙制，更名为法程律师事务所，有律师4名。2007年12月，山东德与法法律师事务所在岚山成立，为合伙律师事务所，有合伙人3人。2011年，成立了由鲁苏两省11家律师所参加的鲁苏临港律师联盟，扩大了岚山律师影响。

1994～2012年，岚山律师所为80家单位担任法律顾问，民事代理3231起，经济代理2136起，行政代理587起，刑事代理947起，非诉讼代理2097起，接答法律咨询11.2万人次，挽回或避免经济损失8227万元。

法律援助　岚山区法律援助中心成立于2005年6月，属全额拨款事业单位，有编制2人，实有人员3人，其中1人有律师执业资格。

依托全区8个司法所，岚山区法律援助中心分别设立了法律援助工作站，每个辖区村(居)设立1名法律援助联络员。与团区委、区工会、区老龄委、区妇联、区残联、区武装部、区检察院等部门协作，分别成立法律援助联络站，形成了全区法律援助机构、工作站、律师、公证人员四位一体的工作网络，为低保户、特困户等困难群体提供法律援助。

岚山区法律援助中心向社会承诺："能援则援""应援尽援"。2005～2012年，共受理指派法律援助诉讼案件821件，其中民事案件636件，刑事案件185件，非诉讼案件480件，避免或挽回经济损失1000余万元。其中2010～2012年，每年分别办理法律援助案件152起、174起、187起，实现了办理法律援助案件数量年递增20%的任务目标。

第五节　社区矫正和安置帮教

社区矫正　是一种不使罪犯与社会隔离并利用社区资源教育改造罪犯的方法，是所有在社区环境中管理教育罪犯方式的总称。

2007年12月，岚山区在安东卫街道和高兴镇试点社区矫正工作，2009年5月在全区范围内试行，业务隶属于司法局基层科管理。2011年7月，区司法局成立社区矫正工作科(正股级)。至2012年5月，全区有社区矫正工作者11人，志愿者264人，累计接收634名社区服刑人员，先后有354名社区矫正人员矫正期满被按时解除社区矫正，实现了无脱管、无漏管、无重犯"三无"目标。

2010年3月，区司法局在全省率先筹建以"新港之岸"为品牌的岚山区社区矫正管理教育培训中心。司法部网站以《日照市岚山区建设"新港之岸"开创社区矫正工作新局面》为标题，推广岚山区社区矫正工作经验；《人民调解》刊物总第242期以《矫正路上的"新港之岸"》为题，对岚山区司法局社区矫正管理教育培训中心给予了高度评价。

安置帮教　1993年7月，岚山办事处成立社会治安综合治理委员会刑释解教人员帮教安置工作领导小组，各乡镇街道成立刑释解教人员帮教安置组织，在岚山司法局基层科指导下开展工作。

2004年9月，岚山区各乡镇街道均建立了刑释解教人员帮教安置组织，全面落实帮教安置工作各项措施，重点帮教对象衔接率达100%，安置率达95%以上。2011年7月，区司法局社区矫正工作科成立，安置帮教工作由基层科划归社区矫正工作科管理。至2012年年底，岚山区共有刑释解教人员483人，其中刑满释放人员344人，解除劳动教养人员139人。

第二十九编　武　装

岚山地处鲁东南沿海要冲，明朝初期设立安东卫，屯重兵抗倭，多次击溃侵犯日照沿海的倭寇，安东卫遂成为军事重镇。至清朝，驻军逐渐裁减。民国时期，国民党军队、地方杂牌军盘踞岚山一带，人民饱尝战乱之苦。抗日战争时期，日伪军又在岚山为非作歹，岚山人民处于水深火热之中。1939年夏，中共日照县委组织抗日武装，1940年3月，日照抗日民主政府成立，岚山域内成为抗日根据地。从抗日战争到解放战争，岚山民兵配合八路军、解放军与敌人开展了艰苦卓绝的斗争。新中国成立后，驻岚山的人民解放军官兵与岚山民兵在巩固海防、建设岚山中又做出了新贡献。

第一章　驻　军

第一节　明代驻军

明洪武十七年(1384年)，为防倭寇，设安东卫。防区南起孔望山(现属江苏省连云港市)，北到诸城，西到莒县。辖左、右、中、前、后5个千户所，每个千户所有士兵1200人左右，后所驻石臼寨(现东港区石臼街道)，在南起安东卫，北至龙汪口(在今东港区两城镇)沿海，设皮狐墩、石门墩、泊峰墩、昧蹄墩、涨洛墩、孙家墩、杨家墩、黑漆墩、涛雒墩、小灶墩、夹仓墩、蔡家墩、焦家墩、相家墩、温桑墩、南石臼墩、北石臼墩、万疋墩、董家墩、南青泥墩、北青泥墩、钓鱼墩、湘子泊墩、金线墩、石河墩、湖水墩、新添墩、牛蹄墩28座烟墩，每墩有4名墩卒负责瞭望、报警。置通判1人，经历1人，教授1人，训导1人，营守1人。指挥使2人，指挥同知5人，指挥佥事12人，镇抚3人。左所千户9人，百户10人，降义百户2人；前所千户4人，副千户2人，百户10人：后所千户2人，副千户3人，百户9人。明朝天顺年间(1457～1464年)，中所调防天津卫，右所调防徐州卫。

第二节　清代驻军

清初安东卫设守备1人，经历1人，教授1人，百总1人，石臼所千总1人，至乾隆七年(1742年)安东卫并入日照县时，以上官职先后裁撤。清顺治十八年(1661年)设安东营，隶属于青州营，有都司1人、千总2人、把总4人，马步兵1000人，专守本卫汛地。康熙元年(1662年)安东营改属沂州营，康熙二十二年(1683年)改属登州府。嘉庆十八年(1813年)改属兖州府，1666～1723年先后4次裁减，保存都司以下官员8人、马兵86人、步兵279人。其中都司1人、千总1人、外委千总1人、外委把总2人，马兵42人、步兵140人驻扎安东卫，分防岚山头、张洛、涛雒、夹仓4海口；把总1人，马兵15人，步兵58人分防日照汛兼龙汪口、石臼所、宋家口3海口；把总1人，马兵13人，步兵27人分防琅琊台、东亭子栏汛兼董家口、龙汪口、琅琊口3海口；把总1人，马兵16人，步兵54人分防莒州汛。光绪二十六年(1900年)沂州府设沂防营，1903年改为巡防营，1911年又改为沂防营，营部驻日照，一部分驻安东卫、岚山头。辛亥革命后，1912年安东营撤离。1915年沂防营撤离，被改编为山东陆军第五混成旅。

第三节　国民政府军

第十军党怀英团　1928年11月，国民党第十军(师长杨虎城，后改编为第二集团军第二十一师)驻防临沂，所属党怀英团驻日照城、安东卫等地(团部驻日照县城北关)。1929年撤走。

税警二团　1932年，南京国民政府组建财政部税警总团。其第二分团于1936年秋进驻日照，下设4个营，每营辖3个步兵连、1个机枪连，共2700余人。团部驻安东卫，各营分驻岚山头、虎山铺、高旺庄、涛雒等沿海村镇。该团驻岚山期间，曾修筑过环海公路及沿海防御工事。1937年上海“八一三事变”后，该团南下参加“淞沪会战”。

韩复榘部二十七团 1935年6月7日，国民党韩复榘部第三方面军第二十二师六十四旅二十七团田海中部3次进中楼山区剿匪，共抓获9名头目，在中楼村前浔河滩枪决。

四十军庞炳勋部 1938年1月，国民党四十军庞炳勋部由胶州湾移防海州，其一个营驻岚山头。

五十七军一一二师 1938年4月，五十七军一一二师由师长霍守义率领进驻苏北，后移住岚山境内，师部驻碑廓，其所属六六七团、六六八团及野炮部队共3000余人分驻碑廓镇费家湖、虎山镇于家官庄等地。该部曾数次组织对张宗援、刘桂堂等汉奸、土匪武装的围剿。同年10月南下参加武汉会战。

五十七军一一一师 1940年9月，五十七军一一一师（师长常恩多）进驻甲子山区，部队分驻刘家东山、黄墩、巨峰等地。该师下辖2个旅、4个团、直属工兵营、山炮营、特务连、骑兵连、高射炮连、卫生队共5000余人。1942年8月3日，病危中的常恩多和鲁苏战区总部政务处处长郭维城率该师2700余人起义，奔赴滨海抗日根据地，参加八路军。

第四节 八路军

八路军山东纵队驻莒独立团 1938年2月15日，以马跃崙为队长的抗日军在中楼镇崔家峪村北老营顶成立，归国民党莒县县长许树声指挥。1945年5月，由于许树声假抗日、真反共，把基础较好的一、四、五连及特务排拉走，马跃崙将剩余的二、三连及营部拉到库山子村加入八路军，被改编为八路军山东纵队二支队驻莒独立团。

八路军山东纵队一支队二团 1939年5月，八路军山东纵队第二支队改编为一支队二营，12月改编为一支队二团，在中楼镇马鬐山一带驻防。

山东纵队二旅特务营 1940年7月，山东纵队二旅特务营营长王云舞、教导员谷风鸣率部进驻碑廓。该营辖3个连。10月撤离日照，移防莒南县相邸一带。

滨海军分区独立团 1940年11月，国民党赣榆县保安一团团长朱其藩率部起义，改编为八路军山东纵队二旅独立团，朱其藩任团长，陶君彦、赵昭先后任政委。1942年8月，改编为滨海独立军分区独立团，团部驻赣榆，部队驻碑廓一带。主要任务是在岚山、赣榆、莒南3县交界地带开展边沿斗争，保卫抗日根据地及岚山头、柘汪海口。

山东纵队二旅六团 1941年年初，山东纵队二旅六团团长马跃崙、政委王建青率部进驻碑廓圣公山一带，主要担负保卫滨海地委机关和碑廓抗日根据地任务。该团辖3个营和1个直属特务连，先后参加过3次甲子山战役。1943年3月，在部队精简整编中被改编为莒中独立营和莒南独立营。

山东纵队二旅五团 1941年5月上旬，山东纵队二旅五团团长刘涌、政委刘仲华率部到岚山。该团辖3个营，团部驻碑廓。部队分散活动在岚山、莒南交界地带，担负着保卫抗日根据地的任务。不久撤离岚山。

滨海支队 1942年8月3日，原国民党一一一师起义后，经整编称新一一一师（师长万毅），辖2个旅，计2700余人。是年12月，参加第三次甲子山战役，后驻甲子山区。翌年6月开赴滨北地区。1944年1月，返回日照参加石沟崖战斗。10月20日改编为八路军滨海支队，辖3个团，万毅兼任司令员，王振乾任政委，抗战胜利后开赴东北战场。

滨海军区六团 1942年1月，八路军一一五师教导二旅六八六团由赣榆县移驻日照，在碑廓、巨峰、黄墩、中楼等地活动。该团辖3个营。当年8月、11月，先后参加了第一、第三次甲子山战役。1943年4月，滨海军分区撤销，组建滨海军区，六八六团与抗敌自卫军一团、教导五旅十三团1个连，以及临（沂）赣（榆）东（海）游击大队合编为滨海军区六团，根据地人民称其为“老六团”。1944年1月，参加石沟崖战斗。抗战胜利后，开赴东北。

滨海警备团 1943年4月，滨海军分区独立团与日照县大队在安东卫街道前合庄村合编为滨海警备团，朱其藩任团长，贾正远任副团长。辖7个连，共700余人。1944年12月改辖3个营，团部曾住巨峰镇黄埠子、六甲庄子等地，主要活动在岚山境内，担负着沿海及边区的对敌斗争。1945年10月改编为山东警备十旅十九团。1946 年 5 月，被改编为滨北军分区独立团，撤离岚山。

滨海军区二十三团　1943 年 1 月，新四军三师八旅二十三团奉命进驻滨海地区，改编为滨海军区二十三团，辖 3 个营，团长胡继成（1945 年 5 月覃士冕任团长），政委王德贵。1945 年 5 月 3～8 日，该团在滨海警备团及当地民兵配合下，发起安东卫战斗，该团一营二连战功卓著，被滨海军区命名为“安东卫连”。

山东军区机关　1944 年 7 月 23 日，山东军区在碑廓召开军事工作会议，会议由罗荣桓主持。渤海军区直属团团长郑大林，鲁中沂蒙军分区司令员吴瑞林，鲁南军区第三团团长王吉文、政委刘春，胶东军区第十三团团长聂凤智在会上介绍了武装斗争经验。罗荣桓对部队整训、连队建设、地方武装建设、司令部工作、后方勤务工作、学校工作及干部工作等问题，作了系统报告，统一了作战指导思想。会议对以后的军事建设和作战指导、争取抗战反击的胜利都起到了重大作用。

山东军区独立一旅　1944 年 7 月，原伪华北保安军独立二团 2000 余人在寿光反正，移驻中楼境内教育训练，被编为山东军区独立一旅，4 个月后参加莒城战役。

山东军区独立二旅　1944 年 11 月 14 日，原伪莒县保安大队 3500 余人反正，开赴中楼，改编为八路军山东军区独立第二旅，旅部驻中楼镇卢家西楼村，1945 年 8 月编为山东警备第十一旅。

第五节　人民解放军

滨海军分区海防一团　1949 年 2 月，日照独立营、日照海防大队与莒南独立营合编为鲁中南军区第六军分区海防一团，辖 3 个营，1000 余人，何文良任团长，陈桂森任政委。团部及一营驻石臼所，二营驻岚山头，三营驻涛雒镇南店。5 月改编为滨海军分区海防一团。1950 年调离日照。

中国人民解放军 0393 部队　1959 年团部由碑廓迁至虎山镇龙王河村北，该团在安东卫、涛雒、赣榆各一个营和一个炮兵连。1985 年部队减裁撤销。

中国人民解放军 55688 部队机务站　1963 年在中楼区牛店东山里建成，隶属于济南军区通讯总站，主要是维护国防二级线路，共竖杆 43 根，境内民兵协助维护。

空军某部队某分队　1965 年到此驻防至今。

中国人民解放军 71977 部队　1985 年驻虎山镇龙王河村北，隶属于海防九团，全称是山东省军区青岛警备区日照海防 9 团虎山炮兵营。2001 年年初撤离。

铁道兵四师十六团　中国人民解放军铁道兵 4 师 16 团，辖 4 个营，1982 年 3 月进驻境内修筑兖石铁路大（坡）奎（山）段，所属四个营分驻邱后、巨峰、杨家庄子一带。1984 年 1 月，转为铁道部第十四工程局第一工程处。

其他部队　新中国成立后，人民解放军先后在岚山境内驻防和执行国防施工任务。驻防的部队主要有 68 军 6173 部队、山东军区警备某部、济南军区警备某部等。

第六节　人民武装警察

中华人民共和国岚山边防检查站　成立于 1989 年 4 月，隶属于武警山东省边防总队，正团级单位，下辖 1 个中队。是维护国家主权、领土完整和安全，维护岚山社会政治稳定，服务于岚山改革开放和经济建设的重要武装力量。

日照市公安局岚山公安边防大队　1958 年 6 月成立岚山、王家海屋、韩家营子边防派出所，正连级单位，1996 年升为正营级，统称为边防工作站，2002 年又改称边防派出所。1999 年 10 月成立岚山公安边防大队，副团级单位，下辖岚山、王家海屋、韩家营子 3 个边防派出所，2012 年 10 月增设安东卫边防派出所。负责维护社会治安、管理沿海渔船和反偷渡、反走私等工作。

日照市岚山公安消防大队　始建于 1993 年 7 月，称日照市公安局岚山分局消防科，1996 年经山东省公安厅批准，更名为日照市岚山公安消防大队，下辖日照市公安消防支队第三中队。消防中队始建于 1991 年，称日照市岚山头公安消防中队，1996 年经山东省公安厅批准改称日照市公安消防支队第三中队。

第二章 地方武装

第一节 国民党地方武装

民团 是国民党县政府武装组织，清末民初称团防，民国4年（1915年）改组建立县警备队。1928年，日照县警备队改组为民众自卫团（简称民团），县长兼任团长，并下令各乡办民团。岚山富豪巨绅、大小地主纷纷购枪，雇人举办民团。在商业较发达的村镇，商人也集资联办武装，称为商团。民团和商团的团丁，有的是从佃户、雇工中选拔，有的是佃户、雇工轮流充任，有的是雇佣兵痞、流氓等游手好闲之辈，地主、商人雇佣旧军官或由自己充任首领。抗日战争爆发后，民团、商团自行解散。

联庄会 20世纪20年代末，国民党政府在日照城乡组织联庄会。1931年，根据国民党山东省政府发布的联庄会暂行章程，各村庄普遍建立联庄会。1935年春，日照县联庄总会成立，县长兼任总会长。每区为一分会，每乡镇编为一甲，甲分3牌，牌分3组，组分3伍，每伍会员15名。凡年满20岁至45岁的男子均得充当会员。会员分常备会员和后备会员2种。“七七事变”后，联庄会自行解散。

第三专员公署保安第八旅十五团 1938年春，魏春如（碑廓镇大湖村人）在碑廓拉起300余人的队伍，号称“军事委员会别动总队第十游击纵队”。不久，被国民党山东省政府改编为第三专署保安第八旅十五团，辖3个营，魏春如任团长，主要活动在碑廓、巨峰等地。1939年年底，该团撤销，其人员分别编入张步云、李延修部及四区队。

第三专员公署保安第八旅十六团 1938年春，牟希禹（今东港区涛雒镇大羊圈村人）以抗日为名，在井沟村（今后村镇）成立“军事委员会别动总队二十八支队第九纵队”，牟希禹任司令，崔丰司任副司令，辖3个大队。1939年冬，被国民党山东省政府改编为第三专署保安第八旅十六团，李延修（巨峰镇李家大村人）任团长，辖3个营，600余人。1940年冬，该团被编入日照县保安团。翌年年初，李延修率部脱离保安团独立行动，仍称十六团，并增编特务营，兵力增至900余人。1942年“八三”事件后，逃至泰石路北万家坪一带。在人民武装不断打击下，其残部于1943年7月投靠驻泊里（在今胶南县）的伪滨海警备军李永平部，充当了汉奸。

保安第一师第一旅 1942年春，国民党莒县抗日游击队许树声（司令兼县长）部改编为山东保安第一师第一旅，许任旅长，因在莒北受杂牌军排挤，带部队奔马鬐山区投靠57军。

四区队 1939年12月成立，有100余人，活动在碑廓、巨峰一带，张家斗任队长，薛善堂任副队长，专事破坏抗日活动。1942年被八路军歼灭。

还乡团 1947年8月，国民党军队占领石臼所后，逃亡青岛的原国民党日照县党部、县政府、县保安大队、各区队人员及土豪劣绅组成绥靖保安大队（“还乡团”），陆续武装还乡反攻倒算。9月初，保安大队300余人在王殿瑄、王安开带领下，由青岛渡海至石臼所，配合国民党军十九旅，窜于太平、高兴、巨峰等区，疯狂屠杀中共党员、干部及翻身群众，犯下滔天罪行。1948年4月，随十九旅逃窜。

第二节 人民地方武装

日照县大队 1939年7月，日照县大队在白云寺（在今高兴镇）成立。初仅有30余人，编为一个排。同年底，发展到300余人，并在后黄埠子村（在今巨峰镇）整编为3个中队，番号为“三大队”。县大队主要担负县委、县府机关的警卫和打击伪顽反动势力，保卫、巩固抗日根据地的任务。1940年初秋，遵照上级指示，除留一班外，全部“升级”到主力部队。1943年10月，县大队与滨海独立团合编为滨海警备团。1945年12月，滨海军区海防大队与日照海防大队合编为日照独立营，辖4个连，成为县属地方武装。1949年2月独立营编入滨海军分区海防一团。

青年游击二中队　1940年秋成立，全称是“苏鲁战区青年游击大队”，莒县为一中队，日照为二中队。初建时40多人，后发展到七八十人，下设3个分队，丁立准任指导员。主要活动在虎山、涛雒、碑廓、岚山头一带。

区中队　日照县大队成立后，各区相继建立了区中队，区长兼任区中队长，区委书记兼任指导员。1942年12月汾岚区区长张静寰带领区中队14人，在当地民兵配合下，在潘家村西岭，将伪和平军20余人击溃。1943年5月，日照警备团夜间攻打栈子陈成功据点，激战一夜未克，高兴区中队与之配合，在南店以南打援。12月，伪“和平军”陈成功部再次蚕食岚山头附近地区，企图在胡家林安设据点。虎山区中队和民兵配合警备团，16天作战16次，毙、伤敌40余人，俘11人。至1943年12月，岚山共有碑廓、汾岚、虎山、黄墩、高兴、巨峰、大坡、太平、中楼9个区中队。1947年6月，按滨海军区司令部、政治部指示，撤销碑廓区中队，虎山区划归圣岚区，圣岚区中队保留，编制63人。1948年4月后，区中队撤销。

中国人民解放军岚山区人民武装部　1993年8月，设立岚山办事处人民武装部，行政正科级。1994年1月，设立岚山办事处人民武装部筹建处，升格为副处级。1996年4月收归现役，改称中国人民解放军山东省日照市岚山人民武装部，人员编制隶属于东港区人民武装部，正营级。1997年1月，人民武装部升格为副团级，人员编制仍隶属于东港区人民武装部。1999年7月，经山东省军区党委批准，岚山人民武装部省内列编，下设军事科、政工科、后勤科，均为正营级。2004年9月设立岚山区，2005年2月岚山区人民武装部（简称区人武部）挂牌成立，正团级，下设军事科、政工科、后勤科，均为正营级。

岚山区（办事处）人武部历任部长、主任、政委一览表

表29-1

机构名称	单位级别	姓　名	职　务	任　期
岚山办事处人民武装部	正科	郑恩明	部长	1993年8月至1994年1月
岚山办事处人民武装部筹建处	副处	牟宗连 焦安廷 郑恩明	主　任 政　委 副主任	1994年1月至1996年4月 1994年1月至1995年2月 1994年1月至1996年4月
中国人民解放军 山东省日照市岚山人民武装部	正营	郑恩明	部　长	1996年4月至1997年1月
	副团	郑恩明 张乃进	部　长 政　委	1997年1月至1999年7月 1997年1月至1999年7月
	副团	郑恩明 张乃进 宋全贵	部　长 政　委 政　委	1999年7月至2003年1月 1999年7月至2000年3月 2000年3月至2003年1月
	副团	李志民 邱玉德 史文辉	部　长 政　委 政　委	2003年1月至2005年2月 2003年1月至2004年1月 2004年1月至2005年2月
中国人民解放军 山东省日照市岚山区人民武装部	正团	李志民 邱玉德 孙树平	部　长 政　委 政　委	2005年2月至2009年1月 2005年2月至2008年1月 2008年1月至2009年1月
	正团	柴世民 孙树平	部　长 政　委	2009年1月至2010年4月 2009年1月至2010年4月
	正团	袁敦伟 柴世民	部　长 政　委	2010年4月至2012年3月 2010年4月至2012年3月
	正团	丁　斐 柴世民	部　长 政　委	2012年3月任职 2012年3月任职

1993年岚山人武部成立后,发挥军地桥梁纽带作用。至2012年,先后组织发动当地驻军和民兵预备役3万余人次,参与岚山区址建设、汾碑路拓宽、岚山路拓宽、疏港路建设、绣针河供水工程建设、安东卫海货城建设、日照钢铁公司建设等;组织民兵预备役5万余人次参加全区万亩茶园开发、万亩虾池开挖、万亩蔬菜大棚建设、万亩海上深水养殖建设等;每年组织民兵预备役人员和驻地官兵参与扑救境内山火。

1997年"8·19"风暴潮袭击岚山,岚山人武部协调驻军200余人次参与抢险救灾。2012年"达维"台风袭击岚山,区人武部协调海训部队官兵300余人次帮助恢复灾后生产。

区、乡镇街道人民武装部 1943年8月,碑廓区、汾岚区、虎山区、巨峰区、大坡区、黄墩区、高兴区、太平区、中楼区均建立人民武装抗日自卫委员会(简称武委会),设主任、副主任各1人。1944年3月,日照县人民武装代表大会在大坡村召开,出席大会的有全县民兵代表百余人。会议选举产生了日照县人民武装抗日自卫委员会(简称武委会),林岗、赵君明被选为正、副主任。太平、汾岚、碑廓、高兴、巨峰、黄墩、虎山武委会主任分别是:郑全季、王顺和、朱延坤、崔怀玉、傅承伦、马先进、郑礼京。

区武委会负责本区民兵组织的发展和军政训练,开展对敌斗争。1945年8月,各区武委会改称区人民武装部。1954年,区、乡武装部撤销。1958年8月,建立庆丰(虎山)、海洋(安岚)、前进(朱曹)、英雄(碑廓)、卫星(巨峰)、跃进(马庄)、红旗(高兴)、甲子山(黄墩)、前进(中楼)等9个人民公社军事部,虎山北部的东湖、结庄一带属磴山(下元)人民公社军事部。1960年1月,公社军事部改称公社人民武装部。1963年1月,境内9个人民公社合并为安岚、碑廓、巨峰、高兴、马庄、黄墩、中楼7个区。区辖公社,区人民武装部下设46个人民公社武装部。东湖、结庄人民公社武装部属涛雒区武装部。1968年12月,各公社武装部撤销。1971年春,成立碑廓、安岚、虎山、巨峰、大坡、马庄、高兴、黄墩、中楼9个人民公社武装部。1981年春,安岚人民公社武装部撤销,分别成立岚山头和汾水人民公社武装部。1984年4月岚山头人民公社武装部改为岚山头镇人民武装部。1984年6月设有岚山、汾水、碑廓、虎山、巨峰、大坡、小后村、高兴、黄墩、中楼、孙由11个区人民武装部。1985年3月改称岚山头镇、汾水镇、碑廓镇、巨峰镇、黄墩镇和虎山乡、大坡乡、小后村乡、高兴乡、中楼乡、孙由乡人民武装部。1988年4月设立岚山头街道人民武装部。1993年4月,撤中楼乡和孙由乡武装部,设中楼镇人民武装部;2000年12月撤汾水镇人民武装部,设安东卫街道人民武装部;2002年撤虎山乡人民武装部,设虎山镇人民武装部。2004年9月岚山设区,设立岚山头街道、安东卫街道、虎山镇、碑廓镇、黄墩镇、后村镇、高兴镇、巨峰镇8个人民武装部。2012年7月区划调整,后村镇人民武装部划归东港区,中楼镇人民武装部划归岚山区。

企业人民武装部 1993年,组建岚山港务局人民武装部。1998年,组建鲁达公司人民武装部。2004年,组建鲁圣集团公司人民武装部。2006年,组建阿掖山集团公司人民武装部。

第三节 其他地方武装

农民起义军

红袄军 北宋末年,金兵进入中原,村镇被毁,大量人口被掳去当奴隶,农民起义风起云涌,他们身穿红袄,称"红袄军"。金贞祐三年(1215年),潍州红袄军首领李全率众2万余人驻中楼,大本营驻扎于马鬐山。次年,益都红袄军首领杨安儿在岚山头遇害后,其妹杨妙真,号"四娘子",率农民起义军万余人进入中楼境内,与李全合兵一处,散居中楼镇西楼、板楼、白公山一带。金兴定元年(1218年)李全攻莒擒金大将蒲察,并留军据莒城,相继破沂水、海曲,后被南宋朝廷招抚收编,称河北义军。

红巾军 元至正二十一年(1361年)红巾军毛贵部将陈猱头在马鬐山驻扎,该山南山口有摩崖石刻:"龙凤辛丑鸡山陈元帅此山下寨"。

会门武装

大刀会 境内大刀会是农民自卫组织,属青旗大刀会,1921年由费县传入并得以迅速发展。

岚山的大刀会组织主要在碑廓、潘庄、贾家湖、巨峰、黄墩等地。会员自备大刀、长矛等武器，多次举义旗、剿土匪、抗官军、惩盐巡、反外侮，也曾被反动统治者用来镇压人民革命。1940年1月，后村镇贺家沟大刀会贺兆禄带领大刀会20余人去沈疃集，砍杀日军4人，贺兆禄、贺堂林英勇牺牲。3月后，随着万仙会的猖獗，境内大刀会组织逐渐匿迹。

万仙会 反动会门武装组织，起源于莒县汀沟、于里沟一带，总会长是莒县汀沟村的汉奸于经武。1940年春被日、伪所利用，迅速发展。同年夏，南犯到邱后、崖下、李家大村等地。万仙会宣扬"万道皈依""念咒吃符，刀枪不入"等迷信思想，欺骗群众入会。在日伪军支持操纵下，万仙会疯狂"蚕食"抗日根据地，破坏中共地下组织，侵占抗日根据地，并向八路军主力部队进攻。根据地军民多次组织反击，万仙会于1943年8月瓦解。

土匪武装

史义成匪部 1930年7月，土匪头子史义成（今莒南县人）率匪数百人自莒县窜入岚山境内，占据巨峰镇幽儿崮，以此为中心四处绑架勒索，并与地痞郑全钦（巨峰镇沟洼村人）勾结，在四乡"压捐条"，先后在山峪村、碑廓小湖村、山西头村烧杀、"绑票"。10月，史匪又率部抢掠山西头村，杀害村民60余人。国民政府山东省主席韩复榘严令八十一师进剿史部，史匪闻风而逃。1931年8月，史匪又率部随巨匪刘黑七窜回岚山，在大坡一带为非作歹。9月，莒、日两县武装围剿史匪于大坡，击毙匪首史义成，余匪遣散。

朱信斋匪部 朱信斋自1918年为匪，敲诈勒索，无恶不作，地方政府久剿不灭。1933年以后，以黄墩为中心的48个村成为他的势力范围。1938年伙同贺仁庵在丝山成立了"第五战区第二纵队第十九总队"，朱任副总队长兼第一大队长。不久，因受国民党县政府排挤，队伍垮散。1938年秋，朱信斋投机革命，主动靠拢八路军，被中共鲁东南特委收编为二支队四大队，后改编为独立营。1941年3月公开叛变，被编为国民党"鲁苏战区直属独立第一大队"，后又改编为三十五支队、七支队。1943年，朱信斋又改换门庭投靠日军，充当汉奸，任日照县伪警备大队副大队长，其队伍被编为8个中队，计有1000余人。1944年1月24日，在石沟崖战役中被歼，朱被生擒处决。

马鬐山土匪武装 房兴旺匪部，1902年至1907年间拥有300余众。后被清政府山东中路骑兵营进剿驱散，房兴旺被擒，斩于莒州南门外。

蒋贵匪帮，1910年聚众140余人。蒋贵后被乡绅设计饮酒致醉，身绑磨盘投于深渊，余众四散。

周全（周小天）匪伙，1926～1927年间拥众近100人。后在与沂水土匪火并中，周全被杀，余者逃遁。

翟老两（翟德胜）匪帮，1930年前后结伙70余人。1931年春，通过地方青帮向莒县民团投诚，暗中仍操匪业。时任莒县县长唐介人以检阅乡团为名，在列阵演习时将翟部70余人当场击毙，翟老两被擒就地处决。

陈白毛匪伙，1933年左右聚众马鬐山。韩复榘派二十二师一二七团3次进剿未能消灭，却对当地群众大肆骚扰。当地百姓既遭匪害，又临兵祸，苦不堪言，怨声载道曰：官匪甚于山匪！

伪军

伪华北自治联军 1938年2月20日，伪华北自治联军（群众称乱党）司令张宗援（1892～1948年，日本浪人，原名伊达顺之助）伙同汉奸、土匪刘桂堂部自北侵入境内，沿海青公路（今G204国道）至碑廓一带盘踞，所到之处，奸淫掳掠，无所不为，制造了血洗申家庄等一系列惨案。3月15日，国民党军一一二师进剿碑廓一带刘桂堂匪部，活捉伪日照县地方维持会长王文鹤，六六七团万毅率部与刘桂堂匪部激战于碑廓、山峪等地。六六八团亦在磴山东侧阻击张、刘伪军。月底，张、刘伪军遭重创后败逃。

伪和平建国军 1941年6月7日，汉奸陈成功由日军提供枪支弹药，网罗兵痞、流氓18人在石臼所成立"中国和平建国军"，后移驻夹仓，成立司令部，陈自任司令。先后占据北起夹仓、南至潘家村的沿海地区，修筑东湖、陈家庄子、韩家营子、义和岭、潘家村等数十处据点。在义和岭建炮楼4座，挖环形壕沟2道，并置铁丝网。在潘家村建炮楼4座。另外在胡家林、石嘴子、幽儿崮、碑廓曾建炮楼，但很快被八路军和民兵拆除。陈成功采取欺骗、收买和抓捕等手段，扩充势力，大肆“扫荡”“蚕食”抗日根据地，抓丁拉伕，勒索抢掠，烧杀奸淫，犯下了累累罪行。1945 年上半年，部众达 800 余人。1945 年 9 月，在八路军及地方武装的打击下，陈成功只身逃亡青岛，其残部逃到泊里投靠伪滨海警备军。

第三章 民 兵

第一节 民兵组织

岚山民兵组织的前身是抗日民众自卫团。1939 年，首先在黄墩等地农村成立，至 1940 年，中共日照县委又在 60 余个村庄宣传发动群众，成立游击小组，约 200 余人。1941 年，范景蘧回日照组建农民武装，先后在碰山、安东卫一带成立了四五十人的民兵中队，后又成立碰山大队。1942 年秋，山东军区发布《八一训令》和《人民武装抗日自卫团暂行组织条例》，规定凡年满 18 至 50 岁的男子都要参加自卫团。岚山普遍设乡联防大队民兵团部，组建民兵游击小组或民兵基干班。

解放战争时期，岚山境内各村普遍建立民兵组织，各区均设武装部，乡设乡队部，加强对民兵组织的领导。同时，挑选民兵中的战斗骨干，组成区（乡）民兵子弟营、连，营、连长由区（乡）主要负责人兼任。

1952年11月11日，《中华人民共和国民兵组织暂行条例》颁布实施。按照条例，1953年开始实行普遍民兵制，仅安岚、碑廓2区就建乡队部30个。同时还建立民兵组织整顿制度，每年整顿一次，主要内容是动员教育、出入转队、改选干部、制定制度等。为加强对民兵工作的领导，区成立人民武装委员会。

1958 年，中共中央决定扩大民兵组织，实行全民皆兵，岚山民兵组织迅速扩大。人民武装委员会改为民兵工作领导小组。

1961 年，国务院颁布新的民兵工作条例。各公社人民武装部根据“条例”对民兵组织进行了调整，将预备役和民兵工作领导小组撤销，恢复人民武装委员会。各公社组建民兵团和武装基干民兵连或营，持枪民兵编为武装基干民兵，较大村庄组建女民兵班、排。

1964 年 10 月，为加强海防，日照县武装部在西潘家村、东湖、桥南头等地设立长期海防固定哨，由附近数村民兵连轮流担任执勤任务。

1981 年年底，遵照中央指示，对民兵组织进行较大调整改革，实行民兵与预备役结合编组的方法，将年满 18 ～ 35 周岁的男性公民编入民兵组织，服预备役，取消机关、事业单位和学校中的民兵组织。

1990 年，根据济南军区《民兵组织整顿实施办法》规定，每年进行一次民兵组织整顿，主要内容是宣传教育、调整组织、出入转队、调配干部、总结工作、清点装备、健全制度、完善资料、点验验收等。

1997 年，总参谋部、总政治部联合下发《关于深化民兵工作调整改革的意见》。岚山按照减少数量、合理布局、突出重点、分类建设原则，对全处民兵组织进行优化调整，组建市属民兵应急分队第 2 连，岚山头街道、汾水镇、虎山乡成立应急排，全处建立防汛、防火、通信、供电、供水等 5 个民兵专业技术分队。

2012 年，岚山区有民兵 35792 人，占总人口的 8.4%。其中基干民兵 3373 人，占总人口的 0.79%；普通民兵32419人，占总人口的7.6%。全区编1个普通民兵团，51个基干民兵分队（作战队伍8个、勤务保障队伍23个、应急队伍14个、其他队伍6个）。

第二节 武器装备和管理

民兵组织初建时期，主要从民间收集大刀、长矛、土枪装备自己，由民兵个人保管。后来，部队将部分在战斗中缴获的枪支弹药配发给民兵，使装备逐渐改善。由于弹药缺乏，民兵作战主要使用地雷和手榴弹。1945年9月，民兵武器增加，以汉阳造（俗称“土压五”）、“三八”式步枪为主，并有少量轻机枪。武器仍由民兵个人保管，集体指挥使用。

新中国成立后，曾配发一批“三八”式、“七九”式步枪和部分轻机枪。抗美援朝战争结束后，又装备了部分美制“〇三”步枪和“马克沁”重机枪，淘汰了部分旧枪。1964年，又装备了部分苏制“五三”式步骑枪和“五一”“五四”式冲锋枪、“五三”轻机枪。武器装备由民兵个人保管改为集中到民兵连集体看护保管。

1975年，基层民兵连装备“五六”式半自动步枪、“五六”式冲锋枪、“五六”式轻机枪、“六三”式全自动步枪等武器，沿海及内陆部分重点村民兵连装备“八二”迫击炮、“六〇”迫击炮、无后座力炮、重机枪、高射机枪、火箭筒、爆破筒等重武器，配备电话、电台等通信器材。1980年后，民兵武器全部集中到乡镇（公社）保管。从1985年年底开始，集中到日照市民兵武器库保管。

2007年8月，岚山区设立民兵武器装备仓库，配发一个应急连的民兵轻武器，配有“五四”式手枪、“五六”式半自动步枪、“五六”式冲锋枪，及手枪弹和步机弹，还装备了野战电话机、防弹衣、班用帐篷、野战帐篷、防毒面具、望远镜、指北针等。2008年6月，根据山东省军区统一要求，民兵武器弹药全部集中收归到日照市民兵武器装备仓库保管。

第三节　军政训练

军事训练　抗日战争时期，民兵组织主要进行队列、投弹、射击、地雷爆破等训练，学习战地勤务、游击战术等知识。解放战争时期，除进行步兵知识训练外，还增加战场救护、防空、押解俘虏等内容。

新中国成立后，民兵训练逐步正规化、制度化，除进行步兵射击、投弹、爆破、队列、战术等训练外，还增加工兵、卫生兵、通信兵、炮兵、高射机枪、侦察兵等各种专业技术兵种的训练。训练实行分工负责制，民兵连长、基干民兵连排长由县集中训练；乡镇（公社、区）负责训练民兵班长、排长和武装基干民兵；民兵连负责本连基干民兵和普通民兵训练。1984年12月底，在临沂军分区组织的军政比武大赛中，虎山公社14名民兵代表日照县参赛，获集体优等奖，民兵胡会顺获军分区手榴弹投掷第一名。1985年后，由市武装部统一组织，只训练新入队的基干民兵和新任民兵连长，训练人数比以前减少，但质量有很大提高。

1993年设立岚山办事处后，由于域内没有固定训练场地，民兵训练工作由岚山人民武装部统一计划、统一内容、统一时间、统一标准、统一考核，各乡镇街道具体组织训练。每年训练30天，主要进行队列、射击、警棍盾牌、机动与集结和处置突发事件等训练，重点是民兵应急分队的战术技术训练。

2004年岚山设区后，成立区民兵训练基地，负责组织、协调全区基干民兵、民兵应急分队和专业技术分队以及学生的军事训练工作，主要进行民兵应急分队和民兵专业技术分队的训练和演练，提高民兵应急分队应对抢险救灾、维护稳定、处置突发事件的快速反应能力。

政治教育　根据各个历史时期的不同任务，结合政治活动，对民兵进行时事政治教育。在战争年代，主要对民兵进行形势、纪律、政策和阶级教育，发动民兵在作战、支前和生产中争立头功。通过教育，提高民兵思想觉悟和纪律观念及政策水平，保证各项任务的完成。

新中国成立后，主要进行战备形势、爱国主义、革命英雄主义和革命传统教育，组织民兵学习毛泽东著作，学习党的路线、方针、政策，学习上级文件，请“三老”（老干部、老党员、老英雄）“讲传统”，学习有关国防知识。新中国成立初期继续开展立功活动。1958年以后又开展“比、学、赶、帮、超”活动。1964年开始开展创民兵工作“三落实”（组织落实、政治落实、军事落实）先进单位和先进个人活动，同时，还开展学雷锋、学英模人物活动。

1993年后，主要对民兵进行战备、时事政策和国防知识等内容教育，坚持有计划、分类别地开展民兵政治教育，促进民兵工作的开展。

第四节 参战支前

参战 1939～1940年春，抗日自卫团配合主力部队，开展对敌伪游击作战。1942年进行的三次甲子山战役中，碑廓、大坡、巨峰、黄墩、中楼一带的民兵负责警戒、看押俘虏、后勤供应等任务，保证了战役的胜利。

1943年以后，日照抗日根据地以乡为单位建立起联防大队，联防区内一村有敌情，民兵齐出动。1944年4月4日，伪军一部进入黄墩镇斜屋村（今红卫村）抢掠，该村民兵及时报警，黄墩联防队出动80余名民兵，与敌激战数小时，将敌击退。1944年6月9日驻涛雒一股伪军到官庄抢粮，巨峰联防民兵迅即将刚到官庄的伪军截住，激战4小时，毙、伤敌35名，保卫了麦收成果。1945年1月，日伪军对汾岚、碑廓、巨峰等实行大“扫荡”，岚山民兵积极配合部队反“扫荡”，运用地雷、土炮、手榴弹等武器打击敌人，迫使敌人于7天后狼狈撤回。1945年6月，日照县武委会将敌占区巨峰、高兴附近民兵集中成立民兵武工队，坚持本地斗争。

抗日战争时期，虎山镇桥南头村处在日、伪、顽半包围中，敌人经常到村里抢掠。该村民兵自1942年建立后，坚持自卫战。1943年在滨海军区警备团六连支持下，打退伪军百余人围攻，击毙汉奸队长张家斗。该村民兵先后与敌人进行较大战斗13次，毙伤敌30余人，俘敌4人。1944年该村被滨海军区授予“抗日模范村”光荣称号，1945年7月，被滨海第三军区授予“民兵模范战斗队”锦旗。该村民兵杨玉田、张继彦分别荣获“爆炸英雄”光荣称号，1945年1月11日，桥南头民兵杨玉熙在滨海军区劳模大会上被授予“劳动模范”光荣称号。

1947年2月上旬，汾岚区爆炸英雄李学昌，奉命参加滨海军分区爆炸队，后在郯城之泉源头、临沭之董庄南岭等地埋设地雷，炸死、炸伤敌10余人，荣立一等功，获山东省军区颁发的“火车头奖章”一枚。是年8月，国民党八十三师十九旅进犯日照，岚山民兵组成爆破队配合部队阻击敌人。8月29日，敌进犯巨峰一带，民兵在从青峰峪到巨峰的公路上埋设地雷，炸死敌24人，军马2匹。同年腊月，国民党八十三师一部突袭后村镇山西头村，企图抢掠华东局存放的部分军用物资，联防民兵闻警后立即投入战斗，并在交通要道上埋设地雷，炸死、炸伤敌人17人，翌日敌退，军用物资安然无恙。

1948年1月16日，望海区武装部组织丁家院、焦家集子、山子河、曲河等村百余民兵武装搜山，在县直武装支援下击毙特务2人，生俘1名。3月17日，国民党军十九旅一部西犯大、小曲河一带，被县独立团一部同县直武装击退，并俘敌军官1人、士兵3人，还乡团3人。

支援前线 1940年5月，滨海区八路军对敌发动总破袭战，连克大店、碑廓、沈疃敌伪据点。岚山民兵全力以赴，积极配合作战部队，做好各项后勤保障工作。解放战争时期，岚山以民兵为骨干，参加日照县组织的担架团、运输队，分期分批随军转战南北，运送粮草弹药、抢运伤员，支援莱芜战役、孟良崮战役、淮海战役、渡江战役。

1947年2月2～20日，太平区安家代疃村、小代疃村民兵班参加鲁南战役支前，被日照县政府评为模范班，高兴区潘家洼村郑世德、碑廓区小湖村牟敦信、太平区小邵疃村郑世亮、榛子埠村贺淑进等人立大功。同年4月23日，太平区安家代疃村、高兴区潘家洼村被日照县评功委员会评为支前、参军模范村。

1948年6月12日，日照县民兵子弟兵团组成担架团，在巨峰集合出发，配属二纵，担任火线运送弹药和伤员任务。此次支前历时9个月，全团不畏艰险，转战淮海战场。9月13日，华东人民解放军发起济南战役，日照组成民工团支援济南战役，圣岚、巨峰、望海等5个大队2600余人，小车1200辆，分别配属华野二、六、八、十二纵队，担任二线运送粮弹任务。

1948年12月，北方地区支援淮海战役大批民工路过岚山境内，汾水、崖头、巨峰、黄墩等地设立支前民工站，予以热情接待。1949年2月13日，从圣岚、巨峰、望海3区抽调民兵子弟兵团，组成渡江南下大队，辖3个连近400人，在巨峰镇贾家桃园集结出发。15日抵欢墩埠，与莒县1个连编成华东子弟兵团六团二营，跟随解放军十兵团,参加淞、沪、杭、福州、厦门等战役,英勇战斗13个月,圆满完成任务,获十兵团司令部“政治堪嘉”锦旗一面。

1949年12月,岚山选调帆船、水手参加日照县支前大队,在岚山头出海,支援华东人民解放军解放舟山群岛,该大队配属解放军第23军,转运兵员弹药于定海、舟山等海域,海上支前7个月,圆满完成任务。

第五节　保卫海防

保卫海防是民兵的一项主要任务。1945年12月25日,中共日照县委发出保卫沿海的指示。岚山沿海民兵积极响应,开展反海匪袭扰的斗争。将渔民编为海上民兵,各船配发武器,实行武装护航,保卫渔船的生产作业安全;组织沿海各村民兵,昼夜站岗执勤,防止海匪偷袭,保证沿海安全。1947年夏,岚山民兵配合安东卫公安分局,在获水口击毙企图窜扰安东卫的海匪7人。

新中国成立后,为防止美、蒋入侵,沿海民兵同部队、武警建立了军、警、民联防。区级军警民联防委员会负责统一领导指挥,实施分工防守。同时,内陆民兵与沿海民兵密切配合,组成4道防线。一是出海民兵严密监视海面,力争将敌人消灭在登陆之前;二是组织港区民兵严格控制港口,检查过往船只及行人,防止敌人在港口登陆或偷袭港区;三是沿海村镇民兵常年站岗巡逻,防止敌人登陆或偷袭;四是在突出高地上建立对海、对空瞭望哨,实施常年对海、对空监视。重要节日民兵站岗执勤,实行对海、对空瞭望观察和对重要目标的保卫。

1959年起,蒋介石叫嚣反攻大陆,小股匪特经常偷渡大陆刺探军事情报。1960年2月8日(农历正月十二日)晚9时,岚山渔民发现车牛山岛以西有可疑帆船1只,拖1只小舢板,疑为美蒋小股匪特的船只,渔船进行追击,该船驶出海州湾。1960年2月16日,山东、江苏两省结合部军民为防敌特举行军民联合大演习,组成联合指挥部,安岚人民公社书记申士宏、安东卫驻军0393部队2大队4中队连长张德保、岚山头派出所所长、江苏省马站乡乡长、柘汪公社书记、柘汪派出所所长参与指挥。

第六节　维护社会治安

维护社会治安是民兵的一项重要任务。早在抗日战争时期,民兵就担负起维护抗日根据地内社会治安的任务。1943年以后,敌人经常派遣特务潜入抗日根据地,进行破坏活动,广大民兵积极开展清查敌特、残匪斗争,粉碎敌人阴谋。1943年5月,一股匪特潜入黄墩鸡山一带,黄墩、大坡一带民兵几百人连续清剿月余,将其全部歼灭。

新中国成立后,各村均成立民兵治安小组,坚持常年集宿执勤,维护社会秩序,把仓库、桥梁、水库及重点目标都列入民兵重点保卫的对象,防止坏分子破坏活动。民兵还积极协助公安机关侦破案件,打击犯罪分子,并承担押解犯罪分子等任务。

岚山办事处设立后,每逢节假日和重大活动,均组织民兵应急分队成立节日战备值班分队,在党、政、军驻地和电力、通讯、供水、港口等重要部门、设施附近站岗、执勤和巡逻,随时应对突发事件。

第四章　兵　役

第一节　募兵　抽丁

清末,日照县衙根据山东臬司所分配数目,到各村镇招募士兵。按当时规定:“男性凡土著良民,年龄十八岁以上,身高四尺八寸以上,素无不良嗜好、不带暗疾,经验收合格,方为新兵”。一般每年招募一次,有时根据战争状况随时招募。

民国年间,军阀连年混战,各股势力为扩充兵员,直接到地方设招兵处,张贴“招兵告示”,招募新兵，招募不够就强行抓兵。1927年春，张宗昌的第八军在安东卫设招兵处，招兵100余人。由于强抓硬拉，加之催逼给养过甚，引起公愤，安东卫老百姓与大刀会武装联合起来攻打招兵处，全歼该部。

南京国民政府曾于1933年和1946年先后公布过两部《兵役法》，但无法推行，实际上仍采用招募和抓丁的办法。20世纪30年代，实行抽丁制，按地亩或人头派丁。富有人家往往出钱买丁，雇人当兵。境内每丁价款100～300块大洋。故当兵者多是穷苦子弟、无业游民，亦有少数兵痞以此为业，反复卖丁。

抗日战争爆发后，在实行抽丁制的同时，南京国民政府还利用地方豪绅、乡贤名流，打着抗日的旗号，以亲朋关系、结拜兄弟等形式，四处招兵，组织队伍，不少青少年误入歧途。同时，许多土顽、汉奸头目还利用封官许愿等手段欺骗青年，组织自己的队伍。

第二节　志愿兵役制

志愿兵役制始于抗日战争初期。1938年7月，八路军山东抗日游击第四支队六大队到莒南大店一带活动，吸收部分热血青年、知识分子入伍。1939年夏，日照县委在巨峰郑家大沟、虎山下寺等地正式建立起抗日武装，开始只有一个排，秋季发展到两个中队，年底建立了县大队。同时，各区委开始组建抗日武装，建立区中队。

从1940年开始，实行地方部队升级的办法为主力部队输送兵员。活跃在虎山镇北部的磴山大队为八路军主力部队输送了大批兵员。

1943年冬，碑廓等区一次动员数百名青年参军，入伍战士披红戴花，骑马坐轿，日照县县长刘鸿若亲自抬轿为新兵送行。整个解放战争时期，岚山青年在“保家乡、保饭碗、保卫胜利果实”口号鼓舞下，父母送子、妻子送郎、兄弟争相参军的情景随处可见。1946年11月，高兴区王家楼子村一次就有32名青年报名参军；碑廓镇杨家洼村仅29户就有10户军属，1947年春又有6名青年参军。

新中国成立后，继续实行志愿兵役制。抗美援朝开始，岚山广大青年自愿报名参军，为“抗美援朝，保家卫国”做出了重大贡献。

第三节　义务兵役制

1954年，试征义务兵。1955年2月15日《中华人民共和国兵役法》颁布后，岚山正式开始征集义务兵。自1978年始，实行义务兵与志愿兵相结合的兵役制度。

1985年10月24日，国务院、中央军委颁布《征兵工作条例》。2001年9月进行修订。征兵工作主要有兵役登记、体格检查、政治审查、审定新兵、交接新兵等环节。岚山办事处设立后，办事处征兵工作领导小组在人武部设立征兵办公室，负责征兵组织和协调工作。至2012年，岚山连续12年无责任退兵，受到上级表彰与奖励。

1994～2012年岚山输送新兵情况统计表

表29-2　　单位：人

年份	新兵数量	兵种		新兵来源		政治面貌		文化程度					年龄构成							
		解放军	武警	农业户口	非农户口	中共党员	共青团员	本科	大专	高中	中专	初中	17	18	19	20	21	22	23	24
1994	130	30	100	99	31		120			40	20	70		91	32	7				
1995	127	31	96	95	32		115			45	18	64		95	24	8				
1996	108	55	53	71	37	2	102		1	46		61		87	15	6				
1997	133	75	58	98	35		98			46	20	67		108	14	10	1			
1998	136	66	70	98	38		110			40	15	81		98	35	3				

续表29-2

年份	新兵数量	兵种		新兵来源		政治面貌		文化程度					年龄构成							
		解放军	武警	农业户口	非农户口	中共党员	共青团员	本科	大专	高中	中专	初中	17	18	19	20	21	22	23	24
1999	132	52	80	96	36		125			45	18	69		82	35	12	3			
2000	132	98	34	99	33		120			25	42	65		73	46	13				
2001	134	112	22	96	38		95			32	36	66		90	25	15	4			
2002	134	99	35	90	44		112			38	38	58		71	35	21	7			
2003	161	128	33	112	49		121			50	12	99		90	48	23				
2004	270	222	48	198	72		212		2	46	92	130	2	219	36	13				
2005	288	193	95	220	68		237		2	82	105	99	13	224	39	12				
2006	282	207	75	225	59		246		5	96	87	94	37	103	91	43	6	2		
2007	234	205	29	196	38		203		10	82	53	89	39	104	60	20	9	2		
2008	302	194	108	225	77		273		11	101	121	69	58	128	63	41	8	4		
2009	288	167	121	220	68		257	12	22	99	136	19	64	92	60	44	7	6	11	4
2010	274	205	69	223	51		243	3	31	81	116	43	63	95	67	27	15	4	3	
2011	279	221	58	226	53	2	233	1	38	74	132	34	80	85	60	28	17	5	4	
2012	308	200	108	265	43	1	299	2	70	54	144	38	85	121	49	26	17	7	2	1

第四节　预备役

1956年，实行预备役制度。凡年满18～40周岁的男性公民和有专业技术的女性公民，只要身体健康，政治清白，都要进行登记，服预备役。

预备役分军官预备役和士兵预备役两种，士兵预备役又分一类预备役和二类预备役，每年进行一次登记核对。1960年预备役登记中断。1980年，预备役登记制度恢复。1981年民兵组织改革，实行民兵与预备役结合。凡符合民兵条件的编入民兵组织服预备役，基干民兵为一类预备役，普通民兵为二类预备役。

1994～2012年，岚山登记服预备役退伍军人主要为普通兵和各类专业技术兵。

第五章　人民防空

人民防空是国防的重要组成部分，是国民经济和社会发展的重要方面，是现代城市建设的重要内容，是利国利民的社会公益事业。

第一节　机构设置

2005年12月，岚山区设立人民防空办公室，隶属岚山区城乡建设局，为副科级事业单位。2009年8月，重新设立岚山区人民防空办公室（简称区人防办），为正科级行政单位，与区政府办公室合署办公。各乡镇街道人民武装部加挂人民防空办公室牌子，负责本辖区内人民防空工作的开展。2010年，区人防办在区行政服务中心设审批窗口，开展城市规划区内新建民用建筑防空地下室建设审批和易地建设费收缴工作。

第二节 人防工程

依据《中华人民共和国人民防空法》和《山东省实施〈中华人民共和国人民防空法〉办法》，城市规划区内新建民用建筑必须同步建设防空地下室，确因地质条件等原因不能建设的，须缴纳防空地下室易地建设费，收费标准为按地上建筑面积每平方米25元。

2008年9月，岚山区第一个人防工程建成。至2012年，岚山区共建成防空地下室5处，战时功能为人员掩蔽和物资库，平时功能为车库，另有在建工程2处。区人防办建立了人防工程从建设初审、设计、图纸审查、监理、监督到竣工验收的一系列规范化审批流程，确保人防工程质量合格。

第三节 防空袭预案

2007年，岚山区安装电声防空警报器10台。2009年，岚山区并入全市人民防空通信专用网络。2010年，安装电动防空警报器6台，实现了城区警报鸣响全覆盖，全区警报鸣响覆盖率达62%。

自2008年起，每年借助“9·18”防空袭警报试鸣日，集中开展人防知识进社区、进机关、进广场宣传活动。与区教育局联合组织人防知识进校园宣传教育活动，使学生掌握人防基础知识和对敌空袭兵器的基本防护知识与技能，并提高处理应急事故的能力。《人民防空知识》统编教材列入初中二年级教学课程，不少于16课时，并开展防护技能操作训练。

2010年，编制《岚山区防空袭方案》。战时，以岚山区国防动员委员会为基础，成立岚山区人民防空指挥部，负责全区防空袭斗争的组织指挥，各乡镇街道成立相应指挥机构。岚山区人民防空指挥部由区长任指挥，分管副区长、区人武部部长任副指挥，区委书记、区委副书记、区人武部政委任政治委员，下设指挥科、工程科、防化科、通信科、治安科、消防科、人口疏散科、交通运输科、政工科、物资供应科、医疗救护科。

第六章 重要战事

第一节 古代战事

齐师入纪鄣 周景王二十二年(公元前523年，鲁昭公十九年)齐攻莒，莒子庚舆奔纪鄣。齐将孙书追围之，莒子逃走。齐军进入纪鄣。(《左传·昭公十九年》:秋，齐高发帅师伐莒，莒子奔纪鄣，使孙书伐之。初，莒有妇人，莒子杀其夫，已为嫠妇，及老，托于纪鄣，纺焉以度而去之，及师至，则投诸外。或献诸子占，子占使师夜缒而登。登者六十人，缒绝，师鼓噪，城上之人亦噪。莒共公惧，启西门而出。七月丙子，齐师入纪。)

崔延攻克纪城 南北朝南齐建武二年(495年)，南齐的青、冀二州刺史王洪范派“军主”(南北朝时一军统帅)崔延袭击魏的纪城，攻下该城。(《南齐书·魏虏传》:建武二年，青、冀二州刺史王洪范遣军主崔延袭魏纪城，拔之。)

王万敢袭击荻水镇 五代后汉乾祐二年(949年)，后汉的密州刺史王万敢袭击南唐荻水镇(今荻水村)，大掠而去。

杨安儿兵败岚山头 金贞祐三年(1215年)，农民起义军杨安儿部攻莒、密二州。金遣完颜霆、黄帼率兵三千镇压。杨安儿兵败于岚山头、荻水口，从岚山乘船去即墨。途中，船工将其杀害，把人头献于官府。

霸州军攻安东卫城 明正德六年(1511年)，四月，霸州(河北霸县)刘六、刘七、戚晏明等率农民起义军攻破日照城。八月，刘六等再攻日照城，安东卫指挥童鼎战败。十月，刘六等又攻安东卫城，卫指挥童鼎、杨振东据城抵抗，卫千户支福中箭身亡。起义军连攻7日不克，炮击南门而退。

安东卫兵民三战倭寇 明嘉靖三十一年

（1552年），安东卫官兵击退侵犯日照沿海的一股倭寇。

明嘉靖三十四年（1555年），倭寇60余人乘船在夹仓登岸，持刀抢劫。安东卫官兵和民众与其战于转头山（在虎山镇境内），倭败南逃，在江苏赣榆海头镇被全歼。

明嘉靖三十六年（1557年），倭寇侵扰安东卫、岚山头。安东卫指挥王道、青州千户徐光华率兵奋力抵御，数日后，倭寇退走。

清兵陷卫城　明崇祯十五年（1642年）十二月，清兵攻陷安东卫城，大肆杀掠后北去。

榆园军攻破安东卫　清顺治七年（1650年）一月，杜冲率领榆园军攻破安东卫，杀死杀伤数百人。

第二节　近代战事

农民军攻占碑廓　清道光二十九年（1849年），西南农民军攻占碑廓，安东营派兵镇压，并遵山东巡抚令，将被俘农民军就地处决。

幅军进攻岚山　清咸丰四年（1854年）二月，海州陈玉标率"幅军"千余人进攻莒南，安东卫参将郝上庠率兵在马髻山一带与其激战，幅军损失惨重，奔向碑廓，日照知县张德霖率民勇在碑廓堵截，陈部南退。

清同治二年（1863年）三月，幅军宋三冈进攻安东卫、碑廓一带，清军参将张祖云及富和、德楞额等率军围剿。

捻军在岚山之战　清咸丰十年（1860年），捻军势力影响到岚山一带。清廷要求各州县修筑圩寨、训练民团抵御捻军。安东卫都司桂斌组织绅民整修安东卫城，各大村镇修筑圩寨，靠山的村庄多在山中筑圩。数年间，北郭（碑廓）、巨峰、磴山、白云山、朝元观山、韩家垛山、高子山、皋陆、丁家庄、王家庄、水车沟、田家寨、东湖、朱槽（朱曹）、土山、新庄子、小庄子、潘家洼、黄埠沟、尧儿城（尧王城）等圩寨先后筑成。

是年十一月，东捻军将领赖文光、任化邦（任柱）率部攻取赣榆县青口后，日照知县张书升、安东营千总郝元杰在虎山堡、界牌岭布阵设防，阻止捻军赖文光、任化邦部北上。

清咸丰十一年（1861年）八月，捻军李成部由皖入鲁。六日由莒州进入日照县境，遇武装抵抗，九日，兵分3路北去，5天后离日照县境。十月八日，李成部重返日照，经安东卫离境。是月十二日，峄县滕化光率幅军数千人由黄墩突入，攻高子山未果，后连克邵疃、山字河数村。腊月底，捻军李成、刘德培部2000余人攻破马髻山，据山团练、乡丁400余人战死，避乱民众死伤500余人，捻军破马髻山后，尽搜傍山诸村财物、牲畜。次年正月弃山奔沂水。

清同治六年（1867年）七月，捻军任柱、赖文光部进入岚山头，杀死民众数百人。八月至十二月，捻军与清军在日照、江苏赣榆间激战，任柱被杀，捻军受损颇重，退去。

反洋教斗争　19世纪末，德国主教安治泰和传教士薛田资来日照传教，先后在土山、邵家府等地设立教堂，发展教徒，并勾结官府横行乡里。清光绪二十四年（1898年），巨峰镇杨家庄子丁鸿吉等人组织300余民众，手持大刀、长矛和土枪，先后捣毁土山、邵家府等地教堂，杀死一批不法教徒，绑架了薛田资。驻青岛德军多次用军舰载兵到日照和临沂威逼清廷镇压。沂州知府和日照知县不得不派人到处缉拿丁鸿吉，未得逞。次年，义和团数百人被清兵自临沂追杀至巨峰一带，投奔丁鸿吉。到年底，丁鸿吉队伍扩大到2000人。主教安治泰胁迫清政府派兵镇压，山东巡抚伙同日照县知事劝降丁鸿吉。1903年，丁鸿吉被德军押往青岛，丁氏家族重金赎保，丁鸿吉方才获释。

大刀会讨第八军　1927年年初，直鲁联军（张宗昌部）第八军某营仲延魁带人在安东卫一带，以招兵为名，勾结土匪，骚扰地方，四处勒索钱财，绑架民众，稍不如意就严刑拷打，引起公愤。国民党员王冠三等人遂以大刀会、联庄会的名义于2月在相家楼（巨峰镇相家楼村）召开大会，决定武装惩讨仲部。后仲延魁强霸民女，并强迫群众前去祝贺。群众忍无可忍，于3月30日（农历二月二十七日）拂晓，各村大刀会、联庄会员在王家庄与潘庄集合，由王冠三率领攻打安东卫。王景贤、王建一、董易亭、魏春如、孙德甫等集中民众会师安东卫城外。仲部见数千会员及民众进攻，遂弃城门，退守营房。大刀会会员由西门攻入，将营房围困。一部巡守四门，一部向营房猛烈攻击，恶战2小时，击毙仲部50余人，擒100余人，并从洞中搜出营长傅子堂，从岚山头烟馆生擒仲延魁，从汾水抓获参谋长徐六。翌日，安东卫城内绅士王芹轩、苏华堂等数十人组成临时法庭，以王景贤为主席，将要犯徐六等公审处决，其余释放。是役，日照全县震动，驻日照其他各村镇的第八军纷纷逃窜。

围剿刘黑七匪部 1928年10月，惯匪刘黑七（刘桂堂）及师长夏兴德带千余匪兵首次窜扰日照，始占石臼所、涛雒，后扰安东卫、碑廓一带。

1931年9月中旬，刘匪率七八百人从莒县窜至沈疃。9月21日围攻日照城，于深夜突入城内，肆意杀掠，县长胡相蘅被掳。9月23日，韩复榘派八十一师展书堂部运其昌旅到日照清剿。24日，匪兵窜至十字路。11月1日返回日照，占据巨峰、碑廓等地。其时，运其昌旅康占魁团尾追刘匪部之后，未接火。3日后，匪兵出境。

1934年3月，刘匪骑兵数千复窜山东。韩复榘第三路军出动5师人马与各地民团进行堵截。26日，匪兵窜入日（照）诸（城）边境。4月，韩军大破刘部，刘潜逃。不久，百余残匪窜至罗家丰台（今五莲县），被日照县政府招安。后奉韩复榘令全部予以处决。

大刀会攻打史义成部 1930年9月，土匪史义成部袭扰巨峰、大坡一带。10月31日，抢掠碑廓镇山西头村，杀胡姓村民60余人。11月2日，杀害巨峰镇前崖下村民48人。3日又窜至西湖镇大石头村。大刀会组织1000余会众奋起抵御，打死匪兵40余人，终因会员武器低劣而失败。4日，史匪向响水河大刀会驻地发起攻击，激战至下午，村陷。老弱妇孺惨遭蹂躏，房屋被烧700余间，大刀会员及青壮年突围幸免。晚上，匪兵又抢掠大炮楼村。7日，大刀会团长张传斌带三庄、沈疃、古家沟、陆家庄子、汀沟等地会员，围剿驻大炮楼村的匪兵。张传斌阵亡，大刀会被迫撤出战斗。

日照暴动 1932年，中共日照中心县委根据山东省委指示，改组为鲁南革命委员会，建立中国工农红军。是年10月13日晚，中共日照中心县委领导的日照暴动，分南北两路同时举行。

13日晚7时，北路在安哲、于共方指挥下，暴动队伍集中力量打下王家滩，筹集军需扩充队伍。14日晚，北路暴动队伍在两城进行整编，组成2个大队，下辖6个中队，共280余人。南路在郑天九、牟春霆（陈雷）带领下分两个支队活动。东支队以牟家小庄为中心，西支队以山字河为中心，后集合于望海寺。14日，东西两支队会师合攻涛雒未成，改攻平家村，相继占领平家村、苗家村、沟洼等数十村庄。15日，由于巨峰区委书记李沛卿带领的30余人在山口村叛变，乘夜袭击宿营沟洼的南路支队，支队放弃南进计划北撤。

暴动发生后，韩复榘即派八十一师运其昌旅镇压，并令日照、诸城、莒县三县地主武装配合“围剿”。16日，各股反动武装一起扑向暴动队伍。

16日晚，南路暴动队伍在邵疃曙光小学整编，编为2个大队，下辖6个中队，共300余人。整编后决定北上，与北路暴动队伍会师。17日早饭后从邵疃出发，经明照观、阚家城子等地，晚上到达河山。发现敌人封锁较严，难以与北路暴动队伍汇合，遂南下山字河一带活动，打击地主武装，减轻了北路暴动队伍的压力。南路暴动队伍于21日晚攻克宅科联庄会袁金三部驻点，缴获大宗武器弹药。后转移到独垛子一带，先后在白云寺、望海寺、朝阳观山区与敌周旋。25日下午，队伍在灵山堡疏散，暴动失败。

消灭郑土虺“自卫队” 郑萼廷外号“土虺”，组织所谓“抗日自卫队”，经常与八路军日照县大队搞摩擦，多次杀害抗日干部群众。日照县大队于1940年1月上旬的一天夜晚，在白云寺将其队伍打散，其残部逃到战家村。日照县大队副大队长丁履学率部当夜赶赴战家村，将其3个儿子和3个随从抓获，郑土虺另居一室漏网。

炕头村战斗 1940年4月22日，国民党日照县长尹鼎五率十六团一部，自泰石公路北窜到高兴区炕头村，次日清晨，郑子久、孙汉卿率县大队一中队跟踪袭击，十六团溃败，尹赤足逃走。是役缴马3匹、人枪各30余。

碑廓战斗 1940年，日伪军在碑廓设一据点，有日军1小队，伪军70余人。为扩大抗日根据地，1940年9月16日，八路军九支队独立团自草坡岭前奔袭碑廓日伪军据点，二营担任主攻，其余部队集中于大司官庄村西准备打击增援之敌。战斗从半夜打响，独立团先拿下北门楼，后向街内全面进攻。日军逃窜，伪军缴械投降。此次战斗共俘伪军70余人，缴获军用物资一宗，拔除了日伪据点。从此，碑廓区成为抗日根据地。

山字河战斗　1940年12月，顽军保安十六团抢占山字河、邵疃一带，蓄意与抗日民主政府搞摩擦，破坏抗日。中共日照县委组织县大队、一区区中队及独立营一个中队共500余人，于1941年1月23日直逼山字河，攻打顽保安十六团。县大队担任主攻，区中队和独立营负责警戒。战斗开始，县大队突入山字河街里，与顽军展开激战。此时，驻后村丁家院国民党一一一师顽固派孙焕彩部出兵增援顽十六团。县大队伤亡较大，遂撤出战斗。

沟洼事件　1941年4月下旬，中共日照县委、县政府机关及县大队第4中队在沟洼村休整，顽固派孙焕彩部纠集顽十六团共1000余人，于24日深夜将沟洼村秘密包围，25日早趁县机关及4中队出操之机，突然发动进攻。县委领导随即组织突围。经过激战，机关人员大部突围，突围中牺牲8人，一些战士和机关干部受伤被俘，后多被杀害。

朱信斋叛变　朱信斋为保存其土匪势力，于1938年投机抗日，接受改编为八路军二支队四大队(不久改为独立营)，但其匪性一直未改，暗地里仍与国民党顽固派相互勾结，蓄谋叛变，与国民党五十七军顽固派孙焕彩密谋策划后，于1941年3月2日公开叛变。

3月2日傍晚，朱部在粮山口、黄墩、董旺庄等处，采用突然袭击的方式，抓捕八路军派往该部工作的中共党员干部和跟随其活动的七区、九区区乡干部战士200余人，先后杀害100余人。有20多万人口的大片抗日根据地落于匪手，抗日事业受到极大损失。

辛兴战斗　1941年5月，八路军山东纵队二旅六团二、三营驻防东、西辛兴，11日晚，被顽敌孙焕彩部包围。战斗从12日零时开始。敌一部突入西辛兴街内，六团三营遂向敌发起反击，将敌赶出村外。拂晓，敌人2次向三营阵地攻击，均被击退。同时，敌另一部分向东辛兴二营进攻，二营占领有利地形，将敌击退。下午3时，敌又向三营发动第3次进攻，六团特务连与敌肉搏，二营从南侧打击敌人，二旅骑兵连来援，敌受内外夹击，扔下十几具尸体败退。

柳古庄战斗　1941年9月7日，八路军山东纵队二旅特务营教导员谷凤鸣带领一、三连各一部与日照县大队配合袭击柳古庄，消灭李延修之薄星五营一部，缴获轻机枪两挺、步枪20余支，俘9人。

大山沟遭遇战　1941年12月上旬，八路军海赣独立团一部，在团政委赵昭率领下，于黄昏前从驻地李家桑园(时属碑廓镇，现为莒南县团林镇)出发，长途奔袭栈子(在今东港区涛雒镇)陈成功据点，救出被抓青壮年百余人，并打垮了涛雒日伪军的增援。该部一连负责打援，在撤出战斗时，兵分两路，一路经郑家结庄西南大山沟时，遭日军伏击，激战数小时，最后与日军展开了肉搏战，大部壮烈牺牲。

战斗结束后，8名烈士的遗体被送回原籍，38名烈士的遗体安葬于虎山于家官庄山后。1945年抗日战争胜利后，烈士遗骸被移葬于虎山解放村前。

甲子山反顽战役　1940年9月，原国民党五十七军常恩多率部举行八三义举后，顽固派孙焕彩等人收拢残部，勾结土顽李延修、朱信斋部2000余人，强占甲子山区。八路军山东军区组织三次战役驱除顽军，收复甲子山区。

第一次战役　八路军山东军区于1942年8月14日命令教导二旅六团，独立一团，山纵二旅五、六团及四团一部，滨海军分区独立团和抗大分校等部，连夜赶到甲子山区指定位置。先以3天时间扫清外围障碍，后于17日夜，从东西两个方向分别向敌发起攻击，激战一夜，占领了360、450、460高地，打退了敌人3次反扑，攻下李家官庄及周围高地。尔后，两路汇合向甲子山主峰进军。18日，敌逃窜，八路军乘胜追击，歼敌一部。19日，敌全部逃往泰石公路北，战役结束。此役共毙、伤敌500余人，俘650余人，八路军伤亡400余人。

第二次战役　第一次战役后，甲子山区由山纵五、六团及四团一部坚守。10月8日，孙焕彩部伙同朱信斋、李延修部，计4000余人，开始向甲子山区发动进攻。11日，敌分2路进犯浮棚山和甲子山主峰，遭到八路军的迎头痛击。12日，坚守浮棚山阵地的八路军打退敌3次进攻，于夜晚撤出阵地。13日，敌向蒲旺阵地进犯，山纵四、五团奋起反击，掩护六团撤出阵地。15日，敌向甲子山主峰进犯，被击退。17日，敌抢占三皇山、老顶、址坊等阵地。18日，八路军撤出甲子山主峰。是役毙伤敌300余人，八路军伤亡100余人。

第三次战役　于1942年11月17日凌晨2时开始。八路军山东军区调集教五旅、教二旅六团、山纵二旅五团和六团、滨海军分区独立团、新百十一师、抗大分校等部参战。16日晚各部进入指定位置，首先攻占了旋子口、三皇山南北垛、浮棚山和蒲旺等地。17日12时与敌呈对峙状态，至19日，敌被迫龟缩于址坊、刘家东山、石场等地，八路军一部监视敌人，一部休整。22日，八路军各部向敌展开全面进攻，打退敌多次反扑。26日，打退了张里元800余人的增援。28日，八路军各部追击突围后的敌人至泰石公路北，战役结束。此役毙敌1000余，俘敌1137人，缴获各类武器528件，战马30余匹，弹药1宗，八路军伤亡500余人。甲子山反顽战役的胜利，扭转了滨海地区抗日形势，为滨海地区向敌人实行战略进攻奠定了基础。

辛留战斗　1942年1月5日，日照县大队配合海赣独立团二营，向驻巨峰辛留村的李延修部发起攻击，激战中，独立团二营副营长罗仲选牺牲，部队撤出。

西合庄战斗　1942年9月，为打击专事破坏抗日根据地活动的国民党日照县四区队，八路军滨海独立团和日照县大队，在巨峰镇西合庄将其围歼，俘其大部，击毙队长薛善堂。

驱逐汉奸陈成功部　1942年10月，日伪军一万余人，以推行第五次“强化治安”为中心，对八路军之沂蒙、滨海控制区进行秋季扫荡。驻栈子(在今东港区涛雒镇)伪和平军司令陈成功在沿海修筑东湖、义和岭、陈家庄子等十几处据点后，其特务大队长赵子玉带一部盘踞韩家营子。之后陈成功继续南犯，抢劫八路军柘汪(在赣榆县)商行，又在安东卫、岚山头、潘家村等地安设据点。10月20日，八路军山纵二旅五团及四团一部长途奔袭陈成功部，经彻夜激战，一举拔除安东卫、岚山头、潘家村等据点，伪军大部被歼，陈成功逃脱。

巨峰战斗　1943年1月9日，驻涛雒等地日伪军200余人窜入巨峰街抢掠，被八路军教导五旅十三团五连击溃。是夜，汉奸赵子玉带特务队50余人支援溃退之敌，在马疃村被十三团五连击溃。10日晨，日伪军出动700余人进犯巨峰。教导五旅一部在车沟岭严阵以待，日伪军数次进攻皆被粉碎。下午3时许，该敌退却。教导五旅官兵奋勇追杀，歼敌百余。教导五旅伤亡30余人。

图29-1　甲子山战役总指挥罗荣桓与指战员们研究作战方案

十三团奋战救人质　1943年夏，汉奸陈成功率四五百人占领安东卫、砚台西等地，强拉民工为其修筑碉堡，还抓捕了日照县参议员戴仲帘、张润堂和安东卫医生王伯明及村干部等多人作为人质，拷打审讯，逼粮派款。

戴仲帘是岚山开明人士，1939年在安东卫开设“新成永”渔行时，曾掩护共产党人范景蘧在渔行内从事党的工作，并以经营海货为名，从江苏敌占区将钢铁、煤炭、炸药、布匹、西药、颜料等大批军用物资运到抗日根据地。常恩多率部脱离国民党军队后，他亲自到新一一一师慰问。他被捕后，滨海军区十三团立即出击，将陈成功击溃，救出了戴仲帘等人，并乘胜追击至佛手湾海口，陈成功只身划舢板逃回栈子。

水车沟战斗　1943年8月，日照警备团三连驻水车沟，遭伪和平军赵子玉大队包围，三连从村西突围，占水车沟西岭，警备团一连赶来增援，将赵部击溃。

大庄子战斗　1944年3月，伪日照县警备队并日军百余人窜到大庄子东岭，八路军滨海警备团一部从小村南山下寺赶来，将其包围，激战4小时，毙敌甚众，后敌乘夜暗逃跑。自此，群众称该岭为"警备岭"。

六甲庄子战斗　1944年4月底，八路军滨海警备团团部及一、二连驻防六甲庄子。5月4日夜，涛雒日伪军500余人抢占六甲庄子村东岭、南岭及村西有利地形，5月5日拂晓向警备团发起进攻。警备团一连首先发现敌人，即向村东方向反击，夺回东岭。团部和二连向村西方向之敌反击，打开突破口向相家楼、白虎山一线转移。一连占领东岭后，遭到敌人的疯狂反扑，伤亡较大。此时四连自黄埠子增援，向敌指挥所攻击。日军指挥官赤松被击毙，敌伤亡多人，慌忙撤退。此役警备团牺牲47人。

桥南头系列战斗　抗日战争时期，虎山镇桥南头村处在日、伪、顽的半包围中，是日寇南犯汾岚革命根据地的必经之地。面对猖狂凶残的敌人，该村群众在村党支部带领下，男女老少齐参战，坚壁清野，拒绝向敌人缴一粒粮食，并对敌作战数十次。"桥南头，真能干，妇女烙煎饼也看着手榴弹"，成为流传一时的佳话。

1943年10月，驻义和岭、栈子日伪军汉奸队长张家斗率200余人突袭桥南头，并扬言："限3天拿下桥南头，抓一个民兵赏大洋10块，抓一个干部赏大洋20块。"该村民兵分为地雷组、土炮组、游击组、后勤组等作战单位，在村外设立了两道地雷防线，英勇打击敌人，在警备团配合下，激战数小时，击毙张家斗，余敌溃逃。

1943年阴历11月13日，日伪军数百人在桥南头村"杨家坟"（村东北角）架炮攻打桥南头，民兵奋力阻击，掩护群众撤退。伪军进村后放火烧了杨汝田家的房子。驻汾水的八路军某连赶来增援，共同击退了日伪军。

1944年12月13日（农历十月廿五日），日、伪军集合日照、义和岭、涛雒、栈子千余兵力，重点"扫荡"桥南头。凌晨3时，包围桥南头村。架设数挺机枪向村内疯狂扫射。民兵仓促应战，掩护群众转移。入村后，日伪军无恶不作，烧房360余间，抢牛52头、猪130余头，粮食5万余公斤，打死村民8人，伤5人。民兵指导员张金林负重伤，7天后牺牲。后海防队三大队五连从安东卫增援，在大尧沟附近集中机枪火力，将敌驱走。

1943年8月1日，桥南头村被滨海军区、中共日照县委授予"民兵模范队""攻不破的钢铁支部"等光荣称号，民兵杨汝田、张继彦获"爆炸英雄"称号。1944年，该村被滨海军区命名为"抗日模范村"。

图29-2　1943年，虎山区授予在保卫桥南头战斗中英勇牺牲的民兵队员张锡林"赤心保国"锦旗

滨海局部大反攻　1944年7月上旬，八路军滨海军区二十三团、六团各一部，配合滨海警备团，以岚山为中心，发起滨海局部大反攻。警备团一、三连配合二十三团一部攻打义和岭伪军据点；警备团二连并涛雒、巨峰区中队夺取凤凰山；六团一部并高兴区中队强攻平台、灵山堡（以上2地均在今东港区境内）伪军据点，由于日伪重兵集结增援，均未奏效。唯在郭家庄子（在今东港区

涛雒镇南部与虎山镇交界处)打援的警备团四连及二十三团一部，相机夺占了高旺庄(在今东港区涛雒镇南部)伪军据点。

黄埠子战斗 1944年12月，八路军滨海警备团团部带二、三连、特务连及碑廓区中队，共400余人驻后黄埠子。23日早，日照、涛雒日伪军500余人，趁警备团出操之机，突然包围了警备团，分3路合围。警备团一面还击，一面组织突围，激战1个小时撤往村南。此时滨海六团三营来援，敌腹背受敌，慌忙撤离。这次战斗毙敌70余人，警备团牺牲50人，副团长贾正远光荣牺牲。

朱曹战斗 1944年12月14日晚，扫荡碑廓之敌于小朱曹宿营，碑廓区中队和朱曹民兵联防积极出击，彻夜袭扰，使敌惊恐万分。次日拂晓敌撤离时，踏响民兵埋下的地雷，狼狈逃窜，民兵乘胜追击。1945年5月4日拂晓，日伪军700余人强占安东卫，安设据点，又出动400余人，突袭碑廓村，捕掳干部群众200余人。八路军二十三团一部，由黑林一带强行军35公里，在小朱曹附近伏击该敌，激战数小时，夺回被掠财物，救出被抓干部群众。敌弃尸数具逃回安东卫。

安东卫战斗 1945年夏，日伪军7000余人、飞机3架、兵舰数艘、汽艇10余只，对滨海区抗日根据地进行大"扫荡"，企图打通海(州)青(岛)公路，切断八路军海上交通和日照、赣榆两县根据地与内地的联系。5月4日，日军抢占安东卫，安设据点。为粉碎日军大"扫荡"的阴谋，6日晚，八路军滨海军区二十三团一营二连奉命与兄弟部队夺回安东卫，急行军20多公里，于7日凌晨2点赶到安东卫西边的李家庄子村。1000多名日伪军从安东卫窜出，利用晨雾分3路向二连阵地攻击，企图夺路逃跑。二连顽强抗击7倍于己的敌人，激战2夜1天，打退敌人16次进攻。连指导员钟家全4次负伤不下火线，壮烈牺牲。在滨海军区二十三团及援军的英勇打击下，守敌狼狈逃窜。是役共缴获长、短枪260余支，毙、伤日伪军270余人，击毙日军中队长中田和3个小队长。

1945年6月5日，《大众日报》以《血战安东卫——记滨海军区二十三团一营二连安东卫西小李庄阻击战》为题，表彰了英雄们的事迹。6月10日，延安《解放日报》报道了"覃王团"和二连安东卫阻击战的英勇事迹。7月7日，滨海军区司令部、政治部特令嘉奖，命名二连为"安东卫连"，并授予"顽强制敌"锦旗一面，追任二连指导员钟家全为战斗英雄。

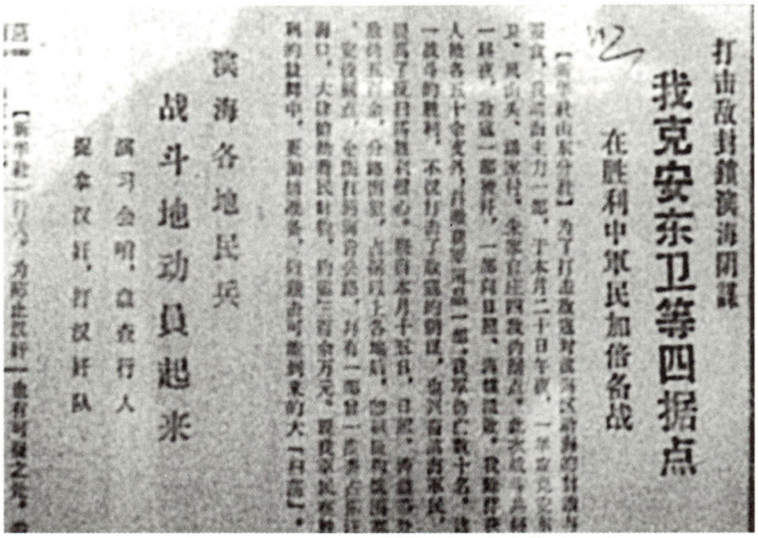
打击敌封锁滨海阴谋
我克安东卫等四据点
在胜利中军民加倍备战

滨海各地民兵
战斗动员起来
演习会哨，盘查行人
捉拿汉奸，打汉奸队

图29-3 1945年6月5日《大众日报》关于安东卫保卫战的报道

连家村战斗 1945年7月下旬，虎山区区长、区中队长孙春圃率区公所7名同志在大尧沟村发动群众，开展"空舍清野"、反"资敌"斗争。傍晚转移到界牌岭村，夜静时又秘密移住连家村，在村东头一户老房东家宿营。他们的行踪被义和岭伪和平军派出的密探发现。次日拂晓，有2人外出执行任务刚走，敌人就包围了住房，激战1个多小时后，敌人爬上屋顶射击，向屋内扔手雷弹，孙春圃与5名同志壮烈殉国。

石嘴子战斗 1945年6月12日，涛雒日、伪军及伪和平军各一部侵占巨峰一带，于幽尔崮、石嘴子、老牛顶、瓮城等山安设据点。日照县武委在碑廓、巨峰、高兴一带组织联防队，坚持本地斗争。8月中旬，十九团二、三连，会同巨峰、大坡等地民兵数千人，包围巨峰镇北石嘴子日伪军，收缴武器。日伪拒交，民兵边埋地雷边紧缩包围圈。3日后，日伪军炸毁部分武器装备后逃窜。

驱逐国民党军舰　1946年8月，国民党军舰闯入岚山头海域，汾岚区子弟兵团持械奔向滩头，群情激愤，高呼“反对内战”等口号，敌舰被迫撤走。

沿海民兵反击还乡团　1947年3月，国民党日照县党部朱德玉（惯匪朱信斋次子）党团行动小组，由灵山岛南移至平山岛，改称黄海工作站第一工作团。该匪部乘船企图在东湖海口登陆，被当地民兵击退。后又在岚山头一带海域围攻渔船，抓捕渔民，袭击刘家海屋村，捕去干部、群众20余人，押往平山岛，民兵队长等3人被杀。7月，其一部袭击荻水口，被该村民兵击毙7人后逃跑。

反击国民党军进犯　1947年5月，国民党八十三师十九旅旅长杨荫率该旅五十六团及六十三旅一八八团等，由莒南县境东犯，经巨峰镇薄家口一带窜入岚山境内。日照县爆炸队一分队刘为绪、申赛典、苗钟瑞、宋瑞成等，在青峰峪至巨峰的山路上，埋雷17颗，炸死进犯国民党军24人，军马2匹。

附：外国侵略军

德国侵略军　清光绪二十五年（1899年）二月中旬，德国军舰3艘，载兵360余人于岚山头登陆，除留120余人守船外，余者兵分两路，一路直奔沂水县，一路在德国大主教安治泰指挥下攻打日照县城。3月下旬，德国侵略军40余人从安东卫登陆。

日本侵略军暴行　1939年6月，日本海军陆战队侵占虎山东湖至潘家村沿海一带。24日，日军由莒县东侵占领岚山区大部。1941年3月至1942年10月，日军5次推行“治安强化”运动，建立反共自卫团和保甲制，实行“良民证”，进行“清乡”“扫荡”“蚕食”，采取“铁壁合围”战术，修筑碉堡和公路，对抗日根据地实行封锁。以掠夺战和“三光”政策破坏抗日根据地，实行所谓“治安肃正”“总力战”“囚笼政策”，在岚山区犯下了滔天罪行。

日军在岚山共制造了几百起杀害群众的血案，暴行几乎涉及全区所有村庄，用尽了所有无法想像的残忍手段，有飞机轰炸、枪杀、烧杀、砍头、刺死、活埋、淹死、吊死、灌火油、辣椒水致死、强奸杀害等几十种，更令人发指的是，这些残杀手段，大多数也用在妇女和儿童的身上。据不完全统计，共造成1454人死亡（其中儿童109人），被炸死、烧死、枪杀、刀砍、活埋等直接死亡1079人，占74.2%，因饿、病死、强奸致死、被捕掳致死375人，占25.8%，强奸妇女270多人。重大惨案有：

1938年2月7日晚（农历正月初八），日本侵略军乘军舰在虎山潘家村海口登陆，强征潘家村一带农民二三十人，强拆居民门板、木料、渔船等物资，在冰冷的海水中扎制滩头临时码头，搬卸军用物资，稍不如意即暴打搬卸的农民，多数人受伤。是年3月9日（农历二月初八），两架日军飞机从岚山头以东海域航空母舰起飞，轰炸磴山，致多处民宅起火，当场炸死1名妇女和其怀中婴儿，炸伤烧伤3人。

1938年，日军飞机轰炸了巨峰、后村等地，炸死8人。1939年秋，日军3架飞机轰炸碑廓，碑廓三村300余户草房全部被炸起火，财产损失无数，烧死妇女儿童6人。12月，日军又轰炸碑廓二朱曹，炸死4人。1942年3月22日，日军轰炸碑廓大集，炸死炸伤40多人。

1938年5月7日，岚山头二村李四等5位渔民连渔船一起被日军舰艇拖到石臼所，日军认为5位渔民是八路军，将5人装入麻袋沉入海底。1940年春天，官草汪渔民赵范田等4人在岚山海口作业，从石臼方向来的日军汽艇把渔船拉到石臼，将4人捆绑沉入海底杀害。

1940年8月，后村西陈家沟村李瑞吉在陈疃镇蔡庄被日军活埋。同年10月，黄墩辛公太被日军抓去，在涛雒用狼狗咬死。

1941年11月，日军在安东卫街上用开水烫死虎山松树园村李兆平。

1941年11月29日（农历十月十一日），驻栈子伪“和平军”陈成功部二三十个汉奸到虎山韩家营子村、申张村抓捕劳工，逐巷逐户搜人，有多户人家兄弟三四人或父子三四人同时被抓去，当天，韩家营子被抓去80多人，申张村被抓去60多人。12月1日晚，日军将青壮年送往辽宁的北票为日军挖煤，其他100余名劳工被海赣独立团于12月3日夜间救出。独立团一连撤退时，一部在郑家结庄村南大山沟被日伪军包围，经过激战，大部壮烈牺牲。

1942年6月，后村高家沟村的高为重在陈疃镇蔡庄村被日军活埋。同年7月，日军包围巨峰区邵家府村，抓来20名老百姓关押在村院子里，用刺刀刺死9人(其中儿童1人)，重伤4人。同年11月20日，日军在碑廓马家岭枪杀马照全、马光合、马玉间、马玉山之母、马玉莲父母、贾胜昌伯母7人，放火烧毁房屋300间。

1943年5月，相家结庄村陈为朋在给八路军送粮途中，被日伪军在大坡区抓住，被钉在沈疃日军驻点墙上用枪打死。

1944年8月29日，日军扫荡安东卫陈家湖，抓走丁元忠、丁元树、陈同春、胡维忠、王为合等5人；12月，丁元树被日军活埋；1945年2月，陈同春被日军活埋；其他3人于1945年日军投降后返回家中。同年7月1日凌晨，日军包围了黄墩田家沟村，当时区公所人员许站长、张信武、辛崇奎等当场被打死，王宜文被日军残酷折磨后用狼狗咬死。

1944年秋天，日军在巨峰大坡一次就杀害韩敬平、韩玉月等8男2女，炸伤韩德任、韩敬令(女)。

1945年6月12日，日军攻入巨峰石嘴子村，村民逃散。日军团部设在村中，主要兵力驻在东山老牛顶，四处抓民工修工事，在村西岭修炮楼1座，村内东西南北修炮楼4座。日军在村东北角设立断头台，把捕到的大批革命干部用铡刀铡死。百姓的粮食和畜禽类全被吃光，门窗、梁、檩和村内外的树木全被烧光。日军8月16日退出石嘴子村后，全村460余间房屋化为废墟，财产荡然无存。时值炎热天气，到处是生蛆的尸骨，气味逼人，人们连惊带吓，饥饿劳累，不到2个月时间，相继死亡51人，到年底全村共死亡168人。

自1943年起，日军在岚山境内修筑碉堡近百座，数千名群众被强迫去修碉堡、道路，忍受非人虐待，许多人因此死亡。同时，日军捕捉300多名劳工押往东北及日本。1945年日本投降后，潘庄一村村民刘保为由联合国军办处中国代表杨志接送回国，其余多数死在他乡异国。

日本侵略军实行残暴的“三光”政策，据不完全统计，日军烧毁房屋7143间，损毁土地126.6公顷、成材大树52199株，抢走牲畜禽34282头只、粮食242765公斤、服饰23456件、生产工具91263件、生活用品13260件、银元13465块，白银31两，铜钱5麻袋等。抢走、烧毁渔船148条。农渔业、商业和手工业遭受毁灭性打击。由于日伪军的残暴杀戮掠夺，人民大量死亡、逃散，土地被日伪军占用、抛荒或作物被毁、渔船被毁，农渔业生产遭受严重破坏。抗战前，岚山有当铺12家、钱庄3家，安东卫有商号72家，岚山头有商行10余家。1924年在碑廓成立的“立泰铁工厂”，是岚山首家钢铁加工企业，其他手工行业还有条编、竹编、木匠、染坊、卷烟、印刷等均遭破坏，金融业和工商业及各商号、企业均在1939年因战争倒闭。

日军在扫荡进攻、烧杀抢掠之外，还极力破坏教育设施，毁坏文化遗产，推行奴化教育，企图泯灭人民心智，对岚山教育文化事业进行野蛮的摧残破坏。战前岚山共有9所完全小学，1所省立中学(今日照一中，在后村山字河)。1938年3月，碑廓王家庄小学被日军飞机炸毁。1943年3月，日军进攻巨峰车沟村，将车沟小学15间校舍烧毁，1944年8月11日日军进攻高兴向阳村，将向阳小学17间校舍全部烧毁。日伪占领区和边沿区学校全部停办，师生逃散。岚山的文化教育事业遭到严重破坏，其损失无法估量。1943年12月30日，日军放火烧毁黄墩巴山寺庙。1945年日军修碉堡，将占地50亩的高兴庙宇群一把火烧光，著名的巨峰朝元观、高兴白云山寺等也被烧毁，幽尔崮一棵千年银杏树被砍伐。

第三十编　教　育

据现有史料记载，岚山境内学校教育始于明代的官办“卫学”。官学之外，明清民间盛行私塾。辛亥革命后，民国政府在岚山域内设有公立学校多处。抗日战争时期，汾岚、碑廓一带为抗日根据地，日照县抗日民主政府积极开展“战时教育”，兴办“抗日子弟小学”，举办各种形式的“冬学”“夜校”“识字班”等，设立安东卫中心小学和朱曹小学及村办小学。

新中国成立后，以政府办学为主，群众联合办学为辅的方式，大力兴办学校，改善办学条件。20世纪50～70年代，教育事业发展时有起伏波折，但总体保持发展势头，培养了大批人才。

1993年岚山办事处成立后，按照“超前规划、高起点、跨越式发展”的思路，广开筹资渠道，年年投入巨资用于学校建设和内部配套，不断改善办学条件。1995年实现义务教育之后，积极调整学校布局，继续增加教育投入，完善学校电化教学设备，加强教育内部管理，提高办学水平。至2003年8月，岚山办事处所有初中、小学都达到县级以上电教示范学校标准，涌现出一批规范化学校和办学水平优秀学校。

2004年岚山设区后，不断加大教育投入，调整学校布局，进一步改善办学条件。至2012年，全区共有各级各类学校73所，其中高中2所，初中12所，小学50所，乡镇成人教育中心学校8所，职业学校1所，在校生42877人。各类幼儿园181所，其中公办园55所，村办园29所，个体园97所，在园幼儿14228人。全区学龄前幼儿入园率达99.6%，小学适龄儿童入学率、巩固率100%，初中适龄少年入学率达99.36%，高中段教育普及率达85%。有5个市级“教育示范乡镇”，2所省级规范化学校，14所市级规范化学校，11所市级办学水平优秀学校，2所省级示范幼儿园，多项指标达到全市领先水平，实现了教育事业的跨越式发展。

第一章 基础教育

第一节 幼儿教育

新中国成立前，岚山未有举办幼儿园的记载。

1958年“大跃进”时期，幼儿教育发展迅速，部分生产大队（村）建立幼儿教育组织，所办幼儿园（所）多为季节性，具体规模、数量无从查考。1958～1961年3年经济困难时期，农村幼儿园相继停办。20世纪70年代，部分幼儿园恢复，称“育红班”。1979年后，又称农村幼儿园（或幼儿班），由于受经费、师资、设施等条件制约，幼儿教育发展缓慢。

1985年前后，农村幼儿园归村委会和乡镇妇联管理。由村委会安排教师，提供场所，教师工资由村委会支付，主要招收学前一年幼儿，办园条件差，幼儿入园率低。此状况一直持续到1991年。

1992年，村办幼儿园划归小学管理，称“学前班”。各乡镇街道中心小学设专职幼教辅导员，具体负责幼教工作。1994年理顺幼教管理体制，各乡镇街道成立幼教中心，并相继建立中心幼儿园。中心幼儿园除负责本园幼儿保育工作外，还担负贯彻上级教育方针政策、管理和指导辖区内各类幼儿园、培训幼儿教师等任务。中心幼儿园基础设施、师资力量都较以前有所提高，按幼儿年龄分班，3～4岁为小班，4～5岁为中班，5周岁以上为大班（学前班），教育水平逐步得到提高。同时，各小学管理的学前班规模扩大，逐步形成独立的幼儿园。此后，随着幼教的整顿与改革，个体幼儿园发展迅速。

2003年，岚山办事处有各类幼儿园89所，其中政府办园（乡镇街道中心幼儿园）4所，村办园27所，教育系统办园20所，个人办园38所。依照幼儿园分类标准，有市级示范幼儿园2所，市级一类幼儿园11所。全处有幼儿教师202人。在园幼儿4180人。3岁至学龄前幼儿入园率87.1%，其中学前一年幼儿入园率为99.6%以上。

设区后，不断加强乡镇幼教统筹管理体制建

图 30-1　岚山头街道中心幼儿园　（摄于 2004 年）

设，以各乡镇街道中心幼儿园为骨干和示范，以村办幼儿园与教育系统办幼儿园为主体，民办个体幼儿园为适当补充，构建乡镇学前教育“镇教委—中心幼儿园—村办幼儿园”的管理体系。推进幼儿园合班并园，开展幼儿园标准化建设。2005年4月，在碑廓镇中心幼儿园召开了全区幼儿园环境建设与幼儿园管理现场研讨会。同年5月全区幼儿文艺汇演暨学前教育工作表彰大会召开，表彰奖励17个先进集体和 27 位先进个人。开展幼儿园登记注册工作，注册第一批合格幼儿园 81 所。

2006 年，进一步理顺幼教管理体制，加强对幼儿园教师及经费的统一管理，推动乡镇街道中心幼儿园“教育科研中心、师资培训中心、教改实验中心、信息交流中心”建设，调整村级幼儿园布局。新建幼儿园 5 所，改建幼儿园 17 所，撤并幼儿园 23 所，2 ～ 3 个班以上规模的幼儿园上升到 68 所，就寝、就餐等服务功能逐渐完善。整顿幼儿园 130 余所，撤掉不合格幼儿园 19 所。

2007 年理顺幼儿园管理体制和运行机制，区教育局下发《关于加强幼儿园管理，规范办园行为的意见》，推行“五统一”管理（统一招聘调用、统一考核、统一工资待遇、统一经费渠道、统一培训），以各乡镇街道中心幼儿园为骨干和示范，以村办幼儿园与教育系统办幼儿园为主体，民办个体幼儿园为适当补充，构建“镇教委—中心幼儿园—村级幼儿园”的行政和业务管理体系。

2008 年，全区推行以“五统一”（乡镇统一布局规划，统一教师管理，统一经费管理，统一业务管理，统一办园质量评估）为主要内容的镇村一体化管理模式，调整农村幼儿园布局，科学确定幼儿园所数和规模，按照“一村一园或服务人口 5000 人、服务半径 1.5 公里”的原则，设置乡镇中心幼儿园及中心幼儿园以下的各类幼儿园。是年，岚山区《实施镇村一体化管理，推动农村学前教育健康持续发展》在全国“托举希望，发展农村幼儿教育”研讨会上作典型发言，并获二等奖。

2009年9月，在全省农村学前教育现场研讨会上，岚山区作了题为《实施镇村一体化管理推动农村学前教育健康持续发展》的典型发言。11月，全市农村学前教育工作现场会议在岚山召开。12月，被山东省教育厅表彰为“山东省学前教育先进县（区）”。首创的“镇村一体化管理体制”做法，获岚山区机关工作创新奖。2010 年，岚山区被表彰为“山东省学前教育先进区”。岚山头街道中心幼儿园、黄墩镇中心幼儿园通过了省级示范幼儿园验收。黄墩镇的张守娟老师获宋庆龄幼儿教育奖提名奖。

2012 年，全区有幼儿园 181 所，其中省级示范幼儿园 2 所、市级示范幼儿园 6 所、市级一类幼儿园 9 所、全区 3 ～ 5 周岁在园幼儿 14288 人，幼儿入园率 88.1%，学前一年幼儿入园率 99.6%，幼儿教师 691 人。

图 30-2　高兴镇中心幼儿园　（摄于 2012 年）

第二节 小学教育

据清光绪十一年版《日照县志》和1985年版《日照市教育志》记载，明清时期岚山境内即有正规学校设立。明初，在卫城西北隅设立卫学(儒学)，明朝中叶迁到卫城西街。卫学建筑如同县学，学额为廪生20名、增生20名、入学童生8名。清乾隆七年(1742年)安东卫并入日照县，随后卫学也并入县学。除官方学校外，明清时期乡村办学的主要形式是私塾，到晚清时期，私塾盛行。私塾类型：一是由地方老学究个人设馆；二是由本村或邻村家庭经济状况较好又有学童的人家联合聘请先生办学；三是豪门富户单独延聘名师教授子弟。

在封建科举制度影响下，许多人苦读寒窗，仕途上也多有成就。据考：日照县明清进士50人，岚山区有16人；举人279人，岚山区有109人。清末，改良私塾，兴办学堂。1909年，后村镇小邵疃村创办邵疃小学，后改为曙光小学。辛亥革命后，学堂改称学校。新设若干公立高等小学和两等(初等、高等)小学，下令取缔私塾，但因措施不力，“无相当惩罚办法，塾师仍趋活跃”。农村一些由私塾改成的村立或私立小学，因课程开设不完备，多不为官方承认。1932年，全县划分为36个学区，每学区设中心国民学校1处，校长1人。1936年始，教育法令规定小学实行四年义务教育，开办短期义务小学。1937年碑廓开办“乡农学校”。

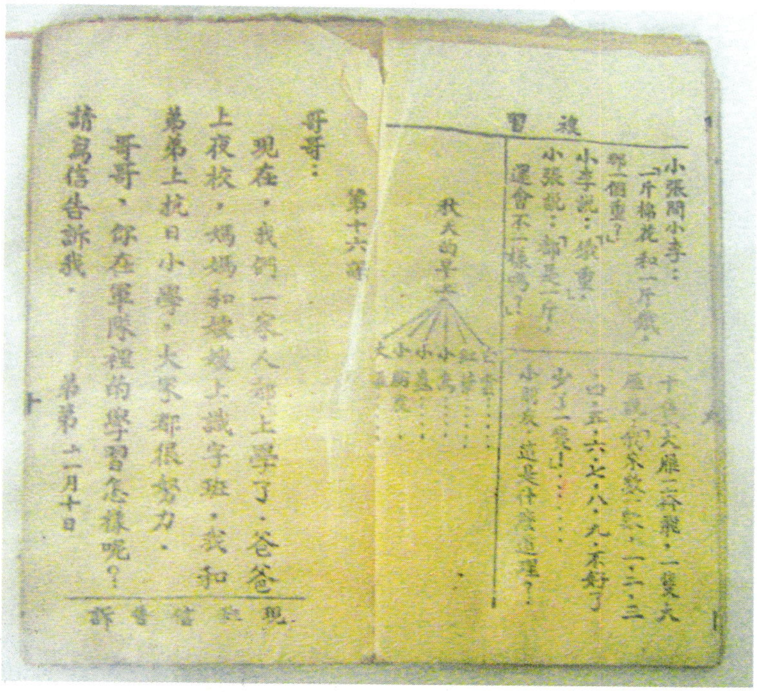

图30-3 抗日小学课本部分章节

抗日战争时期，岚山辖区大部属抗日根据地，小学教育发展迅速，私塾被彻底取代。

图30-4 抗日小学学生在上课

1940年，日照县抗日民主政府成立，颁布“开展战时文化教育，举办抗日夜校，恢复发展小学教育”的政策，推动了战时文化教育的发展。1941年，日照大部分地区被日伪占领。日照县抗日民主政府控制区域仅有碑廓到岚山头东西15余公里、南北10余公里的狭小地带，民主政府领导下的抗日教育也在本地区展开。日照县委、县政府在碑廓、二朱曹、安东卫成立中心小学，境内较大村庄开办抗日小学。在王家庄创办抗日烈士子弟小学，招收烈士子弟和在外地工作的抗日干部子女入学。1942年，根据地内有高小2所、中小6所、初小55所，共有学生2259人。1942年12月甲子山战役胜利后，各区战时教育迅速恢复发展，至1944年7月，学校发展到201所，共有教师282人，学生7625人。1945年9月，日照全境解放，县文教科发动群众自聘教师办学。1948年年底，日照县文教科制订了恢复整顿教育计划，岚山境内小学得以恢复。

1950～1956年，经济状况开始好转，农民群众迫切要求办学，公办小学和民办小学得到较大发展。1958年，盲目发展教育事业，与国民经济发展比例失调，又加3年自然灾害，国民经济不堪重负。1961年，压缩招生指标，下放14周岁以上超龄生，在校学生人数下降。1962年，调整设学布局，合班并校，撤销了人数少、条件差的民办小学；推行"两种教育制度"，除全日制小学外，兴办一部分简易小学，使偏远山区和小自然村的学生能就近入学。简易小学后来改称工读小学。

1966年"文化大革命"开始，域内小学"停课闹革命"，学校停止招生。1968年，小学下放到大队来办，公办教师回本大队，多数小学停办。1966～1976年，小学办学形式及学制随政治形势而多次变化。"文化大革命"结束后，小学教育走上稳定发展的轨道。

20世纪80年代，随着办学条件的改善，工读小学逐渐过渡为全日制小学。1983年9月，岚山范围内乡镇全部通过日照县教育局的普教验收。1987年，实行县、乡(镇)分级办学，中小学分开管理，乡镇建立中心小学，负责本乡镇小学教育工作。

岚山办事处设立后，根据工委、办事处提出的"乡镇小学要调整布局，合班并校"要求，将71所小学合并为34所。1995年，"两基"(基本实现九年义务教育，基本扫除青壮年文盲)通过山东省政府验收。之后，完成义务教育学校校建和配齐教学设施成为岚山巩固"两基"成果、提高"两基"实施水平的重点。

岚山设区后，全区共有小学76所，教学班669个，在校生23153人。至2012年，全区共有小学50所，教学班628个，在校生25034人，小学教师1447人；全区小学适龄人口(6周岁以上的正常儿童)入学率100%，适龄残疾儿童入学率88.62%，学校在校生年辍学率为零，小学毕业班学生毕业率99.99%，小学升初中升学率100%。

图30-5 安东卫街道明珠路小学 (摄于2009年)

1995～2012年岚山域内小学情况统计表

表30-1

年 份	学校所数(所)	班数(个)	学生数(人)	备 注
1995	35	518	17479	
1996	34	502	17679	
1997	34	500	17737	
1998	34	494	17296	
1999	34	476	16334	
2000	31	448	15222	
2001	30	397	14039	
2002	30	373	12910	

续表30-1

年　份	学校所数(所)	班数(个)	学生数(人)	备　注
2003	30	352	11948	
2004	76	669	23153	是年，黄墩、后村、高兴、巨峰4镇划入
2005	71	653	22776	
2006	59	772	27145	
2007	58	764	27251	
2008	54	757	26607	
2009	54	750	26854	
2010	51	630	26711	
2011	50	629	26665	
2012	50	628	25034	是年后村镇划出，中楼镇划入

第三节　初中教育

新中国成立初期，岚山域内尚没有中学，中学生多就读于青岛、临沂、莒南、日照等地学校。1957年，在巨峰建日照三中，当年招收初中生2个班104人。

1958年，在安东卫建日照四中，在碑廓建日照七中，在高兴范家村建日照八中，学制3年，当年各招收2个班，招收学生108人。中楼建莒县八中，当年招收2个班108人。1960年，在虎山新建日照十三中，在后村建日照十四中，在黄墩建日照十六中，当年各招收学生108人。1962年，对普通中学进行调整，撤销日照十三中(虎山)和十六中(后村)。1966年夏，“文化大革命”开始后，各中学相继“停课闹革命”。

1968年，恢复高、初中招生，由各村贫下中农推荐入学，学校数量迅速增长。日照四中、七中、八中开始招收高中生。同年秋，联办初中和小学“戴帽初中班”(小学内附设初中)大量发展。1971年撤区建社，在新划出的虎山公社建立公办中学。同年，所有公办中学以所在公社命名，只招收高中生，形成“公社办高中，学区(或大队)办初中”的局面。1976年，各公社又相继建立民办高中，使高中部在校生猛增。中学的大量增加，导致低年级教师流向高年级，内部比例失调，教学质量严重下降。

1980年，贯彻执行“调整、改革、整顿、提高”八字方针和教育部“充实加强小学，整顿提高初中，调整改革高中，大力发展职业教育，努力办好重点中学”的指示，对初、高中进行调整，撤销民办高中，压缩一批联办初中和戴帽初中，每学区保留一处初中。同时，将虎山、碑廓、大坡、高兴公办高中改为初级中学。1983年新建岚山头第一初中。至1984年，高中只保留安岚中学和巨峰中学2所，初中每乡镇3～7所不等。

岚山办事处设立后，为适应现代教育发展要求，提高学校办学水平，各乡镇街道不断增加教育投入，实施合班并校，改善办学条件。1993～1995年，将4个乡镇20所初级中学(国办中学、联办中学)合并为10所。

2004年设区后，岚山区共有初级中学20所，校舍面积15.2万平方米，有476个教学班，在校生23645人。为充分利用教育资源，不断调整初中学校布局，实行合班并校。至2012年，岚山区共有初中12所，校舍面积26.35万平方米，有238个教学班，在校生12907人；全区初中适龄人口中正常儿童少年入学率100%，适龄残疾儿童(7～15周岁)入学率88.62%，学校在校生年辍学率0.86%，初中毕业班学生毕业率100%，初中升高中段升学率85.12%。

岚山区实验中学　位于砚台山一路367号，2011年8月以岚山头街道一中和安东卫街道二中为基础组建。2011年1月开工建设，2012年9月全面启用，总投资1.2亿元，占地9.24万平方米，建筑面积3.3万平米，设计规模48个教学班，可容纳2400名学生。

学校按照省级规范化学校标准建设，拥有3个学术报告厅；拥有多功能教室、高标准实验室、图书馆、室内体育馆、塑胶操场、微机室、舞蹈室、琴房、各种学生兴趣室、校园电视台、心理咨询室等；实现了网络多媒体班班通；建成校园网络系统、监控系统、智能广播系统；安装了平安校园智能一卡通家校管理系统。学校先后承担8项省级、国家级课题研究，2012年被确立为“全国校本重点实验基地”。

2012年年底，学校有44个教学班，2300余名学生。其中六年级、初一、初二各12个班，初三8个班，每班人数在50人左右。教师163人，其中研究生5人，本科154人；中学高级教师26人，中学一级教师98人；市级骨干教师12人，市级教学新秀7人；区级骨干教师16人，区级教学新秀8人；获省级优质课教师17人，市级优质课教师54人；市级优秀教师、优秀教育工作者2人，区级优秀教师、优秀教育工作者41人。

省级规范化学校——碑廓中学 位于碑廓镇驻地，始建于1958年。该校2002年通过山东省规范化学校验收，是岚山第一处“省级规范化学校”。先后获“山东省教书育人先进单位”“山东省艺术教育示范学校”“山东省体育传统项目学校”“山东省电化教育示范学校”“山东省多媒体网络教学实验研究基地”“山东省名校文化研究中心项目学校”“日照市规范化学校”“日照市十佳明星学校”“日照市文明单位”等荣誉称号。

2012年，学校占地6.67万平方米，建有2座教学楼、1座办公实验楼、1座报告厅和2座学生公寓，建有标准化的400米田径运动场及篮球和排球场、多媒体教室、实验室、图书室等，设施配套齐全。有40个教学班，在校生2150人；教职工149人，其中中学高级教师34人，中级教师97人，市级教学能手8人，区级教学能手19人。

1995～2012年岚山初中学生情况统计表

表30-2

年份	学校数(处)	班数(个)	在校生数(人)	毕业数(人)	招生数(人)	备注
1995	10	218	9770	2205	3218	岚山头无毕业生
1996	10	252	11412	1187	3156	碑廓、虎山无毕业生
1997	10	252	11647	2348	3075	汾水无毕业生
1998	10	254	11787	3070	3460	
1999	10	252	12305	2712	3540	
2000	10	252	12789	2662	3409	
2001	9	228	12748	2796	3345	
2002	9	228	12488	3072	3318	
2003	9	226	11950	2654	2909	
2004	20	476	23645	5770	5107	黄墩、后村、高兴、巨峰4镇划入
2005	20	469	20988	6109	4421	
2006	12	297	14230	5993	0	小学学制由5年改为6年，本年无毕业生
2007	12	246	13119	5064	4546	
2008	12	239	12855	4458	4483	
2009	12	236	12907	4519	4532	
2010	12	262	13525	4629	4234	
2011	12	257	13162	4709	4146	
2012	12	238	12907	4374	4034	是年，后村镇划出，中楼镇划入

第四节　高中教育

1968年恢复高、初中招生，由各村贫下中农推荐入学，日照四中(安东卫)、七中(碑廓)开始招收高中生。1971年撤区建社，在新划出的虎山和大坡公社建设公办中学，学校以所在公社命名，只招收高中生。

1976年，各公社又相继建立民办高中，在校生猛增。从1979年起，对普通中学进行调整。1980年撤销民办高中，同时将虎山、碑廓、大坡、高兴4所公办高中改为初级中学。至1984年，高中只保留巨峰中学(完全中学，原日照三中)和安岚中学(校址在安东卫，即原日照四中)2所。至2012年，岚山区共有日照三中和岚山一中2所高中学校。当年有1350人参加高考，本科录取507人，录取率37.6%，日照三中本科录取人数实现翻番增长，岚山一中迈入全市重点高中行列。

岚山区第一中学　位于万斛路与岚山中路交汇处。始建于1958年5月，称日照第四中学，是三年制初级中学。最初设置6个班级，一级招收初中2个班104人。1965年扩大招生，在校生达到10个班500人。

1966年受"文化大革命"影响停止招生，也没有毕业生，暑假前在校的三届学生均留校"闹革命"，直至1967年年底63级、1968年夏秋64、65级学生相继毕业。1967年仍未招生，按照中央"学制要缩短，教育要革命"指示，中学执行"二、二"学制。10月，实行学点下伸，学校被拆散。

1968年开始招收高中2个班108人(1969年春入学，1971年春毕业)。1969年秋停止招生，国家废除文化课考试招生制度。1971年改称日照县安岚公社中学，当年实行贫下中农推荐制，招收高中生4个班。1974年，突出政治挂帅，学校建立学农基地，实行"开门办学"，半天上课半天劳动。

1978年终止推荐制，通过文化课考试招收高中生4个班216人，在校生共8个班310人。1979年更名为日照县安岚中学。1981年高一实行单元教学，高二实行文理分科。1982年恢复高中三年学制(1984年无应届毕业生)，按照教育部"充实加强小学，整顿提高初中，调整改革高中，大力发展职业教育，努力办好重点中学"指示，进行调整改革，1982～1992年，作为非重点中学每年招收2个班108人，在校生保持在6个班320人的规模。1987年更名为日照市安东卫中学。

1993年，安东卫中学成为岚山办事处辖区唯一一所普通高中，当年招收新生4个班216人，1994年招收8个班430人。1994年征用土地3.15万平方米，新建校舍100间。学校推行"目标教学"和"整体教学"，根据日照市教育局《高中实行"年级岗位制"和"以班主任为核心的集体负责制"的实施意见》，实施年级组负责制和岗位责任制。1998年更名为日照市岚山第一中学。

2000年7月与山东省日照第一中学联合办学，称山东省日照第一中学岚山分校。至2002年，学校占地面积扩大到9.58万平方米；教职工132人，其中高级教师22人，市级骨干教师9人；在校生26个班1360人。2003年通过"日照市规范化学校"验收；2004年5月13日通过"山东省规范化学校"验收。岚山区设立后，2005年开始面向全区8个乡镇街道招生，当年达到38个教学班2100名学生。从2005年起，岚山区开始承办高考，考点设在岚山一中，连续5年被山东省教育招生考试院评为优秀考点。2007年2月，岚山区政府收回岚山分校，定名为日照市岚山区第一中学(简称岚山一中)。

2008年12月，学校升格为副处级事业单位，孙金生任校长。至2010年，学校总建筑面积4.1万平方米，拥有4座教师住宅楼，2座学生公寓楼，1座能容纳2000人同时就餐的学生餐厅，1处塑胶跑道标准操场，1个足球场，8个篮球场，1座80处教室的科教楼。建成高标准的各类实验室和多功能活动室20处，多媒体教室3处，各种配套设施齐全。通过了"山东省规范化学校"复检，达到《山东省普通中小学办学条件标准》。

学校推进"名师工程""青蓝工程"和"全员培训工程"，2007年、2008年、2013年从全省招聘骨干教师26人，从大学招聘本科生、研究生110人。先后有8人获山东省优质课一等奖，30人获日照市优质课一等奖。2008年作为全省课改样本校，承担山东省实验课题"加强学生校内自主学习指导研究与实践”，构建“两案三段五环节”课堂教学模式。2010年开展“先学后教，当堂训练”高效课堂实验教学，提高教学质量。

至2012年年底，学校有教职工224人，48个班级，在校生2750人。先后获“山东省平安校园”“山东省课改样本校”“山东省体育传统项目学校”“日照市高中教学工作先进单位”“日照市教育科研工作先进单位”“日照市行风建设工作先进单位”“日照市四星级平安校园”“日照市文化建设示范校”等荣誉。

日照第三中学 位于巨峰镇驻地。建于1957年7月，称日照第三中学，为三年制初级中学。1971年6月改称日照县巨峰公社中学，并开始招收第一届高中学生，1978年改称日照县巨峰中学，1986年恢复原校名日照第三中学。

1999年8月至2002年9月，学校先后有58名教师调走，2002年和2004年从周边初中学校选调26名教师充实学校教师队伍。

2004年，日照第三中学划归岚山区。2005年开始扩大招生规模，由原来的每级8个教学班扩至每级12个班。因招生规模扩大，师资不足，2005年招聘师范类本科毕业生38人，2006年招聘教师26人，自2008年开始又连年招考骨干教师及优秀师范毕业生到该校任教。

2012年，学校占地15万平方米，建筑面积2.3万平方米；有36个教学班，2054名学生；有教师155人，其中高级教师18人，一级教师67人；市级骨干教师5人，区级骨干教师9人；市级优秀教师4人，区级优秀教师20人；省优质课教师4人，市优质课教师22人。

第二章 职业教育

第一节 岚山职业中专

岚山职业中专建校于1995年10月，地点在安东卫北街观海路与岚山中路交汇处，占地1.1万平方米，建筑面积2500平方米，有教职工10人，设有办公室、教导处和财务室3个职能科室。

1995年与日照市吉利来公司协议办学，至1996年共招收畜牧专业学生104人。1996年9月，汾水镇成人教育中心、碑廓镇成人教育中心职业教育班挂靠岚山职业中专，成为职业中专校外班。同年10月，扩建校舍38间4000平方米。1997年7月，职业中专与岚山人民武装部签订联合办学协议，设置预备役专业，当年招收学生33人，1999年全部应征入伍。2001年，学校设置微机、保安专业，微机专业招生18人，保安专业招生17人。

2003年3月28日，岚山工委、办事处对教育资源进行整合，岚山职业中专与岚山工委党校、岚山技工学校“三校合一”，1个学校3块牌子，地点在岚山区万斛路与岚山中路交汇处。2003年9月，设置机电技术应用专业，当年招生150人。2005年9月设置幼师专业，2006年9月设置会计专业，2008年9月设置物流服务与管理专业。

2006年6月，经区委、区政府同意，学校易地建设，地点在玉泉二路与轿顶山路交汇处。新校区于2008年7月1日开工建设，占地4.67万平方米，建筑面积3.1万平方米，有教学办公综合楼、学生宿舍楼、学生餐厅、学生操场等主体建筑，教室内全部装有投影仪、网络电视等先进电化设施。2009年9月，学校搬迁至新校区。从是年开始，通过全区招考，引进职业教育专职教师19人。

2010年9月，在原有机电技术应用、财务会计、物流管理等传统专业的基础上，增设计算机应用技术、化学工艺、涉农专业和高职升学班。自2010年开始，分春季和秋季2次招生。自2003年9月至2009年9月，每年招生150～200人。

学校采取同企业联合办学、顶岗实习等措施，与威亚发动机有限公司、赢创岚星化工有限公司、广信化工科技有限公司等大中型企业建立长期合作关系，学生就业率达到98%以上。学校注重学生人文素养提升，相继开展了“读书富脑工程”“学生自主成才工程”“平安校园建设工程”等一系列有利于学生全面发展的活动。2012年，学校代表队在全市中学生第九套广播体操比赛中获得第一名。

至2012年，学校有专业教师35人，“双师型”教师19人，全年通过全日制、委托培养等方式共招生714人。开设的专业有机电一体化、会计电算化、物流技术应用、计算机应用和化工工艺5大类。根据不同专业配备了各类实验室，主要有微机实验室4处、计算机160台，电工实验室1处，钳工实训室1处，焊接实训室1处，会计模拟实验室1处，化工实训室1处。

第二节 岚山技工学校

岚山技工学校始建于1993年，时称日照市技工学校岚山分校。由于校园建设正在筹备过程中，当年招生80余人暂时在莒县职业中专就读。1994年，学校在虎山成教中心办学，当年招收学生184人。1995年，租用安东卫凯利有限公司办学一年。1996年，校园在万斛路北段路东建成并投入使用，学校更名为日照市岚山技工学校，隶属于岚山办事处人事劳动和社会保障局。建校初期，设有办公室、教务科、行政科、技能培训教研室等机构，有在编教师24人。至2003年，先后开设钳工、烹饪、保安、计算机等专业，向社会输送毕业人才2000余人。

2003年3月28日，岚山技工学校与岚山工委党校、岚山职业中专“三校合一”。合校后，岚山技工学校与岚山职业中专共同承担全区职业教育职能，除日常教学工作外，还承担全区“阳光工程”培训、特种作业培训、技能提升培训和安全作业培训等社会培训职能。截至2012年，共举办企业负责人和安全管理人员培训班3期、农业经营户安全培训1期、特种作业人员培训班11期、“阳光工程”农村劳动力转移培训班2期、企业劳动力提升培训班4期，培训人员达2500余人次。

第三章 成人教育

第一节 农民成人教育

平民学校 民国初年，日照通俗讲演所承办平民学校，有半日校、夜校等，多数附设在全日制学校，由校内教员兼教，一般在冬闲时开课。平民学校的课程，主要有《民众识字课本》《三民主义三字经》《民众识字千字文》，另有珠算和简单的算术知识及伦理道德常识等。

1928年春，中共日照县委建立。同年，县委负责人郑天九在山字河三官庙办平民夜校，向贫苦农民讲授革命道理，传授文化知识，到1932年日照暴动前夕，夜校已培养百余名革命积极分子。

乡农学校 20世纪30年代，梁漱溟倡导“乡村建设运动”，大力兴办乡农学校。日照县于1935年冬设训练处，着手筹办。次年4月，先后在各区开办乡农学校，校长、训育主任、军事教练由省任命，学员多从富家子弟中抽调，学生入学要自带枪支弹药，并交生活费9元、服装费3元。各校每期收3个班，每班20人左右，每期训练3个月，经费从地丁附捐中开支。学校旨在培养“新的政治习惯”，建设“新的社会结构”，训练内容分军事、文化两类，教材主要是《乡农学校学员手册》，军事课占70%，进行操练和武器使用训练，文化课占30%。“七七事变”后，学校自行解散。

冬学识字班 1940年春，日照县抗日民主政府成立后，开办一批抗日夜校。入冬，办起冬学300多处，入学者9856人。冬学坚持抓好两项教育任务：一是识字，二是宣讲抗战道理。1941年8月，日照县委明确指出“要普遍建立冬学”，当年，在根据地办学31处，入学者837人。次年，根据地冬学运动有较大发展，据12月11日《大众日报》载：“碑廓区冬学运动已造成热潮，半月内成立15处。工农青妇均起了保证作用，全区学员共500余人。有的冬学已成为教育民兵最好的学校，除进行文化政治教育外，并着重军事常识及一般活动的教育。”1943年，根据地不断扩大，冬学随之扩充为267个班，有学员4385人。在整个抗日战争和解放战争时期，冬学历年不衰，成为教育干部群众的一种好形式。

1940年冬学结束后，日照县文教科狠抓农忙季节的群众学习活动，建立变工组、纺线组等各种分散学习形式的识字班。抗日战争胜利后，夜校、午校、早校与妇女识字班又有了较大发展。1946年，仅巨峰、高兴、涛雒3个区，就有夜校、午校611个班，学员8552人；妇女识字班546个班，学员7725人。在各种学习组织中，以青年和儿童的学习最为正常。经过一年的业余学习，许多青年、儿童能够阅读《滨海农村报》，有的还学会记账，写简单应用文。

新中国成立后，人民政府重视农民文化教育，各村都举办扫盲夜校，至20世纪60年代初，农村的扫盲夜校仍然存在。经十余年持续扫盲，大多数农村青壮年都粗识文字，不再是“睁眼瞎”。此后随着小学教育的普及，青少年都能上学，扫盲夜校逐渐消失。

成人教育学校 1993年岚山办事处设立后，域内166个行政村相继建立成人教育学校，岚山头街道、汾水镇、碑廓镇、虎山乡各设成人教育中心学校1处。成人教育学校主要对农民进行农业科学技术教育、计划生育教育、扫盲教育等。

岚山头街道成人教育中心学校建于1993年夏，占地1万平方米，建筑面积2500平方米，有教职工24人。学校通过科技录像、广播、书刊、资料、讲座和咨询等形式，深入村居、专业户、养殖基地，无偿为农民开展各种服务，进行科技推广活动，年培训3000人次以上。同时，大力进行扫盲教育，扫盲率100%。1993年被日照市教委、农委、科委命名为“农村实用技术培训示范学校”；1995年被山东省教委授予“农村成人教育规范化学校”称号；1997年被山东省农业厅授予“全省农业科技推广年活动先进集体”称号。1993年，与山东省农业广播电视学校联合办学，开展中专层次的全日制教育和函授教育，开设机电、会统审、计算机等专业。与日照市经济学校联合办学，开展中专层次的全日制教育，开设经济管理、对外经贸、实用电子、财会等专业。1995年与山东省干部函授大学联合办学，开设经济管理专业大专函授。1997～2001年，与山东省委党校联合办学，开设经济管理专业专科函授。2001～2003年，与山东农业大学联合办学，开设计算机、经济管理专业专科函授。2002年与山东省教育学院联合办学，开设数学专业本科函授。2003年6月，与济南职工科技大学联合办学，设立济南职工科技大学岚山预科学校。至2012年，该校共培养中专生2000多人，专科生1000多人，近百名学生升入高等院校深造。

安东卫街道成人教育中心学校建于1995年8月，占地15333平方米，建筑面积900平方米，建有卫星地面接收站，图书室存书4000余册。学校多次举办茶叶管理、农林、农村电工、建筑、妇女干部培训、人口普查、计划生育、党员教育等培训班，年培训1700人次；推广大棚黄瓜、科技饲料等技术成果3项，建立科技兴农联系点10处，建立科技示范基地3个。1994～2003年，共向社会输送幼儿教师60名，向北京西城区、丰台区及有关部门输送保安人员120名。与山东农业大学联合办学设置农村干部专修班，共毕业190人，提高了农村干部的整体素质。

碑廓成人教育中心学校建于1994年3月，占地9333平方米，校舍建筑面积3200平方米，教职工10人，年均培训青壮年农民2600人次。1999年投资2万元建设800平方米的蔬菜示范大棚，为碑廓镇的菜农提供技术保障，推广蔬菜新技术和新品种。1998年举办幼师、机电2个教学班，有学生17人。1999～2003年，学校共有43名学生考入高校。

虎山成人教育中心学校成立于1994年，先后举办了农技、果林、茶桑技术、大棚蔬菜、养猪、养鸡、农机维修等培训班，平均每年培训1000人次。1994年，举办文秘函授班1个，果林技术培训班1个，有学生110人。1995年、1997年、1998年，各举办美术装璜中专班1个。1998年，举办农村会计函授中专班和幼儿教师函授中专班各1个，有学生96人。农村会计班的学员多数被聘为农村会计，幼师班的学员成为幼儿教师。

2004年岚山区设立，黄墩、后村、高兴、巨峰4镇划入；2012年后村镇划出，中楼镇划入。划入的各镇均有成人教育中心学校1处，教职工3～7人，无在校生。2012年，除岚山头街道成人教育中心学校继续保留计算机应用专业2个全日制授课班、年招收学生60人外，其他乡镇成人教育中心学校基本停止业务活动。

第二节　自学考试

岚山区组织开展的自学考试有电大开放教育、自学考试和成人高考3种形式。

电大开放教育　由岚山区教育局电大工作站负责，该站成立于2006年9月，业务上接受山东省、日照市电大指导，与岚山职业中专联合办学。2012年，工作站有管理人员3人、兼职教师30人，办公室分设在区教育局和岚山职业中专学校，有教学用室20间，计算机室2间和多媒体室2间；有计算机120台，建成独立的网站和“电大在线”远程教育教学平台；拥有专科、本科各专业教学资源，与中央、山东省、日照市电大实现了教育信息资源互通共享、及时交流发布。

岚山电大改变传统校园教学模式，创建网络条件下的教师指导、学生自主学习、多种教学形式和多种教学媒体并存与交互使用的教学模式。专科开设工商管理、教育管理、会计学、国际经济与贸易、金融、计算机信息管理、法学、行政管理、小学教育、汉语言、学前教育、英语、文秘、物业管理、物流管理、建筑施工管理、工程造价管理、旅游、护理学、数控技术、药学、应用化工等22个专业，并为“一村一名大学生”村干部培养计划开设畜牧兽医、农村行政管理、农业经济管理等16个专业。本科开设英语、会计学、金融学、法学、汉语言文学、行政管理、教育管理、工商管理、数学与应用数学、小学教育、广告学、计算机科学与技术、物流管理、市场营销、土木工程、机械设计制造及自动化、卫生事业管理等17个专业。

2006年9月岚山电大首次招生60人，2007年后改为每年春、秋两季招生。2012年年底，有在校生529人，毕业生900余人。

高等教育自学考试　是对社会自学者进行以学历考试为主的高等教育国家考试，由日照市教育局统一组织，考点设在市直学校。自学考试专业设置分为经济管理类、法学类、社会学类、政治学类、公安学类、教育学类、语言文学类、新闻学类、艺术类、工学类、农科类、医药类、职业类专业、教师自考专业，共计70多个专业。报名时间、考试时间全省统一。从1993年岚山办事处设立至2012年，岚山共有4766人参加了自学考试，1960人取得了毕业证书。其中包括2002～2005年1213名教师报名参加教师自学助考，928人取得了教师助考毕业证书。岚山自学考试报名人数最多出现在2004年，当年报名人数达到506人，其后随着成人教育、网络教育的蓬勃发展，对自学考试生源造成冲击，自学考试人数逐年下降。至2012年，岚山报名人数仅有95人，毕业人数5人。

成人高考　全称为成人高等学校招生全国统一考试，是为各类成人高等学校选拔合格毕业生以进入更高层次学历教育的入学考试，由日照市教育局统一组织，考点设在市直学校。成人高考分高中起点升成教专科（简称高起专）、高中起点升成教本科（简称高起本）和普通专科起点升成教本科（简称成教专升本）3个层次，每年的8、9月份报名，考试时间为每年的10月份第二周的周六和周日。1993年岚山办事处成立后，开始承担辖区内报名人员的信息采集任务。1993～2006年，岚山共有2455人报名参加成人高考。自2007年起，成人高考实行网上报名。之后，成人高考报名人数逐年增长，2007～2012年，岚山共有4482人报名参加成人高考，其中2011年、2012年连续2年突破千人大关，当年报名人数分别为1016人、1109人

第四章　教育行政管理

第一节　管理机构

明代的官办“卫学”归安东卫管理，有教授、训导各1人，负责教育教学和学政管理。清代，安东卫并入日照县，仍保留“卫学”。日照县教育行政机构称儒学署，设教谕、训导各1人，执掌教化。科举制度废除后，改为劝学所，设县视学兼劝学董1人，后配备劝学员数人。

辛亥革命后，民国政府在岚山域内设公立学校多处。县级教育管理机构初期仍称劝学所，1923年改称教育局，所长改称局长，劝学员改称科员。1928年国民党日照县政府成立，至1931年，教育局设有局长、督学各1人，教育委员3人（每人负责一个学区），并成立“义务教育委员会”“教育行政委员会”“教育经费委员会”。1933年，教育局改称日照县政府第五科，1935年改为第四科，1941年改称教育科。

抗日战争时期，汾岚、碑廓一带为抗日根据地，日照县抗日民主政府积极开展“战时教育”，兴办“抗日子弟小学”，举办各种形式的“冬学”“夜校”“识字班”等。

1941年年初，日照县大部分地区被日、伪、顽占领，中共日照县委、县政府迁到碑廓、汾岚一带建立根据地，在碑廓镇二朱曹、安东卫成立中心小学，较大的村庄开办抗日小学。在碑廓王家庄创办抗日烈士子弟小学，专收抗日烈士子女及抗日干部子女，教师秦清如、牟松元、秦寄萍等，成为党依靠的重要力量。1944年下半年至1945年上半年，在抗日军民的反“扫荡”、反蚕食斗争中，根据地许多教员直接参加了战斗。

新中国成立后，日照县教育行政机构仍沿称文教科。1956年改为日照县人民委员会教育科，同年7月改为教育局。1962年秋，机构合并，设县文教局。1970年，日照县革命委员会政治部设教育组。1975年改为教育局。1982年改为日照县教育局。1985年改称日照市教育局。1989年改称日照市教育委员会。

1993年6月28日，岚山办事处科学技术教育委员会成立（简称岚山科教委），下设办公室、计财科、教研室、教育科、招生办公室、勤工俭学办公室和图书代办站、团委、少工委等机构负责教育业务。根据《日照市与东港区岚山办事处企事业单位划管方案》，日照市教委将8名离休干部、67名退休干部、5名退休工人、16名退职干部、608名在职干部、134名在职工人、538名在编民办教师、356名代课教师的行政关系移交岚山科教委管理。

1994年，岚山科教委设人事科、教育经费征收办公室。1997年教育科按职能分化成基础教育科和职教科。2000年设立政府教育督导室。2004年，成立岚山区教育局（简称区教育局）。至2012年，区教育局内设办公室、教育督导室、人事科、计财科、教研室、基础教育科、职教科、招生办公室、电教站、电大站、托幼办、图书代办站、校安办（危改办）、团委、妇联、少工委等机构，有行政编制人员8人，工勤人员1人，事业人员28人。

第二节　学校管理

1949～1958年，中学实行党支部领导下的校长分工负责制，小学没有党支部，实行校长负责的民主集中制。

“文化大革命”期间，各校先后由文教卫生组、教育系统革命委员会统一领导，学校建立革命领导小组、革命委员会，工人、贫下中农代表进驻学校，管理学校一切事务。20世纪70年代初，中学取消革命委员会，建立党支部，实行党支部领导下的校长负责制。80年代中期，党政分开，实行校长负责制。80年代末，中小学设教导处、工会、党支部、团委、少先队、总务处等。

2004年岚山设区后，教干教师队伍管理权限上划到区，对中小学内部管理体制进行重大改革，打破传统的干部、教职工终身制和分配上的平均主义，实行校长竞聘上岗制、教职工岗位聘任制、岗位目标责任制和结构工资制，教育干部由教育行政部门统一考核、考察、任用，并在全区范围内管理使用。学校干部管理权限规定：中小学校长实行聘任制，即校长由教育局聘任，副校长经教育局审批后，由校长聘任；各乡镇中学、中心校党支部书记、副书记由所在乡镇街道党委与教育局取得一致意见后由所在乡镇街道党委任免；各级各类学校原则上实行校长兼书记"一肩挑"的干部体制。

自2006年开始，区教育局联合组织、人事、编制、纪检部门，通过竞争上岗、采取差额评选等方式，共同开展全区中小学、幼儿园教育干部选拔配备工作，面向全区公开选拔调整122名股级干部、288名学校中层干部，完善中小学校长（园长）的用人机制，提高学校管理水平，激发教职工的工作积极性和创造性。

2007年，改革行政管理体制，理顺了岚山区第一中学的办学管理体制，落实了"以县为主"的教育管理体制。至2012年，一直沿用"以县为主"的教育管理体制。

第三节　教育经费管理

抗日战争期间，解放区公办学校的经费由抗日民主政府拨发，民办学校的经费由主办乡村和群众筹集，不足部分由抗日民主政府酌情补给，一般由县财粮科统筹统支。1943年开始，解放区对教育财产进行清理登记，由原来的教育部门管理转为财粮科统一管理。1944年，本地教育经费预算项目有小学教育经费、短期师范经费、抗日小学生待遇费、干部教育费、印刷费、民校费、临时费等，具体数额不详。

新中国成立后，教育经费正式纳入国家预算，根据国民经济和教育发展状况逐年增加。1968～1970年，教育经费来源有国家拨款、地方自筹、收取学杂费、学校勤工俭学收入4个方面。公办中小学办学经费以国家拨款为主；民办中学（联中）、小学办学经费则以地方自筹为主，以国家拨款为辅，采取民办公助形式，大部分费用由公社、生产大队（村）筹集，国家给予适当补助。

1978年后，国家对教育投资不断增加。2000年，政府拨给教育经费1397万元，比1994年的399.5万元增加997.5万元，增长250%。

据1999年统计，1996年、1997年、1998年岚山办事处的财政经常性收入分别是1559万元、2762万元和3183万元，政府对教育的预算内拨款分别是891万元、1037万元和1212万元，三年中，小学在校学生人均教育经费分别是226.38元、262.3元、271元，初中分别是345.58元、449.4元、528.07元，实现了逐年增长。

1986年，根据《中共中央关于教育体制改革的决定》和《国务院关于筹措农村学校办学经费的通知》精神，农村初中和小学由乡镇、村举办和管理，集资办学。县（市、区）财政安排的农村初中和小学教育经费，以1985年正常经费数字为基数包干到乡镇。县（区）财政增加的教育经费，主要用于加强师范教育和补助贫困地区。除国家拨发的教育事业费包干基数和乡镇财政收入用于教育的资金外，乡镇政府还要对农业、乡镇村两级企业征收农村教育费附加。先对乡镇村两级企业（含工商企业联合体、个体户）按上年利润总额的3%～5%计征，在税前列支。不足部分再对农业征收（含林、牧、副、渔），比率为人均纯收入的1%～2%以内。本地的教育事业费附加主要用于3项开支：中小学公用经费、解决民办教师待遇、上交市财政用于全市职业技术中学建设。民办教师待遇提前一年征收，按月发给。从1994年开始，征收城市教育费附加。2000年，累计征收城市教育费附加和农村教育费附加491万元，其中城市教育费附加30万元，农村教育费附加461万元。本地城市教育费附加和农村教育费附加于2002年税费改革后停收。

2004年设区后，优先保证教育经费投入，促进教育事业发展。认真落实地方政府分级管理、"以县为主"的义务教育管理体制，在全市率先实现中小学、成教、职教、幼教教师工资全部由区财政按统一标准足额及时发放；教师住房补贴及其他福利待遇全部得到落实。理顺退休民办教师工资,实现了全区退休民办教师工资与退休公办教师同等待遇。

从 2007 年秋季开始,对农村义务教育阶段学生免费提供教科书,并适当提高国家课程免费教科书补助标准。2008 年中央及省共拨付免费教科书资金 437 万元。

2008 年春季,提高农村义务教育阶段家庭经济困难寄宿生生活费补助标准,基本补助标准由每生每年补助 300 元提高到小学每生每年 500 元、初中每生每年 750 元。享受补助的困难学生占寄宿生的比例高于 8%。2008 年全区有小学寄宿生 1137 人,初中寄宿生 9240 人,分别资助了 96 人次和 746 人次,共资助 30 多万元。家庭经济困难的高中学生平均资助标准为每生每年 1000 元,资助面为普通高中在校生的 8%。全年共资助 854 人次,资助金为 42.7 万元。资助职业中专一、二年级学生 634 人次,标准为每生每年 1500 元,共资助 47.6 万元。

2008 年,财政对岚山教育的预算内拨款为 2.08 亿元,占地方财政总支出的 37.08%,比 2007 年多 5069 万元。2008 年农村小学生均公用经费定额由 240 元提高至 295 元,农村初中生均公用经费定额由 340 元提高至 445 元。2008 年财政拨义务教育学校的公用经费累计为 1750 多万元。全区生均公用经费和预算内生均公用经费达到省定标准。

2007 年 1 月,成立区教育局财务结算中心,统一管理全区义务教育学校、成教学校和乡镇中心幼儿园的财务。学校公用经费全部纳入区本级预算。加大义务教育实施措施和执法力度,严格财务管理制度,杜绝乱收费现象,2007 年 11 月通过了全省规范教育收费示范区验收。

2008 年,征收的教育费附加为 716 万元,拨付 700 万元,其中用于职业教育 210 万元,达到了 30% 的要求。地方教育费附加全年征收 143 万元,全部拨付到教育,其中用于职业教育 30 万元,占征收留用的 21%,达到 10% 的要求。

2012 年,实行教育财务区级集中管理制度,统一城乡教师工资发放标准,提高教师待遇,缩小城乡差距。建立农村义务教育经费保障机制,调整财政支出结构,实现义务教育全部免费。建立全覆盖、全过程的助学扶贫机制,先后为区内大学生提供生源地信用助学贷款 1229.2 万元,普通高中和职业学校资助学生总数 5482 人,资助金额累计 351.8 万元。

第五章 教育基础设施

第一节 校 舍

新中国成立初期,域内学校占地狭小,校舍简陋,多数学校都是由土改时没收地主富农的房屋改造而成,或借用民房使用。1955 年,由日照县财政拨款,在岚山头小学建俄式教室 6 间,白墙、红瓦,拱型玻璃门窗。以后多年,域内各学校建设以修补为主,学校内布局杂乱、房屋低矮、采光不足、通风不畅。室内桌凳以平板条桌、长条凳居多,有学生自带的饭桌、杌子,还有的用支起的条石课桌,学生坐石块上课。1958 年,国家投资建国办中学,教室、宿舍、办公室、伙房、操场等的规格、布局都有统一标准,课桌凳是俄式斜面双人桌、单凳,宿舍为双层大统铺。

20世纪70年代,采取国家补贴、大队投工筹料、学校勤工俭学收入补充的办法,建起一批联办初中和村办小学,但校舍不足的矛盾仍比较突出,建筑质量差、标准低的校舍得不到妥善修理和更新。农村小学长期改变不了“黑屋子、土台子、泥凳子”的状况。据当时统计,坚固适用的校舍仅占48%,不适宜作教室的危破房屋及黑屋子占45%,另外7%是借用的民房。联中、小学的学生使用标准课桌凳的不足40%。从1979年开始,大力开展以“三改造”(改造黑屋子、土台子、泥凳子)、“六配套”(房屋、课桌凳、院墙、大门、厕所、操场）为主攻目标的学校建设工作。1985年，经临沂地区验收达标，域内的学校建设达到了新水平，从根本上改变了办学条件。1988年，岚山头街道发动社会捐资40余万元，在岚山头街道一中建二层教学楼2座，面积800余平方米。1992年岚山头街道一中、碑廓镇一中等学校被日照市教育局命名为“市级规范化学校”。

岚山办事处设立后，为适应普及九年义务教育需要和设学布点调整要求，各乡镇街道广开集资渠道，筹集资金，对设学布点调整后保留的学校进行改造扩建。按照省、市对校建工作的规范要求，建起了教室、理化生实验室、微机室、音乐室、图书阅览室、活动室，岚山头、汾水、碑廓中学还建了阶梯教室。小学大部、中学全部都建成300～400米跑道的标准操场。岚山头街道实现了中、小学校舍楼房化，1995年顺利通过了山东省教委组织的普及九年制义务教育达标验收。碑廓党委、政府把全镇的中学、中心小学、幼教中心、成人教育中心集中建设，形成教育一条街，把2所中学合为1所，先后筹资420余万元，建成面积2万平方米的高标准操场1处、700个座位的电教楼1座；新建2800平方米的钢架结构餐厅，可同时容纳2000名学生就餐，2002年成为域内第一所“省级规范化学校”。

岚山第一中学（原日照四中）从1958年建校到1993年的35年内，校容校貌没有明显变化。1995年，筹资建设4000多平方米教学楼1座，1998年交付使用，容纳24个教学班。1999年建成1600平方米宿舍楼1座；2000年建成4000多平方米办公实验楼1座。2000年与日照市第一中学联合办学，扩建了操场，建设了餐厅、学生公寓楼、科教楼，硬化了地面、绿化美化了校园，基本达到省级规范化学校要求。

2004年，日照三中划归岚山管理。区政府连续对2所高中投入巨资，修建校舍，增加教学设施，改善办学条件。建立农村中小学校舍维修改造长效机制，落实校舍维修改造资金，并对资金实行项目管理。2007年，全区完成教育发展性投资5308万元，新建校舍5.51万平方米。主要有：黄墩镇投资1220万元，新建4250平方米的学生餐厅楼1幢、总面积8015平方米的学生公寓楼2幢和总面积3167平方米的教师公寓楼2幢；巨峰镇投资610万元，新建5572平方米的中心小学教学楼；高兴镇投资862万元，新建总面积6630平方米的初中、小学教学楼；后村镇投资840万元，新建6500平方米的初中教学办公楼；安东卫街道投资1300余万元，新建9000多平方米的明珠路小学教学楼1座；虎山镇投资340万元，新建2569平方米的学生餐厅和1354平方米的日钢第一希望小学校舍。在全力推进全区中小学布局调整的同时，区政府投资1500万元，建成1.2万平方米的教育综合办公楼；另外还投资913万元，拆除D级危房3772平方米、隔离D级危房2038平方米，维修C级危房16848平方米，重建校舍9824平方米。

图30-6　巨峰镇新建中心小学教学楼　（摄于2008年）

2008年继续加大农村义务教育学校的危房改造工作力度，共投资2008万元，消除D级危房6611平方米，修缮12531平方米。

2009年全区投入资金807.6万元，新建校舍5222平方米，维修1.26万平方米，域内学校危房全部消除。后村镇和巨峰镇政府为解决中小学生就餐问题，分别投资建成了学生餐厅楼。开展农村中小学校“211 工程”（2 热：热水、热饭；1 暖：取暖；1 改：改厕）试点工作，首批 7 个项目和第二批 4 个项目共完成投资 395 万元（其中中央资金 100 万元，省级资金 175 万元，市级资金 55 万元，区级资金 65 万元）。

至 2012 年，全区 20 所中学合并成 12 所，71 所小学合并为 50 所，改造危房 8 万平方米，新建楼房 11 幢，有多功能餐厅 4 座，阶梯教室 4 座，实施了 24 个“211 工程”项目；区第一中学投资 3000 多万元，完成了科教楼、餐厅楼、学生公寓、运动场地等基础设施建设，教学硬件设施全面完善；区职业中专完成基础设施投资 5000 多万元。

图 30-7 岚山一中学生餐厅 （摄于 2012 年）

第二节 教学设施

新中国成立前，由于战争频繁，办学经费筹措困难，学校教学设施极为简陋。新中国成立后，国家在教育经费中每年拨出一定款项，用于教学设备的购置，但由于教育事业发展较快，资金不足，绝大多数中小学教学设施水平一直较低。“文化大革命”中，各种教学设施遭受严重破坏。1993 年前，由于学校分散，校舍不足，多数学校无实验室及多功能教室，教学设施不能满足教学需要。

1993 年岚山办事处设立后，以政府为主多方筹措资金，对中小学的内部配套设施进行改善。1993 ～ 1996 年，经过 4 年努力，除虎山二中、三中以外，岚山办事处 4 乡镇街道内其他初中、中心小学均按国家一类标准配备各科教学仪器、图书资料和音、体、美教学器材，村办小学按国家二类标准配备了各科教学仪器。小学均有 1 处教学仪器室、实验室，中学建有物理、化学、生物教学实验室、仪器室。

1998 年，碑廓一中、二中率先实现了“二机一幕”（电视机、录音机、银幕）进课堂，“四机一幕”（电视机、投影机、录音机、放像机、银幕）进电教室，同年被日照市教委命名为“日照市电化教育示范学校”。2000 年，办事处科教委印发《岚山办事处电化教育示范学校标准及验收办法的通知》，开展“处级电教示范学校”创建活动。碑廓镇中心小学、虎山镇中心小学成为“日照市电化教育示范学校”；岚山头街道、安东卫街道的所有中、小学，碑廓镇的所有小学以及虎山镇的东湖小学、韩家营子小学、韩家村小学、潘家村小学、第四初级中学，实现了“二机一幕”进课堂，“四机一幕”进电教室，成为“岚山电化教育示范学校”。

2001 年，岚山头街道一中配备多媒体设施 7 套，微机 60 台，与北大附中联网教学。岚山头街道二中配备 1 套多媒体教学设施、

图 30-8 学校语音室 （摄于 2005 年）

40台微机的微机教室和30台微机的教师电子备课室，并连接互联网。安东卫街道一中、二中、中心小学、第三小学均配备1套多媒体教学设施，并各建成装备30台微机的教室。

2002年，碑廓镇中学建成2处配备60台电脑的微机教室，1处配备20台电脑的教师电子备课室。教师人均1台微机，建成校园网，连接互联网，实行网络教学。

至2003年，岚山办事处有5所学校建立多媒体教室，被命名为市级电化教育示范学校，所有中小学都成为不同层次的电化教育示范学校，碑廓镇中学、安东卫街道一中相继建立电子备课室，岚山中小学教育教学进入“电化教育”新阶段。碑廓镇中学被山东省教委、省电教馆命名为“省级电化教育示范学校”。

2008年，全区12所初中按教育部〔2006〕16号文件规定的基本配备标准，投资72万余元将理、化、生教学仪器配足配齐。2009年，通过日照市政府招标采购配齐全区小学教学仪器。2008年，投资320万元建成“岚山教育”城域网，投资305万元建成全区教育信息中心和学校安全远程监控系统，为学校安全工作和教育教学工作提供新平台。至2012年，全区中小学都建有计算机教室，所有学校至少有1处多媒体教室。中心小学以上学校普遍有专门网络管理系统，全区中小学校均能按国家规定开设信息技术教育课。

图30-9　学校实验器材室　（摄于2012年）

第六章　教师队伍

第一节　队伍发展

抗日战争时期，抗日民主政府在安东卫、二朱曹、碑廓成立中心小学，较大村庄设抗日小学，在碑廓王家庄设立“抗日子弟学校”。各类学校教师由政府派遣或由各村聘任，具体数目不详。1952～1953年，先后招考录用一批知识青年和民办教师，经过短期培训分配到小学任教，初步建立起一支能够担负本地全日制小学教学任务的教师队伍。此后，中小学教师主要来源于2条渠道：各级师范学校毕业的学生和从社会上招用民办教师。

岚山民办教师队伍发展，出现过两个高峰期。第一次是1958～1960年上半年，随着“大跃进”和人民公社化进程，各村（大队）纷纷办起小学，民办教师数量激增。1961～1962年，贯彻“调整、充实、巩固、提高”的八字方针，为减轻国家负担，支援农业生产，提高师资质量，对教师队伍进行精减与调整，多数民办教师、代课教师和部分公办教职工退职回家参加农业生产（公办教职工后来又逐步恢复工作）。

第二次高峰出现在1969～1972年。1968年年底，农村小学公办教师下放，不少在本地任教的外地教师被迁回原籍，缺额由民办教师顶替。1971年，按照“上初中不出管理区，上高中不出公社”的要求，联办中学增加，师资从原有小学、初中教师中层层拔高，不足的由大队选用民办教师，教师队伍整体素质下降。自1978年开始，不断对教师队伍进行整顿。1980年、1984年两年辞退部分民办教师，同时在民办教师中招收公办教师,教师队伍的素质有所提高。

1999 年,岚山办事处辞退代课教师 356 人。到 2002 年年底,全处民办教师考入师范院校 84 人,转为公办教师 397 人。

为实现“普及九年义务教育”目标,1994 年 9 月岚山办事处与临沂师专联合举办岚山大专班,招收学生 162 人,毕业后全部安置到办事处域内中小学工作。1993 ～ 1998 年,累计安置 644 名师范类毕业生从事教育工作。1999 年以后,毕业生安置政策发生变化,实行按需招考的政策,至 2003 年共考录教师 95 人。

2004年岚山设区后,黄墩、后村、高兴、巨峰4镇划入。2007年,岚山区招聘、招考录用54名教师,其中小学教师42人,高中教师12人;2008年,岚山区招聘、招考录用77名教师,其中小学教师60人,高中教师17人;2009年,岚山区招聘、招考录用108名教师,其中小学教师90人,高中教师14人,职业中专教师4人;2010年,岚山区招聘、招考录用85名教师,其中小学教师60人,高中教师11人,职业中专教师6人,幼儿教师8人;2011年,岚山区招聘、招考录用103名教师,其中小学教师63人,实验中学教师10人,高中教师13人,职业中专教师5人,幼儿教师12人;2012年,岚山区招聘、招考录用85名教师,其中小学教师47人,初中教师11人,高中教师9人,职业中专教师6人,幼儿教师12人。

至2012年,岚山区共有教师4210人,其中幼儿教师691人,小学教师1504人,初中教师1594人,高中教师335人,教育局机关26人,职业中专60人。

第二节　教师培训

清末废除科举考试后,日照县即开始训练教员,改进教法。民国时期,利用假期在县城举办教员讲习会、训练班、教学研究会等,以提高教师的业务能力。教师接受培训的机会很少,多靠自学。

1940年,日照县抗日民主政府文教科在麦假期间举办教师短训班,组织学习《山东省教职员服务条例》,围绕“条例”进行教学研究,抗日根据地教员的政治、文化、业务学习逐渐形成制度。主要训练形式是假期集训、平时短训和轮训,学习内容有时事、政治、文化知识和教学方法。1944 年 2 月,日照县抗日民主政府在大坡区大岭村创办短期师范,招收有一定文化程度的社会青年和在职教师。第一期学员 52 人,第二期学员 50 人,学习期 3 个月,结业后分配到各抗日小学担任教员。1947 年,在梭罗树村兴办师范 1 处,招收 20 余名粗识文字的农村青年入学,半年后停办。据不完全统计,1940 ～ 1947 年,共举办教师训练班 18 期,参加学习者达 1300 多人次,先后输送教师到滨海中学、滨中中学师范部学习。

新中国成立后,各级政府都重视在职教师的培训工作。1950年,日照县文教科制定并印发教师学习计划,贯彻落实《山东省小学教师学习方案》,规定教师每月自学36小时,每周集体学习6小时,其中政治学习时间占30%,文化业务学习时间占70%。学习内容:政治方面,主要学习时事政策、毛主席著作;业务方面,学习新民主主义教育理论、教材教法、民主管理等。另外,有计划地抽调教师轮训,以提高教师的业务和文化水平,学习时间是3个月至半年。1953年,贯彻政务院关于整顿和改进小学教育的指示,陆续抽调高小程度的小学教师到各师范学校初师部学习。

1956年5月,日照县函授师范学校成立,在安东卫、碑廓等地设面授点,有初师、中师函授和高师函授2个层次。1958年,在小学教师中开展初师及中师函授学习,间隔3周集中面授一次(3小时),规定学员每周自学9小时,年底授完文学课,并举行了结业考试。

“文化大革命”期间,本地函授教育全部停顿。1977年,函授教育恢复。

1981～1982年,对中师函授进行了2次整顿,考试合格者颁发毕业证书,不合格者保留学籍,可以参加补考。

1983年10月,在教职工中开展学习《邓小平文选》活动。

1984年后,陆续开辟普通自学考试、音像高师教育班、卫星电视高师教育班和中小学教师专业合格证书考试等4条自学考试渠道。

1986年,山东省教育厅和日照市教育局分别对本地进修中学、小学教材教法的教师进行考核验收，合格者获得“教材教法合格证书”。

1992年，山东省教委委托山东省教育学院远距离教育中心在全省中学开展音像本科、专科（又称“三沟通”）学历教育，由省教育学院辅导，曲阜师范大学命题并阅卷，山东省自考办组织考试。

1996年，岚山强化继续教育管理，全面推进教干教师业务培训，制订实施《中小学教师继续教育管理办法》《小学教师基本功训练实施意见》。中小学校长全部取得岗位培训合格证书，全体小学教师参加了教学基本功培训。举办全处小学专职音乐、美术、自然教师培训班，135名小学教师参加了学习。组织全体幼儿教师进行考核及考试，并对1995年分配的教师进行教育法规、教学常规暨大纲、教材的培训。是年，域内各级各类学校教职工1750人通过了各种形式的培训，其中处级培训考核达500人次，另有20名教师考取高师函授。

1997年，在域内学校掀起大练“三笔字”（毛笔字、钢笔字、粉笔字）“简笔画”“普通话”的热潮，抽调50多名骨干教师进行专业培训，组成考评测试小组，定期进行检查，年底98%以上的小学教师通用基本功达标。

1999年2月，开展全处教育系统思想作风整顿活动，教育干部侧重于讲学习、讲政治、讲正气教育，教师侧重于师德教育，铸师魂、倡师德，在教师队伍中营造教书育人、无私奉献的良好风尚。

1999年，投资60万元建立微机培训基地。2000年开始，对全处中小学教职工进行计算机应用能力培训。2003年8月，1880名教职工有350人取得了山东省电子计算机应用能力考核优秀证书，其他人员取得了合格证书，合格率为100%。

2001～2003年，在全处各级各类学校开展“师德建设年”和“教师素质年”活动。组织教师学习教育法律法规和《中小学教师职业道德修养》，以提高师德水平和教育教学能力。2002年，全处有10名教师被评为岚山办事处“十佳师德标兵”。

1994年，日照市教委开展第一批市级骨干教师评选活动，之后每4年一届。岚山科教委同时组织处级骨干教师评选活动，1994～2002年，共计评选出处级骨干教师137人，市级骨干教师62人。1994年，举办岚山办事处中师函授班，挂靠日照市教师进修学校，学制3年，由教师进修学校颁发毕业证书，教学点设在岚山头街道成人教育学校。

2003年，岚山办事处804名小学教师全部取得中专以上学历，学历达标率100%；1012名初中教师中有998人取得大专以上学历，学历达标率98.6%。1995～2003年，共对759名新教师进行岗前培训。

设区后，加强师德培训、师德考核工作，区教育局制定《关于进一步加强教师职业道德建设的意见》和《岚山区中小学教师职业道德考核办法（试行）》，引导和激励广大教师树立正确的世界观、人生观、价值观，增强教师爱岗敬业、教书育人的事业心和责任感。建立学生、家长和社会共同参与的师德考评机制，坚持师德考核与教学业务考核并重，并将师德考核结果作为教师职称评聘、职务晋升、绩效工资发放的重要依据。落实教师继续教育制度，优化专业素质，实施“名师工程”，建立名师、骨干教师、学科带头人“师徒结对”制度，发挥名师引领作用。

加强教育科研工作，制定《岚山区教育科研规划课题管理办法》和《岚山区教育科研管理制度》，实现教研课题从立项、实验到结题等各个环节的规范性管理。成立“城乡教研联合体”，制定联合教研方案，形成“以校为本、城乡联合、网络支持、智慧共享”的机制。教研活动主题有中学的“课堂教学结构优化与实施策略”研究，小学的“语文综合性学习”研讨、“自主互助学习型课堂”研究等。开展优质课评选，引导教师揣摩先进的课程理念、研讨课堂授课的技巧，形成优势学科，推广先进教学模式，培养教学新秀。

2012年，全区中小学共有高级职称教师365人，中级职称教师1720人。各级各类专任教师学历达标率为小学100%、初中98.49%、高中97.08%；职业中专教师高级职称比率为13.16%。

2011年，区教育局开展岚山区第一批区级学科带头人、教学新秀和第一、二、三、四批区级教学能手考核认定工作，经各单位考核委员会考核和区教育局考核委员会复核，共认定区级学科带头人18人、教学新秀27人、教学能手160人。

岚山区第一批学科带头人一览表

表30-3

校别	学科	姓名	单位
小学（10人）	语文	宋友安	岚山区教研室
	品德	郭梅	岚山海州路小学
	数学	吕燕华	岚山头街道童海路小学
	科学	梁允莲	安东卫街道明珠路小学
	品德	司桂香	安东卫街道明珠路小学
	语文	胡雪晴	安东卫街道明珠路小学
	综合实践	岳仁兵	虎山镇中心小学
	数学	林凡红	碑廓镇司田小学
	语文	申秀花	碑廓镇中心小学
	数学	孙开竹	巨峰镇大坡小学
初中（4人）	化学	王涛	岚山头街道二中
	数学	常成军	安东卫街道二中
	地理	牟宗海	安东卫街道一中
	英语	王宗芳	岚山区教育局
高中（3人）	语文	刘仕友	岚山区第一中学
	语文	王洪峰	岚山区第一中学
	化学	李花	岚山区第一中学
成职教（1人）	信息	刘斌	岚山区教育局

岚山区第一批教学新秀一览表

表30-4

校别	学科	姓名	单位
小学（10人）	数学	李敏	岚山头街道海州路小学
	数学	侯传霞	岚山头街道中心小学
	语文	赵贵玲	安东卫街道中心小学
	数学	申加美	虎山镇中心小学
	科学	窦玲	碑廓镇中心小学
	数学	代秀芝	后村镇中心小学
	体育	蔡成斗	后村镇曙光小学
	美术	滕志勇	后村镇中心小学
	体育	丁兆翠	高兴镇尧王小学
	数学	郑桂娜	巨峰镇中心小学
初中（9人）	英语	高晓燕	岚山头街道一中
	体育	崔久团	岚山头街道二中
	物理	朱世山	黄墩中学
	思品	朱传玉	黄墩中学
	生物	汉京银	高兴中学
	语文	梁允红	高兴中学
	物理	任白冰	巨峰一中
	思品	秦绪强	巨峰一中
	语文	郑伟刚	岚山职业中专

续表30-4

校　别	学　科	姓　名	单　位
高中（8人）	生　物	李希伟	岚山区第一中学
	体　育	李宗艳	岚山区第一中学
	数　学	庄艳侠	岚山区第一中学
	数　学	杨纪振	岚山区第一中学
	地　理	陈为迎	岚山区第一中学
	信息技术	冯英丽	岚山区第一中学
	物　理	王建军	日照三中
	化　学	李绪春	日照三中

岚山区第一、二、三、四批教学能手一览表

表30-5

校　别	学　科	姓　名	单　位
小学（49人）	品　德	刘　霞	岚山头街道教委
	品　德	孙兆美	安东卫街道中心小学
	品　德	牟　霞	虎山镇中心小学
	品　德	岳进秀	碑廓镇二朱曹小学
	品　德	丁佰海	黄墩镇蒲汪小学
	数　学	周明良	岚山头街道中心小学
	数　学	葛长英	岚山头街道甜水河小学
	数　学	张丽萍	安东卫街道明珠路小学
	数　学	赵崇凤	虎山镇中心小学
	数　学	黄秀云	虎山镇中心小学
	数　学	秦　云	虎山镇中心小学
	数　学	张守菊	虎山镇夏家村小学
	数　学	魏茂壮	碑廓镇辛兴小学
	数　学	王允强	碑廓镇中心小学
	数　学	司占波	碑廓镇大朱曹小学
	数　学	辛　瑛	黄墩镇中心小学
	数　学	陈祥余	后村镇山河小学
	数　学	宋佰玉	后村镇曙光小学
	数　学	辛友军	后村镇中心小学
	数　学	郑世奎	后村镇中心小学
	数　学	相恒英	高兴镇中心小学
	数　学	梁君茹	巨峰镇中心小学
	数　学	赵贵宝	巨峰镇山北头小学
	体　育	李欣伟	安东卫街道中心小学
	音　乐	洪　薇	岚山头街道中心小学
	英　语	申作华	巨峰镇刘家沟小学
	语　文	苏同美	岚山头街道教委
	语　文	王　源	安东卫街道明珠路小学
	语　文	张维省	安东卫街道仁家村小学
	语　文	李桂娟	虎山镇中心小学
	语　文	杨布云	虎山镇中心小学

续表30-5

校别	学科	姓名	单位
小学（49人）	语文	王丽平	虎山镇中心小学
	语文	秦泗花	虎山镇泥田沟小学
	语文	魏淼	碑廓镇中心小学
	语文	焦自春	后村镇陈家沟小学
	语文	秦玉兰	后村镇山河小学
	语文	李洪叶	后村镇教委
	语文	张萍萍	高兴镇中心小学
	语文	闫娟娟	高兴镇侨心小学
	语文	丁明爱	巨峰镇中心小学
	语文	商玉竹	巨峰镇中心小学
	语文	尚积华	巨峰镇中心小学
	语文	邹为美	巨峰镇中心小学
	语文	滕丽芹	岚山区教育局
	综合实践	高海英	岚山头街道中心小学
	科学	薄自田	巨峰镇山北头小学
	美术	董梅	虎山镇潘家村小学
	美术	乔文花	碑廓镇中心小学
	美术	孙艾香	黄墩镇中心小学
初中（76人）	地理	聂其君	后村中学
	地理	肖光明	后村中学
	地理	徐立辉	高兴中学
	化学	王永华	岚山头街道一中
	化学	滕兆英	碑廓中学
	化学	李宗升	后村中学
	化学	韩治玉	后村中学
	综合实践	甄纪玲	高兴中学
	历史	王万文	岚山头街道二中
	历史	刘涛	虎山中学
	历史	乔世松	碑廓中学
	历史	尹德鑫	高兴中学
	历史	丁相清	巨峰一中
	生物	周文郁	碑廓中学
	生物	林凡兵	碑廓中学
	生物	孟令伟	后村中学
	生物	臧宏伟	岚山区第一中学
	数学	王栋	岚山头街道一中
	数学	刘赛霞	岚山头街道一中
	数学	苏同花	安东卫街道一中
	数学	丁立秀	安东卫街道一中
	数学	王万芹	安东卫街道二中
	数学	秦泗昌	虎山中学
	数学	李志方	虎山中学

续表30-5

校　别	学　科	姓　名	单　位
初中（76人）	数　学	田光师	黄墩镇辛庄小学
	数　学	张　丽	巨峰二中
	数　学	庄光玉	大坡中学
	思　品	李　振	岚山头街道一中
	思　品	王伟英	安东卫街道二中
	思　品	秦萧玉	虎山中学
	思　品	王明锦	碑廓中学
	思　品	宋利年	后村中学
	思　品	张守玲	高兴中学
	思　品	朱秀春	大坡中学
	体　育	姚守年	岚山头街道一中
	体　育	侯世稳	岚山头街道一中
	体　育	杜玉銮	安东卫街道一中
	体　育	庞维会	虎山中学
	体　育	杨开锋	碑廓中学
	物　理	张传利	虎山中学
	物　理	秦泗启	碑廓中学
	物　理	朱世法	黄墩中学
	物　理	郑成路	后村中学
	物　理	赵文亮	高兴中学
	物　理	付　娜	安东卫街道一中
	物　理	苏同翠	岚山区第一中学
	音　乐	焦瑞兰	黄墩中学
	英　语	滕春省	岚山头街道一中
	英　语	陈修香	岚山头街道二中
	英　语	徐玉聪	安东卫街道二中
	英　语	孙正磊	虎山中学
	英　语	魏本锋	碑廓中学
	英　语	朱传提	黄墩中学
	英　语	滕丽彩	黄墩中学
	英　语	韩素云	巨峰二中
	英　语	周　斌	大坡中学
	英　语	王　华	岚山区第一中学
	语　文	万　金	岚山区第一中学
	语　文	王均明	岚山头街道一中
	语　文	王　妍	岚山头街道一中
	语　文	陈令秀	岚山头街道二中

续表30-5

校别	学科	姓名	单位
初中（76人）	语文	冯美芝	安东卫街道一中
	语文	王宝翠	安东卫街道二中
	语文	朱琳	虎山中学
	语文	刘瑞兰	虎山中学
	语文	杨玉永	虎山中学
	语文	秦玉昌	虎山中学
	语文	孙先友	虎山中学
	语文	宋玉娥	黄墩中学
	语文	范丰芬	后村中学
	语文	宋玉娟	后村中学
	语文	魏本红	巨峰一中
	语文	杨伟霞	巨峰二中
	语文	孙英	巨峰二中
	语文	南夫荣	大坡中学
	语文	孙敏秀	安东卫街道二中
高中（18人）	地理	王均波	岚山区第一中学
	地理	相福利	日照三中
	化学	费超峰	岚山区第一中学
	化学	孙钦梅	岚山区第一中学
	化学	宋百刚	岚山区第一中学
	历史	李建祥	岚山区第一中学
	历史	朱荣伟	岚山区第一中学
	历史	王敦华	日照三中
	数学	郑培根	岚山区第一中学
	数学	丰艳珍	岚山区第一中学
	物理	于凤雁	岚山区第一中学
	物理	马立伟	日照三中
	英语	李家菊	岚山区第一中学
	英语	解红心	岚山区第一中学
	英语	马先亮	日照三中
	语文	张继勇	岚山区第一中学
	语文	林宇	日照三中
	政治	王言珍	岚山区第一中学
学前教育（11人）	–	葛云霞	岚山头街道中心幼儿园
	–	马常英	岚山头街道中心幼儿园
	–	赵萍	安东卫街道明珠路小学
	–	王海玲	安东卫街道仁家村小学

续表30-5

校别	学科	姓名	单位
学前教育（11人）	–	郭长玲	岚山头街道中心幼儿园
	–	魏丽娟	安东卫街道中心幼儿园
	–	申媛玲	安东卫街道明珠路幼儿园
	–	张萍萍	碑廓镇中心幼儿园
	–	赵吉云	黄墩镇中心幼儿园
	–	蔡成章	后村镇中心幼儿园
	–	丁艳杰	高兴镇中心幼儿园
成职教（6人）	生　物	黄建立	岚山职业中专
	体　育	曹　晟	岚山职业中专
	物　理	张永福	碑廓成教
	美　术	庞立芬	岚山头街道成教
	计算机	张　霞	岚山头街道成教
	语　文	冯世娟	安东卫街道成教

第三节　教师待遇

工资及补助　晚清时期，私塾先生报酬微薄。其待遇来源大致为：在村塾任教者主要靠公山、学田或学童凑集钱粮解决；在家塾任教者，由聘任者供给；自开门馆的，由前来求学的学童缴纳学费。

民国时期，教员待遇来源除政府拨款外，还靠学田收入、基金利息和税收附加解决，各类学校的教师薪俸多少不一，差别较大。

抗日战争时期，根据地的教师待遇同党政机关工作人员一样，实行供给制。供应物品有给养、烧柴、衣服、鞋袜，另发数量较少的日用津贴，教师家中的土地由本村安排代种。1944年，在部分村庄举办民办小学，并从本村选拔民办教师，对他们的待遇实行“以劳力换智力，代耕代种”的办法解决(变工制)。

1947年后，教师待遇改为薪粮制，月薪粮最低者60公斤左右，高者100公斤左右。

1949年10月至1952年，教师待遇仍实行薪粮制，每年标准不一。

1953年，实行“工资分”制，教师最高者每月120分，折合28.33万元旧币(相当新币28.33元)；最低者每月65分，折合15.367万元旧币(相当于新币15.367元)。

1955年年底，改制调资，将工资分制改为货币工资制。月平均工资24.70元。1956年，进行工资改革，评比定级，按劳取酬，平均月工资为37.58元。

1966～1976年，多数教职工工资未有提高。

1977～1979年，先后3次对教职工工资进行调整。1981年每月人均工资普遍提高7.83元。自1985年1月1日起，中小学教职工工资标准按照理顺后的新标准执行，平均每人每月增长17.28元。

1988年6月，实行职称评聘后，教师工资与职称挂钩。同年，又将中小学教师工资标准提高10%。到1990年，教师工资又有2次调整，平均每人每月增加23元。1992年，将1985年以前参加工作的教职工普调一级工资。至1993年，岚山办事处公办中小学教职工年人均收入为1664元。

1993年至2003年3月，实行分级办学、乡镇管理的教育管理体制，教师工资全部由乡镇街道发放。自1993年工资制度改革后，公办教师工资逐年增长。

民办教师补助从1973年起，由原来的初中每人每月5元、小学2元，分别提高到每人每月16元和13元(其中8元交大队，大队按“整劳力”标准记工分，发给粮食和年终分红)。1980年后农村实行土地承包制，民办教师在本村都有承包土地，民办教师补助费全部发给本人。1981年10月起，中小学民办教师补助费平均每人每年增加50元，加上从1979年始每人每月享受的副食品补差2.5元，平均每人每月实际由国家补贴给初中教师22.5元，小学教师19.5元，另外再由大队给予相当于同等劳力年经济收入的补贴。据1988年年底统计，本地民办教师工资为国家补贴(中学每人每月23元，小学每人每月20元)，加所在乡镇每年对每名民办教师补贴800元以上，岚山头街道民办教师人均年补贴超过1500元。

1995年，国务院要求民办教师待遇必须达到当地人均收入1.8倍的标准，1997年岚山头街道首先达标。

自2003年4月教师工资上划到办事处管理后，实现了按月足额发放。

从2004年10月开始，岚山区把乡镇教师的工资纳入区本级预算，并进行直接发放。全区中小学教师的工资、津贴、补贴统一标准，由财政局按月及时足额拨付。教师的养老保险金、医疗保险金、住房公积金由财政部门统一按时分别拨付到区劳保事业处、医保处和住房公积金管理中心，全区一个计算标准。2008年人均月工资3286元，比2007年高809元。2012年人均月工资4367.84元，比2011年提高203元。

福利待遇 1953年，岚山首次在教职工中评发福利费。

1965～1978年，福利费标准为工资额的2.5%。1979年，福利费标准提高，每人每月1.5元。同年，每人增加夏季降温费3元，冬季取暖费12元。1998年后，降温费12元，取暖费24元。自2008年实行阳光补贴后，取消降温费、取暖费。

1952年7月，教职工实行公费医疗，患病教师的诊疗费、医药费、住院费均由公费拨付。1993年开始，只有公办教师重病号享有公费医疗，部分教职工的医疗费按比例自付。2002年，疾病医疗纳入社会化保障体系，取消公费医疗，设立个人账户和集体账户，并分年龄段按比例统筹，同时设立大额医疗保险。此政策一直延续至2012年。

第七章 教育质量

第一节 教育督导评估

自1998年起，根据《中华人民共和国教育法》《中国教育改革和发展纲要》及国家教委、山东省委、省政府有关文件的规定，建立对普通中小学、幼儿园的督导评估制度，以督促政府及有关职能部门进一步贯彻“科教兴国”战略，履行职责，转变职能，加强对教育工作的领导和管理，不断改善办学条件，办好每一所学校(幼儿园)；督促、指导学校(园)遵循教育法律、法规、方针、政策和教育规律，深化教育改革，优化学校管理，规范办学行为，提高办学水平，全面实施素质教育，全面提高教育质量。对中小学、幼儿园的督导评估，采取学校(幼儿园)自评与督导机构督导评估相结合的方法。建立学校(幼儿园)自评制度，每年自评一次，县(市、区)督导机构在学校自评基础上定期对初中、小学和幼儿园进行综合督导评估。

2005年起，区政府教育督导室根据《山东省普通中小学幼儿园督导评估工作制度》和《日照市小学办学水平督导评估实施细则》，每年度一至两次对本辖区各级各类学校进行督导评估。

2009年11月，为全面实施素质教育，加快推进课程改革和教育现代化进程，提高教育教学质量，促进学校办学特色的形成，促使基础教育迅速健康发展，岚山区制定《日照市岚山区中小学素质教育评估方案》，用自评与他评、过程评估与终结评估、定性评估和定量评估等方法评估学校教育质量。评估信息采集来自教师、学生、家长，既重视集中评估信息，又关注随机督查的反馈信息，尽可能扩大信息采集面，增加随机性，力求评估科学、客观、公正。

为发挥督导评估的激励和导向作用，督导评估结果（计分、结论与报告）一并上报区人大、政府、政协及有关部门和领导，必要时，通过新闻媒体和信息网络向社会公布，同时存入教育行政主管部门和学校档案，作为学校评先、绩效工资兑现、校长任期目标考核和年度考核的重要依据。

第二节　素质教育

1993 年前，岚山境内学校以文化课教育为主，中学一般每周安排 2 节体育课、1 节音乐课。小学强调“好好学习，天天向上”，中、小学提倡“五讲四美”“三热爱”。

1994 年，第二次全国教育工作会议提出在全国各地抓素质教育教改实验区，岚山开始重视素质教育，但没有形成总体推广局面。

1999 年第三次全国教育工作会议召开后，岚山素质教育进入全面推广阶段，课程安排加大了非文化课内容，重视学生的身心健康教育和综合能力培养，音、体、美课程在升学考试中增加了分值。

2007 年 1 月，山东省政府颁发《关于大力推进素质教育的意见》，素质教育成为教育工作主题。开展高中阶段教育改革：改革高中招生考试评价体系，完善高中学业水平考试制度，制定高中学校管理基本框架，规范高考信息管理，推进高中课程改革。建立与学前教育、高中阶段教育相互衔接的义务教育阶段学生学籍电子管理系统；规范学校办学行为，引导中、小学校按照素质教育的要求办学施教；强化义务教育阶段的课程改革，为高中素质教育奠定基础；深化中考制度改革，建立以素质教育为核心的教学评价体系、素质评测制度和质量监控制度。

道德教育　组织学生开展“拒绝网吧”活动，自觉抵制不良信息的危害。组织“六个一”实践活动，即读一本适合自己年龄特点的书籍，为身边的亲人做一件实事，学习一项生活技能，向周围的人进行一次反分裂、反邪教宣传，参加一次公益活动，了解一种生物的生长过程。组织中小学生参观爱国主义教育基地，开辟特色旅游，推出寓教于乐的“革命传统教育游”“名人故居游”“绿色环保游”等传统文化和民族精神教育活动。围绕创建文明岚山，开展“爱岚山、洁家园”活动，清理卫生死角。利用寒假、暑假、“五一”“六一”“国庆”等节庆时间，举办“未成年人电影周”，广泛组建教育小艺术团。充分运用现代教育技术手段，设立青少年思想道德建设网页或栏目。

开展创建“示范家长学校”活动，全区中小学校、幼儿园的“家长学校”办学率达到 100%。制定《家长学校管理办法》，确保家长学校规范有效运作，建立家长联系手册或联系卡，形成学校、家庭、社会“三位一体”的教育合力。组织举办家庭教育专家讲座、送家教知识下乡、“合格家长，育合格人才”报告会、家庭教育经验交流会等活动，交流教育孩子的成功做法，通过现身说法、示范引导，帮助家长树立全新的人才观、亲子观和教子观。

2009 年，区教育局与区法院、妇联、团委、司法、公安、工商、文化等部门、单位联合，组织学生开展“做一个有道德的人”主题实践活动，推动道德情感教育全面实施，营造快乐健康和谐校园，培养学生尊重自己、尊重他人、尊重知识、尊重规则的良好道德情操。在家庭，开展“孝敬父母、体验亲情”活动；在学校，开展“和谐校园”活动；在社会，开展争当“爱心小天使”“社区小义工”“文明小使者”活动，形成“爱心奉献”的良好风尚。

2008 年，岚山区被中央文明委表彰为“全国未成年人思想道德建设先进单位”，2011 年承办了全市农村素质教育现场会，2009 年承办全市农村学前教育现场会，2010 年获“山东省学前教育先进区”称号。2009 ～ 2012 年，全区共评选表彰 10 所示范家长学校，未成年人思想道德建设 100 名文明教师、100 个文明班级、100 名“道德之星”。

体育教育　加强对体育教学和课外文体活动的指导、检查，认真落实《国家学生体质健康标准》的测试和数据上报工作。严格落实课程方案，确保学生在校每天集体体育锻炼不少于1小时。组织各学校老师参加全市的广播体操培训，在所有中小学推广第三套广播体操。

组织全区中小学生校园集体舞比赛，活动分小学、初中、高中3个组别进行，统一规定比赛内容。推动“阳光体育运动”开展，每年度举办全区中小学生“阳光体育大擂台”比赛。中学组以学校为单位、小学组以乡镇街道为单位参赛，竞赛分为中小学男子组、女子组，参加竞赛类(个人双摇跳绳、仰卧起坐、个人盘踢毽、立定跳远)和挑战类(足球1分钟颠球、乒乓球1分钟颠球、1分钟踢毽子)7项比赛。

每年举行全区中学生篮球赛和小学生乒乓球比赛，选拔优秀运动员参加日照市中学生篮球赛和中小学生乒乓球比赛。每年度各乡镇街道教委安排中心小学组织举办乡镇街道小学生运动会；组织中学代表队举办全区中学生春季田径运动会，并选出运动员参加日照市运动会。2008年，岚山区代表队在日照市运动会上分获初中区县组和高中组的团体总分第二名和第四名，并获体育道德风尚奖。黄墩中学的秦向华在男子初中组5000米和1500米比赛中获得2项第一，安东卫二中的董峰在男子初中组全能比赛中获得全市第一名。

卫生教育 贯彻落实教育部新规定的《中小学健康教育指导纲要》，全区各级各类学校不断改善教学卫生、环境卫生条件，确保学校的采光照明、课桌椅、水池、厕所等设施符合卫生标准。开展青少年生理科普知识教育和心理健康咨询指导，每个学校都开设“心理咨询室”或“心理咨询热线电话”，建立合格卫生室。落实《中华人民共和国食品卫生法》，定期向学生进行餐饮卫生教育，按卫生部颁发的《学校食堂与学生集体用餐卫生管理办法》的规定要求，建立学校食品卫生安全责任制度，学校食堂实行量化分级管理。区教育局随时对卫生安全状况进行抽查，确保学生在校饮食安全。根据日照市教育局、卫生局《关于印发全市学校卫生专项检查工作实施方案的通知》，加强对各级各类学校、幼儿园食堂及校内其他餐饮单位、小卖部的供水设施、传染病防治等工作的检查。日照三中创建A级食堂并通过省级评估验收。

全区中小学全部开设健康教育课，把做好眼保健操、晨检制度纳入到常规管理之中。全面推行新的眼保健操，加强青少年近视眼防治；组织开展“艾滋病日”宣传活动，保证防艾滋病教育开课计划落实。开展中小学生禁毒宣传教育活动。开展学生常见病、多发病、传染病的经常性防治工作。对全区中小学校长、疫情报告人进行培训，采取以切断传播途径为主要手段的综合防治措施，全力做好手足口病的防控工作。

艺术教育 贯彻《学校艺术教育工作规程》，按照教育部和省教育厅《关于加强和改进中小学艺术教育活动的意见的通知》要求，组织艺术教师参加培训学习，提高艺术教学水平。全区中小学校配备艺术教育设施设备，在开全艺术教育课程、开足课时的基础上，开展丰富多彩的学生艺术活动。组织参加全市中小学生声乐比赛、艺术作品展评和全区少儿才艺大赛等活动。

国防教育 贯彻实施《小学、初中国防教育纲要》《学校国防教育常规》和《中华人民共和国国防教育法》，组织中小学生开展国防教育实践活动。每年8月底和9月初，全区部分初中新生和两处高中的高一新生都要进行军训，高中学校落实《高级中学学生军事训练教学大纲》，完善国防教育制度措施，做到人员、内容、课时、制度“四落实”，对提高学生身体素质、增进学生的爱国主义和集体主义精神、培养学生之间团结合作精神起到了促进作用。组织学生参加中小学生国防知识竞赛活动和人民防空知识培训。各学校在八一建军节、国防教育日等节日都举办庆祝活动，对学生进行国防教育宣传。

安全教育 组织全体学生开展防火、防溺水、防食物中毒、防暴力、防触电、防交通事故等方面的安全教育活动。

第三十一编　科学技术

新中国成立前，境内工业主要是铁木业、修造渔船等民间传统手工业，科技发展处于较低水平。新中国成立后，随着科技队伍的壮大，科技成果引进推广和科技研究均取得较大成就，农业和海水养殖、育苗方面的科技成就尤其突出。岚山设区后，区委、区政府先后制定一系列推动科技进步的政策措施，建立和完善科技进步支撑体系，在高新技术产业、工业、农业、社会事业等领域，强化科技进步的引领和支撑作用。2007年、2009年、2011年连续3次顺利通过两年一度的全国科技进步考核。2009年被科技部表彰为“全国科技进步先进区”，2010年被山东省科协表彰为“全省科普惠农示范区”，2011年再次被科技部表彰为“全国科技进步先进区”，2012年被科技部表彰为“全国科技富民强县专项行动计划示范区”。

第一章　科技管理

第一节　管理机构

1993年6月，岚山办事处科学技术教育委员会（简称岚山科教委）成立，兼有科委、科协、地震局职能，下设科技科普科。2004年11月，设立日照市岚山区科学技术局（简称区科技局），与日照市岚山区科学技术协会（简称区科协）合署办公，加挂日照市岚山区地震局牌子，下设办公室和科技科普科2个职能科室。2005年12月，设立日照市岚山区科技生产力促进中心，为正股级事业单位，全额财政拨款，隶属于区科技局管理。2011年10月机构改革，区科技局下设办公室、科技地震科（挂行政服务科牌子）2个职能科室。2012年，共有在编人员11人，其中，行政编制4人，事业编制6人，工勤编制1人。

第二节　科技队伍

岚山建立办事处设立前，岚山科技队伍以教师和乡镇农业技术人员为主。办事处设立后，随着有关工业项目的投产，开始引进专业技术人才，接收大中专毕业生。

1998年，岚山办事处命名表彰38名专业技术拔尖人才，制定《专业技术人才管理办法》，为碑廓镇、虎山乡续聘科技副职，为汾水镇选聘1名科技副镇长。选派15名农业生产一线青年作为科技后备人才到山东农业大学深造。

1999年，聘请2名教授为办事处和岚山头街道的科技顾问，制定了《关于对村（居）委科技主任进行换届的意见》，完成了村（居）科技主任换届，164个村（居）配备了科技主任。

至2003年年底，全岚山办事处人才资源总数为4953人（科技人才未单独统计，下同），占总人口的2.6%。

至2010年年底，全区人才资源总数为23255人，约占全区总人口的5.5%，其中，党政机关6098人（研究生学历129人，本科学历631人，专科学历1163人；高级职称631人，中级职称2433人），规模以上企业17157人（研究生学历68人，本科学历4900人，专科学历8600人；高级职称132人，中级职称2630人）。

第三节　科研机构

2004年设区前，岚山没有专门的科研机构。2007年6月，岚山第一家民办科研机构成立。至2012年年底，全区共有民办科研机构5家。

山东黄海岛屿生物资源保护与利用研究所

2007年6月由中科院海洋所与岚山黄海养殖公司联合建立，有专兼职技术人员20人，其中，本科学历4人，研究生以上学历7人；高级职称8人，中级职称4人。拥有110千瓦“监测1号”“监测2号”等中型调查船4艘，多功能吊装驳船1艘，662千瓦的高速多功能考察船1艘。主要以岚山区前三岛海域为研究基地，研究岛屿生物资源保护与开发的原理与技术，承担国家和地方有关岛屿资源和环境等领域的科研项目。在前三岛海域拥有86公顷实验海区，划分为围岛海珍品底播养殖区、人工渔礁区，投放人工鱼礁60多处，建设深海筏架养殖区4公顷，底播海参3000多万头，形成藻—鲍—参—贝底播混养的生态格局，年产优质鲜参1000吨以上。

该研究所是首批加入全国“现代海水养殖产业技术创新战略联盟”的科研机构，承担国家科技支撑计划和山东省自主创新重大专项等重点科技项目，取得“浅海典型生境高效生态增养殖技术研究与开发”等科技成果8项，研发“典型岛屿海域增养殖功能群构建”“人工鱼礁增养殖”等新技术5项，申请国家发明专利10余件，发表科技论文5篇。

日照市百满茶叶研究所 2008年9月依托日照市百满茶业有限公司成立，属民办科研机构。是针对茶叶发展要求实施“产学研”的联盟。构建研究平台，加强人才培训，打造创新团体；开展茶叶抗冻选种、无性繁殖、无公害栽培管理等研究；开展技术推广，服务广大茶农，促进日照绿茶科技成果产业化。与山东农业大学、青岛农业大学等大专院校交流合作，取得“优质桂花茶的研制与开发”等多项成果，申请专利45件，其中发明专利6件。先后引进鸠坑、福鼎大白、浙农113、黄山群体等茶树良种，推广病虫害无公害防治、茶叶机械加工、茶叶清洁化生产等新技术20多项。

日照市兴业日本栗研究所 2008年12月依托黄墩镇林果站成立，属民办科研机构。有技术人员7人，主要从事日本栗生产推广、技术开发、技术服务和良种选育等研究，取得多项科技成果，在省级专业刊物发表论文多篇。主持“日本栗多头高接换优技术及推广”项目，获2009年日照市科学技术进步一等奖。推广日本栗科学实用技术，举办日本栗生产管理培训。先后在黄墩镇南陈家沟、寺后村建成1000亩优质日本栗良种示范园，在黄墩镇孔家村建成500亩优质日本栗科普生产示范园。应用人工授粉技术，座果率提高27%；应用综合防治病虫害技术，使烂果率减少到2%；应用早期丰产技术，使果园提前1～2年见效益。2009年、2010年高接换优日本栗8000亩。

日照市岚山区景阳青茶叶研究所 2009年10月依托日照市岚山区景阳青茶园成立，属科技类民办非企业单位。有专兼职科技人员15人，主要业务范围是优质茶树良种选育、茶叶生产管理、茶文化交流等。

日照市岚山区茶叶科学研究所 2010年12月由日照市岚山区茶业管理办公室举办，属科技类民办非企业单位。有专、兼职科技人员20人，主要业务是茶树种质资源研究、新品种选育推广、生态茶园建设、茶叶深加工及标准化生产等，同时向茶农宣传茶叶经济信息与科技信息，配合组织茶事活动，开展茶文化发掘、整理和研究。

第四节 科研项目

1994～2003年，岚山办事处共承担省级以上科技计划项目21项，其中国家星火项目1项，省级星火项目3项，省级攻关项目9项，省级科技兴海项目6项。

2005～2012年，岚山区共承担省级以上科技计划项目42项，其中国家级11项，省级31项。

1994～2003年岚山办事处承担省级以上科技项目一览表

表31-1

项目名称	承担单位	实施年份	项目类别
高档日照茶产品开发	安东卫茶厂	1994	省级星火项目
山东南部浅海紫菜养殖试验	岚山头街道水产工作站	1994	省级攻关项目
五千亩浅海综合养殖高产技术开发	岚山头街道水产总公司	1994	省级科技兴海项目
秸秆生物饲料生产技术开发试验	吉利来实业有限公司	1995	省级攻关项目
农作物秸秆多层次综合利用技术开发试验	碑廓镇政府	1996	省级攻关项目
持续高效农业模式研究与示范	碑廓镇政府	1996	省级攻关项目

续表31-1

项目名称	承担单位	实施年份	项目类别
农作物秸秆颗粒饲料	吉利来实业有限公司	1996	国家星火项目
高档大理石卫生洁具开发	志信大理石洁具有限公司	1996	省级星火计划
大理石粉制取高档洁具及其关键材料技术开发试验	志信大理石洁具有限公司	1997	省级攻关项目
前三岛深水水域养殖技术试验	岚山头街道水产工作站	1997	省级攻关项目
秸秆技术生物饲料应用技术研究	吉利来实业有限公司	1997	省级攻关项目
淀粉食品精深加工技术开发	圣公实业有限责任公司	1997	省级星火项目
岚青系列名优茶新产品试制	岚山林业局	1997	省级攻关项目
栉孔扇贝速生高产与深加工技术开发	海州路黄海养殖公司	1997	省级科技兴海项目
刚松沿海基干林带营造技术研究	岚山林业局	1998	省级攻关项目
即食星鳗鱼精深加工技术开发	岚山黄海冷藏厂	1999	省级科技兴海项目
海水养殖新海区开发	海州渔工贸集团总公司	1999	省级科技兴海项目
深水网箱养鱼技术开发	岚阳渔工贸集团总公司	2000	省级科技兴海项目
文蛤南苗北移新滩涂养殖高产技术开发	岚阳渔工贸集团总公司	2001	省级科技兴海项目
年产450吨液体Si-69硅烷偶联剂项目	岚星化工有限公司	2001	省科技中小型企业创新基金
条斑紫菜育苗、养殖及精深加工产业化	岚阳渔工贸集团总公司	2002	省农业良种产业化

2005～2012年岚山区承担省级以上科技项目一览表

表31-2

项目名称	承担单位	实施年份	项目类别
淡水和低值海水鱼类深加工与综合利用技术的研究开发	昌华集团有限公司	2005	国家科技项目
浅海典型生境高效生态增养殖技术研究	岚山黄海养殖公司	2006	国家科技支撑计划
筏式养殖工程设施及生态养殖技术	岚山黄海养殖公司	2006	国家863计划
Hismelt直接熔融还原炼铁工艺技术引进再创新研究	日照钢铁控股集团有限公司	2007	国际科技合作重点项目计划
硅烷Si-69技术工艺研究	日照岚星化工工业有限公司	2008	国际科技合作计划项目
基于酶解超滤技术的高纯度硫酸软骨素	山东众山生物科技有限公司	2009	国家科技创新基金项目
岚山黄海养殖公司养殖基地建设	岚山黄海养殖公司	2009	国家科普惠农兴村计划
高纯γ-氯丙基三乙氧基硅烷高效环保生产技术	日照岚星化工工业有限公司	2011	国家创新基金项目
福民4H-2型花生收获机	日照福民收割机制造有限公司	2011	国家创新基金项目
基于超滤层析分离技术的尿促卵泡素	山东众山生物科技有限公司	2012	国家创新基金重点项目
岚山区十万亩茶叶优质安全标准化生产基地建设	岚山区政府	2012	国家科技富民强县项目
绿茶浓缩汁制备工艺与系列绿茶保健饮料的研制	凯越生物科技有限公司	2005	省科技攻关项目

续表31-2

项目名称	承担单位	实施年份	项目类别
高档名优绿茶开发	共青茶厂	2005	省科技攻关项目
硅烷偶联剂Si-75	日照岚星化工工业有限公司	2005	省科技攻关项目
日照钢铁熔融还原炼铁生产工艺研究	日照钢铁控股集团有限公司	2006	省高新技术自主创新工程专项资金
白茶白化遗传机理和优质高产栽培技术	凯越生物科技有限公司	2006	省优秀中青年科学家科研奖励基金
低值海水鱼鱼糜生产的高值化综合利用	山东阿掖山集团有限公司	2006	省科技发展计划
低值海水鱼深加工废弃物综合利用技术的研究	日照昌华海产食品有限公司	2006	省科技发展计划
肥料高效利用技术与环境友好型系列茶树专业肥的研制与应用	凯越生物科技有限公司	2006	省科技发展计划
浙农117茶树新品种在山东省的繁育示范	北垛春茶厂	2006	省农业科技成果转化项目
浅海典型生境高效生态增养殖技术研究与开发	岚山黄海养殖公司	2007	国家计划项目，省补助经费
双－(3－三乙氧基硅烷炳基)－二硫化物的制备	日照岚星化工工业有限公司	2007	省科技攻关项目
岚山区10万亩茶叶无公害标准化生产基地建设	岚山区政府	2007	省科技富民强县计划
离心浇筑球墨铸铁管不锈钢内衬技术研究	日照铸福实业有限公司	2007	省高新技术自主创新工程
黄墩镇优质日本栗科普示范基地建设	黄墩镇	2007	省科普惠农示范工程
高酯型儿茶素茶树种质资源筛选、种质创新与新品种选育	日照御园春茶业有限公司	2007	省农业良种工程
前三岛水域人工鱼礁渔业增殖技术研究及开发利用	岚山黄海养殖公司	2008	省科技发展计划
优质岚芹良种选育及关键栽培技术研究	岚山区农业技术推广站	2008	省农业良种工程
岛屿海域刺参增养殖关键技术研发与应用	岚山黄海养殖公司	2009	省自主创新成果转化重点支持项目
茶树适密适矮区田栽培高效低耗肥水供给技术体系研究与示范	凯越生物科技有限公司	2009	省科技发展计划
硅烷Si-69技术工艺研究	日照岚星化工工业有限公司	2009	省科技发展计划
焦炉焦电多联产工艺中的余热利用技术研究	山东日照焦电有限公司	2010	省自主创新成果转化重大专项
纳米维生素自微乳低能耗制备关键技术	山东海能生物工程有限公司	2010	省科技发展计划
万吨计硅烷偶联剂中间体制备及系列深加工产品的技术攻关与产业化	日照岚星化工工业有限公司	2010	省自主创新成果转化重大专项
全省科普惠农示范区建设	区科协	2010	省科普惠农示范工程
巨峰绿茶协会建设	巨峰镇	2010	省科普惠农示范工程

续表 31-2

项目名称	承担单位	实施年份	项目类别
高纯γ-氯丙基三乙氧基硅烷高效环保生产技术	日照岚星化工工业有限公司	2011	省创新基金项目
北方茶树抗寒良种选育与产业化开发	日照碧波茶业有限公司	2011	省自主创新成果转化重大专项
山东茶区茶叶高效安全生产技术集成与示范推广	日照浏园生态农业有限公司	2011	省农业科技成果转化项目
基于酶解超滤技术的高纯度硫酸软骨素产业化	山东众山生物科技有限公司	2011	省自主创新成果转化重大专项
风力发电用旁路磁饱和可控性电抗器	鲁圣电器设备有限公司	2012	省自主创新成果转化重大专项
高性能轮胎用硅系列偶联剂研究开发与产业化	日照岚星化工工业有限公司	2012	省自主创新专项

岚山设区后，分别于2009年、2010年、2011年、2012年组织开展了4届鼓励扶持科技创新项目评审，立项扶持科技项目76项，扶持资金535万元。

第五节　科技成果

岚山办事处设立后，科技成果显著。1993～2012年，共有51项科研成果获得市级以上奖励，其中，获山东省科技进步三等奖3项，获日照市科技进步一等奖7项、二等奖16项、三等奖25项。

岚山获市级以上科学技术奖励成果一览表

表 31-3

获奖年份	成果名称	获奖等级	获奖单位
1994	岚山栉孔扇贝人工养殖高产高效技术规程试验	日照市科技进步二等奖	岚山头街道办事处
1995	草粉生物饲料制剂	日照市科技进步二等奖	日照市吉利来实业有限公司
1996	裙带菜、海带立体养殖试验	日照市科技进步三等奖	岚山渔业技术推广站
	几种松树系列容器苗培育技术研究与推广	山东省科技进步三等奖	虎山林业站
1997	基础值管理法研究	日照市科技进步一等奖	日照三木集团有限公司
1998	方便开启止血钳研究	日照市科技进步三等奖	日照市第二人民医院
1999	鲁东南沿海缺水城市供水资源开发利用研究	山东省科技进步三等奖	岚山水利局
	日照浅海紫菜养殖技术开发试验	日照市科技进步二等奖	岚山头街道水产开发总公司
	前三岛深水水域养殖技术试验	日照市科技进步三等奖	岚山头街道水产开发总公司
2000	五种松树子叶数目与早期生长的相关性研究	山东省科技进步三等奖	岚山林业局
2001	高密度高含硫量Si-69生产技术	日照市科技进步一等奖	日照岚星化工工业有限公司
2003	自拟烧伤酊治疗烧伤临床研究	日照市科技进步二等奖	日照市第二人民医院
2006	高炉轴流风机PCBB综合控制优化	日照市科技进步一等奖	日照钢铁控股集团有限公司

续表 31-3

获奖年份	成果名称	获奖等级	获奖单位
2007	QRD2000Ⅲ清洁型焦炉四联拱燃烧室底部余热回收技术与利用	日照市科技进步一等奖	山东日照焦电有限公司
	阀门井工程渗漏水防治工艺及技术应用研究	日照市科技进步二等奖	区水利局
	风力扬水机在山丘区的应用技术研究	日照市科技进步二等奖	区水利局
2008	r-氯丙基三乙氧基硅烷的合成工艺	日照市科技进步一等奖	日照岚星化工工业有限公司
	带分体式清选装置的小型联合收割机	日照市科技进步二等奖	日照福民收割机制造有限公司
	日本栗绿色食品操作规程	日照市科技进步二等奖	岚山区果树站
	日照市乌龙茶机械加工技术研究	日照市科技进步二等奖	日照市御园春茶业有限公司
	日照钢铁综合污水处理	日照市科技进步三等奖	日照钢铁控股集团有限公司
2009	纳米级复合维生素制剂及生产工艺的研究开发	日照市科技进步二等奖	山东海能生物工程有限公司
	降噪降耗的非晶合金变压器	日照市科技进步三等奖	山东鲁圣电器设备有限公司
	静态汽车衡无人值守称重计量系统	日照市科技进步三等奖	中粮黄海粮油工业(山东)有限公司
	"五谷面"系列产品开发及质量控制关键技术研究	日照市科技进步三等奖	日照市圣公淀粉食品厂
	农村户用沼气开发与应用	日照市科技进步三等奖	岚山区农业技术推广站
	小麦测土配方施肥技术研究与推广	日照市科技进步三等奖	岚山区农业技术推广站
	岚山区机械化保护性耕作技术示范推广	日照市科技进步三等奖	岚山区农机推广站
	日本栗多头高接换优技术及推广	日照市科技进步三等奖	黄墩林果开发中心
	日照绿茶最佳贮存条件及专用保鲜剂的研究	日照市科技进步三等奖	日照御园春茶业有限公司
2010	低品质矿高效炼铁新技术	日照市科技进步一等奖	日照钢铁控股集团有限公司
	钢铁企业资源综合利用提高供电自给率的技术	日照市科技进步二等奖	日照钢铁控股集团有限公司
	4H-2花生收获机及微型扶垄机专利产品开发	日照市科技进步二等奖	日照福民收割机制造有限责任公司
	无性系良种茶树栽培技术试验研究及日照茶树冻害及茶叶产量与气候条件关系研究	日照市科技进步二等奖	山东日照碧波茶业有限公司
	1580mm轧机轧制1500mm超宽板技术及连铸坯的高温高效短行程(紧凑型)热送热装技术	日照市科技进步三等奖	日照钢铁控股集团有限公司
	液态深层发酵法制备灵芝多糖口服液工艺及狗鲑鱼皮胶原蛋白提取及纯化技术研究	日照市科技进步三等奖	山东阿掖山集团有限公司 日照昌华海产食品有限公司
	万能孔型法生产槽钢技术研究与应用	日照市科技进步三等奖	日照钢铁控股集团有限公司
	畜禽用纳米微乳复合维生素制剂研究与应用	日照市科技进步三等奖	山东海能生物工程有限公司
	山东省茶叶加工机械化技术创新示范工程项目新产品御园春红茶	日照市科技进步三等奖	日照市御园春茶业有限公司
	"景阳红"条形红茶的研制与开发	日照市科技进步三等奖	日照景阳青茶园

续表 31-3

获奖年份	成果名称	获奖等级	获奖单位
2011	极限薄规格(≤2.0mm)花纹板	日照市科技进步三等奖	日照钢铁控股集团有限公司
	日照名优绿茶、莒州铁观音茶加工生产关键技术研究与开发	日照市科技进步三等奖	区茶业管理办公室
2012	铬合金化英标螺纹钢生产技术	日照市科技进步一等奖	日照钢铁控股集团有限公司
	基于超滤酶解技术的硫酸软骨素产业化开发	日照市科技进步二等奖	山东众山生物科技有限公司
	新型硅烷偶联剂双-(γ-三甲基硅丙基)二硫化物的研发与产业化	日照市科技进步二等奖	日照岚星化工工业有限公司
	大型专项锁具配套研发	日照市科技进步二等奖	日照华源模锻有限公司
	胶管钢丝用钢盘条的研制	日照市科技进步三等奖	日照钢铁控股集团有限公司
	新型深松整地联合作业机	日照市科技进步三等奖	日照福民收割机制造有限责任公司
	在高速线材生产中应用新型夹送辊入口导卫技术提质降损及应用水冷恢复段导槽技术增产增效	日照市科技进步三等奖	日照钢铁控股集团有限公司
	北方绿茶加工成套设备改进技术研究与推广应用	日照市科技进步三等奖	山东碧波茶业有限公司
	多层螺旋CT3D成像对椎动脉解剖变异分型的方法及正常中国成人T11～L1椎体DR形态学研究	日照市科技进步三等奖	区人民医院

2007年3月，为调动科技工作者的创新积极性，营造尊重科技人才、尊重创新成果的良好社会氛围，区政府制定《日照市岚山区科学技术奖励办法》，组织开展科技进步奖评审，对获奖成果进行表彰奖励。至2012年，共组织开展6届评审活动，表彰奖励优秀科技成果141项，发放奖金50余万元。

第六节　知识产权管理

岚山区在机械制造、海洋科技、生物医药、新能源等领域，有一批具有自主知识产权的核心技术。至2012年年底，共申请专利1129件，专利授权量达348件，发展市级专利示范企业5家。全区组织实施“清洁型热回收焦炉桥管专利产业化”“新型榨油设备专利技术开发”等专利产业化项目15项，扶持科技资金100多万元。福民收割机制造有限公司生产的“4H-2型花生收获机”专利项目，通过了省级推广鉴定，并纳入了《山东省2010年农机具购置补贴产品目录》。山东众山生物科技有限公司获得“一种硫酸软骨素的提取方法”“一种从透明质酸发酵液中制备透明质酸钠的方法”等发明专利9件，“高纯度硫酸软骨素”技术采用酶解超滤技术避免反复醇沉，产品纯度达99.8%以上，远高于部颁标准72%，生产工艺达到国际先进水平。

2012年6月，区科技局制定印发《岚山区专利资助资金管理办法》，对专利申请、审查、授权等各个环节给予补助，进一步提高全区专利申请的积极性。对国内发明专利，每件申请资助500元，授权资助4000元；对国内实用新型专利，每件申请资助300元，授权资助500元；没有通过电子申请的专利，按上述标准的70%资助。

第二章　企业科技开发

第一节　高新技术企业认定

1996年，国家科委出台《国家高新技术产业开发区外高新技术企业认定条件和办法》，开展高新技术企业认定，鼓励高新技术产业发展。

2000年，日照岚星化工工业有限公司被山东省科技厅认定为高新技术企业，是岚山首家从事高新技术产业经营的企业，也是岚山首家高新技术企业，主要从事氯丙基三乙氧基硅烷、硅烷偶联剂等系列产品的研究、开发和生产。

2004年，日照铸福实业有限公司被山东省科技厅认定为高新技术企业，主要从事球墨铸铁管、球墨铸铁管件及PE管材的研制与生产。

2004年，日照岚山生化制品有限公司被山东省科技厅认定为高新技术企业，主要从事生物化学原料药和粗品的研发、生产和销售，产品包括硫酸软骨素钠、透明质酸钠、HMG、HCG、FSH、alpha-熊果苷等，其中，硫酸软骨素质量符合最新现行版USP、EP及JPC标准，并在美国FDA取得DMF注册号。

2005年，山东鲁圣电力器材有限公司被山东省科技厅认定为高新技术企业，主要从事变压器、高低压开关、电力自动化控制等专业输变电设备成套生产。

2008年，科技部出台新的《高新技术企业认定管理办法》，对高新技术产业领域进行调整，并按新的办法进行高新技术企业认定。2009年，日照岚星化工工业有限公司、日照众山生物科技有限公司被山东省科技厅、财政厅、国税局、地税局联合认定为山东省高新技术企业。2012年，山东鲁圣电气设备有限公司被山东省科技厅、财政厅、国税局、地税局联合认定为山东省高新技术企业。

2009年7月，区政府印发《关于鼓励和扶持科技创新加快高新技术产业发展的意见》，每年设立140万元的科技创新鼓励扶持资金，在全市各区县中率先建立了科技创新激励机制。通过资金扶持、落实税收优惠政策等措施，支持生物医药等10大领域的科技创新。

至2012年，全区纳入高新技术产业产值统计范围企业13家，分别是：日照众山生物科技有限公司、日照市岚山生化制品有限公司、山东鲁圣电器设备有限公司、日照巨皓橡胶有限公司、山东华海船业有限公司、日照玉石洁具有限公司、日照华源模锻有限公司、日照中意华坤金属制造有限公司、日照市嘉源空调设备有限公司、日照岚星化工工业有限公司、日照信达铁艺有限公司、日照市富元锻造有限公司、日照高山铁艺有限公司；山东省高新技术企业3家，分别是：日照岚星化工工业有限公司、山东众山生物科技有限公司、山东鲁圣电器设备有限公司。

2005～2012年岚山区高新技术产业产值及比重一览表

表31-4

年　份	高新技术产业产值（亿元）	高新技术产业产值占规模以上工业总产值的比重(%)	纳入高新技术产业产值统计范围的企业数量(家)
2005	4.50	3.18	6
2006	14.25	8.04	9
2007	35.83	12.73	9
2008	66.42	12.82	12

续表31-4

年　份	高新技术产业产值（亿元）	高新技术产业产值占规模以上工业总产值的比重(%)	纳入高新技术产业产值统计范围的企业数量(家)
2009	110.29	16.24	23
2010	46.86	5.44	13
2011	55.13	4.87	13
2012	35.67	3.86	13

说明：从2010年开始，全省采用新的高新技术产业产值统计标准

第二节　企业技术创新

改革开放以前，岚山仅有几家冷藏厂和一些绳网加工户，产业门类较为单一，缺乏现代意义上的技术创新。20世纪80年代，随着改革开放的深入推进，岚山海产品加工业和绳网业开始兴起，但只是典型的劳动密集型企业，政府和企业没有开展较为突出的技术创新工作，只是一些渐进式的生产方式改进。20世纪90年代，随着市场经济发展，一些冷藏企业，如山东昌华食品集团有限公司、山东阿掖山食品有限公司等开始转型，引进先进设备，开发生产海洋仿生食品，如模拟蟹肉、模拟扇贝、烤鱼卷、虾丸等。2000年以后，一些资源型、劳动密集型企业经营发展愈发困难，在市场倒逼之下，企业对技术创新的意愿开始增强，特别是设区后，随着钢铁、化工、木材、药品等产业的兴起，产业门类增多，大企业数量增加，岚山技术创新工作取得了长足发展。

2006年11月，山东鲁圣电器设备有限公司与曲阜师范大学电气信息与自动化学院联合成立日照电气自动化工程技术研究中心，成功开发了非晶合金铁芯密封变压器，年节约制造成本300万元。

2007年12月，山东众山生物科技有限公司组建日照众山生物工程技术研究中心，注册资本2120万元，资产规模7200万元，主要从事生物原料药的研发与生产。开发了高纯度硫酸软骨素、透明质酸、尿促性素、硫糖肽、尿激酶等系列产品，使用超滤技术和分子筛凝胶技术，大幅度提高产品纯度和回收率，产品活性高，杂质少，分子结构完整，质量稳定。硫酸软骨素纯度达到99.8%，达到药用针剂标准，技术处于国际领先水平，填补了国内空白。

2009年4月，山东省焦电多联产工程技术研究中心成立，该中心以山东大学为技术依托，以山东日照焦电有限公司为示范单位，联合攻关创新，进行炼焦配煤、工艺流程、设备改造等节能研究，提高焦电多联产技术工艺原料利用率。自主设计开发了清洁型焦炉四联拱燃烧室底部余热回收技术，开发了清洁型热回收焦炉集气管技术和桥管技术。获得国家专利8项，获科技奖励5项，发表论文4篇，余热回收率达到81.65%，年实现节能量7.6万吨标准煤，新增产值6815万元，新增利税1506万元。

2009年10月，日照岚星化工工业有限公司与青岛科技大学建立日照有机硅化工研究院。11月，日照岚星化工工业有限公司的山东省中德硅烷偶联剂合作研究中心和山东众山生物科技公司的山东省中瑞生物医药技术合作研究中心被山东省科技厅确定为首批山东省国际科技合作平台，着力开展国外引进技术的消化、吸收和再创新，推动相关领域高新技术产业发展。12月，山东众山生物科技有限公司组建的山东省硫糖肽工程技术中心获山东省科技厅批复建立。

2010年6月，山东海能生物工程有限公司与青岛农业大学开展产学研合作，将山东海能生物工程有限公司作为青岛农业大学校外教学科研基地，共同建立了日照市纳米级维生素工程技术研究中心。主要开发不同比例的脂溶性维生素纳米级微乳及自微乳体系的合适配方；研究脂溶性

维生素纳米级微乳与水溶性维生素、免疫多糖、寡糖的配伍技术；通过动物对比试验，研究纳米维生素微乳的吸收规律；纳米微乳及自微乳体系生产的低能耗关键工艺。“畜禽用纳米微乳复合维生素制剂研究与应用”科技成果通过了山东省科技厅专家鉴定，项目达到国际先进水平。该中心获得专利3项，承担各级科技项目5项，获得科技成果奖励3项，实现新增产值5000万元，新增利税500万元。

2011年12月，日照岚星化工工业有限公司与青岛科技大学共同建立博士后科研流动站，并聘请香港大学博士后、青岛科技大学塑料工程技术研究院副教授李伟为公司总经理，企业在青岛科技大学建立岚星有机硅实验室，实现了从“企业+大学”到“企业+大学+人才”的合作升级，属国内首创产学研合作模式。双方合作的“万吨级硅烷偶联剂中间体制备及系列深加工产品的技术攻关与产业化”项目成功列入山东省自主创新成果转化重大专项。该项目采用硅烷Si-69改性碳黑生产硅烷偶联剂的新工艺，成功研制了硅烷偶联剂新产品及相关生产设备，硫含量和挥发份等达到预期性能指标。研究成果应用于子午线轮胎生产，改善轮胎的力学性能，提高轮胎的抗湿滑性，降低滚动阻力，具有很好的经济和社会效益。

2012年11月，山东鲁圣电器设备有限公司与中科院电工研究所联合成立山东省柔性输变电设备工程技术研究中心，合作研发具有国际领先水平的旁路磁饱和可控电抗器，“风力发电用旁路磁饱和可控性电抗器”项目列入2012年山东省自主创新成果转化重大专项。

2012年，山东众山生物科技有限公司设立岚山区首家院士专家工作站，为日照市第一家国家医药类院士专家工作站。吸引北京工商大学孙保国院士等3位知名专家进站服务，围绕企业急需解决的关键技术难题，组织院士专家及其创新团队开展技术咨询、技术服务，并同欧洲、美国、日本等国家和地区的研究机构开展合作研究，与厦门大学、山东省科学院、瑞士IBSA生化研究院等建立了合作关系。

至2012年年底，区内企业与中科院、浙江大学、青岛科技大学、青岛农业大学等科研院所建立技术合作关系30余对，组建电气自动化、有机精细化工等行业研发中心及研发基地16家，建立起产学研一体化的科技创新体系。先后建立省级工程技术研究中心4个，省级国际科技合作平台2家，市级工程技术研究中心13个，市级重点实验室4家。

2012年岚山区科技创新平台一览表

表31-5

类 别	平台名称	依托单位	审批年份
国际科技合作平台	山东省中德硅烷偶联剂合作研究中心	日照岚星化工工业有限公司	2009
	山东省中瑞生物医药技术合作研究中心	山东众山生物科技有限公司	2009
省级工程技术研究中心	山东省焦电多联产工程技术研究中心	山东日照焦电有限公司	2009
	山东省硅烷偶联剂工程技术研究中心	日照岚星化工工业有限公司	2009
	山东省硫糖肽工程技术研究中心	山东众山生物科技有限公司	2010
	山东省柔性输变电设备工程技术研究中心	山东鲁圣电器设备有限公司	2012
市级工程技术研究中心	日照市有机精细化工工程技术研究中心	日照岚星化工工业有限公司	2003
	日照低值海产资源高值化工程技术研究中心	山东阿掖山集团有限公司	2006
	日照电力自动化工程技术研究中心	山东鲁圣电器设备有限公司	2006
	日照市岛屿生物资源保护与利用工程技术研究中心	岚山黄海养殖公司	2007
	日照众山生物工程技术研究中心	山东众山生物科技有限公司	2007

续表31-5

类　别	平台名称	依托单位	审批年份
市级工程技术研究中心	日照焦电多联产工程技术研究中心	山东日照焦电有限公司	2008
	日照市重质油加工工程技术研究中心	日照源丰沥青化工有限公司	2010
	日照市丘陵山区地农业机械装备工程技术研究中心	日照福民收割机制造有限公司	2010
	日照市茶叶加工机械化工程技术研究中心	日照市御园春茶业有限公司	2010
	日照市内燃机活塞工程技术研究中心	日照市双驱机械制造有限公司	2011
	日照市船舶螺旋桨工程技术研究中心	日照市航宇船舶螺旋桨有限公司	2011
	日照市绳网材料工程技术研究中心	日照市合力绳缆有限公司	2012
	日照市海洋仿生食品工程技术研究中心	日照昌华海产食品有限公司	2012
市级重点实验室	日照市生物化学工程重点实验室	山东众山生物科技有限公司	2009
	日照市有机硅新材料重点实验室	日照岚星化工工业有限公司	2009
	日照市电气设备重点实验室	山东鲁圣电器设备有限公司	2010
	日照市茶树种质创新与制茶技术重点实验室	日照碧波茶业有限公司	2010

岚山把增强企业自主创新能力作为转变经济发展方式的中心环节，深化产学研联合，加强创新平台和载体建设，提高企业自主创新能力。2010年，区政府制定《关于鼓励和扶持科技创新加快高新技术产业发展的意见》，建立科技创新激励机制，通过设立科技发展专项资金、落实税收优惠政策等多项举措，扶持企业的科技创新。2010年10月，区科技局、区财政局联合印发了《岚山区落实企业研究开发费用税前加计扣除政策实施办法》，对2010年度符合条件企业的研究开发费用进行税前加计扣除，共涉及12家企业，免税23万余元。

第三章　科技普及

第一节　农村科普

新中国成立后，农业科学技术日益受到重视并得到推广。1964年，各公社、大队陆续成立技术队，进行科学种田试验、示范。1970年，大队技术队改称实验队。1978年，建立日照县农科所、公社农科站、大队农科队和生产队农科组4级农科网。1981年后，农业生产实行联产承包责任制，各农科队、农科组相继解散，部分农科人员成为农村科技带头户或科技示范户。国家安置大中专毕业生充实乡镇农业技术推广机构，对农业生产进行技术指导和服务，举办技术培训班，发放技术资料，培植科技示范户、示范点，促进和带动农业发展。

岚山办事处设立后，加强与农业院校和科研机构的联系，加快农业新技术引进与交流。邀请莱阳农学院、山东农业大学和日本、荷兰、韩国等国内外专家来岚山传授农业技术；聘请山东农业大学、莱阳农学院等大学教授6人任农业科技乡镇长；建立了山东农业大学岚山教学科研基地和农业高新技术示范区，先后引进推广41项农作物、畜牧良种和农业先进生产加工技术。

1999 年，规划建设岚山农业科技示范园，由碑廓镇政府承建，位于碑廓镇大司官庄，S342 省道以北，占地面积 252 亩，建有标准化质量监测中心 1 处，钢架无立柱日光温室大棚 72 个，花卉苗圃 50 亩，形成融科研、试验、示范与培训于一体的农业龙头，带动岚山发展蔬菜 2.6 万亩，其中各类蔬菜大棚1万个，创汇蔬菜4000亩。示范园注册了“绣针河”牌蔬菜商标，并于2002年10月通过山东省绿色无公害蔬菜认证。

2005年，碑廓成教学校被认定为市级星火科技培训基地。

2006年，岚山黄海养殖公司与中国科学院海洋研究所开展合作，开展筏式养殖工程设施及生态养殖技术研究，并联合承担了国家高技术研究发展计划（863计划）。

2007年，岚山区组织实施了山东省科技富民强县专项“岚山区10万亩茶叶无公害标准化生产基地建设”项目，在全区建立无公害茶叶标准化生产基地10万亩。

2008年5月，实施农村星火科技培训为民办实事项目，在全区建立3处星火科技培训基地，巨峰镇成教学校被认定为市级星火科技培训基地。

2008年10月，岚山头街道承担实施省级新农村民生科技示范镇建设项目，建立4个示范村和30个示范户，建立标准化浅海高效生态增养殖技术示范区1000亩。

2009年，在全区建立8处星火科技12396信息服务站（每个乡镇街道各建1处），配备电脑等信息化设备，开通12396信息服务热线，为农民提供方便、快捷的科技信息咨询服务。

2010年，前三岛水产养殖公司、阿掖山集团有限公司等4家企业加入“日照海洋产业科技创新战略联盟”，百满茶业有限公司、御园春茶业有限公司等加入“北方茶产业技术创新战略联盟”。

2011年，御园春茶业有限公司等企业成功研发出日照乌龙茶、日照红茶系列产品，改善了日照市商品茶的品种结构，填补了山东乌龙茶、红茶的空白，提升了日照夏茶增值空间。

2012年，岚山区组织实施了国家科技富民强县计划项目“岚山区10万亩茶叶优质安全标准化生产基地建设”，划定茶叶加工示范龙头企业7家，建立茶树良种母本园、快繁苗圃200亩，建立茶树无性系良种生产示范基地、节水灌溉及生态茶园示范基地、肥料高效利用及生防工程示范田5000亩，辐射带动茶园4万亩。

自2006年开始，岚山区积极引进新技术、新成果，改造传统生产加工工艺。至2012年，共推广应用深水鱼箱立体养殖、人工鱼礁底播海参等新技术10余项，建立海水增养殖科技成果产业化基地、仿生食品加工科技成果产业化基地2个海洋成果产业化基地。

从岚山设区到2012年，岚山区先后组织实施农业科技项目36项，转化新技术、新成果42项，推广新品种30个。

科技下乡 岚山办事处设立后，把每年10月定为“科普宣传月”，用图板形式，到各乡镇街道驻地巡回展览，内容以农作物种植、海水养殖等技术为主。

1995年后，每年组织科技人员到乡镇集市进行科技宣传，开展“送科技下乡”活动，至2003年共接受群众咨询2.3万人次，免费发放各种技术明白纸3.5万份，科技致富小册子1万册。

设区后，每年组织农业、林业、卫生等部门科技人员开展科技下乡活动，接受农民技术咨询，现场解决难题，年发放科普资料2000余份，科普挂图1000余份，设置科普知识展板20余块。

2005年实施“科普村村通”工程，于10月20日前在全区417个村和8个乡镇街道驻地建设安装了425个科普宣传栏，被山东省科协、山东省财政厅表彰为“科普村村通工作先进单位”。

2009年，启动科普车进村惠民行动，组织全区农、林、牧、渔、计划生育、烟草、桑蚕等方面的科技工作者和科普志愿者，利用日照市科协现代化科普车及车载宣传设备，深入基层村居开展科教电影放映、技术咨询、技术培训和知识讲座等活动，推动社会主义新农村建设。5月21日在巨峰镇举行启动仪式，至2012年累计开展畜牧、茶叶、果树、浅海养殖等方面科技培训活动10次，播放科普电影10场，发放栽培、畜牧、计生等各类科普资料1万余份，接受农民技术咨询500多人次，帮助农民解决农业技术问题100多个。

2011年年底，承担了全省“数字科普村村通”试点工作，2012年3月在高兴镇建设安装18个数字科普显示屏，主要集中在文化大院、科普惠农服务站等人员流动较大的地点，最大限度地发挥公共科普服务功能。

科普惠农工程　自2007年起，各级科协开始实施科普惠农示范工程，对农村专业技术协会、科普示范基地和科普带头人进行表彰奖励。岚山充分利用科普惠农工作机遇，加强农村专业技术协会、科普示范基地建设和农村科普带头人培养。至2012年，全区共建成农村专业技术协会25家、科普示范基地12处，先后有8家科普组织及个人受国家、省科普惠农工程表彰，35家科普组织及个人受市科协表彰。

2012年全区各农村专业技术协会基本情况一览表

表31-6

登记证号	单位名称	地　址	法定代表人	业务主管部门	登记时间
鲁社证字第LD0004	碑廓镇蔬菜协会	碑廓镇驻地	姜少华	碑廓镇人民政府	2004年5月10日
鲁社证字第LD0005	岚山珍稀树种研究所	安东卫街道潘一村	宋全文	区林业局	2004年11月30日
鲁社证字第LD0008	日照市岚山区茶叶产业协会	日照市林苑茶业有限公司	杜庆霞	岚山科学技术协会	2005年6月20日
鲁社证字第LD0011	碑廓镇茶叶协会	碑廓镇驻地	姜少华	碑廓镇人民政府	2005年9月4日
鲁社证字第LD0012	碑廓镇养殖协会	碑廓镇驻地	秦玉华	碑廓镇人民政府	2005年9月4日
鲁社证字第LD0013	碑廓镇农业技术协会	碑廓镇驻地	费秀梅	碑廓镇人民政府	2005年9月4日
鲁社证字第LD0015	岚山区板栗种植加工技术推广服务协会	黄墩一中院内	单体明	区农业局	2005年12月22日
鲁社证字第LD0019	黄墩供销社农资协会	黄墩镇驻地	刘加正	区供销联社	2006年12月26日
鲁社证字第LD0020	碑廓镇西辛兴瓜菜协会	碑廓镇西辛兴村	姜成西	区供销联社	2006年12月26日
鲁社证字第LD0022	日照市岚山区蚕业协会	安东卫街道驻地	李增乐	区农业局	2007年4月26日
鲁社证字第LD0023	日照市岚山区麻鸡养殖协会	巨峰镇车沟村	梁　涛	区农业局	2007年6月11日
鲁社证字第LD0025	日照市岚山区碑廓镇花卉协会	碑廓镇驻地	郭洪章	碑廓镇人民政府	2007年7月12日
鲁社证字第LD0030	岚山区水产养殖协会	安东卫街道	王仕瑾	区渔业局	2008年3月3日
鲁社证字第LD0033	岚山区巨峰镇农业灌溉用水者协会	巨峰镇前崖下村	王允营	区水利局	2008年4月10日
鲁社证字第LD0034	岚山区后村镇肉牛养殖协会	后村镇中山子河	王保俊	区农业局	2008年7月14日

续表 31-6

登记证号	单位名称	地　址	法定代表人	业务主管部门	登记时间
鲁社证字第LD0036	岚山区海珍品养殖协会	岚山头街道	王田凯	区渔业局	2008 年 12 月 19 日
鲁社证字第LD0037	碑廓镇节水灌溉协会	碑廓镇驻地	陈志祥	区水利局	2008 年 12 月 22 日
鲁社证字第LA042	日照市巨峰镇绿茶协会	巨峰镇驻地	王　霞	区农业局	2003 年 12 月
鲁社证字第LD0046	日照市岚山区茶业协会	观海路	杜传山	区茶业管理办公室	2009 年 8 月 6 日
鲁社证字第LD0047	日照市岚山区巨峰镇供水协会	巨峰镇	潘星高	区水利局	2009 年 9 月 9 日
鲁社证字第LD0049	岚山头街道贝类养殖协会	岚山头街道	王仕波	区渔业局	2009 年 9 月 29 日
鲁社证字第LD0050	岚山区农业生产资料协会	岚山中路	高　峰	区供销联社	2009 年 10 月 22 日
鲁社证字第LD0053	岚山区虎山镇水产苗种协会	虎山镇	苏照元	区渔业局	2009 年 12 月 16 日
鲁社证字第LD0054	日照市岚山区高兴镇农田水利灌溉协会	高兴镇小屯村	左加玉	区水利局	2010 年 4 月 14 日
鲁社证字第LD0055	日照市岚山区巨峰水库渔业养殖协会	巨峰镇	王允营	区水利局	2010 年 5 月 10 日

第二节　青少年科普

岚山办事处设立后，每年利用日照市青少年科普车载展品在全区中小学校进行巡展，并邀请山东省科技馆科普大篷车2次到岚山中小学校开展科普活动，引导青少年开展科技创新。

自2007年起，区科协与区教育局每年在全区中小学生中举办一次青少年科技创新大赛，至2012年共举办6届，收到创新作品1598件，评出区级优秀作品554项，有29项在山东省青少年科技创新大赛中获奖，55项在全市青少年科技创新大赛中获奖。

2009年3月8日，北京师范大学天文系教授、博士生导师、理学院院长、国际天文学会会员何香涛在岚山一中作了题为《寻找另外一个地球和外星人》的科普报告。2010年9月18日，中国科普作家协会常务理事、副秘书长、科普作协国防委员会副主任焦国力教授在黄墩镇中学作了题为《军用飞机的秘密》科普报告。2012年5月10日，中国航天报高级记者、科普作家石磊在碑廓中学作了题为《神奇的载人航天》科普报告。

2005年，开始开展青少年科普教育阵地建设，至2012年，全区共建立6处市级合格心理咨询室，开展未成年人心理健康知识宣传和心理指导活动；在岚山消防大队建立国家级科普教育基地；安东卫二中被命名为省级地震科普示范学校，虎山中学被命名为市级地震科普示范学校，虎山中心小学、高兴中心小学被评为市级科普示范学校。

第四章　地震监测与防震减灾

第一节　地震监测

1978年，日照县组建地震办公室，依据微观和宏观结合、科学性和简易可行性结合的原则，按照地貌类型在全日照县设微观观测点4个、宏观观测点3个，其中巨峰中学、黄墩中学各设微观观测点1个，配备土地电记录仪、地应力观测仪、简易地磁测量仪、地倾斜测量仪等仪器。1979年后，实行每日2次记录观测数据，当日晚报地震办公室，地震办公室昼夜值班，一旦发现异常，立即上报。1987年，在黄墩中学增建1口100米深的二级观测井，在巨峰中学增设1口浅水观测井。

2004年11月，岚山区地震局成立，挂靠区科技局，行使地震行政管理职能，全面履行地震监测预报、震害防御、地震应急救援3大职责。

2005年10月在碑廓镇、虎山镇建地震一般观测点，12月在巨峰镇、黄墩镇建地震一般观测点，每日定时测量观测井的水温和水位。区地震局对各个一般观测点的数据进行汇集分析，作为地震监测预报的重要依据。一般观测点还及时将水温、水位的异常变化上报日照市地震局。

2006年3月，岚山区地震综合监测站建成，位于岚山中路西段，占地2500平方米，是国家"十五"规划重点项目，有地震强震观测台1处、地震深水观测井1处。强震观测台用于测量地震参数，全自动昼夜观测，与山东省地震台联网；观测井用于地震前兆观测，井深110米，全自动昼夜观测，和山东省、日照市地震台联网，是山东省重点观测井。

2006年5月，在岚山头街道、安东卫街道、高兴镇、后村镇建地震宏观观测点，主要观察动物反应和水塘、大口井水面反应。其中岚山头街道为养鱼塘观测点，安东卫街道为养鸡场观测点，高兴镇为大口井观测点，后村镇为养猪场观测点。

2007年4月，岚山区地震测震台建成使用，位于万斛路正北阿掖山脚下，用于测量地震数据。该测震台和日照市地震台联网，配有全自动测震仪器，昼夜观测。

第二节　防震减灾

1978年日照县地震办公室组建后，广泛宣传地震科普知识，开展群测群防工作。2008年6月，岚山区发布《岚山区地震应急预案》，旨在规范地震应急工作，合理配置救灾资源，确保地震应急工作迅速、高效、有序开展，最大限度地减轻人员伤亡和经济损失，维护社会稳定。预案包括总则、组织指挥机构及其主要职责、预警和预防机制、应急响应、后期处置、其他保障措施、其他地震事件处置、附则等，对全区地震应急工作进行了详尽、细致、合理的安排。

2008年12月，岚山区人民广场地震应急避难场所建成，该广场地处岚山政治、经济、文化中心，区直部门单位及国家、省、市驻岚单位绝大多数在其附近分布，周围居民小区密集，人口稠密，海陆空交通便捷，周围无大型建筑，无危险源，居民设施齐全。场所占地8万平方米，可容纳2万人，疏散4.5万人。建立应急避难指挥中心1个，应急棚宿20个，应急消防处1个，应急供电处1个，应急供水处2个，应急厕所2个，应急物资供应处2个，应急医疗救护站1个，应急直升机停机坪1个。当地震及其他自然灾害发生时，附近居民可有组织地快速疏散到广场中，并得到食宿、医疗、物资等方面的基本救助。

2011年5月，黄墩镇任家董旺庄村、小邵家沟村建成省级农村民居地震安全示范工程。任家董旺庄村生活小区占地面积1.32万平方米，建筑面积4320平方米。小邵家沟村生活小区占地面积2.64万平方米，建筑面积7680平方米。2项工程都按照区7度设防标准建造，完全符合"小震不坏、中震可修、大震不倒"的设计原则，都分别建有建筑结构示范模型和示范工程宣传栏，方便宣传教育。

2011年5月,国家地震局批准《日照市岚山区城区地震小区划报告》。该报告符合国家标准GB18306-2001《中国地震动参数区划图》规定,为岚山区城区一般建设工程的抗震设防要求,也可作为城市发展和土地利用规划的依据。

2012年5月,安东卫街道轿顶山社区省级地震安全示范社区挂牌成立。轿顶山社区是岚山区规模最大的城市社区,辖区东至阿掖山,西至玉泉一路,南至岚山中路,北至轿顶山路,总面积120万平方米,包括轿顶山小区,轿顶山花园一期,轿顶山花园二、三期,竹云山庄,紫云阁,阿掖山花园等6个生活小区,涵盖54个国家、省、市、区级行政事业单位,居住人口约9500人。该示范社区建设,对推进岚山区城市社区地震应急体系建设,增强居民的防震减灾意识,提高居民防震避震和自救互救能力,维护社会稳定等能起到很好的示范和带动作用。

第三十二编

文化　体育　旅游

岚山历史悠久，文化底蕴深厚。境内有旧石器文化遗址，新石器时期大汶口文化、龙山文化、岳石文化遗址，周秦以至明清遗迹数百处，其中尧王城遗址等经发掘考察，在全国具有重要地位。明代苏京、胡承烈、赵应元等人的文章诗词，脍炙人口，名重一时；清代朴学家、书法家许瀚致力于文字训诂研究，成就突出；近代作家王安友的文学创作更是产生了重大影响。因处海疆锁钥之地，自古兵事繁多，明代起，安东卫成为军事重镇，尚武之风由来已久，民间体育健身活动形式多样。区内山水灵秀，风光旖旎，自然生态良好，人文遗产丰富，为旅游胜地。新中国成立后，文化体育事业不断发展。

岚山设区后，文化体育设施得到进一步完善，文化市场进一步规范、繁荣，群众文化更加丰富多彩，旅游资源得到挖掘和保护，岚山的文化体育旅游事业迈入全新的发展时期。

第一章 文学艺术

第一节 文 学

明清时期，岚山文人著述丰富。明嘉靖年间，安东卫举人赵应元著有《笔峰春晓》《林阁夕阳》《东海汪洋》《西湖烟雨》《关山耸翠》《荻水拖澜》《山寺晨钟》《渔舟晚钓》等许多诗篇。明末，安东卫胡承烈著有《与鸟亭集》《多思集》，苏京著有《小学注解》《笔山居艺》《畿南兴诗》等作品。清代，后村卜宁一著有《寻乐斋诗文集》，卜祚光著有《尔雅书屋遗稿》；巨峰镇李在郛著有《景苏堂文集》《伴海堂诗集》《诗义集解》；虎山镇大合坞村许瀚著有《攀古小庐文》《攀古小庐杂著》，其父许致和著有《说诗循序》《大学中庸总义》；巨峰镇平家村丁楙五（字伯才）著有《说文解字韵隶》十二卷，许瀚为之审定；虎山东湖村费裕闾著有《四书求实录》，其弟费裕訢也赋诗十几篇。这些著述从不同角度反映了当时的社会现实和文化研究水平，具有很高的历史文化价值。

新中国成立后，岚山的文学创作一直比较活跃。高兴籍作家王安友的小说《李二嫂改嫁》、长篇小说《战斗在沂蒙山区》《海上渔家》《擒鲨记》《凌云河》、短篇集《渔船上的伙伴》等作品的发表，标志着岚山文学创作水平在50年代初期就攀上了一个高峰。

岚山设区后，文学创作更加繁荣。随着岚山区诗词学会和作家协会的相继成立，涌现出一大批作家和诗人，他们的作品在整个日照市的文学创作中占有重要份量，并在山东省相关领域和题材中占据一席之地。

王广举 1958年5月生，临沂市河东区人。1993年起在岚山党政机关工作，岚山诗词学会会长。著有地方文史研究文章多篇和大量诗词作品，组织出版《岚山文史》《岚山诗词》等文集，为岚山文史研究和诗词创作开创了新局面。

法永勤 1957年1月生，碑廓镇小湖村人，岚山区诗词学会执行会长、区作协副主席，区“德艺双馨”人才。诗词和文章在省、市多家报刊发表，主持或参与编写《岚山诗词》《红色岚山》《我爱我的家乡》等。

秦洪河 1951年11月生，安东卫街道仁家村人，岚山区作协副主席、诗词学会副会长兼秘书长，区“德艺双馨”人才。作品《沁园春·橘子洲缅怀伟人毛泽东》获“中华诗人潇湘行”活动一等奖，被中华诗词学会等单位联合授予“当代爱国诗人”称号。整理、翻译《安东卫志》《日照县志》，参与《岚山志》《岚山文史》《红色岚山》《岚山古今书画选集》《岚山区志》等编纂工作。为中央电视台第四频道《探索发现》栏目解说“寻找安东卫”有关内容。

徐庆如（1926—2007） 碑廓镇南袁家庄人，南下干部。在重庆出版诗集《巴蜀齐鲁》，以现实主义创作手法真实再现了一个无产者投身革命、转战南北、致力于建设社会主义新中国的人生历程。

朱凤利 1933年生，莒县陵阳镇朱家葛湖村人。曾在中楼镇工作。著有散文集《趣苑杂谈》《流年似水》等。

宋成泰 笔名松石，1949年3月生，莒县长岭镇白土沟村人，在中楼镇党政机关工作。为《中楼镇志》执行主编，著有《马鬐山》系列故事集等。

张佃臻 1950年7月生，临沭县人。1993年起在岚山党政机关工作，日照市作家协会理事、岚山区作协顾问。长篇小说《钻石泪》开辟了日照文学创作中关于钻石题材和地域文化的新思路。

辛崇发 1954年6月生，黄墩镇南塔岭村人，中华诗词学会会员、中国诗歌学会会员、中国乡土艺术协会会员，山东省作家协会会员、山东省诗词学会理事、日照诗词学会会长。创作诗词500余首，新闻通讯报道100余篇。有《海曲吟》《东风第一枝》《马年晨曲》《盛世辉煌》等诗词集，其中《海曲吟》获全国诗歌大赛一等奖。2010年获中国作家金秋笔会一等奖。

朱孔平 1954年9月生，莒南县人。1993年起在岚山党政机关工作。著有散文集《阿掖流韵》等。

张红梅 女，1968年生，诸城市城关镇人。1993年起在岚山党政机关工作。著有小说《乡村女人》等。

曹汉华 1968年12月生，安东卫街道张马庄人。2011年12月编著出版《增广〈许瀚年谱〉》，标志着国内许瀚学术研究登上了新高度。

宋全云 女，笔名宋全芸，1968年生，黄墩镇上河村人，山东省作家协会会员。著有短篇小说《美丽的太阳帽》、长篇小说《桃花岛传奇》、报告文学多篇和电视剧文学剧本《绿茶情缘》。1995年，散文《父亲》获全国跨世纪当代文学作品大奖赛优秀奖。

蓝　强 1969年生，五莲县许孟镇人。1993年起在岚山文化部门工作，山东省作家协会会员、日照市作家协会副主席、岚山区作协主席。1997年毕业于中国作协鲁迅文学院，1986年开始发表小说，作品见于《人民文学》《北京文学》《小小说选刊》《延河》《山西文学》《山东文学》《少年文艺》《当代小说》《延安文学》等，出版科幻长篇小说2部，科幻小说集1部，其他长篇小说2部，电视剧本2部，中篇小说《虾嫂》获第三届路遥全国青年文学奖小说类一等奖。

解玉升 1970年11月生，莒南县人。1994年在岚山参加工作。著有短篇小说《汉奸》等。

卞玉林 1972年6月生，安东卫街道潘庄一村人。著有长篇小说《血色落日》。

山来东 1973年1月生，黄墩镇孔家沟村人，著有中篇小说《妈祖》。

刘汉利 1974年4月生，黄墩镇小洙洲村人，中国散文学会会员、中国散文家协会会员、中国诗赋学会会员、山东省散文学会会员，岚山诗词学会副会长兼副秘书长、区作协副秘书长。作品《岚山赋》获第十一届中国世纪大采风活动金奖。

刘东阳 1974年7月生，虎山镇东湖一村人，日照市作家协会会员。著有长篇小说《雪莲之心》《贴客》《那民国、那码头》，中篇小说《兰花女》，儿童文学《蓝色贝书》系列，情感文集《紫竹林语话》，散文集《叫虫儿》，幽默散文集《苦比乐好》等。

董玉军 1976年1月生，碑廓镇西辛兴村人，岚山区作协副主席。著有《灵橱》等多篇短篇小说和散文集《漫卷西游》《会于兰亭》等。

雷　娟 女，1980年11月生，虎山镇大尧沟村人，岚山区作家协会副秘书长。著有抗战题材长篇小说《尖刀1号》和《魔石》《雨雾森林》等玄幻小说。

2000年后，岚山文学创作队伍不断壮大，卢立斌、毕纪万、张富伟、史敏等一批文学爱好者崭露头角。

第二节　戏　剧

岚山区戏剧创作和表演历史悠久。自古至今，大批戏剧作家热衷于地方戏曲、民间传说和庄户剧的创作，口耳相传的艺术传承也带动了小戏剧、相声、快板等艺术的繁荣。早在明代中期，就有中楼镇中楼村陈家戏班唱元曲、演地方戏，称为“举人剧团”，直至民国时期才解散。清末民初有碑廓“牟讨戏班”、巨峰镇李家大村戏班等民间专业表演剧班。抗日战争时期，有中国共产党组织领导的“血花剧团”、碑廓剧团、安东卫“抗日剧团”、中楼镇的西楼民兵剧团、五楼官庄剧团等。新中国成立后，各村镇均有小剧团在城镇乡村演出。

京剧　在岚山历史悠久，被称为“大戏”。清朝末年，安东卫每逢山集、庙会或重大节日，多请“沙河班”（江苏赣榆京剧团前身）演出。本地演员也时常搭班出演。碑廓大地主兼富商牟讨私人创办的“牟讨戏班”，有演职人员六七十人，常应邀在鲁南、苏北演出，颇负盛名。著名主演魏海，技艺高超，曾在上海“天蟾舞台”演出，有“艺冠山左”之盛誉。20 世纪 20 年代后，岚山一带京剧盛行，由京剧票友联络撮合，各村利用业余时间互相交流切磋技艺，排练剧目。30 年代初，巨峰镇乡绅组建戏班，始有 20 余人，渐次发展到 40 余人。开始演京剧，后兼唱河南梆子，称为“双开箱”。主要演员是莒县王凤玉（花旦）、王凤亭（小生）、王凤臻（花脸）姊弟 3 人，经常在日照西南乡间或去外县村镇演出。1954 年岚山头建立岚山京剧团，从外地聘请京剧名角，排练各种剧目在村镇演出，深受群众喜爱。至 21 世纪初，仍有岚阳业余剧团演出。

吕剧　内容通俗，曲调优美动听，具有浓郁的地方色彩，深受岚山人民喜爱。

新中国成立后，乡镇业余剧团较出色的有岚山、大坡、巨峰、高兴、中楼，每年都参加会演和重大节日演出。20 世纪 50 年代，岚山头剧团排演的《李二嫂改嫁》《小姑贤》《王汉喜借年》及安东卫剧团排演的《王定宝借当》等剧目，多次参加会演和重大节日演出。60 年代还排演了《芦荡火种》《海岛女民兵》《红岩》《箭杆河边》《杨立贝》《夺印》等新剧目，深受群众喜爱，在岚山掀起一股学唱吕剧的高潮。巨峰的剧目《追肥记》曾被山东人民广播电台录制播放。中国著名戏剧家李绪臣（巨峰镇人，笔名李应该），于 1983 年创作小戏剧《罚站记》，以后连续写出 7 部作品，其中大型渔歌剧《浦湾潮汐》、电视剧本《红领巾的风波》、现代戏《蟹子湾》分别获山东省大奖，1992 创作的《石龙湾》，获得首届中国京剧艺术节“程长庚铜奖”、文化部第六届“文华新剧目奖”，入选《中国百年百部戏剧经典》，是新时期岚山戏剧文学创作的巅峰作品。

话剧　岚山话剧兴盛于革命战争时期。1938 年，日照县抗日民众自治联合会组建了日照最早的抗日文艺团体“血花剧团”，岚山区是该剧团的主要活动区域之一。1943 年，碑廓抗日小学成立碑廓剧团，方平（后曾任山东省歌舞团团长）任艺术指导，王长康、牟少海、叶玉珍等为负责人，演出剧目有《大失所望》《快乐的战士》《英雄岁月》等。

歌剧　早在抗日战争期间，国民党五十七军就在岚山区域演出过小型歌舞剧。安东卫“抗日剧团”曾演出过秧歌剧《夫妇识字》《兄妹开荒》等。新中国成立后，演出的歌剧有《刘胡兰》《三世仇》《白毛女》等剧目。20 世纪 60 年代，安东卫剧团演出过《李双双》《红色娘子军》《收租院》等剧目。

笛梆　是梆子戏的一种，因伴奏的主要乐器是笛、梆，故名。20 世纪 80 年代前，曾流行在巨峰的大坡、邹北岭等村，逢年过节时有演出。现已无传承。

肘鼓子　又称“肘鼓戏”、周姑戏、“拉魂腔”等。用方言演唱，多表演反映家庭伦理、男女爱情的民间故事。唱腔浑厚质朴、通俗易懂，过去多由民间艺人演出。他们以肘挎鼓，走村串庄进行演唱，称肘鼓调。后来在演唱时揉进了花鼓秧歌、柳琴戏等多种唱腔，伴奏由单一击鼓发展到以二胡、柳琴、月琴等多种乐器伴奏，演唱内容也由简到繁。之后被乞讨者沿用为“唱门子”讨饭的帮腔。在日照北部，则发展演变成五莲茂腔。20 世纪 90 年代后已很难见到。

第三节　曲　艺

明代中期，安东卫逐渐成为商埠，不断有外地艺人到安东卫大集演出。主要有琴书、评书、弹词、渔鼓、小撅棍等。20 世纪 70 ～ 80 年代，安东卫西街艺人崔惟功的琴书深受群众欢迎。至 80 年代末，由于电视机的普及，街头曲艺演出已不复存在。

小撅棍 流传在高兴镇一带。在一根扁担上的一头安上椅子，一个丑角坐在上面，另一头有人压着，利用杠杆原理，使扁担一上一下，丑角就好像坐着轿子一样，因而得名。1994年，高兴镇文化站安丰春曾编写小撅棍《新官上任》，演出获日照市创作奖。

第四节 音乐舞蹈

岚山古属东夷地区，自古以来民风淳朴，性格豪放，能歌善舞。安东卫进士苏京诗中有“花满平芜酒满卮，清歌妙舞日沉时”之句，反映了当时音乐与舞蹈活动的情形。

岚山最具有代表性的乐曲当属于《满江红》，为鲁南五大调之一。曲调旋律优美细腻，古雅抒情，有“细曲”“雅歌”之称，属大型民歌乐曲。群众在耍旱船时，大都演唱此曲，所以也称“旱船调”，在沿海村镇最为流行。每当渔民出海安全归来，亲朋好友欢聚一堂，忘情欢歌。宴席上的碗、碟、盅、筷均成为敲打节拍助兴的乐器，再配上箫、笛、三弦、钱琴等乐器伴奏，显得格外明快、幽雅，别具风格，是本地的特色音乐，不论男女老少，在劳动时可随意吟唱。其他民间小调有《赶四集》《四盼》《嫁郎》《十二个月》等，歌词内容大都是谈情说爱，曲调流畅委婉。

鼓乐也是流行于岚山的地方音乐。据《日照县志》等古籍记载，清代文庙等祭祀乐器有钟、磬、鼓、柷、敔、琴、瑟、篪、排箫、埙、笙、笛等。明、清时期，岚山各村都有锣鼓、乐器班子，至民国年间，乐器增加胡琴、琵琶、月琴、唢呐等。每逢庆典节日，都自动组织演出活动。所演奏的多为《小放牛》《抬花轿》《大秧歌》等民间小调。演奏的古曲牌有《满江红》《夜深沉》《江河水》等。2004年，日照市举办年度元宵节广场文化展演，岚山头街道的威风锣鼓队获“最具特色节目奖”。

新中国成立后，岚山音乐、舞蹈得到新的发展，每年春节前都组织文艺演出队编排节目，有的村庄长年坚持。各乡镇街道中小学都有音乐、舞蹈队。1984年，日照县文化馆在岚山举办音乐、舞蹈训练班，培训学员83人。碑廓中学从1995年开始组织中学生军乐队。1996年，安东卫街道办事处的舞蹈《蚌舞》获山东省农民艺术节银奖。1996年12月，岚山头街道选送的舞蹈《渔家儿女》获山东省委宣传部、文化厅演出优秀奖；2007年11月获中国群众文化学会演出三等奖。

岚山流行的最具特色的音乐当属于农民劳动号子，有渔家号子和农耕号子。《岚山号子》多次作为音乐节目参加山东省群众音乐、舞蹈会演，其曲调载入《山东民间歌曲选》，农耕号子有使牛号、砸夯号等。2007年，被山东省政府列为非物质文化遗产。

周平和 1953年生，虎山镇东潘家村人，岚山头街道文化站站长，山东省音乐家协会会员，日照市音乐家协会副主席、民间艺术家协会会员，第一届岚山区音乐家协会主席。挖掘整理的《岚山渔民号子》列入山东省首批非物质文化遗产名录。2007年11月带队参加在舟山群岛举办的“泛太平洋地区国际渔歌邀请赛”，编导演出的《岚山号子》获“最佳号子王”称号。曾获日照市2007～2010年度“德艺双馨文艺家”称号，山东省“从事文化站工作20年以上积极贡献奖”，二胡独奏《赛马》获山东省文化厅“专业技能比赛”三等奖，《关于当前农村文化工作的几点建议》获山东省文化厅优秀论文奖。

第五节 书画 篆刻

岚山为文人荟萃之地，历代书画家众多。2011年，岚山政协文史委编辑出版《岚山古今书画》一书，收录岚山籍书画家作品290幅，集中展现了岚山古今书画创作的成就。

较为著名的古代、近代书画家有：

庄 古 中楼镇孙由村人，清雍正年间庠生，长于诗文，尤擅书法。

卜祚光 后村镇丁家皋陆人，清乾隆二十六年（1761年）进士，书法融欧、颜于一体，出神入化，至今有多家收藏。

许 瀚（1797—1867） 虎山镇大合坞村人，清代杰出书法家，书法艺术精湛，对当时和后世影响很大。张穆在《百联纪事》中赞云：“滂喜斋头溯典坟，廖廖数首印林文。休憎市上三钱笔，试案笺端五色云。”可见许瀚书法艺术造诣之高。所存墨宝，惜因战乱已不多见。

韩秀英　女，高兴镇南辛庄子村人，清代光绪年间民间艺人，所画花鸟形象逼真、巧夺天工。

郑作彬　后村镇人，清末书法家，工诗善书。

马官缙　高兴镇夏陆沟人，清代著名书法家。

丁鸿吉　巨峰镇杨家庄人，清末反洋教领袖，书法家，工诗善书，书以行草见长。

李梅生　巨峰镇大土山人，清末书法家，诗、书、画俱佳。

陈伯龙　中楼镇中楼村人，清末书法家，擅长楷书。

苏元焚(1871—1941)　岚山头人，工书法。

戴渔村　安东卫人，民国初期画家，画鱼最为生动。

现、当代岚山书画界知名人士，国家、省书法、美术协会会员主要有：

郑东府(1889—1972)　后村镇人，精通金石文字，工书法，擅长魏碑体，尤喜晚清赵之谦作品。著有《西海征征地补》书稿。

丁希农(1891—1978)　巨峰镇平家村人，青壮年时期以篆、隶书为主，中年后习花鸟及篆刻，晚年刻意习钟鼎文，写楷书。

卜　偶　又名卜昭罴，1911年生，卜祚光后人，工行草篆隶，诗词歌赋皆精，书风质朴，人称卜体。

秦　燃(1921—2001)　虎山镇相家结庄村人，中国书法家协会会员，作品多次在国内外展出获奖，出版多集书法作品。

张晓晖　1958年4月生，青岛市人。1993年起在岚山党政机关工作，曾任区政协文史与社会法制委员会办公室主任。习书善画，书法各体皆能，尤以行楷、大篆见长，参以简书笔意，独具风格。主编《岚山古今书画》，参与编辑《岚山文史》等。

林玉营　1960年10月生，碑廓镇西集后村人，有国画《苏武归汉》《书声画云溪》等作品。

徐大平　1962年生，莒南县人，山东省书法家协会会员，曾任区文体局副局长。书法兼通篆、隶、草各体，风格隽永飘逸。

王宏平　1965年生，岚山头街道海州路人。山东省美术家协会会员。

侯永勤　1966年8月生，岚山头街道海州路人，山东省美术家协会会员，作品多次参加地方展览并获奖。篆刻作品在山东省“纪念中国共产党第十一届三中全会召开二十周年书画展”中获奖并被收藏，曾获日照市首届农民书画展二等奖。

申云正　1968年生，岚山头街道童海路人，山东省美术家协会会员。书法作品多次参加省、市级书画展并获奖。

张日友　1971年生，莒县人。1993年起在岚山文化部门工作。山东省美术家协会会员，日照市美术家协会理事，所画山水、花鸟构图新颖，风格独特。

庞立芬　女，号如一，1972年12月生，莒县小店镇人，1993年起在岚山从事教育工作。山东省美术家协会会员。

苏贻正　1976年3月生，岚山头街道环海路人。山东省书法家协会会员，日照市书法家协会理事。精书法、篆刻，书法作品入展山东省首届书画展、山东省第三届书法篆刻作品展览、鲁南五地市书法展。曾获日照青年书画展一等奖，书法篆刻作品刊登于《书法之友》《书法导报》等报刊。

另外，岚山较知名书画人士还有：张宗正(绘画)、秦洪江(书画)、赵维建(绘画)、韩纪友(绘画)、韩培胜(书画)、刘玉岭(书画、篆刻)等。

第二章　民间艺术

第一节　农民画

日照现代民间绘画也叫日照农民画，是农民画家反映生活、抒发主观感情和审美情趣的绘画艺术。表现内容多为农村民俗风情、渔家生活，构图具有木版年画和民间刺绣风格，又汲取了剪纸和汉画石刻的特点，色调对比强烈，色彩丰富、明快、艳丽。日照农民画始自20世纪50年代，为配合中国共产党的中心工作制作宣传画，涌现出一批较为出色的绘画人才，并创作出一批优秀作品。

1980年，《农村大众》专版发表了日照农民画。此后，《美术》杂志、《大众日报》《农民日报》也相继撰文予以高度评价。1983年，日照县推选出22件农民画作品参加山东省农民画展，其中有3件作品被选中参加全国农民画展，傅承玉创作的《丰收场上》获全国农民画展二等奖。

1987年5月，在中国美术馆展出的日照农民画，获得国家领导人及美术界知名人士的高度评价。选出其中13件作品送中国民间美术博物馆作为国家收藏，95幅作品被文化部选出赴新西兰、奥地利等国家巡回展出。1987年9月首届中国艺术节期间，举行了中国现代民间绘画展览，日照农民画有11件作品入选，加上在展厅的3件迎宾画，其数量在全国画乡名列前茅。1986～1987年，国内报刊发表日照农民画作品60件，刊出介绍文章20篇。1988年2月9日，文化部正式命名日照市为“中国现代民间绘画之乡”。1988年9月，在中国首次农民书画大赛中，傅承玉的《养鸽》、宋全国的《闹春牛》获预选奖。

1999年在上海金山举办的“中国农民画展览”中，组委会专设“山东·日照农民画”展厅，展出作品35件。

2004年4月中法文化年期间，日照农民画作为唯一代表中国现代民间绘画艺术的作品赴法国参加画展，以其饱满的构图、强烈的色彩，朴实的风格和浓郁的生活气息，深深打动了法国观众。7月，赴马来西亚举办了“中国·日照农民画展”。

2006年4月10日，日照农民画申报第一批国家级非物质文化遗产，是山东省农民画申报第一批国家级非物质文化遗产的惟一代表。

岚山区日照农民画代表人物有傅承玉、宋全国、徐白云、徐茂松等。

傅承玉（1943—1998）　安东卫街道前合庄村人，山东省美术家协会会员，原日照县农民画家协会主席，1987年起连任2届日照政协委员。自幼酷爱绘画和书法，边在农村从事体力劳动，边坚持练习绘画、书法，一生创作农民画百余幅，其中《丰收场上》于1983年获全国农民画展二等奖，《养鸽子》《二月二打囤子》等多幅作品参加海内外画展，并被有关单位收藏。1997年香港回归前，参加了日照人民庆祝香港回归大型画卷创作。

宋全国　1949年出生，黄墩镇人，笔名云龙、愚牛，日照市农民画家协会副会长、中国美术家协会山东分会会员、中国农民书画研究会三级画师。倾心于民间绘画研究及创作，是日照当代农民画的重要作者。作品多以民俗风情为素材，多次在国内外展出中获奖，并在《美术》《中国文化报》《山东画报》《大众日报》等杂志或报刊发表。其中1987年创作的《山楂丰收》《闹春牛》入选第一届中国艺术节美术展览。1997年，其作品《秋收》获首届山东省农民艺术节农民书画摄影创作展金奖。

徐白云　1941年出生，高兴镇白云村人。号白云耕夫。自幼爱好书画、篆刻、盆景。中韩艺术专家委员会委员，中原书画院研究院高级书画师，武陵书画家协会副主席，晋唐书画院艺术顾问，东坡书画研究院院士，香港国际羲之书画院名誉院长，现代书画院名誉院长，中华书画杂志社学术委员，日照市书协、美协会员。多次参加国内外书画大展。1998年作品入展韩国世界美术大展，被韩国碑林园收藏。书法作品曾获21世纪国际书画大展赛金奖、山东省国际书法一等奖、海峡两岸书画大展赛荣誉金奖，入编多部画集。

徐茂松　1957年12月出生，岚山头街道岚阳路人。日照市农民画研究院副院长，日照市民间艺术家协会会员，日照市民俗文化研究会会员。其作品选题多为海洋题材，是日照市将海洋题材与传统农民画相结合的开创者之一。《打户号子》获2011年山东省齐鲁民间艺术博览会三等奖，《拿船号子》获2012年中国农民书画艺术节佳作奖，《岚山渔民号子》系列作品获2012年第二届中国非物质文化遗产博览会银奖。

第二节　黑　陶

岚山陶文化历史悠久，境内多处重要的龙山文化遗址，如尧王城遗址、小代疃遗址所出土的各类黑陶制品均制作精美，具有极高的历史文化价值。黑陶俗称土陶，包括红色、灰色、黑色土陶器。烧制方法为水润闷窑法，早期多为手工作坊，称“窑货业”，主要生产黑碗、黑盆、陶缸、青砖、青瓦、花盆等。1980年后淡出市场，制陶业转向工艺品（如泥哨、泥塑等）和艺术品（有花瓶、人物雕塑等）。工艺由简单雕刻发展到镂空、挑点、剔泥、平雕、浮雕等近80余种技法。

20世纪80年代后期，岚山黑陶艺术在制作、烧制等方面较前人有了很大发展。碑廓镇大朱曹人苏兆启在日照经济技术开发区创办的日照市黑陶工艺品厂，根据传统制陶工艺，结合现代工艺美学，经纯手工拉坯、雕刻、压磨、窑变等工序，开发精制出了600余种黑陶艺术品，其中天下第一葫芦、世纪环保塔、蛋壳陶杯、财富之母、世纪龙尊、中华龙鼎、九龙尊等作品最为出名，先后获山东民间艺术节金奖、国际中小企业新技术优秀展品奖、亚洲国际消费博览会（国际）金奖等国内外大奖几十项，2008年获“中华民族艺术珍品奖”，2009年获世界吉尼斯之最。高柄蛋壳陶杯曾被作为国礼赠送给美国前总统尼克松。兆启黑陶文化研究院被山东省文化厅命名为省级文化产业示范基地。

第三节　皮影戏

皮影戏俗称影子戏，是一种民间工艺美术与戏曲结合的艺术。岚山区皮影戏特指黄墩皮影戏，属典型鲁派特色。19世纪末，由皮影艺人夏良滨从莒南县涝坡乡夏家岭村传入，传承至今已有百余年历史。

皮影制作要经过选皮、制皮、画稿、描画稿样、镂刻、熨平、罩漆、缝接等工序，人物分生、旦、净、末、丑，人物设计采用侧身五分脸或七分脸的平面形象，人体比例通常是上身与两臂偏长，以利表演。伴奏乐器主要有京胡、二胡、锣鼓、木鱼等；曲调基本与京戏相近，有西皮、二黄、流水，又吸收了地方戏柳琴、周姑调的旋律；唱腔口语化，节奏明快、通俗易懂，对白融入了地方方言，幽默风趣。表演内容主要有两大类：一类是《东游记》，即八仙过海故事；另一类是《西游记》，即唐僧西天取经降妖伏魔故事。

自20世纪70年代后，黄墩皮影戏多次参加省、市各类演出活动并屡获大奖，深受群众喜爱。2007年被公布为山东省第一批省级非物质文化遗产名录。2012年，皮影戏老艺人大都已退出演出，唯有黄墩镇黑家沟村夏召瑞老人能完整掌握此技艺，皮影戏的唱腔、口传剧目、雕制方法等技艺，濒临失传。

第四节　岚山号子

岚山号子亦称渔民号子或岚山渔民号子，是岚山沿海渔民在海上生产作业中产生并发展起来的一种劳动号子，在当地渔民中广为传唱。岚山渔民号子主要有成缆号、箍桩号、拿船号、推关号、撑篷号、撑篙号、棹棹号、打户号、悬斗号、掏鱼号、溜网号、点水号等。旋律优美、音调高亢、原生态韵味十足，是岚山渔民的“信天游”，体现了自古以来岚山劳动人民面对险恶的自然环境不屈不挠的抗争精神和粗犷豪迈中不失乐观的性格特征。20世纪80年代后，由于机动渔船的大量出现，帆船逐渐退出了渔业生产，作业方式的改变导致渔民号子不再在生产过程中使用而逐渐消失。

岚山办事处设立后，岚山号子曾多次作为音乐节目参加省级以上演出，2007年被列为山东省非物质文化遗产。1996年参加了山东省首届农民艺术节。2004年12月，被中央电视台综艺频道“激情广场”摄制组在岚山设区庆典上录制并在中央电视台播出。2007年11月，岚山头街道演出队代表山东省参加了在舟山群岛举办的“泛太平洋地区国际渔歌邀请赛”，获“最佳号子王”称号。2008年5月，参加山东电视台“谁不说俺家乡好”地方文艺大赛，获“最具特色”“最佳表现”“优秀节目”3个奖项，并作为开场节目参加了全省“国庆颁奖盛典”，由山东卫视播出。2010年9月，受中央电视台综合频道邀请，赴北京参加了“我们有一套”节目演出。2011年10月，参加了中国第十一届艺术节选拔赛。2012月10月，受中央电视台邀请进京参加“喜迎十八大2012年中国民族民间歌舞乐盛典”，在央视音乐频道播出。

第五节　飞狮夺球

飞狮夺球，又称线狮，是将狮子舞和提线木偶相结合的独特舞狮艺术。2006年被列入日照市第一批市级非物质文化遗产。

线狮所用道具主要是一对竹扎小狮子和一个能开合的红绣球，再辅以一个钢管扎成的长6米、高3米的框架，横杆上固定5个小滑轮。表演者站在架下几米远处，双手拽动5根或7根绳索，从而带动绳索另一端的狮子及绣球上下左右舞动，表演出各式各样令人眼花缭乱的夺球动作。最后，以双狮同时咬住并拽开绣球，从中垂下早先藏于其中带有喜庆内容的竖幅标语，宣告表演结束。

线狮是高兴镇冯家庄村杨淑学老人的独门技艺，曾先后于1979年、1986年、1992年进省演出，获1979年度全省文艺汇演一等奖。2010年10月，线狮绝技在首届中国非物质文化遗产博览会上表演，备受好评。

第六节　其他民间工艺

石雕　石雕艺术是岚山区的一门古老的民间艺术。主要以本地的花岗石、蛇纹石等石材为原料，最早用原始的锤打、凿钻方法，雕刻狮子、老虎、龙等神兽器形和各种传统石刻建筑材料。20世纪80年代后，主要用机器操作，一般要先确立主题，经选材、切料、打窝、劈石，再用钻头雕刻，最后用小磨锤、磨光器打磨，2～3天可完成1件，大件需10多天。石雕花样繁多，有石桌、石椅、石灯、石屋、石蟾蜍和碑刻等。本地有名的石刻师有郑培敦、周家亮等人。

郑培敦，高兴镇人，主要作品有石桌椅、石灯、石屋、石蟾蜍和碑刻等。周家亮，巨峰镇青墩村人，1989年6月创办日照开发区石雕总厂，产品畅销海内外。

画匾　是农家在喜庆日子里挂在堂屋正面上方的画框。一般在厚的白板纸上作画，边框用高粱秸秆扎制。画匾的内容喜庆吉利，有松鹤延年、福如东海之类，上面题字。也有单纯是名人诗词书法的画匾。20世纪70年代到80年代初在农村盛行，境内集市有画摊出售，两三块钱一张。买家把画拿回家再自己糊框。20世纪90年代后逐渐消失。

玻璃画　画在炕头柜、衣橱、门窗的玻璃上，色彩鲜明、构图饱满、美观喜庆。内容多为仕女、凤凰、牡丹、松鹤等。除有较高的绘画水平外，还要在玻璃的背面反写字。高兴镇徐白云玻璃画，20世纪80年代名重一时。1985年后，玻璃画逐渐消失。

剪纸　民间流行的一种历史悠久的镂空艺术。用剪刀在纸上镂空剪刻，将纸剪出各种各样的图案，如窗花、门笺、墙花、顶棚花、灯花等。每逢过节或新婚喜庆，人们便将美丽鲜艳的剪纸贴在家中窗户、墙壁、门和灯笼上。在长期的艺术实践和生活实践中，这一艺术形式日趋完善，形成了以剪刻、镂空为主的多种技法，如撕纸、烧烫、拼色、衬色、染色、勾描等，使剪纸具有丰富的表现力，细可如春蚕吐丝，粗可如大笔挥抹。可粘贴摆衬，亦可悬空吊挂。由于剪纸的工具材料简便易得，技法易于掌握，有着其他艺术门类不可替代的特性，因而，从古到今深得人民群众的喜爱。

高兴镇剪纸艺人杨淑兰，能熟练剪出双喜、牡丹、梅花等花样。中楼镇陈家西楼村百岁女剪纸艺人卢清秀，能白手画多种动物、花卉、虫鱼，剪技高超，乡邻凡新婚嫁娶，逢年过节，求她剪图、画画，她都有求必应。中楼镇井家沟村八旬女剪纸艺人井玉娄，自幼学习剪纸，逢年过节剪蝴蝶、鱼、喜鹊窗花等送人，街坊邻舍办喜事常请她剪花草、鸟虫、双喜等图案装饰新房。中楼镇中楼村陈奉利，自办纸制品厂，剪制动物图案，产品销往周边30多个村庄。另有中楼镇王家峪村周翠英、孟家屋子村卢绪芬、李玉菊、陈俊伦等剪纸作品，在本地较有影响。

年画　境内年画题材分灶王爷、门神、财神和炕头画4大类。20世纪60年代中期后，被当作“四旧”革除消失，80年代又兴起财神画和炕头画。炕头画又叫“炕头画子”，内容多为胖娃娃、年年有余（鱼）、喜庆、发财、祈福、求吉利和明朝沈万三故事等。安东卫街道南街居苏贻宏1975年曾创作、印制年画，销往莒南、莒县、日照一带；中楼镇卢家军子村卢绪明、卢方民1990年去潍坊杨家埠学习木版年画，刻板印制在当地销售。1990年后，岚山年画多由商贩购自潍坊等地，在集市销售，或商店代销。

图32-1　2012年春节，安东卫街道竹园居女子荷花舞龙队舞龙表演

第七节　其他民间文化娱乐活动

每逢过年、过节或一些重大节日，民间大多举行一些富有喜剧情节、形象逼真的演出，演员边行边舞，群众称为“耍故事”。演出形式活泼，内容丰富，具有浓郁的地方特色，深受群众喜爱。主要有龙灯、高跷、狮舞、旱船等。

舞龙　用竹木扎成的龙形器具，长20余米。一般9～12节，每节一人。演出时，龙头前有一人持一引珠，引导龙灯作各种动作，表演动作有“龙抬头”“金龙翻身”“舔鳞”“钻龙尾”“龙盘窝”等。表演者翻滚跳跃，整个龙身金光闪烁，旋转飞腾，流光溢彩，场面热烈而壮观。区内较有名的有安东卫街道东街居男子舞龙队、竹园居女子荷花舞龙队。安东卫街道东街居舞龙队成立于1992年，每年都组织人员到市、区、镇、村表演，先后多次获日照市广场文艺汇演一等奖。竹园居女子荷花舞龙队成立于2009年，曾3次获得日照市广场文艺汇演一等奖。

舞狮　狮子的皮毛用彩麻编制，狮头用竹子和绸布扎制。表演时，二人合披狮皮，分别充当狮头、狮身，另有一人手持绣球，以“飞脚”“单蛮子”“翻跟斗”等动作引领狮子扑、跳、抢、夺。用鼓乐伴奏，表演翻滚、登高、滚球等动作，欢快而又热烈。有时还配有小狮子参与舞蹈。区内最有名的是虎山镇舞狮队。舞狮又分为“文狮”和“武狮”，文狮重表演，有抢球、戏球、打滚、舔毛等；武狮重武打和技艺，有

图32-2　2012年春节，虎山镇舞狮队表演舞狮

爬高、踩球、过翘翘板、上天梯、走梅花桩等。

踩高跷 也称高跷舞。20世纪90年代以前，区内农村一般都有高跷队，多在春节时表演。高跷采用硬质木材制作，高约0.6米左右。表演时，用布带绑在腿上，外套演出服装。伴奏乐器为锣鼓、二胡、锁呐等。常见表演节目有“唐僧取经”“打渔杀家”等。其队形有叉花、一条龙、剪子股、大八字等，表演动作以秧歌舞步、队形变换为主，高难动作有“扑蝴蝶”“麒麟送子”等。

跑旱船 旱船用竹子扎制，周围饰以彩绸，上面扎有彩篷。表演时，由一俊俏小伙扮作船娘，在船楼内驾船。船外，由一人扮作艄公，手持桨板，伴随鼓点作出拔锚开船、收缆、行船等各种动作。船后配一由男性扮演的丑婆说笑逗闹。当旱船跑了几圈后，“水面”上便出现了拟人化的鱼、鳖、虾、蟹、贝等水族扮相，载歌载舞，情景风趣热闹。

花棍儿舞 又名打花棍儿，新中国成立前，境内农村均有表演，多在节日、庙会演出。花棍为竹竿内装铜钱（振动时发出声响），用彩绸包裹竹竿两头，中间绕缠彩条。表演时男女二人或多人手持花棍，击打、蹦跳、旋转对舞，由锣鼓和管弦器乐伴奏，边舞边唱。抗日战争和解放战争时期，解放区的妇女儿童在节庆日多演出花棍舞，新中国成立初期盛行。1996年8月，经虎山乡文化站指导编排，有28人表演的《花棍儿舞》，在日照市金秋文化艺术大赛中获一等奖。

秧歌舞 又叫大秧歌、扭秧歌，起源时间不详。有高跷秧歌和舞步秧歌，新中国成立前，区内抗日根据地盛行，后各村镇节庆日均有秧歌舞演出队活动。

第三章 古迹 文物

第一节 古遗址

旧石器时代遗址 岚山是东夷文化发祥地之一。根据考古发现，早在旧石器时代早期岚山就有了人类活动。在日照市发现的7处旧石器时代遗址中，岚山有2处。

虎山北岭遗址 位于虎山镇楼子底村东1公里，处在山岗地上，面积约1万平方米。旧石器出在地表2.8米以下堆积厚约0.3米左右的砾石层中。原料均为石英岩。有石核、石片、砍砸器、尖状器等。

胡家林遗址 位于岚山头街道胡家林村西50米，处在低山丘陵上，面积约12万平方米。旧石器采自地表6.3米以下厚约0.2～0.4米的砾石层中。原料为石英岩、脉石英及脉岩，有刮削器、砍砸器、雕刻器、尖状器、石钻、矛头等。1986年3月，临沂地区文管会徐树彬、杨深富，日照县图书馆胡膺等发现，采样送中国科学院作了分析，确认为旧石器。

新石器时代遗址 境内已知新石器时代文化遗址有18处。从现存新石器时代遗址规模可以看出，当时已经形成了“都、邑、聚”三级社会结构。

尧王城遗址 位于高兴镇南辛庄子、安家尧

图32-3 胡家林、虎山北岭出土的旧石器

图32-4 尧王城遗址

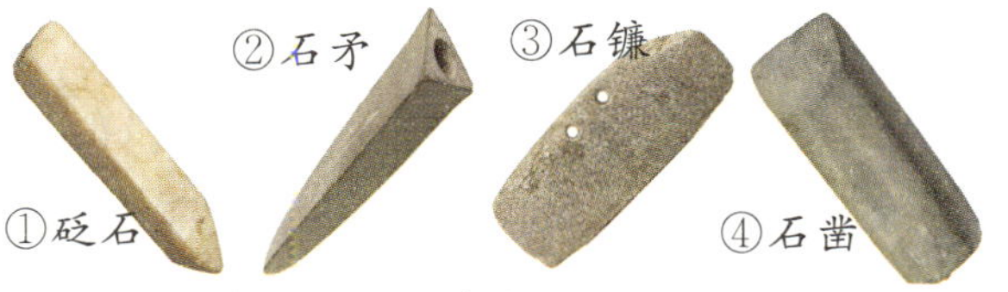

图32-5　尧王城遗址出土的新石器

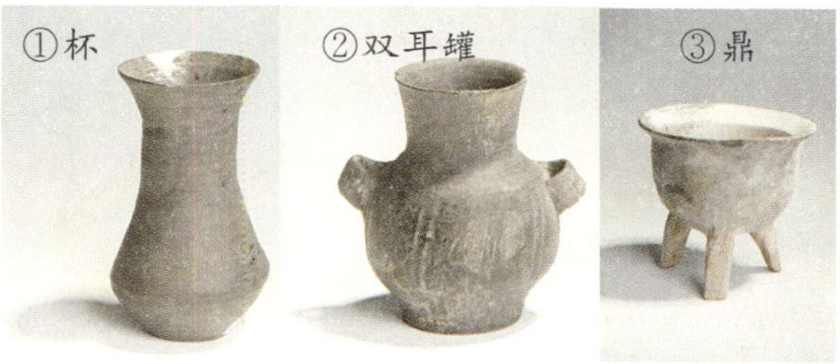

图32-6　尧王城遗址出土的陶器

王、大尧王、张家庄子附近的高地上，其中南辛庄子整体坐落在遗址上。遗址东西宽810米，南北长1800米，面积约146万平方米。文化层约2～6米厚，以龙山文化层为主，兼有大汶口、岳石、商、周、汉代文化层。1934年发现，1977年公布为省级重点文物保护单位，2006年公布为全国重点文物保护单位。

郑家结庄遗址　位于虎山镇郑家结庄村东南50米，面积约6万平方米。地面采集标本有不规则纹饰陶片，属大汶口文化时期遗存。2009年公布为日照市第一批市级文物保护单位。

图32-7　虎山镇郑家结庄遗址

小代疃遗址　位于后村镇小代疃村西岭台地上，面积约12万平方米，文化层厚1～2米，暴露有红烧土、木炭屑。采集有残石器、褐陶鬶、红褐鬶把、白陶鬶片、红陶鸟首形足、夹砂黑陶鸟首形足等。

东小庄遗址　位于安东卫街道东庄居，面积约6万平方米，耕土层60厘米以下可见龙山文化层。

孙由遗址　位于中楼镇孙由村南约300米处，总面积3万平方米，1980年发现。出土器物有鼎足（为夹砂红陶尖足，呈椭圆形，近腹处有一鹅头状凸起）、鬶足、夹砂红陶罐口沿和石凿、石铲等器物。为大汶口文化早期遗存。1989年公布为莒县重点文物保护单位。

河峪村东北遗址　位于中楼镇河峪村东北1公里河东岸，1988年文物普查时发现。东西约200米，南北约200米，采集到石凿、夹砂黑陶盆沿、罐沿等标本，属新石器时代大汶口文化遗存。另外，还出土泥质灰陶绳纹、板瓦等周代器物。1989年公布为莒县重点文物保护单位。

徐家村遗址　位于虎山镇徐家村东部，南北长800米，东西宽400米，面积约27万平方米。文化层距地表约0.3～0.8米，百姓俗称此处为“东顶子”“万人坑”。遗址南部断崖上发现暴露的砖室券顶墓。地面采集标本有夹砂红陶鼎足、蛋壳黑陶杯残片、青铜矛头等标本，属大汶口文化时期、周代和汉代器物，另有龙山文化时期少量遗存。

贾家桃园遗址　位于巨峰镇贾家桃园村东北300米，东西长200米，南北宽200米，面积约4万平方米。遗址地势平坦，文化堆积暴露于地表。地面采集有夹砂红陶鼎足、泥质黑陶残片及蛋壳黑陶等器物标本，属大汶口文化、龙山文化时期遗存。

南塔岭遗址　位于黄墩镇南塔岭村南，东西长700米，南北宽310米，面积约21.7万平方米。文化堆积厚约1.5米左右。采集到龙山文化时期以夹砂黑陶为主的陶片，有少量红陶、细泥蛋壳黑陶，纹饰有弦纹、压窝纹、附加堆纹，可辨器形有鼎、鬶、罐、盆以及石锛等。

图32-8　黄墩镇南塔岭遗址、遗物

集后遗址　位于中楼镇集后村东南200米

行河东岸，1985年文物普查时发现，采集到石斧、石凿、灰陶罐沿、夹砂红陶、鸡冠纽、鼎足等器物标本，属新石器时期龙山文化遗存。

马亓窑河西遗址 位于中楼镇马亓窑村北约100米，1988年文物普查时发现。遗址东西约200米，南北约150米。采集到鼎足、夹砂灰陶、罐沿、盆沿、器物盖底、泥质灰陶陶盉等器物标本，属新石器时期龙山文化遗存。

马家西楼遗址 位于中楼镇马家西楼村北50米，1988年文物普查时发现。遗址东西、南北均约200米。采集到夹砂灰陶、器物柄、泥质黑陶器物底等器物标本，属新石器时期龙山文化遗存。

西辛兴遗址 位于碑廓镇西辛兴村东，面积22.5万平方米。遗址地势西高东低，呈不规则五边形状。出土陶片、陶罐口沿等器物标本，属龙山文化时期遗存。2009年公布为日照市第一批市级文物保护单位。

图 32-9 碑廓镇西辛兴遗址

竹园遗址 位于安东卫街道竹园居委西50米处，遗址面积约5万平方米，文化堆积距地表深约0.4米。地面采集有夹砂黑陶、细泥磨光黑陶等器物标本，属龙山文化时期、汉代和宋金时期遗存。

六甲遗址 位于巨峰镇六甲庄村西，南临磴山，遗址地势较高，东西长200米，南北长150米，面积约3万平方米。地层0.2～0.6米深处即可见文化堆积。地面采集标本有夹砂灰陶绳纹鬲足、泥质灰陶细绳纹残片等。2006年曾出土夹砂黑陶鼎和蘑菇纽盖陶杯等器物标本，属龙山文化、岳石文化和周代时期遗存。

图 32-10 巨峰镇六甲遗址

辛留遗址 位于巨峰镇辛留村东南50多米处，属龙山文化时期，兼具商、西周、东周文化遗存。

图 32-11 巨峰镇辛留遗址

陈家遗址 位于虎山镇陈家庄子村北、村西、村西南，泥田沟村东、村东南的大片范围，面积约58万平方米。地面采集标本有泥质灰陶罐盆残片、蘑菇纽器盖及大量白瓷碗底等器物标本，属岳石文化时期和宋、金时代遗存。

图 32-12 虎山镇陈家遗址

幸福村遗址 位于中楼镇幸福村东南150米，属以岳石文化为主的文化遗存，址内有两大汉墓。

周代文化遗址 共7处。

马家峪子遗址 位于中楼镇马家峪子村西100米处，1988年文物普查时发现，面积约4万平方米，采集到夹砂灰褐陶罐口沿、罐底、泥质灰陶盆口沿、鬲等器物标本。

崔家峪遗址 位于中楼镇崔家峪村西50米处，1988年文物普查时发现，遗址东西长150米，南北长200米，面积3.2万平方米。采集到泥质灰陶罐口沿、平砂灰陶器物底等器物标本。

彭家峪遗址　位于中楼镇彭家峪村东北600米处，1988年文物普查时发现，遗址东西长100米，南北宽150米，面积1.5万平方米。采集到泥质灰陶罐口沿等器物标本。

后姚家埠遗址　位于中楼镇后姚家埠村西200米，1988年文物普查时发现，面积3万平方米，采集到泥质灰陶半瓦当、罐口沿、夹砂灰陶盆口沿等器物标本。

陈家西楼遗址　位于中楼镇陈家西楼村西北，浔河岸边，1988年文物普查时发现，面积约1.2万平方米，采集到泥质褐陶豆柄、器物残片等器物标本。

于家沟遗址　位于中楼镇于家沟村北，1988年文物普查时发现，面积2万平方米，采集到夹砂红褐陶口沿、器物纽等器物标本。

马家西楼村遗址　位于中楼镇马家西楼村东南100米处，1988年文物普查时发现，面积约4万平方米，采集到夹砂红陶鬲足、泥质灰陶罐口沿等器物标本。

汉代遗址　主要有2处。

大土山遗址　位于巨峰镇大土山村北1公里处，东西长800米，南北宽350米，面积28万平方米。采集有板瓦、罐口沿、罐肩部残片等器物标本，属汉代遗存。2009年公布为日照市第一批市级文物保护单位。

图32-13　巨峰镇大土山遗址

田家寨遗址　位于碑廓镇田家寨一村东200米，东西长650米，南北宽300米，面积约20万平方米。地面采集有板瓦片、罐口沿、陶片等器物标本，属汉代遗存。2009年公布为日照市第一批市级文物保护单位。

图32-14　碑廓镇田家寨遗址

第二节　古墓葬

岚山区古墓葬以春秋时期墓葬和汉代古墓居多，另有少量元、明、清墓葬。这些墓葬对于了解古代社会制度、礼教、信仰、建筑、生活、风俗等具有十分重要的作用。

于家沟春秋殉人墓　位于中楼镇于家沟村北250米处。1980年冬发现，莒县博物馆作了抢救性挖掘。发现殉人2具，另有动物殉坑1个，出土器物21件，其中陶器6件，铜鼎、匏壶、舟、敦各1件，镞8件，镢1件，凿1件。匏壶颈上刻有铭文28字。铭文“莒大叔之孝子平乍其盥□壶用征以□□以□岁子子孙孙永保用之”。属春秋贵族墓葬，为研究莒国的历史、经济、文化和阶级关系，提供了重要的实物资料。

崔家峪东周墓　位于中楼镇崔家峪村西10米处，1974年出土铜匜1件，上有铭文13字，铭文“诸斿故作匜其万年眉寿永保用”。1988年又发现铜舟1件，属春秋时期的遗物。

大土山墓群　位于巨峰镇大土山村西北1000米。墓群东西长700米，南北宽450米，面积约30万平方米，现存4个封土堆。墓群东部100米为一号墓，直径60米，花岗岩砌成，俗称“一墩”“大土墩子”，1989年公布为县级文物保护单位，称吕家官庄古墓（又称吕家官庄汉墓）。“一墩”南、西南、西各有1个墩，1989年公布为县级文物保护单位，称大土山墓群。地面采集有陶罐、墓砖等，属汉至

图 32-15 巨峰镇大土山墓群

南北朝时期。2009 年公布为日照市第一批市级文物保护单位。

相林墓 位于巨峰镇相家楼村西南 200 米处，墓地南北长 200 米，东西宽 100 米，面积约 2 万平方米。墓前有碑，碑前有石人（文武各一）、石兽。相林，金、元时期人，为有文字记载的日照第一任汉人县官。

图 32-16 巨峰镇相家楼村前相林墓地

安东卫明代墓群 位于安东卫街道轿顶山生活区西北处，面积约 1 万平方米。1994 年日照市博物馆发掘明代墓 5 座，其中石椁墓 3 座，砖石椁墓 2 座，出土墓志铭 4 块，出土器物 11 件，发现墓碑 5 座，有赵姓、胡姓、卢姓指挥墓群。

岚山区另外还有安东卫街道辛庄子村汉墓遗址，碑廓镇的和平村汉墓遗址、集后村汉墓遗址、北张家庄村汉墓遗址、田家寨村汉墓遗址，虎山镇的大庄子、小村古汉墓遗址，中楼镇的幸福村东周墓、解家林墓群、马亓河东元代墓群、孟家屋子元代墓群、孙由村东北明代巡按庄谦墓群等。

第三节 古遗迹

安东卫古城 明洪武年间为防倭寇设置。古城全部用砖石构筑，城墙“周围五百三十丈，高二丈一尺，垛口一千三百零”（见清康熙十二年版《安东卫志》），上设 5 个哨所，下有 4 个城门，城门内各有 3 间门房，用来保存武器。城内街道是标准的“棋盘街”格式，东西南北大街交叉成十字形，全城有 24 条小巷。4 条大街上共设有 8 个哨所，小巷内分设 4 个哨所，夜间士兵按时巡逻。城内建筑有按察司、守府、卫衙、经历司、镇抚司、左所、前所等官署。另有兵营、仓廒、制造局、武库等，城东建有教场供操练士兵。其他演武厅、鼓棚、辕门等一应俱全，整个安东卫城就是一座巨大的兵营。城内古建筑久已无存，城墙于抗日战争时期拆毁。安东卫在日照沿海建有 28 座烟墩（烽火台），位于岚山辖区内的烟墩从南往北有皮狐墩、石门墩、泊峰墩、昧蹄墩。均已废毁。

卧佛寺 据 1994 年版《日照市志》记载：“位于阿掖山之阴，有唐碑，毁于火。元大德九年（1305 年）重修。寺院占地 2500 余平方米，有大殿、二殿、三殿、东廊房、西廊房各 3 间。大殿东西各建 1 间矮房。”“殿内塑一卧佛及四大天王、十八罗汉、观音菩萨、山神爷、火神爷泥像。卧佛的头，用檀香木做成。院内有钟鼓楼、碑。”“1947 年，最后一位和尚（尹姓）离寺。”“1958 年，

图 32-17 阿掖山卧佛寺

下寺被麻风院占用。1978年，寺院拆除。”2006年，虎山镇小村在旧址新建殿堂数间。

圣公庙　位于碑廓镇圣公山前，始建年代无考，初建于山顶，遗迹尚存，后迁山下，多次重修。民国时期每年举办“三月三”庙会，商贩云集。抗日战争时期毁于战火，至20世纪90年代，仅存残垣和刺柏、国槐、娑罗树、百日红4株古树。另有清同治四年（1865年）重修时的残碑，已断为两截，碑文为隶书，记述重修经过，为东港区涛雒镇苗家村人丁艮善所书。2001年3月重建，占地1513平方米，建有正殿和东西厢房，正殿内塑有圣公神像、站班童子和神农、伏羲、轩辕三老。

据传，2500年前，孔子东游至此，拜7岁小儿项橐为师，儿童启蒙读物《三字经》中“昔仲尼，师项橐”的故事即源于此。后世尊项橐为圣公，建庙祭祀。圣公庙“俗传谓东方雨伯也”（清康熙十二年版《安东卫志》），赣榆、日照等地历代官绅大旱之年多到此祈雨，清康熙十二年版《安东卫志》、清光绪十二年版《赣榆县志》均载有当地官员到圣公庙祈雨的经过。

惠感寺　位于中楼镇南马髻山上，始建于隋代，毁于唐代。北宋政和四年（1114年），徽宗帝亲题“惠感寺”并制金匾赐莒人重修。金代红袄军聚义马髻山，举旗抗金，后南撤，惠感寺连同营寨被金军烧毁。元代重建，称净居寺。明初更名为甘露寺，明末毁于战火。清初重建，定名海龙庵，清康熙七年（1668年）遭遇地震毁坏。后道人田本钦重修，称海龙观。20世纪60年代中期，再次被毁。2012年5月，山东晨曦集团捐资近2亿元重修落成。

龙神祠　位于岚山头街道海上碑景区北侧，始建年代不详，明嘉靖年间重建，《安东卫志》称海神庙。现存庙宇3间，内塑龙王神像，当地又称龙王庙。

图32-18　岚山头街道海上碑景区北侧的龙神祠

朝元观　位于巨峰镇东北赵家庄子村北朝元山，是供奉道教“元始天尊”的一处道观。旧志记载：“……宋植银杏荫被数庙”。又记载：“金张永寿年十四修道于此。元大德五年元日，白鹤绕庭，羽化而去，升仙桥即其遗址”。抗日战争期间废毁。

磴山寺　位于虎山镇四门口村西北磴山。据传，原名为红云寺、登云寺，始建年代不详，清顺治六年（1649年）重修。清顺治十年（1653年）扩建，后多次维修，占地面积约1万余平方米。前后两个院落，原有天王殿、释迦殿和藏经殿、西禅堂、钟鼓楼等建筑20余间。1975年遭破坏，仅残存台基、仙人池、仙人桥等遗迹，院内20余米高的银杏树也于20世纪80年代末遭砍伐。2007年，寺庙重新翻修。存有《创建磴山寺碑》残碑。

图32-19　磴山寺仙人池、仙人桥

开山前庵和尚塔　位于磴山寺东50余米处。花岗岩砌筑，分地上、地下两部分，地下为墓室，方石块砌成，南北长1.4米，东西宽0.65米。地上部分为墓塔，由台基、塔身、华盖塔刹组成。台基4层，平面呈方形，第一层边长1.5米，其上为须弥式座。塔身为六棱柱形，正南面楷书题铭“开山前庵和尚塔”7字，落款“弟子照明立石”。华盖为六边形檐式，有挑角。塔刹呈圆锥状，下部圆柱状，下宽上窄，上部呈锥状螺丝形。塔通高3.5米。无年代铭刻。据下寺元成宗铁木耳大德九年（1305年）“重修卧佛院记”碑文，当时参加重修竣工庆典的数十家寺院有五台山普照寺、磴

图 32-20 磴山前庵和尚塔

山寺等，因此，磴山寺在元代就已存在，具体创立年代无考。

香塔寺 位于碑廓镇田家寨村西，1975 年文物部门考证，确认香塔寺旧址上的砖属汉代遗物。明代成化年间，司信曾作《香塔寺记》，刻于该寺碑上。清末，寺院仍规模宏伟，有房屋 99 间。院中建塔 1 座，高约数丈，塔东西两边各有千斤重的石鼎 1 个。庙前有碑数十幢。新中国成立前后，寺院建筑大部废毁。仅存的 3 间房屋于 20 世纪末毁于火灾。

娘娘庙 位于中楼镇中楼村西，现为中楼镇成人教育办公室使用。此庙始建于明朝末年，旧址在今庙东 300 米处，俗称瓦碴子地，毁于战乱和地震。康熙年间重修时迁现址。今存正殿 3 间，东西长 10 米，宽 5 米，殿额上书“儒、释、道三教堂”。殿前有碑，书有“清康熙六年孟春主持道人吉立”。另建别殿 2 间，供泰山娘娘像于此。偏殿毁于民国时期。庙前有银杏树 1 株，树龄 600 余年。

第四节 革命纪念地

中共日照县委活动中心——曙光小学 位于后村镇驻地东 1.5 公里小邵疃村。原名邵疃两等小学堂。1931 年，在郑天九的组织下，以郑平为首的进步青年和部分教员，驱逐了霸占校产的“土X”郑鄂廷，学校获得新生，改名为“曙光小学”，发展为党的秘密联络站和中共日照县委活动中心。1932 年 9 月，中共日照县委在曙光小学召开第二次党员代表大会，会议讨论日照暴动有关事宜，形成了以成立工农红军、建立苏维埃红色政权、创建革命根据地等为重点的行动纲领和计划，在政治上、思想上、组织上为日照暴动作好准备。1932 年 10 月 13 日，日照暴动分南北两路同时举行。16 日晚，南路暴动队伍约五六百人，在曙光小学宿营，进行整编。26 日暴动失败后，曙光小学惨遭洗劫。

2006 年 7 月 1 日，由中共日照市委党史研究室与后村镇党委建立的曙光小学党史教育陈列馆正式投入使用。馆名由中共中央文献研究室原主任逄先知题写。馆址占地面积 690 平方米，建筑面积 120 平方米，正房 5 间，偏房 3 间，展出图

图 32-21 曙光小学革命纪念地遗址正房

图 32-22 1932 年中共日照县委南部活动中心——曙光小学

片和实物 133 幅(件)。

2006 年 6 月，曙光小学被中共日照市委宣传部确定为“日照市爱国主义教育基地”。同月，被中共日照市委党史研究室确定为“日照市党史教育基地”。10 月，被中共日照市委宣传部与日照市社会科学界联合会列为“日照市社会科学普及教育基地”。

郑天九故居遗址　位于后村镇东山字河村。今存正房 3 间，经过改造，为村民住宅。

李平章故居遗址　坐落在巨峰镇山峪村，为四合院建筑，占地 2667 平方米，20 世纪 60 年代其父母搬走后，曾作为山峪村小学学校。80 年代学校撤并，修建为村委办公室。

莒县抗日民主政府旧址　位于中楼镇上涧村，1940 年 3 月 31 日，在中共鲁南五地委领导下，莒县各阶层、团体各界人民代表 310 人，在上涧村召开代表大会，成立莒县抗日民主政府。

罗荣桓、肖华办公旧址　位于碑廓镇碑廓二村，1942 ～ 1944 年，是山东军区、山东纵队指挥机关驻地，罗荣桓、肖华等军区和纵队首长在这里工作过，有原中央军委副主席、国防部长迟浩田题写的“罗荣桓同志旧居”门匾 1 块，煤油灯、方桌、太师椅、小方凳等物品。原为四合院，今存民房 6 间，分为两院。

图32-23　中央军委原副主席、国防部长迟浩田题写的“罗荣桓同志旧居”牌匾

图 32-24　肖华办公旧居

山东军区机关驻地旧址　位于碑廓镇碑廓二村。1943 年、1944 年，山东军区机关 2 次驻碑廓。罗荣桓曾在此地主持召开重要军事会议，确定 1945 年作战方向和以后的军事斗争方针。现存民房 3 间，东西长 9 米，进深 4 米，高 2.5 米，砖石垛柱、夯土墙、瓦顶。

图 32-25　碑廓镇碑廓二村山东军区机关驻地旧址

滨海专署公安员培训班旧址　位于中楼镇马家庄村。1944 年 4 月 2 日，滨海专署公安局在该村小学校举办滨海区公安员培训班，历时 45 天，于 6 月 16 日结束，学员分别来自日照、莒南、莒中、赣榆、莒临边、沭水、海陵、路北、郯城、临沭等县共 90 多人。现存房屋为原建筑。

山东大众日报社旧址　位于中楼镇刘家沟村。1947 年 7 月至 8 月中旬，大众日报社迁至中楼境内，编写在集后村，后勤供应驻孙由村，印刷在刘家沟村，现 3 处办公遗址犹存。

浮棚山事件遗址　位于黄墩镇黄墩四村西南巴山庙旧址。1941 年 3 月 2 日，时任八路军独立营营长的惯匪朱信斋公开叛变(即浮棚山事件)，以突然袭击的手段，一夜之间逮捕了独立营政委董振彩以下共产党员、抗日军政干部和工作人员共 200 余名，将所有被捕人员关押在巴山庙里。3 月 16 日，朱信斋在巴山庙将我独立营政委董振彩、连长山世传、指导员董宪法、七区区长范干民、区中队长胡云廷、爱国人士陈怀志等上百人残酷杀害，残忍程度令人发指。抗日根据地内 2 区 9 个乡的政权和区中队遭到严重破坏，给日照的抗战造成巨大损失。1944 年 1 月 21 日，八路军滨海军区发起了石沟崖战斗，全歼惯匪朱信斋部，俘虏匪首朱信斋，公审后枪毙。巴山庙原有 5 间房屋，抗战后期废毁，现地面仅存部分砖石。

朝元观日照县抗日民主政府全县各界代表会

议遗址 位于巨峰镇西赵村朝元山。1937年至1943年间，朝元观作为地下联络站，为中共抗日武装传送情报。1941年，日照县抗日民主政府在朝元观召开全县各界代表会议，会议分析了日照县抗日形势，明确了下一步的抗战任务，并对动员参军等任务作了具体布署。1944年2月，日军袭击八路军滨海警备团团部驻地后黄埠村，朝元观被日军用迫击炮炸毁并纵火烧掉。遗址仅剩部分砖石。

西青墩党员工作站遗址 位于巨峰镇西青墩村。抗日战争初期，中国共产党在西青墩村开明地主秦文若家中建立党员工作站。秦文若之子秦培三及其妻子李兆芬同时加入中国共产党，负责附近区域的党内联系工作。1938年12月，中共日照县委重建，对外称八路军二支队驻日照办事处，刘鸿若任统战部部长兼办事处主任，多次到青墩工作站发展党的组织，动员当地开明人士及学生参加抗日工作。1941年沟洼事件后，当地被顽军占据，西青墩党员工作站停止活动。时任县大队副大队长的秦培三在沟洼事件中牺牲，其妻李兆芬1993年去世。

原房屋于20世纪60年代翻修，现为秦培三之子秦洪华居住场所，残留旧房2间。

秦家滩井村民兵队部遗址 位于黄墩镇驻地南2公里秦家滩井村内。1938年冬，中共鲁南特委工作组在该村开展工作，成立村抗日自卫队，秦玉进为负责人，第一批民兵队伍共12人。1939年4月，该村民兵秦玉进、秦洪生等参加日照县委“抗日救国宣传队”在黄墩镇下双疃村举办的自卫队训练。1942年，八路军教导五旅十三团一个营驻扎该村，帮助建立了村政权。在甲子山战役中，该村党员、民兵动员一切力量，为主力部队运送弹药，配合战斗。1943年6月，秦玉进、秦四杰带领该村民兵20多人，拆除朱信斋在黄墩的老巢巴山庙及房屋等军事工事。是年年底，在攻打石沟崖战斗中，秦四杰带领该村村民积极配合主力部队，负责警戒、打扫战场、清除障碍及爆炸物。1944年8月1日，山东省委、省军区在莒南坪上召开战斗劳模大会，表彰秦家滩井村为“抗日模范村”。

秦家滩井村民兵队部遗址存有房屋5间，已翻修为村卫生室。

袁家庄早期支部遗址 位于碑廓镇袁家庄村东北角。1940年3月，中共袁家庄党支部成立，徐世卿任书记，徐庆如、殷继三任委员。支部以袁家庄小学为秘密活动地点，通过游学先生和瞎汉会（盲人行业组织）走街串巷，联络穷苦百姓，发展党员，先后培养出大批党员干部，其中有5名干部渡江南下，参加接管新区政权。

遗址原房屋历经数次翻修，原貌大部已不存在，现为徐世卿之子徐庆霖居住。

黄墩区委驻地遗址 位于黄墩镇田家沟村内南头。1939年5月，中共日照县委按旧时区划，在全县建立7个区委。1939年年底，又增设2个区，其中之一是黄墩区（九区），李可锐任书记。抗日战争进入相持阶段，日伪军、国民党一一一师顽固派、地方顽军16团等反动武装经常进攻抗日根据地黄墩一带，黄墩区委进驻黄墩镇比较隐蔽的田家沟村，建有物资储备站，储存粮食、花生油等物资，并制造“石雷”。1945年8月初，日伪军突袭黄墩区委驻地，区委干部战士多人牺牲、被捕，所存物资被抢。

黄墩区委驻地原占用三四个农家院落，房屋近20间。现存完整房屋1幢5间，屋瓦已换。其他房屋残破失修。

沟洼事件遗址 位于巨峰镇沟洼村幽尔崮山里，因年代久远兼生产生活等因素，遗址仅存原哨卡残墙断壁。

1941年4月下旬，中共日照县委、县政府机关及县大队第四中队在沟洼村休整。国民党顽固派孙焕彩部纠集保安十六团1000余人，于24日深夜将沟洼村秘密包围。25日拂晓，趁县机关及四中队出操之机，突然发起进攻。县委领导随即组织突围。经过激战，机关人员大部突围，四中队战士和一些机关干部被俘。突围中牺牲6人，50余人受伤被俘（后多数被杀害）。沟洼事件后，日照县委、县政府机关被迫南移至碑廓，坚守东西不足20公里、南北仅10余公里的狭小根据地，县委在磴山、圣公山一线以南地区坚持武装斗争，领导全县党政军民艰苦抗战。

三次甲子山反顽战役遗址 位于黄墩镇甲

子山。甲子山区处于当时滨海战略区的腹地，位置十分重要。1942 年 8 月 3 日，驻守在甲子山区的国民党五十七军第一一一师 2700 多名官兵，在师长常恩多的率领下，起义参加八路军，史称"八三"义举。顽固分子、国民党第一一一师第 331 旅旅长孙焕彩重组第一一一师，乘八路军尚未赶到甲子山区之际，联合几股地方顽军势力，从 8 月 9 日开始，抢占了甲子山区。

1942 年 8 ～ 12 月，八路军山东军区部队组织三次反顽战役。共毙、伤顽军 1500 余人，俘虏顽军 1137 人，全部收复了甲子山区。从根本上扭转了滨海区战争形势，日照的抗日斗争从此打开了新局面。

2008 年中共日照市委党史研究室在甲子山北坡建立纪念碑 1 座。

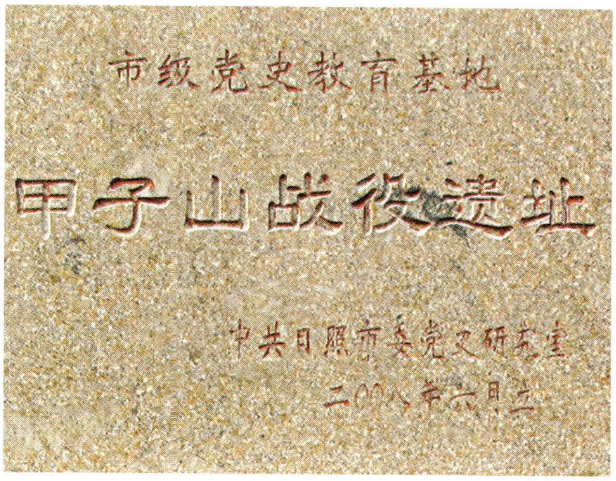

图 32-26　黄墩镇甲子山战役遗址纪念碑

前合庄滨海军区警备团驻地遗址　位于安东卫街道前合庄村村委院内。1943 年 4 月滨海军区警备团进驻日照后，活动于前合庄一带，有效地打击了在整个安东卫地带的日伪军。

抗日战争进入相持阶段，日伪军在涛雒、栈子、高旺庄、凤凰山、陈家庄子、东湖、韩家营子、义和岭等处都安上了据点，碉堡林立，工事坚固。对敌斗争形势极为艰苦。面对敌人的蚕食与大规模扫荡，警备团经受了严峻的考验。由于中共领导的抗日斗争是一场群众战争，日伪军很难从根据地得到给养，日伪军每次窜来合庄一带扫荡，都遭到警备团的沉重打击。

滨海军区警备团驻地原为庙宇"郑公老爷庙（音）"，有大殿 3 间、偏房数间。滨海军区警备团撤走后，原房屋被改建为小学校舍。20 世纪 90 年代，合班并校后，改为前合庄村村委大院。院内有银杏树、国槐树各 1 株。

后黄埠子战斗遗址　位于巨峰镇后黄埠子村东南。1944 年 2 月 22 日夜，驻日照涛雒的日、伪军 500 余人，偷袭八路军滨海警备团团部及二连、特务连和碑廓区中队驻地后黄埠子村。八路军干部战士临危不惧，与敌展开激战。村里的群众也纷纷拿起铁锨、粪叉参加战斗。经过激烈拼搏，警备团副团长贾正远和部分战友相继冲出包围圈，贾正远发现很多战士仍困在村内，就毅然返回村去组织突围，不幸中弹壮烈牺牲。战斗中，八路军援兵赶到，敌人狼狈逃窜。是役歼敌 70 余人。

2008 年 6 月，中共日照市委党史研究室在后黄埠村树立纪念碑 1 座，将该遗址确定为"日照市党史教育基地"。

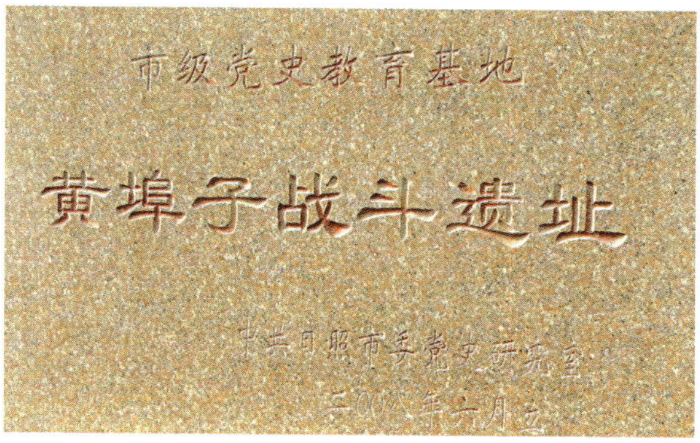

图 32-27　巨峰镇黄埠子战斗遗址纪念碑

六甲庄子战斗遗址　位于巨峰镇六甲庄子村东岭。1944 年 5 月 5 日，日伪军进攻八路军滨海警备团驻地六甲庄子村。警备团与日伪军展开激战，打死打伤 100 余名敌人，六甲庄子村突围反击战取得最后胜利。此次战斗八路军牺牲 29 人。

现存部分围墙残基和岗哨遗迹。遗址附近有烈士墓，有 10 名无名烈士长眠于此。

安东卫战斗遗址　位于安东卫街道李家庄子村。1945 年夏，日伪军 7000 余人、飞机 3 架、兵舰数艘、汽艇 10 余只，对滨海区抗日根据地进行大"扫荡"，企图打通海（州）青（岛）公路，切断八路军海上交通和日照、赣榆两县根据地与内地的联系。5月4日，日军抢占安东卫，安设据点。为粉碎日军大“扫荡”的阴谋，6日晚，八路军滨海军区二十三团一营二连奉命与兄弟部队夺回安东卫，急行军20多公里，于7日凌晨2点赶到安东卫西边的李家庄子村。1000多名日伪军从安东卫窜出，利用晨雾分3路向二连阵地攻击，企图夺路逃跑。二连顽强抗击7倍于己的敌人，激战2夜1天，打退敌人16次进攻。连指导员钟家全4次负伤不下火线，壮烈牺牲。在滨海军区二十三团及援军的英勇打击下，守敌狼狈逃窜。是役共缴获长、短枪260余支，毙、伤日伪军270余人。击毙日军中队长和3个小队长。

遗址存有当年阻击阵地的壕沟一段。2008年，中共日照市委党史研究室立碑一座，将遗址确定为“日照市党史教育基地”。

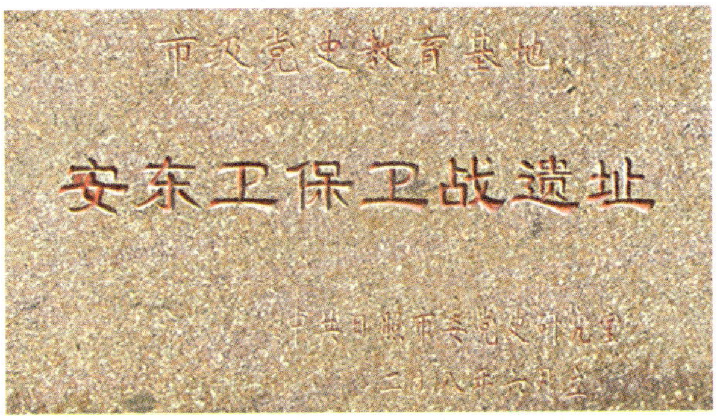

图 32-28　安东卫战斗遗址纪念碑

芦山县委驻地遗址　位于碑廓镇碑廓一村。1945年1月，为加强沿海地区对敌斗争的领导，坚守日照南部沿海一带，控制以柘汪为中心的沿海地区，中共滨海区党委、滨海专署决定在莒南、日照、江苏省赣榆县3县交界处设芦山县，将汾岚、碑廓划为芦山县管辖，县委党、政等机关驻碑廓。雷鸣玉任芦山县委书记，刘慕文任县长。芦山县隶属于滨海三地委领导。1945年10月，芦山县撤销。

芦山县委驻地房屋原为碑廓商人牟讨当铺。现存有房屋10间(3间为原建筑)。

滨海区第一处供销社遗址　位于黄墩镇南陈家沟村内。1939年秋冬之际，为粉碎敌人的经济封锁和发展根据地的经济，日照县抗日民主政府在黄墩区陈家沟创建供销合作社，这是滨海区建立的第一个村级供销合作社。1942年，合作社因敌人破坏而遭损失。1943年根据山东省战时工作推行委员会指示，对合作社采取“组织一个，巩固一个”的整顿方针，合作社又走上了健康发展的道路。解放后归并于供销系统，原址房屋现为村民居所。

山东战时邮局遗址　位于碑廓镇王家庄村。1941年3月，中共山东分局书记、山东军政委员会书记朱瑞率山东分局部分人员进驻碑廓，建立山东抗日根据地。1942年春，山东战时邮局在王家庄创办，在村中大桥北头的一个农家院落，印刷发行《滨海战报》，并用石印机印刷面值1角和2角战时邮票二枚。院内架设电话线和电台天线，兼有通讯功能。战时邮局为抗日根据地的书信往来、信息沟通提供了很大帮助。

1983年，集邮杂志社原记者王玲前往采访，并于第六期《集邮》杂志以《县办邮票，国之瑰宝》为题作了专题报道。战时邮局发行的战时邮票被集邮界人士视为珍品。

原房屋已经翻修，现为村民王允成住宅。

二朱曹村日照县委“减租减息”试点遗址　位于碑廓镇二朱曹村。1942年5月，中共山东分局作出《关于减租减息改善雇工待遇开展群众运动的决定》及两次补充指示。日照县委部署在碑廓二朱曹、汾岚区等地开展“双减”工作试点，先将100多名雇工组织起来，同雇主签订“双减”合同，达成双减协议。“突出重点，全面开花”，使“双减”工作很快在根据地展开。

遗址房屋原为该村绅士秦福棣所有，存有原建筑5间，由二朱曹村村民张波居住，保存比较完整。

“日丰”合作社遗址　位于碑廓镇碑廓四村。1943年4月，日照县抗日民主政府在碑廓创办了全省第一处公营性质的“日丰”合作社。不久后更名为“聚丰”纺织合作社，选举牟凡久任经理，牟溯园任副经理，业务员7人。合作社拥有纺车1000余架、织布机器100多台，开展纺织生产，并用土布做衣服、鞋袜和被子，除供应群众使用以外，还供给地方武装和脱产工作人员。

合作社成立之时，借用碑廓“和茂东”商号50

余间房屋。境内解放后为碑廓工商所办公用房，1990年始改为民宅，现存正屋3间维持原貌，东偏房4间顶瓦已换。

北海银行日照办事处遗址　位于碑廓镇碑廓二村。1943年5月，日照抗日根据地在碑廓设立北海银行日照办事处，有房屋12间，员工10人，牟逵任主任。业务上隶属于北海银行总行，所需资金由总行拨付，行政上归日照县政府领导，主要活动在日照抗日根据地的碑廓、巨峰等地，发行北海货币，管理金库，发放贷款，支援抗属、烈属和贫苦农民发展生产，在抗日根据地内的一些集市、边沿区设立识别所，杜绝敌人伪造北海币向抗日根据地投放，稳定根据地经济。

北海银行日照办事处今存房屋3间，在现碑廓三村医疗诊所院内，已被翻修。

薄家口鲁南兵工厂遗址　位于巨峰镇薄家口村邵家府自然村内。鲁南兵工厂原为抗日战争初期国民党东北军五十七军所建，1942年其第一一一师起义后，在薄家口村设立八路军兵工厂，有熔炼、装配车间多处，主要生产手榴弹、步枪用子弹和炸药，以解决部队武器短缺问题，最多一次给部队送去5000枚手榴弹、1万发子弹和500个炸药包。日伪军数次侦察欲破坏兵工厂，均因群众保护而未被发现。1944年夏天，驻涛雒日伪军勾结顽军李延修部共计3000余人包围薄家口，用迫击炮轰击。幸得驻莒南址坊的八路军增援，工厂人员及县政府工作人员得以突围。战斗中，八路军有十五六人牺牲，其中1名连长、2名排长。之后，兵工厂从薄家口村迁走。

遗址仅存破旧房屋5间，院中留有1个当年用于制造手榴弹的大石台。

薄家口大鸡烟社遗址　位于巨峰镇薄家口村。1943年，山东战时行政委员会在巨峰镇薄家口村西"旺山沟"设立大鸡烟社，生产"大鸡牌"香烟。1944年夏天，与兵工厂同时遭日、伪、顽军袭击后迁走。

遗址仅存房屋5间，残破。

滨海军区盐田遗址　位于安东卫街道驻地东南2.5公里处砚台山居委。1943年2月，滨海军区司令员陈士榘等首长带领滨海军区直属部队，在当地群众的帮助支持下，组成生产大军，在安东卫街道荻水口开辟荒滩，修造盐田15公顷，解决了日照抗日军民和山东分局、山东军区以及鲁中根据地军民的食盐需求，有力地支援了整个山东的抗日斗争。陈士榘在《开拓盐滩中的一点体验》一文中，详细讲述了开垦盐田的具体过程和深刻体会。

盐田后归安东卫盐场。盐田旧址已开发为岚山城区南部多岛海风景区。

王家庄抗日烈士子弟小学(日照县抗日模范小学)遗址　位于碑廓镇王家庄村。1941年夏，日照县抗日民主政府在王家庄"冠三小学"基础上开办抗日烈士子弟小学，接收当地抗日烈士子女及外地抗日干部子女入学学习。1942年秋，抗日烈士子弟小学与碑廓小学合并，校名改为"日照县抗日模范小学"，校址仍设在王家庄，设一至六年级各1个班，有学生200余人，教师11人。开设语文、算术、常识等课程，语文、算术课本采用商务印书馆版本，政治、常识大多用《社会科学简明读本》《统战理论》及大众日报社印的《战时国语》等。学校教师紧密联系战争实际，有时还选取《大众日报》上的文章印成讲义发给学生。各年级均设音乐和体育课。学生组建"学生救国会"，成立"模小剧团"。1943年秋，学校随日照县政府迁往大坡。

原校舍13间，于20世纪90年代初并校时拆除，残存断壁一段。

辛兴烈士陵园　位于碑廓镇东辛兴村的白石岭上，1950年由日照县民政局组织兴建。陵园占地面积6000平方米，有烈士墓99座。烈士有3个来源：一是辛兴战斗和圣公山战斗牺牲的外省籍战士，包括营长贾学堂、特务连连长张胜武和特务连一排排长亓和鲍；二是鲁南战役从前线转移下来的医治无效的伤病员(当时在马家湖村设有八路军后方医院)；三是后迁移过来的零散安葬在各村的烈士。烈士多数为安徽、浙江籍，年龄一般在18～25岁。

陵园内烈士木质墓碑经风雨侵蚀无存。现存法国梧桐4株、柏树16株。

解放村烈士陵园　位于虎山镇解放村村前，

面积约1200平方米，境内解放后建立。园内安葬有1941年年底为解救被日伪掳掠的劳工而牺牲的38名烈士和曾任日照县敌工部副部长的张圣贵烈士。

新华烈士陵园 位于巨峰镇新华村北山。呈长方形，面积约828平方米，1962年建成。陵园内分4行安葬抗日战争时期在甲子山战役中牺牲的49名烈士。

图32-29 巨峰镇新华烈士陵园革命烈士纪念碑

黄墩烈士陵园 位于黄墩镇西北岭，面积约3700平方米。1962年建成，将散葬于黄墩各村的部分烈士骨骸移于墓区。1987年黄墩党委、政府发动捐款，修建烈士纪念碑、纪念亭等，四周为花墙、中央为纪念亭，平面呈六边形，攒尖顶，通高3米，边长0.8米。北端为“抗日战争纪念碑”，呈长方形，水泥浇铸，高3.65米，宽1.16米，厚0.3米。南端大门内，东、西两侧为烈士墓地，安葬着在抗日战争中牺牲的八路军独立营政委董振彩等45名革命烈士。

图32-30 黄墩烈士陵园纪念碑

后村镇烈士林 位于后村镇驻地东北方向约1公里处，1964年3月建成。占地3467平方米，共有烈士墓63座。林内有3块烈士墓碑，均高80厘米，墓碑记载的3位烈士是：于庆林，鲁西战区游击队第一纵队战士，1944年3月29日牺牲；李金州，河南省杞县人，八路军第115师686团侦察员；傅维才，日照县后村镇大山前村人，滨海三团二营战士，1947年5月牺牲。其余均为无名烈士。

白云山烈士林 位于高兴镇驻地以北16公里的白云村后白云山南坡。1978年修建。占地面积800平方米，共安葬11名在抗日战争和解放战争中牺牲的无名烈士。1982年春，当时的坑头大队（今白云村）为每位烈士立了80厘米高的花岗岩石碑，以示纪念。烈士林中植火炬松、柏树100多棵，为高兴镇革命传统教育基地。

图32-31 高兴镇白云山无名烈士纪念碑

潘家洼烈士林　位于高兴镇驻地东北1公里潘家洼村后，1981年修建，占地面积1800平方米。在土地革命战争、抗日战争、解放战争以及抗美援朝战争中，该村8位死难烈士的遗骨未能迎回故土，仅建8座衣冠冢，以示纪念。1985年4月，潘家洼村党支部、村委会为每位烈士立了高1米的花岗岩石碑，栽植柏树、火炬松、杨树400余棵。潘家洼烈士林是高兴镇及周围村庄、学校重要的爱国主义教育基地

郑培明墓　位于后村镇李家洼村。原墓址在后村镇李家洼村前山坡，后郑氏族人将其移葬于村公墓之家族墓群中。

1927年4月6日清晨，奉系军阀出动数百名宪兵、警察和便衣特务，在北京对革命党人、爱国人士和进步学生进行大逮捕。郑培明和李大钊等200余人被捕。蒋介石立即密电张作霖，要求其将所捕党人首要者即行处决。4月28日上午，郑培明与革命先驱李大钊等20位革命者被绞杀在北京西交民巷京师看守所内，年仅28岁。

为缅怀烈士、抚慰烈士亲属，经国民党左派、进步人士和共产党人辗转努力，于1929年将郑培明烈士灵柩运归故里，县中学师生和各界上千人为其举行了隆重的追悼大会，各界名流为烈士执绋抬棺，各界进步人士愤怒声讨北洋军阀勾结帝国主义镇压中国人民的革命运动和屠杀革命者的滔天罪行，并强烈要求国民政府解决死难烈士身后问题，国民政府迫于压力拨款3000元用于安葬烈士忠骨和抚恤烈士家属。

日照县中学挽郑培明烈士文见《附录》。

李平章烈士墓　位于巨峰镇山峪村南，墓地占地40平方米。周围砌有矮墙，立有高1.4米，宽0.8米的墓碑1块。1931年春，留学苏联归国的共产党员李平章回乡探亲，遭国民党日照县军警、特务抓捕，解往济南。1931年8月19日被国民党山东省政府主席韩复榘以“居心残忍、杀人放火、罪大恶极、危害民国”等强加的罪名杀害于济南，年仅22岁，遗体运回故乡，葬于家族墓地。20世纪70年代，其他坟墓全部迁走，只留下李平章墓。1993年其侄李曾琏重新修整。

陈明生烈士墓　位于虎山镇四门口村西磴山东侧。1943年10月3日夜，涛雒日伪军突袭中共涛雒区委、区公所驻地巨峰镇郑家大沟村。日照战时邮局涛雒区邮务员陈明生在区公所驻地紧急销毁了重要文件后才突围，不幸被敌伏兵所捕，被敌人押到涛雒日伪据点里，手脚被钉在墙上，遭严刑拷打，但他坚贞不屈，大义凛然，恼羞成怒的日军用铁丝刺穿陈明生的锁骨，用狼狗将他活活咬死，牺牲时年仅27岁。1945年3月，日照战时邮局在烈士故乡磴山为之立碑。碑文：“战邮英雄，明生同志，于卅三年，壮烈牺牲，为国为民，视死如归，浩然之气，万古千秋”。

2000年清明节，日照市邮电局复立大理石碑1座。

图32-32　位于虎山镇磴山山下的陈明生烈士墓碑

第五节　石刻　石碑

海上碑摩崖石刻　位于岚山头街道圣岚路居（原岚山头一村）南，凿刻于涨潮线下自然岩石的北面。石高4.9米，宽9.3米。题刻3处，明末安东卫进士苏京题“星河影动，撼雪喷云”；明代礼部尚书王铎题“砥柱狂澜，万斛明珠”；清初安东卫守备阎毓秀题“难为水”。是全国唯一的海上摩崖石刻。

水帘洞摩崖石刻　在阿掖山主峰老爷顶西侧的峭崖上，洞口朝西南。洞高2.5米，阔13米，纵深6米。《安东卫志·山川》载：“水帘洞，在城东三里，阿掖山西面。虽赤旱炎蒸，甘寒清冽，水自上而下，笼罩洞口如帘。”因此得名。洞内可容二三十人。洞内外有石刻15处，其中洞口“洞天”等3处

署名李美。可辨认作者姓名的题诗5首,分别是明代安东卫乡绅胡然奇的七绝·阿掖山水帘洞:“千里雪瀑挂长川,玉井涛飞峰顶泉。点点珠垂非用线,水晶帘底月初圆。”清代苏士锦诗:“幽洞通水府,源流彻底清。红尘飞不到,明月独多情。”其他3首年代不详,分别是万氏一首:“水滴岩洞下,犹如珠滚盘。观水仙洞内,悟禅步山巅”;东牟郭毓贤一首:“莫道礶岩石,珍玳各不同。中间无别物,清流映长虹”;东牟李永强一首:“仗剑上岩阿,今朝豪兴多。清流浴石灘,胜概壮山河”。

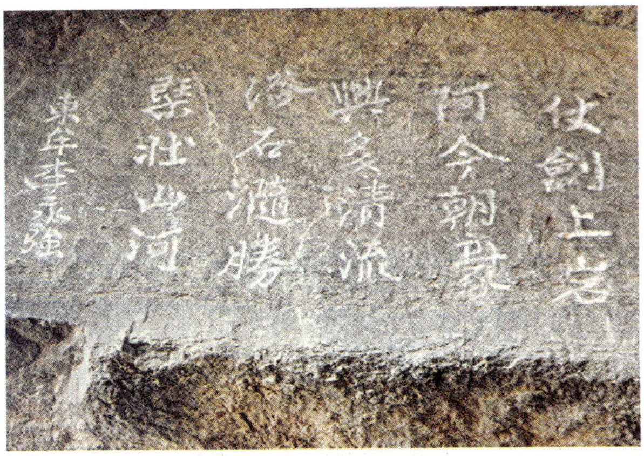

图 32-33　水帘洞摩崖石刻

创建磴山寺碑　位于磴山寺南侧。碑高1.95米,宽0.76米,厚0.15米。顺治十年(1653年)立。碑阳额题楷书“创建邓山寺碑记”。碑文楷书,记述磴山寺系由老僧寂藏和弟子照明上山草创,顺治六年(1649年),当地乡绅名流、佛教善信者捐资建释迦殿,顺治十年(1653年)又建天王殿、藏经殿、西禅堂等经过。四框线刻云纹。碑阴额题楷书“创建磴山寺善信结社”,下为捐资建寺者姓名。碑西侧面有康熙十二年(1673年)暮春,进士丁岂题刻游磴山诗二首。碑东侧有丁艮善诗刻一首。此碑2002年冬被人推倒摔碎,今留残石。

重修卧佛院碑　卧佛院(亦称下寺)位于虎山镇小村南500米,始建年代不详,已废圮。有银杏树二株,高约29米。碑在原寺址。碑身高2.1米,宽0.86米,厚0.17米,碑额题“重修卧佛院碑记”。元大德九年(1305年)重修卧佛院时刻立。碑文楷书,记述卧佛院沿革及重修情况,潘文炳书。

许瀚书诗碑　位于虎山镇四门口村西,清同治二年(1864年)凿刻于磴山主峰南侧岩石上。刻石面高1.48米,宽0.96米,为清金石家、书法家许瀚书明代兵部员外郎杨继盛路经日照所作《宿凤凰山店赠王家瑞》诗。楷书,字径约9厘米。刻石东侧有许瀚弟子丁艮善勒石志记碑,高1.65米,宽0.36米。楷书,字径4厘米左右。碑文记述许瀚书诗刻石经过。

图 32-34　座落于磴山的许瀚书诗碑

相林墓石刻　见《附录》相林墓条。

清孙由义集碑　位于中楼镇孙由小学北门外,原有8块,1947年拉走7块,存莒县博物馆。中楼镇现存1块。碑高2米,宽70厘米,厚12厘米,上方题刻“重兴孙由镇义集碑记”9字,中间为捐款人姓名及捐款数额,左边竖刻“雍正二年七月二日立　庠生庄古撰并建”。

清磴山篆字碑　存于虎山镇四门口村,刻于清光绪二十一年(1895年)四月,长1.17米,宽0.57米,厚0.15米。迄今为止为日照市内发现的唯一篆书碑。文见《附录》。

此外境内尚有碑廓镇圣公山庙碑,虎山镇磴山许瀚墓碑、许宜人墓碑,高兴龙王庙碑,安东卫出土赵氏墓志铭、胡昇墓志铭、上寺碑,黄墩镇草涧村辛氏御赐碑,中楼镇月庄清兴隆庵碑,大坡费氏先茔碑等石刻。

第六节　名泉　古井

岚山境内古代名泉众多，著名的有在今安东卫街道泉子庙社区的灵泉。清康熙十二年版《安东卫志》载：“在城西四里。泉如石臼，水自石中涌出，味甘且凉”。明弘治年间，安东卫指挥胡瑾在泉旁建庙，故名泉子庙。明万历年间，山东按察司签事董汉儒（河南濮阳人，后任兵部尚书）重修安东卫城时，游此处，题“水本涵清”四字，乡绅刻碑立于泉边。新中国建立前，庙、碑俱毁，仅存石泉，状如水瓢，舀起后泉水即满。20世纪80年代，泉水逐渐枯竭。

图32-35　泉子庙灵泉　（摄于1990年）

境内现存最早的井，是位于磴山寺内的阴阳井，明初建寺时，依山泉凿石垒砌，深3.5米，井径0.8米。虽处山顶，久旱不枯。因井中两股泉水一凉一热，故名阴阳井。

图32-36　磴山寺阴阳井　（摄于2008年）

古城安东卫南门外原有一井，开凿年代不详，从井台观井水黑如墨，故名墨水井。旧时安东卫有“东门铁蛤蟆、西门花山子、南门墨水井、北门槐抱枸”4景之说。历遭战乱浩劫，今皆不存。

据清康熙十二年版《安东卫志》记载，岚山头有黄泥泉，“在岚山之阳，泉仅一窟”，容不下两人同时取水，虽打水者络绎不绝，泉水依然旺盛。

中楼镇古泉有马髻山下的将军泉、蟒泉，位于大五楼的五楼山泉，白公山公鸡泉，赵家西楼的皇姑泉等。位于中楼镇黑涧村的石砌古井，深3米，口径1米，砌建于明弘治年间，至今仍是当地村民的饮水井。另有大陈家军子村的解家井、孟家西楼村的孟家井、马家庄的马家井、中楼村前的金楼井等，均开凿于清代或更早，至今仍在使用。

第七节　考　古

尧王城遗址考古挖掘　1992年秋至1993年春，中国社会科学院考古研究所对该遗址进行勘探、发掘，遗址文化层厚度一般为2～3米，最厚处可达6米。地层堆积以龙山文化层为主，兼有大汶口、岳石、商、周、汉等时代的文化遗存。尧王城遗址房屋从建筑形式上大致可以分为地面式和台基（土台）式两种，已能采用多种防潮技术。最大成就是把砺石（磨石）和石锛作为奠基石埋藏在墙体外侧或内侧，为国内首次考古发现，开创了建筑工程奠基的先河；开始运用夯筑技术和土坯错缝技术，柱洞底部夯实或垫石头等新技术，显示出尧王城先民在建筑技术上的卓越建树。彩陶的出现，填补了黑陶文化没有彩陶的空白。他们已熟练掌握了陶土的选择、处理、成型、装窑、烧制等一系列复杂的工艺流程。其代表作品是蛋壳陶器，以胎薄、质硬、黑亮而著称于世，即使在高度发达的当今社会，陶器艺人都很难仿制它。尧王城遗址发现炭化水稻十余粒（可能是当时人工栽培的粳稻），另外在当地调查时，群众反映“农业学大寨”治理土地时曾发现粮窖。说明当时农业已相当发达。尧王城遗址墓葬的葬俗独具特色，墓葬中随葬品的种类十分丰富，但多寡不一，少则一两件，多则七八件。没有随葬品的墓葬占有很大比例。说明当时不仅私有制已经产生，而且已有了贫富分化，阶级已经产生。尧王城遗址曾经发现过陶文残片，据现有资料披露，与陵阳河出土的“皇”字圭首形陶文相近。圭首形陶文是对实物羽冠的摹画，是少昊氏象征王权的王冠反映。

1998年，山东省考古所专家对尧王城遗址进行勘探时，发现了具有城墙、大型台基形式的建筑痕迹，还发现了铜渣。经过中美联合考古队多年来对尧王城遗址的调查，尧王城聚落地表陶片分布面积为367.6万平方米，比两城镇聚落的246.8万平方米还要大，远远超过城子崖龙山文化遗址（20万平方米）和陵阳河大汶口文化遗址（40万平方米）。推测该遗址可能是一个相当大的“原始城市”，或是尧王城古国的“都城”。

图32-37 2004年9月15日，美国国家地理学会人员参观尧王城遗址

2012年11月，中国社科院、山东省东方考古研究所等联合对尧王城进行了第三次考古发掘，发现了尧王城的城墙遗址，确定了尧王城的具体规模。

1977年被山东省政府公布为省级重点文物保护单位，2006年5月国务院公布为第六批全国重点文物保护单位。

六甲庄遗址考古挖掘 2005年冬，中美考古专家进行区域系统调查，在该地地表采集到一些龙山文化、岳石文化和周代的陶片，判断此处为一遗址。经国家文物局批准，2007年7～8月，山东大学东方考古研究中心专家和日照市博物馆有关人员对遗址进行了考古发掘，发掘面积近400平方米,取得重要收获。六甲庄遗址以龙山文化早期为主，含龙山中期、岳石文化、商周文化遗迹。初步判断发掘区域为一居住区和窖藏区，遗存有两座龙山文化的房址和数十座窖藏，出土陶器种类有甗、蘑菇形钮器盖、尊形器、罐和舟形器等，其中数十件可以复原的陶器，器形包括鼎、罐、碗和器盖等。另有石刀、箭镞等石器。该遗址成组岳石文化陶器的出土，在日照还属首次，填补了日照地区岳石文化的空白。

于家沟春秋殉人墓考古挖掘 1980年冬发现，莒县博物馆进行了抢救性挖掘。墓圹南北长6.5米，东西宽4.2米，深1.5米，墓室为土圹木椁墓。在墓主椁外北端和东侧，分别发现2具殉人骨，殉坑均长1.8米，宽0.39米，无殉葬品，疑为杀殉奴隶。另有殉狗坑1个，长1.2米，宽0.69米；其它动物骨坑一个，长1.65米，宽约1.5米。此次挖掘共出土器物21件，其中陶器6件，铜鼎、匏壶、舟、敦各1件，镞8件，镢1件，凿1件。匏壶颈上刻有铭文“莒大叔之孝子平乍其盥□壶用征以□□以□岁子子孙孙永保用之”计28字。原墓封土高大，西半部挖掘时已遭破坏。根据出土器物组合、器形特征、铭文风格及纹饰判断，属春秋时期遗存。从墓葬规模、随葬品数量和殉人情况分析，墓主为贵族。殉人墓的发掘，为研究莒国历史提供了重要实物资料。

图32-38 2012年12月，对尧王城遗址进行考古发掘

第四章　群众文化

第一节　村居文化

改革开放后，每逢过年或一些重大节日，岚山农村都组织演出队，开展各种形式的文艺演出，有舞龙、舞狮、秧歌、红歌演唱等。岚山办事处设立后，政府大力兴办广场文化、社区文化，各种文艺团体、演出队增多，文艺活动频繁。2012年，全区有戏曲、舞蹈等文艺团体100多个，参与活动人员1000余人，每年演出300余场次；有农村业余演出队20余支、庄户剧团20余支，每年演出节目200余个。影响较大的文艺团体有岚山头街道凤阳路社区文化艺术中心，安东卫街道老干部艺术团、泉子庄社区文艺辅导中心、汾水社区文化中心、竹园社区女子荷花舞龙队、汾水社区天翼艺术学校，虎山镇韩家营子社区文化中心，碑廓镇老年艺术团、大篷车吕剧团、王家庄子社区文化中心，高兴镇金海社区文化中心等。安东卫街道老干部艺术团、碑廓镇老年艺术团每年送戏到村居30余场次。岚山头街道凤阳路社区每年一度的少儿艺术大赛和青年歌手大赛已经成为岚山区的文化品牌。2003～2012年，在全市广场艺术大赛或展演活动中，岚山区代表队成绩连续十年名列前茅。

图32-39　社区文艺演出　（摄于2007年）

自2003年起，岚山开始加快推进村居社区文化中心、文化大院建设。至2012年，全区共建成村居社区文化中心、文化大院352家，多数文化大院建有小广场、活动室和图书室，配有音响设备、表演服装、道具等；建成乡镇街道综合文化站8个，各站设图书室、报刊阅览室、文艺排演室或歌舞厅、游艺活动室、展览室、文化广场、农民文化夜校，部分乡镇街道综合文化站还设有影剧院。

图32-40　社区文化大院　（摄于2007年）

第二节　校园文化

岚山校园文化建设主要以“为生存和发展奠基”“秉承传统文明，弘扬民族精神”“播种良好习惯，收获健康人生”“培养健全人格，提升生命质量”“普及科学知识，关注科技前沿”“陶冶艺术情操，展现艺术特长”“营造良好氛围，培育创新人才”等为主题开展7大文化系列建设，营造浓厚的校园文化氛围。常规文化教育活动有集体升国旗、开学典礼、学生表彰大会及重大节日纪念活动等，以增强学生勤奋学习、爱国爱校、报效祖国的责任感和使命感。全区中小学均建有校广播电台、宣传栏、壁报栏、校园小报、校园网等文化阵地，经常性开展文学、艺术、心理、历史等文化讲座和法制、安全、交通知识讲座；初级中学以上学校和各镇办中心小学均有学生乐队、舞蹈队、合唱团、文学社、记者站及美术兴趣小组等学生艺

图 32-41 2008 年 11 月 21 日，安东卫街道一中举办校园文化艺术节

术团体，定期举办各种活动；六一国际儿童节、教师节都要组织文艺演出，并经常参加各级文艺汇演、才艺大赛、广场文化活动。

学校通过建筑物造型、绿色植物造景、人文景点设置来塑造校园的整体形象，做到“春有花、夏有荫、秋有果、冬有青，四季常绿、三季有花、自然优美”，衬以各种花草树木的说明、校长寄语、学校活动导航、每日一诗等版面，使得校园处处充满育人要素，对学生进行潜移默化的教育。

第三节　企业文化

岚山多数企业注重营造文化环境和内在文化品质，文化设施、文艺队伍、文化活动开展等方面各具特色。2012 年，全区规模企业中建有文艺团体 12 个、图书室 22 个、文体活动室 36 个、篮球场 23 个。2003 ～ 2012 年，由民营企业赞助或冠名的区级文化活动有 30 余次，累计投入 500 多万元。2004 ～ 2012 年，泉祥房产、岚山湾房产、京华木业等公司连续 8 年接力承办了岚山广场文化周活动；2010 年，永兴食品有限公司承办了山东电视台超级运动会走进岚山活动；2011 年，山东环海置业有限公司承办了美国加州芭蕾舞大型户外演出活动。2011 年，有 7 家企业参与全区第一批“企业家爱心书屋”捐建活动，捐助资金 36 万元，建成“企业家爱心书屋”12 家。

第四节　文化市场

书店　20 世纪 50 年代，日照新华书店在安东卫设分店，莒县新华书店在中楼设分店，后由供销社代管。70 年代，安东卫分店迁汾水，90 年代撤销。1990 年域内共有书店 4 家，分布于岚山头街道、安东卫街道。到 2004 年 9 月，岚山头街道、安东卫街道、碑廓镇、虎山镇新设大批民营书店，共 20 家，从业人员 27 人。2006 年，日照市新华书店再次在安东卫北街设立新华书店。至 2012 年，域内有各类民营书店和经营点 44 家，主要以零售为主。

音像　域内录像放映厅出现于 20 世纪 80 年代后期，1993 年岚山有 5 处录像放映厅，分布于岚山头、安东卫，1995 年所有录像厅关闭。音像店最早出现于 20 世纪 90 年代，主要从事影碟、磁带等音像制品的出租、零售，至 2012 年，域内共有音像店 41 家，从业人员 60 余人，货源品种 2000 余个。

网吧　1999 年 6 月，岚山建立第一家网吧，至 2012 年，全区共有网吧 52 家，从业人员 104 人，电脑 500 多台。

其他文化场所　1993 年前，城乡有零散台球、电子游戏经营活动，规模很小。1993 年后，经营业户增多，主要分布在各乡镇街道休闲区域和相对比较繁华的地段，因存在违法行为，被查禁。1995 年后，经审核，放开一批依法规范经营业户。

1993 年，岚山有歌舞厅等文化娱乐场所 3 处，集中在岚山头街道。至 2012 年，全区有歌舞娱乐场所 25 家，主要分布在岚山头、安东卫两个街道，从业人员 138 人。

此外，还有书画装裱、广告经营、各种健身俱乐部等文化经营场所 60 余家，有从事体育用品销售门店 8 家，年销售额 20 余万元。

2012 年，岚山区委、区政府在荻水湿地公园东侧兴建区文化中心，由文化馆、档案馆、博物馆、图书馆、规划展览馆5个功能部分组成，总占地面积约5公顷，建筑面积约4万平方米，地上4层，局部地下1层，是岚山区重要的文化设施。

第五章　文化管理

第一节　管理机构

1993年，岚山办事处文化体育委员会(简称岚山文体委)成立，负责域内文化、体育事业的综合管理、协调工作。

2004年岚山设区后，改称岚山区文化体育局(简称区文体局)。2005年5月，成立岚山区群众文化艺术馆和岚山区旅游综合开发办公室，为正股级事业单位。

2011年3月机构改革，增加新闻出版职能，改称岚山区文化体育新闻出版局(简称区文体新局)。设办公室、文化艺术和新闻出版科(挂行政服务科牌子)、体育旅游科3个职能科室，机关行政编制6人，工勤编制1人。

第二节　文物管理

文物普查　岚山域内有旧石器时代、大汶口文化、龙山文化、岳石文化等完整的史前文化序列和文化谱系。新中国成立后，岚山区先后开展了3次较大规模的文物普查和多次区域性文物考古调查。一是1956年全国文物普查；二是1981年至1983年全国文物普查和文物复查；三是2007年至2011年第三次全国文物普查。第三次全国文物普查全区共登记不可移动文物88处，其中新发现33处(其中古遗址20处，古墓葬6处，石刻1处，近现代重要史迹及代表性建筑5处，其他1处)，复查51处(其中古遗址36处，古墓葬6处，古建筑2处，石刻3处，近现代重要史迹及代表性建筑4处)，消失4处(其中古遗址2处，古墓葬1处，其他1处)。

文物征集　出土文物和群众上交文物均由省、市、县博物馆代为收藏，现藏于山东省文物考古研究所的铜匜，1975年出土于中楼镇崔家峪墓群。兽头流，龙形鋬，四兽面纹蹄形足，内面有铭文“诸斿故作匜其万年眉寿永宝用”13字。

收藏于日照市博物馆的文物有尧王城遗址出土的黑陶鬶、鸟首足盆形鼎、黑灰陶壶、褐陶尊等各1件；后村镇井沟出土的细泥黑陶豆1件；安东卫赵氏父子墓志铭2块。现存莒县博物馆的有双孔石刀1件，系龙山文化时期生产工具，1963年采集于马髻山顶。

第三节　文物保护

通过文物普查，岚山区域内共发现文物点119处。其中国家级文物保护单位1处，省级文物保护单位1处，市级文物保护单位8处，县级文物保护单位35处。这些不可移动文物中，有新石器时代遗址、唐宋窑址、古墓葬、摩崖石刻、名人故居和革命纪念地等，类型齐全，历史延续性强。

岚山区文物保护工作职能由区文体新局承担。2008年区政府下发《关于进一步加强文物保护工作的意见》，在区内基本建设中实行重大建设工程项目文物保护部门审核、批准和备案制度；建立区、镇、村三级文物保护网络和文物巡查制度，乡镇、村居配备119名文物保护信息员，与公安、工商、建设、规划、环保等部门建立了联合执法的长效机制。区人大教科文卫委、区政协社会法制科教文史委对文物保护工作和文物行政执法工作实行定期视察、督查。通过报纸、广播、电视、展览等多种形式的活动，对文物保护工作进行广泛宣传，调动社会公众参与文物保护的积极性，提高全区文物保护意识。

岚山区文物古迹一览表

（111 处）

表 32-1

类型	名称	年代	地理位置	保护级别
古遗址	尧王城遗址	龙山文化至汉代	高兴镇安家尧王城村与南辛庄子之间(南辛庄子、安家尧王、大尧王、张家庄子附近)	国家级
	田家寨遗址	汉代	碑廓镇田家寨一村东 200 米	市级
	西辛兴遗址	龙山文化	碑廓镇西辛兴村东	市级
	郑家结庄遗址	大汶口文化	虎山镇郑家结庄村东南 50 米	市级
	大土山遗址	汉代	巨峰镇大土山村北 1000 米处	市级
	辛留遗址	龙山文化、商、西周、东周	巨峰镇辛留村东南 50 多米处	市级
	南塔岭遗址	龙山文化	黄墩镇南塔岭村南	县级
	下双幢遗址	汉代	黄墩镇下双幢村东	县级
	北张家庄遗址	汉代	碑廓镇北张家庄村北	县级
	集后遗址	汉代	碑廓镇东、西集后两村南	县级
	南马家岭遗址	汉、宋、辽、金	碑廓镇南马家岭村东、村东南	县级
	贾家桃园遗址	大汶口文化、龙山文化	巨峰镇贾家桃园村东北 300 米	县级
	六甲遗址	龙山文化、岳石文化、西周、东周	巨峰镇六甲村西 300 米处	县级
	安东卫东庄遗址	龙山文化	安东卫街道东庄居委东部	县级
	东湖遗址	龙山文化	虎山镇东湖一村、二村北部	县级
	陈家遗址	岳石文化、宋辽金	虎山镇陈家庄子村北、村西、村西南,泥田沟村东、村东南的大片范围	县级
	徐家村遗址	大汶口文化、龙山文化、西周、东周、汉	虎山镇徐家村东部	县级
	张家小庄遗址	商、西周、东周、汉	高兴镇张家小庄村东 200 米	
	下湖遗址	龙山文化	碑廓镇下湖村东	
	项家夼遗址	汉代	碑廓镇魏家庄(自然村,属袁家庄)村南 50 米	
	西秋遗址	西周、东周	碑廓镇西秋齐园村北约 50 米处	
	虎山北岭遗址	旧石器时代	虎山镇楼子底村东 1000 米处	
	前水车遗址	龙山文化	虎山镇前水车沟村北	
	连家遗址	汉代	虎山镇连家村西	
	杨家遗址	西周、东周	虎山镇杨家村南	
	后稍坡遗址	汉代	虎山镇后稍坡村西北 300 米处	
	磴山寺遗址	清代	虎山镇四门口村西北磴山上	
	阿掖山卧佛院遗址	唐代	虎山镇小村南	
	孟家遗址	龙山文化	巨峰镇孟家官庄村南 70 米	
	崖下遗址	西周、东周、汉	巨峰镇崖下村	
	辛庄遗址	商、西周、东周	巨峰镇辛庄村东南 300 米	
	石嘴遗址	商、西周、东周	巨峰镇石嘴子村东南	
	竹园遗址	龙山文化、汉、宋辽金	安东卫街道竹园居委西 50 米处	
	荻水东墩遗址	明代	安东卫街道荻水村东	
	白云寺遗址	唐代	高兴镇白云村北 1000 米,白云山南北峰之间	
	高家遗址	西周、东周、汉	黄墩镇高家村西	
	香塔寺遗址	汉、隋、唐至明、清	碑廓镇田家寨一村、二村西,镇驻地东南约 2.5 公里处	

续表 32-1

类型	名称	年代	地理位置	保护级别
古遗址	董家湖遗址	大汶口文化、西周、东周	虎山镇董家湖村南	
	松树园遗址	商至汉、宋、辽、金	虎山镇松树园村西北	
	泥田沟遗址	大汶口文化、汉	虎山镇泥田沟村西	
	秦家结庄遗址	龙山文化	虎山镇秦家结庄村北、村西	
	张家结庄遗址	大汶口文化、龙山文化	虎山镇张家结庄村西南150米处的一处傍山依河的高地上	
	后水车遗址	龙山文化	虎山镇后水车沟村北、村西北	
	大尧沟遗址	西周、东周、汉	虎山镇大尧沟村北500米	
	徐家村北遗址	大汶口文化、西周、东周	虎山镇徐家村北约500米处	
	后稍坡东遗址	西周、东周	虎山镇后稍坡村东150米,大尧沟、龙王河、后稍坡的交叉地带	
	前稍坡遗址	西周、东周	虎山镇前稍坡村东南200米	
	蒋家庄遗址	汉代	安东卫街道蒋家庄居委北250米处	
	大村遗址	宋、辽、金	虎山镇大村南	
	河峪遗址	大汶口文化	中楼镇河峪村东北500米处	
	河峪北遗址	东周、元	中楼镇河峪村北50米处	
	刘家沟遗址	汉代	中楼镇刘家沟村	
	马家峪子遗址	东周	中楼镇马家峪子村西300米处	县级
	崔家峪遗址	东周	中楼镇崔家峪村西50米	县级
	板楼遗址	汉代	中楼镇板楼村	
	商家沟遗址	汉代	中楼镇商家沟村南40米	
	下曹遗址	汉代	中楼镇下曹村东50米处	
	庙前遗址	汉代	中楼镇河峪村西南100米处	
	后姚家埠遗址	东周	中楼镇后姚埠村西200米处	
	前姚家埠遗址	汉代	中楼镇前姚家埠村东50米	
	马家园遗址	汉代	中楼镇小庄子村东南200米处	
	陈家西楼遗址	西周	中楼镇陈家西楼村西北10米	
	幸福村遗址	夏、商	中楼镇幸福村南10米处	县级
	卢家西楼遗址	汉代	中楼镇卢家西楼村西南30米	
	马鬐河西遗址	龙山文化	中楼镇马亓河西村北100米	县级
	马家西楼遗址	龙山文化	中楼镇马家西楼村北10米处	县级
	马家西楼东南遗址	东周	中楼镇马家西楼村东南100米处	
	集后遗址	龙山文化	中楼镇集后村西南200米	
	孙由遗址	大汶口文化	中楼镇孙由村西南200米处	
	瓦碴地遗址	汉代	中楼镇赵家西楼村北10米处	
	彭家峪遗址	东周	中楼镇彭家峪村东北150米处	
	大陈家军遗址	汉代	中楼镇大陈家军子村西北100米处	
	赵家西楼遗址	汉代	中楼镇赵家西楼村西200米处	
	大土山墓群	汉至南北朝时期	巨峰镇大土山村西北1000米	市级
	和平村墓地	汉代	碑廓镇和平村南	县级
	小村墓群	东周、汉代	虎山镇小村村内及村北	县级

续表 32-1

类型	名称	年代	地理位置	保护级别
古遗址	辛庄子墓地	汉代	安东卫街道辛庄子村西北 200 米处的一片平原地上	市级
	卫东墓地	汉代	碑廓镇卫东村西北 600 米处	
	石家墓地	汉代	碑廓镇石家庄村东北 500 米	
	怀古墓群	汉代	高兴镇怀古村北、东北及村东	
	孙家官庄墓地	汉代	虎山镇孙家官庄村西 300 米处	
	松树园墓地	汉代	虎山镇松树园村东	
	大庄子墓地	汉代	虎山镇大庄子新村东约 10 米的低山台地上	
	相林墓	元代	巨峰镇相家楼村西南 200 米处	
	于家沟墓群	东周	中楼镇南于家沟村	
	解家林墓群	汉代	中楼镇河峪村东北 30 米处	
	崔家峪墓群	西周、东周	中楼镇崔家峪村西南	县级
	幸福村墓地	汉代	中楼镇幸福村南 100 米处	县级
	两山口墓群	汉代	中楼镇两山口村西北	
	刘家峪墓地	汉代	中楼镇刘家峪村东	
	赵氏祖坟	明、清	中楼镇赵家西楼村东 200 米处	
古建筑	磴山开山前庵和尚塔	明、清	虎山镇四门口村西,磴山主峰磴山寺东 50 余米处	县级
	磴山寺仙池、仙桥	明、清	虎山镇四门口村西北磴山寺遗址院内	县级
	岚山头海神庙	元代以前	岚山头街道岚阳路社区南、海安路南 100 米,海上碑公园内	
	中楼村娘娘庙	明代	中楼镇中楼村西丹凤岭上	
	解家古井	唐代	中楼镇大陈家军子村西北部	
碑刻	海上碑	明末清初	岚山头街道岚阳路社区南,黄海岸边自然岩石群上	市级
	重修卧佛院碑	元、清	虎山镇小村南 500 米(卧佛院遗址内)	县级
	磴山许瀚诗碑	清	虎山镇四门口村西	县级
	白云村墓碑	清	高兴镇白云村北 400 米	
近现代重要史迹及代表性建筑	黄墩烈士陵园	1962 年	黄墩镇黄墩二村北的北岭上	县级
	山东军区机关驻地旧址	1943 ~ 1944 年	碑廓镇碑廓二村内南部	市级
	新华英雄山烈士陵园	1942 年	巨峰镇新华村北 150 米处	县级
	解放村烈士墓地	1941 年	虎山镇解放村村西南 200 米,沉古山前	县级
	王振成烈士墓	1944 年	高兴镇大川村东 30 米	
	陈明生烈士墓	1945 年	虎山镇四门口村,杏黄山西麓	
	工农岭电灌站	20 世纪 60 年代	高兴镇工农岭村东北	
	后合庄水库灌溉闸门	1966 年	安东卫街道后合庄村西北	
	马营起义遗址	20 世纪 40 年代	中楼镇库山子村	
	莒县抗日民主政府成立旧址	20 世纪 40 年代	中楼镇上涧村东南	
	马髻山抗日根据地旧址	20 世纪 40 年代	中楼镇辛家庄村马髻山风景区内	

说明:另有 8 处被公布为县文物保护单位,但没有列入第三次全国文物普查名单:阿掖山水帘洞、创建磴山寺碑、北塔岭银杏树、浮棚山银杏树、梭罗树村桫椤树、卧佛院银杏树、赵家古柏树、前三岛

第四节　非物质文化遗产普查

岚山地处沿海，历史文化底蕴丰厚，原生态非物质文化遗产异彩纷呈。2006 年在域内进行了第一次非物质文化遗产普查，筛选出 55 项内容列为区级非物质文化遗产名录，其中安东卫民间故事、圣公山传说、高兴民歌、岚山渔民号子、黄墩皮影戏、高兴线狮、安东卫舞龙灯、高兴编蓑衣、安东卫商号等 9 项内容被列入日照市非物质文化遗产名录；2007 年，岚山渔民号子、黄墩皮影戏被列入山东省非物质文化遗产名录。2010 年在全区进行了第二次非物质文化遗产普查，筛选出 13 项内容列入区级非物质文化遗产名录。2011 年，高兴申家庄木板年画、岚山祭海节被列入市级非物质文化遗产名录。至 2012 年，全区共有省级非物质文化遗产 2 项，市级 11 项，区级 68 项。

岚山区非物质文化遗产一览表

表 32-2

类　别	名　称	保护单位	级　别	公布时间	传承人	项目简介
民间文学	安东卫民间故事	安东卫街道文化站	市级	2006 年		包括“钱淌出南门去”和“徐福东渡出荻水”2 个故事。“钱淌出南门去”的故事：清末，由于清政府腐败无能，安东卫商号多次遭到兵匪洗劫，损失最大的是江苏一带的潮河贼一次抢劫 70 余家店铺，俗称“钱淌出南门去”。“徐福东渡出荻水”的故事：传说徐福是从安东卫的荻水东渡去日本的，当地至今存有徐福造船作坊遗址。
	传说	安东卫街道文化站	区级	2006 年		“钱淌出南门去”的故事。
	徐福东渡出荻水	安东卫街道文化站	区级	2006 年		“徐福东渡出荻水”的故事。
	圣公传说	碑廓镇文化站	区级	2006 年		圣公，名项橐，传说是 2500 多年前的一个智慧神童，出生在碑廓镇。据说，孔子东游时曾在此地拜项橐为师，项橐以其“三难孔子”闻名天下。圣公传说主要由圣公三难孔子的传说、圣公山传说、圣公神话传说、圣公庙(祠)的传说等几个部分组成。
			市级	2006 年		
	民间歌谣	岚山头街道文化站	区级	2006 年		主要有《满江红》《劝郎》《岚山景》等，其中《满江红》是流传于岚山头一带的民间爱情歌曲，至今已有 100 多年历史。
	姓氏沿革	岚山头街道文化站	区级	2006 年		岚山头街道张、黄、徐、刘 4 大姓的沿革。
	安东卫明朝十八家指挥	安东卫街道文化站	区级	2006 年		南王、北王、五李、三杨、支童赵蒋、羿谢何方。
	安东卫的五大姓氏	安东卫街道文化站	区级	2006 年		苏胡杨赵周。苏家：南街。胡家：西街。杨家：南街。赵家：西街。周家：东街。
	安东卫顺口溜	安东卫街道文化站	区级	2006 年		1. 清官留靴，贪官留帽。 2. 东街的米，西街的面，南街的海货摊，北街的草扁担。 3. 百步以内三座庙，十步以内三口井。 4. 东门外铁蛤蟆，西门外花山子，北门外槐抱狗(枸杞)，南门外墨水井。 5. 安东卫四大景：东山阿掖晨钟，西湖烟雨，荻水拖澜，北山积雪。 6. 傻人有傻福，泥胎住瓦屋。
	安东卫城楼	安东卫街道文化站	区级	2006 年		1. 东城门楼：3 间瓦屋，其中有 2 趟瓦永远不变形，相传是鲁班所排，中间供着“魁星点状元”。 2. 西城门楼：刘关张“桃园三结义”。 3. 南城门楼：供着杨二郎和啸天犬。小狗送咳，口念“酱咳盐咳香油甜咳”。

续表 32-2

类别	名称	保护单位	级别	公布时间	传承人	项目简介
民间文学	安东卫庙宇	安东卫街道文化站	区级	2006年		安东卫北门外有白衣庙，庙文：千江有水千江月，万里无云万里风； 安东卫东街有马神庙、火神庙、正午庙、关帝庙。关帝庙庙文：马过五关思汉主，花开三月想桃园。圣人庙庙文：天下文官祖，一朝帝王师。火神庙庙文：庙貌垂千古，威灵振八方。
	安东卫历史考证	安东卫街道文化站	区级	2006年		安东卫自旧石器时代以来的历史考证。
	青鸾衔旗定安东	安东卫街道文化站	区级	2006年		传说明代设安东卫地址是神鸟青鸾衔旗所定，天意不可违。
	东庄龙山文化遗址	安东卫街道文化站	区级	2006年		位于安东卫东500米处的东小庄，是一处以龙山文化为主的文化遗址。安东卫另有的古文化遗存、名胜古迹是历史延续的痕迹，是先人遗留给后世的历史卷书。
	关东人参磴山的根	虎山镇文化站	区级	2006年		"关东的参，磴山的根"的传说，据说民间用红丝线系于小孩手腕脚腕的做法，即源于此故事。
	张果老遇险跌驴板	虎山镇文化站	区级	2006年		在虎山镇北部磴山山下，有一道宽不足2米的花岗岩大裂谷，名叫龙潭。传说当年八仙之一的张果老路过此处时，险些命丧在石板悬崖上。
	磴山石鼓退倭寇	虎山镇文化站	区级	2006年		磴山东侧突起一座孤峰，名叫石鼓山，因山前坡有一巨石叫石鼓而得名。传说明朝时，石鼓曾经帮助当地人赶跑了倭寇。
	磴山有个二百顶子	虎山镇文化站	区级	2006年		磴山寺北有一平坦山顶，今叫"二百顶子"。葱郁的树林里有座孤零零的古墓，早已坍塌在杂草之中，但磴山周围依然流传着墓主人之子为求做官而选林迁坟的故事。
	磴山人文景观探析	虎山镇文化站	区级	2006年		虎啸峰、磴山寺、创建磴山寺碑、开山前庵和尚塔等的介绍及传说故事。
	童泰弃官修卧佛	虎山镇文化站	区级	2006年		阿掖山北麓虎山镇境内有一座远近闻名的古刹，叫下寺，世称卧佛院，因寺内原有一尊卧佛得名。"童泰弃官修卧佛"的故事，在民间广为流传。
	唐太宗观云苑梦遇武媚娘	虎山镇文化站	区级	2006年		阿掖山主峰老爷顶东侧有一处古迹遗址，现名上寺。古时候阿掖山上树木参天，珍禽异兽遍布，有人在山上修建亭台，听风观海，避暑消夏，颇为惬意。相传，唐太宗李世民东游至此，就是在这里梦见的武媚娘。
	关山八戒石的传说	虎山镇文化站	区级	2006年		阿掖山西麓虎山镇南部有一座突起的高山，名叫关山。山上松形奇异，怪石嶙峋，或如猛兽，或似珍禽，独俱形态，令人叹为观止。特别是山上东南坡那个缺少一只耳朵的猪石，还曾有一段耐人寻味的传说。
	百年老字号同仁堂	碑廓镇文化站	区级	2006年		碑廓镇西集后村的董氏家族在清朝末年创建"同仁堂"中药铺，经久不衰，至今已有百年历史。
	百年老字号同生堂	碑廓镇文化站	区级	2006年		碑廓镇田家寨村的牟氏家族在清朝末年创建"同生堂"中药铺，在民间享有盛誉，至今已有百年历史。
	柏柿梧桫槐	碑廓镇文化站	区级	2006年		碑廓镇的圣公山圣公庙大殿前院有两株古树，一株是龙柏，一株是桫椤树，据传为隋代所植。据说以前有龙柏、柿树、梧桐、桫椤树、槐树5棵树，即柏柿梧桫槐，还流传着一个"百事无索怀"的传说故事。
	田家寨上耙和尚	碑廓镇文化站	区级	2006年		传说清道光年间，碑廓香塔寺的住持是一个作恶多端的和尚，机智勇敢的方状元用铁耙将他们耙死，为民除了害。
	香塔寺	碑廓镇文化站	区级	2006年		碑廓镇香塔寺传说是隋朝大臣张须陀招募天下能工巧匠建造而成，也是张须陀辞官归隐之地。
	诸家闹公堂	碑廓镇文化站	区级	2006年		沂州费员外家女儿、女婿、妻子等人因为误会而全家闹上公堂的传说故事。

续表 32-2

类　别	名　称	保护单位	级　别	公布时间	传承人	项目简介
民间文学	抓阄决定先后	碑廓镇文化站	区级	2006 年		民间用扔干湿、剪子包袱锤、抽草棒等方法抓阄的介绍。
	三战甲子山	黄墩镇文化站	区级	2006 年		甲子山,位于黄墩镇和巨峰镇境内。抗日战争时期,这里先后发生了三次甲子山反顽战役,成为光荣的抗日民主根据地,在山东滨海地区和日照革命战争史上谱写了光辉的一页。
	吕洞宾挑石堆山	黄墩镇文化站	区级	2006 年		传说吕洞宾每天都往黄墩的甲子山顶部挑石头。一天,当地一个农妇早晨起来看见一个彪形大汉用红头绳捆着两个上万斤的巨石爬山,就奇怪的问了一句。结果,话音刚落,大汉就消失了,两个石头也分别滚到山下的东、南两个方向不见了。
	甲子山传奇故事	黄墩镇文化站	区级	2006 年		传说,明朝有个叫丁强的渔民在甲子山上碰见了宝参变化的老人,老人送给他一块饼。丁强回家孝敬爷爷吃。结果第二天,丁强打渔捞到了一个金盆。
	孙膑住在诸海家有天无日头	黄墩镇文化站	区级	2006 年		传说孙膑隐居甲子山时,被一个叫诸海的人收留,孙膑为感谢他,送了一副药方。诸海家从此人丁兴旺,家族后来还出了诸葛亮这样的人才。于是甲子山民间就传说"孙膑住在诸海家有天无日头",意思是知恩感恩。
	孙膑与独角牛	黄墩镇文化站	区级	2006 年		传说孙膑来黄墩的甲子山隐居,身边有一头神奇的独角牛,能把黄豆变黄金。
	玉皇东海幽梦	黄墩镇文化站	区级	2006 年		传说玉皇大帝在睡梦中,与桃花仙子、参姥等神仙游历东海和甲子山的故事。
	五洞府	后村镇文化站	区级	2006 年		五洞府山位于后村镇东南部,属于九泉山的一个山峰,因传说山上居住着一位慈善济世的仙人老师奶奶而闻名遐迩。
	老师奶奶的来历	后村镇文化站	区级	2006 年		传说华佗夫人和他的女儿在五洞府山上修炼成仙,人们把华佗夫人尊称为老师奶奶。
	石门开	后村镇文化站	区级	2006 年		明朝末年,五洞府山的东边住着一户姓柞的人家,户主因为财迷心窍被仙人惩罚,即为"石门开"故事的来历。
	五洞府不开石的来历	后村镇文化站	区级	2006 年		传说,五洞府山下有一户人家盖房子,在五洞府山上开山取石惊动了仙人,遭到惩罚,从此以后,没有人敢再在五洞府山上开山取石了。
	老师奶奶保平安	后村镇文化站	区级	2006 年		解放战争期间,五洞府支前群众无一伤亡,1976 年洪灾当地人也绝处逢生,这些都被人们归功于老师奶奶的保佑。
	一门连中三举人	后村镇文化站	区级	2006 年		清朝光绪年间,五洞府的一户郑姓人家出了 3 个举人。
	草木皆兵	后村镇文化站	区级	2006 年		1944 年秋天,日本鬼子到山字河一带"扫荡",被五洞府的草木吓跑。
	梳妆台	后村镇文化站	区级	2006 年		五洞府山东侧有一处碧波潭,传说它附近的土地叫做"梳妆台"。

续表 32-2

类别	名称	保护单位	级别	公布时间	传承人	项目简介
民间文学	尧王城名字的由来	高兴镇文化站	区级	2006年		高兴南辛庄子村附近有一处尧王城遗址，附近也就流传着尧王的传说。此地的“尧”并非上古君主，而是另有其人。 一、尧王城遗址出土大量瓦片、陶片，民间传说此地古时候为窑场，因此称场主为“窑王”，后来演化成“尧王”。 二、传说越王勾践灭吴后，派其孙赤获率兵北上，沿海滨至海曲（今尧王城附近）屯驻，建越王城，一为追杀逃窜吴裔，二为耀兵齐境。其后，越为楚灭，越人不得南返，遂驻留此地。自此，城中人不敢写“越”而改写“跃”字，越王城亦改为跃王城。跃，当地方言读“yào”。
	白云寺传说	高兴镇文化站	区级	2006年		白云山上有座庙叫白云寺，据说为唐朝始建，至今已有1000多年。20世纪20年代末，有一伙乱党住在尧王城附近。他们是日军的先遣队，由日本人和朝鲜人组成。这伙乱党到处偷拐抢掠，周围百姓怨怒已久。村人用土炮袭击乱党。乱党发誓要报复，就在他们出发前一晚，白云山上一夜通明，但却不是人为造成的，非常神奇。乱党以为神明显灵，吓得再也不敢胡作非为了。
	五洞府传说	高兴镇文化站	区级	2010年		高兴镇和后村镇交界处有一座五洞府山。传说明朝末年，五洞府山的东边住着一户姓柞的人家，户主是个商人。他去南京做生意，碰到日照老乡托他回五洞府带信。商人回到山前，依照老乡教他的咒语念道：“石门开，石门开，南京捎到书信来！”山上果然打开一扇石门。进去后，亭台楼阁，十分气派。洞里的仙人为了感谢商人带信，给了他一篮子黄豆。商人认为仙家太抠门，出门就把黄豆倒了。结果回家后才发现，篮子里仅剩的几粒黄豆竟然是金子的！于是，青年便想敲开门再要些金豆子。他用咒语敲不开门，就拾牛粪，然后堆在洞门口，想用火把仙人熏死，独吞财宝。结果并没成功。他回家之后，怪事连连发生：蒸好的馒头变成一锅驴粪，地里的土豆变成石头……商人自知不是仙家的对手，灰溜溜的搬走了。
	高兴庙传说	高兴镇文化站	区级	2010年		高兴镇西南有一座南北大岭，岭北端原有一座庙，名为龙泉寺。相传有一年来了一位住持高僧，此人俗名高兴。他治庙有方，来龙泉寺不几年，这里十几亩地就都成了庙产。这里的地成了高兴的地，河成了高兴的河。久而久之龙泉寺就成了高兴庙。今日的高兴镇也由此得名。
	古驿道传说	碑廓镇文化站	区级	2010年		相传古时候有3条驿道从圣公山前经过。一是南北方向的，南经碑廓、青口、海州，下扬州，北经巨峰、沈町奔青州。另条东南西北向的，东经甫田庄、前合庄、安东卫到岚山，西北经山西头、朱芦、文疃、莒州、沂水到泰安。还有一条是西南东北向的，向西南经东西辛兴、十字路，去沂州、徐州等地，东北经巨峰、涛雒、日照，奔胶、莱一带。这3条驿道都在圣公山前的袁家庄交会。
	念对子	高兴镇文化站	区级	2010年		念对子即民间流传的顺口溜，一般为道白，讲究押韵。如： 双双复双双，双双惹人羡（赞新人结婚）； 荆芥麻黄车前子，甘草三钱治腰疼（中药治病）； 春种一粒粟，秋收万颗子（鼓励耕种）； 人体动力来自心，五脏六腑它主宰（养生之道）。

续表 32-2

类别	名称	保护单位	级别	公布时间	传承人	项目简介
传统音乐	岚山渔民号子	岚山头街道文化站	区级	2006 年	张语书 张同书 杨洪勇 刘昌峰 等	岚山渔民号子主要分布于岚山头街道一带，其影响力辐射苏北和整个鲁东南地区，北至渤海湾，南至舟山群岛，是历代渔民在耕海牧鱼的统一劳作中产生的劳动号子，是随着沿海捕捞业的发展世代相传的民间音乐。 岚山渔民号子一般没有歌词，常用的词语多是语气助词，如“啊、嗨、嗷、呦、哎、啦、安”等。其基本唱法为船老大下令，由一个号子手领号，其他渔民唱合。岚山渔民号子在长期的传唱过程中，既吸收了大量各地号子的优点，又富有地方特色，它旋律优美，音调高亢，韵味独特。
			市级	2006 年		
			省级	2007 年		
	高兴民歌	高兴镇文化站	区级	2006 年		《送情郎》讲述的是抗日战争期间年轻女子在送情郎参军路上的依依之情；《十二月》唱述的是丈夫抗战在外，妻子家中生活的艰辛及对丈夫的思念；《嫁郎》唱述了青年女子希望早日与心上人结合的焦急心情。
			市级	2006 年		
	岚山小调	岚山头街道文化站	区级	2006 年		《毛主席颁布了新的婚姻法》讲述了王家庄子村（现岚山头街道凤阳路社区）一个适婚卖货男青年相中一个女子，向她展示了家中的良田美景，以期双方自由恋爱。歌曲曲调委婉、柔美、细腻，抒发了美好的爱情旋律，深受当地人们尤其是当时青年男女的喜爱，具有鲜明的时代特色。
	旱船调	高兴镇文化站	区级	2010 年		旱船调是日照当地满江红的一种，是过去重大节日时人们跑旱船的伴奏曲目。曲调比较固定，歌词可以随意编排。现在旱船调已经不再流行，只有五六十岁以上的人才对它有印象，会拉会唱的就更少了。
	晒蒲包	岚山头街道文化站	区级	2010 年		《晒蒲包》，又名《赶四集》，是 20 世纪初，岚山勤劳朴实的渔民在劳动之余，口头传唱的一首爱情歌曲，表达了人们对美好爱情的向往和对美好生活的追求。
	小箍炉	高兴镇文化站	区级	2010 年	陈同文	小箍炉是日照当地的一种小调，年代非常久远。“箍炉”就是走街串巷锔盆、锔缸的匠人。一般的演出程序是：开场，小箍炉挑着担子上场，挑子一头是风箱，一头是钳子、锤子等工具。然后一个妇女就拿着破碗、破盆之类的东西让他修，二人边谈生意便拉呱对唱。歌词一般是表扬村里发生的好人好事，如孝敬父母、送子参军等。演出形式且歌且舞，类似东北的二人转。
曲艺	黄墩皮影戏	黄墩镇文化站	区级	2006 年	夏召瑞	黄墩皮影戏俗称影子戏，发源于黄墩镇黑家沟村，是一种民间工艺美术与戏曲巧妙结合而成的独特艺术。19 世纪末皮影艺人夏召瑞的父亲从莒南学得此艺，夏氏家族传承至今，已有百余年历史。皮影戏唱腔口语化，对白幽默风趣，融入了地方方言，表演起来节奏明快、通俗易懂。 自 20 世纪 70 年代后，黄墩皮影戏多次参加省、市各类演出活动并屡获大奖。
			市级	2006 年		
			省级	2007 年		
杂技与竞技	线狮	高兴镇文化站	区级	2006 年	杨淑学	线狮，又称“飞狮夺球”，是高兴镇冯家庄村杨淑学老人的一门绝活，是将狮子舞和提线木偶相结合的独特的舞狮艺术。 线狮所用道具：一对竹扎小狮豹，一个能开合的红绣球，再辅以一个钢管扎成的长 6 米、高 3 米的框架。表演时，先在框架的 6 米横杆上固定好 5 个小滑轮，表演者站在架下几米远处，双手拽动 5 根或 7 根绳索，从而带动绳索另一端的狮子及绣球上下左右舞动，表演出各式各样令人眼花缭乱的夺球动作。最后，以双狮同时咬住并拽开绣球，从中垂下预先藏于其中的喜庆内容的竖幅标语宣告表演结束。 杨淑学曾先后于 1979 年、1986 年及 1992 年 3 次进省演出，并获 1979 年度全省文艺汇演一等奖。2010 年 10 月，杨淑学的线狮绝技走进了首届中国非物质文化遗产博览会。
			市级	2006 年		

续表 32-2

类　别	名　称	保护单位	级　别	公布时间	传承人	项目简介
杂技与竞技	舞龙灯（即龙舞）	安东卫街道文化站	区级	2006 年	苏贻文	舞龙灯历史悠久，是安东卫街道民间在节庆日或渔船下海时所舞的龙灯，也称耍龙灯。舞龙灯表演时，伴有鼓乐队，先由一人手持“引球”引导，常见的表演形式为“龙抬头”“金龙翻身”“舔龙鳞”“龙头钻龙尾”“盘龙窝”，基本顺序为舞龙、S 龙、游龙、拱龙、跳龙、交叉龙、翻龙、盘龙，动作多为翻、跳跃、跑大步、小步等，舞龙灯时飞光流影，至高潮处，龙头口喷烈焰，俗称“龙吐火”，此时，龙身金光闪烁，如腾云驾雾，场面热烈而壮观。
			市级	2006 年		
传统手工技艺	编蓑衣	高兴镇文化站	区级	2006 年	牟家兰	编蓑衣系民间传统手工艺，在高兴镇及周边地区曾经是农家流行的避雨防寒衣物。编蓑衣时，先将蓑衣墩子挂起，再将预先编好的蓑衣领子套在蓑衣墩子下方，之后边结蓑衣草边生扣，如同织毛衣般，层层编下来。结束前，一般于最后两行改换编织方法，从而生成与上面不同的环扣，取得良好的视觉效果，俗称裙边。
			市级	2006 年		
	木机织布	高兴镇文化站	区级	2010 年	丁元所	高兴镇沈家村的丁元所家几代从事木机织布。白布、花布、条纹布、毛巾等都可以织。制作程序：棉纱洗净、晒干；在锅中烧开水，加入染料和碱，把棉纱放进去染色；染好的纱要再到河水中洗涤，除去余色，并在日光下晒干。
民俗	安东卫商号	安东卫街道文化站	区级	2006 年		安东卫商号历史悠久，明末清初达到了鼎盛时期，安东卫商铺林立，生意兴隆，全国各地的客商纷至沓来，主要从事粮油、布匹、土特产和渔副产品等的经营业务。清末，由于清政府的腐败无能，安东卫商号多次遭到兵匪的洗劫，损失最大的是江苏一带的潮河贼一次抢劫 70 余家店铺，俗称“钱淌出南门去”。民国时期，安东卫商号几经复苏，到了抗日战争和解放战争时期，又遭重创，直到改革开放，安东卫商号才真正迎来复苏期，现在已进入成熟、振兴期。
			市级	2006 年		
	出门旅行风俗考略	碑廓镇文化站	区级	2006 年		民间外出风俗的考据，包括选吉利日子、“忌月”、占卜吉利方向、选择同伴等内容。
	婚嫁礼仪拾零	碑廓镇文化站	区级	2006 年		包括纳彩、问名、纳吉、纳征、请期和迎亲。
	择日习俗及其文化意蕴	碑廓镇文化站	区级	2006 年		民间选择黄道吉日的习俗，包括禁忌介绍和文化内涵等。
	岚山祭海节	岚山头街道文化站	区级	2010 年		岚山祭海节主要分布于岚山头街道佛手湾一带，是千年世代相传的祭拜海龙王节。每逢农历六月十三这一天，村里有名望的老渔民就组织操办隆重的祭祀活动。岚山祭海节是广大渔民在漫长的耕海牧渔生活中，创造的一种独具地域特色的渔家文化，也是岚山渔民祈望丰收、祝佑平安的一种古老风俗。
			市级	2011 年		
	闹春牛	黄墩镇文化站	区级	2010 年		正月初三闹春牛是黄墩镇侯家沟的独特民俗。传说倘若初三不叫牛，这年牲口就会不旺。正月初三全村老百姓把自己家中的牲口全部牵到村头，点燃鞭炮，焚香点纸，祷告、祈求上苍保佑百姓养的牲口平安强壮。
传统美术	申家庄木版年画	高兴镇文化站	区级	2010 年	申为年	申家庄木版年画由高兴镇申家庄的申为年在 20 世纪 50 年代学自潍坊杨家埠，1992 年开始生产销售。共有灶王爷、摇钱树、肥猪捧门、十子争梅、金玉满堂、沈万三打渔、恭喜发财 7 种，制作简便，构图饱满，色彩鲜明，人物栩栩如生，曾经是附近村镇居民春节必买的年货，极具个性特色。
			市级	2011 年		

续表 32-2

类　别	名　称	保护单位	级　别	公布时间	传承人	项目简介
传统美术	农民画	高兴镇文化站	区级	2010年	徐白云	高兴镇徐白云的农民画以农村生产生活为题材，主要分为海上渔民风情画、大陆民俗风情画和历史传统画3种。在画法上，主要分国画效果和水粉效果2种。农民画构图饱满、色彩艳丽，而且内容贴近生活，风格积极向上，具有很高的文化和社会价值。
传统医药	中医治舌疮	高兴镇文化站	区级	2010年	王纪义	高兴镇大芳沟的乡村医生王纪义是祖传的中医，擅长治疗各种舌疮。

第五节　文化市场监管

1993 年 7 月，设立岚山文体委，行使文化市场管理职能。1994 年，在岚山文体委设文化体育市场管理办公室，为股级事业单位，编制 3 人。岚山设区后，岚山文体委改称岚山区文体局，文化执法职能由区文体局文化体育市场管理办公室承担。

2011年6月，成立岚山区文化市场综合执法局（简称区文化执法局），承担区内文化市场综合执法职责，原区文化体育市场管理办公室整体划转。区文化执法局为正科级事业单位，设办公室、法规教育科（挂信息监控中心牌子）、文化市场监管科、文化市场稽查科 4 个科室，编制 8 人。2012 年增加事业编制 1 名，设立“12318”举报电话，保持昼夜联络畅通。

2012 年 2 月，对辖区内出版物市场进行集中执法检查，开展打击盗版工具书、教辅读物专项行动，打击无证经营，清理游商地摊，查处违禁、盗版、低俗出版物；会同公安、工商、教育等部门，对部分学校学生用书进行抽查，收缴盗版出版物 245 册，非法出版物 300 余册，取缔游商地摊 4 个。

第六章　广播　电视　电影

第一节　机构设置

岚山办事处设立前，岚山的广播电视工作归日照市（县）广电局管理，各乡镇街道设广播站。办事处成立后，成立岚山电视差转台、岚山新闻中心，归口工委宣统部管理，李现任新闻中心主任，王修河任差转台台长。1997年2月1日，成立岚山广播电视局（正科级事业单位）、岚山电视台，合署办公，毛维岗任局长，下设办公室、总编室、技术事业科、新闻专题部、广告文艺部、播出部、转播台、网络部8个部室。1999年2月，朱孔平改任局长。2001年10月1日，实行广播电视局对乡镇街道广播电视站垂直管理。2003年4月21日，岚山广播电视局划归日照市广播电视局垂直管理。同年8月14日，实行“网站分离”，分别成立日照市广播电视局岚山分局（简称岚山广电分局）、日照广播电视台岚山电视站、日照市广播电视网络信息中心岚山建管部（简称岚山网络建管部），张东波任岚山广电分局局长；秦玉明任岚山网络建管部主任，梁启余、牟民先后继任。

第二节　广　播

1956 年年底，日照县有线广播站建立，岚山域内各乡镇（公社）始有有线广播，线路多采用广播、电话两用，或利用电话线倒换扳闸的办法通播。1958年后开始架设广播专线，1970年通往各广播放大站的单线改为双线，到1971年广播线路全部实现专线化。1966年，域内有安岚、碑廓、巨峰、黄墩、高兴、马庄六个广播放大站，1971年增设虎山、大坡广播放大站，1981年安岚广播放大站析分为岚山头、汾水广播放大站。1984年，各广播放大站同时改为广播站。1988年年底，广播站下放到乡镇管理。

县广播站建站初期，用户较少，主要是各公社驻地。后逐渐向各村（大队）、农户发展。1968年后，主要使用压电喇叭和舌簧喇叭、动圈喇叭。至1978年，有线广播入户率达99%。

县广播站建站初期，每晚播音一次，主要为中央人民广播电台和山东人民广播电台的节目。1965年后改为每天早、中、晚3次广播，早上7点播新闻联播，中午12点播午间新闻，晚8点播晚间新闻。1971年后，广播放大站开始自办节目，内容是会议通知、各级党政会议文件、政策学习、农业讲座、防汛防灾等。每月收取广播喇叭费每只5分钱。1980后，广播放大站还举办广告和寻人启事节目，早晚各一次，商品广告每分钟收2.5元，性质为事业单位的非商品广告和寻人启事每分钟收1.5元，重播按50%收费。各广播放大站均设有业余通讯员，有的广播放大站还设有通讯组。1980年后，设专职通讯员1人。

20世纪80年代后期，随着收音机、电视机在农村普及，有线广播用户逐渐减少，到90年代已很少使用。

第三节 电　视

1991年9月，日照县广播电视局在岚山头街道官草汪北山建设发射功率50瓦的电视差转台一座，转播日照电视台新闻。1996年，开始架设有线电视专用光缆，使用光缆传输电视节目。同年12月，岚山办事处投资89万元建立起海拔182米、发射功率300瓦、覆盖半径40公里的轿顶山电视转播台。1997年7月1日，开设“岚山电视台”独立频道，2002年12月岚山频道纳入省公共频道管理，2003年12月岚山电视台撤销，频道停播。

新闻宣传　1995年7月，第一期《岚山新闻》正式在日照电视台日照新闻后插播，每月一期，每期10分钟。

1997年7月1日，开设“岚山电视台”独立频道，自办节目实行有线、无线同时播出。自办栏目有《岚山新闻》《岚山舞台》《港城聚焦》《人车路你我他》《荧屏导视》《三木剧院》，每天播出时间约5小时。《岚山新闻》每周3期，每期10分钟。

2003年12月岚山电视台独立频道停播，《岚山新闻》改在日照电视台公共频道播出，每周3期，周二、周四、周六播出，每期10分钟。

2009年1月1日起，东港、岚山、开发区联合办一档新闻节目《市区播报》，《岚山新闻》改版为《市区播报·岚山报道》，每周5期，每期6分钟，在日照科教都市频道播出。

1999年开通了岚山与日照广电系统内部电话和新闻回传，新闻节目实现了网络传输，当天采编的新闻第一时间传输到日照。

2003年5月，投资13万余元，建成通达各乡镇街道的办公局域网，实现了有线电视用户微机化管理和日常办公自动化。2007年，岚山区委、区政府与日照市广电局共同筹资100余万元，对岚山的电视宣传设备进行了数字化改造，岚山区电视采编设备全部实现了数字化。

有线电视　1997年12月，投资119万元，在全市率先实现了县乡有线电视光缆联网。2002年12月，投资360万元，在全省率先实现了城郊区有线电视“村村通”。到2003年，岚山办事处有线电视网共传输25套电视节目，实现通村率100%，入户率40%。2004年岚山设区后，黄墩、后村、高兴、巨峰4镇划入，全区总体通村率、入户率有所下降。2006年，全区有线电视通村率90%，入户率60%。2012年，通村率达到100%，入户率达到70%。

第四节 电　影

1928年秋，高兴镇夏陆沟人马祝明首次在本村放映无声电影《哪吒闹海》，用蓄电瓶供电。1954年，中国人民解放军0393部队驻安东卫后，部队电影队开始放映电影。1956年后，日照电影队到岚山巡回放映。1972 年,黄墩公社建立电影放映队(社办),使用 8.75 毫米脚踏发电机。1973 年 7 月,梭罗树石棉矿电影队成立,有 F16-F 放影机。1975 年 3 月,碑廓电影队成立,有 F16-42、F16-4A 放影机。1976 年,安岚电影队成立,有 F16-4A、F16-GS、GS-AT 放影机。此时期,各公社均建有电影放映队,部分村也购置放影机,成立放映队。

1980 年,中楼公社成立放影队,归莒县电影公司管理,配有 F16-4 型放映机和Ⅴ Ⅱ 75 发电机和幻灯机。

1983 年,岚山电影放映队成立,有井冈山 103-X、GS-AT 放影机。1989 年,电影队归日照市电影公司管理。

1983 年 12 月,日照县电影发行放映公司设基层管理站(简称电影管理站),岚山境内设有汾水、巨峰、黄墩 3 个电影管理站。

汾水电影管理站负责岚山头、汾水、碑廓、虎山、涛雒 5 区(后改乡、镇)电影发行放映,1984 年迁至虎山,称虎山电影发行放映站。巨峰电影管理站负责巨峰、高兴、大坡等区(后改乡、镇)电影发行放映。黄墩电影管理站负责黄墩区电影发行放映。

1968 年 10 月设立安东卫电影院。1975 年设立岚山头电影院,主要设备有放映座机、电影扩音机、多用倒片机、柴油发电机。2002 年 9 月,岚山特技电影院成立,使用 35 毫米放映机,2003 年 2 月关闭。2007 年,山东省农村公益电影放映活动开始,岚山成立了益民电影有限公司,承担全区农村公益电影放映任务,年放映电影 5000 余场。2012 年,全区农村平均月放映 1 场公益电影,成为日照市第一个数字电影放映区。

第七章　史志　档案

第一节　史　志

1993 年岚山工委、办事处成立后,史志工作由工委、办事处办公室负责。2005 年 5 月区委办公室、区政府办公室分设,按照"党委领导,政府主持"的修志体制,在区政府办公室内设史志办公室,并按照领导到位、机构到位、经费到位、队伍到位、条件到位"五到位"的要求,配备了专职人员、办公场所和办公设备。2006 年,史志办升格为副科级单位,编制 5 人。

志书编纂　明朝初期之前,岚山域内无郡县驻地,北部属日照县,西部归莒州,南部在江南淮安府,当地史实皆载于所属郡县史书。

《安东卫志》编纂　明洪武十七年(1384年)设安东卫。明隆庆、万历年间(1567～1619年)民间曾编修《安东卫志》(旧志),后失传。

清康熙十一年(1672年)秋,开始编修《安东卫志》,安东卫守备赵双璧(景陵人,赐同武进士)任监修,安东卫经历司经历王麟胤(清苑人,明末任四川名山县县令,后降清)、安东卫教授李篁(日照城关人,清顺治八年辛卯科举人)担任评阅,聘请安东卫生员赵自修、胡植纲、苏敬生、苏肇生、杨大任、赵鸣珂、赵光启、赵逢年等参加编修。参阅赵自修家中所存的其高叔祖孝廉赵应元在明隆庆、万历年间编写的旧志,参考了安东卫举人苏兰孙叔父苏敷生所记叙的有关安东卫的一些史料,对忠义人物之评骘质其子孙,对户田钱粮的数目录于官府帐册,对兵戎防御情况询诸官府,风教礼采之事考诸故家。康熙十二年(1673年)四月,《安东卫志》编纂工作完成,刊刻成书,共六卷,记载了安东卫的山川疆域、名胜古迹、沿革建置、职官名宦、城池武备、户口地亩、盐法土产、乡里风俗、忠臣义士、孝子烈女、祥异佚事、诗文碑记等。

《安东卫志》后在岚山失传。1985 年 4 月,日照史志办公室人员丁履清在青岛博物馆发现《安东卫志》善本,复印数册,赠给汾水镇及安东卫东、西、南、北4个村及南门外村。

乾隆七年(1742 年),安东卫并入日照县,至民国、中华人民共和国,岚山的历史均载于光绪十一年(1885年)版《日照县志》和1994年版《日照市志》。

《岚山志》编纂 2003年6月，根据《山东省续修新方志工作纲要》和二轮修志的要求，工委、办事处启动《岚山志》编纂工作。从工委、办事处办公室和处直部门抽调工作人员8人，返聘2名离退休教师和2名离退休干部，组成了12人的编写班子。历时18个月，2004年12月正式出版发行。

《岚山志》断限上起1840年，下至2004年9月。按照详今略古的原则，重点记述了岚山办事处设立至2004年9月岚山办事处辖域内经济社会发展状况，简记办事处设立前域内的一般史实。全书前置概述、大事记，中设专志30编，末设附录、后记，共计80万字。在岚山设区庆典仪式上，《岚山志》被作为宣传推介岚山的重要纪念品发放。

岚山办事处地方史志编纂委员会名誉主任孙承金，主任孙欣亮，副主任陈常省、秦玉贺、丁明春、王纪军、李志民。《岚山志》主编卢振赛、庞玉国，执行主编张定才，编辑牟峰、刘绍见、尹世恩，特邀编撰初稿人员吕仕余、许家来、苏贻文、胡日学、胡仕章、战祥征、秦洪河、谢亮。

《岚山区志》编纂 2012年年初，根据山东省、日照市关于二轮修志要求，岚山区委、区政府启动了设区以来第一部区志《岚山区志》的编纂工作。编纂工作由区史志办具体承担，聘请区政协文史委原主任张晓辉、区教育局督导室原主任秦洪河、岚山历史文化研究会原理事刘加欣，选调虎山中学教师张守来、岚山头街道办事处工作人员林芳宇，租赁国家安全局岚山分局四楼5间办公室办公。4月27日，召开全区编纂工作动员大会，印发《〈岚山区志〉编纂方案》《〈岚山区志〉编目与撰写分工方案》，各有关单位按照任务分工，成立领导机构，明确编纂人员，迅速启动了本单位资料的搜集、整理工作。5月3日，召开全区各单位具体编纂人员培训会议。

《中楼镇志》编纂 2003年春开始第一阶段史料采编，2005年11月正式启动编纂。通过访、查、函（电话）等渠道获取档案资料和口头资料300余万字，召开座谈会200余次，走访知情人1000多人次，查阅中楼镇党委、政府既存档案和《重修莒志》《莒县志》《中国共产党山东省莒县组织史资料》《莒县地名志》、莒县政协编写的文史资料1～12辑、莒县各部门志30余部及各村族谱60余部，借鉴了《莒县文物志》《莒州诗词选》《莒州遗珍》等有关资料。2008年4月出版发行，全书共24编、117章、471节，配有题词、图表、照片，设序、凡例、目录、概述、大事记、附录等，共169万字，叙事上不设限，下迄2007年年底，大事记、人物等部分延至2008年春，为域内首部镇志。

旧志整理 2002年10月，为弘扬岚山精神，挖掘岚山文化遗产，借"首届中国·安东卫"海货节举办之机，安东卫街道将康熙十二年版《安东卫志》卷一、卷二编为文白对照本，并附以卷六《文苑》的部分诗词，刊印成册。同时，编写了《安东卫史话》第一辑。

2005年7月，山东省史志办要求各区县对现存旧志进行数字化整理，为省"三个中心"建设提供资料。岚山区史志办根据要求启动了《安东卫志》的数字化工作，依照现有的复印件，进行微机录入（用繁体字，保持原版式、原字体），并对全书进行了校点。

2006年，区史志办启动了《安东卫志》的重印出版工作，在原来翻译、校点的基础上，聘请秦洪河、胡仕章、苏贻文3人，对全书进行翻译、校订，对原翻译内容进行修改、完善。至2009年年底校订、翻译完成，并刊印成册。全书共分两本，一本文白对照本，一本校订本，文白对照本中文言文与白话文对照出现，文言文用简体字，加注标点；校订本按原纲目顺序用繁体字编排，以保存原始资料。

2011年，清康熙十二年版《安东卫志》校订、翻译本荣获"齐鲁新方志奖"优秀读志用志成果奖。2012年，清康熙十二年版《安东卫志》校订、翻译本获山东省优秀史志成果奖。

地情网站建设 2006年，根据山东省、日照市史志工作要求，岚山区史志办着手开展岚山地情网站建设，参加了全省地情资料库、地情网站建设现场会和专业技术培训会议，制定了工作计划。2007年，聘请专家进行网页设计，将各种史志资料数字化，并搜集岚山的历史文化、风土人情等资料上网发行，岚山地情网站初步建成运营。

2009年，按照市史志办统一要求，对网页进行了重新设计，并入日照市地情网站网址和服务器。

史料搜集 岚山从1994年开始，每年为《山东年鉴》《日照年鉴》提报资料，内容包括岚山概况、处级领导简历、年度重点工程项目等。岚山概况由区名由来、政区人口、经济发展、农业、工业和建筑业、建设环保、交通邮电、商贸旅游、教科文卫体、社会生活等组成，重点记述本年度各行业取得的发展成就。

2006年，为《山东省历史地图集》搜集整理岚山区历史文化村镇资料，共搜集、筛选历史文化名镇资料4个：岚山头街道、碑廓镇、巨峰镇、后村镇；历史文化名村资料4个：安东卫、虎山镇大合坞村、黄墩镇草涧村、巨峰镇薄家口村。2008年，对原提报资料进行修改、补充，增加高兴镇尧王城遗址和向阳村的资料。

2007年，为《日照市志·人物志》搜集岚山区历史人物资料。聘请2名有丰富史志工作经验的教师帮助开展工作，每乡镇设1名联络员。共搜集岚山历史名人、革命烈士80余人，撰写人物传记9篇、人物传略24篇、人物表31篇。

2008年，根据日照市政府统一部署，开展了岚山区历史文化资源调查工作，调查内容包括重要历史人物、历史事件、传世作品、民间艺术、文化设施、风土人情、姓氏文化等。共整理重要历史人物66人、历史事件9起、传世作品1件、民间艺术11个、重要历史文化设施12处、姓氏文化3个、部分风土人情等。

2009年，开展《当代山东概览·日照》岚山区资料的编写工作。区政府办公室专门召开了全区史志工作会议进行安排部署，当年6月上旬完成，共编写各种资料10余万字，资料内容包括岚山概况、岚山特产、非物质文化遗产、民俗风情、人物等。

第二节 档 案

档案管理 1993年，岚山办事处设立后，在工委、办事处办公室设档案室，先后隶属于秘书科、机要保密科，负责档案工作的收集和管理，并对全处档案工作进行监督和指导。1997年后，设专职档案管理员，每年对收集、封存的档案进行分类整理，编册组装，并编写《分类目录》《文件目录》《存放索引》等检索资料，为查阅提供服务。2005年12月设立岚山区档案局（区档案馆与其合署），副科级事业单位，编制7人，隶属于区委办公室管理。各乡镇街道、区委各部委、区政府各部门、各人民团体和区属各企事业单位设档案室。

自2010年起，区委、区政府将档案工作列入全区目标管理绩效考核，制定《机关文件材料归档范围和文书档案保管期限》、档案分类制度等，要求各基层档案室将档案工作纳入单位发展规划和年度工作计划，配备相应的档案工作人员，建立文件材料归档、档案保管、保密、查阅利用、设备维护使用等制度。从2008年起，岚山区开展优秀档案室争创工作，至2011年，共争创省特级档案室15个，省一级档案室26个、省二级档案室88个。2012年，争创省级优秀档案室16个、良好档案室61个。

档案收集 2004年之前，档案室主要收集和保存岚山工委、办事处办公室机关文书档案。2005年岚山区档案局成立后，主要收集、保存区委及区委办公室档案和区第十二次、第十三次党代会文书档案。区政府及区政府办公室档案由区政府办公室机要科负责收集、保存，各乡镇街道、区委各部委、区政府各部门、各人民团体和区属各企事业单位档案由各单位档案室负责保存。

1993～2000年，整理永久性档案557卷、长期档案779卷。

2001～2005年，整理永久性档案1889件，长期性档案5748件，短期性档案2150件。

2006年，整理永久性上级党委档案5件，同级党委档案355件；长期同级党委档案196件，上级党委档案192件，上级政府档案64件；短期上级党委档案302件，同级党委档案14件。

2007年，整理永久性档案249件，其中第十二次党代会档案247件；30年档案170件，10年档案218件。

2008年，整理永久性档案243件，30年档案231件，10年档案363件，区第十三次党代会档案115件。

2009年，整理永久性档案267件，30年档案264件，10年档案164件。

2012年，整理永久性档案575件，30年档案

656件，10年档案221件。

至2012年年底，岚山区档案局（馆）共保存各种档案16088卷（宗），其他资料2宗：山东抗战时期人口消亡资料1宗，山东中石油销售有限公司代存档案1宗。其中，2001～2005年档案存放于区委机要局（区保密局）。

第八章 体 育

第一节 群众体育

20世纪80年代前，岚山域内居民有武术、气功、踢毽子、跳绳、踩高跷、搁“五福”、搁“六周”、搁“七周”、下象棋等传统群众性体育活动。改革开放后，运动项目逐渐增多，篮球、乒乓球、羽毛球等逐步普及。

岚山办事处设立后，不断加大体育基础设施建设投入。至2012年，累计投入资金300多万元，全区体育类社会团体发展到12个，社会体育指导员1000余人，乡镇、社区健身活动站点120个，基本形成区、乡镇、村居社区三级群众体育组织网络。有8个乡镇街道健身中心，220个村居配有健身器材。建有15处城市社区全民健身广场，1处区县级体育公园。岚山区连续5年获得“全省全民健身活动优秀组织奖”，安东卫街道获“全国亿万农民健身活动先进乡镇”称号，碑廓镇获“全国群体工作先进单位”称号。

农民体育 清末民初，在岚山头，安东卫，碑廓，虎山的梭罗树、后水车沟，巨峰的柿树园、六甲庄、山口等村，武术较为活跃，所练项目主要有少林达摩棍、齐眉棍、三节棍，太祖拳、燕青拳、功力拳、太极拳，以及各种刀术、剑术、枪术、铁鞭等，在日照境内很有名气。抗日战争期间，根据地农民以民兵为主体，组织跑操、跳高、跳远、打靶、拉单杠等活动。1952年和1959年，在日照县举行的2次群众

图32-43 农民趣味运动会 （摄于2006年）

体育运动会上，安岚、虎山、巨峰、黄墩、高兴等地的农民代表队，参加了田径、球类、拔河、武术等项目比赛。1984年12月，虎山公社大村民兵胡会顺在临沂军分区军政比武中获手榴弹投掷第一名。1985年1月，在日照县农民运动会上，虎山代表队获篮球队比赛第二名，梭罗树村郑承英获武术二等奖。岚山办事处设立后，区（处）、镇（街道）每年都举行一次群众体育运动会，比赛项目有乒乓球、象棋、拔河等。2002年，全市先进体育乡镇农民运动会在莒县举行，岚山代表队获象棋第一名、乒乓球第二名、篮球第三名。2004年9月，全市第二届先进体育乡镇运动会在东港区涛雒镇举行，岚山

图32-42 汾水社区健身广场 （摄于2009年）

头街道获团体总分第一名。2008 年 5 月，全市第四届先进体育乡镇运动会在岚山区举行，参赛人数达到 400 余人，岚山头街道获全市第一名。岚山区连续 2 届参加了全市社区运动会，取得 2 个二等奖、3 个三等奖的成绩。

职工体育　职工体育活动主要集中在城区和大型企业，主要项目有篮球、乒乓球、象棋、拔河、登山等。1993 年后，职工体育活动项目不断增加，活动设施不断完善，竞赛活动常年不断，比赛项目多种多样。岚山港务有限公司每年举办职工运动会。2009 年、2010 年，岚山金海岸女子龙舟队连续 2 年在全市获得第一名。2012 年，日照钢铁公司篮球队在全市篮球赛中进入前八名，日照钢铁足球队在全市足球联赛中取得第二名。

老年体育　区内先后建立起区、乡、村三级老年体协网络，使老年工作做到制度化、阵地化。1997 年区老干部活动中心建成使用，设置各类健身器材，新建门球场 2 处，同时各乡镇街道也相继建成门球场供离退休老干部活动。正常开展活动的有碑廓镇老年门球队、安东卫街道老年门球队、轿顶山社区老干部活动室。在日照市老干局举办的老年门球比赛中，岚山代表队成绩连续多年名列前茅。

2008 年 3 月，岚山区老年人体育协会成立，是为广大老年人健康服务的群众社会团体。设主席 1 人、执行主席 2 人、常务理事 27 人、秘书长 1 人、副秘书长 2 人、理事 23 人，区人大常委会原主任王广举为首任主席。

2011 年，参加日照市首届老年人运动会，岚山区代表队获全市第五名，开幕式展演项目“风从海上来”获第一名。2012 年，碑廓镇老年门球队代表日照市参加了全省老年门球赛，获二等奖。

至 2012 年，全区 8 个乡镇街道均成立了老年人体育组织，500 口人以上的村居 80% 成立老年人体育组织。区老年人体育协会每年组织门球赛、中老年健身展演、象棋比赛等老年人体育活动，镇村基层组织普遍成立太极拳队、门球队、象棋队、老年艺术团、秧歌队等，不定期组织活动。

学校体育　清末民初，学校始设体育课，主要为田径和球类。抗日战争时期，根据地在各区中心学校开展体育活动，有时举行学生运动会。新中国成立后，中小学设体育课，每周 2 节，师生建操场、挖沙坑，设施简陋。1955 年，中小学推广少年儿童广播体操。1956 年，试行《中小学体育教学大纲(草案)》，师生自制体育器材，经常开展体育竞赛，学校体育空前活跃。

1958 年，贯彻国家“劳卫制”体育锻炼标准，中小学建起田径、球类、体操、射击、举重、武术等运动队。1960 ～ 1962 年，群众生活严重困难，体育课减为每周 1 节，体育竞赛停止。1963 年，学校体育恢复正常。“文化大革命”时期，学校“停课闹革命”，体育活动无法正常开展。1967 年体育课改为军体课，学生按部队编制军训。1970 年春，恢复体育课。1980 年春，学校普遍贯彻《中小学体育工作暂行规定》，同时施行《国家体育锻炼标准》。学校大力开展“三操”(早操、课间操、眼保健操)“两课”(每周 2 节体育课)“两活动”(每周 2 节课外体育活动)。

岚山设区后，域内各中、小学每年举办春季运动会，每个乡镇街道举办小学生田径运动会，区教育局每年举办全区中学生春季田径运动会、全区中学生篮球赛和小学生乒乓球比赛。2011 年后，贯彻山东省政府《关于加强青少年体育工作的意见》，至 2012 年，岚山域内中小学建有标准田径场 12 处：岚山一中 1 处、日照三中 1 处、区实验中学 1 处、碑廓镇中学 1 处、安东卫街道一中 1 处、岚山头街道二中 1 处、虎山中学 1 处、黄墩中学 1 处、后村中学 1 处、高兴中学 1 处、巨峰

图 32-44　岚山区实验中学操场　(摄于 2012 年)

中学1处、区委党校1处，岚山一中等5所学校被评为“省级体育项目传统学校”，岚山头街道二中等9所学校被评为“市级体育项目传统学校”，数量居全市前列。2003～2012年，岚山区共为市级以上体育学校、运动队选送优质生源200余人。

第二节　竞技体育

竞技体育在岚山有悠久的传统。明初设安东卫后，安东卫每年举办“跑黄河”军事竞技体育赛事，吸引周围农村上万群众前来观看。另外，还有射箭、武术、拔跌、溜冰、跳绳等体育项目在域内广泛开展。民国初年，开始兴办新式学校，田径和球类等体育活动在青年学生中广泛开展。新中国成立后，岚山体育健儿多次参加全国、全省、临沂地区及日照县运动会。1979年5月，安岚中学徐田恕在济南参赛，获全省男子少年手榴弹投掷第一名；1980年5月，安岚中学苏循公在临沂地区男子少年组田径100米比赛中获第一名；1982年4月，安岚中学王杰花在临沂地区女子普通3000米比赛中获第一名，张伟在女子普通200米比赛中获第一名，庄英在女子普通跳高中获第二名。

岚山办事处设立后，坚持以培养、输送高水平体育后备人才为目标，竞技体育总体水平不断提高，先后为省以上运动队输送队员20余人。其中2009年全国运动会，岚山籍运动员王蕾取得帆船女子8人桨项目金牌。2010年，第十六届广州亚运会，岚山籍运动员王宁获得女子帆板米氏级项目金牌，实现了日照籍运动员在亚运会上金牌零的突破，岚山区被日照市委、市政府授予体育工作突出贡献奖，区文体局被表彰为先进集体。另外，岚山区选手分别在全国水上运动会、全省运动会、全国锦标赛等赛事中获得6项前六名的好成绩。

2012年，岚山区太极拳协会成立，中国武术家协会会员、岚联土产有限公司经理马德量任会长，有会员140余人。同年7月，在首届澳门国际武术节上，马德量获陈氏太极拳第三名、陈氏太极剑第四名。同年10月27～28日，在日照市第五届武术大会太极拳比赛项目中，岚山实验中学教师学生摘得18个奖项。

临沂地区田径运动会岚山成绩一览表

表32-3

项目	姓名	学校	组别	成绩	比赛时间	地点	名次
手榴弹	徐田恕	安岚中学	男子少年	69.38米	1979年5月	济南	1
100米	苏循公	安岚中学	男子少年	12秒	1980年5月	临沂	1
3000米	王杰花	安岚中学	女子普通	10分32秒	1982年4月	临沂	1
200米	张　伟	安岚中学	女子普通	28秒	1982年4月	临沂	1
跳高	庄　英	安岚中学	女子普通	1.35米	1982年4月	临沂	2

日照市竞技比赛岚山团体比赛成绩一览表

表32-4

时间	比赛名称	名次
1997年	市中小学生乒乓球比赛	男子团体第三名 女子团体第二名

续表 32-4

时　间	比赛名称	名　次
1999年	市中学生田径比赛	第八名（高中组） 第五名（初中组）
1999年	市青少年运动会	男子团体第四名 女子团体第五名
2000年	市中学生田径比赛	第五名（高中组） 第五名（初中组）
2001年	市先进体育乡镇农民运动会	乒乓球第一名 象棋第二名 篮球第三名
2002年	市“海洋杯”中学生田径比赛	第八名（高中组） 第五名（初中组）
2003年	全市中学生运动会	第五名
2004年	全市中学生运动会	第五名
2005年	全市中学生运动会	第五名
2006年	全市中学生运动会	第三名
2007年	全市中学生运动会	第三名
2008年	全市中学生运动会	第二名
2009年	全市中学生运动会	第三名
2010年	全市中学生运动会	第三名
2011年	全市中学生运动会	第三名
2012年	全市中学生运动会	第三名

岚山区田径运动会小学组最高成绩一览表

表 32-5　　男子小学组　　（截至 2012 年年底）

项　目	成　绩	姓　名	单　位	会　别	时　间	地　点
60 米	8.77 秒	陈　鑫	安东卫小学	区运动会	2012 年 4 月	岚山一中
100 米	13.9 秒	李泓震	虎山镇小学	区运动会	2012 年 4 月	岚山一中
200 米	29.93 秒	陈威任	安东卫小学	区运动会	2012 年 4 月	岚山一中
400 米	1 分 8.3 秒	崔献中	虎山镇小学	区运动会	2012 年 4 月	岚山一中
800 米	2 分 44.8 秒	孙健飞	巨峰镇小学	区运动会	2012 年 4 月	岚山一中
4×100 米接力	57.8 秒		虎山镇小学	区运动会	2012 年 4 月	岚山一中
跳高	1.25 米	吴向远	岚山头小学	区运动会	2012 年 4 月	岚山一中
跳远	4.32 米	崔献中	虎山镇小学	区运动会	2012 年 4 月	岚山一中
实心球	12.89 米	张　澎	虎山镇小学	区运动会	2012 年 4 月	岚山一中
垒球（1 千克）	47.05 米	刘正义	安东卫小学	区运动会	2012 年 4 月	岚山一中

岚山区田径运动会小学组最高成绩一览表

表 32-6　　女子小学组　　（截至 2012 年年底）

项　目	成　绩	姓　名	单　位	会　别	时　间	地　点
60米	8.84秒	马　荣	高兴镇小学	区运动会	2012年4月	岚山一中
100米	14.86秒	王　婷	岚山头小学	区运动会	2012年4月	岚山一中
200米	31.32秒	王　婷	岚山头小学	区运动会	2012年4月	岚山一中
400米	1分14.9秒	胡　婕	虎山镇小学	区运动会	2012年4月	岚山一中
800 米	2 分 54.3 秒	胡　婕	虎山镇小学	区运动会	2012年4月	岚山一中
4×100 米接力	1 分 0.3 秒		虎山镇小学	区运动会	2012 年 4 月	岚山一中
跳高	1.22	沈泓帆	巨峰镇小学	区运动会	2012年4月	岚山一中
跳远	4	刘玉玲	岚山头小学	区运动会	2012年4月	岚山一中
实心球	9.28	费　悦	虎山镇小学	区运动会	2012年4月	岚山一中
垒球（1 千克）	33.3	辛　星	黄墩镇小学	区运动会	2012年4月	岚山一中

岚山区田径运动会初中组最高成绩一览表

表 32-7　　男子初中组　　（截至 2012 年年底）

项　目	成　绩	姓　名	单　位	会　别	时　间	地　点
100米	11.16 秒	王映豪	高兴中学	市运会	2011年4月	市实验学校
200米	23.6 秒	孟　伟	安东卫二中	区运会	2006年4月	岚山一中
400 米	51.6 秒	陈　涛	虎山中学	市运会	2012年5月	市外国语学校
800米	2 分 5.3 秒	司英明	碑廓中学	市运会	2007年4月	市实验学校
1500米	4 分 21 秒	潘月涛	碑廓中学	区运会	2007年4月	岚山一中
5000 米	16 分 39.7 秒	潘月涛	碑廓中学	市运会	2007年4月	市实验学校
110米栏（0.94米高）	15.86 秒	王　恒	巨峰一中	市运会	2011年4月	市实验学校
4×100米接力	46.4 秒		黄墩中学	区运会	2006年4月	岚山一中
4×400米接力	3 分 32.8 秒		虎山中学	区运会	2012年4月	岚山一中
跳高	1.71 米	王　烁	实验中学	市运会	2012年5月	市外国语学校
跳远	6.52 米	孟　凡	碑廓中学	区运会	2006年4月	岚山一中
三级跳远	13.24 米	孟　凡	碑廓中学	区运会	2006年4月	岚山一中
铅球（5千克）	14.69 米	马　晶	巨峰二中	市运会	2007年4月	市实验学校
铁饼（15千克）	38.18 米	马　晶	巨峰二中	市运会	2007年4月	市实验学校
标枪（700克）	42.24 米	乔　岩	碑廓中学	市运会	2009年4月	市实验学校
四项全能	2166 分	董　峰	安东卫二中	市运会	2008年4月	市实验学校

岚山区田径运动会初中组最高成绩一览表

表 32-8　女子初中组　（截至 2012 年年底）

项　目	成　绩	姓　名	单　位	会　别	时　间	地　点
100米	12.7 秒	王晓慧	黄墩中学	市运会	2010年4月	市实验学校
200米	27.8 秒	王晓慧	黄墩中学	市运会	2010年4月	市实验学校
400米	1 分 3.2 秒	王　霞	虎山中学	区运会	2012年4月	岚山一中
800米	2 分 31.5 秒	王　霞	虎山中学	区运会	2012年4月	岚山一中
1500米	5 分 9.9 秒	李文霞	安东卫一中	市运会	2007年4月	市实验学校
3000米	11 分 1.5 秒	李文霞	安东卫一中	市运会	2007年4月	市实验学校
100米栏（0.84米高）	18.4 秒	苏璐璐	安东卫二中	区运会	2006年4月	岚山一中
4×100米接力	55.1 秒		安东卫二中	区运会	2006年4月	岚山一中
4×400米接力	4 分 32.8 秒		虎山中学	区运会	2012年4月	岚山一中
跳高	1.38 米	董庆文	碑廓中学	区运会	2007年4月	岚山一中
跳远	4.75 米	陈　青	岚山头二中	区运会	2006年4月	岚山一中
三级跳远	10.44 米	费　美	高兴中学	区运会	2010年4月	岚山一中
铅球（4千克）	10.05 米	张丽丽	碑廓中学	区运会	2006年4月	岚山一中
铁饼（1千克）	28.22 米	吕姿霄	大坡中学	区运会	2012年4月	岚山一中
标枪（600克）	23.54 米	王　鸽	安东卫二中	市运会	2007年4月	市实验学校
四项全能	1548 分	张　宁	安东卫二中	市运会	2010年4月	市实验学校

岚山区田径运动会高中组最高成绩一览表

表 32-9　男子高中组　（截至 2012 年年底）

项　目	成　绩	姓　名	单　位	会　别	时　间	地　点
100 米	10.9 秒	杨　森	日照三中	市运会	2009 年 4 月	市实验学校
200 米	22.5 秒	韩　伟	日照三中	市运会	2008 年 4 月	市实验学校
400 米	50.6 秒	韩　伟	日照三中	市运会	2008 年 4 月	市实验学校
800 米	1 分 56.6 秒	庄乾斌	岚山一中	区运会	2006 年 4 月	岚山一中
1500 米	4 分 8.1 秒	庄乾斌	岚山一中	区运会	2006 年 4 月	岚山一中
5000 米	17 分 22.9 秒	王玉龙	岚山一中	区运会	2007 年 4 月	岚山一中
110 米栏（1 米高）	15.63 秒	徐　凡	岚山一中	区运会	2012 年 4 月	岚山一中
400 米栏	1 分 1.7 秒	王　铎	岚山一中	区运会	2009 年 4 月	岚山一中
4×100 米接力	45.5 秒		日照三中	区运会	2007 年 4 月	岚山一中
4×400 米接力	3 分 27.7 秒		岚山一中	区运会	2006 年 4 月	岚山一中
跳高	1.70 米	王　铎	岚山一中	市运会	2009 年 4 月	市实验学校

续表 32-9

项　目	成　绩	姓　名	单　位	会　别	时　间	地　点
跳远	6.95米	宋　伟	日照三中	区运会	2008年4月	岚山一中
三级跳远	13.51米	宋　伟	日照三中	区运会	2008年4月	岚山一中
铅球（6千克）	12.43米	袁玉强	日照三中	区运会	2012年4月	岚山一中
铁饼（15千克）	38.91米	张　杰	岚山一中	市运会	2006年4月	市实验学校
标枪（700克）	44.06米	樊丰源	岚山一中	区运会	2009年4月	岚山一中
七项全能	3582分	王　铎	岚山一中	市运会	2008年4月	市实验学校

岚山区田径运动会高中组最高成绩一览表

表 32-10　　女子高中组　　（截至 2012 年年底）

项　目	成　绩	姓　名	单　位	会　别	时　间	地　点
100 米	12.9 秒	陈　蕾	日照三中	市运会	2009 年 4 月	市实验学校
200 米	26.81 秒	陈　蕾	日照三中	市运会	2009 年 4 月	市实验学校
400 米	1 分 3.3 秒	李兆凤	岚山一中	区运会	2006 年 4 月	岚山一中
800 米	2 分 11.3 秒	于为英	岚山一中	区运会	2006 年 4 月	岚山一中
1500 米	4 分 32.7 秒	于为英	岚山一中	区运会	2006 年 4 月	岚山一中
3000 米	10 分 33.3 秒	王英伟	岚山一中	区运会	2006 年 4 月	岚山一中
100 米栏（0.84 米高）	20.41 秒	王丽娜	职业中专	市运会	2010 年 4 月	市实验学校
400 米栏（0.84 米高）	1 分 16.2 秒	秦云云	日照三中	市运会	2010 年 4 月	市实验学校
4×100 米接力	55.25 秒		岚山一中	区运会	2011 年 4 月	岚山一中
4×400 米接力	4 分 30.4 秒		岚山一中	区运会	2006 年 4 月	岚山一中
跳高	1.32 米	高亚楠	岚山一中	区运会	2012 年 4 月	岚山一中
跳远	4.96 米	徐　蕾	日照三中	市运会	2008 年 4 月	市实验学校
三级跳远	10.06 米	安　妮	日照三中	区运会	2011 年 4 月	岚山一中
铅球（4 千克）	10.00 米	田亚芝	岚山一中	区运会	2006 年 4 月	岚山一中
铁饼（1 千克）	35.68 米	田亚芝	岚山一中	区运会	2006 年 4 月	岚山一中
标枪（600 克）	24.94 米	张　凡	日照三中	区运会	2011 年 4 月	岚山一中
五项全能	1754 分	孙　婕	岚山一中	区运会	2012 年 4 月	岚山一中

第三节　民间游戏活动

岚山的民间游戏活动内容丰富，形式多样。20世纪80年代前，男孩喜欢打蹦、打拐、撞钟、打阎王、踢毽子、打懒婆、搓竹蜻蜓、弹杏核、捉迷藏、耍鹞鹰抓小鸡等，安东卫一带还有“跑黄河”的军事竞技游戏；女孩喜爱拾宝骨、跳绳、跳皮筋、打瓦、打沙布袋、跳方、翻棉单等。地棋类有五福、六周等。游戏常以剪子、包袱、锤裁决谁先开始操作，有的是由双方商定。许多游戏流行至今。

跑黄河　传承于安东卫的一种大型军事体育竞技游戏，由古代“八卦兵阵”演化而来。因兵阵像黄河十八弯，故名“跑黄河”，也叫“九曲黄河阵”。明初设安东卫，为兵卒操练项目之一，后盛行于民间。根据太极生两仪、两仪生四象、四象生八卦易理，按乾、坤、艮、兑、震、离、坎、巽八宫，外加中宫，构成连环九宫图。用高 1.2 ～ 1.5 米、直径 0.12 ～ 0.15 米的芦苇把子作柱桩，再用芦席或绳索隔成一条宽 1.2 米或 1.5 米的连环通道，设进口、出口。有大阵和小阵两种阵图。大阵需 10 亩场地，用 3600 根芦苇杆桩；小阵需 3 亩场地，用 361 根芦苇杆桩。由进口跑入，沿大弯套小弯、小弯连大弯的通道，转过来又转过去，越转越感复杂，越转越觉奇妙，转游的人在阵中分不清东南西北，像进入了迷魂阵，先出者为胜。跑黄河游戏人数不限，以连续快速跑过几阵为荣。

抗日战争以前，每年的正月十四至十六，安东卫都有“跑黄河”的传统，十里八乡上万人前来观看、参与。正月十六结束后，有抢“黄河把子”的习俗，谁家的媳妇不生孩子，用把子打两下，口里念叨：“黄河把子打一打，不是生仨就生俩”。后因战乱，该游戏停止。1983 年和 1984 年春节，经安东卫西街组织挖掘、整理，“跑黄河”游戏重新恢复演出。

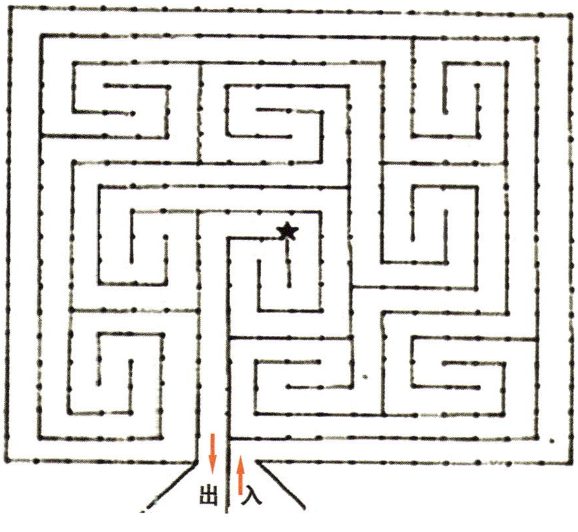

图 32-45　跑黄河阵图（小阵）

小阵共 361 个分界点，若跑道宽 1.2 米，需场地约 23×23 米；若跑道宽 1.5 米，需场地约 29×29 米。

拾宝骨　又称“拾石子”。备 5 个圆滑石子，两人或多人参与。玩时，单手握 5 子，先向空中抛 1 子，迅将其余 4 子撒于地面，并接住抛子。然后再抛手中石子，抓地上子，接抛子。每次抛子多少，抓哪几个，按事先约定或对方临时指定进行。如抓子、接子、抛子有一环节失误，即无权继续进行，应让对方操作。如此反复进行，完成的套数多者为赢。在动手的同时，嘴里还伴唱着相应的歌谣。

翻棉单　即翻绳。将一根约一米长的细绳两端接起来，靠两手的十指作支架撑起一个带有对角线的长方形。另一人以此为起点，用双手指翻出其他几何图形。高手可翻出许多平面或立体几何图形，这些图形被称为“面条”“大碗”等。

跳方　在地面上按一定规则划出连在一起的若干方格，将沙布袋或瓦片等物投入格内，2 人或多人跳。跳时，以单腿跳动为主，必须踏格内空白处，到沙布袋处，用脚踢袋至规定处。最后用双脚将沙布袋夹住抛起，以手接住或抛出方格外。玩时，若沙布袋压线或脚踏线及违犯其他规定，则让给他人跳。以不犯规而连续跳的套数多者为赢。

打懒婆　又称“打突突轳”“打稳溜”，即打陀螺，为上圆下锥的木质玩具。用布条或绳头做成鞭子。玩时，用鞭子缠住陀螺，放于平滑地面或冰上，用力抽鞭使之旋转起来，然后用鞭抽打，陀螺便旋转不止。

五福　又称“大五”“五周”。棋盘如图 32-46，棋子落在纵横交叉点上。二人各执一色棋子（木头、石头、瓦片等）。对奕过程分布局阶段和行棋阶段。布局阶段每人一次下一子，交替进行，直至盘满为止。行棋阶段每次直线移动一格，通过布局与运动子粒构成一定组合，称“上棋”，可依组合不同杀掉对方棋子。小方格的 4 个子称“小方”；边线中位与邻边中位连线 3 子为“三斜”；相邻两边斜线 4 子称“四周”或“四斜”；直线 5 子为“五福”，也称“大棍”；棋盘对角线 5 子一线称“通天”。上棋以后，依约定可吃对方 1 ～ 3 子。下至满盘，拣去吃子，谁晚下子谁先走。若双方均无吃子，各拔除一子再走棋。走棋时，仍以己子成棋来吃对方的子为目的，直至对方认输为止。若双方各占要害不肯让步，导致均无法战胜对方，为和棋。

大挑大撅　棋盘如图 32-47。双方各以 5 子走动，只能直行，既可走一步，也可走数步。当对方两子成一线，且中间交叉点空白时，己子攻占该空白处，形成“小挑”，若每侧“两子”，称“大挑”。3 子成一线且靠在一起，各自位于一侧，称“小撅”，若对方2子，己方3子，为“大撅”。凡逢“挑”或“撅”时，将所挑、撅对方的子易为己子。通过挑、撅后，最后将对方仅剩的1子赶入窝（小三角形）内，以把此子挤在小三角形中心的“十字架”上为赢。

此外，还有搁三、大六、马虎吃小孩、憋死牛等棋。

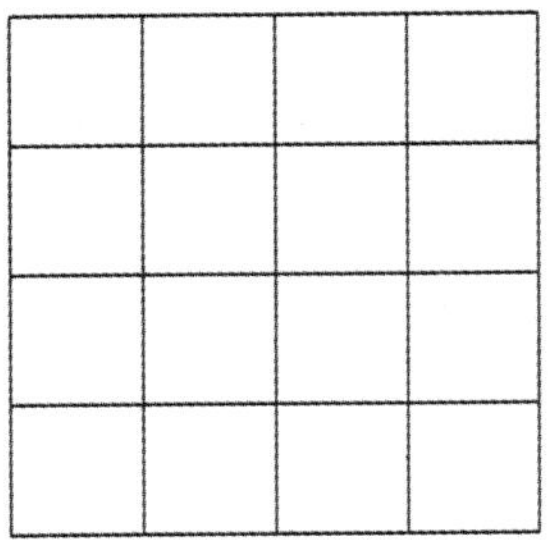

图32-46 五福棋盘

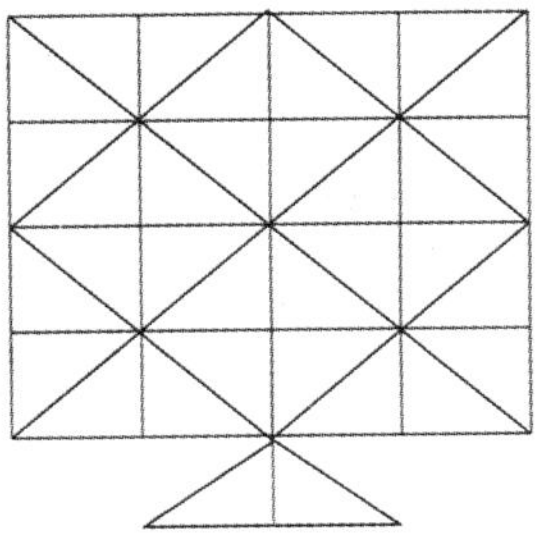

图32-47 大挑大撅棋盘

第四节 体育彩票

1993～2000年，即开型体育彩票在岚山办事处发行，设大奖组5次，发行了230万元。2001年3月1日推出电脑体育彩票，当年销售额30万元。

岚山设区后，体育彩票在城区、集镇设投注站，在农村部分超市设投注点，各站、点按销量的7%提成。电脑体育彩票有排列三、排列五、七星彩、大乐透、高频“11选5”玩法和即开型现买现刮的“顶呱刮”彩票。

2005年，全区体育彩票销售额40余万元。至2012年年底，全区共设体育彩票投注站（点）38个，年销售额2958多万元。

2009～2012年，岚山区体育彩票公益金收入共计101.5万元，根据国家体育彩票公益金管理使用办法和专项资金有关规定，全部用于全区全民健身活动的开展，参加国家级、省级、区级等各类体育比赛，为区、镇、村（居）安装配备各类体育健身器材及进行工程建设等。

第九章 旅 游

岚山地处鲁东南，东临黄海，南接江苏，区位优势明显，经济发展迅速，气候温润，降水均匀，冬无严寒，夏无酷暑。青山绿水、碧海蓝天，风光秀丽，景色天成。旅游资源得天独厚，是旅游观光的好地方。

旅游业是岚山新兴产业。全区已开发的景区（点）主要有海水浴场、阿掖山风景区、磴山风景区、马鬐山风景区、圣公山、巨峰茶文化农业旅游、刘墉祖居地及多岛海等12处，待开发的旅游资源有22处。旅行社有3家，日照旅行社在岚山设立的办事处2家。三星级酒店和二星级酒店各1家，三星级餐馆2家。定点旅游商品生产企业6家。2012年，全区统计上报接待游人50万人次，旅游经济总收入1.12亿元。

第一节 旅游资源

岚山旅游资源丰富。有阿掖山、磴山、前三岛、圣公山、绣针河、甲子山、旋垛山、白云山、马鬐山等风景区9个。县级以上文物遗址和重点文物保护单位66个。其中革命纪念地4处，古迹名胜40处，古墓葬8处，古树景点8处。主要旅游资源可形成5大系列：第一系列为岚山海滨，包括岚山海水浴场、前三岛、海上碑、渔民民俗风情文化等；第二系列为阿掖山—磴山—圣公山—北垛山—白云山—高字山—甲子山—马鬐山等群山自然景观，包括千年银杏树、千亩竹林、万亩茶园和文化遗存（卧佛院、磴山寺、马鬐山古寨等）；第三系列为刘墉祖居地、安东卫古城遗址、抗日战争山东军区机关旧址、后村曙光小学等人文景观；第四系列有高兴尧王城遗址、后村小代疃村龙山文化遗址等众多的文物遗址；第五系列为临海大工业，拥有岚山港务有限公司、山东水产第一镇岚山头街道、安东卫海货城、日照钢铁公司、日照焦电有限公司、山东石大科技石化有限公司、三木集团有限公司、鲁圣电力器材有限公司、昌华食品集团有限公司、丰华食品有限公司、中粮黄海粮油(山东)工业有限公司、雪青茶场等一批代表岚山形象的知名品牌、知名企业,是重要的工业旅游资源。

阿掖山景区　总面积15平方公里。阿掖山主峰海拔314.8米,“形势端重,冠于群山,诚一方之巨镇也”(见清康熙十二年版《安东卫志》)。时有薄雾缭绕、浮云轻掠。登上峰顶,沧海一览无余,三岛隐约可见。阿掖山怪石嶙峋突兀,苍松峥嵘斜出。春夏之季,山花烂漫,百鸟齐鸣。自阿掖山东南而上,过石门石墙,穿金盆底,可观到“蛤蟆听经”“苍鹰唤魂”“猴子观海”“徐福求仙”等奇石怪景。

图32-48　雾中阿掖山　(摄于2012年)

笔山　在阿掖山南侧,因“两峰争出,形如笔架,故名”(见清康熙十二年版《安东卫志》)。明赵应元赋《笔峰春晓》云:“金乌才上晓山明,暖气浮春万象清;叠嶂矗霄真如画,天成景色即蓬瀛……”。

鳌头山　在阿掖山南,面临海州湾。清康熙十二年版《安东卫志》记:“顶有烽墩,墩兵建旗鼓于其上。”是明时的烽火台。峰顶有一巨石孤立,叫“飞来石”。此山是观海佳地。

邵平洞　在阿掖山东,洞前有一古老山茶树,繁枝茂叶掩映洞口,据说饮此茶可医百病,称“仙茶玉液”。

陈僧洞　在阿掖山东侧。清康熙十二年版《安东卫志》记:“陈僧,不知何许人,元时炼丹于阿掖山之洞,后破壁飞去,今洞以陈僧名,遗迹犹存。”当地以陈僧为仙人,故又称为“仙人洞”。

上寺　清康熙十二年版《安东卫志》记:“在阿掖山之东,即卫景‘山寺晨钟’处。寺前古洞数处,围以竹树,绕以清流,危石峭壁,山鸣谷应。至春夏之季,山花掩映,骚人墨客多宴于斯,看日出扶桑,观海市三岛,甚胜地也。有元人刻碑在。”现寺庙已不存在,不知何年废毁。

卧佛寺　在主峰老爷顶东北方,又称下寺。建于唐代,距今已有1000余年历史。清康熙《日照县志·寺观》记载:“卧佛院即俗名下寺院也”。有碑亭曾毁于火,重修于元朝大德年间。卧佛院面对山峰,溪水环绕,前后有佛殿3座,东西2排厢房。佛殿内有十八罗汉、卧佛塑像,新中国成立前已毁。佛堂曾有对联:“一梦永无惊,直睡到海枯石烂,依然高枕;万缘都了却,任凭他龙争虎斗,永不抬头。”寺前现存千年银杏树2株,主株高30米,小株高25米,苍翠繁茂。

观日石　位于阿掖山主峰顶,立于其上,向东可观日出扶桑,缥缈三岛;南视天水一色,烟渚五彩。海中秦山岛时现海市蜃楼。古人述秦山海市:“其山半出水面,如沉如浮,远望之天水一色,每至春夏之交,变化无常,时如楼台城廓松竹人物之状。”

桃花洞　在上寺以北,洞前桃树遍岗,洞内可容数十人,洞的下方是天然石屏风,称“屏障石”。

水帘洞　在阿掖山主峰西南,洞口阔13米,高2.5米,纵深6米。清康熙十二年版《安东卫志》记:“虽赤旱炎蒸,甘寒清冽,水自上而下,笼罩洞口如帘。”自古以来,诸多文人前来游山观洞,所题的诗、词刻于洞壁,至今犹存15处之多。

万卷书　位于卧佛院前东侧山峰,数百条石整齐排列,酷似一个巨大的书架上整齐陈列着上万卷书,故称万卷书。

海上碑景区　在岚山头街道渔港码头西侧礁石上,刻有苏京、王铎、阎毓秀等古人题写的“撼雪喷云”“星河影动”“砥柱狂澜”“万斛明珠”

“难为水”。北侧有龙神祠，内塑龙王神像，称龙王庙。

图 32-49 海上碑景区 （摄于 2009 年）

海水浴场 岚山域内自北向南有长达近 15 公里的金沙滩，沙滩宽度 100 ～ 300 米不等，近海常年波高 0.6 米，无污染，海底为沙质，海水水质优良，盛夏年均水温 24.2 ～ 26.5 摄氏度，盛夏晴天年均 6 周以上，年均风速为 3.4 米/秒，自然条件达到或超过国际标准。岚山海水浴场建于 1994 年 5 月，至 2003 年共建有 2 个停车场、4 个冲洗房，海水浴场附近设多处具有岚山特色的海鲜餐馆，每年接待中外游客约 15 万人次。

图 32-50 海水浴场 （摄于 2010 年）

磴山景区 地处虎山镇驻地西北。山体呈南北走向，主峰海拔 358 米，分布着众多的峭涧、深潭和小溪，植被保持完好，种类繁多。山顶有磴山寺，原名“红云寺”“登云寺”，坐落于天然绝壁之前，四面环山。寺庙分前殿、中殿和后殿。始建于明朝初年，为江苏省东海县寂藏和尚及弟子开山所首创，至清顺治六年（1649 年）重修，渐具规模。后毁于战乱。现存绕山修建长达 15 余公里的古寨墙及仙人桥、大王庙、若干处山间民居等遗迹。磴山寺东立有一座高 3 米的“开山前庵和尚塔”。寺前原有一座康熙十二年丁时撰文的“创建郑山寺碑记”碑，高 1.9 米，宽 0.9 米。背面文字为“创建磴山寺善信结社”（捐款建庙人的姓名）；东侧有丁艮善七律一首：“溪转峰回隐上方，杖藜忽入白云乡，青山万重如城廓，绿树千丛护法王。日暮鸦啼巢古木，春深花落满禅床。樽尊选胜忘晨夕，尽道僧家岁月长”。西侧是丁时游磴山寺诗二首，其一：“药兰偏上悬崖置，竹圃斜通曲径开，薄暮不劳如意榻，东峰月上好衔杯”；其二：“少年犹记涉崔嵬，廿载登临又一回。风送松声天半落，云拖山色座中来”。

寺西南岭上，有清代著名书法家许瀚书、丁艮善勒石的明朝兵部员外郎杨继盛“宿凤凰山店赠王家瑞”诗碑，诗文是：“羡君堪作王家瑞，愧我徒为食禄臣。不是未酬忧国恨，愿披蓑笠结东邻。”

磴山寺曾有几幅对联，很有韵味。后殿殿门对联是：“众生善恶来眼底，八方忧乐注心头”，正堂匾书：“心同日月”；中殿殿门楹联是：“日月同悬红云寺，风云常护山中城”，正堂悬有横匾：“风调雨顺”；前殿殿门对联：“世外凭临三面环山一面水，云中结构三分人力七分天”，正堂匾书：“国泰民安”；院内东西厢房，有两幅对联，一幅是：“山廓容我静，名利任人忙”，另一幅是：“青山之高，绿水之长，岂必佛方开笑口；徐行不困，稳地不跌，无妨人自纵心游”。院内有一长方形鱼池，冬不结冰。池上架设石桥，中间微凸，呈拱状，人临其上，飘飘然如入仙境。

历代文人咏磴山诗很多。如清代丁士嘉《九日磴山饮月》诗：“山径苍茫载酒行，菊花烂漫笑相迎。深松不辨归鸦色，清磬遥闻古涧声。浩劫几经新月满，海天一望暮云平。可知此会多同调，总有龙山莫与京”；清代牟世显《道中望磴山》诗：“翠叠峰无数，南来树作屏。日光寒飒秀，秋影透空灵。每欲孤怀往，将摩一色青。云霄欣有路，梯磴摘天星。”

寺北为主峰，峰前一片光崖石，数百米见方内寸草不生，阳光下熠熠生辉，雨后更是异光夺目。

磴山主要景观还有“一线天”、祈雨龙潭、石鼓、观音石、登天梯、摘星塔、百丈崖、阎王鼻子、老人石等自然景点。山门东侧有四门口水库，山中有数百亩竹林。

2002 年 4 月开始对磴山风景区进行综合开发，规划面积 20.06 平方公里，修建山间梯级水坝、千手观音像，重修磴山寺庙，并建若干馆舍、亭阁。2008 年 11 月，磴山风景区被认定为国家 AAA 级风景区。

图 32-51　磴山景区　（摄于 2012 年）

多岛海景区　位于安东卫南部，地处海州湾畔，濒临黄海，占地面积 5.8 公顷，是日照市东南部沿海一处亮丽的海滨景观带。沿海边形成淡水、半咸水过渡区域，内有入口服务区、海上乐园、赶海活动区、民俗旅游村、海上碑公园等景点，是一处融公务会议与休闲度假、文化娱乐、旅游观光功能于一体的国家 AAA 级风景区。

圣公山景区　位于碑廓镇北部，主峰海拔 298 米，怪石嶙峋，植被茂密，自然景观丰富。山下有圣公庙。内有厚壳树、国槐等古树名木，附近有大面积的茶园和板栗园，具有生态旅游开发潜力。圣公庙重建于 2001 年 3 月，内塑圣公、站班童子及神农、伏羲、轩辕三老塑像。

图 32-52　圣公山景区　（摄于 2012 年）

马鬐山景区　马鬐山坐落在中楼镇西南部，面积 50 平方公里，最高点金盆顶海拔 662.2 米，为岚山区最高山峰。山体高大雄伟，是莒县、莒南县、岚山区界山，鲁东南群岳之首，历史名山，国家 AAA 级风景区。

马鬐山又名磨旗山、蟒栖山、马栖山，远眺形如天马奋鬐昂首狂奔，近观群峦参列，峭拔嶙峋，涧陡谷深，浔河环绕，三面临水，东、西、北三面悬崖如削，惊险莫测，唯南麓有羊肠小道可达中峰。全山 81 峰，有金盆顶、望海峰、马鬐峰、撑天柱、古寨峰、狮子峰、天女峰、奔马峰、莲花峰、玉女峰、仙人峰、小马鬐山等著名峰峦 26 个，有金蟾泉、马鬐泉、金线泉、银线泉、鸳鸯泉、蟒泉、救生泉等名泉 7 个，有仙人洞、讲学洞、讲经洞、老母奶奶洞等岩洞 26 个，悬崖陡涧，奇石怪岩随处可见，被称为是“千山千幅画，一步一洞天”的自然胜境。

马鬐山以“险、奇、怪、秀”著称于世，有著名的“四险”“四奇”“四怪”“四秀”和“八景”。四险：

图 31-53　多岛海景区　（摄于 2010 年）

金盆顶高入云端，石笋棱棱八面险，撑天柱上观日出，荧荧门前一线天；四奇：芦苇长在马口石，山上黑土不见底，万千银鱼游天湖，高山青蛙红肚皮；四怪：神鹰展翅叫狠鹘，乱石丛中瞎眼鼠，雄狮昂首朝西观，张口烈马身入土；四秀：水秀山青耸云间，葛藤野花倒垂帘，奇石万态胜黄山，一声呼啸传半天；八景：金盆烟云、群峰耸翠、晨曦日出、浔河渔歌、仙人留足，毋忘在莒、生命之门、金线银瀑。

图 32-54 马鬐山景区 （摄于 2012 年）

第二节 旅游资源开发与利用

1994 年 5 月，岚山海水浴场开工建设。2002 年，碰山风景区综合开发启动。2001 年，重修圣公庙。2005 年 3 月，阿掖山卧佛寺动工兴建。2008 年，多岛海环境改造工程启动。至 2012 年，区内已经和正在建设的旅游景区有碰山风景区、阿掖山海滨休闲旅游区、圣公山旅游区、巨峰碧波山庄及北垛山农业生态旅游示范区、多岛海与绣针河海滨湿地公园等，有旅行社 3 家（分别是岚青旅行社、玉盈旅行社、安和旅行社）、旅游购物点 3 处、定点旅游商品生产厂家 6 家，初步具备了吃、住、行、游、购、娱等基本条件，形成了观海景、洗海澡、吃海鲜的特色海滨旅游风格。岚山旅游客源市场主要是省内各市地和省外淮海经济区，旅游商品主要有干鲜海产品、海洋仿生食品、绿茶、紫菜等。

2012 年 12 月，岚山区完成了旅游发展总体规划。根据岚山区资源特色与旅游市场需求，岚山区旅游发展的总体定位为：构建以滨海休闲度假、临港工业旅游、北国茶乡观光、民俗文化体验为主体的生态休闲旅游产品体系，树立“安东胜景·多彩岚山”城市旅游形象，打造国内知名滨海休闲度假胜地，培育旅游业成为岚山第三产业中的重点产业，形成以旅游业为核心的第三产业体系。围绕突出生态休闲、打造旅游精品、实现产业联动、贯彻人本主义的发展思路，在战略布局上形成“一心、两带、两区”格局。“一心”：以岚山城区为核心的综合旅游中心，主要包括游客中心、安东古卫旅游项目和阿掖山旅游项目。“两带”：一是南部滨海休闲度假旅游带，位于岚山城区南部沿海一线，东起渔港码头，西至荻水湿地公园，包括滨海休闲旅游项目和岚风海韵旅游项目，重点打造海滨观光、商务度假和民俗体验类旅游产品；二是临港产业带，位于岚山东部，包括钢铁、石化、木材、物流等 6 大产业园区，依托临港工业及其产业优势，建设临港工业旅游项目，发展工业类旅游产品。“两区”：一是北部生态休闲旅游区，位于岚山北部的内陆地区，主要包括北国茶乡旅游项目、圣公山文化体验旅游项目、碰山山寨养生旅游项目、云雾山旅游项目、凤凰岭旅游项目、白云山旅游项目等；二是海岛观光探险旅游区，即境内的前三岛海域，包括平山岛、达山岛和车牛山岛，重点开展海岛观光、休闲垂钓和海域探险类的旅游活动。

图 32-55 旅游观光农业——“祥路碧海”茶文化园（摄于 2012 年）

第三节 特色美食与旅游产品

岚山历史悠久，文化遗存丰厚，民风淳朴，物产丰富，交通便捷，餐饮住宿等服务业发达，地方名吃美食独有特色。

岚山煎饼 为境内民间主要食品，主以小麦面粉、红薯面粉、小米面、玉米面为原料，搅成浓糊状，在鏊子上摊烙而成，饼薄如纸，色调微黄，柔软细腻，香甜可口，食用方便，便于保存。以小麦为原料制作的煎饼，配以鲜嫩豆腐和蟹酱辣椒，风味独特。台湾的《山东文献》记载：煎饼卷煎黄鲫子鱼，为日照食品之一绝，久食不厌。其中岚山煎饼的品牌知名度颇高，很受欢迎。

碑廓小锅饼 制作工艺精细，百年来一直闻名于山东、江苏两省交界处。它形似蘑菇，大小如盘，中心薄，周围厚，中间压一“十”字，一饼可分四瓣。饼面色黄红，富有光泽，入口酥脆，既香又甜，是旅游携带的方便食品，又是馈送亲友的风味佳品，有“夹仓包子（水饺）涛雒面，碑廓的锅饼不用看”的赞誉，深受游人、过往客商及当地群众欢迎。

豆腐蘸蟹酱 是岚山最有特色的传统美食。岚山豆腐点卤用的是海盐盐池的卤水，豆腐制做过程对黄豆浸泡时间、煮汁火候、用卤数量都有严格控制，做出的豆腐洁白、细腻、鲜嫩，豆香浓郁而又柔韧结实。吃豆腐蘸“蟹酱蘸水”最“对味”。“蟹酱蘸水”是用好的蟹酱加入辣椒、葱花、炒芝麻粉、熟豆汁等调制而成。蟹酱是选取肉多壳薄的新鲜梭子蟹，经海水清洗，捣碎，加入适量食盐，静置发酵一段时间而成。好的蟹酱色泽为红黄色，鲜香扑鼻。豆腐蘸蟹酱物美价廉，配上岚山煎饼，会令人大快朵颐。

煎黄鲫鱼拌香椿 黄鲫鱼俗名“黄鲫子”，头小、眼小。头侧中部呈淡黄色，体侧银白色。背络、胸鳍和尾鳍均为黄色，臀鳍浅黄色。一般体长20厘米左右，体重20～30克。肉质细嫩，肉味鲜美，营养价值高。

黄鲫鱼最通常的吃法是煎熟吃，能最大限度地突出其鲜香味。取鲜黄鲫鱼加少许盐粉涂抹，半小时后洗净，撕去鱼头（这样可以连内脏一起去掉），晒至半干，鱼体会渗出金黄色的油滴。锅内加少许油，放入黄鲫鱼，微火煎熟。其时鱼体焦黄，肉离骨脆，可以直接入口大嚼，或卷入煎饼吃。讲究的吃法是将煎好的黄鲫鱼去掉脊骨，抖碎鱼肉，拌上切碎的香椿芽。两种香味，相得益彰。

清煮蛤蜊 蛤蜊（方言称作“嘎啦”）是双壳纲软体动物的统称，落潮后可在泥沙中挖到。岚山海域蛤蜊资源丰富，有花蛤、文蛤、西施舌等诸多品种，大的像拳头，小的如纽扣，形体各异，花色纷繁。蛤蜊肉质鲜美，西施舌更有“天下第一鲜”之美称。

蛤蜊可做汤或加辣椒炒食，最原味的吃法是直接用清水煮。洗净外壳的蛤蜊，一种或数种，放进加入一点点清水的锅中（因蛤蜊熟后会流出水分），不加佐料，用大火煮。熟后贝壳张开，即可出锅食用。现剥现吃，原汁原味，其味“不足为未食者道也”。

清煮蛤蜊最需要注意的是：下锅前蛤蜊必须是活的，已吐净泥沙的。另外，若配以姜末加醋汁调制的“蘸水”，多食可以止腻。

炖烧鮟鱇鱼 鮟鱇鱼身体前半部平扁呈圆盘形，身躯向后细尖成柱形，口和身体一样宽，长满锐利的倒钩状尖牙。体柔软，无鳞，头及全身边缘长有皮质突起，长相既丑又怪。20世纪80年代前，海洋渔业资源丰富，渔民捕到鮟鱇鱼嫌其头大牙尖肉少，称为“得（dei）瑟鱼”，一般随意扔在海滩上任人捡拾。

20世纪80年代后，由于捕获量逐年减少，炖烧鮟鱇鱼成为一款不可多得的美食。家常做法简单，首先剪掉鱼牙，清洗鱼体，剖开鱼腹，摘下可食用的鱼胃、鱼肝，将鱼体剁成块，放入开水中焯一会儿捞出。然后将油烧开，葱姜爆锅，放入鮟鱇鱼翻炒，再加水、红辣椒、酱油后，盖锅炖，开锅后再炖15分钟即可出锅。鮟鱇鱼胶原蛋白丰富，肉质紧密结实，富有弹性，鲜美更胜一般鱼肉。鮟鱇鱼的胃柔韧耐嚼，口感良好，鱼肝肥嫩鲜美，主人宴客，多将其作为珍品分给客人或年长者，以示敬重。

烤板乌 乌贼是岚山地方特产，产量大，经济价值高。经剖、洗、捶、压、晒等工序制成的干品呈板片状，称为板乌。

乌贼的吃法很多，而烤板乌风味独特。做法是将板乌切成条（因整个板乌太大，火候不好控制），放在炭火上烤。要注意随时调整受烤面，防止烤焦。烤熟的板乌有一种特殊的甜鲜香味。由于板乌厚薄不均，无论如何也难以烤到同一程度，火候大的地方硬而脆，火候小的地方韧如干牛皮，吃起来需连撕带咬，最能考验人的咀嚼能力和耐心。

清煮牡蛎 牡蛎俗称“海蛎子”，岚山海域大量出产。其味鲜美，鲜牡蛎汤有“海中牛奶”之美誉。

牡蛎冬天最肥。以前岚山渔民冬天“打海蛎子”，天寒水凉，且蛎壳边缘锋利，容易划伤手，工作极辛苦。因此岚山人对陷入困境或正在受苦遭罪的人会说：“唉，苦了打海蛎子的啦！”。

牡蛎肉可以煎、炒、炸、做汤或与其他食材搭配做菜。沿海传统的吃法是带壳直接煮着吃，省时省事，风味最纯正。做法是选取新采收的牡蛎，将蛎壳刷洗干净，加少许水用大火煮开。待到蛎壳张开，即可出锅食用，不仅味道鲜美，而且富有营养。

油炸干望潮 望潮在岚山一带专指八腕目章鱼科中的长蛸，头部卵圆形，头上有大的复眼及8条可收缩的腕。每条腕有两排肉质的吸盘，腕长约40～50厘米。望潮生活在浅海，喜欢在海滩泥洞中居住，涨潮前常探头探脑地爬出，挥舞着腕儿，似在盼着潮水到来，故名。

干望潮由鲜望潮生晒而成，油炸别有风味。油炸前将望潮的长腕切成3～4厘米长的段，将头部切成四瓣。由于望潮的长腕根部粗，越到梢越细，因此下锅时细的要单独炸，粗的部分和头部一起炸，否则细的部分会焦糊，而其他部分不脆不香。油炸干望潮既鲜又香，头部的膏鲜味特别浓烈，会使人“鲜得拉不动舌头”。

鲜炸高眼 “高眼”是高眼鲽的俗名。鱼体长卵圆形，侧扁，头小口大，尾柄狭长。两眼均位于头部右侧且突起，是其最明显的特征。岚山海区为主要产卵场之一，捕获量大，是岚山重要海产品。

高眼鲽肉质细腻，鲜炸时，将新鲜高眼鲽剥皮，除去内脏，洗净，控干水，放油锅内炸至鱼体金黄。炸好的高眼鱼香气扑鼻，油而不腻，酥中带嫩，不加佐料就是一道特色美食。食用时要小心，高眼鲽的刺较硬，除脊骨外，两侧也有刺。

杂鱼鱼丸 是将价格便宜的小杂鱼剁成泥状，加调料制做而成。

制作杂鱼鱼丸最好用鳑鱼，鳑鱼是和黄脊鱼形态相似、同时上市的小鱼，比黄脊鱼小，银白色，鱼鳍等部位不黄，价格一般比黄脊鱼低。也可用黄脊鱼等其他杂鱼制做鱼丸，但与鳑鱼相比，香腻有余，鲜美不足。也可用鲅鱼等大鱼肉制作鱼丸，但较之鳑鱼鱼丸，风味稍逊。

制作鱼丸时，撕去鱼头和内脏，剁成泥状，要尽量剁细。加入切碎的葱姜及少量韭菜、盐，混合再剁均匀。加入适量生鸡蛋以提高鱼丸韧性和圆滑度。团成丸子，入油中炸熟，以鱼丸表面微黄为宜。下酒佐餐，鲜美异常。也可将生鱼丸直接倒入汤中与菠菜、茼蒿等同煮做成汤菜，最是“对味”。杂鱼鱼丸是大众化食品，制做成本低，但可充分享受海鲜美味。

咸鲅鱼炖茄子 是岚山传统美食。沿海居民常将吃剩的鱼货放盐储存，在坛子里放一层鱼加一层盐，随吃随取，长时间不变质。炖茄子时，将咸鱼用水稍微泡一会，把外表多余的盐分除去，清洗干净，切成小块。茄子切成手指一般的长条，也可手撕成小块。锅中放油加热，放入五花肉（可以让鱼汤、鱼肉更香），煸炒至出油，放入葱花和姜片。然后放入茄子，炒至外皮稍稍起皱。加入甜面酱和酱油。放入鲅鱼段，倒入清水小火慢炖。炖至鲅鱼快熟之时，放入蒜片、青辣椒，加盐和味精调味，大火收至汤汁浓稠即可。

需注意，放入鲅鱼块后，不要用力搅动，以免把鲅鱼搅碎。在放鱼的时候，还可倒入一些料酒去腥，或加入一些白糖调味。

西施舌 是岚山海域所产珍稀贝类产品，外壳形态俊秀，软体丰满，形扁似舌，尖部色泽红艳，根部清白如玉，肉质细嫩，口感润滑，味道鲜美，清淡别致，故以古代越国著名美女西施之舌誉之。蛤肉含有多种氨基酸，营养丰富，有润肺、益精补阴功效，为其它贝类所不及。

1959年，在全国群英会上，全国农业劳动模范、岚山公社官草汪村党支部书记柴立清，代表日照人民向毛主席和周总理敬献过活体西施舌。

金钩虾米 是岚山海珍品之一，系岚山海产羊毛虾加工而成，颜色金黄、体状如钩，故称金钩虾米。金钩虾米营养丰富，肉味鲜美，所含蛋白质和维生素分别比河虾高20%和40%，并含有丰富的碘，具有很高的营养价值，为虾米之上品。

羊毛虾皮薄，形扁，因此又称“扁米”，为多年生，个体长5～9厘米。岚山沿海均有分布，以虎山镇一带海域较多。每年5～7月，大羊毛虾成群到近海产卵，繁殖后代，此时也正是捕捞旺季。扁米有较好的药用滋补作用，据《本草纲目拾遗》记载：“食之，有补肾壮阳之功效；鲜海虾剁酱，以黄酒冲服，有催乳之功能”。扁米加工，为手工操作，主要强调鲜度，年产量8万～10万公斤。

对虾　是岚山著名海珍产品之一，体长侧扁，晶莹光亮，肉质肥厚细嫩，味道鲜美，营养丰富，每百克虾肉含蛋白质20.6克，脂肪0.7克，并含有多种维生素及人体必须的微量元素，系高蛋白营养水产品，为高级宴席上不可缺少的佳品。鲜食可烹制红焖大虾、煎明虾、熘虾段、琵琶大虾、炒虾仁等。除鲜食外，还可加工成无头对虾、虾仁等，均为海味上品。

梭子蟹　因头胸甲呈梭子形，故名。宽几乎为长的2倍，头胸甲表面覆盖有细小的颗粒，在2条颗粒横向隆甲壳的中央有3个疣状突起，所以又称“三疣梭子蟹”。额具2只锐齿；前侧缘具9只锐齿，末齿长刺状，向外突出。螯脚粗壮，长度较头胸甲宽长；长节棱柱形，雄性长节较修长，前缘具4锐棘。雄性脐尖而光滑，壳面带青色；雌性脐圆有绒毛，壳面呈赭色，或有斑点。头胸甲多为茶绿色；螯脚背部和步脚呈鲜蓝色并布有白色斑点；步脚和螯脚的指节则为红色。重量一般在250～300克之间，重者达500克以上，岚山海域盛产的梭子蟹肉肥黄嫩，味道鲜美，含有多种维生素、氨基酸，蛋白含量极高，有较高的营养价值和经济价值，是理想的滋补品。

扇贝　是海产贝类珍贵品种之一，用其闭壳肌加工的扇贝柱鲜嫩味美，是国际上公认的高档水产品。扇贝干品称干贝，平均含肝糖5.43%，还含有已氨酸、琥珀酸，为“天下绝品”。经实验表明，从扇贝中提出的物质具有抗癌作用。岚山生产的扇贝鲜、干制品畅销日本、韩国等国家和中国台湾、香港等地区。

日照绿茶　日照是世界茶学家公认的三大沿海绿茶城市之一（另两个分别为韩国的宝城和日本的静冈）。岚山区的9个乡镇街道中，有7个分布着茶园，其中巨峰镇、后村镇是日照绿茶的主产区。日照绿茶品质优异，中国农科院茶叶研究所评价其“叶片厚、滋味浓、香气高、耐冲泡”，被国家质量监督检验检疫总局批准为“地理标志产品”。境内的“雪青”绿茶，是全国茶行业的驰名商标。

第三十三编　医药卫生

新中国成立前，域内医疗力量主要是个体中医，缺医少药严重。政府对疾病无防治措施，鼠疫、霍乱、天花、麻风、疟疾、钩虫、丝虫等传染病猖獗流行，群众很难得到救治。

新中国成立后，卫生工作贯彻“面向工农兵，预防为主，团结中西医，卫生工作与群众运动相结合”的四大方针，加强各级医疗预防保健机构建设，培养中、西医药人才，开展爱国卫生运动，普查普治常见病多发病，实施预防接种，推广新法接生。至20世纪60年代初，境内医疗防保机构基本健全，一些危害人民身体健康的传染病得以控制或消灭，人们的生活环境得以改善，健康水平有所提高。

1952年消灭了天花。1953年消灭了人间鼠疫。1973年控制了疟疾流行。1979年基本控制麻风病。1983年消灭了霍乱，基本消灭丝虫病。1990年基本消灭麻风病，各种季节性传染病都有明显下降。1958年普及了新法接生，至1984年新法接生率均保持在95%以上，新生儿破伤风发生率、孕产妇死亡率降至卫生部规定的指标以下。

1993年岚山办事处设立后，医疗防保机构迅速建立健全。深化卫生体制改革，实行镇、村卫生一体化管理，开展社区卫生服务，实施新型农村合作医疗制度，医疗设备、技术力量和技术水平均达到同级先进水平，城乡环境卫生面貌有了较大改观。

至2012年年底，全区有区（县）级综合二级医院1家（岚山区人民医院），卫生防疫站1所，妇幼保健机构1所，乡镇卫生院6所，社区卫生服务中心2个，一体化卫生室203个。卫生技术人员640人，其中高级职称35人，中级职称227人，初级职称288人；执业医师及执业助理医师314人，注册护士255人。全区各医疗卫生单位固定资产总值达10544万元，拥有螺旋CT、500毫安以上大型X光机、彩色多普勒超声仪、数字胃肠机、CR等现代化先进医疗设备。岚山区先后被授予国家级“健康面对面·乡村行”项目示范县，省级“亿万农民健康促进行动”示范县、“卫生应急示范区”“新农合支付方式改革示范区”，被山东省医改领导小组授予“实施国家基本药物制度集中考核优秀区县”。

第一章　卫生行政管理与体制改革

第一节　管理体制

新中国成立前，域内医疗机构较少，无统一的医政管理。1944年，为把医务人员组织起来参加抗日工作，碑廓、巨峰、黄墩等6个区的医务人员在碑廓牟家祠堂召开大会，成立日照县医药界抗日救国联合会。该会主要活动是募集资金、药品支援前线，派遣医务人员参加战地医疗救护队。之后，各区相继成立分会，具体负责本区的医药卫生工作。抗日战争胜利后，该会属日照县卫生科领导，改称日照县医药救国联合会。

1946年，日照县政府组建卫生科，次年春撤销，组成支前指挥部卫生组。1948年恢复卫生科，1968年由日照县革命委员会卫生组取代。1971年1月，成立日照县革命委员会卫生局，后改称日照县卫生局，1985年更名为日照市卫生局。

1993年7月，岚山办事处设计生卫生局，负责全区计划生育和卫生事业管理工作，办公地址在岚山头街道计生委办公楼，设办公室、医疗卫生科、计划生育保健科、公费医疗办公室。1995年12月，计生卫生局分设为卫生局和计划生育委员会，卫生局内设办公室、医政药政科、防保科、财务科、公费医疗办公室、爱卫会办公室。2004年，成立岚山区卫生局（简称区卫生局），地址在岚山西路，同年12月迁至岚山中路35号。至2012年，区卫生局机关有在编人员22人，设办公室、财务监管科、医政科、疾病控制与卫生监督科4个科室，另设区爱国卫生委员会办公室（与区红十字会办公室合署）、新型农村合作医疗办公室。

医院管理　域内医院系由区卫生所、供销合作社药股、联合诊所合并发展而成，多建于1958

年前后，时称人民公社卫生院，多为集体所有制。建院初期，多为茅草房或平房，基础设施简陋。随着业务的发展，多采用自筹资金和政府投入的方法改善就医环境。

1972 年，小后村、巨峰、黄墩、碑廓、安岚公社卫生院升格为日照县人民医院分院，中楼人民公社卫生院升格为莒县人民医院分院，性质由集体转为全民，分院均设内科、外科、中医科、妇产科及理疗、化验、药剂等科室。

1973 年 10 月前，农村人民公社、城市街道卫生院及集体办的卫生院，实行“独立核算、自负盈亏”的财务管理办法。1973 年 10 月之后，国务院科教组、卫生部、财政部对集体办的公社卫生院实行“社办公助”。

1979 年 4 月，卫生部、财政部、国家劳动总局发出《关于加强医院经济管理试点工作的意见》，在财务上对医院实行“全额管理，定额补助，结余留用”的办法。

1987 年 6 月，山东省政府批转卫生厅《关于将卫生院划归乡镇政府管理的报告》，卫生院划归乡镇管理，“性质不变、人员身份不变、工资待遇不变、任务不变”，乡镇政府“负责制定卫生院发展规划和乡镇卫生工作年度计划，编制乡镇卫生经费预决算，负责卫生院的基本建设。”1990 年各分院改称为乡镇卫生院。

1991 年 10 月，山东省政府下发《关于进一步加强农村卫生工作的通知》指出：“中心卫生院要布局合理，重点建设。”此后，黄墩、巨峰、碑廓 3 所卫生院被山东省卫生厅确定为中心卫生院，并由省、市、乡（镇）3 方投资，进行器械配套和基础建设，成为当地医疗技术指导中心。

1993 年岚山办事处成立后，乡镇卫生院由乡镇政府和岚山卫生局双重管理，人事、干部调配和业务指导属于卫生局，党务、财政属于当地党委、政府，属乡镇财政差额预算管理，乡镇财政根据卫生院人员编制情况下拨人员定额补助。

1993 年 8 月，岚山计生卫生局下发《岚山办事处乡镇医院综合目标管理考核办法》，对各医院进行工作大检查，提出创一级甲等医院的目标，要求各医院开展“基础理论、基本操作、基本技能”训练活动。1995 年 6 月 27 日，成立岚山医疗机构评审委员会，负责域内医疗机构的评审管理和对申请新开业的医疗机构进行审批。1994 年 12 月，碑廓医院、岚山头医院为一级甲等医院，1996 年虎山医院被评审确定为一级甲等医院。1996 年，岚山卫生局制定了一、二级医院医疗护理质量检查考核标准，使医院逐步走向规范化管理轨道。2002 年 5 月，根据《中华人民共和国执业医师法》规定，首次对岚山的执业医师进行执业登记。2002 年 11 月，对医疗机构进行考核评审，换发新的执业许可证。

2003 年，政府对乡镇卫生院定额补助按在职人员每人每年 3000 元，基础设施建设、医疗设施购置等定向补助由乡镇卫生院提出申请，乡镇政府审批，但基本上都由乡镇卫生院自行解决。

2006 年，定期开展医院管理和医疗质量管理专项督查活动，主要督查医院的环境卫生、劳动纪律、值班在岗、着装证牌、岗位证件、医护文书、诊疗和药品价格、废物处理、群众意见等，区卫生局成立督查领导小组，随机抽调医院医护负责人参加，根据每次的督查情况，制作《岚山区医院管理和医疗质量管理效益年活动督查简报》，在系统内部通报。

2006 年 7 月，执行山东省卫生厅对全省各类医疗机构提出的加强和改进医疗服务 10 条意见，主要是：改善服务态度，实行首问负责制；简化就医流程，方便患者就医；加强医疗管理，保障医疗安全；落实护理管理措施，打造护理服务品牌；切实加强医患沟通，保护患者合法权益；合理用药，控制医院费用；落实惠民措施，缓解群众看病难、看病贵；强化医技和后勤保障，确保一线临床服务；完善患者投诉和处理机制，及时解决医患纠纷；大力弘扬正气，倡树良好医德医风。

2011 年 1 月基本药物制度实行后，区政府对乡镇卫生院实行“核定经常性收支、保障常规性支出、收入全额上缴、财政专项补助、收支两条线分离”的综合预算管理办法。乡镇卫生院人员工资、办公经费、基本建设费用、设备购置费用等由区财政全额拨款。卫生院实行药品零差价销售。医护人员实行全员竞聘上岗，全员聘用，合同管理。

卫生室管理　1968年，日照县进行农村合作医疗试点，至1973年，岚山境内村居普遍建立起卫生室，资金由村集体和社员共同筹集，社员看病吃药不用付钱。后因资金短缺及管理问题，至1978年停办，村卫生室大都由乡村医生承包。

1993年岚山办事处成立后，村卫生室属于自负盈亏性质，并承担本村村民的基本医疗和预防保健服务功能。

1994年4月，岚山办事处制定《岚山办事处行政村卫生室（所）执业基本标准》。1995年4月25日，下发《关于对乡村医生进行业务培训考核的通知》，对乡村医生进行了执业考试。10月，制定《关于清理整顿医疗市场的意见》，对域内企事业单位和农村卫生室（所）进行全面清理，对不符合条件的予以取缔。1995年12月，岚山办事处有村级（包括企事业单位）医疗卫生机构164个。1998～2001年，委托日照市卫生学校，对乡村医生进行学历教育，每周脱产学习2天，经过3年的培训学习，80%的乡村医生达到了中专水平。2003年3月，制定《卫生室（所）检查考核标准》，进一步加强对村级医疗机构的规范化管理。2004年1月，国务院颁布《乡村医生从业管理条例》，岚山乡村医生进行统一执业考试，共有732名乡村医生考试合格，获得"山东省乡村医生执业证书"。

2004年设区后，逐步推行乡村卫生、合作医疗一体化管理模式，村级卫生室实行"乡办乡管"，由乡镇卫生院协助卫生主管部门对卫生室进行管理。

2008年8月，从理论水平、实践技能、工作成绩、村民满意度等方面对全区的乡村医生进行业务考核，共有633名乡村医生考核合格。同年12月，区政府下发《关于加快提升村卫生室服务能力的意见》和《岚山区村卫生室规划建设方案》，利用3年时间，在全区建设145个标准化卫生室，全面培训在岗乡村医生，提高村卫生室服务能力。2010年6月，开始为期2年的乡村医生在岗培训工作。2011年6月完成第一学年培训，在巨峰中心小学进行学期考试，共有767名学员参加，合格756人。2012年6月完成全部培训工作，有767名学员参加学期考试，合格752人。

2011年1月1日起，对一体化村卫生室实行"三制五统一"管理，即乡村医生实行聘任制、工资制、养老保险制，卫生室实行乡镇卫生院院长领导下的所长负责制，卫生室人员、行政、业务、财务、药品均由乡镇卫生院统一管理，所有药物均实行零差率销售，区财政对人员工资、运转经费给予补助。乡村医生聘任由乡镇卫生院与其签订聘任合同并报区级卫生行政部门备案，聘期一般为2年，聘任期间身份性质不变，聘任期满自动解除聘任合同。2012年，区财政对乡村医生补助平均每人每年1.3万元，按月发放，村卫生室运转经费按照服务人口数每人2元的标准给予补偿。

第二节　医疗制度改革

民国以前，境内百姓看病就医完全自费，无制度保障，缺医少药，对流行性疾病束手无策，因病致残、死亡率很高。抗日战争时期，日照县抗日民主政府的干部职工实行供给制，免费治疗部分疾病。

新中国建立初期，日照县对私营诊所、药铺进行集体合作化改造。1950年1月，成立日照县医药联合社，设中、西药2个批发部，兼药品零售，区镇设药股，中心村建药社，请民间中医到医疗单位就业，广泛搜求民间药方，培训乡村医生，建立起遍及全县的基层医疗队伍。1952年8月，卫生部制定《国家工作人员公费医疗预防实施办法》，对享受公费医疗待遇人员的范围、公费医疗经费来源、管理和督导等方面做了明确具体规定。同年9月，日照县成立公费医疗实施管理委员会，人员由卫生科、财政科、民政科共同组成，开始建立以工人为对象的劳保医疗制度和以干部为对象的公费医疗制度，医疗费列入国家财政预算。1957年9月，公费医疗实行县、区两级管理，每人月指标的40%由县统一掌管，用于城市医院和疗养院病人（含健康查体）的开支，60%由各区掌管，用于门诊费用开支。

1958年开始的人民公社化时期，农村试办合作医疗，农民的小病可在公社医院免费治疗，因资金不足，试行不到一年停办。1968年，日照县进行农村合作医疗试点，至1973年，岚山境内普遍建立起农民合作医疗制度，资金由村集体和社员共同筹集，社员看病吃药不用付钱。后因资金短缺及管理问题，至1978年停办，村卫生室大都由乡村医生承包。

岚山办事处设立后，为解决农民因病致贫、因病返贫问题，于1996年7月在岚山头街道试点，全面推行城镇和农村合作医疗制度。

1998年12月，国务院颁布《关于建立城镇职工基本医疗保险制度的决定》，城镇所有用人单位及其职工都要参加基本医疗保险，实行属地管理、双方负担、社会统筹和个人账户相结合的社会保险新原则，岚山于1999年开始执行，并实行大病医疗费用和离退休人员医疗费用社会统筹征收。

2001年9月，贯彻山东省卫生厅下发的《关于进一步加强乡村卫生一体化管理的通知》，根据人口密度、地理位置、经济条件、效能效益等因素，对村卫生室设置进行调整，由乡镇卫生院统一进行药品采购或代购分发，村卫生室不得自行采购药品。

2003年，贯彻财政部、国家计委、卫生部印发的《关于农村卫生事业补助政策的若干意见》，疾病控制、妇幼保健、卫生监督和健康教育等公共卫生经费以及必要的医疗服务、卫生事业发展建设费用由各级政府进行补助。村卫生室、民办卫生机构或乡村医生、个体医生承担预防保健任务所需经费，由乡镇卫生院等按其承担的具体任务核定；乡镇卫生院基本医疗服务所需经费，由区级财政根据医疗服务工作需要予以核定拨付。

2009年3月，中共中央、国务院下发《关于深化医药卫生体制改革的意见》，重点推进五项改革：一是加快推进基本医疗保障制度建设，二是初步建立国家基本药物制度，三是健全基层医疗卫生服务体系，四是促进基本公共卫生服务逐步均等化，五是推进公立医院改革试点。12月，岚山区成立深化医药卫生体制改革领导小组（简称区医改领导小组），下设办公室（简称区医改办），加快推进医改5项重点工作。

2011年1月1日起，岚山所有基层卫生机构人员、业务、经费上划区级管理，所有医疗卫生机构均由区卫生局统一规划、统一准入、统一监管，对基层医疗卫生机构实行“核定经常性收支、保障常规性支出、收入全额上缴、财政专项补助、收支两条线分离”的综合预算管理办法。乡镇卫生院人员工资、办公经费、基本建设费、设备购置费等由区财政全额拨款，核定的经常性收入中的医疗净收入超收部分全额返回乡镇卫生院，全员竞聘上岗，全员聘用，合同管理。全区一体化村卫生室实行“三制五统一”管理，即乡村医生实行聘任制、工资制、养老保险制，卫生室实行乡镇卫生院院长领导下的所长负责制，卫生室人员、行政、业务、财务、药品均由乡镇卫生院统一管理，区财政对人员工资、运转经费给予补助。开展基本公共卫生精细化管理，实行“两制、两化、三统一”工作模式，即实行基本医疗片医（责任）制，公共卫生团队制，实行网格化、台账化管理，统一标准要求，统一考核，统一奖惩兑现。

从2011年1月1日零时起，全区基层医疗卫生机构同时实施国家基本药物制度，基层用药全部参加山东省网上集中采购，基本药物实行零差价销售。同年5月13日，岚山区代表日照市接受山东省医改办集中考核，被授予省级“实施国家基本药物制度集中考核优秀区县”。

2009～2012年，岚山相继完成了虎山、后村、高兴、碑廓卫生院业务用房改扩建项目，建成区人民医院15677平方米门诊病房综合楼、区妇幼保健站1380平方米的综合服务楼及145个省级标准化村卫生室，开工建设了高兴卫生院综合服务楼、岚山头医院康复楼、黄墩中心卫生院门诊病房楼、区人民医院后勤服务楼等项目，初步实现基层医疗卫生服务网络全面覆盖。为加强基层医疗卫生人才队伍建设，提高基层医疗卫生机构服务水平和质量，岚山区连续多年招聘大学生，引进优秀骨干人才，2010年招聘大学生25人，2011年62人，2012年74人。

2009年后，岚山在城乡基层医疗卫生机构普遍建立居民健康档案、健康教育、免疫规划、传染病防治、儿童保健、孕产妇保健、老年人保健、慢性病管理、重症精神病患者管理等9类国家基本公共卫生服务项目，促进基本公共卫生服务均等化。

至2012年年底，共为293088名城乡居民建立了健康档案，建档率80.59%；为274089人建立电子健康档案，电子建档率75.36%。开展健康教育讲座及健康教育咨询活动1144期，更换健康教育宣传栏1141期次，累计发放健康宣传单（手册）12类10万余份。各乡镇卫生院和社区卫生服务中心均实行门诊化接种，“横向到边，纵向到底”的预防接种网络初步形成。为适龄儿童接种乙肝、卡介苗、脊髓灰质炎等国家免疫规划疫苗，接种率均达98%以上。传染病和突发公共卫生事件疫情实现网络直报。对17924名儿童进行了系统管理，系统管理率达90%以上。为孕产妇建立保健手册并开展孕前检查和产后访视，共管理孕产妇3052人。为全区38583名老年人建立登记表，开展疾病预防、自我保健等方面的指导。对糖尿病、高血压等慢性病人群进行分类健康指导，分别登记管理3545人和24770人。为每一例重性精神病人建立健康档案并定期随访管理。

从2009年开始，继续实施结核病、艾滋病等重大疾病防控、国家免疫规划、农村孕产妇住院分娩、贫困白内障患者复明、农村改水改厕等重大公共卫生服务项目；新增15岁以下人群补种乙肝疫苗、农村妇女孕前和孕早期增补叶酸预防神经管缺陷、农村妇女乳腺癌、宫颈癌检查等项目。至2012年年底，全区农村妇女孕前和孕早期免费补服叶酸11737瓶，服用人数2938人；农村孕产妇住院分娩补助2478人，发放补助金77万余元。

第三节　医疗保险

公费医疗　公费医疗制度是为保障国家工作人员身体健康而实行的一项社会保障制度，根据1952年政务院发布的《关于全国各级人民政府、党派、团体及所属事业单位的国家工作人员实行公费医疗预防的指示》在全国建立。此后，卫生部、财政部先后颁布《关于改进公费医疗管理问题的通知》《公费医疗管理办法》等一系列政策规定，公费医疗制度不断得到修订和完善。

1993年前，域内职工的医疗保障按《日照市公费医疗管理办法》执行。岚山办事处设立后，成立办事处公费医疗管理委员会，下设办公室，在岚山计生卫生局办公。以各委、办、局为单位，按每名职工每年130元拨付门诊医疗费，特殊病由办事处公费医疗管理委员会协调处、乡财政解决。2002年城镇职工基本医疗保险制度建立后，公费医疗制度废除。

城镇职工基本医疗保险　2001年12月成立岚山办事处医疗保险事业处（简称岚山医保处），隶属于岚山人社局。根据《岚山办事处建立城镇职工基本医疗保险制度实施方案》，负责基本医疗保险的行政管理和监督检查，日照市第二人民医院、碑廓中心卫生院、岚山头医院、虎山医院、岚山妇幼保健站及轿顶山社区服务门诊为医疗保险定点医疗机构。

岚山办事处医疗保险制度于2002年1月1日开始实施，参保对象为党政群机关、城镇企事业单位人员。医疗保险基金按职工上年度工资总额的9%筹集，其中单位缴纳7%、个人缴纳2%。医疗保险基金分为统筹基金和个人账户。个人账户资金为个人缴纳的全部医疗保险费加单位缴纳的以本人工资作为计算基数按不同比例划入的部分（45岁以下2%、45岁以上2.5%、退休人员5%），用于支付本人的门诊医疗费用和住院医疗费用中个人自负部分。扣除划入个人账户部分后的医疗保险基金全部划入统筹基金，主要用于支付参保人员的住院医疗费用。另外，设立个人缴纳大额医疗救助金制度，每人每月缴纳5元，用于参保人员大额医疗费用的支付。

2003年12月，根据《日照市人民政府关于医疗保险制度改革中有关问题的补充意见》，对统筹基金支付标准、职工退休时缴费年限、困难企业缴费办法等问题作出了补充。

2002年，岚山参加医疗保险单位90个，6900人。2003年，参保单位新增5个，参保人数增加到7026人。到2004年8月，医疗保险基金收入达2074万元，其中基本医疗保险额为1852.3万元，大额医疗保险额为81万元，基本医疗保险支出为1251万元，大额医疗保险金支出为119万元。

2004年5月，根据《日照市城镇灵活就业人员参加社会医疗保险暂行办法》，城镇灵活就业人员参加基本医疗保险，采取只建立统筹基金，不建立个人账户的办法。

2006 年 9 月，根据《关于印发〈日照市农民工社会医疗保险暂行办法〉的通知》，按照“低费率、保大病、保当期、以用人单位缴费为主”的原则，重点解决农民工务工期间的住院医疗费用，同时兼顾农民工转换身份、改变医疗保险需求以后的医疗保险关系转移和待遇接续。

2009 年，城镇职工基本医疗保险参保人员信息及费用报销等数据全部采集上网，医疗保险工作实现全网络操作。

2011 年，根据《日照市人民政府关于印发日照市城镇基本医疗保险市级统筹实施办法的通知》，大病医疗救助缴费标准改为每人每月 6 元。2012 年 6 月 1 日，根据《关于公布职工基本医疗保险年度缴费基数的通知》，大病医疗救助缴费标准改为每人每月 8 元。

2002 ～ 2012 年岚山城镇职工基本医疗保险情况统计表

表 33-1 单位：个，人，万元

年份	参保单位数	参保人数	基金收入		基金支出	
			统筹基金	大额救助	统筹基金	大额救助
2002	90	6900	439	29	267	14
2003	95	7026	676	33	486	34
2004	115	12031	933	43	672	55
2005	118	12708	1549	74	1140	81
2006	133	14063	1698	76	1290	75
2007	167	16102	2109	90	1489	84
2008	222	18932	3152	153	2274	152
2009	232	19450	3307	145	2561	76
2010	313	23788	5123	208	4087	236
2011	313	24288	5286	180	3781	142
2012	319	25837	6675	206	5098	31

城镇居民基本医疗保险 2008年10月，根据《日照市人民政府令》(第50号)，岚山区2009年度城镇居民基本医疗保险启动，保障不属于城镇职工基本医疗保险制度覆盖范围的非从业城镇居民的医疗保险需求。全市统一政策，统一标准，全市联网，市辖区统一管理，各区县独立运作。

2011年1月1日，根据《日照市人民政府关于印发日照市城镇基本医疗保险市级统筹实施办法的通知》，岚山医保处将城镇职工基本医疗保险和大额救助、城镇居民基本医疗保险全部纳入市级统筹，全市统一参保范围和项目、统一缴费标准、统一待遇标准、统一基金管理、统一经办流程、统一信息管理。

2012年1月1日，全面开展城镇基本医疗保险门诊统筹，即参保人员患基本医疗保险特殊疾病门诊病种以外疾病的普通门诊医疗费统筹。

图 33-1 城镇居民喜领基本医疗保险小本（摄于 2007 年）

2009～2012年岚山区城镇居民基本医疗保险参保情况统计表

表 33-2　　单位：人、万元

年　份	参保人数	个人缴费	财政补助	统筹支出
2009	20948	178	195.36	127
2010	50198	212	552	682
2011	54059	184	1078	798
2012	55024	279.067	1597.978	1057

特殊病照顾　2004年10月，日照市人劳局印发《日照市市直医疗保险特殊疾病鉴定管理暂行办法》，规定参保长期患病人员共23种重病经专家查体确定，可以发给“特殊疾病门诊医疗证”，费用在医疗保险统筹基金中按比例支付。

2005年6月，根据日照市《关于扩大市直医疗保险特殊疾病门诊治疗病种范围的通知》，将特殊疾病病种增加至35种。

第四节　农村合作医疗

农村合作医疗是农民自己创造的互助共济的医疗保障制度，在保障农民获得基本卫生服务、缓解农民因病致贫和因病返贫方面发挥了重要作用，先后经历了20世纪40年代的萌芽阶段、50年代的初创阶段、60～70年代的发展与鼎盛阶段、80年代的解体阶段和90年代以来的恢复和发展阶段。

1973年，碑廓、安岚公社在农村实行合作医疗，资金由村集体和社员共同筹集，社员看病吃药不用付钱。因资金短缺及管理问题，1978年停办。

1980年后，由于农村合作社体制逐步解体，无法再为村内卫生所的正常运行提供资金来源，农村的公共医疗机制基本瘫痪。

岚山办事处设立后，为解决农民因病致贫、因病返贫问题，于1996年7月在岚山头街道试点，全面推行合作医疗制度，同时推行乡村卫生合作医疗一体化管理，实行“乡办乡管”模式。岚山头街道成立了乡村卫生合作医疗一体化管理办公室，由岚山头医院具体实施管理，对农村卫生室及人员进行整顿、重组，实施方案为“八所、三制、六统一”。八所，指撤销岚山头街道原34处村集体或个体诊所，根据人口密度和辐射范围，按服务半径1公里左右设立1处卫生所的标准，共设8处卫生所。三制，指聘任制、工资制、退休制：对原64名乡村医生进行考试考核，择优聘用35名，打破村居界限，统一调配到各卫生所；乡村医生工资由医院按月发放，实行多劳多得的分配原则；乡村医生男满60周岁，女满55周岁后办理退休手续，按规定领取退休金，养老保险金由医院、卫生所、个人各承担应缴总数的1/3。六统一，即党务、政务、人员、业务、财务、药品由一体化管理办公室实行统一管理。

资金的筹集、使用和管理，参加合作医疗人员按每人每年10元缴纳，集中到街道财政所，定期拨付到医院。参加合作医疗人员持合作医疗证到医院或者卫生所诊疗，费用按比例报销，门诊报销比例：药品10%、辅助检查20%；住院报销比例：药品30%、辅助检查50%、手术费50%。1996年7月至2003年12月，岚山头街道共筹集合作医疗资金196万元，报销230万元，超支部分暂由医院垫付。合作医疗资金在街道财政设立专户，专款专用。报销时专人审核，定期审计，定期向社会公布。

1996年12月，岚山办事处在岚山头街道召开现场会，推广试点经验，并下发《岚山办事处关于推行乡村卫生合作医疗一体化管理的实施意见》。

2002年10月，《中共中央、国务院关于进一步加强农村卫生工作的决定》明确指出：要“逐步建立以大病统筹为主的新型农村合作医疗制度”

“农民为参加合作医疗、抵御疾病风险而履行缴费义务不能视为增加农民负担”“从2003年起，中央财政对中西部地区除市区以外的参加新型合作医疗的农民每年按人均10元安排合作医疗补助资金，地方财政对参加新型合作医疗的农民补助每年不低于人均10元”“到2010年，新型农村合作医疗制度要基本覆盖农村居民”。新型农村合作医疗（简称新农合），是指由政府组织、引导、支持，农民自愿参加，个人、集体和政府多方筹资，以大病统筹为主的农民医疗互助共济制度。采取个人缴费、集体扶持和政府资助的方式筹集资金。

从2003年开始，本着多方筹资、农民自愿参加的原则，新型农村合作医疗开始在部分地区试点。2004年9月4日，岚山区成立新型农村合作医疗办公室，具体负责全区农村居民合作医疗工作，办公地点设在区卫生局。岚山区作为全省第二批新农合试点区县，经过几年的不断发展完善，逐步建立起群众参与、户为基础、镇村负责、区级统筹、集体扶持、政府资助的合作医疗基金筹措机制，财政代收、银行代理、专户储存、专账管理、专款专用、钱账分离、封闭运行的基金管理机制，大病补偿为主、兼顾门诊报销、即时结算的补偿机制，医疗机构定点化、医疗服务规范化、医疗收费标准化的医疗服务机制和行政、审计、群众监督的综合监管机制，参合人数由2004年的274966人增加至2012年的290996人，参合率由2004年的74%提高至99.99%，人均筹资额由23元提高至350元，其中个人缴费由10元提高至70元。至2012年，累计筹集基金31436.33万元，共为参合农民报销补偿医药费27570.97万元，其中门诊报销补偿9897.45万元，住院报销补偿17673.52万元，总受益人次达461.29万人次，其中报销万元以上的有1964人次。

2012年，岚山区政府拨付300万元专项经费用于建设集新型农村合作医疗系统、公共卫生服务系统、数字化医院管理系统、一体化卫生服务系统、绩效考核评价系统、药品采购监管系统、一卡通系统、终端自动查询系统、智能化数字办公系统及门户网站服务系统于一体的区域医疗卫生信息化平台，实现了区域内医疗卫生信息的互通、共享以及群众就医“一卡通”。全区区域医疗卫生信息化平台以区卫生数据核心机房为中心，覆盖2个区级医疗机构、6所乡镇卫生院、2个社区卫生服务中心、203个村卫生室，并免费制作居民健康卡42万张。通过先进的信息技术，参合农民在区、镇、村三级219个新农合定点医疗机构均能实现刷卡直报，实现了“一站式”结算，极大方便了群众就诊，缩减了基层新农合经办机构的工作量。同时，与日照市人民医院、日照市中医医院、日照市精神卫生中心等8个区外医疗机构实现了联网直报。

第二章　医　疗

第一节　医疗机构

药铺、诊所　新中国成立前，境内无官办医疗机构，患者就医多靠坐堂先生及游医。

永安堂药铺（1850～1947）　创始人张氏，其后人张竹泉继承，地点在现岚山头街道海州路（岚山头街道二村），以中医诊疗疾病。

全生堂药铺（1876～1943）　创办者牟乃祥，地址在碑廓田家寨，后改名为“金生堂”药铺，以中医中药诊疗疾病。1944年，其后人牟印方联合7名医药人员，以田家寨的“金生堂”、辛兴的“利济堂”为基础，成立了日照第一个医药合作社——碑廓区卫生合作社。因资金不足，1945年秋并入纺织合作社，改称纺织合作社药股。

同仁堂中药铺（1896～1947）　创办者董怀璋等3人，地址在碑廓街里，以中医诊疗疾病。

宏研永诊所　清末开设，初为辛元喜所创，以中医药为主。其后人辛崇喜继承，地点在黄墩一村，擅长治疗面瘫、三叉神经痛、面神经痉挛。

兆庆药铺　清末中楼大陈家军子村陈兆庆在本村开设，诊脉开方，经营中草药。

孙由药铺　清末外地人李文三在中楼孙由村行医并开设药铺。1923～1945年，莒县寨里河村人李玉振在孙由开设药铺。

济生堂药铺　1900年由陈茂善创办，地址在高兴南范家村，能自制药品。1944年秋，房屋及药品遭日本侵略军焚烧，药铺分迁至马庄与訾家店。1953年，訾家店药铺改称联合诊所。1958年春，马庄药铺改制称高兴供销合作社药股，后与訾家店联合诊所组建高兴卫生院。

付连秀药铺　1920年，中楼五楼山前村老中医付连秀在本村开药铺，经营中草药。

马亓窑村药铺　1928年，中楼黑涧村人李兴州在马亓窑村（现马亓河东村）行医，开设药铺，以经营中药为主，兼营西药。

仲兴药铺　民国初年，中楼上曹村人曹仲兴在本村开设药铺。

永仁堂药铺（1930～1958）　创始人郭守芹，地点在现岚山头街道环海路，坐堂医生郭守芹，其他人员有郭丙任、郭丙让，1958年合并到滨海工人医院，以中、西医诊疗疾病。

郑家结庄药铺（1936～1958）　清末举人秦志屏之子秦福波创办于虎山郑家结庄，以中医诊疗为主，擅长治疗妇科、小儿科疾病。新中国成立初期，药铺移于林子头村（现属东港区涛雒镇），改制成为磴山区供销合作社林子头诊所，后移驻高旺钢铁厂工地卫生所，为日照县高旺医院前身。

安东卫药铺　1936年开设，创始人王柏明，地点在安东卫东街，以中医诊疗疾病。

卫北山药铺　1937年开设，创始人苏林飞，地点在安东卫北门外，以中医诊疗疾病。

永康诊所（1948～1958）　创始人张效书、张合书，地点在现岚山头街道岚阳路，以西医诊疗疾病为主，擅长心、脑血管疾病的治疗。

丽华诊所（1944～1958）　创始人张竹泉、张继茂，地点在现岚山头街道海州路，以中西医诊疗疾病。

利民诊所　清朝后期开设，为陈氏所创，以中医药为主。其后人陈加三继承，地点在岚山头街道甜水河。早期主要为产妇接生，并诊疗儿科杂症，后期用西医诊疗疾病。

联合诊所　新中国成立后，出现了联合诊所，是政府扶持、群众联办、自负盈亏的医疗机构。1953年，域内有碑廓的潘庄、高兴的訾家店2处联合诊所。1955年成立黄墩联合诊所。1957年，日照县卫生科开始整顿联合诊所。到1958年，联合诊所变为乡保健站或农业社联合保健站。

区属医院　岚山有区属医院1所，即岚山区人民医院，其前身是日照市高旺医院和原日照市汾水医院。

日照市高旺医院　院址在涛雒镇高旺庄村，前身是高旺钢铁厂工地卫生所，1958年设立，主要负责当时高旺钢铁厂人员的医疗救助。1960年与从三庄迁来的日照县医院结核肝炎科合并组成日照县第二人民医院，为县直医疗卫生单位。1963年改称日照县高旺医院，职工43人，成为日照南部的医疗中心。1963年开展剖腹产、卵巢肿瘤切除术，1965年开展子宫切除术。1966年、1967年、1968年在医院设立临沂卫校日照分校，每年招生1期3个班、共3期9个班，学生达400多人。1977年参加山东省医疗针灸、麻醉胃大部切除术大比武获得一等奖。1986年，有职工78人，房屋212间，占地面积92381.5平方米，设5个临床科室，6个医技科室，床位70张，拥有救护车1辆，B超机、300毫安X光机、心电图机等医疗设备，设备总价值11.6万元，医院总资产32万元。1989年成为市直卫生单位。

该院内科方面，救治了大量传染病人，如白喉、百日咳、乙型脑炎、流行性脑脊髓膜炎、出血热等，在抢救有机磷农药中毒方面，技术在全县领先。外科能开展胃切除、结肠切除、肠梗阻、胆及胆总管摘除、气管切开等较大的手术。妇科能开展剖腹产、子宫全切、子宫肌瘤、附件肿瘤等手术。检验科的血液细胞计数、骨髓检查，放射科的胃肠道检查在当时处于全县领先水平。同时，医院还能自制四环素、土霉素、山楂丸、甘露醇等药品。

1958～1991年日照市高旺医院负责人更迭一览表

表33-3

姓　名	职　务	任　期	籍　贯
王升光	负责人(卫生所)	1958年至1960年	
秦聿会	院长	1960年至1961年	岚山区
王均慈	支部书记	1961年至1962年	
金守臣	支部书记、院长	1962年至1970年	东港区
张善昌	院长	1970年至1971年	东港区
吕济仁	副院长主持工作	1971年至1977年	蒙阴县
庄聿发	支部书记、院长	1977年至1981年6月	岚山区
刘照群	副院长主持工作	1981年7月至1982年8月	岚山区
历建栋	副书记主持工作	1982年9月至1983年10月	东港区
韩洪新	院长	1983年11月至1984年10月	东港区
吕　军	院长	1984年11月至1991年11月	莒南县

汾水医院　前身是1947年成立的安岚供销合作社医药股(医药联合诊所)，1950年改称安岚区卫生院，有工作人员13人，地址在安东卫东街，后迁至安东卫南街、西街。1972年被日照县卫生局确定为日照县分院，更名为日照县人民医院安岚分院。1984年分为汾水医院和岚山头医院。1987年汾水医院被山东省卫生厅确定为中心卫生院，设12个临床科室，有病床35张。曾被评为临沂地区卫生工作先进单位、日照市文明单位。

岚山区人民医院　1991年10月，日照市第五次市长办公会决定，日照市高旺医院搬迁至汾水镇，与汾水医院合并为一家医院，为正科级市直医疗卫生单位。1991年11月，高旺医院搬迁至汾水镇，开始在汾水村租用民房开展诊疗工作。1991年12月，两院财务、药品进行合并，成立了由两家医院8个人组成的临时党支部，负责医院筹建工作。1992年3月，医院征地2.8万平方米，建设门诊楼、职工宿舍，同年10月职工宿舍竣工，建筑面积2400平方米，职工搬进新居。

1993年10月，日照市政府将医院划归岚山办事处管理，改称日照市第二人民医院。1994年12月，医院第一座建筑面积3583平方米的门诊病房综合服务楼投入使用，内设办公室、财务科、医务科、护理部、门诊部、内科、外科、儿科、妇产科、五官科、急诊科、中医科、针灸理疗科、皮肤科、防疫科、放射科、手术室、化验室、心电图室、B超室等。1996年被卫生部、联合国儿童基金会、世界卫生组织授予“爱婴医院”称号。1997年5月，成立急救中心，开通“120”急救电话，配备专用救护车1辆，实行昼夜值班。1999年11月，筹资240万元购置美国产彩色多普勒1台，设立了彩超室。2001年3月，开工建设病房楼，建筑面积8000平方米，投资869万元，设计床位300张，开放床位100张，同年11月交付使用。是年9月，筹资400万元购买日本产高档螺旋CT机。2002年8月，建成面积1898平方米影像楼；投资100多万元对原门诊楼进行改造；新安装锅炉，为门诊楼、病房楼、影像楼全面供暖。2003年上半年，日照市第二人民医院被岚山办事处确定为传染性非典型肺炎防治定点医院，建设高标准隔离病房及发热门诊各1处。

岚山设区后，日照市第二人民医院加挂日照市岚山区人民医院牌子(简称区人民医院)。

2010年2月26日，开工建设门诊病房综合楼，建筑面积15677平方米，总投资6250万元，其中中央预算内专项资金1100万元，省调控资金1280万元，地方财政配套资金1000万元，并附带扩建影像楼。2012年7月投入使用，医院床位增加到400张。2011年11月，开工建设后勤综合服务楼，建筑面积9109.32平方米，投资2800万元。

至2012年年底，医院占地面积4.67万平方米，建筑面积4万平方米。在职职工235人，其中专业技术人员228人，高级职称22人、中级职称104人(在聘70人)、劳务派遣及其他人员220人。拥有万元以上医疗设备100余台(件)，设16个临床科室，6个医技科室，11个病区，1个输液中心、1个急诊中心、15个行政管理科室及1个独立的社区服务中心。医院总资产2.4亿元，年总收入9600万元，门诊人次19.7万，住院人次1.4万，成为岚山区集医疗、教学、科研、预防、保健、康复、业务技术指导为一体的二级综合性医院。

该院神经外科是岚山区唯一的颅脑、脊髓创伤急救中心。成功开展了各种颅脑损伤手术治疗和微创手术治疗，颅骨肿瘤和颅内肿瘤的手术治疗。

骨外科在国内较早开展了股骨近端锁定接骨板治疗股骨粗隆间骨折，在治疗胸腰椎爆裂性骨折、四肢复杂骨折、全身多处骨折、骨盆及髋臼骨折等复杂骨折方面成效显著。

1991～2012年日照市第二人民医院（岚山区人民医院）历任书记、院长一览表

表33-4

姓　名	职　务	任职时间	籍　贯
吕　军	支部书记、院长	1991年12月至1994年10月	莒南县
徐　明(女)	支部书记	1994年11月至1995年11月	费　县
牛　明	副院长主持工作	1994年11月至1995年11月	苍山县
牟乃聚	支部书记、院长	1995年12月至2000年08月	岚山区
张文宣	支部书记	2000年08月至2004年01月	岚山区
邢茂富	副院长主持工作	2000年08月至2004年01月	岚山区
邢茂富	支部书记、院长	2004年01月至2008年08月	岚山区
郑　丽(女)	副院长主持工作	2008年08月至2010年11月	郯城县
郑　丽(女)	总支书记、院长	2010年12月任职	郯城县

乡镇卫生院

岚山头医院　1984年10月以安岚分院岚山门诊部为基础建立，地址在现环海路居。1985年4月，迁至海州路，占地面积7992平方米，建院时人员18人，有1500平方米门诊楼1座，设15个科室，开放床位20张，病房及家属院为平房，建筑面积1245平方米。1994年设立肛肠科。1996年10月，率先在全市对村居卫生室实行乡村卫生合作医疗一体化管理，下设8个卫生所。2000年9月，投资200万元新建2400平方米的门诊楼。2012年6月21日，投资550万元，新建2756平方米的综合服务楼，重点发展康复医疗与残疾人、老年人托养服务。至2012年年底，医院占地面积7633平方米，建筑面积6656平方米，设20余个临床、医技科室，开放床位30张。中医肛肠科、康复科为医院的特色科室，肛肠科采用中西医结合治疗痔瘘、肛裂、肛周脓肿疗效甚佳，肛肠科创办者，该院前院长、主治中医师徐桂林，1998年被岚山工委、办事处授予“专业技术拔尖人才”荣誉称号。

安东卫街道社区卫生服务中心　2009年9月成立，地处安东卫西街社区，由区医院延伸举办，接受安东卫街道和区医院双重管理，财务独立核算。同年10月，通过山东省社区公共卫生服务项目检查组验收。总投资110余万元，中心业

务用房面积1005.6平方米，设全科诊室、中医诊室、康复治疗室等20余个科室，有病床6张，输液椅44张，拥有生化分析仪、血球计数仪等诊疗设备，对安东卫街道辖域内各社区卫生服务站实行一体化管理，服务人口3.5万人。

虎山卫生院 前身是1958年的庆丰公社（现虎山镇）卫生所，1960年改称虎山卫生院，地址在虎山铺村，借用11间草房，工作人员11人。1972年迁于现址，建平房62间，工作人员23人。1995年建门诊楼1座，建筑面积1350平方米。2000年建病房楼1座，建筑面积1120平方米。2008年建预防保健楼1座，建筑面积1380平方米。至2012年年底，医院占地面积1.18万平方米，建筑面积5200平方米，设10个临床科室，开放床位25张。“国医堂”理疗中心、健康体检中心、口腔诊疗中心是医院特色专科。口腔诊疗中心是2010年5月在原五官科基础上改扩建而成，有业务用房7间，占地110平方米，诊疗重点是缺损牙的修复及牙齿美容。2010年11月成功开展了全区首例种植牙手术。2011年4月经山东省卫生厅、教育厅、疾控中心批准，在全市试点开展“山东省中小学生口腔疾病综合干预项目”，为全市首家被授权开展的单位。

碑廓中心卫生院 前身是1947年设立的碑廓供销合作社医药股，1951年与潘庄卫生所合并成立碑廓卫生院。1972年改称日照县人民医院碑廓分院，地址在碑廓街里，有房屋30间，医务人员10人，病床10张。1969年年初迁至现址，占地面积8250平方米，房屋70间，床位30张，医务人员28人。1990年投资35万元，完成建筑面积1440平方米的门诊楼并于当年启用。1994年12月，经市级医院分级管理评审委员会评审确定为一级甲等医院。1998年经山东省卫生厅验收，批准为中心卫生院，更名为日照市东港区碑廓中心卫生院。1999年，医院投资40万元，建成建筑面积940平方米的病房楼并投入使用。2004年，对全镇卫生室实行一体化管理，下设28个卫生室，在职乡医87人。2010年12月，投资180万元（其中国债投资项目80万，医院自筹50万元，贷款50万元）建成1800平方米的康复保健中心楼，原病房楼改为公共卫生楼。至2012年年底，医院占地面积13320平方米，总建筑面积6500平方米，设临床科室5个，病床35张。

针灸理疗科为医院特色专科，设立于2001年8月，主要诊治颈肩腰腿痛等临床常见病多发病。科室拥有各类先进仪器设备20余台，采用针灸、推拿、理疗、小针刀、神经阻滞、三维电脑牵引等治疗手段及内服外用药物，对中风后遗症、各种关节炎、单纯性肥胖症等有良好疗效。小针刀疗法为科室特色疗法，业务水平居全市前列。

黄墩中心卫生院 前身是1955年成立的黄墩联合诊所，下辖陈家沟、刘家庄子、粮山3个门诊部。1972年搬迁至黄墩四村老院址，成立日照县黄墩分院，是当时的战备医院，有房屋40间，病床16张，职工42人，其中有多位济南和沂水的支医专家，设内科、外科、妇产科、放射、心电图等8个科室。1991年，黄墩镇政府筹资100万元，在黄墩镇驻地建设2700平方米门诊楼1座。1993年更名为黄墩中心卫生院，1994年迁至黄墩镇驻地，占地面积8700平方米。2012年5月，黄墩中心卫生院重新选址建设，规模为4300平方米，总投资680万元，其中中央资金90万元，地方财政配套590万元。新址位于黄墩镇驻地以南，S613省道以北，三（庄）黄（墩）路以东，占地1.8万平方米。至2012年年底，医院设20余个临床、医技科室，开放病床35张，中医、外科、理疗、口腔为医院特色科室。辖区内共有一体化村卫生室32个，乡医100人。

后村医院 前身是始建于1958年的马庄公社卫生院，有职工9人，房屋12间。1969年在后村驻地西邻建新院，更名焦山医院，拥有职工16人，房屋30间。1972年确定为日照县人民医院后村分院，1983年更名为小后村卫生院。1993年投资99.4万元，建设1200平方米门诊楼和56间家属院，迁至现址并更名为后村医院。1997年被卫生部、联合国儿童基金会、世界卫生组织联合授予“爱婴医院”，1998年被授予“日照市巾帼建功示范窗口”，2000年被授予“日照市模范爱婴医院”。2004年投资94.85万元，建设病房楼1544平方米。2010年，争取国债项目112万元，改扩建病房楼1400平方米。至2012年，医院占地7000平方米，建筑面积5500平方米，业务用房3060平方米，设临床科室12个，床位25张。2012年8

月，因区划调整，划归东港区卫生局管理。

高兴卫生院　前身为高兴供销合作社药部，主要开展药品批发、零售和中医诊疗活动。1958年，在供销合作社药部和訾家店联合诊所的基础上组建高兴卫生院，院址在南范家村，有草房5间，职工12人。1976年，实施卫生院改造建设，迁现址。1996年镇政府投资30万元、自筹20万元建成1090平方米的门诊楼。2009年8月借助国债项目建设1280平方米的预防保健楼，2010年9启用。医院为山东省卫生厅批准的一级甲等医院。至2012年年底，医院占地9133平方米，业务用房3070平方米，其中门诊楼面积1090平方米，病房楼面积1280平方米，其他附属业务用房面积700平方米。医院设临床、医技科室11个，开放床位30张。

巨峰中心卫生院　始建于20纪50年代，其前身为巨峰供销社药股，1958年成立巨峰卫生院。1970年医院一分为二，在巨峰卫生院以西6.5公里处建立大坡乡卫生院。20世纪80年代初期，巨峰卫生院更名为日照县巨峰分院，之后又更名为巨峰中心卫生院。2003年11月，与大坡卫生院改制归并，成立东港区第二人民医院（股份制）。2003年12月，重选新址，投资376万元（不含辅助设施）开工建设4700平方米综合门诊楼，次年12月29日正式启用。2004年9月更名为岚山区巨峰中心卫生院。至2012年年底，医院占地面积2万平方米，建筑面积4700平方米，固定资产1090万元，设临床、医技科室14个，开放床位60张。辖区内设46处村级卫生室，有在职乡医136人。新农合参合率由2005年的86%增长至2011年的99%。

中楼卫生院　前身为莒县第六区卫生所，成立于1952年9月，有医疗人员4人。1955年10月改名为中楼区卫生所，1958年3月改名为中楼乡卫生所，1959年1月改名为中楼人民公社卫生院，12月改为中楼人民公社医院，1963年改称中楼区医院。1971年，迁中楼西岭西坡（现址）。同年3月，改称中楼人民公社卫生院。1972年2月，改名为莒县人民医院中楼分院，为全民卫生事业单位。1989年4月1日，莒县卫生局将中楼分院移交中楼乡政府管理。1993年4月，孙由乡卫生院并入中楼分院。2006年10月，在原址筹建四层门诊病房综合楼，建筑面积2246平方米。2007年8月22日，门诊病房综合楼建成启用。

2012年8月1日，因区划调整，中楼卫生院划归岚山区卫生局管理。

至2012年年底，卫生院占地面积1万平方米，建筑面积2800平方米，共有职工59人，其中在编人员28人，有执业医师16人，注册护士4人，开放病床25张，年门诊量约1.1万人次，拥有彩色B超、彩色多普勒、大型X光机、麻醉机等医疗设备。

1993～2012年岚山卫生系统各单位基础设施建设情况统计表

表33-5

单　位	项目名称	项目投资（万元）	建筑面积（平方米）	开工时间	启用时间
岚山区人民医院	门诊楼	189	3583	1992年5月	1994年12月
	病房楼	869	8000	2001年3月	2001年12月
	影像楼	225	1980	2002年3月	2002年8月
	门诊病房综合楼	6250	15677	2010年2月	2012年7月
	后勤服务楼	2800	9109.32	2011年11月	2012年12月
岚山区妇幼保健站	综合服务楼	240	1300	2008年2月	2008年9月
岚山头医院	门诊楼	200	2400	2000年9月	2001年12月
	康复楼	550	2765	2012年5月	2013年
虎山卫生院	门诊楼	38.2	1350	1994年2月	1995年4月

续表 33-5

单　位	项目名称	项目投资（万元）	建筑面积（平方米）	开工时间	启用时间
虎山卫生院	病房楼	54.5	1120	1999年10月	2000年9月
	预防保健楼	161.2	1380	2008年9月	2009年8月
碑廓中心卫生院	病房楼	40	940	1999年7月	2000年9月
	康复保健楼	180	1800	2009年6月	2011年1月
黄墩中心卫生院	综合服务楼	650	4200	2012年5月	2013年3月
后村医院	门诊楼	99.4	1200	1991年6月	1992年9月
	病房楼	94.85	1544	2004年6月	2006年6月
	病房楼改扩建	112	1400	2008年11月	2010年2月
高兴卫生院	门诊楼	50	1090	1994年8月	1996年7月
	预防保健楼	138.33	1280	2009年8月	2010年9月
巨峰中心卫生院	综合门诊楼	473	4700	2003年12月	2004年12月
中楼卫生院	门诊病房综合楼	252.63	2246	2006年10月	2007年8月

一体化村卫生室　1996年7月岚山头街道试点推行合作医疗制度，推行乡村卫生合作医疗一体化管理，全街道设8个一体化卫生所。2008年12月，按照山东省农村卫生室改造的总体要求，区政府下发《岚山区村卫生室规划建设方案》，利用3年时间，规划建设145个标准化卫生室。至2010年，145个卫生室全部建设完成，共建设业务用房1.5万余平方米，配置各种基本设备5000余件，累计投入资金800余万元。改造后的卫生室建筑面积均不少于80平方米，达到诊断室、治疗室、观察室、药房、值班室“五室分开”，并符合通水、通电、通路、通电话、通网络等条件，全部配齐山东省卫生厅要求的34种基本设备。2010年9月12～15日，由山东省财政厅、卫生厅组成的评审组对岚山区提升村卫生室服务能力建设情况进行终审评估，145个村卫生室全部达到标准化村卫生室标准。

至2012年年底，全区共建有一体化卫生室203个，乡村医生822人。

专业医疗机构

卫生防疫站　成立于1994年2月16日，隶属于岚山计生卫生局，编制6人，副科级全民事业单位。建站时人员5人，站址在原汾水医院内，负责开展卫生防疫及卫生监督工作。1995年8月，编制12人，工作人员增至13人，设防疫科、卫生监督科、化验室、财务科。2000年10月，办公地址迁至汾水，租用竹园村楼房办公。2004年迁至区卫生综合服务楼办公。至2012年年底，全站有在职职工33人，设办公室、防疫科、卫生监督科、检验科、查体科等12个业务科室，其中万元以上仪器设备20余台（件）。

岚山卫生防疫站开设水产品、肉制品、冷饮食品、酒类、花生油等食品58个理化项目的检验，对一次性用品、医疗用品、公共场所及用品、餐饮具进行消毒检测，并对生活饮用水、化妆品等开设部分检验项目。

区妇幼保健站　成立于1994年5月，隶属于岚山计生卫生局，编制20人，副科级全民事业单位。建站时4人，站址在岚山头街道计生委办公楼，负责妇幼保健及计划生育工作。1995年5月，租用安东卫街道（原汾水镇）竹园村一处楼房办公。1996年1月，计划生育服务中心分出单独设立。是年9月迁至汾水村租用民房办公。2002年10月，迁至岚山西路办公。2004年5月，迁至区卫生局综合办公楼，设社保科、妇女保健科、儿童保健科、婚前保健科、妇产科、儿科、彩超室、母

婴康乐中心等十几个临床、医技科室，有床位30张。2008年，区妇幼保健站申请中央预算内专项资金40万元，省级配套资金40万元，市县级财政配套资金19万元，总投资99万元，在现有院内扩建业务楼，建筑面积900平方米，同年9月启用。

至2012年，区妇幼保健站已建成一所集母婴保健、临床医疗、健康咨询、优生指导为一体的、全区唯一的母婴保健专科医疗机构、“国家级爱婴医院”。承担着全区妇女儿童卫生保健工作以及《出生医学证明》的管理与发放，是岚山区新生儿疾病筛查中心。主要开展孕产妇保健、住院分娩、妇女保健、普通妇科、婚前保健、优生优育、计划生育技术服务、妇女病普查普治等妇产科业务技术服务；负责对全区乡级孕产妇保健业务技术指导、培训及孕产妇死亡监测工作；负责做好对全区儿童保健业务技术指导、培训及5岁以下儿童死亡监测工作。2001年，在轿顶山生活小区建设300平方米社区服务门诊楼，设立临时病床6张，负责小区及附近居民的医疗服务。至2012年年底，有在职职工13人。2007年，被山东省卫生厅评为“山东省医院管理先进集体”；2008年被日照市委、市政府评为“日照市妇女儿童工作先进集体”；2011年、2012年连续2年被评为日照市妇幼工作先进集体。

乡镇卫生防疫组织 岚山各乡镇街道医院均设立防疫科，负责所在地域预防保健工作。

麻风病院 1956年，日照县开展麻风病普查，共发现麻风病患者708人，1958年在虎山下寺和陈疃大山沟设立2处麻风病院。下寺麻风病院有工作人员2人，收治病人149人。在医务人员精心治疗下，患者陆续痊愈，住院病人逐年减少。1975年，下寺麻风病院撤销并入大山沟麻风病院。

社会办医疗机构 是指除政府举办的医疗卫生机构之外的办医方式，主要包括个体医疗机构和厂矿企事业单位举办的医疗机构。1994年，国务院颁布《医疗机构管理条例》，按照“条例”规定，岚山办事处对境内医疗市场进行整顿，对符合条件者登记注册，颁发执业许可证，使境内医疗市场纳入法制管理轨道。至2012年年底，境内有对外开放的企事业单位卫生室（医务室）4个，个体开业行医6处。

第二节 医疗队伍

中医 新中国成立前，岚山中医医务人员不足20人，多系私人开设药铺兼做坐堂医生。新中国成立后，中医队伍逐步发展，社会上大部分中医骨干人员被吸收到医院及诊所，并鼓励老中医带徒。1999年，医师均按照《中华人民共和国执业医师法》的规定过渡为执业（助理）医师。此后，每年都有具备条件的人员参加国家医师资格考试，以取得医师资格。至2012年年底，全区有中医药卫生技术人员34人。

附一：岚山区著名老中医

秦福波（1888—1960） 字恩浦，虎山镇郑家结庄村人。民国初期自学中医，行医乡里。1931年受聘于涛雒济生堂药房，任经理兼坐堂医生，擅长治疗腰扭伤和妇科及不孕不育等症。1936年回村创办药铺。抗日战争和解放战争时期，长期为解放区干部战士免费治病疗伤。新中国成立后，任日照县磴山区供销合作社林子头诊所、高旺钢铁厂工地卫生所、下元公社卫生院医师。当选为第一届日照县人民代表，第一、第二届日照县人大代表。从医40余载，被誉为日照现代医林名人。

牟家廙（1895—1972） 字敬亭，碑廓镇田家寨村人。出身中医世家，民国初年与族人在本村创办同生堂药房，国民政府时期日照县参议员，为当地开明士绅。抗日战争时期首任日照县抗日救国医药界联合会会长。20世纪50年代用中药治疗流行乙型脑炎，效果显著。行医50余年，是鲁东南地区著名中医。

张竹泉（1905—1993） 字茂萱，岚山头街道海州路人。1923年与人合作在涛雒开办“惠民大药房”，不久回岚山仁寿堂药店和容新照像馆就职，后专门行医。抗日战争时期在共产党领导下从事地下工作，为八路军搜集、传递情报，秘密护送革命同志到敌区工作。1946年在岚山头开办丽华诊所，附设照像。1947年进岚山头医院工作；1949年调日照县卫生科防疫队，1951年参加“导沭整沂”工程，任日照县第二民工大队医生，被评为二等模范。曾当选日照县第二届人民代表大会代表。

徐纪周（1905—1981） 名衍本，字纪周，高兴镇安家尧王村人。早年教书兼习医理，通晓中医四部经典，旁纳后世各家学说。新中国成立后在高兴南范家村组建联合诊所，1958年参加山东省中医药进修学校学习，后调往济南千佛山医院工作，1964年病休回原籍仍为当地百姓珍疗疾病。擅长治疗内科、瘟病及妇科杂病。入选1982年版《临沂地区中医药志》医林人物。

李润民（1906—1963） 名从军，字润民，碑廓镇东辛兴村人。少时随叔父习医，25岁开始应诊。1945年到巨峰医药部工作，1955年调县医院中医科，兼任院务委员会委员。从医40余年，悉通《内经》《伤寒杂病论》等，精于诊治瘟病、内科和妇科诸症。力倡中、西医结合。晚年身染重疾，仍不拒求医者。入选1982年版《临沂地区中医药志》医林人物。著有《日照中医验方选》2集流传于世。

牟乃典（1928—2006） 碑廓镇田家寨二村人，中共党员。出生于中医世家，少年时随父习医。1946年参加医疗队支前，1952年调马家湖粮库助征，1954年回碑廓卫生院任主治医生。曾任潘庄、甫田、辛兴、朱曹诊所主治医生。1978年调日照县卫生学校从事中医教学。退休后创办同生堂诊所，为当地及周边地区群众治病，多次向学校、社会捐款捐物。曾当选政协日照县第一、二、三届委员，其事迹多次被报纸、电视台报道。

秦裕臻 1926年生，黄墩镇黄墩三村人。中医师。自幼习医，1944年参加工作，被选到日照滨中医训队学习培训3个月，学习结束后在黄墩成立根据地第一个医药社。先后在黄墩、巨峰医院工作。穷究《伤寒论》《瘟病条辨》等中医名著，医术精良，医德高尚。为钻研药理药性，经常以身试药，再给病人用药，多次献血抢救病人。1959年日照乙脑流行，巨峰发生62例，在西药缺乏的情况下，他用中药白虎汤、清瘟败毒散加减，辨证施治，病人无一例死亡，被称为人民的好医生。1980年退休。

西医 清末民初，西医传入境内。1916年，烟台人吕廷芳从青岛到岚山头开设西药房，为病人打针、服药片治疗疾病，疗效显著，轰动一时。1926年，涛雒孙家营子孙玉岩在营口教堂学医期满，回乡行医，曾在碑廓、安东卫一带开设西医诊所，带徒弟，主治黑热病。30年代，黄墩等地陆续有西医开设诊所。1948年，张效书创办的永康诊所开展西医诊疗业务，在本地颇有影响。

新中国成立时，岚山西医人员不足10人。新中国成立后，西医队伍逐年扩大，至2012年年底，全区有西医卫生技术人员518人。

附二：岚山区部分著名西医人员

牟燕斋 1930年生，安东卫西街人。1952年在安岚分院工作，1957～1972年在安岚分院虎山门诊部工作，1972年起任虎山卫生院院长，1974～1978年任巨峰医院院长，1978年任安岚分院副院长，1980年退休。其间，1958年赴泰安医学院进修深造。应用西药为当地百姓诊治疾病，致力于西医技术的发展普及，医德高尚，深受群众爱戴。1958年参加日照水库渠道工程建设立一等功，1958年在高旺"大炼钢铁"期间被评为日照县劳动模范。1960年、1963年出席山东省教育卫生体育工作大会，两次被评为卫生系统先进工作者。

刘志远 1942年生，青岛市人。1969年7月毕业于青岛大学医学院临床专业，1969年8月到日照县人民医院碑廓分院工作，任临床医师。在医院工作期间，积极参与地方病及流行病的预防和治疗，刻苦钻研业务，并将自身业务知识无私的传授给医院其他医生，培训给乡村医生，很好地发挥了传帮带作用。擅长钩端螺旋体病、流行出血热疾病和小儿科疾病的诊治，求诊的患者络绎不绝，医术、医德深受患者好评。1981年调入青岛市防疫站工作，后任青岛市卫生局局长。

王守明 1948年生，中楼镇亓河村人，大专学历，副主任医师。1968年12月毕业于沂水卫校，同年参加工作，历任中楼卫生院门诊室主任、副院长、院长等职，1993年4月晋升为主治医师，2000年1月晋升为副主任医师。曾在各种医学刊物上发表论著、论文多篇。擅长心脑血管及出血热等疾病的临床诊治。2008年10月退休。

公茂玺 1952年生，山东省平邑县人，中共党员，主任医师。自26岁起行医30余载，曾工作于陈疃卫生院、汾水医院、日照市第二人民医院、岚山防疫站。精于心血管内科疾病诊疗，在当地老百姓中有良好口碑。著有《实用小儿临床免疫学》，并发表《比索洛尔治疗原发性高血压68例临床观察》《日照市中小学生接种甲肝疫苗后不良反应分析》等学术论文。

张守岭　1953年生，碑廓镇人，中共党员，主任医师。自1973年起从医40余年，先后工作于巨峰卫生院、碑廓卫生院、岚山防疫站。精于心血管内科疾病诊疗，拥有丰富的医学知识和临床经验。著有《速成临床心电图》，并在《中国医疗杂志》发表《潘生丁治疗出血热》，在《实用内科杂志》发表《酒精中毒30例临床分析》等国家级、省级刊物学术论文10余篇。

张翠红　女，1965年生，山东省枣庄市人，岚山区人民医院产科主任，副主任医师。从事妇产科临床工作25年，开展医学新项目研究近10项，多次在国家级、省级刊物发表论文。有扎实的医学理论基础及丰富的临床诊疗、教学、科研工作经验，尤其在危重孕产妇的急救、高危妊娠的诊治、宫外孕诊治、生殖健康、胎儿监护、新生儿复苏等方面有较深的造诣。2012年获"岚山区具有突出贡献的中青年专家"称号。

赵明贵　1972年生，莒县人，岚山区人民医院眼科主任、副主任医师。从事临床工作近20年，对眼科常见病、多发病以及部分疑难病的诊断及治疗有丰富的临床经验。多年致力于岚山区重点惠民项目——复明工程，带领团队连续13年组织实施免费复明手术，为1万余人次进行了白内障手术筛选，成功实施手术4000余例，成功率100%。在区内率先开展了白内障囊外小切口摘除人工晶体植入术、超声乳化手术、羟基磷灰石义眼台植入术和干细胞移植术等，填补了全区相关诊疗领域的空白。先后在国家级、省级刊物发表论文10余篇，其中《一种眼科手术头部定架》及《一种新型巩膜剥离刀》获得国家实用新型发明专利。参与编著《临床眼耳鼻喉口腔》。2012年获"岚山区具有突出贡献的中青年专家"称号。

赵一民　1973年生，碑廓镇人，岚山区人民医院医务科主任、骨外科主任，副主任医师，日照市骨科委员会委员、中西医结合骨科专业委员会常任理事。从事骨科工作近20年，有丰富的临床工作经验，在骨伤整复，同侧肢体双骨折、多处骨折的手术治疗，腰椎间盘突出髓核摘除术，腰椎爆裂

2012年岚山区一、二级医疗机构中西医卫生技术人员情况一览表

表33-6　　单位：人

单位	西医人员										中医人员					合计
	主任医师	副主任医师	主治医师	医师、士	主管护师	护师、士	主管检验师	检验师、士	主管药剂师	药剂师、士	小计	主治中医师	中医师、士	主治中药师	中药师、士	小计	
岚山区人民医院	1	17	39	75	25	29	6	3	7	6	208	3	0	1	0	4	212
岚山区卫生防疫站	1	1	0	9	1	4	3	4	1	0	24	0	0	0	0	0	24
岚山区妇幼保健站	0	1	4	5	4	16	0	1	2	1	34	1	1	0	0	2	36
岚山头医院	0	5	7	7	5	6	2	1	5	2	40	3	2	0	2	7	47
虎山卫生院	0	0	3	12	2	9	2	1	3	0	32	1	2	1	1	5	37
碑廓中心卫生院	1	0	6	13	6	3	0	2	2	4	37	2	1	0	1	4	41
黄墩中心卫生院	0	0	7	12	7	6	2	3	4	1	42	2	0	0	0	2	44
高兴卫生院	1	1	7	9	5	6	2	0	1	1	33	0	0	0	0	0	33
巨峰中心卫生院	0	1	20	16	8	8	0	3	3	9	68	2	5	2	1	10	78
中楼卫生院	0	0	7	5	1	2	0	0	0	3	18	3	1	0	3	7	25
合　计	4	26	93	158	63	87	17	18	28	24	518	14	11	4	5	34	552

性骨折切开复位钉棒内固定术，股骨、颈骨折实施人工关节置换术，股骨头缺血性坏死全髋置换术，骨不连、先天性髋关节脱位等方面建立了完善的手术治疗体系。先后在国家、省、市级刊物发表论文10余篇、著作1篇，曾获市级科技成果二等奖。

乡村医生 1956年，日照县农村成立农业合作社，选派政治可靠、有一定文化程度的社员到所在区卫生所或联合诊所进行短期业务学习，回本社担任“保健员”，协助基层医疗单位完成防疫接种，进行卫生宣传，在上级医生的指导下开展防病治病工作。他们多为半农半医或全农兼医，实行务工记工。1966年，毛泽东主席号召“把医疗卫生的重点放到农村去”，并在农村推广合作医疗，农村卫生人员迅速增加。1968年保健员改称为“赤脚医生”。1985年后，凡经考核达到相当于医士水平的，改称“乡村医生”。达不到医士水平的，改称“卫生员”，不再使用“赤脚医生”名称。此后，则统称为“乡村医生”。

岚山办事处设立后，对乡村医生的管理走向规范化，经过多次培训考试考核，乡村医生基本达到医学中专水平，并进行注册登记，至2012年年底，全区有乡村医生822人。

第三节 医疗技术

中医 据考证，新中国成立前岚山域内无中医技术书稿流传于世，但一些诊疗技术在本地颇有影响，如安东卫北村的王平聚用针刺疗法治疗“门里疮”(即支气管哮喘)；南门外的苏正章以中医辨证治疗“产褥热”“黄疸”；北门外的苏林飞用针灸疗法治疗“腰腿疼”“湿热病”等。新中国成立初期，日照县政府邀请一批民间中医到医疗单位就业。1953年，日照县政府开展“为党献秘方”活动，一批民间祖传中医秘方得以推广与传承，以中医中药治疗内科、外科、妇科等疾病，疗效显著，中医技术有了进一步发展。如原汾水医院退休中医潘兆祥以中医辨证治疗不孕不育症、病毒性肝炎等效果颇佳。岚山区人民医院中医科用自拟方剂治疗乙型肝炎、甲状腺机能亢进、脑梗塞、冠状动脉粥样硬化性心脏病取得较好疗效，并撰写论文多篇发表在省级以上医学刊物。碑廓中心卫生院“汉章小针刀疗法治疗颈椎病及腰间盘突出症”疗效确切，治愈率高，吸引了本区其他乡镇及莒南、赣榆等地的大量患者前来就诊。

西医 民国初年，西医传入日照，仅能治疗黑热病，处理一些外伤及脓疱切开引流。新中国成立后，西医队伍逐年扩大，医疗技术逐年提高。各医院大、中专毕业生逐年增多，专业医疗技术水平不断提高，对一些常见病、多发病能进行一般性处理。

内科 境内各医院对内科常见病、多发病能正确诊断和治疗，对心跳呼吸骤停、溺水、中毒等危重病人能正确及时救治。区人民医院2001年开展了急性心肌梗塞静脉溶栓、风心病并发下肢股动脉栓塞溶栓治疗，并成功抢救了3例呼吸心跳停止、2例重度一氧化碳中毒及3例重度呼吸衰竭患者。2002年5月，用呼吸机及心电监护仪成功抢救了1例急性有机磷中毒致呼吸停止264小时的患者。2003年开展了微创胸腔闭式引流术诊疗业务。2012年，区人民医院心内科开展脑钠肽监测，鉴别心源性和肺源性呼吸困难，共监测120余例；开始使用食道电生理刺激仪，用于主要药物不能转复的快速性心律失常急救；神经内科开展了纤维酶治疗急性脑梗死；肿瘤科开展了胸腹腔热疗。

外科 区人民医院、岚山头医院能开展胃大部切除等腹部普外手术，四肢骨折内、外固定及关节创伤等骨科手术。1999年区人民医院在上级医院医师的指导下，进行了椎管肿瘤切除术及腰椎间盘脱出髓核摘除术，开设了食道癌、肺癌、肝癌的介入治疗。2002年区人民医院外科划分为外一科和外二科，并细化为普外、骨外、神经外、胸外、泌尿外等专业，开展肾癌根治术、食道癌根治(包括弓上、弓下、颈部吻合)等手术业务，并成功开展了第一例肺叶切除手术。2003年开展了肝叶切除术、胃癌根治术及乳腺癌根治术、胸腰椎骨折RF内固定及AF内固定术、颅内血肿清除术等项手术业务。2011年，区人民医院五官科开展了表面麻醉下小切口无缝线白内障摘除人工晶体植入术，神经外科开展了腰椎蛛网膜下腔引流术及肋骨骨折应用肋骨环抱器行切开复位内固定术。2012年，区人民医院肝胆外科开展了无张力疝修补术及小切口点式剥脱术治疗大隐静脉曲张术，胃肠外科开展了胃、结直肠肿瘤手术治疗，骨外科开展了带线锚钉治疗后交叉韧带下止点撕脱骨折。

妇产科　各医院能开展平、难产接生，人工流引产、异位妊娠的保守治疗及手术治疗，产后大出血的治疗，妊娠高血压综合症的处理。区人民医院、岚山头医院能开展卵巢肿瘤切除、腹膜外剖腹产手术。2001年区人民医院开展了筋膜内子宫全切术，无痛分娩术、不孕不育症的综合治疗等业务。2001年成功抢救了羊水栓塞危重病1例。2002年开始，区人民医院逐步开展孕前优生优育咨询、各孕期保健、淋巴细胞免疫治疗复发性自然流产技术、不孕不育诊治技术、经阴子宫切除术、膀胱膨出修补术、无痛分娩及无痛流产术、宫颈环扎术、输卵管照影术、各种术式剖宫产术等新技术项目。2009年年底，区人民医院产科加大宣传教育及孕妇孕期指导工作力度，开展分片包村，走基层为孕产妇免费查体，并逐步完善妇幼保健三级网络。2010年初，妇科开展宫颈癌普查及筛查工作，宫颈肥大及宫颈糜烂的病人均给予HPV及TCH检查，检查出宫颈CIN1期及人乳头状病毒感染的病人均给予治疗，并逐渐开展了宫腔镜及腹腔镜的诊疗服务。2012年下半年，区人民医院成立新科室产房，助产人员配备齐全。

儿科　1985年后，各医院相继设立儿科，对小儿肺炎、心衰、败血症、高热惊厥等常见病能正确救治。2003年6月，区人民医院开始利用高压氧仓治疗新生儿缺血缺氧性脑病、新生儿颅内出血。2006年，区人民医院开展了留置针静脉穿刺，同年还成功开展了氧气驱动雾化吸入糖皮质激素，有效治疗儿童哮喘、喘息性支气管肺炎等疾病。2007年，区人民医院快速过敏皮试仪在临床上全面使用。2008年，区人民医院儿科引进婴幼儿培养箱、CPAP呼吸机等医疗设备，提高了早产儿特别是低出生体重儿、呼吸窘迫综合症等危重疾病的诊治水平。2009年开始，儿科引进经皮测黄疸仪、蓝光照射仪，开展新生儿黄疸三联疗法(白蛋白或血浆、激素和肝酶诱导剂、兰光)效果显著，无一例发生核黄疸。

口腔科　1927年，周燕堂(安东卫街道潘庄人)在安东卫设立新泰红牙科诊所，开展镶牙及牙病诊疗。其后人周怀全等秉承祖业，在汾水、碑廓、岚山头等地开设“潘庄牙科”诊所，采用现代医疗技术与祖艺相结合，镶牙技术精湛，在本地及周边地区颇有影响。1982年，后各医院相继开展镶牙、拔牙及常见牙病的治疗。区人民医院1996年开设了牙科正畸、颌骨骨折复位固定钢丝结扎术、颌骨囊肿摘除术、颌下腺瘤摘除术、腮腺瘘修补术、腮腺混合瘤摘除术、唇(颚)裂修补术等项业务。2010年，虎山卫生院开展种植牙手术，填补了该项全区空白。2012年，区人民医院口腔科开展种植牙技术，逐步受到众多牙缺陷患者的认可。

五官科　区人民医院开设白内障囊内摘除、上颌窦根治、扁桃体摘除、气管(食道)异物取出、乳突根治、鼻甲切除、泪小管断裂吻合等手术业务。1997年，开设纤维囊外白内障及人工晶体植入、角膜缘干细胞移植、羟基磷灰石义眼植入手术项目。从2003年起，岚山区在全区开展“复明工程”，为符合手术条件的患者免费施行白内障摘除加晶体置换手术，由区人民医院五官科承担术前筛查及手术实施任务。至2012年年底，共开展11轮“复明工程”，为2585名患者免费施行手术，减免医疗费用560余万元。

第四节　医疗设备

器械设备　新中国成立前，岚山域内的药铺、诊所仅有简陋的药柜桌凳，多以“望、闻、问、切”诊病。新中国成立初期，乡镇级医院医疗设备较少，体温表、听诊器、血压计是主要仪器。1970年后，各医院逐步添置了三大常规化验仪器和X光透视机等。至1992年，医疗机构的最高档医疗设备只有B超一种。

1993年后，域内医疗卫生事业发展迅速，区人民医院逐步达到县区级医院规模，各医疗机构医疗设备更新换代。区人民医院先后购置了价值230万元的美国产彩色B超和价值400万元的日本产螺旋CT机，碑廓中心卫生院投资39.5万元购置了法国产彩色B超。至2012年年底，域内医疗机构拥有万元以上仪器设备200余台(件)。

床位设置 新中国成立前,域内的药铺、诊所无床位设置。新中国成立后,各医院逐步增设病床,1992年岚山办事处域内床位设置98张。1993年后,各医院相继建设了病房楼。至2012年年底,全区医院开放床位增至672张。

2012年岚山区一、二级医疗机构主要医疗器械设备一览表

表33-7

单 位	器械设备名称	数 量	价 格(万元)	产 地	购买时间
岚山区人民医院	心电图机	3	1.1	北京	2012年
	电脑角膜验光仪(带曲率)	1	10.4	日本	2012年
	心电监护仪	5	3.7	深圳	2012年
	中心监护系统	1	4.8	深圳	2012年
	全自动血压仪欧姆龙	1	2.3	日本	2012年
	血液储藏箱	1	4.1	青岛	2012年
	血浆冷藏柜	1	1.85	青岛	2012年
	电动产床	2	3.5	上海	2011年
	拓普康裂隙灯	1	3.9	日本	2011年
	牙科综合治疗仪	3	6	广东	2011年
	非接触性眼压仪	1	9	日本	2011年
	双通手术靶控泵	1	3.3	北京	2011年
	血气分析仪	1	6.8	美国	2011年
	高压氧舱	1	43	潍坊	2011年
	心电监护仪	5	1.8	深圳	2011年
	康复治疗仪	1	10	广州	2011年
	活检穿刺枪	1	2.26	德国	2011年
	空腔美白机	1	1.65	上海	2011年
	KONICAREGIUS190	1	29	日本	2011年
	充气式心肺复苏仪	1	3.5	浙江	2011年
	自动洗胃机	1	1.6	天津	2011年
	美国鸟牌呼吸机	1	18.5	美国	2011年
	纽邦呼吸机	1	23.6	美国	2011年
	母婴监护仪	1	2.4	泰安	2011年
	AFT600电解质分析仪	1	3.6	广东	2011年
	全自动三分类血球分析仪	1	9	日本	2011年
	全自动血凝分析仪	1	16.6	日本	2011年
	全数字化彩色多普勒超声波诊断仪	1	199.5	美国	2011年
	欧美达麻醉机	1	40	美国	2010年
	麻醉监护仪	1		芬兰	2010年
	心脏电生理刺激仪	1	1.1	苏州	2010年
	法国ABXpentra80	1	26	法国	2010年
	日本Sysmex全自动血凝分析仪	1	28.6	北京	2010年

续表 33-7

单　位	器械设备名称	数　量	价　格（万元）	产　地	购买时间
岚山区人民医院	冰帽冰毯	1	1.75	吉林	2010年
	半自动血凝仪	1	以旧换新	天津	2010年
	低温储罐	1	赠送	淄博	2010年
	手术无影灯	1	1.38	山东	2010年
	电脑肛肠检查治疗系统	1	8.9	山东	2010年
	鸟牌呼吸机	1	19	美国	2010年
	颅脑手术夹架	1	1	山东	2010年
	动静脉脉冲气压治疗仪	1	3.8	大连	2010年
	牙科综合治疗机	1	2.4	北京	2009年
	超声诊断扫描仪	1	175	美国	2009年
	肺功能仪	1	9.6	日本	2009年
	高频电刀	1	2.98	常州	2009年
	鸟牌呼吸机	1	20.5	山东	2009年
	西门子16CT	1	630	上海	2009年
	高频摄影X射线机	1	与CT打包	上海	2009年
	柯尼卡793激光相机	1	与CT打包	日本	2009年
	核磁共振	1	赠送	北京	2009年
	小儿呼吸机	1	11.6	北京	2009年
	多参数监护仪	6	2.02	深圳	2009年
	监护仪	1	5.15	深圳	2009年
	博晖全血多元素分析仪	1	10.36	北京	2009年
	博晖钨舟元素分析仪	1	7.5	北京	2009年
	婴儿培养箱	1	4.2	宁波	2009年
	经皮黄疸测试仪	1	1.2	宁波	2009年
	除颤监护仪	2	7.4	德国	2009年
	心电监护仪	3	1.05	深圳	2009年
	全自动台式灭菌器	1	1.7	山东	2009年
	全自动干热灭菌器	1	1	山东	2009年
	动态心电记录仪	1	1.8	上海	2009年
	多参数监护仪	6	2	深圳	2009年
	生物安全柜	1	3.4	济南	2009年
	空气消毒器	1	1	江苏	2009年
	干化学检测仪	1	12.9	德国	2009年
	心脏标志物检测仪	1	5.9	德国	2009年
	多参数监护仪	2	2.02	深圳	2009年
	开颅钻铣一体钻	1	2	上海	2009年
	医用血液冷藏箱	1	1.45	青岛	2008年
	医用低温保存箱	1	1.15	青岛	2008年

续表 33-7

单位	器械设备名称	数量	价格（万元）	产地	购买时间
岚山区人民医院	富士能胃肠镜	1	53.5	上海	2008年
	戊二醛熏蒸消毒柜	1	1.6	成都	2007年
	普通卧式压力蒸汽灭菌器	1	3.35	山东	2007年
	自动台式灭菌器	1	1.5	山东	2007年
	十二导同步多功能心电分析系统	1	4.8	北京	2007年
	多参数监护仪	4	1.28	上海	2007年
	心电监护仪	2	1.27	深圳	2007年
	生物安全柜	1	3	济南	2007年
	振荡器	1	与生物安全柜打包	济南	2007年
	洗眼器	1	与生物安全柜打包	济南	2007年
	恒温水浴箱	2	与生物安全柜打包	济南	2007年
	鼻腔鼻窦镜系统	1	3.9	济南	2007年
	多参数母亲胎儿监护仪	1	3.5	泰安	2006年
	彩超工作站	1	1.6	北京	2006年
	心电监护仪	2	1.75	深圳	2006年
	GE黑白B超	1	8.9	北京	2006年
	大型全自动生化分析仪	1	76	日本	2006年
	C型臂X射线机	1	22	南京	2006年
	OPM2000眼科A/B超+OPM影像工作站	1	6	北京	2006年
	角膜曲率计	1	1.15	北京	2006年
	麻醉工作站	1	9.8	江苏	2006年
	柯尼卡CR90	1	165	沈阳	2005年
	X光机	1	与CR打包	沈阳	2005年
	数字胃肠机	1	165	沈阳	2005年
	消毒锅	1	2.4	韩国	2005年
	双通道血凝仪	1	3.2	美国	2004年
	无痛分娩仪	1	1.36	淄博	2004年
	电解质分析仪	1	4.98	深圳	2004年
	双通道全自动血液流变测试分析系统	1	5.9	重庆	2004年
	婴儿高压氧舱	1	3.65	上海	2003年
	高频手术器	1	2	常州	2003年
	除颤监护仪	1	5.6	德国	2003年
	电脑洗板机	1	4.68	北京	2003年
	牙科综合机	2	1.65	广东	2002年
	万东FY51-3X线专用摄影装置	1	8.1	北京	2002年
	全自动生化分析仪	1	33	意大利	2001年
	婴儿辐射保暖	1	7.9	宁波	2001年
	胎儿母亲监护仪	1	4.5	泰安	2001年

续表 33-7

单　位	器械设备名称	数　量	价　格（万元）	产　地	购买时间
岚山区人民医院	多参数监护仪	3	3.2	深圳	2001年
	呼吸机	1	2.3	江苏	2001年
	电动综合手术台	2	3.4	上海	2001年
	整体反射无影灯	1	4.4	上海	2001年
	整体反射无影灯	1	1.46	上海	2001年
	吸氧、呼叫系统	1	33	山东	2001年
	小型蒸汽灭菌器	1	1.65	山东	2001年
	微量元素分析仪	1	1.98	青岛	2001年
岚山区卫生防疫站	高仟伏X光机	1	35.9	上海	2010年
	原子荧光分光光度计	1	9.2	北京	2007年
	酶标仪	1	3.3	美国	2007年
	全自动血球仪	1	4.8	日本	2007年
岚山区妇幼保健站	麦迪逊彩超	1	26	上海	2007年
	微量元素分析仪	1	6.2	北京	2011年
	高仟伏X光机	1	35.9	上海	2010年
	原子荧光分光光度计	1	9.2	北京	2007年
	酶标仪	1	3.3	美国	2007年
	全自动血球仪	1	4.8	日本	2007年
	麦迪逊彩超	1	26	上海	2007年
	微量元素分析仪	1	6.2	北京	2011年
	全自动生化仪	1	7.2	上海	2010年
	血球仪	1	5.2	法国	2010年
岚山头医院	CR	1	42	日本	2010年
	CT	1	30	美国	2007年
	全自动生化分析仪	1	13	深圳	2009年
	彩超	1	34	上海	2004年
	500mAX光机	1	20	香港	2000年
虎山卫生院	CR35-X	1	42.5	德国	2010年
	500mAX光机	1	27.6	上海	2003年
	彩超	1	19.8	意大利	2009年
	全自动生化分析仪	1	16.3	上海	2010年
	全自动三分类血球分析仪	1	9.1	上海	2010年
	尿液分析仪	1	1	长春	2010年
	微量元素分析仪	1	2.4	青岛	2006年
	脑电地形图仪	1	1.4	北京	2006年
	心电二作站	1	1.8	北京	2002年
	数字心电图机	1	1.7	广州	2009年
	胎心监护仪	1	3.2	泰安	2001年

续表 33-7

单 位	器械设备名称	数 量	价 格（万元）	产 地	购买时间
虎山卫生院	整体反射无影灯	1	1.7	济宁	2009年
	手术麻醉呼吸机	1	3.6	江苏	2010年
	胶片冲洗机	1	2.9	德国	2007年
	X光洗片机	1	1.8	德国	2008年
	熏蒸治疗仪	1	1.2	大连	2010年
	牙科治疗机	2	4	广东	2010年
碑廓中心卫生院	500mAX光机	1	28	北京	2006年
	CR成像系统	1	36.4	日本	2009年
	全自动生化仪	1	15.6	上海	2010年
黄墩中心卫生院	日本富士CR	1	34.2	日本	2010年
	500毫安X光机	1	27	北京	2006年
	全数字彩超	1	32.2	深圳	2007年
	自动生化分析仪	1	12.9	广西	2012年
高兴卫生院	500maX光机	1	28	上海	2012年
	日本富士CR	1	34	日本	2010年
	意大利百胜彩超	1	捐助	意大利	2011年
	全自动生化分析仪	1	13.8	上海	2010年
	ABX三分类血液分析仪	1	5.9	法国	2012年
巨峰中心卫生院	彩色超声多普勒	1	28	美国	2004年
	500mAX光机	1	19.8	上海	2007年
	全自动生化分析仪	1	13.8	上海	2012年
	全自动血球分析仪	1	5.6	上海	2008年
	多参数监护仪	1	1.2	上海	2007年
中楼卫生院	麻醉机	1	7.3	南京	2011年
	射频妇科治疗机	1	1.8	成都	2009年
	婴儿培养箱	1	1.345	宁波	2008年
	婴儿辐射台	1	1.15	宁波	2008年
	B超仪	1	5	深圳	2008年
	医用超声仪器及设备	1	28.8	深圳	2009年
	牙科治疗椅	1	1.15	济宁	2008年
	血凝分析仪	1	1.8	济南	2009年
	智能多功能治疗仪	1	2.98	河南	2009年
	X线机	1	16	北京	2008年

2012 年岚山区一、二级医疗机构床位统计表

表 33-8

单　位	开放床位数（张）	单　位	开放床位数（张）
岚山区人民医院	400	黄墩中心卫生院	35
岚山区妇幼保健站	30	高兴卫生院	25
岚山头医院	30	巨峰中心卫生院	60
虎山卫生院	25	中楼卫生院	32
碑廓中心卫生院	35		

第五节　医疗救助

医疗下乡　2004 年设区后，区卫生局、各医疗卫生单位结合辖区群众实际要求，开展各种医疗服务活动。区医院成立一支由具备资质的各科专家组成的义诊服务队，不定期深入农村集市开展健康义诊活动。虎山卫生院利用休渔期，组织宣讲队到各渔业村开展卫生应急知识培训，让渔民充分掌握海上急救自救知识，熟悉现场救护技能。

2005 年 11 月 20 日，日照市政协组织部分市人民医院医疗专家到碑廓镇，利用群众赶大集的机会开展送医下乡活动，为群众义务看病治病。

2008 年 11 月 19 日，岚山区政协组织科技、农业、卫生等相关方面的专业人员，到巨峰镇沟洼村开展“三下乡”为民服务活动。

2010 年 11 月 14 日，九三学社日照市委医疗专家组到岚山头街道医院举办第 22 届“国际科学与和平周”送医下乡义诊活动。为 100 多名社区、乡村医务人员和糖尿病患者举办了“糖尿病防治”知识讲座，200 多位病人得到专家诊治和医疗咨询服务。

2010 年 12 月 3 日，区医院义诊服务队随区政协到高兴镇唐家河开展“三下乡”活动，为农民群众讲解防治高血压病的健康知识，进行查体、解答各种咨询，并发放各类健康咨询材料。

2011年1月19日，日照市卫生局组织市人民医院、市中医医院、市疾控中心等单位在高兴镇大集开展送医下乡活动，免费义诊群众300余人，发放价值2000余元的药品和各类宣传资料。

2011 年 9 月 6 日，区人民医院急救中心医护人员组成急救宣传队，到碑廓集市向群众宣传急救救护常识，现场示范急救技能，发放宣传资料并免费检查群众 150 人次。

2011 年 9 月 24 日，由济南军区总医院承办的援助百名贫困家庭脑瘫患儿大型公益活动——“金海豚行动”在巨峰中心卫生院举行，共为来自东港、莒南、莒县、岚山等地的112名脑瘫患儿进行了义诊，对符合手术条件的患儿介绍到上级医院就诊。

2011 年 10 月 10 日，日照市精神卫生中心专家到碑廓镇大集进行义诊，为群众提供免费心理咨询活动。

2012 年 3 月，区卫生局组织开展“学雷锋、做好人、树新风”医疗志愿服务活动。各医疗卫生单位开展义诊、健康知识宣讲、便民爱心服务等活动 10 余场，发放健康教育宣传手册 5000 余份，2 万余人受益。

定点帮扶　从 2009 年 4 月 10 日起，岚山区启动“医师下乡”活动，首批由 6 名区医院医务人员组成的专家组赴碑廓、高兴 2 所乡镇卫生院进行为期半年的全覆盖业务帮扶，通过开展传、帮、带等惠民医疗服务，提升农村卫生技术人员的业务水平和服务质量，带动农村医疗服务整体能力和水平提高，缓解群众“看病难”问题。

特殊病救助　2009 年 1 月，岚山开始为城乡低保家庭先天性心脏病儿童实施免费手术，至 2012 年底，共开展手术 10 余例。

医疗赈灾　根据上级统一安排部署，岚山区

多次分批派遣医疗人员参加援疆、援川工作。2008 年 5 月 12 日，四川汶川地震发生后，区红十字会在第一时间实施了募捐救援工作，共募集抗震救灾款 468.5 万元。2010 年 4 月，开展支援西南旱灾地区及青海玉树地震灾区募捐活动，区红十字会共计募得捐款 18250 元，捐助物资 9000 元。

第三章　公共卫生

第一节　免疫规划

1980 年以前称预防接种，1980 ～ 2005 年称计划免疫，2005 年以后改称免疫规划。

1944 年日照县医联会首次在碑廓等地为群众用“划痕法”接种“牛痘疫苗”，预防天花病。

1950年霍乱疫苗首次在岚山头接种，1963年对重点人群普种，有效地预防了霍乱病的发生流行。

1963年后，“四苗”（卡介苗、脊髓灰质炎疫苗、百白破三联疫苗、麻疹疫苗）相继在儿童中推广接种，由于群众对预防疾病的认识不足，接种率不到50%。

1980年开始对适龄儿童实行计划免疫。

1985年政府对县乡级防疫组织装备“冷链”系统，配备了冰柜、冰箱及冷藏包。

1986 年，岚山检疫站建立，主要业务是开展儿童计划免疫、疾病监测、疫情管理、传染病和地方病防治、公共卫生监督、卫生宣传等。配有救护车 2 辆，气象色谱仪、光密度计、荧光光度计、倒置显微镜各 1 件。检查科能进行流行性出血热免疫荧光抗体检查、乙型肝炎的五个酶标法、水硒、发硒的检验等项目。同年汾水医院对汾水镇 0 ～ 7 岁儿童实行计划免疫保障。

1988 年，汾水镇车庄村通过了世界卫生组织、联合国儿童基金会儿童“四苗”接种率第一个 85% 的验收。1992 年、1994 年岚山相继通过了第二和第三个 85% 的验收（第一、二、三个 85% 是以省、县区、乡镇为单位“四苗”接种率达到 85% 以上）。

岚山办事处设立后，建立了处、乡、村三级疫情报告网络。

1996 年 8 月，下发了《岚山办事处计划免疫集中接种实施方案的通知》，4 所乡镇医院设立预防接种点，实行集中接种。

2000 年 8 月，根据山东省卫生厅《预防接种门诊规范化建设标准》，各乡镇街道医院按照省级示范接种门诊的标准（省级为示范、市级为规范、县级为合格），对接种门诊进行改建装修。虎山、岚山头医院于 2000 年 12 月，碑廓医院及日照市第二人民医院于 2001 年 11 月分别通过了山东省示范接种门诊考核验收，确认达到示范接种门诊标准并发了牌证。

岚山设区后，预防接种门诊随区划变更增加到 8 个，其中高兴卫生院、后村医院接种门诊为省级示范化门诊，巨峰、黄墩为市级规范化门诊。

2006 年，黄墩镇、巨峰镇预防接种门诊通过省级示范化门诊验收，全区 8 个乡镇级预防接种门诊全部为省级示范化门诊。

2007 年 9 月，日照市免疫规划信息化管理现场会在岚山区召开。根据山东省、日照市工作安排，新增加 1 处岚山区疾病预防控制中心预防接种门诊，同时 9 个接种门诊全部实现信息化管理。

2009 年 11 月，为抗击甲型 H1N1 流感，对全区中小学生进行甲型 H1NI 流感疫苗普种，接种 4 万人次，有效阻止了甲型 H1N1 流感的传播与流行。

2009 ～ 2010 年，对全区 8 月龄以上 15 岁以下儿童进行麻疹强化免疫，接种人数 6 万余人，接种率达 95% 以上。通过麻疹疫苗的常规接种、加强免疫、强化免疫，使全区免疫人群接种率达到 95% 以上，确保自 2010 年以后无麻疹病例发生。

2011 年，岚山区对 35 岁以下流动人口进行麻疹强化免疫，共接种1万余人次，有效阻止了输入麻疹病例发生。

2012年11月，山东省卫生厅预防接种门诊考核验收组对岚山区申报的8个数字化预防接种门诊进行考核验收，全部达到了省级数字化预防接种门诊的标准。

第二节　传染病防治

新中国成立前，各种传染病流行，民间称“瘟疫”。新中国成立后，国家重视人民生命安全，随着医疗事业的发展，各种传染病得以控制和消灭。

天花　俗称“生痘子”。新中国成立前域内有不同程度的发生和流行。1944年，日照县医药联合会首次在碑廓等地为群众接种牛痘疫苗。1949年，开展全民性牛痘疫苗接种工作。到1953年，此病绝迹。

霍乱与副霍乱　是新中国成立前流行较严重的烈性肠道传染病。1920～1935年，曾发生几次流行，其中1924年岚山头一带发生流行，几天内死亡300余人。1933年巨峰街196人患霍乱病，死178人。1959年，日照县防疫站在岚山设立检疫站，对重点人群接种霍乱疫苗，后偶有散发。有资料记载，1978年与1982年各发生2例副霍乱，此后无病例发生。

伤寒与副伤寒　1917～1944年，肠伤寒曾在虎山、高兴、岚山头、黄墩发生几次流行，新中国成立后偶有散发，2004年后无病例发生。

狂犬病　狂犬或带病毒的犬、猫是主要传染源，此病呈间断、分散性发病。1979年岚山头、汾水、虎山一带发病11例，1980年、1981年、1986年各发生1例，1987～2004年无病例发生，2005～2009年先后发生4例狂犬病，以后无病例发生。

白喉　偶有散发，1975年发生1例，病死。此后无病例报告。

百日咳　1974年发生流行，发病589例。1987年前每年均有发病，1988年后偶有散发，1993年后无本土病例发生。

脊髓灰质炎　俗称“婴儿瘫”，是由脊髓灰质炎病毒引起的一种消化道传染病，每年夏、秋季是发病高峰，1～5岁儿童发病较多，患儿愈后多留有下肢瘫痪的后遗症。新中国成立前每年有散发病例，1968年脊髓灰质炎疫苗在儿童中普遍接种。1973～1989年发病6例，1990年后无病例发生。

麻疹　俗称“生疹子”，是由麻疹病毒所致的一种急性呼吸道传染病，每年3～5月为发病高峰季节。1950～1959年有4次流行，1965年呈发病高峰。1973年发病1284例，1978年发病1379例。1980年麻疹疫苗普遍接种后，偶有发病，2010年后无本土病例发生。

麻风　俗称“大麻风”。新中国成立前，患者无人管理，不知隔离，无法治疗，致使该病蔓延流行。新中国成立后，党和政府对该病的防治十分重视，1958年日照县委、县政府在虎山乡下寺和陈疃乡的大山沟建立了2处麻风村，隔离免费收治病人。下寺麻风病院有工作人员2人，收治病人149人，后住院病人逐年减少，1975年下寺麻风病院撤销并入大山沟麻风病院。至2012年年底，全区累计发现病人682人，有治愈存活病人160例，现症病人1例，由日照市皮防站医生和镇街道卫生院兼职医生定期到家随访。

流行性脑脊髓膜炎　简称“流脑”，是由脑膜炎双球菌引起的一种急性呼吸道传染病，15岁以下儿童发病居多，每年3～4月为高发季节。域内时有散发，1977年发生流行，发病140例。自1993年以后无本土病例发生。

流行性乙型脑炎　简称“乙脑”，是由乙脑病毒引起、由蚊虫传播的一种急性传染病。10岁以下儿童发病居多，死亡率高，治愈后多留有智力低下等后遗症，每年7～8月为发病高峰期。境内时有散发，1973～1996年累计发生乙脑病例27人，1996年后只发生1例。

病毒性肝炎　域内病毒性肝炎主要有甲型肝炎、乙型肝炎、丙型肝炎、戊型肝炎和肝炎未分型5种，每年均有散发病例。1973～1989年，累计报告肝炎(未分型)病例1100人。2000～2012年，累计报告临床病例甲肝305例、乙肝925例。1988年开始推广乙肝疫苗接种，15岁以下儿童发病逐渐减少。2001年接种甲肝疫苗3.7万人份，有效地预防了甲型肝炎的流行。2010年前后戊型肝炎病例出现上升趋势，引起重视。

细菌性痢疾 每年均有发病，1975年发生痢疾671例，1977年发病达到高峰，累计发病5705人。1978～1982年发病1080人，自1982年后逐渐下降，1983～2012年共发生痢疾451人。

猩红热 时有散发，1974年报告猩红热发病6例。1975～1991年发病12例，以后偶有散发。

结核病 俗称“肺痨”，是由结核杆菌所致的呼吸道传染病，以肺结核病为多。新中国成立前患者几乎村村皆有，发病情况无法考证，且无特效药物治疗，病死率较高。从1958年开始，开展卡介苗接种预防结核病，对6个月以内的新生儿初种，7周岁和11周岁的儿童进行加强免疫接种。1978年，在高兴乡进行首次肺结核病的普查试点工作。1982年后，此病的治疗主要采取“在家服药，定期访视”的方法。1983年，日照县结核病防治所门诊落成，运用“四个一点”（国家照顾一点、乡镇支持一点、村队帮助一点、病人负担一点）的办法，逐步落实治疗措施，患者复诊率和治愈率显著提高。1994年后，岚山各医疗单位发现结核病人一律归口转诊到日照市结核病防治所诊治。2004～2012年，全区共登记涂阳病人833人，均实行免费治疗。

传染性非典型肺炎（简称非典） 是由SARS冠状病毒引起的一种特殊肺炎，该病由呼吸道飞沫传染，传播快，一般抗菌药物治疗无效，死亡率极高。2003年2月，“非典”在国内部分地区流行。是年3月，办事处成立防治“非典”专门机构，设立防治“非典”办公室；在岚山卫生局成立预防和控制“非典”组织机构，并下发加强“非典”防治工作的紧急通知，制定《岚山办事处传染性非典型肺炎抢救应急处理预案》；举办防治“非典”技术培训班，建立高标准“非典”隔离治疗专用病房；成立流动人员调查小组和检查小组，对来自疫区的过往车辆进行消毒和人员登记、查体。由于各项措施落实得力，域内无病例和疑似病例发生。

手足口病 由肠道病毒引起的传染病，多发生于5岁以下儿童，可引起手、足、口腔等部位的疱疹，少数患儿可引起心肌炎、肺水肿、无菌性脑膜脑炎等并发症。2006年以前，国家未将手足口病列入法定传染病管理，域内虽有报告但数量不够准确。2007年后，岚山区手足口病持续高发，但发病率在全市仍为低发区县。2006～2012年，全区共报告发病3837例，发病率为154.93/10万人，无死亡病例发生。

甲型H1N1流感 2009年5月，世界范围内暴发甲型H1N1流感，岚山区成立了防控领导组织，全社会共同努力，有效阻止了甲型H1N1流感的传播与流行。

流行性出血热 是以老鼠为传播媒介的自然疫源性疾病，以发热、出血为主要临床表现，死亡率高。1977年，安岚公社发现首例流行性出血热病人，经治疗无效死亡。1986年达到高峰，发病70例，后偶有发生。此后，定期在高发地区开展以灭鼠、防鼠为重点的爱国卫生运动。2009年，在后村镇、黄墩镇开展出血热疫苗接种工作，当年接种2394人次。2004～2012年全区发病198例，死亡2例，患病率为0.67/10万人。

艾滋病 自2003年起，岚山承担国家预防艾滋病干预项目——宣传干预。2004年区政府成立防治艾滋病工作委员会，组建艾滋病高危人群干预工作队，开展“面对面宣传教育、疫情筛查、安全套推广、美沙酮替代、针具交换、性病防治”等具体干预工作。

2006年，在对外来人口中400名高危人群进行检测时，查出后村镇1名携带HIV抗体者，经检测其子也为艾滋病病毒携带者。经山东省实验室确认，由防疫站派专人对其进行流行病学调查和上报。随后，按照艾滋病管理原则，固定专人进行管理，每季度随访一次。至2012年年底，全区共发现艾滋病感染者8例，死亡3例。

第三节 地方病防治

疟疾 俗称“发脾寒”，是以蚊子为媒介传播疟原虫所致的一种血液寄生虫病。新中国成立前后，疟疾在本地发病率较高，1961～1963年曾暴发流行，发病率约15%。1973年发病4775人，为迅速控制疟疾流行，成立了疟疾防治专业队，进行全民预防服药，疟疾得到控制。1988年以后无疟疾病例。

钩端螺旋体病　简称“钩体病”，带菌的散养猪、狗是主要传染源。1970年7月，境内雨水型钩体病发生大流行，碑廓发病人数较多，发病率约10%。经过全民接种钩端螺旋体疫苗，疫情得到控制。1980年以后无病例发生。

丝虫病　是以蚊子为传播媒介的一种寄生虫病，本地发病较多。1957年，山东省丝虫病防治大队对虎山泥田沟大队进行丝虫病流行病学调查，受检1169人，微丝蚴阳性162人，阳性率为13.9%，日照县被定为中度流行病地区。1958年始，日照县卫生部门对丝虫病进行有计划的全面防治，对查出的丝虫感染阳性患者及时给予免费治疗，对丝虫病高发村庄进行全民性服药防治。1970年开展了全民普查“丝虫病”，并采取相应防治措施，1983年基本消灭该病。

第四节　职业病防治

岚山设区前，域内存在职业病危害因素的用人单位较少，职业病发病亦较少。1972年，日照县在开展职业病防治工作中，对粉尘产生较重的水泥厂、石棉矿、机械厂、造船厂进行监测，对日照石棉矿接触粉尘的工人进行拍片查体，发现Ⅰ期石棉肺7人，0～Ⅰ期15人。1995年，鲁达集团总公司（原日照石棉矿）发生“尘肺”病3例。

岚山区设立后，域内工业企业迅速发展，存在职业病危害因素的企业数量增多，主要集中在岚山头街道和虎山镇。较大型的企业有日照钢铁公司、中粮黄海粮油工业（山东）有限公司、山东日照焦电有限公司、山东石大科技石化有限公司、日照岚桥港口石化有限公司、岚山港务有限公司、日照三木集团有限公司等。另外，碑廓镇的木材加工业，巨峰镇、高兴镇的铸造业发展较为迅速，存在数量较多的有职业病危害因素的中小型加工企业。主要危害因素为粉尘（含铸造粉尘、木粉尘、煤尘等）、噪声、苯及其同系物、铅及其化合物、一氧化碳等。至2012年年底，域内有职业病危害因素的企业40余家，受危害从业人员1万余人。

1995～2007年，域内无新发职业病病例。

2006年，区防疫站成立职业卫生科，负责辖区内职业病防治工作的监督检查。同年，防疫站设立职业健康查体机构，并于2007年1月取得了由山东省卫生厅颁发的职业健康检查资质证书。

2007年3月，区卫生局、发改局、安监局等6部门联合下发《关于进一步加强职业病防治工作的意见》，是岚山区首次由多个职能部门专门针对职业病防治工作的联合行文。

2008年1月，日照钢铁控股集团有限公司100余人发生急性铅中毒。

2010年，岚山区开展职业卫生“四个一”工程（在职业卫生监督管理工作中，给企业送一部《职业病防治法》手册，对劳动者开展一次职业卫生知识培训，指导企业建立一套职业卫生档案管理系统，与企业签订一份落实《中华人民共和国职业病防治法》的责任书），加强对《中华人民共和国职业病防治法》等法律法规的宣传和职业卫生知识培训，加强职业健康监护和职业病危害因素检测，帮助用人单位建立规范的职业卫生管理档案，监督用人单位完善职业病防护设施。2011年3月，在全省职业卫生监督管理“四个一”工程推进会上，区卫生防疫站被授予“全省职业卫生‘四个一’工程先进单位”荣誉称号，中粮黄海粮油工业（山东）有限公司、赢创岚星（日照）化学工业有限公司、山东日照焦电有限公司3家企业获“全省职业卫生‘四个一’工程先进企业”称号。

2012年10月，岚山区卫生防疫站完成职业健康检查场所扩建改造，检查用房面积扩至400平方米。2012年年底，区防疫站共有职业健康检查人员15人，拥有500mA大型X光机、肺功能检测仪、听力测试仪、隔音室、B超、全自动生化分析仪、全自动血细胞分析仪等大型仪器设备，检查能力基本覆盖域内职业病危害因素，全年共完成职业健康查体4000余人。

第五节　妇幼保健

新中国成立前，农村接生全靠接生婆。因无消毒和防护措施，难产及产后患病的妇女死亡率很高，死于破伤风等病患的新生儿屡见不鲜。新中国成立后，党和政府把推行新法接生当作重要任务来抓，科学接生杜绝了产褥热和新生儿破伤风，使妇女产前产后疾患率大幅度降低。自1958年域内开展普及新法接生，至1984年新法接生率均保持在95%以上，新生儿破伤风发生率、孕产妇死亡率降至卫生部规定的指标以下。

婚前及孕产妇保健 1994年10月，岚山妇幼保健站通过日照市卫生局、民政局考核验收，确定为岚山婚前健康查体定点单位，并颁发了“山东省婚前检查定点单位”及“婚前健康检查许可证”。1995年1月，开展了处直单位婚前健康查体试点工作。1996年6月1日，开始开展婚前健康检查工作。1995～2011年年底，婚前查体共27762人次，查出患病3631人次(1人患2种以上疾病分别统计，下同)，其中乙型肝炎表面抗原阳性1291人次、生殖系统疾病2213人次、内科疾病118人次、性病9人次。同时根据《母婴保健保偿制度》，对新婚检查及孕期符合条件者签定母婴保健保偿合同，提供各期保健服务。

儿童保健 1994年，下发《岚山办事处儿童保健管理规定》。1997年，开展创建爱婴区(处)活动。1999年2月在全市率先开展新生儿疾病筛查工作。1997年、1999年，日照市妇幼卫生工作现场会在岚山召开，推广岚山妇幼卫生工作经验。2003年1月起，实行出生医学证明微机化管理。

1994～2012年，岚山共为儿童查体24116人次，查出患病人数9697人次，其中佝偻病1994人次、贫血5085人次、龋齿2916人次、营养不良20人次。

健康促进 1994年10月，岚山办事处成立初级卫生保健协调委员会。11月，印发《岚山办事处农村实现1995年人人享有初级卫生保健规划目标》，在虎山乡东湖三村开展健康教育试点，在虎山乡东湖三村、前水车沟村进行改厕试点，并在中小学增设健康教育课，普及卫生知识。1995年6月试点工作在域内推广。

1996年12月，日照市农村卫生工作现场会在岚山召开，推广岚山经验。

2006年10月20日，日照市农村爱国卫生工作现场会议在巨峰镇召开。

2007年，岚山区以创建“亿万农民健康促进行动”国家示范区为目标，开展健康教育与健康促进工作。成立由区委宣传部、区卫生局、区教育局、区妇联等8部门组成的“亿万农民健康促进行动”领导小组，开展“健康教育面对面·乡村行”活动，组织医务人员深入到农村，为农民进行健康查体。开展社区健康教育、学校健康教育、医院健康教育、公共场所健康教育。将创建活动与农村改水改厕工作相结合，宣传普及预防传染病知识；与开展“文明健康新家园”创建活动相结合，增强群众文明卫生意识；与新农合医疗制度相结合，进行健康干预服务。

2008年2月，岚山区被授予“健康面对面·乡村行”全国项目示范县。至2012年年底，全区农民平均健康知识知晓率达91%，健康行为形成率达85%，核心知识知晓率达88%；中小学健康教育实施率达90%以上，健康知识知晓率达92%以上，健康行为形成率达85%以上；各乡镇街道将“亿万农民健康促进行动”全部纳入新农合制度；农村改水受益率达100%，卫生厕所普及率达到99%。

第六节 卫生监督

食品卫生监督 新中国成立初期，食品卫生主要由县爱国卫生运动委员会监管。1958年，岚山检疫站根据1957年山东省颁布的《山东省屠宰业和肉食品卫生暂行办法》，对屠宰户及猪、牛等肉类进行检查管理。1959年，日照县开始对饮食从业人员进行健康检查，查出的肝炎、痢疾、肺结核等患者给予调离治疗；对饭店、食品加工厂、机关食堂的炊事人员进行卫生知识培训。1978年，对食品生产经营单位实施“食品卫生许可证”制度。1980年，日照县防疫站开展生活饮用水监测管理，对乡村大口井、插管井的生活用水进行卫生学调查和水质检验，对每个水源的检验结果进行分析评价，禁止饮用不合格的水源。

1982年《中华人民共和国食品卫生法(试行)》颁布实施，各医院利用宣传单、黑板报等进行宣传。1986年10月，各乡镇医院配备2名食品卫生监督员，协助日照市卫生局对本地域食品生产、经营单位进行卫生监督。

1994年，岚山办事处防疫站成立，有卫生监督员7人，负责岚山办事处食品行业等从业人员健康查体、办理卫生许可证，当年办理卫生许可证72件，健康查体671人。

1998年7月12日，碑廓一中参加中考学生在汾水供销社饭店集体就餐，35人食物中毒，经抢救全部康复。同年9月，岚山卫生局及防疫站在岚山裕隆大酒店举办全处餐饮业法人代表食品卫生法规及卫生知识培训班，首次表彰处级食品卫生先进单位8个，并对不符合卫生标准的食品生产销售单位进行通报，责令限期改正。至2003年7月，岚山办事处域内有综合卫生监督员36人。1995年至2003年7月，累计换发卫生许可证6261件；对食品、公共场所等从业人员健康查体15620人次，查出有碍于相关行业工作疾病者137人，作了妥善安置；进行经常性的卫生监督3806次，监督覆盖面100%；没收和销毁过期变质食品4230公斤，销毁不符合卫生标准的饮料22360瓶，行政处罚违法单位12家。

2004年岚山设区后，食品卫生监督力度进一步加大，多次进行餐饮业集中整治。

2005年2月28日至3月12日，对全区37家粮食加工、销售单位进行整治，责令停业整顿5家。3月，开展"苏丹红一号"和"对位红"等添加剂监督检查。5月11～30日，开展茶叶专项检查。

2007年，发放食品卫生许可证1311件，食品从业人员查体5623人，体检合格人数5536人，体检合格率98%。

2008年，在全区各类食品生产经营单位、餐饮业和学校食堂全面实施食品卫生监督量化分级管理制度。9月13日，执法人员对商场、超市、餐饮单位、托幼机构、食堂119家进行检查，未发现2008年8月6日前生产的三鹿牌婴幼儿配方奶粉和22家企业的69个批次婴幼儿配方奶粉以及伊利、蒙牛、光明24个批次的液态奶等问题产品。

2010年5月1日，区卫生局处置一起跨省疑似食物中毒事件。安东卫街道安东卫南街12人（男9人，女3人）、江苏省赣榆县马站镇19人（男11人，女8人）于4月29日13～14时在马站镇聚圣贤饭庄参加婚宴就餐，发生疑似食物中毒。有7名患者在区人民医院采取对症及支持治疗，另有24人进行了检查，5月2日患者全部出院。制作个案调查登记表31份，制作监督文书3份。

2011年8月10日，山东省卫生厅组织山东省疾控中心食品所、理化所、细菌所等专家组成督导组到岚山督导食品安全风险监测工作。是年8月，区政府调整监管职能，将食品生产加工环节食品安全监管职能移交岚山质监分局，将流通领域食品安全监管职能移交岚山工商分局，将职业卫生现场监管职能移交区安监局。

2012年，召开餐饮食品安全监管座谈会，推进餐饮服务单位实施"文明餐桌行动"。

学校卫生监督　1979年12月，教育部、卫生部颁布《中、小学卫生工作暂行规定（草案）》，1990年6月，国家教育委员会发布《学校卫生工作条例》，学校卫生监督步入正常管理轨道。

1997年4月，岚山卫生局与岚山科教委联合下发《岚山办事处创建农村学校卫生示范乡镇实施方案的通知》，对全处中、小学生开展健康查体工作。1997～2002年，累计为学生查体128076人，查出乙肝表面抗原阳性967人、近视8635人、龋齿1263人、先天性心脏病5人，并对患病学生进行了卫生知识指导，发放了诊疗意见书。

2004～2007年，区卫生局每年同区教育局联合下发文件，对学校开展传染病防治、学生健康查体等工作，有针对性的下发查体报告，促进学生身体健康。

2008年5月5日，召开全区学校手足口病防治暨学校卫生安全工作会议。

2011年11月23日至12月29日，对全区的53所小学、12所中学和2所高中的4万余名学生进行了健康查体。

2012年6月29日，区卫生局在裕隆大酒店召开学校食堂食品安全暨量化分级管理工作会议。9月，对存在问题较多的4所学校和幼儿园进行了重复检查，督促整改落实。

生活饮用水卫生监督　1997年，根据《生活饮用水卫生监督管理办法》规定，岚山首次对生活饮用水供水单位实行“卫生许可证”制度。是年8月，对岚山供水、管水单位的自备水源、二次供水、集中式供水和涉水卫生安全的人员进行培训，共计培训128人，健康查体92人。是年9月，对全处有关供水单位进行监督检查和水质采样检测，共采集78家单位水样，合格率85%。根据检查情况，对不合格的供水单位提出监督处理意见，对水源周围环境做了细致的卫生指导；对合格供水单位发放供水卫生许可证，并建立档案。

设区后，每年对城区供水企业实行定期不定期检查，对存在的问题下发卫生监督意见书。对水源水和末稍水实行每季度检测检验，每月一次常规检验。2012年，区自来水公司被评为卫生监督量化分级管理A级单位。

公共场所卫生监督 岚山区成立后，每年都对城区公共场所（包括小理发店、小旅社、洗头房、洗脚房、练歌房等）进行清理整治。2008年，在日照市卫生局卫生监督所培训指导下，对全区的公共场所单位开始实行卫生监督量化分级管理，提升各类公共场所卫生水平。2011年，共监督监测中小旅店、浴池、美容店、理发店等公共场所286家，有281家持有有效卫生许可证，有效持证率达98%。2012年，加强“五小”行业的监督管理。

医疗用品卫生监督 自1996年开始，岚山防疫站根据卫生部《消毒管理办法》，对医疗机构的医疗用品每年进行1～2次消毒检测。1996～2012年，共对医疗机构累计采样检测医疗卫生消毒用品1984份，一次性用品1578份，消毒液1264份，室内空气1364份，合格率为92%。

医疗市场监管 2001年12月，岚山办事处下发《整顿和规范医药市场秩序实施方案的通知》，卫生、公安、工商等部门联合，对医药市场进行整顿，查处非法广告2起，查出过期失效药品价值8100元，取缔非法行医医疗机构7家，没收药品及器械价值4.9万元。

2005年12月，区卫生局抽调卫生监督员成立卫生执法大队，联合有关部门，严厉打击辖区内各类非法行医活动。至2006年12月，共计出动卫生执法人员3528余人次，车辆957台次，共检查300余户，对119家非法行医单位或人员进行了立案查处，没收非法行医药品器械67件，药品169箱，总价值6万余元。行政处罚50家，上缴罚款7万元，并对个体诊所、药店及牙科诊所的不规范医疗行为下达了《卫生监督意见书》，责令限期整改，对逾期拒不履行的11起案件申请法院执行。

2010年，在全区开展以“规范医疗服务市场，保障群众医疗安全”为主题的医疗机构专项整治行动，共出动执法人员66人次，车辆18辆次，检查医疗机构35家，检查涉嫌非法行医单位61家（其中药店31家、推拿按摩场所8家、牙科诊所6家、黑诊所2家、院所外非法行医13处、非法医疗广告1家），没收药品、医疗器械7件，立案12件，依法取缔非法行医2处，拆除非法行医牌匾（灯箱）4个，责令停业12家，责令限期整改20家，下达监督意见书50份。

2012年，在全区集中开展打击非法行医和医疗市场整治专项行动，进一步规范医疗服务行为，提高医疗服务质量。

第七节 药品监督管理

2007年9月，日照市食品药品监管局岚山区分局成立，下设办公室、综合科、稽查队3个科室。稽查队依法查处制售假、劣药品和违法生产、经营、使用药品的行为和责任人。

兴奋剂专项治理 2008年北京奥运会、2009年全国运动会、2010年全国水上运动会期间，均开展兴奋剂专项治理工作，与药品零售企业和医疗机构签订《药品安全工作责任书》，对全区药品从业人员进行法律法规培训，开展“反兴奋剂宣传周”活动，拉网式检查与互查暗访相结合，加强对兴奋剂药品的管理，防止药源性兴奋剂事件发生。

药品安全专项整治 自2009年7月起，开展为期2年的药品安全专项整治工作。公安、药监、卫生、工商等部门形成联动机制，制定了《日照市岚山区联合打击制售假劣药品违法犯罪活动工作制度》，开展对假药“胃病丸”、补肾壮阳类及降糖类中成药等专项检查30次，重点打击生产销售假药窝点和利用互联网、邮寄等方式销售假药行为；开展基本药物、医用氧、中药饮片、疫苗、非药品冒充药品、互联网销售药品专项检查，查处假劣药品案件41起。

2009年3月11日、2010年2月1日、2011年3月15日、2012年3月31日，岚山区4次集中销毁在监督执法过程中没收的假劣药品和过期失效药品117个品种，共2.3万多盒，货值10万余元。

基本药物监管　2008年，国家基本药物制度实施后，岚山区将基本药物品种作为检查重点，确保全区基本药物来源清晰、质量可控。2008～2012年，共在全区95家药品经营、使用单位开展药品日常监督抽验720批次，督促医疗机构实现药品使用标准化、规范化，确保基本药物购进、验收、储存、调配等环节不出问题；完善基本药物不良反应的监测、报告和评价体系，建立基本药物安全预警和应急处置机制。

药品与医疗器械管理　岚山区从2007年起开始开展药械安全专项整治活动，规范药械流通秩序，对挂靠经营、出租柜台、药品采购渠道、随货同行票据等进行清查治理。从2009年开始对全区药品使用单位进行药品使用质量管理规范确认工作，2009年共有12家药品使用单位通过确认，2010年共有172家药品使用单位通过确认，确认率和通过率均达100%。

2011年，按照国家、省、市安排部署，开展药品安全示范区创建工作。建立岚山区药品安全信息平台，对全区药品经营、使用环节的购、销、存等情况实行动态实时监管，健全完善药品安全预警防范和应急机制。2012年12月，岚山区顺利通过山东省药品安全示范区的评价验收。

第八节　爱国卫生

1944年，驻碑廓的日照县抗日民主政府规定，每年7月1～7日为卫生活动周。新中国建立初期，日照县政府规定，每年的农历5月和12月，各进行5天的卫生大扫除。1952年，在反对美国在朝鲜发动细菌战的斗争中，日照县兴起以“除四害，灭疫病”为重点的爱国卫生运动，破除迷信思想，树立以卫生为光荣、不卫生为耻辱的社会新风尚。

20世纪80年代，将环境卫生建设纳入社会文明建设的范畴。

1995年12月，成立岚山办事处爱国卫生运动委员会，办公室设在计生卫生局。1996年6月，制定《岚山办事处卫生示范村标准》，在农村开展整治街道、改造厕所等活动，在机关事业单位开展环境绿化、美化活动。是年11月，评选爱国卫生先进单位和卫生示范村21个。1996年，办事处成立了灭鼠领导小组，每年进行2次集中灭鼠活动。至2012年年底，鼠密度由1996年室内的2%、室外2.7%，下降至室内1.6%、室外2.1%。

2008年3月，制定《岚山区实施全国亿万农民健康促进规划》，开展爱国卫生月和卫生宣传活动，重点加强学校、医疗机构、公共场所等重点人群的健康教育与健康促进。在农村设立健康教育宣传阵地，在中、小学校开设健康教育课堂，在各级医疗机构印制健康教育处方，在车站等人口流动性大的公共场所张贴《正确认识艾滋病》和《六步洗手法》宣传画，增强人们的健康意识和自我保护能力。

2009年后，为做好手足口病、甲型H1N1流感等流行性疫病防控工作，在全区开展“健康环境、健康全运”爱国卫生运动环境综合整治活动，引导群众实行畜禽圈养，开展灭“四害”活动，预防传染病的发生和流行。同时，在各乡镇街道推广改厕工作，把改厕纳入全区新农村建设总体规划，通过坚持培养示范、典型引路的方法，普及推广水冲三格化粪池式无害化卫生厕所。至2012年年底，全区农村厕所普及率达99.31%，无害化厕所普及率达67.36%。

第九节　创建卫生城市及城镇

2003年2月，按照日照市创建国家级卫生城市的要求，岚山成立创建国家级卫生城市领导小组，卫生部门在健康教育、公共场所、生活饮用水、食品卫生和传染病防治等方面加强监督管理，基本达到市级卫生城市标准。

2011年，岚山区开展以健康文化传播行动、国家卫生城市成果巩固提升行动、新农村健康行动、病媒生物防治行动、全民控制吸烟行动、疾病控制行动、全民健身行动、卫生创建8项行动为主要内容的“健康山东·岚山行动”。先后组织开展健康宣传教育行动、健康知识“五进”活动、全国“亿万农民健康促进行动”“无烟单位”“无烟学校”创建工作。至2012年年底，全区共创建省级卫生先进单位13个，省级卫生村23个；市级卫生先进单位43个，市级卫生村21个，市级卫生镇1个；区级卫生先进单位39个，区级卫生村112个，区级卫生镇1个。

第三十四编　居民生活

新中国成立前，岚山居民收入微薄，食不果腹，衣不蔽体，生活极其困难。新中国成立后，生活逐渐改善。改革开放后，随着经济快速发展，物质生活条件极大丰富，生活方式发生了显著变化，生活水平迅速提高。据抽样调查统计，1993年，岚山农村居民人均生产性固定资产原值324.77元，人均总收入1672元，人均纯收入1229元；人均耕地面积1.09亩；人均住房面积22.69平方米，以砖木结构为主；自行车、手表、缝纫机、电风扇、收音机、黑白电视机较普及，每百户分别拥有172辆、191只、82架、108台、58台、74台，其他高档生活用品如摩托车、彩色电视机、电冰箱、洗衣机、照相机较少，汽车、空调机基本没有。到2012年，人均生产性固定资产原值达到21926.83元，人均总收入达到17449.66元，人均纯收入达到11182元；人均实际经营的土地面积1.17亩；人均住房面积37.4平方米，其中楼房面积4.07平方米；洗衣机、电冰箱、摩托车、移动电话、彩色电视机已较普及，每百户拥有洗衣机的91户，拥有电冰箱的89户，拥有摩托车的60户，拥有移动电话的92户，拥有彩色电视机的90户，拥有微波炉的20户，拥有抽油烟机的42户，拥有空调机的29户，拥有汽车的12户，拥有家用计算机的35户；自行车、手表、收音机、电风扇已不算重要生活用品，缝纫机基本淘汰。

第一章 居民收入

第一节 农村居民收入

1956年，岚山农民人均年收入50元。1958～1961年，由于“左”的错误及自然灾害影响，农业歉收，农民收入大幅度下降。1962年后，调整农村经济政策，生产逐渐恢复和发展。1966年，人均年收入增至85元。1966～1976年“文化大革命”期间，农业过分强调“以粮为纲”方针，发展多种经营受到限制，农民收入长期徘徊不前，1976年人均年收入比1966年仅增8.7元。1979年后，随着农业结构逐步调整，农业经济效益逐渐提高，收入不断增加。1981年，农村实行家庭联产承包经营后，收入快速增长。1993年岚山办事处设立后，各级政府鼓励、引导农民调整产业结构，大力发展茶叶、蔬菜、桑蚕、板栗等特色农业，发展畜牧养殖业及二、三产业，农民收入大幅度增加。2002年后，中央连续出台支农惠农政策：推行农村税费改革，取消农业税；对种粮农民实行直接补贴；增加良种补贴、农机具补贴和重大农业技术推广专项补贴；加大农田水利和农村基础设施建设投入等，农民负担减轻，收入进一步增加。

20世纪90年代后，农村剩余劳动力外出务工者逐渐增多，岚山农民多利用农闲时间到城区、港区或周边企业打工。特别是设区以来，随着岚山工业化、城市化进程加快，对农民工的需求量越来越大，农村劳动力普遍外出务工，务工收入成为农民收入的主要来源。

1993～2012年岚山农民人均纯收入统计表

表34-1 单位：元

年份	农民人均纯收入	年份	农民人均纯收入
1993	1229	1997	2699
1994	1530	1998	2987
1995	1957	1999	3132
1996	2516	2000	3329

续表 34-1

年　份	农民人均纯收入	年　份	农民人均纯收入
2001	3462	2007	5891
2002	3625	2008	6797
2003	3826	2009	7371
2004	3976	2010	8594
2005	4446	2011	9766
2006	5001	2012	11182

第二节　城镇居民收入

新中国成立前，私营企业工人薪金低微，徒工只管吃住，无工资收入。1940 年 3 月至 1952 年，政府机关工作人员和公营企业职工实行供给制，发给物品。

1953 年至 1955 年 6 月，机关工作人员、教师和国营企业职工改实物供给制为“工资分”制。1955 年 7 月开始，机关、企业职工全部实行货币工资制。1956 年按照国务院《关于工资改革的决定》，对党政机关、企事业单位进行工资改革，在工人中实行八级工资制，干部实行职务等级工资制。20 世纪 80 年代起，由于国民经济快速发展，国家多次调整在职职工工资，提高离退休职工待遇。1985年，岚山头街道部分村庄居民划为城镇居民，人均年收入与城镇职工人均年收入持平。

20 世纪 90 年代，城镇居民收入形成以工资收入为主，家庭财产性收入、第二职业收入及其他收入为补充的多元化收入形式。1993 年，岚山职工人均工资 3096 元，至 2003 年达到 11086 元。2011 年起，区政府开展城镇居民家庭记账户统计工作，当年设立 30 户城镇家庭为样本点，到 2012 年扩大至 100 户。经测算，2011 年全区城镇居民家庭人均可支配收入 20136 元，2012 年达到 23003 元。

1993 ～ 2003 年全部职工年人均工资统计表

表 34-2

年　份	工资总额（元）	年　份	工资总额（元）
1993	3096	1999	7442
1994	4313	2000	8821
1995	3822	2001	9948
1996	5148	2002	10790
1997	5435	2003	11086
1998	6660		

2004 ～ 2012 年城镇在岗职工年平均工资统计表

表 34-3

年　份	工资总额（元）	年　份	工资总额（元）
2004	14202	2009	36862
2005	15091	2010	46461
2006	16836	2011	47067
2007	23250	2012	50222
2008	29186		

第二章　消费　储蓄

第一节　居民消费

新中国成立前，本地居民生活水平极低，无准确的生活消费统计数据。新中国成立后，城乡居民消费水平逐渐提高。至 1980 年，农村居民人均年消费 244 元，其中饮食消费占 50%，衣着、家庭用品和居住消费分别占11.07%、15.16%和

16.8%，生活服务、文化教育消费分别占4.1%和2.87%；城镇居民人均年消费508元，其中饮食消费占49.41%，衣着消费占14.28%，家庭用品消费占24.1%，居住、生活服务、文化教育消费分别占3.15%、4.53%和4.53%。至1990年，农村居民人均年消费提高到704元，其中饮食消费占47.73%，衣着、家庭用品、居住消费分别占13.78%、15.77%和13.92%，生活服务、文化教育消费分别占5.4%和3.4%；城镇居民人均消费水平提高到1581元，其中饮食消费占43.08%，衣着、家庭用品消费分别占19.61%、19.48%，居住消费占2.91%，生活服务、文化教育消费各占7.46%。

进入21世纪，居民消费水平大幅提高，其中居住消费、文化教育消费比重上升，饮食消费比重下降，其它各类消费维持平衡。2000年，农民人均年消费1830元，其中饮食消费占43.1%，衣着消费占18.62%，家庭用品消费占11.88%，居住消费占8.12%，交通、邮电和医疗保健等生活服务消费占6.54%，文化教育消费占11.74%；城镇居民人均年生活消费2636元，其中饮食消费占37.66%，衣着消费占19.16%，家庭用品消费占15.21%，居住消费占11.05%，交通、邮电和医疗保健等生活服务消费占7.98%，文化消费占8.94%。至2012年，农村居民人均年消费增至6191元，其中饮食消费占38.26%，衣着、家庭用品和居住消费分别占12.48%、13.38%和8.91%，生活服务、文化教育消费分别占18.57%和8.4%；城镇居民家庭人均总支出达10853元，其中消费支出为9726元，消费支出中，食品消费占41.9%，衣着消费占12.8%，居住消费占12.3%，家庭设备用品及服务消费占5.8%，医疗保健消费占5.7%，交通和通信消费占11%，教育文化娱乐服务消费占6.5%，其他商品和服务消费占4%。

1993～2012年岚山居民消费总额统计表

表34-4　　单位：万元

年　份	居民消费总额	年　份	居民消费总额
1993	19351	2003	66239
1994	25510	2004	171917
1995	34120	2005	196870
1996	40690	2006	228718
1997	48071	2007	292435
1998	48665	2008	419765
1999	41529	2009	541148
2000	48761	2010	718033
2001	55936	2011	931281
2002	61441	2012	1066970

注：饮食消费：包括主食、副食及烟、酒、糖、茶方面的消费；衣着消费：为购买衣料、鞋、帽、服装方面的支出；家庭用品消费：主要是用于购买家具、家用电器、交通工具等耐用品方面的支出；居住消费：主要用于建房、购房、房屋修缮和房租及家庭水电费方面的支出；生活服务消费：主要是用于燃料、交通、邮电和医疗保健方面的费用和支出；文化教育消费：主要用于成人及子女教育和文化娱乐、订阅购买书刊杂志方面的费用支出

第二节　居民储蓄

新中国成立前，域内居民生活拮据，多数贫苦农民身无分文，终年靠借贷度日；少数地主、富商则靠高息出贷、滚利增财。新中国成立初期，人们收入较低，储蓄很少。20世纪80年代起，随着经济发展，收入增加，储蓄开始快速增加。1990年后，储蓄以每年15.9%的速度递增。2003年，全岚山办事处农村居民储蓄余额达3.21亿元，储蓄户占农户总数的89.2%；城镇居民年末储蓄余额达5.2亿元，储蓄户占家庭总户数的96.1%。2004年设区后，全区城乡居民储蓄余额13.49亿元，到2012年达到76.28亿元，年均增长24.2%。

1993～2012年岚山城乡居民储蓄情况统计表

表34-5　　单位：万元

年　份	城乡居民储蓄余额	年　份	城乡居民储蓄余额
1993	13754	2003	84345
1994	20467	2004	134937
1995	27194	2005	163836
1996	31034	2006	193622
1997	36294	2007	232638
1998	43683	2008	300974
1999	46258	2009	363826
2000	53838	2010	483051
2001	46162	2011	604107
2002	69726	2012	762800

第三章　生活变迁

第一节　服　饰

明末清初，居民衣服肥大，色调为男黑、女蓝。老年妇女多深蓝，少妇、姑娘为浅蓝。冬季，富家男子多穿长袍、大褂，有的外套马褂；穷人穿右大襟短袄，弯腰时，臀部尽露，俗称"蹶腚袄"。一般无内衣，故又称"筒子袄"。腰间束带，御寒风，便劳作。棉裤，一般为大腰、大裆、肥腿。穿单裤过冬的亦不在少数，因风吹裤胀，形若灯笼，故称"灯笼裤"。女装袄较长大。男女均在裤脚扎腿带，女人扎的略宽，闺女出阁时扎大红腿带。穷人穿袄到春末，故有"吃了端午粽，才把棉袄扔(脱掉)"的说法。夏季，贫穷男子穿短裤，对襟小褂当礼服看待，多数人光膀子。有的披短蓑衣，称旱蓑衣。家庭很少有蚊帐，夜晚带上蓑衣到场里(打粮晒粮的地方)睡觉；也有的披一块披布，白天披在身上当衣裳，夜晚盖在身上当被单。女人穿短大襟褂，长裤，一年四季扎腿带。富家男穿细布或丝绸褂裤，女穿麻布衣衫。20世纪30年代后，男上衣对襟渐多，花布、白洋布见于农村。公职人员及求学在外者多着中山装、西装。冬季，已有穿棉大衣的，俗称"大氅"。夏天，衬衣、背心多见，其衬衣前短后长，有大小3个布袋，脖底3个扣。个别富家年轻女人着浅蓝色士林布旗袍，旗袍短而瘦，在膝盖以上，外套毛衣，俗称"毛衣外套"。新中国成立初期，布料色调以灰、蓝为主。公职人员和学生着中山装、列宁服。农村，除中老年妇女着大襟上衣外，其余皆为对襟。1967 ～ 1977 年“文化大革命”期间，青年男女喜着草绿色国防服。20 世纪 80 年代，女性服装红、黄、绿、紫异彩纷呈，款式也新颖多变，毛质中山服、西服、呢大衣也较普通；男性多用黑、蓝、灰色布料，毛衣、毛裤、面包服、羽绒服已成为农村青年男女的普通服装。夏季，年轻女性穿裙子在农村逐渐普及。90 年代后，城镇已出现超短裙。农村男人普遍穿衬衣、背心、汗衫、T 恤衫。冬季，青年男女多以毛衣裤、线衣裤、保暖内衣、羊毛衫御寒。80 年代末，已盛兴皮茄克、皮衣。进入 21 世纪，青年男女多追求名牌时装。

新中国成立前，富人蔽日挡雨打伞，平民戴苇笠、披蓑衣。20 世纪 70 年代后期，逐渐被各种雨衣取代。进入 21 世纪后，城市上班族雨天持雨伞，妇女则用伞避雨遮日。另外，出摊经营、郊游多撑太阳伞。

新中国成立前，富家男人多戴裘呢瓜皮帽，也有戴咖啡色毡帽的，冷时可放下护耳。农民戴布料瓜皮帽。女人顶方巾，俗称“搭包头”。夏季，富人戴草帽，穷人戴苇笠。第一次世界大战后，男人戴土耳其帽。新中国成立后，男人戴八角帽、解放帽、三页瓦棉绒帽。冬春秋 3 季，女顶包头。“文化大革命”时期，男女青年均戴草绿色军帽。20 世纪 80 年代后，城镇女性时兴针织毛线帽、方巾、长围巾，男子兴戴鸭舌帽、绒线帽，老年戴长盖绒帽或礼帽。

新中国成立前，富人冬季穿高帮棉鞋，穷人穿布单鞋或用草和芦花混编的“毛窝子”“靰鞡”“蒲鞋”等。夏季，穷人多赤脚。20 世纪 30 年代，妇女放足的渐多，女鞋的鞋头渐变宽大。抗战前期，公职人员、学生有的穿黑白色“万里鞋”。鞋多用麻线衲布底（也称千层底）、布帮。有“单脸子”鞋、“双脸子”（前脸中间嵌入两根皮条）鞋、“一统鼻”鞋、毡鞋。女穿绣花、割花尖头鞋。新中国成立后，机制胶鞋、布鞋渐多。20 世纪 60 年代，夏季曾大兴用废胶轮胎钉成的“日照凉鞋”，耐穿易修，便于劳作，故有歇后语：“日照凉鞋——车轮胎”。20 世纪 70 年代后期，女性始穿高跟鞋，男性穿皮鞋的渐多。夏天，普遍穿塑料、皮革及人造革凉鞋。80 年代后期，“日照凉鞋”被淘汰。90 年代后，多穿皮鞋、运动鞋、旅游鞋。

清末民初，富人多穿衲底白布袜。20 世纪二

图34-1　日照凉鞋

三十年代，富人穿机制粗线袜，穷人多数没袜子穿。新中国成立后，男女穿各种颜色的机制短袜渐多，但至 50 年代，仍有很多人冬天无钱买袜子穿。70 年代后化纤袜渐多。夏季多穿薄化纤袜，年轻女性穿过膝的长筒袜。

新中国成立前，女性佩戴钗、簪、耳坠、手镯、戒指等首饰，姑娘、少妇戴耳坠，老妇多戴耳环。新中国成立后至 20 世纪 70 年代，很少有人戴首饰，城镇少数人戴手表。70 年代后，手表普及，有机械表、电子表，乃至有镶嵌珠宝、钻石、黄金的手表。80 年代始，女性开始戴耳坠、戒指和项链，多为金银玉珠质地。90 年代后，男人有戴戒指的。

进入 21 世纪后，城乡穿戴、器用，多讲究质地、高档、名牌。

第二节　饮　食

境内居民一日三餐。旧时，部分农民为节省口粮，冬闲时两餐，农忙时，午饭送到田间。

新中国成立前，以高粱、地瓜、糁子等粗粮为主。穷人半年糠菜半年粮。干粮以煎饼为主，辅以饼子。汤食名为糊嘟、黏粥（用米熬制的稀饭）、咸饭（用面粉、菜末、盐做成的稀饭）、疙瘩汤、面叶汤等。多数人家自腌咸菜或辣椒下饭。居民多喜食“小豆腐”（俗称“豆沫子”“渣饭”“青浆”）。春季，以煎黄鲫鱼卷煎饼、茼蒿熬刀鱼、蒜苔熬鲅鱼、小白菜煮勾鱼为美食。逢节日或款待亲朋，才吃面食或米饭，菜肴力求丰盛。

20 世纪 80 年代后，居民食粮逐渐由粗粮转

细粮。90年代后，人们讲究饮食保健，注重营养的合理搭配，五谷杂粮都吃。

20世纪60年代前，家家户户有碓和磨，农家妇女半夜起床推磨磨糊子烙煎饼，碓则用来把瓜干或玉米打碎好推煎饼，还可以把糁子、稻子跐成米，劳动强度很大。60年代后，柴油机、粉碎机、磨面机逐步出现，妇女们逐渐从推磨、跐碓中解脱出来。

20世纪50年代前，农家多用泥灶台或3块石头支起来的“野锅”做饭。到60年代末期，有人用黄泥做成泥炉子，上面有三个爪，可以放置小铁锅，人口多的用于炒咸菜、烧水，人口少的可以做饭。70年代初期开始用钢精锅、铝锅，使用节柴炉，节柴炉炉膛内有通烟的过道，能使燃烧充分，不浪费余热。90年代后青年户多数用上了燃气炉灶、电器炉灶。

岚山沿海一带居民多好饮酒，亲朋相宴，有“无酒不成席”之说。20世纪60年代前，嗜酒者一般喝散装白酒。60年代后，以瓶装酒为上品。80年代，瓶装酒档次不断提高，啤酒、红葡萄酒、果汁、饮料等也进入寻常人家。

岚山沿海及安东卫一带居民自古就有饮茶习惯，有的中老年人凌晨就烧水泡茶。至20世纪末，青年人也参与到喝茶行列。20世纪60年代前，喝的是南方茶，富人喝茶叶，穷人喝茶末、茶砖、茶豆等劣质茶，穷苦农民常在热天采摘鲜茶叶、竹叶煮水喝，或用炒高梁熬汤或绿豆汤解渴。60年代开始南茶北引，本地盛产绿茶，居民喜饮“坐地茶”（本地绿茶）。80年代后，饮茶风盛行，男女老少喜饮绿茶，很少有人喝花茶。

第三节 住 宅

岚山住房多以北屋为正房，东屋或西屋为偏房。新中国成立前，富裕人家以四合院居多，一般是北屋3间（一明两暗）或5间，不留后窗，坐北朝南，亦称“堂屋”，由长辈居住，东西屋多为各两间，低于堂屋，由晚辈居住或作厨房，南屋1～2间多作仓库，放置农具及柴草。大门因地势而异，院墙与房屋接连。平原区农村多为土打板墙，或柴草篱笆墙，高不过人头。沿海民宅，多在山墙上开一窗户；山区、城镇房屋多石头墙，以木为梁、檩，芦苇或高粱秸为笆，屋顶多用麦秆、山草苫盖。较富裕的人家门两旁用砖垛子，屋檐加两排青瓦檐，称“罗汉衣子”，又称“四不露毛”，白石灰抹墙，山墙用砖石做溮。只有富裕之家才住得起青砖瓦房，山墙用青砖或小瓦做溮，有“青山尖子瓦溮头”之说。四合院多为三代或四代同堂大家庭居住，“三十亩地一头牛，瓦檐砖溮四合头（即四合院）”成为农民心目中的理想家园。

农村居民房屋多是低矮草房，一般3间，坐北朝南，木板门、木棂窗，没有后窗，房内格局为东边一间筑有炕和锅台相连，老人和孩子睡炕，西边一间由墙隔开一个单间，儿子、儿媳居住，吃饭时一家人围着锅台。贫困人家还有住大门开在屋山上的“竖头屋子”和一面坡的“偏厦”。

图34-2 20世纪70年代前建设的沿海居民房屋（20世纪90年代摄）

图34-3 20世纪70年代前建设的农村居民房屋（20世纪90年代摄）

20世纪70年代起，农村民房实行统一规划。房屋多为石基，红砖墙（山区多乱石墙）、瓦顶，门窗镶玻璃，屋内吊顶棚。之后盛行落地门、连门窗、大遮阳板、水泥地面，安装铝合金门窗、茶色玻璃，外墙皮饰以马赛克；遮阳底用铝合金全封闭；偏房多建为平顶，便于晾晒粮、物；大门由两扇改为四扇，或中间设一小便门的大铁门；屋内讲究装修，墙面、天棚刮白水泥或仿瓷涂料；地面贴釉面砖、大理石或木地板，门窗用铝合金或塑钢材料，装窗帘；厨房灶台、墙面均贴釉面砖或大理石。2010年前后，家家争相装置电热器、空调、太阳能热水器或小型燃煤炉，修建洗刷间、卫生间，改建水冲式搪瓷便盆厕所，砌化粪池，请专业掏粪车定时清运。部分村居的垃圾集于垃圾筒，一般次日清早由专业人员收集运走。

20世纪90年代起，各乡镇街道驻地及富余村居开始盖楼房。1994年，国家为解决职工住房，颁布了房改政策，部分职工参加福利分房，住上了楼房。

图34-4 2000年前后建设的农村居民小康楼　（摄于2007年12月）

旧时盖房先请风水先生看宅地，定大门位置，然后择吉日燃放鞭炮，破土动工。农民盖房，邻里帮工。20世纪80年代，盖房户备好料，由建筑队包建。新房上梁时燃放鞭炮，用红毛线把红竹筷子编成簾状，加一串铜线（或硬币）围捆在脊檩上，并贴"上梁大吉"。门框贴"昨日太公由此过，说是今日好安门"。新房落成，摆酒款待工匠、街邻。

第四节　出　行

新中国成立前，人们外出多步行。新媳妇走娘家或搬亲，山区备毛驴，其他地方使用搭车棚的独轮手推车。20世纪60年代，农村始有自行车。80年代，赶集或下田多以自行车代步，出远门多乘公共汽车。90年代后，城市交通日益发达，公交车、出租车遍及城乡；中青年出行多骑摩托车、电动车，外出旅行坐汽车、火车和飞机。从2000年起，居民私家车日渐普及，探亲、访友，节假日到各地景点旅游，多乘自驾车。乘出租车，叫"打出租""打的"。

第五节　发　型

清末，男蓄长辫。姑娘梳独辫，婚后盘发髻于脑后，状若半球，外用丝网罩住，再用数根叉子插住。老年妇女多将头发叠扎起，俗称"抓鬏"，用簪子别住。辛亥革命后，男子多剪辫剃光头，少数人留半截长发披于脑后，戏称"羊尾巴"。北伐战争后，姑娘剪掉长辫，头发披散及后颈，俗称"哈撒毛"；男职员、学生开始留平头、分头。新中国成立后，青壮年男子一般留分头、平头；姑娘留短发或扎两个小辫。20世纪80年代始，青年男性逐渐喜欢长发型，女性扎马尾状散发或烫发、染发（黑发、金发），由城镇推及乡村。

第四章　民　俗

第一节　节日习俗

传统节日

春节　俗称过年。新中国成立后使用公元纪年，旧历年改称"春节"，也叫过阴历年，是民间最隆重节日。进入腊月（农历十二月）年味渐浓，开始理发、洗澡，添置新衣，家家开始烙煎饼、赶年集、置办年货等。腊月十六日扫屋，将住室内外、器具家什洗刷一新。20世纪60年代前，贫穷人家扫屋后"洸墙"，取白塘土或黄土加水搅成粥状，用笤帚蘸取涂刷四壁，掩盖烟熏火燎墙面。60年代后期，住房逐渐翻新，居民用煤、煤气、电代替柴草做饭、取暖，"洸墙"一俗逐渐消失。

腊月二十三“辞灶”，传说灶王爷在这日上天述职，民间设宴饯行，故名辞灶，又称“过小年”。碑廓一带有过二十三的，有过二十四的，起因有“官辞三，民辞四”。也有“二十三祭素，二十四再祭荤”之说。晚饭前将新灶王画挂于锅灶附近，两旁有一幅“上天言好事，回宫降吉祥”对联，横批“一家之主”。用麦芽糖或糖果供祭，意在使灶王爷嘴甜，祈求他上天说好话，故有“腊月二十三，灶王爷伸手——稳拿糖瓜”之说。然后烧香，放鞭炮，一家人在灶王像前边磕头边烧掉旧灶王像，烧时要加些谷草、杂粮，好给灶王喂马。次日取下灶王像，待除夕正式张贴。小年后称“忙年”，家家蒸装（蒸饽饽、粘糕、发糰等熟食）、做豆腐，赶年集、置年货（鸡、鸭、鱼、肉、蔬菜、鞭炮、烧纸等），上祖坟、写对联、理发、洗澡。在外谋生者，纷纷回家团聚。

除夕，也叫辞岁。此日仪式隆重、繁多，各地稍有不同。早晨放鞭炮、烧纸，将头天扫集堆在门外的杂草点燃，使不冒明火，称“熰狼烟”。用盆盛半熟米饭，饭上插九双红色新筷子，筷子中间安大枣（有的用双筷串几页豆腐插在米饭上），摆到院内供桌上，称“供隔年饭”。农家挑满一缸水，备足三日柴，家家挂年画、贴对联（西部村庄加贴五颜六色门笺；服重孝当年不贴，次年贴蓝对联，也有三年不贴的）。沿海一带人家，院内置青竹一棵，上系红布、制钱（圆形方孔铜钱，现多用硬币），称“摇钱树”，意在年年发财。渔民要将对联贴船上，五桅风船的桅杆上，分别贴“大将军八面威风”“二将军日行千里”“三将军随后听令”“四将军一路太平”“五将军马到成功”等联，舵上则贴“满载而归”。境内西部有去墓地请祖先回家过年旧习，午后由本族长者率众子孙，带着纸钱、鞭炮、过年所置精美食物，穿戴整齐，到祖先墓前，取些许食物置于坟案之上，奠后烧纸，放鞭炮。上半夜，待家人都回来后，多在大门口、二门口放置一根木棍，据传桃木为最佳，意在将邪魔鬼祟拦于住宅之外。碑廓一带还有用红纸条裹木炭块，配芝麻秸一颗，竖在门两旁，称为“把门将军”。

夜色降临，点燃油灯或蜡烛，生火盆，整夜不息；家家包水饺（有的地方叫包包子），内放几枚制钱，称为“包元宝”，吃到制钱多者，寓意新的一年里有钱花。还包些元宝形的饺子，寄寓招财聚宝。也有包上枣、栗子的。水饺包毕，到院中燃放鞭炮，烧纸焚香。旧俗多在正堂供祖宗牌位，迎祖先回家过年，天井设香炉，敬天地神灵。阖家团聚，吃团圆饭，有“大年五更吃饺子（包子）——没外人”之说。传说此时百神下界，不能得罪，要说吉利话。继而长辈给小孩发“压岁钱”。之后，多数人家仅留长者“守岁”，也有全家通宵不眠的。夜半后，民间有“发纸”旧习，又叫“发纸马”。主妇则要烧芝麻秸、豆秸煮水饺（包子）。意味着新一年象芝麻开花节节高，日子越过越好。水饺煮好后，要先“上供”，一碗敬天地，一碗敬灶君，一碗敬祖先。

吃饺子时气氛欢乐，饺子里包的糖、钱、枣、栗子等，不管谁吃到了其中的哪一种，大家都衷心祝贺。

饭后穿戴一新去拜年，小女孩戴绒花，即用纸或布做成类似牡丹花的形状。先拜本家长辈，后去邻里，给长辈磕头，边磕边说（后来只说不做）“给XX磕头啦”，后者答“快上炕头揣元宝”，随后给小孩“压岁钱”。大年初一，熟人碰面，互道“见面发财”“过年发财”，抗日战争胜利后曾道“胜利！胜利！”。

初二日，带上礼品走亲访友，先拜岳父母、外祖父母，再拜至亲好友，此俗特别郑重。

初三，拿去拦门棍，燃放鞭炮，敬天地神灵、祖先，吃水饺。民间文艺队开始活动，俗称“耍故事”，有高跷、旱船、龙灯、狮子、秧歌、小戏曲等，走街串巷，娱及近邻远村，一直延续到正月底。

初五日，传说是财神赵公元帅的生日，又称“财神日”。沿海渔民有烧纸、上香、上供、迎财神活动，晚上吃财神面；商家要鸣礼炮、开业敬财神。

境内西部有初五日送祖先旧俗，早晨做好饭上供、烧纸、上香、祭奠、磕头，把年除夕请回家过年的祖先送走。

初六或初七日（各村略有不同）接灶王。早晨，家家包水饺、放爆竹、烧纸，供上一炷香，接灶王爷“下界保平安”。有的将灶王爷年画下边的图画截去烧掉，只留上边二十四节气。

新中国成立后，政府提倡过革命化春节，反对迷信和浪费，旧俗多有消失。春节前后，各级领导慰问驻军、烈军属，走访敬老院，看望在节日期间坚持工作的干部职工。农村在春节前敲锣打鼓为烈军属送光荣匾、挂彩灯。20世纪80年代后，电视机普及，入夜家家看电视，人人评说文艺晚会节目，其乐融融，敲响新年钟声，家家燃放鞭炮。群众互相拜年的习俗仍存，但见面问候语多数改为"过年好"。

元宵节　农历正月十五为元宵节，也叫灯节。早饭食用糯米或黏高粱面制作的元宵和水饺。进入21世纪后，城乡多以到商场购买各色成品元宵为主，少有自家制作。

正月十四日至十六日晚，家家挂彩灯，城镇有灯会。燃放"朵朵花"、炮仗等各种花炮。孩子捏着"滴滴金"，手提各色灯笼到处照，且哼着歌谣："照毛虫，照毛虫，照得毛虫害头（腚）疼""照旮旯，照旮旯，十窝老鼠九窝瞎，那窝叫老猫偷吃了""照旮旯，照旮旯，长虫（即蛇）蝎子都憋煞"。至今，照灯一俗仍流行。

1993年开始，域内有时举办灯会或烟花会，2002～2010年元宵夜，岚山区政府在区人民广场多次举行大型灯会，广场挂满霓虹灯和时光隧道、神奇乐园等各种大型花灯，观者如潮。

图34-5 2012年区人民广场元宵灯会

二月二　俗称"土地老爷生日"，又叫"龙抬头"日。清晨，用簸箕盛草木灰沿屋外撒一圈，再在院内撒大小为囤状的圆圈，圈外撒画"梯子"，圈内放各种粮食，称"打囤子"，意祈五谷丰登。农家炒花生、瓜子等，谓之"炒虫子"，据说，如此家里、地里不生害虫，确保全年丰收。早饭有的吃面条，有的吃饽饽，有的吃水饺，饭前要送饭到土地庙，为土地老爷过生日，祈求保佑风调雨顺。早饭时分给小孩一块过年的饽饽、发糰，据说，吃后能避免见到狼。有的地方下午用面条去本村土地庙前祭祀（旧时有好事者在庙前分吃供奉的面条）。20世纪60年代后，祭祀土地神、"打囤子"等风俗逐渐消失，"文化大革命"后，又渐兴起。

清明节　前一天为寒食，家家吃夹糕、豆芽菜，旧俗三天不动烟火。节前添坟土、换新坟顶、为祖先立石碑。清明那天，家家门前插柳条、松柏枝。青少年放风筝，沿海渔民忌言"风筝"而称"鹞子"。闺女、媳妇纷纷结伴出游，称"踏（音：la）青"，祈求一年不害脚痛。新中国成立后，政府每年组织干部群众清明节祭扫烈士墓。

四月八　有的地方叫神仙日。农历四月初八日是佛祖诞辰日，境内称"四月八，过神仙"。也有说"过八仙"，渔民称"四月八过老爷"，也叫过大（音四声）鱼。其间，近海鲸鱼成群追逐戏水，景象壮观，在岸边也能看到，渔民烧纸上香祈求别撞船只，一年平安。

端午节　农历五月初五日。早上，日出前外出采集香艾、菖蒲插在门窗上，避瘟驱邪，节后可收起做药材，据说其药效远优于他日所采。日出前，用艾蒿等药草泡水洗眼，意使眼睛明亮，在小孩耳朵眼、鼻孔内抹雄黄，意在避邪；儿童手腕、足踝系五色线捻成的细绳，叫配"五索""五絮"，身上挂香荷包，有的还挂布娃娃（小胖孩）和锁子，节后下头场雨时将五色线剪掉，投入雨水中，任其随流而去。据说"五絮"可以变成长虫（蛇），意在使孩子避见蛇。早饭吃粽子和煮蛋，粽子多用柠萝叶包裹，呈枕头状，一包为一盖，两盖为一捆。少数用苇叶或竹叶包成三角状。粽米以糯米居多，也有的用黍米(黄米)、黏高粱米等。初四日下午包好,晚上煮熟焖在锅里,并放鸡蛋,端午早上吃。有"吃了端午粽,才把棉袄扔"之说,意为至此冷天已过。

祈雨节　旧俗农历五月十三日中午吃水饺,饭前端水饺到天井祭奠,叫"敬天",境内解放后叫"贺雨"。农谚有"大旱三年,忘不了五月十三"。传说此日关公磨刀用水,好下雨。

半年　农历六月初一过半年,意为至此一年已过了一半。有吃南瓜大包子的风俗,意在消暑清热。

六月六　农历六月初六日,有"六月六,晒龙衣"俗谚。是日晴天,晒箱、晒书、晒衣被。传说这天晒的东西不招虫蚀、不霉变。

七夕节　又称"七夕""情人节""乞巧节"。传说每年农历七月初七日晚,牛郎、织女"鹊桥会",这天民间少见喜鹊,都到银河搭桥去了。此时,少女对月穿针,以穿入者为巧,谓向织女乞巧;姑娘、少妇到葡萄架底下还能听到牛郎、织女的悄悄话。若此时下雨,是为牛郎、织女相会时流下的眼泪。新中国成立后,"七夕节"曾一度消失,20 世纪 90 年代后,作为中国的情人节盛行。

中元节　农历七月十五,俗称鬼节。源自佛教仪式,除设斋供僧外还加拜忏,后沿袭为祭祀亡灵,即上坟祭祖之日。

中秋节　农历八月十五。一年内第二大节日,有"八月十五小过年"的说法。晚上,阖家团圆,饮酒赏月,俗称"圆月儿"。院内对月设供,供品有瓜果、月饼,称为"敬天地"。2007 年起,被国家定为法定节假日,放假 1 天。

九月九　称"重阳节"。有雅兴者结伴携酒,登高览胜或赏菊。晚餐大米干饭,故有"九月九,大米干饭堵着口"一说。进入 20 世纪 80 年代,国家把此日定为老人节。

十月一　农活已结束,此后不再禁止外人到地里复收。旧时也叫"辞工日",地主解散雇工,晚上置酒,吃荞麦饺子,称"荞麦滚"。民间有俗语:"十月一,杀雇的"。民间有吃水饺习俗,庆祝一年的丰收,借此改善生活。

冬至　民俗"鬼节"。有的地方叫"冬闲"或"冬享(上)",农人蒸面为食,称"蒸冬",亲友相拜称"腊冬",乡里以腊酒互相招待。民间多包水饺,下午上坟祭祖。

腊八　释迦牟尼成佛之日,农历腊月初八,俗称"腊八日"。民间用各种杂粮及豆做粥,称"腊八粥",避瘟祛邪。此日还有给女儿打耳眼、戴坠子之俗。

新节日

三八国际妇女节　公历 3 月 8 日,为国际劳动妇女节。1949 年 12 月,中央人民政府政务院规定,妇女放假半天。岚山域内庆祝"三八"国际妇女节始于 1950 年。1993 年后,岚山办事处及乡镇机关年年以集会、联欢、观看电影戏剧、义务植树等多种形式庆祝。农村庆祝活动较少,仅选部分代表参加乡镇的庆祝。

植树节　公历 3 月 12 日。1929 年,国民政府以孙中山先生逝世纪念日(3 月 12 日)定为中国植树节;1979 年 2 月 23 日,第五届全国人大常务委员会第六次会议决定,仍以此日为植树节。自该年起,每逢此日,城乡均踊跃植树。设区后,区政府每年举行大型植树活动,组织机关人员到乡镇集体植树。

五一国际劳动节　公历 5 月 1 日。1949 年 12 月 23 日,中央人民政府政务院发布《全国年节及纪念日放假办法》,将每年 5 月 1 日定为法定节日,全国放假一天。岚山域内庆祝"五一"国际劳动节始于 1950 年,机关、工厂、学校放假一天。1958 年以前,因工业不发达,工人数量少且分散,庆祝活动以小型居多,之后,庆祝活动日趋隆重。1999 年 9 月 18 日,国务院发布《国务院关于修改〈全国年节及纪念日放假办法〉的决定》,规定每年 5 月 1 日为"全体公民假日",全国放假 3 天,将休息时间与前后的双休日拼接,从而有 7 天长假,与国庆节、春节形成 3 个"黄金周"。2007 年 12 月 14 日,国务院第二次修订《全国年节及纪念日放假办法》,由 7 天黄金周调整为 3 天小长假。

五四青年节　公历 5 月 4 日,14 至 28 周岁的青年放假半天。共青团组织大都举行青年集会、演讲或联欢等活动,纪念"五四运动"。

护士节　公历 5 月 12 日,为国际护士节。该日,各级医院均开纪念会,并为新护士举行授帽仪式。

六一国际儿童节　公历6月1日。1950年以来，“六一”国际儿童节极受各级领导和小学师生重视，每年均热烈庆祝，形式多种多样，有集会、联欢、团体操表演、文艺会演、讲故事、体育比赛等。

七一建党节　公历7月1日，是中国共产党诞生纪念日，各级党组织均举行报告会、表彰会、座谈会等活动。

八一建军节　公历8月1日，是中国人民解放军建军纪念日。地方举行拥军活动，军队与地方联欢。岚山开展此项活动始于1950年。

教师节　1931年，著名教育家邰爽秋、程其保等首倡6月6日为教师节，也称双六节。国民政府先后将6月6日、8月27日(孔子生日)定为教师节。新中国成立后，中央人民政府曾恢复6月6日为教师节。1951年4月19日，教育部和全国教育工会发表书面谈话，宣布“五一国际劳动节”同时为教师节。1985年，第六届全国人民代表大会决定，每年9月10日为教师节。每逢节日，社会各界人士均开展尊师重教活动，为学校和教师办实事，表彰先进教师，并向执教满30年的教师颁发荣誉证章。

国庆节　公历10月1日，为中华人民共和国建国纪念日，是全国各族人民的盛大节日。机关、部队、学校、企事业单位放假，年年举行集会庆祝。建国十周年庆祝大会之后，改为十年一大庆，五年一小庆。逢大小庆，均集会，张灯结彩，隆重热烈，其余年份各单位搞小型庆祝活动。原为2天，1999年9月18日，国务院发布《国务院关于修改〈全国年节及纪念日放假办法〉的决定》，规定为“全体公民假日”，为法定节日，全国放假3天，将休息时间与前后的双休日拼接，从而形成7天“黄金周”。

阳历年　又称“元旦”。机关、部队、学校、厂矿放假一天，并开展拥军爱民活动。农村多不以为节。

随着时代发展，一些国际性时尚节日，如情人节、愚人节、母亲节、父亲节等，也逐渐进入岚山人的生活。

第二节　生活习俗

交际　新中国成立前，熟人、亲朋相见或告别，拱手为礼。熟人、乡亲见面互问“吃饭了”“做什么”“上哪”等，彼此显得礼貌热情。新中国成立后，公职人员兴握手，后来一般群众见面亦握手，并互道“你好”“再见”，进入21世纪后，青年人也常说“拜拜”。

客人来，主人出迎，若带礼品，需先接礼品。若在室内，以站立上前几步为尊重；进屋后，礼让客人坐上首(坐东一侧北端)，自己于下首作陪，沏茶、递烟、交谈。若以宴待客，主人先举筷让菜，斟酒时，受斟者右手侧立，半遮酒杯，以表敬谢，主人说“摘手”。客人告辞，主人送行，临别，嘱其再来。

出门在外，向陌生人问事，神态谦恭。若骑马乘车，须下马、下车相询。见长者，男称大爷或老大爷，女称大妈、大娘。同龄人，女称大姐，已婚妇女，称大嫂；男称大哥，旧称三哥，新中国成立后多称同志。现在熟人也有冠以姓氏，称“某哥”，陌生人称先生、女士，比自己年轻些的称小兄弟、老弟、老妹。无论问谁，先说“借问”“请问”等文明用语，得到答复后，道声“谢谢”“麻烦了”。

乡村、城镇翻修或新盖房屋者，左邻右舍都去帮忙打墙、苫房，意即应该在平时互相接济、帮助；谁家有人生了病，街坊们也都去看望，送钱送物；哪家办红、白事，邻居也都去帮忙。有俗语叫：远亲不如近邻。

随着生活水平提高，邻里乡亲搞建设，相互赠送房料、香烟、茶叶、酒及现金，名曰“打墙盖屋、邻帮相助”。有分居或迁新居者，亲朋邻里必携带酒、肉等礼品前往作贺，祝乔迁之喜和家庭邻里和睦，万事如意，称之为“烧炕”。

开业、送行、接风　境内经商开业或改换门面，多邀请同行及亲友前往参加开业仪式。20世纪80年代后，旅馆、酒家、商店以及公司开业，门面上要挂几十米长的彩布贺联，请各单位负责人参加开业典礼，参加者要送现金或纪念品，主人要设高档宴席招待并回赠纪念品。旧时若逢喜事出门，或委任、升迁就职，或会考中榜等，均要告知亲朋好友前来祝贺，现在送行之风已扩大到亲朋远出、干部职工提拔调动、大中专学生录取以及应征入伍等等，凡遇此类事者须送钱送物，表示祝贺。接风之俗自古有之，新官上任、亲友远出归来都要置备宴席为其接风洗尘。

称谓

亲属称谓 曾祖父，称老爷爷；曾祖母，称老奶奶或老嬷嬷（音 ma）。祖父，称爷爷；祖母，称奶奶或嬷嬷。新中国成立后，公职人员子女称祖母为奶奶的渐多。

父亲，旧时称大大。境内西北部少数村庄称爷，20 世纪 70 年代后，称爸爸的渐多；母亲，称娘娘，虎山一带也称娘，公职人员一般称妈。伯父（父亲的哥哥），称大爷，若伯父有数人，以其兄弟排行为序，称大爷、二大爷……，也有称二大大、三大大……的，或称大爹、二爹……；伯母，称大妈、大娘或大娘娘。叔父（父亲的弟弟），称叔，若叔父有数人，以其兄弟排行为序，称二叔、三叔……；叔母，称婶子或二娘、三娘……。姑母，称姑；其夫称姑父，也有称叔、大爷的。

兄，称哥哥或哥；嫂，称嫂子。弟，称弟弟或兄弟；弟媳，称兄媳子、弟妹；姐夫，称哥哥或姐夫；妹夫，称妹夫或兄弟。

外祖父，称姥爷；外祖母，称姥娘、姥姥。

舅父，称舅；舅母，称妗子。姨母，称姨；姨夫，称姨父。

夫妻称谓 农村夫妻相互称谓，多在“他爹”“他娘”之前冠以孩子的乳名，或以“他”“她”指代，背称“做饭的”“俺家里”“俺老婆”“俺外头”“俺男人”。20 世纪 70 年代后，农村年轻夫妇直呼对方姓名的渐多。城镇居民称对方的姓，对年轻人于姓前冠以“小”字，中年以后则冠以“老”字。

妻子称呼丈夫的亲属，当面随丈夫称呼。当着第三者，称公爹为公公，称婆母为婆婆。夫之姐，称大姑姐、大姑子；夫之妹，称小姑子。夫之兄，称大伯（伯读 bei）、大伯头子；夫之弟，称小叔子。丈夫当面称岳父为大爷、叔，背后称丈人或小孩他（她）姥爷；当面称岳母为大妈、婶子，背后称丈母娘或小孩他（她）姥娘。20 世纪 90 年代后，大多随妻称。对妻子的兄弟姊妹，当面随妻称，背后称妻之兄、弟为舅子；妻之兄弟媳妇为舅媳子，妻之姐妹称姨子，妻之姐妹的丈夫称连襟、连桥。

生育 20 世纪 60 年代前，农村产妇多由接生婆接生，产后喝“定心汤”（常用糁子米熬制）。70 年代后，产妇多到医院分娩。

婴儿出世，其父携鸡蛋、抱红公鸡、带饽饽到岳父家报喜。生男孩，鸡蛋染浅红，饽饽上的红点偏离当顶。数日后，亲戚“送粥米”，礼品一般为鸡蛋、红糖、大米、首饰及一块花布（男孩 2 尺，称囤子；女孩 3 尺，称褂子）。20 世纪 90 年代后，多直接送现金，但布料必不可少。第三日中午吃面条，送一碗面条给有来往的邻居，称“分喜面”，邻居回赠几个生鸡蛋，谓之“不空碗”。亲戚多为第九天来，取“九九长远”之意。其他邻居、朋友“送粥米”时间不定，但不能过了“满月”（孩子出生一个月）。亲朋送粥米，喜户都要回赠染红的熟鸡蛋。

百日 孩子出生满 100 天，姥姥、姑、姨、妗子送糕点、衣服，称“过百岁”，有“姑的裤子，姨的袄，妗子的帽子戴到老”俗语。

查关生 孩子满周岁第一次过生日，往往请算命先生测算孩子生辰八字，推断一生运气，谓之“查关生”。如果孩子八字有缺，或是与父母命里相克，为了孩子好养，家人就要给孩子找干爹干妈（必须为命理相生之人），保佑孩子和生父生母平安。

配长命锁 配长命锁很有讲究，不能随便配，一般是由孩子的干爹、干妈用红线串 6 ～ 9 枚铜钱，就是长命锁，3 年以后，再举行解锁仪式。亲生父母还要买裤子（谐音“库子”，即保护孩子之意）和鞋给干爹、干妈，意为把孩子给他们“�着”，孩子好养。现在的长命锁是大人给孩子的吉祥饰物，市面上有很多样式。

寿辰 俗称“生日”“过生日”，青少年吃面条，老年人吃水饺。老人过生日，儿女携寿礼前往祝贺。老人的 66 岁生日尤为隆重，已嫁女儿必送猪肉祝寿，有“六十六，吃闺女送的肉”一说。

上喜坟 青年人结婚后，要到祖坟和外祖父母坟前祭祀，在坟头上压红纸，叫“上喜坟”。境内有的地方子孙考上大学，要到祖坟坟头上压红纸或到附近高岗上竖旗，以示庆祝。

第三节 生产习俗

农家习俗

试犁 每年二月初二，农民牵牛到田里，套上犁具耕几行地即结束，叫“试犁”。其意与旧时帝王、地方官每年仲春亥日举行的“耕藉礼”近似。所谓“二月二，龙抬头，万岁皇爷使金牛……”，表示一年春耕开始，祈望庄稼丰收。

猪食槽上压石头　肥猪出栏后，猪食槽上压一重石，寓意猪栏不空，槽内有食（石）。

打场　夏秋两季，晒干的庄稼铺在场上，用牛拖着碌碡滚打。打场时，使牛人一手牵缰绳，一手执鞭，放开嗓子，拖起高腔，发出“……啦啦……”的号子声。牛随着号子声的急缓而奔驰或缓行。也有不喊号的，“打哑巴场”。此俗20世纪60～70年代集体化时最盛。随着农业机械化普及，进入21世纪后基本消失。

渔家习俗

造船　造船为渔家盛举，仪式隆重。造船期间，船主要数次设宴犒赏工匠。新船造成，亲朋送红旗祝贺，旗幅6尺，取六六大顺之意。20世纪80年代，贺旗骤增，少则数十，多者逾百。新船落成，择吉日举行“开光”仪式，即船主在天亮前到船上焚纸、放鞭、上香，将红、绿、蓝、粉、黄5色布条和5色线用元宝钉钉于船头两侧，称为“灌带”。将备好的2只火红大公鸡，1只在船头外刀割鸡冠，用鸡血染红船的两眼，再用画笔蘸朱砂染红船眼上眉，俗称“开光”，又称挂红，表示该船已睁开眼；把另1只放掉，谓之“放生”。开光后，即可试航，俗称“下河”。下河时，上香、焚纸、大放鞭炮，插上亲朋送的彩旗，有的在船上插青竹（称“摇钱树”），在亲朋欢送下入海。然后，该船就可以下海捕捞。

上杠　本指网中鱼太多时以木杠辅助提网取鱼，沿海一带也作丰收的代词，后作为正月初五议事的名称，希望年内海上丰收。初五这天，在近海从事大网捕捞的船主（俗称“舨主子”）宴请船员，商讨年内捕鱼的各项事宜。1956年合作化完成后，此日只开会议事而无宴席。1978年后，大“铁壳”拉网船剧增，个体船主开始在正月初五“上杠”，宴请船员。

出海　春季出海捕鱼开始，渔船插红旗在鞭炮声中启航。在水中转一圈又回到原处，借海浪之势朝岸上“点头”2次，然后调向而去，此俗至今仍存。船在海上若遇大风，要放桅抛锚，放太平筐箩，出远海大风船上的船老大此时要敬海神娘娘。大风船后仓中供有海神娘娘像，座像前常年供3个酒杯、1个香炉。祭时，船老大站在船面上，口含清水朝东南漱一次，再回后仓为海神娘娘上香、敬酒。祈求风平浪静。出海归来，有时在龙王庙唱大戏，酬谢神灵。新中国成立后破除迷信，人们靠神灵保佑的观念逐渐淡化，祭祀习俗渐废。

插重旗　旧时大风船共有5个仓，若能装满4仓，就算重载。当遥见口岸时，就在大桅杆上升起1面红旗，将丰收的喜讯及早报给接海的人，俗称“插重旗”。捕白鳞鱼时，若超过1万尾，旗挂在大桅杆；若有七八千尾，旗挂在船尾的旗炮上。

拿行（音：hang）　又称“抓行”。近海渔场使用定置网具，鱼的多少不一。有民谣云：“拿了老虎头，吃喝都不愁；拿了金盆底，不种稻子也吃米；拿了下边外，坛漂、撑子一齐卖”。故渔民在每年正月初五财神日，以抓阄的方式来确定各自的渔场。

20世纪70年代前，拿行仪式一般在龙王庙进行，由公推的船老大主持，凡近海下大网（又称坛子网）的船主都参加拿行。这天早饭后杀猪，各船分到一份肉。下午船员到龙王庙祭奠神灵。届时，道士诵经，众人上香、焚纸、放鞭、供三牲（生猪一头、鱼一条、鸡一只）和饽饽。祭毕，晃签决定抓阄次序。各船主的姓名均写在竹签上，装在竹筒中。晃出一个签，此人拿去“抓行”。“行地”（即渔场）写在纸上，装在一截芦苇管内，用红纸包裹，全部放在升（计量粮食的用具）内，用红布将升蒙好，放于庙内神台上。渔民从升内摸出芦苇管展示后再将“行地”登记到账簿上，此账称“行帐”，以备查询。当晚吃水饺。同一村中不下海的人家也包水饺。久而久之，相沿成习，形成了虎山渔村正月初五、岚山头渔村六月十三日的开海仪式。20世纪80年代，“行地”固定，谁先下沪（即在海底打桩）其渔场即归谁，但是虎山渔村仍过正月初五，岚山头渔村过六月十三。

第四节　婚　嫁

新中国成立前，男女遵“父母之命，媒妁之

言”而成婚。婚配讲究门当户对，同姓一般不联姻，出“五服”（5代以外）可通婚。新中国成立后，提倡婚姻自由，实行一夫一妻制，婚姻习俗随时代进步逐渐变革。

说媒 男女到婚配年龄，其父母便央人说媒，俗称“说媳子”或“找婆家”。待双方家长认可后，再互换“庚贴”（上写其儿女的生辰），继而“投契”。婚前，男女很少见面。新中国成立后，媒人称“介绍人”，相亲称“搞对象”。

投契 双方家长同意后，即约定吉日投契，称“定亲”，又称“传契”。男方备衣料、首饰等聘礼及写有“敬求金诺”的媒契，装入“拜盒”，送到女方。女方收礼，回契，契上写“仰答玉音”几字。至此，婚姻关系确立。新中国成立后，投契一俗仍存，内容略有改变，废媒契，只送礼品。男女双方领取结婚证后，其婚姻关系才受法律保护。

问口 又称“送日子”“下礼”。男方请算命先生查定婚礼的日子后，写好婚书，将婚期告知女方，若女方同意，再确定下礼日期。下礼，是男方向女方送聘礼。富者礼物丰厚，并将礼品列清单。女方回礼简单，但给男方的鞋和帽必不可少。人们戏称新女婿戴的新帽为“丈人帽”，源出于此。大龄男女，从定亲到结婚时间较短，多将投契、下礼一次办妥，叫“一盒子抬”。下礼后，女方着手准备嫁妆、衣物。请夫妻、儿女双全的“全命人”缝制被褥，并在被子四角内装上栗子（取其谐音“立子”）及硬币。20世纪50年代，聘礼很少；60年代，讲究几身衣服；70年代，讲究“三转一扭”（自行车、缝纫机、挂钟、收音机）。彩礼钱有99元、190元、290元……，乃至数万元，不论多少，必带9字，寓意“久久长远”。

送嫁妆 新中国成立前，嫁妆由女方陪送，故有“兴家男，败家女”之说。20世纪50年代后，嫁妆多由男方置办，送到女方，出嫁时抬回。60年代，家具一般为“四小件”，即一张抽屉桌、一对木箱、一对捧盒，一对方机。个别户有大衣橱。到80年代，家具一般齐全，另有手表、自行车、缝纫机等，电视机、收录机、沙发也渐普遍。到90年代兴“三大件”，即电冰箱、彩电、摩托车，另外还有洗衣机、收录机、高档沙发、大小组合橱及其他家具。西部山区还要置几样农业机械。

送催妆 婚期临近，女方亲友、邻居多馈赠衣料、化妆品、糕点等礼品，称“送催妆”，出嫁前一天，催妆要作为嫁妆装进箱子里。催妆的花样很多，传统的农村催妆有五色果子、布料、脸盆、妆奁等，新中国成立前，大户人家还有送书的，新中国成立初期有送锄头、铁锨等生产工具的，“文化大革命”期间时兴送给新人“红宝书”，后来多为送红包，但时间都应在出嫁前。

开脸 旧时姑娘在出嫁前一天，由村里会薅汗毛的妇女给新娘子开脸，先将脸上敷粉，再用线交叉绞去脸上汗毛，剪齐刘海，脑后挽髻。20世纪80年代后，结婚到影楼化妆，开脸一俗淡出。

搬亲、看喜 结婚前三五日，男家要去请姥姥、姑、姨等女客，谓之“搬亲”，女客们一为看喜事，二为帮忙。男性亲戚都要在婚后二日或三日备礼前来贺喜、赴宴。其时女家因为要做喜干粮，所以也要搬亲。现在也有搬亲一说，但一般不用住那么久。男方亲朋、乡邻馈赠礼品或钱币，称“看喜”。民国时期，看喜以钱物为主，富人还送“福禄鸳鸯”“天作之合”等喜幛（通常为6尺的布幅）。至20世纪80年代，男方朋友还送喜幛，喜幛多，表示男方交友广，人缘好。90年代，喜幛逐渐减少，喜钱激增，由以前的三五元增至几十元，甚至几百几千元。

出嫁 也叫发嫁。早上要吃“别亲面”。礼服穿戴整齐后，请来两位“好命人”（全家美满幸福之人）拿两枚红鸡蛋滚脸，表示圆满；新娘家人（一般是母亲、婶子、大娘）将新娘的洗脸水朝向花轿或轿车底下泼去，寓意嫁出的女、泼出的水，不会被婆家遣回。

迎亲 俗称娶媳子。20世纪90年代前，婚礼多在下午举行。此后多在上午举行，接着闹洞房。村中若有数人同日成婚，新娘子要抢先过门，称“抢上”。俗语道：“来得早，过得好”。迎亲日，男方贴对联，以粉红纸糊洞房窗户。

新中国成立前，分迎亲和不迎亲两种形式，新娘多在下午择吉时过门。富有之家，新郎亲自去迎接新娘子，备鼓乐，称“大娶”；多数人家，新郎不亲自接新娘子，仅派花轿前往。

“大娶”时新郎披红戴花，骑马，领彩绣大花轿（去时有人坐花轿，称“压轿”），鼓乐、车马与抬“上头礼”的相随。抵女家，拜岳父、岳母，赴宴。新娘“上头”，顶“罩头红”，穿红色小袄。天热不能穿时，须在腰间束一缕棉絮，示儿女厚实。由女嫁客搀扶，踏红毡或花席入轿（雨天，由其兄或弟背上轿）。女方派亲属二人（多为兄、弟）亲送，称“大客（音：kei）”，是来自女方的尊贵客人。

花轿抵村，嫁妆先接入家中。若大娶，入村后鼓乐齐鸣（有的请两棚鼓乐队，竞相献技），花轿则徐徐移动，谓之“踏街”，街邻争看热闹。喜家用红纸包裹两块砖坯，两头写“喜”字，用红纸包两棵大葱，用红毛线捆在砖头上，压在大门的门楼上，俗称“喜砖”，据说能避邪。花轿停于大门外，新娘跨马鞍，踏毡或席入院，拜天地。新中国成立后花轿取消，新娘坐手推车，车上盖红席，搭成弓形棚，车子一推一拉，送亲的人抬着嫁妆步行。20世纪60年代初，新娘多由两位姑娘伴送，步行到婆家。80年代新娘坐拖拉机，后乘轿车。早晨，新郎去新娘家与新娘同往专业婚庆公司或影楼上妆、妆扮婚车，迎亲的人乘6辆以上轿车，越多越气派，多为一色豪华车。早前车头贴大喜字，后加挂彩色气球。婚车一字排开，浩浩荡荡，有专业摄影师乘车全程照相、录像，途中还要到风景名胜景点留影，再去新房。入洞房前，为早生贵子，在本族宗亲内找6岁以下男孩“滚床”。入洞房后，新娘首先要踏着糯米做的两层团糕（圆形，用红包袱蒙住）上床，边踏边说：“步步高，日子好。”“高”与“糕”谐音，寓意新娘新郎以后的生活步步登高。然后，洞房内只留新郎新娘和伴娘，在洞房挂门帘，一般请夫妻双全儿女多的体面人挂，边挂边说：“上八仙，下八仙，请下八仙挂门帘。上挂门帘生贵子，下挂门帘出状元。两手一齐挂，一个状元一个探花。”入洞房后，新郎、新娘吃夫妻双全且子女多的邻居送的水饺，俗称“小饭”。水饺为六碗，每碗六个，意为“顺、久”。新郎新娘进门后，家人就用捧盒送上水饺，给新人晚上吃。旧俗新娘三日不下床，小饭是新娘的主食。当晚吃后余者放在床底，任闹房的人抢去给小孩吃，据说孩子吃了好养。

喜家设盛宴款待送客、轿夫等人，视为上宾。旧时有大客，由女方派亲属（多为兄、弟）亲送，是女方来的最尊贵的客人。20世纪90年代后，入洞房后，双方亲朋好友直接去婚宴酒店。城镇新人在酒店举行婚礼，直接入席。

20世纪80年代前，当晚洞房里要点花烛，即大红蜡烛，有的还雕有花纹。花烛要成对点，寓意比翼双飞。花烛要彻夜不熄，寓意红红火火、飞黄腾达。洞房墙壁上有的贴上对联“洞房花烛夜，金榜题名时”，希望夫君早中功名。

入夜，闹洞房，以青年和孩子最活跃。此间不计较辈份，外姓叔伯份的亦可混入其中，“三日无大小”即指此俗。闹房的散去，新人喝“合卺酒”。待夜深就寝后，婆婆在洞房窗外扔一木墩，叨念几句：“今年扔墩子，来年抱孙子”。农村常有好事者在洞房窗外听悄悄话，谓之“听门子”。还有亲友、邻居在新房外插科打诨要喜馃子吃。

第二日清晨，新娘用碗端着糕水（用切好的上床糕加水煮成），敬献公婆和搬来的亲友，象征着生活如意，节节高。

男方亲友在婚后二日或三日，备礼金或礼品前来贺喜、赴宴，称“喝喜酒”或“送大饭”，后来多送红包。20世纪80年代前，一般是送四色（音：shei）礼，猪肉和粉条是必有的，再加上米面之类，凑成四样。也有送三色礼的，二色礼就比较薄了。旧俗结婚当天不请喜酒，第二天请亲朋，第三天请邻居。后来为了省事，都是结婚当天请客。二日晚，新郎的朋友前来闹房，喜家应准备筵席。

三日，新妇下床，吃面条。“上床包子（即水饺），下床面”，即说此俗。然后拜公婆，再拜诸亲中的长辈，奉上一碗糖米水。男方设宴款待亲朋、街邻，由小姑子、妯娌向邻居、亲戚用捧盒端着盘子分发新媳妇带来的“喜馃子”，称“分盘子”。收到“喜馃子”者要付“盘子”钱给新娘。此后数日，都忙于待客。

四日或六日，新媳妇娘家的父、兄或弟送来梳妆品，借以看望亲人，称为“看亲”。男方设宴，新郎及父、叔或兄弟作陪。也有三日看新人一说。

九日，新娘偕新郎回娘家看望爹娘，称“回九”，当日归。后多“回六”。

20世纪80年代前，女子出嫁后，满月（一个月，即蜜月）后，必须由娘家人来搬，婆家同意后，女子方能回娘家。如果女子擅自回去，还可能会被婆家休了（赶回娘家，取消婚约）。

结婚习俗，随时代发展而不断变化，近年旅行结婚和集体婚礼已常出现，因是人生大事，故铺张扬名、求新显阔一直难以避免，21 世纪后，男方的宴席花费，少则数千，多则数万。

娃娃亲 新中国成立前，双方家长因亲戚、朋友或官场同僚相处投缘，便在孩子未出生或幼儿时，喝“交杯酒”或“换庚帖”，为儿女定下婚事。因违背当事人意愿，无感情基础，再加日后人情多变，婚约期间或婚后多有离散。新中国成立后政府明令禁止，此俗绝迹。

童养媳 新中国成立前存在的一种特殊婚姻形式，贫家养不起女儿，两家商定，将女儿养在男家，待其长大成人后成婚，故称“童养媳”。结婚时，大都在其婆家的邻居家中稍事妆扮便被领回，拜罢天地就成夫妻。新中国成立后，政府禁止收养童养媳。

寡妇再嫁 20 世纪 70 年代前，寡妇再嫁称“踏二道门”，又称“半夫头”，常为社会舆论所鄙视。早晨过门，坐车，不坐花轿。若坐轿，也只能是蓝布轿，不能掩轿门，以区别于初婚。到男方门前，接过他人递给的一卷帘子，入厨房擀面，就算完婚。新中国成立后，寡妇再嫁受法律保护，上述歧视寡妇的风俗绝迹。

招女婿 旧称入赘，有女无儿者，招婿做子，俗称“倒插门”。新中国成立前，上门女婿被人瞧不起。新中国成立后，男女平等，对男到女家与女到男家一视同仁。

纳妾 新中国成立前，富有男子除正妻外多有纳妾者。新中国成立后，实行一夫一妻制，纳妾禁绝。

换亲与转亲 两户人家都娶不上儿媳，但都有女儿，经媒人撮合，互易女儿到对方做儿媳，故称“换亲”。“转亲”，其程序与换亲基本相同，但至少三户人家参与互相转换，也有多至六七户者。这些落后的婚姻方式，由于多数男女缺乏爱情基础，故其家庭不睦，离婚率也大大高于一般婚姻。随着社会文明程度提高，这一婚姻形式已渐绝迹。

第五节 丧 葬

死者在弥留之际就移到堂屋小床（称“灵床”），不能死在内室，如死在里间还要“过梁”。之后家人请执事客（音：kei，即司仪，负责全面礼仪之人），筹备后事。人死后，俗称“老了”“走了”或“不在了”，要为死者净面、理发、梳头、穿寿衣。外衣必为棉衣。死于外地，其尸不能进屋，有“冷尸不进热宅”的禁忌。富者以丝绸覆盖全身，叫做“轻被子”，穷人用黄裱纸遮面。无论穷富，均在死者口中放一金属制品或玉器，谓之“噙口”，并在胸口压一重物（富人用铜镜、银元，穷人用铲头、犁碎片、秤砣），以防“凶尸”。灵床前置一矮桌，放死者牌位、供品，点长明灯和香炉，桌前放一泥盆，用来在盆内烧纸，称“劳盆”。灵屋由儿女昼夜守灵，防小动物入灵堂，要香火不断，灯长明。安排停当，组成 8 ～ 12 人治丧班子，1 人为执事客（音 kei），为治丧班子总管，1 人执笔（称福利客或坐柜先生，负责文书、收支帐目），1 人烧汤，烧汤者必须是有儿有女夫妇双全的妇女，1 人去订做库楼、旌楼、纸草（男的扎马；女的扎轿，另扎一头黄牛，俗传可代女逝主在黄泉路上喝脏水），另有报丧、买办 2 ～ 3 人，这些人通称“帮忙的”或“主重的”，又叫“重客”。

死者去世当天，丧主及近房晚辈，以白布制孝服、扯裹头布、裱鞋。旧时夫亡妻戴孝，妻故夫不戴孝。

送汤 重客人选安排好后，即开始送汤。第一顿汤俗称“导头汤”，提汤罐的重客和端捧盒的重客在前，捧盒内放死者牌位和 3 卷纸，儿女们都要赤着脚，长子手执装满小米汤的酒壶在后，众儿女、孙子、曾孙按年龄长幼为序跟着排成一列，到土地庙前跪下，提汤罐的重客安放好死者牌位，把汤水均匀倒在庙的周围，然后烧纸。回来后接着送第二趟，第二趟儿女都要顶着白布，穿上鞋，重（曾）孙在孝服上钉 1 小块蓝布，重重孙（玄孙）在孝服上钉 1 小块红布。第一顿汤要送 3 趟，然后每到吃饭时送 1 顿，一直到送盘缠，一般是 7 顿汤。

报丧 停灵后，旧时富家写讣告，快速报与亲友，叫“出帖”。穷丧主则由专司报丧之人按名单、住址，到亲戚家报丧，告知何日出殡。报丧人持一柳木棍或竹竿，到达后将棍倚于该户的大门外。

送盘缠 在出殡的前一天傍晚，到土地庙“送盘缠”，请吹鼓手(现改为录音机放哀乐)，儿女们披麻戴孝赤足举行指路仪式，死者的长子登上杌子，右手执棍指向西方，大声哀呼着对死者的称呼“××！西方大路，苦处使钱，甜处安身！”。由闺女婿(或侄女婿)安牌位，行九叩礼，其余亲戚按关系亲疏依次叩头。同时，由死者闺女、侄女或孙女烧纸，小声泣呼着死者：“拿钱买路走，拿钱买饭吃、买水喝，到这里捎几个钱用吧！”。此时，亲友邻居送烧纸，称“赗人钱”，然后给死者叩头，重客焚烧纸草。

出殡 一般在人死后第三天出殡，称“随三日”，富有人家则请算命先生选择“丧日”。院内设祭棚，祭棚迎面正中上挂旌楼子，下悬旌。旌的上端及两侧，男的画龙，写“硕德××公讳××字××享年××岁之柩”，女的画凤，写“淑德×母×太君××岁之柩”，用字俱是男单、女双，右边写生卒年月，左边写歌颂功德文辞。旌下摆祭桌，桌上放猪头三牲，三荤五素，水果点心等。祭棚外支起晃大人(巨人形状，施以彩绘，由一人在内部扛着，随音乐节奏晃动行走，即古之“方相”)。吹鼓手于早饭前到场(一般 8 ～ 16 人，8 人为 1 棚，16 人为 2 棚，现多改为录音机放音乐)。早饭后，本族年少侄孙或外甥戴孝分列灵棚前，陪亲朋祭拜叩头，叫陪棚。亲朋吊唁，称“送殡”，付与丧主一些钱或烧纸，称“赗人钱”或“上礼”。后辈或同辈到灵棚给死者叩头。

揎库 午后第一项是揎库。鼓乐响起，众孝子集合，有专人把烧纸盛于筛子放在库楼前。库楼多为 2 座，是民间艺人手工纸扎品，二层楼状，彩纸裱糊，画有飞檐顶、砖墙、门窗。长子和长女把库门打开，在库楼四角各放 1 个大饽饽，其次是水果、点心、煎饼之类，也可适量放点肉类、鱼类，但不能用巴鱼和咸鱼，否则后人会出“喘(短)脖子”。然后由执事客指导众孝眷依次把烧纸揎到库楼里。揎库时鼓乐声不断，孝子不能流眼泪、有哭声，最忌眼泪滴到烧纸上。揎库完毕，长子或长女把库门锁上，把钥匙放在库的一角。此后即要举行入殓仪式。

入殓 入殓前，孝子皆着孝服，女孝眷把劳盆内的纸灰用火纸分包成若干小包，连同头天缝制好的小米袋子、小面袋子、五谷囤子(呈小塔状)、门帘(挡在墓穴门口的布帘子，蓝布，长一尺，宽 6 寸)，一并放在篼子里。入殓开始，重客在棺底铺以 7 枚铜钱，呈北斗星状，将尸体移入棺内，孝子以酒擦洗死者面部，称“净面”。抬棺者将棺材盖封死，称“煞钉”，此时孝子大哭，棺材移入罩(外棺，即“椁”)内(穷人一般不用罩)。入罩前，有人扶死者长子用一把新笤帚拂去棺盖上的尘埃。

拉棺 灵柩起行称“拉棺”或“升棺”，“拉棺”时，由长子把“劳盆”摔在地上，谓之“摔劳盆”。其盆越碎，表明死者的子孙越兴旺。倘若一次摔不碎，则不能再摔，要用哀杖砸碎。摔盆人为死者财产的公认继承人，古时受法律的保护。起棺后，孝子随棺哭行，女眷留在家中。大门口一侧摆一盆干饭(米饭)，内有豆腐和两棵大葱、两双红筷子、两条煎好的鱼，谓之“富贵饭”，另放一盆艾子(艾蒿)水供孝子回家洗脸。富贵饭要由儿女、夫妻双全的老年妇女看管，谓之“看富贵饭”。若死者年龄大，且子孙满堂，便有村中小孩抢吃，以图长生。

路祭 即在大路或大街上举行供亲友吊唁的仪式。礼仪场面在民间丧葬习俗中最为讲究，多引来全村甚至外村人观看。灵柩出村，把家里拜棚里的祭桌连同祭品、祭具搬到村头大路或村中大街上，宽畅、不影响交通为宜，祭桌前铺芦席、红毡，库楼、旌楼子及旌立于桌后，棺材依次后放，孝眷们在棺材周围哭奠。奠客先在祭桌前行祭拜，多数地方跪地磕“四勤四懒九叩头”，或磕 4 个头(懒头)，有的地方重要宾客，特别是贵客(闺女婿)，要行“二十四拜大礼”，即先在祭桌前中央作揖、叩头 1 次，祭酒、焚香(象征性举过额头，交由执事客)1 次；后到祭桌左边作揖、叩头 7 次，祭酒、焚香 2 次；到祭桌右边作揖、叩头 8 次，祭酒、焚香 3 次；回到祭桌中央作揖、叩头 4 次，祭酒、焚香 4 次，再作揖连叩 4 次头，全过程“左七右八中间九，九祭二十四叩头”。众客人依次磕完头后，众孝眷要谢客，谢完客回头面朝祭桌，撤掉红毡、芦席，跪地磕“四勤四懒九叩头”，路祭礼仪完毕，孝子停止哭泣，随棺抵坟地安葬死者。归来不走原路。晚间，宴待亲朋及治丧理事众人。

上坟 殡后三日，全家人及出嫁的闺女再备纸、锞，着孝服，齐集坟前，上“三日坟”。此外，还上“五七坟”“百日坟”“忌日坟”。

20世纪60～70年代，送汤等迷信仪式逐渐废除，为死者开追悼会即埋入墓地。1976年始推行火化，把骨灰盒埋入坟地或放入骨灰堂。报丧一俗仍存。出殡时，亲朋毕至，佩戴白花、黑纱或黑色臂章，举行简单的吊唁仪式。20世纪80年代以后，丧葬迷信活动在某些村庄又开始盛行。

第六节 祭 祀

岚山古代地属东夷部落，境内临海多山，野兽众多，雷电、冰雹、洪水、海啸等自然灾害频发。面对复杂多变的恶劣环境，先民在进行渔猎活动时，以祭天、祭神、祭祖先等仪式，祈求神灵保佑平安。从尧王城、郑家结庄、孙由等地出土的祭祀坑及酒器、酒具等器物，可见早在龙山文化时期，境内就有祭祀活动。历经数千年沿袭，至新中国成立前，各类祭祀仪式既丰富多彩，又别具特色，祭品、祭具随时代变迁而不断翻新。

祭祖先 新中国成立前，境内农家祭祖先主要在寒食节、中元节、“冬享(冬至)节”和过年4大节日，俗称“上坟”。每到节日前，先置办供品、烧纸，至节日下午，由家中男性长者(以行走方便者为宜)挑着竹编两层食盒和筦子(也有子或孙挑着的)在前，子或孙手端酒壶、茶壶在后，按先长辈、后晚辈坟墓的顺序，在坟前敬香、摆供品、烧纸，奠茶、奠酒、奠菜、奠饭，然后按长、晚辈顺序，肃穆站立，作揖，叩4个头(有“神三，鬼四，人一个”之说)，处理好烧纸灰火即离去。此外，还有逝者忌日坟(仅祭9年，有“十年忌日九年上”之说)，部分人家于端午节早上提着粽子去祖茔简单祭奠。

20世纪60～70年代，“上坟”习俗一度被禁止，其后又逐渐盛行。90年代年后，但凡祖墓在家乡的城里居民，且一天能赶回家的(也有远途离退休人士提前几天回家的)，都会利用假日带全家返乡祭祖上坟，其寓意已从恩荫、护佑后代，转变为以寻根念祖、寄托哀思为主，兼或追寻童时记忆、观赏家乡风光。

祭神 据清光绪十一年版《日照县志》记载，是时仅安东卫就有镇武庙、关帝庙、城隍庙、马神庙、三宫庙、龙神祠、天后宫、观音堂等，还有文庙、阿掖山上的三元行宫、巨峰朝元山上的朝元观，以及各地的山神庙、土地祠(庙)、先贤先哲祠等。官府对祭祀的时间有定制，多于春(二月)、秋(十月)两季择吉日进行。届时乡绅名流、在籍生员穿戴一新，乡社隶卒抬着牛、羊、猪三牲和其他供品，举旌旗，奏笙箫，场面肃穆壮观，往往引来众多百姓观看。有行善人士可在此时捐款捐物，记册刻石，留名后世。民间还有农历正月初二祭财神、六月十九祭太阳的旧俗。

20世纪20年代，碑廓王家庄人王冠三在家乡创办新式学堂，反对封建迷信，捣毁碑廓、安东卫一带庙堂神龛，随后各地纷纷效仿。抗日战争时期，历经日本侵略军与汉奸、土匪的轮番占领摧残，境内宫观、庙祠等所剩无几，至新中国成立初，祭神活动全部停止。

在诸神祇中，人们对灶神祭祀最勤。除“小年”隆重祭祀，平常日，逢改善生活，亦必先用筷子夹一点食物置于灶王像前，俗称“奠奠”。有的甚至一年到头每饭必奠。20世纪60年代后，多数人家废止此习。

祭山 清代以前，境内各地都有祭山活动，多选在春、秋举行，以祭佛、道仙、山神为主。祭祀那天，当地士绅、名流、财主穿戴整齐，后面跟着看热闹的众多百姓，齐聚早已设好的祭坛下，摆上祭品，高挂旌帛，笙箫鼓乐奏鸣，一人身缠鞭炮，用手捋着绕祭坛穿梭燃放，往往博得众人的阵阵喝彩，然后唱大戏(多唱京剧)。大型的祭山活动多持续几天几夜，斋主和善男信女捐银捐物，祈求神灵护佑。

民国至抗日战争前，若干年祭山一次，抗日战争时期，因日伪军的不断“扫荡”，很少有祭山活动。新中国成立后，境内祭山活动绝迹。

祭海 也叫敬海，沿海渔民自古就有敬海的习俗，是岚山最具特色的传统祭祀活动，包括敬龙王、财神、海神娘娘(天后)，虎山潘家村一带还敬关圣大帝(关公)。新中国成立前,每年的正月初五天不亮,虎山东湖一带的渔民就到龙王庙祭海,潘家村等地渔民则在海边祭海,摆放猪头三牲、水果、点心等祭品,悬挂起各色旌旗,众渔民三叩九拜,祈求龙王、财神或海神娘娘、关圣大帝赐福,保佑一年的平安、丰产;岚山头渔民则到海神庙祭海祈福。在海上捕鱼遇上"大鱼"(即鲸,渔民称之为"大老爷"),船老大要率众船员跪拜敬香、烧纸,祈求保佑平安。在每年的六月十三,岚山头渔民还要举行祭海节。

20 世纪 60 ~ 70 年代,祭海习俗被当作封建迷信禁止,80 年代后又逐渐盛行。2009 年农历六月十三日,岚山头街道渔民在海神庙前举行祭海仪式。渔民们身着特制的礼服,摆放猪头三牲等祭品,船头船尾挂黄色"龙旗",主祭人面向大海庄重诵读祭文,渔民代表朝着龙王像敬酒上香、行叩拜大礼,祈求年年鱼满仓、岁岁保平安。祀毕,燃放鞭炮,放七彩焰火,演出《岚山号子》、扭秧歌、舞龙狮等节目。

图 34-6 岚山头祭海节 (摄于 2009 年农历六月十三日)

附:2009 年祭海文

祭海文

环宇洪荒,沧海茫茫;碧波无际,潮落潮涨。
鱼虾丰硕,鸥鸟翱翔;龙王水宫,生命故乡。
万物生灵,无穷宝藏;壮哉大海,伟哉汪洋。
斗转星移,人间沧桑;深承恩泽,惠赐福康。
岚山渔民,激情豪放;人海相谐,情缘深长。
黄海明珠,赞歌嘹亮;敬畏大海,崇拜龙王。
一帆风顺,金银满仓;祈福平安,幸福吉祥。
海人合一,惠风和畅;政通人和,再造辉煌。
值此吉日,谨献酌觞;虔诚致祭,伏惟尚飨!

祭品 历代对祭祀用品都有成文规定,如祭"至圣先师(孔子)",清光绪十一年版《日照县志》记载用"制帛各一,色白。各羊一,豕一,鉶一,簠一,簋一,笾一,豆八,炉一,镫二"。祭乐规定为"春祭,夹钟为宫,倍应钟起调。秋祭,南宫为宫,仲吕起调。"民间祭祀用品用五荤(有祖上许愿信道者用五素)、酒、茶、香、烧纸、锞子(用锡箔纸做成的元宝)等。

新中国成立后,随着祭祀活动的减少,祭品也由繁到简。至 20 世纪 60 ~ 70 年代,祭祀活动一度被禁止。80 年代后,部分祭祀活动复兴(如祭海),猪头三牲、五荤五素、烧纸、锞子、旌旗等重回祭祀现场,民间祭祖的祭品则以点心、水果、烧纸、酒、茶为主。2000 年后,祭品逐渐演变成在烧纸上印上币值,或仿流通纸币制作"冥钱",冠以"天堂银行""天地银行",有百元、千元、万元、亿元、千亿元不等,另有以金箔纸、锡箔纸制作的"金锞子""银锞子",部分地域还在死者"五七坟"使用纸扎的彩电、手机、冰箱、轿车等现代电器。

第七节 禁 忌

新中国成立前,受科学水平限制及社会政治、文化影响,有关生产、生活等方面流行的禁忌较多,有些禁忌带有封建迷信色彩,有些是出于礼貌、卫生及有利于人际关系、尊重他人的意味。新中国成立后,一些带有封建迷信色彩的禁忌逐渐消失,具有积极意义的禁忌仍广泛存在。

饮食禁忌 蒸馒头、做豆腐、包水饺等,忌说"完了、死了、坏了、没了、破了、断了、落地"等不吉利话。递烟、酒、茶要用双手,忌单手相送,恐有不敬之嫌。喝酒、吃东西以劝别人多用为敬,以自饮自食为忌。宴客时，忌媳妇、小孩上桌共餐，以示对客人尊敬。宴客吃饭，主人始终陪吃，忌在客人吃饱前，早已吃饱离席。待客的菜盘忌用5个，因5为祭奠之数。小孩忌吃鸡头、鸡爪、鸡血、鱼卵，意为小孩子吃鸡头，结婚下雨，吃鸡爪子写字不好，吃了鸡血脸上生黑斑，吃了鱼卵不识数。忌吃猫肉，以为猫有九命，能大难不死，人吃猫肉，死后过不去“奈河”。

渔家禁忌 在渔民家吃饭时，筷子忌平放在碗上，只能放在桌面上，这是因为船在海里遇上风流时，需将桅放倒，而筷子与桅干、碗与船形似，筷子不平放在碗上意在行船不遇风浪，且筷子不称筷子，而称“篙(gao)”；席间忌说帆(翻)、淹等字。盐不称盐，而称“骚(sao)”，意在怕“淹”了。渔民搬动物体忌说“翻过来”，说“打个张”“调过来”或说“正过来”。新中国成立前，女人不能上船，穿草鞋垫子不能上船。船离岸远了不说远，而曰“开哥”，即越开越远。渔家禁忌习俗大都反映对安全与丰收的心理期盼。

服饰禁忌 父母在，子女忌戴白色帽子，恐招致不祥。衣服纽扣以5个为宜，忌双数。衣服晾晒忌夜间放在室外，特别是小孩和妇女的衣物，恐有鬼神伤害衣物及人。

语言禁忌 新年初一要起早五更，忌高声说话，不打骂训斥孩子或吵架，全说吉利话(过年话)。祖先或长辈的名字，晚辈不能直接称呼，否则是大不敬。忌讳叫别人小名，尤其是侮辱性外号。老人忌讳说七十三、八十四岁，而是或说七十二、七十四，或说八十三、八十五，因有俗语“七十三、八十四，阎王不叫自己去”；高寿老人，忌说一百岁，只说九十九，有的只说九十。嫂子与小叔子、小姑子之间，叔、侄之间可以打撩骂俏，公爹与儿媳、哥哥(大伯头子)和弟媳不能开玩笑。串门时不许说“这家子没人”。周围人家有丧事，忌说笑和娱乐。

人死了，忌说“死”，要说“老了”“走了”。小孩夭亡也忌说“死”，要说“没了”。棺材讳言棺材，要说土板寿器。

行为禁忌 年五更要欢欢喜喜，不准愁眉苦脸；忌打碎生活用具，不许向院里泼脏水。正月初一，忌扫地、倒垃圾、挑水、做针线活。年初五忌推磨、跐碓、挑水、拾柴草等，以免把蚂蚁弄到家中。正月十五前，忌出猪栏粪，意为不能在太岁头上动土，容易掘出状如蜥蜴之物；动了“太岁”，其家人会遭灾祸。正月十三(传为杨公忌日)忌出门办事，每年有十三个杨公忌日，以后每二十八天一个忌日，即二月十一、三月初九、四月初七……以此类推至腊月十九，百事不宜。每月初一、十五及“月忌日”(初五、十四、二十三)，不能带小孩走亲。立春、立夏、立秋、立冬前一天为四绝，百事不宜。嫁娶忌请孕妇、寡妇及穿孝者迎送新人，也忌孕妇坐婚床。忌下午探望病人。家有生麻疹者，忌外人进宅。药物忌放窗台。带孝帽子穿孝衣的人不许到人家借东西。吃饭时饭桌上忌放剪刀、菜刀，门框忌钉钉子等。搬运庄稼时忌扁担、钩担、杠子横放谷场，必须竖起来，认为违者肩上会生疮疖。忌用笤帚扫场、扫帚扫当门(室内地面)。禁粮囤之上放刀、剪等刃器，以免吓走保囤狐仙。忌经期、产期妇女走进瓜地果园，谓违者会“扑”死瓜果。忌从镰刀、斧或菜刀上方跨过。对年纪大的人，忌留其住宿和久坐，所谓“七十不留宿，八十不留坐”，恐有不测；忌与小孩打撩。到别人家串门，忌直入院，要先敲门，问谁在家，有人答应方可入内，特别夏天，家中有人赤臂袒胸或有人洗澡，更忌外人闯入。忌到里间(卧室)乱瞅。到别人家挑水，手提水桶，忌挑着水桶进入。借别人药壶，用后忌送还，要等物主自己索要。此类禁忌随社会发展逐渐改变，但仍有人讲究。

沿海青少年放风筝忌言“风筝”而称“鹞子”。渔民在船上忌光身睡觉和随地大小便，以免亵渎海神娘娘，冒犯神灵。在渔船上劳作时，不能穿凉鞋和露皮肉的鞋，以免鱼漏网。石匠忌打“名崖”“奇石”“孤石”，有保护环境的意味。

特殊禁忌 忌讳母鸡打鸣，以为母鸡打鸣乃不祥之兆。猫头鹰俗称“夜猫子”，叫声分2种，一种是哭，一种是笑，忌讳夜里在门前哭，俗语云“猫头鹰叫，祸来到”；更忌讳听到猫头鹰夜里笑，以为听到猫头鹰笑会有死丧之灾。俗以为古槐、松柏有灵性，砍伐会招祸生灾。松、柏树多栽于坟地，院内不栽松柏树。院墙角忌北窄南宽簸箕形，意为棺材形。父母亡故百日内忌剃头，3年内不贴红对联。住房和大门忌正对别家的墙角或屋山头，俗称“碰山”，无法避免时则于自己墙上镶一砖，上刻“太公在此”或“泰山石敢当”字样。二月十五为太上老君生日，铁匠停业，3 天为其祝寿；打铁时，师父的指挥锤不能空敲砧顶，忌“打空”，谓无生意之兆。屠宰行过春节时封刀，刀具要整齐（俗叫“顺头”），放于筐内，称作“不乱刀”；平时不许别人靠近刀具，此俗有保证安全之意。

第五章　宗教信仰

第一节　佛　教

唐代之前佛教传入境内，主要有 2 个教派，出家修行的僧尼多为“禅宗”，在家吃斋念佛的属“净土宗”。

明代寺院庵堂骤增，僧尼增多。日照县署专设僧会司管理佛教事务。清初，境内佛教盛行。民国年间，寺庵多半失修，僧尼很少，某些寺院住着俗家道士。1920 年（民国 9 年）境内尚存卧佛寺、磴山寺、香塔寺大殿等。新中国建立后，佛教在域内停止活动。

2005 年 1 月，山东省宗教局以《关于〈日照市民族宗教事务办公室关于修复卧佛院的请示〉的批复》同意重修卧佛寺，列为佛教活动场所。2005 年 1 月，日照市民族宗教办公室《关于〈岚山办事处办公室关于修复阿掖山卧佛院的请示〉的批复》，同意重修卧佛寺。2005 年 2 月，岚山区人民政府民族宗教事务办公室（简称区民族宗教办）下发《关于做好阿掖山卧佛寺修复工作的通知》，决定在阿掖山主峰西侧择地修建卧佛寺。卧佛寺设计占地约 10 万平方米，规划建设项目包括宝塔、卧佛殿、天王殿、罗汉堂、佛学院、伽蓝殿、地藏殿、三圣殿、祖师殿、方丈院、素斋堂等结构建筑，规划建筑面积约 1.5 万平方米。

2005 年 1 月，由区委统战部、区建设局、区林业局、区民族宗教办、寺庙负责人等组成阿掖山卧佛寺建设领导小组，管理卧佛寺修复修缮等重大事项监督，管理寺庙的财产和收入，决定重大开支项目，定期审查寺庙财务收支情况，定期听取场所负责人开展宗教活动情况汇报，加强对外来人员管理和僧团之间交往交流，维护寺庙合法权益，保障寺庙正常宗教活动。

2005 年 9 月 10 日，山东省政协常委、省佛教协会会长、山东日照阿掖山卧佛寺住持觉照大和尚主持了“阿掖山卧佛寺大雄宝殿奠基仪式暨卧佛开光”法会。2009 年，大雄宝殿、护坡等主体工程完工，2010 年后开始建设天王殿殿堂和素斋堂等工程。

图 34-7　卧佛寺大雄宝殿　（摄于 2009 年）

至 2012 年，岚山有依法批准的佛教活动场所 1 处，即阿掖山卧佛寺；有登记在册的佛教教职员 4 人，信教人员 85 人，主要分布在岚山头街道、安东卫街道和虎山镇。

第二节　道　教

道教于汉、唐时传入境内，兴盛于宋、元、明、清。域内原有朝元观，位于巨峰镇朝元山，始建年代不详。据清光绪十一年版《日照县志》载，观内有一棵宋代植银杏树，荫被数亩。道观呈四合院式，有大殿、千佛阁等，共有房48间；金代张永寿14岁即修道于此。该道观曾享有“进了日照县，先看朝元观”的盛誉。民国年间，住观道人多属“正一派”（俗家道士，有妻子儿女），他们既住道观，也住佛寺。俗家道士一般都有师傅，能诵念道教经典，熟悉斋、醮、祭、祷等仪式。少数道士会武功。道士除庙产和接受善男信女的香火钱外，还给富户念经，做“道场”或“顺星”驱邪，从中得些收入，用以度日。20世纪30年代，有道士10余名，卞元苍（巨峰青墩人）主持观中事务。抗日战争结束后，道教活动基本停止。1947年，道观被拆掉。

据清康熙十二年版《安东卫志》记载，明清时安东卫有镇武庙、三官庙和位于阿掖山顶的三元行宫等宫观，至清代末期即已衰败。

另据清光绪十一年版《日照县志》记载，境内还有2处龙神祠，一在安东卫“城东南八里，元朝海运泊舟处，有古庙遗址。明嘉靖年间重建”；一在“高兴集”，此2处早在民国前就已毁。

此外，明代初期建于中楼马亓窑村南的真武庙、村北的雹雾爷爷庙，中楼葡萄山庙、赵家西楼庙，清初建于磴山山下的龙女祠等，均在新中国建立前毁坏。

第三节　天主教

旧社会，岚山境内天主教属德国“圣言会”传教区。清光绪五年（1879年），天主教德国主教安治泰、传教士薛田资到日照，首先在巨峰丁吕土山等地建教堂，设传教区，后又在邵家府（现属巨峰镇薄家口村自然村）建分堂，以传教为名，搞间谍活动，进行经济、思想及文化等方面的渗透。薛田资等神父对境内的山川、地理、口岸、矿产、土特产等，进行周密调查，将资料上报德国教会。传教士网罗不良分子入教，为非作歹，欺压百姓。清廷官吏媚外护教，使教徒愈发仗势欺人。

清光绪二十四年（1898年）十一月，巨峰土山村韩姓、丁姓村民田产相继被教徒霸占，并遭殴打。巨峰镇杨家庄人丁鸿吉基于义愤，在巨峰的土山、杨家庄子、邵家府、李家大村等村组织300余人，集会于土山村，高喊“反洋教”“杀教徒”“烧教堂”等口号，捆绑了薛田资等人，火烧教堂，2名教徒在冲突中毙命。此后，邵家府等日照南部教堂亦被丁鸿吉率众捣毁。事发后，教会向驻青岛、北京的德国公使要求出兵日照。1899年2月19日，驻青岛德国侵略军300余人，乘军舰3艘，侵入岚山头海域。一支于3月30日攻占日照城；另一支在荻水口登陆，于4月2日经安东卫窜至韩家村，放火焚烧居民房屋300余间。在德国侵略军和教会的威逼胁迫下，日照县被迫赔银2.5万两，德兵方退，但此后又被教会勒索白银7.7万两。这就是闻名中外的“日照教案”。

抗日战争爆发后，境内传教士撤离。

第四节　基督教

基督教在中国又称耶稣教。1920年，基督教牧师约翰老令（瑞典人）从诸城来日照设立“日照耶稣教福音堂”，隶属诸城“瑞华基督教浸信会”。当时，境内居民对外来宗教存有戒心，多数人不敢与其接触。此后，教会多次组织“大蓬布道团”，在城乡进行传教活动，1929年，在汉家皋陆（在今后村镇内）设立福音堂，一年后停办。

1945年，中国籍传教人员庄文奎、张淑玉夫妇从莒县来日照主持教务，将“耶稣教福音堂”改名为“中华基督教会”，在汉家皋陆等村设支堂。1947年秋，教会停止活动。

新中国成立后，宗教活动基本停止，1978年后，党和国家贯彻宗教信仰自由政策，基督教在境内恢复并有发展。至2012年，岚山辖区共有基督教人员1452人，主要分布在岚山头、安东卫、虎山等乡镇街道。2012年12月，经日照市民族宗教事务办公室批准，安东卫街道泉子庙社区和虎山镇东湖村设立基督教活动场所。

2012年中楼镇划入岚山区，该镇共有10个信教点800余名信教人员。

第三十五编　方　言

岚山方言属北方方言区日照方言范围，许多方面与普通话相同。同时，岚山方言又有一些独特的地方：

1. 声母韵母配合关系方面，以 i 或 u 作为介音的复韵母与 tʃ、tʃ'、ʃ、t、t'、tθ、tθ'、θ 等声母相拼时，常常不出现介音 i、u；无舌面音而代之以舌叶音；将舌尖前音读为齿间音；区分尖团音等。

2. 声调方面，岚山方言发音较为短促，多音节词的第一个字发音重，后面的音节强调声母，而韵母比较含混。

3. 词汇方面，岚山方言中有许多独特的名词、动词、修饰语等。

本卷从语音、词汇和语法三方面加以说明。为便于理解，《读音表》采用汉语拼音字母（拟音）和国际音标双重标注，“词汇”与“民谣”部分只标注国际音标，用五度标记法标出声调调值，轻声不标本调。词语用字尽量选用符合音义的本字，难以确定本字的选用同音字或音近字，现代汉语没有的音节或无可用汉字的用“□”代替。词语释义放在音标之后，其引申义、比喻义以及歇后语、双关语等一般不另作说明。

第一章 语 音

第一节 声 母

岚山方言声母有 22 个（包括零声母）：

国际音标	汉语拼音	例字
(1) [p]	[b]	帮把报
(2) [p']	[p]	脾牌爬
(3) [m]	[m]	眉妹忙
(4) [f]	[f]	分佛封
(5) [t]	[d]	德肚胆
(6) [t']	[t]	推他吞
(7) [n]	[n]	奶女年
(8) [l]	[l]	辣累乐
(9) [k]	[g]	哥格鼓
(10) [k']	[k]	刻克苦
(11) [x]	[h]	胡喝狠
(12) [tʃ]	[j]	计张均
(13) [tʃ']	[q]	起曲陈
(14) [ʃ]	[x]	歇需深
(15) [tȘ]	[zh]	烛纸找
(16) [tȘ']	[ch]	床谗查
(17) [Ș]	[sh]	诗山水
(18) [tθ]	[z]	字砸赞
(19) [tθ']	[c]	刺材参
(20) [θ]	[s]	苏洒孙
(21) [v]	[w]	问屋翁
(22) [i]	[i] 或 [y]	衣如鱼

第二节 韵 母

岚山方言韵母有 38 个：

国际音标	汉语拼音	例字
(1) [a]	[a]	爸拉
(2) [o]	[o]	波磨
(3) [ə]	[e]	哥可
(4) [ai]	[ai]	开买
(5) [ei]	[ei]	黑色
(6) [au]	[ao]	宝猫
(7) [ou]	[ou]	求瘦
(8) [an]	[an]	看山
(9) [ən]	[en]	晨孙
(10) [aŋ]	[ang]	苍桑
(11) [əŋ]	[eng]	争腾
(12) [ɾ]	[i]	资斯思机期稀
(13) [ɫ]	[i]	耳二
(14) [ɩ]	[i]	纸事
(15) [i]	[i]	李皮集齐西
(16) [ia]	[ia]	俩牙
(17) [iə]	[ie]	切姐
(18) [iai]	[iai]	挨矮

(19) [iau]	[iao]	瞧掉
(20) [iou]	[iu]	刘丢
(21) [ian]	[ian]	年连
(22) [iən]	[in]	进拼
(23) [iaŋ]	[iang]	奖枪
(24) [iŋ]	[ing]	明情
(25) [u]	[u]	粗途
(26) [ua]	[ua]	花夸
(27) [uo]	[uo]	朵火
(28) [uai]	[uai]	怀揣
(29) [uei]	[ui]	追吹
(30) [uan]	[uan]	段算
(31) [uən]	[un]	困棍
(32) [uaŋ]	[uang]	广慌
(33) [uŋ]	[ong]	懂铜
(34) [y]	[ǖ]	女吕
(35) [yə]	[üe]	却说
(36) [yan]	[üan]	船卷
(37) [yən]	[ün]	春顺
(38) [yŋ]	[iong]	松永

第三节 声 调

岚山方言声调有 5 个调类：

(1) 上声：高平调 55

(2) 阳平：高降调 53

(3) 阴平：低升调 13

(4) 降升调 213

（此调较少，一般出现在名词、动词或短语的第一个音节，起强调作用，见“词汇”部分）

(5) 去声：中降调 31

第四节 语音表

岚山方言读音表（见表 35-1），岚山方言声韵配合关系表（见表 35-2）

岚山方言读音表

表 35-1

汉语拼音	国际音标	高平调 55	高降调 53	低升调 13	降升调 213	中降调 31	轻声
a	a			阿(1)(~子)			啊阿
ai	ai	嗳蔼霭癌哀	埃	唉(2)		艾哎爱嫒暧碍隘	
an	an	俺埯		安鞍氨胺谙铵		按暗岸黯	
ang	aŋ		昂	肮		盎	
ao	au	袄媪	熬鳌翱鏖凹(又音 wa)	熬(~菜)敷		拗傲敖遨鳌奥懊澳	
ba	pa	把靶	拔跋爸雹	八扒巴芭疤捌笆		坝把耙罢鲅霸	吧罢
bai	pai	摆				败拜稗	
ban	pan	板版		扳颁班斑般搬		办半伴拌绊扮瓣	
bang	paŋ	绑榜膀		邦帮梆浜		蚌棒傍谤磅镑	
bao	pau	饱宝保堡葆褓鸨煲褒		包苞孢		报刨抱鲍趵豹暴爆	
bei	pei	拨(~拉)	贝白	笔掰百伯杯卑碑悲北		背狈悖备倍蓓惫被辈	
ben	pən	本	白(~日)	苯畚		奔笨贲	
beng	pəŋ		甭	崩绷		泵蚌迸蹦	
bi	pi	比妣彼必毕	荸鼻逼			币毖闭庇陛毙敝蔽弊愎壁璧弼避臂裨碧鄙	
bian	pian	贬扁匾砭		边编鞭		卞汴弁变便遍辨辩辫	
biao	piau	表婊裱		标彪骠膘镖飙镳		鳔	
bie	piə	瘪	别蹩	憋鳖			
bin	piən			宾滨缤彬斌濒		殡鬓	
bing	piŋ	丙邴柄炳秉饼禀		冰兵屏		并摒病	
bo	po	跛簸	勃脖渤钹礴踣	拨波菠钵剥播博搏驳	饽	薄擘	
bu	pu	哺卜补逋		不		部簿布怖步埠	
ca	tθ’a			擦		嚓	
cai	tθ’ai	采彩睬	才材财裁	猜		菜蔡	
can	tθ’an	穇	残蚕惭惨	参餐		灿粲璨	
cang	tθ’aŋ		藏	仓苍沧舱		(3)“擦、蹭”	
cao	tθ’au	草	曹槽	操糙			
cei	tθ’ei		(4)	崔催摧璀		悴啐瘁粹萃翠淬脆	
cen	tθ’ən		存参(~差)岑涔	村忖		寸	
ceng	tθ’əŋ		层曾			蹭	
cong	tθ’uŋ		从丛淙琮	匆葱囱聪			
cou	tθ’ou			(5)		凑腠	
ci	tθ’ʃ	此	词祠雌瓷慈磁辞次	(6)泚		伺刺赐疵	
ci	tθ’i		齐脐	七柒漆沏妻凄萋栖戚		砌	
cian	tθ’ian	浅	前钱潜黔	千仟芊迁签		纤(~夫)	
ciang	tθ’iaŋ	抢	墙嫱蔷樯	枪呛锵羌戕		戗跄	
ciao	tθ’iau		憔樵瞧	悄		诮俏峭鞘	
cie	tθ’iə			且切		窃妾怯	
cin	tθ’iən		秦	侵亲寝		沁	
cing	tθ’iŋ	请	情晴	青清			
ciong	tθ’yŋ		(7)(~着、~牌、~家产)				

续表 35-1

汉语拼音	国际音标	高平调 55	高降调 53	低升调 13	降升调 213	中降调 31	轻声
cu	tθ'u	徂殂		粗促		猝醋簇蹙	
cuan	tθ'yan		全诠荃泉				
cun	tθ'yən			皴皱			
cuo	tθ'uo		矬	搓磋蹉撮		挫锉痤厝措错	
cha	tȘ'a	衩	查楂茶搽察茬	叉插喳差嚓		姹诧岔差刹	
chai	tȘ'ai	踩	柴侪豺	钗差			
chan	tȘ'an	产铲谄谗搀	孱潺馋	掺		忏羼	
chao	tȘ'au	缫剿吵炒钞	巢晁	抄		(8)义同“跨”	
chei	tȘ'ei			测册侧策拆			
chen	tȘ'ən	碜郴嗔	忱谌			衬榇龀	伧
cheng	tȘ'əŋ		柽橙	撑瞠		牚	
chong	tȘ'uŋ	宠	虫重崇忡憧	充冲		冲铳	
chou	tȘ'ou	瞅	愁				
chi	tȘ'ι	齿墀蚩嗤螭豉匙弛驰	在彳踟	眵魑鸱			
chu	tȘ'u	楚	锄刍雏滁亍杵蜍蹰	畜础初触搐		矗怵憷绌	
chua	tȘ'ua	欻欻	(9)(~饭)	(10)			
chuai	tȘ'uai			揣		踹	
chuang	tȘ'uaŋ	闯	床幢	疮窗		怆	
chui	tȘ'uei		垂陲捶棰锤椎槌	吹炊			
chuo	tȘ'uo		戳	踔		绰辍龊啜	
da	ta	打达沓	鞑	答搭嗒褡鞑妲	耷大(~大)	大	瘩
dai	tai	歹逮傣待(~在)		呆		戴大待代岱贷袋黛迨殆怠带	
dan	tan	胆掸疸		丹担单殚郸眈耽		旦但担诞啖惮弹蛋氮澹	
dang	taŋ	挡党		当裆		档荡宕	
dao	tau	导岛捣倒祷蹈		刀叨(11)		到倒悼道稻	
dei	tei			德得		对兑队碓	
den	tən	盹		敦墩吨蹲		炖钝顿囤盾遁	沌饨
deng	təŋ	等		灯登蹬		邓凳澄瞪镫(12)	
di	ti	氐诋抵底砥	狄荻迪笛的籴涤敌嫡	低堤滴	提	地弟递睇第帝谛蒂缔棣	地得的
dian	tian	典碘点		掂踮滇颠巅癫		殿电佃甸店惦玷垫淀靛奠	
diao	tiau			刁叼凋碉雕貂		吊钓调掉	
die	tiə		迭垤耋谍堞喋牒碟蝶叠	爹跌	蹀		
ding	tiŋ	顶酊鼎		丁仃叮盯钉		订钉定腚碇锭	
diu	tiou			丢铥			
dong	tuŋ	董懂		东冬咚氡		动冻栋侗洞胴恫	
dou	tou	斗抖蚪陡		兜		斗豆逗痘窦都	
du	tu	堵赌睹读	毒独渎椟犊牍黩	都嘟督		杜肚妒笃度渡镀蠹	
duan	tuan	短		端		段缎煅锻断	
duo	tuo	躲	夺铎咄	多哆朵掇踱(13)		剁垛跺舵惰堕	
e	ə		俄峨娥鹅蛾	恶		厄扼轭鄂愕鹗鳄遏	
en	ən			恩		摁	
fa	fa	法砝	乏罚筏阀伐	发			

续表 35-1

汉语拼音	国际音标	高平调 55	高降调 53	低升调 13	降升调 213	中降调 31	轻声
fan	fan	反返	凡矾钒烦蕃潘繁樊	帆幡藩翻		犯范饭贩泛梵	
fang	fa	仿访纺舫防妨芳肪	房	方坊枋钫		放	
fao	fau	否					
fei	fei	诽悱斐斐翡	匪肥淝	飞妃非菲啡绯扉蜚霏腓痱		肺吠狒沸费废	
fen	fən	粉纷焚	坟	分汾芬吩氛酚		分份忿奋愤粪	
feng	fəŋ		冯峰烽逢锋缝	丰风讽枫疯封蜂		凤奉俸缝(~隙)	
fo	fo		佛(~教)				
fou	fou	缶					
fu	fu	斧釜甫辅脯抚拊府俯腑腐	凫蝠芾扶弗佛拂氟伏袱孚俘浮蜉符服孵敷	肤麸幅辐福		父芙讣赴附驸副负夫妇阜咐复腹蝮覆馥富赋傅缚	
ga	ka			疙割旮嘎		尬	
gai	kai	改		该垓赅		丐钙盖溉概	
gan	kan	秆赶擀敢橄感		干杆肝秆甘坩柑尴		干赣	
gang	kaŋ	冈岗港	刚(14)	刚纲钢缸		杠肛罡	
gao	kau	搞缟槁镐稿		皋高膏篙羔糕睾		告诰郜	
ge	kə	舸	硌	戈仡疙咯胳袼搁葛歌鸽革阁骼鬲嗝膈	哥	个各铬	
gei	kei			格隔			
gen	kən	艮哏		根跟		亘	
geng	kəŋ	埂哽梗鲠耿庚赓羹		更耕		更	
gong	kuŋ	巩汞拱		工功攻弓躬公蚣龚肱宫恭觥	公(~公)	共供贡	
gou	kou	狗苟枸		勾沟钩佝篝		构购诟垢够遘媾彀	
gu	ku	古诂牯罟钴股汩贾蛊鼓估		咕姑轱鸪菇孤骨谷		故固崮锢痼顾梏雇	
gua	kua	剐寡		瓜呱刮	挂	卦挂褂	
guai	kuai	拐		乖		怪	
guan	kuan	莞馆管		关观纶官倌棺鳏		贯掼惯灌罐冠	
guang	kuaŋ	广犷		光胱		逛	
gui	kuei	庋诡鬼癸		归圭鲑龟瑰轨晷	闺	柜刿刽贵桂跪鳜	
gun	kuən	衮滚鲧				棍	
guo	kuo	果馃蜾裹国帼虢蝈		埚锅郭聒		过	廓(碑~)
ha	xa		蛤哈	喝			
hai	xai	海核(考~)	亥孩骸	(15)		骇氦害	咳嗨
han	xan	喊	还邯含函涵韩寒	罕鼾酣憨		瀚汗旱悍焊菡颔翰撼憾	
hang	xaŋ		行吭杭航	夯		沆	
hao	xau	好郝	号嗥毫豪壕嚎	蒿薅		号好昊耗浩皓镐颢	
he	xə		禾和合盒颌何河菏荷劾阂核(~桃)活(~活)	呵		贺荷褐赫鹤壑	
hei	xei		嘿	黑			
hen	xən	很狠	痕	黑(~夜)		恨	
heng	xəŋ		恒衡	亨哼		扔横	
hong	xuŋ	哄	弘鸿红虹宏洪	轰哄烘		讧哄	
hou	xou		喉吼骺侯猴			后逅厚候	
hu	xu	虎唬琥浒狐弧斛(16)(~水)	囫胡葫猢湖瑚糊蝴壶核鹄	乎呼互唿惚糊		户护扈怙笏	
hua	xua		划华哗骅铧猾滑	花哗		化桦划画话	
huai	xuai	(17)(~拉)	怀徊淮槐槐踝			坏	
huan	xuan	缓	还环桓圜寰鬟	欢獾		幻奂焕换涣唤宦浣患豢	

续表 35-1

汉语拼音	国际音标	高平调 55	高降调 53	低升调 13	降升调 213	中降调 31	轻声
huang	xuaŋ	恍晃慌谎	皇凰徨煌蝗黄潢簧	肓荒慌遑		晃(18)	
hui	xuei	悔毁	或回茴洄蛔	灰诙珲晖辉麾徽隳		卉汇会荟浍挥贿悔讳晦秽慧喙恚	
hun	xuən		横(~竖)浑馄魂	昏婚荤		诨混	
huo	xuo	火伙	和活	豁		货获祸霍豁	
ja	tʃa	佳甲钾假贾颊	戛	加枷嘉迦夹荚家		嫁稼架驾价	
jai	tʃai	解		阶秸皆街		介芥疥界诫戒届	
jan	tʃan	展辗俭捡检简减碱柬拣茧笺		沾粘毡间肩兼奸坚监艰	犍	占建健腱键毽涧见鉴件剑	
jang	tʃaŋ	掌长涨讲		章彰漳樟蟑张刚僵缰疆姜江(19)		帐账障瘴幛丈杖降绛犟	
jao	tʃau	饺绞皎铰侥搅		招昭朝钊沼交佼狡姣胶郊娇骄浇教矫缴		兆召诏照赵肇较轿窖叫觉	
je	tʃə	者	蜇哲浙摺褶赭辙洁诘结颉竭碣杰孑桀	折遮劫竭碣揭结		这	
jen	tʃən	诊疹谨馑瑾槿仅紧锦	珍甄	贞针斟真今矜斤衿金巾筋		振震朕镇阵圳妗近劲靳襟	
jeng	tʃəŋ	整拯景警		蒸征徵经泾惊京旌荆兢		政怔证症正郑茎颈径竟竞境镜敬	
ji	tʃʃ	几麂	直植值殖侄及汲极给急	知蜘只职汁执讥叽机肌吉髻圾鸡畸基激稽		质秩挚制痔置智稚滞掷计记忌技伎亟寄系既即继稷冀骥姬羁	
jiong	tʃyŋ	窘炯迥扃					
jiu	tʃiou	九久韭玖灸赳纠鸠肘		舟州粥洲啁究咎		宙纣咒昼臼柏舅旧救厩疚柩	
juan	tʃuan	卷转(~移)		专砖颛捐涓娟		转传篆撰馔赚镌圈卷倦眷狷隽绢	
jue	tʃyə		茁着倔崛矍噘——“骂”	厥獗蹶决诀抉觉角脚拙	撅		
jü	tʃy	主拄煮举沮狙莒	妯轴局术(白~)	朱诛珠株蛛诸猪雎居拘鞠车菊橘桔		住注驻蛀著翥锯巨拒炬距据剧具俱惧句飓	
jün	tʃyən	准菌		军均钧君		郡	
ka	k’a	卡		磕瞌渴喀咖			
kai	k’ai	揩凯慨楷剀恺铠锎		开		忾	
kan	k’an	砍堪刊侃坎		看勘戡		看瞰	
kang	k’aŋ			康慷糠鱇		扛亢伉抗炕	
kao	k’au	考烤拷	尻			犒靠	
ke	k’ə	可苛柯坷岢珂轲疴		克壳颏咳科蝌棵稞颗		恪课嗑溘	
kei	k’ei		克	克客刻			
ken	k’ən	肯啃恳垦				裉掯	
keng	k’əŋ			坑吭铿			
kong	k’uŋ	孔恐倥		空崆箜		空控	
kou	k’ou	口	酷	抠眍		叩扣寇蔻	
ku	k’u	苦		枯骷哭窟		库裤酷(残~)	
kua	k’ua	侉垮		夸刮		挎胯跨	
kuai	k’uai	(20)(~痒)扻				会侩脍块快筷	
kuan	k’uan	款		宽髋			
kuang	k’uaŋ	诳	狂	匡诓筐		旷矿况框眶	
kui	k’uei	傀跬	奎逵魁葵睽夔	亏盔窥悝		匮愦馈溃喟愧	
kun	k’uən			坤昆锟		困	
kuo	k’uo			扩括		阔廓	
la	la	喇	旯落(~下)	垃拉邋		辣腊蜡	啦
lai	lai		来徕睐	赖		赖濑癞籁	
lan	lan	卵揽懒	峦孪栾挛鸾銮兰拦栏岚婪阑澜斓蓝篮褴览			乱烂滥缆榄谰	
lang	laŋ		朗郎廊榔螂狼琅			浪	
lao	lau	老佬姥	劳崂痨牢(打~)	唠		酪涝捞(~摸,~宝)	

续表 35-1

汉语拼音	国际音标	高平调 55	高降调 53	低升调 13	降升调 213	中降调 31	轻声
le	lə					勒(外文音译用字)	了
lei	lei	耒诔垒(堡~)累磊蕾儡	累雷擂镭羸	垒		勒累肋泪类酹	嘞
len	lən	凛懔檩廪	粼嶙磷鳞邻林淋琳霖临仑伦抡沦纶囵	拎		吝蔺躏赁(单用读 min)论嫩	
leng	ləŋ	冷	能(能格)	仍		愣	
li	li	礼李里俚理鲤哩	厘狸漓篱梨黎犁罹荔			笠吏丽骊鹂郦利俐莉痢例戾粒力历厉沥坜励砺立莅娌璃隶唳栎砾栗离	
lia	lia	俩					
lian	lian	敛脸	奁连莲涟鲢怜帘联廉镰			练炼恋殓潋链楝	
li	lɫ	耳饵尔迩(21)	而儿			二贰	
liang	liaŋ	两俩	良粮凉梁粱量			亮谅晾辆靓量踉	
liao	liau	了	寥廖撩辽疗聊僚嘹潦缭燎			料撂镣獠	
lie	liə	咧裂劣		咧		列冽烈裂趔猎	咧
ling	liŋ	领岭	棂伶囹玲瓴聆羚翎零龄灵凌陵菱绫			另令零(~叶)	
liu	liou	柳绺	刘浏留瘤流硫琉	溜	遛	溜馏遛六	
long	luŋ	陇垄拢笼(~络)	龙咙珑胧聋笼隆				
lou	lou	搂篓楼镂	偻蒌楼蝼髅			陋瘘漏	喽
lu	lu	卤鲁橹	卢泸鸬颅舻鲈芦庐炉	虏掳撸		陆录禄碌赂鹿辘麓路露鹭戮	轳
lue	lyə			略掠锊			
luo	luo		罗萝逻锣箩裸骡螺	烙		乐洛骆络烙落摞雒	
lü	ly	吕侣铝捋旅膂偻屡缕褛履闾榈	驴			律虑滤率绿氯	
ma	ma	马玛码蚂	麻	妈抹(~布)	妈	骂	吗嘛蟆
mai	mai	买				迈卖	
man	man	满螨	埋(~怨)蛮馒鳗瞒			曼蔓幔慢漫熳	
mang	maŋ	莽蟒盲氓茫硭	芒(~种)忙				
mao	mau	卯铆旄髦	毛牦矛茅蝥猫锚			茂耄冒贸袤貌	
me	mə		没(~有)				么
mei	mei	每美镁	媒煤玫枚眉嵋媚莓梅晦酶霉			脉麦瞒墨默妹昧寐魅袂	
men	mən		门扪埋(掩~)			闷焖懑	们
meng	məŋ	蒙猛锰蠓懵虻	萌盟檬朦			孟梦	
mi	mi	米	泥弥猕迷谜醚靡縻麋	咪眯	眯	汨觅泌秘密蜜谧幂	
mian	mian	免勉娩冕缅腼眠	绵棉			面	
miao	miau	眇秒渺缈藐邈	苗描瞄			妙庙缪	喵
mie	miə			咩乜		蔑篾末(~尾)	
min	miən	皿闽悯抿敏岷	民			(22)	
ming	miŋ	酩	名茗铭明鸣冥瞑螟			命	
mo	mo	抹(涂~)	馍模摹膜摩磨蘑魔	摸(~底)		末茉沫没殁陌脉莫漠摸寞磨	
mu	mu	母拇姆牡亩	某谋	没(~顶)		穆木目沐苜睦牧募墓幕暮慕没(~收)	
na	na	哪	拿	娜		那呐纳钠衲捺	
nai	nai	乃氖			奶奶(祖母)	奈耐鼐	
nan	nan	暖(~人心)	男南喃楠难			难	
nang	naŋ	暖(~和 nang huo)曩	囊	囔			
nao	nau	恼脑	挠铙蛲猱	孬		闹	

续表 35-1

汉语拼音	国际音标	高平调 55	高降调 53	低升调 13	降升调 213	中降调 31	轻声
ne	nə					讷	呢
nei	nei	馁				内	
nen	nən	您					
neng	nəŋ		能脓			弄	哝
ni	niə	你	拟尼泥(水~)倪霓鲵	妮		怩昵匿腻溺	
nian	nian	捻辇撵碾(~压)	年粘鲇			廿念碾(石~)	
niang	niaŋ		娘		娘(~娘,母亲)	酿	
niao	niau	鸟袅				尿	
nie	niə			摄		灭聂镊蹑臬镍啮孽涅恁("那""这"合音)	
ning	niŋ		宁拧咛狞柠泞佞凝				
niu	niou	扭忸纽妞	牛			谬(~误)拗	
nu	nu	奴驽	农浓哝脓努			怒	
nuo	nuo		挪	娜(23)		诺喏懦糯	
nü	ny	女钕衄					
ou	ou	呕偶耦藕		区讴欧殴鸥沤		怄	
pa	p'a		爬耙(铁~)筢(搂草~子)	葩啪	趴	帕怕	琶
pai	p'ai	(24)	排徘牌	排(1 竹~;2 坐下不走)		派湃	
pan	p'an		盘磐蟠蹒	潘攀		判叛畔盼	
pang	p'aŋ	耪	膀(~胱)彷庞旁滂	乓		胖	
pao	p'au	跑	刨咆狍庖袍	剖胞抛脬		泡炮疱	
pei	p'ei	呸	陪培赔裴	拍迫胚魄(~力)		沛佩配辔霈	
pen	p'ən		盆湓	喷		(25)	
peng	p'əŋ	捧	朋棚硼鹏彭澎膨蓬篷	抨怦烹		碰	
pi	p'iə	痞劈癖	皮陂疲枇砒毗琶脾啤裨	匹丕坯批披霹辟劈		屁僻譬媲	
pian	p'ian	谝	便	骈胼蹁偏篇翩		片骗	
piao	p'iau		瓢殍	剽漂嫖瞟缥飘		票漂骠	
pie	p'iə	撇(~腔~调)		撇瞥			
pin	p'iən	品榀牝	贫频颦嫔	拼		聘姘	
ping	p'iŋ		平评坪苹枰萍凭屏瓶鲆	乒娉俜			
po	p'o		婆皤叵笸	坡颇泊泼鄱粕		破	
pu	p'u	仆朴埔圃浦普谱璞蹼瀑脯	匍葡蒲菩	噗扑捕铺	铺(~衬)	铺堡暴曝	
qa	tʃ'a	卡		掐		洽恰	
qan	tʃ'an	遣槛	乾虔缠婵蝉禅蟾	铅牵		欠芡歉倩堑椠茜嵌	
qang	tʃ'aŋ	襁镪敞氅厂场昶强	常嫦尝偿场肠长强	腔昌倡猖娼鲳		唱怅畅	
qao	tʃ'au	巧	乔侨荞潮朝嘲	超		跷敲撬翘撬	
qe	tʃ'ə	扯	伽茄	车超		撤澈彻掣锲	
qen	tʃ'ən	抻(得意的样子)	勤禽擒琴芹臣陈晨辰尘沉	钦抻琛		趁称	
qeng	tʃ'əŋ	逞骋顷	成诚城铖盛呈程橙澄丞承惩擎	轻卿称氢		庆綮磬秤檠	
qou	tʃ'ou	丑(26)	求俅球裘逑仇酋遒虬俦畴筹惆绸稠酬售	抽阄丘邱蚯		臭	

续表 35-1

汉语拼音	国际音标	高平调 55	高降调 53	低升调 13	降升调 213	中降调 31	轻声
qi	tʃ'ʅ	起绮	乞岂杞企启祁祈蕲岐歧其棋旗奇骑琦耆池赤持	尺吃痴侈耻期欺蹊		斥叱敕气汽讫迄弃泣契器憩葺	
qiong	tʃ'yŋ		穷穹琼	倾			
quan	tʃ'yan	喘吠蜷	犬传船椽权拳颧	川穿圈		串钏劝券悛	
que	tʃ'yə	折		炔缺阙		却确阕榷	
qü	tʃ'y	殊	衢癯朐渠除厨橱趋觑褚储	区岖驱躯曲蛐屈出		去处帚	鼠(老~)
qün	tʃ'yən	蠢捆	裙群谆鹑醇唇逡	春椿			
sa	θa	洒撒		仨撒(27)趿		飒萨卅	
sai	θai			腮鳃		赛塞	
san	θan	伞散		三叁		散	
sang	θaŋ	搡嗓		桑		丧	
sao	θau	扫嫂		骚臊		臊(害~)	
sei	θei		隋随绥	虽尿塞		遂邃碎穗岁祟燧隧荽	
sen	θən	隼榫笋损		孙荪狲飧			
seng	θəŋ			僧			
song	θuŋ	怂耸悚竦		忪松(放~)淞嵩		讼颂宋送诵	
sou	θou	擞瞍叟		飕艘			
si	θʃ	死		私丝咝思锶斯厮撕嘶嘶澌		巳汜祀四泗驷寺似伺饲嗣肆	
si	θi	洗铣	习席袭	西析晰息媳熄螅汐昔惜悉蟋锡犀玺檄		细	
sian	θian		纤	舢仙籼讪氙先鲜藓		羡霰线腺	
siang	θiaŋ	想翔	详祥	襄镶相湘箱厢		象像橡	
siao	θiau	小		肖消绡硝销霄宵逍萧箫潇枭		啸笑	
sie	θiə	写	邪斜	楔些		射泄屑泻谢榭亵卸	
sin	θiən		寻(~思)	辛锌心芯新薪		信囟	
sing	θiəŋ	省醒擤		星猩惺腥		性姓	
siu	θiou			羞馐修		秀绣锈袖	
siong	θyŋ			松凇淞菘崧嵩			
su	θu			苏酥稣速		夙诉素嗉愫粟塑溯谡簌	
suan	θuan			酸		蒜算	
sü	θy		徐俗	肃须需胥		序续叙绪恤酗絮婿戌	
süan	θyan	选癣宣喧	旋漩漩渲	泫(~水)			
süe	θyə		(28)	薛削踅雪		谑	
sün	θyən		旬恂峋荀寻浔循巡徇			殉讯迅逊	
suo	θuo	索唢琐锁	(29)	娑挲唆梭蓑莎			嗦
sha	ʂa		傻	杀刹沙莎痧裟鲨纱		厦歃煞霎沙	
shai	ʂai			筛		晒	
shan	ʂan	删姗跚		山舢杉衫			
shao	ʂau			梢捎稍艄		哨潲	
shei	ʂei	谁		涩色			
Shen	ʂən			森参生(~炉子)		渗娠矧椹哂	
sheng	ʂəŋ	省		生牲笙甥			
Shi	ʂɿ	史驶使施屎	时始	尸矢师狮诗虱		是视士仕氏舐示市柿试似嗜谥事	

续表 35-1

汉语拼音	国际音标	高平调 55	高降调 53	低升调 13	降升调 213	中降调 31	轻声
shou	Şou		搜嗖			瘦	
shu	Şu	数	塾熟属蜀赎孰	叔菽淑梳疏蔬束		术沭述数	
shua	Şua	耍		刷		唰	
shuai	Şuai	甩衰				帅率蟀	
shuan	Şuan	(30)		闩拴栓		涮	
shuang	Şuaŋ	爽(31)		双霜孀			
shui	Şuei	水		摔		税睡	
ta	t’a	他她它		塌溻塔		榻蹋挞沓	
tai	t’ai		台苔抬	胎		太汰钛酞泰	
tan	t’an	袒毯	坛昙谈郯痰弹谭潭檀忐坦	坍贪摊滩瘫		叹炭碳探	
tang	t’aŋ	倘淌躺傥	唐塘搪糖堂膛螳棠	汤		烫趟	
tao	t’au	讨	啕桃逃陶萄淘	焘绦掏滔韬饕		套	
te	t’ə	忑				忒	
tei	t’ei	腿		推		退煺褪蜕颓	
ten	t’ən	(32)	屯囤豚臀	吞		褪	
teng	t’əŋ	(33)	疼塍誊滕藤	（34）			
tong	t’uŋ	统捅桶筒	同桐铜佟彤童潼瞳	通		恸痛	
tou	t’ou	（35）	头投	偷		透	
ti	t’i		体提啼蹄题	剔踢梯		屉剃悌涕倜惕替	
tian	t’ian	舔殄腆	田恬甜填阗	天添			
tiao	t’iau	挑窕	眺条迢笤调	挑佻		跳眺粜	
tie	t’iə			铁贴帖萜餮			
ting	t’iŋ	挺铤	廷庭蜓艇霆亭停婷	厅汀听		挺	
tu	t’u	土吐荼途凸（又音 gu）	图涂徒屠	秃突（36）(~嘴)		兔菟	
tuan	t’uan	疃团湍	团				
tuo	t’uo	妥特(~务)	驮陀驼鸵鼍椭	托脱	拖	拓柝唾特(~别)	
wa	va	瓦挖(搔、抓)	娃蛙娲	挖哇		袜洼	哇
wai	vai	崴	蛙(~子，青蛙)	歪		外	
wan	van	宛惋婉碗腕莞皖挽晚绾	丸纨完玩烷	弯湾剜蜿豌		万	
wang	vaŋ	亡网枉罔惘往	王望	汪		旺忘	
		委伟苇纬炜韪尾娓萎猥薇违痿危逶巍威崴微慰	桅韦围帏圩唯帷惟维伪畏煨偎潍	（37）		魏为未味位胃谓猬蔚喂	
wen	vən	刎吻紊稳	文纹蚊闻雯	温瘟		问汶	
				翁嗡		瓮	
		我		挝莴涡窝蜗倭		沃卧握龌斡	
		五伍吾午忤怃妩武鹉侮捂舞	无芜吴蜈	乌邬呜钨污巫诬屋		兀杌勿物戊务雾坞误恶悟	

续表 35-1

汉语拼音	国际音标	高平调 55	高降调 53	低升调 13	降升调 213	中降调 31	轻声
xa	ʃa	遐	啥暇瑕霞侠狭峡狎	虾瞎		下吓夏厦罅	
xiai	ʃai		鞋			懈蟹邂械	
xan	ʃan	陕闪险显（38）	闲娴咸嫌涎贤	掀锨		苫扇煽膻善鄯缮膳鳝禅（~让）擅赡馅现宪限县献	
xang	ʃaŋ	赏响饷晌降庠缃骧	享向（偏~）	伤殇商墒香		上尚绱裳向项巷	
xao	ʃau	少绍	韶崤	烧嚣		召邵效孝校酵	
xe	ʃə	舍谐	蛇折撷协胁勰偕挟携	奢猞歇蝎血		慑设社涉赦	
xen	ʃən	审婶沈	神	申伸呻绅深莘身昕欣歆馨鑫		甚肾慎衅	
xeng	ʃəŋ		什绳刑邢形硎型行荥	升声		晟剩胜圣兴幸悻杏	
xou	ʃou	手守朽（腐~）首		收休咻		受授绶狩寿兽嗅溴	
xi	ʃɿ	喜禧徙	畦石十食蚀实识拾	失湿式牺吸希稀淅熙嬉羲曦适翕室		释世逝势誓饰戏系隙	
xiong	ʃuŋ		雄熊	凶匈胸兄			
xü	ʃy	署曙薯暑黍蓄鼠旭煦诩栩	秫	抒舒输书枢项		束树竖庶墅恕	
xüan	ʃyan		玄悬炫眩	轩暄		绚楦	
xüe	ʃy		穴学	说靴			
xün	ʃyən	吮		熏薰醺勋埙		舜瞬顺训驯巽	
ya	ia	哑	牙芽蚜雅衙琊涯睚氩讶揠娅	亚鸦押鸭		压	呀
yai	iai	矮	挨崖	挨（~号）		（39）	
yan	ian	冉染奄兖俨衍眼偃演郾研掩	然燃髯延蜒筵芫严言妍岩炎沿盐阎颜檐焰	蔫咽胭烟恹焉嫣阉淹腌湮		厌砚唁彦谚艳晏验雁燕咽（下~）	
yang	iaŋ	养氧痒	瓤杨扬羊佯洋阳徉仰	嚷壤禳央泱殃秧怏		让样恙漾	
yao	iau	杳咬舀	扰绕娆饶荛淆爻肴尧姚窑谣摇徭遥瑶窈	要(~挟)幺吆夭妖腰邀		要鹞耀跃	
ye	iə	惹也冶野椰液	爷揶	掖噎腋		热业邺叶页曳夜谒	
yi	i	尾矣倚椅旖	乙亿忆屹亦疑遗颐彝迤夷咦姨胰沂饴怡贻移抑疫谊驿毅	一已伊咿依漪揖壹	衣医	日义刈艾议仪蚁弋艺以弈奕易蜴诣裔异邑悒佚轶役译益宜意逸逆	
yin	iən	忍甚尹引蚓隐瘾吟淫寅霪殷	人壬仁垠银龈	因茵洇姻阴音堙荫		刃仞纫韧轫认任饪妊印饮荏稔	
ying	iŋ	影	迎荥荧莹萤营盈赢颖颍	应英瑛莺婴缨樱鹦鹰膺蝇		应映硬媵	
yong	yŋ	冗咏泳甬俑勇蛹踊	戎绒茸荣容蓉融熔溶永	佣拥涌庸慵雍臃镛		用	
you	iou	友莠	柔揉蹂糅尤犹由油釉游酉	优忧攸悠幽呦黝邮		肉又右佑幼诱蚴	
yu	y	乳汝辱伛羽雨禹语盂	如茹儒濡孺蠕与于宇迂竽予余鱼渔榆	入淤瘀愚		蓐缛褥玉驭芋吁浴欲裕郁育预豫谕喻愈御寓遇誉毓谀娱舆	
yuan	yan	阮软远	元园圆员苑援媛原袁猿缘	鸢鸳冤渊		怨院愿援	
yue	yə	（40）		约		若偌箬弱钥药月曰乐岳悦阅越粤	
yun	yən		允云芸纭耘匀昀殒	晕		闰润孕运酝陨愠韫蕴韵熨	
za	tθa		砸杂	咂		咋匝	
zai	tθai	载宰崽		灾哉栽		再在载	
zan	tθan	攒		簪		暂赞錾	
zang	tθaŋ			赃脏臧		奘葬脏藏	
zao	tθau	早枣蚤澡藻		遭糟		皂灶造噪燥躁	

续表 35-1

汉语拼音	国际音标	高平调 55	高降调 53	低升调 13	降升调 213	中降调 31	轻声
zei	tθei	嘴	贼	则堆		醉最罪	
zen	tθən	咱		尊鳟遵撙			
zeng	tθəŋ	怎		曾增		锃赠	
zong	tθuŋ	总		宗综棕踪鬃		纵粽	
zou	tθou	走				奏揍	
zi	tθʃ	子仔姊梓	自	孜咨姿资兹滋锱滓		字恣毗渍	
zi	tθi	挤	疾嫉集济剂	积缉辑籍藉脊瘠唧寂绩鲫		迹霁祭际即	
zian	tθian	剪		煎歼尖		饯践贱荐箭渐	
ziang	tθiaŋ	浆蒋奖		浆		匠将酱	
ziao	tθiau			焦礁蕉椒			
zie	tθiə	姐	截	节接		借	
zin	tθiən	尽		津		尽烬浸晋缙进	
zing	tθiŋ	井阱肼		精晶菁		静净睛靖婧靓	
ziong	tθyŋ	（41）					
ziu	tθiou	酒		啾揪		就	
zu	tθu	诅阻祖族	卒镞	租组		做	
zuan	tθuan	纂		钻		攥钻	
zue	tθyə		嚼爵爝绝				
zuo	tθuo	撮	昨凿	作		左佐坐痤	
zü	tθy			足		聚铸	
zün	tyən					俊骏峻浚竣	
zha	tȘa	眨栅榨	札轧闸炸铡	扎揸渣楂踏	咋(～呼)	乍诈炸痄蚱	
zhai	tȘai			斋		债寨	
zhan	tȘan	盏斩		詹瞻		站蘸湛	
zhao	tȘau	爪找		钊啁		罩棹笊	
zhe	tȘə		谪辄着				
zhei	tȘei		宅翟择泽	摘窄责			
zhen	tȘən			臻蓁榛砧稹箴桢祯		枕鸩	
zheng	tȘəŋ			争诤峥狰睁筝帧钲		挣	
zhi	tȘι	止址趾只纸		之芝支枝肢旨指脂		至桎致志痣峙窒炙	
zhong	tȘuŋ	肿种踵冢		中忠盅钟衷终		仲种众重	
zhou	tȘou			诌啁		皱骤	
zhu	tȘu			嘱瞩触竹逐烛竺		助祝筑伫贮箸	
zhua	tȘua	爪		抓			
zhuai	tȘuai	转(～文)跩		拽		拽	
zhuang	tȘuaŋ	撞		庄桩妆装	庄(～稼,～庄)	壮状撞幢僮戆	
zhui	tȘuei			椎锥追		坠缀惴赘	
zhuo	tȘuo		灼酌茁卓斫浊啄琢着擢	捉桌			

岚山方言中部分音节难以找到相应的汉字，现列举如下（读音表中已有序号）：

（1）a^{213}

～子，捕鸟器，用木条框和网片制成，原理同捕鼠夹。

（2）ai^{13}　意同“皆”，全、都。

（3）tθ’aŋ^{31}　“擦、蹭”合音，轻碰。

（4）tθ’ei^{53}　随便……怎样

（5）tθ’ou^{13}　风吹（使物体失水）

（6）tθ’ɿ^{13}　（液体）喷射；（物体）突出。

（7）tθ’yŋ^{55}

尽管：～着；继承：～家产；可以自然等到：～牌。

（8）t Ş’au^{31}　大步（丈量），跨。

（9）t Ş’ua^{53}　戳，刺。

（10）t Ş’ua^{13}　快速抓取，夺。

（11）tau^{213}　用筷子夹取

（12）təŋ^{31}　用力拉

（13）tuo^{13}　打（脸）

（14）kaŋ　～了，“太，非常”。

（15）xai^{13}　击、打；抛击。

（16）xu^{55}　泼，倒出（液体）。

（17）xuai^{55}　～拉，推搡。

（18）xuaŋ^{31}　同“和”，相当于“和、与、象”。

（19）tʃaŋ^{13}　歪，将要倒下。

（20）k’uai^{55}　搔，抓。～痒。

（21）lɫ^{55}　读若“耳”，捕捉，逮捕。

（22）miən^{31}　“觅、赁”合音，租赁（房屋）。

（23）nuo^{213}　攮。又音“nuan^{31}”。

（24）p’ai^{55}　意为“踹”。

（25）p’ən^{31}　正在

（26）tʃ’ou^{55}　意同“朽”。（木材）腐烂。

（27）θa^{213}　加固物体用的楔形物。镢～。

（28）θyə^{53}　盘旋。

（29）θuo^{53}　桀骜不驯

（30）Şuan^{55}　挑选，拣选。

（31）Şuaŋ^{55}　轻撞，使物体整齐或牢固。

（32）t’ən^{55}　脚陷入（泥中）

（33）t’əŋ^{55}　（肚腹）前挺

（34）t’əŋ^{13}　用微火烘；侧面了解别人的意图。

（35）t’ou^{55}

从袋中往外倒；“～喽”：成捆的物体散开。

（36）t’u^{13}　同“打”，打嘴。

（37）vei^{13}　同“推”

（38）ʃan^{55}　同“哭”

（39）iai^{31}　同“呻吟”

（40）yə^{55}　同“折”，弯折。

（41）tθyŋ^{55}　怂恿，支持；从后边赶，逼。

岚山方言声母韵母配合关系表

表 35-2

声母	韵母/例字	开口呼											齐齿呼													合口呼									撮口呼				
		a	o	ə	ai	ei	au	ou	an	ən	aŋ	əŋ	ʃ	ɬ	ɩ	i	ia	iə	iai	iau	iou	ian	ən	iaŋ	iŋ	u	ua	uo	uai	uei	uan	uən	uaŋ	uŋ	y	yə	yan	yən	yŋ
双唇音	p	把	脖		摆	备	宝		板	本	帮	崩				比		别		标		边	宾		冰	不													
	p'	爬	坡		排	配	跑		盘	盆	胖	朋				皮		瞥		票		骗	品		平	扑													
	m	马	莫	么	卖	美	毛		慢	门	忙	梦				泥		蔑		苗		面	民		明	木													
唇齿音	f	发	佛			飞	否	缶	饭	粉	方	风														复													
	v	娃	卧		歪	委			万	文	旺	翁														务													
舌尖中音	t	打			带	队	道	斗	丹	蹲	党	灯				帝		牒		雕	丢	店			顶	杜		夺			段			懂					
	t	她		忑	太	腿	淘	头	谈	吞	汤	腾				题		铁		挑		田			婷	途		脱			团			童					
	n	拿		呢	奶	内	脑		男	您	囊	弄				你		捏		尿	牛	年		娘	宁	努		糯			暖			哝	女				
	l	蜡		了	来	雷	老	楼	兰	嫩	浪	冷		耳		李	俩	列		辽	刘	脸	林	粮	玲	鲁		烙						龙	吕	略			
舌根音	k	割		哥	改	格	高	够	感	根	港	更														古	瓜	过	乖	鬼	关	棍	广	工					
	k'	渴		科	开	刻	考	扣	看	恳	康	坑														裤	跨	扩	快	奎	款	困	狂	空					
	x	喝		贺	海	黑	豪	侯	汗	很	航	恒														虎	画	火	怀	灰	环	婚	皇	红					
舌叶音	tʃ	家		洁	阶		胶	州	坚	真	张	政	知																						距	脚	捐	军	窘
	tʃ'	掐		彻			超	求	铅	晨	常	庆	吃																						去	确	船	春	倾
	ʃ	霞		社	鞋		孝	寿	贤	身	项	声	世																						树	说	软	顺	胸
舌尖后音	tȘ	眨		着	寨	责	罩	皱	站	枕		争			指											祝	抓	桌	拽	追			壮	忠					
	tȘ'	查			柴	册	炒	瞅	产	衬		撑			翅											初	*	辍	揣	吹			床	冲					
	Ș	纱			晒	色	梢	瘦	山	森		生			使											数	刷	所	帅	税	拴		双						
齿间音	tθ	杂			在	嘴	早	走	暂	尊	脏	增	资			际		借		焦	酒	剪	进	奖	井	族		坐			钻			总	足	绝		俊	*
	tθ'	擦			财	翠	草	凑	灿	村	苍	层	词			齐		切		悄	秋	钱	秦	枪	请	醋		错			窜			聪	取	鹊	泉	皴	*
	θ	萨			腮	虽	臊	艘	伞	孙	桑	僧	思			席		写		肖	修	鲜	心	想	姓	肃		索			酸			宋	需	雪	选	旬	松
零声母		阿		鹅	爱		奥	鸥	安	恩	肮					衣	牙	爷	挨	要	游	眼	银	羊	英										鱼	月	远	云	永

岚山方言发音有以下特点

1. 岚山方言中没有舌面音 j、q、x，普通话中的舌面音在岚山方言里有些发为舌叶音 tʃ、tʃ'、ʃ，有些发为齿间音 tθ、tθ'、θ。如“加、居、京、轻、穷、虾、喜”等声母为 tʃ、tʃ'、ʃ；“积、辑、妻、齐、西、想”等声母为 tθ、tθ'、θ。

2. 普通话中的舌尖前音 z、c、s 在岚山方言中有些发为齿间音 tθ、tθ'、θ，有些发为舌尖后音 tȘ、tȘ'、Ș。如“早、走、错、草、散、先”等声母为 tθ、tθ'、θ；“责、择、踩、册、色、诗”等声母为 tȘ、tȘ'、Ș。

3. 普通话中的舌尖后音在岚山方言中有些发为舌叶音。如“哲、这、者、招、针”等声母由普通话的 tȘ 发为方言的 tʃ，“昌、超、陈、善、上、少”各由普通话的 tȘ'、Ș 发为方言的 tʃ'、ʃ。

4. 岚山方言中没有舌尖后浊擦音 r。普通话中声母为 r 的音节，在岚山方言中除个别音节如“辱、仍”声母发为 [l] 之外，其余多发为由 [i] 或 [y] 起首的零声母音节；个别发为 h（x），如“扔”(heng)；或 sh（Ș），如“瑞”(shui)。

5. 普通话中以 i 或 u 作介音的复韵母音节，在岚山方言中与声母 tʃ、tʃ'、ʃ 或 t、t'、tθ、tθ、θ 相拼时，介音“i”或“u”一般不出现，如“江、见、甲、茄、巧、香、下”以及“对、队、退、吞、最、村、孙”等音节。

6. 普通话中的韵母 ai、ə、o 等在岚山方言里有一部分发为 [ei]。如“白、伯、脉、麦、摘、窄、宅、拆、摔、测、责、泽、则、色、格、墨、迫”等音节。

7. 岚山方言中有唇齿音声母 [v] 与普通话的 [w] 对应。

8. 岚山方言尖团音的区分很清楚，如“徐≠许”“进≠近”等，普通话则没有区分。

9. 岚山方言发音与普通话相比较，降调较多，单个音节的时值较短，音节的起首部分发音重。大量的词汇尾音节读为轻声。多音节词的第一个字发音重，后边的字一般强调声母，而其韵母发音较为含混，同时词汇尾音节还普遍存在着儿化现象，这在词汇表中可以清楚地看到。

第二章　词汇　语法

第一节　词　汇

名词、代词

日头 i^{31} t'ou　太阳

日头地儿 i^{31}t'ou tir^{31}　阳光照射之处

背荫邦儿 pei^{31}iən^{13}paŋr^{213}　阳光照不到之处

荫凉儿 iən^{213}liaŋr　背着阳光的地方

月妈妈儿 yə^{31}ma^{55}mar^{55}　月亮

月亮地儿 yə^{31}liaŋ tir^{31}　月光下

云彩 yən^{55}tθ'ai　云

雪爽子 θyə^{13}Șuaŋ^{55}tθɾ　雪珠，霰

雹子 pa^{53}tθɾ　冰雹

冻冻 tuŋ^{213}tuŋ　冰

琉琉簪 liou^{53}liou tθan^{213}　檐下冰挂

上冻 ʃaŋ^{31}tuŋ^{31}　结冰

化冻 xua^{31}tuŋ^{31}　化冰

龙挂 luŋ^{53}kua^{31}　远处龙卷风形成的漏斗状云（有些地方叫“龙提水”）

雾露毛子 vu^{31}lu mau^{31}tθɾ　毛毛雨

雾縠 vu^{213}xu　薄雾，如轻纱一般

虹 tθiaŋ^{31}　虹

鸭蛋青子天 ia^{13}tan^{31}tθ'iŋ^{13}tθɾ t'ian^{13}　阴冷，日光微弱的冬日天空

酥石 θu^{213}ʃɾ　质地松散的石头

土固堆 t'u^{55}ku^{213}tθei　土堆

河崖 xuo^{53}iai^{53}　河岸

汪 vaŋ^{13}　水坑，水塘

淹子 ian^{213}tθɾ　深潭，渊

村 tθ'ən^{13}　村庄

潘庄儿 p'ai^{213}tȘuaŋr　（村名）

当央儿 taŋ^{13}iaŋr^{53}　中间

旮旯儿 ka^{13}lar^{53} 角落

捻儿 nianr^{55} 地方

窝儿 vor^{13} 地方

白日 pən^{53}i 白天

黑夜 xən^{13}iə 夜里

早五更 tθau^{55}vu kəŋ 天明前

早起 tθau^{55} tʃ'ɿ 早晨

头午 t'ou^{53}vu^{55} 上午

晌日 ʃaŋ^{55}i 上午

东南晌 tuŋ^{13}nan^{53}ʃiaŋ^{55}

表示时间，大约在上午10点左右

晌阴头儿 ʃaŋ^{55}in t'our 中午

下晚儿 ʃa^{31}vanr 下午

拐磨时 kuai^{55}mo^{31}Ʂʅ^{53}

太阳将落，将做晚饭的时候

夜来 iə^{31}lai 昨天

今日 tʃən^{213}i 今天

明日 miŋ^{53}i 明天

前日 tθ'ian^{53}i 前天

上年 ʃanŋ^{31}nian 去年

下年 ʃa^{31}nian 明年

头年子 t'ou^{31}nian^{53}tθɿ 年前

秋忙头子 tθ'iou^{213}maŋ t'ou^{53}tθɿ 秋种秋收时节

年除日 nian^{53}tʃ'y^{53}i 除夕

五黄六月 vu^{55}xuaŋ^{53}liou^{31}yə^{31} 农历五、六月

十冬腊月 ʃi^{53}tuŋ^{13}la^{31}yə^{31} 农历十至十二月

一霎霎 i^{13}Ʂa^{13}Ʂa 一会儿

先前 θian^{13}tθ'ian^{53} 从前

一襻儿 i^{13}p'anr^{31} 一段时间

秫秫 ʃy^{53}ʃy 高粱

秫秸 ʃy^{53}tʃai 高粱秸

地蛋 ti^{31}tan^{31} 马铃薯

莓豆 mei^{53}tou^{31} 芸豆

长生果儿 tʃaŋ^{53}Ʂəŋ kuor^{55} 花生

果子 kuo^{55}tθɿ 花生

豆秸子 tou^{31}tʃai tθɿ 豆角

莛杆 t'iŋ^{55}kan 高粱穗柄，可制作锅盖

麦秸 mei^{31}tʃai 麦杆儿

小米子 θiau^{55}mi tθɿ 小米

玉豆 y^{31}tou 玉米

黄豆 xuaŋ^{53}tou 大豆

稂麻 laŋ^{31}ma 红麻

米子 mi^{55}tθɿ 花生米

地瓜 ti^{31}kua 白薯、红薯

洋柿子 iaŋ^{53}Ʂʅ^{31}tθɿ 西红柿

菜椒 tθ'ai^{31}tθiau 甜椒

萝白 luo^{53}pei 萝卜

瓜种儿 kua^{213}tƂuŋr 葵花子

山栗子 Ʂan^{13}li^{31}tθɿ 栗子

死人坠子 θɿ^{55}iən^{53}tƂuei^{31}tθɿ 枸杞子

酸楂 θuan^{13}tƂa^{13} 山楂

枳子 tʃi^{55}tθɿ

枳，多刺灌木。其刺叫“枪针”，也作为其树名；果实入药。

囚囚昴子 tθ'iou^{53}tθ'iou^{53}mau^{55}tθɿ

枳实，形如圆球。昴子，小球。

齁梨子 xou^{13}li^{53}tθɿ

棠梨树的果实。未熟时色青味涩，熟后棕黑色，味酸甜可食。本地有数种，根据果实大小分，由小到大依次为齁梨、棠梨、麻梨。齁，1. 吃太咸或太甜的东西后喉咙不舒服：这咸菜真～人；2. 很，非常：～咸。

乍子 tƂa^{31}tθɿ

庄稼收获后余留的残根，如麦乍、䅟乍、黄豆乍；树枝或灌木刈割后残留的部分，如树乍子。

卜卜丁 pu^{53}pu tiŋ^{13} 蒲公英

伢猫 ya^{53}mau 公猫

女猫 ny^{55}mau 母猫

扁嘴 pian^{55} tθei 鸭子

马虎 ma^{53}xu 狼

叫驴 tʃau^{31}ly 公驴

草驴 tθ'au^{55}ly 母驴

蛐蟮 tʃy^{13}ʃan^{53} 蚯蚓

当螂 taŋ^{213}laŋ 螳螂

蛙子 vai^{53}tθɿ 青蛙

蝎虎子 ʃə^{13}xu^{213}tθɿ 壁虎

牲牲 Ʂəŋ^{13}Ʂəŋ 牲畜

大兔 ta^{31}t'u 狐狸

黄老鼠 xuaŋ^{53}lau tʃ'y 黄鼠狼

泥里够子 mi^{53}li kou^{31}tθɿ 泥鳅

乖子 gua^{213}tθʃ 蝈蝈

麻螾 ma^{53}iən^{31} 蝇卵

鳖蜂子 piə^{13}fəŋtθʃ 蝙蝠

牯子 ku^{55}tθʃ （水）公牛之未去势者

趴牯 p'a^{13}ku （黄）公牛之未去势者

登牛 təŋ^{13}niou （水）公牛之去势者

犍子 sʃan^{213}tθʃ （黄）公牛之去势者

娠牛 Ṣən^{31}niou （水）母牛

稳子 vən^{55}tθʃ 水牛牛犊

沙牛 Ṣa^{213}niou （黄）母牛

伢狗 ia^{53}kou 公狗

趴猪 p'a^{13}tʃy 公猪之未去势者

克郎 k'ə ^{13}laŋ 公猪之去势者

翅儿 tṢ'ɿr^{53} 鸟

家翅儿子 tʃa^{213}tṢ'ɿr^{53}tθʃ 麻雀

鹁鸽 pu^{53}kə 鸽子

光棍儿 kaŋ^{13}kueir （鸟名）杜鹃

咴咴 tʃa^{53}tʃa

（鸟名）伯劳鸟，一种食肉的小型雀鸟，生性凶猛，“咴咴”是其叫声的拟音。

黄锦蓝子 xuaŋ^{31}mu^{213}lan^{53}tθʃ

（鸟名）一种像鹌鹑的小鸟，夏季夜里鸣叫，声音低沉宏大，像牛在地窖中吼叫。

黑老乌 xei^{31}lau^{55}vu 乌鸦

夜猫子 iə^{31} mau tθʃ 猫头鹰

长虫 tʃ'aŋ^{53}tṢ'uŋ 蛇

土虺 t'u^{55}xuei 蝮蛇

蚵螬 k'ə^{53}tθ'au 蛴螬

蛇虫子 ʃə^{53}tṢ'uŋ tθʃ 蜥蜴

松虎 tθ'uŋ^{213}xu^{55} 松毛虫

土蚕 t'u^{55}tθ'an^{53} 地老虎

瞎眼虻 ʃa^{13}ian^{55}məŋ 牛虻

瞎撞子 ʃa^{13}tṢ'uaŋ^{31}tθʃ 金龟子

抖抖塘 tou^{31}tou t'aŋ^{53} （虫名）水黾

刷毛甲子 Ṣua^{13}mau tʃa^{53}tθʃ 毒刺蛾幼虫

蛛蛛 tʃy^{213}tʃy 蜘蛛

蜜虫子 mi^{31}tṢ'uŋ tθʃ 蚜虫

绿豆蝇 ly^{31}tou iŋ 绿头苍蝇

蛐蛐 tʃ'y^{13}tʃ'y 蟋蟀，也叫“寒虫”

蚂蚱 ma^{31}tṢa

蝗虫，形态大小各异，有蹬倒山、油蚂蚱、青壳郎子、草里婆等名色。

蠽蛉 tθiə^{55}liŋ

蝉，鸣声宏亮，未蜕皮时叫“蠽蛉龟儿”

羊屎蛋儿 iaŋ^{53}Ṣɿ tianr

青色小蝉，鸣声似“羊屎蛋儿”

警警儿 tʃəŋ^{55}tʃəŋr 纹身小蝉，鸣声清亮

蜂子 fəŋ^{213}tθʃ 马蜂

蜓蜓 t'iŋ^{213}t'iŋ 蜻蜓

蛤蛤豆子 kə^{53}kə tou^{31}tθʃ 蝌蚪

虼子 kə^{13}tθʃ 跳蚤

蛰叮 tʃə^{53}tiŋ 水蛭

望潮 vaŋ^{31}tṢ'au 章鱼，商品名“长蛸”

敌猫 ti^{53}mau （鱼名）河豚

天井 t'ian^{213}tθiŋ 院子

夹道子 tʃa^{13}tau^{31}tθʃ 院中两房之间的通道

灶洞 tθau^{31}tuŋ 烟筒

板凳 pan^{55}təŋ 凳子

浑水 xuən^{53}Ṣuei^{55} 泔水

乌突水 vu^{13}t'u Ṣuei^{55} 温水

锅拍子 kuo^{13}p'ei^{13}tθʃ 锅盖，一般为木制品

盖顶 kai^{31}tiŋ 盖锅缸之秸秆制品

豆枕 tou^{31}tṢən 枕头

面醭 mian^{31}pu^{53}

制作面品时洒在面品或面板表面防止粘连的面粉。醭，物体表面的白霉或类似的粉状物。

寨子 tṢai^{31}tθʃ

楔子，钉子；胼胝。“寨”作动词时相当于“钉”“楔入”。

库（裤）k'u^{31}

形如筒状或具有外包功能的物体。如刀库，刀鞘；锄库，锄头上部装木柄的部位；玉米裤子，玉米棒外边的苞叶。

进 tθiən^{31}

纺线、搓绳时固定线、绳一端，捻转、旋转另一端使线绳受力造成的状态，每旋转一周称一个“进”。加力旋转称“上进”，反向旋转解除该状态称“破进”。

拗头 niou^{31}t'ou^{53} 执拗的人

皮面 p'i^{53}mian 封面

耍物 Şua^{55}vu 玩具

手灯 ʃou^{53}təŋ^{213} 手电筒

风匣（扇） fəŋ^{213}ʃan^{31} 风箱

杌子 vu^{31}tθɿ 高方凳

影背 iŋ^{55}pei 影壁

幅棚 fu^{13}p'əŋ 顶棚

茅道 man^{53}tau 厕所

阁当 kə^{31}taŋ 连房式门楼

当门 taŋ^{13}mən^{53} 室内地面

阳沟 iaŋ^{53}kou 庭院出水沟

锅屋 kuo^{213}vu 厨房

火箸 xuo^{55}tʃy^{31} 火筷子

火叉子 xuo^{55}tŞ'a^{213}tθɿ 铁制拨火棍

站把子 tŞan^{31}pa^{55}tθɿ 扫把，用去米高粱穗扎成

条帚 t'iau^{53}tʃy 短扫把，用去米黍子穗扎成

糨子 tʃaŋ^{31}tθɿ 浆糊

逗条 tou^{31}t'au^{53} 晒物铁丝

铺衬儿 p'u^{213}tŞ'ənr 碎旧布块儿

灯草席子 təŋ^{213}tθ'an θi^{53}tθɿ 草凉席

拄棒 tʃy^{55}paŋ 手杖

手戳儿 ʃou^{55}tʃ'yə^{13}r 图章

志石 tŞ^{31}ʃɿ 界石

堲 tθi^{53} 土坯

垡 fa^{53}

连草根一起挖起的湿土块，可垒墙；翻耕起来的土块。

坷垃 k'a^{55}la 土块

瓦碴 va^{55}tŞ'a^{13} 碎瓦，碎缸片

"碴"读轻声时意为碎陶片

醭土 pu^{53}t'u 灰尘，细土

炭 t'an^{31} 煤

炮仗 p'au^{31}tʃaŋ 大个的爆竹

火油 xuo^{55}iou^{31} 煤油

黄香 xuaŋ^{53}ʃaŋ^{13} 松香

磨驴子 mo^{31}ly^{53}tθɿ 木鱼

犟筋头 tʃaŋ^{31}tʃən^{13}t'ou^{53} 固执的人

街滑子 tʃai^{13}xua^{55}tθɿ 地痞

砸杠子的 tθa^{53}kay^{31}tθɿ ti 拦路强盗

乔巴 tʃ'au^{53}pa 傻子，弱智者

腌撒 a^{213}θa 碎草；不成器的人

头生儿 t'ou^{53}Şəŋr 头胎

双儿 Şuaŋr^{31} 双胞胎

老汉儿 lau^{55}xair^{31} 老头儿

年幼的 nian^{53}iou^{31}ti 青年

耍藏掖的 Şua^{55}tθ'aŋ^{53}iə^{213}ti 变魔术的

啃街鬼 k'ən^{55}tʃai^{213}kuei^{53}

在街市上以服务兼讹诈获取利益的人

庄户人 tŞuaŋ^{213}xu iən^{53} 农民

做买卖的 tθu^{31}mai^{55}mai ti 商人

教学的 tʃau^{13}ʃyə^{53}ti 教师

剃头的 t'i^{31}t'ou^{53}ti 理发员

送信的 θuŋ^{31}θiən^{31}ti 邮递员

舨主子 pan^{31}tʃy^{55}tθɿ （船）老板

船老大 tʃ'yan^{53}lau^{55}ta^{31} 船长

耍把戏的 Şua^{55}pa^{55}ʃɿ ti 杂技演员

固录子 ku^{31}lu tθɿ 以锔锅为业者

光棍子 kuaŋ^{13}kuən^{31}tθɿ 单身汉

带肚子 tai^{31}tu^{53}tθɿ 再嫁妇女腹中前夫的婴儿

跟脚子 kən^{213}tʃyə tθɿ

再嫁妇女带到夫家的前夫的儿女

搿伙儿 ka^{13}xuor

相好，姘头；交谊颇深；联手

懒黄 lan^{55}xuaŋ 懒汉

半夫头儿 pan^{31}fu t'ou^{53}r 夫死再嫁的妇女

双善人 Şuaŋ^{13}ʃan^{31}iən^{53} 怀孕的妇女

要饭的 iau^{31}fan^{31}ti^{53} 乞丐

香头 ʃa ŋ^{13}t'ou 巫婆

土匪 t'u^{55}fei^{55} 强盗

掀手 ʃan^{213}ʃou 在集市上乘人不备偷东西的小偷

□把子 tŞ'ua^{13}pa tθɿ

在集市上乘人不备抓抢东西的小贼

贼 tθei^{53} 偷盗者

经纪 tʃəŋ^{213}tʃɿ 买卖中间人

觅汉 mi^{31}xan 长工

模样儿 mu^{53}iaŋr 相貌

爷爷 iə^{213}iə 祖父

奶奶 nai^{213}nai 祖母

大大 ta^{213}ta 父亲

娘娘 niaŋ^{213}niaŋ 母亲

大爹 ta^{31}tiə^{13} 伯父

大爷 ta^{31}iə 伯父

大娘 ta^{31}niaŋ^{53}

伯母（指本家伯母，有些村庄称“大娘娘”，若伯母多，则依次称为“二娘、三娘……。”）

大妈 ta^{31}ma

伯母（一般称与父母同辈的异姓老年妇女）

叔 Ʂu^{13}

父之弟（用于同姓和异姓，若知道排行，则在“叔”前加“大、二、三……”区别。

婶子 ʃən^{55}tθɾ 婶母

男人 nan^{31}iən 丈夫（背称）

媳子 θi^{55}tθɾ 妻子

儿媳子 lɫ^{53}θi^{13}tθɾ 儿媳妇

新媳子 θən^{13}θi^{13}tθɾ 新娘

闺女 kuei^{213}ny 女儿

闺女婿 kuei^{213}ny^{55}θy 女婿

女婿 ny^{55}θy 丈夫

公公 kuŋ^{213}kuŋ 丈夫之父

婆婆 p'o^{53}p'o 丈夫之母

叔兄弟 Ʂu^{13}ʃyŋ^{13}ti^{31} 堂兄弟（同一祖父）

大伯头子 ta^{31}po t'ou^{53}tθɾ

丈夫之兄（背称，面称哥哥）

小叔子 θiau^{55}Ʂu tθɾ

丈夫之弟（背称，面称弟弟、兄弟，或“他叔”）

兄媳子 ʃuŋ^{213}θɾ^{13}tθɾ 弟弟的妻子

大姑姐 da^{31}kutθiə^{55} 丈夫的姐姐

小姑子 θiau^{55} ku^{213}tθɾ 丈夫的妹妹

老公（姑）母俩 lau^{55}ku^{213}mulia^{55} 老俩口子

小人儿 θiau^{55} ənr^{53} 对未成年人的爱称

姥爷 lau^{55}iə 外祖父

姥娘 lau^{55}niaŋ 外祖母

丈人 tʃaŋ^{31}iən

岳父（背称，面称“大大、爸爸”或“大爷、叔”）

丈母娘 tʃaŋ^{31} mu niaŋ^{53}

岳母（背称，面称“娘娘、妈妈”或“大妈、婶子”）

舅子 tʃiou^{31}tθɾ 妻子的兄弟

姨子 i^{53}tθɾ 妻子的姐妹

妗子 tʃən^{31}tθɾ 舅母

连乔儿 lian^{53}tʃ'aur^{53} 连襟

识字班 ʃɾ^{53}tθɾpan^{13} 姑娘

小子 θiau^{55}tθɾ 男孩

腹里无爷 fu^{13}li vu^{53}iə^{53} 遗腹子

老闺女 lau^{55}kuei ny 老姑娘

烧包 ʃau^{13}pau^{13} 身在福中不知福的人

学博子 ʃyə^{55}potθ1

读书多，有文化的人，前边加“老”时表示敬意；加“愚”时含贬义，相当于“书呆子”。

旋儿 θyər^{53}

头顶发根旋纹。有的人一个，有的人两个或三个。

眼眨毛 ian^{55}tʂa mau^{53} 睫毛

布脐眼儿 pu^{55}tθ'ɾianr^{55} 肚脐

耳塞 lɫθei 耵聍（外耳道分泌物）

溲溲 θiə^{53} θiə 口水

胳拉拜 kə^{13}la pai^{31} 肘部至腕部（小臂外侧）

野勒盖子 iə^{55}lə kai^{31}tθɾ 额头

吞子 t'ən^{31}tθɾ 嗓子

身子 ʃən^{213}tθɾ 身体

鼻子 pi^{53}tθɾ 鼻子；鼻涕

旮旯直 ka^{13}la tʃi^{53} 腋下

锤 tʂ'uei^{53} 拳头；锤子

肋巴 lei^{31}pa 肋部

奶子 nai^{55}tθɾ 乳房

腚 tiŋ^{31} 屁股

后瓢 xou^{31}piau^{53} 后脑勺

护食窝 xu^{31}ʃi^{53}v^{13} 后脑窝

心疼 θiən^{213}t'əŋ^{53} 胃疼

羊狗风 iaŋ^{53}kou f'əŋ^{53} 癫痫

憋堵 piə^{13}tu 便秘

疤拉眼 pa^{213}laian^{55} 疤眼

疮圪渣 tʂ'uaŋ^{13}ka^{213}tʂa 伤口上结的痂

皴皮 tθ'uən^{13}p'i^{53}

体表薄皮，也指植物果实上的薄皮

脂膜皮 tʂʅ^{213}mop'i^{53}

油脂表面形成的薄膜或类似的软膜

瞎汉 ʃa^{13}xan 盲人

秃子 t'u^{13}tθɾ 秃头的人

趴鼻子 p'a^{213}pi tθɾ 塌鼻

串腮胡 tʃuan^{31}θai^{13}xu^{53} 络腮胡

油皮 you^{53}p'i^{53} 因擦磨而去掉的表皮

狗獠子 kou^{55}liau^{53}tθɿ 言行轻浮，爱打獠的人

尖头怪 tθian^{13}t'ou^{53}kuai^{31} 调皮、爱争先占便宜的人

老八板儿 lau^{55}ba^{13}banr^{55} 旧规则；也指拘谨守旧的人

愣头青 ləŋ^{31}t'ou^{53}tθ'iŋ^{13} 头脑简单做事莽撞的人

肉头 iou^{31}t'ou^{53} 富而吝啬的人

渣头 tȘa^{13}tou^{53} 不分场合、言行轻狂的人

搭膊 ta^{13}pu

单幅布，略短于臂展，车夫在烈日下光着上身时用于遮蔽肩背和两臂。

擦脸布子 tθ'a^{13}lian pu^{31}tθɿ 手巾

布袋 pu^{31}tai 衣兜

水鞋 Șuei^{55}ʃai^{53} 雨鞋

小背单儿 θiau^{55}pei^{31}tair 衬衣

汗溻子 xan^{31}ta tθɿ 背心

领衣子 liŋ^{55} i tθɿ 马甲

束腰带子 ʃy^{13}iau^{13}tai^{31}tθɿ 腰带

手方儿 ʃou^{55}faŋr^{13} 手绢

围脖 vei^{53}po^{53} 围巾

苇笠 vei^{55}li 斗笠

坠子 tȘuei^{31}tθɿ 耳坠

镯子 tȘuo^{53}tθɿ 手镯

面 mian^{31} 面条；面粉

饽饽 po^{213}po 圆馒头

卷子 tʃyan^{55}tθɿ 馒头

麨 tʃ'au^{55} 炒面

米羹子 mi^{55}kəŋ^{55}tθɿ 炒熟的糯米

黏粥 nian^{53}ʃiou 用米做成的稀饭

发糰 fa^{213}t'uan 发糕

老面 lau^{55}mian 酵母

引子 iən^{55}tθɩ 酵母

忌讳（食品）tʃi^{31}xuei 醋

荤油 xuən^{13}iou^{53} 熟猪油

大油 ta^{31}iou^{53} 猪油

清浆 tθ'iŋ^{213}tθiaŋ 小豆腐儿（用豆浆加青菜煮成，有汤）

渣饭 tȘa^{213}fan 小豆腐儿（用豆粉加菜炒成，无汤）

豆沫子 tou^{31}mo tθɿ

用豆粉、花生粉、杂粮粉煮的咸粥（在有些村庄叫“咸饭”，而将上文的“清浆、渣饭”称为“豆沫子”。）

茫（味道）maŋ^{53} 咸

粘粥 nian^{53}tʃy 米粥

糊涂 xu^{53}tu 面粥；糊涂不清醒

蘸水 tȘan^{31}Șuei

食用鱼、肉、豆腐、水饺等食品时配制的流体态佐料

果子油 kuo^{55}tθɿ iou^{53} 花生油

香油果子 ʃaŋ^{13} iou^{53}kuo^{55}tθɿ 油条

包子 pau^{213}tθɿ 水饺

馉馇 ku^{213}tȘa 面疙瘩（有些村庄称水饺为馉馇）

细饭 θi^{31}fan^{31} 乳汁

红事儿 xuŋ^{53}Șɿr 婚事

白事儿 pei^{53}Șɿr 丧事

林 lən^{53} 坟地

舍林 ʃə^{55}lən 乱葬岗

牌位 p'ai^{53}vei 灵位

生货 Șəŋ^{213}xuo 棺材

寿器 ʃiou^{213}tʃ'ɿ 棺材

胰子 i^{53}tθɿ 香皂

门头 mən^{53}t'ou^{53} 招牌；门市部

时气 Șɿ^{53} tʃ'ɿ 运气

盘缠 p'an^{53}tʃ'an 路费

待诏 tai^{31}tʃiau 对剃头匠的美称

剃头铺 t'i^{31} t'ou^{53}p'u 理发店

大师 ta^{31}Șɿ^{13} 炊事员

货郎 xuo^{31}laŋ 流动卖货的人

印花纸 iən^{31}xua^{13}tȘɿ^{55} 复写纸

嘎拉儿 ka^{213}lar 圆圈

尖言哨语 tθian^{13} ian^{53} Șau^{31}y^{55} 讽刺人的话

差池 tȘ'a^{213}tʃ'i 错误；意外的事

二乎 lɩ^{31}xu 有一定风险的，结果难料的

老末 lau^{55}miə^{13} 最后的

先生 θian^{213}Șəŋ 看病的，算命的

妈妈子阴阳 ma^{55}ma tθɿ iən^{213}iaŋ^{53} 带迷信色彩的规矩、说法

仨瓜俩枣 θa^{13}ka^{13}lia^{55}tθau^{55}

很少的食物或礼品

磨　mo^{31}

旧时加工粮食的石器，由上下两扇刻有齿沟的磨盘和下边的磨台构成，推动上边的磨盘可以将粮食磨成细面。

碓　tei^{31}

旧时加工粮食的器具，可以舂除谷物外皮或将粮食舂碎。由木制的“碓”（长约1.8米，分为碓头、碓嘴，腰杠、碓脚子等部位）和石制的“碓臼子”等组成，用脚蹬踏（跐）使“碓”上下运动，叫“跐碓”或“卡碓”，加工粮食叫“跐”或“卡”。

碾　nian^{31}

旧时加工粮食的器具，由石制的碾磙子和碾台等组成，拉动碾磙子可以将粮食碾碎。

踖子 tŞ'ai^{55}tθɿ　豆、米破碎成碎渣状

孝帽子 xau^{31}mau^{31}tθɿ

孝子戴的白布冠，顶上有八个角，另一种简单些的叫“孝产（幝）儿”，均用白布折叠缝紉而成。

末了儿 miə^{13}liaur　事情临近结束，最后边的

大帕　ta^{31}p'a　大体形状，轮廓

一胪色的　i^{13}xu^{31}Şei^{213}ti

同类的（含贬义），相同的叫“一胪的”

一流儿　i^{13}liour　同伙

准家　tʃuən^{55}tʃia　（东家 tug^{213}tʃia）

主人，主人家，旧时佃户称佃主为准家或东家

默　mei^{31}

谜语，说出谜面叫“泼默”，猜出谜底叫“猜默”

阿（罨）子　a^{13}tθɿ

捕鸟的机关，由两个木条边框、网片、触机等构成，以绞紧的绳索为开合动力。

多咱　tuo^{213}tθan　什么时候

咋　tθa^{31}　怎么

恁　niə^{31}　相当于“那”，“这”

动词

待　tai^{55}　在：你待哪里？

待　tai^{31}　将要，动作马上实施：你～干什么？

准　tʃuən^{55}

欠债、质押贷款到期还不上，财物（或人口）被夺走。

讫工（功）tʃ'ɿ^{55}kuŋ^{13}　完工，竣工

抓阄　tŞua^{13}tʃ'iou^{13}

抓阄，随机抽取标志物以决定结果

扶搖　fu^{213}iau

搅动使水面的杂物散开以获取干净水。“扶扶摇摇”，形容词，飘浮上腾的样子。

麻　ma^{53}　用纤维、线绳捆扎、约束

睏觉 k'uən^{31}tʃau　睡觉

撒摸　θa^{55}mə　张望，看看

嘘呼　ʃu^{213}xu　叫喊

咋呼　tŞa^{213}xu　吆喝，叫喊

哈唬　xa^{213}xu　喝斥，威吓

哈打　xa^{13}ta　喝斥

拨活　po^{13}xuo　挑拨

巴结　pa^{213}tʃiə　奉承讨好

巴巴岌岌　pa^{213}pa tʃi^{13}tʃi

勤勉但生活拮据，为生计奔忙

展　tʃian^{55}　玷污、弄脏

皴　tθ'uən^{13}　皮肤因受冻或受风吹而干裂

燊　Şən^{13}

燊，“生”的变音，点燃：燊火，燊炉子

燂　t'an^{55}　燎，用火苗略烧

醒　ʃiŋ^{55}　液体缓缓渗入：水醒下去了，醒面

酥　θu^{13}

松散；令人毛骨悚然或瞧不起、厌恶

溜眼儿　liou^{13}ianr^{55}　眉来眼去、眉目传情

抹哈　ma^{213}xa

瞪眼后再垂下眼皮，表示不满或蔑视

抹瞪　ma^{213}təŋ　困倦，眼皮沉重

溜门子　liou^{31}men tθɿ　串门儿

拉呱儿　la^{53}kuar^{55}　交谈

闲拉呱儿　ʃan^{53}la^{53}kuar^{55}　闲谈

摆乎　pai^{55}xu　摆弄、摆布；显摆

舔腚　t'ian^{55}tiŋ^{31}　巴结、讨好

哨么　Şau^{31}m　讽刺

涮么　Şuan^{31}m　讽刺

臭哄　t'ou^{31}xuŋ　诽谤

护局子　xu^{31}tʃy^{53}tθɿ　袒护，护犊子

拉巴　la^{13}pa　抚养；提拔

出门子 tʃ'y^{13}mən^{53}tθɿ 出嫁
踢蹬 t'i^{13}təŋ 损坏
作害 tθuo^{13}xai 糟蹋；危害
掇弄 tuo^{55}ləŋ^{31} 倒腾；折腾
拾道 ʃɿ^{53}tau 拾掇、收拾
作作 tθuo^{55}tθuo 战栗退缩
掺和 tȘ'an^{213}xu 掺和；参与
惧憷 tʃu^{31}tȘ'u^{31} 害怕、恐惧
找讼 tȘau^{55}θyŋ^{31} 无故找岔
扑碌 p'u^{13}lu 汲汲努力
耍故 Șua^{55}ku 作弄，取笑
撩致 liau^{53}tʃɿ 挑弄；引逗
抛撒 p'au^{213}θa 浪费
吹灯 tȘ'uei^{13}təŋ^{13} 熄灯（吹熄油灯）
能格 ləŋ^{55}kə 有空闲时间
戳脊梁骨 tȘ'uo^{53}tθi^{13}liaŋ ku^{13} 背后指责
抬杠 t'ai^{53}kaŋ^{31} 无原则争辩
裂布 liə^{55}pu^{31} 买布
敹 liau^{31}

粗针大线连缀织物或破衣。如：衣服破了，敹几针；把两块布敹在一起。

该钱 kai^{13}tθ'ian^{53} 欠帐
创钱 tȘ'uan^{31}t'θ'ian^{53} 赚钱
剃头 t'i^{31}t'ou^{53} 理发
割肉 ka^{13}iou^{31} 买肉
送小礼儿 θuŋ^{31}θiau^{55}lir^{55} 行贿
挨号儿 iai^{13}xaur^{31} 排队
作亲 tθuo^{13}tθ'iən^{213} 联姻
磨滑儿 mo^{53}xuar^{53} 偷懒
托奸磨滑 t'uo^{55}tʃan^{13}mo^{53}xua^{53} 偷懒；怠工
扎裹 tȘa^{13}kuo 治疗；修理；捉弄；整治
下针 xa^{31}tʃən^{13} （针灸）扎针
老了 lau^{55}lə 死了
馏 liou^{31}

把食物放在"箅簾"（竹木或荻秆制作的炊具）上或笼屉中加热、蒸。

烀 xu^{13} 半蒸半煮；长时间煮
烀 xu^{13} 粘贴；靠近；用巴掌打
哆 tuo^{13} 啄；点刺；打（～耳光）
餮 tθ'an^{13} 啄
突 t'u^{13} 打（～嘴）
抠 k'ou^{13} 从管、洞、缝中挖取
挖 va^{55} 搔、抓
擓 k'uai^{55} 搔（～痒）
搁下 kə^{13}xa 放下
乖 kuai^{13} 动，碰
扔 xəŋ^{31} 丢弃；投掷
撩 liau^{31} 扔
拽 tȘuai^{31} 扔，投掷；拖、拉
撇 p'iə^{13} 扔，投掷
楔 θiə^{13} 敲打使楔入；抛击
稍 Șau^{31}

割取谷物穗头。如：稍谷子，稍秫秫（高粱）穗

闑场 lan^{53}tʃ'aŋ^{53}

将脱粒后的庄稼再放在土场中用碌碡碾压

闑穰 lan^{53}iaŋ^{53}

同"闑场"，是针对被"闑"的谷物而言

敨 t'ou^{55} 倒（出）、漏
阿（罨）上来 a^{13}ʃaŋ^{31}lai 一齐聚集过来
排 p'ai^{55} 踹
楦 ʃyan^{31} 踹；填塞物体之间的空隙
扽 təŋ^{31} 剥离，拉
戗 tθ'iaŋ^{55} 平铲
戗 tθ'iaŋ^{31}

逆向运动；斜顶；用强硬的语言顶撞他人

骣 tȘ'an^{55}

光着。不用鞍鞯乘骑：骣骑；棉衣或外套里边不着贴身衬衣：骣穿。

提 ti^{13}

拔，如：提蒜薹（另，"提溜"ti^{213}liou:提，挂。如：提溜着篮子；树上提溜着葡萄。作量词时相当于"串、挂"。）

除 tʃ'y^{53} 用锨取走
折 tʃə^{13} 对折；用锨堆起来
影 iŋ^{55} 声音使人受惊或厌烦
攮 naŋ^{55} 刺
趄 tʃ'ə^{13} 躺
遛达 liou^{213}ta 散步
哄 xuŋ^{55} 骗
吵 tȘ'au^{55} 责备、批评

嘅 ty^{53}　骂

□（理）（与“耳”同音）lɫ^{55}

理睬；捕捉，逮捕

縻 mi^{53}

羁縻，用木桩系长绳将牛、驴等拴住：縻驴

拔跌 pa^{53}tiə^{13}　摔跤

寻寻 θiən^{55}θiən　寻思

反蹬 fan^{55}təŋ　乱动

巴 pa^{13}　盼望

红眼 xuŋ^{53}ian^{55}　由羡慕而嫉妒

吃烟 tʃ'ɿ^{213}ian^{13}　吸烟

崴块 wai^{55}k'uai　斜倚

堆摸 tθei^{13}mə　咂摸，长时间揣摩品味，总结

对道 tei^{213}tau　告诉，对……说

嫌话 ʃan^{53}xua　厌恶，嫌弃

嫌好责歹 ʃan^{53}xau^{55}tȘei^{13}tai^{55}　挑剔，无端指责

就菜 tθiou^{31}tθ'ai^{31}　吃菜

哀告 ai^{55}kau　哀求

五马换六羊 vu^{55}ma^{55}xuan^{31}liou^{31}iaŋ^{53}

胡倒腾，变来变去

祸害 xuo^{31}xai　糟蹋；灾星（名词）

烦气 fan^{55}tʃ'ɿ　讨厌

割唉 ka^{13}iai^{31}　小儿争吵打架

唉 iai^{31}　呻吟

恶央 ə^{213}iaŋ　反复央求，麻烦

硌央 kə^{53}iaŋ　缠着不放令人厌烦

忙活 maŋ^{53}xuo　忙碌

撞见 tȘuaŋ^{31}tan　碰见

凹凸（瓦鼓）va^{55}ku

脸色愁苦；不平展；内心不平、抱屈

瞎 xa^{13}　眼睛失明；丢失，遗失

蹬崴 təŋ^{213}wai　两腿乱蹬

娑呵 θə^{213}xə　来来往往（含贬义）

蹀躞 tiə^{213}ʃiə

下垂；往来奔走；蹀蹀躞躞：低三下四地往来奔走。

阿没 a^{31}mə　暗中将财物据为己有；暗中杀害

仄楞 tȘei^{13}ləŋ^{31}　倾侧

仄卧 tȘei^{13}vo^{31}　侧卧

耍 Șua^{55}　玩；耍弄、戏弄

顾碌 ku^{31}lu　看顾、关照、关怀

梃 t'iəŋ^{31}

杀猪后，在猪腿上划一个口子，用铁棍贴着腿皮往里捅，然后往里吹气，使猪皮绷紧，以便去毛：梃猪；打：梃他一顿。

剔 t'i^{13}

分解骨肉，把肉从骨头上刮下来；从缝隙或孔洞里往外挑、拨；拣、选。

抱窝 pau^{31}vo　（母鸡）孵蛋

挥（喙）xuei^{13}　（猪）用嘴拱

刻 k'ei^{13}　刻画

克 k'ei^{13}　排斥、制约、伤害：五行生克

刻 k'ə^{13}　剖

□ miən^{31}　“觅、赁”的合音，租赁（房屋）

□（从）tθ'yŋ^{53}　继承

□（怂）tθyŋ^{55}　怂恿

下茶 xa^{31}t Ș'a^{53}　放入茶叶，冲泡

和弄 xə^{213}ləŋ　搅拌；捣乱

杀树 Șa^{13}ʃy^{31}　伐树

呲（龇）tθ'ɿ^{13}　露出牙齿

呲 tθ'ɿ^{13}　（物体）突出；斥责

泚 tθ'ɿ^{13}　（液体）喷射

露候 lou^{31}xou　偷看、窥视、张望

秋候 tθ'iou^{213}xou　巡视，用眼光四处寻觅

瞅候 tȘ'ou^{55}xou　紧盯机会或利益、觊觎

地瞅 ti^{31}tȘ'ou　敌视、蔑视

操尻 tθ'au^{31}k'au　盘算，撺掇，鼓动

二二思思 lɫ^{31}lɫ θɿ^{31}θɿ　犹豫

张 tʃaŋ^{13}　歪倒；张开

断 tuan^{31}　追

短 tuan^{55}　堵截，拦截（短路：拦路抢劫）

贬讪 pian^{55}θian　讥笑

掇 tuo^{13}　端

帮活 paŋ^{213}xuo　帮助，帮忙

葬害 tθaŋ^{31}xai　糟蹋

有了 iou^{55}lə　生了（孩子）

唆么 θuo^{213}mə　有意刁难，找碴整人

麻搭 ma^{213}ta　眼皮下垂，表示轻蔑，不满

扎煞 tȘa^{213}Șa

手指、头发、树枝等伸张开；不稳重，猖狂

拉肚子 la^{13}tu^{31}tθɿ 腹泻
撑着 tȘ'əŋ^{213}tȘə 积食
招按猴子 tʃau^{13}an^{31}xou tθɿ 梦魇
发脾寒 fa^{13}p'i^{53}xan 疟疾发作
打呼噜 ta^{55}xu^{213}lu 打鼾
过礼 kuo^{31}li^{55} 送彩礼
送催妆 θuŋ^{31}tθ'ei^{213}tȘuaŋ
给将出嫁妇女礼品财物
待月子 tai^{55}yə^{31}tθɿ 生孩子
分盘子 fən^{13}p'an^{53}tθɿ 分发喜事零食
报丧 pau^{31}θaŋ^{31} 报告死讯
赗人情 fəŋ^{13}iən^{53}tθ'iŋ 吊唁时送钱物
送盘缠 θuŋ^{31}p'an^{53}tʃ'an
烧纸钱以备死者在阴间使用的仪式
送汤 θuŋ^{31}t'aŋ^{13} 为死者送饭和水的仪式
指路 tȘʅ^{55}lu^{31} 指示死者前程仪式
抈 yə^{55} 折
□ tʃ'yə^{55} 折
撅 tʃyə^{213} 用棍棒等的一头挑起
硌 kə^{53} 单腿跳；凸起的硬物使人不适或受伤
趄（超）tȘ'au^{31} 用步丈量；跨
吱声 tθɿ^{55}ʃəŋ 做声
纠 tʃou^{55} 拧
约摸 yə^{13}mo 估量
铺排 p'u^{213}p'ai 安排；吩咐
鼓蛹 ku^{31}yŋ 蠕动；动弹
履履 ly^{213}ly 虫子、鸟用嘴吮咂
两侪 liaŋ^{55}tȘ'ai 两种东西混合
擢 xuo^{13}
用手或器具将液体或粉沙状物体扬起泼出
没量 mu^{13}liaŋ 约计
理整 li^{55}tȘəŋ
修治；打扮；处分、处置；照顾、抚养
寻人家 θiən^{53}iən tʃa 改嫁
有喜 iou^{55}ʃɿ^{55} 怀孕
传契 tʃ'uan^{53}tʃ'ɿ^{55} 订立婚约
造折 tθau^{31}tʃə 折磨，倒腾
折腾 tȘə^{13}təŋ 使人费力受苦；反复倒腾
瘪咕 piə^{55}ku （手）冻僵；由饱满到瘪缩
谝咧 p'ian^{55}lian 夸耀，炫耀

说古 ʃyə^{13}ku^{55} 讲故事
推当 t'ei^{213}taŋ 假装
锔 tʃy^{13}
用金属钉加固破碎的物品；紧贴着、抓住
闹饥荒 nau^{31}tʃɿ^{213}xuaŋ 吵架，打仗
闹饥荒 nau^{31}tʃɿ^{13}xuaŋ^{13} 出现灾荒
拉饥荒 la^{13}tʃɿ^{213}xuaŋ 欠债
打饥荒 ta^{55}tʃɿ^{213}xuaŋ 还债
潲 Șau^{31} 雨斜着落下
跐 tθ'ɿ^{55} 斜蹬；斜顶
噇 tȘ'ua^{13} 吃，无节制地吃喝
□ tȘ'ua^{13} 快速抓取
□ tȘ'ua^{53} 戳、刺
磨蹭 mo^{53}tθ'əŋ 行动迟缓，拖延
趿 θa^{13} 把鞋后帮踩在脚跟下穿
拍 p'ei^{13} 拍打；暴雨使地表板结
下地丁 ʃa^{31}ti^{31}tiŋ^{13} 下冻雨，地面结冰
呲吧 tθ'i^{213}pa
斥责、用尖刻的语言贬低对方，使离开
搐搐 tȘ'u^{13}tȘ'u 收缩；畏缩
倒搐 tau^{31}tȘ'u 退步
捎道儿 Șau^{13}taur^{31} 顺路
偏路 p 'ian^{31}lu^{31} 绕道
割庄稼 ka^{13}tȘuaŋ^{213} tʃa 收庄稼
使牛 Șʅ^{53}niou 套牛干活
施粪 Șʅ^{53}fən 施肥
迷瞪 mi^{13}təŋ 打盹儿
割舍 ka^{13}ʃə 舍得
丝囊 θɿ^{13}naŋ 食物发霉
哄 xuŋ^{13} （鱼）变质
滓辣 tθɿ^{13}la 胃里泛酸

形容词

离巴 li^{31}pa 外行
钻门儿 tθuan^{55}mənr 头脑灵活，会找窍门
拽 tȘuai^{55} 爱打扮，有意显示服饰
转 tȘuai^{55}
转文，为显示有学问，说话时故意用生僻深奥的词语。
仄卓 tȘei^{13}tȘuo 狭窄

超裕 tʃ'au^{213}y 生活宽裕，资财充裕

宽快 k'uan^{213}k'uai （场所）宽阔；（生活）宽裕

如可 y^{55}k'ə 舒服

跩摇 tʂuai^{31}iau 肥胖而行动迟缓

细作 θi^{31}tθuo 吝啬，小气

小作 θiau^{55}tθuo 吝啬，小气。重叠为"小小作作"

勤力 tʃiən^{53}li^{31} 勤劳

腌臜 a^{13}tθa 脏而乱；不顺心，不舒畅；尴尬

抗膀儿 k'aŋ^{13}paŋr^{55} 差不多，势均力敌

实落 ʃɿ^{53}luo （放置）平稳；（疾病）痊愈不反复；（事情）办妥；实在，不见外。

糙 tθ'au^{13} 坏，差

利整 li^{31}tʂəŋ 整齐干净

净办 tθiŋ^{31}pan 清静

癞 lai^{31} 不干净

皮 p'i^{55} 顽皮

喜荐人 ʃ^{55}tθianin 讨人喜爱

皮脸狗腚 p'i^{53}lian^{55}kou^{55}tʃ'iaŋ^{31} 脸皮厚、不知羞

拨灰扬场 paŋ^{13}xuo iaŋ^{53}tiŋ 拨灰（播土）扬尘，动作导致灰尘飞扬

囫囵 xu^{55}lən 完整

无拉嘎 vu^{53}la ka 没意思的，无意义的

乔 tʃ'au^{53} 傻、疯

象 tθ'iaŋ^{31} 相似、象

傻拉瓜唧 ʂa^{55}la kua^{13}tθi 不聪明

猫盖屎 mau^{53}kai^{31}ʂɿ 干活毛糙，不认真，做表面文章

结实 tʃə^{13}ʃɾ 坚固耐用；（身体）硬朗

黢黑 tθ'y^{13}xeir^{13} 很黑

乌黑儿 vu^{13}xeir^{13} 很黑

菘白儿 θyŋ^{13}peir^{53} 很白

通红儿 t'uŋ^{13}xuŋr^{53} 很红

臻紫 tʂən^{31}tθɾ^{55} 很紫。臻青，很青

麻利 ma^{53}li 快、干脆

已当 i^{13}taŋ 合适

瞎巴 ʃa^{13}pa 孬，次

执张 tʃɾ^{13}tʃaŋ 打扮故意与众不同，招摇；故弄玄虚，故作高深、严肃之状，也说"执鼓掌板儿的"。

依时 i^{13}ʂɿ 及时；舒适

打腰 ta^{55}iau^{13} 有势力，管用

挺脱 t'iŋ^{55}t'uo 强壮

疵毛 tθ'ɾ^{13}mau^{53} 劣，差劲

稀松 ʃɾ^{13}θuŋ 不要紧；不怎么样

乍古 ka^{53}ku 古怪，固执；小气、吝啬

紧勤 tʃən^{55}tʃ'iən 勤快；装束整齐利索；快速

杠行 kaŋ^{31}xaŋ^{31} 趾高气昂、盛气凌人的样子

瘿尫 iŋ^{213}vaŋ 体弱多病貌。重叠为"瘿瘿尫尫"

软揣 yan^{55}tʂ'uai 体质软弱

拒拒拉拉 tʃu^{31}tʃu lala 动作艰涩、不顺利

拒拒率率 tʃu^{31}tʃu lyly 拒率：惶恐不安、无所适从

暄猫胀狗地 ʃyan^{13}mautʃaŋ^{31}kouti 蓬松臃肿

草木拽拾 tθau^{55}mutʂuai^{31}ʂɿ 不利索，不干净

扎武地 tʂa^{53}vuti 全力以赴地、满满地

故动 ku^{31}tuŋ 幽默、风趣

促寿 tθ'u^{13}ʃou^{31} 减少寿数（实指手段恶劣，做坏事）

不相干 pu^{53}θiaŋkan 不要紧，没什么可怕的

针末削铁地 tʃən^{13}moθyə^{13}t'iəti 困窘，将一切资源充分利用

艮艮 kən^{31}kən 强横；倔强

副词

蛮蛮 man^{53}man 怪不得

该……是的 kai^{13}…ʂɿ^{31}ti 由于……造成的

在早 tθai^{31}tθau^{55} 从前

安天价 an^{13}t'ian^{213}tʃa 整天

天天 t'ian^{13}t'ian 每天

见天 tʃan^{31}t'ian 每天

捎带着 ʂau^{13}tai^{31}tʂə 顺便

就手儿 tθiou^{31}ʃour^{55} 接着，顺便

见其 tan^{31}tʃ'ɾ 怎见得（一般用于疑问句）

一气儿 i^{13}tʃ'ɾr^{31} （动作）连续不中断

皆 ai^{13} 都

当莫住 taŋ^{31}mo tʃy^{31} 可能，也许

刚了 kaŋ^{53}lə 很、非常

差一忽忽儿 tȘ'a^{13}i xu^{13}xur 差点儿

刚忙忙 tʃaŋ^{13}maŋ^{213}maŋ 刚才

很好儿 xən^{53}xaur^{55} 正好

幸好地 ʃiŋ^{31}xau^{53}ti 忽然

得为 tei^{55}vei 故意

赶忙 kan^{13}maŋ 马上，立刻

敢自 kan^{55}tθɾ 敢情，可真是

呼下子 xu^{213}ʃatθɾ 猛地

酷 k'ou^{53} 凶暴，蛮横

横竖 xuən^{31}ʃy 反正，不管怎样

连词、介词

还 xan^{53} 还、又（连词）

和 xaŋ^{31} 与，同，像

起 tʃ'ɾ^{55}

相当于"于"、"比……"。例:大~、高~、强~。

第二节 语 法

岚山方言语法的特点主要体现在构词方面：

1. 有着众多独特的修饰语，如:精(瘦)，透(红)，臻（凉），葱（脆），焦（酸），乌（麻），崩崩（硬），菘（白），风（快），(kaŋ^{31})(了)，(xuŋ^{213})（黑），皆(ai^{213})（来了），(tʃao^{213})（黄），幸（干着）等。

2. 有一套独特的表示时间的词语：

上年——去年　头年子——年前

下年——明年　夏麦里——夏天

黑(hen)夜——夜晚　晌阴——上午

东南晌——中午前　晌荫头儿——中午

前日——前天　夜来——昨天

今日——今天　明日——明天

后日——后天

刚（tʃiaŋ^{213}）子、刚（tʃiaŋ^{213}）忙忙——刚才

赶忙——马上　紧勤地——快点儿

很（xən^{55}）好儿——正好

幸好地——突然（p'ən^{31}）——正在

3. 否定词"不"有置于动词中间的现象，如"知不道"即"不知道"。

个别动宾短语的动词后置，如"家去"即"回家""来家里"。

动词"待"还用如副词，相当于"将要"，如:"你待干什么？""我待回家"。

"该……是的"相当于"由于……的原因（造成的）"。

4. 形容事物或人时能明显地区分出比较级与最高级，比较级的构成是在形容词前边加上一个副词，如"老远""精瘦"，最高级的构成是将形容词重复后再在前面加上一个副词，有时是连用两个副词，如"老远远""精瘦瘦""大老远远""大老高高""崩崩硬"，还有一种方式是比较级的形式重复一次，如"精瘦精瘦""丁点丁点儿"。

第三章 民 谣

第一节 谚语、歇后语

tuŋ^{13}Șan^{13}tai^{31}mau^{31}mi^{31}xan Șuei^{31}tʃau^{31}

东 山 戴 帽，觅 汉 睡 觉

（云笼山顶，要下大雨）

ʃɾ^{53}nian^{53}kau^{13}va^{31}i^{13}iaŋ^{31} ʃou^{13}

十 年 高 洼 一 样 收

（每年雨水多少不同）

tθ'uŋ^{53}Șan^{13}nan^{53}t'ou^{53}tau^{31}pei^{13}kuo

从 山 南 头 到 碑 廓——

kei^{13}t Șə vei^{31}

隔 着 卫（山南头，岚山头；卫即安东卫，此处是"味"或"位"的谐音。意为关系较远，有距离。）

ʃou^{55}tʃyə^{13}man^{53}yan au^{31}tθɾ iə^{31}

手 拙 埋 怨 鏊 子热。

lau^{55}iau^{31}iau tʃ'ɾ^{53}ly^{53} θɾ^{55}tʃy^{13}

老 鹞 鹞 骑 驴——死 锔。

pi55kə xou53tθʃ ʃau55 ʃən13mau53
比 个猴 子 少 身 毛（说人心眼多）
tθ'iŋ13miŋ tuan31θyə13 ku13y55tuan31ʂuaŋ
清 明 断 雪，谷 雨 断 霜。
i13tʃ'aŋ55 tʃ'yən13y55i13tʃ'aŋ55nuan55
一 场 春 雨一 场 暖，
i13tʃ'aŋ55tθ'iou13y55i13tʃ'aŋ55xan53
一 场 秋 雨一 场 寒。
xan53tʂ'uŋ53tʃau31i13ʃəŋ13
寒 虫 叫 一 声，
tʃ'uŋ53xan31ʃʅ13i13tʃəŋ13
穷 汉 失 一 惊。
ləŋ55tθai31θan13tʃou55iə31tθai31tʂuŋ13fu53
冷 在 三 九，热 在 中 伏。
ta55lə tʃ'yən13ʃou13xuan13tʃ'ʅ
打了 春，休 欢 气，
xan53iou55i13kə31yə31ti ləŋ55t'ian13tʃ'ʅ
还 有 一 个 月 的 冷 天 气。
ta31θyə13pu13fəŋ13ti31 pu13kuo31θan13lɚ31i31
大 雪 不 封 地，不 过 三 二日。
li31lə ʃa31 i13t'ian13tʃ'aŋ53i13pa31
立了 夏，一 天 长 一 耙；
li31lə tuŋ13i13t'ian13tuan55i13tθ'uŋ13
立了冬，一 天 短 一 葱
（日影变化，指每天白天长度。）
liou31yə31pei13fəŋ13taŋ31ʂʅ53y55
六 月 北 风 当 时 雨。
tθau55tʃau31iən13van55tʃau31tθ'iŋ53
早 照 阴，晚 照 晴（照，霞光。）
θyə13ta55kau13ʂan13ʂuaŋ13ta55va31
雪 打 高 山 霜 打 洼。
xau31lə tuŋ13fəŋ13pu13ʃa31y55
旱 了东 风 不 下 雨，
lan31lə θi13fəŋ13pu13tθ'iŋ53t'ian13
涝 了 西 风 不 晴 天。
mei31ʂu53liaŋ55ʃaŋ55tθ'an53lau55i13ʂʅ53
麦 熟 两 晌，蚕 老 一时。
θʅ31yə pa13 iŋ13t'au tʃ'a13
四 月 八，樱 桃 掐。

ʃən13tθʃ tθʃ31tθai k'ou55tei13ʃan53
身 子 自 在 口 得 闲（不劳不得）
xai53tθʃ k'an31tʂə tθʃ53tʃʃ213ti xau55
孩 子 看 着 自 己 的好，
tʂuaŋ213tʂa k'an31tʂə iən53tʃa ti xau55
庄 稼 看 着 人 家的好。
tʂuaŋ213xu ti31li pu13ta55liaŋ53
庄 户 地里不 打 粮，
van31pan13ʂəŋ53i θʃ55lə xaŋ
万 般 生 意死 了 行。
tʂ'u53t'ou ʃaŋ iou55ʂuei55tʂ'u53t'ou ʃaŋ iou55xuo55
锄 头 上 有 水，锄 头 上 有 火，
tʂ'u53t'ou ʃaŋ iou55fei31
锄 头 上 有 肥。（锄地可减少水分蒸腾，防旱；可使表土疏松，减少涝害；可壮苗。）
mo53iou55ʂa13iən53 θiən13pu13nəŋ53pa31xuaŋ53tou
没 有 杀 人 心，不 能 耙 黄 豆。
（种下黄豆遇雨土地板结，用耙耙松表土以利出苗。）
pei13xuo31tʂuaŋ31pei13k'eir13
百 货 撞 百 客儿，
tʃaŋ213t'ei p'aŋ53tθʃ ʃa31 θi13pei13
僵 腿 螃 子下 西 北（僵腿螃子，一种很小的蟹类，壳薄肉少，本地人不食用。）
kou55θan13mau53θʃ31t ʃy13vu55iaŋ53liou31
狗 三 猫 四 猪 五 羊 六（家畜孕期）
tʃ'ʅ13fan31tʃ'yan13i13liaŋ31tʃa13taŋ31
吃 饭 穿 衣 量 家 当
（收入决定消费水平）
tθiŋ55li vu53ʂuei55θʃ31xa31li t'au53
井 里无 水 四 下 里 淘。
ʂʅ213fu liŋ55tθiən31mən31θiou13 ʃəŋ31tθai31kə31iən53
师 傅 领 进 门，修 行 在 各 人。
k'ai13ʂuei55pu13ʃaŋ55 ʃaŋ55ʂuei55pu13k'ai13
开 水 不 响，响 水 不 开。
tʃaŋ31mu tθ'iŋ13xau55ti31 ʃyŋ
帐 目 清，好 弟 兄。
tθou55lu31pu13 vən31kə13pi53tiŋ31tθou55ti tuo13
走 路 不 问 哥，必 定 走 的多。
ta31fəŋ13kua13pu tuo13ʂʅ53tθ'iən13tθ'ʅ nau55pu tuo13ʂʅ53
大 风 刮 不多 时，亲 戚 恼 不 多 时。

xai^{53}tʃ'ou^{55}kə^{53}pu tʃy^{31}niaŋ^{53}ta^{55}pan
孩 丑 搁 不住 娘 打 扮。
tʃyən^{13}tθɿ pu^{13}xuaŋ^{31}niou^{53}tʃɿ^{31}tʃ'ɿ^{31}
君 子不 和 牛 治 气（治气，怄气。）
ʃan^{31}vei^{31}ti ia^{13}tθɿ pu^{13} ʃa^{31}tan^{31}
现 喂 的 鸭 子 不 下 蛋。
iou^{31}lan^{31}tai^{55}kuo^{213}li
肉 烂 待 锅 里（待，在。）
iaŋ^{53}mau^{53}tʃ'y^{13}tθai iaŋ^{53}ʃən^{13}ʃaŋ
羊 毛 出 在 羊 身 上。
iən^{53} θɿ^{55}y^{53}təŋ^{13}miə^{31}
人 死 如 灯 灭。
t'u^{31}tθɿ tʃɿ^{213}lə iə^{55}iau^{55}iən^{53}
兔 子 急 了也 咬 人。
ʃou^{55}tʂə tʃən^{13}iən^{53}pu^{13} ʃyə^{13}tʃa^{55}xua^{31}
守 着 真 人 不 说 假 话。
pu^{13}taŋ^{13}tʃa^{13}bu^{13}tʃɿ^{13} tʂ'ai^{53}mi^{55}kuei^{31}
不 当 家 不 知 柴 米 贵，
pu^{13}iaŋ^{55}lɫ^{53}pu^{13}tʃɿ^{13} fu^{31}mu^{55}nan^{53}
不 养 儿 不 知 父 母 难。
taŋ^{13} tʃa^{13}θan^{13} i^{31}kou^{55}iə^{55}ʃan^{53}
当 家 三 日 狗 也 嫌。
ian^{53}vaŋ pu^{13} ʃan^{53}kuei^{55}ʂou^{31}
阎 王 不 嫌 鬼 瘦。
k'an^{55}tan ʃy^{55}ʃy ʃan^{55}tʃ'y laŋ^{53}
砍 倒秫 秫 显 出 狼。
va^{55}iən^{53}pu^{13} va^{55}lian^{55}ma^{31}iən^{53}pu^{13}tʃə^{13}tuan^{55}
挖 人 不 挖 脸，骂 人 不 揭 短。
ʃɿ^{53}nian^{53}p'əŋ^{31}ʃaŋ^{31}kə yən^{31}la^{31}yə
十 年 碰 上 个 闰 腊 月。
tʃaŋ^{53}tθai^{31}xuo^{53}bian^{13}tθou^{55}
常 在 河 边 走，
nan^{53}mian^{55}pu^{13}ʃɿ^{13}ʃai^{53}
难 免 不 湿 鞋。
ʃa^{13}xan^{31}vu^{53}ian^{55}t'ian^{13}liaŋ^{31}lu^{31}
瞎 汉 无 眼 天 亮 路。
y^{53}kuo^{31}tθ'ian^{13}tθ'əŋ^{53}vaŋ^{55}
鱼 过 千 层 网，
vaŋ^{55}vaŋ^{55}xan^{53}iou^{55}y^{53}
网 网 还 有 鱼。
tʃ'au^{55}mai^{55}xuŋ pu kuo^{31}kə tʃyə^{13}mai^{31}ti
巧 买 哄 不 过 个 拙 卖 的。
tʃaŋ^{53}kna^{55}tʃy^{31}fəŋ tθi^{53}tθau^{55}van^{55}xuei^{31}
常 赶 巨 峰集，早 晚 会
y^{31}ʃaŋ^{31}θiŋ^{31}liaŋ^{53}ti
遇上 姓 梁 的（因巨峰街上梁姓多）
ʃɿ^{53}nian^{53}tʃaŋ^{55}lə pa^{13}θei^{31}
十 年 长 了八 岁——
yə^{213}iaŋ^{55}yə^{213}tau^{31}tʂ'u
越 养 越 倒 搐（退步）。
la^{31}yə^{31}li ti t'u^{31}tθɿ tʃou^{55} p'au^{55}
腊 月里的兔 子——九（久）跑（指长期从事某一行业的专家级人物。有戏谑意味。）
tuan^{55}lu^{31}tʂuaŋ^{31}tʂə kə tθa^{53}kaŋ^{31}tθɿ ti
短 路 撞 着 个 砸 杠 子 的——
tʂau^{55}tei^{31}tʂ'a^{53}lə
找 对 茬 了。
ta^{31}mən lou^{53}ʃaŋ kua^{31}ʂa^{13} təŋ^{13}
大 门 楼 上 挂 纱 灯——
kau^{13}miŋ^{53} ai^{31}vai^{31}
高 明（名）在 外。
tʃyə^{213}tθei luo^{53}tθɿ pu^{13} tʃɿ^{53}t'ou^{53}ly^{53}tθ'ian
撅 嘴 骡 子 不 值 头 驴 钱——
tθian^{31}tθai tθei^{55}ʃaŋ
贱 在 嘴 上。
ta^{31}nian vu^{55}kəŋ θɿ^{55}lə t'ou ly^{53}
大 年 五 更 死 了 头 驴——
pu^{13}xau^{55}iə^{55}xau^{55}
不 好 也 好。
θi^{13} pei fəŋ^{13} kua^{13} tθi^{53}li
西 北 风 刮 蒺 藜——
lian^{53}fəŋ^{13} tai^{31}tθ'ɿr^{31}
连 风（讽）带 刺儿。
kou^{55}iau^{55}ma^{53}xu liaŋ^{55}ʂa^{31}li p'a^{31}
狗 咬 麻 虎——两 下里 怕。
ʂau^{213}kua ta^{55}ly^{53} tʃ'y^{31}lə i^{13}tuo^{13}pan^{31} tθɿ
梢 瓜 打驴——去 了一 多 半 子
（梢瓜，一种瓜类，脆而多汁，当水果生食。）
k'ə^{31}kua^{213}tʂuŋ k'ə^{31}tʃ'y tʃ'ou^{31}tʂ'uŋ lai
嗑 瓜 种 嗑 出 臭 虫 来——

ʃəŋ^{31}mə iaŋr ti iənr^{53}tou^{31}iou^{55}
什 么样儿 的仁儿 都 有。
lu^{55}Şuei^{55}tian^{55}tou^{31}fu i^{13}vu^{31}ʃaŋ^{53}i^{13}vu^{31}
卤 水 点 豆 腐——物 降 一 物。
tʃ'ɾ^{53}tŞə ly^{53}iau^{31}fan^{31} tʃau^{31}iou^{55}pi^{53}ti
骑 着 驴 要 饭——叫 有 逼 的(有,富有。)
iau^{31}fan^{31}ti pau^{31}tŞə kə mau^{53} tʃ'uŋ^{53}xuan^{13}
要 饭 的 抱 着 个 猫—— 穷 欢。
kou^{55}tiŋ^{31}li la^{13} ʃəŋ^{31}xu^{53} iənr^{53} li vu^{53}iənr^{53}
狗 腚 里 拉 杏 核——仁儿 里 无 仁儿
(意为把人贬低得一无是处。)
tʃ'ɾ^{13}tŞu^{13}tθɾ la^{13}tŞau^{31}li pian^{13}ti k'uai^{31}
吃 竹 子 拉 笊 篱——编 得 快。
tθau^{55}xur^{53}tʃai^{55}panr^{55} θan^{13}ian^{53}liaŋ^{55}tʃy^{31}
枣 核儿 解 板儿——三 言 两 句(锯)。
tθuo^{53}mu tŞ'uŋ^{53} tei^{13}lə ʃaŋ^{213}xan piŋ^{31}
凿 木 虫(天牛幼虫)得 了伤 寒 病——
ʃən^{13}tθɾ yan^{55}yə^{31}tθei^{55}iŋ^{31}
身 子 软 弱 嘴 硬。

第二节 歌 谣

官家下乡

Şan^{13}tθ'au ly^{53} pei^{53}lau^{55}ta^{31}
山 草 驴,白 老 大。
lai^{53}lə kuanr^{13}vo^{55}pu^{13}p'a^{31}
来 了官儿?我 不 怕。
lai^{53}lə ia^{31}i vo^{55} ta^{55}t'a^{55}
来 了衙役?我 打 他!

过山口号

Şei^{55}ti Şan^{213}a vo^{55}ti Şan^{213}a
谁 的 山 啊?我的 山 啊。
tuo^{13}ʃau tθ'ian^{53}a θan^{13}pei θan^{13}a
多 少 钱 啊?三 百 三 啊。
ni^{55}pu^{13} ʃa^{31} Şan^{13}vo^{55}ʃaŋ^{31} ʃan^{13}a
你 不 下 山 我 上 山 啊!

觅汉锄地

kuaŋ^{13}kuənr kuaŋ^{13}kuənr Şaŋ^{31} Şan^{13} tŞ'u^{53}tir
光 棍儿 光 棍儿,上 山 锄地儿。
ni^{55}pu^{13}tʃɾ^{53}an^{55}tʃ'ɾ^{13}
你 不 给 俺 吃,
an^{55}pu^{13}tʃɾ^{53}ni^{55}tŞu^{53}
俺 不 给 你 锄——
mei^{31}tθɾ tθian^{213}piŋ tʃyan^{55}lən^{53}tau y^{53}
麦 子 煎 饼 卷 林 刀 鱼。
(光棍儿,模拟杜鹃鸣叫声)

小巴狗

θiau^{55}pa^{13}kou^{55}ʃaŋ^{31}nan^{55}Şan^{13}
小 巴 狗,上 南 山。
tθ'ai^{55}ka^{13}tθɾ pian^{13}t'i^{53}lan
采 葛 子,编 提 篮。
ʃɾ^{53}ʃɾ^{53}t'ou mai^{31}t'uŋ^{53}tθ'ian^{53}
拾石 头,卖 铜 钱。
ti^{53}ta^{31}mi lau^{53}kan^{213}fan
籴大 米,捞 干 饭。
nən^{55}tiə^{13}tʃ'ɾ^{13}nən^{55}niaŋ^{53}k'an^{31}
您 爹 吃,您 娘 看。
tŞ'an^{33}ti kə θiau^{55}xair^{53}k'ən^{55}kuo^{13}ian^{31}
馋 得个 小 孩儿 啃 锅 沿。

花喜鹊

xua^{13}ʃɾ^{55}tθ'yə i^{55}pa tʃaŋ^{53}
花 喜 鹊,尾巴 长。
tθ'y^{55}lə θi^{13}tθɾ vaŋ^{31}lə niaŋ^{53}
娶 了媳 子 忘 了 娘。
θi^{13}tθɾ pei^{31}tau^{31}k'aŋ^{31}t'ou ʃaŋ^{31}
媳 子 背 到 炕 头 上,
lau^{55}niaŋ^{53}kan^{55}tau^{31}pei^{13}Şan^{13}Şaŋ^{31}
老 娘 赶 到 北 山 上。
θi^{13}fu θi^{13}fu ni^{55}tʃɾ^{13}ʃəŋ^{31}mə
媳 妇媳妇 你 吃 什 么?

Vo55tʃʅ13fəŋ13mi31pan31pei53t'aŋ53
我吃蜂蜜拌白糖。
niaŋ53a niaŋ53a ni55tʃy31na55li
娘啊娘啊你住哪里?
vo55tʃy53Şan213ʃaŋ31θyə13k'ə13laŋ
我住山上雪窠廊。

白鹁鸽

yə31ma55mar pən55θiŋ31tʃaŋ13
月妈妈儿,本姓张。
tʃʅ53t Şə ma55k'aŋ31 tŞə tθiaŋ13
骑着马,抗着枪。
i13tθiaŋ13ta55lə kə pei53pu53kə
一枪打了个白鹁鸽,
ni55tʃʅ13iou31 vo55xa13 t'aŋ13
你吃肉,我喝汤。
ʃəŋ31ʃa31ku13t'ou tʃʅ53lau55tʃaŋ13
剩下骨头给老张。

第三节 短文三则

圣公山传说

ʃəŋ31kuŋ13Şan13 tai55pei13 kuo tʃən31tʃy31ti31pei13
圣公山在碑廓镇驻地北
pian13 Şan13pu13 xən55kau13 tʃ'ʅ55fu53iə pu13ta31tiou31
边。山不很高,起伏也不大,就
na31mə tθiŋ31tθiŋ31ti pai55tθai31i13 p'ian31p'iŋ53yan53ti
那么静静地摆在一片平原的
tθiən31t'ou53vei31ʃəŋ31mə tʃau31ʃəŋ31kuŋ13 Şan13 tʃə31
尽头。为什么叫"圣公山"?这
tθiou31Şι Şan13pu13 tθai31 kau13iou55θian13 tθei13 miŋ53
就是"山不在高,有仙则名"
lə Şan13 miŋ53ʃəŋ31kuŋ13yan53y k'uŋ55 tθʅ Şι ʃaŋ31t'uo53
了,山名"圣公",源于"孔子师项橐"
ti ku31Şι tʃy31ʃyə13 ʃaŋ31t'uo53tθ'ian13 tʃən13van31tʃ'yə31
的故事。据说,项橐千真万确
Şι31Şan13ʃa31 ʃaŋ31tʃa k'uaŋ53iən53k'uŋ55tθʅ55t'uŋ13iou53
是山下项家夼人。孔子东游
Şι53k'uŋ55lau55θian213Şəŋʃaŋ31t'a55tθ'iŋ55tʃau31kuotʃʅ55kə
时,孔老先生向他请教过几个
vən31ti53k'uŋ55tθʅ55pian31tʃ'əŋ13t'a53vei53Şι13 tʃə31ku31Şι
问题,孔子便称他为师。这故事
y31 liə31 tθʅ55liaŋ55θiau55lɚ53pian31i31 ti ʃyə13fa iou55θiə53
与《列子·两小儿辩日》的说法有些
kuan213ʃʅ xuei53 ʃy55na31liaŋ55 θiau55lɚ53tŞι31 i13tθiou31 Şι31
关系。或许,那两小儿之一,就是
ʃaŋ31t'uo53
项橐。
tʃə31ʃaŋ31t'uo53t'ian13Şəŋ13tθiou31Şι ʃəŋ31iən53liau31
这项橐天生就是圣人料,
iən13lɚ53iə55tθiou31nan53yŋ55y ʃʅ31 ta31yə13tθai55k'uŋ55
因而也就难容于世。大约在孔
tθʅ55tθou55xou31pu13tʃou55tθiou31pei31Şa13 xai31lə
子走后不久,就被杀害了,
na31ʃyŋ13ʃou55 Şι31i13vei31kuo55vaŋ53p'a31ʃaŋ31t'uo53tʃaŋ55
那凶手是一位国王;怕项橐长
ta31tuo53lə t'a55ti veir31 ʃaŋ31t'uo53Şι31tau13tθ'iaŋ13pu13
大夺了他的位儿。项橐是刀枪不
y13ti Şa13pu θʅ55 Şι31yŋ31mau55tθ'au li53 θʅ ti tʃʅ53
入的,杀不死,是用茅草劙死的,直
tau31ʃan31tθai31ʃəŋ31kuŋ13Şan13ʃaŋ31ti mau53tθ'au55iə31
到现在,圣公山上的茅草叶
pian13xan53Şι31xuŋ53ti iən213vei ʃaŋ31pian tʃan13iou55
边还是红的,因为上边沾有
ʃaŋ31t'uo53ti ʃiə
项橐的血。
t'a55xou31lai53tθiou31tʃ'əŋ53ləθiau55ʃəŋ31kuŋ13kai13
他后来就成了"小圣公"。该
Şι31ʃən53θian lə tai55miən53tʃan213ti tθʅ53ian53tŞ'uŋ53
是神仙了。在民间的自然崇
pai31xuei53tθa53ʃən53tŞuŋ53pai31tŞ'uŋ13tʃə31iaŋ31i13vei31
拜或杂神崇拜中,这样一位
θiau55xair53pei31iən31tθuo ʃən53 Şι31xən55tθʅ53ian53ti
小孩儿被认作"神"是很自然的。
pu13tʃʅ13ʃən13 mə nian53tai31tθai55Şan13ʃaŋ tʃan31lə ʃəŋ31
不知什么年代,在山上建了"圣
kuŋ13miau31xou31lai53miau31i53tau Şan13tθ'ian53p'o13
公庙",后来庙移到山前坡,

miau31tθ'ian53iou55ʃɾ31t'ai53tʃou31ʃə31xuei31mei55nian53
庙　前　有 戏 台。旧 社　会,每　年
ʃa31tian13t'ou31tʃy55ʃəŋ53ʃəŋ31kuŋ13　Şan13miau31xuei31
夏 天,都　举　行　圣　公　山　庙　会,
xən55iə31nau　iou55Şɿ31t'ian13xan55iən53mən pian31tʃ'y33
很 热 闹。有　时 天　旱,人　们　便　去
ʃəŋ31kuŋ13miau31tʃ'ou53y53 iou55Şɿ53tʃ'ou55xan31t'u55tʃaŋ31
圣　公　庙　求 雨;有 时　久　旱　突 降
kan13lən53iən53mər iə55tʃ'y31ta13θiə31ʃəŋ31kuŋ13miŋ53
甘　霖,人 们 也 去 答　谢 圣　公,名
vei31xə31y55　iau31tʃ'aŋ31ta31ʃɾ31 tʃy31ʃyə31xən55liŋ53ian31
为 "贺雨";要　唱 大 戏。据 说　很　灵 验。

θiao55ʃəŋ31kuŋ13pu55Şɿ31luŋ53vaŋ xan53 fən13kuan55
小　圣　公　不 是 龙　王,还　分　管
ʃa31y55pu13ʃa31y55tʃɛu31iən53pu13xau55li55tʃai55　an13tuŋ
下雨 不 下雨,叫　人　不　好 理 解。《安 东
vei31tŞɿ31tʃɾ31tθai55 k'aŋ13ʃɾ13tʃou55nian53
卫 志》记　载:"康　熙　九　年 (公元1670年)
tθ'iou13xan31xə53tʃa13 tʃɾ55tθiən31tʃ'əŋ53θi13θan13ʃɾ53
秋,　旱。禾　稼 几　尽,城　西　三　十
li55iou55θiau55ʃəŋ31kuŋ13miau31θy53tʃ'yan53 vei31tuŋ13
里 有　小 圣 公　庙,俗　传　为 东
faŋ13 y55pei13iə55vei31ʃou55pei31tʃau31Şuaŋ13pi31pu31ʃəŋ53
方　雨 伯 也。卫 守 备　赵　双　璧 步 行
vaŋ55tau55tŞɿ tθ'i13i31nai31y55 fu13i31miau31θiə31iou31
往　祷 之,七 日乃 雨。复诣　庙　谢,又
y55　Şɿ31tθ'iou13xə53xuo31tʃ'ɾ53pan31 yan53lai53y53tθ'ɾ55
雨。 是　秋,禾　获　其 半"。原 来 如 此。

taŋ13nian53tʃau31 Şuaŋ13　pi31Şɿ31an13　tuŋ13vei31ti
当　年　赵　双　　璧 是 安　东　卫 的
tʃyən13tʃəŋ31tʃaŋ55kuan13t'a55vei31lə tʃ'ou53y55 xan53
军　　政　长　官,他 为 了 求　雨,还
θiə55lə i13p'ian13tau53y55vən53vən53 tŞuŋ13tʃ'ən53 Şu31 lə
写 了一　篇 "祷 雨 文",文 中　陈　述 了
ta31xan31tθau31tʃ'əŋ53ti tθuən55ʃɾ13 xuaŋ31pei13 θiŋ31ti
大 旱　造　成　的 损　失　和　百　姓 的
t'uŋ31k'u55iən31veit ʃɾ31ian53Şɿ31ʃən53θian tθiou31iŋ13
痛　苦,认　为 既　然 是 神　仙,就　应
kai13vei31iən53miən53xan31ta31tθai13y31ta31nan31 y53tθu31
该　为　人　民 "捍 大 灾,御大 难",如 做
pu tau31tθiou31Şɿ31ʃɾ13tʃɾ13t'uŋ53 Şɿ53ʃyə13 y53kuo55Şɿ31
不 到,就　是 失 职。 同　时 说,如 果　是
iən213vei31ti31faŋ kuan13xuən31tʃaŋ31Şuei55xuo55piŋ13
因　为　地 方 官　混　帐,"水　火　兵
miən53tian13tau55Şɿ31fei13　p'ian13θɾ13xau31vu31　tau55
民,颠　倒 是 非,偏　私　好　恶。"导
tŞɿ31ʃaŋ31tian13fa13nu31 i31 pu13ʃa31y55 vei53tʃ'əŋ53fa53ti
致 上　天　发 怒,以 不 下雨 为　惩　罚 的
xua31ti31faŋ kuan13i13tiŋ31t'uŋ31kai55tθ'ian53 fei13tʃ'ən53
话,地 方 官 一 定 痛 改 前　非,勤
tʃəŋ31vei31miən53yən53yən53tθ'uo31tθ'ɾ31xən55tʃɾ13liə31
政 为　民 云 云。措　辞 很 激 烈,
tθiou31tŞ'a13mə53vei55ʃə53ʃyə13 tai31pu13ʃa31y55tθiou31
就　差 没 威 胁 说　再 不　下雨　就
iau31tŞ'ei13miau31lə　tʃə31iə55tʃən13nan53vei lə ʃaŋ31
要 拆　庙 了。这 也 真　难　为了 项
t'uo53tʃə31vei31Şu31tθ'ian13nian53ləŋ13Şɿ31t'uŋ13tθɾ ʃən13
橐 这 位 数 千　年 仍 是 童　子身
ti θiau55p'əŋ53iou lə
的小　朋　友 了。

ʃəŋ31kuŋ13miau31tuo13nian53tθ'ian53tiou31t'an13
圣　公　庙　多 年　前　就 坍
xuei55lə　lɪ31liŋ53liŋ53i13nian53i13vei31iən53Şɿ31tʃ'y13
毁　了。二〇 〇 一　年,一 位　人 士　出
tθɾ13tŞ'uŋ53θiou13
资　重　修。

武术故事

tou31ʃɾ53i13tian55lə xan53tai55niə31li k'an31tian31
都 十 一 点　了,还 待 恁 里 看　电
Şɿ31 iou31Şɿ31vu55ta55p'ianr13piə53θiən31niə53θiə53tuŋ53
视?又 是 武 打 片儿!别　信　恁　些　东
θi tou31Şɿ31xuŋ55iən53ti　tʃa55ti　iən53 na55nəŋ53i13pəŋ31
西,都 是 哄　人 的,假 的,人　哪 能 一 蹦
na31məkau13tθai55k'uŋ13 tŞuŋ13fei13lai53fei13tʃ'y31ʃou53
那 么 高,在　空　中　飞 来 飞　去,手
i13pei55la p'i13Şan13liə31ʃɾ53tʃən13iou53tʃə31iaŋ31ti pən55
一摆拉,劈　山 裂 石?真　有 这 样 的 本

ʂʅ au31yən31xuei31ʃaŋ ti kuan31tʃyən13xan53pu13tou31
事,奥运会上的冠军还不都
na55lə tʂa31ʃʅ53t'ou xan53yŋ31tʂa31yə man53man y53
拿了?炸石头还用炸药?蛮蛮如
tʃən13 iou55iən53 xuei31tʃ'ʅ13mi53 vai13 kuŋ13 θiə53fa13 tou31
今有人会痴迷歪功邪法,都
kai13tʃə31 θiəʃan31tai31mi55θiən ʂʅ31ti ʃəŋ31mə tʃa55
该这些现代迷信是的。什么?假
tθiou31tʃa55pən55lai53tθiou31mo53iou55tʃən13ti na31k'ə55
就假?本来就没有真的?那可
pu13 i13 tiŋ31tθən55tʃə31nanr55kuo31tʃy31tθiou31iou55xuei31
不一定。咱这捻儿过去就有会
vu55ti ʂʅ31 tʃən13pən55ʂʅ yan31i t'iŋ13lə pa xau55kuan213
武的,是真本事!愿意听了吧?好,关
ʃaŋ tian31ʂʅ31vo55ʃyə13ni55t'iŋ13
上电视,我说你听。

tθau55nian53tʃan13tθiou31ʂʅ31miŋ53tʃ'au53ʂʅ53xou pa
早年间,就是明朝时候吧,
an13 tuŋ55vei31tʃy31tʂə tʃyən13tei31ʂʅ31faŋ55vo13k'ou31
安东卫驻着军队,是防倭寇
ti tθiou31ʂʅ31na31ʂʅ55ti i31pənkuei55tθʅ taŋ13ʂʅ55
的——就是那时的日本鬼子。当时
xuei31vu55ti iən53xən55tuo13vai31ti31ti pu13ʃau55vu55ʂʅ13
会武的人很多。外地的不少武师
iə55tau53an13tuŋ13vei31lai53mai31i31xuei53 ʂʅ tʂau55iən53
也到安东卫来卖艺,或是找人
tʃau13liou53vu55i31 i13t'ian13 vei31li fəŋ53ta31tθi53i13ke
交流武艺。一天,卫里逢大集,一个
vai31ti31vu55ʂʅ13tai55tʃai213ʃaŋ pai55k'ai tʃaŋ55tθʅ ta55lə
外地武师待街上摆开场子,打了
i13t'aŋ31tʃ'yan53iou31kai13ʂʅ55vu55kuən31ai55ia31na31kuən31
一趟拳,又开始舞棍,哎呀,那棍
fa13k'ə55tʃən13xau55vu55tuŋ31tʃ'ʅ55 lai53kuaŋ13k'an31 tʂə
法可真好,舞动起来,光看着
i13t'uan55kuən31iŋ55tʃan31pu tʂuo53vu55kuən31iən53ti iŋ55
一团棍影,见不着舞棍人的影
tθʅ tʂua13pa55xuaŋ53tou iŋ53mian31θa55kuo tʃ'y31xuaŋ53
子,抓把黄豆迎面撒过去,黄
tou tθ'yan53pei31ta55fei13lə tʃ'aŋ55tθʅ li i13li31iə55mə53
豆全被打飞了,场子里一粒也没
luo31ʃa31li31xai31pa xou31lai53tθəŋ55mə iaŋ31taŋ13ʂʅ53
落下。厉害吧?后来怎么样?当时
p'aŋ53pian13i13 kə mai31yan55tθʅ ti lau55ma213mar
旁边一个卖箢子的老妈妈儿——
yan55tθʅ ʂʅ31yŋ31liou55t'iau53tʂa13ti iou55mu31pa31iaŋr31
箢子是用柳条扎的,有木把,样儿
tθiou31θiaŋ31t'i53lanyŋ31lai53tʃ'əŋ53liaŋ53ʃʅ ti na31lau55
就像提篮,用来盛粮食的。那老
ma213mar k'an31na31vu55ʂʅ13tʃəŋ31vu55ti kou13ʃəŋ31
妈妈儿看那武师正舞得高兴,
tθiou31tʂua213tʃ'ʅ i13kə31lɚ31ʃəŋ yan55tθʅ tʃyan55ʃən13
就抓起一个二升箢子,转身
vaŋ31pei31xou31i13liau31na31yan55tθʅ pu13p'ian13pu13
往背后一撩,那箢子不偏不
vai13tʃəŋ31xau55t'au31tθai na31vu55ʂʅ13ti t'ou53ʃaŋ fei31
歪,正好套在那武师的头上!费
lə xau55ta31ʂʅ31tθ'ai31təŋ31ʃa31lai55 na31vu55ʂʅ13lan53ʃyə13
了好大事才扽下来。那武师连说,
tʃə31li iou55kau13iən53ʃan31lə tʃou55lə kan55tʃiən55ʃʅ53tuo
这里有高人,献了丑了。赶紧拾掇
t'an213tθʅ tθou55lə
摊子走了。

xan53yan31i31tai31tiŋ13xau55tθ'iŋ13tʃ'au53ʂʅ xou
还愿意再听?好!清朝时候,
tʃə55tʂuaŋ iou55kə tʃau31tθ'iən53t'au53ti ʂʅ31 kə tθ'ai53
结庄有个叫秦桃的,是个财
tʃy xuei31vu55 tai55vai31pian miŋ53ʃəŋ13pu13θiau55
主,会武,待外边名声不小。
iou55i13tθ'ʅ53vai31ti31i13 kə31lian31 tʃa13tθʅ t'uo55iən53
有一次,外地一个练家子托人
ʂau13θiən31ʃyə13mu53ʂʅ53mu53 i31 iau31lai53xuei31xuei
捎信,说某时某日,要来会会
ta55taŋ13ʂʅ53tθiən53t'au53liou31ʃʅ53 tuo13θei31lə pu13
他。当时秦桃六十多岁了,不
θiaŋ55pi55ʂʅ31 tθai31ʃyə13iə55pu13 mo13tei31faŋ13ti55
想比试,再说也不摸对方底
θi31 pa31ʃy13tau31lə na31t'ian13t'a55pa31tʃa213li iən53
细,怕输。到了那天,他把家里人
ai13ta55fa tʃ'y13tʃ'y31θuo55ʃaŋ31mən53tθʅ53tʃʅ na53 lə i13
皆打发出去,锁上门。自己拿了一

liŋ55p'o31θuo213i lai53tau31tʃa13tθian53xou31tʂə tʃəŋ31
领破蓑衣,来到家前候着。正
ʂʅ31mei31tθɾxuaŋ53ʂau13ʂʅ53xou t'a55pa31θuo213i p'u213
是麦子黄梢时候,他把蓑衣铺
tθai31mei31vaŋr53ʃaŋ31tθɾ53tʃɾ tʃ'ə213lə ʃaŋ31tʃ'y tuŋ13
在麦芒儿上,自己趄了上去。东
nan53ʃaŋ55ʂʅ53xou na31vu55ʂʅ13lai53lə K'an31tʃan lu31
南晌时候,那武师来了,看见路
pianr mei31ti31li i13kə kan213pa lau55t'our31tʃ'ə213tθai31
边儿麦地里一个干巴老头儿趄在
mei31vaŋr53ʃaŋ31ʂuei31tʃau31xan53p'u213tʂə θuo213i tʃyə13
麦芒儿上睡觉,还铺着蓑衣,觉
tʂə tʃə31lau55t'our liau55pu13tʃɾ55 tθiou31ʃaŋ31t'a55 ta55
着这老头儿了不起,就向他打
t'iŋ tθ'iən53t'au53ti tʃy31tʃ'y31tθ'iən53t'au53i13kə li55y ta55
听秦桃的住处。秦桃一个鲤鱼打
t'iŋ55t'iau31ʃa31lai na53tʃɾθuo213i p'i213tθai ʃən213ʃaŋ31
挺跳下来,拿起蓑衣披在身上。
tθai31k'an31tʃaŋ213tθɾ tʃ'ə213ti ti31faŋ pu13yŋ31ʃyə13
再看刚自趄的地方,不用说
mei31tθɾ i13k'uo13mo53tau55tθiou31lian53mei31vaŋr iə55
麦子一棵没倒,就连麦芒儿也
mo53ia31tuan31i13 kən13t'a55ʃyə13k'ei13a ni55 tʂau55
没压断一根!他说,客啊,你找
tθ'iən53t'au53tʃ'ao55lə t'a55ʂʅ31vo55tuŋ213tʃa vo55 ʂʅ31t'a55
秦桃?巧了,他是我东家,我是他
ti tʃa13iən an55tuŋ213tʃa tʃiən13t'ian13tʃau31tθ'iən213
的家人,俺东家今天叫亲
tθ'ɾ tθ'iŋ55tʃy31xa13 tθiou55lə nən55θian13tʃa213tʃ'y31
戚请去喝酒了。您先家去
xa13ʂuei55təŋ55təŋ pa ʃa31vanr55t'a55tθiou31xuei52lai
喝水等等吧,下晚儿他就回来。
tau31lə tʃa13tθ'iən53t'au53tθiou31ʂən13xuo55liau55ʂuei55
到了家,秦桃就生火燎水,
mo53iou p'i13tʂ'ai ta55tθiou31tθ'uŋ53yan31li t'uo213lai i13
没有劈柴,他就从院里拖来一
tθiə53kan13tθuo13ʃy31man31 pu13 tʃəŋ13θiən13ti yŋ31ʃou55
截干柞树,漫不经心地用手
θɾ213lə tʃɾ55ʃa31 tθiou31pa31na31kan13tθuo13ʃy31 θɾ213
撕了几下,就把那干柞树撕
tʃ'əŋ53mu31t'iaur tian55ʃaŋ xuo55liau55ʂuei55lə na31kə
成木条儿,点上火燎水了。那个
vai53lai53vu55ʂʅ13k'an31lə θiən213li xua i13kə lau55
外来武师看了,心里话:一个老
tʃa13iən tou31tʃə31mə li31xai tθ'iən53t'au53i13tiŋ31kəŋ31
家人都这么厉害,秦桃一定更
liau55pu tʃɾ55tʃ'iən31tθau55piə53tʂau55vu53tθ'y31lə ʂuei55
了不起,趁早别找无趣了。水
iə55mo53xa13tθiou31kau31θ'ɾ53tθou55lə t'a55taŋ13ian iə55
也没喝,就告辞走了。他当然也
pu13kan13θiən13 iau31ʃan55ʂʅ i13ʃa31pən55liŋ55lən53tʃ'y13
不甘心,要显示一下本领,临出
mən31yŋ31lə yŋ31tʃiən31tʃau31tʂə mən31tθ'ian tai53tʃai
门,运了运劲,照着门前台阶
ʃaŋ31ti t'iau53ʃɾ53tʂai55ʃa31tʃy31ʂəŋ13ʂəŋ ti tʂai55tuan31
上的条石踩下去,生生地踩断
lə θan13k'uai t'iau53ʃɾ53 tʃə31ʂʅr31tθiou31tʃə31mə liau55
了三块条石。这事儿就这么了
tʃə13lə ʃəŋ13mə ni55 ʃyə13niə31iə55tou31ʂʅ31tʃa55ti
结了。什么?你说恁也都是假的?
tθ'iən53t'au53tθai31mei31ti li tʂa13lə mu31kuən31y31θian13
秦桃在麦地里插了木棍?预先
pa31kan13tθuo13ʃy31p'i13xau55lə tən13na53ni55mo53pan31
把干柞树劈好了?真拿你没办
fa ni55tai31tθu31ʃəŋ31mə xan31iau31k'an31tian31ʂʅ pu13
法!你待做什么?还要看电视?不
ʃəŋ53t'ian13pu13tθau55lə k'uai31tʃə213ʃa k'uən31pa
行,天不早了,快趄下睏吧。

（注:"家人",地主家管理家务的仆人。）

岚山海上碑

tθai31lan53ʂany53kaŋ55nei31 li31an31pu13yan55iou53
在岚山渔港内,离岸不远有
i13k'uai31ta31tθiau13ʃɾ53tʃaŋ55tʃ'au53ʂʅ53tθiau13ʃɾ53pei31
一块大礁石。涨潮时,礁石被
xai55ʂuei55ian13mə31tθai31tʃə31tθiau13ʃɾ53tʃ'au53pei13
海水淹没。在这礁石朝北
ti i13mian31k'ei13iou55miŋ53tθiŋ13 ʂʅ53tai31 θu13tʃəŋ13
的一面,刻有明清时代苏京

təŋ55iən53ti t'i53tθ'ɿ53ʃou55tθi13tʃə31tθiou31Ʂɿ31tʃy31miŋ53
等人的题词手迹，这就是著名
ti lan53Ʂanxai55ʃaŋ31pei13
的岚山海上碑。

Pei13vən53kuŋ31vu55 fu13 θiŋ13xuo53iŋ55 tuŋ31
碑文共五幅。“星河影动”、
xan31 θyə13pən13 yən53 Ʂɿ31miŋ53mo31θu13tʃəŋ13Ʂuo55
“撼雪喷云”是明末苏京所
t'i53 van31xu55miŋ53tʃy13 ti53 tʃy31k'uaŋ53lan53 Ʂɿ31
题；“万斛明珠”、“砥柱狂澜”是
y53θu13tʃəŋ13t'uŋ53Ʂɿ53ti vaŋ53tuo53Ʂuo55ti53 nan53vei53
与苏京同时的王铎所题；“难为
Ʂuei55 Ʂɿ53tθ'iŋ13tȘ'u13ian53y31θiou31t'i53θiə55ti
水”是清初阎毓秀题写的。

xai55ʃaŋ31pei13tʃy31tθai31ian13Ʂuei53xau31miau55ti
海上碑处在烟水浩淼的
xai55tʃou13van13pei13an31kei13xai55yan55Ʂan13xəŋ53kən31
海州湾北岸，隔海远山横亘
t'ian13tθi31van13tȘuŋ13tau55y55Ʂən31tʃəŋ55p'iau13miau55
天际，湾中岛屿蜃景飘渺，
tʃən31an31θyə13laŋ31fan13yŋ13y31tθ'ian13van31t'iau53y31
近岸雪浪翻涌，如千万条玉
luŋ53iou53tuŋ31tʃ'au53tʃaŋ55tʃ'au53luo31yən53 tʃ'ɿ55yən53
龙游动。潮涨潮落，云起云
fei13tʃ'ɿ31θiaŋ31k'uo31ta31ʃuŋ53xuən53iən13tθ'iŋ53fəŋ13
飞，气象阔大雄浑；阴晴风
y55 tʃɿ31tθiə13pian31xuan31xai55ʃaŋ31tʃəŋ55Ʂei13Ʂɿ53Ʂɿ
雨，季节变换，海上景色时时
pu13t'uŋ53 fəŋ13p'iŋ53laŋ31tθiŋ31Ʂɿ xai55t'ian13 i13Ʂei13
不同。风平浪静时，海天一色；
fəŋ13pao31lai53lən53Ʂɿ nu31t'au13 lian53t'ian13ʃy55tuo13
风暴来临时，怒涛连天。许多
ku55lau53ʃən53tʃ'ɿ53ti tʃ'yan53ʃyə13kəŋ31Ʂɿ55xai55ʃaŋ31
古老神奇的传说更使海上
tʃəŋ55Ʂei13p'iŋ53t'ian13tʃɿ55 fən ʃən53mi31ti Ʂei13tθ'ai55
景色平添几分神秘的色彩。
tʃə31li tʃ'yə31ʃɿ53Ʂɿ31kuan13xai55ʃa55θiaŋ55ti xau53tʃ'y31
这里确实是观海遐想的好去
tʃ'y31iə55Ʂɿ31mo31iai53k'ei13ʃɿ53ti xau55ti31faŋ
处，也是摩崖刻石的好地方。

xai55ʃaŋ31pei13 pei213vən53ti tθuo13tʃə55θu13tʃəŋ13
海上碑碑文的作者：苏京，
an13tuŋ13vei31iən53miŋ31mo31
安东卫人，明末（崇祯七年，公元1637年）
tȘuŋ31tθiən31Ʂɿ tθuo31kuo31tʃan31tȘ'a13y31Ʂɿ55vaŋ53tuo53
中进士，做过监察御史；王铎，
xə53nan53məŋ31tθiən13iən53y53 θu13tʃəŋ13t'uŋ53Ʂɿ53tθin31
河南孟津人，与苏京同时，进
Ʂɿ tʃ'y13 ʃən13kan31kuo31li55pu31 ʃaŋ31ʃy ʃy13 fa13tʃa
士出身，干过礼部尚书，书法家，
Ʂɿ31θu13tʃəŋ13tȘɿ31iou55 1644nian53miŋ53tʃau53miə31waŋ55
是苏京挚友。1644年，明朝灭亡，
t'a55mən tʃəŋ53lə i53lau55 θu13tʃəŋ13xuei53lə ku31 ʃaŋ13
他们成了遗老。苏京回了故乡。
tʃə31tʃ'ɿ13tʃan13waŋ53tuo53lai53k'an31waŋ31t'a55liaŋ55
这期间王铎来看望他，两
iən53kə13θiə55lə liaŋ55 fu13wən53θɿ k'ei13θai31tʃaŋ55
人各写了两幅文字，刻在涨
tʃ'au53θian31ʃa31ti θiau13ʃɿ53xaŋ31 k'ə55nəŋ53iou55θiə53
潮线下的礁石上——可能有些
nan31ian31tȘɿ31iən55
难言之隐。

iau53y31θiou31Ʂan13θi13y53tθɿ53iən53wu55tθiən31Ʂɿ
阎毓秀，山西榆次人，武进士，
tθ'iŋ13 k'aŋ13ʃɿ13ʃɿ53nian53iən31 an13tuŋ13vei31ʃou55pei31
清康熙十年任安东卫守备，
Ʂɿ31tθi53tʃyən13tʃəŋ31ta31tʃ'yan53 y53i13ʃən13ti ti31 faŋ31
是集军政大权于一身的地方
tθei31kau13tȘaŋ55kuan13 vei53iən53kaŋ31tʃɿ53lian53tθiŋ31
最高长官，为人“戆直廉静，
pu13ə53ʃaŋ31kuan13 pu13θyən31θɿ13tθ'iŋ53iən31tʃou55
不阿上官，不徇私情，任九
tθai55ti31faŋ31an213tu55 tʃəŋ31ʃəŋ13xən55xau55li31iən31Ʂɿ53
载，地方安堵”，政声很好。离任时，
ti31faŋ31ʃaŋ31vei31li31 tʃy31θɿ13pei13 ta55ti nan53vei53
地方上为立“去思碑”。他的“难为
Ʂuei55iŋ13kai13tθiou31Ʂɿ31iən31 an13tuŋ13vei31ʃou55
水”应该就是任安东卫守
pei31Ʂɿ53ti53kei13 ti
备时题刻的。

Kan31ti53 kei13nei31yŋ53tou31 Ʂʅ31iŋ13tʃəŋ55vən53tθɾ
看题刻内容,都是应景文字。
tan31tθ'iŋ53θei53tʃəŋ31Ʂəŋ13 tʃəŋ55iən13tθ'iŋ53;i31 tθuo13
但情随境生,景因情移,作
tʃə55ti kan53tθ'iŋ53yən31xan53tʃ'ɾ53tʂuŋ13xan53Ʂʅ31ian55
者的感情蕴涵其中,还是掩
Ʂʅ31 pu13tʃy31ti
饰不住的。

θiŋ13xuo53iŋ55tuŋ31 Ʂʅ31iə31tʃəŋ55taŋ31 θiŋ13yə31
"星河影动"是夜景。当星月
tʃau13tʃə53tʃ'au53 p'iŋ53po13vən53Ʂʅ53van31tʃəŋ55ta31xai55
皎洁,潮平波稳时,万顷大海
kuŋ13kuo31tθi13liau53 vei55po13ʃaŋ31tiau31tuŋ31ti θiŋ13
空阔寂寥,微波上跳动的星
yə31fan55kuaŋ13y53θei31tʃiən13θi31iən53pian31xuan31ʃan55
月反光如碎金细银,变幻闪
Ʂuo31 θiŋ13xuo53iŋ55tuŋ31 tʂʅ31 Ʂʅ53 tʃəŋ31Ʂʅ mei55t'ian13
烁。"星河影动"之时,正是每天
lian53tθ'ɾ53tʃ'au53tʃəŋ53tʃ'au53luo31ti p'iŋ53tθiŋ31tʃ'ɾ13tʃə31
两次潮涨潮落的平静期,这
i13p'iŋ53tθiŋ31tʃ'ɾ13xən55tuan55xən55kuai31xuei31pei31ʃa31
一平静期很短,很快会被下
i13lən53kuaŋ53 tau13 pan31yŋ13ti tʃy53mian31Ʂuo55tai31ti31
一轮狂涛奔涌的局面所代替。
θu13tθəŋ13 tθai31tʃəŋ13li31lə Ʂan13xuo53;i31tʃy55kai55tʃ'au53
苏京在经历了山河易主、改朝
xuan31tai31ti tʃy31pian31tʂʅ31xou31 yə31iə31 tʂ'u53y53
换代的巨变之后,月夜行于
xuaŋ13lian53ti xai55piən13mian31tei31xai55mian31ʃaŋ31
荒凉的海滨,面对海面上
fu53tuŋ31pian31xuan31tʃyan55syən31tθi31ʃɾ31ti kuaŋ13iŋ55
浮动变幻、转瞬即逝的光影,
θiən13 tsuŋ13tθɾ53iou55 pu13ʃau55kan55k'ai55tʃə31;i13t'i53
心中自有不少感慨。这一题
kei13tʃɾ31ʃa31lə t'a55ti θin13tʃəŋ31
刻,记下了他的心境。

xan31θyə13pən13 yən53Ʂʅ31pei53tian13ti tʃəŋ55sei13
"撼雪喷云"是白天的景色。
tʃaŋ53tʃ'au53Ʂʅ53tʃy31laŋ31kuən55kuən lɪ31lai53mei55kə31
涨潮时,巨浪滚滚而来,每个
tʂuaŋ31tθai31tθiau13ʃɾ53saŋ31ti tʃy31laŋ31tou31xuei53θei53
撞在礁石上的巨浪都会随
tʂə i13ʃəŋ13 tʃy31ʃaŋ55xua31vei53;13i13t'uan55θyə13vu31tʂ'uŋ13
着一声巨响化为一团雪雾冲
tian13lɪ31tʃ'ɾ55 xan31θyə13pn13yən53 Ʂʅ31tei31tθiau13ʃɾ53
天而起。"撼雪喷云"是对礁石
ti tθan31mei55iə55iou55tθuo13tʃə55tθɾ53kuaŋ31ti i31vei31
的赞美,也有作者自况的意味。

vaŋ53tuo53ti van31xu55miŋ53tʃy13miau53xuei31ti Ʂʅ31
王铎的"万斛明珠"描绘的是
iə31tʃəŋ55ʃa31tʃɾ31θei53tʂə Ʂuei55vən13ʃəŋ13 kau13xai55
夜景。夏季,随着水温升高,海
Ʂuei55tʂuŋ13xuei31 fa13kuaŋ13 ti fu53iou53ʃəŋ13 vu31xuaŋ31
水中会发光的浮游生物和
θi31ʃyən55ta31lian31fan53tʃɾ53xai55Ʂuei55xuei31fa13tʃy xuŋ53
细菌大量繁殖,海水会发出红、
xuaŋ53lan53 ly31təŋ55 kə13tsuŋ55 kuaŋ13 sei13tθai31tθi13
黄、蓝、绿等各种光色。在漆
xei13ti iə31van55 i13liə31liə31 po13 fəŋ53ʃan55 tʂə lian31
黑的夜晚,一列列波峰闪着亮
kuaŋ13van55ian53tei13tθiən31θɾ31xuo31xuo31ian53ʃau213
光蜿蜒推进,似霍霍燃烧
ti xuo55ian53iou55Ʂʅ53ta31pian31xai55Ʂuei55tou31Ʂʅ31tuŋ13
的火焰。有时,大片海水都是通
liaŋ31ti θɾ31lan53iou213iou213tuŋ31taŋ31ti Ʂuei53tθiŋ213
亮的,似蓝幽幽动荡的水晶。
po213laŋ31ʃou31tau31tθiau213ʃɾ53ti tθu55taŋ55məŋ55li31ti
波浪受到礁石的阻挡,猛烈的
tʂuaŋ31tʃɾ13 Ʂʅ55xai55Ʂuei55fa13kuaŋ13kəŋ31 vei53tʃaŋ55
撞击使海水发光更为强
liə31θei53tʂə tʃy31laŋ31tifan13 yŋ13 xai55ʃaŋ31pei13;i13tai31
烈。随着巨浪的翻涌,海上碑一带
tθiou31xuei31pei31;i13ta31pian31laŋ31xuaŋ31 xuaŋ31vu55ian53
就会被一大片亮晃晃五颜
liou31sei13ti xai55laŋ31Ʂuo55pau13vei31 fei13tθian31ti xai55
六色的海浪所包围。飞溅的海
Ʂuei55θɾ31;i53van31kə13 tθiŋ13iŋ53ʃan55liaŋ31ti tʃiən213tʃy
水似亿万颗晶莹闪亮的珍珠,
pu13tuan31pən213ʃaŋ31kuŋ13tʂuŋ13 miŋ53miə31pu13tiŋ31
不断喷上空中,明灭不定

ti tiau^{31}iau^{31}tʂə tθai^{31}tθuŋ^{53}kuŋ^{13} tʂuŋ^{13} tiə^{13}luo^{31}ʃa^{31}lai
地跳跃着,再从空中跌落下来,
xua^{31}vei^{53}tθian^{13}pian^{31}van^{31}xua^{31}ti kuaŋ^{13} tai^{31}tθuŋ^{53}
化为千变万化的光带,从
tθiau^{13}ʃʅ^{53}saŋ^{31}tʃyŋ^{55}θiə^{31}lɚ^{31}ʃa^{31} y^{53}tθʅ^{53}tʃou^{13} lɚ^{31}fu^{13}
礁石上倾泻而下。如此周而复
ʂʅ^{53}tʃəŋ^{55}θiaŋ^{31}tʃʅ^{31}iou^{213}mei^{55}iou^{31}ʃən^{53}mi^{31}θʅ^{31}xu^{55}ʂʅ^{55}
始,景象既优美又神秘,似乎使
iən^{53}tʃʅ^{53}ʃən^{13}y^{53}ʃən^{53}xua^{31}tʂuŋ^{13} tʃən^{55}pau^{55}pian^{31}ti^{31}
人置身于神话中珍宝遍地
ti tuŋ^{13}xai^{55}luŋ^{13} kuŋ^{13} Pu^{13}kuo^{31} tʂə^{31}i^{13}mei^{55}tʃəŋ^{55}tei^{31}
的东海龙宫。不过,这一美景对
y^{53}vaŋ^{53}tuo^{53}lai^{53}ʃy^{13}kuŋ^{55}pa^{31} ʂʅ^{31} piə^{31}iou^{55}i^{13} fan^{13}
于王铎来说,恐怕是“别有一番
tθʅ^{13}vei^{31}tθai^{31}θiən^{55}tou^{53} ti van^{31}xu^{55}miŋ^{53}tʃy^{13}θei^{31}
滋味在心头”的:“万斛明珠”虽
ian^{53}ʃyan^{53}lan^{31}tan^{31}pi^{55}tʃəŋ^{55}ʂʅ^{31}i^{13}tsuŋ^{55}sei^{13}θiaŋ^{31}iə^{55}
然绚烂,但毕竟是一种“色相”,也
ʂʅ^{31}kuo^{31}ian^{55}ian^{13} yən^{53}pa^{31}lə
是过眼烟云罢了。

tʂʅ^{31}y^{53} ti^{53}tʃy^{31}k'uaŋ^{53}lan^{53} nei^{31}yŋ^{53}tʃʅ^{53}li^{31} i^{31}
至于“砥柱狂澜”,内容及立意
tou^{31}y^{53} θu^{13}tʃəŋ^{13} ti xan^{31}θyə^{13} pən^{13} yən^{53}tʂ'a^{213}pu^{13}
都与苏京的“撼雪喷云”差不
tuo^{13}tʂʅ^{55}ʂʅ^{31}kəŋ^{31}tʃʅ^{53}lou^{31}θiə^{53}
多,只是更直露些。

ian^{53}y^{31}θiou^{31}t'i^{53}θiə^{13}nan^{53}vei^{53}ʂuei^{55}ʂʅ^{53}tʃy θu^{13}
阎毓秀题写“难为水”时,距苏
tʃəŋ^{13} vaŋ^{53}tuo^{53}ti^{53}kei^{13}i^{13}kuo^{31}lɚ^{31}ʃʅ^{53} tuo^{13}nian^{53}θu^{13}
京、王铎题刻已过二十多年,苏
tʃəŋ^{13}tθʅ^{53}ʃʅ^{31}iə^{55} i^{13}tuo^{13}nian^{53}ian^{53} y^{31}θiou^{31}tθuo^{13}
京辞世也已多年。阎毓秀作
vei^{31}taŋ^{13}ʂʅ^{53}ti^{31}faŋ^{31}tθei^{31}kau^{13}tʃaŋ^{55} kuan^{13}fei^{13}iau^{31}
为当时地方最高长官,非要
pa^{31}t'i^{53}θʅ^{31}xuaŋ^{31}θu^{13}tʃəŋ^{13} təŋ^{55}iən^{53}ti t'i^{53} θʅ^{31}k'ei^{13}
把题字和苏京等人的题字刻
tθai^{31}tuŋ^{53}i^{13}kuai^{31} tθiau^{13}ʃʅ^{53}ʃaŋ^{31}po^{13} iou^{55}θiə^{53}y^{53}θu^{13}
在同一块礁石上,颇有些与苏、
vaŋ^{53}lɚ^{31}iən^{53} tuŋ^{53}ʃəŋ^{13}θiaŋ^{55}iŋ^{31}tuŋ^{53}miŋ^{53}θiaŋ^{55}tʃau^{31}
王二人“同声相应,同明相照”
tʂʅ^{31}i^{31} nan^{53}vei^{53}ʂuei^{55} ta^{31}yə^{13} tʃy^{13}tθʅ^{53}məŋ^{31}tθʅ^{55}
之意。“难为水”,大约出自《孟子》
kuan^{13}y^{53}xai^{55}tʃə^{55}nan^{53}vei^{53}ʂuei^{55} ti ʃyə^{13} fa xuaŋ^{31}
“观于海者难为水”的说法和
t'aŋ^{53}tai^{31}yan^{31}tʂən^{55}tθ'ŋ^{53}tʃəŋ^{13}tθ'aŋ^{13} xai^{55}nan^{53}vei^{53}
唐代元稹“曾经沧海难为
ʂuei^{55}ti ʂʅ^{13} tʃy^{31}θai^{31}xai^{55}ʃaŋ^{31}pei^{13}tθuo^{13}tʃə^{55}ʂəŋ^{13}
水”的诗句。在海上碑作者生
xuo^{55}ti ʂʅ^{53}tai^{31}tʂ'uaŋ^{55}vaŋ^{53}tʃʅ^{55}ʂʅ^{31}miŋ^{53}ʃə^{31}tθiŋ^{55}kə^{13}
活的时代,闯王起事,明社鼎革,
tθ'iŋ^{13}t'iŋ^{53} y^{13}tʃy^{55}tʂuŋ^{13}yan^{53} na^{31}ʂʅ^{31}i^{13}kə^{31}pian^{31}ti^{31}
清廷入主中原,那是一个遍地
ʃan^{55}tuŋ^{31}tʂə tau^{13}kuaŋ^{13}tʃan^{31}iŋ^{55} piau^{13} taŋ^{31} tsə ʃə^{13}
闪动着刀光剑影、飘荡着血
y^{55}θiŋ^{13} fəŋ^{13}ti θei^{31}yə^{31} li^{31}tai^{31}vən^{53}tθʅ^{31}y^{31}iə^{55} ʂʅ^{55}
雨腥风的岁月。历代文字狱也使
iən^{31}mən ʃyə^{13} xua^{31}ʂʅ^{53}iau^{31}tuo^{31}piə^{53}θiau^{55}θiənian^{13}
人们说话时要特别小心。因
tθ'ʅ^{53}xai^{55}ʃaŋ^{31}pei^{13}ti t'i^{53} kei^{13}tuo^{13} t'an^{53}fəŋ^{13} yə^{31}iə^{55}
此,海上碑的题刻“多谈风月”也
tθiou^{31}pu^{13}tθy^{13} vei^{53}tʃʅ^{53}lə təŋ^{13} san^{13}lən^{53}ʂuei^{53}tʃan^{31}
就不足为奇了。登山临水,见
iən^{53}tʃan^{31}tʃʅ^{31}mian^{31}tei^{31}xai^{55}ʃaŋ^{31}pei^{13} pu^{13}tʃʅ^{13} nən^{55}
仁见智。面对海上碑,不知您
iou^{55}xə^{53}kan^{55}θiaŋ^{55}
有何感想?

人　物

岚山历史悠久，文化底蕴深厚，自古英才辈出。生活在这块热土上的先辈，创造了璀璨的地方文化和感天地、泣鬼神的英雄业绩。本编以人物传略、人物简介、人物表3种形式，共辑录了自元代至2012年本籍和部分客籍人士共2337人。由于年代久远，资料难征，难免存在漏记、误记之处，待再次修志予以补充订正。

一、人物传略

（一）

相林（生卒年不详）　巨峰镇相家楼村人。元代宣武将军兼日照县令。其墓碑文载："姿质厚重，躯干雄伟，雄勇有谋略，尤善骑射"。金章宗泰和年间，征为卫尉军。授武德将军，宣翼千夫长，未赴任。金宣宗贞祐二年（1214年），金朝受蒙古军连续打击，从中都燕京（今北京）迁都汴京（今开封）。当时，日照境内"群盗蜂起、官府荡废"，遂回乡里保卫宗族，被吏民推举主莒州事。金天兴二年（1233年），元军进入山东。为使百姓免遭兵祸，率众投元朝天下兵马大元帅、"益都濒海行省大都督府"木华黎帐下，被授予"行军都镇抚"职务。面对元军大小头目动辄杀人的野蛮行径，相林挺身劝告，使大批百姓免受其害。后来相林心系家乡，请求回日照任地方官，得到准许，被授宣武将军、日照县令兼总领之职，又拨给千余人的军队。相林回到日照，"禁止军人毋得扰民"，安定百姓，恢复生产，使日照由乱转安，百里称治。至年迈，由其子相仁代其职。到各地与田夫野老握手交谈，深受百姓爱戴。无病而终，享年99岁。

胡承烈（1528—1601）　字知庵，安东卫人。明代曾任杭州别驾，统帅3000名浙江士兵防卫海疆，成就突出。后任杭州通判、钱塘县令、海宁县令、湖北省蕲州太守，政绩卓著。万历八年（1580年）辞官还乡，关心地方事务。著有《与鸟亭集》《多思集》等。清康熙十二年版《安东卫志·文苑》收录其《与鸟亭记》一文。

苏京（1592—1653）　字殿卿，号临皋，安东卫人。明崇祯丁丑科（1637年）进士，历任河南开封杞县知县、江西道监察御史、江南道监察御史等职。明崇祯十五年（1642年）赴陕、甘监督诸军与李自成军作战。明亡，入南明政权镇守庙湾。清顺治二年（1645年）回乡，隐居安东卫及江苏连云港北固山。清顺治四年（1647年）降清，历任陕西道监察御史、真定巡按、福建按察司佥事分巡建宁兵备道等。著有《小学注解》《笔山居艺》《畿南纪兴诗》等。今连云港北固山有其亲书"明二苏避难处"碑石一块，岚山头海上碑"星河影动""撼雪喷云"为其手迹。

李在郛（约1695年—？）　字经五，举人，巨峰镇山口村（现山峪村）人。日照著名"海曲三君子"之一（另两位是丁恺曾、秦露，俱为东港区人）。治学深邃，笃于友谊。为文磊落奇特。著有《景苏堂文集》《诗义集解》等，有《伴海堂集》行世。

卜宁一（生卒年不详）　字中三。初居日照县城，后迁皋陆（在今后村镇内）。清乾隆四年（1739年）中进士，授礼部主事，不久升为御史。后出任四川盐道。他改革盐法，实行坍井免征、新井加税，受到朝廷褒奖。升任四川按察使时，集资建贡院和栈阁，并筑成都、绵阳及川东各城。后奉调回京，任教于金台书院，培养了大批学生。他为官清廉，70岁告老还乡时，除衣服被褥外，只有几箱图书。著有《寻乐斋诗文集》。

卜祚光（生卒年不详）　卜宁一之子，字凝子，一字贺谷。清乾隆二十六年（1761年）中进士，授翰林院庶吉士，升编修。后出京任延安守备。他严惩贪官污吏，关心百姓疾苦。任榆林兵备道时，发现边民与蒙族纠纷很多，便深入实际，调查处理，稳定了边疆。任潼商兵备道时，在整治兵备的同时，整顿税收法规，促进了商品流通，受到商人敬重。奉调回京后，升任按察使。后以奉养双亲为由辞官归里。卜祚光工书法，融欧、颜于一体，而又出神入化，至今尚有人收藏。著有《尔雅书屋遗稿》。

丁梾五（1825—1857） 字伯才，一字比林，号槑山。巨峰镇平家村人。好古吉金文字，著有《说文解字韵隶》（十二卷），许瀚校该审定。《顾黄书寮杂录》中收许瀚《与丁伯才书》19札。

许瀚（1797—1867） 字印林，又字元瀚，号培西，虎山镇大河坞人，清代著名朴学家、书法家。出身于读书世家。清道光五年（1825年），受山东学政何凌汉赏识，被选拔为贡生。同年进京为国子监生员。后受乾嘉学派王念孙、王引之父子影响，潜心研究古文字声韵学。清道光八年（1828年），经王引之推荐，在武英殿校录《康熙字典》。历时4年，因成果显著被授予"州同"衔。住京期间，在学界已有声望。友人龚自珍曾诗赞许瀚："北方学者君第一，江左所闻君毕闻。土厚水深词气重，烦君他日定吾文"。清道光十五年（1835年），在京应顺天乡试中举人。清道光二十年（1840年）任《济宁直隶州志》总纂，助编《济州金石志》。清道光二十四年（1844年）至沂州府任琅琊书院主讲。清道光二十六年（1846年）至清江浦增订《史籍考》、校刻《说文解字义证》。清咸丰二年（1852年）八月出任滕县训导。次年正月，因旧病复发回归故里。后去日照奎峰书院授课，不久又因病回家。一生仕途不顺，晚年贫病交加，靠卖字维持生计，仍孜孜以求，刻版、校书，钻研学问。终成精通古文字、音韵两门学问的集大成者。主要著作有《攀古小庐文》《经说》《经韵》《诗文集》《转注举例》《别雅订》等，均有重要学术价值。可惜所刻书版多在捻军进攻日照时遭焚毁。许瀚工书法，其字丰肥端庄，遒劲雄健。

戴渔村（生卒年不详） 安东卫人。清末廪生，民初画家，能诗善画，以画鱼著称，尤善画三鱼，曾题《三鱼图》云："人生至乐，其乐何如？一在耕田，一在读书，耕田读书，厥唯三余。"除画鱼之外，偶而画古梅、山水或松鹤。

魏海（1845—1917） 字会川，又名魏连海，碑廓镇大湖村人，著名京剧演员。自幼酷爱京剧艺术，后入碑廓"牟讨戏班"。擅长演花脸行当，行腔宏亮，称"铁喉"。饰关公面不施朱红，形神俱佳。演唱时应情绪变化随意颤动左、右两腮，或两腮齐抖，亦为一绝。长期演出于鲁东南、苏北等地。还曾在上海"天蟾舞台"挂牌演出，红极一时。故有"魏海不到，挫钱八吊"之说。晚年赴赣榆沙河班教戏，为苏北京剧奠基人之一。毕生致力于京剧，有"艺冠山左""活关公"称誉。

李梅生（1874—?） 原名李肇提，号雪崖人，巨峰镇大土山村人。幼承家学，学识渊博，尤精于经学。与两城镇安家岭村安斗南为至交，皆饱学之士，在日照有"南李北安"之称，诗书画俱佳。

丁鸿吉（生卒年不详） 字怡轩，巨峰镇杨家庄人，清末著名反洋教首领。清光绪二十四年（1898年）十一月，在土山、杨家庄子、邵家府、李家大村等地组织300余村民，高喊"反洋教""杀教徒""烧教堂"等口号，冲进教堂，捉拿德籍作恶传教士，2名恶棍教徒当场毙命。此后，日照南部教堂被丁鸿吉率众悉数捣毁。清光绪二十九年（1903年），被德国人作为"日照教案"人质押往青岛，向清政府要挟。后由族人筹措重金得以保释。晚年工诗善书，书以行、草见长，有墨迹传世。

（二）

薄子明（1894—1919） 原名薄守德，字子明，人称"薄天飞"，巨峰镇薄家口村人。17岁入山东陆军小学堂学习。武昌起义爆发后投入山东独立活动。1912年1月南京临时政府成立后，到烟台军政府任军政司科员，后进济南军官养成所学习。1913年7月，响应"二次革命"，策划武装反袁，失败后逃往青岛、大连。1915年5月，组织百人敢死队，乘船偷袭沂州途中身负枪伤，被驻青岛日本宪兵逮捕。后在孙中山、吴大洲多方营救下获释，前往上海进行反袁斗争，被任命为山东革命军岱南司令官，参加上海肇和舰起义。1916年4月返回青岛，为发动武装反袁护国募兵购械。3月，被孙中山委任为中华革命军东北军第一支队司令。5月4日，率革命军从青岛西进，先后攻占周村、邹平、长山等地。此时，西南独立各省反袁力量在广东肇庆成立中华民国军务院（护国军军务院），任命薄子明为第七军军长。随后薄子明与吴大洲等人在周村（今淄博市周村区）宣告山东独立，成立山东军政府，任军政府护国军总司令，并向全国发出讨袁檄文，痛斥袁贼窃国罪行，对全国讨袁运动起到了促进作用。袁世凯死后，山东军队被北京政府改编，薄子明任山东新军第一旅旅长，不久山东新军即被北京政府瓦解消灭，薄子明被迫避往上海。

1917年9月，孙中山掀起“护法运动”，薄子明任山东护法军第一路司令官。1918年12月，遭阴谋陷害，在上海被英租界巡捕房逮捕。1919年6月27日被北洋军阀杀害，年仅25岁。后葬于济南千佛山山东革命先烈公墓（今山东辛亥革命烈士陵园）。1936年被国民政府追认为陆军上将。

郑培明（1899—1927）　字镜秋，后村镇李家洼村人。1920年考入青州省立第四师范学校。1925年，经国民党人王乐平、王仲裕介绍赴济南，在山东教育经理处工作。时值张宗昌祸鲁，大肆捕杀革命党人，便随王乐平等人去北京，任国民党北方执行部会计干事，兼任黄埔军校招生委员会委员。1926年3月18日，与北京大中学校师生一起向段祺瑞政府请愿，遭到军警镇压，史称“三一八”惨案，刘和珍等多人惨遭杀害，郑培明颈部、腿部被击伤。大革命开始后，赴广东任国民党中央党部秘书处译电专员，秋又回北京，任北方交通局总机关部会计主任兼交通处总务科科长。1927年4月初，反动军阀大肆镇压革命党人，郑培明奔走京津，联络革命党人，被奉系军阀张作霖密探盯梢逮捕。经多方营救无效，于4月28日同李大钊等革命者一道被处绞刑，壮烈牺牲。

1929年，烈士灵柩被迎归故里，各界名流为烈士执绋抬棺。日照县中学和社会各界上千人，唱着悲壮的“苏武牧羊”曲，为其举行了隆重的追悼大会。

黄凤诏（1901—1935）　字勉斋，岚山头街道圣岚路居人。1920年到莒县惠文中学（教会学校）求学，后考取山东商业专门学校，加入国民党。1925年7月，入黄埔军校第四期学习。1927年任国民党山东省党部委员。1928年任国民党山东省政府监察长。1935年病逝于济南。

马官和（1875—1936）　字惠阶，号仲平，高兴镇夏陆沟村人，民国时期山东著名实业家。早年留学日本，回国开展实业救国，在家乡与栈子村富商叶友彭合伙开办织布厂，首次在日照境内使用锅驼机织布。民国初年任省参议会议员，在共和党山东党魁安鹏东（日照城人）支持下，开办济南电话公司，并让其弟马丹铭在济宁、滕县等地开办电话分公司。1917年，与安鹏东及其堂弟安善圃（时任山东省财政厅厅长）集资200万元，开办山东工商银行，在上海、天津、青岛设立分行和支行。之后，利用银行筹集资金，在博山、八陡开设煤矿。1920年，出资40万元，修筑八陡至博山轻便铁路，是省内首条由私人出资修筑的铁路。1926年出任直隶省财政厅厅长，创办直隶省工商银行。

王冠三（1897—1936）　名景军，字冠三，碑廓镇王家庄人。幼年入私塾，后到北平国语讲习所学习，毕业后去青岛学习法律，1916年在青岛加入国民党，回乡开展农民运动，创办新式学校，设平民教育班，培植革命骨干，时称“冠三小学”。1927年3月，率大刀会400余人攻打直鲁联军驻安东卫兵营，杀死仲延魁等50余人，生擒100余人，又北上攻打涛雒等直鲁联军控制下的军事重镇，失败后逃往上海。1927年，被任命为国民党日照党务筹备委员，随北伐军回到日照。在北伐军策应下，拘押直鲁联军三十六军军长陈宝初及两名日本顾问（后释放）。之后，联络士绅清算北洋军阀县长袁耀堂贪污案，将袁游街示众。1929年秋，因不满国民党“清党案”，愤而辞去县党部委员，回家专务教育，拒不出任其他职务。1935年秋，出任莒县民众教育馆馆长。1936年1月在家病逝。年仅39岁。

（三）

李平章（1909—1931）　字和斋，巨峰镇山口（今山峪）村人。幼时在本村读私塾，兼爱武术。15岁到天津水产学校读书，后到济南正谊中学读高中。1925年与安哲、郑天九等人在济南参加“少年日照学会”，开始接触马克思列宁主义。1926年加入中国共产党。同年夏，广东革命军北伐攻克武昌，党组织选派一批共产党员和进步青年去武汉参加北伐军，加强北伐军的骨干力量，李平章被分到“南湖学兵团”学习军事。大革命失败后，受党组织委派，到苏联莫斯科中山大学学习，因“左”倾路线影响，两次被放逐到西伯利亚劳动。李平章不仅圆满完成自己的学业，还学习法语、德语和日语，精通英语、俄语，翻译了一些国外的军事、农业和医学方面的著作。带回大量的书籍，其中有苏联出版的百科全书。1930年回上海，将译稿送交商务印书馆，惜译稿后来全部被毁。1931年春回乡探亲，在从青岛到石臼所的船上，遇上国民党政客牟希禹。牟遂指使国民党日照县党部派军警、特务40余人，到山口村将其抓捕，解往济南。1931年8月19日，被国民党山东省政府主席韩复榘组成的临时军法会审查委员会以“居心残忍、杀人放火、罪大恶极、危害民国”等强加的罪名，杀害于济南市纬八路侯家大院，年仅22岁。

郑培宣（1912—1933.2） 后村镇小邵疃村人。1929年考入北平第十七中学，后考入北平师大。求学时参加马列主义学习小组。寒假回乡，与郑野云在邵疃小学创办《曙光小报》，宣传反帝反封建的进步思想。“九一八”事变后，参加罢工、罢课、游行示威等抗日爱国活动。1932年加入中国共产党。日照暴动失败后，郑天九到北平，通过在北平的郑培宣与中共北平市委接上关系。郑培宣受命秘密回到家乡，恢复日照党组织，与中共山东省委派来日照工作的负责人祝刚和日照中学教员、中共党员李云鹤接头，在白色恐怖下不顾个人安危，四处寻找暴动失败时隐蔽下来的党员。并用父亲卖地的80块大洋，到上海买药品，给受伤同志治病。在大连的安哲派人潜回日照，协助他恢复日照县党组织，准备秘密召开党组织代表会议，酝酿发动二次暴动，不幸于1933年2月19日外出活动时，在高兴镇芳沟西岭被叛徒郑世果暗杀，年仅21岁。

郑培干（1896—1933.3） 号贞若，后村镇小邵疃村人。青年时代即任邵疃乡乡长。参与和策划斗争侵吞邵疃小学校产的恶霸地主郑鄂廷，取得胜利后被推选为校董事会长。倡议将该校易名为“曙光小学”，成为中共日照县委的重要活动阵地。1931年冬，经郑天九介绍加入中国共产党，以乡长合法身份开展党的工作。1932年参加日照暴动策划，因工作需要，未公开活动。暴动失败后，国民党反动军警联合搜捕邵疃一带，当地群众70余人被捕，郑培干以乡长身份去县城为乡人担保，因叛徒告密，被国民党县长逮捕。在狱中遭受酷刑，坚贞不屈，1933年3月10日就义于日照城。

郑天九（1905—1933.10） 原名郑鸿锡，字天九，曾化名丁九，后村镇山字河村人。是中共日照党组织的创始者之一。

1924年考入济南正谊中学。1925年8月在中共山东地方执行委员会负责人邓恩铭和丁君羊倡导下，在济南与日照籍同学成立党的外围组织“少年日照学会”。1926年春经丁君羊介绍加入中国共产党，同年10月受中共山东执行委员会派遣，赴武汉参加北伐，被分派到国民革命军第四军宣传队。1928年春，与安哲、牟春霆等建立中共日照县委，负责宣传工作，以国货公司推销员身份作掩护，在日照城西邵疃、山字河一带开展活动。在三官庙举办“平民夜校”，宣传革命思想，培养了100多名革命积极分子，其中50多人加入了中国共产党，成为后来日照暴动的骨干力量。同时，组织领导佃民会、觅汉会、匠人会、车伙子会、盐民会、抗捐会等群众团体，与官府、地主豪绅斗争，为群众争取权利，使革命思想深入人心。1932年春，中共日照中心县委成立，任宣传部部长。同年10月，根据中共山东省委指示，中心县委成立“鲁南革命委员会和中国工农红军鲁南游击纵队”，任纵队司令，组织领导日照农民暴动，并具体指挥南路支队。暴动震惊全国，是当时山东境内规模最大、坚持时间最长的一次农民暴动，此次暴动沉重打击了国民党反动统治。暴动失败后，经青岛、上海辗转到达北平，与中共北平市委接上组织关系，化名丁九，在北平市委领导下开展党的地下活动。1933年7月因叛徒告密不幸被捕，作为要犯押往南京。是年10月19日，在南京雨花台英勇就义，时年28岁。

王建一（1908—1938.10） 名金统，字建一，巨峰镇柳古庄人。早年参加在县内推翻北洋军阀反动政府的斗争。1927年春，参与领导大刀会攻打驻安东卫的直鲁联军。是年7月，北洋军阀张宗昌网罗白俄兵抵达日照，王建一率巨峰民众堵截于六甲庄子村东岭，杀死白俄兵3人，伤10余人。1938年3月，国民党东北军五十七军一一二师以“五十七军日照宣传队”的名义，在下元村一带进行抗日宣传活动，并建立“日照县抗日民众自卫联合会”（简称区联会），王建一任区联会副会长。区联会下设涛雒、巨峰、碑廓、高兴等7个分会，组建了700余人的抗日武装“抗日自卫队”，王建一任队长。同年秋，为抗议国民党日照县政府向民众派丁勒捐、百般刁难“区联会”合法抗日活动，愤然去县城与国民党顽固派县长赵丹坡交涉，遭殴打致重伤牺牲，被追认为中共党员、革命烈士。

郑世东（1911—1939.12）　字振芳，后村镇西邵疃村人。1928年冬经郑天九介绍加入中国共产党。在自己家的学屋里举办“农民夜校”，自任教师，向学员传播革命思想，先后介绍10多名夜校学员加入中国共产党。1930年春考入日照县立中学。1932年日照暴动时，经党组织安排隐蔽下来，没有参加暴动。暴动失败后，与先期隐蔽下来的县中教师、共产党员李云鹤取得联系，在李云鹤指导下奔走于县城和暴动中心区山字河、邵疃等村庄，指导隐蔽下来的共产党员在当地坚持活动，组织已暴露身份的共产党员向外地转移，避免了重大牺牲。后身份暴露，被迫转移到江苏省连云港附近农村隐蔽。1938年重新加入中国共产党。1939年任八路军二支队第三大队供给主任。同年12月18日下午，部队转移后在高兴镇炕头村处理善后事宜时，被土顽郑萼廷逮捕，遭受残酷折磨，顽强不屈。12月20日夜间，敌人从他的颅后打进去1颗铁钉，将其杀害，年仅28岁。

张钦（1913—1941）　中楼镇埠后村人。1938年3月加入中国共产党，1939年起，历任八路军滨海军区情报站情报员、情报分站站长、站长。1941年5月受命回家乡招兵，因叛徒出卖被捕，先后关押在中楼镇朱家官庄、娄家湖村，为保守党的秘密，受尽酷刑，宁死不屈。在今莒南县涝坡镇薄板台村被敌人活埋，时年39岁。张钦牺牲后，滨海军区对他通报表扬，并追记二等功。

郑勇（1921—1942）　女，后村镇辛兴村人。1939年加入中国共产党。1940年春任日照县委民运部宣传干事，驻望海区工作组。在艰难困苦的环境中，出色地完成了党交给的各项任务。1941年9月到鲁中区党校学习。1942年年初，因日军“扫荡”学校暂时停办，同11名学员编为一组往莒南县转移，途中被莒县夏庄镇据点300余名日伪军包围，不幸被俘，遭受各种酷刑，坚贞不屈。于农历正月初五日被残酷杀害，年仅21岁。

李红（1896—1943.2）　女，后村镇后马庄二村人。17岁嫁给崖头村周文永，生有3子1女，丈夫不幸去世，子女尚未成人，生活十分艰难。1942年夏天，日照县大队侦察参谋张隆德在当地侦察敌情，了解到这一带群众有拾到子弹的，想把子弹买来供八路军使用。李红得知后即走村串户动员群众把拾到的子弹献给县大队。后张隆德经常到这一带宣传抗日，侦察敌情，就住在李红家里，并认李红为干娘。在李红掩护和协助下，张隆德工作开展得很顺利，并培养了一批抗日积极分子。李红的侄子周绪朋因生活所迫当了伪军，县大队指示李红做周绪朋的转化工作，从伪军内部购买枪支、子弹和了解敌情。此后，部队领导批准李红为日照县大队地下联络员。1943年春，李红和张隆德去日照城里策反伪军小队长孙肇爵，因走露消息，和张隆德同时被捕。受尽敌人残酷刑讯，至死不屈。1943年2月24日（正月二十日）和张隆德同时被敌人残忍地用狼狗咬死，牺牲时47岁。

陈明生（1916—1943.3）　虎山镇相家结庄人。1940年参加革命，1941年10月加入中国共产党，任涛雒区交通员，次年10月任日照县战时邮局涛雒区邮务员。1943年农历十月初三深夜，日伪军突然袭击涛雒区机关驻地巨峰郑家大沟，他随区中队突围后，因背负报纸跑得慢，被敌人捕去。后押到涛雒日伪据点，手脚被钉在墙上，遭严刑拷打，坚贞不屈。敌人轮番折磨他两天，一无所获。日军用铁丝刺穿其锁骨，绑押到涛雒西门外，用狼狗将其活活啃死，尸骨不知下落，年仅27岁。1945年3月，日照县战时邮局在磴山下为之立碑。

刘贤东（1912—1943.4）　虎山镇张家结庄人。1939年加入中国共产党，先后任涛雒区职工会长、四区（安岚）区中队队长、涛雒区中队长。他身材高大魁梧，人称“刘大汉”，经常带领小股部队潜入敌区，出其不意地袭击敌人。汉奸队曾几次趁黑夜到他家“捂窝子”，放火焚烧他家和亲戚的房屋，刘贤东全家躲进深山用破泥盆煮饭维持生活，仍坚持战斗。1943 年 4 月 8 日晚，带领区中队深入敌占区，返回虎山铺西山休息时，半夜突遭驻义和岭伪军包围。他指挥队员突围后，自己翻越院墙撤退时，被敌人投来的手榴弹炸断双腿，血流如注，壮烈牺牲，时年 31 岁。

陈维鹏（1920—1943.5） 虎山镇相家结庄村人。1943 年春参加大坡区中队。同年 5 月，为抗日民主政府运粮，在大坡北岭遭遇沈疃据点日伪军扫荡，孤身与敌战斗等待支援，不幸受伤被捕，被押往沈疃据点，受尽酷刑拷打，坚贞不屈。残暴的日伪军用铁钉穿透他的脖子和四肢，钉在沈疃南城墙上示众。又进行 100 米、200 米活人射击训练，他身中数百子弹，壮烈牺牲，年仅 23 岁。

徐坦（1919—1945） 原名徐孟吉，原籍虎山镇徐家村，后迁安东卫北街。曾在县立中学和青岛礼贤中学就读。七七事变后，目睹国民党政府的腐败无能，弃学回乡奔走抗日，参加国民党五十军一一二师中共地下工委组织的抗日宣传队。1938 年 12 月加入共产党，在安岚一带从事地下抗日活动。1939 年秋，任中共四区区委书记。次年，被派往鲁中党校学习。1941 年 6 月，任沭水县委宣传部部长。同年 12 月 18 日拂晓，在渊子崖村开展抗日工作时被日伪军包围。带领民兵、群众与敌人激战一天，打退敌人 6 次进攻。身负多处重伤昏倒在血泊中，后被群众从尸体堆里救出。1942 年，回乡养病。时年安东卫春荒严重，一些存粮大户借机抬高粮价，沿海一带渔民群众生活极为困难。徐坦约姜成禄、胡凯等人组成一个粮秣合作社，到外地购来一批高粱、谷子，在安东卫集市平价出售，稳定了粮价。同年冬，任刚成立的中共青岛工委委员，负责沧口区地下抗日活动，多次拖着虚弱的身体，潜入青岛指导工作。1945 年春，绕道赣榆去青岛，不幸在土城子被汉奸抓捕，英勇牺牲，时年 26 岁。

王仓平（1919—1945.7） 虎山镇楼子底村人。早年在虎山铺上私塾，后到日照县中学读书。1938 年 2 月，在日照县中学被“乱党”张宗援抓捕，押往东北做苦工，受尽非人折磨，后在难友帮助下逃往深山，一年后历尽艰难返回家乡，随即参加抗日活动。1940 年加入中国共产党，参与建立苏鲁战区青年游击大队二中队，后任圣岚区中队副中队长、中队长。1945 年 3 月在虎山马家村被伪军抓捕，押往涛雒日军据点。经过 3 个多月的残酷折磨，始终坚贞不屈。同年农历七月十五日，被日军枪杀于涛雒大刘庄，年仅 26 岁。王仓平牺牲后，抗日民主政府把烈士家乡楼子底村命名为“仓平村”。

孙春圃（1906—1945.7） 虎山镇相家结庄村人。青年时期受共产党人范景蘧影响，参加革命活动，后去济南求学。“七七事变”后回家乡，在结庄小学任教员。1939 年加入中国共产党。受党组织安排，竞选国民党政府涛雒区义和乡乡长并当选。1942 年 8 月任抗日民主政府大坡区区长、区中队长。1943 年 6 月调虎山区区长兼区中队队长。同年 12 月，在潘家村一带配合日照县警备团一个连，16 天连续作战 16 次，取得重大胜利。1945 年 7 月下旬率区公所 7 名战士在大尧沟村“空舍清野”，深夜宿住界牌岭村，后又转移至连家村东场屋。虽一夜三转移，仍被日军、汉奸盯梢包围。孙春圃扔出一颗手榴弹，冒死冲出，发现队员仍被围困屋中，复又持双枪冲进屋内，与 7 名队友顽强激战一个多小时，全部壮烈牺牲，时年 39 岁。此后，日照县抗日民主政府把连家村东山命名为“春圃山”。

王伯朋（1918—1946） 中楼镇马亓河西村人。1940 年率 30 多人参加马髻山抗日武装起义，称马髻山抗日游击支队，任队长。后率部转战于五莲山区，队伍发展到 140 多人。1942 年在淄博周村一带被国民党东北军收编，东北军撤出山东时，王伯朋及其部下不愿离开山东抗日战场，遂率部队东下掖县、蓬莱，在烟台参加八路军胶东大队，先后任连长、营长，因作战勇敢驰名胶东，成为许世友将军手下的一员虎将。1944 年加入中国共产党。抗战胜利后，任山东军区一师三团团长，1946 年在解放浮山县战斗中壮烈牺牲，时年 28 岁。

薄祥臣（1908—1947） 又名薄自升，巨峰镇薄家口村人。1940 年任前山北头初级小学教师，1942 年担任中心小学校长兼教师。在薄家口村举办夜校，组织文艺团体，宣传抗日，动员群众支前参军参战。1943 年 8 月任大坡区文教助理，

1944年加入中国共产党，1945年任区委委员。孟良崮战役期间，担任巨峰区民工大队教导员，带领担架队和运输队支前。孟良崮战役战束后，又率领民工大队参加滕县战役。1947年农历6月6日，在运送伤员途中遭到敌机轰炸，薄祥臣不顾个人安危，指挥民工隐蔽伤员，不幸中弹牺牲，时年39岁。

郑世昌（1917—1947） 巨峰镇沟洼村人。幼时随父去朝鲜谋生，因生存艰难回国。"九一八"事变后，目睹日本侵略军暴行，萌发了强烈的爱国热情。1943年加入中国共产党。1944年2月到碑廓一带开展抗日活动，后在薛庆区任公安助理、副区长等职。1945年起，先后任巨峰、丝山、石臼区区长。1947年9月2日，在张家台(在今山海天开发区)一带率群众转移时，被以当地恶霸孔繁生为首的还乡团抓捕。经受种种酷刑，坚贞不屈。9月4日，被残忍活埋于石臼海边，年仅30岁。

张举（1917—1948.11） 中楼镇埠后村人。1942年加入中国共产党，1943年参加八路军，在滨海军区六团先后任班长、排长、连长。参加过鲁南、孟良崮战役。在解放临沂的战斗中立有战功。淮海战役中，任华东野战军七纵十九师一团一营营长，带领部队冲锋陷阵，不幸牺牲，时年31岁。

崔砖（1925—1948.10） 中楼镇崔家峪村人。1942年1月参加八路军滨海军区六团，先后在小店、莒南、赣榆、日照、莒中县等地参加大小战斗数十次。1943年7月加入中国共产党。1946年随军去东北，任东北民主联军连长，参加过四保临江、四平街、松花江战役，后任东北野战军一纵三师营长。1948年10月14日，解放军攻打锦州，所在营奉命参加黑山阻击战，率官兵与敌人展开白刃肉博，壮烈牺牲。该营被授予"黑山阻击战英雄营"，崔砖也被誉为"英雄营长"。

苗仲云（1921—1948） 后村镇沙沟村人。1942年春，因生活所迫，被雇到国民党五十七军当兵，当年9月持枪逃回家中。不久参加日照七区区中队，1943年加入中国共产党。1948年年初，在担任十三纵一一零团机枪班长期间，参加了潍县的齐家埠和杨家埠战斗及泰安、兖州等大小战斗百余次。同年7月任一一二团三营七连一排排长。在济南战役中，率部俘敌300余人，被授予"战斗模范"光荣称号。1948年10月任机枪连副连长。淮海战役期间，在攻打安徽灵壁城的战斗中牺牲，年仅27岁。

高文甫（1920—1950） 名维宗，字文甫，虎山镇虎山铺村人。抗日战争初期参加了共产党领导的抗日斗争。1939年加入中国共产党。后被党组织派往抗大一分校学习。结业后分配到部队，转战南北，成为一名出色的政工干部。解放战争时期，先后参加辽沈战役、平津战役、渡江战役，之后进驻广西剿匪。1950年加入中国人民志愿军赴朝鲜参战，任38军112师炮兵营教导员。同年11月5日光荣牺牲，年仅30岁。1951年春，志愿军第38军军长梁兴初、政委刘西元等专门从抗美援朝前线给高文甫父亲高揆武发来讣告。(见《附录》)

（四）

潘琦（1917—1941.1） 又名潘庆远，东港区前将帅沟人。1939年2月加入中国共产党。1940年6月参加日照县一区区中队，任班长、区中队副队长。其时，国民党顽固派保安十六团勾结日伪军，不断制造摩擦，抓捕杀害共产党区乡干部和抗日积极分子。1941年1月22日夜，日照县大队和一、二、六区区中队将国民党顽固派保安十六团和国民党日照县长尹鼎武部包围于邵疃和山字河一带。战斗打响后，潘琦率领区中队向顽敌发起猛烈攻击，顽固派部队陷入重重包围，溃不成军。国民党五十七军一一一师顽固派孙焕彩旅机枪连窜来增援顽固派部队残部，从后翼突然向区中队发起疯狂袭击。潘琦身中6弹，壮烈牺牲，年仅24岁。

董振彩（1913—1941.3） 曾用名董振才，昌邑县人。1936年加入中国共产党，在昌邑县以小学教师为掩护，从事地下工作。1937年10月任县委组织部长，后调八路军九支队工作。1940年冬被派到黄墩，在收编的朱信斋独立营任政委。1941年3月2日，朱信斋与国民党顽固派频繁勾结，公然叛变，董振彩和八路军派到独立营的所有干部战士及黄墩一带的区、村党员干部200余人被抓捕关押。匪徒们连续数天惨无人道地对他进行残酷的肉体折磨，面对敌人严刑拷打，坚强不屈。1941 年 3 月 16 日，在黄墩巴山庙壮烈牺牲，年仅 28 岁。

惠恒智（1919 — 1941.9） 女，东港区三庄镇惠家沈马庄人。1940 年加入中国共产党。1941 年被调到七区任宣传员。同年秋，和另一名同志到竖旗岭村活动时，遭国民党顽固派十六团包围逮捕。敌人将两人押到后村镇陈家沟村严刑拷打，仍坚强不屈。1941 年 9 月 29 日被敌人残酷杀害，年仅 22 岁。

罗仲选（1906 — 1942.5） 又名罗贤敬，莒县城里大果街人。七七事变爆发后，参加莒南十字路抗日游击大队，先后任排长、连长等职。1941 年部队整编为滨海军区独立团，任二营副营长，随部队转战赣榆、日照、莒县等地。1941 年冬，国民党顽固派四区队（国民党顽固派碑廓区中队）百余人占据巨峰，经常进行反共挑衅，搜捕、残害共产党革命干部和抗日积极分子。罗仲选奉命突袭该部，1942 年 1 月 5 日，率领 2 个连队出奇不意包围并击溃该部，在搜寻溃逃人员时，与 2 人殊死搏斗，身负重伤牺牲，时年 36 岁。

卢迪（?— 1943） 四川省人。在家乡种过地，做过工。后参加中国工农红军，转战四川、陕西、山西、河北等地。抗日战争爆发后，参加著名的平型关大战。1938 年 12 月随一一五师从山西到山东抗日前线，任教导五旅十三团团长，转战鲁西、苏北、滨海等地区，指挥了多次战斗，屡立战功。1942 年 12 月参加第三次甲子山战役，率部主攻敌师部驻地，攻破敌碉堡群，毙伤顽敌 300 余人，配合主力部队赢得甲子山战役胜利。1943 年夏，在高兴镇北台子村被日伪军偷袭包围，指挥突围时身负重伤，光荣牺牲。

金野博（1919 — 1944） 又名今野博，日本本州秋田县人。1938 年春随所在部队侵入中国。1938 年 8 月 2 日在汶上县被八路军一一五师特务营俘虏。在八路军关怀教育和日本人觉醒联盟成员的帮助下，逐渐认识到，日本帝国主义发动的侵华战争，不但对中国人民是一场空前未有的大浩劫，而且也给日本人民带来了深重灾难。1941 年 6 月，与另外 4 人组成在华日人反战同盟山东支部（后改为日本解放联盟山东支部），被选为支部宣传委员。1941 年 7 月 7 日，金野博志愿加入八路军。1942 年到鲁中部队，转战莱芜、博山一带，从事反战工作，并担任日本解放联盟鲁中支部长，出席过“山东日本反战士兵首次代表大会”。1943 年夏，金野博随滨海军区第四武工队来到日照，做瓦解日军工作。1944 年春，日本解放联盟山东支部通知金野博去汇报工作，在高兴镇汪家庄子北山与日伪军遭遇，经过激烈搏斗，不幸被捕。无论敌人怎样毒打、逼供，都毫不动摇，他庄严地向敌人宣告：“只要我不死，仍然要回到八路军中去！”最后被日军秘密杀害。

1944 年 7 月 7 日，滨海军民 5000 人对抗战 7 年牺牲的烈士和国际友人希伯、金野博等举行公祭。1983 年 5 月 5 日，肖华在为江苏省赣榆县出版的《抗日山东》所作的序言中，对金野博作这样的评价：“他与中国人民的胜利同在，与中国的高山流水同在。”

范景蘧（1892 — 1944） 又名范宝经，字庆典，东港区傅疃村人。早年赴北京求学，后辍学回家，到石臼所做小学教员。济南“五三”惨案发生后，参加日照县抗日外交后援会，领导学生没收反动商人 8 车火柴、2 车布匹等日货。利用查日货的罚款建立“五三”图书馆。1932 年春加入中国共产党，后被党组织分派到安东卫小学当教员，秘密发展党员，建立党组织。先后介绍范宝田、苏师余、徐家般、王润阶等加入中国共产党，在安东卫小学建立党小组，任组长。1933 年 3 月因身份暴露被国民党警察逮捕，先后被押往日照、济南、青州等地监狱。抗日战争爆发后，国共实行第二次合作。1937 年 11 月中旬获释，回家后四处寻找党组织。1938 年 1 月 24 日（旧历腊月二十三），率领 12 名进步青年从碑廓王家庄出发，奔赴延安，中途路费耗尽，只好徒步返回。1938 年 9 月与中共鲁东南特委接上关系。同年 12 月中旬，中共日照县委重建，任书记，对外称“八路军驻日照办事处”。县委建立后，分工到岚山头、安东卫一带开展工作，发展徐坦、赵明德、王烈、张静寰等人为中共党员，并建立安东卫党支部。

1939 年 3 月因病离职休养，病情稍愈即参加工作，到莒北县委任副书记兼组织部长，举家随迁到抗日根据地莒北闫马庄（现属五莲县）居住。1940年9月被任命为地委工作团团长，率团到岚山头、安东卫一带发动群众，建立政权，开展抗日斗争，通过当地商行多次为八路军从上海购进大批军需物资，支援了抗日前线。

1941年1月回日照开展抗日武装斗争，先后在磴山、安东卫一带拉起四五十人的农民中队，任中队长。1941年冬被错误地以托派嫌疑关押审查，受到撤职和开除党籍处分。半年后，终因查无实据而释放，恢复党籍，任滨海各县行政联合办事处农会主任。1944年6月15日，因积劳成疾，病逝于滨海军区医院，享年53岁。

贾正远（1916—1944）　陕西省吴堡县贾家山人。1933年参加革命，1936年在陕北参加中国工农红军。不久在战斗中负伤，被送往延安后方医院，稍愈即任该医院指导员。痊愈后返回前线作战，任陈士榘支队营教导员。1940年7月，随一一五师独立支队东进山东，先后担任旅部作战股长、四团参谋长。1941年获"模范共产党员"银质奖章。1943年山纵二旅独立团与日照县大队在前合庄合编为滨海军区日照警备团，出任副团长并主持工作。1944年，贾正远率警备团三连与当地群众密切配合，在不到5个月的时间里，进行大小战斗59次，连克汉奸陈成功盘踞的东湖、韩家营子、义和岭等6处据点，摧毁碉堡36座，毙伤敌伪200余人。这年农历五月五日拂晓，日伪军300余人袭击驻六甲庄子警备团团部，贾正远率官兵与敌人展开肉搏战，最后在四连增援下击溃敌人，并击毙日军指挥官赤松。是年农历十一月九日夜，警备团团部在后黄埠村进行冬季整训时，被日伪军600余人包围，经激烈拼杀，贾正远率警备团大部突围，后发现部分干部、战士还没有冲出来，又返回村里指挥战斗，壮烈牺牲，时年28岁。

钟家全（1920—1945.5）　江苏省人，抗日战争初期参加八路军，不久即加入中国共产党。历任文书、干事、文印股长、指导员等职，参加大小战斗数十次。1945年5月4日，侵华日军占领安东卫镇。6日晚，时任滨海军区二十三团二连指导员的钟家全奉命率该连为先遣部队，突袭安东卫之敌，急行军20多公里，连夜赶到安东卫西边的李家庄子，构筑工事，从西北方向堵住了敌人外逃的通道。5月7日晨，敌分3路向二连阵地攻击，企图夺路逃跑，二连顽强抗击7倍于己的敌人，激战2夜1天，打退敌人16次进攻，毙伤敌人近百名。在完成阻击任务后，二连奉命撤出战斗。钟家全为掩护战士撤退，身负重伤，壮烈牺牲。

1945年6月5日，《大众日报》以"血战安东卫——记滨海军区二十三团二连安东卫西小李庄阻击战"为题报道了英雄们的事迹。6月10日，延安《解放日报》报道了安东卫阻击战的英勇事迹。1945年7月7日，滨海军区司令部、政治部特令嘉奖，命名二连为"安东卫连"，授予"顽强制敌"锦旗一面，并追奖连指导员钟家全为战斗英雄。

王均生（1958—2004.7）　东港区西湖镇人。1982年6月加入中国共产党。1976年12月参加工作，任临沂地区水利指挥部办公室文书。1978年3月在部队服役任文书。1981年1月起，先后任日照市自来水公司文书、副经理、经理。1990年3月起，先后任日照市建委市政公用科科长兼市自来水公司经理、建委副主任兼市自来水公司党委书记。1992年6月任岚山开发区筹委会主任兼市建委副主任。1992年12月任日照市建委主任、党委书记。1997年12月任中共日照市委常委、东港区委书记。1999年6月兼任山东省陆军预备役高炮师日照高炮团第一政委。2001年2月任济宁市政府副市长、党组成员兼曲阜新区筹建委员会主任。2003年兼任济宁市曲阜新区党工委书记、管委会主任。2004年7月病逝。

（五）

崔煜（1923.4—1960.8）　原名崔连福，虎山镇梭罗树村人。1938年加入中国共产党。同年与大哥、三弟、小妹、小弟5人参加了共产党领导的革命队伍，被当地群众称为"革命家庭"。1956年9月任山东省商业厅监察室副主任。1957年挂职任莒南县委副书记。1960年8月病逝，时年37岁，葬于莒南县革命烈士陵园。其事迹载于《莒南县志》。

秦聿会（1912—1967）　虎山镇秦家结庄村

人。1938年中共下元特支时期的党员，抗日战争和解放战争时期是中共日照南部的重要领导人之一，先后任地下联络站站长、涛雒区武工队指导员、涛雒区委副书记、书记。带领武工队活动于敌占区，同日伪军开展英勇卓绝的游击战，使敌人闻风丧胆。1948年任日照县委秘书。因长期艰苦斗争积劳成疾，于1949年年初病倒于赴鲁南地委（沂水县境内）汇报工作途中，后住进日照县人民医院休养，1950年任日照县人民医院院长。1960年任日照县第二人民医院院长。1961年离职休养，1967年去世。

赵明德（1921—1970.11） 原名苏贻群，安东卫南街人。读小学时，即受共产党员范景蓬影响，思想进步。1938年11月加入中国共产党，历任四区（碑廓）宣传委员、副书记，一区（日照城区）区委书记，日照县委组织部长、县委副书记、县委书记等职。新中国成立后，历任沂水地委秘书主任、组织部部长、副书记，华东局组织部副处长，中央组织部外交干部管理办公室主任，浙江省台州、嘉兴地委副书记等职。“文化大革命”中，被加以莫须有的罪名，遭受残酷迫害去世，1978年为其平反昭雪。

郑平（1908—1971） 又名郑绳五，后村镇马家店村人。18岁即参与反对军阀和盐警的活动。1928年五卅惨案后，联络爱国青年，组织反日会皋陆分会，被推举为日照县反日会负责人兼石臼反日会特派员。同年秋，领导农民抗捐抗税，震动全县。1929年冬，被选为日照县农民协会委员，回邵疃小学任校董。1931年春，被反动政府以邵疃小学是“共管机关，负责人均为赤化分子”为理由抓捕，押往省府，因无证据被保释回乡。后被选为县抗日协会主席。同年10月加入中国共产党，任邵疃区区委书记。1932年日照暴动失败后，和郑天九疏散至京津一带，与河北省委接上关系，分配在中央华北发行站工作。1933年秋，因叛徒出卖被捕。1937年10月，经组织营救出狱，去延安学习。1938年后，先后担任河南省扶沟县委、西华县委组织部长，淮宝县委书记，苏中区党委委员、组织部部长，华中工委组织部副部长，华中地委书记，苏北区党委组织部部长。新中国成立后，任中共上海市委组织部副部长，纪律检查委员会书记，监察委员会副书记，中共浙江省委组织部部长、监察委员会书记，中共中央监察委员会驻华东局监察组组长，中共中央华东局委员，中共中央监察委员会候补委员等职。“文化大革命”中被迫害致死，终年63岁。1978年8月平反昭雪。

丁履德（1912—1972） 字骥甫，虎山镇朱家官庄人，著名航空工程专家。早年就读于青岛礼贤中学和南开大学。1934年毕业于上海交通大学，次年赴意大利都灵大学攻读航空工程专业。1937年回国任国民党航空委员会航空机械学校教官。1940～1944年，先后在西北工学院、浙江大学、西南联大任教。后考取美国耶鲁大学，获硕士学位。1946年应聘任美国纽沃克工学院教授。1947～1948年，任厦门大学、山东大学教授。1950年任山东大学工学院院长。1952年秋，全国高等院校进行调整，出任山东工学院院长。丁履德学识渊博，治学严谨，在航空工业和内燃机方面造诣颇深，为中国工业、科技和教育界培养了大批高级人才。曾发表《飞机发动机废气喷射推进之商榷》《螺旋浆叶素原理性能曲线直接积分法》等论文。是全国第一、二、三届人大代表，曾任民盟山东省第一届委员会主任委员、山东省政协副主席、山东省科协副主席和山东省中苏友好协会会长等职。“文化大革命”中受到迫害。1972年11月10日因脑溢血逝世于济南。

周克吉（1922—1973.1） 安东卫街道潘庄二村人。1940年参加抗日战争，1942年加入中国共产党，任当地抗日游击队队长，解放战争时期，加入中国人民解放军，随刘邓大军挺进大别山。1949年4月参加渡江战役，为第一批渡江作战敢死队队员。新中国成立后任解放军防化部队某师副政委。1973年1月23日在北京去世。

黄鹏（1923—1974.10） 原名黄振寰，岚山头街道圣岚路人。1939年参加革命活动，1940年8月加入中国共产党。1941年7月被选派到延安军工局学习。1945年9月到承德，后又到张家口星华实业公司（工业部）研究所工作。1946年10月到华北区企业部化学四分厂。1948年9月参加太原军管会，负责化工组接管工作。1949年3月到太原山西工业化学公司，任科长。1950年2月被派送中国人民大学学习，后留校任教。1953年任一机部汽车局处长。1964年12月任洛阳中国汽车工业公司轴承制造分公司副经理，1973年1月调任一机部产品管理局局长。后因旧伤复发住院治疗，1974年10月2日逝世。

徐舜卿（1908—1977）　虎山镇秦家结庄人，1939年参加革命，1940年加入中国共产党，历任日照县涛雒区凤凰乡乡长，涛雒镇镇长、涛雒区副区长，藏马县县长。1950年南下，先后任福建省长汀县县长、龙岩县委书记处书记、龙岩地委农村工作部部长、龙岩行署副专员。1971年离职回原籍休养，任日照县干休所党支部书记。1977年去世。

苏受锷（1917—1978）　安东卫街道安东卫南街人，1938年加入中国共产党，历任指导员、组织干事、旅教导队政委、团政治处主任、军分区政治部组织科科长，晋冀鲁豫军区政治大队政委、军分区后勤处政委、军分区副政委，解放军政治学院哲学学术研究处处长等职。1966年6月转业至中国科学院，任地球物理研究所党委副书记兼政治部主任。1978年10月因突发心脏病逝世。

崔德久（1925—1981.5）　虎山镇梭罗树村人。1944年7月加入中国共产党，历任日照县委宣传干事、县委组织部干事，滨海地委干事，临沂地委组织部干事，郯城县委纪律检查委员会副书记、县委委员、纪律检查委员会书记、监察委员会书记，郯城县委常委、县委书记处书记、县委副书记等职。1964年10月后，先后任中共鱼台县委副书记、书记，山东革命委员会农林办公室主任、党组书记。1981年5月21日在济南病逝。

薄自禄（1911—1983.2）　巨峰镇薄家口村人。1940年参加革命，次年加入中国共产党。抗日战争时期，在八路军山东纵队二旅当战士，多次负伤，肺内留有两块弹片。后被选调滨海军区武工队，曾和战友化装成农民，击毙涛雒区伪区长丁竹如和新民会科长聂之芳，活捉多名汉奸；还和战友乔装成日军进入敌占区山后村，将特务班缴械，缴获12支枪，《大众日报》对此作了报道。解放战争时期，先后任奎山、巨峰区区委书记。新中国成立后，历任日照县委常委、武装部副部长、县委合作部部长、政法部部长、统战部部长等职，后任黄海水产研究所养殖试验场书记。1983年2月5日病逝，享年72岁。

庄子余（1918.5—1983.9）　中楼镇孙由村人。1945年2月参加山东军区特务团（后编入26军）。曾参加莱芜、孟良崮、淮海、渡江、上海战役。1950年参加抗美援朝，1953年8月回国，曾任26军后勤部部长（正师级）。1982年离休后，住莱阳军队干休所。

马成岱（1922—1984.2）　安东卫街道车庄人。1943年参加革命，同年3月加入中国共产党。历任安岚区组织干事、日照县委宣传部干事、县委党校校长、沈疃区委书记等职。1951年8月南下，先后任福建省委组织部福利科干事、机关党支部书记、干部处副处长，闽侯地委组织部副部长，古田县委第一书记，福建省林业机械厂党委书记、厂长，福建省林业厅政治处处长、副厅长等职。1984年2月3日因病在福州逝世。

李瑞琪（1922—1986）　虎山镇张家结庄村人。1938年参加革命，1941年加入中国共产党，历任日照县涛雒区中队队员、区青救会会长。多次被日伪军抓捕，历尽酷刑，坚贞不屈。1943年夏，在虎山镇朱家官庄村侦察驻义和岭日伪军敌情时，遭国民党保安十六团扣押，关在该团设在大坡的牢房里。是年秋被营救出狱，当时全身生蛆，奄奄一息。伤愈后参加八路军。1945年8月随部队开赴东北，参加了辽沈、平津和渡江等战役。新中国成立后，从陆军部队调入空军部队。1958年8月进驻福建省惠安，任空8师政委。"文化大革命"中遭受迫害，1968年被下放到漳州农场劳动，1969年返回部队。1971年因病离职，1986年在厦门病逝。

申日新（1916.2—1988.6）　又名牟益民，虎山镇后水车沟村人。早年接受马列主义教育，1940年参加革命，1948年加入中国共产党。1941年3月任碑廓区区长，1942年12月任高兴区区长，1943年3月后日照县司法科副科长、公路科科长。1948年随第二野战军南下中原，历任河南省南阳地区汽车站站长，河南省运输队队长、交通计划委员会主任、交通厅厅长等职务。1988年6月病逝于郑州。

苏天（1921—1989）　岚山头街道人。1940年参加革命，同年7月加入中国共产党，任日照县委秘书。1941年年底，国民党顽固派偷袭日照县委驻地沟洼，他在突围中被俘，面对敌人的刑讯、利诱，坚贞不屈。解放战争时期，先后任滨南地委组织部副科长、新浦西工委书记。1949年2月随军南下，先后任上海国棉一厂党委副书记，华东局组织部城市科科长、工矿科科长。1955年7月，赴苏联莫斯科斯大林汽车制造厂学习。回国后，任长春第一汽车制造厂车间主任，生产出中国第一代汽车发动机。1961年调第一机械工业部，历任第六局办公室主任、第四局副局长兼西安仪表厂党委书记、国家仪器仪表工业总局副局长。“文化大革命”中遭受迫害。1978年任机械工业部仪器仪表工业局局长兼党组书记等职。1989年4月病逝于北京。

李衍璋（1914—1989） 字希东，高兴镇西牟家村人。1938年加入中国共产党，任八路军排长、日照县大队中队长。参加抗日军政大学学习。1949年南下，历任江苏苏南煤炭公司经理、江苏省燃料化工局局长、江苏省政协委员等职。

丁立准（1922—1990） 虎山镇朱家官庄人。1937年11月参加革命，1939年3月加入中国共产党，历任日照县青救会会长、苏鲁战区青年游击大队二中队指导员、山东滨南中学教导主任、滨南独立地委青委书记、团中央机关党委办公室主任、中国青年出版社秘书长、农垦部设计院副院长、农垦部水利工程局党委书记。1958年任牡丹江农垦局党委书记处书记，后任中共中央农委副处长，国务院农林办秘书组副组长，农林部基建局副局长、计划局副局长、办公厅主任，林业部宣传局局长。1982年离休，1990年在北京病逝。

孔祥玉（1927.2—1991.4） 黄墩镇孔家庄人。17岁参加地方民兵，1945年1月加入中国共产党。1945年5月参加八路军，为山东军区滨海军分区十九团二营四连战士。1946年10月后，历任大连警察学校六队九班班长，东北军区佳木斯汽车学校排长、副支部书记、政治指导员等职。1948年荣立三等功。1951年1月参加抗美援朝，1951年年底获抗美援朝纪念章和朝鲜人民共和国银制勋章。1954年7月回国，在辽宁省铁岭市开原县解放军86文化速成中学工作。1955年4月被授予解放奖章，同年被授予上尉军衔。1956年，随部队驻扎山西雁北军区。1963年2月，调任重庆后勤工程学院政治部组织处干事，10月被授予少校军衔。1970年5月，回山东省日照县武装部休养。1983年起享受副师级待遇。1991年病逝。

车秀民（1921—1991.9） 原名车荣昌，安东卫街道西街居人。1940年加入中国共产党，同年参加革命工作。历任安东卫党支部书记、总支书记，日照县委组织部统计干事等职。1947年带子弟兵团支前，在莱芜战役和孟良崮战役中，先后立功五次。1948年11月任中共日照县委组织部干事。1949年6月起，先后任新海连市组织干事、市委委员、组织部副部长、市委组织部部长，新浦区委第一书记，连云港市委劳动工资部部长兼总工会主席，连云区第二书记，连云区革委会副主任、常委，新浦区委书记，连云港市卫生局党委书记。1977年任连云港市政协副主席、统战部部长。1984年11月离职。

丁少华（1922—1991） 曾用名丁立华，高兴镇沈家村人。1938年10月参军，历任政治指导员、团政委等职。1953年任天津海运局党委书记，1956年调交通部工作。1962年任广州远洋公司外轮政委，1972年任广州远洋公司上海工作站书记（正厅级）。1991年因病在上海去世，享年69岁。

王彦绩（1911—1991） 碑廓镇王家庄人。1938年春加入中国共产党，历任村青年救国会会长、村党支部书记、圣岚区罗黄乡指导员。1948年任碑廓区副区长、区长。1949年南下，任浙江省温岭县民政科科长。1952年年初调上海钢铁一厂任党委书记，后调上海钢铁二厂任党委书记。1959年调任上海市杨浦区区长，1964年任区委书记。1972年离职休养后，先后任上海水稻研究所顾问、上海钢铁工业研究所顾问。

李日川（1924—1991） 中楼镇黑涧村人。1944年参加八路军，历任排长、连长、营长、广西壮族自治区靖西县和苍梧县兵役局局长、河池军分区副参谋长，1984年离休，住桂林市军区干休所，享受副师级待遇。

徐学平（1924—1992） 岚山头街道环海路人。1939年入伍，1941年加入中国共产党。先后在滨海专署警卫连、山东纵队二旅四团三营九连、鲁中地区一旅任战士、班长。参加了徂徕山战役、淮海战役、上海战役、四平保卫战。1950年入朝参战，回国后任26军76师政治部组织科长。1957年被授予三级独立自由勋章、三级解放勋章。1958年任青岛市武装部政治委员，后调任枣庄市武装部政治委员、淄博市武装部政治委员（正师级）。

王均伦（1926.8—1995.8）　碑廓镇东辛兴村人。1946年6月参加革命，同年加入中国共产党。历任碑廓区辛兴乡中队长、总支书记，区武装部副部长、部长，日照县武装部科长、副部长，沂源县武装部政委，莒县武装部政委、党委书记，莒县革命委员会副主任、党的核心领导小组组长、县委书记，临沂地区水产局局长、党组书记，临沂地区农牧渔业调研员。1985年6月离职休养，享受地专级待遇。离休后被日照市委聘为农业顾问组成员。解放战争时期组织担架队、小车队参加莱芜、淮海等战役支前，荣立大功1次，三等功3次。

黄毅（1920—1995）　原名黄振彬，岚山头街道圣岚路人。1938年参加革命，1939年加入中国共产党，同年5月任国民党东北军一一一师的中共地下工委组织委员。1940年8月任共产党领导的新百十一师团政治处主任、大队政治处主任等职。解放战争至新中国成立初，先后任东北民主联军一纵一师六团政治处主任，东北军区政治教导团三大队政委，四野南下工作团一分团秘书处处长，中南军政大学广西分校三大队政委，二十四步兵学校二大队政委，第一高级步校二大队政委。1955年2月到南京军事学院政治系学习。1958年3月任40军119师政治部主任。1955年被授予三级独立自由勋章、三级解放勋章。1960年5月，任国防部五院一分院政委，1965年任七机部三院党委书记，1974年任解放军第三研究院党的核心小组组长（正部级）。1982年离休。1995年在北京逝世，安葬于八宝山革命公墓。

郑石（1915—1996.2）　原名郑全界，后村镇东邵疃村人。早年投身革命，1938年加入中国共产党。历任八路军山东纵队独立营干部、延安留守兵团副营长、八路军东进总队营长、东北军区后勤部军需科科长、东北军区葫芦岛海军供给站站长、安东海军学校供给部政委。1954年5月起，先后任第二海军学校物资保证部部长、海军机械学校校务部部长、海军工程学院院务部副部长（军职）。1955年10月被授予三级独立勋章和三级解放勋章。1978年1月离职休养。1988年7月被授予中国人民解放军独立功勋勋章。

刘加根（1921.11—1996.6）　又名刘家根，虎山镇张家结庄村人。1939年参加革命，同年12月加入中国共产党，历任涛雒区区中队队员、区武委会主任、日照县武装部部长等职。1949年1月南下，是日照县南下干部领队之一。到达浙江省温岭县后，任县武装科科长、武装部部长等职。1964年4月任贵州省黔西县县长，1966年任宁波市水产局副局长，1973年3月任宁波市水产局局长，1976年任宁波市总工会主席。1983年8月离休，1996年6月在厦门病逝。

曹树荣（1923.10—1998.5）　中楼镇上曹村人。1941年参加八路军，1945年2月加入中国共产党。历任排长、连长、营长、参谋长、副团长、副部长等职。先后参加了华东反扫荡、莱芜、济南、淮海、渡江、舟山群岛等战役和一江山岛战斗，荣立二等功2次、三等功2次、四等功1次。1957年6月被国防部授予三级独立勋章、三级解放勋章。1962年7月被授予中校军衔。1979年4月离休，享受副师级待遇。1988年8月1日被中央军委授予独立荣誉勋章。

郑子久（1916—1998）　后村镇小曲河村人。1938年2月参加革命，8月加入中国共产党，不久去山东抗日军政干校学习，后任八路军山东人民抗日游击队第二支队组织干事。1938年12月任中共日照县委组织部部长。1939年5月任县委书记，建立起200多人的县大队，兼任大队长和政委。之后，率县大队打退国民党顽固派县长尹鼎武和国民党顽固派十六团李延修部的数次猖狂进攻，消灭了土顽郑鄂廷部和几股日伪军，在日伪盘踞的城镇建立党组织，开展艰苦卓绝的抗日斗争。1941年3月兼任日北工委书记，1941年5月起，先后任海陵县委书记，二地委（滨南地委）组织部部长，滨海地委书记兼滨海军分区政委。1950年4月后，历任临沂地委副书记、书记、军分区政委，淄博军分区政委、淄博工矿特委书记，淄博市委书记，山东省委工业部部长、交通部部长，济南第二机床厂党委书记，省科委副主任兼中国科学院山东分院院长、党组书记，省科委主任、党组书记等职。“文化大革命”期间曾任中共山东省文革小组副组长兼办公室主任。1973年任中共淄博市委书记、革命委员会主任。1977年后，历任中共山东省委处理专案问题领导小组组长，省科委主任、党组书记，省革命委员会副主任、副省长。1983年7月任省顾问委员会常委、秘书长。1986年11月离休，1998年在济南逝世。

李文军（1938—1999） 中楼镇黑涧村人。1954年就读于莒县一中初中部，1957年考入莒南一中高中部。1960年毕业后被保送到上海第二军医大学学习，1966年毕业分配到北海舰队司令部机关门诊部工作，先后任副主任、主任。1998年退休，享受副师级待遇。

马承泽（1920.11—2000.1） 高兴镇夏陆沟村人。1938年6月参加革命，次年8月加入中国共产党。历任日照县民众自卫会宣传员、国民党东北军五十七军六六七团民运队组长，山东公学指导员、临沭县区农会代会长，莒北县招贤区副区长、区长，青岛工委工作队组长、滨海沿海工委办事处科长，新海连市公安局科长，临沂公安处政保科科长，山东省公安厅一处科长、副处长，宝山劳教所副所长，山东省劳改局副局长。1982年12月离休，享受副厅级待遇。2000年1月在济南病逝。

凌旺勤（1922.2—2000.4） 黄墩镇赵家滩井村人。1942年8月参加工作，同月加入中国共产党。先后任赵家滩井村自卫团团长、滩井联防队副大队长，黄墩区委组织干事，奎山区委组织委员、奎山区委副书记等职。新中国成立后，历任奎山区委书记，日照县纪委副书记、县委常委、组织部部长、县委书记处书记、县委副书记、县革委政治部副主任等职。1980年9月任石臼港建港指挥部副指挥、党委委员。1984年4月离职休养，1985年9月晋升为地专级待遇。

郑野云（1912—2000） 原名郑世云，后村镇山字河村人。1930年曙光小学毕业后考入日照县中学。1931年由郑天九介绍加入中国共产党，是日照县中第一任党支部书记。假期与郑培瑄一起办《曙光小报》，宣传马列主义。1932年参加日照暴动，暴动失败后去外地避难。1934～1938年由中共党组织安排，在五莲街头和日照县栈子教学。1939～1940年在家开小杂货铺，掩护党组织秘密设立的联络点，后被日军抓捕，党组织通过内线和本村知名人士联名保释。出狱后任日照县抗日民主政府文教副科长，其间兼任曙光小学校长。解放战争时期，带领工作队在涛雒一带进行土改，后率全县民伕支前，任总指挥。新中国成立后，先后任赣榆县文教科长，临沂专署文教科副科长，沂源一中校长。1976年离休。

徐恒禄（1921—2001.5） 中楼镇亓河村人。1944年12月加入中国共产党，1945年1月参加八路军，历任滨海军区六团一营战士、班长。1946年随部队开赴东北，先后参加了辽沈、平津、渡江及解放华南的数十次战役（战斗）。在四平街战役中，全营只剩3人仍坚守阵地，被授予“一级战斗英雄”。1950年参加抗美援朝战争，任连长，在泰华山阻击战中，率全连战士激战7昼夜，被志愿军总部授予“特等功臣、二级战斗英雄”称号，荣获朝鲜民主主义人民共和国三级国旗勋章1枚、战士一级荣誉勋章1枚、军功章1枚。1951年参加志愿军归国国庆观礼代表团，在中南海怀仁堂受到毛泽东主席、朱德总司令等党和国家领导人的接见，并列席了全国政治协商会议第三次会议。1954年4月归国后，历任营长、副团长、团长、师政治部主任、参谋长、副师长等职。1970年11月24日，参加由郭沫若任团长的中国友好代表团，访问了尼泊尔、巴基斯坦等国家。1982年离休，享受正师级待遇。2001年5月去世。是第二至第五届全国人大代表。

李衍晋（1921.1—2001.8） 字益民，又名克锐，高兴镇西牟家村人。1939年1月参加中国共产党，曾任日照县中学特别支部青年委员、日照县一区（城关）区委宣传委员等职。新中国成立后，历任青岛市纺织局党委组织部副部长，青岛市委工业部科长，国棉六厂党委书记，城建局副局长、党委书记，青岛市统战部副部长等职。

王烈（1917—2001） 原名王为堃，安东卫东街人。少年时在安东卫读私塾，后入高小学堂，后转入青岛礼贤中学就读。1937年七七事变后，弃学回乡宣传抗日救国活动。1938年被地下党组织派遣到国民党五十七军工作。同年12月加入中国共产党。1946年随军开赴东北，后进入东北军政大学深造。1950年参加抗美援朝，身负重伤，伤愈后入军事院校学习。毕业后调任七机部五〇八所所长(军级)，1982年离休。2001年冬病逝于北京。

刘克珍(1921.8—2001) 安东卫街道潘庄二村人。1945年从村干部参加武工队，先后参加过抗日战争、解放战争，历任碑廓区财粮助理、副区长、区长，安岚公社党委书记，日照城关党委书记，日照县委组织部副部长、部长、县委常委。1982年任日照县政协副主席。1983年10月退休，退休后享受厅级待遇。

秦燃(1921—2001) 原名秦福荣，虎山镇相家结庄村人。1938年参加革命，历任部队政治指导员、教导员、主任、政委、大队长，中央文教政治部办公室主任，中央卫生部办公厅主任，广东省军区政治部主任、顾问，广东省农村路线教育办公室副主任等职。幼年喜爱书法，1983年离休后从事书法学习研究，获全国自学成才奖，事迹刊载于《中国自学成才荟萃》书刊中。曾任广东省书法家协会负责人、秘书长、常务理事，广州驻军老战士书画研究会会长，广东省军区老干部大学校长，广东省文化体育协会会长，岭南诗社副社长，中国书法家协会会员。筹措创建了广州白云山碑林，出版《秦燃书册》，原中央军委副主席、国防部长迟浩田亲笔题名为“将军书法家”。

黄振棠(1926—2002.7) 岚山头街道圣岚路人。1941年6月入伍，1943年加入中国共产党。先后在中共山东分局、山东军区、第四野战军二局、军委工程兵学校、61727部队、新疆建设兵团农四师、总参56所工作，历任训练队学员、参谋、股长、政治指导员、助理员、科长、政治协理员、师后勤部政委等职。1957年被解放军总政治部授予三级独立自由勋章、三级解放勋章，1988年7月被中央军委授予中国人民解放军胜利功勋荣誉勋章。1982年12月离休。

乔祥崇(1927—2002) 碑廓镇东辛兴村人，中共党员。1949年随军南下至浙江省温岭县，历任温西区委书记、县委组织部部长、县委副书记、监察委员会书记。1956年到浙江省干部学校读书，毕业后调任浙江省农业大学农科院组织部部长。“文化大革命”后，任浙江省农业厅副厅长，后任浙江省乡镇企业局党组副书记、副局长。

陈维秋(1929—2002) 虎山镇相家结庄村人。1947年1月参加革命，同年3月加入中国共产党。历任日照县石臼所新华公司通讯员、日照东海公司营业部报关员，青岛进出口贸易公司保管员等职。新中国成立后，先后任青岛进出口公司人事室、保卫科办事员，中国进出口公司青岛分公司人事科科员，青岛外贸公司团委副书记、书记，青岛外贸公司党委组织部部长、监察委员会副书记，山东省外贸局组织处科长，山东省外运公司党委书记，山东省纺织品进出口公司经理、党委书记，山东省外贸局副局长兼机关党委书记。1991年12月离休。

张传诗(1932.7—2003.2) 巨峰镇前山北头村人。1943年起参加儿童团、青救会。1948年入伍，到华东野战军三纵补训团任战士，1949年3月分配到解放军22军特务营，先后参加了淮海战役、渡江战役、象山剿匪、解放大榭岛和舟山等战斗，荣立三等功2次、四等功1次。1950年7月加入中国共产党。1955年5月入南京步校学习，后任该校司务长、教员。1964年8月至1968年1月，先后赴加纳和坦桑尼亚共和国任军事专家，归国后到南京步校任教员。1969年9月至1989年4月在舟嵊要塞区工作，历任作训股股长、作训科副科长、科长、守备18团副团长、岱山守备区参谋长、副司令员、司令员、守备五师师长、舟嵊要塞区参谋长。1988年7月被授予胜利功勋荣誉章，同年9月被授予少将军衔。1989年5月任江西省军区司令员。1990年当选中共江西省委常委，1993年当选江西省第八届人大常委。1998年离职休养。2003年2月10日在上海逝世。

秦洪孝(1926.10—2003.4) 黄墩镇秦家滩井村人。1945年2月参加八路军，10月加入中国共产党，先后任机枪连排长、副连长、连指导员等职。新中国成立后，历任炮兵营教导员、团政治处副主任、团副政委，中央广播事业局军管组军代表，沂蒙冶炼厂党委副书记，日照县经委副主任等职。1985年6月离休，1985年8月省委组织部批准享受厅级待遇。1988年6月起，任日照市干休所党总支委员、老干部党支部书记。

傅成森（1925.12—2003.7） 虎山镇朱家官庄村人。1945年8月参加八路军，在滨海军区警备第十旅十九团一连当战士。1946年1月加入中国共产党。历任副班长、副排长、排长、副连长、特兵队副队长、筹粮工作队分队长、团副政委等职。1950年8月后，历任福建第六军分区东山县大队副连长、连长，福建龙溪军分区独立一营参谋长，龙溪军分区长泰县人武部部长、长泰县兵役局局长，龙溪军分区教导队队长，福建云霄县人武部部长，福建宁化县人武部部长。1982年离职休养，享受副师职待遇。曾荣立三等功2次，先后被授予自由奖章、解放勋章及独立自由功勋荣誉章。

刘彦斌（1922.7—2003.11） 曾用名刘汉芹，岚山头街道童海路人，少年读过私塾，1939年在安东卫抗日小学教书，积极参与抗日宣传活动。1940年任校长。1941年在安东卫加入中国共产党，1942年任安岚区区长，1943年被驻涛雒日伪军抓捕，遭严刑拷打，宁死不屈，后被营救回家休养。伤愈后接受党组织安排，组织出伕支前，参加了孟良崮战役，被滨海军区授予“支前模范”。1947年随部队南下，1948年后任河南省汝南县副县长、县长，1953年任长春第一汽车制造厂电力分厂厂长，1957年任洛阳拖拉机制造厂工具分厂党委书记兼厂长，“文化大革命”后任装备分厂党委书记，1973年任洛阳拖拉机制造厂副厂长。1982年7月离休，享受正厅级待遇。

王安（1922.5—2004.5） 中楼镇马亓河西村人。1943年3月加入中国共产党，1944年参加八路军，历任中楼区公所民政助理，寨里河区副区长，陵阳区副区长、副书记。1948年3月南下大别山，次年转去浙江，先后任义乌县义东区委书记、佛堂区委书记，温州市纸伞厂党委书记，温州工业局副局长，国营111厂73号车间主任，国营410厂60号车间主任、工程师、总支副书记、书记、党委组织部副部长、部长、监察委员会副书记。1964年1月调沈阳航空工业技术学校，历任校长、革委会主任、副书记等职。1982年离休，享受师级待遇。

吴克力（1922.1—2004.10） 原名辛崇夔，黄墩镇黄墩一村人。1938年参加革命，1939年加入中国共产党。历任村支书、乡支书、区委书记等职。新中国成立后，先后任河南省委宣传部处长，洛阳市委常委、宣传部部长，一机部洛阳轴承厂副厂长，全国对外文委专员，驻阿尔及利亚使馆文化参赞，宁夏回族自治区青铜峡水电站革命委员会主任、党委书记，宁夏回族自治区重工业局局长、党组书记，中共中央对外联络部礼宾局（原为接待局）局长等职务。1982年离职休养。

林玉章（1917—2004） 岚山头街道海州路居人。1942年参加革命，1944年加入中国共产党，历任滨海区城工部干事，华东野战军排长，安徽省界首市总工会主席，安徽省阜阳行署水利工程管理处主任、阜阳地区茨淮新河工程管理处主任。离休后享受副厅级待遇。

辛公彦（1923.8—2005.6） 黄墩镇任家董旺庄人。1943年参加地方民兵组织，1944年加入中国共产党，1945年参加八路军。历任解放军第31军91师272团排长、连长、副营长等职，参加了胶河、济南、淮海、渡江等战役，后随军南下参加解放福建、厦门等战役，多次立功获奖。新中国成立后历任厦门兵役局预备役科科长（营职）、厦门市禾山区武装部部长等职。1956年转业到地方工作，任福建省厦门市食杂公司（市商业局前身）保卫科科长、厦门市物资回收公司总经理等职。1984年离休，享受地厅级待遇。

田忠泰（1926—2005） 碑廓镇大朱曹二村人，中共党员。1942年参加八路军；1950年参加抗美援朝；1954年在沈阳军区38军工作，团级；1960年在哈尔滨军事工程学院工作；1962年调国防科委，师级；1972年在电子工业部工作，行政12级。曾获抗美援朝银质奖章、三级解放勋章。1986年离休，2005年5月在北京逝世。

刘维杰（1921—2005） 虎山镇郑家结庄村人。1939年8月任日照县委通信员，后参加涛雒区中队，1943年任日照县公安局大队长。1949年南下到上海工作。“文化大革命”期间下放到“五七干校”，后回上海任市房管局主任。离休后任上海市老龄委办公室主任。

刘晋（1925.5 — 2007.1） 高兴镇卜家村人。1945年参加八路军，1948年9月加入中国共产党，历任战士、文书、排长、政治指导员、贵州省盘县特区人武部副政委、政委等职。1968年被授予独立自由勋章和三级解放勋章。享受副师职待遇。

陈之贞（1919.12 — 2007.5） 中楼镇中楼村人，二等乙级伤残军人。1942年参加八路军，1944年加入中国共产党，先后参加抗日战争、解放战争、抗美援朝，历大小战役、战斗上百次。多次负伤，曾动手术12次，割臀部皮肉再造鼻子。荣立大功2次、一等功1次、三等功四等功数十次。1951年9月30日，作为志愿军归国国庆观礼代表团成员，在中南海怀仁堂受到毛泽东、朱德等党和国家领导人接见。后集体列席了全国政治协商会议第一届全国委员会第三次会议。1954年转业安排到章丘荣誉军人学校学习并疗养，后回村任村干部。1956年被评为莒县劳动模范。1978年农村干部退休。

辛本芍（1927.5 — 2007.12） 黄墩镇黄墩二村人，中共党员。1946年在日照中学参加中国人民解放军，从事部队文化、文艺宣传等工作。1950年年底参加抗美援朝。回国后奉命参与筹建解放军第301医院（1957年6月撤销番号，改为中国人民解放军总医院），从1960年起，长期担任解放军总医院原药局局长（正团）。离休后享受副师级待遇。

徐庆如（1926 — 2007） 碑廓镇南袁家庄人。1944年参加革命，历任区联防队队长、区武委会干事、区武装部政工干事、区委组织干事、委员等职。1948年任淮海战役日照担架团政委。1949年随第二野战军进军大西南，历任重庆市委组织部组织员、副处长、处长，重庆市市中区区委副书记、书记，重庆市市委书记、市纪委第一书记、市委党校校长。1983年调任四川进出口商品检验局局长、党组书记，四川省政协常委。

张济民（1923 — 2008.1） 岚山头街道海州路人。1939年9月参加革命，1941年抗日军政大学毕业后，历任山东八路军保卫干事、政治指导员，中共日照县委委员、公安局局长、代县长，荣立三等战功。1949年任南下干部总队政治指导员，进军杭州后，历任杭州市军管会东城区军代表、浙江省公安厅侦察科科长、海防处副处长、边防局副局长。1952～1962年历任温州地区公安处处长兼温州市公安局局长，温州市委常委、副书记、市委书记处书记。“文化大革命”时期受冲击。1971年复职后，历任温州市委常委、副书记兼革命委员会副主任，浙江省民政厅副厅长、电子工业局局长等职。著有《第二次解放日照的回忆》等回忆录。

赵省田（1923 — 2008） 岚山头街道甜水河居人。14岁在安东卫进行抗日宣传活动，1940年春参加八路军，同年加入中国共产党。先后参加了泊儿战斗、济南战役、淮海战役、渡江战役和解放舟山群岛的战斗，并留守舟山群岛，分别荣立二等功1次、三等功6次，荣获渡江胜利奖章一枚，淮海战役奖章一枚，后长期在宁波军分区任职（副师级），离休后享受厅级待遇。2005年获中共中央、国务院、中央军委颁发的纪念中国人民抗日战争胜利60周年纪念章。

张静寰（1918 — 2008） 安东卫街道东街居人。少时在安东卫读私塾、高小，1936年转至青岛礼贤中学就读。1938年春参加国民党五十七军一一二师宣传队，从事抗日救国宣传活动。同年冬，加入中国共产党，历任安东卫党支部书记，日照县第四区副区长、区中队长，安岚区长兼区中队长，虎山区长兼区中队长，大坡区长，日照县民政科长等职。任安岚区长期间，因战绩卓著，山东大众日报曾发表《向安岚中队学习》的战况通讯报导。1946年任日照县支前大队长，率日照民工参加孟良崮战役，受到滨海地区支前司令部的通令嘉奖。1948年随华东野战军南下中原，任豫西六专署民政副科长。新中国成立后，先后任河南省淅川县县长，南阳县县长，唐河县县委书记，南阳地委宣传部部长，洛阳市涧西区委书记，洛阳市委文教部副部长主持工作，洛阳地委常委、宣传部部长、文教委主任等职。“文化大革命”中被开除党籍、接受改造审查四年之久。1970年恢复党籍，到三门峡市工作，先后担任市党的核心小组副组长、市革委会副主任、市委副书记、书记等职。1973年调任中共洛阳地委常委、统战部部长、地区革命委员会副主任等职。1980年离职休养。2005年，获中共中央、国务院、中央军委颁发的

“抗日战争胜利六十周年”英雄纪念章。2008年5月在洛阳逝世。

曹际祥（1941.2—2008） 中楼镇上曹村人。1958年12月入伍，历任战士、文书、副排长。1981年7月毕业于南京海军学院，毕业后任实习技师、通讯排排长、副政治指导员。1990年9月在中央党校部队分校干部进修二班学习。毕业后任师政治部干事、政治指导员、团副政治委员、海军北海舰队政治部群众工作部副部长、群联部部长、海军第二区政治委员、海军青岛基地后勤部政治委员，大校军衔，正师级。曾荣立三等功两次，获各种嘉奖8次。2005年退休。

张力（1921—2009） 岚山头街道环海路人。1939年12月参加革命，1940年9月加入中国共产党。1941年6月至1942年2月在华北财经学校学习。1942～1960年从事公安工作，历任日照县公安局干事、区公安员、副股长，藏马县公安局股长，莒县公安局副局长，河南省开封市公安局副科长、科长，河南省公安厅副处长、处长等职。1961年起，历任汝南县委第一书记，驻马店地委委员，巩县县委书记，开封地委委员。1978年5月任洛阳地委委员、公安处政委。1978年5月任驻马店地委副书记，兼地委秘书长和确山县委第一书记。1983年5月离休，2009年4月在郑州病逝。

邵安佩（1925.5—2012.4） 安东卫街道辛庄子村人。曾在本村私塾和安东卫高小读书，并在本村兼任扫盲教员。1946年到汾岚分区粮管站工作，1947年粮管站转入部队序列，随华东野战军第十兵团转战南北，1948年11月加入中国共产党。1957年随中国人民志愿军到朝鲜参加援建工作，任副师长。1958年回国后到福州军区第九后勤部工作，任后勤部部长。1978年转业到福建师范大学任总务处副处长，1986年离休。战争年代曾立二等功1次、三等功2次、四等功1次。

（六）

徐子芳（1945—1966） 女，岚山头街道环海路人。1964年夏，任本村耕读小学教师。当时岚山北山偏僻没有学校，她就把自己的住房当教室，把饭桌当课桌，把橱门当黑板，认真教授学生。办学两年，从未向大队要过一分钱。1966年8月2日，天气炎热，她带领学生到村外洗操。为安全起见，让学生暂停等待，自己去寻找合适的洗澡地点。这时，几个热得难忍的女生跑到一个乱石塘边，12岁的徐家兰刚要试水就滑入塘中，14岁的李采林上前抢救，也跌进水里。站在浅水中的另外3个学生也有滑下深塘的危险，一个个吓得惊呼不止。徐子芳从远处奔来，跳下石塘先拉出3个孩子，又从口袋里掏出教室的钥匙和哨子撂给学生，大声叫喊：“同学们，谁也不准再下来啦！”说罢，跳进水塘，反复潜入水中，竭力抢救学生。由于石塘水深，一会儿便渐渐精疲力尽，沉入塘底，等到人们赶来，她已停止呼吸。

徐子芳为抢救落水儿童而献身的动人事迹，在全县引起很大反响。中共日照县委根据她生前申请，追认她为共产党员，并作出向徐子芳学习的决定，号召全县人民学习徐子芳舍身救人的高尚品质。山东省教育厅、共青团日照县委分别追认她为模范耕读教师、模范共青团员。

柴立清（1915—1969） 岚山头街道官草汪居人。生于贫困渔家，17岁出海捕鱼，22岁当船老大。七七事变后，日伪军经常在海州湾一带抢船、抓伕，他凭着对海域情况的熟悉，带领船员机智勇敢地同敌人周旋，曾将一个上船抢鱼的日本兵抱起摔在甲板上。1948年春的一天，其船只在海上被一艘全副武装的国民党快艇逼住，征用该船，柴立清指挥渔船，巧妙利用海水回流，逃出魔掌。新中国成立后继续任船长，带头在安岚区建立渔业生产合作社，入社渔民80多户。认真总结渔业海上作业经验，带领大家不分昼夜苦干，平均每年出海高达250天，创造了单船年产万斤的全省最好成绩。1958年，所在渔船年捕鱼5.1万公斤，高出全社平均单船产量的1.6倍，被日照县委、县人民委员会命名为“英雄船”。同年12月出席全国农业社会主义建设先进单位代表会议。1959年，“英雄船”9个月捕鱼4.8万公斤，比全社平均单船产量高2.2倍。同年9月加入中国共产党，出席全国劳动模范及先进工作者代表会议，被授予全国劳动模范，并参加了国庆10周年观礼活动。1963 年 2 月出席华东农业先进集体代表会议和山东省农业先进集体代表会议。1966 年当选为官草汪大队党支部副书记。1969 年因病去世。

陈希臻（1901 — 1985）　字欣，中楼镇陈家西楼村人。1937 年加入中国共产党。抗日战争时期，任中楼区西楼乡民兵联防大队长，率领民兵参加石沟崖等战斗。解放战争时期担任村民兵指导员，带领民兵支前、维持地方治安。1951 年创办中楼区第一个互助组，1952 年创办第一个初级社，1956 年又组建西楼高级农业社，任副社长。1957 ~ 1965 年任村党支部成员。

新中国建立后，在本村致力于农作物品种的改良与引进。1951 年引进地瓜品种"胜利百号"，先在互助组推广试种，当年获亩产 5000 公斤鲜瓜，第二年在中楼全区推广，地瓜产量获得翻番。此后又引进"金皇后"玉米种和徐州"四三八"小麦良种，玉米产量比老品种每亩增产 50 多公斤，小麦产量比老品种每亩增产 100 公斤。1951 年 5 月，被山东省人民政府授予山东省劳动模范。

邢立津（1916 — 1987）　安东卫街道后合庄村人。长期在碑廓兽医站从事牲畜疫病防治工作。期间，认真钻研业务，并注重将理论融合到实践当中，在牲畜疫病防治方面积累了丰富经验。1952 年，碑廓及周边地区大面积发生牲畜疫情，邢立津救治耕牛 100 余头，因工作成绩突出，被山东省政府授予劳动模范称号。

刘加锋（1972 — 1992）　后村镇马家店村人。父母都是朴实的农民，在良好家风的熏陶下，从小就养成了勤奋好学、关心集体、勤劳俭朴的品德。在学校一直是学雷锋、做好事的典型，连年被评为三好学生。1989 年秋初中毕业，12 月加入民兵组织，积极参加民兵军事训练、站岗执勤以及各种活动，多次受到领导好评。1992 年 12 月 25 日，为抢救 3 名落入冰窟的儿童献出了宝贵的生命，年仅 20 岁。刘加锋牺牲后，中共日照市委、市委宣传部、团市委、市人武部党委、东港区委先后发出向刘加锋同志学习的通知；共青团山东省委追认他为模范共青团员；省政府批准他为革命烈士；省政府、省军区授予他"雷锋式的好民兵"光荣称号。中央、省、市新闻单位先后报道了他的事迹。

魏绪传（1917 — 1992）　碑廓镇西辛兴村人。1938 年 6 月参加革命，1941 年 5 月加入中国共产党。1947 年任辛兴民工连连长，带领 200 余民工随山东野战军辗转于陇海铁路以北地区。后带领担架队、小车队参加孟良崮战役、淮海战役，被滨海支前司令部授予"模范担架队"称号，被山东省人武部授予"火车头"奖章一枚，记大功一次。1952 年创办"前进""红星""八一"农业生产初级合作社，任社长，其成功经验在周边村全面推广。1956 年 3 月 15 日，出席山东省第一届社会主义农业建设积极分子大会，被授予华东地区农业劳动模范，受到毛泽东主席接见。1960 ~ 1965 年任村党支部书记，带领群众建水库，修塘坝，促进了农业生产。

于洪让（1907 — 1996.9）　中楼镇白公山后村人。1940 年参加民兵，1941 年为驻本村八路军某部腾房、送粮、送柴，站岗放哨，被记一等功。1944 年 3 月加入中国共产党。历任村农救会会长、互助组组长、党支部书记。1947 年 8 月送子参军，其子作战勇敢，在四平战役中光荣牺牲，1956 年 11 月出席全国烈属、军属、革命残废军人、复员军人第一次代表大会。1951 年带头成立互助组，依靠科学技术发展农业生产，被山东省政府授予丰产互助模范、山东省农业劳动模范。1958 年后，为保持水土、扩大耕地，组织全村群众整地造田、垒地堰，修小水库 3 座，打大井 3 眼，植树造林 280 余亩。

山云条（1922.10 — 2002.7）　黄墩镇葛疃村人。1942 年任村民兵连连长，1943 年加入中国共产党，1946 年参军。1948 年 7 月复员回村，任村互助组组长、合作社社长。自 1956 年起，任村党支部书记。1964 年创造"葛疃经验"，全县"学大寨、赶葛疃"，大搞农田水利基本建设。自 1963 年 5 月起，先后当选日照县第五届、第六届人民委员会委员，县委第四届、第五届委员，临沂地委委员，日照县革命委员会副主任（非脱产），日照县委常委（非脱产），县人大常委会委员。是山东省第五届、第六届人大代表，省第六届革命委员会委员，日照县（市）第九、十、十一、十二届人大代表。1984 年退休。曾获山东省先进科技工作者、华东农业劳动模范等荣誉称号。

窦福林（1927.11 — 2004.5）　碑廓镇大朱

曹二村人。1942年参加青救会,后任会长。1944年加入中国共产党。1946年10月至1949年12月参加了孟良崮、黄河北、渡江等战役支前,多次受奖,并荣立三等功两次。新中国成立后任村长、村支部书记。1959年被授予山东省劳动模范,1963年被授予华东地区劳模,1984年当选第六届全国人大代表。1984年冬辞去村党支部书记职务,2004年5月病逝。

薄自双(1953.9—2005.3) 巨峰镇薄家口村人,1969年参加工作,1977年加入中国共产党,先后任薄家口村党支部副书记、乡企办会计、印刷厂厂长、乡企办主任、村党支部书记,是日照市十五届人大代表、人大常委会委员。2004年12月19日在因公出差返回途中遭遇车祸,经医治无效,于2005年3月25日不幸去世。

薄自双任薄家口村党支部书记期间,团结带领党员干部群众艰苦创业、拼搏实干,谱写了"以茶强村、以茶富民"的创业发展史。在他的带领下,薄家口村成为远近闻名的"南茶北引第一村"。薄自双去世后,岚山区委作出向薄自双同志学习的决定,追认薄自双为优秀农村党支部书记。日照市委、山东省委先后作出向薄自双学习的号召,分别追授他为优秀共产党员。区委组建了薄自双先进事迹报告团,在全区开展巡回报告。

李汉莫(1927—2005) 碑廓镇西辛兴村人。1946年2月参加八路军滨海三团,1947年加入中国共产党,在淮海战役中负伤后回家休养。1951年在本村组织创办了农民互助组、初级社。1952年1月参加山东省劳动模范代表大会,被授予山东省劳动模范。

李成菊(1938—2005) 中楼镇孙由村人。1958年任中楼公社十五养场场长,1959年被省政府授予全省社会主义农业建设积极分子,1963年转为山东省农业劳动模范。

孙培杰(1971.2—2008.2) 五莲县叩官镇泥沟头村人。1990年8月参加工作,2000年12月加入中国共产党,先后在五莲县潮河镇中心小学、碑廓镇党委工作。2004年6月调岚山区委组织部工作,2006年7月起任岚山区委组织部组织科科长。孙培杰对工作高度负责,经常加班加点,2006年4月检查出胃部患有恶性肿瘤,手术后仍带病坚持工作,2008年2月25日因劳累过度去世,用生命诠释了一名共产党员的高尚情操和优秀品质,塑造了一名组工干部可信可靠可亲可敬的良好形象。孙培杰去世后,中共山东省委追授他为山东省优秀共产党员,日照市委、岚山区委作出向孙培杰同志学习的决定。岚山区组建了孙培杰先进事迹报告团,在全区各乡镇街道、全市各区县巡回报告,并到省委组织部举行了专场报告会。

杨希田(1925—2008) 碑廓镇西杨家庄村人。1940年参加青年抗日先锋队,1945年加入中国共产党。解放战争时期,多次参加支前,荣获二等功。1949年年底任村党支部书记,组织成立初级社、高级社,兴修水利、改革耕作方式、扩大复种指数,大搞科学种田实验。他从莒南县沭河岸边购买两挑子杨树苗,用扁担挑回,搞扦插繁育获得成功,在村前绣针河旁进行河滩绿化;带领村民春夏植树造林,秋冬深翻改土。1956年冬至1957年春,用抬筐抬,铁锨挖,在村北建成蓄水3000余立方米的水库一座,并在水库边打井1眼,解决了村民的农田灌溉和饮用水困难问题。成为新中国成立初期日照县农业战线上的模范典型。1957年7月出席了山东省第二次社会主义建设积极分子代表大会,被授予山东省劳动模范。

陈同孟(1924.12—2010.10) 岚山头街道佛手湾居人,1942年参加工作,在当地开展对敌斗争,带领民工支前,1948年1月加入中国共产党。新中国成立初期,带领群众成立互助组,组织建立起日照县第一个初级渔业社,任社长。根据本村渔船少,捕渔技术相对落后的情况,带领渔民大搞渔业捕捞技术革新,渔网具改革,带动了整个日照乃至全省的渔业生产,被山东省政府授予山东省水产劳动模范和华东劳动模范,1952年12月出席山东省劳模会议。1956年再次被授予华东地区劳动模范。1957年7月至1961年12月任岚山人民公社副社长等职。1983年4月退休。

(七)

陈竹如(1889—1959) 名宝书,字竹如,高兴镇毕家村人。1938年参加日照县抗日民众联合会高兴分会。1940年5～10月任六区(巨峰)区长。因叛徒出卖,被日伪抓捕,家人筹钱赎出,在村祠堂教书维持生计。工书法,抗战胜利后曾为日照县抗日英雄纪念碑(现存于市烈士陵园)书写碑文。新中国成立后,曾当选日照县人大代表。

王润阶(1909—1968.12) 名廷璐,字润阶,涛雒镇沙岭子村人。15岁考入日照县立初级中学,在校期间,积极参加进步活动。1932年4月,该校地下共产党支部发动了反对校长刘培哉贪污学生实验经费的学潮,王润阶被推举为5人查账代表之一。中学毕业后被聘为安东卫小学教员,1932年9月经范景蘧介绍加入中国共产党。日照暴动失败后,在白色恐怖下仍坚持党的地下工作,后因党组织遭到严重破坏而失掉组织联系。抗日战争期间,先后到夹仓、涛雒、丁家楼小学任教,并参加共产党领导下的敌区地下工作,在学生和群众中宣传抗日,抵制奴化教育,还经常为抗日民主政府提供情报。新中国成立后,先后在本村、栈子、石臼所等小学任教师、教导主任、校长等职。1950年10月重新入党。1951年任中共日照县委统战部秘书,1958年任日照第四中学副校长、校长兼党支部书记,致力于学校发展建设工作。"文化大革命"期间遭迫害致死。

丁希农(1891—1978) 巨峰镇平家村人。早年毕业于山东省商业专门学校。新中国成立后居兰州,任甘肃省文史馆馆员和省政协委员。自幼喜爱书法,青壮年时以隶篆书为主,中年后转花鸟国画及篆刻,曾先后在西北数省办过画展,出版篆刻作品《沁园春·雪》。

徐子真(1902—1981) 名铭祥,江苏省东海县人。早年参加"五四"爱国运动,加入国民党。1940年率地方武装加入八路军。曾被选为山东省参议员和第一、二届各界人民代表大会代表。新中国成立后曾担任莒南简易师范、沂水专区第二速成师范、蒙阴师范校长。1956年到日照,历任日照师范、日照五中、日照三中校长。1958年后当选日照县第三、四、五、六届人民代表大会代表、人民委员会委员和山东省第二、三、四届人民代表大会代表。

王安友(1923—1991) 高兴镇向阳村人,著名作家。出身于长工之家,1942年参加革命,次年加入中国共产党。在工作中学习识字、写稿。1950年出版发行第一部中篇小说《李二嫂改嫁》,一举成名。此后小说被搬上银幕并改编成吕剧,流传至今。1951年调省文联,并加入了中国作家协会。1956年出任山东省文联文学部部长。1959年出任山东作家协会副主席、山东文联党组成员。1969年下乡劳动。1972年调任山东人民出版社编辑组副组长,分管文艺编辑室。一生笔耕不辍,著作等身。除成名作《李二嫂改嫁》外,还发表、出版了《追肥》《渔船上的伙伴》《认门》《打镰》等中、短篇小说和《战斗在沂蒙山区》《擒鲨记》《海上渔家》《凌云河》等长篇小说。去世时尚有10多部中、长篇小说尚未发表。

(八)

王仲裕(1891—1981) 名金绰,别名竹溪,字仲裕,巨峰镇柳古庄人。早年追随孙中山和丁惟汾,是国民党早期政治活动家。1918年秋东渡日本,就读于早稻田大学,后因参加留日同学泣恳救国会,反对日本政府,被迫回国,入北京中国大学就读。1922年加入中国国民党。1924年参与创建北京国民会议促进会,任筹备委员。后回山东从事活动,被选为国民党政府山东地方区代表,出席国民代表大会,其间多次回日照发展国民党组织。1925年8月赴苏联留学,被选为中山大学国民党特别支部执行委员。1926年回国任天津交通局国民党党部主任。1927年大革命失败后,支持蒋介石的反共政策,任国民党山东省党部改革委员会及清党委员会执行委员。1928年被济南日军拘捕入狱,经交涉获释。不久,又赴日本早稻田大学学习经济,回国后任国民党中央政治委员会经济专门委员、教育专门委员。1938年国民参政会成立后,为一届、四届参政员和"国大"代表。抗日战争期间,曾出任国民党鲁苏战区军事观察员、山东国民政府委员、省干训团教育长等职。1947年当选为立法委员。1949年去台湾。1981年4月病故于台北。

王崇五(1905—1977) 巨峰镇六甲庄子村

人。1924年加入中国共产党,曾任共青团济南地方临时执委委员、农工部主任等职。后被选送到苏联莫斯科中山大学学习。1929年被捕叛变。后历任山东省临时参议会议员,国民党政府威海市市长、济南市市长,国民党济南市党部执行委员,国民党军统局驻济南站站长。1948年随国民党政府去台湾,曾任"国际关系中心副主任"。1977年在台湾去世。

陈子美(1915.2—1993.6) 又名正善,中楼镇卢家西楼村人,国民党党员。抗日战争时期曾任莒县保安大队第一大队第一分队队长、山东暂编第一师第一旅司令部特务连连长、莒县政府保安特务大队大队长、山东省第三区行政督察专员兼保安司令公署特务大队大队长等职。其间数十次参与对日作战并多次立功受奖,抗战胜利后被授予"中正抗战胜利纪念勋章"。1950年随国民党军去台湾。1977年8月获任警正一阶警察官兼组员。1982年10月退休。1991年2月任台湾莒县同乡联谊会第一届理事会顾问。

蒋凤翔(1921—1999.2) 中楼镇蒋家峪子村人。1937年考入重庆大学。毕业后任山东省政府一等秘书,加入中国国民党。曾多方协调直拨20万大洋资助老乡陈子美抗日。后任张学良秘书,随张学良去台湾。在台曾任国民党军队总参谋部高级参谋、台湾陆军学校校长、台北市中央宾馆经理。退休后任台湾莒县同乡联谊会名誉会长。

薄荣萍(1934.3—2009) 巨峰镇薄家口村人。早年先在家乡读小学,后全家去青岛,1949年随父去台湾。自1958年起,先后入台湾"陆军军官学校"(时为军校31期)"陆军步兵学校""三军大学"学习,毕业后历任台湾军队排、连、营、旅、处长、参谋长,台湾"陆军总司令部"组长、副署长。1987年起,历任台湾"警备总司令部"处长、副参谋长、台南师管区及南部海岸巡防司令等职,1997年以陆军中将军阶退役。

(九)

朱信斋(1901—1944) 黄墩镇粮山口人。自幼孤僻顽劣,混迹赌场,结伙地痞无赖,18岁即开始杀人放火,干起土匪生涯。为拉拢势力,加入"三番子"。1924年加入大刀会,自封团长。以传授赌博网罗党羽,以"三番子"名义收徒扩充实力,在黄墩一带频繁进行绑架勒索活动,残害百姓。1929年,地方当局将其招安为黄墩自卫队,从此勾结官府、驻军、匪枭,掌握黄墩周围48个村的生杀大权,干尽了祸国殃民的坏事。1938年夏,八路军山东人民抗日游击第二支队进驻鲁东南。为求靠山,主动要求与八路军合作。被改编为二支队四大队,后改为独立营。"皖南事变"后,国民党反动派积极反共,形势恶化,朱信斋匪性不改,于1941年3月2日公开叛变,抓捕共产党员、抗日干部、爱国人士、自卫队员200多人,将独立营政委董振彩等几十名干部、战士残酷杀害,日照、莒中、莒南三县九区的抗日民主政权被破坏殆尽。1943年8月,投降日本侵略军,盘踞在石沟崖,疯狂进攻抗日根据地,残酷屠杀抗日军民。1944年1月21日,八路军滨海六团(老六团)发动"石沟崖战役",活捉朱信斋。1月29日(农历正月初五),在莒南县文疃被抗日民主政府公审后处决。

李延修(1895—1983) 字任亭,巨峰镇李家大村人。开过杂货铺,闯过关东,进东北讲武堂学习,毕业后由士兵升任连长。回家后靠投机、赌博发财,后经营戏班。1937年10月投靠到国民党官僚牟希禹门下,当上"国民革命军别动总队第二十八支队九纵队"第一大队大队长。1939年任国民党第三专署保安第八旅第十六团团长,1940年该团与县保安队合编为日照县保安团,以养兵抗日为名,发行"日照流通券",大量聚敛钱财,与国民党五十七军顽固派孙焕彩勾结,屡犯八路军抗日根据地。1941年4月25日,在五十七军顽固派的支持下,纠集1000余人偷袭中共日照县委驻地巨峰沟洼村,造成县委机关干部、战士6人当场死亡,并抓走50余人,将县人武科科长秦培三带回其驻地杀害。1943年10月19日,被新百十一师奔袭打击,率残部窜到泊儿投靠伪"滨海警备军",以2000元为价将其残余士兵卖给汉奸头子李永平,自己只身逃往青岛投靠日本人,又到"国民党保密局青岛站日照组"当密探,并积极募款参与还乡团反攻倒算。1949年春从上海逃往台湾,后至美国,1983年死于美国。

二、人物简介

（一）

郑鹤　1909年4月生，高兴镇东辛庄子村人。1933年加入中国共产党。抗日战争时期，历任滨海区报社编辑组长、地委社会部干事、地委秘书等职。1948年年底参加接管江苏省连云港市，任连云港市第一公安局政委，后任市社会部、农工部部长，市委监察委员会书记，市委副书记等职。

吴林先　1918年生，后村镇新兴村人。1939年3月加入中国共产党，同年11月加入日照六区区中队，历任青年队长、班长，区武装部副部长、部长，县武装部参谋、干事，县爆炸大队指导员兼连长等职。1947年在淮海战役支前中，荣获二等功。1949年到西南服务团，任四川江津合川二区党委副书记兼区长，1953年3月任江津行署劳动科科长（正处），1964年11月任江津地区视察室视察员。1980年离休，享受地厅级待遇。

郑仲哲　1919年11月生，后村镇小曲河村人。1939年加入中国共产党。先后到岸堤干校、山东纵队政治部保卫训练班学习。历任山东纵队三支队七团保卫干事、股长，渤海区二分区政治部保卫科长、十一团政委，参加攻克潍县战斗、济南战役、淮海战役、渡江战役。1950年起，先后任解放军79师政治部副主任，上海公安总政治部副主任，南京公安局政治部代理主任，79师政治部主任、81师副政委、代理政委。1964年任交通部第三航务工程局党委书记。“文化大革命”后，任大连港务局党委书记。

王刚　1921年10月生，安东卫街道人。1939年参加革命，历任日照县区委宣传委员、书记。1940年，到青岛日伪占领区做党的地下工作。1942年2月，任青岛工委海西办事处社会科干事、联络站站长，后任海西武工队分队长、中队指导员。1947年在“三查三整”中立三等功。1948年年初，任华东野战军14大队分队长。同年冬南下任河南省许昌地区襄城县城关区区长。1949年5月任武汉市军管会公安管制委员会七分会军代表副组长。1950年5月起，历任武汉市民众乐园管理处办公室主任兼保卫科长，武汉市公安局户籍科长、秘书科长、交通大队政委、侦察二处副处长、处长，武汉市检察院二处处长、办公室主任，武汉钢材模板厂党委书记等职。1970年任武汉市江岸区法院院长。

李澜昌　1921年12月生，虎山镇大村村人。1939年加入中国共产党。1941年因叛徒出卖失去联系，1943年6月16日重新入党。1947年1月入华东建国大学学习，后到无棣学习政治军事，结业后参加淮海战役、渡江战役。1951年派往南昌铁路公安局进行反动党团登记，担任负责审讯特务的总负责人。1953年后，历任南昌铁路公安局特勤科科长、铁道部第四工程局保卫科科长、铁道部第二勘察设计院三总队总队长、铁道部通讯工厂厂长、铁道部第二勘察设计院物资处处长等职务，1983年离休，享受正厅级待遇。

徐河济　1921年生，岚山头街道海州路人。1940年参加村抗日自卫队。1942年9月起，先后在日照县委政治处、日照县巨峰区各救会工作。1943年11月起，历任滨海地委盐场生产股股长，滨海地委商店副经理等职。1948年随华东野战军南下，先后任河南省南阳专区税务局税政科科长，唐河县税务局局长，南阳专署税务局副局长、局长，南阳地委财贸部副部长，南阳专署财委副主任、财政局局长，河南省委财贸部政策检查处副处长、财委粮食处副处长、群众工作处副处长，河南省安装公司副书记，河南省银行学校总支书记，河南省工商行政管理局副局长等职。

徐宣忠 1921年5月生，虎山镇相家结庄村人。1940年2月任村游击组长。1941年6月加入中国共产党。1941年8月任村地下党支部书记，组织开展除奸活动，组建制鞋铺，承担为八路军部队做军鞋任务。1944年5月起，历任涛雒区区委组织干事、涛雒镇特别支部支部书记、涛雒区委宣传委员。1948年11月南下新海连特区，先后任连云市东港区委宣传委员兼胜利镇书记、墟沟区委副书记，新海连市盐河区委书记、新浦区委书记，连云港区委（后改为工委）书记，连云港市海州区委书记，江苏省农垦公司连云办事处副主任等职。“文化大革命”期间受冲击，被下放到江苏生产建设兵团劳动。“文化大革命”结束后恢复职务，先后任连云港市国营新浦农场党委副书记、中共连云港市委统战部副部长。1982年5月离休，副厅级待遇。

张学义 原名张德昱，1922年9月生，巨峰镇前黄埠村人。1941年参加革命，先后任赣榆县三区特支书记、镇南分区委书记。1942年调日照县，先后任日东工委分区委书记、太平分区委书记兼区中队指导员、日照县各界抗日救国联合会会长、日照县委委员、组织部部长等职。1949年2月随军南下浙江，先后任温岭县委书记兼县长，台州地委农村工作委员会副书记、地委委员、地委秘书长，金华地委副书记、书记处书记，台州地委副书记等职。1973年起任嘉兴地委副书记、行署专员、地委书记兼军分区第一政委、党委第一书记，浙江省委委员。1983年4月任浙江省人民法院院长、党组书记，省政法委委员，中共浙江省顾问委员会委员。1988年12月任浙江省顾问委员会常委。1993年离休。

王政 女，1922年12月生，岚山头街道岚阳路人。1939年参加革命，组织思想进步的同学成立抗日救亡俱乐部，任俱乐部主任。1940年10月加入中国共产党。1940年底调抗日军政大学一分校学习。1945年后历任第五十军驻哈尔滨办事处副主任兼妇干校校长兼政委，第五十三军卫生部副政委、军后勤部政委。1956年转业后，任中共广东省湛江市委常委兼组织部部长、青委书记、妇委书记、纪委书记、机关党委书记。1962年调任国务院外事办公室专职支部书记，中共中央外事政治部组织部副部长。1985年离休。

刘宏源 1922年生，虎山镇四门口村人。抗日战争初期在家乡结庄小学任教师，后到碑廓抗日根据地工作。1946年加入中国共产党，1948年南下，历任淮阳市公安局科长，武汉市公安局处长、副局长、局长、顾问等职。1987年离休，厅级待遇。

李其佩 1922年生，虎山镇桥南头村人。1939年任村地下党支部书记、村民兵队长，后调任日照县望海区委书记。1949年奉命南下，任浙江省温岭地区新河区委书记，后在沪西分党委、上海国棉十八厂、华东电业管理局、望亭电厂总厂等部门担任领导职务。“文化大革命”期间受到冲击。“文化大革命”结束后任上海华东电业局党委副书记、副局长。

马先进 1923年2月生，黄墩镇黑家沟村人。1939年7月加入中国共产党。1943年3月参加黄墩区工作队。1944年起，历任黄墩区委组织干事、区武委会主任、区武装部部长兼区武工队队长、日照县武装部股长等职。1947年兼任日照县对敌斗争委员会副指挥，带领民兵担架队支援鲁南大会战、莱芜、济宁、泰安战役。1948年1月任奎山区委书记。1949年2月随军南下，历任浙江温岭县泽国区委书记兼区长，温岭县县委委员、公安局局长，台州公安处副处长，温州公安处副处长、处长、党组书记，中央水电总局瓯江水电工程局党委委员、保卫处处长，台州检察分院检察长、政法党组副书记，台州中级人民法院院长，台州地委常委、专署常务副专员、政法党组副书记等职。1983年9月任台州机关工委、老龄委副主任，浙江省公安厅咨询委员会委员等职。1985年离休。

郑洗夫 1923年11月生，后村镇马家店村人。1942年参加工作，历任小学教员，日照县政府文教科、民政科科员，南湖区、沈疃区区长，莒县北海银行行长，沂水专区银行副行长、行长，临沂专区银行行长，临沂地委财贸部副部长、部长，临沂地委委员、组织部副部长（兼机关党委书记）、部长等职。1971年调沂沭河东调工程指挥部任政委，1973年参加国家三线建设，任辛大（辛店至泰安线）铁路工程临沂地区指挥。1978年任临沂地区行署常务副专员兼计委主任、外经委主任。1987年离休。

丁履廉 1924年10月生，巨峰镇大土山村人。1942年12月参加工作，同年加入中国共产党。1942年，任本村村长、党支部书记。1944年3月起，历任巨峰区中队长，日照警备团二连副连长，滨海军区教导团学员支部委员、区队长，日照县武装部作训参谋，华东野战军第十三医院政治处干事、指导员，日照县医院指导员，奎山区区长、副书记，南湖区区委书记，山东省日照盐场管理处处长。1953年3月，任日照县政府副县长、县委委员、常委。1958年9月至1961年5月，在山东省干部文化干校学习。1961年6月任日照县县长、县委副书记。1968年5月，任日照县革命委员会副主任。1973年3月，任日照县委常委、生产指挥部副主任。1975年5月，任日照县委副书记。1978年2月，任沂南县委副书记、县长。1984年8月，在石臼港党工委工作。1985年7月离休，享受地厅级待遇。

郑世桐 1924年10月生，巨峰镇贾家桃园村人。1943年参加工作，历任文书、粮库管理员等职。1949年4月南下到浙江省嘉兴地区，先后任市委组织部干事，市委办公室主任，工业部、财务部、宣传部部长，嘉兴地区联合钢铁公司党委副书记，钢铁厂党委书记等职。1962年6月调任浙江省中国美术学院，先后任浙江省工农兵画报社编辑部主任，中国美术学院党委办公室主任、党委委员兼国画系、油画系、版画系党支部书记等职。

陈同新 1924年12月生，中楼镇卢家西楼村人。1943年4月参加工作，1949年11月加入中国共产党。新中国成立后在山东省委工作。曾任《山东人口报》主编、社长，山东省计划生育协会会长。1990年离休。

高惟义 1924年生，高兴镇南范家村人，历任大众日报社莒南通讯员、编辑，大众日报社农村版主任。1971年任枣庄市委秘书。1973年调回济南，先后任大众日报社副主任、山东总工会党委成员、省委干校校长等职，副厅级。

徐法汰 1925年1月生，虎山镇四门口村人。1943年在本村当民兵，曾参加攻打凤凰山、义和岭敌据点和解放栈子、涛雒等战斗。1945年加入中国共产党，同年7月担任村党支部书记。1947年3月到军校学习，后分配到华东野战军第三纵队，先后参加许昌、洛阳、开封、杞睢战役，荣立特等功。1948年9月至1949年10月，参加济南、淮海、渡江和解放舟山群岛战役，荣立一等功、二等功、三等功各一次。1959年调到四川藏区参加平乱剿匪，荣立一等功。1965年在北京受到毛泽东主席接见。1966年1月转业到四川成都档案馆任副馆长、馆长等职。1985年离休。享受地厅级待遇。

牟韵文 女，1925年4月生，碑廓镇人。17岁参加革命，在滨海中学师范和滨海文教实验区“识字班”任教师。1945年调任山东大学科长、渤海干校组织干事。1949年随南下干部纵队进驻上海，后到苏州华东人民革命大学任班主任。1952年入华东师范大学工作，历任辅导科副科长、中文系和历史系的政治指导员、校团委书记、机关党总支书记、校政治部副主任兼党委组织部部长。1977年任上海师大复查组负责人，1978年被选为校党委委员，先后担任党委组织部副部长、部长，并兼任纪委书记。

郑仲衡 1925年5月生，后村镇小曲河村人。1941年参加工作，历任日照县财政委员、区文教助理、城关区区长、河山区区长、城北区区长等职。1950年起，先后任武汉市委工业部办公室主任、处长，武汉市纺织工业委员会副书记、纺织局副局长、局长，武汉市经委副主任、市委工业部副部长。1972年，任葛店化工厂革命委员会副主任、党委书记。该厂产品质量和经济指标连续3年被评为全国第一，1977年荣获全国大庆式企业称号。1979年任武汉市经委副主任。1988年任武汉市人大常委会委员兼人大财经委副主任、武汉企业联合会会长。

牟敦廉 女，1925年7月生，碑廓镇人。1942年参加革命。1944年任山东军区独立一旅政治部书记员。1946年随山东军区后勤部赴东北，任合江省委印刷厂指导员兼党支部书记。1947年年初，调东北军区军工部职工医院任协理员兼院长。1953年转业到410厂任铸铝车间主任，为中国第一架飞机升天做出了贡献。后入航空专业学校学习三年。1962年，调任科学院沈阳自动化研究所副所长。1971年调青海221厂（中国第一颗原子弹试验基地）任分厂厂长、医院院长。1980年调回三机部所属430厂（现西航集团公司）工艺技术研究所任所长。

范伟珍 1925年12月生，黄墩镇北塔岭村人。1945年加入中国共产党。1947年起，先后在日照担任乡长、乡党委书记等职。1949年2月随军南下，先后任浙江省温岭县泽国镇长、党委书记，温岭县城关镇党委书记，温岭县委副书记，天台县委副书记、县长，三门县政工组组长。1973年调回天台县任县委副书记，1983年当选天台县人大常委会主任，1986年离休。

牟步善 1925年生，碑廓镇碑廓三村人。1942年参加青年抗日先锋队，1944年加入中国共产党。1946年任碑廓区委组织委员，1947年任日照县委土改工作团团长。1949年起，历任日照城关分区委书记、日照县委组织部副部长、县委组织部部长、县委副书记、县委书记。1977年任沂水县委书记，1981年任临沂县委书记，1985年任县级临沂市人大常委会主任。1987年离休后，被聘为日照市委农业顾问组长、纪检监察员，石臼、岚山福利院名誉院长。

黄维振 1925年生，岚山头街道圣岚路人。1941年在岚山头参加地下锄奸组，任组长，1942年任日照县公安局侦查员、组长，后任区公安特派员、派出所所长，山东省海防公安局安东卫分局局长。1947～1953年，历任中原支队公安大队侦察参谋，湖北省江汉军区保卫部侦察队副队长，湖北省公安厅一处侦察股长，湖北省水上公安总局宜昌分局局长，宜昌市公安局侦察科科长。后入中央公安学院学习。1954～1986年，任黄石市公安局副局长、局长，公检法领导小组组长，市政法办主任等职。

秦鸿津 1926年2月生，高兴镇沈家村人。1941年参加革命，1945年加入中国共产党，在本地区委工作，参加过后黄埠战斗。1946年起，历任滨海军区司令部机要科机要员、滨海独立军分区机要科机要员、滨海一团机要员。1948年1月调华东局、华东军区司令部机要处工作。1949年南下进入上海，历任华东局机要处科员、上海市委机要处秘书，上海中医大学党办副主任、上海中医大学党委书记。1978年4月后，历任上海宝钢工程指挥部办公室副主任、秘书长，宝钢政治部主任、保密委员会副主任等职。1988年2月离休。

陈维仪 1926年6月生，黄墩镇南陈家沟村人。1942年1月参加青年抗日救国先锋队，1945

年6月参加八路军，1946年8月加入中国共产党。参加过胶东保卫战、淮海战役和渡江战役。1949年6月随军南下进入福建。1950年3月转业到漳州地区工作，历任区党委书记、县农会主席、县委宣传部部长、县委副书记、书记、地区农委主任、专署副专员、地委常委和漳州市人大常委会副主任等职。1992年离休。

吕登高 1926年9月生，安东卫街道北门外社区人。1942年6月参加革命工作，1944年2月加入中国共产党。先后在第三野战军三十四军任警卫员、副连长等职。新中国成立后，任第三野战军淞沪警备司令部教导营学员，华东公安16师连长、参谋长。1955年4月入石家庄高级步校学习。1958年11月后，任守备某团营参谋长、营长、团参谋长、团长等职。1976年8月起，先后任宁波市武装部长，中共宁波市第五届委员会委员，宁波市七届人大常委会副主任。

王裕怀 1926年生，巨峰镇相家楼村人。1940年参加革命，1944年任日照县民主政府秘书处、司法科科员，1947年在奎山区参加土改支前。1948年南下到中原解放区，做工商管理工作。1949年5月随军进入武汉，任武汉商品检验局秘书科副科长。1950年调中南军政委员会任教育科科长兼机关党委宣传部部长。1953年任中南外贸局人事保卫处副处长。1954年到北京外交学院学习，毕业后任国家对外经济联络局东欧处副处长。1958年调广州中山大学，历任总支书记、党委宣传部部长、工会主席、校革命委员会副主任等职，后调广州中医学院工作。

董怀修 1926年生，碑廓镇大河口村人。1944年参加革命，同年加入中国共产党。历任碑廓区青救会会长、县委组织部统计干事、城北区宣传委员、区委委员等职，淮海战役中荣立三等功。1949年南下浙江省海门任直属区宣传委员、工委委员。1953年后，历任临海县文教局局长，临海市

委宣传部部长、市委常委、市政协主席等职。1985年离休后从事文学创作，是浙江省作家协会会员。出版《血染黎明》《暗礁》《钢刀插进敌胸膛》《大浪中的儿女们》《黄海岸边》5部长篇小说，两部中篇小说及《南下回忆录》共计170余万字，《大浪中的儿女们》在文化部艺术研究院举办的“共和国社会主义文学五十年研讨会”上获长篇小说一等奖。

韩公俊 1927年1月生，黄墩镇北塔岭村人。1944年任黄墩区青救会会长，1945年加入中国共产党。1946年8月在日照县委组织部工作。1948年1月任城关区人武部副部长。1949年5月随军南下，历任浙江省嘉兴县新篁区区长、区委书记，乐清县整党办公室主任、虹桥区委书记，乐清县委常委、组织部部长，泰顺县委书记，温州地区专署科委副主任、专署工业党组副书记，温州市委常委、组织部部长、革委会副主任兼财办主任。1982年起任温州市政协副主席。1994年离休。

韩邦聚 1927年1月生，巨峰镇大坡村人。1944年6月参加革命，先后在莒南、兖州、滋阳公安局工作，历任滋阳、曲阜县委常委、县政法委部长。1959年10月任山东省人民检察院济宁分院副检察长。1960年3月起，先后任济宁地区公安处副处长、处长、党组书记，济宁地区革命委员会政治部副主任，济宁地委常委、地委副书记、地区革命委员会副主任。1976年11月调河北省保定地区工作，先后任地委第二书记、第一书记、军分区第一政委兼保定市委第一书记。1981年3月，到中央党校学习，同年9月调山东省公安厅，先后任常务副厅长、党组副书记，厅长、党组书记兼武警总队第一政委。1986年5月任山东省高级人民法院院长、党组书记。1988年2月任省政府特邀顾问。是全

国第五届人大代表，山东省委第四届委员会委员。

辛崇岫 曾用名辛崇景，1927年3月生，黄墩镇辛蒲汪村人。1943年10月参加黄墩区抗日工作，1945年4月加入中国共产党。1946年10月入滨海军分区教导大队学习，后到滨海军分区任连副指导员。1948年2月任华东野战军二纵队五师十五团四连副指导员，参加淮海战役、渡江战役。1949年5月任浙江省起义部队保安团九连指导员，1951年2月任21军62师政治部保卫科干事。1952年3月起，历任军事法院副院长、团副政委、炮兵团政委、师副政委、21军政治部副主任等职。1953年3月赴朝作战，离朝时受到金日成接见与宴请。“文化大革命”时，曾任宁夏自治区吴中县三结合革命委员会主任、党委书记。1969年被评为自治区学习毛主席著作积极分子、兰州军区密切联系群众的好干部。同年国庆节，登上了天安门观礼台观看盛大阅兵式，并出席国庆招待会。战争年代荣立三等功2次。

丰中密 1927年11月生，碑廓镇大朱曹二村人。1946年3月加入中国共产党，历任村青年救国会会长，临沂县税务局税务员等职。1949年3月随军南下福建，先后任福鼎县前岐税务所所长，福鼎县专卖事业处副主任、县税务局局长、县财贸部部长，福建省福安地委党校秘书科长，福安地委统战部秘书、副部长。1970年1月调宁德地区革命委员会秘书处工作。1971年8月后，历任福州大学机械厂党的核心领导小组组长，福州大学总务处处长，福州大学组织部副部长、部长等职。1985年8月离休。

丁原琴 女，1927年生，巨峰镇丁吕土山村人。1945年8月在巨峰区人民武装部工作，后调滨海专署宣传队、山东八路军九师宣传队任分队长，参加过鲁南战役的宣传和抢救伤员工作。1948年任莒县招贤区委宣传委员。1949年南下到浙江，在黄岩县委、台州地委组织部任干事，后到直属椒江区委任宣传委员、科长兼妇联主任。1954年调浙江省工业厅任机关党委专职副书记、厅人事处处长。1970年调宁波专署电力公司任革委会副主任，党组副书记。1971年调宁波专署内务局任局长、党组书记、劳动局长。

李肇秀 女，1927年生，巨峰镇大土山村人。1945年参加革命，从事战时邮政工作。1949年4月南下，参加接管江苏邮政管理局工作，任军代表。1951年起，历任昆明市邮电局财务科会计、组织员、人事和保卫干部。1957年后，历任昆明市邮电局计划财务科副科长、营业科党支部书记、党委组织部部长、局工会主席、党委副书记等职。

徐振 原名徐加锡，1927年生，岚山头街道海州路人。1941年6月加入中国共产党，1941～1945年在山东《大众日报》工作，1948～1951年在辽宁省和东北局做秘书，1951～1953年在《东北青年报》任总编辑，1953～1956年在辽宁省基建部任处长，1973～1983年在国家经贸委政策研究室任处长、研究室主任。享受国务院特殊津贴，1995年离休。

牛宏田 1928年9月生，后村镇丁家皋陆村人。1948年参加淮海战役支前，任担架兵团营教导员。1949年任西南局川东区党委征粮、剿匪工作队组长。1950年2月起，历任四川涪陵县十五区区委书记，涪陵县公安局局长、县委常委、政法委书记等职。1959年7月后，历任西藏自治区江达县公安局局长，江达县委副书记，西藏自治区昌都公安处副处长、昌都公安局人保组副组长，西藏自治区公安厅三处处长。1981年，任拉萨市副市长、市委常委、政法委书记、市公安局党组书记、公安局局长，西藏武警部队拉萨市支队党委书记兼政委。

崔文华 女，1928年10月生，虎山镇梭罗树村人。1942年参加革命，在区妇救会、县教育科工作。1948年冬，参加接收连云港市的工作，先后任连云港市妇联主席、市委劳动工资部副部长等职。1966年年初，调任苏州市总工会主席、党组书记。

唐佩荣 1929年11月生，碑廓镇大河口村人。曾任村长、区武工队司务长。1945年加入中国共产党，同年任区政府秘书。1946年秋，调日照县委任交通和组织干事。1947年参加支前，任常备担架兵团团部秘书。1949年，任日照县党训班支部书记。新中国成立后调临沂地委组织部，历任组织员、干部科长、审干办公室主任等职。1957年5月任临沂县委副书记、市委书记处书记。1964年7月，调中央组织部任处长、局级调研员等职。"文化大革命"后参加上海的清查工作。中共十一届三中全会后，在胡耀邦指导下投入落实干部政策、平反冤假错案工作。后任中国社科院研究生院党委副书记。

丁履甫 1929年出生，碑廓镇张家岭村人。1945年8月参加工作。历任公安员、乡宣传委员、区委宣传委员等职。1947年率碑廓子弟兵团支前担架队在莱芜、孟良崮战役中荣立三等功。1949年2月随军南下浙江省，历任海门边防公安分局股长、公安分局副局长、区委副书记兼公安局局长，温岭县公安局局长，温州地区公安处副处长、处长，温州市委政法委员会副书记，市第五届政协副主席，市法学会会长等职。曾2次赴京参见全国公安会议并受到毛泽东主席接见。

刘敏 1929年生，巨峰镇河西村人。1944年入伍到日照独立团特务连任战士，1947年3月加入中国共产党。1946年到鲁东南军区教导处学习，次年到莒县独立团任排长，1948年4月到华东军区教导处任职。1950年参加抗美援朝，先后任连长、副营长、师部教导营副营长。1953年回国后任铁道兵预备学校政务处副处长。1957年到石家庄铁路学校学习，毕业后到铁道部八部任科长。1963年后，历任团长、师副参谋长、参谋长、副师长、师长，中铁十八局局长等职。

吴茂滨 1931年7月生，虎山镇解放村人，1946年加入中国共产党。1948年在安岚区工作，1950年在临沂工作，1958年到枣庄地区工作，1980年任枣庄市政协秘书长。2000年离休。

卞国胜 1931年10月生，巨峰镇薄家口村人。1948年4月入伍，后历任辽宁省安东市（今丹东市）九连城区人民政府民政、文教干事，镇安区委组织干事，辽宁省委组织干事、科长，安东地委组织部副部长，辽宁省委组织部干部处副处长、省委书记秘书，辽南地委组织部长等职。"文化大革命"后，先后任营口市革委宣传组组长，市委副秘书长，辽阳市委常委、组织部部长、市革命委员会副主任，市委副书记兼纪委第一书记、市委书记，大连市委常务副书记兼政法委书记，大连市人大常委会主任。是第八届全国人大代表。

张永祜 1932年生，高兴镇潘家洼村人。1943年入抗日小学就读，次年10月进入日照县革命干部子弟小学，同年冬加入宣传队。1945年率宣传队赴胶东地区，宣传共产党的土地改革政策。1946年5月返回日照，带回一批胶东知识青年进入滨中中学学习，本人到滨海区三专署工作。1949年随渡江部队南下进驻上海。1950年起，历任虹口区税务局局长、虹口区区长、上海市外贸部副部长。1961年起，先后在崇明岛、盐城、浙江省沿海围海造田，为上海市提供副食品。1976年调回上海，主持共青团上海市委的工作。1980年任上海市农委政治部主任，后改任厅级巡视员。1995年离休。

赵奉迪 1937年8月生，巨峰镇赵家村人。1957年7月参加工作，在赵家小学、薄家口小学任教师。1960年12月加入中国共产党。1958年10月到日照师范学习，毕业后任日照函授师范学

校教师、县教育局党支部委员。1964年8月考入山东师范大学，毕业后到日照三中任教师、副校长、党支部委员。1977年6月调日照一中，先后任副校长、副书记、校长、书记、县委委员。1984年2月起，历任沂水县委常委、组织部部长，临沂教育学院党委书记、副院长，日照市教委主任、党委书记兼日照一中校长、党委书记。1993年3月任日照市人大常委会副主任。发表论文20余篇，主编《可爱的日照》《家庭教育读本》等书。参与编辑《齐鲁发展手册》《日照文存》系列丛书等。被山东省委表彰为全省优秀共产党员，被山东省政府授予先进工作者荣誉称号。1998年7月退休。

张守业 1938年1月生，巨峰镇土山东庄人。1956年2月参加工作。历任鱼台县委副书记、县革命委员会副主任、书记、县革命委员会主任，县级临沂市委书记，临沂地区行署副专员、专员、行署党组书记，临沂地委副书记、书记，地级临沂市委副书记、市政府市长、市委书记，临沂军分区党委第一书记，临沂市委党校校长，山东省人大常委会常委，省人大农业和农村委员会副主任。是中共第十二、十五大代表，第八届全国人大代表。

单联云 1939年11月生，黄墩镇单家沟村人。历任公社党委秘书、宣传委员、党委副书记、书记。1984年2月起，先后任日照县副县长、县级日照市副市长、地级日照市财政局局长。1996年2月起，任日照市人大第十三届、十四届常委会副主任。2002年10月离职。是日照市书法家协会名誉主席、山东省书法家协会理事。

牟怀善 1941年8月生，碑廓镇碑廓二村人。1965年8月毕业于天津大学，先后任天津大学无线电系政治辅导员，天津市委政法部干部，市

经委技术局产品开发处处长。1985年11月起，历任天津市经委副主任，市服装联合总公司总经理、党委副书记，市经委主任，市委工业工委副书记、书记，市人大法制委员会主任、市人大财经委员会主任，市企业联合会会长等职。是第九届全国人大代表、中共十五大代表。

丁兆明 1942年1月生，巨峰镇丁吕土山村人。1961年8月参加工作，1965年考入山东大学政治系。1971年分配到山东医学院工作。1976年调山东中医学院，历任院党总支书记、院团委书记、附属医院副院长、中医学院总务处长、副院长等职。1996年起，历任山东中医药大学研究员、教授、副校长、党委副书记，兼任中国大学生传统保健体育协会副会长、山东省高校后勤研究会常务理事、山东省大学生工作研究会顾问。

葛彦京 1943年6月生，碑廓镇碑廓一村人，中师学历。1966年9月参加工作，1971年7月加入中国共产党，1963年8月进入临沂师范学校学习。毕业后曾在莒南县坪上、碑廓联中教学。1970年后，历任日照县革命委员会宣传组工作员、县委办公室工作员、县委组织部秘书、县委办公室秘书、两城公社党委副书记、县委办公室主任等职。1984年9月任县委常委、县委办公室主任。1985年4月任县级日照市委常委、市委办公室主任兼市委党史委主任。1989年11月任地级日照市委副秘书长、市委办公室主任，后兼市保密局局长。1994年3月任市委政法委常务副书记、市综治委办公室主任。1998年2月任日照市第十四届人大常委会副主任、党组成员。2008年5月退休。

万克余 1943年8月生，高兴镇潘家洼村人。1964年12月应征入伍，次年11月加入中国共产党，在河南开封守备1师1团历任警卫员、排长、副连长、连长、副营长等职。1971年2月到空军民航局任职。1975年8月调国家民航局驻巴

基斯坦卡拉奇代表处三等秘书、二等秘书。1981年1月在国家民航总局财务司任正处级干部。1988年10月起，历任国家民航总局驻香港代表处正处级商务代表、副厅局级商务代表，民航总局直属企业副厅局级总经理，高级经济师。2004年9月退休。

郑淑锦 1943年11月生于朝鲜，高兴镇汪家庄子人，山东师范大学中文系毕业。在部队服役期间被评为标兵，受到毛泽东、周恩来、朱德等老一辈革命家接见。转业后曾任青岛市政协委员、经济委员会常务副主任、经济工作办公室主任（副厅级）。发表过诗词、散文、杂文等文学作品，是中华诗词学会会员、青岛市收藏鉴赏研究会顾问。

陈占旭 1944年12月生，岚山头街道甜水河村人，1969年中国政法大学毕业。同年7月参加工作，1973年8月加入中国共产党。1970年8月起，历任吉林省双阳县公安局双阳镇派出所户籍民警，双阳县公安局刑侦股副股长、侦查员、刑警队长、副局长、局长等职；1986年11月起，历任长春市公安局朝阳区分局局长，长春市公安局副局长兼朝阳区分局局长，中共长春市委政法委副书记兼市社会治安综合治理办公室主任，吉林省公安厅副厅长；1999年5月起，任吉林省公安厅厅长兼党委书记，武警吉林省总队第一政委、党委第一书记。一级警监。先后被公安部和吉林省人民政府各记一等功一次。是中共吉林省委第八届委员会委员，吉林省第十届人大常委会委员，政协吉林省第八届委员会委员，吉林大学法学院、吉林警察学院兼职教授。2008年2月退休后，任吉林省法学会副会长，吉林省警察协会会长，中国警察协会常务理事。

丁原胜 1944年生，巨峰镇大土山村人。1965年9月参加日照县“四清”工作队，任队员、副组长。1966年加入中国共产党。同年起，历任高兴公社办事员、党委秘书、常委、革命委员会副主任，石臼镇党委副书记（期间在山东农业大学学习），日照县纪委副书记，石臼工委委员、纪委书记，县级日照市委常委、纪委书记，县级日照市副市长，地级日照市纪委副书记，地级日照市市委常委、纪委书记。1998年2月起任日照市政协副主席、党组副书记。2004年退休。

丁维连 1945年5月生，高兴镇怀古村人，朝鲜归侨。1973年起，先后任吉林省浑江市蚂蚁河公社党委书记、革命委员会主任，县级浑江市委常委、革命委员会副主任，市农牧局局长兼市政府副秘书长，地级浑江市委常委、长白县委书记。1983年就读于中央农业管理干部学院沈阳分院。1989年任浑江市委常委、副市长。1990年起，历任吉林省侨务办公室主任、农业厅副厅长兼海外交流协会副会长、国际农业交流协会会长、人参商会会长等职，享受正厅级待遇。主要论文有《论东部地区农业限制因子的论述》《多种所有制共存的论述》《调整农业结构势在必行》等。

杨世玉 1945年6月生，碑廓镇田家寨一村人。1965年12月入伍，1971年转业到济南，先后在市百货公司、市第一工商业局、市财委工作。1985年任济南市建行副行长，1993年任中国建设银行济南铁路专业分行行长、党组书记。发表专业性文章多篇，与他人合著《银行信贷实务大全》一书。

王军平 1945年8月生，巨峰镇东赵村人。1970年6月加入中国共产党。1971年参加工作，1975～1984年先后任日照县竖旗公社党委书记、南湖公社党委书记、县政府办公室主任、城关公社党委书记。1984年后,历任日照县委副书记、县长,莒南县委副书记、县长、县委书记。1992年后,历任临沂地区政协工委副主任兼地区人事局局长,临沂市政协副主席兼人事局局长,临沂市人大常委会副主任、党组副书记兼代表资格审查委员会主任委员。

周明甫　1945年9月生,安东卫街道潘庄二村人。1968年9月参加工作,1971年11月加入中国共产党。先后在农林部政研室、国家农委办公厅工作。1983年起任国家经委农业局一处副处长、处长。1988年5月起任国家民委经济司副司长、办公厅副主任、主任、教育司司长。1995年9月起任广西壮族自治区政府主席助理、自治区政府副主席、政协副主席。后任全国政协民族宗教委员会副主任。是第十一届全国政协委员,广西壮族自治区党委第八届委员,广西壮族自治区第九、十届人大代表,中国人类学民族学研究会常务副会长。曾参与《民族区域自治法》等国家关于少数民族政策文件、行政法规等的起草。

秦洪建　1946年2月生,黄墩镇秦家滩井村人。1967年9月在黄墩公社秦家滩井村任民办教师。1971年7月起,先后任日照县邮电局投递员、秘书、副局长。1982年1月入北京邮电学院学习,1984年6月后,历任莒南县邮电局局长,临沂地区邮电局局长,山东省邮电管理局邮政处处长、企协秘书长、局长助理,1999年10月任山东省邮政局副局长,2004年3月任中国集邮总公司总经理(正厅级)。

邢绪斌　1948年生,安东卫街道前合庄人。1968年4月参加工作,1970年10月加入中国共产党。历任黑龙江生产建设兵团5师组建办、56团政治处组织股干事,双河农场组织科干事,嫩江农管局组织部干事、副科长,黑龙江省委组织部正科级、副处级巡视员、经济干部处副处长。2004年5月任黑龙江省民政厅纪检组长、党组成员。

郭长玉　1949年1月生,巨峰镇李家庄村人。1965年12月入胜利油田工读学校采油专业学习,1967年12月参加工作,1971年10月加入中国共产党。历任胜利油田胜采指挥部作业工具队指导员、作业大队副教导员、作业一大队教导员,胜利油田纯梁采油指挥部党委副书记,胜利油田纯梁采油厂党委书记,胜利石油管理局纯梁采油厂厂长、物资供应处处长、副总经济师、管理局党委常委、副局长等职。2000年7月,任东营市政府副市长,胜利石油管理局党委常委、副局长。2004年11月,任东营市委副书记,胜利石油管理局党委副书记、副局长。2007年3月,任胜利石油管理局党委书记、副局长。2008年1月至2012年2月,任山东省政协常委。

李悦诚　1951年6月生,安东卫街道安东卫东街人。1982年毕业于山东大学经济系,1975年12月加入中国共产党。1967年12月参加工作,历任青岛市印染厂团委书记、党委副书记。1984年任青岛市委企业政治工作部组织处处长,1985年调任青岛市委纪律检查委员会秘书长、监察局副局长。1998年1月任青岛市李沧区区长。2002年12月任青岛市地税局党委书记、局长。2011年8月离职。曾任中国国际税收研究会常务理事,发表论文20余篇。

丁新民　1952年1月生,巨峰镇赵家庄子人。1969年入伍,先后在空军驻新疆部队任标图员、班长、排长、连指导员、政治处副主任等职。1986年转业到乌鲁木齐市委工作,先后任科级政研员、市委办公厅副主任、市委财经领导小组办公室主任等职。1995年任乌鲁木齐市纪委书记，1998年任乌鲁木齐市监察局局长。2001年5月任乌鲁木齐市城市规划管理局党组书记、副局长。是中共十八大代表。

崔爱民 1955年6月生，虎山镇梭罗树村人。1970年12月参加工作。历任山东省水产局纪检组副科级纪检员、办公室主任科员、办公室副主任，山东省海洋与渔业厅办公室副主任、调研员、办公室主任、副厅级巡视员等职。

张守开 1958年10月生，虎山镇后稍坡村人。1976年7月入伍当飞行员。1979年空军航空大学毕业。历任空军某部副团长、团长，航空兵某师副师长、空军特级飞行员等职。2006年4月转业到中央人民政府驻香港特别行政区联络办公室广东联络部，任联络部直属机关党委专职副书记。

商志晓 1959年生，中楼镇商家沟村人。曾是下乡知青、地勘工人、宣传干部，后就读于山东师范大学和中国人民大学，分别获教育学学士和哲学硕士学位。1996年任山东省委党校常务副校长、教授兼山东省社会科学联合会副主席、山东省哲学学会会长等职。2008年任山东师范大学党委书记。发表学术论文100多篇，出版专著3部，主编著作15部。主持国家重点研究课题6项和省委委托研究课题12项。获山东省社科院一等奖和部级以上优秀成果16项。享受国务院特殊津贴。

林玉营 1960年10月生，碑廓镇西集后村人。1977年11月进日照市木器厂工作，次年入临沂教师进修学院学习，1980年7月在日照县文化馆任职，1984年9月进入山东艺术学院学习，自1986年7月起，历任日照市文化馆馆员、市雕塑创作办公室副主任、市群众艺术馆副馆长、市文化局艺术科副科长、科长、东港区政协副主席、市文化局副局长、市文化局(新闻出版局)副局长、市文联副主席、日照市政协副主席。1998年7月加入中国农工民主党，历任农工民主党日照市委副主委、主委，农工民主党山东省常委。是农工民主党第十四次全国代表大会代表。

相立昌 1961年12月生，巨峰镇相家峪村人。1977年7月参加工作。历任初中民办教师，费县汽车运输公司技术员，临沂地区交通局办事员、秘书，临沂地区交通委办公室副主任兼台湾事务科科长、办公室主任，临沂市运输管理处党支部书记，山东省交通厅直属机关党委助理调研员，省交通厅办公室副主任、主任等职。2009年12月任山东省交通运输厅公路局党委书记(副厅)。

苏伟 1962年生，安东卫街道南街社区人。1979年考入山东大学外语系，1983年考入中国人民大学攻读法学硕士，后赴英国剑桥大学学习，获硕士学位。1986年起，历任外交部条约法律司副处长、处长、副司长，国家发改委应对气候变化司司长，中国常驻联合国代表团法律参赞等职。以专家、中国政府代表身份参加过数十次国际谈判和国际会议，其中多次是有各国首脑参加的高级别会议。1995年随国家海洋局代表团赴南极考察访问。考察访问过亚、非、拉、欧、美、澳洲数十个国家。

陈宏东 1963年3月生，虎山镇大尧沟村人。1979年10月参加工作，历任西藏山南地区琼结县公安局副局长、局长，桑日县检察院检察长，西藏自治区人民检察院山南分

院侦查监督处处长、政治部主任、副检察长等职。2005年11月调任西藏自治区人民检察院林芝分院常务副检察长。2009年任林芝分院党组书记、检察长。

刘平芹 1963年生，虎山镇韩家村人。高级工程师。1988年6月参加工作，历任山东大化集团公司研究院副院长、院长，大化集团发展部部长，大化集团新光化工厂厂长、党委书记，集团总经理助理兼盐岛化工区新光化工厂厂长，大化集团公司总经理助理兼综合计划部部长，大化集团公司副董事长、常务副总经理、大化集团大连化工股份有限公司董事长等职。

费洪平 1963年生，虎山镇崔景阳村人。山东师范大学毕业，南京大学博士，曾进入博士后流动站攻读。历任国家发改委政策研究室副主任，国家计委产业发展研究所副所长、博士生导师。主持完成了多项国家和有关部委的重大课题，参与党和国家重要文件的起草。

马先侠 1964年1月生，中楼镇人。1980年10月参加工作，历任莒县县委办公室办事员、秘书，共青团莒县县委副书记，日照市委研究室综合科副科长，日照市委研究室综合科科长，日照市委办公室信息科科长，日照市委办公室督查科科长，日照市广播电视局党委委员、广播电台台长，日照市委政策研究室副主任，日照市委副秘书长，日照市委副秘书长、办公室主任。2012年9月任日照市副市长、市政府党组成员。

于智勇 1966年10月生，岚山头街道佛手湾居人。1984年7月从日照一中考入山东大学，1991年7月研究生毕业，历任山东省科委农医处副主任科员、主任科员、副处长等职。2004年12月起，先后任山东省科技厅办公室主任、青岛国家海洋科学研究中心副主任。2012年5月任山东省知识产权局局长。

戴玉明 1967年3月生于黑龙江省肇东市，1978年2月随父母迁回祖籍地岚山头街道。1986年毕业于日照一中，先后就读于烟台鲁东大学和中国人民大学。1992年8月进入外交部，曾在非洲司、干部司、政策规划司和中国驻利比里亚、美国、塞拉利昂、纳米比亚等使馆工作，现任中国驻以色列使馆副司级参赞。

刘禹同 1970年11月生，虎山镇东湖一村人。1989～1996年在中国人民大学学习，获新闻学硕士学位；2006年赴英国牛津大学深造，获国际政治学硕士；2003年攻读中国人民大学国际政治学博士学位，论文《欧盟对华军售禁令和中美欧三边关系》被评为2008年博士答辩优秀论文。1996年进入外交部，先后在中国驻南非约翰内斯堡总领事馆、中国常驻联合国代表团工作，历任外交部新闻司新闻发布处副处长、中国常驻联合国代表团发言人、首席新闻官等职，曾在哈佛大学肯尼迪学院发表《中国的软实力现状及在国际体系中的定位》主题演讲。2012年10月起，任中国驻澳大利亚珀斯副总领事。

（二）

李华 原名李化，1918年7月生，中楼镇黑涧村人。1938年参加莒县十字路抗日游击大队。后任八路军滨海区六团连文书、营青年干事、连长。1946年随部队去东北，任民主联军营长，后任团长、师政委。参加过四保临江、四平、松花江、辽沈、平津、渡江战役。新中国成立后调解放军总参谋部任团级、副师级、师级参谋。1980年离休时享受副军级待遇。

马光泉 1922年9月生,碑廓镇碑廓四村人。1942年8月参加革命,1943年5月加入中国共产党,历任班长、技术书记、统计干事、副指导员、指导员、连长、营参谋长、教导大队副大队长、科员、副科长、营长、科长,襄樊军分区副参谋长(师级)等。抗日战争时期参加大小战役30余次,二次负伤;解放战争时期参加了淮海、渡江、上海等重大战役。荣获三级独立自由勋章和三级解放军勋章各一枚。

辛公岩 1923年5月生,黄墩镇南塔岭村人。1942年8月参加革命,参加过胶东保卫战、济南战役、淮海战役、渡江战役、上海战役、福州战役、漳厦战役等。历任班长、排长、指导员、副教导员、营长、教导员等职。1952年任某师副团长,同年年底任中国人民志愿军第某军某师副团长。1959年9月任某师团长,1967年6月任某师副师长,1969年10月任某军公安军师长,1970年任某军守备师长。曾荣立三等功4次。

姚实勤 1924年10月生,虎山镇韩家营子村人。1940年3月参加工作,历任八路军山东纵队九支队司令部文书、军医处卫训队学员,滨海行署卫生队队长兼指导员,华东野战军六院中队长、科长,解放军126、121疗养院主任医师等职。参加过粉碎日军沂蒙大"扫荡"、甲子山战役,多次负伤。1982年3月离休,享受副师级待遇。

李勉 1925年2月生,岚山头街道环海路居人。1939年12月入伍,历任宣传队副队长、青年干事、副指导员、指导员等职。1948年后,历任滨海军分区团教导员、莒南县大队副政委、海防一团营教导员、鲁中南军区教导团一大队教导员、警教团政治处副主任、后勤部政治处主任等职。

1958年后,先后任泰安市武装部政委、泰安军分区政治部副主任。1964年调任临沂军分区政治部主任。曾立过三、四等功各一次。1950年被授予三级独立自由和解放三级勋章。1964年授上校军衔。1988年又被授予解放勋章。

赵金升 1927年2月生,中楼镇娄家湖村人。1944年1月参加八路军,历任排长、副连长、连长、营长、科长、团长、副师长等职。曾立三等功5次。1988年8月被中央军委授予"独立勋章"。

崔金久 1944年2月生,虎山镇梭罗树村人。1962年8月入伍,先后任某师防化连排长、司令部参谋,济南军区司令部参谋、军训部参谋、防化部参谋,济南军区防化兵13团团长,济南军区司令部副部长、部长,山东省军区装备部部长。1998年10月任青岛警备区副司令员。

王芹木 1944年8月生,安东卫街道汾水村人。1961年夏考入山东省劳动技术学校临沂分校。1964年1月参军,在海军威海水警区司令部服役。1965年加入中国共产党。1968年10月参加国庆19周年阅兵。1968年4月调旅顺水警区工作,历任新兵连排长、盘锦农场场部书记、司令部保密室保密员、军务科军务参谋、扫雷舰大队石家庄扫雷舰枪炮军士长、扫雷舰副政委等职。1978年调海军政治学院任党史教研室教员。1988年调海军大连舰艇学院政治系,任教授、硕士研究生导师。1992年晋大校军衔,2000年晋专业技术5级职级(正师级)。出版《中国人民解放军政治工作历史简论》《中国人民解放军战时政治工作历史研究》等多部著作。

辛本成 1946年11月生,黄墩镇黄墩四村人。1968年3月应征入伍,历任班长、排长、团司令

部作战参谋、代连长、作训股股长、师司令部作训科副科长。1977年入济南军区军政干部学校、1980年9月入南京高级陆军学院学习。1983年3月起,先后任团长,内长山要塞区副参谋长、参谋长、副司令员,烟台警备区副司令员。大校军衔。撰写论文20余篇,《抗登陆作战中炮兵在封锁航道时的运用》《施谋定军应着眼于系统对抗》等篇收入《中国军事文库》《中国现代管理科学研究文库》《中国社会发展战略文记》《中华新世纪文典》等书籍。曾荣立三等功2次。

王茂秋 1949年9月生,巨峰镇前山旺村人。1969年12月入伍,历任班长、分队长、主任。1982年4月从南海舰队调到第二军医大学南京军医学院,后任主管技师(副师)。其著作编入《中国海军医学地理》《医疗新技术》《航海医学》等书,参编电教片多部。所著书目及电教片曾获国家二等奖、全国一等奖、省二等奖、海军一、二、三等奖。

王左平 1949年生,虎山镇南李家村人。1971年在黑龙江省林口县入伍,历任连部秘书、黄金五支队后勤部副团级干部等职。1979年调中国人民武装警察部队黄金部队总部后勤部任副师级、师级干部。2009年退休后任黄金部队总部顾问。

石臣胜 1950年1月出生,碑廓镇袁家庄人。1968年3月入伍,同年9月加入中国共产党,先后任济南军区蓬莱守备区32团3营战士、文书,团政治处干事、通讯连指导员,守备区作训科参谋等职。1979年调济南军区司令部,历任司令部办公室秘书、一科秘书,军训部组织计划科参谋、器材处副处长、训练保障处处长、部队训练处处长、副部长。2000年8月任山东省军区副参谋长兼济南军分区司令员,2004年5月任济南警备区司令员。是山东省第十届人大代表、济南市第十三届人大常委。

韩新 1950年1月生,巨峰镇大岭村人。1968年2月入伍,历任副政治指导员、团政治处组织股干事、师政治部组织科干事、军区炮兵政治部组织处干事等职。1981年调济南军区政治部,先后任干事、副处长、处长、老干部局副局长、干部部副部长、纪检部部长。大校军衔。

王安森 1950年3月生,高兴镇西牟家村人。1968年3月入伍,历任班长,排长、连长、营长,1983年5月调大连海军政治学院任军事教官。正师级,海军大校军衔。

马德慧 1950年9月生,虎山镇梭罗树村人。1969年2月入伍到北京空军地对空导弹部队服役。1973年入地对空导弹学院读书,1986年参加云南边境保卫战,历任技师、助理、股长、科长、总工程师等职。1996年任北京空军第五师总工程师,同年被授予大校军衔,荣获三等功4次。

牟宗军 1951年12月生,碑廓镇碑廓三村人。1969年入伍,历任副指导员、指导员、地空导弹"英雄营"教导员,旅政治部副主任、主任,师政治部副主任、主任,空军某地空导弹师副政委等职。多次立功受奖,数次作为"英雄营"代表受到党和国家领导人的接见。

刘合芹 1953年12月生,安东卫街道潘庄二村人。1972年入伍,历任战士、通讯员、班长、排长、学员副队长、队长、大队团级军事教员、干休所副所长、所长、局级所长等职。2009年师级退休。曾荣立三等功3次,12次受到嘉奖。

王允涛　1955年6月生，碑廓镇王家庄人。1972年12月入伍。1974年10月选送南京解放军外国语学院学习法语。1978年2月毕业后留院工作。先后任军务处参谋、学员队副队长、队长、教导员、副政委。1992年5月由国防部派往联合国，参加了联合国在柬埔寨的维和行动，先后担任维和部队第九战区、第三战区军事观察员组组长，并获得联合国"和平"勋章1枚。1993年7月回国，任研究生队副政委。1996年任军务处副处长。2000年起，任解放军国际关系学院维和及外派人员培训中心政委、党委书记、院党委委员。2006年任院党委常委、院务部部长。大校军衔。

韩杰峰　1955年7月生，巨峰镇大坡村人。1972年从警，历任参谋、副参谋长、参谋长、副总队长等职务。2007年7月任山东省公安边防总队总队长，武警大校警衔。2008年9月被山东省委、省政府记一等功。

苏支前　1955年生，安东卫街道南街社区人。1970年12月入伍，历任海军驱逐舰支队司令部参谋，驱护舰舰长，支队参谋长、副支队长、支队长。1999年12月任国防大学军兵种教研室副主任，2000年12月任海军南海舰队副参谋长，2003年7月晋升为海军少将军衔，2007年任海军南海舰队副司令员。2007年7月，率中国海军舰艇编队访问俄、英、西班牙、法4国，并担任中方编队指挥员，与英、西、法3国海军举行海上联合搜救演习。2008年汶川地震发生后，率领南海舰队海军陆战队760名官兵赴灾区抢险救灾，任指挥员和临时党委书记。2008年12月，任广州军区副司令员兼海军南海舰队司令员。2010年7月，晋升为海军中将军衔。同年12月，任南京军区副司令员兼东海舰队司令员。

马先进　1958年1月生，安东卫街道张马庄人。1978年3月在国防科委某团当战士，1986年后，在国防科工委特种技术安装大队参加国防施工，历任班长、代理排长、代理副队长、军务科副科长、副营长、营长等职，曾两次荣立三等功。参与并组织指挥了西昌"867-2"卫星发射中心、酒泉卫星发射中心、岢岚卫星发射中心等国家重大重点工程的施工安装。其中，西昌"867-2"卫星发射中心工程被国家评为优质工程，并荣获"鲁班奖"。1996年调入国防科工委司令部管理局工作，1998年任解放军总装备部北京第二离职干部休养所副所长。

历延明　1958年10月生，巨峰镇大坡村人。海军潜艇学校常规潜艇通科毕业，大学本科学历，工学学士学位。1976年2月入伍。1980年5月加入中国共产党。历任战士、学员、潜艇鱼水雷长、见习政治教导员、代组织科科长、潜艇政治委员，护卫艇大队政治委员，潜艇支队政治部主任、政治委员等职。2009年7月任海军潜艇某基地政治委员。2010年7月晋升为海军少将军衔。先后被评为全军优秀指挥军官、全军军事训练优等师职指挥军官，2次荣立三等功。是第十二届全国人民代表大会代表。

辛崇东　1960年10月生，黄墩镇黄墩二村人。1977年参加工作，1978年12月应征入伍，1983年加入中国共产党，历任文书、保管员、司务长、副指导员、指导员、副营长、纪律检查处处长、组织处处长、师政治部主任、海军后勤部副主任、海军某部政治部主任（正师职）。大校军衔。曾荣立三等功2次。

申伟 1965年9月生，虎山镇高家屯村人。1983年9月入中国人民解放军电子技术学院学习。1987年7月起，历任济南军区技术局司令部机要科参谋、科长，济南军区机要技术大队总工程师、技术大队大队长兼高级工程师等职。

孙传飞 1970年生，虎山镇相家结庄村人。1992年毕业于国防科技大学，哈尔滨工业大学硕士，大校军衔。1992年到酒泉卫星发射中心工作。从"神舟三号"载人飞船首次执行待发阶段的逃逸系统设计任务开始，一直从事相关课题研究，任技术部高级工程师、"神州十号"载人飞船发射应急逃逸指挥员。参与研制具有自主知识产权的逃逸控制设备，被誉为保障航天员安全的"生命之塔"，走在了国际载人航天科技的前列。

（三）

杨宝友 1957年9月生，安东卫街道安东卫南街人，无党派人士。1981年1月参加工作，历任汾水镇刺绣厂厂长、汾水镇农工商供销公司经理、日照市第三木器厂厂长，岚山办事处主任助理等职。1995年5月起任日照三木集团有限公司董事长兼总经理，1997年5月起任日照市工商业联合会会长，2000年10月至2006年10月任山东省工商业联合会副会长，2004年12月起任岚山区人大常委会副主任。1995年4月当选中华全国青年联合会第八届委员会委员，1998年12月当选山东省青年联合会第八届委员会副主席，2007年11月当选第十届全国工商业联合会执委。是山东省第六届、第九届政协常委，日照市十三届、十四届人大代表，日照市第五、六、七、八届政协常委，2003年1月当选第十届全国人大代表。1995年4月被山东省人民政府授予"山东省劳动模范"，1995年12月被山东省人民政府授予"山东省优秀乡镇企业家（第四届）"，1998年11月被农业部授予"全国优秀乡镇企业厂长"，2005年9月被中华全国工商联、中华全国总工会授予全国"关爱员工优秀民营企业家"，2006年12月被中共中央统战部、国家发改委、人事部、全国工商联、国家工商行政管理局授予"优秀特色社会主义事业建设者"荣誉称号。

创建三木集团有限公司，生产美、俄、欧式实木家具6大系列2500多个品种，销售网络遍布美、加、俄、韩、英、墨、欧等20多个国家和中国香港、台湾地区。创立"基础值管理法"，被评为"山东省企业管理创新一等奖""第八届全国企业管理现代化创新成果一等奖"。2000年，"基础值管理法"入编首部《中国企业管理科学案例库》，选入中国工商硕士案例教程。

孔德祥 1959年8月生，黄墩镇孔家庄子村人，中共党员。1977年12月在日照发电厂工作。1980年1月任日照市玻璃厂计量科（技术监督科）副科长、科长。1992年7月至1995年7月在山东经济学院劳模班学习，任班长兼党支部书记。1995年5月起，历任日照市贸易局办公室主任，日照市供销社纪委书记、供销社理事会副主任、供销社监事会主任。

1987年、1988年两次获山东省"富民兴鲁"劳动奖章；1987年获团省委、省经贸委颁发的"七五"建功勋章，"临沂地区劳动模范"，"振兴沂蒙劳动奖章"，"山东省青少年学雷锋先进个人"，全国、省、市"新长征突击手"。1989年被国务院授予"全国劳动模范"，同年被山东省政府授予"山东省劳动模范"。1996年、1997年被日照市委、市政府记"二等功"。

（四）

丁原鄘　1917年2月生，巨峰镇平家村人，中铁二局集团高级工程师。1938年7月考入同济大学土木系，毕业后参加宝（鸡）天（水）铁路、天（水）兰（州）铁路建设。新中国成立后参加成渝铁路施工并主持荣昌支段工作。1981年被国务院科技干部局授予高级工程师职称。1984年受邀担任专业顾问。参与主持了五条干线（成渝、宝成、成昆、川黔、湘黔）的重点桥梁施工任务。1955年被评为中铁二局劳动模范。1985年获国家科学技术进步特等奖。1992年享受国务院特殊津贴。

丁履量　1921年生，虎山镇朱家官庄村人。幼年就读于日照县立二小、县立临时中学。1944年考入同济大学土木系，毕业后在山东工学院、西安交通大学和山东海洋学院等院校任教。后任青岛海洋大学教授、海洋工程系副主任、中国力学学会教育工作委员会委员、国家自然科学基金会评议员、山东省力学学会副理事长。主要著作有《材料力学教程》《刚架电模拟计标的原理及应用》《流体力学讲义》《工程力学讲义》《结构矩阵分析》等。

牟敦磊　1927年5月生，碑廓镇碑廓四村人，中共党员。1944年7月参加八路军滨海军区医院工作。1946年5月随医院编入新四军军部直属二院（后改称华东野战军第五野战医院），1949年编入华东海军。后进军医大学学习，毕业后在海军医院从事外科专业工作，历任军医、主治军医、外科主任、主任医师。曾荣立二等功1次，三等功5次。1959年参加了全军后勤工作积极分子代表大会。

崔玖江　1934年1月生，安东卫街道前合庄人。中国建筑业协会建筑防水工程专业委员会副理事长。1956年7月毕业于山东工学院。1956年8月至1960年6月，在鞍钢任见习技术员、技术员、副工段长、厂长助理、工程师。1960年6月参加工程兵部队。1985年1月调第二炮兵工作，在军委工程兵和第二炮兵从事国防工程建设事业。1960～1969年，作为总设计师完成了大型地下指挥工程及中国第一个地下飞机修理工厂的设计。1969～1973年，参加第一条黄河水下公路隧道建设，任施工技术主管工程师，首创“探水注浆”等新技术新工艺。1975年至1985年1月，在军委工程兵司令部作战工程处任科长，负责设防工程管理。1986年作为北京市政府专家顾问参加了北京地铁新线建设工程。他参与的多项课题试验研究项目获国家科技进步二等奖，立三等功3次，在国家级报刊发表论文40余篇，著有《水下隧道注浆堵水》一书。1992年享受国务院政府特殊津贴。

卢振达　1941年10月生，岚山头街道王家庄子村人。冶金与材料专家，高级工程师，硕士生导师。1965年12月毕业于北京钢铁学院（现北京科技大学），进入宁夏有色金属冶炼厂（现为中色宁夏东方集团）工作，长期从事稀有金属钽铌铍冶炼与加工技术的研究，先后担任课题组长、研究室主任、车间主任、分厂厂长等职，为中国军工及稀有金属技术及产品的提升、发展做出了突出贡献，是国内外钽铌行业知名专家。1993年开始享受国务院特殊津贴。拥有发明专利4项，曾获国家科技进步三等奖2次，是全国总工会和国家计委联合授予的全国技术革新和改进积极分子。

焦安康　1946年9月生，巨峰镇马疃村人。1965年参加工作，历任胜利油田医院内科医生、副院长、院长，胜利油田社会保险管理中心副主任等职。曾主编《简明临床心电图学》《院外现场急救》两部专著。与他人合编《急性心肌梗塞》《胸部急症学》等著

作，发表论文20余篇。1993年获“全国优秀院长”荣誉称号。曾先后荣立油田二等功1次，三等功3次。

张永昊 1947年4月生，虎山镇后稍坡村人。1970年9月参加工作。1977年7月临沂师专中文系毕业，留校任教。1986年在复旦大学攻读硕士研究生。后任临沂大学教授、山东师范大学研究生导师，兼任《临沂师范学院学报》主编、编辑部主任、编审。是临沂市专业技术拔尖人才。

贾恩礼 1954年5月生，中楼镇刘家峪村人。1972年11月入伍。1975年3月加入中国共产党，同年8月就读于第二军医大学。后任部队司药、药师、药房主任、主治医师、药剂科主任，济南军区长山要塞区医院副院长，济南军区联勤部军事医学研究所研究室主任、副主任药师。2003年12月晋升专业技术6级（正师级）。先后在国家级刊物发表论文30多篇，参与著书3部。2002年获执业药师资格，2003年被第二军医大学医学院聘为硕士生导师，被山东省科技厅聘为“山东省实验动物专家库”专家。曾荣立三等功4次。

陈东敏 1957年3月生，黄墩镇陈家沟村人。1981年山东大学光学系毕业后赴美深造，1987年获美国纽约市立学院（美国Brookhaven国家实验室）博士学位，1989年成为哈佛大学物理系博士后。2004年起，先后任哈佛大学Rowland研究院资深研究员兼行政执行委员会委员、纳米量子物理实验室负责人。2004年应聘为中国科学院物理所教授，兼任北京国家凝聚态实验室主任和固态量子计算实验室主任。为著名凝聚态实验物理学家。

丁元庆 1957年生，高兴镇化龙村人。1983年7月毕业于山东中医学院，1986年开始从事中医内科学教学与内科急诊，神经内科临床与科研工作。历任山东中医药大学内科学教授、教研室主任，山东省中医院神经内科主任医师，硕士研究生导师。是山东省政协委员、中华中医药学会内科学会心身疾病学术委员会常委、山东中医医药学会仲景学说专业委员会副主任委员、心脏病专业委员会副主任委员。编著《神经精神疾病经方论》，主编《精神病实用方》，参编学术著作6部，发表论文95篇。1998年被选为山东省教育厅高校中青年学术骨干，2007年11月被国家中药管理局授予第一批“全国优秀中医临床人才”称号。

丁元竹 1962年7月生，高兴镇化龙村人。1991年毕业于北京大学社会学系，获博士学位。1993年赴加拿大蒙特利尔大学做博士后研究。1999转美国匹兹堡大学国际发展研究中心做高级访问学者。后任国家发展改革委员会宏观经济研究院研究员、院学术委员会专家组成员，国家发展与改革委员会高级评审委员会委员，北京大学政治发展与政府管理研究所教授，北京大学志愿服务与福利中心主任。出版《社区的基本理论与方法》《中国社会建设战略思路与基本对策》《美好社会的世纪求索》《社会发展管理》《中国2010年：风险与规避》《中国社会安全网再造》等专著。

丁伟 1963年8月生，巨峰镇沟洼村人。1985年7月昌潍医学院毕业，分配到日照市人民医院工作。历任大外科主任兼神经外科主任、副院长、市法医司法鉴定所所长等职。是山东医师协会神经外科分会副主任委员、省医师协会常务理事、中华医学会山东省神经外科分会委员、山东省疼痛研究会神经外科专业委员会副主任委员、中华医学会日照市神经外科专业委员会主任委员、日照市医学会常委理事、潍坊医学院硕士研究生导师、济宁医学院教授。在中枢神经系统肿瘤和脑血管病的诊疗、颅脑损伤救治等方面具有丰富的临床经验，擅长颅内肿瘤和脑血管病的显微手术。主编出版学术著作5部，发表学术论文20余篇，获省、部、市科技进步奖6项，先后被评为省级“青年岗位能手”、日照市“十大杰出青年”，获全国“五一劳动奖章”、首批日照市有突出贡献的“中青年专家”荣誉称号。

徐金萍 女，1965年9月生，虎山镇秦家结庄人。1980年，时年15岁考入山东医科大学医疗系，成为当时最年轻的一名大学生。1985年考取本校儿科系硕士研究生。1988年硕士毕业论文获山东省科技进步三等奖。毕业后留山东省立医院儿科系任住院医生。1993年赴美国俄勒冈医科大学儿科研究中心做访问学者，在美国著名医学杂志上发表论文及摘要十余篇，获美国医学博士证书。后被密歇根州的温州大学医学院聘为副教授，从事临床医学工作和研究。

赵玉宝 1965年12月生，巨峰镇赵家庄人。先后就读于曲阜师范大学历史系、吉林大学研究生院。1989年6月起，历任大连教育学院教研室主任，辽宁省师范大学历史系教授、硕士研究生导师。发表论文40余篇，随笔散文30余篇，著有《清代的节令与佳肴》一书，有《西周春秋妇女地位式微》《试说作为文化符号的海》《南冠小考》《王霸别解》等著述。

韩立余 1965年12月生，巨峰镇大坡村人。中国人民大学教授，法学博士，主要从事国际经济法的教学与研究，对对外贸易法、世界贸易组织法、美国外贸法有较深研究。1987年7月毕业于中国人民大学。2001年8月入美国艾奥瓦大学法学院做访问学者，研究贸易法、美国反垄断法和美国专利法，并参加美国乔治城大学法律中心举办的世界贸易组织研修课程。曾任国务院关税税则咨询委员会委员，世界贸易组织争端机构专家组成员，中国法学会世界贸易组织法研究会副秘书长、常务理事，中国国际经济法研究会理事。著有《既往不咎—— WTO争端解决机制研究》《国际贸易案件的审理》《世界贸易组织法》(教材)等专著和“反垄断法对产业政策的拾遗补缺的作用”“WTO争端解决中的举证责任”“反倾销务必深谙制度特点”论文数十篇。

李利锋 1973年生，后村镇人。1995年毕业于山东师范大学地理系地理教育专业。2000年获中国科学院地理科学与资源研究所地理学博士。2002年加入世界自然基金会(WWF)，任世界自然基金会中国办事处(北京)淡水项目官员、主任。2008年7月起，历任世界自然基金会全球总部(瑞士)淡水项目主任、基金会副总监。

苏同向 1973年出生，安东卫街道仁家村人。南京林业大学风景学院教师，南京林业大学风景园林规划设计学博士。2010年意大利佛罗伦萨大学建筑学院访问学者。2007年主持的“风景园林五化法实验教学体系研究”项目获国家级优秀教学成果二等奖1项，江苏省优秀教学成果一等奖2项。另有江苏省科技进步二等奖1项，国家林业局科技进步二等奖1项，中国风景园林学会风景园林教育研究优秀论文奖一等奖、江苏省高校教学管理研究优秀教学研究论文一等奖等。参与或主持了国家自然科学基金“湿地公园生态适宜性研究”、国家“十一五”科技支撑计划“城镇绿地空间结构与生态功能优化关键技术研究”，江苏省宿迁市、苏州市、扬州市、山东省临沂市、河北省唐山市等多个城市绿地规划研究。发表学术论文14篇，参编教材4部。

陈刚 1977年10月生，岚山头街道佛手湾村人。1999年毕业于吉林大学机械与自动化专业。2002年毕业于中国科学院自动化研究所控制理论与控制工程专业。2002年赴法国里昂应用科学学院攻读博士学位，在微创医疗手术机器人研发领域取得了开创性突破。2007年获得欧盟国家科研最高奖项之一的“玛丽·居里奖”，并在世界500强企业英国联合利华总部担任玛丽居里资深研究员，从事机器人与自动化在现代自动化工厂方面的应用研究。多次受邀赴美国、韩国、泰国等地参加会议和相关学术交流活动，数次承担欧盟和法国的重大科研项目，担任领域内若干主要期刊审稿人，在行业权威刊物发表论文20余篇，是美国电气电子工程师学会机器人与自动化学会会员。2011年作为湖南省“百人计划”候选人加入中联重科，任中联重科运动控制专家。

（五）

牟登岗 1930年4月生，碑廓镇碑廓四村人，中共党员。16岁参加山东省文化界救亡协会人民剧团。在山东省第一届运动会上，他所编导的大型舞蹈《南下列车》获得特等奖。作为华东地区代表，出席了1949年7月在北京召开的第一次全国文代会。1950年进山东大学艺术系学习，1952年10月被分配到上海歌剧院，后任歌剧院一级演员。1953年，应邀赴罗马尼亚参加第四届世界青年联欢节，当年赴苏联演出。1963年，随刘少奇主席出访朝鲜。在北京排练期间，受到周恩来总理多次接见。1986年赴德国、法国演出。1989年被评为国家一级演员。

迟赵俄 1931年1月生，巨峰镇狮子河村人。1945年7月参加革命。1979年任中国少儿出版社编辑、副编审。编辑中国古典小说及历代诗歌数十种，主要著作有《唐宋律诗选讲》《五千年演义——春秋战国》《中国古典戏剧故事》《唐诗三百首新注》《古代寓言故事》《教你了解宋词》《小将薛刚》《海公传奇故事》《钟馗》《玄奘》等。《世界儿童文学名著大典》获“冰心儿童图书奖”，《春秋战国》获“1989年度优秀读物一等奖”，《漫语长城》《中国孩子的疑问》获优秀读物奖，创作的散文《老师教我读天书》获“小天使”铜像奖。

秦福轲 1934年4月生，虎山镇相家结庄村人。1950年入伍，历任指导员、42军军事检察院检察员、军部政治法律小组成员、国防部七〇四研究所党委书记。国际美术家联合会会员，国际牡丹研讨会一级画师、研究员，上海市老科学技术工作者协会书画研究会会长。书法作品在全国书画大赛中获金、银等奖项40余次，被邓小平纪念馆收藏，入选《中国书法美术家精品集》《世界美术书法世纪成就大典》等专集。被评为中国当代杰出书画家、国际金奖艺术家。

丁铁宝 女，1941年6月生，巨峰镇平家村人，珠江电影制片公司演员。毕业于上海专科学校表演系。曾任中国电影家协会会员、中国表演协会会员、广东电影家协会理事。从影30年，在《逆风千里》《扬帆》《东方剑》《男人们和女人们》《雾都茫茫》《斗鲨》《燃烧的心》《风流才子纪晓岚》《陈梦杏》等10多部影片和90多集电视剧中饰主角或主要角色。曾在获全国“飞天奖”的电视剧《燃烧的心》中扮演女主角，在获珠影小百花奖的《银杏树下》、广东鲁迅文艺奖的电视剧《情未了》中扮演主要角色。

李刚 1941年8月生，巨峰镇大土山村人。1965年8月毕业于山东师范学院地理系，历任中学教师、中学校长、胶县教育局局长等职。1984年4月任胶州市委副书记，1991年10月任青岛市委宣传部副部长。是全国地理协会会员，山东省书法家协会会员，青岛市政协第九届委员会常委，青岛市沙滩文化协会会长、文化艺术发展促进会副会长、书画艺术研究会副会长。其书法作品曾参加中韩书艺交流展。

辛崇法　1948年11月生，黄墩镇黄墩一村人。1966年5月加入中国共产党，1969年2月入伍，历任北京空军某地空导弹部队后勤会计，日照县民政局秘书、副局长，县级日照市民政局副局长，地级日照市民政局人秘科长、副局长、调研员等职，曾参加日照撤县建市、升为地级市、设区带县以及岚山设区等日照市重大行政区划调整工作。退休后任日照市老科学技术工作者协会副会长兼秘书长等职。发表有关民政工作、日照革命斗争史内容的文章400余篇，主编《日照英烈》第一、二集，《日照市民政志》(县级市)等，著有《烽火日照》(上、下卷)、《民政工作三十年》《日照市重大行政区划调整回顾》等。曾获全国爱心献功臣行动先进个人、全国关心下一代工作先进个人、山东省拥军优属先进个人、全省民政系统先进个人荣誉称号。2003年1月，山东省委、省政府记一等功。

李学广　1950年10月生，岚山头街道童海路人。中学毕业后参加农业生产。1972年12月参军，在《济南日报》《前卫报》《解放军报》发表通讯稿件，被调入军区后勤部机关新闻报道组工作。1977年3月退伍，到安岚公社工作。同年考入临沂师范专科学校，毕业后到临沂电业局下属学校任教。任教期间发表《山青青》《这个同志》《“402”高地》《过大沙河》《大门楼子》《“忠”字水泥》等小说。1983年调入临沂地区电业局工作，历任办公室秘书、主任，山东电力报社总编辑、高级记者，山东电力新闻中心主任，山东电力集团公司副总政工师等职。是山东省作协会员，中国电力作家协会理事，曾获“中国电力文艺之星”称号。

李应该　原名李绪臣，1950年生，巨峰镇李家大村人。1971年3月参加工作，先后在日照县商业局、日照第二旅社当工人。1973年5月任日照县饮食服务公司团支部书记，创作了《半个小时》《罚站记》等小戏曲，初展才华。1982年6月调日照县文化馆从事专业创作。历任日照市文学戏剧创作室主任、日照市戏剧曲艺家协会主席、山东省文化厅艺委会委员、山东画院高级画师等职。2009年5月在中国戏剧文学学会第四次全国代表大会上当选为副会长，2010年3月调任中国戏剧文学学会专职常务副会长、全国戏剧文化奖评委会副主任。主要作品有戏剧《借头》《貂蝉遗恨》《石龙湾》《状元与师傅》《王祥卧鱼》，长篇小说《公字寨》，论文《“三性统一”的尴尬》《体味生活》，绘画《谁家娃儿唤妈妈》及大量书法作品，其中《石龙湾》入选百年《中国戏曲精品》，《王祥卧鱼》入选2008北京奥运重大文化活动戏剧展演。曾荣获中国文华奖剧作奖、全国“五个一”工程奖、中国电视戏曲艺术片飞天奖、中国戏剧文学奖金奖、中国京剧艺术节金奖、田汉戏剧奖等奖项。1996年10月被国务院授予享受政府特殊津贴专家；1999年11月成为国家一级编剧；2001年12月被授予山东省文化系统首批优秀专业人才，日照市专业技术拔尖人才。

苏武勇　1952年生，安东卫街道仁家村人。毕业于解放军教育学院编导系，军旅艺术家、国家一级美术师、中国国画院书法艺术创作专家委员会副主席、中国书画学会副主席、中国书法美术家协会理事、人民日报出版社特邀编委、中英拍卖行签约书画家、中国孔子书画研究院常务副院长、秘书长。曾任解放军健康杂志社主任编辑。其书画风格浑朴豪放，潇洒率真，形神兼备，自成一体，作品多次参加国际国内大赛。1997年导演设计的《细胞膜的运输功能》动画电视教材获第五届全国优秀科技音像作品一等奖。其本人被收入《中国文化艺术名人》《世界书画家名录》等辞书画典，部分作品刻于泰山碑林。

袁冰西 1953年7月生，巨峰镇西青墩村人。中央人民广播电台法治部主任记者。1969年参加工作，1985年12月中国人民大学函授学院中文专业毕业。1987年5月采访大兴安岭扑火救灾获中国新闻特别奖，1998年获首届“全国百佳法制新闻工作者”称号，出版《扫毒——跨世纪的战争》等300多万字的作品。

陈建团 1963年2月生，高兴镇南范家村人。1983年入伍，2000年7月毕业于海军政治学院。军旅画家，山东省美术家协会会员，山东画院高级画师，青岛市城阳美术家协会副主席，城阳画院副院长。1994年作品《景和春醉》获全军美术展三等奖。1997年作品《独领群芳》获“龙脉杯”全国书画大展银奖，并被北京故宫博物馆收藏。2004年《醉春》获青岛市双拥书画展一等奖。2005年《一幅丹青万象新》入选《“仁爱之光”山东省书画精品选》。2007年《崂山卧驼峰》获山东省第四届写生作品展三等奖。

陈常状 1969年3月生，中楼镇陈家西楼村人。1994年夏天去河南少林寺练习散打，后被日照武术协会聘为九宫八卦拳教练。2005年10月在日照国际武术大会暨中越散打争霸赛中获九龙刀第一名、传统拳术第三名。2007年9月在山东省第六届农民武术比赛中获二等奖和三等奖，九龙刀和钢鞭分别排第五和第六名。2007年在日照市首届武术大会和内家拳武术大会上分别获一、二等奖。

陈占营 1971年8月生，安东卫街道义和村人。1996年获亚洲帆板锦标赛第三名，1997年获第八届全国运动会男子帆板银牌，1997年获亚洲帆板锦标赛冠军，1998年获亚洲帆板锦标赛冠军，1998年获第十三届曼谷亚运会亚军。2001年11月起任山东帆板队教练。曾荣立山东省政府二等功3次。所任教的团队获2002年亚锦赛冠军，2005年第十届全国运动会铜牌，2006年世锦赛冠军、亚军，2009年第十一届全国运动会2金1铜。

王蕾 女，1986年12月生，安东卫街道仁家村人。2006年在21届山东省运会上取得女子2000米双人单桨第一名，2007年全国水上运动会女子2000米8人单桨有舵手比赛取得第三名，

2007年全国城市运动会女子2000米8人单桨有舵手比赛取得第二名，2009年世界赛艇锦标赛女子2000米8人单桨有舵手比赛取得第二名，2009年第十一届全国运动会女子2000米8人单桨有舵手比赛获得冠军。

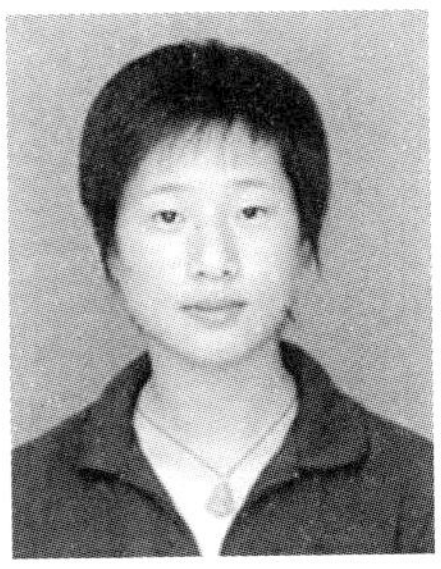

王宁 女，1987年12月生，碑廓镇碑廓三村人。2001年9月从碑廓中学入日照市体校，2002年11月被选拔进入山东省体育队进行帆板训练。2006年在第二十一届山东省运动会上摘得帆板障碍赛冠军、场地赛亚军，同年在深圳世界米氏帆船锦标赛中获得第六名，2009年在第十一届全国运动会上获得米氏级帆板第三名。2010年2月进入国家帆板队训练，同年获广州亚运会女子米氏级帆板冠军，为日照市运动员在亚运会上摘得的首枚金牌。

（六）

梅志强 1951年8月生，日照市东港区人。1971年4月加入中国共产党。1968年11月参加工作，历任竖旗公社宣传干事、管区书记、公社党委常委、秘书、党委副书记，西湖区党委书记，巨峰镇党委书记，岚山头街道党委书记。1993年3月起，先后任岚山开发区筹委会副主任兼岚山头街道党委书记，岚山工委副书记兼纪工委书记，岚山工委副书记，人大岚山工委主任，岚山区人大常委会筹备组组长，岚山区人大常委会副主任（正处级）。2006年1月任东港区人大常委会主任、党组书记。2007年12月离职。是日照市第十三至十六届人大代表，第八至十二届党代表。1995年被山东省人事厅、山东省教育厅授予尊师重教先进个人，1998年被国家计生委评为全国计划生育优秀工作者。

王广举　1952年5月生，山东省临沂市河东区人。1975年11月加入中国共产党。1971年10月参加工作，任临沂市刘店子中学团支部书记。1973年9月入临沂师专数学系学习。1975年12起，历任沂南县依汶中学团总支书记，沂南县农业中专党委委员、团委书记、教务处副主任并主持工作，沂南县委办公室副主任，沂南县团县委书记，沂南县林业局局长，团县委十二届、十三届、十五届委员，县委四届、五届、七届委员等职。1993年9月任岚山办事处农委主任，1995年10月任岚山办事处副主任，2000年12月任岚山工委副书记，2003年1月任政协岚山工委主任，2004年11月任政协岚山区委员会筹备组组长，2004年12月任政协岚山区委员会党组书记、主席，2007年2月任岚山区人大常委会党组书记、主任。2008年2月离岗。是山东省第四次党代会代表、全省社会主义革命和社会主义建设青年积极分子代表大会代表。自2001年创建岚山历史文化研究会并任会长、任岚山诗词学会会长。曾获全国新长征突击手、全国农业普查工作先进个人、山东省新长征突击手、全省政协文史工作先进个人等荣誉称号。

党英明　1952年6月生，山东省临沂市人。1976年11月加入中国共产党。1971年6月参加工作，任临沂地区运输公司秘书、办公室副主任。1983年9月至1985年7月就读于山东大学。1985年7月起，历任临沂地区交通局人秘科副科长、纪检组副组长，临沂地委、行署接待处副处长、处长，日照市政府副秘书长、办公室主任，日照市政府秘书长。1996年2月任岚山工委书记。1998年6月任日照市委秘书长，2000年1月任日照市委常委、秘书长。2007年1月任日照市委常委、市政协党组副书记。2007年3月任日照市政协副主席、党组副书记。

赵树村　1954年1月生，山东省莒南县人。1977年8月加入中国共产党。1971年10月参加工作，历任日照县公安局岚山边防派出所干事、王家海屋边防派出所副指导员，日照市(县级)公安局岚山边防派出所所长，临沂地区边防保卫分局岚山头边防工作站站长，岚山边防检查站筹建组副组长，岚山边防检查站副政委(副团)、政委(正团)，岚山边防检查站站长。2002年7月任岚山工委副书记，2002年12月任岚山工委副书记、纪工委书记，2004年11月任岚山区委副书记、纪委书记，2006年12月任岚山区委副书记、区政协党组书记，2007年2月任岚山区政协主席、党组书记。2011年1月离职。

孙雨　1954年4月生，山东省莒南县人。1973年12月加入中国共产党。1969年12月参加工作，历任陆军第55军无线电连报务员、临沭县邮电局报务员、临沭县委组织部干事，临沂地委组织部干事、副科长、科长；1990年1月任莒县县委副书记，1993年1月任莒县县委副书记、代县长，1993年3月任莒县县委副书记、县长；1996年1月任日照市委副秘书长；1997年1月任日照市对外经济贸易委员会主任、党委书记；1998年6月任岚山工委书记；2001年1月任东港区委书记、区委党校校长；2002年12月任日照市人民政府党组成员，2003年2月任日照市副市长、日照市人民政府党组成员。是中共山东省第七次、八次党代会代表，山东省八届人大代表，日照市十四届、十七届人大代表。2002年被授予“全省关心国防建设十佳人物”。

张玉佩　1954年7月生，山东省费县人。1971年3月加入中国共产党。1970年11月参加县委整党工作队。自1971年8月起，历任费县薛庄公社办事员，汪沟公社团委干事，竹园公社团委书记，上冶公社

团委书记，上冶公社党委常委、管区党总支书记，上冶公社党委副书记，上冶区委副书记、区长，方城镇党委书记，费县人民政府副县长。1991年12月任日照市工商局局长、党组书记。1993年1月任东港区委副书记、区长。1993年5月任东港区区长，岚山工委书记、办事处主任、岚山开发区管委会主任。1993年7月任岚山工委书记、办事处主任、岚山开发区管委会主任，1995年10月兼任岚山武装部第一书记。1996年2月任东港区委书记、区武装部第一书记。1997年12月任菏泽地区(市)中级人民法院院长、党组书记，2002年12月任菏泽市委常委、政法委书记。2006年12月任日照市人大常委会副主任。是山东省第六次党代会代表，山东省第八届人大代表，日照市十三、十五、十六届人大代表，日照市第九、十一次党代会代表、第九届市委委员，菏泽市第十五、十六届人大代表，菏泽市第十次党代会代表。1976年被山东省委、省革命委员会表彰为"社会主义革命和社会主义建设积极分子"，1977年和1978年两次被评为临沂地区"新长征突击手"，1987年被国务院普查办表彰为"先进工作者"，1995年被省委表彰为"优秀党务工作者"，1997年4月被省委表彰为"驻村蹲点优秀县(区)委书记"。

孙承金 1955年3月生，日照市东港区人。1979年6月加入中国共产党。1980年6月毕业于山东省水利机电学校，历任日照县水利局技术员、机电股股长，日照水库管理所所长，日照市东陈疃乡党委委员(挂职)、乡长、党委书记，日照市纪委党风廉政建设室主任，日照市纪委常委、监察局副局长兼党风廉政建设室主任。1998年6月任岚山工委副书记、岚山办事处主任、岚山开发区管委主任，同年8月兼任岚山政协工委主任。2002年12月任岚山工委书记、岚山武装部第一书记。2004年11月任岚山区委书记、区人大常委会主任、区武装部第一书记。2007年1月任日照市人大常委会副主任、党组成员。2008年1月任日照市政协副主席、党组成员、市委统战部部长。2012年3月任日照市政协副主席、党组副书记。是山东省第十届政协委员。

郭洪林 1957年5月生，东港区涛雒镇人，1982年2月加入中国共产党。1980年12月参加工作，历任马庄公社管委会经管助理，焦山公社党委秘书，后村区委组织委员，小后村乡党委组织委员，高兴乡党委组织委员、副书记，碑廓镇党委副书记、镇长、党委书记。1999年2月任岚山办事处副主任，2004年5月任岚山工委委员，2004年11月任岚山区委常委、政法委书记，2006年1月任岚山区人大常委会第一副主任(正处级)、党组副书记，2010年12月任岚山区人大常委会第一副主任(正处级)、党组书记。2012年2月离职。1995年度被日照市委、市政府授予社会治安综合治理先进个人；1996年、1997年被市委、市政府分别给予记二等功奖励；1998年被市委、市政府授予优秀乡镇党委书记。

刘加顺 1960年3月生，日照市东港区人。1984年6月加入中国共产党。1976年8月任日照县涛雒公社东风联中民办教师。1980年9月至1984年7月在山东大学历史系就读。1984年7月起，历任石臼港办事处刘家寨乡党委秘书，日照市(县级)奎山乡团委书记，日照市(县级)团委副书记(期间，1987年9月至1989年6月在山东省委党校党政干部研究生班学习)，日照团市委组宣部部长，日照团市委副书记(其间，1995年3月至1996年2月挂职任日照市岚山工委委员、岚山办事处副主任)。1996年2月任岚山工委副书记、岚山开发区管委副主任。1996年11月任岚山工委常务副书记、岚山开发区管委副主任(正县级)(期间：1997年2月至2000年3月援疆任新疆莎车县委副书记)。2000年3月任日照市中级人民法院副院长、党组副书记(正县级)。2000年6月任聊城市委常委、组织部部长。2006年12月任聊城市委常委、副市长，市政府党组副书记。2010年12月任聊城市委副书记。2011年12月任政协日照市委员会党组副书记，2012年3月任政协日照市委员会主席、党组书记。1987年3月当选政协日照市第三届委员会委员，1992年9月当选共青团山东省第九次代表大会代表，2002年6月当选中共山东省第八次代表大会代表，2013年1月当选山东省第十一届政协委员。

王斌　1961年8月生，山东省寿光市人。1984年12月加入中国共产党。1978年12月参加工作，历任五莲县水泥厂技术科副科长，五莲县建委设计室技术员，五莲县委企业政治工作部办事员，五莲县委组织部办事员、干事；1990年5月任五莲县委办公室副主任；1991年3月任五莲县劳动局副局长、党委副书记（正科）兼县教委副主任；1992年12月任五莲县洪凝镇党委副书记兼镇人大主席；1993年2月任五莲县街头镇党委书记；1995年11月任五莲县委常委、组织部部长；1996年12月任东港区委常委、组织部部长；1999年2月任东港区委副书记、组织部部长；1999年3月任东港区委副书记（1999年6月任山东陆军预备役高炮师第四团副政委、中校）；2001年1月任岚山工委书记；2002年12月任莒县县委书记、县委党校校长；2007年1月任日照市委秘书长；2007年3月任日照市委常委、秘书长。是中共日照市第九次、十次、十一次、十二次党代会代表，中共日照市第十届、十一届、十二届委员会委员，日照市第十四届、十五届、十六届、十七届人大代表。1995年被日照市委、市政府授予"日照市科教兴市先进工作者"称号；2004年被日照市委、市政府、军分区表彰为双拥工作先进个人，记二等功；2005年被山东省委、省军区表彰为"党管武装好书记"。

牟善海　1961年10月生，岚山区碑廓镇人。1984年1月加入中国共产党。1981年7月参加工作，历任碑廓人武部干事，碑廓区委秘书，碑廓镇党委秘书，碑廓镇党委宣传委员。1987年9月至1989年7月在临沂地委党校党政干部班学习。1989年7月起，历任虎山乡党委宣传委员，黄墩镇党委副书记、镇长、党委书记，东港区委常委、黄墩镇党委书记，东港区委常委、政法委书记，东港区委常委、区政府副区长、党组副书记，东港区委副书记。2010年12月任岚山区政协党组书记，2011年1月任岚山区政协主席、党组书记。

徐淑利　1962年3月生，山东省莒南县人。1983年2月加入中国共产党。1980年12月参加工作，历任莒南县岭泉乡党委宣传委员，莒南县委组织部办公室组织员、副科级组织员，日照市委组织部副科级组织员、干审干训科科长、干部科科长，日照市经贸委党委副书记，日照市岚山工委副书记，莒县县委副书记，莒县县委副书记兼组织部部长，莒县县委副书记兼日照市农业学校党委书记。2006年12月任岚山区委副书记、区长，2010年12月兼任岚山经济开发区工委副书记、管委副主任。2011年12月任日照经济技术开发区党工委副书记、管委主任。是山东省第十一届人大代表，日照市第十六届人大代表。2009年、2011年两次被科技部表彰为"全国县市科技进步先进个人"。

孙欣亮　1962年8月生，山东省莒县人。1985年7月加入中国共产党。1979年9月入山东畜牧兽医学校中国兽医专业学习。1982年7月参加工作，历任莒县兽医站技术员，莒县科委技术员，县政府办公室秘书、副科级秘书、副主任，县委办公室副主任、主任，县委常委，组织部部长。1997年12月任岚山工委副书记兼组织部部长，1999年2月任岚山工委副书记，2003年1月任岚山工委副书记、办事处主任，2004年11月任岚山区委副书记、区政府筹备组组长、区长。2006年12月任枣庄市峄城区委书记、区委党校校长。2011年12月任枣庄市委常委、秘书长。是山东省十届人大代表。

高杰 1963年3月生，山东省海阳县人。1990年7月加入中国共产党。1985年7月毕业于华东化工学院能源化工系煤化工专业，毕业后任山东矿院济南分院助教。1987年11月起，历任威海市经委秘书，威海高技术产业开发区政策法制局科员、办公室副主任、管委办公室综合科科长，威海市政府办公室正科级秘书、办公室秘书一科副科长、科长，威海市贸易局(财贸办)副局长(副主任)，威海市经贸委副主任、贸易办主任，威海市政府副秘书长，文登市委副书记、代市长、市长。2006年12月任岚山区委书记、区委党校校长，2007年12月兼任岚山区人大常委会主任、党组书记，2010年12月兼任岚山经济开发区工委书记、管委主任。2012年2月任日照市委常委、政法委书记。是日照市第十一次党代会代表，日照市第十六届人大代表。2008年获山东省“关心国防建设十佳个人”荣誉称号。

卢祥松 1964年10月生，岚山区中楼镇人。1985年1月加入中国共产党。1986年7月毕业于山东省郯南农业学校畜牧兽医专业，历任莒县陵阳乡党委秘书、宣传委员、党委副书记，岚山开发区管委会办公室副主任，虎山乡党委副书记、乡长，碑廓镇党委书记、镇人大主席团主席。2003年1月任岚山办事处副主任，2004年11月任岚山区人民政府筹备组成员，2004年12月任岚山区人民政府副区长，2007年10月任岚山区委常委、区政府副区长、党组成员，2010年1月任岚山区委常委、纪委书记，2011年12月任岚山区人大常委会党组书记，2012年2月任岚山区人大常委会第一副主任(正处级)、党组书记。

刘国田 1968年2月生，山东省莒南县人。1996年3月加入中国共产党。1990年7月毕业于华东政法学院经济法专业，同年参加工作，历任日照市中级人民法院办事员、书记员、助理审判员、办公室副主任，日照开发区人民法院副院长、审判委员会委员、执行局局长，日照经济开发区农村工作委员会党委副书记、书记、主任，北京路街道党委书记，日照经济开发区党工委委员兼北京路街道党委书记，日照经济开发区党工委委员、政法委书记。2006年12月任岚山区委常委、政法委书记。2007年10月任岚山区委常委、区政府党组副书记。2007年12月任岚山区委常委、常务副区长，2010年12月兼任岚山经济开发区管委会副主任，2011年6月兼任岚山区半岛蓝色经济区先行示范区规划建设协调推进办公室主任。2011年11月任岚山区委副书记、岚山经济开发区管委会副主任、岚山区半岛蓝色经济区先行示范区规划建设协调推进办公室主任。2012年11月任岚山区委副书记、岚山经济开发区管委会常务副主任(正处级)、岚山区半岛蓝色经济区先行示范区规划建设协调推进办公室主任。2012年12月任岚山区委副书记、岚山经济开发区管委会常务副主任(正处级)。

孟青 1969年7月生，东港区人。1993年6月加入中国共产党。1990年7月毕业于山东经济学院县乡经济管理专业，同年参加工作，历任涛雒镇团委书记，日照团市委办公室秘书、组宣部干事，日照市委组织部干审干训科干事、干训科干事、办公室副主任、研究室主任、办公室主任。2006年12月任岚山区委常委、组织部部长。2010年5月任岚山区委副书记(正处级)、组织部部长。2010年7月任岚山区委副书记(正处级)、日照市对口支援新疆麦盖提县工作指挥部总指挥。2010年12月任岚山区委副书记(正处级)，日照市对口支援麦盖提县工作指挥部党委书记、总指挥，新疆麦盖提县县委副书记。2014年2月任莒县县委副书记、县长。

张桂伟 1970年1月生，山东省沂水县人。1993年8月加入中国共产党。1992年7月毕业于青岛建筑工程学院环境工程专业，同年参加工作，历任岚山头街道团委干事、团委书记、党委秘书，汾水镇党委组织委员，共青团岚山委员会副书记、书记，东港区政府党组成员、区长助理，东港区政府党组成员、区长助理兼涛雒镇党委书记、人大主席，莒县副县长，莒县副县长兼招贤镇党委书记、人大主席，莒

县县委常委、副县长、党组副书记，五莲县委常委、常务副县长、党组副书记。2011年11月起任岚山区委副书记、区长，2012年11月兼任岚山经济开发区管委会主任。2002年被日照市委表彰为学习实践“三个代表”重要思想先进个人，2003年被山东省委、省政府表彰为全省防治非典型肺炎工作先进个人并记三等功，2011年被日照市政府表彰为第六次全国人口普查工作先进个人并记二等功。是山东省第十二届人大代表，日照市第十次、十二次党代会代表，日照市第十七届人大代表。

盖卫星　1970年8月生，山东省沾化县人。1992年5月加入中国共产党。1992年7月毕业于山东经济学院工商经济系物资经济专业，同年参加工作，历任滨州地区国有资产管理局统计评价科副科长，沾化

县县长助理、党组成员，沾化县委常委、政法委书记，滨州市司法局副局长、党组成员，滨州市城市管理行政执法局副局长、党组副书记，滨州经济开发区党工委副书记、管委会副主任，滨州经济开发区党工委副书记、管委会常务副主任（正县级），博兴县委副书记、代县长、县长。2011年11月任岚山区委书记、区委党校校长，2012年2月兼任岚山区人大常委会主任，2012年11月兼任岚山经济开发区工作委员会书记。1997年被财政部表彰为全国城镇集体企业清产核资工作先进个人；2001年获滨州市农村税费改革工作三等功；2007年被山东省人事厅、建设厅表彰为全省建设系统先进工作者记二等功，被山东省建设厅授予全省建设系统党风廉政建设先进工作者；2009年被滨州市委、市政府授予平安滨州先进个人记二等功；2010年被山东省政法委、综治委授予第十一届全国运动会社会稳控与安保工作先进个人；2011年被科学技术部表彰为全国县市科技进步考核先进个人。是山东省第十次党代会代表，日照市第十二次党代会代表，日照市第十七届人大代表。

（七）

贾惟录　1920年6月生，巨峰镇贾家桃园村人。17岁考入山东大学，抗日战争胜利后任国民党陆军一六九师少将副师长。1949年去台湾，先后毕业于台陆军参谋大学、美国陆军参谋大学，后派任台湾军队五十七师、三十三师、八十一师师长。1964年任台陆军中将司令。1976年退役。

张永资　字再生，1930年生，高兴镇潘家洼村人。1949年赴台湾，先后入财务学校、艺术学校、政治大学学习。1972年任台“国防部”副处长。1973年任台湾省烟酒公买局组长。后曾任国民党主席吴伯雄、亲民党主席宋楚瑜办公室顾问。

苏同丰　字百仰，1933年5月生，虎山镇前稍坡村人。早年先在家乡小学就读，后入国立济南第五联合中学。1949年随学校到达澎湖，参加国民党军。1951年考入台湾陆军军官学校24期步科，并在台湾陆军指挥参谋大学、三军大学战争学院深造，毕业后历任台湾军队排长、连长、营长和旅、师、军参谋等职，后从事特种工作，任海外地区工作站成员、训练中心负责人等职，1988年以陆军少将军阶退役。

薄次萍　1934年10月生，巨峰镇薄家口村人。少年时先后就读于日照县中学、青岛礼贤中学、济南第一联合中学。1949年随全家去台湾。1950年后，数次参加台湾“保密局”情报干部训练班。历任台湾中尉、上尉特情官，少校、中校情战官，少将站长，情研室主任等职，1991年从台湾“军情局”第一处处长任内退役。

汉宝德　1934年生，后村镇人。1949年随父母去台湾，1958年台湾成功大学毕业，1964年赴美留学，取得哈佛大学建筑硕士和普林斯顿艺术

硕士学位。曾任台湾东海大学建筑系主任、中兴大学理工学院院长、自然科学博物馆馆长、台湾文艺基金会董事长、世界宗教博物馆馆长等职。著有《物象与心境:中国的园林》《明清建筑二论》《斗拱的起源于发展》等建筑学著作几十部。

吕敬来 巨峰镇人,1960年生于韩国京畿道水原市。现任韩国华侨厨师会会长,韩国中餐烹饪协会会长,韩国中国料理协会会长,韩国汉城华侨协会外务副会长,韩国水原女子大学、韩国梨花女子大学、新兴大学、五山大学等大学兼职烹饪教授,世界中国烹饪联合会常务理事,中国名厨专业委员会执行委员,韩国"吕坊""红宝阁"等5家中餐馆总经理。多次获世界各国烹饪大赛金、银奖。2007年、2008年分别主办第一届、第二届韩国大学生烹饪比赛。2008年主办韩国中餐烹饪大赛。

丁渝洲 1944年2月生,巨峰镇马疃村人。先后毕业于台湾"陆军军官学校"35期、"陆军步兵学校"高级班198期,台湾"三军大学陆军指参学院"正规班、1975年春班及战术研究班1983春班,"三军大学战争学院"正规班1979年班及兵学研究所1975年班。曾任台湾军队师长、参谋长、署长、第八集团军司令、陆军军官学校校长及台湾"国防部军事情报局"局长等职。1999年2月任台湾"安全局"局长,上将军衔。

三、革命烈士名录（1100名）

岚山头街道（68人）

表人物-1

姓　名	性别	出生年月	政治面貌	籍贯	参加革命时间	入党(团)年月	牺牲时所在单位	牺牲时职务	牺牲时间、地点	安葬地点	备注
徐加峰	男	1921年		圣岚路	1940年		六团	战士	1946年四平失踪		1958年9月批烈
仲济玉	男	1921年	党员	圣岚路	1942年	1943年	海防大队担架队	指导员	1948年河南开封		
张金江	男	1924年		圣岚路	1942年		滨海十九团	战士	1945年胶县		
徐河荣	男	1926年		圣岚路	1944年		二十六军七十六师二二六团一营	通讯员	1949年5月上海	本村	
黄振友	男	1926年		圣岚路	1942年		二十三团	班长	1943年巨峰六甲庄子		
肖培永	男	1909年		海州路	1940年		鲁中四团特务连	战士	1944年部队医院病故		1957年批烈
张立峰	男	1914年		海州路	1940年		鲁中四团	班长	1942年薛兴		
王永平	男	1920年		海州路	1946年		滨海二团	战士	1948年11月淮海战役		
徐河涛	男	1921年	党员	海州路	1939年	1941年	八纵二十二师四团二营	副指导员	1946年临沂	本村	
李传林	男	1922年		海州路	1946年		滨海二团三营九连	班长	1948年徐州小东关	本村	
赵玉忠	男	1923年		海州路	1946年		六纵	通讯员	1948年11月淮海		
王学平	男	1925年	党员	海州路	1945年1月	1946年	二团一营二连	班长	1948年安徽省芜湖	芜湖沙家村	三等功一次
徐子良	男	1909年	党员	岚阳路	1938年	1942年	九支队	排长	1943年沂蒙山失踪		1958年批烈
王树东（王和轩）	男	1910年		岚阳路	1940年		鲁中四团特务营	战士	1944年8月莒南县扁山	本村	
王龙昌	男	1916年		岚阳路	1941年2月		海防大队	战士	1941年9月岚山头	本村	
徐从贤	男	1920年		岚阳路	1947年9月		六军七十八师二三二团二营五连	战士	1951年2月朝鲜失踪		1952年5月批烈
徐从希	男	1922年	党员	岚阳路	1944年	1944年	华东军区后勤部	司务长	1948年5月三河镇		
王洪祥	男	1924年		岚阳路	1943年		志愿军	战士	1951年朝鲜失踪		1954年批烈

续表人物-1

姓　名	性别	出生年月	政治面貌	籍贯	参加革命时间	入党(团)年月	牺牲时所在单位	牺牲时职务	牺牲时间、地点	安葬地点	备注
王树林	男	1930 年		岚阳路	1944 年		公安部队	战士	1945 年江苏省新浦	岚山头北山	
徐修正	男	1897 年		环海路			日照县支前大队	民工	1947 年 7 月沂河崖		
徐河墨	男	1907 年	党员	环海路	1941 年	1942 年	山纵二旅五团	警察员	1941 年日照县王庄子	本村	
仲兴廷	男	1914 年		环海路	1940 年		山纵二旅二团	战士	1941 年 4 月莒县	本村	
赵玉东	男	1916 年	党员	环海路	1941 年	1942 年	山纵一旅二营五连	班长	1944 年莒县城	本村	
苏玉锡	男	1916 年		环海路	1940 年 6 月		鲁中四团特务连	战士	1941 年沂蒙山		
程永现	男	1917 年	党员	环海路	1940 年		在沂蒙山区做青年工作	工作员	1941 年沂蒙山		
张文其	男	1919 年	党员	环海路	1940 年	1940 年	野战军十三纵	指导员	1948 年 11 月淮海		
葛永福	男	1922 年	党员	环海路	1942 年	1943 年	老六团	连长	1943 年东北黄家岭		
徐子义	男	1922 年		环海路	1942 年		山纵六团特务连	战士	1948 年吉林省四平		
王庆友	男	1924 年		环海路	1947 年		二十六军七十六师二二六团一营	战士	1950 年朝鲜失踪		1952 年 4 月批烈
王克明	男	1924 年		环海路	1943 年		日照县三大队警卫连	战士	1948 年江苏省运河车站		
徐文东	男	1924 年		环海路	1941 年		老五团	战士	1945 年辽宁省黄永岭		
徐召廷	男	1924 年	党员	环海路	1942 年	1943 年	八纵	通讯员	1947 年孟良崮		
孙志合	男	1924 年	党员	环海路	1944 年	1945 年	胶东二十二团	班长	1947 年辽宁省锦州		
苏照利	男	1925 年	党员	环海路	1940 年	1943 年	滨海二团一营二连	班长	1945 年 5 月江苏省东海县苘庄湖	本村	
徐广文	男	1926 年		环海路	1945 年		七纵	战士	1948 年 11 月淮海		
苏照宣	男	1926 年	党员	环海路	1944 年	1945 年	江苏省柘汪税务所	工作员	1945 年江苏省柘汪税务所	本村	
徐加同	男	1929 年		环海路	1946 年		志愿军	战士	1950 年朝鲜	朝鲜	
徐子芳	女	1944 年	党员	环海路		1966 年	岚山头四村小学	民办教师	1966 年 8 月岚山头四村	本村	1967 年日照县政府批烈
王代文	男	1899 年	党员	王家庄子	1938 年 9 月		十九团	战士	1944 年 12 月巨峰后黄埠子	本村	
王化项	男	1919 年	党员	王家庄子	1945 年	1942 年	山纵	战士	1947 年 7 月黄河崖		
王仕福	男	1921 年		王家庄子	1938 年		日照县三大队一连	战士	1941 年 5 月巨峰幽儿崮	本村	
梁立列	男	1928 年		王家庄子			日照县支前大队	民工	1947 年临沂	本村	

续表人物-1

姓　名	性别	出生年月	政治面貌	籍贯	参加革命时间	入党(团)年月	牺牲时所在单位	牺牲时职务	牺牲时间、地点	安葬地点	备注
王洪岭	男	1905 年		甜水河	1940 年		海防大队	战上	1941 年江苏邢庄		
陈加元	男	1916 年		甜水河	1940 年		山东二旅	战士	1942 年黄墩甲子山		三等功一次
刘仕珂	男	1920 年		甜水河	1940 年		日照县大队	战士	1943 年虎山小村	甜水河	
肖立元	男	1920 年		甜水河	1939 年		十三团	战士	1945 年五莲县洪凝子	本村	
肖立名	男	1922 年		甜水河	1939 年		警备团	战士	1944 年虎山义和岭	本村	
陈守永	女	1922 年	党员	甜水河	1944 年	1946 年	日照县兴岚区区中队	文书	1947 年诸城县	诸城县	
陈加岭	男	1924 年	党员	甜水河	1944 年	1944 年	十一师十四团	班长	1948 年莱阳		
肖增社	男	1949 年	党员	甜水河	1971 年 1 月	1972 年	六零八七团	战士	1974 年 8 月 9 日长岛县		军训牺牲，部队批烈
张新传	男	1917 年		杨庄子	1939 年		鲁中四团特务连	班长	1944 年蒙阴		
陈加忠	男	1920 年		佛手湾	1946 年		四十二军一二四师三七二团二营机枪连	战士	1950 年朝鲜	朝鲜	
陈加兴	男	1928 年		佛手湾	1946 年		三野二十四军十七师六一二团三营八连	班长	1948 年 12 月淮海		
陈同兴	男	1928 年		佛手湾			日照县支前大队	民工	1947 年临沂毛河	毛河	
胡明芳	男	1903 年		胡家林	1943 年		十九团二营	战士	1945 年虎山松树园	本村	
代照法	男	1917 年		胡家林			日照县支前大队	民工	1947 年 4 月 16 日蒙阴甲庄	本村	
胡月涛	男	1923 年		胡家林			日照县支前大队	民工	1947 年蒙阴甲庄		
胡日合	男	1949 年		胡家林	1969 年 4 月		五八三四部队二小队	班长	1971 年 12 月 13 日四川渠县	渠县	因公部队批烈
王金伟	男	1919 年		童庄子	1944 年		十三团一营一连	炊事员	1946 年热河		
张金风	男	1921 年		童庄子	1943 年		二十三团	战士	1946 年热河		
刘克池	男	1928 年		童庄子	1946 年		滨海二团三营九连	战士	1947 年 1 月莒县坡木	本村	
王芹堂	男	1929 年		童庄子	1946 年		滨海二团三营九连	战士	1947 年 1 月江苏省青庄湖		
马成生	男	1920 年		王家海屋	1940 年		老六团	班长	1945 年莒县城	本村	
邹文信	男	1925 年	党员	王家海屋	1946 年	1946 年	滨海二团三营九连	战士	1947 年 6 月江苏省东海县青庄湖	本村	
李学知	男			秦官庄			日照县支前大队	民工	1947 年 6 月滕县	滕县	
代金春	男	1919 年		秦官庄	1943 年 2 月		十九团一营一连	排长	1945 年黄墩	本村	
胡守密	男	1919 年		秦官庄	1948 年		二十二军一九零团	战士	1951 年浙江省舟山	舟山	
翟友军	男	1924 年		秦官庄	1939 年		海防独立团特务连	排长	1946 年江苏省掖县沙河		

安东卫街道（81人）

表人物-2

姓　名	性别	出生年月	政治面貌	籍贯	参加革命时间	入党(团)年月	牺牲时所在单位	牺牲时职务	牺牲时间、地点	安葬地点	备注
王照来	男	1919年		汾水	1943年		警备团	战士	1943年巨峰六甲庄子	本村	
徐何江	男	1919年	党员	汾水	1940年	1942年	日照县县大队	战士	1945年莒南县大山斗	岚山四村	
王广一	男	1924年	党员	汾水	1948年		志愿军	战士	1952年朝鲜失踪		1958年6月批烈
林像峰	男	1926年		汾水	1946年1月		警备二团二营	通讯员	1947年4月江苏省竹庭县		
苏日学	男	1921年	党员	仁家村	1942年	1942年	警备团	营教导员	1948年12月江苏省浦口失踪		1952年批烈
黄振田	男	1921年	党员	仁家村	1942年		教导五旅十三团三营八连	炊事员	1943年日照县两城	两城	
黄振友	男	1923年		仁家村	1944年		二十三团	班长	1947年7月吉林省四平街		
苏日合	男	1924年	党员	仁家村	1944年	1944年	二十三团	战士	1947年7月吉林省四平街		
苏日军	男	1931年	团员	仁家村	1947年	1947年	三纵五师十五团三营八连	战士	1948年7月泗水县重兴城	泗水县重兴城	
王学祥	男	1923年	党员	界牌岭	1944年1月		三十八军三三五团二营四连	连长	1950年11月朝鲜	朝鲜	
孙树升	男	1911年	党员	潘庄一村	1946年	1942年	六纵二一二团机枪连	班长	1949年淮海		
孙树界	男	1914年	党员	潘庄一村	1943年	1944年	三十一军九十一师二十二团特务连	战士	1945年12月胶南县泊里	本村	
童英祥	男	1921年		潘庄一村	1946年		十九团	班长	1948年12月淮海		
孙存仁	男	1922年		潘庄一村	1946年		二十三团六连	战士	1947年日照县奎山	付疃	
康加昌	男	1927年		潘庄一村	1945年		滨海二团	战士	1945年江苏省青口		
周克吉	男	1923年	党员	潘庄二村	1945年7月	1944年5月	宁夏独立师	副政委	1973年1月北京病故	北京八宝山	1975年部队批烈，入著名烈士英名录
周克栋	男	1926年	党员	潘庄二村	1944年	1945年8月	二师五团二营	通讯员	1945年11月吉林省四平		

续表人物-2

姓　名	性别	出生年月	政治面貌	籍贯	参加革命时间	入党(团)年月	牺牲时所在单位	牺牲时职务	牺牲时间、地点	安葬地点	备注
魏绪塔	男	1908 年		竹园			日照县支前大队	民工	1948 年 11 月淮海		
张传福	男	1921 年	党员	竹园	1941 年 1 月		日照县大队四中队	排长	1945 年胶南县泊里	本村	
程济江	男	1923 年		竹园	1941 年 7 月		老四团二营四连	战士	1944 年临沂		
祁加俊	男	1912 年		泉子庙	1940 年 5 月		警备团一连	战士	1941 年江苏省赣榆县马站		
王洪合	男	1919 年	党员	泉子庙	1942 年	1942 年	日照县人民政府	县革救会长	1949 年浙江	浙江	南下干部，1956 年批烈
王开义	男	1920 年 7 月	党员	泉子庙	1943 年		三野七十四师二二一团	连长	1952 年朝鲜上甘岭	朝鲜	
王洪宝	男	1922 年	党员	泉子庙	1942 年	1946 年	三野八团八连	副排长	1949 年江苏省浦口		
徐成安	男	1932 年	党员	泉子庙	1949 年 3 月	1949 年	六十四师一九二团六连	战士	1952 年朝鲜失踪		1957 年 3 月 27 日批烈
蔡树利	男	1916 年	党员	蒋家庄子	1932 年 6 月		蒋家庄子民兵连	连长	1945 年安东卫	蒋家庄子	配合部队作战牺牲，1946 年批烈
李克祥	男	1924 年		安东卫东街	1944 年 9 月		滨海三团三营八连	战士	1946 年 11 月失踪		1954 年 5 月 17 日批烈
韩见浦	男	1925 年		安东卫东街	1943 年 5 月		三纵九师二七团一营一连	副班长	1948 年淮海战役失踪		1954 年 3 月 29 日批烈
徐加比	男	1928 年		安东卫东街	1946 年		滨海二团	通讯员	1947 年 1 月江苏省竹庭县黑林失踪		1954 年 11 月 20 日批烈
石方湖	男	1927 年		安东卫东街	1943 年 9 月		三纵八师炮兵营	班长	1948 年 11 月淮海战役失踪		1958 年批烈
魏绪福	男	1915 年		安东卫西街	1942 年		山东二旅四团	战士	1942 年 8 月黄墩甲子山		
段洪德	男	1919 年		安东卫西街	1944 年 9 月		海防队三连	班长	1945 年安东卫	莒南县崖下村	
王华岭	男	1919 年		安东卫西街	1941 年		警备二团	战士	1942 年黄墩甲子山	甲子山	
法光鹤	男	1922 年	党员	安东卫西街	1944 年	1944 年	沈阳军区一一二师六团	团长	1964 年吉林省通化市		病故，部队批烈，入著名烈士英名录
曹五十	男	1922 年		安东卫西街	1944 年		警备团二营五连	战士	1944 年江苏省赣榆县马站	马站	
王金和	男	1922 年		安东卫西街	1944 年		六团一营一连	战士	1956 年 9 月四川省内江县		病故，1957 年 4 月批烈

续表人物-2

姓名	性别	出生年月	政治面貌	籍贯	参加革命时间	入党(团)年月	牺牲时所在单位	牺牲时职务	牺牲时间、地点	安葬地点	备注
法光亮	男	1923年		安东卫西街	1945年		三纵二连机枪班	战士	1948年临沂	安东卫北山	
王永发	男	1923年		安东卫西街	1941年3月		七纵三连	连长	1948年江苏省朱家镇		
申云玉	男	1924年	党员	安东卫西街	1944年	1944年4月	海防三团	排长	1947年临沂	临沂县	
杨金三	男	1909年		安东卫南街	1941年9月		海防大队	战士	1942年3月日照县岚山头战斗		
张文成	男	1918年		安东卫南街	1942年8月		十支队	战士	1942年甲子山失踪		1947年批烈
王风提	男	1918年		安东卫南街			支前大队	民工	1946年江苏省竹庭县黑林		
苏玉梅	女	1921年	党员	安东卫南街	1940年	1939年	日照县妇救会	妇救会员	1942年莒南县病故	碑廓二朱曹	1945年批烈
王树分	男	1929年		安东卫南街	1947年9月		日照县武工队	战士	1947年日照县石臼所	本村	被敌人杀害
徐坦	男	1916年	党员	安东卫北街	1938年	1938年	青岛办事处	秘书	1944年江苏省赣榆县	本村	有人物传
崔永福	男	1917年		安东卫北街	1940年3月		十九团三营七连	班长	1945年6月胶南县薛家岛		
汤玉和	男	1918年		安东卫北街	1942年		老六团	战士	1945年梁山县	本村	
王守为	男	1925年		安东卫北街	1944年9月		海防三中队	战士	1945年3月江苏省赣榆县鲁山		
耿长永	男	1925年		安东卫北街	1945年		海防一中队	战士	1945年江苏省赣榆县棘子荡	本村	
王安乾	男	1920年		北山	1945年1月		海防团	班长	1947年8月日照县奎山	本村	
王思元	男	1923年		北山	1944年7月		九师一九八团三连	排长	1946年费县		
周立俭	男	1926年	党员	北山	1943年1月		四十二军一二五师二十七团	排长	1950年朝鲜失踪		1958年6月22日批烈
张传福	男	1926年		北山	1944年5月		九师二十八团二营六连	战士	1945年12月泊里		
赵世杰	男	1926年	党员	东山	1944年2月		三三五团一营三连	副排长	1950年朝鲜松豁岭	朝鲜	
胡现成	男	1927年		东山	1944年		二十四军七十一师二一二团二营四连	副班长	1947年徐州		
苏玉苗	男	1921年		岚山孟	1940年6月		十九团	副班长	1944年巨峰六甲庄子	本村	
苏照志	男	1949年	党员	岚山孟	1969年4月	1971年3月	五八三四部队十六小队	班长	1971年10月20日四川	四川达县烈士陵园	因公牺牲，部队批烈
陈万友	男	1911年		砚台西	1941年4月		海防大队	战士	1942年3月岚山头		
苏照苍	男	1917年		南门外	1944年9月		志愿军四十一军直属九连	排长	1951年朝鲜	朝鲜	
王金一	男	1928年		荻水	1944年5月		滨海二团一营	通讯员	1946年12月临沂玉皇庙	本村	

续表人物-2

姓　名	性别	出生年月	政治面貌	籍贯	参加革命时间	入党(团)年月	牺牲时所在单位	牺牲时职务	牺牲时间、地点	安葬地点	备注
李克传	男	1924年	党员	李家庄子	1944年		滨海一团	战士	1947年1月临沂	临沂县城子河	
赵仕群	男	1916年		陈家湖	1945年1月		十九团	战士	1945年五莲失踪		1958年6月11日批烈
崔柏永	男	1917年		前合庄	1945年6月		十三纵队	排长	1948年吉林省四平		
王照本	男	1917年		前合庄	1942年1月		警备团	班长	1943年虎山徐家村	本村	
薛纪瑞	男	1919年		前合庄	1942年		日照县公安局	班长	1944年碑廓	本村	被特务暗害
宋学金（王照善）	男	1921年	党员	前合庄	1942年		滨海支队	警卫员	1945年五莲	本村	二等功一次，入著名烈士英名录
刘　海	男	1922年		前合庄	1944年		华东野战军七纵	战士	1949年1月淮海战役失踪		1958年7月4日批烈
刘仕俊	男	1923年		前合庄			日照县支前大队	民工	1948年11月淮海		
吴全林	男	1923年		前合庄	1943年		教导五旅十三团五连	副班长	1944年5月五莲	本村	
李洪海	男	1925年		前合庄	1945年				1949年淮海战役失踪		1956年2月27日批烈
王照芹	男	1928年		前合庄	1946年1月		二十六军七十师二三二团二营五连	排长	1951年6月朝鲜	朝鲜	
王立兴	男	1900年		后合庄	1942年		鲁中南军区后勤医院	炊事员	1945年安东卫后合庄	本村	
王立顺	男	1918年		后合庄	1940年		警备团四连	班长	1944年6月巨峰六甲庄子	本村	
阎仁顺	男	1920年		后合庄	1946年1月		滨海二团二营六连	战士	1949年1月淮海		
邢为永	男	1920年		后合庄	1947年		滨海二团二营	战士	1949年1月淮海		
陈玉良	男	1914年		贾家湖	1946年1月		特纵炮兵二团三营九连	战士	1947年河南		
吉守岭（王金连）	男	1917年		贾家湖	1939年		教导五旅	战士	1947年四平街		
丁原敏	男	1920年		贾家湖			贾家湖民兵队	民兵	1945年5月虎山东潘家村	本村	
苏日田	男	1923年		贾家湖	1942年		警备团	战士	1946年吉林省四平街失踪		1962年5月批烈
侯作玉	男	1909年		辛庄子	1940年1月		莒南独立营	战士	1941年6月2日莒南县马蹄窑	本村	
李其田	男	1930年		辛庄子	1946年1月		滨海二团一营	战士	1948年江苏省竹庭县抗日山	本村	

虎山镇（124人）

表人物-3

姓名	性别	出生年月	政治面貌	籍贯	参加革命时间	入党(团)年月	牺牲时所在单位	牺牲时职务	牺牲时间、地点	安葬地点	备注
孙济全	男	1908年	党员	徐家村			支前民工队	队长	1948年11月淮海	徐州	
张继存	男	1920年		小村			虎山小村民兵队	民兵	1944年10月虎山小村	本村	1945年批烈
葛守云	男	1921年		小村	1938年		滨海十九团	班长	1945年12月胶南县泊里	本村	
张传胜	男	1922年	党员	小村	1945年		滨海十三团	战士	1947年日照县石臼所	本村	
朱崇德	男	1924年		小村	1940年		日照县第四区区中队	战士	1941年巨峰沟洼	沟洼	
苏玉耐	男	1924年	党员	大庄子	1944年	1944年	滨海十九团	班长	1945年12月胶南县泊里	本村	
郑淑荣	男	1927年		大庄子	1946年		滨海二团	战士	1947年临沂县茅河崖		
杨宝贵	男	1917年		西潘家村	1942年		滨海十九团	战士	1945年12月胶南县泊里	本村	
李凤山	男	1919年		西潘家村	1942年		江苏省竹庭县柘汪区公所	干部	1946年江苏省竹庭县柘汪	本村	1957年批烈
杨宝绪	男	1919年		西潘家村	1944年1月		一野二师三团三营五连二排	副排长	1946年吉林省四平	四平市	
杨步学	男	1922年		西潘家村	1945年		电信局	战士	1947年莒南县温家村	本村	
孙树月	男	1924年		西潘家村			虎山西潘家村民兵队	民兵	1948年7月江苏省连云港	连云港	1953年批烈
杨宝谱	男	1924年	党员	西潘家村			虎山西潘家村民兵队	民兵	1944年11月虎山西潘家村	本村	1953年批烈
杨步久	男	1925年		西潘家村	1938年		滨海警备团	战士	1944年巨峰六甲庄子	本村	
潘西墩	男	1925年		西潘家村			支前民工队	民工	1947年4月滕县	滕县	1958年6月批烈
杨宝孝	男	1926年		西潘家村			支前民工队	民工	1947年4月滕县	滕县	1958年6月批烈
杨孝岱	男	1927年		西潘家村	1946年1月		六纵十七师五十团三营九连三排	副班长	1948年12月蚌埠		
刘士皆	男	1922年		东潘家村	1940年2月		日照县三大队	战士	1942年黄墩甲子山		
王为金	男	1924年		东潘家村	1942年8月			副班长			
刘克忠	男	1925年		韩家营子	1946年		警备团	战士	1947年1月鲁南		
韩见佣	男	1925年	党员	韩家营子	1945年		滨北独立团	班长	1947年海阳县	海阳	

续表人物-3

姓　名	性别	出生年月	政治面貌	籍贯	参加革命时间	入党(团)年月	牺牲时所在单位	牺牲时职务	牺牲时间、地点	安葬地点	备注
刘同春	男	1930年		韩家营子	1947年		独立二团	战士	1949年5月安徽省刘家渡	刘家渡	
胡庆堂	男	1930年	党员	韩家营子	1948年		六十四师政治部	通信员	1949年4月渡江		
许成山	男	1921年		大合坞	1940年2月		老六团	班长	1941年4月巨峰沟洼	沟洼	
刘克忠	男	1917年	党员	东湖一村	1940年11月		滨海四团	排长	1942年黄墩甲子山	本村	
刘为高	男	1921年	党员	东湖一村	1949年		浙江省温岭县城南区	武装部长	1949年10月浙江省温岭县横溪村	横溪村	
李克均	男	1924年	党员	东湖一村	1941年		东北兵团	排长	1945年辽宁省丹东	丹东	
刘为民	男	1925年		东湖一村	1946年12月		十九师五十七团一营三连	战士	1947年7月诸城		
刘为普	男	1925年		东湖一村	1945年		三十八军	战士	1948年吉林省四平	四平	
丁元可	男	1927年		东湖一村	1946年12月		十九师五十七团	排长	1948年12月淮海	徐州	
张传纪	男	1896年		桥南头	1942年		滨海十九团	炊事员	1944年巨峰后黄埠子	本村	
张西林	男	1913年		桥南头			虎山桥南头民兵队	队员	1943年3月虎山桥南头村	本村	
张金林	男	1917年		桥南头			虎山桥南头民兵队	指导员	1944年10月虎山桥南头村	本村	
申延山	男	1926年		桥南头	1943年2月		一纵一师特务连	班长	1946年3月吉林省四平	四平	
夏小种	男	1922年		大尧沟	1942年		六团	战士	1943年莒南县三界首	临沂县	
童英法	男	1925年		太平村	1942年		滨海十九团	班长	1944年巨峰后黄埠子	本村	
童英祥	男	1926年	党员	太平村	1944年		滨海十九团	副连长	1948年12月淮海	徐州	
李学成	男	1918年	党员	大村	1939年		碑廓区武工队	队长	1945年5月高兴	本村	
李为相	男	1920年		大村	1944年1月		教导五旅十三团	班长	1946年2月吉林省四平	四平	
王世合	男	1921年		大村	1943年		滨海警备团	战士	1944年12月巨峰后黄埠子	后黄埠	
李其高	男	1920年		小合坞	1943年		警备团二连三班	战士	1946年2月吉林省四平	本村	
陈德亮	男	1915年		四门口	1942年		十九团三连	战士	1944年12月巨峰后黄埠	本村	
赵洪里	男	1920年		四门口	1940年		江苏独立十九团	战士	1944年7月江苏省竹庭县马站	本村	

续表人物-3

姓　名	性别	出生年月	政治面貌	籍贯	参加革命时间	入党(团)年月	牺牲时所在单位	牺牲时职务	牺牲时间、地点	安葬地点	备注
邵新田	男	1920年		四门口	1944年		滨海十九团	战士	1948年11月淮海		
王润普	男	1921年		四门口	1939年		莒中独立营	战士	1943年8月莒县花崖头	花崖头	
孙春圃	男	1904年	党员	相家结庄	1939年	1939年	虎山区公所	区长	1944年虎山连家村	本村	有人物传
陈明生	男	1914年	党员	相家结庄	1941年		邮电局	通讯员	1943年东港涛雒		有人物传
徐宣留	男	1917年		相家结庄	1941年		日照县二区区中队	班长	1943年8月虎山陈家庄子	本村	1950年批烈
孙树培	男	1918年	党员	相家结庄	1944年		滨海十九团	副排长	1945年胶南县泊里	本村	
孙树见	男	1920年		相家结庄	1944年		兵工厂	战士	1948年莒南县柳沟	柳沟	
马成山	男	1920年		相家结庄	1946年		滨海二团	战士	1948年11月淮海		
陈为鹏	男	1920年		相家结庄	1943年		大坡区中队	战士	1943年5月日照县沈疃	沈疃	
秦聿顺	男	1923年		相家结庄	1943年		滨海十九团	战士	1945年7月东港涛雒右所	本村	
陈为礼	男	1923年	党员	相家结庄	1946年	1944年	滨海二团	战士	1948年11月淮海		
王绪堂	男	1928年		相家结庄	1944年		日照县警备团	战士	1946年高密	高密	
刘贤东	男	1907年	党员	张家结庄	1939年	1939年	日照县涛雒区中队	中队长	1943年虎山解放村	日照烈士陵园	有人物传
孙树同	男	1922年		张家结庄	1946年		滨海二团	战士	1947年12月临沂县毛家桃园	本村	
徐宣记	男	1921年	党员	张家结庄	1942年		日照县涛雒区中队	战士	1943年巨峰郑家大沟	本村	
刘家金	男	1926年		张家结庄	1944年7月		十九团一营一连机枪班	副班长	1947年高密县芝兰庄	芝兰庄	
郑全禄	男	1923年		郑家结庄	1945年8月		滨海十九团	班长	1945年12月胶南县泊里	本村	
宋光泽	男	1917年	党员	泥田沟	1945年9月		三纵七师七团二营一连二排	班长	1947年6月济宁	济宁	
梁蓝培	男	1923年		泥田沟	1946年11月		十九师五十七团三营九连	战士	1948年11月淮海		
宋光见	男	1925年		泥田沟	1946年1月		十九师五十七团一营三连一排	战士	1947年6月诸城	诸城	
陈秋善	男	1919年		陈家庄子	1941年		滨海警备团	战士	1945年12月胶南县泊里	泊里	
陈会善	男	1923年		陈家庄子	1945年		滨海二团一营二连四排	副排长	1947年7月江苏省东海县清水湖	东海县	

续表人物-3

姓名	性别	出生年月	政治面貌	籍贯	参加革命时间	入党(团)年月	牺牲时所在单位	牺牲时职务	牺牲时间、地点	安葬地点	备注
许延德	男	1919 年		解放村	1939 年		日照县三大队	营长	1946 年四平战斗	四平	
韩二光	男	1920 年		解放村	1944 年		滨海警备团	战士	1944 年江苏省竹庭县黑林	莒南县黑林	
吴茂顺	男	1923 年		解放村	1941 年		日照县三大队	战士	1945 年 2 月虎山解放村	本村	甲子山战斗负伤回村治疗死亡
李为勋	男	1924 年		解放村	1945 年		滨海十九团八连	战士	1945 年 12 月胶南县泊里	本村	
李延德	男	1924 年		解放村	1945 年 2 月		十三团	战士	1945 年 12 月胶南县泊里	胶南县松柏林	
李相久	男	1902 年	党员	楼子底（仓平村）	1941 年		日照县县大队	连长	1944 年虎山大村	本村	
王仓平	男	1919 年	党员	楼子底（仓平村）	1939 年	1940 年	日照县四区区中队	中队长	1945 年东港涛雒栈子	本村	被日军杀害，1963 年 5 月批烈
夏有田	男	1926 年	党员	楼子底（仓平村）	1942 年		五师十四团一营一连	排长	1947 年 1 月胶南县小王家庄	小王家庄	荣获战斗英雄称号，入著名烈士英名录
高文甫	男	1922 年	党员	虎山铺	1940 年 7 月		志愿军三十八军一一二师	军教导员	1950 年 11 月 5 日朝鲜	朝鲜平安南道	有人物传
李方盛	男	1926 年	党员	虎山铺	1945 年	1946 年	九支队特务营	通讯员	1948 年河南省		1957 年 1 月批烈
吴家文	男	1956 年	党员	虎山铺	1974 年 3 月	1975 年 4 月	空军六十四师	副连长	1980 年 4 月甘肃省酒泉，战备训练牺牲	日照烈士陵园	学雷锋先进个人，部队批烈
朱文成	男	1905 年	党员	朱家官庄	1937 年	1942 年	青岛海西办事处	办事员	1946 年青岛黄岛	本村	
丁凤南	男	1909 年	党员	朱家官庄	1940 年 9 月	1940 年	四川省江津县公安局	副局长	1950 年 2 月四川省江津县病故	江津县	江津县民政局批烈
韩见英	男	1922 年	党员	朱家官庄	1944 年		滨海十九团	副班长	1945 年 12 月胶南县泊里	本村	
丁元启	男	1923 年		朱家官庄	1942 年		碑廓区公所	通讯员	1947 年虎山朱家官庄	本村	
傅成恕	男	1926 年		朱家官庄	1945 年 8 月		滨海十九团一营二连	战士	1945 年 12 月胶南县泊里	本村	

续表人物-3

姓　名	性别	出生年月	政治面貌	籍贯	参加革命时间	入党(团)年月	牺牲时所在单位	牺牲时职务	牺牲时间、地点	安葬地点	备注
申守栋	男	1928年	党员	申张村	1946年1月	1946年10月	滨海二团	副班长	1947年江苏省徐塘	本村	原申家村
张成富	男	1891年		申张村	1939年		日照县三大队	炊事员	1940年2月巨峰沟洼	本村	原张家村
姚昆尊	男	1923年	党员	申张村	1946年11月	1946年10月	滨海二团	班长	1947年11月江苏省抗日山	本村	原张家村
申守富	男	1928年		申张村	1946年		滨海二团	战士	1948年11月淮海		原申家村
张守和	男	1928年		申张村	1947年		滨海军区通信队	战士	1947年黄墩黑家沟	本村	原张家村
申延柏	男	1928年		高家村			日照县支前大队	民工	1948年11月淮海	本村	
赵崇德	男	1926年	党员	董家湖	1945年	1946年4月	二野后勤部	副班长	1948年5月孟良崮	孟良崮	
申为桌	男	1915年		龙王河	1945年		六纵	战士	1948年11月淮海	徐州	
王俊起	男	1922年		龙王河	1947年		志愿军二十六军	战士	1951年4月朝鲜连川	朝鲜	
赵宗发	男	1925年	党员	龙王河	1942年		滨海十九团	班长	1944年4月巨峰六甲庄子	本村	
马成栋	男	1928年	党员	马家村	1946年	1946年	虎山马家村		1975年12月虎山马家村	本村	生前为二等乙级残废军人，1976年批烈
侯立学	男	1906年	党员	孙家官庄		1946年	日照县民工队	民工	1947年曹县	曹县	
孙树梅	男	1913年	党员	孙家官庄		1946年	日照县民工队	民工	1947年2月河南省孟家中营	孟家中营	
苗升田	男	1916年		前稍坡	1942年8月		四野	战士	1946年吉林省四平	四平	
赵明全	男	1924年	党员	前稍坡	1942年1月		圣岚区区中队	队长	1945年7月虎山龙王河	本村	
李洪章	男	1925年	党员	前稍坡	1946年1月		中朝空军联合司令部警卫营	排长	1951年4月辽宁省丹东	本村	
苏贻贵	男	1926年		前稍坡	1943年		圣岚区区中队	通讯员	1944年7月虎山松树园	本村	
赵明龙	男	1920年		前水车沟	1944年		一师二团	排长	1947年6月吉林省四平	四平	
赵明平	男	1921年		前水车沟	1944年		虎山区公所	干部	1944年虎山连家村	本村	
赵明才	男	1923年	党员	前水车沟	1945年		十三纵三十七师一一零团一营	连长	1947年胶县	本村	
赵明栋	男	1924年		前水车沟	1945年		滨海十九团八连	战士	1945年7月黄墩邢家沟	本村	
赵明熟	男	1924年		前水车沟				民工	1948年11月淮海		

续表人物-3

姓名	性别	出生年月	政治面貌	籍贯	参加革命时间	入党(团)年月	牺牲时所在单位	牺牲时职务	牺牲时间、地点	安葬地点	备注
赵为法	男	1925年		前水车沟				民工	1946年临沂茅河	本村	
赵为举	男	1925年		前水车沟	1945年		十三纵三十七师一一零团一营		1946年7月薛家岛	本村	
黄茂昌	男	1922年		黄家峪	1947年		日照县武工队	战士	1947年8月日照县石臼所	本村	
崔为俊	男	1924年	党员	黄家峪	1944年		五师十四团三营机炮连	班长	1945年8月翁城	本村	
黄陆田	男	1924年		黄家峪	1944年		日照县县大队	战士	1947年8月临沂	本村	
黄庆金	男	1925年	党员	黄家峪			日照县民工队	民工	1948年11月淮海战役		
崔喜永	男	1912年	党员	梭罗树	1937年		教导二旅一营	连长	1943年江苏省青口	日照烈士陵园	
崔照田	男	1915年	党员	梭罗树	1942年		虎山区公所	公安员	1944年虎山连家村	本村	
崔照珍	男	1916年		梭罗树	1943年		日照县警备团	班长	1945年12月胶南县泊里	本村	
崔照斗	男	1922年		梭罗树	1944年		滨海十九团	战士	1944年4月巨峰六甲庄子	本村	
崔朋永	男	1927年		梭罗树	1945年		四纵	战士	1948年淄博博山	博山	
崔为嘉	男	1927年		梭罗树	1945年		四纵	战士	1948年济南	济南	
赵百川	男	1914年	党员	后水车沟	1932年		日照县三大队	连长	1944年1月东港三庄石沟崖	石沟崖	
张其山	男	1918的	党员	后水车沟	1944年		圣岚区区公所	教员	1944年虎山连家村	本村	
徐洪德	男	1923年		后水车沟	1945年8月		三纵九师二十团一连	战士	1946年12月峄县	峄县	
申云秀	男	1923年		后水车沟	1945年8月		日照县海防队	战士	1947年4月江苏省竹庭县土城子	本村	
窦洪亮	男	1907年	党员	崔景阳		1942年	虎山崔景阳村	农救会长	1944年4月东港涛雒栈子	本村	被日寇杀害
李朋三	男	1931年		崔景阳	1950年		志愿军	战士	1953年朝鲜	朝鲜	
秦洪元	男	1928年		蔡家墩	1946年		滨海二团三营九连二排六班	战士	1947年7月江苏省东海县青水湖	青水湖	
韩明路	男	1919年		松树园			日照县民工队	民工	1948年11月淮海		
高士全	男	1924年		松树园	1946年		六纵	战士	1947年7月江苏省沙沟	沙沟	

碑廓镇（124人）

表人物-4

姓　名	性别	出生年月	政治面貌	籍贯	参加革命时间	入党(团)年月	牺牲时所在单位	牺牲时职务	牺牲时间、地点	安葬地点	备注
杨百花	男	1913年		中杨家庄				民伕	1947年2月费县	本村	
徐忠章	男	1919年		甫田庄	1940年3月		警备团	班长	1943年12月东港涛雒凤凰山	本村	
李业新	男	1924年		甫田庄	1943年3月		警备团	战士	1944年3月安东卫	本村	
滕兆廷	男	1927年		甫田庄	1944年1月		警备团	战士	1944年3月巨峰后黄埠子	本村	
张传希	男	1925年		大河口				民伕	1947年5月失踪		1958年6月批烈
尹瑞德	男	1928年		大河口	1946年3月		滨海二团	战士	1948年11月淮海	新沂县	
牟敦夫	男	1930年		大河口				民伕	1947年5月失踪		1958年6月批烈
岳延法	男	1924年		岳家村	1944年11月		警备团二营	战士	1945年4月碑廓岳家村	本村	回家养伤牺牲
岳世阶	男	1925年	党员	岳家村	1944年3月	1943年3月	六纵五十团四连三排	副排长	1948年11月淮海	徐州	三等功一次
王安堂	男	1925年	党员	谢家荒	1944年2月	1945年10月	警备团二连	指导员	1948年11月淮海	本村	三等功三次
丁立佐	男	1908年		张家岭	1943年3月		十三团一营	班长	1944年7月胶南县杨家山里	本村	
孙锡敬	男	1915年		张家岭	1943年1月		警备团一营一连一排	战士	1944年12月巨峰李家大村	本村	
安茂兴（安茂金）	男	1922年		张家岭	1944年11月		二十三团二营五连	班长	1945年8月东港沈疃	本村	
秦洪龙	男	1905年		三朱曹				民伕	1948年1月江苏省扬州	扬州	
郁致乾	男	1910年		郁家村				民伕	1948年1月江苏省扬州	扬州	
魏茂顺（魏茂学）	男	1921年	党员	郁家村	1943年3月	1945年	八纵二团	排长	1948年7月豫东睢杞	睢县北口	三等功一次，一等功一次，入著名烈士英名录
魏茂全	男	1922年	党员	郁家村	1942年12月	1943年	滨北一团一营	连长	1946年4月胶东沙河	本村	二等功二次，入著名烈士英名录
郁家建	男	1925年		郁家村	1946年11月		三野炮兵团	战士	失踪		1958年6月批烈
魏绪干	男	1925年		郁家村	1946年4月		野战医院	护士	1949年5月南京病故	南京	部队批烈
魏本玉	男	1941年	党员	郁家村	1959年3月	1962年1月	六二七部队八十一分队	副排长	1962年9月江苏省连云港	本村	因海啸为救炮溺水牺牲，部队批烈

续表人物-4

姓　名	性别	出生年月	政治面貌	籍贯	参加革命时间	入党(团)年月	牺牲时所在单位	牺牲时职务	牺牲时间、地点	安葬地点	备注
许传俭	男	1921 年		费家湖				民伕	1948 年 12 月淮海	本村	
刘为玉	男	1928 年		费家湖	1946 年 11 月		滨海二团一营三连	战士	1948 年 4 月益都	本村	
许传功	男	1929 年		费家湖	1946 年 11 月		滨海二团一营三连	通讯员	1947 年 10 月东港奎山	本村	
孙树宗	男	1900 年		二朱曹	1938 年 1 月		山东六团	战士	1946 年 3 月莒县陵阳病故	陵阳	1958 年批烈
邢西友	男	1921 年	党员	二朱曹	1944 年 12 月	1944 年 11 月	十三纵	排长	1949 年 1 月上海市吴淞口	上海	
崔惟中	男	1922 年		二朱曹			碑廓二朱曹民兵队	民兵	1944 年 12 月碑廓三朱曹	本村	1957 年批烈
苏贻谋	男	1923 年		二朱曹	1940 年 12 月		警备团四连	卫生员	1944 年 12 月巨峰后黄埠子	本村	
秦玉珂	男	1924 年		二朱曹	1940 年 12 月		警备团一营一连一排	战士	1943 年 7 月高兴庙	本村	
朱相孟(朱大孟)	男	1925 年		二朱曹	1941 年 9 月		老六团	战士	1942 年 5 月济南	济南	
董怀兴	男	1925 年		二朱曹	1945 年 2 月		十九团三营四连	通讯员	1944 年 5 月 12 日胶南县泊里	本村	
朱相永(朱大江)	男	1927 年		二朱曹	1944 年 12 月		十三纵三十七师二十团	排长	1946 年 8 月济南	济南	
张宗法	男	1930 年	党员	二朱曹	1948 年 9 月	1948 年 10 月	志愿军二二七团五连	通讯员	1950 年 12 月朝鲜咸南	朝鲜咸镜南道	
马承俊	男	1919 年		大湖	1944 年 3 月		十三团	战士	1946 年 3 月辽宁		
胡建贵	男	1923 年		东秋齐园	1944 年 2 月		十三纵三十七师二十团	战士	失踪		1958 年批烈
董家福	男	1942 年		林家坊子	1960 年 3 月		一八八五部队	保管员	1966 年 8 月胶县沽河	烟台二公墓	运输途中遇洪水牺牲，部队批烈
胡建光	男	1911 年		山西头	1942 年 4 月		三十五支队	战士	1942 年 4 月日照县苏家庄子	本村	
胡玉亭	男	1923 年		山西头	1942 年 3 月		百十一师	战士	失踪		1958 年批烈
杨百信	男	1901 年		西杨家庄				民伕	1947 年 7 月济宁	济宁	
杨百儒	男	1914 年		西杨家庄				民伕	1948 年 3 月扬州	扬州	病故
杨书田	男	1916 年		西杨家庄				民伕	1948 年 3 月扬州	扬州	病故
杨百川	男	1925 年		西杨家庄				民伕	1947 年 7 月邹县	邹县	

续表人物-4

姓　名	性别	出生年月	政治面貌	籍贯	参加革命时间	入党(团)年月	牺牲时所在单位	牺牲时职务	牺牲时间、地点	安葬地点	备注
于治明	男	1931年		于家庄子	1950年2月		志愿军	战士	1951年朝鲜	朝鲜	
张传贵	男	1918年		西秋齐园	1948年12月		二十七军七十九师二三五团一营	炊事员	1951年朝鲜	朝鲜	
宋家祥	男	1905年		宋家岭				民伕	1948年扬州	扬州	
魏绪春	男	1922年		北辛庄子	1942年2月		山东军区	战士	1946年7月碑廓西集后野战医院	本村	病故
张传秀	男	1928年		张家店子	1948年9月		志愿军	战士	1951年8月朝鲜下峪里	朝鲜	
张纪堂	男	1915年		向阳	1940年3月		九支队四团特务连七班	班长	1944年5月莱芜	莱芜	
张传荣	男	1922年		向阳	1946年11月		滨海二团	战士	1947年11月滨海二所牺牲	本村	
沙瑞臣	男	1918年		北张家庄	1940年3月		独立团	战士	1940年5月碑廓东辛兴	本村	
魏林德	男	1914年		袁家庄	1944年2月		二十三团六连	战士	1945年5月江苏省赣榆县石桥子	本村	
魏培德	男	1926年	党员	袁家庄	1946年1月	1945年2月	滨海二团	排长	1947年5月沂源南麻	沂源	
徐凤起	男	1929年		袁家庄	1946年1月		滨海二团	战士	1947年10月东港奎山	奎山	
韩京荣	女	1930年		玉峰岭	1946年11月		滨海二团一营三连二排	战士	1947年5月滨海二所牺牲	本村	
牟乃福	男	1915年		小湖	1946年3月		六纵十七师五十团一营	战士	1948年11月淮海	新沂县碾庄	
牟乃安	男	1928年		小湖	1944年3月		十三团	战士	1944年7月胶南县	胶南	
秦洪征	男	1928年		小湖	1944年3月		十三团	战士	1946年3月辽宁	辽宁	
马先乐	男	1925年		马家湖	1944年3月		十三团	战士	1946年3月辽宁		
厉永秀	男	1920年	党员	碑廓一村	1938年3月		十九团二营	指导员	1944年高密	本村	
葛为桐	男	1923年		碑廓一村	1942年1月		警备团二营五连	战士	1944年12月虎山	本村	
田照明	男	1928年	党员	碑廓一村	1946年11月	1945年	滨海二团	战士	1947年8月江苏省竹庭县戴埠	本村	
葛世兰	女	1930年		碑廓一村	1946年4月		华东野战医院	护士	1949年11月浙江省	浙江	
陈太祥	男	1926年		碑廓二村	1946年11月		滨海一团三营七连	战士	1947年5月江苏省竹庭县吴山	本村	

续表人物-4

姓　名	性别	出生年月	政治面貌	籍贯	参加革命时间	入党(团)年月	牺牲时所在单位	牺牲时职务	牺牲时间、地点	安葬地点	备注
崔照贵	男	1906年		碑廓三村				民伕	1947年6月费县	本村	
马瑞文	男	1908年		碑廓三村				民伕	1947年7月费县	本村	
刘金海	男	1909年		碑廓三村				民伕	1947年3月费县	本村	
王明传	男	1913年		碑廓三村				民伕	1947年8月费县	本村	
牟福善	男	1922年		碑廓三村				民伕	1947年2月费县	本村	
郭秋章	男	1923年		碑廓三村	1943年1月		二十三团	战士	1948年9月济南	济南	
牟宗臣	男	1924年		碑廓三村				民伕	1947年5月费县	本村	
徐宣仁	男	1926年		碑廓三村	1942年4月		滨海支队	战士	1944年10月东港河山店	本村	
牟祝善	男	1928年		碑廓三村				民伕	1947年4月费县	本村	
牟善若	男	1924年	党员	碑廓四村	1942年8月	1946年9月	三纵九师二十七团便衣排	排长	1947年7月浙江省镇海	镇海	二等功一次，三等功一次，入著名烈士英名录
牟宗经	男	1928年		碑廓四村	1945年7月		六纵十七师五十团	通讯员	1948年11月蚌埠	蚌埠	
徐茂坤	男	1925年		徐家林	1945年2月		三纵九师二十五团	战士	1947年1月枣庄	枣庄	
牟乃烟	男	1904年	党员	大司官庄	1940年11月	1939年12月	日照县三大队	班长	1941年3月巨峰沟洼	沟洼	
司兰吉	男	1915年	党员	大司官庄	1944年3月	1943年	六纵十七师五十团	班长	1948年11月淮海	本村	
牟乃渠	男	1915年	党员	大司官庄	1940年2月	1939年12月	滨海公路分局	局长	1947年12月碑廓山西头	本村	1956年6月批烈
滕世祥	男	1922年		大司官庄	1940年		碑廓区中队	战士	1940年11月碑廓大司官庄	本村	执勤被敌暗杀
司彦兰	女	1928年	党员	大司官庄	1948年3月	1947年10月	博山兵工厂	战士	1949年9月淄博博山	本村	1965年批烈
庄乾贵	男	1906年		田家寨	1946年		六师十八团四十八大队	战士	1947年5月孟良崮	本村	
韩　胜	男	1929年		田家寨	1948年1月		七十四师一九?团二营	战士	1949年10月浙江省定海	定海	
杨克宝	男	1908年	党员	杨家洼	1940年	1942年	临沂专署农业科	科员	1950年10月济宁医院	济宁	临沂专署批烈
张店良	男	1922年		杨家洼	1940年		老六团	指导员	1944年1月东港石沟崖	石沟崖	

续表人物-4

姓　名	性别	出生年月	政治面貌	籍贯	参加革命时间	入党(团)年月	牺牲时所在单位	牺牲时职务	牺牲时间、地点	安葬地点	备注
王彦玉	男	1922年	党员	王家庄	1946年1月	1945年8月	滨海军区司令部警卫排	战士	1948年12月黄墩崔家沟	本村	
王允典	男	1926年	党员	王家庄	1946年11月	1946年9月	海滨二团一营三连	通讯员	1947年10月东港奎山	日照烈士陵园	
苏玉德（苏育升）	男	1926年		王家庄	1943年3月		十三团	战士	1944年9月日照县北辛庄	大朱曹二村	
王京云	男	1926年		王家庄	1945年		十三团	战士	1946年1月辽宁	辽宁	
牟家开	男	1908年		田家寨二村	1940年3月		警备团	炊事员	1942年6月江苏省赣榆县草城	本村	
朱仕正	男	1915年		田家寨二村	1942年11月		十九团	战士	1946年3月辽宁	辽宁	
李宏义	男	1916年		田家寨二村	1942年11月		碑廓区中队	战士	1943年6月东港莲村	本村	
徐宣禄	男	1917年		田家寨二村	1942年11月		警备团	战士	1944年11月巨峰后黄埠	本村	
司墨吉	男	1918年	党员	小司官庄	1940年		百十一师	连长	1946年7月辽宁	辽宁	
司西占	男	1919年		小司官庄	1940年		十九团	排长	1946年10月双墩	本村	
司恩占	男	1925年	党员	小司官庄	1946年11月		滨海二团	战士	1948年11月淮海	本村	
司法占	男	1927年	党员	小司官庄	1946年11月	1950年2月	志愿军十三院大队	战士	1951年8月曲阜	徐州	朝鲜战役负伤
张传功	男	1927年		凤凰庄	1946年11月		滨海军区总兵站	通讯员	1947年12月莒县中楼	本村	
岳延芬	男	1921年		凤凰庄	1939年1月		碑廓区中队	战士	1945年6月虎山朱家官庄	本村	
于治华	男	1920年	党员	下湖	1949年2月	1946年3月	华东军区自卫兵团二营九连	班长	1949年12月福建省崇安县	崇安	
唐宝亭	男	1922年	党员	西辛兴	1944年2月		十九团	连长	1948年9月济南西关	本村	二等功一次，入著名烈士英名录
魏绪川	男	1924年		西辛兴	1948年1月		志愿军六十四师一九一团二营六连	班长	1951年1月朝鲜二次	朝鲜	
魏茂起（魏茂连）	男	1924年	党员	西辛兴	1944年2月		滨北独立一团	连长	1947年12月莱阳	莱阳	
肖奎丁（肖奎任）	男	1925年		西辛兴	1946年11月		滨海二团一营二连	战士	1947年5月江苏省东海县菁庄湖	本村	
李以朋	男	1925年		东辛兴	1943年2月		十三团	战士	1943年11月五莲潮河	本村	
李相若	男	1927年		东辛兴	1944年8月		三纵九师二十七团二营	营文书	1947年3月临沂大青山	大青山	

续表人物-4

姓　名	性别	出生年月	政治面貌	籍贯	参加革命时间	入党(团)年月	牺牲时所在单位	牺牲时职务	牺牲时间、地点	安葬地点	备注
乔祥学	男	1928年		东辛兴	1946年11月		三野二十四军七十一师五十二团	战士	1949年4月长江刘家渡	江苏省黄瓜峪	
李相学	男	1928年		东辛兴	1946年11月		三野二十四军七十一师五十二团	战士	1948年12月淮海	柳窑	
乔相淑	男	1930年		东辛兴	1948年9月		志愿军二十七军二三五团二营六连	战士	1951年9月朝鲜后洞里	朝鲜	
胡甲吉	男	1916年		丁家庄	1943年3月		十九团三排	排长	1945年12月胶南县泊里	本村	
丁立方	男	1916年		丁家庄	1944年8月		二十三团	战士	1945年10月东港栈子	本村	
丁立文	男	1920年		丁家庄	1943年3月		十三团	战士	1946年2月辽宁		
丁立省	男	1921年		丁家庄				民伕	1947年8月临沂		
丁立记	男	1921年		丁家庄	1946年3月		厦门驻军师部警卫连	战士	1949年3月厦门海战		
丁原广	男	1924年		丁家庄	1941年5月		日照县政府	秘书	1947年3月碑廓丁家庄	本村	病故
丁原洪	男	1927年		丁家庄	1946年8月		滨海二团二营五连	班长	1947年12月五莲县大石头	本村	
丁原富	男	1928年		丁家庄	1946年8月		滨海二团三营八连	战士	1947年11月江苏省竹庭县土峰山	本村	
董怀顺(董怀训)	男	1922年		小河口	1942年		百十一师独立旅	战士	1942年11月莒南县坵坊	本村	
董怀信	男	1929年		小河口	1946年11月		滨海二团一营三连	通讯员	1947年10月东港奎山	本村	
陈寿亭	男	1925年		后水沟	1942年11月		华南军区三团一连	战士	1948年11月安徽省萧县秤砣山	徐州	
王洪礼	男	1926年	党员	前水沟	1946年7月	1942年11月	浙江省温宁县区政府	区长	1949年9月浙江省温岭	温岭	
苏寿顺(苏耀亭)	男	1900年		大朱曹一村	1937年8月		日照县公安分局	局员	1942年11月安东卫合庄	本村	
苏照顺	男	1904年		大朱曹一村	1939年		日照县三大队	司务长	1940年虎山崔景阳	本村	
崔久顺	男	1924年	党员	大朱曹一村		1944年	大朱曹一村	村团长	1944年7月江苏省赣榆县龙王庙	龙王庙	被日军杀害，1958年批烈
王永明	男	1924年		大朱曹一村	1946年8月		滨海二团	战士	1947年4月江苏省东海县尚庄湖	本村	
牟乃许	男	1925年		大朱曹一村	1940年12月		老六团	战士	1945年5月高密城	高密	

黄墩镇（134人）

表人物-5

姓　名	性别	出生年月	政治面貌	籍贯	参加革命时间	入党(团)年月	牺牲时所在单位	牺牲时职务	牺牲时间、地点	安葬地点	备注
辛公修	男	1915年3月	党员	黄墩一村	1944年11月	1938年8月	诸城县城东区	各救会长	1946年7月诸城城东区诸解村	本村	
辛公丹	男	1921年		黄墩一村			黄墩民兵联防队	民兵	1944年8月黄墩区巴山	本村	配合部队作战牺牲
崔照秀	男	1925年9月		黄墩一村	1942年3月		九支队	战士	1945年3月莒南县薛家墩	本村	病故
丁立茂	男	1914年		黄墩二村	1945年9月		十九团一营三连	战士	1946年8月胶州	胶州	
辛崇奎	男	1917年		黄墩二村	1939年8月		黄墩区粮所	粮库主任	1945年8月日照县沈疃	本村	
秦玉法	男	1918年		黄墩二村	1944年2月		老六团一营二连	战士	1944年8月莒南县大山	本村	
辛本荣	男	1920年7月		黄墩二村			黄墩民兵联防队	民兵	1944年8月黄墩区巴山	本村	配合部队作战牺牲
刘同来	男	1923年9月		黄墩三村	1946年9月		七十二师二一二团三营八连	副排长	1948年11月淮海	江苏省王庄	
宋家昭	男	1923年		黄墩三村			黄墩民兵联防队	民兵	1944年8月黄墩区巴山	本村	配合部队作战牺牲
任祥山	男	1924年2月		黄墩三村	1944年3月		老六团		四平战役失踪		1981年11月批烈
辛公远	男	1917年		黄墩四村	1946年11月		七十二师二一二团三营八连	班长	1948年11月淮海	江苏省王庄	
辛公论	男	1919年4月		黄墩四村			黄墩民兵联防队	民兵	1944年7月黄墩区巴山	本村	配合部队作战牺牲
辛崇敏	男	1923年2月		黄墩四村（金家庄）			黄墩民兵联防队	民兵	1944年8月黄墩区巴山	本村	配合部队作战牺牲
孔照信	男	1917年9月		高家			黄墩民兵联防队	民兵	1944年黄墩区巴山	本村	
高维增	男	1926年8月		高家			黄墩民兵联防队	民兵	1944年8月黄墩区巴山	本村	
申永亮	男	1924年	党员	小邵家沟	1947年9月		志愿军	排长	1953年1月朝鲜	朝鲜	
庄会峰	男	1932年		小邵家沟	1946年11月		志愿军	班长	1953年1月朝鲜	朝鲜	
韩子法（韩子柱）	男	1918年		北塔岭	1944年2月		老六团	战士	1944年6月莒南县扁山医院	本村	病故

续表人物-5

姓　名	性别	出生年月	政治面貌	籍贯	参加革命时间	入党(团)年月	牺牲时所在单位	牺牲时职务	牺牲时间、地点	安葬地点	备注
韩玉本	男	1921年	党员	北塔岭	1946年9月		滨海二团三营八连	副班长	1948年7月江苏省竹庭县五常山	本村	
辛公柱	男	1925年		南塔岭	1945年9月		十九团	战士	1947年7月济宁战斗失踪		1958年6月批烈
赵龙增	男	1921年		赵家滩井	1944年2月		老六团	排长	1946年7月吉林四平战斗失踪		1964年批烈
朱常因	男	1922年		凌家滩井	1944年2月		老六团	战士	1946年6月胶县城	胶县	
秦玉泥	男	1921年4月	党员	秦家滩井	1943年	1945年8月	十九师五十五团	排长	1948年2月吉林省伊通县		
秦四莫	男	1926年8月		秦家滩井	1947年7月		海防一团	战士	1949年9月石臼所	本村	因公
秦鸿俭	男	1927年9月	党员	秦家滩井	1945年3月	1945年9月	十九团	连长	1947年6月潍县齐家埠	本村	
秦四伍	男	1929年3月	党员	秦家滩井	1948年10月	1950年4月	三野第四步兵学校一营	班长	1951年8月南京江宁防洪牺牲	江宁	一等功三次
秦玉彬	男	1931年1月		秦家滩井	1944年2月		黄墩区中队	通信员	1944年5月黄墩秦家滩井	本村	
芦纪德	男	1925年6月		崔家沟			支前担架队	民伕	1948年12月安徽省萧县	本村	病故，1964年批烈
单纪怀	男	1918年		单家沟	1944年3月		老六团	战士	1945年12月胶南县泊里		
刘贤聚	男	1919年7月		单家沟	1943年2月		老六团	战士	1944年7月莒南县大山	本村	
单纪奎	男	1923年		单家沟	1943年2月		老六团	战士	1944年12月莒南县横沟	本村	
薄子岚	男	1921年		辛庄			日照县辛庄村民兵队	民兵	1945年5月黄墩辛庄	本村	
辛崇福	男	1922年		辛庄	1943年12月		老六团		1944年4月后失踪		1981年11月批烈
凌兴木	男	1927年		辛庄	1944年11月		滨海三团	战士	1947年5月沂南县	本村	
宋瑞正	男	1923年		侯家沟	1943年3月		东北军区警卫团二营五连	战士	1947年7月哈尔滨病故		1953年12月批烈
宋瑞彬	男	1912年		后崖			日照县后崖村民兵队	队长	1945年9月黄墩后崖村	本村	

续表人物-5

姓　名	性别	出生年月	政治面貌	籍贯	参加革命时间	入党(团)年月	牺牲时所在单位	牺牲时职务	牺牲时间、地点	安葬地点	备注
张佃正	男	1916年		后崖	1943年3月		老六团	战士	1945年8月黄墩李家沟	李家沟	
姚永合	男	1928年		姚家沟	1946年2月		滨海二营二连三排七班	战士	1947年10月日照县奎山	本村	
宋家记	男	1907年		上河			支前民工一营	民工	1947年8月莒县九里坡病故	本村	1958年6月批烈
宋家旗	男	1919年		上河	1943年4月		鲁中四团	班长	1944年6月沂蒙山		三等功二次
卞立朋	男	1921年12月	党员	上河	1944年3月	1946年6月	滨海十九团三营九连	排长	1948年9月济南	济南千佛山	三等功三次
陈永平	男	1916年	党员	台子地	1946年11月	1947年4月	滨海十四团一营三连	班长	1948年5月莒县马坡	莒南烈士陵园	
张成东	男	1919年	党员	台子地	1939年8月	1941年10月	滨海二旅四团三营八连	班长	1942年7月莒南县东上店	本村	
宋瑞双	男	1920年		后大坡	1941年8月		滨海四团三营十二连	司务长	1945年莒南县朱芦失踪		1958年5月批烈
宋兴前	男	1921年		后大坡	1944年4月		老六团	通讯员	1946年1月莒南县山砥医院	本村	1945年临朐战斗负伤
宋瑞宗	男	1924年		后大坡	1944年9月		老六团	战士	1945年10月掖县	掖县	
宋兴常	男	1925年		后大坡	1948年12月		志愿军六十四师一九一团二营	战士	1951年4月朝鲜金华山	朝鲜	
蒋纪兰	男	1926年		后大坡	1944年9月		老六团	战士	1946年9月胶县	本村	
辛公六	男	1930年		芦涧			支前民工一营	民工	1947年7月失踪		1958年6月批烈
陈常金	男	1919年		陈家官庄	1943年		海滨军区滨支二十六团四连	战士	1945年5月胶县大利水	本村	
陈济可(陈常仕)	男	1909年	党员	南陈家沟	1940年4月	1939年4月	淄博瓷窑厂	书记兼厂长	1949年11月淄博瓷窑厂	本村	被特务暗杀
朱常龙	男	1913年	党员	南陈家沟	1941年2月	1939年10月	日照县第九区区公所	工作员	1941年4月黄墩区巴山	本村	被朱信斋杀害
陈维迁	男	1917年3月	党员	南陈家沟	1945年9月		十九团一营一连三排	班长	1945年12月胶县泊里	本村	
郭公明	男	1920年		南陈家沟	1942年3月		老六团一营三连	战士	1943年1月日照县辛兴	本村	

续表人物-5

姓　名	性别	出生年月	政治面貌	籍贯	参加革命时间	入党(团)年月	牺牲时所在单位	牺牲时职务	牺牲时间、地点	安葬地点	备注
郭占立	男	1921年	党员	南陈家沟	1943年3月		老六团一营三连	指导员	1944年莒南县横沟	本村	
朱崇祯	男	1923年		南陈家沟	1943年		教导团	战士	1944年10月莒县城	莒县	
辛公太	男	1923年	党员	南陈家沟	1940年2月		地下工作者（公开身份为伪盐务局职员）		1940年12月虎山梭罗树	本村	被敌发觉遇难
郭占敖	男	1924年	党员	南陈家沟	1939年6月	1941年10月	海滨二旅四团二营八连	司号员	1942年6月莒南县东上店	本村	
朱迪甲（李彦年）	男	1925年5月	党员	南陈家沟	1945年9月	1946年3月	二七二团二营八连	连长	1951年7月福建省东山县	东山县	
陈维崇	男	1926年		南陈家沟	1943年2月		老六团五连四班	战士	1943年10月小河七	本村	
陈常缮	男	1927年		南陈家沟	1944年4月		十九团三营	卫生员	失踪		1958年5月批烈
朱迪元	男	1928年9月		南陈家沟	1945年9月		海滨四旅十九团九连	战士	1945年12月胶县泊里	本村	
陈维侃	男	1930年9月		南陈家沟	1946年10月		海滨三团	战士	1948年4月莒县浮来山	本村	
李宗臻	男	1928年		李家官庄	1946年12月		海滨三团	战士	1948年4月沂南县马坡	本村	
李宗盛	男	1924年		李家官庄	1944年		老六团一营一连	战士	1945年7月诸城县圣水战斗	诸城县苏家村	
李业友	男	1928年		李家官庄	1944年3月		日照县县大队	班长	1946年6月高密县芝兰庄	芝兰庄	
张信武（张传仁）	男	1918年	党员	黑家沟	1940年9月	1942年	日照县十六区	副区长	1945年8月黄墩上双疃	本村	被敌人杀害
张纪森	男	1924年	党员	黑家沟	1942年4月	1942年	十九团三营九连	班长	1945年12月胶南县泊里	本村	
夏召诺	男	1929年	党员	黑家沟	1947年9月	1947年	二十二军十四师	警卫员	1950年4月浙江省镇海县	镇海白石庙	病故
张纪庆	男	1920年		孙蒲汪	1944年2月		老六团	战士	1945年11月莒南县横沟	本村	
孙成义	男	1929年		孙蒲汪	1947年9月		华东野战军	战士	1948年1月黄墩黑家沟	本村	因公
孙成进	男	1944年	党员	孙蒲汪			日照县公安局治安股	股长	1985年日照县公安局因公	后迁本村	原葬日照烈士陵园
辛崇岭	男	1913年	党员	辛蒲汪		1946年		民伕	1947年3月沂水县城	本村	
辛全祥	男	1927年	党员	辛蒲汪	1948年12月	1950年9月	〇〇八〇部队三支队直工兵连	副排长	1955年3月浙江渔山列岛	浙江省海门	因公
山常绩	男	1911年		葛疃	1944年2月		老六团	战士	1944年6月胶南县陵旺关		
山云庆	男	1925年		葛疃	1944年9月		海滨十九团	排长	1947年12月江苏省沙河		

续表人物-5

姓　名	性别	出生年月	政治面貌	籍贯	参加革命时间	入党(团)年月	牺牲时所在单位	牺牲时职务	牺牲时间、地点	安葬地点	备注
田顺斗（田善斗）	男	1910年		田家沟	1941年2月		日照县第七区中队	战士	1944年日照县三合岭		
张怀宣	男	1918年	党员	田家沟	1946年11月		七纵十九师五十五团特务连	班长	1947年莱芜战役失踪		1958年6月批烈
田玉庄	男	1919年		田家沟	1944年10月		十九团	排长	1948年吉林四平战役失踪		1958年6月批烈
张成友	男	1920年		田家沟	1943年2月		老六团一营机枪连	班长	1948年吉林四平战役失踪		1958年6月批烈
张成利	男	1927年		田家沟	1945年		二十一团	排长	1948年本村休养		病故
庄乾斗	男	1920年		上双疃	1944年2月		老六团	战士	1944年7月五莲县街头		
张传荣	男	1921年		上双疃	1944年2月		老六团	战士	1944年7月五莲县街头		
庄会书	男	1922年		下双疃	1943年		老六团	班长	1945年莒南县扁山		
辛公仓	男	1908年3月	党员	田家董旺庄	1939年3月		黄墩区委	委员	1940年5月黄墩巴山	本村	被朱信斋杀害
田现花	男	1919年2月		田家董旺庄	1945年9月		滨北独立一团	班长	1946年1月日照县十里铺医院	本村	胶南县泊里战斗负伤
田现亮	男	1919年7月		田家董旺庄	1945年9月		滨北独立一团	班长	1946年5月高密县芝兰庄	本村	
孟照祥	男	1921年10月		田家董旺庄	1945年3月		胶东五师十三团	副连长	1947年12月莱阳	莱阳	
田现福	男	1927年3月		田家董旺庄	1945年9月		滨北独立一团	战士	1946年5月高密县芝兰庄	本村	
孟照禄	男	1928年5月		田家董旺庄	1945年9月		胶东五师十三团	副班长	1947年12月莱阳	莱阳	
田文堂	男	1929年5月		田家董旺庄	1943年5月		胶东五师	班长	1949年7月潍县	潍县	
田洪全	男	1929年5月		田家董旺庄	1947年8月		济南被服厂	战士	1950年5月济南病故	济南	
任在年	男	1910年4月		任家董旺庄	1939年		日照县十六区区公所	工作员	1941年5月黄墩巴山	本村	被朱信斋杀害
王安松	男	1912年2月	党员	任家董旺庄	1945年9月	1945年2月	滨北独立一团	排长	1946年1月日照县十里铺医院	本村	胶南县泊里战斗负伤
辛公颂	男	1919年8月		任家董旺庄	1943年2月		老六团	战士	1943年10月莒县		
任守玉	男	1919年10月		任家董旺庄	1945年9月		滨北独立一团	班长	1946年1月日照县十里铺医院	本村	胶南县泊里战斗负伤

续表人物-5

姓　名	性别	出生年月	政治面貌	籍贯	参加革命时间	入党(团)年月	牺牲时所在单位	牺牲时职务	牺牲时间、地点	安葬地点	备注
任守江	男	1920年9月	党员	任家董旺庄	1939年5月	1939年3月	八路军独立团	指导员	1939年11月黄墩大洙洲		被朱信斋杀害
任　兰	男	1926年5月		任家董旺庄	1945年9月		滨北独立一团	战士	1945年12月胶南县泊里		
任守照	男	1929年1月		任家董旺庄	1947年8月		二十六军七十六师师部	战士	1949年5月上海	上海	
山世传	男	1902年9月	党员	孔家沟	1939年3月		日照县第七区区中队	队长	1940年5月黄墩孔家沟	本村	
孔庆合	男	1923年3月		孔家沟	1943年12月		老六团				
孔庆俭	男	1926年4月		孔家沟	1944年3月		滨北十三团	班长	1945年12月胶南县泊里	本村	
孔庆德	男	1918年9月		孔家庄子	1940年5月		教导二旅四团一连	战士	1941年4月赣榆县青口	莒县	
刘仲恩	男	1909年3月	党员	红卫村(斜屋)		1944年6月		民工	1947年5月孟良崮		
任守岭	男	1918年7月		上大峪	1944年6月		老六团	战士	1948年3月吉林四平街	四平市	
任祥春	男	1923年4月		上大峪	1943年4月		老六团一营一连	战士	1943年10月莒县	莒县	
李仲井	男	1918年5月		谢家沟	1949年2月		志愿军六十六军	排长	1951年朝鲜失踪		1958年6月批烈
李仲桃(李仲孝)	男	1930年4月		谢家沟	1945年4月		老六团	战士	1946年6月江苏省竹庭县青口	青口	因公
刘明红	男	1929年9月	党员	草涧	1943年4月		七纵	战士	1947年7月胶东三合山		
王颂平	男	1922年10月		南庄	1945年3月		十九团三营八连	副连长	1947年8月潍县齐家埠战斗失踪		1958年6月批烈
韩子义	男	1924年2月		南庄	1945年9月		十九团三营	战士	1946年12月高密	本村	
王董平	男	1925年4月	党员	南庄	1946年9月	1947年3月	海滨三团三营八连	战士	1947年9月日照县高家村	本村	立二等功一次，入著名烈士英名录
韦有坤	男	1925年7月		南庄	1946年9月		志愿军高炮连	班长	1952年7月朝鲜	朝鲜	
张纪密	男	1927年5月		南庄	1945年9月		十九团三营八连	战士	1947年8月潍县齐家埠	本村	
李继秋	男	1929年5月	党员	南庄	1946年9月	1947年4月	海滨三团三营八连	战士	1947年5月日照县高家村	本村	
张守仁	男	1958年8月		南庄	1978年2月		国防科委后勤部	战士	1979年8月北京因公	日照烈士陵园	部队批烈

续表人物-5

姓　名	性别	出生年月	政治面貌	籍贯	参加革命时间	入党(团)年月	牺牲时所在单位	牺牲时职务	牺牲时间、地点	安葬地点	备注
李遵厚	男	1921年6月	党员	大洙洲	1946年4月	1943年5月	日照县武工队	战士	1947年9月日照县石臼所	本村	
张夫廷	男	1922年7月		大洙洲	1944年3月		滨海独立一团九连二班	班长	1946年7月胶县芝兰庄	本村	二等功一次，入著名烈士英名录
申成全	男	1923年3月		大洙洲	1944年11月		十三纵三十七师一一〇团警卫连	班长	1948年9月济南	济南烈士陵园	
刘明掌	男	1924年3月		大洙洲	1944年2月		老六团	战士	1948年3月吉林四平战役失踪		1958年6月批烈
申成海	男	1925年10月	党员	小洙洲	1946年11月	1949年6月	志愿军二十三军七十三师二一七团八连	战士	1953年3月朝鲜	朝鲜	
张夫有	男	1925年5月		小洙洲	1944年11月		十三纵三十七师侦察连	战士	1948年5月泰安	泰安	
张纪玉	男	1929年11月		小洙洲	1946年11月		临沂独立团二营	通讯员	1947年11月莒南县相邸	本村	
接林海	男	1928年9月		上大峪	1945年9月		滨海十九团	战士	1949年11月济南	济南烈士陵园	病故，部队批烈
朱纪宽	男	1909年3月		粮山口一村	1948年11月			民工	1949年1月淮海	本村	
朱纪明	男	1920年8月	党员	粮山口一村	1947年4月	1946年5月	日照县海防团	排长	1948年3月日照县付疃河	本村	
朱德平	男	1924年8月		粮山口二村	1944年2月		老六团	战士	1944年8月莒南县刘家东山	本村	
朱纪同	男	1927年7月		粮山口一村	1944年2月		老六团二营	战士	1944年9月日照县烟墩岭	烟墩岭	
朱德伍	男	1911年6月		粮山口二村	1944年2月		一一五师六团一营三连	战士	1945年4月胶县	本村	
朱学礼	男	1916年6月		粮山口二村				民工	1945年8月烟台市宁海失踪		
朱大田	男	1922年10月	党员	粮山口三村	1944年2月		志愿军	连长	1951年朝鲜	朝鲜	1958年批烈
刘凤堂	男	1924年3月		粮山口三村	1944年2月		老六团二营	战士	1945年胶县塔桥		
朱其田	男	1906年		姜家沟	1947年5月			长备伕	1947年8月孟良崮战斗失踪		胶县刘家湾
朱庆法	男	1922年4月		姜家沟	1944年2月		老六团二营	战士	1944年莒南县横沟	本村	1981年11月批烈

高兴镇(148 名)

人表物-6

姓　名	性别	出生年月	政治面貌	籍贯	参加革命时间	入党(团)年月	牺牲时所在单位	牺牲时职务	牺牲时间、地点	安葬地点	备注
成松太	男	1929年	党员	南湖西头	1946年12月	1947年4月	13纵27军3团7连	班长	1949年9月莱阳县		
陈希科	男	1923年	党员	大芳沟	1940年5月	1940年6月	福建军区第一招待所	参谋	福建军区第一招待所	本村	1954年6月部队批烈
李其新	男	1948年	团员	大芳沟	1972年1月	1972年1月	6015部队94分队	战士	1973年1月长岛县因公	长岛县烈士公墓	1973年部队批烈
韩公旬	男	1920年10月		小芳沟	1945年2月		6师17团特务连	战士	1948年2月潍县沙河	本村	
王纪有	男	1926年		小芳沟	1946年		6纵17师50团	战士	1948年11月淮海战役失踪		
张传岗	男	1910年		厉家湖				民伕	1947年临沂城		1956年12月批烈
王宜红	男	1921年		厉家湖	1941年		烟台军分区特务营	战士	1942年烟台	烟台	
张守伦	男	1923年		厉家湖	1947年5月		2纵6师17团	文化教员	1948年11月淮海		1958年5月批烈
陈维德	男	1923年		厉家湖	1940年		警卫团	战士	1944年虎山义和岭	虎山水车沟	
冯常任	男	1924年		厉家湖	1946年9月		滨海特务营	战士	1947年10月江苏竹庭青口	本村	
王善廷	男	1918年	党员	东辛庄子	1941年	1941年	高兴乡	乡长	1943年12月日照县	本村	
周子元	男	1918年		东辛庄子	1942年		日照县税务局	检查员	1943年6月日照县	本村	
周子荣	男	1921年		东辛庄子	1941年		日照县税务局	检查员	1944年6月日照城	本村	
王纪法	男	1926年		东辛庄子	1943年		13纵37军110团	战士	1948年台儿庄		
王廷爱	男	1927年		东辛庄子	1946年		滨海三团	战士	1948年5月莒县浮来山	本村	
王廷楼	男	1927年		东辛庄子	1946年		滨海三团	战士	1948年1月临沂	本村	
陈希良	男	1902年		大宋家庄				民伕	1947年8月临沂城	临沂城	
成志询	男	1907年		大宋家庄				民伕	1947年8月临沂城	临沂城	
丁履田	男	1913年		小宋家庄				民伕	1947年8月临沂城	临沂城	
丁肇甲	男	1926年		小宋家庄	1942年		滨海警备团四连	战士	1944年8月胶南灵山铺	泊里	
郑全慎	男	1905年		工农岭(阎家林)	1941年		日照县三大队	战士	1942年黄墩甲子山	本村	
高振昌	男	1915年	党员	工农岭(阎家林)	1947年	1947年	滨海警备团四连	战士	1947年日照城	本村	

续表人物-6

姓　名	性别	出生年月	政治面貌	籍贯	参加革命时间	入党(团)年月	牺牲时所在单位	牺牲时职务	牺牲时间、地点	安葬地点	备注
臧著孝	男	1908 年 9 月		合庄				民工	1947 年 2 月山东省	本村	
王轮平	男	1926 年 8 月		合庄	1946 年 9 月		二纵	战士	1949 年福建失踪		1952 年批烈
杨志田	男	1920 年		大屯				民伕	1947 年东平县	东平	
焦永芳	男	1922 年		大屯	1946 年		志愿军	战士	1950 年朝鲜	朝鲜	
郑全平	男	1926 年		大屯	1943 年		滨海二团通讯连	战士	1947 年黄墩	本村	
陈常慈	男	1926 年		大屯	1943 年		滨海警备团四连	战士	1944 年高兴庙	本村	
左为叔	男	1925 年	党员	小屯	1947 年 4 月	1947 年 9 月	滨海二团	战士	1949 年 5 月上海	上海	
牟善全	男	1926 年	党员	小屯	1945 年 7 月	1945 年 9 月	日照县小屯民兵连	民兵	1946 年 4 月日照十里铺	本村	
宋文龙（宋文金）	男	1910 年	党员	汪家庄子		1931 年 10 月	日照暴动		1932 年 9 月日照城	本村	
宋文皆	男	1921 年 4 月	党员	汪家庄子	1946 年 9 月	1946 年 6 月	滨海二团一营二连	战士	1948 年 3 月莒县白山	本村	
董怀亮	男	1929 年		汪家庄子	1946 年 9 月		滨海二团一营二连	战士	1948 年 3 月莒县白山	本村	
刘士林	男	1910 年		潘家洼村			日照暴动		1932 年日照城	本村	
柏来春	男	1916 年 8 月	党员	潘家洼村	1940 年 9 月		志愿军 68 军 686 团	营参谋长	1952 年 3 月朝鲜	朝鲜	
张传清	男	1917 年 4 月	党员	潘家洼村	1938 年 8 月	1939 年 2 月	莒中独立营	连长	1942 年 8 月黄墩甲子山	本村	
侯世富	男	1919 年 5 月	党员	潘家洼村	1942 年 5 月	1943 年 2 月	志愿军 26 军 226 团	排长	1951 年 10 月朝鲜	朝鲜	
张守教	男	1922 年 1 月		潘家洼村				民伕	1948 年 1 月安徽	安徽	
杨淑乐	男	1922 年 7 月		潘家洼村				民伕	1948 年 1 月安徽	安徽	
徐茂平	男	1923 年		潘家洼村				民伕	1948 年蚌埠战斗失踪		1957 年 5 月批烈
王锡山	男	1928 年		潘家洼村	1946 年		辽宁国防		1950 年辽宁省	本村	
辛秀山（辛作峰）	男	1910 年		白云村	1938 年 8 月		日照县三大队	司务长	1942 年日照城	本村	
刘法聚	男	1902 年		白云村			日照暴动		1932 年后村山子河	本村	
徐茂夫	男	1913 年		白云村			高兴炕头村民兵队	民兵	1944 年 8 月高兴炕头村	本村	
刘维长	男	1915 年		白云村				民伕	1946 年 12 月台儿庄	台儿庄	

续表人物-6

姓　名	性别	出生年月	政治面貌	籍贯	参加革命时间	入党(团)年月	牺牲时所在单位	牺牲时职务	牺牲时间、地点	安葬地点	备注
陈申善	男	1916年		白云村	1945年		日照太平区武工队	战士	1945年日照县安家湖	本村	
郭建明	男	1919年	党员	白云村	1946年10月	1945年12月	滨海特务营	班长	1947年8月江苏竹庭沙河	本村	
陈希善	男	1920年		白云村	1944年3月		滨海独立团一营一连	班长	1946年高密	本村	
辛公芳	男	1921年		白云村	1946年10月		滨海特务营一连	战士	1946年江苏省邳县	邳县	
陈志善	男	1923年		白云村	1944年10月		滨海十九团	班长	1945年胶南泊里	本村	
冯志彬	男	1925年		白云村	1946年10月		滨海特务营一连	战士	1946年江苏省邳县	邳县	
孙开义	男	1921年6月	党员	卜家村	1946年8月	1946年2月	八纵	排长	1947年12月郯城县曹村	曹村	
张传成	男	1922年6月	党员	卜家村	1945年7月	1944年10月	警备团一营三连	战士	1945年6月日照县后唐河	本村	
张传鸿	男	1924年4月		卜家村	1945年1月		滨海十九团一营三连	战士	1945年12月胶南泊里	本村	
丁履合	男	1927年3月		卜家村	1947年8月		志愿军	战士	1950年朝鲜	朝鲜	
宋家提	男	1920年		沈家村	1945年		日照县公安局警卫队	队员	1945年日照县南湖	五莲	
张学佩	男	1920年		沈家村	1941年		日照县政府	特务员	1944年三庄石沟崖	本村	
宋成来	男	1921年	党员	沈家村	1947年2月	1946年8月	志愿军26军76师226团	排长	1952年朝鲜	朝鲜	
郑世更	男	1926年		沈家村	1943年		工商局	管理员	1945年日照县沈疃	沈疃	
郭延吉	男	1920年		北范家村	1944年12月		滨海十九团	战士	1944年12月高密	高密	
陈淑仪	男	1924年		北范家村	1941年		华东二纵	通讯员		本村	
刘维玉	男	1925年3月		北范家村	1949年		华东野战军	战士	1949年上海	上海	
秦玉安	男	1926年		北范家村	1948年4月		滨海特务营一连	战士	1948年4月沂水县马坡	本村	
丁原庆	男	1912年3月		南范家村				民伕	1944年8月高兴	本村	
杨友田	男	1914年10月	党员	南范家村	1939年5月	1939年5月	日照县公安局	便衣队	1942年4月巨峰崖下	本村	
秦玉升	男	1921年1月		南范家村	1948年3月		华东野战军	战士	1948年7月河北省石家庄	本村	
刘建胜	男	1922年2月	党员	南范家村	1939年3月	1939年6月	滨海十九团	副连长	1945年12月胶南泊里	本村	
李秀峰	男	1904年	党员	西牟家村	1938年			中队长	1941年12月高兴东牟家村	本村	
李其升	男	1915年	党员	西牟家村	1938年		日照县太平区中队	队长	1944年3月巨峰山旺村	本村	
薛玉东	男	1917年		西牟家村	1940年		滨海二大队	战士	1940年后村邵疃	邵疃	
李其陆(李其华)	男	1919年	党员	西牟家村	1935年		滨海军区宣传队	战士	1938年高兴西牟家村	本村	

续表人物-6

姓　名	性别	出生年月	政治面貌	籍贯	参加革命时间	入党(团)年月	牺牲时所在单位	牺牲时职务	牺牲时间、地点	安葬地点	备注
牟治安	男	1905年12月	党员	东牟家村	1936年3月		日照县政府	科长	1942年7月高兴东牟家村	本村	
董庆营	男	1912年4月		东牟家村	1940年3月			地下工作者	1942年东港涛雒	本村	
牟乃礼	男	1920年1月	党员	东牟家村	1942年2月	1944年	十九团	班长	1945年11月胶南泊里	本村	
张传富	男	1943年		东牟家村	1961年7月		吉林省抚松县森林队	战士	吉林省抚松县	抚松县	
王安为	男	1908年4月		南草坡				民伕	1948年1月临沂城	临沂	
窦福升	男	1920年3月		南草坡	1946年2月		滨海二团二营	战士	1948年1月江苏竹庭沙河	本村	
李法玉	男	1924年4月		夏陆沟	1948年9月		野战军一纵	战士	1948年淮海战役失踪		1957年批烈
孙锡付	男	1924年7月		夏陆沟	1946年7月		滨海特务营一连	战士	1947年江苏沙河	本村	
孙锡成	男	1928年9月		夏陆沟	1945年9月		4纵19师炮连	班长	1948年吉林四平	四平	
王安佑	男	1914年3月	党员	王家楼子	1942年	1943年	日照县税务局	检票员	1944年日照县沈疃	本村	
滕培松	男	1921年		王家楼子	1942年		警备团四连	战士	1944年4月巨峰六甲庄子	本村	
单玉来	男	1922年3月		王家楼子	1946年7月		滨海军区司令部	战士	1947年三庄石沟崖病故	本村	1957年3月批烈
王仲平	男	1922年6月		王家楼子	1946年7月		滨海军区司令部特务营	班长	1947年莒县浮来山	本村	
王世选	男	1925年		王家楼子	1946年7月		浙江省军区医院	战士	浙江省军区医院病故	浙江	1957年3月批烈
黄保昌	男	1926年		王家楼子	1947年7月		三野26军216团三营	战士	1949年上海	上海	
陈淑分	男	1927年		王家楼子	1947年7月		26军76师226团	战士	1950年朝鲜	朝鲜	
王均节	男	1928年		王家楼子	1946年7月		滨海军区司令部特务营	战士	1946年枣庄峰城	本村	
秦福备	男	1928年	党员	王家楼子	1946年7月	1946年	海防二团二营	班长	1948年11月淮海	新沂	
葛国先	男	1925年		大尧王城	1946年7月		滨海特务营	班长	1948年莒南延边	本村	
葛国珍	女	1926年		大尧王城	1947年		志愿军	战士	1951年朝鲜	朝鲜	
徐延常(徐经伍)	男	1909年6月	党员	安家尧王城	1939年		巨峰区公所	副区长	1943年7月巨峰	本村	
徐延瑞	男	1922年7月		安家尧王城				民伕	1947年2月费县	本村	1957年3月批烈
孙敬浩	男	1909年		南辛庄子	1941年		地下工作者		1943年江苏连云港		
王振海	男	1920年		南辛庄子	1941年		滨海警备团	班长	1944年6月巨峰六甲家庄子	本村	
秦鸿江	男	1928年		南辛庄子	1951年2月		新兵连	战士	1951年2月江苏赣榆县青口	本村	

续表人物-6

姓　名	性别	出生年月	政治面貌	籍贯	参加革命时间	入党(团)年月	牺牲时所在单位	牺牲时职务	牺牲时间、地点	安葬地点	备注
张守宝	男	1906年		张家庄子				民伕	1947年10月临沂	本村	
李世存	男	1918年		张家庄子	1941年		日照县太平区中队	战士	1942年11月黄墩陈家沟	本村	
王均万	男	1915年		怀古村	1932年		日照县三大队	战士	1940年诸城	诸城	
李宗成	男	1926年1月		怀古村	1951年2月		新兵连	战士	1951年2月江苏赣榆青口	本村	
许家免	男	1926年3月		怀古村	1948年8月		志愿军	战士	1950年朝鲜失踪		1963年5月批烈
高兴店	男	1927年1月		怀古村	1951年2月		新兵连	战士	1951年2月江苏赣榆青口	本村	
丁录祥	男	1927年8月		怀古村				民伕	1947年9月沂水县	莒县	
丁肇怀	男	1928年6月		怀古村				民伕	1947年9月淄博周村	周村	
丁原明	男	1928年	党员	怀古村	1945年8月	1946年6月	滨北独立一团	战士	1946年8月高密	本村	
杨再福	男	1922年		申家村	1942年		教导五旅	战士	1943年9月高兴申家庄病故	本村	
陈默斋	男	1902年	党员	毕家村	1940年3月	1943年8月	日照县政府财粮科	科员	1947年3月毕家庄病故	本村	
毕提九	男	1913年		毕家村				民伕	1947年9月兖州	兖州	
陈同田	男	1933年		毕家村	1951年2月		293团78师新兵连	战士	1951年2月江苏赣榆青口	本村	
陈同好	男	1920年		冯家庄	1941年		19团便衣队	班长	1944年9月胶南灵山堡	本村	
肖奎仁	男	1922年1月		冯家庄	1947年5月		255团4营12连	副排长	1953年福建福清县因公	本村	
李玉胜	男	1897年		秦家庄				民伕	1946年2月日照县十里铺	本村	
秦鸿全	男	1907年		秦家庄	1942年1月		警备团四连	战士	1944年8月日照城战斗	本村	
秦玉栋	男	1921年		秦家庄				民伕	1949年南京失踪		
陶瑞公	男	1916年5月		訾家店			高兴訾家店民兵队	民兵	1946年2月日照县十里铺战斗	本村	
周少娥	男	1918年2月		訾家店	1944年5月		日照县太平区联防队	队长	1944年4月日照涛雒区	本村	
秦鸿元	男	1920年11月		訾家店			高兴訾家店民兵队	民兵	1944年日照太平区川子	本村	
李仲越	男	1909年	党员	向阳	1940年		辽宁省旅大市公安局	副局长	1946年辽宁省锦州市	本村	
李仲明	男	1910年		向阳	1944年		十九团	战士	1945年胶南泊里	本村	
宋广平	男	1918年		向阳	1942年		滨海警备团四连	战士	1945年大山前战斗	本村	
费云相	男	1920年		向阳	1941年		滨海警备团一连	班长	1943年日照县苗家村	本村	
郭长友	男	1921年	党员	向阳	1945年	1945年	日照县太平区武装部	副部长	1945年高兴向阳村病故	本村	1947年11月批烈

续表人物-6

姓　名	性别	出生年月	政治面貌	籍贯	参加革命时间	入党(团)年月	牺牲时所在单位	牺牲时职务	牺牲时间、地点	安葬地点	备注
王振成(王玉平)	男	1907年	党员	杨家山前	1940年	1941年	滨海军区情报站	站长	1944年胶南县灵山堡	本村	二等功臣
张传利	男	1910年	党员	杨家山前	1940年		日照县税务站	站长	1945年日照县沈疃	本村	
宋家先	男	1916年		杨家山前	1942年		滨海军区四团	交通员	1947年潍坊市	潍坊	
李克俊	男	1910年		棘子园				民伕	1947年东平县失踪		1958年批烈
李茂才	男	1920年		棘子园	1946年8月		十九团	司务长	1948年5月莒县浮来山	本村	
李茂孝	男	1920年		棘子园				民伕	1947年东平县失踪		1958年批烈
王兆昌	男	1912年		王家岭				民伕	1947年东平县失踪		1958年批烈
王兆进	男	1920年		王家岭	1943年		十九团	战士	1945年胶南泊里	本村	
丁履荣	男	1921年		王家岭	1943年		十九团	战士	1945年胶南泊里	本村	
王兆宽	男	1922年		王家岭	1947年9月			民伕	1947年8月江苏茅河失踪		1981年批烈
张传海	男	1924年		王家岭	1947年6月			民伕	1947年8月江苏茅河失踪		1981年批烈
王安枝	男	1926年		王家岭	1943年		十九团一营二连	战士	1946年莱阳城	莱阳	
丁履桂	男	1912年	党员	榛子崖		1946年		民伕	1947年东平县失踪		1958年批烈
丁履志	男	1922年		榛子崖	1944年		十九团	战士	1946年高密	高密	
李仲岗	男	1912年		北台子				民伕	1947年7月惠民县病故		1958年7月批烈
宋家克	男	1913年		北台子				民伕			
李仲密	男	1921年		北台子			滨海特务营	战士	1947年江苏省沙河		
刘世海	男	1910年		北家沟				民伕	1947年东平县失踪		
丁惟新	男	1920年		北家沟	1939年		独立二团一营三连	班长	1947年胶县	本村	
王兆礼	男	1921年		北家沟	1944年		十九团	战士	1945年12月胶南薛家岛	本村	
刘世林	男	1921年		北家沟	1943年3月		老六团	排长	1948年郯城	本村	
郑作柱	男	1908年		前唐家河				民伕	1947年东平县失踪		1958年6月批烈
郑全执	男	1911年		前唐家河	1947年		滨海二团		1949年解放厦门失踪		1981年11月批烈
郑全荣	男	1913年		前唐家河				民伕	1947年失踪		1958年6月批烈
梁淑明	男	1920年	党员	后唐家河	1943 年	1946年	鲁中军区四团	副连长	1947年淄博金岭镇		
甄连玉	男	1925年	党员	后唐家河	1940 年	1944年	十九团三连	排长	1945年7月日照县湖西头		
梁相培	男	1926年		后唐家河	1949 年 1 月		十六团二营五连		1949年10月福建蒲田失踪		

巨峰镇（215 名）

人表物-7

姓　名	性别	出生年月	政治面貌	籍贯	参加革命时间	入党(团)年月	牺牲时所在单位	牺牲时职务	牺牲时间、地点	安葬地点	备注
王伯栋	男	1923年5月		巨峰一村	1946年		胶东五旅十三团	战士	1948年河北省石家庄	本村	
韦合方	男	1920年5月	党员	巨峰二村	1941年	1944年8月	滨北警备一团	副连长	1945年莱阳	莱阳	
李其柱	男	1921年1月		巨峰二村	1944年		二十五军五十五团	战士	1947年8月平度县小官庄		
梁启凤	女	1931年6月		巨峰二村	1947年		鲁中南军区二院	护理员	1948年7月鲁中南军区二院病故		1956年12月批烈
梁燕培	男	1927年8月	党员	巨峰三村	1946年10月	1946年10月	七纵十九师五十五团三营九连	班长	1947年5月孟良崮	玉皇岭	
申世祥	男	1924年		巨峰四村	1942年2月		十三团三营七连九班	战士	1944年胶县王台		
申云相	男	1950年	团员	巨峰四村	1971年1月	1971年8月	大钦守备区司令部工兵排	战士	1974年8月长岛县大钦岛	大钦岛	水雷实验发生爆炸牺牲，部队批烈
李庆祥	男	1921年5月		巨峰五村	1943年2月		一师一团五营一连一排	排长	1946年4月吉林省四平失踪		1957年6月批烈
梁作日	男	1923年2月		巨峰五村	1943年3月		日照警备团	战士	1944年5月巨峰六甲庄子	本村	
梁松培	男	1921年		梁家桃园	1943年8月		滨北一团一营	通讯员	1946年6月高密	本村	
厉密元	男	1929年		梁家桃园	1945年10月		志愿军	战士	1951年朝鲜失踪		1957年7月批烈
郑世林	男	1914年		贾家桃园	1946年12月		志愿军	战士	1951年朝鲜失踪		1957年7月批烈
梁培勇	男	1928年		贾家桃园	1950年		志愿军	战士	1951年朝鲜失踪		1957年7月批烈
王恩全	男	1960年3月		官家湖	1979年12月		益都某部	战士	1984年11月益都	日照烈士陵园	
宋家本	男	1913年7月		官家湖	1941年8月		日照县三大队	战士	1941年8月虎山崔景阳	本村	
李凤章	男	1921年4月	党员	官家湖	1946年3月	1945年11月	滨海爆炸大队	战士	1947年12月临沂	本村	
庄建福	男	1922年5月		石桥	1945年		十九团一营一连一排一班	战士	1945年3月日照县合庄	石桥	
厉存元	男	1923年4月		石桥	1944年		十三团三营八连三排	战士	1946年8月胶南县泊里旺山	石桥	
李恒格（李永田）	男	1920年		新华	1947年5月		华东野战军第九兵团	战士	1949年6月上海失踪		1958年7月批烈

续表人物-7

姓名	性别	出生年月	政治面貌	籍贯	参加革命时间	入党(团)年月	牺牲时所在单位	牺牲时职务	牺牲时间、地点	安葬地点	备注
李奎富	男	1925年		刘家庄	1943年3月		十三团侦察连	战士	1945年1月诸城县郝古庄	本村	
梁立生	男	1921年		东杨家庄	1943年2月		十三团	战士	1944年12月五莲县潮河	本村	
丁原升	男	1921年		东杨家庄	1942年						失踪军人，1981年11月批烈
邹宗孝	男	1915年		邹北岭	1944年3月		日照县独立团	战士	1945年5月日照县石桥官庄	本村	
张守义	男	1924年	党员	邹北岭	1946年11月	1945年	七纵十九师五十五团四连二排	战士	1947年6月沂源县南麻	本村	
邹丰禄	男	1915年		邹家庄	1944年		警备团机枪班	班长	1944年11月高密	高密	
邹乃俸	男	1928年	党员	邹家庄	1945年		十三团	医助	1947年7月莱阳县坡子医院	本村	
邹乃留	男	1928年	党员	邹家庄	1944年11月		七纵十九师五十五团特务连	排长	1946上11月诸城	诸城	
秦佩三	男	1915年8月	党员	西青墩	1938年		日照县武装科	科长	1941年4月1日安邱		入著名烈士英名录
鲁以余	男	1922年5月	党员	西青墩	1941年10月		七纵	班长	1946年11月胶县	西青墩	
王汝平	男	1923年8月	党员	西青墩	1946年		志愿军九师五十七团二营五连	战士	1951年朝鲜失踪		1961年12月批烈
康同德	男	1927年		马疃	1946年10月		七纵十九师五十五团三营通讯排	战士	1947年6月沂源县南麻	南麻	
丁明诏	男	1918年	党员	平家村	1940年		八纵二十二师六十四团	班长	1947年9月曹县土山集		
吕为海	男	1920年		平家村	1940年		滨海军区六团	副排长	1944年1月三庄石沟崖	本村	
丁履路	男	1921年		平家村	1944年		十九团	战士	1944年12月巨峰后黄埠	本村	
吕为同	男	1925年		平家村	1940年		警备团	战士	1944年8月日照县涛雒	本村	
谭保海	男	1928年3月	党员	平家村	1948年11月	1951年6月	志愿军	战士	1951年在朝鲜失踪		1981年11月批烈
丁履祥	男	1928年		平家村	1946年		滨海二团	战士	1948年2月4日郯城		
韩公纪	男	1929年		平家村	1945年		三野六纵	通讯员	1948年11月淮海	本村	

续表人物-7

姓　名	性别	出生年月	政治面貌	籍贯	参加革命时间	入党(团)年月	牺牲时所在单位	牺牲时职务	牺牲时间、地点	安葬地点	备注
丁明岗	男	1958 年 6 月	党员	平家村	1978 年 3 月		广西部队	战士	1979 年 3 月云南边境保卫战	广西宁明县	
郑作记	男	1918 年	党员	水洪沟	1945 年 8 月		警备团	战士	1946 年 4 月胶县	本村	
王友平	男	1920 年	党员	水洪沟			巨峰水洪沟民兵队	队长	1944 年 8 月巨峰水洪沟	本村	配合部队牺牲，1957 年 12 月批烈
郑全同	男	1923 年	党员	水洪沟	1946 年		安邱县指挥部	指挥	1960 年 6 月安邱县	安邱	抗洪抢险牺牲
尤德胜	男	1921 年 6 月		蒋家庄	1942 年 5 月		十九团	战士	1944 年 5 月巨峰六甲庄子	本村	
刘惟恭	男	1904 年		狮子河			日照县狮子河民兵队	副队长	1944 年 5 月日照县城	日照城	
郑培森	男	1904 年		狮子河	1943 年		日照县巨峰区自卫队	队长	1944 年 5 月日照县城	日照城	
张传信	男	1919 年		狮子河	1942 年		警备团	战士	1944 年江苏省竹庭县棘子荡	本村	
张云池	男	1920 年	党员	前黄埠	1943 年		日照县丝山区	区指导员	1947 年 7 月日照县高家村	本村	
刘思贤	男	1922 年		狮子河	1947 年 5 月		志愿军〇〇九六部队第一支队	战士	1951 年 4 月朝鲜失踪		1957 年 8 月批烈
张佃基	男	1917 年 11 月	党员	前黄埠	1939 年 6 月	1941 年	九支队	连指导员	1941 年莒南县团林	本村	
厉宝全	男	1914 年	党员	后黄埠	1943 年			连长	1948 年 11 月淮海		
万志义	男	1919 年		后黄埠			日照县后黄埠民兵队	队长	1944 年 12 月巨峰后黄埠	本村	
刘家兴	男	1919 年		后黄埠			日照县后黄埠民兵队	民兵	1944 年 12 月巨峰后黄埠	本村	
刘士贤	男	1920 年	党员	后黄埠	1942 年 2 月			司务长	1948 年 11 月淮海	新沂县碾庄	
张世平	男	1921 年		后黄埠	1945 年 1 月		警备团	战士	1946 年高密	本村	
宋培祥	男	1921 年		后黄埠	1943 年 1 月		十二团三营六连	战士	1943 年胶县大下庄	大下庄	
刘家松	男	1923 年		后黄埠			日照县巨峰区	教员	1944 年 12 月巨峰后黄埠	本村	
刘家瑞	男	1923 年		后黄埠			日照县后黄埠民兵队	民兵	1944 年 12 月巨峰后黄埠	本村	
王廷启	男	1926 年	党员	后黄埠	1946 年		二纵一师三旅一营三连二排	副班长	1948 年 12 月淮海		

续表人物-7

姓名	性别	出生年月	政治面貌	籍贯	参加革命时间	入党(团)年月	牺牲时所在单位	牺牲时职务	牺牲时间、地点	安葬地点	备注
常立提	男	1928年4月		常家庄	1951年1月		新兵连	战士	1951年12月江苏省赣榆县青口	本村	
安丰谋	男	1914年10月		郭家庄	1943年2月		十九团	战士	1944年5月巨峰六甲庄子	本村	
王建一(王金统)	男	1908年	党员	柳古庄	1938年		抗日自卫队	队长	1938年巨峰柳古庄	本村	
王汝申	男	1918年	党员	柳古庄	1945年		十三纵一一0团	副班长	1949年福建省厦门	厦门	
孟庆宜	男	1927年	党员	柳古庄	1940年		警备团	班长	1946年胶县叉子屯	本村	
胡忠信	男	1926年7月		小官庄	1940年5月		十三团	战士	1944年8月日北县老君堂	本村	
李志善	男	1937年	党员	小官庄	1957年2月	1958年4月	三二二一部队二十一分队	班长	1958年7月胶县薛家庄	本村	执勤时别人走火牺牲，部队批烈
徐恒祥	男	1919年	党员	大官庄	1941年		日照县公安局	通讯员	1944年8月巨峰邵家府	本村	
葛宗全	男	1920年		大官庄	1944年1月		十三团	战士	1944年8月胶南县旺山	本村	
刘惟纪	男	1921年	党员	大官庄	1944年1月		一师二团	副连长	1946年吉林省榆树县张麻子沟	张麻子沟	
邹世瑞	男	1921年	党员	大官庄	1942年		巨峰区中队	队长	1948年3月莒县辛庄	本村	
曹树礼	男	1923年	党员	大官庄	1944年1月		十三团三营九连三排	战士	1944年胶南县旺山	本村	
刘惟明	男	1923年		大官庄	1944年1月		十三团三营	战士	1944年8月胶南县旺山	本村	
韩治刚	男	1924年	党员	大官庄	1947年		志愿军	排长	1951年在朝鲜失踪		1981年11月批烈
李世亭	男	1920年3月		西卜落			巨峰区中队	战士	1944年巨峰花峪	本村	1957年3月批烈
邹宗联	男	1920年		西卜落	1944年6月						失踪军人，1981年11月批烈
韩子芳	男	1924年5月		西卜落	1944年1月		警备团	排长	1946年胶南县泊里旺山	本村	
韩子保	男	1925年8月		西卜落	1942年12月		十三团	战士	1946年四平失踪		1961年12月批烈
王汝交	男	1919年		大卜落	1944年						失踪军人，1981年11月批烈
范崇芹	男	1922年8月		大卜落	1943年7月		警备团二连	战士	1945年6月黄墩甲子山失踪		1961年12月批烈

续表人物-7

姓名	性别	出生年月	政治面貌	籍贯	参加革命时间	入党(团)年月	牺牲时所在单位	牺牲时职务	牺牲时间、地点	安葬地点	备注
韩培备	男	1924年10月		大卜落	1947年10月		海防警备团	班长	1947年10月日照县奎山	本村	
刘明莪	男	1925年5月		大卜落	1944年1月		警备团	战士	1944年12月巨峰后黄埠	后黄埠	
韩培乐	男	1918年		韩家沟	1945年		十三纵二十七团一营二连	副排长	1947年潍县齐家埠	齐家埠	
韩富贵	男	1923年		韩家沟	1948年		一四一师四二二团五连	班长	1950年10月朝鲜天德山	天德山里	
李其俊	男	1923年	党员	韩家沟	1942年		二纵四师一营一连	班长	1948年11月安徽省固镇县	固镇	
韩培新	男	1924年		韩家沟	1943年		志愿军	战士	在朝鲜失踪		1981年11月批烈
韩治宽	男	1925年		韩家沟	1947年		滨海爆炸队	战士	1948年莒南县山砥	本村	
孙纪堂	男	1918年8月		六甲庄	1939年9月		老六团	班长	1943年沂水	沂水县	
庄维卓(庄联成)	男	1919年3月		六甲庄	1939年3月		十九团	战士	1945年12月胶南县泊里	泊里	
庄茂友	男	1920年2月	党员	六甲庄	1944年	1944年8月	十九团机枪班	班长	1946年诸城	本村	
刘惟友	男	1922年		六甲庄	1946年1月		老六团	战士	1947年5月孟良崮失踪		1981年11月批烈
王文榕	男	1924年10月		六甲庄	1942年2月		渤海军区宣传队	书记	1945年8月胶东	本村	
吕为东	男	1910年7月		罗川沟	1946年10月		十七师五十团三营九连	炊事员	1948年11月淮海	新沂县碾庄	
徐明廷	男	1920年4月		罗川沟	1944年3月		日照县三大队	战士	1947年6月虎山	本村	
庄茂德	男	1924年4月		罗川沟	1940年3月		日照县涛雒区	班长	1945年2月日照县华山	本村	
郑培盛	男	1927年4月		郑家大沟	1946年10月		十九师五十七团一营机枪连	战士	1947年7月诸城红石山	诸城红石山	
朱建松(朱为新)	男	1919年2月	党员	孟家官庄	1944年	1945年	第一军分区特务营机枪班	班长	1946年8月胶河		
丁原海	男	1918年3月		水木头	1943年4月		民兵联防队	大队长	1945年5月巨峰水木头	本村	1957年3月批烈
相振增	男	1919年		相家楼	1944年		警备团	副班长	1945年5月安东卫	本村	
相振仕	男	1920年		相家楼	1944年		十三团	战士	1946年吉林省四平	本村	
相振昌	男	1922年		相家楼	1944年3月		十三团	战士	1946年吉林省四平	本村	
相公龙	男	1923年		相家楼	1939年		老六团二营	副排长	1945年7月胶南县	徐州	

续表人物-7

姓　名	性别	出生年月	政治面貌	籍贯	参加革命时间	入党(团)年月	牺牲时所在单位	牺牲时职务	牺牲时间、地点	安葬地点	备注
相纪昌	男	1924年	党员	相家楼	1938年		日照县武装部	部长	1948年2月日照城	本村	
相振遂	男	1924年		相家楼	1944年		警备团	副班长	1945年4月日照县亚月	本村	
相公傅(相公珍)	男	1926年		相家楼	1947年4月		七纵	战士	1948年11月淮海		
相同绪	男	1896年6月		相家峪			民工	排长	1947年滕县	滕县	
丁履洪	男	1918年4月		相家峪	1944年		警备团二连一排四班	班长	1945年12月胶南县泊里	本村	
范崇信	男	1920年4月		相家峪	1942年7月		老四团二营四连	通讯员	1943年12月沂水县季家岭	沂水县	
王茂吉	男	1925年	党员	大王家沟	1949年	1946年	二七二团政治处	连长	1949年10月厦门	厦门	
王允珍	男	1955年		大王家沟	1975年1月		山东军区独立第三营一连	战士	1975年8月临沂因公	日照烈士陵园	军训游泳时溺水，部队批烈
纪成章	男	1918年		纪家沟	1946年		二十五军七十三师五十七团三营八连	战士	1947年5月沂源县南麻	南麻	
马先茂	男	1923年		纪家沟	1946年10月		七纵	战士	1947年5月沂源县南麻	南麻	
马先义	男	1923年5月	党员	纪家沟	1944年	1946年	十九团	连长	1949年4月渡江		
马先开	男	1928年	党员	纪家沟	1945年	1946年	十三纵十五团三营二连	副排长	1948年9月济南		
马世培	男	1908年	党员	刘家沟		1944年		民工	1948年12月淮海	本村	
申永迪	男	1925年		刘家沟	1945年		滨北独立团三连	战士	1946年8月高密县盘古庄	本村	
张传顺	男	1926年		刘家沟	1945年		滨北独立团三连	战士	1946年8月胶河	本村	
李乃明	男	1920年		前屯	1944年		胶东新五师一一0炮连	班长	1947年6月潍县齐家埠	潍县	
朱长奇	男	1919年1月	党员	后屯	1938年		莒中独立营五连	排长	1945年6月莒县辛汪		
刘少增	男	1914年		长青岭	1942年4月		七纵	战士	1947年12月莱阳	莱阳	
李凤林	男	1923年1月		长青岭	1938年2月		警备团	战士	1944年5月巨峰六甲庄子	本村	
沈秀全	男	1930年		长青岭	1946年		六纵	战士	1949年浙江省舟山群岛	舟山	
杨合春	男	1911年3月	党员	莲花峪	1940年4月	1941年3月	十九团	战士	1944年12月巨峰后黄埠	本村	
王安有	男	1924年8月		莲花峪	1946年11月		七纵七十三师	战士	1948年莱芜	莲花本村	

续表人物-7

姓　名	性别	出生年月	政治面貌	籍贯	参加革命时间	入党(团)年月	牺牲时所在单位	牺牲时职务	牺牲时间、地点	安葬地点	备注
韩培军	男	1925年4月	党员	莲花峪	1940年9月	1949年	十九团	战士	1944年5月巨峰六甲庄子	本村	
王文双	男	1926年7月	党员	莲花峪	1947年7月	1947年3月	七纵二十师二十五团	战士	1948年12月淮海	本村	
郑世农	男	1913年	党员	沟洼		1931年	日照暴动	宣传委员	1932年9月巨峰沟洼	本村	
杨陆贵	男	1923年	党员	沟洼	1944年		十九团	战士	1946年高密县柴沟北	高密	
郑世祥	男	1926年		沟洼	1946年		志愿军	战士	1950年在朝鲜失踪		1981年11月批烈
厉增荣	男	1928年	党员	沟洼	1946年	1946年	七纵十九师五十五团二营五连	班长	1947年10月27日海阳县		
侯建三	男	1904年	党员	山峪	1941年	1943年	六团一营一连	班长	1945年日照县烟墩岭	本村	
徐春连	男	1919年		山峪	1939年		三纵九师二十七团卫生营	战士	1948年11月淮海战役失踪		1961年11月批烈
闻希忠	男	1923年		山峪	1942年		十九团	战士	1943年12月日照县竖旗岭	本村	
马宗吉(马宗日)	男	1925年		山峪	1943年		十九团	战士	1944年5月巨峰六甲庄子		
庄丰符	男	1926年		山峪	1944年		十三团	战士	1947年吉林省榆树县张麻子沟	张麻子沟	
马宗义	男	1928年	党员	山峪	1943年	1946年	第四野战军	指导员	1949年福建省厦门	厦门	
彭来智	男	1919年	党员	大坡			日照县大坡村民兵连	民兵	1944年碑廓	碑廓	被日军杀害，1945年批烈
韩立增	男	1925年		大坡			巨峰大坡村民兵连	民兵	1945年莒南县坊前	莒南县坊前	1945年批烈
韩敬平	男	1926年1月		大坡			巨峰大坡村民兵连	民兵	1944年7月13日巨峰大坡	本村	被日军杀害，1945年批烈
吕守春	男	1926年		大坡	1946年10月		老六团	战士	1947年5月孟良崮	孟良崮	
韩玉利	男	1917年		小坡	1944年		一师二团三营九连	战士	1946年黑龙江省哈尔滨	哈尔滨	
纪成乐	男	1928年		大坡	1946年10月		老六团	战士	1947年5月孟良崮	孟良崮	
高维俊	男	1915年		邱后			日照县邱后民兵连	民兵	1945年11月巨峰邱后	本村	
孙可相	男	1920年	党员	邱后	1945年1月	1942年	十九团三营七连	排长	1945年8月日照县小湖	本村	

续表人物-7

姓　名	性别	出生年月	政治面貌	籍贯	参加革命时间	入党(团)年月	牺牲时所在单位	牺牲时职务	牺牲时间、地点	安葬地点	备注
辛崇龙	男	1925年		邱后	1945年1月		十九团三营七连	排长	1949年5月上海	上海	
崔照春	男	1928年		邱后	1945年1月		十九团三营七连	战士	1947年12月	莱阳	
周文东	男	1923年		辛留	1942年5月		日照警备团骑兵连	排长	1945年12月胶南县泊里	本村	
赵丰珊	男	1927年		辛留	1945年3月		十九团三营七连	战士	1945年日照县张家沟	本村	
张继东	男	1949年		辛留	1969年3月		五三三五部队	战士	1970年10月8日陕西省临潼县	日照烈士陵园	因公牺牲
韩乐亭	男	1926年		徐家庄	1944年4月		十九团一营一连一排	排长	1945年12月胶南县泊里	本村	
孙可平	男	1909年	党员	大岭			哈尔滨市中学	学生	1939年黑龙江省哈尔滨	哈尔滨	搞学运被敌杀害
孙方双	男	1925年		大岭			日照县支前担架队	民工	1947年费县城	费县	
孙可理	男	1908年		大土山	1938年		十五团管理处	管理员	1941年莒南县大店	莒南县大店	
李照荣	男	1917年		大土山	1945年		解放军华中十一院二所	战士	1948年10月乐陵县	乐陵县	
刘维群	男	1922年		大土山	1938年		十五团警卫连	战士	1942年黄墩甲子山	甲子山	
李其陆	男	1924年		大土山			日照县大土山民兵连	民兵	1944年1月巨峰大土山	本村	日照县政府批烈
李其代	男	1926年		大土山	1942年		十九团一营二连	卫生员	1945年12月胶南县泊里	本村	
张　英	男	1928年	党员	大土山	1945年4月		志愿军一一四师	战士	1952年10月朝鲜三九四点八高地	朝鲜小尖山	
丁原迎	男	1932年		大土山	1948年11月		临沂驻军	连通讯员	1950年11月临沂病故	本村	1950年11月批烈
李其德	男	1917年		土山岭	1944年		警备团特务连	战士			1949年淮海战役失踪，1957年1月批烈
张永高	男	1957年	团员	土山岭	1977年1月	1974年	某师某团一营二连	战士	1979年2月28日广西省宁明县	宁明县岭青大队	云南边防保卫战牺牲
刘维喜	男	1918年		土山河				民伕	1949年1月莱芜黄沟崖	本村	
吕守店	男	1919年	党员	丁家林	1939年8月		九支队	排长			1948年11月淮海战役失踪，1958年6月批烈

续表人物-7

姓名	性别	出生年月	政治面貌	籍贯	参加革命时间	入党(团)年月	牺牲时所在单位	牺牲时职务	牺牲时间、地点	安葬地点	备注
罗吉山	男	1922年		丁家林	1945年12月		七纵十九师前方医院四分队	看护员	1948年沂水县渊子崖	沂水县	丁家林曾叫红卫村
徐得真	男	1924年		西土山	1943年		警备团	战士	1944年巨峰六甲庄子	本村	曾用名徐德全
杨林存	男	1924年		西土山	1943年		十三团三营八连	战士	1945年12月胶南县泊里	胶南县泊里	
吕守吉	男	1930年		西土山				民工			1948年10月淮海战役失踪，1958年6月批烈
吕守运	男	1920年3月		辛庄				民伕			1947年5月孟良崮战役失踪，1958年6月批烈
宋全祥	男	1921年		辛庄	1943年		警备团	战士	1945年胶南县泊里	泊里	
李茂忠	男	1926年		辛庄	1944年11月		七纵十九师五十七团二营四连	班长	1947年8月诸城战斗	诸城	
吕为明	男	1920年		西合庄	1944年2月		教导五旅十三团三营七连二排	战士	1945年1月五连县潮河	本村	
张传鹤	男	1922年	党员	西合庄	1943年		十三纵一营一连	指导员	1945年莱阳齐家埠	莱阳	
吕文茂	男	1927年3月		西合庄	1946年8月		七纵十九师五十七团二营五连	战士	1947年沂源县南麻	南麻	
吕守朋	男	1900年		吕家官庄			日照县吕家官庄农救会	会长	1945年日照县吕家官庄	本村	当时区政府口头批烈
丁以珍	男	1913年		丁吕土山			日照县丁吕土山民兵连	民兵	1945年日照县张家沟	本村	被敌伪杀害，日照县政府追烈
吕守官	男	1920年		土山东庄	1945年7月		十九团一营一连	战士	1945年12月胶南县泊里	本村	
吕守青	男	1917年	党员	车沟	1949年		日照县巨峰区中队	战士	1942年日照县车沟	本村	
丁以法	男	1924年		车沟	1945年		警备团	战士	1945年胶南县泊里	本村	曾用名丁以庆
丁惟任	男	1925年		车沟	1947年		志愿军	战士	1951年朝鲜	朝鲜	曾用名丁为相
李洪召	男	1921年		前山北头	1941年		百十一师	副团长	1948年10月淮海	徐州	入著名烈士英名录
王克魁	男	1922年		前山北头	1943年		警备团	战士	1945年胶南县泊里	泊里	
范伟连	男	1929年		后山北头	1946年11月		七纵十九师五十五团三营	战士	1947年莱阳	莱阳	
李大生	男	1917年		刘家	1943年9月		教育五旅十三团	战士			1944年1月石沟崖战斗失踪，1958年6月批烈

续表人物-7

姓　名	性别	出生年月	政治面貌	籍贯	参加革命时间	入党(团)年月	牺牲时所在单位	牺牲时职务	牺牲时间、地点	安葬地点	备注
刘维奇	男	1924年		柿树园	1946年11月		七十三师二一八团一营	战士	1947年江苏省竹庭县	竹庭县	
厉洪志	男	1926年		柿树园	1943年11月		十九团二营四连	战士	1944年5月巨峰六甲庄子	莒县陵阳	
赵廷合	男	1925年2月	党员	赵家	1946年11月	1946年2月	七纵五十五团三营九连	班长	1947年莱阳	莱阳	
赵廷孟	男	1927年9月		赵家	1946年11月		七纵五十五团三营九连一排	战士	1947年10月淄川	淄川	
邵立荣	男	1913年	党员	薄家口	1939年7月	1938年	日照县巨峰区山旺乡	乡长	1941年5月安东卫汾水	日照县甲子山	
薄祥臣	男	1908年	党员	薄家口	1943年9月		日照县巨峰区公所	文教助理	1947年5月孟良崮	孟良崮	带民伕时牺牲
薄子龙	男	1917年		薄家口				民伕	1949年1月莱芜县黄沟崖	本村	
袁肇彩	男	1920年	党员	薄家口	1946年11月	1946年11月	七纵五十五团三营八连	战士	1947年莒县三十里铺	本村	
吕增余	男	1921年	党员	薄家口	1944年8月	1943年	滨北独立一团三营七连	连长	1947年2月掖县黑羊山	掖县	
薄守峰	男	1924年	党员	薄家口	1946年11月	1946年11月	淄川三营九连	战士	1947年淄川	淄川	
王云瑞	男	1922年		前山旺	1943年11月		志愿军三三四团炮兵一连	排长	1952年朝鲜	朝鲜	入著名烈士英名录
王茂召	男	1927年		后山旺	1944年1月		三十二团一营三连二排	战士	1945年3月日照县沈疃	沈疃	
李其友	男	1923年	党员	李家大村	1946年10月	1947年	七纵十九师五十七团一营机枪连	班长	1948年12月淮海	阴山	
李延农	男	1925年		李家大村	1942年11月		十九团三营八连	班长	1947年海阳	海阳	
辛佩玖	男	1914年		前崖下	1949年9月		二十五军				1951年5月失踪，1981年11月批烈
厉保明	男	1915年	党员	前崖下	1944年	1943年	洪山部队岩山支队一大队	副营长			1948年济南战役失踪，1958年6月23日批烈
辛公聚	男	1926年		前崖下	1944年		滨北独立一团	通讯员			1945年失踪，1958年批烈，曾用名辛公庆
刘世堂	男	1927年		前崖下	1946年11月		七纵十九师五十七团二营五连	战士	1949年4月江苏省镇江	镇江	

续表人物-7

姓　名	性别	出生年月	政治面貌	籍贯	参加革命时间	入党(团)年月	牺牲时所在单位	牺牲时职务	牺牲时间、地点	安葬地点	备注
宋瑞海	男	1919年		后崖下	1944年7月		二支队一营侦察一排	排长	1947年1月吉林省德惠县	德惠县	
李溪海	男	1924年		后崖下	1944年10月		一一五师教导五旅十三团一营二连	战士	1945年3月五莲县管帅	管帅	
赵龙奎	男	1925年		后崖下	1944年10月		一一五师教导五旅十三团一营二连	战士	1945年3月五莲县管帅	本村	
宋瑞生	男	1927年		后崖下	1945年11月		志愿军二十军五十九师一一七团	战士	1950年朝鲜	朝鲜	
费廷北	男	1911年		费家官庄	1939年		三三三旅六六二团二营炮排	战士	1948年吉林省四平	四平	
张成友	男	1921年		费家官庄	1943年			战士			
费洪盈	男	1927年		费家官庄	1947年		二十三军	战士	1948年10月淮海		曾用名费洪凤
徐常宝	男	1929年		费家官庄	1945年		十九团七连	战士	1947年海阳	海阳	
徐茂连	男	1948年		费家官庄	1969年		五八三四部队二中队	战士	1970年4月8日四川省渠县	四川省渠县	因公牺牲
尚修俭	男	1920年		石嘴子	1943年2月		胶东武工队	战士	1946年6月高密双庙	本村	
尚修根	男	1926年		石嘴子	1946年10月		七纵十九师五十五团二营	战士	1947年沂源县南麻	南麻	
尚庆店	男	1928年		石嘴子	1946年10月		七纵十九师五十五团	战士	1949年9月莒县	本村	
尚明亮	男	1930年		石嘴子	1946年10月		七纵十九师五十五团	战士	1947年临沂	本村	
尚德扬	男	1918年		老龙窝	1946年10月		七十三师二一八团	战士	1947年高密县三皇山	高密	
冷振邦	男	1919年		老龙窝	1940年2月		莒县独立营	战士	1943年莒县	本村	
丁履彬	男	1920年		老龙窝	1941年8月		滨海支队二连	战士	1944年6月五莲县街头	本村	

中楼镇（205名）

表人物-8

姓　名	性别	出生年月	政治面貌	籍贯	参加革命时间	入党(团)年月	牺牲时所在单位	牺牲时职务	牺牲时间、地点	安葬地点	备注
李月吉	男	1918年	党员	月庄村	1945年		华东野战军	排长	1948年12月淮海	本村	
李成秀	男	1921年		月庄村	1943年		东北民主联军	战士	1946年吉林省四平	四平	
李洪生	男	1923年		月庄村	1947年7月		第三野战军	战士	1949年5月渡江	本村	
李相月	男	1925年		月庄村	1945年		东北民主联军	战士	1946年吉林省四平	四平	
于京业	男	1915年	党员	板楼村	1945年		莒县九里区武装部	部长	1946年莒县唐坊	本村	
于京后	男	1922年		板楼村	1944年		滨海军区六团	战士	1944年日照烟墩岭	本村	
于经卿	男	1927年		板楼村	1948年		三野二十六军	战士	1949年5月渡江	本村	
于纪主	男	1914年	党员	龙泉官庄	1948年		三野二十七军七十九师	战士	1949年5月上海	本村	
于家全	男	1924年		龙泉官庄	1948年1月		志愿军三十八军	战士	1950年朝鲜	朝鲜	
柳兴刚	男	1915年	党员	河峪村	1938年		莒县独立营	排长	1945年日照	本村	
柳兴聚	男	1928年		河峪村	1945年		东北民主联军	战士	1947年3月吉林省四平	四平	
于奎江	男	1923年	党员	于家沟村	1944年		志愿军三十八军	班长	1952年8月朝鲜	朝鲜	
于文东	男	1925年		于家沟村	1945年		东北民主联军	战士	1947年3月吉林省四平	四平	
于墨琴	男	1924年		于家沟村	1946年9月		华东七纵十九师	战士	1948年9月济南	本村	
张德存	男	1924年	党员	井家沟村	1944年1月		滨海军区六团	排长	1945年日照	本村	
王坐山	男	1925年		井家沟村	1944年		东北民主联军	战士	1946年吉林省四平	四平	
井子福	男	1926年		井家沟村	1944年		东北民主联军	战士	1946年吉林省四平	四平	
赵学庆	男	1922年		白公山后村	1945年1月		莒县县大队	班长	1948年3月临沂汤头	本村	
于文泽	男	1924年		白公山后村	1945年		山东军区特务团	战士	1948年12月淮海	本村	
于明宽	男	1926年		白公山后村	1945年1月		滨海特务团	班长	1948 年河南省孔集子	本村	

续表人物-8

姓　名	性别	出生年月	政治面貌	籍贯	参加革命时间	入党(团)年月	牺牲时所在单位	牺牲时职务	牺牲时间、地点	安葬地点	备注
卢西庆	男	1920年		集后村	1945年		东北民主联军	战士	1947年吉林省四平	四平	
卢　双	男	1925年		集后村	1948年		华东七纵	战士	1948年12月淮海	本村	
卢西相	男	1927年	党员	集后村	1944年	1946年	志愿军38军	排长	1950年11月朝鲜	朝鲜	获大功、小功各2次
曹建石	男	1924年	党员	上曹村	1944年	1946年	东北民主联军	战士	1946年吉林省四平	四平	
曹建立	男	1925年	党员	上曹村	1944年	1946年	东北民主联军	战士	1946年吉林省四平	四平	
曹际同	男	1928年		上曹村	1945年		华东野战军	战士	1947年7月沂源南麻	本村	
曹际洪	男	1929年		上曹村	1948年		志愿军某部	战士	1950年朝鲜	朝鲜	
李富乐	男	1926年		葛子沟村	1940年		八路军一一五师	战士	1942年日照	本村	
李运席	男	1930年	党员	葛子沟村	1948年	1949年	志愿军二十七军八十师	战士	1950年朝鲜	朝鲜	
李　学	男	1930年		葛子沟村	1947年		华东四纵	战士	1948年11月淮海	本村	
赵夫顺	男	1883年	党员	娄家湖村	1938年		八路军九支队	分队长	1942年莒中县	本村	
赵守欣	男	1918年		娄家湖村	1937年5月		八路军山东纵队	班长	1939年莒县桑园	本村	
陈淑合	男	1921年		娄家湖村	1947年		华东七纵	战士	1948年12月淮海	本村	
唐玉欣	男	1926年		娄家湖村	1948年		志愿军二四一团二营	战士	1950年朝鲜	朝鲜	
赵夫贞	男	1926年		娄家湖村	1940年		八路军山东纵队	战士	1944年莒北县招贤	本村	
赵守荣	男	1929年		娄家湖村	1947年		华东七纵十九师五十六团	战士	1948年淄博周村	本村	
张文祥	男	1907年		下曹村	1946年		滨海邮局	职工	1947年滨海邮局	本村	
曹　见	男	1907年	党员	下曹村	1945年	1943年	山东军区	班长	1948年江苏肃县	本村	
卢西田	男	1913年	党员	下曹村		1941年	中楼区孙由乡	乡长	1942年莒中县	本村	
刘汉让	男	1929年	党员	刘家沟村	1948年	1950年	志愿军	战士	1950年朝鲜	朝鲜	
孙桂根	男	1924年		小孙家沟村	1942年		东北民主联军	战士	1946年吉林省四平	四平	

续表人物-8

姓　名	性别	出生年月	政治面貌	籍贯	参加革命时间	入党(团)年月	牺牲时所在单位	牺牲时职务	牺牲时间、地点	安葬地点	备注
李文升	男	1910年4月		上涧村	1942年5月		八路军山纵百十一师六团	战士	1943年1月莒南县来家洼子	本村	
李文珍	男	1915年4月	党员	上涧村	1937年8月		华东二纵	排长	1945年8月江苏瓦窑车站	本村	获一、二等功各一次
张继升	男	1916年2月		上涧村	1943年2月		滨海军区六团	战士	1945年7月胶南泊里	本村	
张继荣	男	1916年5月		上涧村	1943年2月		滨海军区六团	战士	1943年东港烟墩岭	莒县烈士陵园	
李文崔	男	1918年7月		上涧村	1943年2月		东北人民解放军	战士	1948年3月吉林省四平	四平	获一、二等功各一次
李经宽	男	1920年6月		上涧村	1940年1月		八路军山东纵队百十一师六团	战士	1943年东港烟墩岭	本村	
张继来	男	1924年5月		上涧村	1947年11月		华东七纵	战士	1948年12月淮海	本村	获三等功一次
杜成月	男	1929年5月		上涧村	1947年8月		华东四纵	战士	1948年12月淮海	本村	
李观堂	男	1906年		黑涧村	1938年		八路军山纵二支队	战士	1939年莒县纪家店子	本村	
李光亮	男	1915年4月		黑涧村	1937年8月		中楼区区中队	战士	1944年1月东港三庄石沟崖	本村	
李俊原	男	1917年6月		黑涧村	1945年		华东七纵	副排长	1948年淮海	本村	
李东梅	男	1918年4月		黑涧村	1943年		华东三纵九师	战士	1947年1月鲁南	本村	
李光苏	男	1919年8月		黑涧村	1939年4月		八路军一一五师特务团	战士	1940年蒙阴李家泽子	本村	
李光锡	男	1919年		黑涧村	1945年		临沂公安局	战士	1950年临沂	本村	病故
李东民	男	1925年2月		黑涧村	1942年		华东七纵	战士	1948年11月淮海	本村	
李光臣	男	1925年		黑涧村	1946年		华东七纵十九师	战士	1947年2月莱芜	本村	
李光法	男	1925年		黑涧村	1947年		三野二十三军六十八师	战士	1949年5月渡江	本村	
李兴义	男	1925年		黑涧村	1944年		东北人民解放军	战士	1948年3月吉林省四平	四平	
李光岭	男	1929年		黑涧村	1948年9月		志愿军二十七军	战士	1950年朝鲜	朝鲜	
陈希志	男	1921年6月		陈西楼村			莒县支前民工队	民工	1943年莒县东莞	本村	支前模范
陈淑行	男	1922年3月		陈西楼村	1944年3月		滨海军区六团一营	战士	1944年圣公山前	本村	

续表人物-8

姓　名	性别	出生年月	政治面貌	籍贯	参加革命时间	入党(团)年月	牺牲时所在单位	牺牲时职务	牺牲时间、地点	安葬地点	备注
高卫中	男	1908年		前姚埠村			莒县支前民工队	民工	1947年7月沂源南麻	本村	支前模范
郑海节	男	1930年9月		前姚埠村	1947年2月		华东七纵十九师	战士	1948年淄博张店	本村	
辛本齐	男	1921年		后姚埠村			莒县支前民工队	民工	1947年2月莱芜	本村	
鞠荣春	男	1923年3月		后姚埠村	1945年8月		中楼区区中队	战士	1945年莒县青山区	本村	
辛本廷	男	1925年4月		后姚埠村	1945年2月		滨海军区	战士	1948年兖州	本村	
姚廷云	男	1930年		后姚埠村	1945年3月		滨海军区	战士	1948年兖州	本村	
张成伍	男	1915年		李家楼村	1945年		东北人民解放军	战士	1947年吉林省四平	四平	
朱运来	男	1916年	党员	朱家官庄村	1948年	1949年	志愿军二十七军八十一师	战士	1950年朝鲜	朝鲜	
朱庆聚	男	1924年	党员	朱家官庄村	1948年	1950年	志愿军二十七军八十一师	战士	1950年朝鲜	朝鲜	
朱庆梅	男	1925年	党员	朱家官庄村	1948年	1950年	志愿军二十七军八十一师	战士	1950年朝鲜	朝鲜	
张怀友	男	1909年	党员	孙由村	1944年	1945年	东北民主联军	排长	1947年吉林省四平	四平	获三等功1次
邱明月	男	1913年		孙由村	1944年		东北民主联军	排长	1947年吉林省四平	四平	获三等功1次
张　兴	男	1920年	党员	孙由村	1945年	1946年	东北民主联军	班长	1947年吉林省四平	四平	
李成美	男	1922年	党员	孙由村	1944年		鲁中军区十一团	排长	1945年3月蒙阴战役	本村	
张志田	男	1923年		孙由村	1941年		八路军一一五师	战士	1943年莒县寨里河	本村	
张　节	男	1926年		孙由村	1944年		华东二纵	排长	1945年胶南泊里	本村	
张夫清	男	1926年		孙由村	1944年		华东七纵二十师	副班长	1947年2月莱芜	本村	
张守业	男	1935年	党员	孙由村	1956年	1958年	解放军一二五八部队	班长	1962年孙由村	本村	病故
周　松	男	1923年	党员	房家官庄村	1948年1月	1949年6月	志愿军二十七军八十一师二四一团	战士	1951年5月朝鲜	朝鲜	
任瑞祥	男	1919年	党员	马鬐河东村	1945年1月	1946年	华东二纵六师十七团二营	战士	1947年7月沂源南麻	本村	
罗　森	男	1923年	党员	马鬐河东村	1945年	1944年	四野一纵一师三团	战士	1950年广西	广西鹿寨	

续表人物-8

姓　名	性别	出生年月	政治面貌	籍贯	参加革命时间	入党(团)年月	牺牲时所在单位	牺牲时职务	牺牲时间、地点	安葬地点	备注
王允宣	男	1925年	党员	马鬐河东村	1945年	1944年	东北民主联军	连长	1948年辽宁省黑山县	黑山	获二等功1次
徐伯甫	男	1928年	党员	马鬐河东村	1944年2月		汽车三十五团政治处	干事	1958年4月甘肃省敦煌县杨家桥	本村	因公牺牲
马永增	男	1917年		马鬐河村	1947年		志愿军八十师炮营	副班长	1950年朝鲜	朝鲜	
马兆永	男	1922年1月		马鬐河村	1945年		滨海军分区	副班长	1947年3月莒县马坡	本村	
马兆栋	男	1926年		马鬐河村	1947年		华东四纵十师通讯队	副班长	1948年11月淮海	本村	
王会林	男	1912年		鬐河村	1945年		东北民主联军	排长	1947年吉林省四平	四平	
卢成左	男	1914年8月		鬐河村	1945年2月		滨海军区六团	战士	1945年7月胶南泊里	本村	
王永全	男	1924年7月		鬐河村	1947年		二纵五师十五团	战士	1948年淮海		
朱纪方	男	1913年		葡萄山前村	1946年9月		滨海军区六团	战士	1948年莒南大埠南	本村	
朱传芳	男	1924年		葡萄山前村	1947年8月		华东四纵十师	战士	1948年12月淮海	本村	
朱传盛	男	1926年		葡萄山前村	1946年7月		东北人民解放军	战士	1948年3月吉林省四平	四平	
张兴皆	男	1927年		山口村	1947年		志愿军某部	战士	1953年朝鲜	朝鲜	
刘广爱	男	1928年		鸡山沟村	1948年		志愿军某部	战士	1951年朝鲜	朝鲜	
张玉怀	男	1912年		马鬐河西村	1947年		华东二纵五师供给处	战士	1948年11月淮海	本村	
盛传伍	男	1912年		马鬐河西村	1940年		滨海军区六团	战士	1945年莒县泥沟子	本村	
王伯朋	男	1918年	党员	马鬐河西村	1942年		山东军区一师三团	团长	1946年胶东浮山县	烟台烈士陵园	
蒋志伍	男	1921年1月		马鬐河西村	1944年		东北民主联军	战士	1946年4月吉林省四平	四平	
盛希全	男	1927年		马鬐河西村	1947年		三野二十三军六十七师二〇〇团	战士	1949年5月渡江	本村	
商有坤	男	1917年1月		商家沟村	1946年8月		华东二纵六师十六团	战士	1949年江苏中楼店	本村	
商有志	男	1917年8月		商家沟村	1946年8月		华东二纵六师十六团	战士	1947年5月孟良崮	本村	
商儒连	男	1926年3月		商家沟村	1944年7月		东北人民解放军	战士	1948年3月吉林省四平	四平	

续表人物-8

姓　名	性别	出生年月	政治面貌	籍贯	参加革命时间	入党(团)年月	牺牲时所在单位	牺牲时职务	牺牲时间、地点	安葬地点	备注
韦世选	男	1922年		屋楼山前村	1944年		东北民主联军	战士	1947年8月吉林省四平	四平	
韦有京	男	1927年		屋楼山前村	1945年8月		滨海军区特务团	战士	1946年临沂	本村	
邹乃同	男	1928年		屋楼山前村	1947年8月		华东四纵十师通讯连	战士	1948年11月淮海	本村	
韦录余	男	1930年	党员	屋楼山前村	1947年	1950年	志愿军某部	班长	1951年朝鲜	朝鲜	
卢　召	男	1920年3月		柳黄沟村	1947年8月		华东四纵十五师四十四团	班长	1948年11月淮海	本村	
卢进邦	男	1925年4月		柳黄沟村	1947年1月		华东七纵二十师六十团	战士	1948年邹县	本村	
卢成邦	男	1925年7月		柳黄沟村	1948年1月		志愿军某部	战士	1950年朝鲜	朝鲜	
张永成	男	1917年3月	党员	五楼官庄村	1942年8月	1943年3月	滨海军区六团一营三连	连长	1945年胶南泊里	本村	
陈淑铅	男	1924年	党员	五楼官庄村	1947年	1944年	华东四纵十师	排长	1948年11月淮海	本村	
张守安	男	1928年7月		五楼官庄村	1947年		华东九纵二十五师	班长	1948年11月淮海	本村	
韦有岩	男	1928年		五楼官庄村	1947年		华东四纵十师	战士	1948年11月淮海	本村	
崔志春	男	1914年		赵家西楼村	1944年		东北民主联军	战士	1947年吉林省四平	四平	
崔凤皆	男	1918年		赵家西楼村	1944年		东北民主联军	战士	1947年吉林省四平	四平	
崔　臣	男	1920年		赵家西楼村	1944年		华东七纵	战士	1947年孟良崮	本村	
崔庄亮	男	1920年		赵家西楼村	1944年		东北民主联军	战士	1947年吉林省四平	四平	
赵来玉	男	1925年		赵家西楼村	1947年		华东七纵	战士	1948年江苏沛县	本村	
马成德	男	1912年		卢家西楼村	1940年		原八路军山纵九支队	战士	1943年本村	本村	病故
夏良秋	男	1921 年		卢家西楼村	1944年		三野	战士	1949年5月渡江	本村	
何　福	男	1922年		卢家西楼村	1945年		滨海军区特务团	战士	1945年7月临沂	本村	
赵新桂	男	1926年	党员	卢家西楼村	1945年		滨海军区特务团	战士	1945年7月临沂	本村	
翟京芳	男	1912年	党员	马家西楼村	1941年		滨海军分区	连长	1946年高密	本村	获二等功1次、三等功2次

续表人物-8

姓名	性别	出生年月	政治面貌	籍贯	参加革命时间	入党(团)年月	牺牲时所在单位	牺牲时职务	牺牲时间、地点	安葬地点	备注
马先德	男	1924年		马家西楼村	1947年		莒县中楼区区中队	战士	1947年5月孟良崮	本村	
孟广彦	男	1908年		孟家西楼村	1945年		滨海军区特务团	战士	1945年9月临沂	本村	
孟宪法	男	1916年		孟家西楼村	1941年		滨海军区六团	战士	1942年8月甲子山	本村	
纪连安	男	1916年	党员	孟家西楼村	1945年		志愿军三十八军	连长	1951年朝鲜	朝鲜	立过功
孟宪求	男	1925年		孟家西楼村	1943年		莒县独立营	战士	1945年8月诸城	本村	
孟庆聚	男	1926年		孟家西楼村	1947年		华东四纵	战士	1948年6月开封	本村	
崔　法	男	1921年	党员	库山子村	1944年		东北人民解放军	副连长	1948年6月吉林省四平	四平	获三等功1次
张成友	男	1923年	党员	库山子村	1945年	1945年	东北民主联军	班长	1946年吉林	吉林	
田顺良	男	1928年		库山子村	1948年		志愿军二十七军八十一师	战士	1951年朝鲜	朝鲜	
田顺学	男	1929年		库山子村	1945年		东北民主联军	战士	1948年8月吉林胶河县	吉林	
张　锦	男	1912年		埠后村	1940年11月		滨海九支司令部	战士	1942年5月莒中县寨里河	本村	
张　钦	男	1913年	党员	埠后村	1939年	1938年3月	滨海军区情报站	站长	1941年莒中县薄板台	莒县烈士陵园	
张　举	男	1917年	党员	埠后村	1943年11月		华东七纵十九师	营长	1948年11月淮海	本村	获一等功1次、二等功1次
周　启	男	1920年	党员	埠后村	1938年4月		东北民主联军	排长	1946年吉林省四平	四平	
张玉成	男	1920年	党员	埠后村			莒县支前民工队	民工排长	1947年莱芜	本村	支前模范
张玉森	男	1921年		埠后村	1939年		山纵二旅三团	排长	1945年胶南泊里	本村	
张玉贵	男	1923年		埠后村	1943年11月		山东特务团	战士	1945年9月临沂	本村	
马　聚	男	1924年	党员	埠后村	1948年2月		二十一军六十二师一八六团	战士	1955年苏州	本村	病故
匡如求	男	1925年	党员	埠后村	1939年		滨海军区六团	副排长	1943年11月江苏赣榆	本村	
张开德	男	1928年		埠后村	1946年		东北民主联军	战士	1947年7月吉林省四平	四平	
陈吉龙	男	1911年		中楼村	1945年		东北民主联军	战士	1945年东北	辽宁黑山	

续表人物-8

姓　名	性别	出生年月	政治面貌	籍贯	参加革命时间	入党(团)年月	牺牲时所在单位	牺牲时职务	牺牲时间、地点	安葬地点	备注
陈之聪	男	1914年		中楼村	1947年5月		莒县支前民工队	民工	1947年5月莱芜	本村	支前模范
付金堂	男	1916年		中楼村	1947年5月		支前民工队	民工	1947年5月莱芜	本村	支前模范
陈春然	男	1917年		中楼村	1944年1月		滨海军区六团	战士	1944年10月莒南结庄	本村	
陈昌祥	男	1919年	党员	中楼村	1944年1月		东北民主联军	连长	1947年9月吉林省四平	四平	获二等功一次
徐恒祥	男	1919年		中楼村	1944年		志愿军某部	战士	1950年朝鲜	朝鲜	
陈文礼	男	1921年		中楼村	1947年		中楼村		1977年2月中楼	本村	病故
张传公	男	1923年	党员	中楼村	1944年		东北民主联军	班长	1947年9月吉林省四平	四平	
张继怀	男	1923年		中楼村	1944年1月		滨海军区六团	战士	1945年诸城	本村	
黄希伍	男	1925年		中楼村	1945年		滨海军区六团	战士	1945年胶南泊里	本村	
陈启祥	男	1926年	党员	中楼村	1944年1月		东北人民解放军	班长	1948年3月吉林省四平	四平	
卢瑞龙	男	1927年		中楼村	1944年1月		滨海军区六团	战士	1945年诸城	本村	
黄希昌	男	1927年		中楼村	1944年		东北民主联军	班长	1947年9月吉林省四平	四平	
张　锡	男	1929年		中楼村	1947年7月		三野二十一军	战士	1949年12月福州	本村	
吴玉田	男	1945年		中楼村	1967年		胜利油田河口指挥部	工人	1974年9月胜利油田	本村	因公牺牲
卢现科	男	1917年		卢军子村	1944年		东北民主联军	班长	1947年吉林省四平	四平	
卢清庆	男	1924年		卢军子村	1947年		华东民主联军	战士	1947年本村	本村	负伤后牺牲
徐　珍	男	1927年	党员	卢军子村	1947年		华东四纵	战士	1948年6月开封	本村	
卢经田	男	1928年		卢军子村	1947年		华东四纵	班长	1948年11月淮海	本村	
卢清法	男	1927年		对子沟村			莒县支前民工队	民工	1947年2月莱芜	本村	支前模范
李　学	男	1927年		对子沟村	1944年1月		华东八纵	通讯员	1947年曹县	本村	
陈顺吉	男	1914年		陈军子村	1945年		东北民主联军	班长	1946年吉林省四平	四平	

续表人物-8

姓　名	性别	出生年月	政治面貌	籍贯	参加革命时间	入党(团)年月	牺牲时所在单位	牺牲时职务	牺牲时间、地点	安葬地点	备注
朱俊英	男	1926年1月		陈军子村	1944年		山东军区特务团	战士	1948年12月淮海	本村	
朱俊昌	男	1927年1月		陈军子村	1944年		山东军区司令部	战士	1947年昌北	本村	
陈淑太	男	1929年3月		陈军子村	1947年		志愿军二十三军六十七师	班长	1953年朝鲜	朝鲜	
朱德超	男	1929年		陈军子村	1947年		华东四纵十师	战士	1949年1月淮海	本村	
马宗存	男	1924年		孟家屋子村	1946年6月		华东七纵十九师	战士	1948年11月淮海	本村	
韩守义	男	1924年		韩军子村	1944年2月		滨海军区六团	战士	1945年7月胶南泊里	本村	
马先玉	男	1953年		蒋家峪村	1973年1月		济南军区守备三十二团三营八连	战士	1974年5月解放军四〇五医院	本村	病故
周明堂	男	1891年4月	党员	彭家峪村	1937年6月		莒中县独立营	司务长	1943年8月莒中县彭家峪	本村	
周云堂	男	1896年6月		彭家峪村	1938年2月		滨海军区六团	班长	1944年1月东港三庄石沟崖	本村	
周西胜	男	1914年5月		彭家峪村	1947年6月		志愿军某部	保管员	1951年9月朝鲜	朝鲜	
林富录	男	1918年6月		彭家峪村	1944年		东北人民解放军	战士	1948年3月吉林省四平	四平	
林兴福	男	1921年5月	党员	彭家峪村	1941年		东北人民解放军	副排长	1948年3月吉林省四平	四平	
张夫时	男	1922年7月		彭家峪村	1945年6月		东北民主联军	战士	1946年4月吉林新站	吉林	
邹　忠	男	1923年8月	党员	彭家峪村	1944年1月		滨海军区十三团	班长	1945年胶南泊里	本村	
林兴录	男	1927年3月	党员	彭家峪村	1941年		莒中县独立营	班长	1943年莒中县	本村	
何　友	男	1925年	党员	两山口村	1945年4月		志愿军38军	班长	1951年朝鲜	朝鲜	大功4次，1等功1次
何　清	男	1929年		两山口村	1945年4月		华东八纵	战士	1948年12月淮海	本村	
马先好	男	1915年6月		马家峪村	1938年7月		八路军山纵二支队	战士	1939年10月莒县夏庄	本村	
马先欣	男	1916年		马家峪村	1942年1月		山东军区司令部电台	报务员	1947年鲁南	本村	

续表人物-8

姓　名	性别	出生年月	政治面貌	籍贯	参加革命时间	入党(团)年月	牺牲时所在单位	牺牲时职务	牺牲时间、地点	安葬地点	备注
马先朋	男	1920年	党员	马家峪村	1938年7月		滨海一支队二团	指导员	1942年沂水	本村	
马德元	男	1921年2月		马家峪村	1943年2月		东北民主联军	战士	1946年吉林省四平	四平	
陈永福	男	1921年4月		马家峪村	1940年1月		滨海军区六团	战士	1943年2月莒中县相家官庄	本村	
王运田	男	1921年3月	党员	刘家峪村	1940年5月		志愿军三十八军	连长	1950年11月朝鲜	朝鲜	获二等功1次、三等功3次
贾廷友	男	1921年5月		刘家峪村	1944年3月		东北人民解放军	战士	1948年3月吉林省四平	四平	
于　俊	男	1926年2月		刘家峪村	1945年		山东军区特务团	战士	1945年9月临沂	本村	
王　孝	男	1929年2月		刘家峪村	1947年7月		志愿军二三七团	战士	1950年11月朝鲜	朝鲜	
贾恩收	男	1941年		刘家峪村	1961年1月		解放军一六八一部队	战士	1962年9月辽宁锦西	本村	因公牺牲
贾廷喜	男	1923年4月		王家峪村	1942年		东北民主联军	战士	1947年吉林省四平	四平	
徐玉来	男	1946年1月	党员	王家峪村	1965年1月		解放军六一七三部队	排长	1974年青岛	本村	病故
崔光申	男	1915年		崔家峪村	1945年7月		莒县独立营		1951年泰安	本村	病故
崔　存	男	1916年		崔家峪村	1947年		东北人民解放军	战士	1948年3月吉林省四平	四平	
崔　己	男	1919年		崔家峪村	1947年		东北民主联军	战士	1948年吉林省四平	四平	
崔　义	男	1921年		崔家峪村	1939年		滨海军区六团	战士	1941年莒中县寨里河	本村	
崔光振	男	1922年		崔家峪村	1946年		三野二十七军		1951年上海	本村	病故
崔　砖	男	1925年	党员	崔家峪村	1942年1月	1943年7月	东北民主联军	营长	1948年辽宁黑山	黑山	有人物传
庄会祥	男	1922年		山庄村	1946年		二纵五师十五团	班长	1948年淮海	本村	
许中德	男	1922年		山庄村	1945年		东北民主联军	班长	1947年吉林省四平	四平	
刘明强	男	1954年		刘家沟村			刘家沟村	民兵	1978年7月抢险救人牺牲	本村	

四、当代先进模范人物名录

(一)

表人物-9

姓　名	性别	籍贯	获荣誉时工作单位	命名时间	获得荣誉称号	授誉单位名称
柴立清	男	岚山头街道官草汪居	安岚公社官草汪大队	1962年3月	全国劳动模范	华东地区
苏同远	男	虎山镇连家村	虎山乡前水沟中学	1989年9月	全国教育系统劳动模范	教育部
张传武	男	黄墩镇孔家庄子	黄墩供销社	1989年9月	全国商业劳动模范	商业部、全国总工会
牟乃善	男	东港区	岚山港务管理局	1994年1月	全国交通系统劳动模范	交通部、人事部
李汉莫	男	碑廓镇西辛兴村	碑廓区西辛兴村	1952年1月	华东地区劳动模范	
窦福林	男	碑廓镇大朱槽二村	碑廓区大朱槽二村	1952年	华东农业劳动模范	
山云条	男	黄墩镇葛疃村	黄墩区葛疃村	1952年1月	华东地区农业劳动模范荣	
陈同孟	男	岚山头街道佛手湾居	安岚区佛手湾村	1956年	华东局农业劳动模范	
陈希臻	男	中楼镇陈家西楼	中楼区陈家西楼村	1951年5月	山东省劳动模范	省政府
于洪让	男	中楼镇白公山后	中楼区白公山后村	1952年5月	山东省劳动模范	省政府
邢立津	男	汾水镇后合庄	安东卫区后合庄村	1952年	山东省农业劳动模范	省政府
何玉萍	女	中楼镇赵家西楼	中楼兽医站	1957年5月	山东省劳动模范	省政府

续表人物-9

姓　名	性别	籍贯	获荣誉时工作单位	命名时间	获得荣誉称号	授誉单位名称
杨希田	男	碑廓镇西杨家庄子	碑廓区西杨家庄子村	1957年	山东省劳动模范	省政府
李成菊	女	中楼镇孙由村	中楼公社埠后大队	1959年5月	山东省劳动模范	省政府
牟延斋	男	碑廓镇田家寨	虎山公社卫生所	1960年	山东省劳动模范	省政府
崔光周	男	中楼镇崔家峪	中楼区崔家峪大队	1964年1月	山东省劳动模范	省政府
焦和森	男	泰安市	中楼区林业站	1964年5月	山东省劳动模范	省政府
董付书	男	碑廓镇林家坊子	碑廓镇农机管理站	1986年	山东省农业劳动模范	省政府
路宜华	男	高兴镇化龙村	高兴镇化龙村	1986年	山东省农业劳动模范	省政府
朱世平	男	黄墩镇	黄墩镇党委	1990年	山东省农业劳动模范	省政府
王世昌	男	岚山头街道童海路	岚山头街道童海路居	1995年4月	山东省劳动模范	省政府
杨宝友	男	安东卫南街	日照三木集团有限公司	1995年4月	山东省劳动模范	省政府
魏本爱	女	虎山镇	安舒水产有限公司	1998年4月	山东省劳动模范	省政府
郑淑胜	男	虎山镇大村	山东鲁圣电力器材有限公司	2002年1月	山东省劳动模范	省政府
魏绪瑶	男	碑廓镇辛庄子	碑廓镇辛庄子村	2003年5月	山东省劳动模范	省政府
常成志	男	安东卫街道	日照三木集团有限公司	2003年	山东省劳动模范	省政府
徐加确	男	岚山头街道	日照永兴食品有限公司	2008年	山东省劳动模范	省政府
于海建	男	岚山区	日照焦电有限公司	2008年	山东省劳动模范	省政府
李广成	男	碑廓镇西秋齐园	日照市金梅花生制品厂	2011年	山东省劳动模范	省政府
王　波	男	岚山头街道环海路	岚山头街道环海路居委	2013年4月	山东省劳动模范	省政府
袁从波	男	巨峰镇薄家口村	岚山区御园春茶叶技术合作社	2013年4月	山东省劳动模范	省政府

（二）

表人物-10

姓　名	性别	籍贯	获荣誉时工作单位	命名时间	获得荣誉名称	授誉单位名称
董付书	男	碑廓镇	日照县拖拉机站	1965年	全国农机工作先进工作者	农牧渔业部
魏茂秀	女	碑廓镇	碑廓镇碑廓四村	1979年至1983年	全国三八红旗手	全国妇联
				1992年12月	全省侨联系统先进工作者	省政府
张　诚	男	岚山头街道	岚山头街道圣岚路居	1988年7月	防止民间纠纷激化工作三等奖	司法部
				1992年12月	社会治安综合治理先进个人	省委、省政府
傅志平	男	安东卫街道	汾水镇计生委	1989年3月	国家级生育节育抽样调查先进个人	国家计生委
苏昭思	男	岚山头街道	岚山头中心初中	1989年9月	全国优秀教师	教育部、人事部
马成彦	男	碑廓镇	碑廓中心初中	1989年9月	全国优秀教育工作者	教育部、人事部
宋全文	男	东港区	虎山林业站	1991年4月	全国青少年绿化祖国突击手	团中央、林业部、全国绿委
马瑞宝	男	碑廓镇	碑廓电影管理站	1992年7月	科教电影先进工作者	文化部、广电部、国家科委
周志兰	女	岚山区	汾水镇初级中学	1993年9月	全国优秀教师	教育部、人事部
张玉佩	男	费县	岚山工委	1995年	优秀党务工作者	省委
郭同华	男	东港区	岚山公安分局	1995年4月	全国优秀人民警察	公安部
苏同远	男	虎山镇	虎山四中	1995年6月	全国环保教育先进个人	国家教委、环保局
牟宗智	男	碑廓镇	虎山四中	1995年9月	全国优秀教师	教育部、人事部
王桂东	男	黄墩镇南庄村	粮山二中	1995年9月	全国模范教师	教育部
赵祥秀	女	巨峰镇蒋家庄	巨峰后黄埠小学	1995年9月	全国优秀教师	国家教育委员会、人事部
杨宝友	男	安东卫街道	日照三木集团有限公司	1995年12月	山东省优秀乡镇企业家	省政府
				1998年11月	全国优秀乡镇企业厂长(经理)	农业部
				2005年9月	关爱员工优秀民营企业家	全国工商联、全国总工会
				2006年12月	优秀特色社会主义事业建设者	中共中央统战部、国家发改委、人事部、国家工商总局
王　霞	女	岚山区	岚山头街道个体计生协会	1995年	计划生育协会先进个人	国务院
张金华	男	岚山区	岚山头街道童海路居	1995年	全国优秀村主任	民政部

续表人物-10

姓　名	性别	籍贯	获荣誉时工作单位	命名时间	获得荣誉名称	授誉单位名称
许庚瑞	男	虎山镇黄泥沟村	虎山小学	1996年	民办教师三等奖	辛宪梓教育基金会
卫　巍	男	山西省夏县	岚山办事处计统委	1996年12月	第三次全国工业普查先进工作者	第三次全国工业普查办公室、国家统计局
刘克业	男	虎山镇	岚山办事处文体委	1997年1月	全国群众体育先进个人	国家体委
辛作梅	男	黄墩镇大辛庄村	黄墩小学	1997年5月	全国助残先进个人	国务院残疾人协调委员会
王世昌	男	岚山头街道童海路居	岚山头街道童海路居	1997年6月	山东省优秀共产党员	省委
				2001年6月	山东省优秀共产党员	省委
				2000年1月	全国优秀人才一等功	人事部、农业部
王广举	男	临沂市河东区	岚山办事处	1998年1月	全国经济普查先进个人	国家计委
梅志强	男	东港区	岚山工委	1998年11月	全国计划生育优秀工作者	国家计生委
张永书	男	岚山头街道	岚山头街道海州路居	1999年1月	优秀调解主任	司法部
张文宣	男	碑廓镇	岚山头街道	2000年9月	突出贡献奖	国家计生委
司彦华	女	碑廓镇	碑廓镇大司官庄村	2000年9月	全国优秀计划生育中心户组长	国家计生委
郑淑胜	男	虎山镇大村	山东鲁圣电力器材有限公司	2001年1月	全国优秀乡镇企业家	农业部
				2004年9月	全国再就业先进个人	全国再就业大会
朱新建	男	岚山区	岚山办事处计生委	2002年1月	第五次人口普查先进个人	国家第五次人口普查领导小组
韩建桂	女	虎山镇韩家营子	山东鲁圣电力器材有限公司	2002年3月	全国城镇巾帼建功标兵	全国妇联
				2003年	双拥模范先进个人	省委、省政府、省军区
				2004年3月	全国三八红旗手	全国妇联
王进远	男	高兴镇	岚山办事处经贸委	2003年1月	全国食品工业科技进步先进科技管理工作者	中国食品工业协会
张书兰	女	岚山头街道	日照华洋农副水产品有限公司	2005年	全国双学双比女能手	全国妇联
林令香	男	虎山镇	岚山区文体局	2005年10月	2001～2004年度全国群众体育先进个人	国家体育总局

续表人物-10

姓　名	性别	籍贯	获荣誉时工作单位	命名时间	获得荣誉名称	授誉单位名称
王致英	女	日照市	岚山区国税局	2007年2月	全国“巾帼建功”标兵	全国妇联、全国妇女“巾帼建功”活动领导小组
				2008年2月	全国三八红旗手	全国妇联
魏本爱	女	虎山镇	阿掖山集团有限公司	2007年	全国“巾帼建功”标兵	全国妇联
秦绪方	男	东港区	岚山工商分局	2008年9月	全国工商系统优秀工商行政管理人员	国家工商总局
申作芳	女	东港区	岚山区国税局	2009年9月	全国三八红旗手	全国妇联
徐淑利	男	莒南县	岚山区政府	2009年 2011年	全国县市科技进步先进个人	科技部
潘宏伟	男	东港区	区科技局	2009年 2011年	全国县市科技进步先进个人	科技部
马先艳	女	巨峰镇大王家沟	巨峰二中	2009年	全国优秀教师	教育部、人事部
				2010年	山东省特级教师	省政府
刘绍见	男	定陶县	岚山区史志办	2010年	全国方志系统先进工作者	中国地方志指导小组
秦　燕	女	东港区	岚山环保分局	2010年3月	第一次全国污染源普查先进个人	国家第一次污染源普查领导小组办公室、环境保护部、农业部
盖卫星	男	沾化县	岚山区委	2011年	全国县市科技进步先进个人	科技部
郑卫东	男	五莲县	岚山区政府	2011年	全国县市科技进步先进个人	科技部
于福军	男	莒县	岚山工商分局前三岛工商所	2011年1月	全国工商系统流通环节产品质量和食品专项整治工作先进个人	国家工商总局
范学青	男	平邑县	岚山区法院	2011年6月	全国政法系统优秀党员干警	中央政法委
李　波	男	虎山镇大村	虎山镇政府	2012年	2011年度国家安全生产工作先进个人	国家安监总局
卢兆田	男	中楼镇集后村	中楼镇中心小学	1987年9月	山东省优秀教师	省政府
刘明启	男	岚山头街道	岚山头街道环海路居	1988年11月	山东省优秀居委会主任	省政府
王秀芳	女	巨峰镇大王家沟	巨峰一中	1989年	山东省三八红旗手	省政府

续表人物-10

姓　名	性别	籍贯	获荣誉时工作单位	命名时间	获得荣誉名称	授誉单位名称
张宗团	男	岚山头街道	岚山头街道圣岚路居	1992年7月	山东省优秀共产党员	省委
				1994年8月	山东省优秀乡镇企业家	省政府
张祖军	男	岚山区	岚山港务管理局	1996年4月	山东省公安保卫工作二等功	省政府
秦玉桥	男	虎山镇	虎山中心小学	1998年9月	山东省特级教师	省政府
赵玉英	女	岚山区	岚山办事处计生委	1998年	山东省计划生育先进工作者	省委、省政府
于治会	男	岚山头街道	岚山办事处水产局	1999年1月	山东省模范公务员	省政府
李德省	男	莒南县	日照市第二人民医院	2000年4月	“富民兴鲁”劳动奖章	省政府
林相英	女	岚山区	岚星化工工业有限公司	2003年1月	山东省优秀企业家	省委、省政府
				2004年3月	全国三八红旗手	全国妇联
张家增	男	沂南县	岚山办事处交通局	2003年7月	山东省防治非典型肺炎工作个人三等功	省委、省政府
胡顺成	男	岚山区	岚山头司法所	2003年	全省人民满意政法干警、记个人二等功	省委、省政法委
陈为宽	男	岚山区	岚山头公安派出所	2004年5月	执法为民先进个人一等功	省政府
丁元梅	女	碑廓镇王家庄	碑廓镇王家庄	2004年8月	全省十佳兵妈妈	省政府、省军区
乔永前	男	莒南县	安东卫街道党委	2008年	平安建设先进个人一等功	省委、省政府
				2011年	山东省优秀乡镇（街道）党（工）委书记	省委
丁明军	男	虎山镇蔡家墩村	岚山公安分局	2011年3月	一等功	省政府
李　欣	男	东港区三庄镇	安东卫街道明珠路小学	2013年4月	山东省先进工作者	省政府

五、在外副处级及以上干部名录

岚山头街道

表人物-11

姓 名	性别	出生年月	籍贯	工作单位	职务
卢予志	男	1912年11月	凤阳路	日照四中	校长
徐河林	男	1956年2月	圣岚路	青岛市市南区公安局	正处级侦察员
黄胜海	男	1956年7月	圣岚路	徐州空军后勤处机械修理厂	厂长
张良书	男	1954年1月	圣岚路	临沂市药监局	副局长
张宗华	男	1951年2月	圣岚路	临沂经贸学校	校长
王夫玉	男	1949年12月	圣岚路	日照港务公司第二公司	经理
黄万昌	男	1960年4月	圣岚路	日照广电局网络部	主任
黄胜昌	男	1955年9月	圣岚路	日照工商局	调研员
黄布华	男	1951年3月	圣岚路	广电部	处长
黄立华	男	1957年11月	圣岚路	国务院侨务办公室	秘书
马振什	男	1921年	海州路	日照县水产局	局长
徐加弟	男	1935年9月	海州路	北京市公安局公交分局基建处	处长
徐子楼	男	1948年10月	海州路	日照市信访局	副局长
马建华	男	1948年3月	海州路	日照市人大办公室	主任
刘洪远	男	1947年4月	海州路	临沂市统战部	副部长
张军书	男	1960年7月	海州路	日照市财政局	纪检书记
张 坤	男	1963年10月	海州路	日照市盐务局	副局长
方 丽	女	1963年4月	海州路	日照市林业局	副局长
王廷军	男	1969年3月	海州路	北京人民大会堂管理局国资处	副处长
侯永成	男	1968年10月	海州路	浙江省宁波市经济和信息化委员会	主任
王以玲	男	1959年11月	海州路	青岛市市南区国税局办公室	主任
郭炳义	男	1928年9月	岚阳路	沈阳市沈河区二经街道办事处	武装部长
葛长华	男	1966年8月	岚阳路	日照市委	副秘书长
葛世刚	男	1970年4月	岚阳路	日照市纪委	秘书长
苏同乐	男	1964年12月	岚阳路	日照市安监局	副局长
王均奇	男	1968年4月	岚阳路	日照市海洋与渔业局	调研员
张洪涛	男	1958年11月	环海路	上海晨光保险经纪公司	总经理
赵 刚	男	1968年1月	环海路	日照市东港区人民政府	区长
王汉日	男	1965年12月	环海路	日照市东港区委	副书记
徐东高	男	1963年9月	环海路	日照市住房公积金办公室	主任
梁启军	男	1971年8月	环海路	日照消防大队政治部	主任

续表人物-11

姓 名	性别	出生年月	籍贯	工作单位	职务
王照才	男	1944年7月	官草汪	日照市卫监局	局长
王汉杰	男	1948年1月	官草汪	坪岚铁路管理处	党委书记
常玉志	男	1923年6月	官草汪	黑龙江省文化局	局长
于刚业	男	1938年11月	佛手湾	日照市人大人代室	主任
陈占开	男	1950年9月	佛手湾	海军司令部保卫部	部长
陈同波	男	1963年10月	甜水河	日照市经信委	副主任
刘 海	男	1970年8月	甜水河	济南铁路总公司日照分公司	总经理
秦洪慈	男	1922年10月	童海路	临沂地区外贸局工艺品进出口支公司	副经理
王忠荣	男	1925年2月	童海路	南京军区后勤部	部长
王和田	男	1950年5月	童海路	日照市政协	副主席
刘中原	男	1951年	童海路	河南省许昌市中国银行	行长兼党委书记
唐 涛	男	1973年1月	童海路	日照市交通局	副局长
秦玉航	男	1956年3月	童海路	日照市国税局	党组成员
秦玉连	男	1957年12月	童海路	日照市地税局涉外局	局长
胡翠璋	女	1946年4月	童海路	海军北海舰队幼儿园	园长
胡日仁	男	1944年2月	胡家林	日照市物价局	副局长
胡顺平	男	1951年9月	胡家林	日照市老龄委	主任
胡顺柏	男	1951年2月	胡家林	山东省胜利集团公司	党委副书记
胡顺法	男	1949年2月	胡家林	青岛市市北区卫生局	副局长

安东卫街道

表人物-12

姓 名	性别	出生年月	籍贯	工作单位	职务
王永田	男	1959年7月	泉子庙社区	临沂市技师学院	党委副书记
王洪春	男	1937年10月	泉子庙社区	临沂医药公司	党委副书记
张光辉	男	1964年6月	泉子庙社区	江苏省南京市市委八处	处长
于加春	男	1924年8月	泉子庙社区	河南安阳钢铁厂	党委副书记
李广田	男	1936年	安东卫东街	大连市外经贸委	主任
李广春	男	1938年4月	安东卫东街	日照市人大科教文委	主任
张永宣	男	1941年2月	安东卫东街	日照市质量监督局	局长
卢宝聚	男	1925年11月	安东卫东街	上海市财政局财务处	处长
苏 平	男	1932年	安东卫东街	东海舰队海航4师	副师长
法克栎	男	1928 年	安东卫东街	福建省南平军分区	政委
杨克元	男	1947 年 1 月	安东卫东街	日照市海事局	党委书记
张念华	男	1954 年 9 月	安东卫东街	日照市法院法警支队	政委

续表人物-12

姓　名	性别	出生年月	籍贯	工作单位	职务
张　燕	女	1963年5月	安东卫东街	日照市公安局	侦查员
李广征	男	1941年	安东卫东街	青岛市交通局征收处	处长
周志利	男	1950年7月	安东卫东街	济南出版社	党委书记
王盛恩	男	1933年8月	安东卫东街	南海舰队司令部卫生站	站长
苏　涛	男	1966年3月	安东卫南街	中国人民银行日照支行	副行长
王　兵	男	1974年3月	安东卫南街	人民邮电报社科技新闻部	主任
胡佃亮	男	1963年4月	安东卫南街	日照市委党校	副校长
郭合军	男	1963年6月	辛庄子村	西安军事学院	副师级
邵团泽	男	1962年3月	辛庄子村	日照市公安局交警支队东港大队	指导员
邵安亭	男	1947年2月	界牌岭居	烟台市人民检察院反贪局侦察处	副处长
邵理瑞	男	1963年3月	界牌岭居	中国工商银行山东分行	副行长
邵理成	男	1949年7月	界牌岭居	日照港务局	工会主席
丁立柯	男	1924年	奎楼村	南京市下关区革命委员会	主任
王爱东	男	1960年3月	东山居	日照港集团有限公司	党委副书记、纪检书记
杨洪福	男	1971年	东山居	日照国际海洋城管委会	副主任
侯孝会	男	1929年	东山居	辽宁省营口市税务局	局长
张纪凤	男	1923年8月	北门外社区	湖南永州市供销社	运输科长
王茂华	男	1928年8月	北门外社区	交通部上海救助打捞局温州救助站	站长
杜江涛	男	1964年10月	北门外社区	五莲县人民政府	县长
张传信	男	1946年5月	北门外社区	国家海洋局北海分局安全管理办公室	副主任
林凡东	男	1968年5月	仁家村居	建设银行济南槐荫区支行	行长
苏同足	男	1953年9月	仁家村居	临沂市文化局	副局长
秦玉云	男	1971年9月	仁家村居	国家粮食储备局	司长
苏德书	男	1945年7月	仁家村居	日照市计生委	计生协会副会长
胡　凯	男	1920年7月	安东卫西街	日照市邮政局	局长
法永彩	男	1926年3月	安东卫西街	临沂地区人事局	局长
王同宽	男	1933年8月	安东卫西街	临沂地区商业局	副局长
马　妮	女	1975年12月	安东卫西街	东港区纪委	书记
王　蒙	男	1982年12月	安东卫西街	国务院办公厅秘书一局	秘书
窦永密	男	1964年11月	潘庄一村	建设银行山东省分行干部培训学校、人事处	校长、副处长
刘从军	男	1978年1月	潘庄一村	重庆市科学技术委员会	调研员
孙树贵	男	1969年12月	潘庄一村	日照市规划局	副局长
滕培栋	男	1928年4月	潘庄一村	上海港务局、中国港口协会	副秘书长
刘保爱	男	1921年6月	潘庄一村	济南铁路局徐州分局	副局长
张传文	男	1946年8月	石家庄居	青岛开发投资有限公司	总经理
王　磊	男	1971年8月	荻水社区	中国人民解放军总装备部代表处	处长
胡日华	男	1963年6月	荻水社区	青岛市人大教科文卫工作室	副调研员

续表人物-12

姓　名	性别	出生年月	籍贯	工作单位	职务
周纪平	男	1963 年 10 月	东庄居	济南市财政局企业处	处长
周元平	男	1965 年 7 月	东庄居	山东省食品药品管理局	秘书
韩纪信	男	1946 年 7 月	东庄居	甘肃省地质矿产局第四勘察院	工会主席
朱　琴	女	1925 年 6 月	东庄居	上海市缝纫机厂	副厂长
李恒三	男	1935 年 2 月	安东卫北街	北海舰队司令部办公室	主任
柴月秀	女	1946 年 5 月	安东卫北街	青岛市市北区人大常委会	副主任
崔维金	男	1946 年 9 月	安东卫北街	青岛市市北区公安局	副局长
牟敦岳	男	1930 年 3 月	安东卫北街	建设银行日照分行	副行长
苏同照	男	1949 年 3 月	苏家庄居	威海市交通局征收处	主任
苏旬远	男	1964 年 5 月	苏家庄居	海军北海舰队后勤部	副主任
周保顺	男	1909 年	潘庄二村	上海松江县委组织部	部长
刘昌凤	女	1951 年 11 月	潘庄二村	莱芜市公路局	党委书记
胡顺利	男	1969 年 12 月	蒋家庄居	日照公安局特警大队	队长
韩纪亮	男	1949 年 1 月	蒋家庄居	东港区政协	副主席
李世友	男	1942 年 6 月	贾家湖村	日照市港务局	纪委书记
李学太	男	1960 年 6 月	李家庄社区	淄博市环保局	副局长
李东峰	男	1976 年 6 月	李家庄社区	莱州市纪委	书记
李学柏	男	1966 年 8 月	李家庄社区	黑龙江省国税局征管和科技发展处	处长
李学富	男	1957 年 4 月	李家庄社区	青岛市盐务局	副巡视员
王夫山	男	1918 年 6 月	竹园居	广东省顺德县粮食局	局长
于国增	男	1957 年 10 月	义和村	黑龙江省嫩江县总工会	主席
张文珊	男	1926 年	汾水社区	沂源兵工厂	党委书记
王军木	男	1962 年 2 月	汾水社区	枣庄市国税局	副局长
刘照纯	男	1926 年 4 月	南门外居	日照市卫生局疾病防疫中心	副主任
崔久峰	男	1936 年 11 月	前合庄村	胜利油田土地管理处	处长
李金三	男	1948 年 11 月	前合庄村	日照市农业局	副局长
宋学礼	男	1924 年 11 月	前合庄村	寿光县城关公社	社长
崔为福	男	1944 年 10 月	前合庄村	连云港市卫生局	局长
滕绪林	男	1927 年 5 月	前合庄村	临沂市委宣传部	部长
滕绪深	男	1946 年 7 月	前合庄村	交通部上海打捞局	局长
滕加仁	男	1922 年 9 月	前合庄村	辽宁省丹东市公安局	副局长
崔久岩	男	1955 年 1 月	前合庄村	济宁纺织研究所	党委书记

虎山镇

表人物-13

姓　名	性别	出生年月	籍贯	工作单位	职务
崔　平	男	1960 年 2 月	崔景阳村	日照市交通局	局长
窦明宾	男	1964 年 8 月	崔景阳村	日照市卫生局	副局长
代秀芹	男	1966 年 7 月	大村	日照市公路局	副局长
牟善德	男	1964 年 1 月	夏家村	日照职业技术学院	副院长
牟善省	男	1962 年 9 月	夏家村	日照市商务局	副局长
许传义	男	1947 年 2 月	泥田沟村	日照市政协	副秘书长
张守军	男	1953 年 2 月	泥田沟村	日照市检察院	副检察长
黄士元	男	1912 年	黄家峪村	沈阳军区空军	师长
黄秀芹	男	1963 年 8 月	黄家峪村	日照市体育局	局长
费洪军	男	1955 年	大合坞村	日照银行	董事长
吴茂传	男	1943 年 9 月	解放村	日照市司法局	调研员
赵玉民	男	1959 年 9 月	龙王河村	日照市人防办	副主任
胡开友	男	1960 年 7 月	韩营子村	日照市农业局	副局长
韩建军	男	1963 年 9 月	韩营子村	日照市渔检处	主任
姚友超	男	1973 年 6 月	韩营子村	国家煤矿安监局办公室综合处	处长
胡家堂	男	1942 年 3 月	韩营子村	日照农业银行	行长
张成全	男	1951 年 7 月	张家结庄	日照市中级人民法院	副院长
张成贵	男	1946 年 5 月	张家结庄	东港区政协	副主席
张成忠	男	1941 年 2 月	张家结庄	山东省公安厅教育处	处长
徐淑昌	男	1969 年 4 月	张家结庄	日照市司法局	副局长
孙传波	男	1971 年 6 月	相家结庄	中央机构编制委员会办公室一司三处	处长
孙　刚	男	1925 年	相家结庄	西藏自治区邮电局	局长
刘普明	男	1954 年	相家结庄	连云港市财政局	纪委书记
陈为源	男	1920 年	相家结庄	潍坊市寒亭区工商银行	行长
孙树庄	男	1921 年	相家结庄	上海大场(海军)飞机场招待所	所长
吴乃芳	男	1955 年	相家结庄	海军北海舰队	副师级
陈为嵩	男	1928 年	相家结庄	云南公安学院政治处	主任
王秋华	男	1946 年	相家结庄	日照农业发展银行	副行长
孙芹先	男	1966 年	相家结庄	中国混凝土与水泥制品协会	秘书长
秦洪记	男	1940 年	相家结庄	贵州省第一轻工业学院	党委书记
徐学志	男	1919 年 7 月	秦家结庄	临沂市农机局	局长
徐法沧	男	1931 年 1 月	秦家结庄	国务院724研究所后勤处	处长
徐法德	男	1939 年 7 月	秦家结庄	临沂华德棉麻公司	党委书记
陈淑顺	男	1959 年 10 月	陈庄子村	东港区人大常委会	党组副书记
张传田	男	1943 年 6 月	桥南头村	海军青岛航校	党委书记

续表人物-13

姓 名	性别	出生年月	籍贯	工作单位	职务
丁兆波	男	1962年4月	桥南头村	东港区政协	副主席
王仕芝	男	1944年7月	前稍坡村	东港区人大常委会	副主任
张传席	男	1953年9月	申张村	铜川市建设局	局长
秦泗忠	男	1959年4月	申张村	日照市人大法工委	副主任
张守民	男	1956年7月	申张村	日照市财政局	办公室主任
刘　军	男	1970年6月	申张村	日照市公安局指挥中心	主任
刘保全	男	1937年6月	申张村	日照市水利局	局长
张传仓	男	1962年9月	申张村	青岛市大地保险公司	办公室主任
崔新民	男	1953年9月	梭罗树村	山东省检察院审计处	处长
崔恩东	男	1965年3月	梭罗树村	日照市总工会	副主席
赵明甫	男	1953年1月	前水车沟村	东港区政协	副主席
赵加忠	男	1960年9月	前水车沟村	日照市商业局	副局长
徐玉强	男	1971年10月	四门口村	中铁九桥工程有限公司	副总经理
徐青峰	男	1966年6月	四门口村	深发银行杭州分行西湖支行	行长
王延吉	男	1945年2月	四门口村	云南省第一监狱	政委
刘汉平	男	1957年9月	四门口村	山东省工商局	办公室副主任
刘子明	男	1927年12月	四门口村	山东省多种经营办公室	副主任
徐法义	男	1945年1月	四门口村	浙江省轻工集团进出口公司	党委书记
刘献和	男	1931年1月	四门口村	山东省工业设备安装总公司	副总经理
赵明芳	男	1950年	四门口村	上海电业局浦东分局	党委副书记
刘兆康	男	1954年	四门口村	陕西新安司法鉴定中心	主任
李宗全	男	1948年	四门口村	东营市经贸委	主任
秦玉周	男	1941年10月	四门口村	山东地质局第四勘探队	党委书记
刘海峰	男	1970年	东湖三村	济南市槐荫区政法委	书记
杨德轩	男	1918年	东潘家村	湖北省黄石市黄石港区人大常委会	副主任
秦玉峰	男	1970年9月	西潘家村	青岛市胶州市	副市长
丁志武	男	1964年4月	东湖一村	日照市民营经济发展局	副局长
刘志峰	男	1960年10月	东湖一村	青岛市崂山区委宣传部	副部长、文明办主任
刘克敬	男	1943年10月	东湖一村	青岛国家安全局	处长
徐政华	男	1973年9月	东湖一村	青岛市招商局	副局长
刘泽生	男	1971年3月	东湖一村	吉林白城63856部队科技处	处长
陈淑和	男	1944年3月	黄泥沟村	日照市工商局	局长
许庚元	男	1948年	黄泥沟村	中国石油大学后勤处服务中心	党委书记
许春生	男	1965年10月	黄泥沟村	兖矿集团资本部	部长
张传敏	男	1942年2月	虎山	日照市供销社	副主任

碑廓镇

表人物-14

姓　名	性别	出生年月	籍贯	工作单位	职务
王玉胜	男	1945年5月	碑廓一村	日照市水利局	副调研员
郑世坤	男	1948年7月	碑廓一村	北京市电信公司二区电话局	党委书记兼副局长
郑世宝	男	1950年4月	碑廓一村	东港区人大常委会	副主任
郭正聚	男	1962年7月	碑廓一村	日照市委政法委	副书记
蒋立刚	男	1965年4月	碑廓二村	日照市物价局	副局长
牟敦杰	男	1920年3月	碑廓二村	日照县人大常委会	副主任
宋　军	男	1971年8月	碑廓二村	日照市建委	副主任
牟敦硕	男	1921年10月	碑廓三村	浙江省临海县外贸办公室	主任
王玉琛	女	1959年4月	碑廓三村	日照市公安局	副局长
董衍湘	男	1942年6月	东集后村	日照市政协	秘书长
滕　哲	男	1968年6月	大司官庄村	日照市电业局	局长
司彦勇	男	1962年6月	大司官庄村	日照市政法委综治办	副主任
藏旺玉	男	1950年1月	大司官庄村	日照市气象局	调研员
王平义	男	1961年6月	大司官庄村	日照市政工程有限公司	董事长
牟宗连	男	1949年1月	大司官庄村	日照市交警支队	党委副书记
司文占	男	1941年2月	小司官庄村	茌平县委	县委书记
魏绪礼	男	1951年9月	田家寨一村	日照市计生协会	副会长
牟敦韵	男	1923年11月	田家寨二村	浙江省温州电业局	局长
牟宗文	男	1961年7月	小湖村	日照市农业局	副局长
秦玉臻	男	1944年1月	小湖村	日照市人事局	副局长
宋加元	男	1964年5月	小湖村	聊城市计生委	主任
张传鹤	女	1967年5月	小湖村	聊城市党校	处长
徐茂祥	男	1948年5月	徐家林村	日照市医药管理局	局长
王桂洪	男	1954年6月	东辛兴村	日照市发展和改革委员会	副调研员
陈光绪	男	1950年2月	于家庄子村	日照港医院	院长
杨科田	男	1947年5月	西杨家庄子村	日照市粮食局	副局长
杨英善	女	1954年2月	西杨家庄子村	日照市新闻出版局	局长
林文华	男	1977年3月	林家坊子村	山东省环境保护厅污防处	副处长
厉彦虎	男	1965年12月	下湖村	国家体委医疗中心	副主任
胡建云	男	1952年6月	山西头村	日照市人民政府	副秘书长
胡建军	男	1942年7月	山西头村	威海市中医院	党委书记
王世红	女	1943年6月	山西头村	威海市国税局	副局长
郭金铭	男	1927年	马家湖村	上海市电力建设办公室	副主任
郭正玲	男	1948年1月	马家湖村	铁道部第十四工程局设备处	处长
魏绪光	男	1952年2月	大湖村	日照市农业生产资料公司	党委书记兼经理
魏茂桂	男	1927年7月	大湖村	日照市农委	副主任

续表人物-14

姓　名	性别	出生年月	籍贯	工作单位	职务
魏绪香	男	1924年6月	大湖村	日照科学技术协会	副主席
魏绪珊	男	1942年3月	辛庄子村	日照市人民检察院	副检察长
魏绪军	男	1938年6月	辛庄子村	东营市胜利油田一中	校长
陈善文	男	1949年3月	向阳村	中铁十七局设备处	处长
殷继三	男	1924年	石家庄	西安工业学院党委办公室	主任
魏茂军	男	1964年4月	火石顶子村	日照市住建委	副主任
李宗森	男	1953年8月	火石顶子村	日照市财政局	副局长
陈长根	男	1955年10月	甫田庄村	吉林省四平市政法委	副书记
吕东伟	男	1976年7月	甫田庄村	教育部财务司	副处长
相振波	男	1962年4月	玉峰岭村	日照市广播电视台	副台长
孟庆彪	男	1962年1月	玉峰岭村	日照市政府口岸办	副主任
张传深	男	1927年8月	大河口村	临沂市兰山区统战部	部长
董增书	男	1951年3月	小河口村	内蒙古牙克石市人大常委会	副主任
滕云峰	男	1973年1月	小滕家庄村	南京市下关区政府阅江楼街道办事处	主任
丁开明	男	1963年3月	丁家庄村	北京市大兴区国家安全局	副局长
刘　波	男	1962年8月	丁家庄村	日照市招商银行	行长
郝玉华	男	1950年3月	丁家庄村	日照市工商局	副局长
丁永昌	男	1966年2月	丁家庄村	日照日报社	副总编
王禄俊	男	1973年12月	前水沟村	山东省人民政府办公厅信息处	副处长
赵加兵	男	1963年11月	大朱曹一村	日照市报社	副社长
窦永胜	男	1966年7月	大朱曹二村	日照市人大政研室	主任
窦更勤	男	1962年10月	大朱曹二村	日照市审批中心	主任
李乃仕	男	1941年7月	大朱曹二村	日照市林业局	副调研员
梁　平	女	1955年3月	大朱曹一村	日照市教育局	纪委书记
于加培	男	1927年	二朱曹村	中国人民解放军装甲兵学院	副院长
于加增	男	1935年7月	二朱曹村	日照市环保局	副局长
辛崇利	男	1945年8月	二朱曹村	东港区政协	副主席
苏同明	男	1969年3月	二朱曹村	安徽省委党校组织人事处	副处长
王永传	男	1971年6月	二朱曹村	中国航空航天局	处长
王平贵	男	1947年7月	三朱曹村	日照市工商局	副局长
魏绪海	男	1945年8月	郁家村	兖州矿务局	党委书记
郁有平	男	1964年12月	郁家村	青岛市城阳区检察院	办公室主任
朱正德	男	1958年7月	郁家村	青岛市国家安全局	副处长
胡启东	男	1943年3月	傅家官庄村	日照市总工会	副主席
胡福清	男	1964年10月	傅家官庄村	日照市发展改革委员会	副主任
胡福泗	男	1959年9月	傅家官庄村	日照市口岸委	副主任
杨洪义	男	1952年6月	杨家洼村	日照市人力资源和社会保障局	副局长
杨洪亮	男	1956年5月	杨家洼村	日照市工商业联合会	副会长

黄墩镇

表人物-15

姓　名	性别	出生年月	籍贯	工作单位	职务
任鹤年	男	1930 年 1 月	任家董旺庄	日照海关	关长
张守卫	男	1963 年 1 月	下大峪村	日照港务局	副调研员
任增恩	男	1921 年 3 月	任家董旺庄	日照县政府	副县长
谢更学	男	1943 年 11 月	谢家沟村	日照市农委	主任
辛公会	男	1954 年 1 月	大辛庄村	日照市交通局	局长
夏良柏	男	1920 年 9 月	黑家沟村	日照市（县级）政协	主席
夏召法	男	1953 年 7 月	黑家沟村	日照市司法局	副局长
夏召峰	男	1955 年 5 月	黑家沟村	日照市人防办	主任
夏召平	男	1958 年 7 月	黑家沟村	日照市安监局	正处级调研员
辛崇顺	男	1933 年 11 月	黄墩一村	日照市经委	副主任
韩京足	男	1951 年 12 月	北塔岭村	日照市司法局	副局长
辛本初	男	1941 年 3 月	黄墩二村	日照日报社	工会主席
刘汉仓	男	1954 年 12 月	草涧村	日照电大	党委副书记、纪检书记
张守玉	男	1951 年 8 月	上双疃村	日照市科协	主席
庄乾友	男	1963 年 1 月	邵家沟村	日照师范	校长兼党委书记
单秀连	男	1950 年 4 月	单家沟村	日照市安全局	纪检书记
辛崇湘	男	1918 年	大辛庄村	日照县经委	副主任
张纪文	男	1947 年 5 月	大辛庄村	日照市农机局	副局长
任在甫	男	1939 年 6 月	黄墩二村	日照市委办公室	副主任
辛本海	男	1964 年 5 月	黄墩四村	青岛市市南区公安局	副局长
辛全来	男	1952 年 12 月	南庄村	日照市商业银行	副行长
陈维涛	男	1927 年 2 月	陈家沟村	日照市防疫站	站长
张传相	男	1965 年 3 月	大洙洲村	日照市武警消防支队	副支队长
凌福和	男	1948 年 4 月	凌家滩井村	日照市档案局	调研员
秦　杰	男	1957 年 10 月	秦家滩井村	日照市纪委监察局	纪检组长
孔凡栋	男	1928 年 2 月	孔家庄子村	日照市交通委	副处级调研员
张克云	男	1966 年 9 月	张家沟村	北京市国家安全局	处长
朱传国	男	1966 年 6 月	姜家沟村	日照市教育局	副局长
张守栋	男	1959 年 1 月	张蒲汪村	日照市贸易办公室	副主任
辛本爱	男	1968 年 1 月	下大峪村	日照市统计局社会经济调查队	副处级
朱传勉	男	1962 年 12 月	粮山二村	日照市民族宗教办	主任
任守波	男	1969 年 9 月	任家董旺庄	岚山港务局	党委副书记
谢广锋	男	1972 年 1 月	谢家沟村	日照市地租征收处、五莲县国土局	主任、局长
辛崇启	男	1946 年 1 月	辛家蒲旺	日照市港务局铁运公司	党委书记
张　华	男	1969 年 11 月	孔家庄子村	日照市中级人民法院政治部	主任

续表人物-15

姓　名	性别	出生年月	籍贯	工作单位	职务
辛全祯	男	1950 年 1 月	黄墩三村	日照市委党校财务处	副处长
张守诺	男	1955 年 1 月	张家沟村	日照市纪律检查委员会研究室	主任
辛崇伟	男	1963 年 5 月	黄墩一村	日照市财政局	副局长
辛本胜	男	1972 年 10 月	任家董旺庄	东港区委	常委兼办公室主任
刘汉花	女	1946 年 9 月	草涧村	东港区人大常委会	副主任
陈文祥	男	1961 年 3 月	陈家沟村	东港区人大常委会	副主任
张永伦	男	1963 年 8 月	张家沟村	日照市城市管理行政执法局	副局长
朱先祥	男	1964 年 8 月	陈家沟村	日照市政协服务中心	主任
崔久华	男	1967 年 3 月	崔家沟村	日照市一中	副校长
闫凤鸣	男	1951 年 3 月	黄墩二村	临沂市广播电视局	局长
闫秋章	男	1926 年 10 月	黄墩二村	蒙阴县政府	副县长
宋广荣	男	1965 年 8 月	后大坡村	日照市农业局	副局长
任福增	男	1950 年 8 月	上大峪村	山东省地方铁路局青州管理处	主任
辛　高	男	1954 年 10 月	南塔岭村	福建省厦门市规划局	副局长
辛本兰	女	1946 年 3 月	辛庄村	深圳市政协经济与科技委员会	副主任
刘为棠	男	1978 年 10 月	草涧村村	日照市高速公路办公室	副主任
宋兴品	男	1920 年 12 月	侯家沟村	浙江省温州市电业局	纪委书记
王宝平	男	1955 年 4 月	南庄	海军南海舰队某部	主任
辛崇明	男	1927 年 8 月	下大峪	解放军某军	副团长
刘相月	男	1932 年 10 月	草涧村	福建省军区后勤部邵武干休所	所长兼政委
孔庆福	男	1929 年 11 月	孔家沟	空军航空兵某师政治部	副主任
辛　高	男	1954 年 10 月	南塔岭村	福建省厦门市规划局	副处长
辛　宏	女	1959 年 6 月	南塔岭村	海军福建基地政治部	团职干事

高兴镇

表人物-16

姓　名	性别	出生年月	籍贯	工作单位	职务
李其云	男	1924 年 3 月	西牟家村	成都铁路局安检处	主任
李其英	男	1926 年	西牟家村	山东省机械设备成套局办公室	主任
李节绪	男	1930 年	西牟家村	德州市武装部	政委
丁立瑞	男	1950 年 9 月	西牟家村	日照市贸易办公室	主任
付伦先	男	1949 年 6 月	西牟家村	日照市粮食局	局长
李绪波	男	1961 年 1 月	西牟家村	日照市物资行业管理办公室	副调研员
李新宇	男	1971 年 9 月	西牟家村	日照市大学城管委会	纪检书记
丁　华	男	1972 年 5 月	西牟家村	日照市科技局	副局长
张守军	男	1930 年 6 月	潘家洼村	青岛市测试站	站长

续表人物-16

姓　名	性别	出生年月	籍贯	工作单位	职务
李业平	男	1942年3月	潘家洼村	日照市电业局	党委书记
郭建明	男	1955年1月	訾家店	浙江省舟山市档案局	副局长
陈占禄	男	1944年1月	南范家村	日照市劳动局	副局长
秦玉刚	男	1968年3月	秦家庄	日照市广播电视大学	副校长
杨淑光	男	1963年2月	夏陆沟	日照市中医医院	院长
魏本岩	男	1951年1月	白云村	日照市公安局	副处级侦查员
王　霞	女	1977年1月	厉家湖村	日照市机场办公室	副主任
杨春利	男	1963年5月	南范家村	日照市工商联	纪检书记
丁明清	男	1970年2月	南范家村	日照市委接待处	副主任
杨春斌	男	1958年1月	南范家村	日照市农业局	纪检书记
王绍亮	男	1967年1月	小屯村	山东省纪检委二室	主任
韩帮田	男	1965年7月	小芳沟村	日照市行管局	副局长
李世满	男	1940年1月	小芳沟村	浙江省物资局	副局长
王廷礼	男	1943年7月	小芳沟村	淄博市交警支队	副支队长
宋昱桦	女	1969年2月	申家村	日照市信访局	副局长
申志刚	男	1956年4月	申家庄	日照市检察院	院长助理
马先升	男	1976年9月	怀古村	日照市纪委	办公室主任
卜凡龙	男	1974年1月	卜家村	96113部队	副团长
张永宝	男	1960年7月	卜家村	日照市卫生监督站	站长
马先利	男	1960年1月	卜家村	胜利油田基地办公室	主任
郑　悦	男	1966年9月	安家湖	日照市招商局	副局长
丁兆海	男	1962年5月	北范家村	日照市某某办公室	副主任
郑承杰	男	1963年4月	安家湖	日照市建委	副主任
张长根	男	1969年9月	潘家洼	日照市发改委	副主任
张德昌	男	1968年7月	沈家村	日照沈海高速公路管理处	党总支书记
葛　玲	女	1967年2月	沈家村	日照市畜牧局	副局长
王文博	男	1975年	东辛庄子	日照市纪委综合室	主任
王纪东	男	1951年	东辛庄子	日照市外贸局	书记
王　彬	男	1960年3月	化龙村	日照市财政局	副局长
郑　森	男	1960年4月	工农岭	日照市邮政储蓄银行	副行长
高　俊	男	1960年5月	大屯村	日照市林业局	副局长
高华松	男	1964年7月	大屯村	日照市高级技工学校	纪委书记
高　波	男	1958年1月	毕家村	东港区公安分局	局长
王进远	男	1963年	冯家庄	日照市人防办	副主任
郑　洲	男	1965年4月	工农岭	日照市物价局价格检查局	局长
丁元秋	男	1957年1月	工农岭	日照市司法局政治部	主任
郑世民	男	1949年2月	工农岭	日照市卫生局	副局长

续表人物-16

姓　名	性别	出生年月	籍贯	工作单位	职务
高月光	男	1958 年 1 月	南范家村	日照市高科园	调研员
金光明	男	1966 年 9 月	东牟家村	日照市残联	理事长
刘　玉	男	1970 年 7 月	东牟家村	日照市纪委信访办公室	主任
金　鑫	男	1975 年 1 月	大芳沟	济南铁路局日照车辆段	纪委书记
孙方金	男	1961 年 1 月	大芳沟	日照市口岸委员会	主任
陈　刚	男	1937 年	大芳沟	日照市民政局	副局长
成永山	男	1942 年 1 月	大芳沟	日照市委统战部	副部长
成永恩	男	1950 年 1 月	大芳沟	东港公安分局	局长
成之普	男	1965 年 3 月	大芳沟	临沂市交警支队	纪委书记
丁立夫	男	1924 年 10 月	尧王村	浙江省云和县财贸办公室	党组书记
李胜绪	男	1932 年 3 月	六合村	云南省兽医防疫总站	副处级调研员

巨峰镇

表人物-17

姓　名	性别	出生年月	籍贯	工作单位	职务
贾永昌	男	1947 年 3 月	贾桃园	江苏省高级法院执行庭	庭长
贾国强	男	1951 年 8 月	贾桃园	新疆自治区发改委	处长
贾志宏	男	1966 年 4 月	贾桃园	日照市中医院	副院长
王恩东	男	1966 年 3 月	平家村	山东公路建设集团	副总经理
丁兆华	男	1945 年 6 月	平家村	东港区人大常委会	副主任
丁元墩	男	1954 年 4 月	平家村	武警济南指挥学院	副校长
丁兆华	男	1954 年 4 月	平家村	青岛市市南区人大常委会	副主任
秦泗华	男	1964 年 4 月	平家村	武汉经济学院	副院长
丁立杨	男	1922 年	土山	临沂行署农办	主任
丁立墨	女	1936 年 1 月	丁吕土山	日照市人事局	副局长
丁兆芬	女	1952 年 10 月	丁吕土山	浙江省宁波市开发区招商局	局长
张念信	男	1949 年 10 月	北卜落	日照市水利局	局长
马臻德	男	1960 年 9 月	纪家沟	日照市国土资源局	副局长
庄子学	男	1940 年 7 月	后崖下	日照市公路局	局长
宋全山	男	1954 年 3 月	后崖下	日照市海洋与渔业局	局长
赵庆合	男	1948 年 7 月	后崖下	日照市公安交警支队	政委
赵　鹏	男	1968 年 6 月	徐家庄	莒县县委	副书记
梁作伦	男	1962 年 1 月	土山东庄	日照开发区政法委	书记
袁从仕	男	1957 年	大岭	临沂市统计局	局长
丁兆兰	女	1954 年 8 月	丁吕土山	浙江省宁波港公安局	纪检书记
薄洪武	男	1954 年 7 月	薄家口村	武警日照市消防支队	队长兼党委书记
宋　波	男	1965 年	大土山	东港区人民政府	副区长

续表人物-17

姓　名	性别	出生年月	籍贯	工作单位	职务
丁原理	男	1955年	大土山	日照市工商局	副局长
刘为鹏	男	1945年12月	柿树园	胜利油田教育培训处	副处长
刘贤密	男	1951年4月	柿树园	日照市人大政工委	主任
韩杰兵	男	1951年7月	大坡	济南市国家安全局	巡视员
韩明红	女	1968年4月	大坡	山东新闻出版集团	处长
韩芳丽	女	1961年	大坡	山东省高级人民法院刑四庭	庭长
胡治峰	男	1968年5月	柳古庄	空军某师	参谋长
胡全峰	男	1957年7月	柳古庄	日照市委宣传部	副部长
孟凡香	女	1970年4月	柳古庄	日照市委宣传部	副部长
孟凡祥	男	1964年10月	柳古庄	日照港二公司	总经理
相振谨	男	1969年6月	相家楼	济南市政府政研室	主任
相玉彪	男	1952年7月	相家楼	山东省委办公厅	副调研员
相玉平	男	1941年7月	相家楼	日照市盐务局	副局长
相　峰	男	1976年7月	相家楼	外经贸部	处长
相国栋	男	1963年9月	相家楼	中国人民解放军国防大学	教授
相玉增	男	1938年8月	相家楼	辽宁省大连市科委	主任
相玉荣	女	1946年9月	相家楼	中国银行大连分行	处长
相玉红	女	1971年9月	相家楼	辽宁科技学院	副院长
宋百和	男	1944年9月	相家楼	济南市历下区区委宣传部	副部长
朱友亮	男	1966年7月	水洪沟	日照市疾控中心	主任
韩玉国	男	1949年8月	小坡	日照市中级人民法院立案庭	庭长
王彦英	女	1949年5月	西大洼	日照市人民检察院政治部	主任
李增森	男	1952年2月	巨峰一村	东港区人大常委会	副主任
王乐平	男	1944年5月	巨峰一村	日照电大	校长
王均波	男	1967年12月	巨峰一村	日照大学城管委	党委书记、主任
李兆乐	男	1954年7月	巨峰一村	日照市财政局	副局长
刘善军	男	1963年3月	六甲庄子	沂水县	县委书记
王　彬	男	1960年10月	六甲庄子	日照市财政局	副局长
杨淑兰	女	1963年10月	六甲庄子	日照市纪委检察室	主任
王一冰	女	1966年7月	六甲庄子	日照市山海天管委	副主任
杨安奎	男	1946年1月	六甲庄子	东港区人大常委会	副主任
丁明春	男	1959年3月	六甲庄子	日照市体育局	副局长
方　丽	女	1962年12月	六甲庄子	日照市林业局	副局长
祝鹏高	男	1957年	罗川沟	日照市计生委	副主任
李宗江	男	1957年9月	车沟	日照市政协	秘书长
韩玉凤	女	1962年3月	车沟	日照市农业局	副局长
丁陆海	男	1971年	土山河	日照市人大常委会	副秘书长

续表人物-17

姓 名	性别	出生年月	籍贯	工作单位	职务
白建民	男	1957年12月	大坡	东港区人大常委会	副主任
韩德军	男	1957年9月	大坡	日照市行管局	副局长
相玉茂	男	1963年4月	相家峪	日照市政协	副秘书长
韩邦林	男	1947年3月	大坡村	日照市纪委	副书记
白建军	男	1957年12月	大坡村	日照市水库管理局	局长
韩 利	男	1957年10月	大坡村	临沂市委党校	副校长
白建义	男	1954年12月	大坡村	枣庄市公安局	正处级侦察员
王祥美	女	1956年12月	大坡村	枣庄人民警察学校	校长
张传迎	男	1918年7月	大官庄	云南省玉溪市公安局	局长
邹乃福	男	1918年3月	大官庄	江苏连云港市政府	副市长
郭建若	男	1934年7月	前黄埠	广东军区某部	师长
刘加乐	男	1936年4月	后黄埠	东海舰队某部	副师长
刘祥亮	男	1965年6月	后黄埠	日照市政法委	副书记
刘加强	男	1958年10月	后黄埠	日照市水产局	副局长
张永学	男	1966年	邹北岭	日照市地税局	副局长
金为福	男	1960年	刘家庄	日照市国土资源局	副调研员
厉建春	女	1950年8月	新华	日照市劳动局就业办	主任
梁作利	男	1956年1月	水洪沟	山东省石油销售总公司	党委书记
朱友芹	男	1963年10月	水洪沟	大众报业集团	副总经理
梁 伟	男	1967年7月	巨峰三村	日照港务集团	办公室副主任
贾政源	男	1930年7月	贾家桃园	江苏省公安厅	处长
贾安源	男	1946年5月	贾家桃园	日照市检察院研究室	主任
刘海成	男	1966年7月	柿树园	日照市侨联	副主席
刘加农	男	1972年7月	柿树园	武警山东总队后勤部油料处	处长
葛玉林	男	1964年	相家楼	辽宁省锦州设计院	党委书记
葛 玲	女	1966年	相家楼	日照市畜牧局	副局长
马成青	男	1965年4月	刘家沟	日照市地税局	副局长
韩邦德	男	1950年6月	大坡	齐鲁石化公司橡胶厂	党委书记
王凯祥	男	1956年11月	六甲庄子	山东省委政法委	副书记
王者元	男	1944年9月	六甲庄子	山东省国家安全厅	副厅长
郑 煜	男	1961年	西合庄	日照高速公路管理处	处长
陈祥明	男	1963年	薄家口	日照海关	副关长
周加堂	男	1962年8月	费家官庄	西安通讯学院	副政委
张永臣	男	1957年8月	前山北头	临沂市财政局	局长
张守福	男	1957年3月	前山北头	最高人民法院保卫处	处长
张 瑜	女	1964年2月	前山北头	山东联通公司	副总经理
丁元理	男	1955年1月	大土山	日照市工商局	副局长

续表人物-17

姓 名	性别	出生年月	籍贯	工作单位	职务
韩公三	男	1943 年 7 月	小坡村	日照市政协科技文卫体委员会	主任
梁启义	男	1943 年 12 月	河西村	泗水县政协	主席
朱先亮	男	1964 年	后屯村	日照市教育局	副局长
韩立群	男	1935 年	大岭村	聊城大学中文系	主任
韩秀成	男	1961 年	大岭村	国家知识产权局政研处	处长
韩立章	男	1925 年	大岭村	山东省供销社基层管理处	处长
崔建国	男	1957 年	大土山	淄博市地税局	纪检书记
孟兆祠	男	1933 年	大王家沟村	舟山军分区后勤部	政委
郑承志	男	1953 年	贾家桃园	浙江省直机关工委纪检处	副处长

中楼镇

表人物-18

姓 名	性别	出生年月	籍贯	工作单位	职务
张继淑	男	1922 年 9 月	五楼山前	江苏省沭阳县委	副书记
张传杰	男	1926 年 1 月	中楼村	广东省海南琼中县	县委书记
王兴善	男	1934 年 6 月	孙由村	日照港计划处	处长
杜成亮	男	1927 年 7 月	集后村	沂源县革命委员会	主任
李成安	男	1931 年 7 月	孙由村	日照市丝绸公司	副经理
李凤年	男	1921 年 2 月	葛子沟	莒县人大常委会	副主任
朱运贞	男	1948 年	朱家官庄	河南省中牟县	县委书记
张守成	男	1923 年	五楼官庄	莒县武装部	部长
赵新祥	男	1925 年 2 月	卢家西楼	四川达州军分区政治部	主任
张继堂	男	1942 年 8 月	孙由村	莒县人大常委会	主任
商儒运	男	1927 年 5 月	商家沟	江苏省赣榆县人大常委会	副主任
商京亮	男	1925 年 10 月	商家沟	江苏省东海县检察院	检察长
张 英	男	1919 年	埠后村	莒县县委党校	副校长
孟宪芳	男	1919 年 2 月	孟家西楼	浙江省桐乡县人民政府	副县长
罗廷约	男	1921 年 10 月	马亓河东	济宁地委宣传部	部长
商祥海	男	1963 年 2 月	商家沟	郯城县人民政府	副县长
商庆华	男	1976 年 6 月	商家沟	解放军 88 医院	副师级
商儒欣	男	1947 年 7 月	商家沟	4723 兵工厂	厂长
商庆顿	男	1965 年 8 月	商家沟	日照市地税局	副局长
商儒仁	男	1940 年 10 月	商家沟	青岛市房管局	副局长
商祥进	男	1953 年 11 月	商家沟	浙江省宁波市体委	副处级
商明晓	男	1957 年 10 月	商家沟	日照市人大人代室	主任
王和平	男	1931 年 7 月	中楼村	新疆农四师政治部	主任

续表人物-18

姓　名	性别	出生年月	籍贯	工作单位	职务
王宜提	男	1936 年	马亓河东	国防科工委石家庄干休所	所长
房经如	男	1938 年 3 月	房家官庄	山东省林业厅营林处	处长
卢绪敬	男	1942 年	集后村	日照市供销联社	副总经理
卢绪敏	男	1948 年 9 月	集后村	日照市海洋与渔业局	局长
陈元祥	男	1952 年 2 月	大陈家军子村	日照市审计局	副局长
韦季余	男	1953 年 10 月	五楼山前	太原卫星发射中心后勤部	副政委
李洪祥	男	1953 年 10 月	黑涧村	临沂市人大联络处	主任
李兴泉	男	1968 年 9 月	黑涧村	北海舰队威海水警后勤部	教导员
牛庆义	男	1953 年	孟家屋子	湖北省财政厅农业处	副处长
侯和太	男	1954 年 4 月	娄家湖村	莒县人大常委会	副主任
王蕴钦	男	1954 年 8 月	马亓河东	莒县政协	副主席
卢立海	男	1958 年 8 月	柳黄沟村	临沂市教育局	局长
李云波	男	1958 年 10 月	葛子沟村	日照市中级人民法院	副处级审判员
杜　强	男	1962 年 7 月	集后村	临沂体校	校长
匡立福	男	1963 年 7 月	埠后村	莒县人民政府	副县长
贾恩庆	男	1968 年 10 月	刘家峪村	海军青岛基地机关财务科	科长
柳爱红	女	1973 年 7 月	河峪村	公安部某处	副处长
赵月东	男	1975 年	孟家屋子	人民邮电报社办公室	主任
李观海	男	1965 年 3 月	前姚家埠	莒县开发区	副主任
鞠彦峰	男	1962 年 8 月	后姚家埠	沂南县	县长
孟庆谦	男	1957 年 2 月	孟家西楼	日照日报社	副总编辑

六、获得博士学位人员名录

岚山头街道

表人物-19

姓　名	性别	出生年月	籍贯	研读院校	备注
张宗明	男	1971 年 7 月	海州路	澳大利亚迪肯大学	
刘贤志	男	1974 年 9 月	海州路	美国路易斯安纳州立大学	
王忠伟	男	1984 年 1 月	凤阳路	南京农业大学	
卢东斌	男	1983 年 2 月	凤阳路	清华大学	
张建平	男	1981 年 9 月	官草汪	吉林大学	
李　霞	女	1981 年 3 月	官草汪	浙江大学	
刘　矾	男	1980 年 9 月	甜水河	山东科技大学	

续表人物-19

姓　名	性别	出生年月	籍贯	研读院校	备注
代世耀	男	1979年3月	童海路	新加坡国际大学	
宗金宝	男	1978年1月	童海路	北京协和医学院	
张　旭	男	1978年11月	童海路	北京大学哲学系	
秦　旸	男	1985年9月	秦官庄村	武汉体育学院	
王西昌	男	1979年10月	王家海屋	华中科技大学	
李　涛	男	1977年1月	刘家海屋	北京航空航天大学	
刘　伟	男	1985年8月	刘家海屋	北京航空航天大学	
胡艳云	女	1979年3月	大阡里	中国科学技术大学	

安东卫街道

表人物-20

姓　名	性别	出生年月	籍贯	研读院校	备注
张丽丽	女	1979年7月	泉子庙	上海外国语大学	
杜　刚	男	1980年3月	泉子庙	徐州中国矿业大学	
杨　梅	女	1980年1月	安东卫东街	中国科学院	
张　峰	男	1979年3月	安东卫东街	国防科技大学	
张守文	男	1988年1月	安东卫南街	中国海洋大学	
邵泽龙	男	1980年3月	界牌岭	北京大学	
郭合军	男	1963年6月	辛庄子	西安交通大学	
于国强	男	1979年12月	义和村	美国斯坦福大学	
邢茂莹	男	1976年	后合庄	上海第二军医大学	
刘加良	男	1981年8月	后合庄	中国人民大学	
邢相磊	男	1983年11月	后合庄	上海第二军医大学	
邢相军	男	1983年11月	后合庄	山东科技大学	
邢相洋	男	1985年1月	后合庄	曲阜师范大学	
苏前敏	男	1974年7月	仁家村	中国科学院物理研究所	
苏同兵	男	1982年9月	仁家村	中国农业大学	
刘丛军	男	1978年1月	潘庄一村	成都农学院	
董自建	男	1964年1月	潘庄一村	青岛医学院	
常　媛	女	1981年8月	东庄居	山东大学	
邵常顺	男	1962年1月	安东卫北街	山东医科大学	博士后
陈卫红	女	1983年8月	安东卫北街	中科院苏州纳米研究所	
王远征	男	1981年5月	安东卫北街	北京中医药大学	
邢纪国	男	1977年1月	前合庄	清华大学	
傅　垚	女	1988年7月	前合庄	美国耶鲁大学	

续表人物-20

姓　名	性别	出生年月	籍贯	研读院校	备注
杨　军	男	1963 年 7 月	汾水	云南大学	
王长安	男	1986 年 12 月	汾水	西安交通大学	
刘克刚	男	1974 年 11 月	李家庄	上海有机化学研究所	
李宗涛	男	1975 年 1 月	李家庄	北京体育大学	
李鹏飞	男	1981 年 11 月	李家庄	深圳大学	
张　翔	男	1984 年 1 月	南门外	中国科学院	
董庆志	男	1985 年 9 月	张马庄	北京中医大学	
李美娜	女	1977 年 4 月	贾家湖	美国杜克大学	博士后

虎山镇

表人物-21

姓　名	性别	出生年月	籍贯	研读院校	备注
陈洪敏	男	1979 年 3 月	大尧沟	中科院	
申婷婷	女	1984 年 7 月	申张村	北京大学	
王世虎	男	1983 年 5 月	虎山镇	北京理工大学	
秦泗凤	女	1979 年 1 月	郑家结庄	大连理工大学	
李文敏	女	1983 年 2 月	张家结庄	北京邮电大学	博士后
刘　峰	男	1975 年 5 月	韩家村	美国俄亥俄大学	
张艾明	女	1983 年 5 月	韩家村	中国科学院	
胡彦兵	男	1982 年 12 月	大村	中国海洋大学	
费兆福	男	1965 年 6 月	崔景阳	上海同济大学	博士后
崔艳红	女	1980 年 2 月	崔景阳	南京大学	
韩　聪	男	1973 年 3 月	大庄子	哈尔滨工业大学	
陈　雪	女	1987 年 2 月	大尧沟	山东师范大学	
雷少帅	男	1982 年 1 月	桥南头	山西理工大学	
苏循波	男	1971 年 8 月	夏家村	南开大学	
刘琳琳	男	1982 年 8 月	前水车沟	北京航空航天大学	
王世虎	男	1983 年 5 月	后稍坡	北京理工大学	
苏　波	男	1977 年 3 月	连家村	同济大学	
马　帅	男	1985 年 12 月	马家村	西安电子科技大学	
苏同营	男	1968 年 8 月	前稍坡	中国人民大学	
孙传福	男	1983 年 1 月	相家结庄	美国马里兰大学	
徐小东	男	1983 年 1 月	相家结庄	北京大学	
秦　山	男	1974 年 12 月	相家结庄	瑞典皇家工学院	博士后
徐金萍	女	1965 年 9 月	秦家结庄	美国俄勒冈医科大学	
许　峰	男	1976 年 11 月	黄泥沟	中国石油大学	

续表人物-21

姓　名	性别	出生年月	籍贯	研读院校	备注
田洪磊	男	1976年4月	朱家官庄	无锡学院	
韩志伟	男	1984年8月	朱家官庄	南京理工大学	
陈　晶	女	1985年3月	虎山铺	浙江大学	
刘一鸣	男	1984年4月	黄家峪	中科院武汉分院	
黄　京	男	1985年5月	黄家峪	北京中医药大学	
秦兴华	男	1983年1月	四门口	中国农业大学	
徐建生	男	1964年11月	四门口	英国贝尔法斯特女王大学	
刘　杰	男	1985年1月	韩家营子	哈尔滨工业大学	
王　姗	女	1984年2月	东潘家村	第四军医大学	
刘　升	男	1981年1月	东湖二村	重庆大学	
刘　磊	男	1983年1月	东湖二村	解放军理工大学	
刘　成	男	1987年1月	东湖二村	日本九州大学	

碑廓镇

表人物-22

姓　名	性别	出生年月	籍贯	研读院校	备注
宋世兵	男	1965年3月	碑廓二村	北京医科大学	
董衍善	男	1969年6月	东集后	哈尔滨工业大学	
丁　超	男	1979年11月	东集后	北京大学	
胡　伟	男	1981年2月	西集后	吉林林业大学	
董　静	女	1987年8月	西集后	哈尔滨工业大学	
董李琴	女	1985年8月	西集后	长春大学	
朱　江	男	1985年9月	马家岭	美国威斯康星大学	
司平占	男	1972年4月	大司官庄	中国科学院沈阳金属研究所	
魏海鹏	男	1982年11月	田家寨一村	清华大学	
牟　刚	男	1982年1月	小湖	北京师范大学	
魏本刚	男	1981年3月	西辛兴	上海交通大学	
杨善松	男	1987年6月	西杨家庄	浙江大学	
李相波	男	1976年1月	下湖	济南大学	
厉彦虎	男	1965年12月	下湖	北京中医学院	
胡见波	男	1975年12月	下湖	南开大学	
胡文华	女	1975年3月	下湖	华东政法大学	
林祥涛	男	1982年3月	林家庄子	北京邮电大学	
魏　波	男	1969年8月	大湖	长沙湘雅医科大学	
丁兆明	男	1979年1月	费家湖	北京师范大学	
张丽娟	女	1983年1月	向阳	山东大学附属医院	
葛文涛	男	1982年9月	火石顶子	北京科技大学	

续表人物-22

姓　名	性别	出生年月	籍贯	研读院校	备注
王敦栋	男	1975 年 12 月	王家庄	上海大学	
王　祥	男	1983 年 1 月	王家庄	荷兰阿姆斯特丹大学	
韩明明	女	1984 年 8 月	丁家庄	青岛大学	
宋　刚	男	1973 年 1 月	大朱曹一村	厦门大学	博士后
赵　莉	女	1976 年 4 月	大朱曹一村	湖北农业示范大学	
秦　涛	男	1976 年 7 月	二朱曹	清华大学	
董书霞	女	1976 年 6 月	二朱曹	北京理工大学	博士后
魏宗苏	男	1984 年 7 月	郁家村	美国俄亥俄州托莱多大学工学院	
岳仁田	男	1978 年 5 月	岳家村	中国民航大学	
贾修一	男	1983 年 12 月	傅家官庄	南京大学	

黄墩镇

表人物-23

姓　名	性别	出生年月	籍贯	研读院校	备注
凌吉英	女	1984 年 4 月	凌家滩井	美国路易斯维尔大学	
蒋友宇	男	1989 年 1 月	南塔岭	武汉理工大学	
宋祥峰	男	1981 年 10 月	上河	成都地质学院	
辛春亮	男	1973 年 12 月	芦涧	北京理工大学	
宋全杰	男	1985 年 1 月	后大坡	中科院	
宋元涛	男	1982 年 6 月	后大坡	中科院	
张磊升	男	1986 年 6 月	小洙洲	北京协和医院	
李　峰	男	1984 年 12 月	小洙洲	美国密苏里大学	
田洪云	男	1983 年 12 月	田家沟	西北农村科技大学	
庄须叶	男	1981 年 1 月	下双疃	吉林大学	
李长刚	男	1983 年 11 月	南庄村	美国南加州大学	
刘英明	男	1971 年 10 月	草涧	上海第二军医大学	博士后
李升波	男	1982 年 1 月	寺后	清华大学	
卢　波	男	1979 年 4 月	寺后	东南大学	
卢立峰	男	1977 年 3 月	寺后	东北大学	
卢立晖	男	1985 年 5 月	寺后	兰州理工大学	
孔清华	男	1981 年 7 月	孔家庄子	中国科学院研究生院	

高兴镇

表人物-24

姓　名	性别	出生年月	籍贯	研读院校	备注
李荣华	男	1974 年 6 月	西牟家村	哈尔滨工业大学	
张红慧	女	1984 年 10 月	潘家洼	北京航空航天大学	
张海娟	女	1977 年 3 月	潘家洼	济南大学	

续表人物-24

姓　名	性别	出生年月	籍贯	研读院校	备注
张　彩	女	1979年9月	潘家洼	上海中医大学	
陈洪园	男	1982年11月	高兴岭	上海交通大学	
赵光磊	男	1978年1月	高兴岭	北京财政大学	
咸玉席	男	1981年	南草坡	中国科技大学	
许　赛	男	1989年8月	东牟村	清华大学	
李荣华	男	1973年	西牟村	哈尔滨工业大学	
孙元栋	男	1986年4月	大芳沟	清华大学	
王海利	男	1965年7月	南范家村	清华大学	
梁其任	男	1980年11月	后唐河	美国德州大学	

巨峰镇

表人物-25

姓　名	性别	出生年月	籍贯	研读院校	备注
刘　伟	男	1986年	大洼	海军航空工程学院	
宋全峰	男	1970年3月	后崖下	哈尔滨工业大学	
赵丙祥	男	1972年	辛留	北京大学	
纪元磊	男	1984年8月	徐家庄	西安交通大学	
刘加峰	男	1984年2月	柿树园	华东理工大学	
张永健	男	1962年2月	北卜落	美国洛彬矶南加州大学	
孟凡桂	女	1977年2月	柳古庄	中南大学	
张艳霞	女	1980年3月	后屯	中国海洋大学	
吕京庆	男	1967年11月	巨峰东庄	天津大学	
李宗军	男	1964年5月	小王家沟	南开大学	
梁　青	女	1980年5月	巨峰三村	山东农业大学	
丁兆堂	男	1964年4月	平家村	山东大学	
丁海明	男	1961年10月	平家村	山东财政学院	
王　英	女	1976年3月	平家村	中科院	
李守林	男	1980年2月	平家村	北京交通大学	
丁原红	男	1970年	马疃	厦门大学	
丁兆庆	男	1970年12月	水木头	中央党校	
李海亭	男	1973年2月	大土山	南开大学	

中楼镇

表人物-26

姓　名	性别	出生年月	籍贯	研读院校	备注
陈维斌	男	1965年7月	陈家西楼	美国普林斯顿大学	博士后
陈常松	男	1966年6月	陈家南楼	北京师范大学	
卢绪箐	男	1969年8月	集后村	北京医科大学	

续表人物-26

姓　名	性别	出生年月	籍贯	研读院校	备注
李云峰	男	1970年10月	黑涧村	美国加州大学	
张成鹤	男	1971年	埠后村	解放军信息工程大学	
李世军	男	1972年8月	黑涧村	华中农业大学	
王凤新	男	1973年3月	亓河村	中科院地质研究所	
卢立正	男	1974年6月	集后村	天津科技大学	
卢绪章	男	1975年10月	集后村	日本金泽大学	
朱傲霜	女	1976年10月	集后村	日本金泽大学	
张　波	女	1976年	集后村	日本金泽大学	
曹现雷	男	1979年1月	上曹村	西安科技大学	
曹晓东	男	1980年2月	上曹村	中科院自动化研究所	
陈树琪	男	1981年1月	中楼村	南开大学	
井林源	男	1982年2月	井家沟	山东医科大学	
井祥坤	男	1984年4月	井家沟	解放军理工大学	
卢衍昌	男	1984年4月	柳黄沟	中国人民大学	
郑康峰	男	1983年3月	娄家湖	北京大学	
赵洪兰	女	1982年1月	赵家西楼	北京医科大学	
张成宝	男	1983年3月	埠后村	广州医科大学	
王凤森	男	1982年2月	亓河村	中国农业大学	
李避祯	男	1979年9月	黑涧村	航天航空学院	
王　红	女	1981年1月	黑涧村	航天航空学院	
李逢军	男	1982年2月	上涧村	新加坡大学	博士后
李常欢	男	1978年8月	上涧村	郑州航空管理学院	
陈常龙	男	1981年2月	陈家西楼	山东大学	
何兴兵	男	1982年2月	两山口村	南京大学	
李松林	男	1980年1月	孙由村	北京医科大学	
卢绪辛	男	1979年2月	集后村	北京大学	
周怡君	男	1985年3月	房家官庄	北京大学	
商儒广	男	1964年8月	商家沟	山东大学	
商国亮	男	1985年7月	商家沟	中科院	
林立娜	女	1978年8月	商家沟	中科院	
王洪胜	男	1977年7月	山庄	沈阳大学	
于守金	男	1986年3月	于家沟	汕头大学	
孟丽娜	女	1990年2月	孟家西楼	北京医科大学	

七、古代进士、举人名录

(一)古代进士名录(16名)

表人物-27

姓　名	朝代	纪　　年	出生地
徐　政	元末	清康熙十一年《日照县志》载:永年殿元,见神道碑。	后村镇邵疃
王　宏	明	明成化十四年戊戌(1478年)	安东卫
李　化	明	明成化十四年戊戌(1478年)	中楼镇李家楼村
李　蕃	明	明万历四十一年癸丑(1613年)	后村镇后马庄
苏　京	明	明崇祯十年丁丑(1637年)	安东卫
杨大功	清	清顺治四年丁亥(1647年)	安东卫
相启运	清	清顺治四年丁亥(1647年)	巨峰镇相家楼村
李应鳯	清	清康熙十五年丙辰(1676年)	高兴镇西牟家村
辛有光	清	清乾隆二年丁巳(1737年)	黄墩镇辛庄
卜宁一	清	清乾隆四年乙未(1739年)	后村镇丁家皋陆村
卜祚光	清	清乾隆二十六年辛巳(1761年)	后村镇丁家皋陆村
王奎璧	清	清嘉庆二十二年乙丑(1805年)武进士	巨峰镇六甲庄子村
苏仲山	清	清道光二十七年丁未(1847年)	安东卫
郑猗菉	清	清咸丰六年丙辰(1856年)	后村镇山字河村
苏元梴	清	清光绪十六年庚寅(1890年)	安东卫砚台西
李翰屏	清	清光绪十八年壬辰(1892年)	巨峰镇土山

(二)古代举人名录(93名)

表人物-28

姓　名	朝代	纪　　年	出生地
徐　政	金	据《日照举人录》为金大定二十七年丁未(1187年)	后村镇邵疃
费　举	明	洪武十七年甲子(1384年)	巨峰镇费家官庄
陈　忠	明	永乐十二年甲午(1414年)	安东卫
胡　彬	明	永乐十二年甲午(1414年)	安东卫
宫　敏	明	永乐十二年甲午(1414年)	安东卫
徐　行	明	永乐十二年甲午(1414年)	安东卫
杨　信	明	永乐十五年丁酉(1417年)	安东卫
费永年	明	永乐十五年丁酉(1417年)	巨峰镇费家官庄
夏子芳	明	永乐十五年丁酉(1417年)	安东卫
费永祯	明	景泰元年庚午(1450年)	巨峰镇费家官庄
相廷玉	明	成化四年戊子(1468年)	巨峰镇相家楼
王　宏	明	成化十三年丁酉(1477年)	安东卫
杨永锡	明	嘉靖二十五年丙午(1546年)	安东卫

续表人物-28

姓 名	朝代	纪 年	出生地
赵应元	明	嘉靖三十一年壬子(1552年)	安东卫
李 蕃	明	万历三十七年己酉(1609年)	后村镇后马庄
申 劝	明	万历四十年壬子(1612年)	日照县纪家庄里(今虎山镇申张村)
苏 京	明	崇祯六年癸酉(1633年)	安东卫
苏 襄	明	崇祯六年癸酉(1633年)	安东卫
李天相	明	崇祯九年丙子(1636年)	后村镇后马庄村
杨大功	清	顺治三年丙戌(1646年)	安东卫
相启运	清	顺治三年丙戌(1646年)	巨峰镇相家楼
李 篁	清	顺治八年辛卯(1651年)	高兴镇西牟家村
李应鳫	清	康熙五年丙午(1666年)	高兴镇西牟家村
苏兰孙	清	康熙十一年壬子(1672年)	安东卫
郑犹龙	清	康熙十四年乙卯(1675年)	后村镇邵疃
苏敬生	清	康熙二十九年庚午(1690年)	安东卫
费 璩	清	康熙二十九年庚午(1690年)	安东卫
苏棫孙	清	康熙三十五年丙子(1696年)	安东卫
李昶年	清	康熙三十八年己卯(1699年)	安东卫
费载赓	清	康熙四十一年壬午(1702年)	虎山镇东湖一村
丁士仔	清	康熙四十七年戊子(1708年)	后村镇丁家皋陆村
丁续曾	清	康熙五十年辛卯(1711年)	巨峰镇水木头村
陈鸿经	清	康熙五十二年癸巳恩科(1713年)	虎山镇陈家庄子
丁士价	清	康熙五十六年丁酉(1717年)	后村镇丁家皋陆村
丁勺曾	清	康熙五十六年丁酉(1717年)	巨峰镇水木头村
牟朝立	清	雍正元年癸卯(1723年)	安东卫
苏益善	清	雍正元年癸卯(1723年)	安东卫
丁士可	清	雍正二年甲辰(1724年)	后村镇丁家皋陆村
丁步曾	清	雍正二年甲辰(1724年)	巨峰镇水木头村
卜宁一	清	雍正二年甲辰(1724年)	后村镇丁家皋陆村
李在峦	清	雍正二年甲辰(1724年)	巨峰镇沟洼村
丁缵曾	清	雍正四年丙午(1726年)	高兴镇南范家村
李应献	清	雍正七年己酉(1729年)	高兴镇西牟家村
丁学曾	清	雍正十年壬子(1732年)	后村镇丁家皋陆村
李在郛	清	雍正十年壬子(1732年)	巨峰镇山峪村
辛有光	清	雍正十三年乙卯(1735年)	黄墩镇辛庄村
李在坊	清	乾隆三年戊午(1738年)	高兴镇
苏 宜	清	乾隆三年戊午(1738年)	安东卫
卜祚光	清	乾隆十二年丁卯(1747年)	后村镇丁家皋陆村
苏 宽	清	乾隆十二年丁卯(1747年)	安东卫
丁梦桂	清	乾隆二十一年丙子(1756年)	巨峰镇水木头村

续表人物-28

姓　名	朝代	纪　　年	出生地
丁梦阳	清	乾隆二十四年乙卯(1759年)	巨峰镇水木头村
李　堧	清	乾隆二十五年庚辰恩科(1760年)	高兴镇西牟家村
李　墧	清	乾隆三十年乙酉(1765年)	高兴镇西牟家村
辛大本	清	乾隆三十三年戊子(1768年)	黄墩镇辛庄
牟世显	清	乾隆三十六年辛卯(1771年)	高兴镇牟家村
朱克谦	清	嘉庆三年戊午钦赐(1798年)	安东卫
丁　僎	清	嘉庆九年甲子(1804年)	黄墩镇崔家沟
马龙骧	清	嘉庆二十一年丙子(1816年)	高兴镇夏陆沟村
苏培世	清	嘉庆二十四年己卯(1819年)	安东卫
费裕䜣	清	嘉庆二十四年己卯(1819年)	虎山镇东湖一村
苏名山	清	道光元年辛巳(1821年)	安东卫
苏平世	清	道光元年辛巳(1821年)	安东卫
辛　贡	清	道光元年辛巳(1821年)	黄墩镇辛庄村
许　瀚	清	道光十五年乙未恩(1835年)	虎山镇大合坞村
申际清	清	道光十九年己亥(1839年)	虎山镇后水车沟村
苏仲山	清	道光十九年己亥(1839年)	安东卫
汤立相	清	道光二十年庚子(1840)	安东卫
苏鸿声	清	道光二十年庚子(1840年)	安东卫
郑猗箓	清	道光二十六年丙午(1846年)	后村镇山子河村
王考祥	清	咸丰元年辛亥(1851年)	安东卫
丁予懃	清	咸丰八年戊午(1858年)	高兴镇牟家村
郑　钰	清	咸丰八年戊午(1858年)	高兴镇牟家村
苏春畦	清	同治九年庚午(1870年)	安东卫
陈沛元	清	同治九年庚午(1870年)	安东卫
胡进异	清	同治九年庚午(1870年)	安东卫
卢廷琛	清	同治十二年癸酉(1873年)	王家庄子
许秉德	清	同治十二年癸酉(1873年)	安东卫
陈慎伍	清	光绪元年乙亥恩科(1875年)	中楼镇中楼村
高　晫	清	光绪元年乙亥恩科(1875年)	虎山镇虎山铺村
郑熙瑞	清	光绪二年丙子(1676年)	后村镇山字河村
郑熙嘏	清	光绪五年己卯(1879年)	后村镇山字河村
苏元桯	清	光绪十四年戊子(1888年)	安东卫
吴国桢	清	光绪十四年戊子(1888年)	安东卫
郑熙志	清	光绪十四年戊子(1888年)	后村镇山字河村
王庨生	清	光绪十七年辛卯(1891年)	巨峰镇六甲庄子村
李翰屏	清	光绪十七年辛卯(1891年)	巨峰镇土山村
秦志屏	清	光绪十七年辛卯(1891年)	虎山镇郑家结庄村
丁惟搏	清	光绪十九年癸巳恩科(1893年)	后村镇丁家皋陆村
卜景洵	清	光绪十九年癸巳恩科(1893年)	后村镇
王廷槟	清	光绪十九年癸巳恩科(1893年)	巨峰镇六甲庄子村

续表人物-28

姓　名	朝代	纪　　年	出生地
李鸿钧	清	光绪二十八年壬寅(1902年)	高兴镇西牟家村
李鸿宾	清	光绪二十八年壬寅(1902年)	高兴镇西牟家村

(三)古代武举人名录(16名)

表人物-29

姓　名	朝代	纪　　年	出生地
杨　寰	明	正德十四年己卯(1519年)	安东卫
赵应祺	明	嘉靖二十五年丙午解元(1547年)	安东卫
王建极	明	万历元年癸酉(1573年)	安东卫
李其光	明	万历十年壬午(1582年)	安东卫
童国俊	明	万历十年壬午(1582年)	安东卫
胡承光	明	万历十三年乙酉(1585年)	安东卫
侯安国	明	万历十九年辛卯(1591年)	安东卫
杨大勋	明	天启七年丁卯(1627年)	安东卫
李时泰	明	崇祯十二年己卯(1639年)	虎山镇小村
宋　重	清	顺治十一年甲午(1654年)	高兴镇大尧王城村
王奎璧	清	嘉庆五年庚申(1800年)	巨峰镇六甲庄子村
徐殿甲	清	道光二年壬午(1822年)	虎山镇后水车沟村
王　寀	清	道光五年乙酉(1825年)	巨峰镇六甲庄子村
王殿忠	清	道光十一年辛卯(1831年)	巨峰镇六甲庄子村
王殿扬	清	道光十五年乙未(1835年)	巨峰镇六甲庄子村
王立基	清	咸丰五年乙卯(1855年)	巨峰镇六甲庄子村

附　录

一、文献辑存

中共日照市委、日照市人民政府关于设立岚山工委、办事处的决定

（1993年5月29日）

为加快岚山的开发建设，促进我市南部政治、经济、文化中心的形成，推动和带动全市改革开放和经济建设的发展，市委、市政府决定，设立岚山工委、办事处。

一、指导思想

以省委、省政府提出的“加强港口管理，搞好对外开放，开发建设鲁南，振兴山东”的建立地级日照市的指导思想为指针，以有利于东港区的发展和岚山的开发建设为前提，充分发挥岚山的区位、港路、资源等各项优势，加快我市南部政治、经济、文化中心的形成，推动岚山乃至全市改革开放和经济社会事业的更快发展，尽快实现把我市建设成为融工业、交通、商贸、金融、旅游于一体的多功能、开放型的现代化港口城市的目标。

二、管辖范围及名称

设立岚山工委、办事处，作为市委、市政府派出机构（正处级），辖岚山、汾水、碑廓、虎山、前三岛5个乡镇街道（现隶属于东港区），面积为251.5平方公里，人口为17.82万。其名称分别为“中国共产党日照市岚山工作委员会”、“日照市人民政府岚山办事处”。

三、机构设置

根据党的十四大和八届全国人大一次会议关于党政机关机构改革的精神，本着精简、效能的原则，岚山工委、办事处的机构设置，不搞上下对口，不一步到位。由市编委、市委组织部和市人事局按照“起步、工作、运转”的要求，制定具体方案（附后）。

四、几个关系

（一）与市的关系。岚山工委、办事处是市委、市政府的派出机构，按照市委、市政府的授权开展工作。

1、国民经济和社会发展计划由市计划部门直接下达，并由市有关部门直接考核。

2、财政实行包死基数、定额上缴、超收分成的管理办法。税收征管范围和财政包干基数、分成比例由市财政、税务部门测算确定。

3、岚山工委、办事处的领导成员由市委、市政府任免；直属机构和乡镇街道的干部由工委、办事处管理。

（二）与东港区的关系。岚山办事处是独立机构，不再隶属于东港区管理。报省及省以上的统计数字，由市有关部门把岚山的数字纳入东港区的统计范围一并上报。在争创“强县强乡”活动中，东港区使用数字仍含岚山各乡镇街道的数字。

岚山、汾水等4乡镇街道的东港区人大代表资格继续有效，参加东港区本届人代会的各次大会及有关活动。

（三）与乡镇的关系。岚山、汾水等5乡镇街道和所辖各村（居）、直属单位接受岚山工委、办事处的领导，对外、对上使用名称仍为“日照市东港区××乡××村”、“日照市东港区××乡××（单位）”。

（四）与岚山开发区的关系。岚山工委、办事处与岚山开发区工委、管委融为一体，一套班子，两块牌子。对外进行经济技术协作与交流，根据需要，既可以办事处的名义，也可以开发区的名义。

五、几个具体问题

（一）市里在各种计划物资分配、大中专毕业生分配、“农转非”和民政事业费等方面都要对岚山办事处实行计划单列。其标准需按人均法确定

的按人口平均，需按上年基数确定的，则以1992年4乡镇实有数为标准。

(二)交通、邮电、供电工作仍由市局(委)管理。

(三)凡与东港区其他乡镇有关的跨乡镇水利工程的管理、使用由市农委制定具体办法。

(四)民兵工作和征兵工作由市人武部拟定方案。

(五)鉴于目前组建前三岛乡有一定困难，可在岚山头街道办事处挂前三岛乡党委、政府的牌子，实行一套班子、两块牌子的办法。

未涉及的具体事宜，在实际运行中本着对岚山办事处、对东港区、对市直部门都有利的原则妥善处理。

岚山工委、办事处的组建工作要抓紧进行，于七月一日正式开展工作。

附：

岚山工委、办事处机构设置和人员编制方案

一、机构设置

(一)工委工作部门5个：

1、办公室(含档案、保密、信访、机要、政策研究、人大代表联络工作)；

2、组织部(含机关党委、组织员办公室、老干工作)；

3、宣传统战部(含对台、外宣、民族、宗教侨务、政协委员联络工作)；

4、政法委(司法局与其合署，含社会治安综合治理工作)；

5、纪律检查委员会(监察局与其合署)。

(二)办事处工作部门18个：

1、办公室(含体改、外事、经济研究工作)；

2、计划统计委员会；

3、经济贸易委员会(含工业、商品流通、对外经济贸易和技术监督工作)；

4、农业委员会(含林业、畜牧、农机工作)；

5、城乡建设环保委员会(含人防工作)；

6、文化体育委员会(含广播工作)；

7、科教委员会(含科协工作)；

8、民政局；

9、人事劳动局(含编制工作)；

10、计生卫生局；

11、财政分局(含国有资产管理)；

12、税务分局；

13、土地矿产管理局；

14、工商分局(含物价工作)；

15、审计局；

16、水产局；

17、公安分局；

18、安全分局。

工青妇设一个机构挂三块牌子。法院、检察院的业务工作由市中级法院、市检察院授权东港区法院、检察院代管。

二、人员编制

岚山工委、办事处直属机构的人员编制暂按100人控制(含岚山开发区的40人编制，不含政法人员编制)，占用市直党政群行政编制。工作人员从市直及两县行政人员中调入，除特殊急需的人员外，一般不从市外调入。乡镇街道编制占用东港区的乡镇街道行政编制。

三、岚山开发区管委会下设综合办公室及若干企业性公司。

(日发〔1993〕12号)

国务院关于同意山东省设立日照市岚山区的批复

(2004年9月9日)

山东省人民政府：

你省《关于申请设立日照市岚山区的请示》(鲁政发〔2002〕59号)及有关补充报告收悉。现批复如下：

同意设立日照市岚山区。将日照市东港区的岚山头、安东卫2个街道和虎山、碑廓、黄墩、后村、高兴、巨峰6个镇划归岚山区管辖。岚山区人民政府驻岚山路。

岚山区的各类机构要按照“精简、统一、效能”的原则设置，所需人员编制和经费由你省自行解决。行政区划调整涉及的行政区域界线，要按照有关规定及时勘定。

国函〔2004〕71号

山东省人民政府关于设立日照市岚山区的通知

（2004年9月24日）

日照市人民政府：

国务院已经批复同意设立日照市岚山区。为做好有关工作，现通知如下：

一、设立日照市岚山区。将日照市东港区的岚山头、安东卫2个街道和虎山、碑廓、黄墩、后村、高兴、巨峰6个镇划归岚山区管辖。岚山区人民政府驻岚山路。

二、望你们按照行政区划的有关规定和程序，本着“精简、统一、效能”的原则，认真做好岚山区的组建工作。组建工作结束后，要及时将组建工作情况专题报告省政府。

三、行政区划调整涉及的东港区与岚山区的行政区域界线，要按照有关规定于2004年12月31日之前勘定，并将勘界成果报省民政厅。

鲁政字〔2004〕459号

日照市人民政府关于组建日照市岚山区及有关交接问题的通知

（2004年9月25日）

东港区人民政府、岚山办事处、市政府各部门：

国务院、省政府已经批复同意设立日照市岚山区。为做好有关工作，现作如下通知：

一、设立岚山区。将原岚山办事处管理的岚山头街道办事处、安东卫街道办事处、虎山镇、碑廓镇和东港区所辖的黄墩镇、后村镇、高兴镇、巨峰镇，自即日起划归岚山区管辖。岚山区人民政府驻岚山路。

二、东港区、岚山办事处要立即冻结所涉及镇、街道办事处的人、财、物。要严格政治纪律、组织纪律和工作纪律，严格执行财经、财务的有关规定，切实做到思想不散，工作不乱，国有资产不流失。

三、要按照行政区划的有关规定和程序，本着“精简、统一、效能”的原则，扎扎实实做好各方面的工作，保证组建工作积极稳妥地推进。

四、东港区人民政府、岚山办事处要充分认识设立岚山区的重大意义，切实做好基层干部、群众的思想政治工作，确保社会稳定。要以设立岚山区为强大动力，进一步振奋精神，奋发努力，推动全市改革开放和现代化建设的持续快速协调发展。

日政字〔2004〕62号

二、旧志选摘

高兴埠龙王庙碑

元·薛撝谦

日照县治之西南三十余里，乡属进贤，村名高兴。旧龙祠于是乎在焉。营建之初，前金大定之五年也。曩经燹毁，故基惟余瓦砾，居民悯焉。圣朝混一，朔南丕冒，海隅出日，自至元丁丑，轮奂再新，丹青复旧，每祈晴祷旱，必于此祠。又三十年于此矣。余窃谓鳞虫三百六十，龙为之长，飞潜跃见，随其所在。小大屈伸，唯其所化，虽圣人亦莫知其所以。然若夫龙之庙食，不见于祀典，而老农巫师只鸡斗酒尸而祝之者，岂非以其能兴云而致雨耶？傥过此以往，曰雨而雨，曰暘而暘，无旱干水溢之虞，将所谓御大灾、捍大患者非耶？俎豆固其宜也。苟徒冠角而披磷，夸爪而呈喙，牵乎嗜好以希饮食之余于人，是亦尸位素餐而已矣。龙之有灵，岂无所感于斯文！

见清康熙版《日照县志》。薛撝谦，时任日照县教谕。

巨峰寨记

明·黄　祯

巨峰在日照西南隅，青州兵备所筑也，为古琅琊地。西距沂济，东北濒海，实东秦要害之区。我国家建官，具有深意，或营土以分防；或屯田而遥制。而又专之以兵宪者，所以觌武而警怠也。嘉靖兴治，东海不波，廷臣有议裁青州兵备，余时在职方，叨听议论。曰："海上之山多矿铅，伐菹煮海，利莫大焉。夫利者，盗之丛也，矿盐者，天地左藏也。多矿民犷，多盐民卤，盗由生也，兵备是庇。"天子曰："可。"于今十年，三选厥司，得我东汾。东汾，青州道，康姓名天爵，临汾人，因号东汾居士。嘉靖癸巳，来典兹土。首询黄发者，'黄发皤皤，更事必多。'曰："维矿夫盐徒，青州祸胎。念哉鉴哉！"越明年，盐徒扰南鄙，东汾檄兵往平之，至则狼藉居民去矣。或曰："盐徒者，东西南北人也。其散若飙，其合若乌。劻劻勷勷，出没无常。不为之所，无以杜绝乱阶。"东汾听舆人之谋，请之巡抚袁公、巡按方公。曰："盐之于人，譬水火也。官盐之法，害于私贩，民嗛其情，是故贩者假水火以摽窃人。所谓潢池之盗也。又突出无常，疲我奔命，寨守善胜，可备永图。盗息邪心，官盐无滞，又两得之也。夫防民之情，甚于水火，东西草莽，匪盗盐是忧，寨不可少。"乃相土得巨峰山傍，淮海之交，控喉扼吭。爰筑斯防，为之寨栅，营堂宇，立门屏，制金石之械若干。屹然为一方巨镇，榜曰"巨峰"。分青州卫官军，莒州、日照土兵备守之，盐徒以宁。

愚窃谓东方之患，盐人盗水，矿人盗山，乱之本也。矿人蹻捷善战，习于山；敫敫之区，马不及旋，射不及发，一人足以走壮士，乃东方之奇兵也。今皆在龟蒙山中，即土著之人。故善用之，则有青阳山之捷；不善用之则有玉堂之变。顾制御者何如耳。余见东汾与之以诚，既多谋以破其党，又养锐以胁其变，复招徕以羁縻其徒。此康子筑无形之寨，以治矿人，而又在堂宇屏藩之外也。后之兵备兹土者，或不可以少此哉！

寨创自嘉靖十三年。董斯役者，莒州知州林渠、淄川尹李信、日照尹颜绣。

见清康熙版《日照县志》。巨峰寨即今巨峰镇驻地。黄祯，明代安丘人，字德兆，号北海野人。嘉靖年间进士，历官户部主事、兵部郎中等职。

小儿庙记

明·厉　芳

照邑之西南有小儿山。山僧传说，皆以为小儿难夫子处。山下之田夫野老，亦莫不以为小儿难夫子处。书生之好古而矜胜迹者曰："然。"游人之不察而喜附会者曰："然。"乃有事必核实、学必尊圣之儒生，排众而庄言曰："我尼父生而徇齐，长而敦敏。玉书呈其瑞，水德发其祥。道高二帝，功冠百王，而乃智出小儿下，何所传之误也。"予曰："唯唯！维子之言，诚为尊圣者也。然子伸之于己，而能屈之于人乎？能使人以众人为不然，而以一人为然乎？"曰："儒生未能也。"予曰："子之言诚为尊圣也，而未知圣之尊也。何言之？萍实之谣，商羊之舞，往往圣有不知，而偶露于天机自动、赤子行吟之余者。是说也，则谓小儿足以发天地之秘也可，足以启圣贤之牖也可。道之所在，师之所在，安问年哉？且于此愈以见我尼父空空虚怀、取善无已之心，与问聃、访弘诸事并志不朽也可。谓千百世之传闻，不可遽泯。而吾与子之言并存之，以俟后之论定焉。"儒生曰："唯唯！"。

见清康熙版《日照县志》。

清康熙十二年《安东卫志》序、跋

赵双璧序

安东卫地隶青齐，距淮临海。明初汤信国创筑卫城，添设墩台，分给屯田。防御器械，无一不备。因其地为海防首冲要地、南北孔道故也。且其地为山海雄观,鱼盐利饶,钟灵毓秀,代多伟人。孝廉赵应元曾纂《卫志》以纪其略。康熙七年,贡生苏敷生采辑旧本,历二载,《卫志》始无不备。双璧……(以上据光绪十一年《日照县志》补)世,捐五斗粟,延二三儒,参酌乎旧本,较订乎老成。集将竣,请明各宪,俾得附于州县之后。或有合于采风不遗□□□□耶。

□……□堂之上,览其图形。谓边海之卫,沙卤土不可耕。昔所以资生者,仅赖鱼盐微利。值海禁森严以来,民多半菽不饱,士多短褐不完,或益加轸念耶。

至于形势、户口,屯田之数以及忠孝节烈,虽不敢增益一字,然应纪者又不敢不矢公矢慎,随时记载,取旧志实迹而重加详定焉尔。

其朝夕订正,刊刻成书者,则儒学李篁、经历司王麟胤、举人苏兰孙、庠生赵自修、杨大任、胡植纲、赵鸣珂等之功居多也。不才末吏如双璧者,式歌盛事,焉能复赘一词,其踵事增华,专有望于后之重视夫今者。

上康熙十二年上浣日,赐同武进士出身安东卫掌印守备景陵赵双璧谨叙于公署之尚论堂。

赵双璧,清初京卫籍景陵人,武进士出身,康熙九年任安东卫守备。主持编修《安东卫志》。

王麟胤跋

《阴符》曰:“机在目”,《南华》曰:“目怜心”。余尝取以为读书之法,参前倚衡,天机自见。若夫旷百世而相感,希圣希贤,则有中心之好矣。

余初令名山,蔡、蒙之外,皆明“卫”、“所”地,几议裁并,不能归郡县者,见朝廷重念边防之意焉。今降补安东卫参军职,三月以来,稽夺攘,严烽燧,惟恐陨越以贻羞。盖观感于《卫志》之新编,知官其地者良非易也。青鹳鸣矣,海不扬波,将兵者犹欲遵循纪律,为程卫尉,不为李将军,非体重念边防之意耶?

钱谷坐日照、诸城,催科抚字不归两邑,归于守府。位在郎官之上,肃然二千石之彤幨,欲体重念边防之意。其为礼乐诗书,以说以敦,寓鹈锋于笙瑟,可知矣。况积代簪缨,俱霜暗青萍,以彼云裔,襄我泮藻,砻刀错玉,微大君子,而谁与归?

《志》既成,余未及勷翰墨、事探讨,惟有目击而心识。一言之出,求可对古人,一行之发,求可对今人。有人焉,取是书而读之,曰:“夫夫也,不可以对古人也,不可以对今人也!”余不亦获罪于余心与目也哉!

康熙十二年癸丑孟夏,安东卫经历清苑王麟胤谨跋。

王麟胤,清初北直清苑人,由拔贡出身,初任四川名山县知县,因失误降一级补任安东卫经历。参修《安东卫志》。

李篁序

稽古建官,卫庠未有设也。逮前朝成、弘之际,文教诞敷,人才彬郁,始命各卫创辟学宫,选立师儒。弯弓御侮下马草露布者得士,浸浸称盛矣。

安东卫距照邑九十里,绣壤缙处,华族姻联。余以丙午夏自蓬莱转此地,摄理学政者垂五六载。适值壬子秋杪,得奉部檄,较雠国志,余亦承乏其间。才薄识疏,勉自竭蹶,少参末议,乃知沿海诸卫事。洪武十有六年,日本陆梁出没剽掠,不可控制。始命信国公汤和,于东海诸边,延袤数千里,严设城堡,辖隶臬司,选练墩卒,棋布守御,倭寇始尔得戢。安东遂成重地。

既而永乐纂统,报白沟诸役功绩,簪缨世胄,食采兹地。奕叶袭庥,垂三百余年。其间科第鼎盛,才名辈出。是以夏殷礼存,文献足征。遂同诸公及我多士,补辑遗文,搜讨旧典。风教礼乐之制,考诸故家;兵戎防御之备,询诸幕府。用付剞劂氏。家乘也而行且国史矣;方策也而行且日星矣。

余虽固陋,得附诸君子之末焉。是为序。

康熙十二年癸丑四月,安东卫儒学署教授事举人日照李篁题。

李篁,清初日照人,举人出身,康熙五年任安东卫儒学教谕。参修《安东卫志》。

苏兰孙叙

皇帝御极之十一年,令天下诸郡邑各辑其山川、户田、民物、土俗以闻。由是穷陬僻壤,图籍之所未详、輶轩之所不至，皆得陈诗贡俗敬献于圣天子之前，猗欤！真盛典哉！独念郡县之志，仅废于六十年之后，而我卫之志竟缺于三百载之前，使载籍云亡，老成凋谢，欲问其轶事而文献无足徵者，不几负朝廷而失大典乎？故纶音初颁，卫执事甚难之，谋及卫绅士耆老。余曰："是无难，有家先人之手订者在，取而校之可不劳而书成。"盖我卫历三百载，国典虽亡，而家乘犹著。昔孝廉赵公采辑于八十年之先，而余先叔父笃志著述，复集成于八十年之后，其朝夕拮据者阅三载余。当其时，纶音未尝颁也，执事未尝谋也。身处三百载之下而亟取三百载以来缺焉不及详之事，而论次之、纂集之，几疑其散佚而无定巳。乃先叔父不避其疑，不辞其艰，加意修明，踵事增华。或有参于先世之断简残编，或有证于昔时之勋戚世胄，或有得于闾阎之讴吟论说。其于忠孝节义未敢有溢词有偏见焉。可谓无幽弗阐，无事不备矣，然犹虑其持论过严，近迹未著也。恭呈卫侯景陵赵公及学师李公、参军王公，相与敬慎乃心，复延二三儒赵子琢侯等为之校阅，且备询卫绅士耆老，必求其公而勿伤于刻，必求其全而勿失于蔓。然后彙为数卷以进。诚重之、诚难之也夫。

先叔父去今甫二载耳，在当日修之，仅备为百世之遗闻；在今日用之，遂成为一代之钜章。或亦得气之先，见道之豫乎？

虽然，志以纪事也，而亦以传意也，所采者民习之淳浇，所询者土物之丰歉，所考订而谱叙者形势之冲僻险易。于纪事之中而依然采风问俗之意，其抑致治之要图乎？安东为山左门户，士民疲敝，屯政久弛，则所以兴利剔弊者，正赖我景陵赵公耳。倘十年爱养，十年教训，俾我卫颓靡于先者奋兴于后，庶无负天子征文考献之盛心。而昔孝廉赵公与先叔父亦与有功焉。宁仅啧啧称胜概、表雄文，以夸一时之纪载也哉？

是为叙。

时康熙岁次癸丑孟夏邑后学苏兰孙笔山氏撰。

赵自修跋

《卫志》，余高叔祖长史公所辑也，藏之家有年矣。然记事属词仅二百年之行事，而隆、万以下无稽焉。余父伤其缺，念先人之杯棬犹存，而缵成不可无继，命余补之，未果。适壬子秋，余铩羽归，不揣厥妄，竟学操觚，矢公慎以为，校正叙文，一综旧集。条例未详者，增以已意。辑事访之父老，年时未谙者，参之苏书，铅椠不敏，余叔侄兄弟又从而丹黄之。阅月，稿始成，亦为续貂前人，聊当家乘耳。嗣是征志檄下，卫执事赵老父台以纂修委，儒生叔侄兄弟与焉。时迫，聚讼不及，因出成稿酌之。众皆曰："可"。惟忠义人物之评骘，质其子孙，户口钱粮之数目，録之由单，余者更俚讹，颇有增减。即付梓人，今竣矣。用识其事。

时康熙十二年孟夏之吉，邑学生赵自修琢侯氏识。

胡植纲跋

"卫"、"所"创自明始，郡县建于历代。郡县之志，代有传书，修之或云易也，然年远事湮，残编散佚，易也而实难。卫志之缺久矣，修之不亦难乎？但地近而芳躅共见，事简而旧乘可参，难也而实易。

故土地有邻封之规画；险要有墩埠之绘图；钱谷则赋役有全书；忠义则前人有燕评；学校、公署，稽之碑题；官制、宦迹，采之旧勋；文章可得于夙儒；事物可订于父老。岂曰志无可志，湮没云乎哉？

夫志也，征往迹，垂观法。理乱兴废所关；典刑经制所系。是括之贵乎详也，犹嫌于复；著之取乎信也，须准于公。甚矣！修之乌容轻也！

我卫父母赵公、儒学李先生秉笔如椽，留心卫献，奈冰蘖冷署，剞劂维艰。值檄行刊志，集邑人三五辈，谋厥事，委厥任，余亦有预焉。以三百年未举之典，一旦举之，不煌然一盛绩，一快事也耶？

既而苏有旧集，赵出绪稿，其所录山川、赋役、土俗，无容多烦参斟为矣。惟于忠义人物高节，本不敢轻与考订，但德业事功堪相伯仲者，亦以公传信，各置一班，聊以识所有事云尔。非敢狃于牵合，过于扬扢也。

然又有管窥所难昧者，如职官之书，明设指挥十九员，除调除绝，尚存十三家，皆世袭坐守安东。掌印者一，而佐贰，而巡盐，而春秋轮戍者五六，镇抚、千、百户之列亦与。有印务、有屯事、有军伍。今之志也，所载职名自嘉靖时始。成、弘以前无闻焉。或无功可录，不有名可书乎？念公有黄册而私有家乘，非沦胥难稽，又何以缺焉？且当日祥异事变，亦蔑有及者。或旧之表传，止记其目所见乎？由隆、万而摭之于末，功烈有书，忠义有书，视事职名亦略而未详。岂文献有难征欤？

试以余父时寮寀言之，若指挥视篆之李惟精、杨大勋、侯安国，轮戍佐贰之王弘基、刘储祚、王国祥，千户专城之贺瑞，巡逻之陈世忠，与夫镇抚、百户等弁，并在挂漏。或后之辑录，独晰难周，是不得不没其官并没其人乎？所谓"焚经经存，解经经亡"者，能不动有心者之感悼也哉！余自愧谫劣，未敢错综。今也梨枣工竣，用书己意，因附志末，以俟后之采补云。

卫学生员胡植纲谨跋。

与鸟亭记

明·胡承烈

与鸟亭者，东海儒农之园亭也。园数亩，叠石为山而构为亭，有日矣，顾未之有名。儒农一日独陟其上，见群禽翔舞，鸣声上下，悠然有当於心也。遂名之曰"与鸟"。

客或过而难之曰："昔尼父有言：'鸟兽不可与同群，吾非斯人之与而谁与？'子之与，舍人而鸟，无乃与圣悖乎？"儒农曰："不然。滔滔浊世，圣达贤拘，吾未步尼山，先从巢父。鸟固有足与者矣，彼其羽族聚处，与人何异？嘤嘤者，朋友之相求也；啾啾者，亲戚之情话也。择木而栖，非岩穴之高寄耶；翀霄而举，非青云之显贵耶。如泣如诉，则亦穷愁抑郁之相告矣；若号若怒，则亦慷慨悲歌之格斗矣；衣彩衣绣，则亦黼黻文章之变幻矣。是故，吾之与之也。此亭也，两袖清风与之披拂，半檐明月与之晖映，四野烟光与之览眺。呼酒与之斟酌，抱琴与之弹弄，趺坐与之逃禅，濡毫与之觅句。花发草香，幽怀与之共畅；霜飞木落，冷趣与之同甘。非竹非丝而娱吾耳；非粉非黛而悦吾目。吾何知鸟之非人而薄此取彼耶？况乎凤瑞世、鹤拔俗、鸥忘机、雁循序，鲲鹏不与鸡鹜争食，雌雉乃於山梁托处，以至燕识兴废，鹊占凶吉，雀感德而思报，乌亦孝而亦慈，鹡鸰急难於弟兄，鸳鸯著节於夫妇。鸟之美纪骚坛、誉驰雅籍者不可枚举，而人固有阘茸猥琐、逐流随波、舞智笼愚、作威凌弱，汩没於利欲、昏冥於险危，既背义以忘恩，亦渎伦而干纪，文过遂非，逞逞而是者，视鸟不啻不如。吾之与鸟，夫复何疑？"客乃怃然自失，赧然而退。儒农掀须一笑，亭闲鸟在，相与徜徉，无罣无碍，海阔天空，飘然尘外。

见《安东卫志》。

麟凤录序

明·苏　京

撤棘之朝，诸士易服请谒。因进而醮之。曰："尔多士亦知今晨昨夕之大异乎？昨犹草木，今为芝椿矣；昨犹鳂鲤，今为蛟龙矣。倏忽脱换之局，曾不能以一瞬。人之化也何日之有！多士寇蹂之余，不毕命於矛鋋，犹呈能於笔墨，其亦有以自慰乎？虽然，尤有进焉，芝椿蛟龙，世虽珍之，犹非创获之物，彩凤祥麟，数百祀而一见，至与王者名世相终始；河洛图书，千古人文之元毓灵中土，必有钟而应名世之求者。盖尝北历燕韩，西游秦晋，东渐於海，南浮江淮矣。见河山雄壮，必产豪杰；风气廻环，林麓郁葱之区，必多俊彦。夫士也，方其布袍草屦，诵法诗书，如玉之在山，珠之在渊，非弗宝贵矣；及登贤书，真如天贡其苞，地发其符，光怪陆离，至枯山川而射斗牛。其为彩凤祥麟不既多乎？是以总丱之时，父兄抚之如获家珍，发轫之日，头角峥嵘，至市贾罢货，红女停梭，以争看新贵招摇，相与指点称羡，某也白屋，某也朱门，某也文章，某也福德，真不啻阿阁之复巢，而郊陬之再游也。未几而冠进贤，膺民社，行与志背，稍稍异向。不肖辈至朘民脂而吸之，不几祥麟而豺狼乎哉！迨宦游果腹，张吻噬人，复吞闾里而嚼之不厌，则又彩凤而鸱鹗矣。为麟为凤，不旋踵而为豺为鹗，人之化也又何日之有哉！人且望而慄之，携妻子而去之走，岂向者父兄之误珍欤？里党之误羡欤？抑山川之祥有误发欤？以祯始，以孽终，毕竟非山川之误，而人误山川也。士於此勿论为麟为凤为芝椿为蛟龙，至求为一草一木一鳂一鲤，为世间罕所轻重之物，亦不可得，亦可为浩叹已。尔多士当宥予戆，毋以是言为过激也。方今王事多难，一人焦思，揆厥所由，尽是吾党之罪。敢恃一日之长，窃仁人之号，相赠以言：多士河洛钟英，明於自处，今日进身之始，豺鸮乎？麟凤乎？”多士咸顿首谢曰：“麟凤哉。”次日复集为《序齿录》，乞言即书醮语以弁之，而因易《序齿录》为《麟凤录》。录之有名，自此始也。

见《安东卫志》。

三、诗词选录

马髻耸翠

唐·杨 瑒

髻峰崒嵂逼天关，山色茏葱翠染环。
蔓草荒苔埋古径，层峦叠嶂倚清湾。
英雄故址依稀在，粉黛遗踪隐跃间。
霸业如今何处是？野花烂漫鸟缗蛮。

见1936年版《重修莒志》。杨瑒，唐代华阴人，曾任华州刺史。

七律·安东形胜

明·赵鹤龄

城本安东筑向西，地分南北不相迷。
门严锁钥连淮海，铁作藩篱障鲁齐；
才薄岂堪兼武备，时清仅独有诗题。
叮咛守御诸军长，边境无忘肃鼓鼙。

见《安东卫志》。赵鹤龄，明代陕西泾阳人，生卒年不详，成化十一年（1475年）乙未科进士，此诗为其任山东按察副使巡查安东卫时作。

五古·安东卫堠警有述

明·王世贞

树影旌旗接，涛声鼓吹兼。
雨拖残日脚，山割乱云尖。
淮舰虽宽斗，齐师未解严。
疮痍心转塞，骨肉泪频沾。
恩泽诗书负，烽烟号令添。
如何重推毂，翻更捷书淹。

见《安东卫志》。王世贞（1526~1590），字元美，号凤洲，又号弇州山人，明代江苏太仓人，文学家、史学家。“后七子”领袖之一。嘉靖二十六年（1547年）进士，授刑部主事，又为青州兵备副使，历任浙江右参政、山西按察使、广西右布政使等职，官至刑部尚书。此诗和后二首为其任青州兵备副使巡查安东卫时作。

七律·安东阅武二首

明·王世贞

一

亲提千骑向东方，剑客黄金尽买装。
桃叶初明珠勒马，梨花半吐绿沉枪；
拍天涛涌军声合，驾海云浮阵色扬。
莫道书生无燕颔，斗来金印出闱墙。

二

空闻淮海斗长鲸，十二关河迥不惊。
鸣柝夜传千灶火，建牙朝列五家兵；
城边星斗峥嵘出。马首风云指顾生。
敢谓笑谈樽俎易，异时曾请建章缨。

七律·和韵二首

明·杨永锡

一

岛中蠢乱扰遐方，宪伯提师着趣装。
范老共夸胸有甲，彦章不数铁为枪；
山城喜见烽无警，瀚海欣看波不扬。
廊庙论功应第一，九重早晚锡褒章。

二

明公杖剑剪鲵鲸，淮海群黎赖不惊。
缓带轻裘朝掠阵，纶巾羽扇夜谈兵；
关中景略堪同驾，江左夷吾讶复生。

老我林泉蒙覆庇，安流自在濯尘缨。

见《安东卫志》。杨永锡，明代安东卫人，嘉靖丙午科举人，官至通判。

七律·登城西林阁二首

明·李　枝

一

怡老惟开此一楼，负山面海独优游。
身世有儿能干蛊，乾坤无事可关愁；
行吟泽畔携琴弄，把菊篱前命酒酬。
林下风神自飞动，应怜李广不封侯。

二

将军铃阁背山开，万里沧溟霁色回。
横海勋名元旧物，伏波声价更新培；
旗分龙虎秋风急，地近燕齐北雁来。
此日登临益惆怅，为君聊尽掌中杯。

见《安东卫志》。李枝，籍贯、生卒年不详，任青州府同知（知府副职、正五品），此诗为其在明万历十五年（1587年）来安东卫时作。

七律·和韵二首

明·姜润身

一

玉门关外有林泉，风景分明似辋川。
午困枕琴眠竹下，酒酣移榻近花前；
清溪月朗鱼争跃，翠障云收鸟自还。
不是五侯歌舞地，红尘隔断即神仙。

二

夕阳宝剑上高楼，万顷烟波入望流。
天际碧云随上下，沙头白鹭自沉浮；
樽开北海秋风满，帘卷南山夜雨收。
醉倚朱栏听牧笛，一声吹破楚江秋。

见《安东卫志》。姜润身，明代胶州人，嘉靖五年（1526年）丙戌科赐同进士出身，曾任广东道监察御史。其他不详。

五律·笔山

明·赵继忠

已谓南峰好，北峰更不群。
悬崖疑削刃，古木善藏云。
海色朝来变，泉声雨后分。
何年此高卧，自剪薜萝裙。

见《安东卫志》。赵继忠，明代安东卫人，贡生，曾任邹平训导，升青城教谕。

七绝·望海

明·胡承烈

片帆孤影挂城头，水碧天青入望流。
便欲乘风访灵药，知他何处是瀛洲。

七律·东山望海

明·胡承烈

万峰高处任凭栏，大海东流纵目宽。
碧石如屏山有壁，远帆入画水无澜；
呼童早至白云起，别客归来落日看。
一醉不知行乐处，梦中应忆此时欢。

五古·东山草堂

明·胡承烈

高山星斗近，壮气自崆峒。
潭响龙惊雨，竹声虎啸风。
乘月踏松影，白云步步逢。
凭栏桥下水，飞瀑动长虹。
琴调与钟韵，知音深谷中。
一尘不到处，万籁却皆空。

苦　旱

明·胡承烈

一年旱鬻产及襦，再年旱鬻子及女。
三年旱云胡其处，夫妻相对泪如雨。
沟耶壑耶吾与汝。

七绝·阿掖山水帘洞

明·胡然奇

千里雪瀑挂长川，玉井涛飞峰顶泉。

点点珠垂非用线，水晶帘底月初圆。

见《安东卫志》。胡然奇，明代安东卫乡绅，事迹不详。水帘洞在岚山主峰阿掖山西侧峭崖上。

安东卫八景

明·赵应元

一、东海汪洋

极目东南望海洋，水天寥廓共苍苍。
波涛万顷浑无际，潮汐千年信有常。
浪说蓬莱真胜地，谁云红日出扶桑。
几番远眺忽长啸，俯仰乾坤觉兴狂。

二、西湖烟雨

湖色溟濛曙色萦，一朝踈雨翠光盈。
烟笼低岸迷新柳，风蔼微波荡绿萍。
鼓浪游鱼随上下，忘机野鹭自飞鸣。
牧童时向湖边过，一曲牛笛万籁清。

三、关山耸翠

奇峰秀出翠微平，一望关山景色清。
晓雨过来岚带润，晴云飞尽谷生明。
巍峨直入层霄里，突兀遥看远岫横。
几度登临闲纵步，无边佳趣惹诗情。

四、荻水掩澜

长溪一曲抱城流，漠漠晴川翠欲浮。
逐对锦鳞穿巨浪，成群白鹭集芳洲。
濯缨客占新流上，垂钓翁归古渡头。
日丽波光浑不定，伫看海上起蜃楼。

五、笔峰春晓

金乌才上晓山明，暖气浮春万象清。
映日好花含宿露，出林幽鸟唤新晴。
牧童登陇骑牛去，樵子穿云拾翠行。
迭嶂矗霄真似画，天成景色即蓬瀛。

六、林阁夕阳

槛外红轮已坠西，余晖犹映北山溪。
樵楼画角声将动，瑞草寒烟望欲迷。
征雁每随残照远，野鸟仍来晚树栖。
凭栏且莫兴归念，更听山猿待月啼。

七、山寺晨钟

门开梵宇晓山空，一击鲸音万壑通。
啸月野猿归别涧，避烟驯鹤唳苍松。
老僧犹坐残灯畔，行客俄惊逆旅中。
百八频敲声欲尽，朦胧曙色渐生东。

八、渔舟晚钓

大荒日落海潮生，轧轧渔舟钓月明。
孤棹不妨夜露冷，一竿偏宜晚风清。
优游子夜动篝火，缥缈烟波闻榔鸣。
乘兴狂歌聊击楫，飞槎疑是泛蓬瀛。

见《安东卫志》。赵应元，明代安东卫人。嘉靖壬子年举人。曾任知县。

登上寺谩吟二首

明·赵应元

昔年曾此几徘徊，此日登临喜再来。
石径苔深人不到，海天月皎鹤空回。
荒阶古碣应长在，败壁留题已半摧。
寂寞老僧何处去，闲花犹自傍人开。

又

梵宇潇潇无客乐，蓬莱寂静锁苍苔。
千年古刹疑今废，满地新花依旧开。
细阅荒碑聊有兴，赓歌前韵愧非才。
徘徊顿觉忘尘意，日倚西山犹未廻。

宿风火山店赠王家瑞

明·杨继盛

羡君堪作王家瑞，愧我徒为食禄臣。
不是未酬忧国恨，愿披蓑笠结东邻。

见清康熙版《日照县志》。杨继盛，字仲芳，号椒山，明代保定容城人，幼贫苦学，嘉靖年间进士，任兵部武选员外郎，以敢于直谏、坚守气节著称。因弹劾严嵩专权误国，下狱遇害。后隆庆皇帝为他平反昭雪。此诗由许瀚书写，刻于磴山岩石上。

海神庙

明·张成教

天风倏欻海云起，海底苍龙怒欲死；
吹云直向九霄还，仍抱珊瑚宿海底。
我欲骑龙海上飞，沃焦沙暖碧桃肥；
安生手指扶桑叶，问我蓬莱归不归。
蓬莱之巅高万丈，琼宇瑶池俱在上；
石痕犹带始皇鞭，枣花空为齐侯放；
蜃气秋生白玉楼，骊珠夜冷黄金帐。
我醉即当泛月槎，归来海上问桑麻；
但见桑麻青如莽，不见神仙更来往。

见清康熙版《日照县志》。张成教，明代邯郸举人。嘉靖四十一年任日照县知县

元通寺二首

明·王　塾

一

驻马寻真境，参禅入翠微。
梵宫云霭霭，宝塔雾霏霏。
日暖昙花丽，林深贝叶飞。
独怜许玄度，高致漫相违。

二

古刹临芳岛，超然远世华。
阁披千树出，钟度万山赊。
鹤寄云根草，僧烹石鼎茶。
禅心原自定，何用羡莺花。

见清光绪版《日照县志》。王塾，明代清平卫（今贵州省凯里市炉山镇）举人。万历年间任日照县教谕。元通寺在巨峰矮岐山下，已毁。

朝元观

明·申　安

峰峦耸翠倚云中，两岸奇崖一路通。
石径高悬连画阁，花王秾闫列琳宫。
观前树密藏啼鸟，岩下泉清带落红。
四顾岚光真可爱，恍疑此处是蓬瀛。

见清康熙版《日照县志》。申安，字仁宇。明代日照县人，明隆庆庚午举人，曾任真定府同知等职。朝元观遗址在今巨峰碧波山庄后山上。

宿巨峰朝阳洞

明·蓝　田

石洞丹梯上，掀髯一笑留。
山高碍新月，潮长失孤舟。
樵笛穿林入，渔灯隔岛浮。
客怀浑不寐，直拟访蓬丘。

见清康熙版《日照县志》。蓝田（1477~1555），明代即墨人，字玉甫，号北泉，幼聪颖，童辈无人能及。16岁中举人，47岁中进士，官授河南道监察御史。

朝元观二首

明·杜一岸

一

曳屐过仙院，披霞谒帝宫。
日晴喧字鸟，山远度疏钟。
林隐云光乱，烟销殿影重。
漫传方外地，人世即壶中。

二

小憩朝元阁，凭虚俯翠甍。
鹤来琴有伴，客至石为屏。
云破看山出，林空听蝼鸣。
振衣清思爽，更欲访方平。

见清康熙版《日照县志》。杜一岸，明代陕西澄城人，选贡，万历十七年（1589年）任日照县知县。主编《日照县志》。

朝元观

明·厉汝行

夙有眈山癖，寻芳入化城。
鹤亲人解意，僧倚杖相迎。
水荇侵衣湿，岩花照眼明。
暗尘飞不到，燕坐听黄莺。

见清康熙版《日照县志》。厉汝行，明代日照县人，万历年间贡生。

登幽固山

明·厉　芳

崒嵂插天空,何缘一径通?
立身青嶂外,得句碧云中。
隔树闻樵唱,依岩避雨濛。
皋桥今在眼,谁与问梁鸿?

见清康熙版《日照县志》。厉芳,明代日照县人,贡生。幽固山,即幽尔崮,在巨峰镇、碑廓镇、虎山镇交界处。

再过马鬐山

明·刘　朴

万仞郁嵯峨,层霄揽胜多。
云藏天外雪,烟挂雨中萝。
南柱蟠龙起,东飞健马过。
山灵还有意,早晚过骊河。

见1936年版《重修莒志》。刘朴,1568～1627年,字尹孚,号柘山,今安丘县冢头村人。

七绝·登马鬐山

明·傅　国

常把芙蓉况好峰,几多峰好愧芙蓉。
马鬐秀色参天起,真个芙蓉几万重。

七律·登马鬐山

明·傅　国

绝境人稀古殿凉,悠悠独坐俯斜阳。
西来诸水通淮泗,东去群峰接海荒。
土净石泉浑玉镜,山空风日总天香。
自怜生有神仙骨,欲辟洪濛到上方。

见1936年版《重修莒志》。傅国,临朐人,明万历年间进士。

游上元寺

明·都阃(失姓字)

金戈铁马游沧海,踏破崚嶒紫翠堆。
山鸟有情通客语,野花含笑傍人开;
深林把酒席青草,古刹看碑拂绿苔。
借问老僧天际畔,五云何处是蓬莱?

见清康熙版《安东卫志》。据考,此诗作者为明代抗倭英雄戚继光。都閫,指统兵在外的将帅。

栏头山

(原注:相传陈姓仙人炼丹处)

明·徐可久

水势潮声动地来,数峰横拒大洋隈。
金丸双弹唯飞越,银浪叠摧总碎回。
纪鄣田桑冯拥护,郁州风气借胚胎。
当年仙客知何处,丹鼎云封永不开。

见《增修赣榆县志》。徐可久,明代江苏省赣榆县人,曾任福建汀州府永定县知县,户部四川司主事。栏头山,今岚山一带诸峰。明代岚山属赣榆县。

分水岭阻雨

明·王廷相

迅雷行雨过层峦,咫尺云昏辨路难。
悬水忽惊银汉决。硃崖还诧海波漫。
三巴旧日愁天漏,五月今如冒雪寒。
浮霭虚成红虹带,赤霄空望火珠盘。

见《增修赣榆县志》。王廷相,明代仪封人,弘治进士,曾任赣榆县丞,累官至兵部尚书。明代"前七子"之一。分水岭,今汾水。

上寺望海

明·苏　京

云树连天沧海东,吾家近地是瀛蓬。
尘蒙短发终何济,早向滩头学钓翁。

上寺在阿掖山东侧。

再登山寺

明·苏　京

别有寻幽径,重来另一天。
峰回山势迥,路转地形偏。
窈窕荒蹊窄,崚嶒峭壁悬。
间关山鸟弄,窔奥卧龙眠。
摩石敲新句,拂苔读旧篇。
沉沉禅境寂,泠泠梵声宣。
羹煮云根蕨,茶烹涧底泉。

青菁尘外饭，白雪坐中联。
山下耕桑侣，逃秦不记年。

五律·海上夜月

明·苏　京

尚忆岚山口，孤帆入海年。
衔杯看蜃市，高枕对楼船。
多难余生在，浮名知己怜。
陇头今夜月，似为故人圆。

西湖咏荷

明·苏　京

君不见，海安城限有好水，方湖潋滟照东国。深处畜鱼鱼且肥，浅处莳荷荷并起。正阳之月气熇熇，东来使客驻星轺。满面风尘洗不了，披襟载酒驾兰桡。细细涟沦逐棹分，行行萍荇随流倒。扣舷鼓枻发纤歌，泉香酒冽醉婆娑。水面阴阴连云脚，微风小雨濯新荷。新荷片片澄波上，潇潇雨意荷钱响。泼地真珠碧玉盘，半天甘露仙人掌。君家曾按古扬州，曾向西湖醉画舟。俸钱可捐植桃柳，也筑苏堤忆旧游。

西湖在安东卫城西，今已淤为平地。“西湖烟雨”为当时“安东八景”之一。

七绝·咏荷二首

明·苏　京

一

新秋花气绕晴川，竞道今年胜去年。
一阵清芬迎马首，就从花下解征鞭。

二

花满平芜酒满卮，清歌妙舞日沉时。
怜芳应恨秋风早，探取舟旁三两枝。

以上苏京诗均见《安东卫志》。

七律·烟台山

清·杨大功

城头晓角动清哀，送客将归一上台。
惨淡三山寒雨后，微茫孤雁薄云来。
黄榆白苇歌始咽，画槛层楼梦屡猜。
昨夜天风吹蚤雪，漫劳乡思怨残梅。

见《安东卫志》。杨大功，清代安东卫人，顺治丙戌年举人，丁亥年进士。曾任山西武乡知县。烟台山在岚山头街道王家庄子村西。

七绝·和韵二首

清·赵双璧

一

纷纷红紫绕前川，今岁荷香胜旧年。
载酒停骖同客赏，前驱壮士谩加鞭。

二

翠袖红裙进玉卮，朝回宴赏夜深时。
熏风一曲芬风起，疑是蟾宫赠桂枝。

喜雨诗

清·李　篁

康熙癸丑（1673年）暑月不雨，公瑶赵堂尊步祈心诚，三祷三应。敬赋短句，以志喜云。

时值旱天，斗粟千钱。精诚感动，霖雨涌泉。
不惟不歉，且歌大年。稚禾勃起，枯苗顿痊。
固曰神佑，祈祷亦虔。士农工商，共庆安全。
一方保障，不媿前贤。余今鼓腹，何虑寒毡。

和　韵

清·王麟胤

如火炎天，望断金钱。衾裯斗米，忽获涌泉。
兰秋已及，胥庆丰年。龙云历幂，四野皆痊。
谁实为之，一念维虔。景陵夫子，痌瘝安全。
民曰父母，士谓圣贤。参军属职，乐此青毡。

步喜雨韵

清·赵双璧

雨落旱天，不啻金钱。昔也焦土，今获流泉。
禾麻稷菽，咸登有年。眄彼秋郊，枯槁皆痊。
步祷必应，同事之虔。励勷有道，残卫生全。
焚身自咎，古人之贤。予何人斯，宁不针毡。

见《安东卫志》。

五古·登阿掖山

清·宋　琬

未雨山如醉，既雨山如醒。
遥遥水云间，苍翠无时定。
我携筇竹杖，扪萝践危磴。
平穿鸥鹭群，幽造鹿麋径。
高峰矗层霄，突兀有余劲。
鸣鼓云色摇，吹箫谷声应。
僧房山鸟栖，松际孤烟凝。
薄暮投石床，阑干醉复凭。

见《安东卫志》。宋琬（1614～1674），莱阳人，字玉叔，号荔裳，顺治四年（1647年）进士，曾任户部主事、永平兵备道、宁绍台道、四川按察使等职。清初著名诗人，清八大诗家之一。

游磴山

清·丁　泰

鸟道崎岖策小筇，薜萝深处觅仙踪。
层峦隐现山藏寺，远树迷离雨到峰。
野鸟常惊黄叶落，樵蹊时破白云封。
翠微已隔人间世，灵异何劳冀偶逢。

见清康熙版《日照县志》。丁泰，清代日照县人。顺治丁酉年举人，顺治十五年（1658年）进士，曾任陈留县令。

游磴山

清·丁　峕

买山夙有道林痴，争奈斯山价不赀。
泉自竹间流出韵，月从松外照来迟。
闲云护榻僧高卧，小径穿林客欲迷。
囊底无钱堪一笑，爱山何计使山知。

见清康熙版《日照县志》。丁峕（时），清代日照县人，顺治丙午年举人，康熙丁未年进士。去世后，当时学者私谥为“文简先生”。

七绝·游磴山二首

清·丁　峕

一

药兰偏向悬崖置，竹圃斜通曲径开。
薄暮不劳如意榻，东峰月上好衔杯。

二

少年犹记涉崔嵬，廿载登临又一回。
风送松声天半落，云拖山色座中来。

见磴山寺碑。

海　市

清·丁　峕

海天浩淼无所有，伊谁大展空中手。偶然游戏鼋鼍惊，小小经营龙蛇走。鬼斧神斤非等闲，城郭楼台瞥眼间。旌旗忽变为林木，车马倏已集阛阓。千态万状幻且狡，公输顾之失其巧。居然一幅李龙眠，白描却比丹青姣。珊瑚玳瑁蛟蜃斗，珍奇不数王石富。一疋轻绡值万缗，大珠小珠皆可购。贸迁不必期日中，转瞬之间列肆充。泽国想亦重阿堵，熙熙攘攘奚相同？弱水三千不可渡，碧眼居奇频欲赴。回眸失却镜里花，张罗脱去月中兔。八月乘槎泛斗牛，色空空色又何求。凭栏一望三山近，中有仙翁招我游。君不见嬴氏阿房三百里，咸阳一炬化为尘。吴宫台榭今安在，野草年年秋复春。争似鲛人善卜居，云霞为幄水为庐。翱翔出没无定所，变化随心乐有余。他年沧海淤为田，焉知此处非市廛？有无真假浑难定，且向滩头一醉眠。

见清康熙版《日照县志》。

山　市

清·杨志梁

神物幻影摹虚空，群山缥缈秋烟中。玲珑倏忽呈变态，金光灿烂蓬莱宫。翠云万叠凝不动，一一色相烦神工。楼阁参差峰突兀，澜翻碧海蟠蛟龙。林麓欲断小山接，松下似坐谈天翁。吾闻海市见未得，今见山市谁为雄？世间所遇不尽取，身外何物无终穷！凌晨就道光泼眼，别有天地心怡融。

安得呼朋共奇赏，相与倾倒飞千钟。八年海曲牛马走，仙境应令清癯丰。须臾云物了无迹，但见天宇浮青铜。造化豪纵一视此，枯肠搜句临长风。

见清光绪版《日照县志》。杨志梁，清代浙江海盐人，副贡，乾隆三十二年任日照县知县。

游磴山寺

清·丁艮善

溪转峰回隐一方，杖藜忽入白云乡。
青山万重如城郭，绿树丛中护法王。
日暮鸦啼巢古木，春深花落满禅床。
槅尊选胜忘晨夕，尽道僧家日月长。

见磴山寺碑。丁艮善，字少山，清代日照县人，光绪十一年，由监生保举积学，赏加翰林院特诏衔。

春日游东山

清·俞　倬

并力蹑危径，诸峰绝顶游。
穿云寻别壑，依汉坐层楼。
溟渤原无际，烟霞暂许留。
超然尘想静，何用卜林丘。

见清光熙版《日照县志》。俞倬，福建莆田人，清康熙十二年（1673年）武进士。康熙二十四年以守备署任安东卫都司。

九日磴山饮月

清·丁士嘉

山径苍茫载酒行，菊花烂漫笑相迎。
深松不辨归鸦色，清磬遥连古涧声。
浩劫几经新月满，海天一望暮云平。
难期此会还深慰，总有龙山莫与京。

见清康熙版《日照县志》。丁士嘉，日照县人，清初廪贡，曾任新泰训导。

道中望磴山

清·牟世显

翠叠峰无数，南来树作屏。
日光寒飒秀，秋影透空灵。
每欲孤怀往，将摩一色青。
云霄欣有路，梯磴摘天星。

见清光绪版《日照县志》。牟世显，清代日照县人，乾隆辛卯年举人。

白云寺

清·蔡　坪

山径疑无路，忽闻钟磬音。
人行青嶂小，寺入白云深。
松老支离叟，泉鸣太古琴。
相看空谷意，顿释利名心。

见清光绪版《日照县志》。蔡坪，字平野，清代日照县人。能诗善画。白云寺在高兴镇白云山。

古墓行

清·宋佩玉

此地相传状元墓，来游不见一抔土。
惟余翁仲两片石，东西直立如官府。
一人搢笏临园阡，牛豕摩痒衣皆穿。
一在人家板门外，竦若阍者候传宣。
忆昔赐葬膺宠命，百夫共舁邱山重。
地下幽宫久已湮，念尔石人亦增恸。
尔增恸，我怨嗟，人是风中将落花。
朝市频更陵谷变，死生翻覆乱如麻。
何代佳城尽平地，寝来人众詎室家。
人生劳劳百岁尽如此，不如饮酒高歌看山水！

见清光绪版《日照县志》。原注："（状元墓）在邑（指日照城）西南九十五里。"即今碑廓。宋佩玉，字鸣之，号茹园，清代日照县人，廪生。

游万松园

清·尤　书

西郊幽胜旧曾闻，今日招携喜遇君。
山静有时喧鸟雀，竹深无地着尘氛。
人依怪石心偏逸，烟散寒林日已曛。
好是天然图画在，松岩断处补层云。

见清光绪版《日照县志》。尤书，安徽宣城人，事迹不详。原注：（万松园）在城西皋陆村，日照栽松始此。

丁适园招饮万松别墅三首

清·李应鹰

一

春郊葱郁媚朝暾，略彴西头别有村。
嫩绿鲜红纷照眼，不知何处隐衡门。

二

茅屋疏篱意洒然，开轩隐几见林泉。
无边桃李成蹊在，丘壑深情三十年。

三

一丝一竹足清音，缥缈风鸾奏雅琴。
好客主人偏兴剧，夜深犹自醉花阴。

见清光绪版《日照县志》。李应鹰，清代日照县人，康熙丙辰进士。授编修。

卜筫谷皋陆别业(旧名万松园)

清·蔡振中

早有栖幽志，今看卜筑成。
春来闲种树，秋至促收秔。
趋舍依慈眷，看山远吏情。
偶然成坐对，恍映玉壶清。

见清光绪版《日照县志》。蔡振中，清代日照县人，乾隆丁未进士。曾任湖北云梦县知县等职。

再游望海寺

清·丁　岸

记访东林老衲衣，十年重叩白云扉。
满楼山色人初到，一径松风鹤未归。
丹灶苔生尘劫换，鲸鱼春暖雪涛飞。
旧游浑似游仙梦，又送征帆坐翠微。

见清光绪版《日照县志》。丁岸，字春帆，清代日照县人，有诗名。望海寺旧址在高兴镇。

日照道中望海二首

清·曹贞吉

(一)

晓后空濛宿雾遮，迟回渐觉海生霞。
一天霁色迎朝日，十里潮声卷落沙。
宝气疑从鲛室尽，飓风欲动蜃楼斜。
三山缥缈知何处，空想安期枣似瓜。

(二)

孰云斥卤变桑田，此际俄看一色天。
孤屿雨晴寻蟹迹，海门风起断蛟涎。
波臣自护重溟险，估客谁操下濑船。
日暮涛声来枕上，惊回旅梦转凄然。

见清光绪版《日照县志》。曹贞吉，清代山东省安邱人，康熙进士，官至礼部郎中。

栏头丹灶

清·倪长犀

海岸一峰卷，春潮拍浪还。
云根不到地，岚势已横天。
炉火千年热，寒涛百丈悬。
秦皇与汉武，真觉意茫然。

见《增修赣榆县志》。倪长犀，清代江苏省赣榆县人，曾任河南仪封县知县、湖北谷城县知县等。“栏头丹灶”与“阿夜烟云”“丫髻听潮”属明代“赣榆八景”。

阿夜烟云

清·倪长犀

一拳何处是，蜃气暗中浮。
白日惊山魈，晴川隐渔舟。
世人怀魏晋，此地失春秋。
剩有东山屐，重来秉烛游。

见《增修赣榆县志》。“阿夜烟云”，明代“赣榆八景”之一。

丫髻听潮

清·倪长犀

海气喧无定，潮声听自然。
乾坤浮浩荡，齐鲁变风烟。
浪静鲸鲵窟，心空雁骛天。
五更山月白，高枕梦清圆。

见《增修赣榆县志》。“丫髻听潮”明代“赣榆八景”之一。丫髻，山名。《增修赣榆县志》：“旧志：去治东北七十里，两峰相对，故明汤和建安东卫城于此山之西，以防海寇”。即今笔架山。

栏头丹灶

清·徐 竞

潮势欲平吞，孤峰障汐沄。
三山疑远近，五岳共朝昏。
丹灶余仙蜕，苍苔过雨痕。.
安澜千百载，永奠不闻喧。

见《增修赣榆县志》。徐竞，清代赣榆县人，廪生。

丫髻听潮

清·徐 竞

海畔名幽胜，听潮势若奔。
去来期未爽，喧寂湮同论。
渔火三更梦，禅关午夜昏。
悠然为籁远，倾耳忽忘言。

见《增修赣榆县志》。

阿夜烟云

清·俞廷瑞

阿夜平沙畔，潮痕带远村。
山容朝雾失，树色暮云昏。
日障峰峦静，岩深萝薜繁。
到来天地别，何处觅曦暾。

见《增修赣榆县志》。俞廷瑞，清代浙江省彰化人，康熙进士，曾任赣榆知县。

丫髻听潮

清·俞廷瑞

海水浑无际，当关丫髻支。
来同奔驷马，去若卷琉璃。
上下乘槎客，浮沉逐浪鸥。
静听澎湃势，不爽报时期。

见《增修赣榆县志》。

咏史十四首

清·许 瀚

见许瀚手卷，卷末题“道光庚子初秋于渔山书院印林许瀚”，有多处重复及笔误，可能是许瀚在渔山书院时作的示范文字。此处选录的十四首咏史诗均咏汉代故事，按原作顺序整理。

一

尺土无阶扫暴秦，沛公天授岂因人。
楚歌四面英雄困，汉法三章宇宙新。
枕股分羹亏圣德，藏弓烹狗泣勋臣。
踞床谩骂谁能耐，莫怪商山夏绮嗔。

此诗咏汉高祖刘邦故事。“踞床谩骂”指刘邦踞床洗脚接见郦食其，谩骂陆贾事；“商山夏、绮”指太子刘盈（后来的惠帝）根据张良的计策请来为自己撑腰的“商山四皓”夏黄公、綺里季、东园公、角里先生四人。

二

贵德亲贤四海安，那堪彊后肆凶残。
兕觥浮毒肝肠裂，人彘惊心耳目剜。
淫乐纵情非得已，仁慈成性实其难。
挟书除禁垂表史，奕禩犹欣覆载宽。

此诗咏汉惠帝刘盈故事。颔联写吕后毒杀赵王如意和残害戚夫人的凶残行为。

三

炎汉司晨付牝鸡，诸孤戮灭等鲸鲵。
任兹非种摇神器，谁立良苗撤祸梯。
将相交欢臣节奋，军师左袒士心齐。
可怜戟掖来苍犬，往事当年悔噬脐。

此诗咏吕后死后，周勃、陈平等老臣扫灭诸吕，扶立汉文帝之事。

四

髫年吏牍辨陈留，此际英明已不侔。
观德圜桥倾万姓，授经国学聚诸侯。
云台健将功难没，椒寝私亲虑更周，
多事西天求佛法，轮廻生死说未休。

此诗咏东汉明帝故事。佛教在汉明帝时传入。传说永平七年（公元64年）明帝夜梦金人飞行殿庭，第二天问于群臣，太史傅毅以“西方有神，其名曰佛”答，于是明帝就派遣中郎将蔡愔、秦景、王遵等十八人西行到印度求佛法，在大月氏国遇到沙门摄摩腾、竺法兰两人，他们同此二沙门用白马驮了一些经卷，一同到洛阳，明帝还为摄、竺二僧修了精舍，它便是有名的白马寺，据说是中国的第一座佛教寺庙。摄、竺在寺里译出了《四十二章经》，相传这就是在中国译的第一部佛经。明帝及其子章帝（公元75~88年）在位的三十年间，政治清明，社会经济繁荣，国家相对稳定，史称“明章之治”。

五

帝德恢宏昔所稀，临歧手足恋依依。
诏开虎观经生聚，恩被蒲轮吉士归。
不信忠言匡社稷，顿教惨祸起宫闱。
试看窦族骄淫甚，东汉从此已式微。

此诗咏东汉章帝故事。章帝刘炟为人仁厚宽容，好儒学，重视农业生产，提出“王者八政，以食为本”。于公元79年在白虎观召集诸儒讨论《五经》异同，并亲临主持，又令班固将讨论结果记录整理，编成《白虎通义》一书；然而，章帝晚年宠爱皇后窦氏，对外戚过于宽容，，重用窦后之兄窦宪，又优待宦官，使外戚和宦官这两股腐朽势力从此登上东汉王朝的政治舞台，引起了宫廷内部的斗争。东汉王朝的开明政治从此结束，转而进入腐败和黑暗，汉家天下也从此走向衰落。“蒲轮”，古代帝王以安车蒲轮征召年高德劭的学者，以蒲裹车轮，以减少噪音和防止颠簸。见西汉枚乘事。

六

梦里黄龙据腹生，蠲租养老政均平。
信施蛮越干戈戢，恐逮累囚犴狴清。
延尉纠弹仪整肃，中郎谏诤体分明。
弄臣何必铜山赐，留得微瑕博史评。

此诗咏汉文帝故事。汉文帝刘恒执行与民休息和轻徭薄赋的政策，废除肉刑，免收全国田赋；他还妥善处理汉朝同南越和匈奴的关系，对南越王赵佗实行安抚政策，对匈奴继续实行和亲政策，同时加强边防力量，匈奴曾三次侵犯汉境，都被赶出了塞外；“黄龙”：文帝十五年黄龙见于成纪，文帝有年号黄龙；“铜山”：邓通是汉文帝的嬖臣，曾为汉文帝吸吮毒疮，汉文帝把蜀郡严道县的铜山赐给邓通，并允许他铸钱，邓通从此富可敌国。

七

大略雄才谁与京，授时千古定章程。
高台直接金茎露，绝域频兴武库兵。
封禅何为徒扰扰，神仙无验枉营营。
悔心乍动桑榆晚，思子宫中泪自倾。

此诗咏汉武帝刘彻故事。“金茎”：铜柱，汉武帝在建章宫立铜柱，高二十丈，上置铜盘，名仙人掌，以承露水，名“承露盘”；泰山封禅、蓬莱求仙，武帝所为。

八

尧母名门岂偶然，德成画室质由天。
指忠指诈髫龄辩，除赋除逋膏雨鲜。
闾左渐将甦涸鲋，朝端忽已化啼鹃。
泰山石立枯杨起，亘古难参造化权。

此诗咏汉昭帝故事。汉昭帝刘弗陵（前95年~前74年），汉武帝幼子，据说其母钩弋夫人怀孕14个月才生下刘弗陵，大臣们都以为尧帝降生，纷纷恭祝武帝。武帝老年得子，更是爱不释手，遂命名钩弋夫人居室之门为“尧母门”。昭帝登基时才8岁，却聪明伶俐、十分果断，在首辅大臣霍光的主持下，昭帝朝的百姓生活比以前富裕，四夷来朝，使汉朝出现了中兴稳定的局面。可惜于前

74 年英年早逝，仅 21 岁，在位 13 年。“尧母”，名庆都，相传是伊耆侯的女儿，帝喾高辛氏的第三个妻子，“感龙而生尧”；《博物志》：“尧时有屈佚草生于庭，佞人入朝，则屈而指之。一名指佞草。”据说这种草能辨别善、恶与忠、奸；“泰山石立枯杨起”：《前汉书·卷七·昭帝纪第七》：“三年春正月，泰山有大石自起立，上林有柳樹枯僵自起生。”

九

曾孙有道践宸居，佩剑征求向故庐。
硕辅尽归麟阁画，名儒大阐石渠书。
骖乘启祸夷三族，梓里挥金羡二疏。
底事圣朝终有累，碧鸡金马日踌躇。

此诗咏汉宣帝故事。汉宣帝刘询（前 92~前 49），本名病已，字次卿，武帝曾孙，戾太子刘据之孙。他出生数月即遭巫蛊之祸，被关押于狱中，因建尉监邴吉的保护，得免于难，流落民间。元平元年（前 74 年），霍光等废昌邑王，迎立他为帝。宣帝久居民间，深知百姓疾苦，特别重视吏治，大体做到“信赏必罚”“综核名实”。采取了招抚流亡、假民公田、设常平仓、蠲减赋税等重要措施，以此安定民生，恢复生产。在他统治期间，“吏称其职，民安其业”，史称之为“宣帝中兴”。“麟阁”：汉武帝在未央宫中建麒麟阁，主要用于藏历代记载资料和秘密历史文件，后为表彰功臣，将对汉有功的功臣画像存放于麒麟阁；“石渠书”：宣帝甘露三年（前 51 年）曾在石渠阁大集诸儒，讨论五经的同异，分歧不决的由皇上出面作出最后决定；“二疏”：疏广与疏受叔侄二人，宣帝时，疏广因学识渊博被召到京城，授太子太傅，专门辅导太子，他的侄子疏受也被举荐为太子家令，数年后二人称病，向宣帝上书要求辞职还乡。汉宣帝亲赐黄金 20 斤，太子也奉赠黄金 50 斤，叔侄二人回乡将黄金慷慨散与乡邻，不留给子孙，后乡人在其故居修建了“散金台”。

十

风流雅儒著青宫，善政初年未易穷。
阉寺既容参密勿，贤良自应取离终。
无端生杀凭谗口，有恨妍媸任画工。
若若累累非滥授，汉家运数欲成东。

此诗咏汉元帝故事。王昭君，即王嫱。公元前 36 年，汉元帝在天下遍选秀女，王昭君入选掖庭待诏。传说王昭君不肯贿赂画师毛延寿被画丑，因此被贬入冷宫无缘面君。公元前 33 年，北匈奴首领呼韩邪单于对汉称臣，并请求和亲，王昭君挺身应诏，远嫁漠北，被封为“宁胡阏氏”。

十一

天子多情重渭阳，五侯同日握朝纲。
辇辞深阃妃贤淑，槛折明廷令激昂。
祸水承恩殊未艾，鬼薪酬谏复何望。
鼎湖倏忽升龙驭，中冓腥闻不可详。

此诗咏汉成帝故事。首联写成帝母舅王谭、王根、王立、王商、王逢五人同时被封侯；颔联写汉成帝的后妃班婕妤贤德，不肯越级与成帝同辇出游；尾联写汉成帝宠幸赵飞燕姐妹，宫中丑闻不断。

十二

藩邸龙潜出定陶，威权欲控五侯骄。
不惩连茹翻簧舌，竟听宣麻动鼓妖。
阙下幡扬民可畏，榻前袖断宠偏饶，
御杯片语尤堪哂，欲把江山学帝尧。

此诗咏汉哀帝刘欣故事。刘欣在其祖母的高压管束下，心理变态，成为同性恋者，一次男宠董贤睡觉时压住了哀帝的衣袖，哀帝急于上朝又不忍心惊动董贤，就截断衣袖而去，颈联即写此事。

十三

国祚凌夷尽属新，徒凭虚信号君臣。
宰衡欲效周公业，符册难欺泰畤神。
九锡骤加冠易履，一卮方尽假还真。
吴门士卒高风在，愧杀陈书颂莽人。

此诗咏王莽篡汉故事。

十四

汉运中兴握赤符，扫除篡逆等摧枯，
泪流枕席龙蛇蛰，河渡滹沱草木苏。
置腹推心安反侧，废储易后痛非辜，
客星难以功名缚，归卧沧江学钓鲈。

此诗咏汉光武帝刘秀中兴光复汉室故事。尾联写严光虽受刘秀尊崇，但仍归隐富春江“垂钓”事。

赠许瀚

清·龚自珍

北方学者君第一，江左所闻君毕闻。
土厚水深词气重，烦君他日定吾文。

龚自珍（1792~1841），近代思想家、文学家、史学家，名巩祚，字瑟人，号定庵。浙江仁和（今杭州）人，出身于世代官宦学者家庭。嘉庆二十三年（1818年）举人，道光九年（1829年）进士。官至内阁中书、国史馆校对、礼部主事。龚自珍初承家学渊源，从文字、训诂入手，后渐涉金石、目录，泛及诗文、地理、经史百家。生平诗文甚富，后人辑为《龚自珍全集》。道光十九年（1839年）龚自珍被迫辞官，4月23日离京时与在京过从同年同官许瀚、吴式芬、何绍基、何绍业、刘良驹等人作别，各以绝句相赠。此为龚自珍赠许瀚之诗。

《竹杖铭》三首

清·许 瀚

余未宜杖，而遽须杖。天闵余病，俾君余相。危持颠扶，余惟君仗。虚心劲节，千古同尚。哀今之人，胡不如君。

我仗尔扶持，尔仗我携持。我不携乃，尔亦拳曲之竹杖，弃捐中野当谁知。尔其戒哉。黾勉我扶，毋怠哉。

蟠其根，直其节。寒不畏霜，炎不避日。厥中空空，终始如一。跬步与偕，弼我堂室。嗟彼弱藤，动辄摧折。选贤任能，古曰明哲。

选自《许印林遗书》。咸丰三年（1853年）许瀚在滕县任训导，四月因病返日照。《竹杖铭》写于1853年10月4日。

赠许瀚

清·张 穆

京国十年游不归，繁霜上发风生衣。麋鹿止合散岩扉，强如束缚纳囿时。拔其牙角饰以羁，黄金虽好性不肥。不如归煮西山薇，顾我何乐噬肯违。山深谷虚隘闻知，叩盘扪钥瞽且痴。东海霞起光陆离，下有经岩敞心棐。其间经师及人师，渊源两汉衢弗迷。我有许仲今其尤，鬼神旁瞩俨乎思。奥窔既豁无疃畦，问家有无檀一鸱，比诸自郐应无讥。曰大渊献岁将□，寒梅香动春风帏。我归未能福所羁，君归益增我心悲。五音繁会去其夔，众巧辐奏逝其垂。醇醪满酎碧波黎，峥嵘腊日临交岐。重重吉梦非我私，绎云欣君归有期。连山积雪成流澌，礼堂春满林花绯。

1839年12月许瀚离京返日照，张穆赠诗送别。张穆（1805～1849），名瀛暹，字诵风，又字石州，清代山西平定州（今属阳泉市）人。博通小学、文学、史学、经学、地理。著有《延昌地形志》《蒙古游牧记》《顾亭林年谱》《阎潜邱年谱》《课士语录》等。

和徐树人刺史庚子秋闱纪事诗原韵

清·许 瀚

一

不负频煎锁院茶，群英九掇桂林花。
捷书递见红旗报，深巷轰传白板挝。
此日果然能夺锦，当时几度费披沙。
元魁况复联桥梓，只惜城南失棣华。

二

蒸蒸士气奋风云，六十年来又冠军。
培养深惟沐郇膏，观摩勤尽惜陶分。
专门远绍何休诂，独步夙推王粲文。
颇怪星轺两伯乐，浑教冀野马空群。

三

万古江河属尔曹，岂惟蕊榜姓名高。
云中藻耀夸鸣凤，海上烟空问钓鳌。
根柢文章须更励，菑畲经训莫辞劳。
御沟转眼看新柳，九烈春浓伫染袍。

四

老马识途惭未胜，联翩鹏翮快云兴。
禅心纵不同粘絮，僵指何堪试镂冰。
惊见鸿文拄坡腹，空劳盥诵服颜膺。
诸生解识金鍼度，好觅新机学织绫。

选自《许印林遗书》。徐宗干（1796～1866）

字伯桢，又字树人，江苏通州人。嘉庆二十五年（1820年）进士，历知曲阜、泰安两县。道光十八年（1838年）由高唐知州升兖州府知事兼济宁知州。道光二十二年（1842年）离开山东，累官至福建巡抚、浙闽总督。道光二十八年（1848年）担任按察使衔分巡台湾兵备道，为台湾清朝统治时期这阶段的地方统治者。雅好金石，宦鲁20余年，广交许瀚、冯云鹓等山东及寓鲁的金石学家，切磋学问。在济宁时，修学宫、纂州志，又与冯云鹓、许瀚等纂修《济宁金石志》8卷，未及刊行即离鲁别任。徐氏念念不忘刊行事，道光二十五年（1845年）于福建任内请人付梓行世。著有《斯未信斋文集》《治台必告录》《斯未信斋主人自订年谱》。

七绝四首

清·许　瀚

一

岁暮天寒冰雪深，围炉尚觉气阴森。
缘何几砚春先到，一卷唐风次第吟。

二

击节中秋对月篇，三朝阅历更谁先。
即今瓜代垂残腊，又过咸丰第二年。

三

不求奇诡不深艰，抒写真情意态闲。
流水行云化糟粕，大都风味似香山。

四

洒地诗天笔有神，安排丽句赏芳春。
宦囊如此非萧索，锦绣珠玑富有新。

选自《许印林遗书》，原诗失题。咸丰壬子（1852年）八月，许瀚选授滕县训导，时年已五十六岁。十月十五日，只身抵滕县上任，训导署"冷斋颓敝，几案俱空，冬寒，致不能作书"。这四首七绝，作于该年岁暮，抒写了当时心境。次年正月，湿痰旧症复发，四月十五日，"两袖清风，飘然旋里"，在任仅六个月。

途中作长歌寄丁少山

清·吴重熹

自我从西来，于山游五莲。于水览沧海，万里茫无边。必有人兮隐处于其际，以与山水元气相周旋。磴山之下竹河侧，结茅即是高人宅。缁尘轩与冕，土苴金与帛。自谓羲皇以上人，高风仿佛陶彭泽。闻此十年来，悬我心目中。景行叹仰止，向若嗟无穷。今日邂逅于檠阿之下、鸣皋之东。吁嗟乎！吾见世之诗书门第簪缨族，墨墨者鄙知食肉。一醉易告身，爛胃谋章昭。君非地势使之然，乃能矫世而励俗。齐鲁今大儒，首称许夫子。君从折节游，授受得深旨。缨绂虑澹图书富，许郑功深词藻耻。川与涂，阻且长，脂与秣，急且惶，天乃不能置我于君旁！东风吹起五两展，忽忽又整归来装。山石硍礌兮桂树连踡，恍惚有人兮援琴而弹；欲我并驾兮缥缈飞仙，手折若木兮啸傲台巅；乃以虺馈兮吾马不前，辜负相招兮霞举翩跹。愿因晨风兮赠子诗篇，一眉新月兮遥出苍烟。

吴重熹（1838～1918）山东海丰（今无棣）人，字仲怡，亦字仲饴、仲怿，号蓼舸、石莲，晚号石莲老人，室名石莲庵、石莲闇、石莲轩、石莲龛。举人。光绪二十六年（1900年）由江安粮台道升福建按察使。此后，历任江宁布政使，驻沪会办电政大臣，江西巡抚，邮传部右侍郎、左侍郎。光绪三十四年（1908年）出任河南巡抚。宣统二年（1910年）召回京供职。著有《石莲闇诗词》等。丁少山，即丁良善，清代日照县人，许瀚弟子，尤擅于小學，兼及金石校勘。

马鬐山行

清·于学谧

倚天苍壁半无名，石笋棱棱不可平。
山自万重松上见，水从千尺涧中鸣。
西风落日愁疲马，红叶孤村写晚晴。
会得行人无限意，直教峰壑送归程。

见1936年版《重修莒志》。于学谧，约1747～1777年，字小晋，又字靖之，莒州城南于家庄人。乾隆四十二年拔贡。工诗辞，长书法。

马鬐行

民国·伦攸叙

日照涧中村，风吹羊肠路。
山谷出深碧，闲云罩高树。
清清一水流，净净绕山注。
望山矗万峰，低昂势奔赴。
大山若丈夫，小山宛童孺。
又如出水莲，萼苞重叠附。
下山见夕阳，岚风荡飞雨。
前村隔烟水，茫茫愁日暮。

见1936年版《重修莒志》。伦攸叙，生平事迹不详。

四、碑　刻

元·相林墓碑

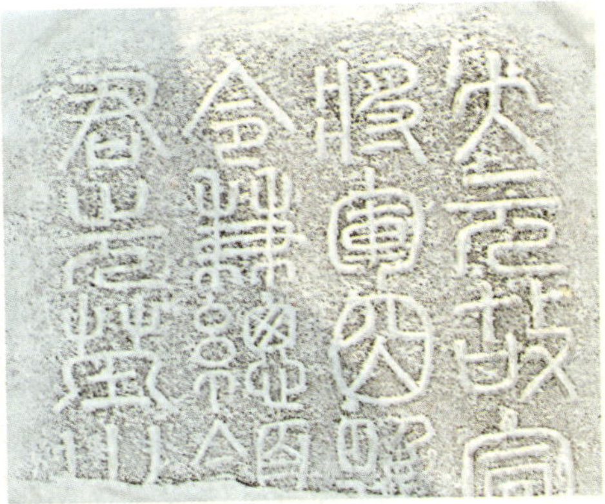

附录图1　相林墓碑额拓片

大元故日照县令相君墓铭并序

奉议大夫、保定路完州知州兼管本州诸军奥鲁劝农事张毅撰　　益都路□州日照县儒学教谕成靰撰额并书丹

石匠提领卢景秀卢忠卢春王□□□

尝论人之姓氏远矣，孰非唐虞已前、三代以后之苗裔乎？世远屡革、人多迁徙，若问谱系者皆莫知之。然古书有云，宦不以世人得而取之，若□运□俶分阃仗保全生灵显耀□乡国者孰与。公讳林，姓相氏，其先东海人，迁日照县居焉。去县四十里曰相家山之侧流崮庄有祖茔在，山因相氏得名。其所迁来远矣。君生而姿质重厚，躯干□伟，雄勇有谋略，尤善骑射。亡金泰和(1201)间国有警备，立等□以招天下勇武之士，君应其选，徵为卫尉军，寻授武德将军、宣翼千夫长。未到翼，会金南迁，是时河北大乱，群盗蜂起，官府已尽荡废，君归□□，保护宗族，乡民喜君□至，扶携老幼咸往依焉。复有莒州吏民来迎，愿主州事。君乃入莒规度，以为保御，屏除盗寇，纪纲粗立，海隅赖之以安。岁丙子(1216)，我太师以王爵奉命南征，得专封，拜为益都濒海设立行省大都督府，掌握重兵，疆理□叛。君以天命所在，率□归降，尽□蓄积以资焉，由是知□正郎署君行军都镇抚，指挥诸军。

府好嗜杀，君常导之以宽，颇见信，□时军校有许青等三人犯军法，令缚去斩之，青遥望君连呼曰镇抚救我救我，君命少缓其刑，入府白之：方今用人，并救三壮士可乎，明日将攻某寨，令罪人先犯矢石，立攻(功)自效，脱死於敌，不□愈□徒□也。俱释之。□□全活者甚众。君好行□耻矜伐，常念乡里尚未安靖，有惓惓不忘之意，因请府曰：日照南邻宋、东距海，盗区也。林往安治之，使无东南之忧若何？又楚州新附，恐生他变，乃署君。崇庆元年(1212)间，除授宣武将军、日照县令兼总领之，俄仍分戍兵千人就提督之，以为接应，县直隶益都。盖镇抚军中要职也，君力辞□居小邑□□平生新守到任，禁止军人毋得扰民，事无敢犯，於是攘击寇盗，招纳流移，复其室庐，咸就耕桑。自忘贵贱，与民相处如家人父子，和气蔼然，如有蠹政害人者，□不少贷。故民爱之如父母，畏之如神明，百里□治，一方遂宁，时君年六十有三，累□告老，以子仁代，省府许之。尝乘款

附录图2　相林墓碑

段，往来乡里，日与□(田)父野老只鸡斗酒握手话契阔，尤尚俭素，由是安养，又二十余年，一日呼家人告之曰："速备薪米，为斋具，吾某月某日当去。"及期果於正寝教诫戒子孙毕，端坐而终，实某年十二月十有三日也。寿享九十有九。

先娶李氏早卒无子，再娶□氏，生子男二人，长即仁也，次思忠。仁□□父职。中统(1260)二年日照县令。自至元(1264)二年调官之制行，先调栖霞尹，自兹扬历诸县，陞同知宁海州事，積考俱有能声，授忠显校尉、龙兴路总管府判官。任廼，钦受宣命奉训大夫、益都路博兴州知州，未到任而殒，享年六十有五。配夫人王氏，善能□俭治家，深得内助，亦享年八十有五而卒。□子五女，俱室名族，长子曰惟诚，夫人王氏所出也，荫续父职益都北海二县尉之职升迁，年六十有二，见授敕牒敦武校尉、汴梁路郑州判官。配妻蒋氏。思忠即仁之弟也，累授敕牒未任，授修武校尉、两浙芦沥场盐司令。妻吴氏，母仪妇道，治家有法，昏定晨省，侍养□姑，乡□□□德□□亦享年九十有一。朝夕教道儿女，早起晏眠，不惮劳苦，六子四女，俱室名族，长男也先不花，性资明敏，早知问学，涉猎书传，勤乎从政，以才干称。钦授宣命忠翊校尉，广西藤州达鲁花赤。配妻张氏。次男麻剌，授敕牒进义副尉、藤州镡津县达鲁花赤，配妻高氏、王氏。孝男惟让，授敕牒莒州刘三公庄巡检，再授进义校尉大宁路务使。配妻宋氏。已上三子，夫人吴氏所出也。曰惟贤等，次室所出也。

也先不花一日赍状踵门而来，拜跪言曰："吾先君殁有年矣，余游宦四方，未可葬□，近择良日迁葬於相家山祖茔，铭当有石，故事皆缺。"礼请益坚，予不敢辞，姑取其行实已续之。若相君者，其□□道之士，然起身垄亩，遽□得民向慕如此，竟政百里晏然，传之后□，岂不贤乎？公至高爵厚禄，急流勇退，甘就下僚，未及引年，□复谢事，此皆古之所□，君何为之□□卒得上寿，□期而逝，非达道孰能与於此哉！尤不好自矜能，平生所为善事，未尝对人言，虽妻子莫知也。一门穆穆，揖让之风，□政□積，盖有自来□，可谓贤矣。□宜为之铭。铭曰：碑之有铭，先德是旌，有美不旌，是谓不明，知而不传，是不仁也，无而称之，是谓诬也。孙之於祖，何以报之？或堂而□，或墓□□。堂而不□，先鬼馁之，墓而不碑，行事泯而。公之力学，经罔不究，未昭其先，乃开厥后，一谒王门，遂称千户，救护许□，孰人能有。有子克肖，□□□昌，未老□老，□亡未亡。□□□□，□承铭□，出□虽□，孝忠两全，既绣其衣，子孙绵绵。昔拒海隅，抑暴除冠（寇），莒民来迎，权为州牧，再承王命，复置县司。同僚之契，义莫可辞。于以总之，纪功述事。辞不迨意，文无谀词，行□实積（绩），各得事实。□哉后人，刻□□石。

□□□□至正二年岁次壬午（1342）夏五月吉日立石。

秦洪河转录并标点。

元·重修卧佛院记

重修卧佛院记

书丹　石匠提领□□

□……□乃祖百王统御起初□立平等□□□代子孙相承三十三世□□王嗣拿□登位天下帝祖□王长四子净□□饭斛甘露净饭王生悉达太子往昔□

□……□天地间□□□□□□□□□侍奉五十万一千诸佛九十三□□功德圆满天宫□□□□□□□□大道受苦周流□□下生大唐缉事报盘古首王至王龙纪在位二十七万三千

□……□在位六十四万九千五百二十年□日月分昼夜月朔日时□□□位四□年□□□□□□□火五□□有救济□因食米麦分男形女像阴阳成室建立山河社稷历代□

□……□周昭王甲寅四月八日世尊下生□□罗国净饭王摩耶夫人降生长一十九岁因悟生老死□□父母出□往□山六年苦行三朝道树悟明星□□生死说法四十九

□……□三百余□□□□生下有天子天王主天地风雨百谷苗稷□海水□神祇国王大臣卫□□伏九十一□种□□□□□□□□□□弟子在□□世尊拈花□□□□□□法□藏

□……□迦叶传达□□□□□传来东土东京大少林寺□□□□□□□□□□□□□□□□□□□□□□□□□□□□□□授传□□□惠能传□□□□□□□□□□□□□□□□□□□□

□……□传寂照禅师嗣□□□赐□□□□□□□□□□□□□□□□□□□受具足戒于大□元年八月十□日□集福□福□□□□□□□□□□□

□……□师□立寺□□□同□不可□□□□□□□□□□□□□□□□□□□□□

□……□东注大□□□□□□□□□□□□□□子孙□□□□□□□□□通□□□□

□……□记承安□□□□□□□□□□□□□万户□□□□□□□□□□□民中有□□山陈僧□□□□□□□

□……□记万代□贵耳皆又不宜□□□□□□□□□□□□□□□□□□□□

□……□时岁次□□大德九年己卯月□□八日立石

元代重修卧佛院碑记，长210厘米、宽86厘米、厚17厘米。石灰岩材质。据清光绪十一年《日照县志》记载：“卧佛寺，一名下元寺，在阿掖山东北。有唐碑，火燬；元大德碑尚存。……大德九年潘文炳书”。碑文磨损严重，以上为勉强能辨认的字迹，因已难以连缀成文，故不再断句标点。

背面文字（部分）

一、右边为捐款人姓名（身份），占13满行，每行90多字，另有10行插入左边中间，每行30多字。

二、左边上部为“宗派之图”

宣授长老　普润

附录图3　元·重修卧佛院记碑额

僧正　惠祥长老　惠正讲主　惠政讲主

僧正　□遇长老　德喜戒师　德源讲主　德海戒师　德汉长老　德津讲主　德清讲主　德净戒师　德润讲主

僧正　福□戒师　福玺尚座　福顺戒师　福平论主　福印戒师　福成戒师　福□都讲　福胜讲主　福明讲主　福荣戒师　福□阇黎　福秀戒师　福朗都讲　福琮阇黎　福□尚座　福□戒师　福□阇黎　福□都讲

智庆讲主　智□智□　智□戒师　智□□□　智□讲主　智□阇黎　智□尚座　智□阇黎　智瑞尚座　智□阇黎　智莲□那　智文智休　智□智宽　智□智隐　□□□□　智□　智宏　□□秀戒师　□□□戒师　卧佛安阇黎　智贤　智仙都讲　智□　智□　智□

义瑞长老　义正　义海　义香　义□　义宗　义泉　义□　义□　义□　义□　义□　义□　义□　义□

三、左边下部为一些寺院名称

九仙山翠□禅□　圣水觉海禅寺　两乡城普

附录图4　元·重修卧佛院记碑拓片（局部）

济院　县东行香院　夹仓释迦院　桃花□泉寺　睢州考城县院　下院□化禅寺　黄山前延寿院　县西释迦院　阿夜山卧佛院　济宁新州□□□　□村普庆院

明·李惟精母墓志铭

明　诰封恭人李母杨氏墓志铭

万历十四年乙巳六月初十日，安东卫李母杨恭人弃栝棬。其子指挥佥事惟精等遍讣亲识，阅一岁，四月十一日吉，将举恭人柩于城之东祖兆，启厥考明威将军念峰公之圹合焉。礼也。因谋所记诸玄室，而徵文于余。余按：恭人出杨氏，海上鼎族也。其父为其卫挥使今赠副总兵龙泉杨公。公配赵太淑人，早卒。遗子女者六，皆髫榍，茕茕然昕夕悲号。于时恭人稍长矣，拊小弱弟妹，得无殒伤，已而辍泣，语之曰："母氏逝矣，不可作矣。计报母氏惟显扬一事耳，诸弟妹共勉之！"用是弟三人以文武崛起，皆登显仕。两女弟亦以淑烈著称。则恭人之力居多也。及笄，适念峰公。念峰公之父少峰公，于恭人，翁也。普□失冰蘖故虽世勋乎而无嬴赀。恭人夙贵介，即不难操井臼，至臧获衣襦，皆躬自补缀絣澼洸，坦如也。

先是姑太恭人王氏殂，少峰公复娶杨太恭人，继姑也。而恭人事之谨，晨昏起居，堂上两尊人餚瀡甘旨，瀚涤纶纫，一呼立具。以故閫内媪母及三党妇曹佥曰："新妇贤哉！"后少峰公终，念峰公承世爵，恭人翊赞之，谓肘后黄金可拾芥也。讵期不数禩而念峰公赍志以殁。恭人恸辄绝者数数。居，恒诏其子曰："吾不从而翁地下者，为若辈

附录图5　明·李惟精母墓志铭

孱耳。而翁捐若辈，早覆楚，复楚是在若辈。且不见若舅氏乎？能舅氏事吾无忧矣。”乃为致名师，又夙莫自程业，不率则夏楚随之。如是十余年，佥挥，果克振其家声，而司捕、而戍燕都、而视卫篆，诸当路无不击节。季子亦补卫庠弟子员。此其前路俱未可量也。二子真无忝舅氏矣，□则尤恭人之力居多也。恭人庄静严毅，阃以内肃若朝堂，□□若□□作姑息状。尤以勤俭朴素为家范。诸凡孅德，未更仆数，其大者：抑抑□□，则鹿车之挽也；□皎孀操，则柏舟之誓也；斩斩母仪，则熊丸之训也。□其生杨而杨重；归李而李兴。谓之贤，洵贤哉。

恭人生于嘉靖二十四年□月初九日，距大故得寿六十有一。丈夫子二：长即佥挥惟精，娶刘氏□侯刘公良相女，继娶赵氏处士赵公继业女，俱封恭人；次惟明，娶杨氏处士杨公文魁女。女二：一适挥使赵公继勋第三子耀□□□□□□□□□光宇，袭千户。孙男二：一惟精出，一惟明出；女二：□□□□□□□□□俱未字。

安东卫于吾青为郡城，人士之往来比比也，□□□□□□□□□□甚悉，遂备志之。因为之铭曰：有蓨一丘，厥土沃兮；维□□□，□□□□；□□灵光，合夫子兮；厥子洎孙；都且美兮；千秋万（以下缺）。

赐进士文林郎吏科给事中侍经（以下缺）。

2012年出土于安东卫，秦洪河整理标点。

明·安东卫胡昇墓志铭

明故胡公墓志铭

公讳升，字腾霄，其先江都人。

国初有高祖讳全，以武功授安东卫指挥佥事，遂家□焉。祖讳普，父讳瑾，母葛氏。

公赋性纯笃，弗事粉华，其处己应物，□少伪

附录图6 明·安东卫胡昇墓志铭

安，至与人交际□□未尝一毫或苟。以农贾治家，且率以勤俭，自闺中以及仆辈，罔敢有自暇□蓄者，以故家日丰裕。公配邓氏，早卒。公年五十余，乏嗣，患之。继娶贾氏、苏氏、何氏，不数年而生子五人，曰檠、桀、棠、槩、渠，悉遣从师问学，束修必谨。故檠、槩以卫庠生，终有大成者；桀、渠亦持身谦谨，效乃父攸行者也；三子棠早卒。女亦五人焉，俱适(庶)门。

公生于成化辛卯，卒于嘉靖丁未，享年七十有七。葬于丙辰仲冬二十七日。茔在城北关山之阳。

夫人莫(之？)难获者，寿与子也。公享年惟耋，而诸嗣昂昂，是果可以倖致也？盖盛德之感召耳。传曰：仁者寿。又曰：仁者必有后。信非诬我也。铭曰：生而荣富，□享遐年，笃生贤胤，文武骈骈，积德有素，感致而然，铭兹玄室，裕后光前。

嘉靖三十五年十一月二十七日安东卫儒学训导宋锴撰。

男槩泣血刻。

2005年6月20日，安东卫北山杜传山老人发现并亲送文体局。长0.50米，宽0.20米，厚0.065米，上部二角截去，周边双行线框，间隔0.022米，铭文250字。秦洪河标点。

明·安东卫赵氏父子墓志铭

一

明明威武将军安东卫指挥佥事北庄赵公墓墓志铭

承直郎陕西巩昌府通判致仕前丙午乡贡进士杨永锡撰

万历纪元癸酉冬之仲八日，安东卫掌卫事赵君继勋，将奉其祖明威将军北庄公之柩以窆，于是公之卒已八年矣。先期，继勋暨其季父应选辈持其从伯父赵藩右相子奉甫所为状，踵门乞铭诸幽。余辞以老病久抛笔砚不能执役，□四不獲。念余内子与公同祖，公生前夙夜交游，且令嗣武元寿卿君常学于余，有一日之雅，其焉可终□□按状称公讳汝字□先为庐之合肥人，系出宋室，南渡散处江之南□居于庐者实藩且殷，代有闻人。谱□莫可考已。胜国至正中，天下大乱，我明龙飞淮甸，廓清亟忧。公之始祖二，始从戎行，高祖亨继之，积勋累升副千户。曾祖敬袭前官，调安东卫，遂占籍焉。正统中入卫，值已巳土木之变，逆虏犯顺，京师戒严，从本兵少保于肃愍公战守，调御虏德胜门外，大捷，以功晋指挥佥事。祖英、父鑑，皆世其官，嫡母李氏，生母张氏。兄澜，官未久而殁。公继其职，凡选军政皆居高等，实操捕盗，京操相继委重于公。公天资明敏果决，有胆略，闲骑射，临机应变等无遗策，其操备也戎务整饬，威武奋扬；其缉捕也肃清有方，草窃屏迹；其内戍也在营无失伍之卒，在途无失律之扰。职事修举，余三十年，皆有可纪者。迨嫡嗣寿卿弱冠，公令从余学治尚书，入乡校充弟子员，后就武，嘉靖丙午山东武试第一。壬子再试再隽。公喜曰："我宗有托矣，吾其明农以自老乎！"遂以痺疾请致仕，因自号曰北庄云。配恭人刘氏，先卒；侧室杜氏。子男四：嫡长应祺，袭公官，未究厥施，先公七年卒；次应聘；次应选，卫庠生。皆刘氏生。次应科，杜出。女一，适指挥佥事杨君镇东。孙男六：嫡孙继勋，袭公官，今军政视卫篆，克自树立，声称赫然，流播遐迩，将来所就有未可量者。于此可以见公之贻谋之未艾也。次继业、继周、继文、继隆；孙女五：长适卫庠生王君用皋；次适指挥同知王君建极，余在室。曾孙男三：烺、焜、炳，俱幼。曾孙女三，亦俱幼。公生于弘治癸丑正月二十日，卒于嘉靖乙丑十一月二十七日，享年七十有三，墓在城之乾隅五里许，从先兆也。铭曰：登七望八，正寝考终，可谓有寿矣。垂休委祉，门祚元隆，可谓有后矣。百千万禩，閟此幽宫，以求尔子孙之福祐矣。后之考德论世，求知公之平生，其视余言之匪谬矣。

二

故安东卫指挥佥事介庵赵君圹志铭

安东卫佥指挥事赵君，讳应祺，字寿卿，别号介庵，其先庐之□□□，始祖二公，国初从戎。二世祖讳亨，文庙靖难之师屡立战功，升秩安东卫副千户，始占籍焉。高祖讳敬，英庙朝入卫京师，

附录图7　明·明威武将军安东卫指挥佥事赵汝墓志铭

时有土木之难，从少保于肃愍公战守，功居毋克，本卫指挥佥世袭事，曾祖讳英，祖讳鑑，父讳汝，皆世其官。母刘氏，生君兄弟三人，君为长，幼有至性，比长，折节读书，不以世贵累其心，治壁经为卫庠生，攻学子业，后竟就武，岁丙午山东武学试第一。壬子再试再隽。丙辰，父患痹疾，遂替世职。丁巳当道以补戍京营，时大工旁午，军士窜籍者众，上之人责君募人充役。先是，逃军月禀俱为掌卫事朘削以自肥，君无资顾役，破产不足，称贷复不足，素孱然儒生，力不能支，念逃则失职，恐获戾祖先，且贻乡邦笑，每愤然曰："固不若一死之为快也"。竟自经于邸舍。实戊午三月十三日也。呜呼痛哉！远近闻者莫不嗟叹，有泣下者。君生于己卯七月十七日，年仅三十有九。配王氏，子男二，继勋袭君官指挥佥事，实肖君。今管屯政，将来树立必有可观，以显君于不死矣，娶李氏；继业聘杨氏；女一在室，孙男一，尚幼。葬以甲子十二月二日，墓在祖茔。

余室于君为从姑，君学于余，每笃师弟子之谊，余器君，期以远到顾不得一试，而乃以王事□短折，呜呼，岂直木先伐，甘井先竭，理固然耶！余追念畴昔，不能忘情焉者，今日请铭，其焉可辞，遂为之铭。铭曰：蹠胡寿考？颜胡殀亡？天之未定，何其茫茫！爰有令子，克续克似，既定之天，庶其在此。

嘉靖四十三年十二月朔，孝男继勋立石。

承直郎陕西巩昌府通判致仕前丙午乡贡进士杨永锡撰。

该墓志铭1994年冬出土于安东卫西赵氏墓地，原碑存日照博物馆。此文系根据日照博物馆原群工部部长胡膺记录稿等材料整理。秦洪河订正并标点。

明·苏雨望墓碑

苏公墓碑 公讳雨望

明·王 铎

安东苏氏，先居泰州，前代多闻人。入明，从征有功，封百户侯。汤信国和请设卫防海，始家海隅安东。十余传，袭祖职。及祖恒，生田五人，以义闲，躬务行隐德让夷，急人之病。嘉靖时，倭轹闽，闽孤，以戚将军继光御之。田与二弟某徂敹甲胄，无伤牛马，陟车盤剑浦，及战，戮力慷慨挺身，所杀伤者甚众，临难不苟，兄弟阵殁。田妻赵氏，年廿四，矢节终。

田生云望、霓望、雨望。雨望即润吾君，田执殳后三月始生云。君生有异征，读书、美髯、工射，嗜义怛让而憙拯人厄，意气自负。念父死疆事，每风雨晦冥，踊跃不禁，扼掔愤懑不欲生，恨不即提三尺剑雪父仇耳。因弃咿唔，借贸迁，操闟戟，往

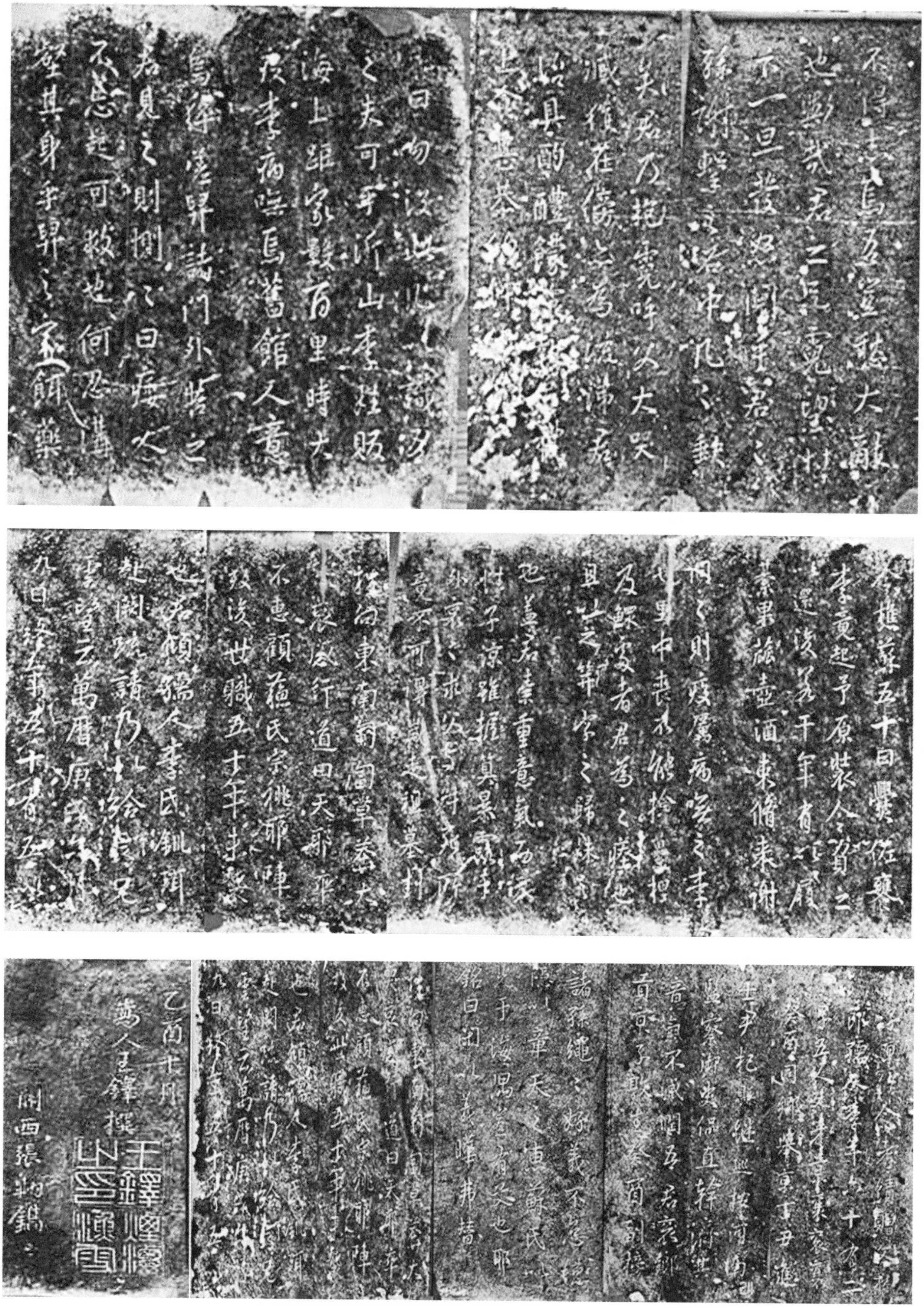

附录图8 明·苏雨望墓碑拓片

江南东求父与叔死所，辩骸骨。中夜徬徨不可得，乃大哭曰："天不祚苏氏，降割以祸我家，胡不克报憾，且何面见先人，留倭遗种，以妖孽我国，岂非命乎！"数年所息子母钱则以市书，簏而归，授诸子。苏氏子弟，蒸蒸然文学矣。

万历间宪副周君巡历至安东。稽士卒，阅驹堵庿程群射者，君决拾審，固，射，三望于侯，应弦皆中九矢，众大誃。周公熹，束帛加币步就曰："以边圉之不靖，得苏某数辈辟睨四鏃如破之技，无不得志焉，吾岂愁大敌也欤哉！"君之兄霓望性卞，一日发怒，阋乎君，君孙谢。击之石，中几，几缺矣。君乃抱霓，呼父大哭，臧获在傍，亦为流涕。君治具酌醴□飧，执弟礼，上食甚恭，伯仲俱笑。言兄曰："勿没此几，以识吾之失，可乎？"沂山李姓贩海上，距家数百里。时大疫，李病呒焉。旧馆人意乌猝，嗟，舁诸门外，苦之。君见之，则恻恻曰："痿人不忘起，可救也，何忍沟壑其身乎？"舁之家，饵药，令樵苏，五十日爨佐饔，李竟起。予原装，令负之以还。后若干年，有以履綦果蓏壶酒束修来谢，问之，则疫厉病呒之李也。里中丧不能拚虆梩及鳏处者，君为之瘗也，且以之笄字之、归妹之也。盖君素重意气而天性子谅，虽握算暴露于外，哀哀求父与叔死所竟不可得。岁走祖墓，封牲向东南，匍匐草莽大哭，哀感行道。曰："天耶！率不惠顾苏氏宗祧耶？"□……□阵殁后，世职五十年未袭也。君倾孺人李氏钏珥，赴阙疏请，乃以给长兄云望云。万历庚戌六月九日终，年五十有五。以子京作令考绩，赠文林郎。孺人李年六十有二。子五人：文、彦、京、襄、衮。襄，癸酉同乡举；京，丁丑进士，尹杞县，继巡按河南监察御史，侃直干济，其意气不减润吾君；衮，乡贡。京子敦生，癸酉副榜。诸孙绳绳，好义不怠，怀隐以章。天之惠苏氏，以光于海隅，岂有艾也耶。铭曰：闲以义，晔弗替。

秦洪河整理并标点。

明·硕儒竹川胡公墓志铭

赐进士第文林郎贵州道监察御史莒人霁晓陈勖撰

文林郎直隶玉田县知县卫眷莲墙杨应东篆

竹川胡公讳鸣道，安东卫伟士也。先世直隶太平府当涂郡。始祖伴，生海，以武功授万户侯，镇安东卫。传俊、鉴、瑾、世宗凡四世，俱以嫡袭。

世宗石泉老翁者，竹川父也。嫡母王恭人，母张恭人。兄鸣岐、鸣韶出王母；鸣皋、弟鸣阳同出张母。岐袭祖爵，四昆弟儒业。竹川与兄韶同补卫庠员，为时名儒，非文武名家乎？岐、皋、阳先卒，俱弗嗣。韶继官，勤于职业，无暇奉亲。而三亲且高岁矣，惟赖竹川一人。故竹川不顾仕而笃于事亲者，不得辞其责也。卒之。石泉老翁寿近八旬，张母逾八旬，而近耄岁；王母先卒，亦天寿平格者。非竹川孝感所致哉！

盖竹川生而聪慧，长而明达，用天之道，分地之利，家道隆盛，而事亲敬长，又义方，教子成名。其光先裕后何如也？尝闻其庭训曰：善良勤俭，念之传家也，女可不守哉？公之德类如此。据其生则嘉靖辛卯正月二十七日，迨万历己丑五月初四日感疾正寝终。公之事定矣。公其卫之硕望矣乎！

配顾氏，赣榆名仕嘉兴丞讳守爱女。诞子男四：承业，庠生，娶赵氏，继赵氏；次承志，娶杨氏；三承教，娶侯氏；四承化，娶杨氏，继王氏。女一，适赣榆县进士次琼州府董公。（舍含）孙男二：长寿徵，承业出；次寿兆，承志出。孙女二：长承教出；次承化出。公之多子与孙若此。而公之寿已周甲子矣，诸福咸备，公其宇宙之完人哉。兹卜万历十七年黄钟月朔四日归葬于先茔。先是其子持状诣莒属予为志，适予省亲于乡，矧子与卫士恒□克也，义顾可辞哉！是为志。铭曰：云山其岑，沧海其深。公归窀穸，大块维新。

绵绵余庆，振振子孙。光前裕后，福泽无垠。

万历岁次辛卯仲冬四日。孝男承业，承志承教，承化泣血立。石工傅子□。

该墓志铭出土于泉子庙一带"指挥使墓群"，原石存日照博物馆。

明·太学生杨兴文暨庶室节妇卢氏祔葬墓志铭

叔 文林郎杨如栋撰

万历丙辰之岁三月十九日，吾犹子兴文不禄。殡之四年，其子大勋始克谋葬事。呜呼伤哉！吾家系出关西，始祖讳青，积武功爵，世袭万户侯。来我安东卫。高高祖讳祯，高伯祖讳昱，无嗣。高祖讳昇。曾祖讳亨。祖讳寰。父讳镇东。皆职如始祖职。至吾长兄讳如松，累陞至协守辽东副总兵官，先参京营时，以恩予诰阶昭勇将军、实授都指挥。封三代，祖父皆赠如兄官，父又以予七品文职。考满进一階，诰赠昭毅将军。吾嫂相氏，封淑人。生子四，兴文其长也。兴文名曜，号浴沧。生有异质，褒□□□出群儿。甫就吾仲兄通判如柏，学诵所记忆独多，况嗜学，其天性攻苦刻厉仡仡□□□□长夜灯荧荧不少息。文日益工，声益籍，其遇选造人咸期之必论上，而屡试皆不□□□庸者取高茅去顾独绌于时，□□不为介。尤自激昂。亡何，贡于成均，与胄子游大司城□□□负知人以鑑，见即器重，进与论艺。乃诸生多原与游，归而筑舍于东山之阳。杜门习静□力于学，至漏分犹唫研烛下，以为常。已而赴南都寻焦漪园先生之门，再游张公师绎、张公楠两先生之门。三公者□一时宗□，兴文皆得当焉。读艺之暇，时时侍几杖，往来游公卿间。诸公卿亦多折节与交。三公故高视所名□人不少假兴文游者，俞广词徒，靡不穷弥嗜古力学，有抗当世心，谓一第何有者。然数奇，又两上见落，卒不能致青云之志。而谒选长安中。会大祲，遂见人相食，忧惨劳瘁，急挈装归。数日而疾作，遂不起。呜呼！生万历癸酉正月二十有六日，距卒，得寿仅仅四十有四。呜呼惜哉，其不永年也！遐轨方骛，显通在前，而遽沦丧奄失，未及肆骋极骧，委顿周行，可胜悼哉！兴文志用恢深，筴略辐簇，而加以慎密沉切，笃□其用。意义未尝不疑曲慰籍族党中外固倚恃取庇焉。天不畀纯，谓之何哉！嗟呼！我杨氏□昔为望族，列祖父母以来，积德累仁，培籍隆厚。语所谓深山大泽实生龙蛇。兴文以家嗣□启耸拔，弃武力文，所望翱翔天路，以光大吾宗。而今已矣，可奈何。

兴文卒之三日，庶室卢氏是卫人一贯女，恸夫之死，出奁中襦褛，分遗诸婢子，至长夜自裁以殉。呜呼！从容就义，须眉丈夫所难，而矧吾卫所□见哉。是奇节也。莅使者闻而贤之，褒章时时下，未被钦旌为恨耳。然有待也。兴文刚耿有风稜，遇事有不可，必正言无所阿，而见人之依阿者，尤□疾之至，俾人无所容而不顾。受人托必终人事，即有从旁沮之者，亦不顾也。居平力学，□暇亦间行决塞操奇赢以致溢羡，而财色之际又未尝不中义也。青州刘□斋居□兴文□庑，负兴文二十金，临歧留其女以偿，兴文峻却之，谢曰："数金何足论，忍俾君父子离，且□纳君之爱息何名也？"母族相学书负租被係，即为出十金代输之，不复问。凶岁饿殍满沟□，兴文为施輀掩骼无算，是皆义行也。兴文尤伉爽激烈，不受人侮，受人侮必报。昔岁卫之□有不相能于吾兄者，籍城工龁齕之。时吾兄守即墨，兴文日驰三百里，攀治兵使者王公辕控愬之。灑灑数千言，悉中綮会。王公首肯之。祸因以解，群仇因以缉。其生平大概如此。

娶李氏，卫指挥其光女。子一，即大勋。业承祖职，两捷武科矣。所不□其身□其后人非耶？娶生员郭东邻女，继娶生员韦应诚女。女二，一嫁生员童国□；一嫁衡藩镇国将军涌斋子辅国将军由参。孙一，元□。孙女二。仁者昌后，讵可量哉。为之铭曰：

士无显晦，归索乃臧，令名寿者，曷其有常！
猗与兴文，金□□姿，志高薄汉，文婉衔霓。
一第弗偶，负气昂藏；就学成均，观国之光。
□丽群英，翱翔六艺，□□石鼓，迈迹铜鞮。
一命未沾，溘焉长瞑；严慈如何，□戚悼惊。
牛眠高岗，鹤归茂林；祔有贞□，玉洁兰馨。
勒兹贞珉，□□幽宅；绵绵后来，永延芳泽。

万历四十八年庚申三月，吉旦。

该墓志铭出土于安东卫杨氏墓地，原石存日照博物馆。此文系根据日照博物馆原群工部部长胡膺记录稿整理。秦洪河订正并标点。

清·创建磴山寺碑

附录图9　清代创建磴山寺残碑

创建磴山寺碑记

世界窄狭由相竞故,世界纷纭由相偪故。夫世界大矣,何至相偪乃尔?盖世界虽大,处处皆必争之地,故浩荡乾坤,无处着足,又何堪琳宫道院处其间。僧曰山僧,实则阛阓也;寺曰山寺,而实则城廓也。今不争之地不处而处者，顾世界所必争，每见以俗轧僧，以僧轧俗，比比皆是。是清净法门一变为纷纭世界，宜激而有人其人，庐其庐□说矣。然则僧之卜筑固当避人间世，而入山则□不争也，明甚。照山最多，大抵粗厉童秃，不堪命屐。间有一二峰，差秀出，又大势浅削，招提非建绝顶，即厝山脊上，宫墙孤露，数里外一览无余。往往不必陟岗而游人之意已尽。故照虽多山□无山寺。惟邑西南六十里，土人呼为磴山者，列嶂如屏，苍翠欲滴，域界敞邃，不与诸山。将上，去邑远，游筇罕到；即缁黄辈亦从无问津者。曩于开国初，有老僧寂藏率弟子照明□□□□□□□，望其蔚郁深秀，便生欢喜心，曰："此中大有佳处。"至则扪萝披荆，蹑鸟道以上，迂折涧谷中。四五里，忽抵一平□处，地势□□，环视则绝巅南向，庄严高耸，可倚以为□，左右岗岭皆迴合作拱护形，天然一兰若胜地也。维时老僧顾而异之曰："此中果佳□竟埋没至今。"□□是偕其徒觅榛莽中，得废址，始知为古刹处所云。僧于是发至诚心，架空炊巧，构天王殿三楹□□□□自此里中□□知僧实苦行，皆生喜舍心，捐资捐力，□顺治年，遂构释迦殿三楹。至十年，藏灭度，工未半也，明□勤如曩日，□如其师，续建韦陀殿一楹，伽蓝殿二楹，天王殿三楹，皆覆瓦。东西禅堂各六楹，皆葺茅。又彻其(师所)□□□天王殿，增两楹而瓦之，且门外有池，池上有桥，寺侧有松，松前有竹，危岩绝壑，处处皆有含桃。余常往游，观其窅深纡曲，林木交映，山之下未知有寺，寺之中忘乎为山。盖有不以□楹刻桷为丽，而以枕石漱流为幽者。余固不知西方净土□□□□在此必与世隔绝红尘千万里矣。况衲子辈修持于此，而清风扫榻，明月窥簾，僧独享之而人莫与之争也；厨空而采蕨□甘，衲敝而负暄甚燠，僧独安之而人莫与之争也；麋鹿往来，山中好友，鹳鹤上下，禅室佳邻，僧独乐之而人莫与之争也。视诸比丘，星罗阛阓，棋布城廓，营营逐逐，以与四民争此土者，不亦大相□□□□□□□不可处争地，而尤不可以存争心。方寸扰扰，深山城市矣。诚能举四大而空□则世界窄狭吾用其大也，世界纷纭吾有清净也，庶无负两僧缔造之初心而为山灵□诮责云。故因其请而为之记。

癸丑暮春之吉邑人丁嵦撰文。

此文系根据拓本照片并参照胡膺先生记录稿整理，秦洪河转录并标点。

清·高兴雹泉龙神庙碑

高兴雹泉龍神庙膳庙地记

龙神庙载在邑乘，其创建重修碑记昭然，有举莫废矣。惟是凡有神祠必有庙祝，既有庙祝，不无赡养。此庙原有中地捌畝，未考置自何时。国朝康熙雍正间，附居民毕维仁等恐赡养不足，势至庙祝无人，祠宇亦终归废圮。爰扵伏腊之会，醵钱钞作社，陆续置买中地贰拾贰亩壹分，并前八畝共三拾亩零一分，永为庙恒产。当时亦有碑记，然已剥蚀漫漶，多不可识，惧其久而侵欺攘削之弊不免焉，因復购石重刻，用垂久远。其坐落条段并置地姓氏核实详列扵後。

田家庄後路东西四亩一分；西岭连西南北地二亩八分；庙后东西地五分；屋后东西地六分；台子西路南北地五亩八分；西垛子南北地一亩贰分；台子东东西地一亩六分；东南岭南北地一亩伍分；南洼东西地四亩三分；陈家村东东西地贰亩；高家村前南北地贰亩柒分；路北南北地三亩五分；盐场南北地贰亩七分(失契)；庙顶路东西地三亩六分。此地许人盖房居住，不许折毁，不许典买，移后仍交住持僧人。

畢莘、梁立麟、沈杰、陈汶、毕藩、滕振德、楊绅、张光英、劉继曾、王光先、陈沺、张谦、张学义、劉梦图、陈立安、宋永禔、张福永、刘汝汉、馬汝津、刘德成、张玉仁，住持僧人悟伸。

乾隆六十年十一月二十日重建。

原碑存高兴镇唐家河村，本文根据陈同文记录稿整理，秦洪河标点。

附录图 10 高兴雹泉龙神庙碑

清·白云山抗捻军碑

白云山抗捻军碑

吾邑西南白云寺山居群山之中，前临孔道。其山内凹外凸，北面翠屏壁立千仞，冈峦东峙，涧水西流，而南峰圆秀衺下如走旗。每当雨晴之交，白云滃然弥漫山谷。陶隐居所谓："山中何所有？岭上多白云。"者也。

咸丰十年庚申(1860)秋、十一年(1861)辛酉春，皖匪再扰山左，道出莒之东偏，合邑震动。成君善斋先生遂与同志某某等倡，率数十村人，入山修寨，工甫毕而寇至。八月初三日，贼众数万逼山下，先生部勒乡人，燃火登陴，万炬齐明，贼遂宵遁。

自后，增筑碉堡，精利器械，凡遇风鹤之警，群趋若归。迨同治六年(1867)丁卯秋七月二十八日，皖匪突由胶莱南窜，屯聚山下者八、九日而后去；既而往返十余次，直至冬杪，始就荡平。前后七、八年间，居是山者皆幸无恙。谓非灵山呵护与善斋先生之调度有方、诸君子之勤襄不怠而能若是者乎？大难既夷，古刹重新，乡人士咸欲勒之贞珉，以志其事，是亦安不忘危之意也夫。是为记。邑人牟廷辅撰，郑作彬书丹。

白云寺山给劄练长成元基、副练长安芑、李□贞、徐行、韩沐清、武盛昭、丁守间、丁兴吉、刘玉成。

大清同治十二年(1872)岁次癸酉许大村、前后唐河、卜家村、沈家村、高兴庙、南北范村。东西牟村、厉家湖、安家湖、东草陂、张家小庄、王家楼、夏陆沟、大小芳沟、东新庄、宋家庄、化龙村、潘家洼、和庄、田家屯、大小屯、汪家庄同练公立。住持道士魏合澜，住持道士□和，刻字郑建福。

附录图 11　清·白云山抗捻军碑拓片

清·重修下寺碑

附录图12　清代重修下寺碑拓片

重修下寺碑

□……□年岁次辛未吉月吉日立

□……□自前唐时，建于尉迟公，实平辽屯兵报捷处也。后有费隆再

□……□由来久矣。自道光年间，罗汉殿霜露摧残，三官庙风雨难蔽

□……□废焉。达成一人叩请文山杨峃公，捐资施财，南化青口，北到

□……□村，更不待言也。下元寺庙□重新，神像复礼，济财助义，固□

□……□材，实一人之力。且为□□，往来宾客，俱交以诚意。清净法

□……□心，庙既垂成，达成年□□□，或以屏文赞称，或以礼物奖赏

□……□，或夸名于齐一，相□□□者遍海区矣。邹文绪、周锡龄奉

□……□书、王恩伟等觉达□□□耀于当时。忧思达成之誉，垂于

□……□□揄扬也，实达成□□□之也。故特立石以志之。　王旬贞

□……宗　启王东□张瑶林刘□□□□刘　玉张　惝张迎方唐峃胡瑞祥

……载福□书□□□□□□□□□刘　岱张　情宗□文胡　灜王连仝贺

清·磴山许瀚书杨继盛诗碑及丁艮善书碑

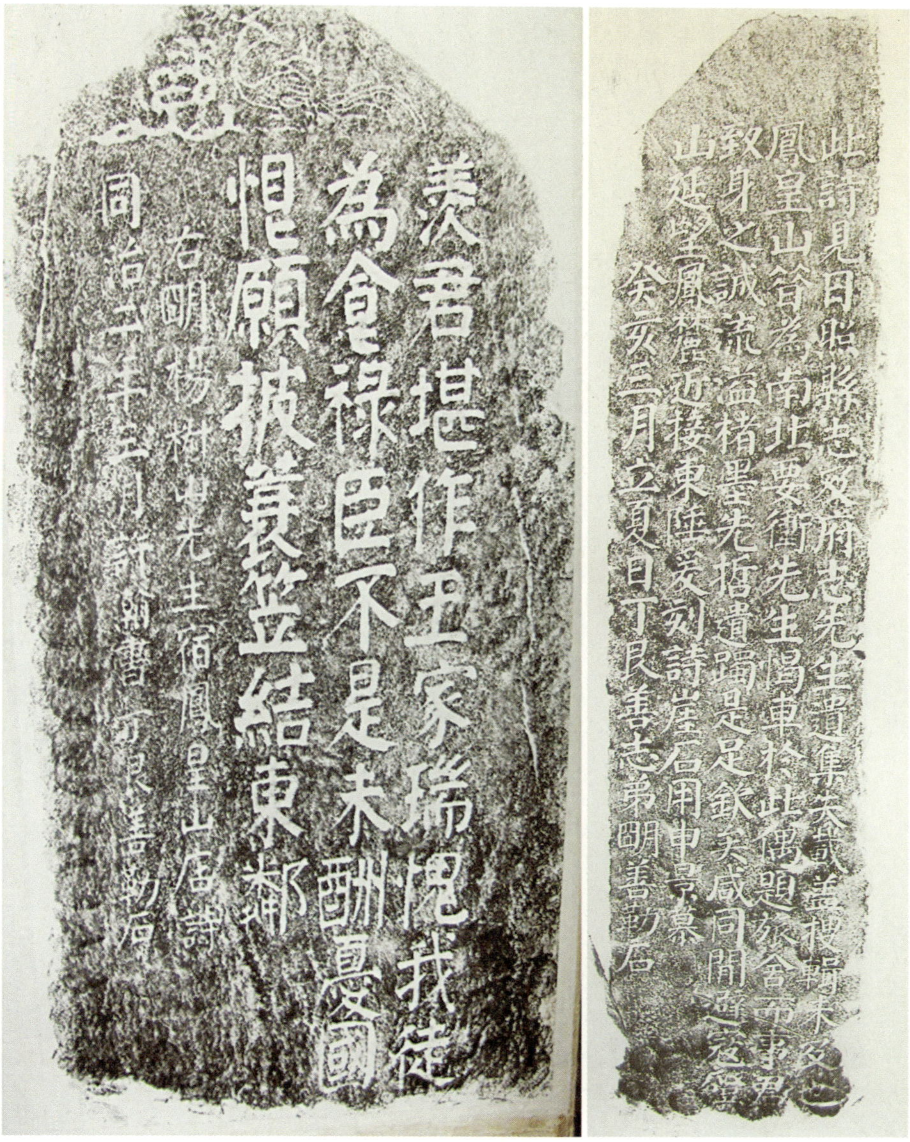

附录图 13 左为许瀚书杨继盛诗碑拓片，右为丁艮善书碑拓片

磴山许瀚书杨继盛诗碑

羡君堪作王家瑞，愧我徒为食禄臣。

不是未酬忧国恨，愿披蓑笠结东邻。

右明杨椒山先生宿凤凰山店诗，同治二年三月许瀚书，丁艮善勒石。

丁艮善书法碑

此诗见《日照县志》及《府志》，先生遗集失载，盖搜辑未及也。凤凰山昔为南北要冲，先生惕车于此，偶题旅舍，而事君致身之诚流溢楮墨，先哲遗躅，是足钦矣。咸、同间避寇磴山，延望凤麓，近接东陲，爰刻诗崖石，用申景慕。

癸亥三月立夏日丁艮善志，弟明善勒石。

清·重修圣公庙碑

附录图 14 清代重修圣公庙残碑

重修圣公祠碑记

邑人李枫撰文　丁艮善书丹

日照西南八十里有小儿山，山有圣公祠，祷辄应。□地接江南，越境祷祀者其灵尤著。《沂州府志》载为项橐祠，又云俗传即小儿与孔子难日处。案：两儿辩日见《列子》。

姓名无可据。《史记·甘茂传》：甘罗曰："项橐七岁为孔子师。"《颜氏家训》□项橐、颜回并称，其里居无记载。父老相传即此地也。又，直隶满城之祠号先圣大王□，乃明正统间侍郎邵旻祷蝗而立应者，见《双槐岁钞》两地所传，夙有灵□。自古忠臣义士、硕德名贤，没而能捍患御灾、为民福利者，即祀典所宜岁祭也。岁月蚀剥，祠渐倾圮。赣榆明府耐诚万公，爱民如子，化洽邻封。今春夏亢旱，□兵燹之余，咸虑饥荒。公遣吏祷焉，甘霖立沛，岁赖以丰，公乃出廉俸新其祠宇，以表神功。□夫欣然从事，自堂及门，周缭墙垣，司时而祭。显灵贶于当时，昭功德于来世。其在斯欤！其在斯欤！乃其刊石以志不朽，董是役者例得附书云。赣榆首劝捐□汪亢愷龙方幹李安谨，监修孙茂悦。

同治九年九月，邑人李守绪、胡沼、马曰升、□容、郑淑平、胡瑶立石。住持僧演礼，石工李兴业。

原碑断为两截，上半部存圣公庙前，下半部遗失，本文由董家同提供手抄稿，秦洪河整理。

清·徐德受封敕命碑

附录图 15　清代徐德受封敕命碑

徐德受封敕命碑文

奉天承运，皇帝制曰：资父事君，臣子笃匪躬之谊；作忠以孝，国家宏锡类之恩。尔徐德乃布政司理问衔徐振声之父，善积于身，祥开厥后。教子著义方之训，传家裕堂构之遗。兹以尔子遵例急公，赠尔为儒林郎，锡之敕命。於戏！殊荣必逮于所亲，宠命用光夫有子。钦兹优渥，长茈忠勤。

制曰：奉职在公，嘉教劳之有自；推恩将母，宜锡典之攸隆。尔秦氏乃布政司理问衔徐振声之母，壶范宜家，夙协承筐之孅；母仪诒穀，载昭画荻之劳。兹以尔子遵例急公，封尔为安人。於戏！彰淑德于不瑕，式荣象服；膺宠命之有赫，益贲徽音。

同治十一年五月二十五日　敕命

清·磴山篆字碑

附录图 16 清代磴山篆字碑拓片

诰封恭人丁母封恭人功德碑文

照邑西南有磴山焉，巍峨高大，为诸山之冠。道路崎岖，往来者以为艰。光绪乙未，邑人辟乱于此。石梁头丁母封恭人不惜重费，开工修治□崄。事平，洵所谓行方便、积阴陟者矣。凡我同人，感德无极，勒石志之。

秦兆芬、丁明善、秦熙龄、丁暘、丁骥年、刘贵、秦永龄、秦倎、秦孟远、秦志屏、秦福宸、周复兴、庄公祥、朱朋、徐公谦、陈田言等立石。

光绪二十一年夏四月大吉日。

秦永龄敬书，秦志善监工，(篆章)：济众。

高兴镇潘家洼烈士陵园诗碑

谒潘家洼烈士陵园

同仇赴国难，壮士执龙泉，前驱杀贼寇，热血洒山川。忠骨四海留，梦魂故园牵。英风勒丹石，浩气印苍天。我来翠柏下，鞠躬空墓前，遥想峥嵘岁，谁为靖烽烟？如今承平世，谁复忆当年？遍野歌声起，临风独慨然。

张永石立，秦洪河诗，秦福甡书。该烈士陵

园为纪念该村在土地革命战争、抗日战争、解放战争以及抗美援朝战争中牺牲的八位烈士而修建。由于种种原因，死难烈士的灵柩未能迎回故土，2012 年 5 月修建烈士集体空穴墓群。

岚山烈士陵园铭

秦洪河

岚山巍巍，雄踞鲁东，控南扼北，边海要冲；山海壮丽，胜境天成；钟灵毓秀，泱泱大风。自古英雄辈出，不惧魑魅魍魉；勇于舍生取义，敢与虎狼抗争。

晚清黑暗，长夜难明，狐鼠当道，民不聊生。外寇入侵，虎视狼吞，枪炮鸦片，害我国人。辛亥革命，推翻帝制，积弊沉疴，急切未除；大盗窃国，自谋私利，鱼肉人民，弄权割据。日寇凶残，侵我家乡，烧杀奸抢，所过三光。轰炸学校，毁灭文明，焚烧寺观，掘毁坟茔。山河破碎，遍地水深火热，华夏民族，面临亡国灭种。共产党人，民族先锋，为民前驱，汇聚群英。外抗强敌日寇，内除专制暴政；高举民主自由旗帜，前仆后继陷阵冲锋。日照暴动，赤帜高扬，播下火种，迎来曙光；霜飞冷月，英勇悲壮，虽遭失败，实为国殇。八年抗日，砥柱中流，军民团结，慷慨同仇。罗荣桓挥师甲子山，收复要地；八路军血战安东卫，痛歼日寇。丰功伟业，感天动地；光辉事迹，可歌可泣。全国解放，人民当家作主；华夏民族，从此傲世独立！

忆往昔国运艰难，腥风血雨，革命者为国为民，义无反顾。为求主义真，何惜抛头颅；甘洒一腔血，不做亡国奴。二十余年间，大小数百战，数千名英雄为国捐躯，将生命融入大地长天。或殒身于枪林弹雨，血染黄土；或牺牲在暗夜黑牢，身首异处。坚贞伟烈，至大至刚，浩然正气，人天共仰。以身许国，岂惟仁者情怀？临难不苟，尽显铮铮铁骨！雄风不泯，虽九死而无悔；勋业永在，共日月以同辉！

革命胜利，饮水思源，忘记历史，等同背叛。忠魂悠悠，何依何凭？铭诸金石，在人心中。为褒扬革命先烈，抚慰不屈英灵，特设立烈士陵园，集中安葬英雄。青山绿水，环护巍巍丰碑；松涛竹韵，伴奏喤喤大音；紫气祥云，常低回以盘桓；朝霞夕晖，照血花而灿烂！

当今盛世承平，人人蒙先烈之福；更应居安思危，时时防颠覆之害。欣烽烟之暂熄，思往昔之艰难；应奋进以创业，庶无愧于前贤。征途漫漫，血泪未干，此意昭昭，来者应鉴。（2012 年 9 月）

五、文　选

吴大洲、薄子明讨袁檄

袁世凯阴险狡诈，倍天灭理，万死之罪非一，而尤以叛国殃民为极致。往岁欧战突发，波及东亚，和平之局既破，灭亡之祸已迫。而袁世凯斡旋无才，应付乏策，外交则失败于二十一条，内政复颠倒于二三宵小。国民方疾首痛心，强邻且鹰瞵虎视，正千钧一发之际，实累卵朝露之危。膺政枋者，宜如何惕栗忧勤，励精图治。争先犹恐落后，况乎不争，其何以国？乃世凯无端发生国体问题，置万机于不理，任百废而不兴。一年以来，中央舍帝制无政令，疆吏舍劝进无谟猷。百姓脂膏，悉充运动之费，国家爵禄，滥作私德之酬。尤可恨者，彼欲帝则帝，欲王则王，自作之自当之可耳。乃阴推阳就，而驾罪民意。夫世凯之不容吾民与国事也久矣！何忽于变更国体，乃屈从民意，若孝子顺孙之于严祖考，光意承志而无违，其忍心害理，诬枉民意，不辩可知，何待乎密电之披露，与任公之推鞫。不然真正民意之表示，宜莫如前者参、众两院，而世凯摧残蹂躏之，必使灭迹消声而后快，更何有于了了劝进之代表。然则世凯所附从之民意，盖不在乎有利国家，而在乎有利一己。借使此意实出于民，而世凯之附从，其居心已不堪过问，而况乎舍民国主人之尊荣，而就帝国奴隶之卑辱，天地间又断断无此丧心病狂之民意哉！且使世凯为真正附从民意者，则当云南举义先，哀的美敦之书已达，拥护共和之声已播，世凯便当幡然改悔，谢罪国民，痛除目前之非，慎行后日之是。不此之谋，乃冥顽刚愎，敢于弄兵黩武，与民为仇，轻人命如草菅，窃国权，保禄位。夫各省劝进者，世凯既幸认为民意，则请取消帝制者，即不能不亦认为民意，同此民意，而一则优诏褒答，一则寇仇诛杀，岂天生万民，止准有劝袁世凯即帝位之意耶？暴戾恣睢，灭绝人道，纣之不善，不如是之甚也。迨殃民之兵，屡战屡北，各省义师，雷动飚至，世凯情见势绌，不得已乃敷取消之令，冀以保其总统地位，始终借口民意，以欺天下。盖惟民意二字最足扰人听闻，故本都督不惮覼缕，特为揭橥，他日世凯或更有何等民意之发表，胥视此矣。至其他种种不道，处处乖方，重税以困商民，淫刑以锄秀杰，壅遏舆论之机关，破灭地方之自治，帷薄不修而乱伦常，寡助之至则亲戚叛，廉耻道丧，信义扫地，削百千亩竹而不能书，秃十八瓮笔而不能尽，老泉所谓“书之则污简牍，言之则污口舌”者，固已妇孺皆知，彰彰万民耳目。诚豺虎之所不食，天地之所不容。在家乱家，在国乱国，有此妖孽，神州减色，华裔蒙羞，此所以豪杰卧薪，志士尝胆，轻掷头颅，争流热血而不辞者也。而彼乃复外丧主权，内窃神器，侮人民若婴儿，□臣工作鹰犬，恣情反复，任意猖狂，旦旦之信誓，轻弃而不恤，皇皇之约法，显违而不顾，既自绝于民国，复强颜以文过，谓愚民之可愚，愚民岂真可愚乎？夫以世凯之奸险之无耻，久秉国成，致定亡国。不去庆父，鲁难未已，世凯之罪，故不能以帝制尽，亦不容以取消减。况其取消乃迫于刀兵加颈，而非出自本心。跛者不忘立，眇者不忘视，狃狼子野心，讵能终就范围，一旦宽纵，行将食人。我爱国同胞，惟有急起直追，共杀国贼，祸胎断绝，然后幸福可图。勿堕奸诈之谋，勿中缓兵之计，贼已穷促，指日成擒。大军到处，凡尔军民人等，能荷戈前驱，共襄国事者，本都督一律欢迎，特别优待，不然，亦须各安所业，本都督力任保护之责。其有助贼为虐，抗拒义师者，是甘心从匪，难与为善，本都督为国为民，惟有以干戈从事。生荣死辱，胥听自择，其勿悔！檄到如律令。

都督，吴大洲；总司令，薄子明。（1916 年 5 月）

吴大洲、薄子明讨袁电文

袁贼肆虐，祸我国家；摧挫民权，攘窃神器；普天同愤，万众离心。吾人亡命异域，尝胆卧薪，历有年所；奈贼禄未尽，天命难谌；空拳徒张，大勋未集。兹幸贼恶贯盈，皇天悔祸；亿兆同声，杀贼护国。吾人恫瘝桑梓，蒿目时艰；奖帅三军，廓清妖孽；誓使表海雄邦，再睹天日；东亚圣域，重现文明。上报国恩，下尽天职；原非得已，岂曰佳兵；凡我同胞，允宜共谅。谨此露布。

山东护国军都督吴大洲、总司令薄子明欵印。

县中学为郑培明烈士送的挽幛

1929 年郑培明烈士灵柩被迎归故里，县中学和各界上千人，唱着悲壮的歌曲《苏武牧羊》，为其举行了隆重的追悼大会。各界名流亲自为烈士执绋抬棺。挽幛为：天祸中华，军阀专政，外媚列强，内残百姓。上下勾结，窃权弄柄，十余年来，国民交病。聿维烈士，青年之英，奔走革命，志切廓清。南去岭表，北赴燕京，荆天棘地，驰驱长征。张逆督鲁，厚敛黩武，君撒传单，痛言其苦。段氏执政，民众是侮，请愿伤足，饰词慰父。奉系当国，凶焰益逞，侦探密布，骑徒纵横。风疾草劲，君志弥贞，身在虎穴，继续斗争。方冀胜利，革命观成，乃系缧绁，竟为牺牲。呜呼噫嘻，自古有死，死重泰山，名刻青史。兹君之灵，归葬故土，既育国殇，复念旧雨。爰陈俚词，跪奠琼浆，魂兮有知，来格来飨。

一九四五年七月七日滨海军区《命令》

命 令

（七月七日于本部） 为保卫沿海地带便于配合盟军登陆，并粉粹敌打通海青公路，构筑海岸阵地，割断我与海外联系之企图，我二十三团部队自五月三日起，向由涛雒进占安东卫之敌伪七百余进行围攻。至五月七日五时，敌全力出击，在竹园一带与我展开激战。我二十三团二连，顽强坚持正面阵地，抗击七倍以上之敌人，反复冲锋四五次，毙伤敌伪二百余人，战至下午三时始退出战斗。该连指导员钟家全同志在战斗激烈之时，奔跑于各阵地进行动员工作，曾负伤四次不下火线，并将身上之文件交给送饭之炊事员带回后方，下定与阵地共存亡换取保卫沿海战斗胜利之决心；待奉命撤退之时，自己在后指挥掩护，最后，因负重伤，不能行动，在敌人逼近之际，发扬高度的民族气节，用最后之三发驳壳枪子弹毙敌一名，自己亦光荣殉国。在我二连英勇打击之下的残敌，于八日拂晓窜回涛雒。安东卫遂为我军收复。为纪念该连战绩，发扬革命英雄主义，特命名二十三团第一营第二连为安东卫连，并追奖该指导员钟家全同志为战斗英雄！

此令

司令员：陈士榘；政治委员：唐亮；副司令员：万毅；政治部主任：刘兴元。

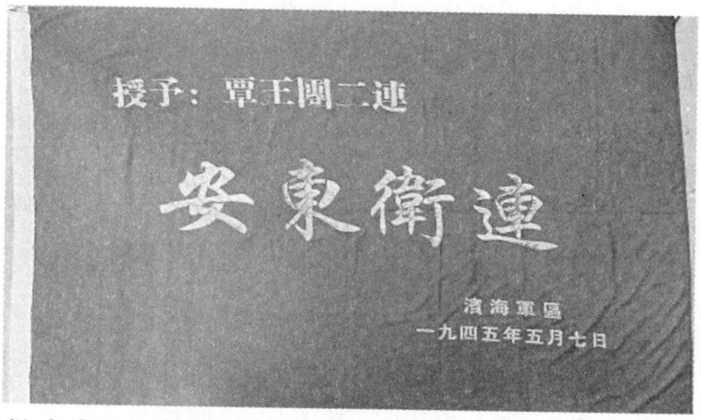

附录图 17 滨海军区授予覃王团二连“安东卫连”锦旗

志愿军第38军寄出的讣告

1951年春，中国人民志愿军38军长梁兴初、政委刘西元等军领导，从抗美援朝前线寄给岚山区（时为日照县）虎山镇虎山堡村高揆武儿子高文甫光荣牺牲的讣告：

高揆武先生台鉴：高文甫同志参军有年，转战国内，历经艰辛，为人民服务之志未曾稍懈。我国大陆解放之后，人民致力国家建设之际，凶残美帝复举兵侵朝，危及祖国。高文甫同志有见于此，乃毅然志愿赴朝，随全军奋战于冰天雪地之中，敌机、炮火之下，拯邻邦于危即，挽祖国于水火，屡挫敌锋，迭建功勋，不幸于战场牺牲。消息传至，全军悲痛，中朝人民同声哀悼，祖国引以为荣，先生全家增光！望先生忍悲节哀，化悲痛为力量，积极生产，支援前线。我等誓率全军，继烈士未竟之志，英勇奋战，索还烈士之血债，消灭侵略者于朝鲜。烈士功垂青史，英灵永存人间。专此讣告。叩请 台安！

军长：梁兴初；政委：刘西元；副军长：江拥辉；参谋长：管松涛；主任：吴岱；副主任：王树君。1951年。

高文甫家书（摘录）

一

鸿音断送，倏经三年余，双亲身体健康否？生活情况如何？朝夕难忘！惟双亲保重身体，增进饮食，不以儿为念，是所至盼。自1945年8月15日日本投降后，即挺进东北，进行三年来神圣的自卫战争，消灭蒋匪军一百余万，解放了全东北，奠定了全国解放战争的胜利基础。1948年11月27日由沈阳出发向东北挺进，12月上旬到达了平津地区。12月14日开始向天津发起总攻，仅用27个半小时，即全部解决战斗，歼敌13万余。24日，傅作义率20万余军队起义，北平遂和平解放。解放军自到华北两月余，即消灭敌人40余万，华北全境指日即可解放。然后，大军南下，渡过长江，打到南京，活捉蒋介石，解放全中国。毛主席说：一年左右，即可从根本上打垮蒋介石的反动统治。这句话是千真万确的。我现在第38军112师政治部工作，身体强壮，一切都好，请勿念！虽不能在家侍奉父母，而为人民解放事业尽责，是光荣的，将来革命胜利后，也给全家增光，阖家欢乐，共庆太平，是多么荣幸啊！……最后希望见信后不要来找，因野战军主力兵团机动性很大，时而南北，时而东西，若要来找，也是枉费徒劳。我们现住天津西南新安镇进行短期整训，准备战斗，恐信到之日，大军即移往他处了。特此谨禀，敬祝健安并致 敬礼

男 高文甫 （1949年）二月十日。

二

前来信敬悉，衣食皆无，极感忧虑，虽如此，我亦没有更好的办法来解决，只有努力生产，可解决部分困难，不要依赖政府。中国以往处于内外封建主义、帝国主义的长期压迫侵略，农业极度落后，工商业不发达，再加连年战争的消耗摧残，生产力削弱，产量亦随之降低的情况下，必然形成供不应求的现象，但这是胜利后的困难，是暂时，只要渡过这个困难，以后的生活，就会逐渐提高。目前政府也是非常困难，虽想照顾，力量也可能达不到，所以不要依赖政府的救济，最可靠的办法是努力生产自给。

我们自去年4月南下，越黄河，渡长江，进军广西，解放了华中南。为了执行新的任务，现回师北上，……文甫，公元1950.2.22。

三

高文甫赴朝作战前写给父母亲的信：

来信收到敬悉，我一切如常，请勿念！家庭生活困难问题，只有积极劳动，增加产量，力求节约，度过荒年，这是最基本的办法。另外做些副业生产，解决零星开支。除此之外没有更好的办法。...... 我回家探家的问题，目前是不可能了。由于形势的转变，决定新的任务，待完成任务后，再说吧！然，双亲不要以我为念，为了巩固胜利，保卫国防，保卫远东及世界和平，应放弃个人利益，即便是牺牲，也是有一定价值的，现在不要想念，将来也不要痛苦，记住！……因我的事情较多，无暇多写，另日再谈。今后一定时期内，家里不要来信，因我们无一定地址，部队番号不时更换，家信我是收不到的。高文甫，（1950年）八月廿三日，铁岭。

战时虎山、汾岚区人丁粮田赋税账目表

摘自《日照烽火录》第三集。原稿由丁斌提供。丁斌，笔名松石老人，东港区涛雒镇高旺庄村人，1926年2月生，1943年参加革命，1944～1945年任虎山、汾岚区财粮助理，1948年从事教育工作，后到山东省立师范（驻莒南大店）学习，毕业后留校任总务会计。1982年离休。

地亩统计表

虎山区① 1944~1945年

项目 村别	一级	二级	三级	四级	五级	六级	七级	折中中亩	官亩
陈家湖	69.24	254.844	173.244	176.344	34.19	15.84		723.57	1539.8
贾家湖	82.4	175.48	122.24	150.22	15.1	12.76		558	1269.71
新庄子	76.4	377.48	205.38	97.6	60.5			817.36	1850.05
界牌岭	41.36	276	212	85.07	32.06	33.56		680.208	1416.81
蒋家庄子	20.28	117.038	44.314	11.258				192.890	481.92
前稍坡	42.8	290	179.4	150.04	81.1	58.2		801.9	1555.6
后稍坡	42.68	295	188.4	152.8	71.1	51.24	24.08	825.3	1582.4

续表

项目 村别	一级	二级	三级	四级	五级	六级	七级	折中中亩	官亩
大姚沟	71.992	159.018	194.119	365.88	91.4	27.020		909.439	1652.318
小姚沟	48.2	66.68	84.3	97.2	31.42	16.68		344.48	715.02
太平村	37.689	74.257	33.687	15.311		4.224		165.1682	452.894
前水车沟	174.97	235.84	341.73	291.76	243.3	8.316		1295.28	3638.9
后水车沟	72.366	293.93	558.648	289.576	64.017	23.328		1301.9	2473.22
夏家村	11.032	103	503.7	79.31	145.36	2.973		841.5	1394.2
马家村	40.6	135.8	208	42.7	10.1			476.3	924
豆家村②	20.6	55.9	58.5	12.7				161.2	331.3
连家村	38.976	53.708	75.392	39.816	28.08			261.6	548.77
杨家庄子	16.593	169.344	149.004	98.1				430.758	872.014
孙家官庄	46.122	142.18	121.1	28.1	1.75			339.19	762.2
于家官庄	57.63	107.218	86.44	7.69				258.9	708.9
崔景杨	85.99	129.128	133.62	47.75	22.89			522.11	1078.05
桂山头	10.89	43.53	23.27	7.4				88.459	221.36
梭罗树	102.469	264.714	354.938	381.24	68.78	9.643		1181.8	2319.07
黄家峪	63.553	260.214	651.8	311.61	60.1			1347.27	2504.56
龙王河	42.4	89.2	86.82	253.7	59.5	32.2		563.82	993.3
桥南头		317.6	631.9	48.1	222.5	39.3		1259.4	2149
徐家村	21.54	148.6	431	83.3	19.71	42.98		816.08	1376
大庄子	35.073	94.935	788.48	72.178	7.661	20.24		1284.68	1857.13
大村	276.4	212	362.8	125.1	104.08	33.95		1188.71	2790
小村	141.8	162.41	332.7	38.259	18.61			844.603	1799.46
刘家小庄	26.903	35.013	6.391					184.131	469.74
韩家村	132.02	237.21	384.4	89.04	138.78	20.82		1088.45	2203.51
东潘家村	107.65	188.65	186.97	96.38	14.72	4.06		637.366	1482.992
西潘家村	224.73	214.776	218.109	124.39	26.23	10.4		905.04	2214.51
董家湖	43.39	144.1	330.2	33.85	8.02		7.12	399.28	1193.8
松树园	21.9	117.8	461.8	27.2	26.4			300.4	1208
蔡家墩	97.47	153.9	329	89.1	24.7			747.07	1623.6
仓平村③	55	54.615	137.93	57.44	7.64			260.929	648.61
解放村	69.06	76.735	58.541	0.8512				211.544	634.835
朱家官庄	166.146	336.044	538.87	688.8	196.9	66.708	50.96	2228.5	3464
高家村	163.37	183.76	241.26	135.66	115.77	17.94		917.04	1805
李家村	51.74	76.2	101	55.02	17.61	5.28		325.91	819
申家村④	76.29	120.13	137.71	9.174	1.35	2.203		415.61	924.45
张家村⑤	72.1	117.8	44.8	10.3				290.9	757.2
韩家营子	318.003	150.54	833.96	216.3	51.67	25.44		1803.774	3754.03

公粮田赋统计表

虎山区　　　　　　1944 年

项目 村别	春公粮				秋公粮				春田赋				秋田赋				柴草			
	应征	实收	减免	尾欠	应征	实收	减免	尾欠	应征	实收	减免	尾欠	应征	实收	减免	尾欠	应征	实收	减免	尾欠
大庄子	5936.00	4547.00	400.90	589.00	7516.50	6206.00	600.00	710.50	3882.00	3882.00			4831.70	3000.00		1831.70	18791.50	5295.00		13496.50
徐家村	1511.00	1511.00			4668.50	4668.50			2324.00	2324.00			3138.50	2795.00		343.50	11671.50	8523.00		3148.50
李家村	80.00	80.00			215.00	215.00			203.00	203.00										
申家村	199.50	199.50			162.50	162.50			330.00	330.00										
界牌岭	4994.00	4994.00			11366.00	11366.00							6971.50	5397.20		1574.30	28415.00			28415.00
蒋家庄子	811.50	811.50			1820.50	1820.50							1844.60	1844.60			4551.50	696.00		3855.50
小姚沟	1834.00	1834.00			4779.00	4779.00							3560.00	3560.00			11943.50	2217.00		9730.50
后稍坡	2364..50	2364..50			6303.00	6091.50		211.90					7328.50	5983.40		1345.50	15757.50	7051.00		8706.50
大姚沟	3517.00	3324.00		193.00	10592.00	10592.00							8901.80	8252.00		649.80	26480.00			26480.00
太平村	335.00	325.00			1108.50	1108.50							1610.40	1548.50		62.00	2771.50			2771.50
桥南头	5463.00	3993.50		1469.50	10050.00	5129.00		4921.00	4650.00	4500.00		150.00	6615.00	4150.00		2465.00	25125.00			25125.00
前稍坡	2035.00	1983.50		51.50	6358.50	6358.50			0.80	0.80			7767.40	5535.00		2232.40	15896.50	13179.00		2717.50
蔡家墩	2695.00	2493.00		202.00	5461.50	5384.00		77.50	2668.80	2668.00			3461.00	2900.00		561.00	13653.50	4048.00		9605.50
松树园	3371.00	3066.00		305.00	4376.00	4376.00			1941.00	1941.00			2381.30	2381.30			10930.00	4805.00		6125.00
龙王河	2499.00	2398.00		101.00	5493.00	5493.00							5418.00	4983.00		435.00	13732.50	4036.00		9696.50
刘家小庄	111.00	111.00			1588.00	597.00		991.50	922.00	922.00			1102.00	1102.00			3970.00	1369.00		2601.00
西潘家村	812.00	812.00			7864.00	4505.00		3359.00	4025.00	4025.00			4892.00	4380.00		512.00	19660.00	1408.50		18251.50
大村	3000.00	3000.00			9400.00	6035.00	1651.50	1713.50	5100.00	5100.00			6680.00	6100.00	580.00		23500.40	14915.40		8585.00
小村	2813.00	2813.00			4670.00	4670.00			3414.00	3414.00			4652.00	4652.00			11675.00	14003.00		
韩家村	6039.00	3024.50		3014.50	6402.00	6402.00			3350.00	3350.00			4700.00	4700.00			16000.60	2259.00		13741.00
东潘家村	587.00	587.00			4430.00	4430.00			2487.00	2487.00			3310.00	2985.00		325.00	11075.00	11075.00		11075.00
虎山铺	1374.00	1374.00			670.50	670.50			700.00	700.00			451.00	451.00			190.00	190.00		
仓平村	272.00	272.00			340.00	340.00			400.00	400.00			300.00	300.00			2961.00	2961.00		
朱家官庄	838.00	838.00			934.50	934.50			1030.00	1030.00							232.00	232.00		

续表

项目/村别	春公粮				秋公粮				春田赋				秋田赋				柴草			
	应征	实收	减免	尾欠	应征	实收	减免	尾欠	应征	实收	减免	尾欠	应征	实收	减免	尾欠	应征	实收	减免	尾欠
高家村	452.50	452.50			200.00	200.00			215.00	215.00										
张家村	149.50	149.50							250.00	250.00										
韩家营子村					142.50	142.50														
董家湖	1314.00	1314.00			3684.00	3448.00	236.00		1712.00	1312.00			2381.00	2345.00	36.00		5044.00	5044.00		
新庄子	2857.50	2857.50			8434.00	8434.00							8435.80	8435.80			21085.00			21085.00
陈家湖	1871.50	1871.50			4673.50	4673.50							6280.50	6280.50			11683.50	5373.00		6310.50
贾家湖	2222.50	2222.00			6134.50	6134.50							5865.20	5865.20			15336.50	5099.00		10237.50
连家村	783.50	783.50			2226.00	2226.00							2270.70	2270.70			5565.00	2531.00		3034.00
夏家村	3643.00	3643.00			11388.00	11388.00							8480.60	6870.00		1588.60	28470.00			28470.00
马家村	1712.00	1712.00			5067.50	4933.00		134.50					4036.00	3460.00		576.00	12668.50	4869.00		7800.00
豆家村	223.50	223.50			542.00	542.00							1357.80	1357.80			1355.00	1628.00		
前水车沟	5598.00	4424.50		1173.50	13031.00	11555.00		1476.00					12544.30	11545.00		999.30	32577.50	7351.00		25226.50
后水车沟	4944.00	4944.00			11503.50	11503.50							12568.50	12568.50			28758.50	28756.50		
杨家庄子	1316.00	1283.00	33.00		3354.00	3301.00	54.00						4086.00	4086.00			8385.00	8385.00		
孙家官庄	555.00	555.00			1842.00	1842.00							2994.00	2994.00			4605.00	3909.00		696.00
于家官庄	325.50	325.50			1001.50	1001.50							2341.80	2341.80			2503.50	4275.00		
崔景杨	879.50	879.50			1995.50	1995.50							4253.50	3771.50		482.00	4888.50	6403.00		
黄家峪	4972.40	4972.00			11550.00	11550.00							12424.90	12424.90			28875.00	26061.00		2814.00
梭罗树	2960.50	2960.50			6001.50	6001.50							11757.50	11757.50			15003.50	20577.00		
后姚沟	286.00	286.00			550.00	550.00							2215.00	2215.00			1375.00	1098.00		277.00
桂山头	162.50	162.50			355.00	355.00							910.80	910.80			887.50			887.50
合 计	90310.00	82778.00	433.00	7099.00	210206.50	194070.50	2541.50	13594.50	39603.80	39453.80		150.00	195098.70	178494.60	616.00	15988.10	520381.00	218549.00		310965.00

公粮田赋统计表

虎山区 1945 年

项目 村别	春公粮				秋公粮				春田赋				秋田赋				柴贷金			
	应征	实收	减免	尾欠	应征	实收	减免	尾欠	应征	实收	减免	尾欠	应征	实收	减免	尾欠	应征	实收	减免	尾欠
朱家官庄	8802.00	6054.00		2748.00	25054.00	23490.12		1561.00	2332.40	2332.40			11142.00	10540.00		602.00	15235.00	10166.70		5068.50
高家村	2896.00	2025.50		870.50	4214.40	4214.40			842.40			842.40	3809.50	2961.00		848.40	3199.80	3199.80		
韩家营子	4069.00	4069.00			9409.00	7984.50	211.00	1213.50	1561.00	1561.00			9018.50	6027.90	445.70	2545.20	6065.10	6065.10		
张家村	894.50	352.00		542.50	1514.00	1446.50	30.00	37.50	258.70	258.70			1360.90	1360.90			1483.70	950.00		133.70
虎山铺	2817.00	2052.00		765.00	4474.50	4117.00		357.50	904.80	904.80			4459.70	4015.00		444.70	3314.20	2336.20		983.80
前稍坡	2712.00	2509.50		202.50	5407.00	5284.50		122.50	4201.00	3945.00		256.00	4201.00	3200.00		1001.00	3663.50	3362.00		291.50
仓平村	862.50	678.00		184.50	685.50	613.00	72.50		386.50	386.50			1382.00	1382.00			696.60	696.60		
蔡家墩	3441.50	2504.00		937.50	5473.00	4311.50	60.00	1101.50	1995.00	1860.00		135.00	3766.00	2500.00		1266.00	4011.40	2289.00		1722.40
董家湖	2148.50	2031.00	62.00	55.50	3491.00	3406.00	85.00		1600.00	1600.00			2999.50	2970.00		29.50	2537.80	2340.70	66.00	131.00
松树园	2801.00	1977.20	48.00	775.14	5744.50	4855.00	136.00	743.50	1672.00	1672.00			3541.00	3525.00		16.00	3845.50	3845.50		
龙王河	2412.50	1553.50		859.00	5012.50	5012.50			2937.50	2117.30		820.20	2917.50	2917.50			3341.20	3341.20		
刘家小庄	670.00	233.00	200.00	237.00	80.00	80.00			736.70	736.70			925.20	925.20			337.50	337.50		
西潘家村	3296.00	2961.00	200.00	135.00	3435.00	3435.00			3514.00	2780.00		734.00	4525.80	3080.00		1445.80	3028.90	2127.90		941.00
大村	4793.50	4579.50	214.00		8205.00	7649.00	556.00		4000.00	4000.00			5648.00	5375.00		273.00	5849.10	3620.70		2228.40
小村	2895.00	2895.00			3358.00	3358.00			2721.00	2721.00			4199.20	4199.20			2813.60	2542.80		270.80
韩家村	3900.00	2955.50		944.50	7204.50	5626.50		1578.00	2929.00	2635.00		294.00	5442.30	3585.00		1857.30	5086.10	2213.90		2872.20
东潘家村	2880.00	2046.00	74.00		2000.00	2000.00			1802.00	1802.00			3207.70	2676.00		531.50	1962.00	1962.00		
大庄子	2639.00	2639.00			7854.50	5798.50	650.00	1406.00	2279.00	2185.00		94.00	6423.00	3290.00		3133.00	4722.00	1510.80		3211.20
徐家村	2072.50	1590.00	250.00	232.50	5048.50	3960.50	350.00	738.50	1763.50	1763.50			4084.00	3596.00		488.00	3204.00	3176.80	27.60	
李家村	968.50	661.00	5.50	302.00	1531.50	1040.50	16.00	475.00	341.80	200.00		141.80	1623.90	1020.00		613.70	1125.00	783.70		341.30
申家村	1108.00	892.50		215.50	1375.50	1220.00		155.50	354.00	240.00		114.00	2078.90	1800.00		278.90	1117.50	871.00		246.50
界牌岭	5094.50	4594.50		500.00	10158.50	10158.50			3558.50	3558.50			4065.00	4065.00			6863.80	6863.80		
蒋家庄子	684.00	684.00			1381.00	1346.00	35.00		1014.00	1014.00			1014.00	1014.00			929.20	929.20		

续表

项目 村别	春公粮				秋公粮				春田赋				秋田赋				柴贷金			
	应征	实收	减免	尾欠	应征	实收	减免	尾欠	应征	实收	减免	尾欠	应征	实收	减免	尾欠	应征	实收	减免	尾欠
小姚沟	1766.00	1669.80		96.50	3532.00	3932.00			1998.50	1998.50			1998.50	1998.50			2384.00	2384.00		
后稍坡	2867.00	2284.50		582.50	5681.00	5323.00		358.50	4271.00	4271.00			4271.00	3123.80		1147.20	3846.60	3846.60		
大姚沟	4132.00	3020.00		1112.00	8264.50	8199.00		65.50	4860.00	4860.00			4896.50	4400.00		496.50	5578.40	4828.10		750.30
太平村	347.50	347.50			696.00	696.00			897.20	897.20			890.30	890.30			469.50	469.50		
桥南头	5784.00	2934.50		2850.00	9533.00	7822.00		1711.00	3514.00	3000.00		514.00	6573.80	3095.00		3478.80	6892.60	1433.60		5459.00
解放村	688.50	672.00		16.50	614.00	257.00		357.00	354.10	354.10			1069.50	648.40		421.10	750.10	750.10		
新庄子	3263.50	3239.00		24.50	6527.00	6527.00			4274.50	4274.50			4234.50	4234.50			4405.70	4405.70		
陈家湖	3198.00	2790.00		383.00	6396.00	6121.00		225.00	3821.00	3460.00		361.00	3821.00	3821.00			4317.30	4226.90		90.40
贾家湖	2727.00	2727.00			5454.00	5454.00			3276.10	3276.10			3276.10	3276.10			3681.40	3681.40		
连家村	918.00	918.00			1836.00	1836.00			1347.50	1347.50			1347.50	1347.50			1242.30	1073.90		168.40
夏家村	4509.50	4456.00		53.50	9019.00	9019.00			4695.00	4695.00			4695.00	4695.00			6087.80	6087.80		
马家村	2143.50	1962.50		181.00	4309.50	4252.00		57.50	2383.50	1860.00		523.50	2383.00	2383.00			2903.80	2903.80		
豆家村	239.50	239.50			479.00	479.00			811.00	811.00			811.00	811.00			323.30	323.30		
前水车沟	5183.50	4223.00		906.50	10363.00	8767.00		1596.00	6964.00	6964.00			6909.00	5520.00		1389.00	6995.70	5491.50		1504.20
后水车沟	4996.00	4860.50		135.50	9992.50	9992.50			7538.70	7538.70			7518.80	7518.80			6744.80	6344.00		400.80
杨家庄子	1521.50	1521.50			3052.50	3027.00	25.50		2153.70	2153.70			2378.50	2378.50			2060.50	1996.50	64.00	
孙家官庄	828.50	651.50		177.00	1657.00	1657.00			1770.00	1770.00			1770.00	1770.00			1118.00	1118.00		
于家官庄	418.50	418.50			842.50	837.50	5.00		1314.50	1714.50			1677.60	1677.60			567.40	567.40		
崔景杨	790.40	790.40			1580.50	1580.50			2774.00	2774.00			2443.70	2443.70			1066.90	1066.90		
黄家峪	3834.50	3834.50			7669.50	7669.50			6722.20	6722.20			6683.20	6683.20			5176.80	5176.80		
梭罗树	2631.50	2631.50			5293.50	5293.50			6394.50	6354.50			6336.50	6336.50			3566.20	3566.20		
后姚沟	241.50	241.50			440.00	440.00			1286.50	1286.50			1286.50	1286.50			306.40	306.40		
桂山头	159.00	159.00			318.00	244.50		73.50	594.20	594.20			594.20	594.20			214.60	214.60		
合　计	117167.50	99088.00	1053.50	17025.14	225611.50	209446.00	2232.00	13933.50	118080.50	113250.60		4829.90	169700.10	146957.80	445.70	22296.60	154722.90	127789.90	1257.60	26775.40

公粮田赋统计表

汾岚区⑥　　1945 年

项目 村别	春公粮				秋公粮				春田赋				秋田赋				柴贷金				备考
	应征	实收	减免	尾欠	应征	实收	减免	尾欠	应征	实收	减免	尾欠	应征	实收	减免	尾欠	应征	实收	减免	尾欠	
秦家官庄	92.00				184.00	44.00		140.00	1050.00				1050.00				125.20				
刘家海屋	43.00				86.00				460.00				460.00				58.00				
王家海屋	542.15	377.10		165.00	554.12	554.12			2106.60				1647.40	3136.50		617.50	493.90	84.00		409.90	又免收粮 188
童家庄子	563.00	442.00		121.00	1223.00	1223.00			3551.00				3551.00	7060.00		42.00	803.70	663.90		139.80	
代家庄子	185.00	5.10		179.60	370.00	99.50		270.11	1057.00				835.00	1766.00		126.00	249.70	249.70			
甜水河	404.40	344.50		89.50	785.50	717.00		68.80	2525.10				2525.10	2200.00		3251.00	535.50	303.60		231.90	
杨家庄子	43.00	43.00			86.00	86.00			2168.00				1665.00	3733.00		100.00	58.00	58.00			
富世安⑦	43.00	43.00			86.00	860.90			911.80				947.00	1858.80			58.00	58.00			
官草汪	119.50	119.50			24.00	24.00			2272.00				2272.00	4544.00			161.70	161.70			
岚一村	358.14	358.14			717.12	717.12			2789.90				2789.90	6724.00		18.80	484.20	301.80		182.40	
王家庄子	273.00	273.00			546.00	546.00			2345.00				2446.00	4791.00			368.50	368.50			
砚台西	22.00	22.00			44.00	44.00			485.00				485.00	970.00			29.70	29.70			
岚四村	360.50	360.50			721.00	721.00			2671.00				2671.00	5744.00		91.00	486.60	486.60			
岚二村	637.00	637.00			1275.00	1244.80		30.80	3600.00				3600.00	5271.00		1929.00	860.40	93.00		767.40	又免收小麦 166
岚三村	239.10	239.10			479.00	479.00			2478.60				2510.40	2331.00		179	323.50	323.50			
响石	1,2955.00	1,1499.00	261.70	1194.00	2,5910.00	1,7370.00	7190.00	1380.00	14258.10				1,4258.10	2,8263.00		253.20	1,4135.80	1,2397.20		1738.60	
东林子	8012.00	6828.00		1184.00	1,6024.00	1,0666.80	4755.00	602.50	8355.00				8355.00	1,6710.00			8676.40	5517.90		3158.50	
西林子	5934.00	4916.00		1018.00	1,1868.00	6348.80	3900.00	1619.80	6552.50				6552.50	6894.00		6211.00	6255.90	3399.90		2856.00	
中林子	5385.00	5192.00		193.00	1,0720.00	6478.00	3996.00	246.00	5342.00				5342.00	1,0684.00			5449.00	5449.00			
小王坊	1,8646.30	1,6192.50		2453.50	3,70921.00	1,6767.50	2,0962.00		1,1313.90				1,1313.90	1,4578.00			1,5739.60	9901.50		5838.10	
盘古岭	5723.00	1070.00		4653.00	1,1446.00	7218.00	3916.00	312.00	4583.30				4583.30	5980.00		3186.60	5963.80	3540.00		2423.80	
东吴公村	1,1920.00	1,1358.00		564.00	2,3840.00	1,5827.00	8013.00		8106.70				8162.10	1,6258.00		11.10	12486.60	1,2486.00			又免收秋粮 362 又免收草 46725

续表

项目 村别	春公粮				秋公粮				春田赋				秋田赋				柴贷金				备考
	应征	实收	减免	尾欠	应征	实收	减免	尾欠	应征	实收	减免	尾欠	应征	实收	减免	尾欠	应征	实收	减免	尾欠	
西吴公村	10719.50	7795.50		2924.50	21439.00	8357.00	12556.50	525.80	9226.50				9226.50	8254.00		10199.00	8820.90	8708.40		112.50	
东棘子荡	15006.50	13302.00		1704.00	30013.00	15808.00	9122.00	50.83	11808.30				11808.70	15701.00		7896.40	16153.80	7792.50		8361.30	
西棘子荡	19701.00	18097.00		1604.00	39988.00	20687.00	11500.00	7801.00	15732.00				15732.00	16814.00		14650.00	21680.10	10876.80		10803.30	
马站	16710.00	10818.00		5892.00	32400.00	20455.00	7200.00	4745.00	10421.00				1,0421.00				1,8859.50	1,7204.70		1654.80	
大王坊	10682.30	10277.00		404.50	21597.60	1,7097.00	4500.00		9016.80				9016.80	11452.00		6581.60	12500.00	12500.70			又免收秋粮 40.132 又免收草 6853.5
车庄	2600.50	2236.00	292.50	71.50	5126.90	1524.00	3603.00		2269.30				2269.30	4538.60			1724.10	1724.10			
泉子庙	1953.50	1953.50			3946.00	3712.50		233.50	2918.30				2918.70	5059.00		778.40	2654.70	2493.30		161.40	又免收小麦 710.12
荻水	2072.50	2024.00		48.50	4145.00	3353.50		722.50	3286.00				3286.60	3522.00		3050.00	2797.80	2601.30		196.50	
李家庄子	2472.70	2172.00		300.00	4875.60	3787.00		1088.00	3195.90				3195.70	5825.00		566.80	3297.10	2274.60		1022.50	
卫西村	2235.13	2235.13			4471.10	4454.00	17.00		3966.90				3966.80	7933.80			3018.00	3005.70		12.30	
卫东村	1256.90	1188.50		67.50	2513.12	2423.00		90.00	2557.50				2602.00	4861.00		398.50	1696.00	1559.00		137.80	
卫南村	2450.00	2374.50	35.00	40.50	4900.50	4760.00	108.50	32.00	4329.00				4339.00	8668.00			3307.80	3307.80			
卫北村	1407.00	1407.00			2795.00	2432.00	155.00	208.00	4080.00				4080.00	8160.00			1920.00	321.80		1598.00	
石家庄子	487.00	444.50		42.12	974.00	819.50		154.50	1078.00				1078.00	1466.00		290.00	657.40	331.80		325.60	
卫南门外	841.50	836.00	24.50	5.50	1683.00	1628.50	54.50		1725.00				1725.00	3146.00		254.00	1134.00	691.00		443.00	
卫北门外	422.00	386.50		35.50	844.00	844.00			1549.00				1944.80	3493.80			569.30	569.30			
竹园	1917.00				3848.00		432.50		3099.50				3099.50				2400.00				
胡家林	190.00	32.50		157.50	380.50	171.20		209.14	2021.20				2021.20	3239.00		803.40	256.40	256.40			又免收草 363
汾水	13310.00	9747.00		3563.00	26544.00	15875.50	8560.00	2108.50	11452.50				11452.50	6734.00		4718.50	14082.30	13749.90		332.40	
卫东门外	352.00	352.00			704.00	643.00		61.00	1491.00				1469.00	1252.00		217.00	472.90	273.90		199.00	又免收小麦 12.5
仁家村		1037.50			15421.00	1,4223.50	63.200	565.50					7128.00	6452.00		676.00	9978.30	6336.90		3641.40	
潘庄		204.00			37550.00	32154.00		5396.50					17339.80	17339.80			2537.00	17064.00		8273.00	
合 计		14924.15				262686.65								293426.90				16966.74			田赋没有账的 1780840

黑地处罚粮款表

汾岚区　　1946 年

项目/村别	处罚粮		处罚款	备考
	小麦	高粱		
岚二村			5600.00	
前水车沟			910.00	
徐家村			1500.00	
西潘家村			1100.00	
卫东村			2500.00	
蒋家庄子			150.00	
荻　水			5500.00	
合计			1,7260.00	

黑地处罚粮款报销表

汾岚区　　1946 年

摘要	处罚粮		处罚款	备注
	小麦	高粱		
做裤子用			2450.00	做村模范旗子
做被子			3940.00	工作队曹领做被子
蒲包用			2690.00	成棉衣买了 31 个
浪麻			50.00	捆蒲包用是 1 斤
工作队粮		118.12		曹领用吃区公所的
合　计		118.12	9130.00	

黑地处罚统计表

虎山区　　1945 年

项目/村别	黑地户数	多报人口	漏下地级	黑地数	处罚粮		处罚款	备考
					小麦	秋粮		
松树园	1			0.12		150.00		
董家湖	2		2	0.20		160.00		
蔡家墩	2		2	0.15		160.00		
徐家村	3			3.50		100.00	1500.00	去提成款 1000
西潘家村	2			0.92		40.00	1100.00	
韩家村	1			0.11		20.00		
大村	2			0.32		300.00		
前水车沟	3			2	75.00	125.00	910.00	
刘家小庄	1	4		5.027		432.00		

财粮交待表

汾岚区　　1946 年

摘　要	收	付	余	欠
春公粮	14,9241.50	18,7061.50		
秋公粮	26,2686.50	23,0632.00		
柴贷金	16,9667.40	15,0822.20		1,8845.20
春秋田赋	31,0635.30	31,7984.20	7348.90	
复员费	28,9471.00	28,2847.30		6623.70
现　款			收余款 3,9005.50	

复员费统计表

汾岚区　　　　　　　　　　　　　　　　1946 年

项目 村别	户数	地亩数			金额数			
		实中亩	非中亩	合计	应征	实收	减免	尾欠
中林子	127	1005	32.71	1055.3	7385.0	7385.0		
响石	393	2778.91	227.64	3006.55	2,1040.0	2,1040.0		
东棘子荡	255	2240.70	119.78	2359.98	1,6507.3	1,5000.0		1507.30
卫西村	211	842.2	47.78	889.955	6229.7	6214.5		15.2
西武工村	229	1693.3	94.33	1787.66	1,2493.6	1,0000.0		2493.6
车庄	71	468.6	31.9	500.5	3503.5	3325.0		178.5
汾水	251	2209.51	124.72	2334.23	1,6328.6	8690.0		3638.6
卫东村	250	677.15	91.77	768.92	5382.4	5335.0		47.4
卫南门外	82	358.444	20.34	378.79	2640.0	2640.0		
岚三村	219	467.22	41.89	509.11	3563.9	3000.0		563.9
胡家林	159	319.1	115.97	435.07	3045.5	3045.0		
王海屋	84	249.42	49.63	298.488	2179.4	2179.4		
马站	223	2281.16	171	2452.16	1,7165.0	1,1950.0		5215.0
王家庄子	174	605.287	43.16	748.446	4530.0	4530.0		
卫南村	216	792.73	53.84	845.71	5919.0	5911.50		7.0
岚四村	254	663.465	155.5	818.96	5732.8	5700.0		32.8
岚一村	271	681.874	117.38	799.256	5594.8	5595.0		
泉子庙	115	584.336	69.336	653.672	4575.7	4569.0		6.7
东吴功村	217	1566.6	180	1746.7	1,2226.0	1,226.8		
东林子	239	1636.4	80.74	1717.17	1,2020.0	1,0000.0		2020.0
卫东门外	137	293.516	145.26	438.384	3117.6	3060.0		57.6
富世安	102	238	10.2	248.2	1737.4	1537.4		200.0
卫北村	261	854.45	300.3	884.48	6184.4	6184.4		
石家庄	60	227.9	16.52	244.42	1710.0	1710.0		
荻水	114	625.16	60	685.2	4787.5	4491.0		296.5
仁家村	179	1308	137.9	1438.5	1,0070.0	9000.0		1070.0
大王坊	214	1786.01	111.23	1897.24	1,3280.6	12600.0	680.6	
潘庄	405	3279.5	140.1	3419.16	2,3933.8	2,3933.8		
西棘子荡	351	2988.9	136.8	3151.24	2,2059.0	1,8000.0		4059.0
小王坊	164	2069.6	53.45	2123.5	1,4855.0	1,1300.0		3555.0
盘古岭	105	969.26	24.8	994.3	6950.0	5000.0		1950.0
西林子	182	1263.9	65	1398.94	9302.6	8600.0		702.0
岚二村	361	945.92	66.5	1012.39	7086.8	7163.0		
童家庄子	316	571.26	173.6	744.83	5213.9	5155.0		589
卫北门外	158	435.21	336.93	752.8	5264.6	5264.6		
竹园	83	438.83	23.18	462	3234.3	2700.0		534.7
甜水河	224	481.26	108	589.23	4124.9	4189.50		

续表

项目 村别	户数	地亩数			金额数			
		实中亩	非中亩	合计	应征	实收	减免	尾欠
砚台西	46	106.94	21.9	128.84	901.9	902.0		
苏家庄	42	240.06	5.8	246.9	1729.0	1760.0		
刘海屋	42	85.2	6.80	92.28	643.0	645.0		
李家庄	144	609.82	47.36	677.59	4603.1	459.30		10.0
杨家庄	127	236.2	103.99	340.02	2381.4	2380.0		1.4
戴家庄	82	218.01	39.5	257.5	1802.5	1202.5		600.0
官草汪	175	368.21	51.01	469.22	2934.05	2300.0		634.5
周家庄	39	80.01	12.9	93	651.1	650.0		1.1
秦官庄	90	181.47	16.69	198.18	1387.3	1370.0		17.2
虎山铺	157	769.82	82.47	852.21	5965.4	5965.0		
界牌岭	112	695.85	31.41	727.27	4870.9	4871.0		
龙王河	96	540.00	39.21	579.7	4037.6	4037.6		
蒋家庄	39	193.59	10.494	204.064	1355.1	1355.0		
韩家营子	428	1631.4	213.72	1845.16	1,2916.2	1,2916.2		
蔡家墩	139	711.17	67.87	779.7	5457.0	3750.0		1707.0
西潘家村	243	821.26	112.99	934.25	6426.0	6426.0		
大姚沟	104	907.7	93.72	1001.48	7009.9	5800.0		1209.9
小姚沟	59	374.7	17.2	391.9	2740.0	2000.0		740.0
徐家村	152	845.6	70.93	916.97	6415.0	4000.0		2415.0
董家湖	35	527.63	38.81	566.48	3965.3	3586.0		3586.0
仓平村	64	248.676	37.93	286.6	2006.2	2096.0		
大村	252	1068.33	102.3	1171.43	8200.0	7190.0		1010.0
李家村	70	245.52	17.36	262.68	1838.0	1000.0		838.0
张家村	60	320	43	363	2541.0	1600.0		941.0
解放村	75	208.631	83.08	291.31	2041.9	1542.0		500.0
东潘家村	200	623.43	45.408	668.84	4681.8	4415.0		266.8
后稍坡	178	802.53	35.21	837.44	5864.0	5865.0		
韩家村	187	851.7	73.68	925.4	6479.6	2600.0		3879.6
桥南头	170	1147.5	27.24	1174.74	8223.10	6000.0		2223.1
刘小庄	55	136.04	59.872	195.912	1371.30	1171.5		200.0
太平村	50	202.31	22.13	224.44	1571.00	1339.0		232.0
大庄子	204	853.6	183.82	1037.42	7261.90	5500.0		1761.9
松村园	85	677.7	61	738.7	5170.90	3300.0		1870.9
高家村	121	715.24	59.781	775.022	5425.10	5000.0		425.1
申家村	130	436.22	62.75	498.978	3497.80	2000.0		1492.8
朱家官庄	270	2008.41	125.301	2153.71	15075.90	9600.0		5475.9
小村	251	398.46	199.13	997.59	6983.10	4900.0		2083.1
前稍坡	150	911.86	38.402	950.262	6651.80	3080.0		3571.8
碑廓区村子						6,5265.6		
合计	1,2421	6,3254.0	6142.29	6,9396.79	48,4046.20	48,2738.3	680.6	6,6010.8

秋季田赋统计表

汾岚区

1946 年

项目 村别	户数	地亩			金额				备考
		实中亩	非中亩	合计	应征	实收	减免	尾欠	
岚一村	289	796.81	111.29	905.635	2,7244.0				
岚二村	371	1105.26	15.45	1120.71	3,3621.3				
岚三村	232	509.39	42.94	552.333	1,6570.0	10,4305.00			
岚四村	315	796.12	99.61	895.73	2,6871.0				
大王坊	210	1608.62	112.31	1730.97	5,1929.2	5,1950.00			
小王坊	184	2009.294	77.8	2087.09	6,2586.0	6,2585.00			
大姚沟	107	1004.1	86.5	1090.6	3,2318.0	3,2318.00			
小姚沟	59	413.334	18.54	431.88	1,2956.0	1,2900.00		56.0	
韩营子	467	1774.80	291.4	2066.23	6,1986.9	6,1480.00		506.9	
响石	377	2367	219.2	2586.2	7,7585.0	7,7585.00			
东吴功村	182	1454.98	181.6	1636.56	4,9096.8	4,9097.00			
西吴功村	245	1595.8	89.4	1685.2	5,0556.0	5,1671.00			
东林子	239	1364.11	77	1441.11	4,3233.33	4,3062.00		171.3	
中林子	138	1022.85	27.1	1049.95	3,1490.0	3,1490.00			
东棘子荡	261	2218.49	124.51	2343	7,0290.0	7,0290.00			
张家村	64	323	40	363	1,0890.0	1,0890.0			
西潘家村	243	1012.85	112.99	1125.84	3,3775.0	3,4313.0			
高家村	121	715.241	59.78	775.022	2,3250.6	2,3100.0		150.6	
西林子	188	1007.05	30.7	1037.79	3,1133.7	3,1184.0			
盘古岭	112	947	15.5	962.5	2,8875.0	2,7500.0		1375.0	
杨家庄	123	233	89.31	322.315	9669.4	9700.0			
东潘家村	199	787.41	52.61	840.06	2,5201.2	2,5202.0			
秦官庄	90	184.58	15.78	300.366	6011.0	6250.0			
董家湖	79	681.04	46.74	729.78	2,1833.4	2,1100.0		733.4	
松树园	85	677.7	61	738.7	2,2161.0	2,2161.0			
大庄子	204	8853.6	183.83	1037.42	3,1122.6	3,1103.0			
虎山铺	155	794.201	77.77	871.27	2,6138.0	2,6140.0			
大村	265	1350.82	118.05	1468.9	4,4066.3	4,3800.0		226.3	
小村	251	798.46	199.13	997.59	2,9928.0	2,9930.0			
张家庄	39	211.202	8.548	219.75	6591.9	6592.0			
刘家小庄	55	135.6	60.04	195.61	5868.3	5870.0			
汾水	221	1915.9	104.4	2020.74	6,0615.4	5,7329.0		3682.4	
甜水河	234	4199.6	82.26	581.87	1,7455.0	1,7454.0			
官草汪	195	401.4	82.4	483.8	1,4514.0	1,4515.0			
荻水	113	642.11	59.61	702.226	2,1067.0	2,0770.0		297.0	
李家庄	137	611.07	45.8	656.98	1,9709.0	1,9710.0			
龙王河	96	572.6	34.7	600.73	1,8219.0	1,8218.0		1.0	
卫南村	214	816.176	35.9	852.07	2,5562.1	2,5500.0		62.0	

续表

项目/村别	户数	地亩			金额				备考
		实中亩	非中亩	合计	应征	实收	减免	尾欠	
卫东村	246	684.233	82.4	766.613	2,29985	2,2999.5			
卫北村	283	1015.46	47.51	1062.97	3,1900.0	3,1900.0			
卫西村	210	815.138	40.4	855.52	2,5665.7	2,5665.0			
卫东门外	144	316.846	161.8	478.64	1.4359.2	1,4320.0		39.2	
卫南门外	83	352.68	18.76	371.44	1,1143.2	1,1143.2			
卫北门外	159	459.05	321.4	780.43	2,3413.0	2.3413.0			
蔡家墩	137	797.34	67.97	865.3	2,5959.0	2,5700.0		259.0	
王家庄	176	605.803	43.91	648.9	1,9467.0	1,9450.0		17.0	
刘海屋	41	79.94	9.44	89.78	2681.4	2680.0			
朱官庄	270	2028.41	125.31	2153.7	6,4611.3	6,4350.0		261.3	
太平村	50	202.31	22.13	224.44	6733.0	6733.0			
富世安	102	268.41	28.01	296.42	8892.6	8890.0			
蒋家庄	39	203.846	10.47	213.82	6414.8	6415.0			
周家庄	42	80.73	12.34	93.47	2804.1	2805.0			
童家庄	310	575.6	156.7	732.3	2,1969.0	2,1970.0			
马站	200	2100.42	174.7	2275.12	6,8253.6	6,6500.0		1753.6	
车庄	77	473.1	29.84	502.94	1,5088.0	1,4753.0		335.0	
砚台西	52	103.16	36.33	139.49	4185.0	4185.0			
石家庄	60	220.36	13.25	234.01	7020.3	7020.5			
苏家庄	38	250.1	10.3	260.4	7812.0	7810.0		2.0	
竹园	80	462	26.67	488.9	1,4667.0	1,4667.0			
界牌岭	115	775.765	40.87	816.6	2,4497.4	2,4498.0			
李家村	73	284.42	30.8	315.213	9456.4	9450.0		6.0	
西棘子荡	351	2673.68	125.3	2798.95	8,3968.7	8,3710		258.7	
韩家村	187	1111.67	79.07	1190.74	3,5722.1	3,3000.0		2722.1	
胡家林	159	346.5	118.05	465.4	1,3962.1	1,3960.0			
申家村	130	436.22	62.75	498.93	1,4943.7	1,4945.0			
王海屋	78	255.7	49.59	305.9	9159.6	9288.5			
泉子庙	120	630.67	65.95	696.67	2,0898.6	2,0140.0		758.6	
代家庄	82	164.79	38.4	203.12	6093.6	4500.0		1593.6	
解放村	35	208.632	83.1	291.71	8751.3	9255.0			
仓平村	69	303.9	37.93	341.87	1,0254.7	1,0254.6			
桥南头	165	1275.74	27.24	1302.98	3,9089.5	3,9089.5			
前稍坡	150	911.86	38.41	950.21	2,8507.8	2.9400.0			
后稍坡	270	946.7	35.4	981.64	2,9449.2	2,9450.0			
徐家村	152	845.6	70.97	916.57	2,7497.0	2,4000.0		3497.0	
合　计	1,2173	5,9593.7224	5,379,3959	6,4973,5159	194,7195.10	193,8795.80		1,8409.1	余 3491.6

战争费统计表

汾岚区　　1946 年

项目/村别	户数	地亩			金额				备考
		实中亩	非中亩	合计	应征	实收	减免	尾欠	
王家庄	177	555.712	46	601.712	1,2034.2	1,2034.2			
卫东村	249	675.92	72.896	748.816	1,4976.3	1,4980.0	62.5		
甜水河	230	528.014	90.68	618.7	1,2373.8	1,2375.0			
卫北门外	160	448.504	305.27	753.775	1,5075.5	1,8600.0			全是草代金
泉子庙	120	631.484	65.21	696.69	1,3905.0	13000.0		925.0	
岚一村	280	818.613	108.5	927.113	1,8542.2	1,8545.0			
车　庄	77	473.1	29.9	502.94	1,0058.0	9705.0		353.0	
卫东门外	149	318.406	172.89	491.312	9826.2	9591.0		235.2	
界牌岭	115	765.765	40.03	805.397	1,6115.9	1,6116.0			
竹　园	79	479.97	36.2	519.126	1,0383.5	1,0123.7	259.8		
东林子	238	1365.4	78.2	1443.6	2,8865.5	2,8300.0		565.5	
虎山铺	158	813.48	76.82	890.309	1,7806.2	17805.0		1.9	
大王坊	208	1731.58	112.36	1843.94	3,6878.8	3.6745.0	136.5		
砚台西	55	102.88	36.8	139.67	2793.3	27930.0			
李家庄	135	593.28	45.91	639.0	1,2783.8	1,2785.0			
刘海屋	41	84.53	9.84	94.37	1887.4	1890.0			
东吴功村	185	1457.4	179.3	1636.7	3,2734.0	3,2565.0	167.4		
岚四村	330	899.62	38.25	937.9	1,8757.5	1,8755.0		2.5	
蒋家庄	39	202.634	10.84	213.5	4270.0	4270.0			
岚二村	392	1141.38	40.75	1182.13	2,3642.6	2,3645.0			
中林子	138	1086.06	33.07	1119.1	2,2380.0	2,2380.0			
秦官庄	90	184.126	15.825	199.95	3990.0	3990.0			
荻　水	114	641.5	59.7	703.3	1,4040.0	1,3835.0		2050	
西林子	190	1002.71	68.44	1071.15	2,1423.0	2,1425.0			
响　石	378	2384.71	221.8	2606.52	5,2130.0	5,2130.0			
卫北村	272	931.25	47.51	978.76	1,9575.0	19575.2			
岚三村	121	555.58	42.94	598.53	1,1970.4	1,1970.4			
富世安	101	264.69	28.01	292.7	5854.0	5782.0	30.0		
童家庄	311	603.6	156.7	760.25	1,5205.0	1,5205.0			
王海屋	78	254.01	49.6	303.6	6072.0	6190.0			
小王坊	157	1996.81	77.8	2074.6	4,1492.0	4,1390.0	102.0	2.0	
龙王河	93	573.15	40	613.159	1,2223.0	1,2224.0			
董家湖	71	664.9	61.91	726.81	1,4536.2	1,4600.0			
大姚沟	105	1004.1	86.5	1090.6	2,1812.0	1,7000.0		4812.0	
小姚沟	59	415.21	18.25	433.42	8668.0	6000.0		2668.0	
卫南村	213	811.21	41.9	852.4	1,7089.9	1,7051.5		38.4	
卫西村	208	787.21	39.6	826.81	1,6536.2	1,6540.0			
大庄子	160	648.18	183.82	832	1,6640.0	1,4000.0		2640.0	

续表

项目 村别	户数	地亩			金额				备考
		实中亩	非中亩	合计	应征	实收	减免	尾欠	
大村	256	1308.9	117.7	1426.6	2,8532.0	2,5000.0		3532.0	
朱家官庄	257	1928.8	110.5	2039.3	4,0785.6	3,4000.0		6785.0	
胡家林	166	337.948	118.55	456.5	9130.0	9300.0			
小村	252	798.89	199.1	997.99	1,9959.8	1,8000.0		1959.8	
盘古岭	114	938.04	16.84	954.88	1,9097.6	1,8850.0		247	
南门外	80	338.7	19.173	357.87	7157.4	7074.5	83.5		
西潘家村	227	980.34	109.18	1089.52	2,1791.0	2,1900.0			
刘家小庄	55	136.04	59.870	195.912	3918.2	3920.0			
前稍坡	144	835.61	93.078	928.69	1,8573.7	1,6340.0		2233.7	
石家庄子	62	245.38	13.28	258.67	5173.3	5082.0		91.3	
后稍坡	165	940.4	35.46	975.9	1,9520.0	1,9520.0			
马站	195	2078	173.46	2251.41	4,4719.6	42350.0		2369.6	
苏家庄子	43	256.95	10.3	267.25	5345.0	5339.0		6.0	
张家庄子	37	209.444	10.307	219.751	4393.5	4000.0	95.0	298.5	
汾水	221	1953.148	106.703	2059.871	4,1197.5	3,3500.0	510.0	7187.5	
韩家营子	460	1774.8	291.3	2066.1	4,1322.0	4,1334.0			
桥南头	170	1275.78	27.24	1303.01	2,6060.0	1,9660.0		6400.0	
张家村	58	314.6	41.3	355.9	7118.0	4400.0		2718.0	
西棘子荡	351	2653.672	125.276	2778.95	5,5145.5	5,5000.0		145.5	
高家村	123	689.209	58.303	747.512	1,4950.0	1,3000.0	271.1	1678.9	
申家村	128	436	37.8	473.8	9472.0	9960.0			
太平村	50	196.07	22.03	218	4362.0	4362.0			
东潘家村	199	787.41	52.653	840.066	1,6801.3	1,6000.0		801.3	
解放村	75	208.632	81.638	290.3104	5806.2	5810.0			
仓平村	69	304.6	36.5	341.1	6822.0	6896.4			
松树园	85	624	40.37	664.37	1,3287.0	10000.0		3287.0	
李家村	74	284.421	30.8	311	6220.0	5400.6		520.0	
东棘子荡	261	2220.618	122.496	2343.114	4,6822.1	4,5000.0		1822.1	
代家庄子	82	185.4	39.6	225	4500.0	4650.0			
杨家庄子	123	233	89.315	294.4	5888.0	6000.0			
官草汪	195	401.4	82.4	401.4	8028.0	7800.0		228.0	
徐家村	152	845.6	70.97	916.57	1,8331.4	1,0000.0		8331.4	
韩家村	187	1111.649	79.04	1190.74	2,3814.7	2,1000.0		2814.7	
蔡家墩	137	797.34	67.93	865.3	1,7306.0	1,5000.0		2306.0	
周家庄	48	80.73	12.74	93.47	1869.4	1760.0		109.4	
西吴工村	245	1595.8	89.4	1685.2	3,3704.0	2,8000.0		5704.0	
合计	1,1816	5,9076,113	5562.617	6,4639,361	129,2289.60	122,6358.6	1859.8	7,4081.3	余4845.80

春季公粮统计表

汾岚区　　　　1946 年

项目 村别	户口数	人口数	地亩数		春公粮			
东武功村	177	654	1985	1419.6	9522.0	9522.0		
大王坊	207	922	2090	1793.3	1,1017.13	1,0000.0	655.0	362.0
蔡家墩	138	563	1535.7	789.7	3956.0	3956.0		
西潘家村	246	1110	2223.9	1019.99	3337.4	3271.0	66.4	
西棘子荡	352	1454	3893.37	2686.72	1,5693.0	1,5488.0	209.0	
童家庄子	310	1664	2886.5	577.31	503.5	503.5		
松树园	87	390	1242.9	690.3	3920.0	3842.0	78.0	
胡家林	155	857	615.48	332				
佛手湾	98	583	472.8	262.2	46.4	46.4		
仓平村	71	373	762.8	304.9	730.9	709.4	23.2	
太平村	52	239	491.2	204.8	492.3	492.7		
解放村	75	300	673.3	218.6	377.10			
徐家村	154	706	1335.6	848.6	3607.14	3236.5	271.6	100.0
朱家官庄	253	1122	3051.7	1913.5	1,0417.10	1,0170.5	247.2	
小姚沟	57	266	699.3	404.3	2111.10	2111.10		
官草汪	204	1183	633.8	401.4	134.5	134.5		
韩家营子	459	1940	3878.9	1774.8	5585.5	5585.5		
虎山铺	147	633	1674.7	775.2	2743.0	2715.12	27.4	
刘家小庄	54	296	418.1	132.4	102.5	102.5		
申家村	128	422	1988.1	1582.1	1631.00	1556.00	75.0	
桥南头	170	941	1984.7	1291.3	6615.0	5965.0	650.0	
大庄子	245	940	1662.8	1094				
大村	254	1164	2425.1	1320.6	6062.0	5949.0	113.0	
韩家村	182	809	2758.1	1077.9				
刘海屋	41	219	158.4	81.4	28.14	32.06		
小村	253	922	1774.2	798.8	2262.5	2262.5		
东潘家村	203	846	1488.6	809.2	2379.10	2229.10	150.0	
杨家庄子	7	25	38.1	20.2	35.5	30.0		5.5
童家庄子	37	182	341.28	219.24				
卫南村	218	997	1295.13	810.963	1851.4	1815.6	35.10	
卫西村	184	506	888.211	652.19	2127.9	2113.0	14.5	
卫北村	127	594	834.16	602.6				
卫东村	91	358	556.06	376.51	1262.10	1237.12	25.0	
卫东门外	33	151	241.6	131.06				

续表

项目 村别	户口数	人口数	地亩数		春公粮			
盘古岭	109	457	1354.2	897.9	5124.5	4888.0	199.5	37.0
李家庄子	141	705	546.92	667.29	2654.5	2567.5	87.0	
响石	376	1872	3464.8	2344	8824.0	8474.0	350.0	
车庄	71	365	579.25	470	2127.9	1998.4	163.12	
泉子庙	120	555	1064.5	623.84	2607.0	2551.0	56.0	
汾水	221	1066	2532.9	1939.51				
张家庄子	37	183	384.4	206.103				
龙王河	91	460	1041.5	587	2406.0	2406.0		
卫南门外	80	386	479.3	348.7	949.11	894.0	55.11	
卫北门外	153	783	940	415	712.9	707.0	5.9	
秦家官庄	108	585	918	181.6	79.0	79.0		
蒋家庄子	37	165	416.61	201.4	733.2	733.2		
界牌岭	112	438	1408.1	653.9	4677.2	4677.2		
前稍坡	151	710	1608	912.37	3925.5	3925.5		
中林子	138	641	1271	1022.85	4890.0	4730.0	250.0	
西林子	169	784	1136.7	945.63	3942.5	2847.0	495.0	
东林子	238	1244	2067.6	1365.3	4766.5	4584.6	182.2	
岚一村	237	1454	1119.2	548.15	479.5	479.5		
岚二村	375	1956	1566.8	958.5	759.6	759.4		
岚三村	135	718	608	377.6	153.6	153.6		
岚四村	309	1739	1150.4	529.3	178.6	178.6		
石家庄子	60	154	317.58	218.57				
东棘子荡	262	1179	2835.9	2193.62	1,3534.0	1,3332.0	87.0	115.0
王家庄子	177	843	1037.2	573.94	477.0	466.0	11.0	
董家湖	74	415	1237.36	662.8	3572.4	3320.0		252.4
后稍坡	169	679	1693.8	951.7	4422.5	4340.5	82.0	
小王坊	185	838	2305.5	1995.7	1,4144.3	1,4144.3		
砚台西	59	313	244.3	110.7	58.14	59.0		
甜水河	237	1301	921.7	521.1	138.9	138.9		
马站	192	990	2262.8	2089.1				
张家村	58	264	779	319.5	1133.0	1075.0	58.0	
李家村	75	306	630.3	309.7	969.4	959.0	10.04	
高家村	123	538	1667.7	309.9				
荻水	114	575	865.5	641.3	2434.11	2434.11		
大姚沟	105	635	1665.4	1006.5	5328.0	4650.0		678.0
王海屋	78	492	487.5	265.6	161.12	169.12		
西武功村	236	1004	2719.7	1642.1	7783.0	6591.0		1192.0
代家庄子	83	434	245	211.7	83.5	83.5		
竹园	80	405	743.2	467.6				
周家庄子	42	203	429.8	80.79	20.14	20.14		
佃入冫口子	11	11	104.87	141.56	930.0	407.12		
合计								

秋季公粮统计表

汾岚区

1946 年

项目 村别	户口数			人口数	地亩数		秋公粮			
	负	免	合计		官亩	中中亩	应征	实收	减免	尾欠
荻水	98	16	114	573	862.5	644.96	4786.0	4487.0		
界牌岭	112		112	440	1408.09	777.283	9300.0	9300.0		
泉子庙	110	10	120	547	1053.28	619.75	5203.0	4737.5	207.5	258.0
蒋家庄子	36	2	38	173	465.39	190.790	1467.5	1467.5		
李家庄子	108	34	142	707	546.92	665.69	5108.15	5108.4		
卫北门外	71		71	347	940	319.646	1414.7	1414.7		
苏家庄子	37	6	43	204	350.95	245745	1469.4	1469.4		
岚一村	43	209	253	1485	839.129	521.946	941.5	914.5	27.0	
卫北村	125	147	272	583	834.16	661.68	3628.0	3379.0	248.4	
岚三村	21	117	138	737	650.092	265	309.2	310.0		
富世安	9	91	100	603	495.79	261.69	111.0	115.5		
竹园	74	6	80	406	799.12	469.2				
王家庄子	63	106	169	907	855.373	400.509	911.11	911.5		
刘海屋	5	35	40	216	153.27	78.231	57.4	61.0		
车庄	71		71	361	577.25	501.81	4389.3	3320.0	1069.5	
岚二村	44	333	377	1986	1853.95	1069.59	1516.5	1521.5		
砚台西	12	40	52	282	232.759	103.866	117.12	120.0		
大王坊	199	8	207	924	2305.98	1738.25	2,1711.10	1,7268.0	3663.2	779.15
龙王河	86	9	95	467	1041.5	573.15	4873.0	4483.0	390.0	
童家庄子	37	273	310	1664	2886.5	577.31	1008.6	1008.6		
王海屋	19	58	77	492	487.2	265.6	325.14	325.14		
董家湖	67	8	75	415	1141	662.8	4212.5	3649.2		563.6
卫东村	88	1	89	354	590.2	436.7	2537.12	2311.12	226.0	
小姚沟	56	3	59	275	737	411.1	4299.0	4299.0		
东林子	197	41	238	1257	2065.253	1364.89	9632.5	9213.0	419.5	
盘古岭	102	7	109	457	1258.13	844.33	9014.0	7611.5	1402.5	
响石	341	35	376	1842	3585.6	2384.72	1,7704.0	1,6438.14	1265.0	
大姚沟	105		105	635	1665.4	1006.5	1,0656.0	9062.5		1593.5
西林子	169		169	784	1136.67	945.63	6685.5	4891.5	1794.0	
东武功村	177		177	654	1999.5	1426.6	1,9724.0	1,7728.14	1855.0	140.0
卫西村	124	84	208	953	849.59	593.57	4029.6	4010.0	19.6	
卫南村	113	7	120	997	1295.131	810.96	3540.6	3540.6		
小王坊	185		185	838	2305.5	1995.7	2,5176.0	2,4435.14	339.7	400.11
朱家官庄	253		253	1122	3051.77	1928.8	2,0558.0	1,4284.3	4736.0	1537.13
仓平村	43	26	69	373	760.83	304.97	1465.0	1444.6	20.10	
小村	150	94	244	922	1774.2	798.8	4471.0	4071.0	400.0	
刘小庄	17	38	55	301	168.28	53.43	205.0	205.0		
岚四村	13	351	364	1951	1122.2	651.75	348.0	348.0		
胡家林	27	178	155	857	615.48	332				

续表

项目 村别	户口数			人口数	地亩数		秋公粮			
	负	免	合计		官亩	中中亩	应征	实收	减免	尾欠
卫南门外	63	15	78	386	480.76	349.21	1894.5	1813.0	81.5	
秦家官庄	108		108	585	918	181.6	184.0	184.0		
西潘家村	246		246	1110	2223.9	1019.99	6449.3	6444.0	5.3	
前稍坡	151		151	710	1608	912.37	7855.5	7855.5		
虎山铺	149		149	639	1703.4	787.6	5513.0	5448.5	64.5	
马站	195		195	957	2301	1955.65				
石家庄子	62		62	156	261.67	172.83	1158.3	1158.3		
后稍坡	165		165	677	1634.4	975	8905.5	8543.0	362.5	
西吴工村	238		238	1028	2712	1574.4	1,5038.5	1,3218.0	1815.0	5.5
汾水	215	6	221	1071	2532.89	1906.56				
张家庄子	37		37	173	384.461	209.444				
蔡家墩	121	13	134	568	1312.8	793.68	7387.5	6243.5	1144.0	
韩家营子			460	1940	3878.9	1774.8	11172.0	9010.0	2162.0	
卫东门外	33		33	151	241.6	131.06				
桥南头	170		170	956	2022.46	1302.5	9902.0	6559.0	3343.0	
中林子	136		136	641	1271	1086	1,0084.0	8961.0	1123.0	
张家村	55	2	57	263	804.13	319.52	2101.4	1668.4	433.0	
西棘子荡	336	15	351	1465	4038.35	2686.72	2,9849.0	2,8300.5	1548.5	
太平村	50		50	239	491.2	204.8	993.13	993.13		
申家村	128		128	422	1988	1473.8	3261.12	2573.12	688.0	
官草汪	204		204	1183	633.829	401.4	270.0	270.0		
东棘子荡	256		256	1149	2797.73	2124.02	2,6780.0	2,1330.0	3522.5	1929.5
杨家庄子	7	116	123	389	38.1	20.2	71.0	71.0		
李家村	75		75	306	630.3	309.7	1940.0	1610.0	330.0	
代家庄子	82		82	475	245	125	167.0	115.0	0	52.0
松树园	60		60	364	1050	624	7818.0	6986.5	831.5	
解放村	75		75	300	673.3	208.632				
高家村			123	538	1667.7	709.8				
大庄子			245	940	1662.8	1094				
东潘家村			203	846	1488.6	809.2	4659	4591.4	68.0	
大村			254	1164	2425.1	1320.6	1,2124.0	1,0624.0	1500.0	
甜水河			237	1301	921.7	521.1	250.15	250.15		
周家庄子			42	203	429.8	80.79	41.14	41.14		
徐家林			154	706	1335.6	848.6	7215.5	5872.0	1337.0	
韩家村			180	809	2758.1	1033.9	1,1434.0	8203.5	1500.0	1734.0
合　计		8791	2540	1,1331	5,3901	97370.32	6,6430.02			

汾岚区柴草统计表

1946 年

项目 村别	柴草数					
	应征	实　数			减免	尾欠
		柴草	代金	折算		
申家村	4892.5		1,5450.0	3862.5	1030.0	
董家湖	6318.0	3594.0				2724.0
蔡家墩	1,1081.0	9365.0			1716.0	
松树园	1，1727.0	1,0479.5			1247.5	
虎山铺	8270.0	8173.4			96.12	
韩家营子	1,6758.0	3293.12	4,0885.0	1,0221.4	3443.0	
张家村	3151.13	1052.13	7000.0	1750.0	610.0	
朱家官庄	3,0837.0	2,0370.0			7104.0	3363.0
龙王河	7309.5	6724.5			585.0	
太平村	1490.5	1490.5				
小姚沟	6440.0	6440.0				
前稍坡	1,1757.5	1,1757.5				
界牌岭	1,3950.0	1,3950.0				
东潘家村	6988.5		3,0650.0	7662.5	102.0	
蒋家庄子	2200.5	1200.0	4000.0	1000.0		
后稍坡	1,3358.0	1,2814.5			543.5	
大姚沟	1,5984.0	1,3293.0				2691
卫东村	3806.10		1,0000.0	2500.0	702.9	604.10
卫南村	5315.12	65.12	2,1000.0	5250.0		
卫北门外	2121.90		4961.7	1240.5		881.0
卫西村	6044.00	460.0	2,2095.0	5523.5		60.5
桥南头	1,4853.00	9838.5			5014.5	
刘家小庄	307.50	307.5				
西潘家村	9673.50	220.0	3,6550.0	9137.5	316.0	
大村	1,8186.00	6216.0			2250.0	9720.0
韩家村	1,7151.00	5734.0			2250.0	9167.0
小村	6706.00	6000.0			706.0	
徐家村	1,0823.5	5020.0				5803.5
甜水河	376.5		1506.0	376.5		
富世安	165.5		830.0	207.5		
代家庄子	250.5	250.0				
刘家海屋	85.5		420.0	105.0		
秦家官庄	276.0	276.0				
周家庄子	62.5		360.0	90.0		
杨家庄子	106.5	106.5				

续表

项目 村别	柴草数					
	应征	实数			减免	尾欠
		柴草	代金	折算		
王家海屋	488.13		1955.0	488.13		
岚一村	1371.5		4400.0	1331.0	40.5	
岚二村	2266.5		9100.0	2274.5		
童家庄子	1516.0	700.0	3265.0	816.4		
岚三村	463.5		2318.4	463.5		
岚四村	520.0		2080.0	520.0		
响石	2,6565.1		9,9900.0	2,4975.0	1896.0	
东林子	1,4448.5		5,3300.0	13325.0	1122.5	
西林子	1,0028.0		3,0000.0	7500.0	2691.0	
中林子	1,5126.0	1604.0	4,8650.0	1,2162.0	1360.0	
东棘子荡	4,0173.0	3,0535.0			5007.0	4631.0
西棘子荡	4,4620.5	4,0345.0			4275.5	
东吴工村	2,9586.0	1,9398.0			2782.0	7406.0
西吴工村	2,2555.0	1,8361.0			2723.0	1471.0
盘古岭	1,3513.0	1,1406.0			2107.0	
大王坊	3,2566.9	1,7435.0			8054.5	7117.0
小王坊	3,7764.0	3,5194.0			509.0	2061.0
仓平村	2197.5	401.0				1796.5
解放村	1118.1					
高家村						
李家村	2910.0				495.0	2415.0
大庄子						
胡家林	796.0					
卫南门外	2841.12		1,0880.0	2719.5	122.4	
官草汪	405.0		2000.0	405.0		
王家庄子	1367.5		6837.0	1709.4		
砚台西	176.5		722.0	176.0		
李家庄子	7663.5		3,0660.0	7665.00		
苏家庄子	2202.9		8810.0	2202.5		
竹园	6194.0		1,8500.0		1095.0	
泉子庙	7802.5	651.0	2,0000.0	5000.0	311.5	1840.0
汾水	3,5680.5				3952.0	
张家庄子	2329.0				78.0	
荻水	7179.0		2,8265.0	7066.4		112.12
车庄	6583.12	4984.0			1605.0	
马站	3,9022.0					
卫东门外	1168.7		4555.0			
卫北村	5442.0		2,275.0	5068.5	372.5	
石家庄子	1737.0		6995.0	1748.5		
合计						

献棉统计表

汾岚区　1946 年

项目/村别	棉花	
	备考	子棉
东武功村	33.0	
盘古岭	56.0	
东林子	22.0	
响石	72.0	
西棘子荡	48.0	
汾水	107.0	
东棘子荡	68.0	
龙王河	5.0	
大王坊	33.5	5.0
安东卫	21.0	
马站	67.5	
小王坊	60.0	
合计	593.0	5.0

献金统计表

汾岚区　1946 年

项目/村别	金额
韩家营子	1,9400.00
申家村	2600.00
王家庄子	1,1100.00
仓平村	1000.00
虎山铺	2000.00
岚四村	2,1870.00
张家村	1500.00
砚台西	1955.00
解放村	700.00
董家湖	1465.00
官草汪	1,0000.00
盐田	3230.00
响石	2500.00
岚商联会	40,0000.00
卫商联会	40,0000.00
卫东工会	1,1025.00
卫船工会	6350.00
刘家小庄	3000.00
朱家官庄	2520.00
桥南头	9500.00
卫工会	8585.00
岚山镇公所	10,9000.00
合计	102,9300.00

一九四五年尾欠田赋柴金征收表

汾岚区 1947 年

村别＼项目	田赋	柴贷金
马站	1,1000.0	2850.0
虎山铺	445.0	
卫东村	399.0	
汾水	1,6171.0	665.0
岚二村	1929.0	781.0
韩家营子	2545.0	
龙王河	500.0	
大王坊	1000.0	
董家湖	29.5	
蔡家墩	566.6	1722.4
东林子		5735.0
卫镇公所		200.0
西棘子荡		2,1200.0
李家庄子		900.0
响石		3477.3
东棘子荡		3750.0
西林子		5712.0
小王坊		1300.0
大村		1500.0
张家村		135.0
合　计	3,4585.10	4,9927.70

一九四五年尾欠公粮征收表

汾岚区 1947 年

村别＼项目	小麦	高粱	柴草
蔡家墩	253.50		
虎山铺	765.00	357.50	
张家村		38.00	
龙王河	444.00		
韩家营子		513.50	
小姚沟	96.50		
界牌岭	500.00		
桥南头		400.00	
徐家村	232.50		
戴家庄子	127.00	258.00	
东棘子荡	1609.00	1513.60	
东武功村	564.00		
西棘子荡		631.60	
盘古岭	199.40		
小王坊	1290.60		
李家庄子			1000.00
西林子	390.00	405.00	
响石	714.00	1350.00	
东林子	1000.00	400.00	
李家村		49.00	
合　计	8185.20	5915.12	1000.00

税契春田赋实收统计表

汾岚区　　　　1947 年

项目／村别	税契费	春田赋	项目／村别	税契费	春田赋
虎山铺	7,7800.00	8,4000.00	秦官庄	2,4000.00	2,1000.00
朱家官庄	1,5420.00	17,5000.00	官草汪	4,0000.00	3,0800.00
高家村	5,5500.00	6,0000.00	岚一村	6,6785.00	9,5290.00
李家村	2,2000.00	2,0000.00	岚二村	9,7275.00	13,2000.00
田家村	3,8000.00	2,5000.00	岚三村	4,8365.00	6,9165.00
仓平村	4,3175.00	3,7900.00	岚四村	8,3920.00	10,8000.00
解放村	4,2650.00	2,9000.00	王家庄子	4,9600.00	6,6000.00
蔡家墩	5,4000.00	1,7000.00	砚台西	1,8197.00	2,1153.00
董家湖	4,6800.00	3,9500.00	石家庄子	1,7000.00	1,5000.00
松树园	4,1500.00	4,8700.00	卫南门外	2,8700.00	3,2300.00
龙王河	4,6400.00	3,0900.00	卫南村	6,5890.00	6,3105.00
桥南头	5,0000.00		卫西村	5,8804.00	8,5115.00
徐家村	5,0000.00	4,0000.00	卫北村	7,2925.00	12,0150.00
大庄子	6,5000.00		卫北门外	5,3900.00	5,0000.00
大村	12,0000.00	7,9800.00	卫东村	6,4715.00	9,9650.00
小村	8,5000.00	8,1000.00	卫东门外	5,4700.00	5,5100.00
刘小庄	2,4900.00	2,5000.00	李家庄子	5,4000.00	6,1000.00
东潘家村	7,0580.00	3,0000.00	苏家庄子	1,6360.00	2,3400.00
西潘家村	10,3660.00	10,0000.00	泉子庙	5,1300.00	2,3000.00
大姚沟	8,0010.00	7,9800.00	竹园	3,60000.00	4,7000.00
小姚沟	2,8000.00	2,6000.00	张家庄子	1,6860.00	1,0000.00
太平村	2,3562.00	2,2388.00	汾水	12,8950.00	15,4000.00
前稍坡	6,4500.00	5,4300.00	荻水	4,9110.00	6,5000.00
后稍坡	6,7200.00	5,3000.00	车庄	3,5200.00	3,9500.00
界牌岭	7,1210.00	9,2632.00	马站	13,8280.00	
蒋家庄子	1,5360.00	1,4000.00	大王坊	10,4965.00	12,4000.00
韩家营子	13,4000.00	11,7000.00	小王坊	11,1000.00	1,7600.00
韩家村	5,2200.00	7,0000.00	盘古岭	5,0700.00	2,6000.00
甜水河	6,3800.00	3,8000.00	响石	16,7630.00	4,1600.00
杨家庄子	3,8000.00	2,7000.00	东林子	7,0000.00	10,0000.00
富世安	2,3680.00	1,7265.00	中林子	6,6300.00	7,1750.00
童家庄子	7,0000.00	4,9000.00	西林子	7,4300.00	7,7200.00
胡家林	6,0000.00	4,0000.00	东棘子荡	14,1700.00	2,8000.00
代家庄子	3,9300.00	1,4500.00	西棘子荡	17,0000.00	5,2200.00
周家庄子	7800.00	1,1000.00	东武工村	10,1210.00	8,1900.00
王海屋	2,000.00	2,6800.00	西武工村	9,4000.00	12,4000.00
刘海屋	8260.00	1,1480.00	合计	444,3910.00	394,0143.00

预借粮实收统计表

汾岚区　　1947 年

项目 / 村别	小麦	高粮			柴草		
		高粮	粮贷金	折高粮	柴草	柴贷金	折柴草
富世安	12.00		1025.00	25.67		458.00	57.50
岚一村	261.00		2,1220.00	530.50			
岚三村	71.40		5680.00	142.00	300.00	135.00	19.00
响石	630.00	112.12	16,5400.00	4135.00		4,0000.00	5285.50
岚二村	424.62	120.00	2,3580.00	589.50	1190.00	3250.00	406.00
卫南门外	335.00	30.00	2,6000.00	650.00			
岚四村	66.12	132.12			300.00		
王家庄子	67.50		1,6000.00	400.00	900.00		
东武功村		1972.50	3,7600.00	1106.50			
马站		400.00			700.00		
朱官庄		5463.50			3500.00		
蔡家墩		500.00			500.00		
龙王河		1137.10			2820.00		
前稍坡		1642.13			5370.00		
汾水	238.00	3828.00	4,9000.00	1633.00	3870.00		
卫西村	976.40	2141.13	1,2100.00	302.50	5090.00	320.00	40.00
甜水河		58.00			131.00		
东棘子荡	1685.00	3508.50	16,6300.00	4318.40	1,1760.00		
西棘子荡	728.12	2412.40	2,4000.00	708.00	7000.00		
盘古岭		1085.12	2,0440.00	511.00	97.00		
卫北村	696.10	405.00	4,4040.00	1101.00	1080.00	1,7856.00	2232.00
界牌岭	500.04	1938.70	2,3340.00	778.00	3952.00	709.00	101.50
秦家官庄			4400.00	110.00			
卫南村	546.40	1092.50			1790.00	5345.00	668.00
卫东门外	180.00	283.67	7060.00	176.60	940.00		
卫东村	688.12	1458.00			2300.00	6925.00	989
小王坊	537.50	1863.00	1,8100.00	520.00	4650.00		
东林子	641.14	1910.62	2,0800.00	693.00	4720.00		
中林子	50.50	1276.14	3,3000.00	1100.00	3600.00	7000.00	1000.00
西林子	402.50	500.00	2,1000.00	700.00	7088.00		
大庄子	30.00	835.13	4,6000.00	1533.57	6406.00		
杨家庄子					393.50		
石家庄子	52.00	161.40			1250.00		
周家庄子		20.62			500.00		
童家庄子					1050.00		
卫北门外	155.00	372.00			1220.00		

续表

项目 村别	小麦	高粮			柴草		
		高粮	粮贷金	折高粮	柴草	柴贷金	折柴草
大村	505.00	1705.14	4,5000.00	1500.00			
小村		276.50	3,3600.00	1120.00	1107.00		
小姚沟		295.40	2,4000.00	800.00			
松树园		674.14	3,0940.00	1031.57	3947.50		
苏家庄子	200.00	362.12	4980.00	166.00	1033.00		
太平村		82.00	3420.00	114.00			
竹园		547.13	1,5000.00	500.00	468.00		
蒋家庄子		27300			1000.00		
荻水		239.00	2,6000.00	850.00			
仓平村		155.00	5790.00	193.00			
胡家林		308.50					
大姚沟	72.50	2115.57	3,9990.00	1333.00	410.00		
李家庄子	780.00	960.00	2,4600.00	615.00	3619.00		
解放村	50.00	218.00			151.00		
韩家村	62.50	1273.10	3,4600.00	1153.57			
高家村	36.40	893.10			507		
李家村		76.50			805.00		
韩家营子	505.00	3198.00	3,3630.00	1121.00	4213.00	5600.00	800.00
西吴工村	295.00	3920.50			1800.00		
泉子庙	690.00	428.20	4,0000.00	1000.00		20000.00	2857.00
东潘家村		1249.00	2100.00	70.00			
桥南头		581.00	4,8000.00	1600.00			
徐家村			4,5000.00	1500.00			
砚台西		75.50			150.00		
王家海屋		63.20					
刘小庄		102.00			404.00		
刘海屋		34.00				620.00	77.00
张家村		181.50			100.00		
申家村		240.00			853.00		
董家湖		523.00	1830.00	61.00			
后稍坡		926.00	5,8700.00	1956.50	3287.50		
西潘家村		1289.50			580.00		
大王坊	1331.12	2450.50	4,2300.00	1410.00	8000.00		
合计	1,4504.14	6,2382.30	134,5575.00	3,9858.00	11,6902.50	10,8218.00	1,4533.40

献金献粮献物资统计表

汾岚区　　1947年

项目/部别	献金	献粮		献物资							备考
		小麦	高粱	棉花	布	洋线	手巾	鞋	牙膏	牙粉	
工商联会	147,0000.00					8块					
岚商联会	8,1000.00			2059斤	6疋	15块			36打	1,3000包	
岚山镇公所	71,9700.00			541斤	15疋	9块	28打				
富世安	2,6900.00										
王家庄子	1,5000.00			52斤							
卫东村		10.00	650.00								
合　计	231,2600.00	10.00	650.00	2652.00	21疋	32疋	28打		36打	1,3000包	

财政总结统计表

汾岚区　　1947年

款别		实收	实交	余额	欠额	年号	备考
田赋	春	3,9453.80	3,9453.80			1944	
	秋	17,8494.60	18,5653.20	7158.60		1944	
田赋	春					1945	
	秋	61,2777.70	60,0664.70		1,2113.00	1945	春季之内
柴贷金		32,8539.80	25,5653.90		7,2885.90	1945	内草条子24366.5折7309.9
复员费		48,2738.30	49,9102.10	1,6363.80		1946	
秋田赋		193,8795.80	194,4610.00	5814.20		1946	
战争费		122,1358.60	132,3980.00	10,2621.40		1946	
献金		102,9300.00	95,9787.50		6,9512.50	1946	
柴贷金		60,3865.20	58,6155.40		1,7709.80	1946	
处罚款						1946	
其他		4,7135.50	5279.00		4,1756.50	1946	连处罚款8030在内
税契		444,3910.00	468,1355.00	23,7845.00		1947	
春田赋		394,0143.00	423,8429.50	29,8286.50		1947	
献金		231,2600.00	204,9304.50		26,3295.50	1947	
预借	粮金	134,5565.00	111,3785.00		23,1780.00	1947	曹同志约68,5340
	柴金	10,8218.00	10,8218.00			1947	
其他			15,0182.00				
合计							

粮秣总结统计表

汾岚区

1947 年

粮别		实收	实交	余额	欠额	年号	备考
春粮	公粮	9,9088.40	9,9088.40			1944	
	公粮	29,4334.14	27,0591.40		2,3743.10	1945	
	公粮	19,4901.15	25,7491.20	6,2580.30		1946	还有十三个庄子没算
	处罚					1946	
	预借	1,4504.14	1,4504.14			1947	
	献粮	10.00	10.00			1947	
秋粮	公粮	20,9446.00	20,9446.00			1944	
	公粮	44,5993.12	46,2118.00	1,6124.40		1945	
	公粮	35,8214.50	42,1636.50	6,3421.13		1946	还有九个庄子没算
	处罚					1946	
	预借	6,2382.30	4,6285.40		1,6096.15	1947	
	献粮	650.00	650.00			1947	
柴草	公柴	21,8549.00	37,1355.00	15,2806.20		1944	
	公柴					1945	
	公柴	34,0833.12	64,5081.50	30,4247.90		1946	还有七个庄子没草
	预借	11,6902.50	11,6902.50			1947	

说明：以上表格录于原始资料，货币计量单位为北海币，面积、重量计量单位为旧时的亩、斤

注：①1943 年 3 月设立虎山区，辖陈家湖、贾家湖、新庄子、界牌岭、蒋家庄子、前稍坡、后稍坡、大姚沟、小姚沟、太平村、前水车沟、后水车沟、夏家村、马家村、豆家村、连家村、杨家庄子、孙家官庄、于家官庄、崔景杨、桂山头、梭罗树、黄家峪、后姚沟、龙王河、桥南头、徐家村、大庄子、大村、小村、刘家小庄、韩家村、东潘家村、西潘家村、董家湖、松树园、蔡家墩、仓平村、解放村、朱家官庄、高家村、李家村、申家村、张家村、韩家营子共 45 个村，1946 年 6 月，前水车沟、后水车沟、夏家村、马家村、豆家村、连家村、杨家庄子、孙家官庄、于家官庄、崔景杨、桂山头、梭罗树、黄家峪、后姚沟 14 个村并入碑廓区，其余 31 个村划归圣岚区。

②豆家村，在今虎山镇马家村前，1955 年与马家村合并，称马家村。

③仓平村，今楼子底村。1945 年，日照县四区区中队长王仓平遭日本侵略军抓捕，在栈子被杀害，抗日民主政府把烈士出生的楼子底村命名为“仓平村”。

④申家村，1956 年与张家村合并，称申张村。

⑤张家村，1956年与申家村合并，称申张村。

⑥汾岚区，1942 年 5 月，抗日民主政府将江苏省赣榆县汾阳区柘汪以北所辖的张家庄子、汾水、马站、大王坊、小王坊、盘古岭、响石、东林子、中林子、西林子、东棘子荡、西棘子荡、东武工村、西武工村 14 个村划归日照县。1943 年春，汾阳区与安岚区合并为汾岚区，至 1946 年 6 月划转虎山区31个村，辖区共74个村。1953年1月，赣榆县划归江苏省，同年10月，将八区（原汾阳区）所辖的马站、大王坊、小王坊、盘古岭、响石、东林子、中林子、西林子、东棘子荡、西棘子荡、东武工村、西武工村 12 个村庄划归赣榆县。

⑦富世安，即佛手湾，今岚山头街道佛手湾居。

索　引

1、本索引共设要目索引、人物索引、表格索引三部分。

2、要目索引、人物索引按标引词第一字的汉语拼音字母顺序排序。

3、表格索引按表格在志文中出现的先后顺序排序。

4、标引词后的阿拉伯数字表示内容所在页码。

一、要目索引

A

B

C

D

H

I

J

K

L

M

N

P

S

T

W

X

Y

二、人物索引

B

C

D

F

G

X

Y

Z

三、表格索引

后 记

四度寒暑，五易其稿，《岚山区志》终于付梓面世了。至此，岚山历史得以系统整理，全面阐述。

《岚山区志》编纂工作于2012年4月启动，5月开始征集资料。2013年年底完成初稿编写。2014年年初，将初稿报送曾在岚山担任过副处级以上职务的领导干部，下发各乡镇街道、重点部门、区内史志爱好者，广泛征求意见，并根据所提意见进行修改完善。2014年4月29日，省史志办召开《岚山区志》评审会议，省、市、区领导、专家和周边区县史志办专家参加。2014年5～12月，根据评审会各专家所提意见进行修改完善。12月份完成修改任务后，报省、市史志办审核，并申请列入山东省重点志书。2015年4月，省史志办发文，批准《岚山区志》为山东省重点志书。2015年5月12日，召开《岚山区志》专家评审会议。2015年10月中旬，完成精编修改，送方志出版社审核，12月15日方志出版社完成初审、复审、终审。12月底完成再次修改后，进行排版、校对和印刷出版工作。

《岚山区志》坚持为历史负责的原则和实事求是精神，力求全面、准确、客观地反映域内历史发展脉络与社会形态，真实反映改革开放以来特别是岚山办事处设立20年来，岚山经济、社会各项事业取得的巨大成就。在编辑过程中，广泛征集资料，深入研究考证，做到每个数据，每条记载，都有明确的来源，准确无误。在体例编排、章节设置等方面，吸收借鉴周边区县现有志书的经验成果，结合岚山区实际，积极创新，突出了岚山的地域特色和迅速发展的时代风貌。对存在疑问或互相矛盾的材料，严格辨析审核，凡无法确定真伪的内容，一概不收，宁缺勿滥。力争使之成为一部信史，经得起岁月的检验。

区委、区政府对修志工作高度重视，主要领导分别作出批示，分管领导亲自调度，多次召开专题会议进行研究、安排，连续两年将修志工作纳入全区年度目标绩效考核，在人、财、物等方面给予了充分保障。国家、省、市属驻岚山各单位、社会各界为我们提供了编修资料，区委各部委、区政府各部门、各人民团体、区属各企事业单位、各乡镇街道撰稿人员付出了辛勤努力，保证了《岚山区志》编纂工作的顺利进行。

为尽快完成编修任务，区史志办全体人员团结一致，殚精竭虑，日以继夜，努力工作。面对资料匮乏、证据不足的问题，许多同志星期天和节假日都不休息，四处寻找线索、查证事实，不计名利，默默奉献。我们深切感到，编修区志的过程就是一个净化灵魂、增长学识、提高认识水平的过程。每一个疑点的考证辨析，都加深着我们对事物的认识；每一个章节的完成，都使我们对岚山更加热爱。通过对资料的征集、梳理，我们对岚山的发展有了一个全景式的把握。在整理记录岚山悠久历史、灿烂文化和辉煌成就的同时，我们为能从事这一工作而激动，为能全面展现岚山历史而自豪。

《岚山区志》编纂工作，得到了省、市史志办领导和专家的亲切关怀和大力支持。东港、莒县、五莲、莒南、江苏省赣榆县等周边区县史志学界的同仁，给予了热情支持和帮助。市档案馆、博物馆、图书馆提供了宝贵的文献资料。许多热心地方文史工作的同志，主动提供资料，建言献策，特别是碑廓镇董家同、高兴镇陈同文、黄墩镇辛崇敢、中楼镇宋成泰等人，在完成所在镇史志资料汇集整理的同时，还积极主动地搜集人物事迹、民情风俗等材料，为区志编修做出了很大贡献。东港区史志办秦泗平、莒南县史志办李祥昆等人在参与志稿评审、批评指正的同时，还在方言词汇和碑铭考证等方面给予帮助。市博物馆群工部原主任胡膺先生等为志书提供了许多宝贵的历史资料。岚山小糊图影像工作室胡滨江、山东省地质矿产勘查开发局秦幸福等人提供了大量图片，在此一并表示感谢。

人事有代谢，往来成古今。记载岚山历史的《岚山区志》终于问世，从此走进历史，成为历史的一部分，我们望着她的背影，祝它走好。由于岚山区设立时间短，区划变动频繁，志书涉及历史年代久远，文献难征，编者水平有限，虽然尽了最大努力，但疏漏、错讹和其他不足之处在所难免。期望后之贤者，踵事增华，予以补充订正。

编者

2015年12月